La Suite des temps

RB/FJT.

FRANCE LIBRE

E.M. Particulier du Général de GAULLE

S.R.

3 ex.

Le 3 novembre 1941.

MISSION M.

I.- Monsieur M. sera reçu par l'agent DOK de l'action militaire.

II.- Dès l'arrivée de Monsieur M. en France, un liaison sera établie entre lui-même et DOK.

III.- Monsieur M. reprendra contact avec les trois mouvements par l'intermédiaire de "LIBERATION NATIONALE".

IV.- Monsieur M. rendra compte de son voyage à ces mouvements et leur exposera l'idée du Général de GAULLE, c'est-à-dire la division ~~entre l'action politique et l'action militaire~~.

V.- ~~Etude de l'action paramilitaire:~~

a) ~~l'action militaire se divisera en trois phases:~~

1.- ~~Recrutement et organisation par une branche spéciale de chaque mouvement sur le territoire le plus vaste possible (création de cellules de base d'environ 7 hommes).~~

2.- Envoi à Londres d'agents de liaison ~~chargés des~~ problèmes militaires aux fins d'unification ~~de l'organisation paramilitaire, division territoriale, des troupes et~~ désignation des chefs militaires correspondant aux divisions territoriales,

3.- ~~Centralisation à Londres de la coordination avec, toutefois éventuellement, création sur place d'organismes divers d'Etat-Major.~~

b)- ~~Au cours de la première phase, et avant tout autre chose, établissement des liaisons intérieures et extérieures (ces dernières grâce à agents de liaison venus de Londres).~~

~~c)~~ L'organisation paramilitaire devra comprendre:

1.- ~~en majorité, des troupes ordinaires destinées à agir comme indiqué au paragraphe~~ (d).

2.- des groupes de choc (suppression d'individus, etc...).

3.- des saboteurs bien placés.

4.- une organisation de renseignement et contre-espionnage ~~(à créer de suite)~~.

d)- BUTS

1.- Opérations d'ensemble en cas de débarquement venu d'Angleterre.

2.- Opérations locales réalisées en conjonction avec des éléments venus d'Angleterre.

3.- Opérations locales réalisées avec des éléments pris sur place (matériel et moniteurs envoyés de Londres).

4.- Utilisation forces militaires pour prise de possession des pouvoirs civils.

VI.- BUDGET:- à étudier par la suite, suivant les besoins. Une somme de est remise à Monsieur M. pour couvrir les besoins urgents des trois mouvements.

VII.- MATERIEL:- ~~Sera étudié par la suite~~, suivant les besoins ~~(contrôle de Londres)~~.

Le Général de GAULLE.

Projet de l'ordre de mission militaire de Jean Moulin daté du 3 novembre 1941, soumis par le S.R. au général de Gaulle et corrigé de sa main. Voir page 143 sq. et, page 145, la reproduction de deux extraits capitaux de ce projet. *(Archives Daniel Cordier. Photo © Gallimard.)*

DANIEL CORDIER

JEAN MOULIN

LA RÉPUBLIQUE DES CATACOMBES

nrf

GALLIMARD

À mes camarades de la France Libre,
soldats de la liberté, morts pour la France.

SOMMAIRE

DEUXIÈME PARTIE

L'HÉRITAGE DE JEAN MOULIN

TROISIÈME PARTIE

CALUIRE : FAIT DIVERS TRAGIQUE OU INCARNATION DE LA RÉSISTANCE ?

PROLOGUE

LE 19 DÉCEMBRE 1964 AU PANTHÉON...

Lors du premier hommage national à la mémoire de Jean Moulin à Béziers, le 6 octobre 1946, Georges Bidault, l'ami fidèle et le plus proche collaborateur de Moulin, déclarait : *« Pour combien de Français l'impérissable figure de Jean Moulin est-elle jusqu'ici sinon inconnue, du moins incertaine, car il est resté clandestin jusque dans la gloire ? »*

Vingt ans plus tard, lorsque les cendres de Jean Moulin entrèrent au Panthéon le 19 décembre 1964, la plupart des Français ignoraient encore les raisons de cette consécration. Certes, de nombreuses rues, places ou écoles portaient son nom. On savait qu'il avait été résistant, trahi et martyrisé. Mais bien d'autres résistants avaient eu le même sort. En quoi celui de Jean Moulin le destinait-il à cet honneur suprême ?

Au cours d'une cérémonie solennelle, André Malraux évoqua, à grands traits, le chef du *« peuple de la nuit »* dont il résuma la mission d'une phrase : *« Ce n'est pas lui qui a fait les régiments, mais c'est lui qui a fait l'armée. »* Après avoir décrit ses efforts pour fédérer la Résistance, sa ténacité pour vaincre les obstacles, il dénonça la trahison dont il fut victime et qui le transfigura *« en roi supplicié des ombres »*. Malgré cette évocation d'un lyrisme poignant pour les anciens résistants, l'homme qui accédait à la gloire nationale restait un inconnu.

Parmi les anciens chefs de la Résistance assistant à cette cérémonie, certains lui déniaient même le rôle attribué par Malraux. D'après eux, l'importance de Moulin avait été exagérée après la Libération du fait de sa personnalité, de son courage en 1940, de son martyre en 1943. Ils faisaient remarquer que, jusqu'en 1942, Jean Moulin ne connaissait pas la Résistance, y était inconnu, et que la mission que lui avait confiée de Gaulle de fédérer les mouvements, n'importe quel agent de Londres aurait pu l'accomplir. Ces chefs souscrivaient au jugement de Claude Bourdet qui, en dépit de relations cordiales avec Moulin, déclara : « [C'est] *quelqu'un pour qui j'ai une grande admiration, et beaucoup de reconnaissance. Mais je crois que c'est lui porter tort de dire que sans Moulin, rien ne se serait fait* [...]. *Le rôle de Jean Moulin n'avait pas l'importance unique qu'on lui a attribuée aujourd'hui*[1]. »

Ce propos rectifiait le portrait épique tracé par André Malraux. Était-il plus vrai pour autant ?

L'interrogation sur la personnalité de Moulin remontait à la Libération, lorsque ses amis d'avant-guerre — qu'il n'avait pas mis dans la confidence de sa vie clandestine — commencèrent à découvrir son action dans la Résistance[2]. Louis Joxe résumait leur étonnement à tous : *« C'était un homme séduisant, un ami fidèle, un administrateur exemplaire, mais rien, en lui, ne laissait prévoir le destin d'un héros national*[3]. *»*

Quel était donc cet homme qui surprenait les uns, irritait les autres, dont les amis d'avant guerre s'étonnaient qu'il eût été capable d'avoir un destin hors série cependant que, parmi les chefs de la Résistance, certains en niaient l'importance ?

Un procès en canonisation

Ces jugements contradictoires étaient les pièces d'un procès en canonisation entrepris dès la Libération à l'égard de la Résistance et de ses chefs. Il concernait tout autant l'œuvre de Jean Moulin, fort méconnue à l'époque, que la politique du général de Gaulle. Quant à la Résistance proprement dite, ses adversaires attentistes, pétainistes, collaborateurs lui déniaient toute légitimité et l'accusaient d'avoir trahi la France en violant l'armistice, aggravant ainsi les rigueurs de l'occupation que la collaboration s'efforçait d'atténuer. La majorité des Français, quant à eux, s'interrogeaient, après l'euphorie de la Libération, pour savoir si la Résistance recelait autant de vertus qu'elle s'en attribuait et méritait de s'offrir au culte de la Nation.

Le débat était tout aussi vif, bien que d'une autre nature, au sein des résistances. La plupart des chefs des mouvements (au contraire de leurs militants) condamnaient la politique autoritaire que de Gaulle leur avait imposée et se demandaient si Moulin, homme du Général, était qualifié pour représenter la Résistance métropolitaine au Panthéon. À l'intérieur même de la France Libre, les opinions étaient divisées sur les mérites respectifs des compagnons illustres. Le colonel Passy, ancien chef des services secrets, contestait à Moulin une place unique, qu'il avait pour sa part tendance à attribuer à Pierre Brossolette.

Si les attaques des ennemis de la Résistance étaient compréhensibles, celles des résistants envers Moulin et de Gaulle posaient des questions aux historiens : ces compagnons d'épopée n'avaient-ils donc pas partagé la même espérance dans un fraternel et unique combat ?

L'ambiguïté du mot « Résistance » fut à l'origine de cette interrogation. Il avait été forgé durant l'occupation au hasard des propagandes de tous bords et, après avoir été un enjeu de pouvoir, devint un enjeu de mémoire, tout aussi polémique.

Qu'est-ce que la « Résistance » ?

Dès les premières lignes de ce livre, j'ai utilisé à de nombreuses reprises le mot « Résistance », dont le lecteur aura immédiatement saisi la signification. Car, depuis la Libération, le terme a pris un sens précis qui est passé dans le langage courant. Il n'empêche que la recherche d'une définition rigoureuse constitue encore actuellement l'un des problèmes épineux de l'historiographie.

En 1972, Alain Guérin consacrait l'introduction du tome premier de *La*

Résistance à en recenser les définitions, y compris celle, très détaillée, que le Code des pensions d'invalidité donne des « faits de résistance ». Il s'efforçait aussi de rechercher les origines de cette acception particulière dans l'usage que, dans les années trente, les antifascistes avaient fait de ce mot. Ces antécédents présentent, certes, un intérêt. Mais, outre le fait qu'ils tiraient la Résistance vers l'assimilation complète à l'antifascisme, de préférence communiste, ils restaient tout à fait marginaux.

Le mot « résistance » fut utilisé par de Gaulle dès le 18 juin 1940 et eut par la suite un rôle central dans la dialectique du Général. Le lecteur d'aujourd'hui risque de faire un anachronisme en croyant qu'il inventa ce vocable paré de la signification précise qu'il prit ultérieurement pour désigner la lutte clandestine contre les Allemands créée par les patriotes métropolitains. Ce terme, utilisé depuis des siècles pour désigner l'action de s'opposer à une attaque militaire par les moyens de la guerre, fut employé intensément dans la presse et les discours officiels alliés à partir de l'offensive allemande du 10 mai 1940.

Par exemple, le 12 juin, Churchill conseillait à Roosevelt de renforcer la position de Reynaud *« afin de faire pencher la balance en faveur d'une résistance française aussi acharnée et aussi prolongée que possible*[4] *»*. C'était l'espoir du dernier appel de Paul Reynaud à Roosevelt le 14 juin, dans lequel il évoquait les politiques possibles de la France face à la défaite : *« Nous ne pouvons choisir la première voie, celle de la résistance, que si une chance de victoire apparaît dans le lointain* [...][5]. » C'est ce sens que les Allemands utilisèrent le même jour dans les affiches qu'ils firent placarder à Paris pour convaincre la population qu'il était inutile de « résister ».

Quant à la phrase prononcée par de Gaulle le 18 juin, *« La flamme de la résistance française ne doit pas s'éteindre »*, elle avait le sens précis d'une réponse au discours de Pétain de la veille et à celui de Churchill au Parlement dans l'après-midi.

Le Maréchal Pétain avait justifié son défaitisme en honorant l'armée, *« sûr que par sa magnifique résistance, elle a rempli nos devoirs vis-à-vis de nos Alliés »*. Cet hommage mettant un terme à la résistance amorçait une politique de trahison de l'alliance anglaise, que de Gaulle n'acceptait pas puisqu'il fondait sa rébellion sur la fidélité à nos engagements : *« Nous croyons que l'honneur commande aux Français de continuer la guerre aux côtés de leurs alliés*[6]. » C'est dans ce sens qu'il proclama que la résistance française ne s'éteindrait pas. Du même coup, il répondait à la question posée par Churchill l'après-midi : *« Nous ne savons pas encore ce qui va se passer en France, ni si la résistance française, dans la métropole ou dans l'Empire, se prolongera*[7]. »

Dans cette réponse à Churchill, de Gaulle ne fut pas le seul à prononcer ce jour-là le mot fatidique. À Tunis, le résident général Peyrouton, futur ministre de l'Intérieur de Vichy, proclamait à la radio que l'Empire *« se dresse dans une attitude de résistance à la fois pleine de courage et de gratitude*[8] ».

Cette réaction patriotique fut celle de presque tous les gouverneurs de l'Empire français. Le 18 juin, tous prirent position en faveur de la résistance et un intense échange de télégrammes commença autour de l'idée que le général Noguès, résident général au Maroc et général en chef de l'Afrique du Nord, prendrait la tête de la résistance, d'autant plus que la population de l'Empire et les troupes qui y stationnaient étaient, à la quasi-unanimité, partisanes de la guerre à outrance.

Puaux, haut-commissaire en Syrie, télégraphia le 21 juin à Pétain, évoquant les *« territoires qui n'entendent pas abandonner leur résistance indomptable*[9] *»*. Le 26 juin, il résuma l'espoir de tous, *« le maintien d'une résistance de notre Empire m'apparaissait comme le moyen le plus efficace de venir en aide aux armées britanniques dont seule la victoire peut délivrer la France de l'asservissement définitif dont elle est menacée* [...][10] *»*.

Comme tous ces responsables, de Gaulle utilisa donc ce terme dans son acception militaire, lorsqu'il s'offrit, quelques jours plus tard, à représenter la « résistance française » et proposa à son tour au général Noguès d'être *« l'élément essentiel et le centre de la résistance française*[11] *»*. Cela ne signifiait nullement être à l'étranger le fondé de pouvoir d'une « résistance » clandestine luttant en France, que nul alors n'imaginait, mais simplement incarner militairement l'espoir de la revanche.

Le terme de Résistance évolua lentement pour désigner la guerre multiforme des patriotes clandestins. En métropole, d'après ce que l'on peut vérifier aujourd'hui, ce n'est que plusieurs mois après l'armistice que le mot apparut avec sa connotation actuelle. Le général Cochet écrit le 6 septembre 1940, dans le premier appel public métropolitain : *« La volonté de résister crée finalement d'une manière ou d'une autre, les moyens de résistance*[12]. *»* Il est clair qu'il suggère une mobilisation et une action dépassant purement le cadre militaire. Il faut comprendre pareillement le choix du mot « Résistance » comme titre d'un des premiers journaux clandestins de la zone occupée, écrit, pour la première fois, avec une majuscule. Ce sens nouveau, qui germait aveuglément, est couramment défini aujourd'hui comme *« dans la Seconde Guerre mondiale, opposition des Français à l'action de l'occupant allemand et du gouvernement de Vichy »*.

Pourtant, jusqu'en 1942, ce terme fut rarement utilisé et la plupart du temps dans un sens imprécis. Il apparaît dans quelques textes du deuxième semestre de l'année 1941 écrit avec une minuscule. Par exemple, dans le rapport d'octobre 1941 de Jean Moulin, qui parle à deux reprises des *« mouvements de résistance »*, mais aussi d'*« organisations de résistance »*, au même titre que des *« mouvements anglophiles »*.

C'est seulement à l'automne 1942 que le mot de Résistance, doté d'une majuscule, commence à être associé à celui des « mouvements » et à désigner une action de lutte dans son sens actuel. Toutefois, du côté de la répression, même à cette époque, le mot résistance n'est jamais utilisé dans aucun texte de la police ou du gouvernement de Vichy chargé de réprimer cette activité. Pour eux, ils sont désignés par les formules passe-partout de *« menées antinationales »* ou d'*« activités séditieuses »*, tandis que les Allemands dénoncent des *« espions »* ou des *« gaullistes »*.

Quant au terme de « résistant », il apparut plus de deux ans après la défaite. On découvre donc cette situation paradoxale : si les hommes qui ont choisi de s'opposer, non pas à l'armistice qui n'est mis en cause par personne en France, mais à ses conséquences (occupation, asservissement et pillage de la France), agissent sans être capables de désigner clairement leur action par un mot adéquat, ils sont encore moins capables de se désigner eux-mêmes comme militants d'une action commune. La périphrase *« faire quelque chose »* exprima longtemps cette volonté qui n'avait pas encore découvert son langage. Souvent le terme de *« patriotes »* est utilisé par eux ; ils y ajoutent parfois de « vrais », afin de se démarquer des « mauvais », représentés par les hommes de Vichy.

Il faut insister sur un détail graphique qui a son importance. Dans ses discours et ses Mémoires, de Gaulle écrira presque toujours résistance avec une minuscule, voulant signifier que partout la guerre se poursuit sous sa forme traditionnelle. Il évite de désigner les mouvements qu'il ne gratifie jamais d'une majuscule, préférant les évoquer par une périphrase : « *nos vaillantes phalanges d'action* » ou nos « *vaillants groupements d'action* ». Une des rares fois où il dérogea à sa politique de l'euphémisme fut dans le discours du 10 janvier 1944 devant l'Assemblée consultative à Alger. Il est vrai que la situation l'exigeait : depuis des mois, il n'avait fait parvenir ni armes ni argent à la Résistance. Plus grave encore, son représentant et sa délégation en France se déchiraient d'une manière inconvenante au lieu de s'unir pour appliquer sa politique. Après deux séances où les délégués à l'Assemblée se montrèrent « *gonflés de blâme et de récriminations* », il lui fallut jeter du lest. En politique avisé, le Général ne lésina pas. Lui, si avare de mots, et plus encore de majuscules, utilisa en majesté le terme six fois en deux pages d'intervention !

Il est vrai que le Général en profita pour marteler cette évidence que refusaient d'entendre les résistants : « *Notre guerre est une et indivisible, qu'elle se déroule dans l'Empire et sur les champs de bataille du dehors, ou à l'intérieur, sur les champs de bataille du dedans*[13]. » D'ailleurs, de Gaulle insistait sur la permanence du lien qui unissait les théâtres d'opérations : « *Depuis le 18 juin 1940 bien des choses ont été faites, bien des moyens ont été employés.* » Enfin, il répétait son refus de reconnaître une identité séparée de la France Libre : « *La Résistance française telle que nous l'avons conçue tout de suite, et telle en effet qu'elle s'est révélée, est certes une force de guerre, dans ce conflit qui bouleverse le monde*[14]. »

Il faut croire que cette litanie héroïque avait épuisé le contingent verbal de De Gaulle. On observe en effet, deux mois plus tard, le 18 mars, dans son discours de dix pages exposant la politique générale du Comité français de la libération nationale (C.F.L.N.) après l'intégration des communistes, qu'il ne prononça pas une seule fois le mot de résistance (majuscule et minuscule confondues), bien que la première partie soit consacrée à la préparation du débarquement ! Ce chef-d'œuvre de la litote face à une Assemblée consultative composée en majorité de résistants métropolitains mérite qu'on s'y attarde. Le Général évoque tour à tour les « *multiples éléments de combat* », « *nos organisations combattantes de l'intérieur* », « *ces forces françaises* », « *nos combattants des maquis, des villes et des usines* », « *les héroïques garçons qui dans le maquis, sans uniforme et presque sans armes, mais animés de la plus pure flamme militaire* », « *les forces françaises de l'extérieur et de l'intérieur* »[15]. On comprend que, pour gommer toute différence, de Gaulle confonde dans ses Mémoires des « *combattants des réseaux, des maquis, des groupes actions* », feignant d'ignorer que l'origine de ces derniers était les mouvements de résistance. Mais le reconnaître, c'était dresser en face de lui une entité légitime que tous ses efforts tentèrent en permanence de réduire.

Aussi, lorsqu'il lui arrive d'utiliser cette majuscule, c'est en précisant son caractère réducteur, « *les éléments politiques de la Résistance* ».

On se doute que l'usage de ce mot par les chefs de la Résistance — parce qu'elle fut leur raison d'être — est, au contraire, d'en exalter l'identité. Ils furent les premiers à l'époque à le magnifier par une majuscule de dignité, attribuée aussi aux Mouvements. Si l'intention du Général était de confondre toute action clandestine avec la guerre traditionnelle qu'il commandait, la volonté des chefs était, à l'inverse, d'en glorifier la singularité.

Ces escarmouches révèlent la première difficulté d'écrire une histoire de la Résistance, qui est d'abord sémantique. C'est par commodité que, ne pouvant toujours recourir à des périphrases qui égareraient le lecteur, j'ai brouillé involontairement la chronologie en utilisant, par anticipation, « Résistance » ou « résistants ». On ne dira jamais assez que, lorsqu'on utilise ces deux mots pour écrire l'histoire des opposants des premières années, on crée un anachronisme qui masque la compréhension de leurs activités à cette époque, tout autant que l'esprit de leur engagement. Ce que furent leurs projets et leur entreprise ne ressemble aucunement à l'image stéréotypée de la mémoire populaire, pour qui la Résistance, ce sont les maquis, les batailles des F.F.I. et la descente des Champs-Élysées par de Gaulle. On occulte ainsi que l'épopée commença, pour tous, dans le désarroi et la solitude.

En outre, tandis que ce vocable devenait d'un usage courant à la fin de 1941 et au début de 1942, une distinction s'établit progressivement entre la *« Résistance intérieure »* et la *« Résistance extérieure »*, présentées par de Gaulle comme deux théâtres d'opérations d'une seule armée. Cette volonté politique d'affirmer l'unité des tronçons du glaive et sa direction unique fut sanctionnée par la modification du titre du « mouvement » du général de Gaulle qui abandonna son nom originel de France Libre pour devenir, le 15 juin 1942, la France Combattante. *« La France combattante, celle de l'intérieur unie à celle de l'extérieur, forme un tout indivisible*[16]. » Il est significatif à ce propos d'observer le subterfuge qu'il choisit dans sa nouvelle dénomination en fondant la France Captive et la France Libre dans ce nouveau vocable. Subrepticement, de Gaulle ignorait l'encombrante Résistance en niant son identité et, grâce à l'inclusion de ce terme militaire, conservait l'avantage de sa position dominante, puisque les clandestins métropolitains n'étaient pas des *« combattants »* mais des *« résistants »* !

Cette manœuvre sémantique, faisant du général de Gaulle le chef de la Résistance, correspondait-elle à la réalité ? La Résistance était-elle uniquement une opération militaire ordonnée par le Général sur deux champs de bataille éloignés, analogue à celle dirigée par Roosevelt à partir de Washington en direction du Pacifique et de l'Europe ? Ou bien la France Libre et la Résistance avaient-elles chacune une nature, des doctrines et des objectifs spécifiques, qui s'opposaient à leur unité organique pour n'être qu'une fragile et conjoncturelle coalition ?

La réponse à ces questions passe par l'histoire singulière de la France Libre et de la Résistance, de leur réalité et de leurs conflits. Cette histoire est l'objet de cet ouvrage qui retrace, de juin 1940 à août 1944, les péripéties de leur union soupçonneuse, de leurs conflits et, finalement, de l'échec politique de la Résistance.

La France Libre et la Résistance, rivales et associées

Dès l'appel du 18 juin, de Gaulle proclama le maintien de l'armée et de la nation françaises dans la guerre. Les Anglais, après quelques jours d'hésitation, constatant l'échec du Général à constituer une force militaire et politique nationale, le « reconnurent » simplement le 28 juin 1940 comme *« le chef des Français Libres où qu'ils se trouvent »* et comme le commandant en chef d'une légion de volontaires, les Forces françaises libres (F.F.L.). Ce fut l'acte de naissance du premier mouvement de la Résistance. Son histoire fut celle d'un général excentrique qui convainquit ses soldats de la vérité de sa vision du conflit planétaire, de sa doctrine de la résistance et de sa politique de la libération. Entouré de quelques civils dirigeant son administration et de jeunes chefs militaires commandant sa modeste armée, il imposa à tous la suprématie de son pouvoir, en dépit de polémiques externes et de fièvres internes.

Le ralliement de quelques colonies (Tchad, Gabon, Cameroun, Nouvelle-Calédonie, etc.), en étendant sa domination sur des territoires français, confirmait la légitimité de son mouvement. Fort de cette expérience, de Gaulle poussa son avantage en direction du pouvoir suprême. Il créa d'abord le Conseil de l'Empire français (27 octobre 1940), puis le Comité national français (C.N.F., 24 septembre 1941), dont il entendait qu'il soit un gouvernement français en exil, puisque son mouvement *était* la France même. Les Alliés, horrifiés par cette mégalomanie, n'acceptèrent jamais cette version de l'histoire de France et, suivant les circonstances, la qualifièrent de folie ou d'imposture. Les Alliés n'avaient pas tort. Contrairement au rêve héroïque de De Gaulle, la France était toujours en France et les Français attendaient tout de Pétain, des Anglais… ou du temps.

Une infime minorité avait toutefois choisi d'agir pour préparer la revanche de la liberté.

De Gaulle et ses services furent longtemps peu ou mal informés sur l'étendue et les formes de ce refus. En 1941, ils découvrirent l'existence d'organisations de résistance avec lesquelles ils ne parvenaient guère à établir de liaison. Lorsque, de cette *terra incognita*, jaillirent les attentats individuels, de Gaulle les condamna au nom du commandement qu'il s'était arrogé sur toute action : *« La guerre des Français doit être conduite par ceux qui en ont la charge, c'est-à-dire par moi-même et par le Comité National. Il faut que tous les combattants, ceux du dedans comme ceux du dehors, observent exactement la consigne*[17]. »

En proclamant son autorité militaire sur la France de la revanche, de Gaulle était fidèle à la fiction qu'il entretenait depuis juin 1940. Ce qui ne signifiait nullement qu'une telle prétention fût suivie d'effet.

Quand, en janvier 1942, Jean Moulin apporta, en France, les ordres de De Gaulle aux quelques chefs de la Résistance qu'il connaissait, la stupeur se transforma rapidement en insubordination rampante. Car de Gaulle, prisonnier de sa dialectique, oubliait qu'il n'était pour rien dans la naissance et le développement de la Résistance en métropole. Il négligeait une évidence : les quelques patriotes courageux qui avaient créé des organisations à partir de rien et au prix de tous les sacrifices, y compris de leur vie pour certains, n'avaient aucune raison de se soumettre à un autre chef de « mouvement ». Certes, de Gaulle avait le mérite d'avoir, le premier, brandi publiquement l'étendard de la rébellion, mais un émigré n'avait, à leurs yeux, aucune préséance sur ceux qui prenaient quotidiennement tous les risques. Certes, les cadres de la Résistance souhaitaient un contact avec de Gaulle car ils avaient besoin d'argent et d'armes pour amplifier leur action et de la reconnaissance publique que leur procurerait la B.B.C. Mais s'ils étaient favorables à la coordination des efforts, à la concertation des plans et au partage du commandement, ils entendaient bien que ce fût sur un pied d'égalité. Pour commander, encore fallait-il s'adresser à des soldats.

Les Forces françaises libres formaient une troupe de kamikazes impavides qui avaient abandonné leur famille, leur métier, leur avenir, en attendant de sacrifier leur vie pour sauver la patrie agonisante. Ils possédaient la liberté des hors-la-loi que Vichy avait fait d'eux.

Au contraire, ceux que l'on n'appelait pas encore des « résistants » n'étaient pas clandestins. Tous étaient empêtrés dans une vie sociale astreignante et dangereuse, vivant sous leur véritable identité au milieu de leur famille, de leurs amis, de leurs collègues, subissant les contraintes de leur profession. Ils étaient peu disponibles et vivaient un danger permanent quoique invisible. Malgré leur intime révolte, ils étaient soumis aux obligations de tous les citoyens, service militaire, contraintes administratives, cartes d'alimentation, papiers d'identité, impôts... Ces soldats virtuels étaient d'abord des citoyens. Rien, dans leur vie civique, ne les avait antérieurement préparés à l'action clandestine. Jusqu'aux dernières heures de leur combat, ils durent quotidiennement découvrir, inventer, respecter les règles de la vie de l'ombre. On oublie aujourd'hui combien ces règles, même les plus élémentaires, n'avaient rien de familier pour ces combattants. Cultivant l'anachronisme, des représentations cinématographiques de la Résistance, fort éloignées de la réalité historique dans leur lyrisme, ont fini par laisser croire que chacun, à son poste, savait déjouer la surveillance de l'ennemi, au nom de la nécessité de la lutte clandestine. Mais celle-ci fut d'abord, pour des combattants sans préparation, le champ du hasard, de la chance. Il faut comprendre que nombre de ceux qui tombèrent furent victimes d'imprudences qui conduisirent l'occupant à les traquer, remontant des réseaux à partir d'une prise qui, parfois sans être torturée, se mettait à parler, et non pas, comme on le croit désormais trop souvent — notamment dans le cas de l'arrestation de Jean Moulin à Caluire, le 21 juin 1943 —, d'une trahison calculée ou d'un complot.

À l'inverse de ces captifs, de Gaulle, grâce à la radio qui construisit son mythe, eut la part belle. Par ses appels, par la propagande, il mobilisait des volontaires empêchés de le rejoindre et que lui-même n'avait aucun moyen d'encadrer sur place. Ce sont donc les cadres des mouvements métropolitains ou bien, à partir de juin 1941, le parti communiste qui, agissant sur le sol français, puisaient dans le vivier « gaulliste » pour recruter des militants.

De Gaulle et les chefs des mouvements se trouvaient dans cette situation paradoxale : le Général ayant recruté les troupes était incapable de les commander, tandis que les responsables des mouvements ne pouvaient les embrigader qu'au nom de l'absent qui les avait mobilisées. Cette situation inextricable devint, jusqu'à la libération de Paris, la trame conflictuelle des relations entre la France Libre et la Résistance. D'une part, les états-majors de ces deux entités professaient des méthodes différentes pour la conduite des opérations et, d'autre part, élaboraient des projets politiques divergents pour l'après-Libération. Chacun estimait avoir raison et devoir rester maître de son choix et de ses troupes. Mais, en dépit des conflits qui les opposaient, ces deux parties ne pouvaient se combattre ouvertement sous peine de perdre chacune leur crédit et leur autorité. Vis-à-vis des Alliés aussi bien que des militants, en effet, leur légitimité dépendait de celle de l'autre. Pour cette raison, on entendra les chefs des mouvements, au plus fort de la contestation des ordres de Moulin ou de ses successeurs, crier « Vive de Gaulle » afin de conserver leur autorité sur leurs troupes.

Dans cette lutte pour le pouvoir, les chefs des mouvements ne purent s'imposer à de Gaulle. Relativement nombreux, s'ignorant les uns les autres pendant longtemps et, plus tard, se combattant, il leur fallut quatre ans pour édifier une doctrine commune que de Gaulle avait esquissée dès les premiers jours. Ce retard, ils ne le rattrapèrent jamais — comme le révèle l'attitude de De Gaulle refusant, à la libération de Paris, de proclamer à l'Hôtel de Ville la restauration de la République, dont il avait voulu assurer, à lui seul, la légitimité et la continuité. Quant aux institutions clandestines, incapables de les créer, ils acceptèrent par la force des choses celles que Jean Moulin leur imposa et dont ils ne purent totalement s'émanciper, même si, pour certaines, ils en récupérèrent la direction.

D'où les propos cinglants tenus par le général de Gaulle dans l'intimité, après la Libération : « *Résister, ce fut essentiellement pour toute cette écume qui se réclame aujourd'hui de la résistance* [...] *s'opposer à Maurras, à Déat, à est-ce que je sais moi ? Cela consiste à rédiger des petits papiers et à publier des journaux clandestins contre un adversaire politique*[18]. »

Il divisait donc la Résistance en deux catégories entre lesquelles nulle entente n'était possible. Au fil des années et des ambitions, ce simple différend s'était creusé jusqu'à un antagonisme catégorique : « *La mienne* [...] *qui était résistance à l'ennemi — et puis la résistance politicienne — qui était antinazie, antifasciste, mais en aucune sorte nationale* [...]. *Tous, ils cherchaient à m'utiliser, à se servir de moi*[19]... »

« *Les Français libres étaient et sont demeurés ce qu'il y avait de mieux, et même si cela n'avait pas été le cas... même dans ce cas-là, c'est par les Français libres que la France se serait libérée pour cette excellente raison qu'il n'y a eu qu'eux. On s'en rend bien compte maintenant, on le voit par comparaison : oui, on voit à quel point ils dominaient les autres*[20]. »

Quant à l'état d'esprit des chefs de la Résistance, personne ne l'a mieux résumé que François Mitterrand. S'il ne fut pas le plus héroïque des résistants, du moins fut-il leur talentueux porte-parole. Le 5 novembre 1989, il disait du Général : « *Il a accaparé une résistance dont il n'était qu'une facette, détruisant autant qu'il pouvait la résistance de l'intérieur*[21]. »

Et le 18 juin 1990 : « *De Gaulle a tout fait pour éliminer les grands résistants de l'intérieur, en les couvrant d'honneurs à Londres, ou peut-être même, dans certains cas, en les laissant se faire éliminer physiquement.* [...] *Il combattait plus la résistance de l'intérieur que les Allemands*[22]. »

Cette caricature de la politique de De Gaulle révèle que les chefs des mouvements n'acceptèrent jamais la subordination qu'il tenta de leur imposer. Comme le prouve la réplique fameuse du Général à Frenay, chef du plus important mouvement de zone libre : « *Qu'arriverait-il si nous ne pouvons nous mettre d'accord avec Rex* [Moulin] *? — Vous viendrez ici et nous essaierons de trouver une solution, répondit le Général. — Et si cela se révèle impossible ? repartit Frenay. — Eh bien, conclut de Gaulle, dans ce cas, la France choisira entre vous et moi*[23] *!* »

Le mérite de Jean Moulin fut d'avoir créé entre la France Libre et la Résistance, en dépit des méfiances et des obstacles, des liens institutionnels qui furent utilisés par ses successeurs pour dissoudre, dans une dialectique parlementaire, les crises les plus violentes et empêcher ce qui, dans d'autres pays, dégénéra en guerres civiles après la libération. Grâce à lui, il n'est pas faux d'évoquer une République virtuelle dont le chef fut le général de Gaulle. Pour en écrire l'histoire et afin de marquer dans l'esprit du lecteur cette distinction entre les deux tronçons qui ne furent jamais entièrement soudés, j'utiliserai de préférence dans cet ouvrage, pour chacun d'eux, leurs noms propres, la France Libre et la Résistance, parce qu'ils soulignent leur singularité et les enjeux autour desquels ils s'affrontèrent. Cette affirmation de leur identité que je propose révèle le paradoxe ironique de l'histoire qui enregistra docilement la volonté du Général d'apparaître comme le chef de la Résistance. Ce privilège a aujourd'hui un prix : celui de l'effacement de son « mouvement », la France Libre, dont les lambeaux sont éparpillés dans l'oubli de l'exil et dans les sables du désert. La seule chance des Français Libres de survivre dans la mémoire nationale est d'avoir trouvé en Jean-Louis Crémieux-Brilhac un mémorialiste minutieux qui demeure le chantre de leur croisade et de leur sacrifice[24].

Résistance des chefs et Résistance des militants

Ces affrontements entre la France Libre et la Résistance furent le fait d'une cinquantaine de personnes tant à Londres qu'en France qui, par leur fonction, se heurtaient en permanence pour construire un projet compatible avec leur espérance. C'est la Résistance des chefs.

Pour l'historien, ce huis clos tragique offre un champ d'observation privilégié. Il permet de dévoiler, grâce au petit nombre d'acteurs, les mécanismes du pouvoir masqués, en temps normal, par une quantité de protagonistes qui diluent la stratégie et la responsabilité de chacun dans un anonymat sans risque. Dans la Résistance, au contraire, toute initiative a un visage, tout acte un nom, toute faute un coupable. Sans doute est-ce la raison pour laquelle son histoire frémit de passions dont le récit est toujours bouleversant et, parfois, insoutenable.

Si le nom de Jean Moulin, grâce à la place qu'il occupe au Panthéon, a aujourd'hui une telle résonance affective dans le cœur des Français (en dépit de leur ignorance sur les détails de son action), c'est assurément à cause de son œuvre et de son courage, mais également parce qu'il est entouré de la foule des résistants inconnus et des suppliciés anonymes. Quand on prononce ces trois syllabes, Jean Moulin, un écho poignant répète les noms de tous ceux qui essayèrent, pendant quatre ans, par des moyens souvent dérisoires et toujours dangereux, de réveiller et de maintenir l'espoir et l'honneur d'un peuple, alors qu'en fait ils ne rencontraient le plus souvent que son indifférence et sa passivité.

Il faut citer, parmi beaucoup d'autres, les premières entreprises : *L'Homme Libre* de Jean Lebas (mort en déportation), *Résistance* avec ses fusillés, dont Boris Vildé et Anatole Lewitsky, *Pantagruel* de Raymond Deiss (décapité à la hache)…

Après avoir rappelé, au hasard, le nom de quelques-uns de ces hommes morts pour avoir crié la liberté à un moment où il n'y avait personne pour les entendre, je sens toute la vanité de mon entreprise, en même temps que son injustice. Pour être sûr d'en oublier le moins possible (du moins de ceux qui ont laissé un nom quelque part), il faudrait un livre démesuré.

Les mémorialistes ou les historiens sont en partie responsables de cet oubli. Inversant la marche du temps, ils ont eu tendance à en remonter le cours en partant de la situation éminente acquise, à la Libération, par certains acteurs ou certains mouvements. Ce point de vue déformant a amplifié leur rôle et leur importance et ce rétrospectivement, dès l'origine de leur action balbutiante de 1940-1941, quitte à laisser dans l'ombre les pionniers trop tôt disparus.

Cette méthode rend mal compte de la réalité des faits, ainsi que le montre l'hypothèse suivante : si la guerre s'était terminée en juin 1941, les maréchaux Juin et de Lattre de Tassigny auraient laissé le souvenir d'officiers généraux dévoués au maréchal Pétain ; le parti communiste ne serait pas considéré comme « résistant » en tant que tel ; pas plus que le parti socialiste. Personne ne parlerait des maquis qui n'existaient pas encore, non plus que des F.T.P. ou de l'Armée secrète. L'O.C.M., le Front national, Défense de la France, Ceux de la Libération, Ceux de la Résistance, Libération-Sud et Franc-Tireur n'auraient guère laissé de traces dans l'histoire.

Au contraire, Christian Pineau, fondateur de *Libération(-Nord)*, les hommes de *Résistance*, *Pantagruel* et *Valmy* seraient les héros de la presse clandestine en zone occupée, tandis qu'en zone libre le mouvement du général Cochet s'imposerait comme le plus important en raison du nombre impressionnant des numéros de sa publication, *Tour d'horizon*, et de poursuites de la police motivées par ses « caches » d'armes et ses « groupes de choc ». De son côté, Henri Frenay apparaîtrait comme le fondateur, l'organisateur et le chef du Mouvement de libération nationale, d'un *Bulletin d'information* et de quelques numéros des *Petites Ailes*. Viendraient ensuite le journal clandestin *Liberté*, qui en était alors à son septième numéro, et le mouvement du même nom, qui seul disposait déjà d'un corps franc actif. Le préfet Jean Moulin ne serait connu qu'à Chartres en raison de son attitude héroïque lors de l'arrivée des Allemands dans cette ville, en juin 1940. Enfin, le général de Gaulle ne serait qu'un officier rebelle, chef d'une maigre phalange de volontaires, dont l'échec à Dakar ne serait peut-être pas racheté par les victoires de Koufra et de Syrie. L'histoire retiendrait sans doute qu'il avait dû s'inféoder aux Britanniques pour faire battre, contrairement à ses promesses, des Français contre des Français. Finalement, la France et l'Empire auraient dans l'ensemble préservé l'unité nationale autour du maréchal Pétain, tandis que l'appel du 18 juin serait ravalé au rang des révoltes utopiques.

Fort de cette réflexion, j'ai essayé de dérouler le film de ces années dans le bon sens et de ne pas y substituer ce que j'ai appris de l'action ultérieure des protagonistes.

Abordée de cette manière, l'évolution de la Résistance de sa naissance à sa victoire est une aventure stupéfiante : engagements contradictoires, comportements suicidaires, déchirements absurdes, résultats décevants. Confrontée à la légende, elle est une réalité misérable. Mais, contrairement aux anathèmes de ses détracteurs qui dénoncent cette pitoyable réalité, c'est la gloire des résistants d'avoir atteint, après quatre ans de calvaire, le but qu'ils s'étaient fixé de *« faire quelque chose »*. Jusqu'à la dernière minute, nul ne savait la capacité réelle de la résistance, dont les Alliés doutaient absolument. Parce que le sacrifice des résistants fut démesuré pour d'aussi fragiles résultats, ils ont rejoint dans une légende justifiée tous les martyrs de la liberté, dont la noblesse ne se mesure pas aux résultats mais aux sacrifices.

Si cet ouvrage porte sur la Résistance des chefs, nul ne doit oublier la Résistance des militants, cette guerre des *« soldats inconnus »*, comme la désignait Churchill. Qu'auraient fait les chefs sans les militants anonymes qui servirent avec abnégation : les imprimeurs, les diffuseurs de journaux et de tracts, les secrétaires, les agents de liaison, les équipes de parachutage, les saboteurs, les radios, les hommes des maquis, mais également les « inactifs » qui prêtaient leurs chambres ou leur maison pour l'hébergement des clandestins ou leurs réunions, leurs « boîtes aux lettres » peut-être encore plus dangereuses pour leur sécurité ? Tous ces résistants qui couvraient la France d'un réseau invisible de fidélité, de dévouement et, trop souvent, de martyrs, torturés le matin, abattus le soir, tous ces oubliés de la gloire, mais aussi de la simple mémoire, se dévouèrent sans réserve et passionnément à une cause dont ils n'espéraient rien d'autre et dont ils n'eurent d'autre récompense que la délivrance de leur Patrie.

Oui, ceux-là demeurent à jamais la « gloire » de Jean Moulin.

UNE AMBITION POUR LA RÉPUBLIQUE

20 juin 1899-17 juin 1940

1857-1938 : Antonin Moulin, « hussard »
de la République

Jean Moulin, fédérateur de la Résistance, était un Méridional, originaire de Béziers, où il naquit le 20 juin 1899. Son père, Antonin Moulin, professeur d'histoire, ardent républicain, franc-maçon, président de la section locale de la Ligue des droits de l'homme et conseiller général radical-socialiste de l'Hérault, l'instruisit dans le strict respect des devoirs du citoyen. Il lui inculqua les principes qui l'avaient conduit à lutter sans trêve contre le pouvoir personnel (incarné à cette époque par l'ombre des Bonaparte et par la campagne en faveur du général Boulanger), contre l'antisémitisme et contre toutes les formes d'intolérance. Rien ne résume mieux ses convictions que sa réaction à la campagne antisémite déclenchée en 1890 par Édouard Drumont, quatre ans avant l'affaire Dreyfus : *« Cette virulente campagne contre la juiverie* […] *est tout simplement ignoble.* […] *Pour parler net, qu'est-ce que cette levée de boucliers contre les juifs, sinon un retour en arrière, à la barbarie du Moyen-Age, aux bûchers de l'Inquisition, à l'ostracisme infamant du commencement de notre siècle ?*

« L'antisémitisme n'est qu'une machine de guerre démodée qu'une faction aux abois est allée déterrer parmi les défroques de l'ancien régime[1]. » Et, lors de l'affaire Dreyfus, il ajoutait : *« Un homme qui détient une parcelle de vérité d'où peut dépendre la situation, l'honneur, l'existence même d'un de ses semblables, et qui hésite à la dire, qui tarde à la révéler, qui en ajourne l'aveu des mois, des ans, et quelquefois sa vie entière, et cela parce qu'elle pourrait être préjudiciable à lui-même, ou aux siens, ou à ses amis, ou au parti politique auquel il se rattache, et fournir, par contre, un argument victorieux à des adversaires ; un tel homme, dis-je, quel qu'il soit, si haut placé qu'il se trouve, à quelque mobile qu'il obéisse, commet un acte de lèse-humanité*[2]. »

Si, dans ce domaine, il fut à la pointe des combats, il ne le fut pas moins dans la défense de la République. Deux principes fondamentaux donnèrent tout leur sens aux luttes politiques qu'il mena sa vie durant. D'abord sa fidélité à la République, qu'il concevait comme le rassemblement de tous les bons Français : *« Dans un même élan de liberté et de fraternité, une même répudiation de toute tentative de restauration monarchique, une même répudiation de toute dictature et de toute oppression*[3] *! »*

Second des principes inspirant son action, l'union nécessaire des défenseurs de la République face à ses adversaires : *« Les républicains, désunis et combattant en frères ennemis, c'est la porte ouverte à tous les despotismes et à toutes les réactions*[4]*. »*

Telles furent les convictions qu'il inculqua à son fils.

1899-1917 : une enfance républicaine

En dépit de cet enseignement et de l'exemple que lui donnait son père, rien ne révèle dans l'enfance et l'adolescence de Jean Moulin un goût affirmé pour la politique militante, le service de l'État et moins encore une disposition pour le martyre.

Sa scolarité passable, sa passion et ses dons précoces pour le dessin semblaient davantage le porter vers une carrière artistique. Une notation fréquente du principal de son collège résume son comportement : *« Intelligent, fera un excellent élève quand il se décidera à travailler. »* Au cours de cette période d'apprentissage qui se poursuivit pendant la Grande Guerre, on relève pourtant dans ses devoirs d'adolescent l'écho des leçons de son père. Parmi ceux-ci, il s'en trouve un dont la résonance prend rétrospectivement un tour prémonitoire. En réponse à la question du professeur : « Quel est votre héros préféré ? », Jean Moulin désigna Vercingétorix. *« Le héros de l'indépendance gauloise*, écrivait-il, *combattit et se sacrifia pour la liberté de sa patrie. C'est notre première gloire nationale, c'est lui que je préfère entre tous.*

« […] *Par ses encouragements il communiqua son ardeur aux Gaulois qui firent taire toutes leurs querelles et se rallièrent sous leur jeune chef. Ce n'était donc pas simplement une révolte de tribu. C'était bien toute la Gaule qu'il soulevait*[5]*. »*

Un autre devoir est tout aussi révélateur de la morale civique qui lui fut inculquée. En 1916, Jean Moulin devait répondre à la question : « Pour assurer le triomphe de la patrie, tous les moyens sont-ils bons ? » Sa réponse est sans ambiguïté : *« Cette théorie qui paraît tout d'abord très juste, est, nous allons le voir, entièrement contraire aux principes de loyalisme et d'humanité.*

« […] *Nous n'avons pas le droit, devant cette conscience, de tuer des femmes et des enfants, sous prétexte que les Boches en font autant chez nous. Il ne faut pas que les générations à venir aient à rougir de notre conduite. Nous devons agir avec droiture, pour qu'ils puissent dire de nos chefs et de nos soldats "Ils ont préféré la mort à la trahison"*[6]*. »*

En 1917, après avoir passé son baccalauréat sans éclat, il renonça, à l'instigation de son père, à sa vocation artistique, ne s'engagea pas dans l'armée et s'inscrivit à la faculté de droit de Montpellier. Simultanément, grâce aux relations de son père, il entra au cabinet du préfet de l'Hérault comme attaché. Il fut mobilisé, à dix-neuf ans, au début de 1918. L'armistice du 11 novembre le surprit quelques mois plus tard à l'arrière du front, dans les Vosges, sans qu'il eût jamais combattu.

1917-1940 : un administrateur de caractère

Après sa démobilisation (1919), il suivit dans l'administration une carrière exemplaire. Elle le conduisit du poste d'attaché de cabinet à la préfecture de l'Hérault en 1917 à celui de préfet de l'Eure-et-Loir en 1939. Il avait franchi en vingt-trois ans, avec une aisance remarquée, les divers échelons de la « préfectorale » : attaché de cabinet, sous-chef de cabinet, chef de cabinet puis sous-préfet, secrétaire général et préfet. Carrière brillante et rapide si l'on sait qu'il fut successivement le plus jeune sous-préfet (1925), puis le plus jeune préfet de France (1937).

En outre, il fut à plusieurs reprises membre des cabinets de Pierre Cot, secrétaire d'État aux Affaires étrangères, ministre de l'Air puis du Commerce (1932, 1934, 1936, 1938)[7]. Les deux hommes s'étaient connus en 1925 à Chambéry lorsque Jean Moulin était chef de cabinet du préfet de la Savoie. Nommé sous-préfet d'Albertville, il avait soutenu la candidature de Cot à la députation en 1928.

Appartenant à la même génération, les deux hommes sympathisèrent, partageant les mêmes opinions, le même goût pour la montagne. Ce fut la naissance d'une amitié qui ne prit fin qu'avec la mort de Moulin en 1943. En 1936, devenu chef de cabinet de Cot, alors ministre de l'Air, Moulin fit la connaissance de Pierre Meunier, qui était le secrétaire particulier de Cot. Moulin fera appel à lui durant la Résistance.

La réputation, dans l'administration, de la grande valeur de Jean Moulin est attestée par un épisode qui se produisit le 17 juin 1940 à Bordeaux. Le nouveau ministre de l'Intérieur du gouvernement formé dans la nuit par le maréchal Pétain, Charles Pomaret (peu suspect de sympathies pour la gauche), souhaitant nommer dans les circonstances tragiques où la France était plongée un directeur de la Sûreté nationale qui fût un homme de caractère à l'autorité indiscutable, désigna immédiatement Jean Moulin. Ayant appris, peu après, qu'il était prisonnier depuis quelques heures dans Chartres occupé par les Allemands, il renonça à son projet.

Cette réputation venait de loin. Les appréciations données en 1925 par le préfet de la Savoie (dont Moulin était, à vingt-six ans, le chef de cabinet), lorsqu'il le proposa pour un poste de sous-préfet, méritent d'être connues car elles seront toujours confirmées à mesure de sa progression dans la hiérarchie.

« Hygiène – Tenue : *Agréable, tenue correcte et élégante.*

« Intelligence et jugement : *D'une intelligence très développée et d'un esprit ouvert et averti. Possède un jugement très sûr et supérieur aux hommes de son âge.*

« Connaissances administratives : *Développées pour sa situation.*

« Instruction générale : *Développée.*

« Valeur professionnelle : *Excellente.*

« Valeur morale : *Absolue.*

« Caractère – Décision : *Droit et sûr – Montre dès maintenant beaucoup de décision.*

« Considération et relations : *Très bien considéré dans un pays de relations difficiles.*

« Activité extérieure : *Très actif.*

« Habitude du travail – rapidité et régularité dans l'expédition des Affaires :

Travailleur, montre une très grande régularité dans l'expédition des affaires, qu'il comprend rapidement et expédie de même.

« Antécédents politiques : *Fils d'un républicain éprouvé, conseiller général de Béziers (Hérault) et lui-même un républicain sûr.*

« Direction actuelle : *Républicain*[8]. »

Jean Moulin était conscient de sa valeur et très désireux de faire reconnaître ses mérites. L'échange de correspondances avec son père au sujet de cette nomination comme sous-préfet, qui tardait à venir, est un modèle d'obstination et d'intelligence stratégique[9].

Défense de ses droits et rapidité de décision, il eut maintes occasions de manifester cette attitude, sans s'arrêter, parfois, à la crainte d'un affrontement avec ses supérieurs.

S'il entendait être un administrateur irréprochable dans ses fonctions, il faisait preuve, partout et toujours, de la plus grande indépendance, pour ne pas dire imprudence, dans l'expression de ses opinions politiques, qu'il souhaitait défendre en toute liberté. Un incident avec André Tardieu, homme de droite, alors ministre de l'Intérieur, révèle ce trait.

Lors des élections législatives de 1932, il est sous-préfet à Châteaulin (Finistère). Les « républicains » (comprendre la gauche) attendent les élections pour reprendre la majorité. Le candidat des républicains dans le Finistère est Jean Daniélou, de la gauche modérée, un ami de Jean Moulin. Le soutenir, c'est affronter directement Tardieu. Bien entendu, Moulin est dénoncé par un journal catholique breton : *« Il fait de la propagande électorale* [...] *illégale et extra-administrative. Car à première vue, un sous-préfet ne semble pas créé, mis au monde et payé par le gouvernement pour se livrer au racolage électoral*[10]. »

Au premier tour, Daniélou est mis en ballottage à cause d'une candidature de diversion suscitée par Tardieu. Le ministre va-t-il avoir la « peau de Daniélou » comme il l'a annoncé ? Craignant l'intervention de son sous-préfet, il le convoque à Paris et lui intime l'ordre d'y demeurer durant la campagne du deuxième tour[11]. Malgré cette précaution, Daniélou est élu *(« mais cela n'a pas été sans mal »)* et Moulin se félicite de cette brimade : *« Ma position est maintenant (grâce à Tardieu) excellente et j'aurai pour moi quand il faudra, toute la représentation républicaine du département*[12]. »

Pour fêter la victoire, un banquet de cinq cents personnes fut organisé, auquel assistaient huit parlementaires ainsi que le sous-préfet. L'aigre compte rendu du journal conservateur, *Le Progrès du Finistère*, souligne l'ampleur du succès : *« Lorsque s'avance M. Moulin, il est acclamé par les convives qui le tiennent en haute estime, ont su apprécier ses qualités d'administrateur et veulent lui prouver leur reconnaissance pour sa ferme attitude aux élections dernières.* [...] *Le sénateur Lancien félicite M. Moulin, sous-préfet de Châteaulin, qui fut à la peine, mais qui est aujourd'hui à l'honneur. Il espère le voir rester longtemps dans ce département où il compte de nombreuses sympathies* [...]. *M. Daniélou dit toute sa gratitude à M. Moulin, sous-préfet de Châteaulin, dont il n'a pas oublié le dévouement lors de la campagne électorale. C'est une véritable pluie de roses, un déluge de bénédictions qui s'abat sur l'honorable M. Moulin. C'est lui le grand triomphateur de la journée. Ce sont ses peines, son "dévouement" et son succès qu'on paraît fêter, beaucoup plus que la victoire de M. Daniélou.*

« [...] *Ce qui nous semble le plus choquant, c'est de voir célébrer la victoire de M. Daniélou comme la victoire d'un "parti républicain". Des deux candidats,*

M. Larvol faisant, avec la seule aide de ses amis, une campagne franche et correcte, et M. Daniélou utilisant un sous-préfet comme agent électoral, avec les pressions officielles et officieuses que suppose ce genre de besogne, reste à savoir quel est le "fasciste" et quel est le "républicain" [13]. »

Toujours à Châteaulin, l'année suivante, le préfet ayant changé, Moulin fut en butte aux vexations médiocres du nouveau venu. L'occasion en fut un droit de péage que Moulin n'acquittait pas, grâce à une carte d'exonération établie par le secrétaire de la préfecture afin de faciliter ses relations administratives avec les services de Brest et des arrondissements voisins. En réponse aux observations du préfet, Moulin expliqua les raisons de cette exonération et acheva sa lettre par un long plaidoyer démontrant au préfet l'absurdité de la critique : « *Si l'exemption, dont il a été l'objet jusqu'à ce jour, est supprimée au sous-préfet de Châteaulin, il se produira le fait suivant : lorsque ses affaires l'appelleront à Brest, au lieu d'y aller par ses propres moyens, il empruntera le service des autobus départementaux. Ainsi, non seulement il ne versera pas dans la caisse départementale la taxe de péage de 3 francs, mais il en coûtera chaque fois 20 francs au service des autobus. Je suis persuadé que ce n'est pas là le but recherché par la lettre, que, soucieux des deniers départementaux, vous m'avez fait l'honneur de m'adresser* [14]. »

Tout en ne cédant rien sur le fond, Jean Moulin comprit qu'avec cette affaire, au-delà d'incidents médiocres, il était dans une impasse. Aussi n'hésita-t-il pas sur les moyens et fit-il intervenir deux membres du gouvernement de ses amis, Pierre Cot et Jean Daniélou : quinze jours plus tard, il était muté à la sous-préfecture de Thonon.

Lors du départ du sous-préfet, de nombreuses marques de sympathie lui furent adressées. L'une d'entre elles est particulièrement significative car elle concerne ses opinions. Elle émane du marquis d'Amphernet, maire de Pleyben, avec qui le sous-préfet s'était lié d'amitié. « *Nous sympathisions dans le culte des questions d'histoire, de philosophie et de politique* [...]. *Sa culture était aussi étendue que profonde* [...] *à la hauteur de sa vive intelligence.* [...] *Quoique très ancré dans ses convictions de républicain laïc, il était trop intelligent pour être sectaire* [15]. » Ce dernier jugement est un leitmotiv que l'on entendra tout au long de sa carrière.

Des circonstances plus épineuses lui permirent de manifester ses qualités de manière éclatante. Ce fut en mai 1935 dans la Somme, lors d'une séance du conseil général, haut lieu de la tactique et de la diplomatie administratives. À cette époque, il était secrétaire général de cette préfecture et remplaçait le préfet absent pour raisons de santé. Les conseillers généraux, misant sur la jeunesse apparente du nouveau venu, en profitèrent pour remettre en cause le projet de budget départemental.

Une discussion technique ardue s'engagea, durant laquelle Jean Moulin dut se battre pied à pied pour défendre en détail tous les chiffres avancés par les services (assistance médicale, assurés sociaux, assistés, travaux publics, etc.). Le procès-verbal permet aujourd'hui de suivre ce débat. Jean Moulin argumenta avec passion, citant des exemples et justifiant le point le plus attaqué : l'inscription de crédits déjà engagés dans le nouveau budget, sous le titre « Crédits prévus pour les dépenses d'assistance des exercices antérieurs ».

Cette joute technique, où les conseillers semblaient excités de rencontrer un tel interlocuteur, fit rebondir la discussion sur le comportement du préfet qui croyait bon de ne pas soumettre au conseil un projet concernant les travaux routiers et qui refusait de lui-même les dépenses proposées qu'il estimait excessives.

Justifiant cette initiative, Jean Moulin répondit sur le plan des principes : *« Si vous voulez qu'il y ait de l'ordre dans la maison, il faut tout de même que le chef demeure le chef. »*

En toute occasion, il en justifia la raison : *« M. le Préfet est appelé très souvent à demander à ses services des propositions qu'il n'est pas obligé de retenir. Où irions-nous si nous entrions dans cette voie ? On veut relever l'autorité ; il ne faudrait pas qu'on s'ingéniât à la diminuer dans le Département*[16]. »

Finalement, au terme de ses brillantes démonstrations, son plus tenace contradicteur finit par rendre les armes et conclut : *« Je termine en renouvelant mes compliments à M. le secrétaire général qui vraiment, nous a montré qu'il était apte à faire un préfet dans un délai très court*[17]. » Formule approuvée par le président : *« C'est le vœu unanime du Conseil général*[18]. »

Nulle part, il ne manifesta avec plus d'éclat qu'à Rodez, en 1937 et 1938, son courage dans la défense de ses convictions. Ses fonctions antérieures auprès d'un ministre du Front populaire semblaient scandaleuses dans ce département conservateur, où le président et la plupart des conseillers généraux étaient sympathisants du Parti social français (P.S.F.) du colonel de La Rocque. Toutefois siégeait, parmi eux, un autre ministre du Front populaire, Paul Ramadier. Le 16 avril 1937, la présentation du préfet fut l'occasion d'une véritable sommation de la part du président du conseil général : *« Contre ceux qui voudraient les asservir, les hommes et le sol de chez nous ont toujours dressé leur fière énergie et leurs redoutables obstacles ; mais à ceux qui les comprennent et les défendent, ils donnent généreusement leur cœur et leur sourire.*

« Permettez-moi de penser que vous voudrez être le continuateur de ces préfets qui voulurent être non des partisans, mais les bons pionniers de la prospérité aveyronnaise.

« [...] *Je me contenterai de vous dire que la prudence est une qualité plus précieuse que l'audace.*

« [...] *N'êtes-vous pas las des discours, n'êtes-vous pas impatients que, dans l'ordre, le respect du travail, la sécurité de l'épargne, la liberté des citoyens, se rétablisse dans notre patrie troublée, la grande coopération sociale, seule créatrice de progrès, d'aisance et de paix*[19] *? »*

Jean Moulin, dont c'était le premier poste de préfet, saurait-il faire face à cette mise en demeure ? Parce qu'il était directement visé, il se trouvait dans une situation plus délicate que lorsqu'il n'était, à Amiens, que le jeune remplaçant de son patron.

L'aspect juvénile du nouveau venu, surtout au sein de cette assemblée de notables rassis, pouvait les tromper sur sa carrure, d'autant que sa courtoisie naturelle ne laissait pas deviner la fermeté de son caractère : « [...] *J'ai la ferme intention d'étudier avec vous les problèmes qui vous préoccupent, ceux qui touchent à l'essor économique du département. Je compte me pencher avec vous sur ceux qui peinent à l'usine, comme à la terre, et qui ont besoin de notre sympathie et de notre aide pour ne pas perdre, par un retour de l'esprit conservateur ou par leurs propres excès, le bénéfice d'améliorations sociales tant attendues et si justement méritées. Je voudrais me pencher aussi avec vous, sur ceux qui souffrent et envers lesquels nous avons des devoirs d'autant plus impérieux qu'ils se trouvent sans voix pour faire entendre leurs doléances. »*

Ces prémices à peine conciliantes indiquaient aux conseillers qu'ils auraient peut-être quelques difficultés à mater cet inconnu au passé sulfureux. Pourtant, ce n'était qu'une amorce en douceur, comme le montra son hommage appuyé à Paul Ramadier :

« Qu'il veuille bien me permettre de saluer plus spécialement en lui le collaborateur d'un gouvernement qui a su, en quelques mois, sous la conduite d'un chef qui a accru le prestige de sa fonction [Léon Blum], *apporter plus de bien-être et plus de justice chez les travailleurs, activer la reprise économique et redonner à notre pays sa vraie place dans le monde, au premier rang des grandes démocraties.*

« Je voudrais, en terminant, messieurs, puisqu'aussi bien j'ai été amené à sortir du cadre du département, lancer moi aussi un appel à la sagesse, au sentiment national, à l'union de nos concitoyens. On peut, voyez-vous, n'être pas d'accord sur la forme et les moyens du gouvernement et c'est la force d'un grand pays libre d'admettre toutes les critiques. Mais croyez-vous qu'il soit nécessaire d'en venir à certains excès ? Croyez-vous qu'il soit utile de multiplier les manifestations violentes qu'elles soient oratoires ou motorisées ? Mon vœu le plus cher serait que, quelles que soient les doctrines qui s'affrontent, on conservât le sentiment élevé de la dignité humaine et qu'on n'oubliât point, lorsqu'on parle du gouvernement, qu'il s'agit du gouvernement de la France et de la République[20]. »

Cette affirmation de ses opinions ne fut pas réservée aux seuls élus. Un journal local ayant attaqué Pierre Cot, son ancien patron, il prit publiquement sa défense. Le journal publiait un entrefilet cinglant affirmant que *« Pierre Cot qui est hélas ! bien placé pour savoir ce que vaut l'aviation qu'il a sabotée, se fit muter par décret spécial dans l'artillerie* […]. *Ce personnage avait pris ses précautions, mais les pilotes français ne l'oublieront pas*[21] ».

Bien que épargné par cette critique et n'ayant aucun droit de réponse, le préfet Jean Moulin écrivit, cependant, au journal : *« Comme préfet de l'Aveyron, je me suis abstenu et m'abstiendrai de toute polémique politique. Mais je tiens à vous prévenir qu'il y a deux choses auxquelles je ne permettrai à quiconque de porter atteinte : c'est au patriotisme et au courage de mon ancien chef. »* Jean Moulin retraçait alors la conduite héroïque de Cot durant la guerre 1914-1918 : engagé volontaire à dix-huit ans, gazé et blessé à Verdun, il avait participé aux opérations jusqu'à l'armistice. Cela lui avait valu cinq citations et, pour finir, la Légion d'honneur. *« Jeune officier qui s'est signalé par sa crânerie et son sang-froid. Toujours volontaire pour les missions les plus périlleuses. »*

Le journal publia cette lettre en la faisant suivre d'une furieuse attaque contre Cot et sa politique qui se terminait par une citation de l'un des vice-présidents du parti radical-socialiste, auquel appartenait l'ancien ministre : *« Nous tenons M. Pierre Cot pour un criminel envers la patrie et nous l'écrivons*[22]. »

Jean Moulin comprit où le journal cherchait à l'entraîner et refusa un débat politique qu'interdisaient ses fonctions. Il répondit aussitôt pour mettre un point final à cette algarade : *« Vous avez bien voulu publier cette mise au point.*

« Je vous en remercie.

« Quant à vous suivre dans une discussion politique sur l'activité d'un homme politique, je vous dis nettement non.

« […] *Ce n'est pas mon rôle. Et ce n'est pas à l'heure où le pays a plus besoin d'union que de débordements de haine, que je me départirai de cette conduite.*

« *C'est votre droit de juger des faits et des hommes politiques, et c'est l'honneur de notre régime de permettre de ne pas laisser injustement accuser de lâcheté un homme dans l'adversité*[23]. »

Quelle serait l'attitude des conseillers conservateurs devant ce qui pouvait apparaître comme une provocation ?

Jean Moulin le découvrit quelques mois plus tard, au moment de son départ pour Chartres, sa nouvelle affectation. Il put mesurer la place qu'il avait prise parmi ces notables si réticents, pour ne pas dire hostiles à son arrivée. Dès que le président du conseil général de l'Aveyron connut la nouvelle, il lui écrivit : « *J'ai vraiment de la peine et cela prouve que je vous aimais bien.* » Il le confirma publiquement lors de la réception du successeur de Moulin : « *Nous aimions son caractère, son indépendance, nous admirions la jeune et déjà solide compétence administrative et cette vivacité d'intelligence qui permettait d'augurer qu'il serait chez nous un grand préfet.*

« […] *Il était jeune et le fils de la Provence partit vers d'autres soleils. Et c'est pour qu'il comprenne combien nous tenions à lui que je veux que les adieux que je lui adresse contiennent quelques reproches à côté de beaucoup de regrets*[24]. »

Ces réactions ne pouvaient qu'encourager Jean Moulin dans sa conduite. Quels que soient le sujet et l'interlocuteur, cette fermeté se retrouva toujours dans la défense de ses convictions, de sa tâche et dans ses engagements.

On le constate dans des circonstances périlleuses pour l'ancien préfet. Révoqué en novembre 1940 par le gouvernement du maréchal Pétain, Moulin fut convoqué le 21 mai 1941 à titre de témoin lors de l'instruction du procès de Riom. Dans la France de Vichy, cet ancien préfet du Front populaire, mis en présence d'un juge d'instruction qui enquêtait sur son ancien patron, aurait dû faire preuve de quelque prudence. Or, que dit-il ? « *A mon avis, M. Pierre Cot a été l'homme le plus mal jugé de son époque et je lui conserve toute mon estime tant sur le plan politique que sur le plan intellectuel et moral. Par ailleurs, son patriotisme ne peut être soupçonné. Il avait eu une très belle conduite pendant la guerre et il a continué à manifester son patriotisme pendant toute la durée de son ministère. Il a fait, à mon avis, tous ses efforts pour améliorer l'état de l'aviation dans les limites des possibilités qui lui étaient offertes et des crédits qui lui étaient accordés*[25]. »

Convictions et engagements

Républicain et radical par tradition familiale, Jean Moulin comme beaucoup d'hommes de sa génération évolua vers une gauche plus catégorique. Mais, sur les principes, il hérita de l'essentiel défendu par son père. Celui-ci avait été marqué par les luttes pour édifier une République radicale contre les monarchistes, les cléricaux et l'Église. Lui se battit pour des réformes en faveur d'une démocratie politique et sociale. Toutefois, devant la montée du socialisme, il rejeta la lutte des classes et la révolution. Il souhaitait limiter les excès du capitalisme sans le renverser.

Antonin Moulin incarnait *« une France attachée au progrès, à la reconnaissance des mérites individuels et à l'égalité des chances que doit garantir le développement de l'instruction publique*[26] ». Tel fut le point de départ du jeune Jean Moulin.

Lors des élections de 1919, les radicaux furent rendus responsables des difficultés rencontrées pendant la guerre. Craignant d'être grignotés par les socialistes, ils refusèrent la formation du Bloc des gauches et favorisèrent de ce fait le raz de marée de la Chambre bleu horizon. Cet échec, Jean Moulin, jeune attaché de cabinet du préfet de l'Hérault, en fut le témoin direct puisque ce fut sa première expérience des élections législatives.

Pourtant, c'est l'époque où, à vingt-deux ans, il adhéra aux Jeunesses laïques et républicaines (le mouvement des jeunes du parti radical). De toute sa carrière, ce fut sa seule adhésion à un parti. Probablement à cause de l'obligation de réserve, mais sans doute aussi parce que la doctrine radicale ne pouvait proposer qu'un idéal qui paraissait suranné à une jeunesse éprise de justice sociale.

C'est en tout cas ce que l'on peut observer dans une lettre qu'il écrivit à son père en 1925 alors qu'il venait d'observer, depuis son poste de chef de cabinet du préfet de la Savoie, les coulisses des élections législatives où fut remplacée la Chambre bleu horizon. N'ayant ni les mêmes expériences ni les mêmes préventions que son père, il analysait la situation de manière pragmatique : *« Il est d'ailleurs un fait certain, c'est qu'à l'heure actuelle la formule du Cartel des gauches fait le maximum. Il y a comme cela des courants qu'on ne remonte pas. On a beau mettre des imbéciles ou des crapules sur une liste, elle passera si elle a l'étiquette du Cartel. Le coefficient de sympathie ne joue plus. Qu'on le veuille ou non, toutes les élections sont devenues des élections politiques. D'ailleurs, le Cartel n'est pas si mauvais que cela et ce n'est pas toujours, comme on le prétend, un marché de dupes avec les socialistes. Tu as pu voir en effet que dans beaucoup de localités où le Cartel ne s'est pas fait, ce sont les socialistes seuls qui sont passés.*

« Votre grosse erreur, à quelques-uns, c'est de n'avoir pas cru au succès du Cartel[27]. »

Après être devenu sous-préfet d'Albertville, il apporta en conséquence son soutien à la candidature de Pierre Cot, qui devint député radical-socialiste de Savoie. Toutefois, si, sur la question sociale, les opinions de Jean Moulin évoluaient, il restait fidèle à l'engagement de son père, qui avait fait campagne en faveur de la politique d'arbitrage et de sécurité collective. Sous-préfet de Châteaulin en 1931, il profita en effet des critiques répandues par la presse contre la Société des nations (à propos de la guerre entre la Chine et le Japon), pour proclamer sa foi dans cette institution : *« Je voudrais simplement dire à ceux qui, de bonne foi, accusent d'impuissance l'organisme de Genève et proclament la vanité de ses efforts : Oui, certes, les événements tragiques qui se déroulent à l'autre bout du monde semblent vous donner raison. Oui, le canon gronde et le sang coule en Extrême-Orient. Faut-il pour cela fermer la S.D.N. et mettre sur sa porte : "Fermée pour cause de faillite" ? Eh bien non. J'estime tout au contraire que, si elle n'existait pas, c'est maintenant qu'il faudrait la créer. Jamais ne s'est fait sentir avec autant d'acuité le besoin d'avoir un frein qui arrête les passions des peuples. Le frein est loin d'être parfait. Il demande à être amélioré, renforcé. Il faudrait être fou pour le rejeter. Utopie, a-t-on dit. Utopie aujourd'hui, réalité demain. Autrefois, les conflits particuliers se réglaient par la violence, et la raison du plus fort tenait lieu de code. Puis, à ces moyens primitifs se sont substitués les tribunaux. Est-il tellement vain d'espérer que ce qui a été fait pour les particuliers pourra un jour se faire pour les peuples ? En toute conscience, je dis : non. Sans nous abandonner à un pacifisme fait de basse démagogie, aussi méprisable pour un peuple digne de ce nom qu'un nationalisme outrancier, travaillons à organiser la paix avec sagesse, avec méthode, avec fermeté pour qu'à jamais soient bannis le spectre de la guerre et son lugubre cortège de ruines, de douleurs, de deuils et qu'enfin, notre beau pays, animé d'une foi généreuse, sûr de ses lendemains, puisse réaliser pleinement ses aspirations*[28]. »

L'année suivante, en 1932, au moment de la mort d'Aristide Briand, apôtre de la paix et de la réconciliation franco-allemande dans une Union européenne, il proclama : il *« sera devant l'histoire un des plus grands serviteurs de l'humanité*[29] ».

Cet attachement à la paix se retrouva quelques années plus tard au Rassemblement universel pour la paix (R.U.P.), lancé en décembre 1935 et dont Pierre Cot fut l'un des présidents. Jean Moulin n'en fut pas adhérent (par devoir de réserve), mais il est évident qu'au plus fort de son engagement aux côtés de Cot il se trouvait mêlé à cette mouvance.

L'intérêt de cet épisode, témoignant de l'idéal de paix de Moulin, s'arrêterait là si la cheville ouvrière du R.U.P. n'avait été Louis Dolivet, qui fut dès l'origine soupçonné (avec quelques raisons, comme l'ont montré des archives soviétiques) d'avoir été un agent de l'Internationale communiste[30].

Les deux hommes nouèrent à cette époque d'excellentes relations sur lesquelles, faute de documents ou de correspondance, on en est réduit aux conjectures : ils se voyaient, mais avec quelle fréquence ? Était-ce avec d'autres amis ? Quelle opinion Moulin avait-il de Dolivet ? Bien des choses séparaient le haut fonctionnaire provincial de l'immigré roumain mondain et plein d'entregent. Mais Moulin pouvait aussi concevoir quelque admiration pour l'enthousiasme militant et la réussite foudroyante de son cadet, homme d'imagination, de conviction et d'action. Leur jeunesse, leur goût commun pour les conquêtes féminines, l'aplomb et le charme de Dolivet firent sans doute le reste. Quant aux accusations portées contre Dolivet, comment Moulin aurait-il pu leur accorder le moindre crédit alors que Cot était presque journellement vilipendé pour trahison dans les colonnes des journaux de droite ?

Durant la même période de l'été 1936, Moulin fit une autre connaissance : celle d'André Labarthe, chef de cabinet du secrétaire d'État à l'Air, avec lequel il sympathisa dans la cause de l'Espagne républicaine. Hâbleur, mais séduisant et doué, Labarthe fut aussi de son cercle de relations. Or, il est avéré qu'il fut un espion soviétique, probablement à partir de 1935[31]. Ces faits, attestés aujourd'hui par les archives, étaient bien sûr ignorés à l'époque et ultérieurement, quand Labarthe appartint à la France Libre puis à l'équipe du général Giraud.

Cela n'empêche pas que, dans ce cas comme dans celui de Dolivet, ces fréquentations aient été utilisées par les professionnels de l'amalgame, avec un grand souci d'enjolivement pour jeter le doute sur les opinions et les engagements de Moulin, voire pour le calomnier ouvertement. C'est là recycler la méthode bien stalinienne du « délit d'entourage », pour reprendre la formule de Jean-Pierre Azéma, étendue à un simple délit de fréquentation.

Deux événements tragiques, les émeutes du 6 février et la guerre d'Espagne, marquèrent durablement Jean Moulin. Ils renforcèrent ses principes et orientèrent ses choix futurs.

Chef de cabinet du ministre de l'Air, au soir du 6 février 1934, il avait connu les deux faces hideuses de l'émeute. Sur le pont de la Concorde, il avait vu les forces de l'ordre débordées et il avait entendu les coups de feu partir des rangs des manifestants. Leur haine pour la République l'avait bouleversé. Mais, à la Chambre, il avait observé la panique des parlementaires, la faiblesse du président du Conseil (Édouard Daladier) et soupçonné *« la veulerie et l'affolement »* du président de la République (Albert Lebrun). En somme, la capitulation des hommes chargés de défendre l'ordre et les lois devant le complot de la rue : *« La seule chose regrettable dans tout cela est que le chef du gouvernement responsable n'ait pas rétabli l'ordre comme c'était son devoir »*, écrivit-il à ses parents[32].

Ce souci de faire triompher l'autorité de l'État, on l'observe en toute occasion. Quelques mois après le 6 février 1934, par exemple, il fut nommé secrétaire général de la préfecture d'Amiens. À peine était-il installé que le préfet prit ses vacances, laissant Jean Moulin seul confronté, et pour la première fois de sa vie, à un conflit social. Celui-ci se déroulait à Flixecourt, une bourgade où était située une usine de tissage des Établissements Saint-Frères, employant quatre cent quinze ouvriers. Le 25 août 1934, pendant le dépôt d'une gerbe au monument aux morts, un ouvrier, S…, avait crié « Vive les soviets ». Provoquant le rassemblement de plus de six cents personnes autour de lui, il les exhorta à s'unir contre le capitalisme en précisant : *« La garde mobile et la gendarmerie sont à la disposition des coffres-forts*[33]*. »*

Deux jours plus tard, S…, convoqué par la direction afin de s'expliquer, refusa de s'y rendre et entraîna durant toute la matinée ses camarades dans une grève, scandée par *L'Internationale*. Saint-Frères décida alors de le licencier et de fermer l'usine.

Jean Moulin, seul à la préfecture, télégraphia au ministre de l'Intérieur. *« J'ai immédiatement pris toutes les mesures nécessaires en vue d'assurer le maintien de l'ordre. 30 gendarmes dont 10 à cheval ont été envoyés* […]. *Si la grève s'étend, je ferai appel au peloton de la Garde mobile casernée à Abbeville*[34]*. »*

Sur le terrain, la situation se dégradait après le licenciement d'une vingtaine de camarades de S… Jean Moulin intervint alors pour empêcher l'extension du conflit : *« Le mouvement de grève menaçant de s'étendre à toute la région de Flixecourt* […] *je suis intervenu, auprès des délégués ouvriers, pour leur demander de ne pas persister à se solidariser avec S..., s'ils voulaient arriver à une solution du conflit. J'ai, d'autre part, insisté auprès des dirigeants des établissements Saint-Frères pour qu'ils limitent leurs sanctions à l'ouvrier S..., seul responsable de l'incident de dimanche. Je ne leur ai pas caché les conséquences graves que pourrait* [a]*voir une attitude plus intransigeante. Après en avoir référé, les délégués ouvriers à leurs camarades et les directeurs à leur comité de direction, ils ont fini par me suivre dans cette voie et la rentrée s'effectue ce matin, sans défection, après le licenciement de S…*[35]*. »*

Mais c'est un événement international qui allait pousser Jean Moulin à agir pour soutenir son idéal. Alors qu'il était devenu chef de cabinet du ministre de l'Air du Front populaire, Pierre Cot, débutait en Espagne l'insurrection armée du général Franco contre le gouvernement légal républicain. Après des atermoiements, Léon Blum, en dépit d'un accord d'assistance précédemment entériné avec le gouvernement républicain espagnol, refusa d'intervenir. C'est alors que quelques ministres, dont Pierre Cot, avec l'aval tacite de Blum, décidèrent de fournir une aide militaire aux républicains. Son ministère était chargé de fournir des pilotes et des avions[36].

Étant donné le caractère clandestin de cette opération, ignorée des services officiels, c'est Jean Moulin qui, à cause de ses fonctions, fut chargé de la mettre en œuvre. Pour cette raison, il n'existe pas de documents sur cette affaire, dont on trouve pourtant la trace dans le réquisitoire du procès de Riom : *« C'est le chef de Cabinet, M. Moulin, qui fut chargé de toutes les questions soulevées par cette assistance clandestine au mouvement républicain espagnol.*

« Des avions de guerre, au nombre d'au moins une quarantaine, mais vraisemblablement en nombre plus élevé, ont été cédés dans ces conditions aux Républicains espagnols. On évita, pour plus de discrétion, que ces appareils fussent prélevés sur le matériel pris en compte par l'Armée de l'Air. Les avions cédés furent pris parmi ceux, commandés par l'Etat pour l'Armée de l'Air, mais encore en voie de finition dans les ateliers des constructeurs. Sur le prix de ces appareils, l'Etat avait versé des acomptes représentant en général les 2/3 de leur valeur.

« Il importe peu que ces cessions aient été effectuées sous des formes plus ou moins régulières. Le préjudice était, dans tous les cas, certain pour la Défense Nationale Française. Sans doute, l'avion parti pouvait être remplacé par une nouvelle commande, mais toute la fabrication était à reprendre dès l'origine, d'où résultait fatalement un retard de plusieurs mois dans la prise en compte par l'Armée de l'Air.

« La preuve est rapportée que plusieurs des avions livrés étaient des appareils modernes. Certains étaient des avions "tête de série". L'un d'eux, fait particulièrement grave, était un prototype.

« [...] *La preuve est faite que ces ordres émanaient sinon du Ministre lui-même, du moins de membres de son Cabinet. Il s'agit là d'ordres si répétés qu'il n'est pas possible que le Ministre les ait ignorés et qu'ils n'aient pas été donnés d'accord avec lui.*

« Pierre Cot ne pouvait donc être de bonne foi lorsqu'à plusieurs reprises il nia, devant le Parlement, à la Chambre et au Sénat, la réalité des livraisons à l'Espagne[37]. »

Ces déclarations effectivement inexactes de Pierre Cot avaient été dénoncées pendant l'été 1936 par la presse de droite, en particulier *L'Action française*, qui avait entrepris, fin août, une campagne quotidienne contre le « galopin sanglant ». Par ailleurs, Henri de Kerillis, autre journaliste de droite, évoquait, le 27 décembre 1936, le rôle de Jean Moulin : *« Celui qui fait le jeu d'Hitler, celui qui porte un irréparable préjudice moral à son pays, c'est le ministre qui livre des avions en Espagne au moment où le gouvernement français proclame à la face du monde sa neutralité et M. Pierre Cot le sent tellement bien qu'il essaie déjà de se disculper, qu'il fait retomber sur son chef de cabinet Moulin la responsabilité de la lourde faute commise.*

« Mais nous nous moquons de ce M. Moulin que l'on semble vouloir nous jeter en pâture. Le coupable c'est le ministre de l'Air responsable, et lui seul[38]. »

La conclusion de cette campagne résumée en une phrase était toujours la même : *« Quant à Pierre Cot, il doit des comptes à la Haute Cour*[39]. »

Ces escarmouches avaient débuté dès le mois de juillet, à propos de la vente aux Russes d'un canon de 23 mm que leur avait promis Marcel Déat, le ministre précédent. Ce qui avait incité le même Kerillis à titrer (le 6 juillet) : « *Sommes-nous un dominium des Russes ?* » Quatre jours plus tard, il interpella Pierre Cot à la Chambre : « *On ne met en commun ce qu'on a que le jour de la déclaration de guerre, car ce jour-là seulement, on sait quels sont ses véritables amis et ceux qui vous abandonnent* [...]. *Si vous êtes liés à la Russie des Soviets par un pacte, vous ne pouvez oublier que, voici peu de temps, la Russie des Soviets était liée à l'Allemagne par le traité de Rapallo, et vous ne pouvez pas nous garantir à qui elle sera liée demain ; vous n'en savez rien*[40]. »

Dès lors, Pierre Cot fut quotidiennement accusé d'être un traître et un agent de Moscou.

Ce qu'avait révélé le procès de Riom sur le rôle de Jean Moulin dans l'aide à l'Espagne républicaine fut confirmé, en 1945, par Pierre Cot : « *En 1936, Jean Moulin fut un partisan convaincu de l'Espagne républicaine. La guerre civile espagnole était le premier épisode de la guerre internationale entre les partisans de la dictature fasciste et ceux de la liberté, et nous fîmes ensemble tout ce qui dépendait de nous pour aider et ravitailler ceux qui défendaient la cause démocratique. C'était hélas ! bien peu de chose. Du moins avons-nous contribué, par nos envois (comme les volontaires français des Brigades internationales y contribuaient par leur sacrifice), à sauver l'honneur de la démocratie française. Les quelques avions qui firent échouer les premières attaques franquistes sur Madrid furent expédiés grâce à Jean Moulin*[41]. »

Cet engagement auprès des républicains espagnols fut son premier combat contre le fascisme, dont la nuit du 6 février 1934 lui avait révélé les menaces.

Quant aux principes sur lesquels étaient établies ses opinions, il les définit lui-même, au printemps de 1939 : « *Je suis de ceux qui pensent que la République ne doit pas renier ses origines et qu'elle doit tout au contraire, se pencher avec fidélité, avec respect, sur les grandes heures qui ont marqué sa naissance.* [...] *Dans un temps où, de par le monde, les valeurs spirituelles, les principes de libéralisme, la dignité même de la personne humaine sont bafoués au nom de je ne sais quel réalisme politique, ce n'est pas sans émotion que l'on peut évoquer la figure de cet adolescent* [Marceau, le général de la Révolution] *venu spontanément, sans arrière-pensée, de la bourgeoisie vers le peuple pour travailler avec lui à sa libération avec tout l'élan de son cœur et toute la force de son patriotisme*[42]. »

L'inauguration d'une exposition sur la Révolution française, dont on célébrait le cent cinquantième anniversaire, lui permit de renouveler cet attachement aux grands principes. Il souhaitait que les maîtres « *se penchent, avec leurs élèves, sur ce grandiose passé et leur fassent acquérir le sentiment de toutes les grandes idées humanitaires et généreuses qui ont conduit les hommes libres depuis 150 ans, idées que l'on a trouvées dans le creuset de la République*[43] ».

1939-1940 :
le préfet applique la loi contre les communistes

Le Pacte germano-soviétique porta un coup d'arrêt à l'évolution idéologique de Moulin, amorcée dans l'espérance qu'avait soulevée le Front populaire. Trompé dans ses espoirs et sa confiance, il se trouva en plein accord avec Pierre Cot quand celui-ci écrivit le 28 août 1939 : « *Le monde entier s'indigne de la volte-face soviétique. Ceux qui luttent contre le fascisme ont eu l'impression de recevoir un coup de couteau* [...]. *Staline, lui, n'a pas fait de sentiment, mais un froid calcul. Je pense que ce calcul est faux et que Staline sera le mauvais marchand de sa triste opération.*

« [...] *L'avenir nous dira de quelles souffrances, la Russie et l'humanité vont payer cette erreur*[44]. »

Passant des paroles de son patron aux actes administratifs, Jean Moulin appliqua fermement durant l'hiver 1939-1940 les directives gouvernementales à l'encontre du parti communiste. Il fut aidé en cela par Charles Porte, commissaire spécial de Chartres, qui témoigna : *« Dès le début de la guerre, en 1939, devant l'attitude des communistes, je n'ai pu demeurer témoin de leur action défaitiste et démoralisante sans réagir. A Chartres, j'ai exécuté les instructions du gouvernement en ce qui concerne la dissolution du parti communiste et j'ai mis fin à l'activité des communistes*[45]. »

Il est vrai que le parti n'était guère implanté en Eure-et-Loir, bien que ses adhérents fussent à la tête des principaux syndicats ouvriers. Dès le 26 août 1939, Jean Moulin fit saisir *L'Humanité* et *Ce soir* dans le département. Le 27 septembre 1939, le gouvernement décrétait la dissolution du parti. Au procureur de la République de Chartres qui lui demandait son avis sur la libération des trois communistes mobilisables sur sept emprisonnés, Jean Moulin répondit par un refus, *« en raison des motifs des condamnations qu'ils purgent »*. Il maintint également en prison d'autres militants, dont le frère d'André Marty, et fit déplacer et interner dans l'Ariège un communiste espagnol, membre d'un réseau d'entraide[46].

Le 9 décembre, Jean Moulin informait le ministre de l'Intérieur de tracts découverts chez des cheminots : *« En vue de procéder à une enquête plus approfondie sur cette affaire, j'ai l'intention de faire effectuer des perquisitions chez les nommés D..., E..., F... et chez le nommé F..., répétiteur au collège de Dreux, communiste militant, qui pourraient éventuellement posséder certains de ces tracts.*

« [...] *Il y aurait intérêt à ce que ces perquisitions soient faites simultanément*[47] », ajoute-t-il, en réclamant le renfort d'un commissaire et d'un inspecteur.

Le 20 janvier 1940, la Chambre votait à l'unanimité la déchéance des députés communistes.

Dans *L'Œuvre* (journal dont Moulin était un fidèle), Albert Bayet exprima sa déception à l'égard de leur conduite : *« Oui, je suis de ceux qui ont ressenti le plus cruellement la trahison des chefs communistes. J'avais cru, pourquoi m'en cacher, à la sincérité de leur patriotisme, de leur antinazisme. J'ai été trompé, je n'en rougis pas : on trompe aisément ceux qui sont de bonne foi. Mais, dans cette déception, il me reste le sentiment réconfortant d'être en plein accord avec les masses ouvrières, pacifistes comme nous, patriotes comme nous, et comme nous, résolues à faire sortir de la victoire un monde plus juste et plus beau.*

« [...] *Qu'on ne vienne pas me dire que c'est là "de la politique". Je réponds, avec l'évidence, que c'est de la trahison : trahison envers la démocratie, trahison envers l'idéal*[48]. »

Ce n'est pas solliciter ce texte que d'affirmer qu'il reflète les sentiments de Moulin car, lors d'un banquet « républicain », le préfet avait profité de l'occasion pour manifester son estime à *« ce lutteur infatigable qu'est M. Albert Bayet que l'on trouve toujours lorsqu'il s'agit de défendre une cause généreuse ou des libertés menacées*[49] ».

D'ailleurs, Pierre Cot renouvela, à la même époque, et presque en termes identiques, la condamnation déjà formulée au mois d'août : *« Tous les socialistes, tous les radicaux et de nombreux démocrates avaient tendu la main aux communistes quand ils croyaient que les communistes voulaient travailler librement et loyalement dans les cadres de l'unité française. Si nous avons retiré notre main, ce n'est pas à cause de l'anticapitalisme du P.C., c'est à cause de son attitude antifrançaise et prohitlérienne*[50]*. »*

Cette cruelle déception fut évidemment exploitée par tous les anticommunistes. Dans *La Dépêche d'Eure-et-Loir*, on lisait : *« Il faut en finir au plus tôt avec le communisme, cette organisation d'espionnage, dont l'étendue et la perfection constituent plus que jamais un danger pour le pays alors qu'elle travaille à la fois pour Hitler et pour Staline*[51]*. »*

L'action du préfet allait dans le sens des sentiments de la population. C'est ainsi qu'à propos des militants communistes de Dreux Jean Moulin confirmait, le 1er février 1940 : *« Une surveillance des éléments ex-communistes demeure active*[52]*. »*

Fin mars, à l'occasion de nouvelles inculpations, Jean Moulin signalait l'initiative qu'il avait prise contre le secrétaire du syndicat des cheminots de Dreux, *« qui était un des meneurs les plus actifs de l'ex-parti communiste et qui exerce encore dans cette ville une certaine influence sur ses camarades. Sa présence à Dreux présentant de sérieux inconvénients et bien qu'il ait sollicité, sans succès d'ailleurs, son adhésion au nouveau syndicat des cheminots, je demande à M. le Ministre des Travaux Publics de bien vouloir intervenir auprès de la SNCF en vue de l'affectation de cet agent dans une autre ville*[53] ». Jean Moulin était trop intègre pour que ce revirement fût, comme pour d'autres hommes politiques, une réaction passagère. Dans la Résistance et jusqu'à sa mort, il conserva une grande méfiance à l'égard des entreprises du parti communiste.

Cette politique correspondant à ses convictions était aussi celle des gouvernements successifs, y compris ceux de Vichy. Cela ne suffit pourtant pas à motiver un ralliement de Moulin. Convoqué à Vichy le 21 mai 1942 par Hilaire, le secrétaire général du ministère de l'Intérieur, il se vit offrir, lui, ancien préfet révoqué par Pétain, une « importante préfecture ». Il refusa sans ménagement cette offre dont il informa de Gaulle : *« M'est arrivé aventure piquante — Ai été convoqué Vichy où au nom de Laval secrétaire général Hilaire m'a offert préfecture importante — Ai refusé me déclarant contre collaboration et révolution nationale — Espère que mon refus n'aura pas de conséquences graves*[54]*. »*

La vie intime

Pour clore cette biographie succincte d'un administrateur modèle, il convient de mentionner, en 1926, le mariage malheureux d'un homme qui souhaitait fonder une famille mais divorça deux ans plus tard. S'il resta seul jusqu'à la fin de sa vie, ce ne fut pas faute de succès féminins. « *La personnalité de Jean*, se rappelait sa sœur en 1946, *son ascendant personnel, son savoir-faire pouvait grouper autour de lui des amis de tempérament, de mentalité, de milieux divers ; lui parti, le charme est rompu et la force des souvenirs est-elle assez grande pour maintenir l'unité ? C'est la question que je me suis posée trop tard*[55]. »

Sa passion pour l'art ne se démentit jamais : devenu avec le temps un dessinateur de qualité et un collectionneur averti, il lui consacra le plus clair de ses loisirs. Jean Moulin était un homme occupé de sa famille, de ses amis et de ses plaisirs que ses proches plaisantaient parfois pour son goût des mondanités. Le récit de ses dernières vacances, durant l'été 1939, témoigne de la vie de l'homme — et parfois du préfet — juste avant la guerre : *« J'ai donc passé trois jours à Londres avec ma sœur qui m'a servi de cicerone : bain à Folkestone, journée à Windsor et collection Wallace à la Tate Gallery.*

« De bien beaux "Seurat" à la Tate Gallery.

« Je vous ai à peine parlé de mon séjour dans le midi qui a été, comme toujours, très agréable.

« A ce moment, il n'y avait pas trop de monde et l'on pouvait trouver de la place chez Sénéquier !

« Passé deux jours avec Néna et Pierre C. [Cot] *Manqué une invitation de Battet à bord de l'"Emile Bertin" et navigoté entre St Tropez et Cannes avec la "Gilda" et aussi l'"Atoll". Impossible d'aller aux Iles. Prétexte de ces braves matelots méditerranéens : au début trop de vent, après pas assez !*

« Dîner à Ramatuelle, coups de soleil, bouillabaisse à "Belle Terrasse" etc…

« Vous voyez que je n'ai pas le privilège de l'inédit.

« Rentré à St-Andiol [sa maison de famille], *je suis allé de là un soir à Orange où je suis tombé sur M. R., Suzanne L., Pereti. Noce, champagne, couché à 4 heures du matin.*

« Pas très malin.

« Il y avait à Orange un monde fou pour voir Germaine Dermoz dans Phèdre. Elle n'a pas été mal mais Racine et Phèdre spécialement se prêtent mal à l'optique du Mur.

« Le ballet de Prométhée qui suivait avec Serge Lifar et Loïra a été très quelconque. Cela faisait mesquin et grêle dans ce cadre.

« Ici c'est le calme des moissons et on travaille un peu au ralenti. Il ne fait d'ailleurs pas trop chaud et nous n'avons véritablement de soleil que depuis le 13 ou le 14 août !

« Je prépare mon exposition de la Révolution que nous inaugurons le 31.

« Ça se présente, je crois, assez bien.

« Nous avons beaucoup de choses, le gros morceau étant bien entendu Marceau, enfant de Chartres.

« Je ne fais pas de mondanités, quoi que vous en pensiez. J'ai vu seulement pas mal de gens passant par Chartres au cours des vacances. La route de Chartres est vraiment très fréquentée.

« Par contre vous m'avez écrasé qq. [quelque] *peu par l'étalage des vôtres (mondanités).*

« J'avais l'impression, en lisant votre lettre, de lire un article de Recouly…

« Je peux me venger en vous disant que je suis invité à une chasse, dans un château de mon département, avec S.M. l'Empereur d'Annam[56] *! »*

La vie professionnelle de Jean Moulin ressemble sans doute à celle de bien des administrateurs de sa génération qui ont vécu, avec des attitudes variées, les fastes et les tribulations de la IIIe République, ainsi que l'affaiblissement de la France. S'en dégage cependant le portrait d'un homme ferme dans ses convictions, rapide dans ses décisions pourtant très réfléchies, et qui, au fil des postes et des participations ministérielles, acquit une grande compétence administrative et politique.

Cette carrière de fonctionnaire ambitieux, doué pour le commandement, zélé dans ses fonctions, était apparemment promise à des couronnements flatteurs lorsque, brutalement, les circonstances en décidèrent autrement.

17 juin 1940 : rendez-vous avec l'Histoire

Jean Moulin avait sollicité le poste envié, à cause de la proximité de Paris, de préfet d'Eure-et-Loir, auquel il fut nommé le 3 février 1939. C'est là que, sept mois plus tard, la déclaration de guerre le surprit. Refusant la position d'affecté spécial qu'impliquait sa fonction, il rejoignit aussitôt, à Tours, son centre de mobilisation dans l'aviation. Convoqué par le ministre de l'Intérieur et sommé de réintégrer sa préfecture, il dut obtempérer après un échange de lettres et de nombreuses démarches qui toutes échouèrent.

Ses espoirs contrariés puis son amertume éclatent dans sa correspondance de l'automne 1939. Il faut dire que, loin d'avoir imaginé la drôle de guerre, Jean Moulin était persuadé que les combats allaient commencer toutes affaires cessantes et il enrageait de ne pas en être. En septembre 1939, il écrivit à une amie : *« Nous sommes le 27. Mon ordre de mobilisation prévoit que je dois rejoindre le 30e jour et, malgré mes démarches et mes supplications, rien n'est fait pour la nomination de mon successeur.*

*« Je commence à croire que je suis, de plus en plus, un empêcheur de danser en rond et que les petits copains de l'ad^on^* [l'administration] *confortablement enfouis dans leurs pantoufles dans les ministères et en province sont furieux après moi qui émets la prétention de faire mon devoir.*

« D'où haro sur ce pelé, ce galeux, ce pied-plat etc... qui vient déranger toutes les petites combinaisons des affectations spéciales, des maintiens des chefs de services "indispensables" et autres balançoires.

« Pour couvrir tout cela, on va me donner l'ordre de rester à mon poste.

« C'est écœurant.

« J'ai envie d'aller voir S... (le président) [Albert Sarraut]. *Mais B.* [son directeur de cabinet] *va certainement m'en empêcher*[57]. »

Un ordre définitif de rester à son poste ruina ses préparatifs : *« C'est à un civil que vous écrivîtes*, confia-t-il le 4 octobre à cette même correspondante, *malgré un bel uniforme de sergent-aviateur qui repose, plein d'ennui, dans une garde-robe aux prétentions Louis XVI et aux senteurs de naphtaline.*

« Alors que dimanche matin [1er octobre 1939], *29e jour de la mobilisation, je bouclais ma valise, et que je remettais les dieux aux mains fidèles de Kathleen, j'ai reçu un télégramme de B. m'enjoignant de demeurer à mon poste jusqu'au 12 décembre. Pourquoi "12" décembre ? Mystère.*

« Deux heures plus tard, l'oiseau eût pris son vol.

« Sur le moment, j'ai ruminé des desseins audacieux : Demander à voir le patron, soi-même ; mais je me suis vite persuadé qu'il n'était pas dans mes moyens de fléchir la toute-puissance de B.

« L'ennui est que cela me met en situation délicate vis-à-vis de certains grands chefs de l'Armée de l'Air auprès de qui j'avais fait les démarches qu'ils vont juger qq [quelque] *peu tartarinesques.*

« Mais, baste, je n'y suis pour rien[58]*. »*

Allait-il renoncer ? Non pas. Ce n'était que partie remise. Le 13 décembre, il se présentait à la base aérienne d'Issy-les-Moulineaux, mais eut fort à faire pour surmonter l'examen médical qui devait décider de son aptitude. Toutefois, le ministre de l'Intérieur n'avait pas désarmé non plus : il le rappela à l'ordre par une lettre du 17, le convoqua à Paris le 24 et lui fit connaître le 26 sa décision irrévocable : il devait immédiatement se faire démobiliser et regagner son poste[59].

Ainsi finissait l'équipée militaire du préfet récalcitrant. Il se retrouva le soir même, triste et déçu, dans sa préfecture. Cloué dans un département voué à rester largement en arrière du front, la guerre paraissait terminée pour lui avant d'avoir commencé. *« Je regrette*, confia-t-il à sa famille, *qu'on ne m'ait pas laissé suivre le sort de ma classe car la situation d'un jeune préfet à la tête d'un département où la mobilisation a fait tant de vides, est délicate*[60]*… »*

Six mois plus tard, la débâcle soudaine de la France allait pourtant bouleverser son avenir et sceller son destin.

À partir du 10 mai 1940, l'offensive allemande provoqua en France l'exode de millions de civils fuyant vers le sud du pays. Chartres était un des passages obligés de cette horde affolée. Des centaines de milliers de réfugiés envahirent la ville, créant des problèmes d'hébergement, de ravitaillement en même temps qu'un désordre permanent. Pendant des semaines, Jean Moulin s'acharna à maîtriser une situation qui empirait tous les jours. La bataille se rapprochant, la ville fut bombardée à partir du 3 juin et des incendies éclatèrent. La panique en chassa les réfugiés ainsi que la quasi-totalité de l'administration et des habitants (vingt mille personnes). Le préfet avait tenté d'enrayer cet exode par tous les moyens. Le 11 juin, il lança un appel placardé sur les murs : *« Vos fils résistent victorieusement à la ruée allemande. Soyez dignes d'eux en restant calmes. Aucun ordre d'évacuation du département n'a été donné parce que rien ne le justifie.*

« N'écoutez pas les paniquards qui seront d'ailleurs châtiés. Déjà des sanctions ont été prises. D'autres suivront.

« Il faut que chacun soit à son poste. Il faut que la vie économique continue.

« Les élus et les fonctionnaires se doivent de donner l'exemple. Aucune défaillance ne saurait être tolérée.

« Je connais les qualités de sagesse et de patriotisme des populations de ce département.

« J'ai confiance, nous vaincrons[61]*. »*

Les exhortations, son exemple et les mesures prises n'y firent rien, Jean Moulin, à partir du 14 juin, se retrouva quasi seul de l'administration dans une ville désertée. Avec une poignée de volontaires, il assura le ravitaillement de quelque sept cents habitants laissés pour compte (blessés, infirmes et vieillards) et imposa un minimum d'ordre dans une ville livrée au pillage et coupée du monde, sans téléphone, sans eau, sans gaz, sans électricité, sans pompiers et sans police.

Avant le départ du dernier réfugié, il avait griffonné une lettre adressée à sa mère et à sa sœur : *« Mon pauvre département est mutilé et saignant de toute part. Rien n'a été épargné à la population civile.*

« Quand vous recevrez cette lettre, j'aurai sans doute rempli mon dernier devoir. Sur ordre du gouvernement, j'aurai reçu les Allemands au chef-lieu de mon département et je serai prisonnier.

« Je suis sûr que notre victoire prochaine — grâce à un sursaut d'indignation

du reste du monde et à l'héroïsme de nos soldats (qui valent mieux souvent que l'usage qu'on en fait) — viendra me délivrer.

« Je ne savais pas que c'était si simple de faire son devoir quand on est en danger.

« P.S. — Si les Allemands — ils sont capables de tout — me faisaient dire des choses contraires à l'honneur, vous savez déjà que cela n'est pas vrai[62]*. »*

Au milieu de ces événements de fin du monde, ne perdant pas l'initiative un seul instant, il réorganisa un semblant d'administration afin d'empêcher les Allemands de prendre le contrôle direct du département et d'imposer leur loi à la population.

PREMIÈRE PARTIE

DE GAULLE, CAPITALE DE LA RÉSISTANCE

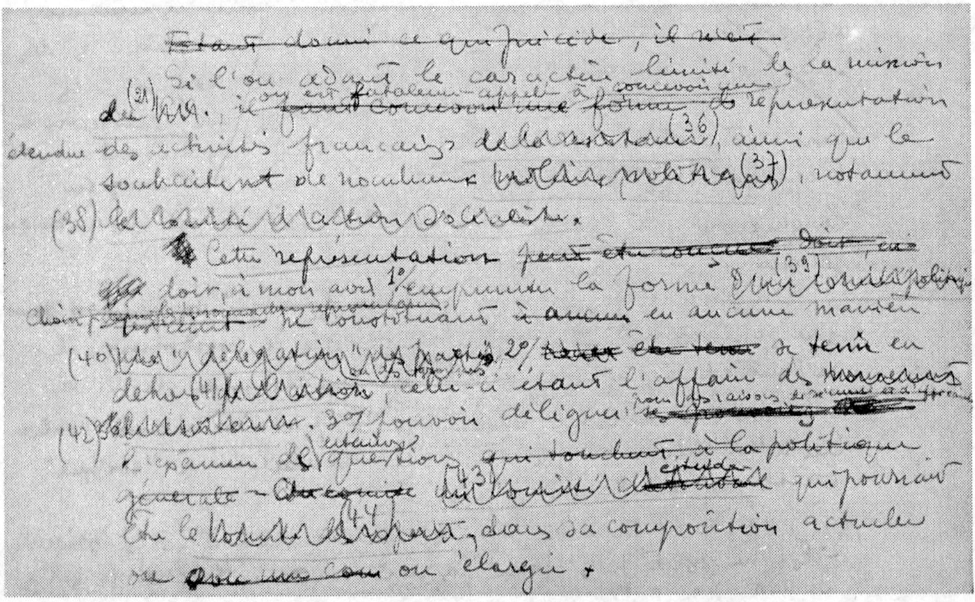

« Si l'on admet le caractère limité de la mission du C.C. [Comité de coordination] *on est fatalement appelé à concevoir une représentation étendue des activités françaises de la résistance ainsi que le souhaitent de nombreux milieux politiques, notamment le Comité d'action socialiste.*

« Cette représentation doit à mon avis : 1° emprunter la forme d'un comité politique ne constituant en aucune manière une "délégation" des partis ou des groupes ; 2° se tenir en dehors de l'action celle-ci étant l'affaire des mouvements de résistance ; 3° pouvoir déléguer pour des raisons de sécurité et d'efficacité l'examen de certaines questions au comité d'études qui pourrait être le comité d'experts dans sa composition actuelle ou élargie. »

Rapport du 14 décembre 1942 : Jean Moulin propose pour la première fois au général de Gaulle un projet de Conseil de la Résistance. Les mots rayés d'un trait ondulé et surmontés d'un numéro sont codés pour la transmission radio. *(Archives Daniel Cordier. Photo © Gallimard.)* Voir page 259.

I

PREMIER COMBAT

17 juin-16 novembre 1940

Chartres, 17 juin 1940 : la loi du vainqueur

En dépit de difficultés dramatiques et de son épuisement physique, le pari fut gagné et le lundi 17 juin, lorsque les Allemands entrèrent à Chartres, ils furent officiellement reçus sur le perron de la préfecture par le préfet, en grande tenue, entouré du coadjuteur de l'évêque et du seul conseiller municipal qui n'avait pas fui.

Quelques heures plus tard, c'est par les vainqueurs que Jean Moulin eut connaissance du discours du maréchal Pétain annonçant sa décision de *« cesser le combat »* et de demander les conditions d'un armistice. Mais pour le préfet, plongé au centre de la tourmente et rendu responsable par l'armée allemande du maintien de l'ordre, la guerre continuait.

Dans la soirée, il en subit la loi. Les Allemands le sommèrent de signer un protocole accusant les troupes sénégalaises d'atrocités à l'égard de la population civile (viols et meurtres de femmes et d'enfants). Ces troupes coloniales — en dépit de la débâcle — s'étaient battues avec un héroïsme désespéré pour défendre Chartres, ce qui explique le désir des envahisseurs racistes de se venger en les déshonorant.

Ce soir-là, le combat pour l'honneur se poursuivit sur un autre terrain que celui des armes. Sans rien connaître des faits, Moulin se porta garant de la conduite et de l'innocence de ceux qu'il considérait comme ses frères dans le malheur. Il refusa d'entériner cette calomnie et retenu prisonnier, dans la nuit, il se trancha la gorge afin de se soustraire à des sévices qui auraient pu le contraindre au parjure. Ayant échappé de justesse à la mort et refusant de rester à l'hôpital, gravement blessé, il rentra dans sa préfecture déserte. Faute d'électricité, il n'entendit pas l'appel à l'espérance du général de Gaulle. Réfugié dans le pavillon du concierge, soigné par des religieuses, Jean Moulin, en dépit de son état, mais afin de s'opposer aux exactions des occupants, ne cessa jamais d'assumer ses fonctions, dans des conditions particulièrement douloureuses.

Cet épisode tragique fut porté à la connaissance du maréchal Pétain au mois d'août 1940 dans un rapport retraçant la conduite des préfets au cours de la défaite : *« Eure-et-Loir : M. Moulin, Préfet : A leur arrivée à Chartres, les Allemands avaient exigé qu'il signât une déclaration reconnaissant que des aviateurs français avaient fait de nombreuses victimes à Chartres et que nos soldats avaient violenté des femmes. Le Préfet s'y était énergiquement refusé, les Allemands l'ont conduit dans une pièce obscure et l'ont roué de coups. Craignant, sous la souffrance, de prononcer quelques mots imprudents, il s'est ouvert la gorge. Gravement atteint, les Allemands n'ont pas consenti à son transport dans un hôpital de Paris. Il a été soigné à Chartres. Il est resté des semaines sans pouvoir articuler une parole avec une blessure grave. A fait preuve d'un réel courage civique*[1]. »

À côté de l'attitude hésitante de certains préfets, la conduite de Moulin correspondait à la tenue exemplaire d'un serviteur de l'État. Plus soucieux de régler des comptes politiques que de reconnaître l'héroïsme d'un adversaire, Pétain oublia cette page honorable de l'histoire de France quand il le révoqua.

17 juin-15 novembre 1940 :
un préfet sous l'occupation allemande

Le 25 juin, dès la signature de l'armistice (dont il connut les détails par les Allemands), une ligne de démarcation partagea la France en deux, tandis que le gouvernement se réfugiait à Vichy pour en faire la capitale provisoire. Durant plus d'un mois, Jean Moulin fut coupé de son ministère, ne pouvant pas téléphoner, même à l'intérieur de son département. Sans informations et sans instructions de son ministre, il prit alors seul les décisions pour la survie de son département.

Que ce soit pour s'opposer aux réquisitions des Allemands ou défendre ses administrés contre leurs sévices, refuser leur inquisition financière ou affirmer l'indépendance de son autorité, il ne céda rien. Les archives d'Eure-et-Loir conservent les traces de ses innombrables et fermes interventions. Un seul exemple les résume toutes : après qu'un officier allemand se fut permis de faire apposer une affiche sur laquelle il tenait pour responsables les familles de prisonniers en cas d'évasion de ceux-ci et où figurait à son insu la signature du préfet, il écrivit au Feldkommandant : *« J'ai l'honneur d'élever une vive protestation contre les méthodes adoptées par certaines autorités allemandes à l'égard du premier magistrat du département que je suis.*

« [...] *Cette clause est absolument contraire à toutes les lois de la guerre et aux règles élémentaires de l'humanité.*

« Mais ce qu'il y a de plus inadmissible, c'est de mettre pareille menace au compte du représentant du Gouvernement français, alors que ce dernier n'a été appelé à aucun moment à donner son avis et qu'il n'a connu le texte de l'affiche que lorsque celui-ci a été définitivement arrêté et diffusé par les autorités allemandes[2]. » Sa protestation fut entendue et réparation lui fut accordée. Malheureusement, il n'en alla pas toujours ainsi à l'égard des centaines de réclamations qu'il envoya à la Kommandantur, beaucoup de ses administrés ne purent se faire rendre justice, en dépit de l'énergie et du courage qu'il déploya. On comprend qu'après l'épreuve quotidienne subie sous la domination allemande, Jean Moulin ait condamné l'armistice comme un *« instrument de soumission à l'ennemi*[3] ».

Les clauses d'armistice, en effet, étaient contraignantes. *« Dans les régions occupées de la France, le Reich allemand exerce tous les droits de puissance occupante.* [...] *Le Gouvernement français invitera immédiatement toutes les autorités et tous les services administratifs français du territoire occupé à se conformer aux réglementations des autorités militaires allemandes et à collaborer avec ces dernières d'une manière correcte. »* Toutefois, il lui était relativement plus facile, fort de ses sentiments patriotiques et de son bon droit, de lutter contre la conduite et la politique des troupes d'occupation que contre les décrets et les ordonnances de Vichy. De ce gouvernement légal de la France après le vote du 10 juillet 1940 par l'Assemblée nationale, Jean Moulin, sauf à se démettre, devait être l'exécutant.

L'exemple de cet homme de gauche obligé par ses fonctions d'appliquer les lois contre les immigrés, les francs-maçons ou les juifs, alors que son père avait été président de la Ligue des droits de l'homme dans l'Hérault, franc-maçon et, toute sa vie, militant intrépide contre l'antisémitisme, est significatif du cauchemar dans lequel les Français se débattaient à cette époque. D'autant que, parfois, cette odieuse situation était aggravée par l'attitude de certains compatriotes. Ainsi, au sujet du statut des juifs, les articles des principaux journaux du département, *La Dépêche* et, surtout, *La Vérité*, journal de l'évêché, approuvaient ces mesures. Dans ce dernier, on pouvait lire, le 26 octobre 1940 : *« Rien de plus normal, de plus juste, de plus français que cette loi contre les agissements illégitimes des Juifs*[4]. »

Les Allemands avaient, en France, deux préoccupations majeures : maintenir l'ordre et rançonner l'économie. Leurs troupes et leurs états-majors de spécialistes n'y suffisaient pas. Pour arriver à leurs fins, ils avaient besoin de l'administration française et, dans les départements, des préfets.

Pour s'assurer de la bonne exécution de ses ordres, le Feldkommandant chargea Jean Moulin de réunir les chefs de service et les maires avec qui il souhaitait s'entretenir le 19 octobre[5], ce qui ne laissait de doute à personne sur la véritable hiérarchie du nouveau pouvoir. Confronté à cette tâche humiliante entre toutes, il semble que le préfet s'en soit tiré à son avantage, ainsi qu'en témoignèrent plusieurs maires après cette réunion imposée. Celui de Clévilliers, M. Dolleans, lui écrivit : *« Je n'oublierai jamais la journée où vous avez eu l'occasion de présenter les maires de l'arrondissement de Chartres à M. le Feldkommandant, vous avez su, ce jour-là prononcer des paroles qui, j'en suis sûr, sont allées droit au cœur de tous les assistants*[6]. »

Le baron de Cambray, maire de Germignonville, ne fut pas moins élogieux : *« Je garde particulièrement au milieu des heures douloureuses que nous traversons, le souvenir de votre si ferme et si patriotique attitude le jour où vous nous avez présentés au Feldkommandant.*

« Cette réunion pénible en elle-même, a eu cependant pour nous le réconfort de votre parole magnifiquement digne dans sa courtoisie, tous les maires présents vous approuvaient avec émotion se sentant en pleine communion de pensée avec leur préfet en face de la France meurtrie[7]. »

Les exigences des Allemands, qu'elles fussent bénignes ou exorbitantes, tendaient toutes au même but : réduire l'administration française au rôle d'instrument de transmission servant l'autorité occupante. À cet effet, le Feldkommandant demanda au préfet de lui présenter *« tous les arrêtés et toutes les communications émanant de la préfecture, des sous-préfectures ou des maires* avant *leur publication. Les journaux*, ajoutait le Feldkommandant, *ont été avisés qu'ils ne pourront imprimer que les arrêtés et les avis qui portent mon visa*[8] ». Un mois plus tard, le 15 octobre, la rigueur de ces prescriptions était aggravée. Elles étaient étendues aux circulaires que le préfet destinait aux maires : *« L'envoi des circulaires ne peut avoir lieu que lorsque les services compétents ont déclaré qu'il ne soulevait aucune objection*[9]. » Cette nouvelle intrusion à l'intérieur même du fonctionnement de l'administration française révélait l'étendue de l'emprise allemande et démentait, entre autres, l'affirmation du maréchal Pétain qui prétendait avoir signé l'armistice pour assurer l'indépendance de l'administration française.

Avant même que ce contrôle avilissant ne fût établi, le rôle de Jean Moulin se limitait souvent à la transmission et à l'exécution des mesures imposées par la Feldkommandantur. Ainsi en allait-il de multiples requêtes des autorités allemandes, qui étaient en fait des ordres[10].

Certaines de ces prescriptions avaient un caractère humiliant qu'il n'est pas besoin de commenter. Le 6 août, Jean Moulin transmettait aux sous-préfets un extrait des ordres qu'il venait de recevoir : *« De nouvelles plaintes ont été adressées au sujet des agents de police titulaires et auxiliaires qui, malgré les instructions de la Feldkommandantur, ne saluent pas nos officiers. Je vous prie une fois encore d'en informer ces agents.*

« En cas d'inobservation de ces instructions des mesures sévères seront prises.

« Je vous prie de notifier d'urgence ces instructions au personnel de la police placé sous vos ordres[11]. »

Les occupants contrôlaient minutieusement l'exécution de leurs campagnes de propagande. Dès le mois de juillet, les rapports régionaux annonçaient que *« la propagande active allemande a déjà démarré avec l'accrochage de la première affiche ("Ayez confiance") ; actuellement la deuxième affiche ("C'est la faute de l'Angleterre") est collée dans le bezirk* [circonscription militaire] *en 60 000 exemplaires*[12] ». Le Feldkommandant d'Eure-et-Loir constatait que le public se livrait, à l'aide d'inscriptions, à un détournement de sens. Par exemple, à Chartres, en complétant le slogan « C'est la faute de l'Angeterre » par ces mots : *« Que ceux qui n'ont jamais péché lui jettent la première pierre*[13] *! »*

Quel dut être l'embarras des autorités occupantes lorsque le préfet d'Eure-et-Loir lui-même généralisa — de la façon la plus officielle — cette campagne de dérision ! L'affaire remonta jusqu'au commandement régional qui signale, dans sa synthèse mensuelle : *« Le rapport de la FK 751 (Feldkommandantur de Chartres) est également intéressant à cet égard. D'après ce rapport, le préfet a fait coller une affiche avec l'inscription "Emplacement réservé aux affiches de l'occupant" sur notre affiche de propagande "Qui a déclaré la guerre ?"*[14]. »

Pour se tirer de ce mauvais pas, le Feldkommandant de Chartres ne trouva d'autre moyen que d'écrire, le 16 octobre 1940, à Jean Moulin, de faire disparaître toutes les affiches françaises de caractère militaire (engagement dans les armées de terre, de mer, etc.), de faire enlever ou recouvrir les affiches suivantes : « Souvenez-vous d'Oran », « Arrêt de la Cour martiale », « Qui a déclaré la guerre ? », y compris le placard l'accompagnant, « Emplacement réservé aux affiches des autorités allemandes ».

Dans la crainte que ses instructions ne soient pas suivies, le Feldkommandant convoqua Jean Moulin et crut bon de confirmer les termes de cette rencontre : *« En me référant à notre entretien d'avant-hier, je vous informe qu'il n'y a aucun motif d'indiquer l'origine des affiches rédigées uniquement en langue française. Je vous prie donc d'interdire désormais de faire connaître l'origine allemande des affiches rédigées uniquement en français*[15]. » Jean Moulin adressa ces ordres aux maires avec la formule inévitable : « *Je vous prie de vous conformer à ces prescriptions*[16]. »

Certaines interventions étaient carrément insultantes : le 9 octobre, la Feldkommandantur signalait au préfet que plusieurs civils de la région de Gallardon s'étaient plaints aux Allemands que la répartition du beurre et du charbon défavorisait les familles pauvres et nombreuses. « *Je vous prie*, écrivait le commandant, *de faire vérifier ce fait et de supprimer tout motif de plainte*[17]. » On imagine l'humiliation ressentie par le préfet à cette leçon de justice sociale infligée par l'ennemi.

Une de ces demandes rappela à Jean Moulin de fâcheux souvenirs. Le 7 septembre, le commandant indiquait au préfet que tous les dommages de guerre qui ne pouvaient être incontestablement imputés aux troupes allemandes devaient faire l'objet d'une constatation officielle : « *Il y a quelque temps, Monsieur le préfet, vous vous êtes trouvé avec moi dans le Château de Maintenon et je vous ai prié, à ce moment, de constater l'état des lieux. Il fut établi, en votre présence, que le pillage a été commis par la population française, entre le départ de l'état-major d'un amiral français et l'arrivée des troupes allemandes. Je vous prie donc de bien vouloir confirmer ces faits ci-dessus*[18]. » On ignore la réponse que fit Jean Moulin à cette embarrassante mise en demeure. Le chef de cabinet a inscrit au crayon sur ce document : « Attendre. » Peut-être était-ce le seul moyen d'éluder le chantage à peine déguisé qui aurait permis d'accuser les Français d'inconduite.

Jean Moulin, au cours des cinq mois durant lesquels il dirigea la préfecture sous l'Occupation, reçut et fit exécuter des centaines d'ordonnances de la Kommandantur.

L'attitude de Jean Moulin (comme celle de tous les préfets) vis-à-vis de l'administration allemande présentait donc deux aspects : être, d'une part, le défenseur des droits de ses administrés et de ses services, être, d'autre part, l'exécuteur efficace des ordres des Allemands. On comprend que la Feldkommandantur ait apprécié ce fonctionnaire qui, tout en ne lui faisant jamais la moindre concession sur les questions de principe, l'aidait grandement par sa ponctualité administrative à contrôler l'économie du département et à y faire régner l'ordre.

On comprend aussi que pour ce dernier, au jour où la survie du département parut assurée, les effets pervers de cette ambiguïté lui soient devenus insupportables. Car l'issue de ce conflit entre ses devoirs de citoyen et ceux de sa fonction ne faisait pour lui aucun doute : quelle que fût la forme de son combat contre les envahisseurs, il ne prendrait fin qu'avec leur défaite et la libération du territoire.

Un préfet de Vichy

Pendant ce temps, Jean Moulin n'avait besoin ni de nouvelles circulaires ministérielles ni de pressions pour exercer sa vigilance à l'encontre des communistes. Il n'avait encore reçu aucune instruction nouvelle lorsqu'il signala au général de La Laurencie (délégué du gouvernement dans les territoires occupés) la découverte de tracts communistes à Nogent-le-Rotrou[19].

Pour Jean Moulin, l'action des communistes (à cette époque) ne pouvait en aucun cas s'apparenter à celle de la résistance patriotique, dont le général de

Gaulle (qui en devenait progressivement le symbole) avait défini les principes. L'Union soviétique était toujours l'alliée de l'Allemagne et ses propagandistes n'avaient qu'un but : canaliser le mécontentement et l'utiliser à leur profit, au moment où tout n'aurait dû tendre qu'à unir les Français dans la lutte patriotique pour la libération du territoire.

Ce n'est qu'après l'entrée en guerre de l'Allemagne contre l'U.R.S.S., le 22 juin 1941, que Jean Moulin modifiera son attitude, reconnaissant que le parti communiste — pour des raisons qui lui étaient propres — avait désormais rejoint le camp des patriotes.

Les décrets que Moulin devait appliquer révèlent cruellement l'ambiguïté dans laquelle étaient plongés les responsables de toutes catégories, en particulier les fonctionnaires d'autorité, au premier rang desquels les préfets. Même en tenant compte de l'inégalité des forces en présence, et des difficultés que devait affronter l'État français, certaines circulaires de Vichy devaient apparaître aux serviteurs de l'État républicain comme une trahison, au moment même où, en zone occupée, ils se débattaient dans une lutte inégale et sans merci contre les Allemands.

Pourtant, après que le dernier ministre de l'Intérieur de la République, Georges Mandel, lui eut ordonné de rester à son poste et de se laisser faire prisonnier, il était exclu que Moulin abandonnât les deux cent cinquante mille habitants de son département en otages aux Allemands. Devant sa conscience et la loi, c'eût été une trahison.

La première circulaire du 7 août 1940 d'Adrien Marquet, nouveau ministre de l'Intérieur, avait pu d'ailleurs offrir une espérance à Jean Moulin : *« Par la difficulté des communications — surtout pour ceux de vous qui sont en zone occupée — vous devez être des hommes d'initiative.*

« Vous étiez des agents d'exécution, vous serez désormais des hommes d'action.

« Vous étiez des fonctionnaires, vous serez des chefs. Ceux qui n'ont ni le goût, ni la volonté d'entreprendre, avec le sens d'une responsabilité accrue, ne sont plus à leur place dans l'administration de la nation […]. *Je veux que vous ayez l'obsession de la remise en ordre, de la remise en place de chacun* […]. *Que tous vos actes soient des exemples. Votre autorité est à ce prix. Soyez compréhensifs et dignes. Tel est l'esprit qui m'anime dans la refonte que j'entreprends de l'Administration préfectorale. Vous savez désormais ce que j'attends de vous, ce que la France exige de vous. Votre carrière ne dépend plus de l'importance de vos protecteurs, mais de votre initiative, de votre conscience, de votre travail et de votre amour de la patrie blessée*[20]. »

En dépit du suicide de l'Assemblée nationale le 10 juillet et de la liquidation de la République par Pétain, Jean Moulin n'avait pu qu'être conforté par ce texte qui entérinait sa conduite dans tous les domaines depuis la défaite. Subsistait une inconnue : davantage d'autorité, certes, mais pour quelle politique ? Jean Moulin n'avait pas attendu longtemps la réponse. Peu à peu, durant l'été 1940, il avait eu connaissance par les journaux, les circulaires ministérielles et les entretiens avec le délégué du gouvernement à Paris, de la politique du gouvernement.

Tout était fondé sur l'acceptation de la défaite, pierre angulaire du nouveau régime, qu'il justifiait en toute occasion par des arguments spécieux.

La politique du maréchal Pétain

C'est le généralissime Weygand qui, le 12 juin, au cours d'un Conseil des ministres, réclama le premier l'arrêt des hostilités et proposa une demande d'armistice.

Dès le lendemain 13 juin, le maréchal Pétain, âgé de quatre-vingt-cinq ans, icône miraculeuse de la victoire de 1918, glorifié par tous les Français, donna un contenu politique à cette suggestion. Il le fit, lors du Conseil des ministres dont il était le vice-président, d'une manière solennelle, en se tenant debout et en lisant un texte qui était en fait une déclaration de politique gouvernementale : le Maréchal se proclamait partisan d'un armistice immédiat et condamnait la poursuite de la guerre dans l'Empire, préconisée par le président Reynaud (aiguillonné par de Gaulle). Ce texte fondateur contient en germe la politique du Vichy et énumère les choix contre lesquels la Résistance s'édifia et combattit jusqu'à la Libération. « […] *Il est impossible au gouvernement, sans émigrer, sans déserter, d'abandonner le territoire français. Le devoir du gouvernement est, quoi qu'il arrive, de rester dans le pays, sous peine de n'être plus reconnu pour tel. Priver la France de ses défenseurs naturels, dans une période de désarroi général, c'est la livrer à l'ennemi. C'est tuer l'âme de la France, c'est par conséquent rendre impossible sa renaissance.*

« […] *Je suis donc d'avis de ne pas abandonner le sol français et d'accepter la souffrance qui sera imposée à la patrie et à ses fils. La renaissance française sera le fruit de cette souffrance.*

« […] *Je déclare, en ce qui me concerne, que, hors du gouvernement s'il le faut, je me refuserai à quitter le sol métropolitain. Je resterai parmi le peuple français pour partager ses peines et ses misères.*

« *L'armistice est, à mes yeux, la condition nécessaire à la pérennité de la France*[21]. »

Ce ne fut donc pas une surprise pour les membres du gouvernement Reynaud, démissionnaires, lorsqu'ils entendirent le Maréchal annoncer à la radio, le lundi 17 juin, à midi trente : « *C'est le cœur serré que je vous dis aujourd'hui qu'il faut cesser le combat.* »

Durant les jours qui suivirent, et afin de justifier l'acquiescement de la majorité des Français, le Maréchal saisit toute occasion pour les persuader qu'il n'y avait pas d'autre issue au conflit que cette solution désespérée.

La signature de l'armistice le 25 juin fut ainsi une occasion de justifier cette politique de résignation : « *Vous étiez prêts à continuer la lutte. Je le savais. La guerre était perdue dans la métropole. Fallait-il la prolonger dans les colonies ?*

« *Je ne serais pas digne de rester à votre tête si j'avais accepté de répandre le sang des Français pour prolonger le rêve de quelques Français mal instruits des conditions de la lutte.*

« *Je n'ai placé hors du sol de France, ni ma personne, ni mon espoir*[22]. »

Cette politique était dictée par le postulat que l'Angleterre serait balayée par l'Allemagne. Traiter rapidement avec le vainqueur allemand permettrait d'obtenir les meilleures conditions de paix pour prix de la trahison. La collaboration était donc inscrite dans l'armistice.

La Chambre des députés, qui n'avait pas voté la déclaration de guerre, ne fut pas convoquée non plus pour ratifier le choix du Maréchal. Lorsqu'elle se réunit avec le Sénat trois semaines plus tard, il s'agissait, à l'instigation de Laval, d'une opération strictement politique : la mise à mort de la République. L'armistice ne fut mis en cause par aucun parlementaire. Le 10 juillet à Vichy, l'Assemblée nationale, par 569 voix contre 80, donnait *« tous pouvoirs au Gouvernement de la République, sous l'autorité et la signature du maréchal Pétain, à l'effet de promulguer par un ou plusieurs actes une nouvelle constitution de l'Etat français »*. Dès le lendemain, Pétain se désignait comme chef de l'État, s'arrogeait la plénitude du pouvoir gouvernemental et ajournait le Parlement.

Le choix de l'armistice n'impliquait pas celui de la Révolution nationale. Les citoyens rendaient responsables les hommes et les institutions de la IIIe République de cette débâcle imprévue et torrentielle. Mais, par une réaction paradoxale, ils portèrent au pouvoir les militaires, oubliant qu'ils étaient les responsables directs de la défaite. L'impopularité de la République était, pour les pétainistes, une raison de s'engager dans une politique vengeresse et discriminatoire. Pétain morigéna les citoyens durant quatre ans au nom d'un principe moral, immédiatement proclamé : *« Notre défaite est venue de nos relâchements. L'esprit de jouissance détruit ce que l'esprit de sacrifice a édifié*[23]. » À partir de cette contrition, il avait défini la politique de la Révolution nationale, que Moulin devait appliquer, dans un discours à la radio le 13 août, et, le 15 septembre, dans un article de *La Revue des Deux Mondes*.

Dans le premier, le Maréchal jugeait sévèrement la IIIe République : *« Pendant les trois quarts de siècle qui ont précédé la guerre, le régime politique auquel étaient soumis les Français avait pour principal ressort la culture du mécontentement* [...]. *Aujourd'hui, la France est en proie au malheur véritable, il n'y a pas de place pour les mensonges et les chimères. »*

Quittant le plan des idées générales, le Maréchal condamnait également certains hommes de la fonction publique dans lesquels il désignait une des causes du désastre : *« La démoralisation et la désorganisation qui, comme une gangrène, avaient envahi le corps de l'Etat en y introduisant la paresse et l'incompétence, parfois même le sabotage systématique aux fins de désordre social ou de révolution internationale. Ces causes n'ont pas disparu avec le changement des institutions* [...]. *Ces défaillances, ces trahisons seront recherchées et sanctionnées*[24]. »

Si les responsables étaient voués au pilori dans le discours, c'est la République qu'il condamnait dans l'article en annonçant ses projets : *« C'est cet Etat fort, ramené à ses attributions véritables que nous voulons instituer sur les décombres de l'Etat énorme et débile qui s'est effondré sous le poids de ses faiblesses et de ses fautes, beaucoup plus que sous les coups de l'ennemi* [...].

« Libéralisme, capitalisme, collectivisme, sont en France des produits étrangers, importés, que la France, rendue à elle-même, rejette tout naturellement. [...] *Et quand il lui arrivera d'examiner les principes qui ont assuré la victoire de ses adversaires, elle aura la surprise d'y reconnaître un peu partout son propre bien, sa plus pure et sa plus authentique victoire.* [...] *L'idée nationale-socialiste de la primauté du travail et de sa réalité essentielle par rapport à la fiction des signes monétaires, nous avons d'autant moins de peine à l'accepter qu'elle fait partie de notre héritage classique*[25]. »

Sous le couvert de cet « héritage », Pétain reprenait en fait un thème inventé par la propagande allemande depuis deux mois : *« Si la France entend reprendre la place qu'elle mérite* [...] *elle doit renoncer à ses mauvaises habitudes et adopter un vrai socialisme fondé sur le respect du travail, sur l'esprit de sacrifice et sur la discipline*[26]. »

Pour appliquer cette politique, Marcel Peyrouton, nouveau ministre de l'Intérieur, fut désigné un mois plus tard. Il en donna immédiatement une traduction administrative : « *Vous devez*, écrivait-il le 17 octobre aux préfets, *d'abord, considérer que l'ancien ordre politique, responsable majeur de nos désastres, est mort. Il l'est, quels que soient les efforts que poursuivent ses prébendiers qui tentent de convaincre nos populations du contraire avec l'aide de l'étranger. Dans l'hypothèse, dont je n'admets même pas le principe, où les vieilles formules de décadence renaîtraient, je connais de bons Français, les meilleurs, encore silencieux, qui s'y opposeraient, jusqu'au sacrifice de leur vie.*

« [...] *Ce rôle d'agent de propagande, dans le sens le plus pur du terme, doit être le vôtre. Vous êtes les propagandistes de la vérité, de l'espoir, de l'action libératrice, les défenseurs de la France meurtrie par vingt années d'erreurs et de folies*[27]. »

Cette escalade de haine contre la République fut suivie de la conclusion naturelle de l'armistice : Pétain sollicita de l'Allemagne une collaboration. Après avoir rencontré Hitler à Montoire le 24 octobre 1940, il justifiait publiquement sa politique : « *C'est dans l'honneur et pour maintenir l'unité française — une unité de dix siècles — dans le cadre d'une activité constructive du nouvel ordre européen, que j'entre aujourd'hui dans la voie de la collaboration.*

« [...] *Cette politique est la mienne.* [...] *C'est moi seul que l'histoire jugera*[28]. »

Il s'en tint à cette conviction. De fait, il réservait sa rigueur aux Français qui n'avaient pas désespéré et poursuivaient la lutte contre l'Allemand honni.

Cette politique, assortie des mesures qu'il était contraint d'exécuter, ne pouvait que conduire Jean Moulin au départ.

Après les trois mois au cours desquels il avait remis en route le ravitaillement, la vie économique, sociale et scolaire de son département, pourquoi Jean Moulin ne démissionna-t-il pas ? Connaissant ses opinions, les outrages dont il fut victime de la part des Allemands et la politique révoltante de Vichy qu'il devait appliquer, on peut s'en étonner.

Lors de son arrivée en Angleterre à l'automne 1941, Jean Moulin répondit à cette question au cours de deux interrogatoires qui se complètent. Évoquant les conditions de sa mise à pied, il révéla un motif précis après avoir mentionné sa tentative de suicide à Chartres : « *Il fut conduit dans un hôpital français si bien que l'opinion publique empêcha de nouvelles interventions allemandes à son encontre*[29]. »

« [...] *Quand il fut remis, il reprit ses fonctions. Par la suite, il ne fut plus jamais menacé par les Allemands qui, même, le traitèrent avec un certain respect après cette affaire*[30]. »

« [...] *Il en résulta qu'en dépit de son passé administratif qui l'avait fait classer comme* homme de gauche, *le gouvernement le laissa tranquille jusqu'en novembre 1940, date à laquelle Peyrouton, alors ministre de l'Intérieur, lui ordonna de prendre certaines mesures politiques, entre autres, de démettre un certain nombre de* conseillers généraux. *Il refusa et fut renvoyé*[31]. »

« [...] *Durant cette période, son travail a consisté à protéger les droits de la population française contre les Allemands et il pense y être assez bien parvenu*[32]. »

S'ordonnant comme les pièces d'un puzzle, les informations qu'apportent ces deux textes révèlent la raison fondamentale qui dissuada le préfet Jean Moulin de démissionner : soutenu par l'opinion publique, respecté des Allemands, il demeurait, en l'absence de directives gouvernementales, le seul homme capable de protéger son département de leurs exactions et de défendre les institutions de la République. Il était l'ultime rempart du droit et des libertés, et sa démission eût été une désertion[33].

Ce sont donc des raisons d'ordre moral qui lui interdirent de démissionner. S'il avait voulu quitter ses fonctions sans éveiller les soupçons sur son hostilité à Vichy, rien n'était plus facile que de le faire pour des raisons de santé. Pierre Meunier, qui le rencontra début septembre 1940, le décrivit : « *Jean était très pâle et il avait encore un pansement sous la gorge*[34]. » D'autre part, si Moulin avait fait la moindre concession au régime, il n'aurait pas provoqué ouvertement le ministre de l'Intérieur en maintenant Maurice Viollette (qui était franc-maçon et ami de Léon Blum) dans ses fonctions de président du conseil général et de maire de Dreux, puis en le nommant sous-préfet de cette ville, déchaînant ainsi la fureur des pétainistes du département qui dénoncèrent le scandale en haut lieu. Accusé par un ancien élu de faire une politique de Front populaire dans le département, il fut jugé par le ministère de l'Intérieur comme « *fonctionnaire de valeur, mais prisonnier du régime ancien* » et, en conséquence, révoqué par le maréchal Pétain le 2 novembre 1940[35]. La première mesure de son successeur à la préfecture de Chartres ne fut-elle pas de démettre Viollette et de l'assigner à résidence en Bretagne ?

Quelles qu'en aient été les causes, la sanction n'était pas imprévue. De toute évidence, Jean Moulin ne se comportait plus, depuis l'été, comme un fonctionnaire zélé soucieux d'exécuter ponctuellement les directives de son ministre. À preuve, ce rappel que lui envoya personnellement, le 30 octobre, le général de La Laurencie, délégué du gouvernement dans les territoires occupés : « *Je vous prie de m'adresser, dans les moindres délais possibles, le rapport sur la situation générale de votre département que je vous ai déjà demandé par ma lettre du 9 septembre. Vous n'êtes pas tenu, bien entendu, de limiter vos renseignements au cadre du questionnaire qui vous avait été adressé le 12 juillet dernier et auquel faisait allusion ma lettre du 9 septembre. Il y aurait avantage, au contraire, à étendre vos informations à toutes les questions qui vous paraîtront susceptibles d'intéresser le pouvoir central*[36]. »

Au moment où était envoyé ce rappel à l'ordre, il était clair que le gouvernement avait besoin du plus de renseignements possible sur l'opinion publique. Un événement venait de bouleverser les Français : le 24 octobre, le maréchal Pétain avait rencontré Hitler à Montoire, avait échangé avec lui une poignée de main immortalisée par les photographes. Et, le 30 octobre, justement, le Maréchal expliquait son geste en ces termes : « *Une collaboration a été envisagée entre nos deux pays.* [...]

« *Cette collaboration doit être sincère. Elle doit être exclusive de toute pensée d'agression. Elle doit comporter un effort patient et confiant.* »

Et il ajoutait : « *A ceux qui doutent comme à ceux qui s'obstinent, je rappellerai qu'en se raidissant à l'excès, les plus belles attitudes de réserve et de fierté risquent de perdre de leur force*[37]. »

Jean Moulin ne tint aucun compte du rappel à l'ordre du général de La Laurencie. On peut le constater dans ses rapports. Trois d'entre eux ont été conservés (12 juillet, 30 août, 15 novembre 1940). Celui du 12 juillet relate les événements survenus depuis le 14 juin 1940 et les initiatives qu'il avait prises pour garder le contrôle d'une situation exceptionnelle. Les deux autres sont consacrés aux mesures techniques prises pour assurer le retour à la normale de la vie sociale, économique et financière.

Que disent-ils de l'état de l'opinion publique ? Rien. La seule indication sur ce sujet est contenue dans celui du 30 août, dans lequel Moulin note laconiquement : *« Les populations restent calmes et dignes malgré les graves difficultés résultant de l'occupation*[38]*.* » Son silence à cet égard procédait d'un choix délibéré qui s'inscrivait déjà dans la ligne de son engagement prochain : aucun commentaire sur le Maréchal dont il ne cita jamais le nom ; aucune indication sur les réactions de l'opinion à l'occupation pas plus que sur son évolution anglophile, sur l'écoute grandissante de la B.B.C., sur son hostilité aux Allemands ou sa stupeur après la poignée de main de Montoire. Rien non plus sur les hommes politiques de la IIIe République ou sur les opinions et la conduite des notables ou des militants des anciens partis.

Ces omissions systématiques, que l'on observe dès le rapport du 12 juillet, sont révélatrices de la méfiance que lui inspirait le nouveau régime. Le but était de ne pas informer les Allemands, certes, mais surtout de priver le gouvernement des renseignements qui auraient pu le guider dans la répression de ce que l'on appelait à Vichy les *« menées anti-nationales »*. La comparaison avec d'autres rapports préfectoraux de cette époque confirme sa condamnation silencieuse du régime.

Les regrets soulevés par son départ furent unanimes. En dépit des opinions « avancées » qu'il avait toujours manifestées sans hypocrisie dans ce département plutôt conservateur, tout le monde sans exception loua son impartialité, l'efficacité déployée durant les jours de la débâcle, ainsi que la dignité et la fermeté de sa conduite vis-à-vis des occupants. L'archevêque lui-même, admirateur de Franco et adversaire de la République, tint à lui rendre un hommage qui n'était pas de complaisance : *« M. Moulin laissera en Eure-et-Loir, dont il était préfet depuis 1939, de vifs regrets, le souvenir d'un administrateur compréhensif et énergique, droit et très serviable, et aussi courageux. Ce courage, il le montra dans les journées tragiques de juin*[39]. »

Ce fut aussi l'avis de l'occupant qui ne fut pas en reste avec les témoignages de sympathie de la population. Le jour de son départ, le chef de la Kommandantur le salua par ces mots : *« Je vous félicite de l'énergie avec laquelle vous avez su défendre les intérêts de vos administrés et l'honneur de votre pays*[40]. »

Malgré tout, Jean Moulin voulut conserver le dernier mot. Il adressa aux quatre cent vingt maires du département une lettre qui commençait par un hommage à la République et dont les dernières lignes se voulaient un appel à l'espérance : *« Après vingt-trois années passées au service de la République, je pars sans amertume, conscient d'avoir rempli ma tâche sans défaillance.* [...] *Dans les heures difficiles, nous avons travaillé, lutté et souffert ensemble. Vous permettrez que ma dernière pensée soit pour vous exprimer ma profonde reconnaissance et pour vous dire, aussi, ma foi immuable dans les destinées de la France*[41]. »

Quelques jours après le départ du préfet, un journal local publia l'hommage du maire de Nogent-le-Rotrou, approuvé par le conseil municipal. Il résume tous ceux du département : *« Je n'ai pas à juger l'activité politique de M. Jean Moulin avant son arrivée dans mon département. Depuis nous n'avons trouvé chez lui qu'affabilité et bienveillance. Dans les heures tragiques où tout le monde n'a pas fait son entier devoir, il a rempli le sien, on pourrait dire avec héroïsme*[42]. » C'est ce que son chef de cabinet énonça le jour des adieux dans une formule prémonitoire : « *Votre nom appartient désormais à l'histoire*[43]. »

Lorsque Jean Moulin quitta Chartres le 16 novembre 1940 pour ne plus jamais y revenir, il s'était fixé deux objectifs : recenser la résistance française et rejoindre Londres, seul centre d'opérations militaires. Car l'Angleterre, qui contre toute attente avait tenu bon face à Hitler, permettait à de Gaulle de devenir le symbole de l'espoir.

L'expérience de la guerre civile espagnole et sa tragique conclusion lui avaient enseigné que rien d'efficace ne pourrait être entrepris dans une guerre de ce type si l'on n'établissait pas un lien entre des groupes émiettés, parfois antagonistes, une unité de leur commandement et si l'on n'obtenait pas l'aide de l'extérieur. La défaite des républicains espagnols et la victoire du fascisme avaient révélé cruellement où conduisait l'absence de cette règle. Quelle que soit l'opinion que l'on avait de De Gaulle (et Moulin, comme tout le monde, savait qu'il était l'homme de Paul Reynaud et le soupçonnait d'être un adepte de l'Action française), dans l'état désespéré de la France, l'aide matérielle indispensable à la résistance ne pouvait être fournie que par les Anglais et l'espérance patriotique entretenue que par le général de Gaulle.

II

LE CHOIX D'UN DESTIN

16 novembre 1940-9 septembre 1941

Fort de la certitude que les patriotes français devaient s'unir et obtenir une aide extérieure pour mener à bien leur combat, Jean Moulin jugea que ses compétences professionnelles trouveraient leur meilleure utilisation dans le rôle d'« agent de liaison » entre la France Captive et la France Libre. C'est pourquoi, avant de se rendre à Londres pour y réclamer des secours, il entreprit immédiatement un inventaire des groupuscules clandestins afin de connaître leur structure, leurs objectifs et leurs besoins.

En réalité, l'accomplissement de ces deux projets se révéla plus compliqué que prévu.

Le temps de la Résistance

En quittant Chartres, le 16 novembre 1940, Jean Moulin changeait de temps. Il passait de l'histoire de Vichy à celle de la Résistance. Il pénétrait dans une autre chronologie, articulée sur d'autres événements et, plus encore, sur d'autres significations. Par exemple, Moulin, préfet de Vichy, avait reçu une circulaire du ministre de l'Intérieur lui prescrivant d'expliquer à ses administrés l'entrevue de Pétain et de Hitler à Montoire et de justifier la politique de collaboration. Lorsque, quelques jours plus tard, l'ex-préfet arriva à Paris, cette même entrevue devint pour lui un argument patriotique pour combattre la politique de Vichy et dénoncer la trahison du Maréchal. Il était devenu un résistant.

Dès lors, la vie de Jean Moulin s'inscrivait dans l'histoire des nations aux prises avec de formidables bouleversements.

En juin 1940, la défaite des armées françaises, l'armistice, l'occupation avaient donné naissance à trois histoires, à la fois parallèles et enchevêtrées, auxquelles Jean Moulin participa : celle de Vichy, celle de la France Libre, celle de la Résistance.

Dès sa naissance, la Résistance métropolitaine, à laquelle Jean Moulin appartenait, eut sa propre chronologie, ses évolutions, sa dynamique, longtemps indépendantes de celles de la France Libre. Car la Résistance métropolitaine trouva en elle-même les ferments de sa propre histoire. Sa toile de fond, pourtant, fut une bataille européenne (1940), puis planétaire (1941), dont les enjeux étaient à la mesure de l'humanité. Paradoxalement, bien que sa fortune dépendît de celle des armes, certains événements décisifs dans l'histoire du monde (alliances, conférences, batailles, défaites, victoires…) ne l'ont pas toujours affectée directement. Au contraire, des événements, parfois secondaires ou locaux, ont bouleversé son histoire, intervenant souvent à contretemps de sa propre évolution (retour de Laval au pouvoir, évasion du général Giraud, instauration du S.T.O.).

Paris, 16 novembre-1er décembre 1940 : premiers contacts

Révoqué par le Maréchal, le 2 novembre, ce n'est pas, comme il le prétend, dans l'intention de prendre sa retraite que le préfet Jean Moulin quitte Chartres le 16 novembre 1940, mais pour s'engager dans le camp des « réfractaires ».

Jusqu'au 1er décembre, il séjournera à Paris d'où, après avoir obtenu son ausweis, il partira pour la zone libre. De ses anciens amis avec lesquels il reprit contact, le premier fut donc Pierre Meunier, qu'il alla voir à l'hôtel du Grand Turenne, rue de Turenne, où il habitait. Selon Meunier, ils eurent des entretiens quotidiens et Jean Moulin lui retraça les *« projets, qu'il avait mûris, après* [s]*a visite à Chartres et qui s'étaient précisés »…* Dans une lettre à Laure Moulin, il évoque un autre souvenir : *« Je me souviens plus particulièrement d'une rencontre au Colibri, place de la Madeleine, où il m'a demandé d'essayer de contacter les groupuscules de résistants qui existaient à Paris.*

« Il était convaincu de la défaite à terme des nazis, mais il ne l'imaginait pas sans la participation directe et entière du peuple français. Il pensait déjà rassembler tous ceux qui, à travers le pays, n'acceptaient pas la défaite, les organiser et obtenir pour cette organisation la reconnaissance des Alliés et de la France Libre qui se constituait à Londres. »

Meunier était très réservé à l'égard de ces derniers, en particulier du général de Gaulle, qui avait la réputation d'être maurrassien, mais il fut d'accord avec Moulin pour reconnaître qu'il n'y avait probablement pas d'autres possibilités pour obtenir les moyens de lutter efficacement contre les Allemands [1].

Aux *Deux Magots*, Moulin rencontra Gaston Cusin, avec qui il avait collaboré, en 1937, à l'organisation de l'aide aux républicains espagnols [2].

Au cours de son séjour en zone occupée, Jean Moulin alla se reposer, durant quelques jours, à Amiens, chez le docteur Mans qui était devenu un ami lorsque lui-même était secrétaire général de la préfecture de la Somme. Il l'avait en outre hébergé avec ses services à Chartres lors de l'exode [3]. *« Nous ne devons pas accepter la défaite*, lui dit-il. *Il nous faut résister aux Allemands, entreprendre une action clandestine, mais avec prudence et à bon escient. Il faut d'abord nous compter, nous grouper, pour pouvoir mieux agir ensuite* [4]. *»* Il lui fit un inventaire rapide des hommes sur lesquels on pouvait compter et avec qui il préconisait d'entrer en relation. Et il lui remit divers papiers, témoignages des exactions allemandes en Eure-et-Loir et de son activité à la tête du département [5].

À qui songeait-il ? À en juger par les rares témoignages que sa sœur recueillit après la guerre, ils étaient peu nombreux et parfaitement anonymes : Meunier, Cusin, Chambeiron, des fonctionnaires subalternes ; le docteur Mans, un médecin de province ; Jane Boullen, une infirmière.

Dès qu'il obtint son laissez-passer allemand, Jean Moulin quitta Paris par le train, le 1er décembre 1940, et se rendit à Montpellier où il retrouva sa mère et sa sœur.

Montpellier, 1er décembre 1940 :
le retour en famille

Moulin arriva en bonne santé à Montpellier, mais sa sœur observe qu'*« il s'étrangle encore un peu en mangeant »* et que sa cicatrice est très apparente : *« Il passe auprès de nous*, écrit-elle, *des jours calmes, mais des jours féconds tout de même. Il se concentre, médite, élabore des plans d'activité. »* Il rédigea alors le journal de ce qu'il était advenu à Chartres durant les jours qui avaient précédé et suivi l'arrivée des troupes allemandes. Après la guerre, sa sœur édita ce texte sous le titre de *Premier combat*[6]. Il profita aussi de ce séjour pour mettre en ordre ses affaires de famille. Ayant l'intention de rejoindre de Gaulle, il prenait le risque, si la nouvelle de son départ et de son absence s'ébruitait, de voir confisquer ses biens. Sur l'héritage, qui venait de leur père, il fit établir par leur notaire un partage avec sa sœur : il conserva les titres et les biens mobiliers et lui laissa les immeubles et les terres. Bien entendu, rien ne devrait être changé dans la pratique de leurs relations et leur mère gardait la jouissance de tous leurs biens[7].

Ses projets, on le sait, et Pierre Meunier le confirme, étaient d'effectuer, en zone libre, le même travail de prospection que celui dont il venait de le charger en zone occupée. L'ancien préfet avait également l'intention de *« préparer son départ pour Londres, où il voudrait se faire reconnaître par le général de Gaulle*[8] *»*.

Selon ce témoignage, l'ex-préfet aurait donc prévu de ne gagner Londres qu'après avoir établi un bilan des mouvements de résistance. Les choses se passèrent bien de cette façon, mais sa hâte à se rendre en zone libre, passage obligé pour tous ceux qui voulaient quitter la France par des voies normales, son empressement à engager des démarches dans ce but, le témoignage de sa sœur, tout indique qu'au début de décembre les urgences se présentaient pour lui dans l'ordre inverse. *« Il entama*, rappelle sa sœur, *toute une correspondance avec le ministère de l'Intérieur de Vichy, pour la liquidation de sa pension de retraite. Il n'était pas d'accord avec le ministre sur certains points et se montrait aussi exigeant que possible. C'était, on le conçoit, pour donner le change. Un ancien administrateur qui disputait pied à pied de ses intérêts ne devait avoir d'autre préoccupation que d'obtenir le maximum de retraite sans aller courir les aventures*[9]. »

7 décembre 1940 : Jean Moulin dénoncé

À l'issue de ces démarches, Moulin s'installa à Saint-Andiol, bourgade à quelques kilomètres d'Avignon où se trouvait la propriété familiale. Il s'inscrivit à la mairie avec la profession de cultivateur.

Sa préoccupation première était de quitter la France, or le gouvernement de Vichy interdisait officiellement tout départ. À moins de franchir clandestinement les Pyrénées à pied — au risque d'être interné longtemps dans les prisons espagnoles —, il devait donc se procurer un passeport et un visa de sortie.

Dans ce but, Jean Moulin avait fabriqué avant son départ de Chartres une vraie carte d'identité au nom de Joseph Mercier, professeur de droit, domicilié à l'université de New York[10]. Pour obtenir un passeport à partir de ce document, Jean Moulin comptait sur des complaisances administratives. Aussi alla-t-il voir, le 7 décembre, à Toulouse, l'ancien sous-préfet de Dreux. Il avait été son supérieur et entretenait avec lui des relations amicales, renforcées par l'expérience partagée des jours tragiques de juin 1940 avant l'arrivée des Allemands. Replié depuis en zone libre, ce fonctionnaire était devenu le secrétaire général de la préfecture de Haute-Garonne.

Après lui avoir donné rendez-vous dans un café et lui avoir exposé sa requête, Jean Moulin essuya un refus catégorique. Cette dérobade de son ancien subordonné, décevante moralement, eut en outre des conséquences pratiques que Jean Moulin ignora toujours.

En effet, rentré à la préfecture, l'ancien sous-préfet rendit compte à son supérieur de cet entretien. Aussitôt, le préfet de Haute-Garonne adressa une lettre circonstanciée au ministre de l'Intérieur : *« Au cours de la conversation M. Jean Moulin lui a déclaré avoir l'intention de quitter la France. Ce dernier étant démuni de pièce lui permettant de quitter le territoire national, sollicite de M.* [...] *ancien Sous-préfet de Dreux la délivrance d'un titre de sortie qui pourrait lui faciliter son départ. Mon collaborateur a répondu qu'il lui était impossible de satisfaire à cette demande et m'en a déféré aussitôt. M. Moulin qui habite Montpellier, aurait l'intention de se rendre prochainement à Marseille*[11]. »

Le 9 décembre, à la suite de cette information, le directeur de la Sûreté nationale adressa une circulaire à tous les postes frontières : *« Suis avisé que Jean Moulin, né le 20 juin 1899 à Béziers, ancien préfet d'Eure-et-Loir, se dispose à quitter la France. Stop. Prière lui interdire sortie territoire, le surveiller discrètement en cas de découverte à la frontière et me tenir au courant*[12]. »

Mais que pouvait représenter cet incident mineur alors que Vichy était en proie à une crise dramatique suscitée par le renvoi de Pierre Laval, décidé le 13 décembre par Pétain ? Un moment mis en état d'arrestation, le vice-président du Conseil et ancien dauphin du Maréchal était finalement parti pour Paris sous la protection des Allemands, ulcérés de ce qu'ils jugeaient être un démenti à la politique de collaboration. Malgré les sincères assurances prodiguées par Pétain, ils refusaient de prendre langue avec le successeur de Laval, Pierre-Étienne Flandin, celui-là même, pourtant, qui avait jugé opportun de féliciter personnellement Hitler lors des accords de Munich. De fait, les Français patriotes croyaient voir dans le renvoi de Laval un raidissement du Maréchal à l'encontre de l'occupant. L'avenir allait se charger de les détromper.

Février 1941 : les visas de Joseph Mercier

Après le refus essuyé à Toulouse, Moulin imagina un autre stratagème. À cet effet, il se rendit le 6 janvier 1941 auprès d'Henri Manhès, un officier qu'il avait connu au cabinet de Cot et retrouvé à Chartres aux jours de la débâcle. Réfugié à Cagnes-sur-Mer, ce héros de la Grande Guerre, ancien commandant de la base aérienne de Saint-Cyr, avait dans cette bourgade une réputation honorable qui facilita probablement les démarches de Jean Moulin. Sans doute est-ce l'origine de l'avis favorable que le commissaire de police de Cagnes apposa sur le formulaire administratif par lequel le professeur Joseph Mercier sollicitait un passeport, pour retourner à New York reprendre ses fonctions à l'Institut international. Une photo jointe à cette demande montre le visage de Jean Moulin orné d'une grosse moustache qui le rend méconnaissable. C'est sous cette apparence que le connurent les résistants qu'il rencontra à cette époque.

Déposé le 4 février, le formulaire eut un effet immédiat. Trois jours plus tard, Jean Moulin reçut un passeport muni d'un visa de sortie [13]. Ses projets prenant corps, il jugea bon de détourner les soupçons de ses supérieurs et adressa quelques jours plus tard, le 12 février, une lettre au service du personnel du ministère de l'Intérieur, afin de signaler son installation définitive à Saint-Andiol [14].

Restait à obtenir un visa d'entrée aux États-Unis, nécessaire pour quitter la France. Muni d'un certificat médical du 25 février, le déclarant exempt de *« maladie en évolution et d'aucune infirmité »*, Jean Moulin obtint, le lendemain, du consulat des États-Unis à Marseille, un visa d'entrée, valable quinze jours. Une semaine plus tard, ses amis Cot, réfugiés à Boston, lui firent parvenir, par la Banque franco-chinoise, installée à Marseille, la somme de trois mille dollars [15].

Tout était donc prêt pour son départ. Cependant, malgré les apparences, il n'était pas au bout de ses peines. Pour rejoindre Londres, il devait se rendre à Lisbonne. Il lui fallait donc obtenir deux visas : l'un espagnol, l'autre portugais. Ces deux pays étaient moins coopératifs que les Américains pour faciliter l'exode des Français. Jean Moulin ne reçut que six mois plus tard, le 19 août, le visa portugais et le lendemain, le visa espagnol qui suivait automatiquement.

Les six mois que Jean Moulin passa dans l'attente de ces deux visas ne furent pas inutiles. C'est grâce à eux qu'il put mener une enquête méthodique sur les premières tentatives de résistance.

Enquêter sur la Résistance, oui, mais comment ?

Après un an d'occupation, les Allemands en zone occupée n'avaient reconnu qu'un seul mouvement de résistance (le Musée de l'Homme) et, en zone libre, Vichy, doté d'un appareil d'État, n'avait repéré de façon assez floue que deux mouvements (le M.L.N. et Libération) : on peut se demander ce que Jean Moulin, isolé, sans moyens et suspect au régime, pouvait découvrir de l'activité clandestine. Comment rencontrer des résistants perdus au milieu de trente-huit millions de Français quadrillés par la police, isolés par des conditions matérielles que Moulin décrivait ainsi : *« Il ne faut pas perdre de vue qu'il n'est jamais possible d'utiliser ni la poste, ni le télégraphe, ni le téléphone ; que tous les transports et toutes les liaisons s'effectuent par des émissaires envoyés par le train ou à bicyclette* [16] » ?

Outre ces difficultés communes à tous les clandestins, Jean Moulin, par prudence, avait exclu de la confidence les membres de l'administration préfectorale, ses relations et même sa famille, à l'exception de sa sœur. Parmi ses anciennes relations, seuls Pierre Meunier et Henri Manhès, qui étaient venus lui rendre visite à Chartres en exprimant leur volonté de résister, lui apportèrent leur aide pour la zone occupée, à l'exclusion de tous les autres.

Lorsqu'il avait quitté Chartres le 16 novembre 1940, Jean Moulin ne connaissait presque rien de la Résistance.

En Eure-et-Loir, à l'exception de rares sabotages effectués sous forme de coupures de fils téléphoniques allemands, de parachutages de tracts anglais durant l'été et de distribution de quelques tracts communistes à l'automne 1940, en cinq mois il ne s'était rien passé. À chaque occasion, les Allemands avaient d'ailleurs réagi avec une brutalité qui incitait à la prudence une population traumatisée par une déroute radicale suivie des rigueurs de l'occupation.

Ce que Moulin discernait de la Résistance provenait des circulaires de Vichy adressées aux préfets et, en particulier, de celle du 24 octobre 1940. L'exemplaire conservé aux archives départementales d'Eure-et-Loir est annoté par Jean Moulin et c'est sans doute grâce à ce document qu'il eut connaissance, pour la première fois, de l'*« activité séditieuse des partisans de l'ex-général de Gaulle »* répartie sur l'ensemble du territoire national. Peut-être même est-ce ce texte qui lui suggéra de mener, avant de partir pour Londres, une enquête auprès de ces groupuscules afin de connaître leur importance et leurs besoins.

C'est à partir du rapport qu'il rédigea à Lisbonne le 11 octobre 1941 que l'on en connaît les résultats. Il est malheureusement présenté par thèmes, aussi on ignore l'ordre chronologique de ses découvertes (tracts et journaux) ou de ses rencontres avec des militants et des chefs de mouvement, de parti ou d'associations diverses.

Sa prospection fut décevante en zone occupée. Au contraire, elle fut couronnée de succès en zone libre, sans doute parce que les activités clandestines étaient moins périlleuses : si l'on y risquait la prison, du moins y échappait-on à la mort.

Pour connaître la Résistance, le mieux était sans doute de s'y joindre. On sait par un interrogatoire qui eut lieu à Londres que, durant cette période (décembre 1940-septembre 1941), Jean Moulin participa à l'action des groupements en fabriquant et en distribuant des tracts et des journaux [17]. Cette expérience de six mois le prépara à sa mission future ; elle lui permit d'apprécier sur le terrain la difficulté et la diversité des tâches qu'assumaient les militants de base : organisation de filières d'évasion, mise en place de réseaux de renseignements, rédaction, impression et distribution de tracts et de « journaux », exécution de sabotages, constitution de forces paramilitaires, mais aussi préparation législative, administrative et politique de la libération. Cette plongée au sein de l'action fait la différence avec les rapports allemands ou vichystes. Ces derniers observaient l'écume sans en comprendre la dynamique. Moulin vivait l'expérience de l'intérieur. Elle lui permit de constater que ces différentes activités étaient soit réparties entre plusieurs groupes distincts, soit assurées par un seul d'entre eux. Elles étaient en tout cas mal définies et insuffisamment hiérarchisées à l'intérieur même de chaque groupe, ceux-ci se développant de façon éclatée du fait de la clandestinité. La prolifération des tracts et des feuilles clandestines (tirant à quelques dizaines, rarement à quelques milliers d'exemplaires) masque la vérité sur le nombre infime des premiers rebelles. Leur faiblesse numérique aggravait leur vulnérabilité car elle obligeait chacun d'eux à s'occuper de toutes les besognes à la fois.

Autant que par le danger qu'encouraient les patriotes, Jean Moulin fut frappé par leur extrême dénuement. Il fit l'expérience par lui-même de ce que décrit, de la manière la plus émouvante, l'un de ces pionniers de la Résistance, Henri

Frenay : « *Nous n'avions pas un sou et devions après avoir écorné nos maigres moyens personnels, pratiquer en grand le "tapage" de toutes nos relations. On mangeait dans les restaurants à 15 F, on voyageait en troisième classe, on économisait les enveloppes. Ce fut l'époque héroïque pendant laquelle des liens très solides d'amitié et de confiance se nouèrent entre mes camarades et moi-même, liens qui, tout autant que l'idéal que nous défendions, nous unissaient les uns aux autres*[18]. »

Cette expérience lui permit également d'apprécier non seulement la nature complexe et les besoins de ces groupuscules, mais aussi leur importance réelle au niveau national. Tous ceux qui, comme lui, avaient observé en professionnels la vie politique avant 1939 avaient constaté le rayonnement que donnait à certains partis très minoritaires la diffusion d'un journal lorsqu'elle était assurée par des militants dynamiques, telle *L'Action française*, qui avait eu sur l'opinion une influence sans commune mesure avec ses effectifs. Les mouvements reprenaient en quelque sorte cette technique à leur compte, la clandestinité en plus.

Paris, avril 1941 : insaisissable Résistance

L'ancien préfet séjourna de nouveau à Paris en avril 1941. Il voulait s'informer des résultats de l'enquête sur les « groupuscules clandestins » dont il avait chargé Pierre Meunier et Robert Chambeiron, mais aussi reprendre contact avec le milieu politique et administratif qu'il avait connu sous la IIIe République.

On sait que le passage clandestin qu'il emprunta lui avait été proposé par Paul-Boncour, dont la propriété, à Saint-Aignan-sur-Cher, s'étendait sur les deux rives de cette rivière, qui fixait la ligne de démarcation. Moulin le connaissait depuis l'époque où, collaborateur de Cot au ministère de l'Air, il avait eu l'occasion de lui rendre service. Il semble qu'il ait repris contact avec lui par l'intermédiaire d'Antoinette Sachs[19].

Ce séjour fut certainement utile à Moulin en raison des informations politiques que pouvait lui fournir cet ancien président du Conseil. Artisan, à l'Assemblée de Vichy, le 10 juillet 1940, d'une motion en faveur de la continuité républicaine, ami des présidents Herriot et Jeanneney, il connaissait parfaitement le milieu parlementaire et se trouvait donc à même de conseiller Moulin sur les contacts qu'il pourrait prendre à Paris. Cot ayant été secrétaire d'État aux Affaires étrangères quand Paul-Boncour était président du Conseil, la confiance régnait entre eux.

Hormis cela, ce second voyage ne fut guère concluant. Pas plus qu'en novembre, Moulin ne réussit à établir le moindre contact avec des groupes en cours de formation[20]. Aussi son rapport ne contient-il aucun renseignement concernant les organisations ou les journaux existants. Les seules informations qu'il semble avoir recueillies rappellent que les chefs des mouvements avaient tenté d'établir des contacts avec Londres : « *Les résultats obtenus ont été décevants : quelques plis emportés de la zone occupée par des avions anglais ou quelques feuilles d'information reçues de Londres par la même voie, voilà tout le fruit recueilli jusqu'à ces derniers temps par nos efforts*[21]. »

Une autre information concerne les francs-maçons, dont l'implantation était nationale. Peut-être en avait-il contacté dans les deux zones. C'est en zone occupée toutefois qu'étaient établis, avant guerre, les sièges de ces organisations. Il signalait donc les relations des mouvements « *avec les associations de Francs-maçons dont l'activité est grande surtout dans le domaine de la propagande "orale", il y a également collaboration par le bas, de même qu'avec certains anciens groupements tels que la Ligue des Droits de l'Homme*[22] ».

Première approche en zone libre

La prospection de Jean Moulin, décevante en zone occupée, fut couronnée de succès en zone libre.

Cette réussite est due, en partie, au fait qu'il séjourna six mois dans cette zone qu'il parcourut activement, mais aussi au fait que les activités clandestines étant plus faciles à mener, les gens y étaient plus confiants, c'est-à-dire plus imprudents.

Malgré tout, Jean Moulin, au cours de son enquête, était dans une situation personnelle plus difficile que celle des premiers résistants qui, pour la plupart, étaient jeunes et inconnus. Lui, après vingt-trois ans de carrière administrative, était certes inconnu du grand public mais très connu des fonctionnaires d'autorité, des membres de la préfectorale et de tous les parlementaires. Toute indiscrétion dans ce milieu restreint représentait le risque d'être dénoncé, ce qui, on l'a vu, advint effectivement.

Dès son arrivée en zone libre, Jean Moulin, tout en effectuant des démarches pour quitter la France, avait entamé l'exploration des milieux clandestins. Sans succès au début, semble-t-il. Ce n'est qu'après l'obtention de son visa américain et son installation à Marseille qu'il consacra tout son temps à une prospection systématique de l'activité clandestine et qu'il obtint quelques résultats. Il semble que ce soit à cause de son engagement à la base, mais aussi aux contacts obtenus autour du consulat américain à Marseille, lieu vers lequel convergeaient assez logiquement les opposants.

Les contacts qu'il noua parmi les militaires lui avaient révélé l'état d'esprit anti-allemand de certains chefs de l'armée d'armistice qui ne rêvaient que de revanche et préparaient la reprise des hostilités le jour d'un débarquement anglais. Leur objectif principal portait sur le contre-espionnage, la recherche de renseignements, mais aussi le camouflage de matériel militaire, les plans de mobilisation et l'étude des méthodes de guérilla[23].

Si leur engagement patriotique les mettait du côté de la résistance, ces officiers n'en étaient pas moins pétainistes, vichystes et antigaullistes. La dissidence du général de Gaulle leur apparaissait comme une félonie de la part d'un militaire dont le devoir est avant tout l'obéissance au pouvoir civil, de surcroît incarné par le glorieux maréchal Pétain. Ce parti pris de discipline, mais aussi ces opinions politiques, privait la Résistance des cadres militaires dont elle avait besoin pour former ses groupes d'action.

Parmi les officiers « résistants », Moulin avait distingué le colonel Georges Groussard, cagoulard anti-allemand, et le général d'aviation Gabriel Cochet (qu'il connaissait depuis son passage au cabinet de Cot). Il avait appris que Groussard était allé à Londres chercher officieusement de l'aide auprès des Anglais pour développer ses activités clandestines. Il avait par ailleurs rencontré l'un des adjoints du général Cochet. Faute de précautions, Cochet avait été arrêté, tout comme Groussard. Leurs activités n'avaient duré que quelques mois.

Sa découverte la plus importante fut celle de trois mouvements : Libération, Liberté et le Mouvement de la libération nationale (M.L.N.), dont il estima qu'ils constituaient les principales organisations de la zone libre. Avant son départ, il réussit à rencontrer leurs chefs et leurs cadres, en particulier Henri Frenay et François de Menthon.

En raison des cloisonnements imposés par la clandestinité, Moulin ne connut pas d'autres noyaux de résistance de la zone libre tels que France Liberté et France d'abord, à Lyon, le Comité d'action socialiste (C.A.S.) ou le groupe Pierre Bertaux à Toulouse, etc.

Marseille, 1941 : Jean Moulin rencontre Henri Frenay

Le capitaine Frenay, ancien saint-cyrien de trente-cinq ans, breveté d'état-major, était le fondateur du Mouvement de libération nationale (M.L.N.). Après s'être courageusement battu en 1940, il avait été fait prisonnier mais s'était évadé. En novembre 1940, il avait été affecté au 2e bureau de l'état-major de l'armée, à Vichy, milieu éminemment favorable à la préparation de ses activités clandestines. Même après avoir quitté l'armée en avril 1941, il y avait conservé des liens de collaboration confiante qu'il maintiendra jusqu'au printemps 1942.

Comme tous les premiers résistants, c'est dans son milieu professionnel, en l'occurrence l'armée de l'armistice, qu'il avait recruté ses premiers militants : Maurice Chevance-Bertin, Henri Aubry, Robert Guédon, etc.

Avec une de ses amies d'avant-guerre, Bertie Albrecht, il avait confectionné, au début de 1941, un « Bulletin d'information et de propagande » dactylographié puis avait réussi (au moment où Moulin le rencontra en 1941) à publier clandestinement un journal ronéotypé puis imprimé : *Les Petites Ailes de France* (qui deviendra quelques mois plus tard *Vérités*). Cette activité de propagande doublée de la recherche de renseignements n'était pas le but ultime de son mouvement qui visait, à l'exemple du général Cochet, à constituer une force militaire capable de préparer la revanche. Ce projet s'apparentait à ceux des officiers résistants de l'armée d'armistice, qui envisageaient, sous une forme ou sous une autre, l'organisation d'une force pour laquelle ils stockaient clandestinement du matériel et des armes. Mais là où Frenay se séparait d'eux, c'était par sa conviction qu'en dépit de leurs intentions patriotiques ils ne passeraient pas à l'action le jour venu parce que, selon lui, les Allemands empêcheraient la Révolution nationale d'opérer le redressement militaire de la France et donc de préparer la libération. Pour le jeune capitaine, seule une action clandestine permettrait de tromper les Allemands et de les abattre. C'est pourquoi il avait demandé un congé d'armistice, qu'il avait obtenu le 1er mars 1941, et avait quitté l'armée.

Afin d'élargir le recrutement de son mouvement, Frenay avait rédigé, probablement à la fin de novembre 1940, un manifeste [24]. Par son style, sa cohérence, son projet, ce texte tranchait avec tous ceux qui furent publiés à cette époque par la Résistance non communiste et non gaulliste. C'est le seul qui, six mois après l'appel du 18 juin, peut lui être opposé par sa vision différente. C'est, en quelque sorte, l'appel des résistants de Vichy. Non pas en opposition à la politique du Maréchal, mais en complément clandestin. Il prolonge les appels de Cochet dont il s'est inspiré et préfigure la tentative de Giraud en Afrique du Nord en 1942, essayant de concilier Pétain, la Révolution nationale et la résistance. C'est pourquoi il doit être lu attentivement aujourd'hui pour en saisir toutes les implications, car il représente fidèlement l'aspiration patriotique et résistante de ceux qui ont choisi Pétain et sont l'immense majorité, bien qu'il soit difficile à comprendre, pour un lecteur d'aujourd'hui, formé à la vulgate gaulliste ou communiste. Il définit un état d'esprit et des objectifs qui le sépareront politiquement de la plupart des autres mouvements, même après son ralliement à de Gaulle et même après sa propre évolution politique vers une idéologie socialisante.

« Depuis la défaite, y lisait-on, *des hommes de toutes conditions, liés seulement par leur amour commun de la Patrie, se sont groupés pour sauver la France de la domination étrangère, pour lui rendre son intégrité politique et territoriale que ses Armes n'ont pu lui conserver, pour lui permettre de faire ensuite la Révolution Nationale qui s'impose.*

« Pour sauver le développement de l'œuvre entreprise, pour faire venir à nous les hommes de bonne volonté, il est nécessaire de préciser sans ambiguïté les buts de ce mouvement et sa position exacte par rapport au Gouvernement présidé par le Maréchal Pétain.

« […] *En résumé : la Révolution Nationale nécessaire ne se fera pas tant que l'Allemagne sera à même de dicter sa volonté. Dans l'ordre chronologique, cette Révolution Nationale viendra après la Libération Nationale laquelle vise à bouter le Boche hors de France.*

« A l'œuvre du Maréchal Pétain, […] *nous sommes passionnément attachés. Nous souscrivons à l'ensemble des grandes réformes qui ont été entreprises. Nous sommes animés du désir qu'elles soient durables et que d'autres réformes viennent parachever cette œuvre. C'est dans ce but que nous faisons partie du Mouvement de Libération Nationale*[25]. »

Il faut rappeler que, parmi les grandes réformes du Maréchal à cette époque, il y avait la suspension de la vie parlementaire, le remplacement des municipalités et des conseils généraux élus par des commissions nommées, la suppression des libertés démocratiques, la dissolution des sociétés secrètes (franc-maçonnerie), les mesures de retrait de la nationalité française et le statut des juifs. Frenay ayant approuvé ces mesures et l'idéologie qui les avait inspirées, on ne s'étonnera pas de la discrimination raciale qu'il pratiquait à l'égard des militants s'engageant dans le M.L.N. :

« Tous ceux qui serviront dans nos rangs, comme ceux qui s'y trouvent déjà, seront des Français authentiques. Les juifs serviront dans nos rangs s'ils ont effectivement combattu dans l'une des deux guerres[26]. » Ce qui était mot pour mot le critère retenu par Vichy pour distinguer les « bons » des « mauvais » juifs.

« Depuis l'entrevue de Montoire, poursuit Frenay, *le Gouvernement s'est engagé dans la politique de collaboration avec le vainqueur. De notre côté, notre volonté est de le chasser de France. Est-ce à dire que nous rompons délibérément avec le Maréchal ? Rien n'est plus faux. Ces deux attitudes se concilient aisément : mieux, elles se complètent.*

« Au matin du 25 juin, la France que son armée ne pouvait plus défendre touchait des épaules. Trois mois plus tard, l'Allemagne nous conviait à collaborer avec elle. D'un refus, nous ne pouvions rien attendre, si ce n'est des mesures encore plus dures que celles que nous subissons ; nos hommes groupés en unités de travailleurs, le fardeau de l'armée d'occupation alourdi, des restrictions plus

sévères et toute la France occupée. Sans doute le geste eût-il été noble, mais combien lourd de conséquence.

« Cette collaboration qui nous était instamment demandée profitait au Reich. Elle avait ainsi les mains plus libres pour continuer la lutte contre l'Angleterre. Elle pouvait aussi nous profiter. Elle nous profite.

« Ce mal nécessaire nous a permis de conserver une partie de nos libertés, de commencer le Redressement National. Il nous a permis surtout de gagner du temps. Le mouvement de Libération Nationale l'utilisera. Voilà pourquoi nous sommes, une fois encore, derrière le Gouvernement qui l'a contresigné.

« Le Gouvernement doit donc conserver une attitude imposée par les circonstances. Voudrait-il s'en départir par ses paroles ou par ses actes, que le Pays en subirait le châtiment. Le plus rude de tous les devoirs de notre Maréchal est d'accepter cette servitude, d'ailleurs pleine de grandeur. Cette acceptation était incluse dans la première parole qu'il a prononcée en prenant le pouvoir : "Je fais don de ma personne à la France pour atténuer son malheur."

« Mais nous, nous le Peuple de France, nous n'avons rien promis ni rien signé. Nous comprenons la politique de notre Gouvernement car nous savons qu'il ne peut en suivre d'autre. Mais, ce que le Gouvernement ne peut pas dire, nous voulons le crier :

« L'ennemi d'aujourd'hui est le même que celui d'hier.

« Si nos Armes ont cédé devant les siennes, nous ne plierons pas nos âmes.

« [...] Cependant la guerre se poursuit sous nos yeux. Nous ne pouvons y assister indifférents. De son issue dépend notre sort. L'attitude et la conduite de notre mouvement doivent être celles qui, dans la Paix à venir, permettront à la France d'avoir sa place et de faire entendre sa voix.

« Certains espèrent que la France sera un jour l'arbitre entre deux Nations également épuisées par la lutte. Selon nous c'est une dangereuse chimère. Nous l'avons déjà dit, si l'Allemagne s'affaiblit elle affaiblira la France.

« Notre Pays n'aura dans cette hypothèse aucun rôle à jouer. Il subira la loi du vainqueur, si faible que soit celui-ci.

« Il nous faut donc choisir et répondre dès maintenant à cette question : quel est celui des deux grands Pays belligérants dont la victoire sera pour la France, sinon la plus profitable, du moins la moins nuisible ?

« Il n'est pas de faux-fuyants. Il faut répondre. Si nous pensions qu'une victoire allemande soit profitable à la France, nous oublierions l'amertume de notre défaite et nous aiderions l'Allemagne. Mais, tout ce que nous savons d'elle nous indique le contraire.

« C'est donc vers l'Angleterre que nous nous tournons.

« C'est elle que nous voulons aider.

« En nous engageant dans cette voie, nous ne nous faisons aucune illusion. Nous n'avons pas dû choisir entre des avantages mais entre des inconvénients. C'est à notre défaite militaire que nous devons ce choix douloureux.

« Le Mouvement de Libération Nationale n'a pour les Britanniques aucune sympathie particulière. Il n'ignore pas le mal que l'Angleterre, au cours de son histoire, a fait à notre Pays, jusque dans un passé récent. Il n'oublie ni la Paix de 1918 que nous avons perdue par sa faute, ni les événements douloureux de Mers el-Kébir et de Dakar mais il n'oublie pas non plus que l'Angleterre n'occupe pas la France avec ses soldats, qu'elle n'a jamais projeté ni le morcellement de notre territoire, ni notre asservissement.

« Entre deux maux, nous avons choisi le moindre, lequel est, selon nous, la victoire anglaise. Nous sommes décidés à y collaborer.

« [...] *Après la Paix, notre Mouvement ne considérera pas sa tâche comme terminée. Sans doute aura-t-il accompli la plus grande de ses tâches ; ce ne sera pas la dernière.*

« Il est possible, sinon certain, qu'à l'effondrement de l'Allemagne nationale socialiste, succédera la menace rouge. La Russie qui s'est jusqu'à ce jour, maintenue hors du conflit qu'elle entretient, lancera sans doute sur l'Europe sa machine de guerre. L'avenir de l'occident tout entier sera en jeu.

« Nous concourrons à former le barrage contre les armées rouges et ceux qui, en France, tenteraient de les aider.

« Nous ne tolérerons pas plus dans notre Pays l'ingérence bolchevique que l'ingérence nazie. Nous triompherons de l'ennemi intérieur, comme nous aurons triomphé de l'ennemi extérieur.

« C'est alors seulement que nous pourrons entreprendre la Révolution Nationale à laquelle nous ne croyons pas dans les circonstances actuelles.

« Notre Mouvement qui aura fait ses preuves en donnant son sang sera le noyau autour duquel se grouperont toutes les bonnes volontés, tous les Français honnêtes. Les grandes réformes politiques, économiques et sociales dont la guerre a montré la nécessité seront entreprises.

« Puisse le Maréchal Pétain avoir une vie suffisamment longue pour nous soutenir alors de sa haute autorité et de son incomparable prestige[27]. »

À l'exception de l'appel à l'action clandestine, ces positions politiques (qui représentaient, en gros, celles de l'armée d'armistice et de très nombreux Français) étaient diamétralement opposées à celles de Jean Moulin. Frenay les maintint durant l'année 1941, même si son respect pour le Maréchal se teinta progressivement d'inquiétude. On peut lire, en effet, dans *Vérités* du 25 août 1941, cet appel significatif : *« Monsieur le Maréchal, nous vous en supplions : Ecoutez la voix de dizaines de milliers de français qui aiment leur pays, respectent votre personne, mais n'ont aucune confiance dans vos collaborateurs*[28]. »

Cet attachement de Frenay à la personne du Maréchal dura longtemps encore ainsi que son espoir de le voir se ranger dans le camp des futurs vainqueurs. C'est ce qu'observa Moulin en mars 1942 : *« Il est toutefois regrettable que l'espoir, plus ou moins avoué, qu'il* [Frenay] *a mis jusqu'à ces derniers temps dans un revirement vigoureux du Maréchal dans le sens de la résistance, lui ait fait conserver des contacts avec certains dirigeants du nouveau régime*[29]. » Frenay s'en départit pourtant le jour où Pétain, cédant à la pression des Allemands, reprit Laval et, qui plus est, lui confia la présidence du Conseil qu'il avait exercée jusque-là.

En mai 1942, dans une lettre au maréchal Pétain, Henri Frenay consomma la rupture : *« En un mot vous faites de la France l'alliée de l'Allemagne.*

« Vous aviez le choix : vous soumettre ou partir.

« Vous auriez dû partir et laisser à d'autres le soin de livrer notre pays. Vous préférez rester, non plus dans une demi-liberté, mais dans un complet esclavage pour patronner la trahison.

« Tout est clair maintenant : le mythe Pétain a vécu. Vos étoiles s'éteignent.

« [...] *Vous êtes responsable aussi de la suppression de nos libertés, des parodies de prestige, du régime politicien, des odieuses lois antisémites, de l'omniprésence des trusts, du chômage et de la famine naissante*[30]. »

À l'été de 1941, Frenay était encore loin de sa position de 1942. Malgré tout, Jean Moulin, au cours de sa première rencontre avec lui, avait été convaincu du sérieux de ses intentions. Certes, les officiers qu'il avait contactés formaient eux aussi des projets de cet ordre, mais il y avait dans ceux du capitaine Frenay une cohérence et une logique plus convaincantes que chez les autres. Il y avait aussi le caractère du jeune officier, son ardeur, son enthousiasme patriotique, sa persévérance en dépit des difficultés, des déceptions ou des avanies qu'il avait subies.

Afin de l'aider à réaliser cette entreprise, Jean Moulin lui accorda une totale confiance sur laquelle il ne revint jamais.

Inventaire des autres mouvements

L'ancien préfet avait fait, avant son départ, une autre rencontre qui se révéla tout aussi décisive : celle, en septembre 1941, de François de Menthon, l'un des fondateurs du mouvement Liberté, dont le journal avait été parmi les premiers à être édité en zone libre.

François de Menthon appartenait à une vieille famille savoyarde. Il avait été blessé dans les combats de 40, fait prisonnier et s'était évadé. Professeur de droit à l'université de Lyon, il avait milité avant guerre dans des groupes démocrates-chrétiens. Il avait fondé son mouvement en compagnie d'autres professeurs d'Université de même tendance et, comme lui, âgés d'une trentaine d'années, Pierre-Henri Teitgen, Paul Coste-Floret, René Capitant, André Hauriou, etc. Ce mouvement d'universitaires n'envisageait pas d'action armée à l'échelle nationale. Pourtant, c'est lui qui disposa du premier groupe franc de la zone libre après avoir recruté Jacques Renouvin, un ancien Camelot du Roi. Ce dernier constitua son équipe dans le but de terroriser les « collaborateurs » par des actions ponctuelles. Cependant, l'action de Liberté demeurait surtout orientée vers la propagande antihitlérienne. Comme Frenay, François de Menthon s'abstenait de critiquer le régime de Vichy et mettait son espoir dans le maréchal Pétain, supposé pratiquer un double jeu et faisant figure d'élément modérateur. Dans son journal, il se distinguait toutefois, dès 1940, des positions de Frenay par ses critiques à l'égard de Laval, de Darlan et de la collaboration. *« Pétain*, lisait-on dans son numéro inaugural, *a refusé une première fois la collaboration avec l'Allemagne contre l'Angleterre. Le Maréchal doit se sentir soutenu dans sa résistance par la volonté française unanime.*

« La grande œuvre de rénovation nationale à laquelle le Maréchal nous convie n'est possible que dans un ardent élan patriotique dans la liberté et la franchise[31]. »

Ce soutien au maréchal Pétain et à son régime n'empêcha pas les éditeurs du journal de se constituer en mouvement de résistance et de donner des consignes d'action. Ils furent les premiers à le faire durant l'année 1941. On pouvait lire, par exemple, dans le numéro du 25 juillet :

« CONSIGNES PRINCIPALES — *Constituer partout une véritable organisation, à l'abri des indiscrétions et parfaitement articulée. Il faut que celle-ci soit terminée dans chaque région et chaque département pour le 1*[er] *Octobre. Se procurer en même temps les moyens financiers indispensables dans chaque région et chaque Département.*

« CONSIGNES PERMANENTES — 1) Action personnelle de propagande. 2) Boycottage de la presse la plus ouvertement collaborationniste. 3) Diffusion de Liberté. 4) Diffusion de tracts sous forme de "chaîne"[32]. »

Libération fut le troisième mouvement repéré par Moulin. De tendance politique opposée aux deux précédents, il appartenait à la gauche. Ce mouvement avait été fondé par Emmanuel d'Astier de La Vigerie, ancien officier de marine devenu, avant la guerre, journaliste. En 1939, âgé d'une quarantaine d'années, il avait été mobilisé dans les services de renseignement de la Marine et, après sa démobilisation, il avait, fin 1940, constitué son mouvement avec quelques amis (l'aviateur Corniglion-Molinier, le professeur de philosophie Jean Cavaillès, l'ingénieur Raymond Aubrac et sa femme Lucie, agrégée d'histoire, etc.). Après un mauvais départ — première tentative de créer un mouvement —, suivi de quelques arrestations, le premier numéro de son journal avait paru en juillet 1941. Il avait négocié avec Daniel Mayer, alors âgé de trente-deux ans, artisan du regroupement clandestin de la S.F.I.O. et secrétaire du Comité d'action socialiste (C.A.S.), et avec Léon Jouhaux, secrétaire général de la C.G.T., un accord qui l'autorisait à recruter, en leur nom, les membres de leurs organisations pour son mouvement.

Au cours de son enquête, Jean Moulin ne rencontra pas d'Astier (il ignora même qu'il était l'animateur de Libération), mais il connaissait suffisamment certains de ses cadres pour être informé de ses projets et de ses orientations, d'ailleurs exposés dans son journal, l'une des très rares feuilles de l'époque qui combattait ouvertement Pétain et le régime de Vichy. Le numéro du mois d'août 1941 de *Libération* publiait sa déclaration de principe : *« Nous avons vu rayer notre République, renier notre parole. Un Maréchal de France a été rencontrer Hitler à Montoire au lieu de prendre l'avion pour l'Afrique. Il livre, morceau par morceau, notre empire, donne sa marque, la marque de la France, à une littérature, à une radio aussi platement basses que celles de Berlin. Il laisse dans une ville d'opérette se dérouler depuis un an la plus grotesque, la plus odieuse des comédies qu'on ait jamais vues. Il se déshonore par des lois infâmes, un statut des Juifs, les camps de concentration, la Légion des mouchards, et toute cette boue où il va chercher et rejette périodiquement ses ministres. Mais peu importe, le tricolore dont il se drape est une teinture ersatz. Il a bien fait d'abolir la République : le monde ne reconnaît pas Vichy*[33]. » Cette prise de position était suivie par l'annonce de la constitution d'équipes destinées à punir les traîtres : Déat, Doriot, Carbuccia, Spinasse, Béraud, etc. À la suite de quoi, le journal diffusait des consignes parmi lesquelles on lisait : *« 1) Boycottage de SIGNAL et de GRINGOIRE, journaux de fabrication ou d'obédience allemande. 2) Tout Français qui se trouve dans un lieu public (café, hôtel, etc.) quand des Allemands viennent s'y installer doit ostensiblement quitter l'endroit. Il doit faire le vide et le silence autour de l'envahisseur.* [...] *4) Tout salarié, employé dans une industrie ou un commerce travaillant pour l'armement ou le ravitaillement de l'Allemagne doit coopérer à la LIBÉRATION en ralentissant systématiquement le travail et en s'exerçant au sabotage*[34]. »

La description par Jean Moulin de ces trois mouvements, de leur activité, de leur importance et de leurs projets, est le premier portrait un peu ressemblant, quoique très embelli, de la Résistance. Cet homme seul avait compris ce que voulaient les chefs et, plus encore, ce que pourrait être l'évolution de leur entreprise s'ils trouvaient l'appui matériel et financier qui leur manquait cruellement.

En revanche, on est surpris par sa discrétion concernant leur position politique. Il se bornait à signaler que leur attitude *« au début, du moins* [...] *était exclusive de toute ingérence dans le domaine de la politique intérieure*[35] ».

Cette conception était sans doute celle des militants, souvent très jeunes et apolitiques, qu'il avait fréquentés et qui n'avaient d'autre but que la libération du territoire. Peu leur importait la tendance politique de tel ou tel mouvement puisque, dans la plupart des cas, ils travaillaient indistinctement, voire simultanément pour les uns ou pour les autres. Au contraire, les chefs et les cadres qu'il avait rencontrés avaient — au-delà du commun dénominateur de la lutte patriotique — un objectif politique réel, même s'il était lointain, souvent confus et parfois inavoué.

La tendance des responsables dont il avait connaissance était majoritairement pétainiste et vichyste (Cochet, Frenay, Groussard, Menthon). Seul, à cette époque, Libération se détachait par son engagement à gauche. On est d'ailleurs frappé, en lisant aujourd'hui la presse clandestine, par l'absence de vue d'ensemble et de prises de position à l'égard des problèmes nationaux ou internationaux, contrastant avec l'abondance des informations de détail sur l'évolution de la guerre, les pillages effectués par les Allemands, la répression religieuse, etc. Le nom du maréchal Pétain était cité souvent, élogieusement parfois, en tout cas respectueusement et, même si ses collaborateurs, Laval, Darlan, en particulier, étaient vilipendés, les réformes qu'il promettait étaient parfois louées, sa politique présentée comme un moindre mal. Au contraire, le silence était remarquable à propos du général de Gaulle et de son mouvement, bien que le seul thème commun à toutes les feuilles clandestines fût : libération de la Patrie.

Sur ce fond d'imprécision stratégique et de flottement politique, la position de Frenay tranchait par la netteté de ses projets et la hauteur de ses ambitions.

9 septembre 1941 :
le professeur Mercier quitte la France

Finalement, le 9 septembre 1941, après avoir ausculté la France résistante, Jean Moulin quitta la métropole. Sous le nom de Joseph Mercier, il prit le train à Marseille, qui le conduisit, par Cerbère, à Barcelone, première étape de son voyage vers Londres, La Mecque des résistants européens.

Contre toute attente, la Grande-Bretagne avait enduré le *Blitz*, évité l'invasion et s'était maintenue dans la guerre. Bien isolée pourtant car, en dépit du soutien matériel croissant prodigué par les États-Unis, elle n'avait pas été de taille pour secourir la Grèce ni la Yougoslavie et essuyait bien des revers au Proche-Orient. Depuis le 22 juin 1941, l'attaque allemande contre l'U.R.S.S. lui avait offert une alliée, mais une alliée très menacée puisque, depuis lors, la Wehrmacht s'y enfonçait inexorablement, faisant tomber l'une après l'autre les villes et mettant le siège devant Leningrad.

Après avoir traversé l'Espagne, Jean Moulin était arrivé à Lisbonne le 12 septembre 1941. Il se rendit à l'ambassade de Grande-Bretagne où il se fit connaître sous sa véritable identité. Les Américains avaient d'ailleurs annoncé sa venue aux services secrets anglais et, effectivement, lorsqu'il se présenta à l'ambassade britannique, Moulin fut reçu par un officier du S.O.E.[36]. En dépit de son insistance pour rallier Londres afin de rencontrer les autorités anglaises et le général de

Gaulle, il se morfondit à Lisbonne, semaine après semaine, sans pouvoir quitter le Portugal.

Il y obtint pour la première fois des informations directes sur le mouvement de la France Libre et les projets du Général, qui firent dans les journaux l'objet d'un communiqué et d'une conférence de presse (23 septembre 1941). Le communiqué était explicite sur des points obscurs de la politique de De Gaulle et, si on la prenait au pied de la lettre, elle était rassurante pour les démocrates :

« Une terrible fureur nationale est en train de se lever contre l'envahisseur et contre ses complices de Vichy. D'autre part, l'horrible régime de dictature par lequel Vichy et l'ennemi ont remplacé la Constitution et les lois de la République interdit toute représentation nationale.

« Dans ces conditions, il faut que la France Libre se mette au plan de ses devoirs vis-à-vis de la nation. Non seulement il faut qu'elle combatte par tous les moyens en son pouvoir aux côtés de ses Alliés et spécialement aux côtés de l'Empire britannique pour vaincre Hitler par les armes, mais encore il est nécessaire qu'elle s'organise de manière à pouvoir exprimer la volonté de la France, à faire valoir ses intérêts, à rassembler toutes les résistances françaises au-dedans et au-dehors, et à se préparer aux devoirs qui lui incomberont en France même et dans l'Empire à mesure de la libération.

« C'est pour cette raison qu'il se constitue ici demain un Comité national, équipe d'hommes déjà éprouvés dans la lutte pour la patrie, hommes de diverses origines et opinions, mais qui font abstraction de toutes leurs préférences au profit de l'union nationale. Ce Comité national, présidé par moi-même, sera associé avec moi aux responsabilités du pouvoir. Nous y gardons d'avance une place à d'autres Français actuellement en France, c'est-à-dire détenus par l'ennemi et par ses collaborateurs, mais dont nous savons que — dans la mesure de leurs moyens — ils s'efforcent, avec nous, d'organiser la résistance française.

« La Constitution et les lois de la République française ont été violées et sont violées tous les jours par l'envahisseur et ses complices. Nous ne reconnaissons aucune de ces violations. Nous sommes donc obligés d'improviser une autorité de fait que nous détenons en notre qualité de gérants provisoires du patrimoine national. Cette autorité est une sorte de délégation intérimaire de la nation, que nous exerçons provisoirement et que nous remettrons à la représentation nationale dès qu'il aura été possible d'en constituer une[37]. »

Au moment où Moulin, après avoir franchi tant d'obstacles, s'apprêtait à rejoindre de Gaulle, le hasard lui envoyait ce message d'espoir pour le préparer à cette rencontre. Au fait des convictions et de l'expérience politique de Moulin, on imagine sa curiosité en prenant connaissance de ce communiqué, d'autant que la conférence de presse, tenue le même jour, en développait librement les idées et les principes : *« Puisque nous parlons de la France, je crois que tout le monde peut constater que non seulement aujourd'hui le peuple français espère en la victoire britannique et celle des Alliés, que non seulement le peuple français réprouve la collaboration avec l'ennemi, mais que le peuple français est en état de révolte latente contre l'ennemi et contre les collaborateurs de l'ennemi. Révolte qui se manifeste par des épouvantables exécutions de la part de l'envahisseur et de ses complices de Vichy. Tous les jours le sang coule à Paris.*

« D'autre part, en France, le régime institué par l'envahisseur et l'usurpation de toute souveraineté nationale par Vichy empêchent la volonté du peuple de se manifester par quelque moyen que ce soit. De tout cela il résulte pour la

France Libre des devoirs immédiats, et je tiens à vous dire un mot de la façon dont nous envisageons ces devoirs pour le présent[38]. »

Si l'annonce de la création du Comité national français était une grande nouveauté pour Moulin, certains passages de la conférence de presse furent de véritables révélations parce que nombre de Français ignoraient ce qu'était l'action du Général, et tout d'abord qu'il existait *« à Londres même, en Angleterre, sous la forme des Français de Grande-Bretagne auxquels je tiens à rendre hommage ici* [...], *de par le monde un grand nombre de comités français qui réunissent la grande majorité des Français de l'étranger, c'est-à-dire de ceux qui peuvent élever leur voix, et de ces comités français qui se sont tous constitués pour soutenir la France Libre nous comptons extraire un Conseil national consultatif destiné à fournir à l'opinion française, dans toute la mesure du possible, un moyen d'expression.*

« Aussi bien à propos de la formation du Comité national que de la prochaine réunion d'une Assemblée nationale consultative, je tiens à faire remarquer quelle est notre position en ce qui concerne la Constitution et les lois de la République française.

« [...] *Pour bien fixer notre position j'ajoute qu'en France — qui doit être notre guide et qui l'est —, en France l'opinion est maintenant tout à fait rassemblée sur une idée. Elle est rassemblée quelles que soient les tendances diverses des citoyens, quelles que soient leurs professions et quels que soient les buts politiques ou sociaux vers lesquels normalement ils désirent marcher. L'opinion française est rassemblée sur ce point que la seule politique française qu'il convienne aujourd'hui, c'est la libération de la France. Et notre politique est celle-ci et est seulement celle-ci : travailler et combattre aux côtés de nos Alliés, et spécialement de nos Alliés britanniques, pour la libération de la France. Voilà quelle est notre politique. Elle n'est d'ailleurs que la reproduction d'une politique française qui est apparue à chaque moment le plus grave de notre histoire et dont la dernière fois a été la Grande Guerre où Poincaré et Clemenceau ont fait autour d'eux l'union nationale. C'est la véritable politique française dans les circonstances dans lesquelles nous sommes, et c'est la seule que nous suivrons*[39]. »

La réponse à une question posée par un journaliste pouvait intéresser particulièrement Moulin :

« [...] Q. : Est-ce que le Comité national aura en quelque sorte un caractère de gouvernement provisoire ?

« R. : *Etant donné que, maintenant, la France Libre étend son autorité sur une partie importante de l'Empire français, sur l'Afrique Equatoriale Française et le Cameroun, sur nos colonies du Pacifique, et maintenant a le contrôle qui appartenait à la France, et qui lui appartiendra toujours, sur des Etats indépendants, qui le sont ou qui le seront dans le Levant, le Comité national est amené, par rapport à ces territoires et par rapport aux autres territoires français qui se sont ralliés à nous et spécialement à nos forces militaires, à avoir le caractère d'un gouvernement de fait. Cela est incontestable* [...][40]. »

Ces informations recueillies par Moulin lui donnèrent plus envie encore de rencontrer de Gaulle. Les Anglais justifiaient son attente par le manque de transports aériens, réservés aux militaires de haut rang. En réalité, ils tentaient de le détourner de la France Libre et cherchaient à le convaincre de travailler dans leurs réseaux en France. En effet, à la fin de son interrogatoire du 23 octobre, on pouvait lire cette conclusion significative : « *Le S.O.E. s'intéresse à cet homme*[41]. »

Afin de surmonter ce barrage, Jean Moulin rédigea, le 11 octobre, un mois après son arrivée à Lisbonne, un « Rapport sur l'activité, les projets et les besoins des groupements constitués en France en vue de la libération du territoire national ».

Adressé aux autorités britanniques et au général de Gaulle, ce document est la synthèse de l'enquête que l'ancien préfet avait menée avant son départ. Il est tout ce qui subsiste aujourd'hui de l'enquête. C'est dire son intérêt exceptionnel pour préciser ce que l'ancien préfet avait découvert des activités clandestines.

Est-ce le contenu de son rapport ? Est-ce sa ténacité ? Toujours est-il que Moulin quitta Lisbonne dans la nuit du 19 au 20 octobre à bord d'un hydravion qui amerrit le lendemain près de Bournemouth, dans le sud de l'Angleterre. Selon Pierre Péan, Louis Dolivet fit parvenir le 23 septembre à Moulin, par l'intermédiaire des services britanniques, une « invitation pressante » à le rejoindre à New York. Moulin déclina cette proposition en expliquant aux Anglais qu'il souhaitait se rendre à Londres[42].

Dans ces conditions, la lettre qu'il posta à Pierre Cot, dès son arrivée en Angleterre, pourrait se comprendre comme une réponse explicite à l'invitation de Dolivet, réponse assortie d'une explication. Datée du 19 octobre, c'est la seule lettre de la correspondance entre les deux hommes qui ait été publiée à ce jour[43]. Même s'il lui conservait intacte son amitié, Moulin s'était détaché de son ancien patron sur le plan politique, et cela pour une raison très simple : désormais au service de la Résistance, il observait à l'égard de tous ceux qui n'en étaient pas le devoir de réserve qui s'impose à un serviteur de l'État. Pierre Cot demeurait peut-être son meilleur ami, il n'était plus son patron.

Quiconque a dû écrire un jour une lettre de consolation à un ami cher, poussé sur la touche, en comprendra les intentions. Voici ce qu'écrit à son ancien patron Jean Moulin, l'homme le mieux renseigné sur la Résistance en zone libre, sujet qui ne pouvait que passionner Cot exilé aux États-Unis : « *Je suis heureux de pouvoir, d'une terre libre, t'envoyer mes bonnes affections. J'espère que tu es en parfaite santé et que tu as complètement oublié tes malheurs physiques passés.*

« [...] *Tu sais depuis longtemps que j'ai, en effet, décidé de ne pas aller en Amérique, pensant que je pourrais rendre plus de services à notre pauvre pays en suivant une autre voie et en étant plus proche de nos amis anglais.*

« *J'ai su, par contre, par diverses voies, que tu étais, toi-même, beaucoup plus utile aux U.S.A. et que tu continuais à faire du très bon travail pour la cause des Alliés. A chacun sa destinée. Je ne peux m'empêcher cependant de regretter que la mienne me prive d'une des seules joies de la vie : la présence de mes amis.*

« [...] *Je m'excuse de ne pouvoir donner mon adresse et de demander la discrétion sur ma modeste personne, mais je voyage beaucoup en ce moment et j'ai besoin de calme.*

« [...] *En France, malgré le spectre du communisme, savamment agité par Berlin, Paris et Vichy, on tient et le moral de la zone occupée continue à être magnifique.*

« *Nous aurons une belle victoire*[44]. »

III

JEAN MOULIN ET LE GÉNÉRAL DE GAULLE

20 octobre 1941 - 1er janvier 1942

Londres, enfin !

Jean Moulin arriva en Angleterre le 20 octobre. Après quatre jours passés à Patriotic School, centre d'internement dans la banlieue londonienne, il rencontra le 24 octobre le commandant Passy, chef des services secrets de la France Libre, puis, le samedi 25 octobre, fut présenté au général de Gaulle.

Il avait prévu de rester à Londres une quinzaine de jours. Une série de contretemps lui imposèrent d'y demeurer deux mois, jusqu'au 1er janvier 1942, date à laquelle il fut parachuté en France.

La durée imprévue de son séjour fixa son destin, mais également la nature des relations entre la Résistance et le général de Gaulle. C'est dire l'importance décisive de ce séjour au cours duquel furent étudiées et prescrites les orientations qui opposèrent par la suite la Résistance et la France Libre. Les difficultés croissantes de leurs rapports naquirent de questions qui paraissent aujourd'hui négligeables ou incompréhensibles. Aussi est-il nécessaire de reconstituer la préparation des missions de Moulin avec les documents d'époque, afin que le lecteur prenne conscience de ces problèmes dans les termes mêmes où les acteurs les exposèrent et tentèrent de les résoudre.

Quand Moulin arrive à Londres, la doctrine du Général fixant sa légitimité et celle de ses services définissant les formes d'action clandestines en métropole étaient le résultat de dix-huit mois de tâtonnements et de débats. Ce long cheminement doctrinal était totalement ignoré des résistants métropolitains tout autant que de Jean Moulin. Bien que les hommes de la France Libre fussent peu nombreux, aucun ne doutait que le mouvement représentait la France et qu'en conséquence il lui appartenait de commander et d'organiser, tant sur le plan militaire que sur le plan politique, la guerre contre les Allemands.

20 octobre 1941 : la méfiance des résistants républicains

De la même manière que les chefs de la Résistance, Jean Moulin, à son arrivée à Londres, n'était en rien un « gaulliste » inconditionnel, c'est-à-dire attaché à la personne du Général et engagé dans son mouvement. Tout au plus était-il « gaulliste » au sens restreint et premier du terme : un Français refusant la « capitulation » et poursuivant la guerre aux côtés de la Grande-Bretagne.

Comme beaucoup de républicains et d'hommes de gauche, Jean Moulin éprouvait à l'égard des généraux engagés dans la politique une méfiance instinctive, à laquelle les principes anticésariens inculqués par son père n'étaient pas étrangers. Ses réticences à l'égard de De Gaulle étaient renforcées par sa réputation de monarchiste et de maurrassien. La campagne qu'il avait menée en 1936 en faveur de l'armée de métier avait indisposé la gauche. Léon Blum en tête l'avait combattu, avec d'autant plus de vigueur que son projet était défendu par l'Action française. Celle-ci s'était vantée publiquement de ses attaches avec lui, à l'occasion de sa nomination de secrétaire d'État à la Guerre, le 5 juin 1940. Maurras insistait sur le fait qu'il partageait sa conception militaire et qu'il l'avait toujours soutenu. La méfiance initiale de Moulin était confirmée par la propagande anglaise et américaine, faite de bouche à oreille à Marseille et à Lisbonne, s'efforçant de présenter le Général comme un apprenti dictateur entouré d'une bande d'aventuriers fascistes et cagoulards. Pour l'ancien préfet, la rebuffade infligée par de Gaulle à son ami Pierre Cot, qui avait été, en juin 1940, l'un des deux seuls parlementaires à vouloir s'engager dans sa légion, aurait pu confirmer le bien-fondé de ces rumeurs. Un des objectifs de son voyage était de les vérifier.

Afin d'illustrer l'attitude des « républicains » résistants à l'égard du Général, il existe, parmi de nombreux exemples, une lettre écrite en septembre 1941 par Alexandre Parodi. Elle était adressée à Pierre Tissier, l'un de ses collègues du Conseil d'État et qui avait été le premier chef d'état-major du général de Gaulle (en juin 1940). Parodi était issu d'une famille de tradition républicaine, maître des requêtes au Conseil d'État, haut fonctionnaire du ministère du Travail (relevé de ses fonctions en 1940 pour avoir affirmé ses convictions résistantes [1]). Il avait un frère, René, qui fut l'un des pionniers de la Résistance, juge, fusillé par les Allemands. Alexandre Parodi fut choisi en 1942 par Moulin pour participer au Comité général des études (C.G.E.). Après la disparition de Moulin, il fut désigné par de Gaulle, en 1944, pour lui succéder et le 26 août descendit les Champs-Élysées à ses côtés.

Parodi décrit à son correspondant la situation politique dans les deux zones et indique l'existence de *« mouvements occultes* [...] *d'ailleurs tâtonnant quant à la voie la meilleure à prendre »*. Visiblement, il veut servir. Aussi, la phrase la plus significative de cette longue lettre est son post-scriptum, qui révèle la méfiance qu'inspirait le Général aux démocrates : *« J'aimerais avoir votre opinion*, écrit-il, *sur les garanties que présente votre entourage du point de vue démocratique* [2]. »

Animé de sentiments analogues, Jean Moulin n'entendait pas apporter la caution de sa carrière administrative et de sa réputation d'homme de gauche à un aventurier. Certes, il souhaitait (comme les chefs des mouvements) que ce fût de Gaulle qui (à titre de commandant en chef des Forces françaises libres) fournît l'aide militaire à la Résistance, mais il entendait choisir qui, du Général ou des Anglais, apporterait le soutien le plus efficace (et le moins compromettant) à la Résistance métropolitaine.

C'est ce qu'il répéta au capitaine Piquet-Wicks, chef de la section R.F. du S.O.E. qui assurait la liaison avec le Bureau central de renseignement et d'action (B.C.R.A.) : *« Bien sûr je verrai le Général et ses services, car c'est pour cela que je suis venu en Angleterre. Je discuterai aussi avec la French Section ; après cela je déciderai de la marche à suivre*[3]. »

De toute manière, il n'était pas venu pour s'engager dans les F.F.L. et ne signa pas d'acte d'engagement avant de repartir. C'est pourquoi, profitant de son intention de retourner en France, les Anglais, à Lisbonne, avaient tenté de le recruter pour leurs services, d'où la réponse à Piquet-Wicks qu'il avait déjà faite à plusieurs reprises.

L'hésitation de Jean Moulin semble aujourd'hui surprenante. Elle est symptomatique de l'ignorance où étaient les résistants métropolitains de la personnalité du Général, des objectifs réels de son entreprise, mais également de leur méfiance à l'égard de tout ce qui n'était pas « leur » résistance. Ils estimaient — et Jean Moulin partageait ce point de vue — que, si une armée française luttant sur les champs de bataille étrangers sauvait l'honneur du drapeau, c'était sur le sol national que les Français devaient prendre leur revanche. Les deux armées étaient donc sur un pied d'égalité, avec un avantage pour la Résistance qui vivait en permanence en première ligne.

Les résistants métropolitains n'étaient pas les seuls à s'inquiéter des intentions du Général. Dès son appel du 18 juin, certains parmi ses premiers visiteurs avaient été sur leurs gardes. L'un d'eux, Georges Combault, socialiste, membre du Comité directeur de la Ligue des droits de l'homme, rédacteur en chef du journal de gauche *La Lumière*, dit à son fils en sortant de sa rencontre avec de Gaulle, le 4 juillet : *« Je ne m'attendais pas à rencontrer le général Boulanger*[4]. » En conséquence il constitua un groupe composé d'antigaullistes viscéraux avec Pierre Comert, normalien, directeur du service d'Information du Quai d'Orsay jusqu'en 1938, et Louis Lévy, chroniqueur au *Populaire*, l'équipe du quotidien *France*, financé par le ministère de la Propagande britannique et orienté à gauche, en liaison avec le groupe socialiste Jean-Jaurès.

Si ces hommes combattaient de Gaulle de l'extérieur, d'autres socialistes de la S.F.I.O. qui s'étaient engagés dans son mouvement étaient parfois effleurés par le doute à cause de l'entourage du Général. Par exemple, Henry Hauck, un des premiers volontaires, ancien attaché social à l'ambassade de France à Londres, qui écrivit à de Gaulle peu de temps avant l'arrivée de Moulin : *« Le mouvement de la France Libre, cet admirable mouvement qui s'est formé spontanément à votre appel pour sauver à la fois la France et la Liberté, est rongé par une contradiction interne et mortelle. D'une part il affirme éloquemment, par votre bouche et par celle de plusieurs de vos collaborateurs, son caractère démocratique. D'autre part, certains de ses membres, qui ne sont pas tous sans attaches avec les milieux industriels et bancaires, poursuivent dans l'ombre une politique réactionnaire, refusent de s'appuyer sur les organisations syndicales qui sont en France le noyau le plus solide de la résistance à l'ennemi et emploient à Londres des méthodes copiées sur celles de la Gestapo et de la police de Vichy.*

« [...] *J'ai été, aux yeux de beaucoup, la preuve vivante que le mouvement de la France Libre n'était pas, comme certains l'affirmaient, un mouvement réactionnaire et fasciste. Aujourd'hui, je ne saurais permettre que ce crédit serve de caution aux manœuvres obscures et malpropres d'hommes qui sont et qui restent les adversaires de la classe ouvrière et de la République*[5]. »

En dépit de cette sincérité douloureuse, la fidélité de Hauck à de Gaulle ne fit jamais défaut. Il en fut récompensé lorsqu'il put par lui-même faire des comparaisons en Afrique du Nord « libérée ». Il écrivait le 23 avril 1943 à Gouin :

« Ici et je crois en parler avec toute l'objectivité dont je suis capable, les fascistes sont avec Giraud, les démocrates avec de Gaulle[6]. »

Hauck faisait partie du groupe Jean Jaurès et, bien qu'il appartînt à la France Libre, il ne put l'empêcher de voter une motion de défiance à l'occasion de la création du Comité national français (C.N.F.) le 24 septembre 1941, exactement un mois avant l'arrivée de Moulin : *« Le groupe Jean Jaurès déclare que les socialistes ne sauraient considérer le Comité national français comme le représentant régulier et légitime de la France et comme satisfaisant aux conditions d'un gouvernement démocratique, même provisoire*[7]. »

Par ailleurs, rien ne décrit plus fidèlement l'ensemble des critiques adressées à de Gaulle et à son mouvement par les hommes de gauche qu'une lettre de Félix Gouin (député socialiste des Bouches-du-Rhône, un des quatre-vingts députés ayant voté contre Pétain à Vichy, avocat de Léon Blum et délégué par lui à Londres) adressée de Londres à Blum, alors en prison à Bourrassol. Certes, il ne méconnaissait pas l'importance de la décision historique du Général et l'admirait sans réserve : *« Par cet acte de courage et de foi, le général a brisé tous liens avec la discipline et le conformisme militaires ; et il s'est élevé d'un coup au niveau des grandes figures de notre histoire. Son mérite fut grand et très rares furent les Français qui, à ce moment-là tout au moins, osèrent le suivre*[8]. »

Mais, en dépit de ces qualités, Gouin relevait un certain nombre de raisons qui avaient mal orienté politiquement le mouvement : *« Parmi ces Français, il y avait quelques civils, mais davantage de militaires. La plupart étaient des gens de droite et d'extrême droite et ils ont transporté dans la maison leurs préjugés, leurs croyances ou leurs haines idéologiques.*

« C'est un fait que, sous leur influence, qui était, dans le début du mouvement, prépondérante et sans contrepoids, ils ont constitué, ici, une sorte de copie en réduction du gouvernement Pétain ; mêmes tendances, mêmes outrances, mêmes conceptions autoritaires.

« Le mot "démocrate" était proscrit et la devise de 1789, "Liberté, Egalité, Fraternité", supprimée dans tous les documents officiels[9]. »

Ces critiques révèlent à quel point même des résistants authentiques comme Gouin avaient oublié la catastrophe de 1940 et la solitude de De Gaulle dans sa volonté de résister. Parce qu'il était général, il avait envers et contre tout levé une armée mais, parce qu'il s'engageait dans une aventure politique pour défendre les droits de la France à la victoire, les hauts fonctionnaires et les hommes politiques s'étaient abstenus de le rejoindre en dépit de la justesse de sa cause.

Et tout de même, à l'automne 1940, le Général s'était proclamé héritier de la République et, au printemps 1941, il avait eu l'occasion de prendre position à l'égard de la devise nationale. Au général de Larminat, indigné de la voir imprimée sur la couverture de la revue *La France Libre* (d'Aron et de Labarthe), de Gaulle répondit le 2 mars 1941 : *« Quelles que puissent être les opinions personnelles, nous ne pouvons prétendre interdire l'impression de la devise inscrite depuis 150 ans sur tous nos monuments publics*[10]. » Ce n'est pas seulement en privé que de Gaulle défendait ces principes puisque, après ses entretiens avec Moulin le 15 novembre 1941, on le verra défendre publiquement une attitude catégorique dans ce sens.

Malgré ces évidences, les soupçons demeuraient. De Gaulle lui-même n'en sortait pas indemne du fait de son caractère, ainsi que l'expliquait Gouin : *« On le dépeint comme extrêmement méfiant ; usant parfois de moyens obliques pour se débarrasser de ceux qui le gênent ; violent et emporté à l'occasion et, par-dessus tout, toujours d'après ce que certains en disent, dénué de sincérité au point de vue politique.*

« *Ce qui est certain, en tout cas, c'est que c'est une personnalité hors série. Un homme banal et insignifiant ne saurait susciter en même temps autant de critiques comme autant de louanges*[11]. »

Afin de permettre à Blum de comprendre les motifs de l'opposition au Général, Gouin décrivait à Blum ses critiques :

« *Le grand grief de l'opposition est en somme à peu près celui-ci : le général peut avoir évolué, il peut même évoluer encore, mais cette évolution n'est commandée que par un courant extérieur à lui, qu'il entend faire servir uniquement à des fins personnelles. Ce qu'il poursuit, à travers les hommes qui viennent servir successivement son mouvement, c'est uniquement la réalisation de ses seules ambitions. De G.* [Gaulle] *a chaussé les bottes de Napoléon, il fera tout pour instaurer un pouvoir personnel, et les républicains qui le cautionnent risquent un jour d'être victimes de leur bonne foi ou de leur naïveté*[12]. »

Si la lettre de Gouin est un catalogue complet des thèmes de l'antigaullisme tel qu'il était pratiqué à Londres et dans l'émigration de New York, il est nécessaire de le nuancer par l'opinion de socialistes tout aussi insoupçonnables, comme Georges Boris, ancien directeur de cabinet de Léon Blum et ancien directeur de *La Lumière*, journal de gauche d'avant-guerre. Sa présence motivée auprès du Général explique pourquoi des hommes comme Mendès France ou Jean Moulin se rallièrent à lui sans barguigner. Georges Boris, à cinquante-sept ans, était l'un des volontaires les plus vieux des F.F.L. Engagé auprès du Général dès le 19 juin, il joua de bout en bout, avec modestie et intelligence, un rôle de conseiller dont l'influence et l'importance allèrent croissant. Seul représentant à Londres après juin 1943 du commissaire à l'Intérieur d'Alger, il fut, sur le plan politique, la cheville ouvrière de la libération et rien ne se fit sans son intervention.

Le hasard voulut que ce fût dans une lettre à Léon Blum qu'il confia, lui aussi, l'expérience qu'il avait vécue auprès du Général depuis le premier jour et les conclusions qu'elle lui avait inspirées.

Voici, d'abord, les raisons de son adhésion à la France Libre. Elles émanent d'un écrivain de talent, habitué aux analyses les plus déliées, et révèlent la motivation d'un homme politique lors de son engagement dans la guerre à outrance : « *Je considérais qu'il n'y avait pas d'autre solution que d'adhérer au mouvement, même s'il devait être dominé par des éléments politiques hostiles. Il représentait la France, et je n'ai jamais songé à renier ma nationalité du temps que les gouvernements ne me plaisaient pas. Il faut, ai-je toujours dit, faire de l'opposition du dedans, mais non du dehors.* » Il poursuit : « *J'avais la conviction déjà à cette époque qu'avec le temps le mouvement devrait s'orienter vers le peuple, ou qu'il périrait. Le jugement que j'avais pu porter sur le Général me poussait à penser que ce non conformiste, animé par son mépris et sa rancœur contre les milieux dirigeants, l'état-major, la haute bourgeoisie, etc., cet homme qui n'avait pas hésité à faire acte de rebelle, n'hésiterait pas non plus à aller de ce côté, même si ses origines, son éducation, ses premiers préjugés, devaient le prédisposer à une attitude contraire. En tout cas, pensais-je, le devoir de tout le monde est de se grouper autour de lui parce qu'il accomplit une mission historique : il faut qu'aux yeux du monde tout entier, il apparaisse comme la France qui continue et qui n'a pas démérité. Même si cela devait n'être qu'une fiction, ce serait notre devoir de proclamer que c'est une réalité et d'en faire une réalité jusqu'à ce que d'autres mains, qui en soient dignes, prennent la charge de la France. Jusque-là, c'est de G.* [Gaulle] *qui représente les intérêts permanents du pays*[13]. »

Il est indispensable, au moment où Moulin hésitait à s'engager auprès du Général, de connaître la conclusion de Boris sur les résultats de son pari : « […] *ma position n'a pas changé ; loin de là, elle a été renforcée par de multiples considérations, et notamment par la conviction que le jour de la Libération le pays voudra affirmer sa propre continuité dans la bonne voie en se groupant autour du personnage symbolique, qui le lavera par sa présence au pouvoir des accusations d'abandon et de trahison, et qui le vengera de tant d'humiliation.*

« […] *De G.* [Gaulle] *m'avait en somme restitué l'honneur, la possibilité de regarder les gens les yeux dans les yeux en qualité de Français. C'est à lui que je devais de n'être pas un pur et simple émigré, comme nous en avons vu arriver tant à Paris*[14]. »

En dépit de son admiration pour de Gaulle, Boris ne fut jamais un gaulliste inconditionnel. C'est en pleine lucidité qu'il jugeait de Gaulle et la distance qu'il conserva fait tout l'intérêt de ses analyses. Son élévation morale, sa rigueur intellectuelle furent pour beaucoup d'interlocuteurs garants de la justesse de la cause qu'il défendait.

L'Angleterre n'était pas le seul foyer de l'antigaullisme. Aux États-Unis, à New York où ils s'étaient réfugiés, certains Français essayaient par tous les moyens de discréditer le Général et son mouvement. Parmi eux, on comptait Saint-Exupéry, le célèbre aviateur, René Clair, le cinéaste, Camille Chautemps, ancien président du Conseil, et surtout Alexis Léger (le poète Saint-John Perse), ancien secrétaire général du Quai d'Orsay, qui avait l'oreille du président Roosevelt et menait une lutte sans merci contre le Général dans lequel il voyait l'homme de Paul Reynaud (qui l'avait limogé), mais surtout celui qui n'avait aucun titre pour incarner la République. Il mena pendant quatre ans une campagne argumentée contre la volonté gouvernementale du Général qui, à ses yeux, resta toujours illégitime. Ami de Churchill, il lui déclara un jour *« qu'il ne pourrait jamais travailler avec de Gaulle et qu'il n'avait aucune intention de venir en Angleterre tant que nous soutiendrons de Gaulle. D'un autre côté, il est entièrement d'accord avec le mouvement gaulliste et considère qu'une fois débarrassé de de Gaulle, il constituerait un espoir sérieux pour la France*[15] *»*.

Conseillés par un homme aussi éminent, on ne peut donc s'étonner de l'hostilité sans faille des dirigeants américains à l'encontre de la France Libre. Le président Roosevelt soignait ses relations avec Vichy et considérait de Gaulle comme un apprenti dictateur, moins désireux de sauver l'honneur de la France que de profiter de sa défaite pour imposer un pouvoir usurpé, à la faveur de la victoire alliée.

25 octobre 1941 :
Jean Moulin face au général de Gaulle

Lorsqu'il se trouva en présence du Général, on imagine l'intense curiosité de Jean Moulin à l'égard de cet homme qui était pour lui, comme pour de nombreux Français, une voix, celle de l'honneur et de l'espérance. Mais une voix brouillée dont il était difficile de connaître la personnalité, les projets et l'action, hormis sa détermination à poursuivre la guerre.

Au cours de son enquête en France, Moulin avait recueilli l'espoir des résistants d'être en liaison avec lui. Mais il connaissait aussi depuis l'armistice la haine que lui vouaient les pétainistes, nouveaux maîtres de la politique et de l'armée française, l'indifférence de la majorité des Français, la méfiance des républicains et de la gauche, l'hostilité des communistes. Il avait découvert par la suite l'attitude la plus troublante : la réserve ou même l'hostilité des autorités britanniques et américaines. Quel était donc cet homme qui déclenchait des passions si contradictoires ?

De cette rencontre, dont on mesure aujourd'hui l'importance historique, il ne reste aucune trace écrite. Mais ce n'est pas trahir la mémoire de Moulin que d'imaginer les sentiments qu'il éprouva en franchissant la porte de son bureau. De l'émotion, certes, mais aussi de l'inquiétude quant aux conceptions et aux objectifs de ce militaire qui, jusque-là, s'était abstenu de les révéler publiquement, du moins le croyait-il. Avant lui, bien d'autres envoyés des mouvements avaient tenté de gagner Londres pour établir la liaison avec la France Libre. Tous avaient échoué et les résistants, ignorant les difficultés dans lesquelles se débattaient de Gaulle et ses services, s'étonnaient, s'indignaient même qu'ils n'eussent rien tenté pour les contacter et leur venir en aide. Porteur de leurs espoirs, Moulin, qui s'était assigné pour tâche d'unir les membres épars des résistances, pouvait à bon droit redouter de se heurter chez de Gaulle au mépris que professaient les états-majors à l'endroit des projets de guérilla organisés par des amateurs, ce qui l'aurait contraint à se rabattre sur l'aide que, non sans arrière-pensées, lui proposaient les Anglais.

Pour camper le chef que de Gaulle était devenu en seize mois, il est instructif d'écouter les confidences des hommes qui le rejoignirent à cette époque. À défaut d'un compte rendu des entretiens Moulin-de Gaulle, on connaîtra approximativement l'atmosphère de leur rencontre et une partie des propos du Général.

C'est d'abord la vision de l'homme qu'eut, peu de temps après, Emmanuel d'Astier, un des chefs de mouvement de la zone libre : *« Le Symbole entre.*

« Il est encore plus grand qu'on ne le pense.

« Il a des gestes lents et lourds comme son nez. La tête petite, le visage cireux sont portés par un corps dont la charpente est indécise. Son geste le plus coutumier consiste à lever les avant-bras en gardant les coudes au corps. Alors, au bout de ses bras, et attachées à des poignets grêles, ses mains inertes, très blanches, un peu féminines et avec les paumes en dessus, semblent soulever un monde de fardeaux abstraits.

« Il ne pose pas de questions. Nous dînons.

« Il n'aime pas les hommes : il aime leur histoire, surtout celle de la France, dont il agite un chapitre qu'il semble écrire au fur et à mesure dans sa tête, comme un Michelet passionné[16]*. »*

Le diplomate Hervé Alphand, lui, venait de Washington où il avait été en poste et était arrivé peu de jours avant Moulin : *« L'homme en effet paraît animé d'un seul souci, celui de sa mission, qui est de remettre la France dans la guerre. Je ne trouve chez lui aucun désir de plaire, aucun souci des nuances, aucun esprit de négociation. La seule manœuvre qu'il semble connaître et employer est celle du char qui fonce en avant*[17]*. »*

Christian Pineau, un autre chef de mouvement, arrivant de France fut invité à dîner par le Général : « *Sans dire un mot, il me conduit jusqu'à un fauteuil, me fait asseoir, s'assied à son tour, se carre dans son fauteuil puis, me regardant droit dans les yeux, prononce ses premières paroles.*

« *— Maintenant, parlez-moi de la France.* » Christian Pineau est dans ses petits souliers : « *Imaginez un examinateur qui vous a donné à traiter le sujet le plus large qui soit et vous laisse parler sans que vous sachiez jamais si les phrases que vous prononcez sont ou non celles qu'il attend.* »

Les propos de De Gaulle le surprirent : « *Il évoque les Forces Françaises Libres, les troupes d'Afrique qui représentent pour lui la résistance française, la guerre qu'il mène aux côtés des Alliés. Il est à la fois plein de fierté et d'amertume. Cette dernière résulte de l'attitude des Anglo-Saxons, surtout des Britanniques, qui ne lui facilitent pas les choses. Cette confidence me fait un peu froid au cœur, car de Gaulle, la Radio anglaise, les Etats-Unis, dans notre esprit, c'était un tout indissoluble pour le même combat. En quoi nous nous trompions car, pour nos Alliés, la France reste celle de l'Armistice et de Pétain.*

« *Aucune question sur la Résistance ; aucune question personnelle. Me demander si j'avais fait bon voyage eût été banal, mais ce voyage-là n'était pas comme les autres, tout au moins pour moi ; il méritait peut-être une allusion*[18]. » Il se faisait une opinion de De Gaulle et de ses services : « *Je constate que, comme Passy, il ignore presque tout de la Résistance. Sa conception du mot "France" est militaire. Aussi a-t-il peine à réaliser qu'il puisse y avoir des Français de plusieurs catégories. Quand je lui affirme qu'une partie appréciable de l'opinion publique se trouve encore derrière Pétain, que nous devons compter avec les communistes qui jouent leur jeu propre, que la Résistance active est composée d'une minorité, il dissimule à peine sa déception.* » Mais, en dépit de quelque déconvenue, Pineau avait compris la teneur du combat du Général : « *Ce qui compte en définitive c'est que la France soit présente dans le combat par n'importe quel moyen.* […] *Tout ce que la Résistance intérieure pourra faire dans ce sens servira son dessein.* »

Enfin, l'ancien député et ministre Pierre Mendès France, qui arrivait de New York, rencontra de Gaulle quelques jours après les entretiens de Moulin. Son témoignage est particulièrement précieux car il était politiquement proche de Moulin, ayant été ministre de Léon Blum et ami de Pierre Cot : « *Voir de Gaulle, c'était un événement bouleversant, extraordinaire* […].

« *Il était naturellement intéressé par tous ceux qui arrivaient de France et* […] *il m'a fait parler, donner mes impressions, mes informations. Et puis, soudain, il s'est mis à monologuer. C'était très émouvant, surprenant aussi.*

« […] *Et ce fut toute une série d'interrogations, terminées par celle-ci, inouïe, et qu'il faut bien comprendre.*

« *— Ai-je eu raison le 18 juin ?*

« *Bien sûr cela ne signifiait pas : "Ai-je eu raison de choisir comme je l'ai fait entre les Allemands et les Alliés ?" Il n'avait pas de doute là-dessus. Mais plutôt ceci : "En prenant cette position, je me suis porté garant auprès du peuple français qu'il pouvait compter sur les Alliés, et que, au cas où ceux-ci remporteraient la victoire, la France recouvrerait tous ses droits et sa grandeur, son Empire, son or. Ai-je eu raison de faire confiance aux Anglais ?"*[19]. »

Si l'on ignore le détail des entretiens de Gaulle-Moulin, on connaît au moins le résultat : l'entente immédiate entre ces deux hommes que tout séparait, hormis leur foi patriotique et le service de l'État. En conséquence, le principe d'une mission lui fut immédiatement confié dont il commença à envisager les détails avec les commandants Passy, Servais et le commissaire national à l'Intérieur, Diethelm, qu'il rencontra les jours suivants, sans oublier les visites aux services anglais et son entraînement de parachutiste pour rentrer en France.

La France Libre, un « mouvement » de résistance en exil

En arrivant à Londres, quelles furent les découvertes de Moulin sur de Gaulle et son mouvement ?

Grâce aux entretiens qu'il eut avec des responsables et le Général, il découvrit l'histoire de son mouvement que les Français métropolitains ignoraient. La France Libre était, en quelque sorte, l'ancêtre des mouvements de résistance. Moulin observa cependant qu'il était radicalement différent des mouvements métropolitains par sa nature, son organisation et ses objectifs. C'est ce que de Gaulle avait jugé bon de rappeler à Churchill bien avant l'arrivée de Moulin, le 3 février 1941 : *« La France Libre n'est pas seulement un "mouvement", mais aussi une entité territoriale, militaire, économique, morale, dont la direction, composée de moi-même et d'un Conseil de défense de l'Empire français, a des devoirs, et par conséquent, des droits nationaux et internationaux*[20]*. »*

Qui était donc le général de Gaulle, émigré rebelle, condamné à mort par ses pairs et dénoncé comme traître par le gouvernement légal de la France, qui s'adressait sur un tel ton à un chef de gouvernement étranger à qui il devait son existence et sa survie ?

20 novembre 1890-5 juin 1940 : morceaux choisis pour un portrait

On ne saurait trop admirer l'ordonnance en forme de tragédie antique du conflit politique des années d'occupation (1940-1944) que le hasard fit incarner par deux personnages de connaissance : le général de Gaulle et le maréchal Pétain. Querelle des deux chefs qui deviendra la querelle de la France.

Comme chaque fois que l'histoire bascule dans le romanesque, elle crée des situations devant lesquelles le génie du plus grand romancier resterait impuissant. Les politiques contradictoires entre lesquelles les Français durent choisir en juin 1940 leur furent proposées par deux officiers qui se connaissaient et s'estimaient depuis trente ans, même si des désaccords tactiques et une brouille littéraire avaient distendu leurs relations.

Sortant de Saint-Cyr en 1911, le jeune sous-lieutenant de Gaulle fut placé sous les ordres du vieux colonel Pétain. Il faut croire que leurs relations furent remarquables puisque, après la Grande Guerre, le vieux colonel devenu illustre maréchal défendit en toute occasion le jeune homme, et d'abord dans ses notes à l'École de Guerre que le Maréchal fit modifier, les jugeant indignes de l'avenir qu'il lui prédisait.

Si le Maréchal eut toutes les indulgences pour ce militaire altier, les professeurs de l'École de Guerre l'avaient également « repéré » et le jugeaient avec sévérité. L'un d'entre eux a défini son caractère en termes prophétiques : *« Gâte malheureusement d'incontestables qualités par son assurance excessive, sa rigueur pour les opinions des autres et son attitude de roi en exil*[21]. » Toute l'histoire de la France Libre est résumée dans cette critique qui sera sa gloire.

Cependant, les deux hommes s'opposèrent de plus en plus souvent sur les « principes de la guerre » définis par Foch en 1905 : *« L'offensive manœuvrière a finalement raison de toutes les résistances. La défensive passive ne peut éviter l'échec*[22]. » La première coûtera cinq cent mille morts les six premiers mois de la Grande Guerre. La seconde, « Le feu qui tue », soutenue et appliquée par Pétain, deviendra la doctrine officielle de l'état-major de 1918 à 1940.

Mais durant cette période où les chars étaient le bouclier roulant des fantassins, le « mouvement » reprit ses droits et devint le principe fondamental de la doctrine de De Gaulle. Ayant échoué à convaincre les chefs vieillis de l'Armée française de créer un corps cuirassé, il eut la chance de convertir à cette doctrine Paul Reynaud, chef politique de la droite modérée, promis à un grand avenir. Celui-ci s'enthousiasma pour les thèses du colonel et défendit à la Chambre en 1935 le projet d'un corps cuirassé de six divisions de ligne, fortes de trois mille chars, dont la constitution devait être achevée *« au plus tard pour le 15 avril 1940 »* ! Ce projet salvateur fut repoussé par la commission de la Chambre, le ministre de la Guerre ayant répondu qu'il était *« contraire à la logique et à l'histoire*[23] » !

5 juin 1940 : l'histoire au pouvoir

Cela explique que, lorsque le désastre bouscula les états-majors hébétés, Paul Reynaud nomma ce général (à titre temporaire) sous-secrétaire d'État à la guerre. La presse salua enfin à l'unanimité la compétence, mais aussi la culture d'un homme qui avait réfléchi aux problèmes militaires, tout autant qu'à leurs relations avec le politique.

De Gaulle, après une incursion efficace sur les champs de bataille (17-30 mai 1940), prit place au gouvernement où, d'un poste modeste, il participa au dernier acte, en proposant la solution que seul il appliqua, après l'abandon de tous. En effet, la catastrophe de 1940 ne pouvait surprendre cet officier ayant ausculté passionnément une histoire qui lui permit de discerner dans la défaite le signe lui offrant un destin.

Il n'en eut aucune surprise. Il confiait sa détermination à sa femme dès le 2 juin 1940 : *« Rien ne compte plus que ceci : il faut sauver la France*[24]. »

Toutefois, pas n'importe comment, car de Gaulle savait ce qu'il voulait et ce qu'il valait. Le chef qui bâtira la France Libre se trouvait déjà tout entier dans deux lettres qu'il adressa alors à Reynaud. La première, du 3 juin, est sa réponse à la proposition du président d'entrer au gouvernement. La seconde, du 14 juin, contient les explications de sa démission. Ces messages doivent être lus en entier pour comprendre l'état d'esprit dans lequel il aborda la rébellion ; quelques jours plus tard, il entrait dans l'histoire avec un texte de la même encre : *« Nous sommes au bord de l'abîme et vous portez la France sur votre dos. Je vous demande de considérer ceci :*

« 1° Notre première défaite provient de l'application par l'ennemi de conceptions qui sont les miennes et du refus de notre commandement d'appliquer les mêmes conceptions.

« 2º Après cette terrible leçon, vous qui, seul, m'aviez suivi, vous êtes trouvé le maître, en partie parce que vous m'aviez suivi et qu'on le savait.

« 3º Mais, une fois devenu le maître, vous nous abandonnez aux hommes d'autrefois. Je ne méconnais ni leur gloire passée, ni leurs mérites de jadis. Mais je dis que ces hommes d'autrefois — si on les laisse faire — perdent cette guerre nouvelle.

« 4º Les hommes d'autrefois me redoutent parce qu'ils savent que j'ai raison et que je possède le dynamisme nécessaire pour leur forcer la main. Ils font donc tout, aujourd'hui, comme hier — et peut-être de bonne foi — pour m'empêcher d'accéder au poste où je pourrais agir avec vous.

« 5º Le pays sent qu'il faut nous renouveler d'urgence. Il saluerait avec espoir l'avènement d'un homme nouveau, de l'homme de la guerre nouvelle.

« 6º Sortez du conformisme, des situations "acquises", des influences d'académie. Soyez Carnot ou nous périrons. Carnot fit Hoche, Marceau, Moreau.

« 7º Venir auprès de vous comme irresponsable : chef de cabinet ? Chef d'un bureau d'études ? Non ! J'entends agir avec vous mais par moi-même. Ou alors c'est inutile ! Et je préfère commander.

« 8º Si vous renoncez à me prendre comme s/secrétaire d'Etat, faites tout au moins de moi le chef — non point seulement d'une de vos 4 Divisions Cuirassées — mais bien du corps cuirassé groupant tous ces éléments. Laissez-moi dire sans modestie, mais après expérience faite sous le feu depuis vingt jours, que je suis seul capable de commander ce corps qui sera notre suprême recours. L'ayant inventé, je prétends le conduire[25]. »

Reynaud feignit d'ignorer cette outrecuidance et ce fol orgueil auxquels la pratique du personnage l'avait habitué et accepta d'en faire un ministre. Mais de Gaulle, fidèle à l'intégralité de ses exigences, déchanta rapidement et démissionna dix jours plus tard. Ou du moins, il écrivit une seconde lettre qui, finalement, ne fut pas expédiée sur les conseils de Georges Mandel (ministre de l'Intérieur). Elle avait été provoquée par la rencontre Reynaud-Churchill, où la question de l'armistice avait été posée par Reynaud. Jugeant inacceptable d'envisager même cette éventualité, de Gaulle annonçait sa démission. Les « attendus » valent la peine d'être connus, puisque, quatre jours plus tard, le Général s'évadait du secret des cabinets ministériels pour lancer à la face des Français affolés son appel à l'espérance.

« *J'ai la conviction que cette position nouvelle* [de Churchill] *nous conduit à une tentative de négociation avec les puissances ennemies. Or, faire une telle tentative équivaudrait, suivant moi, à dénoncer en plein combat nos engagements avec l'Angleterre et à renoncer au concours ultérieur des Etats-Unis. J'estime que la conséquence pourrait être le démembrement physique, moral et économique de la France et de son Empire.*

« Par contre, je suis — vous le savez — persuadé qu'en poursuivant la lutte, d'abord dans la Métropole, puis dans l'Empire, enfin s'il le faut à partir des territoires de nos alliés, nous pouvons parvenir, malgré d'immenses épreuves, à la victoire finale.

« [...] *Je me vois, aujourd'hui, impuissant à vous convaincre vous-même de la nécessité de maintenir la politique qui seule, à mon avis, nous permettrait de garder l'honneur et de sauver la patrie.*

« Je me vois donc, à mon grand regret, Monsieur le Président, obligé de vous prier de me relever du poste que vous avez bien voulu me confier au

Gouvernement, et je vous demande de me donner de nouveau un commandement à la bataille[26]. »

Ce désaccord de dernière minute surprend entre deux hommes qui s'estimaient et avaient collaboré durant des années pour le triomphe d'une doctrine militaire qui eût sauvé la France du désastre. Quelques jours auparavant, ils étaient totalement soudés dans les termes de la lettre que Reynaud écrivait à Roosevelt : *« Nous lutterons en avant de Paris, nous lutterons en arrière de Paris, nous nous enfermerons dans une de nos provinces et, si nous en sommes chassés, nous irons en Afrique du Nord et, au besoin, dans nos possessions d'Amérique*[27]. »

Ce qui les sépara brusquement, à cet instant où l'histoire basculait, fut le doute émis par Reynaud sur la capacité de résistance de l'Angleterre[28]. Car le choix de De Gaulle n'était pas calculé sur ces impondérables. Il s'était engagé corps et âme sans parier sur personne d'autre que lui seul et sur sa propre foi : l'Angleterre résistera, l'Amérique déclarera la guerre, la guerre sera mondiale, la France vaincra. Autrement dit, de Gaulle souscrivait pleinement au slogan de la drôle de guerre qui avait grisé les Français avant de les faire rire : *« Nous vaincrons, parce que nous sommes les plus forts ! »* La différence d'appréciation entre les deux hommes relève de la prophétie. C'est cette foi absolue en un avenir hypothétique que bien d'autres partageaient théoriquement avec lui qui frappe l'appel du 18 juin du sceau de la voyance, aujourd'hui que nous en connaissons la fin. À la différence de tous ceux qui partageaient une vision de l'avenir qui ne lui était pas personnelle, lui seul en fit un credo et s'y tint.

18 juin 1940 : la solitude du rebelle

Après la brève évocation des convictions de De Gaulle, on mesure mieux le contenu de son appel. Il prouve qu'il ne fut pas le coup de tête d'un soldat perdu, la tentative d'un aventurier aux abois ou le cri d'un officier romantique. Mais d'abord, le résumé d'une réflexion mûrie depuis des années avant d'être une argumentation ressassée depuis deux semaines auprès d'interlocuteurs rétifs ou indifférents. C'est le chef-d'œuvre d'une logique militaire dont l'hypothèque sur l'avenir étonne encore aujourd'hui le lecteur par sa précision mathématique. Dans un style d'épopée, il reprend à son compte les thèmes de la politique du gouvernement Reynaud, dont il était en partie l'inspirateur, et qu'il travaillait à mettre en œuvre lors de ses deux missions en Angleterre, la veille encore (9 et 16 juin).

Plutôt que le texte homologué de l'appel paré des vertus d'une esthétique hallucinée, je propose de lire le brouillon qu'il rédigea le 17 juin au soir (cette note reprend l'essentiel d'une interview du 21 mai 1940 quant à l'explication de notre déroute) : *« La défaite française a été causée par la force mécanique, aérienne et terrestre des Allemands.*

« L'action foudroyante de la force mécanique a fait effondrer le moral du commandement et du gouvernement.

« A la suite de cet effondrement, deux voies étaient ouvertes :

« Ou bien la voie de l'abandon et du désespoir. Cette voie menait à la capitulation. C'est celle qu'a choisie le gouvernement Pétain.

« Ou bien celle de l'honneur et de l'espérance : c'est celle qu'ont choisie mes compagnons et moi.

« Nous croyons que l'honneur commande aux Français de continuer la guerre aux côtés de leurs alliés et nous sommes résolus à le faire.

« Nous espérons qu'un jour une force mécanique, aérienne et terrestre supérieure nous rendra la victoire et nous permettra de délivrer la patrie[29]. »

On constate que le premier soin du Général fut d'expliquer aux Français la cause du désastre pour la démystifier : elle est militaire. Il révèle ensuite les deux politiques qui s'affrontent depuis des semaines au Conseil des ministres, entre lesquelles les citoyens à leur tour doivent choisir : la capitulation criminelle avec Pétain ou la guerre de l'honneur avec de Gaulle. Toutefois, l'argument de l'honneur qu'il avança ce soir-là comme impératif catégorique dut, à la réflexion, lui sembler peu convaincant pour les Français éperdus. La nuit portant conseil, on observe dans l'appel du lendemain un habillage qui sort le texte du 18 juin de la littérature de caserne pour le hisser au rang de la poésie épique. Tous les arguments scintillent des feux de l'évidence et, encore aujourd'hui, il brûle d'une fièvre volcanique qui l'irrigue de bout en bout :

« La défaite est-elle définitive ? Non !

« Croyez-moi, moi qui vous parle en connaissance de cause et vous dis que rien n'est perdu pour la France. Les mêmes moyens qui nous ont vaincus peuvent faire venir un jour la victoire.

« Cette guerre est une guerre mondiale. [...] *Foudroyés par la force mécanique, nous pourrons vaincre dans l'avenir par une force mécanique supérieure. Le destin du monde est là*[30] *!* »

Si, le 18 juin, de Gaulle tenta de regrouper les soldats stationnés en Angleterre et de bander le moral de ceux qui se battent encore en France, le lendemain, 19, c'est l'escalade. Il passe du militaire au politique, vaticine au nom de la France, dénonce l'illégitimité du gouvernement Pétain et entre en dissidence en instaurant le contre-pouvoir de l'anathème. Si le geste a du panache, les Français l'ignoreront à l'époque car le gouvernement anglais, effrayé par ces déclarations iconoclastes et illégales d'un général quasi inconnu, de réputation d'extrême droite, interdira sa diffusion[31]. Comme de Gaulle n'a encore recruté personne et qu'en métropole peu de Français entendirent l'appel de la veille, cela n'a guère d'importance. En revanche, sa lecture permet aujourd'hui de reconstituer fidèlement l'évolution de ses projets et de ses ambitions : *« A l'heure où nous sommes, tous les Français comprennent que les formes ordinaires du pouvoir ont disparu.*

« Devant la confusion des âmes françaises, devant la liquéfaction d'un gouvernement tombé sous la servitude ennemie, devant l'impossibilité de faire jouer nos institutions, moi, Général de Gaulle, soldat et chef français, j'ai conscience de parler au nom de la France.

« Au nom de la France, je déclare formellement ce qui suit :

« Tout Français qui porte encore des armes a le devoir absolu de continuer la résistance[32]. »

Le rôle du chef qu'il incarne dès ce jour-là, il le remplira jusqu'au 21 janvier 1946. On connaît, par une confidence qu'il fit à chaud à cette époque, les raisons de cet engagement suicidaire et délirant : *« N'acceptant pas, quant à moi, la capitulation, j'ai décidé, face à face avec ma conscience, de continuer à combattre dans la mesure de mes moyens et de réunir autour de moi, dans ce but, là où je suis, ceux qui voudront me suivre*[33]. »

Toutefois, à Londres aussi bien qu'en France, les proclamations du Général, au milieu d'une débâcle de légende, n'eurent pratiquement aucun écho. Peu de gens entendirent l'appel du 18 juin et ceux qui le lurent dans les journaux n'y prêtèrent pas plus d'attention qu'aux plus folles rumeurs qui s'étalaient chaque jour dans leurs colonnes (poursuite de la guerre en Afrique du Nord, entrée en guerre de l'Amérique, maladies de Hitler, etc.). À Londres, seuls quelques rares Français vinrent le visiter dans son petit studio. Ce général inconnu de l'opinion ne représentait que lui-même, puisque aucun autre officier général ne l'accompagnait, et aucun homme politique de stature internationale (les présidents Lebrun, Herriot, Jeanneney, les trois plus hauts dignitaires de la République, bien que partisans de la résistance, avaient finalement refusé de quitter la France).

De plus, Jean Moulin était bien placé, lorsqu'il occupait son poste de préfet en Eure-et-Loir, pour constater que les attaques que de Gaulle avait déclenchées contre le gouvernement légal, et nommément la personne du maréchal Pétain, avaient heurté dès le premier jour nombre de Français, même en zone occupée parmi ceux qui souhaitaient poursuivre les hostilités et dont la présence des Allemands attisait le désir de vengeance. Ces assauts contre le Maréchal paraissaient le fait d'un profanateur ou d'un insensé : l'homme de Verdun était une figure charismatique respectée des citoyens et vénérée par les anciens combattants. De Gaulle semblait oublier que Pétain avait été légalement appelé par le président de la République et avait formé un gouvernement, avec l'accord des autorités responsables, dans le but de demander à Hitler les conditions d'armistice. Pas plus à Bordeaux qu'à l'Assemblée de Vichy le 10 juillet, personne ne mit jamais en doute le bien-fondé de ce processus et ne remit en cause la demande d'armistice, souhaité par l'immense majorité des Français.

Tous les parlementaires s'étaient résignés à soutenir Pétain et avaient remis entre ses mains les pouvoirs de la République. Les anciens présidents ou ministres, seuls connus des Alliés, Blum, Chautemps, Daladier, Mandel, Reynaud…, s'étaient abstenus ou étaient tombés dans le piège du *Massilia*.

La doctrine de résistance du général de Gaulle

Les appels du Général énumèrent les postulats qui justifieront son action durant quatre ans : l'armistice est une trahison, le gouvernement Pétain est illégitime, la France doit être présente dans la guerre pour être présente à la victoire, la France Libre est la France, tous les combattants lui doivent obéissance. Cette doctrine de la résistance sera achevée en quelques jours. Quelques exemples en révèlent la simplicité et l'évidence : *« Mes seuls buts sont : la libération du territoire français, la défense de l'Empire, le rétablissement des libertés nationales. La force militaire que je constitue ne fait pas de politique.*

« […] *C'est en unissant tous les Français qui ne s'abandonnent pas que nous maintiendrons le droit de la France à la victoire*[34]. »

Essayant de convaincre des soldats rapatriés à Londres, il expliquait sans succès : *« Pour son honneur et pour sa vie, il faut que la France soit présente à la victoire. Alors elle retrouvera sa liberté et sa grandeur*[35]. » Afin qu'elle demeure *« intacte dans tout ce qui lui appartient, créditée de tout ce qu'elle a perdu et garantie dans sa sécurité*[36] *».*

Ce général, partisan de la guerre à outrance (chose rare à cette époque), adressait ses appels d'abord aux militaires, puis, l'armistice étant signé, c'est l'Empire qu'il convoqua à la bataille. Dans les textes de cette époque il n'est pas question de la métropole en tant que potentiel de résistance, bien qu'incidemment il ait évoqué *« ceux qui continuent le combat par tous les moyens possibles, actifs ou passifs* [37] » et ait exhorté les Français *« à résister passivement »*.

Pour appliquer cette doctrine, de Gaulle tenta de créer des institutions et, d'abord, un organisme central et représentatif. C'est ce qu'il désignera sous le nom de Comité national. Il en propose la création aux Britanniques et la participation aux dignitaires français. À cette fin, un mémorandum fut adressé à Churchill proposant *« a) de réunir en territoire britannique tous les éléments français de résistance qui s'y trouvent ou qui viendraient à s'y trouver ;*

« b) de se mettre à la disposition de toutes les résistances françaises qui se révéleraient dans l'Empire et, peut-être, dans la Métropole, pour les relier entre elles, les relier avec les alliés, leur fournir du matériel, etc. [38]. »

Simultanément, de Gaulle avertit le général Noguès, résident général du Maroc et commandant en chef du théâtre d'opérations en Afrique du Nord : *« J'ai pris l'initiative de constituer ici un Comité national, qui représenterait au-dehors la résistance française et qui pourrait servir de centre de liaison entre les différentes résistances françaises de l'Afrique, de l'Angleterre et de l'Amérique* [39]. »

Ainsi, après tous les résidents et gouverneurs de l'Empire, de Gaulle se tournait vers Noguès, qui détenait seul le pouvoir de poursuivre efficacement la guerre que souhaitaient la population et l'armée. Mais, si les responsables français attendaient un geste de Noguès, personne ne daigna répondre à de Gaulle dont la gesticulation solitaire dans un pays étranger avait quelque chose de pitoyable et d'inquiétant pour tous ces hauts dignitaires.

Il en fut de même, sous une forme polie, de la part des émigrés de passage à Londres qui combattaient ce projet. L'un des refus les plus significatifs (parce qu'il venait d'un homme hostile à l'armistice et qui possédait une grande influence dans les milieux anglo-saxons) fut celui de Jean Monnet, président de la commission d'armement franco-britannique. Les raisons qu'il donna au Général, le 23 juin 1940, pour connues qu'elles soient, méritent d'être méditées pour mesurer la distance qui le séparait de ses interlocuteurs : *« Je considère que ce serait une grande faute que d'essayer de constituer en Angleterre une organisation qui pourrait apparaître en France comme une autorité créée à l'étranger sous la protection de l'Angleterre. Je partage complètement votre volonté d'empêcher la France d'abandonner la lutte et je suis convaincu que le Gouvernement de Bordeaux aurait dû mettre en Afrique du Nord le Chef de l'Etat, les présidents des deux Chambres, ainsi qu'un certain nombre de membres du gouvernement qui, d'accord avec le général Noguès, auraient fait de l'Afrique du Nord un bastion de la résistance française.*

« […] *Mais ce n'est pas de Londres qu'en ce moment-ci peut partir l'effort de résurrection. Il apparaîtrait aux Français, sous cette forme, comme un mouvement protégé par l'Angleterre, inspiré par ses intérêts et, à cause de cela, condamné à un échec qui rendrait plus difficiles les efforts ultérieurs de ressaisissement.*

« […] *Comme vous je n'ai qu'un but : réveiller les énergies de la France et la convaincre qu'elle ne doit pas finir ainsi* [40]. » Quittant la Grande-Bretagne, Monnet préféra se mettre au service des Américains qui l'enverront trois ans plus tard à Alger afin de mettre un terme au conflit Giraud-de Gaulle, et où il retrouvera le Général.

Parmi les réfugiés, l'un des plus éminents et surtout des plus connus des milieux gouvernementaux britanniques était Alexis Léger. Son ralliement à de Gaulle aurait été d'un poids inestimable pour la défense des intérêts et des droits de la France. Secrétaire général des Affaires étrangères pendant des années, il avait été démissionné par Reynaud deux mois auparavant. Hélas, dès le premier jour, il se révéla un adversaire de la politique du Général qu'il jugera dans une lettre qu'il lui adressa plus tard : *« Si j'étais militaire, je serais depuis longtemps avec vous aux côtés des Alliés, dans l'action militaire pour la libération de la France. Diplomate de métier, n'entendant assumer que la direction d'une action diplomatique, je ne saurais m'associer à l'activité directrice du Comité de Londres sans accentuer encore, en apparence comme en réalité, le caractère politique qu'on lui reproche. Ce serait inopportun pour le mouvement de la "France Libre" ; ce serait contraire à la conception que je me fais moi-même de son rôle*[41]. » André Maurois, écrivain anglophile, académicien célèbre, ami de la famille royale britannique, conseilla au Général : *« Faites une légion pas un gouvernement »*, avant de se réfugier en Amérique.

La « légion » approuvée par tous sans qu'ils s'y engagent, le Général en prépara le recrutement, mais les résultats militaires de ses appels se traduisirent par un échec cuisant : des 4 500 rescapés de Dunkerque, des 19 000 militaires de l'armée de terre, des 2 500 hommes de la marine marchande, seuls 2 721 hommes dont 123 officiers s'étaient engagés le 15 août dans les Forces françaises libres (F.F.L.) qui venaient d'être créées en accord avec les Anglais ! Encore faut-il savoir que sur ce nombre, on comptait 900 légionnaires rapatriés de Norvège ! Dans la Marine, le succès du Général, en dépit de l'arrivée de Muselier, rallié le 29 juin, fut encore moindre. Sur les 11 500 membres du personnel de la Marine nationale présents en Angleterre, seuls 882, dont 30 officiers d'active, rejoignirent de Gaulle ! Quant à l'aviation, 300 aviateurs seulement s'engagèrent avec une vingtaine d'avions[42] !

À l'arrivée de Moulin seize mois après l'armistice, cette armée (échantillonnage de toutes les armes) ne comptait encore que 35 000 hommes environ, appartenant pour l'essentiel aux troupes coloniales. En dépit de la fierté qu'en tirait de Gaulle, les Forces françaises libres (F.F.L.) étaient donc peu de chose, si on les comparait à l'armée d'armistice de Vichy, forte de 100 000 hommes pour la seule métropole, et 100 000 pour l'Empire, d'une des premières flottes du monde et de plusieurs centaines d'avions. Territorialement, la France Libre contrôlait certes l'Afrique-Équatoriale et quelques territoires dispersés dans le monde, mais elle formait un ensemble disparate qui, en dépit de son intérêt stratégique, ne pesait pas lourd comparé à l'Empire français, demeuré fidèle à Vichy.

En dépit de la faiblesse de cette armée lilliputienne, Jean Moulin observa que l'existence du mouvement du Général reposait sur des éléments qui le rendaient malgré tout plus fort et plus éminent que tous les mouvements métropolitains.

Malgré l'échec de son appel, malgré sa grande déception, de Gaulle n'avait obtenu des Britanniques qu'un titre fort modeste par rapport à ses projets : *« Chef de tous les Français libres, où qu'ils se trouvent, qui se rallient à lui pour la défense de la cause alliée*[43]. » C'était dérisoire quand on prétendait être la France ! Mais, durant quatre ans, il allait extraire de ce mince titre la quintessence d'un pouvoir de plus en plus tentaculaire, tandis que Churchill, qui regretta souvent cette première reconnaissance, tentait symétriquement d'en restreindre la portée.

Cette reconnaissance minimale de la France Libre lui avait donné une existence officielle et autonome, lui permettant d'être financée et armée par les Anglais. Par ailleurs, l'entreprise du Général ne se limitait pas à la Grande-Bretagne. Dès que fut connu son appel, des adhésions individuelles se manifestèrent du monde entier, puis s'organisèrent peu à peu en comités de la France Libre, dans trente-neuf pays, soutenus par plusieurs centaines de comités locaux. Ces comités possédaient une double structure de comité de soutien et de délégation qui, avec le temps, feront figure de légation pour faire pièce aux consulats de Vichy qui combattaient leur activité[44]. Ainsi, la France Libre était le seul mouvement de Résistance qui avait des « succursales » essaimées dans le monde. Cet internationalisme était renforcé par la B.B.C., qui permettait à de Gaulle, bien que son mouvement n'eût que cinq minutes de parole par jour, de s'adresser, directement ou par l'intermédiaire de Maurice Schumann, son porte-parole, aux Français du monde entier.

En effet, après le départ prudent des « personnalités » pour l'Amérique, et en dépit de leurs mises en garde et de leurs critiques, de Gaulle, se retrouvant seul dès le mois de juillet 1940, s'en tint aux objectifs qu'il s'était fixés le premier jour. En dépit de la méfiance croissante des Anglais, il se dota progressivement des services administratifs squelettiques d'un pouvoir qu'il entendait exercer au nom de la France. Devant la réserve grandissante des Britanniques, conscients de son échec et ne souhaitant pas l'irréparable avec Vichy, de Gaulle fut obligé de grignoter, mois après mois, les instruments de ce pouvoir qu'on lui refusait. On l'observe en de multiples occasions.

Depuis l'été 1940, il possédait quelques territoires d'outre-mer, représentant une douzaine de millions d'habitants (22 juillet, Nouvelles-Hébrides ; 26-28 août, A.E.F. ; 2 septembre, Tahiti ; 24 septembre, Nouvelle-Calédonie ; 9 novembre, Gabon).

Pour administrer les territoires, le Général avait créé, à Brazzaville, le 27 octobre 1940, un Conseil de défense de l'Empire. En fait, c'est un gouvernement déguisé qu'il instaurait après avoir dénoncé l'*« état de servitude »* de Vichy : *« Il faut donc qu'un pouvoir nouveau assume la charge de diriger l'effort français dans la guerre. Les événements m'imposent ce devoir sacré. Je n'y faillirai pas*[45]*. »*

Les facilités obtenues par le Mouvement de la France Libre par rapport à ceux de la métropole étaient par ailleurs contrebalancées par les inconvénients de l'émigration. Le contrôle tatillon exercé par les Britanniques sur ses faits et gestes compliquait la tâche et nourrissait des querelles internes, assorties de pénibles échecs dus aux hommes ou aux circonstances.

Cette faiblesse militaire et, malgré tout, territoriale fut aggravée par l'attitude des Anglais. Ceux-ci, déçus par l'impuissance du Général à rallier l'armée française et l'Empire, impuissance symbolisée par l'échec de Dakar, aggravée par le refus des troupes stationnées en Syrie de le rejoindre, ne désespéraient pas de s'entendre avec une autre personnalité de plus d'envergure. L'arrivée à Londres, à l'automne 1940, du général d'armée Catroux, ancien gouverneur de l'Indochine, incita les Anglais à le solliciter[46]. Il en fut de même, au printemps 1941, à l'égard du général Weygand, que Churchill espérait attirer dans son camp par l'intermédiaire du Général, à qui il imposa même d'écrire une lettre l'invitant à se rallier à l'Angleterre ! Ces illusions étaient tellement fortes que les Britanniques, en dépit de leur échec répété dans cette direction, n'excluaient pas, dans les moments d'optimisme, l'idée de voir le gouvernement de Vichy tout entier gagner l'Afrique du Nord !

De ce fait, les relations entre Churchill et de Gaulle qui, au début, avaient été passionnées s'étaient rapidement détériorées. Après l'échec de Dakar, de Gaulle écrivait à sa femme : *« Pour le moment tous les plâtras me tombent sur la tête. Mais mes fidèles me restent fidèles et je garde bon espoir pour la suite.*

« C'est le plus grand drame de l'Histoire et ton pauvre mari y est jeté au premier plan avec toutes les férocités inévitables contre ceux qui tiennent la scène. Tenons bon. Aucune tempête ne dure indéfiniment[47]. »

Deux mois plus tard, il constata que son espérance ne l'avait pas trompé. Il écrivit à son fils : *« Je crois que l'équivoque Pétain-Vichy est en train de se dissiper même pour les aveugles-nés. Bientôt les fantômes et les rêves auront disparu et l'on verra partout, même en Angleterre (!) qu'entre la France vraie et nous les "gaullistes", il n'y a que l'ennemi. Alors, sans doute, il nous sera plus facile de faire ce que nous avons à faire, je veux dire combattre pour la patrie*[48]. »

Mais un an après Dakar, une crise aiguë avait opposé les deux hommes. Après la conquête de la Syrie, à l'occasion des problèmes soulevés par la négociation de l'armistice avec les troupes de Vichy et par l'administration de ce territoire, de Gaulle avait envisagé de quitter la coalition alliée et de se réfugier à Brazzaville, criant à tout vent sa vindicte contre les Anglais. Churchill, ulcéré, avait estimé que le Général était devenu fou : *« Il est évident qu'il a perdu la tête. Ce serait vraiment un bon débarras et cela nous simplifierait les choses à l'avenir*[49]. » En attendant de le faire interner, il l'avait interdit d'antenne à la B.B.C. et l'empêchait de sortir de Grande-Bretagne. À la suite de cette crise, une véritable conspiration avait été organisée par les Britanniques, afin de réduire l'autorité du Général au sein de la France Libre. Il ne s'agissait de rien de moins que de « diluer » son autorité dans un comité exécutif qui prendrait la direction du Mouvement, c'est-à-dire reléguerait de Gaulle dans un rôle présidentiel purement honorifique.

Le Comité national français était né de cette crise le 24 septembre 1941, mais la stratégie de Churchill et des conspirateurs avait fait long feu et, se retournant contre eux, avait renforcé l'autorité du Général qui avait brisé net la manœuvre de l'amiral Muselier. Malgré des précautions de langage, de Gaulle dirigeait enfin le gouvernement de fait auquel il aspirait depuis juin 1940.

Mais il n'avait pas attendu sa création pour affirmer sa légitimité à gouverner les Français. Pourtant, le Général était presque seul à penser et à proclamer que la France Libre était la France, qu'il en gérait les intérêts et qu'il lui appartenait de rassembler et de diriger la Nation dans la guerre, tout en traitant avec les Alliés[50]. Pour apprécier aujourd'hui cette méfiance unanime à l'égard des projets du Général, il faut se souvenir que, depuis quelques années, l'Europe avait été gagnée par une fièvre dictatoriale dont les « sauveurs » de tous ordres et les généraux saisis par la politique n'étaient pas les derniers artisans. Aussi la prétention de De Gaulle, entretenue par l'illusion du verbe, était récusée par les Anglais qui ne lui avaient reconnu que le titre modeste de « chef des Français Libres » et par les Américains qui, suivant les circonstances, la considéraient comme l'expression d'une folie épique ou le fait d'un dangereux mégalomane.

Il n'en demeurait pas moins que la France Libre était, par la volonté du Général, plus qu'un mouvement, même si les Anglais et les Américains désignaient systématiquement son entreprise par le label réducteur de « Mouvement de la France Libre » ou « des Français Libres », afin de marquer sans équivoque que, à leurs yeux, il ne représentait pas la France.

Une lettre qu'Anthony Eden, ministre des Affaires étrangères britannique, adressa au Général au sujet de l'organisation de la Résistance en France, durant le séjour de Moulin à Londres, exprime cette réserve sous sa forme la plus modérée : *« Il ne serait pas prudent, nous le craignons, de nous fier* […] *à la supposition que le Comité national possède l'adhésion, ouverte ou secrète, d'une très grande majorité des citoyens français*[51]. » Quand on sait qu'Eden était l'un des ministres les plus francophiles du cabinet et des mieux disposés à l'égard de la France Libre, il est facile d'imaginer les rumeurs propagées par les adversaires britanniques du Général !

D'ailleurs, Churchill, dans ses jours de colère, hurlait même, sous le nez du Général pour lui rabattre son caquet : *« Non, vous n'êtes pas la France, vous êtes la France Combattante*[52] *! »* Nonobstant cette guérilla sémantique et sa dépendance matérielle absolue à l'égard des Britanniques, la France Libre entretenait des relations avec l'ensemble des gouvernements en exil à Londres ou des autres Alliés, tandis que les mouvements métropolitains étaient ignorés d'eux et n'étaient, au mieux, en contact avec l'étranger que par des services secrets qui les utilisaient en vue d'obtenir des renseignements ou pour débaucher les troupes éventuelles de De Gaulle.

Vive la République quand même…

Quant à la politique défendue par le Général, Moulin en avait eu un aperçu à Lisbonne. Il eut vite fait de constater que les institutions qu'il avait mises en place, servies par des hommes comme Georges Boris, René Cassin (professeur de droit, dirigeant ancien combattant, membre du R.U.P.), André Diethelm (inspecteur des finances, ancien directeur de cabinet de Georges Mandel), Henry Hauck, René Pleven (industriel et vice-président de la mission Jean Monnet), Adrien Tixier (représentant du Bureau international du travail à la S.D.N.), infirmaient, en tout cas, les calomnies qui circulaient au sujet de son entourage fasciste.

Les républicains devaient, en outre, se reporter à la déclaration organique du 16 novembre 1940 qui affirmait que, *« malgré les attentats commis à Vichy, la Constitution demeure légalement en vigueur, que, dans ces conditions, tout Français, et, notamment tout Français libre, est dégagé de tout devoir envers le pseudo gouvernement de Vichy, issu d'une parodie d'assemblée nationale, faisant fi des droits de l'homme et du citoyen et du droit de libre disposition du peuple*[53] *»*.

Dans la conclusion de cette déclaration, le Général constatait que des *« millions de Français »* l'avaient appelé *« à la charge de les diriger dans la guerre »*. Ce qui, à cette date, participait d'un optimisme aveugle ou d'une imposture : *« Nous accomplirons cette mission dans le respect des institutions de la France et nous rendrons compte de tous nos actes aux représentants de la nation française dès que celle-ci aura la possibilité d'en désigner librement et normalement*[54]. »

Par ce texte, toutefois, de Gaulle se proclamait donc sans ambiguïté l'héritier de la République. Ce n'était pas sa faute si cette proclamation lue à la B.B.C. était brouillée par les Allemands et si les Anglais avaient reconnu, avec réticence, le Conseil de défense de l'Empire… trois mois après sa création. Sans doute, la formulation de la déclaration organique n'était-elle pas assez tranchée pour des esprits soupçonneux qui, de toute façon, pour la plupart, ne la connaissaient pas.

Malgré tout, Jean Moulin souhaitant connaître la vérité sur la question controversée du futur régime de la France, il reçut des assurances du Général durant son séjour. Après lui avoir signalé le danger que représentait, pour la cause de la France Libre, son mutisme à l'égard des institutions démocratiques, il eut la satisfaction de l'entendre déclarer publiquement quelques jours plus tard, le 15 novembre : *« Quant aux bases de l'édifice futur des institutions françaises, nous prétendons pouvoir les définir par conjonction des* […] *devises qui sont celles des Français Libres. Nous disons : "Honneur et Patrie", entendant par là que la nation ne pourra revivre que dans l'air de la victoire et subsister que dans le culte de sa propre grandeur. Nous disons : "Liberté, Egalité, Fraternité", parce que notre volonté est de demeurer fidèles aux principes démocratiques que nos ancêtres ont tirés du génie de notre race et qui sont l'enjeu de cette guerre pour la vie ou la mort*[55]. » C'était, en réponse à l'interrogation de Moulin, le premier engagement solennel pris par le Général de rétablir la République.

Jean Moulin pouvait cependant observer qu'il manquait à la France Libre un Parlement pour donner à cet embryon d'État et de gouvernement une légitimité démocratique. Le peuple français était représenté dans les institutions du Mouvement grâce aux quarante-deux comités de la France Libre disséminés à travers le monde. Symboliquement, cela faisait beaucoup de patriotes, mais, par rapport à quarante millions de Français, ce n'était rien.

Une Assemblée consultative avait été prévue dans les ordonnances du 24 septembre 1941 et un congrès des comités de la France Libre fut envisagé afin de lui donner quelque consistance. Toutefois, à cause des difficultés de déplacement des congressistes, et faute de personnalités représentatives venues de la France métropolitaine, il s'annonçait difficile à constituer. C'était là le handicap majeur de l'entreprise du général de Gaulle et le signe que la nation française, en cet automne 1941, n'était pas au rendez-vous qu'il lui avait fixé.

De Gaulle et la Résistance

On a vu que, très tôt, de Gaulle exhorta les Français à une résistance *« active ou passive »*. Pendant longtemps, cela ne dépassa pas un vœu pieux, faute de moyens. Pourtant, de Gaulle et ses services y songeaient. Le 17 août 1940, il écrivait à François Luizet, son représentant à Tanger : *« Soyez certain que j'ai décidé d'agir sur le sol français* [en l'occurrence l'Algérie] *dès que possible. Tout devrait être fait pour entretenir ouvertement ou secrètement l'esprit de résistance à l'Allemagne et à l'Italie à la fois dans les milieux français et arabe*[56]. »

Le 21 octobre 1940, de Gaulle imposait les thèmes de propagande au colonel Fontaine : *« Nous devons déclarer que le premier devoir de tout Français est de résister activement ou passivement selon ses moyens. Quiconque ne s'efforce pas de combattre soit par les armes, soit par des moyens indirects, est coupable envers la patrie*[57]. »

Afin d'appliquer sa politique de libération, il confiait à Palewski, le 11 décembre 1940, à Londres, une Direction des affaires politiques : *« Organiser et déve-*

lopper en France et dans l'Empire le mouvement de la France Libre. En particulier mettre sur pied une organisation de la France Libre couvrant les anciennes et nouvelles formations politiques, sociales, religieuses, économiques, professionnelles, intellectuelles, pour rassembler l'opinion dans la subordination de tous les intérêts à l'intérêt national[58]. »

La volonté hégémonique est là, certes, mais, lorsque le Général énumère les théâtres d'opérations, il ne mentionne pas la France métropolitaine : « *Nous avons actuellement quatre centres de force et d'action dans le monde : nous avons l'Afrique centrale, nous avons le Levant, nous avons le Pacifique, enfin nous avons l'Angleterre*[59]. »

Si les informations sur la Résistance métropolitaine étaient fort restreintes, de Gaulle n'en précisait pas moins le type de relations qu'il voulait entretenir avec elle. Les mois passant, comprenant l'importance de l'appui des Français résistants à son entreprise, il développa des thèmes plus subtils. Ainsi quelques semaines avant l'arrivée de Moulin : « *Il s'est établi une correspondance permanente entre ce que pensent et veulent nos compatriotes de Paris, de Lyon, de Marseille, de Lille, de Rennes ou de Strasbourg, et ce que pensent et veulent ceux de Brazzaville, de Beyrouth, de Damas, de Nouméa, de Londres ou de New-York. Il se reforme peu à peu une vaste résistance française dont on a le droit de croire qu'elle influera de plus en plus sur les événements de la guerre et qu'au jour du triomphe final des Alliés elle placera la démocratie française, renouvelée par ses épreuves de plain-pied avec la victoire.*

« *Organiser et diriger cette résistance, non pas seulement dans les territoires déjà affranchis, mais partout en France et dans l'Empire, telle est la tâche primordiale que s'est fixée le Comité National Français. Il le fera par délégation du peuple qui l'en approuve et auquel il rendra compte. Il le fera en rassemblant la nation dans l'effort pour la libération sans que personne en soit exclu, sauf ceux qui s'en excluent eux-mêmes*[60]. »

Ces paroles de chef laissaient croire que le Mouvement de la France Libre, organisé à Londres, avait de nombreuses ramifications en métropole.

Était-ce la réalité ?

La France Libre et la Résistance

En quoi les exhortations de la France Libre, diffusées à la B.B.C., avaient-elles contribué à la naissance de la Résistance métropolitaine, à son développement et à son organisation ? Quel rôle le Général assignait-il aux trente-huit millions de Français, captifs en métropole ? Pratiquement, il ne dictait aucune consigne ou, du moins, étaient-elles suffisamment vagues pour que chacun les interprétât dans le sens qui convenait à sa situation propre.

La première exhortation s'adressant aux hommes de la métropole fut diffusée un mois après l'armistice, le 23 juillet 1940 : « *Pour tous ceux qui, en France momentanément occupée, seraient exposés à travailler pour l'ennemi, sous la menace du sabre d'Hitler ou du couteau de Mussolini, le devoir consiste à résister passivement par tous les moyens en leur pouvoir. Il ne doit pas arriver que des Français contribuent directement ou indirectement à forger pour l'ennemi des armes qui puissent tuer d'autres enfants de France*[61]. »

À défaut de consignes précises ou d'appels au regroupement et à l'organisation méthodique d'une lutte contre les Allemands, le Général élaborait une philosophie du patriotisme qui mettait chaque Français en présence des choix fondamentaux. Ainsi, le 3 août 1940 : « *Les événements vont vite dans cette grande guerre qui est aussi une grande révolution. Le devoir envers la France, le devoir envers l'Empire, interdisent l'hésitation, la fausse prudence, les lâches ménagements. Dans l'immense bouleversement ne valent, ne marquent, ne comptent que les hommes qui savent penser, vouloir, agir suivant le rythme terrible des événements. Les autres seront balayés*[62]. »

Enfin, le 27 octobre, le général de Gaulle déclarait : « *D'innombrables preuves montrent que le peuple et l'Empire n'acceptent pas l'horrible servitude. Des milliers de Français ou de sujets français ont décidé de continuer la guerre jusqu'à la libération. Des millions et des millions d'autres n'attendent, pour le faire, que de trouver des chefs dignes de ce nom*[63]. »

Trois exhortations en cinq mois, sans aucune orientation pratique, c'était peu pour inciter les Français à organiser la lutte contre les Allemands, car si la plupart des Français manquaient de volonté, les autres n'avaient aucun moyen. L'éclosion de multiples initiatives en métropole à partir du mois de novembre, qui suivit une première vague en septembre, permet de se demander si cet appel, appuyé sur le rejet de la collaboration prônée par Pétain, ne suscita pas des vocations chez des hommes qui découvrirent ainsi que des troupes ardentes les attendaient sur place pour obéir et pour se battre. Peut-être l'annonce, un mois plus tard dans *Résistance* (une des premières feuilles clandestines), que des chefs résolus étaient décidés à organiser la revanche des patriotes fut-elle la réponse à cet appel.

Les émissions en français de la radio anglaise, de plus en plus écoutées en France, ne se limitaient pas aux interventions du général de Gaulle. Si saisissantes qu'elles fussent, elles n'étaient pas assez fréquentes pour que tout le monde les ait entendues. D'autres orateurs, improvisés, membres de la France Libre ou de l'équipe de la B.B.C. mise en place par le ministère de la propagande britannique, diffusaient parfois des consignes. N'ayant pas le style prophétique de celles du Général, elles avaient le mérite d'être plus précises quant aux moyens. Le premier appel de ce genre date du 25 juin 1940. Il émane d'un volontaire de la France Libre, le docteur Picarda. Lui aussi exhortait les militaires à continuer la lutte sous toutes ses formes et partout où ils le pouvaient. Mais, à la différence du Général, la fin de son allocution s'adressait aux populations civiles : « *Peuple de France, garde le silence, oppose partout de la résistance passive à l'ennemi. Nous t'en conjurons : n'écoute pas la radio allemande qui cherche à détruire ton moral. Surtout ne te livre pas à des manifestations qui ne feraient que causer des représailles et des massacres, et qui feraient verser du sang français.*

« *Oppose la force d'inertie aux commandements de l'ennemi. L'Angleterre te sauvera. Aie foi en elle, mais aide-la de toutes tes forces, reprends foi en toi-même*[64]. »

Il fallut attendre le 7 août pour qu'un autre volontaire de la France Libre, Henry Hauck, ancien conseiller du travail à l'ambassade de France à Londres, adresse aux travailleurs français les premiers conseils d'ordre pratique, qui furent transmis par la B.B.C. : « *Voici ce que vous pouvez faire. Gardez votre confiance, écoutez nos informations radiodiffusées, répandez-les autant que possible, démentez les bruits lancés par les Allemands, ou répandus par la presse française, aujourd'hui aux ordres de l'Allemagne. Si vous voyez des possibilités de gêner les Allemands dans leur tâche, saisissez-les, mais à condition toujours de pouvoir le faire sans trop de danger pour vous-même. N'oubliez jamais la prudence... Contentez-vous des coups d'épingle qui agaceront et gêneront l'ennemi*[65]. »

Trois jours plus tard, le 9 août, c'est un ami de Jean Moulin, André Labarthe, qui s'adressait sur les ondes de la B.B.C. aux ouvriers en leur indiquant de quelle façon ils pouvaient participer au combat : « *La lutte continue sous d'autres formes, c'est la guerre muette, c'est la guerre silencieuse, c'est la guerre indirecte, c'est la guerre obstinée, l'ouvrier français la conduit dès maintenant avec l'arme la plus redoutable et la plus sûre, mais c'est aussi celle qui demande le plus d'intelligence, il faut apprendre à saboter. Toute goutte d'essence perdue s'ajoute à une autre goutte. Tout ralentissement dans vos gestes devant la machine-outil accélère votre libération. Ne vous faites jamais prendre. Soyez prudents*[66]. »

André Labarthe reprit la parole le 21 août pour exhorter les cheminots à la vigilance et au sabotage : « *Le cheminot ne se soumettra pas au régime abject qu'on veut lui imposer et sa réplique permanente sera la résistance nationale et le sabotage. Mais quelle forme donnera-t-il à cette résistance ? Il ne s'agit pas encore de faire dérailler les trains. Il s'agit dès maintenant d'accomplir une action permanente avec des moyens bien adaptés aux circonstances actuelles*[67]. »

Le 6 novembre, c'est au tour du député socialiste P.-O. Lapie de venir proclamer le devoir de légitime défense des Français asservis. Pour illustrer cette obligation, il citait des passages de *Mein Kampf* : « *Il faut que les meilleurs éléments de la masse se fassent jour, pour arracher le pouvoir des mains d'un gouvernement infâme et corrompu.* » « *Il n'y a pas aujourd'hui*, ajoutait P.-O. Lapie, *de droit de citoyen, il n'y a que des devoirs. Et s'il y avait un droit qui soit en même temps un devoir, exercez-le. C'est le droit de légitime défense*[68]. »

La reconnaissance dans l'impasse ou la dérobade des grands noms

De Gaulle avait compris que, pour acquérir la légitimité que les Alliés lui déniaient, il ne lui suffisait pas de maintenir symboliquement la France sur les champs de bataille, mais qu'il lui fallait désormais s'imposer comme le chef de la nation combattante en prenant le contrôle non seulement de tous les réseaux de renseignements et d'action opérant en métropole, mais surtout des organisations clandestines. Sans lien avec elles, que représentait de Gaulle, au-delà de ses déclarations sur les ondes qui, venant d'un homme seul, pouvaient apparaître comme des rodomontades ?

C'est ce que pensaient les socialistes français repliés à Londres ou les émigrés d'Amérique, pour qui les appels du Général et la constitution d'une armée ne suffisaient pas à lui conférer la légitimité qu'il s'attribuait. Certes, tous manifestaient une « *ardente sympathie pour une entreprise militaire de libération* », mais ils refusaient leur adhésion au mouvement sous prétexte qu'il ne répondait pas « *aux exigences d'une représentation authentique et exacte de la France à l'étranger* »[69]. Ce en quoi ils n'avaient pas tort.

Pourtant, le Général s'y était efforcé : dès le début de son entreprise, puis lors de la création du Comité national français (C.N.F.), il avait souhaité qu'un « *assez grand nombre de personnalités libres et représentatives des diverses tendances de l'opinion française et des intérêts de diverses catégories du peuple français* » en fassent partie afin que son comité donne *« une expression de l'opinion »*[70]. Mais les personnalités pressenties réfugiées en Amérique avaient été unanimes à lui opposer un refus[71].

De ce point de vue, l'attitude de Jacques Maritain est symptomatique. Par sa notoriété et le respect qu'il inspirait, il faisait partie de cette élite dont souhaitait s'entourer de Gaulle qui sollicita sa participation au Comité national français. Bien que Maritain ait encouragé de Gaulle, il n'adhéra pas à son mouvement. Ce n'est pas faute de la connivence que de Gaulle voyait entre eux, comme le révèle une lettre du début de 1942 : *« Il est doux d'être aidé, il est réconfortant de l'être par un homme de votre qualité. Vous entendez bien que si, jusqu'à présent, j'ai dû m'appliquer dans la mesure de mes forces à dire que notre désastre n'avait été que militaire et à faire qu'il soit réparé, je crois comme vous qu'au fond de tout il y avait dans notre peuple une sorte d'affaissement moral. La perte du Rhin en 36, l'abandon des Autrichiens en 37, et des Tchèques en 39, l'incohérence de la politique et la médiocrité de la stratégie, ont été des effets, avant de devenir des causes. La nation chancelait depuis bien des années.*

« J'ai pensé que, pour remonter la pente de l'abîme, il fallait d'abord empêcher que l'on se résignât à l'infamie de l'esclavage. A cela, dès maintenant, la France est parvenue. J'ai cru qu'il était en second lieu nécessaire de faire à notre pays une figure militante et de lui rendre un rang. C'est à quoi nous nous appliquons à présent, non sans de dures épreuves infligées par nos propres alliés.

« J'estime que nous devrons ensuite profiter du rassemblement national dans la fierté et la résistance pour entraîner la nation vers un nouvel idéal intérieur[72]. »

Pourtant, Maritain ne traversa pas l'Atlantique. Devant les dérobades qui, venant d'un sympathisant, en disaient long sur la méfiance politique qu'il inspirait, le Général avait dû se résigner à constituer son Comité avec les fidèles qui l'entouraient.

Pour déraisonnable et aventureuse que parût la tâche entreprise le 18 juin 1940 par un homme seul, inconnu, ne disposant pour tout appui que de l'approbation de Churchill et pour tout moyen que des antennes de la B.B.C., elle se révélait pourtant moins ardue à réaliser que sa reconnaissance en métropole par les élites administratives, diplomatiques, militaires, intellectuelles et politiques qui, dans leur quasi-totalité, avaient adhéré à l'autorité du gouvernement de Vichy.

Un seul exemple les résume tous : celui du diplomate Roland de Margerie. Conseiller à l'ambassade de Londres de 1933 à 1939, chef de cabinet diplomatique de Reynaud, partisan de la lutte à outrance, accompagnant de Gaulle à Londres en juin 1940, il était rentré en France. Nommé consul à Shanghai par Vichy, il était revenu à Londres, non pour rejoindre le Général, mais parce c'était le seul port d'embarquement pour la Chine. En dépit de ce camouflet, de Gaulle, dans son dénuement, souhaita l'avoir avec lui et lui écrivit une lettre pressante : *« La tournure prise par les événements et l'opinion réveillée en France ne permettent plus l'abstention à un homme comme vous.*

« Les affaires extérieures de la France Libre sont celles de la France. J'ai besoin de vous dans cette matière et je vous demande de me rejoindre à Londres sans délai.

« [...] *Nous devons faire une équipe de gérants des droits et intérêts de la France* [...].

« Venez mon ami[73]. »

Cette lettre restera sans réponse et il ne se rallia jamais, même à la Libération.

On comprend que de Gaulle, quelque temps plus tard, ait signalé au Foreign Office : « *Margerie doit être considéré comme un adversaire même s'il dîne avec son collègue britannique*[74]. »

Cette carence généralisée, même si de Gaulle en souffrit, n'entamait pas sa conviction d'incarner la France, et donc d'être le chef de tous les Français résistants. C'est d'ailleurs ce qu'il avait proclamé une fois de plus à la B.B.C., le jour même de l'arrivée de Jean Moulin : « *Organiser et diriger cette résistance, non pas seulement dans les territoires déjà affranchis, mais partout en France et dans l'Empire, telle est la tâche primordiale que s'est fixée le Comité National Français*[75]. » Ou encore : « *La guerre des Français doit être conduite par ceux qui en ont la charge, c'est-à-dire par moi-même et par le Comité National. Il faut que tous les combattants, ceux du dedans comme ceux du dehors, observent exactement la consigne*[76]. » Cette attitude découlait des principes énoncés depuis son installation à Londres. À ses yeux, les résistants métropolitains émiettés sur l'ensemble du territoire étaient incapables de refaire autour d'eux l'unité française et de représenter la France auprès des Alliés. En un mot, ils étaient incapables de constituer un État souverain tout autant que d'établir un état-major en métropole. Leur position d'hommes traqués leur interdisait l'indépendance nécessaire aux décisions et les empêchait d'avoir une vision d'ensemble de la situation militaire le jour où la France redeviendrait un champ de bataille. Les résistants, à ses yeux, subissaient la même contrainte que le gouvernement de Vichy : soumis à la servitude de l'envahisseur, ils ne possédaient pas la condition primordiale de l'exercice du pouvoir, l'indépendance.

Seul, en s'exilant, de Gaulle avait acquis cette vertu suprême lui donnant le droit d'incarner la nation résistante en poursuivant officiellement la guerre aux côtés de l'Angleterre. Il faut ajouter que si, examinée par Moulin en professionnel de la politique, la position du Général auprès des Alliés semblait précaire et ses objectifs hors d'atteinte, si l'importance de son mouvement était fort inférieure à l'idée que s'en faisaient les patriotes métropolitains, ceux-ci, de leur côté, n'avaient aucun moyen de faire aboutir leurs projets, même les moins ambitieux, car leurs troupes décimées en permanence étaient considérablement plus faibles que celles de la France Libre. Malgré tout et bien que leur existence ne fût reconnue officiellement par aucun des Alliés, les patriotes métropolitains résolus à lutter rejoignaient les rangs des mouvements et incarnaient, sur le sol national, la bataille résistante et la légitimité d'un contre-pouvoir à Vichy. Il était donc urgent pour de Gaulle d'en obtenir l'obédience. D'autant qu'avec l'apparition de forces paramilitaires, l'affaire devenait sérieuse.

Moulin comprit que, pour précaire, contesté et menacé que fût le mouvement de la France Libre, il n'en était pas moins doté d'une force qui le rendait probablement invulnérable : la doctrine élaborée depuis seize mois par de Gaulle et sa détermination à l'appliquer. Cet aspect, inconnu des résistants métropolitains, sembla à Jean Moulin porteur de toutes les espérances.

IV

UN RAPPORT QUI CHANGE TOUT

Le 24 octobre, Jean Moulin remit à Passy le texte autographe du rapport qu'il avait rédigé à Lisbonne deux semaines plus tôt. Il fut dactylographié au S.R. le lendemain et diffusé auprès du général de Gaulle et des services concernés.

Les entretiens entre Moulin et de Gaulle, la rédaction des ordres de mission confiés à Moulin furent amorcés sur la base de ce rapport.

Les informations fournies par Moulin n'étaient pas totalement inédites. Mais la clarté de son exposé, le *sens* qu'il lui avait imprimé en faisaient, non plus un bulletin de renseignements, mais un véritable instrument de travail. D'autant plus que ses descriptions se complétaient de propositions concrètes et de solutions pratiques.

Par ailleurs, Moulin eut le grand avantage d'être venu commenter ses propositions. Mais sa présence physique n'explique pas tout. On a déjà évoqué la pauvreté de la France Libre en personnel qualifié et expérimenté dans les registres politique et administratif. Un homme possédant à la fois la personnalité de Moulin, sa carrière de fonctionnaire d'autorité, sa pratique du personnel politique faisait dès lors figure d'aubaine.

Or, on constatera que, si le général de Gaulle choisit de l'engager immédiatement à ses côtés, la première mission qu'il lui confia fut militaire ! Cet apparent paradoxe trouve sa source dans le rapport même de Moulin qui avait privilégié cet aspect dans le but d'obtenir des résultats concrets dans l'entreprise de libération de la France.

Plutôt que de chercher une exhaustivité trompeuse, il avait su distinguer les mouvements prometteurs des rêves sans consistance. Cette sélection et les projets qui la complétaient esquissaient une image cohérente de la Résistance, lui donnant donc une signification. Cette Résistance « en majesté » ne correspondait certes pas à la réalité de l'été 1941, mais elle procurait à de Gaulle ce point d'appui, cet enracinement métropolitain dont il comprenait la nécessité pour légitimer son action.

Cette Résistance n'existait pas, mais elle ressemblait à ce que Jean Moulin en fit par la suite.

A. SAISIR ET CONSTRUIRE LA RÉSISTANCE

On a vu, lors du récit de l'enquête menée par Jean Moulin, ce qu'il était parvenu à saisir de la Résistance. Il convient d'insister sur deux faits majeurs : tout d'abord, il y eut là une manière d'exploit pour un homme isolé et tenu à une extrême prudence ; ensuite, le résultat comme la synthèse de ses recherches durent au hasard et à la subjectivité. Pour s'en convaincre, pourquoi ne pas considérer ce que, pendant le même laps de temps, les autorités allemandes d'occupation, le gouvernement de Vichy et la France Libre avaient appris de la Résistance et quelle image ils s'en étaient faite ?

La Résistance selon les Allemands : actes isolés et problème communiste

En 1940, les Allemands, pour protéger leurs troupes et leurs opérations militaires, mirent en place un appareil de surveillance et de répression articulé sur l'armée et sur la police déléguée par Himmler. L'armée utilisait en outre les services de police français, dont elle loua continûment la diligence et l'efficacité.

L'occupation allemande suscita durant les premiers temps une manière de réaction épidermique : quelques individus isolés sabotèrent du matériel militaire ou coupèrent des lignes téléphoniques. La sanction immédiate fut partout identique : la mort. À ces actes d'hostilité, peu nombreux, il faut ajouter les graffitis, les papillons ou les tracts, en général manuscrits ou dactylographiés. Simultanément, des initiatives spontanées facilitèrent l'accueil et l'évasion des prisonniers français (ou anglais) encore internés en France. Cette situation dura jusqu'au mois de septembre 1940.

Les Allemands avaient trouvé, dès leur arrivée dans leur zone d'occupation, un mouvement clandestin déjà existant, le parti communiste, qui continuait de publier *L'Humanité*. Non seulement, le P.C.F. ne manifesta aucune hostilité contre les nazis, mais il accueillit l'occupant par la formule « Prolétaires de tous les pays, unissez-vous », traduite, dès le premier jour, en allemand dans son journal. Les rapports établis par la petite cellule parisienne de la Gestapo permettent de comprendre l'idée parfois confuse et erronée que les Allemands se faisaient de l'activité des communistes.

« Or, tandis que la propagande communiste illégale s'abstenait, au cours du premier trimestre de l'occupation, de toute attaque contre les autorités allemandes et le Troisième Reich, cette attitude s'est modifiée depuis à peu près la mi-septembre 1940. Tout d'abord, surtout en raison de l'échec de ses espérances — autorisation de quelques journaux communistes en tant qu'organes légaux du PCF, libération des emprisonnés communistes, etc. — le PCF a adopté un ton de plus en plus haineux et mordant pour passer, en octobre 1940, ouvertement et sans ambages, à une attaque violente dirigée, non seulement contre les autorités allemandes d'occupation en France, mais contre le gouvernement et la politique allemands en général et pour déblatérer sur tous les tons contre l'"impérialisme" et l'"Etat capitaliste" allemand[1]. »

Quant au reste de la population, les rapports allemands notaient dès le mois d'août 1940 que, dans l'ensemble, elle ne manifestait aucune sympathie à l'égard des troupes d'occupation et témoignait parfois même, à l'occasion des actualités cinématographiques, de l'hostilité. En effet, la période qui court d'août à décembre 1940 ne permet de relever dans les documents allemands qu'une poussière d'actions individuelles : écoute de la radio anglaise, sabotages, vols ou détentions illégales d'armes, insultes à la Wehrmacht, exceptionnellement des coups de feu contre des soldats allemands. Rien dans tout cela n'inquiétait réellement les autorités d'occupation. Ainsi lisait-on en octobre : « *La plupart de ces actes de sabotage ont le caractère d'actes irréfléchis et isolés (utilisation de fil* [électrique] *pour collet). Nous n'avons toujours aucun indice prouvant que les auteurs de ces actes travaillent systématiquement ensemble*[2]. » Avec cette conclusion que le nombre des sabotages n'était « *ni particulièrement élevé, ni particulièrement préoccupant pour la sécurité de la troupe* ». Mais les manifestations suscitées par l'anniversaire du 11 novembre firent envisager avec un peu plus d'attention la possibilité de l'émergence de groupes organisés, en particulier parmi les étudiants.

La police de sûreté pensa ainsi avoir détecté une « Légion française » franchement gaulliste : « *Alors que régnait auparavant parmi les étudiants une certaine passivité, ils sympathisent à présent très vivement avec le mouvement de Gaulle. A l'ouverture des cours à la faculté de médecine de Paris* […] *les étudiants étaient principalement venus pour manifester. Les manifestants criaient des vivats pour l'ex-général français et l'Angleterre, comme membres du groupe clandestin "Croix de Lorraine". Ce groupement, qui utilise aussi le nom de "Légion", oblige tous ceux qui rejoignent ses rangs, à prêter solennellement serment de garder un secret absolu et d'être prêt à risquer sa vie pour libérer la France.*

« *Les membres des groupes de résistance utilisent abondamment les informations et la propagande anglaise qui ont particulièrement retenu l'attention des étudiants mais aussi de certains milieux de l'aristocratie à Paris*[3]. »

Le constat fut presque similaire dans les universités de Dijon et Nancy. Dans cette dernière se serait constitué un groupe hostile à l'Allemagne et à la collaboration, « Devoir-Amour-Patrie-Honneur »[4].

Finalement, les Allemands furent informés en décembre de la première affaire qui ait révélé une concertation et une organisation de quelque ampleur. Elle concernait le mouvement connu dans l'histoire comme réseau du musée de l'Homme, un groupe d'aide aux prisonniers de guerre évadés, groupe qui s'était doté d'un journal clandestin intitulé *Résistance*. Il fallut une découverte de hasard de la police française pour déceler l'activité clandestine que menaient ces intellectuels et notables parisiens. Quand les Allemands en eurent connaissance, ils dessaisirent la justice française, organisèrent eux-mêmes le procès et la condamnation des « coupables » auxquels ils donnèrent une considérable publicité afin de décourager ceux qui seraient tentés par cet exemple.

En fait, l'armée allemande se préoccupait surtout d'espionnage et le montra dans l'écho qu'elle choisit de donner en janvier 1941 à l'arrestation du capitaine d'Estienne d'Orves, un agent du 2e Bureau de la France Libre.

Vers le même moment, le recensement et la citation des feuilles clandestines commencèrent à prendre une forte place dans les rapports de surveillance, même s'ils n'en décelaient pas l'origine. On trouve ainsi dans les archives du Propagandastaffel une copie de *Pantagruel* (numéro de janvier 1941) et dans celles de l'état-major du commandant du Grand-Paris des exemplaires de tracts largués par la R.A.F.[5].

Les gens de la Gestapo, pour leur part, avaient remarqué dès janvier 1941 *Libération* (publié par Christian Pineau) et *La Nation libre*, dont le ton les avait profondément choqués. Ils les prenaient d'ailleurs pour des publications communistes camouflées qui, bizarrement, étaient aussi gaullistes : *« Ces deux publications pourraient, de par leur présentation, être considérées, sans conteste, comme des écrits subversifs du courant de de Gaulle. Elles utilisent notamment un langage fort vigoureux contre l'Allemagne, adressent aux Français "libres" et non libres une série de conseils, et proposent à la réflexion des questions susceptibles d'intéresser tout le monde.* [...] *Mais ce qui justifie la conclusion qu'il s'agit là non d'écrits du courant gaulliste, mais qu'ils sont tout au moins le résultat d'une coopération du PCF avec les gaullistes, c'est la façon dont le texte est présenté et la terminologie, typiquement communistes. Impossible de la camoufler entièrement, malgré l'extraordinaire habileté de la présentation du texte. Il y est sans arrêt question de capitalisme, de fascisme, de dictature, etc., et on y présente aux Français exactement les mêmes revendications que celles qui se retrouvent continuellement dans les autres écrits subversifs signés et diffusés par le PCF*[6]. »

Deux sujets principaux animèrent le printemps 1941. Tout d'abord, les recrutements pour l'« armée de Gaulle ». Les Allemands avaient tendance à interpréter en ce sens tous les passages clandestins de la ligne de démarcation. *« Il est évident*, lit-on dans un rapport du 24 février, *que beaucoup de partisans de de Gaulle cherchent à passer clandestinement de zone occupée en zone non occupée car existe en zone non occupée la possibilité d'établir une base solide pour leur mouvement*[7]. »

Ensuite, la campagne des *V*. Son succès témoigna de la popularité de De Gaulle, mais non d'un mouvement bien organisé. Il était d'ailleurs le fait de très jeunes gens : *« Cette campagne des V est la deuxième manifestation anti-allemande de la population depuis le début de l'Occupation. La première concernait l'anniversaire de l'armistice le 11 novembre 1940. Dans les deux cas, ce sont les jeunes qui ont agi. Aussi ne doit-on pas leur donner trop d'importance*[8]. »

Pendant que les Allemands poursuivaient la répression des opposants au coup par coup et à l'aveuglette, l'événement le plus spectaculaire et le plus dangereux pour eux fut la volte-face du parti communiste après l'offensive allemande en Russie, le 22 juin 1941. Dans le numéro 119 de juin 1941, *L'Humanité* appelait aux armes : *« Ainsi les maîtres du Reich montrent leur vrai visage d'ennemis des peuples libres, leur vrai visage d'ennemis de la civilisation. »*

Ces consignes se traduisirent, le 21 août 1941, par un acte tragique. À 8 heures du matin, à la station Barbès, le communiste Fabien assassinait un officier allemand, choisi au hasard dans le métro. L'exemple était donné. Le 23 août, à Lille, deux officiers allemands furent tués, le lendemain, à Marquette, dans le Nord, deux soldats de la Wehrmacht abattus. Les représailles furent terribles. Désormais, résistants à part entière, les communistes furent traités en ennemis par les Allemands qui les pourchassèrent sauvagement, appuyés avec zèle par la police française.

Cette répression qui avait commencé le 26 septembre 1939 avait été facilitée pour Vichy et les Allemands par l'existence officielle du Parti depuis 1920, puis par ses erreurs tactiques qui l'avaient fait se découvrir lors de l'arrivée des Allemands en 1940.

Il n'en était pas de même avec les premiers « résistants », d'autant plus difficiles à pourchasser qu'ils étaient des isolés inconnus de la police. On constate que les arrestations des « résistants », même quand ils se seront organisés, resteront dues au hasard, à l'imprudence ou à la trahison.

À l'automne 1941, il apparaissait donc que les Allemands contrôlaient la sécurité dans leur zone grâce à un appareil répressif efficace, mais que, focalisés sur la menace communiste et l'espionnage, ils ne possédaient qu'une image très lacunaire d'une Résistance qu'ils ne comprenaient pas et qui n'avait pas encore de nom.

La Résistance selon Vichy : dissidence et mauvais esprit

Pour lutter contre les opposants, le gouvernement de Vichy eut à sa disposition de nombreux organismes : les uns traditionnels (gendarmerie, Sûreté nationale, préfectures, Surveillance du territoire, Renseignements généraux), les autres créés pour la circonstance, tel le « Bureau des menées antinationales ».

En l'absence d'une occupation militaire, les sabotages n'étaient pas de mise. C'est donc par la propagande que commença la « résistance » en zone libre. Il s'agissait aussi de réactions individuelles qui se manifestèrent sporadiquement et progressivement sous forme d'inscriptions, de papillons ou de tracts manuscrits ou dactylographiés. Les communistes étaient également présents mais, dans leur cas, la propagande visait exclusivement le gouvernement de Vichy. Ils éprouvaient cependant, dans l'activité, plus de difficulté qu'en zone occupée car la répression contre eux n'avait jamais été interrompue dans cette zone. *L'Humanité* clandestine tirait à boulets rouges contre le gouvernement, dont elle réclamait le remplacement par un gouvernement populaire. Le mot d'ordre était : « Thorez au pouvoir. » Dans toute la zone libre, les préfets et la police étaient sur le qui-vive. Ils surveillaient et arrêtaient les militants et les cadres.

Peu à peu apparut une autre opposition qui n'avait pas encore de nom, qui appelait à l'espérance, à la libération et, parfois, à la lutte contre Vichy.

La première organisation d'envergure fut créée par le général d'aviation Gabriel Cochet, qui donna le coup d'envoi de son activité le 6 septembre 1940 en publiant et signant un appel à la résistance. Ce premier texte prit bientôt la forme d'un bulletin d'information, *Tour d'horizon*. Curieusement, le général signait ses textes, distribués presque ouvertement, tandis que l'organisation paramilitaire qu'il mettait en place au cours de voyages en province était nécessairement clandestine. Son initiative se différencie de tous les actes isolés recensés dans les deux zones jusqu'à cette date : pour la première fois un homme s'efforçait de rassembler, sur le sol national, les patriotes anti-allemands.

Durant des mois, le général Cochet ne fut pas inquiété tandis qu'il démontrait, avec une argumentation fondée sur l'histoire, que les Allemands ne pouvaient pas gagner la guerre. On s'aperçoit qu'il n'était même pas mentionné dans les rapports de police. Son grade, sa notoriété le préservaient des poursuites. Mais il y a, semble-t-il, d'autres raisons à cette impunité. S'adressant d'abord à des militaires qui seraient les cadres de son mouvement et ses représentants dans les départements, le général exprimait leur sentiment germanophobe et leur souhait de participer à l'écrasement de l'Allemagne. Il approuvait, d'ailleurs, le régime et la politique du maréchal Pétain : « — *Que le Maréchal, dont la tâche est rude, et qui donne l'exemple de l'abnégation, pourra d'autant mieux résister aux exigences allemandes et jeter les fondements d'une France nouvelle pleine d'espérance et d'avenir, qu'il pourra s'appuyer sur une opinion ferme et unanime* [...].

« *En résumé, un seul ennemi : le Boche et avec lui, tous ceux qui l'aident ou qui l'appellent*[9]. »

De plus, il condamnait l'entreprise du général de Gaulle : « *D'abord, j'ai toujours désapprouvé l'activité politique de de Gaulle et cela je l'ai dit à qui voulait l'entendre. D'autre part, dès le lendemain de l'Armistice, j'ai retenu des camarades qui se préparaient à passer en Angleterre.*

« [...] *Ils ont d'ailleurs écouté mes conseils et aucun d'eux n'est parti.* [...] *Je me basais sur l'histoire et sur ce que j'ai vu de l'émigration russe dans différents pays pour conclure qu'un émigré finit fatalement par perdre de vue l'intérêt de son pays, épouser les intérêts et les sentiments du pays qui l'a accueilli, pour un jour finir par prendre les armes contre sa propre patrie*[10]. »

Ce texte, écrit le 26 septembre 1940, juste après Dakar, offrait la meilleure des « couvertures » à l'activité du général Cochet : il empêchait de le ranger parmi les dissidents qui, avec les communistes, étaient l'obsession de Vichy.

C'est ce que les préfets — y compris Jean Moulin — constatèrent en recevant la circulaire du 24 octobre 1940 du ministre de l'Intérieur. Ce texte, le premier contre les gaullistes, fournit de précieux renseignements sur la vision de Vichy : « *Selon des informations précises et concordantes provenant d'excellentes sources, l'activité séditieuse des partisans de l'ex-général de Gaulle, tend actuellement à s'accroître et à entrer dans une phase particulièrement active.*

« *Des centres clandestins d'adhérents à ce mouvement sont actuellement constitués à Lyon, à Marseille, à Paris, dans la région de Clermont-Ferrand, dans les Alpes-Maritimes, et en Afrique du Nord. Des efforts nombreux sont effectués dans divers milieux, civils et militaires, en vue de la multiplication, sur notre territoire, de ces groupements d'action séditieuse qui poursuivent plus spécialement les buts suivants :*

« *1º apporter à l'Angleterre une aide militaire maximum, par la création d'offices secrets, chargés notamment de recruter des volontaires français, principalement des aviateurs, en vue de leur incorporation dans les formations de guerre britanniques ;*

« *2º combattre le Gouvernement du Maréchal Pétain par une propagande intense à formes multiples ;*

« *3º constituer des stocks d'armes et de munitions ;*

« *4º former des organisations de jeunes désignées : groupes sportifs cyclistes ;*

« *5º commettre des attentats sur la personne des militaires allemands stationnés en France ;*

« *6º perpétrer des actes de terrorisme, parmi lesquels l'assassinat des membres actuels du gouvernement français est froidement envisagé*[11]. »

Cette circulaire coïncida avec le début des notes bimensuelles de la Sûreté nationale qui rassemblaient les renseignements recueillis par la gendarmerie, la police et les préfets, et consacrées à deux types d'activité : la propagande et le recrutement.

Pour la propagande, on recensait les appositions de papillons, les diffusions de tracts pro-anglais et antigouvernementaux. Leur contenu était analysé brièvement. Les rédacteurs citaient en vrac les titres de « tracts » dont certains étaient en fait des bulletins ou des journaux, entre lesquels la police ne faisait aucune différence.

À mesure qu'avançait l'année 1941, la police établit une différence entre les « tracts » et les « bulletins », et même les « journaux ». Elle citait le « journal » *En Captivité*, la « brochure » *Libération*, le « bulletin clandestin » *La Voix du Nord*. Quand apparut un exemplaire du journal *Vérités* de Frenay, le commentaire signala : *« La politique intérieure du gouvernement est favorablement accueillie.* Vérités *remplacerait* Les Petites Ailes. *Fascicule imprimé et distribué dans le nord de la France. » Le Courrier de l'air* était cité le plus souvent car il était largué régulièrement au-dessus des deux zones par l'aviation britannique.

Le recrutement proprement dit des volontaires pour la « Légion de Gaulle » faisait l'objet des principales arrestations en France et en Afrique du Nord. Les affaires concernaient surtout l'arrestation d'hommes jeunes ou adolescents, à la ligne de démarcation, dans les ports ou aux abords de la frontière espagnole. La police était persuadée que le général de Gaulle avait installé en France un réseau de rabatteurs pour son armée, à cause du nombre élevé des jeunes qui, après leur arrestation, déclaraient vouloir s'engager chez de Gaulle.

Toutefois, les Menées antinationales jugeaient *« disproportionnée par rapport à l'importance du mouvement »* l'anxiété des services de renseignement allemand et italien à propos des recrutements[12].

Au mois d'avril, les rapports se mirent à mentionner la prolifération, sur les murs, de *V* accompagnés ou non de la croix de Lorraine, *« les auteurs ont obéi sans doute, à un mot d'ordre lancé par la radio britannique »*. On relevait aussi la vente de photos du général de Gaulle, la tenue de propos antinationaux et progaullistes ou encore de nombreuses offenses au chef de l'État.

Tout comme en zone occupée, la multitude des affaires isolées masquait les débuts des organisations résistantes. Certes, en juillet 1941, à Marseille, le colonel Marigny qui diffusait les « tracts » *Liberté*, *Tour d'horizon*, fut placé sous surveillance car il était considéré comme le *« représentant à Marseille d'une société pro-gaulliste qui grouperait un nombre important d'individus armés. Cette association serait en liaison avec l'Angleterre*[13] *»*.

Mais il est amusant de noter que, quelque temps auparavant, la Sûreté avait considéré que *Liberté* représentait le summum de l'habileté puisque ce journal louait à la fois le maréchal Pétain et les idées du général de Gaulle[14]. La police, en effet, avait parfois du mal à comprendre qu'on pût contester la défaite et la politique du gouvernement sans être gaulliste (ou communiste). Pour elle, la sympathie pour l'entreprise militaire du général était la forme la plus courante d'hostilité à l'Allemagne.

Les services de Vichy ne parvenaient pas non plus à hiérarchiser les groupuscules qu'ils découvraient ou croyaient deviner. En décembre 1940, la police criminelle démantela ainsi un groupe de jeunes employés du ministère du Ravitaillement. Comme par hasard, l'un des suspects avoua *« en substance, avoir eu effectivement l'idée de constituer des groupements sportifs cyclistes destinés à réunir des jeunes gens dans le but de reprendre éventuellement la lutte contre l'Allemagne*[15] *»*. Exactement comme dans la circulaire du ministère de l'Intérieur du 24 octobre…

Paradoxalement la police, qui n'arrivait pas à connaître grand-chose de la Résistance, était mieux renseignée sur le mouvement du général de Gaulle à Londres, car les rapatriements par bateaux des soldats surpris par l'armistice en Angleterre se poursuivirent jusqu'à l'hiver 1940. Certains transfuges racontèrent leur odyssée. Deux, en particulier, fournirent des détails précis sur la France Libre : un agent du 2e Bureau, après avoir été parachuté et avoir perdu contact avec son chef, rejoignit sa famille et, sans adresse de secours, se livra à la police qui l'interrogea longuement. Un jeune garçon que son père avait envoyé en Angleterre en juin 1940 chez des amis se trouva, d'après ses dires, presque contraint de s'engager dans la légion de Gaulle. Après avoir transité par le centre de recrutement de l'Olympia, il se retrouva à Delville, dans le camp prêté par l'armée canadienne. Mais, au moment de signer son engagement en septembre 1940, il refusa et se rendit chez le consul de Vichy à Londres qui le fit rapatrier. Ce qui permit à la police de connaître le nom de nombreux officiers ou volontaires rencontrés par cet individu au cours de ses pérégrinations.

Malgré quelques outrances, Vichy se faisait une idée qui n'était pas totalement fausse des difficultés inouïes rencontrées par de Gaulle. Un rapport de police daté du 20 février 1941, s'il montre quelque indulgence pour le « mouvement légionnaire » (les F.F.L.), croit ainsi pouvoir résumer les causes de *« l'échec du mouvement de Gaulle en Angleterre »* : *« 1º Ingérence des clans politiques dans le mouvement légionnaire.*

« 2º L'attitude hostile du Gouvernement anglais vis-à-vis de son ex-alliée (Mers el-Kébir) et du mouvement Légionnaire.

« 3º Les attaques personnelles contre le Maréchal à la radio.

« 4º Le manque de sens politique de De Gaulle et de son Etat-Major.

« 5º Les effectifs restreints de la Légion[16]. »

Pendant toute cette période, la police effectuait de cinquante à cent arrestations chaque mois. Mais si, comme on l'a vu, elle découvrait de temps à autre de petites organisations de propagande dans une ville, elle n'avait repéré aucun mouvement national, à l'exception de celui du général Cochet.

Durant ces mois, en dépit de sa propagande anti-allemande qui s'abritait sous un pétainisme orthodoxe et un antigaullisme proclamé, la police s'intéressait de plus en plus au général Cochet. À la suite d'une enquête approfondie, il avait été établi au mois de mai 1941 *« 1º que le mouvement Cochet n'est nullement un office de recrutement pour les armées du général de Gaulle.* [...] *2º que selon toutes les apparences, l'attitude du général Cochet est toute de loyalisme à l'égard du gouvernement du Maréchal*[17] ». En outre, la police indiquait que les fonds lui étaient donnés par ses adhérents, ce qui excluait qu'il fût financé par l'Angleterre. Toutefois, elle estimait qu'il n'était pas à l'abri de toute critique. Le général, en effet, avait confié à ses adeptes le soin de surveiller les pouvoirs publics afin de signaler toute faute, toute négligence, ses bulletins répandaient des informations de nature à entretenir un état d'esprit hostile aux directives gouvernementales en ce qui concernait l'attitude à observer à l'égard des autorités d'occupation. *« Ces bulletins vont donc directement à l'encontre du but poursuivi par l'institution de la censure.* » Enfin, les *« groupes de choc »* qu'il créait étaient destinés à entrer en lice contre les puissances de l'Axe, *« le jour prochain selon le général Cochet, où le maréchal Pétain donnera l'ordre de leur résister »*.

Or, constatait la police, il existait des adhérents qui étaient déjà passés à l'action et se vantaient, par exemple, d'avoir empoisonné un groupe d'officiers allemands et d'en faire poignarder quelques autres. Cet état d'esprit dangereux révélait que les *« groupes de choc »* pouvaient *« échapper au contrôle du général Cochet, dont le loyalisme est hors de cause »*.

Au printemps 1941, le mouvement Cochet était donc de plus en plus étroitement surveillé. L'activité du général inquiétait l'amiral Darlan qui, finalement, le fit interner à Vals-les-Bains. Le *Tour d'horizon* cessa alors de paraître après cent trente numéros. C'est à cette occasion que la police découvrit que le général Cochet avait intégré son mouvement dans l'« organisation Molin » ou *Mo*uvement de *Li*bération *N*ationale qui diffusait par voie postale le bulletin *France libère-toi*.

Or, fin mai, la police soupçonnait « Molin » d'être dirigé par un officier français appartenant ou ayant appartenu au 2e Bureau. Elle estimait que les renseignements publiés dans son bulletin venaient de bonne source, sinon de source officielle. Le 30 mai 1941 avait été saisie *« une récente circulaire de principe, diffusée parmi ses adhérents par le groupement clandestin "Mouvement de Libération Nationale" »*. Il s'agit en fait d'un exemplaire du « Manifeste » de ce mouvement publié pour la première fois à l'automne de 1940[18]. Les écrits clandestins de Frenay circulaient donc alors à Vichy. On trouve ainsi, dans les papiers de Louis Marin qui y séjournait, un exemplaire des *Petites Ailes de France* du 8 juillet 1941[19].

Quant à *Libération*, le premier numéro du journal (juillet 1941) avait suscité la curiosité du ministère de la Guerre, sans que l'Intérieur, sollicité après la saisie d'un exemplaire à Marseille, ait pu fournir des précisions ni sur sa publication ni sur sa diffusion, qu'il jugeait très limitée[20].

Après ce bref rappel, on constate qu'à l'été 1941 la police française, en dehors d'initiatives individuelles, n'avait repéré que deux mouvements : celui très important du général Cochet et celui embryonnaire de « Molin » (Frenay). Mais elle semblait avoir anéanti, en mars 1941, la première mouture de ce qui deviendra Libération(-Sud), la Dernière Colonne. Le rapport rendant compte de l'arrestation de la nièce d'Emmanuel d'Astier précise ainsi le 1er mars 1941 qu'elle *« se livre, depuis un certain temps, à une activité particulièrement suspecte, dans le sens d'un mouvement progaulliste »*. Mais les juges nîmois appelés à statuer redonnent à ces débuts d'organisation, entravés par l'inexpérience et les difficultés de recrutement, leur modeste dimension : *« La réalité de l'existence d'une organisation véritable se désignant ainsi avec des buts bien définis, des cadres, une discipline et des ramifications dans le pays n'est pas démontrée par les documents sur lesquels ont été interrogés les prévenus*[21]. »

Les poursuites à l'encontre des communistes s'inscrivaient dans le prolongement de la répression menée depuis que le P.C.F. avait été interdit. Aussi les rapports, répétés d'une semaine sur l'autre, commençaient souvent par *« la situation reste, dans son ensemble, sans changement notable*[22] ». Ce qui ne les empêchait pas d'être copieux : une dizaine, parfois une vingtaine de pages où étaient recensés tour à tour l'état de l'organisation et des liaisons, le financement puis les effets de la propagande avec leur localisation (papillons, inscriptions murales, emblèmes, tracts, journaux) et les principaux textes nouveaux et, enfin, le récapitulatif des arrestations.

À la veille de l'entrée en guerre de l'Union soviétique, les services de police insistaient sur le désarroi général : *« Les vides provoqués dans les rangs communistes par la répression donnent de graves soucis aux militants "responsables" de l'activité clandestine, qui voient chaque jour s'amenuiser leurs cadres de base, se rompre des liaisons péniblement établies, ce qui a pour effet de paralyser sérieusement la propagande.*

« […] *Le désarroi qui se manifeste depuis quelques semaines chez les militants communistes se traduit parfois — surtout aux échelons subalternes et à la base — par des interprétations différentes, quelquefois même opposées, des directives de l'Internationale Communiste, en particulier lorsque celles-ci se rapportent aux problèmes extérieurs*[23]. »

Mais, dès le rapport du 7 juillet 1941, le ton devient tout autre, tant dans le compte rendu de l'activité communiste que dans sa répression. « *Après le premier effet de surprise provoqué dans les milieux communistes par le déclenchement du conflit germano-russe, les militants se sont ressaisis et ont tenté d'amorcer une importante campagne en faveur de l'Union soviétique.*

« […] *La question d'une aide plus active à apporter immédiatement à l'Union soviétique a été posée par de nombreux "responsables", dont certains étaient partisans d'une action violente à entreprendre sur le lieu du travail en donnant aux affiliés des consignes de cessation du travail, voire même de sabotage, dans les entreprises travaillant pour le compte des Autorités d'occupation*[24]. »

Enfin, le 7 septembre 1941, soit deux jours avant que Jean Moulin ne quitte la France, un rapport permet de constater la vision très éclatée que Vichy avait de l'état des oppositions : « *Communisme. — D'abord désorientés par l'évolution des opérations en Russie, incités à la prudence par les "Rafles" de la police, les adhérents du Parti communiste organisent et reprennent avec vigueur leur action. Leur activité et leur but transparaissent dans une instruction destinée aux chefs de la Section du Parti Communiste Français qui donne les instructions suivantes* ·

« […] *2) travailler en sous-main les administrations, surtout municipales et communales ainsi que les fonctionnaires de l'enseignement.*

« *3) postuler aux emplois de police, etc... et surtout se camoufler.*

« […] *Gaullisme. —* […] *Les partisans de de Gaulle, loin de désarmer, reprennent une propagande plus active : "Nous ne gardons nos colonies (la Syrie) au prix du sang Français que pour livrer l'Indochine aux Japonais."*

« *A noter les centres de propagande de la Frontière espagnole (région d'Andorre et col du Perthus) chargés de faciliter le passage des jeunes gens désirant joindre les forces dissidentes.*

« *En Afrique du Nord la propagande gaulliste et anglo-américaine est active quoique prudente. Elle est surtout vive au Maroc.*

« *Franc-maçonnerie. — Les francs-maçons quoique inquiets à la suite du discours du Maréchal ne perdent pas confiance : ... "Tout cela passera et alors on verra"... Ils en donnent la preuve, le fait que certains des leurs, notoirement connus pour leurs idées, ne sont pas touchés "parce qu'ils sont encore à craindre"...*[25]. »

Des informations parviennent à Londres

La France Libre était encore moins bien lotie pour se procurer des renseignements sur la Résistance, n'ayant bien sûr, à l'été 1940, aucun service de renseignement sur le terrain. Il lui avait déjà fallu s'apercevoir, au fil des mois, qu'il existait non seulement une sympathie pour l'entreprise du général de Gaulle (manifestée de façon assez confuse par l'écoute de Radio-Londres et la reprise de sa propagande), mais aussi une vie spontanée de réactions patriotiques qui, parfois, essayaient de s'organiser.

Certes, les agents de renseignement bénévoles ne manquaient pas. Des lettres parvenaient de France, des Français ou des étrangers quittant la France apportaient spontanément leurs témoignages au 2e Bureau de la France Libre. Mais aucun ne s'était livré à une enquête aussi délibérée que celle de Jean Moulin. Et l'on en restait souvent au niveau des généralités ou du reflet des opinions répandues dans tel ou tel petit milieu. En fait, il s'agissait d'instantanés de l'opinion publique ou, parfois, de propos plutôt fantaisistes, quoique rapportés en toute bonne foi.

Le 2e Bureau aurait d'autant moins pu en faire le reproche à ces informateurs occasionnels qu'il se rendit compte que ses propres agents étaient eux-mêmes les victimes des rumeurs ou des vantardises qui parcouraient la France bâillonnée par la censure et l'occupation. Londres n'avait pas dépêché d'enquêteur pour s'informer sur la Résistance, mais ses premiers agents militaires (agents de renseignement, saboteurs) glanaient au cours de leurs missions des éléments, plus ou moins fiables, sur la France clandestine.

On en possède un exemple frappant grâce à un tout jeune saboteur, Pierre Forman, qui se trouva en France durant l'été 1941. Son rapport, daté des 5 et 6 septembre, témoigne des défauts inhérents à cette période d'improvisation. À un flair indéniable de découvreur, le jeune homme alliait une certaine naïveté politique qui lui donnait certes de la sincérité, mais nuisait à sa lucidité sur la valeur des informations qui lui étaient fournies. Forman avait, en effet, été renseigné sur Liberté par l'un de ses fondateurs même, Pierre-Henri Teitgen.

On note, au fil des pages, une tendance, mesurée mais réelle, à l'exagération. Comme ces affirmations : Liberté est *« très connue en France »*, elle possède *« des services de renseignements organisés dans chaque région, et plus spécialement à Vichy dans les ministères »*, elle peut donc se procurer *« des renseignements d'une importance capitale aussi bien d'ordre militaire qu'économique et politique »*, elle compte *« environ 7 à 8 000 hommes »* organisés dans des groupes paramilitaires aptes à *« appuyer toute opération de prise de pouvoir à l'échelon local, régional, national »*[26].

On peut aussi relever quelques erreurs quant à l'orientation politique du mouvement, qualifié de *« seulement anti-fasciste et anti-communiste »*, alors que ses créateurs provenaient de la mouvance démocrate-chrétienne. Et une certaine ambiguïté quant à ses positions respectives à l'égard de la France Libre et du gouvernement de Vichy.

En dépit de ces inexactitudes, Forman avait réussi à brosser un tableau si concluant de l'intérêt que représentait Liberté qu'il lui valut d'être parachuté à la mi-octobre 1941 pour servir d'officier de liaison avec ce mouvement[27].

Après les résultats obtenus en zone libre, Forman se rendit à Paris et en Bretagne. Il n'y rencontra aucun authentique chef de mouvement, aussi les renseignements qu'il recueillit dans les bars et lors de rencontres de hasard révèlent le climat de fantasmagorie et de bluff dans lequel vivaient certains milieux qu'on n'ose pas appeler résistants.

Sur sa lancée, Forman avait contacté un nombre considérable d'interlocuteurs, dont chacun prétendait avoir recruté des milliers de volontaires décidés à passer à l'action. Mais tous se révélèrent inexistants.

Joël Le Tac, un des camarades de la France Libre avec lequel Forman avait accompli sa première mission en France, avait lui aussi effectué en Bretagne une mission au cours de laquelle il avait repéré des « cellules » dans une quinzaine de villes : *« Toutes ces organisations, sur des échelons très différents, forment un ensemble dont la puissance est très appréciable et dont l'activité doit absolument être dirigée par le Haut-Commandement de Londres. Sinon, on s'expose à des initiatives de leur part qui risqueront d'entraver les plans généraux étudiés à Londres.*

« D'autre part, pour que cette puissance puisse être utilisée dans toutes ses possibilités, il est absolument nécessaire de donner à ces organisations certains moyens indispensables.

« 1. Liaison continuelle et rapide avec l'Angleterre.

« 2. Un représentant du Commandement de Londres par région.

« 3. Matériel (explosifs et armes).

« 4. Capitaux[28]. »

Le Tac résumait ainsi les observations recueillies par tous les agents du B.C.R.A. et que l'on retrouvera presque identiques dans le rapport de Moulin. Il appartenait à Londres d'organiser les groupes si l'on voulait qu'ils ne se dissolvent pas.

Beaucoup plus intéressants apparaissent les résultats des investigations menées par un agent de renseignement polonais, Ziller, dit « 249 », qui opérait en France. Sans doute était-il plus expérimenté que les jeunes saboteurs de la France Libre, aussi son rapport de trois pages, daté du 9 août 1941, est-il, par la liste des mouvements qu'il mentionne, l'analyse de leur situation et les renseignements qu'il fournit, celui dont la comparaison est la plus instructive avec le rapport de Moulin. Comparaison d'autant plus justifiée que le rapport Ziller fut transmis au 2e Bureau par le chef d'état-major de l'armée polonaise à Londres, le jour où Jean Moulin gagnait la Grande-Bretagne.

Ziller avait recensé sept organisations secrètes en zone libre. Les trois premiers mouvements mentionnés étaient identiques à ceux de Moulin. Liberté, avec lequel Forman venait d'établir une liaison, apparaissait en tête comme le mouvement disposant d'une organisation sérieuse à Lyon, Grenoble, Clermont-Ferrand, Montpellier, mais aussi le premier à posséder un journal imprimé, paraissant régulièrement. L'informateur notait que : *« Pour ce fait, et en raison aussi des relations personnelles de ses principaux chefs, Liberté constitue un centre d'attraction auquel viennent se rattacher peu à peu bon nombre d'organisations ce qui fait de Liberté une base sérieuse pour l'unification du mouvement en France. »*

En deuxième position venait Libération, mouvement orienté surtout vers la propagande, comprenant des journalistes et des écrivains. Le premier numéro du journal imprimé avait paru fin juillet. *« Les chefs de ce mouvement sont en négociation avec Liberté pour une fusion éventuelle. Organisé à Lyon, Marseille, Toulouse et Clermont. En liaison avec un mouvement du même nom en zone occupée* [fondé par Pineau]. »

Les Petites Ailes (Mouvement de libération nationale) arrivaient ensuite. *« Les Petites Ailes. Comprend surtout des militaires. Publie un journal imprimé depuis fin juin 1941. S'occupe surtout de la préparation de l'action directe.* [...] *Dispose d'effectifs relativement nombreux : touche directement environ 5 000 personnes*[29]. » Un détail de cette description révèle la difficulté éprouvée par tous les enquêteurs dont la représentation était construite à l'aide de fragments d'informations : en l'occurrence, *Les Petites Ailes* étaient en fait le journal du Mouvement de libération nationale, en passe de devenir, grâce au dynamisme du capitaine Frenay, le mouvement le plus important de la zone libre.

L'informateur n'avait pas su distinguer ces mouvements, certes embryonnaires, mais consistants, des quatre suivants qui font partie de ces groupes fantomatiques qui n'ont laissé aucune trace dans l'histoire et qui n'ont souvent existé que dans l'imagination de leur inventeur (Organisation Marigny — qui était la branche de Liberté à Marseille —, Organisation Pierrat, France Libre, Organisation Georges). L'énumération sommaire de ces mouvements ne contient pas d'informations détaillées, le texte ne marque pas de progression dans l'intention comparable à celle du rapport de Moulin. Mais beaucoup d'informations sont identiques.

Ziller rappelait tout d'abord *« le manque de prudence et d'expérience »* des créateurs de mouvements, en donnant pour preuve le récent internement du général Cochet. Mais les nouveaux clandestins apprenaient vite et en avaient déduit la nécessité d'une fusion entre leurs organisations.

Ziller revenait à plusieurs reprises sur ce point, offrant une vision très consensuelle et très aboutie du projet de fusion. Nous savons *a posteriori* que les choses étaient loin d'être aussi avancées. Mais Londres ne pouvait que prendre en grande considération l'idée qu'une unification de la Résistance était en cours en zone libre sans qu'il en soit aucunement partie prenante. Ziller n'épargnait en effet pas les détails : *« Cette fusion est souhaitée unanimement par les dirigeants de toutes les organisations citées qui conçoivent qu'elle est la condition d'une action cohérente et efficace et d'une liaison sérieuse avec le commandement allié. Cependant chaque mouvement souhaite de conserver une certaine indépendance au point de vue des doctrines politiques et de ne réaliser la fusion dans ce domaine que sur un programme minimum comportant quelques points fondamentaux sur lesquels tout le monde se trouvera d'accord.*

« [...] *Etant désormais en relations personnelles avec les dirigeants des 7 mouvements cités, j'agis dans le sens suivant :*

« 1. faciliter la fusion en signalant à chaque organisation l'existence d'autres poursuivant le même but et leur donner l'occasion de se rencontrer ;

« 2. après cette première prise de contact organisation pour la fin du mois d'août d'une conférence de fusion où seront confrontées exactement les possibilités actuelles de chaque mouvement pour arriver à une action aussi généralisée que possible.

« Division fondamentale des activités en groupes de propagande et groupes paramilitaires. Les premiers recevraient leurs consignes d'un directoire restreint chargé des questions politiques ; les secondes [*sic*] *étant subordonnées à un seul chef, le colonel de Marigny, qui serait en contact permanent avec l'E.M. allié par 249* [indicatif de l'auteur du rapport]. »

De fait, l'agent polonais s'offrait à être le négociateur et l'intermédiaire, si la France Libre n'envoyait pas d'émissaire aux mouvements en voie de fusion, mouvements qui montraient leurs visées sur la direction politique de la France de l'après-Libération.

« [...] *En outre le Directoire du mouvement fusionné compte étudier la question de la prise de pouvoir par des personnalités travaillent* [*sic*] *de concert avec lui dans trois hypothèses :*

« 1. en cas d'insurrection coïncidant avec un débarquement allié,

« 2. en cas de tentative de coup d'état doriotiste,

« 3. dans le cas où il paraîtrait souhaitable d'obliger les Allemands à occuper la France tout entière.

« Dans ce domaine mon rôle se bornera à celui d'observateur et d'informateur.

« J'ajoute que le désir unanime des organisations citées est de rentrer en relation avec un émissaire direct des FFL afin de préciser l'attitude du mouvement en France envers les FFL et de réaliser l'unité complète au point de vue de l'action directe et de renseigner le comité de Gaulle sur l'état de l'opinion française afin de permettre à la radio une propagande toujours actuelle et efficace, ce qui n'est souvent pas les [sic] *cas actuellement.*

« Dans l'attente de cet envoyé, l'action que j'entreprends actuellement, et qui doit aboutir au début de septembre [1941] *vise dans les conditions précisées plus haut à assurer une fusion devant aboutir à un "commandement unique" dans le domaine paramilitaire et à une systématisation aussi poussée que possible des services de renseignements pouvant être assurés par les organisations de résistance en zone libre et par leur intermédiaire en zone occupée*[30]. »

La meilleure chance de contrôle résiderait peut-être dans les besoins financiers dont Ziller se faisait le pressant interprète : « *Les cadres militaires et politiques existent. Ils sont disposés à opérer dans toute la mesure du possible une fusion pour assurer une action cohérente ; par contre ils réclament une liaison constante avec les forces alliées pour en recevoir les consignes militaires et leur transmettre les renseignements qu'elles pourraient avoir entre les mains ; enfin elles réclament un appui financier* [...][31]. »

Pour de Gaulle et ses services, ces informations recoupaient ce qu'ils savaient déjà par d'autres rapports de moindre importance : les résistants étaient démunis de tout et souhaitaient des liaisons avec les Alliés et les F.F.L. ; cette relation était envisagée sur un pied d'égalité militaire et politique. Quant à la prise de pouvoir, elle était prévue par des personnalités métropolitaines en accord avec le directoire du mouvement.

Si les résistants n'envisageaient les F.F.L. que comme une légion n'ayant aucune qualification pour organiser la Résistance métropolitaine et encore moins la diriger, la France Libre n'en avait pas moins développé isolément ses propres projets pour l'organisation de la Résistance en métropole.

Les projets d'action des services secrets de la France Libre

Par une simple coïncidence, c'est le 23 octobre, veille du jour où il rencontra Jean Moulin, que le commandant Passy rédigea un rapport où il exposait comment il entendait réorganiser son service en fonction des renseignements et des contacts établis en France. Ce hasard permet de connaître la situation du S.R. et ce que Jean Moulin pouvait lui apporter.

Le S.R. était très réceptif à l'égard de toutes les informations qui pouvaient lui parvenir de métropole. Dès juillet 1940, Passy avait incité ses premiers agents à « *signaler tous les groupements qui pourraient se créer spontanément en France et en Afrique du Nord, de façon que nous puissions les ramener sous les ordres du général de Gaulle*[32] ». Ce principe constituait et constituera le fil directeur de toutes les liaisons avec la France que ce service s'efforça de mettre en œuvre.

Passy était le premier à reconnaître que charger les agents de renseignement militaires d'établir aussi les contacts politiques revenait à augmenter singulièrement les risques. Mais il jugeait illusoire de cantonner les services secrets à la seule action de renseignement, sous peine de les voir coupés à terme de toute réalité et privés de moyens d'intervention. D'autant plus que les services anglais n'avaient que trop tendance à user de précautions si tatillonnes qu'elles s'apparentaient à une volonté de contrôle. *« Un certain nombre d'organisations*, expliquait-il, *ont été contactées en France par des agents tchèques, polonais, anglais et Français Libres. Comme les organisations désirent travailler avec les Français, le S.R. est en train d'éliminer les organismes étrangers de tous les réseaux de résistance où il les rencontre. Il serait regrettable, en faisant contacter ces organisations par des agents de deux services indépendants des F.F.L., de leur donner l'impression d'un manque de coordination*[33]*. »*

En conséquence, Passy avait créé, à côté du Renseignement et des Évasions, une section Action précisément *« chargée d'entrer en contact avec les organismes de résistance à l'Allemagne* […] *dont le S.R. a eu connaissance par les agents de renseignements ».*

Le S.R. se targuait d'être arrivé à une connaissance assez complète, à la fois de l'organisation de ces mouvements et de leur utilisation possible.

« La Majorité de ces organisations est constituée de la façon suivante :

« 1. Un Comité Directeur.

« 2. Une Section Renseignement qui centralise toutes les informations politiques et militaires transmises par les membres de l'organisation.

« 3. Un réseau d'Action Paramilitaire, basé sur le principe de cellules de 8 à 10 membres dont le chef connaît seul le Chef de l'échelon supérieur.

« […] *5. Section de Propagande. La plupart des organisations d'Action ont créé, au sein même de leur organisation, une Section Propagande dotée d'imprimeries clandestines, dans le but d'assurer la diffusion des nouvelles vraies. Cette section est absolument indispensable à l'entretien du moral des cellules et joue un rôle considérable sur le recrutement et l'extension des organisations*[34]*. »*

Passy avait placé le capitaine Bienvenüe à la tête de cette nouvelle section. Elle devait se spécialiser dans l'établissement de liaisons radio et aériennes et contribuer à l'organisation paramilitaire des mouvements clandestins.

Tout cela nous montre dans quelle mesure les services de la France Libre étaient capables d'apprécier la valeur des informations apportées par Jean Moulin.

B. LE RAPPORT DE JEAN MOULIN : FAIRE ADVENIR LA RÉSISTANCE

Le rapport de Jean Moulin était intitulé « Rapport sur l'activité, les projets et les besoins des groupements constitués en France en vue de la libération du territoire national ». Sous ce titre plutôt ambitieux, le texte n'excédait pas une dizaine de pages dactylographiées, divisées en courts paragraphes. Le plan du rapport suivait assez fidèlement les étapes évoquées dans le titre, en s'intéressant essentiellement aux trois mouvements Liberté, Libération et Mouvement de libération nationale (M.L.N.). On reconnaissait l'ancien préfet, rompu à la pratique du rapport mensuel, dans une page dénommée « La situation en France » qui dressait un point rapide sur l'opinion publique et la politique du gouvernement de Vichy. Ce bref passage, s'il traduit l'état d'esprit de Moulin, n'est assurément pas le plus neuf et le plus constructif du rapport. C'est pourquoi je ne m'y attarderai pas, réservant la présentation à trois points : ce que nous apprennent les inexactitudes ou flottements du rapport ; l'état et les projets des mouvements ; les besoins des mouvements et l'appel à l'aide.

Les traces d'un temps d'improvisation

Le vocabulaire du rapport de Jean Moulin reflète la difficulté qu'éprouvaient les patriotes à désigner leur action.

Jean Moulin la désigne à l'aide de circonlocutions : *« sursaut de révolte et d'indignation populaire »* ou *« faire de l'anglophilie »*. Une fois pourtant, il qualifie l'Angleterre de *« champion de la résistance »*, mais il est probable que c'est dans le sens militaire utilisé par de Gaulle au début de son entreprise. Les *« résistants »* eux, ne sont encore que des *« patriotes français »*. Le terme *« résistant »* est alors inconnu et celui de *« gaulliste »* très incertain[35]. Ces mots sont empruntés au vocabulaire des Allemands et de Vichy dans lequel il voisinait avec *« terroristes »* et *« communistes »*. Ces trois qualificatifs servent indistinctement à stigmatiser tout opposant au régime établi. Or, très souvent aussi, ceux qui écoutaient la radio anglaise et approuvaient l'action du général de Gaulle étaient partisans de la lutte contre Vichy.

Moulin, qui n'use du mot de *« résistance »* qu'à deux reprises, utilise au contraire fréquemment le terme *« mouvement »* pour désigner à la fois la résistance, les résistants et leurs organisations. Ce vocable, *« mouvement »*, n'a encore trouvé ni sa majuscule, ni sa signification actuelle. Moulin d'ailleurs parle indistinctement de *« groupements »*, d'*« organisations de résistance à l'envahisseur »* ou de *« mouvements »*, et s'il mentionne une fois *« les mouvements de résistance française »*, il les appellera également les *« mouvements anglophiles »*. Le vague des termes traduit l'imprécision des objectifs et la dispersion des efforts.

Le rapport de Moulin permet de connaître avec une précision que n'atteint aucun document de cette époque la mentalité des responsables et le développement de leur action. C'est un témoignage irremplaçable sur les idées, les exagérations et les illusions des chefs et des militants. Ce sont leurs propres erreurs que Moulin transcrivait puisqu'ils étaient à la source de son information. À travers son rapport, ce sont les propos d'Henri Frenay, de François de Menthon, des cadres régionaux ou de simples militants que nous entendons. Mais ce sont aussi ses convictions sur la nécessité et l'avenir de la Résistance que Moulin exposait ici pour la première fois. Son rapport est un texte à trois voix dans lequel il se fait à la fois informateur, interprète et avocat. En ce qui concernait l'historique des mouvements et l'analyse de la situation en France, Moulin, informateur, conserve le ton objectif de ses rapports administratifs. Dans l'exposé des projets et des besoins des mouvements, il est l'interprète des patriotes. Dans sa péroraison, c'est en avocat qu'il plaide en faveur d'une aide immédiate.

Toutefois, il n'exprime sa propre opinion que dans les vingt-cinq dernières lignes de la conclusion.

Ses convictions, cependant, affleurent en maints passages et il n'exposerait pas les conceptions des mouvements et ne plaiderait pas leur cause avec tant de fougue s'il n'approuvait leur action et leurs projets.

État et projets des mouvements

Loin d'allonger son exposé par des problèmes politiques, d'énumérer un nombre impressionnant de mouvements sans consistance, de dresser la liste exhaustive des besoins, comme on en trouve dans les autres rapports arrivés à Londres, Moulin adopta d'emblée une présentation qui, par sa distance objective, faisait apparaître la réalité foisonnante, héroïque, de l'action des patriotes et de leurs projets. Cette présentation avait l'avantage de le mettre dans la position non de demandeur, mais de négociateur, fort de l'existence autonome des mouvements qu'il représentait, et que les Alliés et de Gaulle seraient bien avisés de soutenir. Pour les en persuader, il soulignait les deux menaces auxquelles seuls les mouvements sauraient parer : l'anarchie et la récupération des réfractaires par les communistes.

Sa méthode était simple : au lieu de décrire successivement l'activité de chacun des trois mouvements dans les différents secteurs : renseignement, propagande, activités paramilitaires, etc., Moulin se contentait de tracer, en quelques lignes, la caractéristique de chacun d'entre eux : les milieux dans lesquels il recrutait, le journal et les brochures qu'il publiait. Sous le titre de « Propagande », cet exposé occupe une seule page du rapport. Pour être plus concis, il rassemble le reste de leur activité sous le sigle d'une entité qu'il créait pour l'occasion : les *« mouvements L.L.L. »*. Il en examinait successivement les buts, en retraçait l'historique, inventoriait les réalisations dans les domaines de la propagande, du renseignement, du sabotage, de l'action militaire. Ensuite, il expliquait les difficultés auxquelles se heurtait leur liaison avec l'Angleterre, mais aussi leur réussite dans les relations qu'ils avaient nouées avec les autres mouvements.

Cette partie de son rapport lui permettait, par un effet de trompe-l'œil, de gonfler l'importance globale des « mouvements L.L.L. ».

Il écrivait ainsi : *« Le titre pris par chacune des organisations indique suffisamment le but poursuivi — LIBÉRATION DU TERRITOIRE NATIONAL — Il convient d'ajouter comme corollaire : Ralliement à la cause britannique et au Général de Gaulle.*

« Au début, du moins, cette attitude était exclusive de toute ingérence dans le domaine de la politique intérieure. »

L'« Historique » traitait essentiellement de l'action de propagande des mouvements, dont il retraçait l'évolution depuis *« les premiers temps »* où leur activité consistait à *« répandre, sous le manteau et dans un cercle restreint des feuilles de propagande dactylographiées… »* jusqu'à son départ de France : *« Depuis plusieurs mois, chaque groupement publie, à date fixe, un ou plusieurs journaux imprimés ainsi que des brochures et des tracts. »*

Puis il en venait à *« l'action présente »*. Le premier paragraphe intitulé « Propagande » décrivait les journaux des trois mouvements et mentionnait l'origine sociale ou l'appartenance politique de leurs rédacteurs, de leurs lecteurs ou des chefs des mouvements dont ils émanaient :

« "LIBERTÉ" [...] *Très documenté, d'une très belle tenue, cet organe, dirigé par des intellectuels, a de profondes ramifications dans les milieux universitaires.*

« "LIBÉRATION NATIONALE", qui a à sa tête des hommes appartenant au commerce, à l'industrie et aux professions libérales, presque tous officiers de réserve [...]. *Son milieu, très éclectique, s'étend des royalistes de la nuance BAINVILLE aux communistes. »*

« "LIBÉRATION" [...] *atteint surtout les milieux populaires* [...] *ses dirigeants sont actuellement en rapport avec une personnalité* [Léon Jouhaux] *qui a conservé une très grande influence sur les milieux syndicalistes. »*

En peu de lignes, Moulin brossait ainsi le tableau d'une presse démocratique où s'exprimaient toutes les opinions, publiée par des mouvements qui, en fonction de leurs sensibilités respectives, avaient su regrouper des patriotes issus des diverses couches sociales et donc représentatifs de l'éventail politique de la France d'avant-guerre, *« des royalistes de la nuance BAINVILLE aux communistes »* (façon d'exclure les maurrassiens, réputés pétainistes).

Le lecteur qui aurait pu nourrir quelque doute sur la façon dont s'accordaient des gens d'origines aussi disparates devait être rassuré en apprenant, au chapitre « Liaisons des trois mouvements entre eux », que, fin juillet, avait eu lieu *« la première réunion des chefs des trois mouvements. Un vaste tour d'horizon fut fait pour confronter les tendances, les aspirations, les milieux prospectés, etc. Ce premier contact ne révéla aucune divergence profonde »*.

Tout cela était exact — les Britanniques et de Gaulle pouvaient le vérifier — mais incomplet, comme Moulin lui-même le laissait d'ailleurs entendre lorsque, à propos de l'attitude des trois mouvements, *« exclusive de toute ingérence dans le domaine de la politique intérieure »*, il prend soin d'ajouter : *« au début tout au moins »*. Moulin, trop informé des opinions des militants et des dirigeants qu'il a rencontrés, connaissant trop bien les journaux et les tracts diffusés par les trois mouvements, savait que leurs chefs, unis dans leur volonté de chasser les Allemands, étaient fort divisés sur la politique intérieure de la France, celle du passé et celle du présent comme celle de l'avenir qu'ils organisaient déjà, chacun à sa façon. Or il n'en soufflait mot !

L'ancien préfet, s'il ne reconnaissait plus aucune autorité politique, en attendant de trouver celle qui lui conviendrait, demeurait un serviteur de l'État. À ce titre, lorsqu'il s'adresse aux autorités anglaises, il obéit au réflexe d'un haut fonctionnaire dont le premier devoir de réserve est de taire aux puissances étrangères les litiges intérieurs de sa Nation, en l'occurrence la France qui résistait.

D'autre part, s'il en donnait une image avantageuse, Moulin était conscient de l'extrême morcellement de l'entreprise des patriotes. Son expérience administrative et politique l'ayant rendu attentif à la difficulté d'accorder durablement ses concitoyens sur un objectif ambitieux, il avait repéré les tendances divergentes qui opposaient les résistants, décelé les ambitions personnelles des chefs, le penchant des uns et des autres à former des clans. La cause qu'ils défendaient n'en était pas moins sacrée et ç'aurait été la trahir que de révéler leurs dissensions. Pour remplir la mission qu'il s'était fixée, il lui fallait, au contraire, convaincre les Britanniques et de Gaulle que la Résistance existait, qu'elle constituait déjà une force cohérente sur le plan de la propagande, pourrait le devenir sur celui de l'action militaire et que, dans tous les cas, elle serait seule capable, à l'issue du conflit, de maîtriser les désordres, de faire obstacle à l'anarchie et à la révolution communiste.

Enfin, même s'il ne connaissait pas encore de Gaulle, il aurait été absurde, dans ce rapport qui lui servait d'introduction auprès de l'homme qui, chaque semaine, jetait l'anathème sur Pétain, de préciser que Menthon, chef de Liberté, avait écrit : *« Le Maréchal doit se sentir soutenu dans sa résistance par la volonté française unanime »*, que Frenay, chef du M.L.N., avait renchéri : *« A l'œuvre du Maréchal, nous sommes passionnément attachés »* ; comme de braquer ce général réputé d'extrême droite en citant les professions de foi gauchisantes de Libération. C'étaient là des révélations qu'il se réservait de faire, si les circonstances s'y prêtaient, en tête à tête et de vive voix.

C'est également la raison pour laquelle, ici ou là, Moulin a forcé le trait, exagéré l'importance de telle ou telle activité, par exemple le tirage des journaux. Dans chaque ligne du rapport, il restait fidèle au but qu'il s'était fixé : faire reconnaître l'existence, l'importance de la Résistance, dont l'unité, la capacité à se battre militairement, la force et l'héroïsme exigeaient qu'on lui apportât tous les appuis dont elle avait besoin pour devenir l'alliée militaire efficace et indispensable des Anglais et du général de Gaulle. On peut dire que, par la description passionnée et circonstanciée qu'il en fit, Jean Moulin créa, à partir d'une poussière de groupuscules et d'une activité embryonnaire, une nouvelle entité, la « Résistance », à laquelle son rapport donnait, pour la première fois, une réalité. En fait, elle n'apparaîtra, sous cette forme, que bien des mois plus tard, après que ses propres efforts sur le terrain auront permis d'organiser la fusion des mouvements et leur fédération avec les forces anciennes et représentatives des partis.

La recension sur l'état de la Résistance qui offre le plus de similitudes avec le rapport de Jean Moulin est celle du pasteur Howard Brooks, qui lui ménagea des contacts au consulat américain de Marseille. Brooks quitta la France un mois avant Moulin, ayant recueilli des informations si semblables qu'elles lui firent également accorder la première place à Libération nationale et, dans une moindre mesure, à Liberté et à Libération [36]. La comparaison entre des rapports si proches accuse d'autant mieux l'extraordinaire qualité de la synthèse établie par Moulin dont la présentation, porteuse de crédibilité et de conviction, compta sans doute autant que les renseignements pour emporter l'adhésion en faveur d'une aide matérielle aux mouvements de résistance.

Les besoins des mouvements : une approche militaire

Tout comme Forman, Ziller et Brooks avant lui, Moulin se faisait l'écho des projets de fusion des mouvements, sur les bases suivantes :

« 1º Indépendance [politique] *en ce qui concerne les journaux ;*

« 2º Consultation au sujet des campagnes des manifestations, du sabotage, etc. ;

« 3º Organisation unique sur le plan militaire [37]. »

Moulin passait rapidement sur les projets de propagande, de sabotage et d'opération de justice *« contre les mauvais Français »*, mais consacrait plus d'une page aux seuls projets militaires des mouvements, à l'intérêt qu'ils présentaient et aux moyens qu'ils exigeaient, avec, en exergue, cette phrase propre à dramatiser son exposé : *« Là est le grand problème. »*

« Si aucune organisation, écrivait-il, *ne leur impose une discipline, des consignes, un plan d'action, si aucune organisation ne leur donne des armes, il se produira deux phénomènes : d'une part, on assistera à des actions individuelles vouées à un échec certain et qui iront nettement à l'encontre du but parce qu'elles surgiront à contre temps, d'une façon désordonnée et inefficace, décourageant ainsi le reste de la population.*

« D'autre part, on jettera dans les bras des communistes, des milliers de Français qui brûlent du désir de servir. Et cela d'autant plus facilement que les Allemands eux-mêmes se font les agents recruteurs du communisme en affublant du qualificatif de communistes toutes les manifestations de résistance du peuple français[38]. »

Cette allusion à la crainte du communisme, qui avait pour premier effet de revigorer le régime de Vichy, n'était pas fortuite. À plusieurs reprises, dans son rapport, il avait souligné ce qui opposait les communistes aux mouvements qui l'avaient mandaté et la divergence de leurs objectifs respectifs.

« Les Mouvements L.L.L. [Libération, Libération Nationale, Liberté] *étudient actuellement les possibilités d'encadrement, d'entraînement et d'armement des patriotes français en vue d'une action éventuelle de coopération avec les forces alliées, en territoire français*[39]. »

À la suite de cette information, Moulin posait une question : *« Ont-ils raison ? »* Exprimait-il sa propre interrogation sur le bien-fondé de leur initiative ? Les arguments qu'il développait en faveur de ce projet révèlent son adhésion sans réserve à ce que les mouvements pensaient être leur devoir.

« a) D'abord, un argument moral. Ils estiment que, si la France doit pouvoir compter sur l'appui infiniment puissant et précieux de la Grande-Bretagne, il appartient aux Français d'essayer avant tout de se sauver eux-mêmes, ou — à tout le moins — de contribuer à leur sauvetage.

« b) Des dizaines et même des centaines de milliers de Français, principalement dans la zone occupée, ont aspiré à aller rejoindre les F.F.L. pour continuer la lutte aux côtés de l'Angleterre. Ceux qui ont eu la chance de pouvoir le faire après l'Armistice sont une infinie [sic] *minorité. Les autres ont dû renoncer, devant l'impossibilité de trouver les concours nécessaires. Or, cette masse ardente de Français restés sous la botte ronge son frein et n'attend qu'une occasion pour secouer le joug. Il serait fou et criminel de ne pas utiliser, en cas d'action de grande envergure des alliés sur le continent, ces troupes prêtes aux sacrifices les plus grands, éparses et anarchiques aujourd'hui, mais pouvant constituer, demain, une armée cohérente de "parachutistes" déjà en place, connaissant les lieux, ayant choisi leur adversaire et déterminé leur objectif*[40]. »

Dans ce paragraphe, Jean Moulin, comme tous les chefs des mouvements à cette époque, bluffait sur les possibilités de recrutement et les effectifs de la résistance quand il évoquait les *« centaines de milliers de Français »* souhaitant partir se battre en Angleterre. S'il était contraint à cette exagération, c'est qu'il entendait défendre le projet de Frenay et de ceux qui, comme lui, envisageaient une action militaire en insistant sur la contribution décisive de ces volontaires à la réussite d'un débarquement allié. À condition toutefois qu'ils soient encadrés afin de constituer une armée de *« parachutistes déjà à terre »*, formule particulièrement heureuse d'Henri Frenay que Moulin avait reprise.

« d) En admettant que, ni l'hypothèse d'un débarquement en France, ou sur un point quelconque de la partie occidentale du continent, ni celle d'un soulèvement simultané de toutes les nations occupées par les Allemands, ne puissent se réaliser, les Mouvements L.L.L. pensent qu'au moment de la victoire anglaise, la France sera dans un état tel que les brigades constituées des patriotes Français seront des plus nécessaires pour maintenir l'ordre et assurer la transition entre les deux régimes[41]. »

Dans ce dernier paragraphe apparaît chez Moulin le réflexe du préfet dont le premier devoir est le maintien de l'ordre.

À la fin de son rapport, Jean Moulin résumait les demandes qu'il avait recensées et qui sont au nombre de quatre :

« 1) Une approbation morale.

« 2) Des liaisons — il faut établir avec le général de Gaulle des liaisons fréquentes, rapides et sûres permettant de mettre sur point [sic] *et de mener à bien un plan concerté.*

« 3) De l'argent — pour commencer une somme de 3 millions par mois pour les 3 mouvements — cette somme devrait être doublée à la fin de l'année.

« 4) Des Armes — première étape, matériel très léger, revolvers et mitraillettes, deuxième étape — matériel léger — fusils mitrailleurs et mitrailleuses[42]. »

Ignorant si cette aide serait apportée par le gouvernement anglais ou par de Gaulle, Jean Moulin n'en était pas encore à se soucier du type de relations hiérarchiques qui s'établiraient entre Londres et la Résistance intérieure. En tout cas, il n'en parlait pas dans son rapport. Au sujet des projets militaires, on lit, par exemple, que les membres des mouvements *« estiment que rien de sérieux ne peut être mis sur pied qu'après accord avec Londres et avec son concours*[43] ». La prudence restait de mise pour désigner le véritable interlocuteur de la Résistance : de Gaulle ou les Anglais.

Quant aux sentiments des chefs des mouvements à l'égard de De Gaulle, il n'en est pas question. Deux phrases seulement, l'une au début, l'autre à la fin du rapport, leur sont consacrées : *« Ralliement à la cause britannique et au général de Gaulle* [...] *Les trois Mouvements estiment que c'est avant tout aux forces françaises libres à faire l'effort demandé*[44]. »

Lus rapidement, ces passages pourraient faire croire à une reconnaissance par les chefs des mouvements de l'autorité du Général. Interprétation que le rapport de Jean Moulin autorise et, même, accentue, en usant de formules sans doute trop affirmatives. Or, il n'en était rien. De ce point de vue, le rapport Ziller était plus proche de la vérité.

Les secours que leur fourniraient les Anglais par l'intermédiaire de De Gaulle n'impliquaient, aux yeux des résistants, aucune subordination des uns aux autres. Pour eux, le Général était d'abord un homme qui maintenait le drapeau français sur les champs de bataille et une sorte d'ambassadeur de la Résistance auprès des Alliés. Mais le cœur de la France résistante battait en métropole, là où se jouait l'affrontement tragique avec l'envahisseur.

Christian Pineau, fondateur de Libération-Nord, un des chefs historiques et héroïques de la Résistance, a résumé le sentiment qui animera les chefs des mouvements à l'égard de De Gaulle durant les quatre ans d'occupation : *« Il n'est pas notre chef. Nous avons pris sans lui nos initiatives, nous les aurions prises en tout état de cause, même s'il n'avait pas parlé le 18 juin. Il ne vit pas sur le territoire national, donc il ne partage pas nos dangers. Néanmoins, nous sommes pour la plupart prêts à reconnaître son autorité. Car il nous faut un drapeau, sinon un guide*[45]. »

V

LES MISSIONS DE JEAN MOULIN

Jean Moulin, voyageur solitaire ou représentant mandaté ?

Dans la situation paradoxale où se trouvait Moulin, sans mandat des clandestins qu'il était censé représenter, c'est en fonction du rôle qu'il s'était lui-même attribué qu'il essaya d'influencer le pouvoir, les Anglais et de Gaulle, en expliquant les problèmes tels qu'ils se posaient sur le terrain, en rectifiant les erreurs, en pesant sur les conceptions trop abstraites d'une autorité qui, en raison de son éloignement, situait mal les problèmes.

Pour arriver à ses fins, Moulin agit donc à l'inverse des méthodes qu'il avait pratiquées jusque-là et qui lui avaient permis de franchir avec brio et une exceptionnelle rapidité toutes les étapes de sa carrière préfectorale. Avant sa révocation, c'était toujours le pouvoir politique qui lui avait délégué l'autorité qu'il exerçait et dont il rendait compte à son ministre. Pour lui, la défaite et l'avènement de Pétain avaient modifié ces règles du jeu. Dès lors qu'il avait récusé l'autorité légale, Moulin s'était trouvé libéré de toute obédience et de toute contrainte, puisque, dans cette situation, en France du moins, sans précédent, chacun devait inventer son destin. L'autorité qu'il entend désormais exercer, c'est lui-même qui se l'est octroyée. L'enquête qu'il avait menée, les renseignements qu'il apportait, les idées qu'il exposait et les conclusions qu'il tirait, Jean Moulin les transformait en un pouvoir : celui de représenter, d'exprimer et de défendre les forces métropolitaines combattant les Allemands. La puissance autonome qu'il attribuait aux mouvements était, en retour, décisive pour la réussite de sa mission.

Son expérience des milieux politiques et administratifs lui avait enseigné que, pour être écouté, il faut être le représentant d'une organisation unique et forte. Or, son odyssée n'avait de sens que s'il était entendu, cru, exaucé. Son autorité future sur les mouvements à son retour en France en dépendait. C'est pourquoi on le voit s'attribuer un mandat qu'en fait il ne possédait pas. Aucun des mouvements ne lui a donné mandat séparément, *a fortiori* d'un commun accord, de parler en son nom. Tout au plus avait-il eu des entretiens avec deux chefs parmi d'autres à qui il avait annoncé qu'il se rendait à Londres et qui lui avaient demandé, de manière informelle, de transmettre aux Anglais et à de Gaulle les informations qu'ils lui avaient communiquées sur leur mouvement. Cela ne s'appelle pas un mandat.

Pourtant, dès son arrivée à Lisbonne, il indiqua qu'il avait *« pris des instructions des trois mouvements*[1] *»*. À Patriotic School, le 23 octobre, il laissa entendre qu'*« il était en contact avec les chefs de tous les groupes*[2] *»*. Or on sait qu'il ne connaissait pas Emmanuel d'Astier. Dès la première phrase de son rapport, il avait parlé des *« trois groupements qui ont donné mandat à l'auteur de ces lignes de rédiger et de remettre aux autorités anglaises et au général de Gaulle le présent message*[3] *»*. Et il insistait en fin de rapport : *« Simple messager, chargé par les trois mouvements L.L.L. de transmettre un S.O.S. à Londres*[4]*... »*

Ces quelques citations révèlent que Moulin s'était fabriqué une mission que personne ne lui avait confiée : celle de porte-parole des trois mouvements.

On trouve là ce qui d'emblée distingue son rapport de tous les autres, lesquels contiennent souvent des renseignements très proches de ceux qu'il a recueillis, mais sont transmis par des auteurs anonymes ou des agents français qui n'ont pas songé à se dire représentants mandatés, c'est-à-dire capables d'entamer une négociation, même si Ziller se proposait comme agent de liaison avec les mouvements qu'il avait détectés.

Pour toutes ces raisons, le Général confia immédiatement une mission à Jean Moulin qui se familiarisa, pendant sa préparation, avec les services de la France Libre, chargés des problèmes de la métropole.

27 octobre 1941 : rien n'est possible depuis Londres

Le premier responsable des services politiques de la France Libre que Moulin rencontra le lundi 27 octobre fut le commandant Semidéi, dit Servais, chargé d'organiser l'Action politique en métropole par le Commissariat national à l'Intérieur (C.N.I.). La priorité qu'il lui accorda semble indiquer que de Gaulle l'en avait prié, ce qui marque l'intérêt que le Général vouait encore et toujours à l'Action politique. Intérêt qui peut surprendre si l'on sait qu'en dix mois le service spécialisé avait borné son activité à la rédaction d'une suite de projets théoriques, conçus par des responsables qui avaient perdu tout contact avec la France et s'étaient révélés incapables d'organiser une seule mission.

De Gaulle, contrairement à l'avis du commandant Passy, ayant imposé la séparation stricte de l'Action militaire et de l'Action politique, celle-ci était désormais confiée à la Direction des territoires non libérés (T.N.L.), dont Semidéi-Servais avait provisoirement la charge. Il mettait alors la dernière main à un long mémorandum que le Général lui avait demandé d'établir sur la situation en métropole et les possibilités qui s'y offraient.

L'intérêt de ce mémorandum, outre ce qu'il révèle ou laisse deviner, est à la fois de nous éclairer sur la façon dont furent perçues à Londres les informations fournies par Jean Moulin et sur le jugement porté par l'ancien préfet sur les projets politiques élaborés par la France Libre.

En effet, ce document, intitulé « Essai de clarification sur l'action en France », est daté du 27 octobre 1941 et, ici et là, des incidences prouvent que Servais avait lu attentivement le rapport de Lisbonne avant de rencontrer Jean Moulin. De nombreux passages de son texte en sont d'évidentes paraphrases. Il écrit, par exemple : *« L'image que nous allons donner de cette situation* [en France quant aux possibilités d'action] *est la synthèse de rapports reçus et témoignages, tous concordants, et dont le dernier n'est pas le moindre. »*

Cela n'empêche pas qu'il n'ait rien compris au sens profond du rapport de Lisbonne et on conçoit que Moulin ait éludé tout débat avec Servais. Ce dernier confie : *« De mes conversations avec Monsieur X...* [Moulin] *j'ai gardé l'impression que Monsieur X... désirait éviter avec moi toute discussion approfondie du sujet. »*

Deux décennies de carrière administrative (y compris dans les cabinets ministériels) avaient familiarisé l'ancien préfet avec ce genre de synthèses produites par Servais, synthèses plus brillantes que réellement utiles. Il était d'ailleurs trop rompu à la technique du rapport pour ne pas voir les défauts de ce texte confus et répétitif.

Même si des observations pertinentes et des propositions sensées apparaissaient, au détour de ce texte, les décisions prises, deux jours auparavant, par de Gaulle avaient rendu caducs les principes qui l'avaient dicté. Il n'était d'ailleurs pas question d'une collaboration entre les deux hommes. Servais le regrettait peut-être puisqu'il écrivit : *« Si j'avais dû collaborer avec M. X..., j'aurais dû »...* Mais, dans ces conditions, Jean Moulin, tenu par un devoir de réserve, préféra ne pas entrer dans les détails avec Servais.

Celui-ci avait puisé les éléments de son mémorandum dans les rapports et les témoignages venant de métropole. Ses justes appréciations (Servais avait quitté la métropole quelques mois auparavant), comme ses erreurs, donnent une idée de la représentation que des hommes intelligents, mais coupés de la France, en venaient à se faire de la réalité, à force d'imagination.

Servais a sans doute été frappé, à la lecture de ces documents, par les craintes exprimées par de nombreux Français d'assister à une « politisation » du mouvement de Gaulle. Politisation qui conduirait à une restauration du régime parlementaire de la IIIe République, unanimement honni. Il se répand sans cesse en objurgations sur ce sujet : *« Les Français de l'étranger — et ce n'est guère leur faute — car ils n'ont pas participé au miraculeux renouveau du sens patriotique — continuent de raisonner politique, langage qui n'a plus de sens en France. »* À ses yeux, le moyen de l'accord fondamental entre tous les Français pour « chasser l'Allemand » est bien de Gaulle égale *« Patrie. L'unité française s'est réalisée autour de ce mot et autour du nom du général de Gaulle, porte-drapeau de la volonté de résistance à l'envahisseur »*.

Mais attention à la concurrence communiste qui devient réellement menaçante : *« Depuis l'entrée en guerre de la Russie*, prévient Servais, *le parti communiste semble être la seule organisation capable de tenir tête à l'Allemagne. D'ici six mois, si la carence de notre organisation en France continue, ce ne sera pas le Général de Gaulle qui sera le symbole de l'unité nationale destinée à résister à l'Allemagne, mais le parti communiste. »* Avertissement repris de Moulin qui, dans son rapport et ses conversations à Londres, ne cesse de donner l'alarme.

En effet, il existe bien des « associations » de lutte contre l'Allemagne en France *(« un grand nombre »*, précise-t-il). Mais elles *« ont l'impression de tomber dans le vide, car, d'une part, elles n'ont pour ainsi dire aucun lien avec le Général de Gaulle, et, d'autre part, aucun moyen de correspondance. Bien plus, l'action de l'Intelligence Service chevauche parfois celle du Général de Gaulle, ce qui contribue à provoquer une regrettable confusion.*

« Si les F.F.L. devenaient le Gouvernement reconnu de la France, cela donnerait immédiatement un appui moral à ces organisations, elles n'auraient plus l'air d'agir sous la pression anglaise, mais pour le compte de la France éternelle. » Donc, il faut les pourvoir de liaisons et d'un appui moral immédiat.

Ces idées ne sont pas éloignées de celles que Jean Moulin a exprimées dans son rapport de Lisbonne. Mais, de prémisses similaires, Servais tire des conclusions différentes. D'une part, il trouve ces organisations trop nombreuses (sept en France et trois en Afrique du Nord[5] !) pour qu'on n'en arrive pas à la *« pagaïe ».*

« De plus, de telles organisations ne peuvent être dirigées de France. L'individualisme français fait que ces groupements trop nombreux se nuisent l'un l'autre, ce qui provoque de la pagaïe, là, où, au contraire, il faudrait de l'ordre puisqu'il s'agit de lutter contre cette formidable organisation qu'est la Gestapo. Il n'est pas mauvais de maintenir ce grand nombre d'organisations, cela rend plus difficile le dépistage, mais l'impulsion devrait être unique et venir du Général de Gaulle.

« Pour cela il faudrait organiser une poste clandestine et un va-et-vient permanent d'agents entre les Forces du Général de Gaulle et la France — les deux choses sont loin d'être impossibles, mais encore faudrait-il que l'on se décide à mettre sur pied de tels contacts. »

Mais à l'exclusion de toute *action politique pure* : parce qu'il n'y a plus de partis en France et parce qu'il serait inique de les ranimer.

Servais propose alors les principes de l'action en métropole : *« a) si c'est pour faire de la propagande, cela est bien inutile. La propagande par la parole — sur place — n'est pas à faire, elle est faite, et ce n'est pas quelques personnes de plus que nous enverrions à cet effet qui y ajouteront grand'chose. »*

Ce paragraphe, presque textuellement emprunté au rapport de Jean Moulin, constitue à l'évidence un des ajouts que Servais introduisit dans son mémorandum. C'est en effet la première allusion que l'on trouve dans les textes de la France Libre à l'efficacité de la propagande clandestine en métropole.

« b) Pour prendre contact avec les anciens cadres des organisations politiques françaises ? Ils n'existent plus. Et si l'esprit public est à gauche, ce n'est pas avec les anciens cadres dispersés. »

Même remarque : on retrouve ici un thème original développé par l'ancien préfet depuis son arrivée à Londres et sur lequel il insistera au cours de son entretien avec le colonel Sutton : *« Et c'est cette organisation qui, après la Victoire, sera aux yeux de l'étranger et des Français eux-mêmes, la France — parce qu'elle aura été le Combat. C'est la phase de gérance transitoire des destins français. »*

Après ces considérations qui dressent en quelque sorte l'état des lieux, Servais en vient aux propositions précises en vue d'atteindre l'objectif final, c'est-à-dire l'idée de Passy imposée par Palewski, dans son rapport de février 1941, et dont ses successeurs n'ont pas réussi à se défaire : pour que le général de Gaulle contrôle et dirige l'action en France, il faut y créer de toutes pièces (avec qui ? Avec quoi ? Comment ?) une organisation gaulliste couvrant le territoire, ce qui permettra l'unification sous tous les aspects, militaires mais aussi administratifs et de propagande, sous la direction de Londres. La France Libre sera représentée sur place par vingt *missi dominici* gaullistes, un par région.

« Cette Action prendra, suivant les diverses circonstances qui se présenteront, une forme politique administrative, ou une forme para-militaire.

« Sur le plan politique, elle tendra à fédérer toutes les forces de résistance et de lutte contre l'Allemagne, sous la direction de personnalités actuellement en France, et dont certaines pourront figurer au Comité National, en conformité des déclarations du Général de Gaulle, en date du 24 septembre 1941. »

Les actions militaires seront confiées à une Légion de la Libération, composée sur place mais commandée de Londres. On préparera parallèlement la prise en main de l'administration préfectorale en vue de la passation de pouvoir entre Vichy et le régime issu de la victoire alliée.

« Ces chefs devront créer un véritable "Parti de la Libération" et, dans l'intérieur de ce parti, la "Légion de la Libération".

« Ils seront soutenus dans leur Action par le poste radio, le Journal, les tracts et recevront des F.F.L. les fonds, les consignes et les moyens de tranmission[6]*. »*

Pour la propagande, Servais s'en tient à la vieille idée de Palewski d'un journal unique, fait à Londres et parachuté en métropole, qu'il propose de compléter de tracts de même source et d'une *« émission journalière de radio, spécifiquement gaulliste »*.

L'état des projets politiques (pour lesquels Servais en est encore à démontrer durant douze pages la nécessité des concours britanniques), en l'absence d'opérations commencées, montre le décalage avec le S.R. qui, après ses tâtonnements et ses échecs, est parvenu depuis plus d'un an à dépasser le stade des exposés de principes. Servais, d'ailleurs, le reconnaît. À *« la stérilité de l'Action en France, menée par la Direction Politique* [du Commissariat à l'Intérieur][7] *»*, il oppose l'efficacité du S.R. : *« Le S.R., par la place qu'il occupe, est le seul à sentir battre le cœur de la France. Il a donc la connaissance du sujet et le sens de sa responsabilité à l'égard du pays et des magnifiques volontaires parachutés pour une œuvre dangereuse.*

« L'équipe du S.R. est excellente, son chef [Passy] *brillant et tenace. »* Tout en reconnaissant que *« le S.R. a eu tendance à devenir un monde un peu fermé, dispensateur de la matière de l'information et de l'Action, elle-même*[8] *»*.

Servais souffrait-il lui-même de l'emprise de fait du S.R. ? Chercha-t-il à éloigner son chef, Passy ? On pourrait le penser en lisant la note confidentielle que, deux mois plus tard, il adressa au général de Gaulle qui souhaitait envoyer aux États-Unis un officier *« connaissant parfaitement les questions d'action subversive »* pour y assister le représentant de la France Libre : *« Il nous paraît que l'officier le mieux désigné pour remplir ces fonctions serait le Commandant Passy. Son passé militaire et technique, ainsi que ses états de service le désignent tout particulièrement pour remplir cette mission*[9]*. »*

Tant qu'à porter un jugement impartial sur la valeur du S.R., mieux vaut se fonder sur le témoignage de Claude Serreulles, attaché au cabinet du Général, attestant que Manuel et Passy *« étaient à la France libre parmi les plus intelligents, les plus ardents, les plus désireux de faire des efforts, les plus susceptibles de gagner les Anglais à notre cause, les plus inventifs. Ils formaient la petite Intelligentsia de la France Libre à Londres*[10] *»*.

Jean Moulin et les Anglais

La « discussion approfondie » que Moulin esquiva avec Servais, il se réservait de l'aborder avec André Diethelm, commissaire à l'Intérieur, chargé à ce titre des relations politiques avec la métropole et qu'il rencontra deux jours plus tard. Entretien particulièrement important pour les missions qu'il devait accomplir puisque, du côté anglais, devait y assister le colonel Sutton, à qui le gouvernement britannique venait de confier la direction des émissions en français de la B.B.C.

Moulin exposa la nécessité de fonder la propagande à la radio sur une information véridique au sujet de la guerre, des méfaits de l'occupation allemande, de la politique d'abandon de Vichy et de sa collaboration avec l'Allemagne. C'est ainsi que l'on rassemblerait les patriotes et qu'on les dresserait contre l'Allemagne et le gouvernement du Maréchal. Mais il insista surtout, comme il l'avait fait auprès du général de Gaulle, sur la part importante qu'assumaient déjà les mouvements dans cette propagande et sur la priorité à donner à l'action.

De cet entretien, on possède le compte rendu établi par les Anglais : *« Mercier* [Moulin] *avait l'impression que l'objet de l'entretien de l'après-midi était de lui indiquer que l'élément propagande était extrêmement important alors qu'il était possible que l'élément action ne joue qu'une très petite part dans l'avenir de la France, ou en d'autres termes l'action devrait être la servante de la propagande et non, comme nous le pensons, la propagande la vassale de l'action. Mercier voulait exprimer l'idée que ce n'était pas pour des desseins de propagande que les L.L.L. lui avaient demandé de venir en Angleterre car ces organisations étaient très capables de distribuer et produire leur propre propagande, elles le faisaient en réalité depuis l'année dernière. Le principal but de sa visite, répéta-t-il, était de demander de l'aide pour l'action et l'organisation du nombre illimité de jeunes Français qui souhaitent impatiemment participer à l'effort de libération de la France*[11]. »

Ce document est d'autant plus instructif qu'il est pratiquement le seul, avec le compte rendu qu'a rédigé le colonel Sutton de leur entretien du 4 novembre, que l'on possède sur les réactions de Jean Moulin durant son séjour à Londres. Il confirme en tous points le contenu de son rapport : à savoir qu'il était venu à Londres dans le dessein d'obtenir une aide militaire pour la Résistance, persuadé qu'à l'exception d'une aide financière les mouvements n'avaient besoin de personne en matière de propagande. On voit là combien Jean Moulin demeurait attaché à la diversité des opinions et à leur libre expression, condition de toute vie démocratique. Son action ultérieure démontre que, sur ce point, il ne varia jamais[12].

Dans la suite du compte rendu du colonel Sutton, Moulin, cernant mieux les sujets qui intéressent ses interlocuteurs, fournit des informations qui ne figurent nulle part ailleurs. C'est ainsi qu'ayant remarqué l'insistance avec laquelle le général de Gaulle d'abord, Semidéi-Servais et Diethelm ensuite l'interrogeaient sur l'attitude des notables de la IIIe République, il précise qu'à Paris *« il vit un certain nombre de fonctionnaires et d'hommes politiques de sa connaissance*[13] ». Rappelons que Paul-Boncour, chez qui il s'était arrêté trois jours, n'était pas des moindres. Ancien président du Conseil, souvent ministre, il avait pu le renseigner d'abondance sur beaucoup d'entre eux. Au terme de son enquête, force lui avait été de constater que ces hommes jadis puissants ne jouissaient plus d'aucune influence et qu'ils n'avaient aucun moyen d'agir face à une situation qui les dépassait. Sa déconvenue l'ayant éclairé, il s'efforçait de dissiper les illusions des Anglais et des gaullistes qui comptaient encore sur ces hommes du passé pour rallier les Français à la cause des Alliés. Il le déclara sans ambages : « *L'informateur* [Moulin], écrit Sutton, *a déclaré que, d'après la brève expérience qu'il a eue à Londres, en particulier dans les milieux français, on y attache beaucoup trop d'importance aux questions politiques dans la partie qui se joue en ce moment dans le monde.* »

Au cours de cet entretien, Moulin se montra particulièrement sévère sur l'attitude de certains membres du clergé catholique, qu'il n'avait pas évoqué jusqu'ici : « *Il a mis en garde contre la propagande que mène le clergé catholique depuis la rencontre des évêques à Paris, fin juillet. Il a été ordonné au clergé de prêcher la collaboration. L'informateur lui-même a eu récemment une conversation avec un jeune prêtre de l'Aveyron, professeur au séminaire, dont les arguments sont à peu près ceux-ci : "Avant la déclaration des évêques, nous étions tous favorables à l'Angleterre. Depuis, nos yeux se sont ouverts et nous comprenons dorénavant que nous avons tout à gagner d'une victoire allemande. Si l'Allemagne gagne, il y aura une chance pour que la France ait un gouvernement du type de celui de l'Espagne. Avec ce résultat que la situation morale du clergé sera semblable à celle qui existe en Espagne. Si l'Angleterre gagne, nous verrons revenir les hommes de l'ancien régime, c'est-à-dire le Front populaire, les Juifs, les Francs-Maçons et les communistes."*

« *L'informateur ne prend pas cette propagande du clergé trop au sérieux mais conseille d'être vigilant*[14]. »

La vigueur de ces mises en garde, qui contraste avec la réserve qu'observait Moulin dans son rapport de Lisbonne, montre qu'après deux semaines d'entretiens avec les plus hauts responsables son discours n'était plus celui d'un « simple messager », mais d'un responsable auquel il incombait d'influer sur les décisions prises en haut lieu, lesquelles détermineraient l'efficacité et l'avenir de la résistance en métropole. On le constate au ton sur lequel il parle de ces sujets à Sutton : « *L'état d'esprit, même en zone non occupée, a bien changé et on comprend qu'il est essentiel que les Français en France agissent par eux-mêmes. Il est temps de faire quelque chose, sans quoi on risque de voir davantage de Français tomber dans les bras des communistes qui ont "une organisation extrêmement sérieuse".*

« […] *Les gens qui, en France, essaient de faire de la résistance considèrent le départ des Allemands comme bien plus important que la couleur politique exacte de quiconque aura contribué ou tendu à cette issue. Ils acceptent d'avance l'inévitable épuration qu'il leur faudra faire ensuite. A supposer que de Gaulle, à un moment donné, apparaisse en France, avec le concours des Britanniques ou d'autres, ceux qui auraient activement participé à la résistance ne s'embarrasseraient pas de savoir s'il faut l'autoriser ou l'obliger à former un gouvernement provisoire. On s'occupera plus tard de décider si de Gaulle doit rester ou partir. Il a beaucoup insisté sur ce point et sur le fait que de Gaulle, en tout cas, jouit déjà, fût-ce de façon imprécise, d'un prestige "formidable"*[15]. »

Des Anglais séduits

On se rappelle que, dès les contacts de Moulin avec l'ambassade de Grande-Bretagne à Lisbonne, le représentant local du S.O.E. [16] avait signalé à Londres l'*« excellente impression »* que lui avait faite l'ancien préfet [17]. Le compte rendu de ses interrogatoires par le contre-espionnage britannique à son arrivée en Angleterre porte cette indication finale : *« Le SOE s'intéresse à cet homme* [18]. »

Son rapport ayant été communiqué aux Anglais, il fut reçu dès le 30 octobre par le chef de cabinet de Churchill, Desmond Morton. Morton transmit au Premier ministre une brève note expliquant les projets de Moulin : *« Il s'occupe maintenant d'organiser en France la résistance aux Allemands et, s'il le faut, à Vichy. Il n'avait jamais rencontré de Gaulle avant d'arriver ici la semaine dernière et travaillait indépendamment de lui. Sa mission actuelle est de mettre à la disposition du général de Gaulle différentes cellules et organisations en France qui invitent le général à devenir leur chef et à les aider à coordonner leur action.*

« "M. Moulin" désirait me pénétrer de l'idée 1) que si, jusqu'il y a peu de mois, le général de Gaulle était surtout seulement un symbole de la résistance en France, sa personne est devenue réelle [real] *à une grande majorité des Français, en raison de l'énorme déclin du prestige du Maréchal.*

« 2) "M. Moulin" a insisté sur le fait que, si l'enthousiasme de centaines de milliers de jeunes Français pour l'organisation de la résistance ne recevait pas de réponse, il y a le plus grave danger qu'ils se détournent du général de Gaulle vers les communistes [19]. »

« Dites-m'en plus sur lui », fut la réponse de Churchill. Le 7 novembre, Morton lui communiquait une note que lui avait remise Diethelm et qui relatait les conditions dans lesquelles Moulin avait été victime de sévices de la part des Allemands et l'hommage que lui avaient rendu les Chartrains [20].

Entre le 30 octobre et le 4 novembre, Moulin avait rencontré probablement Churchill, ainsi que le nota le colonel Sutton, responsable de la propagande. Le Premier ministre anglais connaissait déjà celui qu'il appelait le « jeune préfet de Chartres » : ils avaient déjeuné ensemble en octobre 1939 chez Darlan à Maintenon, en présence, entre autres, du général Gamelin [21]. Jean Moulin avait alors raconté à sa sœur la *« grande impression »* que le Premier anglais *« avait faite sur lui »* [22].

Dans l'entretien du 4 novembre de Moulin avec le colonel Sutton, il insista à nouveau sur le danger communiste et sur le prestige de De Gaulle en France. *« C'est la première personne*, constata Sutton, *que j'ai rencontrée ou entendue dire non seulement qu'elle a l'autorité pour négocier au nom des trois organisations en question* [les trois mouvements] *mais aussi qui ait cette sorte d'autorité naturelle et d'expérience que lui donne son passé* [23]. »

Laure Moulin qui, des récits que lui avait faits son frère, avait déduit que les officiers anglais l'avaient reçu *« à bras ouverts »* ne s'était pas trompée [24].

Ces différents rendez-vous de Jean Moulin avec les responsables anglais furent échelonnés pendant la préparation rapide de sa mission du 25 octobre au 8 novembre. En réalité, c'est le service secret de la France Libre, responsable de la préparation des missions et de leur bonne exécution en France, qui fut le pivot de son activité.

Durant les dix-huit mois de la mission de Moulin, il sera le cordon ombilical qui le rattachait à Londres et lui fournit les moyens matériels d'exécuter sa mission. Il importe donc de connaître l'origine et le fonctionnement de ce service qui joua un si grand rôle dans l'histoire des relations entre la France Libre et la Résistance.

Le B.C.R.A. et la France Captive

De 1940 à 1944, le service secret de la France Libre changea plusieurs fois de nom. D'abord 2e Bureau de l'état-major du général de Gaulle, il devint, au début 1941, le service de renseignements (S.R.), puis, au printemps 1942, le Bureau central de renseignements et d'action militaire (B.C.R.A.M.), enfin, à l'automne 1942, le B.C.R.A. tout court — nom qui lui restera pour l'histoire[25].

Le capitaine Passy, son chef, fut le premier Français à accueillir Jean Moulin, avec qui il passa sa première journée à Londres. Deux ans plus tard, il avait la charge d'annoncer son arrestation au Général. Entre ces deux dates, il joua en permanence un rôle décisif dans l'accomplissement de la mission de son représentant. C'est dire si Passy s'est acquis une place à part dans l'histoire (à son sujet, il faudrait dire la légende) de la France Libre, par son intelligence, son efficacité et sa réussite.

Pourquoi le capitaine Passy fut-il choisi par de Gaulle pour créer et diriger les services secrets de la France Libre ?

Le capitaine André Dewavrin-Passy était polytechnicien, officier du Génie de vingt-neuf ans, revenu à Brest au milieu de juin 1940 après avoir participé brillamment à la campagne en Norvège du Nord, pour laquelle il avait été volontaire. Il avait pu repartir pour l'Angleterre avec certains éléments de la 1re Division légère de chasseurs (1re D.L.C.), victorieuse à Narvik sous les ordres du général Béthouard. Le 1er juillet, il se présenta au général de Gaulle dont il était inconnu et qui lui était également inconnu. Retrouvant le capitaine Pierre Tissier, maître des requêtes au Conseil d'État et chef du 2e Bureau de la 1re D.L.C., que de Gaulle avait désigné comme chef de son premier état-major, le capitaine Dewavrin fut introduit auprès du général de Gaulle. Après un bref entretien, il le nomma chef de son 2e Bureau. Le hasard joua un rôle décisif dans cette désignation. De Gaulle ne le regrettera jamais. Mais s'il eut toujours l'appui et l'amitié sans faille de son chef, Passy fut le mal-aimé de la France Libre.

Homme du Nord, à la fois timide et autoritaire, froid et passionné, grâce à ses qualités d'organisation hors pair il prouva, en dépit de son ignorance des services secrets, qu'il avait l'étoffe des meilleurs spécialistes. Il créa et dirigea, durant quatre ans, son service avec une dextérité technique doublée d'une exigence d'efficacité toujours plus grande pour lui-même et pour ses collaborateurs. Malgré les conditions misérables de ses débuts, qui en auraient rebuté beaucoup, il en fit en quelques mois le service le plus dynamique de la France Libre et le seul indispensable, contrôlant toutes les liaisons avec la France. Cette réussite exceptionnelle lui valut nombre d'inimitiés de la part des autres responsables du mouvement et des soupçons politiques formulés par des gens de gauche, qui n'hésitèrent pas à dénoncer le B.C.R.A. comme un repaire de cagoulards, tandis que les diplomates américains le désignaient comme une officine de la Gestapo. Ces calomnies se propagèrent d'autant plus rapidement qu'elles se transformèrent en arme politique afin de déconsidérer de Gaulle auprès des démocrates et des résistants. Entre Vichy et les Alliés, c'est à qui surenchérissait dans cette diffamation. Comme toutes les calomnies, et contre les preuves les plus décisives (l'absence de toute référence dans les archives de la Cagoule), le nom de Passy, contre tous les démentis de l'histoire, est souvent encore accolé à ce terme par des auteurs mal informés ou malveillants.

Comble de disgrâce, cet homme dont le talent et l'énergie furent consacrés, durant quatre ans, au développement de la Résistance métropolitaine sous toutes ses formes (argent, radio, armes, organisation militaire) souleva la rancœur des résistants qui, après la Libération, accusèrent le B.C.R.A. de toutes les carences dont ils avaient été victimes. Ils les résumèrent d'un mot : trahison. Ce qui excuse cette injustice, c'est qu'ils ignoraient les difficultés occasionnées par les services anglais et la ténacité dont fit preuve Passy pour conserver l'autonomie d'un service qui dépendait étroitement d'eux pour toutes les questions matérielles (avions, radio, codes, finances, armes, etc.).

C'est pourquoi, en dépit d'assauts répétés, de Gaulle soutint contre vents et marées le jeune chef qu'il avait choisi parce qu'il jugeait qu'il méritait sa confiance : *« Comment négliger ses titres à la reconnaissance du pays ? Je n'oublie pas que nous lui devons l'organisation et la mise en place de l'ensemble des réseaux de renseignement de la France Libre. Son allant était remarquable*[26]. »

Dès sa nomination, le jeune capitaine, bien qu'ignorant tout du fonctionnement de ce type de service, se jeta à corps perdu dans une entreprise d'apparence désespérée : il n'avait ni local, ni budget, ni personnel et, quand il s'en plaignait au Général, la réponse était toujours la même, *« Débrouillez-vous »*. Mais, comme les autres volontaires, il était prêt à tout pour la victoire et, comme souvent en pareil cas, la chance le servit. Il prit d'abord pour collaborateurs des anciens de la 1re D.L.C. qui venaient de rejoindre le général de Gaulle : trois lieutenants de réserve, Raymond Lagier, dit Bienvenüe, chasseur alpin ; Maurice Duclos, dit Saint-Jacques, et Beresnikoff, dit Corvisart, tous deux artilleurs, ainsi que trois sous-officiers : Lecot, dit Drouot, Martin et Barnett. Au cours de la seconde quinzaine de juillet, Passy fit la connaissance de deux autres Français Libres qui devinrent les éléments essentiels de son service : le lieutenant de réserve aérostier André Manuel et Gilbert Renault, dit Raymond, Roulier, Rémy.

Le premier, d'une vieille famille d'industriels textiles à Épinal, lui fut présenté par le capitaine Pierre Fourcaud, brillant combattant tant en 14-18 qu'en 39-40 et déjà en instance de départ pour une mission de renseignement en France. Fourcaud et Manuel s'étaient rencontrés sur le bateau où ils avaient réussi à embarquer pour rejoindre de Gaulle à Londres. Âgé de près de quarante ans, Manuel était un « vieux » parmi les recrues de cette époque, dont la moyenne d'âge était d'une vingtaine d'années. Rien ne le prédisposait non plus à travailler dans les services secrets, mais Passy l'engagea aussitôt comme adjoint. Homme de bon sens et de culture, il devint le plus perspicace des conseillers et le plus fidèle des amis. Nommé chef du S.R., il fut le seul à diriger le B.C.R.A. durant les absences de Passy et, finalement, en prit le commandement lorsque celui-ci quitta le service au printemps de 1944.

Quant au second volontaire, Gilbert Renault, devenu célèbre sous le nom de Rémy, il était à peu près du même âge que Manuel et producteur de cinéma. Plein d'audace et d'entregent, il devint la plus spectaculaire recrue du B.C.R.A.

à Londres et, au dire des Britanniques, un des plus extraordinaires agents de renseignement.

La tâche entreprise par Passy était vitale pour la France Libre, car, à cette époque, les renseignements militaires obtenus en France étaient la seule monnaie d'échange que possédât le Général vis-à-vis des Anglais pour justifier de son utilité. Ils en avaient d'autant plus besoin, par chance, à la veille d'un éventuel débarquement allemand en Grande-Bretagne, qu'ils n'avaient laissé aucun réseau en métropole après leur départ précipité de France. Il fallait donc faire feu de tout bois.

Comme la Résistance naissante, la France Libre manquait terriblement de volontaires et surtout de cadres. C'est pourquoi Passy, après avoir organisé en juillet son service avec une douzaine de volontaires, fut obligé au mois d'août d'en expédier la moitié en mission en France, faute d'avoir pu en recruter d'autres ! En dépit de cette pénurie de personnel, les deux chefs, Passy et Manuel, trouvèrent, tant à Londres qu'en France, quelques hommes compétents qui construisirent de toutes pièces des réseaux exemplaires. Il faut dire que les réseaux de renseignement étaient, en métropole, les seuls organismes répondant au souhait des patriotes de toutes opinions de participer à la libération du territoire uniquement à titre militaire. Les mouvements présentaient, en effet, aux yeux de beaucoup, spécialement des militaires de l'armée d'armistice, l'inconvénient d'être trop « politisés », particulièrement en zone libre. C'est ainsi que deux catégories de réseaux de renseignement furent créées : ceux des Français Libres édifiés par le 2e Bureau de Londres, ceux des Anglais relevant du M.I.6 (Military Intelligence 6), entre lesquels s'instaura une concurrence permanente. De Gaulle ne cessa de s'insurger contre le débauchage des Français par les services anglais, qui n'apportait rien au crédit de la France. Les volontaires (même gaullistes) s'engagèrent pourtant dans l'un ou l'autre de ces services sans faire de différence entre eux. Les Britanniques insistaient dans leur recrutement sur le fait qu'il s'agissait du combat mené par deux alliés contre le même ennemi et que la seule différence entre eux résidait dans le fait que les Français Libres étaient démunis de tout et que les Britanniques possédaient tout.

Le service de renseignement du 2e Bureau, qui se révéla rapidement efficace, constitua l'activité initiale et une réussite permanente du futur B.C.R.A. Cependant, tout en édifiant ce service traditionnel, le capitaine Passy avait compris, dès juillet 1940, que les conditions particulières dans lesquelles son service participait à la guerre exigeaient l'organisation en métropole d'une action militaire diversifiée, utilisant et complétant la recherche des renseignements [27].

Printemps 1941 :
du renseignement à l'action

La section Action convainquit les Britanniques, au printemps 1941, de la laisser envoyer en métropole une douzaine d'équipes appartenant à la France Libre. En dehors de la réussite de quelques actions ponctuelles, les opérations organisées dans le but d'établir des liaisons avec les noyaux résistants naissant s'étaient, pour des raisons diverses, soldées par des échecs. En juin 1941, un an après l'armistice, un seul contact (avec le mouvement Liberté) avait été établi par hasard en zone libre par l'intermédiaire de Forman, un agent subalterne, qui se révéla incapable de l'organiser et de maintenir durablement la liaison.

Malgré tout, afin d'exploiter la possibilité enfin offerte par les Anglais, la modeste section Action fut officiellement créée et confiée en octobre 1941 au lieutenant Raymond Lagier, dit Bienvenüe. Âgé de vingt-six ans et, depuis le début de 1939, directeur d'une agence commerciale française à Londres et lieutenant de réserve de chasseurs alpins, il fut mobilisé en août 1939. Affecté à la mission de liaison auprès des troupes britanniques en France et volontaire pour la Norvège, il se retrouva officier de liaison à l'état-major de la 1re D.L.C. du général Béthouart. Replié à la mi-juin 1940 à Brest, il put repartir sur l'Angleterre et fut parmi les premiers à rallier de Gaulle, à qui il rendit visite le 26 juin 1940 avec le colonel Magrin-Verneret, commandant la 13e demi-brigade de Légion étrangère de la 1re D.L.C., son adjoint le capitaine Kœnig, le capitaine Tissier, chef du 2e Bureau de la 1re D.L.C., et l'intendant capitaine Bouton, également de la 1re D.L.C. La tâche que Passy lui confia était une mission impossible pour plusieurs raisons et d'abord parce que les Anglais n'étaient nullement intéressés par cette activité du S.R. et ne mirent aucune bonne volonté à son développement. Les opérations de parachutage ou d'atterrissage furent toujours peu nombreuses, les livraisons d'armes et de matériel inexistantes au début. Du côté français, Bienvenüe eut tout autant de difficultés pour recruter du personnel, organiser l'apprentissage des radios ou des saboteurs, trouver des locaux et du personnel à Londres censé s'occuper des agents partis en France.

La section de Bienvenüe eut pourtant un rôle central dans les relations avec la Résistance, dont elle assurait la survie et l'extension. Elle devait recruter et former des agents de toutes catégories. Elle était responsable des liaisons radio et aériennes avec la France, à l'exception de celles concernant les réseaux de renseignement. Elle avait également pour mission d'expédier aux mouvements de résistance, par des opérations de parachutage, de l'argent, des postes de radio et des armes ; de fournir du personnel qualifié (instructeurs saboteurs, opérateurs radio, officiers de liaison qu'elle était chargée de former) ; d'assurer les opérations d'enlèvement aérien ou maritime permettant de ramener à Londres du courrier, des agents, des personnalités ou des responsables des mouvements ; de trier, décoder et ventiler le courrier arrivé, de préparer les directives pour ses agents en France au départ et de regrouper les instructions des autres services.

Les plaintes répétées du capitaine Bienvenüe révèlent que, bien que responsable de toute l'action en France, il fut toujours le parent pauvre du service. Les rapports hebdomadaires de la section Action Mission (A.M.) en fournissent la preuve émouvante et détaillée. Je ne citerai qu'un passage extrait d'un document de juillet 1942 qui montre, après deux ans d'existence, la misère du B.C.R.A. et les angoisses quotidiennes de ses dirigeants dans ce domaine : « *Je tiens à signaler de nouveau*, écrivait Bienvenüe, *que d'ici très peu de temps nous n'aurons absolument plus personne à envoyer en France, si nous n'avons pas d'urgence la possibilité de recruter du nouveau personnel. De toutes façons, même si nous obtenons du personnel, nous aurons d'ici deux mois environ une période de deux ou trois mois pendant laquelle aucun personnel ne pourra être disponible.*

« *Je signale une fois de plus l'urgence qu'il y a d'augmenter le nombre du personnel sédentaire de mon Service. En effet, étant donné le nombre des missions actuellement en cours qui se développent chaque jour, ainsi que les missions en préparation, il m'est absolument impossible d'assurer d'une façon satisfaisante la bonne marche de ma Section avec seulement deux officiers (dont l'un est souvent à l'extérieur), deux sous-officiers et une seule secrétaire sténodactylographe. Si dans un délai extrêmement court (maximum 15 jours à trois semaines) je n'obtiens pas au minimum deux officiers supplémentaires (ou à la rigueur deux personnes pouvant remplir le rôle d'officiers) et 4 sténodactylographes, je décline toute responsabilité pour le travail que j'ai été chargé d'exécuter. Je tiens à signaler, d'ailleurs, qu'actuellement tout mon personnel est extrêmement fatigué et que, de ce fait, nous risquons chaque jour de faire des erreurs qui pourraient avoir les conséquences les plus graves.*

« Je tiens à signaler, de plus, que depuis 6 mois environ je réclame du personnel supplémentaire et que jamais je n'en ai reçu.

« Je tiens enfin à faire remarquer qu'il est un peu paradoxal de toujours traiter en parent pauvre la partie action du B.C.R.A. alors que c'est elle qui, déjà, a le plus grand nombre de missions en cours et qui, en principe, est chargée de la tâche la plus importante des F.F.L., c'est-à-dire, essayer de remettre la France dans la guerre[28]*. »*

En dépit de ces conditions misérables qui en auraient découragé plus d'un, Bienvenüe monta une section qui se développa considérablement et fournit aux mouvements l'encadrement et les liaisons qui leur permirent de s'organiser.

C'est donc le capitaine Bienvenüe qui était en contact permanent avec Jean Moulin et son équipe, qui lui envoyait les fonds, les radios et les courriers et à qui Jean Moulin adressait ses rapports et ses télégrammes. Grâce à la fidélité de Bienvenüe, de Bingen (section non militaire, N.M.) et de Manuel, Jean Moulin eut au B.C.R.A. une équipe qui contrebalança les réserves de Brossolette et des chefs de mouvement de passage à Londres.

Préparation de la mission Ker

Il ressort des documents que le soir même de son premier entretien avec de Gaulle, le 25 octobre, Jean Moulin fut désigné pour une mission en France.

Il prévint alors les Anglais qu'il avait choisi de servir chez le Général, puis reçut un entraînement accéléré, qu'il accomplit en compagnie du colonel Passy : deux sauts d'entraînement en parachute au centre de Ringway. Ce château était l'une des grandes propriétés que l'Intelligence Service avait réquisitionnées pour la durée de la guerre et dans lesquelles les volontaires s'entraînaient à l'abri des indiscrétions. Des agents de tous les pays occupés de l'Europe, Belges, Danois, Français, Hollandais, Norvégiens et Polonais, venaient y faire leur stage de parachutisme. La plupart étaient de très jeunes hommes. Moulin, à quarante-deux ans, était l'un des plus âgés. C'était une épreuve si fatigante le premier jour, à cause d'une séance de gymnastique intensive, que même les jeunes volontaires qui arrivaient de l'armée en étaient épuisés. Aussi n'est-il pas étonnant que Passy, au cours d'un de ses sauts, ait vu Moulin se mettre à l'écart pour vomir d'épuisement[29].

Une note conservée dans les archives anglaises signale : *« Moulin a effectué deux sauts d'entraînement en parachute ; un au travers d'un trou dans le plancher de l'avion et le second par la porte. Il était un peu nerveux au moment du premier saut, mais il a bien réussi son atterrissage les deux fois*[30]*. »*

Le commandant Passy l'avait accompagné pour essayer *« un nouveau type de parachute expérimental permettant de sauter par la porte de l'avion »* : « […] *J'accompagnai Max* [Moulin] *à Ringway pour son stage de parachutage et j'effectuai deux sauts avec lui. Pendant les cinq jours que nous restâmes ensemble, nous pûmes confronter nos idées sur beaucoup de sujets et nous devînmes, je le crois, des amis*[31]. »

Il paracheva son entraînement accéléré par l'apprentissage des codes de chiffrement et de déchiffrement des textes qu'il effectua probablement à Londres sous la conduite du lieutenant Drouot, le spécialiste de ces questions au S.R. Pour y procéder, chaque agent choisissait deux poèmes qu'il utilisait avec des grilles différentes. L'un d'eux permettait aux Anglais de déchiffrer les messages concernant les renseignements exigeant une exploitation immédiate, l'autre, qui n'était connu que des Français, était réservé aux questions administratives, aux relations avec les mouvements et aux affaires politiques.

Moulin choisit pour communiquer avec le S.R. une strophe de *Rapsode Foraine et le Pardon de Sainte-Anne* de Tristan Corbière, poète auquel il était particulièrement attaché :

Prends pitié de la fille mère,
Du petit au bord du chemin…
Si quelqu'un leur jette la pierre,
Que la pierre se change en pain !

Et, comme à tous les agents, divers pseudonymes lui furent attribués.

À Londres, il conserva sa fausse identité de Joseph Mercier sous laquelle le désignent tous les documents administratifs de la France Libre : notes de service, avancements, décorations, etc. Mais pour faciliter son retour, les services anglais lui fabriquèrent une nouvelle identité au nom de Jacques Martin[32]. On retrouve aussi sa trace sous ce nom dans quelques documents britanniques.

D'autre part, un rapport anglais du 29 octobre qui désignait Moulin sous le nom de « Robert » est le premier dans lequel il apparaisse sous un pseudonyme de travail[33]. En effet, les services anglais attribuaient à chaque agent deux pseudonymes : l'un masquant sa véritable identité, l'autre désignant le nom de leur mission. En l'occurrence, Moulin devint « Robert » et la mission à laquelle il appartenait « Mainmast B ».

De son côté, le S.R. français attribuait lui aussi aux agents un nom de mission, un indicatif pour leur courrier et un autre pour leur code télégraphique. Pour Jean Moulin, ces dénominations seront plusieurs fois modifiées avant son départ, sans qu'on en sache la raison. Au cours de son séjour londonien, le S.R. lui appliqua plusieurs appellations différentes. Dans son premier ordre de mission du 4/5 novembre, il fut désigné par une initiale, « Monsieur M. », puis, pour quelques jours, on lui donnera le pseudonyme de « MER ». À la veille de son départ prévu pour le 8 novembre 1941, un nouveau pseudonyme lui fut attribué : « Ker », dont Laure Moulin dit qu'il fut choisi peut-être par son frère lui-même en souvenir de son séjour en Bretagne. Enfin, le 6 décembre 1941 probablement, à la suite de l'extension de sa mission, il fut désigné sous le nom de « Rex », qui lui restera dans l'Histoire et qui marque symboliquement l'importance que la France Libre attribuait à sa mission. Quant aux courriers que Moulin adressait à Londres, ils circulaient sous le sigle « EX.20 », tandis que son code français portait un indicatif de deux lettres, « F-G ».

C'était là les pseudonymes en usage à Londres. Dès son arrivée en France, chaque agent devait en choisir un autre, en général un prénom, qu'il utilisait dans ses relations avec les résistants. Le premier choisi par Moulin fut « Régis ». Comme tous les résistants, il en changea dès qu'il l'estima connu de la police, c'est-à-dire après chaque arrestation de courriers, de secrétaires ou de dirigeants. Pour cette raison, il devint successivement Max, Guillaume, etc. Les services de Londres ignoraient ces pseudonymes utilisés uniquement en France. Comme ils changeaient souvent, que, fatalement, plusieurs résistants appartenant à des services ou à des mouvements différents choisissaient le même et qu'ils étaient parfois malencontreusement utilisés dans les courriers adressés au B.C.R.A., ils furent l'occasion entre les services de Londres et les agents de fréquents quiproquos, de retards dans l'envoi des instructions ou dans l'exécution des ordres.

Pour tous ces préparatifs, Moulin était en relation avec le chef de la section Action du S.R., le capitaine Bienvenüe, avec lequel il mit au point les détails matériels de sa mission. Tous les agents Action en France adressaient à Bienvenüe leur courrier sous les initiales de « R.B. ». Les courriers de Moulin furent donc marqués « N.N. pour R.B. ». C'est Bienvenüe qui, en particulier, s'occupa de la préparation de ses faux papiers avec l'aide des Anglais, qui s'en étaient réservé la fabrication.

Enfin, le 4 novembre, Moulin revit de Gaulle pour recevoir son ordre de mission militaire[34].

Mission Ker

Au terme de leur entretien du 25 octobre, le général de Gaulle et Jean Moulin avaient défini les deux missions, l'une militaire, l'autre de propagande. Elles furent concrétisées, le 5 novembre 1941, par deux ordres de mission, lesquels, ainsi qu'on le verra, seront complétés par un troisième, résultant d'entretiens ultérieurs dont le séjour forcé de Moulin en Angleterre fournit l'occasion. Ce troisième ordre de mission est daté du 24 décembre.

Durant les treize années qui suivirent ce séjour à Londres, personne ne cita ces documents dont les historiens ignoraient jusqu'à l'existence. Il fallut attendre la publication, en 1954, du premier tome des *Mémoires de guerre* du général de Gaulle pour que soit connu son ordre de mission politique du 24 décembre 1941. Ce n'est que douze ans plus tard que l'historien anglais M.R.D. Foot dévoila l'existence de l'ordre de mission militaire du 5 novembre, dont il publia quelques extraits dans son ouvrage *S.O.E. in France*. Enfin, en 1992, à la suite de mon enquête aux archives du S.O.E., à Londres, leur responsable me communiqua une copie de l'ordre de mission de propagande daté également du 5 novembre 1941.

L'ensemble de ces textes éclaire d'un jour nouveau la mission de Jean Moulin, en modifiant la perspective et en démontrant l'origine de certaines de ses initiatives qui, jusqu'ici, avaient été mal interprétées en raison du silence, à leur sujet, des deux mémorialistes du S.R. et du B.C.R.A. : Passy, qui les avait oubliés, et Soustelle, qui n'en avait pas eu connaissance.

Lorsque de Gaulle eut publié l'ordre de mission politique qu'il avait remis à Moulin le 24 décembre 1941, les historiens s'en emparèrent et en tirèrent la conclusion que la seule mission confiée par le Général à son délégué avait été de fédérer politiquement les mouvements de la résistance métropolitaine. La révélation, capitale, de l'ordre de mission militaire faite par M.R.D. Foot passa totalement inaperçue des historiens, qui ne le mentionnèrent jamais. Même la publication intégrale de ce document, en 1980, par Henri Calef, à qui je l'avais confié, ne changea rien à cet état de choses.

On trouvera ici pour la première fois rassemblés les textes des trois ordres de mission qui guidèrent l'action de l'ancien préfet durant dix-huit mois. Il importe d'autant plus de les connaître que ceux qui lui furent donnés ultérieurement par de Gaulle, le 20 octobre 1942 et le 21 février 1943, les complétèrent sans les remplacer.

De retour à Londres le mardi 4 novembre, Jean Moulin revit donc le général de Gaulle à 15 heures dans son bureau de Carlton Gardens. De tous les rendez-vous entre les deux hommes, c'est le seul dont j'ai retrouvé la trace formelle grâce à l'agenda de l'année 1941 du colonel Passy[35].

Vraisemblablement, au cours de cet entretien, furent discutés les deux projets d'ordre de mission militaire et de propagande, tels que le S.R. et le commissariat à l'Intérieur les avaient préparés pour le Général, qui les signa le lendemain 5 novembre 1941.

S'y ajoutait une lettre personnelle rédigée par le Général à l'intention de tous les patriotes qui avaient pris l'initiative de créer des noyaux de résistance. Le Général s'adressait à eux par écrit pour la première fois. Cette lettre inédite, dont il n'existe à ma connaissance qu'un seul exemplaire dans les archives du S.O.E., est un des textes les plus forts et les plus émouvants du Général qui, pourtant, en écrivit de si nombreux et de grande qualité au cours des quatre années de guerre.

« Mes chers amis,

« Rien ne peut plus diviser les Français. Ils n'ont qu'une volonté : sauver leur pays par la victoire. Rien ne compte pour eux, sinon la haine de l'ennemi ; la fidélité envers leurs alliés ; la fraternité nationale. Je sais ce que vous faites. Je sais ce que vous valez. Je connais votre grand courage et vos immenses difficultés. En dépit de tout, il faut poursuivre et vous étendre. Nous, qui avons la chance de pouvoir encore combattre par les armes, nous avons besoin de vous pour le présent et pour l'avenir.

« Soyons fiers et confiants ! La France gagnera la guerre et elle nous enterrera tous.

« De tout mon cœur[36]*. »*

Ce qui frappe, dans cette lettre, c'est le ton de connivence et de fraternité entre rebelles qui révèle l'incroyable solitude des commencements de la France Libre, mais aussi la sourde joie du Général de constater que des forces organisées, qu'il désespérait de voir se constituer, lui ont envoyé un émissaire.

Jusqu'à présent, on connaissait l'existence de cette lettre, à défaut de son contenu, par le témoignage d'Henri Frenay que Bénouville, un de ses compagnons, publia dans *Le Sacrifice du matin* en 1945 : *« Dans la cuisine de Marcelle Bidault au coin de l'évier, il* [Moulin] *sort une lettre manuscrite. Plus personne ne parle ; une lettre manuscrite du général de Gaulle*[37]*. »*

Voici à présent le texte de l'ordre de mission de propagande, tel qu'il m'a été transmis par les archives du S.O.E. Il commence par une prescription concernant la lettre du Général aux chefs des mouvements :

« *Il* [Moulin] *leur transmettra le message ci-joint du Général de Gaulle. Il les assurera de l'affectueuse confiance de celui-ci, ainsi que de sa volonté d'être en contact avec elles* [les organisations] *et de les aider*[38]. »

En conformité avec les entretiens du 25 octobre, cet ordre de mission concerne essentiellement les problèmes d'information, de propagande et de renseignement : « *Il* [Moulin] *demandera, à chaque organisation, — en même temps qu'il leur transmettra les consignes militaires élaborées par ailleurs :*

« *a. d'intensifier l'action actuelle de propagande.*

« *b. d'élargir le nombre et la répartition sociale de ses adhérents de base et sympathisants.*

« *c. d'être en mesure, à tout moment, de transmettre et de faire exécuter les consignes et des mots d'ordre généraux.*

« *d. de réunir tous renseignements intéressant la situation morale, matérielle et sociale de la France, l'action de l'ennemi, celle du Gouvernement de Vichy et de ses fonctionnaires.*

« *En ce qui concerne plus particulièrement la propagande, MM* [Moulin] *mettra immédiatement une somme de Frs 500.000, — à la disposition de chaque organisation.*

« *Il demandera que chacune de celles-ci :*

« *a. Envoie régulièrement au Général de Gaulle tous les tracts, journaux, etc., qu'elle aura pu diffuser.*

« *b. Précise également ses besoins matériels (budget, papier, clichés, matériel, directives de propagande).*

« *c. Adresse un compte rendu régulier de son action.*

« *Il les assurera de l'allocation d'un budget régulier, dont il proposera au Général de Gaulle le montant.*

« *Il insistera sur la nécessité de diviser et de multiplier les réseaux de propagande et de distribution*[39]. »

On décèle dans ce document de la prudence dans les prescriptions que formule Londres. Sans doute reflète-t-elle les positions initiales de Moulin et ses réactions aux exposés du commandant Semidéi-Servais et d'André Diethelm. La liberté d'expression des journaux clandestins est ainsi respectée. Il leur est demandé d'informer Londres de leurs activités. On remarque qu'assez bizarrement les « directives » pourront être réclamées à Londres, au titre de la couverture des besoins matériels !

Dans cette version, la seule que l'on possède, ce texte ne porte ni signature ni paraphe. Sans doute le document remis à Moulin était-il signé, peut-être par de Gaulle, plus vraisemblablement par Diethelm, si l'on se reporte au souvenir qu'en a conservé Laure Moulin : « *Jean avait également sur lui une lettre de M. Diethelm alors chargé des affaires de l'Intérieur au Comité Français de Londres. Elle avait trait plus particulièrement aux questions politiques, mais je ne puis me rappeler son contenu*[40]. »

Le deuxième ordre de mission, consacré aux directives militaires, dont Moulin devait assurer l'application, peut être considéré comme la charte militaire destinée à régir les relations entre le général de Gaulle et la Résistance. Le projet, daté du 3 novembre 1941, qui fut soumis au Général par le S.R. se présentait comme un compromis entre les thèses défendues par le S.R. et le commissariat à l'Intérieur, d'une part, et les idées exposées dans les rapports de Forman, de l'agent « 249 » (Ziller) et de Jean Moulin, d'autre part.

Sur ce projet qui lui avait été rédigé, le général de Gaulle apporta de nombreuses corrections manuscrites. Il y attachait en effet tant d'importance qu'il l'a profondément remanié, renforçant le rôle dirigeant et centralisateur de la France Libre. Ce brouillon, inédit, apporte des enseignements tout à fait nouveaux. Il permet de répondre aux critiques des résistants métropolitains qui ont accusé les services de Londres d'avoir inventé des projets absurdes et autoritaires : *« A tous, l'idée d'une séparation complète entre l'A.S. et les mouvements paraissait délirante, une invention abstraite des bureaux londoniens n'ayant aucun contact avec la réalité »*, écrivit à ce sujet Claude Bourdet, l'un des dirigeants de Combat[41].

Grâce à ce brouillon, la certitude est acquise que les organismes que Moulin mit en place ont été délibérément choisis et imposés par de Gaulle. Cette emprise directe que les mouvements imputèrent aux services de la France Libre fut en fait voulue et renforcée par lui. Il rédigea les parties essentielles du projet et ne signa probablement le texte définitif qu'après s'en être entretenu avec Jean Moulin. En effet, ce document porte deux dates : en tête, celle du 4 novembre 1941 et, à côté de sa signature, « le 5 novembre 1941 ». On peut en déduire qu'ayant relu le projet le 3 novembre il le conserva jusqu'au lendemain afin d'en parler à l'ancien préfet et qu'il signa le jour suivant l'exemplaire que voici :

AP/FJT3 *3 ex.*

France Libre
E.M. Particulier du Général de Gaulle
S.R. *Le 4 novembre 1941*

Mission M. [MOULIN]

I. — Monsieur M. [Moulin] *sera reçu par l'agent Dok* [Forman] *de l'action militaire.*
II. — Dès l'arrivée de Monsieur M. en France, une liaison sera établie entre lui-même et Dok.
III. — Monsieur M. reprendra contact avec les trois mouvements par l'intermédiaire de "Libération Nationale".
IV. — Monsieur M. rendra compte de son voyage à ces mouvements et leur exposera l'idée du Général de Gaulle, c'est-à-dire la division à maintenir aux échelons élevés entre l'organisation proprement politique et l'organisation militaire.
V. — a) En ce qui concerne l'organisation militaire, il y a lieu pour la branche militaire spéciale de chaque mouvement :

1. — de recruter et d'organiser des éléments sur la plus grande étendue de territoire possible, l'élément de base étant la cellule d'environ 7 hommes, tout chef, grand ou petit, ayant désigné d'avance un suppléant.

2. — d'envoyer à Londres des agents de liaison pour les problèmes militaires aux fins d'unification dans les diverses parties des territoires et de désignation des chefs militaires correspondant aux divisions territoriales, etc...

3. — La centralisation et la coordination se feront à Londres.

b) Dès à présent, les F.F.L. assureront par envoi d'agents venus de Londres des liaisons entre l'extérieur et les organisations militaires, des liaisons intérieures solides seront établies d'urgence par les organisations militaires.

c) Chaque organisation militaire devra comprendre :

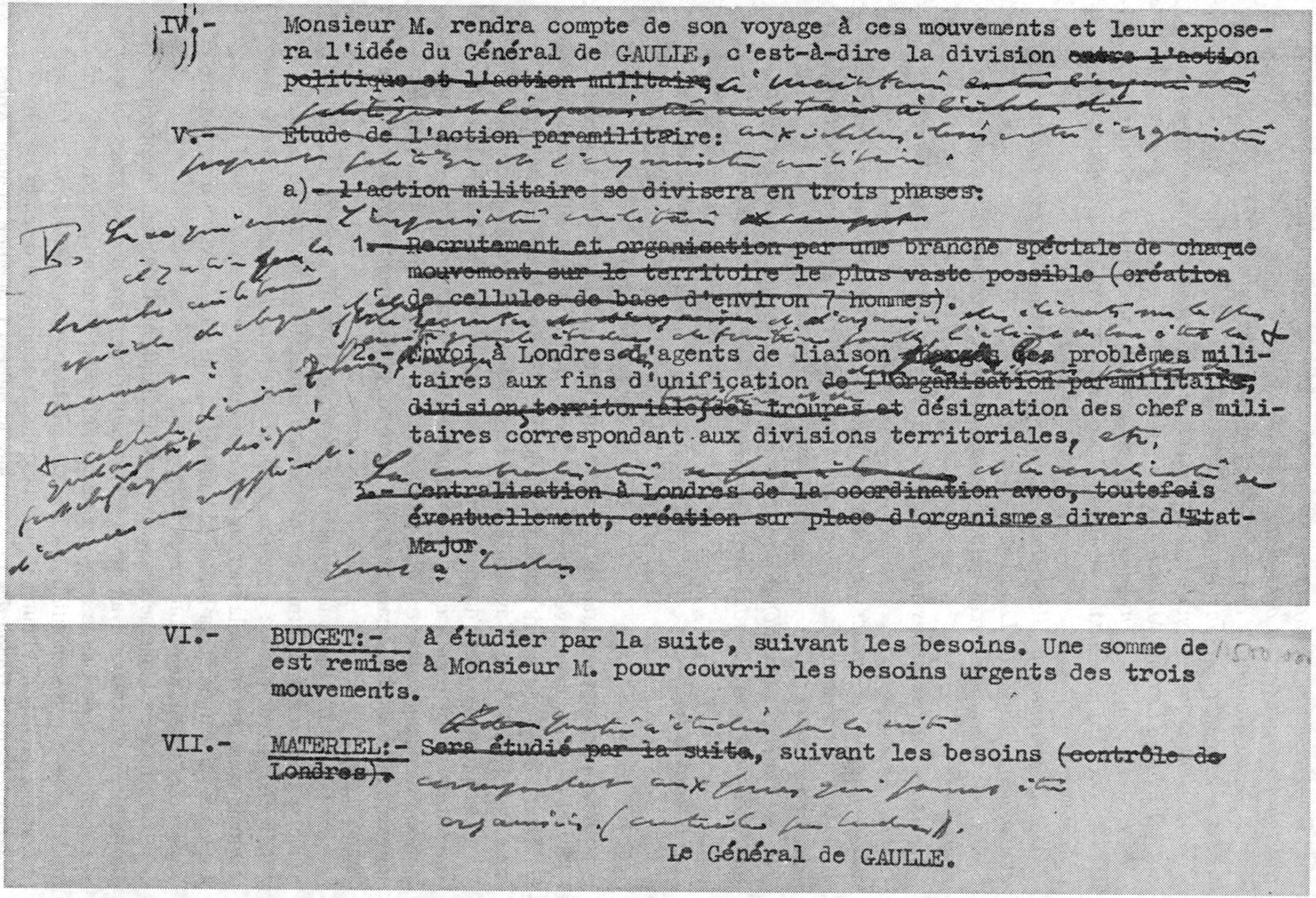

IV.- Monsieur M. rendra compte de son voyage à ces mouvements et leur exposera l'idée du Général de GAULLE, c'est-à-dire la division ~~entre l'action politique et l'action militaire~~.

V.- ~~Etude de l'action paramilitaire:~~

a) ~~- l'action militaire se divisera en trois phases:~~

1. ~~- Recrutement et organisation par une branche spéciale de chaque mouvement sur le territoire le plus vaste possible (création de cellules de base d'environ 7 hommes).~~

2.- Envoi à Londres d'agents de liaison ~~chargés des~~ problèmes militaires aux fins d'unification ~~de l'Organisation paramilitaire,~~ ~~division territoriale des troupes et~~ désignation des chefs militaires correspondant aux divisions territoriales,

~~3.- Centralisation à Londres de la coordination avec, toutefois éventuellement, création sur place d'organismes divers d'Etat-Major.~~

VI.- BUDGET:- à étudier par la suite, suivant les besoins. Une somme de est remise à Monsieur M. pour couvrir les besoins urgents des trois mouvements.

VII.- MATERIEL:- ~~Sera étudié par la suite~~, suivant les besoins ~~(contrôle de Londres).~~

Le Général de GAULLE.

Deux passages du projet d'ordre de mission militaire de Jean Moulin du 3 novembre 1941, corrigé par le général de Gaulle. Le document définitif est transcrit ci-contre. *(Archives Daniel Cordier. Photo © Gallimard.)*

1. — avant tout, des troupes commandées, formées essentiellement par centralisation et groupement des cellules.

2. — des groupes de choc (suppression d'individus, etc...).

3. — des saboteurs bien placés.

4. — une organisation de renseignements et de contre-espionnage (urgente).

d) Buts de l'Action Militaire.

1. — Opérations d'ensemble en cas de débarquement venu d'Angleterre.

2. — Opérations locales réalisées en conjonction avec des éléments venus d'Angleterre.

3. — Opérations locales réalisées avec des éléments pris sur place (matériel et moniteurs envoyés de Londres).

4. — Utilisation forces militaires pour prise de possession des pouvoirs civils.

Toutes ces opérations se déclenchent sur l'ordre personnel du Général de Gaulle.

VI. — Budget : à étudier par la suite, suivant les besoins. Une somme de 1.500.000 francs est remise à Monsieur M. pour couvrir les besoins urgents des trois mouvements.

VII. — Matériel : Question à étudier par la suite suivant les besoins correspondant aux forces qui pourront être organisées (contrôle de Londres).

le 5 novembre 1941 *Le Général de Gaulle*

(signature)[42].

Aucun des sept paragraphes n'indique à quel titre Moulin effectue sa mission. N'ayant signé aucun engagement dans les Forces françaises libres, il est probable qu'à cette époque il devait repartir avec le titre d'« Envoyé des mouvements », sous lequel les services l'avaient désigné lors de son arrivée à Londres.

Les premiers mots du paragraphe IV : *« Monsieur M.* [Moulin] *rendra compte de son voyage à ces mouvements »*, le confirment mais la suite de la phrase : *« et leur exposera l'idée du Général de Gaulle »* implique, ce qui est nouveau, qu'il est désormais accrédité auprès des mouvements par le chef de la France Libre.

Nulle part n'est prévue la fusion des groupes paramilitaires des trois mouvements pour les transformer en une armée clandestine unifiée. Au contraire, l'indépendance de chaque *« branche militaire spéciale de chaque mouvement »* est maintenue en France, la coordination et la centralisation se faisant à Londres. Celles-ci s'effectueront par l'intermédiaire des agents F.F.L. envoyés d'Angleterre auprès des organisateurs militaires.

Ce principe est tellement essentiel pour de Gaulle qu'il l'a entièrement rédigé lui-même. L'état-major avait prévu *« la création sur place d'organismes divers d'Etat-Major »*, de Gaulle a rayé cette formule pour la remplacer par celle qui traduit exactement sa politique : *« La centralisation et la coordination se feront à Londres. »* C'est d'ailleurs ce principe qui sera appliqué et défendu systématiquement contre la fronde des mouvements jusqu'à la Libération incluse. Après l'arrestation du général Delestraint et l'impossibilité de ressaisir le commandement de l'Armée secrète, ce projet sera repris avec la création des délégués militaires régionaux (D.M.R.).

Le Général n'apporte aucune correction au passage du paragraphe V définissant les *« Buts de l'Action Militaire »*. Mais afin de ne laisser aucun doute sur ses intentions, il ajoute une prescription que le S.R. n'avait pas cru bon de mentionner parce que, pour les hommes de la France Libre, elle allait de soi : *« Toutes ces opérations se déclenchent sur l'ordre personnel du Général de Gaulle. »*

Les deux derniers paragraphes (*« Budget »* et *« Matériel »*) sont révélateurs de l'attitude qu'il a adoptée à l'égard des trois mouvements, dans le dispositif élaboré avec ses services. L'aide matérielle qu'ils réclamaient par l'intermédiaire de Moulin leur est certes accordée (ce qui leur ôte tout motif de s'adresser aux Anglais), mais parcimonieusement, progressivement et sous réserve d'être justifiée par des résultats : le budget est *« à étudier par la suite »* ; le matériel sera fourni à proportion des *« forces qui pourront être organisées »*. Précision capitale, qui confirme l'étendue des responsabilités assumées par Moulin dans ce dispositif : *« Une somme de 1.500.000 francs est remise à Monsieur M.* [Moulin] *pour couvrir les besoins urgents des trois mouvements »*, sous-entendu, qui les attribuera comme il le jugera bon. Or, comme on le sait, qui paie commande !

Cet ordre de mission, tant par ses implications que par les idées du général de Gaulle, énoncées courtoisement mais avec autorité, mettait en pratique le principe directeur qu'il avait exposé publiquement deux semaines auparavant : *« Organiser et diriger la résistance est la tâche de la France Libre. »* L'arrivée de Moulin en avait précipité l'application, à laquelle ses avis et son influence avaient donné une extension imprévue. Coïncidant avec les événements qui ensanglantaient la zone occupée, Moulin démontrait que l'action des résistants n'était plus une hypothèse. Coup sur coup, le rapport de « 249 » (Ziller) et le sien avaient révélé l'ampleur des préparatifs des résistants. Le S.R. avait jusque-là repéré des noyaux de patriotes qui, en pratique, se révélaient de peu de consistance. Or, voilà qu'en zone libre une importante organisation se mettait en place. « 249 » (Ziller) s'était fixé le but d'en *« faciliter la fusion*[43] *»*.

Jean Moulin confirmait que ces projets avaient fait l'objet d'une réunion des trois chefs avant son départ, amenant la décision de créer *« une organisation unique sur le plan militaire*[44] *»*.

Mais cela accroissait la menace qui pesait sur l'avenir de la France Libre : qu'adviendrait-il si une armée clandestine, équipée et financée par les Anglais, s'organisait sous les ordres d'un état-major de patriotes métropolitains ?

Qui pouvait savoir si certains officiers généraux de l'armée d'armistice, suivis de leurs cadres, ne la rejoindraient pas (certaines informations le laissaient craindre) avec, pour seul but, la lutte contre les Allemands ? De Gaulle n'ignorait pas le parti que prendrait alors Churchill. L'accueil (juin 1941) qu'il avait réservé à Groussard, messager de Vichy, n'autorisait aucun doute là-dessus.

Il fallait donc que le Général, fort de sa position reconnue par les Alliés, affirme d'urgence son autorité sur l'activité militaire en métropole et définisse son organisation, ce qu'il fit dans les « Directives » annexées à l'ordre de mission remis à Moulin. Il les communiqua aux chefs des mouvements avec la lettre que leur adressait le Général[45].

Dès le chapitre premier, contenant les « Directives du Général », se manifeste sa volonté de contrôler les troupes et les opérations. Ce sont les modalités multiples de ce contrôle qu'exposent les « Directives particulières » : chaque branche militaire devait être dirigée par un organe de commandement *« en liaison directe avec Londres »*. Le « Bureau S. », chargé du sabotage, était, lui, *« placé sous les ordres directs de Londres »*. De ce fait il bénéficiait du privilège de posséder sa propre liaison radio. De même, le matériel envoyé par Londres était réceptionné *« sous les ordres de notre officier de liaison* [de la France Libre] » et restait sous *« son contrôle direct »*. En clair, si le commandement n'était que *« coordonné »* depuis Londres, la France Libre assurait de fait le contrôle des liaisons, du matériel, des moyens financiers par l'intermédiaire de ses propres agents délégués en métropole[46]. C'est le programme que le colonel Passy reprendra presque identique lorsque, à l'été 1943, furent créés les délégués militaires régionaux (D.M.R.) qui assurèrent l'emprise de De Gaulle sur la Résistance militaire à la Libération.

Sous le prétexte technique de la séparation du politique et du militaire, les mouvements étaient donc transformés en centres de recrutement au profit d'un commandement dont ils étaient en fait dépossédés. Les chefs de la Résistance, particulièrement ceux de Combat, puis ultérieurement les communistes, contesteront toujours le bien-fondé de cette politique. Contrairement à leur conception, que, d'ailleurs, Moulin partageait avant sa rencontre avec de Gaulle, ce dernier avait décidé et imposé que *« son centre de direction soit hors de la France elle-même »*. Cette mesure était justifiée par des considérations stratégiques et techniques. Isolés en France, les mouvements n'avaient aucune vue d'ensemble sur l'action militaire à mener en prévision du jour *J*. Or il était impératif que cette action fût étroitement coordonnée par l'état-major allié. La France Libre constituait donc le lien nécessaire à cette coordination. Par ailleurs, en métropole, chaque état-major était à la merci d'arrestations opérées par la Gestapo ou la police de Vichy. En prescrivant la stricte séparation de l'organisation politique et de l'organisation militaire, de Gaulle ne faisait qu'appliquer les consignes de sécurité imposées par les autorités britanniques. Mais n'y avait-il pas d'autres raisons aux prescriptions du Général ?

Pour couper court à ces soupçons, de Gaulle, chapitré par Moulin, avait renoncé à ses projets antérieurs de réseaux de propagande politique en précisant, dans son ordre de mission de propagande, qu'en ce qui concernait l'information sur place, non seulement il s'en remettait aux trois mouvements mais que, de surcroît, *« en ce qui concerne plus particulièrement la propagande, MM* [Moulin] *mettra immédiatement une somme de Frs 500.000 à la disposition de chaque organisation »*, que, d'autre part, *« il les assurera de l'allocation d'un budget dont il proposera au Général de Gaulle le montant »*.

En fait de mensualité, c'est trois millions au total que lui accorda de Gaulle (1 500 000 francs pour le budget militaire et 1 500 000 francs pour la propagande), *« remis à Monsieur M. pour couvrir les besoins urgents des trois mouvements, paragraphe* VI *de l'ordre de mission militaire »*, qui en fait seront utilisés par Moulin pour faire vivre les trois mouvements durant cinq mois.

Ce modeste pécule (à titre de comparaison le Général avait alloué vingt millions à Rémy pour couvrir ses besoins[47]) fut pourtant le seul argument concret dont disposa l'ancien préfet pour convaincre Frenay, Menthon et d'Astier de placer leurs troupes sous l'autorité non plus symbolique mais effective du Général[48].

Deux jours après la signature des ordres de mission par de Gaulle, une note adressée au S.O.E. annonçait le départ imminent de Moulin (sous le nouveau nom de code de Ker). Il devait être parachuté en compagnie d'Hervé Monjaret (deuxième radio destiné à Forman). Monjaret, âgé de vingt et un ans, avait rejoint les F.F.L. en juin 1940 et avait été volontaire pour des missions en France.

Pendant l'entraînement de Moulin, le S.R. avait télégraphié à Forman pour l'informer de son arrivée et lui avait demandé d'en prévenir sa sœur Laure à Montpellier. Celle-ci a relaté la venue de ce messager : *« Un jour, heureusement, j'étais à la maison, car maman ignorait le mot de passe, on sonne à la porte. Je vais ouvrir. Je vois un monsieur blond d'une trentaine d'années, de taille et de corpulence moyennes, portant un feutre noir à bords roulés. C'était un inconnu ; comme il prononça le sésame convenu* [avec son frère avant son départ] *: "Je viens de la part d'Antonin, Siffrein, Napoléon", je l'accueillis avec empressement. Ma question "Comment se porte-t-il ?" déclencha la réponse attendue : "Il se porte comme le Pont-Neuf." Je le fis entrer au salon, la pièce la plus discrète de la maison. Là il me dit : "Nous avons reçu un message concernant votre frère. Il porte que Ker* [Moulin] *sera bientôt de retour, dans une semaine environ." J'ignorais ce pseudonyme de Jean, mais il me parut valable car il évoquait la Bretagne où il avait séjourné plusieurs années.*

« Je raccompagnai mon visiteur sans chercher à percer son identité et je l'ignore encore à ce jour[49]. »

Les nouvelles de France rendent-elles caduques les propositions de Jean Moulin ?

Le 8 novembre, précisément le jour où Moulin aurait dû être parachuté sur un terrain choisi par Forman près de Toulouse et réceptionné par lui, le S.R. reçut un télégramme rendant compte de sa mission.

Forman donnait des nouvelles de Liberté et du colonel Deshaye-Marigny, qui dirigeait la branche marseillaise de Liberté, ainsi que de l'évolution administrative et politique des trois mouvements contactés par Moulin. La lecture de ce texte (un des plus anciens concernant l'activité de la Résistance organisée) est, pour nous qui connaissons la réalité et la suite des événements, révélatrice du caractère souvent fantaisiste des informations que les agents des F.F.L. fournissaient aux services de Londres. Mais, sur le moment, quelle ne dut pas être la consternation en apprenant la disparition du journal *Liberté* prise par précaution après l'arrestation du colonel Deshayes-Marigny, un aventurier dont les manœuvres avaient mis à mal le mouvement dans la région de Marseille.

La disparition du premier journal clandestin publié en zone libre pouvait être interprétée comme le signe annonciateur d'une répression accrue, exigeant que soient prises des mesures de sécurité plus sérieuses que celles qui avaient été adoptées jusque-là. La deuxième partie du télégramme envoyé par Forman apparaissait capitale pour la mission de Moulin. Ces informations confirmaient en partie son rapport sur les pourparlers et les projets de fusion entre les trois mouvements de zone libre, mais la situation semblait avoir évolué rapidement en raison des mesures nouvelles que Forman signalait dans le domaine de l'organisation de la propagande et surtout des liaisons avec les F.F.L. Il annonçait la venue, à Londres, d'un représentant des trois mouvements.

« Je vous avais récemment parlé de la jonction de "Liberté", "Libération", "Vérité" [Libération nationale-Frenay]. *Cette jonction était réalisée, en principe, depuis deux mois, mais en fait ne l'était pas encore, surtout régionalement* [ce

qui correspondait à la réunion du 5 septembre à Marseille indiquée par Moulin]. *Après une réunion générale, les dispositions suivantes ont été adoptées :*

« 1. — Déclaration.

« a) Les trois Mouvements reconnaissant avoir des buts communs : résistance, action militaire, action politique future, décident de joindre efforts sous même autorité.

« b) Le Conseil décide à l'unanimité de placer la nouvelle organisation sous ordres de de Gaulle, et de n'accepter absolument rien qui ne vienne des F.F.L. Les consignes leur étant transmises par l'intermédiaire des agents du service Action.

« 2. — En conséquence, les dispositions suivantes ont été prises :

« a) Suppression des Mouvements : ("Liberté", "Libération", "Vérité" [Libération nationale]*) ainsi que des journaux,*

« b) Mise en commun des possibilités par région, en ce qui concerne les cadres. En effet, [manque un mot] *de ces Mouvements possède des éléments chefs régionaux, de capacités différentes. Ainsi, nous pourrons partout avoir une organisation régionale sur le type adopté en désignant sans distinction de Mouvement les Chefs Régionaux.*

« c) Chacune de ces organisations régionales s'administrant elle-même aura sa liaison avec vous, à condition que vous puissiez lui fournir les postes.

« d) Pour remplacer la propagande faite jusqu'à ce jour par les cadres ("Liberté", "Libération", "Vérité" [Libération nationale]*). Ils admettent la création d'un journal fait en Angleterre, ainsi que tracts et tout matériel de propagande. Mais en ce qui concerne le journal, ils voudraient que la rédaction générale soit confiée à un journaliste actuellement en France, journaliste ayant fait ses preuves et connaissant à fond la France d'aujourd'hui, et qui, à l'aide de ce que nous lui donnerons, sera à même de produire ce qui est nécessaire. En tout cas, deux ou trois journalistes vous seront proposés afin que vous fassiez un choix.*

« Une réunion définitive a lieu le 18 novembre. A 1a suite de quoi, le délégué général devra absolument se rendre auprès de vous. J'envisage ce déplacement pour lune décembre par Lysander[50]. »

Bien que ces informations fussent conformes sur certains points à celles du rapport de Moulin, elles en différaient si profondément sur d'autres, en particulier la propagande, que l'on pouvait se demander si la situation avait évolué de façon inattendue ou s'il fallait mettre en cause soit la version Moulin, soit celle de Forman.

Selon cette dernière, les *« trois mouvements »* déclaraient avoir des buts communs pour *« une action politique future »*, alors que Moulin, se fondant sur l'orientation des militants avec lesquels il avait été en contact, avait affirmé que leur *« attitude était exclusive de toute ingérence dans le domaine de politique intérieure »*. D'après ce que l'on sait aujourd'hui, il y a lieu de penser que l'influence d'Emmanuel d'Astier (dont les troupes étaient composées en majorité de socialistes et de syndicalistes) n'était peut-être pas étrangère à l'évolution que signalait Forman et que Moulin découvrit, en même temps que les services de la France Libre. On sait également qu'il y avait incompatibilité entre Libération et le mouvement de Frenay qui, à cette époque, demeurait pétainiste. Une question dut se poser : celle de savoir sur quelles bases s'était fait cet accord entre des mouvements si différents au point de vue politique. Aujourd'hui, l'on sait que cette information sur la fusion était prématurée, d'Astier ayant finalement refusé de fusionner avec le mouvement de Frenay à cause précisément de leur divergence idéologique.

Cependant, Forman semblait donner raison au S.R. en affirmant sans ambages que les trois mouvements se plaçaient *« sous ordres de de Gaulle »* et n'acceptaient aucune consigne *« qui ne vienne des F.F.L. »* et qui ne soit transmise par ses agents. Plus étonnante apparaissait la décision des chefs de supprimer les trois journaux pour les remplacer par un seul, fabriqué à Londres. Cela correspondait certes au projet du commissariat à l'Intérieur, mais assurément contredisait les propos de Moulin.

Rendu euphorique par ces décisions capitales qui témoignaient du succès de sa mission, Forman terminait son télégramme sur des prévisions dont l'optimisme contrastait avec la prudence manifestée par Moulin dans son rapport : *« La nouvelle jonction de "Liberté", "Libération", "Vérité"* [Libération nationale] *plus deux autres mouvements contactés en Z.O. ouvrent de nouveaux horizons sur la zone occupée. Si nous pouvons agir, la zone occupée sera dans trois mois ce que sera dans un mois la zone libre. (Dix régions seront prêtes)*[51]. »

L'extrême jeunesse de Forman l'incitait à croire sur parole les dirigeants des mouvements et nombre d'autres interlocuteurs. Révélons tout de suite pour tempérer cet enthousiasme que toutes ces belles prévisions restèrent lettre morte durant des années.

24 décembre 1941 :
mission politique de Jean Moulin

Le séjour de Jean Moulin, cependant, se prolongeait au gré des aléas climatiques et des difficultés logistiques tandis que se produisait un événement considérable. Le 7 décembre, l'aviation japonaise bombardait par surprise la base navale américaine de Pearl Harbor. Le lendemain, les États-Unis entraient en guerre, non seulement contre le Japon, mais aussi contre l'Italie et l'Allemagne. La guerre devenait mondiale, comme l'avait annoncé, dès juin 1940, le général de Gaulle.

Pour décisif qu'apparût à long terme cet événement les résultats n'en seraient pas immédiats. Dans le Pacifique, les Japonais volaient de victoire en victoire et les États-Unis n'avaient pas encore la possibilité de diriger des troupes vers l'Europe.

Mais cet élargissement du conflit, devenu planétaire, confirmait le Général dans ses prévisions d'une victoire inéluctable des Alliés. En même temps, s'il voulait être ce jour-là le représentant légitime de la France résistante, il lui fallait en priorité travailler au rattachement de la Résistance métropolitaine à la France Libre, tâche d'autant plus urgente que Forman avait confirmé par radio la fusion effective des trois mouvements annoncée par Moulin.

Le délai imposé à son départ permit à Jean Moulin de s'entretenir à plusieurs reprises avec le général de Gaulle, qui put apprécier le caractère tout autant que l'intelligence politique de l'ancien préfet[52]. Ce qui lui valut, le 24 décembre, une extension de ses missions au domaine politique, limité provisoirement à la zone libre : *« Je désigne M. J. Moulin, préfet, comme mon représentant et comme délégué du Comité national, pour la zone non directement occupée de la métropole.*

« M. Moulin a pour mission de réaliser dans cette zone l'unité d'action de tous les éléments qui résistent à l'ennemi et à ses collaborateurs.

« M. Moulin me rendra compte directement de l'exécution de sa mission[53]. »

Sur le fond, elle était plus vaste que la mission militaire, qui ne concernait que les trois mouvements, mais elle était aussi plus délicate puisqu'il devait non seulement coordonner administrativement l'action des mouvements, mais également leur faire reconnaître l'autorité du général de Gaulle en tant que président du Comité national français, l'allégeance des résistants devant lui conférer une légitimité que lui déniaient les puissances alliées.

Sur la forme de cet ordre de mission, souvent cité, quelques remarques s'imposent. Ce texte nous est connu par les Mémoires de De Gaulle parus en 1954. Contrairement aux deux autres ordres de mission, il n'a pu être retrouvé ni dans les archives françaises ni dans les archives britanniques. Et il demeure inaccessible dans les archives du Général. Ce texte est le seul document français à utiliser le nom et le titre véritables de Moulin, tous les autres étant établis au nom de Mercier. Comment comprendre cette anomalie ? Pourquoi de Gaulle aurait-il pris le risque d'écrire dans des archives administratives un secret dont la vie de son représentant dépendait ?

Est-ce un texte dactylographié ? Un autographe d'un des collaborateurs du Général ou peut-être même de De Gaulle lui-même ? Ne fut-il pas reconstitué de tête en 1954 pour les besoins des Mémoires du Général ? Si cette dernière hypothèse s'avérait exacte, il faudrait examiner son contenu, dont il est difficile de croire, compte tenu d'autres variations vérifiables dans les Mémoires du Général, qu'il est conforme à l'original. Quoi qu'il en soit, la réponse appartient aux historiens qui auront la chance d'assister à l'ouverture de ces archives.

Le ton de ces instructions révèle ce que nous avons observé dans l'énoncé de la doctrine du Général, qui se considérait comme le gérant provisoire des intérêts et des droits de la France et qui entendait bien être obéi en tant que tel. Sur ce point, il ne variera jamais. On en a la preuve dans les directives qu'il adressa à Alexandre Parodi (le dernier des successeurs de Jean Moulin) quelques jours après le débarquement (juillet 1944) : *« Vous êtes le représentant du gouvernement*, lui prescrivait-il. *C'est dire que vos instructions doivent s'imposer en dernier ressort* […].

« Je vous recommande de parler toujours très haut et très net au nom de l'Etat. Les formes et les actions multiples de notre admirable résistance intérieure sont des moyens par lesquels la nation lutte pour son salut. L'Etat est au-dessus de toutes ces formes et de toutes ces actions[54]. » Tout est dit de la politique qu'il mena sans défaillir de l'appel du 18 juin à la Libération.

Comme on l'a entrevu précédemment, cette autorité militaire et politique que le général de Gaulle s'attribuait ne fut reconnue que de mauvaise grâce par la plupart des chefs de la Résistance, car elle impliquait qu'ils acceptent la primauté d'un « mouvement » émigré sur les mouvements métropolitains. Ne connaissant pas le détail des réalisations et les principes qui fondaient la doctrine du Général, ignorant souvent le rôle, et parfois l'existence, du Comité national, ils étaient en droit de s'interroger sur le bien-fondé de cette allégeance.

La conception du Général identifiant son « mouvement » à la France sera à la source de tous les malentendus et des conflits qui émailleront les relations entre les deux « résistances ». Les chefs résistants y verront toujours un abus de confiance, car de Gaulle n'était nullement l'État, représenté légalement par Vichy, mais seulement une figuration mystique de la nation et de l'État qu'il prétendait être seul à incarner auprès d'hommes qui se considéraient, eux, comme ses pairs.

1er janvier 1942 :
Jean Moulin et le général de Gaulle

En quittant enfin la Grande-Bretagne le 1er janvier 1942, quel souvenir Jean Moulin emportait-il du général de Gaulle ?

Si la confiance immédiate née entre ce général conservateur et le préfet du Front populaire surprend *a priori*, elle s'explique pourtant. À partir des confidences de Moulin et du Général, on peut reconstituer quelques-unes de ces raisons. Le Général en a livré certaines dans ses Mémoires : *« Il aspirait aux grandes entreprises. Mais aussi, plein de jugement, voyant choses et gens comme ils étaient* [...]. *Il faisait des propositions nettes et formulait des demandes précises*[55]. » Plus tard, il déclara à l'un de ses ministres : *« Parce qu'il avait la réputation d'être un préfet de gauche, et même proche des communistes, justement parce qu'il avait été directeur du cabinet de Pierre Cot, il ne pouvait pas être récusé par eux. Sa mission était de les réintégrer dans la communauté nationale. Il était le meilleur pour ça. Il a été droit comme un* I. *Ce n'est pas un préfet de droite comme Bollaert qui aurait pu réussir dans cette tâche.*

« C'est Jean Moulin, plus que tout autre, qui a permis de faire entrer les communistes dans l'organisation de la France Combattante et de les contrôler[56]. »

Une autre raison, évidente, tenait aux fonctions de Jean Moulin et à ses connaissances administratives. Il était le représentant de cet État que de Gaulle entendait reconstruire et rallier, au moment décisif de la prise du pouvoir, et dont l'élite jusqu'à présent l'avait boudé ou l'avait fui. Il n'avait pas le choix. Quiconque serait arrivé à Londres porteur des renseignements et des « contacts » de Jean Moulin aurait eu toutes les chances de repartir avec la même mission, tant les hommes d'autorité étaient rares dans la France Libre.

Quant à Jean Moulin, sa décision de se mettre aux ordres de De Gaulle semble paradoxale quand on sait qu'un des principes de la démocratie est la soumission du pouvoir militaire au pouvoir civil et que son grade administratif était supérieur à celui de général de brigade (à titre temporaire) de De Gaulle. Trois témoignages révèlent le jugement que Moulin porta après leurs entretiens. *« Le Général de Gaulle fit une très forte impression sur mon frère*, écrit Laure Moulin. *C'est un très grand bonhomme, me dit-il textuellement, grand de toute façon, ajouta-t-il, en souriant. Comme la plupart des Français alors, j'ignorais la haute stature du général*[57]. » D'après elle, le Général analysa *« avec une lucidité saisissante »* la situation en France et dans le monde et donna à Moulin l'assurance formelle que, à la libération du pays, il restaurerait la République.

On complétera ce témoignage par deux autres qui le nuancent. Dès son retour en France, *« à Annecy, Jean Moulin rencontre le professeur de droit François de Menthon dans son appartement de la place Carnot. Il parle en termes poignants du Général de Gaulle, de l'entreprise colossale que la France Libre essaye de mener à bien. Il évoque aussi le côté personnel et humain, le tempérament, le caractère, les tendances intimes, les penchants intimes, les penchants secrets ».* Il confie à François de Menthon *: « L'homme est très grand... Qu'est-ce qu'il pense, au fond de lui-même, de la République ? Je ne puis pas vous le dire. Je connais ses positions officielles, mais... est-ce réellement un démocrate ? Je ne sais pas*[58]. »

C'est d'ailleurs en substance ce qu'il écrivait de Londres à Pierre Cot : *« Pour le moment il faut être avec de Gaulle. Après on verra*[59] », qu'il résumera dans une formule plus imagée, après avoir décrit les qualités du Général et la nécessité de son entreprise : *« Ne t'inquiète pas je n'ai pas oublié Pilsudski* [général polonais qui avait préservé l'indépendance de son pays, mais au prix de la dictature][60]. »

Moulin ne fit d'ailleurs à Londres aucun mystère de ce jugement, car il le répéta presque mot pour mot à ses interlocuteurs anglais. Ainsi, le 4 novembre, déclarait-il, selon le colonel Sutton : *« On s'occupera plus tard de décider si de Gaulle doit rester ou partir. Il a beaucoup insisté sur ce point* [...][61]. »

Cette prudence à l'égard de l'avenir politique, Moulin n'était pas le seul à la formuler parmi ceux qui vinrent à Londres se mettre au service du Général. Pierre Brossolette écrivit, par exemple, en décembre 1943 à un ami militant socialiste en évoquant les probables difficultés qui surviendraient à la Libération : *« La partie va être difficile... Il est donc possible qu'on assiste à une Révolution, genre 48, ou Front Popu 1936, avec échec certain. Il ne faut donc pas se mêler trop à toutes ces guignoleries. Je crois que tout l'effort doit être résumé à une propagande vigoureuse, sur le thème "Pure et Dure". Pour de Gaulle ; ou contre lui s'il trahit et passe au chautempisme*[62]. »

En dépit de ses réserves, le choix de Moulin n'était pas plus libre que celui de De Gaulle à son égard. D'un côté, il y avait en métropole les groupements non communistes en ordre dispersé, qui, au-delà de la libération du territoire, envisageaient plus ou moins confusément le retour à la République. À côté d'eux et les ignorant, certaines tendances de résistance vichystes voulaient lier la Révolution nationale à la victoire. Enfin le parti communiste œuvrait pour l'instauration, en France, de la République des soviets. Face à ces deux derniers dangers, le mouvement de De Gaulle, si imparfait fût-il, offrait pour un républicain la garantie que les droits et intérêts de la France seraient défendus et représentait au moins l'espoir d'un retour à la démocratie. Certes, Moulin avait observé que le Général, par son vocabulaire, son caractère et sa culture, ne ressemblait pas aux élus démocrates avec lesquels il avait travaillé durant sa carrière. En un mot, il n'avait pas la « tripe républicaine ». Mais l'ancien préfet estima que le Général avait accepté, pour représenter la France, d'assumer l'héritage de la République.

Pour tenter d'éclairer l'analyse politique qui le conduisit à se rallier au Général, je citerai un texte de Léon Blum, gaulliste de raison, qui correspond bien aux arguments que, sous une forme ou sous une autre, j'ai souvent entendu développer par Moulin : *« Ce qui fera l'unité de la nation, à l'heure historique, c'est la volonté de ressaisir à la fois son indépendance et sa liberté, et le général de Gaulle personnifie aux yeux de tous cette volonté commune. Le Gouvernement de fait, constitué autour de lui, n'aura nul besoin pour agir d'être consacré ou validé sous une procédure quelconque, puisqu'il se fondera sur une adhésion, sera porté par un élan unanime. Nul ne songera à lui opposer qu'une investiture formelle lui manque ; nul en tout cas ne l'osera. Nul ne s'avisera davantage, dans ce moment de communion patriotique, de prétendre qu'il s'introduit en*

France sous la pression de l'étranger — comme les Bourbons en 1814 — puisque le titre réel de son chef sera d'avoir incarné, pendant la phase la plus périlleuse, l'honneur et les intérêts authentiques de la nation[63]. » Quelles qu'aient pu être ses réserves à cette époque, Jean Moulin fit donc confiance à la parole et à la politique du général de Gaulle.

L'union dans l'action commune d'un général de droite et d'un préfet de gauche a pris avec le temps une valeur symbolique pour expliquer ce que fut le mouvement des Forces françaises libres : une manifestation exemplaire d'union sacrée.

Pour illustrer cet état d'esprit, j'ai choisi un texte de Mendès France écrit à Londres alors qu'il venait de s'engager dans une escadrille de bombardement. À cause de sa sensibilité « républicaine » proche de celle de Jean Moulin, il m'a paru naturel de lui prêter sa voix :

« Ce qui m'attache à de Gaulle :

« 1. Le service rendu en juin 1940. Plus sur plan moral et humain que sur plan politique. Il a sauvé l'honneur, dit-on. Ce n'est pas un mot vide de sens. Grâce à lui, on peut se dire Français, parler français dans la rue, porter l'uniforme français, sans avoir honte, sans être obligé de s'excuser.

« Dès le début, il a frappé de caducité la signature donnée par Vichy et sa politique.

« Sans lui, la rentrée de la France dans la guerre aurait été un second manquement à la parole donnée, à la signature donnée en juin 1940. Par lui, il a été établi dès juin 1940 que la France n'était pas engagée, qu'elle était contre.

« 2. Un homme. Avant la guerre, vu des hommes politiques de réelle bonne volonté, bonne foi, intelligents, dévoués, etc. ; certains d'un niveau supérieur, Blum, Herriot, Reynaud. Leur impuissance. La machine avait détruit leur caractère. Ne pouvaient rien. De Gaulle, un caractère, un homme. Depuis trois ans, quelle course ! Obstacles de toutes sortes. Il a tenu envers et contre tous et toutes. Jamais lâché ni changé d'orientation. Tient son cap avec une ténacité inouïe. Ça heurte parfois. D'où réputation mauvais caractère. S'il l'avait eu bon, disparu depuis longtemps.

« Conteste pas ses défauts dont certains lamentables. Mais il domine la scène de si haut, avec une telle puissance d'homme supérieur, qui ne se trompe jamais sur les grandes choses (sur les petites... sur les hommes...)[64]. »

Comme Mendès France, Jean Moulin, fort de ses convictions, était un pragmatique sur le plan politique. Dans l'immense naufrage où la France avait sombré, le sauvetage de tout ne pouvait pas être obtenu immédiatement. L'ordre des urgences commandait d'abord de refaire, autour du général de Gaulle, l'unité des patriotes afin que la France fût présente à la victoire. Pour le reste : le rétablissement de la démocratie et de la République, Jean Moulin fit confiance à la parole du Général.

L'Histoire a montré qu'il ne s'est pas trompé et qu'il n'a pas été trompé.

À ces considérations politiques, je dois ajouter un élément affectif que l'on ne peut négliger, car je l'ai également entendu évoquer par Jean Moulin. En écoutant de Gaulle parler de son choix initial et des motifs de son entreprise, il avait apprécié à quel point la décision du 18 juin de désobéir et d'entrer en dissidence lui avait été cruelle. La plupart des volontaires de la France Libre étaient de très jeunes gens qui, dans cette rupture avec la légalité, n'engageaient qu'une vie sans obligation ni devoir. Dans les circonstances inouïes de la défaite, que représentait d'ailleurs la légalité à cet âge ? De Gaulle et Moulin, au contraire, avaient compris chacun, dès leur premier face à face, l'arrachement dramatique, la blessure incurable qu'avait représentés pour l'autre cet acte de rébellion après une vie de fidélité au service de l'État. Cette blessure fut toujours si cruelle pour de Gaulle qu'en dépit de sa pudeur à manifester ses sentiments intimes il laissa publiquement éclater un jour le secret qui liait entre eux les volontaires de la France Libre. Ce fut précisément dans le discours du 15 novembre 1941, dans lequel Moulin avait reconnu plusieurs des thèmes évoqués avec le Général. Si, aux yeux des étrangers, les Français Libres étaient « *des risque-tout sympathiques sans passé et sans avenir*[65] », il en allait différemment dans la conscience des volontaires, et de De Gaulle : « *Je ne commettrai pas l'indélicatesse d'insister sur ce que cela représente, au total, de souffrances et de sacrifices. Chacun de nous est seul à connaître, dans le secret de son cœur, ce qu'il lui en a coûté. Mais, c'est d'une telle abnégation, autant que d'une telle cohésion, que nous tirons notre force. C'est de ce foyer qu'a jailli, chaque jour plus haute et plus ardente, la grande flamme française qui nous a désormais trempés*[66]. »

Quant aux problèmes posés par le retour à la République, en juillet 1941, le général de Gaulle avait répondu à René Cassin, qui lui demandait, pour se concilier les Américains, de mentionner davantage le mot « démocratie » : « *Si nous proclamons simplement que nous nous battons pour la démocratie, nous obtiendrons peut-être des éloges provisoires du côté américain, mais nous perdrions beaucoup sur le tableau français qui est le principal. La masse française confond pour le moment le mot démocratie avec le régime parlementaire tel qu'il fonctionnait chez nous avant la guerre. Nos propres partisans, quelle que soit leur origine politique, et surtout nos combattants, en sont convaincus dans l'immense majorité. Ce régime est condamné par les faits et par l'opinion publique*[67]. » On sait que cinq mois plus tard, le 15 novembre 1941, quelques jours après sa rencontre avec Jean Moulin, le Général déclara pour la première fois publiquement son attachement à la République : « *Nous disons : "Liberté, Egalité, Fraternité", parce que notre volonté est de demeurer fidèles aux principes démocratiques que nos ancêtres ont tiré*[s] *du génie de notre race et qui sont l'enjeu de cette guerre pour la vie ou pour la mort*[68]. »

Ce n'est pas par hasard non plus si, le 24 décembre 1941 — le jour même où de Gaulle rédigeait l'ordre de mission politique de Jean Moulin —, il écrivit à Adrien Tixier, son représentant à Washington : « *Nous sommes fermement partisans des principes démocratiques tels que la Révolution française les a fait triompher en France et dans le monde*[69]. » Ces déclarations s'imposaient avant le retour de Moulin en France, dès lors que le Général réclamait l'adhésion de la Résistance à sa politique. On constate qu'en cette occasion Moulin avait convaincu le général de Gaulle de franchir le pas et d'affirmer publiquement ses convictions républicaines.

Si Moulin s'en contentait, ce n'était nullement le cas des Soviétiques, qui estimaient que ce programme était teinté « *d'un bon nombre d'éléments du fascisme italien* » et que cette attitude politique avait « *des relents d'une forme moderne de bonapartisme* », jugeant d'ailleurs de Gaulle « *d'esprit confus*[70] ».

Jean Moulin, qui était arrivé à Londres en ex-préfet de Vichy et en « messager » de la Résistance, repartit pour la zone non occupée en ambassadeur du général de Gaulle et en préfet de la France Libre (son titre exact était : représentant personnel du Général et délégué du Comité national). Pourtant, en cette fin d'année 1941, il n'avait pas encore fait ses preuves et de Gaulle pouvait s'interroger sur les capacités de son représentant. Il lui avait confié le projet ambitieux de soumettre l'ensemble des résistances à l'autorité de son gouvernement et de l'imposer comme commandant en chef de leurs forces militaires. Était-il capable de maîtriser une situation insaisissable ?

Comment pouvait-il réussir cette mission, que l'on aurait pu qualifier de cynique, si elle n'avait pas été imposée par les calculs de la raison d'État ? Moulin l'accepta néanmoins, tout en mesurant le sacrifice immense qu'elle exigeait des fondateurs des mouvements à qui l'on ne demandait rien de moins que de céder le commandement des organisations qu'ils avaient été seuls à créer.

Quelle situation attendait Jean Moulin à son retour ? Deux citations en révéleront la complexité. Emmanuel d'Astier écrivait aux Anglais quelques jours auparavant : *« Le gaullisme est un symbole nécessaire, mais qui ne peut offrir un support suffisant pour les groupes de résistance. Ceux-ci, en conséquence, comptent considérablement sur un accord direct avec le Gouvernement britannique et sur son aide, afin qu'ils puissent donner à leurs organisations le développement espéré*[71]. »

Quant à Forman, voici sa conclusion sur les possibilités offertes par les mouvements, après quelques semaines de travail sur le terrain : *« Chacune de ces organisations représente en fait un parti politique de l'avant-guerre, bien qu'elles prétendent vouloir supprimer toute idée de parti. Leur idée serait d'être reconnues par l'Angleterre comme organisations puissantes. De là, recevoir les fonds et les moyens matériels qui leur sont nécessaires pour pouvoir prouver leur supériorité sur les autres petites organisations qui existent, d'incorporer ces petites organisations dans le cadre de la leur et de réaliser ainsi une organisation puissante, dont eux seuls seraient les chefs. Une fois cette organisation puissante réalisée, ils seraient en état de refuser les directives données par Londres qui ne conviendraient pas à leur idée personnelle. Or, leur idée personnelle à l'heure actuelle, bien qu'ils prétendent ne pas vouloir revenir à un état de choses similaire à la période qui précéda la guerre, est qu'ils voudraient, en réalité, reprendre cette situation qui leur permettait de tirer tant d'avantages.*

« C'est donc un danger réel pour le présent car, seuls des éléments sans grande valeur, peuvent accepter, une telle conception. Donc, l'organisation basée sur de tels principes ne représente pas une force morale, mais une faiblesse[72]. »

Face à cette situation, la mission de Moulin était d'autant plus difficile qu'il était un homme seul et presque sans moyens. Financièrement, on lui attribua, au début, trois millions, somme que l'on offrait mensuellement aux réseaux de renseignement, alors qu'il devrait faire vivre les trois mouvements de résistance de la zone libre pendant plusieurs mois. Quant au personnel d'encadrement, le B.C.R.A. lui enverra en dix-huit mois quatre officiers de liaison militaire, trois saboteurs et une dizaine de radios dont quelques-uns furent arrêtés presque immédiatement.

On comprend que, dans ses Mémoires, le colonel Passy ait reconnu : *« Malgré des difficultés inouïes, il allait faire une œuvre gigantesque*[73]. »

VI

MISSION REX

2 janvier-16 septembre 1942

Au moment où Jean Moulin quitte Londres, il est instructif de connaître le jugement que les services secrets britanniques portaient sur l'action du général de Gaulle en France : *« Le mouvement des Français Libres n'a réussi dans aucun des principaux résultats qu'on pouvait attendre de lui :*

« — Il n'a pas provoqué de révolte contre la politique vichyste de collaboration avec l'Allemagne.

« — Il n'a guère provoqué de ralliement d'éléments blancs dans les colonies...

« — Le mouvement n'a pas par ses propres efforts, exercé d'influence profonde sur la restauration du moral français[1]. »

Jean Moulin serait-il capable d'atteindre, au travers des mouvements de résistance, deux de ces objectifs qui composaient une partie de sa mission ? Le représentant du Général pouvait-il réussir là où ce dernier avait échoué ? On pouvait en douter quand on connaît la sévérité des rapports établis par Forman à la suite de son expérience auprès des chefs des mouvements.

Les dix-huit mois d'une autorité contestée

Porteur des deux ordres de mission signés Charles de Gaulle, Jean Moulin fut parachuté le 2 janvier vers trois heures du matin, en Provence, à quelques kilomètres de sa maison familiale de Saint-Andiol.

Sa mission en France dura dix-huit mois et les péripéties en furent si compliquées qu'il convient, pour en comprendre les résultats et l'importance, d'en retracer les grandes lignes avant de s'engager dans les méandres des faits.

Bien que les directives militaires fussent précises, même pointilleuses, il faut savoir qu'elles ne furent jamais appliquées. Elles avaient été établies par de Gaulle et ses services dans l'ignorance de la nature de la Résistance, de ses problèmes, de ses capacités. Jean Moulin fut obligé de les modifier au gré des circonstances, tout en conservant leur principe central : l'autorité hiérarchique du Général sur la Résistance. Mais sur le plan politique, où la seule prescription impérative était l'unité d'action des résistances, l'intelligence de Moulin contourna avec habileté tous les obstacles.

On peut distinguer deux périodes dans la mission de Jean Moulin : pendant onze mois (2 janvier-27 novembre 1942), il fut le représentant personnel du Général et son délégué, sans autre pouvoir que les ressources de son caractère et son habileté politique. Au contraire, durant les sept derniers mois de sa mission (27 novembre 1942-21 juin 1943), il fut, avec voix prépondérante, président des diverses institutions créées par la France Combattante (Comité de coordination Z.S. et Z.N., Conseil de la Résistance).

Durant la première période (janvier-novembre 1942), il traita avec les chefs des mouvements ou des résistants autonomes, dans le cadre de rapports personnels et informels. Seule l'existence de ses ordres de mission, les moyens matériels dont il disposait et son autorité naturelle lui permirent d'intervenir efficacement pour orienter les mouvements et les éléments dispersés de la Résistance, dans le sens de la coordination des efforts et de leur allégeance à de Gaulle. Aussi précaire que fût sa position, Jean Moulin disposait de trois atouts dont il usa habilement : l'espoir d'une liaison radio avec Londres, un peu d'argent et la promesse de livraisons d'armes. C'était fort peu en réalité mais, aux yeux de résistants traqués et abandonnés, c'était considérable et, surtout, inespéré.

Les chefs des mouvements acceptaient *a priori* une coordination, mais répugnaient à la subordination. Ils avaient besoin d'une aide matérielle (radio, armes, argent) et morale (reconnaissance de leur existence par le Général), mais ils entendaient préserver leur liberté, leur identité et leur avenir.

L'ex-préfet Moulin entendait faire régner l'union civique et une discipline sans états d'âme. Pourtant, il n'oublia jamais les conditions cruelles de la clandestinité et fut l'avocat auprès de Londres de ces patriotes téméraires et souvent indisciplinés. Usant tour à tour de sentiment, de logique et d'autorité, il persuada les mouvements de zone libre (Combat, Franc-Tireur et Libération) de se rallier à de Gaulle. Puis il créa des services techniques : agence de presse (B.I.P., avril 1942), comités d'études (C.G.E., juillet 1942), centrale radio (W.T.) et service des opérations aériennes (S.O.A.M., automne 1942).

Simultanément, il regroupa les éléments paramilitaires dans une Armée secrète (A.S.) unique commandée par le général Delestraint. Après des discussions compliquées, en octobre 1942, cette première phase s'acheva par la création d'un comité de coordination, coiffant les trois mouvements et présidé par Moulin. Ce dernier s'apprêtait à organiser la Résistance en zone occupée selon des schémas différents quand le débarquement en Afrique du Nord (novembre 1942) suscita un problème politique inattendu.

En effet, en onze mois, Jean Moulin avait accompli l'essentiel des missions que lui avait confiées de Gaulle. Mais le débarquement allié en Afrique du Nord, le 8 novembre 1942, signifia au monde le peu de cas que les Américains et les Anglais faisaient du général de Gaulle, en dépit de son antériorité dans la Résistance. La situation précaire dans laquelle il se trouva soudain révéla aux résistants métropolitains que leur sort était lié au sien. Alors qu'il apparaissait plus faible, sa position auprès des résistants fut paradoxalement renforcée et permit l'accélération de l'unité.

Les Alliés, au contraire, ignorant de Gaulle, reconnurent Darlan puis Giraud comme chef de l'autorité civile et militaire en Afrique du Nord, où ils avaient continué, l'un et l'autre, d'appliquer les lois de Vichy. Ainsi, par la grâce des

Alliés, cette bouture du régime de Vichy retrouvait une légitimité sous le masque de la résistance militaire. Les Américains, en l'occurrence Roosevelt, qui poursuivait de Gaulle d'une vindicte obsessionnelle, avaient déclenché le processus qui ferait de Vichy un allié à part entière et permettrait d'éliminer de Gaulle. En France, le parti socialiste clandestin, afin de conduire la guerre et de préparer l'après-Libération, proposa la création d'un Conseil de la Résistance, fédérateur des forces anti-allemandes (mouvements, partis, syndicats). Pour sceller l'union nationale, il préconisait même d'inclure les partis modérés ayant voté à la très grande majorité pour Pétain et absents de la Résistance par la suite.

En cas de refus des mouvements et de la France Libre, les socialistes projetaient de constituer ce mini-Parlement avec les syndicats, les anciens partis et les mouvements qui accepteraient de se joindre à eux, et de mener une politique indépendante (décembre 1942). À la même époque, les communistes ralliaient de Gaulle et, en professionnels du noyautage, développaient avec le Front national un trompe-l'œil patriotique. Une crise majeure menaçait partout : le néo-vichysme triomphait, les Américains cherchaient à briser de Gaulle, les partis concurrençaient les mouvements en prétendant faire l'union nationale autour d'eux et les communistes les grignotaient.

Sans instruction de Londres, Jean Moulin contre-attaqua sur tous les fronts. Son but était de prouver aux Alliés que de Gaulle était le seul chef de la Résistance et, par conséquent, le seul représentant légitime de la France. Aussi leur adressa-t-il un texte, le 18 novembre 1942, qu'il fit signer aux mouvements de résistance mais également aux représentants des syndicats et des anciens partis politiques de la IIIe République.

Il reprit au compte de la France Combattante le projet des socialistes. Ce fut le début d'une longue bataille qui conduisit, six mois plus tard, à la constitution du Conseil de la Résistance. Grâce à cet organisme, il obtiendrait l'adhésion des hommes politiques et des partis reconnus au plan international avant la guerre. Ils serviraient de caution démocratique à de Gaulle, devenu, grâce à eux, le représentant légitime de la France résistante. Autre avantage sur le plan intérieur, cet organisme renforcerait la cohésion des forces patriotiques, politiques et sociales. Ayant compris son importance, de Gaulle prescrivit sa création immédiate. Ce fut un tollé de la part des mouvements, qui condamnaient en bloc les hommes et les partis responsables de la défaite et absents pour la plupart de la résistance active.

Pour rénover la vie politique française après la libération, les mouvements entendaient bien remplacer ces incapables. Cette double crise, intérieure et extérieure, conduisit la Résistance unanime à soutenir de Gaulle par de nombreuses motions proposées par Moulin, tout en se rebellant contre sa tutelle. Face aux directives de Londres, les mouvements proclamaient l'incompétence des services, que leur ignorance des conditions de l'action clandestine disqualifiait pour diriger la Résistance métropolitaine ; ils affirmaient que celle-ci devait être conduite par ceux qui l'avaient inventée et en connaissaient les lois.

Au cours d'un séjour du général Delestraint à Londres en février 1943, de Gaulle le nomma commandant en chef de l'Armée secrète des deux zones et désigna Moulin comme son représentant personnel pour toute la France et président du Conseil de la Résistance, qui regrouperait les huit principaux mouvements des deux zones, six anciens partis politiques et deux syndicats. Après d'ultimes négociations menées pour la zone occupée par Pierre Brossolette, Jean

Moulin imposa aux mouvements de résistance la constitution du Conseil de la Résistance. Le 27 mai 1943, il le réunit à Paris. C'était la première fois, depuis le 10 juillet 1940, qu'en France une assemblée représentative siégeait et délibérait. En même temps qu'elle scellait l'unité de la Résistance, elle entendait redonner la parole au peuple français. Son premier acte fut de confirmer la légitimité démocratique du général de Gaulle, ce qui obligea les Alliés à le reconnaître et lui permit, à terme, de l'emporter sur le général Giraud.

Trois semaines plus tard, Jean Moulin, trahi, était arrêté à Caluire dans la banlieue de Lyon. Torturé, il mourut sans avoir parlé, à une date et dans un lieu inconnus. On comprendra la valeur du silence de Moulin pour la survie de la Résistance en sachant que le secrétaire du chef des mouvements unis dans les Bouches-du-Rhône, Multon, qui n'avait pas été torturé, raconta à la Gestapo tout ce qu'il savait après avoir été arrêté. Le résultat fut l'arrestation de cent vingt-deux résistants dont le général Delestraint et Jean Moulin.

À l'inverse, l'arrestation de Jean Moulin ne provoqua aucune arrestation. En dix-huit mois, il avait accompli la mission que lui avait confiée le général de Gaulle : soumettre la Résistance à son autorité administrative, politique et militaire.

2 janvier 1942 :
début de la mission de Jean Moulin

Cela n'alla pas sans difficultés ni imprévus. En effet, la clandestinité, qui transformait le moindre incident technique en catastrophe, rendit les débuts de la mission de Moulin en France très précaires : le poste de son opérateur radio s'était brisé à l'atterrissage et il resta deux mois sans communication avec la France Libre. Son premier rapport n'arriva à Londres, en passant par la Suisse, que trois mois après son parachutage. En conséquence, de Gaulle ignora durant tout ce temps quel travail il avait effectué et il pouvait s'interroger sur ce qu'il adviendrait des directives données à son premier représentant en France. C'est donc de sa propre initiative, à partir des instructions du Général et sans pouvoir en référer à celui-ci ou aux services secrets de la France Libre, que, durant cette période, Moulin accomplit sa mission.

Après avoir repris contact avec Henri Frenay et François de Menthon, Jean Moulin fit la connaissance d'Emmanuel d'Astier, chef de Libération, puis de Jean-Pierre Levy, officier de réserve d'une trentaine d'années et cadre dans une entreprise de textile, qui avait rejoint Franc-Tireur et en était devenu l'un des chefs. Ce mouvement, encore balbutiant lorsque Moulin avait quitté la France, avait pris, durant son absence, une ampleur suffisante pour qu'il souhaite lui donner une place dans le nouveau dispositif qu'il devait construire.

À la faveur de ces entretiens, il découvrit que la situation de la Résistance avait rapidement évolué. Trois événements en avaient modifié le cours : la négociation des mouvements avec le général de La Laurencie, la fusion entre les deux mouvements Liberté et M.L.N., enfin le refus de d'Astier de s'associer à cette fusion.

Hiver 1941 : l'affaire La Laurencie

Le général de La Laurencie, qui avait été durant quatre mois le représentant du gouvernement à Paris, avait été le supérieur de Moulin lorsqu'il était préfet d'Eure-et-Loir. Il jouissait d'une notoriété nationale et, après sa disgrâce à la fin de 1940, il était passé à la résistance. Comme l'armée d'armistice, il était hostile aux Allemands, mais aussi à de Gaulle, et cela d'autant plus qu'il avait fait partie du tribunal qui l'avait condamné à mort par contumace en août 1940. Après avoir, dans une lettre publique, proclamé sa rupture avec l'amiral Darlan, il prétendait s'appuyer sur des cercles politiques importants et des troupes de militants organisées. Depuis l'été 1941, il se présentait comme l'artisan de la Résistance et, comme l'écrivait Moulin, croyait que *« le chef de cette résistance ne doit pas avoir quitté le sol national et doit, au contraire, avoir continué à jouer un rôle actif dans le pays. D'où campagne insidieuse contre le Général* DE *Gaulle qu'il représente comme un "émigré", un "mercenaire", voire un "traître"*[2] *».*

En fait, l'ancien représentant de Pétain était entouré de quelques parlementaires qui élaboraient des projets en vue de remplacer l'équipe gouvernementale actuelle en s'appuyant sur une pseudo-assemblée nationale. Ces manœuvres semblaient concertées par la partie « résistante » de Vichy. Aux yeux des puissances étrangères, cela lui donnait une apparence de sérieux. Les Américains finançaient cette entreprise qui pourrait leur permettre d'opposer à de Gaulle un général de grande notoriété, de grade plus élevé, et de s'implanter en France en contrôlant la Résistance. Et, depuis l'entrée des États-Unis dans la guerre, l'épisode mouvementé du ralliement de Saint-Pierre-et-Miquelon à la France Libre avait encore envenimé — si c'était possible — ces exécrables relations[3].

Dès le mois de juillet 1941, La Laurencie avait financé Henri Frenay, ce qui constituait une menace grave pour l'autorité de De Gaulle sur la Résistance, comme le prouvent les consignes envoyées à Moulin : *« Nous continuons à estimer que vous devez absolument neutraliser l'action du groupe de La Laurencie que nous considérons comme nuisible à la cause de la France et comme ayant une résultante défavorable à la cause alliée*[4]. » Symptôme plus alarmant encore, l'ancien ambassadeur de Pétain dans les territoires occupés avait proposé à Frenay de rencontrer Allen Dulles, le représentant des services secrets américains en Suisse. Au cours de cette entrevue, La Laurencie s'était présenté comme le chef de l'ensemble des organisations de résistance des deux zones. Cette imposture révolta Frenay qui, après l'entretien, rectifia cette erreur auprès de Dulles, tout en jugeant *« qu'il* [Dulles] *pouvait rendre aux mouvements des services importants.*

« [...] *J'exposais alors aux Américains*, raconte Frenay, *la situation du mouvement et ses besoins. Ils me promirent une aide financière et la fourniture de renseignements nécessaires à notre propagande*[5] *».*

Frenay ayant rapporté cette entrevue à d'Astier, ils rencontrèrent ensemble La Laurencie le 15 décembre 1941 à Valence. On possède le compte rendu que d'Astier envoya à Londres une semaine plus tard. C'est aujourd'hui le seul document contemporain de cet événement : *« Les chefs, qui sont en plein accord, posent les conditions suivantes :*

« 1. Le respect de la structure à l'intérieur des groupes.

« 2. La nécessité que les chefs eux-mêmes ajoutent au comité, au nom de la

Laurencie, les noms des notabilités dont les sentiments ont déjà été mis à l'épreuve (en principe, un représentant de l'armée, un diplomate, un ou deux politiciens, un représentant du haut clergé et un représentant de la pensée française, de l'art français ou des lettres françaises).

« 3. Condition essentielle : Un accord avec les Gaullistes qui représentent la majorité de l'opinion résistante française. Il est impossible d'avoir des dissensions à l'intérieur des groupes dissidents. De la Laurencie a rejeté l'idée au début, déclarant son intention d'organiser un gouvernement en dehors des gaullistes, et se dit certain de l'appui américain. Les chefs maintiennent leur point de vue. De la Laurencie déclare finalement que si les USA et Londres l'invitent officiellement à le faire, il se placera lui-même sous le "symbole de Gaulle"[6]*. »*

C'est à cette phase des négociations que Moulin arriva en France. On connaît les mesures qu'il prit grâce à son premier rapport à de Gaulle : *« Mis en présence des tractations de La Laurencie, je me suis hâté de mettre en demeure les chefs des mouvements de refuser toute nouvelle aide financière et de consommer la rupture avec le Général. Je n'ai pas eu de peine à leur faire admettre le danger que présentaient les activités du Général et ses tentatives de désunion, tant sur le plan intérieur que sur le plan étranger. Déjà, d'ailleurs, des réactions s'étaient manifestées de toute part et le mot d'ordre fut : "Pas de dissidence dans ce que Vichy appelle la dissidence". La rupture fut notifiée au Général par les trois mouvements. — Restait à régler la question des Américains. Il fut indiqué à celui qui servait d'intermédiaire que les mouvements de résistance en France ne reconnaissaient nullement La Laurencie comme leur chef et qu'ils n'acceptaient que l'obédience au Général de Gaulle. Pour plus de sûreté, un message présenté par les trois Mouvements et rédigé dans ce sens, fut envoyé au Président Roosevelt lui-même. Enfin, le journal "Libération", dans son N° du 20 janvier, a réglé la question auprès de ses lecteurs en précisant que nul autre que le Général de Gaulle n'était qualifié pour prétendre au titre de chef de la résistance française. J'ai demandé et obtenu que "Combat", le nouveau journal des deux autres mouvements fusionnés passe dans son prochain numéro une note similaire.*

« Il y a tout lieu de penser que les mesures prises diminueront très sensiblement les possibilités d'intrigues du général La Laurencie. L'aide morale et financière apportée de Londres et dont ils sont très reconnaissants a facilité grandement l'attitude de loyalisme prise dans cette affaire par les Mouvements[7]*. »*

Henri Frenay, neuf mois plus tard, fit un compte rendu de la fin de cet épisode (ce texte est sa première version[8]) : *« Le Général de la Laurencie ne pouvant s'entendre avec le chef de Combat, procéda consciemment ou non, à des tentatives de débauchage auprès des cadres moyens et subalternes du mouvement. En même temps, il distrayait, pour d'autre fins, les sommes d'argent reçues de l'Ambassade américaine de Berne et destinées à Combat.*

« Devant le danger de cette dissidence au sein de la dissidence, je me vis contraint de faire paraître un article précisant à tous nos adhérents l'antagonisme qui existait dans les positions prises par le Général et nous-mêmes.

« A la suite de cet incident, le Général me demanda un rendez-vous auquel je me rendis. Après m'avoir fait des reproches dans les termes les plus violents, reproches que je n'admis pas, il m'avoua que sa position primitive avait beaucoup évolué et qu'il était parfaitement décidé à se séparer de certains hommes douteux dont il s'était entouré et de s'entendre avec le Général de Gaulle auquel, disait-il, il venait d'envoyer un émissaire.

« Notre position à son égard aurait pu être reconsidérée, malgré le peu d'estime dans lequel je tiens le Général, s'il n'avait été arrêté et interné à Vals[9]. »

Cette affaire étant réglée, Moulin écrivait à de Gaulle à propos de Frenay : *« Je souligne sa loyauté dans l'affaire La Laurencie. Il est même allé au-delà des désirs des autres mouvements et des miens propres, en prenant nommément* [à] *partie dans son journal la Laurencie, ce qui n'était pas indispensable*[10]. »

Novembre 1941 : fusion entre Liberté et le M.L.N.

Le deuxième événement, survenu pendant l'absence de Moulin, était, lui, positif : il s'agissait de la fusion du mouvement de la Libération nationale avec le mouvement Liberté (novembre 1941). Elle avait donné naissance au « Mouvement de libération française » et à *Combat*, un journal unique, résultant de la fusion des journaux *Liberté* et *Vérités*. Après quelques mois, les résistants prirent l'habitude d'utiliser ce nom de Combat pour désigner le mouvement. Cette fusion en faisait le plus important de la zone libre par son implantation dans toutes les régions et par la qualité des universitaires qui l'encadraient. Elle colorait son orientation à droite d'une connotation sociale puisque ses dirigeants, tels Menthon, Teitgen ou Bidault (agrégé d'histoire, professeur et rédacteur en chef de *L'Aube*), appartenaient, avant la guerre, à la démocratie chrétienne.

C'est d'ailleurs cette tendance politique du nouveau mouvement autant que la personnalité de Frenay qui fit obstacle à la fusion avec Libération, résolument implanté à gauche et qui souhaitait devenir le creuset des forces populaires.

On se souvient qu'Emmanuel d'Astier de La Vigerie avait en grande partie constitué ses troupes durant l'été 1941 avec des adhérents du syndicat C.G.T. et avec des militants de l'ancien parti socialiste (S.F.I.O.). D'Astier était avant tout républicain, même s'il souhaitait un régime plus social et profondément différent de la IIIe République. Cet objectif en 1941 n'était pas encore celui de Frenay, qui évoluera ultérieurement (sous l'influence de Claude Bourdet notamment) vers un socialisme humaniste, résolument anticommuniste.

La fracture entre les états-majors de Combat et de Libération était donc idéologique (bien que Combat comptât dans ses rangs, comme tous les mouvements, un pourcentage élevé de militants socialistes), ce qui se traduisait par des objectifs et des méthodes d'action divergents.

Dès la fondation de son mouvement, d'Astier avait reconnu le « gaullisme » comme symbole de la Résistance. Ce choix, nullement affectif, procédait d'un réalisme politique qui constatait l'influence croissante du Général sur les résistants de base. Il fut l'un des premiers chefs à comprendre qu'il ne pourrait étendre son recrutement que s'il partageait l'idéal de ses militants ou, du moins, le faisait croire en le proclamant. Frenay ne partageait pas cette analyse : il mettait son espoir dans un revirement des chefs militaires prestigieux, comme Weygand, par exemple, voire Pétain lui-même, ainsi que Moulin le constata en mars 1942[11].

Mais c'est sur leur conception de l'organisation que les deux hommes s'opposaient le plus vivement et que les différences entre les deux mouvements étaient le plus accusées. Frenay avait la volonté de créer un mouvement de cadres, organisé et discipliné, dans lequel les militants s'intégreraient comme dans une armée. Pour ce faire, il avait divisé Combat en trois secteurs, le Choc, le Renseignement, la Propagande.

Cela permettait à d'Astier de reprocher à Frenay l'organisation de son mouvement par le haut et l'instauration d'une hiérarchie excessive. Lui-même croyait au contraire à une insurrection populaire préparée et conduite par des cadres civils, où la grève générale jouerait son rôle. Il avait donc développé Libération sur la base de regroupements professionnels et syndicaux, afin de mobiliser les militants sur leur lieu de travail. En conséquence, au lieu de répartir les résistants par sizaines autour de l'armement, il les groupait par sizaines professionnelles, parce que la *« guerre était, pour lui, autant révolutionnaire que militaire*[12] *»*.

Cette différence de conception, de structure et de recrutement des deux mouvements se traduisit continuellement par des tensions entre les cadres, qui ne se retenaient pas d'en faire état. Voici, par exemple, ce qu'écrit (en juin 1943) Pascal Copeau, adjoint de d'Astier, au sujet de Combat : *« Le malheur est que le recrutement des cadres de Combat a été fait, dès l'origine apparemment, de telle manière qu'on a affaire soit à des fascistes larvés, qui mènent une politique personnelle, soit à des bourgeois réactionnaires qui ont évolué mais ne prononcent le mot de République que du bout des lèvres, soit à des jeunes gens pleins de bonnes intentions mais sans aucune attache locale et avec la meilleure volonté du monde ne pouvant avoir de réels contacts avec les masses ouvrières résistantes.*

« D'une façon plus précise, comme je vous l'ai déjà expliqué, Gervais [Frenay] *a voulu édifier la résistance comme une affaire de prestige personnel, alors que, par définition, il ne peut y avoir d'autre prestige personnel dans la Résistance que celui du Général de Gaulle lui-même. Au contraire, à Libération, vis-à-vis des régions tout au moins, je n'ai eu aucune peine à vous remplacer, car les responsables que j'ai eu à voir n'ont considéré en ma personne que le représentant d'une idée. Evidemment, si j'avais été tout à fait inférieur à ce qu'ils attendaient, ils auraient rouspété, mais comme, apparemment, ce n'était pas le cas, il n'était pas du tout nécessaire que je dispose d'un magnétisme extraordinaire, magnétisme dont croit disposer notre ami Gervais et sur lequel, selon un principe qui ressemble beaucoup à celui du Führer, il a édifié son système de commandement*[13]*. »*

Si les hommes de Libération avaient une médiocre opinion des responsables de Combat, ceux-ci le leur rendaient bien. On lit, par exemple, sous la plume de Bénouville (recrue tardive de 1943) cette appréciation à l'égard des deux autres mouvements à la même date : *« F.T.* [Franc-Tireur] *est une réunion de petits politicards que l'unité fait un peu trembler, car, à chaque moment, dans les régions, lorsque l'heure est venue de montrer le fond de son sac, il apparaît que leur sac est vide. Libé* [Libération] *avec lequel nous entretenons de bien meilleures relations, n'en est pas moins un peu du même tonneau. Nos camarades ne peuvent pas, à chaque instant, ne pas sentir leur faiblesse vis-à-vis de nous. Ils en ressentent une certaine aigreur*[14]*. »*

Moulin utilisa ces antagonismes pour accomplir sa mission. Suivant les objectifs qu'il poursuivait, tantôt il s'appuyait sur d'Astier, tantôt sur Frenay, bénéficiant, la plupart du temps, du soutien favorable et modérateur de Jean-Pierre Levy, de Franc-Tireur.

Les premiers mois, il s'opposa à la fusion pour permettre à chacune de se reconstituer après les hécatombes et pour leur éviter d'être trop vulnérables en s'étoffant trop rapidement. Cela lui offrait aussi la possibilité d'être « plus maître de chacune d'elles ».

Reconnaissance du « symbole » de Gaulle

La première tâche de Moulin fut de convaincre ces trois chefs de faire allégeance publiquement à la France Libre et à de Gaulle, ce qu'aucun mouvement n'avait fait jusque-là. Au début, il se heurta aux hésitations de Frenay, qui tenait encore à ménager la résistance vichyste, mais il l'obtint sans difficulté de Libération qui, malgré son ancrage à gauche, était prêt à reconnaître de Gaulle, par tactique.

C'est ainsi que, dans *Libération*, dès le 20 janvier 1942, on lut cet entrefilet : *« Libération salue le grand chef français, le général de Gaulle, qui, lorsque tant d'autres généraux doutaient du destin français, a su voir au-delà des contingences immédiates, et est devenu le symbole du relèvement de notre pays*[15]*. »*

Le 15 février 1942, le journal se prononçait plus nettement encore : *« Pour nous, tout en réservant notre liberté pour l'avenir, nous constatons qu'à l'heure présente, il n'y a qu'un seul mouvement, celui de la France Libre, qu'un seul chef, le Général de Gaulle, symbole de l'unité et de la volonté française*[16]*. »*

On observe même dans *Libération* le mot « chef » utilisé à plusieurs reprises, ce qui est surprenant pour un mouvement à majorité syndicaliste et socialiste. La raison en est que Léon Morandat, jeune syndicaliste, volontaire de la France Libre après son retour de l'expédition de Norvège, agent de Londres parachuté à l'automne 1941, avait été invité par d'Astier à siéger au Comité directeur de son mouvement et participait à la rédaction du journal.

De son côté, *Le Franc-Tireur* (que Moulin avait découvert fin février 1942) reconnut de Gaulle immédiatement, avec toutefois la même réserve « républicaine » à l'égard de l'avenir que *Libération*, mais formulée sous une forme plus politique : *« Dans cette bataille et jusqu'à la victoire, nous sommes de tout notre cœur, de toute notre ardeur, avec ceux qui combattent, avec de Gaulle et les Français Libres*[17]. » Évoquant le gouvernement dont la France aurait besoin à la libération, le journal affirmait que de Gaulle était *« seul qualifié pour assurer avec le Gouvernement la provisoire pérennité de l'Etat* [...]. *Il a fait ses preuves, avant et pendant la guerre, de patriotisme, de clairvoyance et d'énergie. Et ce sont là, justement les qualités indispensables des gouvernants de demain »*.

Mais *Le Franc-Tireur* émettait des réserves, qui étaient autant de méfiances républicaines : *« Le général de Gaulle a pris publiquement l'engagement de rendre la Liberté au pays et de lui permettre de "choisir son destin".* [...]

« [...] *Qu'on nous entende bien. Nous n'entendons pas substituer à la dictature de la défaite la dictature de la victoire ; à l'idolâtrie pour un homme, l'idolâtrie pour un autre homme. Mais nous savons qu'il faudra faire vite pour sauver le pays de l'anarchie et de la ruine définitive.*

« [...] *Dans la mesure où le général de Gaulle prendra le pouvoir pour assurer au pays la nourriture, l'ordre et la justice, dans la mesure où il se limitera aux mesures immédiatement nécessaires, dans la mesure où il défendra l'indépendance de la France, s'il le faut vis-à-vis des Alliés ; dans la mesure où il préparera l'élection rapide d'une "Convention Nationale" appelée à donner à la IVe République ses institutions politiques, sociales et économiques, alors nous sommes de tout cœur avec le général de Gaulle, et avec nous, tous les Français qui, tout en refusant le retour d'hommes déconsidérés, rejettent violemment la*

Dictature maladroite, incohérente et équivoque qui se fait appeler Gouvernement de Vichy[18]. »

Ce thème sera repris par des hommes politiques, à commencer par Léon Blum.

Quant à *Combat*, sollicité par Moulin dès janvier 1942, il semble avoir attendu le mois de mars pour découvrir l'existence du général de Gaulle : « *La France, la vraie France ne s'y est pas trompée. L'immense majorité de l'opinion publique a, dès le premier jour, salué dans le Général de Gaulle l'homme qui sauvait l'honneur français et portait les espoirs de la Patrie. C'est toute la France qui, le soir, écoute le porte-parole des Forces françaises libres et suit avec reconnaissance le sacrifice de ses soldats, de nos soldats qui luttent pour la Libération.*

« *Il est ainsi démontré que tous ceux qui résistent à la marée hitlérienne, français ou étrangers, reconnaissent dans le Général de Gaulle celui qui représente la volonté du peuple français et symbolise sa résistance à l'oppresseur.*

« *A ce symbole, le Mouvement de Libération française est profondément attaché*[19]. »

Comme on le voit, à la différence de Libération, qui saluait de Gaulle comme le seul « chef » de guerre, les deux autres mouvements se gardaient bien de reconnaître une soumission hiérarchique au Général. Ils ne considéraient pas que l'aide qu'ils devaient recevoir de la France Libre les liait en quoi que ce fût au Général. D'autant moins qu'ils supputaient que son but n'était pas identique au leur. Certes, ils luttaient tous pour libérer la France. Mais on sait que, depuis plus d'un an, Frenay menait son action selon des principes bien différents de ceux du Général, ce qui explique pourquoi Combat mit plus de temps à se rallier.

Par ailleurs, Frenay avait toujours marqué officiellement ses distances avec la France Libre. En septembre 1941, n'écrivait-il pas dans son journal *Vérités* : « *Nous ne sommes ni gaullistes, ni communistes*[20] » ? Dans le premier numéro de *Combat*, en décembre 1941, on lisait : « *Nous savons à l'avance les reproches que les imbéciles et les traîtres nous feront. Nous serons taxés de gaullisme, de communisme, de judaïsme ou d'anglophilie. Nous laisserons aboyer la meute sans nous émouvoir.* »

Au début de 1942, il avait expliqué en présence de Jacques Lecompte-Boinet (un membre de la direction de Combat en zone occupée) : « *On m'accuse d'être entre les mains de l'Etat-Major de l'Armée. — C'est faux. — Je reconnais le Général de Gaulle comme chef militaire de la résistance parce que je considère cela comme indispensable à l'efficacité de cette résistance donc, pour des raisons stratégiques. — Au point de vue, politique, j'ignore sa position, ses intentions, ses possibilités. — Notre Mouvement a une position politique bien définie et nous sommes, notamment, méfiants de l'influence anglaise, maçonne et juive. — Je réserve donc, pour l'instant, la reconnaissance du Général de Gaulle comme chef politique. — Néanmoins, j'accepterais tout ce qui serait conséquence nécessaire de son commandement militaire*[21]. »

Il était difficile pour lui, après avoir approuvé durant plus d'un an le Maréchal et sa politique, de donner raison au « traître » en proclamant subitement son ralliement à de Gaulle. Il aurait couru le risque de voir les militaires, qui formaient la structure de son mouvement, refuser de le suivre dans cette voie. Accepter de Gaulle, c'était rompre avec Pétain et la Révolution nationale qui avait été la charte de son mouvement et envisager le retour à la République honnie. Il était surtout délicat pour Frenay de faire allégeance à un rebelle dont il avait toujours tenu à se démarquer. On ne doit pas oublier qu'après l'échec sanglant de Dakar et la conquête de la Syrie par les Français Libres, de Gaulle était l'homme qui avait fait battre des Français contre des Français : un renégat et un mercenaire à la solde de l'Angleterre.

Or, Frenay avait déclaré nettement dans son manifeste de 1940 qu'il refusait d'être à la solde de l'Angleterre : « *Le Mouvement de Libération Nationale est un mouvement profondément français. Jamais nous ne nous ferons les mercenaires de l'Angleterre. Nous n'accepterons d'elle ni ordres, ni subsides.*

« […] *L'argent indispensable à notre action sera de l'argent français. Nous ne demanderons pas un shilling à la Grande-Bretagne* […].

« *Grâce à quoi,* poursuivait Frenay, *au jour où nous aurons ensemble battu l'Allemagne, nous ne serons pas pour l'Angleterre des serviteurs à gage, mais des hommes libres qui n'auront rien reçu et auront tout donné. La voix purement française que nous ferons entendre devra être écoutée parce que nous l'aurons mérité et que nous le voulons.*

« *A la capitulation des Armées françaises, le mouvement de Libération Nationale aura opposé le sursaut de son cœur et de sa foi. Il aura transformé notre défaite matérielle temporaire en une victoire totale grâce à l'esprit qui l'anime. D'égale à égale, la France et l'Angleterre imposeront leur paix à l'Allemagne. L'Europe de demain ne se fera pas sans nous*[22]. »

On comprend dès lors que le retour de Moulin, porteur des ordres de mission du Général, ait posé à Combat quelques problèmes de conscience, dont on trouve l'écho dans cette réflexion de Chevance-Bertin, adjoint de Frenay : « *La grande question pour nous, c'était de savoir si nous allions devenir gaullistes. C'est-à-dire si nous allions accepter les moyens financiers, les moyens de liaison, les directives*[23]. »

Cette réflexion qui, aujourd'hui, semble paradoxale de la part d'un résistant était d'autant plus naturelle à l'époque que Moulin, lors de son enquête en 1941 auprès des cadres des mouvements, n'avait envisagé sa mission à Londres que sous l'angle militaire : des soldats d'une même cause, sans moyen, adressaient un S.O.S. au chef d'une armée amie pour recevoir du matériel et des armes afin de participer en commun à la libération du territoire. On a vu que, nulle part dans les rapports de Moulin présentant les *desiderata* des mouvements, il n'est question de reconnaissance politique et encore moins de subordination. La raison en était évidente. Au moment du départ de France le 9 septembre 1941, le Comité national français de Londres n'était pas constitué. C'est seulement à Lisbonne que Moulin l'apprit par les journaux et à son arrivée à Londres que de Gaulle lui en expliqua la raison, qui était représenter la France par des institutions politiques. Ayant vécu à Londres durant deux mois, Moulin s'était familiarisé avec ses conceptions au point d'accepter d'être le délégué du Comité national français. Il est facile en revanche d'imaginer la surprise des résistants métropolitains devant l'obligation de cette allégeance politique imprévue pour obtenir les moyens de s'organiser militairement !

Devenir gaulliste pour Frenay, en ce début de 1942, c'était, en outre, abandonner publiquement l'ambition initiale de son mouvement : être le grand mouvement fédérateur des résistances métropolitaines, instaurer la Révolution nationale et traiter d'égal à égal avec les Anglais. C'était aussi rompre tous les liens qui l'attachaient encore à Vichy. C'est pourtant le pas que Frenay se décida à franchir lorsque le maréchal Pétain, dont la politique le décevait chaque jour davantage, rappela Pierre Laval, vivant symbole de la collaboration, à la présidence du Conseil le 18 avril. Il publia alors dans *Combat* du mois de mai 1942 « Une lettre au Maréchal », dans laquelle il énumérait ses griefs, allant parfois jusqu'à condamner ce qu'il avait précédemment approuvé, ainsi l'accord de Montoire : *« Le 14* [*sic*] *octobre 1940 : Vous engagiez la France dans la politique d'asservissement à l'Allemagne. — Vous trahissiez à nouveau la parole que vous-même, cette fois aviez donnée. Pour tenter de cacher au pays cette nouvelle forfaiture, vous la nommiez pudiquement "collaboration".*

« [...] *En un mot, vous faites de la France l'alliée de l'Allemagne ! Vous aviez le choix : vous soumettre ou partir. Vous auriez dû partir et laisser à d'autres le soin de livrer notre pays. Vous préférez rester, non plus dans une demi-liberté mais dans un complet esclavage pour patronner la trahison.*

« Tout est clair maintenant, le mythe Pétain a vécu. — Vos étoiles s'éteignent.

« "Je suis seul responsable", avez-vous dit.

« En effet, vous êtes responsable d'avoir livré à l'ennemi le produit de nos usines et de nos mines, d'avoir fourni à Hitler les bras qui lui manquent, d'avoir patronné les quelques centaines de mercenaires de la légion anti-bolchevique, d'avoir ravitaillé l'armée Rommel, d'avoir livré l'Indo-Chine au Japon.

« Vous êtes responsable aussi, de la suppression de nos libertés, des parodies de justice, du régime policier, des odieuses lois antisémites, de l'omnipotence des trusts, du chômage, et de la famine naissante.

« Voilà pour le passé. Et la France, demain au procès de Riom, sera déclarée responsable de la guerre. C'est un beau coup que de faire condamner non seulement des hommes mais encore un régime et sa Patrie.

« [...] *Un jour vous disiez au pays "Suivez-moi, gardez votre confiance en la France éternelle".*

« Nous gardons en effet, confiance en notre Patrie. Nous la servirons avec ferveur. Nous lui sacrifierons notre liberté et s'il le faut, notre vie. Mais nous ne vous suivrons pas.

« La France entière contre Laval est désormais contre vous. Vous l'avez voulu[24] *! »*

Cet itinéraire, qui fut celui de nombreux Français et de nombreux résistants, Frenay en expliquera plus tard les causes dans une lettre adressée au président Roosevelt : *« Je suis moi-même un militaire que le drame vécu par ma patrie a lancé sans préparation dans la résistance. L'évolution que je vous ai brièvement retracée fut la mienne comme celle de mes compatriotes. Je n'avais aucune préférence a priori, ni pour une tendance politique, ni pour tel ou tel homme, lorsqu'en juin 1940, je dus cesser de me battre. Si j'ai tenté sans succès de continuer la lutte en rejoignant le Général de Gaulle, j'ai cru, néanmoins, au Maréchal Pétain, j'ai cru au double jeu, j'ai cru même à une véritable révolution nationale humaine et sociale. Comme tous les autres Français, j'ai été cruellement déçu, odieusement trompé. Ma pensée n'est pas personnelle, je participe au grand courant d'opinion qui, comme une marée, submerge tous les Français et les entraîne à sa suite. C'est à ce titre que mon opinion à vos yeux doit avoir une valeur et un poids*[25]. *»*

Ce choix fut pour lui une seconde rupture avec l'armée, car il savait que jamais les officiers du 2e Bureau de Vichy, avec lesquels il était resté en liaison étroite et travaillait dans le domaine du renseignement, n'accepteraient cette volte-face qu'ils considéraient comme une trahison. C'est effectivement ce qui se passa : les cadres de l'armée d'armistice se tinrent éloignés des mouvements de résistance de zone libre, dont ils condamnaient l'action, trop politique, c'est-à-dire trop gaulliste à leur gré.

On comprend que le ralliement, difficile mais indispensable, de Frenay (même après un délai de réflexion de deux mois) ait été un succès personnel pour Jean Moulin qui augurait bien de sa mission.

6 février 1942 : l'« affaire Pucheu »

Pourtant elle avait bien failli tourner court dès la fin janvier 1942 : l'affaire Pucheu avait manqué détruire l'entente timide des résistances en zone libre.

L'origine en était simple, quoique dramatique. Fin janvier 1942, de nombreux membres des états-majors de Combat dans les deux zones furent arrêtés. Pour sauver ses camarades, Henri Frenay accepta une entrevue avec le directeur de la police à Vichy et, à cette occasion, rencontra le ministre de l'Intérieur, Pierre Pucheu. Ce dernier traquait les résistants qui le craignaient et le méprisaient. Pour les communistes, il était un objet de haine, car ils l'accusaient d'avoir désigné aux Allemands les otages communistes fusillés à Châteaubriant en représailles des attentats contre des militaires allemands (octobre 1941).

Huit mois plus tard, Frenay fit le premier compte rendu de cet entretien : *« La conversation commença en ces termes : "C'est vous qui me prenez pour un traître", dit M. Pucheu. A quoi, je lui répondis : "Monsieur le Ministre, si vous n'êtes pas un traître, il faut bien reconnaître que vous en avez toutes les apparences". Malgré ce début, la conversation fut fort courtoise. Comme M. Rollin* [directeur de la police], *M. Pucheu s'efforça de me démontrer que le Gouvernement Français n'avait aucun penchant pour l'Allemagne, mais s'efforçait de faire une politique réaliste au mieux des intérêts généraux du pays. Lui aussi voulut me démontrer que nos activités dans la résistance étaient gênantes et que notre attitude combative s'élevait plus contre des apparences que contre des faits*[26]. »

Frenay retourna le 6 février 1942 voir Pucheu après avoir rédigé un document qu'il lut au ministre : *« Ce document exposait comment le mouvement "Combat" qui, à son origine n'était pas anti-gouvernemental, par la force des choses, le devint. C'était en somme une condamnation formelle de la politique du Gouvernement de* VICHY*, aussi bien dans le domaine intérieur qu'extérieur.*

« Ce document, lu dans le bureau même du Ministre de l'Intérieur par un homme qu'il avait lui-même placé sous mandat d'arrêt, avait une étrange résonance. L'idée qui était exprimée dans sa conclusion peut ainsi se résumer : étant donné que le Ministre de l'Intérieur affirme que la politique du Gouvernement de Vichy n'est pas a priori favorable aux desseins de l'Allemagne et qu'il se réserve d'agir selon les circonstances, il apparaît évident aux yeux de "Combat" que les événements militaires devant tourner nécessairement au désavantage du Reich, l'action du Gouvernement et celle de "Combat" devront nécessairement un jour se rejoindre. Il semble donc paradoxal que les dirigeants et les militants d'un mouvement qui, un jour peut-être lointain, seconderont les desseins gouvernementaux, soient pourchassés et emprisonnés par ceux-là même qui, demain, seront ses alliés.

« Dans un but de conciliation, je proposai de cesser, dans notre propagande

clandestine, les attaques contre la personne même du Maréchal Pétain, d'atténuer progressivement, au fur et à mesure que les événements le permettraient et en fonction même de leur attitude, les attaques contre les ministres, mais nous restions intransigeants sur le fond même du problème : demeurer anti-allemand, anti-collaborationniste, anti-trust.

« Pendant la lecture de ce document, M. Pucheu manifesta une certaine nervosité. Il m'interrompit même à deux reprises : une première fois pour m'exprimer sa haine de la démocratie qu'il appelait d'ailleurs "démocrassouille" ; une deuxième fois pour me demander si nous lui reprochions, au sujet du problème anti-sémite, d'avoir aryanisé la Banque Lazare et la Banque Rothschild. Ce à quoi je lui répondis que nous regrettions seulement que la Banque Worms n'ait pas figuré dans la charrette [Pucheu avait été directeur d'une filiale de la banque Worms][27]. »

Cette rencontre (aussitôt divulguée par la police de Vichy pour ruiner le crédit de Frenay jusque dans son propre mouvement) ébranla la Résistance entière et dressa les chefs des autres mouvements contre Combat. D'Astier la condamna sans circonstances atténuantes, la jugeant d'autant plus coupable qu'il n'en avait pas été prévenu, ce qui confirmait fâcheusement à ses yeux la réputation de pétainisme de Frenay qui passait alors pour l'homme du 2e Bureau de Vichy. Un agent de la France Combattante, Stanislas Mangin (dit Pierre), rapporta ainsi au printemps 1942 les bruits qui couraient dans la Résistance depuis que Frenay avait quitté l'armée d'Armistice.

« 1. — Renseignements de Louis [le frère de Stanislas Mangin] *:*

« [...] *Bien que considéré comme un des officiers les plus brillants de l'E.M.A., il* [Frenay] *obtient immédiatement son congé et s'installe à Lyon pour créer un mouvement clandestin de résistance anti-allemand.*

« Les renseignements ci-dessus émanent de Louis qui ajoute qu'en juin 1941, le Colonel du Vigier, Chef du 3e Bureau de l'E.M.A. (qui assume la préparation secrète de la mobilisation) lui a déclaré :

« Frenet [sic] *nous a quittés pour créer un mouvement secret. Nous l'avons laissé faire, mais en le suivant pas à pas. — Nous tenons tous les fils de son affaire et, bon gré mal gré, il se trouve dans nos mains. »*

Une telle information propagée par un officier aussi qualifié et informé concourut durablement à la réputation de Frenay jusque dans les services de la France Libre.

« 2. — De Roger Stephane :

« [...] *"Libération Nationale" est un Mouvement de militaires et de gens de droite ; tendance très différentes de "Liberté" ; peu nombreux, dont le caractère réactionnaire rend difficile la fusion avec "Libération".*

« 3. — Teitgen, interrogé par Pierre [Stanislas Mangin] *sur la question des rapports de Frenet* [sic] *avec l'E.M.A., déclare que beaucoup d'apparences sont contre lui, mais aucune preuve. On peut admettre que ses nombreuses relations à l'E.M.A. et le fait qu'il ait nécessairement pris dans son Mouvement un certain nombre d'officiers connus de l'E.M.A., peut expliquer bien des contacts et leurs conséquences. — D'après son impression personnelle, Frenet ne joue pas double jeu. — Teitgen et Pierre font la réflexion qu'il n'est peut-être pas mauvais qu'il y ait un point de contact entre la résistance illégale et l'activité secrète de l'armée qui forge un outil qu'on sera amené à utiliser d'une façon ou de l'autre.*

« 4. — De de Menthon.

« Il est exact que Frenet est très suspect de rapports avec l'E.M.A. — La situation n'est pas absolument claire à cet égard et exige quelques précautions. On doit, tout du moins, penser que l'E.M.A. est entièrement au courant de tout ce qui concerne son Mouvement. Il est juste d'ajouter qu'il doit bien en être de même pour ce qui concerne le nôtre. — Il est exact que tout peut s'expliquer par le fait des relations de camaraderie de Frenet dans l'E.M.A. et de son recrutement en officiers.

« Il est de fait que cette question soulève de graves problèmes pour la fusion, d'autant que l'opposition des tendances politiques entre Frenet et d'Astier incite le mouvement de ce dernier à tirer parti de cet argument[28]. »

À la suite du scandale provoqué par cette affaire, d'Astier accusa Frenay d'avoir agi avec déloyauté et rompit les ponts avec lui. En dépit des efforts déployés par Jean Moulin pour tenter de rapprocher les deux hommes, ceux-ci campèrent longtemps sur leurs positions. D'autant plus que d'Astier publia dans le numéro du mois de mars de *Libération* un article vengeur, dont heureusement seuls les initiés pouvaient saisir le sens : *« Quelques attentistes scrupuleux, quelques diplomates de café voudraient faire écho aux chants des sirènes de Vichy : "Nous ferons la résistance le jour venu... nous retournerons notre veste révolutionnaire et nationale aux approches de la victoire".*

« […] *Avec Vichy ? Non. Il n'y a là que des pleutres ou des machiavels au petit pied dépassés par la grandeur des travaux et des jours. Seuls sont qualifiés pour mener la résistance, pour arracher la victoire les hommes de là-bas et d'ici qui ont su rester des Français libres... Seule, la cohorte qui, aux mauvais jours, a dominé les défaillances, les de Gaulle, les Legentilhomme, les Leclerc, les d'Ornano, vivants et morts... et l'autre cohorte — anonyme celle-là, pour quelques mois encore — ceux de zone occupée qui meurent le chant aux lèvres, ceux de zone libre qui crèvent en prison sans transiger, ceux du Nord et du Midi qui, chaque jour plus nombreux, font la relève des morts et des prisonniers*[29]. »

D'autres chefs de mouvements exprimaient le même avis, comme en témoigne le jugement de Christian Pineau (créateur de Libération en zone occupée, ancien syndicaliste) cinq mois après cette affaire. Il était en désaccord avec Moulin sur cette question : *« J'ai pris contact avec Rex* [Moulin]. *Comme je vous l'ai indiqué, l'accord a été immédiat et je crois que la collaboration entre nous pourra être très efficace. Le seul point de divergence a été l'attitude de Combat que je juge suspecte et qu'il estime efficace. L'expérience fera sans doute sur ce sujet, évoluer l'un de nous deux vers le point de vue de l'autre*[30]. »

Il y reviendra à plusieurs reprises : *« La personnalité de Fresnay* [*sic*] *demeure suspecte et Combat jouit de curieuses tolérances de Vichy, dues, à mon avis, aux négociations de Fresnay. Dans quelle mesure pouvons-nous donc compter sur la fidélité de Combat, c'est ce qu'avec Rex, nous nous efforcerons de déterminer*[31]. »

Il ajoutait : *« Je viens d'avoir de nouvelles précisions sur Fresnay. C'est bien comme je le pensais, un agent du 2e bureau. Cela pose un problème très grave, car, comme je vous l'ai indiqué, Combat est un mouvement intéressant et ne peut être sacrifié en raison de la personnalité douteuse d'un seul de ses dirigeants. D'autre part, beaucoup de gens réclament la fusion entre les mouvements et nous ne pouvons sans danger faire part de nos inquiétudes.*

« J'avais pensé à la solution suivante : Faire venir à Londres Fresnay et l'y garder. Qu'en pensez-vous[32] ? »

C'est la solution qu'adopta de Gaulle un an plus tard en nommant Frenay ministre dans son gouvernement, où il fut retenu jusqu'à la Libération. Non parce qu'il le tenait pour *« un agent du 2e bureau »*, mais parce qu'il s'était rendu insupportable aux chefs des mouvements et menait campagne contre ses directives et ses représentants, manœuvrant pour limiter leur influence et leurs pouvoirs.

L'accusation, précise, de Pineau était partagée par le B.C.R.A., qui interrogeait Moulin en ces termes : *« En ce qui concerne ce mouvement, nous vous rappelons que Nef* [Frenay]*, ainsi que la plupart de ses collaborateurs, travaillent certainement pour Vichy. En conséquence, nous vous demandons d'étudier s'il faut continuer à essayer de travailler avec "libération française"* [Combat] *ou, au contraire, abandonner complètement les contacts avec Lifra* [Combat], *employez l'équipe Sif* [Fassin] *ailleurs, suivant vos désirs et vos possibilités*[33]. »

Le commissaire national à l'Intérieur aggravait ces directives : *« Aucun rapport d'aucune sorte ne devra être conservé avec le mouvement de Nef* [Frenay] *dont nous craignons le profond noyautage*[34]. »

Deux mois plus tard, le 24 juin, Londres confirmait ses soupçons : *« Nef* [Frenay] *continue-t-il encore à flirter* [avec Vichy] *? Si oui, n'hésite pas à réduire votre appui financier. Nous sommes d'accord avec vous sur toute votre activité. Kim* [Schmidt] *a dû vous dire que nous vous faisions entière confiance*[35]. »

Dans cette offensive générale, Frenay trouva pourtant un défenseur : Jean Moulin. Manifestant sans faillir son désaccord sur ce point avec Pineau et tous les autres chefs, allant jusqu'à refuser d'adopter les directives de Londres, Moulin se porta garant du chef de Combat : *« Militant de la Résistance de la première heure,* écrivait-il à de Gaulle, *ayant mis sur pied une organisation très importante, plein d'allant et de courage, F.* [Frenay] *ne peut voir sa bonne foi contestée dans cette affaire*[36]. » Cette caution en forme de « citation », Jean Moulin ne la renia jamais.

Cette affaire eut des répercussions durables, surtout parce que les communistes en firent un argument persistant de leurs attaques contre Frenay qui visaient à éliminer un concurrent de poids. Dans une lettre à Bourdet, Pierre Villon, leur porte-parole, déclarait en mars 1944 : *« La liaison, même si elle n'avait été que temporaire, entre Fresnay* [*sic*] *et Pucheu, vient démontrer qu'il y a dans tout cela un fil conducteur, une attitude politique délibérée, l'anticommunisme, qui conduit ceux qui l'adoptent directement à la trahison : abandonner les patriotes communistes, aux coups de l'ennemi, c'est affaiblir les forces qui en commun peuvent libérer la France et assurer son indépendance et sa grandeur, c'est trahir*[37]. »

Même après la Libération, les communistes ne manquèrent pas de ressortir cette affaire dans des attaques odieuses qui justifient que Frenay les ait tenus pour de machiavéliques adversaires[38].

Une remarque s'impose : jusqu'à sa mort, Jean Moulin défendit le chef de Combat contre les accusations conjuguées de la Résistance et de Londres. Quand on connaît les opinions de l'ancien préfet, on observe que ses affinités politiques le portaient naturellement vers Libération et encore plus vers Franc-Tireur, où il connaissait d'avant guerre un homme qu'il estimait, Albert Bayet. Il aurait donc pu (en obéissant aux directives de Londres et en accord avec l'ensemble de la Résistance) mettre Frenay sur la touche. Or, non seulement il n'en fit rien, mais, sans désemparer, il le défendit et le soutint matériellement en lui attribuant le budget le plus élevé des mouvements des deux zones, l'aidant ainsi à devenir le plus important de la zone libre. Il avait compris une fois pour toutes l'importance des capacités de Frenay dans la conduite du mouvement de résistance le mieux organisé et le plus dynamique de la zone libre.

Moulin réunit le 28 mars les chefs de Libération française, de Libération et de Franc-Tireur, *« non pour tenter une fusion contre-indiquée, mais pour dissiper tout malentendu*[39] *»*. Jean-Pierre Levy n'ayant pu se rendre à cette convocation, c'est Antoine Avinin qui y représenta Franc-Tireur. Moulin espérait que la participation aux entretiens d'un nouveau partenaire permettrait de rompre l'affrontement entre d'Astier et Frenay et les obligerait à oublier les querelles récentes pour reprendre le dialogue indispensable entre les deux mouvements. Car l'affaire Pucheu n'avait fait que cristalliser le conflit latent entre les mouvements, tenant à l'idéologie tout autant qu'au caractère des deux hommes ou à leurs ambitions. Après trois mois de contacts fréquents, Moulin commençait à les connaître. Frenay : passionné, autoritaire, obstiné ; d'Astier : charmeur, insaisissable, rusé. Tous deux en compétition pour la première place.

Le surlendemain, Moulin rédigea un rapport dans lequel il relate cette rencontre dont il n'existe pas d'autre compte rendu : *« La réunion s'est terminée par un accord parfait qui ne porte d'ailleurs nullement atteinte à l'indépendance de pensée de chacun.*

« Une déclaration commune sera rédigée dans ce sens et paraîtra dans chacun des journaux[40]*. »*

Finalement, en dépit de la gravité de cette affaire, l'atmosphère se détendit le 17 avril, à la suite du départ de d'Astier pour Londres.

Le chef de Libération avait décidé ce voyage (sans prévenir Frenay) dès qu'il avait compris, après l'arrivée de Morandat et de Moulin, que la source des moyens matériels et du pouvoir se trouvait en Angleterre. Il s'y rendit afin d'obtenir un contact direct avec de Gaulle, pour tenter de faire nommer, à la place de l'ancien préfet, le jeune Morandat, qui l'avait séduit et qu'il trouvait malléable. Une autre raison l'y poussait : il craignait que Christian Pineau (chef de Libération-Nord), qui rentrait de Londres, n'eût présenté la situation des deux mouvements Libération (de zone occupée et de zone libre) à son avantage, en faisant croire à l'existence d'un seul mouvement qu'il aurait créé et dirigé.

Le départ de d'Astier eut une autre conséquence : la mise en sommeil des négociations entreprises pour organiser la coordination des trois mouvements.

Création des services centraux

La mission principale de Jean Moulin (réaliser l'unité morale et matérielle de la France clandestine) passait par la création d'une armature administrative unifiée à laquelle les mouvements aspiraient mais qu'ils avaient été incapables de mettre sur pied pour les raisons que l'on vient d'énumérer. Afin de stimuler la coordination administrative, Moulin prit l'initiative de créer deux services, communs aux trois mouvements : le B.I.P. (Bureau d'information et de presse) (avril 1942) et le C.G.E. (Comité général d'études, juillet 1942). Ces deux organismes politiques furent complétés, à la fin de l'année, par deux autres, purement techniques : un service de transmission radio, Wireless Transmission (W.T.), et un Service des opérations aériennes et maritimes (S.O.A.M.). Entre-temps, Moulin s'était doté d'un secrétariat, cellule indispensable qui, jusque-là, lui avait fait cruellement défaut.

Ces organisations n'avaient pas été prévues par la France Libre mais naquirent des nécessités. En fait, les services techniques permettaient de contrôler les mouvements avec un minimum de moyens et de personnel puisque, parmi leurs fonctions, il y avait la répartition des fonds, les liaisons radio, l'acheminement du courrier, des armes, du personnel ainsi que la distribution des armes.

28 avril 1942 : B.I.P.

Dans son télégramme nº 6 du 28 avril 1942, Jean Moulin annonça à Londres la création du premier de ces services : *« Ai mis sur pied service information et propagande en dehors mouvements, mais en accord avec eux. — Aura mission :*

« 1 — Diffuser informations et thèmes propagande Londres.

« 2 — Répartir matériel propagande FFL en utilisant circuits mouvements.

« 3 — Vous transmettre informations.

« 4 — Préparer articles et documents à publier presse FFL, anglaise, américaine, et neutre.

« Ai obtenu que G. BIDAULT, ex-rédacteur en chef Aube dirige ce service avec équipe tte [toute] *garantie, loyalisme et sérieux*[41]. »

Ce professeur d'histoire, éditorialiste de *L'Aube*, prisonnier de guerre était devenu, après sa libération en 1941, membre du Comité directeur de Combat. Il s'entoura d'une équipe de journalistes (Pierre Corval, Rémy Roure, Pierre Courtade, J.-M. Hermann, André Sauger, Georges Altman) qui, à partir de mai 1942, diffusèrent un bulletin d'abord mensuel, puis hebdomadaire, enfin tri-hebdomadaire, et dont la collection totalise deux cent cinquante numéros.

Le B.I.P. fonctionnait comme une agence de presse clandestine, assurant l'échange des informations entre la France Captive et la France Libre, à partir des renseignements que chacune d'elles lui fournissait. *« L'équipe avait des informateurs à Vichy, prenait en sténo les émissions de la BBC et de la radio suisse, dépouillait la presse étrangère, recevait ses informations de divers réseaux de renseignements*[42]. »

3 juillet 1942 : C.G.E.

Chronologiquement, le Comité général d'études (C.G.E.) fut le deuxième service créé par Moulin.

Les mouvements avaient eu, en 1941, l'idée de groupes d'études qui avaient été constitués dans quelques régions, tant à Libération (à l'initiative d'André Philip) qu'à Combat (à celle de François de Menthon). C'est d'ailleurs à ce dernier que Moulin confia la direction de cet organisme centralisé qui correspondait également à la demande adressée par Londres *« aux groupements de résistance et à vos amis personnels »* sur les sujets suivants : *« 1 — Etablissement département par département de listes de chefs administratifs et techniques possibles, ayant une attitude résistante et qui auront les capacités voulues pour faire tourner le pays après l'effondrement du régime (préfets, maires, ingénieurs et agents des chemins de fer, des postes, électricité, eau, gaz, etc...).*

« 2 — Rassemblement du plus grand nombre possible d'informations, économiques, politiques, sociales, financières. Elles sont toutes utiles[43]. »

À partir de ces initiatives et de ces demandes, Moulin mit sur pied un organisme politique, administratif et économique de quatre membres, choisis en dehors des partis et possédant chacun une spécialité. Le travail était dirigé et coordonné par un rapporteur en relation directe avec le représentant du Général. Il définit ensuite les objectifs qui étaient de mener une « vaste enquête » sur *« 1° les organismes officiels ou officieux à supprimer ou à créer, dès le jour j ;*

« 2° les éléments à éliminer qui détiennent des postes importants aussi bien sur le plan politique qu'administratif et économique ;

« 3° les éléments susceptibles de fournir immédiatement des cadres de remplacement.

« Des propositions nominatives au titre national et local seront faites à Londres à l'issue de ce travail[44]. »

« Cet organisme en outre servirait de conseil au gouvernement au moment de la Libération, pour lui proposer les premières mesures à prendre : il devait donc, dès maintenant, mettre à l'étude des projets concernant le futur régime politique, économique et social du pays[45]. »

Ce programme révèle l'ancien préfet. Si tous ses efforts sont concentrés en priorité sur l'action paramilitaire, il sait que la victoire s'accompagnera d'un changement de régime et que la réussite de celui-ci dépendra, pour s'imposer, de la qualité et de la fidélité de ses cadres. Aussi choisit-il avec soin les personnes chargées de ce travail. Autour de François de Menthon, militant démocrate-chrétien et cofondateur de Combat, qui en prit la direction, il désigna Robert Lacoste, ancien secrétaire de la Fédération des fonctionnaires, fonctionnaire des Finances, maire et conseiller général de Thénon (en Dordogne), appartenant au Comité directeur de Libération ; Alexandre Parodi, maître des requêtes au Conseil d'État, appartenant à une grande famille « républicaine » ; Paul Bastid, professeur de droit, député radical-socialiste du Cantal, ancien ministre du Front populaire ; Pierre-Henri Teitgen, professeur de droit, militant démocrate-chrétien (qui devint secrétaire général du C.G.E.), enfin René Courtin, professeur d'économie politique, recruté à la fin de 1942. La dernière personne désignée par Jean Moulin en avril 1943 fut Michel Debré, membre du Conseil d'État, qui joua un rôle déterminant dans la préparation des cadres de la Libération.

Le C.G.E. édita, à partir d'avril 1943, une revue clandestine, *Les Cahiers politiques*, envoya à Londres des études par dizaines sur les sujets les plus divers et prépara, auprès du délégué général, le mouvement administratif de la Libération.

1er août 1942 : le secrétariat de Jean Moulin

Jean Moulin venait de créer le C.G.E. quand, le 26 juillet 1942, je fus parachuté en zone libre. J'avais passé deux ans en Angleterre dans les Forces françaises libres. Le B.C.R.A. m'avait désigné pour devenir le radio et le secrétaire de Bidault. Le 1er août, lorsque je fus présenté à Jean Moulin, celui-ci modifia ma mission en me demandant de créer et de diriger son secrétariat. Je fus surpris de cette demande, mais bien plus encore lorsque je découvris que le « patron » était un homme seul : il n'avait pas de « courrier » (agents de liaison), pas de radio personnel, pas de dactylo (il envoyait à Londres ses rapports manuscrits), pas de secrétaire (il préparait lui-même ses rendez-vous, distribuait l'argent destiné aux officiers de liaison et aux mouvements, chiffrait ou déchiffrait les télégrammes et les rapports reçus ou envoyés à Londres). Exécutant lui-même ces besognes subalternes, multipliant les rendez-vous, il accroissait les risques, déjà considérables, de sa mission.

J'arrivai à Lyon à l'époque où les mouvements et les services divers connaissaient un développement accéléré qui exigeait des liaisons à la fois rapides et fréquentes, aussi vitales pour la Résistance que malaisées à entretenir, car la sécurité exigeait de ne jamais utiliser le téléphone, le télégramme ou la poste. On était revenu aux conditions de communications du dix-huitième siècle et à la correspondance par porteur. Sans le maintien permanent des liaisons entre les résistants (à Lyon même, à l'intérieur de la zone libre, entre les deux zones, entre la métropole et Londres), la Résistance était paralysée. On le constatait chaque fois que des « courriers » étaient arrêtés ou des secrétariats détruits. Il fallait plusieurs jours pour renouer ces liens indispensables et fragiles. Certes, des rendez-vous de « repêchage » étaient prévus, mais ce serait parer rétrospectivement l'ensemble de l'activité clandestine d'une qualité d'organisation et d'une efficacité de fonctionnement qu'elle n'avait pas dans le quotidien que de croire à la perfection de sa marche. De ce point de vue, certains documents pourraient donner l'illusion d'une machine strictement réglée. C'est oublier les conditions précaires de notre lutte, où nous tentions de tenir en échec la police de Vichy et la Gestapo, qui possédaient, l'une et l'autre, des moyens d'investigation et de répression efficaces.

Comment Jean Moulin résolut-il ces problèmes qui étaient une entrave à l'accomplissement de sa mission ? D'abord, il avait organisé deux existences parallèles. Dans l'une, qui concernait sa famille et ses amis, il avait conservé sa véritable identité. Il était domicilié officiellement à Saint-Andiol, où il avait pris sa retraite de préfet et où il était inscrit à la mairie pour ses différentes cartes de rationnement. Il y passait régulièrement, au moins tous les quinze jours, séjournant aussi à Montpellier, où habitaient sa mère et sa sœur. À partir de l'automne 1942, il alla quelquefois à Nice où il avait ouvert, sous son nom, une galerie de tableaux. Cette existence officielle n'était connue que d'une personne, Jean Choquet, qui était son agent de liaison avec le secrétariat (il était le fils d'un ancien collaborateur de Moulin à la préfecture d'Amiens). Ce « courrier » servait de fusible entre sa vie officielle et son existence clandestine. Choquet habitait Avignon où il gardait la bicyclette avec laquelle Jean Moulin rejoignait Saint-Andiol, à dix-huit kilomètres de là, à n'importe quelle heure du jour ou de la nuit, sans attirer l'attention, ce qui eût été le cas s'il avait pris l'autocar ou un taxi. Lorsque Moulin séjournait à Lyon, Choquet y venait chaque jour, afin de lui apporter des nouvelles de sa famille ou de sa galerie. Inversement, lorsque Moulin était en voyage, Choquet lui apportait le courrier préparé à Lyon par le secrétariat. En cas d'urgence, j'allais moi-même le voir en Avignon.

Choquet connaissait la véritable identité de Jean Moulin, mais il ignorait tout de la teneur de sa vie clandestine, deuxième volet de son existence. Celle-ci se déroulait surtout à Lyon ou à Paris. Dans ces villes, il changeait d'identité et vivait dans des chambres louées sous un faux nom. À cette première liaison concernant sa vie officielle s'ajoutaient toutes celles nécessaires à son action clandestine. Avant tout, il devait conserver un contact quotidien avec les trois officiers d'opérations envoyés par Londres : Fassin (à Combat), Monjaret (à

Franc-Tireur), Schmidt (à Libération). Après ces agents de la France Libre, Georges Bidault était son plus proche collaborateur et c'était la première personne qu'il rencontrait lors de ses retours à Lyon. Le chef du B.I.P. le renseignait sur les coulisses de Vichy, les écoutes de la radio anglaise ou suisse, lui communiquait une revue de la presse vichyste ou collaborationniste. Il l'informait également sur la vie interne des trois mouvements de zone libre, en particulier sur celle de Combat.

À la suite de la création du C.G.E., il fallut assurer une liaison régulière avec ses membres. Opération malaisée car, à l'exception de Paul Bastid, demeurant à Lyon, ils vivaient dispersés en zone libre : Menthon à Annecy, Lacoste à Thénon, Parodi à Royat, Teitgen et Courtin à Montpellier. Toutefois, Jean Moulin s'abstenait d'y rencontrer ces deux derniers à cause de sa famille qui y demeurait. La dispersion des membres du C.G.E. exigeait de fréquents et lents voyages afin de préparer leurs rendez-vous, l'ordre du jour des réunions et leur soumettre les textes à débattre pour avis ou pour correction.

À mesure que la Résistance s'étoffait, les contacts se multipliaient : avec le chef de l'Armée secrète et son état-major, avec des groupes et des journaux clandestins n'ayant pas fusionné avec les trois grands mouvements de zone libre, avec les agents de la France Libre de passage, avec ceux du B.C.R.A. appartenant à d'autres services que nous devions aider, avec les responsables des syndicats C.G.T. et C.F.T.C. ainsi qu'avec ceux des partis politiques d'avant guerre. Tant que la ligne de démarcation fut contrôlée, la liaison avec Paris fut la plus périlleuse ; Henri Manhès (dit Frédéric), le représentant de Jean Moulin en zone occupée, y résidait souvent, et ses adjoints, Pierre Meunier et Robert Chambeiron, y vivaient en permanence. À ces tâches de communication qui étaient les plus absorbantes et les plus fatigantes s'ajoutaient celles du secrétariat proprement dit : frappe des notes, lettres et rapports, chiffrage et déchiffrage des textes, archivage des pièces importantes, comptabilité, distribution des fonds, recherches de locaux sûrs, organisation de réunions avec les chefs de service et les divers responsables.

L'organisation d'un secrétariat d'une telle ampleur, bien qu'elle fût de routine en temps normal, posait des problèmes difficiles à résoudre dans la clandestinité. Le premier me concerna. Ayant quitté la France depuis deux ans, arrivant dans une ville inconnue, comment allais-je y pourvoir ?

À partir d'un premier contact que me donna Schmidt, en m'installant chez la famille Moret (des Parisiens repliés à Lyon), je recrutai progressivement les membres du secrétariat, qui, tant bien que mal, assura le service dont Jean Moulin avait besoin. Après six mois de fonctionnement, nous étions une demi-douzaine à travailler pour lui à Lyon. Ces « soutiers de la gloire » assurèrent sans broncher et avec enthousiasme une tâche écrasante et ingrate. Leurs noms méritent d'être cités ici, par ordre chronologique de leur recrutement : Laure Diebold, Hugues Limonti, Suzette Olivier-Lebon, Joseph Van Dievort, Georges Archimbaud, Laurent Girard, Louis Rapp, Hélène Vernay.

Inutile de dire qu'il nous aurait fallu être le double ou le triple pour effectuer posément le travail qui nous incombait. Comme toute la Résistance, nous souffrions du manque de volontaires. Cette surcharge compromettait notre sécurité et imposait des imprudences inévitables : on dormait peu, on était partout à la fois et tout le monde faisait tout. Pourtant, au milieu de ce carrefour des catastrophes, nous réussîmes à tenir sans anicroches durant treize mois, ce qui, dans cette guerre d'embuscade, était une performance.

Notre travail se faisait dans des conditions précaires et, souvent, sans respecter les règles, bien théoriques, de la sécurité. Avec Limonti, nous nous étions partagé les liaisons. Il rencontrait les « courriers » des mouvements et des services plusieurs fois par jour et faisait le tour des « boîtes aux lettres ». Lyon avait cette particularité commode pour les résistants de ne pas avoir de concierges dans les immeubles qui, en compensation, étaient largement pourvus de boîtes aux lettres. Pour ma part, j'assurais les relations avec les radios, les chefs des services, ceux des mouvements et les contacts extérieurs à Lyon.

Très tôt le matin, la galopade commençait, à pied ou en tramway. Je rencontrais d'abord Limonti, qui me remettait les plis récoltés le matin. À sept heures, j'étais chez Jean Moulin, qui habitait une petite chambre, place Raspail, d'où il avait une vue plongeante sur le Rhône et l'Hôtel-Dieu bâti sur la rive opposée. Au loin, derrière les toits, la colline de Fourvière, couronnée par l'église Notre-Dame, barrait l'horizon. Je lui apportais les journaux du matin, le pain de son petit déjeuner que j'avais acheté avec ses tickets dans une boulangerie. Quand j'arrivais, sa logeuse lui avait déjà préparé une tasse de « faux » café qu'il buvait avant d'examiner les papiers que je lui remettais : demandes de rendez-vous, textes variés, diverses notes émanant des services ou des mouvements, feuilles clandestines ou tracts. Moulin commençait sa lecture par les télégrammes que j'avais déchiffrés durant la nuit et par celle des rapports arrivés périodiquement de Londres. Assis devant sa petite table près de la fenêtre, fumant sa première cigarette, il lisait rapidement, annotait, dictait ou rédigeait lui-même sa réponse. J'observais, sans en savoir l'origine, son aisance dans l'accomplissement de cette tâche qui prouvait une longue habitude dans l'expédition des affaires administratives ainsi que dans la rédaction de longs rapports qu'il écrivait, en général, d'un seul jet.

Plus délicate était la fixation des rendez-vous ou l'organisation des réunions. Il fallait les préparer longtemps à l'avance à cause de la lenteur des communications, prévoir un assez long délai avant que les convocations parviennent à leurs destinataires et qu'on obtienne leur réponse. Ce travail durait environ une heure, ou plus suivant l'importance des affaires. En quittant Jean Moulin, je rencontrais de nouveau Limonti qui m'attendait dans un des cafés alentour ou sur les quais du Rhône. Je lui remettais le courrier à distribuer dans les « boîtes » ou à remettre à Laure Diebold qui, faute d'avoir trouvé une pièce pour établir son bureau, travaillait chez elle, dans la banlieue de Lyon. Puis chacun partait vers ses rendez-vous que l'on craignait de manquer si l'on arrivait en retard. La sécurité interdisait d'attendre trop longtemps dans un même lieu.

Je revoyais Jean Moulin dans la soirée pour lui faire le compte rendu de la journée. Quelquefois, les circonstances exigeaient de le voir à la mi-journée. Par exemple, quand il se rendait à une réunion, je venais le prendre avec les documents nécessaires que je lui remettais juste avant d'entrer en séance car, dans la mesure du possible, il ne conservait aucun texte compromettant sur lui ou dans sa chambre. Il me les rendait à la fin des réunions pour que je les détruise ou les classe, si besoin était, avec les quelques archives conservées chez un ami des Moret. Après avoir dîné dans un restaurant, je rentrais chez mes logeurs, qui habitaient à cette époque en face du parc de la Tête-d'Or. Avant de me coucher, je devais encore chiffrer ou déchiffrer les télégrammes reçus dans la journée, les réponses de Jean Moulin et, périodiquement, ses rapports ou les instructions de Londres. Vers une heure du matin, la fatigue tenait parfois ma jeunesse en échec, les fautes de codage se multipliaient, m'obligeant à recommencer une ou plusieurs fois les grilles qui, dans les rapports de Londres, étaient souvent de sept ou huit cents lettres mélangées. Je devais alors m'arrêter deux ou trois heures pour dormir un peu sur le canapé du salon-salle à manger avant de reprendre le travail au lever du jour pour avoir tout achevé avant mon premier rendez-vous avec le patron.

Chaque fin de semaine, Jean Moulin quittait Lyon par un train du soir. Je dînais généralement avec lui dans un des restaurants proches de la gare de Perrache. Pendant le repas, il me donnait ses instructions, dont la liste était longue. Séance d'autant plus fatigante que je ne devais pas écrire ses directives, mais les retenir de mémoire. Pendant ses absences, qui duraient de un à six ou sept jours (quand, par exemple, il attendait dans une maison proche d'un terrain d'atterrissage son départ pour Londres), le travail diminuait. Mais la tension était plus forte car il fallait l'informer des affaires quotidiennement, ce qui n'était pas toujours facile. J'ai conservé trois de ses billets manuscrits récapitulant les instructions d'une seule journée. Ils concernent aussi bien le règlement de son loyer, que des messages pour son représentant en zone occupée ou des affaires à traiter avec les mouvements, etc. La liste m'en paraît aujourd'hui impressionnante. Elle n'était pourtant à l'époque qu'une partie du travail d'un jour comme les autres[46].

Lorsque, en mars 1943, au retour de son second voyage en Angleterre, Jean Moulin décida de créer à Paris son nouveau secrétariat, il me chargea de l'organiser. Devenu le représentant du général de Gaulle pour toute la France, et en fait « patron » de la Résistance, Jean Moulin voulait effacer la coupure de la France en deux zones qu'avait imposée les Allemands et redonner sa prépondérance à la capitale en y installant la direction des services, des mouvements et le siège du Conseil national de la Résistance. Il désigna Tony De Graaff pour me remplacer à Lyon. Celui-ci était, depuis le mois de novembre 1942, l'agent de liaison entre son père, banquier, et le secrétariat, car Londres expédiait à Jean Moulin une partie du montant de son budget en dollars que le père de notre camarade convertissait en francs. En partant, je laissai à De Graaff deux personnes : Hélène Vernay, qui fut sa secrétaire, et Laurent Girard son courrier.

À Paris, avec la majorité de l'équipe (à laquelle vinrent se joindre Jean Théobald, Claire Chevrillon et Jacqueline d'Alincourt), je reconstruisis un secrétariat, mais l'immensité de la ville et l'absence de « boîtes aux lettres » (remplacées par des concierges) compliquèrent sérieusement notre tâche. Cependant, après quelques jours de tâtonnements, la mécanique mise au point à Lyon reprit son fonctionnement, au prix d'une énorme fatigue supplémentaire.

Jean Moulin, marchand de tableaux

Lorsque, en quittant Chartres, Jean Moulin avait prévu une existence officielle, il s'était fait domicilier à Saint-Andiol et s'était déclaré comme agriculteur. Mais ses absences incessantes et quelques cultures de vignes ou de fruits rendaient cette couverture peu crédible. Dès son retour de Londres, en janvier 1942, il se préoccupa donc de trouver une activité officielle qui puisse soutenir un peu plus efficacement un examen policier.

Ses goûts artistiques lui suggérèrent l'idée d'ouvrir une galerie de tableaux modernes. Ses déplacements seraient ainsi justifiés par la nécessité de prospecter pour trouver des toiles à vendre et rendre visite à des peintres ou des marchands de tableaux. Il jeta son dévolu sur Nice, cadre judicieux pour une telle entreprise au point de vue commercial, mais aussi ville où il ne menait aucune activité résistante. Sur place, il bénéficiait du concours d'un ami d'enfance, maître Milhé (qui ignorait son engagement clandestin). Restait à trouver la personne de confiance qui s'occuperait effectivement de la galerie. Ce fut chose faite dès la fin de janvier 1942. Il rencontra chez des amis à Megève une jeune et charmante jeune femme, Colette Pons, qui offrait toutes les garanties de patriotisme et de goût qui lui permettraient d'assumer les diverses facettes de sa tâche[47].

La découverte d'un local adéquat fut plus longue et ce n'est que le 12 octobre 1942 que fut signée la reprise du bail d'un ancien bouquiniste, sis 22, rue de France. La boutique et l'arrière-boutique étaient complétées à l'étage d'un appartement de deux pièces[48]. Jean Moulin demanda immédiatement à la préfecture l'autorisation d'ouvrir *« une galerie d'exposition et de vente de peintures, dessins et sculptures modernes*[49] *»*. Puis il pria Colette Pons de superviser l'aménagement de la galerie, assuré par le décorateur Jean Cassarini. Des meubles anciens devaient mettre en valeur les pièces exposées.

Moulin ne diposait que d'un budget modeste, aussi accrocha-t-il des œuvres de sa propre collection pour pouvoir alimenter la galerie. Des marchands d'art réfugiés sur la Côte d'Azur et à Paris qui acceptaient d'être payés après la vente des toiles permirent d'augmenter le stock[50]. Le vernissage eut lieu le 9 février 1943 en présence de Moulin, *« un vernissage époustouflant, avec le préfet, le tout-Nice des arts et de la fortune, les collectionneurs*[51] *»*.

Quelques lettres adressées à Colette Pons par Moulin (qui ne venait à Nice que rarement et brièvement) permettent de constater qu'il n'avait, quel que fût son intérêt réel pour l'aspect artistique et commercial de l'affaire, que fort peu le loisir de s'y consacrer et devait s'en remettre presque entièrement à la jeune femme. *« Sachez qu'en toute hypothèse,* lui écrivit-il en février 1943, *je vous fais la plus entière confiance, ce que vous ferez sera bien fait*[52]. » Ce qui n'empêchera pas Colette Pons d'avouer qu'elle en avait *« une peur bleue »*. *« Il est toujours resté le patron,* expliqua-t-elle. *J'avais peur de ses critiques. Il avait beau les faire très gentiment, il avait une autorité extraordinaire*[53]. » Moulin percevait, c'est certain, cette crainte car il tenta de mettre la jeune femme à l'aise par la plaisanterie : *« Je suis vexé que vous me considériez comme un vieux cacique emplumé, auquel on écrit, tel Monsieur de Buffon, avec des manchettes... et moi qui crois être simple*[54] *! »* On retrouve ainsi un nouvel exemple de la confiance et de la gentillesse dont Jean Moulin faisait preuve à l'égard de ses collaborateurs, dont il forçait pourtant le respect par son autorité et sa compétence.

Cette correspondance révèle également quels furent les goûts et les choix de Moulin en matière artistique. À l'ouverture de la galerie furent présentées des œuvres de Guillaumin, Soutine, Kisling, Dufy[55]. En avril 1943, il suggéra une exposition sur le thème des « dessins de maîtres » pour mettre en valeur ses acquisitions : trois aquarelles de Marie Laurencin, des dessins de Renoir, deux dessins de Suzanne Valladon, et il projetait pour le mois suivant une exposition d'œuvres d'Othon Friesz[56]. En juin, elle fit place à une exposition d'aquarelles et de dessins, présentant Utrillo[57].

Pour rendre visite à des peintres ou à des marchands, Jean Moulin effectua aussi quelques voyages avec Colette Pons. Ils virent ainsi Aimé Maeght, ou Bonnard, avec lequel un contrat fut envisagé pour préparer un livre sur son œuvre[58]. À ces déplacements brefs autour de Nice s'ajoutèrent deux jours à Aix, trois jours à Nîmes et à Tarascon où ils rencontrèrent le peintre Chabaud et, en avril 1943, une semaine à Paris (où Moulin se trouvait en fait pour retrouver Passy et Brossolette et préparer la création du Conseil de la Résistance en zone occupée). Il soigna néanmoins sa couverture en trouvant le temps se visiter quelques galeries et d'acheter quelques œuvres. Il s'efforça toujours durant ces voyages de transmettre à sa jeune compagne ses connaissances et sa passion pour l'art moderne[59].

La dernière lettre de Moulin à Colette Pons, datée de quelques jours avant son arrestation, témoigne, parmi bien d'autres documents, de la détérioration de sa situation et de sa sécurité personnelles. Encadrant ses consignes pour la bonne marche de la galerie, on y trouve quelques remarques significatives, telle l'expression de ses regrets pour *« cette maison que j'aime bien et dont je suis, hélas, trop éloigné »*. Ou cette mise en garde : *« Il m'est impossible de me déplacer en ce moment. Je pense que vous serez prévenue à temps pour modifier vos projets.*

« Si vous réalisez quelques fonds, peut-être pourriez-vous seule ou avec A. [Antoinette Sachs] *faire ce voyage*[60]. *»*

Trois semaines plus tard, Colette Pons reçut de Laure Moulin ce télégramme : *« Vendez comme prévu. »* Moulin venait d'être arrêté à Caluire. Ce fut la fin de la galerie Romanin, qu'elle déménagea dans la nuit avant de se retirer dans le Vaucluse[61].

Automne 1942 : Wireless Transmission, « W.T. »

C'est à l'automne 1942 que Jean Moulin se préoccupa de créer une centrale radio (W.T.) afin de remédier aux défaillances de liaisons avec Londres. Jusqu'à cette date, aucun opérateur ne lui était attaché. Il faut rappeler que les officiers de liaison parachutés en France étaient accompagnés d'un radio désigné par la lettre W ajoutée au pseudonyme de leur patron. Lors de sa désignation par de Gaulle, Moulin ne fut pas doté d'un radio car, chargé d'une mission civile, il était difficile de prévoir la nature et l'ampleur des liaisons qui lui seraient nécessaires. Aussi utilisa-t-il durant trois mois les services d'Hervé Monjaret (Sif W) qui était le radio de Raymond Fassin (Sif), officier de liaison affecté à Combat. Le poste de Monjaret ayant été détérioré au cours du parachutage, il ne put émettre qu'à partir du 7 mars 1942 quelques messages. C'est donc Gérard Brault (Kim W), radio de Schmidt (Kim), officier de liaison auprès de Libération qui, à partir du 4 juin 1942, assura ses transmissions. Fin septembre, Maurice de Cheveigné (Salm W), parachuté en mai 1942 pour être le radio d'un agent du commissariat national à l'Intérieur, fut rattaché à Jean Moulin dont il devint le radio principal après l'arrestation de Brault (15 octobre 1942).

On possède de la main de Moulin le récit de cette arrestation : *« Je vous rends compte de l'arrestation de (62)* [Kim W]. *Celle-ci a été opérée par l'irruption massive dans la maison où (62) faisait ses émissions, d'un groupe d'agents de la Gestapo. Une douzaine environ, escortés par trois inspecteurs de la Sûreté. Je tiens à vous signaler à ce sujet les services exceptionnels rendus par cet agent au cours des derniers mois et son attitude remarquable au moment de son arres-*

tation. Prévenu par sa logeuse tout à la fois de l'arrivée de la police et de l'impossibilité dans laquelle il se trouvait de lui échapper il s'est remis calmement à son poste pour envoyer le signal de détresse. J'espère avoir des renseignements sur le sort qui lui est réservé[62]*.* »

L'arrivée en zone libre des voitures radiogoniométriques allemandes (repérant le trafic radio) mettait les transmissions en péril puisque, le 16 octobre, Cheveigné faillit lui aussi en être victime. Comme le relate Moulin, « *le lendemain (64)* [Cheveigné] *qui a été l'objet d'une perquisition heureusement très superficielle de la part de policiers français venus lui demander ses papiers puis quelques minutes plus tard l'appartement a été envahi par une nuée d'agents allemands dont un seul s'exprimait en français. Il avait eu le temps de boucler son appareil et de le cacher. Rien n'a été découvert. Il a transféré aussitôt son matériel dans un autre local et est demeuré lui-même dans sa chambre pour ne pas éveiller les soupçons*[63] ».

On doit rappeler que les Britanniques n'acceptaient de travailler en France qu'avec des opérateurs radio qu'ils avaient eux-mêmes formés à leur procédure dans leurs écoles. Ces radios étaient autorisés à former, en France même, des opérateurs de l'armée ou de la marine, mais on ne put en faire homologuer aucun par la Centrale. Il fallut attendre, à l'automne 1943, le recrutement massif des radios en Afrique du Nord pour avoir enfin des transmissions opérationnelles.

Heureusement, Londres annonçait du renfort. Fin novembre 1942, deux autres opérateurs furent parachutés : Georges Denviollet (Frit W*)*, destiné à Franc-Tireur, et l'instructeur Jean Loncle (Nestor). Ce dernier avait pour mission de former des opérateurs recrutés sur place et de diriger la W.T. À l'automne 1942, Moulin créa un service centralisé *« pour rétablir un trafic à peu près normal ».* Il était prévu qu'un réseau de six emplacements au minimum serait organisé pour chacun des trois mouvements et pour lui-même, et qu'un opérateur serait mis à la disposition de chaque réseau. Sous l'apparente simplicité de ces dispositions se cachait un problème que l'on mit longtemps à résoudre : le manque de postes s'ajoutait à l'absence d'opérateurs radio. L'idéal aurait été d'installer un émetteur-récepteur à poste fixe afin d'éviter les transports toujours périlleux. Cette mesure était impossible, d'abord parce que l'on recevait peu de postes des Anglais, que les arrestations d'opérateurs étaient accompagnées de perte de matériel, que les appareils n'étaient pas interchangeables et que leur fréquence réglée d'avance nous obligeait à les utiliser à l'intérieur de zones délimitées. Le transport des émetteurs était toujours lié au risque d'interception à la sortie des gares, où des contrôleurs économiques à l'affût du marché noir faisaient ouvrir les valises suspectes.

Rien n'illustre mieux ces difficultés que les maigres résultats qu'obtint l'ambitieux projet de Moulin. Pendant que commençait la mise en place de cette organisation, Jean Loncle (Nestor) et Jean Holley (Léo W), radio de Morandat, furent arrêtés.

Finalement, l'effort principal retomba sur Cheveigné seul. Il prit alors des risques énormes en allongeant démesurément la durée des émissions afin d'assurer l'écoulement d'un trafic en constante augmentation. Il assurait tout à la fois les transmissions pour Moulin, pour Bidault et parfois pour d'autres services. Cheveigné faillit à plusieurs reprises être victime des voitures gonio, mais s'en tira toujours grâce à son courage et à sa désinvolture juvénile. François Briant (Pal W), destiné à Libération-Nord, établi provisoirement dans la région de Clermont-

Ferrand, l'aida jusqu'en janvier 1943. Moi-même (Bip W), j'avais pris contact avec Londres, fin septembre 1942. Mais j'étais d'un faible secours dans ce domaine, étant trop absorbé par la direction du secrétariat. C'est seulement durant le second voyage de Jean Moulin à Londres (14 février-21 mars 1943) que j'aidai substantiellement Cheveigné pour maintenir quotidiennement l'écoulement du trafic indispensable : c'est ainsi qu'une centaine de télégrammes furent expédiés ou reçus durant l'absence d'un mois de Moulin.

Je dois ajouter, pour faire comprendre les difficultés des transmissions radio, que d'autres problèmes s'ajoutaient à ceux posés par la surveillance de la Gestapo. Ils sont évoqués sous la rubrique « Très important » dans le rapport de Jean Moulin sur la W.T. en novembre 1942 : *« 1º* [...] *il est indispensable que vos messages ne soient pas continuellement surchargés par des questions secondaires. Trop de vos câbles notamment ne concernent que des erreurs commises par vos services dans le numérotage, ce qui implique des rectificatifs multiples qui d'ailleurs ne présentent aucun intérêt.*

« 2º Il est capital que les opérateurs chargés de la réception en ANGLETERRE *soient strictement exacts aux heures de contact prévues. Des retards inadmissibles de l'ordre de 20 à 30 minutes se produisent trop souvent.*

« 3º N'utilisez que des manipulants très expérimentés ce qui est loin d'être le cas. Tout ce qui précède a pour but de réduire au minimum les délais pendant lesquels nos opérateurs sont exposés. Il ne faut jamais perdre de vue les conditions difficiles et dangereuses dans lesquelles ils travaillent[64]. »

Et en décembre, il insistait, car c'était, à ses yeux, *« la question la plus importante »* : *« Nos liaisons sont toujours extrêmement déffectueux* [*sic*], *il en découle des conséquences très fâcheuses. Il n'est pas douteux, en effet, que nous aurions pu réaliser un nombre infiniment supérieur d'opérations, si nous avions pu avoir des transmissions plus normales.* [...] *Trop souvent à Londres, il n'y a personne à l'écoute. D'autre part, il est inadmissible que des radios parfaitement formés, soit chez vous, soit ici, et pourvus d'appareils en état restent des semaines et même des mois sans pouvoir prendre contact*[65]. »

Automne 1942 : Service des opérations aériennes et maritimes (S.O.A.M.)

Avec la W.T., le Service des opérations aériennes et maritimes (S.O.A.M.) était le lien logistique essentiel entre les deux résistances. De son bon fonctionnement dépendait notre survie. Comme on l'a vu, à Londres, ces deux services étaient dirigés par la section Action Mission (A.M.) du B.C.R.A. Le ravitaillement en matériel et en personnel, l'acheminement et la réception des courriers, des instructions et surtout de l'argent se faisaient par son unique canal. C'est dire son importance. Les parachutages s'effectuaient à partir de quelques avions anglais soustraits aux forces de combat. Quant aux atterrissages, ils étaient exécutés par de petits avions (Lysander) sur des champs balisés qui avaient été choisis par les mouvements, reconnus, répertoriés et homologués par les officiers de liaison qui en transmettaient les coordonnées au B.C.R.A.

Ces officiers étaient formés en Grande-Bretagne et (comme pour les radios) les Anglais n'acceptaient de travailler qu'avec ceux qu'ils avaient formés à leurs procédures. Pour être homologués, leurs adjoints devaient faire un stage en Angleterre. Fassin (Sif), le premier, fut parachuté avec Moulin pour assurer la liaison avec Combat. Schmidt (Kim) le deuxième, destiné à Libération, arriva le 4 juin. Enfin, le troisième, Monjaret (Frit), après avoir été radio de Fassin, devint lui-même l'officier de liaison auprès de Franc-Tireur. Chacun travaillait exclusivement pour le mouvement auquel il était affecté. À l'automne 1942, étant donné la fusion des éléments paramilitaires dans une Armée secrète unique, Moulin organisa, comme pour les transmissions, un service centralisé dirigé par Fassin, dont Schmidt et Monjaret devinrent les adjoints, en se répartissant les six régions de la zone libre. Comme pour les transmissions, chacun conserva son radio et sa propre équipe, qui était constituée avec les membres des mouvements.

Des réunions fréquentes groupaient ces trois hommes autour de Moulin. Il définissait la conduite à tenir auprès des mouvements : utilisation de leur équipe de travail, problème de stockage ou de répartition des armes et organisation de sabotages. Il supervisait les rapports envoyés au B.C.R.A. par chacun de ces officiers. Ses relations avec eux lui permettaient aussi de garder contact permanent avec les militants de base, d'en connaître les sentiments, les problèmes et, par-delà les déclarations optimistes des chefs, d'évaluer les capacités militaires réelles des mouvements.

Il était donc indispensable que Moulin conservât un contrôle indépendant des mouvements. C'était l'avis de Fassin : *« Il semble absolument normal, et beaucoup plus sûr que cet* [organisme] *se tienne le plus possible à l'écart des mouvements de résistance*[66]. »

C'est une raison technique que donnera le chef des agents, le colonel Passy : *« Il importait, en effet, de permettre aux officiers qui dirigeaient ce service et étaient responsables devant le B.C.R.A. et la R.A.F.* [aviation britannique] *de la bonne réalisation technique des opérations qu'ils montaient de mener à bien leur tâche avec toute l'indépendance désirable*[67]. »

Au début de 1943, Moulin chargea un autre agent du B.C.R.A., Jean Ayral (Pal), primitivement affecté à Libération-Nord, d'organiser en zone occupée un service similaire, le Bureau des opérations aériennes (B.O.A.) qu'il mit en place à l'aide de deux autres agents, Pichard (Bel) et Deshaye (Rod).

Ces deux services effectuèrent durant les dix-huit mois de la mission de Moulin onze opérations d'atterrissage et cent seize de parachutage. C'était à la fois peu (la majorité d'entre elles eurent lieu au printemps 1943) et considérable, compte tenu des moyens dérisoires mis à la disposition du B.C.R.A. par les Anglais et des dangers peu croyables de leur exécution.

Septembre 1942 : le N.A.P.

Tous les services centraux ne furent pas instaurés par Moulin. Rien n'illustre mieux son comportement vis-à-vis des mouvements que la création du N.A.P. (Noyautage des administrations publiques). Cette organisation faisait partie du programme de sa mission mais elle comportait pour lui une difficulté particulière : il ne pouvait, pour des raisons de sécurité, apparaître d'aucune manière, de près ou de loin, lié à cette opération qui impliquait des contacts avec l'administration, tout en la contrôlant. Heureusement, le hasard le servit. Cet organisme, qui jouera un rôle capital dans la préparation de la Libération, fut inventé par deux responsables de Combat. Ils eurent l'idée de regrouper les cellules de leur mouvement qui rassemblaient les employés et les cadres de certaines administrations. Claude Bourdet, l'un des adjoints de Frenay, aidé par Marcel Peck (un des chefs régionaux), comprit immédiatement l'importance de cette initiative. Partisan de la développer sur une large échelle, il exposa son projet à Moulin. Je laisse Bourdet l'expliquer : *« Il s'agissait en effet d'une question susceptible d'avoir de vastes conséquences au moment de la Libération ; d'autre part, nous songions déjà à la fusion avec les autres mouvements, je voulais avoir un "feu vert" de Moulin pour le N.A.P. afin que le service pût s'étendre à tous les mouvements et à toute la France. »*

Bourdet rencontre Jean Moulin : *« C'était* [...] *la première fois que j'avais avec Moulin une longue conversation, car ses contacts normaux étaient avec Frenay. Je fus immédiatement séduit par ce petit homme au visage fin, aux grands yeux sombres.*

« [...] *Moulin comprit immédiatement les possibilités contenues dans l'idée du N.A.P. ; je lui exposai ce qui avait déjà été fait à Lyon, et lui dis que nous avions l'intention de l'étendre, pour commencer, à toutes les régions de "Combat" ; il me donna son approbation pleine et entière. On pouvait organiser systématiquement les agents de l'Etat dans les P.T.T., et avoir ainsi, à notre tour, des moyens d'écoute sur les communications de Vichy et de l'ennemi ; on pouvait organiser les cheminots, ce qui serait essentiel non seulement pour nos transports, mais pour les sabotages ; on pouvait organiser plus systématiquement le service des faux papiers. On pouvait récolter par les préfectures, et à Vichy, des renseignements de premier ordre, tant de nature militaire que de nature politique ou économique. Le noyautage de la police pouvait nous éviter des coups durs, en nous prévenant des opérations qui se préparaient contre nous. Enfin* [...] *nous pouvions mettre en place dans les services publics et les ministères, des "cellules" du N.A.P. qui, au moment de l'insurrection générale, permettraient de neutraliser l'Etat de Vichy et de le prendre de l'intérieur*[68]*. »*

Moulin accepta immédiatement ce projet, bien qu'il en perçût l'inconvénient majeur et, en quelque sorte, l'injustice. *« Il devint en revanche assez vite clair que ce noyautage n'irait pas sans inconvénients. Le principal était que nous allions fournir ainsi des alibis à un certain nombre d'amateurs de double jeu. Si le danger n'était pas sérieux en ce qui concerne les agents petits et moyens et les services purement économiques (personne ne pouvait reprocher à ces fonctionnaires de rester en place), la chose devenait plus délicate quand il s'agissait des fonctionnaires d'autorité et de la police. Nous risquions de fournir à des préfets, sous-préfets, secrétaires généraux et policiers le moyen de se racheter à bon compte des erreurs, fautes ou crimes qu'ils commettraient par ailleurs. Ce danger était clair dès le début, et nous ne l'avons pas entièrement évité. Mais il faut dire que nous n'imaginions pas, à l'époque, que tant de fonctionnaires et non-fonctionnaires se rueraient vers une résistance tardive, et nous imaginions encore moins qu'on leur saurait gré de leur "retournement de veste"*[69]*. »*

En dépit de ce grave inconvénient qui fut largement discuté, la reprise en main administrative, sans solution de continuité, lors de l'effondrement de Vichy, avait un tel prix pour le maintien de l'ordre et la remise en route de la France, que ses avantages compensaient les injustices qu'il provoquait. C'était la conclusion de ce que l'on appelle la « raison d'État ».

La réaction de Moulin en face de l'initiative de Bourdet est révélatrice de la politique qu'il mena à l'égard des mouvements. Il n'intervenait dans la création des services généraux que dans la mesure où les chefs n'étaient pas en mesure de le faire eux-mêmes. Au contraire, lorsque Bourdet lui présenta son projet, Moulin, qui le savait capable de l'organiser et de le diriger, s'abstint d'intervenir et lui procura les moyens financiers nécessaires.

23 juin 1942 : déclaration du général de Gaulle

La création de ces différents services échelonnée sur plus d'une année (jusqu'au printemps 1943) m'a obligé à laisser de côté les événements très importants qui, à partir de l'été 1942, transformèrent la mission de Jean Moulin. Il convient de revenir en arrière pour renouer avec le premier d'entre eux : l'arrivée de Christian Pineau en zone libre.

Pendant que Jean Moulin procédait à la coordination administrative des mouvements, Christian Pineau, nouvel agent de Londres, était arrivé le 28 avril 1942 en zone libre, porteur du premier manifeste politique que le général de Gaulle soumettait à l'approbation de la Résistance et que Maurice Schumann présentait au micro de la B.B.C. en ces termes : *« Entre la France combattante du dedans et la France combattante du dehors, un grand pacte vient d'être conclu : un pacte d'avenir*[70]. »

Christian Pineau (ancien cadre de banque et ancien responsable de la C.G.T.) travaillait au ministère du Ravitaillement à Vichy. Il avait été l'un des premiers résistants de la zone occupée. En novembre 1940, à Paris, il avait créé la feuille clandestine *Libération* et, avec quelques amis syndicalistes et socialistes, avait fondé le mouvement du même nom (qui n'avait aucun lien organique avec celui que d'Astier créera quelques mois plus tard en zone libre). Pineau s'était rendu à Londres en mars 1942, à l'instigation d'André Philip (député socialiste du Rhône et professeur d'économie politique à l'université de Lyon, appartenant au comité directeur de Libération-Sud), pour demander à de Gaulle de rédiger un manifeste politique qui rassurât la Résistance sur ses intentions démocratiques et sur son programme politique futur. Il faut rappeler que les discours du Général étaient loin d'être tous connus des résistants. En outre, la plupart de ceux que diffusait la B.B.C. étaient surtout des « appels aux armes » destinés à chauffer le moral des Français et le Général n'avait pas encore expliqué ses projets d'avenir comme il avait l'occasion de le faire à Londres lors des conférences de presse ou au cours des réunions diverses en présence de Français ou d'étrangers. Pour beaucoup de résistants « républicains », il subsistait, comme on l'a vu, des ambiguïtés dans les intentions d'un général qui passait, dans le meilleur des cas, pour un conservateur et, dans le pire, pour un officier de pronunciamiento.

C'est pour cette raison que Pineau, soutenu par Hauck et Tixier, avait fait pression sur de Gaulle pour obtenir une assurance qui marque un tournant capital dans les relations de la France Libre et de la Résistance, en les installant officiellement dans la perspective politique.

Dans son manifeste, le Général définissait à grands traits une politique de la Libération, c'est-à-dire les conditions sociales, économiques et politiques qu'il envisageait pour le relèvement et la grandeur de la France.

« En même temps que les Français seront libérés de l'oppression ennemie, toutes leurs libertés intérieures devront leur être rendues. Une fois l'ennemi

chassé du territoire, tous les hommes et toutes les femmes de chez nous éliront l'Assemblée Nationale qui décidera souverainement des destinées du pays.

« *Nous voulons que tout ce qui a porté et tout ce qui porte atteinte aux droits, aux intérêts, à l'honneur de la nation française soit châtié et aboli. Cela signifie, d'abord, que les chefs ennemis qui abusent des droits de la guerre au détriment des personnes et des propriétés françaises, aussi bien que les traîtres qui coopèrent avec eux, devront être punis. Cela signifie, ensuite, que le système totalitaire qui a soulevé, armé, poussé nos ennemis contre nous, aussi bien que le système de coalition des intérêts particuliers qui a, chez nous, joué contre l'intérêt national, devront être simultanément et à tout jamais renversés.*

« *Nous voulons que les Français puissent vivre dans la sécurité.* [...] *A l'intérieur, il faudra que soient réalisées, contre la tyrannie du perpétuel abus, les garanties pratiques qui assureront à chacun la liberté et la dignité dans son travail et dans son existence. La sécurité nationale et la sécurité sociale sont, pour nous, des buts impératifs et conjugués.*

« *Nous voulons que l'organisation mécanique des masses humaines, que l'ennemi a réalisée au mépris de toute religion, de toute morale, de toute charité, sous prétexte d'être assez fort pour pouvoir opprimer les autres, soit définitivement abolie. Et nous voulons en même temps que, dans un puissant renouveau des ressources de la nation et de l'Empire par une technique dirigée, l'idéal séculaire français de liberté, d'égalité, de fraternité soit désormais mis en pratique chez nous, de telle sorte que chacun soit libre de sa pensée, de ses croyances, de ses actions, que chacun ait, au départ de son activité sociale, des chances égales à celles de tous les autres, que chacun soit respecté par tous et aidé s'il en a besoin.*

« [...] *La France et le monde luttent et souffrent pour la liberté, la justice, le droit des gens à disposer d'eux-mêmes. Il faut que le droit des gens à disposer d'eux-mêmes, la justice et la liberté gagnent cette guerre, en fait comme en droit au profit de chaque homme, comme au profit de chaque Etat*[71]. »

Ce texte mettant fin à l'apolitisme de la France Libre avait été préparé par les discours des mois précédents : « *Faut-il parler de "conversion" ? A-t-il jugé que Paris valait bien une messe ?*

« *Il n'y a ni rupture ni reniement. Des calculs d'opportunité — les gages à donner à l'opinion résistante, à Washington et à Moscou — ont pu précipiter la Déclaration et en infléchir le texte, elle vient au terme d'une maturation comme l'épanouissement d'un système de pensée*[72]. » Cependant, ce ne fut pas cette partie du message qui retint l'attention des milieux politiques en métropole (peut-être était-elle rédigée en termes trop généraux et souvent allusifs), mais son introduction, qui condamnait également le régime de Vichy et la IIIe République : « *Un régime, moral, social, politique, économique,* lisait-on, *a abdiqué dans la défaite, après s'être lui-même paralysé dans la licence. Un autre, sorti d'une criminelle capitulation, s'exalte en pouvoir personnel. Le peuple français les condamne tous les deux. Tandis qu'il s'unit pour la victoire, il s'assemble pour une révolution*[73]. »

Le 22 juin, Maurice Schumann, lisant à la B.B.C. des extraits de ce « pacte d'avenir », ajouta : « *A cette déclaration les groupes d'action et de résistance qui travaillent sur le sol national, sans distinction d'origine politique ni de convictions philosophiques ou religieuses, se sont associés unanimement et sans réserve*[74]. » Cette affirmation de propagande péchait par optimisme ou par ignorance.

Christian Pineau avait remis ce texte à Moulin pour qu'il le fasse publier dans les journaux de zone libre. Ce que firent *Combat*, *Libération* et *Le Franc-Tireur* en l'assortissant sur ce dernier point de commentaires exprimant leurs réserves.

La plus instructive de ces réactions se trouve dans *Le Franc-Tireur*. Le groupe formé de « républicains » ombrageux était, de tous les mouvements, celui dont les membres possédaient sans doute la meilleure et la plus solide culture politique : *« Nous avons écrit, et nous le renouvelons, que nous sommes entièrement avec le Général de Gaulle, dans sa lutte pour la libération du pays ; mais que nous serions contre lui si, cette libération obtenue, il envisageait, contrairement à ce qu'il a toujours affirmé, une dictature que nous ne saurions tolérer mieux d'un général, que nous ne l'avons acceptée d'un maréchal*[75]. »

C'est ce qui apparut deux semaines plus tard, dans un rapport de Christian Pineau qui dénonçait ce triomphalisme : *« Vous avez commis une erreur en déclarant que le message était unanimement approuvé par les mouvements de résistance. Dans* LIBÉRATION Z.O. *il est loin d'en être ainsi et dans* LIBÉRATION Z.L., *beaucoup d'éléments menacent de partir à cause de cela, notamment parmi les syndicalistes qui ont vu dans la partie du message incriminée une condamnation de leur activité passée et qui ne veulent, bien entendu, pas prendre la responsabilité de cette condamnation*[76]. »

Les mouvements ne furent pas seuls à se montrer réservés. Les hommes et les partis de la IIIe République le furent encore davantage.

On s'en aperçut lorsque *Le Populaire* clandestin (socialiste) en publia quelques extraits. Commentant la condamnation de la IIIe République par de Gaulle, ce journal déclarait : *« Si nous en croyons quelques commentateurs officieux, le général de Gaulle dénonce dans cette "licence" les nombres énormes de chômeurs, les autodafés de blé, les destructions de stocks au moment où les populations du monde manquaient de tout et auraient pu se partager les richesses insoupçonnées du globe. Cette critique du monde bourgeois sous une telle plume serait le plus bel hommage que l'on pourrait nous rendre*[77]. » Pour ne pas crier son désaccord publiquement, ce journal feignait d'ignorer dans le texte ce que de Gaulle y avait mis très explicitement.

N'était-ce pas là une occasion manquée, alors que le rappel au pouvoir de Pierre Laval, intervenu le 18 avril, avait inquiété l'opinion, renforcé les républicains dans leur défiance et fait pâlir, aux yeux de résistants qui continuaient de croire en Pétain, ses étoiles de Maréchal ? Laval, d'ailleurs, venait de fournir de nouveaux arguments à de Gaulle. Dans un discours prononcé le 22 juin, il avait annoncé l'échange de prisonniers de guerre contre des ouvriers destinés à faire tourner la machine de guerre du Reich (la Relève) et avait souhaité publiquement la victoire de l'Allemagne.

Pineau avait été chargé de présenter le message du Général à quelques grands anciens de la IIIe République : Paul Reynaud, Léon Blum, Louis Marin, Georges Mandel, Jules Jeanneney, Édouard Herriot.

La réaction de ce dernier fut symptomatique de l'attitude générale des hommes politiques : *« C'est une des manies des militaires de vouloir à tout prix rendre les hommes ou les régimes politiques responsables des défaites, alors qu'ils ne leur attribuent jamais le mérite des victoires. Ils ne reconnaissent pas, bien sûr leur propre faute*[78]... » Herriot *« considère le message comme un appel à la Résistance plus que comme un acte politique engageant l'avenir ! »*. Herriot, qui avait donné sa caution républicaine à Pétain en exhortant les députés le 9 juillet 1940 à Vichy : *« Prenons garde à ne pas troubler l'accord qui s'est établi sous son autorité »*, fit longtemps la fine bouche devant les offres de De Gaulle de le rejoindre à Londres. Finalement, il ne se rallia à lui qu'au printemps 1943 avant d'être emmené en Allemagne, en affirmant qu'il acceptait de faire partie de son gouvernement à la Libération.

Quant à Jules Jeanneney, président du Sénat, qui, lui aussi, avait attesté à Pétain *« notre vénération et la pleine reconnaissance qui lui est due, pour un don nouveau de sa personne »*, il exprimait sur d'autres points ses réserves : *« Observations secondaires de forme : trop d'abstractions. Cela manque de vie et d'entrain. Déjà il parle trop, sans nécessité, et abuse des poncifs. Gare.*

« Au fond, il y a des idées sages, telle l'essentielle : s'en remettre au Pays de fixer son sort politique dans la grande consultation qui doit en être demandée et dans laquelle il se prononcera librement. D'autres discutables ou sans portée. Mais surtout un manifeste est prématuré. Il se comprendra seulement le jour où la masse française aura un rôle d'action positive, pour l'assembler et la discipliner. Jusque-là, il est vain, il peut être nocif de s'adresser à elle. Ce qui se conçoit plutôt, c'est une communication discrète faite aux militants, chefs de groupements divers de résistance, en vue d'établir ou entretenir liaison avec eux, de former d'avance des cadres, préparer les rapprochements et la communauté d'action. Ceux-là seraient heureux d'entendre les déclarations de désintéressement politique que L [Londres] *désire faire. Ils les propageraient. On devra s'en tenir là quant à présent*[79]. »

Ces critiques permettaient à Pineau d'écrire, à Londres, le 8 juillet : *« Le message du Général a créé des mouvements divers. Comme je le craignais, le passage concernant le passé a beaucoup déplu dans les milieux démocratiques et a donné naissance à un petit mouvement qui pourrait se développer, si les événements militaires continuaient à être défavorables*[80]. »

Il était évident que les caciques de la République, qui s'étaient déjà suicidés à Vichy, ne pouvaient tolérer d'être jetés dans la fosse commune du déshonneur avec les traîtres de l'État français.

En dépit de ces remous en France le gouvernement britannique accepta le 13 juillet 1942 que le Mouvement de la France Libre fût connu dorénavant sous le nom de France Combattante. Il en donnait la définition suivante : *« Symbole de la résistance à l'Axe de tous les ressortissants français qui n'acceptent pas la capitulation et qui, par les moyens à leur disposition, contribuent, où qu'ils se trouvent, à la libération de la France par la victoire commune des Nations Unies*[81]. » Quant au Comité national, il était reconnu comme *« organe directeur de la France Combattante ; organise la participation à la guerre des ressortissants et des territoires français qui s'unissent pour collaborer avec les Nations Unies dans la guerre contre les ennemis communs et représente leurs intérêts auprès du Gouvernement du Royaume-Uni*[82]. »

Cette modification du label avait pour but de proclamer l'union intime des deux Résistances ou, comme l'écrira Jacques Soustelle, *« la fusion, dans l'esprit du 18 juin, de tous les patriotes soulevés contre le mensonge, la lâcheté, l'abandon*[83]. » Ce changement d'enseigne était un tour de passe-passe patriotique et politique. Il ne soudait pas les composantes d'une coalition mais confirmait la tentative d'absorption de la Résistance par la France Libre.

21 juillet 1942 :
coordination administrative et unité militaire

À la fin de juillet 1942, après trois mois d'absence, Emmanuel d'Astier rentrait enfin de Londres et reprenait contact avec Jean Moulin. Les pourparlers, interrompus depuis son départ, concernant la coordination administrative et la fusion des éléments paramilitaires des trois mouvements purent reprendre. Cependant, la position des chefs de Libération et de Franc-Tireur n'avait pas changé : ils demeuraient opposés au projet d'une armée secrète unique. Les deux hommes craignaient que le professionnalisme et le dynamisme de Frenay ne leur fît subir le sort qu'avaient connu François de Menthon (cofondateur de Combat) et l'équipe de Liberté, dont ils observaient la marginalisation progressive au sein du comité directeur de Combat. De plus, les tendances politiques de droite du mouvement (qui avait cependant beaucoup évolué vers la gauche sous l'influence de Bourdet) les inquiétaient.

En dépit de leur crainte, ils furent obligés de céder sous la pression des militants qui ne comprenaient pas pourquoi plusieurs organisations dirigées par des états-majors distincts subsistaient alors que, sur le terrain, les activités des différents mouvements étaient confondues et assumées par les mêmes personnes. Comme l'écrivait Jean Moulin dans son rapport du 8 août 1942 : *« Il ne faut pas se dissimuler que nous sommes sur le plan paramilitaire en période de crise aiguë. Presque partout, les militants réclament la fusion. Les cadres des échelons inférieurs également, car la plupart en ont assez d'une concurrence qui prend l'allure dans certaines régions de querelle de boutiques*[84]. »

Henri Frenay, apôtre de la fusion, expliquait lui aussi les raisons de ce phénomène : *« D'une façon générale, les militants et les cadres sont opposés à la coexistence de plusieurs mouvements, source de complications et d'inefficacité, car partout où les mouvements coexistent, ils s'interpénètrent à la base alors que, par contre, on partage pour les mêmes tâches le nombre restreint d'hommes susceptibles de constituer les cadres — source aussi d'incompréhension et de suspicion, car dans le clandestin, faute de débats ouverts, le moindre ragot devient une montagne — et même source d'insécurité, car l'absence réelle de cloisonnement à la base est aggravée par le cloisonnement à la tête, qui joue pour empêcher la bonne organisation et les mesures de protection*[85]. »

Sur cette question, Moulin avait donc pris le parti des militants et de Frenay. La crise entre les chefs atteint toutefois une telle acuité sur cette question que Moulin, pour la désarmorcer, avait multiplié les entretiens. Jean-Pierre Levy avait fini par se rallier à la thèse de Moulin, mais d'Astier s'arc-boutait contre Frenay. Moulin, après avoir provoqué leur rencontre, pouvait adresser le résultat à Londres : *« Bernard* [d'Astier] *et Nef* [Frenay] *se sont rencontrés deux fois. Au cours du premier entretien, Nef a proposé la fusion totale des mouvements, ou à défaut, la fusion des éléments militaires. Bernard a fait de sérieuses réserves, se retranchant derrière son Comité Directeur. Or, ce dernier, contre l'avis de Bernard, s'est déclaré en faveur de la fusion.*

« Deuxième réunion, Bernard a finalement accepté la solution suivante. Pas de fusion au sens propre, mais tous les éléments militaires des mouvements versés à un organisme pris directement en charge par les F.F.C.

« Pour proposer et réaliser la fusion, Bernard et Nef estiment nécessaire

[mots illisibles] *leur réseau simultanément à Londres ce qui a motivé l'envoi du câble commun.*

« *Tirf* [Franc-Tireur] *est d'accord sur la formule proposée*[86]. »

Ce voyage à Londres avait été imaginé par Moulin afin de débloquer la situation : « *Chez "Liber"* [Libération] *il y a des objections sérieuses. Elles seront certainement levées le jour où le Général aura pris sa décision*[87]. »

Il y avait une autre raison à ce voyage. L'organisation préparée par le B.C.R.A. ne correspondait pas à l'état des forces paramilitaires des mouvements que Jean Moulin avait observé depuis huit mois. Il en avait averti Londres dans les semaines qui avaient suivi son arrivée. L'affaire Pucheu en particulier avait suscité une telle méfiance entre les mouvements que, fin mars (trois mois après son retour), Moulin écrivait : « *S'il est normal que des divergences sensibles de vues séparent ces derniers* [les mouvements] *puisqu'ils représentent différents secteurs de l'opinion, divers incidents étaient récemment intervenus qui risquaient de créer entre eux une atmosphère d'hostilité absolument regrettable.*

« [...] *Je m'efforce de pousser le plus possible à cette unité ; et mes efforts sont facilités par l'impression qu'ont les mouvements d'être aidés moralement et matériellement*[88]. »

Le B.C.R.A. recevait par ailleurs, à la même époque, les comptes rendus de mission de Forman et de Mangin, qui révélaient l'écart entre les projets de la France Libre et les possibilités de la Résistance. C'est pourquoi le 20 avril, dans le courrier qu'il adressait à Moulin, Diethelm, commissaire à l'Intérieur prescrivait : « *Par suite des évolutions des différents groupements de résistance relatées dans votre dernier rapport, nous sommes persuadés que la sécurité exige l'abandon du projet de fusion*[89]. »

Par ailleurs, le B.C.R.A. envisageait une nouvelle organisation : « *L'expérience a prouvé que nous devrions revenir à une conception plus modeste des possibilités d'action militaire.*

« *En effet, l'idée de créer une armée secrète importante se révèle absolument impossible. En conséquence, il faut chercher à créer :*

« *1. — des groupes de choc pouvant être employés aussitôt qu'on le voudra pour des actions locales de sabotage et de destruction.*

« *2. — Dans un avenir plus éloigné, des réseaux construits suivant les directives indiquées au moment de votre départ, mais uniquement sous forme de recrutement, c'est-à-dire : il faudra trouver dans chaque région déterminée suivant vos possibilités un homme capable de fournir tous renseignements sur les personnes habitant cette région. — Cet homme devra nous signaler, après vérification, les personnes de sa région en les classant en sympathisants actifs, sympathisants mous, indifférents et hostiles.*

« *Grâce à ces renseignements, il sera possible d'augmenter petit à petit le nombre des noyaux de choc dont nous vous parlons plus haut, et ainsi de développer les possibilités de l'action militaire. — Il est bien entendu que les personnes ainsi signalées ne seront enrôlées qu'au fur et à mesure des possibilités d'utilisation et avec une extrême prudence, en se basant toujours sur le principe des petits noyaux.*

« *Les petits groupes ainsi créés n'auront pas à travailler d'une façon active tout de suite, étant donné qu'ils sont destinés à participer à une action générale se déclenchant au moment d'un débarquement en France. Ces petits groupes pourront être, toutefois, occupés en faisant en attendant leur participation à l'action :*

« 1. — du renseignement.

« 2. — du contre-espionnage, c'est-à-dire du renseignement sur les personnes[90]. »

Pour réaliser ces instructions militaires, le B.C.R.A. encourageait Moulin fin juin 1942 : *« Continuez toujours à pousser la séparation des activités en vue d'assurer le maximum de sécurité ; bien entendu, ne pas diminuer le rendement*[91]. »

Avant de centraliser le commandement militaire à Londres (comme l'ordre de mission de Moulin le prévoyait), il fallait organiser en France une armée secrète cohérente que, pour sa part, Frenay s'efforçait de constituer. Préalablement à cette fusion, il fallait, selon les instructions de Londres, remplir trois conditions : séparer les activités civiles et militaires ; désigner les cadres centraux, régionaux et locaux dans chacune des organisations ; avoir en main des éléments suffisamment préparés pour constituer un organisme homogène.

« La première des conditions est, dans beaucoup de cas, réalisée, écrivait Moulin au mois d'août.

« Les deux autres sont loin d'avoir été atteintes.

« Malgré cela, je pense qu'il faut en arriver rapidement à la fusion souhaitée par la grande majorité. Sinon, nous risquons de voir s'émietter les efforts et gagner le découragement[92]. »

En attendant des directives appropriées, Moulin poursuivait sa tâche *« selon les consignes anciennes »*, mais il souhaitait que les chefs des mouvements, en particulier Frenay, exposent directement au B.C.R.A. les difficultés auxquelles ils se heurtaient pour qu'une nouvelle organisation soit décidée en commun.

Après de nombreuses discussions, il convainquit d'Astier et Jean-Pierre Levy de se rallier au projet d'une armée secrète unique, ce qu'ils acceptèrent, à la condition que Frenay n'en devienne pas le chef, qui devrait être choisi hors des mouvements.

Pour satisfaire à cette exigence, plusieurs noms avaient été mis en avant par Moulin, dont celui du général de Lattre de Tassigny, qui avait refusé. Aucun officier de grade élevé n'avait accepté une entreprise qui paraissait à la fois compromettante et dérisoire. C'est alors qu'un chef régional de Combat proposa le général Charles Delestraint. Claude Bourdet lui rendit aussitôt visite et approuva ce choix, qui reçut l'agrément d'Henri Frenay[93].

Il semble que la facilité avec laquelle le chef de Combat donna son accord était due au jugement trop rapide qu'il porta sur ce général de soixante-trois ans, commandant de division cuirassée. Dès l'armistice, Delestraint avait espéré reprendre la guerre contre les Allemands et il avait toujours marqué son désaccord avec la politique de Pétain à ce sujet[94]. Mais il était à la retraite et, jusqu'à ce jour, ne s'était pas engagé dans la Résistance active. Il en ignorait la genèse, l'organisation et les lois. C'était une garantie pour Frenay de rester le maître de l'instrument qu'il avait forgé et à la tête duquel il avait placé, comme chef d'état-major, François Morin-Forestier, l'un de ses hommes. Dans ces conditions, il semblait évident que la nomination du général aurait un caractère purement honorifique.

À son tour, Jean Moulin rencontra à Lyon, le 28 août 1942, le général Delestraint, qui lui fit la meilleure impression mais pour d'autres raisons. On le constate dans le télégramme qu'il envoya à Londres à ce sujet : *« Ai eu ce jour un long entretien avec Général dont pseudonyme est Vidal* [Delestraint], *tout acquis au Général de Gaulle ; serait disposé à prendre organisation para-militaire fusionnée sous réserve enquête personnelle sur état des mouvements et accord formel de Gaulle. — Dispose* [des amicales] *bataillon, régiments et divisions chars qu'a visités récemment. Prévoit double organisation noyautage armée Armistice et organisation groupes para* [militaires] *des mouvements Z.N.O.*[95]. »

Plus instructif que ce premier télégramme est le second, qu'il expédia le même jour et dans lequel il commente cette nomination. Ce texte permet de connaître précisément la place que Moulin attribuait à de Gaulle à ce moment-là dans la Résistance, tout autant que le rôle qu'il souhaitait voir jouer à Delestraint : *« Il convient de ne pas perdre de vue que le Général de Gaulle est un homme symbole auquel la masse du peuple est bien plus profondément attachée qu'aux étiquettes des mouvements. Il serait souhaitable si le Général de Gaulle est d'accord sur la personnalité du Général pseudo Vidal* [Delestraint] *qu'il désigne lui-même, en fixant ses attributions, ce général comme chef des organisations militaires et paramilitaires des Forces Françaises Combattantes dans la zone non occupée*[96]. »

Moulin compléta les renseignements sur Delestraint dans un courrier suivant : *« Il paraît d'autre part, avoir des conceptions judicieuses sur la crise militaire au sein de la résistance. D'un côté, il envisage* [...] *une triple action sur l'armée de la* résistance [certainement une erreur de frappe, qui doit se lire "armistice"].

« 1) noyautage

« 2) propagande

« 3) reprise de matériel.

« D'un autre côté, ses vues sur la constitution et le rôle de l'armée de la résistance sont sensiblement les mêmes que celles de l'E.M. de Londres. Il a compris notamment le caractère insurrectionnel et révolutionnaire de l'action à entreprendre bien qu'il se dise politiquement conservateur[97]. »

Moulin signalait en outre deux précautions qu'il avait prises à l'égard des mouvements : *« Non seulement, je lui ai demandé de ne pas se livrer à cette enquête dès à présent, mais encore qu'il ne prenne contact avec aucun des mouvements ; cela pour des raisons de tactique à l'égard desdits mouvements ; il ne faut à aucun prix en effet, pour la sauvegarde de son autorité ultérieure qu'il puisse être considéré comme une créature de l'un ou de l'autre mouvement.*

« Le Général ayant été contacté pour la première fois par Lifra [Combat], *j'ai commencé à tâter le terrain du côté de Libération. Bernard* [d'Astier] *ne s'est pas montré hostile a priori, mais semble craindre qu'il soit l'homme de Lifra. Il s'en rapportera en définitive à la décision du Général de Gaulle. Il ne paraît pas au demeurant avoir de candidat sérieux à proposer*[98]. »

Leur rencontre marqua le début d'une collaboration étroite entre Moulin et Delestraint. Elle était faite de confiance, d'estime, et se transforma en amitié agissante. Elle ne se démentit jamais jusqu'à la disparition des deux hommes.

Dans le but d'entériner des transformations aussi décisives pour l'avenir des mouvements, Moulin souhaitait se rendre à Londres en compagnie des trois chefs afin de donner un caractère officiel à ce premier accord entre la Résistance et la France Combattante. Il demanda donc, par télégramme, un transport pour tous.

Les aléas des opérations d'enlèvement par bateau ou par avion firent que, fin septembre, d'Astier et Frenay arrivèrent seuls en Angleterre et que Moulin et Jean-Pierre Levy demeurèrent en France. Ce rendez-vous manqué eut d'importantes conséquences sur le résultat des négociations qui s'y déroulèrent.

Pendant que Jean Moulin et les trois chefs préparaient ce voyage, le gouvernement de Vichy ouvrit en zone libre la chasse aux juifs. Il s'agissait de l'application des lois concernant les juifs étrangers entrés en France depuis le 1er janvier 1936. Les préfets régionaux étaient chargés d'exécuter les instructions secrètes, expédiées le 5 août 1942, afin de *« satisfaire les exigences allemandes, désormais fixées à 32 000 Juifs à déporter avant la fin de l'été*[99] *».*

15 septembre 1942 :
Jean Moulin et la persécution antisémite

Jean Moulin, on l'a vu, venait d'une famille où le combat contre l'antisémitisme était une tradition, d'une famille « républicaine » dans la plénitude de son idéal. Cela ne l'avait pas empêché, durant les quelques mois où il avait exercé ses fonctions préfectorales sous Vichy, de composer avec la nouvelle législation antisémite et xénophobe.

Il n'y avait qu'une centaine de juifs dans son département et il était intervenu auprès de son ministre pour obtenir des dérogations pour un professeur et des médecins juifs d'origine étrangère signalés par l'inspecteur d'Académie et le secrétaire général du syndicat des médecins d'Eure-et-Loir. La lettre de ce dernier mérite d'être citée car elle témoigne des réactions d'un homme d'élite face aux mesures de Vichy. Le 18 octobre 1940, le docteur Poirel exposait : *« Je sais être l'interprète de tous les médecins français d'Eure-et-Loir en vous adressant un pressant appel en faveur de deux médecins français frappés par le décret du 16 août 1940* [interdisant l'exercice de la médecine aux médecins "nés de père étranger"].

« […] Nous savons que vous avez l'ordre d'appliquer ce décret impérativement. Nous savons aussi qu'un préfet du Gouvernement Pétain dispose de pouvoirs étendus ; qu'il peut faire l'application de ce décret, non stricto sensu, mais en homme qui comprend la souffrance de l'esprit, qui a pu la connaître au plus profond de son être.

« Permettez-moi de m'adresser en ce sens à vous respectueusement mais fermement, vous demandant d'intervenir pour hâter la signature favorable du sous-secrétaire d'Etat intéressé et de tempérer par une bienveillance indulgente et méritée la rigueur de la suspension temporaire.

« Et si, par discipline consentie, j'ai pu faire taire en moi l'esprit de révolte, du moins tout en vous priant d'agréer l'expression de la considération la plus distinguée, aurai-je pu laisser s'exprimer spontanément la sympathie qu'exprime pour deux médecins français un de leurs pairs[100]*. »*

Ayant complété ses dossiers, Jean Moulin écrivit le 23 octobre au ministère pour demander une dérogation : *« Je vous serais reconnaissant M. le ministre d'examiner avec bienveillance les demandes de ces médecins* [ajout Moulin sur le texte préparé par son cabinet : *qui ont rendu de réels services aux populations de la région*] *et me faire connaître par dérogation à vos instructions du 8 de ce mois et en attendant votre décision définitive, si, à titre tout à fait exceptionnel, je puis les autoriser à continuer à exercer*[101]. »

Il est instructif de comparer l'attitude de Jean Moulin au commentaire de ces mesures que *La Vérité*, journal de l'évêché de Chartres, publiait trois jours plus tard sous le titre « Pour une France saine... le statut des Juifs » : *« Rien de plus normal, de plus juste, de plus français, que cette loi contre les agissements illégitimes des Juifs*[102]. *»*

Les successeurs de Jean Moulin participèrent à la déportation de quatre-vingt-deux juifs, dont un seul revint à la Libération.

Il fallut attendre septembre 1942 pour que, à l'occasion des rafles de juifs opérées en zone libre durant l'été, Moulin s'exprime sur la question, témoignant de l'élan qui souleva alors la Résistance, avec la conviction que Vichy avait commis l'irréparable. C'est ce qu'il écrivit à Londres cet automne-là : *« La situation évolue rapidement en Z.N.O. en fonction des mesures d'oppression de plus en plus marquées prises par Vichy. Les arrestations de Juifs étrangers et leur livraison aux Allemands et plus encore les mesures odieuses prises à l'égard des enfants israélites, ignorées au début du grand public, commencent à soulever la conscience populaire. La position prise à cet égard par un certain nombre de grands prélats français et notamment l'archevêque de Toulouse, l'évêque de Montauban et le Cardinal Gerlier, a largement favorisé ce mouvement de réprobation. De nombreux actes de solidarité témoignent de cet état d'esprit. De toute part, les organisations catholiques et protestantes se sont employées à la protection des enfants israélites.*

« Un des animateurs de cette croisade a été le Père Chaillet, de l'ordre des Jésuites qui dirige les cahiers de témoignage chrétien. Avec une foi profonde et un réel courage il a recueilli des centaines d'enfants qu'il a placés dans des couvents et des établissements charitables. Mis en demeure par les Autorités françaises d'avoir à restituer ces enfants, il s'y est refusé catégoriquement soutenu en cela par le Cardinal Gerlier. Le Préfet du Rhône, Angeli, qui est intervenu personnellement s'en est montré particulièrement violent et n'a pas hésité à menacer le Père Chaillet d'emprisonnement. Bien que ce dernier n'ait nullement modifié sa position, le Préfet n'a pas osé prendre cette mesure à son égard et s'est contenté, il y a huit jours, de le mettre en résidence forcée à Privas. Aussi, le père Chaillet continuant de s'occuper à Privas des cahiers de témoignage chrétien, de plus en plus, il convient de ne pas le citer personnellement à la B.B.C.

« Les arrestations arbitraires, les manifestations du S.O.L. [service d'ordre légionnaire] *qui se multiplient et enfin, à l'opposé, les signes sérieux de résistance tels que les lettres de Jeanneney et Herriot s'élevant contre la suppression des bureaux de la Chambre et du Sénat (exploitées comme il convenait par la radio de Londres) aggravent le sentiment de sourde protestation des masses*[103]. »

VII

LA RÉSISTANCE AU PIÈGE DES INSTITUTIONS : LE COMITÉ DE COORDINATION

17 septembre-27 novembre 1942

Cette seconde phase de la mission de Jean Moulin marque le passage au stade des institutions. Non pas par obsession de l'administration, mais parce que le pouvoir y réside. Faute d'avoir compris à temps que le contrôle des institutions assure l'exercice de la réalité du pouvoir, les chefs de la Résistance allaient se retrouver plus que jamais dans la subordination qu'ils avaient cru surmonter.

Genèse du Comité de coordination, un projet d'André Philip

Le Comité de coordination apparut pour la première fois à l'initiative d'André Philip, nouvellement nommé commissaire à l'Intérieur.

Dans une suite de télégrammes datés du 12 août 1942, ce projet fut soumis à Moulin : *« Envisageons créer Z.N.O. comité directeur mouvements actions sous votre présidence avec un représentant chaque mouvement résistance. Donnez votre avis, notamment sécurité*[1]. *»* Philip lui demanda également de se prononcer sur l'opportunité d'intégrer à ce comité le groupe de parlementaires que le C.N.I. avait fait contacter par Philippe Roques et les groupes d'études (le C.G.E.) que Moulin était en train de constituer.

Parallèlement, le projet était développé à Londres dans une série de documents détaillés. Il s'inscrivait, en effet, dans la perspective d'un débarquement en France à l'occasion duquel le gouvernement de Vichy devrait être neutralisé puis remplacé, éventuellement par ce comité directeur. Des notes préparatoires aboutirent à la rédaction, le 13 août, de « Directives générales pour la zone non occupée » qui développaient la suggestion faite la veille à Moulin : *« Pour coordonner l'action ultérieure politique et militaire et exécuter les consignes venant de Londres dans le cadre du plan stratégique interallié, un Comité directeur pour la zone non occupée doit être créé sous la présidence de Rex* [Moulin], *comportant un représentant de chaque mouvement de résistance, l'agent chargé du mouvement syndical, l'agent chargé de l'agence d'information, un délégué du groupe des parlementaires résistants, éventuellement l'agent directeur des groupes d'études. Il y aurait à envisager la possibilité pour le comité directeur de prendre en charge les organisations para-militaires des divers groupes de résistance en les fusionnant et les regroupant par régions militaires. L'organisation du Comité directeur, sa mission et son fonctionnement seront précisés par une note ultérieure.*

« Au sujet des directives ci-dessus mentionnées, Rex voudra bien nous faire parvenir les renseignements demandés et toutes les observations, suggestions et remarques diverses qu'il croira utile de nous présenter[2]. »

Dès le 17 août, ces directives furent développées et complétées, évoquant tour à tour la composition du Comité directeur, sa mission et les phases prévisibles de son action. Cette composition était donc précisée : *« Un Comité Directeur secret, chargé de l'action dans la zone non occupée, recevra, à cet effet, les instructions du général de Gaulle.*

« Ce Comité Directeur comprendra :

« Le représentant civil du Général de Gaulle dans la Z.N.O.,

« son représentant militaire dans la même zone, adjoint au précédent,

« les chefs ou présidents des mouvements de résistance les plus importants,

« un représentant du mouvement syndical,

« un représentant du groupe des parlementaires résistants,

« un représentant des groupes d'études,

« l'agent chargé de l'office de presse et l'information.

« Le représentant civil du Général de Gaulle dans la Z.N.O. sera, de droit, président du Comité directeur[3]. »

Dans la définition de la mission de ce Comité directeur apparaissait la sujétion de tous les groupements de résistance à son autorité : *« Tout en conservant leur physionomie propre, les groupements de résistance devront adapter leur organisation intérieure aux exigences de l'action et suivre les instructions du Comité directeur sur ce point. Il s'agit de passer de la coexistence anarchique de ces mouvements à une phase nouvelle au cours de laquelle, sans renoncer à leur autonomie, ils normaliseraient leurs organisations intérieures, se répartiraient rationnellement leurs zones d'influence (répartition géographique) et leurs sphères d'action (répartition sociale), afin de fournir, sous l'impulsion du Comité directeur, une contribution importante à la préparation de la conquête du pouvoir et, le jour venu, à celle-ci.*

« A cet effet, chaque groupement se scindera en deux fractions distinctes ; l'une constituée par des groupes d'action civile, l'autre par des groupes d'action para-militaires[4]. »

Quant aux phases successives de l'action du Comité directeur, elles consisteraient en préparation, conquête puis exercice du pouvoir.

Faute d'opérations aériennes, ces directives ne purent être adressées à Moulin, qui fit d'ailleurs connaître, par câble du 18 août, son opposition à ce projet. Ses explications furent, par force, succinctes : *« Ne crois pas opportun création comité directeur raisons sécurité efficacité. Est indispensable pour moi être en rapport constant et direct avec chacun des chefs mouvements et non délégué 2 et 3*[5]. »

Cette réponse reflète la situation conflictuelle que Moulin affrontait depuis le retour de d'Astier en juillet. Il y avait huit mois qu'il avait entamé sa mission. Or, l'affaire Pucheu, suivie du départ de d'Astier pour Londres le 17 avril, avait mis en sommeil la coordination des mouvements et, surtout, la création d'une armée secrète. Lorsque Moulin reçut le télégramme de Philip, il avait constaté l'inefficacité du travail en groupe. Par exemple, dans le cadre de l'A.S., la discussion dressait Frenay, appuyé par Moulin, contre d'Astier soutenu par Jean-Pierre Levy. Ce dernier, dont le mouvement représentait encore peu de chose sur le plan paramilitaire, était enclin à bloquer la discussion de peur d'être totalement marginalisé. Afin d'aboutir à tout prix, Moulin avait entamé début août des conversations séparées avec chacun des trois chefs, les obligeant à se rencontrer à leur tour individuellement. Bien que nombre d'obstacles eussent persisté, Moulin commençait d'entrevoir une solution lorsqu'il reçut le télégramme de Philip. Mais il préférait continuer à contrôler indirectement les mouvements (comme les Anglais le faisaient pour la France Combattante) avec l'argent, les radios et les armes et en usant de son ascendant naturel.

Sa conception fut modifiée par le débarquement en Afrique du Nord. À partir de cette époque, il devint évident que de Gaulle, dans sa lutte contre les Alliés, Darlan puis Giraud, ne pourrait s'appuyer que sur des institutions qui intégreraient bon gré mal gré les mouvements dans la France Combattante.

Londres, 2 octobre 1942 : création du Comité de coordination

L'arrivée à Londres, le 26 septembre 1942, de d'Astier et de Frenay devait concrétiser les mesures de rattachement organique des mouvements de la zone libre à la France Combattante. Leur démarche prouvait que Jean Moulin avait réussi, en dépit des obstacles, à leur imposer les directives du Général.

Sans attendre son arrivée éventuelle ni celle de Jean-Pierre Levy, de Gaulle reçut les deux chefs des mouvements et les amena à accepter l'obédience institutionnelle à la France Combattante sous forme de deux créations : l'une, civile, le Comité de coordination ; l'autre, militaire, l'Armée secrète de la zone libre. Un document fut établi le 2 octobre 1942, qui donne les raisons et le détail de ces différentes mesures : « *L'existence simultanée de plusieurs importants mouvements de résistance, qui se sont développés parallèlement et séparément en zone occupée, en zone non occupée, en Afrique du Nord, pose le problème de la coordination de leurs activités. Il s'agit d'éviter une concurrence néfaste et des conflits éventuels.*

« [...] *Trois mouvements en zone libre (Combat, Libération et Franc-Tireur ; les 2 premiers étant les plus importants) ont reconnu l'autorité du Général de Gaulle comme chef politique et militaire de la France Combattante. C'est donc au Comité National qu'incombe la mission, en accord avec les chefs de ces mouvements, de fixer le cadre de cette coordination*[6]. »

Comment devait fonctionner ce Comité ? Il coordonnait l'ensemble des activités des mouvements de résistance et répartissait entre eux les tâches. Ces mécanismes de fonctionnement étant ainsi définis, quels pouvoirs lui étaient dévolus sur le plan politique ? Les directives indiquaient que la coordination s'étendrait à la désignation de représentants régionaux pour chaque mouvement[7].

Reprenant les projets de De Gaulle et de Frenay, il avait en outre été décidé de créer une Armée secrète unique pour la zone non occupée afin de résoudre le problème de la diversité des groupes paramilitaires des mouvements : « *La coordination des activités para-militaires de mouvements,* lisait-on, *est une nécessité évidente. Chacun des mouvements de résistance versera ses groupes para-mili-*

taires à l'armée secrète, armée dont certains cadres supérieurs pourront être recrutés en dehors des mouvements eux-mêmes, une fraction de l'E.M. étant fournie par les F.F.C. Le Chef de l'armée secrète de la Z.N.O. sera désigné par le Général de Gaulle[8]. »

Il était spécifié aussi que, *« sur le plan militaire le Comité de Coordination est aux ordres du Général de Gaulle dans le cadre du plan stratégique interallié ».*

Ces deux paragraphes qui, dans leur simplicité toute militaire, ne se prêtaient à aucune interprétation étaient toutefois nuancés par un troisième qui servira d'argument aux contestations ultérieures. On y lisait en effet : *« Les décisions prises par le Comité de Coordination seront mises à exécution les unes par les mouvements de résistance sur instructions des chefs de ces mouvements, les autres par le Chef de l'armée secrète*[9]. »

Après que ces directives eurent été acceptées par tous, le général de Gaulle, sur la recommandation de Moulin, nomma le général Delestraint commandant en chef de l'Armée secrète de la zone libre et lui adressa une lettre qui, dans sa sobriété, dit tout, si l'on sait que le général Delestraint avait été le supérieur du colonel de Gaulle :

« Mon Général,

« On m'a parlé de vous... J'en étais sûr !

« Il n'y a rien à quoi nous attachions plus d'importance qu'à ce dont nous vous demandons d'assurer l'organisation et le commandement.

« Personne n'est plus qualifié que vous pour entreprendre cela. Et c'est le moment !

« Je vous embrasse, mon Général.

« Nous referons l'armée française[10]. »

Quant à la stratégie assignée à cette armée, elle n'avait pas varié depuis un an, lorsque de Gaulle l'avait formulée pour la première fois dans l'ordre de mission de Moulin. Le 29 octobre 1942, il signait une « Instruction personnelle et secrète pour l'action en France », dans laquelle il fixait le rôle de l'Armée secrète et les différents plans à exécuter le jour du débarquement des Alliés en France : *« Dans la situation actuelle de la guerre une action d'envergure de l'Armée Secrète ne peut être envisagée que si elle est liée à une action directe des Forces Alliées débarquant sur le territoire français en vue d'y rechercher la décision.*

« L'Armée Secrète évitera d'engager dans des opérations de caractère désespéré, des effectifs et des cadres d'élite qui risqueraient d'être anéantis prématurément.

« Par contre, les Cellules professionnelles et les Groupes Francs doivent être à même d'agir à tout moment. Si le débarquement allié en France se produit, l'Armée Secrète devra utiliser à fond les possibilités d'action qui lui seront alors offertes.

« I. — Situation actuelle

« Actions de sabotage.

« L'action de sabotage déjà commencée sera poursuivie.

« A cet égard, un programme sera envoyé. En attendant son arrivée, les Centrales électriques seront attaquées en première urgence.

« II. — Débarquement des Alliés en France

« La mission de l'Armée Secrète est de paralyser la manœuvre allemande

par une action générale déclenchée au moment opportun après le débarquement allié[11]. »

Comme dans l'ordre de mission militaire de Moulin, les instructions comportaient deux parties : l'action immédiate et l'action à long terme ; les deux devaient être exécutées par des groupes distincts ; Jean Moulin et le général Delestraint devaient veiller à leur bonne exécution.

Il faut souligner la fidélité du général de Gaulle à ces conceptions initiales car elles furent contestées par la suite avec violence par Frenay et par les communistes, qui les critiqueront encore après la Libération. Pourtant elles furent rédigées après de très nombreux entretiens avec Frenay qui donna son accord sans réserve à leur contenu.

Il y avait toutefois dans le rôle du Comité de coordination une ambiguïté qui favorisa les revendications des chefs des trois mouvements. L'Armée secrète, chargée de deux tâches distinctes, chasser les Allemands et prendre le pouvoir, avait une fonction politico-militaire qui autorisait les conflits d'attribution. Quant aux relations entre la France Combattante et le Comité de coordination, elles étaient prévues de la manière suivante : *« Au point de vue politique, d'une part le Comité de Coordination présente les suggestions au Comité National, d'autre part il applique, après avoir été préalablement consulté, les directives qu'il reçoit de lui et en détermine sous le contrôle de celui-ci les modalités d'application*[12]. »

Bien que ce document spécifiât que de Gaulle était le *« chef politique et militaire de la France Combattante »,* les mécanismes prescrits pour l'établissement et l'application des directives entretenaient une équivoque dont joueront les chefs des mouvements. Cette formulation n'impliquait pas automatiquement que les chefs acceptassent cette autorité. En effet, bien que la France Combattante représentât la réunion des deux Résistances, ceux d'entre eux qui ne s'étaient pas « engagés » dans le mouvement de la France Libre n'étaient pas, sur le plan politique, tenus d'obéir au général de Gaulle.

Ainsi, l'imbrication du politique et du militaire dans le fonctionnement du Comité transformait un désaccord sur le plan politique en un refus d'obéissance sur le plan militaire. On s'en aperçut quelques mois plus tard[13].

L'ambiguïté que l'on relève souvent dans les directives de Londres, qui prêtèrent parfois à des malentendus et à des contestations, tenaient à une raison technique : à cause de leur caractère secret, leur rédaction n'était pas confiée à des spécialistes, mais aux services concernés où l'on ne trouvait, et pour cause, aucun juriste rompu à l'usage du vocabulaire administratif et diplomatique. Mais à l'automne 1942, seule importait l'acceptation par les mouvements des règles de cet organisme inventé par la France Combattante et la reconnaissance *de jure* de l'autorité du Général.

8 novembre 1942 : de Gaulle désavoué

À peine la création du Comité de coordination avait-elle été décidée qu'un événement imprévu et menaçant pour l'entreprise du général de Gaulle accéléra l'institutionnalisation de la Résistance sous ses ordres. S'il facilita sa reconnaissance par les « résistances » républicaines, il attisa simultanément les prétentions à l'autonomie des chefs des mouvements qui découvrirent, à cette occasion, la faiblesse du Général et le poids de leur force politique et militaire.

Le 8 novembre, les Anglo-Américains débarquaient en Afrique du Nord. Après trois jours de combat contre l'armée d'armistice de Vichy, ils négociaient un cessez-le-feu avec l'amiral Darlan qui, par hasard, se trouvait alors à Alger. Celui-ci, ancien vice-président du Conseil de Pétain et qui avait frôlé la collaboration militaire avec le Reich au printemps de 1941, devenait maître de l'Empire et de l'armée d'Afrique passés dans le camp allié. Après son assassinat, le 24 décembre 1942, le général Giraud (que les Américains avaient fait évader de France) lui succéda avec l'autorité discrétionnaire de « commandant en chef civil et militaire », entouré de gouverneurs des colonies et d'officiers généraux antigaullistes, réunis dans un « Conseil impérial »[14].

Le pouvoir militaire qui s'était ainsi institué en Afrique du Nord maintenait la législation de Vichy et son allégeance au maréchal Pétain, revalorisant, grâce à ce ralliement forcé au camp des Alliés, un personnel dirigeant discrédité en même temps qu'un régime autoritaire et réactionnaire. Cette politique des Alliés était assortie de l'interdiction au général de Gaulle de se rendre en Afrique du Nord.

Était-ce la fin de la France Combattante ?

Beaucoup le pensaient à cette époque, car cette opération, dont le Général avait été écarté, marquait à son endroit un désaveu officiel et cinglant de la part des Alliés anglo-saxons.

Le jour du débarquement, de Gaulle télégraphia à Moulin : *« Concentration nécessaire dans le plus bref délai possible à l'intérieur de la France Combattante sur bases suivantes : primo Libération de l'ennemi et des traîtres secundo Restauration intégrale de la souveraineté nationale sur territoire métropolitain — Gardez expectative*[15]. »

Mais le 14 novembre, dès que Darlan entra en scène dans une négociation avec les Américains, de Gaulle marqua son désaccord et précisa sa politique à Moulin : *« Général de Gaulle et Comité National font connaître ne prennent aucune, je dis aucune part et n'assument aucune responsabilité dans négociations en cours Afrique du Nord avec délégués Vichy, je dis Vichy — Si négociations devaient conduire dispositions qui auraient effet consacrer régime Vichy en Afrique du Nord celles-ci ne pourraient évidemment être acceptées par France Combattante. Union tous territoires français outre-mer dans combat pour Libération doit se faire dans conditions conformes à volonté, je dis volonté et dignité, je dis dignité peuple français*[16]. »

Avant même d'avoir reçu ce câble, Moulin s'était efforcé de convaincre les officiers giraudistes, en particulier le colonel de Linarès (qui avait organisé l'évasion du général Giraud), de rejoindre la France Combattante : *« Ai montré erreur criminelle Giraud n'avoir pas rallié de Gaulle immédiatement et conséquence catastrophique pour Unité résistance et avenir pays.* [...] *semble avoir compris et envisage accord et même venue Général de Gaulle en Algérie*[17]. »

Le même jour, Moulin faisait envoyer un télégramme par Georges Bidault (qui avait le double avantage d'être un responsable des mouvements mais aussi un journaliste connu à l'étranger avant la guerre) : *« Vous prions communiquer au nom Mouvements résistance aux Gouvernements américain et britannique qu'il est impossible expliquer aux Français pourquoi débarquement Alger pas immédiatement accompagné rétablissement République* [...] *Pourquoi Comité National Français pas encore installé Alger pourquoi radio alliée ménage Pétain* [...] — *Impression très pénible qui tournera bientôt au scandale*[18]. » Moulin entreprit simultanément de faire signer un message analogue par les mouvements, partis et syndicats, ce qui, dans la clandestinité, exigeait toujours un certain délai.

Les sentiments des résistants rejoignaient spontanément ceux du général de Gaulle, lorsqu'il écrivait à son représentant à Washington (21 novembre 1942) : *« Darlan serait l'élément qui, à la fois, trusterait et déshonorerait la libération. Surtout, il rentrerait en France, dans la victoire, avec la seule armée française pratiquement existante et pourrait ainsi maintenir le régime de Vichy. "Maréchal, nous voilà !" Pétain a donc avec Laval d'une part et Darlan d'autre part, une carte dans chaque camp. Je crains que cette combinaison ne soit pas tout à fait désagréable à certains éléments américains qui jouent une nouvelle Europe faite contre les Soviets et même contre l'Angleterre.*

« De telles combinaisons peuvent paraître momentanément profitables aux Américains. Mais elles aboutissent à ceci, que les démocraties perdent moralement la guerre. Je ne partage pas l'opinion du Président Roosevelt quand il explique qu'il s'agit d'éviter l'effusion du sang et sous-entend que, pour cela, tous les moyens sont permis. Quant à moi, je ne me prêterai, ni de près ni de loin, à ces nauséabondes histoires. Ce qui reste de l'honneur de la France demeurera intact entre mes mains[19]. »

La presse anglo-saxonne, en exprimant avec passion des sentiments similaires, refléta la réaction de l'opinion. Les positions des Britanniques à l'égard du Général apparaissaient confuses. Sur le moment, Churchill avait défendu de Gaulle et partagé son indignation sur l'*« expédient temporaire »* (Darlan) utilisé par Roosevelt. Mais à mesure que le temps passait et que se révélaient les avantages stratégiques que Darlan apportait à la coalition, le Premier ministre s'était accommodé de cette situation. Sous l'influence de Roosevelt, il prenait ses distances avec de Gaulle. Le discours secret qu'il prononça au sujet du Général à la mi-décembre 1942 devant la Chambre des communes en apporte la preuve : *« Nous finançons son mouvement. Nous l'avons aidé dans ses entreprises. Mais nous ne l'avons jamais reconnu comme représentant la France. Nous n'avons jamais admis que lui-même et ceux qui le suivent puissent avoir le monopole de l'avenir de la France parce qu'ils se sont montrés clairvoyants et courageux au moment de la capitulation.* [...] *Je ne puis croire que de Gaulle incarne la France, et encore moins que Darlan et Vichy incarnent la France. La France est quelque chose de plus grand, de plus complexe, de plus imposant que toutes ces expressions isolées.*

« [...] *vous auriez tort de croire que le général de Gaulle soit un ami indéfectible de l'Angleterre. Au contraire, je crois qu'il fait partie de ces bons Français dont le cœur est marqué depuis longtemps par des siècles de guerre contre l'Angleterre.*

« [...] *Je continue à entretenir de bonnes relations personnelles avec le général de Gaulle, et je l'aide dans toute la mesure de mes moyens. Je me sens obligé de le faire, parce qu'il s'est dressé contre les hommes de Bordeaux et leur reddition déshonorante au moment où la France avait perdu toute volonté de résistance. Pourtant, je ne vous recommanderais pas de fonder tous vos espoirs et votre confiance sur cet homme, et encore moins de croire qu'à l'heure actuelle, notre devoir serait de lui confier les destinées de la France, pour autant que cela soit en notre pouvoir*[20]. » Pourtant, c'est à Darlan, le collaborateur, que les Alliés n'hésitaient pas à confier les destinées de la France.

Certes, aux yeux des Britanniques, de Churchill en particulier, de Gaulle représentait l'honneur de la France indomptable dans le malheur. Mais les valeurs morales, si elles sont les arguments favoris de la propagande politique, ne constituent pas toute la réalité du pouvoir. Comptent d'abord en ce domaine l'étendue des territoires, l'efficacité de la police et la puissance des armées, ainsi que l'autorité d'un gouvernement fondée sur l'obéissance d'un peuple. Dans tous ces domaines, de Gaulle, par rapport à Darlan puis à Giraud, représentait peu de chose, et la Résistance moins encore.

Ainsi, au moment même où, avec l'institution du Comité de coordination et de l'Armée secrète, de Gaulle croyait avoir arrimé définitivement la France Captive à la France Combattante pour présenter une France unie dans la guerre, l'œuvre accomplie en neuf mois par Jean Moulin risquait de voler en éclats sous la pression des événements. Car, durant une période qui commença avec le débarquement en Afrique du Nord (novembre 1942) et s'étendit jusqu'à juin 1943, la France se trouva écartelée entre trois résistances (gaulliste, communiste et vichyste), chacune s'efforçant de s'imposer aux deux autres. La France Combattante semblait la plus faible des trois et paraissait condamnée. La situation ultraminoritaire de la Résistance émigrée et de la Résistance métropolitaine ne laissait à chacune, séparément, aucun avenir politique. Le discours de Churchill était significatif à cet égard.

Le 11 novembre 1942, trois jours après le débarquement, à la date où Darlan signait un cessez-le-feu, les troupes allemandes envahissaient la zone libre.

Une armée pour trahir

Le régime de Vichy avait porté au pouvoir toute une camarilla d'officiers, à commencer par le maréchal Pétain. Dans le même temps, l'armée française disparaissait ou, plutôt, se modifiait profondément. L'article 4 de la convention d'armistice avec l'Allemagne la réduisait aux *« troupes nécessaires au maintien de l'ordre intérieur »*. Ce « nécessaire » était fixé, le 20 août 1940, à cent mille hommes en métropole, dont quatre mille officiers. Plus de vingt mille officiers, devenus superflus, étaient donc dégagés des effectifs, tandis que l'on s'efforçait d'augmenter le nombre des hommes de troupe. Les classes 1938 et 1939 étaient provisoirement maintenues sous les drapeaux tandis qu'entre novembre 1940 et novembre 1942 quatre-vingt-dix mille hommes étaient recrutés, dont un tiers pour l'Afrique du Nord[21]. À cela, s'ajoutaient l'aviation, et la flotte laissée intacte par l'armistice.

Cette « armée d'armistice » était profondément liée à Vichy. Non seulement parce qu'elle puisait son origine dans la défaite, mais également en vertu de son loyalisme envers Pétain et le régime qui reflétait son idéal. Le général Weygand déclara, dès le 28 juin 1940, que l'armée avait rompu avec l'apolitisme qui était le lot de la Grande Muette sous la IIIe République. Et, le 1er février 1941, on put lire dans *La Revue des Deux Mondes* que le rôle civique de l'armée consistait en un *« dévouement absolu au chef de l'Etat, à sa personne, adhésion totale à son action.* […] *Officiers, sous-officiers, soldats sont, par une sorte de serment implicite, liés au régime nouveau et à son chef, incarnation de l'honneur et des vertus françaises*[22] ».

La cohésion de cette armée fut confortée par les épisodes de Mers el-Kébir et de Dakar. Et ni la campagne de Syrie (un sixième seulement des militaires de

Syrie se rallièrent à la France Libre) ni le retour de Laval ne l'avaient profondément ébranlée.

En août 1941, des officiers de Syrie diffusaient, par exemple, ce tract :

« Je ne suis pas gaulliste... Pourquoi ?

« Parce que le gaullisme signifie dissidence, insurrection, révolte contre les pouvoirs légitimement constitués [...] *;*

« Parce que le gaullisme se réclame à outrance des principes de 89 et du Front Populaire 1936 ;

« Parce que le gaullisme ne fait qu'un avec la Juiverie et la Franc-maçonnerie ; parce que les gaullistes sont les faux frères à la solde de l'Angleterre, ils ont comme Caïn les mains teintées du sang d'Abel [...][23]. »

En décembre 1941, la lettre d'un officier rapatrié de Syrie résumait ses impressions à l'issue d'une permission en zone interdite. On peut y voir le reflet de l'état d'esprit de l'armée d'armistice : *« Le vainqueur est là, installé dans les maisons, rencontré à chaque pas. Il a beau se conduire avec une correction extraordinaire* [...] *il est tout de même là avec sa G...* [gueule] *d'Outre-Rhin et il y est pour longtemps. Ajoute à cela la crainte de l'annexion qui pèse lourd sur tous les cœurs et en tout cas la crainte d'une occupation prolongée. Tu comprends alors que le sentiment dominant qui emporte tout autre raisonnement est d'abord l'envie formidable de voir partir ces gens-là d'abord avant toute collaboration.*

« [...] *Les gens là-bas en sont encore à croire que notre défaite est due presque uniquement à un effondrement moral, que nous étions encore au moins 500 000 en Syrie et un million en Afrique du Nord (la fameuse armée noire !) au moment de l'Armistice de juin 40.* [...] *Lorsque tu leur dis que Pétain et Darlan marchent en plein accord, que si nous refusions toute collaboration actuellement, nous serions occupés, écrasés, affamés sans pouvoir rien faire. Lorsque tu leur dis que les Gaullistes ne sont qu'environ 30 000 (20 000 noirs, 2 000 types très bien égarés par leur conscience et 6 ou 8 000 aventuriers plus ou moins véreux). Lorsque tu leur dis que collaborer ne veut pas dire s'aplatir, que si l'Allemagne gagne mais s'en tire épuisée (ce que nous espérons tous) cette collaboration sauvera peut-être beaucoup plus, que si l'Allemagne perd, cette collaboration tombera d'elle-même mais les gens qui l'ont préconisée sauront nous défendre contre le retour des maçons, des Juifs et des Députés (par ordre d'estime), lorsque tu racontes tout cela, les gens commencent à réfléchir, et ce sont des oh ! et des ah !*[24]. »

En fait, depuis sa création, l'armée d'armistice était l'armée de la collaboration. Elle n'avait été utilisée que pour combattre la France Libre et les Alliés (Dakar, Syrie, Madagascar, Afrique du Nord). C'est pourquoi les demandes formulées par l'état-major auprès des Allemands pour renforcer le potentiel défensif contre les Britanniques en Afrique-Occidentale française (juin et septembre 1942[25]) sonnaient d'une façon indéniablement crédible.

Certes, l'armée d'armistice rêvait aussi de revanche sur le vainqueur allemand. Certains de ses officiers, voire de ses chefs d'état-major, songeaient à imiter les officiers allemands qui, après le traité de Versailles, avaient œuvré secrètement à reconstruire l'armée du Reich démantelée. À cet effet, des dépôts d'armes clandestins furent constitués. En zone libre, les 2es Bureaux recherchaient les espions allemands et accumulaient les renseignements en maintenant *« un contact, assez ténu il est vrai, mais néanmoins réel »*, avec les Anglais[26]. Mais, *« au total, ce n'était là qu'une faible minorité sans action réelle sur le reste de l'Armée*[27] ». Toutes ces activités étaient en désaccord fondamental avec la politique que menait le gouvernement, y compris les ministres militaires.

« *Les chefs d'état-major de l'armée, les généraux Picquendar puis Verneau* [...] *s'engageront d'autant plus que leurs ministres se replieront. Il leur fallait en somme définir et suivre leur propre politique contraire à la légalité de l'époque. Chefs d'état-major du ministre, ils auraient dû normalement traduire en décisions la politique militaire du gouvernement. Cette inversion des rôles n'est pas sans inconvénient. C'est elle qui est responsable, le 10 novembre 1942, de l'échec de la tentative du général Verneau en vue de résister aux Allemands*[28]. »

En effet, dès le 19 octobre 1940, le général Huntziger, ministre de la Guerre, avait diffusé des consignes dépourvues d'ambiguïté à l'attention des commandants de division militaire, en cas d'invasion de la zone libre par les Allemands : « *Cette éventualité,* expose-t-il, *serait une violation de la convention d'armistice et, à ce titre, ne peut être réglée qu'à l'échelon du Gouvernement. L'attitude adoptée par les troupes doit donc pouvoir laisser au Gouvernement son indépendance d'action. En conséquence, écarter toute action de résistance, n'ouvrir le feu en aucun cas si l'Allemand exige la livraison du matériel et de l'armement et même veut faire la troupe prisonnière et exécuter en déclarant qu'on cède à la force et aux ordres donnés par le Gouvernement afin d'éviter toute effusion de sang. Mais bien entendu, adopter une attitude de résistance morale empreinte d'ordre, de discipline et de dignité, et mieux encore, éviter surtout et à tout prix tout ce qui ressemble à une fuite, rassembler au contraire les unités dans le plus grand ordre et rester initialement sur place*[29]. » Quel accablement, quel dégoût aurait provoqués chez les patriotes la lecture de ces lamentables consignes...

Au fil des mois, les officiers qui avaient espéré que l'armée d'armistice serait le noyau de la revanche se trouvaient cruellement désabusés : « *La trahison s'étend dangereusement jusque dans les hautes sphères de l'armée* [...].

« *En présence de l'accroissement considérable des moyens de répression anti-alliés et de la complicité des autorités de Vichy, faute de directives précises sur l'action de l'armée d'Armistice, en face d'événements que tout le monde pressent imminents, un certain flottement apparaît chez les exécutants* [...] *tant est contradictoire l'attitude des chefs militaires.*

« [...] *Il est incontestable que le renvoi de Weygand, la mort d'Huntziger, les départs de Barril, du Vigier, etc... ont décapité la résistance de l'armée et déterminé des hésitations que les instructions de Bridoux* [ministre de la Guerre] *ont accentuées*[30]. »

C'est donc très logiquement que, le 8 novembre 1942, Pétain donna l'ordre à l'armée de s'opposer au débarquement anglo-américain en Afrique du Nord et de tirer sur les assaillants, tandis que, le soir même, Laval cédait aux Allemands l'accès à la Tunisie. Au contraire, c'est l'arme au pied que l'armée d'armistice dut accueillir, par ordre du même Maréchal, les troupes allemandes qui, le 11 novembre, envahirent la zone libre.

« *Pétain donna lecture à von Rundstedt d'une lettre de protestation, ajoutant qu'il le faisait pour l'opinion. La lettre de Hitler, dit-il, ne venait pas d'un ennemi. Un diplomate allemand qui assista à l'entrevue, nota, comme un fait digne d'attention, que les deux maréchaux échangèrent une cordiale poignée de mains, à l'arrivée et au départ*[31]. »

Pétain en profita pour demander que la flotte soit préservée. Hitler acquiesça dans un premier temps puis revint sur sa décision. Lorsque les Allemands se présentèrent à Toulon le 27 novembre, la flotte ne résista ni ne prit la mer. Elle se saborda. *« Le redressement militaire de Vichy, obstinément poursuivi, chèrement payé, et qui n'avait jamais servi que contre les Anglo-Saxons, trouvait dans l'autodestruction une fin logique : la politique de "la seule France" était indissociable de la politique de collaboration*[32]. »

Pendant ce temps, l'amiral Platon déployait à Vichy ses efforts pour que le débarquement allemand se déroulât sans heurt en Tunisie et favorisait la constitution d'une « Légion africaine », sorte de L.V.F. destinée à « reconquérir », aux côtés de l'Axe, l'Empire passé à la dissidence. Tandis que le revirement de l'amiral Darlan (se réclamant toutefois de Pétain) plaçait l'Afrique française dans la guerre, l'armée d'Afrique se trouvait presque du jour au lendemain projetée dans la guerre aux côtés des Anglais et des Américains, face aux Allemands et aux Italiens. Elle reprit le combat en Tunisie, dès le 19 novembre. Sur onze mille officiers se trouvant en métropole, quinze cents gagnèrent l'Afrique du Nord, dont les officiers du renseignement, qui reprirent du service à Alger.

Mais qu'advint-il dans la France désormais tout entière occupée ?

Depuis la création de l'Armée secrète, des relations avaient été ébauchées entre la Résistance et l'armée d'armistice, mais elles n'avaient rien donné de concret. Surtout, après novembre 1942, il fut impossible de récupérer les armes stockées clandestinement. L'armée dissoute eut finalement sa propre organisation de résistance, l'O.R.A.

Henri Frenay peut-il fléchir le général Giraud ?

Amené en Afrique du Nord par les Américains, mais supplanté par Darlan, Giraud s'en était, semble-t-il, bien accommodé. *« Déchargé de tout souci politique*, écrit-il, *je pouvais me consacrer entièrement à ma tâche militaire*[33]. » Le 15 novembre, il avait été nommé commandant en chef des troupes françaises en A.F.N. L'assassinat de Darlan le propulsa à la tête des affaires publiques. Il hésita, arguant de son *« inexpérience politique*[34] », mais finit par accepter.

Dès lors que ce général patriote, courageux et clairement décidé à se battre contre les Allemands devenait le commandant civil et militaire en Afrique, l'espoir était-il permis aux résistants et à de Gaulle ?

En fait, ni les uns ni les autres ne devaient se faire beaucoup d'illusions au vu des brefs contacts antérieurs. Après sa romanesque évasion hors d'Allemagne, Giraud avait repoussé les avances de la France Combattante. Il en donna pour raison que, *« n'ayant reçu aucun appui de Londres pour* [son] *évasion,* [il] *ne* [s'était] *cru obligé à aucune avance vis-à-vis de ceux qui étaient à Londres*[35] ».

En août 1942, André Philip avait reçu une note l'avertissant que le *« Général Giraud se tient tranquille. Certaines personnes craignent qu'on ait l'idée de le mettre en vedette, pour l'opposer au Général de Gaulle*[36] ». Mais, en fait, il fut clair d'emblée que Giraud avait ses propres ambitions. C'est ce que découvrit avec consternation Claude Bourdet, qui avait obtenu une entrevue avec lui. Après lui avoir exposé qu'il représente le mouvement en zone sud, porteur d'un message de Moulin, il lui explique ce qu'est la Résistance, lui parle de « Max » et de la mission précise qu'il a reçue du Général. *« Quand j'eus fini, il parla à son tour ; j'étais heureusement assis, sans quoi ses propos m'auraient fait proprement tomber à la renverse.* » Giraud lui dit : *« Il faut que vous compreniez quels sont les éléments dans mon jeu. Le premier élément, et le plus important, c'est naturellement l'armée de l'armistice. Pour reprendre la lutte contre les Allemands sur le territoire français, il faut d'abord une véritable armée : c'est la seule qui soit déjà là. Dans mon jeu, il y a ensuite la Résistance française. Je la connais, je l'estime, c'est un élément très important* [...]. *Mais il n'y a pas seulement la Résistance française. Je compte aussi dans mon jeu la Résistance organisée dans les autres pays d'Europe, qui est, comme vous savez, très importante dans plusieurs pays (je crois qu'il mentionna la Yougoslavie, mais ne puis le certifier). Et puis, même en France, il y a des forces étrangères qui sont également dans mon jeu. Vous ne connaissez peut-être pas l'existence des forces polonaises du général Kleeberg : elles sont aussi avec moi. J'avais une folle envie de rire, mais je me disais que, si j'avouais au général que c'était moi qui lui avais donné cet "atout"-là à peine quelques jours auparavant, il se sentirait ridicule et m'en voudrait fortement.* » Le général Giraud en appelle alors aux Britanniques, aux Américains, aux Soviétiques, « *éléments dans son jeu* ». Dans une pause de la conversation, Bourdet lui demande : « *Quels rapports envisagez-vous avec le général de Gaulle ?* »

« *Je dois dire que, contrairement à La Laurencie, Giraud n'offrit pas de gracier de Gaulle. Mais sa réponse n'en valait guère mieux : "Oui, je sais, il y a les petites Forces Françaises Libres du général de Gaulle ; elles aussi sont, bien entendu, des éléments dans mon jeu." J'essayai alors longuement de lui expliquer que la Résistance française, dont il faisait si grand cas, était entièrement aux ordres du Comité National Français de Londres, présidé par le général de Gaulle. S'il voulait une collaboration avec nous, il était évident qu'il avait intérêt à s'entendre directement avec la France Libre ; je répétai la proposition de Moulin de venir le voir. Il esquiva toute réponse, affirmant que ce n'était nullement urgent, qu'il lui suffisait tout à fait de m'avoir rencontré, qu'il serait bon que nous gardions des contacts par l'intermédiaire de Linarès. J'essayai encore de revenir à la charge : peine perdue, de Gaulle, visiblement, ne comptait pas*[37]. »

François de Menthon, qui l'avait rencontré peu après, avait jugé inutile de maintenir le contact lorsque, interrogé par lui sur la question sociale, Giraud avait répondu qu'il suffisait de mettre « *des mitrailleuses en batterie* » pour venir à bout des mouvements sociaux[38].

Frenay, raconte Bourdet, n'avait pas été surpris de ces discours. Il était sans doute trop familier de l'armée pour s'attendre à autre chose et, de plus, il connaissait Giraud avant la guerre. Le 14 août 1942, il avait pourtant personnellement pris contact avec lui en lui écrivant une longue lettre à laquelle Giraud avait répondu brièvement. Frenay lui expliquait comment, dès l'armistice, il avait résolu de poursuivre le combat et comment il avait choisi de se ranger derrière de Gaulle : « *Je pensais alors, et ne le pense plus depuis, que le Maréchal Pétain, dont le passé devait être garant de son attitude future, était l'homme qui pouvait tirer le meilleur parti d'une situation gravement compromise. Telles étaient mes pensées lorsque j'entrepris cette action.*

« [...] *Notre souci le plus cher, comme le vôtre mon Général, est certainement de réaliser l'union sacrée contre l'envahisseur et ceux qui, à l'intérieur, se font ses complices ? Nous pensons, car nous en avons des preuves formelles et concordantes, que cette union est pratiquement réalisée. Les milieux ouvriers et paysans, les classes moyennes, la majorité des chrétiens sont unis et ils reconnaissent le Général de Gaulle comme représentant de leurs aspirations.*

« Je vous adjure, mon Général, de prendre conscience de cet état de fait. Si vous souhaitez que le prestige dont vous jouissez serve la cause française, je vous le dis avec une profonde conviction : Vous ne sauriez le faire ni en servant le Maréchal, ni en méconnaissant la force attractive du symbole de Gaulle.

« [...] Le Comité National de Londres présidé par le Général de Gaulle est reconnu, le plus souvent de jure et parfois de facto, par toutes les nations Unies, c'est-à-dire par tous nos alliés. Et ces alliés viennent aussi de le reconnaître non plus seulement comme le Chef des Forces Françaises libres mais comme le Chef des Forces Françaises combattantes c'est-à-dire des forces françaises qui dans la Métropole et à l'étranger luttent pour la libération. Nos alliés ont donc reconnu l'unité de la résistance française. Pour parler en son nom, ils ne doivent rencontrer qu'un seul homme groupant autour de lui tous les français résistants.

« Il est donc d'un intérêt vital pour la France, mon Général, que vous entriez en relation avec le Général de Gaulle, qu'entre vous et lui intervienne un accord. Que cet accord soit conclu et c'est avec joie que nous travaillerons en parfaite union avec vous à la place qui nous sera assignée dans l'œuvre commune[39]. »
Jean Moulin signala que l'attitude de Frenay dans cette affaire avait été *« parfaite*[40] ».

Le résultat de cette démarche fut que Sir Charles Hambro, chef du S.O.E. (Special Operations Executive), contacta Frenay, qui se trouvait toujours à Londres après le débarquement allié en Afrique du Nord, pour lui suggérer de rencontrer Giraud à Alger. Frenay rapporte ainsi leur conversation : *« Si vous estimez qu'une démarche de votre part peut être tentée avec quelque chance de succès,* lui déclara Hambro, *nous mettrons à votre disposition un avion pour vous conduire en Afrique du Nord. Pensez que le temps presse. La situation peut évoluer dans un sens défavorable à ce contact* [...].

« Je ne m'attendais pas à une telle proposition. Le mobile de mon interlocuteur ne peut être suspecté puisqu'on connaît notre ralliement à de Gaulle que toutes nos conversations ici ont confirmé s'il en avait été besoin. Convaincre Giraud, fort de l'appui américain, n'est sûrement pas simple mais quel est le risque d'une telle démarche de ma part ? Je ne le vois pas[41]. »

Frenay accepta, en précisant toutefois : *« Je suis prêt à partir mais, naturellement, le général de Gaulle doit en être préalablement informé. Je ne pourrais partir sans son accord. »* Sir Charles se rembrunit : *« Je vous comprends. Il me semble cependant que votre voyage gagnerait à avoir un caractère spontané, non officiel, presque secret. »*

La réponse du Général fut sans équivoque : *« Il ne peut être question que vous partiez seul à Alger. Il convient de montrer à Giraud que la France Combattante forme un front uni, que la Résistance et les F.F.L. marchent d'un même pas, sous l'impulsion du C.N.F. et de de Gaulle.*

« Dites à Sir Hambro que vous partirez accompagné du lieutenant-colonel Billotte et de Gaston Palewski [membres de l'état-major de De Gaulle].

« [...] Je n'ai pas fait le voyage[42]. »

Peut-être faut-il nuancer ce récit de Frenay. On lit en effet dans une note du Général du 14 novembre 1942 : *« Je n'autorise aucun autre départ pour l'Afrique du Nord autre que celui de Bernard* [d'Astier] *et Charvet* [Frenay].

« Ceux-ci n'y vont qu'à titre "occulte" et n'ayant aucun caractère officiel.
« Brossolette partira plus tard[43]. »

Il est clair d'après ce texte que de Gaulle, contrairement aux affirmations de Frenay, tenait à séparer les contacts « occultes » de la mission officielle pour laquelle il avait désigné le général François d'Astier de La Vigerie et Brossolette le 2 décembre 1942[44].

En cantonnant Frenay dans une mission occulte, de Gaulle manifestait son refus d'accepter qu'un représentant des mouvements s'immisce à titre personnel dans une affaire d'État. Dans l'esprit de Frenay, cela révélait une méfiance qu'il estimait injuste car elle ne tenait pas compte du sacrifice qu'il avait consenti en abandonnant le commandement de l'Armée secrète à un chef étranger aux mouvements. Cependant, Frenay fut beau joueur et télégraphia à ses camarades de Combat en France en leur demandant d'approuver la position qu'il avait adoptée dans cette affaire : *« Entente indispensable entre F.F.C. et Giraud sur le plan militaire afin réaliser unité forces françaises au combat et unité de empire*[45]. » Sur le plan politique, il leur demandait de rester groupés derrière de Gaulle qui, estimait-il, avait le droit d'*« assumer direction d'ensemble »,* souhaitant une *« entente totale en vue créer unité nationale ».*

Qui te fera roi ?

Frenay, en attendant son retour en France, toujours retardé par les intempéries, avait recueilli, à la fin de son séjour à Londres, les opinions des émigrés français opposés à la France Combattante. En substance, tous lui avaient répété ce que lui avait exprimé l'amiral Muselier (un des premiers compagnons de De Gaulle, dorénavant en rupture avec la France Combattante) sur le ralliement de la Résistance à de Gaulle : *« Je crains que vous ne le regrettiez un jour, vous ne connaissez pas de Gaulle mais vous apprendrez à le connaître. »* Après l'avoir entendu traiter de Gaulle de dictateur, de réactionnaire, les membres du Comité national de marionnettes et les agents du B.C.R.A. de cagoulards, Frenay avait constaté : *« Il hait de Gaulle c'est sûr. Mais tout est-il faux dans ce qu'il m'a dit ? Faut-il vraiment être vigilant*[46] *? »* Les autres opposants qu'il avait rencontrés, en particulier ceux du quotidien *France*, avaient manifesté une méfiance identique, même si c'était en des termes moins violents. Leur grande crainte, en effet, reposait sur la légitimité que de Gaulle obtiendrait grâce au soutien de la Résistance. Roger Cambon, par exemple, avait confié en août 1942 à Alexis Léger : *« Les facilités accordées à Carlton Gardens permettent à ce mouvement de greffer de plus en plus profondément son action en France sur les résistances très diverses qui s'y manifestent spontanément. Ce fait peut constituer un péril pour l'avenir*[47]. » On comprend, dans ces conditions, qu'ils n'aient eu de cesse de prévenir Frenay contre de Gaulle, tout ferment de dissension leur paraissant opportun. Avec quelque succès, d'ailleurs, puisque Frenay s'interrogeait : *« Pourquoi, les outrances mises à part, se rejoignent-ils dans leur jugement ? J'en suis quelque peu troublé : il n'y a pas de fumée sans feu dit le proverbe*[48]. » Or le débarquement en Afrique du Nord lui avait permis de constater que la position de De Gaulle était bien plus faible qu'il ne l'avait cru et que, mis au ban du camp allié, il était même interdit de radio.

Il devenait évident que la Résistance représentait désormais la seule légitimité démocratique qui puisse être opposée aux Alliés, à Darlan (puis à Giraud). Elle devenait l'atout décisif pour celui qui saurait la contrôler et en faveur de qui elle se prononcerait. Les deux chefs des mouvements, en acceptant les conditions posées par de Gaulle, dès leur arrivée en septembre, avaient abandonné leur indépendance dans leur négociation avec lui, mais aussi dans le marchandage international qui s'ouvrait. Désavoué par les Alliés, le Général se trouvait d'une certaine manière à la merci de la Résistance. Il faisait apparaître cette évidence : celui qui la contrôlait « tenait » de Gaulle, c'est-à-dire l'avenir politique de la France.

On comprend donc que Frenay ait remis en question la nomination de Delestraint au cours de la réunion du 14 novembre qui précéda son départ : *« Pour l'armée secrète, Charvet* [Frenay] *propose de prendre lui-même son commandement, étant donné l'urgence des dispositions à prendre, le Général de Gaulle restant susceptible, si la situation n'évolue pas rapidement, de désigner dans deux ou trois mois un autre chef lorsque la réorganisation à laquelle Charvet voudrait procéder sera terminée*[49]. » Cette proposition fut rejetée énergiquement par d'Astier tout autant que par de Gaulle.

En prévision de la mise à jour des instructions adressées à Moulin après le débarquement en Afrique du Nord fut évoquée l'hypothèse que, *« si le débarquement a lieu par la côte méditerranéenne sud, un Gouvernement provisoire (ou Comité de Salut Public), qui résultera d'une transformation du Comité de Coordination, essaiera de se constituer pour s'efforcer de représenter un pouvoir civil susceptible de traiter avec les troupes alliées. De toutes façons les mouvements de résistance devront faire, dans un tel cas, preuve d'initiative ; il est impossible de préciser plus avant des directives de cet ordre tant que la situation en Afrique du nord n'aura pas été clarifiée au point de vue politique*[50] ».

La faiblesse de la France Combattante avait enhardi Frenay à l'égard du Général à qui il tenait tête désormais sur un ton bien différent de celui qu'il utilisait à son arrivée. Témoin, le dialogue du 16 novembre 1942, veille de son retour en France.

Au cours d'un déjeuner, la conversation aborda les relations entre les mouvements de Résistance et de Gaulle. Frenay, qui reconnaissait son obédience dans le domaine militaire, mais revendiquait son indépendance dans le domaine politique, l'interrogea : *« Qu'arrivera-t-il si nous ne pouvons nous mettre d'accord avec Rex* [Moulin] *? — Vous viendrez ici, et nous essaierons de trouver une solution, répondit le Général. — Et si cela se révèle impossible ?, repartit Frenay. — Eh bien, conclut de Gaulle, dans ce cas, la France choisira entre vous et moi*[51] *! »* Cette anecdote est significative de l'évolution de Frenay durant son séjour.

On en a un autre exemple dans la conversation qu'il eut à Londres avec le chef du service du contre-espionnage du B.C.R.A., Roger Wybot. Elle révèle des différences avec les articles de *Combat* ou des consignes à son mouvement dans lesquels il devait tenir compte de l'opinion de certains responsables de Combat, mais plus encore de celle des militants : *« Nef* [Frenay] *en paroles paraît beaucoup moins ferme dans son ralliement au Général de Gaulle qu'il ne l'est dans ses écrits. Il s'étend assez longuement, sans d'ailleurs donner de précisions, sur le fait qu'il existe un grand nombre de petits mouvements qui ne tiennent pas particulièrement à l'autorité du Général de Gaulle s'ils reconnaissent l'utilité morale des grands mouvements de résistance. Pour lui, perdant son calme pour la deuxième fois, il s'écrie même : "Jamais on ne me fera prêter serment au Général de Gaulle" ; et comme nous nous récrions qu'il ne s'agit pas d'un serment personnel au Général de Gaulle mais d'un acte d'engagement à pour-*

suivre la lutte dans les rangs de la France Combattante dirigée par le Général de Gaulle, il dit "oui, c'est comme le serment que les gens prêtent à Vichy, ce n'est pas à Pétain, mais à la personnalité du Chef de l'Etat", et n'insiste d'ailleurs pas sur cette comparaison difficile à soutenir[52]. »

Qui contrôle les institutions détient le pouvoir

D'Astier et Frenay étant rentrés en France le 17 novembre 1942, le Comité de coordination se réunit pour la première fois le 27. Les trois mouvements étaient représentés au Comité par leur chef, mais sa présidence (avec voix prépondérante) était confiée au *« représentant du Comité National Français »*, Jean Moulin, dont le rôle était ainsi institutionnalisé. Grâce à cette fonction, il cessait d'agir dans le cadre de relations informelles (comme il l'avait fait depuis son arrivée) et possédait dorénavant un titre assurant sa prééminence sur les trois chefs. Ce cadre juridique faisait de lui l'arbitre des mouvements de résistance de la zone sud.

Moulin put mesurer l'étape qui avait été franchie à Londres lorsque, après le retour de d'Astier et de Frenay, ce dernier lui remit, avec l'argent confié par le B.C.R.A., la lettre par laquelle de Gaulle lui communiquait ses instructions : *« J'ai vivement regretté,* lui écrivait-il, *votre absence pendant cette mise au point. Je pense, cependant, que les dispositions qui ont été arrêtées faciliteront l'exécution de la mission qui vous est confiée* [...].

« Vous continuerez d'autre part, comme représentant du Comité National en zone non occupée, à prendre tous les contacts politiques que vous jugerez opportuns [...].

« Je tiens à vous redire que vous avez mon entière confiance et je vous adresse toutes mes amitiés[53]. »

Jean Moulin pouvait penser qu'après la création de l'Armée secrète et du Comité de coordination, le but de sa mission était atteint et qu'à l'avenir il s'agirait seulement de perfectionner cet instrument jusqu'à la Libération. Il se mit donc immédiatement à exécuter les consignes de Londres.

En fait, leur mise en place s'avéra plus compliquée que la simplicité des énoncés ne le laissait supposer. D'abord, les instructions de Londres contenaient une clause inapplicable, qu'en l'absence de Moulin les deux chefs des mouvements avaient réussi à faire adopter par la France Combattante : *« Toutes organisations de résistance, quel que soit leur caractère, autres que les trois grands mouvements groupés par le comité de coordination, devront être invitées à affilier leurs adhérents à l'un de ces mouvements et à verser leurs groupes d'action dans les unités de l'armée secrète en cours de constitution*[54]. » Dès leur retour (et forts de l'ignorance de Moulin en ce qui concernait les négociations de Londres), d'Astier et Frenay entendirent faire du Comité de coordination le « directoire » de toute la Résistance. Il y avait une raison précise à cette prétention : en cas d'un débarquement en zone sud, il avait été prévu que ce Comité s'imposerait à l'administration de Vichy et deviendrait ainsi le gouvernement de fait de la France. Si Frenay et d'Astier réussissaient à faire reconnaître par Moulin la suprématie du Comité sur toute la Résistance, celui-ci serait automatiquement le maître du pouvoir politique à la Libération[55].

Par ailleurs, ces instructions correspondaient à l'état de la Résistance en septembre 1942, lorsque les deux chefs avaient quitté la France, la situation, à leur retour, avait évolué de telle sorte qu'elles étaient en partie caduques.

Londres était tellement conscient de la rapidité de cette transformation (à la suite du débarquement en Afrique du Nord le 8 novembre 1942) que le rédacteur (Pierre Brossolette) avait jugé nécessaire d'ajouter, la veille du retour des deux chefs, quelques « remarques préliminaires » : « *La création du Comité de Coordination ayant été l'un des résultats essentiels de conversations avec Bernard* [d'Astier] *et Charvet* [Frenay] *nous n'avons pas hésité à maintenir cet organisme dans le plan d'action que vous apporte ce courrier. L'expérience révélera-t-elle que dans les nouvelles conditions où vous vous trouvez désormais l'existence de ce Comité présente des risques excessifs pour votre sécurité à tous et pour celle des mouvements eux-mêmes ? Faudrait-il procéder à une décentralisation radicale de l'action qui poserait des problèmes tout à fait neufs ? Il nous a semblé qu'en tout état de cause seule l'expérience pourra en décider. Il vous appartiendra de nous faire connaître à cet égard votre sentiment et celui des dirigeants des mouvements de résistance dès que vous le pourrez*[56]. »

Comme les directives l'y invitaient, Jean Moulin, après avoir constitué le Comité de coordination, transmit à Londres les réflexions que cette institution lui suggérait. Il jugea que la structure du Comité, telle qu'il venait d'être défini, ne répondait plus à la situation. Il fut donc amené à s'opposer aux prétentions des deux chefs, d'une part, en raison de la situation nouvelle qu'avait créée, sur le plan international, le débarquement allié en Afrique du Nord et, d'autre part, parce que le pouvoir exclusif qu'ils revendiquaient ne correspondait plus à l'état politique des résistances en zone sud.

VIII

AUX ORIGINES DU CONSEIL DE LA RÉSISTANCE : QUI APPARTIENT À LA RÉSISTANCE ?

Pendant que Moulin s'efforçait d'apporter à de Gaulle l'adhésion de la France résistante, le réveil des partis politiques modifia les données du problème. La « politisation » que dénonçaient certains chefs de la Résistance s'était accentuée depuis le débarquement en Afrique du Nord parce qu'il offrait aux partis et aux mouvements un objectif concret : la prise du pouvoir. Les chefs de Combat et de Libération n'étaient plus les seuls à vouloir faire l'unité de la Résistance autour d'eux. Les communistes et les socialistes montraient à leur tour qu'ils entendaient jouer leur rôle au jour de la Libération et s'organisaient en conséquence. Dieu sait pourtant que les partis politiques revenaient de loin !

Les mouvements allaient se charger de le leur rappeler.

A. LES FANTÔMES DE LA IIIe RÉPUBLIQUE

Sabordage et disparition des partis politiques

À l'exception de brèves informations sur le parti communiste, Jean Moulin, dans son rapport d'octobre 1941, était muet sur l'évolution et l'activité des partis. À cela rien d'étonnant : la défaite et la censure avaient porté un coup fatal aux partis d'avant guerre. Après avoir, le 10 juillet 1940, donné au Maréchal les pleins pouvoirs, ils avaient tous éclaté en tendances antagonistes, certains de leurs militants ralliant la collaboration, d'autres la Résistance, l'immense majorité se réfugiant dans l'attentisme. Ils n'avaient plus aucune activité même si, clandestinement, le parti socialiste avait commencé à se reformer au printemps 1941.

Durant l'entre-deux-guerres, il existait d'une part, à droite et à gauche, les partis de masse solidement structurés : parti communiste (S.F.I.C. ou P.C.F.), parti socialiste (S.F.I.O.), parti social français (P.S.F., ex-Croix de Feu) ; d'autre part, s'étaient multipliés, sous le nom de partis, des amalgames de notables rétifs aux mots d'ordre et à la discipline (Parti radical socialiste, Parti démocrate populaire, Alliance démocratique, Fédération républicaine, etc.). Par ailleurs, le fonctionnement du Parlement avait conduit, tant au Palais-Bourbon qu'au Sénat, à la constitution d'une quinzaine de groupes parlementaires dont la moitié seulement était rattachée à des partis. En conséquence, *« il y avait des groupes réunissant plusieurs partis et des partis divisés en plusieurs groupes*[1] *»*.

Quel avait été leur comportement après le hara-kiri du 10 juillet 1940 ?

Les radicaux et les formations de droite avaient, dans l'ensemble, soutenu Pétain (seulement trente radicaux avaient voté contre lui, ainsi que trois députés démocrates-populaires et deux de la Fédération républicaine). Aucune de ces formations n'avait publié de journaux clandestins ni formé de réseaux de renseignement ou de groupes paramilitaires, aucune n'avait appelé ouvertement à la lutte contre les Allemands et encore moins au renversement du régime de Vichy. D'ailleurs, les rares manifestations qui émanaient encore des partis consistaient en des proclamations de fidélité au Maréchal.

Le parti radical, identifié à la République, suscitait *« l'hostilité viscérale des nouveaux dirigeants »* et était discrédité dans l'opinion[2]. Les efforts de quelques radicaux pour se rapprocher de Vichy se heurtaient à des fins de non-recevoir. Ainsi en fut-il de l'adresse au maréchal Pétain rédigée en mars 1941 par le bureau national du parti réuni, semi-officiellement, à Nîmes, qui était un essai de justification et une offre de services : « [...] *Nous avons cessé toute politique active pour vous permettre d'organiser librement le régime nouveau et de préparer la rénovation nationale. Mais vous avez vous-même compris que l'œuvre que vous réalisiez n'aurait un caractère durable qu'autant qu'elle s'appuierait sur un vaste mouvement d'opinion nationale. Vous avez souhaité que se groupent les représentants qualifiés de toutes les nuances de la pensée française, fraternellement unis autour de vous pour soutenir votre action. Dans ce regroupement, les radicaux-socialistes doivent avoir la place, nous l'avons pensé et c'est pourquoi, après vous en avoir informé ainsi que le Vice-Président du Conseil l'Amiral Darlan, les représentants statutaires et légaux de notre parti se sont réunis pour rechercher les meilleurs moyens de vous aider à accomplir votre œuvre de rénovation nationale.*

« Sans doute, ainsi que vous l'avez vous-même proclamé, tous les Français ont eu leur part de responsabilités dans les malheurs qui ont atteint notre Patrie et notre parti a la sienne, comme tous les autres partis.

« Mais il nous sera permis de rappeler que la grande majorité d'entre nous a constamment placé au-dessus de toute autre préoccupation, le vote des crédits de la Défense Nationale, a lutté pour le maintien de l'ordre, le respect du travail, enfin a ardemment soutenu une politique de Paix et qui aurait évité à notre pays, la défaite et ses conséquences.

« [...] *Nous croyons qu'il est impossible de réaliser le plan des larges réformes sociales nécessaires à la France sans le concours des radicaux, représentant plus particulièrement les classes moyennes et laborieuses de la Nation* [...]. *Ce concours, nous sommes prêts à le donner sans réserve dans un esprit de désintéressement total et en pleine collaboration avec tous les éléments sains de la Nation, au rang que vous nous assignerez*[3]. »

Que pouvait penser de cette initiative la masse des radicaux, maintenant que nombre de leurs dirigeants étaient mis au pilori, internés, emprisonnés (Daladier, Zay, Cot, Mendès France...) ou se tenaient sur la réserve (Chautemps, les frères Sarraut, Herriot) ?

L'Alliance démocratique n'allait guère mieux, surtout après le fiasco du passage de Flandin à la tête du gouvernement. Les Allemands avaient refusé absolument d'avoir affaire à lui, alors qu'il avait été choisi par Pétain comme une preuve vivante de sa bonne volonté collaboratrice[4]. Flandin n'était-il pas celui qui avait félicité Hitler au lendemain de Munich et souhaité une *« collaboration confiante et cordiale*[5] » ?

La Fédération républicaine, enfin, était très profondément divisée *« sur les souhaits à faire, les hommes à suivre et les solutions à espérer*[6] *»*. Les « anglophiles » déploraient l'anglophobie du camp de Philippe Henriot qui leur rendait leur méfiance. La vie même du parti n'était plus faite que de liens informels, les dernières structures permanentes ayant sombré dès l'été 1941, faute d'argent[7].

Quant à la S.F.I.O., groupe le plus nombreux au Palais-Bourbon, la grande majorité de ses parlementaires s'était, elle aussi, soumise à Pétain. Rassemblés autour de Léon Blum, seuls trente-six élus (trente députés, six sénateurs) sur cent soixante-sept avaient voté contre le renoncement, l'abus de confiance et la dictature[8]. D'éminents socialistes soutinrent la politique de Vichy, certains allant même jusqu'à choisir la collaboration. *Le Populaire*, le journal du parti, fut interdit, Blum et d'autres chefs socialistes furent emprisonnés. Plus aucun lien, ou presque, n'existait entre les cadres et les militants pour reconstruire une ligne politique de lutte patriotique et de défense républicaine[9].

Parmi les autres partis de masse, seul paraissait encore actif en zone libre le Parti social français (P.S.F.), du colonel de La Rocque (trois cent cinquante mille membres). Il avait changé son nom en Progrès social français et s'était rallié au maréchal Pétain, tout en manifestant des réserves à l'égard de certains aspects de la politique de son gouvernement[10].

Tous les autres partis avaient disparu dans la catastrophe. Leurs chefs étaient surveillés ou emprisonnés, leurs cadres et leurs militants éparpillés entre les camps de prisonniers et les différentes zones. Certains d'entre eux, en particulier les communistes, étaient traqués. Interdits par les Allemands en zone occupée, impopulaires en zone libre, les partis, ou plutôt leurs fractions dispersées, se terraient et se taisaient[11].

De l'aveu d'un correspondant de François de Wendel, l'un des dirigeants de la Fédération républicaine, le 25 août 1940, *« de tous côtés, exaspération de la défaite ; indignation et dégoût en ce qui concerne le régime parlementaire ; idées bien arrêtées de ne revoir jamais ni le régime ni les parlementaires*[12] *»*.

À la suite d'une décision de Pétain annoncée dans son discours du mois d'août, partis et groupements politiques durent suspendre toute activité en zone libre. La vie parlementaire était réduite au fonctionnement autorisé mais presque vide de sens des bureaux des deux Assemblées. Les organes des partis avaient pour une bonne part cessé d'exister après la déclaration de guerre ou après la défaite et devaient se plier aux contraintes de la censure.

Dans ces conditions, il n'est guère surprenant que le jugement porté sur les partis politiques de la IIIe République ait été la seule question sur laquelle l'accord était complet entre Pétain, de Gaulle, les communistes et les mouvements de résistance. Tous condamnaient leurs structures et leurs agissements et les rendaient responsables de la catastrophe de mai 1940.

Le maréchal Pétain les mettait régulièrement en accusation, ce qui était naturel puisqu'il avait pris leur place. La dénonciation du système passé était le thème favori de ses discours. Dès août 1940, par exemple : *« Le régime auquel étaient soumis les Français avait pour principal ressort la culture du mécontentement.*

« La règle du jeu consistait à aviver tous les motifs d'irritation, légitimes ou illégitimes, jusqu'à faire croire à notre peuple, qui était alors un des plus heureux de la terre, qu'il en était le plus déshérité.

« Chaque parti n'hésitait pas à promettre d'ailleurs qu'il suffirait que la France lui confiât les leviers de commande pour que l'enfer auquel les Français étaient voués fît place au plus merveilleux paradis[13]. » Deux mois plus tard, il récidivait pour dénoncer ces majorités qui *« se succédaient au pouvoir, animées trop souvent du souci d'abattre la minorité rivale*[14] ». En juillet 1941, le Maréchal appelait à *« reconstruire un pays longtemps voué aux changements, à l'instabilité et finalement dans l'incertitude, la surenchère des partis et la hargne générale*[15] ».

Il existait cependant une grande différence entre les critiques formulées par Pétain et celles de De Gaulle. Si le Maréchal entendait discréditer le régime qu'il avait remplacé, de Gaulle, au contraire, tirait sa légitimité de ce même régime en se présentant comme son héritier. Ce n'est donc qu'après de longs mois qu'il commença à évoquer la déchéance et les *« abus du régime parlementaire »* vus d'abord comme *« des moisissures superficielles »*. Mais, à mesure que la victoire paraissait plus assurée, le problème posé par l'avenir politique des hommes, des partis, du régime, se faisait plus pressant. Aussi, pour marquer sa coupure avec le passé, ses attaques se firent plus acerbes jusqu'à résonner comme l'écho de celles de Vichy (novembre 1941) : *« L'immense majorité des Français, dans laquelle nous nous comptons, a définitivement condamné à la fois les abus anarchiques d'un régime en décadence, son gouvernement d'apparence, sa justice influencée, ses combinaisons d'affaires, de prébende et de privilèges*[16]. »

Dans un esprit différent, le parti communiste avait également condamné les partis dès l'armistice : *« Les partis de la bourgeoisie y compris le Parti socialiste ont fait la faillite la plus totale que l'Histoire ait jamais enregistrée. Tous ces partis ont été les instruments de la coalition d'intérêts des capitalistes franco-britanniques. Tous ces partis ont conduit la France à la guerre, à la défaite, à l'occupation*[17]. »

Clandestin depuis le 26 septembre 1939, le parti communiste était le seul à définir une politique et à formuler un programme. Toutefois, soixante ans après les événements, l'accord ne se fait pas sur ce que fut la politique des communistes durant cette période, les Allemands et Vichy ayant aggravé la confusion en faisant d'eux les auteurs de tous les actes de résistance. Des militants qui, à titre individuel ou en groupe, résistèrent dès l'été 1940 aux Allemands, il ne reste que le souvenir d'actions héroïques (difficiles à répertorier), tandis que la direction du parti a laissé des textes, aujourd'hui vérifiables, qui n'encourageaient certes pas les militants, jusqu'à l'été 1941, à la résistance armée contre l'envahisseur et, moins encore, à la destruction de la machine de guerre nazie. Si bien que deux fractions cheminèrent parallèlement dans la clandestinité : des communistes antinazis, qui s'insurgeaient contre les occupants, et des prosoviétiques, qui invectivaient le capitalisme et l'impérialisme, tout en glorifiant l'Union soviétique et Staline.

Au poste qu'il occupait à Chartres, Jean Moulin avait pu suivre de près les fluctuations intervenues dans la ligne du parti communiste à ce sujet. En particulier, il avait été informé par Langeron, le préfet de police de Paris, des négociations avec les Allemands en vue de faire reparaître *L'Humanité*.

Lorsque, au printemps 1941, Darlan se lança dans une collaboration de plus en plus étroite avec l'Allemagne, la politique en faveur de la paix et de la neutralité menée par le parti s'accentua, renvoyant dos à dos les impérialistes anglais et allemands. Cela se traduisait par les slogans : *« Ni soldats de l'Angleterre avec de Gaulle, ni soldats de l'Allemagne avec Pétain. » « Ni dominion britannique, ni protectorat allemand. »* Ce que Thorez et Duclos expliquaient dans *L'Humanité* du 18 mars 1941 : *« Si l'occupation de la France par l'Allemagne suffit à fournir la preuve que le "nouvel ordre européen" de M. Hitler signifierait pour la France un scandaleux asservissement, il n'est pas moins certain que le mouvement des de Gaulle et de Larminat, foncièrement réactionnaire et antidémocratique, ne vise à rien d'autre, lui aussi, qu'à priver notre pays de toute liberté au cas d'une victoire anglaise. Des deux côtés on nous offre donc la servitude, la soumission de notre pays à la dictature du capital...*[18]*. »*

Aussi, *L'Humanité* du 25 mai 1941 appelait-elle pour la première fois à la formation d'un *« Front national de lutte pour l'Indépendance de la France*[19] *»* pour *« tenir la France hors du conflit qui dresse les uns contre les autres les rapaces impérialistes*[20] *»*. Mais, le 22 juin 1941, l'invasion de l'U.R.S.S. par les troupes allemandes imprima un virage décisif à la ligne officielle du parti qui, obéissant aux nouvelles consignes de Staline, préconisa désormais la guerre à outrance contre l'envahisseur nazi. L'Organisation spéciale (O.S.), créée par Tillon à l'automne 1940 pour assurer la protection du P.C., entreprit une série d'attentats individuels. Dans *L'Humanité*, l'appel aux armes remplaça l'appel à l'union pour la neutralité. Les *« Autorités allemandes »* devinrent les *« brutes nazies »* ou les *« chacals à croix gammée »* ; le *« chancelier du Reich »* se transforma en *« épileptique de Berchtesgaden »*. Le Front national de lutte pour l'Indépendance changea d'objectif : au rassemblement des Français en faveur de la neutralité succéda la mobilisation, dans un même combat pour la libération nationale, des patriotes de toute origine.

Les chefs de la Résistance n'oublieront jamais cette *« volte-face*[21] *»*. Elle frappa à l'époque les observateurs attentifs qu'étaient Pierre Brossolette[22] et Jean Moulin. Ce dernier le signalait dès son arrivée à Londres : *« Le Parti communiste a repris une grande activité depuis le conflit germano-russe et il désire à tout prix retenir en France le plus grand nombre de divisions allemandes pour alléger la pression sur le Front russe. Mais les manifestations de ces derniers temps* [septembre 1941] *sont loin d'être toutes dues à des initiatives communistes. Si l'on n'en était point persuadé, il suffirait de se reporter à l'inoubliable journée du 11 mai* [fête de Jeanne d'Arc], *à Paris, alors que les communistes ne bougeaient pas encore*[23]*. »*

Quelques mois plus tard, le 25 avril 1942, Pierre Brossolette porta ce jugement sur le P.C. : *« Il a subi un coup très dur en 1939.* [...] *Il est resté dans cette position mineure jusqu'en juin 1941, aggravant même le potentiel d'hostilité à son égard par la maladresse de ses dirigeants qui, au lendemain de l'armistice, affectaient de ne pas être tellement mal avec les Allemands.*

« [...] *L'entrée en ligne de l'U.R.S.S. en juin 1941 a naturellement modifié cette situation. En s'alignant sur la position anti-allemande de la grande majorité de l'opinion, le parti communiste a été libéré du handicap que constituait pour lui son attitude équivoque à l'égard du conflit depuis 1939*[24]*. »*

Les résistants ont tous condamné ces ambiguïtés et ce revirement. Emmanuel d'Astier de La Vigerie écrivit après la Libération : *« Il y a chez les communistes une période de neutralité vis-à-vis du nazisme dont il reste des textes qui sont très inquiétants et que je désapprouve. Cela a permis à beaucoup de Français de croire qu'il y avait collusion avec Staline, qui était lui-même lié avec Hitler par le pacte germano-soviétique*[25]. »

Qui appartient à la Résistance ?

En 1942, on n'en était donc plus à l'effacement complet des partis. Les communistes et les socialistes s'organisaient et participaient, en tant que tels, à la Résistance. La chape de plomb qui avait étouffé les courants de pensée et leurs représentants traditionnels se fissurait assez pour que l'on aperçût que ce que l'on avait cru mort n'avait été qu'assommé. Ainsi, Jean Moulin notait-il à la mi-décembre 1942 : *« Les mouvements de résistance, aussi forts soient-ils, ne sont pas toute la résistance. Il y a des forces morales, des forces syndicalistes, des forces politiques qui se sont maintenues en dehors des mouvements, mais qui doivent jouer et joueront un rôle dans la libération du pays et dans la mise en place de ses nouvelles institutions*[26]. »

Ces quelques phrases signifiaient un changement décisif de la nature de la Résistance. Ce mot, qui avait désigné jusque-là les seuls « actifs », Moulin l'étendait désormais à tous ceux qui s'opposaient moralement à Vichy et aux Allemands. Cette nouvelle définition allait avoir la plus grande conséquence sur l'avenir des mouvements.

C'est pourquoi, placé devant cette nouvelle revendication, Moulin s'opposa au souhait des chefs des mouvements de faire du Comité de coordination le directoire de la Résistance : *« Malgré tout l'intérêt et tout le dynamisme que représentent les Mouvements qu'il coordonne,* écrit-il, *il ne peut être question de donner au Comité de Coordination ce caractère universel que Nef* [Frenay] *et Bernard* [d'Astier] *paraissaient vouloir lui attribuer et qui l'aurait habilité à "coiffer" toute la résistance*[27]. »

Au nombre des forces qu'évoquait Moulin, il y avait essentiellement les syndicats, C.G.T. et C.F.T.C., le parti communiste et, surtout, le Comité d'action socialiste (C.A.S.) qui était le plus hostile au renforcement de l'autorité du Comité de coordination. C'est lui qui fera la campagne la plus acharnée pour en modifier la structure et la composition[28].

Pour comprendre son indignation, il faut rappeler que Léon Blum avait demandé aux militants socialistes qui voulaient participer à la résistance active de s'engager dans les différents mouvements. Par ailleurs, comme on le sait, d'Astier avait négocié avec Daniel Mayer l'adhésion de ces militants à Libération, étant entendu que le parti serait représenté dans le Comité directeur. Mais certains socialistes qui y siégeaient, André Philip et Pierre Viénot (ancien sous-secrétaire d'État du gouvernement Blum), étaient partis pour Londres et n'avaient pas été remplacés. D'ailleurs, d'Astier ne réunissait plus ce Comité. En dépit des réclamations du C.A.S., d'Astier, soutenu par les deux autres chefs de mouvement (forts de l'accord de Londres et de leur mépris des anciens partis), refusait d'admettre un représentant du C.A.S. au Comité de coordination. Ce détail d'apparence secondaire devait avoir un effet durable sur la composition de la Résistance.

Le Comité d'action socialiste se trouvait en effet en porte-à-faux. N'ayant pas créé de mouvement de résistance (composé, suivant les critères du B.C.R.A., d'un journal, d'un réseau de renseignement et d'un groupe paramilitaire), il s'était reconstitué en tant que parti politique dans sa fonction du temps de paix, qui était de représenter les intérêts d'une classe et d'établir un programme de gouvernement assorti d'un plan de réformes économiques et sociales. Il était d'autant plus facile aux mouvements d'arguer de sa nature purement politique pour lui refuser de siéger parmi eux, alors que leurs propres troupes étaient faites en grande partie de militants socialistes.

Cette situation était d'autant plus insupportable pour les socialistes que le parti communiste, après une longue éclipse due au Pacte germano-soviétique, avait fait une entrée en force dans la Résistance en juin 1941 et, de surcroît, avait trouvé le moyen d'apparaître seul publiquement en octobre 1942 aux côtés des mouvements. Au cours d'une grève déclenchée à Lyon, à cette époque, pour empêcher des travailleurs de partir en Allemagne au titre de la Relève, des tracts avaient été édités par les ouvriers eux-mêmes et l'on y retrouvait pour la première fois le nom du parti communiste associé à celui des trois mouvements de la zone libre. Un détail avait scandalisé les socialistes : le nom de leur parti n'apparaissait sur aucun tract, alors que celui du parti communiste et même celui du Front national figuraient sur tous. Cet événement s'était déroulé durant l'absence de Frenay et de d'Astier. Le Front national avait certes été dénoncé par Moulin, tout comme par Frenay ou d'autres résistants, comme une entreprise de noyautage du parti communiste n'ayant aucune existence réelle, mais le danger ne subsistait pas moins de voir beaucoup de responsables et de militants des mouvements, politiquement inexpérimentés, tomber dans ce piège.

Bien décidés à ne pas se laisser devancer par les communistes, les socialistes étudiaient la manière d'assurer le renouveau de la vie parlementaire, expression de la liberté politique. Les partis pourraient alors participer, aux côtés des mouvements, à la résistance contre l'envahisseur et le régime autoritaire de Vichy.

Pour de Gaulle, la renaissance des partis devenait un danger s'il ne parvenait pas à s'imposer à eux comme le chef du gouvernement français. En même temps, il avait besoin de leur appui dans la compétition qui l'opposait à Darlan puis à Giraud, soutenu par les Alliés, pour lesquels la caution des anciens partis dirigés par des hommes comme Herriot, Blum ou Reynaud avait plus de poids que l'adhésion d'un mouvement de résistance inconnu.

Le problème nouveau qui se posait à Jean Moulin était donc le suivant : comment associer les forces politiques et sociales de l'avant-guerre, dont aucune n'avait résisté en tant que telle (à l'exception des socialistes et des communistes), à des mouvements dont le but était la guerre à outrance (c'est-à-dire l'action militaire) contre l'ennemi et contre Vichy et qui, depuis la défaite, étaient hostiles aux partis ?

Les mouvements contre les partis

Ce discrédit était si bien ancré dans l'opinion des Français que, si l'on cite tel ou tel texte de l'époque, il est parfois difficile d'en connaître aujourd'hui l'auteur : Vichy, de Gaulle ou les résistants métropolitains.

On relève dans de très nombreux articles de la presse résistante à la fois le constat de la mort des anciens partis et la critique de ce qui faisait leur nocivité.

Le général de Gaulle, on l'a vu, n'était pas en reste. Sans qu'il s'agît là d'un thème obsessionnel, il y était revenu à plusieurs reprises depuis l'été 1940. Le 27 mai 1942, il avait encore expliqué, lors d'une conférence de presse : *« Beaucoup d'hommes qui paraissent encore à l'étranger représenter réellement une fraction importante du peuple français, en réalité ne la représentent plus, parce que, dans sa douleur, le peuple français, croyez-moi, a fait une révolution.* » Et il précisait : *« L'opinion générale des Français, et la mienne, c'est que l'ancien Parlement ne le représentera plus, car cet ancien Parlement a lui-même abdiqué dans la fameuse Assemblée de Vichy qui a remis au Maréchal Pétain le droit de faire une nouvelle Constitution*[29]. »

À cet égard, le premier numéro du *Franc-Tireur* en décembre 1941 prenait nettement position : *« Les partis politiques, quels qu'ils soient, portent une part de responsabilité dans notre désastre. La principale faute du régime parlementaire démocratique fut sa faiblesse qui engendra son impuissance et son incohérence. »* Dans son numéro 1 du 14 juillet 1942, *Libérer et Fédérer* était encore plus radical : *« Les anciens partis sont morts. Leurs formules vieillies ont fait faillite. De l'extrême droite à l'extrême gauche, aucun de ces partis n'a su donner à la France l'unité, la vitalité et l'idéal qui lui ont tant manqué dans la tourmente. »*

Au fur et à mesure que les mouvements se rendirent compte de la force morale que, grâce à leur héroïsme, ils incarnaient, ils se préoccupèrent de définir leurs objectifs pour rénover les institutions et reconstruire le pays. Libération en novembre 1941, Franc-Tireur en décembre furent parmi les premiers, l'O.C.M. suivit en juin 1942 avec ses *Cahiers pour une Révolution Française*, Combat en septembre. Dans ces conditions, les anciens partis ne pouvaient apparaître que comme des concurrents, surtout dans le cas de la S.F.I.O., puisque les mouvements faisaient des emprunts de plus en plus larges au socialisme. Aussi, *Libération* balayait en mars 1942 les prétentions de *« ceux qui rêvent de faire de la résistance au sein des anciens partis, de relever les anciennes formations : vivants anachronismes, ceux-là seront dépassés car le peuple de France ne se soulève pas seulement pour retrouver de tels vestiges*[30] *».*

Renaissance des partis

Le retour du parti communiste dans la communauté politique modifia les données du problème. Après l'entrée en guerre de la Russie, les communistes avaient tendu la main aux gaullistes, mais c'est à Londres que l'accord des communistes et de la France Libre devait se sceller, par l'intermédiaire de Molotov, ministre des Affaires étrangères de l'U.R.S.S. Celui-ci rencontra de Gaulle le 24 mai 1942, au nom du gouvernement soviétique, qui *« souhaite que toute la France se groupe pour la lutte commune autour du Comité national et que celui-ci oriente les destinées de la France de demain*[31] ». Il est vrai que les Soviétiques, et à leur suite les communistes français, réclamaient alors l'ouverture d'un deuxième front, dont le Général était également partisan. Le rapprochement se fit assez chaleureusement comme en témoigne *L'Humanité* du 23 juin 1942 : *« Tous les patriotes, qu'ils soient derrière le général de Gaulle, qu'ils soient rassemblés autour de notre Parti ou dans d'autres formations doivent s'unir et s'unir pour lutter comme luttent les soldats de la France Libre de l'Afrique, pour lutter comme luttent les Francs-Tireurs et Partisans qui sont, sur le sol de la patrie, l'expression de la France Combattante*[32]. »

Ainsi, au terme d'une année fertile en hésitations, en ambiguïtés et en contradictions, les antinazis et les prosoviétiques du parti se rejoignaient sur une ligne ultra-patriotique. Le P.C.F. prêchait dorénavant une large union aux militants ayant *« appartenu, hier au Parti radical, au Parti socialiste, à la Fédération républicaine ou au Parti démocrate-populaire ».* Dans le même temps, cependant, les communistes se désignaient comme *« le seul parti qui lutte pour la libération de la Patrie ».*

D'aucuns pensaient le contraire, au premier chef, les socialistes, et Léon Blum, en particulier : *« Selon moi*, écrivait-il, *on a tendance à s'exagérer la puissance de l'organisation communiste en France (libre ou occupée)*[33]. » Même s'il reconnaissait l'impossibilité de faire quoi que ce fût sans eux, il estimait que l'attitude de la France Combattante en ce domaine n'était pas équitable. Il visait d'abord l'attitude de Morandat au moment des grèves du mois d'octobre 1942 et le soutien actif que le colonel Rémy, agent du B.C.R.A. en zone occupée, prodiguait aux communistes : *« C'est une grande faute, à laquelle certains de vos représentants directs me paraissent enclins, de considérer cependant le communisme comme la seule et unique force populaire. C'est une grande faute,* écrivait-il au général de Gaulle*, de tendre la main au Parti communiste par-dessus le socialisme. C'est une grande faute de dénier la légitimité des partis quand il s'agit de socialisme pour l'admettre quand il s'agit de communisme*[34]. »

Car les socialistes avaient eux aussi procédé, après l'avoir épuré, à la restauration de leur parti. À la suite des événements du 10 juillet 1940 à Vichy, ils avaient fait leurs comptes. Blum, de sa prison, avait conseillé à Daniel Mayer, qui voulait gagner l'Angleterre, de demeurer en France afin de reconstituer le parti.

Les interventions de Léon Blum au procès de Riom (19 février-15 avril 1942), connues malgré la censure, avaient grandement contribué à réveiller l'opinion publique de gauche. Dès la première audience, le ton était donné par l'ancien président du Conseil : *« Il nous incombera de prouver à la France qu'elle n'est pas le peuple dégénéré qui, pour avoir cru à la liberté et au progrès, devrait expier son idéal et se courber sous le châtiment. Si la République reste l'accusée, nous resterons à notre poste de combat, comme ses témoins et comme ses défenseurs*[35]. »

En zone libre, dans son deuxième numéro, daté du 15 juin 1942, *Le Populaire*, qui reparaissait clandestinement, publiait un manifeste du Comité d'action socialiste appelant *« les hommes à l'action immédiate pour la libération de la patrie et la restauration de la République. »* Le Comité déclarait qu'il avait rompu avec les lâches attentistes et avec les élus ayant pactisé avec Vichy. Fort de cette épuration et rajeuni par de nouvelles adhésions, *« instruit par l'expérience, ayant tiré des événements les leçons qui s'en dégageaient, désireux de ne plus renouveler ses erreurs et ses fautes, le C.A.S. n'en est que plus à l'aise pour affirmer la pérennité de la doctrine socialiste ».*

Si l'objectif politique lointain des socialistes était l'établissement d'une société fondée sur la justice sociale et sur la paix enracinée dans l'égalité entre les peuples, il fallait pour l'immédiat faire face à la guerre et à l'occupation. Le C.A.S. conviait donc tous ses militants à participer à cette tâche et reconnaissait sans ambiguïté le général de Gaulle comme *« le symbole naturel et nécessaire de la Résistance et de la Libération ». Le Populaire* annonçait en outre que des propositions précises de rencontres communes avaient été faites au parti communiste et aux autres organisations de Résistance, pour envisager toutes les formes d'action nécessaires, non seulement pour chasser l'envahisseur, mais aussi pour transformer la démocratie politique en démocratie sociale.

Si les communistes et les socialistes avaient repris vie et saluaient le combat mené par de Gaulle, il n'en allait pas de même des partis modérés. La fonction essentielle de leurs élus étant de représenter leurs électeurs dans des assemblées démocratiquement élues, ils étaient plus durement touchés par les mesures antiparlementaires prises par Vichy. D'autre part, leur notabilité, leur respectabilité ne les incitaient pas à cautionner une entreprise aussi folle et (au début) aussi désespérée que celle du général de Gaulle.

Ces anciens partis affrontaient toujours les plus vives dissensions intérieures, à l'exemple de la Fédération républicaine, dont le secrétaire général témoignait en mars 1942 : *« Nos militants demeurent extrêmement divisés et dressés les uns contre les autres. Au dîner très cordial qu'ils avaient offert "en mon honneur", certains n'étaient pas venus pour ne pas en rencontrer d'autres ; et il a fallu éviter les sujets brûlants d'actualité pour ne pas risquer la reprise acide des dissensions du printemps dernier. Il y a chez eux toutes les gammes d'opinion, depuis le Dr F…., collaborateur et même "proallemand", jusqu'à Roure-Robur, de tendance nettement "anglophile" qui promet "douze balles dans la peau" à tous ceux qui travaillent directement ou indirectement pour les Boches*[36]*. »*

Pourtant, la répression menée par Vichy et sa politique de collaboration avec l'Allemagne avaient fait évoluer la situation : les poursuites contre les francs-maçons, la chasse aux fonctionnaires et aux instituteurs suspects de sympathie pour le Front populaire, la dissolution de conseils généraux et de conseils municipaux (Herriot, qui avait assuré Pétain de sa *« vénération »*, avait été démis de ses fonctions de maire de Lyon le 30 septembre 1940) commençaient à détacher du régime des notables, des élus, des militants auparavant bien disposés envers lui. De plus, le patriotisme et l'attachement de ces hommes à la République les éloignaient progressivement d'un régime devenu, après l'échec de Flandin (vice-président du Conseil à Vichy qui démissionna en février 1941), le symbole de sa destruction définitive. Malgré leur élimination politique et leurs déceptions, malgré leur notoriété qui les rendait vulnérables à la répression, certains parlementaires commencèrent à se réunir pour échanger leurs informations et formuler des critiques à l'égard du régime. Certes, leur opposition aux Allemands et à Vichy, en raison de leur âge et de leur situation sociale, en faisait rarement des poseurs de bombes et les résistants engagés hésitaient à les compter dans leurs rangs, mais l'entrée en guerre des États-Unis, les contre-attaques victorieuses de l'armée soviétique et les succès anglais en Libye, en démontrant que la guerre pouvait être gagnée, ranimaient leurs espoirs. Sur le plan intérieur, les erreurs et les persécutions du régime créaient chez le personnel politique une sorte de nostalgie du passé. De plus, le procès de Riom, partial et injustifiable, en présence de l'ennemi avait permis, grâce à la défense brillante et courageuse des accusés, d'effacer en partie le discrédit qui frappait ces hommes depuis la défaite.

B. LA CROISADE GAULLISTE DE PIERRE BROSSOLETTE

Pierre Brossolette : un spécialiste politique pour la France Libre ?

L'engagement et le courage dans la Résistance de quelques dirigeants d'anciens partis ne suffisaient pas à les racheter aux yeux de l'opinion, qui les rendait responsables du désastre de 1940. L'un des plus actifs pourfendeurs des partis, Pierre Brossolette, mérite que l'on s'arrête sur son cas, non seulement parce qu'il fonda le gaullisme « idéologique », mais aussi parce qu'il marqua la France Libre d'une trace fulgurante. Cet homme d'orage et de passion arriva à Londres le 28 avril 1942 et disparut tragiquement deux ans plus tard. Entre-temps, il fut une figure de proue du mouvement.

Âgé de quarante ans, il était normalien, agrégé d'histoire et militant socialiste. Journaliste de talent avant guerre, il avait acquis une large notoriété par ses articles dans *Le Populaire* et plus encore par ses commentaires de politique étrangère à la radio. Engagé dès sa jeunesse dans les luttes pour la paix, le progrès social et la liberté, il avait soutenu la politique de sécurité collective, puis celle du Front populaire. En 1938, il avait été farouchement antimunichois, ce qui était une marque d'originalité et de courage pour un socialiste dont le parti avait voté en faveur de l'accord. Cela lui valut d'être révoqué de la radio. Mobilisé en 1939 comme capitaine d'infanterie, il s'était vaillamment battu à la tête de ses hommes et avait maintenu la discipline lors de la débâcle, ce qui était en soi un fait d'armes. Brossolette appartenait à une génération d'hommes de gauche qui, après des débuts prometteurs, abordait leur plus bel âge en vaincus : échec du Front populaire, aveuglement de Munich, débâcle désespérée, trahison des socialistes votant les pleins pouvoirs à Pétain. Le changement de régime et le triomphe de la réaction en firent un proscrit de l'intérieur.

Démobilisé, il était revenu à Paris, mais ne pouvait librement exercer son métier de journaliste, ni revenir au professorat. Il choisit, pour survivre avec sa femme, d'acheter une librairie, rue de la Pompe. Victime de son exclusion et de son impuissance, il sombra, à l'automne 1940, dans un scepticisme dépressif dont le tira Jean Cassou en lui proposant de travailler pour *Résistance*, un journal clandestin de la zone occupée. *« Tout est fini,* répondit Brossolette*, ce pays n'existe plus, vous voyez où en sont les partis : le parti communiste ne bouge pas à cause du pacte ; le parti socialiste, dont je suis, est dans la décomposition ; le parti radical, n'en parlons pas, etc.*

« Mais enfin, comme il faut bien faire quelque chose, même quand il n'y a plus rien à faire, je suis des vôtres[37]*. »*

Très rapidement, le sous-sol de sa librairie devint un poste avancé de la Résistance. Quelques hommes de gauche s'y retrouvèrent souvent : Cassou, Faure, Philip, Pineau, Vallon, etc. Par l'un d'eux, il entra en contact direct avec la France Libre en la personne de Rémy, qui lui offrit aussitôt une fonction dans son réseau de renseignement, la Confrérie Notre-Dame (C.N.D.) et lui fit signer un engagement dans la France Libre.

Rémy a laissé un souvenir de ce premier contact promis à un grand avenir :

« *Paco* [Faure] *me propose un déjeuner avec Pierre Brossolette, le journaliste très connu, dont il me dit grand bien. Brossolette écrivait dans* Le Populaire *tandis que j'étais un fidèle lecteur de* L'Action Française. *C'est dire que ses convictions politiques sont aux antipodes des miennes. D'autre part, l'homme m'a été dépeint sous les traits d'un arriviste forcené. Je commence par refuser de le voir, mais me gourmande tout aussitôt : je n'ai pas le droit d'opposer mes goûts et mes opinions à une bonne volonté, d'où qu'elle vienne. Je vois donc Brossolette, qui me séduit par sa vive intelligence et la flamme qui le consume. Je le prie de rédiger une revue de presse qui viendrait compléter mes courriers, ce qu'il accepte*[38]. »

Pour la France Libre, il organisa une sorte d'agence de presse clandestine et rédigea des revues de presse françaises et allemandes, des rapports sur l'évolution et la situation politique. Très vite, cet homme imaginatif et volontaire eut le désir d'influencer la propagande à la B.B.C. et les responsables de la France Libre, qui restait une nébuleuse inaccessible[39].

Bien qu'en contact permanent avec les chefs de Libération-Nord ou de l'O.C.M., il n'appartint à aucun mouvement. La politique seule l'intéressait et il envisageait, avec Louis Vallon, de fonder un mouvement politique qui profiterait des structures du réseau Rémy. Pineau, contacté, refusa, *« estimant que l'existence indépendante de Libération était nécessaire et qu'il ne fallait en aucun cas échanger un mouvement politique avec un service de renseignement*[40] ».

Bouillonnant d'idées, assoiffé d'action, ce patriote écorché par l'humiliation de la défaite ne pouvait se satisfaire d'un rôle subalterne. Dès lors que la libération n'était plus, en 1942, une complète utopie, il s'agissait de refaire politiquement la France. Il brûlait donc d'aller à Londres, conscient que le véritable enjeu se jouait aux côtés de De Gaulle[41]. Le voyage de Pineau pour obtenir du Général un manifeste où il définirait son programme politique, celui d'Emmanuel d'Astier pour défendre son mouvement confirmait ses analyses. En fait, depuis leur rencontre de décembre 1941, Brossolette observait, avec émerveillement, le pouvoir vraiment magique de Rémy aux yeux des Français occupés. Il était l'autorité sanctifiée par le titre de représentant du général de Gaulle qu'il avait la chance inouïe de connaître. De plus, il possédait des moyens financiers considérables, une liaison radio permanente avec Londres et ce pouvoir suprême de faire partir les hommes de son choix pour l'Angleterre, terre promise des résistants. Mais, en même temps, Brossolette ne pouvait que s'étonner qu'un homme dont l'ignorance politique était notoire, bien qu'il fût responsable de tout en zone occupée, pût détenir dans ce domaine autant de pouvoir. Il comprit donc l'importance du voyage à Londres.

La chance le servit.

Au B.C.R.A., les rapports de Brossolette avaient été remarqués par l'étendue, la vérité des informations et l'intelligence des analyses. Le hasard voulut que Manuel, le chef du S.R., fût une de ses relations de jeunesse et il se souvenait du brio et des capacités du journaliste. Il demanda à Rémy de le faire venir à Londres. La France Libre était pauvre en hommes de qualité et il pensait qu'il y avait mieux à lui faire faire que des revues de presse, si brillantes et utiles fussent-elles.

Avant son départ, Brossolette parcourut la France comme Pineau l'avait fait, mais, au lieu de rencontrer uniquement des chefs résistants, il renoua les contacts politiques qui lui étaient familiers. Au vu des renseignements que Londres lui demandait dans ce domaine, il prépara un long rapport que l'on peut considérer aujourd'hui comme le manifeste d'un parti gaulliste. Il quitta la France avec ce précieux talisman.

À Londres, le commandant Passy l'accueillit. Comme tous les responsables de la France Libre il admirait l'intelligence des rapports de Brossolette, mais l'homme l'éblouit.

Le coup de foudre fut réciproque. Brossolette comprit instantanément le vide de la France Libre en hommes de qualité ; le bricolage et l'improvisation régnant dans le Mouvement, dont les limites de Rémy, loin d'être accidentelles, étaient représentatives ; son isolement au milieu des Alliés ; mais aussi l'extraordinaire situation du B.C.R.A. qui, établi au carrefour de l'Angleterre et de la France, contrôlait la réussite militaire et politique de la Libération, c'est-à-dire l'avenir politique de la France. Son œil exercé lui révéla en même temps l'extraordinaire ignorance politique de Passy qui, en officier de carrière, discipliné, avait fabriqué la machine la plus perfectionnée sans avoir conscience de détenir ainsi un pouvoir régalien. Brossolette fut un maître incomparable pour un élève surdoué qui avouera plus tard à sa femme : *« Il m'a ouvert un monde. »* Au fil de longues conversations, il commença *« à comprendre le rôle de ses services »*[42].

Cette rencontre unique et cette amitié proverbiale furent la deuxième chance de Brossolette. Car, pour le reste de son séjour, les choses n'allèrent pas dans le sens qu'il espérait.

Le « Rapport Pedro »

Pour comprendre les projets initiaux de Brossolette, il faut s'arrêter un moment sur son « Rapport Pedro » de vingt-quatre pages rédigé juste avant son départ de la France, le 25 avril, et qui fut sa carte de visite à son arrivée[43]. Son contenu révèle en pointillé l'ampleur de ses ambitions. C'est, en premier lieu, une vaste fresque de l'évolution des partis depuis l'armistice. Dans une seconde partie, il présente l'esquisse d'un projet de nouveau parti.

Selon lui, les partis modérés et les radicaux (qui étaient en fait des organisations électorales) pouvaient être tenus pour quantité négligeable : *« Ils ne comptent pas ; ils n'ont ni effectifs ni action. Et c'est tant mieux. Car même les meilleurs d'entre eux ne paraissent avoir aucune idée de la tâche de rénovation qui devra être accomplie dans le pays. »* D'où sa conclusion : *« Pour le moment, donc, il n'y a à tenir compte ni du radicalisme ni des anciens partis modérés. Mais ce qu'on ne peut ignorer, c'est qu'il y a trois partis qui existent ou subsistent : les communistes, les socialistes et le parti social français* [du colonel de La Roque][44]. *»*

Tout en reconnaissant l'importance renouvelée du parti communiste, Brossolette conservait à son égard une vive méfiance. C'était le résidu de la difficile cohabitation d'un socialiste avec le P.C.F. durant le Front populaire. Il mettait donc en garde contre les objectifs du parti, dus à ses liens avec l'Union soviétique. C'était un rappel historique opportun au moment où le B.C.R.A. venait d'entamer une relation avec les F.T.P. (branche armée du P.C.) par Rémy interposé. *« Autant,* reconnaissait Brossolette, *les communistes peuvent être disposés actuellement (par intérêt direct autant que sur l'ordre de Moscou) à collaborer à l'œuvre de libération nationale, autant, dès la minute même du départ des Allemands, ils en reviendront naturellement à leur ligne d'action proprement révolutionnaire, c'est-à-dire qu'ils essaieront de s'emparer pour leur propre compte des leviers de commande et du pouvoir.* » Il préconisait donc de parvenir à détacher les militants communistes du parti, ce qui impliquait de leur offrir « *d'autres perspectives qu'un fascisme larvé du genre vichyssois ou un retour au radicalisme crasseux d'avant la guerre* ». Brossolette ne soufflait mot de la propagande inverse mise au point par le parti, sous couvert du Front national, pour ramener tous les déçus des anciens partis dans une ligue patriotique résistante.

Concernant le parti socialiste, son analyse n'était guère plus complaisante. Certes, les événements avaient fait le tri entre les « *collaborationnistes avant la lettre* » et les « *résistants* ». Il n'empêche que Brossolette ne croyait pas en l'avenir d'une S.F.I.O. renouvelée. Mieux valait, dans ce cas aussi, proposer autre chose aux militants qui « *restent fidèles à leur vague idéal de société sans injustice, mais ils se rendent fort bien compte que les tactiques et les méthodes du vieux parti ont échoué et qu'il n'a pas su mettre le travail et les travailleurs dans une relation exacte et efficace vis-à-vis de la nation ; et par là même, ils sont prêts à accueillir bien des innovations, même très hardies* ».

Aussi invoquait-il une « *absorption* » des socialistes. Il est vrai qu'il citait André Philip à la rescousse de cette thèse : « [...] *les socialistes ne doivent pas constituer un parti à part, et* [...] *après s'être regroupés pour se retrouver, ils doivent se fondre dans le grand mouvement national dont le général de Gaulle sera le chef et le symbole, quitte à essayer d'y jouer un rôle d'inspirateur et de moteur.* »

Enfin, le P.S.F. était plus divisé, malgré une hostilité générale à l'occupant allemand. En dépit des réticences à l'égard de la France Libre, il fallait également « *chercher à absorber dans le mouvement national* » la masse des adhérents qui s'avérait « *résistante de cœur* ».

Pourtant, ce que Brossolette révélait de la Résistance et des Français n'était guère enthousiasmant. Il en donnait les raisons : « *Les Allemands se sont installés partout chez nous. Ils ne laissent pas ignorer qu'ils sont les maîtres. Ils décident, punissent, gouvernent, et surtout, ils mettent la France en coupe réglée. C'est là ce qui dresse contre eux la quasi-unanimité de la zone occupée et tout ce qui, en zone libre, veut bien se rendre compte de ce qui se passe dans l'ensemble du pays. Peut-être la "résistance" aurait-elle été beaucoup moins générale si les Allemands n'avaient pas, dès le mois d'Août 1940, fait de la ligne de démarcation un mur infranchissable aux personnes et aux lettres, et s'ils n'avaient pas aussi méthodiquement exploité les vaincus. On voit donc qu'il serait excessif de voir dans la "résistance" française un gage certain de sérieux, de dignité et de patriotisme pour l'avenir. Il faut se féliciter, certes, que la France résiste, alors qu'on a pu craindre un instant qu'elle s'abandonne complètement. Mais il ne faut pas concevoir trop d'espoirs : la France résiste aujourd'hui comme elle s'est laissé mobiliser en 1939, correctement, plus correctement qu'on ne pouvait l'espérer. Mais ce serait malheureusement présumer que de l'imaginer ardente, enthousiaste et prête au sacrifice. Sans doute la résistance atteint-elle parfois à l'héroïsme, mais rarement. Dans l'ensemble elle est plutôt passive. Et trop souvent, purement verbale.* »

Sa conclusion était implacable : « *L'esprit petit-bourgeois sévit plus que jamais en France. Et l'épuration par la souffrance n'est malheureusement qu'un mythe. Dans une élite, peut-être, l'esprit de sacrifice a été éveillé ou développé. Dans quelques esprits, peut-être, on pourrait noter un retour au sentiment de la grandeur qui faisait si totalement défaut à la France d'hier. La transformation, cependant, reste presque insignifiante. Même et surtout chez la jeunesse. La légèreté, l'égoïsme, la veulerie demeurent encore la règle. Il ne faut donc pas s'attendre à trouver dans le pays l'élan qui fera une France nouvelle. Il n'y aura d'élan que si on le provoque, que si on le stimule par une attitude nette, décidée, audacieuse. L'impulsion ne peut venir que du dehors, et d'en haut.* »

Qui disait vrai ? Ce portrait en noir de la France et surtout de la Résistance était à l'opposé des rapports reçus à Londres et en particulier de celui de Moulin décrivant une France debout qui tentait de prendre son destin à bras-le-corps. Si Moulin attendait tout de la Résistance grâce à l'aide de la France Libre, Brossolette attendait tout de De Gaulle pour sauver la France de l'indifférence ou du désespoir.

Pour convaincre le Général de son projet, il l'attribuait à un homme qu'il admirait : « *Comme le dit ouvertement l'un de nos socialistes les plus remarquables, André Philip, il faut à la France un mythe, et ce mythe, la France est trop bas en ce moment pour qu'il puisse être trouvé dans une idée ou dans une formule : il faut qu'il s'incarne dans un homme. Quelle que soit la personne du Général de Gaulle, André Philip exprime la pensée générale en disant que si la France peut se refaire, ce n'est qu'autour du "mythe de Gaulle".* » Tout en ajoutant prudemment : « *Bien entendu, il ne s'agit pas d'établir de façon durable un pouvoir personnel. Nul n'y songe.* »

Cette analyse conduisait Brossolette à une conclusion qui orienta son combat politique : « *La grande masse du pays souhaite ardemment qu'aussitôt accomplie l'œuvre de libération du territoire, un grand mouvement se produise pour rénover les institutions du pays.*

« *Ce grand mouvement, elle ne le conçoit possible qu'autour du chef des Forces Françaises libres, à la fois parce qu'il est un symbole, parce qu'il dispose d'une force propre, et parce qu'il aura, aux yeux de tous, le droit de s'en servir.*

« *Pour remplir sa mission, on admet sans hésitation et même on souhaite impérieusement qu'il s'empare des leviers de commande sur les talons mêmes des Allemands, pour empêcher aussi bien les communistes que les gens de Vichy de s'en emparer eux-mêmes. Après quoi, un interrègne de plusieurs mois, voire de plusieurs années, est envisagé, interrègne pendant lequel, sous l'autorité du Général de Gaulle, une constitution, également éloignée du radical-socialisme d'avant-guerre, du régime Pétain et du communisme, serait élaborée, soumise à l'approbation de la nation et mise en train.* »

On notera que, dans ce rapport politique, Brossolette n'évoque jamais de Gaulle qu'avec son titre militaire de « commandant en chef des Forces françaises libres ». Titre curieux pour la mission de reconstruction politique de la France qu'il lui fixe, puisque ignorant le président du Comité national français (sept mois après sa création) qui se voulait l'héritier de la République et menait depuis le premier jour un combat politique afin de préserver les droits de la France à la victoire ! Son ignorance de l'aspect politique de la France Libre est telle qu'il se fait l'écho d'une rumeur : « *Ce qu'on craint en France, c'est qu'il* [de Gaulle] *ne veuille pas accepter cette mission politique après avoir rempli sa mission militaire.* » Le Général aurait dû être particulièrement sensible à ce jugement venant d'un résistant engagé depuis quelques mois dans la France Libre ! D'autant plus que les campagnes de calomnie des émigrés se dressaient précisément contre son ambition politique.

Ce projet politique, Brossolette le résumait quelques mois plus tard au commandant Manuel : *« C'est dans le cadre du Gaullisme, le grand rassemblement grâce auquel seul je pense depuis l'armistice qu'on pourra refaire la France, à la fois à la barbe de Vichy, des Communistes, des Allemands, et des Anglo-Saxons : la conjonction de tout ce qu'il y a de bien dans le Socialisme avec tout ce qu'il y a de bien dans le P.S.F.*[45]. »

Les textes de Pierre Brossolette reviennent toujours à cette idée centrale : c'est autour de la France Libre et du général de Gaulle que la France peut refaire son unité et retrouver sa grandeur. C'est ce projet repris systématiquement en toute occasion qui fera accuser Brossolette d'être partisan du parti unique et même de « néo-fascisme » par des hommes aussi pondérés que le docteur Queuille, ancien ministre radical[46].

Le projet de Brossolette reste sans écho

Le projet ambitieux et prophétique de Brossolette ne rencontra aucun écho dans les milieux londoniens et moins encore chez de Gaulle qui, venant de signer un manifeste politique destiné à la Résistance, entendait incarner la France dans son unité, être le chef politique et militaire de la revanche et non point celui d'un parti, fût-il celui de la libération ou même de la révolution. Il n'est pas sans intérêt d'entendre l'explication qu'il donna à ce sujet vingt ans plus tard à l'un de ses ministres : *« Je voulais être l'homme de la nation, non pas celui d'une formation politique. Je n'ai pas suivi Brossolette*[47]. »

Brossolette avait prévu de repartir en France reprendre ses fonctions à la C.N.D., pourtant, à cause de l'éclat de sa réputation et de sa culture politique, il eût paru naturel, dans l'improvisation permanente de la France Libre et son manque d'hommes, de lui confier le commissariat à l'Information, poste qui correspondait à ses capacités et à son talent et où il aurait donné sa pleine mesure. Qui mieux que ce gaulliste de cœur et de tête aurait été capable de mettre en œuvre l'orientation « gaulliste » de la propagande, comme il le préconisait ? Comble de paradoxe, Brossolette, spécialiste de la politique intérieure et extérieure (le meilleur à Londres à cette époque avec Georges Boris et Raymond Aron, rédacteur en chef de *La France Libre*), ne trouva même pas un emploi au commissariat à l'Intérieur, qui aurait bien eu besoin de ses conseils quand on constate les errements doctrinaux et tactiques dans son action politique en France. C'est au seul commandant Passy qu'il dut de ne pas être retourné en France dans les fonctions qui étaient les siennes ou de ne pas avoir rejoint une unité combattante. Le Général s'abstint non seulement d'introduire Brossolette dans son entourage, mais même de lui fixer une mission personnelle comme celles de Moulin, de Pineau ou de d'Astier.

Pourquoi cette réserve, qui peut être interprétée comme un échec ?

Il existe plusieurs explications qui ne seront pas sans conséquence sur la suite de cette histoire.

Lorsque de Gaulle rencontra Brossolette, il avait déjà vu défiler, en quelques mois, des résistants de qualité. À l'automne 1941, Jean Moulin, le premier, vint au nom de la Résistance de zone libre réclamer des secours, mais aussi offrir des perspectives militaires et politiques qui intéressèrent le Général et il se vit confier une double mission. Fin février 1942, Rémy, parti en mission depuis dix-huit mois, rapporta un panorama de la France occupée et de son action protéiforme, allant des plans militaires qui émerveillent les Anglais aux contacts avec des mouvements (O.C.M., Libération-Nord) ou des partis. Rémy, agent exceptionnel, était, à cette époque, la plus efficace caution du Général auprès des Anglais et le titre de gloire du B.C.R.A., qui fonda sa crédibilité sur son réseau. Après lui, Pineau, premier chef de mouvement à effectuer le voyage pour arracher à de Gaulle un manifeste politique sur ses intentions démocratiques, suivi de peu par d'Astier qui évoqua le projet d'un « Comité intellectuel de la Résistance », mais que de Gaulle envoya aux États-Unis pour séduire les Américains[48]. Peut-être Brossolette vint-il trop tard : de Gaulle, après les passages de Moulin et de Pineau, estimait que la question politique était provisoirement tranchée et qu'il fallait attendre les effets de son texte et des lettres adressées aux caciques de la République. Sans doute aussi le texte de Brossolette avait-il un défaut : celui de ne tenir aucun compte de la Résistance organisée et d'offrir une stratégie à long terme qui anticipait sur la recomposition politique de la France. Les conséquences du procès de Riom en cours n'étaient pas encore connues et l'état de la France à la libération encore moins. Si Brossolette avait retenu les leçons de l'ouvrage, *Le Fil de l'épée*, il aurait su que de Gaulle admirait Napoléon parce que, en génial militaire, il exploitait toujours les *« circonstances »*. Pour l'heure, elles n'étaient pas encore apparues. Déjà, en janvier 1942 (deux mois auparavant), quand l'ambassadeur soviétique *« l'avait incité à définir et à publier un programme démocratique, il avait répondu : "Chaque chose en son temps[49]" »*. Plus grave, Brossolette ignorait que de Gaulle avait sa propre conception du *« gaullisme »* qui ne faisait pas de lui un chef de clan, mais l'incarnation de la Nation.

Dans le contexte d'avril 1942, le « Rapport Pedro » était, au mieux, prématuré, au pis, utopique, et, de toute façon, venait à contretemps. Contrairement à ce qu'espérait son rédacteur, il ne lui avait pas ouvert le saint des saints et n'eut aucune suite sur sa situation dans la France Libre. Mais Brossolette avait un trop-plein d'imagination qui ne le laissait jamais à court de solution.

Contrôler l'action politique en France

Le « rebond » vint des entretiens qu'il eut avec les dirigeants de la France Libre, principalement avec Passy, qui lui révélèrent l'importance d'un débat vieux de deux ans, où il trouva une possibilité de s'insérer dans le circuit des responsables. Il s'agissait du contrôle de l'action politique en France, dont le Général estimait qu'elle appartenait de plein droit au commissariat à l'Intérieur et dont Passy, depuis toujours, revendiquait non pas la conception, mais l'exclusivité de l'exécution.

Depuis le départ de Moulin, s'il existait des projets, rien n'avait été réalisé dans ce domaine. Servais se débattait à la tête de son service sans que son rapport d'octobre 1941 ait eu le moindre effet. De leur côté, les Anglais, par le truchement de leurs propres services en France, profitaient de cette division, tandis que Passy observait en métropole les effets désastreux sur le plan pratique de ce cloisonnement qui multipliait des initiatives contradictoires. Brossolette, comprenant le rôle qu'il pouvait prendre en cette occurrence, rentra dans le jeu et devint le champion talentueux de la cause du B.C.R.A.

Le 8 mai 1942, il rédigea un certain nombre de notes sur la réorganisation des services de la France Libre. Ce fut l'occasion de postuler plus directement à des fonctions précises pour mettre en place son programme politique.

Au désordre des réseaux qui régnait hors du S.R., il opposait son propre exemple : *« Pedro* [Brossolette] *a travaillé dans le cadre du réseau Rémy sous l'autorité de Rémy et de Paco* [Faure] *et dans un accord constant avec eux, avec le minimum de visibilité et de perte de temps*[50]. »

Fort de cette expérience, il proposait comme structure idéale la création d'un *« Service politique dans chaque zone rattaché par sa tête (Pedro en Z.O., Garnier* [Pineau] *en Z.N.O.) au principal réseau du S.R. (Rémy, Paco et Mercier* [Moulin]*) et la liaison avec Londres établie dans chaque zone par le S.R.*[51] ».

Ainsi, Brossolette fixait la place qu'il entendait occuper dans l'organigramme de la France Libre : représentant politique du Général pour la zone occupée, comme Pineau l'était pour la zone libre. Il est instructif de relever les tâches qu'il fixa d'office à chacun : Pineau est muté de la zone occupée, où il était chef de Libération, à la zone libre comme représentant politique. Moulin, représentant politique en zone libre, est muté au poste de chef du S.R. de cette zone, Brossolette lui-même devenant le représentant politique du Général en zone occupée. Mais, pour réussir cette opération de grand style, il fallait également changer le commissaire national à l'Intérieur, car, pour l'heure, Diethelm s'opposait à tous les projets de Passy défendus par Brossolette. Son remplaçant était tout trouvé puisque le député André Philip avait le désir de rallier Londres, projetant de faire des tournées de propagande en faveur de De Gaulle aux États-Unis et en Angleterre. Mais Brossolette ne doutait pas que ce militant socialiste, qu'il connaissait bien, n'entrât dans ses vues et n'acceptât son projet. Enfin, il fallait convaincre le Général de la nécessité de cette mutation imprévue.

Chose dite, chose faite. Brossolette entama immédiatement auprès du Général une campagne pour lui montrer la chance extraordinaire que représentait la présence, dans le Comité national qu'il souhaitait depuis longtemps élargir, d'un tel homme (professeur d'économie, député, homme de gauche et résistant qui piaffait depuis quatre mois sans pouvoir le rejoindre). Quelle meilleure réponse aux accusations de fascisme que la présence d'un socialiste représentant la Résistance dans la France Libre ? Afin d'assurer la réussite de son projet, Brossolette se proposa d'aller chercher Philip en France.

Afin de parer à toute éventualité dans le cas où ce dernier arriverait à Londres avant son retour (ce qui se produisit effectivement), Brossolette rédigea une longue lettre à Philip qui révèle les arcanes de cette manœuvre. Elle révèle également ce qu'il pensait de son ami Passy, qui lui avait mis le pied à l'étrier.

« Le seul service qui marche très bien, écrivait-il, *est le service grâce auquel vous êtes ici c'est-à-dire le Service des Renseignements, qui s'appelle officiellement le Bureau Central des Renseignements et d'Actions Militaires (B.C.R.A.M.). Son fondateur et son animateur actuel est le lieutenant colonel Passy : officier de carrière, capitaine en 40, il a, je crois, donné sa mesure ici. Parce que son affaire marche, il a suscité des jalousies. Les Comert et autres Louis Lévy l'accusent parfois d'être cagoulard, ce qui est idiot (j'ai vécu avec lui pendant un mois et je peux vous dire d'avance que vous serez agréablement surpris de beaucoup de ses jugements politiques, notamment sur la guerre civile espagnole, et de son ouverture d'esprit). Certains autres lui reprochent un peu l'"impérialisme" du service ; il est de fait qu'ayant un instrument qui marche bien, il est furieux quand*

il voit des incapables réclamer des tâches qu'ils rateront et que lui aurait réussies. […] *je le considère ici comme le chef le plus capable.* »

Il continue : *« C'est ce service seul qui a assuré et qui doit assurer, puisque nous sommes en guerre, toute la besogne de renseignements et d'action sur la France, que ces renseignements et cette action soient militaires, paramilitaires, semi-politiques ou politiques. C'est par lui que parviennent à Londres les seules informations valables sur la France ; c'est lui qui vient de vous y transporter. Bien entendu il ne doit s'agir là que d'un service d'exécution. L'inspiration militaire et politique doit venir d'ailleurs*[52]. »

Cette lettre de Brossolette est un document rare pour l'historien parce qu'elle décrit minutieusement la tactique mise au point avant son départ en mission pour en hâter l'exécution. D'entrée de jeu, il apparaît que Brossolette eut l'idée de cette opération et qu'il entendait la conduire à son terme.

Sa franchise frise la naïveté quand il explique à Philip, *« pour lui faire gagner du temps »*, les raisons exactes de sa nomination, qui ne sont pas celles du mérite mais de l'accomplissement d'un dessein dont lui, Brossolette, est le maître d'œuvre. Emporté par la conviction qu'il veut faire partager, il outrepasse les limites de la bienséance jusqu'à expliquer clairement à Philip qu'il est son obligé et devra exécuter ce qu'il attend de lui. Philip, qui était un homme loyal et désintéressé, ne fut pas dupe et vit dans cette lettre le danger d'être le pion d'une stratégie alambiquée.

La fébrilité qui parcourt cette lettre, mélange d'intelligence, d'idéalisme, d'astuce et de combinaison, révèle peut-être ce qui tint de Gaulle sur la réserve à l'égard d'un personnage pourtant si séduisant : brillant, persuasif, trop pressant peut-être. De Gaulle détestait qu'on lui forçât la main et l'on découvre dans cette lettre comment l'intelligence dominatrice et le caractère autoritaire de Brossolette jouèrent contre lui.

Stéphane Hessel (du B.C.R.A), qui le connut et l'admira, pense qu'à cet instant, il dut *« inquiéter »* le Général. J'irai plus loin : peut-être les propos de Brossolette dégageaient-ils une fièvre impérieuse qui l'indisposa, lui faisant pressentir une perte d'initiative, l'entraînant trop rapidement à son gré, même si c'était dans une direction qu'il ne réprouvait pas, mais qu'il entendait parcourir à son rythme et en fixant lui-même les étapes ? On a une preuve de ce réflexe dans son attitude à l'égard de Pineau quelques jours auparavant : *« Quand j'en viens au message que la Résistance voudrait recevoir de lui, il a un léger froncement de sourcils. Manifestement il est surpris, ne voit pas ce que j'attends.*

« […] *s'étant attendu à ce que je lui parle uniquement des formes militaires de notre activité, il n'était pas préparé à une discussion politique*[53]. » Finalement, de Gaulle se rend à sa demande avec réticence : *« D'accord, admet le Général, bien que mes déclarations aient été jusqu'à présent sans équivoque* […][54]. »

Le jour même où Brossolette écrivait sa lettre à Philip (30 mai 1942), il rédigeait à destination de Diethelm et de De Gaulle une note que Passy lui avait demandée *« sur la réorganisation de l'action politique en France »*.

Une fois de plus, Brossolette exposait avec brio les raisons qui condamnaient la séparation à Londres des services politiques et militaires, séparation qui concourrait à entretenir des dysfonctionnements sur le terrain. Il citait en exemple les services anglais qui, tout en séparant le renseignement et l'action, les conservaient tous deux comme partie intégrante des services secrets.

Brossolette reprenait l'argument de Passy faisant une distinction entre la conception et l'exécution. Il citait plusieurs cas qui révélaient l'inanité et le danger de ce cloisonnement. Examinant les modalités de la réorganisation, il confirmait que la conception de l'action *« doit être confiée, comme par le passé, au commissariat à l'Intérieur chargé de traduire la pensée politique du général de Gaulle comme le chef d'Etat-major est chargé de traduire sa pensée militaire »*. Il suggérait que le commissaire fût entouré d'une sorte de conseil qui travaillerait à établir une ligne politique constante.

Cette solution lui paraissait d'autant plus nécessaire qu'il jugeait *« qu'en réalité le Comité National n'est pas un gouvernement capable, comme le serait normalement un gouvernement, d'élaborer la politique des Forces Françaises Libres. Ce n'est encore qu'un groupement de hauts fonctionnaires dont les capacités sont pratiquement fort inégales*[55] *»*. Passage auquel de Gaulle dut être particulièrement sensible !

Quant à l'exécution, Brossolette proposait de supprimer tous les agents dépendants du C.N.I. pour transférer toutes les missions en France au B.C.R.A., en créant une section politique en son sein.

Pendant ce temps, Passy préparait depuis le 4 mai une mission en France. En accord avec les Anglais, il voulait prendre en main lui-même l'affaire très délicate de l'organisation de la liaison avec les F.T.P. communistes.

Cette mission, originellement baptisée Dunois et prévue pour deux mois, devrait en outre mettre en place un réseau de polytechniciens sympathisants, « préciser » la mission de Pineau et recueillir un certain nombre de renseignements sur les Allemands[56].

Brossolette, après avoir aidé Passy à préparer la réorganisation du B.C.R.A. en créant une section « non militaire » (qui n'existait pas) et fait de ce service le seul responsable de toutes les opérations en métropole (renseignement, action militaire et politique), n'entendait pas demeurer à Londres. Homme d'action et de terrain, il voulait retourner en France pour participer à l'organisation de la Résistance et y jeter les bases de son projet politique. Il souhaitait devenir pour la zone occupée l'*alter ego* de Jean Moulin[57]. Il accompagnerait donc Passy.

Le moyen était de rallier au gaullisme des *« organisations telles que les socialistes, les catholiques, le P.S.F., les anciennes ligues féminines »* et de s'assurer *« qu'elles voient dans le général de Gaulle le représentant légal de la France en même temps que le chef des Forces françaises libres "en se mettant bien" d'accord avec elles sur la nécessité de lui faire confiance pour présider "l'interrègne" entre le départ des Allemands et la mise en train du nouveau régime »*. Il résumait ainsi ses objectifs : *« Pénétration des organisations existantes, témoignages obtenus de personnalités susceptibles de frapper l'opinion, renforcement du Comité par l'incorporation de quelques hommes représentatifs, direction plus nettement gaulliste de la presse clandestine en France, éventuellement manifestations gaullistes en France*[58]. *»*

Brossolette applique son dessein en France :
l'opération Vallin

Pendant que Passy et Brossolette préparaient leur départ pour la France, de terribles nouvelles leur parvinrent sur des arrestations en série qui, après les opérateurs radio, touchaient les dirigeants du réseau C.N.D. Il n'était plus question pour Brossolette de reprendre ses fonctions auprès de Rémy, qui devait rentrer à Londres.

Les liaisons avec les F.T.P. ayant été suspendues du fait de l'arrestation de François Faure, qui, à la C.N.D., avait établi le contact, la mission de Passy fut annulée et certains de ses éléments confiés à Brossolette, qui fut parachuté le 7 juin en France. Sa mission se limitait à ramener sa famille à Londres, à trouver un remplaçant pour continuer ses revues de presse, à réorganiser le réseau Rémy, éventuellement à rétablir les liaisons avec les F.T.P., enfin à faire passer en Angleterre André Philip et Louis Vallon. Cependant, pour donner corps à son projet politique de récupérer les membres du P.S.F. dans un vaste parti gaulliste, Brossolette se fixa un objectif plus ambitieux : ramener avec lui Charles Vallin, député de Paris, bras droit du colonel de La Rocque et membre du Conseil national de justice de Pétain qui avait condamné Léon Blum et les autres chefs politiques de la République avant même l'ouverture de leur procès.

Brossolette avait exposé son projet dans divers rapports (25 avril, 8 mai). Mais autant la venue de Philip était une chose acquise par l'accord de l'intéressé, autant la venue de Vallin restait hypothétique puisqu'il n'était pas encore décidé à franchir le pas. Pour cette raison, elle ne figure pas dans son ordre de mission et rien n'avait été prévu pour cette opération à laquelle de Gaulle n'était toutefois pas opposé, puisqu'il s'agissait de faire « pendant » à l'arrivée d'un homme de gauche, afin de symboliser l'union des Français de toute obédience autour de lui.

Le 27 juin 1942, Brossolette ayant obtenu l'accord de Vallin, il écrivit une longue lettre à Manuel pour lui expliquer la réussite de son projet et lui demander de « préparer » une opération politique de grande envergure : la nomination de Vallin au Comité national. Car si de Gaulle était d'accord sur le principe de sa venue, il n'avait nullement prévu d'en faire un commissaire national. Brossolette entendait profiter de la dynamique enclenchée pour lui forcer la main.

« […] *Cette énorme opération politique ne prendra toute sa valeur que si le Général veut bien donner à Vallin dans le Comité National une position qui fasse de lui approximativement le pendant de Philip. Philip doit matérialiser aux yeux du monde l'adhésion au Gaullisme de toutes les classes moyennes de gauche (ouvriers non communistes, fonctionnaires, Corps enseignant, artisans et paysans d'opinion avancée). Vallin matérialisera l'adhésion des classes moyennes de droite (moyenne et petite industrie, commerçants, petits bourgeois, artisans et paysans d'opinion modérée). Ces classes moyennes, ces Croix de Feu nés, soyez sûrs qu'ils suivront Vallin.*

« […] *Vallin dans le Comité National (j'imagine qu'on pourra bien chiper la Justice à Cassin* [un des premiers volontaires des F.F.L., collaborateur du Général et commissaire national à la justice], *ou trouver une combinaison quelconque), c'est l'abandon de la Rocque, de Pétain et de l'attentisme par 95 % des Croix de Feu*[59]. »

Cette lettre arriva un mois plus tard à Londres, portée par Philip qui la remit le 25 juillet à son destinataire. Philip avait été chapitré par Brossolette. L'opération présentée par cet homme de gauche, délégué par les socialistes et les mouvements de Résistance, ne pouvait que séduire le Général qui avait toujours proclamé que la France Libre ne faisait aucune exclusive. C'est pourquoi, quatre jours plus tard, de Gaulle écrivit à Eden pour lui demander de donner son accord à la venue de Vallin car les services britanniques *« font des objections pour l'exécuter »*. Le Général justifiait sa demande : *« Cela est d'une très grande importance au point de vue de l'opinion française "de droite", surtout après l'arrivée de M. André Philip, qui est un des chefs de la résistance "à gauche"*[60]. »

L'échec de Brossolette

Brossolette et Vallin, dès leur arrivée à Londres, le 18 septembre 1942, apparurent côte à côte dans une conférence de presse, apportant une preuve éclatante de la réconciliation politique des Français autour du Général. De cet accord symbolique, Brossolette tire ses conclusions : « *La mystique que nous cherchions nous l'avons trouvée dans la France Combattante qui est le point de ralliement de l'immense majorité des Français. Une France nouvelle se forge, une France unie derrière celui qui eut le courage de continuer la lutte sous le drapeau tricolore et sous le signe de la Croix de Lorraine*[61]. »

La réaction des Alliés ne fut pas à la hauteur des espérances de Brossolette. Certains journaux anglo-saxons trouvèrent, dans l'arrivée de Vallin et dans le compte rendu de la conférence de presse, la preuve des arrière-pensées de De Gaulle, accusé (une fois de plus) d'orienter son mouvement vers le fascisme. Comble de disgrâce, de Gaulle était absent lors de l'arrivée de Vallin et ne rentra à Londres qu'une semaine plus tard, le 25 septembre, en plein drame. La flambée des antigaullistes de Londres et de New York était attisée par les socialistes français du groupe Jean-Jaurès, dont faisait pourtant partie Brossolette. Ils avaient préparé une motion dont le dernier paragraphe proclamait que le groupe « *répudi*[ait] *formellement toute solidarité avec les partis, les groupements et les hommes qui ont eu, en France, à un degré quelconque, le caractère fasciste et la moindre accointance avec le gouvernement de Vichy*[62] ».

L'opération imaginée et exécutée par Brossolette se révélait un fiasco, d'autant plus préjudiciable au moment même où de Gaulle avait besoin de la plénitude de son autorité pour négocier avec Churchill le contrôle de Madagascar que les Anglais avaient conquis sans l'en informer. Jacques Soustelle, ami de Brossolette et commissaire à l'Information, fut le témoin privilégié de ce gâchis : « [...] *"Brosso"* [...] *s'engagea* [...] *dans l'opération avec sa fougue ordinaire. Le général de Gaulle étant alors en Syrie, Philip, en tant que commissaire à l'Intérieur, avait à prendre position. Très soucieux, il me fit part de son inquiétude : "Brossolette, me dit-il, a pratiquement promis à Vallin un commissariat national. Je fais toutes réserves sur une telle combinaison." Puis, ses préoccupations de parti reprenant le dessus, il ajouta : "En tout cas, si on donne un portefeuille à Vallin, il faut en donner un à Gouin* [avocat socialiste de Blum]." *Nous en étions déjà aux dosages*[63] *!* » Et Soustelle concluait : « *Pauvre Brossolette ! Il connaissait mieux que personne la France occupée, mais il n'avait pas prévu ce qui se passerait dehors*[64]. »

Pour de Gaulle, l'opinion intérieure était le critère suprême : « *Il va sans dire que nous devons nous soucier avant tout des sentiments et de l'opinion du peuple français dans sa masse, quels que puissent être les inconvénients momentanés à l'extérieur*[65]. »

Il profita de l'occasion pour fixer sa philosophie de l'épuration. Un mois avant le débarquement en Afrique du Nord, elle a un accent prémonitoire : « *Les facteurs qui nous guident et nous guideront, pour ce qui concerne les personnalités ayant servi Vichy, sont les suivants :*

« Les hommes qui collaborent avec l'envahisseur à des postes de commande sont justiciables des conseils de guerre pour intelligence avec l'ennemi. Ceci s'applique, en particulier, à tous les membres des gouvernements de Pétain.

« Ceux qui ont simplement servi Vichy, comme fonctionnaires ou militaires, sont utilisés par nous à mesure qu'ils se rallient, sauf si leur attitude ou leurs actes personnels ont revêtu un caractère scandaleux à l'égard de la Défense nationale ou, ce qui revient au même, à notre égard.

« Il en est de même des hommes publics, étant entendu que, dans leur cas, l'opportunité joue naturellement un rôle dans notre décision et, qu'en principe, c'est à titre militaire que nous voulons les employer[66]. »

Malgré tout, les « circonstances » commandaient officiellement la prudence. Aussi, de Gaulle reçut aimablement Vallin mais, après l'avoir félicité, l'envoya en mission au Levant et en Afrique afin d'apaiser la tempête.

Le projet de Brossolette échouait au port. Cet échec fouetta son ardeur de polémiste et il entama une campagne contre les anciens partis qui l'avaient saboté. Il fit paraître dans l'hebdomadaire français *La Marseillaise*, du 27 septembre 1942, une mise au point intitulée « Renouveau politique en France ». Cet article, qui fera date et sera un des textes fondateurs du gaullisme politique, expose tout aussi brillamment les objections de la Résistance des chefs et de leurs alliés au retour des anciens partis dans le futur politique de la France : *« Ce qui frappe extraordinairement quand on arrive à Londres, en venant de France, c'est l'erreur énorme qui se commet généralement ici sur les dispositions politiques de la France. Visiblement, une grande partie du public anglais et américain — de même qu'un certain nombre de Français établis en Angleterre ou aux Etats-Unis depuis deux ans — croient que les Français se traitent encore mutuellement de fascistes ou de bolchevistes, de réactionnaires honteux ou de cartellistes impénitents.* » Plus loin : *« On semble même épouser à notre place nos anciennes querelles politiques et prononcer de la droite vers la gauche ou de la gauche vers la droite des exclusives auxquelles aucun de nous ne songerait plus un seul instant.*

« Il est dommage que ceux qui commettent ce genre d'erreur sur la France ne puissent en ce moment aller faire un tour dans notre pays. Ils y constateraient que toutes les divisions politiques du passé y sont bien oubliées et qu'il y a une bonne chance qu'elles y soient oubliées pour longtemps. Tous les Français qui arrivent ici s'épuisent à expliquer qu'actuellement chez nous, il n'y a plus d'opposition, disons même le mot, qu'il n'y a plus de haine de parti politique à parti politique, mais seulement entre résistants et collaborationnistes, en d'autres termes entre gaullistes et traîtres[67]. »

Brossolette poursuivait : *« En particulier, on n'arrive pas ici à considérer l'énorme parti de la résistance comme un bloc et à lui donner son véritable nom — celui qu'il se donne à lui-même, celui que les Allemands et les gens de Vichy lui donnent — celui de "gaulliste". Je découvre avec stupeur ici une foule de gens qui ont l'air de croire qu'en France, il peut y avoir des "résistants" qui ne soient pas gaullistes. J'y ai découvert aussi avec plus de stupeur encore, qu'il paraît qu'on pourrait être "résistant" sans être "gaulliste". Pour l'opinion française, pour cette opinion tout entière, une telle attitude serait incompréhensible. En France, on est gaulliste ou anti-gaulliste. Et on ne peut pas être autre chose. Léon Blum — je ne crains sur ce point aucun démenti — Léon Blum est gaulliste, André Philip, Gouin, moi-même, sommes gaullistes depuis les premiers jours.*

Paul Reynaud est gaulliste. Louis Marin [de la Fédération républicaine] *est gaulliste. Dès que Charles Vallin a cessé de croire en Pétain il a été gaulliste. Entre les deux attitudes, il n'y a pas de tiers parti possible*[68]. »

Cette analyse entretenait une équivoque sur le mot « gaulliste ». Contrairement au sens que lui attribuait Brossolette, il était interprété, comme on l'a vu, de bien des manières par les états-majors politiques et leurs notables qui s'en paraient souvent comme d'une couverture patriotique. Lorsqu'ils avaient conservé leur influence au niveau local, ils ne révélaient pas le fond de leur pensée en proclamant de Gaulle « symbole » de la Résistance.

Cet article révélait, en outre, que Brossolette était un homme de la zone occupée, ignorant la mentalité des chefs résistants de l'armée d'armistice. Or, quelques semaines après sa parution, un cruel démenti allait lui être infligé : le débarquement américain en Afrique du Nord révéla que l'armée française pouvait reprendre les armes aux côtés des Alliés et combattre pour la libération de la France, tout en restant pétainiste et fidèle à la Révolution nationale. Pendant des mois, cette armée représenta précisément un « tiers parti », c'est-à-dire celui d'une tendance réactionnaire de la Résistance, redoutable pour de Gaulle, champion de la démocratie.

Pourtant, Brossolette avait raison de signaler la volonté des Français (y compris les membres des anciens partis) de renouveler la vie politique autour de quelques thèmes : *« Nécessité d'un exécutif stable et fort, nécessité d'une planification de l'économie, nécessité du "contrôle" de tout le secteur concentré de l'industrie, volonté bien arrêtée de ne pas revoir le "gâchis" d'autrefois, nécessité pour remettre le pays sur pied d'une collaboration étroite et amicale, de ce qu'il y avait de meilleur à gauche et de meilleur à droite* […][69]. »

Pour réussir cette synthèse reprenant les thèmes de ses rapports du printemps 1942, le gaullisme apparaissait à Brossolette comme l'unique remède à la dégénérescence des partis : *« Il ne s'agit donc pas de savoir si la reconstitution des anciens partis politiques, dont les Français sont actuellement tout à fait détournés est désirable en elle-même ; il s'agit de bien comprendre qu'elle serait désastreuse par ses conséquences et qu'elle conduirait inévitablement le pays par la dictature du dégoût, à la dictature tout court. »* Face au danger, il propose : *« Si l'on veut que les espèces de "familles" spirituelles ou sociales que représentaient tant bien que mal les anciens partis politiques aient toute leur part légitime dans la reconstruction du pays, c'est par la méthode contraire qu'il faut procéder. Il faut qu'elles se fondent intimement dans le mouvement gaulliste, dans la France Combattante, en qui toute la France résistante se reconnaît et place ses espoirs. Il faut qu'elles y soient représentées par ceux de leurs chefs qui ont le plus de crédit sur elles, parce qu'ils incarnent leur volonté novatrice*[70]. *»*

En dépit de ce plaidoyer passionné et sur certains points prophétique, l'opération tentée par Brossolette se solda par un échec. Il n'était pas fait pour le réconcilier avec ceux qu'il appelait les *« vieux comitards*[71] *»*.

Le groupe Jean-Jaurès qui était clairement visé se réunit le 3 octobre 1942 pour entendre ses explications : *« Les événements, dit-il devant ses camarades, ont hâté notre conception nouvelle du socialisme. Dans tous les domaines, vont se poser une série de questions, Qui pourra les résoudre ? Et Brossolette répondit : "Nous, mouvement de Gaulle, avec ou sans le général de Gaulle*[72]*." »*

On imagine la stupeur et la rage des membres du groupe en entendant cette profession de foi sacrilège qu'ils avaient été les premiers à combattre dès août

1940 ! André Philip participa à cette séance pour soutenir son ami. Avec violence, il interrompit un participant qui, lui aussi évadé de France, contestait le bien-fondé de la venue de Vallin : *« Je n'en puis plus, j'éclate. Je vais vous dire ce que j'ai sur le cœur. Tous ceux qui arrivent ici sont écœurés, dégoûtés. Vous faites une besogne de trahison. Vous avez un état d'esprit d'émigrés. Vous n'avez plus aucun sentiment national. Vous êtes complètement coupés du sentiment des Français, vous ne sentez plus comme eux*[73]*… »*

La motion condamnant l'arrivée de Vallin fut cependant votée par quatorze voix sur les vingt-sept présents. Les autres participants s'abstinrent ou quittèrent la salle.

Frenay et d'Astier approuvent Brossolette

Mais l'affaire Vallin, suivie de ses articles, puis sa polémique avec les socialistes londoniens accrochèrent à Brossolette une étiquette qui ne le quitta plus : celle de promoteur d'un parti unique.

Un socialiste militant clandestin de la première heure, Marcus-Ghenzer, en témoigne : *« On savait en France dans les milieux socialistes qu'il avait écrit un article à Londres déclarant que les partis et les rivalités de partis étaient morts ; puis pendant son séjour, le bruit a couru que Pedro* [Brossolette] *avait refusé d'aller voir à Clermont-Ferrand par personne interposée Léon B.* [Blum] *qui l'avait invité. Valery* [Marcus-Ghenzer] *y reconnaît que ces bruits avaient quelque chose d'absurde mais il déclare que c'est un fait qu'ils ont couru dans les milieux socialistes en France*[74]*. »*

Parmi tous les témoignages de l'époque, un des plus intéressants est celui publié huit mois plus tard — lenteur des communications oblige — par le journal clandestin *Libération(-Sud)*, en l'absence de d'Astier, une mise au point pour répondre aux articles de Brossolette dans *La Marseillaise* : *« Quiconque parle de la doctrine de la Résistance ne parle que de la sienne.*

« La résistance n'est pas un parti. Elle agit au-dessus, à côté et au travers des partis. Elle n'est pas l'ennemie des partis, elle n'ambitionne pas de créer un "parti unique" sur le modèle des régimes totalitaires. Si M. Brossolette, ex-socialiste, écrit dans les journaux de Londres que la France ne désire qu'un parti unique, il s'avance fort imprudemment et il se trompe sur le désir des Français. Nous lui signalons en passant que de telles déclarations ne servent guère notre cause commune, et que les "néos" finissent mal[75]*. »* On ne pouvait trouver allusion plus agressive que celle faite aux « néo-socialistes » d'avant guerre, dont les plus fameux avaient rallié Vichy (Marquet) ou étaient même les figures de proue de la collaboration (Déat).

Mais si l'auteur anonyme de cet article interprétait de façon venimeuse la bataille de Brossolette en faveur du gaullisme, Frenay et d'Astier, qui se trouvaient à Londres au plus fort de l'affaire, furent d'autant plus sensibles aux arguments de Brossolette qu'ils eurent tout loisir de s'en entretenir avec lui, qui fut un des officiers assurant la liaison avec le B.C.R.A. durant leur séjour.

Le résultat ne se fit pas attendre, si l'on en juge par le rapport que Frenay rédigea à Londres le 1er octobre 1942 et dans lequel il fit une large place à la condamnation des partis : *« Il est hors de doute que la population française, dans son immense majorité, est opposée à la reconstitution des partis, laquelle représente pour la résistance un danger réel.*

« Je demande que le Général de Gaulle prenne officiellement position sur ce sujet et conseille aux anciens partis en cours de reconstitution de s'intégrer dans les mouvements de résistance actuellement existants.

« Il serait souhaitable que M. Vallin puisse nous faire bénéficier de ses relations dans les milieux résistants du P.S.F. afin de réaliser, au sein des mouvements de résistance comme à Londres, l'union sacrée contre l'Allemagne et Vichy[76]*. »*

On retrouve l'écho de cette suggestion dans les directives que Brossolette rédigea en novembre pour Moulin : *« Votre attention aura intérêt à se porter sur le P.S.F. L'arrivée de Charles Vallin à Londres, a produit, nous le savons, parmi les membres du Parti Social Français qui sont résistants, un courant d'opinion favorable aux F.F.C. Vous agirez dans ce milieu afin que les éléments résistants lui appartenant et qui sentiraient le besoin de se grouper, le fassent en s'intégrant immédiatement à l'un des trois principaux mouvements. Leurs affinités naturelles les pousseront sans doute plutôt vers Combat que vers Libération. Mais nous comptons sur vous, sur votre sens politique et votre influence personnelle pour éviter qu'une polarisation excessive dans un sens ou dans l'autre, du recrutement des mouvements, entraîne des divergences qui pourraient être funestes dans l'action*[77]*. »*

Frenay n'était pas le seul à appuyer la position de Brossolette. D'Astier, lui aussi, révélait son hostilité au renouveau du parti socialiste en déclarant, dans son rapport : *« Bien que le délégué général de Libération ait toujours été opposé à la reconstitution des anciens partis* […] *Libération s'est trouvé devant le fait accompli de la reconstitution du parti socialiste. Pour limiter les inconvénients de cette reconstitution et les risques du fractionnement en partis, de la résistance française, Libération a négocié un accord avec le Nouveau Comité d'action socialiste*[78]*. »*

Londres, 20 octobre 1942 :
Brossolette adjoint de Passy

Si Brossolette eut tant d'influence sur Frenay et d'Astier, c'est parce que son hostilité aux partis correspondait à leurs espérances, mais également parce qu'il avait obtenu un statut de premier plan dans la France Libre : le colonel Passy l'avait désigné comme adjoint le 20 octobre[79]. C'était l'aboutissement de la manœuvre entamée au printemps. Pourtant, cela apparaissait comme un pis-aller. Il eût été plus naturel que Philip le prît à ses côtés pour diriger la section politique, dont Brossolette avait réclamé la création. Or, c'est Louis Vallon (un de ses amis socialistes) et Jacques Bingen (un des premiers volontaires de la France Libre) qui avaient été nommés à la direction de la section non militaire (N.M.) du B.C.R.A. Comme Philip n'avait rien proposé à Brossolette, Passy fut trop heureux de s'adjoindre un homme de cette trempe. Avec cette éminente recrue, le B.C.R.A., sans y prendre garde, entrait dans la bataille politique que Brossolette avait déclenchée un mois auparavant à l'occasion de l'affaire Vallin.

Un incident, longtemps non élucidé, ouvrit en fanfare cette prise de fonction : le 2 novembre 1942, Brossolette adressa au général de Gaulle une de ces lettres vinaigrées dont il avait le secret. De Gaulle ne lui accusa pas réception, remettant ainsi l'auteur à sa place. Dans ses Mémoires, il n'en souffle mot et, semble-t-il, ne l'évoqua jamais. D'autre part, ni Brossolette ni Passy, qui fut son confident, n'ont expliqué ce geste de défi. On en est donc réduit aux hypothèses et aux recoupements pour comprendre les raisons de cette soudaine réserve chez un gaulliste inconditionnel qui s'écriait un mois auparavant, à la B.B.C. : *« Français ne craignez rien, l'homme est la mesure du geste, et ce n'est pas lui qui vous trahira*[80]. »

La première explication, qui est aussi la plus simple, serait que Brossolette inaugurait avec éclat ses nouvelles fonctions. On sait que de Gaulle ne ménageait pas ses proches collaborateurs, ceux-là mêmes en qui il avait le plus confiance. À ce titre, le colonel Passy avait subi depuis deux ans de nombreuses et humiliantes avanies. Brossolette voulut-il se poser en affirmant, aux yeux de tous, qu'il était un homme libre et qu'il était capable de traiter d'égal à égal avec quiconque, fût-ce un héros de vitrail : le général de Gaulle ? Une lecture attentive de la missive permettra de mieux cerner le problème.

L'incident qui provoqua cette lettre, même s'il reste inconnu, est daté par l'auteur : *« Deux fois en quinze jours je me suis senti loin de vous »*, écrit-il[81]. C'est donc dans la seconde quinzaine d'octobre que le désaccord entre les deux hommes avait éclaté, c'est-à-dire au cours du dénouement piteux de l'affaire Vallin.

Brossolette se justifiait : *« Je me sens responsable envers la masse de ceux à qui j'ai garanti le chef de la France Combattante. »* Mais il ne s'agissait pas d'un désaccord politique sur *« la conception qui nous est commune des nécessités de la Libération et de la reconstruction française »*, plutôt d'une querelle personnelle à propos *« de la pratique quotidienne par laquelle vous vous efforcez de préparer cette libération et cette reconstruction.*

« [...] *Ce qu'il faut dire, dans votre propre intérêt, dans celui de la France Combattante, dans celui de la France, c'est que votre manière de traiter les hommes et de ne pas leur permettre de traiter les problèmes, éveille en nous une douloureuse préoccupation, je dirais volontiers une véritable anxiété.*

« Il y a des sujets sur lesquels vous ne tolérez aucune contradiction, aucun débat même. Ce sont d'ailleurs, d'une façon générale, ceux sur lesquels votre position est le plus exclusivement affective, c'est-à-dire ceux précisément à propos desquels elle aurait le plus grand intérêt à s'éprouver elle-même aux réactions d'autrui. Dans ce cas votre ton fait comprendre à vos interlocuteurs qu'à vos yeux leur dissentiment ne peut provenir que d'une sorte d'infirmité de la pensée ou du patriotisme[82] ».

Et Brossolette terminait : *« Peut-être vous étonnerez-vous de me voir vous parler avec cette liberté, et sur le ton d'un homme s'adressant à un autre homme. Je pourrais vous répondre qu'il s'agit là de politique, et que dans ce domaine je suis peut-être un des Français de Londres qui possèdent le plus d'expérience. Mais là n'est pas le problème. Nous n'en sommes pas à mesurer les mérites, les talents, l'intelligence et les situations. Ce sont nos consciences qui sont en cause. Et une conscience peut toujours parler d'égale à égale à une autre conscience*[83]. »

Cette lettre indéniablement courageuse est cependant à la limite de l'inconscience. Car, en dépit de sa qualité esthétique, de sa haute élévation morale, elle est parfaitement inutile sur le plan pratique : si l'on pouvait discuter avec de Gaulle du choix des hommes ou d'orientation politique (Moulin le fera à plusieurs reprises, ainsi que Philip en juillet 1943 et Bingen en mai 1944 avec autant de courage), c'est une entreprise vaine et qui ne peut satisfaire qu'un moralisme puéril que de vouloir changer le caractère des hommes illustres. Vingt-trois ans de pratique administrative auraient retenu Moulin de s'y risquer, même s'il en avait eu l'envie, ce qui ne fut pas le cas. D'ailleurs, dans *Le Fil de l'épée*, de Gaulle avait pris depuis longtemps toute précaution en ce domaine : *« Face à l'événement, c'est à soi-même que recourt l'homme de caractère.* [...] *Non qu'il veuille ignorer les ordres ou négliger les conseils, mais il a la passion de vouloir, la jalousie de décider*[84]. »

Il faut croire en tout cas que les raisons qui poussèrent Brossolette furent impérieuses. Si l'on en juge par le calendrier, il semble que cette lettre soit liée à l'affaire Vallin et qu'un incident éclata à son propos entre les deux hommes. C'est début octobre que de Gaulle prit la résolution d'écarter Vallin, qui quitta l'Angleterre en novembre. Durant ces semaines, Brossolette ne tenta-t-il pas auprès du Général une ultime pression en faveur de son protégé, lui reprochant, par exemple, de céder à ses adversaires ? Bien que de Gaulle n'ait jamais manifesté publiquement le moindre désaveu de cette opération, quelle reculade après la semaine triomphale de l'arrivée, où Brossolette avait clamé partout et promis à Vallin un commissariat national ! Quel triomphe pour les antigaullistes émigrés d'avoir fait plier de Gaulle sur une affaire qui engageait la politique de la France Combattante ! Si cette hypothèse était exacte, on peut croire que de Gaulle brisa toute discussion avec d'autant plus de brutalité qu'il en voulut secrètement à Brossolette de l'avoir entraîné dans une telle impasse.

Cette hypothèse expliquerait les deux récompenses honorifiques offertes coup sur coup par de Gaulle à Brossolette afin de guérir un amour-propre blessé. En effet, le 17 octobre 1942, le Général faisait de Brossolette un compagnon de la Libération avec une citation plus qu'élogieuse : *« Modèle d'esprit de devoir et de sacrifice. Organisateur d'un rare mérite ; a fait preuve au cours des très importantes et périlleuses missions qui lui furent confiées d'un dévouement exemplaire au service de la France*[85]. » Le 28 octobre, il récidivait : un décret nommait le commandant Brossolette membre du Conseil de l'ordre de la Libération. Cinq jours plus tard, Brossolette expédiait sa lettre !

D'où la difficulté d'une explication. Cependant, il existe un témoignage de Louis Vallon qui donne une explication capable, à elle seule, de justifier l'explosion. Vallon avait été nommé au mois d'août, en l'absence de Brossolette, chef de la section non militaire (N.M.) *Courant septembre* [1942], rapporte Vallon, *Brossolette revient à Londres où il a été convenu qu'il serait le directeur politique du cabinet de de Gaulle, mais à ce moment là le Général est parti à Beyrouth et il revient en ramenant du Caire, Gaston Palewsky dont il a fait en route son directeur politique. Brossolette est très mécontent de l'histoire et il voudrait bien s'occuper alors des affaires dont V.* [Vallon] *est chargé avec Bingen comme adjoint.*

« Il en résulte que au bout de deux ou trois mois, la situation en demeure intenable...[86]. »

Cet incident suffirait à expliquer la lettre de reproche de Brossolette puis sa nomination comme adjoint de Passy (il devenait le supérieur de Vallon). Peut-être qu'un autre document viendra un jour éclairer cette affaire délicate qui fit paradoxalement de Brossolette le héros de tous les antigaullistes. Louis Joxe, un de ses camarades de jeunesse, affirme cependant : *« Cette lettre ne modifia aucun des sentiments que le Général portait à son auteur. Elle l'impressionna*[87]. *»*

Effectivement, on constate, par exemple, que le Général, après réception de cette lettre, maintint son projet d'envoyer Brossolette au sein de la petite délégation de la France Combattante qui devait le représenter en Afrique du Nord. Il le confirma au moins à deux reprises dans une note du 14 novembre, puis dans une lettre du 2 décembre à Winston Churchill. Or, il s'agissait là d'une mission très délicate qui requérait la participation d'éléments de confiance[88].

Il est possible d'approcher plus directement encore la réaction du Général. Quelques mois auparavant, de Gaulle avait reçu du général Leclerc un télégramme critiquant sa méthode de commandement : *« Centralisation excessive revient aux méthodes de 1939, enlevant aux échelons intermédiaires les moyens d'exercer le commandement dont ils sont responsables, mais les obligeant à réparer par des moyens de fortune les erreurs ainsi commises*[89]. *»* La réponse du Général fut immédiate et sans nuance : *« Il n'est pas impossible que je commette des erreurs que mes subordonnés devraient ensuite réparer. Ce serait d'ailleurs leur simple devoir. Mais comme je porte la lourde charge de réparer les erreurs de tant d'autres, je dois vous rappeler au respect qui m'est dû*[90]. *»*

Quand on sait l'importance que de Gaulle accordait au respect de la hiérarchie, le silence par lequel il répondit à Brossolette ne serait-il pas celui du mépris ?

IX

QUAND NÉCESSITÉ FAIT LOI : JEAN MOULIN CHOISIT LE CONSEIL DE LA RÉSISTANCE

27 novembre 1942-14 février 1943

Aussitôt après le retour de d'Astier et de Frenay en France le 17 novembre 1942, la bataille que Brossolette avait déclenchée à Londres gagna la Résistance métropolitaine.

Si Londres avait été le théâtre d'une intense activité des socialistes, il en allait de même en France, où ils avaient décidé de reprendre l'initiative pour se faire une place dans la Résistance et dans l'avenir du pays.

Leur zèle suscita la fureur des mouvements, qui n'empêcha pas leur campagne en faveur d'un conseil politique de progresser à grands pas. D'abord opposé au projet, Moulin dut bientôt se rendre à l'évidence : le conseil se ferait, si besoin était, en dehors de lui, c'est-à-dire en dehors du contrôle du général de Gaulle, voire en concurrence avec lui. Dans le marasme politique déclenché par le débarquement en Afrique du Nord, courir ce risque était inconcevable. L'intelligence politique devait renoncer aux pétitions de principe.

Automne 1942 : la bataille politique en zone libre

À cette époque, aux yeux de beaucoup de responsables politiques, en particulier du parti socialiste, l'attitude d'Henri Frenay semblait politiquement dangereuse. Depuis son retour de Londres, et à l'exemple de Brossolette, il ne cessait d'attaquer les anciens partis politiques dans les termes les plus violents, confirmant l'intention de son mouvement et celle de la Résistance en général de remplacer le personnel politique d'avant guerre, affirmant bien haut son projet de conduire la rénovation politique de l'après-libération. Pour ceux qui avaient connu son engagement en faveur de la Révolution nationale et sa collaboration avec le 2e Bureau de Vichy, ce n'était guère rassurant. Pourtant, depuis 1940, il avait évolué vers une sorte de socialisme humaniste, dont *Combat* avait publié le manifeste en septembre 1942. Il devint notoire, dès son retour, que le chef de Combat, en dépit de la nomination de Delestraint, tentait de conserver le contrôle de l'Armée secrète, ce qui, pour les milieux politiques de gauche ou modérés, représentait un danger comparable à celui des ligues d'extrême droite d'avant guerre et l'on évoquait irrésistiblement le fantôme du colonel de La Rocque !

Cependant, Frenay proclamait dans son journal son soutien à de Gaulle (il ne pouvait faire autrement vis-à-vis de ses militants) mais, en même temps, les dirigeants des mouvements connaissaient les réserves qu'il formulait de vive voix à l'égard du Général, avec qui il entendait traiter d'égal à égal dans le domaine politique. Cela renforçait la méfiance de beaucoup d'entre eux à l'égard de son action, comme en témoigne cette note d'information du B.C.R.A. : *« Dans les conversations que j'ai pu avoir récemment avec Henri* [Frenay] *— celui-ci de retour d'une tournée d'inspection dans les différentes régions — m'a déclaré qu'à l'heure actuelle on pouvait compter en zone libre sur des troupes organisées, encadrées, dont l'importance était d'environ 80.000 hommes.*

« Cette réorganisation n'a pas été sans effrayer quelque peu les représentants des anciens partis politiques qui voyaient la menace future d'un parti unique[1]. »

Même parmi les membres fondateurs de Combat appartenant à son Comité directeur, comme Bidault, Menthon, Teitgen, etc., beaucoup trouvaient son attitude politique équivoque. Rémy Roure (journaliste au *Temps*, compagnon de captivité de De Gaulle en Allemagne en 1917), qui y avait siégé, écrivait au Général à propos de Frenay : *« A voulu s'imposer à l'A.S. pour tenter de devenir une sorte de grand maître de la Résistance* [...]. *On peut affirmer sans se tromper beaucoup que ce chef, qui ne vous a rallié qu'assez tard, s'est plus servi de vous qu'il ne vous a servi*[2]. »

Si Rémy Roure, homme de Combat, en jugeait ainsi, on imagine ce qu'en pensaient les dirigeants de Libération(-Sud). Ainsi Pascal Copeau : « [Dans] *son organisation qui a été construite sur le principe de ce que j'appellerai une Bande sans donner à ce mot un sens péjoratif les grands responsables sont liés à Gervais* [Frenay] *et les uns aux autres par un puissant esprit de solidarité pour une action à leur profit ; tous ces hommes n'offrent aucune espèce de solidarité au point de vue politique, certains d'une façon purement négative, d'autres de façon nettement positive, en ce sens qu'ils ont sûrement des "idées de derrière la tête"*[3]. »

Dans les partis politiques, on allait plus loin. Daniel Mayer, du C.A.S., dénonçait très âprement l'opprobre que les mouvements jetaient sur les partis : *« Le gros problème qui nous préoccupe aujourd'hui est celui de nos relations avec les organisations de Résistance. Les dirigeants nationaux de celles-ci s'imaginent que les partis politiques sont morts et ne se relèveront d'aucune manière ; ils s'imaginent, à tort, qu'ils sont le Parti Unique de demain (sorte de fascisme de gauche, ou en tout cas de Résistance) et ils ont fait leur tardive réconciliation sur le dos des partis politiques*[4]. »

Ces accusations révoltaient les membres de Combat et Pierre Bénouville en donnait une tout autre explication : *« On prétend accuser Henri* [Frenay] *de ce qu'ils appellent "fascisme" parce que nous nous refusons à écarter du travail contre l'ennemi des gens qui font preuve chaque jour de leur courage et de leur loyauté*[5]. »

D'ailleurs, Christian Pineau, homme de gauche et chef de mouvement, s'appliquait à réfuter toutes ces rumeurs. En janvier 1943, il mettait ainsi le commissaire à l'Intérieur, André Philip, en garde : *« Ne commettez pas l'erreur de les couper* [les mouvements] *de l'opinion publique, et de les faire taxer de fascisme, ce que j'ai déjà entendu faire par des gens sérieux*[6]. »

En effet, l'hostilité à l'égard des anciens partis était loin d'être le fait du seul Frenay. Les mouvements, à mesure qu'ils avaient acquis de l'importance et que la victoire s'approchait, prenaient conscience du rôle qu'ils pourraient jouer dans la rénovation politique de l'après-guerre grâce aux forces qu'ils avaient rassemblées, même si certains dirigeants étaient critiques à l'égard de cette illusion. Tel Rémy Roure dans le rapport cité : « *Une somme énorme de dévouements et de sacrifices a été dépensée non certes en pure perte, mais sans qu'elle ait produit ce que l'on en espérait. Cet échec tient essentiellement à la naissance même des groupements. Ceux qui en prirent l'initiative et dont le mérite est indéniable s'accoutumèrent trop bien à les tenir pour leur propriété propre, ils furent en quelque sorte des "chefs de bande" peu disposés à s'incliner devant une discipline commune, tentés d'exploiter pour leur ambition personnelle ce qu'ils estimaient être leur œuvre, et peu enclins à une unification qui, décidée en principe, ne pouvait se réaliser véritablement en fait. Ajouter à cela une inexpérience politique évidente, une étroitesse d'esprit et une présomption qui a fait écarter les élites par crainte d'être débordé par elles, et parfois une étonnante puérilité dans la pensée et dans l'action.*

« *L'esprit de résistance de l'immense majorité des Français est dû beaucoup moins à l'effort des "mouvements" qu'à la propagande radiophonique, à l'instinct patriotique, à la souffrance, à l'espoir que vous avez incarné. Je n'ai pas besoin de vous dire que le pays est avec vous parce que vous représentez pour lui la libération sous toutes ses formes. Les "mouvements" y sont pour peu de chose. On pourrait même dire que certains d'entre eux ne sont devenus "gaullistes" que sous la pression de l'opinion.*

« *La grande faute de ces "mouvements" fut, je le répète, d'écarter systématiquement tous ceux qui, par leur valeur, auraient pu donner ombrage. Pour la même raison furent écartés les hommes politiques, les parlementaires patriotes, sous le prétexte de créer une République nouvelle. Or, l'adhésion de tous les partis politiques, ou plutôt des fractions politiques opposées aux coups d'Etat de Bordeaux et de Vichy — l'adhésion de ces partis à un mouvement de résistance unique, vraiment national, aurait eu une portée considérable aussi bien au point de vue extérieur qu'au point de vue intérieur. Cela exigeait de la part des dirigeants des mouvements de résistance une abnégation, un désintéressement héroïque.*

« *Aujourd'hui, que représentent ces mouvements dans l'opinion ? Exactement rien. Le Comité de Coordination créé pour réparer l'erreur est très insuffisant. Les grandes forces spirituelles du pays n'y sont pas représentées. Il manque de surface. Quant aux mouvements eux-mêmes, ils sont menés le plus souvent par des jeunes gens présomptueux.*

« *Le résultat est d'abord que les anciens partis se reconstituent ou plutôt, car ils n'ont jamais cessé d'exister, ils se replient sur eux-mêmes. Ils travaillent de leur côté ou boudent dans un coin en attendant sans impatience, car leur expérience politique, me dit un ami, se jouera un jour des jeunes étourneaux qui ont voulu les brimer ou prendre leur place. Le résultat est ensuite la formation d'une foule de groupes séparés autonomes et quelque peu incohérents. Dans la partie que je connais par exemple, je veux dire la presse, une foule de bonnes volontés est restée sans emploi. Elle n'est pas représentée dans la Résistance ou représentée médiocrement (dans le sens exact du terme) précisément pour la raison que je vous ai indiquée plus haut.* »

Ces critiques étaient refusées par la plupart des chefs de mouvement qui, depuis 1942 (en particulier en zone libre), se considéraient non seulement comme des patriotes, combattant pour la libération du territoire, mais encore comme des révolutionnaires préparant un changement radical des institutions et des mœurs. Ce faisant, ils sous-estimaient la puissance, souterraine mais réelle, des intérêts de classe et des idéologies, dont les partis étaient dépositaires, qu'eux-mêmes ne représentaient pas d'une manière adéquate. De surcroît, la plupart des mouvements de zone libre se situaient à gauche et rêvaient d'un vaste regroupement d'orientation socialiste. Sur ce plan, ils étaient en état d'infériorité, puisque c'est en faveur de cette tendance que, depuis le dix-neuvième siècle, les positions idéologiques étaient le mieux définies, tandis que les positions politiques étaient le mieux tenues par des militants disciplinés. Cela restait vrai même depuis la défaite, en dépit de l'éclatement des partis, du silence de leurs cadres et, pour tout dire, de leur inaction apparente. Croire que les mouvements pourraient remplacer le parti communiste ou même le parti socialiste par une formation issue de la Résistance relevait de l'utopie, ainsi que Léon Blum l'avait lucidement exposé : *« Je tiens pour constant qu'un Etat démocratique* [...] *ne peut pas vivre ou ne peut pas être conçu raisonnablement sans l'existence de partis politiques »*, écrivait-il au général de Gaulle [7].

C'est contre cette évidence que Brossolette avait construit sa théorie du gaullisme et l'on peut s'interroger sur l'inexactitude de certaines de ses informations, qui faussaient ses analyses.

Il faut rappeler aussi que les huit mouvements « homologués » des deux zones n'arrivèrent jamais, en dépit de nombreuses tentatives, à se mettre d'accord pour former un parti de la Résistance et abordèrent la libération en ordre dispersé.

Un seul homme, à cette époque, aurait été capable de créer un grand parti réformateur du centre, issu de la Résistance, qui, comme l'avait bien analysé Brossolette, aurait pu concurrencer les deux partis de gauche solidement implantés : de Gaulle. Mais il aurait fallu que les cadres de la Résistance fussent « gaullistes » à la manière de Brossolette. Or, il n'en était rien et, de toute manière, le Général ne le souhaitait pas puisqu'il se considérait comme l'incarnation de la nation.

Pendant qu'évoluait cette situation embrouillée où chacun s'efforçait de tirer la Résistance dans le sens qui lui était le plus favorable, une autre bataille se déroulait simultanément à Londres, conduite par de Gaulle contre Darlan puis Giraud. Dans le même temps, un problème politique urgent et complexe se posait à Jean Moulin. Or, les liaisons radio étaient intermittentes et les intempéries avaient empêché les opérations aériennes jusqu'à fin janvier 1943. Il se trouva donc seul durant deux mois à inventer des solutions qui empêchèrent les résistances de se déchirer ou de se désagréger.

Il devint évident, en décembre 1942, que le cadre du Comité de coordination, tel qu'il avait été défini un mois plus tôt pour fédérer les forces de toutes les résistances, était déjà dépassé, son utilité se limitant désormais à assurer la direction des trois mouvements de zone libre. Ce fut donc dans l'initiative proposée au même moment par les socialistes en vue du renouveau de la vie parlementaire que Jean Moulin envisagea la solution qui lui permettrait d'unir et de maintenir sous la conduite du général de Gaulle toutes les forces antagonistes de la Résistance.

Projet socialiste pour un parlement clandestin

À l'aide des documents qui subsistent, on peut aujourd'hui reconstituer les étapes du projet socialiste qui aboutira à la formation du Conseil de la Résistance [8].

L'idée d'une sorte de Parlement clandestin avait trouvé au printemps 1942 ses premiers défenseurs. Les trois hommes qui le proposèrent publiquement (deux jeunes avocats du barreau de Marseille, André Boyer et Gaston Defferre, et un aviateur, Boris Fourcaud) appartenaient à un réseau de renseignement fondé par Pierre Fourcaud (héroïque ancien combattant de la guerre 14-18 qui avait rejoint les F.F.L. en juillet 1940 et fut l'un de ses premiers agents à l'automne). Ils étaient proches de Félix Gouin, député d'Aix-en-Provence et avocat de Léon Blum. Dès le mois de mai 1942, ils avaient proposé à Londres la création d'un organisme unique qui regrouperait les mouvements, les partis et les syndicats. C'est la plus ancienne trace que l'on possède actuellement sur les origines de ce projet.

Par un ensemble de câbles datés du 8 juin, Boris Fourcaud en avait exposé les détails à Passy : *« La solution présentée est celle des Comités :*

« a) d'abord Comité National englobant d'autres organismes si possible — composé de : 2 délégués de chaque organisme

« des délégués strictement F.F.L.

« présidé par F.F.L. avec droit de direction effectif.

« b) Sous-Comités : Le Comité National organiserait la structure administrative du pays pour l'arrivée du Général de Gaulle au moyen de Sous-Comités régionaux fixant les actions et modifications à opérer.

« Fleurs [socialistes] *et Légumes* [radicaux] *acceptent et désireraient voir à leur côté le groupe Marin* [Fédération républicaine] *et J.O.C.* [Jeunesse ouvrière chrétienne] *pour former grosse majorité.*

« Nous prenons des contacts prudents. Nous proposons d'y ajouter Combat.

« Conclusion : I. Organismes acceptant l'élimination du personnel taré collaborationniste ou compromis par la défaite.

II. Dictature du Général jusqu'à résultat.

« Nous croyons ainsi avoir trouvé le moyen de grouper et d'organiser la majorité en vue du débarquement.

« Nous avons besoin de votre aide :

« a) par vos directives

« b) par un accord rapide

« c) en nous fournissant des personnalités

capables de mener le Comité et les Sous-Comités

« d) en m'habilitant dans cette voie nouvelle[9]. »

Ils avaient soumis, au mois de juin 1942, un projet plus élaboré à Jean Moulin et Christian Pineau qui, au cours d'une réunion à Toulouse, l'avaient repoussé. La raison de leur refus est significative : *« A mon avis,* écrivait Pineau, *et à celui de Rex* [Moulin], *il est dangereux de demander à des partis politiques de mandater des hommes à eux, car cela lie le Général à une forme politique ancienne qui ne correspondra pas à quelque chose d'indispensable au lendemain de la victoire*[10]. »

Si Jean Moulin était moins catégorique sur le projet, il avait, à cette occasion, tracé les limites d'un tel conseil : *« Si l'on peut concevoir, dès à présent, et sous certaines réserves un conseil appelé à jouer un rôle à l'arrivée du Général de Gaulle, il faut à mon avis poser comme principe :*

« 1º qu'à aucun prix certains de ses membres n'y puissent figurer comme délégués des anciens partis ; les personnalités politiques choisies ne l'étant qu'à titre individuel.

« 2º que ce conseil ne se soit pas livré préalablement à un travail susceptible de diviser ses membres et, à tout le moins, de diminuer leur représentativité.

« 3º qu'il ne peut être question de réunion qui, même si elle [mot manquant] *d'études, n'arriverait pas à mettre sur pied un travail sérieux*[11]. »

On retiendra de ces lignes qu'à cette époque Moulin condamnait toute représentation des anciens partis en tant que tels, du fait de leur conduite à l'Assemblée nationale de Vichy, le 10 juillet 1940, et avait au contraire reporté ses espoirs sur les mouvements dont il attendait la préparation de la libération et la restauration d'une vie politique démocratique.

Afin de surmonter ce refus, Fourcaud et Defferre envoyèrent à Londres, sous la signature de Morandat, un projet détaillé qui constitue aujourd'hui l'ébauche la plus poussée de l'organisme qui deviendra le Conseil de la Résistance. Pour en justifier la création, les hommes de Marseille expliquaient : *« A côté de la résistance proprement dite, les fractions résistantes se reconstituent très vite et tout en demandant à leurs membres d'entrer dans les sections militaires des mouvements de résistance, gardent une grosse influence sur l'esprit de ses membres. Le parti socialiste, entre autres, a son journal, ses équipes de diffusion, et de propagande, ses comités locaux d'action politique. Le parti radical a toujours ses cadres qui gardent une certaine influence dans les milieux petits bourgeois, employés, paysans et commerçants. Les démocrates chrétiens n'ont rien abandonné de leur esprit et cherchent un peu partout à le faire prévaloir. Les gens de droite se réunissent, et cherchent à poser les bases de l'ancien parlementarisme conservateur avec l'aide de certains radicaux. Certains éléments Action Française résistants cherchent à noyauter l'armée pour avoir le droit de parler demain. Les communistes continuent leur action démagogique à l'aide du Front National.*

« [...] *Les syndicalistes ont constitué le Mouvement Ouvrier Français ; par ce moyen, ils cherchent à contrecarrer l'action des Bélinistes, à organiser une force ouvrière, autre que le parti communiste, à aider la résistance par une propagande spécifiquement ouvrière, et à organiser des groupes d'usines et des services capables d'organiser la grève générale le jour J. Ils reconstituent et inventorient leurs cadres restés sains, et malgré les défections assez nombreuses, ils disposent d'un réseau de militants influents et agissants. L'accord complet qui règne entre confédérés et chrétiens est pour beaucoup dans leur prestige grandissant. La campagne qu'ils commencent contre l'envoi d'ouvriers en Allemagne, l'attitude qu'ils adoptent en face des tentatives de Laval va encore augmenter leur popularité.*

« [...] *Ces trois éléments de la résistance française ont une influence à peu près égale dans l'opinion publique ; si le nombre est pour les mouvements* [ligne manquante] *ils manquent de doctrine politique et ne satisfont donc pas complètement l'esprit aussi exigeant et compliqué que celui des Français, qui cherche ce qu'il manque ici et qu'il trouve dans les partis de leur choix, comme ils demandent au syndicalisme une solution aux problèmes économiques et sociaux. Personne ne prend le Gaullisme (mot impropre) pour une politique, et si l'autorité du Général sur le plan militaire est unanimement reconnue, sur le plan politique, elle ne sera jamais véritablement effective. Si beaucoup s'accordent à penser qu'à cause de son prestige, le Général devra diriger temporairement les destinées du pays, ceux-là même pensent qu'il ne pourra le faire qu'avec des représentants de l'opinion publique et jusqu'à ce qu'une consultation populaire soit possible.*

« [...] *Pour remédier aux inconvénients et aux difficultés actuels, pour centraliser sans unifier, la constitution d'un Comité National choisi par tiers parmi les hommes non marqués de la résistance des partis et du syndicalisme chargés :*

« 1° de donner leur avis sur les problèmes de l'heure ;

« 2° de coordonner l'action des différents groupes ;

« 3° d'organiser des comités départementaux et régionaux chargés du même travail sur leur plan respectif et de former des comités locaux ;

« 4° de constituer pour plus tard le Conseil du Gouvernement et de représenter l'opinion auprès de lui.

« [...] Ce projet aurait pour le temps présent l'avantage de coiffer les mouvements de résistance, de les empêcher de jouer un jeu trop personnel et les partis politiques, de diviser une fois de plus l'opinion, d'axer tous les efforts vers un but commun, de préparer d'une façon rationnelle la prise de pouvoir, de former une équipe d'hommes influents, dévoués au Général. Pour l'immédiat après-guerre, de prévenir les oppositions et les propagandes démagogiques néfastes, en liant au pouvoir ceux qui les dirigeraient, d'organiser un pouvoir temporaire fort pour rétablir l'ordre et les conditions de vie relativement normale s'appuyant sur l'opinion du pays[12]*. »*

On remarquera l'affirmation paradoxale de la part d'un agent politique des F.F.L. écrivant : *« L'autorité du Général ne sera jamais effective ! »*

Projet socialiste d'un « comité exécutif de la Résistance »

Un projet parallèle émanant de Léon Blum et mis en œuvre par Daniel Mayer allait, à l'inverse, produire un résultat. Ses principes étaient différents et découlaient de l'analyse de Léon Blum sur l'avenir politique des mouvements de résistance. *« La négation pure et simple des partis politiques,* écrivait-il à de Gaulle le 15 mars 1943, *équivaut à la négation de la Démocratie, de même d'ailleurs que la condamnation absolue et indistincte de tout système parlementaire équivaut à la condamnation du système démocratique. Il faut y prendre bien garde.*

« C'est dans les régimes dictatoriaux que les partis disparaissent et qu'un parti unique se confond avec l'Etat totalitaire. Les hommes qui ont voulu fonder un Etat totalitaire ont invariablement commencé par détruire et interdire les partis politiques.

« Rendez-vous compte, bien clairement, je vous en conjure, que les organisations de résistance qui sont sorties du sol français à votre voix ne pourront à aucun degré se substituer à eux. Lorsque la France aura recouvré sa souveraineté et retrouvé une stabilité, le rôle utile de ces organisations sera épuisé. Ce rôle aura été d'une importance capitale, non seulement pour la participation décisive à l'œuvre de libération, mais par la formation spontanée d'une élite jeune et toute fraîche. Cependant, les hommes qui composent cette élite seront nécessairement amenés, dans la France nouvelle, à se redistribuer dans des partis différents qu'ils rajeuniront et rafraîchiront à leur tour, qu'ils continueront à imprégner, dans leur diversité, d'une solidarité foncière, d'un véritable esprit d'"unité française". Je ne verrais, pour ma part, que des dangers à ce que les organisations de résistance, une fois accomplie la tâche en vue de laquelle elles ont été créées, se survécussent sous leur forme actuelle. Syndicats d'intérêts égoïstes et surannés, comme les associations d'anciens combattants de l'autre guerre, ou bien milices para-militaires redoutables à toute république, elles n'auraient guère à choisir d'autre destin[13]*. »*

Gaston Defferre était plus sévère encore. Il avait eu de longues conversations avec Moulin en décembre 1942 et l'avait convaincu que le recrutement hétérogène des groupements condamnait leur existence après la libération : « *Les mouvements de résistance perdront leur raison d'être le jour de la libération du territoire, leur objet ayant disparu et le gros de leurs troupes regagnera les partis politiques auxquels elles appartiennent pour jouer leur rôle dans la démocratie. Il ne restera aux mouvements de résistance que quelques hommes qui chercheront à satisfaire leurs ambitions personnelles*[14]. »

Aux yeux de Defferre, la structure même des mouvements était beaucoup plus inquiétante pour la vie politique. Selon lui, la vie clandestine avait établi des cloisons entre les dirigeants et les militants rendant tout débat démocratique impossible durant l'occupation, en ce qui concernait la définition d'une ligne politique et l'élection des dirigeants. Or il était impensable pour un parti politique que ses chefs se cooptent entre eux et que la ligne politique soit définie, sans débat préalable, par quelques hommes du Comité directeur.

Pour toutes ces raisons, qui faisaient l'objet de discussions entre les socialistes, Léon Blum avait poussé à la reconstitution du parti socialiste, car il estimait que le parti représentait un élément décisif pour la reconstruction politique, économique et sociale de l'après-libération : « *Nous n'avons absolument rien à changer à notre doctrine socialiste. Là, rien à "repenser", rien à réviser. La doctrine socialiste sort de l'épreuve, immuable, intacte. Les événements accomplis depuis trois ans l'ont vérifié jour à jour. Bien mieux, il semble qu'en cet instant de l'histoire du monde, elle bénéficie d'une sorte de consentement universel*[15]. »

C'est à partir de ce constat que Blum assignait un rôle à son parti dans la Résistance : « *Mais nous ne songeons pas à revendiquer pour lui des privilèges, et nous ne voulons pas qu'on puisse le soupçonner de rechercher pour lui des avantages*[16]. »

Concrètement, cette analyse se traduisait par un projet dont il donnait l'orientation : « *Je souhaiterais que — travaillant d'ailleurs à la réanimation de la vie publique et même à la résurrection des autres partis — le Parti socialiste préparât et négociât un vaste assentiment, "un rassemblement populaire"*[17]. »

Cette représentation des partis modérés et de droite (radicaux, démocrates-chrétiens, Alliance démocratique, Fédération républicaine) qui n'avaient pas « résisté » en tant que tels était une idée nouvelle et dangereusement hétérodoxe qui choqua profondément les chefs résistants. Elle risquait de provoquer une distinction que refuseront toujours les mouvements : à savoir que l'action politique était réservée aux anciens partis, tandis que l'action militaire était du ressort des mouvements, dont les militants, après la libération, se redistribueraient à l'intérieur des partis de leur choix « *qu'ils rajeuniront et rafraîchiront* », comme le préconisait Léon Blum.

À la suite de longues et tâtonnantes prémices, Daniel Mayer publia, dans *Le Populaire* du mois de novembre 1942, un article qui donnait une forme pratique au projet de Blum en proposant la constitution, sous égide socialiste, d'un rassemblement des mouvements de résistance et des organisations politiques clandestines, qu'il désignait sous le nom de « Comité exécutif de la Résistance française ».

« *Ayant préparé les solutions indispensables et même, en un sens, les détenant d'avance, le parti socialiste se trouve ainsi tout naturellement placé pour assurer l'initiative et imprimer les impulsions. A la fois parti de classe et organisation républicaine, il est par nature, amené à réconcilier la fraction de la classe ouvrière groupée dans le parti communiste et les organisations de la démocratie bourgeoise avancée.*

« Il doit être le promoteur et l'animateur d'une sorte de Rassemblement Populaire à l'image, sur le plan intérieur, du grand mouvement d'espérance qui s'était emparé de la population laborieuse en 1936 et, sur le plan européen, des accords actuellement militaires, mais dont il souhaite le prolongement politique entre la Russie des Soviets et la démocratie Américaine[18]. »

Les socialistes se proposaient de rassembler tous les résistants des mouvements, partis et syndicats autour d'un programme commun d'action immédiate, afin d'œuvrer efficacement à la libération du territoire tout en projetant de rénover la France dans ses fondements économiques, politiques et sociaux. Ils étaient d'accord pour reconnaître à de Gaulle le droit de diriger, à la libération, un gouvernement de transition, mais le Comité exécutif qu'ils proposaient devait être une émanation de la Résistance (et le titre qu'ils avaient choisi n'était pas le fruit du hasard) et non dépendre de la France Combattante.

Projet de Pineau d'un « Rassemblement national »

Quelques jours après le début de la campagne entreprise en novembre par Daniel Mayer, Christian Pineau qui, au mois de juin, se montrait hostile au projet similaire du réseau Fourcaud le reprit à son compte. Arrêté durant l'été, Pineau avait réussi une brillante évasion à la mi-novembre 1942. À son retour à Lyon début décembre, il y avait trouvé l'organisation de la Résistance profondément modifiée, puisque Jean Moulin était devenu président du Comité de coordination de zone libre et lui-même n'avait plus de mission précise. Néanmoins, il avait aussitôt entrepris des consultations afin de créer un organisme regroupant les mouvements, les partis et les syndicats, qu'il avait baptisé « Rassemblement national français » qui ressemblait fort à celui proposé par Daniel Mayer, à cela près qu'il renforçait son projet de son prestige personnel.

Au début de décembre 1942, à son tour Christian Pineau prit position : *« Si tout le monde comprend*, écrivait-il, *la nécessité que les services de renseignements soient entièrement entre les mains du Général et que les organisations paramilitaires soient unifiées, il apparaît dangereux et même inapplicable que la Résistance politique soit centralisée par un Comité de Coordination comportant seulement les chefs des grands Mouvements de la Z.L.*[19]. » Il protestait contre la méthode utilisée dans sa formation, qu'il jugeait non démocratique, puisqu'elle aboutissait à ignorer les courants politiques agissant dans les deux zones. Il discernait dans cette décision la volonté d'éliminer les formations politiques au profit du P.C.F. et des mouvements. *« Ceux-ci*, écrivait-il, *par leur recrutement même, limité et spécialisé,* [...] *ne peuvent jouer le rôle de partis politiques*[20]. » Cette opinion avait d'autant plus de poids que Christian Pineau était fondateur et chef de Libération-Nord, un des premiers mouvements, était l'instigateur du manifeste démocratique de De Gaulle et dirigeait par ailleurs un réseau de renseignement de la France Combattante (Phalanx). De surcroît, il était, comme tout le monde, critique à l'égard des anciens partis et de leur fonctionnement et ne souhaitait pas leur reconstitution tels qu'ils existaient autrefois. Mais il souhaitait faciliter la création de partis politiques nouveaux en très petit nombre et animés d'un esprit tout différent[21], en estimant que, *« surtout après les mesures prises par Vichy contre de nombreuses personnalités politiques locales,* [...] *de nombreux groupes de Résistance non apparentés aux Mouvements proprement dits, sont encore susceptibles d'obéir à des mots d'ordre provenant des éléments patriotes des anciens partis. Ces groupes sont petits, mais nombreux, surtout dans les petites villes ou les campagnes et susceptibles de prendre la direction d'un Mouvement de Résistance passive généralisée* ». Il jugeait, au total, utile « *d'assurer dans un organe de caractère politique, la participation de tous ces éléments à l'ensemble de la Résistance*[22] ».

Christian Pineau distinguait entre la Résistance militaire et la Résistance politique, celle-là devant rester entièrement placée sous les ordres de la France Combattante, celle-ci devant « *s'organiser sur des initiatives d'ordre intérieur* ». En conséquence, il reprenait en partie l'idée lancée par le réseau Fourcaud d'un organisme fédérateur et proposait de créer un Rassemblement national ayant un caractère politique et coiffant un ou deux Comités de coordination, dont « *le rôle deviendrait davantage celui d'un pouvoir exécutif* ». Il envisageait d'y faire figurer les formations politiques qui s'étaient manifestées, « *de manière active et saine, dans la Résistance* ».

En vue de procéder au recrutement de ces membres, Pineau avait rédigé à Lyon, en collaboration avec d'autres résistants de la zone nord et du Mouvement ouvrier français (M.O.F.), un texte qui devait être en même temps un appel au peuple français. Ce texte énumérait quelques « *idées essentielles* », autour desquelles devait s'effectuer le Rassemblement : libération, liberté, république, démocratie, socialisme[23]. Ce Rassemblement national présentait, aux yeux de Pineau, des avantages certains : sur le plan intérieur, il s'affirmerait comme l'expression de l'ensemble de la Résistance française tout en faisant allégeance au Général. Il lancerait à partir de la France métropolitaine des mots d'ordre à l'ensemble des Français non organisés, dont la résistance passive, puis active, pourrait jouer un rôle dans la libération. Il importait beaucoup à Pineau que l'appel aux « *hommes qui vont risquer leur vie soit fait par des hommes qui courent les mêmes risques* ». Cette allusion peu fraternelle aux hommes de la France Libre qui la dirigeaient de Londres reflétait la revendication des responsables des mouvements. Le Rassemblement déterminerait les directives générales de propagande, lancerait le moment venu les mots d'ordre nécessaires, ce qui était contraire aux principes du Général. Il superviserait enfin « *les travaux du Comité des Experts* [Comité général d'études] *préparant l'arrivée du Général en France et la reconstruction du pays après la guerre* ». Ajoutons qu'il permettait de faire disparaître le Front national (noyauté, selon lui, à 95 %, par les communistes), puisque le Rassemblement national, qui reprenait la formule originelle, devait donner satisfaction aux communistes[24]. Sans oublier que l'adhésion du Rassemblement à de Gaulle apporterait à celui-ci un argument de poids auprès des Alliés[25].

Pineau, il est vrai, ne méconnaissait pas qu'il pourrait rencontrer quelques difficultés dans la mise sur pied de son projet. Si les mouvements, le parti communiste, voire les socialistes, pouvaient facilement déléguer des représentants, il n'en était pas de même pour les radicaux, les démocrates-populaires et les républicains de droite, du fait de leur absence de participation en tant que partis à la Résistance. C'est pourquoi Pineau préconisait de consulter les personnalités politiques résistantes, qui désigneraient des délégués suffisamment représentatifs et de leur adjoindre des représentants des organisations professionnelles. Tout bien pesé, il estimait que son projet pouvait être réalisé dans un délai très court. Pressentant l'hostilité qu'il rencontrerait auprès des résistants et ayant besoin de l'appui de la France Combattante, il suggéra que Moulin en fût l'organisateur.

Ainsi, la création du Comité de coordination, conçue à Londres, au lieu de faire l'union de tous les résistants de la zone sud, était devenue une source de discorde, suscitant des projets rivaux, qui contestaient son autorité et sa légitimité. L'agitation politique qui se développait parmi les résistants menaçait l'œuvre de fédération que Moulin avait patiemment et lentement accomplie durant onze mois.

11 décembre 1942 : les socialistes exposent leurs arguments à Moulin

Jean Moulin comprit immédiatement le danger que représenterait, pour de Gaulle, la création par des résistants métropolitains de l'un de ces organismes échappant à son contrôle et qui viendrait opposer sa légitimité à celle du Comité de coordination. On ne pouvait savoir à qui il ferait allégeance ou s'il ne s'érigerait pas en troisième pouvoir face à celui du Général, voire s'il ne deviendrait pas un interlocuteur pour les Alliés qui, négligeant de Gaulle, comme ils le faisaient en Afrique du Nord, traiteraient directement avec la Résistance, ruinant ainsi la légitimité du Général.

La journée du 11 décembre 1942 procura à Moulin des éléments de réponse aux questions qu'il se posait. En compagnie d'André Manuel, il rencontra à Lyon les représentants du Comité d'action socialiste, Boyer, Defferre, Fourcaud et Eugène Thomas. À cette occasion, il eut avec Gaston Defferre un tête à tête déterminant. Nous en connaissons la teneur grâce à une lettre adressée quelques jours plus tard par Defferre à Félix Gouin, le représentant du C.A.S. à Londres.

Defferre observa qu'à l'égal des responsables des mouvements Moulin était hostile aux anciens partis politiques, même à ceux qui s'étaient reconstitués dans la clandestinité. Il s'efforça donc d'éclairer Moulin sur la réalité des mouvements : *« On a l'impression que pour la 1ère fois depuis la défaite, deux tendances se heurtent au sein de la résistance, la tendance républicaine et la tendance autoritaire pour ne pas dire fasciste. Les dirigeants des mouvements de résistance manifestent un certain mépris à l'égard des partis politiques, ils emploient en en parlant un langage analogue à celui des hommes de Vichy. Ils oublient que les circonstances ont débarrassé les partis politiques de tous les hommes qui faisaient leur faiblesse, qu'à l'heure actuelle ils sont réorganisés, plus forts que jamais et qu'eux seuls représentent l'opinion publique sans laquelle il n'est pas possible de gouverner en démocratie. Ils ont parlé d'un vaste groupement politique dirigé par les mouvements de résistance et où toutes les tendances seraient représentées, de là au parti unique et à la dictature il n'y a pas un long chemin à parcourir*[26]. »

Defferre rappela aussi à Moulin que les Français exigeaient, de la part du général de Gaulle, des garanties pour l'avenir : *« Londres doit faire connaître sa position à l'égard des mouvements de résistance et des partis politiques. Des dispositions doivent être prises pour l'immédiat et pour l'avenir. Il ne faut pas oublier que ceux qui luttent en France luttent et pour la libération et pour la démocratie et qu'ils n'entendent pas remettre entre les mains de quelques hommes leurs destinées politiques. Les hommes comptent moins que les idées, les partis politiques donnent à l'opinion des garanties, leur doctrine est connue,* [mot illisible], *on sait ce qu'ils veulent, les hommes doivent être au service des idées et non pas les idées au service des hommes. Les chefs des mouvements de résistance n'ont pas d'expérience politique, pas de sens politique, qui ont acquis depuis 2 ans dans l'action clandestine le goût de l'autorité qui ne sont attachés à aucune doctrine précise, pourraient si leur mission n'est pas clairement définie, si leur position par rapport aux partis politiques n'est pas précisée, apporter dans la situation politique une confusion grave dans le présent et plus grave encore dans l'avenir*[27]. »

Defferre constatait qu'en 1942 les partis s'étaient reconstitués et avaient repris une place importante dans la vie de la nation. Il analysait ainsi le succès des mouvements :

— les patriotes voulant lutter contre les Allemands s'étaient engagés dans les mouvements, puisque les partis n'existaient plus ;

— Londres avait aidé moralement et financièrement le développement des mouvements. Sans argent, jamais les mouvements n'auraient pu devenir ce qu'ils étaient ;

— les partis politiques et notamment le parti socialiste avaient mis leur organisation à la disposition des mouvements de résistance, ce qui leur avait permis de constituer des cadres et de diffuser leurs journaux.

Or, la direction du parti socialiste était restée en contact permanent avec ses militants et les encourageait à rester dans les mouvements, malgré la collaboration avec des gens dont les opinions les choquaient. En conséquence, Defferre affirmait que, si les partis se constituaient en mouvement de résistance, Combat, Libération, Franc-Tireur se videraient de leurs effectifs. D'ailleurs, il suffirait, à la libération, que la France Libre arrête ses subsides pour que les mouvements cessent d'exister. Enfin, Defferre attira l'attention de Moulin sur un point décisif. Le parti socialiste représentait à l'heure actuelle la seule expression politique du prolétariat français. Si ce parti était absent au moment de la libération, ce serait l'anarchie ou la réaction, car *« le parti communiste*, précisa-t-il, *reçoit ses directives de Moscou et se préoccupe beaucoup moins des intérêts de la France, de celui des Travailleurs, que de celui de la Russie, il jouera son jeu personnel*[28] *»*. Il conclut en affirmant que la démocratie pouvait compter sur le parti socialiste. Il n'était pas certain qu'elle puisse également compter sur le parti communiste.

Lyon, 14 décembre 1942 : Jean Moulin choisit le Conseil de la Résistance

Les divisions, les déchirements et les arrière-pensées des résistances incitèrent Jean Moulin à se rallier au projet d'un Conseil qu'il avait refusé quelques mois auparavant. Comme toutes les solutions politiques, c'était un compromis entre diverses exigences et diverses possibilités. Elle avait cependant l'avantage, face aux Alliés, de rassembler la France de la revanche, unie dans l'allégeance à de Gaulle. Grâce à cet organisme, la lutte continuerait avec l'appui des forces politiques traditionnelles dont la légitimité était reconnue internationalement. Dans l'immédiat, c'était l'essentiel.

Lorsque les socialistes, par la voix de Léon Blum, affirmaient qu'on ne pouvait reconstruire la vie politique de la France avec les seuls mouvements, c'était au nom de la démocratie : *« J'ai moi-même, à plusieurs reprises et sans toujours avoir été entendu, appelé l'attention des organisations de résistance en*

France sur le danger de formules sommaires qui, en portant des condamnations indistinctes sur la vie parlementaire d'avant-guerre, paraissent y englober pêle-mêle les partis politiques, organes nécessaires de toute démocratie et par conséquent de la démocratie elle-même. Il faut prendre bien garde au retentissement possible des formules de cet ordre. Les partis épurés, moralisés, oui ; une conception renouvelée de leurs rapports entre eux, de leurs relations avec l'Etat, de leur mode d'action, sur tous ces points, d'accord... mais ils doivent subsister[29]*... »*

Il est instructif de constater qu'il était rejoint sur ce point par un intellectuel modéré, Raymond Aron, qui dirigeait à Londres la revue *La France Libre* : *« Les partis français, en dépit de leur organisation lâche, sont indestructibles parce qu'ils plongent leurs racines loin dans le passé du pays, parce qu'ils traduisent des états d'esprit étrangement stables. Rien ne serait donc plus absurde que de chercher la rénovation de la patrie dans une suppression des diversités ou l'enrégimentement d'une nation, menacée certes par des conflits civils, mais vouée aussi à la richesse de familles spirituelles, opposées et complémentaires. La réforme intellectuelle et morale, indispensable à toute réforme politique, chaque parti devra donc l'accomplir par lui-même*[30]*. »*

Le républicain Jean Moulin ne pouvait que partager sans réserve les analyses de Léon Blum et de Raymond Aron sur la nécessité des partis dans une démocratie. À cette question de principe s'ajoutait une raison plus pragmatique. Le projet d'un Conseil de la Résistance élargi permettait d'empêcher les socialistes, d'un côté, les communistes, de l'autre, d'organiser une résistance politique indépendante de la France Combattante. Initiative qui était grosse de la tentation de dériver vers une opposition anarchique à de Gaulle sous les influences conjuguées de Giraud ou des Alliés.

Le projet le plus élaboré à cette époque était celui de Christian Pineau : *« J'attire votre attention sur la différence de nature et de méthodes qu'il existe entre les organisations paramilitaires et la résistance politique. Les premières sont essentiellement composées de gens modèles de discipline, hiérarchisés et discrets. La seconde au contraire comporte un immense public dont l'action individuelle et publique s'exercera dans le cadre de leur activité quotidienne. »* Deux raisons l'avaient justifié : la nature du Comité de coordination et la place future des mouvements dans la vie politique.

« Certaines personnes ont craint, en effet, notamment après les déclarations de Charvet [Frenay] [sur] *la nécessité de fusionner les Mouvements de Résistance et d'en faire le grand parti politique de demain, qu'il n'y ait dans le Comité de Coordination une volonté d'éliminer les formations purement politiques. Un tract, publié au moment des grèves d'octobre, et signé par les trois mouvements de résistance et par le Parti Communiste, a particulièrement inquiété les membres des autres partis, qui ont eu l'impression que seul le Parti Communiste pouvait continuer à vivre, en tant que parti, et que les autres formations étaient condamnées.*

« Or, comme il est indiscutable que, par leur recrutement même limité et spécialisé, les Mouvements de Résistance ne peuvent jouer le rôle de partis politiques, il est apparu qu'il y avait là un danger certain de rompre l'équilibre politique de la France[31]*. »*

« Je suis toujours convaincu que les grands mouvements de résistance ne représentent qu'une très faible partie de l'opinion. Ils ne représenteraient même plus rien si certains groupes, notamment le Comité d'action socialiste, décidaient d'en retirer leurs membres. Ne commettez pas l'erreur de les couper de l'opinion

publique et de les faire taxer de fascisme, ce que j'ai déjà entendu faire par des gens sérieux[32]. *»*

Fort de ces observations, il s'était mis au travail : *« J'ai estimé nécessaire d'étudier la possibilité de constituer un Rassemblement National, ayant un caractère politique et coiffant le ou les comités de Coordination, dont le rôle deviendrait davantage celui d'un pouvoir exécutif. »* Le rôle de ce Comité de rassemblement national ne devait pas être d'exécution, il se contentera : *« a — d'affirmer sa fidélité au Général,*

« b — de donner à tous les Français des mots d'ordre politique et de résistance,

« c — de déterminer les directives générales de la propagande,

« d — de lancer, le moment venu, les appels nécessaires,

« e — de superviser les travaux du Comité des Experts, préparant l'arrivée du Général en France et la reconstruction du pays après la guerre[33]. *»*

Dès lors que Moulin reprit le projet à son compte, le problème à résoudre était d'associer les socialistes et Christian Pineau à ce nouveau projet. Pour l'aider dans cette tâche, Moulin eut la chance d'avoir auprès de lui le commandant André Manuel, chef du service de renseignement du B.C.R.A., arrivé le 27 novembre 1942 pour accomplir une mission d'organisation et de contrôle des réseaux de renseignement de la zone libre. Prévue pour un mois, sa mission se prolongea un mois supplémentaire faute de moyens aériens pour rentrer à Londres. Il resta donc en France jusqu'au 27 janvier 1943. Ce délai imprévu lui donna l'occasion de multiplier les contacts avec les mouvements, partis et syndicats et de collaborer avec Moulin à la mise au point du projet de Conseil de la Résistance. L'intelligence souple et avisée de Manuel, ses dons de négociateur firent merveille dans cette période conflictuelle et firent naître entre les deux hommes estime et amitié. Les relations entre le B.C.R.A. et le réseau Fourcaud étaient du ressort de Manuel qui était dans les meilleurs termes avec ses membres, tous socialistes, en particulier Gouin, Defferre et Froment. Par leur intermédiaire, il avait rencontré Daniel Mayer, dont il avait su tempérer les initiatives, obtenant que son parti accepte d'attendre la réponse de De Gaulle au projet du Conseil de la Résistance que Moulin lui avait soumis le 14 décembre 1942. André Manuel a transcrit une partie de ces entretiens concernant la position du parti socialiste à cette époque. C'est un texte capital pour connaître le véritable enjeu qui opposait le C.A.S. aux mouvements de Résistance : *« Pour se rendre compte du rôle qu'ils entendent jouer,* écrivait Manuel, *il suffit de rendre compte d'une conversation que nous avons eue avec le secrétaire général du C.A.S.* [Comité d'action socialiste]. *Cette conversation pourrait être paraphrasée par chacun des partis ou des mouvements de résistance.*

« "Notre position, dit-il, est simple. Nous avons trois préoccupations, qui s'établissent dans l'ordre chronologique de la façon suivante :

« "1) Libération du territoire,

« "2) Soutien du gouvernement autoritaire, à principes démocratiques, dirigé par le Général de Gaulle.

« "Triomphe du socialisme, lorsque la parole pourra être rendue au Peuple Français, après dix-huit mois à deux ans de gouvernement autoritaire.

« "Pour la libération du territoire, nous sommes unis à tous les Français, quels qu'ils soient, sans exclusive d'aucune sorte.

« "Pour le soutien du gouvernement autoritaire, nous n'accepterons qu'un

gouvernement dirigé par le général de Gaulle, qui seul, par ses déclarations et par son entourage, nous donne les garanties démocratiques que nous exigeons.

« "Nous signalons simplement que, dès le lendemain de son installation, le général de Gaulle devra conserver un certain nombre de mesures impopulaires : cartes de ravitaillement, cartes de textiles. Il faudra du temps pour faire rentrer les prisonniers.

« "Toutes ces difficultés risquent d'être exploitées à des fins politiques, à moins que le général de Gaulle ne soit soutenu et garanti par des représentants des diverses expressions de l'opinion publique.

« "Pour obtenir ce soutien, nous estimons qu'il faut, dès maintenant, que les représentants des différents partis politiques et mouvements syndicaux, ayant résisté depuis juin 1940 et qui vont de Marin à Thorez, soient admis à participer à l'action clandestine en France sur le plan politique, moyennant quoi ces partis politiques et mouvements syndicaux verseraient leurs troupes à l'Armée Secrète des Forces Françaises Combattantes. Ainsi, le jour de la libération, le général de Gaulle aura automatiquement la caution de l'unanimité française, figurant par ses représentants à ses côtés[34]*." »*

André Manuel rentré à Londres rédigea un rapport qui est un document essentiel pour apprécier la complexité des problèmes et l'attitude des hommes durant cette crise qui se déroula en contrepoint de celle qui opposait de Gaulle à Darlan, puis, après son assassinat le 24 décembre, à Giraud : *« A côté de personnalités de tout premier plan, comme celle de Rex* [Moulin], *figure une équipe soit directement recrutée par lui, comme Bip* [Bidault], *de Menthon, Parodi, Lacoste, soit envoyée d'ici comme Sif* [Fassin], *Kim* [Schmidt], *Pal* [Ayral], *qui forment un tout extrêmement cohérent, d'un désintéressement total, d'un dévouement absolu.*

« Les mouvements de résistance sur lesquels ils exercent leur action sont composés de militants, également désintéressés, et dévoués mais dirigés par des chefs au courage indiscutable dont les ambitions personnelles et l'opposition constante ont freiné non seulement le développement de leur propre mouvement, mais encore l'organisation même de la résistance sur le plan paramilitaire. Leur lutte absorbe une grande partie de leur activité et nuit à la cohésion que la présence des Allemands rend plus nécessaire que jamais.

« […] *Seuls Rex et son équipe planent au-dessus de ces discussions et tentent, en plein accord avec les militants, de consolider l'unité de la résistance sans négliger les aspirations idéologiques des membres qui la composent.*

« Ainsi qu'on peut le constater par cette situation confuse, le rôle de Rex est extrêmement difficile. Il s'en tire bien grâce à ses qualités et au crédit moral dont il jouit auprès de tous.

« […] *Les conversations en cours à l'heure actuelle doivent, pour répondre aux vœux des militants et aux nécessités de la guerre, tendre à un renforcement de son autorité et à une coordination de toutes les formes de l'action entre ses mains*[35]. »

Cette situation que Manuel avait vécue durant deux mois l'avait conduit à la conclusion que de Gaulle devait étendre l'autorité de Moulin à toute la France et à prescrire la formation du Conseil de la Résistance. Son avis ayant fait autorité, Manuel eut donc une influence décisive dans le renforcement du contrôle du Général sur la Résistance.

Il n'y avait pas que les mesures à prendre à l'égard des mouvements. Le problème posé par les communistes était tout aussi pressant, puisqu'ils occupaient désormais une place très active dans la Résistance. Or, dans le face à face communistes-résistants, tout homme ayant une certaine expérience politique pouvait à l'avance désigner le vainqueur. C'est ce que constatait Claude Bourdet : pour Moulin, *« l'absence de culture politique de la plupart des dirigeants de la Résistance non communiste était proprement effarante.*

« Si un autre contrepoids politique n'était pas trouvé, il y avait danger que les communistes aient, à la Libération, une influence politique écrasante, d'autant plus que les seuls qui étaient en mesure de constituer un contrepoids au sein de la Résistance, les dirigeants socialistes, ne jouaient de rôle important ni dans la Résistance de zone Sud ni dans celle de zone Nord. En constituant le C.N.R., on allait au contraire consolider le parti socialiste, donner une nouvelle existence au parti radical et aux autres formations. On ne trouverait plus, face à face, à la Libération, la Résistance non communiste, trop souvent politiquement inapte, et la Résistance communiste, dotée au contraire d'une vaste expérience et de perspectives à long terme. Sans doute, il y avait aussi de Gaulle... Mais même ses partisans les plus fervents, comme Jean Moulin, ignoraient quelle serait la politique et l'influence exacte de cet homme à la Libération. […] *Connaissant de Gaulle mieux que nous, il se disait peut-être aussi qu'il ne serait pas mauvais de l'encadrer avec les forces politiques traditionnelles*[36]. *»*

Pour contrebalancer l'influence et le dynamisme des communistes, il était donc nécessaire d'introduire dans les instances de la Résistance des représentants politiques du centre et de la droite. Moulin alla si loin dans cette conception que, dans son premier projet, suivant en cela les convictions de Brossolette, il avait prévu d'inclure le P.S.F. du colonel de La Rocque, considéré par les hommes de gauche comme un mouvement fascisant et, en tout cas, compromis avec Vichy. Cette décision, qui avait soulevé un tollé à Londres avec l'arrivée de Vallin, eut un effet identique en métropole lorsqu'il fut proposé par Moulin. Même des partis moins marqués ne trouvaient pas grâce aux yeux des résistants, comme le rappelle Claude Bourdet : *« Le parti communiste sans doute, par le vaste effort qu'il faisait, en développant le F.N.* [Front national] *et les F.T.P.* [Francs-tireurs et partisans], *méritait une situation à part, et nous trouvions normal qu'il fût associé en tant que tel aux mouvements et aux syndicats. Nous l'admettions aussi pour le parti socialiste* […]. *»* Qu'en est-il des autres partis : *« Le parti radical ? L'Alliance démocratique* [Paul Reynaud] *? La Fédération républicaine de Louis Marin ? Que faire de ces revenants dont personne n'avait entendu parler depuis 1940 ? Même la représentation du parti démocrate-populaire nous paraissait abusive* […]. *En ressuscitant ces fossiles, on hypothéquait l'avenir et* […] *rendrait impossible le développement de nouvelles formations politiques, de gauche comme de droite, débarrassées des tares des anciennes. Il nous paraissait grave, aussi, de donner, ce faisant, un certificat de Résistance à des milieux sociaux qui, quelques brillantes exceptions mises à part, avaient été parfois "collabos", plus souvent vichystes, et au mieux attentistes. Le centre de gravité politique d'un Conseil de la Résistance ainsi formé se situerait beaucoup plus à droite que le centre de gravité de la Résistance. Cela compromettrait cette "révolution de la Résistance" que, sous une forme ou une autre, nous voulions tous*[37]. *»*

Pour compréhensible qu'elle fût, la réaction de Bourdet et de ses camarades n'était plus celle de Jean Moulin. Raisonnant en homme d'État, il considérait que, pour représenter la nation dans sa réalité, le futur organisme devait rassembler toutes les tendances politiques, à l'exclusion des collaborateurs. Il était conscient de l'imprégnation de la société civile par ces cultures politiques qui avaient façonné la IIIe République et qui ne seraient pas remplacées par l'effet du volontarisme résistant. Même s'il était douloureux de l'admettre, l'attitude de réserve et d'attentisme régnant chez la plupart des hommes politiques de la droite et du centre était partagée par la grande majorité des Français. À l'exception des traîtres, n'était-ce pas avec tous les Français qu'il faudrait reconstruire la France ?

C'est pourquoi Moulin préconisa, après une enquête minutieuse, la formation d'un Conseil de la Résistance dans lequel (comme le prévoyaient les responsables du réseau Fourcaud), les partis, les mouvements et les syndicats seraient regroupés. Toutefois, le Comité de coordination de la zone sud créé par la France Combattante devait subsister à côté de ce comité politique et conserver en exclusivité la direction de l'action, mais en incluant les mouvements de la zone nord[38]. Cette solution, qui avait l'avantage de rassembler, sous le contrôle de la France Combattante, la Nation autour des principales tendances politiques, avait cependant l'inconvénient de surestimer l'importance des partis modérés dans une lutte dont ils avaient été presque absents depuis 1940 : elle valut à Jean Moulin d'être considéré par certains chefs de la Résistance comme un radical impénitent, partisan d'un retour pur et simple de la IIIe République. Ainsi, Jacques Lecompte-Boinet (dirigeant de C.D.L.R.) rapportait-il dans son journal au sujet du projet de Conseil de la Résistance : *« J'en parle à mes collègues et nous croyons démêler que Moulin, ancien préfet de la IIIe République,* [...] *reste fidèle aux institutions de 1875*[39]*. »*

C'est un des paradoxes de la situation anarchique dans laquelle se débattait la France que de voir ce préfet du Front populaire proposer puis imposer à des mouvements, dont les militants se situaient en majorité à gauche, la reconnaissance de partis centristes ou modérés qui donnaient à la Résistance une tonalité bien plus à droite qu'elle ne l'était en réalité ; mais au moment où à Alger un « vichysme combattant » s'affichait impunément, il semblait impossible d'exclure *a priori* de la communauté nationale les hommes du centre ou de la droite qui avaient rejoint (ou se préparaient à rejoindre) la Résistance, qui, en tout cas, avaient représenté politiquement à peu près la moitié des Français et avec qui il faudrait bien rebâtir la France.

Le conflit qui opposa Moulin aux chefs de la Résistance ne portait donc pas sur l'introduction des communistes et des socialistes dans le futur Conseil de la Résistance, sur laquelle ils étaient d'accord, mais bien sur celle des partis modérés que Moulin avait désignés et que finalement il leur imposa.

Après avoir longuement hésité et consulté (en particulier Bastid, Bidault, Defferre, Lacoste, Manuel, Menthon, etc.), c'est dans son rapport du 14 décembre 1942 que Jean Moulin proposa à de Gaulle de créer cet organisme fédérateur. Ce texte fondateur apportait à chacun des problèmes explosifs une solution qui, pour n'être pas idéale, n'en était pas moins de nature à cimenter l'unité de la Résistance, à consacrer la légitimité des pouvoirs exercés par le Général. Avant tout, elle imposerait le travail commun de forces parfois antagonistes, ce qui permettait d'arrimer la France Combattante et les mouvements, objets de la convoitise des services anglais ou américains. Elle opposait une institution de la France Combattante aux prétentions fédératrices du parti communiste, qui tentait de jouer ce rôle par l'intermédiaire du Front national. Enfin, seul, le Conseil de la Résistance fondait la légitimité du Général face à Darlan, à Giraud et aux Alliés qui jouaient à fond la carte de Vichy.

Cet organisme national avait également l'avantage de remettre à leur juste place les mouvements les plus contestataires, notamment Combat et Libération en zone sud, l'O.C.M. et le Front national en zone nord : « *Enfin,* écrivait Moulin, *dans l'hypothèse de divergences entre les dirigeants des mouvements, le Conseil pouvait jouer un rôle d'arbitre et maintenir la résistance dans les voies qu'elle doit suivre*[40]. » Bien que les trois mouvements de zone libre fussent redevables à la France Combattante et à ses subsides de la puissance acquise en métropole, ils n'en étaient pas moins en conflit perpétuel et manifestaient une volonté d'hégémonie sur l'ensemble de la Résistance, alors qu'ils n'en étaient qu'une composante.

Toutefois, Jean Moulin devait tenir compte de l'impopularité des partis tout autant que de la nécessité de laisser les mouvements maîtres de l'action clandestine qu'ils avaient créée de toutes pièces. C'est pourquoi il avait assorti son projet d'une condition : obliger le Comité politique (Conseil de la Résistance) à « *se tenir en dehors de l'action, celle-ci étant l'affaire des Mouvements de résistance*[41] ». Sur ce dernier point, il ne transigera jamais. À toute occasion, il précisera cette nécessité : le futur Conseil, écrira-t-il plus tard, « *doit se limiter à arrêter un certain nombre de principes et laisser à un organisme d'exécution le soin de traduire lesdits principes en actes* ». Il précisera même à ce moment-là : « *L'organe d'action du Comité doit être le Comité de Coordination*[42]. »

Hiver 1942-1943 : Jean Moulin en campagne

Pourquoi les mouvements, en dépit des assurances qui leur étaient données de rester maîtres de l'action clandestine, se dressèrent-ils toujours contre la réapparition nominale des partis ?

Dès leur retour en France, d'Astier et Frenay avaient pris connaissance du projet des socialistes et de celui de Pineau. La renaissance inopinée des partis justifiait, à leurs yeux, la condamnation prononcée par Brossolette à Londres. Progressivement, les journaux clandestins manifestèrent la même opposition avec les mêmes arguments, qui se traduisit par le refus des chefs de mouvement d'accepter le projet proposé par Moulin. À la fin de décembre, Combat résuma leur position dans un article, qui aurait pu paraître dans n'importe lequel d'entre eux : « *Qu'ils soient de droite ou de gauche, tous les* RESPONSABLES *ont trahi, hier, leurs militants, la France, aujourd'hui !*

« Les responsables, ce sont aussi bien des chefs de la C.G.T., de la C.G.T.U., des grandes associations de gauche comme de droite ; ce sont aussi des parlementaires.

« La France résistante connaît ceux qui ont fait exception et qui aujourd'hui sont dans ses rangs.

« La Nation sait bien, que sur près de 900 parlementaires, il n'y en a pas tout à fait 10 % qui ont refusé de laisser assassiner la République, la démocratie.

« Ceux-là, comme ceux qui, dès 1940, ont lutté avec nous, contre les traîtres et les ennemis pour la libération, sont les seuls qui ont encore aujourd'hui l'honneur d'être considérés, tout simplement comme des citoyens.

« Français, vous devez, aujourd'hui, vous mettre tous d'accord sur le passé. Il est mort. N'essayez donc pas, sous des formes diverses, de le faire renaître. La France a trop souffert de vos luttes. La France a besoin d'être unie, aujourd'hui, pour vaincre, demain, pour construire.

« Vos leaders se sont servis de vous pour faire, en France, la guerre des “ANTIS”.

« Vous, du Front National [celui d'avant-guerre], *vous n'étiez pas fascistes. On vous a embarqués pour être “anticommunistes”.*

« Vous, du Front Populaire, vous n'étiez pas Staliniens. On vous a embarqués, parce que vous étiez “antifascistes”.

« On vous a fait battre entre Français.

« Quand les Nationaux avaient le pouvoir, ils ont trahi la France.

« Aux radicaux qui ont eu le pouvoir et aux communistes qui, en 1936, ont refusé de prendre leurs responsabilités au pouvoir, nous disons : les péchés par omission sont, pour nous, aussi graves que les péchés d'action.

« Quand les socialistes avaient le pouvoir, ils ont trahi le socialisme. Leurs maîtres étaient TOUJOURS LES MÊMES : LES TRUSTS.

« Quand les radicaux avaient le pouvoir, ils n'ont jamais rien fait, et les péchés par omission étaient, dans l'entre-deux-guerres, aussi graves que les péchés par action.

« Tous se retrouvent, aujourd'hui dans les antichambres des Abetz et des Brinon. Valets et maîtres d'hier sont aux ordres d'Hitler.

« […] *Ils ont abdiqué devant l'ennemi. Ils ont laissé assassiner la République. Ils ont, sans l'avis de la Nation et de ses représentants passé le pouvoir aux traîtres.*

« […] *FRANÇAIS, les meilleurs d'entre vous, sans distinction de Partis, se sont, depuis trente mois, retrouvés, aussi bien dans les armées de la France Combattante que dans les mouvements de résistance. Ils ont compris. Il n'y a plus, maintenant, NI DROITE, NI GAUCHE. IL Y A LA FRANCE.*

« Pas plus que nous ne tolérerons […] *les “tourne-vestes” africains* [Darlan, Giraud], *pas plus nous n'accepterons les vieilles équipes impuissantes ou vendues*[43]. »

Afin d'obtenir l'accord des mouvements, des partis et des syndicats, Jean Moulin leur soumit successivement deux projets détaillés dans le but de mettre sur pied cet organisme avant son départ pour Londres. Les mouvements, quant à eux, refusèrent obstinément d'en discuter les modalités et les rejetèrent en bloc. À tel point que ces entretiens et ces négociations, qui durèrent deux mois, ne sont jamais mentionnés dans les Mémoires de résistants et que ces projets conservés dans les archives n'ont jamais été évoqués par les acteurs ni par les historiens.

Le premier projet est esquissé en quelques lignes dans le rapport du 14 décembre[44] ; le deuxième, long d'une page, rédigé vers la mi-janvier, était destiné au C.G.E. et à la France Combattante[45] ; le troisième, enfin, du 1er février, était une circulaire que Moulin adressait aux membres pressentis pour leur demander d'examiner ses propositions dans les plus brefs délais et de lui faire connaître s'ils y adhéraient[46]. Ce dernier texte fut le seul rédigé au nom des représentants (Manuel et Moulin) de la France Combattante sur le sol français.

Dès son rapport du 14 décembre, Moulin avait fixé trois postulats résultant de son enquête : *« Les Mouvements de Résistance, aussi forts soient-ils, ne sont pas toute la Résistance ; il y a des forces morales, des forces syndicalistes, des forces patriotiques qui se sont maintenues en dehors des mouvements, mais qui doivent jouer et joueront un rôle dans la libération du pays et dans la mise en place de ses nouvelles institutions. »* La conclusion s'imposait. L'union des patriotes désireux de libérer le pays exigeait une nouvelle organisation de la Résistance.

Le corollaire obligé était la nécessité « *d'asseoir le régime de la France de demain sur des bases solides, de concourir à la reconstruction de la France et de faire entendre aujourd'hui la voix de la France* ». Ce qu'il résumera en une phrase dans la circulaire du 1er février : « *S'épauler pour l'assaut décisif et préparer à notre pays des lendemains réparateurs.* »

Estimant que la représentation des Résistances au Comité de coordination était par trop limitée, Moulin énonçait un deuxième principe défendu par le réseau Fourcaud, les socialistes et Pineau : la nécessité « *d'une représentation étendue des activités de la Résistance française* ». Ce qu'il développait ainsi dans son deuxième texte : « *Il faut que tous ceux qui ont milité dans les Mouvements et hors des Mouvements soient étroitement associés pour travailler plus efficacement ensemble* » (et formulait dans la circulaire : « *L'heure est venue de sonner le rappel de toutes les forces vives de la Nation pour une union intime de tous ceux qui ont milité dans la Résistance depuis l'odieux armistice* »).

Troisième principe définissant, dès le 14 décembre, la nature du futur organisme dont il trouva bientôt le nom, « Conseil politique de la Résistance »[47] : « *Le Comité politique ne constituera en aucune manière une délégation des partis ou des groupes* » ; en même temps qu'il devra « *se tenir en dehors de l'action, celle-ci étant l'affaire des Mouvements de Résistance* ». Il le soulignait à nouveau dans son deuxième texte : la tâche du Conseil politique serait d'arrêter un certain nombre de principes en laissant à « *un organisme d'exécution le soin de traduire lesdits principes en acte* » et cet « *organe d'action du Comité doit être le Comité de Coordination* ». Dans sa circulaire du 1er février, il ajoutait que les deux zones y seraient représentées. Car il lui paraissait indispensable pour l'efficacité de la Résistance de coordonner l'action de tous les mouvements, ceux de la zone nord comme ceux de la zone sud ; on pourrait ainsi reconstituer une représentation nationale qui abolît la coupure arbitraire de la France en deux[48]. Au cours de l'entretien qu'il eut avec Brossolette au début de février, Moulin esquissa même la composition du Comité de coordination, qu'il souhaitait unique pour les deux zones : aux trois mouvements de zone libre (Combat, Franc-Tireur, Libération), il en ajoutait cinq autres, appartenant à la zone occupée (La Voix du Nord, Libération-Nord, Le Cercle, Liberté et Ceux de la Résistance), qui auraient un représentant commun avec l'Organisation civile et militaire (O.C.M.)[49]. Ces détails toutefois n'apparaissaient pas dans la circulaire du 1er février, qui laisse sur ce point la discussion ouverte.

Si les trois composantes du Comité (mouvements, partis, syndicats) furent définies dès le premier projet, les qualités requises pour l'admission apparurent seulement dans le second : ce sont « *les personnalités représentant des partis politiques et des forces ouvrières résistantes* » ; puis, le 1er février, les « *personnalités résistantes des diverses tendances politiques et représentatives des forces syndicales résistantes* ». À cette précision, nécessaire pour éviter toute équivoque, Moulin en ajouta deux autres. Elles lui avaient été inspirées par l'attitude, quelquefois ambiguë, adoptée par les formations modérées. À leur usage, il rédigea cet avertissement contenu dans les deux dernières versions : « *Il ne saurait y avoir de place dans ledit Conseil, ni pour les ouvriers de la dernière heure, ni pour ceux qui hésiteraient devant les solutions révolutionnaires qui s'imposent.* » Cette mise en garde était complétée par une nouvelle exigence dans la mouture de février : « *Il est nécessaire que tous les groupes qui y seront représentés prennent l'engagement de procéder, dans leur sein, aux épurations indispensables.* »

Moulin établit à son tour une liste des partis politiques qui, selon lui, pouvaient prétendre à une représentation dans le Conseil. Ce ne fut pas la partie du projet la moins difficile à élaborer. Si tous les résistants étaient d'accord pour reconnaître que le parti communiste et, avec quelques réticences, le Comité d'action socialiste avaient leur place de plein droit, la sélection des autres partis fut âprement contestée. Moulin établit la liste en fonction des chefs qui avaient été sollicités à diverses reprises par la France Combattante, ou dont certains membres avaient déjà rejoint Londres (ou s'apprêtaient à y partir). Néanmoins, Moulin marqua les différences entre les partis politiques siégeant en tant que tels (communistes, socialistes et démocrates-chrétiens) et les « éléments » politiques dont il précise la nuance, *« la Fédération républicaine (nuance Marin), le Parti radical, le PSF (nuance Vallin), l'Alliance démocratique (nuance Reynaud) »* (ajoutant le P.S.F. et l'Alliance démocratique, auxquels personne n'avait songé). Mais, dans la circulaire du 1er février, cette distinction entre les partis et les *« éléments »* politiques disparut pour faire place aux *« groupes ou anciennes formations »*. Quant au « parti socialiste », il était remplacé par le C.A.S. Le P.S.F., qui suscitait dans la Résistance en France autant de réprobation que chez les socialistes de Londres, fut supprimé. Les syndicalistes étaient représentés par la C.G.T. et la C.F.T.C.

Frenay fut l'opposant le plus systématique à cet organisme. On discerne, en lisant les arguments qu'il opposa à Moulin, qu'il n'avait probablement pas étudié son projet car il justifia son refus par cette phrase : *« Faire coiffer la Résistance par les partis politiques défunts est pour moi inacceptable. »* Comme on l'a vu, non seulement Moulin n'avait jamais eu cette intention, mais il avait défendu énergiquement la thèse inverse. Ce qui n'empêcha pas Frenay d'ajouter : *« Si, contre notre avis, vous réussissez, vous aurez favorisé la reconstitution des vieilles formations politiques de la IIIe République, vous aurez étouffé la force révolutionnaire que nos mouvements portent en eux. Vous aurez été le fossoyeur de la Résistance*[50]. »

Même si ces lignes furent écrites longtemps après la Libération, elles reflètent par leur caractère outrancier la méfiance de tous les mouvements à l'égard des anciens partis, qui risquaient de les supplanter : *« Si des tentatives analogues* [à celle du parti communiste] *se généralisaient,* écrivait Frenay, *elles équivaudraient à la disparition des Mouvements de Résistance actuellement organisés et à un crime pour la cause de la Libération*[51]. »

Seul le Comité général d'études (C.G.E.), après avoir examiné les textes de Moulin, les approuva dans leurs grandes lignes, tout en réclamant quelques modifications de détail.

Le Comité discernait deux avantages à ce projet : sur le plan intérieur, celui de réaliser un rapprochement et un contact direct entre les différents éléments de la Résistance et, notamment, entre le personnel politique de la IIIe République et les mouvements de Résistance qui s'ignoraient trop souvent. Sur un plan extérieur, il offrait à de Gaulle l'*« appui et l'adhésion aussi large que possible de l'opinion française »*. Toutefois, le Comité signalait *« un inconvénient sérieux à pousser à la reconstitution des partis, sous leurs formes et avec leurs points de vue anciens. Leur rapprochement dans la résistance devrait tendre au contraire à faire éclater les cadres trop étroits des anciens partis et à préparer la formation d'un grand parti nouveau préoccupé du rétablissement de la République et de la grandeur française »*. Sur ce point, il reflétait les ambitions des mouvements de zone libre et adoptait une position opposée à celle de Blum qui, lui, considérait les militants des mouvements comme *« un sang frais devant vivifier les anciens partis »*.

Pourtant, en adoptant le point de vue des mouvements, le C.G.E. ne s'aveuglait pas sur leurs défauts. Il estimait que la Résistance devait *« utiliser au maximum et organiser la masse de ceux qui se tournent aujourd'hui vers les milieux de résistance.*

« [...] *Mais,* écrivait-il, *les mouvements de résistance ne paraissent pas en état de profiter de ces concours comme il le faudrait »*. Il concluait qu'en conséquence il était nécessaire *« de réorganiser les mouvements dans leur direction centrale »* et *« d'étoffer les cadres régionaux et locaux nettement insuffisants en quantité et en qualité »*[52].

Ces avis du C.G.E. furent les seuls éléments de réponse positifs aux projets de Jean Moulin.

Janvier 1943 : création des Mouvements unis de Résistance (M.U.R.)

Les souhaits du C.G.E. furent en partie exaucés. En effet, au début de janvier 1943, les mouvements accomplirent un nouveau pas vers l'unité et vers un meilleur emploi de leurs compétences : après un an de discussions, les trois mouvements de zone libre fusionnèrent grâce aux efforts de Frenay et de Moulin et se transformèrent en Mouvements unis de Résistance (M.U.R.).

Les trois chefs — d'Astier, Frenay et Levy — constituèrent le Comité directeur du nouveau mouvement. Les fonctions furent réparties entre eux : d'Astier, commissaire aux Affaires politiques, Frenay, aux Affaires militaires, et Jean-Pierre Levy, aux Renseignements et à l'Administration. Les trois journaux demeuraient indépendants. En fait, le Comité directeur se substituait au Comité de coordination. Cette fusion marquait une volonté d'autonomie des mouvements mais n'en était pas moins une étape décisive sur la voie de l'unification des forces résistantes.

Cette unité était cependant fragile. Les luttes d'influence à tous les niveaux entre les mouvements se poursuivaient sous d'autres formes. Parmi les nombreux documents qui rendent compte de ces compétitions, on retiendra la description qu'en donne Pascal Copeau en juin : *« La mise en pratique de l'unité de commandement m'a permis de me rendre compte d'une façon détaillée de ce qu'était réellement l'organisation Combat. A la base, le plus souvent, il n'y a pas grande différence entre les militants, ceux-ci étant Combat, Franc-Tireur ou Libération au hasard de contacts. Dans les cadres, il y a une grande différence. Franc-Tireur, le plus souvent, en tant qu'organisation, n'existe guère, et cela non seulement en raison d'un retard dans le travail, mais surtout par principe. Les dirigeants de F.T.* [Franc-Tireur] *poussent, en effet, à l'extrême leur méfiance à l'égard des constructions administratives et leur mépris de l'argent. Il en résulte qu'il existe des groupes F.T. quelquefois importants et très sympathiques, mais qu'il n'existe pas, à proprement parler, une organisation territoriale F.T. A Combat, au contraire, on pousse l'amour de l'organisation administrative jusqu'au fétichisme, et on est bien loin d'avoir le mépris de l'argent. C'est ainsi qu'il y a partout des cadres administratifs complets de Combat, et que dès que ces cadres sont en place, Gervais* [Frenay] *croit disposer des militants correspondant à ces cadres qui, bien souvent, en réalité, n'existent pas.* [...] *Le plus souvent, Libération est en retard sur Combat dans cette structure, et ses responsables ont moins de standing social que ceux de Combat. Mais, très généralement et d'une façon tout à fait objective, l'appareil organique de Libération, qui est beaucoup moins prétentieux et beaucoup moins perfectionné que celui de Combat, représente une influence réelle, là où il est implanté, beaucoup plus profonde que les organismes Combat qui ne font guère que du travail théorique de "Napage"* [de N.A.P...] *sans aucune attache populaire.*

« Cette différence de structure serait de nature à faciliter la fusion, Combat fournissant les cadres et Libération les troupes. (Franc-Tireur fournissant également et épisodiquement des troupes.)

« [...] *Quand Gervais vous a fait subir une pression continuelle, pour opérer la fusion, il ne fait pas de doute, je m'en rends bien compte maintenant, que, consciemment ou non, pour lui cette fusion signifiait la prise en main de la résistance par lui-même et par l'appareil administratif de Combat. Or, je crois qu'on peut dire aujourd'hui, et je le dis pour ma part avec une certaine satisfaction, que cela ne se passe pas du tout comme il l'avait imaginé.*

« [...] *Il est possible que cela ait été une erreur et une perte de temps que de faire la fusion. Mais il m'est apparu de plus en plus clairement que du moment où nous avions été contraints de la faire, nous avions le devoir, dans l'intérêt même de la Résistance, d'en faire une opération politique dont l'aboutissement doit être l'élimination de "l'esprit de bande" qui règne dans les cadres supérieurs de Combat. Il m'apparaît que ce but peut être atteint par l'élimination de 3 hommes, à savoir le chef de région de Louvain, Battesti* [Marcel Peck], *le chef de région de Turin, Thierry, et enfin Gervais lui-même.*

« [...] *On constate, en effet, dans plusieurs régions, que la fusion détermine des crises intérieures dans les rangs de Combat, ou plutôt les révèle. En fait, il y avait souvent un divorce latent entre les troupes et les cadres. A la faveur de la fusion, les troupes s'apercevant qu'il existe à Libération des cadres animés d'un esprit tout à fait différent, manifestent leurs sentiments. Cet état d'esprit résulte de l'accumulation de beaucoup de faits tels que le tempérament nettement réactionnaire de certains chefs de régions et responsables de Combat, la ligne politique indécise de Combat, certains textes éminemment contestables diffusés récemment par Combat.* [...] *L'autorité de Gervais tient, en effet, uniquement à ce que les chefs de régions sont des hommes à lui. Et parmi ces chefs de régions, il n'y en a que trois qui aient un certain niveau* [...]. *A part cela, il est complètement isolé, de la base, d'une part, qui ne le connaît pas, et de la tête (l'ancien Comité Directeur du Combat) qui est ouvertement contre lui. Quant à Lorrain* [Bourdet] *il ne le désavouera jamais, pour des raisons sentimentales, mais j'ai nettement l'impression que, sans le dire, il le juge assez sévèrement.*

« Je vous ai exposé, dans mon dernier rapport, ces deux mois de bagarres sur des questions de principes, et qui, au fond, correspondent uniquement au fait que Gervais, qui a voulu la fusion, se sent dépossédé par elle[53]. »

Et le commandant Manuel, qui avait assisté au début de la fusion : *« D'ores et déjà il était évident que les rivalités entre les chefs de Libération et de Combat, qui s'exprimaient autrefois par des rivalités entre mouvements allant jusqu'à des débauchages réciproques dans les villes et les villages, allaient s'exprimer par une rivalité d'influence, l'un estimant que l'armée secrète formait un tout échappant à l'action politique de l'autre*[54]. »

Ces luttes intestines permirent à Moulin de conserver sa fonction de président, de coordinateur et d'arbitre à la tête de ce nouveau mouvement, bien qu'elle n'eût plus sa raison d'être puisqu'il s'agissait de la direction d'une seule formation clandestine. Mais l'autorité qu'il avait acquise sur les dirigeants et son sens tactique étaient tels qu'il se fit désigner comme président (avec voix prépondérante) par les trois chefs des mouvements. De ce fait, il devenait le patron de la Résistance de zone sud, ce que ne comprirent pas sur le moment ceux qui l'avaient nommé.

Dans les semaines qui suivirent, cette évidence frappa quelques responsables comme Pascal Copeau, qui analysa la situation avec clairvoyance : *« En fait, ce sont les divisions des mouvements et une certaine impuissance à leur tête dont la principale cause est la personnalité même de Gervais* [Frenay], *qui ont fait de Max* [Moulin] *ce qu'il est aujourd'hui. En somme, nous avons fait, de nos propres mains, Vidal* [Delestraint] *et Max*[55]. »

X

LA FRANCE LIBRE ET LES COMMUNISTES : DES INITIATIVES DE RÉMY À L'INTERMÈDE MOULIN

En dépit des affabulations répandues après guerre, les documents établissent clairement que c'est le B.C.R.A. qui demanda à Jean Moulin de prendre contact avec les communistes. En effet, depuis le début de 1942, le colonel Rémy, fondateur et chef du réseau de renseignement « Confrérie Notre-Dame », était en relation avec les Francs-Tireurs et Partisans (organisation paramilitaire du P.C.). Cette liaison intéressait vivement la France Libre et les Britanniques. Mais, à la suite d'arrestations, le contact fut brisé. Toute cette affaire révèle l'extraordinaire part de hasard et d'improvisation qui, souvent, présida à des événements déterminants.

La France Libre et l'Union soviétique

Dès l'entrée en guerre de l'Allemagne contre l'U.R.S.S., le général de Gaulle avait saisi l'intérêt d'un rapprochement diplomatique avec les Soviétiques. Pour un homme qui avait été partisan du Pacte franco-soviétique en 1935, suite logique de la tradition diplomatique française de l'« alliance russe », il s'agissait là d'un choix naturel. Il télégraphia, le 22 juin 1941, aux services de la France Libre à Londres : *« Sans accepter de discuter actuellement des vices et même des crimes du régime soviétique, nous devons proclamer, comme Churchill, que nous sommes très franchement avec les Russes, puisqu'ils combattent les Allemands*[1]. »

Le Général avait alors comme seul allié l'Angleterre et comme seul protecteur Winston Churchill. En dépit d'une entente de façade, les rapports s'étaient dégradés entre les deux hommes et les difficultés se répétaient à tous les niveaux. Le paroxysme de ce conflit avait été atteint à l'occasion de la guerre de Syrie, où de Gaulle avait pu mesurer à la fois son impuissance et sa solitude. Du côté américain, il avait trouvé en Roosevelt un nouvel adversaire personnel, à l'animosité faite de méfiance et de mépris, pour ne pas dire plus. Aussi l'entrée en guerre de l'U.R.S.S. était-elle une occasion inespérée pour de Gaulle d'essayer de mener un jeu traditionnel de balance entre les Alliés afin de desserrer l'emprise quasi absolue qu'exerçaient les Anglais à son endroit. Il voulait réinstaurer *« une politique du type "classique" : la France réintégrée parmi les grandes puissances et jouant les unes contre les autres pour rétablir sa position, spécialement par rapport à l'Allemagne*[2] ».

Les Soviétiques le reconnurent en septembre 1941 et promirent aide et assistance aux Français Libres. Bogomolov, qui était ambassadeur à Vichy, vint s'installer à Londres, après le 22 juin 1941, où il devint l'interlocuteur de De Gaulle et de ses services. Par ailleurs, Roger Garreau, un diplomate, ami de De Gaulle avant la guerre, fut désigné pour représenter la France Libre à Moscou.

Ce qui nous intéresse ici, c'est l'incidence que purent avoir les entretiens franco-soviétiques sur l'évolution de la Résistance en France et, en particulier, sur l'attitude du Parti communiste français, dont on a pu constater l'hostilité à l'égard du Général jusqu'en juin 1941. À partir de cette date, les attaques cessèrent. Au mois d'août, pour la première fois, fut diffusé un appel aux « gaullistes » pour qu'ils rejoignent le grand rassemblement des résistants sous l'égide du Front national. Le 2 octobre 1941, on avait même pu lire : « *Ce qu'il faut, c'est l'union et l'action du peuple français aux côtés des autres peuples asservis, au côté des Anglais, au côté des troupes de de Gaulle, au côté des héroïques soldats de l'Armée rouge*[3]. »

Dans son discours du 23 octobre, à propos des attentats perpétrés par des communistes contre des soldats allemands, de Gaulle avait voulu rappeler avec force qu'il était le chef de la Résistance et que le Comité national français avait, seul, la tâche de conduire la guerre. Ces attentats communistes avaient confirmé toutes les analyses faites par les services de la France Libre : le parti se reconstituait et, face à une résistance non communiste inorganisée, il risquait de redevenir le maître de la situation politique en métropole et d'apparaître comme le représentant légitime de la Résistance du peuple français.

Le 27 octobre, le C.N.I. avait prévenu : « *D'ici six mois, si la carence de notre organisation en France continue, ce ne sera pas le général de Gaulle qui sera le symbole de l'unité nationale destinée à résister à l'Allemagne, mais le parti communiste. L'idée anti-allemande prime toute idée politique. C'est ce qui risque de provoquer un ralliement français autour du parti communiste parce que anti-allemand* [...]. *Sans doute les Français Libres sont handicapés par rapport aux communistes parce que tout est à créer pour organiser la résistance dirigée par de Gaulle, alors que les communistes bénéficient d'une organisation vieille de vingt ans*[4]. »

Jean Moulin était venu confirmer le danger communiste : « *Cette masse ardente de Français restés sous la botte, ronge son frein et n'attend qu'une occasion pour secouer le joug* [...]. *Si aucune organisation ne leur impose une discipline* [...] *on jettera dans les bras des communistes, des milliers de Français qui brûlent du désir de servir et cela d'autant plus facilement que les Allemands eux-mêmes se font les agents recruteurs du communisme en affublant du qualificatif de communistes toutes les manifestations de résistance du peuple français*[5]. »

On a vu que de Gaulle avait immédiatement écouté Moulin en lui donnant des directives pour organiser une armée secrète non communiste, placée sous son commandement direct en zone libre. Le Général pouvait espérer, à condition de rassembler au préalable la Résistance non communiste, qu'il pourrait faire pièce au P.C. Qu'attendait-il alors des Soviétiques (qu'il s'obstinait à nommer « les Russes ») ? À défaut de textes du Général lui-même, il faut se contenter des comptes rendus faits par des diplomates soviétiques et publiés après la guerre à

Moscou. On les utilisera avec d'autant plus de prudence qu'il s'agit de relations de diplomates et de traductions.

Roger Garreau eut une conversation avec l'ambassadeur Bogomolov, le 14 novembre 1941. Il ne déclara pas autre chose que ce que tous les services de la France Libre, et Jean Moulin lui-même, répétaient : *« Maintenant, en France, seuls les communistes sont bien organisés. Les partisans de de Gaulle sont une foule sans liens avec de Gaulle. Ils n'ont même pas une liaison radio. Beaucoup discutent, mais peu sont organisés*[6]. »

Pour Bogomolov, qui arrivait de Vichy où il se trouvait depuis un an, ce n'était certes pas une révélation et il aurait pu peut-être en apprendre beaucoup plus à son interlocuteur sur ce sujet. Cependant, une phrase, prétendument prononcée par Garreau, étonne : *« Garreau déclare tout net qu'ils veulent apprendre auprès de nous à s'organiser*[7]. »

Il faudrait lire le compte rendu que fit probablement Garreau de cette conversation pour connaître exactement la formulation employée par le diplomate. (Il s'agit d'une conversation traduite du français en russe, puis retraduite en français.)

Cela dit, bien que Garreau ne connaisse la Résistance qu'à travers ce qu'il a pu en entendre dire à Londres, il exprime une vérité qui appartient à la légende du parti communiste : cette organisation clandestine, qu'il a effectivement mise en place depuis 1939, et que tous les résistants lui envient. (On en voit la trace dans les textes des résistants, à commencer par Frenay, remarquable organisateur s'il en fut.) Maurice Dejean, commissaire aux Affaires étrangères, partageait la bonne opinion qu'on avait de l'organisation des communistes et disait à Bogomolov, le 20 novembre 1941, qu'*« il fallait confier à quelqu'un le soin d'établir le contact avec les communistes*[8] *»*. Dernière phrase importante, parce qu'elle ruine l'hypothèse des calomniateurs selon laquelle Moulin aurait été envoyé à Londres, en 1941, par les communistes. Si c'était le cas (Moulin étant à Londres depuis un mois et attendant son départ), il n'y avait pas lieu d'en parler avec l'ambassadeur soviétique.

La réponse de Bogomolov est instructive : *« Je lui ai répondu qu'ils n'utilisaient pas assez les grandes réserves potentielles qu'il y avait en France et que leur mouvement spontané et inorganisé ne donnerait pas de résultats durables. Que c'est seulement sur la base d'un mouvement largement démocratique et patriotique qu'ils pourraient soulever le peuple contre les Allemands et sauver la France. Dejean a dit qu'ils essayaient de le faire mais, qu'apparemment, ils ne savaient pas comment s'y prendre*[9]. »

Au cours d'une nouvelle rencontre, Bogomolov, comme tous les alliés de la France Libre (en particulier les Américains) et tous les milieux émigrés d'Amérique et de Grande-Bretagne, se prononça en faveur de la « démocratisation » de la France Libre.

Il est vrai que, sur ce point, Staline en fit beaucoup puisqu'il dénonça l'entourage du Général composé *« de fascistes et de cagoulards »* dont deux, Passy et Diethelm, *« pourraient même être à la solde des Allemands »*[10].

Dejean estima que le grand discours que de Gaulle venait de prononcer, le 15 novembre 1941, témoignait de sa volonté démocratique. Il aurait pu ajouter que le projet d'Assemblée consultative prévue par les ordonnances de septembre en était la preuve manifeste.

Finalement, de Gaulle rencontra Bogomolov à la fin du mois de novembre. Dans ce cas aussi, on ne dispose que du compte rendu de l'ambassadeur soviétique. On n'y apprend absolument rien de nouveau sur la politique de De Gaulle vis-à-vis de l'U.R.S.S.

« Au cours de sa conversation avec moi, écrit Bogomolov à son ministre, *de Gaulle a déclaré que la guerre en U.R.S.S. contre l'Allemagne déciderait aujourd'hui le destin du monde et qu'il voulait, avant tout, que les Français combattent contre les Allemands aux côtés de troupes soviétiques. De Gaulle a dit aussi qu'il voudrait envoyer en U.R.S.S. des gens chargés d'établir la liaison, car il considère cela comme indispensable pour renforcer les relations de la France future et de la Russie d'après-guerre. Il a défini son programme politique de la façon suivante : se battre pour la libération de la France et, après la guerre, proposer au peuple français de choisir lui-même son destin*[11]. »

Mais ces échanges protocolaires ne pouvaient satisfaire les Soviétiques qui, poussés par les contraintes militaires, prescrirent au P.C., par l'intermédiaire de l'Internationale communiste, de passer à l'action directe en France pour soulager le front russe. C'est ce que disait Bogomolov, sans nuance, à de Gaulle : *« 1. En ce moment, dans la coalition, la Russie est seule à faire la guerre ; elle doit être aidée par ses alliés ; seuls ceux qui l'aideront auront le droit à prendre place parmi les vainqueurs.*

« 2. La Grande-Bretagne doit créer un nouveau front au printemps à l'ouest de l'Europe. La France doit l'aider. En 1812, c'est grâce aux guérillas espagnoles que les Russes ont battu Napoléon.

« 3. Dans la campagne décisive de 1942-1943, la France doit jouer le rôle joué par l'Espagne en 1812-1813. La Yougoslavie lui donne déjà l'exemple. Si elle ne le fait pas, elle sera rayée de la carte des grandes puissances.

« 4. Nous savons que les Français Libres n'ont pas suffisamment préparé le terrain en France. Vous devriez avoir dans chaque ville de France une cellule gaulliste, reliée aux autres cellules, pour recevoir et transmettre le jour de l'action.

« 5. Ralliez les Français plutôt avec le drapeau tricolore qu'avec la croix de Lorraine : un ouvrier communiste ne portera jamais une croix, fût-elle de Lorraine.

« 6. Staline n'entend pas inciter la France à adopter un régime communiste ; nous ne demandons qu'à nous appuyer sur les Français Libres, mais il faut que ceux-ci préparent minutieusement le travail à accomplir[12]. »

Un mois plus tard, le colonel Rémy envoyait à Londres un représentant des F.T.P. Le général de Gaulle, à défaut d'un contrepoids soviétique, allait-il trouver un appui dans le Parti communiste français ?

Rémy, un touche-à-tout surdoué

Comme on l'a vu, Gilbert Renault (Rémy) se présenta aux services secrets de la France Libre à l'été 1940 pour travailler à réunir des renseignements en et sur la France. Cet homme de cinéma se révéla être un exceptionnel chef de réseau, dont l'efficacité faisait l'admiration des Anglais et renforçait le crédit du B.C.R.A.

Pourtant, Rémy ne se limita jamais à la collecte des renseignements militaires. L'imbrication des activités clandestines, ses aptitudes de « découvreur », le bouillonnement de ses initiatives le menèrent à agir directement dans le domaine des contacts politiques.

Dès sa première mission en zone occupée, il avait proposé à Passy la constitution immédiate d'une « filiale » des Forces françaises libres utilisant les ressources de la Cagoule !

« *A l'heure actuelle existent des groupements déjà anciens comme le C.S.A.R.* [plus connu sous le nom de la Cagoule] *à Bordeaux, comptant 5 000 hommes et qui est à notre disposition et d'autres qui se sont spontanément constitués comme ces 3 000 hommes de Vannes qui espèrent avoir un jour une liaison.*

« *Tous attendent un mot d'ordre et une discipline commune sans lesquels ils se désagrégeront.*

« […] *Je dois donc être fin janvier* [1941] *en possession de toutes les précisions relatives à ces groupements et je pense qu'il serait bon qu'à cette date nous nous rencontrions à Lisbonne pour discuter d'un plan d'action dont je vous soumets ci-dessous l'esquisse* [13]. »

Rémy n'était pas un cagoulard. C'était un monarchiste d'extrême droite. Il avait même envisagé une reviviscence de la chouannerie dans l'ouest de la France ! C'est pourtant lui qui, de bout en bout, allait être le responsable du rapprochement de la France Libre et du Parti communiste français.

Le parti communiste, clandestin depuis septembre 1939, avait créé, à l'automne 1940, un groupe de protection intérieure appelé l'Organisation spéciale (O.S.) [14]. Un an plus tard, ce groupe, toujours dirigé et encadré par les communistes (Charles Tillon en était le chef), s'était ouvert à tous les volontaires non communistes et avait pris le nom de Francs-Tireurs et Partisans (F.T.P.) [15].

Or, l'un des adjoints de Rémy, François Faure, était un ami personnel de Marcel Prenant, chef d'état-major des F.T.P. C'est par ce canal que le service secret était entré en relation avec leur représentant, Georges Beaufils, dit Joseph.

François Faure avait été envoyé à Londres par Rémy, le 28 mars 1942. Il est capital pour l'histoire des relations de la France Libre avec les communistes de constater qu'il y fut bien accueilli. Une note du 1er avril 1942, adressée aux services britanniques, révèle ce que le B.C.R.A. attendait de ces contacts : « *M. Franck* [Faure] *a été mandaté par l'organisation centrale Communiste pour transmettre l'expression du désir de celle-ci de prendre contact directement avec nous et de mettre à notre disposition :*

« *1° Leur réseau de renseignements.*

« *2° Leur réseau d'action Clandestine permettant d'envisager dans un avenir immédiat le sabotage d'objectifs intéressant l'Etat-Major Britannique et de paralyser les transports et l'envoi de matériel à destination du Front Russe.*

« *Il semble donc du plus haut intérêt d'organiser la mise sur pied d'une action de sabotage comportant la rupture de voies de communications, la mise hors d'état du matériel roulant, l'interruption simultanée en plusieurs points centraux des transmissions ennemies, c'est-à-dire en somme le jeu d'une action de guérilla étroitement liée dans le temps et l'espace à une opération Britannique de débarquement.*

« *Dans l'état actuel des choses, la transmission du courrier se ferait par l'intermédiaire de Franck qui se mettrait lui-même dès son retour en rapport avec les susdites organisations en vue de leur expliquer clairement ce que nous désirons.*

« *Il devra prévoir :*

« *1° L'envoi en Angleterre d'une personnalité pleinement qualifiée et revêtue des mandats nécessaires pour traiter avec les autorités compétentes.*

« 2° La réception en France d'un Instructeur envoyé par nous, pour exposer les méthodes du Sabotage et l'utilisation adéquate des moyens qui leur seront fournis.

« 3° La réception en France d'un opérateur radio rendant l'organisation indépendante de tout rapport avec Franck[16]*. »*

À cette époque, les F.T.P. n'avaient pas de service de renseignement. Le B.C.R.A. leur proposa de créer un réseau de renseignement baptisé « Fana ». Deux jours plus tard, la réponse des services britanniques montra sans équivoque l'intérêt qu'ils accordaient à la proposition : *« 1. Les mandats donnés à M. Frank* [Faure] *par l'Organisation Centrale Communiste sont du plus grand intérêt. Il est rassurant de noter que l'organisation en question n'a pas seulement vu la nécessité d'un Réseau de Renseignements, mais en voit également la priorité logique et pratique.*

« 2. Comme les Renseignements doivent précéder l'Action, nous approuvons pleinement qu'un individu soit envoyé dans ce pays avec la pleine autorité de l'Organisation Centrale Communiste. Cet individu doit être qualifié pour discuter les possibilités actuelles et le potentiel futur que ses amis peuvent nous offrir dans la lutte contre l'ennemi commun.

« 3. A son retour, M. Frank devrait pouvoir transmettre à l'Organisation notre désir d'explorer le sujet plus avant et d'organiser le départ de son représentant le plus tôt possible. Une opération d'enlèvement par Lysander à la fin d'Avril est suggérée et nous ne serons que trop heureux de faire les arrangements nécessaires.

« 4. La question du Réseau d'action sera logiquement soulevée pendant le séjour de l'émissaire ici, certainement elle sera rapidement mise en avant. Naturellement, nous coopérerons en présentant l'affaire devant les autorités concernées.

« 5. Pour commencer, il serait préférable que nos communications avec l'Organisation Centrale se fassent, comme vous le suggérez, par l'intermédiaire de M. Frank mais avec l'emploi de toutes les précautions de sécurité. Ceci jusqu'à ce que nous ayons envoyé un appareil W/T et un opérateur accompagnés par un officier pour établir une "Mission" sur des données précises.

« 6. Les renseignements sur la France occupée dont nous avons le plus besoin portent sur : a. Le plan de Bataille — Forces de Terre et de l'Air de l'ennemi. b. Les activités navales de l'Ennemi dans les différents ports.

« Les sujets économiques sont de moindre importance actuellement[17]*. »*

Cette liaison militaire avec les F.T.P. n'avait aucune implication politique, le parti communiste n'ayant pas encore « reconnu » officiellement le général de Gaulle, auquel il s'était borné à faire transmettre par Faure une offre de collaboration totale *« jusqu'à la victoire finale*[18] ».

Il répondit quelques jours plus tard indirectement par le canal de la B.B.C. : *« Le devoir de chaque Français, le devoir de chaque Française, est de lutter activement par tous moyens en son pouvoir à la fois contre l'ennemi lui-même et contre les gens de Vichy qui sont les complices de l'ennemi. A ces gens-là, comme à l'ennemi, les Français ne doivent rien, excepté de les chasser et, en attendant, de saboter leurs ordres et de haïr leurs figures. La libération nationale ne peut être séparée de l'insurrection nationale*[19]*. »*

Ce genre de discours n'était pas suffisant aux yeux des Soviétiques pour donner une impulsion guerrière aux résistances divisées. Aussi Molotov, le ministre des Affaires étrangères soviétique, demanda-t-il, le 14 mai 1942, à son ambassadeur à Londres d'accélérer la pression sur de Gaulle : *« Vous devez résolument expliquer à de Gaulle et à son entourage que le mouvement des Français Libres ne peut être assuré du succès que s'il s'appuie sur tous les courants anti-hitlériens en France et s'il devient ainsi effectivement un mouvement national ; que si, d'autre part, les individus et groupements fascistes français ne peuvent être associés à l'entreprise de libération de la France* [...]. *Vous devrez pousser de Gaulle à considérer que plus vite il se libérera des éléments fascistes de son entourage, mieux cela vaudra pour la libération de la France et plus actif sera notre soutien*[20]. »

Dix jours plus tard, de Gaulle rencontrait Molotov qui ouvrait explicitement la voie à un accord avec le P.C. : *« Il souhaite que toute la France se groupe, pour la lutte commune, autour du Comité national et que celui-ci oriente les destinées de la France de demain*[21]. »

Le B.C.R.A. parachuta le 28 mai 1942, pour établir cette liaison, Mec (Georges Weil, capitaine de réserve, avocat au barreau de Paris, engagé dans les F.F.L. en 1940), accompagné d'un radio, René Montaut (Mec W). Or, le lendemain de son arrivée, Mec fut arrêté par la Gestapo et se suicida. Simultanément, le réseau de Rémy fut dévasté par des arrestations dont celle de Faure. Rémy lui-même étant reparti pour Londres, le contact fut rompu avec les F.T.P.

Comme toujours dans la Résistance, il était difficile et long de réparer une rupture de liaison.

9 juin 1942 : le B.C.R.A. réclame l'aide de Moulin

N'ayant pas d'autre agent en zone occupée susceptible de reprendre le contact avec les F.T.P., le B.C.R.A. télégraphia, le 9 juin 1942, à Moulin en zone libre : *« Savons que groupes action Parti Communiste sont prêts à coopérer en Z.O — Sommes décidés leur fournir moyens liaison radio et explosifs — Avons perdu contact. — Vous demandons si vous pouvez nous signaler moyen reprendre ce contact* [...].

« Considérant dangereux envoyer un de nos représentants, sommes prêts recevoir leur mandataire à qui faciliterons voyage à Londres — Extrême prudence recommandée[22]. » Cette dernière phrase montre le changement de projet du B.C.R.A., à la suite de la mort de son agent. N'ayant que fort peu de personnel disponible pour une tâche de cette importance, le service souhaitait maintenant que ce soient les F.T.P. qui envoient un officier de liaison et un radio, qui seraient formés à Londres aux procédures britanniques avant de retourner en France.

Jean Moulin fit une enquête auprès des mouvements afin d'obtenir une liaison avec Georges Marrane, représentant du P.C. en zone libre. Finalement, il l'obtint par Combat qui, depuis longtemps, était en relation avec lui, puisque Frenay comme d'Astier avaient entamé personnellement des pourparlers avec les communistes. Le chef de Combat a expliqué lui-même ce que furent ces relations : *« Nous avons à plusieurs reprises, réussi à obtenir un contact par la tête avec le parti communiste. Nous sommes en effet entrés en relations avec un membre du Comité Exécutif* [Marrane]. *Notre intention était d'aboutir à une entente sur le plan para-militaire, non par la fusion des groupes, mais par l'élaboration d'un programme d'action commun suivi d'une répartition des tâches. Nous espérions également pouvoir mener sur le plan politique des conversations qui auraient permis de nous donner des garanties quant au maintien de l'ordre dans l'après-guerre*[23]. »

Bien que ces contacts n'aient pas été suivis d'effets dans l'immédiat, Frenay, par la suite, se loua de leur qualité : « *La résistance considère les communistes comme des alliés, comme des camarades de combat. Son attitude vis-à-vis d'eux est celle d'une Nation unie vis-à-vis de l'U.R.S.S.*

« [...] *En entrant en relation avec les communistes, la résistance s'est fixé deux buts : le premier est d'unir tous ceux qui dans la guerre font front à l'ennemi commun, le second est de tenter de rendre impossible aux communistes tout essai de révolution à leur profit.*

« *Nous avons réussi sur le premier point à établir avec eux une collaboration étroite qui portera ses fruits prochainement. Sur le second nous avons réussi à leur faire reconnaître le général de Gaulle comme le chef du Gouvernement provisoire de demain.*

« *Cette reconnaissance par eux du général de Gaulle est lourde de conséquences heureuses. Il leur sera impossible aux yeux de leurs troupes de se dresser contre lui au lendemain des hostilités, c'est-à-dire à l'époque où précisément ils auraient le plus de chance de réussir un putsch ; il n'en serait pas de même si le général Giraud prenait la direction du Gouvernement français. Ceci demande à être médité.*

« [...] *Il faut souligner enfin les relations très cordiales qui existent entre les communistes et nous*[24]. »

Jean Moulin, ayant enfin rencontré Marrane, répondit trois semaines plus tard à la demande du B.C.R.A. : « *Objet envoi d'un mandataire communiste Londres — Ai possibilités contact avec dirigeants com. Z.N.O.* [zone non occupée], *mais siège Action étant Z.O.* [zone occupée], *compte profiter mon séjour Z.O. pour faire proposition*[25]. » On sait que Jean Moulin avait en effet prévu depuis plusieurs semaines d'effectuer un court séjour en zone occupée.

Résultats du séjour à Paris de Jean Moulin

On connaît les contacts de Moulin durant son séjour à Paris, du 2 au 19 juillet, grâce à trois télégrammes qu'il adressa à Londres, dès son retour en zone libre, le 22 juillet 1942[26].

« *Compte rendu voyage Z.O. nombreux contacts pris ou repris.*

« *1) pour constitution groupe para*[militaire] — *organisation touche dès à présent 7 départements et Paris.*

« *2) Avec parti Communiste a/s* [au sujet] *mission m'avez confiée — Aurai réponse prochaine — Vous demande ne pas agir ailleurs pour ne pas gêner mon action — à suivre.* »

Cette dernière phrase fait allusion aux multiples sollicitations des émissaires sans mandat dont étaient assaillis les responsables ou les personnalités. Le destinataire ne pouvait qu'être inquiété par la multiplicité de ces contacts parallèles qui discréditaient celui qui était seul mandaté pour les établir, tout autant que la France Libre au nom de laquelle ils prétendaient exécuter ces démarches. En outre, la réponse de Moulin illustre bien les obstacles qu'offrait la clandestinité quand on cherchait à rétablir une liaison perdue : en deux mois il n'y était pas parvenu.

« Suite du 44 du 22 juillet

« 3) Avec Service secret russe.

« 4) Avec Grand Conseil Maçonnique reconstitué.

« 5) Avec personnalités politiques administratives et policières.

« 6) Pour tous ces contacts ai mis agents personnels en place et organisé liaisons régulières ZO-ZNO. »

« Suite du 45 du 22/7/42 — Compte mettre mon réseau de renseignements Z.O. disposition Francis [Pineau] *si êtes d'accord — Malgré défaite anglaise et terreur nazi, grandes possibilités Z.O. mais découragement gagnerait si action sérieuse pas poussée par FFL — Regrette beaucoup Minos* [Passy] *soit abstenu raison sécurité*[27]*. »*

Ces télégrammes de Moulin réclament quelques explications.

Il rend compte, d'abord, du projet qui avait été débattu à Londres avec lui, à l'automne 1941, de tenter de constituer directement des groupes paramilitaires en zone occupée. Il l'avait rappelé dans un rapport à Londres avant son départ pour Paris[28]. Cette information, confirmée par d'autres documents, réduit à rien l'accusation formulée par Passy et Frenay, reprise par des journalistes et même des historiens, selon laquelle Moulin avait établi ces contacts en zone occupée sans en avertir Londres. Accusation d'autant plus surprenante que de Gaulle lui-même, dans ses Mémoires, révèle, nous l'avons vu, que les directives qu'il donna à Moulin à l'automne 1941 incluaient la zone occupée dans sa mission[29].

Quant à la liaison avec les communistes (F.T.P.) et les « services secrets russes », contrairement à ce qui a été écrit, il les obtint séparément. Il établit sa liaison avec le parti communiste, non par l'intermédiaire des Soviétiques, mais par le représentant du parti à Lyon, qui lui avait indiqué la marche à suivre à Paris.

On découvre aussi que son voyage à Paris ne fut pas uniquement consacré au parti communiste ni aux « services russes », mais qu'il était, comme en novembre 1940 et en avril 1941, à la recherche de tous les éléments d'opposition aux Allemands qui pouvaient servir la Résistance métropolitaine et la France Libre. Il faut être ignorant des pratiques des agents de la France Libre ou des résistants métropolitains pour feindre de se scandaliser que telle ou telle personne (Frenay, Moulin, Pineau, etc.) ait eu un contact avec les Soviétiques, l'Action française, le 2e Bureau de Vichy, les cagoulards, etc., alors que, dans leur dénuement extrême, les résistants cherchaient tout ce qui pouvait, d'une manière ou d'une autre, servir la cause de la victoire. Que va-t-on inventer sur Jean Moulin quand on saura qu'il proposa d'envoyer à Londres, en juin 1943, Joseph Darnand, le chef de la Milice[30] ?

Dans le paragraphe 6, il avertit Londres qu'il a mis ses collaborateurs en place pour organiser des liaisons. À quoi cela correspondait-il ? On sait que Manhès était le représentant de Moulin en zone occupée. Il avait fait sa connaissance en 1936 et eut avec lui des relations espacées jusqu'à l'armistice, comme en témoignent quelques lettres de cette époque[31]. Il l'avait revu à Chartres lors de la retraite en juin 1940 et finalement le retrouva à Cagnes-sur-Mer en janvier 1941, où Manhès l'aida à obtenir un passeport sous une fausse identité (voir nos chapitres premier et deuxième). Comme il se rendait régulièrement en zone occupée, Moulin l'avait chargé de prospecter les possibilités de la résistance. Il l'avait mis également en relation avec le commissaire de police Charles Porte, de Chartres, ainsi qu'avec Pierre Meunier et Robert Chambeiron, que Manhès avait pris comme adjoints à Paris. C'est donc ces trois hommes qu'il avait chargés de ses contacts avec les organismes recensés, dont les communistes et les « services secrets russes ».

On remarque qu'à la fin de son télégramme du 22 juillet, Moulin évoque « Minos ». Il s'agit de Passy, dont une mission avait été prévue le 4 mai 1942, en zone occupée, afin de recenser les possibilités des F.T.P. sur le plan du renseignement. Moulin fut averti qu'il devait le rencontrer à Paris. Ignorant que la mission avait été annulée à la suite de la rupture des relations avec les F.T.P., il crut que le contact avec Passy n'avait pas été établi pour des raisons de sécurité. Le regret qu'il exprime de ne pas l'avoir vu tient à ce qu'il souhaitait lui rendre compte de l'ensemble de ses contacts et mettre en place avec lui des liaisons permanentes avec les organisations. Ses liaisons, comme toutes celles qu'il prit à cette époque, avaient toujours le même objectif : renforcer l'emprise de la France Libre sur les résistances métropolitaines.

Ces télégrammes sont la preuve que, non seulement tous les contacts de Moulin ne se firent pas à l'insu de la France Libre, mais qu'ils étaient officiels et entraient dans le cadre de sa mission. Autrement aurait-il souhaité que le chef des services secrets de la France Libre prît lui-même en main leur organisation et leur contrôle ?

Malgré ces évidences, les télégrammes envoyés par Jean Moulin le 22 juillet posent un certain nombre de questions aux historiens.

Tout d'abord, on ignore avec qui, parmi les communistes à Paris, Moulin a établi une liaison. Comme on l'a vu, le contact lui fut fourni par le représentant du parti en zone libre (à ce moment Georges Marrane). Il est regrettable que celui-ci soit mort sans avoir été interrogé sur ce point. À cet égard, les archives de guerre du parti (si elles existent) apporteront peut-être une réponse, car il est probable qu'une liaison à un tel niveau a été consignée et sans doute communiquée à Moscou.

Concernant les « services secrets russes », les mêmes questions se posent : grâce à qui Moulin a-t-il établi une liaison ? Sur ce point (bien que l'on manque de preuve formelle), une réponse semble plausible : ce serait par Maurice Panier. Lors de la découverte des télégrammes de Moulin, j'avais interrogé Pierre Meunier à ce sujet. Il m'avait répondu que ce contact avait été établi par Panier, que lui-même avait connu avant guerre au Rassemblement universel pour la paix (R.U.P.). La découverte (grâce aux papiers de l'agent Henri Robinson) du rôle de Panier dans le service de renseignement soviétique à cette époque rend la chose plus probable encore[32].

Si cette hypothèse se révèle exacte, d'autres questions surgissent : Moulin s'est-il contenté de l'assurance que lui aurait donnée Panier de le mettre en rapport avec les « services russes » ou bien a-t-il rencontré personnellement un représentant de ces services ? Dans ce cas, est-ce Robinson ou un autre agent ? Et si c'est Robinson, sous quel nom ? Si Moulin a effectivement rencontré l'agent soviétique, il n'y a rien d'anormal puisque rien ne s'opposait, dans le cadre de sa mission, à cette rencontre « officielle ». Il est fort probable que Moulin communiqua à Londres (comme il le faisait après chacun de ses contacts importants) le nom sous lequel son interlocuteur lui avait été présenté. On sait que ce compte rendu a fait l'objet de son courrier n° 7, qui n'est jamais parvenu au B.C.R.A. À cette époque, le courrier de Moulin transitait soit par le consulat britannique de

Barcelone, soit par l'ambassade britannique à Berne. En août 1942, le B.C.R.A. avertit Moulin de défauts de transmission et lui communiqua la liste des rapports manquants, lui enjoignant de prendre des sanctions si nécessaire [33]. Une copie de ce rapport se trouve peut-être dans les archives britanniques actuellement inconsultables. Si le contact a eu lieu entre les deux hommes, il a certainement fait l'objet d'un télégramme de Robinson à Moscou, symétrique à celui de Moulin à Londres. Dans ce cas, il existe des documents qui, un jour, permettront de faire toute la lumière sur cette rencontre et son objet : ceux conservés dans les véritables archives du G.R.U. (service de renseignement de l'Armée rouge) et du K.G.B. Lorsque ces archives seront ouvertes, on connaîtra vraisemblablement la personne qui établit le contact, la date exacte de la rencontre, ses participants, le contenu de l'entretien ainsi que les propositions faites par Moulin et, éventuellement, par Robinson. Par ailleurs, toujours dans l'hypothèse où leur rencontre eut lieu, il est douteux qu'elle se soit renouvelée. Mis à part les questions de sécurité, il faut rappeler que Moulin séjourna à Paris du 2 au 19 juillet 1942 et que, n'y étant pas venu depuis avril 1941, il n'y retournera qu'en avril 1943, plusieurs mois après l'arrestation de Robinson [34].

Rémy agit depuis Londres

Au moment où Moulin arriva à Paris, le 2 juillet 1942, le colonel Rémy, qui était à Londres, s'efforçait de reprendre contact avec « Joseph » et les F.T.P. par l'intermédiaire de Pierre Brossolette, qui se trouvait en mission en France à cette époque. C'est pourquoi Rémy, dans un rapport à Passy, écrit le 2 juillet : *« J'ai de bonnes raisons de penser que notre ami Hals* [Frantz Jourdain, un des collaborateurs de Rémy] *a le moyen de renouer le contact avec Joseph* [Beaufils] [...]. *J'ai donc remis ce matin au Commandant Manuel un projet de télégramme pour Pedro* [Brossolette] *afin qu'il nous fasse savoir si Hals est en mesure de faire tenir à Joseph le long télégramme que j'ai rédigé lundi qui se rapporte notamment à la venue à Londres du mandataire du parti communiste. Du fait que Hals se trouve en zone libre il est fort à craindre que cette opération ne puisse être montée dans le milieu du présent mois, vus les délais de transmission entre la zone libre et la zone occupée où se trouve Joseph* [35]. »

Par ailleurs, Rémy avait négocié avec Passy et le général Gubbins (du S.O.E.) l'opportunité et l'importance d'un envoi de matériel aux F.T.P. En effet, avant son départ, il avait fait des promesses et Londres avait été d'accord pour les honorer. C'est ainsi que, le 17 juillet, un télégramme avait été envoyé à Brossolette, à destination de Beaufils.

« 1) Heureux vous dire que nos amis acceptent.

« Primo : Vous changer totalité 10 350 livres [...] *pour un total rond de 3 000 000 de francs soit cours de faveur de 290 frs* [les communistes sous l'Occupation demandèrent, à plusieurs reprises, au B.C.R.A. de changer des livres sterling].

« Secundo : Vous faire envoi important de mitraillettes, pistolets, explosifs et grenades dépassant quantités que je vous avais annoncées.

« 2) Importance cet envoi nécessite opération par mer. Câblez-moi d'extrême urgence si disposez d'un bateau de pêche avec équipage d'extra confiance et

discrétion aux environs du 18 juillet. Câblez caractéristiques de ce bateau notamment voilure et coque.

« 3) Vous remettrons par cette opération vos fonds et votre matériel sous emballages pouvant être immergés sans inconvénient.

« 4) Nous comptons expressément sur venue indispensable représentant qualifié de votre Comité Exécutif dont il serait très désirable qu'il fût accompagné par votre meilleur opérateur radio dont ferions éducation ici pour atterrissages et parachutages en vue liaisons futures, tous deux viendraient ici dans notre bateau.

« Retour en France sous un mois.

« 5) Câblez accord sur tout ce qui précède après quoi vous câblerons tout détail pour la rencontre[36]*. »*

Quant à la création du réseau de renseignement commun, on en expliquait les principes d'organisation aux F.T.P. dans les directives qu'on leur expédiait : *« Ce courrier devra contenir également des instructions et questionnaires sur les renseignements que l'on désire demander à F.A.N.A. et prévoir l'envoi ultérieur, après accord d'un opérateur* [radio] *R* [renseignements} *et de plusieurs postes*[37]*. »*

Le B.C.R.A. et Rémy reçurent le 22 juillet le télégramme déjà cité de Moulin pendant qu'ils s'activaient pour renouer le contact avec les communistes par Brossolette. Très intéressé par ses contacts en zone occupée, le B.C.R.A. lui avait aussitôt répondu : *« Date extrême remise votre courrier peut être 25, je dis 25 je dis Z.O. en particulier communistes vous avez eu rapports — Marquer très urgent cette partie courrier car sera étudiée par priorité*[38]*. »* Trois jours après, le 25 juillet, Moulin répondit à cette demande : *« Pas encore réponse communistes*[39]*. »*

Mais Brossolette ayant réussi entre-temps à établir le contact avec eux, le B.C.R.A. expédia le câble suivant à Moulin : *« A/s* [Au sujet] *communistes. Ayant réussi reprendre contact perdu, inutile vous surcharger travail — Toutefois vous demandons ne pas rompre totalement contact en cas nouveau besoin et expliquer aux personnes contactées par vous raisons votre abstention — Donnez-moi leurs réactions*[40]*. »*

Après avoir averti Moulin, le B.C.R.A. organisa avec Rémy sa nouvelle liaison. Le commandant Manuel pouvait résumer ainsi, le 31 juillet, l'état de la question : *« En ce qui concerne Fana* [F.T.P.], *nous avons donné l'ordre à Jacquot* [Courtaud, chef des transmissions de la C.N.D., le réseau de Rémy] *de leur passer son poste* [un de ses postes], *ses codes, avec un nouveau chiffre secret. Ils auront ainsi une première indépendance que nous voulons compléter d'ici un mois en leur envoyant un radio de renseignement et un radio d'action, au courant des atterrissages et des parachutages, qui leur assureront leur indépendance totale.*

« Quoi qu'il en soit, peu d'espoir de voir venir un de leurs émissaires qualifiés, en raison de l'organisation particulière de la branche renseignement — action chez Fana dont Raucourt [Vallon] *vous a parlé. Notre ami R.* [Rémy], *au contraire, est persuadé qu'il lui suffira de rétablir le contact, d'apporter le témoignage de notre bonne volonté, par du matériel que nous acheminons la semaine prochaine et par l'argent, pour les décider à envoyer quelqu'un de responsable ici. Qui a raison*[41] *? »*

Cette tentative de liaison de Moulin avec le parti communiste n'eut pas de suite jusqu'en mars 1943, au moment de la constitution du Conseil de la Résistance à Paris. La liaison à partir de la zone libre était d'ailleurs presque vouée à l'échec, compte tenu des obstacles que les chefs du parti multipliaient autour d'eux pour protéger leur sécurité.

Colonel Rémy, F.T.P.,
Parti communiste français et Front national

Le retour de Rémy en France avait été prévu au mois d'août 1942. Comme souvent à cette époque, les intempéries ou les problèmes techniques en retardèrent l'exécution. Ce ne fut donc que le 14 octobre qu'il rentra à Paris et reprit lui-même les relations avec Beaufils et les F.T.P. Rémy avait été chargé par le B.C.R.A. de négocier avec eux l'envoi de deux de leurs militants à Londres. D'entrée, Beaufils lui expliqua que les communistes ne pouvaient pas envoyer à Londres les deux techniciens attendus. Mais, il lui réclama de l'argent pour aider les milliers d'ouvriers menacés d'un départ en Allemagne en vertu de la Relève. Rémy accepta aussitôt de lui verser cinq cent mille francs par semaine. Il préleva cette somme sur son propre budget, bien que Londres ne lui en eût pas donné l'autorisation.

Rémy fait le récit de cette affaire dans ses Mémoires : *« L'argent dont je dispose doit d'abord aller au réseau de renseignement et je n'ai pas le droit de risquer de compromettre le fonctionnement de celui-ci. Je suis bien sûr que le Général approuverait mon initiative, mais si notre ami Lecomte* [Verrière, trésorier du réseau de Rémy] *se trompait dans ses calculs ?*

« Il n'y a qu'un moyen d'en sortir : la chose ne peut être expliquée par courrier, encore moins par télégramme. Il faut aller à Londres. J'irai à Londres, mais je dis à Joseph [Beaufils] *que mes chances de succès seraient décuplées si un représentant qualifié du Comité Central du Parti Communiste Français m'accompagnait.*

« — C'est que nous avons très peu d'hommes ! me dit-il. Enfin, je ferai pour le mieux.

« Quelques jours après, il m'avise qu'un représentant du Comité Central me recevra à une adresse où je serai conduit par la jeune femme brune à qui j'ai remis le premier paquet d'un million.

« — Quand ?

« — Tout de suite. La voici.

« [...] *Nous causons longuement. Je lui expose qu'il est anormal à mon sens qu'un élément de la lutte contre l'ennemi commun, aussi important que l'est le Parti Communiste, ne soit pas encore représenté auprès du général de Gaulle.*

« [...] *Il faut, pour la préparation de l'insurrection, des sommes beaucoup plus considérables, que je suis hors d'état de verser, des crédits qui ne peuvent être consentis qu'une fois que le Général aura vu le mandataire des F.T.P. qui peut, d'ailleurs, être le même que celui du Parti Communiste*[42]. »

On constate que, durant ces négociations, la plus extrême confusion régnait dans l'esprit de Rémy à l'égard de ses interlocuteurs, ainsi que sur les conséquences politiques qui pouvaient en découler du fait qu'il s'adressait à l'un ou à l'autre. Il ne faut pas oublier que Rémy était un monarchiste d'extrême droite et, pour lui, avant la guerre, les communistes avaient tous un couteau entre les dents. Depuis qu'il était devenu chef de réseau de renseignement, il avait découvert au contraire que ses collaborateurs communistes étaient des gens sûrs, efficaces et bien souvent héroïques. Quant au sigle précis qui désignait l'une ou l'autre de leurs nombreuses organisations, il n'en avait cure, car pour lui elles renvoyaient toutes à la même chose : les communistes, c'est-à-dire une *terra incognita*, au demeurant sympathique. Si ces différences n'avaient aucune importance aux yeux de Rémy, il n'en allait pas de même pour les services de Londres. Comme on l'a vu, les Anglais et le B.C.R.A. avaient donné leur accord pour aider les F.T.P. et, après l'échec de la mission *Mec* [Georges Weil], ils comptaient sur l'arrivée de deux techniciens et d'un mandataire pour traiter l'ensemble des problèmes techniques : livraisons d'armes et organisation d'un réseau de renseignement. Londres (qui n'avait pratiquement plus de radios et d'officiers de parachutage disponibles) attendait impatiemment l'envoi de ces hommes. Or Rémy, dès son arrivée en France, leur télégraphia que les F.T.P. ne les enverraient pas.

À la suite de ses conversations avec Beaufils, Rémy envoya au B.C.R.A., le lendemain, 21 novembre 1942, un compte rendu de cette première entrevue qui mérite d'être cité en entier : *« Contrairement à ce que nous espérions, le voyage des deux délégués (Vicky)* [F.T.P.] *ne pourra se faire par la liaison sous rubrique.*

« Ceci ne signifie nullement que Vicky est hostile à ce voyage. Je suis au contraire autorisé à vous dire que l'entretien que j'ai eu avec le représentant de la section politique l'a convaincu de sa nécessité.

« Mais, étant donné les précautions sévères auxquelles sont astreints les dirigeants du Comité Central et la discipline exacte qui régit toutes leurs décisions, lesquelles ne sont prises que par voie de réunion de ce comité, les choses vont très lentement.

« L'on m'a dit hier, 20 Novembre, que ce n'est que sous huitaine que la décision définitive de Vicky pourrait m'être communiquée, en même temps que les noms des deux délégués.

« Il est possible que je sois mis lundi en possession d'une lettre du Comité adressée au Général, si toutefois le secrétariat seul qualifié pour la rédiger, a pu être joint à temps.

« Les termes de cette lettre m'ont été indiqués par avance.

« En s'excusant de ne pouvoir bénéficier de la liaison préparée, le comité affirmera au Général que, contrairement à ce qui a pu être dit, Massy [Beaufils], *s'il est exact qu'il appartienne à la section Franc-Tireur* [et Partisans], *est dûment validé par le Comité pour me voir ; que le Comité se félicite de l'atmosphère de parfaite confiance et d'absolue loyauté qui régit nos entretiens ; qu'il est désireux que des conversations aboutissant à des engagements précis aussi bien de sa part que de la nôtre aient lieu le plus tôt possible ; qu'il se rend compte de l'impossibilité de joindre le Général ailleurs qu'à Londres, mais que, de son côté, il ne dispose que de peu d'hommes qualifiés et qu'il doit peser attentivement les risques du voyage afin de prendre toutes dispositions utiles pour toute éventualité qui viendrait à se produire.*

« Les besoins de Vicky, pour son S.R. et ses Francs-Tireurs sont urgents. J'ai donc déjà versé 200 000 frs et je répéterai ce montant après demain[43]*. »*

Poursuivant ses contacts, Rémy avait à nouveau rencontré, le 25 novembre, Fernand Grenier, un délégué du parti communiste. Dès lors, il n'avait plus été question entre Grenier et lui de l'envoi des deux techniciens, mais d'une sorte d'accord réciproque. J'en extrais ici les paragraphes concernant les F.T.P. : *« Un représentant des FFC* [Rémy] *et un délégué du CCPCF* [Comité central du parti communiste français] *se sont rencontrés à Paris, le 25 Novembre 1942* [la date est corrigée à l'encre, on lit 28] *et, après avoir souligné la cordialité des rapports qui existent entre les FFC et le CCPCF, ils ont proclamé leur complète identité de vues sur les points suivants :*

« a) nécessité de renforcer l'action du peuple français contre les envahisseurs et contre les traîtres de Vichy ;

« b) rôle éminent joué, pour la libération de la Patrie, par les soldats des FFC en Afrique ainsi que par les Francs-Tireurs et Partisans en France ;

« c) les soldats des FFC en Afrique et les Francs-Tireurs et Partisans en France sont des camarades de combat ; les Francs-Tireurs et Partisans se considèrent comme l'avant-garde des FFC en France.

« [...] *j) cette insurrection nationale sera préparée en collaboration étroite entre le PCF et les FFC selon les accords qu'il appartiendra au Général de Gaulle et au Délégué du P.C.F. de prendre dès que les circonstances leur permettront de se rencontrer ;*

« k) d'ici que cette rencontre ait lieu ; le PCF assure le représentant des FFC de sa meilleure collaboration sur les plans qui seront définis par des accords spéciaux lesquels fixeront les conditions de l'aide réciproque que doivent se prêter les deux organisations pour mener à bien la lutte contre l'ennemi commun. Le représentant des FFC assure d'autre part le PCF en son nom et sous sa responsabilité personnelle, qu'il fera de son mieux pour aider les FTP à résoudre les divers problèmes qui se présentent devant eux dans l'organisation de la lutte commune contre l'ennemi ;

« l) l'intervention spontanée du représentant des FFC a déjà eu pour résultat de permettre aux Francs-Tireurs et Partisans de retenir en France des éléments précieux pour la guerre de libération... [44] »

Comme on le voit, les relations étaient excellentes entre les deux hommes, mais il faut noter que, si Grenier avait l'accord du P.C., la France Combattante ignorait tout de cette rencontre et n'avait nullement mandaté Rémy pour établir ce contact et encore moins pour s'engager par un protocole.

Quant aux termes mêmes de ce procès-verbal, ils sont défavorables à de Gaulle. On remarque, par exemple, la volonté du parti communiste de présenter les Francs-Tireurs et Partisans comme *« avant-garde des F.F.C. en France* [45] ». Ce n'était pas une prétention nouvelle, car, dès le mois d'août 1942, *France d'abord* (n° 7), le journal clandestin des F.T.P., se présentait comme *« l'organe de liaison et de combat des détachements de Francs-Tireurs et Partisans qui forment sur le sol de la patrie l'avant-garde de la France Combattante ».*

Or le P.C., « avant-garde du prolétariat », en nommant les F.T.P. l'« avant-garde de la France Combattante », faisait passer les F.T.P. au-dessus des autres mouvements qui pouvaient au même titre qu'eux revendiquer cet honneur et donnaient pour l'instant au combat patriotique la priorité sur la lutte des classes. À moins d'imaginer que le P.C. ait entendu par là renier sa propre doctrine, il est clair qu'en procédant de la sorte, il reconnaissait la nécessité pour lui de se doter de l'étiquette gaulliste s'il voulait atteindre son objectif immédiat : la libération. Comme tous les autres mouvements, les F.T.P. voulaient bénéficier du prestige grandissant de De Gaulle parmi les résistants de base, pour adjoindre à leurs militants tous les patriotes qui se ralliaient au Général. Certes, ce calcul politique était celui de tous les mouvements, mais ces derniers, loin d'arborer le drapeau de la France Combattante, se contentaient de se déclarer gaullistes pour attirer et contrôler les troupes recrutées en métropole grâce au prestige du Général.

Quant à la France Combattante, elle ignorait tout de l'existence de son « avant-garde » et croyait n'avoir établi qu'une liaison technique en vue de l'action et du renseignement, semblable à celles déjà en place avec les autres mouvements.

Le B.C.R.A. découvre les initiatives de Rémy

Le 29 novembre 1942, une opération ramena en Angleterre des passagers du réseau Rémy mais pas les deux techniciens, ni le mandataire F.T.P. attendus. Toutefois, le courrier RZ.51 de Rémy contenait son compte rendu sur son activité ainsi que le *« procès verbal* [que l'on vient de lire] *d'une entrevue qui a eu lieu le 25 novembre 1942 entre un représentant des Forces françaises combattantes* [Rémy] *et un délégué du Comité central du parti communiste français*[46] *»*.

On imagine la stupéfaction du B.C.R.A. en même temps que l'inquiétude des services politiques en lisant ce texte. Jamais, en effet, Rémy n'avait averti Londres qu'il menait une négociation politique avec le Parti communiste français et, encore moins, qu'il avait signé un accord sans avoir été mandaté par quiconque et sans prévenir personne.

Brossolette suivait de Londres les démarches de Rémy. Fin décembre, il coucha ses commentaires sur le papier : *« Rémy a été mis en contact avec les communistes au printemps dernier et il a eu raison d'entrer en propos avec eux. Mais comme c'est très fréquent chez les hommes qui manquent d'expérience politique, surtout s'ils sont personnellement de tendances extrémistes, il a eu tort de passer brutalement d'un anti-communisme farouche à une dévotion communiste sans réserve. Il a eu surtout tort de ne pas vouloir admettre que les communistes sont des négociateurs difficiles, qui sont assez experts à tirer le maximum de leurs interlocuteurs en leur donnant la plus faible contrepartie possible. Sachant au contraire la difficulté du problème communiste, nos instructions à Rémy avaient constamment été de se borner à les mettre en rapports directs avec les services français de Londres, d'abord pour la fourniture d'armes aux groupes d'action communistes et pour l'acheminement à Londres des renseignements susceptibles d'être recueillis par les communistes, ensuite et éventuellement, une fois la collaboration établie sur ces points pratiques, pour la subordination de l'action communiste à celle des F.F.C. en vue de la libération et si possible de la reconstruction nationale. En fait Rémy, tout à son zèle nouveau pour les communistes, et désireux de faire une affaire personnelle de la négociation avec les communistes, n'a cessé depuis dix mois de vouloir traiter personnellement, et de tout, avec eux. Il a fallu beaucoup de vigilance pour lui faire comprendre que, pendant longtemps, il n'a parlé qu'à un représentant des groupes d'action communiste alors qu'il croyait parler avec un délégué du parti tout entier. Et il a ainsi multiplié les promesses à un interlocuteur qui n'était pas à même de fournir de contrepartie. Les risques auxquels il nous a exposés de ce fait ont été grands : suspicion des services britanniques qui nous ont demandé quelle assurance nous pouvions avoir sur l'emploi des armes requises d'eux ; ressentiment des communistes eux-mêmes à qui l'on avait fait des promesses matériellement difficiles à tenir. A poursuivre dans cette voie on risquait la rupture avec les communistes. C'est ce que nous avons voulu éviter en leur adressant directement, par câble, des demandes précises. La situation a pu être ainsi redressée. Mais il n'est pas douteux que l'on ne peut permettre à Rémy de s'abandonner à nouveau à ses improvisations dangereuses en une matière aussi délicate*[47]. »

Étant donné l'opinion de Brossolette sur les activités politiques de Rémy, on comprend que Passy ait immédiatement réagi en expédiant plusieurs messages par lesquels il cherchait à reprendre la situation en main.

Le B.C.R.A. voulait en outre faire comprendre à Rémy de s'en tenir aux ordres : *« Réglerons avec deux Vicky* [F.T.P.] *attendus toutes questions financières notamment financement de leur S.R. — Vous rappelons une fois de plus que n'êtes autorisé à prendre aucun engagement financier ou même faire aucune promesse ou demi-promesse à cet égard avant nous avoir consultés.*

« Prendre garde au point de vue politique — Ne pas vous mettre en présence sans cesse propositions Vicky que ne pouvons pas satisfaire surtout puisque Vicky n'a pas encore envoyé délégué pour accord politique.

« Dans l'état actuel, veuillez vous limiter à votre mission qui est primo favoriser acheminement renseignements fournis par Vicky. Secundo : prévoir utilisation groupes francs Vicky pour action en France[48]. »

Le 5 décembre, nouveau rappel à l'ordre : *« N'admettons pas que fassiez avance sans notre accord*[49]. »

Puis le B.C.R.A. revint à la charge pour obtenir l'arrivée des deux F.T.P. et adressa directement un télégramme que Rémy était chargé de remettre aux F.T.P. : *« Pour Vicky* [F.T.P.] *— Ajournement voyage vos deux délégués annoncés par Richard* [Rémy] *provoque ici quelques difficultés — Nos amis* [services britanniques] *ne consentiront pas à poursuivre fournitures armes si rapports ne sont pas mieux établis. Dans ce but il faudrait :*

« Nous envoyer sans retard les deux délégués annoncés[50]. »

« Nous envoyer aussi spécialiste susceptible après étude ici vous rejoindre en France pour organiser vos transmissions directes avec nous et liaisons aériennes.

« Discuterons ici avec vos délégués plan général d'action ainsi que du matériel important que pourrions alors vous fournir — Toutes questions financières seront également réglées avec eux[51]. »

On remarquera que, dans la dernière phrase du message adressé directement aux F.T.P., il n'est à aucun moment question de la venue d'un délégué du parti, même s'il a été indiqué directement à Rémy qu'il ne devait avoir aucune initiative puisque aucun *« délégué pour accord »* politique n'était venu.

Le 8 décembre, le B.C.R.A., sans nouvelle de l'évolution des contacts avec les F.T.P., confirmait à Rémy : *« Somme est bien 1000 $ Vicky* [F.T.P.] *Nécessité d'envoyer sans retard 2 délégués et spécialistes transmissions et liaisons aériennes*[52]. »

11 janvier 1943 : coup de théâtre politique

Or, Rémy, dans ses télégrammes, n'avait toujours rien révélé sur les négociations qu'il poursuivait avec Grenier. Simplement, il annonça au B.C.R.A., le 8 décembre (pure coïncidence) : *« Demande venir par Emmanuel* [nom de l'opération maritime] *régler problèmes en suspens. »* Le B.C.R.A. ne comprit rien à ce brusque changement de programme car il n'avait jamais été question du retour de Rémy, d'autant qu'il était le chef du plus important réseau de renseignement de la France Libre et qu'il commettait sans explication une sorte d'abandon de poste. Aussi, le 8, le B.C.R.A. répondit : *« Aucune nécessité votre venue ici par Emmanuel. Votre mission était et demeure clairement définie. Nos câbles vous l'ont rappelé et vous aurez par Emmanuel instructions précises*[53]. » Mais Rémy, qui était certain d'avoir accompli un coup de maître avec sa rencontre avec Grenier, se rebiffa et répondit le 11 : *« Mon voyage par Emmanuel commandé par situation dont portée et responsabilité dépassant de beaucoup la compétence du mandataire le plus qualifié. Obligé passer outre votre opinion*[54]. »

Passy, devant cette insubordination dont il ne comprenait pas la cause, même s'il pressentait que Rémy était en train d'outrepasser le cadre de sa mission, intervint personnellement afin de le faire obéir : *« De Passy personnel « Vous connaissez mes instructions, je vous demande de les appliquer. Je vous ai toujours fait confiance et désirerais pouvoir continuer à m'appuyer sur vous pour exécuter les décisions que je suis amené à vous communiquer suivant les ordres du Général de Gaulle. — Je n'ai évidemment aucun moyen matériel de vous empêcher de contrevenir à mes instructions en venant ici par Emmanuel mais considérerais votre décision comme un acte caractérisé d'indiscipline*[55]. »

Rémy, conscient du caractère inouï du résultat de ses négociations, ne se laissa pas impressionner et répondit à Passy, le 16 : *« A P* [Passy] *personnel réponse votre 29B. Il s'agit d'abord de servir. Je maintiens ma décision*[56]. » À quoi Passy répliquait deux jours plus tard (le 18) : *« Vous rappelle les termes de mon télégramme numéro vingt-neuf en cas désobéissance de votre part, j'en tirerai toutes conséquences*[57]. »

Pénétré de la certitude d'accomplir un acte historique, Rémy n'avait cure de cette menace et câbla, le 23 : *« Opération Emmanuel 29 et 30.12.42 départ délégué Vicky* [F.T.P.] *et moi-même*[58]. » Mais ce n'est que le 30 que Rémy dévoila ses batteries, d'une manière assez théâtrale, en adressant un télégramme personnel : *« Au Colonel Passy. — Vous informe délégué Vicky vient à titre définitif. Vu importance mandat au point de vue politique et militaire permettons insister pour que Général attende arrivée avant de partir pour Washington. Indispensable que vienne pour mesures à prendre. Suis certain votre approbation*[59]. »

Le colonel Passy n'eut pas longtemps à attendre pour découvrir ce qui motivait le ton pressant et mystérieux de ce message. L'opération ayant été remise de quelques jours, c'est le 11 janvier 1943 que Rémy, accompagné de Fernand Grenier, député communiste de Saint-Denis et délégué du comité central du Parti communiste français, arrivait en Grande-Bretagne pour apporter *« au général de Gaulle et au Comité national français l'adhésion des dizaines de milliers des nôtres* [...] *qui mènent chaque jour au péril de leur vie la lutte implacable contre l'envahisseur hitlérien détesté*[60] ».

Après sa réception par de Gaulle, Grenier télégraphia, le 14, à *« Joseph* [Beaufils] *pour le Comité central du parti communiste : Ai vu Général de Gaulle et Philip. stop. Enchantés mon adhésion et assureront publicité*[61] ».

Cette opération eut donc l'effet de surprise et les conséquences incalculables que Rémy avait escomptés. Mais le colonel Passy maintint sa décision : Rémy ne retourna jamais en mission en France.

Dans la période d'isolement terrible que traversait la France Combattante, le voyage d'une personnalité telle que Grenier et l'adhésion officielle du parti communiste renforçaient considérablement le prestige national et international du général de Gaulle, même s'il présentait l'inconvénient d'accentuer la méfiance des Alliés anglo-saxons et les craintes que l'on nourrissait en Afrique du Nord. Mais de Gaulle n'en avait cure car il pensait pouvoir exercer un certain contrôle sur l'orientation de la lutte engagée par le parti communiste contre l'envahisseur. C'est bien ainsi qu'il l'envisageait quand il écrivait, le 10 février 1943, aux membres du Comité central : « *L'adhésion du parti communiste au Comité national qu'il m'a apportée en votre nom, la mise à ma disposition, en tant que commandant en chef des Forces Françaises Combattantes, des vaillantes formations de Francs-Tireurs que vous avez constituées et animées...* [62]. »

Si j'ai retracé minutieusement les péripéties des liaisons entre la France Libre et les communistes, c'est pour montrer le rôle qu'y jouèrent les aléas, les improvisations et le hasard, comme cela se passa dans toutes les actions de la Résistance. En janvier 1943, la France Combattante qui, quelques mois auparavant, avait entrepris d'aider l'organisation militaire des F.T.P. se retrouvait, sans l'avoir demandé ni prévu, alliée du parti communiste qui faisait sa rentrée officielle dans la Résistance gaulliste à l'initiative d'un monarchiste d'extrême droite !

Cette adhésion (qui sera fort peu appréciée par Churchill) arrivait, en fait, à point. La crise qui opposait le général de Gaulle à Giraud, Churchill et Roosevelt battait son plein. Conscient qu'il lui faudrait au plus tôt rassembler autour de lui les représentants des anciens partis, il accepta cette adhésion sans difficulté[63]. Quelque temps plus tard, Churchill tira la conclusion de cette alliance à ses yeux contre nature : « *Il* [de Gaulle] *a maintenant fait alliance avec le mouvement communiste de France, alors qu'il prétend être le seul rempart contre ce mouvement*[64]. »

XI

ÉCHEC À DE GAULLE

11 janvier-14 février 1943

Si l'adhésion du parti communiste eut un effet sur les Alliés, elle en eut un plus durable encore sur l'avenir de la France Combattante. Brossolette, qui s'apprêtait à partir en mission en zone nord, était concerné au premier chef. Il s'agissait, en effet, pour lui d'inventorier les forces de la zone occupée afin de préparer une organisation analogue à celle que Moulin avait constituée en zone sud. L'arrivée du parti communiste dans la France Combattante remettait-elle en cause les structures prévues ?

La France Combattante et le retour des partis

L'arrivée de Fernand Grenier à Londres le 11 janvier 1943 provoqua des développements plus considérables encore que Rémy ne l'avait imaginé puisque le parti communiste, après avoir tant attaqué de Gaulle, faisait amende honorable. Ce coup de théâtre sans précédent annonçait la réintégration officielle du parti dans la vie politique nationale dont son adhésion au Pacte germano-soviétique en 1939 et sa politique de paix à tout prix l'avaient exclu.

Pour évaluer l'effet de ce séisme, aucun témoin n'était mieux placé que Jean-Louis Crémieux-Brilhac, installé, à l'époque, au carrefour de la propagande : *« Non seulement de Gaulle accepte cette adhésion sans difficulté, mais on la célèbre aussitôt à son de trompes. Le renfort est capital dans la compétition qui s'engage avec Giraud. Il s'offre au moment où l'Armée Rouge achève de triompher des Allemands à Stalingrad, ce qui soulève une vague d'enthousiasme prosoviétique en Angleterre comme en France. L'opinion dominante, à Carlton Gardens, est que "les communistes ont changé" ; on ne croit pas, à cette date, à un danger communiste. Grenier apparaît comme l'incarnation de la classe ouvrière combattante ; il a affronté et battu aux élections le fasciste Jacques Doriot à Saint-Denis à l'époque du Front populaire ; il a été le compagnon de captivité des martyrs de Châteaubriant avant de s'évader de leur camp en juillet 1941 ; il a été traqué dix-huit mois par les polices allemande et française. Sa solidité d'ouvrier autodidacte, son parler populaire sans vulgarité, son activisme patriotique lui valent toutes les sympathies. Nul ne se souvient — ou nul ne rappelle — qu'à la rentrée de la Chambre de janvier 1940, il a été l'un des quatre députés qui ont refusé, au scandale unanime, de se lever pour rendre hommage aux armées françaises mobilisées. Nul non plus ne se formalise ou ne s'inquiète de l'entendre dire, à la première séance du Comité exécutif de propagande à laquelle il assiste, le 15 janvier 1943 : "Nous avons décidé de faire un bout de chemin ensemble." Le porte-parole du général de Gaulle salue son arrivée comme l'aube d'"un lumineux avenir de fraternité nationale". Grenier, de son côté, dans son premier appel sur les ondes de la B.B.C., salue de Gaulle comme celui "qui eut le mérite de ne pas désespérer alors que tout croulait" :*

« "Nulle équivoque n'existe : on est avec Vichy ou avec la France qui résiste et qui combat."

« Grenier, apparemment insensible aux craintes de boulangisme qu'agite le groupe Jean-Jaurès, s'en tient à une devise — "Union, solidarité, souveraineté nationale". À la différence de Félix Gouin, il est aussitôt adopté, promu conseiller au commissariat à l'Intérieur, pourvu d'un bureau avec secrétaire à Hill Street, admis comme destinataire d'une fraction sélectionnée, mais non négligeable, des documents politiques arrivant de France.

« Incontestablement, l'adhésion du parti communiste est un fait politique majeur[1]*. »*

Fort de cette initiative, le héros du jour au B.C.R.A. fut le colonel Rémy, dont Brossolette, quelque temps auparavant, dénonçait la nullité politique : *« Avec lui on se sent toujours à la lisière du mensonge, du bluff ou du simple illusionnisme*[2]*. »*

Or, ce prétendu incapable avait réussi *« l'énorme opération politique »* que Brossolette avait programmée... et ratée avec Vallin. Pouvait-il subir pire humiliation ? À l'erreur de jugement sur l'agent vedette du service, cet événement ajoutait un démenti cruel à ses propres thèses politiques. Il importait donc, pour le prestige de l'adjoint de Passy, que la réussite de sa mission fût au moins aussi éclatante que celle de l'agent sur lequel il avait exprimé de si brutales réserves. D'autant plus que, quatre jours après, le hasard voulut que Pineau, Boyer et Boris Fourcaud arrivent à Londres, porteurs de leur projet d'un Conseil de la Résistance imposé selon eux par la résurrection des partis, dont l'arrivée de Grenier était la preuve vivante.

C'est bien Jean Moulin qui, le 14 décembre 1942, avait proposé officiellement à de Gaulle de créer un Conseil de la Résistance, mais ce furent ces trois agents qui, les premiers, le 15 janvier 1943, exposèrent de vive voix ce projet au Général. En effet, l'échec de l'opération aérienne organisée pour son départ avait empêché Moulin de quitter la France en janvier comme il en avait l'intention. Par ailleurs, son rapport du 14 décembre, parti sur un autre avion à cause des intempéries, ne fut reçu à Londres que le 28 janvier 1943.

Ces contretemps qu'il faut connaître pour comprendre l'évolution politique du Général et ses conséquences, ont été racontés par Brossolette lui-même, qui en fut le témoin : *« Dans les premières semaines de janvier cependant, un certain nombre d'éléments nouveaux étaient venus grossir notre dossier. Par le réseau* [Boyer-B. Fourcaud] *qui avait été naguère en contact avec notre ami Gouin, l'avis nous a été donné que les partis se reconstituaient en France à un rythme plus vif, notamment le parti socialiste et le parti radical. Le conseil nous a été donné de ne pas les négliger et de ne pas nous appuyer trop exclusivement sur les mouvements de résistance. Ceux-ci, précisément, nous a-t-on dit, ont commis quelques maladresses : tel article paraissant inviter à la constitution d'un "Parti Unique" aurait ému l'opinion et levé certaines hésitations qui subsistaient encore devant la tendance des partis à se reconstituer. C'est ainsi que Léon Blum, en particulier, sans abandonner sa position favorable à un rassemblement national derrière le Général de Gaulle, est, au mois de novembre partisan non seulement de la reconstitution du parti socialiste, mais encore de la reconstitution des principaux partis parlementaires situés plus à droite : radicaux, socialistes, démocrates populaires et U.R.D. Une opinion analogue nous a été apportée par Francis* [Pineau], *qui en a conclu à l'opportunité de constituer une sorte de Comité politique national* [Conseil de la Résistance], *se superposant aux Comités de coordination de la résistance proprement dite et établissant une sorte de lien organique entre la France Combattante et les anciens partis en voie de reconstitution plus ou moins avancée.*

« L'arrivée de notre ami Grenier comme délégué du Comité Central du Parti Communiste, et le loisir qui lui a été donné de parler à ce titre dans "Honneur, Patrie", dérogeant ainsi à une règle qui avait été jusqu'alors appliquée, ont agi dans un sens analogue. Vous vous souvenez que le petit groupe des socialistes de la France Combattante se sont alors décidés à se considérer publiquement comme délégués de leur parti en France et qu'ils ont demandé que Gouin pût, comme Grenier, parler au micro au nom de son parti. Maroselli a, depuis, fait état, dans les mêmes conditions, de sa qualité de radical-socialiste.

« La réaction sur les comités politiques français a été analogue. Puisque le parti communiste était considéré en tant que parti, tous les partis français, qu'ils aient regroupé des cadres assez étoffés, comme le parti socialiste, ou qu'ils n'aient rien regroupé du tout, comme les autres, ont aussitôt réclamé un droit de cité égal dans la France Combattante.

« Ce sont ces circonstances qui vous avaient amené, avant mon départ pour la France, à vous rallier à l'idée d'un "Comité Politique" national, distinct des Comités de coordination de la résistance, et groupant, au-dessus d'eux, des représentants des cinq anciens partis qui, en même temps qu'ils acceptaient la France Combattante, pouvaient être réputés les plus représentatifs de l'ancienne France politique[3]*. »*

Pour Brossolette, contempteur des partis contre lesquels il faisait campagne depuis trois mois, ce fut une révision déchirante. On imagine les discussions passionnées entre Bingen, Boyer, Fourcaud, Morandat, Passy, Pineau et Philip provoquées par ces initiatives. En effet, si on pouvait douter de la validité des analyses de Pineau et de ses amis, comment nier que le ralliement de Grenier n'était pas celui d'un simple député communiste, mais l'allégeance officielle du P.C.F. à de Gaulle ? Or, pour la crédibilité même de la France Combattante, il était impossible de vanter ce ralliement, tout en expliquant simultanément que le parti communiste ne représentait plus rien. Dans la mesure où cette adhésion de grand poids renforçait la position internationale de De Gaulle, il fallait affirmer également que Vallin, Gouin et Philip représentaient eux aussi des partis bien vivants : le Progrès social français et le parti socialiste. Qu'on le veuille ou non, une dialectique de la légitimité démocratique était en route. Dans l'isolement de la France Combattante, il aurait été suicidaire de s'y opposer. La conversion de Brossolette, le 17 janvier 1943, en fournit la preuve : trois mois seulement après son article incendiaire contre les partis paru dans *La Marseillaise*, il démontrait, toujours dans le même hebdomadaire, leur importance..., à condition toutefois qu'ils se débarrassent de leurs scories.

« *Par l'arrivée d'André Philip et de Félix Gouin, représentant le Comité d'action socialiste français, par le ralliement de Charles Vallin, porte-parole de la quasi-totalité du Parti social français, par le mandat aujourd'hui donné par le Parti communiste à Fernand Grenier, les trois organisations de masses qui se sont maintenues ou reconstituées en France se sont ouvertement rangées dans la France combattante.*

« *Les hommes les plus estimés des anciens groupes parlementaires — radicaux-socialistes d'Edouard Herriot, républicains nationaux de Louis Marin, démocrates populaires de Champetier de Ribes — n'ont pas moins explicitement affirmé, par des gestes publics ou des textes connus, leur attachement absolu à la France combattante*[4]. »

Après cette profession de foi, qui aurait pu apparaître à de naïfs lecteurs en contradiction avec le réquisitoire de l'automne, Brossolette le justifiait *a posteriori*, comme l'explique son biographe : « [...] *Lorsqu'il avait écrit, au mois de septembre précédent, que les "partis politiques n'exist(ai)ent plus en France que comme des 'familles' politiques ou sociales", il voulait ainsi très précisément dire "qu'ils ne s'oppos(ai)ent plus par des haines partisanes ou par l'esprit de parti même, qu'ils parl(ai)ent tous à peu près le même langage, et que dans la fraternité de la lutte poignante soutenue en commun, chacun (des combattants) se sent(ait) aussi proche de n'importe quel combattant d'un autre parti* [...][5]". »

Brossolette expliquait que les engagements partisans n'avaient nullement disparu, seulement le sectarisme de cet engagement : « [...] *Peut-être des esprits soupçonneux prétendront-ils encore que nous voulons pour notre pays le régime du parti unique, exclusif de la critique et de la libre discussion. Quelle absurdité*[6] *!*

« [...] *S'il est des partis qui sont morts, qu'ils ne se réveillent pas ! S'il en est qui agonisent, qu'on ne leur insuffle pas d'oxygène ! S'il en est qui subsistent ou qui se soient reconstitués, qu'ils demeurent raisonnables et fraternels, qu'ils apparaissent moins comme des formations de combat que comme de grands courants au sein d'un vaste mouvement de réveil national.*

« [...] *Voilà ce que permet d'espérer, après tant d'autres arrivées, l'arrivée de Fernand Grenier.*

« *Par elle, l'union de la France qui combat se parachève*[7]. »

Bien que le jugement revienne de loin, il ne manifestait nullement un enthousiasme de commande chez Brossolette qui confirmait ses nouvelles thèses dans une lettre confiée à Pierre Bloch pour être lue devant les membres du groupe Jean-Jaurès, qu'il avait fort malmené : « *Je ne crois pas être en état d'aller à la prochaine réunion du groupe, mais, comme j'ai été mis en cause, veux-tu m'y représenter ? Je t'en serais reconnaissant.*

« *Sur le point Vallin, je* [te] *prie de remarquer que les "filets" du* Popu *n'ont rien de très combatif. S'agissant d'un adversaire politique, je les aurais rédigés moi-même presque sur ce mode si j'avais eu à en écrire sur le* Popu. *Par ailleurs nous avons eu énormément de lettres de France depuis trois mois : aucune ne nous a reproché la venue de Vallin. Alors ?*

« *Sur la politique générale, je m'associe naturellement à toute motion France Combattante.*

« *Sur la reconstitution du Parti* [socialiste], *tu sais qu'avec Auriol et plusieurs autres, je me demandais si le mieux ne serait pas de s'en tenir aux reconstitutions locales déjà en cours sans viser à une reconstitution nationale et à une reconnaissance comme telle. Mais je dois constater que le parti communiste s'est présenté en tant que parti et que cela va inciter tous les partis à en faire autant. C'est en particulier à cause de ce fait que Léon Blum a pris position en novembre, pour la reconstitution du parti et des partis. Bien entendu je ne peux que le suivre, d'autant qu'il est sur place. Etc.*[8]. »

Le Front national, mouvement ou parti ?

Ainsi (en apparence), en ce mois de janvier 1943, la situation politique semblait clairement définie : le parti communiste adhérait à la France Combattante et plaçait son groupement paramilitaire, les Francs-Tireurs et Partisans, sous le commandement du général de Gaulle. Réciproquement, le B.C.R.A. leur livrait du matériel et des armes et organisait avec eux, nous l'avons vu, un réseau de renseignement, dont le nom de code était « Fana ». Cette apparente simplicité des relations entre les deux parties masquait en réalité une manœuvre complexe qui allait prendre une extrême importance dans les semaines suivantes et avoir des conséquences, lointaines mais décisives, à la Libération.

L'intervention d'un troisième acteur allait, en effet, brouiller les cartes. Contrairement à ce que croyaient le Général et le B.C.R.A., les deux organismes avec lesquels ils avaient traité (P.C. et F.T.P.) en cachaient un troisième : le Front national. Au moment de partir pour Londres en janvier 1943, Rémy avait été *« avisé que le Comité Directeur du Front National désirait* [le] *voir à bref délai pour* [lui] *remettre son adhésion formelle à la France Combattante*[9] *»*. Mais la rencontre n'eut pas lieu, faute de temps.

Jusqu'à cette date, personne, à Londres, n'avait prêté attention à ce groupement apparemment sans troupe qui avait été sévèrement condamné par d'Astier, Frenay et Moulin quelques mois plus tôt[10]. Aussi le colonel Rémy précisa, dans une note de service, ce qu'il connaissait des liens entre ces trois organismes. Depuis quelque temps (hiver 1942), il était en contact avec le F.N. et, de sa propre initiative, lui avait versé cent mille francs par mois pour assister les familles éprouvées par la Gestapo : *« L'objet du "Front National"*, écrivait-il, *est de grouper tous les éléments de résistance en France, sans distinction de partis ni de croyances.*

« Le "Front National" a surtout agi jusqu'ici dans les milieux intellectuels.

« Le Parti Communiste s'est rallié au "Front National". Il y occupe une place prépondérante.

« Les "F.T.P.", éléments de choc, font également partie du "Front National".

« Le Comité Directeur du Front National est actuellement en cours de reconstitution[11]. »

Autrement dit, Rémy croyait que le Front national était un mouvement de résistance indépendant auquel s'était rallié le P.C. et dont les F.T.P. formaient les troupes de choc.

La réalité était tout autre. À l'époque où l'amiral Darlan conduisait une politique de collaboration avec les Allemands, il avait semblé aux communistes que la France risquait d'être entraînée dans la guerre aux côtés de l'Allemagne. C'est pour s'opposer à cette politique et prêcher la neutralité, tant à l'égard des Allemands que des Anglais, que le parti communiste avait créé, à la mi-mai 1941, le « Front national de l'indépendance de la France ». Il faisait appel à tous les hommes de bonne volonté, à quelque tendance politique qu'ils appartiennent, pour lutter en faveur de la neutralité de la France : *« L'équipe Pétain-Darlan fait prendre ouvertement à notre malheureux pays figure de nation belligérante, or on sait ce que cela va représenter pour ses populations.*

« La France étant ainsi jetée à nouveau dans la guerre, nos villes, nos usines, nos campagnes vont être livrées aux bombardements de l'aviation, et le peuple paiera, une fois de plus, de son sang et de ses larmes, la criminelle politique de gouvernants indignes et traîtres à la nation.

« […] *Le Parti communiste français, convaincu que la France recouvrera demain son indépendance grâce à l'union de tous les peuples, lance un vibrant appel à TOUS CEUX QUI PENSENT FRANÇAIS ET VEULENT AGIR EN FRANÇAIS ; il tend une main fraternelle à tous les Français quels qu'ils soient, qui, ne voyant que les malheurs et l'intérêt du pays, veulent s'unir pour mettre fin à l'oppression nationale qui rend irrespirable l'air de notre France que nous aimons.*

« Le Parti communiste est qualifié pour prendre la tête du rassemblement de tous les Français sous le drapeau de l'indépendance du pays, et, ce faisant, il est fidèle à sa politique de toujours.

« […] *Certains Français et certaines Françaises qui souffrent de voir notre pays opprimé par l'envahisseur placent à tort leurs espérances dans le mouvement de Gaulle ; à ces compatriotes nous disons que ce n'est pas derrière un tel mouvement d'inspiration RÉACTIONNAIRE ET COLONIALISTE à l'image de l'impérialisme britannique, que peut se réaliser l'unité de la nation française pour la libération nationale*[12]. »

Un mois plus tard, le 22 juin 1941, à la suite de l'attaque allemande contre la Russie, le Front national changea d'objectif tout en conservant le même nom : *« Le peuple de France comprend la nécessité de s'unir contre l'envahisseur hitlérien et, désormais, communistes et gaullistes, athées et croyants, ouvriers et paysans, intellectuels et gens de toutes conditions décidés à libérer la France, ont pour devoir de lutter côte à côte. Voilà ce que doivent comprendre les militants communistes qui, partout, aussi bien à l'usine que dans les villes et les villages, doivent tout mettre en œuvre pour constituer des comités du Front national pour l'indépendance de la France*[13]. »

Cependant, à l'automne 1941, pour de multiples raisons, il fut mis en veilleuse. À tel point qu'un an plus tard, à l'automne 1942, il ne possédait même pas de comité directeur[14]. Cependant, la nouvelle orientation politique du P.C., au cours de l'année 1942 (et surtout à partir du débarquement en Afrique du Nord), conduisit à sa résurrection, comme le rappelait Pierre Villon : *« La constitution pratique du Front national s'est faite, en zone Nord, en partant de la base, des comités de base, par l'initiative de militants communistes. Le Comité directeur n'a été fondé qu'à la fin de 1942, en novembre, je crois*[15]. »

Ce groupement restreint ne possédait ni réseau de renseignement ni groupe paramilitaire. Loin d'être un véritable « Front national pour l'indépendance », il ne pouvait même pas, en fait, être considéré comme un mouvement de résistance, selon les critères du B.C.R.A. À l'inverse, les F.T.P., eux, manquaient de l'ouverture politique du Front national. Spécialistes dans l'action violente, ils n'avaient pas, malgré leur efficacité, une grande influence.

Pierre Villon en devint le secrétaire général et le contact fut établi avec l'organisateur des F.T.P., Charles Tillon, membre du Comité central du parti communiste : « *Pour donner aux F.T.P. créés par le P.C. une couverture plus large,* écrivait celui-ci, *je proposai de les faire parrainer par le Front national, qui était ouvert à toutes les tendances et disposait aussi, par ses adhérents et son influence grandissante, de moyens de solidarité qui nous manquaient. Il fut convenu à cet effet que les F.T.P. se déclareraient "les soldats du Front national". Naturellement, dans l'intérêt même du Front ouvert à tous les courants, il fut entendu que ce parrainage ne comportait aucune mesure d'organisation, mais une simple liaison pour le passage de recrues dans les F.T.P. en respectant les règles de sécurité et sans aucune attache d'ordre militaire avec lui*[16]. »

C'est d'ailleurs ce qu'avait indiqué Charles Tillon dans une lettre au général de Gaulle : « *Nos réserves actives sont constituées par de nombreuses équipes de destruction et de soutien, créées par les diverses organisations du Front National* », mais il ajoutait : « *Les Partisans se recrutent aussi dans tous les autres milieux de la résistance*[17]. »

Le P.C. souhaitait, on l'a vu, que les Francs-Tireurs apparaissent comme l'avant-garde des Forces françaises combattantes en métropole. Le Front national, lui, visait à prendre le contrôle de tous les mouvements, pour devenir le porte-parole de la Résistance nationale. Il s'agissait donc de provoquer une bipolarisation de la Résistance, les communistes contrôlant la Résistance intérieure et laissant à de Gaulle la direction de la Résistance extérieure[18]. Pour appliquer sa stratégie d'enveloppement de la Résistance, en l'élargissant au domaine politique, le Comité central du parti prépara, à la fin du mois de janvier 1943, un projet qu'il envoya à Fernand Grenier. Celui-ci en accusa réception avec le commentaire suivant : « *Je viens d'être mis au courant de votre proposition de constituer sur le sol même de la patrie un organisme dirigeant de la France Combattante qui travaillerait en accord étroit et sous la direction du CN* [Comité national]. *Ceci serait la manifestation éclatante aux yeux de tous en France et à l'étranger, que la France Combattante est qualifiée, pour diriger la libération nationale et en préparer méthodiquement les plans détaillés. Votre proposition m'apparaît donc des plus judicieuses et je ne tarderai pas à la discuter avec le Général lui-même.*

« *Pour ce qui est de la constitution de Comités Locaux, également d'accord. Reste la question de la nomination* […]. *Je pense, quant à moi, qu'il conviendrait d'appeler l'organisme central, dont il est parlé plus haut, tout simplement le "Comité National de la France Combattante (Délégation en France)", ce qui ne pourrait être considéré comme l'organisme officiel lui-même, mais comme sa représentation sur le lieu même du combat.*

« *Quant aux organismes intermédiaires, ils pourraient s'intituler "Comité de... (Marseille, ou Lyon, ou Paris) de la FC* [France Combattante]*". Ainsi arriverions-nous rapidement et pour la masse des Français, à un maximum de clarté*[19]. »

Cette « clarté » reposait sur une confusion : comment le résistant de base, privé d'informations, aurait-il pu deviner que ce comité, à Lyon ou à Marseille, qui portait le nom de la France Combattante, ne dépendait pas de De Gaulle, mais avait été mis sur pied par le parti communiste ? Quant à la prise en main d'un organisme dirigeant de la France Combattante par un parti politique aussi bien organisé que le parti communiste, elle ne pouvait signifier qu'une usurpation de la légitimité populaire de De Gaulle, en vue de prendre le contrôle de la France Combattante en France, c'est-à-dire des mouvements que Moulin, avec les difficultés que l'on sait, essayait de maintenir sous la tutelle du Général.

Or, Rémy, qui n'était pas un homme politique et n'avait pas compris les objectifs du Front national, suggérait à la fin de sa note, rédigée à Londres, que le futur représentant de la France Combattante en zone occupée devienne le lien entre le Front national et les F.F.C. *« en même temps qu'il inspirerait sur place, de la pensée du Général, les nombreuses publications clandestines du F.N.*[20] *»*. La crédulité politique de Rémy, qu'on ne pouvait soupçonner de complaisance, faisait le jeu des communistes. C'est ce dont prit conscience le B.C.R.A. à ce moment-là.

À la mi-janvier 1943, le colonel Passy édicta des mesures pour remédier à la confusion provoquée par la multiplicité des contacts noués par Rémy en France. Dans ce but, il convoqua ses homologues anglais et, en présence de Brossolette, examina la situation. On lit dans le procès-verbal de la séance du 13 janvier 1943 : *« Le lieutenant-colonel Passy expose que, d'après les renseignements récemment parvenus, il apparaît qu'une fâcheuse interprétation* [*sic*] *se soit produite en Z.O. entre le renseignement et l'action. Cette interprétation est particulièrement nette, et particulièrement regrettable, en ce qui concerne :*

« a) les communistes (FANA)

« b) l'E.M.Z.O. [état-major de zone occupée]

« En ce qui concerne les communistes, il apparaît, d'une part qu'au lieu de se borner à établir entre les communistes et les Services de Londres une liaison directe et concernant essentiellement le renseignement, la C.N.D. [Confrérie Notre-Dame, dirigée par Rémy] *a traité globalement avec les communistes du renseignement, de l'action et du paramilitaire. En outre, il se trouve qu'un contact avec les communistes a été pris, d'autre part, au point de vue action, par le chef d'un de nos réseaux d'action qui, bien qu'opérant en Z.L. a un représentant en Z.O.*[21]. »

Passy proposait de remédier à cette situation par les moyens suivants : *« En France — réaliser la séparation rigoureuse entre l'action et le renseignement. A cet effet, détacher absolument de la C.N.D.* [Confrérie Notre-Dame] *tous les éléments étrangers qu'elle a tendance à s'incorporer, en particulier les communistes et l'E.M.Z.O.* [état-major de zone occupée]. *Dans ces éléments procéder à une ventilation entre le renseignement et l'action, confier le renseignement à des réseaux autonomes et grouper l'action en un organisme consacré exclusivement à l'action. Cette organisation, qui est urgente, pourra être accomplie à la faveur de la mission Bernier* [Brossolette] *qui avait été primitivement prévue pour le contact des milieux administratifs, enseignants et ferroviaires, mais qui est particulièrement apte à opérer tous les remaniements dictés par la situation en Z.O. En corrélation avec cette mission, la mission P.* [Passy] *donnera leur forme définitive aux organismes d'action militaire et de renseignement militaire*[22]. »

C'est ainsi que Brossolette, complétant sa mission en janvier 1943, fut chargé de se rendre en zone occupée pour séparer les réseaux de renseignement de l'action civile et militaire ; pour dresser l'inventaire des forces de tous les groupements en vue de la mise à la disposition de l'E.M.Z.O. ; enfin pour rechercher les cadres d'une administration provisoire.

Cette mission de Brossolette en zone nord allait avoir des conséquences durables sur la structure et l'évolution de la Résistance.

La conférence d'Anfa, 14-26 janvier 1943

Le lendemain de cette réunion, un événement international imprévu allait renforcer l'importance de l'adhésion des communistes et du projet de Pineau et de ses amis.

De Gaulle ne fut informé que le 17 janvier de la conférence d'Anfa (au Maroc), qui se tenait entre Churchill et Roosevelt depuis le 14. Eden lui communiqua alors l'invitation de Churchill à venir rencontrer Giraud le lendemain. De Gaulle, outré de cette invitation, par un étranger, en terre française, refusa. Mais, le 18 janvier, Churchill expédia deux télégrammes comminatoires : l'un à de Gaulle, l'autre à Eden.

Au premier, il écrivait : « *Les conséquences de ce refus, si vous le mainteniez, seraient à mon avis très défavorables tant pour vous-même que pour votre mouvement*[23]. » Il lui signalait, en outre, que des « *dispositions* » très importantes seraient prises avec Giraud : « *Il ne me sera certainement plus possible de les reprendre tant que vous resterez à la tête de ce mouvement. Le gouvernement de Sa Majesté devra également revoir sa position envers celui-ci tant que vous en demeurerez le chef. Si, en toute connaissance de cause, vous rejetez de nouveau cette occasion unique, nous essaierons de poursuivre notre route sans vous, de notre mieux. La porte est encore ouverte*[24]. »

Avec Eden, Churchill était encore plus direct, si c'est possible : « *S'il rejette la chance qui lui est offerte aujourd'hui, j'estime que son remplacement à la tête du mouvement de la France Libre deviendra une condition essentielle au soutien du gouvernement de Sa Majesté dans l'avenir*[25]. »

Toutefois, le Cabinet, comme toujours, décida d'assouplir la raideur du ton : « *L'ensemble du Cabinet s'accorde pour estimer que de Gaulle est fortement soutenu par la presse et l'opinion publique anglaises ; et que toute tentative pour lui forcer la main serait très mal accueillie dans le pays. On constate également que toute rupture avec de Gaulle porterait un coup mortel à la Résistance française*[26]. »

Finalement, après trois jours de tergiversations, de Gaulle céda et, le 22 janvier à 11 heures, son avion se posa près de Casablanca. Voici ce que le lendemain, 23 janvier, de Gaulle écrit à l'un de ses anciens élèves à Saint-Cyr sur cette conférence qu'il considère comme un guet-apens : « *En ce qui nous concerne, il s'agit d'obliger la France Combattante à se subordonner au général Giraud et à accepter le système en vigueur et les gens en place en Afrique du Nord et en Afrique occidentale françaises.*

« […] *En second lieu, le désir des Américains d'établir en Afrique du Nord et, si possible, dans tout l'Empire, en attendant qu'ils l'établissent en France, un pouvoir français qui ne tienne que grâce à eux et n'ait, par conséquent, rien à leur refuser. La combinaison Giraud est, à cet égard, idéale pour les Américains, parce qu'elle leur procure les réalités sous des apparences honorables.*

Viennent ensuite ses impressions sur Giraud et son entourage : « *Quoi qu'il en soit, je trouve en Giraud un homme dont la stature et le ton peuvent impressionner, mais qui me fait un peu l'effet, militairement et politiquement parlant, d'un revenant de 1939. Il n'aperçoit ni le fait que la France est en pleine révolution, précisément contre le système et les hommes de Vichy, ni le danger qu'il fait courir lui-même à la souveraineté française dans l'Empire et, demain, à l'indépendance nationale en se mettant dans la main des Américains. Je crains, en outre, qu'on le manœuvre aisément en pesant sur sa vanité. Enfin, il me donne l'impression d'être entouré soit de gens intéressés, soit de braves types sans envergure.* »

Pour sa part, le général de Gaulle n'était prêt à aucune concession : « *Je n'accepterai certainement pas la combinaison américaine. La solution que je poursuis depuis le premier jour est l'extension de l'autorité de la France Combattante à l'Afrique du Nord et à l'Afrique occidentale par le moyen du Comité national élargi en conséquence dans sa composition.*

« [...] *Il est parfaitement possible que l'aveuglement et la colère des Américains et des Anglais me placent dans une situation telle que notre action devienne impossible. Je préférerais cela à une capitulation.* »

Après avoir envisagé l'hypothèse extrême d'une rupture, le Général concluait : « *C'est pourquoi je vous écris cette lettre en vous demandant d'en faire et d'en faire faire état le plus publiquement possible si les choses se gâtaient tout à fait. En particulier, veuillez la communiquer dès à présent au professeur Capitant à Alger. Les bons Français d'Afrique du Nord pourront voir ainsi que je ne les aurai pas trahis*[27]. »

En dépit de la pression à laquelle Roosevelt et Churchill soumettaient le Général, il refusa toute « *combinaison* » nuisible à la France. Les menaces le raidirent plus encore au point que Churchill hurla : « *Si vous m'obstaclerez, je vous liquiderai*[28] *!* » En dépit de sa fureur, le Premier ministre était une fois de plus déconcerté par cet homme qui lui devait tout et ne cédait sur rien. Le médecin de Churchill l'a décrit regardant s'éloigner son obligé récalcitrant après ces terribles entretiens : « *Son pays a abandonné la lutte, lui-même n'est qu'un réfugié, et si nous lui retirons notre appui, c'est un homme fini. Eh bien regardez-le ! Non mais regardez-le ! On croirait Staline, avec 200 divisions derrière lui. Je ne l'ai pas ménagé. Je lui ai dit tout net que s'il ne se montrait pas plus coopératif, nous le laisserions carrément tomber.*

« — *Et comment l'a-t-il pris ? demandai-je.*

« — *Oh, répondit le Premier ministre, il n'y a guère prêté attention. Mes avances comme mes menaces n'ont pas produit la moindre réaction*[29]. » Bien que de Gaulle lui ait infligé une défaite cuisante devant Roosevelt, Churchill avouait son admiration : « *De Gaulle est l'âme de cette armée. C'est peut-être le dernier survivant d'une race guerrière.* »

Quant à Roosevelt, il n'avait depuis 1940 que suspicion et mépris pour de Gaulle qui, de Washington, lui apparaissait comme un nain outrecuidant : « *Dans sa politique à l'égard de la France, le président Roosevelt est guidé par quelques lignes directrices immuables : une hostilité viscérale à l'égard du général de Gaulle et de son mouvement, un certain appétit pour une partie de l'empire français, un mépris complet de la souveraineté française, et une sympathie persistante pour le vieux maréchal Pétain — le tout dissimulé sous les apparences d'un respect scrupuleux du "véritable choix" que les Français ne pourront faire qu'à la fin de la guerre — et si possible quelque temps après*[30]. »

Mais, à Anfa, il était de l'humeur « *d'un écolier en vacances* », débarrassé des soucis de la Maison-Blanche. Il se divertit de rien et de tout, particulièrement d'un jeu puéril autour des sobriquets qu'il inventait pour désigner les deux généraux : « *Nous appellerons Giraud le marié, et je le ferai venir d'Alger. Quant à vous* [Churchill], *vous ferez venir de Londres la mariée, de Gaulle, et nous arrangerons un mariage forcé*[31]. » Churchill renchérissait : « *Il va falloir marier ces deux-là d'une façon ou d'une autre*[32]. »

Évidemment Roosevelt se moqua cruellement de Churchill après le refus de De Gaulle : « *Il laisse entendre que Churchill est un "mauvais père" incapable de se faire respecter par son "enfant terrible"*[33]. » Il envoya à Cordell Hull, son secrétaire d'État, la conclusion suivante : « *Nous avons amené le marié, Giraud, qui était tout à fait disposé à conclure le mariage, et certainement dans les termes que nous lui aurions dictés. Pourtant, nos amis n'ont pu faire venir la mariée, la capricieuse "lady de Gaulle". Elle a pris ombrage de nos projets, ne veut voir aucun d'entre nous, et ne paraît nullement disposée à partager la couche de Giraud*[34]. »

Il eût été surprenant que, préparée dans un tel état d'esprit, une solution positive puisse sortir des entretiens d'Anfa, si ce n'est un renforcement de la position personnelle de Giraud, avec qui Roosevelt avait signé un accord aux termes duquel les États-Unis lui attribuaient « *le droit et le devoir d'agir comme gérant des intérêts français militaires, économiques et financiers* [...]. *Ils s'engagent à l'aider dans cette tâche par tous les moyens en leur pouvoir*[35] ». Il laissait repartir de Gaulle vers l'exil britannique, sans avoir compris le sens de sa rébellion et de ses exigences, qui le renforçaient dans sa conviction d'avoir rencontré un illuminé.

Jean Moulin à la rescousse

Pourtant, dans son exil, de Gaulle était loin d'être seul. En rentrant à Londres, il trouva un rapport de Jean Moulin dont il était sans nouvelles depuis des semaines et à qui, faute de transport, il n'avait envoyé aucune directive. En lisant son rapport, vieux de plusieurs semaines, il jugea que, de tous ses compagnons, il était le plus proche de sa pensée et que cet homme, qu'il connaissait peu, était pénétré du sens profond de son appel, de sa rébellion et de son espérance. Voici comment Moulin jugeait, le 14 décembre 1942, les conséquences des accords Eisenhower-Darlan-Giraud : « *Ces faits ne manquèrent pas d'avoir deux conséquences extrêmement graves :*

« *1° Ils vinrent en Z.N.O. et plus encore en Z.O. renforcer la position de Vichy qui laissait entendre sous le manteau que le Maréchal n'était pas en désaccord avec Darlan ; et cela au moment où l'effondrement des hommes de la capitulation était à peu près complet.*

« *2° Ils jetèrent un trouble profond dans les esprits et portèrent à la foi du peuple français en la démocratie américaine, un coup dont celle-ci n'est pas prête de se relever. En quelques heures les buts de guerre des démocraties anglo-saxonnes, l'esprit de la charte de l'Atlantique étaient foulés aux pieds au profit de cette politique "réaliste" dont les valets d'Hitler nous avaient donné des exemples pertinents.*

« *J'insiste sur les effets catastrophiques d'une telle politique. J'ai eu de très nombreux contacts ces derniers temps avec des hommes de la résistance appartenant à tous les milieux et je puis dire que l'indignation est générale.*

« *Inutile d'ajouter que ces faits sont très largement exploités par la propagande de l'ennemi et de ses complices.*

« *Si, rapidement, un redressement très net n'est pas opéré, la résistance française risque d'être atteinte dans son fondement et avec elle l'aide que la France peut apporter à la cause alliée. Si nous voulons replonger la France dans la guerre, il est indispensable de conserver à la guerre son caractère de libération. Comment lutter contre l'enrôlement de la jeunesse française dans la nouvelle croisade allemande qui se prépare si nous ne pouvons lui promettre, au bout de ses jours, autre chose qu'une mouture française du régime hitlérien.*

« Tout ce qui est sain dans la masse des Français et notamment dans la classe ouvrière est d'autant plus inquiet de ces faits que certains symptômes lui font craindre que cette politique dont la France fait présentement les frais ne soit pas seulement un expédient occasionnel.

« Les événements d'Espagne retiennent en effet largement l'attention des milieux populaires, toujours sentimentalement très attachés à la cause des républicains espagnols et ces mêmes milieux suivent avec un certain effroi les tractations américaines et britanniques tendant à consolider Franco et son régime.

« Avec sa simplicité et sa clarté de vue habituelles, le peuple de France se demande si après la revalorisation de Pétain et celle de Franco, celle de Mussolini n'est pas envisagée également avec faveur dans certains milieux anglo-saxons et si la guerre "pour la libération" n'aura pas pour effets successifs de consolider les régimes mêmes contre lesquels la lutte a été engagée.

« Aussi approuve-t-il pleinement l'attitude du général de Gaulle et du Comité National Français et leur demande-t-il de persister dans cette position qui est la seule compatible avec la dignité française[36]. »

De Gaulle fut conforté dans sa conduite en découvrant, au milieu de tant d'équivoques et de trahisons, que son représentant, isolé dans une bataille tragique, avait forgé un texte en tout point conforme à sa pensée.

La difficulté que de Gaulle rencontrait face à Giraud tenait à la noblesse du personnage. Vis-à-vis des Alliés, la position de Giraud, homme respectable, évadé romanesque, chef prestigieux, qui n'était compromis d'aucune manière dans la collaboration, était incomparable à celle de Darlan, à qui il succédait. Il possédait un véritable ascendant sur les hauts fonctionnaires et l'armée d'Afrique, qui reconnaissaient en lui le symbole de leur fidélité au régime de Vichy et au maréchal Pétain. Par ailleurs, les Américains comptaient sur Giraud pour arracher, en métropole, le contrôle de la Résistance à de Gaulle. Le texte d'un télégramme que j'adressai à Moulin, en février 1943, révèle que ce risque n'était pas illusoire : *« Giraud décharge en Corse important matériel — campagne propagande et recrutement hommes TCTE* [tenté] *ici — Promesse donnée puissants moyens d'action — Se dit seul qualifié pour représenter Résistance peuple français*[37]. »

Moulin n'avait pas attendu le débarquement en Afrique du Nord pour condamner les manœuvres des Britanniques ménageant Pétain et Vichy. En octobre 1941, il écrivait déjà : *« Les dirigeants anglais ne seraient pas mécontents de voir subsister, même après l'effondrement de l'Allemagne, le gouvernement du M.* [maréchal] *Pétain pour que le règlement de la paix se fît dans de meilleures conditions, avec un partenaire discrédité*[38]. » C'est l'attitude qu'adoptaient à ce jour les Américains, sous le prétexte de traiter avec « les autorités locales » et de ne pas engager l'avenir politique de la France. Encore, les résistants ignoraient-ils que Roosevelt envisageait l'occupation de la France sous le contrôle de l'administration américaine, la ravalant ainsi au rang des pays vaincus. Dans cette perspective qui faisait bon marché des intérêts, des droits et de la souveraineté de la France, Giraud, qui se refusait à « faire de la politique » et se préoccupait uniquement de préparer la reconquête militaire, apparaissait aux Américains comme un interlocuteur paré des vertus dont de Gaulle était dépourvu.

À la suite de l'échec de l'entrevue d'Anfa, la position de De Gaulle auprès des Alliés s'était encore dégradée. Il était désormais notoire que Roosevelt, antigaulliste viscéral, avait résolu de l'éliminer. *« Quand nous entrerons en France, nous userons du droit de l'occupant. Je ne peux pas reconnaître de Gaulle, car ce serait une atteinte aux libertés des Français en leur imposant un gouvernement. Je n'en reconnaîtrai aucun et, en vertu du droit d'occupation, les Américains resteront en France jusqu'à ce que des élections libres y soient organisées*[39]. »

Du côté de l'Angleterre, la position du chef de la France Combattante n'était pas meilleure. L'attitude intraitable du Général devant Roosevelt avait fort embarrassé Churchill qui, depuis son retour, refusait de le recevoir. De Gaulle n'était, en outre, plus autorisé à quitter la Grande-Bretagne, où il se considérait prisonnier.

Pourtant, à l'égard du « problème » de Gaulle, les positions des Anglais et des Américains n'étaient pas identiques. Si Roosevelt entendait l'écarter définitivement de la scène politique, Churchill, lui, voulait d'abord obtenir du Général un accord avec Giraud en vue de créer un organisme unique de commandement français. Dans ce but, il exerçait sur lui toutes les pressions possibles. Tenant compte du rang hiérarchique de Giraud et de son « poids » militaire, il n'accordait au chef de la France Combattante que la deuxième place dans l'organisation à mettre en place en Afrique du Nord. En quoi le Premier ministre se ralliait simplement à la thèse de Giraud qui, depuis sa prise de commandement, estimait que la France Combattante devait se fondre au sein de son armée. On se doute que ce n'était pas la conception de De Gaulle.

Cependant, si le Général était fort démuni en face des dirigeants alliés, il avait pour lui une opinion publique anglaise et une presse internationale de plus en plus favorables. Ce n'était pas rien, puisque, par l'intermédiaire des parlementaires, cela atteignait certains membres du cabinet et de l'administration qui modifièrent souvent les diktats les plus radicaux de Roosevelt et de Churchill.

Consultations politiques au retour d'Anfa

On comprend que, dans cette atmosphère de guérilla, de Gaulle ait accepté les suggestions de Pineau et de ses camarades qui, à ce moment-là, firent l'accord de ses conseillers. On en a la preuve, dès son retour d'Anfa, par la convocation immédiate du député socialiste Félix Gouin, représentant Léon Blum. Depuis son arrivée à l'automne 1942, il était maintenu sur les marges du mouvement auquel il n'avait pas adhéré. Mais, dans la mesure où les communistes possédaient maintenant un représentant à Londres, il était important pour de Gaulle d'avoir l'avis d'un délégué des socialistes, non inféodé à la France Libre.

Leur entretien nous est connu par une longue lettre que Gouin adressa au Général, dans laquelle il précisait son opinion sur trois questions essentielles à ses yeux : le *« corps consultatif national »*, l'élargissement du Comité national et sa position personnelle :

« A) Corps Consultatif National [Assemblée consultative].

« Je suis convaincu, depuis mon arrivée ici, qu'une telle création est une nécessité impérieuse. Si elle avait pu se réaliser avant les événements d'Afrique

du Nord, elle eût été je le crois, d'un très grand poids, dans l'évolution politique de ces dernières semaines.

« L'occasion perdue peut cependant se rattraper et il n'est pas trop tard pour mettre sur pied un Organisme Provisoire qui constituerait une très complète représentation de nos intérêts nationaux, et sur lequel vous pourriez axer une large et vigoureuse Politique Française[40]. »

Il proposait d'y faire siéger :

« 1°) les Conseils Généraux d'Algérie.

« 2°) les Délégations Financières.

« 3°) les Parlementaires des 3 Départements algériens[41] *? »*

Il est significatif de la part de cet habile parlementaire de limiter aux seuls élus *« une représentation très complète de nos intérêts nationaux »*. Cette restriction était d'autant plus révélatrice que Félix Gouin était lui-même un résistant. Mais parce qu'il était d'abord un politique, il oubliait que la légitimité républicaine n'était plus, depuis le vote du 10 juillet à Vichy, aux mains des parlementaires, mais des résistants. Quant aux communistes, sa position était catégorique : *« Je vous ai également donné mon sentiment sur les Parlementaires Communistes qui sont en Algérie : je le confirme par écrit. Ils doivent faire partie, sans exception ni réserve, du futur Conseil Consultatif. C'est là une question de principe qu'on ne peut ni éluder ni ignorer*[42]*. »*

De Gaulle ayant offert à Gouin d'entrer dans le Comité national élargi, ce dernier y mit pour condition *« l'acceptation préalable de* [son] *Parti »*, assortie d'une autre qui anticipait sur l'évolution politique : *« Dans une telle hypothèse, il y aurait à mon sens, nécessité impérieuse d'admettre dans un Comité National élargi, les représentants qualifiés des divers Partis Politiques reconstitués en France, sans en excepter le Parti Communiste*[43]. » Bien que de Gaulle ait eu besoin du soutien de tous les patriotes, y compris des partis, les marchandages de crise ministérielle n'étaient pas à l'ordre du jour. Gouin outrepassait, dans ses exigences, les concessions que de Gaulle envisageait de faire à un passé révolu. Leur entretien n'eut d'autre suite que la création à Londres d'un groupe parlementaire d'une vingtaine de membres.

France, 27 janvier 1943 :
la zone occupée, terra incognita

Le jour même où de Gaulle rencontrait Félix Gouin, Brossolette s'envolait pour la France en ignorant les résultats de cette conversation et le détail de l'échec d'Anfa. Sa mission était consacrée à la zone nord qui jusqu'à cette époque avait été le fief de Rémy. Les hécatombes subies par son réseau, la nécessité de créer une coordination entre les mouvements qui s'ignoraient, la prospection de Moulin qui entendait s'y implanter et la volonté de Brossolette qui s'en estimait le spécialiste qualifié avaient été à l'origine de sa mission. En effet, après la coordination des mouvements et l'unification de l'Armée secrète en zone sud, il convenait, en zone nord, d'opérer un travail similaire. Mais avant de gagner cette zone, Brossolette devait rencontrer Jean Moulin pour connaître les résultats de ses initiatives, afin de ne pas effectuer de fausses manœuvres auprès des groupes contactés.

En zone occupée, en dépit de l'activité de Rémy et de Moulin, la coordination était inexistante : la présence des Allemands pesait durement sur les mouvements, les condamnant à l'isolement. Les initiatives courageuses et la publication des journaux se réalisaient dans des conditions périlleuses qui limitaient l'implantation de chacun à quelques départements et les empêchaient d'atteindre une couverture géographique aussi vaste que celle des mouvements de zone libre.

Cette dernière avait bénéficié, en priorité, de l'aide de Londres, parce que la prospection de Jean Moulin en zone occupée, en 1941, n'avait donné aucun résultat, alors que la rencontre décisive avec Menthon et Frenay l'avait persuadé que l'on pouvait entreprendre immédiatement une action d'envergure en zone libre. Grâce au financement régulier de Londres, ces mouvements avaient pu augmenter le tirage de leurs journaux, enrôler des permanents et devenir des organisations importantes.

Pourtant, dès le début de sa mission en France en janvier 1942, Jean Moulin avait tenté de prendre des contacts avec les mouvements de zone occupée, comme cela avait été prévu par de Gaulle : *« Nous avions convenu qu'il agirait, d'abord, sur les mouvements de la zone sud, pour les déterminer à former, sous sa présidence, un organisme commun* [...]. *Cela fait, il aborderait la zone nord* [...][44]. »

Moulin y avait donc envoyé une relation d'avant-guerre, le commandant Manhès, afin de maintenir la liaison avec Pierre Meunier (son premier contact résistant en zone occupée) et son ami Robert Chambeiron, mais aussi afin d'établir des liens personnels avec les groupements qu'il pourrait détecter.

Il avait rendu compte de cette prospection au B.C.R.A. dès ses premiers rapports. Le 7 mai 1942, il annonçait : *« J'ai déjà envoyé plusieurs émissaires* [en Z.O.] *et aidé financièrement quelques groupes isolés intéressants. Je compte prochainement aller en Z.O. pour une quinzaine de jours. J'ai assuré mon intérim*[45]. »

Retardé de semaine en semaine, ce voyage eut lieu en juillet 1942. Dès son retour en zone libre, Moulin informa Londres des résultats qu'il avait obtenus et annonça : *« Mis agents personnels en place et organisé liaisons régulières ZO-ZNO. »* Il signala, en outre, qu'il avait la possibilité de constituer un groupe paramilitaire qui s'étendrait sur sept départements et qu'il avait établi une liaison avec *« le Grand Conseil Maçonnique reconstitué »* ainsi qu'avec plusieurs personnalités administratives et politiques[46].

À l'automne 1942, il obtint quelques résultats qui l'incitèrent à ne pas laisser plus longtemps la Z.O. à l'écart des activités de la France Combattante. C'est ce qu'il écrivit dans un rapport du 18 octobre 1942.

Même si le séjour de Jean Moulin en zone occupée avait été relativement fructueux, il ne lui avait pas permis de recenser tous les mouvements ou journaux qui existaient et de prendre contact avec eux. Rémy n'y était pas parvenu non plus, si bien que tous ces groupes restaient isolés les uns des autres. Les relations ne se modifièrent que lentement, malgré la mise en route du service de parachutage proposé dans ce rapport.

Pourtant, les éléments étaient nombreux et variés. Il existait des journaux clandestins qui ne s'appuyaient encore sur aucune organisation paramilitaire : *La Voix du Nord*, *Défense de la France*, *La IVe République*. Par ailleurs, on trouvait des mouvements possédant une force paramilitaire, dont l'O.C.M., sans doute le plus important, mais qui ne publiaient pas de journal, non plus que Ceux de la Libération et Ceux de la Résistance. Libération-Nord, plus axé sur le renseignement et la politique, publiait un journal, mais avait le groupe paramilitaire le plus faible.

Enfin, le Front national et les F.T.P. se distinguaient de tous les autres. Ils étaient les seuls à avoir été créés, encadrés, dirigés par un parti politique : le parti communiste. C'est en zone occupée que ces deux groupes manifestaient un dynamisme exemplaire.

Hiver 1942-1943 : la zone nord, chasse gardée de Brossolette

On se souvient que Brossolette, dès son arrivée à Londres en mai 1942, avait postulé à la direction politique de la zone occupée. Cette suggestion n'eut, à l'époque, aucun effet. Parti en mission en France, de juin à septembre 1942, avec d'autres objectifs, il avait été nommé, à son retour à Londres, au mois d'octobre, adjoint de Passy. On a vu que les initiatives de Rémy à l'égard des communistes avaient incité Brossolette à préconiser son remplacement et la réorganisation de son réseau afin de séparer le renseignement de l'action politique. Passy approuva cette réorganisation qui avait toujours été au cœur de sa doctrine. L'idée d'une mission des deux hommes en zone nord avait donc germé dès le mois de novembre. Simultanément, un autre projet s'imposa à Brossolette : celui de constituer un comité de coordination des mouvements de zone nord, symétrique de celui de la zone sud. Cela impliquait que l'on maintînt le cloisonnement entre les deux zones et qu'il y eût en France deux représentants du Général. C'est ce qu'il prescrivait à Jean Moulin, le 16 novembre 1942, sous le couvert d'André Philip, alors aux États-Unis.

« Votre action et celle des mouvements de résistance constituant le Comité de Coordination, devra sous les réserves suivantes, demeurer limitée à l'ancienne Z.N.O. Il n'est pas certain, en effet, que la ligne de démarcation disparaisse ou même s'assouplisse beaucoup. A supposer qu'elle soit supprimée ou abaissée il est possible qu'elle soit un jour brutalement rétablie dans sa rigueur première. Il n'est donc pas opportun d'étendre votre dispositif comme si cette ligne n'existait plus. D'ailleurs, même en la supposant abolie ni le commandement militaire, ni la direction politique ne peuvent évidemment être conçus, dans les conditions d'insécurité où vous êtes, comme s'étendant à la France tout entière. Il a donc été décidé que votre zone d'action demeurerait telle que par le passé[47]. »

Cette restriction catégorique fut le point de départ d'une opération que Brossolette poursuivit durant les mois suivants.

Il n'attendit pas longtemps la réponse de Moulin car l'avion qui, le 17 novembre, avait apporté ses directives en France, rapportait à Londres un courrier de Moulin datant du 18 octobre 1942. Une simple coïncidence voulut que celui-ci évoquât son activité en zone occupée : *« J'aurais voulu vous parler de vive voix d'un projet touchant à l'organisation de la résistance en Z.O. qui d'après ce que j'ai pu constater moi-même, et les renseignements que je reçois régulièrement de Z.O. est loin d'être satisfaisante.*

« J'ai vous savez approché et réuni un certain nombre de personnalités et de groupes Z.O. soit Z.N.O. par des émissaires venus de Z.O. diverses organisations n'étant pas en liaison avec Londres ou qui avaient rompu tout contact avec des agents gaullistes par suite d'erreurs ou d'actes de légèreté commis par ces derniers. Je verse des subventions à ces organisations, les principales sont Défense de la Patrie, Ceux de la Libération, Union Libérale et Sociale, La Voix

du Nord, certains de ces mouvements étaient très réticents à l'égard du Général de Gaulle, c'était le cas de Ceux de la Libération, je suis heureux de vous adresser ci-joint le texte d'une motion que leur comité directeur vient de voter à la suite d'une conversation que j'ai eue ici et à la suite des contacts que j'ai fait prendre en Z.O. avec certains de mes émissaires. »

Fort de son expérience en zone sud, Moulin soumit au B.C.R.A. un projet d'organisation spécifique pour les mouvements de la zone nord : *« Je pense qu'il serait très intéressant tout en maintenant sérieusement en Z.O. le cloisonnement et l'autonomie de ces organisations de créer en Z.O. une sorte de centrale très secrète qui diffuserait les consignes et satisferait aux demandes de matériels et de fonds.*

« J'ai ici les éléments pouvant constituer un début d'organisation de cette centrale. Je vous demande d'utiliser pour les liaisons Pal [Ayral] *en Z.O. et PalW* [François Briant] *en Z.N.O. qui tous deux sont inactifs ici et tous deux acceptent mes suggestions*[48]*. »*

Ces projets avaient de quoi inquiéter Brossolette. Il découvrait que Moulin multipliait les contacts dans cette zone et qu'il avait recensé plusieurs mouvements de Résistance inconnus de lui-même et du B.C.R.A., auxquels il versait des subventions. C'est ce qu'explique Passy dans ses Mémoires : *« Nous supposâmes donc immédiatement que Rex* [Moulin] *avait la volonté bien déterminée d'étendre aux deux zones le champ de ses activités, et ce fut la source de conflits, entre Brossolette et lui*[49]*. »*

Ces initiatives exigeaient de Brossolette une réaction rapide s'il voulait prendre le contrôle de la zone occupée. Moulin lui apparut soudain comme un obstacle plus redoutable à ses projets que Rémy, d'autant plus que la lecture des rapports de Moulin, les confidences de Passy et les entretiens avec de Gaulle lui avaient révélé que ce personnage mystérieux, presque inconnu à Londres, y jouissait de prestige et de respect, eu égard à la mission difficile qu'il accomplissait depuis un an. Par ailleurs, Brossolette constatait les résultats : création d'une agence de presse clandestine (B.I.P.), comité d'études administratives et politiques (C.G.E.), coordination des mouvements de la zone libre, création d'une armée secrète unique. Travailleur discret, Moulin avait œuvré patiemment et avait obtenu le contrôle technique des mouvements de la zone libre et leur allégeance à de Gaulle. Brossolette, enfin, mesurait personnellement son autorité et ses qualités administratives en écoutant les commentaires de d'Astier et de Frenay.

Pendant que Brossolette, à Londres, prenait connaissance du rapport de Moulin, celui-ci, en recevant les directives de Brossolette, avait décelé la manœuvre qui se préparait. Aussi réagit-il immédiatement car il n'envisageait pas d'abandonner les résultats de sa prospection en zone occupée ni son projet d'une France réunifiée qui mettrait un terme au diktat allemand. Il répondit aussitôt : *« Aurais désiré me rendre à Londres avant départ votre délégué Z.O. — Comptais venir faire mon rapport avec mon adjoint Z.O. commandant Manhès, je dis Manhès, pseudo Frédéric qui a fait sous ma direction travail extrêmement intéressant auprès groupe qu'ai contacté — Ceux de la Libération — Groupe Lorraine Action Sociale et Liberté — groupe de résistance La Voix du Nord etc... et auprès de nombreuses personnalités, préfets, trésoriers généraux, commissaires de police, hauts fonctionnaires* [...].

« Essentiel être très prudent dans nouveaux contacts avec dirigeants ayant eu déjà déboires avec agents gaullistes et qui en principe ne veulent avoir affaire

qu'à moi ou Frédéric — Essentiel aussi qu'arrivée nouveau délégué n'apparaisse pas comme coupure ou désaveu — Nécessaire enfin considérer possible suppression ligne de démarcation et unité commandement résistance deux zones[50]. »

Ce fut le début d'un intense va-et-vient de télégrammes. Moulin, jugeant inopportun de venir à Londres immédiatement à cause de la mise en place délicate du Comité de coordination zone sud, proposa d'effectuer son voyage fin janvier, date qui fut acceptée.

Lyon, février 1943 :
premier face à face Brossolette-Moulin

Les projets de Moulin fouettaient l'impatience de Brossolette qui comprenait qu'une course de vitesse était engagée, d'autant plus pressante qu'il annonçait sa venue en compagnie de son représentant Z.O. (Manhès), que personne ne connaissait au B.C.R.A. Par précaution, Brossolette lui adressa un télégramme, le 1er décembre, spécifiant : « *Général envoie lune janvier délégué spécial Z.O. je dis Z.O. qui devra prendre contact avec vous. Avez choix venir soit immédiatement si jugez nécessaire soit lune février si pensez départ immédiat pas opportun. Si optez dernière solution important envoyiez prochain courrier tous vos contacts Z.O.* [51]. »

Sur sa lancée, Brossolette fit signer le 12 décembre son ordre de mission par de Gaulle et confirma, par courrier à Moulin, son télégramme du 14.

Finalement, Moulin devant venir à Londres fin janvier, Brossolette fixa son départ pour la France à la même date, ce qui évitait de le rencontrer, mais surtout lui assurait une liberté de manœuvre d'environ un mois avant son retour. Il aurait sans doute été préférable que les deux hommes s'entretiennent à Londres et que Moulin y arrive avant que Brossolette ne s'en aille. Comme le note son biographe : « *Mais alors le commandant Bourgat* [Brossolette] *ne serait peut-être pas parti...*[52]. »

Le sort en décida autrement. L'opération qui devait conduire Jean Moulin en Grande-Bretagne ayant été annulée à la dernière minute à cause des intempéries, il se trouvait en France lorsque Brossolette y arriva, le 27 janvier 1943. Quelques jours plus tard, les deux hommes se rencontrèrent à Lyon. Les objectifs de la mission de Brossolette, le caractère du personnage pouvaient faire craindre une situation conflictuelle.

Contrairement à toute attente, leur entretien se déroula sous les meilleurs auspices, car Brossolette, ignorant tout du personnage mais connaissant sa position prestigieuse dans la France Combattante, le ménagea afin de mieux percer ses intentions. Quant à Moulin, il était sur ses gardes et fut attentif à ne dévoiler que certains de ses projets. Il dissimula notamment que Manuel venait de regagner Londres afin de proposer à de Gaulle de nommer Moulin son représentant pour toute la France !

À l'issue de cette réunion, Brossolette adressa le 8 février à Londres un rapport d'un ton inhabituellement modéré, révélant qu'il n'avait pas affronté Moulin sur les principes catégoriques contre les partis qu'il avait proclamés dans *La Marseillaise* à l'automne précédent, mais sur les positions politiques révisées la veille de son départ. Transcrivant fidèlement le point de vue de Moulin, il écrivait : « *Rex* [Moulin] *estime qu'on ne peut pas ignorer la reconstitution des partis politiques, sous peine de voir se reconstituer une vie politique sans lien organique avec nous. Il est donc favorable à la constitution d'un comité politique* [Conseil de la Résistance] *représentant ici l'ensemble des tendances politiques ou syndicales du pays ; en même temps que des groupements de résistance de zone occupée et de zone non occupée.*

« […] *Rex estime qu'au-dessous de ce comité politique doit subsister un comité représentant les mouvements de résistance plus particulièrement. A son sens ce comité, issu de l'actuel Comité Coordinant* [sic] *devrait englober et représenter les groupements des deux zones. A ce propos Rex fait très sagement la distinction entre l'aspect propagande et politique et l'aspect paramilitaire. Sa tendance a été de rendre le paramilitaire aussi séparé que possible de la propagande et politique* […][53]. »

Que pensait Brossolette de ces suggestions ? « *Même si vous n'acceptez pas toutes les suggestions de Rex il n'est pas douteux qu'elles offrent le plus vif intérêt, et qu'elles peuvent nous éviter de graves faux pas*[54]. »

La fin de son rapport exprime même une humilité inhabituelle devant la tâche qui l'attendait : « *Aidez-moi par des câbles et des courriers, aussi fréquents et aussi substantiels que possible*[55]. »

Sa mission débutait donc en parfaite harmonie avec celle de Jean Moulin.

Sans doute Brossolette avait-il été rassuré en l'entendant confirmer son désir de rejoindre Londres huit jours plus tard. Il aurait donc les mains libres en zone nord, comme il l'avait souhaité. Même si l'atmosphère de cette réunion avait été sereine, Brossolette avait constaté que les projets de Moulin, fixant le rôle des anciens partis et l'organisation de la Résistance, étaient diamétralement opposés aux siens. Aussi, pressentant l'ambiguïté de la situation, il réclama la venue immédiate de Passy en zone occupée, afin de renforcer l'autorité de ses décisions. Par ailleurs, le doute instillé par Moulin sur le bien-fondé de la position de Brossolette à l'égard des partis fut de courte durée.

Il ne tarda pas à se ressaisir. En effet, après cette entrevue, Brossolette passa quelques jours en zone sud avant de regagner Paris. Il découvrit alors que Moulin l'avait bluffé dans l'exposé de ses projets : les chefs résistants de la zone sud étaient en désaccord total avec lui et juraient tous qu'ils s'opposeraient à la réalisation de son projet. Brossolette constatait que Pineau et ses amis à Londres avaient, pour leur part, intoxiqué de Gaulle avec des informations politiques inexactes : rien n'avait changé dans ce domaine depuis sa dernière mission, en septembre 1942. C'était donc lui, Brossolette, qui voyait juste, en accord avec tous les chefs de mouvements, et non Moulin, dont la position auprès d'eux, en zone sud, était beaucoup moins forte qu'il ne l'avait cru à l'automne. Même si les mouvements de zone nord ignoraient encore les projets de Moulin, ils étaient, vraisemblablement, dans les mêmes sentiments que ceux de la zone sud. Brossolette avait donc toutes les chances, avec leur soutien, de ruiner le projet de Moulin. Il pouvait espérer récupérer à son profit une opération d'opinion publique comme celle qui avait joué contre lui dans l'affaire Vallin. Ayant constaté que de Gaulle avait reculé à cette époque devant le scandale et que l'appui de la Résistance, après Anfa, devenait vital pour lui, il n'était pas déraisonnable pour Brossolette de croire qu'il renverserait la situation au profit de sa thèse.

C'est dans cet état d'esprit qu'il aborda la zone nord, après être revenu à la conception première qu'il se faisait de sa mission : renforcer le cloisonnement entre les deux zones ; créer un Comité de coordination zone nord, jumeau du

Comité de coordination de la zone sud, et s'opposer à la nomination d'un représentant unique du Général en métropole.

Toutefois, si Brossolette estimait que rien n'était perdu pour le triomphe de ses thèses, il avait besoin d'être couvert par son chef dans cette rude partie, c'est-à-dire de posséder un ordre de mission supplémentaire lui donnant l'autorisation de créer, au moins, un comité de coordination. C'est pourquoi il télégraphia, le 9 février : « *Il serait nécessaire donner Arquebuse* [Passy] *instructions larges et mandat étendu pour négocier organisations de tous comités éventuels*[56]. »

Passy étant encore à Londres et participant aux entretiens, Brossolette espérait qu'après avoir reçu ses télégrammes il défendrait son point de vue antiparti. Dès son arrivée à Paris, le 12 février, ses premiers contacts avec les mouvements confirmèrent ses observations de la zone sud.

XII

JEAN MOULIN À LONDRES

14 février-19 mars 1943

Pendant que Brossolette s'installait à Paris, le 12 février 1943, Moulin et Delestraint arrivaient en Angleterre pour informer le général de Gaulle de la situation et recevoir de nouvelles instructions. Les entretiens de Moulin avec le Général, qu'il n'avait pas revu depuis quatorze mois, furent décisifs pour l'avenir de la Résistance sur les questions suivantes : les institutions proposées par de Gaulle à Giraud ; la mise au point du projet d'un Conseil de la Résistance ; l'armement et la stratégie de l'Armée secrète ; enfin, la formation et l'utilisation des maquis.

14 février 1943 : Moulin, compagnon de la Libération

Avant tout, de Gaulle tint à marquer son estime pour son représentant et sa reconnaissance pour la tâche qu'il avait accomplie, en le décorant, lui-même, de l'ordre de la Libération qu'il lui avait décerné en novembre [1].

Le colonel Passy, qui assistait à cette cérémonie, en a laissé le récit empreint d'une pure émotion. À travers les mots simples, c'est l'atmosphère fraternelle et l'isolement impressionnant de ces croisés qui surgissent intacts d'un lointain passé. Cérémonie simple, tenue dans le salon de la maison de Hampstead qu'habitait de Gaulle. Seuls y assistaient *« le général Delestraint, Billotte, Philip, Manuel et moi. Mais ce caractère d'intimité rendit cette remise de décoration encore plus impressionnante et, après plus de cinq ans, j'en revois les détails avec une étonnante précision. Je revois Moulin, blême, saisi par l'émotion qui nous étreignait tous, se tenant à quelques pas devant le Général, et celui-ci disant, presque à voix basse : "Mettez-vous au garde à vous", puis, poursuivant en détachant les membres de phrase et en les scandant de sa manière personnelle que chacun connaît aujourd'hui : "Caporal Mercier* [Moulin], *nous vous reconnaissons comme notre compagnon, pour la Libération de la France, dans l'Honneur et par la Victoire." Et, pendant que de Gaulle lui donnait l'accolade, une larme, lourde de reconnaissance, de fierté et de farouche volonté coulait doucement le long de la joue pâle de notre camarade Moulin. Comme il avait la tête levée vers celle du Général, nous pouvions voir encore, au travers de sa gorge, les traces du coup de rasoir qu'il s'était donné en 1940, pour éviter de céder sous les tortures de l'ennemi*[2]. »

A. DE GAULLE DOIT-IL S'EFFACER DEVANT GIRAUD ?

Bien que Moulin fût arrivé à Londres un mois après Anfa, les pourparlers avec Giraud étaient toujours au point mort. Seuls, des négociateurs avaient été échangés entre les deux généraux : Bouscat pour Giraud et Catroux pour de Gaulle.

Quelques jours auparavant, le 9 février, de Gaulle avait tenu une conférence de presse dans laquelle il soulignait qu'à ses yeux le véritable enjeu politique en Afrique du Nord n'était pas une compétition entre deux généraux, mais bien l'union de l'Empire, la libération du territoire, le rétablissement des lois de la République et le triomphe de l'idéal pour lequel luttaient les Nations unies. Les propos du Général confortaient Moulin dans sa confiance en sa politique, puisque la République était le leitmotiv de ses déclarations. Il posait le problème dans les termes mêmes où l'ancien préfet jugeait les deux légitimités en présence : *« L'une est un semblant de légitimité, c'est la base coupable et détestée de Vichy ; l'autre, c'est la République*[3]. »

À défaut de pouvoir mettre en place à Alger un Parlement, impossible à réunir dans les circonstances présentes, le Général, reprenant le projet du socialiste Félix Gouin, proposait la création d'un Conseil national consultatif comprenant les députés et sénateurs encore libres, des membres élus des conseils généraux, des représentants des syndicats ainsi que des Français vivant à l'étranger. De ce conseil émanerait un pouvoir central provisoire dirigé par les deux généraux. Aucun représentant de la Résistance n'était prévu[4].

Moulin approuva l'ensemble de ses déclarations, sauf sur deux points : la composition du Conseil national consultatif et le mécanisme de désignation du pouvoir central. Dans les entretiens qu'il eut avec de Gaulle, il se fit l'avocat de la Résistance en soulignant que ses représentants devaient siéger en majorité au futur Conseil d'Alger, puisqu'elle seule fondait la légitimité du Général et le qualifiait pour traiter au nom de la France résistante. En outre, Moulin estimait dangereux qu'un organisme gouvernemental soit *« issu »* de cette assemblée. C'était le mettre à la merci de toutes les intimidations et de toutes les manœuvres, qui permettraient à l'occasion de l'évincer. C'est pourquoi il préconisait une procédure de constitution d'un pouvoir central associant de Gaulle et Giraud, *avant* la création d'un Conseil consultatif. Celui-ci serait composé ultérieurement d'une représentation majoritaire de la Résistance qui serait, en priorité, l'expression de la France du refus et du sacrifice.

Moulin développa les arguments qui convainquirent le Général : *« Le Général de Gaulle aura de plus en plus besoin de ces hommes. Les accords d'Alger ne régleront jamais la situation en France et c'est ici même* [en France] *qu'il doit chercher ses appuis*[5]. »

Parmi les tâches attribuées au futur Conseil de la Résistance figurait la désignation des représentants de la France Captive devant siéger à l'Assemblée d'Alger. La création de ce Parlement clandestin s'avérait donc prioritaire. Pour en avancer l'établissement, Moulin n'attendit pas son retour en France. Profitant de la présence à Londres des représentants de l'O.C.M., de Libération-Nord et du parti communiste, il les convainquit de la nécessité de ce nouvel organisme. Ce fut une tâche difficile de les convertir, car ils combattaient le projet pour des raisons différentes. Les deux chefs de mouvement opposaient à Moulin les arguments mêmes de tous les responsables métropolitains. Quant aux communistes, leur ambition d'être en métropole les fédérateurs de la Résistance, dans le cadre du Front national, les rendait réticents à l'égard de cette nouvelle institution qui allait renforcer, au contraire, l'emprise du Général sur la Résistance. Jean Moulin réussit néanmoins à convaincre Fernand Grenier qui, deux jours après leur entretien, écrivait à ses camarades métropolitains : *« La FL* [France Libre] *va vous proposer la constitution sur le sol national d'un Conseil de la Résistance. Je pense utile la coordination des efforts dans tous les domaines, mais c'est au CC* [Comité central] *et non à moi de prendre une décision sur les bases et les modalités de ce Conseil central*[6]. »

B. GENÈSE DES « NOUVELLES INSTRUCTIONS »

Bingen, Manuel, Passy, Philip préparent les instructions du 10 février 1943

Le 28 janvier 1943, le lendemain du départ de Brossolette, Manhès, adjoint de Moulin pour la zone occupée, et Manuel arrivaient à Londres, où Passy les attendait. Grâce à eux, de Gaulle eut le dernier état de la situation en France et des projets de Moulin. Chapitré par ce dernier, Manhès venait expliquer son action en zone occupée. Il ne s'agissait nullement d'offrir les clés des mouvements de la zone à Brossolette mais, au contraire, d'assurer l'autorité de Moulin sur cette zone, ainsi que de Gaulle l'avait prévu en 1941.

Toutefois, c'est André Manuel qui eut un rôle déterminant dans cette affaire. Après les deux mois passés en zone libre, il put exposer à de Gaulle, en vertu de son expérience et de son autorité de cofondateur du B.C.R.A., les mesures propres, selon lui, à renforcer le contrôle de la France Combattante sur la Résistance. Il informa le Général des intentions de Jean Moulin et de son ralliement au projet d'un Comité politique (Conseil de la Résistance), présidé par le représentant de la France Combattante et composé de représentants des partis politiques et des groupements de Résistance. De Gaulle, qui avait déjà approuvé le principe du nouvel organisme présenté par Pineau, accepta d'autant mieux la réalisation de ces projets que la France Combattante se trouvait maintenant isolée, et qu'il avait proposé que Moulin en fût le réalisateur : *« Je crois pouvoir affirmer que Rex* [Moulin] *sera en principe d'accord pour participer à la réalisation du projet et je crois qu'il serait opportun que les différentes modalités d'exécution soient discutées ici avec lui ; son action personnelle a, en effet* [toujours été très saine et disciplinée]. *Il a maintenant une grande expérience des Mouvements de Résistance en zone ex-libre et son autorité est indiscutable sur ceux-ci. Il peut donc résoudre mieux que tout autre les questions personnelles qui ne manqueront pas de se poser*[7]. »

Bingen, par l'intermédiaire de Philip, fut chargé de rédiger des instructions pour Jean Moulin. Il étudia les divers projets qui étaient parvenus à Londres, et consulta Boyer, Fourcaud, Manuel, Morandat, Pineau, qui avaient tous, à des titres divers, participé à leur élaboration. Après des entretiens avec Philip et Passy, il avait établi, le 4 février, une proposition concernant la façon d'aborder, de manière pratique, *« la partie non militaire du problème de la Libération »*. Il traduisit dans de nouvelles instructions détaillées les principes énoncés par Moulin et Pineau en les adaptant à la clandestinité, selon la représentation qu'il avait de son fonctionnement : il avait étudié les télégrammes et les rapports depuis six mois à la section non militaire (N.M.) du B.C.R.A. Son premier souci fut la sécurité des participants. Il imagina donc un comité de direction réduit à huit membres où seraient représentés les mouvements (les trois mouvements de zone libre auraient deux représentants, ceux de la zone occupée, aucun), les partis (parti communiste, C.A.S., radicaux-socialistes, Fédération républicaine). Pour faire accepter ce comité et lui donner une autorité accrue, Bingen suggérait *« la représentation simultanée par un même homme de plusieurs groupes proches*[8] *»*. Cet organisme politique coiffait deux comités de coordination (un dans chaque zone, celui de zone nord était à créer sur le modèle de la zone sud) de quatre membres, regroupant deux représentants des mouvements, un des partis et un des syndicats. Moulin, devenu représentant du Général pour toute la France métropolitaine, présidait les trois organismes. Le Comité de direction (Conseil de la Résistance) l'aiderait à interpréter les instructions du général de Gaulle, à prendre des décisions, s'il y avait urgence, et à donner des directives à la propagande clandestine. Embryon d'une représentation nationale réduite, il deviendrait le Conseil politique du général de Gaulle à son arrivée en France, comme l'avaient souhaité les socialistes[9].

Ce projet fut discuté par Philip, Passy, Manuel et Bingen[10]. Ensuite, Manuel signa, le 8 février, une note sur « l'organisation Rex » dont l'article I donnait l'ordre d'*« attribution du représentant du général de Gaulle en zone libre étendue sur les deux zones*[11] *»*. Bingen corrigea le second paragraphe en prescrivant le *« monopole de l'action politique, quitte à lui de déléguer certaines fonctions politiques, sous son contrôle à ses adjoints »*. Le paragraphe 5 précisait, quant à lui : *« Etant donné que les problèmes paramilitaires, par suite de l'organisation différente des groupements de résistance en zone occupée et en zone libre ne peuvent comporter de solutions identiques dans ces deux zones, le chef de la Mission Arquebuse* [Passy], *en collaboration avec Rex* [Moulin], *est habilité à mettre au point toutes les questions s'y rattachant*[12]. »

Les instructions du 10 février aboutissaient à une refonte de toutes les institutions de la Résistance. On y retrouvait l'essentiel de la note de Manuel, corrigée par Bingen. En particulier, il était prévu la création, en zone occupée, d'un comité de coordination paramilitaire.

C'est le colonel Passy qui présenta, sans doute le lendemain 9 février, cette note à de Gaulle à l'occasion de la signature de son ordre de mission[13].

Passy avait participé avec Philip et Manuel à la mise au point de ces instructions, car il n'avait aucune objection à ce projet sur lequel tout le monde, à Londres, était tombé d'accord.

Du moins le croyait-il encore. Entre-temps, l'expérience sur le terrain avait convaincu Brossolette de modifier une fois de plus ses positions et de revenir à ses convictions intransigeantes de l'automne 1942, mais il n'en avait pas encore informé son chef.

Février 1943 : Bingen porte-plume de De Gaulle

À ces instructions signées par André Philip, le 10 février 1943, était jointe une lettre personnelle à Moulin, signée de De Gaulle. Il est instructif de connaître le mécanisme de sa rédaction, comme de l'ensemble de la correspondance personnelle du Général pour la France. Un premier jet avait été rédigé par Bingen, qui était son porte-plume pour les résistants. Claude Serreulles avait apporté ensuite plusieurs corrections et suggestions (les mots supprimés se trouvent entre parenthèses). Le texte fut remodelé dans une optique de fermeté et de concision :
« Le(s) rapport(s) que m'a fait(s) le Cdt Manuel, mes entretiens (à Londres) avec votre adjoint, et l'ensemble de mes informations (de France) me (démontrent) confirment, s'il en était besoin, que la tâche immense à laquelle vous vous êtes attelé, il y a seulement un an, est (se trouve) en excellente voie.

« (En même temps que cette lettre, vous recevrez des instructions Par) Le même messager vous apportera des instructions qui élargissent vos pouvoirs (qui vous donnent à lumière des indications reçues des pouvoirs plus étendus que le CN à exercer par vous au nom du CNF et de...).

« Je sais que vous (emploierez) consacrerez (l'autorité accrue) vos efforts et votre autorité (que nous vous conférons) dans (le même esprit) le sens (qui vous anime depuis) (n'a cessé de vous animer : celui) de l'intérêt national. Qu'il me suffise donc ici de vous (remercier de vos efforts et) féliciter des (vos) résultats déjà obtenus, de vous remercier des efforts déjà fournis, et de vous (souhaiter pour la période capitale où nous) dire toute la confiance que j'ai en vous pour (la tâche) l'accomplissement de la tâche immense qui (vous est dévolue) vous est impartie.

« Je suis sûr qu'une autorité accrue vous permettra de développer encore votre (vos magnifiques efforts) belle action. (C'est en) Continuez (toute confiance que je continuerai de... d'en suivre l'accomplissement) dans la même voie ; vous avez toute ma confiance.

« Nous approchons du but ; voici l'heure du plus rude effort. (Ensemble nous libérerons la France)[14]*. »*

Après ce brouillon, Jacques Bingen proposa à de Gaulle le projet suivant :
« Le rapport que m'a fait le Commandant Manuel, mes entretiens avec votre adjoint ZO et l'ensemble de mes informations me confirment, s'il en était besoin, que la tâche immense à laquelle vous vous êtes (attelé, il y a seulement un an) consacré est en excellente voie.

« Le même messager vous apportera des instructions qui élargissent vos pouvoirs et précisent nos intentions.

« Je suis sûr qu'une autorité accrue vous permettra de développer encore votre belle action. Continuez dans la même voie ; vous avez ma confiance.

« Nous approchons du but ; voici l'heure du plus rude effort.

« Signé : Charles de Gaulle[15]*. »*

Comme cette lettre est toujours citée par les historiens, il est instructif de connaître la part qui en revient au Général, en donnant la version définitive :

« Mon cher ami,

« Le rapport que m'a fait le Commandant Marnier [Manuel], *les entretiens que j'ai eus avec votre adjoint ZO* [Manhès] *et l'ensemble de mes informations me confirment, s'il en était besoin, dans mon opinion que votre immense tâche est en excellente voie.*

« Le même messager vous apportera des instructions qui élargissent vos pouvoirs et préciseront mes intentions.

« Je suis sûr qu'une autorité accrue vous permettra de développer encore plus votre action. Vous avez toute ma confiance.

« Nous approchons du but. Voici l'heure des plus durs efforts.

« Croyez, mon cher ami, à mes sentiments profondément dévoués[16]. »

Bien que, dans les brouillons, Jean Moulin fût chaleureusement félicité pour son action passée, le Général avait teinté, finalement, le message d'un ton encore plus personnel.

Cette lettre était accompagnée de plusieurs autres, toutes rédigées par Bingen et adressées à différentes personnalités résistantes des deux zones : au colonel Touny de l'O.C.M., au groupe Lorraine, à Ceux de la Résistance, à Ceux de la Libération. Deux missives se détachaient du lot par la qualité de leur destinataire et l'argumentation déployée : l'une adressée au P.C.F., l'autre à Léon Blum, qui était, depuis des mois, un soutien inconditionnel du rôle du Général dans la guerre et à la libération. Il avait été l'un des premiers à lancer le mot d'ordre de la nécessité d'un gouvernement de la libération formé par de Gaulle.

Dans la lettre datée du 10 février 1943, le Général lui annonçait la création de l'organisme fédérateur prôné par les socialistes : *« La libération approche. Elle se fera dans des conditions équivoques et difficiles, du fait de la politique "d'apaisement" de nos alliés. Ce qui se passe en Afrique du Nord pourrait même être un danger si ceux qui mènent le jeu d'Alger n'étaient pas de simples sots et si notre pays n'avait pas dans ses profondeurs choisi une fois pour toute la liberté et la République. Toutefois, il faut s'organiser pour la résistance, non seulement dans le présent mais encore dans l'avenir.*

« Veuillez être assuré que nous savons quel est le rôle joué dans cette résistance, — et au premier rang —, par le parti socialiste. Nous comprenons très bien qu'à mesure que point l'aurore, il soit normal et même souhaitable que la résistance, — tout en demeurant unie et cohérente —, se teinte et se nuance des tendances politiques traditionnelles et diverses. Nous discernons que l'influence des cadres politiques, liée à celle des idées qu'ils personnifient toujours, du moment qu'ils ne les ont pas trahies, devient un élément essentiel dans le rassemblement du peuple pour l'action. C'est pourquoi nous souhaitons la formation à l'intérieur du pays d'un organisme concret [Conseil de la Résistance], *groupant sous le signe unique de la lutte pour la patrie et pour la démocratie, les représentants des partis, du moment que ces partis sont, en tant que tels, en action de combat. Les représentants s'y trouveraient aux côtés des chefs des organisations de résistance actuellement existantes. Le tout serait lié au Comité National et constituerait bien la "France Combattante".*

« Il me semble que de cette façon la résistance à l'intérieur pourrait être mieux coordonnée et qu'à la première minute où cela serait possible, il apparaîtrait sur le sol national une autorité provisoire de la France Combattante, susceptible de s'opposer aux tentatives de division et de confusion que ne manqueront

pas de tenter certaines équipes alliées avec le concours de leurs clients français[17]. »

La lettre au parti communiste était un acte politique de première importance, succédant aux initiatives quelque peu désordonnées qui avaient abouti au rapprochement. C'était la première fois que de Gaulle adressait un message aux communistes et tous les mots importaient dans une telle conjoncture : « *L'arrivée de Fernand Grenier, l'adhésion du parti communiste au Comité national qu'il m'a apportée en votre nom, la mise à ma disposition, en tant que commandant en chef des Forces Françaises Combattantes, des vaillantes formations de francs-tireurs que vous avez constituées et animées, voilà autant de manifestations de l'unité française, voilà une nouvelle preuve de votre volonté de contribuer à la libération et à la grandeur de notre pays. Convaincu que votre décision apporte une contribution importante à l'intérêt national, je vous en remercie sincèrement.*

« *De grands efforts, de grands sacrifices vous seront demandés après tous ceux que les membres de votre parti ont déjà consentis au service de la France.*

« *Vous savez comme moi qu'une coordination efficace des organisations de résistance est indispensable au but que nous poursuivons en commun : la libération de la France aussi tôt que possible avec la participation active et efficace des Français. Je suis certain que les représentants que j'ai désignés trouveront chez les responsables du parti communiste français une volonté de coopération poussée jusqu'à l'esprit de sacrifice et la même loyale discipline qui existe déjà à l'intérieur de vos organisations. Mes représentants vous feront part des décisions prises ici et auxquelles Fernand Grenier a participé*[18]. »

Ces lettres et ces instructions furent confiées à Henri Manhès, qui rentrait en France. Dans la nuit, il croisa Jean Moulin sur le terrain, où celui-ci embarqua dans l'avion même qui le ramenait, et ne put donc lui parler. Moulin arrivait à Londres, ignorant tout du contenu de ces courriers et des nouveaux pouvoirs dont il était investi.

21 février 1943 : les « nouvelles instructions »

Le résultat des longs entretiens que Moulin eut avec de Gaulle dès son arrivée modifièrent les instructions du 10 février en tenant compte de la crise avec Giraud et les Alliés, ainsi que des récentes évolutions de la Résistance. Aux yeux de Moulin, le projet de Bingen manquait d'ampleur. D'abord, il contenait une erreur d'interprétation en confondant, dans un même comité, la représentation politique et la direction de l'action, que Moulin distinguait systématiquement. Il imposa donc leur séparation. Par ailleurs, Bingen avait limité le nombre des membres à huit, imaginant que chaque participant serait investi d'une double représentation, ce qui paraissait satisfaisant sur le plan de la sécurité et de l'administration, mais nullement sur le plan politique. Dans l'esprit de Moulin, il s'agissait, au contraire, de constituer une vaste assemblée ayant une autorité internationale, c'est-à-dire comportant toutes les forces morales et civiques, anciennes et nouvelles, chaque organisation y déléguant un membre tenu de participer physiquement à toutes les séances, les motions votées étant alors légitimées par le sceau du risque.

Quant à la direction de l'action, Moulin fit supprimer les deux comités de coordination, les remplaçant par un organisme unique pour les deux zones : une

Commission permanente de cinq membres, choisis exclusivement parmi les mouvements, qui deviendrait le directoire de la Résistance capable de la conduire sur le plan national.

Il reprit les quatre principes simples constituant, selon lui, le programme minimum de tous les adhérents et devant orienter l'action du Conseil de la Résistance : *« — Contre les Allemands, leurs alliés et leurs complices, par tous les moyens et particulièrement les armes à la main.*

« — Contre toutes les dictatures et notamment celle de Vichy, quel que soit le visage dont elle se pare.

« — Pour la liberté.

« — Avec de Gaulle dans le combat qu'il mène pour libérer le territoire et redonner la parole au peuple français[19]. »

Le dernier principe montre que Jean Moulin, pour obtenir un accord sans réserve, avait renoncé provisoirement à faire désigner de Gaulle comme le « chef » des Résistances. Il avait également évolué dans sa conception du Conseil de la Résistance.

On a vu que, dans son rapport du 14 décembre 1942, il avait évoqué un « Comité politique », tenu en dehors de l'action et constitué par *« des forces morales, des forces syndicales, des forces politiques*[20] *»*. En janvier 1943, il s'était fait plus précis, énumérant les forces qui seraient représentées : C.A.S., P.C., démocrates-chrétiens, Fédération républicaine, radicaux, P.S.F., Alliance démocratique, C.G.T. et C.F.T.C. Ce conseil se limiterait à statuer sur les principes[21]. Enfin, le 1er février, après avis du C.G.E., il avait rayé le P.S.F. de la liste des membres du *« Conseil politique de la Résistance »*, qui figurerait une *« représentation large de la Résistance*[22] *»*.

C'est à Londres que Moulin inventa le nom de Conseil de la Résistance, qui fut accepté par de Gaulle. C'est le titre que j'utilise de préférence dans cet ouvrage parce que c'est le seul qu'employa Jean Moulin. Le terme « national » avait été écarté par lui pour ne pas créer une confusion avec le Comité national français de Londres. Après sa mort, « national » fut ajouté, qui aboutit au sigle C.N.R., sous lequel l'histoire l'enregistra. La dénomination choisie par Moulin et adoptée par de Gaulle était Conseil de la Résistance. Elle figure dans les « nouvelles instructions » du 21 février, ainsi que sur tous les documents de l'époque (message du Général, motion votée le 27 mai, rapports de Moulin, télégrammes, etc.). C'est le 6 mars 1943, dans un ordre du jour de *Libération(-Nord)*, qu'apparaît pour la première fois la dénomination « Conseil *National* de la Résistance française ». Pour une raison inexpliquée, elle est reprise par Brossolette dans le compte rendu de mission qu'il rédigea le 20 avril 1943. Dans tous les autres rapports, il utilise le nom adopté à Londres. Mais après la disparition de Moulin, à partir de septembre surtout, la désignation devint incertaine : Comité national de la Résistance (instructions du 9 juillet 1943) ; Conseil central de la Résistance (Philip) ; Conseil supérieur de la Résistance (Closon) ; Comité national de la Résistance (Bollaert, Mayer, Simon), mais aussi Conseil national de la Résistance (Philip, Brossolette, Villon, Blocq-Mascart, Lecompte-Boinet). Cette dernière dénomination devint plus fréquente en décembre, en même temps qu'apparut le sigle C.N.R. Elle s'imposa définitivement à partir de janvier 1944.

Le 21 février 1943, de Gaulle signait les nouvelles instructions qui créaient le Conseil de la Résistance, *« présidé par Rex* [Moulin], *représentant du général de Gaulle »*. Restait à le constituer sur le terrain. Le Général avait prescrit que cet organisme, *« embryon d'une représentation nationale réduite »*, devait *« être créé dans les plus courts délais possibles*[23] », car il en avait le plus pressant besoin dans ses négociations avec Giraud.

On comprend l'urgence de cette réalisation quand on sait que deux jours plus tard, le 23 février, de Gaulle adressait un mémorandum à Giraud. En effet, les entretiens sur la création du Conseil de la Résistance entre Moulin, Philip et de Gaulle incluaient l'étude des propositions faites à Giraud afin de rectifier les erreurs de la conférence de presse du 9 février. Moulin argumenta en faveur des principes qu'il avait défendus dès son arrivée à Londres. C'est ainsi que de Gaulle écrivait : *« Il serait utile, dès qu'aura été constitué un pouvoir central provisoire où les diverses opinions et activités seront représentées, de créer, auprès de ce pouvoir, un conseil consultatif de la résistance française. Ce conseil pourrait être formé, par exemple, par des mandataires délégués par les organisations de résistance dans la Métropole et les éléments combattants* [...][24]. » Suivait l'énumération suggérée par Gouin. En définitive, de Gaulle offrait à Giraud de constituer, à Alger, un « Conseil consultatif de la Résistance française », dans lequel les membres choisis par le Conseil de la Résistance seraient majoritaires (remarquons qu'en novembre 1943, sur les 84 membres de l'Assemblée consultative d'Alger, 52 seront finalement des représentants de la Résistance). Ce Conseil aurait à *« donner une expression de l'opinion des Français, pour autant qu'elle puisse se faire entendre dans les circonstances présentes*[25] ». Mais, pas plus le Conseil consultatif d'Alger que le Conseil de la Résistance ne pouvait prendre *« la figure d'un organisme souverain »*, c'est-à-dire se substituer à l'autorité du général de Gaulle.

Des ordres de mission en désordre

Jusqu'ici, le déroulement des faits reste relativement simple. Il se compliqua lorsqu'il fallut appliquer les décisions prises. Les circonstances voulurent que les trois chargés de missions (Brossolette, Moulin et Passy), censés constituer le Conseil, n'aient pas participé ensemble à une seule discussion avec Philip et de Gaulle pour le mettre au point. L'absence de concertation fut aggravée par l'échelonnement sur trois mois de la rédaction de leurs ordres de mission. Cette improvisation, qui fut la source de bien des conflits, était la marque du travail de la France Combattante aussi bien que de la Résistance.

Ces ordres de mission datent successivement du 12 décembre 1942, des 22 et 24 janvier 1943 pour Brossolette ; du 9 février 1943 pour Passy et des 10, 21 février et 12 mars 1943 pour Moulin. À côté de la tâche commune relative au Conseil de la Résistance, ces documents visaient des objectifs annexes qui ne se recoupaient pas. Il faut comparer le détail de ces missions dont on ne retiendra ici que la partie politique, c'est-à-dire la mise en place du Conseil.

C'est sous la pression des initiatives de Moulin que Brossolette prépara son séjour en France. En tout cas, de Gaulle signa son premier ordre de mission le 12 décembre 1942. Il était prescrit un travail d'information sur les cadres supérieurs de l'administration en Z.O. et leur rattachement possible à l'effort de l'E.M.Z.O.[26]. Brossolette devait contacter ou mettre en route les réseaux de renseignement et rencontrer un certain nombre de personnalités résistantes de tous horizons. Un mois plus tard, le 20 janvier 1943, un nouvel ordre de mission plus étoffé était préparé, dont le but essentiel était la séparation entre les services de renseignement et les groupes d'action civile et militaire. Brossolette devait effectuer aussi un inventaire de toutes les forces, mouvements ou syndicats pouvant être utilisés pour un travail efficace avec les services de Londres. Suivait une liste d'objectifs à remplir, dont le contact avec les communistes.

Enfin, le 24 janvier 1943, l'ordre de mission définitif emporté par Brossolette, imprimé sur un mouchoir, regroupait les trois objectifs précédemment dispersés : administratif, militaire et renseignement.

« 1º Procéder en Z.O. à la séparation la plus stricte possible entre tout ce qui concerne le renseignement d'une part, et l'action civile et militaire d'autre part. 2º Procéder à l'inventaire de toutes les forces qui, soit dans le cadre des groupements de résistance, soit dans le cadre de groupements spécifiques comme l'O.C.M., soit dans le cadre des organisations politiques, syndicales ou religieuses peuvent jouer un rôle dans le soulèvement national en vue de la Libération. En prévoir la mise à la disposition de l'E.M.Z.O. soit à l'échelon de la Z.O. tout entière, soit préférablement à l'échelon régional. 3º Rechercher d'une part à la faveur de contacts directs et d'autre part en collaboration avec les organismes mentionnés plus haut les cadres d'une administration provisoire de la Z.O. au jour de la Libération[27]. *»*

Ce texte était suivi de huit prescriptions annexes. En dépit de ce catalogue copieux, Brossolette n'avait aucune mission politique concernant la création de nouvelles institutions clandestines, puisque, en attendant le retour d'André Manuel et l'arrivée de Moulin, rien n'avait été arrêté ni pour le Comité de coordination de zone nord ni pour le Conseil de la Résistance. De plus, Brossolette n'avait pas obtenu, à l'heure de son départ, le titre convoité de représentant personnel du Général et de délégué du Comité national, que seul Moulin assumait depuis un an. Il partit donc en mission comme adjoint du chef du B.C.R.A., ce qui était déjà considérable.

Toutefois, un autre texte, rédigé lui aussi le 24 janvier 1943, alors que de Gaulle était à Anfa, et signé par le général d'Astier de La Vigerie et André Philip, reflète l'esprit obsidional qui régnait dans la France Combattante. Craignant une fois encore que les Alliés, par mesure de rétorsion contre de Gaulle, ne coupent les liaisons entre la France Libre et la Résistance, ou même ne neutralisent de Gaulle, on prévoyait, à partir des institutions existantes, de maintenir le contrôle de la France Combattante sur la Résistance. Cet ordre de mission comporte une anomalie : le projet Pineau d'un comité politique et de deux comités de coordination attendait toujours l'aval de Manuel et de Moulin, alors qu'ils y sont mentionnés comme s'ils étaient déjà créés. Ce détail sera une source de confusion pour les historiens : *« Au cas où les communications seraient coupées entre le Général de Gaulle et la France au cours d'une période de plus d'un mois, ceux des chefs des missions Arquebuse* [Passy], *Brumaire* [Brossolette], *Rex* [Moulin] *et Pallas* [Manuel] *qui seront sur le territoire métropolitain et libres d'agir, seront conjointement compétents pour :*

« 1º exprimer et interpréter les directives du Général de Gaulle et du Comité National Français.

« 2º désigner dans chaque zone l'un d'entre eux pour prendre en commun avec les représentants de la Résistance au sein de chacun des deux Comités de Coordination les mesures jugées utiles à la libération du Pays.

« Ces pouvoirs prendront fin automatiquement au moment où les communi-

cations étant rétablies, des ordres pourront à nouveau être transmis par les Autorités compétentes de la France Combattante[28]. »

En fait, lorsque Brossolette quitta Londres, le 27 janvier 1943, son pouvoir concernait les objectifs énumérés dans son ordre de mission, mais rien de plus.

Dès le retour de Manuel, les projets de la France Combattante se précisèrent. On a vu que Manuel avait réclamé la nomination de Moulin comme représentant pour toute la France et la création d'un Conseil de la Résistance. On sait également que Bingen fut chargé de rédiger les instructions afférentes.

Le 9 février, l'ordre de mission de Passy, signé par de Gaulle, contenait un paragraphe établissant une liaison avec les instructions préparées pour Moulin. Bien que sa mission fût principalement militaire, elle comportait, par rapport à celle de Brossolette, une extension politique. Dans ce domaine, Passy était d'abord chargé, avec Brossolette et Moulin, de faire connaître les directives du général de Gaulle en zone occupée, ensuite d'étudier *« les conditions dans lesquelles il pourrait être procédé à la constitution d'un Comité directeur central* [Conseil de la Résistance] *chargé de mettre au point toutes les questions civiles*[29] *»*. C'est le premier texte officiel où apparaît la décision de créer cet organe politique et d'entamer une collaboration entre les trois hommes limitée à une enquête exploratoire.

Quant aux instructions destinées à Moulin, signées par Philip le 10 février, elles prescrivaient, en outre : *« Sur le plan politique et administratif, un comité de direction présidé par Rex* [Moulin] *et coiffant les deux comités de coordination.*

« a) Sa constitution effective qui devra être aussi prochaine que possible, incombera à Rex[30]. *»* Lorsqu'il prit connaissance de ces instructions à Londres, le 14 février, Moulin les utilisa comme brouillon des « nouvelles instructions » afin de rendre à la fois l'organisme plus simple, plus représentatif et plus efficace. De Gaulle les signa le 21 février. On apprend que leurs dispositions avaient annulé *« les instructions précédentes et notamment celles datées de février 1943*[31] *»*. Une note accompagnait ce texte précisant que *« les suggestions faites au sujet de la composition du Comité de Direction et des Comités de Coordination tombent d'elles-mêmes du fait de la disparition de ces organismes*[32] *»*.

Il n'y avait donc aucune ambiguïté pour Passy sur le remplacement des précédentes directives par ces « nouvelles instructions ». D'autant moins qu'il en avait suivi en détail l'élaboration. Il devait désormais *« faire connaître les directives du général de Gaulle en zone occupée*[33] *»* avec Brossolette (bien que leurs ordres de mission personnels ne fussent en rien modifiés). Étant seul responsable devant de Gaulle de l'accomplissement de sa mission, il en connaissait tous les arcanes. C'est ce qu'il révèle dans ses Souvenirs quand il évoque les *« différentes conversations »* tenues avant son départ avec *« le général de Gaulle, Jean Moulin et le général Delestraint et André Philip*[34] *»*.

Concernant le Conseil de la Résistance, la nouvelle tâche qui incombait aux trois chargés de mission était regroupée dans le paragraphe 3 : *« Pour mener à bien l'établissement du Conseil de la résistance prévu au titre II ci-après, la charge des négociations et de leur conclusion incombe conjointement à Rex* [Moulin], *Arquebuse* [Passy] *et Brumaire* [Brossolette] *(dans la mesure où ils se trouvent sur le territoire métropolitain, en état d'agir, et chacun dans le domaine de sa mission)*[35]. *»*

Le rédacteur des « nouvelles instructions » pouvait croire que ces directives étaient suffisamment claires pour éviter tout malentendu. Il n'en fut rien. Cette mosaïque de documents fut une source de confusion, aggravée par le flou hiérarchique. Car si les « nouvelles instructions » indiquent qu'il appartient *conjointement* à Brossolette, Moulin et Passy de mener à bien les négociations, elles laissent planer le doute sur leurs positions respectives. Aucun d'eux ne devait prendre de décision sans l'accord des deux autres. Mais c'était une égalité en trompe-l'œil. Il existait bel et bien entre eux la hiérarchie de leurs fonctions. Brossolette était l'adjoint du colonel Passy au B.C.R.A. À ce titre, il avait une mission technique de prospection concernant son service. Le colonel Passy, lui, devait accomplir une mission militaire en liaison avec la précédente, avec Brossolette pour subordonné, et une mission politique dont il devait rendre compte personnellement à de Gaulle. Moulin était représentant personnel du Général, délégué du C.N.F. en France et ministre en mission. Les questions de renseignement ne le concernaient nullement (et il ne s'y risquait pas). Néanmoins, il était l'unique chef de l'organisation politique et militaire métropolitaine, comme le confirma la note du 12 mars, lui accordant le pouvoir de décider seul et modifiant la mission confiée à Brossolette deux mois auparavant. Malgré tout, il faut reconnaître que, dans l'énoncé et la définition des rôles, la formulation portait à l'interprétation. C'est pour cette raison qu'après avoir été informé des initiatives de Brossolette, Philip dut intervenir et lui adresser plusieurs rappels à l'ordre.

Enfin, soulignons que le détonateur de l'embrouillamini de ces missions, ô combien politiques, fut qu'elles avaient été confiées aux deux dirigeants du B.C.R.A., service d'exécution dont la nature même était d'exclure la politique ! À la limite, elles auraient dû être confiées à Bingen, chef de la section non militaire et spécialiste de ces questions pour la métropole. En tout cas, cette situation eut pour résultat de faire éclater l'équipe dirigeante du B.C.R.A. (Passy, Brossolette contre Manuel, Bingen) sur un sujet qui n'était pas de son ressort.

13 mars 1943 : « Du travail en France et des missions »

Moulin était si conscient de ce désordre et des crises qu'il générait que, le 13 mars 1943, après un mois passé à Londres, il rédigea un bref rapport qu'il intitula « Du travail en France et des missions ». Ce texte, précis dans ses propositions et ses conclusions, restait allusif dans ses attendus. En fait, Moulin, s'adressant directement aux hommes chargés de décider et d'organiser les missions, voulait faire passer avec diplomatie mais efficacité un message très net : la pagaille qui présidait depuis plus d'un an à l'envoi de missions « politiques » ou organisationnelles en France ne pouvait plus durer. *« La résistance française mérite mieux que cela »*, soulignait-il[36]. Et la France Libre aussi.

Plutôt que d'accabler ses lecteurs par le long récapitulatif des erreurs commises, Moulin préférait donner un exemple frappant par son ridicule contre-productif : *« Herriot, touché 19 fois par 19 agents différents dont chacun se prétendait être le seul représentant qualifié du Général de Gaulle*[37]. »

Un épisode, vieux de quelques mois, qui avait failli tout remettre en cause. *« Dans le passé déjà, je me suis élevé contre la confusion et le désordre qui présidaient à l'envoi des missions autres que celles techniques et précises : opérations, instruction, radio, renseignement, etc...*

« Je rappelle pour mémoire les missions Léo [Morandat], *Francis* [Pineau],

Rondeau [Roques]. *Tous leurs titulaires avaient le plus grand courage et l'un d'eux a payé de sa vie l'indépendance qu'on avait cru devoir lui donner. Tous auraient pu rendre de grands services si des règles très précises et très fermes avaient accompagné leur utilisation*[38]. » De quoi s'agissait-il ? Ni plus ni moins que de la démission offerte par Moulin à la fin du mois d'août 1942, à la suite de cafouillages qui lui paraissaient rendre impossible sa propre mission.

Avant même que le général de Gaulle ne fît de Moulin son représentant auprès des mouvements de zone libre, le commissariat à l'Intérieur avait envoyé en France Léon Morandat, chargé des contacts avec les milieux syndicaux. Le jeune homme ne s'en était pas tenu à ce cadre. Il avait débordé d'initiatives et d'avis sur la marche de la Résistance et n'avait cessé d'interférer dans le travail de Moulin, qui avait finalement demandé son rappel. Entre-temps, Moulin avait vu Pineau revenir de Londres en tant qu'interprète officiel de la pensée politique du Général. Moulin avait considéré que ses propres missions excluaient ce champ de compétence et, malgré quelques divergences, l'intelligence des deux hommes leur avait permis de coopérer. Pineau avait dénoncé à Londres le chevauchement des initiatives qui faisait que *« le mouvement gaulliste passait pour fort mal organisé*[39] *»*. Et voilà qu'ils apprenaient que, sans avoir seulement pensé à les en avertir, le C.N.I. avait dépêché en zone libre Philippe Roques, un ancien collaborateur de Georges Mandel, pour rallier le personnel politique de la République à la France Libre ! Or, non seulement Roques était repassé sur toutes les brisées de Pineau, mais il voulait s'assurer du contrôle du C.G.E. créé par Moulin dont il déclarait à tue-tête qu'il avait outrepassé les missions assignées par de Gaulle.

En proie à d'immenses difficultés, tributaire de trop rares contacts avec Londres, Moulin avait eu le sentiment que la France Libre avait tendance à ne se manifester à lui que pour lui mettre des bâtons dans les roues : missions mal définies, chargés de mission s'ignorant les uns et les autres et entre lesquels n'était prévu aucun lien fonctionnel ou hiérarchique. Tout se passait comme si les services londoniens établissaient les ordres de mission au coup par coup, lâchaient leurs agents dans la nature et ne comptaient pas qu'ils agissent réellement une fois sur place : autant de bouteilles à la mer. Cela était d'autant plus rageant que Moulin manquait alors de collaborateurs à la tâche bien définie : agents de liaison, radios, par exemple. Aussi entendait-il placer la France Libre devant ses responsabilités et avait-il télégraphié le 28 août : *« Vous indique les seules difficultés sérieuses qu'ai rencontrées dans ma tâche viennent des agents gaullistes et que si question n'est pas réglée dans moindre délai, aurai regret demander me relever mes fonctions. Dans ce domaine, le désordre est à son comble.* […] *Me suis personnellement tenu dans limite ma mission et le seul personnage politique qu'ai contacté est Paul Bastid, mon ancien professeur*[40]. *»*

Cette offre de démission n'avait, bien sûr, pas été acceptée. Mais elle n'avait rien modifié quant à la définition et à l'attribution des missions. Ce que Moulin avait vu à l'œuvre en métropole, il le voyait en germe à Londres depuis un mois : *« Il n'est pas un officier ou un fonctionnaire important de la France combattante que j'ai vu au cours de mon séjour qui ne m'ait déclaré avoir demandé à aller en mission en France, sans d'ailleurs savoir très exactement ce qu'il y pourrait faire*[41]. » Il décida, alors, d'essayer par une mise en garde bien sentie de prévenir ce gâchis. Il commença par éradiquer *« la légende d'une certaine facilité du travail en France »*, en rappelant cette évidence qu'il fallait compter avec les contraintes de la clandestinité et la présence obsédante de la Gestapo. Puis il s'efforça de réduire la tendance qu'il percevait à inventer des missions pour des hommes, alors qu'il aurait fallu, avec les hommes aptes à les accomplir, s'en tenir aux missions nécessaires : « *La France n'est pas un théâtre d'opérations sur lequel le Général de Gaulle puisse envoyer des missions pour permettre seulement :*

« à tel ou tel fonctionnaire ou officier des F.F.C. de s'essayer au rôle de diplomate ;

« à tel ou tel fonctionnaire ou officier des F.F.C. de fuir certaines difficultés rencontrées à Londres ;

« à tel ou tel fonctionnaire ou officier des F.F.C. de se refaire une virginité ;

« à tel ou tel fonctionnaire ou officier des F.F.C. de revenir après un ou deux mois passés en France, avec la croix de guerre[42]. »

Était-ce une cruelle allusion à Brossolette ? Et fallait-il deviner ici les doutes qu'il émettait par avance sur la nouvelle mission de Brossolette et de Passy, après les initiatives désordonnées prises depuis son arrivée ? On peut rétrospectivement le penser en lisant ces lignes : « *Il est également impossible d'admettre que des émissaires soient envoyés pour un mois ou deux pour une mission d'organisation ou d'action à caractère général ; quelle que soit la qualité de l'envoyé, il ne peut, dans un délai aussi bref, posséder tous les éléments du problème. Il risquera le plus souvent, malgré des décisions théoriques apparemment fort convenables, de créer ou d'aggraver le désordre et de laisser après lui un héritage redoutable à ceux qui demeurent*[43]. »

Celui qui demeurerait et raccommoderait les pots cassés, ce serait lui, Moulin, dont l'expérience était mise à rude épreuve : « *Si tels ou tels ont pu "tenir"*, faisait-il remarquer, *c'est à cause des multiples précautions qu'ils ont prises et à la "technique" qu'ils ont acquise sur place*[44]. » Fort de cette expérience, il définissait les règles qui devraient présider à toute mission future : « *Hiérarchie, discipline, spécialisation, durée*[45]. » De fait, il réclamait de l'aide, sous la forme de collaborateurs à qui on attribuerait « *très précisément une spécialisation de leur activité*[46] », aide qu'il réclamera en vain durant des mois.

Cela, pourtant, ne signifiait nullement qu'il eût refusé tout contrôle de son activité sur place. Au contraire, il concluait cette note par l'exemple d'une mission réussie, celle d'André Manuel, qui, venu en France avec une tâche précise, avait très efficacement coopéré avec lui dans une phase délicate.

Cet avertissement, qui n'était que trop vrai, de l'avis de tous ceux qui avaient travaillé en France, devait, hélas, rester lettre morte, une fois de plus.

C. LA RÉSISTANCE CHANGE DE DIMENSION

Jean Moulin et le général Delestraint face aux Alliés

En dehors des problèmes politiques, la troisième tâche de Moulin durant son séjour à Londres concernait l'Armée secrète. La présence du général Delestraint, qui l'accompagnait, et sa nomination comme commandant en chef de l'Armée secrète pour la France entière devaient permettre d'entamer avec l'état-major allié des conversations en vue d'intégrer cette armée dans la stratégie alliée et d'obtenir des armes en conséquence. En dépit de quelques conversations menées à l'automne 1942 par Henri Frenay, les Anglais du S.O.E. n'avaient pas été convaincus par le sérieux de l'entreprise et l'armement de la Résistance était demeuré misérable. Jean Moulin s'en préoccupait et ne cessait de se plaindre de cette carence. Ainsi, dès août 1942, il écrivait dans un rapport : « *J'insiste pour que, dès que les opérations par mer pourront commencer, vous puissiez nous faire parvenir des quantités importantes d'armes. C'est la meilleure propagande. Une section dotée simplement d'une mitraillette d'instruction est une section qui s'augmente en quantité et en qualité d'une façon prodigieuse*[47]. »

Il était revenu à la charge au mois de septembre : « *La question du militaire préoccupe de plus en plus les dirigeants des mouvements. Il faut à tout prix rechercher les solutions capables d'assurer des fournitures massives. Les livraisons d'armes par la voie des airs, étant donné leur difficulté et leur faible débit n'ont à mon sens qu'un intérêt de propagande, permettant au surplus de tenir en haleine un certain nombre de militants. Il faut s'orienter résolument vers les débarquements par Méditerranée et étudier les livraisons par les agents, même par la Suisse. Nous trouverons ici les complicités nécessaires à la frontière*[48]. »

Malheureusement, la livraison d'armes dépendait à la fois des possibilités d'opérations aériennes ou maritimes et de la bonne volonté des Britanniques.

Les livraisons ne s'étant pas améliorées, on comprend qu'il ait tenu lui-même à plaider cette cause devant l'état-major allié, la présence de Delestraint lui étant d'un grand secours.

Les 4 et 10 mars, Moulin et Delestraint rencontrèrent donc le chef d'état-major de l'armée britannique, le général Alanbrook. Delestraint avait rappelé que les plans étudiés par l'Armée secrète en 1942 « *ne comportaient que le sabotage et opérations de destruction en France*[49] ». Mais cette armée s'étant développée rapidement, il ajoutait que « *ses chefs la sentent maintenant capable d'entreprendre des opérations de plus grande envergure, et notamment, d'attaquer les communications allemandes, transports, etc..., nuire à leurs plans de commandement au moment d'un débarquement allié. L'Armée Secrète peut aussi organiser la "Bataille à l'intérieur même du pays" (Battle of the Interior) comme faisant partie de la campagne pour la libération de la France*[50] ».

Delestraint estimait le total des effectifs disponibles à 150 000 hommes dont 75 000 pour la zone libre, 60 000 pour la zone occupée et 15 000 communistes « *sur lesquels on peut pratiquement compter* ».

La conception que Delestraint exposa aux Alliés tenait compte avant tout des possibilités de la métropole : « *En France, les conditions géographiques, et même politiques, interdisent la constitution d'unités d'une certaine importance qui, comme celles du Général Mikhailovitch* [à cette époque, chef de la Résistance yougoslave], *vivent sur elles-mêmes et harcèlent l'ennemi. Il ne peut être question de bataillons et de régiments — ces unités, confinées dans des réduits, seraient rapidement mises hors de cause. Ailleurs l'occupation et la surveillance policière interdiraient leur réunion, elles seraient incapables de subsister et de combattre.*

« *Il ne peut être question que d'une immense action de sabotage, coordonnée quant à sa préparation, entièrement décentralisée quant à son exécution*[51]. »

Lors de cette présentation par le général Delestraint, le colonel Billotte, chef d'état-major de De Gaulle, prit la parole pour suggérer un emploi immédiat de cette force « *en vue d'immobiliser les ports et leurs accès, particulièrement en ce qui concerne les bases de sous-marins. Les Français Combattants sont convaincus qu'ils seraient à même d'interrompre les opérations sous-marines pendant de longues périodes dans chacune des bases principales. Ceci nécessiterait un plan combiné des opérations et la coordination entre les bombardements aériens et l'action des forces terrestres de l'Armée Secrète* [...] *également la fourniture de matériel spécial et une amélioration des services de communication*[52]. »

Malgré l'accueil attentif de leurs hôtes, cette soirée n'avait pas satisfait Jean Moulin ni les autres Français invités. Moulin en gardait une impression d'incertitude qui le gênait. Une lettre écrite à Robin Brook, responsable des opérations en France (S.O.E.), révèle la méfiance avec laquelle les Alliés accueillaient les demandes de la Résistance et les efforts dépensés par Moulin et par Delestraint pour la vaincre : *« Après vous avoir quitté hier soir, j'ai beaucoup réfléchi à ce que nous avions dit et discuté.*

« Je me plais à reconnaître que l'atmosphère fut charmante, les hôtes compréhensifs. Mais la façon dont le problème à été abordé, le refus systématique de le considérer sous le seul angle qui nous intéresse vraiment : celui du combat, me laissent très déçu.

« Je crains que sir Charles [ne] *nous ait considérés comme des émissaires d'une nation affamée auprès de laquelle la Grande-Bretagne consentirait à jouer les bons Samaritains.*

« Il ne s'agit pas de cela. Nous ne demandons pas tellement à manger qu'à combattre[53]. »

16 février 1943 : la Résistance des maquis

Les conversations se poursuivaient avec les Alliés lorsque les nouvelles arrivées de France obligèrent Moulin et Delestraint à traiter avec l'état-major d'un sujet que personne n'avait prévu : la naissance des maquis.

Que s'était-il passé ?

Le 16 février 1943, trois jours après leur départ, le gouvernement de Vichy avait décrété le Service du travail obligatoire (S.T.O.), qui concernait tous les Français de vingt et un à vingt-trois ans, ce qui pouvait impliquer dans de nombreux cas un départ forcé pour l'Allemagne. Immédiatement, de jeunes hommes avaient quitté leur domicile ou leur lieu de travail pour se réfugier et se cacher à la campagne ou dans les montagnes. Un afflux subit, évalué à cinq mille réfractaires, fut observé en Haute-Savoie et aussitôt connu de l'opinion publique. À la B.B.C., Schumann avait repris le titre d'un tract de la Résistance : *« Français, n'y allez pas. »*

Jean Moulin eut connaissance le 4 mars du premier télégramme émanant du Comité de coordination lui indiquant la gravité de la situation : *« Nous nous étonnons du ton adopté par la BBC en ce qui concerne le service obligatoire du travail. Il ne suffit pas de dire aux jeunes gens qu'ils ne doivent pas obéir quand on ne leur en donne pas le moyen et quand toutes les forces de police sont à leurs trousses. Ce qu'il nous faut, c'est recevoir des cartes d'alimentation et des moyens financiers en grande quantité. La population est déçue de ce que les Alliés ne fassent rien dans ces circonstances aussi tragiques*[54]. »

La veille, je lui avais adressé aussi un câble sur mon poste radio personnel tant l'urgence était grande : « *Pour Rex* [Moulin] — *Alain* [Cordier] — *Situation évolue façon imprévisible depuis 8 jours. Déportation intensive des jeunes et des ouvriers vers l'Allemagne. Menacent d'anéantissement les Mouvements Z.N.O. et Z.O. ainsi que l'A.S.* [Armée secrète]. *Tous hommes jusqu'à 31 ans et ouvriers tout âge touchés par nouvelles mesures — Intention par mouvements utiliser incessamment effectifs et matériels disponibles*[55]. »

Mon télégramme parvenu à Moulin le 5 allait être suivi le lendemain par plusieurs autres émanant de Frenay, de d'Astier, de Jean-Pierre Levy, de Ceux de la Libération, etc., dont le ton était dramatique. Je cite ici le télégramme que d'Astier adressa à de Gaulle personnellement, car il reflète la substance et le style de tous les autres : « *France menacée être vidée totalité hommes valides en deux mois — attend votre mot d'ordre résistance totale et violente — avons décidé passer je dis passer action immédiate — avons espoir entraîner mouvement unanime désobéissance et révolte — demandons aide argent agent et armes*[56]. »

Le même jour, le Comité directeur des M.U.R. envoyait un long télégramme à de Gaulle dans lequel on lisait : « *Français déportés considèrent abandonnés par Alliés* [...] *Sommes arrêtés moyens financiers ridicules* [...] *Sans moyens action organisation déportation réfractaire passera mains communistes votre autorité opinion française complète sera rapidement sapée si ne manifestez pas par notre intermédiaire dans lutte libération commencée demandons gouvernement anglais comprendre* [...] *Si nos appels inutiles ordonnerons action désespérée à outrance*[57]. »

Deux jours plus tard, d'Astier expédiait de nouveau un télégramme personnel à Moulin : « *Situation grave pays vidé rapidement hommes. — Seul salut résistance totale — Mettons tout en œuvre mais souhaitons votre retour rapide avec moyens argent et promesses concrètes armes. — Pays mûr je dis bien mûr pour résistance violente si soutenu mot d'ordre précis* [...] — *Organisation en groupes francs des récalcitrants à la déportation — Laissez faire déportation fait jeu communisme*[58]. »

Au reçu de ces télégrammes, Jean Moulin demanda immédiatement un rendez-vous au responsable britannique chargé du S.O.E. pour la France, la Belgique et la Hollande, Robin Brook, afin d'étudier avec lui la réponse à faire à ces câbles : soit un appel au calme, soit le déclenchement de la bataille. Mais avant de donner des ordres, la France Combattante souhaitait recevoir des assurances formelles de la part des Britanniques sur l'aide matérielle, la nature et les dates d'intervention des Alliés. Robin Brook indiqua qu'il n'avait pas compétence pour effectuer des opérations de si grande envergure, qui relevaient des grands états-majors. De son côté, le général Delestraint rencontrait le chef d'état-major de l'armée britannique, Alanbrook, dont le comité interallié (C.I.G.S.) avait manifesté un grand intérêt à la solution des « *parachutistes déjà sur place* », proposée par le Général. Cet entretien avait été positif car Delestraint avait retrouvé, à cette occasion, des officiers alliés qui le connaissaient bien. L'importance de ces démarches pour la cause de la Résistance se mesure au fait que les Alliés, qui n'envisageaient pas de débarquer avant 1944, n'excluaient plus, après les conversations avec Delestraint, de créer une « tête de pont » en France avant l'automne 1943[59].

Le même procès-verbal révèle la position exposée par Delestraint et Moulin devant Robin Brook du S.O.E. : « *MM. Chevalier* [Delestraint] *et Mercier* [Moulin] *sont catégoriques que le principal appui de la Résistance française continue de consister en des actions limitées multiples sur les voies de communication, les transmissions, certains points stratégiques vulnérables de l'ennemi, etc. et non en l'action d'unités militaires à la Mikhailovitch* [chef résistant yougoslave] *que ni l'organisation paramilitaire gaulliste existante, ni la géographie de la France ne permettent. Les envois d'armes SOE devront donc se poursuivre à une cadence considérablement accrue*[60]. »

Les commentaires de Jacques Bingen, qui assista de bout en bout à ces entretiens, ne sont pas moins intéressants que le procès-verbal lui-même sur l'accueil réservé à Moulin et à Delestraint. D'abord, Bingen s'y montre surpris par l'attitude des Britanniques, à laquelle les liaisons qu'il effectue depuis trois ans ne l'ont pas habitué : *« La multiplicité, la confiance, l'intérêt de ces entretiens dénotent un changement brusque de l'attitude britannique. »* Une des raisons qu'il donne de cette modification est déterminante pour la suite des relations entre la Résistance et les Alliés : *« La révélation au C.I.G.S.* [Chief of Imperial General Staff] *des possibilités de la Résistance française par l'exposé d'une personnalité comme M. Chevalier* [Delestraint], *arrivant de France, inspirant confiance au C.I.G.S. et frappant son imagination par son image heureuse des "50.000 parachutistes déjà en place"*[61]. »

Bingen notait également : *« En fin de soirée M. Robin Brook m'a déclaré en privé qu'une prise de position du général de Gaulle sur un plan moral et stratégique très élevé et venant après l'intervention de M. Chevalier* [Delestraint] *faciliterait une décision favorable, c'est-à-dire une décision d'offensive et non de résignation*[62]. »

En ce qui concerne les maquis, la conclusion de la réunion du 7 mars était beaucoup moins heureuse. On lit, en effet : *« Pour l'immédiat un télégramme d'attente, conseillant des mesures de sécurité individuelle, sera envoyé dès le lundi 9* [mars] *par la France Combattante aux Mouvements de Résistance de France. Ce télégramme promettra une réponse précise avant la fin de la semaine. Aux Autorités anglaises de répondre avant cette date, sinon il sera du devoir de l'E.M de la France Combattante de conseiller la résignation à la Résistance française dont ce sera la fin*[63]. »

Pendant que ces conversations se poursuivaient à Londres, la situation en France, et particulièrement en Savoie, tournait au drame. Les réfractaires qui y avaient pris le maquis étaient démunis de tout. Aussi, après une réunion de l'état-major des mouvements, le 12 mars 1943, j'expédiai (toujours sur mon poste personnel) un télégramme : *« Alain* [Cordier] *à Max* [Moulin] *soulèvement commence région Evian-Grenoble nécessité larguer urgence quantité armes*[64]. » Ce texte était accompagné des coordonnées permettant le largage.

Dès réception de ce câble, Jean Moulin fit le nécessaire auprès des Anglais afin qu'ils effectuent un parachutage massif. Trois jours plus tard, six bombardiers de la R.A.F. tentèrent de larguer des armes et des vivres. Malheureusement, l'agent de liaison qui devait apporter les coordonnées établies par l'état-major de l'A.S. avait été arrêté le 14 mars[65] par la police française, de sorte qu'il n'y eut personne sur le terrain de parachutage. Après plusieurs essais infructueux de la part des Anglais, au cours desquels trois appareils furent perdus, un parachutage fut enfin effectué[66]. Il est certain que ces tentatives inutiles, intervenant au moment où les entretiens se poursuivaient, ne pouvaient que conforter l'état-major allié dans sa méfiance à l'égard de l'improvisation et du désordre de la Résistance.

La déception des Alliés se traduisit dans un télégramme de Moulin qui, lorsque je le soumis aux chefs des mouvements, fut une douche froide, tant il était étranger à l'état de tension et d'enthousiasme dans lequel nous avions tous vécu la naissance des premiers maquis. *« A Alain* [Cordier] *pour tous — primo — Demander à tous mouvements et groupes apporter assistance à patriotes Savoie notamment en fournissant cadres — secundo — Donner consignes à population appelée à garder voies et points stratégiques de collaborer avec groupes armés en pratiquant sabotage et en aidant ravitaillement — tertio — sur nos instances 6 bombardiers RAF ont tenté vainement nuit du 14 au 15 de parachuter armes et vivres sur terrain. quarto — étant donné grosses difficultés obtenir aide efficace s'efforcer ne pas amplifier action Savoie — quinto — Armée secrète ni Montagnards* [nom de code du maquis du Vercors] *ne doivent intervenir pour instant dans autres secteurs — sexto — poursuivre action contre déportation en continuant à cacher tous militants menacés* [...] *Avons obtenu environ 6 000 cartes identité alimentation et recensement à parvenir prochainement — Sans lancer d'ordre grève générale susciter partout où possible mouvements grèves. Accentuer sabotage contre organes et moyens déportation — Châtiments exemplaires Français complices*[67]. »

Trois jours plus tard, je répondis à Moulin : *« Exécutons vos ordres — Impuissance inconvénients à s'opposer par force à déportation contribue faire baisser proportion considérable je dis considérable sentiments gaullistes — Population plus que jamais résistante mais déçue par inaction alliée après espoir promesse annoncée depuis deux ans par BBC*[68]. » Mais ce télégramme arriva à Londres après son départ, et c'est de vive voix que je lui en communiquai le contenu ainsi que l'état d'esprit des chefs de mouvements.

Jean Moulin et de Gaulle après dix-sept mois

Le 17 mars, l'avant-veille de son retour, Moulin avait dîné une dernière fois avec le Général qui faisait face à deux crises, l'une avec les Britanniques, l'autre avec Giraud.

De Gaulle ne pouvait toujours pas se rendre à Alger, mais il sollicita des Anglais un avion pour préparer son départ pour les territoires ralliés. La réponse des Anglais fut outrageante : ils lui interdirent l'accès aux États du Levant placés sous mandat français. Recevant la réponse le 3 mars, il s'exclama : *« Alors, je suis donc prisonnier ! »* Et il resta chez lui, en civil, à Hampstead, dans les environs de Londres. L'ordre de Churchill à son représentant indique la température des relations : *« Vous veillerez personnellement à ce que le monstre de Hampstead ne s'échappe pas*[69]. » Comme on l'a vu, cette crise survenait alors qu'apparaissaient les maquis et que les appels au secours de la Résistance se faisaient plus pressants. De Gaulle ne pouvait bouder plus longtemps. Afin de débloquer cette situation intenable, Moulin et Delestraint furent délégués dans sa maison de campagne et n'eurent aucune peine à le convaincre de reprendre sa place à la tête de la France Libre dans un moment si critique[70].

D'une tout autre gravité était le second problème.

On était au plus fort de l'affrontement avec Giraud et les Alliés. Profitant du ralliement verbal de Giraud à la République, le 14 mars, les Britanniques entendaient bien imposer leur solution. On le sait par leur ambassadeur qui convoqua ce jour-là, à Alger, le représentant du Général : *« A présent,* lui dit-il, *que le Commandant en chef civil et militaire* [Giraud] *s'est publiquement rallié aux principes dont se réclame la France Combattante, rien ne s'oppose à ce que l'unité se réalise autour du général Giraud.* » Comme Charbonnières (le représentant de De Gaulle) marquait des réserves, le Britannique laissa éclater une violente irritation. *« Si le général de Gaulle,* cria-t-il, *refuse aujourd'hui la main qui lui est tendue, sachez que l'Amérique et la Grande-Bretagne l'abandonneront complètement et qu'il ne sera plus rien*[71]*.* »

C'était depuis toujours la politique de Roosevelt et, depuis plusieurs mois, celle de Churchill.

Aussi de Gaulle, dans un moment de doute et de découragement (peut-être feint, en partie, pour mieux éprouver la fidélité et la fermeté de Moulin), avait envisagé de dissoudre son mouvement et de renoncer à ses exigences dans le but de faciliter la réconciliation et l'union immédiate des Français. Toutefois, ayant reçu la veille, 16 mars, une invitation de Giraud en Afrique du Nord, il y avait répondu affirmativement et avait publié un communiqué indiquant qu'il était prêt à étudier sur place les conditions et les modalités de l'union de l'Empire. Au cours du dîner, Moulin se montra inquiet que de Gaulle, sans autre garantie écrite de Giraud, eût accepté de se rendre à Alger et s'apprêtât à céder du terrain face aux Alliés. La brusque volte-face que ce dernier venait d'opérer en prononçant un discours dans lequel il condamnait l'armistice et se ralliait publiquement à la République (on sait aujourd'hui qu'il avait été rédigé par Monnet) n'inspirait aucune confiance à Moulin, qui considérait que seule son acceptation publique des termes du mémorandum envoyé par de Gaulle le 23 février fournirait la preuve indiscutable de sa sincérité.

Moulin se méfiait des intentions de Giraud depuis que celui-ci avait refusé de le recevoir, l'été précédent, et avait confié à Bourdet et Menthon ses projets à l'égard de la Résistance[72].

Après la reconnaissance de Darlan par les Américains, il avait rencontré le chef d'état-major de Giraud en France. *« Linarès est bras droit Général Giraud dont il a organisé évasion — Ai montré erreur criminelle Giraud n'avoir pas rallié de Gaulle immédiatement et conséquence catastrophique pour Unité résistance et avenir pays*[73]. »

La méfiance de Moulin avait été renforcée par la lecture des papiers rédigés avant le débarquement en Afrique du Nord, que Linarès lui avait confiés à l'automne 1942. Ces documents révélaient les arrière-pensées et la tactique du général Giraud aux côtés des Américains. Aussitôt, il en avait établi une analyse à l'intention de De Gaulle : *« En présence de l'attitude équivoque du Général Giraud en Afrique du Nord, et des malentendus qu'elle a créés ou risqué de créer dans l'esprit des Alliés et de nos compatriotes, il est utile de montrer la véritable pensée de ce chef militaire et de ceux qui l'entourent.*

« Les documents, que je vous adresse ci-joint, sont très significatifs de l'état d'esprit dans lequel a été conçue la préparation du mouvement qui devait aboutir à l'intervention de Giraud aux côtés des Américains.

« Ce sont les pièces de base sur lesquelles Giraud et ses collaborateurs ont travaillé avant leur départ de France et qui se trouvaient en possession du Col. de L. [Linarès]. *C'est sur ses indications mêmes que ces documents ont été retirés à son domicile. Ils sont donc incontestables*[74]. »

Dans un rapport sur la « situation intérieure », on lisait des phrases comme celles-ci, au sujet de la Légion des combattants de Vichy : *« Le Maréchal a laissé déformer un outil qui eût pu être un magnifique instrument de commandement*

[…] », ou bien *« La révolution nationale était un rêve admirable et généreux »*, ou encore, à propos de l'armée : *« Si le Maréchal lui donne un ordre ce sera parfait. Si elle ne le reçoit pas elle le supposera et agira comme si elle l'avait reçu*[75]. »

Moulin relevait aussi des phrases qui, pour lui, dévoilaient l'ultime espoir des conspirateurs : *« Bien des indices montrent que ce pays ne veut pas mourir, et qu'il ne demande qu'à suivre ceux qui lui montrent le chemin de l'honneur et de la dignité. Ce sont les termes mêmes de l'Armistice. Le Maréchal ne les reniera pas*[76]. »

Quant à l'activité des collaborateurs de Giraud en Alsace, elle était édifiante : *« Sur le plan politique nous avons commencé, à partir de novembre 1941, dès que la chose nous parut possible, de procéder au redressement de l'esprit de la masse de la population alsacienne pour lui faire comprendre la nécessité de ne pas tabler sur le gaullisme et de se placer derrière le Maréchal. Après 5 mois d'efforts tenaces nous avons pu annoncer fin février 1942 que de 10 % la proportion de ceux qui se plaçaient derrière le Maréchal avait passé à environ 60 à 70 % — "Derrière et pour le Maréchal et tout en faisant toute réserve sur certains membres de son gouvernement qu'il n'était pas libre de choisir" tel fut le mot d'ordre*[77]. »

On comprend qu'après avoir pris connaissance de ces pièces, Jean Moulin en eût tiré les conclusions à l'usage de De Gaulle : *« En résumé, la lecture de ces documents ne peut laisser aucun doute sur les sentiments et l'attitude politique "prémédités" du Général Giraud et de son entourage.*

« Ces sentiments et cette attitude sont en contradiction absolue avec les aspirations de la masse des Français qui veulent libérer le territoire et rompre les chaînes dont les a chargés un régime d'oppression.

« Il est infiniment regrettable que nos amis américains n'aient pas été mieux informés de ces positions contradictoires lorsqu'ils ont accepté ou suscité la collaboration d'un homme [Giraud] *à qui ils devaient remettre les destinées, fussent-elles provisoires, de nos grandes provinces d'Afrique du Nord.*

« Leur volonté proclamée de neutralité est inconciliable avec les tractations menées avec le Général Giraud dont tout laissait supposer l'attachement à un régime réprouvé par la majorité de nos concitoyens, alors que la France, comme l'Alsace d'après les affirmations même du collaborateur du Général, s'était donnée de cœur à de Gaulle dans la proportion de 85 %[78]. »

La condamnation prononcée par Moulin était sévère. Mais ce qu'il avait observé de la politique américaine et britannique à l'égard de Giraud, tout autant que les informations sur la situation en A.F.N., ne pouvait que le renforcer dans ses convictions. Par exemple, après la publication du texte du 23 février 1943 adressé par de Gaulle à Giraud, le fils de Churchill, Randolph, avait écrit une lettre à l'*Evening Standard* : *« Il semble y avoir en Grande-Bretagne une tendance générale à supposer que tout Français qui a occupé une position officielle quelconque dans le gouvernement de Vichy est nécessairement un traître ou possède une mentalité fasciste, et qu'utiliser les services d'un tel homme équivaut à trahir la cause des nations unies et l'avenir de la France.*

« […] *Ceux qui s'évadèrent de la France et qui ont joué un rôle actif dans la lutte contre l'ennemi ont gagné le respect de tous. Mais ils ne sont peut-être pas les mieux qualifiés pour juger des actes de leurs compatriotes dans la métropole et dans l'Afrique du Nord française dont beaucoup s'exposant à de graves risques personnels, ont résisté à l'ennemi par tous les moyens dont ils disposaient*[79]. »

En dépit de ces propos outrageants, la réalité de ce qui se passait dans les territoires africains justifiait la sévérité de Moulin. Une conférence, prononcée à Dakar en ce même mois de mars par le général Prioux, de l'armée d'Afrique, aurait pu le conforter dans sa conviction du sort respectif réservé au maréchalisme et au gaullisme : « *Une propagande a raconté qu'on allait retirer les portraits du Maréchal de tous les édifices et certains services publics, en supprimer les statues et même enlever des devantures de librairies les ouvrages contenant ses trois idées : "Travail-Famille-Patrie".*

« *Tout cela est faux. Cette propagande était d'origine allemande et a été répétée par de mauvais Français. Jamais il n'a été dans la pensée du Général Giraud de supprimer l'effigie du Maréchal. Nombreux sont ceux qui l'aident et s'en iraient s'il en était ainsi.*

« *Que tous, au contraire, se tranquillisent car le Général Giraud travaille dans les lignes tracées par le Maréchal.*

« [...] *le Général Giraud m'a dit qu'il n'admettait dans l'armée ni partis politiques, ni les troubles qui nous ont menés au Front Populaire il y a quelques années et à la catastrophe de 1940.*

« *Il a été amené à faire une différence entre "Vichy" et le Maréchal.*

« *— le Maréchal est inattaquable.*

« *— Vichy très attaquable.*

« *Il a dit qu'il considérait comme nulles et non avenues les décisions prises par Vichy depuis l'Armistice de 1940. On va cependant en étudier certaines et conserver celles qui correspondent à l'esprit français. Personne ne lui en voudra de supprimer celles qui ont été prises sous l'empire allemand.*

« *Reste maintenant les questions gaullistes, questions très délicates.*

« *Le Général Giraud a l'intention de s'entendre avec tous les Français. En 1914, tous les Français, malgré les différences de races et de religions ou d'idéologies, se sont battus pour défendre une cause commune.*

« *Il en sera de même aujourd'hui, sauf qu'il faudra éviter certains heurts, certaines subordinations. Le Gaulliste se battra avec nous.*

« *Mais il n'y aura pas dans l'armée de parti Gaulliste, pas plus qu'il n'y aura de partis républicain ou royaliste*[80]. »

L'avenir confirma les craintes de Moulin. Il est instructif de donner ici quelques exemples qui prouvent à quel point il avait vu juste en condamnant l'action de Giraud.

Par exemple, Giraud dévoilait sa pensée dans une lettre à de Gaulle où il révélait à la fois sa profonde méconnaissance de la réalité et l'influence qu'il subissait de ses conseillers les plus hostiles à de Gaulle : « *Quant à votre position, les journaux clandestins paraissant en France sous votre patronage, les déclarations prononcées à la radio ou en public par certains membres de votre entourage, semblent établir que votre dessein est d'instituer en France, après sa libération, un système politique totalitaire à votre nom ; la consultation populaire n'étant envisagée que longtemps après.*

« *Ces déclarations annoncent même une répression massive en France. Suivant les expressions de certains de vos collaborateurs, "La France doit subir une épuration qu'aucun pays, en aucun temps, n'a jamais connue".*

« L'organisation dirigée par le colonel Passy a adopté les méthodes de la Gestapo. »

Giraud s'alignait sur les plus virulentes attaques américaines : *« Votre politique extérieure n'est pas moins inquiétante. Les propos qui vous sont prêtés à l'égard des Anglais, votre refus de rendre visite, à votre arrivée à Alger, au général Eisenhower, font également apparaître une manœuvre qui, si elle prépare votre révolution, compromet le salut du pays.*

« Je ne m'associerai pas à une telle entreprise. Elle équivaudrait purement et simplement à établir en France un régime copié sur le nazisme, appuyé sur des S.S. et contre lequel luttent toutes les Nations Unies. »

Et Giraud posait à de Gaulle un inacceptable ultimatum : *« Je vous demande donc, avant toute discussion, de bien vouloir faire une déclaration publique désavouant ces projets et écarter leurs auteurs qui ne pourraient, en aucun cas, occuper un emploi quelconque au Comité exécutif ou dans tout autre poste administratif*[81]. »

Quelque temps après, un envoyé de Giraud en France s'efforçait de débaucher la Résistance et condamnait l'action de Londres : *« Cette mission a pour but de reprendre en mains tous les groupements (renseignements, résistance, A.S.) qui sont en rapport avec Londres. Etre en rapport avec Londres ne signifie plus rien, puisqu'il existe un ministère de la Guerre à Alger et c'est ce ministère de la Guerre qui doit tout reprendre en mains et tout contrôler. Vouloir rester en rapport avec Londres, c'est vouloir, à tout prix, renseigner l'Intelligence Service et desservir la France. Tous ceux qui travaillent avec Londres sont de mauvais Français et, d'ailleurs, les Français qui sont restés à Londres ne sont que des agents anglais. Les Français, les seuls bons, sont ceux qui sont à Alger.*

« [...] *Il a alors insisté, en disant "que nous étions les Alliés du communisme, que notre engagement F.F.C. était sans valeur, que seul un engagement avec Alger (ministère de la Guerre) pouvait avoir une valeur quelconque. Vous ne savez donc pas, m'a-t-il dit, que presque tous les chefs des mouvements de Résistance sont condamnés à mort par les communistes ?"*

« Notre but principal, selon lui, n'est pas la libération de la France, mais d'assurer à la France un régime "possible" (entendez : *fasciste ou similaire) pour après la guerre.*

« Il ne discute pas la popularité de de Gaulle, mais, dit-il, sa popularité ne tiendra pas huit jours après le départ des Allemands contre la popularité de Giraud qui s'appuiera sur "trois cent mille Sénégalais et Turcos". C'est celui qui aura ces "trois cent mille" hommes qui gouvernera la France et ce sera Giraud. La France a besoin d'un gouvernement fort s'appuyant sur des soldats[82]. »

Enfin, après son éviction des responsabilités politiques et militaires, voici ce que Giraud expliquait à son représentant en Espagne, le 28 avril 1944 : *« Actuellement, la situation est claire. Le général de G... est le dictateur de demain, avec un E.M. de communistes, de socialistes et de juifs. Il sera constamment obligé de donner des gages à gauche, en attendant qu'il soit dévoré par ses partisans.*

« Le général G... [Giraud] *n'a pas voulu se solidariser avec un pareil personnel. Il est convaincu que la France ne veut ni d'un dictateur, ni du front populaire. Il est très sincèrement républicain, mais avec une république à base de gens propres et sans juiverie. Si un Gouvernement non asservi à l'Allemagne*

se forme en France sur cette base, il est tout prêt à lui apporter son expérience et son activité.

« L'armée et la flotte ne pensent qu'à battre le Boche. Elles marcheront avec celui qui leur montrera cette voie[83]*. »*

Certes, le général de Gaulle était au courant de ces orientations qu'il combattait publiquement en toute occasion et il n'avait nul besoin de Moulin pour les lui expliquer, mais, ce soir-là, la fermeté de son représentant en France, qui prenait en permanence tous les risques pour faire triompher sa politique, fut sans doute pour lui (si besoin était) un encouragement décisif à l'intransigeance. En tout cas, les faits sont là. La seconde réponse qu'il fit, le 23 mars, aux propositions de Giraud témoigne de son assurance totale dans la politique exigeante dont il résuma les termes au général Catroux : *« Nos organisations de résistance en France viennent de me confirmer leur adhésion avec une netteté impressionnante. Dans l'intérêt national, pour le présent et pour l'avenir, l'union avec Giraud est très désirable, mais certainement pas à tout prix. Mes résolutions sont prises*[84]*. »*

Il n'est pas excessif de dire que c'est à partir de cette soirée que Jean Moulin devint un « gaulliste » inconditionnel. Sa conviction du rôle irremplaçable de De Gaulle dans le rétablissement de la République était, certes, définitivement établie depuis le débarquement de novembre 1942, mais, ce soir-là, l'affection s'y ajouta. On en trouve l'écho dans une lettre qu'il adressa, dès le lendemain, au Général et dont la dernière phrase parle d'elle-même quand on connaît la pudeur de Moulin : *« Tous mes respects et toujours passionnément dévoué*[85]*. »*

XIII

UNE ARMÉE SECRÈTE POUR LA FRANCE LIBRE OU POUR LA RÉSISTANCE ?

20 mars-25 mai 1943

Le 20 mars 1943, Jean Moulin et le général Delestraint rentrèrent en France porteurs des « nouvelles instructions ». Leur application occupa la dernière période de la mission de Jean Moulin. Il était devenu président avec voix prépondérante du Comité directeur des M.U.R., du Conseil de la Résistance (qu'il avait mission de réunir), mais, surtout, délégué en France du général de Gaulle, à titre de commissaire national en mission (ce qui équivalait au rang de ministre). Cette nomination avait été annoncée au bénéfice de Monsieur X... Qu'un « ministre » du Comité français de la Libération nationale préside aux institutions suprêmes de la Résistance prouvait que de Gaulle avait gagné son pari.

Jean Moulin devenait, après le général de Gaulle, le deuxième personnage de la France Combattante, en titre comme en fait.

La Résistance en crise

À leur retour en France, Moulin et Delestraint trouvèrent une situation générale qui avait dramatiquement évolué. De tous les problèmes, le plus préoccupant était la détérioration des relations entre la France Combattante et les chefs des mouvements.

Quatre facteurs avaient conjugué leurs effets. D'une part, le service du travail obligatoire (S.T.O.), institué le 16 février 1943. D'autre part, et pour des raisons purement techniques, le budget du mois de mars 1943 des mouvements n'avait pu être augmenté. Ensuite, les membres du comité directeur des M.U.R., qui, depuis un mois, siégeaient en l'absence de Jean Moulin, avaient découvert qu'ils s'étaient laissé déposséder de la présidence de cet organisme. Ils estimaient qu'elle revenait de droit à un membre des mouvements et non pas au représentant de la France Combattante, qui restait à leurs yeux un « mouvement » parmi d'autres. Ils avaient par ailleurs constaté que Moulin, grâce aux services techniques qu'il avait créés, avait renforcé son emprise sur les mouvements, qu'ils jugeaient injustifiée. Ils s'estimaient d'autant plus lésés qu'il avait eu recours, pour constituer ces services, à leurs propres militants qu'il n'avait pas hésité à leur enlever. Ces diverses circonstances, auxquelles s'ajoutèrent les instructions du Général concernant l'Armée secrète et le Conseil de la Résistance, déclenchèrent la plus longue crise que la Résistance ait connue.

L'écartèlement géographique de la France Captive et de la France Libre provoquait des difficultés matérielles rendant impossible une liaison permanente entre la France et l'Angleterre.

Un exemple permettra d'en apprécier les conséquences. Pendant les quatre ans d'occupation, jamais une seule réunion plénière ne se tint à Londres, à Alger ou à Paris à laquelle aient pu assister ensemble les dirigeants des services de la France Libre et ceux des mouvements. Pourtant le total des personnes concernées n'excédait pas une vingtaine de responsables. Il est facile d'imaginer les quiproquos, les malentendus, la méfiance qu'entretenaient ces apartés perpétuels à deux, trois ou cinq personnes au moment de rendre compte des résultats et des décisions prises à ceux qui n'avaient pu y participer, bien qu'ils fussent directement concernés.

Si, chaque fois que la Résistance transforma ses structures en fonction de sa croissance (sa rapidité l'imposa souvent), une discussion générale avait eu lieu entre tous les responsables, l'application des mesures adoptées en commun aurait certes connu les difficultés habituelles à toute exécution, mais elle ne se serait pas heurtée à ces oppositions stériles et parfois frénétiques.

À son retour, le 20 mars, Jean Moulin eut à régler simultanément quatre questions vitales, dont la moindre était explosive : l'utilisation des réfractaires et des maquis ; le commandement et la stratégie de l'Armée secrète ; le financement des mouvements ; enfin la création du Conseil de la Résistance. Nous les examinerons dans l'ordre afin de clarifier la complexité de ces problèmes qui furent vécus étroitement enchevêtrés. Les prétextes des batailles soulevées par ces questions paraissent aujourd'hui bien minces, puisqu'il s'agit (excepté pour le Conseil de la Résistance) de décisions techniques. Ces différends entre volontaires d'une cause qui devait mobiliser toutes les énergies contre l'occupant, seul ennemi commun, auraient dû être facilement résolus. Pourtant il n'en fut rien.

C'est que la situation avait évolué en zone sud. Les chefs des mouvements avaient bien accueilli Moulin, un an auparavant, quand ils avaient besoin d'un arbitre et qu'ils manquaient de tout. Les avantages qu'il leur procura leur masquèrent, un temps, le tribut qui en était le prix. En mars 1943, les trois chefs avaient pris conscience de l'injustice de leur dépendance, car ils étaient devenus plus puissants tandis que de Gaulle, affaibli publiquement, avait un besoin pressant de leur soutien. Leur dépendance étant structurellement irréversible, ils protestèrent contre une situation qui leur semblait intolérable et qui les poussa même à l'affrontement durant les trois derniers mois de la mission de Jean Moulin.

Si surprenante que puisse paraître cette opposition pour ceux qui n'ont pas vécu cette époque, elle fut pourtant systématique de la part de certains dirigeants, et laissa dans l'histoire une inaltérable rancœur, dont témoignent les Mémoires des chefs des mouvements.

Dès son retour, Jean Moulin apprit l'arrestation de Morin-Forestier, chef d'état-major de l'Armée secrète, et de certains de ses collaborateurs dont Raymond Aubrac, Ravanel, Kriegel-Valrimont, mais également la saisie des archives de l'Armée secrète. Cette révélation lui fit télégraphier à Londres : *« Situation plus grave que pensais*[1] », bien qu'il tînt à rassurer le B.C.R.A. sur les conséquences : *« Documents saisis chez Morin* [Forestier] *ne semblent pas devoir toucher organisation A.S.* [Armée secrète][2]. » En réalité, Morin et sa secrétaire étant arrêtés, tout le monde ignorait le contenu exact des documents saisis[3].

S.T.O. : les réfractaires et les maquis

Pour l'heure, la question la plus brûlante pour la Résistance était, comme l'indiquaient les télégrammes, celle de l'aide aux réfractaires et de l'utilisation des maquis. Le dernier câble de Londres que j'avais transmis aux chefs des mouvements les avait indignés. Moulin essuya leur vindicte dès sa reprise de contact avec eux : « *Obligé calmer dirigeants qui croient action alliée imminente — Trois classes déjà parties et déportation se poursuit rythme effrayant — Si livraison massive armes pas commencée immédiatement impossible compter bref délai sur résistance française — gestapo et Police continuent coupes sombres* [...][4]. »

La première réunion du Comité directeur, quelques jours après son retour, confirma ses appréhensions :

« *A notre retour ici, Mars* [Delestraint] *et moi, nous avons trouvé en zone Sud les dirigeants des Mouvements (plus exactement Nef* [Frenay] *et Merlin* [d'Astier], *le représentant de Tirf* [Jean-Pierre Levy] *étant demeuré plus calme) dans un état de surexcitation considérable en présence des mesures de déportation. Vous avez eu connaissance des câbles de Libé* [Libération] *et de Combat demandant un appel à l'insurrection et annonçant que les Mouvements allaient passer à l'action généralisée.*

« *Concurremment, le Comité directeur adressait des circulaires incendiaires aux régions et publiait des tracts invitant à la révolte ouverte, les armes à la main. Ces instructions prévoyaient, entre autres, la constitution de "bastions armés" dans les usines.*

« *Cet état d'esprit qui était loin d'être en harmonie avec celui que nous avions trouvé à L.* [Londres] *nous mena, Mars et moi, à faire, avec tous les ménagements nécessaires, une mise au point devant le Comité directeur.*

« *Nous insistâmes notamment sur les dangers graves que faisaient courir à l'A.S.* [Armée secrète] *des initiatives telles que celles prises en notre absence par le C.D.* [Comité directeur] *au lendemain même des importantes conversations de Mars avec l'E.M. anglais sur l'utilisation de l'A.S.*

« *Mars se heurta à une position bien arrêtée de la part de Nef qui entendait agir coûte que coûte tout de suite, distribuant toutes les armes aux gens dans les maquis pour qu'ils fassent acte de guerre dès à présent*[5]. »

Les nouvelles reçues de Londres à la suite de cette première réunion avec les chefs furent plus négatives encore que celles télégraphiées par Moulin lors de son séjour.

En effet, à la fin de ses entretiens avec l'état-major allié, Moulin avait demandé à de Gaulle d'écrire à Churchill pour obtenir une réponse précise des Anglais au sujet de l'aide qu'ils étaient prêts à fournir à la Résistance. Évoquant le S.T.O., de Gaulle écrivait le 10 mars 1943 : « *L'insurrection générale en France serait le seul moyen susceptible d'empêcher le départ progressif de la partie la plus active de la population. Le Comité national est prêt à la prescrire à tous les éléments organisés de la résistance, mais à la condition que cette insurrection soit conjuguée avec une action puissante et profonde entreprise par les Alliés en territoire français ou sur un territoire limitrophe. Faute de quoi, l'insurrection ne pourrait conduire qu'à des massacres sans compensation stratégique ni morale. Je dois ajouter que le Comité national français juge infiniment désirable le déclenchement très prochain d'opérations offensives en Europe occidentale, opérations dont dépendent maintenant non seulement l'envergure de la participation de la France à cette phase de la guerre, mais encore sa destinée.* » À défaut d'opérations immédiates, il fallait au moins préserver l'Armée secrète : *« On peut évaluer à 50 000 le nombre des hommes d'une grande qualité combative appartenant à cette armée qui sont intéressés par les mesures actuelles de déportation et auxquels le Comité national compte prescrire de s'y dérober à tout prix pour rester prêts à exécuter les missions de combat qui leur sont attribuées.*

« Toutefois, pour qu'une telle disposition puisse avoir sa valeur, il est indispensable que soit assurée la subsistance de ces effectifs dissimulés aux recherches de l'ennemi et de ses collaborateurs. Il est également nécessaire de les doter sans délai d'un armement et d'un outillage adéquats afin que ces hommes, constamment menacés, aient la possibilité de se défendre à chaque instant[6]. »

Churchill avait répondu à de Gaulle le 22 mars, deux jours après le départ de Moulin, et André Philip lui fit parvenir la copie de sa lettre : *« Après une étude sérieuse de la lettre du Général de Gaulle, le Gouvernement britannique partage la crainte du Général de Gaulle qu'un soulèvement prématuré de la résistance française entraîne une annihilation des forces de résistance et prive les Alliés de leur concours au moment du débarquement. En conséquence, S.O.E. a déjà demandé à ses correspondants en France d'empêcher l'extension d'aventures similaires à celles de la Haute-Savoie et le Gouvernement britannique demande que le Comité National agisse de même envers ses Amis.*

« Concernant l'envoi de nourriture, d'armes et d'équipements pour l'armée secrète, le Gouvernement britannique confirme que S.O.E. qui a la responsabilité de ces opérations, fait tout son possible pour porter secours aux insurgés, mais ses efforts, qu'il compte poursuivre, n'ont été, jusqu'à présent, couronnés que d'un succès très partiel.

« L'opinion considérée du Gouvernement britannique est que l'entretien d'une armée de 40 à 50 000 hommes, pour une durée que l'on ne peut évaluer, est impossible car cet appui permanent entraînerait le retrait des opérations de bombardement d'un très grand nombre [d'avions] », cette politique exposée par les Britanniques était *« précisément d'empêcher une vague de révolte de s'étendre prématurément en France*[7] ».

Cette réponse, préparée par les chefs d'état-major britanniques, s'inscrivait dans une stratégie concertée qui reportait le débarquement en Europe en 1944 et incluait les Balkans. En conséquence, l'action en France devait se limiter pour 1943 à des actions de *« sabotage des communications et d'objectifs militaires et industriels »*, à l'exclusion de la guérilla jugée impraticable, dangereuse et sans intérêt stratégique[8].

La tactique des Alliés anglo-saxons ainsi définie fut à l'origine d'une querelle qui se poursuivit jusqu'à la Libération et fut désignée pour l'histoire sous le vocable d'« attentisme », auquel les communistes, suivis par tous les mouvements, opposaient l'« action immédiate ».

« Attentisme » ou « action immédiate » ?

Attentisme, action immédiate, ces deux termes qui firent fortune à la naissance des premiers maquis résument une fausse querelle. Les responsables des mouvements accusèrent de Gaulle et ses services de pratiquer l'« attentisme ». Eux-mêmes, à l'exemple des communistes, militaient en faveur de l'« action immédiate ».

Qu'est-ce à dire ? Deux thèses s'affrontaient : d'un côté, celle des Alliés ; de l'autre, celle de l'U.R.S.S.

Les Alliés refusaient la formation de gros maquis regroupant des armées clandestines qu'ils ne pourraient alimenter faute de logistique et, surtout, ils s'opposaient aux actions de guérilla massives contre les Allemands. En effet, l'insécurité généralisée aurait obligé les Allemands, comme en Yougoslavie, à augmenter le nombre de leurs divisions à l'Ouest, ce qui aurait compromis les chances des Alliés de débarquer en France. Cela ne les empêchait pas d'encourager par tous les moyens, et d'organiser parfois eux-mêmes, les actions de sabotage ponctuelles utiles à la conduite de la guerre. Ces instructions se trouvent en permanence dans les directives du B.C.R.A. à Moulin.

À l'inverse, les Soviétiques souhaitaient développer, à n'importe quel prix, l'insécurité sur les arrières des armées allemandes afin de retenir le maximum de divisions de la Wehrmacht loin du front de l'Est. Les partis communistes nationaux étaient chargés d'appliquer ces consignes dans tous les pays occupés. Ils avaient pour alliés objectifs quelques-uns des chefs de mouvement partisans de la lutte à outrance[9].

Dès 1941, les stratégies s'étaient opposées. Les Alliés étaient depuis toujours partisans des sabotages utiles à l'affaiblissement de la machine de guerre allemande, les Soviétiques, eux, incitaient à des actions meurtrières et de grande envergure contre l'armée d'occupation. Comme on l'a vu, après l'entrée en guerre de l'Allemagne contre l'U.R.S.S., le parti communiste avait fait exécuter des attentats individuels et aveugles contre des militaires allemands isolés. Ces attentats, qui eurent pour résultat de faire fusiller des otages à Châteaubriant, Nantes, Paris, avaient été condamnés par la majorité de la population, par le maréchal Pétain mais aussi par le général de Gaulle et la Résistance non communiste.

Jusqu'au printemps 1943, non-communistes et communistes étaient trop faibles pour que des stratégies opposées pussent diviser la Résistance. À partir de février 1943, avec la formation des maquis qui étaient des réservoirs importants en hommes jeunes, il n'en alla plus de même.

Il est révélateur, à ce sujet, de lire le compte rendu que fit Passy de la première séance de la réunion du 12 avril 1943 de l'état-major Z.O. qu'il avait constitué, et à laquelle Moulin et Delestraint prirent part. Le général Delestraint fit d'abord un exposé de la mission dont de Gaulle l'avait chargé puis *« il insista sur le fait,* écrit Passy, *que l'armée secrète devait se préparer pour intervenir au jour J en concordance avec le plan de débarquement et éviter de procéder à des attaques actuelles d'objectifs ennemis.*

« Les deux représentants des FRANCS-TIREURS ET PARTISANS [communistes] *réagirent alors vivement et signalèrent que, lorsqu'ils avaient donné leur accord pour mettre leurs groupes aux ordres des états-majors de subdivisions de régions*

de l'armée secrète, ils avaient bien entendu ne pas les mettre dans des "casernes clandestines".

« Rex [Moulin] *intervint pour dire que, puisqu'ils versaient leurs groupes d'action à l'armée secrète, ceux-ci devenaient des unités militaires qui n'avaient plus qu'à obéir.*

« Les représentants des "francs-tireurs et partisans", surpris de cette conception rigide et offusqués par certains termes employés (il avait notamment échappé à Rex de leur dire qu'il fallait "claquer les talons") décidèrent qu'ils devaient, dans ces conditions, en référer à leur comité directeur mais que celui-ci n'accepterait jamais d'abandonner l'action immédiate [10] *».*

Il est instructif de comparer le compte rendu de cette séance avec celui qui fut rédigé par Georges Beaufils, dit Joseph (représentant des F.T.P.), à l'intention de ses chefs : *« Le général Duval* [Delestraint] *et Régis* [Moulin], *ce dernier particulièrement, définirent comme suit la position des organisations avec la fusion dans l'A.S...* [Armée secrète] *"toutes les organisations fusionnent et forment l'armée... l'A.S... C'est-à-dire l'embryon de la future Armée Française. A partir de ce moment, il n'y a plus d'organisations, plus d'E.Majors d'organisations..., il n'y a plus qu'une armée avec discipline... où il faut marcher et obéir... on ne peut concevoir une armée autrement... c'est à prendre ou à laisser...". Le ton était sectaire et le problème était posé d'une façon différente de celle que nous avions connue lors des pourparlers préparatoires, et amena une grande discussion.*

« Les effectifs incorporés à l'A.S. passaient sous le contrôle exclusif de cette dernière ; les organisations n'existant pratiquement plus. Enfin, comme il est encore répété par les responsables de la F.C. [France Combattante], *l'A.S. doit se contenter d'être une masse d'hommes restant bien sages jusqu'au moment des opérations de débarquement. Ce qui est en opposition formelle avec notre conception de la lutte, car nous continuons de penser qu'il faut chaque jour frapper plus fort et davantage l'ennemi, ce qui a entre autres conséquences, celle de former des cadres et des effectifs solides et entraînés, sur lesquels le Haut Commandement pourra compter au moment décisif*[11]. *»*

Immédiatement après la séance rapportée ci-dessus, Moulin me donna l'ordre de ne plus financer les F.T.P. En effet, depuis quelques mois, Rémy les alimentait. En son absence, Passy leur remit un million pour le mois de mars et demanda à Moulin d'assurer ensuite les versements mensuels. Ce sont ces versements que Moulin me fit suspendre, à partir de la fin avril. Assurant la liaison avec Joseph, j'étais fort embarrassé de lui expliquer les raisons pour lesquelles je ne lui versais jamais un centime. C'est ce qu'il relata au bout de deux mois dans une lettre à Fernand Grenier, représentant du parti à Londres : *« L'aide financière, que nous avions reçue un moment, fut suspendue au moment précis où les réquisitions "officielles" intervinrent, et où les fonds nous étaient nécessaires* [avril 1943].

« Nous basant sur des promesses faites, nous avons pris des engagements à l'égard de jeunes hommes destinés au départ pour l'Allemagne. Or, on ne nous donne plus d'argent et nous ne pouvons faire face à nos obligations. Motif invoqué : ... "On n'a pas de fonds"... et encore... "les personnes qui se sont avancées à vous donner de l'argent se sont trop engagées...". Il est clair que chacun se rejette la balle. Il n'y a pas de responsabilité... ou alors, qui est responsable ? Qui prend les décisions de cet ordre en haut lieu [12] *? »*

Cette nouvelle fit un grand tapage à Londres. Fernand Grenier se plaignit à

Philip : *« Je tiens à vous informer par le détail d'une série de faits regrettables qui, en se perpétuant, risquent de mettre en péril les relations loyales que le Parti Communiste Français a constamment entretenues avec les organismes de propagande et d'action pour la France.*

« [...] *depuis cinq mois, aucun service du B.C.R.A. ne m'a jamais informé des difficultés existantes et* [...] *aucun service du même B.C.R.A. ne m'a parlé de la suspension des subventions.*

« [...] *Je demande donc, en conclusion :*

« [...] *qu'un Comité soit constitué, comprenant les représentants de chaque groupement de résistance, en permanence ou de passage ici ; que ce Comité décide souverainement de toutes les questions d'action et notamment de la répartition des subventions aux groupements ou partis de la Résistance, et qu'il y ait ainsi une responsabilité collective, une répartition loyale des moyens d'action* [13]. »

Il reprenait un projet défendu depuis longtemps par les chefs des mouvements de zone sud. Philip, ne sachant d'où venait cet ordre, exigea des successeurs de Moulin que les versements soient repris immédiatement, ce que Serreulles exécuta à partir de septembre 1943.

Les consignes du général Delestraint et de l'état-major interallié n'étaient pas aussi restrictives que ces affirmations le laisseraient supposer, ainsi que le rappelait Jean Moulin : *« Il n'a jamais été dans ses projets* [à Delestraint] *d'interdire de façon absolue aux militants de l'A.S de se livrer à aucune activité en attendant le jour J. Vidal* [Delestraint] *sait très bien que cela serait pratiquement impossible* [14]. »

Il faut rappeler d'ailleurs que le B.C.R.A. et les services anglais (S.O.E.) avaient souhaité dès la défaite française intervenir contre l'armée allemande d'occupation. Le démarrage de leur action n'eut lieu qu'au printemps 1941. Les missions menées jusque-là étaient demeurées modestes, faute de moyens, d'expérience et d'hommes pour les réaliser. Dès que Jean Moulin se fut installé en zone libre, en 1942, le B.C.R.A. lui avait envoyé des instructeurs saboteurs qui avaient pour mission d'expliquer aux résistants le maniement des armes et l'emploi du matériel de sabotage qui leur étaient parachutés. Les opérations prévues par les mouvements (en particulier les corps francs de Renouvin) étaient dirigées contre les collaborateurs et leurs officines de propagande. Mais le B.C.R.A. encourageait systématiquement les mouvements (les derniers télégrammes le prouvaient) à des sabotages plus importants, en particulier contre les industries qui travaillaient pour les Allemands, contre les voies ferrées et à des actions stratégiquement plus efficaces, non sans rencontrer quelques sérieux déboires. Ce fut le cas, par exemple, dans une affaire que relate Fassin, officier de liaison du B.C.R.A. auprès de Combat.

Il s'agissait d'une action de sabotage contre les voitures radiogoniométriques allemandes, qui avaient fait leur apparition à Lyon dès septembre 1942. Plusieurs opérateurs radio du B.C.R.A. avaient été arrêtés, victimes de l'efficacité de cette détection qui mettait en péril les communications entre la Résistance et la France Libre. Or, malgré ses demandes répétées à Combat, Fassin n'avait pu obtenir leur destruction. En février 1943, il en avait rendu compte à Moulin et à Londres dans les termes suivants : *« Après avoir reçu de vous des instructions au sujet des radiogonios j'ai insisté auprès de Combat pour qu'une action soit tentée contre ces dernières. Il m'a été répondu que la chose était quasi impossible que cela ne présentait pas un intérêt primordial que l'on verrait etc... etc... Evidemment je n'étais pas qualifié pour donner des ordres à cet égard. J'insistais rien n'y faisait. Ma patience en fut un peu émoussée ; à tel point que la semaine dernière, j'avisai Frit 4* [un saboteur appartenant à Franc-Tireur] *et lui fis faire enquête sur les radiogonios. Le résultat en fut qu'un sabotage en était possible. Et samedi 13 Février à 19 h 30 deux d'entre elles sautaient alors qu'elles stationnaient devant l'hôtel Terminus au siège de la gestapo. Et ce n'est pas fini...*

« Nous avons dû effectuer nous mêmes le sabotage de France Rayonne importante usine de fulmicoton à Roanne dans la nuit du 25 au 26 décembre dernier. Les dégâts s'élevèrent à 6 millions de francs et la production, arrêtée jusqu'à la mi-janvier a repris avec un rythme fortement ralenti. Il n'y a pas eu le moindre accident de personne[15]. »

Tandis que Frenay se plaignait de l'attentisme du B.C.R.A. et vantait l'efficacité de son mouvement, les troupes de Combat se révélaient impuissantes à passer à l'action, dans un domaine pourtant vital pour la Résistance.

Que la stratégie préconisée par le général Delestraint, commandant en chef de l'Armée secrète, fût contestée par les M.U.R. et par les F.T.P. ne pouvait que susciter la méfiance de l'état-major allié, alors que, rassuré par sa réputation, il avait accordé sa confiance à ses projets. Des plans avaient été envisagés avec son accord pour armer cent mille clandestins. Or, après le retour de Delestraint en France, l'état-major constatait que son autorité n'était pas reconnue par l'Armée secrète de zone libre, à tel point qu'on pouvait se demander si de Gaulle en avait le contrôle, comme il l'affirmait. On ne doit pas oublier que les Anglais, recevant le double de tous les télégrammes et courriers adressés à la France Combattante, étaient au courant de ces querelles internes.

L'arrestation de Delestraint et de Moulin, deux mois après leurs entretiens de Londres, ne put que renforcer le doute des Alliés sur le sérieux de la Résistance.

Les mouvements et les F.T.P. s'opposant à Delestraint, en partie sur la stratégie qu'il ordonnait d'appliquer, les Alliés étaient en droit de s'interroger sur l'utilisation qui était faite des armes qu'ils envoyaient à la Résistance. Les résistants se plaignirent de ne pas avoir été ravitaillés à la mesure de leurs besoins (ce qui est exact) et donc de n'avoir pu déclencher l'insurrection nationale proclamée par le général de Gaulle. Faut-il s'en étonner ? Refusant ouvertement d'exécuter les instructions de l'état-major allié, ils ne pouvaient s'indigner que celui-ci les ait réduits à la portion congrue.

Qui commande l'Armée secrète ?

Le refus d'obéir à la stratégie de Londres était le signe d'une contestation plus grave. Moulin l'observa dès la première réunion du Comité directeur des M.U.R. qu'il présida à son retour de Londres. Les mouvements acceptaient mal la nomination de Delestraint, qui dépendait directement du général de Gaulle et échappait à leur autorité. Ils estimaient avoir été trompés et ce qu'ils considéraient comme une manœuvre les révoltait parce que, dans les instructions qui créaient l'Armée secrète de la zone sud en novembre 1942, il avait été prévu que le Comité de coordination servirait de relais avec de Gaulle. Intervenant au moment de la dramatique naissance des maquis, la promotion de Delestraint mit le feu aux poudres.

Jean Moulin, en dépit de ses efforts, ne put éviter les incidents au cours de la réunion du Comité directeur : « *La séance,* écrira-t-il dans son rapport de mai, *se termina d'ailleurs par une altercation entre Mars* [Delestraint] *et Nef* [Frenay], *ce dernier s'étant laissé aller une fois de plus à des violences de langage inadmissibles à l'égard du chef de l'A.S.*

« Les choses prirent un ton tel que Mars me déclara fermement qu'il entendait ne plus venir se faire injurier périodiquement devant le Comité ; qu'il avait été nommé commandant en chef de l'A.S. par le général de Gaulle, que sa nomination ne comportait aucune subordination à un comité quelconque, qu'il n'acceptait que le contrôle de l'autorité, au point de vue politique, du Comité National Français et, dans une certaine mesure, du Conseil de la Résistance[16]. »

Altercation d'autant plus violente que, durant l'absence du général, le chef de Combat avait assuré le commandement direct de l'Armée secrète de la zone sud.

Au nom de ses camarades, Frenay contestait maintenant la nomination de Delestraint. Comme l'observa Claude Bourdet, les chefs des mouvements de la zone sud, en mars 1943, se sentirent « dépossédés » de l'Armée secrète. Cela suscita entre Frenay et Delestraint une opposition permanente, dont le général rendit compte à de Gaulle trois semaines avant son arrestation : « *J'ai trouvé tout ici dans le plus grand désarroi : mesures inopportunes prises par F.* [Frenay] *divergences de vues portées sur la place publique, mon autorité complètement sapée et, conséquences inéluctables, nombreuses arrestations dans les E.M.* [états-majors], *police secrète et Gestapo prenant comme objectif pl* [principal] *l'A.S.* [Armée secrète][17]. »

Mais le général affirmait ne pas se décourager et avoir d'ores et déjà amorcé la reprise en main : « *J'ai reçu l'expression du "renouvellement de la confiance" des mouvements "Libération", "Franc-Tireur" et la majorité de "Combat" ;* [...] *en outre, depuis que l'on sent à nouveau une main ferme dans le command.* [commandement] *de l'A.S., de nombreux et excellents éléments, qui s'étaient tenus à l'écart des "Mouvements" pour les raisons que vous connaissez, se placent maintenant sous mes ordres.*

« Je ne fais pas de politique sauf la vôtre : celle de la France et risquant ma peau tous les jours, personne ne peut contester que je ne songe qu'à une chose : à me battre[18]. »

En examinant les réactions et les conflits qui s'ensuivirent, on reste surpris de l'attitude des chefs de mouvement. Ils semblaient découvrir que la nomination de Delestraint signifiait une perte de contrôle de l'organisation paramilitaire et la ressentaient comme une confiscation de l'Armée secrète au profit du général de Gaulle. Voilà pourtant des mois qu'ils auraient pu comprendre ce qui était annoncé clairement dans l'ordre de mission militaire que Moulin leur avait communiqué dès son retour en France, en janvier 1942. Furent-ils à ce point inattentifs à la doctrine de De Gaulle (pourtant publique) et à l'action de Jean Moulin qui se déployait toujours dans le même sens ?

Leur réaction tardive est d'autant plus surprenante que, depuis avril 1942, les chefs des principaux mouvement (d'Astier, Frenay, Pineau, J.-H. Simon, Cavaillès) s'étaient succédé sans interruption à Londres pour des séjours de plusieurs semaines, parfois. Ils avaient donc eu l'occasion d'entendre de Gaulle leur exposer ses principes et sa doctrine : celle de la suprématie de la France Combattante, représentant l'État et la France, sur tous les autres mouvements. En retour, ils avaient eu tout loisir de discuter avec lui les modalités d'application de ses directives. Or, paradoxalement, en lisant les procès-verbaux de leurs entretiens, on constate que, dans le domaine militaire, ils étaient d'accord, Frenay en tête, ne faisant aucune objection et, surtout, ne présentant aucun plan de rechange.

Pourquoi les décisions rapportées par Moulin les ont-elles déconcertés ? Avaient-ils cru que le Général n'irait pas au terme de sa doctrine ? Peut-être avaient-ils pensé qu'occupant le « terrain » et les postes du commandement en métropole ils resteraient maîtres du jeu par la force d'inertie. C'était mal connaître de Gaulle, mais aussi Jean Moulin, dont la ténacité était pourtant notoire chez les résistants.

On remarque cependant qu'en zone nord, à l'exception des F.T.P., cette subordination ne suscita aucun remous, car la question ne s'y posait pas de la même manière. Jusqu'alors, les mouvements de zone occupée, comme l'O.C.M. et Libération-Nord, n'avaient eu avec Londres que des relations individuelles. Non seulement Londres n'avait pu établir de liaison avec tous les mouvements de cette zone, mais eux-mêmes ne possédaient entre eux aucun organisme de coordination militaire.

C'est en 1943 seulement que, en raison de l'importance de la zone nord pour le futur débarquement, Passy fut envoyé lui-même en mission (du 26 février au 15 avril), pour créer un état-major de l'Armée secrète avant l'arrivée du général Delestraint. Il devait entrer *« en contact avec tous les groupements de résistance de Z.O.* [zone occupée] *afin de réaliser la coordination de l'action militaire en Z.O. et la coordination de cette même action militaire entre les deux zones*[19] ». Il accomplit en quelques semaines une tâche considérable dont *« un inventaire soigneux et sincère des forces que les groupements de résistance de la zone occupée peuvent réellement mettre en œuvre en vue de la libération du territoire »*. Il s'attacha à *« amener les chefs de chaque groupement à connaître les forces des autres groupements, à les estimer à leur juste prix et à abandonner ainsi les préventions qui pouvaient parfois les animer ; leur faire pleinement comprendre les intentions du commandement, et préparer leur collaboration à l'œuvre commune en les amenant à prendre chacun pour son groupement des mesures d'organisation semblables, acheminant l'ensemble des groupements à la constitution de l'E.M. central de la zone, ainsi que des E.M. de régions et de subdivisions de régions*[20] ».

Dans l'organisation de l'état-major, Passy ne rencontra une difficulté particulière qu'avec l'O.C.M., héritée de la mission précédente. En effet, Rémy avait été chargé à l'automne 1942 de préparer la formation de l'état-major de zone occupée (E.M.Z.O.). À cette occasion, il avait assuré à l'O.C.M. que, étant donné son importance numérique et la qualification de ses cadres, il constituerait à lui seul l'état-major de la zone occupée. De Gaulle refusa de confirmer cette promesse de confier le commandement à une émanation des mouvements. Passy n'eut cependant aucun mal à régler la question parce que, en zone occupée, les résistants donnaient l'absolue priorité à une lutte efficace contre les Allemands (même si, pour les principaux mouvements, les préoccupations politiques n'étaient pas absentes). Subissant la présence de l'occupant depuis presque trois ans, s'étant développés sans concours extérieur, ils s'étaient forgé une mentalité et fixé des objectifs en partie différents de ceux des résistants de la zone libre. Avec les autres mouvements, Passy ne se heurta à aucune volonté d'indépendance, au contraire, il fut accueilli avec empressement. C'est ce que constatait Jean

Moulin : « *En Z.N. et malgré la campagne menée par Nef* [Frenay] *tout le monde, au point de vue militaire, se considère comme au garde à vous*[21]. »

Vers une prééminence de la zone nord ?

La contestation exacerbée en zone libre découlait de plusieurs facteurs. Le premier, et sans doute le plus important, surgit avec la création des maquis. Ce ne fut pas le seul. Après la promotion nationale de Delestraint, l'Armée secrète de zone sud ne représentait plus que la moitié des effectifs nationaux. De surcroît, le débarquement étant prévu sur les côtes de l'Atlantique pour conduire rapidement les Alliés aux frontières nord, il était probable que la zone occupée bénéficierait de la priorité dans les préparatifs des opérations et du premier rôle au cours de la bataille.

Or, jusque-là, l'Armée secrète, tout en étant la force paramilitaire de la zone libre, n'en avait pas moins une mission nationale. Cela pour une raison géographique : Vichy, capitale de la France, était située dans cette zone. On l'avait bien vu durant l'été 1942 lorsque, en prévision d'un débarquement, la France Libre avait fait établir un projet de Comité de coordination (comprenant les chefs des mouvements, un homme politique, un administrateur), destiné à devenir en métropole le gouvernement intérimaire. L'objectif de l'Armée secrète étant de s'emparer du pouvoir à Vichy, il allait de soi que celui qui la commanderait deviendrait le maître de la zone libre après le départ des Allemands. D'où l'importance de ce poste.

Ce plan avait été bouleversé par l'institution du Conseil de la Résistance. Dès lors que cet organisme devenait le dépositaire de la légitimité nationale, qu'il s'installait à Paris et que Delestraint était nommé commandant en chef du territoire national, c'est à Paris (redevenue capitale), que s'effectuerait la prise du pouvoir. Ce transfert de capitale donnait soudain une importance politique primordiale aux mouvements de zone occupée et reléguait l'Armée secrète de zone libre au rôle d'auxiliaire. Car Frenay, non seulement n'avait aucune autorité sur les forces paramilitaires de la zone nord, mais était considéré avec la plus extrême méfiance dans cette zone.

La nomination de Delestraint signifiait, en outre, que de Gaulle s'assurait le contrôle direct de la Résistance militaire, puisque les F.T.P. communistes venaient eux-mêmes de reconnaître son autorité. Dès lors, les chefs des mouvements de zone libre se trouvaient cantonnés au domaine de la propagande et de l'information. Ce transfert de pouvoir n'était pas prévu dans le texte instituant, en octobre 1942, le Comité de coordination. Il précisait, au contraire, que les instructions militaires venant de Londres seraient « transmises » au Comité de coordination, qui avait la charge de les faire exécuter. Or de Gaulle, en rattachant directement Delestraint au Comité national français, avait supprimé d'un trait de plume le rôle intermédiaire du Comité de coordination. Le Général avait procédé de la sorte parce que le Comité de coordination, au mois de janvier 1943, avait changé de nature, comme on l'a vu. Institution de la France Combattante à l'origine, il s'était transformé en organisme de la Résistance intérieure en devenant le Comité directeur des M.U.R., ce qui allait conduire les mouvements à remettre en question la présidence exercée par Moulin. Si celui-ci, comme il paraissait probable, était éliminé, les ordres du Général seraient exécutés par les seuls chefs des mouvements, qui avaient révélé, durant l'absence de Moulin, le peu de cas qu'ils leur accordaient.

Jamais le Général ne toléra que la Résistance prenne le contrôle de l'Armée secrète, qu'il assimilait à un corps de l'armée française ressuscitée. Il faut rappeler que, de ses titres, le seul que les Alliés n'avaient jamais contesté était celui de « commandant en chef des Forces Françaises Libres », en vertu de quoi il entendait ne rien céder de cette prérogative. On l'avait vu quelques jours auparavant, quand, répondant à l'adhésion du parti communiste, il avait pris soin de spécifier *« la mise à* [sa] *disposition, en tant que commandant en chef des Forces Françaises Combattantes, des vaillantes formations de francs-tireurs*[22] ». On le vit également lorsque, au moment du débarquement, l'Armée secrète étant devenue (par association avec les F.T.P. et l'O.R.A.) les Forces françaises de l'intérieur (F.F.I.), il nomma à leur tête le général Kœnig.

L'Armée secrète : instrument politique ou militaire ?

Afin de conserver le contrôle de cette armée, les hommes des mouvements imaginèrent la théorie d'une Résistance indivisible (*« indissociable »*, écrira Frenay). Les responsables des M.U.R essayèrent de démontrer, grâce à une argumentation subtile, qu'il était impossible de séparer l'activité militaire de l'activité civile, parce que, aux échelons locaux, les cadres subalternes et les militants étaient des *« hommes à tout faire »* qui, tout en appartenant à l'A.S., participaient à la propagande et réceptionnaient les parachutages.

On pouvait lire au début d'une note de Charvet [Frenay] sur l'Armée secrète : *« A leur retour de Londres Max* [Moulin] *et Duclos* [Delestraint] *informèrent le CD* [Comité directeur] *des Mouvements Unis que la décision suivante concernant l'AS* [Armée secrète] *avait été prise par le général de Gaulle : l'Armée secrète, placée aux ordres de Duclos, était soustraite, non seulement à l'autorité mais encore au contrôle du Comité Directeur. Duclos, selon ses propres paroles, affirmait avoir un chef militaire : de Gaulle et un chef politique : Max. Il refusait de reconnaître l'autorité du CD avant même de savoir dans quelle mesure elle s'exercerait.*

« Cette décision, si elle a été réellement prise, équivaut à couper la résistance en deux tronçons : le premier de caractère militaire obéissant directement aux ordres de l'EM de Londres, le second de caractère politique obéissant au CD des Mouvements Unis[23]. »

Si Frenay luttait contre la séparation du politique et du militaire et n'admettait pas que l'Armée secrète ne dépendît que de Londres, les mouvements de zone occupée, eux, ne firent jamais aucune difficulté pour séparer les groupes paramilitaires de la résistance politique. Ce n'était donc pas, comme Frenay le prétendait, la seule structure possible des mouvements de Résistance. Il est vrai que les mouvements de zone libre poursuivaient un objectif « révolutionnaire » que n'envisageaient pas au même degré ni de la même manière ceux de zone occupée, à l'exception des F.T.P.

La contestation qui fit rage autour de l'A.S. ne concernait que les chefs et les cadres des mouvements. Leurs militants engagés dans la lutte patriotique ne s'embarrassaient pas de tels problèmes, car ils n'avaient qu'une volonté : se battre dans l'armée du général de Gaulle, qui, pour eux, n'était pas seulement le symbole, mais le chef véritable de la Résistance. À preuve, *« la grande faveur »* que rencontra auprès des patriotes la signature d'engagement dans les Forces françaises combattantes, qui se traduisit par l'augmentation des enrôlements dans l'Armée secrète : *« Beaucoup d'éléments nouveaux voudraient s'enrôler sous la bannière du Général de Gaulle, mais hésitent ou refusent à le faire par l'intermédiaire de groupements ayant, et c'est nécessaire, d'autres buts que des buts militaires. Enfin, dès qu'on essaie de faire appel à des personnalités militaires d'une certaine envergure, même acquises à la cause, on ne peut les décider à entrer dans un quelconque des mouvements, ceux-ci les ayant d'ailleurs déjà sollicités à tour de rôle. Ils n'entreront que dans une formation unique, en prise directe avec les chefs de la France Combattante. L'enrôlement dans les F.F.C., prévu depuis peu par vos instructions, est d'ailleurs une étape intéressante dans cette voie et rencontre auprès des patriotes sérieux une grande faveur*[24]. »

L'attitude très politisée des trois mouvements de la zone sud explique la méfiance des responsables d'autres groupements. On en a un exemple (parmi beaucoup d'autres) dans l'attitude adoptée au printemps 1943 par François Mitterrand, chef d'un mouvement de prisonniers de guerre évadés. Voici ce que dit à son sujet un officier de la France Combattante, dans un rapport du 27 juillet 1943 : *« Il est en liaison en ce moment avec Gervais* [Frenay], *mais trouve que ce dernier se place trop vis-à-vis de son groupe, sur le plan politique et pas assez sur le plan militaire.*

« Il m'a avoué que, malgré la grande estime qu'il porte à Gervais, il préférerait être rattaché à l'A.S., plus près, à son avis de l'état d'esprit de ses hommes[25]. »

Henri Frenay était de plus en plus préoccupé du rôle politique de la Résistance après la libération. De même que l'Armée secrète devait, selon lui, d'abord être l'instrument de la prise du pouvoir en France, il assigna un rôle politique aux Prisonniers et Déportés (du travail) lorsqu'il devint leur ministre. Comme il l'écrivit d'Alger à Bourdet, le 21 mars 1944, il était persuadé de *« l'importance politique qui s'attache à l'action que nous pouvons avoir sur eux. C'est dans la mesure où, techniquement, nous réussirons mais aussi où nous préparerons le climat de leur retour que nous pourrons avoir une certaine autorité laquelle pèsera lourd sur les destinées politiques du pays.* [...] *Il est indispensable* [...] *que tu entretiennes les relations les meilleures et surveilles de près l'action de Charrette* [Michel Caillau] *et Morland* [Mitterrand], *que tu pousses à leur union de toutes tes forces, que tu leur viennes en aide par tous les moyens. Là encore il faut resserrer les liens, il faut serrer les coudes ; si nous réussissons, comme je le crois possible, à faire l'alliance entre la Résistance et le bloc des prisonniers et des déportés, alors nous pourrons envisager l'avenir avec une certaine confiance*[26] ».

Ces préoccupations politiques conduisaient Frenay à affirmer : *« Libération et révolution sont les deux aspects d'un même problème indissolublement liés dans l'esprit de tous nos militants* [...]. *Une armée révolutionnaire nomme ses chefs et qu'on ne les lui impose pas* [...].

« Ce n'est pas une armée que nous avons forgée [...]. *Nous avons en réalité créé des bandes partisanes qui veulent se battre plus encore pour leurs libertés intérieures que contre l'envahisseur*[27]. »

On peut imaginer la réaction du général Delestraint devant une telle littérature, ou bien lorsqu'il lisait dans la lettre que lui adressait Frenay le 8 avril 1943 :

« Ces hommes ne peuvent en aucun cas, même s'ils appartiennent à l'AS [Armée secrète], *être comparés à des soldats d'une armée régulière. La discipline, d'ailleurs relative, qu'ils observaient était beaucoup plus celle d'une armée révolutionnaire, et cela était bien ainsi, puisque l'une des missions de l'AS était de participer à la prise du pouvoir*[28]. »

Frenay soutenait auprès du général de Gaulle que *« la clandestinité de notre action et de notre organisation n'a pas développé le sentiment d'obéissance aveugle à n'importe quels chefs. La discipline chez nous est faite de confiance et d'amitié. Il n'existe pas de subordination au sens militaire du terme. On ne saurait, et nous en avons fait maintes fois l'expérience, imposer un chef à un échelon de notre hiérarchie. Ce qui est possible dans un régiment ou une préfecture ne l'est pas ici*[29] *»*.

Une telle conception de l'organisation, des méthodes et du rôle de l'Armée secrète, défendue par les mouvements de zone sud, explique les réserves (pour ne pas dire plus) des Britanniques à l'égard de la Résistance française.

On comprend aussi la réaction de Moulin lorsque Frenay lui écrivit le même jour : *« Vous semblez méconnaître ce que nous sommes vraiment, c'est-à-dire une force militaire et une expression politique révolutionnaire. Si sur le premier point, et avec les réserves que j'ai faites à notre dernière réunion, nous nous considérons aux ordres du général de Gaulle, sur le second nous conservons toute notre indépendance*[30]. » S'il était surprenant de voir un officier d'active déclarer qu'il obéirait, avec « réserves », au général de Gaulle (commandant en chef) sur le plan militaire, cette déclaration de Frenay révélait encore l'ambiguïté de la position des chefs des mouvements (de zone sud) vis-à-vis de De Gaulle et du Comité national français. Affirmant l'unité consubstantielle de la Résistance, à la fois politique et militaire puisque le même militant (citoyen-soldat) accomplissait cette double tâche, ils transformaient les mouvements en organismes à la fois politiques et militaires. Quand Frenay disait : sur le plan militaire on obéit (sous « réserves »), sur le plan politique, on est indépendant, cela signifiait qu'en fait (à moins de couper en deux le soldat-citoyen) de Gaulle ne pouvait pas compter sur l'armée française de l'intérieur. Il suffisait en effet que les mouvements, forts d'une telle conception, estiment que les ordres de Londres n'étaient pas conformes à leurs projets politiques pour modifier ou annuler les directives militaires (ce qui fut le cas avec les maquis et l'« action immédiate »).

Qu'est-ce qu'un résistant ?

Le débat qui était ouvert portait en réalité, et sans qu'il eût été jamais clairement ni discuté ni défini, sur le statut de résistant.

Qu'était-ce qu'un résistant ?

D'abord, un citoyen français vivant dans la dépendance administrative, juridique et policière du gouvernement légal de Vichy, même s'il en rejetait par ailleurs l'autorité politique, au besoin par la violence. Vis-à-vis du Comité national français de Londres (C.N.F.), sa position était équivoque. Le C.N.F., « embryon de gouvernement français », n'avait aucune légalité et n'était reconnu, officiellement comme tel, par aucune puissance. Il avait cependant le droit d'exercer son autorité administrative, juridique et politique dans les territoires qui s'étaient ralliés à lui. Il n'avait donc aucun pouvoir légal en métropole, sauf à l'égard de ceux qui lui faisaient volontairement allégeance ou qui s'engageaient dans les rangs de son armée. Ce lien, purement volontaire et formel, ne reposait sur aucune base légale et pouvait être dénoncé sans risque à tout moment. Les résistants « soldats-citoyens » étaient donc à tout instant libres de leur obéissance et de leur engagement. Le mot déserteur n'avait aucun sens dans la Résistance puisqu'il n'était passible d'aucune sanction.

Quel est le commandant en chef de n'importe quelle armée, même « révolutionnaire », qui aurait accepté une telle situation ?

Frenay ne tenait aucun compte de cette réalité lorsqu'il se plaignait au général de Gaulle que *« cette rupture* [entre l'Armée secrète et le Comité directeur] » se traduisait *« immédiatement* [...] *en opposition foncière avec toutes les directives données antérieurement*[31] ». Le dispositif essentiel de l'organisation imposée par Londres était la séparation, à l'intérieur de chacun des mouvements, entre l'action civile et l'action militaire. Ce principe, défini par de Gaulle lui-même dans l'ordre de mission de Jean Moulin du 4 novembre 1941, Frenay le connaissait pourtant et l'avait accepté en janvier 1942. S'il mentionna à cette époque certaines difficultés d'application sur le « terrain », pas une fois il n'allégua que cette mesure fût nocive et moins encore n'en proposa une autre. Pourtant, la durée de son séjour à Londres en 1942 (un mois et demi), la diversité de ses interlocuteurs à tous les niveaux et dans toutes les spécialités (les procès-verbaux de ses rencontres en font foi) lui auraient permis d'obtenir la modification ou même l'annulation de cette mesure, s'il en avait démontré les inconvénients. C'eût été, d'ailleurs, la meilleure occasion pour lui d'intervenir sur la question puisque le débat, se déroulant entre spécialistes militaires français et britanniques, serait resté sur un plan d'efficacité technique sans prendre la tournure passionnelle qu'il connut par la suite. De plus, il eût été facile alors d'apporter des modifications aux schémas du Général et de ses services, car, en métropole, l'organisation en était à ses débuts.

Mais, comme le rappelait Frenay au général de Gaulle, les mouvements de zone libre avaient à l'égard de l'A.S. des exigences particulières : *« Dès son origine le Mouvement Combat (le connaissant mieux que les autres, je ne parlerai ici que de lui) organisa en son sein des formations paramilitaires. A la tête de chaque région et de chaque département, un même chef assumait le commandement de toute la résistance. Son autorité s'exerçait sur toutes les formations, qu'elles soient de caractère politique ou militaire. Cette autorité fut renforcée chaque jour au cours de dix-huit mois de travail dangereux. Des liens solides d'amitié et de confiance se nouèrent entre les chefs à tous les échelons*[32]. »

Cette crise de caractère technique tournait au drame passionnel en partie à cause de l'action que Frenay avait conduite depuis l'armistice. Il éprouvait à l'égard de l'Armée secrète un attachement sentimental bien naturel. Aujourd'hui, on ne peut lire sans émotion ce qu'il écrivait à Delestraint, le 8 avril 1943, pour essayer de le persuader de la justesse de son point de vue : *« Pendant tout le courant de l'année 1942, les Mouvements se développèrent dans une complète indépendance et prirent un essor considérable. Pour ne parler que de Combat j'assumais tout à la fois la direction politique du Mouvement et la direction de la nouvelle AS* [Armée secrète] *dont les effectifs étaient beaucoup plus considérables que dans les autres Mouvements venus plus tard à cette conception. Je pris de ce fait sur mes camarades et subordonnés un ascendant réel que vous n'entendrez pas contester. C'est à moi qu'ils avaient fait confiance, c'est à moi qu'ils étaient liés. Je ne cherche pas en vous disant cela à faire étalage de mon influence mais seulement à vous éclairer sur une situation de fait dont vous devrez tenir compte.*

« […] *Nous ne pouvons oublier en effet que nous sommes responsables des hommes que nous avons remis entre vos mains, que nous avons nous-mêmes recrutés et encadrés. La consécration que le général de Gaulle a donnée au choix que nous avons fait en vous priant de prendre ce commandement ne saurait nous interdire de vous exprimer notre pensée. Vous avez recueilli le fruit d'un travail de deux années, vous concevez aisément que nous ne saurions nous désintéresser de son sort*[33]. »

Il reste dans ce texte, après tant d'années, l'empreinte d'un déchirement justifié devant la fin d'une période d'improvisation à haut risque et de douloureuse fraternité. Même pour ceux qui approuvent la raison d'État à laquelle obéissait de Gaulle, la bataille de Frenay reste un épisode cruel et exemplaire du sacrifice des pionniers, au moment même où ils espéraient récolter les fruits de leur dévouement.

Sans attendre que de Gaulle fût informé des récriminations du chef de Combat, Moulin s'était opposé à ses conceptions : *« Quant à la thèse de l'indépendance absolue des mouvements, elle est, à mon avis, impensable »*, écrivait-il au Général, le 7 mai 1943.

« Au point de vue militaire, la résistance française ne peut être considérée que comme un élément, entre bien d'autres, de la lutte entreprise par les Alliés contre l'Axe. Elle doit donc entrer strictement dans le cadre fixé par l'E.M. allié si l'on veut que la France reprenne un rôle dans la lutte commune. A ce titre, vous êtes le chef militaire des Français sans réserves, ni restrictions. »

Et il ajoutait : *« En ce qui concerne la discipline, il ne peut pas être conçu un organisme militaire même révolutionnaire dans lequel tout le monde a son mot à dire et à tous les échelons*[34]. »

Cette séparation des activités politiques et militaires préconisée par l'état-major allié répondait à des raisons de sécurité qu'approuvait Delestraint : *« Il pense,* écrivait Moulin, *qu'une séparation des activités en ce qui concerne les cadres est indispensable.*

« […] *Il y a là une question de sécurité et une question de discipline. Vous n'ignorez pas que les méthodes de certains dirigeants de Mouvements en zone sud ont abouti à l'arrestation de la plupart des cadres régionaux des M.U.* [Mouvements unis], *il est absolument nécessaire de préserver les cadres de l'A.S.* [Armée secrète] *d'une telle contagion si l'on veut que l'armature puisse être maintenue jusqu'au jour J*[35]. »

XIV

L'ARGENT, NERF DE LA RÉSISTANCE

20 mars-21 juin 1943

Le second problème que Moulin eut à résoudre, après son retour, fut celui du financement de la Résistance par la France Combattante. À partir de mars 1943, ce sujet devint l'un des chevaux de bataille des chefs de mouvement contre Jean Moulin.

Tant d'erreurs ont été proférées par eux et reprises (sans vérification) par certains historiens que, pour connaître le véritable déroulement de cette affaire, il faut revenir aux faits et se référer à quelques documents inédits.

L'argent, vrai pouvoir de la France Combattante

Le financement des mouvements était le point névralgique de toute l'entreprise clandestine. Il fallait aux résistants de l'argent pour payer leurs frais de voyage, acheter du papier pour la presse et les imprimeurs, régler les frais d'expédition et de distribution, etc. De plus, ils ne pouvaient vivre et développer leurs structures qu'avec quelques « permanents » (secrétaires, agents de liaison, cadres techniques régionaux et nationaux).

Jean Moulin avait compris d'emblée que là résidait l'un de ses meilleurs moyens d'action sur la Résistance. D'ailleurs, son expérience préfectorale l'avait habitué au maniement de cet instrument privilégié du pouvoir. Dès janvier 1942, il avait confié à un agent du B.C.R.A. que, *« d'une façon générale, la question du budget devait lui être un puissant levier de commandement par rapport à ces organisations et qu'il comptait bien leur tenir la dragée haute*[1] ».

Moulin ne se trompait pas car, depuis leur création jusqu'au début de 1942, tous les groupes s'étaient heurtés à cet obstacle. Chacun des chefs avait essayé de pallier cette faiblesse congénitale par des moyens de fortune : d'abord, ils dépensèrent leur salaire et leurs économies, puis, ils essayèrent de « taper » leur famille, leurs amis et leurs connaissances, de solliciter des patriotes fortunés. Certaines de ces démarches donnaient des résultats encourageants (par exemple, le financement du journal *Défense de la France*) ; mais la plupart s'avéraient décevantes jusqu'à entraîner parfois d'humiliantes rebuffades[2].

Après bien des déboires et des espoirs sans lendemain, Henri Frenay avait obtenu, durant l'été 1941, une première somme importante (deux cent cinquante mille francs), grâce au général de La Laurencie, lui-même financé par les Américains. Mais il fallait alors, comme on l'a vu, se soumettre à ses ordres, car La Laurencie se comportait en chef de la Résistance. De plus, il était antigaulliste, ce qui, à cette époque (fin 1941), était une erreur tactique qui tarissait le recrutement de militants, de plus en plus « gaullistes ».

Sur ces entrefaites, en janvier 1942, Jean Moulin, dès son retour de Londres, avait commencé à financer régulièrement les mouvements. Durant toute l'année 1942, il leur versa les sommes qu'eux-mêmes estimaient nécessaires à leur fonctionnement et qui, d'un mois sur l'autre, augmentaient. Le résultat fut inespéré pour les mouvements de la zone libre, comme le reconnut Frenay : *« Avec l'arrivée de Moulin ce souci permanent, d'un coup avait disparu* [...]. *Si depuis janvier, en moins de six mois, "Combat" a fait de grands progrès, cela est dû aux ressources que Max* [Moulin], *chaque mois, met à notre disposition.*

« [...] *En janvier 1942, Moulin m'avait remis 250 000 F, en février 1943, "Combat" recevra plus de 5 millions de francs* [...]. *Entre ces deux dates, la progressivité de nos ressources, donc de nos dépenses, a été irrégulière mais continue. Notre force s'en trouve parallèlement accrue.*

« [...] *Ces progrès, cette efficacité n'auraient pas été possibles sans l'argent que Max nous remettait régulièrement. Il n'avait pas tort de signaler dès le 1er mars 1942 : "J'assure la vie matérielle des Mouvements*[3]*."* »

De fait, si l'on compare la situation des groupements de la zone libre avec celle des mouvements de zone occupée (que Moulin ne commença de financer — très modestement — qu'à l'automne 1942), les résultats de l'aide financière de Londres ne prêtent pas à discussion.

Néanmoins, l'augmentation rapide des budgets commença, durant l'automne 1942, à poser un problème à Moulin. À l'époque du débarquement en Afrique du Nord, il alertait la France Combattante : *« Aurai difficulté assurer paiement novembre — Demande urgence gros crédits — Situation serait tragique si versements arrêtés — Mouvements demandent que m'assuriez réserves importantes*[4]. »

D'Astier et Frenay, qui étaient à Londres à cette époque, avaient d'ailleurs formulé directement cette demande, mais ils l'assortissaient d'une restriction à l'égard de Moulin. Les deux chefs étaient *« d'accord pour proposer de revenir sur la centralisation à leurs yeux excessive de la gestion du budget des Mouvements par Rex* [Moulin]. *On donnerait aux mouvements les volants et les réserves, étant indiqué qu'il ne serait touché aux réserves qu'en cas de disparition du centre*[5] *».*

À leur volonté évidente d'échapper au contrôle financier de Moulin s'ajoutait l'inquiétude que leur inspirait l'irrégularité des liaisons aériennes. En effet, l'argent était acheminé sous forme de liasses de billets de banque français ou étrangers (livres et dollars) par des transports aériens soumis à tous les aléas. Des obstacles divers (manque de personnel, manque d'avions, qui, pour ce type de missions, n'étaient pas plus d'une douzaine pour toute l'Europe, mauvais temps, mauvaise volonté britannique) rendaient souvent ces transferts problématiques. Cependant, en dépit de ces difficultés matérielles, les mouvements avaient toujours reçu les fonds dont ils avaient besoin.

La demande faite à Londres par les deux chefs n'avait ni modifié la centralisation des fonds qui restaient entre les mains de Moulin, ni mis de réserves à leur disposition. Il y avait une raison à cette attitude : de Gaulle savait, comme

Moulin, que le financement des mouvements était — bien que cela ne fût jamais dit — un moyen de pression sur les chefs indociles (aussi restera-t-il toujours assuré par ses représentants).

Si les mouvements estimaient qu'ils n'avaient jamais assez d'argent pour développer leurs actions, les partis, eux, trouvaient au contraire qu'ils en recevaient trop. Il est instructif de connaître ce que les socialistes pensaient de ces largesses.

En décembre 1942, par la voix de Gaston Defferre, ils avaient signalé à Moulin la responsabilité politique que prenait Londres en finançant, à tout va, les mouvements de résistance. Ils lui avaient fait observer que le parti socialiste, qui se reconstituait, n'avait demandé aucun subside (ce qui n'était pas tout à fait exact puisque Moulin, sous la pression de Morandat, avait financé la reparution du *Populaire* clandestin). Tandis que « *Londres,* disaient-ils, *a immédiatement donné à ces Mouvements son appui matériel et moral. Les sommes très importantes qui ont été mises à la disposition des Mouvements de Résistance les ont aidés considérablement. Sans argent ils n'auraient pas pu devenir ce qu'ils sont*[6] ».

Dans l'immédiat, cet avantage était considérable, mais cette dépendance financière condamnait, aux yeux de Defferre, leur avenir politique : « *Les mouvements de résistance, Combat, Libération, Franc-Tireur, verront disparaître leurs possibilités matérielles (s'ils subsistent), le jour où, la France étant libérée, ils ne recevront plus de subsides de Londres*[7]. » Cette mise en garde de la part des « républicains » avait frappé Moulin au moment où les difficultés grandissantes qu'il rencontrait avec Frenay, dans le domaine de l'Armée secrète, semblaient confirmer leurs craintes. Cela ne l'incita pas pour autant à financer les anciens partis politiques (qui ne le demandaient d'ailleurs pas), mais il surveilla l'exacte destination des sommes distribuées.

C'est ainsi qu'il retira à Combat le budget de l'Armée secrète et le rendit autonome. Il procéda de même avec les syndicats (C.G.T. et C.F.T.C.), qui luttaient contre la Relève, ou encore pour le maquis du Vercors rattaché à l'A.S. Il assura enfin l'autonomie financière des services centraux (S.O.A.M., B.I.P., W.T. et C.G.E.).

Ces mesures contribuèrent à la dégradation des rapports entre les chefs résistants de la zone libre et Jean Moulin.

Préoccupés par l'irrégularité possible des transferts de fonds, irrités de dépendre entièrement de Moulin pour leur financement, les chefs des mouvements ne supportaient pas davantage de devoir passer par son canal pour leurs transmissions radio, servitude qui, à leurs yeux, symbolisait la tutelle qu'il exerçait sur eux.

D'Astier et Frenay, lors de leur séjour à Londres à l'automne 1942, avaient obtenu que des postes de radio personnels leur fussent confiés, ce qui leur permettrait de communiquer directement avec de Gaulle et ses services. Mais un certain nombre d'obstacles (manque de postes et d'opérateurs radio, arrestation des opérateurs envoyés) firent échouer ce projet. Les deux chefs, qui répugnaient de plus en plus à utiliser les radios de Moulin, bien que la plupart de leurs textes fussent transcrits dans un code personnel, en conçurent un vif dépit.

Frenay rencontre Bénouville : la filière suisse

Comme on le voit, en février 1943, ni la sécurité des transferts financiers ni l'autonomie des transmissions radio n'avaient trouvé de solutions. Frenay profita de l'occasion que lui offrit le hasard pour essayer de résoudre ces problèmes par ses propres moyens.

Le 4 décembre 1942, il avait fait la connaissance de Pierre Bénouville, qui joua dans les mois qui suivirent un rôle essentiel. Jeune journaliste de talent, connu sous son nom de plume, Guillain de Bénouville, appartenant à l'extrême droite monarchiste, il s'était courageusement battu en 1940, s'était évadé deux fois, puis était devenu, en zone libre, journaliste à *L'Alerte*, hebdomadaire pétainiste, antigaulliste et antisémite. Il y proclamait son mépris de la IIIe République, son attachement à la Révolution nationale et son admiration pour le maréchal Pétain.

En octobre 1940, il écrivait dans son journal en s'adressant à ses lecteurs : *« L'heure de la justice est venue. Enfin, vous êtes véritablement représentés par les organismes purs. Aujourd'hui, la Légion Française des Combattants, demain le Rassemblement de tous les Français. Les coupables vont être jugés. La vie reprend. Avec vous, le Maréchal veut reconstruire. Donnez-vous avec foi et confiance*[8]. »

Mais cet homme intrépide ne pouvait s'en tenir là. En février 1941, il avait tenté de quitter la France afin de poursuivre la guerre aux côtés des Alliés. Cela lui avait valu d'être arrêté à Alger et emprisonné durant huit mois. À sa sortie de prison, ses opinions à l'égard du Maréchal n'avaient pas changé et, en décembre 1941, il continuait à le soutenir, ainsi que sa politique : *« Les circonstances sont telles que les lois et décrets qu'il a promulgués ne peuvent satisfaire tout le monde ni vaincre toutes les résistances. Ces textes n'en composent pas moins les directives grâce auxquelles nous commençons de nous redresser et dans l'esprit desquelles nous reconstruisons la patrie*[9]. » On se souvient que ces décrets comportaient, entre autres, la dissolution de la franc-maçonnerie et celle des conseils généraux, la révision des naturalisations, mais surtout le statut des juifs. En juillet 1942, le Maréchal restait son guide : *« Nul n'a mieux défini les causes de notre désastre que le Maréchal le jour où il a déclaré : "Cette défaite a de nombreuses causes, mais toutes ne sont pas d'ordre technique. Le désastre n'est en réalité que le reflet sur le plan militaire des faiblesses et des tares de l'ancien régime politique." Par cette phrase, notre Chef semble avoir indiqué les limites du champ où les constructeurs de l'avenir, les esprits vraiment soucieux de la renaissance française devront poursuivre leurs recherches*[10]. » Il est donc naturel qu'à l'automne 1942 il se soit engagé dans le réseau britannique « Carte », systématiquement antigaulliste, pour lequel il assurait la liaison avec l'ambassade britannique à Berne[11].

Au début de 1943, ce réseau se désagrégeant, Bénouville mit à la disposition de Frenay les contacts avec les Britanniques qu'il possédait en Suisse. Son arrivée dans le mouvement Combat, déjà marqué à droite, ne fut pas sans inquiéter certains responsables comme Claude Bourdet. La persistance des opinions d'extrême droite de la nouvelle recrue, qui lui faisaient stigmatiser la « démocrasouille » ou crier « Vive la Cagoule » dans les réunions de résistants, créait un certain malaise. Aussi, même s'il accomplissait les tâches qu'on lui confiait,

« il était difficile de l'utiliser, à cause de ses opinions trop affichées, dans les organismes comportant de fréquentes relations avec des militants de gauche[12] ». Quelque temps après son entrée dans le mouvement, Bourdet constatait avec soulagement que *« les rapports avec lui, d'abord méfiants, se sont progressivement améliorés ; son antigaullisme du début a disparu*[13] ». Bénouville donna, d'ailleurs, un gage de ses nouvelles dispositions en cessant sa collaboration avec *L'Alerte* après le 6 mars 1943. On remarquera, à propos de cette évolution, qu'une des vertus du gaullisme de guerre fut l'intégration définitive de la droite dans la République.

Pour Frenay, les opinions de Bénouville importaient moins que ses relations en Suisse. Il avait immédiatement compris qu'elles lui offraient la possibilité de court-circuiter Moulin pour organiser à la fois le trafic radio et l'acheminement des fonds.

L'« affaire suisse »

Les négociations menées à cet effet constituent le début de ce que les résistants (et après eux les historiens) appelèrent l'« affaire suisse ». L'intervention de Bénouville s'y déroula en deux étapes distinctes, la première en compagnie des Britanniques, la seconde avec les Américains.

Dans un premier temps, donc, Bénouville prit contact avec l'ambassade de Grande-Bretagne à Berne, afin d'établir les liaisons réclamées par Frenay. L'ambassade ayant bien accueilli ces propositions, Frenay signala télégraphiquement à la France Combattante (février 1943 : Moulin était à Londres) les facilités qu'il pouvait obtenir à Berne, mais il ne reçut aucune réponse. Pour de Gaulle, il était exclu de prendre cette offre en considération au moment où il était engagé dans un conflit très dur avec les Anglais : il ne pouvait envisager qu'ils s'immiscent, par le biais d'une mesure technique, dans ses relations avec les mouvements, d'autant qu'il avait toujours eu le plus grand mal à les soustraire aux tentatives de récupération menées par les réseaux anglais. En outre, ce nouveau canal aurait offert aux Anglais un moyen supplémentaire, et trop facile, de pression sur lui. Qui plus est, les Britanniques refusèrent pour des raisons purement financières.

Toujours est-il qu'après avoir donné son accord de principe à Bénouville, l'ambassade de Grande-Bretagne à Berne rompit d'elle-même le contact, quelques semaines plus tard.

C'est alors qu'une seconde voie s'ouvrit à Frenay, toujours en février 1943, sous la forme d'une proposition faite par un militant de Combat, Philippe Monod, avocat international. Un de ses amis d'avant-guerre, Max Schoop, qui travaillait dans les services secrets (O.S.S.) de l'ambassade américaine à Berne, lui avait fait part de son désir de *« connaître la situation exacte de la Résistance*[14] ». Frenay, pressentant le parti qu'il pourrait tirer de ce contact, demanda à Monod de se rendre à Berne, en février 1943, afin d'établir une liaison avec son ami. Le chef de Combat rédigea un long rapport à l'usage des Américains, dans lequel il exposait la structure des mouvements et leur position vis-à-vis des principales questions de l'heure. Par ailleurs, Monod fut chargé d'exposer leurs difficultés principales, *« le manque de matériel et le manque de fonds*[15] ».

Cette version de l'« affaire », établie par Frenay, diffère de celle des Américains : *« Le représentant qui a contacté les Américains se prétend émissaire des*

"Forces Françaises Combattantes de la Métropole" [...] *le Représentant venu de France a parlé à M. Dallas* [Allen Dulles, chef de l'antenne de l'O.S.S. à Berne] *qui aurait versé dès le 10 avril à ce représentant, une somme de 1 million de francs à titre d'encouragement pour le compte de S.I. (Secret Intelligence, service de renseignements), et dans l'espoir de se procurer des renseignements militaires*[16]. »

Les deux versions divergent parce qu'elles ont toutes deux été présentées pour justifier leurs auteurs : Frenay vis-à-vis de De Gaulle, l'O.S.S. vis-à-vis des Anglais et du B.C.R.A.

L'imprécision sur les origines de cette affaire ne change rien au fait qu'elle mettait en jeu un élément qui, pour de Gaulle, était essentiel : celui des renseignements militaires[17]. Car Frenay avait offert aux Américains, en échange de leur financement, de leur fournir des renseignements militaires pour les acheminer à Londres. Leur « vente », car c'est bien de cela qu'il s'agit, était présentée par Frenay d'une manière anodine, comme un service amical rendu par les Américains : « *Il* [Dulles] *nous donne accès aux câbles américains et s'offre à communiquer à l'Etat-Major interallié les renseignements généraux qui souvent se périment en attendant l'avion*[18]. »

Pour les Américains, en particulier Dulles, l'« achat » de ces renseignements était une aubaine extraordinaire. De plus, quelles qu'aient été leurs intentions à l'origine, la manière dont avait évolué ce « contact » affaiblissait de Gaulle. En effet, on sait qu'une de ses forces à l'égard des Anglais était la qualité des renseignements obtenus par le B.C.R.A. Passy s'en était déjà expliqué avec Frenay au cours de son séjour à Londres, en 1942 : « *Frenay, qui avait un S.R. militaire au sein de son mouvement, entendait monnayer les informations qu'il récoltait contre des avantages divers que, disait-il, les Américains lui avaient promis s'il les leur envoyait en Suisse. Je lui montrai qu'en opérant de cette manière il diminuerait le potentiel français dans son ensemble, car notre seul point fort était que nous fournissions à l'Etat-Major interallié plus de quatre-vingt pour cent des informations sur la France. Donc, même si son mouvement devait récolter quelques moyens, il risquerait d'affaiblir la position de la France Combattante vis-à-vis de nos alliés*[19]. »

Washington (en fait le général Donnovan, chef de l'O.S.S., placé sous les ordres directs du président Roosevelt) donna son accord immédiat et total à cette opération. Dans quelle mesure Donnovan et Dulles appliquaient-ils la politique du président des États-Unis contre de Gaulle ? Il est difficile de le mesurer exactement, les documents de cette affaire n'étant pas encore consultables. Mais les intentions des agents américains importent moins que la possibilité qu'ils offraient à Frenay et aux autres mouvements de s'émanciper de la tutelle de De Gaulle et de traiter enfin d'égal à égal avec lui dans la partie internationale qui s'engageait.

Au fil des réunions, les Américains découvrirent les problèmes qui aigrissaient les relations des mouvements avec de Gaulle, leur besoin en argent et en armes, et passèrent des questions du renseignement à celles de l'action. Ayant compris le parti qu'ils pouvaient tirer des restrictions financières, ils leur versèrent immédiatement dix millions, et acceptèrent de les financer directement[20].

Pourquoi la Résistance manquait-elle d'argent ?

Pour comprendre le caractère passionnel qu'avait pris aux yeux des chefs ce problème financier, il faut rappeler qu'après le début des négociations avec les Américains une décision de Londres avait mis le feu aux poudres : la limitation du budget du mois de mars, ramené au niveau de celui de janvier. Cette mesure, imposée par des raisons matérielles, survenait malencontreusement au moment même où se formaient les premiers maquis.

Les faits qui conduisirent à cette décision inopportune n'ayant jamais été relatés chronologiquement et en détail, je les reprends ici dans leur ensemble. L'exposé en est facilité parce que mes fonctions m'ont étroitement associé à cette affaire.

Moulin, lors de son second voyage à Londres en février-mars 1943, était parti sans connaître le montant exact des sommes qu'il allait recevoir de la France Combattante. Comme toujours leur envoi dépendrait de la bonne marche des opérations aériennes. Il m'avait laissé la répartition du budget pour le mois de mars (4 000 000 de francs pour Combat, 2 000 000 pour Libération, 900 000 pour Franc-Tireur, 1 200 000 à l'Armée secrète, etc.), mais il m'avait demandé d'attendre ses ordres avant de procéder aux versements.

J'avais reçu 8 400 000 francs par parachutage, somme insuffisante pour honorer le nouveau barème car, outre les mouvements, je devais alimenter les syndicats, les divers services de la France Combattante et certains mouvements de zone nord. Certes, Moulin m'avait laissé quelques réserves, mais il était interdit d'y puiser, sauf catastrophe.

Arrivé à Londres, Moulin avait trouvé la position de la France Combattante terriblement dégradée : Roosevelt, résolu à éliminer de Gaulle, insistait auprès de Churchill pour qu'il cessât de financer son « mouvement ». À Anfa, on entendit ce dialogue édifiant entre Roosevelt et Churchill : *« R. Qui paie la nourriture de de Gaulle ?*

« C. Eh bien c'est nous.

« R. Pourquoi ne pas lui couper les vivres ? Il viendra peut-être[21]*. »*

Aussi la France Combattante, qui dépendait entièrement des Alliés pour sa vie matérielle, devait-elle être prudente dans la distribution des fonds et conserver quelques réserves au cas où les Anglais accentueraient leur pression en appliquant la méthode Roosevelt ! C'est pourquoi Moulin me télégraphia, le 22 février, de ne pas répartir les sommes selon son projet mais de verser aux mouvements un montant identique à celui du mois de janvier (et de février)[22].

Le 3 mars, Moulin m'expédiait un nouveau télégramme confirmant ses instructions. Pourquoi le 3 mars ? Parce que, ce jour-là, le gouvernement britannique avait refusé à de Gaulle l'autorisation de quitter l'Angleterre pour se rendre au Levant et en Afrique. Aussitôt, le Général s'était, comme on l'a vu, retiré dans sa maison de campagne, près de Londres, et il se considérait comme prisonnier de la Grande-Bretagne. La rupture pouvait donc intervenir brusquement et donner lieu, de la part des Anglais, aux mesures de rétorsion habituelles (suspension des communications et des transports) qui provoqueraient une crise financière dont il était impossible de prévoir la durée. Il convenait donc de limiter au maximum les dépenses et de ménager les réserves.

Le hasard voulut que je transmette les instructions de Moulin le lendemain même du jour où Frenay m'avait demandé d'envoyer un appel pressant concernant les maquis : *« Pouvons largement développer cet exode et créer groupe Franc-Tireur pour action immédiate. Demandons deux millions mensuels et envois massifs armement — réponse urgente — signé Nef* [Frenay][23]. »

On imagine les protestations courroucées et justifiées de Frenay à l'annonce de cet ordre inopportun. Le télégramme de Moulin arrivait au moment précis où la formation des premiers maquis en Haute-Savoie, composés de réfractaires dépourvus de tout, accroissait brusquement les besoins d'argent de la Résistance. Or Moulin, quand il avait rédigé cet ordre (le 3 mars), n'avait pas encore reçu les télégrammes l'informant de ces événements (le premier arrivera à Londres le lendemain, 4 mars). C'est pourquoi il m'adressa, le 11 mars, un contrordre : *« Pour Nef* [Frenay] *Bernard* [d'Astier] *— D'accord pour suppléments demandés fonds seulement consacrés à lutte contre relève*[24]. » Cinq jours plus tard, le 16 mars, Moulin m'expédiait plusieurs télégrammes au sujet du S.T.O. et répétait son ordre : *« Fournir tous crédits à ce titre, je dis à ce titre, à mouvements et organisations*[25]. » Ce que je fis aussitôt en puisant dans les réserves.

Cette précision dans la répartition, sur laquelle ils n'avaient aucun contrôle, aggrava la colère des chefs des mouvements, car, simultanément, le budget de l'Armée secrète leur échappait, tandis que de nouveaux partenaires apparaissaient : les syndicats clandestins et le maquis du Vercors. Pourtant la règle était la même. En ce qui les concernait, il était précisé que les sommes distribuées devaient être exclusivement consacrées aux réfractaires du S.T.O.

La nouvelle répartition correspondait également à l'application des ordres de l'état-major allié. Celui-ci, comme il l'avait fait savoir à Moulin, à Delestraint et au général de Gaulle, était techniquement incapable de nourrir et d'armer de nombreux maquis et il refusait d'ailleurs de les encourager à passer à l'action immédiate. Pourtant, il souhaitait aider le maximum d'ouvriers à rester en France afin d'éviter d'accroître la capacité de production industrielle de l'Allemagne.

Cette stratégie n'était pas celle des mouvements, bien au contraire : l'affluence soudaine et imprévue des réfractaires leur apportait enfin les troupes jeunes, nombreuses et entièrement disponibles dont ils manquaient terriblement. Aussi furent-ils indignés que Moulin distribuât des sommes à des organismes syndicaux, qui s'occupaient uniquement d'empêcher les jeunes de partir en Allemagne sans les enrôler dans la Résistance, ou bien qu'il finançât le Vercors qui, sous le commandement de Delestraint, se conformerait aux ordres « attentistes » de l'état-major allié.

La décision de Moulin fournit donc à Frenay un prétexte supplémentaire pour traiter directement avec les Américains. Comme il l'annonçait aux membres de la délégation en Suisse : *« Le C.D.* [Comité directeur] *des M.U.R.* [Mouvements unis de résistance] *vient de s'insurger contre l'emprise croissante de Max* [Moulin] *et de ses agents sur les M.U. Cette emprise tentait, en fait sinon en intention, de faire des M.U. un instrument docile aux ordres du C.N.F.* [Comité national français] *et de ses agents en France. Si nous ne voulons rien changer à l'attitude que nous avons prise vis-à-vis du Général de Gaulle, père et symbole de la résistance, si nous entendons être à ses ordres dans le domaine militaire, nous entendons, en revanche, rester libre de nous exprimer librement, de nous organiser librement et conserver cette attitude d'indépendance qui seule donne du poids à nos avis tant auprès des alliés que de de Gaulle lui-même.*

« En fait, le général n'a qu'à gagner à observer cette volonté. Mais ses

agents ont beaucoup à y perdre. En mettant la résistance à leurs ordres, ils augmentent leur position personnelle et, au contraire, son indépendance diminue cette position[26] » (thème que Frenay développera constamment, même après la guerre pour expliquer la conduite de Moulin et des agents du B.C.R.A.).

« *Max* [Moulin] *nous accuse actuellement de trahir le gaullisme alors que celui-ci n'a qu'à y gagner. Il va sans doute soumettre le cas à Londres et manœuvrer ici pour maintenir sa position de prééminence sur nous. Nous ne céderons pas, et, au contraire, emporterons la partie*[27]. »

Bien entendu, les Américains, en bons diplomates, garantissaient aux mouvements leur indépendance politique, tout en leur proposant de faire de la propagande en faveur de De Gaulle en distribuant son élogieuse biographie que Philippe Barrès avait publiée à New York en 1941. Sachant que les mouvements ne pouvaient pas informer leurs militants de leurs différends avec de Gaulle, c'était de leur part une manœuvre habile. Cette proposition hypocrite ne manquait pas d'humour quand on sait qu'au même moment Roosevelt faisait pression sur Churchill pour qu'il liquidât politiquement le Général. Comme toujours dans les opérations de débauchage, aucune promesse ne leur coûtait pour arriver à leurs fins.

Frenay doutait si peu de leur sincérité qu'il expliqua à son représentant en Suisse : « *En adoptant une semblable attitude nous avions l'espoir que notre force en serait accrue et que notre voix, devenue plus puissante et libre pèserait d'un poids plus grand auprès des Alliés en faveur de* DE GAULLE *lui-même et du Comité national Français*[28]. » Théoriquement, cet argument paraissait juste, et il était celui d'autres résistants, tel Pascal Copeau, de Libération-Sud.

Cependant, pour savoir à quel point Frenay se leurrait, il suffit de lire ce que les Américains pensaient du Général. Ainsi Roosevelt lui-même écrivait à Churchill quelques jours plus tard (8 mai 1943) : « *Il me semble que la conduite de la mariée* [DE GAULLE] *continue d'empirer. Son attitude est quasiment intolérable* [...]. *Il s'imagine que le peuple de France est solidement derrière lui. A dire vrai, j'en doute. C'est pourquoi les intrigues continuelles de de Gaulle me dérangent de plus en plus. A mon avis, le Comité national français devrait être réorganisé afin d'en exclure quelques-uns des éléments inacceptables comme Philip, et d'y faire entrer des hommes forts comme Monnet et quelques autres hommes issus de l'administration Giraud en Afrique du Nord* [...] *Il me semble que lorsque nous entrerons en France proprement dite, il nous faudra considérer cela comme une occupation militaire, organisée par des généraux anglais et américains* [...]. *Je ne sais quoi faire de de Gaulle. Vous voudrez peut-être le nommer gouverneur de Madagascar*[29]. »

On comprend qu'avec de telles arrière-pensées, les Américains ne se fussent pas fait prier pour verser au représentant de Frenay une première avance de dix millions, qui représentait presque le budget mensuel des trois mouvements de la zone libre.

La réussite de ces tractations était en train de modifier le rapport des forces entre la Résistance et la France Combattante en exil. Conséquence plus importante encore pour Bénouville et Frenay : en reléguant Jean Moulin au rôle d'observateur ou d'ambassadeur, ils s'empareraient de sa fonction de financier, de fournisseur d'armes et d'intermédiaire avec les Alliés. Dorénavant, les responsables de Combat assureraient les liaisons extérieures de la Résistance et alimenteraient les mouvements en armes et en argent. Ils auraient ainsi une influence prépondérante sur les mouvements des deux zones, sachant par expérience ce qu'elle avait apporté de prestige et de pouvoir à de Gaulle. C'était si vrai que Frenay, non content de s'approprier la fonction de Jean Moulin, réclamait en outre, pour bien marquer ce renversement hiérarchique de leurs relations, que désormais les mouvements eussent un représentant à Londres auprès de De Gaulle. On sait comment le Général accueillit cette prétention : *« Je n'accepte pas de soi-disant représentation de la Résistance à Londres. Charvet* [Frenay], *en particulier, n'a aucune qualification en cette matière car il n'existe pas de représentation ailleurs qu'à l'Assemblée consultative*[30]*. »*

La fin de l'« affaire suisse »

Jusqu'en avril 1943, les négociations de Frenay avec les Américains avaient pleinement réussi, parce qu'elles avaient été conduites dans le plus grand secret. Durant presque deux mois, aucun chef des mouvements, ni Moulin, ni de Gaulle ne furent dans la confidence. Bénouville, Frenay et Monod purent agir en toute tranquillité jusqu'au jour de fin avril où Moulin découvrit brusquement ce qui lui apparut comme un complot[31].

Ce fut le hasard qui en décida. Pour des raisons techniques, inhérentes aux difficultés de transmission radio de la clandestinité, Moulin fut le dernier informé. C'est d'abord Londres qui, début avril, avait été avisé par un télégramme de Pierre de Leusse (représentant de Gaulle en Suisse) qu'une « affaire » se tramait à Berne entre un représentant de Combat et les Américains de l'ambassade. Ayant interrogé Moulin, Londres ne reçut pas de réponse car les télégrammes envoyés étaient indéchiffrables : le B.C.R.A. avait oublié de lui remettre la « clé » de son nouveau code. Moulin ignora donc tout. Le 12 avril (plus d'un mois et demi après ses premiers contacts), Bénouville, revenu à Lyon, informa d'Astier et Jean-Pierre Levy des démarches secrètes et des résultats obtenus[32]. Jean-Pierre Levy et Claudius-Petit, de Franc-Tireur, émirent aussitôt des réserves sur la livraison des renseignements aux Alliés, cependant que d'Astier critiquait l'avantage que Frenay tirait de la situation. Quant à Copeau, il était réticent pour deux raisons, *« l'allure de "complot fasciste" »* qu'il *« croyait respirer dans les conversations de Berne »*, mais aussi *« l'usage extrême que Gervais* [Frenay] *pouvait être amené à faire de ses contacts avec les Alliés »*[33]. Les réticences de tous étaient *« dues surtout à la personnalité de Davet et de Bénouville*[34] *»* (c'est ce dernier qui avait proposé le général Davet).

Quoi qu'il en soit, même après cette réunion, ni les uns ni les autres n'avertirent Moulin. Ce n'est que le 25 avril, un mois après son retour de Londres, que Jean Moulin découvrit la vérité par un télégramme de Londres expédié enfin dans son ancien code[35]. Son indignation fut d'autant plus vive que Frenay lui avait écrit trois semaines auparavant : *« Vous ne nous tenez pas au courant de vos activités qui cependant nous intéressent au premier chef.*

« Je pense très sincèrement que vous faites là une erreur préjudiciable à la cause de la résistance. Cette erreur nous met dans une position fausse par rapport à nos militants et à nos cadres. Nous devons tout connaître des problèmes auxquels nous sommes attelés. Agir autrement c'est faire preuve de méfiance à notre égard alors que nous vous entretenons de tout sans jamais rien vous cacher[36]*. »*
On imagine les sentiments de Moulin si l'on sait que cette lettre avait été écrite

le 8 avril, alors que depuis presque un mois et demi Frenay négociait secrètement avec les Américains !

Sa réaction fut immédiate : au cours d'une discussion violente avec Frenay, il l'accusa de trahison à l'égard du Général : *« un véritable coup de poignard dans le dos que vous donnez à de Gaulle »,* dit-il[37]. Pascal Copeau rapporte qu'il déclara que les *« contacts avec Berne compromettaient définitivement le prestige de Charles* [de Gaulle] » et qu'il *« ne laisserait pas étrangler le gaullisme au coin d'une porte »*[38].

Enfin, selon Bénouville lui-même, il condamna sans nuance son *« action funeste »* en Suisse[39]. Pour mettre chacun devant ses responsabilités, il convoqua les comités directeurs des trois mouvements afin d'exposer à leurs membres les conséquences et les risques de la situation créée par Frenay. Ceux-ci, dans leur majorité, désavouèrent le chef de Combat, comme on peut le constater dans le télégramme que Lacoste (syndicaliste de Libération et membre du C.G.E.) adressa à André Philip : *« Charvet* [Frenay] *a été désavoué par la majorité des comités de Combat, Libération et Franc-Tireur. Les syndicalistes et les comités du Parti Communiste sont d'accord pour résister par tous les moyens dont ils disposent aux manœuvres de Charvet. Les mouvements de Paris sont également hostiles*[40]. »

Quant à d'Astier, après s'être aligné sur Frenay dans son affrontement avec Moulin et Delestraint, il reconsidérait sa position devant les manœuvres du chef de Combat, ses tractations avec les Alliés et la politique aventureuse qu'il menait à l'égard de la Résistance. Ainsi que l'écrivait Philip à Moulin : *« Il est très choqué des procédés de N° 3* [Frenay] *qu'il paraît décidé à contrer vigoureusement. Il paraît très monté contre lui*[41]. » En France, Copeau, qui remplaçait d'Astier au Comité directeur, suivait de près les développements de l'affaire suisse : *« Les raisons apportées par Max* [Moulin] *sont sérieuses et méritent d'être examinées sans passion. Je pense que vous avez eu l'occasion d'en discuter avec Charles* [de Gaulle], *et que si lui-même, en toute connaissance de cause, juge que ces contacts sont inopportuns, il faut de toute nécessité et immédiatement s'incliner. Pour ma part, jusqu'à plus ample informé, il m'apparaît que ces contacts avec l'aide qu'ils comportent pour nous peuvent être précieux et loin de diminuer le prestige du gaullisme, le renforcer, mais, à condition que ce dangereux instrument soit mis entre des mains extrêmement averties. Or, à ce sujet, nous avons agi avec un peu de légèreté et nous n'avons aucune garantie. Il semble, en effet, y avoir autour de cette affaire de Berne une conjonction d'éléments passablement suspects. Vous savez, en effet, que le commandant Faure* [Valette d'Osia], *qui a, pour une bonne part, monté l'affaire des maquis de* SAVOIE, *et qui, il y a quelques semaines encore, ne se cachait pas d'être giraudiste, a été le premier à obtenir une aide de Suisse. Le commandant Faure est un réactionnaire déclaré, dont l'entourage est ouvertement d'A.F.* [Action française].

« [...] *Ce qui est troublant, c'est que B...i* [Battesti, Marcel Peck] *paraît avoir joué et joue toujours un certain rôle dans l'affaire des contacts avec Berne, et il n'est pas douteux qu'il a été ou est toujours de l'A.F. D'autre part, Lahire* [Bénouville] *ne se cache pas d'être un homme de droite, ancien collaborateur de l'Alerte* [journal pétainiste, antigaulliste], *et lui aussi probablement de l'A.S.* (sic) [Action française]. *Enfin, le général* [Davet], *que vous avez accepté comme notre représentant à Berne, est plus ou moins cagoulard et également ancien collaborateur de l'Alerte.*

« Si vous ajoutez à tout ceci, qui sent assez mauvais, que Thierry, chef

régional [...], *est lui, un J.P.* [Jeunesses patriotes] *très ami de B....i, et qu'il a apparemment menacé* GERVAIS [Frenay] *de dissidence ; que Gervais, de son côté, dans la discussion, pousse l'inconscience jusqu'à dire "qu'il se fout pas mal des décisions du Général de Gaulle" et que s'il le faut, il aura à lui seul, des rapports avec les Alliés à Berne, tout cela prend une tournure bien singulière*[42]. » Et Copeau de conclure : « *Tout ceci dans mon esprit ne signifie pas qu'il faille abandonner la liaison avec Berne, mais j'estime que nous avons sur cette affaire un contrôle insuffisant et que nous risquons, comme à son origine, d'être toujours placés devant des faits accomplis extrêmement dangereux*[43]. »

La France Combattante reprend l'initiative

Moulin tira pragmatiquement la leçon des réclamations de la Résistance sur le plan purement financier. Dès son retour de Londres et avant la découverte de cette affaire, il avait câblé à Philip : « *En raison augmentation budget Z.O. et dépenses lutte contre relève nécessité envoyer lune Avril somme importante ordre de trente millions*[44]. » La réponse était venue trois semaines plus tard, administrative et décevante : « *En vue obtention crédits 30 millions demandés veuillez indiquer grandes lignes votre budget donnez notamment le montant affecté aux rubriques suivantes. Primo — Vos organismes proprement dits Z.N.O. je dis Z.N.O. et Z.O. — Secundo mouvements Z.N.O. et Z.O. — Tertio — Relève*[45]. »

Devant tant d'incompréhension, Moulin, pour faire face à la situation critique dans laquelle il se trouvait, demanda le 7 mai des mesures immédiates : « *Que des sommes très importantes me soient versées rapidement pour que je puisse, en votre nom, attribuer aux mouvements de zone sud, comme à ceux de zone nord, des sommes sinon équivalentes, du moins assez sensiblement rapprochées de celles promises par les Américains. Il convient, en effet, de ne pas oublier que les Américains distribuent à foison et sans contrôle des sommes énormes, via Suisse, aux gens qui se trouvent dans le maquis et qu'à ce point de vue l'argumentation de Nef* [Frenay] *ne manque pas de fondement. Le jour où l'on pourra dire que c'est vous, et non pas les alliés, qui financez la lutte contre la déportation, il est certain que la position du Gaullisme en France sera renforcée d'autant. Je dois vous dire qu'en votre nom j'ai promis des sommes importantes pour être substituées aux fonds américains. Il faut faire vite et, surtout, ne pas, en dernière analyse, avoir l'air de céder aux injonctions des Mouvements*[46]. »

Moulin voyait la situation se dégrader et, quelques jours après, il rédigea un additif à son rapport dans lequel on lit : « *Nef* [Frenay] *vient de recevoir les 10 premiers millions des Américains. Dans le même temps, il m'est impossible de faire face aux besoins les plus élémentaires n'ayant plus aucune disponibilité.*

« *Encore une fois je vous adresse un S.O.S.*

« *La responsabilité que prend la France Combattante est très grave. Il faut qu'il soit remédié au plus tôt à cette situation*[47]. »

Il est significatif de voir que, tout en désapprouvant les négociations de Frenay, il était conscient, comme il l'avait toujours été, des besoins des mouvements dont il défendait en toute occasion les nécessités de développement.

Pendant que Moulin prenait en France des mesures conservatoires, le colonel Passy agissait à Londres pour contrer les desseins de Frenay et de Bénouville. Au reçu du télégramme de Moulin, il avait provoqué une réunion avec les représentants des états-majors anglais et américain. Voici comment les Américains présentèrent l'affaire : *« Il semble qu'une certaine confusion ait d'abord été créée par le fait que le Représentant* [Bénouville] *venu de France a parlé à M. Dallas* [Dulles] *qui aurait versé dès le 10 avril à ce représentant, une somme de 1 million de francs à titre d'encouragement pour le compte de S.I. et dans l'espoir de se procurer des renseignements militaires.*

« Le représentant qui a contacté les Américains se prétend émissaire des "Forces Françaises Combattantes de la Métropole".

« Lorsque les autorités américaines ont été avisées qu'il n'existait pas de groupement de ce nom et que, d'autre part, les différents mouvements de résistance tant de Zone libre que de Zone occupée étaient coordonnés entre eux par un représentant personnel du Général de Gaulle, il a été décidé :

« a) de retirer la proposition des 10 millions,

« b) d'entrer en rapport avec les autorités britanniques et les autorités de la France Combattante afin de traiter ensemble la question[48] » (cette affirmation était inexacte car c'est seulement après les démarches de De Gaulle que les services de Berne interrompirent leurs relations).

Un accord rapide avait donc été trouvé grâce aux Anglais qui, ne tenant pas à ce que les Américains imposent leur domination à la Résistance française, avaient fait pression sur eux pour qu'ils mettent fin à ce débauchage. Les trois participants à cette réunion avaient expédié, le 4 mai, un télégramme à l'ambassade américaine à Berne : *« a) toutes les questions concernant les mouvements, et singulièrement les questions relatives aux opérations, sont du ressort exclusif de Londres ;*

« b) si le Gouvernement américain est décidé à mettre à la disposition des mouvements un crédit mensuel de 10 millions, celui-ci serait remis en Suisse à un représentant personnel et direct du Représentant du Général de Gaulle [Moulin] *auprès des mouvements de résistance ;*

« c) en aucun cas, ce versement ne sera effectué entre les mains d'un émissaire particulier d'un des mouvements[49]. »

On pouvait considérer que cet accord, obtenu rapidement, mettait un point final à cette affaire et que la Résistance allait profiter de la manne distribuée par les Américains. La solution donnait satisfaction à toutes les parties : la Résistance voyait son budget augmenter, ses liaisons et son armement assurés. De son côté, le général de Gaulle conservait vis-à-vis des Alliés l'autorité de son gouvernement sur les mouvements.

Frenay ira-t-il jusqu'à la rupture ?

C'est le 19 mai que la délégation des mouvements en Suisse informa Bénouville — qui assurait la liaison entre Combat et la Suisse — de la décision prise à Londres de ne remettre les fonds américains qu'entre les mains d'un représentant personnel du général de Gaulle. L'apprenant, Frenay écrivit immédiatement à son représentant à Berne : *« En aucun cas, je n'accepterai que les fonds soient versés en d'autres mains que celles de I* [Davet] *et qu'ils soient répartis autrement que par Planchon* [la Résistance].

« […] *Je compte que ce point de vue sera partagé par mes coéquipiers. Il ne faut cependant pas exclure qu'il en soit autrement. Je suis décidé dans ce cas à reprendre ma liberté totale, ce qui évidemment ne changerait rien au ralliement inconditionnel au symbole Dorsay* [de Gaulle]. *Néanmoins, je devrais être assuré auparavant que Cadet* [les Américains] *s'engage à nous donner ce qui est nécessaire à poursuivre notre action. Si nous en arrivions à une semblable extrémité, ce que je ne souhaite pas, mais que je dois envisager, nous conserverions en main l'essentiel de la force de Planchon et notamment tout ce qui concerne l'Action immédiate et l'A.S.*

« J'ai besoin de savoir rapidement si Cadet accepterait de nous donner ce dont nous aurions besoin, y compris le matériel. Je vous demande de le pressentir adroitement au cours d'une conversation privée amicale et comme si cette éventualité était née de votre esprit. Vous sentez combien j'ai besoin de cette réponse avant de m'engager dans la voie que j'indique.

« Je n'ignore pas les inconvénients graves qui résulteraient d'une semblable attitude. L'unité serait gravement compromise, mais il est hors de doute que nous gagnerons en efficacité et éviterons cette inadmissible tutelle dont je vous avais entretenu. Vous pensez bien que je ferai tout pour rallier à ma solution tout le groupe Planchon. Je pense d'ailleurs que les amis de Maury [d'Astier] *suivraient*[50]. »

En agissant ainsi, Frenay oubliait ses affirmations répétées sur son obéissance militaire à de Gaulle. Qu'il ait voulu, en tant que chef de mouvement, reprendre sa liberté en ce qui concerne la propagande et l'action politique, c'était son droit le plus strict. En était-il de même sur le plan militaire ? Pouvait-il disposer à son gré des militants qui (sur ce plan-là) croyaient obéir à la France Combattante et ignoraient tout des conflits entre les chefs des mouvements et de Gaulle ? On doit rappeler que la plupart des militants avaient signé un engagement dans les Forces françaises combattantes et étaient donc des soldats au même titre que les autres. En dépit de ses proclamations réitérées sur son obéissance militaire, Frenay envisageait donc de briser l'unité de la Résistance en s'arrogeant la direction de l'Armée secrète, bien qu'elle ne fût pas « son » armée, comme il le prétendait, mais l'armée française de l'Intérieur sous les ordres du Comité national français.

En envisageant de faire sécession, Frenay commettait la même faute qu'avait commise l'amiral Muselier, à Londres. Lui aussi, en désaccord avec de Gaulle, avait projeté, un an auparavant, de quitter la France Combattante et de continuer la guerre avec « sa » flotte aux côtés des Anglais, sans se soucier de la perte de pouvoir qu'il infligeait ainsi, non pas à un homme, mais aux intérêts de la France, déjà si compromis.

On connaît la réponse du Général à Muselier. Elle mérite d'être relue à la lumière de cet événement : Muselier avait refusé de participer au Comité national. *« Vous m'avez déclaré* […] *que je n'aie plus à compter sur votre concours. Cela était votre droit.*

« Mais vous êtes sorti de votre droit et de votre devoir quand vous m'avez notifié votre décision de vous séparer de la France Libre et d'en séparer la Marine que j'ai placée sous vos ordres. Sur ce fait, votre action constitue un abus intolérable du commandement militaire que je vous ai confié sur une force française libre dont les officiers et les hommes sont engagés comme Français libres et liés à mon autorité par un contrat d'engagement. En outre, vous portez atteinte à l'union dans un mouvement dont l'union fait la force, dans un mouvement qui, en présence de l'ennemi et dans la situation où se trouve la France, représente peut-être la seule chance de salut de la Patrie... Enfin, vous détruisez par indis-

cipline un élément de la force militaire française, en y jetant vous-même une agitation et une division auxquelles elle ne survivrait pas[51]. »

Par ailleurs, il est instructif de connaître la réponse que firent, à chaud, Davet et Monod à la lettre de Frenay : « *Nous ne voulons pas croire au pire, c'est-à-dire une rupture de l'Unité Planchon* [Résistance]. *Nous croyons que nos efforts nous épargneront ce malheur — c'est pour cette raison que nous croyons dangereux de faire allusion devant les Cadets* [Américains] *à une crise qui n'éclatera peut-être jamais. La chose est trop grave pour qu'on risque de compromettre notre prestige auprès des Cadets dont la bonne volonté et l'amitié sont manifestes. Faites-nous confiance : s'il le faut et dès qu'il le faudra nous saurons poser la question de l'aide Cadet aux Planchon devenus indépendants. La question posée maintenant ne pourrait que recevoir une réponse négative, car les Cadets ont les mains liées tant que durent les négociations à Liliane* [Londres]. *Nous aurions donc sans profit affaibli notre position et compromis l'avenir.*

« [...] *C'est l'opposition sournoise des éléments Martin* [gaullistes], *leurs soupçons, le discrédit qu'ils ont essayé de jeter sur nous qui a tout compromis. Les résultats de cette politique ne sont que trop clairs. Ce sont les Planchon attendant depuis deux mois l'aide promise, l'A.S.* [Armée secrète] *sans armes, les maquis appelant en vain au secours, tous nos projets d'action paralysés. Pour satisfaire leurs ambitions et leur rancune, c'est un véritable crime contre la Résistance que ces gens-là ont commis. Pourtant, rien n'est encore perdu, nous gardons notre confiance et notre volonté de vaincre*[52]. »

La sécession que Frenay envisageait le 24 mai ne l'empêcha pas de rédiger pour Londres une protestation au sujet de l'attitude de De Gaulle acceptant l'argent des Américains, à condition qu'il soit remis à Moulin : « *Ce rapport fait ressortir une grave crise de méfiance à l'égard des Mouvements unis en général et de moi-même en particulier* [...]. *La Résistance a fourni des preuves suffisantes de son loyalisme à l'égard du général de Gaulle et du C.N.F. pour qu'on ne se permette pas à tout propos de mettre en doute ce loyalisme. Il est des injures qu'on ne tolère pas. Les Mouvements unis qui mènent depuis bientôt trois ans un dur combat estiment avoir atteint leur majorité et pouvoir parler librement et sans intermédiaire à tous les Français comme à tous les Alliés*[53]. »

Frenay, cherchant à resserrer la cohésion de ses troupes, commettait par ailleurs de graves indiscrétions, comme le relatait Copeau : « *Devant l'attaque de Max* [Moulin] *qui cherchait et qui a réussi à mettre Gervais* [Frenay] *en minorité devant son ex-Comité de C.* [Combat], *Gervais a porté avec tous les détails, par une circulaire, le débat devant les chefs de Région C. Ce texte est tombé entre les mains de la Gestapo, ce qui, de toute évidence, est une méthode de travail singulière. A titre d'exemple, j'extrais le paragraphe suivant d'un rapport de Renaud (C.) adressé à Gervais : "De même votre note récente sur votre conflit avec Max a fait connaître à bien des gens l'existence de notre mission en Suisse. Des questions seront posées, surtout en ce qui concerne nos rapports avec les Anglais et les Américains. Vous pouvez être sûr qu'avant longtemps le bruit courra que nous abandonnons de Gaulle et que nous sommes à la solde des Alliés. Ce bruit concernera le Mouvement tout entier, soit vous seul"*[54]. »

Les Américains parviendront-ils
à neutraliser de Gaulle ?

Pendant qu'en France la bataille faisait rage entre Frenay et le représentant du Général, Roosevelt avait enfin réussi à convaincre Churchill de se débarrasser définitivement du général de Gaulle. De Washington où il se trouvait, Churchill avait télégraphié à Eden, le 21 mai 1943 : « *De Gaulle a complètement laissé passer sa chance en Afrique du Nord. D'après moi, il ne s'intéresse qu'à sa propre carrière, qui est basée sur sa vaine prétention de s'ériger en juge de la conduite de chaque Français à la suite de la défaite militaire. Je demande à mes collègues d'examiner d'urgence la question de savoir si nous ne devrions pas dès maintenant éliminer de Gaulle en tant que force politique, et nous en expliquer devant le Parlement et devant la France. Nous dirions dans ce cas au Comité national français que nous cesserons d'avoir des relations avec lui ou de lui donner de l'argent aussi longtemps que de Gaulle en fera partie. Bien entendu, nous continuerons à rétribuer les soldats et les marins qui servent à l'heure actuelle.* » Le Premier ministre était prêt à en découdre personnellement : « *Je serais quant à moi tout à fait disposé à défendre cette politique devant le Parlement, et à montrer à tout le monde que le mouvement de résistance en France qui est au cœur même de la mystique gaulliste, ne s'identifie pas à cet homme vaniteux et malveillant.* [...] »

Il faut dire qu'il avançait à l'encontre de De Gaulle une argumentation d'une grande virulence : « *Les autres arguments contre la personne de de Gaulle sont les suivants : il déteste l'Angleterre, et s'est répandu en propos anglophobes partout où il est passé. Il ne s'est jamais engagé personnellement dans la bataille depuis qu'il a quitté la France, et a bien pris la précaution d'en faire sortir sa femme au préalable. Il a maintenant fait alliance avec le mouvement communiste de France, alors qu'il prétend être le seul rempart contre ce mouvement. Le Président m'a même laissé entendre que Giraud risquait d'être assassiné par les gaullistes*[55]. »

Finalement, Churchill proposait une solution de rechange — des hommes de la IIIe République autour de Giraud : « [...] *Si nous pouvions introduire Herriot et Léger dans un Comité dont de Gaulle serait exclu, il serait alors possible de constituer avec Giraud un groupement fort et qui représenterait parfaitement la France pendant la période de guerre. Je suis convaincu que les choses ne peuvent plus continuer comme avant*[56]. » On pouvait donc considérer qu'à cette date, grâce aux Américains, de Gaulle était un homme politiquement mort.

Il fut sauvé *in extremis* par le cabinet britannique refusant l'oukase de Churchill : « *Nous estimons que la politique recommandée si instamment par vous n'est pas praticable*[57]. »

Il est instructif d'observer que, sitôt obtenu l'accord de De Gaulle sur la voie américaine en Suisse, aux seules conditions que l'argent serait remis à son représentant et que les Américains n'auraient pas directement accès aux renseignements, la générosité de ces derniers se tarit subitement : ils ne proposèrent ni ne distribuèrent plus un sou à la Résistance. C'était bien la preuve (s'il en fallait une) que leur offre n'était pas aussi désintéressée que Bénouville et Frenay le prétendaient. Car si la Résistance les avait séduits pour sa seule valeur militaire et sans contrepartie, ils auraient appliqué l'accord qu'ils avaient conclu à Londres.

Il est vrai que Frenay avait refusé cette solution et que cette source avantageuse pour la Résistance (qu'il avait lui-même ingénieusement découverte) fut perdue pour tous.

On doit rappeler que, même après la disparition de Moulin et la nomination de d'Astier et de Frenay comme ministres du Comité d'Alger, les problèmes financiers n'eurent pas la solution qu'ils souhaitaient. Jusqu'à la Libération, rien ne fut modifié dans l'acheminement et la distribution des fonds[58].

XV

LE CONSEIL DE LA RÉSISTANCE, UN PARLEMENT CLANDESTIN

27 mai 1943

La troisième directive rapportée de Londres par Jean Moulin était politique. Elle prescrivait la création du Conseil de la Résistance.

On sait que les mouvements avaient opposé une fin de non-recevoir au projet que leur avait soumis Jean Moulin avant son départ. Or, il était devenu urgent de leur faire accepter la constitution de ce Conseil, adopté par de Gaulle à Londres. Afin de justifier sa création, Jean Moulin fit devant le Comité directeur des M.U.R. un exposé de la situation dramatique dans laquelle se débattait le Général et de son obligation d'apparaître, aux yeux de Giraud et des Alliés, comme le chef incontesté de la Résistance.

D'Astier et Frenay connaissaient l'acuité du problème puisqu'ils se trouvaient en Angleterre en novembre 1942. Depuis cette époque, les relations n'avaient fait qu'empirer entre les Alliés et de Gaulle. Ce dernier était résolu à ne pas céder sur les principes et à ne rencontrer Giraud que si les cinq conditions qu'il avait posées étaient acceptées : nullité de l'armistice ; rétablissement de la légalité républicaine en Afrique du Nord ; constitution d'un pouvoir central ayant tous les attributs d'un gouvernement ; création d'une assemblée consultative représentant la Résistance française ; démission de certains administrateurs vichystes (Boisson, gouverneur de l'Afrique-Occidentale française, Noguès résident général au Maroc, Peyrouton, gouverneur général de l'Algérie).

On sait qu'envisageant le pire le Général avait prévu, dans le cas où les Anglais lui interdiraient toute communication avec l'extérieur, que le Conseil de la Résistance deviendrait le seul pouvoir légitime habilité à défendre les droits de la France et de l'État face aux empiétements des Alliés.

La situation s'étant aggravée durant le séjour de Moulin à Londres, le Général précisa ses directives en lui remettant expressément l'autorité. On lit à la date du 12 mars 1943 : *« Dorénavant, si les communications étaient coupées avec le G de G* [général de Gaulle] *et le C.N.F.* [Comité national français] *de façon permanente — c'est-à-dire pendant un mois ou plus — Rex* [Moulin], *après avoir pris, s'il le peut, les/vos avis d'Arquebuse* [Passy] *et de Brumaire* [Brossolette] *et du Conseil de la Résistance (s'il est constitué) est habilité à prendre les décisions qu'il croira nécessaires*[1]. *»*

Même si, à l'inverse de cette hypothèse catastrophique, les négociations se poursuivaient avec Giraud, le Général aurait besoin de la caution d'un organisme représentatif de la France résistante. Les partis et les syndicats devaient donc siéger aux côtés des mouvements. Or, les mouvements refusaient cette « politisation » de la Résistance. Ils étaient pour une fois tous d'accord, dans les deux zones, pour dénoncer cet attentat contre l'esprit novateur de la Résistance, qui conduisait, selon eux, au retour du personnel, des mœurs et des tares de la IIIe République honnie.

Moulin, dès son arrivée en zone sud, s'adressa donc aux mouvements : *« Une seule chance, un seul atout pour de Gaulle et tout ce que nous représentons avec lui : l'appui massif de la Résistance française. Seulement, comment prouver cet appui ? Le sabotage, l'action immédiate ? Cela prouve qu'il y a de petits groupes actifs, cela ne démontre rien sur les sentiments de la population. Les syndicats ? Ils sont clandestins, et n'ont aucun moyen de prouver leur force. Officiellement, ce sont les syndicats de la "charte du travail" de Vichy qui existent. Les mouvements de résistance ? Personne à l'étranger ne sait qui vous êtes ni combien d'hommes vous représentez. La presse clandestine ? Son tirage est inconnu. Même si on pouvait l'établir de façon démonstrative, cela ne prouverait encore rien. Une seule chose peut impressionner les Alliés : le ralliement à de Gaulle de formations politiques connues de l'ancien régime, et d'hommes politiques de la IIIe République que l'on connaît à Washington comme à Londres. Vous me dites que tout cela ne signifie plus rien. C'est bien possible, mais comment entendez-vous le démontrer aux Anglais, et aux Américains, comment surtout espérez-vous remplacer cette "preuve" des sentiments de la population française par une autre démonstration équivalente*[2] *? »*

Les mouvements ne furent pas insensibles aux arguments de Moulin, sans pour autant abandonner leurs préventions. Les directives prévoyaient pourtant, au sein du Conseil, selon la volonté de Moulin, une commission permanente chargée de la direction de l'action et dont les cinq membres devaient être choisis *exclusivement* parmi les mouvements. Tout en conservant les prérogatives de l'action, les mouvements, sur le plan politique, étaient mis sur le même pied que partis et syndicats, ce qui transformait leur activité régionale en représentation nationale. Mais, aux yeux des mouvements, c'étaient les partis qui tiraient le bénéfice de ce processus de fédération, sans l'avoir mérité. Quant à eux, le prix en était trop élevé à leur gré, puisqu'ils y perdaient leur autonomie.

Les chefs des mouvements n'avaient pas tort de trouver indécent et cruel que les pionniers du sacrifice fussent mis sur le même plan que les opportunistes de l'ambition. Mais les circonstances imposaient que la tactique prît le pas sur l'idéal.

Frenay lui-même, en dépit de son opposition de principe et de son refus de siéger au Conseil, avait accepté, à l'annonce de sa constitution prochaine, que Bourdet y représente Combat : *« Nous ne nous sommes pas opposés à cette mesure, car nous pensons que ce conseil étant composé de 15 membres ne pourra pratiquement jamais se réunir ; les conditions du travail clandestin s'y opposent. Mais, dans le principe, nous faisons les remarques suivantes : admettre des représentants qualifiés des partis dans un conseil politique de la résistance est une erreur, car c'est favoriser la reconstitution de ceux qui ne le sont pas encore. Et cette reconstitution conduirait inéluctablement à la remise en selle de la IIIe République avec ses hommes et ses méthodes. De cela, nous ne voulons pas*[3]. *»*

Toutefois, essayant une ultime manœuvre pour faire échec à la constitution du Conseil, Frenay avait envoyé Claude Bourdet à Paris afin d'y rencontrer les chefs clandestins et de mener une campagne contre Moulin en le *« taxant d'ambition*[4] ». Pour entretenir ce climat de contestation, il envoya également Jean-Guy Bernard, son homme de confiance, *« et quelques autres jeunes gens de Sciences-Po qui,* comme le signalait Copeau, *font là-bas de la division*[5] *».*

A. MOULIN-BROSSOLETTE : DEUX AMBITIONS OU DEUX POLITIQUES ?

Après avoir rendu compte aux mouvements de zone sud de sa mission à Londres et des « nouvelles instructions », Jean Moulin se rendit le 30 mars 1943 à Paris. La constitution du Conseil de la Résistance exigeait l'accord des mouvements des deux zones puisqu'il ne s'agissait de rien moins que de fédérer toutes les résistances françaises.

Le lendemain, il rencontrait Pierre Brossolette.

L'affrontement entre les deux hommes fut immédiat et dramatique. Parce que les conséquences en furent désastreuses pour la Résistance, en dépit de la mort héroïque de ces figures emblématiques de la France Combattante, on ne saurait jeter un voile pudique sur les causes de cet antagonisme. Il est surprenant, *a priori,* entre deux gaullistes « intégraux », deux laïques exigeants, deux hommes de gauche rigoureux, liés au même combat pour la paix, pour l'Europe, pour le Front populaire, pour l'Espagne républicaine, dressés contre Munich et le Pacte germano-soviétique. Quel fut donc l'enjeu qui transforma en frères ennemis ces frères d'armes, que tout aurait dû unir dans une complicité patriotique et politique ?

Crémieux-Brilhac, qui connut Brossolette à Londres et qui l'admire, a fourni la réponse : *« Brossolette a ambitionné d'être le délégué politique de la France Combattante en zone nord. Il en a les qualités. Il connaît le terrain et les hommes. Il en fait office durant deux mois*[6]*. »*

Le contrôle de la zone nord fut donc le point de départ de ce conflit qui se propagea comme un incendie.

Quelles mesures avait prises Brossolette pour justifier une telle crise ?

Paris, 12 février 1943 : la mission Brumaire

On se souvient que, dès son arrivée à Paris, le 12 février 1943, Brossolette avait pris contact avec les chefs des mouvements de la zone nord qui avaient déjà une liaison avec Londres : l'Organisation civile et militaire (O.C.M.) ; Libération-Nord, et les F.T.P. Manhès étant encore à Londres, c'est par l'intermédiaire de Meunier, son adjoint, qu'il rencontra Ceux de la Libération, Ceux de la Résistance et une ébauche de fédération de petits groupes résistants, la Ligue, avec lesquels il commença les consultations en attendant son retour. Meunier avait sur la fédération des mouvements des vues identiques à celles de Moulin, ce dont Brossolette fit part aussitôt à Londres dans un télégramme du 16 février 1943 :

« Entourage Rex [Moulin] *ZO pousse beaucoup à constitution Comité Coordination unique pour les* [deux zones] *avec présidence Rex à Paris. Suis pas je dis pas favorable. Masse trop lourde et différences trop grandes entre groupements ZNO et ZO surtout grossis de l'OCM. Je reste partisan comités distincts. Il faudrait alors cesser financer ZO par Rex et assurer financement direct via Frédéric* [Manhès] *en attendant formation Comité ZO*[7]. »

Pour la première fois, Brossolette prenait position contre les projets de Moulin. En l'occurrence, il révèle son ignorance de la situation, confondant le projet de Conseil de la Résistance, contre lequel se dressaient les mouvements, avec la constitution d'un « Comité de coordination unique » destiné à remplacer sur le plan national les deux comités de zone. Ce projet était non seulement celui de Moulin, mais tout autant celui de Frenay et des chefs de mouvement des deux zones, qui avaient donné leur accord sur son principe. Toutefois, il n'était pas dénué d'ambiguïté car, si les mouvements espéraient en se regroupant pouvoir mieux s'opposer aux « diktats » de Londres, Jean Moulin, lui, y voyait au plan national la possibilité d'assurer le contrôle du Général sur les résistances. En combattant ce projet, Brossolette jouait contre une politique favorable à de Gaulle.

Dans le rapport du 17 février, Brossolette développait son télégramme de la veille : *« Ceci me paraît en contradiction directe avec les instructions arrêtées au moment de mon départ. Celles-ci prévoient un comité de coordination dans chaque zone, Rex* [Moulin] *restant à la tête du comité de la ZNO et perdant par là même toute l'autorité qu'il a eu l'initiative heureuse mais provisoire de prendre sur les organismes de la ZO et Baudoin* [Bollaert] *ou tout autre prenant la tête du comité de coordination ZO où seraient représentés tous les groupements actuellement soumis au contrôle de Frédéric* [Manhès] *en même temps que les autres, comme l'O.C.M.*

« Pour ma part, je m'en tiens à cette conception et j'ajoute qu'il me paraîtrait dangereux de s'en écarter[8]. » Ce texte montre une fois de plus la préoccupation de Brossolette d'éliminer Moulin de la zone nord, même au prix d'une concession de pure forme en proposant Manhès, qui n'avait aucune chance d'être accepté puisque l'O.C.M. s'y opposait. Le passage le plus important du document est l'information inexacte concernant les instructions arrêtées au moment de son départ : si, effectivement, le projet de Pineau avait été adopté dans son principe, aucune instruction n'avait été *« arrêtée »*, de Gaulle attendant le retour de Manuel et l'arrivée de Moulin pour prendre une décision quant à la structure définitive à adopter. C'est pourquoi nulle part dans l'ordre de mission de Brossolette, de Passy ou de quiconque il n'y a trace d'instructions rédigées *avant* le départ de Brossolette le 27 janvier et prescrivant la création d'un comité de coordination Z.O.

Quelques allusions de cette nature disséminées par Brossolette dans certains rapports ont brouillé les pistes et égaré les historiens, qui ont cru que Brossolette était, de fait, autorisé à créer un comité de coordination. Or, la confrontation minutieuse des archives d'époque révèle qu'il s'agit d'une présentation erronée.

Toujours dans son rapport du 17 février 1943, Brossolette expliquait : *« A vouloir tout bloquer dans un même organisme, on ne pourrait que gâter les uns par les autres, accentuer les préoccupations personnelles et stériliser tout l'ensemble. Pour le moment, il me paraîtrait beaucoup plus sage que chacun restât dans sa zone et y travaillât jusqu'à nouvel ordre. Au reste les comités de coordination paraissent surtout devoir s'occuper de groupements en tant que mouvements d'opinion gaulliste, tout le paramilitaire se trouvant concentré aux mains, d'une part, de l'armée secrète en Z.N.O., et, d'autre part, de l'état-major Z.O. en Z.O. Si une fusion devait se faire entre les zones, c'est sur ce plan paramilitaire qu'elle devrait être accomplie d'abord ; et nous sommes encore loin de pouvoir y songer.* »

Il revenait avec insistance sur la création du Comité de coordination zone nord, qui visiblement venait en tête de ses préoccupations. Mais, il découvrit un obstacle imprévu à l'occasion de cette nouvelle priorité : rien dans son ordre de mission n'autorisait cette initiative. Comprenant cette lacune, il écrivait : « *La création du Comité de coordination Z.O. doit intervenir dans un délai très bref. Si Arquebuse* [Passy] *est encore là au moment où ce rapport vous parviendra, j'insiste très vivement pour que des instructions lui soient données en ce sens. Si Arquebuse est déjà parti sans instruction, ou si sa venue n'est pas imminente (ce que je déplorerai énormément) j'insiste non moins à ce sujet.* »

Dans le but d'accélérer la formation de cet organisme, Brossolette avait mis en contact l'O.C.M. avec les communistes et les mouvements contrôlés par Moulin. Il terminait son rapport sur une réserve prudente : « *Je pense ne pas outrepasser ma mission en prenant cette initiative. Si elle réussit, elle ne pourra d'ailleurs que nous avancer sur la voie de la constitution du Comité de coordination Z.O. Mais si vous y voyiez quelque inconvénient, veuillez me le câbler d'urgence par le canal de l'O.C.M.* »

On observe qu'après une semaine à Paris Brossolette s'engage résolument dans une politique militante contre les projets de Moulin. Que s'était-il donc passé depuis son arrivée qui l'avait convaincu de s'engager plus avant ? La fronde des chefs de la zone sud contre Moulin l'avait déjà encouragé à reprendre ses thèses musclées, mais quel élément nouveau découvre-t-il à Paris qui l'incite à engager le fer ?

Ce furent avant tout les chefs de l'O.C.M. qui l'encouragèrent dans cette voie. En effet, l'un des premiers contacts de Brossolette à Paris fut l'O.C.M. dont il connaissait les chefs depuis plus d'un an. En dehors de Berthelot et du colonel Touny, il rencontra également Jacques-Henri Simon, qui devait partir incessamment pour Londres et à qui il confia son rapport n° 2 du 17 février 1943. Il faut s'arrêter un instant sur ce résistant qui, à partir de cette rencontre, va jouer dans les mois suivants un rôle éminent dans la discorde entre la France Libre et la Résistance. Jacques-Henri Simon avait trente-cinq ans et il appartenait à une famille d'industriels protestants et républicains. Son père avait été député radical-socialiste et ministre des Colonies (1917) de Clemenceau, dans le culte duquel il sera élevé. Mobilisé comme lieutenant de réserve dans l'armée des Alpes, Jacques-Henri Simon reprit après l'armistice son métier d'avocat au Conseil d'État et à la Cour de cassation. Homme de culture, patriote sans concession, il fut sans doute le plus intelligent et le plus vindicatif de l'O.C.M., dont il porta au paroxysme les revendications et l'orgueil d'être le mouvement le plus important de la zone occupée.

Or, l'O.C.M., par son recrutement de cadres et ses théories technocratiques, entendait avoir une position dominante que, d'ailleurs, Rémy lui avait promise dans le domaine militaire, puisqu'il considérait qu'il constituait et dirigeait à lui seul l'E.M.Z.O., ce que, bien entendu, de Gaulle refusa. Fidèle à son principe, il s'en réservait le contrôle. Il était exclu pour le Général qu'un mouvement encadrât les forces paramilitaires des autres mouvements. Dès que Brossolette évoqua les projets de Moulin, dont il avait eu connaissance, l'O.C.M. s'y opposa férocement, acceptant seulement la création d'un comité de coordination de la Z.O.

Après les chefs de la zone sud, Brossolette voyait grossir les troupes des opposants au C.N.R. On s'explique dès lors l'accélération de ses propositions à Philip. Il y fut d'autant plus encouragé que Simon et Cavaillès partaient pour Londres où ils arriveront le 24 février, bien décidés à briser la manœuvre politique qui tendait au retour des anciens partis en soutenant à fond les idées de Brossolette.

C'est donc durant cette période du 12 au 27 février que commença la dérive de Brossolette par rapport à son ordre de mission initial.

21 février 1943 :
Brossolette et les « nouvelles instructions »

Fort de cet appui inestimable qui lui permettait, par Simon et Cavaillès, d'intervenir directement dans les décisions que Londres était en train d'étudier, Brossolette croyait qu'il était encore temps de modifier les instructions en préparation. Après ces entretiens, il se mit au travail avec méthode et célérité car le temps lui était compté.

Encouragé par le soutien des mouvements, Brossolette n'attendit pas la réponse de Londres à ses télégrammes critiques pour aller de l'avant et commencer un partage de l'influence politique et militaire. Une intervention anachronique l'encouragea dans cette voie.

Le retour de Manhès à Paris vers le 20 février jeta dans les esprits une confusion qui s'avéra propice aux projets de Brossolette. Manhès rapportait en effet de Londres les instructions du 10 février 1943, destinées à Moulin, dans lesquelles était prévue la création d'un comité politique (Conseil de la Résistance) coiffant deux comités de coordination. Mais on a vu que, dès son arrivée à Londres, Moulin le fit supprimer. Pourtant cette intrusion de Manhès apportant des directives dont il ignorait qu'elles étaient périmées permettra plus tard d'entretenir une confusion sur le bien-fondé des initiatives de Brossolette. En les lisant, celui-ci put croire avoir obtenu gain de cause. C'est ce que l'on constate dans son rapport du 15 mars 1943 : *« Quelques jours avant l'arrivée d'Arquebuse* [Passy], *Frédéric* [Manhès] *est rentré à Paris en confirmant la création d'un comité de coordination pour la Z.O., Rex* [Moulin] *devant cependant devenir le représentant unique du général de Gaulle pour l'ensemble de la France. La création d'un comité de coordination Z.O. répondait très heureusement au vœu général de cette zone. L'esprit y est, en effet, assez différent de celui qui prévaut dans l'autre zone ; on y est plus discipliné, plus désireux de recevoir des ordres, moins occupé de discussions théoriques ; on n'oublie pas qu'on a connu l'occupation allemande plus de deux ans avant l'autre zone ; on en éprouve une certaine fierté et l'on est assez désireux par là même de ne pas être "absorbé" par l'autre zone. En outre, avant de procéder à une fusion entre les zones, on a le sentiment ici que les principaux groupements Z.O., qui s'ignorent les uns les autres, auraient intérêt à commencer par se connaître mutuellement et par jeter les bases de leur propre collaboration*[9]. »

Croyant l'avoir emporté sur le principe du comité de coordination de Z.O., Brossolette pouvait penser que sa thèse avait triomphé. En conséquence il n'était pas déraisonnable d'espérer que l'annonce de la nomination de Moulin comme seul représentant du Général pour toute la France était prématurée et pourrait, elle aussi, être rapportée de la même manière.

Dès le 20 février 1943, il prit donc l'initiative : *« Je vous propose accord suivant — Axer action militaire sur OCM grossi des cadres des autres groupes. Axer comité coordination sur groupes Frédéric* [Manhès][10]. »

Cote mal taillée, cette proposition avait pour but de contourner la difficulté de ne pas honorer la promesse de Rémy à l'O.C.M. Il avait donc imaginé un compromis partageant les influences : le militaire sous le contrôle de l'O.C.M. ; le politique sous la direction d'un représentant de Londres. Il espérait faire admettre ainsi aux mouvements la prééminence militaire de l'O.C.M.

Quant à l'organisation civile, on constate que Brossolette, bien que n'ayant reçu aucun accord de Londres à son projet, annonçait son intention : *« Tenter créer comité ZO je dis ZO avec :*

« AA. — Ceux de la Libération

« BB. — L'ONR

« CC. — Libération

« DD. — La ligue ou bien Liberté, Egalité, Fraternité.

« EE. — L'OCM

« FF. — Francs-Tireurs Communistes.

« Présidence Baudoin [Bollaert]. *Si nécessaire Frédéric* [Manhès] *délégué général*[11]. »

Cette proposition contredisait son rapport de trois jours auparavant, où il disait à propos de la nomination du président : *« Je vous laisse déterminer qui doit être ce quelqu'un. Mais les décisions doivent être rapides*[12]. »

Cette suggestion du nom d'un délégué est une clause de style. Allant à l'encontre des directives de Londres, il ne pouvait s'introniser lui-même à la présidence du comité sans prêter le flanc à des détracteurs qui l'accusaient déjà d'ambition immodérée. Il devait donc suggérer des noms dont il savait par avance qu'ils seraient récusés : l'ancien préfet Bollaert par Moulin, qui le jugeait inapte, et Manhès, parce que l'O.C.M. mettait son veto.

Brossolette expliquait lui-même les raisons de cette hâte : *« Je me réservais de soumettre ces suggestions à Arquebuse* [Passy] *dès son arrivée. Cette arrivée se faisant cependant attendre, et le temps inspirant quelque crainte sur le succès du parachutage escompté, je vous ai envoyé mon câble N° 9, vous soumettant ces propositions pour le cas où Arquebuse n'arriverait pas et où quelque chose devrait être fait d'urgence pour empêcher la situation de se détériorer*[13]. » On voit mal comment une situation qui durait depuis trois ans ne pouvait pas attendre encore quelques jours.

Malgré tout, Brossolette devait sentir la fragilité de sa manœuvre. Afin de la rendre irréversible, il proposa de la financer immédiatement. Surtout, inquiet de n'avoir reçu aucune réponse à ses télégrammes, il terminait par une sorte d'appel à l'aide pour forcer la décision : *« Vous supplie répondre vite par n'importe quelle voie*[14]. »

Dans ces conditions, l'arrivée de Passy le 27 février, porteur des « nouvelles instructions » avalisant toutes les propositions de Moulin, sonna pour Brossolette le glas de ses espérances et de sa politique : son rival, seul représentant pour toute la France ; les deux comités de coordination supprimés ; le Conseil de la Résistance adjoignant partis et syndicats aux mouvements, adopté ; une commission permanente de cinq membres dirigeant la Résistance sur le plan national, prescrite. Comble de disgrâce, de Gaulle lui imposait à lui, rival évincé, la tâche de créer cet organisme dont Moulin serait le seul maître !

Un tel désastre se passe de commentaire. Mais, ce qui en exige un, c'est la date et les conditions dans lesquelles Brossolette en fut informé, car c'est au cours du mois qui suivit qu'il prit certaines initiatives intempestives, masquées en partie par le foisonnement de son activité.

27 février 1943 : les aléas de la mémoire

Après avoir comparé le contenu des ordres de mission permettant de fixer le rôle imparti à chacun des agents de Londres, il est tout aussi instructif de connaître les résultats de leur mission grâce aux rapports de Brossolette, de Moulin et de Passy. À commencer par un détail significatif : à quelle date et dans quelles conditions Brossolette eut-il connaissance des « nouvelles instructions » du général de Gaulle ? Cette question peut sembler sans importance. Il n'en est rien et, sur ce détail d'apparence insignifiante, on est au cœur du travail de critique interne de l'historien.

La première trace de la rencontre des deux hommes se trouve dans une lettre de Brossolette à André Philip du 12 mars 1943 : *« J'ai attendu pour y procéder* [à une enquête politique] *que notre ami P.* [Passy] *soit arrivé, ce qui m'a permis à la fois d'avoir en mains vos dernières instructions* [...] [15]. »

Leur rencontre est mentionnée une deuxième fois dans le premier rapport commun Passy-Brossolette, parvenu à Londres le 21 mars 1943 : *« Arquebuse* [Passy] *est arrivé porteur de vos dernières instructions. Etant donné l'orientation nouvelle de celles-ci et en attendant la venue de Rex* [Moulin] *nous avons décidé de concentrer nos efforts sur les 3 points suivants : développer le renseignement ; étudier les possibilités paramilitaires ; consulter toutes les organisations sur les projets de coordination de la Résistance, c'est-à-dire sur les projets de création du Conseil de la Résistance, des commissions permanentes et du comité général des Etudes* [16]. »

Il est significatif que les « nouvelles instructions » signées de Gaulle, assorties des commentaires oraux de Passy qui, participant à leur élaboration, en avait compris l'urgence et l'importance pour le Général, aient donné un coup d'arrêt aux initiatives de Brossolette qui se résolut à attendre Moulin pour prendre en commun les décisions finales.

Ce rapport, écrit par Brossolette et Passy quelques jours après l'arrivée de ce dernier, est confirmé par d'autres documents contemporains.

On lit, par exemple, une version identique dans une lettre adressée le 12 mars 1943 par Philip à Brossolette : *« Je vous confirme les directives que j'ai données à Rex* [Moulin] *dont* vous avez déjà eu connaissance par Arquebuse [Passy].

« [...] *Ne voyez donc dans ces franches remarques que ce qu'elles sont, à savoir le désir de voir suivie une ligne commune,* conforme aux décisions prises par le Général et que vous connaissez déjà mieux depuis votre rencontre avec Arquebuse [Passy] [17]. »

Trois jours plus tard, le 15 mars, André Manuel confirme le fait dans une lettre adressée à Passy et à Brossolette : *« Nous avons pressenti que vous faisiez fi de tout ce qui avait été décidé ici qui était connu d'Arquebuse* [Passy]. [...]

Ainsi s'achève une construction difficile, mais cohérente, dont les bases avaient été jetées Arquebuse présent[18]. »

Il faut attendre la Libération pour observer une présentation différente des faits. C'est-à-dire le passage du présent au passé, de l'action à l'histoire. La première tentative se manifesta dans le Livre blanc écrit sur l'ordre de Passy et de Manuel pour répondre, par les faits, aux rumeurs calomnieuses des résistants contre leur service. Nous nous y mîmes, Vitia et Stéphane Hessel et moi-même, à partir d'octobre 1944. Vitia et Stéphane Hessel rédigeant les parties sur Londres et le renseignement, moi-même me cantonnant à la partie concernant la mission de Moulin. Ce document destiné à la publication et conservé dans les archives après le départ de De Gaulle est instructif à plusieurs titres. D'abord, il exprime à chaud la vision que se faisaient de la Résistance métropolitaine les volontaires de la France Libre. Ensuite, il contient la masse la plus importante de documents publiés sur l'action des services secrets et sur leurs relations avec la Résistance. Enfin, il est une source inépuisable de réflexions sur les pièges de la mémoire et de l'inconscient, car on constate aujourd'hui qu'il contient de nombreuses et graves inexactitudes. Certes, il n'a pas été rédigé par des historiens selon les normes de l'histoire, mais par de jeunes volontaires qui étaient partie prenante dans les événements dramatiques, présents dans leur tête.

Dans le cas qui nous occupe, on peut considérer que c'est la première version de Passy sur sa mission puisque ces lignes furent écrites d'après son témoignage et vérifiées par ses soins. Or nous sommes bien loin de la réalité : « *Rex* [Moulin] *et Vidal* [Delestraint] *devaient venir à Londres en janvier, pour y voir Brossolette et Passy ; le mauvais temps empêcha leur venue, jusqu'en fin février, alors que Passy et Brossolette étaient déjà en France : Brossolette fut parachuté le 27 janvier et Passy le 18 février, Rex et Vidal passèrent à Londres l'interlune Février/Mars.*

« Leur venue coïncida, à Londres, avec celles de Pineau, de Simon (pseudo Sermois), Chef de la Section Civile de l'O.C.M.

« Rex eut, avec le Général de Gaulle, deux très longues entrevues qui se prolongèrent tard dans la nuit. Il vit André Philip, et mit au point sa mission avec le Commandant Manuel, le Capitaine Bingen, chef de la Section N.M. du B.C.R.A.

« Les principes arrêtés au cours de ces discussions furent communiqués à Arquebuse [Passy] *et Brumaire* [Brossolette] *qui furent chargés de les appliquer en Zone Nord*[19]. »

Selon cette version, les événements sont simplifiés à l'extrême : Passy et Brossolette n'étaient plus à Londres lors de l'arrivée de Moulin et Delestraint. Ainsi la coupure est radicale avec les « nouvelles instructions ». Les deux chargés de mission, ignorant tout ce qui se préparait à Londres, l'ont conduite comme ils le pouvaient en fonction de la situation.

Huit ans après les événements, on observe le travail de la mémoire, faisant écrire à Passy qu'il reçut *quelques jours plus tard* à Paris les « nouvelles instructions ». C'est cette première version qu'il reproduira en 1951 dans ses *Souvenirs.*

« J'étais en France depuis quelques jours seulement lorsque je reçus les directives suivantes, *valables pour Brossolette et pour moi*[20]. »

Dans un autre passage de ses Mémoires, il répète cette inexactitude, mais en l'enrichissant d'un détail qui la pare d'un supplément de véracité : *« Mais lorsque je lui eus montré* [à Brossolette] *le texte de mon ordre de mission et raconté les différentes conversations que j'avais eues, avant mon départ, avec le général de Gaulle, Moulin, le général Delestraint et André Philip, il réalisa immédiatement que le problème devait être traité de toute autre façon. La nouvelle mission confiée à Rex* [Moulin] *et à nous-mêmes, et dont le texte nous parvint peu après, précisa davantage encore ce que l'on attendait de nous*[21]. »

Dans cette version, Passy établit pour la première fois une distinction entre deux documents : son propre ordre de mission du 9 février, qu'il a emporté avec lui, et les « nouvelles instructions » du 21 février, dont il prétend ne pas connaître le contenu et les conditions de rédaction, qu'il aurait reçues postérieurement. C'est la même distinction qu'il établit en relatant une conversation avec Manhès qu'il rencontra le 3 mars : *« Je fis part à Frédéric* [Manhès] *et à Morlay* [Meunier] *des* instructions que j'avais reçues de Londres, avant mon départ et de celles qui venaient de nous parvenir au sujet du Conseil national de la Résistance[22]. »

Or, Passy nous offre lui-même la clé de cette erreur répétée. Il écrit en effet dans un autre passage de ses Mémoires : *« Pendant que je préparais les détails techniques de ma mission, Rex* [Moulin] *eut avec le général de Gaulle et André Philip de longs entretiens ; mais lorsque* je partis, le 23 février, rien de nouveau n'avait encore été décidé *car on attendait l'arrivée à Londres de Christian Pineau, de Cavaillès et de Simon (pseudo Sermois), l'un des chefs de l'O.C.M. On désirait avoir leur avis* avant d'établir un texte précis relatif à la création du C.N.R., *Rex connaissant mal les réactions de la zone nord*[23]. »

Ce passage est révélateur de l'érosion de la mémoire, presque dix ans après les événements. En donnant comme prétexte au retard de la rédaction des « nouvelles instructions » la nécessité d'attendre l'arrivée de Pineau à Londres, Passy oublie que celui-ci est arrivé le 15 janvier 1943, porteur d'un projet de Conseil de la Résistance et que *c'est lui* qui a convaincu de Gaulle d'en adopter le principe ! Il a oublié également que, lorsque Simon et Cavaillès arrivèrent à Londres le 24 février, les « nouvelles instructions » avaient déjà été signées par de Gaulle le 21 février, et qu'il avait fallu convaincre les deux résistants fort rétifs de les approuver.

Ces affirmations ont l'avantage d'accorder le bénéfice du doute aux initiatives de Brossolette puisque aucun des deux agents n'aurait été au courant avec précision des directives qu'ils avaient mission d'appliquer. On ne doit pas oublier que Passy était le chef hiérarchique de Brossolette et le seul responsable devant de Gaulle de l'application scrupuleuse des instructions qu'il lui apportait.

12 mars 1943 : la fuite en avant de Brossolette

À cette présentation inexacte des faits s'ajoute un oubli plus important pour les historiens.

Passy et Brossolette, ayant reproduit en tête de leur compte rendu leur ordre de mission personnel ainsi que les « nouvelles instructions », ont omis de citer la première phrase du préambule de celui-ci, *« Annulant les instructions précédentes et notamment celles datées février 1943 »*, qui condamnait le projet de Brossolette avec d'autant plus d'autorité qu'il *« venait de recevoir un télégramme* [...] *le priant de surseoir jusqu'à mon arrivée* [celle de Passy] *aux mesures qu'il avait envisagé de prendre*[24] *»*.

Pourtant Brossolette lui-même soulignait dans son rapport du 15 mars l'importance des instructions apportées par Passy et la modification qu'elles avaient imprimée à sa mission : « *Etant donné l'orientation nouvelle de celles-ci et en attendant la venue de Rex* [Moulin], *nous avons décidé de concentrer nos efforts sur les points suivants*[25]. » Le coup d'arrêt à ses initiatives avait été confirmé le 9 mars par un télégramme de Philip répondant à son câble du 20 février proposant la création du comité de coordination et dissipant cruellement ses espérances. Pour être sûr que Brossolette obéirait, il l'avait adressé à Passy, son supérieur hiérarchique : « *Propositions Brumaire* [Brossolette] *câbles 9 et 9 bis indéchiffrables jusqu'à hier sont incompatibles avec décisions prises ici. — Brumaire excède limites sa mission.*

« *Ne compromettez pas résultats conversations actuelles ici Pathétique* [Simon de l'O.C.M.] *Marty* [Cavaillès de Libération-Nord] *et Rex* [Moulin] *dans excellent esprit union. Frédéric* [Manhès] *et Morlay* [Meunier] *ne représentent pas plus certains groupes Z.O. que Brumaire ne représente O.C.M.*

« *Retarder toute décision jusqu'à arrivée prochaine Rex*[26]. »

Connaissant l'indépendance de Brossolette et craignant ses initiatives, un autre télégramme en ce sens lui fut directement adressé une semaine plus tard[27]. Il en fallait plus pour arrêter un homme aussi téméraire. Au contraire, cette admonestation fouetta son désir de triompher des obstacles. Il souhaitait encore convaincre Londres du bien-fondé de sa politique et de l'erreur des « nouvelles instructions ». À cet effet, dans une sorte de fuite en avant, il rédigea, trois jours plus tard, à l'adresse de Philip une encyclique d'une quinzaine de pages qui parachevait les papiers théoriques publiés dans *La Marseillaise*, en intégrant les conclusions recueillies sur le terrain.

Peut-être son énorme déception encouragea-t-elle Brossolette à jouer son va-tout. Peut-être pensa-t-il que son argumentation pourrait encore modifier la décision du Général. En tout cas, il crut à la réussite de cette manœuvre puisqu'elle s'appuyait sur l'opposition unanime des mouvements et l'appui inconditionnel de l'O.C.M. Sa lettre est une des analyses les plus significatives de la situation politique de la zone occupée à cette époque et un reflet talentueux de l'opinion de la Résistance des chefs, habillés, bien sûr, par la dialectique la plus convaincante dont cet esprit passionné était capable. Brossolette tenta de convaincre ses destinataires que tous les résistants étaient opposés à cette institution (ce qui était exact), mais aussi que la résurrection artificielle des partis de droite et modérés prévue dans ces instructions était une faute politique : « *Ma constatation essentielle ayant été que dans la zone occupée l'activité des partis politiques autre que le parti communiste et accessoirement le parti socialiste laisse les esprits absolument indifférents, lorsqu'elle ne les heurte pas*[28]. »

Brossolette reprenait intégralement son argumentation contre les partis (qu'il avait abandonnée avant son départ de Londres) et jugea indispensable de discuter point par point les instructions reçues, pour dissuader Londres de se lancer sur une voie qu'il jugeait néfaste : « *Aucune formation autre que les communistes et les socialistes ne peut valablement mandater qui que ce soit sans que ce mandat soit une plaisanterie dangereuse. Votre formule aboutit donc à proposer de représenter, dans le Conseil de la Résistance, à côté des groupements de résistance et des syndicats, le parti communiste et les C.A.S. socialistes.*

« *Or ce sont précisément (et votre formule l'impliquait nécessairement) deux partis qui font déjà organiquement partie de la résistance, comme la C.G.T. elle-même. Le parti communiste est dans la résistance par son groupement de*

Francs Tireurs et Partisans ; le C.A.S., comme la C.G.T. elle-même, y est par son adhésion collective à Libération. Ils se trouveront donc déjà indirectement représentés dans le Conseil par ces deux groupements de résistance.

« Est-il judicieux de les y représenter directement ?

« Une telle décision semblerait présenter deux inconvénients : le premier serait de provoquer des réactions assez vives parmi les groupements de résistance qui ne veulent pas entendre présentement parler de politique ; le second serait d'accroître dans le Conseil la part des groupements ou formations politiques par rapport à celle des groupements purement ou essentiellement militaires, alors qu'après tout ce sont ces derniers qui auront à jeter les Allemands dehors "les armes à la main".

« En face des inconvénients, elle n'aurait pas l'avantage d'ajouter quoi que ce soit à la résistance, puisque tout ce qu'elle déléguerait au Conseil de la Résistance y est déjà représenté et étroitement lié.

« En fait, pour ajouter quelque chose à la résistance, il faudrait prendre en dehors de celle-ci. Or, c'est précisément ce qui est impossible. Car vous ne pouvez pas le vouloir.

« [...] Soyez sûr que tout ce ravaudage de la vieille tapisserie politique, en marge de la résistance, soulèverait contre lui, et contre nous, toute l'opinion résistante ici[29]*. »*

Ces pages brillantes, ces analyses déliées étaient au service d'une juste cause, mais le besoin frénétique d'avoir raison masquait à Brossolette qu'elle était utopique. Ce faisant, il se conduisait en politique partisan refusant d'admettre l'impératif auquel obéissait de Gaulle : se présenter devant les Alliés paré de la seule caution démocratique valable à leurs yeux, celle des représentants élus de la nation, c'est-à-dire des anciens partis, dont les chefs étaient seuls connus du monde entier. La caution d'Édouard Herriot avait plus de force que celle de tous les chefs inconnus de la Résistance. Sans doute ce constat était-il révoltant pour des résistants qui, au milieu de l'indifférence des Français, avaient pris tous les risques pour relever le défi de l'occupation. C'était un fait dont un homme d'État comme Moulin avait tenu compte. Le refus de Brossolette n'était pas sans noblesse, mais il était politiquement suicidaire.

Il y avait en outre deux autres raisons qui, pour avoir un effet différé, justifiaient la représentation des partis dans le Conseil de la Résistance.

De Gaulle répétait depuis juin 1940 qu'à l'exception d'une poignée de traîtres la France tout entière résistait. Or, la France comprenait des citoyens d'extrême droite et d'extrême gauche. Il y avait des cagoulards résistants aussi bien que des trotskistes. La vie politique qui ressuscitait autour des communistes et des socialistes ne pouvait pas condamner au silence, sous peine d'une dictature inacceptable, la majorité des Français qui ne l'étaient pas et qui, tout en étant du centre ou de droite, n'avaient pas trahi, même s'ils n'avaient pas été résistants. L'arc-en-ciel politique devait être présent à la victoire. Brossolette ne l'admettait pas. N'avait-il pas proclamé son projet dans *La Marseillaise*, écrivant que, « *dans le cadre du "gaullisme"* [...] *la France compte opérer au lendemain de la Libération, la transformation politique*[30] » ? On a vu qu'à cause de ce genre de proclamation et de son opposition aux anciens partis, beaucoup de ses amis socialistes le considéraient comme l'homme du parti unique ! C'est ce dont témoigne un militant socialiste, responsable de la reparution du *Populaire*, Marcus-Ghenzer : « [...] *en février 43, la venue en France de Pedro* [Brossolette] *fut prise en mauvaise part par le parti socialiste car il était apparu en France, à tort ou à raison, comme l'homme du Parti unique ; un malaise supplémentaire en est né ; la question se posait de savoir s'il était venu pour mettre sur pied le Conseil Politique ("Conseil de la Résistance") ou le Parti unique ; lorsque le Conseil de la Résistance fut formé, ce fut très bien mais trop tard. On s'est dit dans les milieux socialistes : "Ils ne pouvaient plus faire autre chose, c'est à contre cœur qu'ils l'ont fait*[31]*." »*

Parce qu'il fallait reconstruire la France avec tous les Français (l'exemple de l'Afrique du Nord en donnait un avant-goût), de Gaulle, en dépit de ses préventions et condamnations des partis, avait approuvé la création du Conseil de la Résistance, qui redonnait, comme il l'avait promis, la parole au peuple français. C'est ce que constatait Soustelle bien qu'il y fût opposé : *« Au début 1943, il fallait avant tout reconstruire, fortifier, unifier la résistance, et faire feu de tout bois. En bref, et c'est peut-être là le dernier mot de toute décision politique, nous n'avions pas le choix*[32]*. »* Cette réflexion désabusée sur les limites du pouvoir rappelle opportunément le pragmatisme cher au cardinal de Retz, *« L'organisation consiste à choisir parmi les inconvénients »*.

Cependant, l'hypothèque de cet inconvénient sur la politique de la Libération devait être limitée. C'est ce que s'efforça de faire Jean Moulin. Il est surprenant que Brossolette eût, au contraire, envisagé de sélectionner les seuls partis communiste et socialiste au détriment de tous les autres, à qui il accordait une représentation au seul titre de « familles spirituelles ». On mesure le déséquilibre politique qu'aurait provoqué une telle sélection, si l'on en juge par la place dominante que les communistes occuperont déjà, grâce au choix de Brossolette d'introduire le Front national dans les instances dirigeantes de la Résistance. De quel machiavélisme pro-soviétique n'aurait-on pas accusé Jean Moulin si c'était lui qui avait énoncé une telle proposition, alors que tout prouve qu'il tenta au contraire de limiter l'influence du parti communiste dans la Résistance ?

Brossolette avait à peine achevé sa lettre à Philip que, trois jours plus tard, le 15 mars, il recevait la réponse à ses télégrammes de février. Elle était catégorique : *« Reçu vos 7.8.9.10 par trois voies. Délai* [de la réponse] *dû à difficultés déchiffrement. Réponse provisoire* [c'est-à-dire les "nouvelles instructions"] *partie via Arquebuse* [Passy]. *Attendez Max* [Moulin] *avant toute décision*[33]. »

Ce télégramme remuait le couteau dans la plaie, car Brossolette ne connaissait que trop les instructions élaborées à Londres. En écoutant Passy les lui commenter, il avait mesuré l'impasse dans laquelle son impatience l'avait précipité : il avait cru avoir les mains libres en France pendant que Moulin séjournerait à Londres. C'est le contraire qui s'était produit. En quittant Londres prématurément, Brossolette lui avait laissé le champ libre parce que personne n'avait assez de prestige pour le contrer et, surtout, parce que personne n'était partie prenante dans un dossier qui le concernait seul. Il ne pouvait qu'enrager en constatant l'impuissance de l'argumentation d'un intellectuel de premier rang face à la stratégie d'un administrateur chevronné.

Après l'arrivée de Passy en France, le 27 février, la marge de manœuvre de Brossolette devenait fort réduite. D'un côté, il pouvait, dans un sursaut suprême, essayer de convaincre Philip de l'erreur politique des « nouvelles instructions », et c'est ce qu'il avait tenté dans sa lettre du 12 mars avec son brio habituel et cette incomparable agilité intellectuelle qui en faisait un bretteur redoutable. D'un autre côté, il avait la possibilité, en violant les « nouvelles instructions » et en agissant rapidement, de mettre Moulin devant le fait accompli.

C'est dans cette voie qu'il s'engagea quelques jours plus tard.

Le risque lui parut d'autant plus réduit qu'il avait observé que de Gaulle, lorsqu'on lui forçait la main, se résignait en silence afin de ne pas attirer l'attention sur l'échec de son autorité. Quant à la réaction de Moulin, elle resterait probablement limitée, elle aussi, car les décisions prises au nom du Général en présence des résistants ne pouvaient être remises en cause sous peine de ruiner le crédit de la France Combattante. Enfin, quoi qu'il arrivât, Brossolette savait qu'il serait couvert par la présence de son chef à ses côtés. C'est pourquoi Passy assista à toutes les conversations politiques. Étant tout acquis à son adjoint, ce fut un jeu pour Brossolette de le convaincre du bien-fondé de sa manœuvre. Il poursuivit donc ses consultations en ignorant les directives du Général.

La création du Comité de coordination de zone nord

On sait que, dès son retour de Londres, le 20 mars, Moulin se rendit à Lyon où il demeura jusqu'au 30. Il était porteur d'une lettre de Philip à Brossolette. Ayant trouvé en arrivant un mot de Meunier lui expliquant les agissements de Brossolette qui modifiait les instructions et menait une campagne de dénigrement contre lui et ses collaborateurs, Moulin adressa aussitôt la lettre de Philip à Paris, en y joignant un mot annonçant sa nomination de ministre et prescrivant à Brossolette et à Passy de ne prendre aucune initiative avant son arrivée prochaine. En même temps, il câblait à Londres en demandant le rappel des deux agents [34]. Brossolette reçut les deux lettres le 23 mars. Il n'eut pas besoin de les lire pour connaître leur contenu : c'était la répétition sur tous les tons des objurgations et des télégrammes dont il était saturé depuis un mois.

« Je vous confirme, écrivait Philip, *les directives que j'ai données à Rex* [Moulin], *dont vous avez déjà eu connaissance par Arquebuse* [Passy] *; nous croyons nécessaire dans les difficiles circonstances actuelles de réduire le plus possible la distinction artificielle entre les deux zones, Rex est donc le représentant officiel du Général de Gaulle, ayant seul qualité pour les contacts politiques, directement ou par ses délégués sous sa responsabilité ;* [...] *par ailleurs, conformément au désir général, nous avons décidé la création du Conseil de la résistance française, lequel choisira en son sein une CAP* [Commission d'action permanente] *qui aura la direction d'ensemble des mouvements pour tout le pays ; c'est seulement au cas où la CAP présenterait des difficultés insurmontables de constitution que nous reviendrons aux comités de coordination autonomes dans chaque zone* [35]. » Philip ordonnait donc à Brossolette de suspendre ses négociations et, répondant à la question posée par lui, donnait son accord sur la solution qu'il avait proposée de ne pas inclure le Front national dans le nouvel organisme à créer et de négocier avec les communistes une autre formule.

Jusqu'à l'arrivée de ces lettres, Brossolette n'avait pris encore aucune décision irrévocable. Après avoir tenté le tout pour le tout auprès de Philip, il se faisait fort avec Passy de convaincre Moulin de son erreur. Leur rencontre à Lyon lui avait prouvé que c'était un politique pragmatique prêt à s'incliner devant les faits. La lettre de Philip et surtout la brutalité de celle de Moulin l'ulcérèrent comme une provocation [36]. Brossolette comprit qu'aucune discussion ne serait possible avec cet homme investi désormais de tous les pouvoirs et que cette arrivée sonnerait le glas de ses projets.

Une fois de plus, le hasard, grand sorcier de la Résistance, joua son rôle : au moment précis où arrivaient les deux lettres de Moulin, Jacques-Henri Simon rentra de Londres. Brossolette eut grâce à lui le résultat des conversations de Londres avec Philip, Moulin, de Gaulle, dont les câbles de la France Libre faisaient état. Simon s'insurgea et dit ne pas avoir donné son accord à quoi que ce fût et démentit ces informations qu'il jugeait tendancieuses[37].

Brossolette pouvait estimer que l'intoxication continuait : après celle de Moulin qui avait tenté de le convaincre de l'accord des résistants sur son comité politique, c'était Philip qui se vantait à tort d'un accord avec Cavaillès et Simon. Ce dernier lui confirmait que le seul moyen de bloquer ce processus maudit était la constitution du comité de coordination Z.O. qui réduisait à néant la commission permanente et son pouvoir discrétionnaire sur la Résistance. Sans cet instrument exécutif, l'édifice s'écroulait de lui-même. C'est pourquoi, trois jours après avoir reçu les deux lettres, Brossolette créa le 26 mars un Comité de coordination de la zone nord, *« pour que les groupements ne s'impatientent pas »*, écrivait-il sans rire dans son rapport. Toujours dans la précipitation et sans consulter personne, il choisit seul les membres qui devaient y figurer, en laissant de côté certains mouvements de la zone occupée (Défense de la France, Résistance, Lorraine, etc.), mais en incluant le Front national, auquel tout le monde (y compris l'O.C.M.) était opposé. Afin de sceller l'accord avec les mouvements, il avait discuté avec eux de la plate-forme proposée par Moulin, à laquelle ils firent subir quelques modifications. Leur ayant fait contresigner un télégramme d'approbation des *« principes généraux de l'action de la France Combattante »*, il rendait la création de ce Comité de coordination irréversible. Pour enraciner son existence, il organisa une deuxième réunion le 30 mars, le jour même où Moulin (ignorant tout) arrivait à Paris. Au cours de cette séance, dont l'objet permet de mesurer l'urgence, le Comité de coordination discuta *« de la détermination des principes en vertu desquels seraient installées, au jour de la Libération, les nouvelles autorités centrales ou locales[38] »*.

Sur les deux réunions organisées par Brossolette, il est instructif de connaître l'opinion des communistes qui, grâce à lui, pénétraient les instances de la Résistance et voyaient leurs efforts couronnés par l'« homologation » du Front national. Elle est d'autant plus révélatrice qu'elle est exprimée par Pierre Villon, qui y siégeait par raccroc. Il se déclara *« ahuri »* de la tournure prise par la première réunion : *« Les dirigeants des autres mouvements de Résistance, et tout particulièrement Blocq-Mascard* [*sic*] *(de l'OCM) »* ne s'étant *« guère préoccupés que de l'après-Libération, cherchant à obtenir le maximum de ministres et de préfets. Un vrai panier de crabes ! »*.

Lors de la réunion tenue le 26 mars, Brossolette demanda aux mouvements comment ils envisageaient que de Gaulle fût légitimé : *« Faut-il réunir les parlementaires (députés et sénateurs) qui n'ont pas voté les pleins pouvoirs à Pétain en juillet 1940 ou convient-il de réunir les conseils généraux ? »* Villon l'arrêta tout de suite : *« Si, au mépris de toute règle de sécurité, je me mêlais à une queue de femmes en quête d'un ravitaillement hypothétique, si je leur annonçais que la Résistance a décidé de s'unir, elles y verraient avec une joie intense un moyen d'accélérer la Libération. Mais si j'ajoutais : faut-il que le général de Gaulle soit légitimé par l'ex-Parlement ou par les conseils généraux, elles me tourne-*

raient le dos, en me rétorquant avec beaucoup de bon sens : "Nous nous moquons éperdument de telles histoires !" »

Le représentant du Front national enchaîna en demandant : « *Plus de soutien, plus de moyens (argent, armes). De Vogüé* [représentant de Ceux de la Résistance] *suit mon exemple. Brossolette répond avec rudesse à de Vogüé, mais il me ménage, se montre même aimable, brodant sur le thème : il faut que vous vous représentiez ce que sont réellement les milieux de l'émigration londonienne. C'est parce qu'on me l'a demandé là-bas que je vous ai posé la question*[39]. »

Cette dernière phrase est révélatrice du comportement de Brossolette durant sa mission et explique la manière dont il défendait la politique du Général. Jusqu'à l'arrivée de Passy, il était investi d'une mission individuelle purement exploratoire afin de connaître les opinions et les possibilités des résistants : il devait écouter, enregistrer, transmettre. Après l'arrivée de Passy, sa mission devenait collective et exécutoire : il devait à l'inverse faire accepter aux résistants le principe d'un organisme prescrit par de Gaulle, en attendant de l'imposer définitivement dès l'arrivée de Moulin. Or, le moment venu, Brossolette continua à se conduire selon les normes de sa première mission, se désolidarisant, au besoin, des instructions du Général, révélant ainsi les désaccords politiques qui déchiraient les délégués de la France Combattante. Cela explique le jugement sévère de certains résistants. Ainsi le remplaçant de Rémy à la tête de la C.N.D. traitait Brossolette de « *politicaillard* » et de « *margoulin* » chargé « *d'une demi-mission qui sent la combine d'état-major d'une lieue* » et ajoutait qu'il fallait que le général de Gaulle comprenne que « *ce n'est pas avec des B* [Brossolette] *qu'il réussira à conquérir la France d'aujourd'hui* »[40].

Au printemps 1943, les deux premières réunions du Comité Z.O. constituaient un barrage définitif à la constitution de la commission permanente, c'est-à-dire à la direction unique et nationale de la Résistance, contrôlée directement par le général de Gaulle.

31 mars 1943 : Moulin, Brossolette, l'affrontement

On comprend que, lorsque Moulin rencontra Brossolette le 30 mars à Paris, sa colère eût éclaté quand il fut mis au courant de ses initiatives et de sa docilité à l'égard des mouvements. Ce n'était pas ainsi que l'ancien préfet concevait l'accomplissement d'une mission. Une explication tumultueuse eut lieu le lendemain même[41]. Cette altercation ne fut pas provoquée uniquement par des raisons personnelles comme Passy tenta d'en accréditer la version, mais essentiellement pour une cause politique : la non-application des directives du Général. Certes, ce genre d'initiative désordonnée d'un agent lâché dans la nature n'était pas unique, comme on l'a observé avec Roques, Morandat et d'autres chargés de mission de Londres. Mais l'attitude de Brossolette s'apparentait à celle de Rémy par la volonté délibérée d'ignorer les directives de De Gaulle qu'il était chargé d'appliquer. D'abord, il n'y avait aucune urgence à créer ce comité de coordination *quatre jours* avant l'arrivée de Moulin et à choisir seul les membres du Conseil de la Résistance puisque, grâce à la liaison permanente avec Philip, il lui était prescrit de ne prendre aucune initiative et d'attendre Moulin. Le texte supplémentaire à son ordre de mission du 24 janvier lui octroyait bien des initiatives plus étendues, mais sous une condition expresse et dramatique, « *au cas où les communications seraient coupées entre le Général de Gaulle et la France au cours d'une période de plus d'un mois »*. Or jamais Brossolette ne fut coupé de Londres, dont il recevait les ordres que l'on sait. De plus, après l'arrivée de Passy le 27 février, sa mission s'incorporait sur le plan politique à celle de son patron et à celle de Moulin, ne laissant aucune place aux initiatives qu'il crut bon de prendre.

La colère de Moulin se manifesta au cours de leur première rencontre au bois de Boulogne, lorsque Passy et Brossolette firent un compte rendu de leur activité. Passy, qui en fut témoin, le relate ainsi : *« Brossolette fit alors part à Rex* [Moulin] *des objections présentées par les mouvements à l'introduction de délégués des "partis" au sein du Conseil National de la Résistance et de la préférence de la majorité pour la représentation des "tendances" fondamentales de la pensée française.*

« Ce fut le signal d'un violent et pénible incident[42]. »

Moulin s'en prit violemment à Brossolette pour avoir méprisé tous les avertissements : celui du Général, de Philip, de lui-même, les mettant délibérément devant le fait accompli. Il lui reprocha aussi les critiques propagées contre lui-même et ses collaborateurs, attitude irresponsable entre représentants de Londres.

Sur le plan politique, il était impossible à Brossolette de nier ses initiatives. C'est pourtant ce qu'il fit et il demanda une confrontation avec ses accusateurs. Une réunion fut prévue pour le lendemain avec Meunier, Chambeiron et Ayral, le chef du B.O.A. Meunier répéta les divers propos tenus par Brossolette lors de leur rencontre. Jean Moulin, avait-il dit, *« était un ambitieux et n'avait rien à faire en zone Nord, les instructions de De Gaulle limitant son action à la zone Sud. C'était lui, Brossolette, qui avait en charge la zone Nord, où il entendait constituer un Comité de Coordination des Mouvements de Résistance, dont l'O.C.M. devait être l'élément prépondérant.*

« En outre, sur le plan politique, il envisageait de créer un vaste Mouvement National, dans lequel les anciens Partis viendraient se fondre pour former une sorte de Parti unique.

« Je fus stupéfait, ajouta Meunier, *d'entendre de tels propos dans la bouche d'un ancien militant socialiste, représentant de la "France Combattante"*[43]. »

Ce témoignage de Meunier est corroboré sur ce dernier point par d'autres, tout aussi nets.

Pour Moulin, la désinvolture de Brossolette à l'égard des directives du Général était inacceptable : *« La séance fut particulièrement orageuse. Jean Moulin traita avec la plus grande sévérité les deux envoyés de Londres. Il reprocha violemment à Brossolette de vouloir briser l'unité de la Résistance, en vue d'une opération politique personnelle, en profitant de l'autorité que lui conférait sa mission. Quant à Passy, chef du B.C.R.A., dont Brossolette était l'un des officiers adjoints, il lui reprocha avec véhémence de ne pas s'être opposé aux agissements de son subordonné. »*

La séance se termina avec le départ de Moulin accompagné de Passy qui tenta de justifier Brossolette. En réponse Moulin condamna à nouveau le laxisme du chef du B.C.R.A., coupable à ses yeux d'avoir laissé son subordonné agir à sa guise alors qu'à Londres il avait participé à l'élaboration des « nouvelles instructions » qu'il avait la charge d'appliquer. Moulin lui rappela que le B.C.R.A. était un organisme d'exécution et n'avait pas à s'immiscer dans les affaires politiques de la Résistance. Celles-ci étaient du ressort de Philip et de lui-même.

Pour couper court, il répéta : *« Brossolette est un ambitieux ; Manuel qui le connaît depuis longtemps me l'a dit, et vous êtes un jouet entre ses mains*[44]*. »*

Quoi qu'il en soit, Moulin, en homme d'État responsable, ne manifesta jamais en public sa condamnation des initiatives de Brossolette. Afin que les résistants ignorent dans la mesure du possible le désaccord entre les envoyés du Général, il les entérina publiquement dès la réunion du Comité de coordination tenue sous sa présidence le 3 avril.

Quelle place pour le Front national ?

L'introduction du Front national dans les organismes créés par la France Combattante à l'initiative de Brossolette fut dans ses conséquences de la plus extrême gravité. Elle est surprenante lorsqu'on sait que lui-même s'y était opposé. En effet, le 16 février il s'était déclaré d'accord avec Moulin pour *« amener les communistes à admettre substitution du Comité de Coordination ZO à leur Front National*[45] *»*.

L'opération qu'il préconisait à cette époque était dans la logique de ses opinions anticommunistes. Il avait constaté que tous les résistants non communistes manifestaient la plus grande réserve à l'égard du Front national, en particulier ses amis de l'O.C.M. Par ailleurs, ayant assisté à l'arrivée de Grenier à Londres, il se rendait compte de la confusion des rapports entre ce mouvement et le parti, mais aussi de l'imprécision qui entachait les buts réels et les structures du Front national. Presque le premier, Moulin avait dénoncé dans ses rapports à Londres cette collusion. Il écrivait en août 1942 : *« Le Front National, c'est-à-dire pratiquement les communistes*[46]*. »*

Les chefs de mouvements ne nourrissaient aucune illusion sur la nature du Front national. Ainsi, Brossolette connaissait l'opinion de d'Astier qui avait précisé le 12 octobre 1942 que son mouvement *« Libération* [était] *opposé au Front National*[47] *»*. Quant à Frenay, à la même époque il affirmait que *« le Front National n'existe qu'en nom ;*

« […] *Le Front National : tentative communiste de grouper autour du parti toute la résistance française.*

« […] *On peut affirmer que le Front National représente exclusivement le parti communiste, exception faite de quelques personnalités de second plan qui, en l'absence de toute directive, se sont ralliées lui*[48] *»*.

C'était également l'opinion de Pineau, qui avait rencontré Brossolette dès son retour à Londres en janvier 1943 : *« Un problème particulier se pose pour le Front National qui, à mon avis, ne peut-être considéré comme distinct du Parti Communiste. Celui-ci est, en effet, l'initiateur ; ses chefs et ses troupes représentant environ 95 % des adhérents.*

« D'ailleurs, la formule même du Rassemblement National [le futur Conseil de la Résistance dont il demandait la création] *qui était celle du Front National à l'origine, doit donner satisfaction aux Communistes et rendre inutile le maintien du Front National en tant que Mouvement de Résistance distinct*[49]*. »*

Essayons de retracer les étapes de cette volte-face surprenante de Brossolette.

On connaît sa position quelques jours après son arrivée à Paris, qu'il exposa dans un rapport à Londres : *« En ce qui concerne le Front National (ci-dessus), Rex* [Moulin] *m'a dit à Lyon qu'il avait systématiquement, et avec succès, refusé d'entrer en propos avec lui. Il travaille directement avec les communistes, dont il a vu plusieurs fois le représentant en zone non occupée.* [...] *Mais il ne veut absolument pas se prêter à la manœuvre de noyautage que constitue le Front national. Pour lui, il n'y a de Front National que la Résistance organisée*[50]. »

Le 16 février, une semaine plus tard, à Paris, Brossolette télégraphiait à Philip : *« Rex* [Moulin] *avec raison a absolument refusé de prendre Front National en considération en ZNO. Estime qu'il faut travailler directement avec les communistes mais pas donner dans manœuvre classique noyautage. Estime que seul Front National possible est dans la Résistance coordonnée*[51]. »

C'est ce qu'il répéta dans son rapport du 17 février : « *Les adjoints de Frédéric* [Manhès] *ont à l'égard du Front National ZO exactement la même attitude que Rex* [Moulin] *en ZNO. L'O.C.M. est tout à fait dans les mêmes sentiments et il faudra absolument obtenir des communistes que le Front National se dissolve ou plutôt se résolve au sein du Comité National* [de la Résistance] *à constituer en ZO. Il me semble nécessaire que Philip agisse en ce sens auprès de Grenier et que Brumaire* [Brossolette] *et Arquebuse* [Passy] *soient munis d'instructions précises à ce sujet*[52]. »

Passy étant arrivé sans directives nouvelles concernant le Front national, Brossolette exposait longuement la question dans son rapport du 15 mars à Philip. Il lui proposait une solution *: « Nous pensions n'avoir pas à traiter avec lui* [le Front national] *puisqu'il n'est pas un groupement proprement dit et n'est qu'un essai spontané et partiel d'organisation de la résistance* [...]. *Le problème n'a pas été évoqué dans notre premier entretien avec le délégué politique du Comité Central du P.C. Mais dès le second entretien (10.3.43) ce délégué nous a dit que nous ne pouvions pas ne pas prendre contact avec le Front National. A ses yeux le Front National "entièrement distinct du P.C." est la "seule" organisation réalisant, par son Comité Directeur comme par ses "Comités Locaux", "l'unanimité française dans la résistance". Et il envisagerait tout naturellement que ce Front National absorbe toutes les autres organisations. Nous lui avons représenté qu'en fait chaque groupement assurait réaliser par lui-même l'unanimité de la France résistante. A ce titre le Front National pourrait se comparer par exemple à Libération. Nous lui avons dit qu'à nos yeux il ne pouvait donc être question de voir subsister une tentative privée d'organisation de la Résistance, à côté de la coordination en voie de réalisation sous la forme du Conseil National de la résistance. Il ne nous en a pas moins demandé de voir un délégué du Front National. Un problème va donc se trouver posé, qui sera délicat. La seule solution possible, si le Front National subsiste et doit être pris en considération, serait de le considérer (ce qui est organiquement exact d'ailleurs) comme le groupement de résistance dont les Francs Tireurs et Partisans sont l'organisation paramilitaire, et de l'admettre dans le Conseil National* [de la Résistance] *à la place des F.T.P. qui, considérés comme force paramilitaire, seraient englobés dans l'A.S* [Armée secrète] *au même titre que les forces paramilitaires de chacun des autres groupements*[53]. »

Néanmoins, sans attendre la réponse de Philip, Brossolette se rallia sans discuter à la suggestion des communistes, se contentant d'offrir au représentant du Front national d'adhérer au Comité de coordination. Huit jours plus tard, celui-ci répondit favorablement, comme en rendait compte Brossolette : *« Il a été entendu que le Front National serait considéré comme groupement de résistance, les Francs-Tireurs et Partisans en constituant l'organisation paramilitaire et devant à ce titre être traités comme les organisations paramilitaires des divers groupements de résistance*[54]. »

Cette présentation des faits était une manœuvre récente des communistes qui durent être fort étonnés qu'un agent de la France Combattante leur demande s'ils acceptaient de faire partie d'une institution commune à toute la Résistance. Grâce à son intégration par Brossolette dans la Résistance, le Front national devint effectivement plus tard un large mouvement, et même le plus important de la Résistance avec les M.U.R. Mais à cette époque, c'était inexact.

Devant ce résultat aussi rapide et inespéré pour les communistes, on comprend que Brossolette n'ait eu qu'à se louer de ses interlocuteurs : *« Nous tenons à noter,* écrit-il, *que cet acquiescement nous a été donné de très bonne grâce au cours d'une conversation très cordiale et que, dès lors, en ce qui nous concerne, nous n'avons eu qu'à nous louer du caractère amical de nos relations avec les représentants du Front National*[55]. » Si Brossolette insistait exagérément sur le caractère amical de cet entretien, c'est qu'en adversaire des communistes et fort mal jugé d'eux il voulait prouver à Londres qu'il était capable de se faire accepter par ses propres adversaires comme interlocuteur valable. Évidemment, lorsque Jean Moulin s'opposa aux prétentions et aux empiétements du Front national, les relations perdirent la *« très bonne grâce »* qui avait séduit si fort Brossolette et se transformèrent en grimaces.

En lisant aujourd'hui ce compte rendu édifiant, on est surpris par sa naïveté, surtout après les conseils formulés deux mois auparavant par Brossolette à Rémy lors de ces tractations avec les communistes. *« Je lui ai dit* [à Rémy] *ce que je pense encore : c'est que les communistes ont une très grande habitude de la négociation et qu'il faut toujours être avec eux extrêmement précis et positif, sous peine d'aboutir à des malentendus fâcheux*[56]. »

Voulant empêcher la création de la commission permanente, Brossolette avait été victime une fois de plus de sa précipitation. La deuxième « voix » communiste que Brossolette venait d'introduire au Conseil de la Résistance devait peser d'un poids considérable dans la conduite de la Résistance, puisqu'elle fut celle de Pierre Villon, qui révélera d'exceptionnelles qualités de tacticien tant au Comité de coordination et au C.O.M.A.C. (organisme militaire unifié de la Résistance en métropole) qu'au bureau du C.N.R.

Qui était donc Pierre Villon, à qui Brossolette avait permis de faire son entrée sur la scène des institutions « gaullistes » de la Résistance ?

Pierre Ginsburger, dit Villon, avait à peu près le même âge que Brossolette et Moulin. Ses biographes révèlent des débuts mystérieux au parti communiste dans les années 1930. Collaborateur de Duclos de 1936 à 1938, peut-être fut-il mêlé aux négociations avec les Allemands pour la reparution de *L'Humanité* en juin 1940. Arrêté en octobre 1940, ce militant d'un courage à toute épreuve s'évada en janvier 1942 et devint secrétaire général du Front national. Son dynamisme, son intelligence et son intrépidité en firent, dès l'intronisation conférée par Brossolette, un des maîtres de la Résistance intérieure, un de ceux qui permirent au parti communiste de s'approcher du pouvoir, un des adversaires les plus résolus de De Gaulle.

C'est lui qui écrivait durant l'hiver 1941-1942 : *« Néanmoins, ce qui manque encore à mon avis, c'est un affaiblissement "substantiel" de l'Angleterre et de l'Amérique. Mais il n'est pas indispensable de l'attendre pour soviétiser l'Europe.*

« [...] *Et quant au gaullisme, il sera balayé et nous servira, si nous donnons la liberté, la paix et le pain (avec du beurre) au pays avant que l'Angleterre n'arrive à le faire. Et je ne la vois pas capable d'assurer un débarquement en France pour libérer le pays, avant que les Allemands ne se révoltent. Dans ce cas nous n'attendrons pas de Gaulle pour instaurer les Soviets*[57]*...* »

Grâce à Jacques Debû-Bridel qui le pratiqua intimement durant cette période, nous avons un portrait émouvant et précis du personnage, « *la plus forte personnalité sans doute comme les événements le prouveront. Il était de ceux que l'on remarque entre tous, le physique de son caractère, tout en angles, en arêtes, sans courbe, taille moyenne, maigre, visage surmonté d'un grand front, pommettes légèrement saillantes, nez et menton pointus, un regard clair, impénétrable mais qui pénètre celui qu'il a fixé, plein de foi farouche, de force que la colère enflamme. Il fut, je l'ai écrit et je n'ai cessé de le penser, à la tête du COMAC "le Lazare Carnot" de la Résistance, de la lutte clandestine dont il opposa avec raison, mais pas toujours hélas avec succès, la tactique à celles des officiers issus de l'Ecole de Guerre* [c'est-à-dire le B.C.R.A.] ».

Plus loin : « *Cet architecte — d'où son côté constructeur — est fils de rabbin, d'où cette foi quelque peu messianique qui l'illumine et le rend cruel aux hérétiques. En toute sincérité, le patriote alsacien qu'il est habillait les consignes de son parti à la Saint-Just, à la Déroulède. Apre, rude, fanatique parfois, toujours en mouvement, dévoué au camarade de combat, il prêchait la guerre à outrance, la guerre immédiate, l'action directe et à juste titre la fraction la plus nationaliste de la Résistance lui fit confiance, il fut souvent son porte-parole. Il y représentait la volonté d'union dans le combat contre l'occupant du Front National et son efficacité, tout y étant sacrifié à la victoire finale.* [...] *S'il parvint, au cours de ces mois de bataille, à infléchir le CNR dans son sens et à pratiquement le dominer au moment de la crise décisive de l'insurrection de Paris, c'est qu'il traduisait l'élan naturel des résistants dressés pour la guerre de libération*[58]. »

L'arrestation de Moulin, la perte de la présidence du Conseil de la Résistance par son successeur, la création d'un bureau du C.N.R. dans lequel figurait Villon représentant le Front national, le contrôle des M.U.R. et du C.O.M.A.C. par les communistes, tous ces événements facilitèrent ce que l'on a dénoncé comme le « noyautage » de la Résistance par les communistes, qui modifia profondément son équilibre politique.

La mort de Jean Moulin autorisa cette entreprise à laquelle il s'était systématiquement opposé.

Sauver ce qui peut l'être

Certes, Brossolette, au cours de sa mission, s'était dépensé sans compter et, en quelques semaines, avait effectué un travail considérable sur le plan de la coordination, de l'administration et de la politique : outre sa participation à la solution des problèmes du renseignement des réseaux du B.C.R.A., il avait mis pour la première fois en contact les mouvements de la Z.O. qui s'ignoraient ; il avait apaisé leur méfiance réciproque et leur avait fait reconnaître l'autorité du général de Gaulle[59].

En dépit de ces résultats positifs, indispensables pour la cohésion de la Résistance, les initiatives de Brossolette laissaient Moulin face à deux problèmes qui justifièrent son courroux : le torpillage de la Commission permanente et l'entrée du Front national dans le Conseil de la Résistance.

Dès le départ de Brossolette, le 15 avril, Moulin se mit en devoir de réparer les dégâts en ce qui concernait la Commission permanente, puisqu'elle était un élément essentiel du dispositif mis en place par de Gaulle.

L'importance de cette institution, minimisée par ses adversaires, a empêché les historiens de l'apprécier à sa juste valeur. Moulin avait, comme quelques autres chefs de mouvement, le souci d'abolir la division que les Allemands imposaient à la France afin de mieux la contrôler et la piller. Il en avait souffert en tant que préfet et avait pu en mesurer la nocivité dans l'exercice de ses fonctions. Le rétablissement de l'unité administrative et politique nationale représentait donc, à ses yeux, une étape décisive vers la libération. Les comités de coordination, bien qu'ils fussent un palier indispensable dans la fédération des résistances, entérinaient la situation néfaste imposée par l'occupant, qui escomptait une dérive morale de deux morceaux de France qui s'oubliaient.

Le projet de Moulin avait une autre raison. Il ne voulait à aucun prix affronter avec les cinq mouvements de zone occupée, et encore moins avec les huit mouvements qui avaient décidé de se regrouper sur le plan national, les difficultés éprouvées avec les trois mouvements de zone libre. On a vu que, dans son projet du C.N.R., il avait imaginé la séparation de l'action politique (l'assemblée plénière de dix-sept membres) et de l'action militaire (la commission permanente de cinq membres). Celle-ci, dirigée par le représentant du Général, ministre délégué du C.N.F., permettrait un contrôle étroit de la Résistance nationale. C'est cela que Brossolette avait saboté afin de réduire l'influence du C.N.R. sur la Résistance. Malheureusement, ce fut une opération à courte vue et d'un piètre résultat.

Car, si la commission permanente avait existé lors de la disparition de Moulin, son successeur intérimaire, Claude Serreulles, en aurait assuré la présidence aussi naturellement qu'il s'imposa à la tête des Comités de coordination et aurait conservé ainsi à de Gaulle la présidence du C.N.R. que personne ne lui aurait contestée. Privé, au contraire, de ce relais, Serreulles, pour assurer la présidence du C.N.R., était obligé de réunir une assemblée plénière de dix-sept membres alors qu'il était en France depuis quelques jours, ignorant des problèmes de sécurité de la Résistance et n'y connaissant presque personne. Cette solution risquée avait de quoi effrayer un homme, même de sa trempe. On comprend qu'il ait temporisé.

Paradoxalement, après la disparition de Moulin, ce sont les résistants qui modifièrent la structure du C.N.R. dans le sens voulu par de Gaulle et contre la volonté de Brossolette. En effet, ceux qui souhaitaient donner de l'importance au C.N.R. furent conduits tout naturellement à constituer un bureau, encouragés en cela par les directives de Philip. Mais les membres n'en furent pas sélectionnés par le représentant de la France Combattante, comme c'était prévu par Moulin, ils furent cooptés sans l'aval de Londres[60].

Pourtant, aussitôt après le départ de Brossolette le 14 avril 1943, Moulin avait tenté de réparer cette erreur. Il entama une manœuvre dans l'espoir de créer, sous un autre nom, une direction nationale. Il poussa les mouvements à la constitution de ce comité de coordination unique interzone, sur lequel ils étaient tous d'accord, en espérant le transformer ultérieurement en commission permanente. De la sorte, il estimait possible de dissiper le malentendu qui faisait croire aux mouvements que la commission permanente leur enlèverait le contrôle de la Résistance[61].

Quant au Front national, Moulin ne pouvait désavouer publiquement l'action d'un envoyé du général de Gaulle, surtout sur un sujet aussi sensible. Il espérait l'éliminer à la faveur de la constitution de la commission permanente (qui comportait cinq membres), imposant la disparition de trois membres sur les huits représentants.

Serait-il parvenu à ces deux objectifs ? Nul ne peut le dire puisqu'il fut arrêté deux mois plus tard alors qu'il avait seulement esquissé la première partie de ce programme.

Outre ces deux questions capitales pour l'avenir de la Résistance, le départ de Brossolette laissait d'autres problèmes en suspens, comme Moulin l'expliqua à de Gaulle : *« Une fois de plus je suis amené à appeler votre attention sur le danger qu'il y a à faire régler par une mission d'un mois ou deux des problèmes complexes demandant une longue habitude du milieu. Je suis sûr que, de très bonne foi, Arquebuse* [Passy] *et Brumaire* [Brossolette] *ont cru avoir définitivement réglé les questions qui se présentaient à eux. Or il est de fait que les premières difficultés sont apparues au lendemain même de leur départ.*

« J'insiste à nouveau sur le cas des missions dont j'ai déjà eu l'honneur de vous entretenir. Il est absolument nécessaire d'envoyer des missions en France ; mais ces missions ne peuvent être que de deux ordres : missions permanentes *pour un travail précis ou missions* d'information *et de* contrôle. *Quelle que soit la qualité des gens envoyés, les missions* d'organisation *qui ne comportent pas la permanence ne peuvent donner de bons résultats.*

« Je reviendrai, dans mon chapitre spécial de ce rapport, sur le personnel à envoyer sur le territoire national[62]. »

Moulin rappelait un fait d'expérience : après que les responsables d'un projet se sont mis d'accord, les vrais problèmes commencent avec son application.

Entre-temps, les difficultés s'étaient accumulées : *« Je trouvai mes collaborateurs très amertumés de la façon dont Brumaire* [Brossolette] *avait agi à leur égard et plus encore de la campagne qu'il avait menée contre ma désignation éventuelle comme R.* [représentant] *du C.N.F.* [Comité national français] *en zone nord. De cette campagne j'ai eu, hélas, depuis de nombreux échos après le départ de Brumaire, L.* [Lecompte-Boinet], *M.* [Médéric], *V.* [Villon], *et de M.* [de Menthon] *notamment, m'en ont donné des témoignages incontestables*[63]. »

Poursuivant son rapport, Moulin déclarait : *« Je suis cependant obligé de constater : 1º que le malaise créé par l'attitude initiale de Brumaire* [Brossolette] *a laissé des traces certaines dans l'esprit des dirigeants des groupements autre que l'O.C.M., 2º que l'O.C.M. a conçu un très vif dépit du changement de traitement survenu à son égard, 3º que l'O.C.M. reporte la responsabilité de ce changement de traitement sur votre représentant actuel.* » (On se rappelle que Rémy puis Brossolette au début de sa mission avaient promis à l'O.C.M. qu'elle constituerait à elle seule l'état-major Z.O.) Il est compréhensible que la situation de Moulin après le départ de Brossolette ait été délicate puisqu'il avait manifesté publiquement ses désaccords avec lui. Les dirigeants de l'O.C.M. (Blocq-Mascart, Jacques-Henri Simon), en particulier, forts de leurs relations amicales avec Brossolette qui fut un de leurs adhérents, regimbaient d'autant plus qu'ils se sentaient appuyés à Londres.

Les autres problèmes en suspens concernaient différents mouvements dont l'importance n'était pas négligeable — Résistance, Défense de la France, Lorraine, etc. — que Brossolette avait laissés arbitrairement en dehors du Comité.

Quant au Conseil de la Résistance : *« A mon retour ici Brumaire* [Brossolette] *ne m'a pas caché qu'il estimait le projet très difficilement réalisable, en raison de l'hostilité particulièrement vive qu'il rencontrait de la part des mouvements de Z.N.*[64]. »

C'est ce que relate Brossolette lui-même dans son compte rendu : *« Rex* [Moulin] *rapportait de Londres le projet rigide qui y avait été élaboré pendant son séjour. Nous lui avons fait part des objections des groupements et de leur préférence pour la représentation des "tendances" fondamentales de la pensée française. Nous lui avons indiqué toutefois que l'abandon du projet de commission permanente, au bénéfice des comités de coordination qui laissent aux groupements la conduite de la résistance, permettrait sans doute de trouver un terrain d'entente avec les groupements. En fait, en s'appuyant sur cet argument, et en admettant que, plutôt que les anciens partis eux-mêmes, ce sont des secteurs d'opinion que les membres politiques du Conseil National seront appelés à représenter*[65]. » Comme on le voit, Brossolette demandait à Moulin (après avoir essayé de convaincre Philip et de Gaulle) de modifier les « nouvelles instructions » et de se rallier à la formule transactionnelle qu'il avait proposée à Londres. Ce n'était pas l'avis de Moulin qui, fidèle à de Gaulle, entendait appliquer intégralement ses directives.

Lorsque Brossolette quitta la France, le nombre et la liste des participants semblaient acquis, mais non le principe du Conseil de la Résistance. Il s'agissait donc pour Moulin de faire accepter les partis en tant que tels : *« J'ai donc entamé des pourparlers avec chacun des mouvements, bien décidés à faire triompher le point de vue que vous aviez arrêté »*, écrit-il au Général[66].

Dans son rapport à André Philip : *« J'ai eu en premier lieu à vaincre l'hostilité profonde de certains mouvements de Zone Nord qui répugnaient à une collaboration quelconque avec les anciens partis. Les mouvements en général, vous le savez, tant en Zone Sud qu'en Zone Nord se sont montrés réfractaires depuis le début à des contacts de ce genre et cette attitude a surtout été sensible à l'"O.C.M." ; "Ceux de la Résistance" ; "Ceux de Libération", et dans une certaine mesure à "Combat".*

« Après une série de discussions, où je me suis attaché à démontrer l'intérêt que présentait, à l'intérieur, et plus encore à l'extérieur, l'intégration dans la résistance organisée des éléments sains des anciennes formations politiques et syndicales, j'ai obtenu finalement l'adhésion des huit mouvements coordonnés, sous la réserve que ces derniers resteraient l'organe d'exécution du Conseil[67]. »

Mais il y avait d'autres problèmes à résoudre. La C.G.T., arguant qu'elle représentait les ouvriers et les employés, réclamait deux sièges. Moulin obtint qu'elle renonçât à cette exigence et acceptât le principe du représentant unique. De son côté, l'O.C.M. réclamait un siège pour la Confédération des travailleurs intellectuels auquel Moulin lui fit également renoncer. Aux difficultés de principe s'ajoutèrent les compétitions de personnes entre deux syndicalistes, Charles Laurent et Louis Saillant.

Quant aux *« anciennes formations politiques,* écrit Jean Moulin, *j'ai eu au début des difficultés avec le P.C. au sujet de l'acceptation du gouvernement provisoire (au jour J) que comportait l'adhésion au comité. Je dois dire que ces difficultés ont été rapidement aplanies et que le Comité Central a souscrit à tous les points du programme qui lui a été soumis*[68] *»*.

En outre, il fallait faire adopter aux représentants des formations du centre et de droite ainsi que des syndicats les principes de la France Combattante et négocier le choix de leurs représentants. Meunier et Chambeiron prirent une part active à ces négociations.

Finalement, les qualités de négociateur de Jean Moulin vinrent à bout des réticences et des obstacles. Usant alternativement de persuasion et d'autorité, il réussit à imposer aux mouvements ce projet, que les chefs considéraient comme la fin de la Résistance patriotique et révolutionnaire et qu'ils dénonçaient comme la « politisation » de la Résistance. En dépit de ces critiques, Moulin pouvait écrire à de Gaulle : *« J'ai la satisfaction de vous annoncer que toutes les réticences ont été vaincues auprès des mouvements et que l'accord s'est finalement réalisé*[69]. »

B. LE CONSEIL DE LA RÉSISTANCE

Paris, 27 mai 1943 : une séance historique

La volonté de redonner à la France une institution parlementaire dans laquelle siégeraient pour la première (et la dernière) fois les syndicats trouva son accomplissement dans la première réunion plénière du Conseil de la Résistance. Prévue à Paris pour le 25 mai 1943, elle avait été reportée au 27 mai parce que, à la dernière minute, Louis Marin, de la Fédération républicaine, ne put venir siéger et que Moulin tenait à la présence physique de tous les représentants. Finalement, le nombre de seize représentants avait été retenu : huit pour les mouvements, six pour les partis politiques et deux pour les syndicats. Les communistes en avaient deux : ceux du parti communiste et du Front national.

Même si aujourd'hui certains noms des hommes qui jouèrent un rôle décisif à cette époque sont tombés dans l'oubli, ils méritent de figurer ici pour leur participation à cette séance historique :

Ceux de la Libération	Coquoin (Lenormand)
Ceux de la Résistance	Jacques Lecompte-Boinet (Mathieu)
Front national	Pierre Villon (Colbert)
Libération-Nord	Charles Laurent
O.C.M.	Jacques-Henri Simon (Sermois)
Combat	Claude Bourdet (Aubin, Lorrain)
Franc-Tireur	Eugène Petit (Claudius)
Libération-Sud	Pascal Copeau (Salard)
Parti communiste	André Mercier (Guilloux)
Parti socialiste	André Le Troquer
Radicaux-socialistes	Marc Rucart
Démocrates populaires	Georges Bidault (Anselme)
Alliance démocratique	Joseph Laniel
Fédération républicaine	Jacques Debû-Bridel
C.G.T.	Louis Saillant
C.F.T.C.	Gaston Tessier.

On remarquera l'absence de cette liste des trois chefs de la Résistance de zone sud. Les circonstances voulurent que d'Astier et Jean-Pierre Levy se trouvent à Londres, tandis que Frenay avait refusé de siéger.

On possède, de la main de Moulin, le compte rendu de cette séance historique. Organisée par Meunier et Chambeiron, elle se déroula au premier étage du 47 de la rue Dufour, dans l'appartement de René Corbin, ancien collaborateur de Pierre Cot. Une semaine après la réunion, Moulin en fit le récit à André Philip dans une lettre qu'il lui adressa le 4 juin : *« Je passe sur les difficultés matérielles de l'organisation d'une réunion de 17 membres tous recherchés ou au moins surveillés par la police et la Gestapo. J'ai la satisfaction de pouvoir vous dire que, non seulement tous les membres étaient présents à la réunion, mais celle-ci s'est déroulée dans une atmosphère d'union patriotique et de dignité que je me dois de souligner.*

« Voici comment s'est déroulée la séance :

« Après avoir remercié tous les membres d'avoir répondu à l'appel du Général de Gaulle et du Comité National Français, j'ai cru devoir rappeler brièvement les buts de la France Combattante tels que les avait définis son chef :

« 1) Faire la guerre ;

« 2) Rendre la parole au peuple français ;

« 3) Rétablir les libertés républicaines dans un état d'où la justice sociale ne sera point exclue et qui aura le sens de la grandeur ;

« 4) Travailler avec les Alliés à l'établissement d'une collaboration internationale réelle, sur le plan économique et spirituel, dans un monde où la France aura regagné son prestige.

« J'ai indiqué incidemment que si, comme le Général de Gaulle l'avait dit et écrit, le jeu de la démocratie supposait l'existence de partis organisés et forts, la présence au sein du Conseil des représentants des anciens partis politiques, ne devait pas être considérée comme sanctionnant officiellement la reconstitution desdits partis tels qu'ils fonctionnaient avant l'armistice.

« J'ai insisté pour que, bien au contraire, il soit fait l'effort intellectuel et l'effort de discipline nécessaires pour constituer de larges blocs idéologiques capables d'assurer la solidité et la stabilité de la vie publique française.

« Après ces quelques paroles liminaires j'ai donné lecture du message du Général qui est arrivé fort à propos et qui a été écouté non sans émotion par tous les assistants[70]*. »*

Dans son message, de Gaulle, une fois de plus, appelait à l'unité : *« Tout ce qui est dispersion, action isolée, alliance particulière, dans n'importe quel domaine où se déroule la lutte totale, compromet à la fois la puissance des coups portés à l'ennemi par la France, et sa cohésion nationale.*

« C'est pourquoi il est essentiel que la Résistance sur le territoire national forme un tout cohérent, organisé, concentré. C'est fait, grâce à la création du Conseil de la Résistance qui fait partie intégrante de la France Combattante et qui, par là même, incarne la totalité des forces de toute nature engagées à l'intérieur contre l'ennemi et ses collaborateurs[71]*. »*

Cependant, la véritable fonction que le Général attribuait au Conseil était de préparer la libération en établissant les plans appropriés et en s'imposant par sa valeur représentative : *« Mais l'affreux bouleversement politique, économique, social, moral où le désastre, la trahison, l'usurpation ont plongé notre pays, ne prendra pas fin par le seul fait que les forces allemandes et italiennes auront été écrasées par les forces alliées.*

« […] *Il est donc en premier lieu et immédiatement nécessaire que la nation fasse en sorte d'émerger de sa libération dans l'ordre et dans l'indépendance, ce qui implique qu'elle se soit organisée par avance de manière à être aussitôt gouvernée, administrée, représentée suivant ce qu'elle-même désire, en attendant qu'elle puisse s'exprimer normalement par le suffrage des citoyens.*

« *A ce point de vue, le Conseil de la Résistance doit, d'ores et déjà, apporter au Comité national des éléments de ses décisions quant aux dispositions à prévoir à mesure de la libération. D'autre part, au moment de la libération elle-même, le Conseil doit apparaître comme une sorte de première représentation des désirs et des sentiments de tous ceux qui, à l'intérieur, auront participé à la lutte. Ainsi pourra-t-il fournir au Comité national lui-même l'appui, le concours et, dans une large mesure, l'instrument indispensable pour exercer ses devoirs à l'intérieur et l'aider à faire valoir sans délai vis-à-vis des puissances étrangères les droits et les intérêts de la France*[72]. »

Après cette lecture, Moulin donna la parole à Georges Bidault : « *Le représentant des Démocrates Populaires a ensuite présenté le texte de la motion qui vous est parvenue et que nous avions arrêtée en commun. Après échange de vue, la motion a été adoptée à l'unanimité*[73]. »

Cette motion disait : « *La France ne peut concevoir que la création d'un véritable gouvernement provisoire, certes, mais ayant toutes les formes et toute l'autorité, répudiant une fois pour toutes, officiellement et dans les faits, la dictature de Vichy, ses hommes, ses symboles, ses prolongements.*

« *Elle entend que ce gouvernement — c'est le devoir du Conseil de l'affirmer avec netteté — soit confié au Général de Gaulle qui fut l'âme de la Résistance aux jours les plus sombres et qui n'a cessé depuis le 18 juin 1940 de préparer en pleine lucidité et en pleine indépendance la renaissance de la Patrie détruite, comme des libertés républicaines déchirées.*

« *Elle souhaite ardemment que le Général Giraud, qui a préparé et assuré avec les Alliés la victoire en Afrique du Nord, prenne le commandement de l'Armée Française ressuscitée.*

« *Ainsi seront réalisées, techniquement et moralement, les conditions nécessaires à l'unité de toutes les forces françaises combattantes, instrument indispensable de la libération et de la résurrection de notre pays.*

« *Le Conseil tient à proclamer aujourd'hui la nécessité de cette solution conforme à la volonté de la France.*

« *Il tient pour assuré que cette volonté parfaitement claire sera traduite sans délai et sans mutilation ; comme l'exigent, au nom de la France, tant de sacrifices obscurs et tant de sang répandu*[74]. »

Cette motion donna lieu à un incident qui mérite d'être rapporté, bien que Moulin ne l'évoque pas dans son compte rendu. Georges Bidault le relate ainsi : « *Les seuls qui marquèrent quelques hésitations, en disant qu'il ne s'agissait pas tellement de prendre parti là-dessus, mais d'organiser le combat, furent les communistes*[75]. »

Le représentant de Ceux de la Résistance, Lecompte-Boinet, rapporte cet incident en détail : « *Les communistes, en la personne de Villon, qui représente le Front National, présentent en termes mesurés quelques observations : "Nous ne pouvons pas être d'accord avec cette formule, dit-il, car elle ne tient pas compte de la réalité, c'est que de Gaulle est incapable de prendre effectivement le pouvoir entre ses mains puisqu'il est à Londres et que Giraud contrôle l'Algérie. Vouloir subordonner un des généraux à l'autre et Giraud à de Gaulle est une utopie d'autant plus grande que seul le subordonné aurait le pouvoir effectif sur les seuls départements français actuellement libérés. Nous sommes des réalistes et nous ne pouvons pas ne pas dire que ce parti est quelque peu chimérique*[76]*." »*

Pierre Villon ajoute dans ses souvenirs : « *Pour notre part, n'ayant pas le culte de la personnalité du général, nous aurions préféré un appel à la réconciliation des généraux de Gaulle et Giraud*[77]. »

Lecompte-Boinet note à son tour l'effet produit par ces propos : « *Cette hostilité à l'égard de de Gaulle provoque des protestations assez véhémentes au point que Max* [Moulin] *doit opportunément rappeler nos collègues à une plus juste observation des règles de la sécurité, les engageant au moins à parler plus bas : en effet, il ne faut pas oublier que nous ne sommes pas encore à la Chambre et que le moindre éclat de voix risque de nous attirer quelques désagréments.* [...]

« *Cette observation paraît avoir un effet salutaire et la formule Bidault reçoit finalement l'approbation unanime*[78]. »

Jean Moulin concluait le récit de cette séance : « *Je tiens à souligner que tous les membres ainsi que leurs mandants ont attaché le plus grand sérieux et la plus haute importance à cette réunion.*

« *Certains mouvements qui, malgré tout, avaient conservé à l'égard du Conseil quelques préventions semblent maintenant avoir compris l'intérêt de cet organisme et le poids qu'il peut avoir*[79]. »

La création du Conseil de la Résistance fut l'entreprise la plus malaisée de Jean Moulin et la plus décriée par la Résistance des chefs. D'une certaine manière, ils n'avaient pas tort en prédisant que cet organisme marquait la fin de l'espérance politique des mouvements. Mais ils oublient que, même sans cet organisme, l'Assemblée consultative d'Alger, dont de Gaulle ne pouvait se passer, aurait eu le même effet. Cependant, à l'opposé de ce qu'ils croyaient ou de ce qu'ils ont prétendu par la suite, ce ne fut pas la revalorisation des anciens partis qui en fut la cause. De toute manière, les communistes et les socialistes auraient occupé une place prépondérante après la Libération. Tous les analystes sont d'accord sur ce point. Quant aux partis de droite et aux modérés, ils ne furent pas tirés de leur déconfiture par leur participation au C.N.R. Après la Libération, le M.R.P. (Mouvement républicain populaire), grand triomphateur à droite, était, il faut le rappeler, le seul grand parti né de la Résistance (fondé par d'anciens dirigeants de Combat). Rien dans une démocratie n'aurait pu empêcher que des petites formations radicales ou autres survivent, offrant un gage de pérennité aux nostalgiques de la IIIe République. Ce fut la texture même des mouvements qui les empêcha de jouer un rôle politique pour lequel (contrairement à ce que suggérait l'ambition de leurs chefs) ils n'étaient pas faits. Le C.N.R. fut le révélateur symbolique de cet échec, dont il ne fut pas la cause. L'avenir le prouva.

Ces causes ont été lucidement analysées par Raymond Aron, qui avait suivi de Londres les efforts des chefs de mouvement, d'Astier, Cavaillès, Frenay, Simon, etc. : « *La Résistance joue et jouera un rôle de premier plan dans la période initiale où elle appuiera le Gouvernement comme celui-ci s'appuiera sur elle. Mais dès qu'interviendront des élections, elle se heurtera aux partis, à moins qu'elle n'ait profité de son prestige, éclatant et provisoire, pour travailler à la réforme de ceux-ci, nécessaire à longue échéance. Transformer Combat et Libération en partis, c'est la voie de la facilité qui probablement aboutira au fiasco. Eriger la Résistance en un parti unique est pure illusion parce qu'il n'y a pas d'unité politique entre ceux qui ont, d'un même cœur, combattu pour la France. Renouveler les anciens partis de l'intérieur, les hommes de la Résistance, qui ont passé par l'épreuve du feu et qui ont l'ambition légitime de jouer un grand rôle dans la reconstruction du pays, peuvent y prétendre. La Résistance n'amène pas au jour des partis nouveaux, elle fait surgir un personnel nouveau, des hommes, plus jeunes que les dirigeants des anciens partis, qui réclament leur place au soleil*[80]. »

Certains responsables des mouvements, peu nombreux certes, mais lucides, en furent conscients, ainsi que le révèle ce texte de Copeau : « *Ce rassemblement, plus large que les mouvements de résistance, se fera de toute manière, et il se fera contre nous si nous n'avons pas la modestie d'accepter notre véritable rôle qui est d'ailleurs le plus beau, d'être des combattants d'avant-garde un peu sacrifiés. Il y a aussi un autre point de vue plus général mais non moins important qui est que cette union autour de nous est, par définition, gaulliste, ce qui, je pense, malgré l'accord d'Alger* [Giraud-de Gaulle], *est la question essentielle pour l'avenir*[81]. »

Londres, 15 mai 1943 :
les effets d'une fausse nouvelle

Si la réunion du Conseil fut un succès, les résultats immédiats n'eurent pas l'effet escompté. En raison de la défaillance des transmissions radio, la réunion plénière du 27 mai 1943 ne fut connue à Londres qu'au début du mois de juin. De Gaulle était déjà à Alger quand en parvint la nouvelle, que les Alliés s'empressèrent de censurer. En vain. Par le détour d'une fausse nouvelle, le Conseil de la Résistance avait déjà apporté au Général la légitimité qu'il en attendait.

Voici le déroulement de cette curieuse histoire.

Jean Moulin, ayant appris par la B.B.C. que de Gaulle devait partir pour Alger afin d'y rencontrer le général Giraud, envoya aussitôt, le 8 mai 1943, trois télégrammes. Le premier annonçait la constitution du Conseil et sa prochaine réunion ; les deux autres contenaient un manifeste de soutien à de Gaulle contre Giraud. Le télégramme de Moulin à Londres fut transmis le 13 mai par le Plan Niger et arriva chez André Philip le 14 mai à 18 h 45. Le texte est reproduit, légèrement retouché (figurent trois paragraphes au lieu de quatre) et daté à tort du 15 mai, dans les *Mémoires* du général de Gaulle, sous le titre « Message adressé au général de Gaulle par Jean Moulin, président du Conseil national de la Résistance »[82].

Les câbles de Moulin disaient : « *Conseil de la Résistance constitué. Essaie organiser réunion prochaine. Indispensable m'envoyer par premier courrier message de Gaulle qui devra constituer programme politique.*

« *Pour avenir insister* primo *sur nécessité constituer Quatrième République qui ne sera pas calquée sur la Troisième.*

« *Pour présent souligner difficultés requérant intérieur efforts sacrifices discipline.* »

« Veille départ de Gaulle Algérie tous mouvements et partis résistance zones nord et sud renouvellent général de Gaulle et Comité national attachement total aux principes qu'ils incarnent et dont ne sauraient abandonner parcelle sans heurter violemment opinion française. Tiennent à déclarer fermement.

« Primo *que rencontre prévue doit se faire entre Français au grand jour et au siège gouvernement général Algérie. A suivre.* »

« Secundo *que les problèmes politiques ne sauraient être exclus des conversations.*

« Tertio *que subordination de Gaulle à Giraud comme chef militaire ne sera jamais admise par peuple de France qui demande installation rapide gouvernement provisoire Alger sous présidence de Gaulle avec Giraud comme chef militaire.*

« Quarto *quelle que soit l'issue des négociations de Gaulle demeurera pour tous seul chef Résistance française. Fin*[83]. »

Cette déclaration, censée émaner de tous les mouvements et partis, était en réalité un texte que Moulin avait rédigé seul à partir de ses entretiens et de ses messages antérieurs, sur lesquels les composantes de la Résistance étaient d'accord. La lenteur des communications entre les résistants ne lui avait pas laissé le temps de leur soumettre le nouveau texte. Or ce message fut immédiatement publié et largement diffusé par la France Combattante après avoir modifié quelque peu la rédaction de Moulin. On le constate aujourd'hui par l'article paru dans le journal *France* à Londres : il annonçait la réunion du Conseil de la Résistance et présentait ce texte comme la motion qu'il avait votée, à l'unanimité.

« Le Service de presse de la France Combattante communique :

« Le général de Gaulle a nommé M. X. [Moulin] *membre du Comité National et commissaire en mission en France.*

« Un conseil de résistance française a été constitué par les soins de M. X. siégeant en territoire français. Il comprend les délégués des organisations de résistance suivantes : "Libération", "Combat", "Franc-Tireur", en Zone Sud ; "Libération", "Ceux de la Résistance", "Ceux de la libération", "O.C.M.", "Franc-Tireur" et "Partisans" en Zone Nord ; les délégués des organisations syndicales, résistantes, C.G.T. et confédération des travailleurs chrétiens, les délégués des partis politiques résistants, parti communiste français, parti socialiste, parti radical-socialiste, parti démocrate populaire, alliance démocratique, fédération républicaine.

« Le conseil de la résistance française vient d'adresser le message suivant au général de Gaulle : "Tous les partis de résistance de la zone nord et de la zone sud à la veille du départ pour l'Algérie du général de Gaulle, lui renouvellent ainsi qu'au Comité National, l'assurance de leur attachement total aux principes qu'ils incarnent et dont il ne saurait sans heurter violemment l'opinion française abandonner une parcelle.

« "Ils tiennent à déclarer fermement que la rencontre prévue doit avoir lieu au siège du gouvernement général de l'Algérie au grand jour et entre Français.

« "Ils déclarent en outre : 1° que les problèmes politiques ne sauraient être exclus des conversations ; 2° que le peuple de France n'admettra jamais la subordination du général de Gaulle au général Giraud et demande l'installation rapide à Alger d'un gouvernement provisoire sous la présidence du général de Gaulle ; le général Giraud devant être chef militaire. 3° Le général de Gaulle demeurera

pour tous le seul chef de la résistance française quelle que soit l'issue des négociations[84]*.* " »

La dernière partie du communiqué de la France Combattante n'avait pas été reproduite par *France* : *« Les milieux de la France Combattante de Londres soulignent surtout l'importance du fait des associations créées clandestinement pour lutter contre les Allemands et les partis ou syndicats existant avant la guerre et réorganisés depuis l'occupation sont groupés dans ces organismes*[85]. »

Jacques Soustelle, commissaire à l'Information, donnait deux versions des raisons de cette publication précipitée. L'une, le 6 juillet 1943, en réponse aux critiques de Moulin : *« Le premier télégramme reçu au sujet de la constitution du Comité* [Conseil de la Résistance] *a été mal interprété par nous*[86]. » Quatre ans plus tard, il expliquait dans ses Mémoires : *« Cette nouvelle nous arrivait au plus épais des difficultés et des intrigues. Le régime d'Alger, repoussé dans ses derniers retranchements, s'efforçait encore de retarder l'arrivée du général de Gaulle en Afrique du Nord. La pression étrangère était prodigieuse. Chez nous même, certains s'affaiblissaient et prêchaient les concessions. Je m'empressai de publier les nouvelles concernant le C.N.R., qui ne pouvaient que renforcer notre position. On ne saurait imaginer quelle fut la fureur du Foreign Office : il interdit à la B.B.C. de faire la moindre allusion au Conseil de la Résistance, veto qui ne fut levé qu'après plusieurs jours. Quant à Massigli* [commissaire aux Affaires étrangères], *il s'indignait et m'accusait d'avoir voulu "torpiller ses négociations", c'est-à-dire de gêner les manœuvres des Anglais*[87]. »

Effectivement, Massigli fut tellement hostile au texte de Moulin qu'il alla confier son dépit à l'ambassadeur des États-Unis, qui télégraphia le 18 mai à Washington : *« Dejean, le chef de cabinet de Massigli, a appelé cet après-midi, très découragé. Il a confirmé que le message du prétendu Conseil de la Résistance française et que l'organisation du Conseil étaient l'œuvre du seul André Philip. Il a dit qu'il voyait franchement peu de chances pour que de Gaulle accepte un accord avec l'administration d'Afrique du Nord s'il ne lui donne pas un contrôle effectif et toute facilité pour préparer sa dictature après la libération de la France*[88]. »

De Gaulle annonça lui-même la nouvelle à Raymond Offroy, le collaborateur de Catroux, qui faisait la navette entre lui et Alger. Convoqué le 15 mai, il fut accueilli par le Général brandissant le télégramme de Moulin : *« Voici l'instrument qui va me permettre de m'imposer à Giraud et aux Alliés*[89]. »

De Gaulle lui remit alors une lettre pour Catroux : *« Le Conseil National de la Résistance vient de se constituer en France. Ce conseil comprend des délégués de toutes, je répète, toutes les organisations de résistance dans les deux zones et des délégués de toutes les organisations politiques représentant les anciens partis, de la droite à l'extrême gauche, avec l'approbation expresse de Louis Marin, Herriot, Léon Blum, Jouhaux et du Comité central du Parti communiste. Notre commissaire national en France* [Moulin] *préside le Conseil. Je vous envoie par ailleurs le texte du télégramme que le Conseil, unanime, vient de me faire parvenir. D'autre part, je vous envoie également le message que Herriot a chargé Viénot de me remettre et d'adresser de sa part à Roosevelt et à Churchill. J'engage, si cela peut être nécessaire, ma parole d'honneur quant à l'authenticité de ces textes et de ces références, authenticité qui est d'ailleurs parfaitement connue des services de l'Intelligence britannique. Je vous prie de donner au général Giraud connaissance de ces diverses communications. Le message d'Herriot doit natu-*

rellement rester très secret. Bien que le Conseil de la Résistance ait pris parti catégoriquement quant aux attributions respectives de Giraud et de moi-même et que cette opinion me paraisse toujours être celle du bons sens, je ne retire rien de la proposition que j'ai faite à Giraud quant à la double présidence du Comité national, étant naturellement entendu qu'une telle présidence ne peut se cumuler avec le commandement des armées[90]. »

Catroux rencontra donc Giraud à Alger : « *J'y devais apprendre, le 16 mai, la diffusion par le Comité national de l'adresse du Comité National de la Résistance, dont j'ai donné le texte ci-dessus, et y recevoir instruction de communiquer à Giraud les termes du message du Président Herriot à de Gaulle, Giraud, que je vis le lendemain et qui avait bien compris les buts poursuivis par le Comité, me manifesta son amertume, puis comme je le pressais néanmoins d'aboutir, il me tendit, à ma grande surprise, un projet de lettre à de Gaulle qu'il comptait me remettre le lendemain. Il proposait "de passer à l'action" et "d'établir immédiatement l'union"*[91]. »

Un collaborateur de Giraud confirma au journaliste Paul-Louis Bret, le samedi 22 mai 1943, les raisons de cette acceptation : « *Enfin et peut-être surtout, la constitution en France du Conseil de la Résistance et la diffusion de sa motion par les radios gaullistes*[92]. »

À Londres, les remous provoqués par cette affaire ne concernaient pas seulement les Alliés. L'état d'esprit du docteur Queuille, politique chevronné de la IIIe République, est symptomatique. Il écrit dans son journal le 14 mai : « *Philip me montre alors un papier du front de résistance très ferme sur les positions gaullistes... Mais favorisera-t-il l'union nécessaire ??* »

Le lendemain : « […] *Palewski trouve que l'on a eu tort de publier le papier que Philip m'avait lu hier. Evidemment il eût mieux valu le garder pour la négociation.*

« […] [17 mai] *Palewski que je vois après la réunion revient sur la préjudiciable manœuvre que constitue la publication de la résolution des groupes de résistance. Il m'apprend que samedi l'on a essayé de pallier à ses conséquences par un télégramme à Catroux.*

« […] [19 mai] *Il regrette amèrement publication du communiqué des formations de résistance et considère la conférence Grenier comme inopportune. Il fait même par téléphone des reproches sérieux à Soustelle*[93]. »

Cette agitation fut entretenue, sinon provoquée, par un article de *France* le 16 mai, lendemain de la publication du communiqué. Pour la première fois, il sortait de sa neutralité officielle et tirait à boulets rouges sur de Gaulle en dénonçant une tentative de pression inadmissible : « *Il eût été préférable* […] *de le réserver pour la discussion en conférence, afin de pouvoir donner, dans cette atmosphère discrète, quelques explications sur sa provenance et sa portée.* […]

« *A Carlton Gardens, on tient à la conception du chef. A Alger, on s'oriente, d'après l'aide-mémoire* [de Giraud], *vers une autorité dépersonnalisée et collective.*

« *Il est nécessaire de ne pas perpétuer une forme de pensée qui représente l'avenir sous les traits d'un homme quel qu'il soit* […]. *L'idéologie du chef se concilierait-elle avec le principe de la responsabilité collective du futur comité exécutif* […] *?*

« […] *Une vérité, en tout cas, est hors de conteste : les Français ne veulent à aucun prix, sous aucune forme, subir le pouvoir personnel au lendemain de la libération du pays. L'enthousiasme de la victoire n'engendrera point une autre espèce de dictature* [...][94]. »

On trouve un écho de cette désapprobation dans la lettre de d'Astier et Jean-Pierre Levy qui étaient à Londres à cette époque et qui protestèrent auprès du Général le 19 mai : *« Nous avons vu reproduit dans la presse française et dans la presse anglaise de Londres un télégramme dont une part, en tant que dirigeants de mouvements, nous étions les auteurs* [*sic*]. *Cette adresse, dont nous avons contribué à provoquer la rédaction en France, nous paraissait destinée à un usage diplomatique. Nous pensions que son usage auprès des gouvernements alliés ou auprès du Général Catroux ou du Général Giraud pouvait présenter un intérêt. Cette adresse, au contraire, a été donnée à la presse et utilisée à des fins de propagande. Nous n'avons pas qualité pour discuter ici, mon Général, de l'opportunité de cette publication. Nous devons seulement vous dire que nos camarades, nous sachant à Londres, ne manqueront pas de nous tenir pour responsables, comme ils nous tiendront pour responsables, en partie, des répercussions et notamment des incidences qu'elle peut avoir sur leur sécurité*[95]. »

Le communiqué fut également reproduit dans le *Times* et le *New York Times*, diffusé par Radio Brazzaville. Mais bientôt, sa véracité commença d'être mise en doute[96].

En France, cette anticipation n'avait pas été du goût des vrais signataires, qui en firent reproche à Moulin. À son tour, il protesta à Londres contre cette interprétation abusive. *« Tout le monde*, écrit-il le 4 juin, *a été déçu et, dans une certaine mesure, vexé de voir avec quelle désinvolture le C.N.F. avait fait parler et agir le Conseil à son insu et avant même qu'il ne fût constitué et réuni.*

« [...] *Mais ce qui est le plus grave, c'est* [que] *l'affaire ayant été éventée prématurément, aucune publicité n'a finalement été donnée à la vraie réunion du Conseil de la Résistance, ce qui a vivement indisposé la plupart des membres. Certains m'ont déclaré expressément que si Londres usait à sa guise et sans le consulter du Conseil de la Résistance, il n'était pas nécessaire de "faire jouer ici la comédie à ses membres".*

« Il ne faut tout de même pas oublier que cette comédie est infiniment dangereuse, certains membres du Conseil ont pris un risque considérable en venant assister réellement à la réunion.

« [...] *Le fait de réunir tous ces hommes dans un même lieu leur faisait courir plus de risques encore. Ces risques, ils sont tous disposés à les courir, à condition que ce soit pour faire œuvre utile.*

« Le Général de Gaulle aura de plus en plus besoin de ces hommes. Les accords d'Alger ne régleront jamais la situation en France et c'est ici même qu'il doit chercher ses appuis. Il ne faut donc pas commettre la maladresse de lui aliéner ceux qui doivent constituer ces appuis[97]. »

En dépit de la mauvaise humeur des membres du Conseil de la Résistance et des attaques des antigaullistes émigrés, ce « faux » fut un appoint décisif pour de Gaulle dans sa lutte contre Giraud et son entourage (c'est-à-dire contre le régime et le personnel de Vichy). C'est ce qu'affirme le Général dans ses *Mémoires* : *« Le télégramme de Paris, transmis à Alger et publié par les postes-radio américains, britanniques et français libres, produisit un effet décisif, non seulement en raison de ce qu'il affirmait, mais aussi et surtout parce qu'il donnait la preuve que la résistance française avait su faire son unité. La voix de cette France écrasée, mais grondante et assurée, couvrait, soudain, le chuchotement des intrigues et les pala-*

bres des combinaisons. J'en fus, à l'instant même, plus fort, tandis que Washington et Londres mesuraient sans plaisir, mais non sans lucidité, la portée de l'événement[98]. »

En dépit du témoignage du principal intéressé, des auteurs prétendent que le « faux » de Moulin ne fut d'aucune utilité. Il semble que le commentaire du Général soit mal interprété.

La portée du télégramme de Moulin ne se réduisit évidemment pas à son *effet immédiat* sur l'acceptation de Giraud, dont il semble bien qu'elle fut provoquée en définitive par les efforts conjugués de Macmillan et de Jean Monnet, qui rédigea le texte. Pour le reste, c'est oublier que le Conseil de la Résistance ressuscitait une représentation nationale, bâillonnée depuis trois ans, dont la nécessité a été reconnue par de Gaulle : *« Sans le C.N.R., il n'y aurait pas eu une résistance, il y aurait eu des résistances. A la Libération, il n'y aurait pas eu un peuple rassemblé, mais un pays éclaté. On n'aurait pas empêché les communistes de tenir des morceaux de territoire. Voyez ce qui s'est passé en Yougoslavie ou en Grèce. Ça se serait passé aussi chez nous. Dans le Limousin justement ; et pas seulement là*[99]. »

Dans l'immédiat et tout au long de son conflit avec Giraud et les Alliés, de Gaulle s'appuya sur cette légitimité exclusive qui lui permit de l'emporter finalement sur son rival, victime, pour une part, de sa condescendance à l'égard de la Résistance. Enfin, il fut la source effective de la légitimité démocratique de De Gaulle puisqu'il désigna les membres de l'Assemblée consultative d'Alger qui apporteront publiquement, aux yeux du monde, l'allégeance de la France résistante à de Gaulle personnellement.

Les *Mémoires* du Général peuvent être sujets à caution parce qu'ils furent rédigés dix ans après les événements. On laissera donc à Henri Frenay, un des plus farouches adversaires du projet de Conseil de la Résistance, le dernier mot sur cette affaire. Pourtant, quatre mois après la première réunion de cet organisme, voici ce qu'il écrivait, de Londres, aux chefs des mouvements restés en France : *« Il est hors de doute que ce Conseil* [de la Résistance] *peut jouer, dans la politique intérieure du Comité* [d'Alger] *comme dans la politique internationale, un rôle capital.*

« [...] *Du point de vue international et en particulier aux yeux des Américains, le Conseil National de la Résistance a une importance capitale (nous en avons recueilli de nombreux témoignages concordants). En effet ils estiment que c'est lui la véritable représentation démocratique de la France puisque, à l'heure actuelle, l'Assemblée ne s'est pas encore réunie. Nous pensons donc qu'il faut nous élever au-dessus des intérêts particuliers et momentanés des mouvements, pour considérer les intérêts généraux et permanents de la France* [...][100]. »

Le chef de Combat reprenait dans ce texte l'argumentation même par laquelle Moulin s'était efforcé de le convaincre. Hommage tardif et mérité au fondateur du Conseil de la Résistance, qui discrédite l'argumentation de Frenay postérieure à la Libération.

Jean Moulin et la bataille de la légitimité

Cette légitimité démocratique que Moulin venait de faire approuver par toutes les Résistances était en réalité la conclusion d'une bataille conduite sans désemparer depuis le débarquement allié en Afrique du Nord, en novembre 1942. Dès cette époque, il avait perçu la menace que faisait peser la reconnaissance de Darlan, puis, ultérieurement, celle de Giraud par les Américains, sur l'avenir politique de la France Combattante et de son chef, c'est-à-dire sur la victoire de la République.

Brusquement, de Gaulle n'était plus seul à lutter contre les Allemands. L'établissement à Alger d'un pouvoir vichyste reconnu par les Alliés posait aux résistants « gaullistes » un problème imprévu. Désormais, il était prouvé qu'on pouvait combattre les Allemands tout en étant partisan d'un régime autoritaire, hostile aux institutions démocratiques et méprisant les droits de l'homme. Les patriotes réactionnaires, nombreux dans l'armée d'armistice, avaient enfin trouvé une autorité qui comblait à la fois leur patriotisme, leur antigermanisme et leurs convictions politiques. En somme, comme l'observa de Gaulle, Pétain avait deux gouvernements : l'un à Vichy pour traiter avec les Allemands, l'autre à Alger pour négocier avec les Alliés. Les patriotes pouvaient désormais choisir entre deux camps : avec l'apparition de Darlan, on peut, d'une certaine manière, dater l'extension du sens du mot « gaulliste », qui associait désormais inséparablement le rétablissement de la République à la libération de la France.

Il était donc urgent de démontrer aux Alliés que la France résistante était « gaulliste » et choisissait le Général à l'exclusion de tout autre chef. Fort de cette certitude, Jean Moulin prit les initiatives propres à les convaincre.

C'est à partir de l'affaire Darlan que les partis politiques, jusque-là inutiles à la Résistance à laquelle ils ne participaient pas en tant que tels, reprirent à ses yeux tout leur prestige. La caution démocratique que les Alliés exigeaient ne pouvait être accordée à de Gaulle que par les représentants attitrés du peuple, c'est-à-dire les anciens partis et leurs représentants parlementaires. Dépositaires à leurs yeux du pouvoir que confère le suffrage universel, eux seuls étaient en droit, dans ces circonstances exceptionnelles, de le déléguer au chef qu'avaient choisi les résistants. On sait que seuls les hommes politiques d'avant-guerre étaient connus internationalement. En dépit de la défaite, ils étaient redevenus crédibles parce que Pétain avait jeté arbitrairement en prison les plus prestigieux d'entre eux et qu'ils avaient courageusement défendu la démocratie au procès de Riom.

Leur notoriété, de Gaulle en avait maintenant besoin pour faire pièce à la situation politique équivoque née de la libération de l'Afrique du Nord, d'autant plus, affirmait Moulin, qu'un *« certain nombre d'entre nous, pour avoir assisté aux manœuvres du Général Giraud en territoire national, persistait à penser cependant que son cas méritait d'être suivi de près, et c'est dans ces conditions que je pris l'initiative d'un télégramme adressé par toutes les forces de la résistance aux gouvernements britannique et américain*[101] ».

En l'absence de toute liaison avec de Gaulle, Moulin avait préparé immédiatement et fait approuver par les mouvements, les syndicats, mais aussi les anciens partis (à l'exception de l'Alliance démocratique et du parti communiste dont il ne put obtenir l'accord en temps utile) un message dans lequel on lisait : *« Nous saluons avec reconnaissance le général Giraud et tous les Français qui se sont joints spontanément au général de Gaulle, chef incontesté de la résistance qui, plus que jamais, groupe derrière lui tout le pays.*

« En aucun cas, nous n'admettrons que le ralliement des responsables de

la trahison militaire et politique soit considéré comme une excuse pour les crimes passés.

« Nous demandons instamment que les destins nouveaux de l'Afrique du Nord libérée soient, au plus tôt, remis entre les mains du général de Gaulle[102]*. »*

Ce message fut le premier d'une série qu'il enverra à Londres et dans lesquels on observe trois exigences, exprimées sous une forme ou sous une autre : de Gaulle est le seul chef de la Résistance ; de Gaulle est le seul chef politique du gouvernement ; Giraud doit être le chef militaire. Mais quand le message retardé arriva à Londres le 19 novembre, les Alliés interdirent son passage à la B.B.C. et il fut seulement diffusé après un discours de De Gaulle sur les ondes de Brazzaville et de Beyrouth. Pourtant de Gaulle en utilisa la substance dans les télégrammes adressés à tous les représentants de la France Combattante dans le monde : *« Nos associations de résistance en France m'ont fait savoir que le peuple français n'admettrait pas de combinaison politique Giraud ou Darlan qui désorienterait et irriterait les patriotes et les jetterait dans les bras des communistes*[103]*. »*

Quelques jours plus tard, il adressait à Tixier, son représentant à Washington, une analyse de la situation qui correspondait en tout point à celle de Moulin, bien qu'aucun échange n'ait eu lieu sur cette question entre les deux hommes : *« Darlan semble avoir soigneusement préparé son coup. Il serait peu vraisemblable que Pétain ne fût pas au courant. Tout s'est présenté de telle sorte que Darlan a été, soudain, l'homme nécessaire aux Américains et a pris, en échange, le pouvoir en Afrique du Nord française au nom du Maréchal. De cette façon, Vichy gardait, non seulement la place à Alger, mais encore une position qui permet à Darlan de se retourner soudain si l'opération militaire tournait mal en Tunisie pour les alliés. Dans le cas contraire, Darlan serait l'élément qui, à la fois, trusterait et déshonorerait la libération. Surtout, il rentrerait en France, dans la victoire, avec la seule armée française pratiquement existante et pourrait ainsi maintenir le régime de Vichy*[104]*. »*

Entre-temps, Moulin, *« pour essayer d'amener Giraud à faire un ralliement qui tardait à se produire*[105] », avait réussi, le 14 novembre, à prendre contact avec le colonel de Linarès, chef d'état-major et homme de confiance de Giraud, demeuré en France après le départ de son chef : *« Ai montré erreur criminelle Giraud n'avoir pas rallié de Gaulle immédiatement et conséquence catastrophique pour unité résistance et avenir pays*[106]*. »*

« Semble avoir compris et envisage accord et même venue Général de Gaulle en Algérie[107]*. »*

Moulin estimait de bonne politique de faciliter le voyage de Linarès à Londres pour y rencontrer de Gaulle. Il signalait le résultat de cette opération : *« En contrepartie ai obtenu livraison par son deuxième bureau plusieurs milliers mitrailleuses et fusils pour armer troupes Combat, Libert et Tirf* [Franc-Tireur] *dans région lyonnaise*[108]*. »*

Quelques jours plus tard, Moulin précisait de nouvelles exigences envers Linarès : *« Tous mouvements et partis unanimes derrière Général de Gaulle demandent la plus grande fermeté à l'égard envoyé général Giraud qui doit faire acte d'obéissance*[109]*. »*

Moulin reçut une lettre de De Gaulle, rapportée par Henri Frenay : *« Je tiens à vous redire que vous avez mon entière confiance et je vous adresse toutes mes amitiés*[110]*. »*

Durant les mois qui suivirent, Moulin reprit parfois mot pour mot les formules de son premier message. Il accolait à de Gaulle le qualificatif de « chef » auquel il se tint toujours, alors que souvent les responsables des mouvements lui préféraient celui de « symbole » ou toute autre périphrase qui leur permettait de reconnaître la place éminente de De Gaulle vis-à-vis de leurs militants, tout en discutant ses ordres ou sa politique.

En janvier 1943, Jean Moulin recommença l'opération de soutien au Général avec l'appui des membres du C.G.E. Ils ne se firent pas prier pour marquer leur confiance dans le rôle politique du général de Gaulle. Pour Moulin, cette intervention était un moyen indirect de faire pression sur les chefs des mouvements durant une période où la contestation s'installait : « *Traduisant opinion millions Français privés moyens expression représentants mandatés partis et mouvements ouvriers reconstitués résistants (Parti Démocrate Populaire, Parti Radical, CAS* [Comité d'action socialiste], *PC, CGT, CFTC) demandent aux mouvements de Résistance transmettre Nations unies expression fidélité inébranlable au général de Gaulle, chef politique jouissant confiance totale pour constitution urgente unité Résistance pour libération territoire et rétablissement institutions démocratiques*[111]. »

À Londres, de Gaulle fixait également sa politique : « *J'ai proposé à Giraud d'entrer dans la France Combattante avec le commandement de toutes les forces d'opérations*[112]. » C'est cette politique que Moulin défendit inlassablement.

Ainsi, dans son projet de « Conseil politique de la Résistance » du 1er février 1943, adressé aux chefs des mouvements pour avis, il subordonna leur admission à la reconnaissance de quatre principes dont celui-ci : « *Avec de Gaulle dans le combat qu'il mène pour libérer le territoire et redonner la parole au peuple français*[113]. » Formule qu'on retrouve dans les mêmes termes dans les « nouvelles instructions » signées par de Gaulle le 21 février.

Il est instructif de noter le ralliement d'Herriot après celui de Blum à cette formule. Le 23 avril, il écrivit à de Gaulle : « *Je suis prêt à entrer à n'importe quel moment, dans un gouvernement présidé par le général de Gaulle, que je considère comme le seul homme susceptible de réaliser l'union de l'immense majorité des Français pour le relèvement de la France.*

« *A mes yeux, le général Giraud n'a pas de caractère politique et est un chef militaire*[114]. »

On a la preuve de la vigilance de Moulin dans le déroulement des crises d'Afrique du Nord par les télégrammes qu'il adressa le 8 mai 1943 au Général. Ayant appris par la radio que l'accord était fait entre les deux généraux et que de Gaulle s'apprêtait à partir à Alger, il câbla immédiatement le message que j'ai évoqué plus haut et qui résume sa politique : « [...] *Le peuple de France n'admettra jamais la subordination du général de Gaulle au général Giraud, mais réclame l'installation rapide à Alger d'un gouvernement provisoire sous la présidence du général de Gaulle ; le général Giraud devant être le chef militaire, le général de Gaulle demeurera le seul chef de la résistance française quelle que soit l'issue des négociations*[115]. »

Pour savoir à quel point les initiatives de Moulin furent en accord parfait avec la politique de De Gaulle, il faut citer la lettre que ce dernier adressait à Catroux en lui communiquant ces télégrammes. On observe que le partage des rôles fut efficace puisque Moulin pouvait exiger au nom de la Résistance ce que de Gaulle ne pouvait exprimer au cours d'une négociation déjà délicate. « *Bien que le Conseil de la Résistance ait pris parti catégoriquement quant aux attributions respectives de Giraud et de moi-même et que cette opinion me paraisse toujours être celle du bon sens, je ne retire rien de la proposition que j'ai faite à Giraud, quant à la double présidence du Comité national, étant naturellement entendu qu'une telle présidence ne peut se cumuler avec le commandement des armées*[116]. »

C'est exactement ce que Moulin réclamait depuis novembre et que le Conseil de la Résistance vota, comme on l'a vu, contre l'avis des communistes, et dont je reproduis de nouveau l'essentiel : « *Elle* [la France] *entend que ce gouvernement — c'est le devoir du Conseil de l'affirmer avec netteté — soit confié au général de Gaulle qui fut l'âme de la Résistance aux jours les plus sombres et qui n'a cessé depuis le 18 juin 1940 de préparer en pleine lucidité et en pleine indépendance la renaissance de la Patrie détruite comme des libertés républicaines déchirées.*

« *Elle souhaite ardemment que le général Giraud, qui a préparé et assuré avec les Alliés la victoire en Afrique du Nord, prenne le commandement de l'Armée française ressuscitée*[117]. »

Pendant que Moulin rédigeait des motions et expédiait des télégrammes, il demanda également aux journaux clandestins d'amplifier leur campagne en faveur du Général : « *En aucun cas*, pouvait-on lire dès le mois de décembre 1942 dans *Combat, nous ne tolérerons en France une sinistre pantomime comme celle de l'Afrique du Nord, visant à confisquer au profit de l'abject régime de Vichy le bénéfice de la victoire qui vient.*

« [...] *Un seul Chef, un seul Symbole :* DE GAULLE.

« *Un seul idéal :* LIBERTÉ DANS L'HONNEUR.

« *Un seul régime :* RÉPUBLIQUE SOCIALISTE ET DÉMOCRATIE EN ACTES[118]. »

Après le remplacement de Darlan par Giraud en janvier 1943, *Libération* écrivait : « *Le général de Gaulle, sans esprit d'ambition personnelle, mais conscient d'agir conformément au mandat tacite de la Nation, fait un geste destiné, sous le signe de la République, à mettre un terme à la campagne en Afrique du Nord.*

« *A cet appel, la Nation a déjà répondu. Si elle peut avoir la certitude que la comédie vichyssoise d'Alger s'est définitivement abîmée dans le sang de l'Amiral félon, elle acclame l'Union de la France Combattante de Juin 1940 et de la France Combattante de Novembre 1942. Elle acclame l'Union du Général De Gaulle, chef incontesté de toutes les forces patriotiques de la Métropole et d'une nouvelle armée de la République mise au service de la Nation*[119]. »

Mais les responsables des mouvements ou partis ne se pliaient pas tous au gaullisme exigeant de Moulin : le Front national ou le parti communiste et d'autres mouvements en zone occupée se refusaient encore à choisir entre les deux généraux. Quant à Frenay, cette surveillance, exercée par Moulin, l'exaspérait puisqu'elle l'obligeait à prendre les positions inconditionnelles qu'en fait il récusait. Il dénonça avec violence cette conduite dans une lettre à Moulin du 8 avril 1943 : « *En tant que représentant du général de Gaulle, vous ne devez pas faire pression sur nos décisions en ce qui concerne la ligne politique de la Résistance.* » Il réclamait plus loin « *la liberté totale à laisser sur le plan de la politique et de la pensée !* »[120].

Cette critique pourrait prêter à confusion quant à l'orientation politique de cette « pression ». Il faut redire, afin d'éviter toute équivoque, que la vigilance de Moulin ne s'exerçait nullement en faveur de telle tendance ou idéologie politique, mais uniquement et fermement, comme le prouvent tous les documents, en faveur du soutien inconditionnel à de Gaulle, seul chef politique et militaire de la Résistance.

La campagne entamée par Moulin en novembre 1942 triompha à Alger plusieurs mois après sa mort.

Dès son arrivée en Afrique du Nord, le 30 mai 1943, de Gaulle avait commencé à travailler en faveur du principe de la subordination de l'autorité militaire au pouvoir politique. Ce point précis fut au centre des controverses et des crises qui secouèrent le C.F.L.N. durant quatre mois. Finalement, le point de vue de De Gaulle l'emporta. Le 25 septembre, il fit accepter par le C.F.L.N., contre la volonté de Giraud, la modification de son organisation et de son fonctionnement. Le 3 octobre furent adoptés deux textes signés par les deux généraux : *« Une ordonnance, attribuant à son président, élu, la direction de ses travaux, le contrôle et l'exécution de ses décisions, et la coordination entre les commissaires ; un décret instituant un Commissariat à la Défense nationale.*

« Désormais le Comité de la Défense Nationale comprend le Président du C.F.L.N. (général de Gaulle), le Commandant en chef (général Giraud) et le Commissaire à la Défense nationale[121]*. »*

Cette opération, à laquelle Giraud était opposé, fit perdre à celui-ci la co-présidence du gouvernement et il devint ce que Moulin avait réclamé durant des mois, le chef des armées. Cette éviction se fit dans les formes les plus régulières et les plus diplomatiques. Un message contresigné par tous les membres du C.F.L.N. fut porté personnellement par de Gaulle à Giraud pour lui notifier son départ. Le texte commençait par l'objectif fixé par le C.F.L.N. : *« Les membres soussignés du Comité de la Libération Nationale expriment au général Giraud leur confiance pour conduire les forces françaises unifiées à la bataille et à la victoire*[122]*. »*

C'était là, presque mot pour mot, le vœu formulé par Moulin depuis un an et approuvé solennellement par le Conseil de la Résistance, qui était enfin accompli.

XVI

JEAN MOULIN : UN MINISTRE EN SURSIS ?

27 mai-21 juin 1943

Pendant que Jean Moulin luttait en France pour soumettre les mouvements à l'autorité politique et militaire du général de Gaulle, une bataille s'engagea à Londres pour obtenir sa révocation.

Dès leur retour, Brossolette et Passy ouvrirent les hostilités contre lui auprès de Philip et de De Gaulle, recevant quelques jours plus tard le soutien de d'Astier (et, dans un premier temps, de Jean-Pierre Levy), qui voulait se débarrasser de sa tutelle.

Londres, 15 avril 1943 : réquisitoire contre Moulin

Brossolette avait quitté Moulin en état de paix armée. En dépit du remarquable travail accompli avec Passy, leur retour à Londres ne fut pas un triomphe : Bingen, Manuel, Philip et de Gaulle étaient, à des degrés divers, au mieux agacés, au pis scandalisés par le comportement des deux chargés de mission, à tel point que Manuel offrit sa démission[1] et que Bingen écrivit à Moulin : *« Nous ne voyons pas très clairement comment se goupillera le travail dans la maison après le retour de nos amis Arq* [Passy] *et Bru* [Brossolette][2]. » Passy et Brossolette pouvaient s'interroger pour savoir si Moulin avait déjà informé Londres de leurs algarades. Il était donc capital pour eux d'accréditer l'idée qu'ils avaient été fidèles à leur mission du début à la fin et que les incidents de parcours n'étaient que de simples malentendus imputables à l'état aléatoire des transmissions. Pour redresser la situation, ils se mirent immédiatement au travail en rédigeant en quelques jours le rapport Arqu. II Bru. V. Passy fut l'auteur de la partie militaire, tandis que Brossolette rédigea la partie politique, qu'ils présentèrent conjointement sous le couvert d'un « nous » commun. Le rapport politique mérite qu'on s'y arrête car il est un chef-d'œuvre de rhétorique qui révèle le talent aiguisé de Brossolette.

Pendant que Moulin était englué dans le bourbier métropolitain, ils avaient les mains libres à Londres pour réécrire le passé dans un sens qui leur était favorable et Brossolette savait à quel point les textes sont déterminants pour s'imposer à l'histoire ! Leur compte rendu devait leur en fournir l'occasion.

Le séjour de Moulin et Delestraint à Londres avait été un succès dont Brossolette et Passy mesurèrent l'ampleur. Il convenait donc — l'attaque étant la défense la plus efficace — de ruiner d'abord cette impression en dépréciant leur action en métropole. Le talent de Brossolette fit merveille. Il développa la contre-offensive en trois directions : contre la commission permanente prévue pour le Conseil de la Résistance, contre le louche entourage de Moulin, enfin contre le piètre résultat de son action en dépit de son autorité dictatoriale.

Par petites touches répétées avec ici et là quelques empâtements, il s'efforça de retoucher le portrait flatteur que Moulin avait laissé de lui, en faisant surgir une image moins brillante de son activité en zone nord, présentée comme partisane et maladroite. Par exemple, il avançait que *« les deux groupes paramilitaires nommés "Ceux de la Libération" et "Ceux de la Résistance" avaient été contactés par Frédéric* [Manhès]. *La nature de ces contacts nous était fort mal connue. A peine ces noms avaient-ils été signalés dans les rapports de Rex* [Moulin], *avec de sommaires indications. C'est seulement lorsque Rex a été informé du prochain envoi des missions Arquebuse* [Passy] *et Brumaire* [Brossolette] *en France qu'il nous a mentionné par câble l'existence de Frederic, comme son adjoint pour la Z.O., et qu'il a, contrairement aux instructions du B.C.R.A., décidé le voyage inopiné de Frédéric à Londres. En fait, à notre arrivée en Z.O., nous avons dû nous rendre compte que, loin d'avoir été orientés vers une coopération de toutes les forces de résistance en Z.O., ces deux mouvements avaient été systématiquement rattachés à la Z.N.O., qu'ils avaient été soigneusement tenus dans l'ignorance des autres mouvements, et qu'on ne leur avait parlé de l'O.C.M. que comme d'une entreprise rivale et réactionnaire, à laquelle, selon l'expression de Morlay* [Meunier], *il s'agissait de "faire la pige" en recrutant à tour de bras colonels et généraux, et en montant (sans aucun moyen de transmissions d'ailleurs) de hâtives opérations de parachutage. Dès que nous avons pu avoir, non sans peine le contact direct avec ces groupements, nous avons, là aussi, procédé au redressement qui était indispensable et urgent. Nous nous sommes efforcés de dissiper les préventions politiques semées contre l'O.C.M.*[3]. »

En face de l'action pernicieuse de Meunier, il était facile de mettre en relief la qualité du travail de Brossolette-Passy : *« Les contacts que nous avons établis entre eux et les dirigeants de l'O.C.M. ont été aussi amicaux et aussi loyaux que l'on pouvait le souhaiter. Et tout permet de penser qu'ils le demeureront, sauf interventions extérieures*[4]. » Ce dernier trait évoquait Meunier ainsi que le Cercle recruté par Manhès et soutenu par Moulin, qui était la cible des critiques : *« Une de nos inquiétudes, en arrivant à Paris avait été de constater le rôle tout à fait disproportionné que certains comptaient faire jouer dans l'organisation de la Résistance au groupement nommé le "Cercle" et à ses annexes*[5]. »

L'inventaire nuancé des mouvements de la Z.O. était un prélude pour présenter le sujet épineux du Comité de coordination et des circonstances de sa création. Quand on connaît la réalité, on admirera dans le passage suivant la progression insensible vers l'embarrassant dénouement et l'aisance dans le maniement de la litote. Brossolette relata de telle manière cet épisode que Philip, ou plus tard les historiens, pouvait croire que Jean Moulin avait été l'instigateur du Comité de coordination !

Que lit-on en effet ? Brossolette et Passy avaient mis en contact le délégué du Front national et les autres chefs : *« Ce contact ayant été très sympathique de part et d'autre, le problème organique de la résistance en Z.O. a pu être abordé en réunion plénière des cinq grands groupements de la Z.O. : "Ceux de la Libération", "Ceux de la Résistance", "O.C.M.", "Libération", "Front National"*[6]. »

Cette *« réunion plénière »* fut l'occasion de présenter la charte des nouvelles instructions relatives au Conseil de la Résistance. Après quelques modifications, elle fut adoptée. Puis les mouvements précisèrent leur attitude à l'égard des projets de Londres. En fait, Brossolette reprenait dans son rapport les arguments déjà utilisés dans le texte de sa lettre du 12 mars à Philip, mais cette fois-ci en mettant en avant la volonté des mouvements. C'est ainsi qu'il indiquait leur opposition aux anciens partis, tout en soulignant qu'une transaction serait acceptée par tous, à condition de les remplacer par une représentation *« des nuances fondamentales de l'esprit français résistant (communisme, socialisme, libre-pensée, catholicisme, "nationalisme")*[7]. » Grâce à cette transition, Brossolette abordait enfin le sujet délicat de la Commission permanente, dont il justifiait la disparition par la volonté des mouvements eux-mêmes : *« Exécutif de la résistance. — Sur ce point les groupements ont été formels. Ils ont rejeté le projet d'une Commission permanente désignée par le Conseil National de la Résistance. Ils y ont vu une tentative pour abaisser les groupements et pour leur enlever la conduite quotidienne de la résistance. Leur exigence a été que les groupements de résistance, dont les combattants portent déjà et porteront encore au jour J tout le poids de la lutte, ne soient pas dépouillés de la responsabilité de coordonner pratiquement cette lutte*[8]. »

En lisant les motifs du refus des mouvements, on constate que Brossolette n'avait pas fait un effort désespéré pour détromper les chefs sur la nature de cette commission dont il savait par Moulin et par les « nouvelles instructions » qu'elle serait constituée *uniquement* avec les mouvements, à l'exclusion des partis. Brossolette ne les ayant pas détrompés, la conclusion s'imposait : *« Aussi ont-ils demandé que cette conduite soit assurée, en Z.O., d'après le même principe qui avait été adopté pour la Z.N.O. à la suite des négociations de Bernard* [d'Astier] *et Charvet* [Frenay] *à Londres en octobre et novembre dernier, c'est-à-dire le principe de la coopération de groupements matérialisé dans la création d'un "Comité de Coordination" des groupements.*

« Pour l'instant leur vœu formel a été qu'un tel Comité de Coordination fût créé en Z.O.

« [...] *Les groupements de Z.O. se sont donc prononcés pour la création d'un Comité de Coordination de Z.O., toutes possibilités ultérieures de rapprochement et de coopération entre les deux zones demeurant ouvertes*[9]. »

Après que la volonté expresse des mouvements se fut exprimée avec une telle insistance en faveur de ce Comité, il était possible à Brossolette d'écrire enfin ce mot. On lit donc dans le titre du paragraphe suivant « Début officieux du Comité de Coordination Z.O. ». Le prétexte de cette nouvelle réunion était l'impatience des mouvements pour instituer une collaboration active. En dépit de ce titre alléchant, on s'aperçoit à la lecture qu'il s'agit en fait du Comité de coordination militaire que Passy était effectivement chargé de constituer. Ayant accompli ce détour par la question militaire, Brossolette débouchait en toute quiétude sur l'objet du délit, sans toutefois le nommer : *« De même, en matière civile, après avoir associé les adjoints civils des groupements aux chefs de ces groupements pour la mise au point de la déclaration commune reproduite ci-dessus* [...], *nous les avons convoqués à une réunion d'études sur un sujet qui préoccupait tous les mouvements et sur lequel ils nous priaient de faire rapport à Londres : la détermination des principes en vertu desquels seraient installées, au jour de la libération, les nouvelles autorités centrales ou locales*[10]. »

On admirera la subtilité des périphrases qui permet de rendre compte des deux réunions du Comité de coordination sans jamais signaler son existence. C'est donc avec le retour de Moulin qu'il apparaît soudainement. Voici comment : *« Rex* [Moulin] *est arrivé à Paris le 30 mars. Nous l'avons vu le lendemain. Nous lui avons exposé la situation telle qu'elle nous était apparue au cours de longues semaines de travail en étroit contact avec les groupements, les syndicats et les formations politiques résistantes.*

« Rex a aussitôt adopté, pour sa part, la formule du Comité de coordination Z.O. telle qu'elle s'était spontanément dégagée de la collaboration quotidienne des groupements[11]. »

Le raccourci de cette phrase, pour laquelle tout le rapport est écrit, est admirable. Sans en avoir l'air, elle donne à croire que Moulin, ébloui et convaincu par les analyses de Brossolette et de Passy, a « adopté » la formule du Comité de coordination ! Ce tour de prestidigitation, digne de l'intelligence survoltée de Brossolette, fut parachevé dans les lignes suivantes qui justifiaient *a posteriori* cette concession par le déblocage de la situation au sujet du Conseil de la Résistance : *« La création de ce comité a eu l'avantage de faciliter sensiblement la solution du problème soulevé par le projet de Conseil National de la Résistance. Rex* [Moulin] *rapportait de Londres le projet rigide qui y avait été élaboré pendant son séjour. Nous lui avons fait part des objections des groupements, et de leur préférence pour la représentation des "tendances" fondamentales de la pensée française. Nous lui avons indiqué toutefois que l'abandon du projet de commission permanente, au bénéfice des comités de coordination qui laissent aux groupements la conduite de la résistance, permettrait sans doute de trouver un terrain d'entente avec les groupements. En fait, en s'appuyant sur cet argument, et en admettant que, plutôt que les anciens partis eux-mêmes, ce sont des secteurs d'opinion que les membres politiques du Conseil National seront appelés à représenter, Rex a, sinon enlevé l'adhésion des groupements, du moins obtenu qu'ils ne s'opposent pas à la constitution du Conseil National et qu'ils y apportent leur collaboration*[12]. »

Ainsi, ce qui était une manœuvre politique délibérée pour faire échec au Conseil de la Résistance apparaissait benoîtement comme une méthode adoptée par Moulin sur les conseils de Brossolette et rendant possible la création du Conseil !

La vérité sur les agissements de Brossolette fut longtemps masquée derrière cette muraille de papier. Sa version avait fini par prévaloir, alors que Brossolette avait lui-même reconnu les faits quelques mois après la disparition de Moulin, avouant que *« la réalisation de ce gouvernement par délégation du Conseil de la Résistance de Rex* [Moulin] *avait voulu réaliser cet hiver et que la constitution des comités de coordination avait heureusement empêché*[13] ».

Dès la Libération, le Livre blanc du B.C.R.A. donna le premier récit officiel de ces missions. Si, à la création du Comité de coordination, le mot n'apparaît pas plus que dans le rapport de Brossolette, sous le titre « La question du C.N.R. », l'affrontement entre Moulin et Brossolette est évoqué comme un simple désaccord résultant de leur expérience et de leur cheminement différents dans la Résistance. Cherchant à *« réaliser cette cohésion* [de la Résistance], *pour assumer au moment de la Libération l'unanimité que seul de Gaulle méritait d'obtenir, Rex* [Moulin] *voulait "étoffer" la Résistance, qui, si elle représentait l'élite morale du pays, ne pouvait prétendre parler au nom de sa majorité*[14]. »

Pour Brossolette, « *la création en 1943, d'un Conseil Politique qui mêlerait, sous le couvert du gaullisme, les combattants de la première heure aux équipes de la IIIe République, lui paraissait contraire aux aspirations nouvelles des Français*[15] ». Afin de permettre une conclusion qui laisse dans l'ombre ce désaccord, il disparaissait au profit du seul colonel Passy, associé à Moulin : « *L'hostilité manifestée par les Chefs de groupements en Zone Nord pour une représentation à leurs côtés des anciens partis politiques, aggravait encore la divergence de ces deux points de vue* [de Moulin et Brossolette].

« *Néanmoins, la détermination du Colonel Passy d'accomplir la mission que lui avait confiée le Général de Gaulle, et celle de Rex* [Moulin] *de faire triompher son point de vue imposèrent un accord*[16]. » Il est significatif, dans ce document officiel, de constater que cette dernière phrase faisait de Passy un fidèle exécutant de la mission confiée par le Général, tandis que Moulin apparaissait plutôt comme un entêté acharné à imposer une politique partisane !

Cinq ans plus tard parurent les souvenirs du colonel Passy, dans lesquels il faut noter une fois encore ses défaillances de mémoire. Oubliant la subtile présentation de Brossolette, en 1943, il dévoilait la vérité : « *Le Comité de coordination des mouvements de résistance de zone nord se trouva donc officieusement créé le 26 mars 1943. Il nous fallait attendre l'arrivée de Rex* [Moulin] *pour lui donner une consécration officielle. Mais afin de gagner du temps, nous décidâmes d'organiser une première séance de travail le 30 mars*[17]. » Relatant l'arrivée de Moulin et l'exposé de Brossolette, Passy écrivait : « *Il accepta aussitôt, pour sa part, la formule consistant à créer un "Comité de Coordination" de zone occupée, formule qui s'était spontanément dégagée de la collaboration quotidienne avec les chefs des mouvements*[18]. »

En dépit du talentueux camouflage de Brossolette, ni Philip ni de Gaulle ne furent dupes de son indiscipline. Ils n'eurent pas besoin d'attendre le rapport de Moulin du 7 mai pour être fixés. Les manœuvres de Brossolette figuraient en clair dans ses télégrammes antérieurs. Malgré tout, après les dangers qu'il avait courus et le travail de coordination qu'il avait effectué, il fut décoré et congratulé, mais le Général savait dorénavant que Brossolette, qui clamait son gaullisme à tue-tête, était un homme qui n'obéissait pas aux ordres. Il donna corps à ce jugement lors de la succession de Moulin, à laquelle il aurait pu prétendre et qui fut dévolue à un autre.

Cette attitude confirme ce que l'on sait de l'attachement du Général à la discipline. Par exemple, il adressa à Catroux, qui était, par son âge et son grade, la statue du commandeur de la France Libre, un télégramme (13 février 1943) qui en fournit une illustration : « *Je ne peux admettre que vous ayez décidé sans mon autorisation préalable relèvement indemnités troupes spéciales.*

« *Vous aviez tout délai pour soumettre propositions détaillées, mais j'entends que vous vous absteniez une fois pour toutes de la méthode du fait accompli*[19]. »

Il est vrai qu'il s'agissait là d'un militaire et d'un compagnon de la première heure. Brossolette, lui, venait de prouver qu'il se conduisait comme un résistant métropolitain qu'il était demeuré et qu'au lieu d'imposer à ses camarades les instructions de De Gaulle il les avait modifiées à leur profit.

S'agissant de la campagne orale menée par Brossolette et Passy contre

Moulin, on en connaît la teneur grâce au colonel qui l'évoque au fil de ses souvenirs : *« Je ne cachai pas mon impression au général de Gaulle*[20]*.* » Ses griefs étant les mêmes que ceux de son adjoint, puisqu'il précise : *« J'étais sur tous les points en litige, de l'avis de Brossolette et non du sien* [Moulin][21]. » Les deux premiers reproches étaient la soumission de Delestraint à l'égard de Moulin et la méconnaissance des particularités de la Résistance en zone nord : *« Nous emportions l'impression que le général Delestraint était trop docile devant Rex* [Moulin] *et que celui-ci, probablement énervé par les discussions stériles qu'il avait eues avec le Directoire des M.U.R., lors de son récent passage en zone sud, risquait de commettre en zone nord de sérieux impairs qui retarderaient une coordination considérée par nous comme acquise*[22]. »

Cette présentation des faits avait l'avantage de souligner l'ignorance qu'aurait eue Moulin des mouvements de la Z.O., ignorance qui risquait de mettre en péril les résultats de la mission Brossolette-Passy mais aussi d'éveiller un doute chez le Général quant à sa propre autorité sur son représentant militaire. Au contraire, à propos des intentions de Brossolette, Passy rassurait le Général, affirmant qu'il *« n'avait jamais manifesté le moindre désir de se voir confier la représentation du Comité national en zone nord, mais qu'il avait par contre déjà rempli trois missions périlleuses avec une conscience et une objectivité auxquelles tous les chefs de mouvements avaient rendu hommage. Grâce à lui, et à vrai dire à lui seul, nous avions pu ébaucher en moins d'un mois la coordination en zone nord sur le plan civil, alors qu'après un an de discussions celle de zone sud restait encore aléatoire*[23]. »

Il est surprenant que Passy ait formulé un jugement si négatif à l'égard de Moulin, qu'il avait lui-même proposé quelques mois auparavant pour la croix de la Libération avec une citation très élogieuse. Cette contradiction se retrouve jusque dans ses *Souvenirs*, où il affirme : *« Malgré les difficultés inouïes, il allait faire une œuvre gigantesque*[24]. » À quel moment dit-il la vérité ?

Passy, après avoir réduit l'action de Moulin à l'« aléatoire », s'en prit à ses adjoints. Il avait *« la certitude morale que Rex* [Moulin] *était fortement endoctriné par ses adjoints, Meunier et Chambeiron, qui m'apparaissaient comme de curieux personnages*[25] ». Il semble donc que le chef du B.C.R.A. accomplissait une mesure de salut public en alertant le Général sur cette situation périlleuse pour sa délégation : *« Je fis part de mes craintes au général de Gaulle dès mon retour à Londres et insistai sur le risque qu'il y avait à laisser seul en France, avec des pouvoirs pratiquement illimités, et sans aucun contrôle, un homme dont l'absolu loyalisme à son égard et à l'égard du Comité national ne saurait être mis en cause, mais dont les jugements ou les décisions pouvaient être soumis, du fait de son étrange entourage, à d'inquiétantes pressions. Aussi suggérai-je au Général qu'il envoyât à Rex* [Moulin], *comme adjoints, des personnalités sûres qui étofferaient la délégation du Comité national en France et lui donneraient une physionomie moins "dictatoriale"*[26]. »

Il semble que nous soyons à nouveau en présence d'une infidélité rétrospective. Lorsque Passy rédigea ses Mémoires en 1950, Meunier, Manhès, Chambeiron s'étaient rapprochés du parti communiste. En 1943, on ne pouvait rien dire de tel. Il est plausible que Passy les ait considérés comme des gêneurs, des incompétents et en ait parlé en ces termes. Il est anachronique qu'il les ait alors soupçonnés de double jeu comme le suggéreraient les termes *« endoctriné »*, *« curieux personnages »* ou *« étrange entourage »*. D'autant plus qu'on se souvient que Moulin réclama en vain au B.C.R.A. l'envoi de collaborateurs pour Delestraint et pour lui. Dans sa dernière lettre à Passy, après l'arrestation du général Deletraint, il écrivait : *« Je suis très mécontent qu'on n'ait pas envoyé M, P et St J* [Morinaud, Pélabon et Saint-Jacques].

« Vous avez pris là (je parle des gens de Londres) une terrible responsabilité. « Maintenant, il faut réparer, c'est-à-dire, agir et agir vite[27]. »

La mise en garde que Passy prétend avoir formulée à de Gaulle n'est-elle pas une réponse rétrospective à cette plainte de Moulin qui engageait la responsabilité du B.C.R.A. ?

Il faut croire que les critiques de Passy et de Brossolette étaient fort raides dans leurs entretiens oraux avec de Gaulle ou les responsables de la France Combattante puisqu'ils n'osèrent pas les communiquer aux Anglais. Car cette bataille pour le pouvoir en métropole, dans la mesure où elle était connue, aurait pu amoindrir le crédit de la France Combattante auprès des Alliés : *« Nous nous efforçâmes, Brossolette et moi, d'amener Yeo-Thomas à n'en pas tirer mention dans le rapport qu'il devait remettre aux autorités britanniques, de façon à ce que le général Delestraint ne perdît pas vis-à-vis d'elles le prestige qu'il avait incontestablement su conquérir*[28]. »

Tout cela explique le soin que Passy mit à disqualifier le contenu du rapport du 7 mai de Jean Moulin lorsqu'il arriva à Londres, rapport qui donnait une version bien différente du déroulement et des conséquences de la mission Arquebuse-Brumaire. Avec beaucoup de cruauté et d'injustice, Passy le dénonça dans ses souvenirs *« comme un monument d'erreurs et comme effroyablement tendancieux*[29] ». Ce jugement, qui confirme l'hostilité que Passy éprouvait à l'égard de Moulin, justifie que ce dernier ait cru bon d'adresser ce rapport à de Gaulle par l'intermédiaire de Closon. Il était inquiétant pour lui de savoir que toute la logistique de sa mission dépendait de deux hommes qui avaient juré sa perte.

On ne s'étonnera donc pas que cette attaque en règle formulée par des hommes arrivant du « front intérieur », appuyés par d'Astier, Jean-Pierre Levy et Morandat, ait été susceptible de faire vaciller Philip et d'infiltrer un doute dans l'esprit du Général.

Moulin, « petit fonctionnaire appointé... » ?

En effet, dès leur arrivée, le chef de Libération et celui de Franc-Tireur avaient écrit au général de Gaulle pour lui indiquer *« le danger que faisait courir à la Résistance et à son développement l'instauration d'un système qui aboutirait à la fonctionnarisation et à la stérilisation des mouvements. Nous vous demandons que vos agents ou vos services centraux ne constituent pas un écran impénétrable entre vous et nous et qu'au contraire un représentant de la résistance soit accrédité auprès de vous*[30]. »

D'Astier, porte-parole du Comité directeur des M.U.R., s'était livré à une diatribe féroce contre Moulin, réclamant sa révocation. Il reprit les griefs de Frenay dénonçant chez Moulin une tendance à *« fonctionnariser la Résistance »*.

Il était naturel qu'un représentant du Comité national soit venu travailler avec les dirigeants de la Résistance, *« mais il ne peut, en aucune manière, se substituer à eux dans l'exécutif, ni même leur imposer des modes d'action, des structures ou des directions politiques incompatibles avec les possibilités de l'outil qu'ils ont créé ou avec les aspirations de la masse française*[31] *».* (Il est instructif que d'Astier, homme de gauche, critique comme Frenay les *« directions politiques »* de Moulin, c'est-à-dire le soutien à de Gaulle.)

D'Astier suggérait ensuite que, sur la question des relations entre les résistants et les partis politiques, Moulin avait été fin manœuvrier : *« Le point de vue de Rex* [Moulin] *en ce qui concerne les partis politiques et les organisations syndicales étant très nuancé, et ayant été sujet à des fluctuations, nous ne pouvions le commenter en soi. »* Pour ce qui était des mouvements : *« Au sein des groupes, une grande part des militants était hostile à la reconstitution des partis politiques, l'autre part la croyait inévitable et jugeait bon de la canaliser sur le Gaullisme.*

« [...] *Il est inconcevable que les partis à peine tirés d'un discrédit total, dont on ne peut pas présumer à l'heure actuelle de la valeur aux yeux de l'opinion publique, et qui n'ont participé d'aucune manière à la résistance, s'efforcent de créer artificiellement une résistance cristallisée autour de leur ancienne structure et avec leurs vieux cadres. »* La question des partis débouchait naturellement sur le Conseil de la Résistance, contre lequel d'Astier continuait à guerroyer, et surtout sur la fameuse commission permanente au sujet de laquelle on s'aperçoit que d'Astier lui non plus n'avait pas réellement lu les projets de Moulin : *« En outre, les Mouvements qui ont mis sur pied la résistance et qui ont en charge l'exécutif, ne sauraient admettre, que pour apaiser la soif de considération et de pouvoirs futurs des anciens cadres des partis, on crée un Superexécutif, où les militants de la résistance seraient en minorité et grâce* [auquel] *les formations partisanes reprendraient les leviers de commande. »* D'Astier reprenait purement et simplement les arguments que Brossolette opposait à la constitution de la commission permanente en déformant les intentions de Moulin.

Mais le véritable procès concernait l'emprise de Moulin sur la Résistance grâce à des services qu'il avait créés et que d'Astier examinait d'un œil soupçonneux : *« Depuis novembre 1942, l'essentiel du travail de Rex* [Moulin] *a consisté à créer en marge de la résistance, des secteurs d'activités jusqu'alors compris dans la résistance qu'il a pris sous sa coupe personnelle. Ces services étaient montés par les seuls éléments fournis par la résistance et ont échappé peu à peu au contrôle du Comité de Coordination. En général, si Rex trouve tout naturel de connaître toutes nos activités et l'exige, il ne se plie en aucune manière à la réciproque et poursuit un nombre d'activités multiples qu'il tient secrètes et qui concurrencent exactement les nôtres. »*

Tour à tour, il examinait l'Armée secrète, le S.O.A.M., la W.T., le B.I.P., le C.G.E. Pour l'Armée secrète, d'Astier indiquait qu'à la suite des dernières instructions Delestraint s'efforçait *« en vain d'ailleurs de constituer actuellement un corps qui échapperait complètement à l'autorité du C.C.* [Comité de coordination] *et sous seul contrôle de Rex* [Moulin] », oubliant que le commandant en chef de l'A.S. était de Gaulle en personne !

Le S.O.A.M., quant à lui, échappait complètement au contrôle du Comité directeur et *« fréquemment son activité est employée par Londres à des fins que nous ignorons ».*

Au sujet de la W.T., d'Astier se plaignait que les postes radio permettant aux chefs de communiquer « directement » avec Londres n'aient pas été fournis : *« Sauf ceux qui leur sont adressés personnellement, aucun télégramme de Londres n'est communiqué au Comité Directeur (C.D.). Au 10 avril, il n'avait même pas pu obtenir encore que les dates de départ et d'arrivée de leurs câbles personnels leur soient signalées. Bernard* [d'Astier] *a constaté à Londres qu'un lot de câbles très importants, envoyés soit à Rex* [Moulin], *soit à Lifra* [Combat] *et concernant exclusivement la résistance, n'ont jamais été communiqués au C.C.* [Comité de coordination]. »

D'Astier poursuivait ses critiques en citant le B.I.P., qui puisait ses informations auprès des mouvements, mais avait perdu tout contact avec le Comité de coordination. Mêmes critiques à l'égard du C.G.E., dont les travaux n'étaient pas portés à sa connaissance. Concernant la lutte contre la déportation, d'Astier estimait que Moulin cherchait à en garder personnellement le contrôle et se plaignait que des sommes soient distribuées aux syndicats pour aider les ouvriers à échapper à la réquisition sans les obliger à participer activement à la Résistance.

Cela conduisait naturellement d'Astier à évoquer la question financière qu'il avait réservée pour la fin : « *Dans la plupart des secteurs,* écrivait-il, *l'emprise de Rex* [Moulin] *est uniquement "budgétaire". Ses moyens et son titre lui créent un privilège dont il ne peut même pas user par défaut de personnel compétent et qui n'aboutit qu'à affaiblir l'autorité tant des comités de coordination que la sienne propre.* »

D'Astier examinait enfin le rôle qu'entendait jouer Moulin et signalait la pauvreté de ses moyens et du personnel qui l'entourait. Cette observation était exacte et d'Astier mettait en évidence le handicap le plus terrible que connaissait la France Combattante dans l'application de la politique de contrôle de la Résistance prescrite par de Gaulle : « *En général, Rex* [Moulin], *qui a peu de moyens et qui n'a pas pu assurer sa suppléance et se constituer un état-major, qui pendant son premier mois de retour en France n'a pu venir que deux fois au C.D.* [Comité directeur], *a tendance à centraliser à son profit une grande partie des activités des Mouvements Unis et à créer des super-services dont il a seul le contrôle et pour lesquels il demande à Londres, sans nous en aviser, des gens plus ou moins compétents.* »

Cette absence d'un suppléant à laquelle d'Astier faisait allusion avait été fort critiquée par les mouvements pendant le voyage de Moulin à Londres. En effet, pendant plus d'un mois, j'avais été le seul interlocuteur pour les questions administratives, les opérations financières et les liaisons radio avec Londres. J'avais alors vingt-deux ans et bien qu'ils n'aient pas eu à se plaindre du fonctionnement du service dont les télégrammes prouvent l'efficacité, ma jeunesse fut ressentie comme une marque de désinvolture à leur égard. Cette humiliation fut si forte que le chef de Combat rappela dans un témoignage après guerre qu'il « *n'a jamais un poste radio à sa disposition, il lui faut passer par l'intermédiaire d'un gamin d'une vingtaine d'années*[32] ».

Quant à l'« affaire suisse », d'Astier reprenait dans une note les arguments de Frenay et terminait : « *Les Mouvements Unis signalent que les hommes dont ils sont responsables qui sont désireux ou contraints de se battre, ne pourront jamais pardonner à leurs chefs d'avoir refusé des armes dans de telles conditions et de les avoir exposés au massacre ou à la déportation — cela quelles que soient les hautes raisons évoquées*[33]. »

Sur ce dernier point, de Gaulle avait déjà fait la réponse que l'on sait, qui traduisait le refus de Churchill de créer des maquis à cause de l'impossibilité de les armer. Pour le reste, tout est dit des exigences des mouvements mais aussi du travail accompli par Moulin en quinze mois pour exercer sur les mouvements le contrôle dont ils se plaignaient. Cela sans moyen et sans personnel.

Rien ne décrit mieux son dénuement et sa réussite que la litanie vindicative de d'Astier.

Pour se débarrasser de Moulin, d'Astier avait rassemblé tous les arguments qui pouvaient nuire à son crédit. C'est ainsi qu'il avait sollicité le témoignage de Morandat. Ce garçon d'une trentaine d'années était un des rares volontaires des troupes de Norvège qui s'étaient engagés dans la France Libre. Syndicaliste chrétien avant la guerre, il avait été envoyé en France quelques jours avant Moulin afin d'établir une liaison avec les syndicalistes résistants. Actif, entreprenant et courageux, il s'était dépensé dans de multiples activités qui sortaient de sa mission (comme tous les agents de Londres sollicités de toutes parts). D'Astier, comprenant l'avantage qu'il y avait pour lui à faire cautionner son mouvement par un agent de la France Libre, avait eu l'intelligence de l'installer au Comité directeur de Libération et à son journal. Par ailleurs, Morandat avait organisé le M.O.F. (Mouvement ouvrier français), il avait rassemblé les éléments d'une agence de presse ainsi que d'un comité d'études prenant des initiatives dans le domaine de l'action et de la politique. Ces activités, souvent désordonnées, recoupaient celles de Moulin qui fut de plus en plus agacé par cet activisme et demanda le rappel à Londres de Morandat. Il est facile d'imaginer les récriminations que celui-ci put formuler à l'égard de son ancien patron : *« Nos rapports s'aigrirent au moment où il* [Moulin] *commença d'abord à essayer de nuire à Bernard* [d'Astier] *et deuxièmement au moment de l'affaire du Bureau de Presse que je venais de créer et qu'il a voulu m'enlever.* [...] *Je dois dire qu'à ce moment-là une explication violente avait eu lieu entre lui et moi.*

« Il y a eu l'affaire des groupes d'études [...]. *Il voulait avoir les groupes d'études et au lieu de me dire : "J'ai cette idée-là, arrangeons-nous", il a voulu prendre toute la direction. Cela a été nos deux grosses bagarres. Après cette histoire, il me dit : "Dans ces conditions, à partir d'aujourd'hui, vous êtes sous mes ordres", et il a fait provoquer cet ordre. Aussitôt que j'ai été sous ses ordres, il a demandé mon rappel et surtout il a intrigué pour que je rentre*[34]. »

Les revendications des résistants prenaient un poids nouveau du fait des critiques de Passy et Brossolette auprès de De Gaulle. Mais, si les chefs des mouvements étaient dans leur rôle en critiquant les agents de Londres, il était paradoxal que le chef du B.C.R.A. et son adjoint fissent chorus à leurs accusations en stigmatisant eux aussi la trop grande autorité de Moulin et son allure dictatoriale.

La tentation d'André Philip

La convergence de ces critiques avait fait vaciller le jugement du commissaire national à l'Intérieur, André Philip, qui, ayant appartenu au Comité directeur de Libération, prêtait à d'Astier une attention pleine de sympathie. Le doute sur la capacité de Moulin à réussir sa mission s'était infiltré dans son esprit, d'autant mieux que les réunions avec les deux chefs se succédaient au milieu d'un déballage permanent de griefs plus ou moins justifiés. Les attaques de d'Astier contre Jean Moulin et sa gestion visaient en réalité les directives de la France Combattante. Philip s'interrogeait pour savoir si un autre représentant moins « dictatorial » saurait les appliquer sans susciter une pareille levée de boucliers. La pression était telle que même de Gaulle fut effleuré par un doute[35].

Cette offensive des mouvements coïncidait en avril 1943 avec le refus du général Eisenhower d'autoriser de Gaulle à se rendre en Algérie (en réalité une manœuvre du Foreign Office). À ce stade particulièrement critique du conflit avec Giraud, le Général avait besoin d'urgence du soutien des mouvements afin d'achever la constitution du Conseil de la Résistance. Aussi, pour débloquer une situation que d'Astier, de concert avec Passy et Brossolette, noircissait à plaisir, il semble que Philip songea à demander à de Gaulle de relever Jean Moulin de ses fonctions.

C'est l'honneur de Jacques Bingen, qui dirigeait la section non militaire du B.C.R.A., d'avoir pris très fermement la défense de Jean Moulin contre son propre ministre dans une note au général de Gaulle qu'il lui adressa par son intermédiaire. Quelques mois plus tard, Bingen, plongé dans des difficultés identiques, rappelait cet épisode à Philip[36].

Ce rappel à l'ordre fut entendu puisque Philip reprit la note de Bingen, qu'il diffusa sous son timbre ! S'élevant aux considérations d'un grand serviteur de l'État, Jacques Bingen avait exposé les raisons pour lesquelles l'attitude de Philip était injuste, incohérente et, pour tout dire, indigne. Participant lui-même à tous les entretiens, il avait été choqué par l'absence de certaines « précautions de forme » de la part du commissaire national et de responsables de la France Libre, en présence de d'Astier et de Jean-Pierre Levy, lorsque, au cours des conférences, étaient présentées les instructions supplémentaires envoyées à Moulin. Il rappelait opportunément que Jean Moulin était l'un des cadres dirigeants de la France Combattante alors que les chefs des mouvements n'en faisaient pas partie intégrante.

« Il résulte de cette double constatation, écrivait-il, *que lorsqu'un conflit se produit entre Rex* [Moulin] *et un chef de Mouvement, l'arbitrage du Général de Gaulle ou du Commissaire National à l'Intérieur n'a pas le caractère d'un arbitrage gouvernemental entre deux organismes indépendants ou deux citoyens libres de la France Combattante. Il y a d'un côté, un haut fonctionnaire de l'administration centrale et de l'autre, un groupement allié.*

« Rex, dans ses actions, engage l'Autorité centrale ; il peut être révoqué, blâmé ou plus simplement recevoir certains conseils afin de modifier la forme ou le fond de son action mais il s'agit là de décisions d'ordre intérieur à l'Administration de la France Combattante et d'instructions à donner directement et en secret à un haut fonctionnaire dont la position et le prestige doivent être préservés si son poste lui est conservé[37]. »

Bingen attirait l'attention de Philip sur un fait crucial qu'il avait méconnu : dans les discussions en cours, ce n'était pas Moulin qui était en cause, c'était la politique de la France Combattante : *« Si l'on désire que la tâche de Rex* [Moulin], *déjà très lourde, puisse être remplie, il importe de lui donner des instructions secrètes qui pourront être aussi sévères et même aussi dures que l'on voudra pourvu qu'elles demeurent secrètes et que le changement d'attitude de politique de sa part passe aux yeux de ses vis-à-vis comme provenant de sa propre initiative en ce qui concerne l'attitude et d'une concession gracieuse du Pouvoir central en ce qui concerne la politique.*

« Faute de ces précautions dans la forme, les mouvements deviendront à proprement parler ingouvernables et l'autorité du pouvoir central — dont Rex n'est que le représentant — sera gravement compromise[38]. »

Le rappel aux réalités lancé par Bingen fut entendu : *« Le Général et vous-même avez bien voulu adopter immédiatement cette vue orthodoxe de l'autorité que je me permettais de vous rappeler à propos d'un conflit qui opposait Max* [Moulin] *à Charvet* [Frenay][39]. » Moulin fut confirmé dans son poste. Mais pour calmer les chefs des mouvements, le commissaire national accéda à la plupart de leurs demandes. Afin de faire accepter la remise en cause des instructions du 21 février, Philip écrivait d'abord à Moulin : *« Notre confiance en vous demeure totale et sans réserve. Les instructions de février sont maintenues et votre autorité est confirmée comme seul représentant du Comité National en territoire métropolitain*[40]. » Mais à petites touches et sur tous les sujets, Philip revenait sur ces mêmes instructions en restreignant les pouvoirs du délégué du Comité national selon les desiderata de d'Astier et des autres. On lisait par exemple : *« Je me demande si ici vous n'êtes pas allé un peu vite dans la voie de la centralisation, avant d'avoir vous-même vos services suffisamment étoffés* [...]. *Pour l'armée secrète, il semble que Vidal* [Delestraint] *soit allé un peu fort et vite* [...]. *Pour le C.G.E.* [...] *je crois nécessaire de le réorganiser en y introduisant des éléments ayant une expérience technique industrielle et financière et un esprit plus hardiment novateur. »*

Philip expliquait ainsi les raisons de cette marche arrière de Londres : *« La fusion va sans doute se faire avec Giraud et on essaiera là-bas soit de mettre la main sur le B.C.R.A., soit de glisser parmi nous les éléments du 2e Bureau de Vichy. Pendant une période de transition, nous pouvons nous trouver dans une situation difficile. Il faut que nous puissions les menacer d'une rébellion de la résistance française. Il est donc essentiel que les mouvements conservent leur autonomie pour l'instant, quitte à reprendre la politique de centralisation quand un pouvoir stable aura été définitivement constitué et que vos propres cadres sur place seront mieux étoffés. »*

À la lumière de cette explication, on comprend les craintes et la reculade de Londres en présence des pressions de d'Astier.

Jean Moulin s'explique

Cependant, Moulin ne pouvait laisser passer les accusations qui mettaient en cause non seulement la manière dont il avait accompli sa mission, mais surtout l'édifice construit par la France Combattante afin de contrôler la Résistance. Cela, il convenait que Philip ne l'oublie pas. Ce fut l'objet de son dernier rapport, daté du 4 juin 1943.

Dès le préambule, il montrait au commissaire national à l'Intérieur (son collègue) qu'il n'avait pas été dupe des pressions qui avaient pu s'exercer sur lui : *« Je voudrais reprendre un à un les chapitres qui font l'objet de votre lettre, car je crains que certains arguments développés devant vous aient contribué à vous faire juger de la situation ici sous un angle un peu déformé*[41]. »

Il essayait de clarifier d'abord la notion de services centraux utilisée par d'Astier et Frenay, parmi lesquels ils rangeaient l'Armée secrète et le service de renseignement qui n'avaient pas été créés par Moulin et n'étaient pas dirigés par lui. Au contraire, il existait des organismes dont il revendiquait la paternité et le contrôle : *« Les Services créés, sur mon initiative, pour assurer un service technique, avec des agents venus de Londres et dont je suis le Chef.*

« *Le Copa* [service des opérations aériennes] *(ex S.O.A.M.)*

« *La W.T.* [service des transmissions radio]

« *Pour ces services, il n'est pas douteux que j'ai une responsabilité directe dont je saurais me dessaisir. Je n'ai pas besoin de vous rappeler que les opérations et les transmissions sont assurées par des agents des F.F.C. Je ne pense pas que les services britanniques acceptent que nous nous en dessaisissions.* »

En dehors des organismes constitués avec les agents de la France Combattante : « *Les services créés sur mon initiative, en accord avec les mouvements et avec les éléments de ces mouvements :*

« *Le Bip.*

« *Le C.G.E.*

« *Je tiens à répéter au sujet de ces deux services 1) qu'ils ont été constitués en plein accord avec les mouvements, 2) qu'ils ne sont nullement "à mes ordres".*

« [...] *Reprenons maintenant l'argumentation développée :*

« *1) les services qui résultent de la centralisation risquent de faire double emploi avec ceux déjà existant dans les Mouvements.*

« *Aucun des services "centralisés" créés sur mon initiative ne faisait au moment de sa création double emploi avec un service déjà existant dans les mouvements. Ni le Bip, ni le C.G.E., ni le Copa, ni la W.T. n'avaient d'équivalents dans les mouvements. Aujourd'hui, c'est exactement le contraire qui se produit. Récemment, les Mouvements Unis, ont à mon insu, envoyé une circulaire aux régions pour essayer de créer un Copa indépendant.* »

Moulin répondait alors à un autre argument de d'Astier : « *Je n'ai pas un état-major suffisamment étoffé pour diriger tous ces services. Je précise une fois de plus que je ne "dirige" aucun service, hors ceux qui sont directement sous ma "responsabilité", à savoir le Copa et la W.T.* »

Après les questions techniques, Moulin examinait les questions de principe concernant les relations à l'égard des mouvements : « *Il faut laisser aux organisations de résistance une indépendance assez grande pour leur permettre de résister aux prétentions éventuelles de Giraud. Je crois que les explications qui précèdent sont suffisamment nettes pour vous faire penser que les Mouvements de Résistance ont conservé toute l'indépendance désirable.*

« *Je peux même vous indiquer, à cet égard, que les Mouvements Unis ont depuis la fusion, poussé le souci de leur indépendance à un point tel qu'il ne m'a jamais été communiqué aucune des circulaires et instructions qui ont été envoyées dans les régions par le Comité Directeur que je préside, beaucoup plus nominalement qu'en fait. J'ai d'ailleurs protesté plusieurs fois contre cette exclusive et depuis quelques jours on veut bien me transmettre également ces documents. Je pense que la querelle des "services centraux" est une méchante querelle. L'indépendance des mouvements n'a jamais été en cause. Cette indépendance a d'ailleurs permis à certains éléments des mouvements de prendre le contact direct avec les représentants de Giraud et je ne suis pas sûr que ces contacts ne gagneraient pas dans l'avenir à se faire plus ouvertement et plus officiellement.* »

Moulin reprenait enfin les reproches qui lui étaient adressés et qui découlaient pourtant des instructions qui lui avaient été données : « *Il semble que les intentions de Vidal* [Delestraint] *aient été également quelque peu déformées. Il n'a jamais été dans ses projets d'interdire de façon absolue aux militants de l'A.S.* [Armée secrète] *de se livrer à aucune activité en attendant le jour J. Vidal sait très bien que cela serait pratiquement impossible. Cependant, il pense qu'une séparation des activités en ce qui concerne les cadres est indispensable. Cette séparation des activités est d'ailleurs le fondement même des instructions que, pendant un an, j'ai reçues du B.C.R.A. Je vous demande à ce sujet de vous faire communiquer par ce service les directives qui m'ont été données notamment mon ordre de mission initial.*

« Aucune nouvelle instruction n'est venue infirmer ces directives. Bien plus, celles-ci ont été confirmées très nettement à Vidal lors de son récent séjour à Londres. Il y a là une question de sécurité et une question de discipline. Vous n'ignorez pas que les méthodes de certains dirigeants de Mouvements en zone sud ont abouti à l'arrestation de la plupart des cadres régionaux des M.U. [Mouvements unis], *il est absolument nécessaire de préserver les cadres de l'A.S. d'une telle contagion si l'on veut que l'armature puisse être maintenue jusqu'au jour J. »*

Mais là n'était pas le plus grave. Une accusation plus cruelle avait été formulée contre Moulin : *« Grande réclamation de Bernard* [d'Astier], écrivait Philip, *au sujet des fonds. Il prétend que sur 30 millions reçus, vous avez versé un peu moins de la moitié à la résistance et que son crédit a été réduit à diverses reprises. Pouvez-vous m'envoyer d'urgence les grandes lignes de vos répartitions de crédits pour les deux derniers mois*[42]. » (À propos de cette accusation, il est bon de rappeler que Combat prétendait de son côté que le budget de Libération augmentait tandis que le sien diminuait.)

Philip cherchait à atténuer les bassesses de ces accusations et avait ajouté : « *J'ai fait maintenir le principe que vous êtes seul compétent pour tous les fonds, y compris ceux que les Etats-Unis fourniront par la Suisse...* » On peut imaginer la tristesse de Moulin quand il reçut cette lettre et qu'il découvrit les manœuvres dont il était la cible. On sait que jamais il n'avait « réduit » le budget des mouvements qu'il augmentait, bien au contraire, à mesure de leurs demandes. Seul celui du mois de mars, pour des raisons techniques tenant aux circonstances, n'avait pas été augmenté comme prévu. Le 4 juin 1943, Jean Moulin répondit dès réception à cette lettre de Philip : *« Je suis très surpris des explications que vous me demandez à ce sujet. Je transmets, en effet régulièrement chaque mois, le relevé des comptes que j'ai versés au titre du mois précédent. Je vous prie de réclamer ces relevés au B.C.R.A. Vous y trouverez très exactement les divers postes ayant fait l'objet des versements* [...]. *Vous pourrez constater que les affirmations de Bernard* [d'Astier] *sont loin d'être fondées lorsqu'il affirme que j'ai versé moins de la moitié des sommes reçues "à la résistance". Je pense d'ailleurs qu'il a voulu dire aux "Mouvements de Résistance", car je ne crois pas qu'on puisse dire que tous les fonds reçus n'ont pas servi en général à la résistance*[43]. *»*

Effectivement, on peut vérifier encore aujourd'hui à l'aide de télégrammes et des comptes que je préparais chaque mois (et qui sont conservés aux Archives nationales) la répartition des fonds reçus. Rétrospectivement, on peut penser que d'Astier s'est laissé emporter par la passion dans sa volonté de déconsidérer l'action de Moulin.

Trente ans plus tard, Frenay n'aura pas cette excuse quand il écrira son ultime ouvrage, *L'Énigme Jean Moulin*. En effet, à propos de la galerie que Moulin avait ouverte à Nice durant l'Occupation : *« Etait-ce pour lui une couverture ? Sa sœur l'affirme et c'est vraisemblable mais ce devait être aussi et pourquoi pas, une source de revenu. Il n'avait pas de fortune et en dépit de toute une correspondance avec le ministère de l'Intérieur entre mai et septembre 1942, sa situation administrative n'avait pas été réglée à sa convenance* [...] *et le rappel de son traitement ne lui avait pas été versé*[44]. »

Hélas !

La pitoyable remarque de Philip révélait le désordre qui l'entourait car tout le monde savait dans les services que la comptabilité de Moulin était parfaitement tenue. Comme le rapporte Passy, « *Rex* [Moulin] *envoyait régulièrement chaque mois l'état de ses dépenses* [...]. *Ces états de dépenses étaient régulièrement transmis à André Philip, dès leur arrivée au B.C.R.A., en même temps que les prévisions budgétaires pour le mois suivant, mais ce dernier s'empressait de les perdre dans l'inextricable fatras de papiers qui encombrait sa table et ses tiroirs*[45] ».

En tout cas, dans les instructions de Philip qui suivirent, le 8 juin, Moulin (même s'il en ignora les raisons) put mesurer l'effet salutaire des admonestations de Bingen auxquelles s'était jointe l'influence modératrice et constructive de Jean-Pierre Levy, dont on ne dira jamais assez quel rôle bénéfique il joua.

Un autre élément y avait également concouru : l'attitude irresponsable de Frenay dans l'affaire suisse, qui eut pour effet de rapprocher d'Astier de Moulin : « *Envers vous,* écrivait Philip, *son attitude a évolué très favorablement pendant le cours de son séjour ; aujourd'hui il déclare "n'avoir plus rien contre vous sur le plan personnel" et ses reproches à votre endroit portent sur "certains principes de votre politique" envers les mouvements*[46]. »

Toutefois ces nouvelles apaisantes étaient contrebalancées par une information qui atteignit Jean Moulin dans la dignité de sa fonction. Elle lui révélait que Philip et ses services avaient commis une indiscrétion qui constituait à son endroit une véritable trahison. L'ancien préfet apprenait que d'Astier et Jean-Pierre Levy avaient eu communication du contenu des instructions qui lui étaient destinées et s'étaient déclarés d'accord sur l'ensemble. « *Toutefois sur la demande que nous avons estimée raisonnable, quelques précisions, que voici, ont été apportées par nous aux instructions de mai*[47]. »

Il était déjà incroyable que les instructions d'un gouvernement à destination d'un de ses ministres soient soumises à ceux-là même à qui elles devaient être appliquées. Mais il y avait pis, Philip avait communiqué à d'Astier et à Jean-Pierre Levy les rapports que Moulin lui adressait et ajoutait naïvement : « *Il faut néanmoins que vous sachiez que B.* [d'Astier] *a été assez mécontent de l'accusation que vous avez portée contre lui dans votre rapport de mai, de collusion avec Nef* [Frenay] *et de l'explication que vous en avez donnée : son ambition politique, ainsi que de la réunion par vous, "derrière son dos", du Comité de Libé* [Libération][48]. »

L'indélicatesse morale et la faute administrative que représentait ce viol du secret de sa correspondance administrative furent perçues par Moulin comme un véritable outrage. Sans attendre le commentaire qu'il comptait en faire dans son rapport, il manifesta immédiatement son indignation dans un télégramme : « *Bien reçu instructions douze juin — Proteste énergiquement contre communication mes rapports à autres que chefs officiels France Combattante — même observation pour instructions qui me sont adressées*[49]. »

Ce fut le dernier message envoyé par Jean Moulin à Londres. Le retard des liaisons radio voulut que ce texte arrivât à Londres le 24 juin, en même temps que l'annonce de son arrestation à Caluire.

Les espoirs de Frenay

Pendant que d'Astier se dépensait à Londres pour faire révoquer Moulin, Henri Frenay, qui attendait depuis deux mois son départ pour le rejoindre, n'était pas demeuré inactif.

Le 7 mai déjà, Jean Moulin avait alerté le général de Gaulle : *« Qu'on le veuille ou non, le fait de donner des sommes de l'ordre de plusieurs dizaines de millions par mois, il est question de 40 millions, est considéré par les Américains comme mettant les mouvements qui, jusqu'à ce jour, ne voulaient traiter qu'avec de Gaulle, à la disposition de Giraud.*

« Lorsqu'on met le doigt dans un engrenage on ne peut savoir où l'on s'arrêtera[50]. »

En effet, le lendemain, Davet, l'émissaire de Frenay, avait rencontré en Suisse les représentants de Giraud, en présence des Américains, pour étudier l'intégration de leurs partisans dans l'Armée secrète. Les instructions données à Dulles pour qu'il interrompe ses contacts avec les mouvements ne le retenaient nullement de poursuivre une manœuvre hostile à leur contrôle par de Gaulle. Jean Moulin signalait cette réunion et, en même temps, envoyait le colonel Gastaldo (collaborateur du général Delestraint) à Berne pour demander aux Américains de rompre le contact avec les représentants de Combat.

De Gaulle avait perçu le danger. Dès qu'il reçut de son représentant en Suisse le compte rendu de cette réunion, il télégraphia personnellement à Moulin. On peut juger de l'importance qu'il accordait à cette affaire en observant que c'est le seul télégramme adressé à Moulin signé par le Général. En effet, à la suite de cette réunion, il avait été décidé à Berne, avec l'accord des Américains, que les représentants de Giraud rencontreraient en France Moulin, Delestraint et Frenay, *« afin de mettre au point une collaboration sur le plan militaire et l'introduction d'éléments giraudistes dans l'Armée secrète.*

« [...] *Dans le cas où accepteriez cette réunion,* écrivait de Gaulle, *je vous prie de n'engager les pourparlers qu'avec la plus grande prudence et en vous référant à moi pour toute décision importante.*

« [...] *Toutes les directives à donner à l'Armée secrète ainsi que les questions de parachutages d'armes et de financement ne peuvent être traitées que par moi à Londres avec nos Alliés*[51]. »

Les négociations avec les Américains ayant échoué, les circonstances offrirent à Frenay l'occasion de rebondir plus rapidement qu'il ne l'avait espéré. Alors qu'il se préparait à dénoncer l'accord sur la fusion de l'Armée secrète devant le Comité directeur prévu le 6 juin, la radio annonça, deux jours avant cette date, la formation, à Alger, du gouvernement bicéphale Giraud-de Gaulle.

Le lendemain, Frenay écrivit à Bourdet : *« Cette lettre est personnelle bien que la plus grande partie soit destinée à être soumise au prochain C.D.* [Comité directeur]. *Cependant, comme je n'ai pas une confiance absolue dans Max* [Moulin] *et Claudius* [Petit] *pour la compréhension de certaines choses, il y a toute une partie que nous réaliserons seuls, comme je te l'indiquerai plus loin.*

« J'ai entendu hier avec une profonde satisfaction le texte de l'accord réalisé entre de Gaulle et Giraud. Cet accord, ainsi que nous en avions parlé, pose devant le C.D. de nouveaux problèmes et de nouveaux devoirs :

« 1) l'incorporation des éléments giraldistes à la Résistance organisée,

« 2) la création d'un exécutif de la Résistance française, la définition de son rôle et de celle du Comité Politique [Conseil de la Résistance] *déjà créé.*

« — Ces 2 problèmes seront à débattre par toi mardi prochain. Un 3e problème, que j'évoque à la fin, sera résolu par nous, sans que nous en parlions au C.D. [52]. »

L'intégration des giraudistes concernait :

« A) L'Armée : Nous sommes obligés de réaliser une entente avec l'Armée [...] *afin d'étudier la mise à la disposition des Affaires Militaires de cadres* [...] *afin d'étudier aussi la livraison d'armes à nos formations paramilitaires.*

« [...] *Enfin, il sera sans doute nécessaire de réaliser un panachage entre nos organisations et les leurs aux différents échelons.* »

Alors que Frenay avait reproché à Delestraint de vouloir introduire dans l'Armée secrète les cadres dont elle manquait parce qu'il n'acceptait pas qu'ils fussent recrutés à l'extérieur des mouvements, il réclamait maintenant que l'on y incorporât des cadres giraudistes de l'armée d'armistice.

La deuxième phase du plan exposé par Frenay dans sa lettre était politique et était destinée aux deux Comités de coordinations Z.O. et Z.N.O. Frenay souhaitait les regrouper dans un comité unique interzone qui pourrait contrebattre l'influence du Conseil de la Résistance sur le plan national.

« C'est nécessaire que le Comité Exécutif de la Libération Nationale [Alger] *puisse s'adresser en France à un exécutif unique et non à une poussière de mouvements. Je demande donc que ce Comité soit créé d'urgence à Paris par réunion des chefs de mouvements des 2 zones et d'un représentant du Front National. Ce comité aurait un secrétariat général permanent siégeant à Paris. »*

Notons au passage qu'après avoir condamné sans appel le Front national, organisme de noyautage du parti communiste, Frenay prévoyait de l'introduire dans le comité qu'il imaginait. Pourtant, après la guerre, il se targuait de n'avoir jamais admis qu'on traite avec cet organisme, tout en insinuant que seul Moulin en était coupable [53].

Frenay continuait : *« Ce Comité aurait auprès de lui le représentant du Comité de la L.N.* [Alger]. *Il serait investi de la plénitude de l'autorité pour toutes les activités de résistance en France et placé en ce qui concerne ces activités aux ordres (je dis bien aux ordres) du Comité de la L.N. C'est à lui qu'il appartiendra de coordonner toutes ces activités entre elles d'abord, entre les deux zones ensuite* [54]. »

Frenay voulait donc mettre toutes les activités de la Résistance aux ordres du gouvernement d'Alger dès le lendemain de sa création, alors que sa politique était inconnue et sa composition incertaine, sans prendre le temps de s'assurer que de Gaulle y jouerait un rôle prépondérant (ce qui n'était nullement le cas à ce moment-là). Il précisait à Bourdet : *« Je demande donc qu'un représentant du C.D.* [Comité directeur] *soit immédiatement envoyé à Paris avec pleins pouvoirs pour discuter des modalités de la constitution de ce Comité. S'il réussit dans sa mission un câble doit être immédiatement envoyé à Londres et Alger leur demandant d'investir de son autorité ce Comité et faisant appel à la radio à ce sujet, disant que le Comité est la seule représentation valable en France du Comité de la L.N.* [Alger]. » C'était jusque-là le rôle qui avait été dévolu au Conseil de la Résistance, atout décisif de De Gaulle dans ses négociations avec Giraud.

La création du C.F.L.N. et sa direction bicéphale offraient au chef de Combat une chance de modifier, en sa faveur, l'équilibre des forces entre la Résistance et la France Combattante.

Dans l'esprit de Frenay, le général de Gaulle, en acceptant de partager le pouvoir à Alger, venait de perdre le contrôle exclusif de la Résistance. En dépit des textes et de l'allégeance à de Gaulle que Moulin avait fait signer aux chefs des mouvements, il se sentait autorisé à penser que le Général, en devenant coprésident du Comité, perdait officiellement la moitié de son autorité sur la France clandestine. Cela découlait des motions votées à l'unanimité demandant que de Gaulle fût le chef politique et Giraud le chef militaire. De ce choix découlait naturellement que de Gaulle ne pouvait plus être le commandant en chef de l'Armée secrète, qui passait automatiquement sous le contrôle de Giraud. C'était, aux yeux de Frenay, un changement capital. Cette nouvelle distribution des rôles lui permettait d'échapper à la tutelle de De Gaulle. De plus, en raison de l'environnement pétainiste et vichyste de l'administration et de l'armée d'Afrique, on pouvait même présager que de Gaulle perdrait en réalité beaucoup plus que la moitié du pouvoir. En s'installant à Alger, de Gaulle redevenait l'homme seul de juin 40.

On sait qu'en Afrique du Nord tous les services civils et militaires étaient entre les mains de ses adversaires, à commencer par les services secrets de Vichy qui avaient déménagé précipitamment à Alger et dont on pouvait penser qu'ils deviendraient le canal obligé vers la Résistance. Il n'était donc pas exagéré de prévoir que, par l'importance de leurs effectifs et par le professionnalisme de leur personnel, ils allaient supplanter définitivement la petite troupe d'« amateurs » du B.C.R.A. gaulliste.

Dans cette nouvelle donne, Frenay disposait de cartes maîtresses : il était lui-même un ancien du 2e Bureau de Vichy, avec lequel il avait coopéré jusqu'en 1942 et où il comptait des amis. Son deuxième atout n'était pas négligeable : grâce aux relations amicales et à l'entregent de Monod et de Bénouville, sa position auprès des Américains (maîtres à Alger) était excellente. Troisième atout : la décision d'intégrer les militaires giraudistes dans l'Armée secrète.

L'entrée des éléments giraudistes dans l'Armée secrète par le canal de Frenay renforçait sa position sur le plan militaire et lui fournissait un nouvel élément de négociation pour en briguer le commandement.

Frenay terminait sa lettre à Bourdet par la partie confidentielle que les M.U.R. et les mouvements Z.O. devaient ignorer : *« Ceci est maintenant la partie pour toi seulement.*

« Je demande par ce courrier à Barrès [Bénouville] *d'écrire à Dunoyer* [Davet] *pour qu'il câble au Comité de la Libération Nationale* [Alger] *qu'il se met à ses ordres et sollicite de servir de liaison entre le C.E.* [Comité exécutif] *d'Alger et celui de Paris. Il aura l'air de prendre cela sous sa propre initiative, ce sera sans doute accepté et nous aurons un ami comme Ambassadeur là-bas. Il en sera quitte pour prendre Belagny* [Leusse] *dans sa délégation.*

« Grâce à cela nous aurons des liaisons immédiates avec Alger. Le C.D. [Comité directeur] *sera mis devant un fait accompli et n'aura qu'à s'incliner*[55]. *»*

Pour éclairer le sens de cette opération, il faut préciser que, dès lors que le Comité national français de Londres était dissous, le mandat de délégué et de ministre de Jean Moulin allait être remis en jeu. Le nouveau Comité français de libération nationale d'Alger allait devoir désigner son représentant en France.

Frenay comprit donc que, pour éviter de se faire devancer par Moulin comme en 1942, il fallait que la Résistance le précédât en Afrique du Nord. Les mouvements devaient présenter et faire nommer, avec l'aide de Giraud, un nouveau délégué, qui leur serait favorable puisqu'il aurait été désigné par eux et auquel, dès le départ, ils n'accorderaient que les pouvoirs limités d'un simple agent de liaison. Il semble que Frenay pensa, pour remplacer Jean Moulin, à l'un de ses camarades de promotion de Saint-Cyr, le capitaine Dunoyer de Segonzac, directeur de l'École nationale des cadres à Uriage, pétainiste de la première heure mais patriote et partisan de la lutte contre les Allemands[56].

Dans l'environnement politique d'Alger, Frenay jugea qu'il ne pouvait y avoir de meilleur ambassadeur de la Résistance pour s'opposer à la candidature de Jean Moulin, homme de Pierre Cot et du Front populaire[57]. Il voulait faire amorcer cette opération par Davet (dont le pseudonyme était également Dunoyer) puisque ce général d'aviation conservateur (Moulin s'était indigné de sa nomination à cause de sa collaboration à *L'Alerte*) était favorablement placé pour prendre les contacts.

Si le plan élaboré par le chef de Combat avait abouti, Jean Moulin, président du Conseil de la Résistance et président des deux Comités de coordination, aurait été privé d'un coup de son autorité sur la Résistance. Dans cette opération, de Gaulle aurait perdu son atout majeur, car il n'aurait pu se prévaloir auprès de Giraud (coprésident du Comité d'Alger) de commander, à lui seul, la Résistance.

« Cependant, indiquait Frenay dans la même lettre à Bourdet, *malgré l'unité qu'il faut réaliser des précautions doivent être prises sur le plan politique car le giraldisme n'en représente pas moins un danger. Je pense donc que si les portes doivent être largement ouvertes aux giraldistes, dans toutes les formations paramilitaires, nous devons admettre les principes suivants :*

« 1) La prise du pouvoir doit être le fait des éléments gaullistes seulement. Pour ce faire, il est nécessaire que ce secteur soit entièrement dirigé par nous, que les forces paramilitaires destinées à la prise du pouvoir soient exclusivement gaullistes. Ceci implique la séparation immédiate de l'A.S. des éléments destinés à l'insurrection. Ceci doit être fait avant que la fusion avec les Giraldistes ne soit faite. »

Mais les mesures concrètes que Frenay prescrivait pour arriver à ses fins avaient de quoi déconcerter : *« 2) Il est nécessaire,* enchaînait-il, *que notre propagande soit adaptée aux circonstances actuelles. — S'il importe de faire bloc autour du Comité de la Libération Nationale* [Alger], *il est non moins nécessaire qu'une campagne commence avec tact pour faire prévaloir de Gaulle dans l'esprit des Français. Je demande, en conséquence :*

« a) que le sous-titre de nos journaux soit changé, c'est-à-dire que "Un seul chef de Gaulle", soit remplacé par le suivant : "Une seule autorité, le Conseil de la Libération Nationale" ;

« b) que le Comité de Propagande se réunisse pour étudier les meilleurs moyens de vanter le Gaullisme maintenant et plus tard (anniversaire, extraits de discours, etc.).

« [...] *Enfin, je pense qu'il est inopportun et même dangereux de publier au prochain n° de nos journaux le texte accepté par le Comité Politique* [Conseil de la Résistance]. *La prééminence de de Gaulle n'a pas été acceptée. Ce serait rendre suspect ce Conseil aux yeux des giraldistes et marquer en même temps l'échec de notre tentative. En décider rapidement avant la mise sous presse. »*

On sait que la motion votée par le Conseil exigeait que de Gaulle devînt le chef du nouveau gouvernement. L'ordre de Frenay arriva trop tard et ce texte fut partiellement publié par *Combat*[58]. Si ces mesures avaient pour but de renforcer le gaullisme dans l'opinion publique, elles étaient pour le moins paradoxales.

Ces projets avaient au contraire tout lieu de satisfaire Giraud qui, de son côté, essayait de rallier la Résistance à sa cause, en estimant qu'en tant que commandant en chef elle relevait de lui sur le plan militaire. À cet effet, il avait nommé un représentant (le colonel Malaise) chargé de cette besogne et dont les efforts rejoignaient les tentatives de Frenay pour entraîner les mouvements hors de l'orbite de De Gaulle. On en trouve la preuve dans le rapport reçu à Londres qui rend compte de cette politique[59].

L'opération esquissée par Frenay, se conjuguant avec celle de Giraud, paraissait devoir réussir, mais, cette fois encore, le chef de Combat fut victime du hasard (peut-être aussi de son manque de rapidité dans l'exécution). Comme d'Astier et Jean-Pierre Levy l'attendaient à Londres, il choisit d'y partir le 15 juin, au lieu de gagner Alger où se trouvait de Gaulle, et il ne put rejoindre l'Algérie que quelques semaines plus tard, au début d'août. Ce délai fut fatal à son projet car, lorsqu'il y arriva, le Général, lentement mais sûrement, achevait d'assurer sa suprématie au Comité de libération nationale et Frenay trouva face à lui une fois de plus le chef qu'il avait essayé en vain de contourner.

Écarter Frenay

Frenay était parti pour Londres dans le but d'obtenir le limogeage de Delestraint et la révocation de Jean Moulin. Quand il y arriva, sa mission était devenue sans objet : le chef militaire et le chef politique de la Résistance avaient été arrêtés et abandonnés à leur sort. En dépit de cette catastrophe, il mit en circulation les rapports rédigés en France, dans lesquels il se livrait à une critique radicale de l'action des deux hommes. Ce geste lui causa le plus grand tort. Lui-même s'en rendit compte et, dans un nouveau rapport du 10 juillet, s'en plaignit. Ce texte mérite d'être cité car les griefs qu'il contient à l'égard de Moulin et des services de la France Combattante révèlent les tragiques tensions entre Londres et la Résistance : « *Je suis arrivé dans la position d'"accusé levez-vous". A vrai dire on n'a pas osé m'accuser, alors que je connaissais cependant les accusations dans le fond et dans leurs termes. J'ai été entouré par un réseau de chuchotements qui tantôt me précédaient, tantôt me suivaient. J'ai dû me battre contre un adversaire invisible mais toujours présent.*

« *Au lieu d'être reçu en ami, en ami cher, en frère, j'ai été reçu en suspect.*

« […] *Je ne trouve à l'égard de la Résistance qu'incompréhension et rivalité.* […]

« *Cette méfiance s'est traduite en France même. Si elle n'avait pas existé, comment expliquer cette mise en tutelle progressive de la Résistance contre laquelle je me suis constamment élevé. Que craignait-on ? Que la voix qui se fait entendre ne soit pas accordée au ton nécessaire ? (Alors que fait-on de la liberté d'opinion ?) que la Résistance prenne une importance trop grande, dangereuse si elle reste indépendante ?*

« […] *En zone sud les services sont pris en main un par un par des agents venus de Londres, et qui n'ont cessé de faire ouvertement campagne contre les mouvements de Résistance. Ceux-ci voulaient sauvegarder cette indépendance qui seule donne du poids à leur opinion. On répandit le bruit que cette volonté était une preuve de félonie. Nous fûmes traités en suspects et parfois en ennemis par les agents de Londres préalablement chapitrés.*

« Notre voix fut, sinon étouffée, du moins canalisée par le représentant en France du C.N.F. et du B.C.R.A. Jamais de Londres on ne s'adressa aux mouvements directement, mais seulement sous forme de consignes données à ce représentant et qui se traduisaient en définitive par des ordres. Au lieu d'être associés, nous étions subordonnés et traités en enfants mineurs qu'un tuteur guide dans leur action sans cependant leur révéler le fond de sa pensée.

« Au lieu d'apaiser nos querelles, hélas réelles, on les exploite. Nos divisions furent un moyen supplémentaire pour asseoir l'autorité des représentants à Londres. [...]

« Et si je me pose la question : "La France, le général de Gaulle ont-ils profité de ces manœuvres ?", je réponds : "Assurément non."

« Si je me demande : "Qui a profité ?", je ne peux que répondre : "Les agents et les services de Londres qui ont peu à peu capté à leur profit le travail fait par la Résistance"[60]. »

On doit relever l'inexactitude des accusations de Frenay sur un point central : durant son séjour d'un mois et demi à Londres à l'automne 1942, il n'avait jamais fait la moindre contre-proposition aux directives qu'il estimait néfastes aux intérêts de la Résistance.

Frenay ne pouvait deviner, au moment où il menait campagne, que les résistants n'étaient pas tous disposés à le suivre. D'Astier et Levy avaient quitté la France depuis presque deux mois et c'était Copeau et Claudius-Petit qui les remplaçaient au Comité directeur des M.U.R.

Or, le 4 juin, Copeau écrivait à d'Astier : *« A la date d'aujourd'hui, il est historiquement établi que Gervais* [Frenay] *a perdu la partie contre Vidal* [Delestraint] *et Max* [Moulin]. *Il ne s'agit pas pour nous de la perdre avec lui. Après tout, politiquement, Max m'inspire une plus grande confiance que Gervais et je ne serais pas éloigné d'en dire autant au sujet de Vidal.*

« Quand on parle tranquillement avec Max, celui-ci sait fort bien et répète que ni lui ni même le Général de Gaulle, ne sont rien sans la Résistance. Certainement Max a pris en mains personnellement beaucoup de choses qu'il aurait aussi bien fait de laisser à la Résistance proprement dite. Mais allons-nous continuer à nous opposer pour des questions de structure ?

« J'ai eu une longue conversation avec Max à Paris et je l'ai trouvé, évidemment dans le désir d'isoler Gervais, tout à fait conciliant et assagi[61]. »

À lire le portrait de Frenay que traçait Copeau, on saisit nettement les motifs de ses réticences : « *Je me suis efforcé de pratiquer à son égard la politique de la solidarité et de la camaraderie sans arrière-pensée. En fait, cela est extrêmement difficile.* » Parmi les obstacles que Copeau dénombrait, il désignait en particulier *« le caractère de* GERVAIS [Frenay] *et plus encore ses méthodes dans la discussion, qu'il croit être une manifestation d'énergie mais qui, en fait, aboutissent toujours à une impasse. Comme je le lui ai dit à lui-même, il a un don extraordinaire pour "dramatiser" les situations et pour toujours remettre en question les problèmes qu'on pensait réglés. Même quand il a raison et qu'il exprime l'opinion concertée du C.D.* [Comité directeur], *il a une façon si agressive et si ultimative de présenter les choses qu'il provoque tout naturellement un raidissement analogue chez l'interlocuteur. Finalement, par une sorte de pente naturelle et qui est proprement insupportable, tout revient toujours à des questions de personnes : "C'est Vidal* [Delestraint] *ou moi, c'est Max* [Moulin] *ou moi."*

« Il est en définitive, impossible de soutenir Gervais à fond, parce qu'il se désolidarise de lui-même.

« [...] *Comme vous le savez, les rapports avec un être qui se croit infaillible, alors qu'il est en réalité versatile, sont presque impossibles*[62]. »

C'est d'ailleurs un jugement analogue que portait le colonel Passy, qui travailla avec lui lors de ses nombreux séjours à Londres : *« Ses propos, quoique énoncés sur un ton très affirmatif et parfois même un peu doctrinal, révélaient dès l'abord un étrange manque de suite dans les idées. Beaucoup de ceux qui furent appelés à travailler avec lui furent frappés par ses fréquents retournements de position et l'accusèrent de mauvaise foi. Je suis persuadé, quant à moi, qu'il avait des sincérités successives ; mais leurs variations suivaient un rythme tellement précipité qu'on en était souvent choqué*[63]. » Ce que Mendès France, qui fut son collègue dans le gouvernement d'Alger, résume laconiquement dans son journal : *« Charvet* [Frenay] *influençable et versatile*[64]. »

À la suite de ses manœuvres, la situation de Frenay était plus fragile qu'il ne l'imaginait, ainsi qu'en témoigne la lettre qu'écrivit Boris à Philip : *« Pour en revenir à C.* [Charvet-Frenay], *l'essentiel est de le retenir le plus longtemps possible ; B.* [Bernard-d'Astier] *et L.* [Lenoir-Levy] *nous adjurent de le faire. Mais comment ? J'écarte tous les moyens qui pourraient être jugés par lui déloyaux, car ce serait aggraver les choses et pourrait entraîner des conséquences extrêmement regrettables. Il me conviendrait de le retenir ici provisoirement comme conseiller de la Résistance auprès de nous. Mais je n'ai pas l'impression qu'il acceptera. Si tout allait bien de votre côté, il pourrait aller vous voir. Mais dans l'état actuel des choses, n'ajouterait-il pas au grabuge ? L'idée du Général d'A.* [d'Astier] *de le retenir pour le préparer à de hautes fonctions dans l'A.S.* [Armée secrète] *réorganisée soulève de la part de L. une protestation indignée.*

« Pour l'instant, je ne vois pas de solution, si ce n'est gagner du temps à la petite semaine[65]. »

Les hommes de la Résistance étaient moins résignés que ceux de Londres, comme on l'observe dans la lettre du 4 juin de Copeau, qui annonçait à d'Astier que, *« de la façon un peu outrancière que vous connaissez, Raymond* [Aubrac] *est même allé jusqu'à déclarer que le plus grand service qu'on pouvait à l'heure actuelle rendre à la Résistance était l'élimination, par n'importe quel moyen, d'un certain nombre d'éléments, à commencer par Gervais* [Frenay] *lui-même. C'est ainsi que nous avons été d'accord, à la suite de votre télégramme appelant Gervais à Londres, pour vous demander de vous arranger pour que l'absence du chef de Combat soit aussi prolongée que possible, et même définitive.*

« [...] *Claudius* [Petit] *m'a pris à part pour me dire qu'il allait se rendre à Paris pour voir Max* [Moulin], *lui faire comprendre l'erreur qu'il commettait en s'opposant au départ de Gervais et lui suggérer même de s'arranger pour que G.* [Frenay] *ne revienne pas. J'ai alors fait comprendre à Claudius que j'étais de son avis. J'étais en effet très satisfait de voir Claudius prendre l'initiative de cette démarche délicate. Max s'est rangé à l'opinion de Claudius et a pu en même temps lui expliquer que c'était par suite d'un changement de chiffre qui avait rendu le déchiffrement impossible pendant deux semaines, que, faute d'instructions, il n'avait pas fait partir Gervais pendant la lune de mai.*

Entre temps, j'avais une conversation avec Bip [Bidault] *qui sans y être incité par moi, m'exposait exactement le même projet de mise à l'écart de ce pauvre capitaine qui, décidément, s'est mis tout le monde à dos. Finalement, j'ai eu moi-même une conversation avec Max à Paris, au cours de laquelle, après lui avoir dit tout ce que j'avais sur le cœur, et ayant fait l'un et l'autre la moitié du chemin, nous nous sommes trouvés d'accord pour penser que l'absence de Gervais arrangerait bien des choses. J'ai bien précisé, d'ailleurs, qu'il ne devait pas s'imaginer que cette solution serait pour lui, de notre part, une garantie absolue de docilité. Ce que je voudrais bien vous faire comprendre, c'est que cette solution pénible ne représente en aucune manière une capitulation à l'égard de Max, mais est au contraire la condition sine qua non de la réalisation d'une véritable union qui sera toujours plus forte que Max quand celui-ci, à notre avis, se trompera*[66]. »

Les dispositions amicales, quoique sans concession, des adjoints des chefs de mouvement expliquent que Moulin ait écrit à Philip : « *Nous assistons surtout depuis que Nef* [Frenay] *ne participe plus aux délibérations du Comité à une détente sérieuse. L'apaisement est général et la confiance règne de nouveau*[67]. »

Désormais, pour le chef de Combat, il était trop tard pour agir directement sur la Résistance. Ses initiatives désordonnées lui avaient aliéné la confiance des chefs de plusieurs mouvements, mais aussi celle du Général, qui rédigea en octobre 1943 cette note : « *Je ne me prêterai pas aux intrigues de Charvet* [Frenay] *qui sont des intrigues personnelles. Si Charvet m'ennuie, je ferai dévoiler son jeu publiquement. On verra alors ce qu'il en restera*[68]. » Afin d'empêcher l'impétueux capitaine de rentrer en France, il lui offrit de devenir commissaire aux Prisonniers, Déportés et Réfugiés. Frenay accepta et ne retourna en France qu'après la Libération, ce qui l'empêcha désormais d'intervenir personnellement dans la conduite de la Résistance au niveau national.

En attendant, Frenay reprenait mot pour mot les accusations formulées contre de Gaulle par Muselier et les émigrés antigaullistes de Londres, mais également par Giraud et les Alliés. Il est paradoxal, dans ces conditions, qu'il ait continué en même temps à défendre le gaullisme et le Général. Pourtant, à l'étonnement de tous, il en avait donné la preuve dès son arrivée à Londres. Comme le relate Boris à Philip, ce fut à l'occasion d'un grave conflit entre Giraud et de Gaulle : « *Le moins ardent gaulliste n'était pas notre ami C.* [Charvet-Frenay]. *Il a pris l'initiative du télégramme au Comité de Libération Nationale et dans la rédaction du télégramme pour le Général de Gaulle, il avait introduit un certain pathétique qu'il a fallu modifier pour des raisons d'opportunité. C'est ainsi qu'il avait écrit "La France qui vous suit et qui vous aime", expression qui a été remplacée par "La France qui vous a donné sa confiance et son affection". Voilà qui vous donne déjà une idée de la complexité du cas C.*

« [...] *La difficulté n'en restera pas moins de trouver une solution pour son cas, car le grabuge qu'il est capable de faire dépasse l'imagination. Mais ce n'est point de la trahison, soyez-en sûr, bien qu'à certains moments on vienne à se poser la question tant sa légèreté et son orgueil peuvent le mener loin*[69]. »

Cette lettre fut écrite la veille du jour où l'on apprit à Londres l'arrestation de Moulin.

Comment les hommes de la France Combattante pouvaient-ils juger ce procès toujours recommencé contre la politique de De Gaulle appliquée en France par Moulin et Delestraint ? Quelque grief que Frenay pût cultiver à leur endroit, tout le monde pensait que les problèmes de la Résistance ayant brusquement changé de nature avec leur arrestation et l'installation de De Gaulle à Alger, le temps n'était pas venu de juger et moins encore de condamner ces deux camarades en train d'être torturés, s'ils n'étaient déjà morts. L'acharnement que Frenay marquait à leur endroit en choqua plus d'un, d'autant que le chef de Combat n'était pas exempt de toute critique.

15 mars-21 juin 1943 : les Allemands aux aguets

Le tumulte et les déchirements provoqués par les différentes « affaires » du printemps 1943 avaient en effet conduit certains responsables de la Résistance, dont Frenay, aux pires imprudences. Jean Moulin paraissait seul conscient des dangers de leur comportement, de la folie qui leur faisait oublier que le *« fossoyeur de la Résistance »* n'était pas lui, mais bien les Allemands et leurs collaborateurs. Aussi ne manquait-il aucune occasion de mettre en garde Frenay contre ses imprudences en lui conseillant plus de retenue. Mais celui-ci, emporté par la passion, se conduisait en chef de parti essayant de rallier ses fidèles. Dans cette optique, il avait porté volontairement les débats du Comité directeur sur la place publique afin de faire juger par les responsables locaux, départementaux et régionaux, ses désaccords avec le représentant de « Londres ». Or, les circulaires qu'il envoyait, et dans lesquelles il détaillait ses critiques à l'égard de Jean Moulin ou du général Delestraint, étaient souvent raflées par la police française ou par la Gestapo.

Le secrétaire de Chevance-Bertin, Jean Multon, qui fut retourné par les Allemands, déclara : *« Lors de mon arrestation par la Gestapo* [27 avril 1943], *j'ai été fortement impressionné par la documentation et les renseignements que Dunker* [chef du S.D. de Marseille] *possédait sur les mouvements unis de Résistance en général et sur "Combat" en particulier*[70]*. »*

L'ancien préfet s'en plaignit amèrement dans un rapport du 7 mai 1943 (un mois et demi avant son arrestation) : *« Le dernier très long rapport de Nef* [Frenay] *adressé aux Chefs régionaux et intitulé "Rapport sur le désaccord entre Max* [Moulin] *et le Comité Directeur" était trois jours après sa diffusion entre les mains de la Gestapo. Cela est d'autant plus regrettable que toute l'activité de Max depuis 18 mois y était retracée et commentée et qu'on y faisait état de ses déplacements. De même, ce rapport retraçait l'activité (en partie) de Mars* [Delestraint][71]. »

« Ma tâche, ajoutait-il, *devient donc de plus en plus délicate, alors que les difficultés ne cessent d'augmenter. Je suis bien décidé à tenir le plus longtemps possible... »*

La police de Vichy connaissait effectivement son nom et sa fonction de représentant du général de Gaulle, mais, à cette époque, si la Gestapo était au courant de son rôle sous le nom de Max, elle ne possédait pas encore son identité, ni son signalement[72].

En écrivant ces lignes, Jean Moulin n'avait pas découvert le fait le plus inquiétant : pour répondre aux interrogations des services secrets américains, Henri Frenay avait préparé, en février 1943, un rapport de dix-sept pages, sur « La Résistance en France ». Le sommaire montre l'étendue des renseignements qu'il contenait :

« 1re Partie — *1) Historique de la formation du Mouvement Combat puis des Mouvements unis*

« 2) Situation actuelle de la résistance dans les deux zones

« 3) Les tâches que se sont fixées les Mouvements unis

« 4) Leurs besoins.

« 2e Partie : Position politique des Mouvements unis.

« 1) Le Gouvernement de Vichy et le Maréchal

« 2) La volonté de renouvellement, la République

« 3) l'unité de la résistance et le problème Giraud-de Gaulle

« 4) les partis politiques et les parlementaires

« 5) les communistes

« 6) politique extérieure[73]. »

« Le présent rapport, lisait-on à la première ligne, *est rédigé par le chef du Mouvement* COMBAT. » Frenay y décrivait l'état de l'Armée secrète, sa division géographique, sa composition basée sur la sizaine, son état-major, ses effectifs en hommes et ses objectifs. On y lisait : *« Un plan d'action a été élaboré en liaison avec l'Etat-Major particulier du Général de Gaulle. Il comprend essentiellement trois phases :*

« — destruction par explosif ou neutralisation par moyens techniques du réseau ferroviaire français et des lignes téléphoniques ;

« — attaque des objectifs fixes de l'armée allemande : postes de commandements, lignes téléphoniques de campagne, dépôts de toute nature (carburant, munitions, etc..), parcs de véhicules ;

« [...] — *guerre de guérillas pour entretenir le désordre sur les arrières allemandes. Enfin, cette AS doit participer, en liaison avec les formations d'action politique, à la prise du pouvoir.*

« D'ores et déjà l'étude de la destruction du réseau ferré ou de sa neutralisation est très avancée, les équipes sont en place et en possession de leur mission dans 50 % des cas. »

Or le rapport de Frenay avait été saisi par la police française avec toutes les archives de l'Armée secrète (le 15 mars 1943) et communiqué à la Gestapo de Lyon, c'est-à-dire à Klaus Barbie, Obersturmführer, chef de la Section IV du K.D.S. de Lyon. C'était la première fois que les Allemands s'emparaient de documents où se trouvait expliqué en détail l'organigramme de la Résistance et surtout de l'Armée secrète. Ce rapport fut jugé par eux d'une telle importance que la synthèse qu'ils en tirèrent fut communiquée à Hitler le 27 mai 1943. Ce rapport avait été composé à partir du rapport de Frenay auquel avaient été ajoutées d'autres informations provenant des archives saisies en même temps, pour lesquelles il avait servi de grille de lecture, comme les Allemands l'indiquaient eux-mêmes : *« Les déclarations des inculpés, les papiers capturés et surtout les 15 dossiers qui avaient été saisis par la police française lors d'une perquisition chez des membres de l'"Armée Secrète" à Lyon, documents qui avaient été laissés provisoirement à la disposition du détachement S.D. de Lyon, permettent de dresser le tableau suivant*[74]. »

Cette tâche avait été facilitée parce que, comme l'écrivaient les Allemands, *« au début de 1943, un de nos agents spéciaux confirmait qu'un tel rassemblement avait été largement réalisé. Il donna naissance à l'"*ARMÉE SECRÈTE*" dans laquelle notre agent avait obtenu en qualité d'ancien officier français un poste important*[75]. »

C'est ainsi que les Allemands découvraient certaines faiblesses de la Résistance qui y étaient décrites. Par exemple : *« Aux termes d'un rapport qui semble émaner du Capitaine Fresnay* [*sic*], *les liaisons radios avec Londres fonctionnent mal et la 6e section de "Combat" manque de spécialistes radios*[76]. »

Ailleurs, les Allemands constataient : *« Au cours des mois de Février et Mars 1942 une perquisition de l'organe central de l'Abwehr à Paris permit l'arrestation des membres directeurs de "Combat" en zone occupée, tandis que le Gouvernement français faisait procéder à des arrestations en zone non occupée.*

« Le Capitaine Fresnay [*sic*] *reconnaît dans un rapport adressé au Général de Gaulle lui-même que l'organisation venait alors d'être "décapitée". Tandis qu'en zone occupée la réorganisation rencontrait des difficultés sensibles, elle pouvait, en zone non occupée, être rapidement menée*[77]. »

Un autre passage, concernant l'armement de la Résistance réclamé aux Alliés, révélait ses difficultés : *« Il est criminel de pousser à l'insurrection et de ne pas armer les combattants. Si les Alliés trouvent que l'"Armée secrète" mérite un certain intérêt, ils doivent satisfaire les demandes qu'elle présente avant que le plus grand nombre de ses membres ne soient tombés sous les balles des pelotons d'exécution allemands ou ne soient déportés de force pour le travail en Allemagne*[78]. »

Ce passage du rapport était (comme d'autres) la contraction d'un passage du rapport de Frenay disant *« quand on a des combattants il faut les armer, voilà ce que nos alliés semblent avoir perdu de vue. Faire des appel à la résistance voire à la révolte et ne pas armer les combattants est un crime dont la résistance se refuse plus longtemps à porter la responsabilité. Qu'on nous dise une fois pour toutes, si une armée secrète intéresse les alliés. Si oui, qu'on l'arme, sinon qu'on nous le dise et nous cesserons de risquer chaque jour notre peau pour une résistance qui ne sera jamais que platonique.*

« [...] *Nous estimons mériter que les alliés fassent un effort sérieux pour la résistance française. Nous ne sommes que des combattants volontaires qui réclament les moyens de se battre. Ces moyens doivent nous être fournis le plus vite possible avant que la majorité d'entre nous ne soient tombés sous les balles des pelotons d'exécution ou ne soient partis de force, la rage au cœur, travailler pour le compte des Allemands*[79] ».

Les liaisons avec la Suisse, début mars 1943, ayant été décrites par Frenay, on lisait dans le rapport Kaltenbrunner : *« Afin d'augmenter sa puissance et ses possibilités d'action, l'"Armée secrète" a présenté les demandes suivantes :*

« a) droit d'employer le câble téléphonique et la valise diplomatique des représentants britanniques et américains en Suisse, l'"Armée secrète" en effet doit faire parvenir quotidiennement du courrier en Suisse et être à même par cette voie d'exploiter une documentation importante, les transmissions radios n'ayant qu'un débit limité.

« b) augmentation des envois mensuels de fonds en particulier en vue de pouvoir combattre la "relève", lutte pour laquelle un crédit mensuel de 5 millions semble indispensable (subventions aux familles des ouvriers réfractaires aux départs et volontaires pour le maquis). Si cette demande n'était pas satisfaite il faudrait craindre la mobilisation générale de la main-d'œuvre, ce qui donnerait le coup de grâce à toute tentative de résistance en France.

« c) ouverture d'un compte dans une banque suisse afin de couvrir les dépenses des agents de liaison auprès des différents représentants diplomatiques[80]. »

Les effectifs de l'Armée secrète dont Frenay faisait état constituaient évidemment l'élément le plus inquiétant pour les Allemands. Il indiquait 80 000 hommes pour la zone sud et 25 000 pour la zone nord, ainsi que 1 150 hommes pour les groupes francs ayant déjà accompli cent cinquante missions. Comme l'expliquait le rapport dans ses considérations finales : « *Au moment où la campagne en Afrique du Nord vient de se terminer par la chute de Tunis et où l'éventualité d'une invasion du continent par les forces anglo-américaines est à envisager, il convient de donner une importance d'autant plus grande à l'"Armée secrète". Malgré des divergences de vues dans son mode d'action et certaines difficultés qu'elle rencontre dans ses liaisons et son ravitaillement, malgré la "relève" qu'elle a combattue et qui l'a amputée de ses plus jeunes éléments enlevés par le travail en Allemagne, l'"Armée secrète" représente cependant un élément puissant qu'il ne faut pas sous-estimer*[81]. »

On lisait ailleurs au sujet des possibilités d'emploi : « *L'"Armée secrète" a mission d'entrer en action en cas d'invasion par les troupes anglo-américaines.*

« *Il en résulte pour elle les avantages suivants :*

« *a) jusqu'au moment de son intervention elle reste invisible et insaisissable.*

« *b) elle se trouve au moment de son entrée en action dans le dos de l'ennemi, elle connaît parfaitement le théâtre d'opérations, elle est mobile et peut compter sur l'appui de la population.*

« *Ces circonstances font de l'"Armée secrète" un instrument dangereux avec lequel les troupes d'occupation auront à compter.*

« *En outre, des plans d'opérations ont été trouvés qui se rapportent par exemple à l'établissement d'une tête de pont dans le sud de la France*[82]. »

Parmi ces plans se trouvait l'instruction du général de Gaulle à Delestraint qui était reproduite quasiment *in extenso*.

Destinant son rapport aux Américains afin d'obtenir de l'argent et des armes, Frenay avait décrit l'organisation de la Résistance comme fortement structurée, il avait en particulier « gonflé » les effectifs de l'Armée secrète. Les Allemands, effrayés par les chiffres imposants des groupes paramilitaires et par les objectifs qui leur étaient assignés, créèrent immédiatement des unités spéciales pour réduire l'activité de la résistance militaire (radios et parachutages). Comme exposé à Ribbentrop dans le paragraphe des dispositions adoptées à la suite de la découverte de ce rapport, « *le Chef de la Sicherheitspolizei et du S.D. à Paris de même que les chefs qui lui sont subordonnés et les détachements d'intervention sont appelés à prêter la plus grande attention à la lutte contre l'"Armée Secrète"*[83]. »

On comprend que les Allemands aient donné une priorité à sa destruction car, outre l'importance numérique de ses troupes, ils découvraient que des liaisons permanentes existaient avec l'Angleterre et « quotidiennement » avec la Suisse, où était en train de s'établir une base de soutien grâce à la complicité des ambassades anglaise et américaine.

Ce rapport du 27 mai 1943 fut trouvé dans les archives allemandes après la guerre et communiqué à Frenay. Celui-ci, ayant oublié son propre rapport rédigé pour les Américains, interpréta les informations qui en étaient extraites comme un hommage que lui rendaient les Allemands en tant que chef de l'Armée secrète et n'hésita pas à écrire : « *Pourquoi le cacher ? J'en éprouvais rétrospectivement une certaine fierté.* [...] *La lecture de ce rapport me fit un plaisir au moins égal à celui que j'éprouvai quand j'appris que le général de Gaulle m'avait fait "Compagnon de la Libération"*[84]. »

À Lyon, la répression fut conduite par Klaus Barbie, dont on sait qu'il sera accompagné à Caluire par une de ces unités nouvellement constituées. Comme les rapports ultérieurs le montrèrent, Caluire fut l'aboutissement chanceux de l'action entreprise contre l'Armée secrète quelques semaines auparavant.

En dehors de la saisie du rapport de Frenay qui eut pour effet de renforcer les mesures de répression, ce furent le hasard, les imprudences et la trahison qui permirent aux Allemands d'obtenir rapidement des résultats spectaculaires. À la suite de la découverte de deux réseaux d'évasion et de renseignements (étrangers aux Mouvements unis), la Gestapo arrêta le 28 avril, à Marseille, un nommé Jean Multon (pseudo Lunel), militant de Combat et secrétaire du chef régional des M.U.R., Chevance-Bertin. Sans avoir été torturé, il se mit au service des Allemands le 30 avril[85]. Sa trahison eut un effet dévastateur puisque cent vingt personnes furent arrêtées par sa faute et qu'elle conduira à l'arrestation de Bertie Albrecht et du général Delestraint, puis, finalement, à Caluire.

XVII

PRÉLUDE À CALUIRE

24 mai-20 juin 1943

Le lundi 21 juin 1943, à Caluire, dans la banlieue de Lyon, Jean Moulin et sept résistants furent arrêtés par la Gestapo, aux alentours de 15 heures. Parmi les tragédies de la Résistance, celle-ci conserve une place mythique dans l'Histoire parce que le chef de la Résistance y trouva la mort et parce que René Hardy, l'auteur présumé de la trahison, n'avoua jamais. En outre, il fut acquitté, à deux reprises, en 1947 et 1950, à l'issue de deux procès retentissants.

Lorsque l'historien retrace cette affaire, il se heurte d'abord au respect dû à la chose jugée. Me Maurice Garçon, le défenseur de René Hardy, en a toutefois défini les limites : *« La chose jugée crée une fiction légale nécessaire, mais elle ne constitue qu'une présomption de vérité qui n'est que judiciaire. Elle acquiert une force irrévocable, parce que l'ordre social est intéressé, lorsque la justice s'est prononcée, à ne pas laisser renaître les mêmes conflits ; mais je reconnais que la chose jugée, qui est l'expression d'une vérité humaine, est faillible, et qu'elle ne satisfait pas toujours la conscience* [1]. »

Henri Noguères a donné les raisons pour lesquelles l'historien et le résistant ne peuvent accepter cette « fiction ». D'autant moins que René Hardy, après avoir toujours nié sa responsabilité, a publié, en 1984, ses Mémoires, *Derniers mots*, dans lesquels il remit en cause ses deux acquittements en refaisant lui-même l'instruction de ses deux procès [2].

Afin d'éclaircir cette affaire passablement touffue, je la présente en trois moments : « Prélude à Caluire (24 mai-20 juin 1943) » ; « Le 21 juin à Caluire » ; et, dans une troisième partie, « L'affaire Hardy (21 juin 1943-mai 1950) ».

Caluire et l'Histoire

Après la disparition de Moulin commence ce que l'on appelle l'« affaire Hardy ». Cette période, qui dure encore, fut le temps des polémiques, dont l'arrière-plan fut souvent politique. Simultanément, la justice recherchait la vérité : Caluire est-il dû au hasard, à l'imprudence ou à la trahison ? Quelle est la part de responsabilité des acteurs directement concernés (Aubrac, Aubry, Bénouville, Hardy) ? Où est le mensonge, où est la vérité ?

L'affaire Hardy est le catalogue le plus complet des difficultés que rencontre l'historien de la Résistance. Il n'y a pas d'autre exemple, sur une période aussi brève (une quinzaine de jours), d'une telle accumulation de témoignages : plus d'une centaine pour une dizaine d'acteurs principaux. Les deux procès de 1947 et de 1950 en sont la cause. Chaque témoin fut interrogé au moins quatre fois (souvent plus sur certains détails) : une fois au cours de chaque instruction et une fois lors de chaque procès, sans compter les déclarations ultérieures fournies aux journalistes, au Comité d'histoire de la Deuxième Guerre mondiale, à Henri Noguères et à d'autres. Par contraste, le foisonnement des témoignages souligne la rareté des documents : cinq pièces en tout et pour tout. Archives d'autant plus pauvres que la masse des témoignages augmenta durant cinquante ans avec des interviews et des livres, tandis que pas un seul document nouveau n'est venu éclairer cette affaire durant la même période.

Que constate-t-on ?

À mesure que les témoignages s'accumulaient, l'affaire Hardy, au lieu de s'éclaircir, s'enfonçait dans les ténèbres, voire devenait incompréhensible. À l'inverse, chaque fois que l'on retrouva un document nouveau, la marche vers la vérité subit une accélération foudroyante, car certaines dates, certains faits étaient établis irréversiblement et imposaient une structure à l'intérieur de laquelle les autres faits devaient nécessairement s'insérer pour trouver un sens.

De cette observation, on pourrait presque tirer une loi : plus le nombre des témoignages augmente, plus la vérité s'estompe. En effet, la surabondance aggrave les contradictions, alors que la découverte d'un document fait progresser irrésistiblement la vérité parce qu'elle complète les autres informations au lieu qu'elles s'annulent les unes les autres.

On ne sera pas surpris que tant d'interprétations aient suscité de multiples versions défendues par les acteurs, les juges ou les historiens. Parmi elles, on retiendra : les archives des procès de 1947 et de 1950 (témoignages, actes d'accusation, plaidoiries), les enquêtes d'Henri Michel en 1964 *(Jean Moulin l'unificateur)*, de Laure Moulin en 1969 *(Jean Moulin)*, d'Henri Noguères en 1972 (tome III de l'*Histoire de la Résistance en France*), en 1985 *(La vérité aura le dernier mot)*, de Jean-Pierre Azéma et Dominique Veillon en 1993 *(Cahiers de l'I.H.T.P.)*, et, en 1998, celles de Pierre Péan et de Jacques Baynac.

On ne saurait trop insister sur le fait que, en dépit du soin des auteurs à cerner la vérité, chacune de ces versions contient une part plus ou moins grande d'hypothèses. Chaque historien doit opérer, dans ce magma informe, une sélection des dates et des faits qui lui semblent, pour sa part, les plus vraisemblables. Ce tri, en partie subjectif, est déjà une interprétation qui se superpose à celle des témoins. C'est le sort de tous les procès au cours desquels l'inculpé n'a pas avoué et dont certains acteurs (ici Barbie et Hardy) ont délibérément menti, car on peut penser qu'ils sont des mythomanes, au point qu'on ne sait plus sur quels critères se fonder quand ils prétendent dire la vérité.

Les témoignages sur Caluire, malgré leurs défauts qui sont un casse-tête pour l'historien, forment un ensemble unique dans la documentation concernant la Résistance et une exceptionnelle mine de renseignements. Comme les poupées russes, chacun d'eux renferme plusieurs informations qui apparaissent au cours de lectures successives.

D'abord, ils sont indispensables pour tenter de reconstruire l'affaire de Caluire. Le premier regard révèle les renseignements élémentaires qui ébauchent la trame de cette histoire. Déjà, à ce stade, les lacunes, et surtout les contradictions, sont riches d'enseignements sur les problèmes que posent, à l'historien, la construction d'une chronologie et l'établissement des faits. D'où plusieurs remarques que je livre en désordre.

Ces témoignages, échelonnés de 1944 à nos jours, soulignent que les plus proches de l'événement (1944-1945) ne sont pas nécessairement les plus précis ou les plus fidèles, tandis que les plus tardifs (1947, 1950, 1972 ou 1985) ne sont pas obligatoirement les plus faux. On a tendance à oublier — pourtant les historiens le savent — que la vérité n'est pas seulement un rappel spontané des événements mais une reconstruction méthodique, faite de réflexions sur des recoupements.

On remarque également, dans les plus anciens témoignages des résistants, qu'il leur est difficile, pour ne pas dire impossible, d'inscrire leur passé dans une chronologie précise. Ce constat est d'autant plus surprenant qu'il s'agit d'hommes cultivés (ingénieurs, officiers, médecins, universitaires). Les premiers témoignages de 1944, 1945 sont, de ce point de vue, une bouillie inutilisable, car les dates les plus notoires sont en partie effacées. Pourtant, il s'agissait alors de faits vieux de deux ans à peine et échelonnés sur une quinzaine de jours. *A fortiori*, on ne peut rien espérer du découpage horaire des journées. Or, dans cette affaire de trahison, tout se joue parfois à quelques minutes près. Pour que l'organisation de la chronologie, donnée par chacun des acteurs, se rapproche de la vérité, il faudra attendre des mois, parfois des années. On constate ainsi que, au cours des six ans d'instruction et de procès, les acteurs « améliorent » leur version en consultant leurs camarades afin de combler les lacunes de leur mémoire. Peu à peu une chronologie se dégage des limbes, même si certaines dates restent encore hypothétiques, faute de documents. Ce phénomène prendra toute son ampleur lors du second procès, où chacun profitera des aveux publics du premier pour mieux « ajuster » son récit à celui des autres ou, au contraire, se barricader dans des dénégations insoutenables.

Cette organisation progressive du passé révèle également que l'établissement des faits dépend de la précision chronologique. À mesure que celle-ci devient cohérente, certains faits trop fantaisistes sont éliminés au profit d'autres, oubliés dans les premiers témoignages, qui font surface et prennent parfois une importance déterminante. On constate alors dans ce remue-ménage qu'une construction imaginaire fait place à une autre, tout aussi éloignée de la réalité.

Si la confrontation entre les témoins est un filtre qui élimine bien des scories et permet d'établir une articulation plus vraisemblable des événements, la répétition des témoignages aboutit à la sclérose du récit. Pour de bonnes ou de mauvaises raisons, la paresse s'installe et les histoires deviennent stéréotypées. Toutefois, il faut remarquer que la rigidité répétitive d'un récit — le récit de celui qui ne s'est jamais contredit — n'est pas plus preuve de vérité que les variations d'heures ou de jours ne sont preuve de mensonges délibérés. Les modifications et même les contradictions d'un acteur peuvent être, au contraire, la manifestation de sa sincérité, de la bonne foi qui cherche en tâtonnant. La non-contradiction, quant à elle, peut être le résultat d'un calcul et de la mise au point minutieuse d'un mensonge, tout autant que la répétition d'une vérité déclarée dès le premier interrogatoire.

Enfin, répétons que le récit le plus vraisemblable n'est pas nécessairement le plus sincère ni le plus vrai. Certains faits — parfois stupéfiants — peuvent être réels, surtout dans cette période de la Résistance dont la nature même est d'être invraisemblable.

C'est dire la prudence dont l'historien doit faire preuve dans le maniement de ce matériau imprécis.

D'autres contenus apparaissent en filigrane. Les témoignages dessinent le portrait psychologique des résistants, révélant pour le meilleur et pour le pire la personnalité de ces volontaires d'une cause qui les dépasse infiniment, mais dont ils sont dignes, parce qu'ils lui ont sacrifié leur jeunesse et, pour certains, leur vie.

Au-delà des personnages eux-mêmes, ils permettent d'étudier aussi, sans fard, les véritables enjeux autour desquels s'affrontaient les clans, la mosaïque des projets, des méthodes et des politiques et tout ce qui composait cette réalité complexe, que le mot Résistance simplifie à l'excès.

Ces témoignages, enfin, brossent l'incomparable tableau des pratiques et de la vie quotidienne des résistants, avant que la légende ne s'en empare pour le sublimer et, par conséquent, en dénaturer l'humble réalité. La Résistance fut une aventure de la jeunesse avec ses illusions, son ardeur, mais aussi son inconscience, ses désordres et ses imprudences. C'est le mérite des témoignages de la décrire involontairement. Il n'est qu'à comparer ceux retenus ici avec des récits commémoratifs : la distance qui les sépare est confondante, et l'on pourrait s'interroger pour savoir s'il s'agit d'une même réalité.

Cela dit, pour répondre aux questions que pose le drame de Caluire, il faut d'abord relater les événements qui y conduisirent. C'est la partie la plus délicate de cette affaire parce que systématiquement controversée par les acteurs. Pour éviter que le lecteur ne s'égare dans le dédale des faits et, surtout, des contradictions, j'ai pris le parti de les raconter dans l'ordre chronologique, même si tout ou partie des acteurs n'en eurent pas connaissance à l'époque.

Pour ce faire, j'ai construit ma version avec la méthode même de mes prédécesseurs, c'est-à-dire en rejoignant, sur certains points, telle ou telle des versions précédentes et en m'en écartant parfois. Comme toutes les autres, elle reste en partie hypothétique. Cependant, on doit noter ce fait, ô combien paradoxal : quels que soient la chronologie ou les faits sélectionnés, les différentes interprétations sérieuses arrivent toutes à la même conclusion.

Dans ma version, j'ai choisi de donner largement la parole aux acteurs car elle recèle à la fois l'expérience vécue de la Résistance, les transfigurations du passé et les difficultés de faire l'Histoire. Autrement dit, elle me semble plus émouvante, par la vie qui y circule, avec ses incertitudes, ses approximations, ses oublis, que le récit pur et dur de l'historien qui n'est souvent que le squelette de la réalité.

Parmi les différents témoignages d'un même acteur, j'ai adopté la version qui me semblait le plus plausible selon ma propre expérience de la Résistance. Nous avions en commun une manière d'être, une façon de vivre les problèmes de la clandestinité qui m'ont guidé dans le choix de telle ou telle version. Bien que tout soit possible dans la vie et, en particulier, dans cette aventure rocambolesque de la Résistance, il y a certains faits qui m'ont paru si anachroniques qu'ils ressemblaient pour moi à des fausses notes et que j'ai rejetés.

Toutefois, pour décrire l'instant tragique des arrestations de Caluire, j'ai donné la parole successivement aux différents acteurs, par respect pour leur drame et parce que chacun a conservé de ces minutes terribles une vision qui mérite d'être connue. Je crois que cette pluralité des points de vue, même si les détails ne se recouvrent pas, restitue dans sa plénitude la tragédie que fut, pour chaque résistant, cet instant fatal et redouté où le piège se referme.

Les acteurs du drame

Afin de faciliter la compréhension de leur rôle, j'en ai regroupé les acteurs dans une demi-douzaine d'ensembles relativement autonomes qui montrent plus clairement comment chacun évoluait selon ses affinités, son idéologie, son rôle. Ils sont pour la plupart inconnus du lecteur. En effet, arrivé à ce point de la mission de Jean Moulin, il s'est familiarisé avec les chefs nationaux de la Résistance : Jean Moulin, le général Delestraint, d'Astier, Frenay, Jean-Pierre Levy, Bourdet, Bénouville, Copeau, Claudius-Petit ; au contraire, la majorité des protagonistes de Caluire, à commencer par René Hardy lui-même, restent inconnus parce qu'ils n'appartenaient pas au cercle restreint des chefs nationaux.

Voici, par ordre d'intervention, les personnages.

Le premier groupe est constitué par les membres de la police allemande occupés à la répression des M.U.R. et de l'Armée secrète. À Marseille, Ernst Dunker, dit Delage (trente et un ans), a « retourné » Jean Multon, dit Lunel, ancien secrétaire du responsable départemental des M.U.R., Maurice Chevance-Bertin. Il l'a « prêté » à Klaus Barbie (trente ans), qui dirige la section IV de la Gestapo de Lyon. Multon opère sous le contrôle de Robert Moog, dit K30 (vingt-huit ans), agent de l'Abwehr « prêté » à la police allemande.

Barbie est placé sous l'autorité de Karl Bömelburg qui, adjoint du chef de la Gestapo en France, dirige depuis Paris la section « Répression ».

Tous dépendent de Kaltenbrunner, chef de la police de sûreté du Reich, en poste à Berlin.

Parmi les organisations résistantes qui intéressent au premier chef les Allemands figure, on l'a vu, l'Armée secrète. C'est le deuxième groupe. À sa tête, le général Charles Delestraint, dit Vidal (soixante-quatre ans), nommé par le général de Gaulle ; à ses côtés, le commandant Joseph Gastaldo, dit Galibier (quarante-quatre ans), chef d'état-major adjoint, chef du 2e Bureau, qui a pour adjoint André Lassagne (trente-deux ans) ; Henri Aubry, dit Thomas (vingt-neuf ans), chef de cabinet, dont la secrétaire est Madeleine Raisin ; le colonel Albert Lacaze (cinquante-huit ans), chef nouvellement nommé du 4e Bureau. Il faut y ajouter Raymond Aubrac (vingt-neuf ans), chargé dans le mouvement Libération des questions militaires, et sa femme Lucie, appartenant aux corps francs ; le colonel Schwartzfeld, membre du mouvement France d'abord, pressenti pour assurer l'intérim à la tête de l'A.S. après l'arrestation du général Delestraint ; et enfin le docteur Frédéric Dugoujon (trente-deux ans), un généraliste de Caluire, ami de Lassagne et d'Aubrac, dont la maison va être utilisée comme lieu de réunion.

Dans l'A.S., je distingue un troisième groupe spécial, la Résistance Fer, dirigé par René Hardy, dit Didot (trente-deux ans), membre de Combat et responsable du sabotage des chemins de fer. Il a mis au point avec le centralien Max Heilbronn (quarante et un ans) un plan de sabotage des chemins de fer, à appliquer en cas de débarquement allié. Hardy a pour adjoint René Lacombe, dit Bottin, et pour agent de liaison, Roger Bossé (dix-neuf ans). Hardy, enfin, est fiancé à Lydie Bastien (vingt ans).

Une autre composante fondamentale de la Résistance, formant un quatrième groupe, se retrouve dans les Mouvements unis de Résistance (les M.U.R.) qui, en l'espèce, sont représentés par Pierre Bénouville (vingt-neuf ans), ami de Hardy. Chargé des relations extérieures du mouvement Combat, il seconde Claude Bourdet (trente-trois ans) pour les questions militaires depuis que Bourdet a pris la tête du mouvement. Les autres composantes des M.U.R. sont représentées par Pascal Copeau (trente-cinq ans) pour Libération et Claudius-Petit (trente-six ans) pour Franc-Tireur. Le secrétariat du comité directeur des M.U.R. est assuré par Jacques Baumel (vingt-cinq ans), membre de Combat.

Le cinquième groupe est celui de la délégation de la France Combattante qui est emmenée, bien sûr, par Jean Moulin, entouré d'agents de Londres comme Bruno Larat, dit Xavier (environ vingt-huit ans), qui vient de succéder, à la tête de la centrale des opérations aériennes (C.O.P.A.), à Raymond Fassin (vingt-neuf ans). Claude Serreulles (trente et un ans) arrive juste de Londres pour devenir l'adjoint de Moulin, dont le secrétariat est dirigé à Lyon par Antoine De Graaff (vingt-sept ans), dit Maurice ou Gramont. La liaison avec l'Armée secrète est assurée par Jean-Louis Théobald (vingt ans).

On doit distinguer encore un sixième groupe charnière, celui des réseaux de renseignement de l'Intelligence Service dont relève le colonel Georges Groussard (cinquante et un ans), chef d'un réseau basé en Suisse où travaille Edmée Delettraz (trente-six ans), dont la Gestapo lyonnaise s'est assuré le contrôle pour l'utiliser contre la Résistance. C'est à un autre réseau anglais qu'appartient Lazare Rachline, un ami de Pierre Bénouville.

Enfin, il faut mentionner le septième groupe : les officiers de l'armée d'armistice prévenus par Edmée Delettraz de la trahison de Hardy : le lieutenant Fluhr, le capitaine Bousquet, les commandants de La Brosse et Richard.

Chalon-sur-Saône, 8 juin 1943 : arrestation de René Hardy

L'affaire Hardy commença à Lyon de la manière la plus banale, la découverte d'une « boîte aux lettres ».

Les « boîtes aux lettres » étaient pour les résistants une véritable poste clandestine : les rendez-vous, les télégrammes, les rapports entre les mouvements ou les services en France ou vers Londres y étaient déposés par des agents de liaison ou des secrétaires qui les relevaient plusieurs fois par jour. Elles étaient à la fois vitales et vulnérables. Il suffisait qu'un militant soit arrêté, porteur d'une liste, pour que la Gestapo remonte à son occupant. C'est ce qui arriva, le 7 mai 1943, à Lyon. La Milice arrêta un secrétaire du service de renseignement de France d'abord qui, sans être brutalisé, livra les six boîtes aux lettres dans lesquelles il distribuait les papiers. Elles appartenaient toutes à des responsables importants de la Résistance : Gastaldo, chef d'état-major adjoint de l'A.S. ; Aubry, chef de cabinet de Delestraint ; Jean Moulin, représentant en France du général de Gaulle ; Bidault, chef du bureau d'information et de propagande ; France d'abord, mouvement de services et de cadres ; Hardy, chef du réseau Fer. La boîte de ce dernier était située 14, rue Bouteille, et avait été mise à sa disposition par la propriétaire, Mlle Dumoulin. Dès qu'il avait connu l'arrestation et la trahison du secrétaire, Hardy avait envoyé, selon l'usage, une circulaire à tous ses correspondants pour signaler que sa boîte était brûlée et il leur indiquait une nouvelle adresse.

Qui était René Hardy en 1943 ?

Ancien cadre de la S.N.C.F., mobilisé comme lieutenant d'infanterie en 1939, il avait essayé d'entraîner ses hommes à poursuivre la guerre après l'armistice de juin 1940. En mai 1941, ayant tenté de quitter la France pour s'engager aux côtés de De Gaulle, il fut arrêté et condamné à quinze mois de prison à Toulon. C'est là qu'il rencontra Pierre Bénouville et que se noua entre eux une amitié qui jouera un rôle décisif dans cette affaire[3]. À sa libération en mai 1942, Hardy s'installa dans le Gard où il monta une petite entreprise de matériel agricole tout en participant à la résistance locale. Frenay reconnut son dynamisme et il rejoignit en janvier 1943 le mouvement Combat à Lyon, où son activité, ses capacités et son courage le conduisirent, le 24 avril 1943, au poste de chef de Résistance Fer de Combat[4].

À ce moment de sa biographie, il faut noter deux traits de ce jeune homme qui ont une importance pour la suite. D'abord, à son arrivée à Lyon, précisément le 23 janvier 1943, Hardy rencontra à la brasserie des Archers une jeune fille de vingt ans, Lydie Bastien, d'une beauté frémissante dont il tomba éperdument amoureux. Ils s'étaient fiancés rapidement et ils se marièrent clandestinement quelques mois plus tard. Hardy oublia d'avertir sa nouvelle femme qu'il était déjà marié et qu'il n'avait pas divorcé. C'est dans ce climat d'amour exalté que se déroulèrent les événements tragiques qui allaient briser sa vie.

Hardy n'était pas seulement un amoureux éperdu, il était un combattant engagé dans la libération de sa patrie, un résistant au sens plein du terme tel qu'il commençait à émerger vers cette époque, c'est-à-dire qu'il mêlait au combat pour la libération une volonté de révolution politique. Un texte dans lequel le jeune homme répondit à deux questionnaires du C.G.E. sur les projets des réformes politiques après la libération révèle des convictions qui étaient partagées par nombre de volontaires de la Résistance et, en particulier, par tous les responsables des mouvements. C'est pourquoi ce texte mérite une lecture attentive.

« En effet le questionnaire N° 1 reste pour moi le type de motion nègre-blanc du parti radical-socialiste, tout préoccupé de conserver à notre révolution un caractère de légalité.

« Est-il besoin en effet d'appuyer notre force, pour la justifier, comme si son action ne suffisait pas, sur des textes législatifs périmés et souvent inconnus ? »

Le peuple qui se bat ne veut plus des *« politiciens de jadis »*. *« Croyez-vous que nous acceptions de nous faire tuer les uns ou les autres pour que le Parlement temporaire de demain soit placé sous le contrôle moral de Messieurs Jeanneney et Herriot dont la preuve d'impuissance n'est plus à faire ?*

« Enfin, vous nous accordez avec un peu de condescendance, il me semble, le droit d'appartenir éventuellement en temps [tant] *qu'anciens résistants aux cadres dirigeants de la France de demain, seulement après les "élites politiques" du passé ou émigrées.*

« Vous ne me paraissez pas avoir senti dans la résistance française, en même temps que le désir d'affranchir le pays de la tutelle allemande, une volonté révolutionnaire qui ne pourra et qui ne saura s'embarrasser de vos considérations de légalité. »

Le questionnaire n° 2 est, d'après Hardy, digne de Vichy qui, *« considérant la France comme une nation définitivement vaincue, n'a plus d'autres moyens de salut que de s'atteler au char du vainqueur.*

« Ce que nous refusons à Monsieur Laval, je m'empresse de vous dire que nous vous le refuserons, car quel que soit le vainqueur, pour nous, il n'est d'autres considérations que la réintégration de la France dans sa dignité de grande puissance. […]

« J'espère que les deux questionnaires auxquels j'ai fait allusion n'ont été rédigés que dans un souci d'opportunisme politique que vous croyiez exact mais qui, je m'empresse de vous le dire, ne satisfait nullement l'élite combattante patriotique et révolutionnaire du pays[5]. »

Ce texte est d'autant plus significatif que c'est vers cette date, le 6 mai, que Hardy fut présenté au général Delestraint qui le fit entrer au 3e Bureau de l'état-major et le chargea de réunir toute la documentation concernant les chemins de fer et de préparer un plan de sabotage. Hardy organisa ce service, le dirigea avec efficacité, puis, avec l'aide de Max Heilbronn, polytechnicien, capitaine de réserve des sapeurs des chemins de fer pendant la guerre 39-40, il prépara un « plan vert » de sabotage des voies ferrées[6].

Delestraint, de retour de Londres, avait trouvé l'A.S. désorganisée par les initiatives prises par Frenay en son absence. Il en avait averti de Gaulle et avait ajouté : *« J'ai reconstitué mon E. M. dont vous trouverez ci-joint le schéma, et j'impose à tous, par mes instructions nº 5 dont je vous envoie copie, une véritable profession de foi ; c'est à prendre ou à laisser. Je n'ai que faire des politicards et gens sans discipline*[7]. » Dans ce domaine, le général avait fort à faire car Hardy révéla lui-même l'état d'esprit de certains résistants à l'égard du général : *« Toute la tactique d'Aubry* [chef de cabinet] *consistait à assurer à Vidal* [Delestraint] *le moins de contacts possibles, jusqu'à ce qu'Henri Frenay eût été à Londres et eût réglé le problème en haut lieu. Combat et les Mouvements Unis de Résistance n'acceptaient pas, en fait, la nomination du général Vidal à la tête de l'Armée Secrète. Une conversation édifiante, à laquelle j'assistai, eut lieu à* La Queue de Cochon, *à Lyon, entre Aubry et Baumel* [secrétaire du Comité directeur des M.U.R.]. *Et le voyage à Londres de Frenay, dont il fut question, n'avait pas d'autre objet que de protester contre cette nomination, si j'en crois ce que tous les hommes de la tendance Frenay ont bien voulu alors me confier. Les choses s'étant envenimées au point qu'il fut question de "chambrer" Delestraint. "Il faudra le mettre au frais", avait dit précisément Aubry, et Baumel, je m'en souviens : "Nous marchons avec de Gaulle et... contre lui, s'il le faut*[8] *!" »*

C'est dans ce climat de contestation permanente que Delestraint forma son état-major de la zone libre. En même temps que Hardy, il nommait André Lassagne chef adjoint du 2e Bureau, et le colonel Lacaze à la tête du 4e Bureau.

À l'occasion de ce remaniement, Fassin-*Sif* (chef de la C.O.P.A.) avait suggéré à Delestraint de réunir les chefs de bureau de son état-major pour préparer avec eux un plan de travail pour l'A.S. zone libre. Lassagne avait alors dit qu'il pourrait fournir un local à Caluire, chez un de ses amis. Cette réunion avait été prévue pour *« le mercredi 9 juin, mais cela avait été décommandé au dernier moment par le général en raison des opérations de police qui sévissaient à ce moment-là dans la région de Lyon*[9] ». Elle fut reportée à la semaine du 14 juin.

En attendant, le général se rendit à Paris pour prendre en main son état-major de zone occupée. Avant son départ, il avait réuni, le 24 mai à Lyon, Aubry et

Gastaldo (chef d'état-major adjoint et chef du 2e Bureau). Il demanda à Aubry de préparer la tournée qu'il devait effectuer avec lui dans la zone sud pour mettre en place les états-majors régionaux et départementaux. Il lui prescrivit également de convoquer Hardy à Paris le mercredi 9 juin, au métro Muette, afin qu'il lui donne le contact avec ses relations dans le milieu des chemins de fer. Cette convocation fut communiquée à Hardy dans un billet rédigé « en clair » par la secrétaire d'Aubry qui le déposa, le 27 mai, dans la boîte aux lettres du réseau Fer. « En clair » signifie que le lieu et l'heure du rendez-vous n'étaient pas codés. C'est ainsi qu'étaient rédigés la plupart des rendez-vous, contrairement aux télégrammes et rapports destinés à Londres.

La veille, le 26 mai, la propriétaire de la boîte aux lettres, Mlle Dumoulin, avait été arrêtée. Aubry, mesurant le risque que sa secrétaire avait pris en déposant une lettre dans une boîte brûlée, lui déclara à son retour : *« Vous avez eu de la chance d'être revenue, la Gestapo était dans la maison*[10]. » Toutefois, le 5 juin, avant le départ du général Delestraint pour Paris, Aubry oublia de le prévenir que son rendez-vous était connu de la Gestapo. Hardy n'avait pas reçu la convocation puisqu'il n'utilisait plus cette boîte, qui, depuis le 24 mai, était surveillée par Multon.

Pourquoi lui ?

Multon, après avoir dénoncé tous les résistants qu'il connaissait dans les Bouches-du-Rhône, où sa trahison était trop connue, n'était plus d'aucune utilité. Comme il avait donné toute satisfaction à la Gestapo, il avait été mis, le 24 mai 1943, à la disposition de Barbie, chef du S.D. de Lyon, car ses fonctions lui avaient permis de connaître de nombreux résistants hors du département, et en particulier à Lyon. Multon « travaillait » en compagnie de Moog, un autre « contre-agent ». Dès leur arrivée, ils accomplirent une prouesse : grâce au concours de Mme Delettraz (Française appartenant au réseau de renseignement du colonel Groussard et travaillant comme agent double à la Gestapo), ils arrêtèrent, le 28 mai, à Mâcon, Bertie Albrecht, la collaboratrice de Frenay[11]. Celle-ci avait conservé dans son sac une lettre à l'adresse de Frenay à Cluny, la Gestapo s'y rendit et saisit toutes les archives du chef de Combat.

Ignorant donc le rendez-vous avec Delestraint, Hardy se rendit à Paris pour d'autres contacts. Le lundi 7 juin, à 21 h 50, il prit le train dans lequel il avait réservé une place de 2e classe sous le faux nom de Husson. À la dernière minute, sa fiancée avait pu obtenir la couchette no 7, dans la voiture de wagons-lits no 3818. Dans cette même cabine, la no 8 était occupée par Roger Cressol, fonctionnaire du commissariat aux Sports, qui se rendait à Berlin. Par une de ces coïncidences surprenantes qui jalonnent l'histoire de la Résistance, la cabine voisine était occupée par Multon et Moog qui allaient à Paris pour arrêter le général Delestraint. En montant dans le train, Hardy découvrit la présence de Multon, connu de tous les résistants pour les ravages qu'il faisait dans leurs rangs depuis un mois et il comprit, à un signe d'étonnement de celui-ci, qu'il était reconnu et, donc, en danger. Cependant, il nc rcnonça pas à son voyage et se contenta de prévenir un autre résistant, Lazare Rachline, qu'il aperçut sur le quai de la gare. Écoutons son récit : *« J'ai rencontré également dans les wagons-lits un monsieur* [Rachline] *d'une quarantaine d'années, grand, brun, de corpulence forte, type israélite, accompagné d'une dame un peu forte, blonde et très maquillée. Cet israélite m'avait été présenté à peu près 3 semaines avant par Barrès (Pierre)* [Bénouville] *dans un restaurant de Lyon, comme un de ses amis, bien que nous ne mangions pas à la même table. Je les ai donc salués dans le train et j'ai déclaré à cet israélite : "Si je suis arrêté, dites à Barrès que Lunel* [Multon] *était dans le train"* [12]. » Rachline appartenait au réseau anglais Buckmaster et se rendait à Paris pour son travail en compagnie d'un autre agent.

En dépit de la crainte d'être arrêté, Hardy remonta dans le train. Ce comportement, qui frise l'inconscience et qui paraît aujourd'hui suicidaire, était naturel chez la plupart des résistants. Raymond Aubrac en a donné la plus lucide explication : *« Nous étions tous fous par ignorance, par impatience, par tempérament* [13]. »

Comme il le redoutait, Hardy fut arrêté vers une heure du matin à Chalon-sur-Saône. La police allemande se présenta dans sa cabine et l'appréhenda ainsi que son voisin Cressol. Simultanément, deux Allemands entrèrent dans la cabine de Rachline et de son compagnon et, après avoir fouillé minutieusement toutes leurs affaires, les soumirent durant deux heures à un interrogatoire serré. Ils avaient en effet observé Hardy au moment où il parlait avec Rachline sur le quai de la gare de Perrache. N'ayant rien trouvé de suspect, ils laissèrent les deux hommes en liberté. En arrivant à Paris, le lendemain à 6 heures, le contrôleur, venu rendre ses papiers à Rachline, l'informa que deux personnes avaient été arrêtées à Chalon : *« J'ai pensé naturellement tout de suite à ce qu'Hardy m'avait dit,* confiera Rachline. [...] *J'ai immédiatement fait savoir à Lyon, à l'un de mes adjoints qu'Hardy avait été arrêté dans le train, comme il me l'avait demandé, afin que Bénouville puisse le savoir* [14]. »

Paris, mercredi 9 juin 1943 :
arrestation du général Delestraint

À Paris, le 9 juin à 9 heures du matin, le général Delestraint, ignorant ces événements, attendait Hardy au métro Muette. C'est là que Moog le reconnut à sa « démarche rigide » et il se présenta en déclarant : *« Je viens de la part de Didot* [Hardy]. *Il trouve que le rendez-vous de la Muette est un lieu malsain et il vous prie de vouloir bien le rejoindre du côté de Passy, où il vous attend* [15]. » Le général le suivit sans méfiance et fut poussé dans une voiture qui le conduisit au siège de la Gestapo, avenue Foch. Comme il avait au préalable indiqué qu'il avait un autre rendez-vous au métro de la rue de la Pompe, la Gestapo s'y rendit et arrêta deux de ses collaborateurs, le colonel Gastaldo et l'agent de liaison Théobald, qui l'attendaient. L'imprudence d'Aubry, qui n'avait pas décommandé le rendez-vous, avait, en un instant, décapité l'Armée secrète et les Allemands savourèrent leur victoire puisque, *« après plus de 50 heures d'interrogatoire le Général Delestraint avoua qu'il était le Chef de l'Armée Secrète "sous le pseudonyme de Vidal" et qu'entre temps, il avait été promu par le Général de Gaulle, Général de Corps d'Armée et Chef de tous les groupements de résistance militaire français* [16] ».

Pendant ce temps-là, à Chalon-sur-Saône, Hardy et Cressol étaient internés à la prison où, après un interrogatoire d'identité de routine, ils passèrent deux jours sans que, apparemment, on s'intéresse à eux. Le fonctionnaire de Vichy fut libéré le 10 juin et, peu avant son départ, il observa que Hardy était pris en charge, vers 16 heures, par l'Obersturmführer Barbie (chef de la section IV du S.D. de Lyon) qui vint le chercher en voiture. De leur conversation durant le retour à Lyon et de l'interrogatoire qui suivit, il ressort avec certitude que les Allemands trouvèrent dans les affaires de Hardy une lettre destinée à sa fiancée, Lydie Bastien, et adressée chez ses parents. Ce détail est un élément important pour la suite de l'affaire. Lors du procès, le président l'interrogera : [...] *« — Est-ce qu'il n'a pas été question de votre fiancée, des Bastien ?*

« Hardy. — Oui, au sujet de cette lettre, précisément : tantôt menaçant, tantôt, comment dirais-je... persuasif, tantôt violent, tantôt amical, présentant l'adresse de cette lettre de Lydie Bastien comme un moyen, s'il en avait besoin, de me retrouver, masquant la menace toujours pour m'amener à avouer que j'étais le chef des services de sabotage des chemins de fer[17]. »

Car la question essentielle pour les Allemands était bien celle-là : Hardy était-il Didot ? Selon Hardy : « *Les Allemands m'étalent leur force ; me disent qu'ils sont très bien renseignés ; que tous les rendez-vous de la Résistance leur sont connus ; qu'ils y ont des agents à eux ; qu'ainsi ils ont arrêté le chef de l'armée secrète et que je ne saurais les tromper.*

« *Je nie toujours, d'autant plus que, depuis trois mois, je ne m'appelle plus Didot, mais Bardot.*

« *Je pense à jouer leur jeu : j'approuve leurs tirades politiques, entre les questions. Ils me font le chantage au sentiment : je suis un pur aryen blond, qui ne saurait aider la Résistance bolchevique et des Juifs. J'acquiesce chaleureusement.*

« *Après plusieurs heures de conversation, je crois les avoir convaincus de leur erreur et de la pureté de mes sentiments vis-à-vis d'eux. Je rappelle des souvenirs de voyage en Allemagne et je me déclare prêt, si je le peux, dans la mesure de mes moyens, à leur rendre service, bien que ne faisant pas de politique militante.*

« [...] *C'est alors que, devant ma proposition, ils me déclarent prendre acte de cette promesse, mais toujours encore méfiants et voulant m'intimider, ils me font savoir que je parais beaucoup aimer ma fiancée ; aussi, s'ils apprenaient que j'appartenais à la Résistance, comme ils l'avaient cru tout d'abord, ou bien si je disparaissais, ils arrêteraient la famille Bastien et ma fiancée, comme otages.*

« [...] *Mon attitude sera le gage de leur liberté. Ils veulent également que les Bastien puissent être en mesure de les renseigner à tous moments sur mes déplacements ; dans le cas contraire, ils les arrêteraient tous.*

« *Je leur fais toute promesse à ce sujet*[18]. »

Hardy confiera encore : « *Au cours des discussions qui ont duré pendant plusieurs heures, Barbie m'a fait des propositions de cet ordre, disant :*

« *— Mais enfin, vous ne pouvez pas, vous ne pourriez pas nous aider, travailler pour nous, si vous avez des renseignements, si vous rencontrez des gens qui vous paraissent suspects de résistance, vous ne pourriez pas nous renseigner ?...*

« *C'est tout, j'ai acquiescé* [...]. *J'ai acquiescé, j'ai été libéré dans la soirée très tard*[19]... »

Hardy a expliqué les raisons de sa conduite qui, dans une telle souricière, fut celle de bien des résistants : « *Je voulais sortir de la situation dans laquelle j'étais.*

« [...] *Pour essayer de sortir rapidement de cette situation sans risquer d'inconvénients dans mon service, si Barbie avait demandé, tout de suite, de signer un serment de fidélité à M. Hitler en tant que Français, j'aurais signé à Adolph Hitler, tout de suite, un engagement de fidélité*[20]. »

Il explique encore : *« Je lui ai dit que je souhaitais la victoire de l'Allemagne. Si on m'avait demandé de saluer bien bas Hitler, j'aurais salué bien bas Hitler. Pour moi, il s'agissait d'abord d'en sortir, ensuite, de ne pas lui permettre, surtout, de faire la vérification côté Lydie Bastien* [...] *qui lui aurait permis, à ce moment, d'interroger peut-être quelqu'un d'autre. Il fallait donc que j'en sorte extrêmement rapidement, avant qu'il ait le temps de se retourner de ce côté là*[21]. »

Barbie, fort de son accord avec Hardy, le garda un minimum de temps afin de ne pas éveiller les soupçons des résistants. À une seule condition : venir à la Gestapo, lui rendre compte régulièrement. Barbie lui rappela, en effet, qu'il le tenait « au bout d'un fil » par les parents de Lydie Bastien. Cela signifiait également qu'il serait filé par intermittence. Toutefois, Hardy a toujours prétendu que Barbie l'avait relâché sans savoir qu'il était Didot, chef du service des sabotages.

Pourtant, à Paris, le 11 juin, vers 6 heures du matin (quelques heures après la libération de Hardy), le colonel Gastaldo, arrêté avec Delestraint, dut répondre aux questions posées par un télégramme allemand arrivé de Lyon dans la nuit, et dont il put déchiffrer une partie : *« Donner signalement des participants, avec vous, à réunion qui eut lieu 3 mai 1943 chez Lassagne, 302 Bd. Lafayette, Lyon : Vidal* [Delestraint], *Tavernier* [Frenay], *Aubrac, Didot* [Hardy], *Max* [Moulin].

« Saviez-vous que Didot s'identifiait avec Hardy et s'occupait de la Résistance Fer[22] *? »*

Les Allemands exprimaient-ils un soupçon ou une certitude, confirmée par Hardy lui-même ?

La Résistance est informée

Libéré le jeudi 10 juin vers 23 heures, Hardy prit, à Perrache, quelques heures plus tard, le mercredi 11 juin à 7 h 15 du matin, un train pour Nîmes où il reprit contact avec ses collaborateurs. Le 12, il était de retour à Lyon, où il renoua également avec ses proches. Il raconta à tous, que, reconnu par Multon dans le train qui le conduisait à Paris, de peur d'être arrêté, il avait sauté à contre-voie en gare de Mâcon, en abandonnant une bonne partie de ses affaires dans le train.

Quelle image donnait-il durant cette période ? Heilbronn, qu'il rencontra le 12 juin, en trace le portrait le plus détaillé : *« Hardy vint vers moi, avec visiblement l'allure d'un homme traqué. Il me dit avoir été pourchassé et avoir été obligé de s'arrêter à Mâcon sans pouvoir poursuivre, jusqu'à sauter d'un train dans l'autre, d'être redescendu jusqu'à Nîmes, remonté à Lyon, et qu'il se trouvait dépourvu de tout, au point que je lui donnai l'un de mes deux stylos.*

« [...] *Il me dit avoir été poursuivi. Il ne m'a pas dit : "Je suis poursuivi." Néanmoins, son attitude était révélatrice d'un grand désarroi. C'est ainsi qu'il me répéta plusieurs fois : "Ça va mal, ça va mal."*

« Il ne m'indiqua pas qu'il y avait danger immédiat de le voir, mais ne me cacha pas un danger latent[23]. »

Aussitôt que Hardy l'eut quitté, Heilbronn fut arrêté[24].

Le même jour, Hardy se rendit chez les Bastien afin de prévenir sa fiancée de ne pas rentrer chez elle car son adresse était brûlée. Ayant appris qu'elle était toujours à Paris, il prit aussitôt le train pour la rejoindre.

En dépit de son rapide passage à Lyon le 12 juin, les responsables des

M.U.R. n'avaient aucune nouvelle de Hardy (ce qui révèle le cloisonnement entre les résistants travaillant pourtant dans les mêmes mouvements) et ils croyaient qu'il avait été arrêté. Le premier informé en avait été Bénouville : *« Une semaine environ après que Chauvy* [Hardy] *fut parti pour Paris,* écrit-il, *j'appris de la bouche d'un des seconds de Rachet* [Rachline] *qu'avant de monter dans le train, sur le quai même de la gare de Perrache, Chauvy avait reconnu Rachet qui partait lui aussi pour Paris, l'avait rejoint et lui avait dit d'une voix précipitée par l'angoisse : "Si je suis fait ce soir dans le train vous direz à notre ami commun que Lunel* [Multon] *y était aussi et que c'est certainement lui qui m'aura donné"*[25]. »

« Il est tout à fait possible que ce soit moi qui aie fait part à mes camarades de ce que Racheline [*sic*] *communiquait et dont les termes sont exactement rapportés. Je crois me rappeler que Racheline, après son départ manqué pour Londres, était revenu à Lyon, avait repris contact avec moi et il m'avait fait part de ce message d'Hardy*[26]. »

Les responsables de Combat (Aubry, Baumel, Bourdet) furent donc informés au cours d'une réunion des chefs de la Résistance, quai Saint-Vincent, d'une arrestation possible de Hardy, dans le train Lyon-Paris[27]. Simultanément, Lacombe, adjoint de Hardy, donna l'alerte et avertit, par une circulaire, tous les services comme c'était l'usage : *« Didot arrêté. »*

14 juin 1943 : Jean Moulin apprend l'arrestation du général Delestraint

Jean Moulin, ignorant ces événements, quitta Lyon le samedi 12 pour passer la Pentecôte chez les parents de sa secrétaire à Trévoux, dans l'Ain. Inconnu de tous, il s'y sentait en sécurité. Il s'y présenta comme artiste peintre, car, toujours prudent, il avait emporté du matériel de peinture. Rentré à Lyon dans la soirée du lundi 14 juin, il apprit l'arrestation du général Delestraint[28]. Ce détail révèle la lenteur des communications à l'intérieur de la Résistance, source permanente de malentendus, de méfiance et d'imprudences.

J'étais venu spécialement de Paris pour l'informer. Il mesura immédiatement l'étendue de la catastrophe, non seulement pour la cohésion de l'Armée secrète des deux zones et sa reprise en main, mais surtout pour la garantie de sérieux que la personnalité du général conférait aux entreprises paramilitaires de la Résistance auprès de l'état-major allié. Au cours de ses entretiens à Londres, Moulin avait observé que, pour la première fois, grâce à Delestraint, les Alliés envisageaient d'armer sérieusement la Résistance. L'arrestation du général allait confirmer leurs doutes sur son efficacité et fut une des causes des restrictions apportées à l'armement de la Résistance.

Dès le lendemain 15 juin au matin, Moulin écrivit une lettre personnelle et manuscrite au général de Gaulle : *« Je m'excuse de la forme de cette lettre, que je vous écris in extremis avant le départ du courrier* [pour Londres][29] » (l'opération d'enlèvement que l'on attendait depuis plusieurs jours, eut lieu le soir même).

Document capital, parce que le sort a voulu qu'il devienne un testament arraché par le hasard à un mort en sursis, ce texte est un instantané de l'action de Jean Moulin et il porte, mieux qu'un rapport, la marque de la tragédie dans laquelle la France, la Résistance et lui-même se débattaient. Il reste un brandon incandescent tiré de cette fournaise de la Résistance qui nous dévorait tous. Il en conserve la brûlure intacte. Peut-être qu'en le lisant ce passé, qui défie souvent nos analyses, revivra en chacun d'entre nous.

« Mon Général. Notre guerre, à nous aussi, est rude.

« J'ai le triste devoir de vous annoncer l'arrestation par la Gestapo, à Paris, de notre cher Vidal [Delestraint]. » Sous la sécheresse de ces trois lignes, on sent percer les sentiments, je peux dire de complicité affectueuse, qui liaient les deux hommes. Moulin avait apprécié l'action du général, il l'avait défendu sans défaillance contre les attaques des mouvements et les critiques de Londres. Ce jour-là, il était terriblement seul et affreusement triste.

Les raisons que Moulin donne de l'arrestation de Delestraint sont d'autant plus intéressantes que, s'il en ignorait le mécanisme précis, il en avait immédiatement compris les causes : *« Les circonstances ? Une souricière dans laquelle il est tombé avec quelques uns de ses nouveaux collaborateurs.*

« Les causes ?

« Tout d'abord la campagne violente menée contre lui et contre moi par Charvet [Frenay] *qui a, à la lettre, porté le conflit sur la place publique et qui a, de ce fait, singulièrement attiré l'attention sur nous. (Tous les papiers de Charvet sont, vous ne l'ignorez pas, régulièrement pris par la Gestapo. Il y a quelques jours encore, celle-ci a mis la main, dans la propre chambre de Charvet, sur* tous *les comptes rendus du Comité Directeur des M.U.). »*

Si les conditions dans lesquelles fonctionnaient les mouvements étaient, à ses yeux, l'une des causes essentielles, il ne négligeait pas, pourtant, les responsabilités du B.C.R.A. : *« Ensuite, et là permettez-moi d'exhaler ma mauvaise humeur, l'abandon dans lequel Londres nous a laissés en ce qui concerne l'A.S.* [Armée secrète].

« Il y a trois mois, lorsque je me trouvais auprès de vos services, j'ai réclamé pour l'A.S. trois officiers susceptibles de constituer l'armature de l'E.M. de Vidal [Delestraint]. *Malgré des rappels incessants, je n'ai pu obtenir satisfaction.*

« Vidal, alors que Charvet [Frenay] *lui dressait les pires embûches, a dû reprendre l'A.S. à zéro et travailler* tout seul *pour remonter un instrument sérieux.*

« Il s'est trop exposé, il a trop payé de sa personne. Il lui fallait les collaborateurs que nous avions demandés. Il y a trois semaines, je vous ai adressé à ce sujet un câble appelant votre attention sur le tragique de la situation et sur la responsabilité grave que prenait la France combattante en refusant de nous envoyer le personnel demandé.

« Aura-t-il fallu que le pire arrive pour que des mesures soient prises ? »

Plus importante que ces récriminations est la manière dont il envisageait la reprise en mains de l'A.S. : *« Etant donné la situation présente ici, il n'y a plus qu'une issue : Nous envoyer d'urgence, c'est-à-dire, cette lune 1° un officier général ou un officier supérieur qui prenne la succession de Vidal* [Delestraint] *2° les trois officiers que nous avons jusqu'à ce jour réclamés en vain. »*

Le paragraphe suivant, mieux que tout autre, prouve à quel degré de tension, pour ne pas dire plus, étaient arrivées les relations entre Moulin et les chefs de zone libre, et surtout sa volonté de reprendre la direction de l'A.S., au moment où sa fidélité à de Gaulle était indispensable dans la lutte contre Giraud : *« J'ai tenu secrète l'arrestation de Vidal* [Delestraint]. *Il n'y a pas une minute à perdre. Tout peut encore être réparé.*

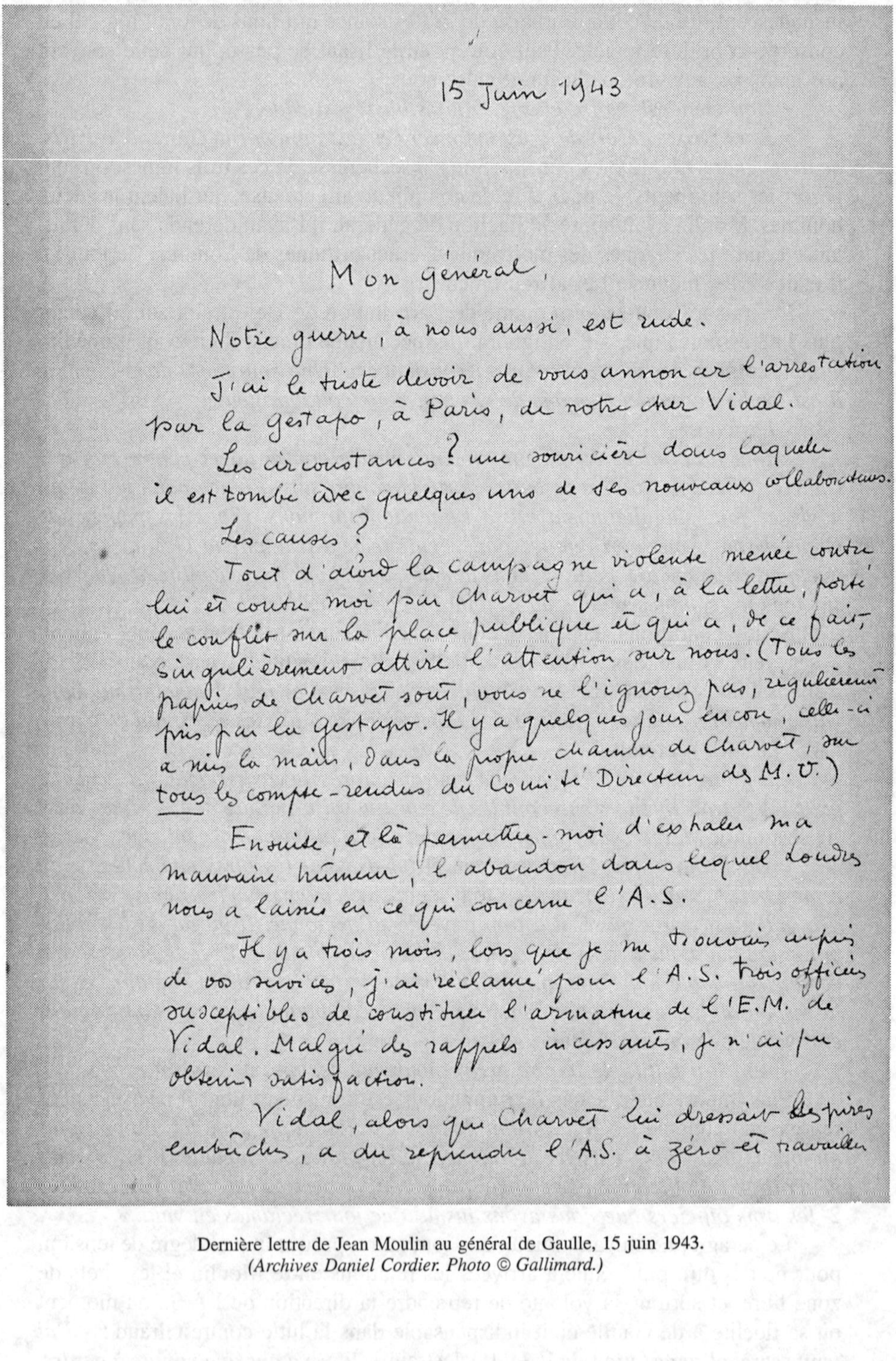
15 Juin 1943

Mon général,

Notre guerre, à nous aussi, est rude.

J'ai le triste devoir de vous annoncer l'arrestation par la gestapo, à Paris, de notre cher Vidal.

Les circonstances? une souricière dans laquelle il est tombé avec quelques uns de ses nouveaux collaborateurs.

Les causes?

Tout d'abord la campagne violente menée contre lui et contre moi par Charvet qui a, à la lettre, porté le conflit sur la place publique et qui a, de ce fait, singulièrement attiré l'attention sur nous. (Tous les papiers de Charvet sont, vous ne l'ignorez pas, régulièrement pris par la gestapo. Il y a quelques jours encore, celle-ci a mis la main, dans la propre chambre de Charvet, sur <u>tous</u> les compte-rendus du Comité Directeur des M.U.)

Ensuite, et là permettez-moi d'exhaler ma mauvaise humeur, l'abandon dans lequel Londres nous a laissés en ce qui concerne l'A.S.

Il y a trois mois, lors que je me trouvais auprès de vos services, j'ai réclamé pour l'A.S. trois officiers susceptibles de constituer l'armature de l'E.M. de Vidal. Malgré des rappels incessants, je n'ai pu obtenir satisfaction.

Vidal, alors que Charvet lui dressait les pires embûches, a dû reprendre l'A.S. à zéro et travailler

Dernière lettre de Jean Moulin au général de Gaulle, 15 juin 1943.
(Archives Daniel Cordier. Photo © Gallimard.)

<u>tout seul</u> pour remonter un instrument sérieux.

Il s'est trop exposé, il a trop payé de sa personne. Il lui fallait les collaborations que nous avions demandé. Il y a trois semaines, je vous ai adressé à ce sujet un câble appelant votre attention sur le tragique de la situation et sur la responsabilité grave que prenait la France combattante en refusant de nous envoyer le personnel demandé.

Aura-t-il fallu que le pire arrive pour que des mesures soient prises?

Étant donné la situation présente ici, il n'y a plus qu'une issue : Nous envoyer d'urgence, c'est-à-dire, cette lune 1° un officier général ou un officier supérieur qui prenne la succession de Vidal 2° les trois officiers que nous avons jusqu'à ce jour réclamé en vain.

J'ai tenu secrète l'arrestation de Vidal. Il n'y a pas une minute à perdre. Tout peut encore être réparé.

Mais, il faut que personne à Londres et à Alger ne soit au courant et surtout pas les chefs des mouvements.

Le nouveau chef de l'A.S. ne doit être désormais connu ici que de son chef d'E.M. et de moi-même.

Dans cette affaire, plusieurs de mes meilleurs collaborateurs civils ont été pris. J'ai pu, une fois encore, m'en sortir.

Vous pouvez compter sur toute mon ardeur et toute ma foi pour réparer le mal qui a été fait. Je dispose personnellement, maintenant, de deux secrétariats bien organisés dans chacune des zones et j'ai enfin trouvé ici les deux suppléants qui désormais me doublent dans l'une et l'autre zone.

C'est l'A.S. qu'il faut sauver. Je vous en supplie, mon général, faites ce que j'ai l'honneur de vous demander.

Votre profondément dévoué

REX

Je m'excuse de la forme de cette lettre, que je vous écris in extremis, avant le départ du courrier.

« Mais, il faut que personne à Londres et à Alger ne soit au courant et surtout pas les chefs des mouvements.

« Le nouveau chef de l'A.S. ne doit être désormais connu ici que de son chef d'E.M. et de moi-même. »

Enfin, cette lettre permet de connaître, une semaine avant son arrestation, ses sentiments à l'égard de De Gaulle et la politique qu'il préconisait pour l'aider à triompher en Afrique du Nord : *« Dans cette affaire, plusieurs de mes meilleurs collaborateurs civils ont été pris. J'ai pu, une fois encore, m'en sortir.*

« Vous pouvez compter sur toute mon ardeur et toute ma foi pour réparer le mal qui a été fait. Je dispose personnellement, maintenant, de deux secrétariats bien organisés dans chacune des zones et j'ai enfin trouvé ici les deux suppléants qui désormais me doublent dans l'une et l'autre zone. »

L'arrestation de Delestraint était pour Moulin un choc douloureux, mais elle n'était pas une surprise. Depuis des semaines, il réclamait à Londres l'envoi de personnel d'encadrement qui permît de maintenir l'autorité du général de Gaulle sur la Résistance. Dès le 30 avril, il avait câblé : *« Etant données difficultés actuelles demande instamment que personnel promis soit envoyé prochaine lune — insiste pour venue Morinaud* [Marchal] — *Saint-Jacques* [Duclos] *et si possible P*[é]*labon pour Armée secrète*[30]. »

Pour l'action civile, il réclamait Serreulles et Bingen.

Devant l'absence de réponse, il s'était plaint à plusieurs reprises et ses réclamations forment une litanie qui scande sa marche au sacrifice. Le 7 mai 1943, il écrivait : *« Il est indispensable que j'aie un double dans chaque zone et un certain nombre de collaborateurs à poste fixe* [...]. *Je suis recherché maintenant tout à la fois par Vichy et la Gestapo* [...]. *Je suis bien décidé à tenir le plus longtemps possible, mais si je venais à disparaître, je n'aurais pas eu le temps matériel de mettre au courant mes successeurs*[31]. »

Le 4 juin, il répétait à André Philip : *« J'insiste à nouveau avec fermeté pour que le personnel militaire que je ne cesse de réclamer soit envoyé au* [plus] *tôt à l'A.S. et particulièrement le colonel 9* [Marchal] *pour prendre la direction de l'E.M. de même que 10* [Duclos], *qui sont tous deux volontaires.*

« [...] *Comme je l'ai dit encore tout récemment dans un câble adressé personnellement au Général de Gaulle, la France Combattante a pris une terrible responsabilité en refusant à l'A.S. les cadres qui lui sont indispensables.*

« [...] *Il y a un an et demi, il avait été prévu que toutes les régions militaires seraient pourvues, au même titre que l'E.M. National A.S., des cadres venant des F.F.L.*

« Rien n'a été fait.

« Aujourd'hui, la question se pose plus intensément que jamais. Les cadres A.S. des mouvements ont subi des pertes considérables. Ceux qui restent sont très "brûlés".

« [...] *Vidal* [Delestraint] *fait en ce moment un travail considérable. Mais il le fait pratiquement seul et prend des risques excessifs du fait qu'il n'est pas secondé.* [...] *Il est déjà très tard. Souhaitons qu'il ne soit pas trop tard*[32]. » Cinq jours plus tard, le général Delestraint était arrêté.

Le 15 juin, Moulin écrivait à Passy : *« Je suis très mécontent qu'on n'ait pas envoyé M* [Morinaud], *P* [Pélabon] *et St J* [Saint-Jacques].

« Vous avez pris là (je parle des gens de Londres) une terrible responsabilité.

« Maintenant, il faut réparer, c'est-à-dire, agir et agir vite[33]. »

Enfin, on ne peut lire sans émotion la dernière phrase de la dernière lettre qu'il écrivit le même jour au général de Gaulle : *« C'est l'A.S qu'il faut sauver. Je vous en supplie mon Général, faites ce que j'ai l'honneur de vous demander. Votre profondément dévoué*[34]. »

Six jours plus tard, il « tombait » à son tour.

Après avoir écrit cette lettre, Jean Moulin apprit, au cours de cette matinée du 15 juin, que Hardy était en liberté à Lyon. Il venait, en effet, de rentrer de Paris sans avoir trouvé sa compagne. Jean Moulin, ne comprenant pas comment il circulait librement puisque Delestraint, avec qui il avait rendez-vous à Paris, avait été arrêté, prescrivit aussitôt à ses collaborateurs de se méfier de tout rendez-vous proposé par Hardy[35].

15-20 juin 1943 : prélude à Caluire

Jusqu'à cette date, l'activité de Moulin est à peu près établie, en dépit de quelques obscurités ou contradictions persistantes. À partir du 15 juin, les difficultés commencent. Plus la réunion de Caluire approche, plus il est important que les responsabilités de chacun soient fixées, or les contradictions s'aggravent.

La première de ces difficultés tient aux lacunes de notre information sur les conditions dans lesquelles Moulin décida d'organiser une réunion de l'état-major de zone libre. Cette réunion était destinée à préparer des mesures conservatoires pour l'Armée secrète puisqu'il craignait que les hommes de Combat ne profitent de cette tragédie pour en reprendre le contrôle.

Il n'existe aucun témoignage et encore moins de document qui permette de suivre la préparation de cette réunion entre le 15 et le 19 juin. À quel moment Moulin prit-il sa décision ? Quels responsables rencontra-t-il ? Quel fut le contenu de leurs entretiens ? Tous ces éléments font défaut, personne n'a témoigné sur ces points précis. Tony De Graaff (mon remplaçant au secrétariat de Moulin à Lyon), qui était au centre des liaisons, ne se souvint de rien après la Libération. Au point même d'affirmer qu'il était absent de Lyon durant cette semaine-là[36] !

La seule certitude est que Moulin ne put mettre immédiatement son projet à exécution car il constata, toujours le 15 juin, qu'Aubry était absent de Lyon. Moulin dut attendre son retour, tout le monde ignorait où il se trouvait et nul ne pouvait le joindre. Pour couper court aux manœuvres de Combat, Moulin était impatient de tenir cette réunion avant celle du Comité directeur des M.U.R. fixée au mardi 22 juin. Il comptait y annoncer l'arrestation de Delestraint en même temps que les mesures qu'il avait prises en conséquence.

Ce n'est qu'à partir du jeudi 17 juin que l'on possède les témoignages des acteurs, attestés par quelques documents permettant de reconstituer de la manière la plus probable le déroulement des événements tels qu'ils sont exposés ici.

Lyon, 17 juin 1943 : rencontre Hardy-Bénouville

La première pièce est une lettre du 17 juin 1943 de Bénouville. Ému par l'arrestation de Hardy, compagnon avec lequel, depuis la prison, il avait développé solidarité et amitié, il informa le représentant des mouvements en Suisse : *« Didot* [Hardy] *qui, comme vous le savez, était condamné à mort à Paris y a été arrêté.*

Il est probable qu'à l'heure où je vous écris il a déjà été exécuté. Vous saviez quels étaient mes rapports personnels avec lui. I [Davet] *n'a certainement pas oublié sa belle attitude à Toulon* [en prison] *; cette dramatique arrestation nous prive non seulement d'un ami très cher, mais encore d'un de nos chefs de service les plus remarquables. Sa suite a été prise par son second*[37]. »

Or, quelques heures après avoir annoncé l'arrestation et la mort probable de son camarade, Bénouville, dans l'après-midi du 17 juin, en compagnie de sa fiancée, rencontra par hasard, rue Vaubecourt, Hardy qui se rendait, en compagnie de Lacombe, dans un bain-douche. Il ressentit, en le voyant, la même impression trouble que Heilbronn : *« Mal rasé, l'œil un peu hagard, les vêtements fripés, il avait l'apparence d'un clochard qui vient de passer plusieurs nuits au violon*[38]. » On peut, cependant, imaginer la joie de Bénouville en retrouvant sain et sauf un camarade dont il était sans nouvelles depuis près de deux semaines et qu'il croyait mort. Mais ce soulagement qu'éprouvaient tous les résistants quand ils rencontraient en liberté ceux de leurs camarades qui avaient été arrêtés était toujours mêlé de quelques soupçons. *A priori*, on devait considérer ces « évadés » comme susceptibles d'avoir été remis en liberté par la Gestapo afin de faire « tomber » d'autres résistants. C'était exactement ce qui s'était passé cinq semaines auparavant avec Multon, qui avait prétendu s'être évadé en sautant d'un mur de près de quatre mètres de haut.

On ne saura jamais avec précision et certitude les propos échangés par Bénouville et Hardy lors de leur rencontre, puisque, évidemment, ils ne firent l'objet d'aucun compte rendu. Ce qui complique encore l'approche de la vérité, ce sont les variations de leurs témoignages au cours des années.

Hardy, le premier, mentionna en juin 1944 cette rencontre : *« J'ai rencontré Barrès* [Bénouville] *avec sa fiancée, il m'a dit : "Il y a des idiots qui ont dit que tu avais été arrêté." J'ai d'ailleurs mangé avec lui et j'ai couché chez lui le soir même*[39]. »

Quant à Bénouville, il révéla en 1945 que Hardy lui avait expliqué *« qu'avant le départ du train où il avait pris place en même temps que Rachet* [Rachline], *il avait, en effet, reconnu le sinistre Lunel* [Multon]. *Il avait décidé quand même de tenter le voyage. Mais aux environs de Mâcon, angoissé par des allées et venues suspectes autour de lui, il avait sauté dans la nuit, abandonnant ses bagages. Depuis, pour échapper et pour brouiller les pistes, il avait sans arrêt voyagé au hasard des horaires. Il venait de reprendre ses contacts*[40]... ».

En 1987, Bénouville modifia ce témoignage en citant les propos de Hardy : *« Multon m'a vendu, m'a signalé aux Allemands. Ils m'ont emmené dans un compartiment qu'ils avaient, m'ont interrogé, m'ont dit qu'on débarquait à Chalon. Il y a eu une faille, je les avais mis en confiance, je me suis évadé*[41]. »

Ainsi, en 1945, Bénouville affirma qu'il ignorait la rencontre de Hardy avec la Gestapo, bien qu'il sût que Multon l'avait reconnu. En 1987, il révéla que Hardy lui avait avoué avoir été en contact direct avec la Gestapo au cours d'un interrogatoire. Bénouville fut si peu méfiant qu'il accompagna Hardy aux bains d'Aulnay et il put constater que, s'il était sale et n'était pas rasé, il ne portait aucune trace de sévices. Le lendemain de cette rencontre, 18 juin, il l'emmena au P.C. de Combat où ils assistèrent ensemble à une réunion en compagnie de Claude Bourdet et de Jacques Baumel.

C'est peut-être à cette occasion que les responsables de Combat apprirent l'arrestation de Delestraint, dissimulée jusque-là par Moulin. Ils discutèrent en effet des problèmes que posait la disparition du chef de l'Armée secrète et étudièrent un projet qui leur permettrait d'en reprendre le contrôle. Jacques Baumel télégraphia le même jour à Frenay (parti pour Londres en ignorant l'arrestation[42]) afin de l'informer et de lui demander son accord sur leur projet : « *Vidal* [Delestraint] *arrêté* [...] *Lorrain* [Bourdet] *va proposer C.D.* [Comité directeur], *chefs région AS* [Armée secrète] *dépendent chefs de région C.D. prennent direction A.S. — Attends réponse*[43]. » Comme on le sait, un Comité directeur avait été prévu pour le mardi 22 juin[44]. Bourdet, avant d'y proposer cette mesure, avait besoin de l'accord du patron. Elle devait empêcher Moulin de faire adopter une autre solution qui maintiendrait l'Armée secrète sous le commandement direct du général de Gaulle (en fait, le télégramme de Baumel ne parvint à Londres que le 25).

Pendant que les responsables de Combat se concertaient pour récupérer le contrôle de l'Armée secrète, que faisait Jean Moulin ?

Lyon, samedi 19 juin : le retour d'Aubry

Aubry a raconté à plusieurs reprises les conditions de son retour à Lyon : « *Je suis arrivé le samedi matin 19 juin à Lyon. Ma secrétaire m'attendait Place Bellecour, au départ du tram qui devait me mener à Pont-Mouton où je prenais le trolleybus pour aller à La Demi-Lune où j'habitais. Elle est venue avec moi pour me mettre au courant de tout ce qui s'était passé pendant mon absence.*

« *1º Le Général Delestraint avait été arrêté ;*

« *2º Didot* [Hardy] *avait failli être arrêté ; Multon était dans le train, il avait sauté à temps ;*

« *3º Moulin cherchait après moi depuis de nombreux jours pour faire une réunion à la suite de l'arrestation du Général Delestraint ; il était même impatient de voir que je n'étais pas là ;*

« *4º Baumel et de Bénouville souhaitaient ardemment que j'emmène à cette réunion Hardy pour me soutenir parce qu'il se pouvait que des considérations politiques influent sur le résultat de la réunion qui devait se tenir ;*

« *5º Hardy me donnait rendez-vous pour le dimanche 11 heures au café faisant le coin de la Place Bellecour et de la Rue de la République ;*

« *6º Je devais voir dans l'après-midi, à la fois Lassagne et Aubrac pour mettre au point la réunion, puisque j'étais là, et, également Baumel et Bénouville*[45]. »

« *Je quitte ma secrétaire vers 7 h 30 du matin et vais faire un brin de toilette chez M. Cornu*[46]. »

« *J'avais, à côté de cela, un courrier assez important de renseignements, spécialement au point de vue des bases sous-marines en France.*

« *Je suis resté à La Demi-Lune, chez M. Cornu, le temps de me raser de me changer, de déblayer un petit peu tous les papiers, et je suis redescendu à Lyon*[47]. »

« *Ma secrétaire m'avait annoncé qu'en dehors du rendez-vous du lundi après-midi, Jean Moulin voulait me voir seul, le matin à 10 heures*[48]. »

Aubry rencontra donc Moulin à l'heure dite. Il ne restait que trois jours avant la réunion du Comité directeur du 22. Même en précipitant les choses, il était exclu d'organiser la réunion avant le lundi 21 juin. C'est ainsi que la date de la réunion des responsables militaires fut choisie et Aubry fut chargé par Moulin de trouver le local.

Après son entretien avec Moulin, Aubry avertit Bénouville qu'il rencontra à la suite. Celui-ci découvrit alors ce projet, caché aux chefs de Combat. Bourdet dira plus tard : *« Je me trouvais à Lyon. Je n'étais pas au courant de la réunion de Caluire*[49]. » Bénouville comprit immédiatement la manœuvre de Moulin qui revenait à mettre le Comité directeur devant le fait accompli et à annoncer une décision que personne ne pourrait plus discuter. Il fallait prendre Moulin de vitesse, d'autant plus que Bénouville était persuadé qu'il s'agissait de désigner un successeur à Delestraint. L'enjeu était donc capital. On sait que Moulin se proposait en fait de prendre seulement des mesures conservatoires en attendant la nomination du successeur de Delestraint par de Gaulle, mais, ce matin-là, tout le monde l'ignorait. *« Le but de cette réunion,* supposa Bénouville, *était de désigner le successeur du général Delestraint qui avait été arrêté. Cette question m'intéressait directement et je voulais que notre point de vue prévale, c'est-à-dire que celui qui serait nommé ne soit pas considéré comme dépositaire du commandement, mais simplement délégué technique attaché par Londres à notre état-major déjà existant. Je ne crois pas avoir su quel nom serait mis en avant par Max* [Moulin].

« Je savais que Max arguerait du fait que le général Delestraint ayant reçu une lettre de commandement, cette lettre devait normalement servir à son successeur. Mais comme Frenay partait pour Londres précisément pour démontrer à l'état-major du général de Gaulle qu'il était impossible de laisser exercer le commandement par quelqu'un venu de l'extérieur, je voulais — et le Comité Directeur voulait avec moi — que la question soit au moins réservée.

« Je savais que Max tenterait d'imposer son point de vue dans la discussion et je voulais que nos délégués soient en nombre[50]. »

« […] C'est à ce moment que j'ai dit à Aubry que la présence de Hardy était nécessaire à cette réunion[51]. »

Cette intention recoupait le souhait d'Aubry qui, conscient lui aussi de l'importance de cette réunion, avait dit à Bénouville : *« C'est malheureux que je sois seul*[52]. »

Bénouville, en dehors même de ses fonctions militaires auprès de Bourdet, avait des raisons personnelles de s'opposer à Moulin. Les relations entre les deux hommes étaient exécrables depuis que Moulin avait torpillé l'« affaire suisse ». Il s'était opposé à son départ à Londres et avait supprimé le budget de son service des relations extérieures. Bénouville n'était pas invité à la réunion, parce qu'il n'avait aucun titre officiel pour y participer. D'ailleurs, il ne souhaitait pas s'y rendre : *« Je n'y vais pas parce que je ne veux pas donner mon aval à une réunion que Moulin va présider et en la présidant va mettre la pagaille partout parce qu'il n'a pas la confiance des mouvements*[53]. »

C'est pourquoi, Bénouville *« accepte l'intervention d'Aubry en lui disant : "Tu ne diras rien et tu me feras rapport"*[54] ». Cet ordre qu'il donnait à Aubry était du ressort de ses attributions puisqu'il avait besoin de connaître, aussitôt après la séance, les décisions prises pour se préparer à contre-attaquer, avec Bourdet, les projets et l'action de Moulin au Comité directeur du lendemain. Celui-ci, selon Bénouville, *« soucieux comme toujours, d'élever une cloison entre l'Armée Secrète et les organisations de résistance*[55] », s'attendait à une discussion au Comité qui promettait d'être vive.

Bénouville n'étant pas invité à Caluire, il fallut trouver quelqu'un pour épauler Aubry : *« C'est à ce moment que j'ai dit à Aubry que la présence d'Hardy était nécessaire à cette réunion*[56]. *»*

En quittant Bénouville, Aubry se rendit à un autre rendez-vous, promis *« depuis très longtemps à un de mes amis de la résistance qui s'appelait Pascal. Il était de Marseille ; il voulait me voir, il travaillait à Lyon depuis quelque temps.*

« Je l'ai rencontré rue de l'Hôtel de Ville vers 11 heures [et quart]. *J'ai croisé Hardy accompagné de sa fiancée. Je lui ai dit : "Tu es fou. Je n'irai pas à ton rendez-vous demain au café, mais viens au Pont Morand où j'ai déjà un rendez-vous, je t'apporterai l'argent du mois, et d'ailleurs, tu sais que Delestraint a été arrêté, il faut que tu viennes avec moi à la réunion que veut faire Moulin. Je ne sais pas où elle aura lieu, il faut que tu viennes avec moi, j'aurai besoin de toi."*

« J'ai donc vu Pascal. Après cela, j'ai été déjeuner, probablement encore à la Brasserie de l'Hôtel de Ville, si mes souvenirs sont exacts, avec ma secrétaire et René Gauthier. Nous avons discuté assez longuement. Je me souviens avoir regardé certains papiers dans ce restaurant ; et à quatre heures, j'avais rendez-vous, et j'y ai été, avec le Général de B[é]*nouville et Baumel, aux environs des bâtiments de la Foire de Lyon.*

« Nous avons discuté pendant un certain temps. Nous avons parlé du budget de Hardy. Il était entendu que Baumel lui donnait un complément également. Il a été dit et redit qu'il fallait absolument qu'il vienne avec moi afin que ce qu'on peut peut-être appeler maintenant une tendance soit représentée davantage. Il fallait qu'il vienne absolument avec moi à cette réunion qui aurait lieu dans deux jours[57]. *»*

Après ce rendez-vous, Bénouville, retrouvant Hardy dans l'après-midi, se dit : *« Voilà mon Hardy, c'est un sacré bon renfort ! »* et lui ordonna : *« Il faut que tu y ailles*[58]. *»*

Sa confiance dans la personnalité de Hardy explique qu'il l'ait choisi pour une mission capitale : neutraliser Jean Moulin. Décrivant son état d'esprit après la décision qu'il avait prise, Bénouville écrit dans ses Mémoires : *« Je me réjouis de penser qu'il y serait. Il soutiendrait Aubry que Max* [Moulin] *ne manquerait pas d'attaquer*[59] *»* (cette phrase fut supprimée dans les nouvelles éditions de ses Mémoires, à partir de 1968[60]).

On doit noter que Hardy avait un excellent prétexte pour refuser la mission que lui confiait Bénouville, un rendez-vous, le 21 juin, à Limoges, avec le chef régional pour lui apporter son budget. Son refus n'aurait donc rien eu d'anormal vis-à-vis de ses camarades. Pourtant, il accepta pour des raisons qu'il expliquera au cours de son procès : *« Il faut dire aussi l'état de lassitude de ce moment. Que ce soit une imprudence, je le reconnais* […]. *Je me suis laissé entraîner à croire à ma chance. Quand on a eu la chance pour soi pendant des mois, on y croit.*

« M. le Président — Mais en quoi consistait votre imprudence ?

« M. Hardy — Dans le fait de rester plus longtemps à Lyon et de risquer de retomber entre les mains de l'ennemi...

« M. Le Président — Et non pas dans le fait d'aller à la réunion de Caluire ?

« M. Hardy — ... dans le fait d'aller à cette réunion, en soi, le fait d'aller partout, au fond, en soi[61]. *»*

Il reste que l'ordre de Bénouville avait été donné en violation d'une règle de sécurité si élémentaire qu'elle avait fait l'objet d'une circulaire de Combat :

« Interdiction formelle d'amener une tierce personne, quelle qu'elle soit, à un rendez-vous pris avec un autre[62]. » Le 9 février 1943, une nouvelle note avait précisé : *« Ne pas permettre, de quelque manière que ce soit, qu'une personne non convoquée soit informée du rendez-vous que vous avez pu prendre*[63]. » De plus, jamais personne n'avait convoqué une personne supplémentaire dans une réunion organisée par Moulin sans lui en demander l'autorisation préalablement.

Il faut voir, dans cette légèreté, le défaut qui avait tant frappé Me Garçon quand il s'exclamait à propos des résistants : *« On demeure épouvanté lorsque, avec le recul du temps, on peut juger posément l'imprudence de ces résistants si courageux dont, pourtant, chaque minute de la vie quotidienne était exposée à mille dangers. Est-ce l'habitude continuelle du risque qui les rendait si insouciants et leur faisait abandonner jusqu'à la plus élémentaire protection de leur sécurité*[64] *? »*

De son côté, Jean Moulin passa l'après-midi du 19 juin avec Claude Serreulles, arrivant de Londres pour le seconder. Ils s'entretinrent longuement en marchant dans le parc de la Tête-d'Or. Jean Moulin écouta avidement toutes les nouvelles en provenance de Londres et d'Alger, puis expliqua à Serreulles qu'il envisageait de lui confier les questions militaires *« qui, à ce moment-là, sont le point noir no 1 dans ses préoccupations*[65] *»*.

Pendant ce temps-là, entre 17 et 19 heures, Aubrac, Aubry et Lassagne se rencontraient 7, quai de Serbie, chez Lonjarret, un ami de Lassagne, professeur comme lui au lycée du Parc. Son domicile avait été envisagé comme lieu de réunion, mais il se rendait à Paris pour corriger des copies du baccalauréat et il craignait qu'un va-et-vient de personnes dans son appartement inoccupé ne soit remarqué.

« La réunion a été décidée entre trois personnes qui étaient : Aubrac, Aubry et moi-même [Lassagne], *entre 5 heures et 7 heures du soir, le 19 juin, au domicile de M. Lonjarret, Quai de Serbie, à Lyon.*

« Depuis l'arrestation de M. Lorrain-Forestier [sic], *Secrétaire de l'A.S., au mois de mars, un certain nombre de documents étaient tombés entre les mains de la police allemande, et nous avions pris des précautions plus grandes pour l'organisation de ces réunions importantes. La plupart des appartements lyonnais où, déjà, s'étaient tenues des réunions risquant d'être surveillés, il nous était apparu que la banlieue lyonnaise convenait mieux à une organisation comme celle-ci.*

« J'étais Lyonnais : on me chargea de trouver un domicile vierge. J'hésitais entre deux endroits, et je n'en fis part à aucun de mes amis ce soir-là car je n'avais pas encore l'accord des intéressés, qui étaient, l'un le Docteur David, à Saint-Robert, L'Ile Barbe, et l'autre le Docteur Dugougeon [sic], *à Caluire*[66]. »

Vis-à-vis d'Aubrac, Lassagne n'avait pas à garder le secret : ils étaient amis, David était un cousin d'Aubrac, camarade de faculté de Dugoujon, dont Aubrac était également un ami. Ce qui explique la différence établie entre Aubry et Aubrac : *« Je me réservai,* expliqua Lassagne, *d'indiquer un peu plus tard le lieu du rendez-vous de la réunion car je n'étais pas assuré de disposer d'un local sûr. Après accord téléphonique, je pus donner rendez-vous à Aubrac, chez le docteur Dugoujon à Caluire. Il devait amener Max* [Moulin]. *Aubry n'avait pas été mis au courant de ce local* [...][67]. »

« Je donnai donc à M. Aubry un rendez-vous intermédiaire et hypothétique, duquel il aurait été possible de se rendre à l'une ou l'autre de ces réunions :

c'était à la Ficelle de la Croix Paquet, aux environs de 2 heures, (je ne sais plus si c'est 2 heures moins le quart ou 2 heures) pour le lundi [...].

« Je téléphonai au Docteur Dugougeon [*sic*], *sans lui faire aucune espèce d'allusion à une rencontre chez lui, mais simplement pour m'inviter à déjeuner le lendemain. Je déjeunai donc chez lui et il me donna son accord, bien entendu.*

« Je souligne qu'il n'y avait eu, auparavant, aucune réunion chez le Docteur Dugougeon, à Caluire ; par conséquent il ne pouvait pas être question de maison surveillée ou connue.

« Par ailleurs, le Docteur Dugougeon n'était pas lui-même directement intéressé dans des organisations de Résistance. Il n'avait pas non plus la possibilité d'être connu des policiers, soit français, soit allemands[68]. »

De son côté, Jean Moulin, prévoyant les obstacles que les hommes de Combat ne manqueraient pas d'opposer à ses projets, voulait s'assurer de l'appui des dirigeants de Libération et de Franc-Tireur. Il retrouva tard dans la soirée Copeau, puis Claudius-Petit dans la rue Centrale. Ensemble, ils firent le point sur les questions qui dominaient leurs préoccupations : l'Armée secrète, la force du parti communiste, la primauté du Conseil de la Résistance, et Moulin leur expliqua la solution qu'il préconisait, afin d'être sûr de leur soutien au Comité directeur du 22 pour s'opposer aux prétentions de Claude Bourdet, représentant de Combat.

Dimanche 20 juin 1943 : anniversaire de Moulin

Nous ignorons à quel moment la liste des participants fut arrêtée. Elle comporta finalement huit noms : avec Jean Moulin, Aubrac, Aubry, le colonel Lacaze, Larat, Lassagne, le colonel Schwartzfeld et peut-être Serreulles.

C'est durant cette journée du 20 que semble avoir été confirmé et diffusé par Lassagne le lieu de la réunion. Trois personnes en furent informées : Aubrac, Lacaze, Larat. À l'exception de Larat et Lacaze, qui devaient s'y rendre directement, Aubrac avait rendez-vous avec Schwartzfeld et Moulin, tandis que Lassagne avec Aubry se rendaient au pied du funiculaire de la Croix-Paquet pour aller ensemble chez le docteur Dugoujon.

Toujours dans la matinée, Jean Moulin retrouva Aubrac pour lui exposer ses projets.

Aubry, de son côté, commença la journée de bonne heure : *« Le dimanche matin, je m'en souviens très bien, je suis sorti de chez moi vers neuf heures. J'ai été à la messe à la Demi-Lune ; je suis descendu à pied de la Demi-Lune à Lyon Ville. Il faisait un temps splendide. J'ai acheté quelques bouquins d'occasion sur les quais du Rhône avant d'arriver au Pont Morand, et il était tard. J'avais dépassé les 11 heures, mais comme j'avais dans mon carnet marqué depuis très longtemps ce rendez-vous qui avait été pris au début mai, peut-être vers le 15 mai, avec Gaston Dever* [Defferre] *et que j'avais marqué ce rendez-vous d'une façon qui ne me permettait pas de savoir exactement avec qui je l'avais pris, je l'avais abandonné et je considérais que j'arriverais simplement au rendez-vous donné à Hardy, d'autant plus que je devais déjeuner avec lui.*

« J'arrive à 11 heures vingt. J'en suis sûr parce que j'ai regardé ma montre en arrivant sur le Pont Morand, et je croise Gaston Dever qui me dit : "Je m'en allais, j'ai attendu vingt minutes." Je me suis excusé et nous avons bavardé. Nous sommes passés de l'autre côté du Pont Morand, c'est-à-dire du côté où

Hardy devait m'attendre ; nous avons bavardé très brièvement. Mon rôle était militaire, si je puis dire, il n'était pas politique, et nous avons conclu l'entretien — il y avait longtemps que je le connaissais — en disant que je tâcherais de joindre Claude Bourdet, et je lui donnai rendez-vous pour le mercredi suivant, au même endroit, à 15 heures.

« En arrivant avec Dever de l'autre côté du Pont Morand, j'ai vu, sur un banc, quelqu'un qui lisait un journal. Le journal était largement déployé ; à côté, il y avait Hardy. Je lui ai fait signe : "Bonjour, attends-moi une seconde, je viens", et j'ai marché à droite du Pont Morand en venant des Brotteaux, avec Gaston Dever.

« J'ai croisé ma secrétaire qui arrivait, à laquelle j'avais dit la veille d'apporter 200 000 francs pour Hardy ; je lui ai donné mon paquet de livres qui comprenait cinq ou six livres d'occasion que j'avais achetés. Je lui ai dit : "Soyez gentille, prenez cela", et je lui ai dit : "Donnez les 200 000 francs à Didot [Hardy], *je viens tout de suite. J'ai un autre service à vous demander."*

« Elle a dû, donc, à ce moment-là, aller donner l'argent à Hardy.

« J'ai bavardé avec Dever deux, trois minutes et je suis venu à eux. J'ai dit à ma secrétaire : "Vous êtes gentille, vous allez aller à un repas de 1re Communion auquel je suis invité. Ce sont des amis communs, vous m'excuserez, moi je veux rester déjeuner avec Hardy pour parler de la réunion qui aura lieu demain."

« C'est à ce moment-là que j'ai dit que la réunion aurait lieu le lendemain. Je le sais depuis la veille au soir, à 7 heures. Elle a été décidée par Lassagne, Aubrac et moi.

« Je dis à Hardy : "Viens avec moi, nous allons déjeuner." C'était la première fois que je revoyais Hardy longuement puisque la veille je n'avais fait que le croiser dans la rue, et je pensais qu'il allait pouvoir me raconter l'histoire qui lui était arrivée.

« Nous allons déjeuner ensemble. A table Hardy manifeste une preuve de confiance. Il me montre sa carte d'identité, à son vrai nom, Hardy. Il me montre son pistolet, et je lui dis : "Je t'en prie, reste tranquille."

« Hardy me dit qu'il a dû abandonner sa valise, qu'il a perdu un appareil photographique dans l'histoire. Je lui dis : "Qu'est-ce que tu veux, cela fait partie de nos risques ; il faut te résigner, et puis ça passera dans le budget"[69]. »

Hardy signala à Aubry qu'il devait se rendre à Limoges. Mais, à cette occasion, Aubry lui renouvela alors les ordres de Bénouville : *« J'explique donc à Hardy ce qui va se passer le lendemain et lui confirme de venir avec moi afin qu'il appuie la position que je prendrai*[70]. » À quoi Hardy répondit : *« Barrès* [Bénouville] *m'a prévenu*[71]... »

Pendant ce temps, André Lassagne, à Caluire, déjeunait chez son camarade le docteur Dugoujon et lui faisait savoir qu'une réunion aurait lieu le lendemain chez lui. « [...] *Jamais je n'avais eu*, dira Dugoujon, *d'activité dans la Résistance et* [...] *d'autre part ma villa paraissait bien située, se trouvant à proximité de la ville, mais un peu à l'écart,* [...] *les moyens d'accès sont assez nombreux,* [...] *de plus, il y avait une sortie possible par derrière*[72] ». Il se met d'accord avec Lassagne : *« Nous avons convenu que je continuerais mon cabinet de façon à ne pas donner l'éveil à qui que ce soit afin que l'arrivée de certaines personnes dans ma villa ne paraisse pas suspecte puisqu'il y avait aussi des malades qui y venaient constamment*[73]. »

Après le déjeuner, Lassagne prévint Bruno Larat qui se rendit chez le colonel Lacaze pour lui donner l'adresse de Caluire et l'heure du rendez-vous. Il fut étonné de trouver le colonel Lacaze très réticent, venant d'apprendre l'arrestation du général Delestraint, qui l'avait désigné, avant son départ pour Paris, chef du 4e Bureau : *« C'est le jeudi 17 juin 1943 que j'avais eu la visite d'un ami intendant militaire. Je fus amené à me rendre à la caserne Suchet, caserne de gendarmerie, afin d'y voir le capitaine commandant de la section de gendarmerie* [son fils est recherché].

« Le capitaine de gendarmerie m'indiqua alors que le général Vidal avait été arrêté à Paris.

« Après avoir quitté la gendarmerie et avant de nous séparer, [...] *mon ami me dit : "Fais attention, nous savons à Vichy que la police allemande est sur une affaire à Lyon"* [74]. »

On comprend d'autant plus ses réticences que l'Organisation de résistance de l'armée (O.R.A.) venait, elle aussi, d'être décapitée par une série d'arrestations : le général Olleris le 11 juin, les généraux Frère et Gilliot le 12. En outre, Lacaze n'avait jamais participé à une réunion de résistants et c'était son premier contact avec les autres membres de l'A.S. *« Je dis à Xavier* [Larat] *: "Cette réunion ne doit pas avoir lieu, c'est une folie de réunir 8 ou 9 personnes, ayant un rôle important, dans un seul local." J'avais appris le jeudi précédent, le 17, l'arrestation du général Delestraint. Il était évident que la police allemande était aux trousses de l'état-major de l'A.S. et qu'un ou plusieurs traîtres la guidaient sur le chemin ; j'ai donc dit à Xavier : "Tâchez de décommander la réunion et vous me passerez un message." Nous avons convenu de la teneur de ce message* [75]. »

Moulin, dont nous ignorons par ailleurs l'emploi du temps, dîna avec Serreulles qu'il souhaitait présenter aux autres membres de l'état-major.

Il lui parla de la réunion : *« Jean Moulin m'informe qu'une réunion importante a lieu le lendemain à laquelle sont convoqués les responsables militaires des organisations de zone-sud. Il m'indique les fonctions de chacun, me parle de l'ordre du jour de la réunion et des décisions qui devront en sortir* [76]. »

XVIII

LE 21 JUIN À CALUIRE…

Lundi 21 juin 1943 à Caluire

Le lundi 21 juin, après s'être acquis le soutien de Claudius-Petit et de Copeau, Jean Moulin rencontra Aubry vers 10 heures du matin, rue Paul-Beret, pour une dernière mise au point avant la réunion. De cet entretien, il ne reste que le témoignage d'Aubry. On ignore donc ce que lui déclara précisément Moulin. Cependant, connaissant son état d'esprit à l'égard des responsables de Combat, on ne s'étonne pas de retrouver l'écho de cette méfiance dans les propos rapportés par Aubry lors de divers témoignages : *« Il pleuvait, nous avions nos parapluies et nous parlions en marchant sur le trottoir. Jean Moulin attaque la conversation en me faisant le reproche très violent d'avoir fait enlever des armes qui avaient été parachutées dans la région de Brive. Alors que le lieu de stockage était bien prévu, les gens qui avaient mené l'opération les avaient emportées ailleurs. J'avais fait reprendre les armes et Jean Moulin nous reprochait de vouloir faire cavalier seul. Il parlait de rupture*[1]. »

« Nous avons marché et nous avons parlé de la réunion de l'après-midi.

« Moulin voulait tomber d'accord avec moi évidemment, je n'étais pas d'accord avec lui et je disais que, de toute façon, nous devions attendre qu'une décision intervienne de Londres et qui serait prise de Londres en accord avec la Résistance, c'est-à-dire avec le Comité directeur des M.U.R.[2]. »

« L'entrevue fut assez orageuse […]. *Moulin s'irrita de cette attitude.*

« La conversation roulant toujours sur le même sujet dura jusqu'à midi. Nous nous sommes quittés pour partir chacun de notre côté[3]. »

Toutefois, Aubry, en quittant Moulin, « oublia » une fois encore de le prévenir qu'un changement capital était intervenu dans le choix des participants et que, suivant les ordres de Bénouville, il y viendrait accompagné de Hardy. Cet oubli fut d'autant plus décisif que Moulin se méfiait de Hardy qui, de surcroît, n'avait pas été invité à cette assemblée, déjà trop nombreuse.

Durant cette matinée, Mme Delettraz (avec le concours de laquelle Bertie Albrecht avait été arrêtée trois semaines auparavant) se préparait à une mission pour la Gestapo : *« Je fus convoquée par la Gestapo à l'hôtel Terminus, où les Allemands me firent la proposition suivante : "Nous allons vous présenter à un*

Français (qui a compris). Cet homme du nom de Didot [Hardy] *faisait partie et fait encore partie d'un service dont les attaches se trouvent à Londres. Nous avons arrêté cet homme lors d'un de ses déplacements à Paris et nous l'avons convaincu de ses erreurs passées, il a accepté de travailler pour nous, tout en restant en rapport avec Londres. Vous aurez à suivre cet homme cet après-midi et vous reviendrez nous dire dans quelle rue et dans quel immeuble il se sera rendu car il doit assister à cet endroit à une réunion des chefs de l'Armée secrète et nous pensons arrêter là tous les participants de cette réunion."*

« J'ai fait semblant d'accepter afin de gagner du temps de manière à prévenir autant que possible les membres de cette réunion de ne pas se rendre au rendez-vous, une souricière leur étant tendue par la Gestapo.

« Les Allemands me prièrent alors de me rendre dans un bureau de l'Ecole de Santé où ledit "Didot" devait m'être présenté à 11 h 30.

« J'avais plus d'une heure devant moi pour mettre mon plan à exécution qui consistait à me rendre à la boucherie Plateau, rue Moncey à Lyon, où je savais qu'un camarade de la Résistance, Jean Cambus, devait passer, lui-même agent du colonel Groussard. Je m'y rendis mais ne pouvant joindre de suite Jean Cambus, je lui laissai à la boucherie Plateau une lettre dans laquelle je lui donnai toutes explications relatives à cette réunion en insistant plus particulièrement sur le rôle de Didot qui n'était autre qu'une trahison.

« Craignant que ma lettre ne touche pas en temps voulu mon camarade Cambus et me souvenant que je pouvais trouver une liaison par l'intermédiaire du capitaine Menat, attaché au service de la Croix-Rouge, 52 avenue Foch, à Lyon [Direction des prisonniers de guerre], *je m'y rendis aussitôt, où je fus reçue par son adjoint, un lieutenant dont je ne me rappelle plus du nom* [Fluhr] *et qui me présenta, en l'absence du capitaine Menat, au commandant de Labrosse, à qui j'expliquai à nouveau la situation et que je quittai aussitôt, persuadée que le nécessaire allait être fait*[4]. »

Effectivement, le commandant de La Brosse qui ne connaissait pas cette dame, « *un peu énervée* » lui semblait-il, l'écouta poliment et prudemment : « *N'ayant aucune instruction du Capitaine Menat, et ne sachant pas à qui j'avais* [af]*faire exactement, j'ai pris une position qui est la suivante : Je lui ai dit : "Moi, je m'occupe ici des prisonniers de guerre. Je ne m'occupe pas de l'Armée Secrète. Je suis désolé, je ne peux absolument rien faire. Si c'est tout ce que vous avez à me dire, je regrette." Et je la fais raccompagner.*

« Immédiatement, je me suis rendu auprès du Lt Fluhr, que je savais être assez lié avec le Capitaine Menat. Je lui ai dit : "Voilà. Je ne sais pas ce que c'est que cette histoire. Qu'est-ce que vous en pensez ?" Le Lt Fluhr m'a dit : "Ecoutez, je vais m'en occuper. Nous allons prévenir le Cdt Richard. Nous allons prévenir la Résistance. Nous allons tâcher, même si ce n'est pas vrai, de faire le maximum"[5]. »

Le commandant Richard confirma les faits : « *Etant de service à l'Etat-Major de la 14e division, j'étais au service, j'ai reçu, vers midi et 1/4, la visite du Lieutenant Fluhr, avec lequel j'étais en contact, pour des faits de résistance, qui s'était présenté à mon domicile et qui, ne m'ayant pas trouvé, avait été conduit à l'Etat-Major par ma femme.*

« Le renseignement que m'apportait le Lieutenant Fluhr était le suivant :

« — Cet après-midi, à 3 heures, à Lyon ou dans les environs, il y aura une réunion importante des Membres de l'A.S. Le renseignement a été donné

à la Gestapo par le Lieutenant Hardy, dit Didot. Essayez de faire passer ce renseignement à l'organisme pouvant l'utiliser, c'est-à-dire un des membres de l'A.S.

« N'ayant pas moi-même de liaison directe avec un membre de ce réseau, j'ai fait venir mon adjoint, le Lieutenant-Colonel [capitaine] *Bousquet — qui, lui, avait une adresse qu'il pouvait exploiter utilement — vers 1 heure environ, et je lui ai demandé de faire parvenir ce renseignement*[6]. »

Le capitaine Bousquet fut donc alerté : *« Le 21 juin, à midi 30, étant à mon domicile à ce moment-là, 41, avenue de Saxe, à Lyon, je reçus un coup de téléphone du Commandant Richard, un camarade de la Résistance, que je savais être un Résistant, et qui me priait de passer le voir d'extrême urgence.*

« Je pris ma bicyclette et je me rendis au bureau où il était de permanence, à l'Etat-Major de la place de Lyon.

« Entrant dans son bureau de permanence, il me montra, écrits sur le coin d'un journal, quelques mots, — je crois m'en souvenir assez exactement : "Hardy et Didot, réunion 15 heures."

« Il me dit :

« — Etes-vous au courant de cette réunion à 15 heures ?... Est-ce chez vous qu'a lieu cette réunion ?

« Je lui dis que j'ignorais tout d'une réunion aujourd'hui. Il devait y en avoir une le lendemain matin, dans notre association de résistance, mais j'ignorais tout de celle qui devait se tenir ce jour-là.

« Il me dit :

« — Ecoutez, je crois que c'est quelque chose de l'A.S... Voyez vous-même, faites-en votre profit et essayez de prévenir les camarades.

« Depuis quelque temps, l'organisation à laquelle j'appartenais était en train de fusionner et nous étions en train de monter justement ce qui est devenu l'A.S. ; et, depuis trois jours, j'avais reçu de mon chef, le Colonel Descours, l'indication d'une boîte aux lettres de l'A.S., boîte aux lettres qui était levée tous les jours à 18 heures.

« Je pris donc ma bicyclette à nouveau, et j'allai à cette boîte aux lettres, située 15, Boulevard des Brotteaux.

« Avant d'entrer dans la maison, j'allai chez un ami qui habitait juste en face, au 26, M. Morel, un imprimeur, lui indiquant la réunion et pour lui demander aussi s'il connaissait le propriétaire de la boîte aux lettres.

« Il ignorait tout de la question.

« Je suis donc entré dans l'immeuble, et, trouvant la boîte aux lettres, (qui était une boîte aux lettres "France Commerciale" ou une indication générale assez vague), j'ai décidé de trouver le propriétaire de la boîte dans la maison.

« C'est ainsi que je tapai, d'abord, chez la concierge, qui me reçut fort mal, et ignorait tout de cette boîte aux lettres.

« Je montai au 1er étage... pas davantage de succès.

« Enfin, au 2e étage, une personne assez aimable me dit :

« — C'est Mme Perret, qui habite au 5e, à droite, qui a mis cette boîte aux lettres, il y a quelques jours.

« Je montai voir Mme Perret et lui dis, tout en restant sur le pas de la porte :

« — Il y a, aujourd'hui, à 15 heures, quelque part dans Lyon, une réunion. Cette réunion est donnée à la Gestapo. Je suis persuadé que cette réunion dépend de votre boîte aux lettres, correspond aux personnes qui sont convoquées à cette

réunion. Faites ce que vous voudrez : dans tous les cas, vous êtes avertie, je ne peux rien faire d'autre.

« A ce moment-là, elle m'a fait entrer et elle m'a dit :

« — C'est bien exact. C'est moi qui ai placé cette boîte aux lettres, mais elle ne m'appartient pas. Je l'ai posée à la demande d'une de mes amies qui est aussi professeur au Lycée Edgar-Quinet, à Lyon [Mme Lonjarret].

« Nous avons alors téléphoné à cette personne, dont j'ai oublié le nom ; l'adresse, je me la rappelle : 8, Quai Général Sarrail [7, quai de Serbie] ; on l'a retrouvée facilement, et nous avons eu au téléphone la bonne de cette personne [Mme Lonjarret].

« [...] *La bonne nous a répondu qu'elle ignorait tout de la boîte aux lettres ; qu'elle ignorait tout de la réunion et que M. et Mme Lonjarret étaient à Paris depuis 15 jours, et pour 8 jours encore.*

« Nous n'avons rien pu faire d'autre, et je me suis retiré[7]*. »*

Alors que les officiers de l'armée d'armistice s'efforçaient d'alerter la Résistance, Mme Delettraz rejoignit la Gestapo : *« Je me suis rendue au rendez-vous fixé à l'école de santé où l'on m'a présenté "Didot", que je n'ai d'ailleurs jamais connu que sous ce nom. Il était assis dans un fauteuil et semblait très à l'aise. Devant moi, les Allemands discutèrent avec lui des détails de l'opération projetée et il fut entendu que, lors des arrestations, ils lui passeraient des menottes truquées. Je le vis même essayer les menottes. "Didot" s'adressant à moi, précisa les détails de la filature que je devais faire. Il fut convenu que je le retrouverais vers 13 h 45 à la Croix Paquet au bas du funiculaire, que par un signe, son chapeau sur la tête ou son chapeau à la main, je ne me rappelle pas bien, il me ferait savoir s'il prenait ou non la ficelle. Une difficulté surgit pour le cas où l'immeuble, où se tiendrait la réunion, serait un immeuble à appartements. Comment reconnaître celui du rendez-vous, "Didot" indiqua aux Allemands qu'il jetterait alors, sur le palier, une enveloppe d'un paquet de cigarettes froissée*[8]*. »*

Alors que la Gestapo mettait en place son plan d'intervention, les résistants, eux, poursuivaient les derniers préparatifs de la réunion. Le colonel Lacaze, toujours anxieux et n'ayant aucune nouvelle de Larat, décida de ne pas se rendre à la réunion de l'après-midi. Il écrivit une lettre au docteur Dugoujon, qu'il fit porter par sa fille, ce que confirma le docteur : *« Le lundi matin, j'ai reçu une lettre du colonel Lacaze m'informant qu'il ne pourrait pas venir à ma consultation de l'après-midi. Je n'ai, d'ailleurs, pas compris à ce moment-là le sens de cette lettre et j'ai pensé, ne connaissant pas le colonel Lacaze, qu'il s'agissait d'un quelconque malade qui ne pouvait venir l'après-midi à ma consultation*[9]*. »*

À Lyon, en fin de matinée, Jean Moulin rencontrait, place Jean-Macé, Gaston Defferre, qui le trouva *« inquiet et nerveux »*. Il lui parla *« des difficultés qu'il avait avec les dirigeants d'un certain nombre de mouvements de Résistance qu'il devait rencontrer après moi à la fin de la matinée et dans l'après-midi*[10] *»*. Puis il déjeuna avec son secrétaire Tony De Graaff à qui il demanda d'aller chercher le colonel Schwartzfeld chez lui et de le conduire au terminus du funiculaire de la Croix-Paquet.

À la même heure, le colonel Lacaze, s'étant ravisé, arriva à Caluire et traversa la place Castellane, vers 13 h 30. Il était même en avance. *« Je tenais à inspecter les lieux. Je n'ai trouvé là qu'un véritable cantonnier*[11]*. »* Il sonna chez le docteur Dugoujon, se présenta au docteur qui le fit monter dans sa chambre (lieu de la réunion) où il se trouva seul. *« Mon idée était de voir Max* [Moulin], *de suite et* *de lui dire quelle était ma pensée et d'ajouter : je crois qu'il faut nous en aller, moi je m'en vais*[12]. »

Vers 13 h 45, Lassagne arriva à bicyclette au départ du funiculaire de la Croix-Paquet et rejoignit Aubry et Hardy qui l'attendaient dans un café en face. Il fit remarquer à Hardy qu'il n'avait pas été convoqué. *« Celui-ci répondit qu'il ne comptait pas assister à la réunion, mais seulement voir Max* [Moulin] *quelques instants avant pour une affaire concernant son service*[13]. »

Par mesure de sécurité, Lassagne monta avec sa bicyclette dans le premier funiculaire en partance. Aubry et Hardy attendirent le suivant et retrouvèrent Lassagne à l'arrivée, qui leur indiqua de prendre le tramway 33 et de descendre à l'arrêt suivant celui de la place Castellane.

Lassagne arriva chez le docteur avant eux, rangea sa bicyclette dans le couloir et dit à son ami : *« Ne t'occupe de rien, je vais aller chercher certaines personnes au tram*[14]. » Après avoir récupéré Aubry et Hardy à l'arrivée du tram, les trois hommes pénétrèrent ensemble dans la villa du docteur. Comme prévu, la bonne, Marguerite, qui connaissait bien Lassagne, les conduisit dans la chambre où ils retrouvèrent le colonel Lacaze. Pendant ce temps, le docteur Dugoujon remarquait Bruno Larat dans la salle d'attente où Marguerite l'avait fait entrer par erreur. Il lui fit rejoindre ses camarades quelques instants plus tard : *« Vers 2 heures, quand j'introduis*[is] *un nouveau malade, il m'a demandé de monter au premier pour la "consultation spéciale". Je lui indiquai l'escalier, il est monté tout seul*[15]. »

Bruno Larat était en retard, semble-t-il, parce qu'il était l'« agent de liaison » chargé de conduire Serreulles à la réunion. Or les deux hommes s'étaient manqués, probablement à la suite d'un malentendu sur le lieu du rendez-vous[16]. *« Je devais me trouver à 13 heures*, se rappelle Serreulles, *en haut d'un funiculaire de Lyon* [...]. *Ne connaissant pas Lyon, j'ignorais qu'il y en avait deux. J'ai attendu en vain. Je m'étais trompé de ficelle. J'étais au désespoir : arriver pour seconder un patron et être incapable de me rendre au premier rendez-vous qu'il me fixait, c'était une terrible humiliation*[17]. »

Les cinq hommes, réunis chez le docteur Dugoujon, attendaient Moulin, Aubrac et le colonel Schwartzfeld. Ils tuèrent le temps en parlant, comme en témoigna le colonel Lacaze : *« On a présenté Hardy et moi l'un à l'autre. Jamais je ne l'avais vu. Il m'a dit : "Mon colonel, vous avez accepté d'être chef du 4ᵉ bureau, vous avez vu Vidal* [Delestraint] *? J'ai répondu : Oui"*[18]. »

« [...] J'entends une conversation où il s'agit d'une affaire bien réussie, et j'entends le mot de "Lunel". Moi, je ne sais rien de Lunel [Multon]. *A première vue, je me dis : "Eh bien, c'est la ville de Lunel dans le Languedoc." Mais il ne s'agissait pas de cela, il s'agissait de ceci : les camarades de Hardy le félicitaient pour s'être tiré des griffes de Lunel, à Châlons* [Chalon]. *C'était l'histoire qu'il leur avait racontée.*

« [...] C'était la première réunion, Monsieur le Président, prenez-moi alors comme un bleu, — quoique je sois colonel en retraite à ce moment-là — comme un bleu dans cette vie clandestine, et l'idée me vient tout de même de dire qu'après tout on court quelque risque ici. "Oh ! Moi, j'ai été déjà condamné deux fois par contumace et je ne veux pas tomber de nouveau dans les mains des Allemands, je ne le veux pas..."

« M. le Président. — Qui a dit cela ?

« M. Lacaze. — Hardy. Et puis, il nous a montré qu'il avait un pistolet, et

il s'est alors engagé une petite conversation sur ce pistolet. D'abord, Lassagne a dit :

« — Mais on ne vient pas à une réunion de résistants avec un pistolet !...

« Il est évident que comme Lassagne, quand on nous a arrêtés, a dit que nous étions en train de faire du marché noir, si, à ce moment-là, les Allemands avaient admis que nous faisions du marché noir et s'ils avaient fouillé, ils auraient trouvé un pistolet, vous savez que c'était très grave...

« [...] Voilà donc l'affaire du pistolet. Après quoi il n'y a rien eu ; on a parlé de tout ce qu'on voulait[19]*. »*

Le temps passait, personne n'arrivait et les participants s'impatientaient.

Pourquoi ce retard inhabituel chez Moulin, toujours d'une parfaite exactitude ?

Moulin avait retrouvé Aubrac, place Carnot, et ils avaient pris ensemble le tramway au départ du funiculaire de la Croix-Paquet. Au terminus, ils ne trouvèrent pas le colonel Schwartzfeld qui arriva une trentaine de minutes plus tard. Ils prirent alors le tramway 33 et arrivèrent chez le docteur avec quarante-cinq minutes de retard. *« Je fus heureux en voyant sa plaque*, écrit Aubrac, *Dugoujon était un vieil ami de mes cousins Maurice et Fred David, comme de mon frère Yvon, avec qui il avait fréquenté les bancs de la faculté de médecine de Lyon*[20]*. »*

À cause de leur retard, la domestique du docteur Dugoujon, les prenant pour des clients ordinaires, les fit entrer dans la salle d'attente au rez-de-chaussée, où se trouvaient déjà plusieurs patients.

Peu après leur arrivée, un employé de la mairie, située en bordure de la place Castellane, observa un mouvement inhabituel : *« Vers quinze heures, deux automobiles Citroën traction avant se sont arrêtées devant la Mairie ; sept à huit individus armés de revolvers et de mitraillettes en sont descendus et se sont dirigés vers la maison du docteur Dugoujon. Plusieurs d'entre eux sont entrés dans la cour de l'immeuble, pendant que deux ou trois autres restaient en stationnement devant la grille*[21]*. »*

Quelques minutes plus tard, le docteur Dugoujon était *« en train de raccompagner une jeune fille et sa mère vers la porte ». « [...] J'ai ouvert cette porte, je me suis trouvé en présence de 5 ou 6 hommes armés qui m'ont dit à voix basse : "Police allemande, vous avez une réunion chez vous." Sur toutes mes dénégations, ils m'ont repoussé dans mon bureau et ils sont entrés concurremment dans le salon où se trouvaient Max, Aubrac, Schwartzfeld et 5 ou 6 malades. Je dois vous dire que le salon donne sur une petite terrasse, il y a une porte-fenêtre et on peut pénétrer directement dans le salon sans passer par la maison. Ces hommes armés sont donc montés sans bruit au premier étage, et j'ai entendu quelques altercations, des bruits de chaises*[22]*. »*

C'est au premier étage, en effet, que se jouait la scène principale. Lorsque Aubry entendit grincer le portillon du jardin et aperçut, depuis la fenêtre de la chambre, un groupe d'Allemands s'engouffrer dans la maison, il s'exclama : *« Nous sommes cuits... drôles de gueules... C'est la Gestapo*[23]*. »*

« Nous n'avons pas eu le temps de dire : "Ouf !" que la porte s'ouvrait, et que la police allemande brandissant les revolvers criait : "Haut les mains, police allemande !"

« Un d'entre eux a foncé sur moi, en un tournemain j'avais les menottes, et il m'a dit en me donnant des coups de poing et des gifles : "Mais tu as l'air moins gai qu'hier, tu te rappelles pas, je lisais mon journal sur le banc de la

Place du Pont Morand." Nous avons été menés de la chambre à la salle à manger, plusieurs fois, à tour de rôle, et nous étions plus ou moins battus[24]. »

« Les Allemands nous ont fait mettre face au mur et individuellement nous ont interrogés dans une pièce voisine. »

« En ce qui me concerne, ils m'ont roué de coups pour me faire dire où était la boîte postale du Comité Directeur, puis ne voulant pas reconnaître que j'étais Thomas, ils m'ont confronté avec Hardy, en me demandant qui il était. Ayant répondu au hasard qu'il s'appelait Bottin, ils lui ont alors demandé qui j'étais. J'ai essayé de souffler Laffly à Hardy, il a mal compris et il a répondu Vedy[25]. »

Qu'a retenu Lassagne de la même scène ?

« Ce fut l'irruption dans la pièce où nous nous trouvions de 4 ou 5 policiers allemands, armés de pistolets et de mitraillettes. Rapide bousculade de coups de poing ou de crosse, et nous nous retrouvâmes très vite les mains liées par des menottes, face au mur, à des intervalles de 3 mètres à peu près les uns des autres. On nous fouilla, mettant dans nos mouchoirs tous les objets, portefeuilles, stylos, montres, etc. que l'on trouvait dans nos poches. Je fus au bout de quelques minutes prié de passer dans la pièce à côté qui était une salle à manger.

« [...] *Hardy avait comme nous été bousculé par les officiers allemands. Il était comme nous face au mur et avec les menottes dans le dos. Je n'ai rien remarqué de particulier à son égard à ce moment-là.*

« M. le Président. — Avez-vous vu des policiers le frapper à ce moment-là avec un pied de table ?

« M. Lassagne. — Non pas. C'est fort possible parce que j'ai été moi-même frappé de cette façon dans la pièce à côté. C'était un pied d'une table Henri II dont les rallonges sont assez fragiles, et c'est un pied enlevé par un des policiers qui servit de premier instrument d'interrogatoire[26]. »

Quant au colonel Lacaze qui, à cinquante-huit ans, était le doyen de cette réunion, il vécut cette scène dans un vertige : *« Scénario que vous pouvez penser. Je passe sur les actes de sauvagerie, auxquels j'ai assisté. J'étais un peu abruti, je dirai par une très mauvaise nuit et les conséquences d'une chute que j'avais faite quelques jours avant ; à telles enseignes que quand la police est entrée je n'ai pas bougé. La police m'a dit : "Mais vous aussi, Monsieur, levez les mains." J'ai donc levé les mains et assisté à une scène de sauvagerie immonde dont les victimes ont été Aubry, Xavier* [Larat] *et Lassagne.*

« M. le Président. — Et Hardy ?

« Colonel Lacaze. — Ah ! Je ne l'ai pas vu battre. Après qu'Aubry est passé dans une autre pièce, moi-même j'ai été appelé, conduit dans une autre pièce, de l'autre côté du couloir qui est à l'extrémité de l'escalier. Là un Gestapo qui était peut-être Barbier [Barbie] *m'a dit : "Donnez-moi vos papiers." J'ai donné ma carte d'identité, sur celle-ci était mon véritable nom, et comme profession il y avait : "artiste peintre" qui était la profession que je voulais exercer une fois en retraite. Cela m'était plus commode dans mes relations avec les marchands possibles de mes œuvres.*

« Le Gestapo m'a dit : "Vous êtes colonel ?" Je ne pouvais pas dire non. Il n'avait qu'à téléphoner chez moi. J'ai répondu : "Oui." J'ai pensé qu'il n'avait pas le renseignement depuis longtemps tout de même car je n'avais exercé aucune fonction officielle. J'en avais prévenu le général Delestraint : "Pendant quelque temps, lui avais-je dit, je ne pourrai exercer ces fonctions." J'avais encore un

très gros travail à faire pour mon régiment. La captivité m'ayant empêché de faire ce que j'avais à faire[27]*. »*

Quel souvenir Hardy gardait-il de l'irruption de la Gestapo ?

« Les principaux membres de la réunion n'arrivaient toujours pas, quand un bruit de porte fit lever quelqu'un qui regarda par la fenêtre et dit : "Ils sont deux ou trois." Quiproquo tragique : nous attendions en effet deux ou trois camarades et nous ne le réalisâmes que dans les secondes qui suivirent. La porte s'ouvrit avec violence, dans un hurlement : "Haut les mains, police allemande", et des cris inarticulés, des canons de colts étaient braqués sur nous, avant qu'un seul geste eût pu être fait.

« Ma cigarette éteinte au coin de la lèvre, les bras levés, j'attendais, dents serrées, muscles tendus.

« Un coup en pleine figure m'arracha la cigarette de la bouche. Et puis nous passâmes dans la petite pièce voisine où on essaya de nous faire décliner nos noms et qualités. Un pied de table de rallonge de salle à manger Henri II servait d'instrument de persuasion pour les récalcitrants. J'étais face à face avec Aubry, chacun à une extrémité de la table, et à chaque coup, c'était toujours la même question : "Qui êtes-vous ? Qui est-il ?" Et aucun mot ne sortait. Chacun guettant la réponse à faire dans le regard de l'autre, l'esprit tendu, épiant quelque secrète transmission, pour essayer de lui arracher son secret, le nom qu'il fallait dire, le nom qui figurait sur la carte d'identité, le nom qui ferait que tout aurait l'air sérieux, et qu'on ne nous prendrait point en contradiction avec nos propres papiers. Insupportable et stérile effort. [...]

« Cette petite séance n'apporta aucun résultat positif. Je me vis par erreur attribuer le nom de Bottin, Aubry celui de Védi. J'ai encore dans les oreilles les hurlements forcenés qu'à certains moments les Boches poussaient, pensant trouver là un moyen d'intimidation primitif, à moins que ce ne fût pour se rassurer eux-mêmes. On n'imagine pas la tension des sens dans ces minutes où l'on cherche la solution pour fuir. Il est un principe bien connu, c'est que tout est toujours possible tant qu'une porte de prison ne s'est pas refermée sur vous et que c'est jusqu'à ce moment-là que l'on peut tenter sa chance au maximum.

« Je me sentais dans la position du joueur de rugby, du demi de mêlée qui, à la sortie de la balle, cherche le trou qui va lui permettre de dégager son camp.

« Les minutes passaient quand, enfin, un mouvement se fit dans la pièce : un homme était derrière moi, me tenant au poignet avec un cabriolet, son colt à la main, surveillant chacun de mes gestes, celui-là même qui nous avait superficiellement fouillés. Tout à coup, je me sentis tiré par le bras, encadré par deux hommes. Je descendis l'escalier. De l'autre côté de la petite grille, une voiture attendait : dans une minute il serait trop tard[28]*. »*

Pendant que les Allemands s'activaient au premier étage, que se passait-il au rez-de-chaussée ? Le docteur se souvient : *« On fit passer dans mon bureau toutes les femmes présentes dans le salon d'attente et* [on] *me conduisit, menottes aux mains, dans ce salon ; là je trouvai Aubrac, le colonel Schwartzfeld et Max alias Moulin qui avaient dû entrer chez moi depuis un quart d'heure environ. Peu après on amena dans le salon un passant arrêté sur la place, M. Ficher réfugié de Mulhouse, actuellement encore boulanger à Caluire*[29]*. »*

« A ce moment-là, les Allemands ont fait sortir les cinq ou six femmes qui se trouvaient dans le salon d'attente et qui étaient manifestement des malades sincères. Elles pouvaient justifier, d'ailleurs, leur identité et elles pouvaient effec-

tivement prouver qu'elles habitaient dans un périmètre restreint. L'une avait un cabas, l'autre un pansement et, par conséquent, n'étaient pas suspectes à première vue. Par conséquent, Max, qui avait pris ses précautions, a exhibé une lettre d'un médecin qui m'était destinée et qui avait pour but de me demander un spécialiste pour les rhumatismes. Je me souviens, c'est l'explication qu'il a donnée pour expliquer sa présence[30]*. »*

Tandis que ces scènes tumultueuses se déroulaient à l'intérieur, sur la place Castellane, il n'y avait pas que Ficher pour observer le spectacle. Les employés de la mairie voisine étaient aux meilleures places : *« L'opération faite chez le Dr Dugoujon a bien duré une bonne heure, durant laquelle les Allemands allaient et venaient dans la cour et sur la place Castellane où ils avaient amené leurs voitures. Ces individus étaient tous en civil.*

« Vers 16 h 30, la Gestapo fit installer dans les voitures les personnes qui se trouvaient chez le Dr Dugoujon.

« [...] *Au cours de l'opération, les policiers donnèrent l'ordre en les visant aux spectateurs qui se trouvaient dans la cour de la Mairie et aux fenêtres des bureaux de rentrer chez eux*[31]. »

Deux personnes cependant voyaient ce que les Allemands cherchaient à cacher. Marguerite Brossier, la domestique du docteur Dugoujon et le cantonnier Rougis, déjà aperçu par Lacaze à son arrivée. Marguerite Brossier en donne un récit fidèle : *« L'individu qui m'avait arrêtée au premier étage m'a conduite seule dans la première voiture en stationnement devant la porte d'entrée. Je me suis alors rendu compte qu'il y avait trois voitures en stationnement devant la villa du docteur et qu'il y avait au moins une quinzaine d'individus armés qui opéraient. Ils étaient tous en civil.*

« Peu après, ils amenèrent les quatre clientes du docteur dans la voiture automobile où je me trouvais. Comme ces femmes protestaient, j'ai dit aux Allemands que ce n'était que des clientes. Ils les ont alors fait installer dans une autre voiture.

« Peu de temps après, j'ai vu redescendre un des trois hommes (celui qui s'est évadé) qui étaient montés ensemble, il était encadré de quatre hommes de la Gestapo. Ils ne le brutalisaient pas à ce moment-là et je n'ai pas remarqué s'il avait les menottes. De toute façon, il ne les avait pas dans le dos, car lorsqu'il s'est enfui, je ne les lui ai pas vues. Presqu'au même instant, j'ai entendu claquer une portière d'une voiture, les Allemands se sont mis à crier puis à tirer des coups de feu. J'ai vu l'homme précité s'enfuir à toutes jambes et quatre membres de la Gestapo lui ont tiré dessus un certain nombre de coups de revolver. Par la suite, en réfléchissant, j'ai été étonnée qu'ils ne l'aient pas tué, car ils lui tiraient dessus de très près. L'Allemand en stationnement sur la porte d'entrée et armé d'une mitraillette ne lui a pas tiré dessus bien qu'il ait pu le faire.

« De toute façon, l'homme qui se sauvait a tourné brusquement à droite et a disparu derrière une haie, sans que les autres Allemands qui le poursuivaient aient cherché à l'atteindre ou à voir où il s'était enfui : sur le moment, j'ai été satisfaite de voir que cet homme avait pu se sauver, mais par la suite en réfléchissant, j'en fus étonnée et j'ai trouvé cette scène bizarre[32]*. »*

Claude Rougis assista à toute la poursuite : *« Le lundi 21 juin à 15 h 30, j'étais à mon travail* [...] *quand j'ai entendu plusieurs coups de feu. J'ai relevé la tête et j'ai vu un jeune homme blond, d'assez grande taille, âgé d'environ 25 à 30 ans, nu-tête qui fuyait, courant en zig-zag, manifestement pour éviter les balles de deux ou trois hommes qui le poursuivaient en courant et en tirant sur lui des coups de revolver. J'ai entendu quatre ou cinq détonations.*

« Le jeune homme qui était poursuivi n'avait rien aux mains, ni menottes, ni pistolet ou autre arme. Les poursuivants se trouvaient à 30 mètres environ de lui et cela se passait à moins de 50 mètres de moi. J'entendais siffler les balles et les poursuivants proféraient des imprécations en langue étrangère. J'ai compris qu'il s'agissait de la Gestapo.

« Arrivé à l'extrémité d'une haie, en bordure de la route, le fuyard a fait un brusque crochet et a disparu dans un profond fossé recouvert de hautes herbes et d'orties de plus d'un mètre de hauteur. En bordure du fossé se trouvait un mur de 2 m 50 à 3 m de hauteur.

« Arrivés en bordure de la route devant le fossé et le mur, les poursuivants se sont arrêtés, hésitant sur la direction prise par l'individu qu'ils poursuivaient. Ils ont cru qu'il avait sauté le mur et passé dans la propriété voisine et n'ont pas pensé de fouiller les herbes du fossé ce qui m'a paru bien naïf de leur part. De dépit, le plus petit des policiers a tiré deux coups de feu dans la propriété voisine, j'ai pensé que c'était de rage puisqu'ils ont discuté en allemand et l'un d'eux a saisi l'autre par le bras et ils ont fait demi-tour pour revenir en direction de la mairie de Caluire, le troisième policier les a imités. J'ai été surpris de la naïveté des policiers allemands.

« J'ai traversé la route et me suis approché du fossé. A ce moment, le jeune homme a relevé la tête et je l'ai aperçu : il m'a fait signe de ne rien dire et il s'est recouché. Je lui ai dit : "Ne bouge pas[33]." »

Les coups de feu furent entendus par les résistants, qui étaient toujours au premier étage. C'est ce que décrit Lassagne : *« J'entendis tirer quelques coups de feu assez rares et espacés qui me semblèrent provenir de pistolets automatiques dont le bruit est un peu étouffé, et non pas de mitraillettes. Les deux Allemands qui se préoccupaient de poser des questions s'interrompirent dans leur besogne et tendirent l'oreille mais n'intervinrent pas ni en ouvrant la fenêtre ni en regardant par curiosité ce qui se passait. Simplement ils retinrent leur interrogatoire dans l'instant[34]. »*

Après une brève poursuite, les Allemands revinrent vers la maison : *« Quelques minutes après*, raconta Dugoujon, *nous avons été emmenés en voiture. C'était une Citroën normale, très large, avec des strapontins. Il y avait quatre policiers : trois policiers et le chauffeur, et je crois me souvenir que je me trouvais dans la voiture avec Aubrac, cela, j'en suis certain, Max* [Moulin], *j'en suis certain, et le quatrième devait être ou le colonel Schwartzfeld ou le boulanger de Caluire qui, passant quelques minutes avant sur la place, avait été malencontreusement pour lui arrêté. Il a été emprisonné à Montluc, il y est resté six semaines.*

« Nous avons été descendus dans la cave de l'école de santé. Là, j'ai vu Aubry, Lassagne et Bruno Larat, à côté de qui je me trouvais, le long du mur, extrêmement maltraité. Je ne l'ai pas vu maltraiter, mais j'ai vu les coups qu'il avait reçus, et la démarche qu'il avait à ce moment-là montrait qu'il avait déjà été torturé. A un moment, je me suis risqué à demander à Bruno Larat : "Que faut-il dire ?" Il m'a dit : "Cela n'a pas grande importance, ils savent déjà presque tout[35]." »

« Dans une cave de l'Ecole de Santé, je retrouvai Lassagne, Lacaze, Aubry, Xavier et quelques instants plus tard ma domestique. Nous fûmes divisés en

quelque sorte en deux groupes : les coupables, certains debout, avec menottes dans le dos : Lacaze, Aubry, Lassagne, Xavier (arrêtés au premier étage) et moi-même ; les suspects à qui on avait offert des sièges, enlevé les menottes : Ficher, Max, Aubrac, Schwartzfeld et ma domestique[36]. »

Les suspects furent longuement interrogés, raconte Aubry : « *Là, commencent, également, de nouveaux interrogatoires qui se font un par un, sauf Lassagne et moi qui montons ensemble à je ne sais plus quel étage. Et là, dans un grand bureau, on nous confronte. Je ne réponds à aucune question. Nous descendons. On nous fait remonter. On nous demande qui nous sommes. On me dit tout de suite "Tu es Thomas"... c'était le pseudo que Frenay m'avait donné tout récemment* [...].

« *A un moment donné, alors que nous sommes en train de recevoir des coups, un grand bonhomme à mine patibulaire, du genre des sbires de la Gestapo tel que nous les connaissons, arrive et dit en français, en jetant une liasse de courrier : "Max est parmi eux."*

« *Immédiatement, jubilation intense de Barbie et de son acolyte. On fonce sur Lassagne et sur moi. Nous déclarons ne pas le connaître.*

« *"Il ne s'agit pas de faire des histoires, nous dit-on. Max* [Moulin], *vous le connaissez, c'est le représentant du général de Gaulle en France. Et il n'y a pas tellement longtemps que la radio de Londres l'a annoncé." Je crois bien qu'ils ont ajouté "il est ministre dans le comité des Français de Londres, en mission en France pour commander toute la Résistance"*[37].

« *On m'avait montré le courrier de notre boîte aux lettres du Centre, en me disant : "Tiens, voilà le courrier, nous allons en prendre connaissance, on le remettra en place et tes camarades le recevront demain*[38]*." »*

« *On descend* [...], *on nous fait remonter de la cave peu après. On nous redescend encore. Ce sont toujours des coups et des menaces. Et le temps passe. Il est certainement très tard. Peut-être onze heures du soir, quand il y a un branle-bas général. On nous fait tous monter dans un camion. Direction — nous le saurons plus tard —, prison de Montluc. Il y a là ceux qui ont été arrêtés avec moi dans la chambre. Nous sommes tous menottés. Aubrac et Max sont là aussi*[39]*...* »

Les Allemands, sachant qu'ils détenaient le chef de la Résistance sans pouvoir déterminer lequel des prisonniers était Moulin, préférèrent garder tout le monde par prudence. Les interrogatoires se poursuivirent.

Bénouville, qui avait envoyé Hardy à Caluire afin de bloquer toute décision de Moulin, lui avait donné l'ordre, ainsi qu'à Aubry, de lui faire un compte rendu dès la fin de la réunion. Les deux hommes ne vinrent pas au rendez-vous, mais il décida de ne pas attendre le Comité directeur du lendemain 22 juin et prit le train vers 21 heures pour Toulouse. Il devait tirer au clair les discussions entre responsables régionaux, inspecter une des lignes de courrier et de passage vers l'Espagne et, aussi, se marier[40].

C'est à Toulouse qu'il apprit, le lendemain, les arrestations de Caluire.

Lyon, mardi 22 juin 1943 : prison de Montluc

Le matin du 22 juin, Barbie n'avait toujours pas identifié Moulin parmi les prisonniers. Il s'acharna donc sur ceux dont l'activité de résistant était prouvée : Aubry, Larat, Lassagne. Ce dernier fut durement malmené pendant quarante-huit heures parce que Barbie le prenait pour Moulin. Aubry eut l'épaule démise et, à trois reprises, perdit connaissance. Quand ils le revirent aux douches, ses camarades constatèrent son état. *« J'ai vu, moi,* rapporta Lacaze, *le torse d'Aubry, le mardi ou le mercredi à la prison de Montluc, au lavabo. Le torse d'Aubry était noir. Il avait la tête normale, il n'avait pas été trop assommé à la tête ; mais il avait le buste, les épaules et les bras noirs et gonflés, absolument gonflés*[41]. » À bout de souffrance, Aubry avoua : *« Le lendemain matin, vers 9 heures, on nous a ramenés à la Gestapo aux fins d'interrogatoires. A ce moment-là, j'ai donné mon adresse que jusque là j'avais refusé de fournir.*

« A midi, on m'a à nouveau conduit à Montluc, où on m'a amené devant un mur où après m'avoir attaché à des anneaux, quatre soldats sont arrivés, se sont mis face à moi et sur l'ordre de celui qui m'interrogeait, après m'avoir spécifié que puisque je ne voulais pas donner la boîte du Comité Directeur, j'allais mourir, il a commandé à ses quatre hommes, en allemand, "En joue", puis "Feu". Après cette première salve qui m'a encadré, devant mon étonnement de me trouver vivant, celui qui m'interrogeait me dit : "La première fois, c'était pour rire, maintenant c'est pour de bon : veux-tu dire où est la boîte du Comité Directeur ?" Répondant toujours que je l'ignorais, ils ont recommencé à quatre reprises cette horrible comédie. Après la quatrième salve, j'ai reçu un coup de crosse sur la tête extrêmement violent et je suis tombé évanoui. Je suis revenu à moi vers 15 heures et l'on m'a reconduit au siège de la Gestapo, pour continuer mon interrogatoire.

« [...] *Ce sont les deux seuls interrogatoires que j'ai subis à la Gestapo de Lyon car le mardi soir, 22 juin 1943, on nous a reconduits à Montluc*[42]. »

Lyon, juin 1943 : faire évader Jean Moulin

La nouvelle de l'arrestation de Jean Moulin éclata comme un coup de tonnerre dans le milieu étroit de la Résistance. Elle rappelait à chacun la précarité de sa situation et la présence d'un danger latent que les affrontements entre les responsables avaient fait oublier.

En dépit de la perte de son chef et du chagrin de ses collaborateurs, la Résistance continuait. Claude Serreulles assura immédiatement l'intérim car il était en France l'officier le plus ancien dans le grade le plus élevé. Aussitôt, il télégraphia la tragique nouvelle à Londres. Voici le texte du message, tel qu'il fut décodé au B.C.R.A., le 24 juin : *« De Sophie* [Serreulles] — *AAA pendant réunion C.D. Zone Sud police a arrêté hier tous les participants soit Rex* [Moulin] *je dis Rex — Luc* [Larat] *chef COPA — Thomas* [Aubry] *chef EM Sud — Aubrac colonel chef France d'Abord* [Schwartzfeld] *et trois chefs bureaux EM Sud — BBB j'assure provisoirement interim. — vous prie désigner successeur Rex et vous propose confier immédiatement intérim à D.* [*sic*] *je dis B.* [*sic*] *pseudo Rousseau chef BIP* [Bidault] — *attends votre réponse. — CCC je désigne mon compagnon de voyage Pollux je dis Pollux pour remplacer Luc — opérations ne subiront Derctrepars* [d'autre part] *aucune interruption — DDD A.S. Sud provisoirement décapitée EEND* [*sic*] *vitale venue juillet successeur Mars* [Delestraint] *dont arrestation confirmée zone Nord et Morinaud je dis Morinaud pseudo Riquet — EEE je pars pour Paris Eozians* [comités] *coordination deux zones Convouni* [convoqués] *fin semaine. — FFF travaillons dès maintenant libération Rex — GGG secrétariats fonctionnent normalement. — répondre voie ordinaire — Moradres Terabonui* [mon adresse ?] *envoyez renforts nécessaires*[43]. »

Comment, à Lyon, les résistants apprennent-ils cette arrestation ? Le récit de Lucie Aubrac est instructif sur la manière dont les informations circulaient à l'intérieur de la Résistance et aussi sur la vivacité des réactions. Elle devait dîner le 21 juin avec son mari : *« À 7 heures, ni mon mari, ni Jean Moulin avec qui nous devions dîner, ne sont venus.*

« Tout de suite, l'idée d'une arrestation m'est venue, peut-être parce que notre groupe-franc, depuis quelque temps, s'occupait plutôt des arrestations et des libérations brutales des résistants, et nous avons cherché, tout de suite, de quel côté nous orienter.

« Le lundi soir même, nous n'avons rien su et le mardi matin, par un coup de chance, nous avons eu tout de suite des détails précis. En effet, le docteur qui devait remplacer le Dr. Dugoujon, quand celui-ci s'absentait, était un docteur de ... qui s'appelait Fred David, et qui était plus ou moins apparenté à mon mari, un peu à la mode de Bretagne, mais enfin nous le voyions beaucoup et il me prévint au lycée Edgar Quinet à Lyon où j'exerçais qu'à Caluire avait été arrêtée la tête de la Résistance.

« Immédiatement, nous avons envoyé deux de nos camarades du groupe-franc faire une enquête sur place, avec les moyens dont nous disposions : ils ont vu à ce moment-là, des gens d'ailleurs que vous avez vus ici, ou que vous verrez, aussi bien le cantonnier que d'autres, et ont appris les circonstances assez extraordinaires de l'évasion de l'accusé. Mais, nous ne savions rien de plus.

« Le surlendemain, le mercredi, nous ne savions toujours pas ce qu'étaient devenus les arrêtés de Caluire et nous avons reçu, par nos amis de la police française l'indication que les policiers qui avaient interrogé, à l'Antiquaille, l'accusé, avaient eu cette réflexion en rentrant quai Vauban, dans les locaux de la police : "Il y a un type qui a été arrêté, qui a tellement parlé qu'il nous a donné de A jusqu'à Z le nom de tous les responsables qui étaient à Caluire, que cela ne peut être — et je me souviens de leur exacte expression — que cela ne peut être qu'un mouton."

« Dès ce moment-là, nous avons commencé à être très inquiets sur le sort de nos amis puisque, comme le disaient les policiers, il y avait un mouton qui les avait donnés, mais les avis étaient partagés car les camarades de Résistance de Hardy, croyant à son évasion de Châlons [Chalon], *ne pouvaient pas penser qu'il ait pu mettre au point cette affaire de Caluire, et ce n'est qu'après la sortie de prison de la bonne du Dr Dugougeon, que nous avons pu interroger les malades ayant refusé de parler car la Gestapo, pour les relâcher, leur avait fait promettre qu'ils ne parleraient absolument pas des conditions de leur arrestation ni des détails, ni de ce qu'ils avaient pu voir dans les prisons de la Gestapo.*

« Nous avons vu Marguerite — comme nous l'appelions — je la connaissais bien ; notre opinion s'est formée petit à petit ; nous avons transmis les uns et les autres nos renseignements au Comité directeur des M.U.R. et, à ce moment-là, est intervenu dans l'affaire un homme qui s'appelait Henry [Porte], *que je ne connaissais que sous le nom de Commissaire Henry, qui était un ami de Jean Moulin il avait, je crois, été commissaire de Police à Chartres quand Jean Moulin était lui même Préfet dans ce département, et Henry a pris en main, avec des habitudes plus techniques de la police, l'enquête à mener*[44]. »

En effet, Serreulles, le remplaçant de Moulin, avait désigné le commissaire Charles Porte, à la demande de Pierre Meunier, pour mener une enquête.

Son compte rendu est un document exceptionnel car il révèle à chaud ce que furent, à Lyon, les journées qui suivirent l'arrestation de Jean Moulin :

« *1re enquête : La situation est rendue dès le début très confuse par des déclarations formelles mais qui semblent bientôt erronées. En effet une première version accuse le dénommé Hardy (véritable identité de Bardo* [*sic*] *présent au rendez-vous). Thèse étayée par la déclaration d'une femme qui prétendrait avoir entendu dans les bureaux de la Gestapo un renseignement provenant du dénommé Hardy et précisant l'heure et le lieu du rendez-vous. Cette femme aurait alerté une personne du Mouvement qu'elle connaissait, et on a pu retrouver à la suite de cette démarche un mot dans la boîte d'André Lasseyne* [Lassagne] *l'avertissant que la réunion était brûlée. Ce mot n'a pas été relevé en temps par lui dans la boîte. Or, le mot existe bien mais il a été impossible de retrouver la femme.*

« *D'autre part la fuite de Hardy a paru suspecte, il a été dit que c'était une mise en scène, que les coups de feu avaient été tirés en l'air et qu'il avait livré ses camarades à la suite de difficultés précédentes qu'il aurait eu*[es] *avec la Gestapo. Cette accusation paraît absurde, car d'après les renseignements recueillis sur Hardy, on peut* [le] *juger comme un garçon extrêmement énergique, très loyal et capable de décisions rapides et extrêmes*[45]. »

L'énergie dépensée par le commissaire Porte ne suffisait pas : « *L'enquête est très difficile à mener, les contacts étant lents et difficiles à établir et les moyens de prospection inexistants. Il fallut plus de 10 jours pour retrouver la personne chez qui Hardy s'était rendu blessé* [Mme Damas].

« […] *Actuellement l'enquête ne permet pas encore d'établir d'où vient le coup porté. Il y a plusieurs suspects, mais le peu de moyens dont on dispose ne nous permet ni de nous emparer de ces suspects, ni de les interroger.*

« *Les divers services auxquels nous nous sommes adressés n'ont pu nous fournir ni voiture, ni essence, ni locaux isolés ou discrets. L'équipée mentionnée ci-dessus donne une idée des difficultés rencontrées.*

« *Difficultés d'obtenir les contacts directs par témoignages qui parvenaient déformés, mal interprétés par les intermédiaires* […][46]. »

Le commissaire organisa la surveillance des entrées et sorties de la prison et des écoutes téléphoniques. Il envisagea une attaque du train qui devait transporter les prisonniers à Paris dans des wagons isolés et peu gardés. Malheureusement, les renseignements fournis par l'employé complice étaient inexacts. Au cas où les résistants se trouveraient encore à la prison, le commissaire prépara une action : « *Recherche des moyens d'évasion : Simultanément à l'enquête et comme objectif principal les efforts ont porté sur les possibilités d'évasion. Ici encore les moyens ont fait défaut et il s'est avéré très difficile de réunir les éléments locaux nécessaires à des tentatives d'évasion : hommes décidés, armes, moyens de transports, contacts difficiles et lents, locaux devant servir d'asiles, interprètes, uniformes. Des promesses ont été obtenues après des contacts difficiles et lents mais n'ont jamais donné de résultats palpables dès qu'il a été exigé des réalités*[47]. »

Après plusieurs jours d'essais infructueux, le commissaire Porte revint à Paris bredouille. Il n'avait rien obtenu des mouvements de Résistance[48]. Aussi, quelques jours plus tard, après avoir pris connaissance de son rapport, Serreulles constatait amèrement : « *Bien que depuis des mois le poste "groupes-francs" figure pour plusieurs centaines de milliers de francs au budget des mouvements unis, ceux-ci n'ont été en mesure de nous fournir ni un homme, ni un véhicule, ni une arme*[49]. » En dépit des initiatives répétées de Serreulles, du soin et de la persévérance qu'il déploya, rien ne fut donc tenté pour délivrer le patron de la Résistance.

Jean Moulin entre les mains de Barbie

Si Henri Aubry ne l'avait pas désigné, autour du 25 juin, à ses bourreaux, Jean Moulin aurait peut-être pu échapper à son destin[50]. Ce fut la première étape de sa descente aux enfers.

Barbie a toujours nié avoir torturé Jean Moulin. Selon lui, il fut convaincu d'emblée que l'ancien préfet ne parlerait pas : *« Ayant reconnu son identité, Moulin aussitôt me dit : "N'attendez pas de moi que je me mette à vous raconter mon activité dans la Résistance."*

« Très franchement, je ne m'y attendais guère. […] *Moulin, pendant les interrogatoires, ne manifestait jamais qu'il avait peur. Il continuait à me faire impression* […][51]. »

Dès 1948, Barbie précisa : *« Jean Moulin, alias Max, a eu une attitude magnifique de courage, tentant de se suicider à plusieurs reprises, en se jetant dans l'escalier de la cave, et en se cognant la tête contre les murs entre les interrogatoires. Il a toujours persisté à se déclarer artiste peintre et il a même fait un dessin de moi et un croquis de ma secrétaire*[52]. »

Tous les témoignages doivent être entendus par l'historien, quel qu'en soit l'auteur : même les nazis peuvent fournir des renseignements. Mais ceux de Barbie sont particulièrement suspects par les mensonges évidents dont ils sont émaillés. Là où il ne se souvient pas, il brode effrontément. Bourreau, il ment afin de garder le beau rôle. Il ne faut pas oublier non plus qu'il entend ménager sa notoriété pour la postérité.

« Jean Moulin n'a été interrogé que par moi-même à Lyon. Il a été ensuite transféré sur Paris, avenue Foch, en très mauvais état de santé, à la suite de ses tentatives de suicide. Bien qu'il ne m'ait rien avoué, Moulin n'a jamais été maltraité par nos services à Lyon[53]. » Mensonge éhonté : tous les résistants s'accordent cette fois pour affirmer le contraire. D'abord le docteur Dugoujon : *« Je me trouvais dans la cellule presque en face de celle de Max* [Moulin]. *Je crois pouvoir affirmer qu'il n'a pas été interrogé avant le mercredi* [23 juin] *à 2 heures. Je me base pour dire cela sur le fait que je l'ai vu le mardi* [22 juin] *au matin à la toilette, le mardi après-midi à la promenade qui consistait à tourner dans la cour pendant un petit moment. Max s'était mis à côté de moi et, à la fin de la promenade, il a pu me dire cette phrase que je trouve bien émouvante : "Je vous souhaite bon courage."*

« Le mercredi matin également, à la toilette, je l'ai vu et il n'avait pas été interrogé, lorsque le mercredi, à 2 heures, par l'œillère de la porte de la cellule à laquelle j'étais rivé pour tuer le temps, j'ai vu arriver deux ou trois policiers allemands qui l'ont emmené d'une façon brutale et l'ont ramené le soir avec un pansement autour de la tête, et il boitait.

« Le jeudi [24 juin], *il était remmené, ramené le jeudi soir très tard, peu de temps avant la tombée de la nuit. Il était soutenu par des soldats de la prison*

qui l'ont veillé toute la nuit, qui lui ont donné à boire et qui lui ont passé des linges frais sur la figure[54]. »

Vers le 24 juin, Raymond Aubrac l'avait également aperçu : *« J'ai vu Moulin trois jours après l'arrestation par une suite de circonstances fortuites : ma cellule était en face de l'escalier qui descendait du second étage et il y avait un petit œilleton qu'on a bouché plus tard ; j'ai vu Moulin par cet œilleton, il était décomposé, blessé, meurtri et soutenu sous chaque aisselle par un homme en civil*[55]. »

« Le vendredi [25 juin] *matin, il était remmené à l'interrogatoire*[56]. »

Quant à Christian Pineau, il affirme avoir vu Moulin au fort de Montluc, les 22, 23 et 24 juin 1943. Il aurait, sur ordre allemand, rasé Jean Moulin, laissé sans connaissance par la torture, et lui aurait prodigué quelques paroles de réconfort. Je mentionne, pour mémoire, son témoignage répété durant cinquante ans, car, personnellement, comme nombre de mes camarades, j'y attache peu de crédit[57]. Toutefois, je dois à la vérité de préciser que ses dires pourraient être corroborés par les notes très succinctes qu'il prit durant sa détention et dans lesquelles on lit, à la date du 24 juin : *« Rasage malade*[58]. »

28 juin 1943 : départ pour Paris

La suite des événements est encore plus incertaine que les circonstances de l'arrestation. La majorité des témoignages sont allemands, recueillis après la Libération auprès d'hommes en situation délicate. Aussi de nombreux passages, comme ceux des témoignages de Barbie, sont-ils sujets à caution.

En les maniant avec précaution, voici la version que je propose d'en retenir. C'est probablement le 28 juin que Barbie transféra Jean Moulin à Paris, sur ordre de ses supérieurs : *« J'appelai Paris immédiatement, par téléphone, transmis la nouvelle et reçus de mes chefs l'ordre de leur amener Moulin au plus vite. Dès que les médecins lui eurent donné les premiers soins et bandé le crâne, je le mis dans ma voiture et filai sur Paris.*

« C'était la nuit. Moulin revenait déjà à lui. Mais il allait très mal.

« [...] *Nous quittâmes Lyon vers huit heures du soir, à la fin de juin. Je téléphonai d'une petite ville, sur le parcours, pour prévenir Paris de l'heure probable de notre arrivée et indiquer l'état de Moulin. On me donna le numéro de téléphone personnel du colonel Boemelburg du commando SS de Paris. Nous arrivâmes bien après deux heures du matin et nous rendîmes directement au domicile du colonel. Deux médecins nous attendaient et un lit était préparé pour Jean Moulin*[59]. »

Ici se situent les souvenirs d'un autre policier allemand, un interprète de la Gestapo, Ernst Misselwitz, qui assista, lui, à l'arrivée de Moulin : *« Je l'ai aidé à monter au bureau. Jean Moulin était exténué et malade. J'ai entendu Bömelburg faire des reproches à Barbie parce qu'il l'avait maltraité. Il lui a dit que l'on n'envoyait pas un homme dans cet état...*

« [...] *Voyant qu'il ne pouvait obtenir aucun renseignement* [de Jean Moulin], *il s'était livré à des voies de fait et à des brutalités nombreuses et douloureuses, mettant le préfet dans un état lamentable. Celui-ci a continué à faire preuve du même courage et à se refuser à toute révélation, essayant à trois reprises différentes de se donner la mort*[60]. »

Un autre interprète à la police, Heinrich Meiners, se rendit, au début du mois de juillet 1943, à la « villa Bömelburg », à Neuilly, pour prendre un prisonnier en charge : *« Pendant que j'attendais que le prisonnier se prépare, j'ai regardé dans une cellule au premier étage où une femme de ménage faisait le nettoyage. Un gardien de la S.S. surveillait. La pièce était meublée d'un lit, d'une table, une armoire et une chaise.*

« J'ai vu un prisonnier dans cette cellule qui me fit une impression très bizarre. Le prisonnier était allongé, puis il s'est assis et je l'ai vu marcher une fois dans la chambre en s'appuyant aux meubles et aux murs.

« Il était oppressé et se tenait le ventre ou les reins.

« Il m'a fait l'impression d'un homme très malade et qui n'avait plus pour longtemps à vivre.

« Il avait des yeux fixes, et par instants, hagards.

« Son âge était très difficile à déterminer parce qu'il avait "fondu" et son costume était devenu trop large. Il était visiblement maigri [sic] *et avait des cheveux grisonnants.*

« J'ai demandé au gardien qui était ce prisonnier. Il m'a dit que c'était une haute personnalité française, un ancien préfet, Jean Moulin, de Montpellier je crois[61]*. »*

Les Allemands n'étaient pas les seuls à constater l'état désespéré de Moulin. Plusieurs résistants eurent l'occasion de le revoir une dernière fois. Aubry fut mis en présence de Moulin à Paris : *« Allongé sur une chaise longue* [...] *il ne bouge pas. Il ne bronche pas. Il a l'air d'être dans le coma... Arrive Barbie, qui claque des talons de façon démesurée devant Bömelburg qui est resté là, debout, fumant des cigarettes l'une après l'autre. Il dit en allemand à Barbie : "J'espère qu'ils vont s'en tirer." Ils ont emmené Jean Moulin, emportant avec précaution le sofa-civière. Avec Delestraint nous essayons de le réconforter : "Courage... Courage*[62]*..." »*

C'est la même vision qu'eut Lassagne en compagnie de Delestraint : *« J'ai été confronté avec lui, au mois de juillet, à Neuilly, je pense la veille ou l'avant-veille de son départ pour l'Allemagne, — transfert pendant lequel il est mort. Jean Moulin avait été très sérieusement torturé ; il était méconnaissable, il n'avait plus que les yeux de vivants, la tête enveloppée de pansements, réellement moribond. Or, on ne l'avait pas mis dans un hôpital*[63]*. »*

Aux Allemands qui lui demandaient s'il reconnaissait Max, le général Delestraint répondit : *« Comment voulez-vous que je reconnaisse cet homme dans l'état où il se trouve*[64] *? »*

Metz, 8 juillet 1943 : mort de Jean Moulin

Les conditions du transfert de Jean Moulin vers l'Allemagne et de sa mort demeurent tout aussi confuses. Meiners apporta, en 1946, quelques renseignements qu'il aurait tenus d'un infirmier militaire et de Misselwitz : *« Il était si faible, qu'on devait le transporter en ambulance à la Gare de l'Est, puis le mettre dans un compartiment spécial du train régulier Paris-Berlin.*

« Un policier devait aussi les accompagner.

« Deux ou trois jours après, Misselwitz, revenant d'une conférence chez Kiefer, me dit que M. Jean Moulin était mort au cours du transfert [...].

« Quelques jours après, l'infirmier est venu dans mon bureau [...].

« Il me raconta que M. Moulin était bien mort dans le train [...].

« Le corps avait été déposé dans une des cellules du Commissariat de Police de la Gare, afin d'être soustrait à la vue du public dont les allées et venues sont nombreuses dans ce local.

« L'infirmier m'ajouta très confidentiellement, sans témoin, que le corps était couvert de lésions et que les principaux organes portaient, sous forme de lésions internes, la trace des coups reçus antérieurement, coups de matraque ou coups de pied.

« Je ne puis dire si ces observations résultaient d'une autopsie ou de l'examen médical du médecin SS dont j'ai parlé plus haut.

« [...] *L'infirmier SS, après avoir remis le corps au Commissariat de Police de la Gare était rentré à Paris et il ne put me donner aucun autre détail*[65]. »

Un témoin allemand a parlé de la gare de Francfort, mais c'est à Metz que fut établi le seul document allemand officiel constatant le décès de Jean Moulin.

« Todanzeige, Metz, 2. Februar 1944. [Déclaration de décès. Metz, 2 février 1944] *:*

« Jean Pierre Moulin

« Präfekt [Préfet]

« 20. Juni 1899 Beziers Dep. Herault Frankreich [20 juin 1899, Béziers, Hérault, France]

« franz. [Français]

« 8. Juli 1943, 2 Uhr Metz, Hauptbahnhof [8 juillet 1943, 2 heures, gare de Metz]

« Herzlähmung [défaillance cardiaque][66]. »

La déclaration fut faite par le chef de la police de Metz.

Une note du 25 juillet 1943, signée d'un médecin allemand, confirme son décès : *« Je soussigné, Docteur en médecine, médecin-major Beschke, certifie par la présente que le prisonnier J.-P. Moulin est décédé au cours de son transport de Paris en Allemagne, à la date du 8 juillet 1943 vers deux heures. A la suite de l'autopsie pratiquée par moi-même, la mort est probablement due à une crise cardiaque*[67]. »

Torture ou suicide ?

De ces témoignages étayés par un seul document, il ressort deux certitudes : Jean Moulin refusa de répondre aux questions qui lui étaient posées ; probablement dès son premier interrogatoire, son état fut désespéré.

Le lecteur a compris qu'en l'absence d'archives toute reconstitution de son calvaire est hypothétique. Pour ma part, j'en établirai ainsi les étapes. Dans un premier temps, pendant deux ou cinq jours après son arrestation, il ne fut pas reconnu comme Max. Arrêté dans la salle d'attente avec les autres malades, il avait une identité en règle et une ordonnance qui justifiait sa présence. C'est sans doute après la révélation d'Aubry qu'il fut interrogé par Barbie. À partir de là, on peut énoncer deux hypothèses vraisemblables l'une et l'autre : fut-il victime des tortures ou tenta-t-il de se suicider ? Son état pitoyable, que tous les témoins allemands et français ont constaté, ne fait pencher pour aucune des deux. Il est possible que le silence opposé par Moulin aux interrogatoires de Barbie (Delestraint fut interrogé durant cinquante heures !) ait exaspéré son bourreau et que, perdant tout contrôle, il l'ait torturé à mort. Était-ce son intérêt ? On peut croire qu'un professionnel comme Barbie savait doser les tortures pour obtenir de sa proie les aveux qui, seuls, avaient un prix. On constate par ailleurs qu'Aubry et Lassagne, très durement torturés, s'en sont sortis vivants. Pour Barbie, la capture de Max était autrement importante, dès lors qu'il avait la preuve de son identité. Pouvait-il, en lui défonçant le crâne, espérer obtenir le moindre aveu ?

La thèse du suicide de Moulin a été avancée par Barbie, sans doute pour se dédouaner d'abord à l'égard de ses supérieurs, ensuite face à l'histoire. Elle inspire donc une solide répulsion. Mais un historien ne peut l'exclure. Beaucoup de résistants choisirent le suicide : Bingen, Brossolette, Médéric, et tant d'autres inconnus, craignant une défaillance de leur corps, préférèrent se supprimer, par fidélité à la cause et au sens du devoir. Sans doute sont-ils les plus héroïques, qui pensèrent avant tout à sauver leurs camarades. Cette attitude était conforme au caractère de Moulin. Sachant que son rôle et ses activités étaient découverts, il préféra mourir plutôt que de négocier : s'il avait décliné ses titres, il aurait probablement été conduit à Berlin comme otage. Comme les grands capitaines, il a choisi de disparaître en acceptant le sort des plus humbles. Si tant est que l'on ose une hypothèse, il est possible qu'après avoir été torturé durant un ou plusieurs interrogatoires, se rappelant son expérience de Chartres, il ait profité d'une inattention de ses gardiens pour se jeter dans le vide : dans une cage d'escalier ou d'une fenêtre. Sans doute la chute ne fut-elle pas suffisante pour le tuer net mais elle le laissa dans un état désespéré. Peut-être Barbie dévoile-t-il un pan de vérité quand il affirme que Moulin se précipita dans la cage d'escalier (témoignage recoupé par celui de Fuchs, son interprète, peu crédible par ailleurs)[68]. Quoi qu'il en soit, il est cependant incompréhensible que Barbie, dont l'intérêt était de le sauver à tout prix, ne l'ait pas fait transporter immédiatement dans un hôpital et qu'il ait cherché à s'en débarrasser en le conduisant à Paris.

S'il n'est pas possible aujourd'hui de trancher en faveur d'une hypothèse, pourtant une certitude demeure, la seule qui importe pour l'histoire : Jean Moulin fut l'un des très rares résistants à ne pas céder sous la torture. Il est possible même que, muré dans son silence, il n'ait ni avoué son véritable nom ni reconnu son rôle dans la Résistance. La survie de ses collaborateurs, dont aucun ne fut inquiété, et le témoignage de son bourreau en sont garants : *« Il n'a rien avoué »*, dira Klaus Barbie. Pour une fois, il dit certainement la vérité.

À Londres, Closon, collaborateur d'André Philip, commenta laconiquement cette disparition : *« Aujourd'hui Rex* [Moulin] *a subi le sort auquel il s'attendait si les concours qu'il réclamait depuis longtemps ne lui étaient pas donnés. Les événements ont démontré la justesse de ses prévisions*[69]. »

C'est pour Moulin et ses camarades, victimes de la barbarie nazie, que de Gaulle, qui était son chef, a écrit : *« A ceux qui ont choisi de mourir pour la cause de la France sans que nulle loi humaine les y contraignît, à ceux-là Dieu a donné la mort qui leur était propre — la mort des martyrs*[70]. »

Octobre 1943 : Laure Moulin à la Gestapo

Pourquoi la Gestapo conserva-t-elle si longtemps le secret de la mort ? Le 19 octobre 1943 seulement, à Montpellier, en fin de matinée, un membre de la Gestapo vint annoncer son décès à sa famille. Sa sœur Laure s'étant rendue au siège de la Gestapo pour obtenir de plus amples renseignements, elle s'entendit répondre que seul Paris pourrait lui en fournir.

Elle partit alors pour la capitale. Le 25 octobre, elle se présenta au 84, avenue Foch : *« Je ne vois que portes closes où je n'ose frapper. Je monte jusqu'au troisième sans trouver aucune inscription. Je ne suis pas très rassurée. Je rencontre enfin une Allemande en uniforme qui paraît avoir plus peur que moi et me dit d'un ton sec : "Où allez-vous ?" J'explique le but de ma visite. Elle répond : "Ce n'est pas ici, adressez-vous au 86, à la Registratur." Ce que je fais.*

« Je gravis le perron. Je prends un escalier à double volée aboutissant au premier étage à un long palier. Au-dessus d'une grande porte double je vois écrit en gros caractères : "Registratur." Je frappe ; une jeune fille en gris vient m'ouvrir. Je lui dis que je viens au sujet de l'avis de décès de mon frère, Jean Moulin. Elle répond immédiatement : "Je vais appeler l'officier qui s'occupe de l'affaire." Elle va au premier bureau sur la gauche. »

Heinrich Meiners apparaît : *« Un officier en civil, je crois, sort et me reçoit dans le couloir.* [...] *Il me parle poliment mais refuse de me donner des précisions sur la mort de mon frère. Il me dit qu'il n'y est pas autorisé : "J'ai le dossier dans mon bureau, je sais tout, je connais tout, c'est moi qui conduis toute l'affaire, mais je ne puis rien vous dire." Il promet d'envoyer les renseignements à Montpellier quand son chef le lui permettra. »*

Laure Moulin insiste : *« Il finit par me révéler que le décès est survenu dans le transfert de la prison à la clinique. Il est dû à un arrêt du cœur ; un médecin l'a constaté. Je demande s'il était emprisonné à Fresnes. Il me répond qu'il était dans une "villa privée" et jouissait d'un "traitement d'honneur". Aucune date ne m'est donnée, mais il me laisse entendre que Moulin serait resté quelque temps dans cette villa. »*

Quant au lieu de la sépulture, Meiners précise : *« "Il n'est pas enterré, il est brûlé. Plus tard le 'machin' sera à la disposition de la famille. Un permis spécial sera délivré au moment jugé opportun par mes chefs." Il ajoute : "Comme homme privé, je comprends votre douleur, mais je suis un officier allemand et mon devoir passe avant tout." Il conclut en disant : "Votre frère a cru faire son devoir mais, vous comprenez, il travaillait contre nous." Son dernier mot est, je crois : "Je m'incline."*

« Je sors assez désemparée. Je ne sais pourquoi le fait que le corps de mon frère ait été incinéré au lieu d'être inhumé m'a profondément impressionnée[71]*. »*

C'est alors qu'elle informa *« les amis et collaborateurs »* de son frère : *« Il n'y a pas de doute, Max* [Moulin] *a été identifié par les Allemands*[72]*. »*

Ce n'est que le 2 mai 1944, à Montpellier, que la police allemande remit à la mère de Jean Moulin son acte de décès portant la date du 8 juillet 1943.

Laure Moulin retourna à Paris une semaine plus tard et se rendit à nouveau à la Gestapo, avenue Foch. Elle fut reçue par un autre Allemand, Ernst Misselwitz, qui s'était occupé du dossier de Moulin. *« Le mardi 9 mai, je vois Misselwitz, dans une grande pièce où il y a plusieurs officiers et employés. Il me reçoit très froidement. Il me reproche d'être venue, de ne pas m'être adressée à Montpellier. »* Laure Moulin ne se laisse pas démonter : *« "L'officier que j'avais vu* [...], *en octobre, m'avait promis que, plus tard, on me donnerait l'urne contenant les cendres de mon frère. Maintenant que l'on m'a appris officiellement son décès, je viens vous prier de me la faire remettre." Il m'écoute avec impatience et me répond :*

« — L'officier que vous avez vu en octobre n'était pas autorisé à vous la

promettre, il n'en avait pas le droit, si je vous la promettais, je n'en aurais pas le droit. S'il vous a dit cela, il vous a menti.

« Moi. — Je pensais qu'un officier supérieur...

« Lui. — Ce que vous pensez est égal.

« Moi. — Lui, au moins, a été poli. »

« [...] *Je désire avoir des précisions sur la maladie de mon frère et qu'on me remette les objets personnels qu'il avait sur lui lors de son arrestation. A ces dernières requêtes, il répond d'un ton légèrement adouci : "Ce ne serait pas impossible de vous satisfaire si j'étais plus au courant de l'affaire, si j'avais le dossier sous les yeux."*

« Entre-temps, de mémoire, il avait écrit sur un morceau de carton une indication et envoyé un sous-ordre chercher, soit le dossier, soit une fiche. [...] *Je répète que je ne suis venue que pour répondre à une promesse formelle, que j'avais patiemment attendu la pièce officielle. Il me répond qu'il demandera à ses supérieurs si l'on peut faire droit à ma requête : "Dans ce cas on vous fera aviser par Montpellier, mais ne revenez pas !"*

« Je dis encore que je trouve étonnant que la mort ait eu lieu à Metz, alors que l'officier qui s'occupait de l'affaire en octobre m'avait laissé entendre que mon frère était à Paris et y serait resté quelque temps. Il réplique brusquement : "Mais il n'y était pas[73]*." »*

Le 25 mai, un Allemand vint au domicile de Laure Moulin la prévenir que l'on ne pourrait satisfaire sa demande avant la fin des hostilités, en raison *« des difficultés de transport »* : *« Je fais remarquer qu'une urne n'est pas une chose bien volumineuse. Il me répond qu'il ne fait que transmettre les ordres de Paris*[74]*. »*

Le reste appartient au désespoir d'une mère et au chagrin d'une sœur, qui communient avec le désespoir et le chagrin de toutes les mères et de toutes les sœurs des martyrs de la liberté.

DEUXIÈME PARTIE

L'HÉRITAGE DE JEAN MOULIN

21 juin 1943-29 août 1944

XIX

DE JEAN MOULIN À ÉMILE BOLLAERT

Dès l'arrestation de Jean Moulin, son successeur intérimaire, Claude Serreulles, écrivait à Londres : *« Je n'ai pas besoin d'insister sur l'émotion qui s'est emparée de tous, et sur notre profond chagrin. Max* [Moulin] *laisse un vide bien difficile à combler*[1]. »

Ce vide, de Gaulle en rappela la gravité dans ses mémoires : *« La disparition de Moulin eut de lourdes conséquences. Il était de ceux qui incarnent leur tâche et, qu'à ce titre, on ne remplace pas*[2]. »

Après le jugement du Général, il vaut la peine de lire celui d'Emmanuel d'Astier qui fut un des adversaires les plus déterminés de Moulin : *« Il faut le dire pour l'histoire : la disparition de Jean Moulin a été une catastrophe. L'antinomie naturelle qu'il pouvait y avoir entre une résistance intérieure et un homme, si grand fût-il qui paraissait un émigré, a éclaté après la mort de Jean Moulin, qui avait une taille d'homme d'État suffisante pour tenir cela sur ses épaules*[3]. »

Les historiens enregistrèrent à leur tour ce constat. Ainsi, Henri Noguères : *« La Résistance intérieure française à qui la personnalité de Jean Moulin a su imprimer, en dix-huit mois, une marque indélébile, ne sera plus jamais ce qu'elle eût été sans Jean Moulin. Mais, celui-ci disparu, elle ne sera plus jamais, non plus, ce qu'elle eût été avec lui*[4]. »

L'héritage de Jean Moulin

Cette unanimité des jugements est due à l'ampleur du travail accompli en dix-huit mois : allégeance des mouvements de la zone libre à de Gaulle ; création de services communs aux trois principaux mouvements ; création d'une Armée secrète unique composée des forces paramilitaires de chacun des mouvements ; constitution d'un Comité de coordination zone sud qui se transformera, après la fusion des trois mouvements, en Comité directeur des Mouvements unis de Résistance (M.U.R.) ; fédération dans le Conseil de la Résistance de toutes les composantes de la France Résistante (mouvements clandestins, anciens partis politiques et syndicats).

Cette œuvre avait fait successivement de Jean Moulin le représentant personnel de De Gaulle, le délégué du commissariat national à l'Intérieur (C.N.I.), le chef en France des agents du service Action du B.C.R.A., puis le président des comités de coordination Z.S. et Z.N., enfin le président du Conseil de la Résistance et un commissaire national en mission. Par le cumul de ses titres, il était devenu le second personnage de la France Combattante, puisque, durant dix-huit mois, il représenta en métropole, face aux Allemands, à Vichy et à la Résistance, cet État que de Gaulle prétendait incarner à Londres.

Cette œuvre d'autorité, saluée par les historiens pour son importance décisive, avait suscité chez les chefs de la Résistance une impatience et même une hostilité à l'égard de l'ancien préfet. On se rappelle que les chefs de la zone sud qui se trouvaient à Londres au moment de son arrestation réclamaient sa révocation et la suppression de sa fonction auprès de la Résistance. Or, cette mission contestée fut interrompue alors que Moulin entamait la phase préparatoire de la libération, sans doute la plus délicate et la plus complexe.

Après avoir coordonné l'action administrative, militaire et politique des mouvements, il fallait mettre en place les mécanismes du passage de la Résistance à la République, c'est-à-dire le rétablissement de la légalité. Pour ce faire, il fallait construire deux systèmes parallèles au niveau départemental, régional et national qui soient complémentaires, bien qu'ils fussent par nature antagonistes : l'un représentant les résistances ; l'autre l'État souverain. Exercice périlleux après une période de lutte clandestine où la guerre civile entre résistants et vichystes pouvait dégénérer en un affrontement entre les résistances de diverses obédiences, au cours duquel des forces incontrôlées risquaient de plonger le pays dans le chaos.

Pour l'éviter, André Philip avait envoyé un projet de préparation administrative à Jean Moulin qu'il avait reçu quatre jours avant son arrestation. C'est celui dont héritèrent ses successeurs, à charge pour eux de le réaliser afin d'être prêts pour la libération que l'on croyait, alors, plus proche qu'elle ne le fut.

« *Il est indispensable,* avait écrit à Jean Moulin le commissaire à l'Intérieur, André Philip : *1) qu'en cas de débarquement entraînant une libération partielle ou totale du territoire, toutes mesures aient été prises en vue d'assurer la mise en place immédiate, dans tous les emplois locaux de direction, de personnes présentant des garanties suffisantes ;*

« *2) que les équipes appelées à occuper les postes les plus importants* [...] *aient été préparées avec le plus grand soin*[5]. »

Jean-Louis Crémieux-Brilhac nous rappelle qu'il s'agissait tout de même de désigner une centaine de responsables (préfets, commissaires de la République, secrétaires généraux des ministères...), en concertation avec les instances locales de la Résistance et le C.N.R.[6].

On devine la difficulté d'appliquer ces principes dans le cadre d'une vie clandestine, par nature précaire. D'autant que, si la tâche était délicate sur le plan administratif, elle était rude sur le plan militaire.

Dans ce domaine, en attendant la désignation par de Gaulle d'un nouveau commandant en chef de l'Armée secrète, il fallait remplacer provisoirement le général Delestraint afin d'empêcher les mouvements d'en prendre le commandement (c'était l'objectif de la réunion de Caluire). Ensuite, Londres devrait parachever l'unification des groupes paramilitaires et l'organisation des maquis des deux zones, afin d'imposer une décentralisation qui relierait chaque région directement à Londres. Enfin, il fallait mettre en place les différents plans de sabotage élaborés par le B.C.R.A. pour neutraliser l'armée allemande le jour du débarquement.

Sur le plan politique, il fallait convaincre les mouvements de créer un bureau permanent qui dirigerait le C.N.R., c'est-à-dire l'action politique de la Résistance, et il fallait contrôler celui-ci pour qu'il ne dérive pas vers une opposition ou une rivalité face au gouvernement central d'Alger.

Devant l'ampleur de la tâche à accomplir, la place de Moulin ne pouvait souffrir de vacance. Or, de Gaulle attendit trois mois pour nommer un successeur. Tous les historiens se sont étonnés qu'il ne l'ait pas désigné immédiatement. Bien des explications ont été apportées à cette carence au point que Jean-Louis Crémieux-Brilhac en vient à poser cette question iconoclaste : *« De Gaulle avait-il encore vraiment besoin de Moulin à la mi-1943*[7] *? »* L'étude des documents inédits révèle que, en dépit des apparences, de Gaulle avait encore besoin de Moulin, mais que la dispersion des centres de décision de la France Combattante paralysait la résolution de ce problème urgent.

Tous les héritages importants déclenchent des querelles de famille. Celui, considérable, de Jean Moulin excita la convoitise de clans, qui se déchirèrent durant des mois. Plusieurs autres politiques s'affrontèrent en cette occasion, dans lesquelles s'enchevêtrèrent les engagements idéologiques, les tactiques politiques ou les stratégies militaires, enfin le choix des hommes.

Le premier des enjeux opposait de Gaulle et ses services aux dirigeants des mouvements métropolitains sur une question fondamentale : qui était le chef de la Résistance ? À cette question, le Général avait toujours répondu, sur le plan politique : le Comité national français de Londres, gouvernement légitime de la France, dont le C.F.L.N. était le successeur ; sur le plan militaire, de Gaulle en était le commandant en chef. Pour appliquer ces principes, le Général avait trouvé en Jean Moulin l'homme idoine, grâce à qui il avait exercé un contrôle sans partage sur la Résistance.

À l'opposé de cette conception, les chefs des mouvements estimaient qu'il appartenait aux résistants métropolitains de diriger eux-mêmes la Résistance. À leurs yeux, la France Combattante n'était que l'« intendance » et de Gaulle leur ambassadeur auprès des Alliés. Ils supportaient de plus en plus mal la férule de Moulin et, après sa mort, s'efforcèrent d'imposer leur indépendance au Général et à ses services. Pour eux, préparer la libération signifiait, sur le plan politique, le droit de choisir des fonctionnaires d'autorité, les secrétaires généraux des ministères et de préparer la prise du pouvoir ; sur le plan militaire, ils exigeaient le commandement direct des forces militaires de la Résistance en interprétant les directives des Alliés et en prenant des initiatives selon les opportunités. Pour tous, c'était en tout cas choisir l'heure et la manière de l'insurrection nationale.

À côté de cet enjeu, il en existait un second, qui divisait les responsables de la France Combattante. Deux politiques s'affrontaient, représentées par des hommes qui en défendaient tout ou partie.

La première préconisait la réunion des deux zones sous un commandement politique et militaire unique et souhaitait la centralisation du commandement militaire en métropole afin de structurer la Résistance sur le plan national, avant de la décentraliser au niveau régional pour la rattacher directement à Londres. La seconde refusait ce schéma, en invoquant la différence d'organisation des deux zones : le Nord fragmenté en plusieurs mouvements ; le Sud unifié dans les M.U.R., mais aussi la disparité dans l'état d'organisation des groupes militaires.

En outre, ses partisans arguaient de l'impossibilité de diriger clandestinement un ensemble aussi composite. Ils envisageaient de décentraliser immédiatement le commandement au niveau régional et de le relier directement à Londres par des liaisons radio.

Enfin, sur le plan politique, la première était favorable au C.N.R., c'est-à-dire à la fédération de la France résistante (mouvements, partis, syndicats) et à la direction politique de la Résistance par son bureau restreint, tandis que la seconde refusait le retour des partis politiques et souhaitait le renouvellement des institutions et des mœurs politiques grâce aux seuls mouvements.

Bien entendu, il y avait des nuances entre les uns et les autres, et même quelques désaccords, mais l'opposition des deux clans sur certains points décisifs étaient sans compromis. Cette division originelle entre la Résistance métropolitaine et la France Combattante (elle-même agitée par des courants contradictoires) fut aggravée par l'influence de plus en plus considérable des communistes, qui poussèrent certains choix au paroxysme. Pour eux, la politique de De Gaulle ne relevait pas d'une querelle de famille, mais d'un combat idéologique : la condamnation qu'ils avaient formulée contre lui de 1940 à 1941 n'avait pas changé dans le principe, seule la tactique de circonstance avait provisoirement modifié leur langage et leur conduite.

L'histoire a prouvé que de Gaulle, seul, gagna contre tous. Cela explique l'âpreté des luttes et les rancœurs inexpiables de l'après-Libération. Mais cela montre également que les hommes ne s'affrontèrent pas à cause d'ambitions personnelles mesquines, bien qu'en politique on ne puisse les exclure complètement. Leur rivalité fut déclenchée et entretenue par des conceptions politiques qui renvoyaient à des visions différentes des conditions de la libération et de l'avenir de la France.

Dans l'application de ces politiques, trois éléments se conjuguèrent pour faire de la succession de Moulin la tragédie la plus absurde de la Résistance. D'abord, le petit nombre des acteurs qui s'affrontèrent sans pitié. Cette dispute entre « gaullistes » fut attisée par l'intervention sporadique de quelques chefs de mouvement, tels d'Astier, Frenay, Blocq-Mascart, Jacques-Henri Simon, Villon. Ensuite, la dispersion géographique d'une action écartelée en trois lieux éloignés (Paris, Londres, Alger) amplifia les malentendus par des communications aléatoires qui ralentirent les décisions, encouragèrent l'inertie et, finalement, installèrent un désordre permanent. Enfin, on ne peut oublier que ce débat se déroula dans un contexte dramatique : il y avait trois semaines que de Gaulle était à Alger lorsque Moulin disparut, alors que l'affrontement avec Giraud culminait. C'est dire l'importance du contrôle des services secrets, cordon ombilical avec la Résistance métropolitaine, que Giraud prétendait commander et qui étaient, pour leur partie la plus importante, composés des anciens services secrets de Vichy.

Les mutations de la France Combattante

Depuis le 3 juin 1943, de Gaulle avait créé avec Giraud à Alger un gouvernement bicéphale : le Comité français de la libération nationale (C.F.L.N.). André Philip en était le commissaire à l'Intérieur.

À Londres, de Gaulle avait laissé une antenne personnelle dirigée par le général François d'Astier de La Vigerie. Georges Boris représentait le commissaire à l'Intérieur tandis que Passy dirigeait le B.C.R.A.

Le 4 octobre, le général Cochet, résistant métropolitain de la première heure, prit la direction des deux services secrets de Londres et d'Alger, afin d'en établir la coordination.

Le 9 novembre, un remaniement eut lieu à Alger : le général Giraud quitta le C.F.L.N. et devint commandant en chef, tandis qu'Emmanuel d'Astier remplaçait Philip au commissariat à l'Intérieur avec Pierre Bloch comme adjoint. Boris conservait ses fonctions à Londres.

Le 27 novembre, les services secrets de De Gaulle et de Giraud fusionnèrent sous le nom de Direction générale des services spéciaux (D.G.S.S.). Le général Cochet en céda la direction au gaulliste Jacques Soustelle, tandis que Passy était nommé directeur technique. La base de Londres prit le nom de Bureau renseignement et action Londres (B.R.A.L.), dirigé par Manuel, celle d'Alger devint le Bureau renseignement et action Alger (B.R.A.A.), dirigé par Pélabon.

Créé en septembre 1943, le Comité d'action en France (C.O.M.I.D.A.C.) fut opérationnel en janvier 1944. C'était un organisme politique et militaire qui fixait la stratégie, les priorités, les crédits de la Résistance et approuvait les désignations des responsables de l'État clandestin. Il était présidé par de Gaulle. Y assistaient le commandant en chef Giraud (jusqu'en avril 1944), les commissaires à l'Intérieur (d'Astier), à la Guerre (Le Trocquer, puis Diethelm), aux Finances (Mendès France), parfois Frenay qui était en charge des Prisonniers, Déportés et Réfugiés. Soustelle en assurait le secrétariat.

Au mois de mai 1944, le général Kœnig, déjà désigné le 28 mars délégué militaire du C.F.L.N. pour le théâtre d'opérations nord, fut nommé commandant en chef des F.F.I. et prit le colonel Passy comme l'un de ses deux chefs d'état-major.

En métropole, le résultat de l'interminable guerre de la succession de Jean Moulin se traduisit par le changement de statut du délégué général : Moulin était représentant personnel du général de Gaulle, délégué du C.N.I. et président du Conseil de la Résistance. Il fut remplacé par une délégation du C.F.L.N. dans laquelle ses fonctions furent réparties entre quatre personnes : un délégué national assisté de deux délégués dirigeant les secrétariats de zone sud et de zone nord (Sec-Sud et Sec-Nord), tandis que la présidence du C.N.R. était exercée par un résistant élu.

22 juin-16 août 1943 : Claude Serreulles, un homme seul face à la Résistance

Dès l'arrestation du « patron » à Caluire, l'assaut fut rude contre la politique qu'il avait menée. En ce qui concerne l'unité de la Résistance, la cohésion de ses éléments militaires regroupés en une Armée secrète unique (en zone sud) et la maîtrise administrative des mouvements, rien ne céda. Mais le commandement militaire et le contrôle politique direct exercés par le Général sur la Résistance furent désormais tenus en échec.

Pendant que Claude Serreulles se dépensait pour faire évader Moulin (en même temps qu'il reprenait un à un ses contacts afin de maintenir l'autorité de De Gaulle sur la Résistance), les responsables des mouvements, en zone sud aussi bien qu'en zone nord, concentraient leurs efforts sur trois objectifs : la reprise du commandement de l'Armée secrète ; la création d'un Comité exécutif de la Résistance ; enfin, la conquête de la direction du Conseil de la Résistance. Au milieu de ce remue-ménage, quel fut le sort de la Délégation ?

Claude Serreulles s'efforça d'assurer l'intérim. Sans expérience de la délicate gestion des mouvements, il se tira au mieux de cette passe périlleuse, tout en demandant à Londres d'intervenir de toute urgence.

Dès le lendemain de l'arrestation de Moulin, il télégraphia pour annoncer son intérim provisoire et suggéra le nom de Bidault pour succéder à Moulin. Cette proposition émanait des proches de Moulin, qui témoignèrent de l'étroite collaboration de Bidault avec le « patron » et de son gaullisme intransigeant.

Pierre Kaan, porte-parole de cette tendance, voyait dans cette possibilité, ainsi qu'il l'exposa en juillet dans une lettre au général de Gaulle, la meilleure solution pour continuer à contrecarrer *« la tendance centrifuge existant dans les Mouvements*[8] *»*. Et il tenait à faire connaître au Général le sentiment des *« militants de la résistance chargés de missions techniques »* : *« Nous croyons particulièrement nécessaire la désignation de G.B.* [Georges Bidault]*, l'une des très rares parmi les personnalités marquantes à avoir compris les conditions de la Résistance dans la métropole.*

« Dans son activité, il a toujours su maintenir au premier rang la lutte contre l'occupant, répondant ainsi au vœu profond de l'ensemble des Français : il restait toujours préoccupé de conserver la liaison avec les diverses familles spirituelles françaises, avec toutes les formes politiques. De ce point de vue, il paraît être le seul dont l'autorité puisse être reconnue partout sans heurt.

« Également préoccupé de résoudre les problèmes pratiques de façon concrète, il s'est toujours tenu à l'écart des compétitions et des jeux personnels[9]*. »*

Le premier câble que Serreulles reçut le 27 juin ne lui apporta toutefois aucune directive. Après l'avoir félicité pour son sang-froid et l'avoir assuré de sa confiance, Londres lui demandait d'attendre la solution qui se dégagerait des instructions de De Gaulle et de la concertation avec les chefs de la Résistance présents en Angleterre. Peut-être lui adjoindrait-on Meunier ou Chambeiron si l'O.C.M. y consentait[10]. Si bien que, le 12 juillet, Serreulles réitérait sa proposition en faveur de Bidault[11].

En conséquence, bien qu'il ait pris toutes les initiatives compatibles avec le maintien de l'autorité de la France Libre, il était incertain sur la politique à suivre, car Londres restait muet : *« A force de ne jamais recevoir de réponse à mes câbles, je finis par me demander si votre silence n'est pas intentionnel, et s'il n'a pas pour but de me signifier votre désapprobation. S'il en était ainsi je vous serais obligé de me le marquer d'une façon plus positive*[12]*. »*

Or, son embarras grandissait devant les risques de voir les mouvements profiter de cette vacance pour affirmer leur indépendance. Heureusement, les relations s'avéraient excellentes : *« C'est pour nous un honneur singulier,* confiait-il, *de considérer les différents chefs de Mouvements comme des amis véritables*[13]*. »*

La partie de cache-cache entre Londres et Serreulles se poursuivit jusqu'au 17 juillet où arrivèrent les premières instructions. En fait, elles se limitaient à des directives d'ordre technique (transmissions, parachutages, renseignements, etc.), précédées de quelques principes d'ordre général : *« Il est nécessaire de déléguer auprès de chaque Comité directeur et présidant ce comité, un représentant de Londres qui y remplirait les fonctions de Rex* [Moulin].

« *Auprès du Comité* [Conseil] *national de la Résistance, et présidant ce comité, devrait être envoyé un représentant accrédité du Comité national de la Libération*[14]. »

Serreulles fut déçu par des directives aussi vagues et, dès le surlendemain, il réitéra la candidature de Bidault, faisant valoir l'unanimité qui s'était faite sur son nom, y compris chez les communistes[15]. Un mois plus tard, il en était toujours au même point, désespérant de convaincre Londres du préjudice causé par ce silence prolongé et l'absence de décision concrète[16].

L'isolement dans lequel le B.C.R.A. entretenait Serreulles était en outre dommageable à son autorité, car les résistants n'étaient pas dupes de cet abandon. Pascal Copeau en fut le témoin direct : « *Il est notoire que Serreulles est complètement coupé de Londres à tel point qu'on se pose des questions sur la réalité de sa mission*[17]. »

Finalement, la situation se modifia le 16 août lorsqu'il reçut des instructions et, surtout, accueillit son ami Bingen, désigné pour assurer la direction de la zone sud et lui apportant sa nomination comme délégué de la zone nord.

Bien que le délégué général n'ait toujours pas été désigné, Serreulles n'était plus seul et la Délégation était renforcée. Outre Bingen, Closon était revenu pour mettre en place les comités de libération départementaux, tandis que Laffon travaillait dorénavant aux nominations du personnel administratif.

Si le silence de Londres, qui dura deux mois, désolait Serreulles, il intrigua les historiens. Certains, dont Henri Noguères, trouveront l'explication dans le désappointement de Passy de voir évincé son candidat Brossolette : « *Les chances de voir régler ainsi cette succession étant inversement proportionnelles à la réussite de l'intérimaire, il n'apparaît pas que le B.C.R.A. ait déployé de grands efforts pour contribuer à cette réussite*[18]. » Était-ce la vraie raison ?

26 juin 1943 : zizanie à Londres

Pendant que Serreulles se débattait en France avec les chefs des mouvements et proposait à Londres l'homme le plus apte à maintenir intact l'héritage de Moulin, le colonel Passy était parti pour Alger. En son absence, le colonel Manuel dirigeait le B.C.R.A. On notera que, durant cette crise, Brossolette fut absent des réunions au cours desquelles se jouait l'avenir de la Délégation (comme de toutes celles qui devaient décider du choix des agents à envoyer en France). Il eût été malséant que l'homme qui avait systématiquement combattu Moulin et déployé tant de vindicte à son encontre participât au règlement de sa succession, à laquelle il était candidat.

Le 25 juin, dans la capitale anglaise, dès la réception du câble de Serreulles annonçant l'arrestation de Moulin, ce fut la consternation. Manuel et Boris furent les premiers avisés. Une réunion fut organisée dès le 26 juin, présidée par le général d'Astier, représentant de Gaulle à Londres. Emmanuel d'Astier, Bingen, Boris, Manuel, Frenay, Jean-Pierre Levy et Médéric (de Ceux de la Libération) y participèrent. Les télégrammes de Serreulles furent lus et le général exposa le programme qui avait fait l'objet d'entretiens préalables avec Boris et Manuel.

Ils inclinaient en faveur d'une solution provisoire, en attendant que le général de Gaulle statue : Serreulles en zone nord et Bidault en zone sud. Ce dernier nom souleva la réprobation de Frenay, de Levy et d'Astier qui ne le jugeaient *« pas apte physiquement à ce rôle* [*sic*] *»*. Pour diverses raisons, personnelles ou techniques, Closon, Laffon ou Marchal ne pouvaient pas convenir. Médéric suggéra Meunier, avec l'appui de d'Astier. *« Cette solution*, lit-on dans le compte rendu, *paraît à première vue recueillir l'approbation générale et un vif éloge est fait par les participants du parfait sang-froid de S.* [Serreulles] *dans les circonstances présentes et de ses qualités d'équilibre et de sérieux*[19]. » Les participants confirmaient l'opinion de Passy qui avait réclamé l'envoi de Serreulles en France au mois de mars[20].

Frenay souhaitait par ailleurs profiter des circonstances pour *« revoir le statut de Rex* [Moulin] *(ou de son remplaçant) »* puisqu'il était devenu caduc depuis la formation du C.F.L.N. Boris refusa d'engager le débat sur ce point et déclara adopter une *« position conservatoire »*. Jean-Pierre Levy intervint alors pour mettre un terme à ces arguties, posant le principe fondamental : *« Le ou les représentants de Philip doivent être investis d'une véritable autorité en France si l'on veut que les choses marchent bien. »*

Cette manière de séance plénière fut suivie d'une réunion privée entre chefs des mouvements, réunion *« assez orageuse, la position assez agressive de Charvet* [Frenay] *(ultimatum) ayant été semble-t-il vigoureusement contrée par Lenoir* [J.-P. Levy] *puis Bernard* [d'Astier], *Médéric approuvant ce contrage*[21] *»*.

Le soir même, Boris et le général d'Astier adressèrent un câble à Passy (à décoder par lui seul) afin de lui apprendre l'arrestation de Moulin et de ses compagnons et pour lui faire part de leurs *« solutions immédiates provisoires »*, qui, en fait, montraient qu'ils étaient bien plus préoccupés de l'Armée secrète que de la Délégation : *« Ne pas reconstruire avant stabilisation crise mais prendre urgence mesures conservatoires consistant en une décentralisation en France avec recentralisation à Londres. »* Ce qui avait toujours été la doctrine du Général depuis la mission Rex.

« [...] *Pour le civil proposons l'accord avec mouvements représentés à Londres que Morlaix* [Meunier] *zone nord et Sauvier* [Serreulles] *zone sud assurent intérim Rex* [Moulin][22]. »

Puis Boris s'efforça de fournir plus d'éclaircissements à Philip, par lettre. Au-delà des mesures conservatoires, il avait pensé que le préfet révoqué de Lyon, Émile Bollaert, pourrait succéder à Moulin, en tant que représentant de tout le C.F.L.N., les comités de coordination demeurant confiés à des *« délégués du C.N.I., je veux dire de vous, c'est-à-dire du gaullisme qualifié »*. Puis, revenant sur les responsabilités qu'on envisageait de confier à Serreulles et à Meunier, il révélait que Brossolette avait, depuis la réunion, donné son avis sur le sujet : *« Si j'en crois Brosso*[lette] *cette solution n'a pas de chance de marcher, Morlaix* [Meunier] *n'étant pas persona grata, notamment à l'O.C.M. Il est vrai que Médéric dit que les choses se sont beaucoup tassées depuis le voyage de Brumaire* [Brossolette]. *Nous aurons certainement des réactions qui nous permettront de nous faire une opinion et nous conduiront à une décision. S'il fallait absolument que S.* [Serreulles] *retournât en zone nord pour y être votre délégué au comité de coordination, il faudrait trouver une personnalité convenable pour la zone sud. Bip* [Bidault] *est possible, mais loin d'être parfait pour cette tâche. C'est encore une des choses auxquelles il faut songer*[23]. »

Boris devait hésiter sur le crédit à accorder à l'opinion de Brossolette, qui, depuis le printemps 1943, avait englobé Meunier et Chambeiron dans son dénigrement de l'action de Moulin. Les rancœurs à l'égard de Jean Moulin, en effet, ne s'étaient pas éteintes avec sa disparition, comme le montra une lettre que, ce même jour, Brossolette reçut de France de la part de Maxime Blocq-Mascart. Relatant les contacts que l'O.C.M. avait établis avec les autres mouvements sur le plan militaire, Blocq-Mascart précisait : *« Au fond, c'est presque l'E.M. zone occupée qui se constitue tout seul.*

« Mais non pas, grâce à Max [Moulin]. *Il m'est désagréable d'en parler aujourd'hui que je sais qu'il lui est arrivé malheur. Mais vraiment, il avait drôlement compris son rôle. Je vous dirai que depuis son arrivée, ni Langlois* [colonel Touny] *ni moi n'avons jamais eu une conversation avec lui en dehors de réunions générales. Ces réunions n'ont jamais rien donné. Il considérait les groupes de résistance avec méfiance, tâchait de les diviser et a réussi à rendre tout travail commun avec le C.G.E. impossible (malgré plusieurs échanges de vues à titre personnel très cordiaux avec deux de ses membres). Il flirtait évidemment avec les partis et faisait le commis voyageur en places.* [...]

« En somme, le rôle du Comité de Coordination sur le plan civil s'est limité à la mise en contact des groupes (c'est d'ailleurs vous qui y avez procédé). Sur le plan paramilitaire, il a été un peu plus effectif [...]. *Sur le remplacement de Régis* [Moulin], *Sermoy* [Simon] *vous donnera nos idées*[24]. »

Alger, 28 juin 1943 : Brossolette, sauveur de la Résistance ?

Que se passait-il en Algérie pendant ce temps-là ?

C'est en rentrant de Tunisie à Alger que le général de Gaulle apprit, le 28 juin, l'arrestation de Jean Moulin, soit une semaine après les événements. Le colonel Passy, arrivé la veille, le lui révéla. Après cette annonce, de Gaulle, sans manifester son émotion autrement que par un *« Ah ! »* désabusé, enchaîna, quelques instants après, *« Continuons »*[25]. Immédiatement, Passy fit le siège du Général afin de l'inciter à désigner Brossolette : *« Un seul homme aurait pu, à mon sens, remplacer Rex* [Moulin] *du jour au lendemain, et continuer son œuvre. Cet homme était Pierre Brossolette... mais il avait une personnalité trop forte et de ce fait commit trop d'erreurs pour que l'accord se fît à Alger sur son nom*[26]. »

Passy avait en effet constaté que *« comme beaucoup d'hommes au-dessus de la normale, il provoquait dans son sillage des courants d'envie et de haine chez les médiocres ou les lâches, incapables d'apprécier le rayonnement de son extraordinaire intelligence*[27] ».

Passy décrit lui-même l'accueil mitigé fait à cette proposition : *« Le Général ne me dit d'abord ni oui, ni non ; mais je ne tarde pas à m'apercevoir qu'André Philip était violemment hostile à ce projet. Trouvait-il le socialisme de Brossolette d'une insuffisante orthodoxie ? Craignait-il de voir un homme aussi brillant et aussi courageux à la tête de la Délégation en France du C.F.L.N., ce qui eût évidemment affaibli considérablement sa situation personnelle ? Prenait-il ou affectait-il de prendre au sérieux les affirmations de Rex* [Moulin] *que les mouvements de Résistance étaient opposés au retour de Brossolette ? Je ne sais ! Toujours est-il que je ne réussis pas à faire admettre mon point de vue*[28]. » N'y avait-il pas d'autres raisons que les rivalités ou la jalousie supposée pour désigner Brossolette à l'ostracisme ?

L'acidité bien connue de ces propos en avait indisposé plus d'un. Un échantillon significatif figure dans une lettre par laquelle Brossolette entendait éviter à André Philip, nouvellement arrivé à Londres, *« les tâtonnements et les lenteurs inutiles*[29] ». Effectivement, après sa lecture, Philip devait avoir une opinion précise de la France Libre, mais aussi de l'auteur de la lettre. À propos de la France Libre, Brossolette écrivait : *« C'est parce qu'il n'y a pas de talents que la plupart des services sont dirigés par des "doublures", et c'est parce que les chefs sont des doublures qu'il y a des difficultés dans le fonctionnement de la machine*[30]. »

Le Comité national français n'était pas mieux loti : *« Les hommes qui le composent sont ou médiocres ou sans relief. Dejean aux Affaires Etrangères, Cassin à l'Instruction publique et à la Justice ne représentent rien. Pleven, aux Colonies et aux Finances, est d'une haute qualité morale ; il a la confiance du Général, il est intelligent, mais il est mou, et timide*[31]. » Il convient de rappeler que Pleven, un des premiers ralliés de juin 1940, fut, avec Leclerc et Boislambert, le responsable du ralliement de l'A.E.F. en août 1940. Un homme dont de Gaulle disait à Louis Joxe à Alger : *« S'il m'arrivait quoi que ce soit, vous iriez immédiatement le voir*[32]. »

Diethelm, prédécesseur de Philip au commissariat à l'Intérieur, n'était pas non plus épargné : *« La dualité des services qui existe actuellement par suite des prétentions du Commissariat à l'Intérieur est une erreur criminelle qui nous expose en France, et en particulier en zone occupée, à des risques mortels*[33]. » Ce défaut dans l'organisation des relations entre service civil et militaire, que Brossolette aida par la suite à modifier, avait, certes, des inconvénients dans l'ordre de l'efficacité, mais ne fut pas la cause des crimes annoncés.

Dans cette lettre, en revanche, Brossolette n'avait pas de mots assez aimables pour Philip : *« En fait, ce que nous avons dit de vous a fait que vous êtes attendu par de Gaulle comme le Deus ex Machina*[34]. » Effectivement, on l'a vu, Philip était à ce moment-là une pièce maîtresse dans les projets de Brossolette. Avec Philip à l'Intérieur et Passy au B.C.R.A., Brossolette avait toutes les raisons de croire qu'il mettrait en place un instrument qui permettrait l'application du programme politique qu'il avait proposé, sans succès, à de Gaulle.

Malheureusement, il déchanta, car Philip n'avait nullement pour lui l'admiration de Passy et encore moins son indulgence. Dès lors que le ministre découvrit le rôle qu'il entendait lui faire jouer, il le jugea sévèrement et, de ce fait, le *« Deus ex Machina »* se mua, sous la plume de Brossolette, en *« ahuri pipophage »*.

La raison véritable de la disgrâce de Brossolette, que semble ignorer Passy, crève pourtant les yeux : comment de Gaulle aurait-il fait de Brossolette son représentant et le président du C.N.R. alors que Brossolette avait critiqué ses directives, combattu publiquement le projet du C.N.R. que Moulin était chargé d'appliquer, enfin torpillé la création de la Commission permanente, l'instrument par excellence pour de Gaulle du contrôle de la Résistance ? Par cette nomination, de Gaulle pouvait-il, en désavouant publiquement Moulin, désavouer sa propre politique ? Pouvait-il encore avoir confiance en Brossolette, qui avait été désinvolte à l'égard de ses directives, pour appliquer cette politique ? Tout ce que l'on sait des décisions que de Gaulle prit à cette époque force à répondre non. Et si l'on pouvait avoir le moindre doute sur son jugement à l'égard de Brossolette dans l'affaire du C.N.R., la confidence d'un très proche collaborateur du Général le dissiperait : « *Quand on méditera, plus tard, sur l'entourage du général de Gaulle, je crois qu'on fera cette constatation qu'en dehors de rares exceptions, il chercha surtout et d'abord à s'entourer de dévouement. Je pense que, mieux encore que nous et que les observateurs politiques, il connaît les défauts, les insuffisances, voire la médiocrité de la plupart d'entre nous. Mais comme, en dernier ressort, il veut pouvoir décider de tout, il lui importe au fond assez peu qu'on dispose des hautes qualités qui permettent les initiatives et les grands desseins. Il veut être obéi à la lettre. En choisissant son entourage, en choisissant ses principaux ministres et ses principaux hauts fonctionnaires, il cherchait visiblement à se garder de la désobéissance ou de la trahison. Il ne veut pas que ses ordres soient interprétés*[35]. »

C'est tellement vrai que, échaudé par le comportement de Brossolette, à qui il avait laissé la bride sur le cou dans cette affaire, il lui adjoignait cette fois son ancien officier d'ordonnance ! C'est ce que l'on constate dans la réponse qu'il fit le 29 juin aux propositions de Londres : « *Accord pour prendre uniquement mesures conservatoires suivantes avec centralisation provisoire à Londres.*

« *AAA — Zone sud. Utiliser BIP* [Bidault] *comme intérimaire Rex* [Moulin]. *Lui adjoindre Morinaud* [Marchal] *et Coulange* [Closon]. *Morinaud sera à Londres avant le 15 juillet.*

« *BBB — Zone nord. Envoyer Brosso*[lette] *pour séjour un mois, lui adjoindre Sauvier* [Serreulles]. *Devra chercher représentant nouveau en étudiant possibilités Pierrebourg, colonel Chouteau.*

« *DDD — Les équipes nord et sud désignées ci-dessus disposeront de l'ensemble des services de Rex.*

« *EEE — Préparer toutes mesures pour exécution. Opération lune juillet. Philip et Passy rentreront* [à Londres] *avant départ équipes*[36]. »

Ce texte est la preuve que de Gaulle et ses services, en dépit de leur désaccord, étaient conscients de l'urgence de désigner un nouveau délégué général.

Bien que la réaction de De Gaulle ait été rapide (vingt-quatre heures après l'annonce de la disparition de Moulin), elle ne fut suivie d'aucun effet[37]. Ses ordres s'enlisèrent dans une interminable querelle de procédure, tantôt sournoise, tantôt explosive.

En effet, à Londres, aucun des responsables, à l'exception de Passy, ne souhaitait voir repartir Brossolette. D'Astier, Frenay et Médéric lui étaient tout autant opposés que Boris. Mais personne n'osant affronter directement le Général, il fallut louvoyer.

Le général d'Astier et Boris répondirent donc aussitôt en donnant leur accord : « *AA — Zone sud espérons faire revenir mouvement sur objection à Bip* [Bidault] *mais ne réussirons sûrement pas pour Coulanges* [Closon] *(stop) D'accord pour Morinaud* [Marchal].

« *BB — Zone nord d'accord pour confier intérim Sauvier* [Serreulles] *(stop) Départ Brosso*[lette] *subordonné retour Schumann (stop)*[38]. »

Pour des raisons différentes, d'Astier et Frenay s'opposaient à la nomination de Bidault. Le premier le récusait parce qu'il était un homme de Combat ; le second parce qu'il était l'homme de Moulin ! Closon ne leur convenait pas mieux parce qu'il était l'homme de Londres ! Il est important de noter qu'au contraire l'unanimité se fit sur le maintien de Serreulles comme délégué de zone.

Quant à la subordination du retour de Schumann (parti pour Alger avec de Gaulle) au départ de Brossolette, c'était une piètre raison à opposer à une si importante mission. Mais il est des circonstances où l'on n'a d'autre choix que de se battre à mains nues. Malgré tout, Boris en sentait si bien le paradoxe que dès l'arrivée de Philip à Londres, quelques jours plus tard, il lui fit câbler à de Gaulle des explications circonstanciées, qui, d'une certaine manière, en soulignaient l'inanité : *« Le départ de Brossolette pour la France m'apparaît nécessaire et urgent. Stop. Mais il est impossible de laisser la BBC sans porte-parole sous peine de perdre totalement et définitivement le seul vrai contact radiophonique avec la résistance. Stop. Arrivée immédiate de Schumann condition départ Brossolette*[39]. »

Afin d'avoir l'air d'appliquer les directives du Général, Londres cherchait à le convaincre qu'il était urgent d'attendre. Le 1er juillet, encore, en même temps que Boris télégraphiait à de Gaulle, il envoyait à Passy personnellement le message suivant, signé conjointement par le B.C.R.A. : *« AA — Comme délégué général en France et Président Conseil Résistance suggérons Baudoin* [Bollaert], *je dis Baudoin. Top. Pourrait être approché par Sauvier* [Serreulles] *puis confirmé et instruit plus tard par Brosso*[lette].

« BB — Pour prendre suite BIP [Bidault] *envisageons Bingen, je dis Bingen*[40]. »

Cette proposition constituait visiblement un pis-aller. Mais tout le monde connaissant le choix de Passy, la préoccupation était d'occuper la place avant que, par des manœuvres que tous redoutaient, Brossolette ne s'installât dans le poste convoité.

Passy sentait le danger de cette opération d'apparence administrative. Il ne répondit pas directement aux auteurs de cette proposition, mais télégraphia le 6 juillet à Brossolette en exprimant son opinion : *« AAA — Proposition Baudoin* [Bollaert] *pour Z.O. je dis Z.O. me semble absurde BBB — Tu es seul capable rétablir situation compromise sur double plan militaire et civil TOP Patron* [de Gaulle] *d'accord mais refuse appui moral que j'estime indispensable TOP T'en parlerai dès mon retour TOP Bonnes amitiés*[41]. »

De Gaulle avait-il donné finalement son accord à la désignation de Brossolette, comme Passy semble l'affirmer ? Ou bien le colonel se faisait-il fort de convaincre Boris, le général d'Astier et les résistants que seul Brossolette pouvait sauver la situation et, par conséquent, de les amener à soutenir sa candidature auprès du Général ?

À partir de là, les positions se cristallisèrent et commença une lutte impitoyable entre deux clans dont Boris et Passy furent les chefs de file.

Été 1943 : le duel Boris-Passy

Mais, au-delà du choix de tel ou tel homme, il s'agissait, en fait, du choix d'une certaine politique. Une riche argumentation se développa afin de le justifier.

Le 20 juillet, le colonel Passy défendit sa thèse devant Philip : *« J'ai proposé d'envoyer en France le Commandant Brossolette, parce que je le considère comme étant un des rares officiers, si ce n'est le seul, à connaître actuellement parfaitement bien la zone occupée. Or, il s'agit d'aller vite.*

« Je concevais la mission du Commandant Brossolette comme une mission de très courte durée nous apportant une solution d'attente (deux mois au maximum). Ceci nous aurait permis de doubler un cap difficile et nous aurait donné

le temps de trouver un remplaçant permanent, tant au point de vue civil qu'au point de vue militaire, à Rex [Moulin] *et à Vidal* [Delestraint] *en zone occupée.*

« Je n'ignore pas les inconvénients qui peuvent résulter de l'envoi en mission en France du Commandant Brossolette ; je sais parfaitement que les critiques ont été grossièrement exagérées et que les dangers présumés que l'on a fait ressortir sont plus imaginaires que réels. La seule opposition sérieuse venait de "Ceux de la Libération", et son représentant actuellement à Londres, Médéric, s'est déclaré d'accord pour repartir avec le Commandant Brossolette si l'on donnait à celui-ci une mission correspondant au cadre fixé ci-dessus[42]. »

Passy risquait-il d'emporter l'adhésion de Philip ? Aussitôt, les opposants à une solution Brossolette (en l'espèce Bingen) appelaient à la rescousse Pélabon, le chef du B.C.R.A. à Alger, et Bingen lui écrivait au sujet de Philip, *« comme toujours charmant, mais plus que jamais en coup de vent et pas assez précis ; il a trop de hâte dans ses décisions. Mais son honnêteté morale est d'un tel prix que ça vaut tous ses défauts... et il a aussi de grandes qualités autres.*

« Le nœud de la question réside dans le jugement sur Pierre [Brossolette] *qui continue d'envoûter notre jeune patron* [Passy]. *Mais le reste d'entre nous, Philip compris, est assez sévère sur lui — preuves en main — et manifeste une résistance à son emploi qui va de l'opposition constitutionnelle des uns (j'en suis) à des violences plus grandes.*

« C'est une division tragique[43]. »

De son côté, le même 21 juillet, Passy adressa au même Pélabon une lettre qui, comme dans les comédies de boulevard, partit par le même courrier : *« J'ai remis à Philip un mémorandum sur l'action militaire en Z.O. Demande-lui de te le remettre. Il représente* [mot illisible] *mon point de vue. Tous s'opposent au départ de Bross*[olette]. *Je considère que l'on fait une ânerie grave et que dans trois mois il n'y aura rien de monté au point de vue militaire*[44]. »

La suite de la lettre révèle l'importance de la crise déclenchée par le projet de mission de Brossolette. *« Le B.C.R.A. est assez chancelant. Beaucoup de crises intérieures. Chacun veut faire sa petite politique. Veux-tu demander à Billotte* [de l'E.M. de De Gaulle] *qu'on me soutienne ou qu'on me débarque. On déplace le débat d'organisation générale en débat pour ou contre Brossolette. Tous vont individuellement trouver Philip pour l'influencer dans un sens ou dans l'autre. Finalement celui-ci ne fait rien... et nous non plus.*

« Ici personne ne commande plus. C'est effroyable car la base de Londres est plus importante que jamais. Les Anglais ont très peur de nous voir nous replier sur Alger. »

Le colonel terminait par son chantage habituel : *« Je suis assez dégoûté de ce boulot et aimerais bien aller prendre une unité. Vois ce que tu peux faire à ce sujet*[45]. »

En politique avisé, Boris, lui, tentait d'élargir le cadre dans lequel se déroulait cette intrigue. Il fallait en passer par une mission de Brossolette en France. Soit. Mais il conviendrait de la limiter au maximum. Aussi proposa-t-il, le 26 juillet, de mettre en place le dispositif à prévoir en vue de la libération : *« Les événements d'Italie et l'accélération probable du cours de la guerre, doivent évidemment influer sur nos décisions quant aux missions à envoyer en France. En bref, il serait essentiel de mettre le plus tôt possible en place le dispositif à prévoir pour la crise finale. Le cas Pedro* [Brossolette] *paraît donc devoir être envisagé à un point de vue nouveau. A cet égard, je ne traduis pas seulement ma propre opinion, mais aussi celle de diverses personnes que j'ai consultées, notamment le Général d'Astier, Médéric et d'autres encore qui n'étaient pas favorables jusqu'à présent à une mission Pedro. Tous pensent que si P* [Pedro] [...] *veut se rendre en France, ce serait prendre dans les circonstances présentes une grave responsabilité que de le retenir. L'essentiel pour recueillir à son départ l'approbation unanime qui est nécessaire et que je découvre réalisable, est d'écarter de l'ordre de mission nouveau ce qui avait provoqué certaines oppositions*[46]. » Restait à recueillir, avant son départ, l'accord de tous sur une mission durant laquelle Brossolette installerait Bollaert, aplanirait les difficultés avec les communistes et préparerait la libération en matière de presse et de radio. Il serait, pour ce faire, rattaché à la mission militaire de Marchal (Morinaud) et devrait s'abstenir d'intervenir dans le travail de Serreulles. Et Boris concluait : *« Cette solution, qui recueille les approbations déjà dites, donne satisfaction à l'intéressé et a l'adhésion du colonel P.* [Passy][47]. »

Cette dernière remarque révèle que, pour les deux intéressés, en présence du barrage élevé contre le départ de Brossolette, l'important était de repartir en France ; après on verrait.

Les rapports en provenance de France montraient toutefois quelles réticences soulevait le retour de Brossolette. Cela ne reviendrait-il pas, demandait Bingen à Pélabon dans une lettre du 28 juillet, à prendre en traître Serreulles alors qu'il accomplissait un travail considérable ? Serreulles, au contraire, appelait de ses vœux la venue en France de Bingen, ce qui soulevait un problème d'organisation au B.C.R.A. puisque Pélabon était à Alger, Bienvenüe en proie à de graves ennuis de santé et que Manuel se retrouvait donc seul à la tête de l'ensemble. En bref, Bingen ne savait plus quel parti prendre et toute sa lettre, fort confuse, traduisait son désarroi : *« C'est à vous et à vous seul, vous laissant juge de la suite à donner, que je peux confier mon émotion extrême. Un voyageur ZS vient de me remettre une lettre personnelle* [de Serreulles] [...] *Alors, je ne sais ce que ma conscience m'ordonne de faire : le plus simple serait de laisser courir ; c'est ce qui me causerait le moins d'ennuis et correspondrait au détachement où je suis déjà des choses d'ici-haut ! Mais c'est malhonnête envers* [Serreulles], *qui ignore qu'on va lui envoyer* [Brossolette] *(moi je ne lui en ai rien écrit pour ne pas lui laisser connaître mes doutes et nos conflits, et pensant que, à lui, cela serait assez égal). Or* [Serreulles] *est un grand succès, ses rapports écrits, ses câbles, la motion du C*[onseil] *de la R*[ésistance] *dont il est l'auteur et l'inventeur* [...], *les rapports verbaux des visiteurs, le ton de sa lettre, tout prouve un équilibre honnête impressionnant. Alors je laisse à vous de juger s'il faut en parler à Ph.*[ilip] *(et à Charles* [de Gaulle] *même), alors que le même porteur vous apporte un conseil bourré de compromis (que j'avais accepté* [...]*) et qui me paraît à nouveau impossible après réception de cette lettre secrète (je ne puis la mentionner).*

« [...] *Mon angoisse est grande, votre absence pèse d'un poids que vous ne soupçonnez pas.* [...] *Et je ne puis en parler à* [Passy] *(lettre immontrable) sous peine de couler pour toujours à ses yeux un honnête — et maintenant brillant et héroïque ami* [Serreulles]. *Je ne veux pas non plus écrire à Ph.* [Philip] *directement par correction envers* [Passy]. *Alors, vous écopez et ferez pour le mieux, vous qui êtes le camarade et / ou l'ami des 4 personnages*[48]. »

Passy, en dépit de sa menace de démission et bien qu'il se soit rallié, apparemment, au point de vue de Boris, ne perdait pas de vue l'objectif final :

la nomination de Brossolette comme délégué général. Il semblait donc décidé à bloquer le départ des agents qui devaient contribuer au fonctionnement de la Délégation : Antier, Bingen, Closon et Lambert. Il craignait aussi que leur présence en France n'y rende moins nécessaire celle d'un Brossolette doté de pouvoirs étendus. Le 3 août, par câble, il déconseilla au général de Gaulle l'envoi de ces quatre missions, provoquant la colère de Boris qui considérait les raisons invoquées par Passy comme autant de mauvais prétextes. Les deux hommes s'en expliquèrent directement et Passy dut reconnaître qu'il ne souhaitait que favoriser la candidature de Brossolette : *« Les raisons qu'il a alléguées sont mauvaises, et même très déplaisantes, comme je le lui ai dit, et fausses car 1º Bernard* [d'Astier] *a été favorable à l'envoi de Bingen (Charvet* [Frenay] *un jour oui, un jour non) 2º Bingen a été naguère chez Citroën mais avant que Michelin s'en empare — et puis qu'est-ce que cela peut bien faire ?). Je lui ai dit également qu'elles étaient si mauvaises qu'elles ne feraient aucune impression et que la mission serait confirmée, ce à quoi il m'a dit s'attendre. Il a reconnu que ses véritables motifs étaient différents. C'est au tempérament et au caractère de Baudet* [Bingen] *qu'il en a. Il s'exprime sur ce sujet d'une manière péjorative et, à mon avis, très excessive.*

« […] *Il va de soi qu'au fond de son esprit il y a le cas Pedro* [Brossolette], *et sans doute est-il monté par ce dernier. Il veut prouver qu'il faut envoyer dès maintenant des personnages de premier plan, capables de diriger les choses. Je passe sur les arguments que j'ai opposés au Colonel à ce sujet. L'essentiel est que Menton* [sic], *qui vient d'être relâché, est venu fort à point donner son avis. Menton estime que dans les conditions présentes, l'apparition de Pedro* [Brossolette] *parmi les mouvements soulèverait des orages et que les Mouvements ont besoin d'une période de calme, du moins temporairement ; que pendant cette période Sauvier* [Serreulles] *ferait bien l'affaire, que le même Sauvier attend Baudet avec qui il fera une bonne équipe.*

« […] *La conversation de Menton date de quelques heures à peine, et je n'ai pas encore pu constater son effet sur Passy. Toutefois, je crois que, pour ce qui concerne Baudet, il est assez ébranlé, d'autant que (j'avais oublié de vous le dire) Menton estime qu'au point de vue de la sécurité de Sauvier, il vaut beaucoup mieux qu'il soit doublé le plus vite possible en zone sud par Baudet. Au surplus, Menton estime que BIP* [Bidault] *constitue aussi bien pour Sauvier que pour Baudet, un conseiller éclairé et expérimenté qu'ils écouteront l'un et l'autre.*

« […] *Quant à moi, je demeure dans l'état d'esprit que j'avais en vous envoyant ma suggestion l'autre jour. Je crois regrettable que Pedro* [Brossolette] *ne soit pas en France au moment où la fin se décide. Comme vous, je voudrais avoir des assurances quant à la limitation de ses interventions. Mais je dois dire que le dernier incident, — je veux dire celui du télégramme dont je parlais tout à l'heure — m'a passablement choqué. Je ne l'ai caché ni à l'auteur* [Passy], *ni à l'instigateur* [Brossolette][49]. »

Bingen avait appris les réserves que Passy avait formulées à son égard pour empêcher sa mission. Quoiqu'il en connût les motifs réels, il ne pouvait manquer d'être profondément blessé, comme il le confia à Pélabon : *« Alors ? Alors, il y a un drame dont j'éprouve une des plus fortes souffrances morales que j'aie jamais connues. Je m'attendais à être nerveux, préoccupé, occupé, etc. dans des jours comme ceux où je me trouve, mais jamais je n'aurais pu prévoir que mes nerfs, mes préoccupations et mon temps se seraient portés sur la lutte pour obtenir ce que vous savez. Or de mon temps et de mes soucis, 75 % sont consacrés à cet aspect inattendu de l'événement. C'est une étrange et écœurante sensation. Par moments je me tâte et me demande si je me bats pour obtenir une place au cabinet du Général ou pour un poste d'Ambassadeur à Washington !*

« Je renoncerais bien à cette lutte paradoxale, malgré l'attrait grandissant de ma curiosité d'y être — et malgré ma conviction que c'est mon Devoir, au sens général du mot d'y aller, si je n'estimais pas que cet abandon équivaudrait en outre au lâchage de quelques bons camarades dont Len [J.-P. Levy] *et Bd* [d'Astier], *à la trahison d'une mémoire qui pour moi reste très pure, celle de Max* [Moulin] *; enfin, et je dirai presque surtout, si cet abandon n'accroissait pas dans des grandes proportions les risques de S* [Serreulles], *surchargé de travail, admirable de sang-froid lucide, qui m'attend et compte sur moi, et dont le partage des travaux ne peut en principe qu'accroître les chances de survie.*

« Ma déception humaine est grande. J'ai beau retourner les hypothèses les plus folles comme les plus banales, je ne trouve pas une explication plausible à cette attitude passive, "parce que P. [Pedro-Brossolette] *ne part pas !" Le moral de tous est bas. Voyageurs de passage informés ou devinant, Georges B.* [Boris], *la totalité du Duc* [Duke Street : B.C.R.A.] *des plus hauts aux plus humbles, tous sentent qu'il y a de l'eau dans le gaz et s'en émeuvent. Aucune mesure sérieuse pour me remplacer, Bienv*[enüe] *parti très malade, Pallas* [Manuel] *contré dans ses initiatives dans son intérim de Bienv (et démissionnaire hier — j'espère provisoirement), Prévost partant vers vous ; maintenant, semble-t-il, le doux, calme et charmant V*[audreuil], *et surtout une sorte de chape lourde et visqueuse sur toute la maison, dont le patron, plus autoritaire que jamais, ne fait plus rien, "en attendant les ordres". P revenu sans poste fixe au Duc.*

« Ceux qui partent (ils l'espèrent encore) ne reçoivent pas d'instructions et se demandent ce qu'ils laissent derrière eux comme point d'appui. Supprimez-vous, moi, Bienv, Prév[ost], *Man*[uel] *(peut arriver à tout moment), V, + 3/4 Phil*[ip] *+ Général, et que reste-t-il, lorsque le jeune patron* [Passy] *ne paraît plus avoir son dynamisme si merveilleux de toujours. Attaqué de partout, mais sans ses appuis moraux habituels, avec un seul ami (... de mes ennemis je m'en charge !), sans ses fondements usuels dans le travail (cf. liste ci-dessus), il est à la fois boudeur, têtu, négatif et... désarmé.*

« Excusez ce sombre tableau. C'est à l'ami de tous les acteurs du drame que j'écris, au sage et souriant camarade que nous regrettons tant. J'ose d'autant mieux le faire que je sais combien votre amitié avec le jeune patron s'est raffermie récemment et la position favorable à son inspirateur et protégé, que vous avez prise naguère à son instigation. Je n'excite donc pas un sectaire acquis en vous écrivant de la sorte, mais je jette un cri d'alarme désespéré au seul homme équilibré et bien placé que je connaisse.

« Une chose est sûre. Si je ne pars pas pour de vraies impossibilités techniques (qui risquent de se produire) je ferai un entraînement quelconque pendant un mois et je resterai encore volontaire une fois. Ensuite, irrévocablement je demanderai et obtiendrai une affectation militaire combattante, car je ne peux plus travailler au Duc. Notez qu'il n'y a pas eu un seul clash face à face ; on est tout simplement aimable et las, si las, quand on me voit. Mais les ordres négatifs sont donnés et mes préparatifs matériels en souffrent pour ne rien dire des préparatifs moraux[50] *! »*

Le 7 août, c'était au tour de Passy de confier ses états d'âme à Pélabon :

« Nous sommes tous très fatigués et las. Personnellement, je serais content de quitter mon poste car je n'ai pas confiance dans les qualités de chef de Philip et je suis inquiet de voir la confusion qui commence à régner.

« Brossolette va partir [pour Alger] *par bateau très prochainement.*

« Je me suis élevé contre le départ de Bingen car je n'ai pas confiance en ses qualités morales pour faire une telle mission [en France].

« [...] *Mon plus cher désir est d'aller en France (zone nord) pour aider à l'organisation militaire à un échelon quelconque*[51]. »

Le même jour, Philip confiait à Boris ses sentiments sur la mission de Brossolette : *« Au sujet de B* [Brossolette] *je suis fort embarrassé. D'une part je lui ai déclaré à Londres que j'étais décidé à ce qu'il soit en France au moment de la bagarre finale, et il semble que celle-ci approche rapidement ; je dois donc tenir ma promesse.* [...]

« [...] *je ne sais pas,* ajoutait-il, *quelle sera la réaction du général quand il verra qu'un ordre exprès donné par lui n'a pas été exécuté*[52]. »

Le général de Gaulle, en effet, n'avait pas varié depuis les décisions prises par lui le 29 juin pour pourvoir au remplacement de Moulin. Simplement, il avait ordonné des mesures complémentaires tel le départ immédiat de Bingen et Closon[53], ainsi que la venue à Alger de Brossolette[54].

16 août 1943 : Jacques Bingen, un volontaire pour l'Histoire

Philip avait été clair en rappelant les ordres du Général. En dépit de ses craintes, Passy ne pouvait donc retenir plus longtemps Bingen, sauf à désobéir purement et simplement.

C'est ainsi que, dans la nuit du 15 au 16 août, Bingen fut déposé dans un champ de l'Île-de-France. La mission Necker commençait. À l'orée de cette mission, qui sera l'une des plus importantes et des plus tragiques de la France Combattante, une lettre de Bingen à l'une de ses amies permet d'apprendre les raisons qui le poussaient à choisir les risques d'une mission en France, alors qu'il était parfaitement adapté au poste qu'il occupait à Londres : *« J'ai acquis un amour de la France plus fort, plus immédiat, plus tangible que tout ce que j'éprouvais autrefois quand la vie était douce et somme toute facile. Et mon départ peut — c'est une chance inattendue — servir la France autant que beaucoup de soldats. J'espère d'ailleurs qu'avant ma fin j'aurai rendu une grande partie de ces services.*

« Il y a enfin, accessoirement, la volonté de venger tant d'amis juifs torturés ou assassinés par une barbarie comme on n'en a point vu depuis des siècles. Et là encore la volonté qu'un juif de plus (il y en a tant, si tu savais) ait pris sa part entière et plus que sa part dans la libération de la France.

« Voilà, ma Vieille, pourquoi je pars, en pleine conscience du danger, et en ayant pesé le risque[55]. »

Parmi le courrier que Bingen emportait avec lui, il y avait trois documents qui méritent d'être mentionnés. D'abord, une recommandation de Frenay à Bourdet : *« Baudet* [Bingen] *t'apportera ce mot. Il remplace Max* [Moulin] *pour la zone Sud, nous serons donc appelés à travailler très étroitement avec lui. Je lui ai exposé les difficultés que nous avons rencontrées dans nos rapports avec Max, ainsi que votre point de vue sur les relations qui doivent exister entre le représentant de Charles* [de Gaulle] *et nous.*

« Il faut que nous travaillions en pleine confiance réciproque et dans un esprit de totale camaraderie — il est donc nécessaire de lui faire pleine confiance, de l'accueillir sans aucune réserve et de l'aider au maximum dans sa tâche, comme je l'espère il nous aidera dans la nôtre. Le passé est mort, ayons confiance dans l'avenir. Ce sera son attitude et la nôtre qui nous diront si nous avons eu raison d'agir ainsi.

« Je désire que tu le mettes en contact avec les chefs de service MU [Mouvements unis] *et que tu l'annonces avec chaleur*[56]. *»*

Le second message renfermait des instructions datées du 10 août 1943 et adressées par Boris à Serreulles. Il répondait, après deux mois, à la suggestion de Serreulles de désigner Bidault, en objectant que Bidault ne pourrait assumer son rôle, à moins d'un séjour préalable à Londres : *« Il manquerait d'autorité vis-à-vis des Chefs des mouvements qui eux étant venus fréquemment à Londres en connaissent la mentalité et les possibilités. Au surplus il s'agit d'une question qui ne peut être réglée que par le général lui-même lorsqu'il sera en possession de tous les éléments d'appréciation*[57]. *»*

Quand on se souvient que Bollaert non seulement n'était jamais venu à Londres, mais ignorait tout de la Résistance, on constate le peu de valeur de cet argument, analogue à celui de l'absence de Schumann, opposé au départ de Brossolette.

Bingen avait, en outre, son ordre de mission détaillé dans ses bagages. Il entrait dans ses attributions de présider le Comité directeur, de diriger le secrétariat et les services centraux en zone sud et de coordonner les missions. Avec Serreulles, il devrait s'attacher à rétablir les liaisons radio, accueillir les nouvelles missions et vérifier que les directives militaires soient prises en compte par les services concernés[58].

24 août 1943 : Brossolette à Alger

Tandis que Bingen s'envolait vers la France, Brossolette, lui, partait en bateau pour Alger où il arriva le 24 août et où sa propre mission était toujours en suspens. De Gaulle avait réclamé sa venue et Passy l'avait incité au voyage *« afin qu'il expose personnellement au Général de Gaulle l'évolution de la situation politique en France, et insiste auprès de lui sur la nécessité de désigner au plus tôt un remplaçant à Rex* [Moulin][59] ». Brossolette devait essayer d'obtenir du C.F.L.N. à la fois sa désignation pour la mission limitée fixée par de Gaulle et la nomination finale de Bollaert qui était devenu son candidat.

En effet, en dépit du jugement négatif de Passy sur Bollaert, Brossolette s'était finalement rallié à cette candidature après qu'il eut compris l'impuissance de Passy à le faire nommer en personne. À tout prendre, Bollaert n'était pas un mauvais choix de leur point de vue. Brossolette avait été à même de juger, au printemps 1943, son incompétence pour remplir une telle fonction. La mission que lui-même avait obtenue de l'« installer » aurait l'avantage de lui permettre, une fois sur le terrain, de se transformer en régence.

Dès son arrivée, Brossolette fit un compte rendu à Passy : *« De Gaulle : je l'ai vu le jour même de mon arrivée, je le reverrai. Très gentil. Philip l'avait persuadé que le B.C.R.A. "se disputait". J'ai démenti sans entrer dans les détails. Il est d'accord pour que je parte. Ne sait pas encore, mais saura, par notre prochain entretien de quoi il s'agit exactement. En fait, il est préoccupé à 95 % par les problèmes gouvernementaux d'ici, et par les crises que Philip (de peur d'être "engueulé" par le Front Populaire) lui conseille sans cesse de déclencher. Il ne pense à l'action en France proprement dite que par à-coups*[60]. »

Il faut s'arrêter à cette accusation contre Philip de pousser de Gaulle à déclencher des crises permanentes contre Giraud, car elle est révélatrice des procédés tendancieux utilisés par Brossolette contre ses adversaires. On possède, en effet, une lettre d'un grand courage que Philip adressa à de Gaulle pour l'inciter à une conduite plus diplomatique qui éviterait des crises inutiles. Elle fut écrite à la fin du mois de juin 1943, à une époque où, sans doute, de Gaulle avait raison de jouer quitte ou double contre Giraud. Mais la prudence de Philip montre à quel point Brossolette se trompait sur son compte : « *Encore une fois, je suis prêt à courir ce risque si cela en vaut la peine, c'est-à-dire, si j'ai la certitude que nous n'avons à Alger aucune possibilité de réaliser nos principes et de rester fidèles à nous-mêmes, si nous devons être seulement des otages couvrant une politique vichyste, ce qui serait le cas si d'une part était maintenue l'attribution des pouvoirs de police au Haut Commandement, mettant les départements civils dans l'impossibilité d'agir efficacement, et si d'autre part vous ne pouviez parvenir à obtenir des pouvoirs militaires au moins égaux à ceux de Giraud de façon à pouvoir tenter la réorganisation nécessaire de l'armée. Dans ce cas, notre position morale serait telle qu'on devrait rapidement l'emporter même dans l'opinion alliée. Par contre, si vous donniez l'impression de vouloir tout dominer et de faire pression sur le Comité pour imposer vos vues, vous iriez à la catastrophe et seriez infidèle à la mission que la France vous a confiée.*

« *Si en particulier, comme vous me l'avez exposé ce soir, vous faites la rupture sur le principe même du Comité et de sa responsabilité, j'estime que vous ferez une quadruple erreur : technique, politique, juridique et humaine.*

« [...] *Depuis notre arrivée à Alger, vous avez commis un certain nombre d'erreurs précisément pour avoir agi trop vite, sans consulter d'autre que vous-même.* [...] *Pour nos réunions de Comité, je vous avais suggéré de réunir nos amis avant chaque séance pour préparer soigneusement comme il se doit la discussion et établir notre tactique. Vous avez préféré chaque fois vous livrer à votre improvisation ce qui vous a conduit avec une verve admirable, mais combien impolitique, à montrer à Giraud le néant de son haut commandement au moment même où il s'agissait de le lui faire accepter. En fait, nul homme, quelque génial qu'il soit, ne peut se décider seul : la délibération à plusieurs est une simple règle de saine gestion administrative.* [...]

« [...] *Lorsque vous appelez des collaborateurs auprès de vous, ce n'est pas pour avoir des serviteurs mais pour travailler avec des hommes libres, en pleine égalité. Peu importe qu'ils représentent un parti ou un mouvement du moment que vous les avez acceptés, vous vous êtes engagé à faire équipe avec eux et à les traiter en égaux. Je tiens pour ma part à être seul responsable dans mon département et à participer également aux délibérations de tous, c'est une question de respect humain. Si à ce sujet je ne vous ai pas manifesté mon opinion à Londres et si j'ai laissé passer parfois certaines choses qui me déplaisaient, c'est que je savais depuis six mois le système transitoire et que d'autre part, j'avais eu pendant plusieurs mois à apprendre mon métier, à me considérer comme un étudiant. Je ne veux en effet, m'affirmer qu'à partir du moment où je serais assez sûr de moi pour ne pas avoir plus que la moyenne des chances de me tromper.*

« Ceci me conduit à vous parler de quelque chose qui m'inquiète beaucoup en vous.

« 1°) D'abord votre total mépris de la nature humaine. Je le comprends étant donné les désillusions et les souffrances par lesquelles vous êtes passé, mais comme chrétien, la lâcheté, l'ingratitude et autres manifestations du péché humain ne devraient pas vous émouvoir. Dans toute l'histoire, la tradition chrétienne et démocratique a su toujours conserver malgré les vicissitudes un profond respect, même une certaine confiance en l'homme. Vous ne l'avez pas et ceci tend à vous écarter de l'esprit démocratique.

« 2°) C'est ensuite, je m'excuse de le dire, votre orgueil. Je m'étais toujours dit que je ne me prononcerais sur votre caractère que le jour où, défilant à la tête de vos troupes sur les Champs-Elysées, parmi les acclamations de la foule en délire, on verrait si vous seriez capable de surmonter ce qui est plus difficile que les peines et les défaites, l'orgueil même de la victoire. Hélas, la victoire n'est pas encore en vue mais l'orgueil est déjà là, et c'est ce qui vous fait parfois manquer de charité, de psychologie dans les rapports avec les individus, vous rend parfois inutilement dur et blessant comme vous l'avez été avec certains de mes collègues dans des discussions récentes.

« Il faut que vous surmontiez cela. Il faut que vous acceptiez de discuter d'égal à égal même avec les hommes que vous méprisez et considérez comme inférieurs. Il faut que vous preniez l'habitude de persuader la majorité de la justesse de votre point de vue car la démocratie c'est cela.

« Ne parlez pas de gens représentatifs ou non. Si vous ne prenez pas l'habitude maintenant de convaincre vos collègues et de gagner une majorité par une habile persuasion, vous ne la prendrez jamais et vous serez fatalement conduit à prendre, quelles que soient vos intentions conscientes à votre retour en France, une attitude autoritaire, et je vous garantis que les masses populaires, ouvrières et républicaines qui vous font confiance aujourd'hui, vous abandonneront aussitôt.

« Vous m'excuserez de vous parler avec cette brutalité, mais c'est le devoir des vrais amis. Encore une fois, si vous rompez sur la question de l'armée vous êtes sur une position forte et je suis avec vous ; si vous détruisez l'unité en refusant de vous plier à la règle de la majorité vous aurez tort et serez indigne de la confiance que la Nation a mise en vous. Dans ce cas, je serai avec vous quand même, car je reste toujours fidèle à mes amitiés, mais ce serait la mort dans l'âme et avec la foi brisée[61]. »

Quoi qu'il en soit, Passy ne tarda pas à se rendre lui-même à Alger où il s'efforça d'intervenir personnellement auprès de De Gaulle en faveur de la désignation de Brossolette : *« Le soir même de mon arrivée, je dînai avec Brossolette chez les Joxe, et il put m'exposer l'état de la situation. Le général de Gaulle était favorable à la désignation de Bollaert... et Philip y paraissait résigné. On avait compris que le retour de Brossolette en France était indispensable pour permettre à Bollaert de ne pas se perdre dans le maquis des comités, des bureaux, des Conseils clandestins qui fleurissaient par douzaines à Paris. Il était entendu que Bollaert coifferait à la fois les délégués civils déjà sur place (Serreulles et Bingen) et les délégués militaires que l'on devait envoyer incessamment (Marchal et Mangin) auprès des comités de coordination de chaque zone.*

« Philip se montrait toutefois très inquiet de voir repartir pour la France une personnalité aussi vigoureuse et aussi avertie que Brossolette ; il s'efforçait donc de paralyser à l'avance son action en limitant strictement celle-ci grâce à un ordre de mission à la fois précis et restrictif.

« Dès le lendemain, j'intervins auprès du général de Gaulle et, tout en acceptant que Brossolette reçût une mission à caractère limité (il était chargé spécifiquement des questions relatives à la presse et à la radio), je pus faire indiquer qu'il aurait "à mettre Bollaert au courant" et "qu'il devrait se placer à la disposition de ce dernier pour lui faciliter les débuts de sa tâche". Ces deux adjonctions devaient permettre à Brossolette d'intervenir efficacement auprès de Bollaert, pendant un temps indéterminé, pour éviter que celui-ci fût paralysé ou faussement informé par l'équipe Bidault-Serreulles[62]. »

Pendant son séjour à Alger, Brossolette retrouva beaucoup de ses camarades ou amis d'avant guerre qui s'y étaient repliés. C'était le cas de Louis Joxe, chez qui avait eu lieu le dîner avec Passy. Il avait été son camarade à Normale et vivait à Alger, où il avait été nommé professeur par Vichy, et il était devenu secrétaire général du gouvernement. *« Ma joie est aussi grande qu'imprévue. Peu d'êtres en effet m'ont impressionné autant que lui dès la première rencontre* [...]. *Sa conversation oscillait entre le sarcasme, la gentillesse et le ton du commandement.* [...] *Sous les dehors de l'autorité transparaît l'aspect sentimental de sa personne. La mort de sa mère l'avait, dans sa prime jeunesse, marqué pour toujours. L'amitié, l'affection, la confiance sans retour lui étaient indispensables.*

« [...] *Il arrivait à Alger venant de Londres, accompagné du colonel Passy, chef des services spéciaux dont le nom était synonyme de mystère et pour certains générateur de méfiance.* »

Il a gardé de cette rencontre un émouvant portrait, d'autant plus significatif qu'il avait fait partie de l'équipe Cot avant guerre où il avait connu Jean Moulin : « [...] *Il avait adopté le socialisme et comme Jean Moulin, penchait "à gauche". Toutefois, pour l'avenir, Brossolette devenait partisan d'un profond remaniement de la démocratie, tandis que Jean Moulin semblait avant tout pressé de donner à la volonté populaire, immédiatement et selon les lois de la troisième République, le soin d'exprimer et de prendre les initiatives nécessaires. Le caractère des deux hommes surtout les situait aux antipodes l'un de l'autre.* [...] *Tout en respectant Brossolette, le général le trouvait parfois affirmatif et tranchant.*

« Pour moi, au cours de son unique séjour à Alger, je retrouvai surtout l'ami [...]. *J'aperçus le changement qui s'était fait en lui.* [...] *Il résumait sa pensée en une phrase :*

« "— Toi et moi nous avons vécu dans le désordre et surtout dans l'abstraction. Il faut changer tout cela."

« Nous étions entièrement à notre conversation. A notre accord intime, et à la joie du temps retrouvé, si absorbés que nous n'entendions pas les sirènes hurlantes qui annonçaient l'alerte. [...] *Ce soir là, nous rejoignions notre jeunesse.* [...] *Je le contemplai avant de le quitter. Son visage hâlé avait acquis une sérénité exemplaire, une tranquille maîtrise. Le jeune homme, un peu inquiet jadis, avait trouvé l'occasion de se révéler tout entier. La rencontre s'était faite entre un grand caractère et une grande circonstance. Plus que jamais, il régnait*[63]. »

Ce portrait d'un ami explique mieux que tout la fascination que Brossolette exerçait sur certaines personnes, tel le colonel Passy, mais aussi, en contrepoint, l'exaspération (pour ne pas dire plus) qu'il provoquait chez beaucoup d'autres.

C'est sans doute ce sentiment-là qu'éprouvait Serreulles lorsqu'il répondit à la question que Boris lui avait posée sur la venue éventuelle de Brossolette en France : « *Pédro* [Brossolette] *en raison de ce qu'il représente ne saurait se voir confier sans déchoir qu'une très importante mission politique et sans doute la délégation générale du Comité d'A.* [Action] *en France top. Il appartient à vous seuls d'en juger en tenant compte des exclusives dont j'ai le regret d'observer que Pédro est l'objet des Fana* [communistes] *et de plusieurs mouvements top. J'ajoute en outre que c'est de grand cœur que je serais toujours prêt, s'il venait, à m'effacer devant lui, top. Je demanderais alors à être mis à la disposition de Riquet* [Morinaud][64]. » C'est-à-dire à passer d'une mission politique à une mission militaire.

Août 1943 : le B.C.R.A., enjeu entre Giraud et de Gaulle

Ces luttes intestines entre membres de la France Combattante se déroulaient au sein d'une autre bataille engagée par de Gaulle contre le général Giraud. Car la nomination d'un délégué du C.F.L.N. allait de pair avec le contrôle des services secrets, seul lien avec la Résistance.

En effet, Giraud avait sous ses ordres les services secrets de Vichy qui s'étaient repliés le 11 novembre 1942, après l'occupation de la zone libre (en abandonnant dans le Midi de la France des tonnes d'archives qui furent saisies par les Allemands). Aux yeux de ces grands professionnels, le petit B.C.R.A. était jugé d'une manière méprisante comme une bande d'« amateurs ». Cependant, grâce aux Anglais, seul le B.C.R.A. avait la possibilité de maintenir des liens étroits et des contacts rapides avec la Résistance. Le contrôle de ce service pour de Gaulle ou Giraud était un atout décisif dans la course à la légitimité. On en a une preuve, parmi tant d'autres, dans une lettre adressée par Boris et Manuel à de Gaulle le 9 juillet 1943, époque où Giraud se trouvait à Washington : « *Il nous est confirmé de source sûre que les mouvements de Résistance constituent l'un des principaux sujets de conversation de Giraud à Washington. Giraud réclamerait qu'ils lui soient subordonnés non pas immédiatement, mais à un moment donné à partir duquel ils devraient relever du commandant en chef, en vertu, dit-il, de l'unité de commandement. Il serait exact en outre que c'est aux cadres de l'armée d'armistice que, dans des conversations avec des personnalités britanniques, nous avons eu l'occasion de faire valoir combien il serait dangereux et, par conséquent, absurde, de mettre l'armée secrète et les mouvements de résistance dans les mains d'officiers dont les noms, les signalements, les photos, les adresses, sont aux mains de la Gestapo, qui sont constamment surveillés par la police et qui sont susceptibles d'être arrêtés à tout moment. Stop. Cet argument a chaque fois vivement impressionné nos interlocuteurs*[65]. »

La fusion des services s'étant révélée prématurée, on imagina de nommer un directeur qui aurait sous ses ordres le colonel Passy, à Londres, dirigeant le B.C.R.A. et le général Ronin, à Alger, dirigeant l'ancien 2e Bureau de Vichy. L'accord était en cours sur le nom du général Cochet qui avait l'avantage d'être à la fois un résistant de la première heure, emprisonné par Vichy et évadé, tout en étant un vrai général, fidèle du Maréchal, toutes choses qui rassuraient les membres des services secrets vichystes.

Les Alliés jouant contre les « gaullistes » à Alger, de Gaulle entendait prendre les mesures de rétorsion habituelles, comme on le constate dans un ordre qu'il expédia à Passy le 16 juillet 1943. Ayant constaté que l'Intelligence Service gênait *« au maximum »* la France Combattante, il prescrivit à Passy d'exercer une *« action brutale sur Dansey* [numéro 2 de l'I.S.] *allant au besoin jusqu'à rupture complète*[66] ».

Le bloc des Français Libres contre les Alliés se fissurait, comme on l'a vu, dès qu'il s'agissait des choix politiques ou de personnes, ce qui avait suscité bien des critiques de la part de Philip. Après quelques semaines de batailles et de projets de fusion, l'inquiétude régnait à Londres, comme l'expliquait Boris à André Philip. En effet, le B.C.R.A. était secoué par une crise interne et les relations avec le commissariat à l'Intérieur étaient fluctuantes : *« P.* [Passy] *s'imagine que vous le lâchez. Je l'ai rassuré de mon mieux.*

« J'ai peur, moi aussi, je dois le dire, que l'écho des dernières bagarres de Duke Street n'ait un peu discrédité la maison, même à vos yeux. Il importe de mettre les choses à leur plan. Tout est actuellement à l'apaisement. Baudet [Bingen], *avant de partir, a eu un entretien parfaitement satisfaisant avec son chef* [Passy] *; il est parti rasséréné. Cou* [Closon] *était très bien lui aussi. Manuel me paraît de nouveau en bonne disposition d'esprit et en harmonie avec son chef* [Passy]. *Je n'ai plus entendu parler du moindre désaccord. Il est certain d'autre part, qu'en l'absence de Pedro* [Brossolette], *P. s'appuie beaucoup plus sur son état-major. L'impression que je vous donne est aussi celle qui ressort de tout ce que me dit quotidiennement Pierre Bloch, qui assure la liaison d'une manière très complète et très scrupuleuse.*

« Dans ces conditions, je crois qu'il serait nécessaire que la maison [B.C.R.A.] *fût un peu rassurée par vous. Plus je la pratique, plus je pense que, malgré les critiques qu'on peut lui faire, P.* [Passy] *est d'une classe supérieure. Je n'aperçois pas comment les choses marcheraient sans lui. Après lui avoir marqué votre désaccord sur les points où vous ne l'approuvez pas, il faut, je crois, lui rendre confiance, en ce sens qu'il doit être convaincu que vous le soutenez*[67]. »

Ces conseils, Philip n'avait pas besoin qu'on les lui prodigue puisqu'il était en train de s'affronter à Giraud pour sauver le B.C.R.A. : *« Je suis en pleine bagarre pour mon décret de délimitation des fonctions, Giraud ne veut pas lâcher son contrôle sur ses services secrets et ceux-ci répondent par une violente offensive contre Passy et P*[é]*labon ; je me débats avec vigueur et espère l'emporter au cours du comité de mardi prochain qui sera consacré à cette question. Mais que pendant que je me bats pour lui, Passy ne me fasse pas d'entourloupettes*[68]. »

De Gaulle, sans doute plus sensible aux états d'âme d'un des plus anciens compagnons, lui écrivit des mots qu'il était le seul à pouvoir lui adresser en dépit de certains manquements et qui étaient propres à rassurer Passy : *« 1° J'ai tout lieu de penser que nous allons pouvoir poursuivre toute notre affaire en France sur des très bonnes et larges bases à partir de l'Angleterre et à partir de l'Afrique du Nord.* […]

« 4° Vous avez mon entière confiance. Mais je réclame la discipline. J'ajoute qu'il ne faut à aucun prix s'[mot manquant][69]. »

On constate que la confiance du Général envers Passy était inversement proportionnelle à la méfiance des résistants. Si l'on en croit ce que Pélabon signalait à Passy le 14 août 1943 : *« Charvet* [Frenay] *est assez violent contre B.C.R.A. et en particulier contre toi*[70]*.* »

Si Passy s'interrogeait sur le soutien de Philip à cause de la guérilla que Brossolette menait contre le commissaire à l'Intérieur, contre ses directives et contre ses agents, en revanche, toute l'équipe du B.C.R.A. était soudée autour de son chef, à commencer par son adjoint, André Manuel, chef du service Renseignement, avec qui il avait « monté » et dirigé sa maison depuis juin 1940, et qui, en raison de son âge et de son expérience, en était l'élément pondérateur. On en a la preuve par une lettre (qui fut suivie de beaucoup d'autres) que Manuel adressa le 20 août à André Philip, afin de faire pression sur lui dans les négociations en cours avec Giraud. Sa lecture est instructive, car elle révèle qu'en dépit du désaccord profond des deux hommes (au sujet de Brossolette) la fidélité de Manuel à son chef était intacte : *« Des conversations sont sur le point de s'engager à Alger pour régler les problèmes des services secrets.*

« Des décisions vont être prises qui ne manqueront point d'avoir leur répercussion sur la résistance française.

« Des influences plus ou moins obscures vont s'exercer.

« Des gens qui ne connaissent rien à la résistance formuleront des avis.

« D'autres dont l'action et l'ambition personnelles auront freiné sinon compromis le développement naturel de cette résistance, auront leur mot à dire.

« Je n'entends point dans ce débat donner mon point de vue mais préciser ma position personnelle.

« J'ai eu avec le Colonel Passy de nombreuses discussions. J'ai été souvent en désaccord avec lui.

« De ces discussions librement entamées, de ces désaccords qui se sont ouvertement affrontés, de bientôt quatre ans de travail en commun, de tous nos échecs et de toutes nos réussites, est née entre lui et moi une profonde et indissoluble amitié.

« Il est mon chef depuis quatre ans. Je n'en aurai point d'autres. Toute décision qui l'affectera me touchera directement. S'il doit partir, je partirai.

« Personne ne trouvera en moi un instrument destiné à faire marcher sans lui un service dont il a été le créateur et l'animateur constant.

« Je ne pense pas que ma position puisse en rien influencer les décisions à prendre. A tout hasard cependant, j'ai tenu à la préciser.

« J'espère que dans l'intérêt même de la France vous réussirez à maintenir le Col. Passy à son poste qui n'est convoité que dans la mesure où il l'a rendu important.

« Je ne doute pas de votre appui dans cette lutte où la résistance et peut-être l'avenir de la France sont en jeu. Et d'avance, je vous en remercie[71]. »

D'ailleurs, Passy connaissait si bien la fidélité à toute épreuve de Manuel et avait une telle confiance en lui que c'est lui, et non Brossolette, qu'il enverra à Alger pour convaincre Soustelle de prendre la direction des services secrets[72].

Si la fidélité de Manuel était somme toute naturelle, on en découvre une autre, celle des Anglais qui, pour paradoxale qu'elle fût, révèle le prestige de la maison et de son chef sur le plan technique. C'est ce qu'eut le bonheur de découvrir Boris lorsque les Alliés donnèrent leur avis sur le processus en cours : *« Notre position est, semble-t-il, plus forte que nous le croyions et s'est encore fortifiée au cours des derniers jours Stop A l'inverse de ce qui se passait au moment des discussions sur la fusion des deux armées, c'est cette fois à nos services secrets que les Alliés attachent l'importance primordiale et désireraient subordonner les autres Stop Cette attitude n'est pas seulement celle des Britanniques, mais aussi celle de l'OSS américain Stop Elle tient au prix qu'on attache aux renseignements militaires que le BCRA donne régulièrement Stop Les opérations de la dernière lune ont encore confirmé la qualité de nos services en apportant un courrier record Stop Dans ces conditions, il ne devrait être question de disloquer en rien notre organisation, mais nous devrions au contraire obtenir que la coordination se fasse entièrement à notre avantage*[73]. »

Pendant ce temps, à Alger, où Passy s'était rendu, les discussions se poursuivaient. On en trouve un écho dans les informations qu'il adressait, début septembre, à Manuel : *« BB — Général a voulu crise politique pour prendre en mains quasi totalité gouvernement et retirer aux militaires pouvoirs conférés par état de siège.*

« CC — En ce qui concerne les services spéciaux, il sait tous les services actifs rendus par le BCRA mais son idée de manœuvrer semble être d'établir sous son autorité organisation commune permettant

« 1) de neutraliser service Ronin.

« 2) de laisser au BCRA son rôle[74]. »

Mais il semble que de Gaulle avait pris dans cette affaire des risques que n'appréciaient pas ses proches : *« Nous revenons de très loin grâce à Pelabon et Brosso*[lette] *car le Général, tout à son désir de concentration gouvernementale et très sûr de sa position en France a été le premier à proposer à Giraud fusion sur bases catastrophiques que connaissez et qui tenaient pas compte du fait que n'utilisent* [*sic*] *sa politique pour camouflage on risquait perdre essentiel du militaire* […][75]. »

Bien qu'à cette date on se soit acheminé vers une solution d'ensemble agréée par la dyarchie des généraux, la discussion se poursuivit encore un mois, et c'est le 4 octobre que le général Cochet fut nommé chef des services secrets. Mais dans sa volonté maladroite de contrôler directement le B.C.R.A., c'est-à-dire la Résistance, il se heurta au colonel Passy, ce qui l'obligea à démissionner deux mois plus tard.

2 septembre 1943 : l'ancien préfet Émile Bollaert, délégué du C.F.L.N.

Avec la désignation officielle, le 2 septembre, de Bollaert par le C.F.L.N., on arriva au terme de la guérilla interne à la France Combattante autour du poste de délégué général. Dans une lettre, le général de Gaulle lui précisait sa mission : *« Vous aurez ainsi à assurer au nom du Comité* [français de la libération nationale] *la liaison avec les mouvements de Résistance. Vous aurez compétence pour assurer la distribution des fonds dans les conditions définies par les dernières directives envoyées à Rex* [Moulin].

« Le C.G.E. dont je cherche à faire venir chez nous certains éléments constituera une équipe avec laquelle vous pourrez travailler.

« Quant aux quatre représentants en France, civils et militaires, de nos services, ils obéiront sous votre autorité.

« Je vous laisse le soin de négocier cela au mieux.

« Connaissant et votre courage et votre sens d'organisation, je sais bien que

nous pouvons vous faire confiance pour mener à bonne fin cette tâche. Pedro [Brossolette] *vous mettra au courant de la situation*[76]. »

De son côté, Philip précisait à Boris les directives à transmettre à Serreulles pour la conduite de la Résistance. Il manifestait surtout son inquiétude à propos de la montée du Comité directeur de zone sud à Paris, d'autant plus qu'il était censé se trouver rapidement en Savoie ou sur la Côte d'Azur en cas de débarquement[77].

Quant à la candidature de Bidault avancée par Serreulles depuis plus de deux mois, Philip semblait la découvrir et lui réglait son compte sans aménité : « *Rousseau* [Bidault] *est bien gentil, mais il n'a tout de même pas l'envergure nécessaire pour assumer une Direction d'ensemble de ce genre*[78]. »

Mais la position de Bidault était telle dans la Résistance qu'il fallait le ménager. Boris était l'homme le mieux placé de la France Combattante pour ce faire, car se doutant de l'issue de la bataille qu'il avait contribué à conduire en proposant Bollaert, il avait écrit un mois auparavant à Bidault, qui pouvait se méprendre (mais ne s'était pas mépris) sur le silence du Général, afin d'arrondir les angles : « *En l'absence de mon patron qui ne reviendra ici que trop tard pour vous écrire par ce courrier, je tiens à vous dire combien nous apprécions tous votre travail ; nous savons aussi que depuis les événements de juin* [arrestation de Moulin], *vous avez rendu d'inappréciables services ; grâce à vous, Sauvier* [Serreulles], *nouveau venu, a pu très rapidement prendre en main une tâche qui ne devait pas être la sienne à l'origine. Nous vous demandons de continuer à appuyer de vos conseils aussi bien Sauvier que Baudet* [Bingen], *qui, lui-même, aura besoin de recourir à votre expérience.*

« *Vous ne savez peut-être pas combien sont difficiles les communications avec notre nouvelle capitale. Je n'ai pas encore de réponse de mon patron aux lettres de Sauvier arrivées par courrier. Aussi ne suis-je pas en mesure de répondre à certaines questions qui relèvent de la plus haute autorité*[79]. »

En dépit de ces précautions oratoires, Bidault ne fut pas dupe du désaveu que représentait ce silence et en ressentit une profonde blessure. Le premier témoin en fut Closon, par qui il avait appris la nomination de Bollaert. Bidault lui déclara que, en dépit de ses « grandes qualités », Bollaert n'était pas qualifié, n'ayant tenu aucun rôle dans la Résistance. Il ne s'expliquait pas que l'on eût tant attendu pour prendre une décision, si c'était pour en arriver là. Mais il voulait faire remarquer qu'il ne parlait ni par jalousie ni par déception, « *car il ne désirait pas ce poste — son rôle de Président* [du C.N.R.] *est déjà considérable et suffit par lui-même*[80] ».

Bien longtemps après l'événement, Bidault témoigna pourtant d'un dépit intact : « *Les jours passèrent sans que mes messages, ni même l'arrestation de Jean Moulin fussent l'objet d'une réponse. Je patientai un peu. Jean Moulin m'avait dit la difficulté qu'il éprouvait à recevoir les instructions qu'il réclamait. Il avait parfois l'impression de s'adresser à un dieu lointain et sourd. Ou bien y avait-il tellement de travail avec les réseaux directement attachés qu'il ne restait plus de temps pour s'occuper de la Résistance organisée ? Ou bien y avait-il des rivalités de bureaux et des querelles d'attribution ? Ou bien avait-on de la peine à comprendre les affaires confuses qu'on était prié de trancher ? Ou bien y avait-il une indifférence naturelle pour les détails et un éloignement naturel pour les "grenouillages" de ces gens inconnus qui assaillaient de suggestions, de réclamations et même de protestations l'Olympe souverain où il fallait du calme, et non des broutilles et des railleries, pour arrêter en paix les suprêmes décisions de haute politique. Nous n'en avons jamais rien su. Mais je dois dire que, d'une manière générale, les grenouilles, puisque grenouilles il y avait, n'appréciaient pas beaucoup de s'ébattre en leur marécage sans même recevoir la faveur d'un pavé.*

« *Au bout de quelque temps, j'en eus assez. Je n'avais aucun dessein de m'imposer. Je laissai les lieutenants de Jean Moulin accomplir leur devoir, en continuant de m'occuper de mon bulletin* [d'information et de propagande] *et d'assurer ma part dans la direction collégiale de plusieurs organisations de la Résistance*[81]. »

De Gaulle avait donc décidé d'introniser Émile Bollaert, ancien préfet du Rhône, révoqué par Pétain en septembre 1940, comme représentant en France. On ignore si le Général avait eu connaissance de la candidature de Bidault. En tout cas, il préféra l'administrateur Bollaert au journaliste Brossolette qui ignorait tout de l'administration et des responsabilités gouvernementales.

La ressemblance entre les deux anciens préfets s'arrêtait à leur titre. Plus âgé que Moulin, Bollaert n'avait aucune expérience de la Résistance. De ce point de vue, il ressemblait au général Delestraint dont il avait l'âge canonique (aux yeux des résistants) de soixante-cinq ans. Aussi empêtré que lui dans les problèmes de la clandestinité, il en était encore, trois semaines après sa nomination, à *envisager* d'entrer en clandestinité, comme Serreulles le signala à Londres[82].

Septembre 1943, Londres-Alger :
Brossolette, l'homme de l'O.C.M.

Alors que la France Combattante essayait bien difficilement de combler le vide laissé par la disparition de Moulin, la Résistance métropolitaine n'avait pas perdu de vue son désir d'indépendance. Jacques-Henri Simon, de l'O.C.M., avait quitté la France depuis plusieurs semaines, porteur du projet d'un comité exécutif indépendant que les mouvements de résistance l'avaient chargé de faire avaliser par de Gaulle.

Le 17 septembre, après avoir séjourné à Alger, il déjeunait à Londres avec Pierre Bloch (successeur de Bingen à la section non militaire du B.C.R.A.). Comme tous les arrivants, il donnait son impression sur la situation de la Résistance en métropole : « *Monsieur Sermois* [Simon] *a été particulièrement sévère pour Sophie* [Serreulles] *et Baudet* [Bingen] *qu'il trouve un peu "minces" pour être les représentants du Général de Gaulle en France. Nous en avons, dit-il, assez de voir des hommes du monde être envoyés en France pour s'occuper des mouvements de résistance. Il faudrait tout de même être un peu plus sérieux et choisir avec beaucoup plus de doigté les gens qui vont travailler avec nous.*

« […] *Au cours de ce déjeuner, Monsieur Sermois s'est montré très favorable à la nomination* [de Bollaert] *dont il a fait un vif éloge, et il m'a dit que pour sa part il se réjouissait de revoir Pedro* [Brossolette] *partir à nouveau en France*[83]. »

Le soutien de Brossolette par Jacques-Henri Simon était plutôt suspect à André Philip, que Simon avait rencontré à Alger un mois auparavant. Car il avait eu l'impression que la précédente mission de Brossolette avait été un facteur de désunion et de désordre dans l'O.C.M. : « *Ce mouvement est déchiré de conflits intérieurs ; tous les chefs régionaux et une* [mot illisible] *parisienne conduite par* [mot illisible] *sont en révolte ouverte contre Maxime B* [Blocq-Mascart] *considéré comme un fou et dont l'autorité passée a été entière construite sur la croyance qu'il était le représentant officiel de Londres, croyance répandue à la suite de la mission Pedr* [Brossolette] *; je ne le* [Brossolette] *laisserais repartir que s'il se limite à contacter Baudoin* [Bollaert], [...] *presse et radio et qu'il ne se mêle aucunement ni de la vie intérieure des mouvements ni de leur coordination militaire, s'il ne touche pas à l'équipe Morlaix* [Meunier], *Champion* [Chambeiron] *et n'a aucun contact personnel, direct ou indirect avec Maxime B qui s'en servirait encore pour donner libre cours à sa mégalomanie*[84]*. »*

On découvre que les efforts des membres de l'O.C.M. en faveur de Brossolette ressemblaient au pavé de l'ours, si l'on croit Jacques-Henri Simon lui-même. En effet, lors de son arrivée à Alger, il avait adressé à de Gaulle un rapport dans lequel il croyait *« répondre au vœu de* [ses] *camarades de la zone nord en dehors de toute distinction d'organisation, en* [s']*associant par avance à toute suggestion tendant à faire de Brossolette* [son] *représentant en France*[85] ». Simon lui-même avouera plus tard à Brossolette qu'il avait appris que cette intervention *« aurait fait auprès de de Gaulle le plus désastreux effet*[86] *! »*.

Si l'intervention de Simon en faveur de Brossolette se solda par un échec, au contraire, sur d'autres points, elle fut un succès, comme le montre le bulletin de victoire du 23 septembre 1943 qu'il adressa au colonel Touny, puisqu'il avait obtenu que le C.G.E., privé de tout pouvoir de décision, soit cantonné dans des tâches techniques. Et il travaillait avec Frenay à l'organisation de la délégation de la Résistance à Londres[87].

Ils n'avaient eu aucune difficulté, on s'en doute, à entraîner les autres résistants dans l'offensive pour briser les pouvoirs de la Délégation en France. En conséquence, les résistants de Londres télégraphièrent à Philip le 25 septembre, au nom de la Délégation du comité exécutif de la Résistance, demandant que Serreulles et Bingen ne soient plus que des « chargés de mission » auprès des comités directeurs qu'ils présidaient : *« Estimons que titre président donne inutilement impression subordination résistance à agents Londres et Alger Stop. Cette impression est celle des alliés et diminue poids que Résistance française apporte à Comité Libération Stop. Attachons grande importance à cette question d'apparence secondaire, mais conforme au vœu du Comité exécutif en France Stop. Attendons réponse extrême urgence ainsi que crédits et 500 promis depuis un mois pour fonctionnement notre délégation à Londres Stop. Général et Philip ont donné accord à Charvet* [Frenay] *pour son installation*[88]*. »*

L'historien s'interroge sur l'exactitude de cette dernière affirmation, lorsqu'il lit la note que de Gaulle rédigea pour Pélabon le 1er octobre 1943, soit six jours après le communiqué triomphal de Simon : *« 1) Je ne crois pas que la place de Charvet* [Frenay] *soit à l'Assemblée consultative.*

« 2) Je n'accepte pas de soi-disant représentation de la Résistance à Londres. Charvet, en particulier, n'a aucune qualification en cette matière car il n'existe pas de représentation ailleurs qu'à l'Assemblée consultative.

« 3) Je ne me prêterai pas aux intrigues de Charvet qui sont des intrigues personnelles. Si Charvet m'ennuie, je ferai dévoiler son jeu publiquement. On verra alors ce qu'il en restera.

« 4) Charvet, dans son intérêt et dans l'intérêt général, doit être utilisé pour l'action et non pas pour la politique. Son emploi doit être fixé non par lui-même

mais par l'autorité gouvernementale. Je lui donne le choix entre un poste administratif ou un commandement militaire[89]. »

En dépit des ordres du Général, la délégation à Londres fut créée. Mais le Général avait préparé une parade. Frenay vint à Alger un mois plus tard et de Gaulle en fit le commissaire aux Prisonniers, Déportés et Réfugiés. Le Général avait décidé que Frenay, après ses folles campagnes contre Moulin, ne retournerait jamais en France et, pour arriver à ses fins, il l'enchaîna par des honneurs ministériels à Alger. Frenay fut en outre écarté du C.O.M.I.D.A.C., c'est-à-dire de l'organisme chargé de la direction de l'action en France.

France, 19 septembre 1943 : le retour de Brossolette

Le C.N.R. avait élu son président (nous en reparlerons) et les mouvements clandestins avaient installé une délégation à Londres. La Résistance avait donc gagné la partie : le général de Gaulle, dont Moulin avait fait le chef politique et militaire de la Résistance, n'en était plus que le symbole. Le retour en France de Brossolette renverserait-il cette tendance ?

Pour y répondre, il faut connaître son état d'esprit le jour de son départ de Londres. Par chance, un témoin, André Gillois, journaliste à la B.B.C. et ami de Brossolette, l'a raconté : *« C'était la veille de son départ. Dans un bureau de Hill Street* [siège du commissariat à l'Intérieur], *je venais de passer une heure en tête à tête avec lui et j'entends encore son dernier mot, ou plutôt sa dernière phrase, lancée d'une voix rageuse, tandis que ses yeux fulguraient : "Si c'était pour en arriver à constituer un ministère radical-socialiste, ce n'était pas la peine de faire tout ça."*

« Cette phrase prend tout son sens si l'on se rappelle que Jean Moulin était radical-socialiste.

« [...] *L'amertume qu'il exprimait devant moi, et dont je n'ai certainement pas été le seul confident, a été attribuée par certains calomniateurs à une ambition déçue. L'un d'eux que je ne nommerai pas, bien qu'il m'y ait autorisé, a été jusqu'à dire : "Brossolette avait été reçu second à l'agrégation derrière Georges Bidault ; dans la Résistance il s'est trouvé en France derrière Jean Moulin, et à Londres, derrière André Philip. Il en avait plein le dos d'être toujours le second. Encore s'il avait été le second de de Gaulle ! Mais Palewski lui barrait la route. Le B.C.R.A. lui semblait devoir être entre ses mains une arme politique formidable, mais là il y avait Passy." »* André Gillois atténue son propos en ajoutant aussitôt : *« Je ne répète* [cela] *que pour donner une idée de l'atmosphère empoisonnée au milieu de laquelle évoluaient les plus désintéressés des hommes.*

« En vérité, Pierre Brossolette se désespérait de voir de Gaulle opter pour les idées de Jean Moulin contre les siennes propres. Je peux témoigner qu'il n'y avait là aucune envie, aucun sentiment mesquin, mais un profond accablement devant une situation de fait, dont il prévoyait toutes les conséquences[90]. »

Le 19 septembre, Brossolette atterrit en France près d'Angoulême, accompagné de l'officier britannique Yeo-Thomas, chargé d'enquêter sur l'état des mouvements en zone nord et sur la répartition du matériel. À l'orée de ce nouveau séjour en France, il faut essayer de comprendre les craintes que Brossolette avait inspirées à ses supérieurs d'Alger. Par un détour du destin, on s'en fera probablement une juste idée en lisant ce que Brossolette lui-même écrivait, un an auparavant, au sujet de Rémy. Brossolette avait été l'un de ses agents. Il lui devait son premier voyage à Londres. Mais, par la suite, il avait contribué à l'écarter. Le parallèle entre les deux hommes est frappant, à tel point que l'on se demande si la compréhension du caractère de Rémy par Brossolette n'est pas due à la connaissance de sa propre psychologie telle qu'elle se révéla au cours de ses missions : *« Il est d'autant plus difficile de se fier à Rémy qu'en réalité il n'en fait exactement qu'à sa tête et n'accepte les instructions que lorsqu'elles lui conviennent.*

« [...] *De même en octobre* [1942], *Rémy a obtenu de rentrer en France à la double condition qu'il ne resterait que trois mois et se limiterait à une mission bien définie : mais, en fait, ceux qui le connaissaient bien, savaient qu'il était parfaitement résolu à rester cinq ou six mois là-bas et à se livrer à toutes les activités qui lui étaient interdites.*

« Le mal est d'autant moins curable qu'il vient à la fois d'une mégalomanie foncière et d'une volonté bien arrêtée de jouer le rôle que Rémy croit être le rôle de sa vie. Toute critique ou tout rappel à l'ordre dans ces conditions, devient une injure personnelle et ceux qui s'en rendent coupables [...] *deviennent aussitôt des misérables, des suspects. Tout ce qui n'entre pas dans le système de Rémy est par là même haïssable et doit être combattu*[91]. »

Le 23 septembre, Brossolette, Bingen, Serreulles et Yeo-Thomas se rencontrèrent à Paris. La mauvaise impression des uns et des autres se confirma derrière les sourires et la solidarité apparente des hommes de Londres. Trois jours plus tard, le secrétariat de Serreulles fut capturé par la Gestapo. Brossolette comprit aussitôt l'occasion qui s'offrait d'évincer son rival. Grâce à la présence de Yeo-Thomas, directement relié aux Anglais, tandis que lui-même l'était à Passy, il imagina que ce serait chose facile, d'autant plus que Pichard, chef du B.O.A., lui était tout acquis.

25 septembre 1943 : l'affaire de la rue de la Pompe

L'affaire de la rue de la Pompe fut, à l'époque, l'objet de tant de fantasmes qu'elle mérite d'être examinée en détail car ses conséquences furent sans commune mesure avec la réalité. Comme l'a justement écrit Henri Noguères, elle *« n'est ni plus ni moins grave qu'un certain nombre d'autres ayant abouti de la même façon, à Lyon, à Marseille ou à Paris, à une série d'arrestations et à la saisie d'importants dossiers de la Résistance ».* Il poursuit en affirmant qu'elle fournit à Brossolette *« une occasion supplémentaire de tirer à boulets rouges sur Serreulles qu'il s'efforcera de déconsidérer définitivement aux yeux des résistants de zone nord, des dirigeants français de Londres et d'Alger — et aussi, avec l'appui sans réserve de Yeo-Thomas, des Anglais*[92] ».

Quels sont les faits ?

Le 25 septembre 1943, le bureau de Claude Serreulles, 129, rue de la Pompe, fut découvert par la Gestapo. Elle arrêta neuf résistants appartenant au secrétariat et saisit deux serviettes d'archives.

L'arrivée durant l'automne 1943 de représentants du C.F.L.N., puis l'avalanche des délégués militaires régionaux avaient transformé le fonctionnement du secrétariat de Jean Moulin, dont Serreulles avait modifié la structure et pris la direction. Auparavant, Moulin n'était jamais intervenu directement dans sa marche qui se faisait sans lui. Le seul lien tenait à mes rencontres pluriquotidiennes avec lui. Moulin ne connaissait pas le local où Mado, la secrétaire-dactylo, travaillait, de même que celui où les archives étaient conservées. Enfin, jamais le secrétariat n'avait eu à s'occuper du logement des agents du B.C.R.A. ou du C.N.I., pour lequel il n'était pas équipé.

Claude Serreulles, constatant que les nouvelles conditions de travail à Paris et les exigences du B.C.R.A. ne permettaient plus un tel cloisonnement, qui ralentissait le travail, avait réorganisé ce service autour de son bureau de la rue de la Pompe, où travaillait sa secrétaire et où il stockait quelques archives indispensables. Il se conformait ainsi à la pratique généralisée des chefs des mouvements ou des agents du B.C.R.A.

Il avait d'ailleurs signalé à Londres cette nouvelle organisation et l'ampleur prise par le secrétariat, tant pour le nombre de ses membres que de ses missions : *« Nous avons l'un et l'autre* [Serreulles et Bingen] *des secrétariats qui ont pris beaucoup d'ampleur : outre Marmet* [Meunier] *et Champion* [Chambeiron], *je suis assisté pour ma part*

« — d'un universitaire fort distingué (connu sous le nom de Dupin [Pierre Kaan]*) qui maintient le contact entre le C.G.E. et les Commissions et moi et assure la liaison entre les divers responsables*

« — de Nar [Pierre Péry] *qui devenu disponible est passé au Secrétariat où il rend de précieux services en raison de l'étendue de ses relations*

« — de Soldat [Touba] *Chef du bureau des voyages — arrivants et partants*

« — de Ted [Drouot] *Chef du bureau des Faux-Papiers et des Photos*

« — sans parler d'un service de secours à nos prisonniers et à leurs familles

« — un service des locaux bureaux et appartements [Violaine]

« — un service du chiffre, etc.

« Bip W [Cordier] *demeure mon secrétaire ; il est irremplaçable dans cet emploi. J'apprécie grandement ses qualités et rien ne justifie la défaveur dans laquelle il paraît qu'on le tiendrait à Londres.*

« Necker [Bingen], *quant à lui est secondé par Pasteur ex Paul* [Lambert], *ex fonctionnaire de la carrière préfectorale. A Lyon il a gardé un secrétariat bien monté qui est en liaison quotidienne avec celui de Paris*[93]*. »*

C'est dans son rapport du 7 octobre 1943 que Serreulles raconta l'origine et les circonstances de la descente de la Gestapo et ses conséquences. Violaine, la jeune femme chargée de rechercher les logements (bureaux, appartements et chambres), avait loué une chambre près de la Madeleine pour loger le colonel Marchal, le délégué militaire national. Tout le monde ignorait que la logeuse était la maîtresse d'un policier : Marchal fut arrêté le lendemain et se suicida. La Gestapo alla chez Violaine, tendit une souricière et l'arrêta lorsqu'elle rentra chez elle. Elle conservait les quittances des loyers des appartements, dont celles du bureau de Serreulles, 129, rue de la Pompe. La Gestapo s'y présenta, arrêta Mado, la secrétaire, Péry, l'officier d'opérations, en tout neuf personnes affectées au secrétariat. Ces arrestations n'eurent aucune autre conséquence et personne dans les services, les mouvements ou les partis ne fut arrêté. Au terme de ce récit, Serreulles concluait : *« Elle* [Violaine] *paye aujourd'hui chèrement les imprudences qu'elle a pu commettre et dont je suis responsable puisqu'elle appartenait à mes services*[94]. » Il décrivait ensuite le contenu des *« deux serviettes »* saisies, renfermant le texte en clair des câbles échangés depuis juillet, ses rapports de juillet-août et septembre ainsi que des documents destinés au prochain courrier.

« Les pièces les plus importantes, expliquait Serreulles, *étaient celles qui contenaient les noms véritables (ces noms étaient codés, mais il faut considérer que tout code peut être percé) d'un certain nombre de personnalités, celles proposées en vue de l'élargissement du Conseil de la Résistance ; les responsables de plusieurs commissions (désignations, ravitaillement, services médicaux), deux personnes proposées pour le poste de Délégué du C.F.L.N. à Washington, etc.*

« Je me suis naturellement empressé, dès le jour même, de prévenir ou de faire prévenir ces différentes personnalités qui ont toutes pris les précautions d'usage. A cela, j'ajoute les noms de deux membres du C.G.E. qui étaient mentionnés dans une de vos notes d'instruction. A ma connaissance, aucune de ces personnes n'a été inquiétée à ce jour[95]*. »*

L'honnêteté scrupuleuse de cet exposé causa la perte de Serreulles. Jamais, dans l'histoire de la Résistance, où de telles « affaires » étaient hélas fréquentes, pour ne pas dire quotidiennes, personne n'avait établi un compte rendu comportant un tel luxe de détails. À Londres, qui recevait en général des informations succinctes sur les plus gros coups, la lecture de ce rapport, comparé aux autres, donnait une impression de catastrophe majeure, d'autant que Serreulles couvrait ses subordonnés. C'était une « première » dans la Résistance : jamais, en dépit de milliers d'arrestations, on n'avait vu un chef engager sa responsabilité parce qu'un de ses subordonnés avait commis une imprudence désastreuse. Serreulles, bien que n'étant pas fautif dans cette affaire, se transforma pour Brossolette et Yeo-Thomas en dangereux pestiféré. Parfaite illustration de la fable *Les Animaux malades de la peste* : tout le monde, en France et à Londres, l'accabla à cause de sa franchise, ce qui confirme la cynique exactitude de la maxime : « N'avouez jamais. »

Les explications sans fard de Serreulles sur les causes et les conséquences d'une situation dramatique ne furent pas celles que Brossolette répandit. Il avait compris qu'il tenait Serreulles et Bingen à la gorge, et qu'il avait l'occasion de leur faire payer les humiliations subies depuis des mois.

L'offensive contre Serreulles, Bingen et moi-même en tant que chef du secrétariat fut déclenchée dès le lendemain par un câble de Yeo-Thomas demandant qu'un rappel à l'ordre sévère nous soit adressé[96].

Le 7 octobre, le jour même où Serreulles faisait le rapport précité, Brossolette écrivit une lettre personnelle à Passy évoquant *« le gaulage du secrétariat Sophie* [Serreulles]. *Le fait que quatre mois de courriers (avec les noms en clair), de télégrammes, etc. ont été pris dans sa centrale a été une catastrophe et aurait provoqué l'insurrection des mouvements si ceux-là ne tenaient à ménager Sophie, qui est en bons termes avec eux. En tout cas, le fait qu'une telle faute dont les conséquences seront énormes ait été commise, tient au fait que Sophie s'en remet, pour tous les détails de la vie, à des sous-fifres, sans les commander réellement*[97] ».

Il faut s'arrêter à cette présentation polémique. Serreulles, comme tous les chefs de la Résistance (on l'a vu) et la plupart des agents du B.C.R.A., conservait seulement un certain nombre d'archives (celles dont il avait besoin pour travailler). Les archives antérieures (celles de Jean Moulin) ne furent pas saisies. Les conséquences, pour gênantes qu'elles furent, ne furent pas « énormes », puisqu'il n'y eut aucune arrestation consécutive à cette saisie autre que celle d'agents de la France Combattante.

Le cas BIP W

Brossolette, après avoir démoli Serreulles, s'en prit longuement au secrétariat.

« Sur le secrétariat de Sophie [Serreulles], *je suis aussi catégorique que Shelley* [Yeo-Thomas] *: le maintien du jeune Alain (alias Michel, alias Benjamin* [Cordier]*) ici est de l'ordre catastrophique. Mon opinion sur lui, cet hiver, avait été mauvaise ; désordre et esprit de chapelle. J'étais revenu ici en passant l'éponge, d'autant que Shelley avait de la sympathie personnelle pour lui. A partir de l'accident du secrétariat, Shelley a pris l'initiative de dire à Sophie qu'il fallait d'urgence vous expédier ce jeune homme : même sans porter de jugement sur ses méthodes, il était évident qu'il était brûlé et que trop de ses agents de liaison étaient en caisse pour que personne conserve le goût de travailler avec lui (pour notre part, nous ne passons pour ainsi dire jamais par ses services : c'est trop dangereux). Depuis, le jugement de Shelley s'est aggravé. Comme tout le monde, il considère que le secrétariat de Sophie est une pétaudière sans nom, qui donne des rendez-vous et ne les tient pas, qui commet des erreurs journalières, qui met tout le monde à cran, par qui l'on ne peut rien obtenir (à la fois impuissance ou vachardage) et qui met tout en péril par des méthodes incroyables de légèreté (le fait que les archives aient été gaulées en même temps que le secrétariat est tout un programme à cet égard). Il faut rappeler Alain d'urgence. Sophie à qui vous aviez donné l'ordre de vous l'expédier il y a deux mois, l'a conservé par paresse, parce qu'il a ainsi un factotum qui fait tout (c'est ainsi que Sophie m'a avoué avant-hier qu'il ne savait même pas qui s'occupe de ses transmissions personnelles).* […] *Ne recommençons pas avec Alain, il y a eu assez d'arrestations déjà*[98]. »

Pourquoi Brossolette consacra-t-il tant de place à un personnage subalterne alors qu'une ligne de sa part suffisait pour le faire rappeler à Londres ?

Cette affaire avait commencé en août 1942, par la décision de Moulin de me garder dans son équipe. J'avais été parachuté en France pour être le secrétaire et le radio de Bidault. Mais Moulin m'avait utilisé en profitant du choix offert par Londres : *« Bip W* [Cordier] *que nous vous envoyons comme radio pour Bip* [Bidault] *pourra si vous le jugez préférable, vous servir en même temps de radio personnel, tant pour l'action militaire que pour l'action politique*[99]. »

Mes premières semaines à Lyon furent consacrées à l'organisation d'un secrétariat. Le B.C.R.A., constatant mon silence radio, s'en inquiéta et expédia des télégrammes à Bidault et à Moulin. Par exemple, le 5 septembre 1942 : *« Pourquoi Bip W* [Cordier] *ne prend-il pas contact*[100] *? »* Bien que Moulin ait répondu le 12 septembre : *« Bip W prendra contact début semaine prochaine*[101] », une semaine plus tard, le B.C.R.A. câblait à Bidault : *« Pourquoi Bip Werther* [Cordier] *n'a-t-il pas pris contact et est-il indisponible — Parti comme radio doit, je dis doit rester radio jusqu'au bon fonctionnement vos transmissions*[102]. » Le 29 septembre, Londres demandait toujours à Bidault : *« Répétons question que fait Bip Werther*[103] *? »* À quoi il répondit le lendemain : *« Vous confirme Bip Werther non disponible — lui communique votre message*[104]. »

L'ignorance de Londres semblait curieuse puisque, début août 1942, Moulin avait prévenu le B.C.R.A. de ma nouvelle affectation : *« Ayant pour l'instant à la disposition de mon groupe un nombre suffisant de radios, j'utilise personnel-*

lement Bip W pour le secrétariat[105]. » Ce courrier n'arriva en fait à Londres que le 29 septembre, ce qui explique le dernier câble à Bidault.

Enfin informé, le B.C.R.A. attendit l'envoi des instructions du 16 novembre 1942 pour commenter la décision de Moulin : « *Nous regrettons que vous ayez distrait de suite Bip W au bénéfice de votre bureau. La centrale — et c'est justifié — demande de grandes précautions dans l'instruction clandestine des radios et tient à les tester d'une manière sérieuse, car souvent, même des radios instruits en Angleterre font des fautes de sécurité. A plus forte raison les radios trouvés sur place qui n'ont pas souvent l'entraînement complet du clandestin. Or Bip W était considéré comme un excellent instructeur*[106]. »

C'est pourquoi le B.C.R.A. fixait ma place définitive comme radio personnel de Moulin dans le nouvel organigramme. En outre, Londres ne tenait pas compte du fait que j'avais commencé mes émissions depuis le mois d'octobre[107].

Devant les injonctions répétées du B.C.R.A., Moulin fit la sourde oreille et ne répondit pas plus à cette directive qu'il ne l'avait fait aux télégrammes. De toute évidence, il souhaitait avoir un agent du B.C.R.A. comme proche collaborateur, parce qu'il avait jugé à Londres des qualités des jeunes volontaires de juin 1940, qui avaient l'avantage, à ses yeux, d'ignorer sa véritable identité. Coupés de leur milieu français (amis, famille, profession), ils évitaient la propagation, par bavardages, d'informations secrètes. En outre, leur engagement dès l'armistice, leur entraînement dans les écoles anglaises offraient une certaine garantie de leur adaptation à ce combat solitaire. Enfin, leur extrême jeunesse permettait de les former à sa guise. Pour ces raisons, il jeta son dévolu sur un agent de Londres de préférence à un résistant métropolitain. Son choix s'exerça au hasard des arrivées. Je fus le troisième radio envoyé en zone libre pour le groupe de Moulin. Ayant jugé que Bidault pouvait attendre le prochain opérateur du B.C.R.A., il me conserva pour créer son secrétariat.

Cette prudence de Moulin dans le choix d'un proche collaborateur est révélatrice de son comportement dans la Résistance. On le vérifie dans son attitude à l'égard de ses amis d'avant guerre et de sa famille, auxquels, à l'exception de sa sœur, de Manhès et de Meunier retrouvés à Chartres en 1940, il ne révéla jamais ses activités de résistant. Cette prudence répondait à la crainte de voir son nom circuler dans le milieu administratif et politique où il était connu. De sa carrière administrative, il savait par expérience qu'un secret ne se partage pas.

Lorsque Brossolette arriva à Lyon en février 1943, je l'accueillis et organisai son rendez-vous avec Moulin. Brossolette ne pouvait qu'être mécontent en constatant que les ordres du B.C.R.A., qu'il avait lui-même rédigés, restaient lettre morte depuis sept mois.

Il me revit en de rares occasions et ignora toujours le fonctionnement du secrétariat. En dépit de cette ignorance, Brossolette m'avait condamné dès le premier contact : « *Mon opinion sur lui cet hiver* [1943] *avait été mauvaise ; désordre et esprit de chapelle*[108]. » Ce jugement définitif est d'autant plus surprenant qu'à la même période (février 1943) Jean Moulin avait griffonné sur le terrain, le soir de son départ pour Londres, un dernier mot qu'il m'adressa : « *Merci encore mon cher Alain pour votre bonne collaboration et mes affectueux souvenirs*[109]. » En outre, dès son arrivée, il demandait à Passy de me proposer pour la croix de la Libération. On s'étonne que Jean Moulin, après sept mois de travail quotidien, non seulement ne se soit pas aperçu des graves défauts que Brossolette avait découverts au premier regard, mais, au contraire, ait récompensé, avec un profond aveuglement, des travers si éclatants. Le préfet Jean Moulin ne savait-il pas faire la différence entre l'ordre et la pétaudière ? Il y a là une contradiction mystérieuse, à moins de connaître la suite.

En effet, puisque Moulin souhaitait avoir un agent du B.C.R.A. comme secrétaire, le B.C.R.A. décida de lui choisir un nouveau secrétaire et de le lui attribuer d'office. Pendant ce temps, Moulin, rentré en France, recueillit les critiques dont tous ses collaborateurs avaient été l'objet venant de Brossolette, et y répondit dans ses rapports à de Gaulle : *« Aujourd'hui, j'ai au point de vue civil et quoi qu'on en ait dit un E.M. solide* [...] *et des secrétariats qui fonctionnent et contrôlent parfaitement*[110]. » Néanmoins, un nouveau secrétaire, le lieutenant Drouot, fut effectivement envoyé le 16 juin 1943 à Lyon, précédé des instructions du B.C.R.A. du 17 mai 1943 : *« 3. Secrétariat*

« Il importe, pour vous donner toute liberté d'action, que vous constituiez d'urgence un secrétariat solide dirigé par un officier de valeur connaissant admirablement les difficultés de Londres.

« Nous vous envoyons à cet effet Ted [Drouot], *qui est un officier de toute confiance.*

« Le chef du Secrétariat doit être en contact :

« 1° avec le chef du B.O.A.

« 2° avec les deux chefs de trafic [radio],

« 3° par une double boîte aux lettres, avec le Chef d'une des centrales de renseignements.

« Le Chef du Secrétariat est directement sous vos ordres et doit être en contact avec le Chef d'Etat-Major de l'Armée secrète Zone occupée.

« Nous avons exposé à Ted la façon pratique dont nous envisageons son travail à vos côtés. Vous l'adapterez aux circonstances locales[111]. »

Au-delà de ma modeste personne, c'est donc la fonction jugée déterminante par le B.C.R.A. qui intéressait Brossolette : contrôler le secrétariat, instrument d'exécution au carrefour de tous les services, c'était contrôler la Résistance, ainsi que l'action du délégué. Passy s'était déjà efforcé de convaincre le général de Gaulle de cette nécessité en prenant pour prétexte la présence de Meunier aux côtés de Moulin, *« un homme dont l'absolu loyalisme à son égard et à l'égard du Comité national ne saurait être mis en cause, mais dont les jugements ou les décisions pouvaient être soumis, du fait de son étrange entourage, à d'inquiétantes pressions. Aussi suggérai-je au Général qu'il envoyât à Rex* [Moulin], *comme adjoints, des personnalités sûres qui étofferaient la délégation du Comité national en France et lui donneraient une physionomie moins "dictatoriale"*[112] ».

Dès la disparition de Moulin, Serreulles reçut lui aussi l'ordre de me renvoyer immédiatement à Londres. Par exemple, le 29 août 1943, je fus inclus dans les priorités d'enlèvement pour la lune de septembre[113]. Pour toute réponse, Serreulles câbla le 5 septembre : *« Bip W* [Cordier] *chargé du réseau radio zone-occupée*[114]. » C'était le résultat d'un projet qui n'avait pu être exécuté lors de son arrivée. En effet, à Londres, le 25 mai 1943, avant le départ de Serreulles, Passy avait tracé un plan de réorganisation des services centraux (plan P) que Serreulles approuvait. Mais les « données » sur le terrain étaient si différentes de celles qui étaient connues à Londres que Serreulles ne put recruter sur place les gens capables de le réaliser. Il suggérait donc d'organiser les équipes en Angleterre et de les parachuter toutes composées : *« Si ce mirifique projet prend corps, je vous enverrai Michel* [Cordier] *mon secrétaire Z.N. qui dans le laps de temps aura loisir d'étudier avec vous la question transmission (il connaît à fond le problème pour les deux zones) et celle du plan P. Mais surtout ne gardez pas Michel, je serais perdu*[115]. »

La colère qu'éprouva Brossolette en me retrouvant, à l'automne 1943, toujours en poste à Paris et organisant ses rendez-vous avec Serreulles et Bingen, on la connaît par la lettre à Passy citée plus haut. Grâce à l'« affaire de la rue de la Pompe », il tenait enfin la condamnation qui libérait le poste convoité. Aussi Brossolette utilisa-t-il sur place tous ses amis pour œuvrer dans le même sens. C'est ainsi que Louis Mangin alla jusqu'à télégraphier à Londres : *« Par son imprudence, Benjamin* [Cordier] *a été la cause déterminante des arrestations d'octobre. Ces arrestations le touchant de très près, sa présence Secnord compromet gravement la sécurité générale. Il est incapable de se plier à des règles de sécurité élémentaires.*

« Veuillez, je vous prie, demander son renvoi à Cadilhac [Bingen].

« Condition reprise relations normales délégation militaire délégation civile réduites actuellement strict minimum[116]. » Quand on sait que sur les cinq mois que Mangin passa en mission, il utilisa deux mois à conduire sa famille en Suisse pour la mettre à l'abri et qu'il ignorait tout de la saisie du secrétariat, cet excès de zèle, au-delà du mensonge, frise le ridicule. Cette dénonciation accompagna la reprise de l'offensive de Londres qui câblait le 1er décembre 1943 : *« Depuis de nombreux mois déjà, j'ai également demandé le retour d'Alain* [Cordier]. *Je vous le rappelle*[117]. »

Quelques jours plus tard, Bingen répondit : *« Le retard avec lequel votre câble nous est parvenu, l'encombrement actuel des voyageurs en partance, le retard provoqué par le mauvais temps dans vos opérations, l'isolement de Cléante* [Bingen] *en raison de nombreux autres départs, sont les motifs de l'empêchement des départs demandés en décembre*[118]. »

Cette crise de dix-huit mois trouva, quelques jours plus tard, un épilogue inattendu auquel Londres fut étranger. Vers le 15 décembre, je reçus un billet de Limonti, le chef courrier interné à Fresnes. Il avait pu le glisser dans le linge qu'il envoyait à sa famille. Il révélait que l'Abwehr avait reconstitué l'organigramme de la Résistance avec le nom des responsables de chaque poste. Sous mon pseudonyme de Michel, j'étais placé à la tête du secrétariat de la zone nord[119]. En même temps, j'étais activement recherché parce que la Gestapo, en perquisitionnant une fabrique de faux papiers, avait trouvé ma photo que j'avais envoyée avec mon pseudo inscrit au revers. Apprenant ce détail, je demandai à être immédiatement relevé de mes fonctions, ce qui fut fait le 27 décembre[120]. Bingen tenta de me retenir en me proposant de changer de service et de devenir le secrétaire de Parodi, qui venait d'être désigné comme délégué général et avait besoin de quelqu'un connaissant les responsables de la Résistance. Je déclinai cette offre qui me semblait aussi dangereuse pour la sécurité générale que mon poste précédent.

Durant deux mois, j'assurai encore le secrétariat personnel de Serreulles jusqu'à son départ, le 3 mars, et moi-même je quittai la France à travers les Pyrénées le 21 mars 1944.

En arrivant à Londres, deux mois plus tard, je fus interrogé par Vaudreuil (François Thierry-Mieg), le chef du contre-espionnage. Prisonnier, évadé par la Russie, il était arrivé à Londres en 1941 avec le colonel Billotte et avait pris la succession de Wybot à la tête du C.E. N'étant pas retourné en France depuis

1940, il n'avait aucune connaissance pratique de la clandestinité. Il avait imposé le retour de Serreulles à Londres, l'avait interrogé et lui avait interdit un nouveau départ pour la France. Pour en apprendre sur les procédés du contre-espionnage, il faut lire la partie du dialogue avec Serreulles qui concerne mon activité : *« M.* [Vaudreuil]. *Il y a un point qui nous trouble encore ; nous avons envoyé un télégramme à Bip.W* [Cordier] *pour le rappeler, ses nouvelles n'ont pas été suivies... et nous avons été confirmés dans nos inquiétudes par l'arrestation de Nar* [Péry]... *?*

« Bip.W a été mis en repos en décembre et, depuis ce temps-là il vit à la campagne, après avoir fourni un très gros effort pendant 18 mois. Cela lui a valu deux propositions de la Croix de la Libération, la première de Max [Moulin] *et la seconde de moi. Il attend son retour ici, sa place ayant été prise par Jourdain* [Lambert] *en décembre*[121]. »

Interrogé à mon tour par Vaudreuil, il me fut interdit, comme à Serreulles, de revenir en France, à cause des critiques formulées par Brossolette. Après avoir entendu l'opinion de Serreulles, qui avait été mon patron, à mon endroit et mes réponses à des questions dont aucune ne concernait ni le travail effectué durant dix-huit mois ni l'affaire de la rue de la Pompe, voici ce qu'en conclut Vaudreuil : *« L'intéressé a de toute évidence "préparé" son interrogatoire. Il était au courant des critiques formulées contre lui, et s'est volontairement retranché dans un vague peu compromettant. Ces quelques lignes font néanmoins ressortir le désordre, la prétention et le manque de franchise de cet agent qui en aucun cas ne devra retourner en France où il serait un véritable danger public*[122]. »

Ce jugement concernant un agent du B.C.R.A., ayant accompli une des plus longues missions en France, n'avait rien d'imprévu après la charge capitale menée par Brossolette et Yeo-Thomas. Pour mesurer la valeur de ce jugement, formulé par un officier qui ne connaissait le travail effectué en métropole qu'à travers les rapports de Brossolette, il importe de connaître, entre autres, l'opinion du responsable de la Résistance, avec lequel j'avais travaillé quotidiennement durant dix-huit mois, Georges Bidault.

Dans une lettre du 4 janvier 1944 adressée à François de Menthon, ministre de la Justice du C.F.L.N., il écrivait : *« Vous recevez aussi je crois ce mois ci Benjamin* [Cordier] *que vous avez connu sous le nom d'Alain. J'ai l'impression qu'on n'a pas été très équitable à son sujet depuis la disparition de Max* [Moulin] *pour lequel il avait un culte justifié. Précisément à cause de ce culte il a été l'objet de dénonciations variées et de quelques procédés peu élégants. Je vous prie très instamment de faire en sorte qu'il soit accueilli en tous lieux et par quiconque d'une façon qui lui fasse oublier les mauvais jours et qui soit en rapport avec ses services. Vous savez quelle estime et quelle affection j'ai pour lui. J'apprendrais avec un vif regret qu'il a été reçu comme un jeune homme : je demande qu'il soit reçu comme un "Monsieur".* [...] *Quand il y parviendra, je vous demande de causer longuement avec lui, avec confiance*[123]. »

Si je me suis trop longuement et douloureusement étendu sur un cas personnel qui n'intéresse guère l'histoire, c'est qu'il est représentatif de l'état des relations au sein de la Résistance. Elle rassemblait de jeunes et, souvent, très jeunes hommes qui constituaient des clans soudés par l'action, mais se jugeaient les uns les autres sans le moindre ménagement et la moindre prudence. Il n'y a probablement pas un acteur de la Résistance qui sorte indemne de la lecture des archives. Car chacun d'entre eux fut victime un jour de critiques et de dénonciations variées, même si elles ne furent pas toujours rédigées avec l'acide dont usait Brossolette

Parmi des centaines, je citerai un cas qui me touche de près puisqu'il s'agit de Tony De Graaff, mon successeur à Lyon, qui fut, durant trois mois, le secrétaire de Moulin. Voici ce qu'en pensent deux agents de Londres. D'abord, Drouot, venu nous remplacer : *« Ludovic* [De Graaff] *est trop bluffeur en ce qui concerne son action personnelle* […] *son genre et ses imprudentes façons de travailler, font désirer que vous le gardiez* [à Londres] [124]. » L'autre jugement émane d'un chef d'opération du B.O.A., parlant du bureau de Moulin en juin 1943 : *« Bureau de Boss* [Moulin] *: On y trouve d'abord Maurice* [De Graaff] *petit être grotesque et prétentieux qui* [disposant] *des fonds et surtout des contacts comme secrétaire de Boss, fait un peu partout son petit roi. Il avait déjà tendance, avant le triste événement* [Caluire] *à se mêler de ce qui ne le regardait pas. Maintenant, il veut tout user* [*sic*], *fait des nominations en choisissant de préférence les personnes qui acceptent de l'écouter (ce qui n'est pas une référence pour elles). L'autre jour, il m'a fait une longue théorie sur les réformes de l'A.S. ayant presque l'air de mépriser Vidal* [Delestraint] *qui n'y avait pas pensé* [125]. »

Si l'on se fie à ces documents au premier degré, on écrira une histoire de la Résistance dans laquelle les acteurs apparaîtront comme un ramassis d'étourneaux, d'incapables et souvent de traîtres. Pas plus qu'aucune entreprise humaine, la Résistance ne fut exempte d'erreurs. Et pourtant ? Pourtant, je le redis encore, quels que fussent nos travers (à commencer par notre manque de compassion envers nous-mêmes), la Résistance se sauve et nous sauve par la justesse et la grandeur de sa cause.

Les accusations portées contre Moulin de son vivant et les calomnies formulées après sa mort sont l'archétype des règlements de comptes qui ont eu lieu à tous les niveaux. De ce point de vue, les historiens auront toujours un long travail de déchiffrage des documents pour faire la part des passions humaines, avant de livrer au public leurs conclusions. Quant aux contempteurs de la Résistance, avides de scandales et de dénonciations, ils n'ont pas besoin de chercher ailleurs que dans ces archives sa condamnation la plus implacable : celle que les résistants, dans leur fougue et leur inexpérience, ont prononcée contre leurs propres frères.

De l'imprudence dans la clandestinité

Les conséquences de l'affaire surexploitée de la rue de la Pompe offrent une occasion d'examiner le rôle permanent et dramatique de l'imprudence dans la clandestinité. Celle-ci fut occultée par les survivants après la Libération pour des raisons de crédibilité et de sérieux. Il convient cependant de s'y arrêter car elle révèle le fonctionnement *réel* de la Résistance et la cause des hécatombes dont elle fut victime.

À partir de l'« affaire de la rue de la Pompe », Brossolette, avec l'appui de Yeo-Thomas, entama une campagne en France et à Londres sur le thème : Serreulles, Bingen, Cordier sont brûlés, il faut les mettre au vert, puis les expédier à Londres.

Il s'ingénia par tous les moyens, même les plus outranciers, à faire rappeler ces trois personnes. Car la description que l'on vient de lire est une caricature dégradante de la réalité, ce genre d'« accident » étant, hélas, fréquent dans la Résistance. Parmi quelques affaires importantes, on rappellera celle du 15 mars 1943, à Lyon, où toutes les archives de l'Armée secrète furent saisies et quinze personnes arrêtées à la suite de l'imprudence d'un courrier ; celle du 28 mai 1943, à Cluny, où toutes les archives de Frenay furent prises et où Bertie Albrecht fut arrêtée et tuée ; celle du 24 mars 1944, avenue de Breteuil à Paris, qui atteignit le bureau où Bénouville travaillait avec sa secrétaire. À cause de l'imprudence d'un courrier, deux bureaux furent découverts avec toutes les archives de la Délégation des mouvements en Suisse, cinq personnes furent arrêtées, deux d'entre elles moururent en déportation, et Bourdet fut déporté, ce qui eut les plus graves conséquences politiques.

Ce ne sont là que quelques exemples célèbres d'une liste interminable. Sauf en cas de trahison caractérisée, les résistants ou les historiens énumèrent ces catastrophes en évaluant les conséquences, mais presque jamais en expliquant les causes. On évoque rarement l'imprudence qui en fut l'origine, et toujours en passant.

Pourquoi ? Souvent par ignorance des conditions réelles qui ont provoqué ces arrestations, mais aussi par respect pour les victimes qui firent leur devoir. Il est, en effet, humiliant et dérisoire que tant d'hommes et de femmes aient été arrêtés et que beaucoup d'entre eux soient morts pour des erreurs qu'il eût été, dans la plupart des cas, facile d'éviter.

Il y avait, certes, une différence entre les agents formés en Angleterre dans des écoles anglaises, où leur avaient été inculquées les règles de sécurité drastiques par les agents de l'Intelligence Service, et les volontaires de la Résistance, n'ayant d'autre formation que leur bonne volonté, leur intelligence des problèmes de la clandestinité et les quelques conseils prodigués par les agents du B.C.R.A. Néanmoins, la conduite des uns et des autres ne fut guère différente sur le terrain. Ils se ressemblaient par leur extrême jeunesse, particulièrement les agents de liaison, secrétaires, radios, saboteurs, fonctions éminemment vulnérables parce qu'elles obligeaient à des déplacements incessants, à des transports dangereux, à des contacts multiples avec des individus suspectés ou traqués. En conséquence, c'est dans ce milieu-là que les arrestations, les déportations et les morts furent les plus nombreuses car, outre les conditions de travail périlleuses, le jeune âge les entraînait (ceux de Londres comme ceux de métropole) à des imprudences quotidiennes et souvent fatales.

La seconde raison tient aux conditions de travail de l'ensemble des résistants. À cause du recrutement difficile, un très petit nombre de personnes occupaient tous les postes d'autorité, ce qui les astreignait à un excès de travail, nuisible à la sécurité. Ils étaient obligés d'enfreindre en permanence les consignes de sécurité, parce que si elles avaient été appliquées, telles qu'elles étaient enseignées à Londres, la Résistance eût été paralysée.

Était-il possible d'agir différemment ? Pour tous ceux qui ont vécu cette période, la réponse est non. Toutefois, cela n'empêche pas que chaque résistant, oublieux, par moments, de son propre comportement, ait souvent accusé les autres d'« imprudence ». Ce défaut, unanimement partagé, devenait ainsi le reproche le plus répandu lorsqu'un résistant cherchait à en discréditer un autre. Cette tare, il est vrai, fut un élément consubstantiel de la Résistance qui aurait pu et dû conduire à son anéantissement. Si, en dépit de ces défaillances répétées, la Résistance ne fut pas détruite, c'est pour une raison négligée par les historiens : les mêmes causes dans ce domaine ne produisirent jamais les mêmes effets.

On l'a vu, par exemple, à Caluire. Cette affaire a révélé, après coup, la liste des imprudences dont une seule aurait suffi à la chute de la réunion. C'est avec raison que les avocats de Hardy les ont énumérées pour jeter la suspicion sur tous les participants, afin de masquer la responsabilité de leur client. Pourtant, en examinant minutieusement les causes de cette catastrophe, on s'aperçoit que ce n'est aucune de celles qui auraient *dû* être fatales qui fut décisive, mais seulement celle, imprévue, de la trahison.

Les arrestations consécutives à des imprudences ne furent, paradoxalement, que le résultat indirect d'*accidents* dus au hasard. Ce fut le cas de la chute du secrétariat de la rue de la Pompe. Quelques exemples révèlent ce côté aléatoire des arrestations. Pour accabler Serreulles et Bingen, Brossolette écrivait à Passy : « *Encore faudrait-il* […] *qu'ils ne soient pas exposés à être raflés ensemble, ce qui est probable s'ils continuent à ne pas se quitter d'une semelle*[126]. »

Or, on sait par Passy que les relations avec Brossolette étaient identiques lors de leur mission commune du printemps, « *en fait, nous ne nous quittions guère*[127] ». À tel point qu'ils habitaient ensemble : « *Le soir, après avoir dîné dans l'appartement que nous partagions près de la place des Ternes, nous établissions en commun le bilan de nos conversations du jour dont Brossolette notait les grandes lignes sur des feuilles volantes que nous mettions aussitôt en sûreté*[128]. » Brossolette avait certainement oublié ce détail lorsqu'il lançait ses accusations contre ses adversaires. Accusations d'autant plus étonnantes que nous savons par Pichard, chef du B.O.A., qu'en cette année 1943-1944 « *Baudoin* [Bollaert] *et Brumaire* [Brossolette] *ne se quittaient jamais*[129] ».

On sait, hélas, que Brossolette et Bollaert furent effectivement arrêtés ensemble par hasard et que, en revanche, Bingen et Serreulles ne furent jamais inquiétés, pas plus que ne l'avaient été Passy, Brossolette et Yeo-Thomas au printemps 1943.

Un autre exemple de l'intervention du hasard dans la vie des résistants se trouve dans la description faite par Fassin (qui avait été parachuté en France avec Moulin en janvier 1942) sur la conduite des agents du B.C.R.A. à Paris à l'automne 1943 : « *J'ai constaté avec une vive surprise, après juste trois mois d'absence que le milieu de la France Combattante à Paris ressemblait étrangement à un mouvement de Résistance, par la méchanceté dont faisaient preuve les uns pour les autres, ses divers membres*[130]. » Sans parler des imprudences : « *J'ai été frappé, à mon arrivée, d'entendre désigner à peu près tous les gens du service, non seulement par leurs indicatifs,* […] *mais encore par les noms sous lesquels ils sont connus à Londres. On* [n']*emploie les pseudonymes que par hasard, c'est tellement ennuyeux.*

« *Les rendez-vous continuent à se donner dans les cafés, de préférence aux "Deux Magots" et au "Royal", au "Français", en tout cas dans le quartier de St. Germain des Près, de l'Odéon et de la Sorbonne. Et, naturellement tout le monde se retrouve dans les mêmes restaurants ; je ne parle encore que pour mémoire des sortes de petits banquets de cinq, six, ou davantage.*

« *Il est fait du téléphone un usage tout à fait abusif ; on va même jusqu'à donner des rendez-vous par ce moyen.*

« *Enfin, chacun est au courant de ce que tous font et s'empresse de le colporter, en le déformant bien entendu ; on y mêle volontiers les histoires les plus personnelles, et les ragots vont leur train*[131]. »

Cette description est malheureusement exacte, parce que la concentration à Paris de plusieurs dizaines d'agents du B.C.R.A. (délégués militaires, radios, saboteurs), qui fut exceptionnelle à cette époque, modifia les conditions de la vie clandestine telle que nous l'avions menée à Lyon, où nous n'étions même pas une dizaine d'agents.

La juste description de Fassin aurait dû conduire tout ce beau monde en prison, tant cette vie clandestine au grand jour offrait aux Allemands la possibilité de les rafler d'un seul coup. Comme l'écrira Bidault : *« Nous conspirions à gorge déployée. »* Pour ne citer qu'un des « banquets » évoqués par Fassin, il est exact que le dîner que Brossolette donna en janvier 1944 au restaurant *La Méditerranée*, place de l'Odéon, accompagné de Pichard, chef du B.O.A. Z.N., et de ses collaborateurs, pour les vingt ans de Brigitte Friand, était une folie de la part d'un homme traqué comme Brossolette et d'agents eux-mêmes en sursis. Cependant, on constate que cette imprudence ne fut pas la cause de l'arrestation, quelque temps plus tard, de Brigitte Friand, ni de la vague d'arrestations qui ravagea le B.O.A., ni encore moins celle de Brossolette lui-même.

Mais le comble de la dérision est peut-être atteint dans une lettre où l'adjoint du D.M.R. de l'Ouest raconte une rencontre fortuite avec Serreulles au début du mois de novembre : *« Je savais par Marin* [D.M.R. de Paris] *qu'un télégramme lui avait été envoyé lui enjoignant de couper tout contact avec le Secrétariat. J'en ai fait part à Sophie* [Serreulles] *qui s'en est montré très attristé. Il m'a dit que vous étiez tous tombés sur la tête et que, bien qu'il reconnaisse avoir eu un télégramme analogue, il m'a déclaré qu'il n'en continuait pas moins à recevoir 20 personnes par jour.*

« Comprenant sans doute que les intrigues qu'il avait menées contre nous étaient en voie d'échouer, il m'a prié ainsi que Fantassin [Valentin Abeille, D.M.R. Ouest] *de venir déjeuner avec lui la semaine prochaine. Je ne lui ai pas donné de réponse sur le moment mais, aujourd'hui même, je l'ai fait avertir que nous ne nous rendrions à son invitation que s'il s'agissait d'un déjeuner banal, sans aucun caractère de déjeuner d'affaires car, pour notre part, nous étions décidés à respecter nos consignes*[132]. »

Serreulles : un tel pestiféré que même ses adversaires pensaient qu'on pouvait passer une heure ou plus avec lui dans un lieu public pour peu que ce ne fût pas « pour affaires » !

Si surprenant que cela paraisse aujourd'hui, il n'y eut jamais de coup de filet général dans les cafés ou les restaurants cités dans ce rapport. Si certaines personnes mentionnées par Fassin furent arrêtées, ce ne fut pas dans ces lieux et, en général, pas à Paris. Leur chute releva d'un concours de circonstances où le hasard tenait la plus grande place. Quant à Yeo-Thomas et Brossolette, qui dénonçaient avec indignation l'imprudence de tous les agents et vantaient leurs propres précautions, ils furent arrêtés à cause de leurs imprudences qui auraient pu ne pas être fatales, mais qui le furent *à cet instant précis*. Pour que le paradoxe soit complet, on constate que nombre de ceux qu'ils dénoncèrent sans vergogne ne furent jamais inquiétés, comme Serreulles et moi, tandis que le pauvre Bingen ne dut sa mort qu'à la trahison. Ce qui fut le cas également de Jean Moulin, homme prudent, s'il en fut, dans la Résistance !

Automne 1943 : les calculs de Brossolette

La tactique de Brossolette contre Serreulles et Bingen semblait efficace car, à ses yeux, elle permettait d'atteindre le but fixé par Passy : contrôler la Délégation générale. Puisque Bollaert devait partir pour Alger pour rencontrer de Gaulle, suivi de Serreulles, Bingen (et Cordier), la Délégation serait décapitée. Brossolette devenait ainsi le seul agent du C.F.L.N. en France possédant les contacts avec tous les responsables de la Résistance. Les responsables du commissariat à l'Intérieur qui lui étaient hostiles, mis devant le fait accompli (comme il l'avait fait avec Moulin au printemps 1943), seraient obligés d'entériner son autorité que personne d'autre n'était capable d'exercer à l'improviste. Connaissant les difficultés de liaisons, de transport et les zizanies des bureaux, Brossolette espérait que, empêtrés dans les problèmes matériels, ils ne pourraient se mettre d'accord rapidement sur un remplaçant, et pouvait donc croire qu'il avait toutes les chances (avec l'appui de Passy) de demeurer le délégué général *de fait* jusqu'à la libération.

Il en était d'autant plus convaincu que, sur le plan de la compétence, il estimait que sa position était unique vis-à-vis des mouvements : *« J'ai trouvé partout un accueil excellent,* écrivait-il à Passy ; *en fait le barrage était uniquement le fait de Médéric, de Morlay* [Meunier] *et de notre tandem Sophie* [Serreulles] *Baudet* [Bingen] *; avec les mouvements au contraire, pas l'ombre d'une hostilité quelconque*[133]. »

Aussi confia t il à Passy sa certitude d'être l'homme de la situation : *« Si, comme tu me l'avais dit, tu veux que je reste ici le plus longtemps possible (et au besoin jusqu'au dénouement)* [ce qui était en contradiction absolue avec les ordres de De Gaulle], *vois ça ! Informe-moi d'urgence par câble dans mon code. Cela me ferait sûrement plaisir (encore qu'à certains moments on soit un peu inquiet et découragé de tout) ; et je crois que cela serait utile*[134] *! »*

En dépit de ces projets stimulants, c'est un homme blessé qui s'exprime, comme le révèle l'évocation des oppositions à sa mission durant l'été 1943, qu'il avoue avoir ressenties comme une des pires humiliations de sa vie. Comme beaucoup d'hommes supérieurs, Brossolette n'en voulait pas à ses victimes des avanies qu'il leur infligeait, mais ne supportait pas d'être discuté et, encore moins, refusé. Aussi mettait-il une condition à la nouvelle mission qu'il souhaitait : *« Pour l'amour de Dieu, qu'on ne consulte pas le monde entier à ce sujet, et que cette fois encore je ne sois pas discuté par un tas de vaseux qui mentent délibérément. J'aime mieux n'importe quoi que ça*[135] *! »*

Pour compenser tous ces déboires, la fidélité aveugle de Passy militait en sa faveur. Car, malgré les nombreux avatars, le colonel n'avait pas abandonné l'espoir de lui faire jouer un rôle déterminant lors de la libération. Il encouragea la proposition de son ami Brossolette de rester en France, si bien que dans une nouvelle lettre (du 5 novembre) celui-ci lui fit remarquer : *« Ce qui me préoccupe d'autre part dans ta lettre c'est que tu y attends de moi beaucoup plus probablement que les pouvoirs dont je dispose ne me permettront de faire. J'ai déjà fait dix fois plus que ne le permettait mon ordre de mission (soigneusement reproduit et diffusé par qui de droit). Tu me demandes encore dix ou vingt fois plus. Je veux bien essayer. Mais je crains d'en être arrivé au point où il faudra ou désespérer d'arriver à quelque chose dans l'ordre militaire ici, ou mettre les pieds dans le plat en renonçant à deux mois de patience angélique*[136]. »

Cette dernière phrase est sans doute un euphémisme, révélateur de la vision erronée qu'il avait de son comportement, quand on connaît les ravages qu'il fit subir à l'autorité de la Délégation durant la même période. Malgré tout, il était conscient que Serreulles et Bingen n'avaient qu'une hâte : le voir regagner Londres. Aussi insista-t-il auprès de Passy pour obtenir la prolongation qu'il souhaitait : *« Il t'appartient de me faire savoir si tu souhaites que j'accède à leur désir et que je me replie avec armes et bagages ou que je m'accroche ici pour essayer de sauver les possibilités militaires réelles qui subsistent encore ; mais dans ce cas, il faudra une novation dans ma mission, car je ne pourrai pas tenir ici au-delà de décembre avec ma mission actuelle (installation de Baudoin* [Bollaert] *qui se promènera sans doute à ce moment-là rue Bab-el-Oued* […]*)*[137]. »

Au cas où Passy serait à court d'idées, Brossolette lui soumettait un plan : *« Les deux conclusions immédiates que je tire de tout cela sont :*

— qu'il faut que je m'absente d'ici le moins longtemps et le plus tard possible,

— qu'il faut que tu y viennes le plus tôt et le plus longtemps possible.

« Je ne sais pas si l'état de nos relations avec "nos amis" et l'état de tes relations avec Cochet et "l'ahuri" [Philip] *se prêtent à ce programme. C'est pourtant le seul envisageable. Yeo-Thomas te le dira d'ailleurs avec force.*

« En ce qui te concerne, il faudrait que tu n'arrives pas juste au moment où je partirai. […] *Maintenant, si tu ne peux pas démarrer en décembre, je suis disposé à t'attendre ici jusqu'à ce que tu arrives*[138]. »

On constate que les projets de Brossolette, que rien ne semblait pouvoir briser, justifiaient amplement les craintes formulées par les responsables de la France Combattante sur le débordement de sa mission et expliquent pourquoi de Gaulle avait pris la précaution (inutile) de prescrire qu'elle ne devait pas excéder un mois !

On comprend également que les autorités britanniques aient jugé sévèrement Passy à cette époque, comme le révèle un télégramme de Pélabon : *« Le Major Wilson a attaqué le BCRA qui n'aurait plus de raison d'être et devrait être supprimé car son chef le Colonel Passy fait de la politique*[139]. »

Pourtant, dans cette stratégie théoriquement sans faille, apparut un danger imprévu : Bollaert souhaitant se rendre à Alger selon les directives prévues en novembre, il avait fait savoir qu'il jugeait *« sage qu'à tout hasard on lui désigne Baudet* [Bingen] *et Sophie* [Serreulles] » comme remplaçants[140]. C'était dire qu'il n'avait pas compris qu'il fallait se séparer à tout prix de ces hommes qui bloquaient le plan de Brossolette. Aussi, en vue de la dernière étape, celui-ci constitua son équipe sur laquelle il s'appuyait dans ses manœuvres. C'est ainsi qu'il câbla au B.C.R.A. que Mangin et Bollaert le priaient de rester en France pour se *« charger éventuellement du secrétariat de la zone nord*[141] », après le départ de Serreulles. Le même jour, Bollaert télégraphia à de Gaulle de nommer d'urgence une personnalité chargée de remplacer Serreulles ou bien de lui donner l'autorisation expresse de choisir son nouvel adjoint zone nord en accord avec Louis Mangin[142]. On devine lequel.

Si, en France, Brossolette organisait, à partir de la métropole, la reconquête de ses positions, ses partisans à Alger et à Londres n'étaient pas inactifs. En dehors de Passy, il y avait Jacques-Henri Simon de l'O.C.M. qui avait acquis durant son séjour là-bas une position notable par sa personnalité et par l'importance de son mouvement. Il faisait campagne, on l'a vu, en faveur de Brossolette et avait même demandé à de Gaulle sa désignation à la place de Serreulles.

Enfin, Brossolette avait en France le plus fidèle allié en la personne de Yeo-Thomas et par lui l'oreille des Anglais, qui ne s'intéressaient pas aux problèmes politiques, mais, avant tout, à la sécurité des réseaux. Dans ce domaine, ils étaient intraitables. Ce qui explique l'acharnement de Yeo-Thomas à déconsidérer Serreulles, Bingen et Cordier sur ce terrain : *« Mesures énergiques nécessaires pour sauver situation. Demander à Passy de donner à Briand* [Brossolette] *moyens et autorité pour prendre choses en main et éviter désastre. Pas de temps à perdre*[143]. »

En dépit de la clandestinité, la tactique et l'ambition de Brossolette étaient si flagrantes pour ceux qui n'étaient pas sous le charme que Francis Closon, un autre agent du commissariat à l'Intérieur, ne put s'empêcher de les signaler à Philip : *« Il paraît qu'il "vibrillonne", critique, démolit les hommes sans rien proposer, ce qui ne vous étonnera pas*[144]. »

7 octobre-5 novembre 1943 :
le jeu de massacre de Brossolette

Ce jugement sévère de Closon, chacun peut en vérifier aujourd'hui l'exactitude grâce à deux lettres personnelles que Brossolette adressa au colonel Passy, les 7 octobre et 5 novembre 1943, en marge de ses rapports officiels.

Rarement correspondance fut aussi éclairante pour comprendre sa psychologie et les raisons pour lesquelles tant de résistants s'opposèrent à cet homme, par ailleurs éminent. Écrites à « chaud » et en toute liberté, elles permettent de conserver un instantané des opinions et jugements de Brossolette dans leur jaillissement spontané, à tel point qu'en les lisant tous ceux qui l'ont connu entendent les inflexions de sa voix et, même, reconnaissent ses mimiques. Les historiens peuvent regretter que ce type de documents soit trop rare parce qu'ils offrent la clé permettant de déchiffrer le langage codé des rapports officiels.

Afin d'accomplir la mission qu'il s'était fixée, il fallait donc que Brossolette déblaye le terrain. C'est ce qu'il s'efforça de faire dans ces lettres, avec un grand luxe de détails cruels. On découvre en le lisant le défaut rédhibitoire de cet homme devant qui personne ne trouve grâce et dont le talent est plus proche de Léon Daudet que de Léon Blum. Sa femme le reconnaît : *« Il s'était fait des adversaires, il s'était attiré des inimitiés à force de reparties vives, de mots durs ou cinglants*[145]. »

S'il était naturel que Brossolette informât Passy de ses opinions sur la situation, en revanche était-il normal qu'un représentant du général de Gaulle prît toute la Résistance à témoin des critiques réelles ou imaginaires qu'il formulait contre les autres délégués ? Il n'y avait d'ailleurs pas qu'eux, car personne ne trouvait grâce à ses yeux, la bête noire de Brossolette étant toujours Moulin. Ne désarmant pas, il constatait donc avec plaisir que Serreulles *« a certainement beaucoup réparé les erreurs de Rex* [Moulin][146] », puisque *« incontestablement, la doctrine Rex-Vidal* [Delestraint] *a tout mis cul par dessus tête pendant deux mois*[147] ».

Évidemment, les anciens collaborateurs de Moulin ne sont pas oubliés dans cette diatribe : *« Morlay* [Meunier], *que j'étais parfaitement décidé à oublier s'il se tenait tranquille, continue à franc-maçonner, à intriguer, à conseiller à Sophie* [Serreulles] *des intrigues, et fait des campagnes contre Beaudoin* [Bollaert] [148]. »

Après Moulin, ce sont les envoyés du commissariat à l'Intérieur dont l'action est passée au crible : « *Par esprit de conciliation à outrance (où il entre beaucoup de désir personnel d'être bien vu), Sophie est faible* [149]. »

À propos de Serreulles et Bingen : « *Le trait le plus marquant ici est le contentement de soi et l'over-confidence* [150]. »

Ne pouvant nier l'activité intense des deux hommes, il la dénature jusqu'à la caricature : « *L'essentiel du gouvernement de nos deux amis consistant en délibérations avec les chefs de mouvements, les mécanismes inférieurs (c.à.d. l'action réelle) ne marchent pas. Et c'est grave* [151]. »

À longueur de pages, il dénonce la nullité de Serreulles : « *Je ne veux pas avoir d'opinion sur Sophie* [Serreulles], *sur l'espèce de combinardisme perpétuel auquel il réduit son action et celle des innombrables comités qu'il préside, sur la nullité de son activité paramilitaire et sur sa tentative (aisément déjouée) pour faire de Beaudoin* [Bollaert] *un fantoche* [152]. »

Un autre envoyé du C.N.I., Lambert, est étrillé à tout hasard car, à Londres, il avait été un rival pour Brossolette d'autant plus dangereux que lui a obtenu une mission très importante : la désignation des préfets et des commissaires de la République : « *La mission de Lambert ici n'a pas très bien débuté cette fois. Il a pris Baudoin* [Bollaert] *de très haut au début et Baudoin n'a pas aimé ça. Il a, d'autre part, eu quelques difficultés avec la Z.S. pour la désignation des Commissaires de la République. Nous lui avons indiqué à quel point il faisait fausse route, et comme il est fort intelligent, il a rectifié le tir : ça c'est mieux terminé avec Baudoin que ça n'avait commencé et avec la Z.S. le conflit est courtois (fais attention seulement à cette question des Commissaires de la République)* [153]. »

Il profite de l'occasion pour rappeler que tout le mal vient de Philip : « *De toutes les solutions, la pire, c'est le panachage, par le caractère d'incohérence et d'escroquerie qu'elle revêt. Or naturellement c'est à cette solution — la pire — qu'on en est après les concoctations de Philip et les négociations de Lambert* [Laffon]. *C'est bête pour le moment. Et ça peut, pour l'avenir, créer une disparité folle entre les diverses régions de la France. Ceci dit, ce ne sont pas mes oignons et je m'en moque éperdument* [154]. »

Cette critique des agents du C.N.I. n'épargne pas pour autant les responsables du B.C.R.A. qui sont vigoureusement attaqués : « *La politique et le mémorandun de ton adjoint* [André Manuel] *en juillet ont été criminels. Et l'appui que leur a donné Philip ne l'a pas moins été* [155]. »

Puis, il élargit sa critique au B.C.R.A. : « *Le seul gros problème, car tu l'avais vu, c'est la mise en rapport du civil et du militaire. C'est précisément cette mise en contact que nous voulions faire toi et moi. C'est précisément celle que les ingénieux mécanismes montés par tes services, ont rendu systématiquement impossible* [156]. »

Après les dirigeants du B.C.R.A., ce sont ses agents qui apparaissent tous comme des incapables. À l'égard de Louis Mangin, la critique est sévère : « *Après 48 heures consacrées à la Z.N. Niel* [Mangin] *est allé se fourrer dans l'incroyable équipée Suisse, et à l'heure où je t'écris, il n'en est pas encore revenu, attendant sur le territoire de la Confédération l'arrivée d'une quinzaine de personnes de sa famille qu'il veut y installer — pour se libérer l'esprit — avant de revenir au travail. Tout cela est d'un comique sinistre, qui fait de temps en temps douter de la France*[157]. » (Brossolette oublie qu'il a pris la même précaution un an auparavant en amenant sa femme et ses enfants en Grande-Bretagne.)

Après le délégué militaire de zone, c'est au tour du B.O.A. d'être la cible, alors que le chef est pourtant un inconditionnel de Brossolette : *« Pratiquement, le B.O.A. est en conflit ouvert avec les mouvements, qu'il méprise et déteste ; ses transmissions marchent médiocrement (pour ne pas dire davantage) et le gros problème qui provoque des réactions graves de tous les mouvements, c'est la distribution des armes que le B.O.A. refuse de livrer*[158]. »

À propos des autres agents du B.C.R.A., le trait n'est pas moins dur : *« Il y en a un qui échappe complètement à tout le monde : c'est SIF* [Fassin] *qui n'a pris contact avec personne ici (sur la foi des remarquables instructions pondues à Londres) et qui, après être allé chercher ses bagages à Lyon, a filé droit sur le Nord, où nul ne sait très bien ce qu'il fabrique, pas même ROD* [Deshayes, officier d'opérations de la région Nord] *qui se plaint d'avoir perdu son contact*[159]. »

Le colonel Touny, chef d'état-major, qui appartenait pourtant à l'O.C.M., soutien constant de Brossolette, n'est pas épargné par le raz de marée des critiques : *« Le triste, c'est qu'au lieu de faire quelque chose, le Comité militaire perd son temps en interminables palabres sur les droits et devoirs exacts des officiers régionaux, sur la nécessité ou l'inconvénient de les faire dépendre plus étroitement de l'officier de zone. Vous allez recevoir un factum pondu par Langlois* [Touny] *et Pellerin* [Serreulles], *vous demandant de rétablir la centralisation au profit de l'officier de zone*[160]. »

« […] *il ne semble pas qu'on ait encore rien fait de sérieux à l'échelon subdivision de région. C'est très grave à tous les points de vue, ne serait-ce que pour procéder à la distribution nécessaire des armes*[161]. »

Après cette philippique, la conclusion s'imposait : « *La paralysie de l'action en Z.N. est frappante et redoutable.* »

Si le colonel Touny, ami de Brossolette, est malmené, on se doute qu'avec Bidault, qu'il méprise, la critique est d'autant plus radicale qu'elle s'applique au C.N.R., qu'il combat : *« Anselme* [Bidault], *Sophie* [Serreulles] *et Marmet* [Meunier] *(alias Morlay) ont trouvé dans les spirituelles instructions de Philip un renforcement pour la constitution du bureau du Conseil national de la Résistance, qui est devenu (pour les raisons que je t'ai indiquées le mois dernier) détestable*[162]. »

Bien que Philip ait donné l'ordre de le réaliser rapidement, il ajoute : *« J'espère que Beaudoin* [Bollaert] *va empêcher cette erreur.* »

Au terme de cette rapide anthologie, on s'imagine que Serreulles et Bingen, mais aussi Mangin, etc., étaient des écervelés, des incapables ou des paresseux. La contre-épreuve est aujourd'hui facile puisque la masse des télégrammes, notes et rapports est là pour prouver la lucidité et l'application de leur travail. On s'aperçoit d'ailleurs que, sur nombre de points de la situation, ils ont pris d'eux-mêmes les mesures dont Brossolette s'attribue seul le mérite.

Tous ceux qui le connaissaient à Londres n'étaient d'ailleurs pas dupes des *satisfecit* ou des critiques. On le constate avec la lettre d'André Manuel qui avait réceptionné ces lettres pendant que Passy était à Alger. Il lui écrivit aussitôt en citant ce courrier : *« AA — Reçu dans courrier rapport par Boislambert lettre de Pedro* [Brossolette] *à vous.*

« BB — Tiens à vous informer que tout justifie mes constantes appréhensions sur instructions de Pedro.

« CC — Son programme consiste "A mettre en place Baudoin [Bollaert] *comme délégué du comité de la Libération auprès du comité* [Conseil] *de la Résistance et à être mis à sa disposition et gouverner à travers de Baudoin ; ainsi je crois nous pourrons agir assez utilement".*

« DD — Pour réaliser ce plan il va obtenir un ordre de mission de Philip "Si ça ne colle pas tout à fait je te donnerai le soin d'achever".

« EE — Pour ordres de mission officiers de zone il dit : "Fais-le ou faisons-le ensemble en marquant comme Philip l'envisage et comme cela vous arrangera la coordination générale à Baudoin"[163]*. »*

Les victimes étaient tout aussi lucides, même si elles ignoraient le contenu de ces lettres. Les boucs émissaires de Brossolette qui l'avaient déjà pratiqué se doutaient du genre des propos tenus sur eux. Bingen, par exemple, était bien décidé à se défendre contre un homme dont il avait expérimenté à Londres le génie manœuvrier. Il ne tarda donc pas à contre-attaquer en relativisant les critiques de Brossolette à l'aune de son inaction. Ainsi écrivait-il, le 1er novembre, à Philip personnellement : *« Vos apaisements au sujet de Brumaire* [Brossolette] *ont été les bienvenus. Non pas que Brum. fasse grand'chose ; il vit très à l'écart et se contente de rencontrer chaque semaine quelques-uns des grands chefs des partis et mouvements. Mais, quoique limitée, je persiste à croire son action sinon néfaste, du moins malsaine. Car la critique est aisée, notre camarade est passé maître en la matière et je déplore sincèrement que, de tous côtés — ce qui me force à y croire à la longue — on nous rapporte de sa part des critiques acerbes contre nous à chaque difficulté nouvelle : en particulier, ses attaques contre S.* [Serreulles], *après notre accident, auraient pu ébranler la position de S. si Brum. avait eu un meilleur crédit et S. moins de prestige et moins d'amitiés chez tous les membres du C.* [Conseil] *de la R.* [Résistance] *Et puis surtout, à quoi sert sa présence*[164] *? »*

31 octobre 1943 : le B.C.R.A. contre Serreulles et Bingen

Les rapports concernant l'affaire de la rue de la Pompe arrivèrent enfin à Londres le 17 octobre, ils furent étudiés et diffusés largement au sein du B.C.R.A. et du commissariat à l'Intérieur.

Avant que le B.C.R.A. ne réagisse, il fallut le temps de dépouiller les courriers des agents (Bingen, Brossolette, Fassin, Pichard, Serreulles, Yeo-Thomas), afin de comprendre la complexité de la situation en France. En attendant, Brossolette maintenait la pression par l'intermédiaire de Yeo-Thomas. C'est ainsi qu'il lui fit expédier, le 25 octobre, un télégramme aux Anglais : *« Arrestations continuent de plus en plus nombreuses. Semaine dernière Lenoir* [Jean-Pierre Levy] *de Tirf* [Franc-Tireur] *agent de liaison de Baudet* [Bingen] *Galilé et secrétaire Dupuis* [et] *plusieurs chefs OCM avec Poncarral* [Dejussieu] *et Dormoy* [Degliame] *de zone sud*[165]*. »*

Ce texte de panique laissait croire aux autorités britanniques que Serreulles était l'unique responsable de toutes les arrestations (dont les deux dernières étaient inexactes) qui ravageaient alors la zone nord. Brossolette, toujours impatient du peu de réaction de Londres, demanda, quelques jours plus tard, à Yeo-Thomas d'expédier son câble n° 7 : *« Recommande rappel immédiat de Sophie* [Serreulles] *et secrétaire qui font de l'obstruction et sont nuisibles à amélioration situation et sécurité. Portent lourde responsabilité pour récentes arrestations. Répondez avec toutes justifications à ma demande*[166]. »

Comme on le sait, Serreulles, en décrivant minutieusement dans son rapport les conditions de sa rencontre avec la Gestapo, avait signé sa perte. Voici son récit : *« Le lendemain matin, samedi 25 septembre, la Gestapo était à mon bureau. Je m'y présentai moi-même à 9 h 15 et fus reçu par les policiers allemands. Après 10 minutes d'explication, j'eus la chance de pouvoir me retirer avec leurs excuses. C'est à leur extrême bêtise que je dois de pouvoir vous écrire aujourd'hui*[167]. »

Or, Serreulles non seulement avait envoyé son rapport à Londres, mais, en France, avait raconté sa mésaventure à tous les chefs de services et de mouvements afin de les en informer loyalement. Tout le monde s'empressa de faire à son tour un rapport à Londres en « enrichissant » cette histoire de son propre commentaire. Voici, par exemple, la version donnée par le D.M.R. de la région parisienne : *« Sophie* [Serreulles] *lui-même a été arrêté puis relâché presque immédiatement, ayant réussi à persuader la Gestapo qu'il s'agissait d'une erreur (peut-être la Gestapo a-t-elle mis une certaine bonne volonté à le relâcher en espérant qu'il mènerait à de nouvelles pistes)*[168]. » Cette réflexion banale fournissait au B.C.R.A. la thèse permettant de discréditer Serreulles.

C'est elle qui sera reprise par le service du contre-espionnage du B.C.R.A., dirigé par François Thierry-Mieg (Vaudreuil). À la lecture des rapports venus de France, il adopta leur hypothèse et imagina que la Gestapo avait volontairement relâché Serreulles afin de le conduire à tous les chefs de la Résistance, ce qui permettrait l'anéantissement de la Résistance.

Cette hypothèse, transformée à Londres en certitude, sera expliquée en détail par Boris à Bingen : *« Votre ami est, nous le savons avec certitude, connu, repéré et suivi. C'est exprès qu'il n'est pas arrêté. C'est une nouvelle méthode employée, par nos opposants et dont nous avons en ce moment plusieurs exemples ; tant qu'il restera là, les arrestations s'accumuleront autour de lui. Il faut que S.* [Serreulles] *sache que s'il n'a pas été pris à son bureau, ce n'est pas une erreur, mais voulu. On devait arrêter tout le monde et ramasser tout, sauf lui. Vous devez donc exiger de lui qu'il se mette strictement au vert, et qu'il rentre à la première occasion. Je regrette vivement qu'il n'ait pas eu la discipline de rentrer ces jours-ci*[169]. »

Certes, cette hypothèse d'un stratagème utilisé en d'autres occasions par les Allemands n'était pas absurde *a priori*, mais, dans le cas de Serreulles, il y avait une nuance que Vaudreuil semblait ignorer : dès lors qu'un agent était alerté sur le risque d'être filé, il était impossible de le *suivre* très longtemps. D'autant que les Allemands n'avaient ni le nombre d'hommes ni l'équipement technique pour que les filatures soient efficaces.

C'est d'ailleurs ce que l'on peut vérifier aujourd'hui : aucun des interlocuteurs de Serreulles (tous les chefs de la Résistance), qu'il rencontra quotidiennement durant encore cinq mois, ne fut inquiété. Ce n'est pas à cause de lui que certains membres de la Délégation militaire tombèrent, que le B.O.A. subit une hécatombe et que Bollaert, Brossolette, Yeo-Thomas, entre autres, furent arrêtés. Pourtant, malgré les protestations de bon sens de Bingen et Serreulles, la consigne demeura intangible, du moins pour Serreulles. Car le prétexte était tellement absurde, à la limite de la mauvaise foi, contre Bingen que Passy renonça rapidement à mettre ce dernier dans la même position, comprenant qu'il valait mieux porter ses efforts sur celui qui avait eu un contact avec la Gestapo.

La comparaison avec d'autres affaires similaires apporte la preuve que le bref « contact » de Serreulles avec la Gestapo ne fut qu'un prétexte dont s'emparèrent Brossolette et le B.C.R.A. pour mettre un terme à sa mission.

L'une de ces affaires se déroula au mois de janvier 1944 sous les yeux de Brossolette, puisqu'elle eut pour cible un des agents du B.O.A. dirigé par Pichard, en compagnie duquel Brossolette passa, à cette époque, de nombreux jours dans l'attente d'opérations. Il s'agit de l'arrestation de Touba (Fil), officier d'opération de région et collaborateur de Pichard. Il avait été dénoncé alors qu'il déjeunait dans un restaurant de la rue du Dragon, tout proche du bureau du B.O.A. qu'on avait déménagé deux mois plus tôt parce que brûlé. Pichard rappelle : *« J'avais d'ailleurs demandé à Fil* [Touba] *d'éviter ce restaurant*[170]. »

Informé de tout ceci, Pierre Brossolette avait admis que mieux valait que Pichard reporte son départ pour Londres. Or, pour remettre en ordre son service, Pichard rejoignit Touba au rendez-vous que celui-ci fixa après huit jours de silence et au cours duquel il lui explique *« qu'il a en réalité été libéré le soir même de son arrestation, avec les excuses de ces messieurs* [la Gestapo]. [...] *Fil* [Touba] *reprit ses fonctions à la tête de la région P.* [Bourgogne] [171] ».

Il est intéressant de constater que Pichard et Brossolette, qui n'avaient pas eu de mots assez durs pour condamner Serreulles à cause de son bref contact avec la Gestapo, trouvèrent naturel qu'un homme qui avait passé, non pas quelques minutes, mais une journée entière entre les mains des Allemands, reprenne aussitôt ses fonctions sans qu'aucune enquête ne soit menée sur les conditions de sa détention et de son élargissement, sans qu'aucun rapport ne soit transmis à Londres et sans que le B.C.R.A. ne lui intime l'ordre de rentrer immédiatement.

Plus incroyable encore dans ce domaine est l'aventure de Bollaert lui-même après son entrée en fonctions. Il n'était pas encore clandestin et hésitait, on l'a vu, à le devenir. Or, la Gestapo vint visiter son appartement d'où il était absent, puis le convoqua avenue Foch. Il s'y rendit, fut interrogé plus d'une heure avant d'être relâché le soir. Cette mésaventure plus dangereuse pour la sécurité de tous que celle de Serreulles ne suscita aucune question chez Brossolette, aucun soupçon du contre-espionnage de Londres et pas un mot de Yeo-Thomas, si prompt à s'enflammer contre Serreulles, si bien qu'aujourd'hui elle serait ignorée de tous, si nous ne possédions des témoignages à chaud racontant cette affaire.

Voici le récit que Copeau en fit dans une lettre à d'Astier le 27 janvier 1944 : *« Un récent incident vient de poser la question de la possibilité même pour Baudoin* [Bollaert] *d'exercer son activité. Celui-ci, qui n'est pas clandestin, et dont tout le monde sait qu'il est le délégué général, a eu chez lui la visite de la Gestapo. Naturellement, il n'habite tout de même pas chez lui. Cependant, la Gestapo lui faisait dire par sa femme d'avoir à venir signer le procès-verbal de perquisition afin de clore l'incident. Baudoin qui raconte l'affaire à ses collaborateurs, déclare que bien entendu, il n'ira pas. Néanmoins il se rend à la Gestapo où il reste une heure et demie. Il ne le dit à personne, mais naturellement tout le monde le sait très rapidement. On ajoute, mais cela est moins certain que, avant d'aller à la Gestapo, il avait pris ses garanties en faisant intervenir auprès des Allemands par ses amis politiques, notamment par Georges Bonnet.*

« [...] *le récent incident le rend indésirable. Les communistes ne manqueront pas d'exploiter à fond l'affaire Gestapo, qui est en effet proprement scandaleuse, car ils ne veulent pas de Baudoin même et surtout comme préfet de police*[172]. »

Une autre version de l'incident est relatée, toujours à d'Astier, par Morandat qui venait d'arriver en France. Après avoir recueilli les doléances de tous au sujet de Bollaert, il ajoutait : « *Dernièrement, est venue s'ajouter sa convocation par la Gestapo. Questionné à ce sujet par les membres du C.N.R., il a incontestablement et visiblement menti dans la narration de l'affaire, ce qui a provoqué de la part de certains éléments le refus formel de le revoir*[173]. »

L'attitude contradictoire du B.C.R.A. à l'égard de Serreulles d'une part, Touba et Bollaert de l'autre, révèle sans doute la nature *réelle* de ces craintes.

En effet, après qu'eurent été copieusement diffusées dans les services les lettres personnelles de Brossolette (c'est actuellement l'un des documents le plus répandu dans toutes les archives) et le rapport de Serreulles, la sanction tomba, le 31 octobre 1943. Un télégramme arriva en France, destiné à Serreulles et Bingen, rédigé par Passy qui avait pris les opérations en main : « *Conformément message B.B.C.* [chaque agent avait une phrase qui lui était attribuée, lui signalant qu'il était en danger] *pour raisons impératives sécurité suspendre toute activité top Ne gardez aucun contact avec nos délégués militaires ou officiers B.O.A.* [174]. »

Novembre 1943 : Serreulles et Bingen contre-attaquent

Cet ordre signifiait la paralysie de la Délégation. Bingen commença par marquer son incompréhension et son respect de l'ordre ainsi donné[175]. Mais, le jour même, il se ravisa, annonçant qu'il reprenait ses activités comme si de rien n'était et que, en matière de sécurité, tout rentrerait dans l'ordre si lui et Serreulles pouvaient bénéficier des conseils d'un policier compétent[176].

Londres réclamant le départ de Bollaert « demandé par Alger », Bingen en profita pour souligner le ridicule des mesures réclamées par le B.C.R.A., puisqu'elles bloquaient toutes les activités sur le plan technique et rendaient impossible le départ de Bollaert[177].

Le 8 novembre 1943, Bingen, indigné par l'attitude du B.C.R.A., mit en place sa défense afin de desserrer l'étreinte qui menaçait de l'asphyxier. Il rédigea une lettre personnelle à destination de Boris : « *Je vous demande — nous vous prions — de faire une enquête* poussée *et* ferme *sur les inconcevables instructions reçues par nous sur les airs et transmises par mon ancienne maison* [B.C.R.A.] *par câble à tous les R* [officier d'opérations] *et dénonçant mon ami* [Serreulles] *et moi comme des* dangers publics. *C'est un mensonge immonde si ce n'est pas, au bénéfice du doute, un zèle amical intempestif. Mon Dieu, protégez-nous alors de nos Amis ! Mais* si *ce sont des amis, alors pourquoi ces mises en garde* contre *nous sans* nous *prévenir simultanément ou au préalable ? Pourquoi ne pas nous faire rentrer si nous sommes en péril mortel de chaque minute ? Et qu'on nous veuille du bien (?!?). Pourquoi essayer de nous affoler et tenter de nous discréditer auprès de tous en nous* mettant à l'index *tout en ne nous ordonnant à nous qu'une mise à l'abri sur place ? Qu'y aura-t-il de changé dans quinze jours si nous sommes brûlés jusqu'à la moelle ? Exigez* tous *nos câbles sur ce sujet (3 ou 4 au moins). Le résultat de ces agissements vils ou sots n'est heureusement que de discréditer ici la maison Arquebuse* [Passy] [B.C.R.A.] *qui n'en a fichtrement pas besoin !*

« Tous les avertis, qui m'avaient vu quelques jours avant, à la demande, ont redemandé *à me voir pour m'alerter... en rigolant... de la manœuvre.*

« L'auteur ? Je veux l'ignorer ou les ignorer. Leur standing est très *bas. Chacun, sans que nous demandions rien, vient nous porter tout-chaud les propos de Celui* [Brossolette] *qui est ici. Ce n'est pas beau et ça ne lui améliore pas sa cote.*

« Une enquête SVP, que André Ph [Philip] *soit prévenu, Charles* [de Gaulle] *s'il le faut, André M.* [Manuel] *en tout cas, et qu'on nous éclaire*[178] *! »*

Il portait enfin à l'égard de Brossolette, dont il connaissait bien le caractère, son jugement le plus rude : *« Pierre* [Brossolette] *est moche, trouillard et discrédité. Merci à Phil* [Philip] *de ses précisions. Mais ça suffit, qu'on le rappelle, bien qu'il soit ou parce qu'il est inexistant. Une belle intelligence gâchée*[179]. »

Le même jour, 8 novembre, il confirmait ce jugement dans une lettre à Janine Serreulles : *« Pierre Venin* [Brossolette] *est à son comble. Mais ses interlocuteurs le lui font ravaler... ce qui l'empoisonne. La fidélité de tous envers nous ici est un grand réconfort de chaque heure. Le mur de notre popularité est une digue infranchissable aux raz de marée de son amertume*[180]. »

Puis Bingen contre-attaqua sur le plan même où Passy avait mené la bataille : la sécurité. Il lui adressa une lettre personnelle : *« J'espère avoir le temps de vous écrire un mot, forme personnelle, et cette lettre est simplement un procédé pour vous faire part, tout à fait secrètement, d'un doute inquiétant qui me vient à l'esprit :*

« C'est qu'il doit y avoir à Londres, chez vous ou chez les Anglais un agent allemand bien placé et communiquant avec la Gestapo.

« J'énumère simplement un certain nombre de faits inquiétants :

« 1º Riquet [Marchal] *arrive et il est arrêté aussitôt sous le nom qu'il s'était choisi.*

« 2º Grognard, Cuistot, Cavalier et Ordonnance [officiers D.M.R.] *sont persuadés que la police allemande a, ici, leur photo et leur identité véritable.*

« 3º Le père Dupuis arrive chez vous et son fils est arrêté peu de jours après.

« 4º Maurice [De Graaff] *vient chez vous et l'on arrête sa femme, son père et toute sa famille.*

« 5º Médéric arrive chez vous et l'on se rend chez lui (affaire Lenoir [Jean-Pierre Levy]*).*

« Ce ne sont là que quelques cas isolés, évidemment, mais la chose est assez inquiétante pour valoir d'être signalée et je voulais vous faire part, personnellement et confidentiellement de mon doute[181]. »

Après avoir semé le doute sur la sécurité régnant au B.C.R.A. (largement critiquée par tous les résistants), cet homme, pétri d'humour, consacra la seconde partie de sa lettre à un persiflage, pour lequel il a payé le prix fort : *« Merci de vos nombreux câbles personnels amicaux et des messages cordiaux que divers arrivants m'ont apportés. J'espère avoir le temps de vous écrire personnellement, mais, ce soir, je suis accablé par la dictée de mon immense rapport-fleuve dont j'espère que vous comprendrez bien le sens véritable : vous renseigner aussi complètement et aussi objectivement que je le peux et vous donner tous les atouts qui sont en mon pouvoir pour réagir, dans des circonstances que je sais difficiles pour vous, qui sont décourageantes ici pour tous ceux qui mettent en vous ou dans votre maison* [B.C.R.A.] *leur confiance*[182]. »

De son côté, Serreulles écrivit également, le 9 novembre, à Passy, feignant, lui aussi, d'ignorer qu'il était à l'origine du discrédit dont il était l'objet : *« Ne voilà-t-il pas qu'un de vos sous-ordres s'est avisé, sur la foi de je ne sais quelles tendancieuses informations, que j'étais devenu "contagieux". Aussi ont-ils d'une part câblé à tous les agents avec lesquels vous avez des liaisons directes et qui sont susceptibles d'entretenir des relations avec moi, de couper immédiatement tout contact et m'ont-ils, d'autre part, signifié que je devais immédiatement interrompre mes activités et gagner un refuge.*

« Il est d'abord important de faire une enquête sur la source de ces informations. Elles ne peuvent émaner que d'un esprit singulièrement affaibli ou d'un agent provocateur[183]*. »*

Il était impossible à Serreulles de croire que le récit de son contact avec les Allemands, retracé dans son rapport, fût à l'origine des certitudes du C.E. dont il était maintenant la victime. Il parlait à propos des ordres de retrait envoyés par Londres d'*« outrance »* et d'*« extravagance »*, voire de *« criminel sabotage »* dû à la légèreté du B.C.R.A. et susceptible de renforcer les résistants dans leur déplorable opinion à son propos. *« Aussi est-il urgent,* conseillait-il à Passy, *de rappeler au calme ceux de vos collaborateurs qui perdent la tête ; nous avons ici une vie trop difficile pour qu'on puisse du dehors se permettre d'en aggraver les risques*[184]*. »*

Tous les résistants auraient pu signer cette lettre qui traduisait l'expérience quotidienne de la vie clandestine. À Londres, il en allait autrement. Bingen développa de nouveau ce même point de vue dans son courrier de novembre adressé à Passy avec copie à Manuel, Philip et Boris : *« Je pense que vous aurez eu communication de ce câble et je demande :*

« 1° qu'un démenti soit immédiatement adressé aux réseaux alertés ;

« 2° qu'une enquête soit faite pour connaître l'origine de cette mise en garde ;

« 3° qu'un câble de vous fournisse à Sophie [Serreulles] *et Necker* [Bingen] *des éclaircissements et apaisements concernant la source, en France, l'auteur chez vous, et la date du démenti de ces assertions qui sabotent notre travail.*

« Nous avons assez de difficultés dans notre travail pour ne pas être gênés par ceux qui devraient être notre soutien. Ainsi que mon câble ci-dessus mentionné vous l'aura déjà fait connaître, je me considérerai comme relevé de mes fonctions si un démenti immédiat n'était pas notifié aux destinataires de la mise en garde et que confirmation de l'envoi des démentis ne m'était pas câblé personnellement.

« Notre volonté de bien faire et nos nerfs sont solides, mais il ne faudrait pas quand même ajouter aux chocs inévitables des chocs artificiels inventés dans les officines de Londres[185]*. »*

Une victoire à la Pyrrhus

En dépit de ces protestations, la position des deux délégués était ébranlée. Brossolette pouvait envisager la victoire avec d'autant plus d'assurance que Yeo-Thomas devait rentrer à Londres le 15 novembre et porterait l'estocade à ses deux adversaires, de façon d'autant plus irrémédiable qu'elle serait directe, auprès des services britanniques, déjà exaspérés par les « grenouillages » politiques des agents de la France Combattante. Fort de ce succès escompté, Brossolette ne prêta sans doute pas assez attention à une information venue d'Alger : le 9 novembre, lors du remaniement du C.F.L.N., Emmanuel d'Astier devint commissaire à l'Intérieur en remplacement d'André Philip. Moins sûr de lui, Brossolette aurait dû comprendre que cet événement sonnait le glas de ses espérances. Certes, depuis le printemps 1943, il avait perdu la confiance de Philip, mais il y avait entre eux un idéal et un passé communs. En tout cas, le commissaire à l'Intérieur avait honoré sa parole en autorisant Brossolette à partir en mission en dépit du grave contentieux qui les séparait. Sans doute n'oubliait-il pas qu'il devait à Brossolette son évasion de France et sa nomination au C.N.I. Tandis qu'avec d'Astier son seul lien était une haine réciproque, et que le nouveau commissaire étendait à Passy, dont il fit tout pour limiter les pouvoirs et dont, finalement, il obtint la mutation. Il ne semble cependant pas que, dans les jours qui suivirent cette nomination, Brossolette et Yeo-Thomas aient pris conscience du désastre imminent.

Il est vrai que le télégramme de rappel de Passy à Serreulles et Bingen avait marqué leur victoire apparente. Ce qu'ils ignoraient, c'est le sort que Boris, Philip et de Gaulle avaient fait aux ordres de Passy, auxquels personne ne pouvait s'opposer sur le terrain de la sécurité. Boris en avait aussitôt tiré une conclusion qu'ignorait encore Brossolette. On la connaît aujourd'hui par le télégramme que Boris adressa le 1er novembre à Philip, où, tout en approuvant le rappel de Serreulles et Bingen, il préconisait aussi celui de Brossolette et, en même temps, le voyage d'information prévu pour Bollaert. C'est Bidault qui assurerait l'intérim *« jusqu'à ce que nous ayons complètement éclairci avec les intéressés une situation qui est très trouble*[186] ».

Dès réception, de Gaulle avait suivi l'avis de Boris et câblait au B.C.R.A. : *« 1) A Passy (personnel du Général de Gaulle)*

« Il m'est rendu compte des affaires Clovis [Serreulles] *Necker* [Bingen] *et Pedro* [Brossolette]

« Il y a lieu de les rappeler je dis les rappeler tous les trois. Pour Clovis et pour Pedro cela est à faire immédiatement Toutefois je laisse à votre appréciation la date du retour de Necker.

« D'autre part je voudrais voir Baudoin [Bollaert] *à Alger le plus tôt possible pour qu'il prenne directement contact avec nous*[187]*. »*

La réaction de De Gaulle, dès qu'il connut cette affaire, est révélatrice de sa méthode de gouverner. Étant donné les motifs de sécurité invoqués pour le rappel de Serreulles et Bingen, il ne pouvait se dresser contre l'avis conjugué du chef du B.C.R.A. et du commissaire à l'Intérieur. Mais il saisit l'occasion qui lui était offerte de remettre Brossolette dans le rang puisqu'il avait fait resurgir des polémiques nuisibles à sa politique, en dépit de toutes les précautions prises pour l'éviter. Eu égard aux sentiments de Passy envers Brossolette, ces instructions ressemblaient à un coup de semonce à l'égard du chef du B.C.R.A. Toutefois, le Général était conscient que cette opération décapitait sa Délégation puisque, en exécution de son ordre, il n'aurait plus en France aucun délégué. Il laissa donc à Passy le soin d'assumer lui-même la responsabilité de détruire la Délégation pour des questions de règlement de comptes personnel ou de prouver qu'il était assez fin politique pour admettre, malgré ses sentiments hostiles envers Bingen, qu'il était indispensable qu'un homme de Londres assurât une permanence en France. Boris intervint dans ce choix de bon sens et, finalement, Bingen fut désigné pour assurer l'intérim.

Le 8 novembre, la veille de la passation des pouvoirs, André Philip avait confirmé le rappel des délégués[188].

Ce n'est pas le genre de mesures que d'Astier aurait fait rapporter, trop heureux d'éliminer un adversaire.

Assurément, le fait que Brossolette fût mis sur le même pied que les deux autres délégués et surtout fût rappelé avec eux ne correspondait pas aux plans de Passy. Mais, de Gaulle l'ayant ordonné, il n'avait plus qu'à s'exécuter et tenter de ne pas perdre la face en se faisant obéir par le plus récalcitrant des trois : son ami Pierre Brossolette.

Le colonel ne plaisantait pas sur le chapitre de la discipline et avait bâti sa réputation sur l'ordre qui régnait au B.C.R.A. Brossolette devrait donc s'incliner comme les autres. Le 12 novembre 1943, par retour du courrier, il annonça donc le rappel de Serreulles et de Brossolette, le voyage de Bollaert et le maintien sur place de Bingen : *« Briand* [Brossolette], *Baudouin* [Bollaert] *et Scapin* [Serreulles] *doivent rentrer immédiatement, sur l'ordre du Général de Gaulle.*

« Vous resterez à votre poste en tant que délégué du Commissariat à l'Intérieur auprès du Comité Central des Mouvements de Résistance.

« Les secrétariats nord et sud seront donc à votre disposition. Les contacts avec tous les chefs militaires des Mouvements seront assurés par Losange. L'intérim de Baudoin sera assuré par Quartus [Parodi] *qui est désigné à cet effet*[189]. »

En dépit du ton comminatoire, on mesure la reculade de Passy par rapport à son premier câble, puisqu'il n'avait pas obtenu le retour de Bingen. Au contraire, il avait dû le confirmer sur place avec des pouvoirs étendus, dans la fonction pour laquelle il s'était tant battu en faveur de Brossolette ; Brossolette qu'aujourd'hui il rappelait !

15 novembre 1943 : Brossolette, nouveau refus d'obéissance

Simultanément, le B.C.R.A. prévint Pichard de préparer l'opération d'enlèvement *« à partir du 15* [novembre][190] ».

Mais, lorsque Pichard transmit à Brossolette l'ordre de départ, ce dernier, tout à la victoire du rappel de Serreulles et ignorant que l'ordre le concernant émanait du Général, télégraphiait le 14 novembre à Passy, sûr de son accord : *« Il ne saurait être question pour moi de partir. Tant au point de vue militaire et civil qu'au point de vue sécurité, nous sommes au tournant le plus critique de la résistance*[191]. »

Visiblement, Brossolette ne comprenait pas la volte-face de Passy qui, après l'avoir encouragé à rester en France jusqu'à la libération, l'invitait à rentrer avec Serreulles, dont le départ devait marquer sa propre ascension. Il « couvrit » donc Pichard en le mettant hors de cause pour son refus d'obéissance : *« Bel* [Pichard] *me signale que je figure sur une liste de passagers pour l'unique opération Z.N. de cette lune.*

« Cette inclusion me paraissant contraire à toutes les indications reçues de toi depuis mon départ et n'étant pas signée du seul chef de qui je dépende, c'est à dire de toi-même, je la tiens pour une erreur et je n'y prête pas attention ; au reste ma mission n'est pas achevée. Baudoin [Bollaert] *désire que je ne le quitte pas. Mon départ est donc hors de question.*

« Veuillez donc considérer que Bel a accompli sa mission en me prévenant avec toute la célérité voulue. Il doit donc être "couvert" entièrement. La décision est mienne, en plein accord avec Baudoin[192]. »

Cette dernière phrase prouve que Brossolette avait circonvenu Bollaert et l'avait dissuadé d'obtempérer aux ordres répétés de De Gaulle.

À Londres, l'ordre reçu directement de De Gaulle rendait Passy plus lucide sur le nouveau rapport de forces qui venait de s'établir. Il comprit immédiatement que, contrairement à ce qui s'était produit lors de la mission « Brumaire » du printemps 1943, il ne pourrait plus « couvrir » la désobéissance de Brossolette ; la mort dans l'âme, il lui répéta impérativement l'ordre de rentrer à Londres. La victoire qu'il remportait sur Serreulles était, en comparaison, une maigre consolation. C'était véritablement une victoire à la Pyrrhus. D'autant plus amère que Yeo-Thomas, premier témoin de toute cette affaire à être entendu à Londres, suscitait une attention particulièrement vive. À cause de d'Astier, Passy ne pouvait plus agir en faveur de Brossolette. Il fut donc inquiet de constater, selon le récit de Yeo-Thomas, l'étendue des illusions de son ami sur le pouvoir qu'il lui prêtait dans cette affaire, inconscient qu'il était des changements intervenus à Alger. Aussi renouvela-t-il aussitôt l'ordre précédent en des termes laconiques dont il espérait qu'ils éclaireraient Brossolette sur la gravité de la situation, afin de lui éviter le désastre d'un entêtement : *« Le Général de Gaulle vous donne l'ordre de revenir à Londres avec* [...] *Baudoin* [Bollaert] *par la lune novembre. »*

En dépit de la formulation de cet ordre qui aurait inquiété tout autre que Brossolette, Passy, le connaissant et craignant qu'il ne comprenne pas son impuissance à le couvrir dans ces circonstances (surtout après les esclandres du printemps avec Philip et Moulin), lui adressa le 20, trois jours plus tard, un nouveau télégramme par l'intermédiaire d'un délégué militaire en lui exposant la situation en quatre points. Afin de lui faire comprendre qu'il devait obéir, il tempérait la brutalité de l'ordre précédent : *« 1°) Le Général a donné à Sophie* [Serreulles] *l'ordre formel de revenir à Londres.*

« 2°) Nous avons donné à tous nos organismes des instructions leur enjoignant de rompre le contact avec lui.

« 3°) J'ai décidé de te faire rentrer avec Baudoin [Bollaert] *par la lune de décembre.*

« 4°) Pour le moment, Necker [Bingen] *doit rester là où il est*[193]. »

En laissant croire à Brossolette que c'était lui, Passy, qui avait pris l'initiative de le faire rentrer pour accompagner Bollaert, il se gardait de lui révéler la cruelle vérité : le Général le faisait rentrer pour une confrontation avec Serreulles.

Sans doute Brossolette comprit-il enfin qu'il devait se soumettre et qu'il ne pouvait plus reculer son départ sous peine d'une catastrophe. D'autant qu'ayant été nommé pour « installer » Bollaert, il avait le devoir de le conduire à Alger. Après tout, il n'était pas déraisonnable de sa part d'espérer être désigné par de Gaulle comme son mentor jusqu'à la libération.

Craignant, malgré tout, une nouvelle désobéissance, Passy confirma le 24 novembre son ordre dans un nouveau télégramme, en révélant cette fois la vérité sur son auteur : *« Vous confirmons ordre Général de Gaulle au sujet votre retour en décembre avec Scapin* [Serreulles] [...] *et Baudoin* [Bollaert] [...] *Amicales salutations*[194]. »

Le ton de ce dernier télégramme fit peut-être comprendre à Brossolette qu'il n'y avait d'autre issue que d'obtempérer. Il envoya donc le 28 novembre 1943 le câble numéro 13. Il est révélateur du personnage qu'il négocie son retour comme s'il s'agissait d'une mission importante, alors qu'après le nouvel esclandre et ses démêlés avec Serreulles et Bingen sa position s'était d'autant plus dégradée que Passy était lui-même en perte de vitesse : *« Je vous signale que Baudoin* [Bollaert], [...] *et moi-même sommes prêts à partir. Nous avons l'espoir d'emporter l'acceptation de Scapin* [Serreulles] *de se conformer à l'ordre du départ.*

« Si l'on nous envoyait un double Lysander, ce que nous souhaitons vivement, nous pourrions amener également avec nous Joseph [Beaufils] *et Dunoyer de Segonzac.*

« Il faudrait qu'il parte pour Alger deux ou trois jours après son arrivée à Londres ; je vous serais obligé de faire tout le nécessaire à cet effet. Je vous laisse le soin de décider si je dois l'accompagner à Alger[195]. »

Cette volte-face révèle la témérité de Brossolette. Après avoir délibérément choisi de rester tant qu'il jugeait la situation favorable à ses projets, lorsqu'il sentit ce que l'ordre personnel de De Gaulle avait de menaçant, il eut hâte de l'affronter. Quoi qu'il en soit, le sort en était jeté : il était trop tard pour Brossolette, même s'il l'ignorait encore.

Décembre 1943 : une nouvelle « opération Vallin » ?

Le nom de Dunoyer de Segonzac qui apparaît dans ce télégramme est un fait nouveau qui mérite quelques explications. Pierre Dunoyer de Segonzac avait dirigé l'école des cadres d'Uriage, destinée à mettre en œuvre les principes de la révolution nationale. Il n'en déclarait pas moins, publiquement, son souhait de voir les Alliés remporter la victoire. Finalement, l'école d'Uriage avait basculé dans la Résistance et était passée au maquis, Dunoyer en tête. Ce qui ne l'empêchait pas de continuer à professer le plus vif attachement au Maréchal. L'idée que caressait Brossolette était de l'amener à Alger et de répéter avec lui l'opération Vallin, à cela près, donc, qu'il ne serait pas nécessaire de consommer la rupture avec Pétain.

Que de chemin avait parcouru Brossolette, à force de déceptions, depuis le printemps 1942 où il était le champion du gaullisme rénovateur ! C'était le même désenchantement que celui qui, lors de son départ de Londres, lui avait fait adresser à son ami le journaliste Yves Grosrichard ce court billet : *« "Une fois de plus". Un sentiment indéfinissable. Il n'y avait pas de découragement en lui, mais plutôt une sorte de fatalisme. Il lançait toujours des plaisanteries mais le ton avait quelque chose de forcé. Il n'avait pas son aisance coutumière. Il donnait encore l'impression de jouer, mais par habitude et sans prendre le plaisir d'autrefois. Même ce billet me laissa perplexe. Je fus tenté d'y voir une phrase clef : "Une fois de plus" : on se demande s'il n'ajoutait pas en pensée : "Et pour quoi faire ? Et à quoi bon ?"*

« [...] *c'est comme si Pierre avait ricané devant le destin*[196]. »

N'écrivait-il pas à sa femme Gilberte, exprimant un sentiment de déception et d'amertume : *« Tout ce sur quoi on pourrait s'appuyer lâche, disparaît, s'évanouit*[197]. »

Eut-il l'impression de ne pouvoir trouver sa place à Alger ? Était-il hanté par la prescience d'un échec en France ? L'affaire Dunoyer, pourtant, ranima son enthousiasme.

Il avait entrepris, au mois de novembre, de parler avec le général Revers, chef des forces paramilitaires giraudistes et résistantes de l'armée d'armistice. À la suite, il avait rencontré Dunoyer de Segonzac, qui regroupait autour de lui des éléments civils de même tendance. Au terme de ces entretiens, le général Revers s'était déclaré prêt à faire collaborer son groupement (dont le chef civil serait Dunoyer de Segonzac) avec les composantes du C.N.R.[198]. Aussitôt, dans une lettre du 21 novembre, Brossolette tenta de faire partager son point de vue à Passy : *« Ce serait là une chance exceptionnelle de réaliser l'unanimité dans la résistance.*

« Je suis résolu à suspendre tous autres travaux pour l'accompagner [Dunoyer]. *C'est te dire l'intérêt que j'attache à ce voyage. Il s'agit pour moi d'une question de confiance*[199]*. »*

Toujours impatient, Brossolette s'attachait entièrement à ce nouveau projet, dont il avait le plus grand besoin pour effacer ce que son retour à Alger avait d'humiliant dans les conditions où il s'effectuait. Comme souvent pour ses autres projets politiques, il n'est pas sûr qu'il en ait mesuré toutes les conséquences.

Que pouvait signifier pour de Gaulle, au moment où il avait gagné sa bataille contre Giraud et contre les anciens hauts dignitaires de Vichy, l'adhésion au C.N.R. de ce mouvement giraudiste-pétainiste ? Il semble que Brossolette n'ait pas tiré toutes les leçons du fiasco de l'affaire Vallin. D'autant que si le ralliement à de Gaulle d'un pétainiste repenti à l'automne 1942 était une publicité profitable pour la France Libre, l'arrivée d'un pétainiste convaincu en décembre 1943 en Afrique du Nord, qui en était saturée, était un non-sens, alors que de Gaulle œuvrait depuis des mois à les éliminer.

Une fois de plus, en faisant de cette affaire, une *« question de confiance »*, c'est-à-dire un quitte ou double où il engageait sa réputation, Brossolette révélait le caractère à l'emporte-pièce de certains de ses jugements politiques. D'abord à l'égard de De Gaulle, qui avait prononcé, dès la fondation de son mouvement, une condamnation sans appel de Pétain qui le rendait circonspect à l'égard des pétainistes. Brossolette avait pu, en outre, constater que l'unanimité militaire de la Résistance scellée par la présence de l'O.R.A. était difficilement acceptée par les résistants. Comment pouvait-il croire que l'introduction d'un mouvement de résistance pétainiste dans le C.N.R. achèverait l'unanimité nationale ? Oubliait-il qu'une des causes de l'ostracisme persistant de Londres à l'encontre de Frenay était précisément d'avoir été vichyste et pétainiste ? Pourtant, avec son impatience habituelle, il se jeta frénétiquement dans cette nouvelle aventure, dont il voyait les avantages immédiats : ne pas perdre la face en acceptant de rentrer à Alger.

En fait, c'était une nouvelle affaire Vallin qu'il préparait. En pire. Car, cette fois-ci, c'est de Gaulle lui-même qui ressentit la présence de ce pétainiste de la première heure comme un affront. Bien que Brossolette ait échoué dans son opération, nous en connaissons l'épilogue. Lorsque, quelques mois plus tard, Dunoyer arriva à Alger, sans Brossolette, de Gaulle refusa d'abord de le recevoir. Se ravisant devant l'insistance de Frenay, il le reçut enfin, pour l'humilier[200].

Pourtant, le 6 décembre, Manuel télégraphia son accord sur cette opération. Puis, quinze jours plus tard, le 21 décembre, Londres se ravisa d'une manière imprévue mais catégorique, qui contrariait les espoirs de Brossolette. La raison invoquée était l'imprudence de Dunoyer qui, en multipliant les contacts, mettait la sécurité en péril[201].

Après sa campagne contre Serreulles, la thèse de l'imprudence se retournait contre Brossolette. Comment pourrait-il défendre Dunoyer, affublé de ce handicap qui lui avait permis de terrasser Serreulles ?

L'autre projet politique de Brossolette est encore plus surprenant, car il révèle l'homme des grands principes résigné à la cuisine électorale. Brossolette, ayant retrouvé la voie triviale des réalités politiques, préparait son retour au sein de sa fédération socialiste dans l'Aube (département où il s'était présenté aux élections en 1936 et où il avait été battu) !

C'est par une lettre à Germain Rincent, ancien secrétaire fédéral du parti socialiste dans l'Aube, que l'on connaît cette activité. Comme dans sa correspondance avec Passy, cette lettre saisit sur le vif ses préoccupations et ses projets en ce début décembre.

Après avoir reçu les câbles de Passy, Brossolette avait pris conscience de sa disgrâce. Il envisageait maintenant le pire : *« J'avais beaucoup de choses à te dire. Notamment sur le cas (toujours possible étant donné le panier de crabes constitué par Alger) où je ne reviendrais pas à nouveau avant la Libération et où par conséquent, je ne serais pas là au moment du décrochage. Je te couche par écrit l'essentiel de ce qui me vient à l'esprit*[202]*. »*

Comment envisageait-il la libération sur le plan politique ? *« D'autre part, dès le début, faire la plus grande attention à ce qui pourra préparer l'avenir. Glisse-toi, et glisse les camarades partout. En ce qui me concerne, si ton avis est que je dois recommencer à militer dans le coin, commence tout de suite la propagande, en rappelant partout, que je ne me suis jamais éloigné des endroits où l'on se battait*[203]*... »*

Cette description de ses projets a quelque chose de poignant, quand on connaît les exigences de rigueur politique de Brossolette, quand on se souvient de sa dénonciation de la « France comitarde d'hier », quand on sait qu'à la même époque des gens comme Félix Gouin, Daniel Mayer ou Gaston Defferre étaient prêts à exclure Brossolette de la S.F.I.O. car ils le considéraient comme un fasciste partisan d'un parti unique !

Félix Gouin, représentant de la S.F.I.O. auprès du général de Gaulle, avait des démêlés incessants avec le B.C.R.A. Il le soupçonnait de vouloir faire nommer à sa place un socialiste plus souple et plus gaulliste. Brossolette, à son avis, serait chargé lors de son séjour en France d'obtenir ce désaveu. Aussi Gouin en avait-il averti André Boyer qui, de retour en France, mettrait les socialistes en garde contre les manœuvres du B.C.R.A. et de Brossolette, véritable loup dans la bergerie socialiste[204].

Cela fut-il fait ? En tout cas, Defferre rapporte qu'au début de 1944 une instance du parti socialiste clandestin décida d'exclure Brossolette. *« Le parti considérait qu'il n'avait pas toujours, à Londres, fait son devoir de socialiste ; il avait constamment pris le parti "des mouvements" contre les Partis reconstitués, dont le P.S. »* Mais la nouvelle de la mort de Brossolette mit fin à cette procédure et Defferre considérait qu'elle était *« restée ignorée de la presque totalité des membres du parti »*[205]. Ce point demanderait sans doute à être corrigé puisque *Libération(-Sud)* parlait dans ses colonnes de « l'ex-socialiste » Brossolette, partisan du parti unique : *« Nous lui signalons en passant,* concluait le journal, *que de telles déclarations ne servent guère à notre cause commune et que les "néos"* [néo-socialistes dont Déat, par exemple] *finissent mal*[206]. » Qu'il s'agisse ou non d'un fait bien avéré, nombreuses étaient, parmi les militants socialistes, les rumeurs faisant état de la rupture entre Brossolette et le parti. C'est ce que put constater en personne François Crucy, un ami socialiste de Brossolette[207].

Inconscient de cette agitation, Brossolette se préparait donc à reprendre sa place parmi les socialistes, et c'est, au premier chef, les rapports avec le Front national et les communistes qui le préoccupaient, conscient qu'il était des avantages accumulés dans la Résistance par les communistes : *« En politique générale, maintien de la ligne que nous avons adoptée : Union de tous les éléments populaires patriotes et résistants. Mais le gros problème reste celui des Communistes et du Front national. Je crois comme toi que les Communistes continuent à ne pas nous aimer. Ils resteront des adversaires pour nous. Sans doute en deviendront-ils pour toute la Résistance et le Gaullisme. Je n'ai pas d'illusions à ce sujet. Aussi faut-il jouer très fin et très serré avec eux. Toutes les tactiques sont à envisager froidement, y compris, comme je te l'ai dit, l'adhésion (mais l'adhésion en bloc, soit du Parti, soit de "Libé", soit de toute la Résistance) au Front national si c'est nécessaire. Songe que Louis Marin est au F.N... En tout cas ne jamais laisser au P.C. et au F.N. le bénéfice de l'idée-force, de l'unanimité nationale ; ne jamais avoir l'air de rechigner à cette unanimité. La faire par-dessus eux, si c'est possible ; contre eux, s'ils font des fautes et sont relativement faibles et vulnérables ; avec eux, s'il n'y a pas moyen de faire autrement*[208]. »

Enfin, sa position vis-à-vis de De Gaulle était révélatrice de l'évolution de ses positions et de ses projets : *« La partie va être difficile... Il est donc possible qu'on assiste à une Révolution, genre 48, ou Front Popu 1936, avec échec certain. Il ne faut donc pas se mêler trop à toutes ces guignoleries. Je crois que tout l'effort doit être résumé à une propagande vigoureuse sur le thème "Pure et Dure". Pour de Gaulle ; ou contre lui s'il trahit et passe au Chautempisme. En d'autres termes, je crois que la partie ne se jouera pas dans les trois semaines de la Libération, mais après. Donc vigilance et prévoyance*[209]. »

Janvier-février 1944 : l'hallali

Les trois mois qui suivirent marquèrent les étapes de l'agonie d'un homme traqué. Dans ses calculs, Brossolette avait oublié que la météo, et non les hommes, était, à cette époque, maîtresse du destin. Après le 15 novembre, à cause des intempéries, les avions furent rares, et il ne put en prendre aucun.

Dès lors, commença une course poursuite de plus en plus fébrile pour dénicher le terrain sur lequel il partirait. Mais la fatalité lui fit toujours choisir les opérations qui échouèrent.

Une opération prévue le 4 décembre fut ainsi annulée et reportée au 8 janvier, sur le terrain Gide où Brossolette se rendit avec Bollaert. Après des jours d'attente, elle fut à son tour annulée. Fin janvier, une autre opération fut organisée par Pichard, mais elle paraissait trop risquée pour des personnages de cette importance, car le terrain était situé en bordure d'une route nationale. Brossolette refusa donc de s'y rendre, mais, contre toute attente, l'opération réussit. Sa dernière chance s'était envolée.

Saisi par une impatience grandissante de quitter la France à mesure que les éléments lui résistaient, il décida de partir par mer. Une opération maritime était prévue le 2 février par les services du commandant Paillole en vue de transporter en Angleterre une quinzaine d'aviateurs alliés. Brossolette se rendit en Bretagne avec Bollaert et les agents du C.N.I. Maillet et Laffon. Ils embarquèrent dans la nuit. Mais la tempête faisait rage, la coque se mit à prendre l'eau, le moteur se noya, le bateau dériva pour finir par se briser sur des récifs de la baie des Trépassés. La petite troupe se jeta à l'eau et gagna des abris de fortune chez des résistants. La gendarmerie allemande eut vent de l'opération et commença à quadriller la région, sans parvenir à rien découvrir. Finalement, Laffon et Maillet s'évadèrent à pied à travers la campagne. Bollaert et Brossolette refusèrent de les suivre et quittèrent leur retraite en voiture dans l'après-midi du 3 février. Vers 17 heures, ils furent contrôlés par une patrouille de gendarmerie allemande. Bien que leurs papiers fussent en règle, il leur manquait un Ausweiss obligatoire pour la zone côtière où ils se trouvaient. Ils furent conduits en prison pour une vérification. Finalement, incarcérés à la prison de Rennes, ils y restèrent un mois et s'installèrent dans la routine de la prison pendant que, à l'extérieur, leurs amis s'activaient pour les faire évader.

Le colonel Passy voulait aller en France afin de délivrer son ami, mais d'Astier ainsi que Frenay refusaient de le laisser partir seul et voulaient l'accompagner. De Gaulle s'opposa à leur départ, et ce fut finalement Yeo-Thomas qui revint en France. Au moment où l'opération d'évasion se mettait en place, l'identité de Brossolette fut découverte. Il fut ramené à Paris au siège de la Gestapo, avenue Foch, pour être interrogé le 21 mars. Le même jour, Yeo-Thomas, revenu à Paris, y fut arrêté, à la suite d'une imprudence. Le lendemain, 22 mars, en fin de matinée, afin d'échapper à la torture, Brossolette s'évada d'une chambre par la fenêtre et se jeta du quatrième étage de l'immeuble de l'avenue Foch[210].

D'échec en échec, cet homme exceptionnel, abandonné du sort, s'engouffra dans « *une mort providentielle*[211] », comme l'a écrit l'un de ses biographes.

Oraison funèbre de Pierre Brossolette

Quels que soient les sentiments qu'avaient éprouvés les uns et les autres, la mort de Brossolette fut pour tous les résistants un moment de stupeur, de rage et de volonté de vengeance. Il leur rappela tragiquement qu'au-delà de leurs affrontements ils menaient un combat commun contre des ennemis décidés à les exterminer.

Jacques Soustelle a raconté comment fut vécue à Londres l'annonce de cette arrestation : « *Je revois Passy, bouleversé, les yeux pleins de larmes, me demandant de partir pour la France : il espérait que la Gestapo n'aurait pas reconnu "Brumaire"* [Brossolette] *et qu'on pourrait sauver son ami. Il voulait tout risquer pour sa délivrance*[212]. »

Les circonstances et les hommes se liguèrent pour empêcher ce sauvetage et Passy en fut inconsolable. Par la suite, son attachement et son admiration pour Brossolette ne se démentirent jamais. Il les proclama en toute occasion et, d'abord, dans ses *Souvenirs* : « *Brossolette fut, sans conteste, l'homme qui, parmi tous ceux que j'ai été amené à rencontrer dans ma vie, fit sur moi la plus forte impression. Son esprit pétrissait et assimilait les idées à une vitesse telle que bien peu de gens étaient capables d'en suivre le rythme étourdissant. Cachant sous des propos cinglants une très grande sensibilité, il me donna l'impression de tout comprendre, de tout prévoir, et d'être une des rares personnalités capables d'allier à un exceptionnel pouvoir d'analyse et de synthèse une prodigieuse intuition des réalités humaines*[213]. »

À cause de sa mort sacrificielle, tous honorent le héros. Ce titre de gloire qui donna un sens à la vie de beaucoup de résistants n'est rien d'autre pour Brossolette qu'un achèvement légendaire car, dans sa jeunesse, il était déjà un soldat des droits de l'homme.

C'est donc naturellement qu'en 1942 il s'engagea parmi les « missionnaires politiques » de la France Libre : Bingen, Laffon, Morandat, Roques, Maillet, Pineau, Serreulles, qui, tous, apportèrent des éléments décisifs à cette fédération de la Résistance dont Jean Moulin fut le maître d'œuvre, qu'il dirigea et dont il incarne au Panthéon la victoire et le sacrifice.

Mais, par-delà la politique, Brossolette appartient à cette cohorte sacrée de résistants, qui, à la question lancinante qui se posait à tous : « Quel homme suis-je devant la torture ? », ont répondu en choisissant la mort. Dans la solitude de leur conscience, Bertie Albrecht, Bingen, Brossolette, Moulin, Scamaroni et tant d'autres à jamais inconnus ont choisi délibérément de quitter la vie par le haut. C'est-à-dire dans le silence suicidaire d'une fidélité intégrale à leurs camarades et à leur foi.

En évoquant une telle existence et une telle fin, le biographe est embarrassé : la raconter quelle qu'en soit l'exception, c'est déjà établir l'inventaire des ombres et des lumières. La vérité sur les martyrs apparaît d'emblée comme sacrilège puisqu'elle rétrécit une légende à ses dimensions humaines. Mais le rôle politique de Brossolette donne à l'Histoire tous les droits. On doit les utiliser avec une grande délicatesse, pour faire revenir enfin Brossolette de sa gangue légendaire et lui restituer son intelligence percutante, son humour dévastateur, son charme et ce génie singulier qui dénoue avec élégance les affaires compliquées. Alors, qu'a accompli Brossolette qui mérite l'admiration de la postérité ?

Un de ses biographes, Guillaume Piketty, apporte la réponse en replaçant cet homme dans sa vraie dimension : « C'est d'abord un intellectuel. » Dès lors, les contours précis du personnage crèvent les yeux : ceux d'un intellectuel engagé dans l'action les armes à la main et non ceux d'un homme d'action qui cherche un sens à son engagement. Si Brossolette avait été d'abord un homme d'action, ses erreurs de jugement, ses défauts de comportement, son échec final terniraient son image. Au contraire, il s'agit d'un intellectuel défendant son idéal jusqu'à en mourir. Alors qu'importent ses défauts puisque sa grandeur réside dans son parcours, celui des « témoins qui se font égorger ». Ses qualités sont éclatantes. Ce ne sont pas les résultats de son action qui comptent, mais les qualités qui y conduisent : l'espérance, l'énergie et le courage, car il devient le symbole d'une humanité arc-boutée contre la fatalité qui l'écrase.

Abordée de la sorte, sa vie ressemble à celle d'un personnage de tragédie antique qui se débat sur le devant de la scène tandis que, dans les coulisses, le destin l'observe en silence, attendant froidement son heure. Cet homme impatient devient alors le modèle de l'homme libre qui cherche passionnément, l'homme des tentatives, des expériences, des combats pour l'honneur, celui qui brave le ciel, comme Prométhée. C'est pourquoi il demeure à jamais présent parmi nous, où son exemple nous contraint à vivre debout, à nous engager et, au besoin, à tout sacrifier, comme lui, dans ce combat de chaque instant pour la vérité et pour la liberté.

Bien que la Résistance s'élevât jusqu'au mythe grâce à des personnages de la stature de Brossolette, elle restait malgré tout une humble aventure avec son cortège de peurs et de chagrins intimes. Pendant que Brossolette combattait dans la clandestinité, sa femme Gilberte attendait anxieusement à Londres de ses nouvelles. Au début de sa mission, elle en avait reçu. Puis, ce fut le silence jusqu'à ce que son retour fût évoqué : *« A quelque temps de là, je tombais sur un agent du B.C.R.A. qui me dit en confidence :*

« "Il y a du nouveau ; on parle maintenant d'une opération maritime..."

« Une certaine angoisse commençait à poindre en moi :

« "Par la mer ? Tiens, quelle drôle d'idée !"

« De nouveau le silence. Ce fut le début du cauchemar. On ne me fournit plus le moindre renseignement, on ne m'apporta plus d'espoirs, on éluda mes questions.

« Les semaines s'écoulèrent dans un climat de plus en plus lourd, une atmosphère de complot. »

Gilberte Brossolette sent la gêne grandir autour d'elle. *« Je m'accrochais à la même pensée : Pierre avait fait promettre à Passy, en ma présence, de m'avertir tout de suite, de m'avertir la première si l'épreuve survenait. Or, Passy restait muet.*

« Il parla enfin. C'était à la fin du mois de mars et il choisit une curieuse occasion pour le faire : le lunch de mariage de son officier d'ordonnance.

« Il était gêné. Il était pâle :

« "Voilà, Gilberte, il faut que je vous prévienne de quelque chose..." »

« J'avais compris. D'autant qu'il me poussait, insensiblement, vers un fauteuil, me forçait à m'asseoir :

« "Pierre est arrêté. Il est à Fresnes..."

« Je pinçai les lèvres, serrai les dents...

« "... Nous remuons ciel et terre pour le faire évader. J'ai pleine confiance...

« — Mais, Passy... Voyons, on ne s'évade pas de Fresnes !"

« Je ne voulais pas pleurer. » N'ayant plus aucun doute désormais sur la mort de son mari : *« Je me suis levée, très droite. Je ne voyais personne. »*

« Que faire dans la rue ? J'avais peur de la solitude, à présent, dans la maison de Chelsea. Alors j'ai marché longtemps. Et je me suis vue plantée, tout à coup, devant la façade d'un cinéma.

« [...] Je suis restée plus d'une heure dans l'obscurité de la salle. Je ne voyais plus rien de l'écran. Pierre était mort, j'en étais sûre, malgré les dires de Passy[214]*. »*

Tous ceux qui, durant l'Occupation, ont, dans des conditions atroces, perdu des proches ou des êtres aimés reconnaîtront leur chagrin dans ces pages. Ils pleureront la mort de Brossolette comme ils ont pleuré celle de leurs amis. C'est pourquoi je laisse le dernier mot à Jacques Soustelle, un de ses camarades admiratifs : *« Ce qui nous reste de lui, c'est ce qu'il avait mis de lui-même dans cette œuvre, le souvenir de son libre choix, le regret qu'une telle volonté se soit éteinte quand la flamme que nous appelions Brossolette s'est effacée sous le poids des ténèbres*[215]*. »*

XX

DE JACQUES BINGEN
À ALEXANDRE PARODI

Novembre 1943-21 août 1944

Novembre 1943-mai 1944 : la solitude de Jacques Bingen

Pendant que Brossolette, à partir du mois de décembre, luttait contre la fatalité, Bingen était aux prises avec de cruelles réalités. Puisque Brossolette avait été rappelé, il pouvait lui sembler l'avoir emporté dans la terrible lutte d'influence qui avait déchiré la Délégation pendant des mois. Non seulement l'ordre de rentrer ne lui avait pas été réitéré, mais le départ des autres délégués et le refus d'Alexandre Parodi (membre du C.G.E.) d'exercer l'intérim de Bollaert, pour lequel il avait été pressenti, propulsaient Bingen au poste de délégué général.

Connaissant les arcanes de Londres, il se mit à lutter pied à pied pour desserrer l'étreinte des ordres de Passy. Par le persiflage, il s'était efforcé d'en démontrer l'inanité. Désormais, il voulait en appeler directement au Général auquel il adressa, le 15 novembre, un télégramme personnel : *« Je vous serais très obligé, dans le cas où vous auriez décidé de maintenir l'ordre de rappel immédiat de Scapin* [Serreulles], *de bien vouloir, soit nommer d'urgence une personnalité chargée de le remplacer, soit me donner l'autorisation expresse de choisir, après m'être mis d'accord avec Losange* [Mangin], *mon nouvel adjoint, même si cette désignation devait n'être qu'à titre provisoire*[1]. »

Ce recours direct à de Gaulle révèle que Bingen s'interrogeait sur le bien-fondé des ordres qu'il recevait et se demandait si d'Astier et de Gaulle en étaient informés. Il n'avait pas tort, car d'Astier découvrit durant un séjour à Londres que des *« 19 télégrammes arrivés du 3 au 17 novembre de Cléante* [Bingen] *et Scapin* [Serreulles], *aucun n'a été retransmis, de sorte que j'ai télégraphié d'Alger vers le 15 (télégramme arrivé ici* [Londres] *le 20 et demeuré sans réponse) pour demander si on avait des nouvelles de Sophie* [Serreulles] *et Necker* [Bingen].

« (Ultérieurement m'est parvenu un télégramme de synthèse de Passy au Général de Gaulle où il se plaignait de l'insubordination de Cléante, seule allusion aux télégrammes ci-dessus). On oubliait que Cléante est directement subordonné au Commissariat à l'Intérieur[2]. »

Dans ce texte, d'Astier révélait l'ambiguïté de la situation des délégués du

C.N.I., qui ne relevaient pas de l'autorité du B.C.R.A., même si durant leur séjour en France ils en dépendaient.

Pourtant, Passy jugea cavalier le procédé de Bingen d'ignorer la voie hiérarchique. Ne pouvant plus supporter l'insubordination des uns et des autres, il employa à l'égard de Bingen une méthode fort rare dans l'expédition des télégrammes ; ceux-ci étaient toujours anonymes, si bien que l'on ignorait le service ou la personne qui les rédigeait ; en de rares occasions, cependant, pour des ordres exceptionnellement importants, le nom de l'expéditeur était mentionné. C'est ce que fit Passy pour les câbles qu'il envoya à Bingen le 16 novembre, ainsi qu'il l'avait fait un an auparavant, à Rémy : *« 1) Nous vous avons transmis les ordres impératifs du Général de Gaulle en ce qui concerne le retour de Scapin* [Serreulles], *Pedro* [Brossolette] *et Baudoin* [Bollaert].

« 2) Nous vous avons, par ailleurs, transmis des ordres quant à vous.

« 3) Veuillez vous conformer strictement à ces ordres et respecter les règles de la discipline.

« 4) Vous n'avez pas qualité pour modifier, sans nous demander notre avis, les ordres que vous recevez[3]. »

Et, comme s'il doutait d'être compris, Passy martelait : *« Nous n'admettrons plus, dorénavant, la moindre indiscipline.*

« Scapin [Serreulles] *doit cesser toute activité en attendant sa mise en route. Ceci est impératif*[4]. »

À ce véhément rappel à l'ordre, Bingen répondit sur le ton de la vertu outragée : *« J'ai transmis immédiatement les ordres dès réception. Géronte* [Bollaert] *a immédiatement répondu en câblant directement au Général de Gaulle en ce qui concerne lui-même et Scapin* [Serreulles]. *Briand* [Brossolette] *m'a notifié immédiatement son refus de partir en novembre. J'ai immédiatement câblé à d'Astier et à vous-même pour donner mon avis ce qui est mon droit et mon devoir. Je n'ai en outre modifié moi-même aucun ordre. Je transmets vos deux ordres aux intéressés*[5]. » Si quelqu'un, dans toute cette affaire, avait sciemment désobéi, il s'agissait de Brossolette, laissait entendre Bingen.

Durant ce temps, le B.C.R.A. poursuivait l'asphyxie de la Délégation. Ce fut au tour du secrétariat de zone sud (Sudsec), dirigé par Lambert, d'être coupé des officiers de liaison et de protester contre cette mesure[6]. Et le B.C.R.A. laissait le commissariat à l'Intérieur à Alger dans l'ignorance de l'évolution de ce conflit en s'abstenant de retransmettre les télégrammes, comme s'en plaignit Georges Boris le 15 novembre[7].

Fin novembre, Boris, devenu à Londres le responsable politique des affaires métropolitaines, répondit à la lettre que Bingen lui avait adressée le 8 novembre afin de le conforter, mais aussi de le mettre en garde contre son obstination à défendre Serreulles : *« Je puis vous garantir que ce n'est pas une question de parti-pris qui a dicté ces mesures. Il ne s'agit pour vous deux que d'une question de sécurité — la vôtre, mais surtout, et c'est beaucoup plus important encore, celle de tout ce qui existe là-bas. Il serait lamentable de voir s'écrouler maintenant tout ce qui a été construit si laborieusement, avec tant de peines et tant de sang. Nos collègues opposés sont, vous le savez mieux que moi, complètement déchaînés en ce moment ; il est donc nécessaire de vous mettre en veilleuse*[8]. »

Boris décrivait ensuite les dangers que représentait Serreulles pour ses camarades, tout en reconnaissant que le péril était moindre pour Bingen lui-même : *« Vous étiez là lorsque l'on discutait du retour d'Henri* [Frenay] *et étiez défini-*

tivement contre ce retour. Dites-vous bien qu'actuellement la position de S. [Serreulles] *est dix fois pire. Pour vous, ce n'est qu'en vous réservant que vous pourrez durer.* […]

« Il ne s'agit pas, en cette affaire, d'une épreuve de courage individuel, mais d'une affaire de raison et d'intelligence. Lorsque vous nous avez quittés, vous ne manquiez ni de l'un ni de l'autre. »

Mais l'information la plus importante pour rassurer Bingen était celle qui révélait le rôle que Boris avait joué dans son maintien en France : *« Le Général m'a laissé libre de prendre une décision en ce qui vous concerne et c'est moi qui ai décidé de vous demander de rester. Je vous ai dit que je vous soutiendrai au maximum et je l'ai fait.*

« Pour l'amour de Dieu soyez raisonnable et obéissez aux ordres. Je sais par expérience combien l'on se croit persécuté lorsque l'on est "in the field" contrairement à ce que vous croyez Brumaire [Brossolette] *n'a pas envoyé de note désagréable à votre endroit. N'oubliez pas que les Anglais voient tous les câbles*[9]. »

Cette dernière indication est un rappel nécessaire, pour le lecteur d'aujourd'hui, de la position humiliante de ces hommes dont les affrontements, parfois ridicules ou sordides, étaient connus des Britanniques. Les commentaires que l'on retrouve dans les archives anglaises à leur sujet sont parfois douloureux pour la mémoire des résistants.

Pour résumer l'ampleur de cette crise ubuesque, on observe que si la situation redevint normale en France fin novembre, par l'acceptation de Brossolette de rentrer à Londres, les effets dévastateurs de ce séisme continuèrent, à Londres, de secouer les responsables des services. On en a un échantillon dans l'échange aigre-doux entre Passy et Boris. D'Alger, Passy câbla le 29 novembre 1943 à Manuel : *« Veuillez voir Boris de ma part et lui dire de ne pas prendre une position de combat en ce qui concerne la défense de Sophie* [Serreulles] *— top — La prise par lui d'une telle position risquerait de braquer contre lui certains éléments des services secrets britanniques qui s'attachent surtout aux faits techniques et qui reprochent à Sophie des erreurs de cet ordre — top — Boris est très critiqué et je ferai tout pour contre-attaquer — top — le BCRA et lui ont toujours travaillé dans le meilleur esprit d'entente — top — Il importe que cet état de choses continue*[10]. »

Mais Boris, loin de se laisser intimider, répliquait à Passy : *« Je suis très surpris du message de Passy d'autant que j'ai moi-même préconisé le rappel de Sophie* [Serreulles]. *Néanmoins si Sophie ou Brossolette était l'objet d'attaques injustes je défendrais l'un comme l'autre. N'ayant rien à me reprocher et pas d'ambition je suis tout à fait indifférent aux attaques qui me sont signalées. Si un malentendu s'élevait entre le BCRA et moi, je serais le premier à regretter de n'être plus en mesure de défendre le BCRA et Passy contre les attaques injustes dont ils continuent à être l'objet*[11]. »

Les dernières cartouches de Claude Serreulles

De son côté, Serreulles, en dépit des ordres du B.C.R.A., gardait quelque espoir de rester en France parce qu'il était le seul agent parfaitement informé des affaires en cours dans les deux zones. En outre, le 11 novembre, une occasion supplémentaire de se maintenir en place s'était présentée.

Alger avait désigné Alexandre Parodi (Quartus), un haut fonctionnaire membre du C.G.E., afin d'assurer l'intérim de Bollaert. Ce fut l'occasion pour Serreulles de prouver qu'il était indispensable, car Parodi étant ignorant, non pas de la Résistance à laquelle il appartenait, mais du fonctionnement interne de la Délégation, il demanda à Bollaert de lui laisser Serreulles et Bingen comme adjoints durant cet intérim.

Bollaert, influencé par Brossolette, refusa son autorisation et même d'envoyer le télégramme de Parodi à d'Astier pour l'en avertir directement. À la suite de ce refus, Serreulles tenta une ultime manœuvre pour rester en France et expédia par sa propre radio la demande de Parodi[12]. Simultanément, Parodi justifia son refus dans une lettre à d'Astier du 4 décembre 1943 : *« Il m'a paru que si je ne pouvais me dérober à une responsabilité aussi lourde — si peu qualifié que je me considère pour bien la remplir — il m'appartient de ne m'en charger qu'à condition de conserver à ma disposition les moyens d'action normaux de la Délégation. Celle-ci fonctionnant pratiquement par l'action de deux hommes, Corot* [Serreulles] *et Reclus* [Bingen], *le départ simultané de Beaudouin* [Bollaert] *et du premier de ses collaborateurs, devait avoir pour conséquence certaine de désorganiser l'action et le fonctionnement des services.*

« Je n'entendais d'ailleurs prendre parti en aucune manière sur les raisons mêmes pouvant justifier le rappel de Corot. Je constatais seulement que sa sécurité personnelle n'exigeait pas son départ et demandais qu'il soit laissé provisoirement à ma disposition.

« Beaudouin ayant refusé de vous adresser ce télégramme, je lui ai fait connaître que je ne pouvais, dans ces conditions, prendre la responsabilité de ses fonctions[13]*. »*

La Délégation va-t-elle sombrer ?

Cette lutte inexpiable entre les représentants du C.F.L.N. et ceux du B.C.R.A. se déroulait sous les yeux des résistants, ravis de cette aubaine qui affaiblissait l'autorité d'Alger et médusés par ce suicide programmé. Car l'état de la Délégation empirait. Alors que la préparation militaire et politique de la libération présentait en soi les plus grandes difficultés, il semblait que Londres s'ingéniât à couper les têtes sans se préoccuper des conséquences.

En apparence, le coup porté par Passy était imparable. L'isolement dans lequel les ordres de Londres plongeaient les deux délégués les rendait incapables de commander à quiconque puisque, aux yeux des résistants, ils étaient désavoués par Londres et qu'ils n'avaient plus qu'à laisser la place libre à Brossolette. L'arme utilisée était-elle aussi décisive qu'elle le semblait ?

En voulant se débarrasser d'un même coup de Bingen et de Serreulles, Passy n'avait-il pas préjugé de ses forces ? En imposant cette mesure drastique qui n'avait jamais été utilisée contre quiconque, il décapitait la Délégation, ruinant l'autorité de De Gaulle en France, puisque Bollaert commençait à établir ses contacts mais ne contrôlait aucun rouage technique, à commencer par le secrétariat, qui était l'instrument d'exécution indispensable. Une sanction aussi radicale servait-elle la politique du Général à l'égard de la Résistance ?

C'est la question que posait déjà l'attitude de Brossolette au printemps 1943 lors de ses attaques contre Moulin que Philip et de Gaulle avaient condamnées.

De nouveau, elle se posait au sujet de Serreulles et Bingen. L'autorité de De Gaulle sur la Résistance ne devait-elle pas être protégée avant tout ? Était-il profitable au Général d'étaler aux yeux de tous les dissensions qui agitaient les états-majors de Londres et d'Alger ? Bien entendu, les responsables des services militaires ou politiques de Londres étaient habilités à contrôler les agents, spécialement sur le plan de la sécurité, à les critiquer et, au besoin, à les rappeler. Mais, en l'occurrence, n'y avait-il pas une manière plus conforme aux intérêts de tous de régler ce problème interne ?

Personne n'en tint compte au B.C.R.A., où les responsables s'entêtèrent dans les ordres suicidaires qui avaient marqué le commencement d'une bataille sans merci. Elle avait mobilisé les énergies de tous les agents de Londres en France durant deux mois, tandis que la Gestapo comptait les points en les arrêtant à tour de bras. Cet affrontement marque certainement la période la plus paradoxale et l'une des plus dramatiques de l'histoire de la Résistance.

Les agents de Londres, durant les années précédentes, avaient blâmé sur tous les tons les résistants de l'intérieur pour leur indiscipline, leurs rivalités et leurs dissensions. Maintenant, force était de reconnaître, pour ceux qui avaient conservé quelque lucidité, le délabrement de la Délégation. Dès le 6 octobre, Francis Closon, un agent du C.N.I. chargé de la mise en place des comités de la Libération, avait réclamé *« un chef d'un prestige incontesté »* à la tête de la Délégation car *« le vide laissé par la disparition de Max* [Moulin] *n'est pas comblé »* : *« Les représentants actuellement en fonction paraissent mal adaptés à leurs tâches.*

« En outre, on n'a pas su créer les organismes capables de donner à la Résistance les directives politiques et administratives nécessaires pour la préparation du jour J[14]. »

Et, trois semaines plus tard, il revenait à la charge : *« Rien n'a dépassé le niveau des manœuvres de couloir. Vos représentants, quelle que soit leur bonne volonté, ne sont à la hauteur ni de leur tâche ni de leurs adversaires. Ce n'est pas ainsi que nous referons la France*[15]. »

Ces critiques ne pouvaient être d'une grande efficacité puisqu'elles arrivèrent à Alger lorsque Philip n'était plus commissaire à l'Intérieur. Il était dit, cependant, qu'Alger connaîtrait son erreur puisque des critiques encore plus vives à l'égard de la Délégation furent adressées presque en même temps par Pascal Copeau à d'Astier, qui était entre-temps devenu le nouveau commissaire à l'Intérieur.

Copeau décrivait Serreulles sous l'influence de Bidault, exaspéré, tout comme Bingen, de la tutelle de Bollaert, dépeignait les absurdités des ordres venus de Londres qui faisaient de Bingen le délégué intérimaire tout en le désignant comme suspect : *« Si vous ajoutez que Sophie* [Serreulles] *a été et est peut-être encore sous l'influence de Xavier* [Bidault], *dont il voulait faire le successeur de Max* [Moulin], *que Reclus* [Bingen] *d'autre part — qui a l'esprit beaucoup plus délié et a très rapidement compris tous les problèmes de la Résistance dans toute leur complexité — supporte avec impatience l'espèce de tutelle dans laquelle le place la présence de Baudoin* [Bollaert], *vous ne serez pas loin de conclure que l'autorité des représentants en France du C.F.L.N. qui est partout indispensable, est loin d'être ce qu'elle devrait être.* […] *Pour compléter le tableau, les intrigues de Pedro* [Brossolette] *qui à travers des contacts innombrables semblent avoir eu pour résultat le plus net une inconcevable intervention du B.C.R.A. dans le fonctionnement de notre travail. Vous savez en effet que Sophie et Reclus ont un beau jour reçu l'ordre de prendre le maquis pour raison de sécurité, et que les délégués militaires ont reçu l'ordre de couper avec eux. Ainsi, au moment même où Reclus était désigné pour faire l'intérim des délégués appelés à Alger, on le désignait par ailleurs comme suspect.*

« Ces méthodes sont criminelles. Il faut que le Comité chargé des questions de France soit la seule autorité donnant des ordres à une délégation du C.F.L.N. en France qui doit englober civils et militaires, avec comme il se doit prééminence du civil et budget unique. Il faut que les membres de cette délégation aient une connaissance pratique des rouages de l'autorité centrale mais qu'ils soient en même temps d'âge et d'intelligence propres à s'adapter rapidement aux nécessités de la Résistance. Ceci revient à dire qu'à mon humble avis, le poste de délégué général est une nécessité, mais le choix de la personne n'est pas heureux[16]*. »*

Pour juger à quel degré d'anarchie on était parvenu et quel scandale avait provoqué l'attitude irresponsable du B.C.R.A. dans cette crise, on peut lire la lettre que Teitgen (fondateur de Liberté, membre du comité directeur de Combat) adressait, le 3 décembre, à Menthon (commissaire à la Justice à Alger) : *« Nous estimons, quant à nous, qu'un triumvirat devrait être placé à la tête de la Résistance française pour y représenter le C.F.L.N. Quartus* [Parodi] *dont l'autorité morale grandit chaque jour, s'impose pour la direction de ce triumvirat. Deux seconds lui seraient adjoints ; l'un qui viendrait d'Alger ; l'autre qui serait choisi dans la Résistance française. Plusieurs bureaux d'Etat-Major (il faut voir grand maintenant) assureraient la préparation et l'exécution des décisions du triumvirat. Si l'on s'en donnait tant soit peu la peine, on retrouverait facilement sur place le personnel nécessaire pour composer ces services d'Etat-Major. Le triumvirat serait investi par le général de larges pouvoirs. Ses décisions seraient immédiatement exécutoires, au moins à titre provisoire et jusqu'à ce qu'elles aient été rapportées ou modifiées par Alger. Alors, mais alors seulement, la résistance cesserait de s'agiter en vase clos et gagnerait à elle les 36 millions de Français que l'on pourrait maintenant "mobiliser" s'il y avait une tête et un Etat-Major pour diriger cette mobilisation. Tout le problème est là. L'anarchie et le désordre actuels ne peuvent continuer. Alger doit s'en rendre compte et prendre les mesures qui s'imposent*[17]*. »*

Ces sentiments d'abandon étaient partagés par Bidault qui connaissait de longue date le silence énigmatique de Londres et qui, le 4 avril encore, dans un télégramme à Alger, les exprima dans des termes plus vifs. *« Il est très difficile*, écrit-il, *de contredire la conviction que l'abandon dans lequel nous sommes laissés ne peut avoir d'autres explications qu'une totale indifférence ou incurie.* [...] *En fait, depuis la disparition de Rex* [Moulin] *en théorie depuis la disparition de Géronte* [Bollaert] *aucune solution n'est intervenue dans le problème pourtant élémentaire de la représentation du C.F.L.N. en France. L'autorité du C.F.L.N. n'est contestée par personne, il ne lui manque que d'être exercée par organes pourvus d'un mandat indiscutable, de pouvoirs définis, d'instructions à la page.*

« [...] *Non seulement la Délégation Générale du C.F.L.N. souffre depuis neuf mois d'une situation anormale, mais elle a les plus grandes peines à accomplir sa mission car, pour prendre position en son nom, il lui manque l'investiture suffisante et pour prendre position en votre nom, il lui manque les liaisons nécessaires. On a très violemment reproché à notre délégation d'être aujourd'hui simplement chargée de liaisons aériennes et maritimes.*

« [...] *La prolongation d'une telle situation depuis des mois est scandaleuse.*

Il faut que vous sachiez que ce scandale est public. Il résulte de là que ceux qui, par fonction ou par vocation, sont ici les champions du C.F.L.N. ont l'ingrate mission de défendre une politique sur laquelle il ne leur parvient plus jamais aucun renseignement.

« [...] *Nous n'oublions pas vos difficultés internationales*, conclut Bidault, *et nous continuerons à faire de notre mieux pour vous aider. Mais nous prions le C.F.L.N. instamment et fermement de ne pas trop compter sur l'harmonie préétablie pour obtenir malgré l'ignorance mutuelle la convergence de l'effort*[18]. »

Ces remarques sur l'exercice de l'autorité concernaient au premier chef le nouveau délégué général, Émile Bollaert.

Était-ce une erreur d'avoir choisi Bollaert ?

En fait, tout le monde s'interrogeait sur les raisons du choix de Bollaert comme successeur de Moulin.

Certes, il avait été un préfet courageux sous Vichy et c'était un républicain. Était-ce suffisant pour succéder à Jean Moulin ? On peut en douter, car, si Moulin avait imposé l'autorité de la France Libre sur la Résistance, ce n'était pas grâce à son passé préfectoral, mais d'abord grâce à son caractère, son intelligence politique et sa fidélité aux directives de De Gaulle.

Ce qui gêna d'abord Bollaert, ce fut d'avoir été désigné au début de 1943 comme le futur préfet de police de Paris à la libération. Certains résistants s'interrogeaient sur la compatibilité entre cette fonction et celle de délégué. Pourtant, si l'on en croit Claude Serreulles, le premier accueil avait été satisfaisant : « *Cette désignation n'a fait l'objet d'aucune critique, la personnalité de Baudouin* [Bollaert] *étant généralement respectée. Les uns se sont félicités de ce choix qui appelait au poste de Délégué Général "un Républicain, un Démocrate et un Laïque". D'autres s'en sont réjouis car ils ont vu en lui un homme qui, à des postes importants et en des circonstances délicates a fait ses preuves d'autorité. J'ai seulement entendu exprimer le regret que le Délégué Général ait été jusqu'ici étranger à la Résistance et risque d'être, d'autre part, mal placé pour représenter une autorité et défendre une politique qu'il connaît mal.*

« J'ajouterai pour ma part que Baudouin s'est mis à la tâche avec une ardeur extrême. Les premiers contacts qu'il a pris avec les chefs de Mouvements ont produit à ceux-ci une excellente impression. Ils ont eu à faire avec un homme énergique et qui a les vues claires. Je n'ai pas besoin de dire que Necker [Bingen] *et moi qui nous sommes immédiatement mis à sa disposition, nous nous emploierons de toutes les façons pour faciliter sa mission. Nous avons trop le sens des prérogatives de l'Autorité Centrale pour ne pas défendre de notre mieux tout ce qui en favorise l'exercice. Nous estimons "Si parva licet" la désignation d'un Délégué Général consolide notre position et facilite notre travail. Vous observerez d'ailleurs que je n'avais cessé de la réclamer depuis le mois de Juin. Ceci, en l'occurrence, est d'autant plus vrai que Baudouin travaille avec nous dans un esprit de confiance et de collaboration que nous ne manquons pas d'apprécier. Nous pensons comme lui-même qu'il serait très désirable qu'il se rende si possible entre deux lunes à Alger et prenne contact avec le Général. Ceci, à son retour, lui permettrait d'asseoir sa position et de renforcer son autorité*[19]. »

Cette vision euphorique du délégué n'était pas celle de Closon, qui en rendit compte le 6 octobre à Philip : *« Celui que vous avez désigné manque de l'autorité nécessaire. Ambassadeur du Comité d'Alger auprès de la Résistance, il se trouve dans cette situation paradoxale : d'une part n'avoir jamais eu de contacts avec le Général et avoir perdu depuis longtemps les contacts avec vous-même, d'autre part avoir vécu en France hors de la Résistance avec laquelle il est aujourd'hui chargé de traiter*[20]. »

Le 18 octobre, douze jours plus tard, le rapport officiel de Brossolette décrivait pourtant une situation qui correspondait à l'avis de Serreulles : *« Le difficile sera de faire comprendre à Baudoin* [Bollaert] *que, pour remplir ce programme intérieur, il faudra qu'il se clandestinise complètement : jusqu'à présent, il se borne à ne pas coucher chez lui. J'espère pouvoir le décider à aller plus loin prochainement* [...].

« Les groupements ont tous accueilli fort bien sa nomination. Il ne faut d'ailleurs pas croire qu'ils soient hostiles à l'autorité. Au contraire, ce qu'ils ne veulent pas, c'est qu'on les tienne à l'écart. Mais ceci dit, ils souhaitent qu'au dessus de nos agents subalternes, il y ait une autorité ferme et claire. A cet égard, la nomination d'un délégué du C.F.L.N. les a satisfaits.

« Sophie [Serreulles] *ayant eu l'air de vouloir donner lui-même à Baudoin les contacts nécessaires, je l'ai laissé faire. Il me semble cependant que les choses vont un peu lentement* [...]. *J'estime qu'il va falloir un peu presser le mouvement si nous voulons aboutir.*

« Jusqu'à présent, au cours de ces contacts et des conversations avec Sophie et Baudet [Bingen], *Baudoin semble avoir été un peu submergé par des questions secondaires de dosage, de constitution de bureaux, de définition des pouvoirs des Comités départementaux de Libération, etc. Connaissant imparfaitement la résistance, il n'a pas encore le sentiment de sa réalité profonde, c'est-à-dire de son aspect paramilitaire. Sans le mêler à des questions où il n'a que faire, j'essaie de lui donner ce sentiment — indispensable à l'accomplissement de sa mission*[21]. »

Selon Brossolette, qui l'approuvait, Bollaert se faisait une idée très précise de sa fonction, idée dont il croyait, bien à tort, qu'elle répondait aux vœux du général de Gaulle : *« Le travail de la Délégation consiste essentiellement à assurer la liaison entre le Général de Gaulle et la Résistance. Mais au lieu d'être comme Max* [Moulin] *à la fois président du C.N.R. et délégué général du C.F.L.N., B.* [Bollaert] *préfère n'assurer que ces dernières fonctions car il a reconnu, d'accord avec le Comité d'Alger, que le cumul présente toutes sortes d'inconvénients. C'est ainsi que B. joue auprès du groupe permanent du C.N.R. et en particulier de son président Bidault un rôle de Commissaire du Gouvernement ou plus exactement celui d'un Préfet auprès d'un Conseil général*[22]. »

Cette interprétation, soufflée par Brossolette, est un bon exemple de la méthode souvent utilisée dans ses rapports, d'attribuer à Londres, à Alger ou au C.F.L.N. des intentions ou une politique qu'ils n'ont jamais avalisées. *A posteriori*, elle eut aussi pour résultat d'orienter les historiens sur de fausses pistes.

Contrairement à ce qu'affirmait Brossolette, le « cumul » ne présentait, aux yeux du général de Gaulle, aucun inconvénient, puisque, depuis la disparition de Moulin, tout le monde à Londres et à Alger avait prévu que son successeur occuperait les mêmes fonctions.

Le général de Gaulle ne laissa à personne le soin de répondre à cette hérésie.

On découvre dans ses *Mémoires* à quel point avaient été méconnues ses intentions quant au rôle dévolu par lui au délégué du C.F.L.N. Le coup de patte de Brossolette décoché au passage contre Moulin accuse encore plus la distance entre les conceptions des deux hommes : *« Si j'avais été,* écrit de Gaulle, *en mesure de nommer, sans délai, le successeur de Jean Moulin et si mon nouveau mandataire avait pu lui aussi s'imposer personnellement à tous les éléments représentatifs de la Résistance, il eût pris la tête de ma délégation et la présidence du Conseil National* [de la Résistance]. *La dualité que certains cherchaient à créer ne se serait pas produite*[23]. »

Pascal Copeau, second de d'Astier de la Résistance métropolitaine, lui exprimait, dans une lettre du mois de décembre 1943, une opinion tout aussi sévère, quoique pour d'autres raisons : *« Si l'on veut comprendre quelque chose à la situation actuelle de Baudoin* [Bollaert], *il faut se souvenir qu'il a été nommé avec l'idée qu'il présiderait le C.N.R. et avec l'idée de la part de Pedro* [Brossolette] *de jouer les factotums du président du C.N.R. Il faut savoir aussi que Baudoin s'élève contre l'idée d'un noyautage de la police déclarant que le jour J. toute la police sera avec nous, ce qui revient à dire que toute l'action de la Résistance, qu'il ignore d'ailleurs et qu'il n'apprendra jamais à connaître car c'est un fonctionnaire, ne sert à rien*[24]. »

Dans une nouvelle lettre à Emmanuel d'Astier du 24 janvier 1944, Copeau prononce la disqualification sans appel de Bollaert : *« Baudoin* [Bollaert] *ne comprend pas et ne comprendra jamais la Résistance. On peut dire que d'une manière générale son attitude correspond à la négation de l'existence et de la nécessité de la Résistance.*

« Dans la mesure, d'ailleurs faible, où avant les deux mois qu'il vient de passer sur les terrains, il a pris ses fonctions, son activité a consisté en conversations avec un certain nombre de personnalités d'ailleurs contestables. Lui aussi semble obnubilé par le "péril rouge". Je ne puis rien affirmer de précis, mais il ne m'étonnerait pas qu'à la suite de l'échec définitif, semble-t-il, des tentatives de sauvetage de Pétain (convocation de l'Assemblée Nationale), certains milieux cherchent à reprendre par un autre bout la même idée, et cela grâce à des contacts avec le délégué général Baudoin. Il n'est guère douteux que des conversations, par ailleurs nécessaires, avec le chef de l'armée d'armistice (R. [Revers]*) doivent tourner autour d'idées analogues derrière lesquelles on croit souvent ici retrouver la politique américaine. »*

Puis : *« En résumé, à mon avis, Baudoin* [Bollaert] *n'a pas les qualifications voulues pour remplir le rôle primordial qui devrait être le sien. Ses conceptions et ses méthodes politiques risquent de compromettre le général de Gaulle* [...]. *Si Baudoin arrive jamais de l'autre côté* [Alger], *il ne faudrait pas qu'il reparte ou en tout cas qu'il ne revienne avec seulement comme fonctions celles d'administrateur provisoire du Ministère de l'Intérieur*[25]. »

Le ton sur lequel Copeau aborde la question du remplacement éventuel de Bollaert montre que les mouvements, si avides d'autonomie, avaient pourtant besoin d'une Délégation efficace, à condition qu'elle ne se résume pas à un homme fort : *« La question de son remplacement se poserait donc, mais je pense qu'il ne s'agit pas tellement de rechercher une personnalité plus ou moins marquante, plus ou moins incompétente aussi et qui n'aurait pas le temps de se mettre au courant, mais plutôt de constituer une équipe solide formant la délégation du C.F.L.N. en France. Cette équipe devrait être composée de trois à quatre délégués, plus un ou deux délégués militaires et un nombre x de chargés de missions. L'un des quatre délégués civils aurait le titre de délégué général nécessaire pour certaines négociations, mais tout en exerçant une certaine prééminence sur ses camarades et en particulier sur le délégué militaire, il aurait comme les autres un secteur particulier d'activité*[26]*. »*

Quelques jours plus tard, un câble de Morandat à d'Astier confirmait que Bollaert était *« très discuté » : « Il semble, en effet, qu'il a fait l'unanimité contre lui. On lui reproche sa méconnaissance totale de la Résistance, son manque d'autorité et même d'adresse dans les débats des différents organismes, ses collusions avec des politiciens, hauts fonctionnaires ou représentants des trusts plus ou moins Vichystes*[27]*. »* Il insistait pour que Bingen soit nommé à la tête de la Délégation, au vu de sa réussite actuelle : *« Malgré les difficultés et le travail énorme auxquels il a à faire face, Cléante* [Bingen] *jouit de la confiance de tous.*

« [...] *Veuillez noter que la situation de fait difficile à changer est la raison pour laquelle ces propositions sont faites. Ce sont les circonstances et la réussite complète de Cléante qui imposent la nouvelle organisation du travail. Ces propositions sont approuvées par Salard* [Copeau][28]*. »*

En dépit du jugement positif de Serreulles et Brossolette sur Bollaert, tous les responsables de Londres et de la Résistance, au fil des jours et des entretiens, devinrent de plus en plus sévères. L'opinion dont Teitgen fit part à Menthon résume assez bien ce point de vue : *« Tout à fait entre nous, le successeur de Max* [Moulin] *a vraiment été mal choisi. C'est peut-être un très bon fonctionnaire pour période normale, mais d'une part il ignore tout de la Résistance, et d'autre part ne semble pas du tout mesurer les énormes responsabilités qui pèseront sur lui le jour de la Libération. Il paraît, par ailleurs, manquer de sens politique. Il nous semble enfin que c'est tenter le diable que de confier au même homme les fonctions de représentant en France du général et la fonction de préfet de police à Paris. Comment n'a-t-on pas senti à Alger que l'opinion française se cabrera nécessairement quand on lui annoncera, le jour de la Libération, que c'est le préfet de police qui représente le Général ? On aurait vraiment pu éviter une gaffe de cette importance et ne pas compliquer comme à plaisir la tâche des malheureux qui, comme nous, assumeront ce jour-là de terribles responsabilités*[29]*. »*

Finalement, les uns et les autres rejoignaient le jugement négatif que Moulin avait formulé, précisément à Brossolette, lorsqu'il avait appris, au printemps 1943, la désignation de Bollaert comme préfet de police à la Libération : *« Il déclare,* écrivait Brossolette, *que Bollaert n'est absolument pas l'homme qu'il faut pour le rôle qui lui a été assigné. Il le trouve beaucoup trop mou, et trop formaliste pour une action efficace. Son opinion a été si formelle que j'hésite à contacter Bollaert ou tout au moins de m'engager trop avant avec lui*[30]*. »*

Bingen, délégué général par intérim

Finalement, après le décrochage de Bollaert, Brossolette, Serreulles, et le refus de Parodi d'assurer l'intérim, Bingen se retrouva seul. C'est ce qu'il annonça à d'Astier, le 14 décembre 1943 : *« Pouvez compter que je ferai mon possible pour assurer dignement cet intérim dont j'exerce charge depuis dix jours top Pour instant toutes conditions favorables réunies et relations très confiantes cordiales avec tous chefs mouvements partis syndicats*[31]*. »*

Ce qui n'empêchait pas le Comité directeur des mouvements de trouver que la solitude de Bingen représentait un trop grand risque. Et, tout en reconnaissant qu'il n'avait pas à prendre position dans un conflit interne à la Délégation, il préconisait l'organisation d'une nouvelle délégation, à la fois civile et militaire [32].

Une fois placé à la tête de la Délégation, Bingen ressentit ce qui avait été le lot de tous ses prédécesseurs : le besoin d'aller prendre des instructions à Londres. Bien qu'il n'ait été en France que depuis peu de temps, tant de bouleversements s'étaient produits (à commencer par l'arrivée de d'Astier au commissariat à l'Intérieur) qu'il souhaitait faire le point sur les ordres contradictoires que lui avait adressés le B.C.R.A., rétablir les contacts coupés en France à cause de ces fameuses consignes de sécurité et être sûr d'adopter une ligne de conduite qui correspondait aux vues du C.N.I. C'est pourquoi il demanda à d'Astier, le 21 novembre, s'il pouvait être autorisé à faire un rapide aller-retour à Londres en décembre, de préférence à un moment où lui-même séjournerait dans la capitale anglaise [33]. Cette solution lui aurait en outre permis de court-circuiter le B.C.R.A., dont on a vu qu'il le soupçonnait d'agir à l'insu du commissariat à l'Intérieur. Mais cette demande n'eut aucune suite.

Après le long silence de l'hiver, d'Astier eut tout de même à cœur de conforter Bingen. Après qu'il eut été traité par le B.C.R.A. en robot incompétent, on lui rendait enfin sa dignité d'homme efficace et courageux : *« Il faut, en tout premier lieu, que je vous dise à quel point nous tous ici, et moi le premier, n'avons jamais regretté d'avoir mis notre confiance en vous. J'imagine aisément les heures que vous avez dû traverser, l'amertume que vous avez pu éprouver de certains télégrammes, certains gestes inconsidérés, la charge supplémentaire que l'on a mise sur vos épaules par suite de l'affolement qui s'est manifesté en octobre. Je dois dire que je n'ai jamais douté personnellement de vos capacités à surmonter les pires difficultés et que je vous suis infiniment reconnaissant d'avoir tenu le coup et d'avoir si sagement surmonté toutes les rancœurs ou défaillances que pouvait amener une telle situation* [34]. »

Quelques jours après cette lettre, Bingen reçut un long message de Boris. Ses relations avec lui plaçaient les questions de travail sur le plan de l'amitié et de la confiance : *« Je tiens néanmoins à vous dire que la documentation que vous nous avez envoyée dans vos rapports est d'une qualité et d'une valeur sans égales.*

« […] *Grâce à vos informations, nous avons ici un sentiment probablement plus exact qu'ailleurs de l'état d'esprit en France, de la tension qui y règne, pour ne pas dire l'exaspération. Nous aussi, parce que nous avons ce contact, nous avons les nerfs à vif. Ce que nous pouvons faire, toutefois, est peu de chose. D'autres que nous décident du sort de tout ce qui nous tient à cœur. Les grands problèmes stratégiques, nous n'en avons pas la solution, et n'avons pas le moyen de l'influencer. Nous ne pouvons nous poser la question de savoir ce qui est le plus souhaitable, quel plan militaire servirait le mieux les intérêts de notre pays ou l'épargnerait le mieux. La réponse que nous faisons à ces questions ne pèse pas d'un grand poids sur les décisions.*

« Toutes ces considérations très générales ne servent au fond qu'à essayer de vous faire comprendre une situation psychologique et matérielle, au courant de laquelle vous n'êtes peut-être pas. Au surplus, il m'est difficile de m'expliquer très clairement [35]. »

Cette dernière phrase faisait allusion à la lecture que les Britanniques effectuaient de toute correspondance.

Le procès de Claude Serreulles

Pendant que Bingen s'acquittait de sa tâche, Vaudreuil et Passy à Londres n'acceptaient pas d'être soupçonnés de parti pris dans l'affaire Serreulles, sur un sujet où ils étaient inattaquables : la sécurité des agents. Dans une lettre commune adressée à Bingen, ils expliquèrent les raisons du rappel de Serreulles. Bingen y répondit en essayant une ultime tentative pour retenir son ami : il expliqua que les alarmes nées de la brève entrevue entre Serreulles et la Gestapo lors de l'affaire de la rue de la Pompe n'avaient débouché sur aucune arrestation. Cela prouvait que Serreulles n'était pas filé et ne constituait pas un danger : *« Le rapport établi par les policiers qui ont laissé échapper Scapin* [Serreulles] *était mensonger. En effet, l'erreur qu'ils ont commise y est présentée comme une habileté suprême de leur part, et cela, en vue d'éviter les sanctions dont ils étaient menacés.*

« Or, aucune arrestation n'a eu lieu autour de Scapin depuis plus de trois mois, malgré l'activité intense dont il a fait preuve jusqu'au début de décembre. C'est là à mon sens la preuve évidente que la Gestapo n'a jamais aidé Scapin[36]. »

En dépit de cette évidence confirmée depuis par les recherches historiques, Serreulles dut finalement quitter la France. Il devrait affronter un véritable procès à son retour à Londres.

Serreulles, qui avait attendu la fin des intempéries et la reprise des opérations, s'envola dans la nuit du 3 mars 1944. Dès son arrivée à Londres, il dut défendre la mission qu'il avait accomplie et justifier pied à pied sa conduite après l'affaire de la rue de la Pompe. Tout ce qu'il avait fait pour maintenir l'autorité de la Délégation sans la moindre instruction, le travail considérable de préparation de la libération, tout cela s'effaçait au regard de la chute du secrétariat. Les conditions de ce retour révèlent l'entêtement suspicieux qui pouvait conduire les services de contre-espionnage aux pires égarements, entêtement auquel s'ajoutait la férocité de règlements de comptes entre volontaires, alors que l'ostracisme dont la France vichyste les frappait également aurait dû les souder. Il n'en fut rien, et la bataille qui les opposait aurait pu les anéantir. À Londres, la situation de Serreulles fut aggravée quelques jours après son arrivée par la nouvelle de l'identification de Brossolette et celle de sa mort un peu plus tard. Telle est l'injustice des hommes qu'il fut silencieusement rendu responsable des malheurs de Yeo-Thomas et de la tragédie de Brossolette, à laquelle il était totalement étranger.

L'ultime sauvegarde de Serreulles à cette époque fut sa relation personnelle avec de Gaulle dont il avait été l'officier d'ordonnance. Cependant, en dépit de la confiance intacte du Général et d'une nouvelle mission qu'il lui confia, Serreulles ne put venir à bout de l'obstruction du B.C.R.A. et des Anglais qui, jusqu'au débarquement, l'empêchèrent de regagner la France. Yeo-Thomas avait bien travaillé !

Grâce à une lettre du 9 mars adressée par le colonel Manuel à Passy, on connaît le jugement du B.C.R.A. Elle permet de mesurer l'étendue de la disgrâce de Serreulles et de Bingen : *« Sophie* [Serreulles] *est arrivé plein de confiance en soi et nanti de tous les satisfecit de ces Messieurs de la Résistance.* […] *Il est normal que Sophie et Cléante* [Bingen] *soient portés au pinacle par la Résistance, c'est-à-dire par la demi douzaine d'hommes qui se prétendent être la Résistance, puisqu'ils ont tout abandonné tant sur le plan civil que sur le plan militaire. "Ils veulent commander — dit-on à Paris — c'est bien, nous les nommerons présidents de nos comités et sous-comités." Ainsi, le résultat est l'abandon complet de toute la position pour laquelle Rex* [Moulin] *a lutté pendant des années, l'installation aux postes de commande, tant sur le plan militaire que sur le plan civil, de quelques personnalités issues des Mouvements, et surtout des Francs Tireurs et Partisans dans tous les bureaux des Etats-Majors.*

« Il est vrai, pour compenser cela, que Sophie est au mieux avec les communistes et Cléante le président le plus écouté.

« […] *Je serais heureux que votre demande* [de démission] *soit acceptée ainsi que celle de P*[é]*labon et la mienne, ne voulant plus continuer à l'associer à ce qui, à mon sens, représente une véritable escroquerie de la Résistance française*[37]. »

Après cette lecture, on comprend le ton de l'interrogatoire subi par Serreulles le 14 mars 1944, au cours duquel il dut assurer sa défense. Il souligna en cette occasion l'atmosphère de suspicion entretenue à son endroit et mentionna par exemple le comportement de Yeo-Thomas à propos de son contact avec la Gestapo : *« Il n'empêche que certains amis ont continué à considérer que, à la suite de ce contact bref que j'avais eu avec la Gestapo, j'étais personnellement "brûlé" et c'est ainsi que notre ami Shelley* [Yeo-Thomas] *m'a dit textuellement quelques semaines plus tard : "Vous êtes complètement brûlé. La Gestapo vous suit jour et nuit et elle peut à tout moment vous arrêter dans les 6 heures". Nous étions en train de dîner dans un restaurant de Montmartre. Je lui dis : "Comment avez-vous le courage de dîner avec moi ce soir ?" Et il me répondit : "Il faut bien prendre des risques, mais c'est ainsi"*[38]. »

Ayant pris toutes les précautions pour éviter la moindre conséquence fâcheuse à l'accident du secrétariat, Serreulles et Bingen n'avaient pas compris que Londres ordonnât de couper tout contact avec eux par mesure de sécurité (fin octobre 1943), alors qu'un travail, essentiel et fructueux, était en cours. C'est pourquoi Serreulles posait une question fondamentale : *« Les services de Londres sont-ils qualifiés pour, par une décision unilatérale, interrompre toute l'activité d'un service ou d'un département en France ou doivent-ils faire précéder une décision de ce genre d'une consultation bilatérale et d'un échange d'informations aux deux bouts du fil*[39] *? »*

Trois jours plus tard, Serreulles rédigea un rapport dans lequel il rappela l'abandon dans lequel la Délégation, malgré ses objurgations, avait été laissée : *« Depuis la chute de Max* [Moulin], *qui en qualité de membre du Comité National Français représentait cette autorité en France, le problème de la Délégation Générale du Gouvernement n'a cessé d'être posé et n'a reçu jusqu'ici que des solutions partielles ou temporaires. Du 21 juin au 15 septembre 1943, Scapin* [Serreulles], *seul d'abord, puis Scapin et Cléante* [Bingen] *représentèrent l'autorité centrale auprès des organisations de résistance métropolitaines.*

« […] *Du moment qu'il prit ses fonctions en juin 1943, Scapin ne cessa, par câbles et par courrier, de recommander la désignation d'un délégué général. Dans son esprit, le délégué général devait répondre à la double condition à laquelle Rex satisfaisait lui-même, à savoir :*

« 1°) Avoir une connaissance approfondie de la Résistance Française, de ses chefs et de ses méthodes.

« 2°) Avoir une connaissance approfondie du gouvernement qu'il avait charge de représenter, de ses chefs et de sa politique.

« Il est de fait qu'il existait peu d'hommes capables de remplir ces exigences.

Si le délégué général était choisi hors de la métropole, une période d'adaptation à la vie de la Résistance lui était nécessaire. S'il était choisi en France même, il était indispensable qu'au préalable, il fît un séjour auprès des Autorités dont il était appelé à devenir le délégué[40]*. »*

La suite de son rapport montrait que les envoyés de Londres peinaient effectivement à assumer l'énormité du travail qui leur était dévolu, ce qui les incitait à lâcher la bride aux mouvements : *« Pratiquement, Beaudoin* [Bollaert], *pour des raisons de sécurité comme de convenance, entretenait un nombre de contacts très réduit et laissait à Cléante* [Bingen] *et Scapin* [Serreulles] *l'exécution de la majeure partie du travail. Quant à ces derniers, les conditions mêmes de la sécurité et de la vie clandestine leur dictaient leurs méthodes de travail. Afin de pouvoir se remplacer l'un l'autre à tout moment en cas d'accident, ils s'efforçaient de se maintenir chacun au courant de l'ensemble des affaires. Dans une large mesure, ils étaient interchangeables. Vers la fin de l'année 1943 et au début de 1944, ils cessèrent d'assister régulièrement aux réunions du Comité Directeur du M.L.N.* [organisme regroupant les mouvements de zone sud], *où n'étaient traitées que des affaires intéressant la vie intérieure du mouvement et dans le même temps le comité autrefois connu sous le nom de Comité de Coordination des Mouvements de zone nord cessa d'exister — après avoir fait abondamment la preuve de son inaptitude à accomplir aucun travail constructif*[41]. »

Après un premier séjour à Londres, Serreulles partit pour Alger (25 mars) où il rendit compte de sa mission au général de Gaulle. Il semble que seul l'avenir de la Résistance et de ses possibilités ait intéressé de Gaulle et qu'il n'y eut aucune allusion au conflit Brossolette-Serreulles. Ce dernier suggéra une nouvelle organisation de la Délégation. De Gaulle, après lui avoir décerné la croix de la Libération ainsi qu'à Bingen, leur conféra un grade militaire supérieur et, finalement, confia à Serreulles une nouvelle mission pour reprendre son poste en France, qui en fit le numéro deux de la Délégation.

Dès son retour à Londres début avril, la fureur du B.C.R.A. se déchaîna avec d'autant plus de violence que la nouvelle de la mort de Brossolette venait de tomber et que, pour faire bonne mesure, les services secrets accusaient Serreulles, à mots couverts, d'en être responsable. Une rumeur incontrôlable parlait de l'un de ses rapports envoyé à Londres par l'Espagne et saisi par les Allemands, qui aurait permis de découvrir l'identité de Brossolette. Loin d'être apaisé par la disparition de Brossolette, le conflit tournait à une sorte de vendetta irrationnelle. Les télégrammes échangés entre Londres et Alger à cette époque en témoignent, mais plus encore les Mémoires publiés après la Libération.

En voici un exemple. Les membres du B.C.R.A., ayant appris les promotions de Bingen et Serreulles dans l'ordre de la Libération, les interprétèrent comme un camouflet. Le télégramme du 9 avril de Passy à Soustelle en témoigne : *« Je considère par ailleurs inadmissible qu'un avancement militaire ait été donné directement à Sophie* [Serreulles] *et Cléante* [Bingen] *sans qu'aucune proposition ait été faite par leurs chefs hiérarchiques alors que de véritables officiers remplissent d'ex-fonctions militaires importantes beaucoup plus marquées et ayant fait l'objet de propositions régulières n'ont pas été nommés.*

« Vous demande de signaler au général de Gaulle les faits ci-dessus et en outre de lui dire puisqu'il ne tient jamais aucun compte des avis du personnel dirigeant des services spéciaux qui est censé être qualifié dans ces matières il y

aurait lieu de les remplacer d'urgence par des officiers ayant sa confiance et dont il accepterait de recevoir des avis pertinents[42]. »

Le lendemain, Manuel prit le relais de Passy : *« AA — Suis très étonné que vous vous plaigniez n'avoir pas été avisé notre opinion sur Sophie* [Serreulles].

« BB — Ai envoyé rapports de […] émettant tous avis défavorables. Vous ai moi-même câblé à plusieurs reprises mon avis.

« CC — Vous prie trouver ci-après conclusions interrogatoire Sophie par Vaudreuil. J'ai fait miennes ses conclusions.

« DD — Début citation : "me basant sur un plan de sécurité j'insiste pour que le commandement s'oppose d'une façon absolue au retour de Sophie ou de tout autre mandaté pour un plan similaire vers la France. Nous prenons là une responsabilité criminelle dont nous aurons probablement des comptes à rendre plus tard. Fin citation"[43]. »

La violence de cette diatribe fut confirmée par Passy le 14 avril dans une lettre à Soustelle et Pélabon : *« L'affaire Sophie* [Serreulles]-*Cléante* [Bingen] *(décorations diverses, avancements, etc.) provoque partout ici une légitime indignation et un dégoût non déguisé*[44]. »

On observera que les véritables raisons de l'hostilité du B.C.R.A. se faisaient jour. Jusque-là, les raisons invoquées pour briser la mission de Serreulles avaient été uniquement ses imprudences. Maintenant, on attaquait sa politique. Pourtant, elle ne regardait en rien le B.C.R.A. qui n'était qu'un organisme d'exécution dans ce domaine. Malgré tout, Passy écrivait : *« Après étude du travail fait par Sophie* [Serreulles] *en France nous considérons Manuel et moi que Sophie ne doit pas être renvoyé en France même pour une mission strictement civile. Cléante* [Bingen] *et lui ont été des jouets inconscients entre les mains des communistes et de Libération zone sud. Cela a abouti à une centralisation politique et militaire source de catastrophe renouvelée*[45]. »

La guerre totale entre l'équipe du B.C.R.A. et Serreulles-Bingen trouva sa conclusion dans la victoire posthume de Brossolette, que sa mort mettait définitivement hors d'atteinte. En effet, le jugement du B.C.R.A. contre Serreulles, directement répercuté par Yeo-Thomas aux autorités anglaises, le rendit intraitable sur la sécurité. On en a la preuve par l'échec de l'intervention de d'Astier auprès du ministre de la Guerre économique britannique (Ministry of Economic Warfare). Malgré ses relations personnelles avec Churchill, il ne put obtenir son départ, comme le prouve la réponse que celui-ci adressa le 19 avril 1944 : *« Je voudrais d'abord rendre hommage au patriotisme de Sophie* [Serreulles], *à son courage et à sa résistance, particulièrement lors de l'épreuve subie au cours de son interrogatoire par la Gestapo. D'un autre côté, mon admiration pour ses mérites ne doit pas m'aveugler quant aux très sérieuses allégations d'insécurité qui ont été proférées contre Sophie et à l'appui desquelles de graves preuves m'ont été fournies. Vous savez que ces rapports ne viennent pas seulement de Shelley* [Yeo-Thomas] *ou d'autres subordonnés que Sophie a écartés et qui peuvent donc être considérés comme des témoins partiaux, mais qu'ils émanent d'un large cercle de personnes.*

« Je suis vraiment désolé de confirmer ma décision, mais vous conviendrez que la sécurité de nos organisations sur le terrain doit être la première de mes préoccupations, et que je dois garder à l'esprit non seulement quelles sont les conséquences que pourraient avoir sur ces organisations de nouvelles indiscré-

tions de Sophie, mais aussi l'inquiétude qui, s'il revenait, serait ressentie par ceux qui ont déjà souffert de ses erreurs antérieures[46]. »

Après avoir observé la conduite du B.C.R.A. dans l'affaire Serreulles-Bingen, on comprend mieux le sombre tableau qu'en brossait le général d'Astier de La Vigerie dans un rapport à de Gaulle : *« Le B.C.R.A. a été créé de toutes pièces avec des éléments non spécialistes dans un domaine où l'expérience s'acquiert lentement et parfois chèrement.*

« Cette circonstance donne la mesure des difficultés et des mérites du B.C.R.A. Elle explique aussi les faiblesses de l'œuvre ainsi réalisée.

« Le B.C.R.A. s'est construit à l'ombre des Services Spéciaux britanniques dont il est tributaire. Son développement s'est fait par à-coups, sans vue large et ordonnée.

« Abandonné à lui-même, longtemps impénétrable à tout contrôle du commandement, le B.C.R.A. a contracté l'habitude de prendre à son compte la plupart des décisions concernant l'action en France.

« Les Services Spéciaux britanniques ont encouragé cette tendance qui facilitait leur mainmise sur ladite action.

« En débordant son rôle strictement technique le B.C.R.A. assumait une tâche trop vaste, dans l'accomplissement de laquelle son incompétence l'exposait à des erreurs lourdes [...]. *La Résistance en conçoit de légitimes inquiétudes, car elle sent que sa sécurité et son rendement peuvent être compromis à la veille de l'instant critique des opérations.*

« Il est temps de dissiper ce malaise, de cantonner le B.C.R.A. dans sa fonction d'exécutant[47]. »

Passy perd... et gagne

Cette conclusion était aussi celle d'Emmanuel d'Astier depuis qu'il avait été promu commissaire à l'Intérieur du C.F.L.N. Divers incidents avaient émaillé ses relations avec Passy, dont Bingen, Brossolette et Serreulles furent les prétextes. Comme, par ailleurs, on était en pleine bataille pour obtenir l'accomplissement de la fusion entre les services secrets de Giraud et de De Gaulle, d'Astier partit pour Londres en décembre 1943, *« afin d'y examiner la situation des services du B.C.R.A., sur lesquels régnait Passy, d'obtenir que Boris fût consulté sur tout, et que les événements ne fussent pas livrés aux initiatives souvent inconsidérées, en matière politique, et même en matière de Résistance pure, du clan Passy-Manuel-Brossolette*[48] ».

Encore une fois, les télégrammes de Bingen et Serreulles n'avaient pas été retransmis à Alger. Après avoir reproché à Boris cette négligence, d'Astier accusa finalement le B.C.R.A. de dissimulation : *« Dès janvier 1944, de graves conflits éclatèrent avec le B.C.R.A. qui n'avait pas réussi à unifier les services Giraud-de Gaulle. Soustelle, qui avait d'abord "essayé de tenir la main" à Passy, tomba entièrement sous sa dépendance. Il ne voulut rendre aucun compte et refusa l'entrée de la maison au Commissaire de l'Intérieur, sabotant complètement les directives données par celui-ci*[49]. »

L'arrestation de Brossolette et la volonté de Passy de se porter en France à son secours fournirent l'occasion d'un bras de fer au cours duquel d'Astier l'emporta. Car le contentieux était lourd, et d'Astier pouvait exciper de l'article 3 du décret du 20 novembre 1943 qui stipulait que les attributions données par le C.O.M.I.D.A.C. (Alger) permettaient de contrôler et d'animer vraiment l'action en France sous son double aspect politique et militaire.

Lors de la réorganisation qu'entreprit d'Astier, il exigea le transfert au siège du commissariat à l'Intérieur de Londres de la section « Courrier politique à l'arrivée », puis de la section non militaire (N.M.) du B.C.R.A. Enfin, le 3 mars, le C.F.L.N. confirmait ses attributions vis-à-vis des services secrets : *« Il utilise, par l'intermédiaire de la Direction générale des Services spéciaux, l'ensemble des Services compétents pour ce qui concerne l'action en France. Il peut à ce titre se faire communiquer toutes pièces et tous documents de toute nature émanant de ces Services ou leur parvenant et concernant l'action en France.*

« […] *Dans le cadre des décisions du Comité d'action en France, il lui appartient de prescrire l'envoi des missions civiles en France. Les relations avec les organisations de résistance sont également de son ressort.*

« […] *Les dispositions relatives à l'action militaire et susceptibles d'affecter les relations avec des organisations de Résistance ou d'avoir des répercussions politiques sont portées à la connaissance du commissaire à l'Intérieur. Au cas où ces décisions lui paraîtraient soulever des objections, le Comité d'Action serait appelé à trancher la question*[50]. »

Sans doute ces décisions devaient-elles lui permettre de mieux contrôler la mission de Passy en France, proposée depuis le 19 février par Soustelle. Son voyage correspondait également à la nécessité d'une reprise en main par le B.C.R.A. des organismes militaires de la Résistance métropolitaine de création récente, qui inquiétaient Londres.

Or, d'Astier s'opposa dans un premier temps au départ de Passy. Puis, ne trouvant aucun autre officier supérieur pour cette mission délicate, il se rallia à la candidature du colonel, à la condition de partir avec lui. *« Etant bien entendu*, écrivait d'Astier, *que la mission sera dirigée par moi et que Passy sera sous mon autorité. Le Général me donne son accord*[51]. » Le secret le plus absolu fut imposé sur ce départ, du fait des fonctions cruciales et connues des deux hommes. Mais Passy s'entretint de cette mission avec plusieurs personnes, si bien que Frenay finit par être mis au courant et exigea de partir avec eux. Dans ces conditions, de Gaulle, qui refusait à Frenay tout retour en France, annula le départ de d'Astier, tout en maintenant celui de Passy. Mais lorsque Soustelle soumit son ordre de mission à d'Astier, celui-ci s'éleva contre les attributions données à Passy, par crainte des difficultés que les mouvements leur opposeraient. D'Astier, ayant écrit au Général pour lui expliquer sa position, concluait en offrant sa démission : *« Pour moi la situation est claire. Je préfère ne pas être ministre que d'avoir à m'incliner devant la volonté et les manœuvres d'un fonctionnaire*[52]. »

Ce mot, que d'Astier avait déjà prononcé au sujet de Moulin, correspondait à la vision que les chefs de la Résistance avaient des volontaires de la France Libre et qu'ils considéraient comme des employés, tandis qu'eux seuls étaient de libres citoyens ! Pourtant, contrairement à ce qui s'était produit lors de la précédente attaque, c'est de Gaulle qui s'inclina. Il annula la mission et déplaça Passy qu'il nomma chef d'état-major du général Kœnig[53]. En dépit de l'apparence, c'était une satisfaction sur le fond pour Passy puisque, à ce nouveau poste, il contrôlait toute l'action du B.C.R.A., laissant sous la direction de Manuel le renseignement et le contre-espionnage. D'Astier, ne s'avouant pas battu, proposa qu'un représentant de la Résistance fût adjoint à Passy : *« Ce devait être Raymond*

Aubrac dont le courage et les initiatives n'étaient contestés par personne. Mais cette nomination, à laquelle de Gaulle était hostile, fut rejetée en Comité, pendant un de mes séjours à Londres, sur l'intervention de Henri Fresnay [*sic*] *et de René Mayer qui déclara qu'il y avait trop de Juifs en fonction au commissariat à l'Intérieur*[54]*.* »

Ce refus ouvrit une crise en cascade, car Frenay avait déclaré « *qu'il était favorable à sa nomination* [d'Aubrac], *mais que, pour la rendre possible, il suggérait que Pierre Bloch ou Boris fût "envoyé dans une unité combattante"* [55] ». Boris, ayant appris ces propos, offrit sa démission à d'Astier et de Gaulle. Au premier, il écrivit : « *Comme si j'attendais la suggestion ou l'invitation ou l'ordre de M. Frenay pour connaître mon devoir. Je ressens profondément les propos de M. Frenay. Je ne ressens pas moins le fait que votre collègue, M. René Mayer, ait cru pouvoir s'ériger en juge dans une affaire concernant certains de ses coreligionnaires, à savoir M. Pierre Bloch, M. Raymond Aubrac et moi-même, qui n'avons pas accompli le même périple que lui pour rejoindre le Général de Gaulle. Car si "numerus clausus" il y a, c'est un autre scandale que M. René Mayer en soit bénéficiaire*[56]*.* »

À de Gaulle, Georges Boris précisa qu'il n'avait pas attendu cette tentative d'intimidation pour réclamer sa réincorporation dans une unité combattante, puisqu'elle lui avait été refusée dans le passé par Philip. Boris ajoutait : « *En vous demandant de me relever d'une fonction que je n'avais pas briguée, je tiens à vous dire, mon Général, combien je déplore que ma personne ait provoqué un incident que depuis le 19 juin 1940, je me suis toujours efforcé d'éviter, et à vous renouveler les assurances de mon profond attachement et de mon entier dévouement*[57]*.* »

Boris ayant expédié la copie de sa lettre à René Mayer (commissaire aux Transports), celui-ci écrivait à d'Astier : « *Je n'ai pas l'intention de répondre à Monsieur Boris avec qui je n'ai jamais entretenu de relations épistolaires ou autres ; je me garderai de changer d'attitude.*

« *Ce n'est point, en effet, le ton et le contenu de sa communication qui pourraient m'y conduire. J'estime n'avoir à recevoir de ce personnage aucune leçon, ni de patriotisme, ni de conduite en tant que Français de confession israélite. Je constate seulement, qu'après huit années, Monsieur Boris n'a pas compris le mal que lui et ses pareils dans leur indiscret envahissement du Pouvoir politique à la suite de Léon Blum, ont fait à leurs coreligionnaires, beaucoup plus que la politique du Président du Conseil d'alors, mal qui a ensemencé le germe sans lequel la propagande anti-sémite d'Hitler n'aurait jamais pu avoir en France, l'effet qu'elle y a, comme vous le savez, malheureusement produit*[58]*.* »

Et René Mayer concluait sa lettre par une leçon de bonne administration qu'il souhaitait infliger à d'Astier : « *Il reste un petit fait : si un fonctionnaire de mon Département m'avait adressé une lettre officielle dans laquelle il aurait exprimé l'opinion que la présence au sein du Comité Français de la Libération Nationale d'un de mes collègues constituait un scandale, il aurait été révoqué sur l'heure. Telle est, du moins, la conception que je me fais du Gouvernement.*

« *J'y demeure fidèle, en vous priant de me croire très cordialement.* »

Quelques jours auparavant, Passy, à la suite de sa nomination de chef d'état-major de Kœnig, télégraphiait à de Gaulle : « *Ai l'honneur vous rendre compte que suis incapable de remplir la mission que vous avez bien voulu me confier.*

« Je serais une gêne dans l'action du général Kœnig qui pourra sans moi obtenir d'excellents résultats.

« Je sais par ailleurs par de nombreuses personnes qui vous ont vu que vous n'avez confiance ni en moi ni en mes jugements ou avis.

« Les sphères politiques à Alger et les communistes en France m'ont choisi comme bouc émissaire pour toutes les fautes et tous les manquements dans les relations avec la France.

« Je suis personnellement las et dégoûté et par le fait sans dynamisme.

« En conséquence je vous prie instamment soit de m'envoyer en France dans un poste subalterne du maquis soit de me donner un commandement de quelque grade que vous voudrez en Italie[59]. »

Peut-être parce que cette cascade de démissions faisait désordre, de Gaulle les refusa toutes en bloc ! Mais, à l'heure où approchait la victoire, il ne faisait décidément pas bon avoir compté parmi les premiers compagnons du Général, ralliés dès juin 1940...

C'est la conclusion que Passy confiait le même jour, 14 avril, à Pélabon et Soustelle : *« Quant à moi, je compte aller planter ma tente sur les pentes du Mont Cassino, seul refuge stable pour les proscrits et les épurés. J'ai reçu un peu trop de coups de bâton de la part du Général de Gaulle aussi j'estime avoir le droit à une retraite bien gagnée. Faites l'un et l'autre l'impossible pour que j'obtienne satisfaction*[60]. » Pourtant, Manuel, toujours fidèle, s'insurgeait contre ces mesures dont il demanda le report au général de Gaulle : *« BB — Ma conclusion formelle est qu'il est absolument nécessaire de maintenir le colonel Passy dans le poste de directeur technique des services secrets.*

« CC — Pour les Britanniques Passy est qu'on le veuille ou non lié au général de Gaulle et représente auprès de lui un dévouement fidèle et un partisan convaincu de la politique de stabilité que le Général désire pour la France de demain.

« DD — En ce qui concerne le B.C.R.A.L. et les services spéciaux les mêmes personnes ne comprennent pas ici que Passy abandonne la direction d'un instrument qu'il a forgé et qui tant au point de vue renseignement que action a donné des résultats hautement appréciés par l'état-major interallié.

« EE — Or l'organisation prévue par le SHAEF place la direction des services secrets action et renseignement en dehors de cet état-major. Le SHAEF passera des commandes au chef des services secrets. Il faut adopter une structure semblable c'est à dire remettre Passy à la tête de la D.T.S.S. Ainsi il apportera au général Kœnig appoint de son expérience sans perdre l'autorité incontestable dont il jouit auprès des services secrets britanniques et américains[61]. »

Printemps 1944 : la Résistance oubliée ?

En avril 1944, le rapport de Bingen apporta une nouvelle preuve de la solitude dans laquelle devait agir la Délégation. Il reprenait le leitmotiv que l'on observe chez presque tous les agents de Londres. En dépit des câbles dont il inondait Londres, Bingen restait cruellement dépourvu d'informations, d'instructions et même, durant l'hiver 1943-1944, de moyens financiers. On assistait à un dialogue de sourds, puisque, quand, enfin, le C.F.L.N. donnait des ordres, il semblait ne tenir compte d'aucun des avis adressés par la Délégation : *« Dans des questions qui touchent à l'action immédiate mais qui engagent la politique du C.F.L.N. pour l'époque de la Libération — je pense en particulier à la désignation des secrétaires généraux provisoires — il ne nous est pas possible ici d'aller de l'avant alors que cela serait si nécessaire et si urgent, sans avoir reçu du C.F.L.N. des instructions précises tenant compte des suggestions faites à la lumière de notre expérience d'ici et nous donnant soit quelques ordres impératifs mais raisonnables, soit une latitude suffisante — responsabilité que nous sommes prêts à assumer — pour prendre ici les décisions qui s'imposent. Dans ce domaine, nous ne voulons nous exposer ni à être désavoués par le C.F.L.N. après avoir imposé à la Résistance des solutions que nous croyons sages et qui seraient acceptées de bonne grâce, ni surtout trahir la politique du Gouvernement par des initiatives qui ne correspondraient pas à la ligne politique adoptée par le Général de Gaulle*[62]. »

Par ailleurs, Bingen réclamait d'urgence l'envoi d'une aide matérielle (comme Moulin l'avait fait en son temps), sous forme d'armes et d'argent, dont le manque plaçait « *la Délégation et donc le Gouvernement dans une très fâcheuse posture envers la Résistance* [eux] *qui, chose infiniment plus grave, ont failli faire périr la Résistance elle-même ; si celle-ci a survécu, comme elle survivra elle-même jusqu'à la Libération, quoi que l'on ne fasse pas pour elle ou même que l'on fasse contre elle, le choc a été rude néanmoins et les souffrances des militants de base et en particulier des réfractaires des maquis ou des combattants des corps-francs ont été naturellement accrues dans des proportions que l'on connaîtra mieux un jour*[63] ».

Londres et Alger ne laissèrent pas sans réponse ces accusations. Le 17 mai, voici comment ils se justifiaient : « *Les plaintes formulées fréquemment par la Délégation concernant l'absence d'instructions, l'absence d'informations et d'une manière générale l'absence ou la lenteur des réponses. Il importe que vous vous rendiez compte de votre côté des difficultés que Coridon* [Bingen] *ne paraissait pas apercevoir et qui résultent, pour commencer, du fait que vos télégrammes nous arrivent ici dans des délais qui varient entre 15 jours, un mois et même davantage. Lorsqu'un message est composé de plusieurs télégrammes, il arrive que ceux-ci s'échelonnent sur des semaines et ne deviennent intelligibles qu'après un long délai, au bout duquel ils sont plus ou moins périmés*[64]. »

Afin de mieux se faire comprendre, Londres relatait en détail l'exemple des télégrammes de Bidault concernant la Délégation : « *Pour prendre un exemple, un long message de Léandre* [Bidault] *nous a été expédié via Secnord ; ce message comporte plus de 11 câbles, puisque le dernier de la série que nous ayons en mains est le 11ᵉ et porte la mention "à suivre". Daté du 4 avril, il a commencé à nous parvenir le 28. A l'heure où nous vous écrivons (17 mai) et après réception dans la dernière semaine de deux de ces câbles, nous possédons 10 télégrammes de la série. Il nous manque encore le N° 6 et tout ce qui vient après le N° 11. Nous commençons seulement à nous rendre compte de la signification de l'ensemble et nous sommes tout juste en mesure d'en faire parvenir une synthèse à Alger, tout en mentionnant que nous ne connaissons pas la conclusion du message*[65]. »

En fait, la fin des télégrammes ne parviendra que le 21 juillet 1944, date où il fut expédié à de Gaulle. On ne s'étonnera pas que Bidault n'en reçût jamais aucune réponse[66] : « *Il y a lieu d'ajouter que la transmission à Alger prend environ 5 jours dans les meilleures conditions. Les réponses d'Alger ne nous parviennent elles-mêmes qu'après un nouveau délai, d'autant qu'elles nécessitent souvent une délibération du COMIDAC. Il nous est difficile dans ces conditions de savoir à quelle date vous-même, étant donné les délais de transmission entre Londres et la France, recevrez la réponse que vous attendez. La conclusion à tirer de ce qui précède c'est qu'il faut à tout prix éviter les longs messages s'échelonnant sur un grand nombre de câbles, car on multiplie les chances que des éléments essentiels manquent, qui rendent l'ensemble incompréhensible ou inutilisable. Nous insistons donc pour un grand effort de concision dans la rédaction. L'expédition par une autre voie d'un résumé, quand il s'agit d'un message comportant une série de câbles, pourrait en faciliter la lecture et permettre de suppléer aux parties manquantes. Quant aux plaintes relatives à l'absence d'instructions, s'il s'agit de questions engageant la responsabilité gouvernementale, nous ne pouvons vous adresser que des décisions formelles du C.F.L.N. ou du COMIDAC. Or, nos propres liaisons avec Alger sont défectueuses et extrêmement lentes. Il ne faut pas méconnaître enfin que depuis le mois de mai dernier se sont succédé une série de crises qui ont souvent paralysé l'action gouvernementale ; en conséquence, les décisions y sont difficiles à prendre et ont souvent tardé malgré nos rappels.*

« Pour ce qui est des informations relatives aux événements d'Alger, nous sommes très souvent dans l'ignorance de ce qui se passe en réalité, et quand nous le savons, il est le plus souvent, pour ne pas dire toujours, impossible pour une raison ou pour une autre de vous en faire part[67]*. »*

Ce rapport, qui lève une partie du mystère qui entourait les silences de Londres et d'Alger, ne disait sans doute pas l'essentiel : le problème des liaisons entre Londres et Alger était dû à de la négligence, du désordre et, parfois, à une volonté d'asphyxier le commissariat à l'Intérieur.

Une correspondance échangée entre Philip et Boris durant l'été 1943 éclaire la réalité de la liaison entre le B.C.R.A. à Londres et le C.N.I. à Alger. Une lettre de Philip à Boris datée du 29 août saisit ainsi à chaud le fonctionnement de la circulation des informations entre Paris, Londres et Alger. Elle explique aussi les quiproquos et les tensions, qui furent un des ressorts de cette crise : *« Depuis mon retour ici il y a un mois je n'ai reçu de vous presque aucun télégramme d'information et aucun rapport de France. Je viens de recevoir aujourd'hui le courrier de France du 25 juillet qui donne des nouvelles de mars et avril ce qui me couvre de ridicule, car les services Giraud donnent des nouvelles de 15 jours seulement qui viennent de plus en plus par l'Espagne. Mes collègues du comité à qui je ne puis rien transmettre sont absolument furieux et tous Gaullistes comme Giraudistes attaquent le BCRA avec la dernière violence l'accusant systématiquement de faire le vide (?) et arrêter toute transmission, Charvet* [Frenay] *attaque violemment Passy et il est sur ce point soutenu par la majorité des gens qui arrivent de France qui accusent le BCRA d'arrêter systématiquement les transmissions, tout ceci met de l'eau au moulin des services Giraud et rend une lutte très difficile.*

« J'ai télégraphié à Cochet et Passy d'arriver d'urgence : il est indispensable qu'ils apportent avec eux tout le courrier politique du dernier mois, et les dossiers que nous avons au point de vue économique social et particulier éventuellement et agriculture. Je ne comprends pas comment je n'ai rien reçu alors qu'une foule de gens sont arrivés avec du courrier de Carlton Gardens ; Krier est arrivé hier avec deux sacs pour le cabinet du général, mais rien pour l'Intérieur.

« [...] *mais je ne comprends pas que la valise du Carlton apporte ici régulièrement des papiers pour tous les autres services sauf nous ; cela a tout l'air d'un sabotage systématique.*

« Je ne reçois aucune information de France, mais l'Information en reçoit directement de Londres dans des conditions que je ne puis vérifier ; j'ai ainsi connu le dernier manifeste du conseil de la Résistance en le lisant dans les journaux, je vous rappelle que vous devez m'adresser vous-même les […] [documents] *et non les faire passer par l'Information de Londres*[68]. »

Cette lettre de Philip plongea Boris « dans la stupéfaction ». Il répondit que le courrier avait été envoyé puisque Pélabon (du B.C.R.A.) avait accusé réception. Le début de la lettre conserve un ton administratif. Dans la seconde partie, on découvre que cet homme, si maître de lui, se rebiffe sous le coup des accusations de Philip : *« Ces reproches sont parfaitement injustifiés et je ne les accepte pas. J'ajoute que les conditions du travail sont absolument impossibles pour moi. Je peux dresser la liste des télégrammes et communications récentes auxquels je n'ai jamais reçu l'ombre d'une réponse, ni même l'ombre d'un accusé de réception.* […] *Je vous ai adressé plusieurs communications au sujet de mes entretiens avec Tchnichaeff ; je vous ai posé des questions, pas de réponse. Je vous ai dit l'émotion causée par les nouvelles relatives aux tortures infligées à Max* [Moulin] *et à sa mort probable ; je vous ai demandé de faire prendre position par le Comité, c'est-à-dire par le Général. Pas de réponse. Je comprends que vous êtes très occupé et harassé par la lutte que vous avez à mener. Mais je ne comprends pas que vous n'ayez pas pris un collaborateur capable de suivre le courrier et les télégrammes, et de demander et recevoir vos instructions pour me répondre.*

« Je n'ai pas un goût particulier, vous le savez, pour les fonctions que j'occupe. On demande des officiers pour la "liaison population", qui sont assurés de faire du travail en France dès le débarquement. Etant donné tout ce qui précède je crois que je serais plus utile en cette qualité qu'à continuer, comme vous l'avez si bien dit dans le télégramme, "à tourner dans le vide"[69]. »

Il faut croire qu'en dépit de cette passe d'armes entre les deux hommes rien ne changea au cours des semaines suivantes, dans les liaisons Londres-Alger, si l'on en croit un télégramme de Pélabon à Passy du 11 octobre 1943, deux mois après cette algarade : *« AAA — Général de Gaulle est mécontent du fonctionnement actuel du courrier. Il estime être personnellement mal informé des questions importantes.*

« Sur ces questions ou il ne reçoit rien du tout ou il reçoit des documents volumineux, qu'il n'a pas le temps de lire comme autrefois, je répète qu'il n'a plus le temps de lire.

« BBB — Je te propose [d']*envoyer au général de Gaulle par code — code BCRA — tous les deux jours au moins un télégramme contenant les nouvelles essentielles reçues par les courriers ou les câbles de la métropole.*

« CCC — Il est indispensable que ces télégrammes soient clairs et très facilement lisibles. Une attention toute particulière sera portée par moi à conserver très secrets ces télégrammes[70]. »

Avril 1944 : la mission Clé « installe » Parodi

Le général de Gaulle avait toujours souhaité connaître la personne qu'il choisissait comme délégué du C.F.L.N. Il avait réclamé plusieurs fois la venue de Bollaert. Après son arrestation, il manifesta la même exigence au sujet de Parodi, dont ses collaborateurs lui avaient soumis le nom.

Comme on l'a vu, les choses ne furent pas faciles car Parodi ne se sentait pas qualifié pour une si lourde tâche et un quiproquo malencontreux bloqua la situation durant des semaines. Le 28 mars 1944, lors des entretiens du général de Gaulle avec Serreulles, ce dernier l'avait décidé à faire venir Parodi pour le convaincre[71].

Pendant ce temps, Morandat, envoyé par d'Astier en France pour une mission d'information, s'était forgé un avis opposé. Puisque Parodi ne tenait nullement à cette fonction, il convenait donc de désigner Bingen une fois pour toutes comme délégué général : *« En le laissant dans l'indécision, quant à sa véritable fonction, vous lui enlevez une partie de son autorité et surtout de sa confiance en soi. Je passe mon temps à le regonfler et à lui dire que vous agiriez comme lui, que ce qu'il fait est bien dans la ligne de votre politique, que vous l'aimez bien, etc.*

« Un simple câble de vous arrangerait les choses[72]. »

Finalement, cet ordre n'ayant pu être exécuté, Lazare Rachline (Socrate) se vit donc confier une mission par de Gaulle pour mettre un terme aux atermoiements de la Délégation en France (cet ami de Pierre Bénouville travaillait avec les réseaux anglais et on se souvient que c'est lui qui, voyageant par hasard dans le même train que Hardy en juin 1943, révéla son arrestation par la police allemande). Rallié à la France Libre, il fut choisi pour cette mission délicate, dont le Général avait fixé lui-même les objectifs : installer le nouveau délégué, répartir les tâches entre lui et ses suppléants pour la mise en place des autorités civiles et militaires qui devraient prendre la relève de Vichy[73].

Une surprise l'attendait à Paris, qu'il relate à d'Astier en ces termes : *« En arrivant en France, je pensais, comme me l'avait demandé le Général et vous-même, d'une part d'avoir à insister auprès de Quartus* [Parodi] *pour qu'il accepte le poste de Délégué Général (nous pensions qu'il hésitait et qu'il refusait d'en prendre la responsabilité) et suivant le télégramme qui avait été envoyé à Quartus pendant que j'étais encore à Londres, d'avoir à lui demander de prendre ses dispositions pour rejoindre Londres et Alger. Les raisons alléguées étaient les suivantes : le Délégué Général ne peut avoir d'autorité que s'il a pris contact avec le Président du C.F.L.N., ainsi qu'avec ses membres. En attendant, la Délégation serait composée de : Sophie* [Serreulles], *Cléante* [Bingen], *Guizot* [Laffon], *Mirabeau* [Maillet], *Oronte* [Roland Pré].

« [...] *Cette solution ne convenait à personne et particulièrement pas à Quartus pour toutes sortes de raisons :*

« 1. Quartus questionné par Oronte [lors de son arrivée quelques jours plus tôt] *sur son refus de prendre la charge de Délégué Général lui apprenait qu'il n'avait jamais été averti de cette désignation. Après enquête, Quartus apprenait qu'on lui avait caché le télégramme le désignant, pendant près de 3 mois.*

« Il fut donc mis en place immédiatement par Oronte[74]. »

Quelque temps plus tard, de Gaulle fut informé de son acceptation. On mesure son soulagement aux termes du télégramme qu'il adressa aussitôt à son nouveau délégué : *« Avons appris votre acceptation vous en remercions et vous témoignons absolue confiance dans exécution votre difficile tâche étant donné circonstance vous invitons à demeurer à votre poste à l'intérieur. Signé : Général de Gaulle*[75]. »

La disgrâce de Bingen

Cependant, la découverte par Parodi de la manipulation dont il croyait avoir été l'objet avait laissé des traces, comme Rachline le raconte : *« Vous voyez le climat dans lequel je me suis trouvé avec, en plus, un Oronte* [Roland Pré] *complètement déchaîné contre Cléante* [Bingen] *et Sophie* [Serreulles] *et allant jusqu'à dire : "si Sophie revient en France, je quitte la Délégation."*

« Quartus [Parodi], *pour des raisons exposées plus haut (le télégramme qu'on ne lui montra pas pour conserver des prérogatives auxquelles on n'a plus droit) était également très monté contre Cléante n'ayant plus confiance en lui et contre Sophie qu'il considérait comme co-responsable de ce qu'il considérait comme une véritable escroquerie*[76]. »

L'arrivée de Roland Pré fut donc catastrophique pour Bingen. D'abord parce que ce rallié de fraîche date, ignorant tout des arcanes de la Résistance, avait été chauffé à blanc par le B.C.R.A. qui, après la disparition de Brossolette, l'avait investi du rôle de justicier. Ne connaissant Serreulles et Bingen qu'à travers les caricatures qui circulaient à Londres, il était sûr de son fait. Ensuite, parce que, ayant découvert ce qu'il crut être une trahison, il s'empressa de la semer à tout vent et la fit annoncer à Londres par Closon.

La nouvelle organisation désignait Parodi comme délégué général, Pré, son adjoint délégué pour la zone nord, et Bingen pour la zone sud. Formulée abruptement, elle fut ressentie durement par Bingen qui, des mois durant, en compagnie de Serreulles d'abord, puis seul depuis décembre, coupé de Londres, avait maintenu l'autorité du C.F.L.N. (il se décrivait lui-même comme le « faisant-fonction »). Il ressentit cette réorganisation pour ce qu'elle était, un désaveu, d'autant plus humiliant qu'il était accompagné, fortuitement, d'un soupçon infamant.

Grâce au rapport qu'il rédigea aussitôt pour Londres, nous connaissons sa première réaction : *« Tout seul depuis le 1er décembre et en collaboration avec Sophie* [Serreulles] *depuis le 1er septembre (car Géronte* [Bollaert] *n'a jamais réellement occupé ses fonctions et ne jouissait auprès de personne d'aucune autorité).*

« [...] *la France est avec le C.F.L.N. ou tout au moins avec le Général de Gaulle, et l'expression la plus autorisée de cette volonté de la grande majorité du Pays, c'est encore le C.N.R. lorsqu'il est unanime. Pour que le C.N.R. soit unanime, il faut que votre délégué aide à y réaliser l'unanimité et je crois avec Arnolphe* [Morandat], *avec Léandre* [Bidault] *et avec tant d'autres (je ne suis pas sûr que Quartus* [Parodi] *ne pense peut-être pas comme moi) que Quartus qui ne connaît ni la Résistance, ni les représentants les plus astucieux de la Résistance, comme Colbert* [Villon], *ni Alger, ni le Général de Gaulle, et qui est avant tout un fonctionnaire intègre, droit et sans initiative, est incapable de remplir des fonctions que j'étais à même aujourd'hui, l'expérience de quelques mois le prouve, de remplir sinon de façon excellente, du moins le moins mal qu'il était possible et à la satisfaction des gens d'ici*[77]. » « *Je* [...] *ne regrette pas,* ajoutait-il, *d'être débarrassé de la tâche surhumaine qui aurait été la mienne comme Délégué au cours des semaines et des mois à venir.* »

Heureusement, en récompense de son travail, de Gaulle avait attribué à Bingen la croix de la Libération et lui en fit part dans une lettre personnelle :

« Mon cher ami, je suis heureux de vous faire apporter la croix de la Libération, qui vous a été décernée et que vous méritez si bien !

« Plus que jamais, je vous tiens pour un "compagnon" avec tous les prolongements que comportent le mot et la chose.

« Croyez à mes fidèles et profondes amitiés[78]. »

Bingen en fut réconforté et pria *« de remercier tout particulièrement le Général de Gaulle*[79] *».*

Cependant, Bingen, fort de la longue pratique qu'il avait de la Résistance, estimait que la réorganisation présentait pour l'efficacité de l'action des inconvénients rédhibitoires. La formation d'une Délégation unique comprenant délégués civils et militaires lui semblait d'autant plus excellente que Serreulles et lui la demandaient depuis l'automne 1943. Il aprouvait également la désignation de Parodi, *« vu la haute autorité morale et technique de Quartus* [Parodi] *dans un domaine, celui de la haute administration et des dispositions réglementaires à caractère juridique où vos autres délégués ne possèdent qu'une compétence d'amateurs, somme toute assez réduite.*

« La conscience et la grande probité intellectuelle de Quartus seront en outre fort efficaces si un conflit s'élevait entre vos Délégués spéciaux ou neufs, dont le libellé des missions, malgré tout votre désir de bien faire, ne cadre pas toujours avec les réalités d'ici et les possibilités pratiques de travail. »

Mais, de ce point de vue, il apparaissait clairement que Roland Pré n'avait pas compris le fond de ses instructions et que, en les interprétant à la lettre, il ne faisait que déformer le sens de la réorganisation prônée depuis des mois par Bingen et Serreulles : *« […] celle d'une Délégation générale ayant à sa tête un Président, lequel intervient dans les grandes questions politiques notamment auprès du Bureau du C.N.R., qui est tenu au courant des grandes lignes de l'activité de chacun des autres Délégués, qui arbitre les différends possibles, possède une sorte de droit de veto sur des initiatives individuelles qu'il juge malencontreuses et qui, lui-même, comme chacun des autres Délégués, assure directement la Direction d'un Secteur dans l'activité d'ensemble de la Délégation Générale. »*

En traduisant ses ordres mot à mot, Pré faisait de Parodi, non le président éminent et protégé dont de Gaulle avait accepté l'idée, mais un nouveau *primus inter pares* aussi vulnérable à la contestation et au risque que l'avaient été Jean Moulin puis Émile Bollaert. Bingen mettait donc son espoir dans le retour de Serreulles qui restituerait aux instructions leur vraie signification et dissiperait le malentendu : *« Il disparaîtra, je l'espère tout à fait, lorsque Sophie* [Serreulles] *nous fournira en détail la pensée réelle du Général et de Merlin* [d'Astier] *qui est, j'en suis maintenant à peu près certain, conforme en tous points à la thèse que nous n'avons ici cessé de soutenir et que Sophie a dû vous exposer*[80]*. »*

Enfin, pour de simples raisons d'efficacité, Bingen ne se figurait pas comment Pré et Parodi pourraient *ex abrupto* s'acquitter des lourdes et délicates responsabilités que cette version des ordres de Londres leur avait dévoilées. Preuve en était la longueur de son propre apprentissage : *« En particulier, pour surveiller de haut les questions militaires et aider auprès des Mouvements les Délégués Militaires de zone, il faut une longue connaissance des hommes en cause et des conflits récents ; ce n'est qu'après plusieurs heures d'entretien chaque semaine avec Polygone* [Bourgès-Maunoury] *et Chaban pendant plusieurs mois, et des contacts réguliers avec les Mouvements et Services Régionaux depuis huit mois, que j'ai pu acquérir un fond de connaissance à peine suffisant pour être une aide à vos Délégués militaires et, non pas simplement un Pion — dans tous les sens du mot — ce dernier ayant prévu une répartition des tâches Oronte* [Roland Pré] *et moi-même qui donnait à Oronte l'action, ce qui serait inefficace et donc inapplicable avant un délai assez long. Sophie* [Serreulles] *aurait pu vous dire que lors de mon arrivée, et malgré mon long séjour actif dans le sérail du B.C.R.A., il m'a fallu près de deux mois d'effacement devant Scapin* [Serreulles], *malgré ma complète intimité et confiance en lui, avant d'acquérir les connaissances nécessaires à une honorable efficacité*[81]. »

Mais c'est quelques jours plus tard, le 20 avril, dans une lettre conjointe à d'Astier et Boris, que Bingen livra le fond de sa pensée et le chagrin de son cœur : « *Cette lettre vous fera part de mon cafard et de ses causes pour tout dire de mon découragement.* [...] *Je me trouve pour l'heure dans le 36ᵉ degré moral*[82]. » Pourtant, il a connu ce qu'il ignore encore être son dernier bonheur : « *Je tiens à ce que vous sachiez la très grande joie que m'a apportée la notification par OGN* [Rachline] *de mon compagnonnage. Je vous prie de le dire au président* [de Gaulle] *en lui exprimant ma profonde reconnaissance et en l'assurant — si cela n'est pas superflu — de tout mon dévouement. Et comme je pense que statutairement ou hiérarchiquement ou tout simplement par amitié, vous êtes l'un et / ou l'autre co-auteurs ou échelons intermédiaires de cette élévation, je vous en exprime à tous deux mes très cordiaux remerciements et l'assurance de mon amitié fidèle.* »

Après ce détour sur ses sentiments personnels, Bingen revient au problème technique de l'articulation du pouvoir au sein de la Délégation, décrivant la nouvelle Délégation en ces termes : un délégué général trop exposé, avec pour adjoints un « *cabochard douteux* » et « *trop compétent* » (Bingen) et « *un néophyte ambitieux* » (Roland Pré). Surtout, il avait à cœur de défendre sa position. Il n'avait pas trompé délibérément Parodi. Il n'avait fait qu'attendre, de Serreulles, la confirmation de l'approbation par de Gaulle de leur solution et avait, pour ce faire, maintenu le *statu quo* avec l'accord des autres responsables et en en ayant averti Londres : « *La décision (purement conservatoire) — vu que je vous en avisais et que Dthz* [d'Astier] *devait venir — que j'ai prise à l'époque, m'a été dictée par un désir de continuité à un moment où ça marchait et où ma charge, écrasante, ne me permettait pas des valses-hésitations ou une éducation nouvelle. En outre j'avais — et vous aviez — l'avis d'Anlph* [Morandat], *celui de S* [Serreulles], *et ultérieurement je me suis même ouvert du cas au pieux Bp* [Bidault] *qui m'a absous. En outre un message de vous annonçant que ONT* [Roland Pré] *et moi devions provisoirement partager l'ensemble des attributions m'avait semblé être un accord à ma position provisoire.* »

Le désordre, la confusion, le désarroi actuels n'étaient dus qu'à la maladresse de Roland Pré qui avait « *amplifié, commenté, envenimé pour tout dire, un cas certes délicat, mais dont je vous prie de croire que la délicatesse ne m'avait aucunement échappé et dont je vous avais, avec d'autres, tenus informés.*

« [...] *Ai-je bien compris ?* demandait Bingen pour confirmation, *S nous le dira, mais beaucoup de mal a déjà été fait* [...].

« [...] Si *j'ai bien compris, je compte sur les talents de S et la proximité de ses récents intimes contacts pour faire triompher, dans la bonne humeur générale, au moins du quatrième* [Parodi] *et de presque tout le monde, une solution à la fois de bon sens, d'autorité et d'efficacité. Mais je ne vous cache pas, à titre d'indice que d'une part ONT est très inquiet de l'arrivée de S (dont il nous avait dit qu'il n'avait pas de chances de revenir), et que le quatrième lui-même entrevoit sans grande joie la nécessité de "reconsidérer" éventuellement le problème*[83]. »

Cette lettre allusive et contournée à cause de la clandestinité, du regard des Britanniques et de la censure anglaise, révèle les deux motifs de tristesse de Bingen. D'un côté, il est dépossédé brutalement d'un rôle qu'il a brillamment tenu dans des circonstances particulièrement tragiques (manque d'argent et d'armes, hécatombe de chefs), et ce pour établir une organisation de la Délégation qu'il condamnait à cause de son inefficacité. Mais le second motif de sa réaction était pire encore, puisqu'il s'agissait de l'accusation terrible que claironnait Roland Pré.

C'est au retour de Rachline, à la mi-juin, que d'Astier et de Gaulle furent mis au courant de cette affaire. Bingen était mort depuis un mois. Aussitôt, Serreulles s'appliqua à disculper son ami. On connaît sa réaction par une note du 15 juin : *« Ce n'est pas sans émotion que j'ai appris, lors de l'arrivée simultanée du Général et de Socrate* [Rachline] *à Londres, la version qui circulait à Paris comme à Alger d'un prétendu mauvais procédé de Cléante* [Bingen].

« Au cours de la première entrevue que m'a accordée le général, celui-ci m'en a lui-même parlé avec une légitime mauvaise humeur[84]. »

Aussitôt, Serreulles dépouilla la collection de télégrammes échangés entre Bingen et Londres afin de rétablir exactement les faits. Il découvrit que l'affaire commençait le 12 novembre, lorsque Londres câbla à Bingen : « *Quartus* [Parodi] *est désigné pour faire l'intérim de Baudoin* [Bollaert] [85]. » On connaît la suite : Parodi ayant exigé, pour accepter l'intérim, la possibilité de conserver Serreulles à ses côtés, Bollaert refusa et ne voulut même pas transmettre ses explications à Londres. Serreulles prit sur lui de les expédier sous forme de câbles sur sa radio, Parodi confirma ses exigences dans une lettre envoyée à d'Astier le même jour.

Bollaert décida alors de désigner Bingen pour assurer son intérim, ce que confirma Bingen à Londres. Mais, le 11 janvier 1944, Londres informa Bingen de nouvelles dispositions : *« Intérim Beaudoin* [Bollaert] *a été réglé par ordre de mission Oronte* [Roland Pré] *date du seize décembre : "Oronte assurera en commun accord avec Cléante* [Bingen] *suppléance de Beaudoin près du C.N.R. d'une manière générale il se partagera la tâche avec Cléante en tenant compte de la meilleure utilisation de leurs compétences respectives." En conséquence intérim attributions délégué général devra être partagé entre vous et Oronte à son arrivée*[86]. »

Ce câble fut suivi quelques jours plus tard, le 22 janvier, par un autre câble de d'Astier à Bollaert : *« Juge nécessaire, étant donné retard votre voyage et possibilités circonstances graves pendant absence de durée incertaine, que votre intérim soit assuré par haute personnalité distincte des secrétariats de zone. Approuve entièrement votre choix Quartus* [Parodi]. *Vous prie le faire revenir sur son refus en prenant toutes dispositions propres à satisfaire ses desideratas.*

« Pour Beaudoin [Bollaert] *à transmettre à Quartus : vous prie instamment revenir sur votre refus intérim. Etant donné circonstances exceptionnelles formule accord doit être trouvée, d'ailleurs n'ai pas compris question Corot* [Serreulles] *dont ignorons identité*[87]. »

Bollaert, à qui ce câble était adressé, déclara à Bingen et à Serreulles qu'il refusait d'en tenir compte, ayant pris ses dispositions auparavant et qu'il avertirait Londres dès son arrivée, la semaine suivante. Son arrestation (2 février) fut la cause de cette malheureuse affaire puisque Londres ne fut jamais informé de sa décision.

Pourtant, Bingen informa Morandat (qui venait d'arriver de Londres) de la situation. Ce dernier, après enquête, jugea Parodi *« impossible »*, estimant qu'Alger devait nommer Bingen délégué général. Ce qui incita Bingen à télégraphier aussitôt à d'Astier : *« Vu absence Oronte* [Roland Pré], *Cléante* [Bingen] *n'a pas voulu changer statut fixé par Beaudoin* [Bollaert], *approuvé par Merlin* [d'Astier] *et trouvé satisfaisant par Arnolphe* [Morandat] *après première enquête. Conclusion : à défaut venue Bernard* [d'Astier] *éminemment désirable pour règlement sur place, toutes décisions permanentes lui sont réservées, si possible après rapport verbal Cuizot* [Laffon] *ou Mirabeau* [Maillet] *ou Scapin* [Serreulles][88]. »

Après avoir cité ce dernier télégramme auquel Londres ne répondit pas, Serreulles conclut son rapport par ces mots : *« Cléante* [Bingen] *et Scapin* [Serreulles] *loin de vouloir écarter Quartus* [Parodi] *ont été au contraire, toujours favorables à sa nomination. »*

Ce ne fut pas l'avis de Boris à qui Serreulles confia ce document pour le transmettre à de Gaulle et d'Astier : *« Je crois,* commenta-t-il, *que, selon le style B.C.R.A., Oronte* [Roland Pré] *a bien vachardé Sophie* [Serreulles] *et ce pauvre Cléante* [Bingen], *de sorte que Quartus* [Parodi] *n'avait guère envie de revoir Sophie.*

« L'affaire du télégramme caché à Quartus n'est évidemment pas très bonne ; il faut dire cependant que Sophie a donné une version plausible, laquelle, sans le disculper complètement, lui et son ami, retire à l'affaire tout caractère criminel. Il assure que Baudoin [Bollaert] *à la veille de son départ manqué de janvier, avait pris sur lui la responsabilité d'arrêter la nomination de Quartus et qu'il avait l'intention de s'en expliquer en arrivant à Londres. Puis, une douzaine de jours plus tard, Arnolphe* [Morandat] *à son tour nous télégraphiait pour demander le maintien de la délégation dans sa composition du moment jusqu'à votre arrivée* [d'Astier]. *Ainsi Cléante et Sophie seraient couverts, ce qui n'empêche pas à mon sens qu'ils auraient dû nous faire savoir que Quartus, sur l'ordre de Beaudoin, n'avait pas été prévenu. Il est très visible que la nomination de Quartus leur déplaisait et qu'ils ont été jusqu'à la limite de ce qui pouvait être fait pour l'écarter. Un jugement de Salomon retiendrait contre eux la charge d'avoir tout fait pour garder le pouvoir, sans avoir outrepassé les bornes de la légalité*[89]. »

En outre, sur le texte adressé à de Gaulle, Boris avait ajouté ce commentaire explicite : *« Ceci ne correspond pas aux faits. Il apparaît que Cléante* [Bingen] *et Scapin* [Serreulles] *partageaient d'abord l'opinion exprimée dans la lettre d'Arnolphe* [Morandat] *et n'ont que plus tard envisagé une délégation dont Q.* [Parodi] *aurait la présidence*[90]. »

Ce jugement sévère de Boris est cependant erroné. En écrivant ces mots, il avait oublié l'un des premiers rapports de Serreulles, en juillet 1943, dans lequel celui-ci faisait part des réflexions suscitées par l'arrestation de Moulin : *« En complet accord avec les décisions du C.G.E. je pense que le successeur de Max* [Moulin], *s'il veut durer et il le doit, doit demeurer dans l'ombre, ne présider aucun comité, ne voir à peu près personne, adoptant en cela les méthodes des chefs communistes. Il sied à l'autorité parfois qu'elle soit entourée de mystères.*

« Pour accomplir sa tâche, ce délégué général devra toutefois être secondé par deux délégués, l'un travaillant plus spécialement en Z.N. l'autre plus spé-

cialement en Z.S. Mais qui soient pratiquement interchangeables. En cas de mise hors de combat de l'un de ces trois personnages les deux autres continuent le travail sans difficulté[91]. »

C'est autour de ce thème que Serreulles puis Bingen édifièrent leur projet, qui n'était pas l'alibi d'une faute. Ils furent sur le point d'aboutir à quelques jours près, puisque le 25 avril, Serreulles avait écrit à Bingen : *« Les décisions prises par le C.O.M.I.D.A.C.* [Alger] [...] *sont en parfaite conformité avec ce que nous souhaitons. »* D'ailleurs Rachline, qui ignorait ces idées, mais qui était le seul témoin ayant vécu cette affaire sur le terrain, écrivit à d'Astier : *« Vous avez des explications dans ce même courrier, de Sophie* [Serreulles] *et de Boris et vous pourrez constater qu'à certains égards la responsabilité de Cléante* [Bingen] *et de Sophie est singulièrement atténuée dans les reproches qui leur sont faits, à la lumière des textes qui vous sont également envoyés*[92]. »

Cette affaire est un des exemples les plus dramatiques du problème crucial des liaisons dans la Résistance. Elle révèle les difficultés (presque incroyables à imaginer aujourd'hui) que les clandestins devaient surmonter en permanence et que l'on a observées tout au long de la mission de Moulin. On constate souvent qu'il suffit de quelques jours de retard dans l'expédition ou la réception des directives établies à Londres pour que tout ou partie en soit obsolète. Qu'il s'agisse des questions techniques, militaires ou politiques, les exemples foisonnent : création du Comité de coordination zone sud, Armée secrète, C.N.R., etc. Chaque fois, un ajustement est nécessaire entre les prescriptions de Londres et la situation réelle sur le terrain. À quoi s'ajoutent le chevauchement de missions, l'opposition des chefs de mouvements aux directives de Londres, les affrontements entre le personnel de Londres et les résistants métropolitains, etc.

En l'occurrence, un simple décalage dans le temps provoqua un drame qui jeta la suspicion sur l'honneur d'un martyr.

Paris, 14 avril 1944 : le testament de Bingen

Sous le coup d'une accusation calomnieuse, épuisé par des mois d'un conflit absurde, déconcerté par les nouvelles directives de De Gaulle, Bingen fut-il envahi par un pressentiment ? Il rédigea le 14 avril une lettre testament qui commence par ces mots, déchirants quand on connaît la suite des événements : *« J'écris ce soir ces quelques pages parce que pour la première fois je me sens réellement menacé*[93]. » Une partie de sa lettre est un message intime adressé à ses amis et à sa famille, la dernière partie, politique, mérite d'être relue et méditée à la lumière de son expérience de dix mois de clandestinité, au terme de la plus absurde et scandaleuse querelle qui secoua la Résistance.

« Maintenant j'ai aussi le droit et le devoir de souligner ce que j'estime des fautes lourdes, qui ont certes des excuses mais qui n'en comportent pas moins de graves responsabilités sur le plan moral et sur le plan matériel.

« D'octobre à avril, ni le Comité [C.F.L.N.], *ni ses services spécialisés, ni les services "amis" n'ont rempli le minimum de leur devoir. En six mois, il n'y a pas eu un seul départ de France par les moyens qu'ils avaient seuls la charge et le devoir de faire fonctionner.*

« En six mois je n'ai — et quand j'écris je c'est que je parle pour moi à titre d'exemple — pas reçu ou expédié un seul courrier complet dans les délais

normaux et par une voie normale. Bien plus, aucun des nombreux arrivants ne m'a jamais apporté une seule lettre privée depuis le mois de novembre.

« Jamais je n'ai reçu un mot de réconfort, jamais une lettre (ou un câble) d'encouragement officielle ou officieuse. Je n'ai pleinement senti et apprécié cette carence scandaleuse et inhumaine qu'en recevant tout récemment une lettre de Bill C.B. (qui a mis deux mois) et une note officielle assez directe et cordiale de George B [Boris] *(de cinquante jours de date).*

« C'est à la carence des services dont c'est la tâche no 1, sinon la seule, qu'est due la chute d'amis ou de camarades nombreux que je n'énumérerai pas ici car la liste risque de s'allonger d'un jour à l'autre. C'est à cette carence qu'ont été dues mes principales difficultés, ici, et notamment la scandaleuse castration sur place, dans le danger, des principaux envoyés d'A. [Alger] *Et de L.* [Londres].

« Jamais je n'ai reçu une seule lettre officielle ou personnelle de Merlin [d'Astier] *ou de Marnier* [Manuel] *ou de Pel* [Pélabon]. *Et je ne parle pas de Passy car de lui je n'attendais rien que des difficultés.*

« Enfin je déclare le rappel de Sophie [Serreulles] *scandaleux et scandaleuse aussi la nomination de 4tus* [Parodi], *non pas en soi, mais Sophie non entendu alors que seul il connaissait quelque chose de quelque chose.*

« Scandaleux le traitement de Polygone [Bourgès-Maunoury], *le meilleur de vos hommes ; scandaleuses les conditions de l'envoi d'un Oronte* [Roland Pré] *novice avec des instructions bâclées, odieuses, pas à jour, et qui auraient mérité que j'arrête aussitôt mon travail si je n'avais eu de mon devoir un sens élevé que l'on acquiert ici mais pas dans les bureaux*[94]. »

Tous les agents du B.C.R.A., de quelque grade qu'ils relèvent, reconnaîtront leurs propres griefs dans cette diatribe. Les rapports des radios, des officiers d'opération et des délégués sont, aujourd'hui, dressés comme un mur des lamentations en papier. Cependant, on doit à la vérité de dire que les jours terribles qu'il vécut rendent Bingen oublieux de points secondaires. On a lu, en effet, la lettre de d'Astier. De Gaulle entendit si bien les arguments de Serreulles qu'il suggéra sa nomination définitive. Quant à Roland Pré, homme du B.C.R.A., il obéissait aux instructions reçues d'en finir, en France, avec Bingen, tandis qu'à Londres on s'occupait de Serreulles.

La dernière partie de la lettre était destinée à de Gaulle. *« Enfin m'adressant à Charles* [de Gaulle] *(à qui il faut montrer ce qui précède) je le mets en garde contre trois graves erreurs qui risquent de coûter cher non seulement à lui (c'est son affaire) mais à la France qui espère en lui.*

« 1) Contrairement à ce que pense Charles, le choix des hommes a une importance extrême et ce bon choix, minutieux, révisable, patient, est le devoir no 1 et la charge principale d'un vrai chef. Un homme n'en vaut pas un autre ! Tous ne sont pas également méprisables. La "fidélité" n'est pas toujours un signe de dévouement vrai.

« 2) On ne peut pas être novateur, "révolutionnaire", et être obnubilé par les titres officiels comme l'est Charles. Un général, un évêque, un ambassadeur, un conseiller à la Cour des comptes, un ancien ministre... méritent tout au plus un préjugé favorable, et cela dans certains postes et pas dans tous. Ni Staline, ni Hitler, ni d'autres n'auraient eu leurs réussites même temporaires s'ils avaient été "embourgeoisés" dans le fond de leur âme comme l'est encore Charles. Attention, c'est très grave.

« 3) Que Charles ne se croie pas attendu comme le Messie. Certes il sera, à juste titre, très bien reçu ici, et les espoirs de millions de Français et de Françaises sont attachés à ce qu'il fera. Mais son crédit n'est pas illimité, loin de là. Qu'il se méfie et soit humain, en politique intérieure comme en politique extérieure et dans le choix de son entourage. Gare aux fidèles dociles qui ne sont que des ambitieux roublards et sans valeur. Ils peuvent le faire vite culbuter.

« […] *Ce papier ne verra peut-être jamais le jour, si je survis à la tourmente prochaine. J'ai foi que la France sera digne de ses grandes traditions dans les mois à venir ; chaque homme est petit, presque toujours médiocre ; mais le militant renferme des trésors d'héroïsme ; et en équipe tous ces hommes courageux forment un puissant levain d'où peut sortir une France nouvelle, si Charles sait l'animer par un bon choix de ses amis et collaborateurs, par un amour humain de notre pauvre patrie.*

« Je n'ai rien d'autre à ajouter ce soir[95]. »

Bingen, discipliné, quitta Paris le 10 mai par le train de 16 heures et rejoignit Clermont-Ferrand en zone sud, où il souhaitait établir son P.C. Il était attendu à son arrivée par un agent de liaison des M.U.R. Celui-ci avait choisi, par hasard, Alfred Dormal comme adjoint, en fait un agent belge de la Gestapo. Le 11 mai, les deux hommes déjeunèrent avec Bingen. Le soir même, Dormal prévint la Gestapo que Bingen couchait, à la gare, dans les wagons-lits transformés en hôtel. Effectivement, le lendemain, à 5 heures, il fut interpellé par la police allemande. Emmené au siège de la Gestapo à 7 heures 30, il fut laissé sous la surveillance de deux gardes. Après en avoir assommé un, vers 8 heures, Bingen s'enfuit à travers la ville. Poursuivi, il s'engouffra brusquement sous le porche d'une maison. Peut-être s'en serait-il tiré si une employée de la Banque de France, Odette Courtial, n'avait fait stopper un camion allemand et désigné la retraite du fuyard ! Repris, conduit au poste de garde, Bingen sortit son mouchoir où était cachée sa pilule de cyanure et l'avala. Pendant son transport au siège de la Gestapo, il expira[96].

Comme souvent dans la Résistance, la nouvelle de son arrestation fut connue presque aussitôt, mais nul ne sut son véritable sort. Le secret en fut si bien gardé que, plus d'un mois plus tard, Lambert, le secrétaire de Bingen, télégraphia à Londres pour l'informer des démarches qu'il avait entreprises auprès du cabinet de Pétain pour le faire évader, puisqu'il le croyait aux mains de la police française. Il demandait des instructions : *« Dois-je poursuivre conversations dans quel sens*[97] *? »*

Quatre jours plus tard, Londres télégraphiait la réponse directement à Parodi, avec copie à Lambert : *« 1°) Il ne saurait être question d'aucun marchandage politique à propos de la libération d'un des nôtres quel qu'il soit. Veuillez donc cesser toute conversation sur le terrain politique.*

« 2°) Il faut exiger immédiatement de Menestrel [*sic*] [du cabinet de Pétain] *la libération de Coridon* [Bingen]. *Comme tous les responsables au courant, Ménestrel répond pour nous de la vie de Coridon. En échange de la libération de Coridon vous pourriez éventuellement assurer le passage en Suisse de Ménestrel.*

« Nous saisissons Alger de cette question en vue d'obtenir des instructions définitives[98]. »

Sans perdre de temps pour une affaire aussi importante, Parodi répondit le jour même : « *Jourdain* [Lambert] *je dis Jourdain vient me rendre compte des ouvertures faites par entourage Pétain je dis Pétain Top Belladone* [Parodi] *à Comidac Top J'interdis formellement tout contact où délégation apparaîtrait à titre quelconque Top* [...] *estime aucune suite à donner actuellement fin*[99]. »

Au paroxysme des préparatifs de la libération, qui, parmi ceux qui avaient connu Jacques Bingen, pouvait encore s'attarder sur son sort ? Cette oraison funèbre était digne de la tourmente où il avait choisi d'affronter son destin.

Le tombeau de Jacques Bingen

Jacques Bingen fut un personnage de Proust, mort en soldat de Plutarque. Comme beaucoup de volontaires de la France Libre, à commencer par Jean Moulin, il n'était en rien un héros prédestiné. Dans ce domaine, combien ces deux séducteurs furent loin du général de Gaulle, dont chaque étape de la vie était un pas vers la légende et dont les dissonances de caractère, la noblesse des échecs, la démesure des engagements annoncent les grandes catastrophes ou les grands destins.

Avec Jacques Bingen, rien de tel. Sa réussite professionnelle de grand bourgeois, son intelligence teintée d'humour désabusé, son élégance aussi discrète que sa rigueur morale et jusqu'à son charme d'homme à femmes, tout l'éloigne de l'héroïsme d'apparat dont les anciens combattants dans l'entre-deux-guerres avaient organisé le culte grandiloquent.

Mais, parce qu'il crut à la liberté, parce qu'il eut le courage d'une judéité revendiquée comme un honneur, il participa à la guerre de 1939 avec le détachement d'un devoir à accomplir. La défaite le révéla à lui-même. Comme beaucoup de Français, il aurait pu fuir pour se mettre à l'abri. L'Amérique l'attendait. Aussi naturellement que d'autres Français épousèrent la servitude, il choisit la revanche et s'engagea chez de Gaulle. Les talents y étaient rares chez la poignée de volontaires modestes de juin 1940. Tels ceux d'Aron, Boris, Cassin, Schumann, le Général utilisa ces talents au mieux des intérêts de la France Libre, qu'il s'agissait de faire exister d'abord par l'organisation et l'administration, avant d'occuper les champs de bataille.

Bingen accepta d'œuvrer dans un poste sans éclat, mais où ses connaissances étaient irremplaçables. Ce fut pour lui, comme pour les premiers volontaires affectés d'office dans un bureau, un sacrifice de ne pouvoir participer immédiatement au combat les armes à la main.

Dans son poste de directeur de la marine marchande, il révéla sa compétence, en forgeant un instrument efficace pour participer à l'effort de guerre allié. Cette efficacité, il la mit en œuvre dans les services secrets qu'il choisit, au sein de la section politique (N.M.) du B.C.R.A. où il fit, sans le savoir encore, l'apprentissage de sa mission en métropole.

Il rencontra Moulin à Londres au printemps 1943. Ce fut le coup de foudre de la confiance et de la fidélité. Aussi demanda-t-il, dès la disparition de son modèle et ami, à suivre son exemple pour le venger. Engagé dans une mission chaotique, il fallut son intelligence aiguisée et un courage insoupçonné pour ne pas succomber au cyclone pitoyable qui secoua la Délégation après son arrivée. Cet homme de caractère eut besoin d'une ténacité peu commune pour faire face, non seulement au harcèlement quotidien de la Gestapo, mais encore à l'aveuglement du B.C.R.A. dont il avait été pourtant l'un des responsables les plus dynamiques et les plus efficaces.

La dernière avanie, cette préférence accordée à un haut fonctionnaire presque débutant, l'atteignit dans sa dignité car elle était ambiguë. Il pouvait croire que son talent et sa fidélité étant hors de cause, c'était sa judéité qui posait un problème : le représentant du général de Gaulle, qui défilerait à ses côtés sur les Champs-Élysées, pouvait-il être juif ?

À cette période et dans ces conditions, il avait peu de chances de s'en sortir. Cette mort, que son engagement de 1940 lui avait fait choisir au nom de la liberté, vint à sa rencontre sous le masque hideux d'une double trahison commise par des Français.

Dans la crainte d'une défaillance corporelle qui guettait tous les résistants, Jacques Bingen choisit de disparaître avec la discrétion d'un homme bien élevé, croquant une dragée qu'il savait mortelle. Telle fut la fin de cet homme dont le chef, le colonel Passy, doutait de la valeur morale.

La succession de Bingen

Après la disparition de Bingen, il fallut le remplacer. L'intérim de la Délégation fut immédiatement assuré en zone sud par Jacques Baumel, secrétaire des M.U.R. Par ce geste, la Résistance prouva, cette fois-ci, qu'elle était décidée à intervenir dans le choix du successeur d'un délégué du C.F.L.N. Ce fut Pascal Copeau, appuyé par Pierre Hervé et Marcel Degliame, qui se chargea de l'opération. Tous les trois contrôlaient déjà les postes dirigeants de la Résistance en zone sud et souhaitaient couronner leur emprise en imposant un délégué de leur choix. Copeau s'opposa donc à la candidature de Laffon (délégué d'Alger) ou de Leenhart (un socialiste ami de Philip). Sa préférence allait à Morandat, ami de d'Astier et de Libération, qu'il jugea finalement trop « marqué ». En conséquence, il engagea une campagne en faveur de Pierre Hervé. Pour faire aboutir cette candidature, il adressa une lettre à Parodi et un câble à d'Astier dans lesquels il développait son argument principal : *« Je suis complètement sûr pour ma part, que la présence de Verdier* [Hervé] *à la délégation modifierait complètement l'atmosphère des rapports entre celle-ci et les différentes forces de la Résistance*[100]. »

Il est instructif de connaître ce que signifiait pour Copeau cette transformation : *« La création de l'Exécutif zone Sud* [...] *car si c'est devenu possible, cela signifiait en somme la fin d'un conflit qui était latent depuis l'époque de Moulin, sur le problème suivant : Est-ce que la Résistance va être une organisation aux ordres de Londres, quadrillée et organisée par des agents venus de Londres, ou est-ce que la Résistance est une affaire totalement indépendante, revendiquant éventuellement d'être antérieure à l'appel du 18 juin — ce qui d'ailleurs est vrai partiellement — et est-ce que comme le prétendait Frenay, par exemple, tout ne procède pas de la Résistance, le général de Gaulle lui-même n'étant qu'un représentant de la Résistance à l'extérieur*[101] *? »*

La campagne de Copeau eut d'abord un résultat négatif : elle fit échouer successivement les candidatures de Baumel, Laffon, Lambert, Leenhart, Morandat et Roland Pré ! Mais le veto du parti socialiste contre Hervé fut tout aussi efficace pour lui barrer la route.

Parodi, fort de sa nouvelle autorité, trancha finalement en désignant un membre de la Délégation auquel personne n'avait pensé : Jacques Maillet, *« qui, comme l'écrira Noguères, se révélera à l'usage presque aussi proche du P.C. que l'était... Pierre Hervé lui-même*[102] *»* !

On devine qu'après tant de discordes, de retards et d'hésitations l'autorité de la Délégation, bien que la personnalité de Parodi fût respectée de tous, demeurait fort précaire. Même confiné en Algérie, de Gaulle le soupçonnait. Aussi, le 30 mai, il fit parvenir une lettre à Parodi afin de mettre les points sur les i au cas où son nouvel homme de confiance n'aurait pas compris ce qu'il attendait de lui : *« Dans la phase qui s'ouvre l'essentiel est d'éviter que l'action soit dirigée par telle ou telle source étrangère. Tout doit être centré sur le Gouvernement. Aucune autre autorité ne compte.*

« Il vous appartient de discerner dans le tohu-bohu bien monté par Londres, Washington ou Moscou, ce qui vient réellement du gouvernement.

« Le jour du début est proche. Mais le développement n'ira pas vite. Il faut donc que la Résistance [échelonne] *sa bataille en profondeur dans le temps.*

« Toutes mes pensées et toute ma confiance sont avec vous[103]*. »*

Malgré tout, Parodi souffrit du même handicap que son prédécesseur : il n'avait pu se rendre à Alger pour rencontrer de Gaulle et y recevoir ses instructions — on devrait dire son onction. Devant l'ampleur des tâches à accomplir en métropole, il avait refusé ce voyage *in extremis*[104]. Toutefois, contrairement à Bollaert, il possédait une expérience solide de la Résistance à cause de sa participation au C.G.E., dont il était membre fondateur. En plus de ses qualités morales, son nom rayonnait du prestige de son frère magistrat, qui fut un pionnier de la Résistance et l'un de ses premiers martyrs. Son premier rapport (9 juin 1944) ne se différenciait guère des rapports de tous ceux qui avaient assumé la responsabilité de la Délégation jusqu'à Bingen : les hommes et les liaisons faisaient défaut.

Cependant, l'expérience des arrestations sauvages l'avait rendu prudent. Aussi proposa-t-il immédiatement les noms de Lacoste et Teitgen pour lui succéder en cas d'« accident ». Mais les choses allaient vite à cette époque et, le temps de rédiger son rapport, Teitgen fut arrêté. Ce qui était la preuve, si besoin était, de la nécessité d'étoffer la Délégation en prenant, comme collaborateurs directs, Laffon et Morandat, bloqués en France.

De tous ses prédécesseurs, Bingen avait été le plus sévère pour dénoncer cette situation : *« Nous éprouvons tous parfois ici un si réel découragement et parfois même de la révolte contre votre absence d'ordres clairs* larges *et confiants*[105]*. »* Parodi, à son tour, signalait que la Résistance avait le sentiment *« d'être abandonnée à elle-même*[106] *»*.

Sans doute, pour compenser le sentiment d'abandon éprouvé par tous les résistants, à commencer par son nouveau représentant, de Gaulle jugea-t-il opportun, le 31 juillet, de le conforter de nouveau, en lui adressant ses ultimes consignes : *« 1° Les opérations militaires en France vont aller en s'améliorant dans le courant du mois d'août. On peut compter qu'une fraction importante du territoire sera libérée d'ici à sept ou huit semaines. Toutefois, il ne faut pas s'attendre à la libération très prochaine de Paris.*

« 2° Mon principe et celui du Gouvernement est de ne négliger aucune forme de la lutte intérieure contre l'ennemi. Toute initiative doit donc être encouragée, à la condition formelle qu'elle ait pour but exclusif de nuire à l'ennemi et qu'elle

ne vise pas à créer une situation qui pourrait gêner par la suite l'autorité du Gouvernement et, par conséquent, l'unité nationale.

« 3º C'est naturellement le combat proprement dit, celui des forces armées de l'intérieur, qui doit être l'essentiel. Tout doit être fait pour donner à ces forces le caractère d'unités militaires, lors même qu'elles agissent loin les unes des autres. Nous voulons arriver à créer un commandement effectif dans toute zone qui en vaut la peine.

« 4º Vous êtes le représentant du Gouvernement. C'est dire que vos instructions doivent s'imposer en dernier ressort. Nous attachons naturellement la plus grande importance au rôle consultatif et à l'action inspiratrice du Conseil national de la Résistance et des Comités locaux de la Libération.

« 5º La nomination des fonctionnaires nouveaux ne saurait provenir d'aucun dosage entre fractions diverses. Les fonctionnaires n'appartiennent qu'à l'Etat et ne servent que l'Etat.

« 6º Je vous recommande de parler toujours très haut et très net au nom de l'Etat. Les formes et les actions multiples de notre admirable résistance intérieure sont des moyens par lesquels la nation lutte pour son salut. L'Etat est au-dessus de toutes ces formes et de toutes ces actions.

« 7º Je mesure très bien les difficultés extrêmes de votre tâche du fait de l'ennemi et du fait des rivalités de tous ordres qui vous entourent. Mais moi-même et le Gouvernement avons en vous une confiance entière. Amitiés[107]*. »*

Alexandre Parodi, muni de ce viatique, affronta, en compagnie de Chaban-Delmas, délégué militaire, et de Bidault, président du C.N.R., les jours chahutés de la Libération. Ils auront fort à faire pour contenir le dynamisme des communistes. Les archives ont conservé les traces innombrables de ces débordements. Mais, de Gaulle, même de loin, veillait au grain. Pour renforcer l'autorité de son représentant, le Général le fit nommer, le 14 août, membre du gouvernement provisoire, *« commissaire d'Etat délégué en territoire occupé »*. Le lendemain : *« Le 15, il lui adresse une remontrance parce qu'il a concédé la mission d'occuper, le moment venu, les édifices publics du secteur non gouvernemental au Comité parisien de libération :*

« Il ne peut être question de se dessaisir d'aucun pouvoir gouvernemental à son profit […]. *Toutes les tâches entreprises par les F.F.I. ou par les éléments rassemblés par le Comité parisien de libération doivent être déterminées par vous et effectuées dans le cadre des directives gouvernementales*[108]*. »*

Dix jours plus tard, Parodi ayant appris, le 25 août 1944, l'arrivée du général de Gaulle au ministère de la Guerre, rue Saint-Dominique, courut se mettre à ses ordres. Cet homme, qui avait réussi à en imposer à von Choltitz, dont il était le prisonnier, sut par sa dignité en imposer au Général en lui prouvant qu'il méritait sa confiance. Ce fut essentiellement pour le convaincre de ne pas bouder et humilier plus longtemps les hommes qui, même indisciplinés à son égard, avaient contribué à son retour et l'avaient attendu durant quatre ans, et l'attendaient depuis des heures, encore plus insupportables, à l'Hôtel de Ville.

Il faut croire que ce haut fonctionnaire, plein de pudeur, sut trouver les accents qui, au-delà de ses fonctions, décidèrent de Gaulle à rejoindre ces chefs deux fois rebelles, mais qui, en cet instant déchirant des retrouvailles, l'attendaient impatiemment.

Cette première rencontre de Parodi avec de Gaulle mettait un terme à sa mission, de même que l'entrée du Général à Paris marquait la fin de la Délégation.

XXI

DE L'ARMÉE SECRÈTE AUX F.F.I.

9 juin 1943-29 août 1944

La réunion de Caluire, on s'en souvient, avait une vocation militaire. Il s'agissait pour Jean Moulin de réorganiser provisoirement le commandement de l'Armée secrète et de juguler les ambitions des mouvements de résistance, en attendant que de Gaulle désigne un successeur au général Delestraint arrêté quelques jours plus tôt.

Non seulement le drame de Caluire avait paralysé la réalisation de cette solution immédiate, mais encore la disparition presque simultanée de Moulin et de Delestraint jetait à bas le principe même de l'Armée secrète. Il fallut donc parer au plus pressé et en même temps imaginer ce qu'il adviendrait des troupes paramilitaires de la Résistance. Mais comment se frayer une voie entre les constructions théoriques du B.C.R.A., fondées sur le contrôle de l'instrument militaire par le général de Gaulle, et le pragmatisme d'une Résistance décidée à commander ses propres troupes ?

Dans cette confrontation qui dura plus d'une année, nous devons nous orienter avec une multitude de notes, de projets, de rapports rivaux et contradictoires dont l'ampleur et la complexité finissent par masquer la simplicité des enjeux. Pour cette raison, je propose au lecteur une grille de lecture en cinq temps :

— Qui est le chef de la Résistance militaire ? (21 juin-16 septembre 1943.)

— Le fiasco des délégués militaires régionaux (D.M.R.) (16 septembre 1943-10 mars 1944).

Ces deux périodes sont marquées par une ignorance mutuelle entre la France et Londres qui développent leurs projets rivaux au milieu de difficultés de communication considérables.

Les trois dernières séquences se déroulent avec la participation du représentant militaire de Londres (Chaban) aux instances dirigeantes de l'action militaire menée par les mouvements. Le dialogue et l'affrontement reprennent :

— Le C.O.M.A.C. en quête de légitimité (10 mars-6 juin 1944).

— Vrais sophistes et faux sourds (6 juin-16 août 1944).

— La comédie du pouvoir (16-29 août 1944).

A. QUI EST LE CHEF DE LA RÉSISTANCE MILITAIRE ?

21 juin-16 septembre 1943

Dès l'été 1940, le général de Gaulle et les mouvements de résistance avaient été en concurrence pour commander les volontaires de la métropole. Le Général, doté des moyens matériels et adoubé par l'adhésion des militants, n'aurait dû avoir aucune difficulté à imposer son commandement. Aucune difficulté, si la France Libre n'avait pas été si tragiquement pauvre en hommes destinés à l'action en France. La quadrature du cercle avait un temps été résolue par l'autorité exceptionnelle et le déploiement de ressources de Moulin. Lui disparu, il était clair que l'héritage irait à ceux qui seraient là pour s'en saisir.

Le combat solitaire de Claude Serreulles

Cela, le successeur de Jean Moulin l'avait bien compris. Si dépourvu qu'il fût d'expérience et d'information, Serreulles avait retenu deux points capitaux au cours des deux jours d'entretien qu'il avait eus avec Moulin :

— il fallait d'urgence faire venir de Londres un officier qui dirigerait l'A.S. ;

— il fallait qu'il soit accompagné d'une demi-douzaine d'officiers qui formeraient son état-major.

Ainsi s'effectueraient le contrôle et aussi le redressement d'une Armée secrète qu'il estimait *« en pleine déliquescence*[1] ». Le 30 juin, il télégraphia donc pour demander une mission de Passy qui viendrait en France *« relancer la machine »* et installer Marchal à la tête de l'A.S.[2]. Malheureusement, Passy était alors à Alger, cherchant justement à recruter des volontaires pour l'action en France. Car ceux qui combattaient sous la bannière de De Gaulle se refusaient à entrer au B.C.R.A., préférant les champs de bataille au combat de l'ombre. Cette méfiance à l'égard de l'action clandestine laissait les services secrets dans une pénurie chronique de cadres.

Comment satisfaire alors aux suggestions de Serreulles qui, devant la gravité de la situation, réclamait *« le meilleur »* pour la Résistance : Leclerc ou Kœnig pour commander l'A.S. et, pour les seconder, des officiers venus du propre état-major particulier de De Gaulle auxquels on adjoindrait *« 5 ou 6 capitaines ou lieutenants d'élite*[3] » ?

Serreulles voulait du luxe. Il n'obtint même pas l'indispensable. C'est un chargé de mission politique, Jacques Bingen, qui fut le premier renfort envoyé à Serreulles (16 août 1943). Il n'apportait que les regrets du B.C.R.A. : à Alger, l'empoignade avec Giraud et l'armée d'Afrique repeinte aux couleurs américaines était trop âpre pour que de Gaulle pût prendre le risque de se démunir de ses collaborateurs sûrs. On promit à Serreulles pour septembre des officiers affectés aux régions de l'A.S., ainsi que la venue du lieutenant-colonel Pierre Marchal. Cet officier appartenant à la France Combattante avait une grande réputation auprès des chefs résistants et leur en imposait. *« Ne croyez pas que la venue de Riquet* [Marchal] *résolve tout,* conclut provisoirement Serreulles. *Il en faut 6 comme lui*[4]. »

27 juin 1943 : les craintes de Londres

À Londres, la nouvelle de l'arrestation de Delestraint puis de Moulin tomba en pleine crise avec les Britanniques. Une fois de plus, ils faisaient planer la menace de couper les vivres à de Gaulle pour l'amener à la raison (en l'occurrence à s'entendre avec Giraud). De plus, les controverses étaient à leur comble au sujet de la détérioration des performances en matière d'opérations aériennes : les Britanniques renonçaient trop souvent à les tenter ; mais il aurait fallu cinq fois plus de chefs d'équipe sur place. Passy voulait bien reconnaître que les responsabilités étaient partagées. Mais les armes ? Ni le nombre ni la qualité ne suffisaient. À ce rythme-là, il faudrait cinq ans pour équiper 50 000 hommes[5] !

Dans ce climat détérioré, on imagine quel effet produisit la disparition du général Delestraint qui avait été le premier (et le seul), par sa compétence et le réalisme de ses projets, à convaincre les Anglais de l'intérêt d'armer la Résistance pour en faire un allié décisif lors du débarquement[6]. Il y aurait donc beaucoup à reconstruire, alors que l'urgence dictait sa loi.

Dès le 27 juin, les responsables du B.C.R.A. et de l'Intérieur, les chefs de mouvements présents à Londres se réunirent sous l'égide du général François d'Astier.

Le général, après accord de Manuel et de Boris, posa en préalable qu'il s'agissait de *« ne pas reconstruire en crise*[7] *»*. Des mesures conservatoires seraient prises, puis on trancherait, dans deux mois environ. Puisque cette réunion se tenait avec la participation des responsables de la Résistance, il convenait aussi de les concilier, sans trop leur céder. D'où ce moratoire sur les décisions définitives. La direction du secteur militaire revenait ainsi aux mouvements par *« substitution provisoire du Comité »* à Moulin et Delestraint, y compris en lui confiant le contrôle du lien vital représenté par le service des opérations aériennes. Mais, d'ici peu, un commandement en France serait mis en place. Sur sa nature, rien de plus précis n'était dit. Lorsque Frenay (à qui l'on venait de faire miroiter *« un rôle »* en Z.S.) voulut en savoir un peu plus, ses remarques furent éludées : *« La question ne fait pas l'objet d'une discussion*[8]*. »*

La veille, l'annonce de l'arrestation de Moulin avait été télégraphiée au général de Gaulle, ainsi que le détail des décisions envisagées. Pour le registre militaire : *« Ne pas reconstruire avant stabilisation crise mais prendre urgence mesures conservatoires consistant en une décentralisation en France avec recentralisation à Londres.*

« Pour l'AS. Equiper en postes radio les chefs régionaux ainsi que le Comité directeur des mouvements qui prendra les mesures de coordination militaire indispensables.

« Préparer la reconstruction d'un état-major par zone dont chefs à désigner ultérieurement pourraient être Morinaud [Marchal] *zone nord et Charvet* [Frenay] *zone sud.*

« Pour l'avenir Général d'Astier prévoit mise en place commandement armée secrète quelque temps avant les opérations pour conduire de France la bataille des arrières. Top. Il demande que ce commandement lui soit réservé[9]*. »*

Où la France Combattante souhaitait-elle en venir ?

Les projets du B.C.R.A. ont la vie dure

Pour comprendre les mesures prises sur le plan militaire au lendemain des arrestations de Delestraint et de Moulin, et l'accueil que leur réserva la Résistance, il faut se souvenir de la façon dont le B.C.R.A. avait toujours souhaité organiser le potentiel paramilitaire de la Résistance.

Depuis l'armistice, il avait conçu abstraitement des dispositifs à partir du peu d'informations recueillies par ses agents. Cependant, dès juillet 1940, les postulats, implicites, furent proclamés et confirmés ultérieurement par de Gaulle : *« Il appartient au Comité National Français d'organiser et de diriger la Résistance. »* La mission confiée à Moulin transforma cette évidence en ordre : *« Toutes les opérations se déclenchent sur l'ordre personnel du Général de Gaulle. »*

Toutes les observations recueillies par le B.C.R.A. montraient que les troupes éventuelles se recrutaient en métropole, et que la France Libre n'avait guère de personnel pour les encadrer, c'est-à-dire pour donner corps au commandement du Général. D'où cette idée de faire venir de métropole des volontaires appartenant aux mouvements afin de les former et de les renvoyer sur place. Le B.C.R.A. espérait ainsi imposer un autre postulat : *« La centralisation et la coordination se feront à Londres. »*

Quant aux structures militaires, c'est le colonel Passy, comme on l'a vu, qui, le premier, avait imaginé les possibilités d'une action militaire en France selon deux idées directrices : organisation de réseaux de sabotage et préparation du soulèvement sur les arrières ennemis pour faciliter le débarquement. Ce schéma devait tenir compte d'une exigence des services britanniques : séparation absolue entre l'action militaire et l'action politique. En réalité, le B.C.R.A. appliquait un système préconisé par les services britanniques, soit *« une résistance organisée qui devrait consister seulement en noyaux ou réseaux de renseignements ou d'action localisés, ayant des missions déterminées, encadrées par des professionnels et sans communication entre eux sinon par le détour de Londres*[10] *»*. En vertu de ces postulats, on en vint à l'idée qu'il conviendrait d'extraire des mouvements leurs éléments paramilitaires qui seraient reliés directement à Londres. Mais, à cette époque, il n'était pas question de les fondre dans une armée secrète unifiée.

Pendant que les services de la France Libre réfléchissaient à ces problèmes, les forces paramilitaires des premiers mouvements s'étaient développées empiriquement selon d'autres schémas. Faute de matériel, rares étaient les mouvements spécialisés dans l'action militaire. Cochet ou Frenay, par exemple, recrutaient avec difficulté des militants polyvalents qui faisaient de la propagande en attendant d'être armés pour saboter ou se battre.

À l'arrivée de Moulin en janvier 1942, les conceptions de Londres et de la métropole s'étaient affrontées pour la première fois. Bien sûr, les chefs de la Résistance avaient attendu Moulin avec l'enthousiasme qu'on réserve à un pourvoyeur d'argent, de radios et d'armes. Mais, quand ils avaient découvert de quelles instructions il était porteur, ils n'avaient pas compris qu'on allait les déposséder de leurs troupes, mais seulement que l'état-major de Londres infléchirait leurs décisions. À l'exception de Combat, les forces paramilitaires étaient embryonnaires ou inexistantes, et il leur fallut quelques mois pour s'apercevoir que l'idée de la séparation du politique et du militaire s'avérerait inapplicable puisque ces deux « statuts » se confondaient dans les mêmes personnes. Si Moulin put trouver une solution, ce fut surtout grâce au « gaullisme » des militants de base qui ne demandaient qu'à reconnaître le Général comme commandant suprême : s'il y avait *des* chefs de la Résistance, il n'y avait qu'*une* troupe. Ainsi, comme cela arriva souvent, les solutions empiriques transformèrent les instructions du B.C.R.A., et on s'achemina vers une organisation unique, une seule Armée secrète dotée d'un état-major composé de résistants métropolitains et limitée à la zone sud.

Cette A.S. allait à l'encontre des projets d'émiettement du B.C.R.A. Mais cette dérive avait été d'autant plus facilement acceptée que le B.C.R.A. doutait des capacités militaires de la Résistance et était de toute façon incapable de fournir les officiers d'encadrement F.F.L. Cependant, elle préservait le principe fondamental du commandement de De Gaulle, par Delestraint interposé. Le B.C.R.A. se résigna donc à cette solution, mais avec la certitude que l'A.S. risquait à tout moment d'échapper à de Gaulle puisque le lien organique, ô combien ténu, tenait tout entier à la personne de Delestraint.

En outre, le désaccord entre les deux parties ne portait pas seulement sur le type d'organisation, mais également sur la stratégie. On constatait l'opposition radicale entre la stratégie des Alliés et du B.C.R.A., d'une part, qui refusait guérilla et sabotages anarchiques pour éviter une répression coûteuse, qui fixait les troupes allemandes en France à la veille du débarquement et, d'autre part, celle prônée par les communistes F.T.P. à l'instigation de Staline, qui perpétraient des attentats aveugles et des sabotages tous azimuts afin de soulager les troupes soviétiques en entretenant l'insécurité sur les arrières des armées allemandes. Ces deux conceptions s'affrontaient parce qu'elles correspondaient à des objectifs différents : la Résistance préconisait l'insurrection nationale fondée sur la spontanéité des masses prenant le pouvoir ; de Gaulle concevait une opération militaire dans le cadre général de la reconquête de la France par les Alliés.

Ces réalisations et ces conflits n'intéressaient guère les Britanniques, fort sceptiques, depuis toujours, sur les possibilités réelles de la Résistance et avides seulement de renseignements militaires. Pourtant, la venue de Delestraint à Londres en février 1943 avait marqué une nouvelle étape car, pour la première fois, l'état-major allié rencontrait un interlocuteur de haut niveau, honorablement connu, et qui faisait des propositions plausibles pour un effort militaire de la Résistance qui conforterait le débarquement et en diminuerait les aléas : *« Il ne peut être question que d'une immense action de sabotage, coordonnée quant à sa préparation, entièrement décentralisée quant à son exécution*[11]. *»*

Lors de la mission qu'il menait alors en zone nord, Passy était parvenu aux mêmes conclusions. Il avait donc admis une centralisation provisoire en France. Elle permettrait la constitution de solides états-majors régionaux ou départementaux qui seraient ensuite reliés directement à Londres et prêts à exécuter les ordres de l'état-major allié. Mais, faute d'hommes, ce programme ne put être appliqué. Le 4 juin 1943, encore, Moulin réclama les cadres promis, ne serait-ce que pour remplacer ceux que la Gestapo décimait[12].

Delestraint était arrêté cinq jours plus tard et Moulin quelques jours après. On comprend que cette catastrophe renforça chez les Alliés les doutes les plus vifs sur les possibilités militaires de la Résistance. Le chef de l'Intelligence Service, le général Menzies, déclarait : *« Les groupes de résistance sont à leur plus bas niveau et ne peuvent être considérés comme un facteur sérieux, à moins que et jusqu'à ce qu'ils soient reconstruits sur une base plus étroite et plus saine*[13]. »

10 juillet 1943 : la Résistance récupère le commandement de l'Armée secrète

Les projets de Serreulles avaient reçu le soutien de Bidault, comme on l'a vu, dont la fidélité à l'œuvre de Moulin contrariait les aspirations des responsables des mouvements.

L'objectif, pour eux, était de ne retomber à aucun prix sous la tutelle de Londres. Ils avaient l'avantage d'occuper le terrain puisque, avec la disparition de l'état-major à Caluire, Pierre Bénouville devenait la seule autorité militaire de la zone sud. Dès le 3 juillet, celui-ci se mit donc en campagne pour récupérer le commandement de l'Armée secrète au profit des M.U.R. et télégraphia à Frenay par le canal des services américains en Suisse : *« Je te prie instamment d'obtenir sans délai* [qu']*un chef militaire soit désigné par* [les trois mouvements de Z.S.][14]. » Une semaine plus tard, il exhortait de nouveau Frenay à organiser à Londres la *« reprise en mains de l'A.S.*[15] ».

Sans attendre le résultat, il fit désigner le colonel Dejussieu comme chef de l'état-major de l'A.S., à titre provisoire. Cela pouvait paraître d'autant plus légitime qu'il succédait ainsi à un autre homme de Combat, Henri Aubry, arrêté à Caluire.

Toutefois, l'état-major n'était qu'une étape. Le but était le commandement suprême qu'avait détenu Delestraint. Mais Bénouville était conscient qu'il n'aurait pas l'aval des mouvements, si avides qu'ils fussent d'émancipation, pour imposer Dejussieu comme successeur du général. Aussi s'en remit-il à Frenay pour qu'il tâche de l'obtenir de Londres[16]. Il n'y avait donc pas de temps à perdre, avertit Bourdet, qui croyait savoir que le C.F.L.N. enverrait bientôt un chef pour l'A.S. : *« Craignons nouvelles difficultés si responsables sans connaissance résistance viennent avec idées a priori organisation*[17]. »

Pendant ce temps, en zone nord, le colonel Touny, de l'O.C.M., récupéra la présidence du Comité militaire des mouvements, qui ne commandait qu'une A.S. virtuelle. L'organisation n'avait, en effet, guère avancé depuis la mission du colonel Passy au printemps 1943. L'O.C.M. reprenait ainsi, dans sa zone, le contrôle des forces paramilitaires dont elle avait été évincée par Moulin et de Gaulle. Ce qui permettait à Blocq-Mascart d'écrire à Brossolette : *« Au fond c'est presque l'E.M. zone occupée qui se constitue tout seul. Mais non grâce à Max* [Moulin][18]. »

Ainsi, au début juillet, les mouvements avaient déjà récupéré le commandement des troupes paramilitaires en métropole. À titre provisoire, certes, mais le provisoire dans la Résistance était parfois plus durable que le définitif ! Était-il encore temps de revenir sur l'état de fait qui s'était installé ? Serreulles le croyait et harcelait le B.C.R.A. dans ce sens.

Une étape plus décisive encore fut franchie le 23 juillet lors de la création d'un organisme unique, le Comité central des mouvements de résistance (C.C.R.), composé du Comité directeur de zone sud et du Comité de coordination de zone nord. Cet organisme à vocation nationale mit en place de nombreuses commissions nationales, instruments de sa politique.

L'une d'elles fut consacrée à l'Action immédiate et confiée à Marcel Degliame (de Combat). Son rôle consistait, sur le papier, à utiliser les documentations techniques collectées en vue des sabotages [19]. Mais elle devait surtout répondre, en collaboration avec la Commission militaire, celle du noyautage des administrations publiques (N.A.P.), et la Commission antidéportation (contre le S.T.O.), à des questions qui n'étaient pas nouvelles, mais devenaient pressantes : *« Comment organiser l'armée de la Résistance ? Comment l'entraîner ? L'encadrer ? Comment lui procurer des armes ? A quel genre de guerre la destiner ? Quels genres d'opérations sera-t-elle capable de faire ? Comment ces opérations pourront-elles se combiner avec celles des Alliés ? Par qui cette armée sera-t-elle commandée ? De qui dépendra-t-elle ? Comment pourra-t-on résoudre des conflits d'autorité qui ne manqueront pas de se produire* [20] *? »*

Jusqu'à la Libération, l'organisation militaire subit de profondes transformations dans les structures et dans les hommes, mais à partir de ce jour et en dépit de toutes ses tentatives, de Gaulle ne put jamais reprendre le commandement direct des forces militaires de la Résistance, comme il l'avait toujours exigé.

Été 1943 : l'invention des D.M.R.

Dans la crise ouverte par la succession de Delestraint, Londres avait au fond une solution toute prête : la reprise de son projet d'origine, au prix de quelques aménagements. Aussi, moins d'une semaine après l'arrestation de Moulin, trois idées se dégagèrent qui allaient orienter toute la réflexion des équipes du B.C.R.A. : reconstruction d'un état-major par zone, décentralisation du commandement au niveau de la région, recentralisation et liaisons radio directes des régions avec Londres.

Ces principes s'accompagnaient d'un corollaire, qui tirait la leçon des événements : le chef de l'Armée secrète ne se rendrait en France qu'au moment du débarquement, mettant ainsi l'exécution des plans à l'abri de la Gestapo. S'y ajoutaient deux contraintes : ménager les susceptibilités des mouvements et donner la priorité aux plans de sabotage, car cela conditionnerait le soutien matériel délivré par les Anglais. Dans cette perspective, on avait imaginé un encadrement léger qui laissait aux mouvements le commandement de leurs troupes. Grâce à des officiers de liaison régionaux, les D.M.R., les Alliés pourraient faire exécuter en priorité les plans de sabotage préparés par le B.C.R.A., tout en contrôlant et en orientant, autant que faire se peut, la guérilla et les batailles de la libération.

Sur ces bases, un premier projet, particulièrement économe en personnel, fut rédigé le 7 juillet par Manuel, puisqu'il requérait moins de vingt hommes [21]. Après le retour de Passy, la réflexion se poursuivit avec Brossolette et les chefs des mouvements sur ce qu'il convenait de faire pour donner corps à la Résistance militaire en zone nord. Ce fut la note du 20 juillet 1943 [22].

À partir de ces esquisses, un projet fut arrêté le 4 août instituant douze délégués militaires de région (D.M.R.) et deux délégués militaires de zone (D.M.Z.) accrédités auprès des Comités directeurs du Nord et du Sud [23]. Le 25 août, une « charte » leur fut destinée, qui les définissait comme des *« ambassadeurs »* et des *« techniciens »* [24], qui s'attacheraient en priorité à l'exécution des plans de sabotage. Simultanément, ils seraient des officiers de liaison entre la France Combattante et les états-majors régionaux, mais ils ne *commanderaient* pas les régions. Leur statut devait exclure toute friction avec les responsables militaires métropolitains, mais Londres comptait qu'ils prendraient le contrôle des opérations en souplesse parce qu'ils seraient les détenteurs des armes, des liaisons radio et de l'argent.

Novateur dans sa forme, fidèle aux objectifs du B.C.R.A., ce séduisant projet offrait en outre l'avantage d'être peu gourmand en personnel. Pourtant, il s'avéra encore trop ambitieux quand il fallut passer aux actes. La première vague envoyée en France à la mi-septembre se limita à trois D.M.R. pour la zone nord (deux supplémentaires arrivèrent en octobre et novembre) et deux pour la zone sud, accompagnés des deux D.M.Z. Qu'allaient-ils trouver en France ?

B. LE FIASCO DES D.M.R.

16 septembre 1943-10 mars 1944

L'arrivée des délégués militaires fut accueillie très favorablement par la Résistance métropolitaine qui crut avoir trouvé enfin de généreux agents de liaison. Mais la réalité eut tôt fait de ramener les espoirs à de plus justes proportions. Les délégués militaires semblaient dans le vague quant à la nature de leur autorité. Les délégués civils, Serreulles et Bingen, tenus dans l'ignorance de leurs instructions, ne savaient comment les aider. Les arrestations, les départs vinrent s'ajouter à leur inefficacité. Les mouvements poursuivirent donc, en dehors d'eux, la dynamique d'unification qui devait les conduire à la création des F.F.I. (22 décembre 1943), dotées d'un état-major unique et d'un organe exécutif, le C.O.M.A.C. (1er février 1944). Empiriquement, mais systématiquement, la Résistance faisait entrer dans les faits son refus de l'autorité du C.F.L.N. sur ses troupes.

Si ce dernier laissa faire, c'est que les liaisons par avion furent déficientes durant l'automne et l'hiver 1943 et que, surtout, le B.C.R.A. fut alors aux prises avec une succession de crises qui mobilisa l'attention de ses responsables. Lorsqu'il découvrit que la Résistance avait constitué une organisation militaire complète et autonome, il tenta de mettre en place la riposte en en transférant les pouvoirs au Comité d'action militaire d'Alger (C.O.M.I.D.A.C.) [10 mars 1944]. Restait à savoir s'il avait les moyens de faire appliquer ses ordres.

16 septembre 1943 : l'arrivée des D.M.R. ou l'éternel malentendu

En métropole, après trois mois de marasme durant lesquels les seules mesures concrètes avaient été la prise en main du commandement paramilitaire et la création de commissions par la Résistance, la situation s'était assez détériorée pour que Serreulles parle d'*« impéritie générale*[25] *»*. Aussi, quel soulagement aurait dû signifier l'arrivée des délégués militaires !

La présentation des délégués militaires de zone aux Comités militaires Z.S. et Z.N. se fit *« dans des conditions les plus favorables »* et sous les auspices *« de la plus grande camaraderie »*. Serreulles considérait que les mouvements, étranglés par les nécessités matérielles et le besoin de direction, étaient prêts à voir dans les délégués autre chose que les ambassadeurs-techniciens prévus par Londres pour « *ménager la légitime susceptibilité des mouvements* ». Aussi présenta-t-il Marchal et Mangin, les D.M.Z., comme « *désignés par le Comité de la Défense Nationale d'Alger pour diriger et coordonner l'effort militaire français dans la Métropole* ». Serreulles expliqua à Londres que cet élargissement répondait « *au désir de tous les chefs de Mouvements*[26] ».

Ainsi, à peine les D.M.R. avaient-ils touché le sol français que leurs instructions se trouvaient modifiées. Le même processus se répétait toujours : le B.C.R.A. mettait au point des directives et, sur le terrain, elles étaient transformées, voire négligées, souvent par ceux-là mêmes qui étaient chargés de les mettre en œuvre. Comment, dans ces conditions, parvenir à mener une politique ?

En l'occurrence, pourtant, la faute se comprenait d'autant mieux que l'habituelle excuse de l'inadéquation du projet avec le terrain ne pouvait pas uniquement être invoquée. À la source de tout : l'ignorance de Serreulles et Bingen auxquels ne furent pas communiqués les ordres de mission des D.M. Et ce, alors même que Bingen reçut l'ordre de coordonner l'action paramilitaire[27] ! Ils s'en firent donc une représentation erronée et accablèrent le B.C.R.A. de reproches et de suggestions[28]. Jusqu'au jour où, des mois plus tard, Serreulles rentré à Londres découvrit en lisant enfin ces ordres de mission qu'ils s'étaient « *battus dans le vide et* [avaient] *adressé au B.C.R.A. des protestations sans objet. Ces instructions* [étaient] *en effet excellentes et étaient de nature à* [leur] *donner, à l'époque, entière satisfaction*[29] ». La comédie des occasions manquées venait de commencer.

Il faut dire que les D.M., eux-mêmes, semblaient ne pas trop savoir ce qu'ils devaient faire, ni surtout comment. Derrière les sourires de façade, l'arrivée des D.M.R. provoqua dans les régions un « *horrible désordre*[30] ». De fait, cette irruption avait confirmé l'état balbutiant de l'organisation de l'A.S., en particulier dans la zone nord. Les D.M.R., constata Bingen, n'y trouvèrent, « *dans la majeure partie des cas, personne qui fût qualifié pour les accueillir. Il leur fallut plusieurs mois pour prendre dans leurs régions respectives le contact avec les chefs militaires des différents mouvements qui souvent s'ignoraient entre eux. L'un d'eux était théoriquement le chef régional de l'ensemble, mais il ne contrôlait en réalité que les militants de son groupement d'origine*[31] ».

Il n'y avait d'ailleurs rien, dans le fonctionnement réel de l'A.S., qui répondît aux suppositions décentralisatrices du B.C.R.A. Car, quand les D.M.R. voulaient lancer leurs fameux plans de sabotage et demandaient des hommes, les chefs régionaux de l'A.S. n'étaient pas toujours capables d'en fournir et, surtout, ne faisaient rien sans en référer aux autorités centrales. Ces dernières, dans l'ignorance des ordres de mission des D.M.R., ne savaient que répondre... quand elles répondaient. En conséquence, on eut tôt fait de retomber dans le dilemme dans lequel Moulin s'était déjà débattu : les D.M.R. cherchèrent par eux-mêmes des éléments qu'ils firent travailler directement sous leurs ordres, suscitant « *les protestations véhémentes d'autres mouvements qui prétendirent que les D.M.R. procédaient au débauchage des militants*[32] ». Cette nouvelle pomme de discorde ne rappelait que trop la querelle qui avait mis aux prises Moulin et les chefs de zone libre lors de la création des services centraux, perçus comme des instruments de contrôle et de débauchage.

Tel fut le désordre en zone nord durant des mois. Heureusement, dans l'autre zone, le travail accompli par Moulin et Delestraint permit aux D.M.R. d'y trouver d'emblée *« à l'échelon de la région des responsables militaires qui étaient pratiquement capables de faire exécuter leurs ordres par les militants placés sous leur commandement*[33] *»*.

Or, le délégué militaire de zone nord, Marchal, fut arrêté huit jours après son arrivée. Cette catastrophe prit de l'ampleur du fait des choix intempestifs de Mangin, D.M.Z. pour le Sud, qui suscitèrent un tollé. On a vu le jugement sans appel que Brossolette porta sur lui. Pascal Copeau, tout en reconnaissant son *« bon sens »*, sa *« bonne volonté »* et *« sa droiture »*, était contraint d'admettre que son action n'était pas à la mesure de son *« ambition naturelle, qui le pousserait à vouloir être lui-même le "Tito" de la France (ou plus exactement le Mihailovitch* [général chef de la Résistance non communiste yougoslave] ». En effet, écrivait-il, *« il est aussi léger et d'une activité tout à fait insuffisante. Après avoir passé un mois entier en Suisse, quelques semaines après son arrivée, il a encore passé les "vacances" de fin d'année auprès de sa femme en Suisse et vient maintenant, Dieu sait pourquoi, de partir par l'Espagne pour rejoindre Alger, laissant à sa place un petit officier bien gentil, mais complètement insuffisant. Ces militaires ne sont pas beaucoup plus sérieux que leur B.C.R.A.*[34]. *»*

Ce *« petit officier bien gentil »*, c'était Maurice Bourgès-Maunoury, à l'origine un des D.M.R. de zone sud. La lettre de Copeau date du 27 janvier 1944 : il n'avait pas fallu longtemps aux chefs des mouvements pour retirer leur confiance aux délégués militaires.

Printemps 1944 : qui commande la Résistance militaire ?

Il faut reconnaître que ces difficultés pratiques restaient dominées par l'absence d'une autorité supérieure. En effet, les D.M.R. semblaient avoir compris que la décentralisation ordonnée par le B.C.R.A. les rendait parfaitement autonomes, y compris à l'égard des délégués militaires de zone. À Serreulles qui s'en étonnait, ils répondirent *« qu'ils connaissaient personnellement Hussard* [Marchal] *et qu'ils se proposaient d'entretenir de cordiales relations avec cet officier supérieur chargé, croyaient-ils, d'une mission d'inspection, mais qu'ils ne se considéraient pas comme placés sous ses ordres »*. Serreulles n'hésita pas à *« faire remarquer à ces officiers, qu'une telle situation, si les mouvements en étaient informés, ne manquerait pas de produire sur eux, une fâcheuse impression »*, ajoutant : *« Il convenait selon moi, de donner à ceux-ci le sentiment que l'équipe d'officiers qui arrivait de Londres était cohérente et hiérarchisée. Les officiers à qui je fis part de ces impressions acceptèrent tout de suite avec une intelligence à laquelle je rends hommage, de se ranger à ce point de vue*[35]. *»* Mais Marchal fut arrêté et Mangin se volatilisa.

Les responsables des opérations aériennes (B.O.A. et C.O.P.A.) ne considéraient pas, enfin, qu'ils relevaient de l'autorité des D.M.R., et ils s'arrogeaient, au dire des mouvements, le contrôle des livraisons d'armes alliées qu'ils réceptionnaient. Ils suscitaient une exaspération d'autant plus vive que, nous y reviendrons, la Résistance se trouvait au bord de l'asphyxie, faute de ressources.

Tandis que Serreulles et Bingen lançaient des S.O.S. à Londres et cherchaient à colmater les brèches, Brossolette était en situation de contempler, sur le terrain, le résultat des projets qu'il avait contribué à inventer au B.C.R.A. durant l'été 1943. Ce fut pour lui une surprise de taille, ce que l'on s'explique mal puisqu'il connaissait, mieux que quiconque, l'état embryonnaire de l'organisation paramilitaire de zone nord. Il avait tenté d'y remédier, lors de sa mission du printemps 1943. Mais il avait appris à Londres, par les rapports venus de France, de combien peu d'effets son action avait été suivie. Les travaux préparatoires à l'envoi des D.M.R., auxquels il avait participé, l'avaient rappelé : *« Nous avons l'impression que cette organisation reste encore sur le plan théorique et que dans bien des régions la réalité ne lui ressemble que de loin »* (7 juillet)[36]. *« La mission Arquebuse-Brumaire* [Passy-Brossolette] *avait prévu* [...] *l'établissement d'états-majors régionaux. Cette conception s'est heurtée à des difficultés de réalisation pratiques et la mise en place de ce dispositif n'est que très partiellement réalisée*[37]. »

Avec ce volontarisme qui faisait, depuis juin 1940, la faiblesse et la force de la France Libre, le B.C.R.A. n'en avait pas moins persévéré à envoyer ses D.M.R. Le spectacle qu'eut sous les yeux Brossolette lui fit rejeter toute responsabilité de leur conception originelle. *« En fait,* écrivit-il à Passy, *la faute lourde réside, comme toi et moi nous l'avons dit en juillet, dans l'illusion stupide que la décentralisation peut s'opérer par décret du Saint-Esprit, et qu'il suffit, après l'avoir décidée, d'envoyer sur place des officiers régionaux pour que tout s'arrange. Tout cela, assaisonné de schémas théoriques et de* kriegspiel *démentiels est une pure et simple folie. En zone Sud, il est possible que la situation ait été assez mûre pour que les officiers régionaux atterrissent avec quelques chances de succès dans leurs circonscriptions. Mais en zone Nord, c'était "impensable". Pour qu'il y ait décentralisation, il faut qu'il y ait une très forte organisation régionale et départementale ; pour opérer cette très forte organisation en brisant, sans la détruire toutefois, l'organisation verticale des mouvements, il fallait, comme* tu l'as dit en juillet, *à la fois une poigne de fer et une connaissance approfondie des mouvements...*

« [...] *A cet égard, la politique et le mémorandum de ton adjoint Manuel, en juillet, ont été criminels. Et l'appui que leur a donné l'"ahuri pipophage"* [A. Philip] *ne l'a pas moins été*[38]. »

Texte stupéfiant quand on sait que le chef du B.C.R.A. était le colonel Passy qui avait préparé et signé les notes d'organisation ! Hélas, Brossolette, quoi qu'il en eût, ne parvint pas à apporter de remèdes instantanés à cette inorganisation (cette tâche ne relevait d'ailleurs pas de la mission qui lui avait été dévolue). Il suffit de lire la longue complainte que forme la cohorte des rapports ultérieurs de tous les protagonistes pour constater que la situation paramilitaire n'évolua que très lentement.

Dans ces conditions, il est aisé de comprendre la frustration et la colère que pouvaient ressentir les chefs des mouvements en voyant que la France Combattante leur repassait éternellement les plats indigestes de la séparation du politique et du militaire et de la méconnaissance chronique du terrain. Aux yeux de Pascal Copeau, par exemple, ces distinguos d'état-major étaient aberrants, ne serait-ce que parce que les gaffes des D.M.R. avaient pour immédiates conséquences des complications politiques. *« On voit arriver des officiers de régions qui prétendent n'avoir rien à faire les uns avec les autres ni avec les commandements organisés des Mouvements de Résistance, ni avec les délégués militaires de zones arrivés en même temps qu'eux. Résultat : plusieurs mois de discussions, de conflits, de tractations, pour arriver à ce que tout le monde en vienne tant bien que mal à la position logique qui est qu'un délégué militaire national (ou deux délégués de zones) exerce l'autorité indispensable sur les délégués de régions et que ceux-ci, de même que le délégué national, travaillent, en tant que conseillers techniques, en parfait accord avec les organisations patriotiques existant de longue date, et contribuent par l'autorité que leur confère le pouvoir central et par leur compétence, à unir et à armer tous les éléments d'action de la totalité de la Résistance dans les forces françaises de l'intérieur.*

« Encore cet accord de principe est-il fragile parce qu'il ne repose que sur la bonne foi et l'intelligence des intéressés, que les D.M.R. continuent par des moyens de liaison propres, à recevoir des instructions que le délégué militaire national ne connaît pas, et qu'il semble bien être la fidèle transmission par l'incroyable B.C.R.A. des vues le plus souvent fantaisistes des états-majors britanniques[39]*. »*

Mais Copeau n'était pas dupe de la nature de l'enjeu qui animait l'obsession de décentralisation dont les D.M.R. avaient incarné maladroitement le dernier avatar en date : le commandement de la Résistance militaire.

L'armée d'armistice fait de la résistance...

Dans cette même lettre à d'Astier, Copeau avait tenu à rappeler le fait patent qui ridiculisait les palinodies de Londres et d'Alger : *« La guérilla existe en fait en France. »*

Effectivement, la lecture des rapports de l'automne et de l'hiver montre que la Résistance était alors en ébullition, avide de forger un instrument militaire fort et cohérent à partir des troupes toujours plus nombreuses que la perspective du travail forcé avec départ pour l'Allemagne (S.T.O.) avait jetées au maquis. Le mieux aurait été que cette refonte s'accompagnât d'une autonomie par rapport au C.F.L.N., autonomie d'autant plus légitime que la solution D.M.R. n'avait pas convaincu.

Dans ce but, Pierre Bénouville organisa à Genève une conférence militaire à laquelle il convia Dejussieu, chef d'état-major de l'A.S. ; Degliame, chef de l'action immédiate ; Arrighi, représentant des forces militaires de la zone nord ; Magescas, son adjoint, à qui il confia la défense des maquis ; Louis Mangin, délégué militaire. Les conférences furent organisées en commun avec les Alliés, afin d'obtenir des parachutages.

Au cours de ces entretiens, il fut décidé de regrouper dans un organisme unique, l'Action immédiate, les services d'Action ouvrière (A.O.), les groupes francs (G.F.), le Sabotage-Fer. Le nouveau service fut placé sous la direction de Degliame qui devait recruter des volontaires dans l'A.S. et les maquis pour exécuter les plans d'action[40].

L'étape suivante s'imposait d'elle-même : unifier tous les groupes paramilitaires, c'est-à-dire A.S. de zone sud, zone nord, maquis, mais aussi les Francs-Tireurs communistes (F.T.P.) et les débris de l'armée d'armistice entrés en résistance (O.R.A.).

L'intégration des F.T.P. avait été réglée sur le papier au printemps 1943 par la mission Brossolette-Passy. Mais, six mois plus tard, conformément aux prévisions de Moulin, on en était toujours au point mort, avec des communistes plus prompts, en matière d'union, aux grandes déclarations qu'à la pratique.

Les F.T.P. inquiétaient certains résistants à cause du risque d'une prise de pouvoir communiste. Mais d'autres, et parfois les mêmes, redoutaient tout autant le sauvetage par l'armée d'armistice de la révolution nationale et la résurrection du « Vichy résistant » dont de Gaulle avait toutes les peines à se débarrasser à Alger.

Pourtant, l'O.R.A. (Organisation de résistance de l'armée) comptait surtout des cadres, dont la Résistance manquait si cruellement pour encadrer ses troupes gonflées des réfractaires au S.T.O. Les officiers de l'armée d'armistice pétainiste et vichyste jugeaient, quant à eux, la Résistance trop « politisée », ce qui voulait dire, dans leur esprit, trop républicaine.

Quelques contacts avaient été pris par Moulin et Delestraint avec les organisations giraudistes. À leur suite, Serreulles avait poursuivi cette politique, non sans quelques réticences : *« N'oubliez pas que cette guerre est une révolution, ne perdez pas de vue pour quoi nous nous battons. Les forces Françaises Combattantes ne sont pas le reliquat d'une ancienne armée, elles sont le noyau d'une armée nouvelle. Je ne cache pas que, sous prétexte de concilier les "cadres", Danton ait fait appel au Maréchal de Soubise, ni Lénine au Général Kouroptkine. Cela n'a pas empêché les armées révolutionnaires de gagner des batailles. Cela n'a pas empêché le meilleur élément des anciens cadres de rallier les armées révolutionnaires, mais à titre individuel et non pas en corps constitué. Traiter aujourd'hui sur un pied d'égalité avec Gal. Frère ou l'un de ses pareils, c'est travailler à leur réhabilitation. Or nous voulons éviter cela à tout prix, et nous n'entendons pas sous les vaines apparences d'esprit réaliste, fausser l'enjeu même de cette lutte. Nous accueillerons chaleureusement la venue dans nos rangs des meilleurs officiers de l'ancienne armée, mais nous ne négocierons pas avec les débris de l'armée de la défaite et de l'armistice*[41]. »

Mais les chefs régionaux de l'A.S. avaient assez de motifs de souhaiter le rapprochement, même s'ils étaient tout sauf dépourvus d'arrière-pensées.

« 1. Savoir ce qui se passe chez eux.

« 2. Tirer parti de la valeur technique de leurs cadres.

« 3. Eviter qu'au jour J. les mêmes objectifs [sic] *et ne se tirent les uns sur les autres.*

« 4. Faire main basse sur leurs dépôts d'armes[42]. »

Et le C.F.L.N. approuvait cette « absorption », à son avis très facile à réaliser à la faveur de la régionalisation[43]. Comme de nombreux responsables et chefs de mouvement considéraient l'accord du C.F.L.N. comme un préalable[44], il n'en fallut pas plus pour faire avancer les pourparlers, malgré quelques réserves sur tel ou tel officier de l'O.R.A.[45]. Quel obstacle pouvait dorénavant arrêter l'unification ?

22 décembre 1943 : naissance des F.F.I.

À la fin de 1943, on était donc parvenu au principe qu'énonça Jacques Bingen : *« Tout Français qui n'a pas commis une faute grave contre la Patrie doit pouvoir être accepté dans l'action contre l'ennemi et contre ses complices*[46]. » Si Bingen s'était fait l'interprète de cette idée, c'est que les différents délégués du C.F.L.N. en France s'étaient ralliés à la nécessité de l'unification depuis qu'ils constataient que, suite aux diverses créations récentes de la Résistance, la *« prolifération des services juxtaposés gêne l'action*[47] ». Le Comité central des mouvements était du même avis, et Bingen se chargea de présenter le projet au B.C.R.A. : *« Deux buts sont à atteindre.*

« Obtenir une participation plus large de l'ensemble de la Nation à la lutte contre l'ennemi et ses complices.

« Que cette action demeure contrôlée et ne risque pas de devenir anarchique[48]. » C'étaient les termes mêmes que Moulin utilisait un an auparavant.

Le paradoxe de la Résistance voulut que le projet d'un organisme directeur unique, en totale contradiction avec les directives du B.C.R.A., soit établi par Mangin, D.M.Z., dont la mission était précisément de les faire appliquer[49], et que Bingen se soit chargé d'en assurer la publicité auprès de Londres, qu'il savait hostile à cette réalisation. Mais il considérait qu'elle ne pouvait pas être évitée. Aussi, tout comme avait agi Moulin en s'appropriant le Conseil de la Résistance, Bingen suggérait de ne pas se laisser déborder : *« Etant donné que la guerre est une et que nous devons obligatoirement agir en accord avec vous et avec l'Etat-Major interallié, au moins sur les grandes lignes de l'action en France, il y aura lieu que dans cette commission* [C.O.M.A.C.] *la représentation du C.F.L.N. soit assurée de manière solide. C'est au délégué lui-même ou à un membre de la délégation que devrait incomber la tâche de présider cette commission à laquelle participerait également le principal délégué militaire*[50]. »

Finalement, Bingen présenta le projet à la séance du Comité central des mouvements, le 22 décembre 1943. Une Commission Action fut imaginée pour coordonner l'activité de tous les éléments paramilitaires et faciliter leur unification dans une seule formation : les F.F.I. (Forces françaises de l'intérieur). La Commission comprendrait :

« — 2 délégués mouvements zone nord dont 1 F.N.

« — 1 délégué mouvements zone sud

« — 1 représentant de l'armée d'armistice

« — le représentant du C.F.L.N.

« — le représentant militaire d'Alger, ce dernier n'étant pas investi de la présidence, mais étant chargé d'établir la liaison entre Alger et les F.F.I.[51]. »

La création des F.F.I. fut concrétisée par la signature d'un accord entre les chefs des F.T.P. (Beaufils), de l'A.S. (Dejussieu) et Mangin. Il était rappelé que *« chaque organisation conserve son système d'immatriculation propre ainsi que son autonomie en ce qui concerne les questions de commandement relatives au personnel (choix, nominations, mutations, sanctions)*[52] ». En fait, cette disposition permit aux F.T.P. de conserver jusqu'au bout leur indépendance.

On remarquera enfin que la question de la présidence de la Commission (qui était un postulat dans l'accord d'Alger) fut réservée et échappa de ce fait aux délégués de Londres. Et que, d'autre part, le terme de F.F.I., qui apparut alors en métropole et devint d'un usage courant, ne fut avalisé par Alger que des mois plus tard. Rien ne montre mieux l'incroyable distance qui séparait Paris d'Alger que le câble adressé le 9 mars 1944 à Bingen (plus de deux mois après les faits) pour l'avertir que de Gaulle était *« d'accord pour l'appellation F.F.I.*[53] » !

1er février 1944 : la politique du fait accompli

Le principe d'un organisme central semblait si nécessaire que, durant le mois de janvier, plusieurs projets furent rédigés : le 18 janvier, ceux de Dejussieu et des F.T.P. ; le 22, celui de Jean de Vogüé (du mouvement de zone nord Ceux de la Résistance) ; le 26, enfin, celui de Degliame.

L'unité des forces militaires de la Résistance posait évidemment la question de son commandement. Les résistants connaissaient depuis l'arrivée de Jean Moulin la doctrine de De Gaulle sur ce point. Elle avait toujours été contredite en zone libre par Frenay. Et le renouvellement des interlocuteurs en présence ne modifia ni les arguments ni les enjeux. Aussi les résistants avaient-ils pensé à une solution qui permettait d'associer la légitimité et la mise à l'écart de Londres : le C.N.R. C'est ainsi que Degliame proposa : « *Le Comité d'Action contrôlé par le C.N.R. ou une délégation de celui-ci devra être habilité pour parler en son nom, les décisions prises le seront de même et par conséquent devront être acceptées par tous les mouvements ayant reconnu l'autorité du C.N.R.*[54]. »

Il était entendu que, quels qu'aient pu être les débordements antérieurs, les D.M.R. seraient dorénavant cantonnés dans leur rôle de « conseillers techniques ». Dès lors, « *le Comité d'Action, seul organisme reconnu par le C.N.R. pour diriger et contrôler l'action doit avoir en main tous les éléments lui permettant de mener sa tâche à bien*[55] ».

On observe qu'après avoir substitué l'autorité du C.N.R. à celle du C.F.L.N. Degliame remplaçait l'autorité du B.C.R.A. et de l'état-major allié par celle du Comité d'action. Ce postulat, qui fut par la suite défendu par la Résistance, constitua jusqu'à la Libération un sujet de discorde permanent.

Afin que Londres n'ignore rien des intentions des résistants sur ce point, Degliame précisa, en particulier sur la question sensible des plans, les délégations hiérarchiques qui devaient exister : « *Tous les plans d'action, soit pour le présent, soit pour le Jour "J", doivent être étudiés par lui. La préparation et l'exécution de ces plans devront être effectués sous le contrôle de responsables désignés par lui. (Il est évident que, dans certains cas, il pourra s'agir des D.M.R.) En conséquence, les ordres reçus de Londres par Marbot* [Mangin] *devront lui être soumis pour application*[56]. »

Le projet de Vogüé, pour sa part, passait par pertes et profits le Comité central des mouvements (C.C.R.) qui devait remettre « *tous les pouvoirs nécessaires* » à la Commission d'action. Une aspiration à un renouvellement profond se dégageait de ses propos : « *La composition de la C.A. ne devra pas donner lieu à des soucis de dosage, et les personnalités qui en feront partie devront être choisies suivant leurs qualités de dynamisme et d'efficacité, sans autre considération*[57]. »

Ces velléités putschistes seraient peut-être restées lettre morte si la Résistance et la Délégation ne s'étaient pas alors débattues au milieu de tragiques difficultés matérielles dans un sentiment d'abandon complet de la part du C.F.L.N.

C'est dans ces conditions que, le 1er février 1944, le Comité central (C.C.R.) en perte de vitesse avait franchi le pas et décidé la création d'un état-major F.F.I. emmené par une commission de trois membres (C.O.M.A.C.). Cette décision fut formulée d'une manière catégorique qui sonnait comme une provocation à l'égard du C.F.L.N. : « *Le Comité Central décide que les forces armées de la Résistance sont placées sous l'égide du C.N.R.*

« *Un état-major des F.F.I. est constitué.*

« *Le Comité Central charge une délégation restreinte de trois membres pris dans son sein et dite "Commission d'Active"* [C.O.M.A.C.] *de la constitution et du contrôle de cet état-major selon les directives ci-après*[58]. »

Cette commission fut composée à l'origine avec Vogüé (Ceux de la Résistance), représentant de la Z.N., Chevance-Bertin (de Combat) pour la Z.S., Villon pour le Front national et les F.T.P. des deux zones. L'équilibre politique qui traversait la Résistance était respecté.

Quand on connaît l'obstination avec laquelle de Gaulle avait toujours proclamé qu'il se considérait le chef des forces de la Résistance qui, à ses yeux, était une composante de l'armée française, on comprend que ces mesures représentaient un véritable coup de force contre ses services et son gouvernement. Que les deux plus hautes autorités représentant le C.F.L.N. sur le plan politique et militaire y aient prêté main-forte révèle le véritable rapport de forces sur le terrain. Peut-être des communications moins aléatoires auraient-elles permis une intervention préventive du B.C.R.A. L'historien peut seulement constater que Bingen essaya de nouveau de conserver la direction de la nouvelle organisation à de Gaulle : *« Pour réaliser l'union nationale, le Comité d'action* [C.O.M.A.C.] *(trois membres mouvements de résistance : 1 Nord, 1 Sud, 1 Front national et 2 Délégués militaires) doit diriger la résistance, sous l'égide du C.F.L.N. par l'intermédiaire d'un E.M. national*[59]. »

Mais si, à l'automne 1942, Jean Moulin avait, dans le domaine politique, tous les moyens pour réussir cette manœuvre, au printemps 1944 Bingen n'était pas le maître de cette opération, qui dépendait en partie de Mangin parce qu'il était le seul officier de Londres ayant une certaine autorité pour la conduire. Or, il quitta immédiatement la France pour justifier à Alger son initiative dont il devinait qu'elle paraîtrait intempestive.

Les raisons du choix de Bingen, de Mangin (et de Bourgès qui lui succéda) étaient motivées par l'évolution du rapport de forces. La revendication de l'action immédiate, qui était, quelques mois auparavant, l'apanage des seuls communistes, avait rallié les suffrages de tous les résistants. À l'approche du débarquement, que tout le monde pressentait, comment aurait-il pu en être autrement ?

Grâce à ces initiatives, il existait dorénavant une formation unique, les F.F.I., dotée d'un état-major national et coiffé d'un comité d'action aux larges pouvoirs : le C.O.M.A.C. Londres allait désormais devoir compter avec tout cela.

Le B.C.R.A. a-t-il abandonné la Résistance ?

Les conditions atmosphériques de la fin de l'automne et l'hiver 1943-1944 firent échouer bon nombre des liaisons aériennes entre l'Angleterre et la France. On a vu qu'elles avaient empêché le départ de Bollaert et Brossolette. Pareillement, elles avaient privé la Délégation d'argent et la Résistance d'armes. Ces circonstances exceptionnelles s'ajoutèrent aux réticences anciennes des Britanniques à l'égard de l'armement de la Résistance pour la plonger dans une pénurie dramatique, qui mettait son avenir en jeu au moment où la répression allemande la frappait à coups redoublés. En première ligne, face à l'incompréhension et aux réclamations des mouvements, la Délégation ne pouvait que constater la carence de Londres qu'elle accablait d'appels à l'aide. Ainsi Bingen : *« Quand on me demande le pourquoi de cette carence, il m'est hélas impossible de répondre autrement que par des formules vagues : ou bien je laisse accuser les Services Français et le Général de Gaulle d'indifférence à l'égard de la Résistance, ce que je sais être une accusation monstrueuse, ou bien je dois avouer leur impuissance ce qui n'est pas fait pour renforcer la position du C.F.L.N. et les sentiments jusqu'ici favorables aux alliés de l'opinion publique française*[60]. »

Les arguments lui venaient d'autant moins facilement qu'au même moment l'aviation alliée, loin d'être clouée au sol, écrasait sous les bombes non seulement l'Allemagne, mais les ports français et les usines qui travaillaient pour l'armement allemand.

Les chefs de la Résistance partageaient étroitement l'activité des délégués. De ce fait, ils savaient ne pouvoir imputer ni à leur incompétence ni à leur malveillance l'étranglement qui les menaçait. C'est ailleurs qu'il leur fallait trouver des responsables et c'est le B.C.R.A., éternel objet de leur ressentiment, que tout désignait à leur vindicte. *« Les responsables, nous les connaissons »*, écrivait ainsi Degliame en désignant les agents d'opérations aériennes et, à travers eux, le B.C.R.A., *« et nous sommes décidés à les dénoncer impitoyablement comme traîtres à la Résistance.*

« [...] *les hommes qui se battent ont le droit d'exiger de ceux qui prétendent les diriger et leur donner des ordres que leur soient remis les moyens de poursuivre leur action avec le maximum d'efficacité et le minimum de risques*[61] ».

Se trouvaient en jeu, tout à la fois, la possibilité pratique de la Résistance de prendre part aux combats de la libération et, pour l'immédiat, la survie des maquis. Bingen se fit en janvier le porte-parole de l'angoisse de la Résistance qui se voyait réduite au brigandage pour nourrir et armer les hommes qui s'étaient confiés à elle. « *La responsabilité,* écrit Bingen, *de ceux qui ne nous envoient pas d'armes et de moyens financiers est lourde, la partageant provisoirement moi-même je l'éprouve de façon angoissante car il n'est pas de jour depuis deux mois où je n'apprenne que, faute d'armes et faute de soutien financier, tel ou tel groupe de patriotes souvent dirigé par un officier de réserve, par un bourgeois patriote et naguère discipliné, ou par un syndicaliste scrupuleux, décide de passer à l'action individuelle, afin de ne pas périr de faim ou de ne pas être contraint de se rendre aux autorités nazies de Vichy.*

« L'absence d'armes si préjudiciable à l'action concertée des patriotes dans l'immédiat et pour l'époque de la Libération a donc une autre conséquence tragique, c'est qu'elle suscite dans l'opinion publique française moyenne un sentiment d'hostilité envers les patriotes actifs et, par voie de conséquences, envers leurs chefs actuellement hors de France[62]. »

Jean Moulin n'avait cessé de le répéter ! Les Français étaient soumis au pilonnage de la propagande (Philippe Henriot, orateur talentueux, mais collaborationniste patenté et milicien, venait d'être nommé secrétaire d'État à l'Information du gouvernement de Vichy). Combien de temps refuseraient-ils de voir dans les résistances les « terroristes » dénoncés par Vichy, « l'armée du crime » dénoncée sur les affiches allemandes ?

Les casseroles du B.C.R.A.

Dans ce marasme, seules les transmissions radio ne furent jamais interrompues et allèrent même en progressant. Cependant, on constate que, malgré l'intensité du trafic, le retard dans les transmissions des câbles, les erreurs de codage, l'absence de réponse, etc., entretenaient des malentendus qui finirent par provoquer de graves divergences dans les résistances. Même si la représentation de la situation avait été possible par ce moyen, à eux seuls les changements de pseudonymes pour raison de sécurité et la multiplication des commissions désignées par des sigles suffisaient à dresser des obstacles à la compréhension des informations échangées.

Mais l'aggravation des malentendus ne doit pas être imputée uniquement aux circonstances matérielles. Durant ces mêmes mois, en effet, les responsables du B.C.R.A. furent, tant à Londres qu'à Alger, au cœur de batailles qui ne cessaient de les soustraire au travail quotidien. D'où, sans doute, l'accumulation des retards dans les prises de décision.

Tout d'abord, pour la première fois depuis juin 1940, des résistants métropolitains séjournaient longuement hors de France. À Londres, ils s'étaient constitués en délégation et entendaient exercer un droit de regard sur l'activité du B.C.R.A., avoir connaissance des rapports en provenance de France et participer au processus de décision. Ces interventions ralentissaient le travail et ravivaient sans cesse les divergences entre Londoniens et métropolitains.

C'était Manuel qui était dorénavant aux commandes du B.C.R.A. à Londres. Passy séjournait fréquemment à Alger où il s'efforçait de contrecarrer l'offensive de l'ancien 2e Bureau de Vichy et de faire prévaloir ses points de vue.

Le B.C.R.A. était en effet sous le feu rapproché des giraudistes qui auraient voulu l'absorber et s'approprier la direction de l'action en France. L'empoignade avait duré tout l'été 1943. On avait cru trouver une solution en nommant le général Cochet à la tête de l'ensemble (4 octobre 1943), qui présentait l'avantage de ne pas effaroucher les vichyssois tout en ayant acquis ses quartiers de noblesse dans la Résistance. On a vu que sa volonté de s'arroger le contrôle exclusif du B.C.R.A. fit tourner l'expérience au bras de fer. Et les hommes de Londres n'eurent de cesse de se débarrasser de sa pesante tutelle. Ce fut chose faite le 27 novembre. Le retrait de Giraud du C.F.L.N. permit la création de la D.G.S.S. (Direction générale des services secrets), confiée à Soustelle, qui donnait en fait le pas au B.C.R.A. sur les services secrets hérités de Vichy.

Mais Passy, soutenu par tous ses hommes, entra alors en conflit avec un rival d'une autre dimension, Emmanuel d'Astier, nouveau commissaire national à l'Intérieur (9 novembre 1943). Au terme d'une empoignade que l'on a retracée, durant laquelle chacun mit sa démission en balance, de Gaulle trancha et le C.N.I. obtint, au moins théoriquement, la haute main sur le B.C.R.A.

Au milieu de ces affrontements, alors que d'autres déchirements faisaient écho à la confrontation Brossolette-Serreulles-Bingen en métropole, le B.C.R.A. avait tout de même pris une telle ampleur qu'une réorganisation s'imposait. Le 24 janvier 1944, Passy fit un constat qui obligeait à l'examen de conscience les officiers qui avaient enfilé *« les manches de lustrine chères à Courteline »* : *« 1°) Les rôles et attributions des échelons successifs de commandement sont peu ou mal définis.*

« Ceci amène de nombreux officiers à s'occuper de questions identiques en même temps et dans des sens quelquefois opposés, ou à donner des ordres contradictoires.

« Par ailleurs, certaines questions importantes ne sont traitées par personne.

« 2°) Beaucoup d'officiers soucieux légitimement de laisser à leurs subordonnés une large initiative, oublient totalement de commander ces mêmes subordonnés.

« "Commander" consiste non seulement à donner des ordres mais, plus encore, d'exiger leur exécution et d'en contrôler la qualité.

« 3°) Beaucoup d'officiers manquent complètement d'esprit d'initiative et se sont transformés en fonctionnaires ne provoquant pas d'ordres.

« 4°) […] Certains se perdent dans des détails et manquent de vues d'ensemble.

« Certains se sont gonflés au-dessus de leur rôle et se sont réfugiés dans une tour d'ivoire de "grands patrons", traitant toutes les questions sur un plan théorique, sans voir l'application pratique de leurs décisions.

« […] *La physionomie de la Résistance française, au service de laquelle nous sommes, est changeante. C'est à nous tous à nous adapter à elle et non à elle à s'adapter à nous*[63]. »

Manuel chargea Rémy d'une enquête préalable à la réorganisation. Rémy s'acquitta minutieusement de cette tâche, et relate en des termes pittoresques les critiques formulées par Passy. Ce texte révélateur offre une description vivante, riche d'informations, et parfois cocasse, de la vie quotidienne du B.C.R.A. : *« Quelle est la situation du B.C.R.A.L. en cette fin du mois de février 1944 ? Ne nous payons pas de mots. Les deux centres nerveux de notre rayonnement en France, i.e. le Bloc opérationnel et le Groupe Renseignements, sont incapables de contrôler comme il se doit le fonctionnement des organismes qu'ils sont censés administrer. Les télégrammes à l'arrivée souffrent d'une diffusion trop lente. Les télégrammes au départ ne sont pas suffisamment étudiés dans leurs termes, et, souvent, ne tiennent aucun compte des télégrammes reçus. Les consignes sont données trop hâtivement, voire par des officiers inexpérimentés. Les courriers administratifs des réseaux souffrent dans leur décodage et leur diffusion, de lenteurs qui font qu'ils ne peuvent être judicieusement analysés avant l'expédition des courriers départ. Le résultat de cet état de choses se retrouve dans l'incohérence des instructions données aux réseaux, dans l'insuffisance apportée à la satisfaction aux demandes qu'ils expriment et, probablement pour une bonne part, dans les catastrophes qui frappent nos amis.*

« […] *J'ai, de juillet à fin septembre 1942, puis de février à fin décembre 1943, observé le Colonel Passy et le Commandant Manuel dans l'exercice de leurs fonctions. Leur journée est composée d'une mosaïque de rendez-vous, de coups de téléphone, de lectures de documents constamment coupées par des signatures à donner, des visites d'importuns. Le tout s'entremêlant de déjeuners ou de dîners professionnels. Il est impossible au cerveau le mieux organisé de travailler dans ces conditions, même si son possesseur est servi par d'excellents collaborateurs, ce qui n'a pas été et n'est toujours pas le cas. A aucun moment de ces journées harassantes ne figure la pause salutaire, indispensable à la méditation. A aucun moment le responsable de cette grande et grosse affaire qu'est le B.C.R.A.L. ne peut bénéficier d'un recul, même léger, qui lui permette de juger les gens et les choses sous un angle neuf et frais. Tiraillé et sollicité de toutes parts, il est perpétuellement à la remorque des événements, au lieu d'en être l'animateur. Il dirigerait selon les mêmes méthodes une banque, ou une usine que le dépôt de son bilan n'attendrait probablement pas la fin de son premier exercice annuel.*

« Je me répète sans doute, en disant que nous sommes virtuellement en état de faillite. Mais il faut bien que je le répète jusqu'à ce que nous prenions les

mesures nécessaires pour redresser la situation. Nous nous sommes contentés jusqu'ici de rapiècements et de rapetassages.

« […] *Le B.C.R.A.L. ne peut jouer le rôle que si son appareil administratif est prêt et si les patriotes ne viennent pas, au lendemain de la libération, l'accuser d'avoir péché par négligence et par insuffisance dans le grand rôle de moteur et de pourvoyeur qu'il doit jouer en cette veille du jour où le peuple français va se dresser contre l'Allemand détesté*[64]. »

À la suite de cette analyse, Rémy faisait des propositions non pas d'organisation, mais de méthode, donnant à chacun des conseils pour améliorer son rendement. Le défaut le plus sensible à ses yeux était l'inanité du bilan quotidien sous sa forme ancienne, qui était la réunion de tous les responsables du service, dans le bureau du directeur : « *La conférence de 18 h 30 peut apparaître comme répondant à cette exigence. Je ne suis pas de cet avis.*

« *Nécessaire sans doute à l'origine du B.C.R.A.L., quand il s'agissait de construire, et alors qu'il n'était pas trop de la présence de tous pour bénéficier de la mise en commun des idées de chacun, la conférence générale quotidienne est à supprimer aujourd'hui.*

« *Je l'ai observé ces quinze derniers jours. Sa courbe est toujours la même. Au bout du premier quart d'heure elle dégénère en parlote, puis sombre ensuite dans l'indifférence générale. Les télégrammes lus par le Chef du B.O. et par le Chef du Groupe Renseignements sont épelés et non pas lus au sens propre du terme, c'est-à-dire par un responsable apte à les commenter immédiatement et à répondre sur le champ aux questions qui lui sont posées. J'estime par ailleurs que le chef du B.O. n'a — sauf exceptions approuvées au préalable par le chef du B.C.R.A.L. — pas à connaître des incidents des réseaux "R", et inversement pour ce qui concerne le Chef du Groupe Renseignements.*

« […] *La conférence générale quotidienne doit être remplacée par un entretien quotidien du Chef du B.C.R.A.L. avec le Chef du B.O. et le Chef du Groupe Renseignements pris individuellement. Ces entretiens doivent, à mon avis, avoir lieu le matin plutôt que le soir.*

« *D'une part, les esprits sont reposés et, d'autre part, les deux chefs susnommés ont pu étudier à loisir les télégrammes qu'ils ont reçus la veille. Leurs entretiens se trouvent ainsi préparés : ils connaissent leur sujet, et doivent être à même d'exposer tous les considérants au Commandement*[65]. »

Si le rapport de Rémy était une critique radicale des méthodes, on sait par Manuel que des problèmes difficiles à résoudre gênaient le bon fonctionnement du service. Il faisait ainsi l'inventaire des obstacles concrets à renverser : « *Quelque amitié que nous ayons tous pour St. Jacques* [Maurice Duclos], *son retour à la tête de la Section aurait des conséquences désastreuses. Lejeune et Bienvenüe m'ont déjà prévenu qu'ils donneraient leur démission, et je crois d'ailleurs que cette démission serait suivie de quelques éléments du petit personnel ; tout cela, d'ailleurs, dû uniquement au fait que St. Jacques, que tout le monde aime, n'a pas su se mettre à l'échelon de commandement où il était placé. Son interférence constante dans les différentes sections, son goût de la centralisation tuaient dans l'œuf toutes les initiatives que les chefs de sections auraient pu prendre et, en leur ôtant ces initiatives, leur enlevaient le sens et le goût des responsabilités.*

« *Il reste évidemment, que le personnel officier demeure très inférieur en qualité surtout et en quantité à ce qu'il serait nécessaire ; il reste que le manque total de petit personnel fait qu'un nombre important de choses qui devraient être faites ne le sont pas*[66]. »

La difficulté centrale du bon fonctionnement du service était représentée par le général d'Astier : *« Je continue à être quotidiennement ennuyé pour des questions d'épicerie par le Général d'Astier. Le cas du Général justifie qu'on prenne très rapidement des décisions en haut lieu. C'est comme vous le savez, un homme charmant, souvent intelligent, mais notoirement inférieur à la tâche qu'il devrait assumer. Cette tâche consisterait à s'introduire dans le grand état-major allié et à devenir le partenaire indispensable d'Eisenhower et de Montgomery. Son incompétence militaire, la mauvaise réputation dont, à tort ou à raison, il bénéficie auprès des Anglo-Saxons font que les efforts qu'il fait ont toute chance de demeurer stériles et que nous serons amenés, au jour du débarquement, au mieux, à accepter d'être utilisés au lieu de diriger dans la mesure où nous serions consultés. »*

Grâce à cette lettre de Manuel à Passy, on connaît aussi l'une des raisons de l'étranglement financier dont la Résistance était victime : *« La situation est très grave, nous avons besoin de 225 millions, on nous en propose 203 et Boris n'accepte aucune réduction du budget des Mouvements. Comme je n'ai pas le droit d'agir sans sa signature, la situation est sans issue. J'attire également votre attention sur le fait que, à l'ouverture des hostilités* [...] *nous aurons près de 250 agents à mettre en route d'un seul coup. Il me faudra de l'argent, où le prendrais-je ?*

« Une autre chose qu'il faudrait considérer d'ores et déjà, c'est la constitution de réserves en France pour les réseaux tant de renseignement que d'action. Lorsque les opérations seront déclenchées, les parachutages deviendront de plus en plus difficiles, alors que la situation pourrait être facilement mise au point maintenant. Mais encore une fois, où prendrais-je l'argent ? »

Le problème posé par les officiers giraudistes était également évoqué, et l'analyse de Manuel souligne ce que représenta, pour les anciens Français Libres, cette confrontation : *« Il ne faut pas se faire d'illusion et croire que les éléments gaullistes absorberont par fusion les éléments de l'armistice ou giraudistes. Lorsque la fusion se produit, dans chaque service les giraudistes présentent un officier ayant au moins autant de galons que le Chef de la Section dans laquelle il entre et ayant souvent plus de compétence et de qualités. Il est fatal, dans ces conditions, qu'il devienne le chef de ce service et que, tout en absorbant la concurrence, c'est nous qui finirons par être bouffés.*

« [...] *Tant que le gaullisme n'aura de révolutionnaire que l'espoir qu'il suscite chez les gens bien restés en France, nous continuerons à être stériles et à tourner en rond. Nous avons pu faire quelque chose étant une hérésie, maintenant que nous sommes devenus une orthodoxie, la sclérose nous atteint. Le fonctionnarisme, les préoccupations personnelles et les ambitions pour l'après-guerre sont les caractéristiques de trop nombreux cadres*[67]. »

La fin de la lettre est éloquente sur le climat moral qui régnait à Londres à cette époque : *« Si les difficultés que vous éprouvez là-bas* [Alger] *vous amènent à prendre des décisions radicales et à faire valoir vos droits à aller respirer l'air pur et à ne rien foutre, je vous en supplie, n'oubliez pas de m'associer à votre sort.*

« Si, d'un autre côté, vous décidez de rester, permettez-moi, en toute amitié, de vous demander de ne pas trop vous fatiguer en dehors du bureau. Je ne vois

pas tous les matins vos yeux qui m'étaient un fidèle diagnostic mais je lis les câbles qui me parviennent d'Alger et ils me sont pour le moins aussi révélateurs[68]. »

C'est au milieu de ce tourbillon qu'arrivèrent les nouvelles de France.

La Résistance militaire existe-t-elle ?

Dès l'automne 1943, les nouvelles des délégués militaires s'étaient montrées décourageantes, à commencer par l'arrestation du D.M. de zone nord qui avait tant besoin d'une vraie organisation militaire. En novembre, le retour de l'agent britannique Yeo-Thomas, chauffé à blanc par Brossolette, ne fit que confirmer ces premières informations alarmantes. Heureusement, la zone sud (en particulier grâce au bon travail de Bourgès-Maunoury) offrait des perspectives plus conformes aux projets du B.C.R.A.

Or, au début du mois de février 1944, l'annonce de la création de l'état-major F.F.I. et du C.O.M.A.C. sonna le glas de toutes ces espérances. Le 10, un télégramme de Bourgès en donna le détail et, trois jours plus tard, porta la mesure à son comble en accusant le B.C.R.A. d'avoir abandonné les D.M.R. Beaucoup avaient déjà succombé. Quant aux autres, « *à moins de chance exceptionnelle, les deux mois qui viennent ne s'écouleront pas sans leur arrestation*[69] ».

Serreulles ayant apporté à Londres le compte rendu de la séance durant laquelle avaient été créés l'état-major F.F.I. et le C.O.M.A.C., la situation se décanta brutalement. En effet, on avait fini, à Londres, par se persuader qu'il n'y avait plus grand-chose à attendre de la Résistance militaire. Un exemple saisissant en est donné par un rapport du général d'Astier, daté du 3 mars, qui s'interrogeait sur la possibilité de demander aux Anglais plus d'armement. C'était douteux, concluait-il, au vu des perspectives offertes : « *1°) Impossibilité de demander à la Résistance, en Zone Nord (théâtre d'opérations Nord-Ouest), autre chose que des actions de sabotage, restreintes dans le temps à la première phase des opérations : aucun effort spécial d'équipement ne sera requis à cet effet ;*

« *2°) Obligation de remanier complètement l'organisation de la résistance en Zone Sud, si l'on veut qu'elle soit en état d'accomplir des actions plus importantes (guérillas), opérations qui, elles, s'étendraient sur une période de plusieurs mois à dater du jour "J". A cet effet, un important effort d'équipement serait demandé.*

« *Dans ces conditions, on peut craindre que le Commandement Allié n'attribue pas une valeur suffisante au potentiel immédiat que représente la Résistance Française*[70]. »

Cet enterrement, que les rapports des agents avaient permis, fut couronné par une nécrologie signée de Manuel. Atterré par les propos que lui tint Serreulles, il se vit confirmé dans ses plus sombres pronostics. Les mouvements avaient saboté l'action des D.M.R. pour se saisir du commandement : « *Les fameuses consignes du 7 juillet ont été établies en accord avec Bernard* [d'Astier] *et avec Fresnay* [*sic*] *et que, même si nous avions eu le choix, ce qui, comme vous le savez n'est hélas pas le cas, nous devions prendre comme délégués militaires des gens sérieux et consciencieux dont la personnalité et le caractère ne devaient pas être trop affirmés pour ne pas risquer des heurts avec la Résistance. Malgré cela, et malgré l'engagement de Bernard* [d'Astier] *et de Charvet* [Frenay], *l'action de nos délégués dans toutes les régions a été sabotée. Ils n'ont jamais pu parvenir qu'après des difficultés sans nombre, toutes soulevées par les mouvements. Il y aurait trop de machiavélisme à croire que ces difficultés étaient une étape nécessaire à l'établissement de l'organisation centralisée actuelle, mais je suis convaincu qu'il y avait une résistance larvée de la part des dirigeants des Mouvements car tout appui donné aux délégués militaires aurait eu pour conséquence fatale le rassemblement de la Résistance autour d'eux en liaison directe avec Londres, c'est-à-dire leur échappant sur le plan politique. Ils oublient complètement qu'au jour de la libération, lorsque le masque de la clandestinité sera tombé, la Résistance ne pourra se survivre à elle-même. J'en suis chaque jour davantage convaincu, étant donné la médiocrité et la farouche ambition personnelle de la majorité des éléments de cette Résistance que j'ai pu rencontrer. Tout cela est bien décevant*[71]. »

Malgré les doutes, le C.F.L.N. s'efforça de réagir. Il ne laisserait pas les mouvements s'emparer du commandement militaire en métropole ni copier ses initiatives puisque, comble de la provocation, le C.F.L.N. avait créé à Alger en novembre, quatre mois avant Paris, une commission d'action en France, le C.O.M.I.D.A.C. !

Créé en septembre 1943, le Comité d'action en France (C.O.M.I.D.A.C.) deviendra opérationnel en janvier 1944. C'était un organisme politique et militaire qui allait fixer la stratégie, les priorités, les crédits de la Résistance et approuver les désignations des responsables de l'État clandestin. Il fut présidé par de Gaulle. Y assistaient le commandant en chef Giraud jusqu'en avril 1944, les commissaires à l'Intérieur, d'Astier, à la Guerre, Le Trocquer, puis Diethelm aux Finances, Mendès France, parfois Frenay. Soustelle en assurait le secrétariat[72].

Le 10 mars 1944, le général de Gaulle signa une décision du C.O.M.I.D.A.C. (Alger) sur « l'organisation en France de l'action ». C'est une véritable réplique aux créations métropolitaines. Afin d'éviter toute confusion, elle baptisait le C.O.M.A.C. (Paris) Comité militaire national (C.M.N.). Il était spécifié que « *les fonctions de représentant d'un mouvement et de délégué militaire (gouvernemental) ne peuvent être cumulées* ».

Mais plus importante, parce qu'elle confirmait la politique du Général, était la précision suivante : « *Le C.M.N.* [C.O.M.A.C.] *ne constitue pas un organisme de commandement mais répartit entre ses membres des fonctions d'inspection et de contrôle*[73]. »

Dans le même temps, Manuel faisait à Bingen la liste des objections, dont la principale portait sur l'idée même d'un état-major national : « *Il ne peut diriger l'action ni en centraliser les résultats*[74]. » Puis, il lui adressa le texte de la décision du C.O.M.I.D.A.C. Alger, soulignant avec diplomatie la « *différence partielle* », en fait l'opposition radicale, entre les deux textes[75].

En dépit de la modération du ton, il était clair que Manuel jugeait la situation avec la plus extrême sévérité. D'abord, le programme des D.M.R. mûri durant deux mois à Londres avait immédiatement été bouleversé : Marchal arrêté, Mangin, chef des deux zones, disparaissant durant deux mois en Suisse, laissant tout à l'abandon, les D.M.R. errant sans attache et sans ordre, de nouvelles arrestations, le départ définitif de Mangin laissant la France aux mains d'un simple D.M.R., Bourgès, et, pour couronner le tout, Bingen et Bourgès prenant sous leur bonnet de réorganiser la Résistance intérieure dans le sens de la centralisation sur place ! Enfin, au lieu d'affaiblir la direction centrale pour renforcer les régions, la création de toutes pièces d'un état-major national commandant à toutes les forces, coiffant le tout, un Comité politique s'arrogeant tous les pouvoirs de commandement et s'intitulant (par dérision, sans doute) le Comité d'action en France !

Mais, avec l'accord de Bingen, Bourgès se chargea de le ramener aux réalités. Ils n'avaient pas été les artisans de ces créations : « *Vous rends compte que ne vous ai jamais mis devant fait accompli. Trouve cette phrase effarante* […] *vous ai mis au courant décisions prises par Résistance et non par Polygone* [Bourgès-Maunoury], *supposant vous désiriez être informés*[76]. » C'était laisser entendre que le texte du C.O.M.I.D.A.C. (Alger), rédigé un mois et demi *après* les événements, avait peu de chances d'être appliqué. Il ne le fut pas.

La difficile tâche de modérateurs, dévolue par les circonstances à Bingen et Bourgès, leur avait valu la désapprobation du B.C.R.A. Mais d'autres devraient bientôt se charger d'une situation de terrain qu'aucune admonestation venue d'Alger n'aurait le pouvoir de changer.

C. LE C.O.M.A.C. EN QUÊTE DE LÉGITIMITÉ

10 mars-6 juin 1944

Tandis que le printemps marquait les premiers drames des maquis, le C.O.M.A.C. était à la recherche, déjà, d'un second souffle. Après sa naissance en fanfare, son géniteur, le Comité central des mouvements (C.C.R.), semblait avoir fourni son dernier effort. Il était prêt à s'effacer devant le C.N.R. en lui cédant la paternité de son rejeton. En la lui imposant plutôt, car le C.N.R. se montrait assez peu enclin à consentir à cette encombrante adoption qu'il retarda durant trois mois : ce ne fut que le 13 mai que Villon l'emporta de haute lutte. Mais cette victoire fut quelque peu compliquée par l'irruption d'un nouveau délégué militaire, Jacques Chaban-Delmas.

Le drame des maquis

Entre-temps, commençait à se poser la question des maquis. À côté de rassemblements spontanés suscités par le décret du S.T.O., le général de Gaulle avait approuvé la formation du réduit du Vercors proposée par Jean Moulin et le général Delestraint au printemps 1943, afin de permettre *« la réunion d'unités de l'Armée Secrète destinées à mener des opérations de destruction sur les moyens de communications de l'adversaire et les sources d'énergie industrielle, en particulier dans les vallées du Rhône, de l'Isère et de la Drôme.*

« La réception d'un important matériel de guerre et éventuellement d'unités alliées transportées par voie aérienne en vue d'actions profondes sur les arrières de l'ennemi.

« L'accueil au moment des opérations de libération de hautes personnalités de la France Combattante chargées d'assurer la direction du combat et de l'action politique[77]. »

Des problèmes nouveaux avaient été créés par les concentrations massives de réfractaires. À commencer par la difficulté de les encadrer et de les ravitailler.

Jacques Bingen s'en ouvrit dans son rapport de janvier 1944 : *« Il faut le dire brutalement, l'absence d'armes et de moyens financiers fait qu'à côté de cas assez nombreux de brigandage caractérisé auxquels la Résistance elle-même s'oppose et essaye de mettre fin, le nombre des agressions à main armée se multiplie tragiquement sur tout le territoire. Il suffit d'ouvrir les oreilles dans n'importe quel lieu public (restaurants de toutes classes, métro parisien, compartiments de chemin de fer, magasins, coiffeurs, etc.) pour se convaincre du grand émoi qui s'est emparé du Français moyen — c'est-à-dire un Français qui hait les Allemands et qui attend à son balcon ou dans sa cave la Libération ; les récits les plus abracadabrants se colportent de bouche en bouche ; on parle partout d'agressions, d'attentats sur des personnes isolées, de vols à main armée... Bref, l'impression générale est que le pays est tout entier rançonné par des bandes dont on commence à oublier que certaines sont composées de la lie de la population, d'autres de miliciens provocateurs et dont on oublie que la grande majorité, composée de patriotes, ne se livre qu'à des opérations bien concertées dirigées contre l'ennemi et ses complices.*

« La responsabilité de ceux qui ne nous envoient pas d'armes et de moyens financiers est lourde, la partageant provisoirement moi-même je l'éprouve de façon angoissante car il n'est pas de jour depuis deux mois où je n'apprenne que, faute d'armes et faute de soutien financier, tel ou tel groupe de patriotes souvent dirigé par un officier de réserve, par un bourgeois patriote et naguère discipliné, ou par un syndicaliste scrupuleux, décide de passer à l'action individuelle, afin de ne pas périr de faim ou de ne pas être contraint de se rendre aux autorités nazies de Vichy.

« L'absence d'armes si préjudiciable à l'action concertée des patriotes dans l'immédiat et pour l'époque de la Libération a donc une autre conséquence tragique, c'est qu'elle suscite dans l'opinion publique française moyenne un sentiment d'hostilité envers les patriotes actifs et, par voie de conséquences envers leurs chefs actuellement hors de France[78]. »

Janvier fut le mois où, à l'initiative de d'Astier, commissaire à l'Intérieur du C.F.L.N., les Britanniques se décidèrent à armer les maquis français de façon significative. Des parachutages furent annoncés sur les Alpes du Nord. Pour réceptionner ces armes, les officiers de l'A.S. choisirent une zone qu'ils pourraient tenir hors du contrôle des forces répressives que Vichy venait de se décider à acheminer dans la région d'Annecy : le plateau des Glières. Ce qui impliquait une concentration d'hommes pour recevoir puis transporter les armes.

À partir de là, tout s'accéléra. Ce regroupement, qui devait être temporaire, se gonfla de réfractaires qui cherchaient un point d'ancrage et des armes. Les parachutages étant retardés par le mauvais temps, ce stationnement dura tout le mois de février. Les responsables du maquis étaient d'autant moins prêts à évacuer les Glières qu'ils attendaient pour mars de nouveaux largages. Or, la B.B.C. et le porte-parole de la France Combattante s'étaient faits les relais de ce morceau d'épopée pour mobiliser l'opinion. Par ondes interposées se déroulait un formidable affrontement avec Vichy dont Philippe Henriot, nouveau secrétaire d'État à l'Information, était la voix. Mais, après des hésitations et de graves maladresses, la France Combattante et la Résistance choisirent de ne pas se jeter d'ores et déjà dans une vaste insurrection. D'ailleurs, une bonne part des forces de l'ordre vichyssoises renâclaient devant la perspective d'un affrontement avec l'Armée secrète. Le 18 mars, Darnand se rendit en personne à Annecy pour reprendre les choses en main. Cependant, les parachutages massifs eurent lieu aux Glières, parachutages qui paradoxalement immobilisèrent les maquisards embarrassés par l'ampleur même de cette manne.

À partir du 12 mars, les Allemands décidèrent d'intervenir eux-mêmes. D'abord par des bombardements aériens, puis, le 26, par l'intervention de troupes d'assaut. Victoire psychologique, mais tragique défaite militaire, la bataille des Glières sonnait-elle le glas des ambitions stratégiques de la Résistance ?

Ce fut à cette époque que Churchill modifia sa position « *en ce qui concerne l'appui qu'il escompte de la Résistance. Une intervention genre Tito n'est plus attendue par lui* », précisa Georges Boris [79]. Cette tragédie fut d'autant plus accablante pour la Résistance qu'elle se reproduisit presque à l'identique quelque temps plus tard dans le massif du Vercors.

Le 28 juillet, le journal *Alger républicain* reproduisait une conférence de presse donnée la veille par le communiste Fernand Grenier, ministre de l'Air dans le C.F.L.N. Il avait déclaré à propos de cette tragédie, l'une des plus spectaculaires de la Résistance : « *J'aurais aimé pouvoir vous dire que nous n'avons pas laissé attaquer des maquis sans apporter l'appui matériel et moral de nos aviateurs. Tous mes efforts ont été vains. Au moins ai-je la conscience en paix, car j'ai tout fait pour que nos ailes puissent aider ceux du Vercors et d'ailleurs. L'aviation française a apporté, sur les champs de bataille, le maximum de nos ressources, sauf sur le front de l'intérieur car, malgré mes efforts, je n'ai pu vaincre l'attentisme, véritable crime contre la Patrie* [80]. »

En lisant cette déclaration, de Gaulle avait été saisi d'une violente colère et avait accusé Grenier en plein Conseil des ministres « *d'exploiter des cadavres* », lui donnant le choix entre un démenti ou sa démission. Après avoir consulté Billoux (l'autre ministre communiste du Comité), Grenier proposa un texte d'excuse que le Général, le trouvant insuffisant, lui fit refaire et qui fut publié dans les journaux : « *Le gouvernement a fait tout ce qui lui est possible pour apporter l'appui matériel et moral aux maquis et aux FFI. Le gouvernement a toujours considéré et continue à considérer qu'au moment où la bataille suprême est engagée, l'attentisme serait un crime contre la Patrie* [81]. »

La conclusion que de Gaulle tirait du drame du Vercors n'était cependant pas désespérée puisqu'il écrivait dans une lettre au général Eisenhower : « *Il apparaît cependant nécessaire de souligner à nouveau que cette région est capable, si le haut commandement allié consent des efforts suffisants, d'ouvrir aux armées de la Libération la route Digne-Grenoble-Chambéry. Ces efforts doivent se traduire par un armement intensifié des pays limitrophes de cette route et la projection au moment même de l'exploitation d'unités parachutistes suffisamment nombreuses* [82]. »

Le C.O.M.A.C. à l'ouvrage

Avec le C.O.M.A.C., les chefs des mouvements touchaient au but. Lors des difficiles négociations qui avaient présidé à la création du Conseil de la Résistance, Jean Moulin leur avait garanti qu'ils conserveraient le contrôle de l'action. Aussi était-il difficile au C.F.L.N. de contester leurs droits en la matière. Malheureusement, cet organisme, au lieu d'être une institution de la France Libre, était une machine de guerre contre son autorité militaire.

Sitôt constitué, le C.O.M.A.C. se mit à l'ouvrage, publiant, entre le 19 mars et le 15 avril, cinq directives expliquant les raisons de la formation des F.F.I., prônant l'action immédiate et s'efforçant de prévenir la répression allemande ou vichyssoise[83].

Quels furent les auteurs de ces textes ? On a vu que, le 1er février, le C.O.M.A.C. avait été composé de trois membres : Pierre Villon, représentant du F.N. et des F.T.P., homme d'une intelligence exceptionnelle, défendant avec maestria et patriotisme les positions communistes, siégeait déjà au C.C.R. et au bureau du C.N.R. ; Maurice Chevance-Bertin, pour la zone sud, était un des premiers compagnons de Frenay, militaire de carrière, plutôt conservateur ; l'industriel et ancien officier Jean de Vogüé, pour la zone nord, homme d'action toujours prêt à conduire au paroxysme toute réalisation patriotique, était issu d'un petit mouvement, Ceux de la Résistance.

Le 16 février, le C.O.M.A.C. tint sa première réunion. Les trois membres « fondateurs » convoquèrent les six représentants paramilitaires des organisations adhérentes aux F.F.I. (M.U.R., F.T.P., O.C.M., Ceux de la Libération, Libération-Nord, Ceux de la Résistance). Le délégué F.T.P. était absent, mais le délégué militaire C.F.L.N., Bourgès-Maunoury, assistait à la séance. Les délégués furent invités à choisir l'un d'entre eux pour prendre le commandement de l'état-major des F.F.I. Ce fut Dejussieu, délégué des M.U.R., déjà chef d'état-major de l'Armée secrète de la zone sud, qui fut désigné à la majorité des voix.

Un échange de vues eut lieu pour la constitution des quatre bureaux, puis l'état-major décida la création d'inspecteurs régionaux, tandis que le service du Sabotage-Fer et le N.A.P. étaient rattachés à l'état-major pour tout ce qui concernait l'action. Le procès-verbal indique : *« Le délégué militaire du C.F.L.N. présent a donné son accord à toutes les décisions ci-dessus*[84]. »

Mais, comme toujours, les arrestations, les départs et les arbitrages internes allaient se charger de modifier la donne initiale. Chevance, au mois d'avril, rejoignit Frenay à Alger. Il aurait souhaité voir lui succéder Rebattet, un autre membre de Combat de même tendance. Il fut pourtant remplacé au C.O.M.A.C. par Maurice Kriegel-Valrimont, un communiste issu de Libération-Sud, au terme d'une échauffourée assez pitoyable. Quelque temps plus tard, Dejussieu fut arrêté (5 mai) et remplacé à la tête de l'état-major F.F.I. par Alfred Malleret-Joinville, un autre communiste.

Dans le même temps, Bourgès, au courant depuis des mois des problèmes épineux de la Résistance, ne put pourtant se faire avaliser par Londres, qui lui préféra Chaban-Delmas, jeune fonctionnaire appartenant à la Commission des finances rattachée au C.G.E., un nouveau venu dans la Résistance, peu au fait de ses déchirements. Deux généraux complétèrent ce noyau central : Revers, qu'Alger avait désigné pour représenter l'O.R.A., mais qui, refusé par les communistes, fut accepté comme simple conseiller technique, et Ély, envoyé par le C.O.M.I.D.A.C. d'Alger.

Un cadeau empoisonné pour le C.N.R.

Dix jours après cette réunion, le Comité central (C.C.R.) adressait à tous les Mouvements une circulaire dans laquelle il annonçait la création des F.F.I., celle d'un état-major et du C.O.M.A.C. Il affirmait que ces forces étaient placées sous l'égide du C.N.R., reprenant ainsi les termes de sa proclamation du 1er février. Était-ce la vérité ? Non, mais c'était le vœu des membres du C.O.M.A.C. qui cherchaient une légitimation civile que le C.C.R., en perte de vitesse, était incapable de lui accorder durablement.

Du côté de la Résistance n'existaient alors que deux sources de légitimité : le C.F.L.N. et le C.N.R. Le premier était à l'évidence exclu puisque toute l'opération avait visé à subtiliser au général de Gaulle le commandement des F.F.I. Restait le C.N.R., qui serait d'autant plus facile à convaincre qu'il s'efforçait au rôle de véritable exécutif de la Résistance, en récupérant toutes les commissions créées par le C.C.R., et que le C.O.M.A.C. constituait un attractif bras séculier.

En dépit de ces qualités, le C.N.R. resta sourd aux pétitions de principe que lui adressaient les chefs du C.O.M.A.C. Aussi Vogüé crut-il bon de faire des offres plus précises le 27 mars. Devant le silence têtu du C.N.R., il réitéra sa demande dans une note circonstanciée datée du 12 avril où il mettait les points sur les i : « *Les F.F.I., constitués par les troupes paramilitaires des Mouvements de Résistance, sont en quelque sorte l'expression militaire de la résistance du peuple français. On ne peut envisager qu'elles ne restent pas sous l'autorité de la Résistance française*[85]. »

Malgré le ton impérieux de la demande, le C.N.R. ne répondit pas. N'avait-il pas compris cette demande en mariage ? Quelle était la raison de ce silence obstiné ? En l'absence de documents sur ce point précis, l'historien est obligé de s'en remettre au contexte pour formuler des hypothèses. Lorsque le C.O.M.A.C. vit le jour, le 1er février 1944, le C.N.R. était aux prises avec la très délicate mise au point de ce qui allait devenir son « Programme », daté du 15 mars. Aussitôt après, lui fut proposée par les communistes la création des milices ouvrières. Il est possible, dans ces conditions, que l'offre du C.O.M.A.C. soit apparue comme une nouvelle manœuvre des communistes pour faire avancer leurs revendications en faveur de l'action immédiate et favoriser leur emprise sur la Résistance militaire. La majorité des partis et des mouvements du C.N.R. pouvait osciller entre ces inquiétudes et le désir d'accroître sa propre capacité d'action en coiffant le C.O.M.A.C.

Or, Bidault fut mis au courant, au fil des semaines, des efforts que déployait le C.O.M.I.D.A.C. (Alger) pour réduire les prérogatives du C.O.M.A.C. On a vu que sa décision du 10 mars avait été communiquée à Bingen vers le 20 mars. En avril, Rachline arriva d'Alger porteur d'un ordre de mission, rédigé par de Gaulle lui-même, qui stipulait : « *Il s'assurera, d'accord avec le représentant militaire, que toutes les décisions de structure civiles et militaires sont prises en consultation avec les organismes directeurs de la Résistance et sont mises à exécution avant le terme de la mission*[86]. » Cette prescription est d'autant plus révélatrice que de Gaulle, après l'avoir soigneusement relue, barra les mots « *en accord* » qu'il remplaça par « *en consultation* ». Rachline était d'ailleurs accompagné du général Ély, chargé de faire appliquer les ordres militaires du C.O.M.I.D.A.C. (Alger). Bidault, qui se montra d'un légalisme constant à l'égard du C.F.L.N., tout en mordant subrepticement sur ses prérogatives, ne devait donc pas souhaiter contrevenir ouvertement aux instructions du Général.

Qu'allait-il advenir de ces F.F.I., de cet état-major et de ce C.O.M.A.C., à la fois bien utiles et bien encombrants ?

13 mai 1944 : le C.O.M.A.C. atteint son objectif

Il fallut un événement extérieur pour débloquer la situation : ce fut la participation d'Ély à la réunion du C.O.M.A.C. du 1er mai 1944. Très informé des conflits entre de Gaulle et Giraud, le général était peu au fait des antagonismes byzantins au sein de la Résistance. C'est donc sous la forme la plus abrupte et la plus militaire qu'il présenta les instructions du 10 mars du C.O.M.I.D.A.C. (Alger) que les résistants ne connaissaient pas encore. Le général Ély *« fait connaître la volonté de Londres d'enlever à l'état-major national en France son caractère "centralisateur". [...] les questions politiques et les querelles de boutique doivent disparaître. [...] La volonté de Londres est de placer ce comité* [C.O.M.A.C.] *sous l'autorité du délégué général C.F.L.N. à Paris*[87] *»*.

On se doute de la stupeur des membres du C.O.M.A.C. en entendant ce langage « scrogneugneu » qui justifiait leur révolte. Ils n'étaient nullement disposés à ce suicide programmé. Réponse fut faite à Ély que, à côté de l'exécution des plans établis par les Alliés, *« l'essentiel pour la résistance reste la possibilité d'engager et de réaliser des opérations conçues par elle-même, destinées à libérer tout ce qui sera possible du territoire national par sa propre action. Pour cela, les F.F.I. doivent être commandés d'ici, de Paris, et non de Londres*[88] *»*. Ce que ne disait pas le C.O.M.A.C., c'est que derrière l'enjeu du commandement, il y avait l'enjeu du pouvoir : la libération militaire devait accompagner la révolution politique. Le Comité central (C.C.R.) avait défini à l'automne 1943 l'objectif de l'insurrection nationale : *« imposer au gouvernement provisoire les mesures immédiatement révolutionnaires au point de vue social, économique, etc.*[89] *»*.

Afin de marquer sa volonté, le C.O.M.A.C. renforça immédiatement les dispositions pour mettre en place des états-majors F.F.I. dans tous les départements, nommer des chefs de région et rédigea une directive (n° 7) qui prescrivait aux états-majors régionaux d'organiser l'« action immédiate » sous toutes ses formes.

Afin de résoudre la crise évidente, Chaban-Delmas, peu militaire mais fort diplomate, proposa que chacun des membres du C.O.M.A.C. assure le commandement d'une région. Comme il était évident que cette mesure rendrait impossible le contrôle de la coordination, le C.O.M.A.C. décida de soumettre le débat au C.N.R. afin de l'obliger à s'engager publiquement. L'occasion était enfin trouvée de mettre le C.N.R. au pied du mur. Ce fut chose faite le 13 mai, où Villon plaida le dossier avec sa flamme habituelle. Flattant sa volonté d'autonomie, il emporta l'adhésion du C.N.R. qui se traduisit par le communiqué suivant : *« Dans sa séance du 13 mai, en plein accord avec le gouvernement provisoire de la République, le Conseil national de la résistance a décidé :*

« 1°) Le Comité d'action [C.O.M.A.C.] *relève directement de l'autorité du C.N.R.*

« 2°) Il devient l'organe de commandement suprême des F.F.I. en France.

« 3°) Il prend le nom de comité d'action militaire du C.N.R.[90]. »

Ce *« plein accord avec le gouvernement provisoire de la République »*, ayant aussi peu de réalité que l'affirmation du C.O.M.A.C. trois mois auparavant selon laquelle il était placé *« sous l'égide du C.N.R. »*, était pour le moins un escamotage de la vérité et une ultime provocation. Car, dès lors, arc-bouté sur la légitimité du C.N.R., le C.O.M.A.C. n'allait pas se priver de tenir tête en toute occasion aux foudres de Londres, d'Alger, du B.C.R.A., du général Kœnig, délégué militaire du C.F.L.N. sur le théâtre nord (21 mars 1944), commandant des forces françaises en Grande-Bretagne (24 avril) et, finalement, commandant en chef des F.F.I.

Il est des périodes dans l'histoire qui, rétrospectivement, fournissent la clé des événements. Il en va ainsi de ce mois de mai, capital pour le contrôle de la direction de la Résistance, où les communistes gagnaient toutes les batailles qu'ils engageaient. Allaient-ils gagner la guerre ?

Leur succès rapide le leur laissait croire et les encourageait dans cette tactique. Par un enchaînement de hasards et de manœuvres, l'ensemble des positions clés des organismes militaires de la Résistance étaient donc aux mains de communistes, avoués ou non, au moment du débarquement. Certes, des mouvements de zone nord réagirent à cette emprise spectaculaire, ainsi que certains membres du C.N.R., tout autant que les services de Londres et d'Alger, quoique avec retard. Il faut savoir que l'influence des communistes ne parvint à s'imposer que parce que leur tactique de l'action immédiate, de la guérilla, de l'insurrection s'était, à l'approche du débarquement, imposée à la Résistance, gagnant jusqu'aux membres de la Délégation, pour être finalement adoptée par le C.F.L.N. sur proposition de d'Astier. La raison en est simple. Bingen l'a rappelé dans ses rapports. Dès juin 1940, de Gaulle avait crié sa volonté de poursuivre la guerre jusqu'à la victoire, les armes à la main. À quelques jours, à quelques heures du débarquement, comment tous les résistants n'auraient-ils pas partagé cette volonté d'en découdre enfin avec l'ennemi ? Ce courant irrésistible qui les entraînait vers la victoire, dont les Soviétiques donnaient depuis des mois l'exemple, masquait, sauf à quelques rares esprits clairvoyants ou d'un anticommunisme viscéral, ce qui apparaît aujourd'hui comme une volonté délibérée du parti communiste. Il faut ajouter que la composition des organismes directeurs restait inconnue de nombreux dirigeants et des militants, et les batailles féroces qui s'y menaient totalement ignorées. En outre, l'appartenance au parti communiste de certains résistants était secrète. Cela explique que ce qui apparaît *a posteriori* comme une tactique de noyautage visant à la conquête du pouvoir n'ait pas été perçue comme telle par ceux qui la subirent.

Tout cela explique le bras de fer qui, dès l'arrivée, le 1er mai, du représentant du C.O.M.I.D.A.C. (Alger), le général Ély, jusqu'à la libération de Paris, opposa plus ou moins violemment le C.O.M.A.C. au général Kœnig. Car, pendant que la Résistance intérieure traçait sa route, les autorités de Londres et d'Alger traçaient la leur.

D. VRAIS SOPHISTES ET FAUX SOURDS

6 juin-16 août 1944

Il était temps que le C.O.M.A.C. s'installe. Car, le 6 juin 1944, le débarquement allié sur les côtes normandes annonçait les combats décisifs de la libération. La libération, certes, mais qu'en serait-il des combats ? Car de malentendus en épreuves de force, l'état-major allié, le général Kœnig et le C.O.M.A.C. semblaient ne pas parvenir à trancher la question de savoir si les F.F.I. devaient se battre et, si oui, quand. Et voici le commandement français, dont l'autorité est contestée par ses troupes, contraint de prouver sa capacité, tout en calmant les ardeurs de l'insurrection nationale.

Au C.O.M.A.C., l'affrontement verbal, presque incessant, entre la Résistance et la France Combattante, mettait la ruse de Chaban à l'épreuve de la virtuosité dialectique de Villon. Jusqu'où pouvait-on aller sans consommer la rupture ?

6 juin 1944 : les sanglots longs...

À quelques jours près, le retour de De Gaulle à Londres, le 4 juin 1944, marquait l'anniversaire de son arrivée du 17 juin 1940. C'est à bord de l'avion de Churchill qu'il s'y rendit. À l'inverse de 1940, ce n'était plus un misérable émigré débarquant à Londres, soutenu et mis en selle par Churchill, Premier ministre tout puissant. En ce jour de juin 1944, c'est un chef d'un gouvernement appuyé par la reconnaissance du peuple résistant, maître de vastes territoires et d'une armée qui se couvrait de gloire en Italie, qui rentre en Angleterre. Pourtant, ce n'est pas en ami mais en gêneur et presque en adversaire qu'il fut reçu par le même Churchill.

Depuis des mois, les Alliés tenaient le Général à l'écart des préparatifs du débarquement. Churchill avait fini par rallier le point de vue hostile de Roosevelt. Dès son arrivée à Londres, de Gaulle fut mis devant trois décisions : Eisenhower s'adresserait aux Français pour leur dire qu'il était le chef militaire aux consignes duquel ils devaient obéir ; il ne ferait aucune allusion ni au C.F.L.N. ni à son chef. De Gaulle aurait à parler aux Français, parmi les autres chefs de gouvernement, pour les appeler à la bataille. Enfin, on lui annonça qu'une monnaie d'occupation était imprimée et serait distribuée aux troupes qui débarqueraient en France.

Sur tous ces points, une discussion frénétique s'engagea, qui dura toute la nuit, par Eden et Vienot (l'ambassadeur du C.F.L.N. à Londres) interposés. Finalement, de Gaulle eut gain de cause : la monnaie ne serait pas distribuée. Et si on ne put modifier le texte d'Eisenhower, de Gaulle obtint de parler seul à la radio à 18 heures sans soumettre son texte à aucune censure.

Dans la soirée du 6 juin, les Français aux aguets entendirent la voix de l'homme qui n'avait jamais cédé au désespoir leur annoncer enfin, comme il l'avait promis, que la France était présente au rendez-vous de la victoire : *« La Bataille suprême est engagée !*

« Après tant de combats, de fureurs, de douleurs, voici venu le choc décisif, le choc tant espéré. Bien entendu, c'est la bataille de France et c'est la bataille de la France !

« [...] *Cette bataille, la France va la mener avec fureur. Elle va la mener en bon ordre.*

« [...] *Pour la nation qui se bat, les pieds et les poings liés, contre l'oppresseur armé jusqu'aux dents, le bon ordre dans la bataille exige plusieurs conditions.*

« La première est que les consignes données par le Gouvernement français et par les chefs français qu'il a qualifiés pour le faire soient exactement suivies.

« La seconde est que l'action menée par nous sur les arrières de l'ennemi soit conjuguée aussi étroitement que possible avec celle que mènent de front les armées alliées et françaises.

« [...] *La bataille de France a commencé. Il n'y a plus, dans la nation, dans l'Empire, dans les armées, qu'une seule et même volonté, qu'une seule et même espérance. Derrière le nuage si lourd de notre sang et de nos larmes voici que reparaît le soleil de notre grandeur*[91] *!* »

Churchill qui, dans la nuit, avait dicté une lettre demandant à de Gaulle de regagner Alger et avait prescrit à Eisenhower de le mettre dans un avion *« enchaîné si c'est nécessaire*[92] », Churchill écouta dans la soirée ce discours à la radio et ne put s'empêcher de pleurer ! Car cet homme exceptionnel avait été l'un des seuls à comprendre la démesure de De Gaulle et, malgré tout, il admirait en connaisseur l'homme d'État et l'intraitable patriote.

Le discours du Général soulignait l'aspect symbolique de la bataille. Mais la réalité eut tôt fait de le contredire. En effet, de Gaulle avait confirmé ce qu'il n'avait cessé de prescrire dans toutes ses directives : « *Tout le monde doit prévoir que l'action des forces de la Résistance doit durer pour aller s'amplifiant jusqu'au moment de la déroute allemande*[93]. »

Or, en contradiction absolue avec cet ordre, les Alliés mirent tout en œuvre à la radio pour que, le jour du débarquement, la totalité de la Résistance passe à l'action. La mise en œuvre des « plans » fut déclenchée par les phrases codées prononcées à la B.B.C., pour signifier des ordres immédiatement exécutoires. Selon Jean-Louis Crémieux-Brilhac, dès le 1er juin 1944 à 13 h 30, la B.B.C. avait diffusé cent soixante « messages personnels » mettant en « état d'alerte » les responsables de l'action. Puis les messages furent répétés le 2 juin. Tout s'arrêta les 3, 4 et jusqu'au 5 juin à 21 h 15 où, durant seize minutes, les deux cent dix « messages » d'action furent prononcés : « [...] *ordre était donné dans les douze régions militaires relevant de l'état-major des Forces Françaises de l'Intérieur et aux cinquante et un réseaux ou "organisateurs" sous contrôle britannique d'appliquer immédiatement* tous les "plans", *dans toute la France*[94]. »

Les messages prescrivaient d'exécuter les sabotages mais également de passer à la guérilla qui pouvait aller jusqu'à la prise de contrôle de zones libérées. L'heure de la vérité avait sonné ! Au terme de tant de d'efforts, d'arrestations, de sacrifices et de déchirements, le résultat serait-il au rendez-vous ? « *La réponse de la France résistante allait dépasser tous les espoirs ; elle allait faire naître par là même tous les dangers. Les trois plans vert, violet et Bibendum avaient désigné 570 objectifs immédiats de sabotage ferroviaire, la coupure de trente itinéraires routiers importants et de trente lignes de télécommunications, à quoi s'ajoutaient de nombreux objectifs complémentaires là où l'on disposerait d'explosifs. Les télégrammes reçus signalent pour les premières vingt-quatre heures 486 coupures réussies de voies ferrées et 180 déraillements ;* [...] *sur 1050 coupures programmées, 950 sont réalisées*[95]. »

Ce fut un succès, inespéré pour l'état-major allié, mérité pour le B.C.R.A. qui en avait conçu les plans, et glorieux pour les agents qui le réalisèrent avec l'appui des résistants : « *Mais très vite, à côté des comptes rendus triomphalistes qui acclament l'insurrection nationale commencée, des télégrammes dénoncent comme "criminelles" les consignes du 5 juin.*

« [...] *Le bulletin du B.C.R.A. du 13 juin, en même temps qu'il souligne les succès remportés, qualifie la "situation intérieure" de "très grave" : "Les effectifs ont crû dans des proportions considérables et le recrutement ne peut être limité. Les effectifs armés n'avaient pas de munitions suffisantes. Si un effort considérable n'est pas fait, nous allons assister au massacre de la Résistance française.*

« "Tous les groupes de partisans à travers la France demandent la même chose : des armes, des munitions, de l'argent, des pansements, tous indiquent qu'ils se tiennent en permanence sur les terrains de parachutage et que des envois peuvent leur être faits de jour et de nuit, avec ou sans balisage" [96]. »

Pour éviter l'extermination de la Résistance, Kœnig donna un contrordre le 10 juin 1944 : *« Freinez au maximum activité guérilla Stop Impossible actuellement vous ravitailler en armes et en munitions en quantité suffisante Stop Rompre partout contact dans mesure du possible pour permettre phase réorganisation Stop Evitez gros rassemblements Formez petits groupes isolés* [97]. »

Qu'est-ce que l'E.M.F.F.I. ?

Avant et après le débarquement, l'état-major entourant Kœnig pour exercer son commandement sur les F.F.I. fut plusieurs fois remanié. Le premier état-major avait été constitué début mai sous la direction de deux chefs d'état-major : le colonel Passy et l'ingénieur Zieler, *alias* Vernon. À la même époque, les Anglais et les Américains avaient constitué, le 1er mai, un état-major sans participation française, les « Forces spéciales » (Special Forces Head Quarter, S.F.H.Q.), planificateur et organisateur de l'action militaire résistante.

Afin de rompre son isolement, nuisible aux opérations militaires, Kœnig demanda aux Américains le 24 mai de former un état-major tripartite (Américains, Anglais et Français) *« pour actionner la Résistance française »*. Il se proposa comme commandant en chef de cette force, qui serait considérée comme une armée en campagne. Eisenhower accepta cette offre et nomma Kœnig commandant en chef des F.F.I., disposant d'un état-major tripartite. Le commandement de Kœnig fut effectif à partir du 6 juin. Il recevait ses ordres par l'entremise du S.F.H.Q. (le 17 juin) et son statut fut celui de tout commandant allié servant sous les ordres directs du S.H.A.E.F. (24 juin).

Le 1er juillet, l'état-major F.F.I. (E.M.F.F.I.) de Londres fut intégré dans la structure du commandement allié et, le 15 juillet, il fut autorisé à constituer une section de liaison avec Eisenhower. Deux adjoints anglais et américain furent attribués à Kœnig.

Par ailleurs, les deux sections d'Action en France des services secrets britanniques (F. et R.F.) furent incorporées à l'E.M.F.F.I. avec les sections « Action » et « Opération » du B.C.R.A. L'effectif comporta environ 450 militaires et civils. Évidemment, le fonctionnement d'un organisme improvisé et aussi complexe donna lieu à de multiples frictions, d'autant que l'E.M.F.F.I. ne pouvait rien envoyer en France sans l'aide de l'aviation anglaise ou américaine qui représentait des *« puissances indépendantes »*.

La conclusion de l'historien anglais Michael R.D. Foot est mitigée : *« Qu'il ait fonctionné est un triomphe du système D ; et il a fonctionné exceptionnellement mal* [98]. »

« Pourtant, il fonctionne, comme une création continue. Il se débat dans l'urgence, improvisant aussi fiévreusement que naguère le B.C.R.A., handicapé par l'inégale compétence d'une équipe multilingue où les officiers d'état-major sont rares, craignant d'être débordé par la flambée insurrectionnelle, ayant souvent peine à reconnaître où sont les unités sur le terrain et qui commande qui, assailli de messages exaltés et de S.O.S. parfois indéchiffrables, troublé par les

chamailleries des chefs locaux, incertain de ravitailler les plus efficaces ou les plus menacés, tandis que les dépôts alliés sont à court de parachutes et de containers et que l'emballage des armes ne suit pas la production.

« Soixante opérateurs de radio, dont au moins quarante de service de jour, s'affairent en juillet 1944 en Grande-Bretagne à expédier ou à recevoir les télégrammes au bénéfice de l'état-major F.F.I., non compris les chefs de poste et les techniciens, mais le codage et le décodage ont peine à suivre[99]. »

Pour ne citer qu'une de ces difficultés, j'évoquerai l'abandon de son poste de chef d'état-major par le colonel Passy, dont le rôle était déterminant puisqu'il conservait sous ses ordres l'essentiel de l'action du B.C.R.A., à l'exception du S.R. dirigé par Manuel.

Sous la direction du général Éon, la mission « Aloès » avait été préparée pour accélérer la libération de la Bretagne. Elle comportait un corps de parachutistes et un groupe interallié. Passy fut affecté à cette mission. Elle n'avait pas besoin de sa présence, mais sa témérité proverbiale était toujours à l'affût d'une occasion de se manifester, et il y trouva un dérivatif stimulant aux conflits permanents qu'il subissait à Londres. Mais il aurait été plus utile à Londres que sur le champ de bataille. En fait, Passy, spécialiste de la Résistance, faisait de l'ombre à Kœnig qui en ignorait tout. La mission Aloès représentait pour le commandant des F.F.I. l'occasion de se retrouver seul maître de la situation. Aussitôt Manuel, dont la fidélité à Passy n'avait d'égale que l'admiration qu'il lui portait, télégraphia à Soustelle pour faire part de son indignation et lui signaler ce scandale : *« Le général Kœnig a commis aux yeux de nos Alliés une grosse faute de commandement.*

« Il a autant dire publiquement marqué son désir de se débarrasser à tout prix de Passy.

« Vis-à-vis des F.F.I. et de la Résistance de Bretagne il couvre le commandement français de ridicule en envoyant après la bataille un état-major imposant dont son [un mot non déchiffré] *chef E.M. avec la mission d'organiser les F.F.I.*

« Le général Kœnig a tenté de se justifier en disant que de toute façon cette expédition qui est la risée de tous les services spéciaux alliés de Londres constituera un excellent exercice. Vernon que j'ai vu hier a tenté à son tour de justifier ce départ auquel il a ardemment poussé en disant que de toute façon cette équipe va pouvoir collaborer au nettoyage des îlots de résistance allemands en Bretagne et procéder à l'organisation territoriale des F.F.I.

« J'avais dit au général Kœnig le jour même du départ de la mission qu'il n'avait pas le droit de ridiculiser un officier comme Passy et que le général de Gaulle ne le permettrait pas. Kœnig m'a répondu qu'il n'avait pas encore pris de décision et qu'il n'enverrait peut-être pas Passy.

« Deux heures plus tard après avoir écouté un exposé sur la situation en Bretagne qui montrait clairement l'inutilité du départ de la mission tout entière il prenait la décision d'envoyer quand même Passy et l'E.M. EONO [sic] *alors que les nombreux jedburghs et les cadres des S.A.S. déjà en Bretagne suffisaient à encadrer et diriger l'action remarquable des F.F.I. qui ont pris une très brillante part à la libération de la Bretagne*[100]. »

L'arme au pied ou la lutte finale ?

Évidemment, le C.O.M.A.C. ignorait ces problèmes. Les aurait-il connus qu'il en aurait tiré argument pour que les résistants métropolitains prennent leurs distances à l'égard de cette pétaudière !

Le 12 juin, le C.O.M.A.C. se réunit à Paris pour dresser un bilan des actions déclenchées lors du Débarquement. Il estima nécessaire d'adresser à Kœnig un long télégramme pour protester contre le silence de la B.B.C. sur l'énorme travail déjà accompli par les F.F.I. Il lui demandait d'user de son autorité pour que tous les postes de radio internationaux répètent les ordres du C.O.M.A.C. : soutien par tous les moyens à l'action alliée, intensification de la guérilla, sabotage généralisé des productions industrielles, désobéissance et résistance aux mesures policières des Allemands ou de la Milice. Enfin, partout où le rapport de forces le permettait, libération immédiate de portions du territoire [101]. Le C.O.M.A.C. ignorait la raison de ce silence et surtout le contrordre de Kœnig.

Chaban-Delmas, qui avait les télégrammes en poche, se garda bien de les communiquer. Car les ordres qu'il avait reçus allaient à l'encontre de l'état d'esprit du C.O.M.A.C., mais également des messages diffusés par les Alliés à la B.B.C. Comment aurait-il pu justifier une telle contradiction ? Il choisit de gagner du temps. Ce qui fut sa politique permanente était sans doute la seule possible dans un tel contexte, encore qu'elle ait bien mal commencé.

En effet, deux jours plus tard, Bourgès-Maunoury, stimulé par un récent aller-retour à Londres, dévoilait le pot aux roses devant tout le C.O.M.A.C. Il fut lyrique en décrivant le succès que représentait la nomination de Kœnig comme chef d'armée et la constitution de la division blindée de Leclerc, ce qui ne devait toutefois pas masquer le péril et la tension des négociations entre de Gaulle et les Alliés. *« Dans ces conditions*, expliqua Chaban, *la bonne méthode à suivre est de manifester une discipline militaire stricte, en se soumettant au général Kœnig et en exécutant ses ordres. En contrepartie, la résistance doit affirmer avec vigueur et en toute occasion la volonté d'indépendance de la France dans le domaine politique* [102]. »

Ayant mis en confiance son public par cet exorde lénifiant, il se résolut à donner lecture de l'« ordre formel » de Kœnig : *« Etant donné l'impossibilité actuelle d'effectuer ravitaillement armes et munitions freinez au maximum je répète freinez au maximum activité de guérilla constituez petits groupes isolés plutôt que gros détachements rompre partout contact lorsque cela est possible en attendant que soyons en mesure effectuer nombreux parachutages* [103]. »

Ordre formel ! Frein à la guérilla ! Interruption des parachutages ! Cette communication mit le feu aux poudres. Les termes en étaient inacceptables. Le C.O.M.A.C. la rejeta en bloc en protestant vertement contre cette négation de la réalité des combats et ce mépris du commandement intérieur. À peine Chaban eût-il tourné les talons que les membres du C.O.M.A.C. exhalaient leur rancœur, nourrie de la certitude d'avoir été floués. Toutefois, ils n'étaient pas au bout de leur surprise. Quelques jours plus tard, ils comprirent que Chaban leur avait, dans un premier temps, caché cet incroyable télégramme qu'il avait reçu plusieurs jours auparavant.

Mais le C.O.M.A.C. était réduit à une relative impuissance puisque les transmissions radio étaient réservées aux seuls délégués militaires. Ils ne pouvaient communiquer avec l'extérieur que par Chaban et, en France même, que grâce à des agents de liaison aux déplacements de plus en plus aléatoires. Au contraire, Kœnig et l'E.M.F.F.I., grâce aux transmissions radio, avaient le contrôle des opérations. Le C.O.M.A.C. pouvait clamer haut et fort qu'il était l'organe suprême des F.F.I., il commanda de moins en moins dans une France morcelée par les combats, jusqu'à ce que son autorité réelle se restreigne à Paris et à sa région.

Au fur et à mesure qu'avançait le mois de juin, le C.O.M.A.C. lutta ainsi sur deux fronts : le *« commandement parallèle »*, représenté sur le terrain par les D.M.R., pourvoyeurs d'armes et de liaisons [104] ; *« l'inaction qui facilite l'écrasement des premiers soulèvements* [105] *»*. Chaban dut défendre les D.M.R. en assurant qu'ils s'en tenaient à leur rôle de conseillers et que le B.C.R.A. n'avait pas du tout cherché à *« saboter l'action de la Résistance* [106] *»*. Véritable dialogue de sourds dans la mesure où le C.O.M.A.C. n'était pas prêt à admettre le suprême argument de Chaban : la nécessité de subordonner l'action intérieure aux contraintes extérieures. *« Le commandement interallié a déjà formulé une appréciation fort élogieuse de l'action des F.F.I. ; son développement ne peut que contribuer à rétablir la France dans sa grandeur et son indépendance, et renforcer par conséquent la position du gouvernement provisoire* [107]. *»*

Villon essaya donc d'obtenir du C.N.R. la dévolution du *« plein commandement effectif des F.F.I.* » au C.O.M.A.C. Mais le C.N.R. préféra s'en tenir à un prudent légalisme : *« Le bureau du C.N.R. a seulement reconnu qu'il y a, dans le départ entre les attributions du COMAC et celles du général Kœnig, une part inévitable d'imprécision, mais que la situation est la même que celle des pouvoirs du C.N.R. par rapport aux pouvoirs du gouvernement provisoire de la République. Or le C.N.R. a toujours reconnu et affirmé l'autorité du gouvernement provisoire* [108]. *»*

Chaban en profita pour rappeler les inconvénients qu'offrait le commandement intérieur centralisé. Il fallait donc se réjouir que Eisenhower, commandant sur le front de l'Ouest, ait jugé bon de confirmer Kœnig à la tête des F.F.I. puisque cela les associait pleinement aux opérations alliées. On se doute de la fraîcheur avec laquelle le C.O.M.A.C. accueillit de tels arguments. Chaban était condamné à faire beaucoup mieux pour contrecarrer un adversaire de la taille de Villon. Encore ne connaissait-il pas le mépris avec lequel Villon le jugeait.

Le rouleau compresseur de la dialectique au service de l'insurrection nationale

À ce point du récit, on peut constater que l'année écoulée depuis le départ de Frenay et l'arrestation de Moulin n'empêchait pas le C.O.M.A.C. de reprendre, face à Chaban-Delmas, les questions épineuses du dossier militaire presque au point où elles avaient été laissées par Delestraint et Moulin. À savoir, qui commandait les F.F.I. : Alger ou Paris ? Fallait-il centraliser ou décentraliser le commandement militaire ? Fallait-il exécuter strictement les consignes de l'état-major allié ou bien les F.F.I. disposaient-ils d'une autonomie d'action ? Pourquoi les F.F.I. étaient-ils dépourvus d'armes ? À toutes ces questions, les réponses données par les uns et les autres étaient contradictoires.

Les positions des deux parties en présence ne s'étaient pas modifiées en passant des revendications d'un chef « gaulliste », Henri Frenay, à celles d'un chef communiste, Pierre Villon. La permanence des enjeux montre assez clairement que les déchirements ne pouvaient se résumer à des querelles de personnes. De leur côté, le général de Gaulle et ses délégués s'en tenaient fermement aux instructions données à Moulin : l'armée française, dont les F.F.I. étaient partie intégrante, devait être subordonnée au C.F.L.N. et devait donc obéir aux ordres de Kœnig. Il va de soi que le C.O.M.A.C. donnait de son rôle une tout autre définition, comme cela ressortait clairement de la décision du C.N.R., le 13 mai 1944, qui l'avait défini comme *« l'organe de commandement suprême des F.F.I. en France*[109] ».

Dès lors, la bataille sur les principes, doublée d'une argutie sémantique, allait s'instaurer entre le C.O.M.A.C. et le délégué militaire d'Alger, chacun essayant d'imposer son point de vue. La discussion dura presque trois mois, frisant toujours la rupture, et ne prit fin qu'avec la libération de Paris. Comme par le passé, les actes d'indiscipline ou d'insoumission se dissimulaient sous des prétextes d'efficacité technique. Mais, de Frenay à Villon, on observe une modification dans l'argumentation. Frenay n'était pas un idéologue et ses arguments cachaient mal son désir d'empire personnel. En conséquence, il se laissait entraîner à des attaques contre Moulin et, surtout, contre Delestraint, qu'il agressait de la manière la plus violente. Il allait même jusqu'à contester l'autorité et la légitimité du général de Gaulle. Avec Villon, rien de tel. C'était toujours au nom des principes énoncés par de Gaulle et de sa politique (insurrection nationale, valeur de la Résistance auprès des Alliés, reconnaissance du C.F.L.N. par les Alliés, indépendance de la France, etc.) que le C.O.M.A.C. justifiait sa volonté d'autonomie. Bref, il était plus gaulliste que de Gaulle ! À cela s'ajoutaient les effets d'une véritable technique du marteau-pilon, qui consistait à ressasser les mêmes arguments, repris en chœur par tous les protagonistes communistes de la Résistance, jusqu'à ce que leur répétition leur donne une force d'évidence.

Heureusement, de Gaulle trouva en la personne de Jacques Chaban-Delmas, délégué militaire national, d'abord par intérim puis en titre, l'homme idoine. Jacques Bingen, en avril 1944, avait fait son éloge au B.C.R.A., où il était inconnu : *« Auprès de Polygone* [Bourgès] *se trouve un camarade tout à fait remarquable, qui à ses titres officiels de compétence, joint une compétence réelle, une très grande intelligence pratique et une autorité naturelle, auquel je tiens à rendre hommage*[110]. » Alexandre Parodi soulignait aussi sa valeur : *« Il est doué*, précisait-il, *de qualités d'autorité et de diplomatie qui correspondent bien aux nécessités particulières de nos travaux et qui ont rendu son action efficace*[111]. »

Après le jugement de ses collègues civils, il est instructif d'entendre celui de Villon, qui fut de bout en bout son intraitable adversaire : *« La première fois que je le rencontre en mai 1944, il semble croire qu'avec son bagout il me fera avaliser la ligne gaulliste, attentiste. Je me rappelle avoir fait passer un mot à Jacques Duclos lui confiant mes premières impressions : "élève doué qui par son brillant, essaie de masquer l'absence de connaissances réelles"*[112]. » Qui, du papillon et du rouleau compresseur, s'en tira le mieux ?

Un excellent exemple de la tactique communiste nous est donné le 14 juin. En apprenant que Kœnig ordonnait la pause, le C.O.M.A.C. réagit par un ordre d'opération. Reprenant point par point les précédentes directives, il devait précisément contrecarrer l'ordre de Kœnig et s'opposer à son autorité. Cependant, une formulation tempérée montrait qu'on se préoccupait de ne pas faire de publicité aux désaccords qui déchiraient les états-majors. Comme au temps de Frenay et Moulin, le pouvoir et la contestation du C.O.M.A.C. s'arrêtaient à l'opinion des militants, lesquels, certes, voulaient se battre, mais obéissaient à ceux qui étaient capables de les commander et de leur fournir des moyens.

C'est pour cette raison que le C.O.M.A.C. insistait sur le fait qu'il avait été reconnu comme « organe de commandement suprême » par décret du Gouvernement provisoire [113]. De même, l'appel à l'insurrection nationale était conçu comme seul capable *« d'imposer que le gouvernement provisoire de la République soit reconnu par la Grande-Bretagne et les Etats-Unis »*. Enfin, le long texte, qui s'opposait résolument et minutieusement aux ordres de Kœnig, était présenté de la manière la plus naturelle : *« Il adapte les conclusions de cette étude à la situation exacte de la Résistance et aux décisions d'ordre général prises par le Conseil de la Résistance* [114]. »

Ainsi, les ordres diffusés sous le pavillon de Kœnig lui étaient en fait totalement contraires : *« L'action des F.F.I. ne serait pas suffisante du point de vue de l'intérêt du pays si elle se cantonnait dans le domaine purement militaire, détachée du mouvement de masse.*

« L'insurrection nationale, "inséparable de la libération nationale", est une nécessité vitale pour notre pays [115]. »

Il en allait de même du texte qui, point par point, s'opposait au télégramme notifiant la pause : *« La lutte insurrectionnelle, une fois commencée, doit être conduite à son terme avec une énergie de fer. Tout affaiblissement de l'action, tout piétinement même, tout abandon des foyers de lutte par le reste de la résistance serait un crime, puisqu'ils permettraient à l'ennemi de se reprendre, de concentrer des forces sur les foyers de lutte, et de les étouffer dans le sang* [116]. »

Du refus des ordres, le C.O.M.A.C. passa, le 5 juillet, à la mise en accusation. Ce jour-là, Kriegel donna lecture d'un mémoire long d'une vingtaine de pages qui est un chef-d'œuvre de sophisme. Son ampleur, sa redondance permettaient de glisser des inexactitudes, des interprétations et une mise en accusation feutrée de Chaban, de Kœnig et de De Gaulle. Cette perfection rhétorique lui donne une valeur exemplaire dans le domaine de la manœuvre par insinuation, persuasion et intimidation. En bref, c'est l'acte d'accusation du procès des « gaullistes » que les communistes ouvrirent après la Libération.

Par exemple, on y trouvait des attaques contre le B.C.R.A. : *« Le B.C.R.A. chargé d'obtenir cette aide* [aux F.F.I.], *a été absolument défaillant dans la défense des besoins des combattants* [117]. » Ou bien : *« Les délégués militaires institués par le B.C.R.A. n'apportent pas aux états-majors F.F.I. leur concours total. »*

« [...] *Les moyens dont ils disposent ont été et sont encore utilisés, comme le prouvent des exemples récents, pour essayer de prendre, en fait, le commandement des formations.*

« Les conflits qui résultent de cet état de choses ont pour effet essentiel de diminuer l'unité de la résistance et ses possibilités d'action. »

Les D.M.R., instrument de Kœnig visant à la mainmise sur les F.F.I., contribuaient donc à gêner le développement de cette action. Au passage, la loyauté de Chaban était mise en doute : *« Le délégué militaire national, prétendant exprimer l'opinion de l'état-major du général Kœnig et celle du gouvernement provisoire de la République française, a manifesté son opposition aux ordres donnés par le COMAC et aux conceptions qui sont à la base de ces ordres. »*

Le C.O.M.A.C. cherchait à prouver que Chaban, les D.M.R. et Kœnig avaient sous-estimé les F.F.I., alors que ceux-ci avaient accompli toutes les tâches qu'on leur demandait et, au-delà, avaient libéré des territoires *« dont la superficie dépasse de très loin celle de la tête de pont alliée.*

« […] Il est dès maintenant impossible de nier que l'action intérieure n'est pas dans une dépendance étroite des conceptions stratégiques alliées. »

Une autre faute était d'avoir, à la radio, incité les Français à quitter la ville pour rejoindre le maquis, puisque ces lieux de concentration n'étaient nullement préparés à cet effet et qu'on avait en même temps suspendu les livraisons d'armes. Mais l'argument le plus perfide de ce mémoire était destiné au C.F.L.N. : *« La désignation du général Kœnig est, nous le répétons, une possibilité de développement de l'action de la France auprès des Alliés et nous ne pouvons que nous en réjouir. Mais le gouvernement a certainement conscience du fait, très sensible à la résistance, que cette désignation est faite par un gouvernement auquel certains gouvernements alliés contestent la valeur représentative de notre pays.*

« Il n'est donc pas possible d'admettre que cette désignation se traduise par une soumission pure et simple à l'état-major interallié, dont certaines mesures pourraient provoquer, comme l'a dit le général de Gaulle, des incidents[118]*. »*

Enfin, la Délégation était la dernière cible du document. S'appuyant sur une note de Parodi lue par Chaban, le C.O.M.A.C. condamnait le délégué général : *« On est bien obligé de noter la légèreté de la délégation. Ce texte fait preuve à la fois d'une méconnaissance des réalités, d'une volonté de manier les intentions des organismes de résistance et d'une absence de souci de créer entre la résistance et le gouvernement, par une liaison étroite, un accord sur les difficultés survenues […]. »*

Après avoir rappelé à l'ordre cette gêneuse, le C.O.M.A.C. demandait l'envoi d'un nouveau délégué militaire (ce qui impliquait de démettre Chaban). Un homme qui comprendrait enfin les impératifs intérieurs, *« un représentant direct ayant des pouvoirs suffisants pour prendre des décisions conformes à celles du commandement intérieur, dont il pourra apprécier les motifs inspirés par les nécessités de l'intérêt général et les conditions de la lutte intérieure*[119] ». Et il concluait par une description de l'homme idéal, heureusement contraire au machiavélique Chaban : *« On trouvera légitime que, pour assurer la liaison entre l'état-major Kœnig et le COMAC, on se trouve en présence d'un délégué qui ne retarde pas les liaisons et les solutions à rechercher, mais qui s'emploie à les faciliter. »*

Après cette philippique, on se doute que les propositions du C.O.M.A.C. étaient identiques aux litanies formulées depuis toujours : tous les pouvoirs au C.O.M.A.C. ! Cependant, cet organisme n'était pas unanimement communiste. On a déjà souligné combien les membres des mouvements étaient partagés entre la méfiance que leur inspiraient (parfois) les communistes et l'évidence de leur communauté de vues et d'intérêts dans leur lutte d'indépendance à l'égard de De Gaulle et leur volonté d'en découdre enfin avec les Allemands et Vichy ! Ainsi Jean de Vogüé, qu'on ne pouvait soupçonner de crypto-communisme, ne fut-il pas le dernier à fustiger les instructions transmises par Chaban et à réclamer action immédiate et insurrection nationale. Tant et si bien, d'ailleurs, qu'il finit par susciter l'inquiétude dans la mouvance dont il était issu. Le 10 juillet, certains mouvements de zone nord mirent en cause leur représentation par Vogüé au C.O.M.A.C., se plaignant d'être mal informés et insuffisamment représentés dans les états-majors de région[120].

En dehors de l'enceinte du C.O.M.A.C., les mêmes arguments antigaullistes étaient martelés par toutes les voix communistes. On pouvait ainsi lire dans *Les Lettres françaises* une parfaite illustration de cette attaque en règle, rédigée par Villon : *« Quand on sait que certains hommes qui prétendent représenter en France le Gouvernement Provisoire de la République Française en tant que délégués militaires ou civils, au lieu de préconiser le combat, comme l'ont fait le commissaire de l'Intérieur, d'Astier, à Alger, et le Général de Gaulle à Bayeux, sont préoccupés beaucoup plus de limiter l'action de la Résistance à un rôle de parachutistes exécutant les missions militaires demandées par le G.Q.G. interallié ; quand on sait qu'ils ont essayé de freiner le développement de l'Insurrection Nationale, en fait déjà commencée, de limiter la lutte aux foyers déjà ardents, quand on sait qu'ils ne veulent considérer que le danger des représailles allemandes et jamais le danger mortel que serait pour le pays l'attente passive de l'avance des armées alliées avec son cortège de ruines et de deuils, on ne peut être étonné de l'attitude des Anglo-Saxons.*

« Pourquoi se préoccuperaient-ils plus de l'avenir de la France que ne s'en préoccupent certains Français eux-mêmes ?

« Pourquoi auraient-ils une autre image de la France véritable et de la Résistance que celle que leur présente un Français ?

« Il s'agit pour nous, Français, de donner aux Alliés et au monde une image autre que celle d'une France où seule une petite poignée de "résistants" combattrait pour la victoire des Alliés. Il s'agit de démontrer par la lutte de tout notre peuple, par l'entrée des masses populaires dans la guerre, par la constitution de milices patriotiques dans chaque quartier, chaque entreprise, chaque village, par le renforcement massif des Forces Françaises de l'Intérieur et de leur avant-garde glorieuse, les Francs-Tireurs et Partisans du Front National, il s'agit de démontrer par l'insurrection nationale où se combineront l'action armée des Forces Françaises de l'Intérieur, les manifestations et la grève générale patriotique, que la France tout entière, derrière son gouvernement, est dans la guerre pour que la victoire alliée soit aussi la victoire de la France[121]. »

Ce paroxysme d'antigaullisme était partagé par des non-communistes. On ne s'étonnera pas de retrouver cette condamnation du Général exprimée sous une forme elliptique par le plus célèbre d'entre eux, François Mitterrand : *« Il combattait plus la Résistance de l'intérieur que les Allemands*[122]. »

L'insurrection nationale, mot ou réalité ?
Démagogie ou stratégie ?

La bataille de France, combats des armées alliées et opérations de la Résistance, servit de toile de fond et d'aliment à ce duel d'états-majors. Tour à tour, les membres du C.O.M.A.C., des chefs de mouvements, des D.M.R. venaient rendre compte de ce qu'ils avaient observé et appris durant leurs missions à travers la France. Leurs récits suscitaient l'enthousiasme ou l'effroi, mais ravivaient toujours la volonté de combattre, submergeant les clivages.

Ainsi, le 3 juillet, lors de la réunion du C.O.M.A.C., *« l'atmosphère est curieusement détendue*[123] », sans doute parce que le bilan de l'action des F.F.I. se révélait positif. Copeau, arrivé de la zone sud, fit un compte rendu optimiste : sabotage et guérilla allaient bon train dans le Vercors, *« les F.F.I. contrôlent le massif*[124] ». En Savoie, à Oradour, les représailles avaient été particulièrement féroces. Mais dans de nombreuses régions, le passage des F.F.I. provoquait l'adhésion des forces de l'ordre. À Lyon, la situation était si tendue qu'après le couvre-feu les Allemands tiraient à vue. Copeau était convaincu qu'étant donné la température du pays un million d'hommes étaient prêts à agir et à se battre : *« Dans l'ensemble,* dit-il, *la répression est peu importante : elle a été au total moins coûteuse que deux heures de bombardement sur une grande ville*[125]. »

Sans doute le charme et l'éloquence de ce grand gaillard aux cheveux blonds bouclés furent-ils persuasifs car Chaban lui-même déclara après cet exposé *« qu'il* [était] *prêt à soutenir l'action ».*

Dans les jours suivants, le délégué militaire expédia effectivement un câble à Londres en ce sens. Il reprenait un argument exposé par Copeau : l'accélération de l'avance soviétique en Europe de l'Est modifiait les données stratégiques générales et rendait la décision finale peut-être proche. *« Trop retarder insurrection risque priver pays mérites auto-libération. »* Chaban, conscient de l'acuité de la crise, transmettait les demandes du C.O.M.A.C. en insistant sur le caractère obligatoirement insurrectionnel de la libération et sur la nécessité d'un commandement intérieur.

« Cette situation présente caractère gravité car méconnue risquerait aboutir dislocation F.F.I., rupture plus ou moins ouverte avec autorité extérieure et confusion dans utilisation possibilités militaires.

« Ma position a été et demeure : Primo : Eviter rupture et aplanir difficultés. Secundo : intégrer aspirations résistance dans dispositions arrêtées par commandement Kœnig[126]. »

Chaban jugea bon, pour faire passer le message, de terminer par une note apaisante : *« J'ajoute COMAC affirme sans restriction respectueux attachement général de Gaulle et pleine confiance dans général de Gaulle*[127]. » Le 12 juillet, Ély donna lecture du télégramme de Chaban et proposa à un membre du C.O.M.A.C. d'aller à Londres avec Chaban pour discuter des problèmes en suspens. Le piège était évident : si Frenay et d'Astier s'y étaient précipités deux ans auparavant, les circonstances n'étaient plus les mêmes et les interlocuteurs non plus. Leur formation politique les mettait à l'abri de ces chausse-trapes. Ils déclinèrent l'offre.

Mais les rapprochements étaient si fragiles qu'ils demeuraient à la merci du moindre accroc. Ainsi, à peine Ély s'était-il fait l'interprète de la bonne volonté de la Délégation militaire qu'il portait à la connaissance du C.O.M.A.C. un nouveau câble où Kœnig rappelait les troupes à la discipline : *« Je précise que, quels que soient leurs mouvements ou organisations d'origine, tous les éléments combattants sont, depuis le 6 juin 1944, intégrés dans les Forces Françaises de l'Intérieur qui sont sous mon commandement.* [...] *Les F.F.I. sont partie intégrante de l'armée française mobilisée, ni les F.T.P. ni O.R.A., ni M.U.R. ne sauraient contrevenir à cette règle. Je rappelle que les chefs militaires régionaux ne peuvent recevoir leur commandement que de moi, sur propositions transmises par le délégué général Quartus* [Parodi] *ou par le délégué militaire par intérim Arc* [Chaban], *conformément aux règles intérieures toujours en vigueur. Les chefs départementaux ou locaux, ne peuvent recevoir leur commandement que des chefs militaires régionaux en accord avec le DMR qui me rend compte de ces nominations*[128]. »

Le général Ély, qui admirait les élégantes acrobaties de Chaban, s'en tenait, quant à lui, à une vertu militaire plus classique : la discipline. Évidemment, le C.O.M.A.C. refusa une fois de plus d'accepter ces ordres et chargea Ély de protester auprès de Londres. La nomination du général Kœnig comme commandant en chef des F.F.I. avait aggravé cet état de choses, car il entendait faire exécuter les ordres de l'état-major allié.

Le 14 juillet, un courrier de la direction des F.T.P. (à usage interne) expliquait : *« La nomination de Kœnig comme commandant en chef des FFI est sans doute l'aboutissement d'une longue manœuvre pour enlever la direction des forces militaires de la Résistance en France à la Résistance elle-même. C'est une riposte directe à la campagne conduite par nos amis* [communistes] *sur le thème de l'insurrection nationale dont on ne veut pas à Londres, et à la nécessité pour le gouvernement provisoire de consentir une délégation de pouvoir en faveur du CNR. Militairement, le commandement des FFI se trouve désormais à Londres. Mais il s'agit de régler les conditions dans lesquelles il sera exercé ici, où l'on veut substituer au COMAC et à l'EMN des FFI les délégués militaires, non seulement des DM de régions FFI, mais aussi, paraît-il, des délégués M* [militaires] *dans département. Naturellement, nous ne sommes pas décidés à nous laisser imposer un tel dessaisissement de direction*[129]. »

Cependant, l'action des D.M.R. cristallisait les affrontements. *« De partout fusent les reproches »*, annonçait, le 19 juillet, Philippe Viannay (de Défense de la France). Il n'y avait pas que les communistes pour dénoncer la manœuvre des D.M.R. imposant la volonté de Londres par le chantage aux armes et à l'argent. Dans la région parisienne, d'ailleurs, la rupture était consommée. Le D.M.R. Sonneville se détournait dédaigneusement de ses fonctions : *« Placé devant l'alternative de continuer des rapports qui me paraissent inutiles et sans possibilités d'avenir, ou de quitter mes fonctions, j'ai demandé mon rappel immédiat.*

« Je regrette profondément d'avoir accepté, je dirai même revendiqué, il y a quatre mois, le poste de D.M.R. de la région parisienne et l'abandonne avec joie[130]. »

À la faveur de cette crise, le C.O.M.A.C. souhaitant remplacer tous les D.M.R. par les chefs de région F.F.I., Malleret-Joinville, chef de l'état-major national des F.F.I., prêchait ainsi pour sa paroisse, affirmant *« que l'institution des D.M.R. est gravement préjudiciable et que la dualité du commandement qu'elle engendre gêne l'action et peut créer une dislocation des formations*[131] ». Vogüé se fit plus pressant : *« Si l'action des D.M.R. se poursuit dans le sens que nous déplorons actuellement, le général Kœnig perdra la face à l'égard des F.F.I.* [...]. *Le frein qu'apportent certains D.M.R. à l'action F.F.I. ne peut s'expliquer que par la peur du peuple, une peur irraisonnée de l'action populaire ; cette attitude est contraire à l'intérêt national*[132]. »

La séance du 24 juillet donna lieu, néanmoins, à une nouvelle tentative de conciliation. Degliame, venu parler de la situation des maquis, jeta tout d'abord un froid en annonçant que *« l'organisation du Vercors n'offre pas de garantie d'avenir*[133] ». La centralisation des transmissions fut de nouveau fustigée, et Bourgès, imitant Chaban, s'en tira par une pirouette, expliquant que si l'on confiait les transmissions *« aux chefs départementaux F.F.I., ceux-ci risqueraient de se mettre totalement à la discipline du commandement extérieur »*. Puis, il évoqua son voyage à Londres. Grâce au titre de commandant de corps d'armée, Kœnig avait pu obtenir le contrôle de l'ensemble de l'action, des missions alliées, de celles de l'Intelligence Service. Londres était disposé à définir le rôle du C.O.M.A.C. par une entente tacite en vertu de laquelle il aurait les pouvoirs les plus larges à condition de ne pas porter atteinte au crédit de Kœnig auprès de l'état-major interallié. Bourgès demanda au C.O.M.A.C. de tenir compte du fait que *« Kœnig ne connaissait absolument rien à la Résistance et qu'il ne veut rien lui enlever, mais qu'il tient au crédit de chef d'armée pour obtenir les moyens nécessaires et pour garantir l'avenir du pays »*.

Ces déclarations détendirent l'atmosphère, car Kriegel observa que ce qu'il avait dit de la position du gouvernement et du commandement était défini *« dans un esprit qui rejoint les préoccupations exprimées par le COMAC. Sur cette base, il ne reste plus qu'à établir les modalités pratiques pour traduire l'accord dans les faits »*.

Mais Joinville en profita pour relancer les critiques contre Chaban, en soulignant que les explications de Bourgès *« donnent des véritables intentions du gouvernement une image toute différente de celle qui avait été présentée au COMAC »*. Il en fallait plus pour démonter Chaban. Il répliqua que les explications de Bourgès avaient élucidé les télégrammes reçus de Londres, toujours un peu ambigus car soumis à la lecture des services anglais. Et il contre-attaqua en donnant lecture d'un câble récent de Kœnig qui rejetait l'idée du commandement intérieur pour, au contraire, accélérer la décentralisation, préconisant, en outre, un meilleur équilibre dans la composition du C.O.M.A.C.

Ce texte ne pouvait que soulever un nouveau tollé. Bourgès, toujours apaisant, *« invite à l'interpréter à la lumière de l'opinion de l'état-major interallié »*. Du coup, Villon, à qui l'on ne pouvait donner des leçons de sophisme, monta au créneau, indigné par la contradiction entre les apaisements verbaux et les termes du télégramme. Il reprit intégralement le couplet sur la mission confiée à la Résistance qui garantissait la grandeur et l'indépendance du pays. Degliame l'appuya sans réserve, affirmant que les militants partageaient tous l'avis du C.O.M.A.C.

Kriegel proposa alors de mettre un terme à la discussion et de rendre public l'accord entre la Résistance et le Gouvernement provisoire. Les militants de la Résistance poursuivraient leur action et les événements seraient juges.

Villon, plus circonspect, préférait s'adresser au C.N.R. En dépassant ainsi le domaine proprement militaire, les comptes se régleraient sur le terrain politique, et l'on verrait bien à qui reviendrait la palme du patriotisme. *« Si l'opposition aux propositions du COMAC n'est due qu'à l'appréciation des Alliés, le fait de passer outre sera une affirmation de la force du pays et de sa vitalité. »*

Sans doute, la Délégation militaire commençait à être vaccinée contre les assauts dialectiques. Le voyage de Bourgès à Londres n'y était pas étranger. On lit dans un télégramme envoyé par le B.C.R.A. à de Gaulle : *« Nous sommes informés par Polygone* [Bourgès-Maunoury] *qu'il se trouve à Paris. Il y a assisté à quelques séances du COMAC. Bien que loin de la réalité et déprimantes, ces séances lui apparaissent cependant comme dépourvues de grosses conséquences et sans gravité*[134]. *»*

Pourtant, le même jour, d'Astier recevait un télégramme de Parodi qui révélait, à propos du C.O.M.A.C., une crise plus sérieuse que ne laissait pas pressentir Bourgès : *« En réalité, le conflit, comme la discussion l'a démontré, n'est plus qu'une lutte entre les membres du C.N.R. et le représentant du Parti Communiste, encore que le MLN ait voté une résolution soutenant les prétentions du COMAC.*

[…] *Le bureau du CNR, devant l'impossibilité d'un vote unanime, a décidé de procéder à une consultation écrite de tous les membres*[135]. »

On comprend que le commissaire de l'Intérieur, bien qu'il ait été à l'origine un chef de mouvement, n'ait pu accepter de tels comportements de la part du C.O.M.A.C. Aussi câbla-t-il à Parodi, les 13 et 18 juillet : « [Alger] *n'attribue au C.O.M.A.C. aucune part d'initiative et de direction militaire d'ensemble* […].

« Je me repose sur vous

« 1) pour que la Résistance ne soit pas heurtée par les choix du C.O.M.A.C. ;

« 2) pour faire comprendre aux F.F.I. l'importance de leur obéissance aux ordres du général Kœnig et l'importance d'une discipline librement acceptée et scrupuleusement observée[136]. »

Cela lui valut en retour une volée de bois vert de la part de ses camarades et seconds (Hervé, Degliame, Copeau) : *« Sur votre attitude à égard Comac. Equivaut à briser unité F.F.I. sur territoire non libéré. Votre position équivaut à supression Comac en ce cas les liens sont rompus entre C.F.L., F.T.P. et O.M.A. top Position G.P.R.F. et vous personnellement très forte risque être amoindrie top*[137]. »

Le pouvoir est-il au bout du fusil ?

On a vu que les militants, grâce à la presse clandestine, pouvaient percevoir un écho atténué de ces querelles. À cet égard, la séance du 17 juillet fut agitée par un renversement de tendance dont l'origine fut la publication dans *Libération(-Nord)*, n° 182, d'un article « Pour la clarté » exposant le problème du commandement : obéissance aux ordres des Alliés, mais reconnaissance par eux de l'autorité de la Résistance sur ses troupes. La même exigence était exprimée par les organisations C.D.L.L. et C.D.L.R. On comprend que le C.O.M.A.C. ait blâmé la publicité donnée à cette affaire bien édulcorée, car il est facile d'imaginer la stupeur des combattants s'ils avaient connu la véritable teneur des séances ! Dans ce sens, Vogüé avait raison de dénoncer *« l'esprit d'intrigue qui, hélas, sévit toujours dans les sphères dirigeantes de la Résistance (et heureusement, pas à la base)*[138] ». Marie Granet ajoute ce juste commentaire : *« La "base" n'avait que des préoccupations patriotiques, donc désintéressées, et ne comprenait rien aux querelles des dirigeants. Mais les dirigeants, même les plus sincèrement patriotes, étaient obligés de tenir compte de considérations politiques. Les uns étaient persuadés que l'action des F.F.I. dans les combats aurait une grande importance pour la position future de la France, après la Libération, et tenaient à ce que cette action fût aussi glorieuse que possible. Les autres acceptaient sans discussion les directives et l'autorité du gouvernement provisoire*[139]. »

La dénonciation soutenue par Chaban de l'article de *Libération* le 19 juillet fut l'occasion, pour lui, d'une attaque vigoureuse. Il protesta contre l'article de Villon, paru dans *Les Lettres françaises*, le mettant en cause. Il demandait que le C.O.M.A.C. condamne cet article, comme il l'avait fait pour celui de *Libération*. Il incriminait spécialement un passage qui dévoilait le conflit avec les délégués de l'état-major de Londres *« qui prétendent »* représenter le gouvernement français. *« Chaban affirme qu'il ne prétend pas mais qu'il représente effectivement le gouvernement*[140]. »

La discussion fut passionnée puisque l'affaire avait été portée sur la place publique. On en resta là, après que Vogüé eut déclaré que chacun devait prendre ses responsabilités devant le peuple.

Était-ce l'approche du dénouement ? La dernière semaine de juillet et les deux premières semaines d'août virent l'affrontement culminer. Le C.O.M.A.C. se targuait des difficultés rencontrées par les combattants pour faire avancer ses positions.

Que faisaient les résistants sur le terrain ? Il est difficile pour le lecteur d'aujourd'hui de se représenter l'état de la France au-delà de ces palabres de comités. Parmi les télégrammes et les rapports de l'époque, celui du D.M.R. de la région de Toulouse offre une image parlante de l'état d'ébullition des F.F.I. Il permet, par analogie, d'imaginer l'agitation des autres régions : *« Non seulement les effectifs des F.F.I. contactés dès le temps de paix, se sont mobilisés, après le débarquement dans les maquis, mais de nombreux volontaires sont venus se joindre à eux depuis.*

« En règle générale, ces hommes sont groupés en unités de 100 à 500 soldats et restent dans les environs mêmes de leur lieu de mobilisation. La Région tout entière est donc parsemée de petites unités, vivant d'une façon rudimentaire dans les bois ou les fermes abandonnées. Très souvent, elles n'ont pas de budget et vivent, obligatoirement, hélas, de coups de main. Tour à tour, les épiciers, les boulangers, les cultivateurs sont obligés par la force de fournir au maquis tout ou une partie de leurs stocks. En échange, on leur laisse un bon de réquisition qui n'existe que pour la forme.

« Ces hommes, la plupart du temps possèdent un armement ridicule. Dans tel maquis, il y aura une mitraillette pour 10 hommes, dans tel autre un fusil pour 4, il en est ainsi presque partout. Aussi en tant qu'officier d'opérations, je reçois constamment des demandes de matériel, soit sous forme de prière, soit avec des critiques assez sévères. Presque toujours ces réclamations sont justifiées et je m'efforce de passer des programmes d'opérations en conséquence. Hélas, mes espoirs sont toujours de plus en plus déçus ! Les largages restent toujours très rares, malgré tous mes câbles.

« Les liaisons entre ces groupes sont généralement insuffisantes, sinon inexistantes ; il en résulte qu'aucun regroupement rapide n'est possible. La plupart du temps les chefs de ces unités isolées ne reçoivent aucune directive de leurs chefs hiérarchiques. A part les coups de main nécessaires à leur subsistance, ces formations ne prennent que rarement l'initiative d'actions offensives. Elles croient trop volontiers que leur seul rôle consiste à se défendre d'une attaque allemande.

« Les F.F.I. n'existent d'ailleurs que sur le papier. La fusion n'est pas faite et tout laisse à prévoir qu'elle sera longue à se réaliser. Cette situation provient du fait que chaque chef de groupement (C.F.L., O.R.A., VENI, F.T.PL) possède partout des partisans qui continuent à apporter en particulier à ces groupes, une aide financière et matérielle. L'unité ne sera faite que lorsqu'un seul responsable détiendra les finances et les armes. D'autre part, pour éviter les rancunes et les haines locales, et pour faciliter cette unité, il serait nécessaire que les chefs départementaux F.F.I. soient envoyés par Londres ou Alger. Son prestige renforcerait son autorité et il serait alors à même, avec des liaisons plus soutenues d'adresser des directives aux chefs d'unités pour les obliger à passer à l'offensive.

« Le moral des hommes est excellent et ils ne demandent que de passer à l'action. Souvent ils se plaignent de leurs chefs, qu'ils jugent insuffisants. La

pénurie de cadres apparaît de plus en plus comme très grande. La carence et l'indolence se révèlent difficiles à combattre dans cette région[141]. »

Quelle était alors, en province, la portée des interventions du C.O.M.A.C. ? Le déroulement de la libération de Lyon en est un exemple révélateur. Écoutons le témoignage du D.M.R. de la région lyonnaise : *« Pour nous la situation se présentait de la façon suivante : l'E.M. allié via le B.C.R.A. ne nous donna pas d'instruction et c'est plutôt une impression de prudence que j'avais rapportée de Londres où je fis un aller et retour rapide début août. On m'expliqua que l'armée alliée entendait utiliser sa mobilité face à une Wehrmacht qui avait perdu la sienne, qu'elle pouvait fort bien avancer un jour et se replier le lendemain, qu'il fallait donc inviter la population à ne pas prendre de risques inutiles en manifestant prématurément sa joie. J'en avais retenu le souci d'éviter des sacrifices inutiles.*

« La région devait donc prendre sa décision elle-même[142]. »

La préoccupation du D.M.R. était d'*« associer dans une action commune les différentes familles de la Résistance. Après tous les sacrifices acceptés et supportés nul ne devait se sentir évincé. Montrer à la population une Résistance unie était aussi une bonne réponse aux mensonges de la propagande de Vichy sur les dangers de l'insurrection*[143]. »

Cette décision avait emporté l'adhésion. Mais, *« dans les derniers jours d'août arrive un envoyé du C.O.M.A.C. Il était chargé d'une mission précise : faire de la libération de Lyon, capitale morale de la Résistance, une affaire nationale* [...].

« Une victoire triomphante de la Résistance, c'était bien tentant... Mais c'était modifier le but poursuivi et accepté d'un commun accord. Il ne s'agissait plus de libérer Lyon aux moindres frais et de se battre seulement si la Wehrmacht s'accrochait, mais de déclencher des combats révolutionnaires que ni la population, qui en aurait été victime, ni l'armée franco-américaine n'auraient compris. Lyon aurait cessé d'être une ville calme, pour les armées alliées.

« Ce changement d'objectif en aurait entraîné d'autres.

« [...] *Cette attitude révélait des arrière-pensées politiques : les F.T.P. voulaient écarter Romans-Petit à cause de son soutien anglais et Descour à cause de son appartenance à l'O.R.A.*

« Si telles étaient les pensées et les arrière-pensées, que devenait l'unité de la Résistance pour la libération de Lyon[144] *?* »

Finalement, le D.M.R. parvint à maintenir l'unité de la Résistance et, quelques jours plus tard, le groupement de Descours entra dans une ville abandonnée par les Allemands.

On se doute que la conclusion des résistants métropolitains n'était pas celle des agents du B.C.R.A. : *« On crève des D.M.R., D.M.D., D.M.Z.* », écrivait, de la région lyonnaise justement, Farge à Villon[145]. Le sanglant échec du Vercors apparut comme la dramatique illustration du cumul des erreurs des hommes de Londres et de l'O.R.A. : ils avaient incité les maquisards à se concentrer dans le Vercors sur la promesse de parachutages d'armes. Ces livraisons n'eurent pas lieu. Les hommes qui, persistant à les attendre, restèrent groupés furent ainsi mis à la merci des Allemands et de la Milice. C'était la répétition de la tragédie des Glières. Telle fut la responsabilité qu'imputèrent dorénavant les communistes au B.C.R.A.

C'est le moment où Chaban devait se rendre à Londres. Il vint faire le point devant le C.O.M.A.C. le 26 juillet : « *Le texte que nous vous proposons donne au COMAC la direction de l'action des masses que vous réclamez. Pour toutes les autres demandes du COMAC, nous n'y pouvons rien ; nous nous heurtons à l'opposition des Alliés*[146]. »

En dépit de ce bouclier, la position des délégués de Londres était précaire car, peu à peu, le C.O.M.A.C. se mit à recourir aux arguments utilisés par de Gaulle contre les Anglais pour justifier, cette fois, la politique de la Résistance contre le Général. Il faut lire attentivement la suite de la discussion pour comprendre l'impasse dans laquelle on se trouvait : « *Tout le monde est d'accord, le COMAC, le commandement français et en particulier le général Kœnig, le gouvernement provisoire lui-même ; le seul obstacle, et vous venez de le répéter, est l'opposition des Anglais et des Américains. Le problème est donc de savoir comment il faut discuter avec les Alliés pour les convaincre des nécessités françaises et, du même coup, nous dissiperons un malentendu qui pourrait faire croire, si ce que vous nous dites est exact, à une opposition entre la résistance et les autorités de Londres.*

« [...] *Joinville. — Ce qui résulte de plus clair de toute cette discussion, c'est une opposition entre les intérêts français et anglais exclusivement.*

« *Bourgès-Maunoury. — Mais je crains que cela apparaisse comme une opposition entre la résistance et les forces françaises libres.*

« *Chaban-Delmas. — Vous empêchez un accord pour une simple question de formule*[147]. »

Comme d'habitude, Villon porta l'estocade : « *Voyons, Chaban, le 12 juin, au cours d'une réunion du C.N.R., à l'occasion d'une audition des représentants des F.T.P., vous avez souligné vous-même la nécessité de créer de toute urgence un commandement effectif des F.F.I. Le COMAC est cet organisme, et l'attitude de la délégation constitue le pire obstacle à son action, sous prétexte de l'opposition des Alliés.*

« *Chaban-Delmas. — La position des Alliés est conforme à leurs intérêts. Leur doctrine pour tous les pays européens est d'empêcher tout commandement central. Ils veulent arriver à une décentralisation extrêmement poussée. J'estime qu'il ne faut pas prendre les Alliés à rebrousse-poil.*

« *Vogüé. — Le devoir de tous les Français est de se battre, il faut donc créer des conditions qui le permettent et l'une de ces conditions est de donner au COMAC les pouvoirs de commandement avancé.*

« *Villon. — Je constate que le débat a pris le caractère d'une discussion politique, qui n'entre pas dans les attributions du COMAC. Mais la discussion est ouverte. Je tiens à affirmer que depuis les accords de Munich et de Rome, qui étaient suffisamment démonstratifs, certains n'ont rien appris. On a voulu imposer à la politique française un impératif catégorique : tout acte politique doit être soumis à un accord préalable des Anglais et des Américains. Ceci aboutit à donner à la France le caractère de nation mineure.*

« *Chaban-Delmas. — En ce qui me concerne, je considère qu'il y a une impossibilité actuelle, en 1944, d'avoir une politique indépendante sur certains points, et en particulier dans le domaine de l'action militaire et de l'armement : rien ne nous est possible sans nos alliés anglais.*

« *Villon. — Ma réponse est simple. Si la France mène une action indépendante elle sera traitée en alliée et pas en vassale. Voyez l'exemple de la Yougoslavie. Mihailovitch se comportait en exécutant de nos alliés anglais. Le maréchal*

Tito a mené une action indépendante avec l'aide de la population. Résultat : les Anglais ont reconnu Tito et lui ont fourni des moyens sérieux ; Mihailovitch a été abandonné et a sombré dans la trahison[148]*.* »

Comme d'habitude, après avoir été intraitables sur les principes, les deux parties se séparent en souhaitant que, la prochaine fois, on trouve une solution.

À la séance du 31 juillet, Ély lut un télégramme de Kœnig arguant que Eisenhower considérait les F.F.I., sous le commandement de Kœnig, comme partie intégrante des forces expéditionnaires alliées[149].

Évidemment, ce câble provoqua l'indignation : *« Il est impossible au COMAC de renoncer à la mission qui lui a été confiée par la Résistance. »* La question des attributions du C.O.M.A.C. se posait encore et toujours. Toute subordination apparaissait à Villon *« comme des abus absolument contraires aux formules démocratiques dont se réclame le gouvernement*[150] *»*.

Une fois encore, Villon exigea que la question soit tranchée par le C.N.R. d'après un questionnaire qu'il avait établi. Effectivement, le débat fut porté devant le C.N.R., où Villon obtint gain de cause après avoir stigmatisé toutes les réserves comme *« une manœuvre qui rejoignait les tentatives de certains milieux de la collaboration du genre Benoist-Méchin, dont la préoccupation majeure était de diviser la résistance*[151] ». Il fit approuver un accord qu'il soumit au délégué général Parodi.

« 1. Le commandement suprême des F.F.I. sur le territoire métropolitain est exercé par le COMAC par délégation du général Kœnig.

« [...] *3. Les délégués militaires, agissant comme officiers de liaison, mettront à la disposition pleine et entière des chefs F.F.I. tous les moyens en armes, matériel, argent et liaison.*

« L'utilisation de ces moyens sera sous le contrôle du COMAC et des organes hiérarchiques qui dépendent de lui (état-major national, états-majors régionaux, états-majors départementaux)[152]. »

Il s'agissait encore et toujours d'arracher le commandement à Londres. En l'absence de Chaban, Parodi et Ély cherchaient, eux aussi, à gagner du temps, tandis que Villon souhaitait prendre de vitesse le retour du délégué dont il craignait de nouvelles directives plus contraignantes. Le texte ne convenait pas vraiment, avançaient les premiers, mais il était difficile à amender. Pourquoi, dans ces conditions, ne pas en rester au *statu quo*[153] ? Mais Villon tenait l'argument décisif : *« Pourquoi la délégation, qui déclare être convaincue que l'action du COMAC est nécessaire et utile, refuserait de s'employer pour faire admettre cette opinion par les autorités de Londres*[154] *? »*

Finalement, le 14 août, en l'absence de Chaban, le C.O.M.A.C. triompha. Kriegel avait rencontré Parodi entre le 9 et le 14 août, en présence d'Ély, afin de mettre au point le texte adopté par le C.O.M.A.C. Après quelques modifications de détail, Parodi donna son accord, sur des points qui avaient été depuis toujours (et restèrent en fait) inacceptables : *« Que les délégués militaires, agissant comme officiers de liaison, mettront à la disposition pleine et entière des chefs F.F.I. tous les moyens en armes, matériel, argent et liaisons intérieures*[155]. » La Délégation s'engagea à faire admettre les points précisés. *« Ainsi, après plus de trois mois d'âpres discussions et à la veille d'événements décisifs, toutes les positions défendues par la résistance intérieure se trouvent enfin consacrées »*, écrivait triomphalement Kriegel[156].

Ce que les F.F.I. avaient gagné les armes à la main, le C.O.M.A.C. entendait le confirmer : le pouvoir était au bout du fusil. À mesure de la libération du territoire, il n'était plus temps de régler les conflits d'attribution sur le papier : les F.F.I. allaient-il absorber l'armée française ?

E. LA COMÉDIE DU POUVOIR

16-29 août 1944

Après six mois de discussion et à la faveur de l'absence de Chaban, le C.O.M.A.C. obtint donc le commandement des F.F.I. Il l'avait bien mérité, car si l'on en croit les procès-verbaux, il avait passé le plus clair de son temps à combattre la Délégation et les ordres de Kœnig. Échauffés par cette victoire, ces hommes ne comprirent pas à quel point elle était dérisoire, puisqu'ils l'avaient obtenue au moment où le contrôle militaire leur échappait, Paris étant coupé du reste de la France. On le vit quand l'insurrection parisienne prit sa propre dynamique. Enfermés dans leurs revendications, sans doute étaient-ils intoxiqués par des informations fragmentaires et une vision émiettée de leur pouvoir. Entre les quatre murs des appartements où se jouait ce huis-clos nomade, ils pouvaient croire qu'ils étaient maîtres de la situation. Mais sur le terrain, en était-il de même ? Jean-Louis Crémieux-Brilhac a fort précisément décrit une autre réalité : *« Face aux prétentions du C.O.M.A.C., Kœnig a pour lui le prestige de De Gaulle et le soutien de l'état-major allié, mais surtout la présence sur le terrain de cinquante-quatre délégués militaires régionaux ou officiers d'opérations aériennes et de soixante et un instructeurs de sabotage assistés de cent quatre opérateurs radio, auxquels s'adjoignent, en dépit des rivalités antérieures, les conseillers militaires britanniques ou les "organisateurs" de la quarantaine de réseaux et groupes d'action qu'a mis en place S.O.E. Il s'y ajoutera à partir du débarquement quatre-vingt-neuf équipes tripartites ou* jedburghs *— composées d'un officier français, d'un Anglais ou d'un Américain en uniforme et d'un radio — qui doivent être parachutés pour compléter la liaison avec les F.F.I.* [157]. »

À quelques jours de l'arrivée du Général, l'important était d'éviter une rupture qui pouvait tout enflammer. Il devint vite clair que de Gaulle reprendrait le pouvoir qui lui avait été ravi. Après avoir bien mérité de la patrie, il faudrait rentrer dans le rang. Mais telle n'était pas l'espérance du C.O.M.A.C., qui avait bien d'autres ambitions.

L'éphémère victoire du C.O.M.A.C.

Le 16 août parvint l'approbation donnée par Alger pour entériner l'accord arraché par le C.O.M.A.C. aux délégués du Gouvernement provisoire : *« Le commandement suprême des F.F.I. sur le territoire métropolitain, confié par le C.N.R. au COMAC, devra être exercé par délégation du général Kœnig, en particulier dans le but d'utiliser les possibilités d'action des F.F.I. avec la plus grande efficacité* [158]. »

Deux raisons expliquent qu'Alger ait cédé : d'abord, pour ne pas briser, *in extremis*, l'unité ; ensuite, parce que les faits prouvaient que, au fur et à mesure de la progression des armées alliées et des insurrections locales, le C.O.M.A.C. contrôlait de moins en moins la situation. Durant les derniers jours, il se contenta d'ailleurs de diriger les opérations à Paris et dans la région parisienne. Et encore... Dans le reste de la France, c'était désormais Kœnig qui commandait par l'intermédiaire des délégués militaires régionaux.

C'est donc une situation profondément modifiée que Chaban retrouva, à son retour de Londres, le 18 août. Modifiée par les nouveaux pouvoirs du C.O.M.A.C., certes. Mais modifiée surtout par l'avancée des armées alliées venant de l'ouest et le second débarquement, intervenu le 15 août sur les côtes méditerranéennes. À cette nouvelle, le général Revers (de l'O.R.A.) déclara au C.O.M.A.C. qu'une progression rapide se ferait dorénavant par la vallée du Rhône et le Vercors. Le Sud-Ouest se libérerait seul, à la faveur de la retraite des unités allemandes anxieuses de ne pas être coupées du gros de leurs forces.

Toutefois, les conditions dans lesquelles se déroulait la libération du territoire inquiétaient par la violence des mesures de rétorsion allemandes ou miliciennes. (Pétain lui-même avait fini par condamner la Milice dont il *semblait bien* qu'elle eût employé *« des procédés tels que l'opinion publique est maintenant révoltée contre elle partout où elle existe »*.) On comprend que Parodi, dans *« la crainte de représailles sanglantes »*, ait redouté des *« actions trop rapides »* de soulèvement national[159].

Ces consignes de prudence, le C.O.M.A.C. ne pouvait les admettre puisqu'elles auraient impliqué de faire de son commandement lettre morte. L'action lui paraissait d'autant plus urgente que le soulèvement qui hâterait la libération arrêterait net les tractations de Laval pour réunir l'Assemblée nationale et apparaître comme l'homme de la passation de pouvoirs.

À la lueur de ces éléments, Villon déclara, le 16 août, qu'il était urgent *« de faire agir les formations de la Résistance et toute la population »*. Pour protester contre les « timorés » de Londres, Kriegel fit adresser à Kœnig une citation de Clausewitz : *« On croit habituellement que l'ennemi pourra, par un traitement barbare des prisonniers, nous enlever le courage. Quel souci inutile ! Nous pouvons accepter de répondre à la barbarie par la barbarie et à la férocité par la férocité. Il nous sera facile de surpasser l'ennemi et de le ramener dans les limites de la mesure et de l'humanité*[160]. » Il rappela les appels du Gouvernement provisoire en faveur du combat et du soulèvement national, et Ély dut admettre qu'il n'y avait aucune raison de faire une exception pour Paris en l'excluant de la bataille générale.

L'ordre du jour numéro 4 préparé par Villon fut donc un appel à la guérilla généralisée et à l'insurrection : *« Il faut en finir avec cette conception criminelle qui veut que rien ne doit être fait avant que les Alliés ne soient à cinquante kilomètres de votre territoire.*

« Il faut en finir avec cette autre conception, condamnée par l'expérience, de se contenter d'occuper la partie de la région la plus éloignée des parties occupées par l'ennemi et d'y rester terré comme dans une forteresse, d'y attendre l'attaque de l'ennemi au lieu de le rechercher afin de lui porter des coups incessants[161]. »

Le C.O.M.A.C. allait enfin pouvoir faire passer ses conceptions dans les faits.

20 août 1944 : Paris insurgé ?

Le C.O.M.A.C. n'avait prévu sa réunion suivante que le 21 août. Elle se tint dès le 20 car, entre-temps, les événements s'étaient emballés. Le 19, la grève était devenue presque totale à Paris, paralysant les transports, la poste, puis gagnant les entreprises. Peu à peu, des édifices publics furent occupés : mairies d'arrondissement, bureaux de poste, hôpitaux. À la préfecture de police, les agents en grève se rassemblèrent, le drapeau tricolore fut hissé, le préfet consigné. Divers services allemands se repliaient vers l'est, entraînant dans leur sillage un Laval, quelques ministres non consentants et les derniers collaborateurs. L'autorité de Vichy à Paris avait vécu. Mais dans les fossés de Vincennes, à la cascade du bois de Boulogne, les Allemands poursuivaient les fusillades.

Parodi donna son accord pour que la police et la gendarmerie passent sous les ordres du commandement parisien des F.F.I., dont le chef, Rol-Tanguy, établit, le 19 août, un ordre de bataille : *« A l'heure où des atrocités se commettent dans Paris, il ne peut y avoir d'autre réponse que la lutte à outrance et par tous les moyens*[162]. »

Des combats se déroulaient en de nombreux points de la capitale, le général allemand chargé de Paris (von Choltitz) ayant ordonné de *« nettoyer les points de résistance »*. Au soir du 19, la moitié des quartiers de Paris étaient sous le contrôle de la Résistance.

Or quand, le 20, le C.O.M.A.C. se retrouva dans un souterrain rue Schœlcher (dans le XVIe arrondissement), ce fut pour apprendre que, sans le consulter, la Délégation militaire avait informé le C.N.R. de pourparlers engagés avec les Allemands pour suspendre les combats. De retour de Londres, Chaban avait souligné, en effet, que les Américains ne comptaient nullement se porter au secours de Paris, insurgé ou non. Villon avait protesté avec la dernière énergie, et le C.N.R. avait reporté sa décision au lendemain. Il fallait donc que le C.O.M.A.C. prenne rapidement position, d'autant plus que des documents commençaient d'être répandus dans Paris, annonçant un cessez-le-feu pour le soir même. Kriegel rédigea donc une condamnation de la trêve au nom du général de Gaulle et des Alliés.

22 août 1944 : le C.O.M.A.C. contre la trêve

L'épisode, fameux, de la « trêve » faillit, à quelques jours de la libération de Paris, consommer la rupture, évitée depuis trois ans.

Parodi avait négocié avec les autorités allemandes, le 19, le principe d'une trêve. En accord avec Chaban-Delmas, il avait jugé opportun d'arrêter provisoirement les combats afin de permettre à la Résistance de s'organiser et de se renforcer, surtout si elle ne devait espérer aucune intervention des armées alliées.

Les activistes et les communistes, Villon en tête, y étaient farouchement opposés, pour des raisons patriotiques et tactiques. C'était en somme, sous une forme actualisée, l'ancien débat entre « attentisme » et « action immédiate » qui se poursuivait, et c'est là que la violence de l'incident prend toute sa valeur. Le C.N.R. au complet se réunit donc pour débattre de la trêve. Voici comment Robert Aron le relate :

« Chaban-Delmas, qui en est partisan, parle en premier, en sa qualité de délégué militaire national. On vient de lui apprendre que les Allemands disposent à Paris de 150 chars Tigre : que peuvent les F.F.I., mal armés, contre de tels engins ? Reprendre le combat, c'est aller à un désastre et sacrifier inutilement les monuments de Paris. »

Il s'attire une réplique furieuse de Villon : *« La trêve est inadmissible : ce n'est ni plus ni moins qu'un acte de haute trahison : "Monsieur Chaban-Delmas parle comme un lâche", s'écrie-t-il, avec fureur. Ainsi mis en cause le délégué militaire national garde son calme. Mais Parodi se lève, enfile son veston, prend son chapeau et menace de sortir si Villon ne fait pas immédiatement des excuses à Chaban-Delmas. »*

Est-on parvenu au point de rupture ?

« Des excuses ? C'est trop demander : tout au plus, Villon accorde-t-il une atténuation de son propos : "Je n'ai pas traité Chaban-Delmas de lâche", concède-t-il, "j'ai seulement voulu dire qu'il s'est conduit comme un lâche."

« Le distinguo trop subtil ne satisfait pas Parodi, qui derechef se lève, reprend son veston qu'il avait déposé en attendant la réponse de Villon, et demande à son camarade communiste s'il ne se moque pas du monde.

« La séance est suspendue, dans l'émotion que l'on devine. A sa reprise, Villon fait des excuses à Chaban-Delmas, en lui disant qu'il est nerveux, fatigué pour avoir trop travaillé pendant la nuit[163]. »

Cet incident ne figurera pas au procès-verbal de la séance, et ce sont les témoignages concordants des acteurs qui l'attestent. Anecdote sans grande importance dans la tension où vivaient ces hommes ? Oui, si ce n'est que, au-delà de Chaban, c'est toute la politique « attentiste » que l'on condamnait en cette minute, et ce n'est pas solliciter le texte que de dire que l'on cherchait à atteindre de Gaulle. D'ailleurs, le communiste André Marty avait écrit d'Alger à Georges Dimitrov, ancien dirigeant de l'Internationale communiste officiellement dissoute, que le C.F.L.N. était un *« Comité entièrement constitué d'attentistes et de saboteurs*[164] ». Et, le 30 juillet, il avait récidivé : *« Le gouvernement provisoire adopte une position attentiste et sabote là où il peut*[165]. »

Ces discussions permanentes au sujet des ordres et des préséances, ainsi que sur le principe et les modalités de l'insurrection, défendus par le C.O.M.A.C., eurent un résultat prévisible : la Résistance ne fut pas armée selon ses besoins. Peut-on s'en étonner lorsque l'on sait, comme on l'a déjà dit, que ses dirigeants militaires, en même temps qu'ils réclamaient les armes aux Alliés, proclamaient qu'ils les utiliseraient à leurs fins propres, refusaient d'obéir aux chefs désignés de l'armée française et d'appliquer la stratégie des Alliés, même s'ils accordaient théoriquement la priorité à leurs ordres ?

L'offensive contre la trêve se poursuivait tous azimuts. Le 21, un représentant du Comité militaire des F.T.P., Laurent Casanova, fut appelé à la rescousse par le C.O.M.A.C. Il dénonça la trêve comme *« une entreprise délibérée pour transformer Paris en une ville morte en créant une psychose de panique.*

« [...] *Nous sommes, dit-il, en présence d'une opération qui voudrait imposer à la résistance un armistice honteux et il pose la question de savoir si la délégation générale engage le gouvernement provisoire. Il note que des ordres sont répandus qui contredisent totalement ceux des états-majors F.F.I.*[166]. »

Or, il lui apparaissait que cette tentative était parfaitement dérisoire *« car il n'est plus au pouvoir de personne d'empêcher le peuple de se battre*[167] ». Quelle qu'ait pu être, en la matière, leur mauvaise foi, les communistes n'en tenaient pas moins là un argument sérieux. Soulevés après quatre ans d'oppression, les activistes de Paris avaient entraîné enthousiastes et timorés dans leur sillage. Il serait difficile de contrôler des combattants qui avaient repris goût à la liberté.

Au terme de la réunion, tous se mirent donc d'accord sur le texte d'une affiche à placarder sur les murs de Paris : *« La lutte continue. Elle doit se poursuivre jusqu'à ce que l'ennemi soit chassé de la région parisienne.*

« Plus que jamais, tous au combat !

« Répondez à l'ordre de mobilisation générale, rejoignez les F.F.I. Toute la population doit, par tous les moyens, empêcher la circulation de l'ennemi. Abattez les arbres, creusez les fossés antichars, dressez des barricades.

« C'est un peuple vainqueur qui recevra les Alliés[168]*. »*

22 août 1944 : « Aujourd'hui, je vous dis : nous devons nous battre »

Au soir du 21 août, les deux tiers de Paris étaient libérés. Dans la matinée du 22, Rol et Kriegel rencontrèrent Parodi pour lui expliquer que la trêve était inutile puisque les Allemands étaient moins puissamment armés qu'on ne l'avait cru. *« Nous soulignons*, raconte Kriegel, *à quel point il serait regrettable que le représentant du gouvernement ne participe pas à la décision d'engager la bataille victorieuse. Finalement et avec un sourire soulagé, Parodi donne son accord et signe un ordre favorable à l'insurrection*[169]*. »*

Dans l'après-midi, Chaban-Delmas mettait les pouces devant le C.O.M.A.C. : *« "Les conditions de l'insurrection nationale sont réunies depuis aujourd'hui. Contrairement à certaines informations que l'on m'avait données, le commandement allemand ne dispose pas d'une importante réserve de chars Tigres. L'état-major de l'hôtel Meurice doit disposer au total d'environ 8 000 hommes. Que ceci soit notre dernière discussion. Jusqu'à maintenant, j'ai joué un rôle de frein ; aujourd'hui, je suis décidé à me battre. Considérez que j'ai joué mon rôle avec conscience et ténacité. Aujourd'hui je vous dis : Nous devons nous battre."*

« Et voici simple, immédiate, la réponse de Jean de Vogüé :

« "Vous avez joué un rôle de frein... consolez-vous, vous n'avez pas freiné grand-chose"[170]*. »*

C'était la victoire du C.O.M.A.C. puisque ses thèses triomphaient. Aussitôt, il lança un appel aux armes que Chaban approuva : *« La population tout entière doit se soulever, dresser des barricades et, passant hardiment à l'action, en finir avec l'envahisseur.*

« L'heure de la libération définitive sonne.

« Français, debout, tous au combat[171] *! »*

Au soir du 23 août, presque partout, les Allemands rompaient le combat.

Les Forces françaises de l'intérieur face aux forces de l'ordre

Le C.O.M.A.C. eut peu de temps pour savourer sa victoire !

L'armée américaine était à Versailles, la division Leclerc à Longjumeau.

Là-bas, c'était la vraie guerre qui se déroulait, avec ses contrastes stupéfiants. Ainsi le général Juin rencontra le 24 août Billotte qui donnait *« ses ordres sur la grand-route. Il m'exposa qu'il comptait bien pénétrer dans Paris le soir même, après avoir pris la Croix-de-Berny, et qu'il s'efforcerait d'établir le plus tôt possible une liaison avec la Cité et l'Hôtel de Ville. La journée s'annonçait radieuse, sous un ciel lumineux et pur, non surchauffé. Aussi les Parisiens de banlieue, attirés sur le pas de leurs portes par le roulement des chars, se montraient-ils curieux de voir de plus près les libérateurs français. Seuls, le canon qui tonnait par intermittence du côté de Palaiseau et quelques chargeurs de mitraillettes vidés dans le lointain mettaient parfois une note guerrière dans l'air limpide qui nous entourait. Il fallait faire un effort d'imagination pour se convaincre que c'était là une vraie bataille et non une petite manœuvre de garnison. Cependant, trois cadavres de soldats allemands, probablement surpris au début de l'action, et allongés sur la berme, témoignaient que la mort avait rôdé par là*[172]. »

À Paris, on était loin de ce bonheur estival. Le C.O.M.A.C., au travers des informations qui lui parvenaient très difficilement, se rendait compte que les F.F.I. allaient être peu à peu submergées à la fois par les troupes régulières et, plus encore peut-être, par l'administration provisoire patiemment édifiée dans la clandestinité. Ainsi le chef des F.F.I. de la Seine, le colonel Lizé, avait-il reçu une communication de la préfecture lui annonçant que *« par ordre de Kœnig les gardiens de la paix ne sont plus sous le commandement des F.F.I. Ils repassent sous l'autorité du préfet de police*[173] ». Le colonel était indigné, d'autant qu'il avait donné l'ordre à la préfecture de fournir ses armes aux barricades et que cet ordre n'avait pas été exécuté.

Le chef d'état-major de la Seine se rendit à la Délégation, rue Séguier, pour avoir des armes pour les barricades de la Cité qui subissait un assaut : *« S'étant rendu lui-même à la délégation, où étaient cantonnés plusieurs centaines de gardes gouvernementaux et d'hommes des groupes francs, rassemblées par Roland Pré, il se vit opposer un refus brutal. Il s'entendit déclarer en outre que la délégation n'avait aucun ordre à recevoir du commandant F.F.I., qu'elle ne lui devait aucun compte, et que sa mission était de constituer des "forces d'ordre"*[174]. »

Chaban dut s'expliquer. Il s'agissait d'un ordre de Kœnig : *« En raison imminence entrée Paris troupes alliées et membres du gouvernement provisoire, nécessité mettre tous moyens police en place sous direction préfet. Eléments police combattant dans rangs F.F.I. doivent être remis sans délai à disposition préfet*[175]. »

Après discussion, 30 % des effectifs furent destinés à être mis à disposition du préfet Luizet. Par ailleurs, pour répondre aux négociations qui continuaient par l'intermédiaire du consul de Suède, Kriegel proposa un texte provocant qui révélait les plans du C.O.M.A.C., ne doutant plus de rien : *« La lutte pour la libération de Paris, servira à nos combattants d'expérience pour poursuivre leurs efforts en vue de la libération complète du territoire national. Ils resteront groupés et développeront les F.F.I. pour continuer à combattre en vue de restaurer la grandeur et l'indépendance de la patrie. Le COMAC et son état-major national sont décidés à contribuer de toutes leurs forces à la victoire complète et rapide des Alliés, par la levée en masse des Français volontaires et leur participation à l'effort de guerre. Les F.F.I. seront le noyau, éprouvé dans le combat, de la nouvelle armée nationale qui reprendra les traditions glorieuses des armées de la République*[176]. »

Et, tandis que Chaban et Vogüé échangeaient des vues enthousiastes et optimistes sur l'accueil qu'il conviendrait de faire au général Leclerc entrant dans Paris, Kriegel annonçait le prochain round : « *Nous avons à poursuivre notre tâche de commandement des F.F.I. en France*[177]. »

Pour accomplir cette tâche, le C.O.M.A.C., comme toutes les institutions de « l'État clandestin » dès la sortie de la clandestinité, s'installa dans un lieu symbolique approprié à ses fonctions. Le C.N.R. choisit l'Hôtel de Ville, le C.O.M.A.C. n'hésita pas à occuper le ministère de la Guerre. Ce choix révélait ses ambitions, mais aussi sa naïveté : oubliait-il qui siégeait au ministère de la Guerre à Alger ? Croyait-il qu'il lui céderait sa place ? Ce fut pire quand le C.O.M.A.C. découvrit que le général de Gaulle avait le projet d'occuper la rue Saint-Dominique. En ces temps héroïques, les places n'étaient-elles pas au premier arrivant, surtout face à un émigré ?

C'est dans cette ambiance que le commandant de Lignière, venu préparer le cantonnement du Général, se trouva projeté. La porte était fermée et un homme en salopette lui refusa l'entrée. Il fallut le hasard d'un début d'incendie pour qu'il se faufile parmi les pompiers, découvrant que le bâtiment était entièrement occupé par le C.O.M.A.C. et l'état-major de Joinville. Après de laborieuses négociations, il obtint que l'on « *fasse une petite place à de Gaulle. Le grand escalier et quelques pièces sont évacuées*[178] ».

Le colonel de Chevigné, arrivant sur ses pas, déclara aux libérateurs-occupants : « *Messieurs, vous pouvez rentrer chez vous et disposer*[179]... » Entre l'armée régulière et l'armée populaire, les mots n'avaient pas la même valeur. Il fallut plus d'un mois pour évacuer les insurgés, après que Diethelm, ministre de la Guerre, coupant téléphone et électricité, les en eut chassés.

En attendant, le 27 août, le C.O.M.A.C. se réunit de nouveau pour examiner d'abord « l'installation » de l'état-major au ministère de la Guerre. Il jugea que « *la pagaille compréhensible qui régnait ces jours derniers, ne saurait plus être tolérée à l'avenir* ». Après cette pétition de principe, on passe aux choses sérieuses.

L'E.M. ayant signalé quelques débordements, on se mit d'accord pour « *la création d'un service de sécurité qui sera spécialement habilité à "purger" les F.F.I.*[180] ». Et de là on glissa vers des projets d'épuration et de réorganisation de la justice militaire. De quoi le C.O.M.A.C. se mêlait-il ?

Mais la préoccupation majeure, même après la Libération, demeurait les relations avec Kœnig, avec lequel une entrevue était prévue. Au cas où il n'aurait pas compris les intentions du C.O.M.A.C., exposées depuis six mois par télégrammes : « *Il est décidé que les choses lui seront exposées d'une façon franche et catégorique :*

« *Nous nous réjouissons de sa nomination comme Commandant en Chef des FFI, mais lui faire remarquer que nous avons su organiser notre commandement sur le territoire, malgré les difficultés, de façon satisfaisante, et remporté des succès indiscutables, maintenant, d'accord avec lui, nous voulons :*

« *— continuer la lutte, en faisant des FFI le noyau de l'armée nouvelle.*

« *— conserver à l'armée FFI ses chefs actuels, qui se sont révélés dans la bataille.*

« *— savoir comment il entend organiser la coordination de notre travail.*

« [...] M.L.N. fait remarquer qu'il se présente les deux problèmes suivants :

« — d'une part, articulation du COMAC et de l'Etat-Major du Général Kœnig.

« d'autre part, articulation du CNR avec le Ministère de la Guerre.

« F.N. [Villon] *aborde la question de la délégation militaire, affirmant qu'aucune confiance ne peut être conservée à Chaban qui a été partisan de la Trêve.*

« Il sera certainement tout à fait possible de s'entendre avec Kœnig à condition qu'il n'y ait plus entre lui et le COMAC, l'écran de la délégation.

« En résumé, sur l'ensemble, des propositions seront faites à Kœnig, sur la question de la Délégation, où la volonté du COMAC est formelle[181]. »

28 août 1944 : le C.O.M.A.C. est remercié...

Avant l'entrevue avec Kœnig, le C.O.M.A.C. devait rencontrer le général de Gaulle. Voici ce qu'en retint Pierre Villon : *« Le matin du 28 août, de Gaulle convoque dans son bureau du ministère de la Guerre l'état-major des FFI et le COMAC. J'arrive rue Saint-Dominique avec Joinville et son adjoint Beucler. L'aide de camp du général, le lieutenant Guy, demande aux officiers FFI de se ranger en rang d'oignon, par ordre hiérarchique, les membres du COMAC placés à part. De Gaulle en entrant déclare : "Il y a beaucoup de colonels ici !" Il serre la main des officiers, demandant à chacun : "Quel métier exerciez-vous ?" Métallo, instituteur, etc. "Eh bien, il faudra rejoindre l'usine", dit-il à l'un, "l'école" à l'autre. De Gaulle annonce ainsi implicitement sa décision de dissoudre les FFI dans l'armée régulière sans leurs officiers. Une douche glacée sur l'enthousiasme des combattants de l'ombre ! En sortant, Beucler (qui est loin d'être communiste) me confie : "Monsieur le Président, je connaissais l'ingratitude humaine, mais je n'imaginais pas qu'elle pouvait atteindre un tel degré"*[182]. »

La version de Kriegel-Valrimont complète les impressions de cette rencontre : *« Le général de Gaulle a convié au ministère de la guerre les dirigeants militaires de l'insurrection parisienne. Nous sommes un peu plus d'une vingtaine. Il fait une entrée solennelle. Les présentations sont d'un laconisme militaire ; il congédie chacun des officiers par un : "C'est bien, au suivant !" L'un des présents a le bras droit en écharpe, il a été blessé ; au moment où de Gaulle s'approche de lui, dans un geste touchant, il tend sa main gauche. De Gaulle ne le voit pas, et cette main tendue tombe, inerte, au bruit sec du : "Au suivant !"*

« Nous aurons tout de même droit à quelques paroles, parmi lesquelles on entendra : "Je vous remercie de ce que vous avez fait ; c'est très bien, vous avez libéré Paris. Grâce à vous, la France aura sa place plus glorieuse dans le monde." Mais aussitôt, il est question de tout faire rentrer dans l'ordre, et puis c'est l'évocation de récompenses, de décorations, qu'il veut attribuer dans les moindres détails. Il évoque les difficultés et, presque abruptement, il se lève, remercie et s'en va sur un : "au revoir, madame, au revoir, messieurs"[183]. »

« [...] *Nous aurons bien une entrevue avec Kœnig, mais aucun problème n'y sera sérieusement examiné. La seule observation substantielle que nous fera celui qui va être nommé gouverneur militaire de Paris consiste à dire que tout est réglé et que les grandes divisions blindées américaines "rentreront dans le derrière" des Allemands et liquideront toute résistance*[184]. »

Pour marquer son désaccord et sa volonté de persévérer dans son être, le C.O.M.A.C. se réunit l'après-midi et lança son ordre du jour numéro 5, dans lequel il sonnait une contre-offensive en appelant au rassemblement de ses troupes : *« Officiers et soldats, engagez-vous IMMÉDIATEMENT pour la durée de la guerre dans les forces françaises de l'intérieur, l'armée de la victoire française. Que ceux que leur âge ou leur travail empêche de souscrire cet engagement rejoignent les milices patriotiques, pour garantir le châtiment des traîtres, l'ordre de la nation en guerre et les libertés reconquises.*

« […] *Le COMAC ordonne, dans tous les départements libérés, la création de services de sécurité départementaux qui veilleront sur les forces françaises de l'intérieur et qui collaboreront à la sauvegarde de la vie et des biens de tous les Français*[185]. »

Ce texte provocant avait la particularité, comme tous ceux du C.O.M.A.C., d'être lancé par un organisme inféodé au parti communiste et d'établir une hiérarchie et des organismes militaires parallèles à ceux du gouvernement. Au cours de la même séance, continue de raconter Kriegel-Valrimont, *« le Général Revers nous annonce que Kœnig lui a proposé d'être son adjoint et que de Gaulle lui a confirmé cette proposition.* […]

« Villon constate que l'on veut passer "par-dessus la tête" du Comac. Notre but est de faire des F.F.I. le noyau d'une armée nouvelle à laquelle pourront s'intégrer les éléments de l'ancienne armée. Cet objectif transcende la hiérarchie militaire et exige la collaboration de toutes les organisations de résistance[186]. »

Mais il en faut plus pour faire reculer le C.O.M.A.C. On lit dans le procès-verbal du 29 août : *« En fait les F.F.I. continuent à jouer leur rôle, sans ordre de Kœnig*[187]. »

Si les troupes sont incitées à passer outre, le C.O.M.A.C. est conscient que, pour lui, les choses sont plus délicates. Aussi, la séance est consacrée à la rédaction d'une lettre à Kœnig : *« Le CEMN* [Joinville] *demande tout d'abord la constitution d'une armée populaire sur la base des relations établies entre civils et militaires dans la Résistance, et insiste sur le désir de cette armée de poursuivre la guerre jusqu'à fin victorieuse, pour le rétablissement de la nation dans son Indépendance*[188]. »

Avant même que cette lettre ne soit mise au point et expédiée, la réponse leur parvint de De Gaulle lui-même. Le soir même du 29, était publiée une décision signée du Général.

« *1. Les combats de Paris sont glorieusement terminés. Mais la victoire n'est pas acquise. Les opérations militaires futures vont exiger de l'armée française un effort multiplié.*

« *2. En conséquence, les éléments des forces formées à l'intérieur pour le combat clandestin et qui sont susceptibles de participer aux opérations ultérieures seront incorporées régulièrement à mesure de la libération des zones du territoire sur lesquelles ils ont agi pour être affectés ultérieurement, soit aux grandes unités de campagne, soit aux formations du territoire.*

« *3. Les organismes supérieurs de commandement et les états-majors des forces de l'intérieur existant à Paris sont dissous à la date du 29 août 1944. Leurs attributions sont exercées par le général gouverneur de Paris. Il en est de même pour les organismes de commandement, et états-majors des forces de l'intérieur existant dans les départements libérés et dont les attributions sont exercées par les généraux commandant les régions militaires intéressées*[189]. »

Cette catastrophe pour le C.O.M.A.C. fut confirmée, le 19 septembre, par un décret qui mit fin à l'activité des F.F.I. en tant que tels. C'était l'annonce de leur dilution dans l'armée régulière, qui prit le nom technique d'« amalgame ». Même si ces décisions ne furent pas appliquées immédiatement, même si l'« amalgame » avec les forces régulières mit des semaines à se réaliser, même si le C.O.M.A.C. réussit à survivre durant un an encore, son sort et celui des F.F.I. étaient symboliquement réglés : la Résistance militaire avait cessé d'exister. Ce jour-là, elle entrait dans l'histoire autant que dans la légende.

La gloire tragique des F.F.I.

L'action héroïque des F.F.I. dans la libération de Paris est dans toutes les mémoires. Si, faute d'armement, l'insurrection nationale n'avait pu, à elle seule, chasser l'envahisseur, la Résistance joua dans la libération du territoire un rôle décisif, même s'il ne fut qu'auxiliaire. Rôle que les Américains eurent la bonne grâce de reconnaître, en lui rendant hommage par la bouche du général Eisenhower, qui déclara que sa contribution à la victoire avait représenté la force de quinze divisions, *« ce qui est comparer des éléments peu comparables*[190] *»*. La contribution de la Résistance à la libération reste, en effet, difficile à évaluer.

Le 6 juin 1944, lorsque les Alliés abordèrent les plages de Normandie, ils disposaient, grâce aux réseaux de renseignement du B.C.R.A., des informations qui permirent à leurs généraux de surprendre l'adversaire, à leurs avions de frapper leurs objectifs. Les cheminots avaient déjà causé des dommages aux moyens ferroviaires sur lesquels comptaient les Allemands pour acheminer leurs troupes. Les plans du B.C.R.A. eurent l'effet de désorganisation recherché. Partout harcelés par les maquisards, des bataillons entiers de la Wehrmacht, retardés dans leur marche, firent défaut au moment décisif de la bataille.

Certes, toutes les tentatives de réduits maquisards se sont soldées par de sanglants échecs. Il faut dire que, équipés d'armes légères et inégalement organisés, les F.F.I. ne pouvaient pratiquer avec quelque chance de succès que des sabotages ou une « guérilla insaisissable », qui ne pouvait pas libérer des villes ou des régions fortement tenues. Ce qui n'a pas empêché quelques réussites éclatantes : l'aide apportée aux armées alliées par les F.F.I. de Bretagne ou des Alpes (dans ce dernier cas, après le débarquement du 15 août), la contribution à la libération du Sud-Ouest à la faveur du retrait des troupes allemandes.

Pour évaluer le rôle militaire de la Résistance, il faut en examiner le détail, tel qu'il est étudié par les historiens : *« Paris est resté dans l'imaginaire résistant comme la manifestation éclatante de l'unanimité patriotique de la France, comme l'archétype de l'insurrection nationale. En réalité, Paris constitue plus l'exception que la règle. Car, malgré tous les efforts de l'aile marchante de la Résistance, l'insurrection nationale — et son cortège de grèves, de barricades et de combats armés — fut un échec. »* On peut ainsi distinguer trois cas bien différents. *« La première catégorie groupe les villes dont les habitants, grâce aux combats qui ont eu lieu, grâce aux grèves ou aux barricades, ont eu une perception endogène de la Libération : le peuple et son avant-garde armée se sont libérés. La deuxième catégorie groupe les villes où la population est restée spectatrice, mais où les FFI ont joué un rôle militaire notable. La troisième catégorie recense les villes dont les habitants n'ont vu qu'une Libération de nature exogène : les Allemands ont quitté la ville sans être attaqués ou ils en ont été chassés par les forces débarquées.* » D'où les résultats chiffrés suivants : « *Sur les 212 chefs-lieux de département ou d'arrondissement pour lesquels nous avons pu collecter des données, 2 % seulement appartiennent à la catégorie n° 1, soit 5 villes (Paris, Lille-Roubaix-Tourcoing, Marseille, Limoges et Thiers). 28 agglomérations relèvent de la catégorie n° 2, soit 13 % de notre échantillon, mais dans 85 % des villes étudiées, le rôle de la population et des FFI fut inexistant ou marginal.*

« *Echec à échelle nationale, mais réussite à l'échelle de la capitale. L'insurrection parisienne représente ainsi l'étape finale de l'affirmation de la volonté populaire permettant la levée définitive des hypothèques vichyssoises et alliées*[191]. »

Tous les historiens s'accordent à considérer que « *la Résistance française a eu une fonction éminente dans la libération de la France : non pas essentiellement dans le domaine militaire — son action fut très secondaire au regard de celle des combattants débarqués — mais sur le plan politique : montrer que l'élite combattante des Français se rangeait derrière le Gouvernement provisoire*[192] ».

Par dizaines de milliers, des patriotes sacrifièrent leur vie dans ce combat pour la liberté, révélant au monde que la résistance des Français était au rendez-vous que lui avait fixé le général de Gaulle, le 18 juin 1940.

XXII

RUES DE PARIS
ET ALLÉES DU POUVOIR

25 juin 1943-29 août 1944

La Libération fut enfantée dans la douleur. Pour de Gaulle, il fallait mettre en place les cadres de l'État renaissant qui, en assurant la paix civile, démontreraient aux Alliés, en particulier américains, l'inanité de leur méfiance et de leurs prétentions à régler la transition démocratique en France.

Toujours aussi peu nombreux et dépourvus de moyens, les représentants du C.F.L.N. œuvraient avec conscience et imagination à faire surgir un État clandestin tout armé d'une Résistance pantelante. Cela ne pouvait et ne devait se faire qu'en accord avec le C.N.R., un C.N.R. qui avait pris son indépendance à l'égard du général de Gaulle et qui entendait en profiter pour faire valoir ses droits à diriger la Résistance et animer la France qui sortirait de la libération. Il semblait grand temps de prendre date et de marquer son territoire. On le vit lorsque les projets de régénération commencèrent à se transformer en programmes de partis politiques. Les rivalités, bridées par la solidarité du combat, étaient sourdement attisées par la montée en puissance des communistes, de plus en plus soupçonnés de vouloir accaparer la Résistance avec des vues à court terme sur le pouvoir.

C'est dans ce contexte que se déroula la libération de Paris, symbole de tous les sacrifices et de toutes les contradictions de la Résistance. À l'occasion du très célèbre épisode de la « trêve » se rejoua le bras de fer entre la Délégation et le C.N.R.

Arrivé sur ces entrefaites, de Gaulle entendit faire payer à la Résistance des gestes d'indépendance qu'il avait vécus comme autant de provocations et d'humiliations, tout en craignant sincèrement le suprême défi d'une Commune de Paris, emmenée par les communistes, qui aurait ruiné le rétablissement de la souveraineté française. Le sacre populaire du 26 août sur les Champs-Élysées devait mettre chacun à sa place définitive. La Résistance disparaîtrait-elle une fois sa tâche libératrice accomplie ?

A. LE C.N.R. CHOISIT LA LIBERTÉ

Dans le vide créé par la disparition de Jean Moulin et les querelles de la France Libre, les mouvements surent s'engouffrer, le flambeau de l'indépendance à la main. Au prix de revirements spectaculaires, ils conquirent en quelques mois les moyens de diriger l'action en France. Mais, si toute l'œuvre de Moulin ne put être préservée, il en demeura assez pour sauver la France du chaos et de la guerre civile.

Les mouvements nomment de Gaulle ambassadeur

Avant son arrestation, Jean Moulin avait prévu pour le 25 juin 1943, à Paris, la première réunion du Comité central des mouvements (C.C.R.). De quoi s'agissait-il ?

Moulin avait tenté en permanence de remédier à la coupure de la France en deux zones principales. D'où son acharnement à recenser les mouvements de zone occupée. D'où, aussi, son projet, ébauché au début de 1943, de créer un comité directeur dans lequel seraient représentés les mouvements des deux zones et qui deviendrait l'organe directeur unique de la Résistance. Cette idée avait fait son chemin et, le 21 février 1943, à Londres, elle avait pris la forme définitive de la Commission permanente que devait créer le Conseil de la Résistance. Elle était destinée à se substituer, sur le plan national, aux comités de coordination des deux zones pour diriger la Résistance. Les initiatives de Brossolette ayant empêché cette création, Moulin renonça *provisoirement* à l'application de son projet, mais il prévoyait de le reprendre sous une autre forme. Dans ce but, il avait proposé une première étape : la création d'un comité de coordination interzones que les mouvements avaient accepté. À partir de là, il espérait les convaincre d'incorporer ce comité dans le C.N.R. où il prendrait la place prévue à l'origine pour la Commission permanente, devenant ainsi le directoire de la Résistance. Ce devait être l'objet de la réunion du 25 juin.

L'arrestation de Moulin incita les mouvements à s'imposer face au C.F.L.N. Emmenés par l'O.C.M., C.D.L.R. et Combat, ils choisirent de maintenir la rencontre du 25 juin. C'est ainsi que, à deux reprises, ils se réunirent sans même avertir Claude Serreulles. Après coup, il fut informé que les mouvements avaient créé un « Comité exécutif » destiné à diriger la Résistance. Jean de Vogüé en exposa le programme d'émancipation, en vertu de la nécessité pour la Résistance d'une direction nationale, nécessité que les mouvements découvraient enfin, après avoir négligé les conseils de Moulin.

Le Comité se révélait être une machine de guerre dirigée contre leur bête noire, le C.N.R., dont les résistants entendaient récupérer les pouvoirs politiques et militaires. C'était aussi une provocation à l'égard du C.F.L.N. qu'il cherchait à évincer en lui confisquant le pouvoir en France et les relations militaires avec les Alliés : *« Ce Comité serait présidé par le général de Gaulle qui déléguerait un représentant permanent auprès du Comité.*

« Le Comité exécutif représentera la Résistance française et dirigera son action à tous les points de vue. Il reconnaîtra le Comité de la Libération nationale

comme un organe destiné à diriger la guerre, administrer l'Empire et représenter les intérêts de la France auprès des Alliés. De son côté le Comité exécutif sera reconnu par le Comité de la Libération comme exerçant le pouvoir en France en attendant la création du gouvernement provisoire. A ce titre, il aura autorité sur les fonctionnaires de l'Etat et des administrations publiques.

« Il recevra de l'état-major interallié toutes directives concernant la coordination de l'action militaire de la Résistance avec les plans militaires des Alliés[1]. »

Si les apparences étaient sauves, au prix d'une soumission toute verbale, on se trouvait bel et bien en présence d'un renversement de situation. De Gaulle devenait une sorte d'ambassadeur et de gouverneur colonial de la Résistance empêchée. À juste titre, Serreulles jugea donc *« irrecevable ce factum »* et prit à l'égard des prétentions des mouvements une position intraitable. Il accepta la constitution d'un Comité central regroupant les Comités de coordination nord et sud, mais dans la limite des règles antérieures, c'est-à-dire sans qu'il fût doté d'aucun pouvoir exécutif.

En vertu de ce principe, Serreulles réclama une nouvelle réunion du Comité central dont il prit d'office la présidence, le 23 juillet. Décision d'autant plus heureuse que la lutte entre Giraud et de Gaulle se poursuivait âprement à Alger et que le Général avait besoin de l'appui de toutes les résistances pour l'emporter sur son rival.

Le Comité central se para de commissions — dont celle de l'Action immédiate déjà mentionnée — dont tous les responsables furent nommés sur proposition de Serreulles.

Quelle ne fut pas la surprise de Philip en apprenant cette création ! D'autant qu'en communiquant ces renseignements à Londres (parvenus tronqués), Serreulles avait désigné les uns et les autres sous leurs nouveaux pseudonymes, encore ignorés du B.C.R.A. Ainsi, on se retrouvait avec, sur les bras, un comité surprise peuplé d'inconnus ! Georges Boris (on remarque qu'il s'était lui-même perdu dans le maquis des organismes et de leurs sigles) déconseillait de faire de la publicité à ce nouveau Comité, *« d'autant plus que les gens ne s'y retrouveront plus entre Conseil Général de la Résistance* [comprendre le C.N.R.] *et Comité Exécutif de la Résistance. Notre intérêt est de laisser au Conseil Général de la Résistance le soin à peu près exclusif de faire ce genre de déclarations publiques. Je me propose donc, sauf avis contraire de votre part, de* [ne] *donner aucune suite à cette demande de publication : c'est pour nous une raison suffisante d'ailleurs que le télégramme soit incomplet*[2] ».

Arrivé entre-temps à Alger, porté sur les ailes de la flamme émancipatrice pour mettre de Gaulle devant le fait accompli, Jacques-Henri Simon, de l'O.C.M., dut nettement déchanter en voyant ce qu'il était advenu du grand dessein des mouvements.

En dépit de l'enthousiasme qui avait présidé à sa conception, le Comité central ne vécut que quelques mois et dut s'incliner devant ce C.N.R. qu'il aurait voulu supplanter. Mais si, grâce à la réaction vigoureuse de Serreulles, le Général n'avait pas été dépossédé du contrôle administratif de la Résistance, le contrôle politique allait néanmoins lui échapper.

12 juillet 1943 : le C.N.R. veut s'émanciper

On a vu que la lutte fratricide des collaborateurs de De Gaulle paralysa l'application de ses ordres du 28 juin 1943, destinés à pourvoir au remplacement de Moulin. Les mouvements et les partis en profitèrent, on le sait, pour récupérer la haute main sur le Conseil de la Résistance.

Par un de ces paradoxes qui pimentent l'histoire politique, le fait qu'une partie des protagonistes du Comité central et du C.N.R. soit identique ne dissuada pas le C.N.R. de persévérer dans son être. Ainsi, en réponse au manifeste de Vogüé sur le Comité central, il lança le 12 juillet un « Appel à la Nation ». Le texte était d'ailleurs déjà prêt puisqu'il n'était autre que celui du Front national, rédigé par Villon, et que Moulin avait refusé de discuter. On y lisait cette affirmation : *« Expression complète et unique de la Résistance, le Conseil de la Résistance revendique sur tout le territoire les droits et les responsabilités de gérant et d'organe provisoire de la souveraineté nationale.*

« Contre l'ennemi et contre la trahison, le Conseil de la Résistance assume, en communauté étroite avec la France Combattante, en convergence nécessaire avec le Comité National de la Libération, la mission d'inspirer, de coordonner et de diriger la lutte du peuple français sur son propre sol[3]*. »*

Les prétendants au gouvernement provisoire de la France devenaient pléthoriques ! Si le C.N.R., solidement arrimé à de Gaulle, ne l'emportait pas, la guerre civile ne serait plus si loin. Le C.N.R. semblait décidé à jouer de ses avantages contre le Comité central : l'antériorité, l'aval de De Gaulle, la représentativité aux yeux des Alliés. Restait à savoir si, en disputant à de Gaulle le pouvoir exécutif en France, il n'allait pas faire s'écrouler le fragile édifice de la France en guerre.

Or, Serreulles ne comprit pas que le C.N.R. manifestait ces velléités mêmes qu'il avait dépistées au Comité central. Au contraire, il prescrivit la publication de cet « Appel » dans les journaux clandestins et en demanda la diffusion à la B.B.C., car il lui paraissait avoir *« comblé »* une *« lacune »*[4] !

C'est ainsi que le C.F.L.N. se trouva pris entre le marteau et l'enclume. Comment éluder ce texte, aujourd'hui si évidemment outrageant pour de Gaulle, sans déconsidérer, du même coup, le C.N.R., qui représentait, bon an mal an, l'une des solives de la légitimité du Général ? Autant se saborder soi-même ! En effet, les Anglo-Saxons ne se défiaient déjà que trop de ce Conseil de la Résistance providentiellement tombé du ciel pour assurer de Gaulle face à Giraud. L'histoire de la vraie-fausse motion de soutien de mai 1943 avait laissé la plus fâcheuse impression, d'autant que la fuite était venue de membres du C.F.L.N. Il est des erreurs qu'il ne faut pas commettre deux fois. On vit donc Philip et Boris obligés de se transformer en commis-placiers de l'« Appel à la Nation » auprès des organes de presse à Londres, qui ne le prenaient qu'avec des pincettes. Si bien que c'est d'un résultat assez peu glorieux dont Boris pria Serreulles d'avertir le C.N.R. : *« Le journal "France" n'a publié l'Appel qu'en seconde page avec un titre éteint et en le précédant d'un chapeau ainsi conçu : "Le Conseil de la Résistance, où sont représentés, on le sait, des groupements de résistance (sic !) adresse à la nation l'appel suivant, dont le texte, diffusé en France au courant de ce mois, nous est communiqué par les services de presse français de Londres." Nous n'aimons pas beaucoup mettre la Résistance au courant des intrigues auxquelles on se livre dans certains milieux à l'étranger, mais le cas nous apparaît ici assez sérieux, pour que les membres du Conseil soient mis au courant, si vous le jugez utile »*, commentait Boris.

« A propos de l'Appel encore, nous avons rencontré des difficultés auprès de la B.B.C., de sorte que nous avons dû omettre certains passages, en particulier ceux où il est dit que le Conseil unit les mouvements d'action de tout le territoire et où il affirme être l'expression complète et unique de la résistance. *Vous connaissez la vieille querelle soulevée par ceux qui prétendent qu'il existe une résistance non ralliée à nous*[5]. »

29 août 1943 : Bidault président !

Dans le droit fil des prérogatives de Moulin, le C.F.L.N. entendait maintenir son emprise sur le C.N.R. À cet effet, il avait été prescrit, le 9 juillet, à Serreulles : *« Auprès du Comité* [*sic*] *national de la Résistance, et présidant ce comité devrait être envoyé un représentant accrédité du Comité national de la Libération* [Alger][6]. »

Serreulles était on ne peut plus d'accord puisqu'il s'était *« fixé comme ligne de conduite de ne rien abandonner des pouvoirs de Rex* [Moulin] *afin de les transmettre intacts à son successeur*[7] ». Tous ses rapports et ses télégrammes réclamant des ordres, des nominations, des actes restèrent, à cet égard, lettre morte. Cependant, à la mi-août, il observe qu'*« un certain nombre de membres du Conseil de la Résistance constatant la carence des autorités de Londres et d'Alger désirent que le Conseil de la Résistance se choisisse un président. Je les ai, jusqu'à présent, détourné de prendre cette initiative, jugeant préférable que le choix du président soit fait par le Général de Gaulle.*

« Mais si la situation se prolonge, je ne retiendrai plus les membres du Conseil de la Résistance de mettre à exécution un projet que les circonstances justifient. Je m'efforcerai seulement d'orienter leur choix, et j'ai des raisons de penser qu'il s'arrêtera sur le nom de Rousseau [Bidault]. » Effectivement, quelques jours plus tard, Bidault fut élu. Serreulles était-il donc devin ?

On sait que, à l'unanimité, les collaborateurs de la Délégation considéraient Bidault comme le successeur de Moulin, en raison de la constante coopération qui les avait unis. Serreulles pouvait penser que telle serait la décision finale lorsque les oracles d'Alger daigneraient enfin se manifester. Il crut servir le Général en soutenant Bidault pour la présidence du C.N.R. Ainsi, lorsque Bidault serait enfin désigné par de Gaulle comme représentant, il cumulerait tout naturellement les fonctions qui avaient fait l'autorité de Moulin. Restait à mener l'opération avec suffisamment de doigté pour ne pas blesser l'amour-propre des mouvements ou tomber dans les chausse-trapes de candidatures rivales.

C'est au cours d'une séance du Comité central que Serreulles fit élire le nouveau président du C.N.R., car il eût été paradoxal que Serreulles, président d'office du C.N.R., se fasse hara-kiri publiquement en réclamant la fin de l'autorité du C.F.L.N. sur cet organisme. La suite montrera que malheureusement, dans la Résistance, les projets les plus intelligents étaient souvent tenus en échec par les conditions matérielles de leur réalisation. Serreulles s'employa donc à l'élection de son favori. Ce ne fut pas aussi simple que prévu car d'Astier avait fait approuver son propre candidat, Alexandre Parodi, lors d'une réunion tenue le 25 août.

En dépit de cette obstruction de poids, la manœuvre de Serreulles pour faire aboutir son projet fut un chef-d'œuvre d'habileté, digne des coups de Jarnac qui président à l'attribution d'un prix littéraire. En effet, Serreulles choisit une campagne de terrain. Il invita à déjeuner Médéric, de Ceux de la Libération, qui avait montré de la loyauté envers Moulin, et le convainquit de proposer Bidault. Puis, il contacta un à un les représentants des partis et des syndicats. Jouant sur le complexe d'infériorité que la Résistance active éveillait en eux, il leur représenta que Bidault ralliait les suffrages de la Résistance militaire. Iraient-ils, eux, contre le choix (supposé) des mouvements qui les tenaient déjà pour des attentistes et des gêneurs ? Il n'eut guère de peine à obtenir leurs voix. Aussi, le 29 août, il annonça au Comité central (où ne figuraient donc ni les partis ni les syndicats) que ceux-ci votaient en bloc pour Bidault. Il reçut le renfort inespéré de Pierre Villon qui, absent le 25, ne voulant pas être mis devant le fait accompli, négligea Parodi et vota donc ostensiblement pour un autre candidat. Il devenait difficile aux mouvements de s'opposer bloc contre bloc aux partis et syndicats, à moins d'obtenir un président mal élu dans un C.N.R. coupé en deux. Ce n'était assurément pas ainsi qu'on renverserait le rapport de forces avec de Gaulle ! Libération-Sud vota pour Parodi, Ceux de la Résistance par un bulletin blanc, Bidault vota pour Frenay. Tous les autres votèrent pour lui. Il devenait le président du C.N.R., issu de la Résistance et désigné par elle.

On ne possède aucune trace de réaction de Boris, Philip et de Gaulle à ce qui était un rejet absolu de leur autorité. En politique, il est souvent préférable d'accepter un échec en silence pour éviter de révéler son impuissance. C'est pourquoi, en recevant, à la mi-septembre, cette nouvelle, Boris réagit en politique avisé et envoya aussitôt un télégramme de félicitations à Bidault. Quant à Philip, il l'apprit à Alger plus tardivement encore et ne fit aucun commentaire. Et pour cause, puisqu'on se rappelle qu'il trouvait Bidault bien léger pour exercer des responsabilités et qu'il envisageait au mieux de le faire travailler sous les ordres de Bollaert[8] !

Quant au Général, on connaît par ses *Mémoires* sa désapprobation : *« Si j'avais été en mesure de nommer, sans délai, le successeur de Jean Moulin et si mon nouveau mandataire avait pu, lui aussi, s'imposer personnellement à tous les éléments représentatifs de la résistance, il eût pris la tête de ma délégation et la présidence du Conseil national. La dualité que certains cherchaient à créer ne se serait pas produite. Mais les circonstances m'empêchèrent de trouver aussitôt celui qu'il fallait. »*

Reconnaissant la valeur des hommes, il soulignait cependant *« le particularisme des chefs et de leurs équipes. D'ailleurs, le jour approchait où la France, émergeant soudain de l'oppression, la vie du pays, l'ordre public, le jugement du monde, dépendraient pour beaucoup de l'armature administrative française. Pour me représenter à l'intérieur et y diriger nos services, mais aussi pour préparer partout la confirmation ou la substitution des autorités, il me fallait quelqu'un du type "grand fonctionnaire", qui eût pris part à notre combat, en connût les données passionnées et enchevêtrées, mais n'appartînt en propre à aucune tendance et fût, au surplus, capable de rallier au moment voulu l'administration dont le gouvernement aurait prochainement besoin. Des mois allaient s'écouler avant que j'aie pu choisir et instaurer l'homme qui répondrait à ces multiples conditions[9]. »*

Qui connaît la réalité d'un échec imputable aux déchirements des collaborateurs du Général appréciera l'habillage historique d'un lamentable cafouillage.

La personnalité de Georges Bidault (ami de Moulin et qui n'avait jamais ménagé son appui à sa politique ni son soutien au général de Gaulle) évita toutefois au Conseil de la Résistance de s'ériger en contre-pouvoir métropolitain, comme certains de ses membres l'auraient souhaité. Grâce à lui, l'organisme créé par Moulin resta jusqu'au bout fidèle au général de Gaulle et à son gouvernement.

Cependant, l'élection d'un président indépendant que l'on opposait à son représentant en France, qui se contentait désormais d'assister aux séances sans les présider, avait fort irrité de Gaulle, qui n'avait créé cet organisme que parce que Jean Moulin, son ministre, le contrôlait étroitement [10].

Renaissance de la Commission permanente

Avec plus de constance, peut-être, André Philip gardait à l'esprit que le C.N.R. pouvait encore réussir à parer le Général de quelques attraits démocratiques. Si l'on savait y faire, plus il serait efficace, plus il conforterait le C.F.L.N. Restait donc à exhumer, encore une fois, l'idée de Moulin d'une commission permanente. Puisqu'elle avait connu un sort funeste sous ce nom et sous celui de Comité central des mouvements, pourquoi ne pas la tirer de la côte du C.N.R. au lieu d'essayer un contournement ? Philip aurait bien vu un bureau d'une demi-douzaine de personnes qui, en contact permanent avec Bollaert, prendrait en main *« la direction politique d'ensemble de la Résistance »*. Mais le contrôle de l'action resterait l'apanage du C.N.R. au complet.

Pour une fois, la Résistance signa sans difficulté au bas de ces instructions. Pour riposter aux ambitions du Comité central des mouvements, le C.N.R. n'aurait jamais trop d'autorité et d'efficacité. Or, ses réunions plénières étaient condamnées à demeurer exceptionnelles parce que trop risquées.

Cette conjonction des desseins offrit à ce Bureau une chance de naître dans la concorde malgré les *« accès de méfiance réciproque »* qui submergeaient parfois mouvements et partis. L'automne 1943 fut consacré à des négociations, arbitrées avec diplomatie par Bidault et ponctuées par des rappels à l'ordre périodiques de Philip qui ignorait si l'on avait tenu compte de ses prescriptions. En effet, il était lui-même aiguillonné par les résistants présents à Londres qui, Frenay en tête, s'étaient convertis au Bureau après avoir été les contempteurs de la Commission permanente. Frenay exhortait ses camarades restés en France avec la ferveur des néophytes, si bien qu'il leur adressa, le 27 octobre, une de ces encycliques qui avaient fait sa réputation : *« En particulier aux yeux des Américains, le Conseil National de la Résistance a une importance capitale (nous en avons recueilli de nombreux témoignages concordants). En effet, ils estiment que c'est lui la véritable représentation démocratique de la France puisque, à l'heure actuelle, l'Assemblée ne s'est pas encore réunie. Nous pensons donc qu'il faut nous élever au-dessus des intérêts particuliers et momentanés des Mouvements, pour considérer les intérêts généraux et permanents de la France* [11]. »

On imagine la stupeur des résistants, en général, et des responsables de Combat en particulier, à la lecture de ces déclarations péremptoires, dont le contenu était celui-là même qui, dans la bouche de Moulin, avait soulevé l'ire de Frenay et suscité l'accusation d'être le *« fossoyeur de la Résistance »* !

Brossolette, lui, n'avait pas désarmé et, arrivé en France, il s'employa à contrecarrer l'instauration du Bureau. Il n'était pas dupe de ce nouvel avatar de la Commission permanente qu'il condamnait en vertu des mêmes arguments que six mois plus tôt : « *En fait, si ça aboutit, ça va diviser la résistance, mécontenter les 4 mouvements non choisis et aboutir (ce à quoi tend Morlay* [Meunier]*) à la réalisation de ce gouvernement par une délégation du Conseil National que Rex* [Moulin] *avait voulu réaliser cet hiver, et que la constitution des Comités de Coordination avait heureusement empêché*[12]. »

Le 7 octobre, il confia à Passy qu'il poussait Bollaert à « *empêcher cette erreur*[13] ». Passy, en recevant cette lettre, qui jetait à bas les instructions que Brossolette avait emportées pour Bollaert, aurait dû comprendre les raisons de la méfiance que Brossolette inspirait à Philip et de Gaulle ! Car, enfin, pouvait-on s'en remettre à un représentant qui torpille les ordres qu'il est chargé d'appliquer ? Quant aux résistants, que pouvaient-ils penser des instructions d'un ministre combattu ouvertement par son représentant ?

Malgré tout, le C.N.R., dans sa volonté d'indépendance, se moquait dorénavant des instructions venues d'Alger, et il choisit les ordres qui coïncidaient avec ses désirs : par chance, ce furent ceux de Philip.

Après quelques semaines de négociation, la création du Bureau fut chose faite début novembre 1943. Il comprenait cinq membres (Bidault, Villon du F.N., Saillant de la C.G.T., Copeau de Libération-Sud, Blocq-Mascart de l'O.C.M.), chacun représentant deux autres membres. Il fut présenté à l'approbation des membres au cours de la deuxième réunion plénière du C.N.R., convoqué à cet effet le 26 novembre 1943. En dépit des protestations répétées de Daniel Mayer qui souhaitait un siège pour les socialistes, il fut approuvé à l'unanimité.

Ces messieurs du Bureau

Jacques Bingen, qui ne manquait aucune séance du Bureau, a donné le tableau le plus vivant de ses travaux et des relations d'amitié qui s'y étaient instaurées : « *Ces séances sont préparées sous la responsabilité de Rousseau* [Bidault] *avec un soin méticuleux sur le plan de la sécurité et surtout les participants sont à la fois exacts, avertis et très prudents.*

« *Le groupe de ces six hommes (puisque pratiquement je m'y inclus) a pris peu à peu l'habitude de travailler ensemble, certes nous y sommes de façon presque constante engorgés de messages, motions diverses à votre destination en provenance d'organismes variés, de lettres de récriminations, etc. certes toutes les interventions des participants aux séances (votre représentant compris) ne sont pas toujours aussi brèves et aussi intéressantes qu'elles le devraient, mais dans l'ensemble, le Bureau est devenu un Organisme sérieux qui travaille et dont le prestige grandit dans l'opinion de la Résistance et dont l'autorité est incontestée parmi les membres du C.N.R. qui ne font pas partie du Bureau.*

« *Par leurs contacts répétés six participants ont établi entre eux les liens que j'ose appeler d'amitié personnelle* […].

« *Le Président* [Bidault] *mène fort bien les débats, même si certains lui reprochent parfois son grand souci de ne s'aliéner personne, et en particulier pas la tendance Colbert* [Villon]. *Le Président est très gouvernemental* [favorable au C.F.L.N.] *sans trop le laisser paraître et nous nous rencontrons régulièrement chaque semaine en dehors des séances afin de nous consulter sur certains points et de fixer d'un commun accord le degré d'urgence de questions venant à l'ordre du jour* [...].

« Colbert est de plus en plus le porte-parole de son groupement d'origine [le F.N.]. *Il est donc l'aile marchante du Bureau et remplit son rôle avec infiniment d'habileté, de présence d'esprit et de compétence.*

« C'est certainement un homme de grande valeur avec lequel mes rapports personnels sont des plus intéressants.

« Sauvion [Saillant] *fait preuve d'un très grand bon sens et jusqu'à ces tout derniers jours remplissait le rôle fort utile de trait d'union entre ce que j'appellerais grossièrement la tendance Colbert et les tendances bourgeoises. Ses interventions dans les débats apportent souvent une clarté nécessaire lorsque le feu des discussions a légèrement égaré les esprits.*

« De Salard [Copeau], *je dirai peu de chose vu que Merlin* [d'Astier] *le connaît parfaitement bien et avait jugé ses immenses qualités de bon sens, de finesse cachée et de ténacité bien des mois avant que ces qualités rares ne fussent reconnues unanimement. Il est, en outre, devenu pour moi un ami personnel très cher et tout en conservant jalousement une complète indépendance de vues envers le Gouvernement, il incline tout naturellement vers une certaine indulgence à son endroit. Ceci m'apporte un appui d'autant plus précieux que les M.U.R. sont la seule organisation de résistance véritablement existante qui soit purement gaulliste, Colbert étant, comme je l'ai déjà dit, le porte-parole d'un parti qui n'est hélas pas au pouvoir* [à Alger]. *Sauvion étant avant tout syndicaliste, Baudin* [Blocq-Mascart] *ne représentant qu'une tendance souvent bruyante et paradoxale d'un seul mouvement et le Président représentant en gros l'élément politique résistant, plutôt qu'un groupement de résistance.*

« Il est certain que la cadence des travaux s'accélère grâce à l'habitude du travail en commun. Des motions qui prenaient des heures à être révisées, polies et fignolées pendant des séances successives, sont maintenant récrites sur le champ en quelques quarts d'heure par une collaboration des six participants[14]. »

Jusqu'à la Libération, l'activité du Bureau ne se démentit pas. Au contraire, il allait devenir le rouage le plus actif d'une Résistance qui avait fort à faire entre les contraintes présentes, le combat final et la préparation de la France nouvelle.

B. QUELLE FRANCE BÂTISSONS-NOUS ?

On a vu que, en mai 1943, ce sont les télégrammes envoyés par Jean Moulin préalablement à la première réunion du Conseil de la Résistance qui, par malentendu, avaient servi de tremplin à de Gaulle dans la bataille de la légitimité engagée contre Giraud. Quelle n'avait pas été l'incompréhension des résistants, et de Jean Moulin lui-même, qui avaient alors eu l'impression que la véritable motion votée lors de la première réunion du Conseil de la Résistance avait été vidée de son utilité !

Il n'en avait rien été. Même si le Général entretenait dorénavant des rapports distants avec le C.N.R., la conséquence lointaine et persistante des premiers gestes du Conseil avait été de permettre au Général d'adosser sa légitimité à la Résistance. Cela lui avait non seulement permis d'engager le bras de fer avec Giraud et les Alliés dès juin 1943, mais avait aussi contribué à lui faire prendre le dessus.

La prise d'indépendance du C.N.R. apparut au Général comme une désertion qui le visait, et donc visait la France. Mais force est de constater que, bien que les résistants ne fussent pas « gaullistes », ils n'ont jamais trahi de Gaulle. Même, nous allons voir comment le C.N.R. créé par Jean Moulin participa jusqu'au bout au fragile échafaudage de la légitimité gaulliste.

L'Assemblée consultative provisoire,
face émergée de l'iceberg

Le 16 août 1943, Serreulles écrivit à Londres pour s'étonner d'avoir « *appris fortuitement* […] *que la décision avait été prise de créer à Alger une Assemblée consultative*[15] ».

Le principe était en effet arrêté (l'idée était dans l'air depuis 1941), mais l'ordonnance créant effectivement l'Assemblée provisoire consultative ne datait que du 17 septembre. D'ores et déjà, néanmoins, le C.F.L.N. se préoccupait de faire venir de France les délégués choisis. Aussi, Serreulles poursuivait-il : « *Je regrette, étant donné l'importance que vous semblez attacher à cette affaire, de n'en avoir pas été saisi directement par vous. J'ai informé de cette décision tous les intéressés qui me feront connaître d'ici peu de jours les noms de leurs délégués.*

« *L'acheminement de cette quarantaine de personnes en septembre va exiger un très gros effort des services de transport. J'ai demandé au B.O.A. et au S.A.P. de prévoir dans ce but environ 8 opérations de Hudson. Reste à savoir si, de votre côté, vous pourrez obtenir ces opérations*[16]. »

De fait, deux bombardiers anglais Hudson parvinrent à atterrir en France dans la nuit du 14 octobre, et dix-huit délégués furent ainsi acheminés à Alger. On sait que, dans les mois suivants, les opérations aériennes devinrent extrêmement rares à cause du mauvais temps. Cela retarda d'autant l'envoi des représentants à l'Assemblée consultative provisoire (A.C.P.), envoi par ailleurs compliqué par les querelles de principes ou de personnes. L'Assemblée n'en tint pas moins sa première séance dès le 3 novembre.

Il revenait au C.N.R., d'accord avec les mouvements, de désigner leurs représentants. Ceux-ci désigneraient, à leur tour, les délégués de la Résistance extra-métropolitaine. Ainsi, l'Assemblée consultative apparaissait, pour une large part, comme une projection publique du C.N.R. clandestin, une sorte de face émergée de la Résistance, dans ce qu'elle avait d'organisé et de rallié, bon an mal an, à de Gaulle. Le rôle du C.N.R. fut donc crucial.

En outre, aucun gouvernement en exil ne pouvait se prévaloir d'une telle représentation. C'est dire la caution que, malgré toutes les réserves, l'A.C.P. apportait à de Gaulle aux yeux des Alliés. Et le Général tendit à la valoriser d'autant plus qu'il contrôlait ses velléités d'indépendance bien mieux que celles du C.N.R. Néanmoins, une fois de plus, l'instrument forgé par Jean Moulin pesait de tout son poids en faveur du général de Gaulle.

Demandez le programme

À peine le bureau du C.N.R. était-il désigné que Villon reprenait l'initiative en présentant une charte de la Résistance. Dans le but, une fois de plus, de contrecarrer le C.F.L.N.

Depuis longtemps, la Résistance élaborait des programmes politiques ambitieux : tour à tour Combat, Libération, les socialistes en avaient publié dans leurs feuilles clandestines. Du côté de la France Libre, de Gaulle avait rédigé la charte de juin 1942 et les cahiers du C.G.E. recensaient le credo de la démocratie. Quant à Jean Moulin, la mort l'avait ravi avant qu'il ait pu soumettre au C.N.R. un programme gouvernemental de la Libération qu'il avait réclamé à de Gaulle [17].

Des consultations nombreuses qu'il avait menées, il ne reste que des bribes qui confirment les projets dont se souviennent les témoins. D'abord, un choix fondamental : *« Contre les dictatures et particulièrement celle de Vichy, quel que soit le visage dont elle se pare »*, qui avait pour corollaire : *« Nécessité constituer quatrième République qui ne sera pas calquée sur la troisième* [18]. *»*

« Rétablir les libertés républicaines dans un Etat d'où la justice sociale ne sera point exclue et qui aura le sens de la grandeur [19]. *»*

Il préconisait, comme de Gaulle, *« le jeu de la démocratie supposant l'existence des partis organisés et forts* [20] *»*. Il souhaitait non un retour aux anciens partis de la IIIe République, mais *« la constitution de larges blocs idéologiques capables d'assurer la solidité et la stabilité de la vie publique française* [21] *»*. Sur le plan international, il se montrait fidèle à l'héritage de son père quand il préconisait de *« travailler avec les Alliés à l'établissement d'une collaboration internationale réelle, sur le plan économique et spirituel, dans un monde où la France aura regagné son prestige* [22] *»*.

Ce canevas servait de base aux discussions sur l'orientation de nouveau régime dont il est regrettable que Moulin n'ait pu conduire à son terme le projet.

Lors de son entrée en fonctions de délégué général, Bollaert avait suggéré à Philip que le C.F.L.N. soumette au C.N.R. *« les éléments d'un corps de doctrine en matière économique et sociale »*, à l'exclusion de la politique extérieure, *« domaine réservé »* du C.F.L.N., et de la politique intérieure, puisque les mouvements s'accordaient *« sur les mêmes principes »* [23]. Par ces lignes, Bollaert révélait son ignorance de la vie interne de la Résistance. Cela motiva la réaction de Philip à la réception de cette lettre : *« N'a-t-il donc pas eu connaissance du projet de charte économique et sociale que nous avons préparé et qui avait été accepté par toutes les organisations, à la seule exception de la Fédération républicaine, de l'Alliance démocratique et des communistes* [24] *? »*

Philip faisait allusion à une charte économique et sociale soumise, à partir de juillet 1943, aux membres du C.N.R. Mais, n'ayant pas été adoptée par tous, elle fut abandonnée à cause de la règle d'unanimité que s'était fixée le C.N.R.

Ce souci d'un programme exprimant les buts de guerre et les objectifs de paix hantait la Résistance presque depuis ses origines. Pour ne citer que les principaux : le général Cochet, le premier, en septembre 1940, suivi d'Henri Frenay en novembre 1940, puis de De Gaulle en juin 1942, Combat en septembre 1942, les socialistes en janvier 1943 avaient développé, avec plus ou moins de cohérence et de précision, ce qui pouvait être considéré comme des programmes de gouvernement, en tout cas, les principes qui ralliaient les militants à leur mouvement.

Fort de ces précédents qu'il connaissait, André Philip avait fait établir le texte de cette « Charte économique et sociale », qu'il avait confié à Émile Laffon pour être discuté par les résistants[25].

En rentrant de sa mission, le 12 septembre 1943, Laffon avait établi un compte rendu qui n'était pas aussi triomphal que Philip le donnait à penser : *« Ce projet comporte certaines affirmations et, plus généralement, certains termes trop catégoriques. Tout en en respectant le fond, il était entendu que la forme en serait, dans une certaine mesure, modifiée.*

« Nous nous sommes gardés les uns et les autres d'ébruiter nos discussions afin de ne pas jeter le trouble, au moment le plus difficile de la lutte contre l'envahisseur, dans la masse des résistants. Il s'agissait seulement d'une prise de contact avec les chefs ou les seuls représentants qualifiés, et non pas de sondages dangereux au cœur des mouvements eux-mêmes.

« […] *le représentant de l'Alliance Démocratique* [Laniel] *s'oppose formellement à l'esprit et à la lettre de la Charte ; pour lui la nécessité s'impose de revenir au plus vite au Libéralisme total dans le cadre national* […]. *Le représentant de Marin au Conseil de la Résistance, Debû-Bridel fit sien le texte présenté, mais* [Louis] *Marin seul juge, en fin de compte, oppose une fin de non-recevoir catégorique en déclarant qu'il s'agit d'un projet "naziste, fasciste et vichyssois".*

« Le Front National se disait prêt à accepter la Charte si l'unanimité avait été faite ; le refus des représentants des tendances "Alliance Démocratique" et "U.R.D." entraîna son refus très net de prendre publiquement parti à son sujet. Il faut avouer que cette attitude est irréprochable et que s'il est vrai que ce projet est susceptible d'enlever à la Résistance active un seul militant "du curé de campagne à l'instituteur", il est inopportun d'en envisager l'adoption immédiate par le Conseil de la Résistance[26]*. »*

Malgré sa loyauté, Laffon laissait dans l'ombre la critique radicale de la Charte qu'en avaient faite les communistes, aux yeux desquels il ne restait rien de valable et qu'ils estimaient dangereuse. Les communistes, pour des raisons tactiques (ne pas attiser les dissensions entre mouvances résistantes) et stratégiques (ne pas oblitérer l'avenir), ne souhaitaient pas l'adoption d'un programme pour l'après-guerre. Au contraire, ils voulaient mettre en avant l'impératif de l'insurrection armée et s'en approprier la direction. C'est pourquoi le F.N. et le P.C. relancèrent finalement le débat sous cet angle en novembre 1943, proposant une redéfinition de l'action militaire, agrémentée d'un court programme social pour l'après-guerre.

Les débats durèrent quatre mois pendant lesquels tous les groupes, partis et syndicats membres du C.N.R. prirent part à la réflexion. Villon avança cinq projets successifs, profondément amendés par des « navettes » entre les différentes équipes. Un compromis fut finalement trouvé. Adopté par le Bureau le 15 mars 1944, il fut ratifié tour à tour par tous les membres du C.N.R. De fait, le résultat définitif différait du projet communiste initial par l'inversion des priorités. Le plan d'action immédiate était une variation supplémentaire pour exiger du C.F.L.N. et des alliés anglo-saxons les moyens d'une insurrection prochaine et généralisée. Mais l'emprise communiste avait reculé. Surtout, la plus large place était donnée à un programme d'après guerre d'inspiration socialiste, dont les mesures les plus connues étaient l'instauration de la Sécurité sociale et les nationalisations.

Aussi Jacques Bingen, qui jugeait ce programme *« très critiquable par certains côtés »*, en retirait néanmoins des conséquences positives : *« d'une part, l'affirmation envers nos alliés d'une certaine indépendance nationale ; d'autre part, l'acceptation par le P.C. d'une Charte qui prévoit certaines limites au programme du lendemain de la libération*[27] *»*.

Une fois de plus, de Gaulle avait été mis devant le fait accompli. Il n'avait pas eu son mot à dire dans l'élaboration, l'orientation et la rédaction du projet, qui lui fut simplement adressé pour son information personnelle.

Vers un parti de la Résistance

Cette période coïncida avec l'élaboration d'autres projets politiques qui avaient pour objectif la transformation de la Résistance en parti politique.

Un des mérites de Jean Moulin avait été de parvenir à coordonner l'activité des trois mouvements de zone libre et de leur donner une unité organique, qui aurait pu être l'amorce d'un parti politique. Malgré d'incessants efforts pour copier ce modèle ou le dépasser, la mort de Moulin stoppa l'unification de la Résistance qui aurait peut-être pu faire pièce à la réapparition des anciens partis. Les chefs des mouvements, incapables de s'entendre sans un arbitre autoritaire, ne purent poursuivre l'œuvre de Moulin sans lui.

À l'été 1943 persistait ainsi l'une des questions qui perturbaient la Résistance depuis son émergence : devait-elle « faire de la politique » ? Y répondre par l'affirmative, c'était s'aliéner bon nombre de militants qui assimilaient l'idée même de politique à toutes les compromissions : *« L'excès de préoccupations politiques pour certains, finit par faire oublier la présence des Boches. On peut ajouter aussi les tentatives effectives d'infiltration opérées par les anciens partis politiques qui veulent maintenant se dédouaner après avoir suivi pendant trois ans une stricte attitude "d'attentisme"*[28]. »

D'un autre côté, la coordination des mouvements montrait des limites, et il n'y avait pas grand-chose à tirer des programmes aussi convenus que celui publié à Londres par les M.U.R. de zone sud en août 1943 : *« Nous affirmons notre union sur la nécessité de transformations politiques, économiques et morales conçues dans le double respect de la souveraineté populaire et des droits de la personne humaine. Nous entendons que la démocratie soit rénovée de fond en comble, servie comme un idéal et non pratiquée comme une routine*[29]. »

L'idée d'une fusion des mouvements qui prendrait place dans l'arène politique pour y faire valoir les idéaux de la Résistance continuait donc à les agiter, car cela impliquait un programme commun. Cette conception de la lutte cristallisa une opposition entre communistes et non-communistes. Le mois de septembre 1943 vit l'apparition d'un projet de manifeste pour une « union politique de la Résistance ».

Après un passage obligé par un hommage à de Gaulle, le texte rappelait le programme de la Résistance : condamnation de Vichy, refus du fascisme, refus de la République bourgeoise, promotion des principes de la IVe République. Les bases en étaient : les libertés, un gouvernement fort et stable et la démocratie économique. *« Chacun se préparera ainsi sur le plan local, régional et national aux responsabilités de demain. L'U.P.R. en maintenant au lendemain de la victoire la cohésion de la résistance dans une œuvre constructive, préservera la France de trois dangers mortels*[30]*. »*

Ces trois dangers étaient la reconstitution des anciens partis, la dictature militaire et la guerre civile. Ce dernier point impliquait, selon les auteurs, le hara-kiri du parti communiste, qui devrait *« se dissoudre de lui-même dans le grand mouvement du travail et de l'Unité française »*. Cette éventualité n'était certes pas des plus réalistes !

On ne s'étonnera pas, dans ces conditions, que le Front national ait refusé de se joindre au Mouvement de libération nationale (M.L.N., nom finalement retenu), lancé le 15 janvier 1944 par les M.U.R. Ils recueillirent quelques adhésions en zone nord : Résistance, Défense de la France, puis Lorraine, tandis que les autres grands mouvements préféraient s'abstenir, jugeant l'ensemble dominé par les M.U.R., qui étaient en plus en train d'acquérir la réputation d'être noyautés par des communistes[31].

La politesse était réciproque : Copeau reconnaissait qu'il n'aurait pas voulu dans le M.L.N. les mouvements de zone nord conservateurs et anticommunistes : *« J'ai fait triompher,* confiait-il à d'Astier le 1er février, *le point de vue de ne pas y faire entrer l'O.C.M., ceux de la Résistance et ceux de la Libération, pour ne pas créer un bloc à prédominance bourgeoise dans lequel je ne serai peut-être pas en mesure de contrecarrer les complots anti-communistes à la Aubin* [Bourdet][32]. » La méfiance et les calculs présidaient à l'union au moins autant que le désir d'entente et de coopération.

De fait, les rivalités s'aiguisaient. *Combat* ayant publié des attaques contre Vincent Auriol (ainsi d'ailleurs que contre Pierre Cot et André Le Troquer), le parti socialiste exigea des *« formules de réparation »* car une telle attitude freinait tout projet d'union[33]. Par ailleurs, certains résistants combattaient le principe de l'union comme une machine de guerre contre le communisme. Pierre Hervé (de Libération-Sud) s'en expliqua en mars 1944 sous un titre provocateur : « La Résistance, rassemblement patriotique ou parti néo-fasciste ? »

Avec une habileté consommée, il retournait contre les mouvements cette hostilité de principe qu'ils avaient opposée aux anciens partis dans la foulée de la catastrophe de 1940 : *« Depuis un certain temps des tendances se font jour, qui tendent à modifier l'orientation générale de nos mouvements. Nous les résumerons brièvement ainsi :*

« — Transformation de la Résistance en un parti.

« — Lutte contre les partis, les parlementaires et le politique.

« — Opinion que les anciennes divisions et les anciennes luttes n'ont plus aucun sens, que les classes sociales n'existent plus.

« — Thèse des "hommes nouveaux" et du "chef".

« — Volonté de restreindre l'initiative populaire par crainte des troubles et du bolchevisme. Méfiance à l'égard du peuple et désir de réduire l'"insurrection" à un mouvement préfectoral soutenu par l'action strictement disciplinée de quelques groupes militarisés transformés en détachements de police.

« — Tendance à subordonner toute notre action à la lutte contre le P.C. et le F.N., tandis que par ailleurs on se jette dans les bras des "giraudistes" et qu'on pardonne avec indulgence à ceux qui ont trempé dans la politique de Vichy.

« — Thèmes de l'Etat fort, de la nécessité de l'ordre et de la discipline.

« — Thèmes de l'anticapitalisme, qui unirait les gens d'extrême droite et de gauche. Planisme, nationalisations.

« — Appel dans certains milieux à la propagande antisoviétique.

« Tout cela fort évidemment est encore en germe, mais représente un ensemble cohérent dans lequel les gens les moins avertis reconnaîtront le programme de tous les mouvements ou groupuscules fascistes ou parafascistes qui ont existé en France avant guerre. Ils ne manqueront pas non plus d'établir les rapprochements qui s'imposent avec les programmes de Hitler, de Mussolini, de Franco, voire de Salazar. […]

« Ce mouvement est voué à la faillite.

« 1°) Parce que la grande majorité des militants de la Résistance ont des opinions républicaines et démocratiques, que dans beaucoup de cas ils sont demeurés fidèles à leurs partis (en particulier le Parti Socialiste) et que, si ce mouvement se précisait ils se verraient dans l'obligation de quitter la Résistance. Quand nous disons que ces militants sont demeurés fidèles à leurs partis, cela ne signifie d'ailleurs pas nécessairement qu'ils approuvent la politique de ces partis ou qu'ils suivent les directives reconstituées de ces partis. C'est le cas, par exemple, pour le Parti Socialiste. Ces hommes sont restés fidèles à un "esprit", à certains thèmes politiques mais très souvent ils sont des militants dévoués de la Résistance et envisagent d'un mauvais œil la reconstitution du Parti Socialiste, sous la forme qu'elle a prise.

« […] *Parce que les mouvements de Résistance sont très loin d'avoir pénétré l'ensemble des masses. La classe ouvrière considère souvent avec méfiance nos mouvements, elle reste attachée à ses organisations syndicales et le Parti Communiste a de plus en plus d'influence dans ses rangs. A la campagne, la haine de l'occupant est vive, mais cela ne signifie pas que nous ayons pénétré dans les villages, les hameaux et les fermes. Il serait faux de croire que nos paysans soient influencés par des thèmes développés dans nos journaux : ils restent fidèles à leurs anciennes réactions.*

« […] *Rappelons aussi qu'il serait particulièrement néfaste de transformer la Résistance en un "clan gaulliste", en une "vieille garde". De Gaulle est le Chef du Gouvernement de la France, il incarne la libération du territoire ; il perdrait beaucoup s'il cherchait à devenir le chef d'un parti déterminé, à intervenir dans les intrigues politiciennes. Sans doute, certains voudraient utiliser de Gaulle, mais si de Gaulle se laissait utiliser, il perdrait beaucoup et ne gagnerait rien*[34]. »

Ce texte était aussi la réponse au projet de Brossolette d'un grand parti gaulliste, qui avait horrifié les socialistes et inquiété nombre de résistants. Quant au F.N., il opposa un cinglant désaveu et une fin de non-recevoir, par la plume de Villon, lorsque l'Union lui soumit sa charte constitutive datée du 28 mars. Avec l'évident plaisir du donneur de leçons, il écrivait : *« J'ai lu attentivement votre Charte en partant du seul point de vue qui puisse être celui d'un patriote qui veut accentuer la lutte de notre peuple contre l'envahisseur, j'ai cherché en quoi l'adoption de cette Charte ferait avancer l'union dans l'action de tous les patriotes, j'ai cherché, mais je ne l'ai pas trouvé.* […]

« […] *un titre commun permet au contraire aux mouvements attentistes de cacher leur inaction derrière ce titre commun qui les lie à des mouvements agissants.*

« Je pense que si vous vouliez réellement cette réunion totale dès maintenant,

le C.D. du F.N. y attacherait une grande importance. Mais encore faudrait-il que cette union se fasse dans le sens du renforcement de l'action, et qu'elle n'aboutisse pas en fait à sa régression et à son affaiblissement[35]*. »*

Un observateur pertinent, mais non engagé, comme Morandat, revenu en mission en France, fut frappé par l'ébullition due au piétinement de l'union politique de la Résistance, tandis que certains partis (P.C., P.S., démocrates-chrétiens) se renforçaient ou montaient. Il considérait toutefois que les communistes souffraient d'un « complexe d'infériorité » parce qu'ils n'avaient pas de ministres à Alger : *« Dans les milieux résistants, on ne comprend pas que le Général n'ait pas plus poussé à la participation des communistes au Pouvoir. Tout le monde en est partisan, les anti-communistes pour les lier et les empêcher de faire de la démagogie, les communisants pour qu'ils influencent le Gouvernement ; il n'y a vraiment que les communistes dont je n'arrive pas nettement à déceler les raisons pour lesquelles ils réclament la participation*[36] *!!! »*

Le parti socialiste jouissait auprès des résistants d'une réputation exécrable d'*« opposition systématique, aux contre-projets touffus, modérés et tardifs, au coupage de cheveux en quatre, à la méfiance et à l'attentisme. Leur grande crainte est que la Résistance s'unifie, leur peur encore plus grande est qu'une fois unifiée elle s'entende avec le P.C. Ils manœuvrent de toutes les façons pour que cela n'aboutisse pas.*

« Mais lorsqu'on leur demande de participer à une alliance avec la Résistance, ils font des réserves, émettent des exigences ou font preuve de tellement de méfiance que l'entente rate régulièrement[37]*. »*

Quant aux démocrates-chrétiens, pourtant issus de la Résistance, ils passaient pour au moins aussi électoralistes que les anciens partis : *« Attentisme prudent, quant à l'action immédiate, préparation fébrile de l'avenir.* [...] *ils veulent* [...] *constituer un grand parti "Centriste", qui, disent-ils, avec l'aide des voix féminines, aura cent cinquante sièges dans la prochaine Assemblée. Bip* [Bidault] *est un des défenseurs de cette idée. Comme les socialistes et les radicaux, ils sont devenus "électoraux". Cet état d'esprit semble à première vue enfantin et naïf dans les temps actuels, il est terriblement gênant pour aujourd'hui, car il est plus facile de lâcher une portion idéologique abstraite qu'une position électorale donc peu ou prou alimentaire*[38]*. »*

Tous les contempteurs des démocrates-chrétiens auraient fait leur miel d'une lettre que François de Menthon adressa d'Alger à Pierre-Henri Teitgen quelque temps après, en lui conseillant de jouer à fond de Gaulle et le patriotisme : *« Les manœuvres et préoccupations partisanes dont communistes, socialistes et quelques autres donnent ici et chez nous le triste spectacle doivent être balayées par un grand enthousiasme patriotique. Rien ne doit plus compter que la Libération et la rénovation nationale, qu'incarne vraiment de Gaulle. J'ajoute qu'à mon sens le patriotisme pur est aussi la vraie sagesse politique. Cette attitude simple n'empêche naturellement pas de regrouper partout les amis. J'espère que, tant à Paris que département par département et ville par ville, ce travail a pu être mené à bien. Point de surenchères d'américanophobie et de surenchères d'épuration. Elles ne sauraient profiter qu'aux communistes. Mais bien plutôt un patriotisme fier, calme et serein. Entre les surenchères communistes et le conservatisme radical, il est une position médiane de justice et de renouvellement et surtout de rassemblement national*[39]*. »*

Les partenaires se transformaient en rivaux et s'accusaient mutuellement de manœuvres et d'électoralisme à mesure que l'approche de la libération annonçait celle du rétablissement de la démocratie.

Le renouvellement des élites

Puisque, à travers tous ses avatars, la France Combattante s'efforçait d'être la France, il lui revenait de plein droit de pourvoir à la restauration de la légalité et de l'État dès que la libération serait en train de s'accomplir. Au fil du temps, cette volonté s'étaya sur la nécessité de contrecarrer Vichy, d'empêcher un retour de la IIIe République et de s'opposer à une administration instituée par les Alliés. Le 21 octobre 1942 avait été créée la commission pour l'étude des mesures à prendre à la Libération ou Commission du débarquement.

De ses travaux et des suggestions venues de métropole (en particulier du C.G.E.) devaient se dégager des points forts qu'André Philip résuma, en juin 1943, à Moulin dans une instruction sur *« la préparation des cadres administratifs de la France libérée »*. Ce furent les successeurs de Moulin qui se trouvèrent aux prises avec les difficultés inhérentes à la mise en place d'un État clandestin, difficultés augmentées par la rareté et le retard des directives du C.F.L.N.

Le 3 octobre 1943 étaient désignés vingt commissaires de la République et cinquante préfets (non encore affectés dans les départements). Sur les vingt commissaires, sept purent finalement entrer en fonctions à la Libération, les autres ayant été éliminés par la répression allemande ou les oppositions entre tendances de la Résistance[40].

Le principe général des nominations était le même pour toutes les nouvelles institutions prévues : commissaires de la République et préfets, mais aussi comités de libération ou secrétaires généraux provisoires des ministères. Des propositions devaient être faites sur place. Une fois révisées par le C.N.R., elles seraient transmises avec avis motivé au C.F.L.N. pour décision finale. D'Astier, devenu commissaire à l'Intérieur, s'efforçait de répondre aux aspirations de la Résistance, tout en préservant l'autorité suprême de l'État, c'est-à-dire du C.F.L.N., conformément aux impératifs de De Gaulle. On lisait ainsi, en janvier 1944, dans un projet de gestion temporaire des administrations avant l'installation du C.F.L.N. : *« Il paraît, après étude, indispensable que des dispositions soient prises pour assurer la gestion temporaire des administrations centrales pendant la période comprise entre le départ des forces d'occupation et l'installation du CFLN à Paris. Seules, en effet, de telles dispositions peuvent écarter le risque de l'occupation des fonctions essentielles par des personnes sans qualité, installées par des groupes irresponsables, nés parfois du seul hasard des circonstances — occupation dont les conséquences pourraient être graves, voire désastreuses, même si elles ne devaient durer que quelques jours. Seules, également, les mesures en question peuvent enlever aux autorités alliées le prétexte à une intervention dans nos administrations centrales, intervention qui aurait une justification dans la carence du pouvoir central français. Il n'en demeure pas moins que ces dispositions à prévoir doivent ménager entièrement l'autorité du CFLN et des ministres appelés à prendre en charge les divers départements ministériels.*

« [...] *Pour chacun des départements ministériels* [...], *il serait désigné un*

Secrétaire général provisoire, nommé par le CFLN, sur la proposition du commissaire compétent et après présentation par le Conseil national de la Résistance[41]. »

Serreulles conseilla même de préciser d'emblée que ces secrétaires généraux seraient si provisoires qu'ils ne feraient pas partie du G.P.R.F. rentré en France[42].

Ces restrictions du rôle des secrétaires généraux provisoires n'empêchèrent pas de très âpres revendications venant des différentes tendances de la Résistance sur le nombre et l'importance des postes qui seraient attribués à chacune. Il leur semblait, en effet, que ces décisions annonçaient la place définitive qui leur serait dévolue après la libération.

De même, l'origine des Comités de libération (C.D.L.) était assez ambivalente : « *En juin dernier, est née l'idée de Comités du genre Salut Public assistant les futurs Préfets et leur mettant, dans les questions de sanctions, épurations, remplacements de cadres administratifs, etc. les banderilles du fuego, qui donneront à ces fonctionnaires, qui risquent d'être d'autant plus souples (mous) qu'ils seront plus compétents dans leur rôle administratif, le stimulant "révolutionnaire" que la rénovation française exige et que la volonté nationale résistante — pour ne pas dire la morale tout court — réclame. Le CNI a approuvé l'idée tout en demandant une grande prudence dans les réalisations. Il s'agissait de ne pas installer le désordre sous prétexte de stimuler la justice*[43]. »

Du fait de l'existence des C.D.L., Bingen dut préciser de quels attributs devraient être dotés les commissaires de la République pour s'imposer à eux : nomination par le commissaire national à l'Intérieur ou le délégué général après proposition de la Résistance, « *avoir résisté activement (ici ou dans les F.F.C.), être des politiques, avoir une facilité de parole, savoir que leur mandat est bref*[44] ».

Mais, sous la pression des événements et de la répression, ces nominations prirent, en fait, une tournure éminemment conjoncturelle. Et il arriva souvent que les décisions finales d'Alger intervinssent avec un tel retard qu'elles s'appuyaient sur des données dépassées. Dans ces conditions, la responsabilité de cette mise en place revint aux agents du commissariat à l'Intérieur qui exercèrent le pouvoir d'initiative et d'arbitrage en métropole : Laffon pour les commissaires et préfets, Closon pour les C.D.L., Parodi, en définitive, pour les secrétaires généraux.

À la veille du débarquement, Laffon avait mis en place la moitié des préfets et onze commissaires sur la base du respect des structures de l'État, d'une épuration de la fonction publique, avec pour priorités : sécurité publique, ravitaillement, secours, information libre et administration épurée.

À la même date, soixante et onze C.D.L. étaient institués. Leur statut avait été fixé par ordonnance du 21 avril 1944, après accord du C.N.R. Après d'âpres débats, le pouvoir final devait rester au C.F.L.N. Les C.D.L. étaient chargés de l'action immédiate, de l'insurrection, de représenter la population, mais ils étaient placés *sous les ordres* des commissaires de la République, c'est-à-dire de l'État.

C. QU'IL EST LONG LE CHEMIN

Certes, toutes les questions qui se posèrent à partir du débarquement n'étaient pas nouvelles : elles s'étaient déjà posées au fil des années d'occupation. Mais tant que la France était occupée, elles semblaient théoriques et ne pouvaient recevoir de réponse définitive ni même suffisamment explicite.

À partir du débarquement, tout le monde sut que le compte à rebours avait commencé pour la libération de Paris et donc que les jours du gouvernement de Vichy étaient comptés. Une fausse manœuvre du Général ou des chefs de la Résistance pouvait tout compromettre jusqu'au dernier instant.

6 juin 1944 : le Maréchal bouge encore !

Le maréchal Pétain défendit sa politique défaitiste et collaboratrice jusqu'à son départ de France, encadré par les Allemands. Pour avoir refusé de rallier le camp de la liberté, après avoir brisé la France en deux par son entêtement, il partit sous la contrainte, bientôt prisonnier de ses maîtres en Allemagne. Son attitude depuis le débarquement en Afrique du Nord, en novembre 1942, n'autorisait d'ailleurs plus d'espoir.

Malgré la pression de ses fidèles, qui l'incitaient à rejoindre le camp allié après l'occupation de la zone libre et la rupture de l'armistice, il choisit de rester en France. Avec un entêtement de vieillard, il proclama, huit jours après le débarquement : *« Généraux, officiers, sous-officiers et soldats de l'armée d'Afrique, n'obéissez pas à ces chefs indignes. Je vous réitère l'ordre de résister à l'agression anglo-saxonne.*

« […] *Vous n'avez qu'un seul devoir : obéir.*

« […] *Vous n'avez qu'une patrie que j'incarne : la France*[45]. »

Heureusement, il ne fut pas écouté. Mais, pour que l'armée d'armistice, qui, jusque-là, avait été l'armée de la collaboration tirant sur les Anglais et les Français Libres à Dakar, en Syrie, à Madagascar, et sur les Américains en Afrique du Nord, devienne l'armée de la Libération, elle avait dû désobéir à Pétain. Pétain fut toutefois obéi par l'armée d'armistice métropolitaine quand il avait donné l'ordre de ne pas s'opposer à l'occupation de la zone libre par les Allemands, qui violaient ainsi l'armistice. Le sabordage criminel de la flotte française à Toulon fut l'aboutissement de cette politique de démission.

Le 6 juin 1944, jour du débarquement, les Français entendirent encore à la radio les ordres ultimes du Maréchal : *« Français, n'aggravez pas nos malheurs par des actes qui risqueraient d'appeler sur vous de tragiques représailles. Ce seraient d'innocentes populations françaises qui en subiraient les conséquences.*

« N'écoutez pas ceux qui, cherchant à exploiter notre détresse, conduiraient le pays au désastre.

« La France ne se sauvera qu'en observant la discipline la plus rigoureuse[46]. »

Ainsi, quatre ans après avoir avalisé la défaite de juin 1940, il s'opposait à la victoire de juin 1944. C'est l'homme de Verdun qui criait maintenant contre les Alliés : « Ils ne passeront pas » ! De Gaulle avait raison : les Français pouvaient juger, en l'entendant, des fruits amers de la « capitulation ».

Le chemin de la légitimité

À mesure que se rapprochait la libération de Paris, la Résistance abordait l'heure de la vérité. La mésentente, la fronde, puis l'opposition délibérée aux directives de Moulin, de Delestraint, de Kœnig et de Parodi allaient-elles déboucher sur un fiasco ou sur une insurrection contre de Gaulle ?

Paradoxalement, plus on était loin du champ de bataille, plus les craintes augmentaient. Les résistants et les agents qui partageaient depuis des mois leurs épreuves, leur désir de revanche et leur espoir patriotique ne redoutaient pas semblable catastrophe. L'un des plus brillants d'entre eux, Émile Laffon, affirmait, en juillet 1944 : *« Je suis bien convaincu qu'il n'y a pour demain aucun danger communiste réel*[47]. »

À Londres, Manuel, Passy, le B.C.R.A. et, par conséquent, Kœnig se contentaient de ne pas croire à l'efficacité militaire de la Résistance. Mais à Alger, la distance était suffisante pour sécréter, avec toutes les craintes, l'anticommunisme le plus grossier. L'homme qui en représentait la quintessence était Jacques Soustelle, directeur de la D.G.S.S. Ayant quitté la France quatre ans auparavant, n'ayant jamais été volontaire pour aucune mission en métropole, il ignorait tout de la Résistance vivante. Il en avait une vision abstraite et déformée parce qu'il ne la connaissait que par des rapports d'agents, de délégués des mouvements, sans compter les accrochages avec les ministres communistes. Le plus humiliant était l'affaire du Vercors, dont ils avaient voulu le rendre responsable. Il n'était pas prêt à oublier cet affront.

Il est vrai qu'Alger était sous le coup d'une expérience traumatisante avec la libération de la Corse, préparée en cachette du C.F.L.N. par Giraud. À cause de son manque de réflexion politique, l'île de Beauté s'était transformée en bastion du Front national. Cela explique que, lorsque Alger découvrit ultérieurement le rôle envahissant de Villon au C.O.M.A.C. et au C.N.R., les nominations de communistes comme chefs d'état-major national, ou chef des F.F.I. de la région parisienne et la dérive des M.U.R. vers l'extrême gauche, il se soit demandé si Paris ne préparait pas une deuxième Commune.

Le 6 juin 1944, le compte à rebours de la légitimation populaire du général de Gaulle commença. Vis-à-vis des Alliés et des chefs de la Résistance, le peuple français (encore majoritairement pétainiste) allait-il enfin « reconnaître » ce Général qui, depuis quatre ans, avait dénoncé l'illégalité de son gouvernement et poursuivi sa politique de collaboration de sa vindicte ?

Durant les semaines mouvementées qui séparèrent le débarquement de la libération de Paris, les contraintes de la clandestinité, le manque de liaisons, l'ignorance des projets, des hommes et des situations véritables accrurent les fantasmes de tous les acteurs dans une sarabande de questions sans réponse : Vichy conservait-il une chance de survie ? Les anciens parlementaires de la IIIe République pouvaient-ils encore prétendre représenter la nation ? Les Alliés traiteraient-ils la France comme un pays vaincu qu'ils administreraient directement ? Les chefs de la Résistance non communiste se soumettraient-ils aux décisions du Général ? Le parti communiste préparait-il la prise du pouvoir ? Le contrôle des F.F.I. assurerait-il la victoire des uns et des autres ?

Cette crainte du communisme ou d'une Commune, même édulcorée sous la forme la plus élémentaire du désordre, préoccupait de Gaulle. Les empiétements systématiques du C.N.R. et du C.O.M.A.C. prenaient, vus d'Alger, une importance d'autant plus inquiétante que l'on pouvait en soupçonner les motifs. L'ignorance nourrit les fantasmes. Et à ces rivaux potentiels, il fallait ajouter ces adversaires qui refusaient de mourir : Pétain et Laval, leurs *« manœuvres d'agonie »*, dont Parodi informait Londres le 8 août. Laval, grâce à Herriot, convoquerait l'Assemblée nationale pour former un gouvernement de transition et traiter avec les Alliés. Pétain transmettrait à de Gaulle la souveraineté et la légitimité dont il s'estimait le dépositaire. Londres répondit à Parodi qu'*« il n'*[était] *"aucunement intéressé" par les palinodies du Maréchal »* qui, s'il tombait aux mains des F.F.I., devrait être arrêté[48] !

14 juin 1944 : bonjour la France !

Le 14 juin, quatre ans presque jour pour jour après avoir quitté la France, le général de Gaulle *« prend pied »* sur un morceau de sable libéré en Normandie. Il arrivait d'Angleterre sur un navire français, *La Combattante*. Dans ses *Mémoires*, il relate minutieusement les faits qui, ce jour-là, lui semblèrent importants : sa visite au général Montgomery, les résultats militaires du débarquement et la réaction de la population. Mais, comme souvent quand il décrit les situations exceptionnelles de son existence, le Général est muet sur ses sentiments. Est-ce une curiosité déplacée de s'interroger sur ce qu'éprouva l'émigré devenu illustre lors de cette minute tant rêvée, tant attendue et préparée depuis tant d'années ? À défaut de ses confidences, consultons les souvenirs de ses compagnons de voyage.

Venant de Londres, le Général et sa suite arrivèrent le matin à Portsmouth, à 8 h 30. L'amiral d'Argenlieu lui expliqua les détails matériels de la traversée. Il ajouta imprudemment : *« "Vous déjeunerez chez le général Montgomery." Pauvre d'Argenlieu. De Gaulle l'arrête net : "Je ne vais pas en France pour déjeuner chez Montgomery. Débrouillez-vous"*[49]*. »*

La « suite » se composait de d'Argenlieu, Vienot, Palewski, Kœnig, Billotte, Chevigné, Boislambert, Béthouard. Ce dernier raconte : *« On part ; le temps est magnifique. Bateaux et avions traversent la Manche dans les deux sens. On ne les regarde pas. Tous les yeux sont tournés vers le sud. Enfin, une ligne foncée paraît à l'horizon ; une forêt de mâts la hérisse. Au-dessus, des ballons captifs se balancent, tirent sur leurs câbles qui s'opposent aux attaques à basse altitude d'avions ennemis. Derrière, enfin, de plus en plus nette, la terre de France. Chacun sur la passerelle retient son souffle. De Gaulle, calme, silencieux, concentré, regarde avec intensité, sans un mot*[50]*. »*

À 11 heures, le Général débarqua sur la plage et foula le sol de la patrie, cette France dont la survie et l'honneur l'avaient poussé à un acte d'indiscipline suicidaire. Sans doute y avait-il trop de monde autour de lui sur cette plage pour qu'il s'abandonne à son émotion ou la communique. Il est vrai aussi que les sentiments ne sont pas nécessairement au rendez-vous dont on a trop rêvé. Peut-être est-ce plus tard que de Gaulle ressentit ce chavirement intime de l'espérance accomplie ? Douze ans plus tard, dans ses *Mémoires de guerre*, le Général ne souffle mot de ses premières réactions. Pudeur, oubli, solitude tellurique ? Personne ne peut le savoir aujourd'hui.

Le navire qui amena le Général était français. La jeep qui lui fit visiter le pays était, elle, américaine, et l'officier qui la conduisait, écossais. Il avait accroché un petit drapeau français à son pare-brise, mais le symbole de cet équipage ne pouvait qu'être humiliant pour ce premier contact avec son pays retrouvé. Encore de Gaulle ignorait-il les conditions mesquines fixées par Churchill au protocole de sa visite : *« De Gaulle ne pourra tenir là-bas de réunions publiques, ni rassembler de foules dans les rues. Il aimerait certainement qu'il y ait des manifestations afin d'apparaître comme le futur président de la République française. Je suggère qu'il traverse lentement la ville en voiture et serre quelques mains avant de rentrer, et fasse seulement ici les déclarations qu'il jugera nécessaires. D'un autre côté, il devra être traité avec la plus grande courtoisie*[51]. » Heureusement, personne ne semblait au courant de ces prescriptions inutilement humiliantes pour un chef de gouvernement dont les troupes se battaient vaillamment aux côtés des Alliés.

Aussitôt débarqué sur la plage, un de ses compagnons lui rappela : *« "Avez-vous pensé, mon Général, qu'il y a quatre ans, jour pour jour, les Allemands entraient dans Paris ?" Un silence. Puis de Gaulle : "Ils ont eu tort, Boislambert..."*[52]. »

C'est tout ce que l'on saura de ses réflexions qui étaient tout entières tournées vers la minute de vérité à venir après ces quatre ans d'exil : sa rencontre avec le peuple français. « Reconnaîtrait-il » le Général ? Quelle serait l'attitude de la population normande qui venait de subir une bataille dévastatrice ? Écoutons le général Béthouard qui relate cette première rencontre, après quelques kilomètres parcourus en jeep : *« Bientôt apparaissent des compatriotes. Ils sont généralement âgés, des femmes vêtues de noir. Ils regardent sans comprendre, ne reconnaissent pas les uniformes français. Nous nous arrêtons, leur parlons. S'exclamant avec joie, l'un d'eux, hypnotisé par mes quatre étoiles, me dit : "C'est vous le général de Gaulle ?" Je mets un doigt sur ma bouche : "Mais non, c'est lui, là devant moi." L'homme regarde les deux étoiles du général, manifestement stupéfait* […][53]. »

Après avoir rencontré Montgomery à son P.C., de Gaulle gagna Bayeux. Ayant abandonné sa jeep à l'entrée de la ville, il se dirigea à pied vers la sous-préfecture : *« Sur la porte, le sous-préfet, nommé par Vichy, attend, reçoit de Gaulle, l'accompagne jusqu'à son cabinet, où ils s'enferment.*

« Dans le salon qui précède, la suite interloquée regarde les lieux. Elle n'est pas contente. J'entends une voix qui dit : "C'est un peu fort. Qu'est-ce qu'il fait avec ce cochon-là ?" Puis on introduit l'évêque de Bayeux et le sous-préfet sort. Boislambert furieux l'interpelle, lui montre d'un air indigné le portrait du maréchal Pétain qui est au-dessus de la porte : "Monsieur, qu'est-ce c'est que ça ?" Le malheureux bredouille : "C'est un oubli", appelle l'appariteur pour le réparer ; l'homme est trop petit. Alors, héroïque, le sous-préfet monte sur une chaise et décroche lui-même le portrait[54]. »

Pour prendre les choses en main avant l'arrivée des responsables de l'A.M.G.O.T., François Coulet fut nommé commissaire de la République, le colonel de Chevigné commandant de la région militaire. Sur la place de Bayeux, Schumann fit dresser une estrade improvisée, de Gaulle arriva *« sur la place, devant une foule qui l'acclame avec ferveur : on jette des fleurs, on se précipite pour le toucher. Des mères lui tendent leurs enfants. Au sens précis de ce mot, il s'agit d'une apothéose, qui sacre de Gaulle chef du gouvernement français. C'est l'instant si attendu qui légitime son action. Au milieu d'un tel émoi, de*

Gaulle, serrant des centaines de mains, ne sait que demander à tous, simplement : "Comment allez-vous ?" Maurice Schumann lui présente les résistants de la région[55] *».*

Il faut confronter ce récit avec un rapport écrit le soir même de cette visite par un officier anglais : *« Manifestement, la population connaissait le nom du général de Gaulle, et elle était ravie de le voir. Des centaines d'hommes et de femmes sortaient de chez eux et jetaient des fleurs sur les jeeps*[56]. » C'est sans doute à propos de cette visite que, dans ses *Mémoires*, de Gaulle dévoile involontairement les sentiments qu'il éprouva. Qu'importe si le détail des faits est plus ou moins exact puisque, en lisant ces lignes, le lecteur peut ressentir après tant d'années ce que fut pour les plus ardents, les plus simples des Français et le Général lui-même la signification déchirante de ces retrouvailles : *« Nous allons à pied, de rue en rue. A la vue du général de Gaulle, une espèce de stupeur saisit les habitants, qui ensuite éclatent en vivats ou bien fondent en larmes. Sortant des maisons, ils me font cortège au milieu d'une extraordinaire émotion. Les enfants m'entourent. Les femmes sourient, sanglotent. Les hommes me tendent les mains. Nous allons ainsi, tous ensemble, bouleversés et fraternels, sentant la joie, la fierté, l'espérance nationales remonter du fond des abîmes*[57]. »

C'est alors que le Général prononça son premier discours en terre française. Il aborde les principaux thèmes qu'il développa durant les mois suivants pour rassembler les Français, ranimer leur foi dans la France, leur fixer un objectif et les convaincre de faire l'effort de la guerre et de la reconstruction du pays : *« Nous sommes tous émus, en nous retrouvant ensemble, dans une des premières villes libérées de la France métropolitaine ; mais ce n'est pas le moment de parler d'émotion. Ce que le pays attend de vous, à l'arrière du front, c'est que vous continuiez le combat aujourd'hui, comme vous ne l'avez jamais cessé depuis le début de cette guerre et depuis juin 40.*

« [...] *Vous qui avez été sous la botte de l'ennemi et avez fait partie des groupes de Résistance, vous savez ce qu'est cette guerre. C'est une guerre particulièrement dure, cette guerre clandestine, cette guerre sans armes. Je vous promets que nous continuerons la guerre jusqu'à ce que la souveraineté de chaque pouce de territoire français soit rétablie. Personne ne nous empêchera de la faire*[58]. »

Après avoir chanté *La Marseillaise* avec la foule, de Gaulle eut de la peine à se dégager pour repartir. Comment ces hommes et ces femmes ne se seraient-ils pas sentis flattés après avoir, pour la plupart, « attendu » leurs libérateurs sans rien faire pour les aider, d'entendre le plus glorieux d'entre les résistants les embarquer (sans y regarder de près) dans le grand livre de l'épopée clandestine ? Toutefois, pour nuancer cet accueil de la population et les sentiments de l'ensemble des Français, on peut lire le récit fait par d'Astier, ministre de l'Intérieur, de sa visite à Bayeux un mois plus tard, le 14 Juillet. *« J'ai retrouvé ce jour-là un petit bout de France libérée* [...]. *Bayeux est intacte et grasse. Elle n'a plus que les fromages qu'elle ne peut pas expédier à Paris ou vendre aux combattants trop occupés. J'ai le salut des notables, juges, notaires, abbés, percepteurs, châtelains et fermiers. Leur accueil est glacé. Ils pensent à leurs fonctions et à leurs biens. Ils ont aimé Pétain et la Révolution nationale. La France leur a infligé une guerre et une occupation, et voilà que les Alliés et la nouvelle France choisissent leurs herbages pour le grand spectacle historique*[59]. »

La différence entre les deux visites s'explique, certes, par la personnalité des deux hommes, dont le second était un inconnu. Mais il y a autre chose. De Gaulle fut accueilli dans la joie de la liberté retrouvée, une semaine après le débarquement. D'Astier, lui, rencontra la réalité ingrate des problèmes et de la vie domestique qu'il fallait durement affronter chaque jour. L'écart entre le rêve de la libération et les souffrances qu'elle apporta suscita, un mois plus tard, une désillusion que l'ensemble des Français connurent à leur tour après les premières effusions des libérations.

Le 14 juin, après Bayeux, de Gaulle poursuivit sa route pour aller à Isigny, village affreusement mutilé et contrastant fort avec Bayeux, intact. Il y arriva vers 17 heures. Il salua le maire et le curé (un des chefs de la Résistance), puis il entra dans le bourg qui n'était plus qu'un champ de ruines : *« Les gens sortent des caves en percevant le brouhaha dont ils ignorent, pour la plupart, la raison. Des femmes, dans les ruines de leur maison, entendent des acclamations : les nerfs tendus à se rompre, elles s'affolent : "Les Allemands sont revenus : écoutez le corps à corps" ; mais un passant jette en courant : "C'est de Gaulle !" Alors, elles mettent en hâte des effets convenables qu'elles peuvent trouver dans leurs fatras : l'une est en veste de sport, l'autre en manteau de fourrure. Et en courant, elles rejoignent la jeep du général.*

« Un rassemblement s'est formé, à ce qui fut le carrefour de la Grand-Rue et de la rue de la Mairie. Sur 300 mètres à la ronde, il n'y a que pans de murs, débris, pierres fumantes, d'où émergent quand même les drapeaux tricolores. Des canons passent, des chenillettes les explosions sont encore toutes proches ; les Allemands restent à quatre kilomètres de là.

« Le général monte sur le socle d'un lampadaire détruit. Et devant ces survivants sortis des ruines encore fraîches, il adresse un nouvel appel[60]*. »* Suivi d'une nouvelle *Marseillaise*.

Après avoir visité Grandcamp, de Gaulle retourna sur la plage où il devait embarquer sur *La Combattante*. En attendant le départ, le lendemain matin (la traversée de nuit était interdite), l'équipage organisa une soirée en l'honneur du Général. Béthouard raconte : *« De Gaulle est très détendu : "On s'est fait des amis à Bayeux, nous pourrons y prendre notre retraite." Puis, plus sérieux, il me dit : "Tu vois, il fallait mettre les alliés devant le fait accompli. Nos autorités nouvelles sont en place, tu verras qu'ils ne diront rien."*

« Effectivement, "ils" n'ont rien dit, ni Roosevelt, ni moins encore Churchill. On ne parlera plus d'administration militaire américaine et dans les régions libérées, les autorités nouvelles seront mises en place par le Gouvernement provisoire de la République française, jusqu'à ce que des élections le confirment et suppriment le "provisoire"[61]*. »*

De Gaulle avait gagné le bras de fer qui, depuis des mois, était engagé avec les Alliés. Pourtant, même ce jour-là, les opposants à de Gaulle ne désespéraient pas de limiter ses « ambitions ». Ainsi le puissant général Donovan, chef de l'O.S.S., que l'on a déjà vu à l'œuvre contre de Gaulle au moment de l'affaire suisse pour essayer de lui ravir le contrôle de la Résistance. Le 15 juin 1944, il adressa un mémorandum au président Roosevelt dans lequel il expliquait sa position : *« Il y a beaucoup de gens en France, en particulier au maquis, qui n'apprécient pas l'organisme d'Alger.* […] *beaucoup ne sont pas favorables à un de Gaulle politique.* […] *cependant beaucoup dans la Résistance, quelle que soit leur opinion sur de Gaulle comme chef politique, pensent qu'il faut envisager d'en faire un symbole de la Résistance.* […] *il est normal de refuser l'exigence du Comité de Gaulle d'être reconnu comme gouvernement provisoire en l'absence de toute sanction par un vote du peuple français*[62]. »

Si tout se passait bien, ces critiques n'auraient aucune importance. Au contraire, si de Gaulle était mal reçu par les chefs de la Résistance ou débordé par les communistes, les opposants alliés risquaient de le déstabiliser. On comprend que de Gaulle ait surveillé de plus en plus le déroulement des événements. Après ces retrouvailles idylliques, il repartait pour l'exil. Pour combien de temps ? Même si Paris était en vue, comme il semblait loin vu de Londres et plus encore d'Alger !

Les cadres de la République

François Coulet avait donc été désigné comme commissaire de la République en Normandie. Sans que la Résistance ait été consultée. C'était, en outre, un homme de Londres. Il n'est pas étonnant que les mouvements aient pu y voir un camouflet aux savants dosages auxquels ils s'étaient livrés durant tout le début de l'année. *« Nous eûmes le sentiment,* expliqua, le 20 juillet, Laffon, *que nous avions, aussi bien la Délégation Générale que la Résistance, tiré une série de chèques que vous refusiez de provisionner. Il pouvait en résulter, notamment pour la D.G.* [Délégation générale], *une déconsidération certaine et pour les mouvements un malaise général.*

« [...] *La réaction spontanée de la Résistance à l'occasion de la nomination de Coulet, peut se rattacher à un certain sentiment de défense à l'égard de la Résistance extérieure. Sans l'exagérer, il ne faut pas la tenir pour rien.* [...] *S'ils rejettent toute idée d'une Amgot étrangère, ils supporteraient sans doute avec irritation une Amgot française*[63]. »

Dans la suite de son rapport, Laffon rendait compte des nominations et de l'installation dans un petit nombre de régions et de départements, puis il examinait les problèmes que posaient les postes sans titulaire. Les renseignements qu'il donne à ce sujet révèlent l'état misérable dans lequel se trouvait la Résistance : *« Il y a des vides encore qu'il nous faudra combler. Nous avons peu d'hommes. Les cercles dirigeants de la Résistance sont tellement affaiblis que l'on ne peut presque plus faire appel à eux pour des vacances. La relève des combattants se fait, mais non plus la relève des chefs et des cadres. Voyez le mal que l'on se donne pour trouver des remplaçants à Tristan* [Teitgen], *Gildas, Aubin* [Bourdet] *et tant d'autres. Voyez d'ailleurs leurs remplaçants.*

« Ce n'est pas que nous n'ayons fait les plus grands efforts de prospection dans tous les milieux de la Résistance.

« [...] *Il faut tenir compte des exclusives légitimes mais il ne faut pas toujours, pour des raisons d'opportunité que vous comprenez, écarter les autres. Il y a trop de tâches et trop peu d'hommes, et demain peut-être aussi il y aura trop de tâches et trop peu d'hommes si l'on ne revient pas, dans une certaine mesure sur les exclusives du moment.* »

L'effroyable solitude des résistants éclatait au jour de la libération. Au fur et à mesure que les départements étaient libérés, les Comités de libération révélaient la faiblesse de leur assise au sein des populations locales. *« A la Délégation comme à la Résistance était apparu que les Comités tels qu'ils étaient primitivement composés, n'étaient pas suffisamment représentatifs de la population du département, qu'ils étaient trop étroits, trop minces et parfois trop pauvres en personnalités de valeur, qu'ils ne pourraient tenir ainsi formés, au grand jour de l'affirmation patriotique, qu'ils risquaient de nuire par leur faiblesse au Gouvernement de la République que l'on jugera dans les premiers temps à ses représentants, à ses Administrateurs et à tous ceux qui parleront en son nom.*

« [...] *Ceci montre, je crois, combien il est difficile de légiférer trop à l'avance pour une France libérée, d'arrêter trop nettement les dispositions, en un mot de vouloir trop bien faire ; la situation est trop mouvante et confuse*[64]. »

Les derniers ordres du Général

Le rôle des militants dans l'immédiat ne fut pas oublié dans les ultimes prescriptions d'Alger, puisqu'ils étaient destinés à être les acteurs principaux de l'insurrection et de ses suites. D'Astier, ministre de l'Intérieur, a relaté la rédaction de la dernière directive qui leur fut adressée : *« Le 12 août, dans le lointain Alger, assis à son bureau des Glycines, de Gaulle parcourt un ordre de sédition que je lui présente. Nous savons peu de chose : chaque nouvelle est dépassée. Pour lui, le mouvement populaire est moins important que la stratégie historique qui prépare les lendemains de la France et la mission de Charles de Gaulle. Il pèse mes phrases, pauvres et lourdes, barre, corrige. Il prend une feuille blanche et rédige à son tour cinq brèves consignes pour Paris et les grandes villes occupées*[65]. »

Voici, presque sans ratures, le texte improvisé par de Gaulle et que d'Astier ne cite pas :

« Pour Paris et les grandes villes occupées :

« 1) Ne pas accomplir de travaux utiles à l'ennemi. Si l'ennemi veut les imposer, faire grève.

« 2) Si l'ennemi fléchit, se saisir du personnel qu'il emploie à n'importe quel titre dans l'usine. En faire des otages.

« 3) Surveiller les préparations de destruction de l'ennemi. Préparer les équipes de protection. Faire agir ces équipes à temps.

« 4) De toute façon empêcher l'ennemi en retraite de retirer son personnel et son matériel.

« 5) Reprendre le travail immédiatement et en ordre dès que les forces alliées arrivent[66]. »

Cette dernière phrase fit tiquer d'Astier, qui ajoute ce commentaire à son récit : *« La cinquième brève, que nous ne transmettons pas, est offensante : "Reprendre le travail immédiatement et en ordre dès que les forces alliées arrivent"... Qui sait ce que sont devenus les autres*[67]*... ? »*

Sans doute de Gaulle ignora-t-il la censure exercée par son ministre, car c'est surtout le rôle que son délégué Parodi allait jouer sur place qui le préoccupait. Toutes les mesures qu'il avait à prescrire devaient émaner d'une autorité incontestée pour avoir quelque chance d'être appliquées. C'est pourquoi, le 14 août, de Gaulle expédia un nouveau câble à Parodi, élargissant ses pouvoirs. Le Général avait déjà appliqué cette méthode en avril 1943 en nommant Jean Moulin commissaire en mission pour renforcer sa légitimité et son autorité lors des difficiles négociations de la constitution du Conseil de la Résistance : *« Par décret d'aujourd'hui 14 août, vous êtes nommé membre du Gouvernement provisoire de la République française. Avant de signer le décret j'ai consulté vos collègues au gouvernement. Tous vous accueillent très favorablement*[68]. »

La situation faite à l'autorité de Parodi se trouve expliquée dans son projet d'une lettre destinée à d'Astier : « *L'essentiel est que nos amis communistes ont amorcé une très vive campagne contre la Délégation et le principe même de son existence. La formule qu'ils emploient est qu'elle ferait écran entre le Gouvernement et la Résistance française et ils demandent que les pouvoirs de la Délégation soient directement confiés au CNR. Cette position n'est jusqu'ici appuyée que par le FN ; elle rend le travail difficile parce qu'elle exploite les moindres incidents et les grossit à dessein.*

« *La question se pose de savoir si elle est seulement dirigée contre la Délégation ou contre le Gouvernement. Il semble bien qu'elle ne constitue qu'une amorce d'une campagne anti-gouvernementale*[69]. »

Parodi ne se trompait pas dans son analyse puisque, à la même époque, le député communiste André Marty écrivait d'Alger aux responsables de l'ancien Komintern : « *La scission politique et patriotique entre la France (le CNR et les comités de libération des grandes régions) et Alger (gouvernement provisoire, Assemblée, administration) est évidente. Dans ces conditions, la nomination de Quartus* [Parodi] *comme membre du gouvernement, à l'intérieur du CNR, doit être un dernier effort pour tenter un compromis ou essayer d'influencer le CNR et de le freiner*[70]. »

Vichy, le dernier spasme

Les relations avec les chefs de la Résistance n'étaient pas les seules questions susceptibles d'inquiéter Alger. Car Pétain et Laval étaient en train de jouer leurs dernières cartes : « *J'apprends de source sûre,* télégraphiait Parodi, *que l'on prépare l'Elysée pour y installer Pétain.*

« *Quant à Laval, il est déjà à Paris.*

« *Le Maréchal aurait entamé des conversations avec le Commandement américain.*

« *Avec le consentement des Allemands, Laval essayerait de pousser les Parlementaires à se réunir au Palais Bourbon et à siéger en Assemblée Nationale.*

« *Le Palais Bourbon et les principaux points stratégiques seraient occupés soit par la Préfecture de Police, soit par la Milice. A cet effet, des stocks de vivres seraient constitués.*

« *Du fait qu'ils ont des contacts avec les Américains agissant en dehors des Anglais, les milieux de Vichy paraissent très sûrs de réussir.*

« *Une fois de plus, je demande des instructions et j'attire votre attention sur le fait que vous ne nous avez pas envoyé les armes destinées à armer les forces mises directement à la disposition de la Délégation*[71]. »

On connaîtra plus tard le détail de ces manœuvres désespérées : « *D'autres pourparlers de dernière heure ont lieu aussi à Paris. Laval, en ces jours ultimes de sa carrière politique, y fait preuve d'un dynamisme, d'une imagination comparables aux meilleurs moments de sa stupéfiante destinée. Mais, dans le contexte qui est celui de l'époque, dans cet effondrement total de tout ce sur quoi il a misé, il se trouve un peu dans la situation d'un général battu, qui, au moment de capituler, préparerait un plan grandiose d'offensive. Il tourne à vide, s'efforce en vain, et finalement échoue.*

« Cette manœuvre de Laval devrait se dérouler en deux temps. Tout d'abord à l'intérieur, se débarrasser des ministres ultra-collaborateurs : Marcel Déat, Darnand, Bonnard et Brinon, et se refaire sur leur dos une virginité relative de démocrate. En même temps, par l'intermédiaire du préfet de Police, Bussière, qui lui est entièrement dévoué, faire effort pour se concilier l'appui des services d'ordre parisiens. Prendre des mesures de rigueur contre la Milice, en faisant, s'il le faut, arrêter certains des chefs. Après quoi, réunir à Paris l'Assemblée Nationale, se trouver à la tribune, ou au banc du gouvernement, pour accueillir les Alliés à leur arrivée à Paris.

« C'est dans cette perspective que se prépare le deuxième temps du projet de Laval. Après s'être désolidarisé ainsi de l'Etat Français, il lui faut renouer les liens avec le personnel de la Troisième République, qu'il s'agira de rehisser sur le pavois parlementaire[72]*. »*

Même si cette équipée paraît aujourd'hui dérisoire, les résistants, mis au courant de ces tentatives et gorgés d'invérifiables rumeurs, s'inquiétaient sincèrement devant cette *« manœuvre contre la Résistance par l'union de Vichy avec les Américains*[73] *»*.

Curieusement, si de Gaulle ne répondait pas directement à ces questions, dont quelques-unes étaient essentielles au bon déroulement de la libération, il ne négligeait pourtant aucune de celles qui avaient une résonance symbolique. Par exemple, le lieu d'où s'exercerait son autorité : *« L'Hôtel Matignon sera vraisemblablement le siège du Président du Gouvernement Provisoire ; veuillez prévoir votre installation dans le dit Hôtel*[74]*. »* Toutefois, de Gaulle prit ces informations suffisamment au sérieux pour ne plus attendre et décida de rentrer en France.

Le 17 juin 1940, de Gaulle n'avait eu d'autre choix pour quitter la France que d'utiliser un avion britannique. On comprend que pour son retour définitif dans sa patrie après quatre ans d'exil, le Général ait tenu à utiliser un avion français piloté par un Français. Il veilla à ce qu'il volât directement d'Algérie en France sans passer par la Grande-Bretagne. Les symboles, même mineurs, avaient de l'importance pour ce chef de gouvernement à titre provisoire, car les « fourgons de l'étranger » représentaient un précédent fâcheux. Le but final de ce voyage était la prise en main de la capitale, encore occupée par les Allemands.

Le 20 août, à 8 heures du matin, le Général atterrit près de Saint-Lô. Grâce à Kœnig qui l'attendait sur l'aéroport, de Gaulle apprit le déroulement des derniers événements parisiens qui avaient été câblés à Londres par son délégué[75].

D. L'INSURRECTION

À mesure que le dénouement approchait, il était naturel que les doctrines se radicalisent, que la passion l'emporte et que les enragés dominent. Cette situation, que beaucoup de résistants vécurent localement avec plus ou moins d'intensité et de clairvoyance, on l'observe dans les neuf jours qui, du 17 au 25 août, précédèrent l'entrée de la division Leclerc à Paris. Tous les malentendus, toutes les oppositions s'exacerbèrent durant cette semaine folle. La crise, déjà vécue par Jean Moulin lors de la nomination de Delestraint à la tête de l'Armée secrète et de la création du C.N.R., se rejoua. Des acteurs nouveaux reprirent les rôles à l'identique. Les étapes dramatiques se lisent dans les procès-verbaux des six dernières séances clandestines du C.N.R. Toutefois, ce genre de documents officiels ne restitue guère les explosions de frénésie qui secouent les assemblées. Il faut appeler à la rescousse les témoignages qui, au prix de quelques inexactitudes, restituent le mieux l'atmosphère passionnelle qui régnait alors.

Avant d'aborder le détail de ces journées, il faut rappeler, une fois encore, le rôle déterminant que jouèrent alors les difficultés de transmission. Si j'insiste encore sur ce qui peut apparaître comme un détail technique secondaire, c'est parce qu'il est difficile, dans un monde saturé de communications planétaires et instantanées, d'imaginer que, à cette époque, les deux partenaires éloignés de quelques kilomètres ignoraient tout l'un de l'autre et avaient des représentations déformées de leurs actions, qui devaient, pour réussir, être synchronisées : « […] *l'engorgement des centres de décryptage de Londres aggravant les délais des transmissions clandestines, les télégrammes les plus importants venus de Paris n'atteignent leurs destinataires qu'après quarante-huit heures, sinon trois ou quatre jours. Ce facteur d'incertitude n'apparaît pas dans la reconstruction superbe que de Gaulle fait des événements* [dans ses *Mémoires*]. *Il faut en tenir compte pour apprécier les motifs et la logique des décisions prises : le général en chef, l'état-major F.F.I. et lui-même sont, pendant la phase où tout bascule, dans l'ignorance des derniers événements de Paris, tandis que les responsables parisiens n'ont qu'une idée incertaine des intentions alliées*[76]. »

Le jour se lève

Le premier tressaillement de l'insurrection se fit sentir avec la grève des cheminots qui éclata le 10 août 1944. Elle fut suivie, le 15, par la grève de la police ; le jeudi 17, Radio-Paris suspendit ses émissions. L'heure rendait possible l'insurrection. Les débats s'ouvrirent au C.O.M.A.C., au C.N.R. et au Comité parisien de libération (C.P.L.) sur son opportunité. Le soir, Parodi télégraphia à Londres : *« Le CNR délibérant ce jour (17 août) s'est montré unanimement favorable à l'extension de la grève qui est considérée comme l'application des appels à l'action diffusés par la BBC et la radio américaine et comme la préparation au soulèvement national. Sur la demande de Belladone* [Parodi], *le CNR se réunira chaque jour et sera avisé de toute nouvelle extension prise par la grève. J'espère ainsi pouvoir tenir la situation et gagner du temps. Il existe des menaces très sérieuses de représailles allemandes sanglantes*[77]. »

Pourquoi tant d'hésitations puisque tous les protagonistes ne vivaient, depuis des années, que dans la perspective de l'insurrection libératrice ? Sauf pour les plus aventureux, la date du déclenchement de l'insurrection dépendait de l'arrivée des troupes alliées. Le petit nombre de combattants (20 000 environ) et la médiocrité de l'armement (600 revolvers et 2 000 fusils) à Paris risquaient de provoquer l'anéantissement de cette force si les combats se prolongeaient. L'exemple du Vercors, que les communistes condamnaient férocement, faisait trembler la Délégation, et le soulèvement de Varsovie, écrasé par les Allemands grâce à la passivité de l'armée soviétique, confirmait cette crainte.

Or, il manquait à Parodi et Bidault, pour prendre leur décision, deux éléments d'information décisifs : à quelle date les Alliés entreraient-ils dans Paris ? Quelle était la puissance de l'armée allemande et les intentions de ses chefs à l'égard de la capitale ?

Sur le premier point, les avis étaient contradictoires : ceux qui avaient appris, le 11 août, la libération de Chartres (à soixante kilomètres de Paris) jugeaient qu'il était temps de déclencher le soulèvement. Pensaient exactement l'inverse ceux qui recevaient de l'état-major de Kœnig l'annonce que les Alliés n'arriveraient pas avant deux à trois semaines, puisque les plans d'Eisenhower ne prévoyaient pas la prise de Paris, mais son contournement.

La deuxième inconnue concernait les Allemands. Ils disposaient, en réalité, d'une centaine de chars, de 17 000 hommes et n'avaient pas, semble-t-il, la volonté d'exécuter les consignes apocalyptiques de Hitler ordonnant la destruction de Paris. Mais les résistants l'ignoraient. Dans ces conditions, la Délégation penchait pour la plus extrême prudence. *« Par suite de la grève, de l'arrêt du métro, et de l'absence d'électricité jusqu'à des heures tardives les rues sont continuellement pleines de monde. Le gaz est complètement arrêté et le ravitaillement devient très difficile. Si nous ajoutons à cela l'espoir de libération très proche et le passage continuel de camions de déménagement boches rendant manifeste le pillage total des immeubles occupés par l'ennemi on peut réaliser l'atmosphère extrêmement tendue et la gravité de la situation si la libération est encore lointaine. Quartus* [Parodi] *estime indiscutable sauf si la libération est très proche de faire un appel au calme et de rappeler que l'ordre de soulèvement national donné à une certaine partie de la France n'est pas encore applicable à Paris et la banlieue*[78]. »

On peut considérer que, le vendredi 18 août, commença la fin de l'occupation de Paris. Le colonel Rol-Tanguy proclama par voie d'affichage la mobilisation générale, et les communistes appelèrent le peuple de Paris à l'insurrection. La C.G.T. et la C.F.T.C. décrétèrent la grève générale. Les informations destinées au Gouvernement provisoire précisaient : *« L'opinion de la Résistance et de la grande majorité de la population est qu'elle serait humiliée que les troupes allemandes quittent Paris sans que les FFI de Paris aient participé à la lutte armée. Quartus* [Parodi] *demande au Général Kœnig de hâter l'occupation de Paris en raison de la situation créée par la grève de la police et services publics.*

« […] *Quartus en fin de journée (18 août) nous dit que le CNR décidera probablement demain 19 août de donner des ordres d'insurrection. Il est très possible que ces ordres soient donnés cette nuit même par le comité de Libération de Paris. Quartus nous répète que cela confirme l'urgence de l'occupation de Paris. Les opérations de corps franc ont commencé dans Paris. Le soulèvement général peut éclater d'un jour à l'autre. La situation générale exige l'occupation de Paris par des troupes françaises ou alliées aussi rapidement que possible*[79]. »

Effectivement, le samedi 19 août, le C.N.R. et le C.P.L. lancèrent à leur tour, à 11 heures du matin, l'appel à l'insurrection. Le procès-verbal de deux lignes de la séance est le plus bref de toute l'histoire du C.N.R. Les membres du Bureau n'étaient que trois : *« Membres présents : Président* [Bidault], *Sardou* [Saillant], *Ferry* [Blocq-Mascart]. *Le Bureau approuve l'appel à la grève générale lancée le 18 août, par les organisations syndicales et décrète l'insurrection nationale*[80]. »

Des combats marquèrent le début de cette insurrection. Les gardiens de la paix occupèrent la préfecture de police, arrêtèrent le préfet de police de Vichy, et Charles Luizet, le préfet de la Libération, s'installa à sa place.

À 18 heures, Parodi donna l'ordre d'évacuer la préfecture de police. Il se ravisa et, à 20 h 40, une trêve fut conclue. Prévue pour trois quarts d'heure afin de ramasser les blessés, elle fut prolongée jusqu'au lendemain à 21 h 40.

Dimanche 20 août 1944 :
de Gaulle au secours de la Résistance

Le dimanche 20 août, les Américains arrivèrent à Fontainebleau. Pétain quitta Vichy, emmené par les Allemands. Les résistants occupèrent l'Hôtel de Ville à Paris. De Gaulle arriva à Cherbourg.

Les appels au secours répétés lancés par Parodi confirmaient de Gaulle dans sa conviction que la prise de Paris était maintenant une priorité politique autant que militaire. Aussi, rencontrant dès son arrivée Eisenhower à son P.C., fut-il déçu, car ses plans n'envisageaient pas la prise de la capitale, qui serait isolée et débordée à l'ouest et à l'est. Le Général y voyait une manœuvre politique des Américains pour retarder son retour et rendre incertaine l'installation du G.P.R.F. À l'ultime moment, Roosevelt soutiendrait la combinaison Laval-Pétain pour évincer de Gaulle. Les archives n'ont pas encore livré la vérité sur ce point. Mais, vrai ou faux, c'est en tout cas ce que pensait de Gaulle dans la logique de la guérilla diplomatique qu'il menait contre les Alliés.

Le général Eisenhower refusait d'envisager une opération sur Paris parce que ses informations lui suggéraient que l'insurrection transformerait la capitale française en un nouveau Varsovie. D'autres renseignements n'excluaient pas que ces troubles puissent déboucher sur l'installation d'une Commune, ce qui réduirait en miettes la crédibilité du Général, que les Alliés n'avaient toujours pas reconnu comme le chef du Gouvernement provisoire de la République française. Si la visite à Bayeux avait été un plébiscite localement concluant, c'est au pied du mur parisien que les Alliés l'attendaient. Comme de Gaulle pressait Eisenhower de prendre la ville dont les habitants avaient commencé l'insurrection, le chef américain rétorqua *« que la résistance s'était engagée trop tôt*[81] *»*. De Gaulle soutint l'insurrection, car il avait toujours déclaré que les Français ne devaient pas attendre la délivrance de l'étranger, mais se libérer eux-mêmes. C'était également, on le sait, ce que pensaient Jean Moulin et les chefs de la Résistance. Le Général exigea que la division Leclerc entre dans Paris et menaça d'en donner l'ordre, même contre les Américains. Après avoir quitté Eisenhower, il traversa Coutances, Avranches, Fougères. Route triomphale où l'enthousiasme des Français était d'autant plus méritoire que ces villes avaient subi la dévastation des bombardements et de récents combats. Le Général en tira une conclusion : *« La France devait vivre puisqu'elle acceptait de souffrir*[82]. »

Accompagné dans son voyage par Le Trocquer, ministre délégué dans les territoires libérés, par Juin et par Kœnig, il coucha à Rennes. C'est là qu'il apprit l'échec de la tentative organisée par Laval visant à *« coiffer ou écarter de Gaulle »*. Ces nouvelles, accompagnées de faits relatant les combats qui se déroulent dans la capitale, *« portent au comble* [sa] *hâte de voir finir la crise*[83] ». Traversant un village de Bretagne, de Gaulle fut l'objet d'une méprise de la part d'une femme qui l'acclamait sur le bord du chemin et dont l'émotion fit jouer les réflexes conditionnés depuis quatre ans : « Vive le Maréchal ! » cria-t-elle à son passage.

La trêve, un piège fatal ?

Pendant ce temps, Paris s'était réveillé « en trêve ». Les combats avaient cessé à 10 heures la nuit précédente, devant la préfecture de police, à la demande des Allemands qui avaient accepté, en contrepartie, les conditions françaises : *« 1º Que les Allemands cessent les attaques contre les bâtiments publics occupés par les troupes françaises.*

« 2º Que les prisonniers français soient traités suivant les lois de la guerre.

« 3º Que les pompiers de Paris puissent exécuter leur service sans être gênés par les troupes allemandes[84]. »

Dès 9 heures du matin, des membres du C.N.R. se réunirent (Bidault, Villon, Saillant, Avinin, Tessier, Ribière et Blocq-Mascart). À eux se joignirent Parodi, Pré, Chaban-Delmas et, du C.P.L., le général Bloch, Tollet et Hamon. Parodi rendit compte des événements de la veille, puis expliqua que le commandement allemand proposait une trêve élargie : *« Les troupes allemandes cesseront d'attaquer les bâtiments occupés par la Résistance, à condition que la Résistance de son côté, cesse le feu contre les troupes allemandes. Le Commandement militaire allemand de Paris a indiqué que trois divisions allemandes se trouvant à l'ouest de Paris devaient traverser la capitale en se repliant, et que si l'accord proposé n'était pas réalisé, il emploierait tous les moyens pour tenir Paris quelques jours encore. Il a précisé qu'il avait à sa disposition, dans la région, deux cents avions qui bombarderaient Paris si besoin était*[85]. »

Pour des raisons à la fois politiques et humanitaires, le délégué général appréciait les avantages de cette offre sur laquelle le C.N.R. devait se prononcer avant 11 heures : *« La réalisation de l'accord signifierait la reconnaissance par l'autorité allemande de la libération de Paris par la Résistance.*

« Il indique que, d'après les renseignements qui lui sont fournis, les combattants français de la Préfecture de Police ne disposent plus de munitions que pour une heure et demie de feu[86]. »

Chaban et Bloch abondèrent en son sens : la trêve dans Paris n'empêcherait pas de combattre les Allemands autour de la capitale, tandis qu'une bataille urbaine n'offrait aucun *« avantage stratégique sérieux »*. Mais les membres du C.N.R. demeuraient hésitants, voulant être sûrs que les Allemands comprenaient eux-mêmes leur proposition comme une défaite. La violence de l'hostilité de Villon à la trêve, en dépit de la valeur de ses arguments, contribua toutefois à déplacer le débat sur le terrain de la politique intérieure : *« Ce serait une honte pour Paris de laisser passer dans ses murs des divisions allemandes en retraite qui, demain, dévasteront une autre partie de la France. Le but de l'insurrection nationale n'est pas de tenir les bâtiments publics, mais d'exterminer l'armée allemande. Le C.N.R. n'a aucune garantie que l'accord soit observé par les Allemands. On est à la merci d'un incident. Mais si le C.N.R. accepte la trêve, la population parisienne sera livrée à la répression sans être prête à s'y opposer. Le seul accord acceptable c'est la capitulation des forces allemandes*[87]. »

Bidault répliqua en donnant sa propre vision, très positive, de l'accord : *« La requête allemande consacre la capitulation de l'armée ennemie. C'est un résultat qui dépasse l'espérance. Il ne saurait s'agir d'arrêter l'insurrection, mais de constater la victoire des F.F.I. sanctionnée par la Wehrmacht. Le monde entier saluera la libération par les Français eux-mêmes des monuments publics de la capitale. En fait, cela signifie l'évacuation des points essentiels par un ennemi qui reconnaît la victoire des soldats sans uniforme*[88]. »

Il obtint l'approbation des membres du C.N.R., à l'exception de Villon, soutenu par Tollet, tandis que Hamon votait pour. Mais Villon ne s'avoua pas vaincu. Considérant la gravité de la question, il obtint que, à 14 h 30, une séance plénière du C.N.R. soit convoquée pour statuer de plein droit. Puis on se sépara.

Or, après le déjeuner, Parodi fut intercepté par les Allemands, tandis qu'il se rendait à cette réunion. Il transportait des documents de la Résistance. Il fut conduit dans les locaux de la Gestapo.

20 août 1944, 14 h 30 : une séance aux couteaux

Il fallut bien constater son absence quand se retrouvèrent les membres du C.N.R. : Mayer, Laniel, Bastid, Debû-Bridel, Gillot pour les partis, Saillant et Tessier pour les syndicats, Lecompte-Boinet, Mutter, Ribière, Villon, Avinin, Hervé pour les mouvements. Mais ignorant pourquoi Parodi manquait à l'appel, ils commencèrent les débats sous la présidence de Bidault. Après un hommage aux combattants de la région parisienne, on entra dans le vif du sujet.

Depuis l'approbation donnée le matin à la trêve, tout le monde avait beaucoup réfléchi et affuté ses arguments ; aussi une longue et âpre discussion s'engagea-t-elle lorsque Bidault demanda au C.N.R. de ratifier la décision prise dans la matinée. *« Lise* [Laniel] *estime que le C.N.R. ne peut se prononcer sur la question de la trêve sans connaître l'opinion des Alliés sur ce point. Pour échapper aux coups des Allemands il ne faudrait pas risquer de soumettre la capitale aux bombardements des Alliés au moment où les divisions allemandes traverseront Paris en se repliant.*

« [...] *Villon indique que la tâche du C.N.R. ne consiste pas à ramener le problème à son aspect militaire. Il doit considérer surtout le côté politique.* [...] *Décider que Paris doit cesser le feu, c'est faire la coupure entre Paris et le reste de la Nation. On aura demain l'impression que les Parisiens sont sortis du combat alors que d'autres Français continuaient la lutte.* [...]

« Le but de l'insurrection n'est pas de tenir les bâtiments. Ce qu'il faut c'est faire du mal à l'ennemi. C'est participer à la destruction de l'armée allemande. Il est possible de décrocher de la Préfecture. Toutes les forces qui peuvent être armées doivent être mises à la disposition du chef d'état-major des F.F.I. On constate que des membres du C.P.L. vont donner des ordres aux combattants de la Préfecture de Police. Cela est inadmissible, et ne doit pas continuer.

« L'accord avec les Allemands n'est pas possible. Le C.N.R. prendrait la responsabilité de désarmer la population. Si on met dans la balance toutes les forces populaires, on est capable de résister aux représailles éventuelles des Allemands. En outre, un grand nombre de blessés allemands, qu'il n'est pas possible d'évacuer, se trouvent encore à Paris et serviront d'otages.

« Villon fait ressortir un autre aspect du problème. La Résistance veut détruire l'armée allemande. Pour cela il ne faut pas rester enfermés dans les bâtiments, mais s'éparpiller pour attaquer partout l'ennemi par petits groupes.

« Enfin, il est inadmissible de dire que Paris sera protégé et d'abandonner la grande banlieue ouvrière aux Allemands, de partager en deux la région pari sienne. Le C.N.R. détruirait ainsi toute son autorité.

« […] *Valton* [Mutter] *dit que la question intéressante est de savoir si la Résistance peut tenir. A son avis, elle ne peut pas tenir et le C.N.R. doit accepter l'accord. Valton ne veut pas, en tant que chef d'un mouvement, prendre la responsabilité de faire tuer cinquante mille hommes pour rien.*

« […] *Thimonnier* [Tessier] *estime que, quelle que soit la décision du C.N.R., elle revêtira un caractère d'une extrême gravité. Il pense qu'il faut consentir tous les sacrifices utiles, mais lorsque les sacrifices ne présentent pas un caractère d'utilité, il faut essayer de les éviter. Or, d'une part, le général Rapp* [Bloch-Dassault] *a déclaré ce matin que la Résistance dans Paris ne pouvait pas faire beaucoup de mal aux Allemands et d'autre part, le commandement militaire allemand a déclaré qu'il assurerait par tous les moyens le passage à Paris de trois divisions. Si la radio peut répandre dans le monde entier que la Résistance a pu obtenir dans quelques heures la libération de Paris, c'est là une victoire énorme et c'est pourquoi Thimonnier a voté l'acceptation de l'accord.*

« Villiers [Daniel Mayer] *voit dans la suspension d'armes une possibilité de gagner du temps. Or, actuellement le temps travaille pour la Résistance, puisque chaque heure correspond à une avance de chars alliés. C'est la raison qui détermine son vote et lui fait accepter l'accord. S'il s'agit d'un piège, la Résistance dénoncera l'accord et reprendra les armes. S'il n'y a pas de piège, la victoire symbolique d'une suspension d'armes demandée par les Allemands est moralement considérable.*

« Le Président indique qu'il n'est pas d'accord avec Pacaud [Villon] *sur les points suivants :*

« […] *l'accord ne démoralisera pas la population ; au contraire, le fait que l'Allemagne abandonne les points occupés par la Résistance produira un effet prodigieux et stimulant sur le peuple de Paris et sur l'opinion de tout le monde.*

« Chardon [P. Hervé] *pense que le Commandement allemand craint un soulèvement de la population de Paris tout entière. Le calcul du général allemand consiste à empêcher l'insurrection pour pouvoir faire passer ses chars.* […]

« Pour Manin [Gillot] *le fond du problème n'est pas de savoir si les divisions allemandes passeront par Paris. Le général de Gaulle a lancé un appel au combat : il faut le suivre. Au bureau du C.N.R. on a discuté sur toutes sortes de questions (C.O.M.A.C., Milices Patriotiques) on n'a pas assez parlé de l'insurrection Nationale.*

« Nous sommes devant une nouvelle manœuvre de l'ennemi. Il faut le déjouer, on ne peut pas faire confiance à la parole hitlérienne. Il semble qu'on ait peur de la population parisienne.

« En ce qui concerne le manque d'armes, il y a des responsables qu'il faudra rechercher. Mais il y a encore des armes stockées et inutilisées dans la région parisienne. Il faut immédiatement les faire distribuer et appeler le peuple de France au combat. La Résistance n'est pas victorieuse parce qu'elle a pris quelques édifices. Il faut faire la guérilla, celle qui a été recommandée et qui n'a pas encore été faite dans la région parisienne.

« Le C.N.R. doit montrer qu'il est d'accord avec les paroles du général de Gaulle : "L'insurrection Nationale est inséparable de la Libération Nationale". On ne peut pas cesser le combat 48 h. après l'avoir déclenché. Paris veut apporter

sa contribution à la libération du pays pour que la France puisse obtenir la reconnaissance des droits que certains alliés semblent encore lui contester.

« *Manin déclare qu'il est impossible au Parti Communiste d'accepter l'accord et précise que le P.C.F. expliquera son attitude dans un tract*[89]. »

La violence de ce débat, que l'on ressent à la lecture de ce procès-verbal, a été pourtant atténuée par cette rédaction administrative. Le témoignage de Debû-Bridel, en revanche, corrige, par son exaltation, ce que ce document a de trop policé et insiste sur l'état d'esprit dans lequel les protagonistes s'étaient retrouvés. « *Vers midi et demi, un coup de téléphone de Laniel m'apprend par hasard que le CNR allait se réunir à 11 heures rue Didot, Bidault a oublié de me convoquer. Et Gillot non plus ne l'a pas été ; si Villon n'était venu me prendre, deux membres du Front national étaient évincés. Les manipulations du matin se poursuivaient, Bidault en convint du reste assez cyniquement.*

« *Bidault n'eut pas l'air enchanté de nous voir arriver avec Pierre Villon ; Saillant, Daniel Mayer, Bastide et Laniel étaient déjà là, les autres arrivèrent assez rapidement, seul manquait Parodi, le délégué général. Au cours des apartés une majorité hostile à la trêve se dégageait déjà nettement.* [...] *Bref Bidault dut attaquer seul un auditoire déjà réticent. Lui d'habitude temporisateur et conciliant s'affirme brutal, cassant, autoritaire ; avec cela d'une extraordinaire nervosité. Il nous somme en fait de ratifier l'accord Choltiz* [sic]*-Nordling, présenté comme une aubaine inespérée.* »

Certains se rebiffent et Debû-Bridel, prenant Bidault au mot, demande s'il s'agit d'un ultimatum. « *Nous étions en pleine absurdité car si vraiment Choltiz sollicitait une trêve, toute cette précipitation ne s'expliquait pas ; s'il s'agissait d'un ultimatum, nous devions le repousser et nous battre. Villon, fort de l'appui du COMAC, soutenu par Gillot, déclara qu'il continuerait la lutte en tout état de cause. Avec Saillant, j'ai déposé une motion d'ajournement au lendemain afin d'entendre Parodi, le COMAC dans son ensemble et Chaban délégué militaire, les combats devant continuer. Nouvelle colère de Bidault, Laniel et Bastide, réfutant la thèse de Bidault, estiment que pour éviter les risques de la guérilla nous exposons Paris aux bombardements de l'aviation alliée si ses ponts sont le principal passage de l'armée allemande en retraite*[90]. »

À ce témoignage engagé, et toujours passionné quarante ans après les événements, il faut comparer la version d'un chef de mouvement, Lecompte-Boinet, qui rappelle que le C.N.R. se réunissait en séance plénière pour la première fois depuis huit mois. Il évoquait le président Bidault : « *Il est nerveux et fatigué. Du reste nous sommes tous nerveux et fatigués. Il semble dès l'abord, que les négociations engagées par l'entremise du Suédois n'ont pas l'accord de tout le Conseil et il est décidé d'attendre l'arrivée de Parodi, lequel représente officiellement le général de Gaulle, pour examiner ce problème certainement délicat*[91]. »

Pour gagner du temps, Bidault lit la lettre que Herriot avait rédigée le 16 août, dans laquelle il élevait une protestation solennelle contre son arrestation, tout en gardant un silence prudent sur ses conversations avec Laval. « *Nous attendons en vain Parodi, et Bidault s'efforce, avant l'arrivée du délégué général, de trouver des sujets de conversation qui ne soient pas la trêve, car les communistes paraissent très violents.*

« [...] *Malgré l'absence étrange de Parodi, il faut bien aborder la discussion sur les négociations engagées à propos de la trêve ; immédiatement ce sont des altercations violentes entre Villon, Gillot et Debû-Bridel d'une part, et d'autre part Daniel Mayer et moi-même (personnage muet) inhabitué à ces discussions, mais dont les gestes s'efforcent d'être nets.*

« Tandis que Gillot violent, menace et hurle, Villon, tantôt sourit de commisération lorsque ses adversaires parlent, tantôt prend une attitude de haine froide, chargée de menaces...

« Au cours de la discussion, Villon en arrive à dire : "Il ne s'agit pas de la vie de 50.000 Parisiens, il s'agit que le peuple parisien participe à la victoire"[92]*. »*

Au point où l'on en était parvenu, aucun accord ne semblait possible. Les communistes et leurs alliés s'opposaient à la trêve, et ses partisans ne parvenaient pas à rallier les hésitants. Malgré Bidault, qui réclamait une vraie décision, Saillant proposa un ajournement en demandant des éclaircissements supplémentaires sur ce que serait l'attitude du Comité parisien de libération, sur la valeur de l'offre allemande et sur l'opinion de l'état-major interallié. Il n'était pas possible, souligna-t-il, *« que le C.N.R. se divise dans le combat ». « Bidault trépigna, menaça,* raconte Debû-Bridel, *le CNR, malgré les avis favorables à la trêve de Mutter et de Daniel Mayer, refusa de la ratifier, laissa l'armée libre de ses mouvements sous l'autorité du COMAC et s'ajourna au lendemain*[93] *».*

Du fait de l'absence inopinée de Parodi, le *statu quo* avait prévalu, ce qui avait d'ailleurs évité la rupture. Mais comment réagiraient ces esprits chauffés à blanc en découvrant que la suspension des combats était déjà annoncée un peu partout dans Paris ? Ceux qui refusaient la trêve y virent une trahison. Ainsi Debû-Bridel : *« Anticipant de la décision du CNR, profitant de la captivité de Parodi, la Délégation manipulée par Bidault et ses complices avait souscrit aux exigences de Choltiz* [*sic*] *qui de bonne foi pouvait croire la trêve ratifiée. C'est alors que j'ai déclaré que les auteurs de cette imposture devaient être fusillés, propos qui me furent tant reprochés*[94] *! »* Était-on au bord de la guerre civile ?

21 août 1944 : « Il y a trahison en plein combat, il y a usurpation du pouvoir »

Le lendemain, Parodi, qui avait obtenu sa libération du général von Choltitz, fut en état de se joindre à la nouvelle réunion plénière organisée à 17 heures dans un appartement minuscule près de la porte d'Orléans, tandis que les combats faisaient rage dans le Quartier latin et autour de la préfecture de police. *« Nos discussions, très vives, sont ponctuées de coups de feu (fusils et mitraillettes) : ceux qui combattent à moins de 200 mètres, à la gare de Denfert-Rochereau, donnent à la fois un fond sonore au débat et le meilleur argument contre la trêve*[95]*. »*

Pour rendre compte de cette véritable séance d'anthologie, il ne faut pas s'en tenir au procès-verbal qui fut rédigé pour l'histoire, y compris les longues tirades d'indignation patriotique des communistes qui prennent date pour les futurs procès contre les attentistes et les traîtres. Il faut interroger les témoins pour retrouver les incidents cocasses ou tragiques qui émaillèrent cette fin d'après-midi du 21 août.

La tension semblait à son comble, dans un décor trop petit pour elle. *« Nous étions vingt-deux par moments, entassés dans un minuscule salon dont un piano occupait le tiers de la place et où six personnes assises auraient tout au plus pu tenir à l'aise. La chaleur était torride, deux groupes dressés face à face s'accu-*

saient de rébellion ou de trahison[96]. » Parodi montrait sa fatigue, tandis que Bidault paraissait si épuisé qu'il semblait incapable de défendre sa position de la veille ni même de diriger les débats. D'emblée, les communistes passèrent à l'attaque, Villon, Gillot, soutenus par Saillant, auxquels s'ajoutaient des représentants du C.O.M.A.C. et du Comité de libération. Un terrain de choix s'offrait à eux grâce à la proclamation publique de la trêve qui avait eu lieu, alors même que le C.N.R. délibérait encore. Les orateurs communistes se succédèrent les uns aux autres pour enfoncer le clou. *« Manin* [Gillot] *dit que la veille le C.N.R. discutait pendant que d'autres agissaient. En sortant du C.N.R., il a pu constater l'appel à cesser le combat, devant les mairies, les commissariats et les gendarmeries, alors que le C.N.R. venait de voter une motion présentée par Sardou* [Saillant] *aux termes de laquelle l'assemblée s'ajournait sur la question au lendemain 17 heures.*

« Manin est obligé de poser plusieurs questions.

« 1º Qui a rédigé un pareil texte ?

« 2º Qui a pris la responsabilité de le placarder partout sans décision du C.N.R. ?

« 3º Quel est l'organisme occulte qui décide et applique pendant que le C.N.R. discute ?

« 4º Qui parle au nom du C.N.R. et du G.P.R.F. ? Il faut donner des noms.

« En vérité, il y a trahison en plein combat. Il y a usurpation de pouvoir.

« Manin demande que le C.N.R. dénonce un pareil faux. Il faut placarder immédiatement un démenti. Le C.N.R. doit se prononcer.

« Il faut dire si le C.N.R. existe en tant que tel. Hier pendant tout l'après-midi, il a discuté pour repousser un acte inqualifiable alors que les décisions étaient déjà prises.

« Pourquoi le Président [Bidault] *n'a-t-il pas dit qu'il était inutile de discuter et que l'appel à cesser le combat avait déjà été affiché. La question aurait été claire. Au lieu de cela, on a leurré, trompé le C.N.R., on s'est moqué de lui.*

« Et pendant qu'il est décidé à l'insu du C.N.R. de cesser le combat, les boches tirent à Vanves, ils déclarent l'état de siège à Igny, à Bièvres ; partout l'ennemi tire sur les Patriotes. Veut-on assurer la sécurité des boches ? Le P.C.F. demande que toute la lumière soit faite.

« Le Président déclare que ses explications de la veille étaient parfaitement claires et il invite les membres du C.N.R., s'ils ne sont pas d'accord sur ce point, à déposer un texte de regret ou de blâme[97]. »

Ce que ne relève pas ce compte rendu, c'est le ton dont usa Gillot, puisque Lecompte-Boinet nota une *« protestation virulente des Communistes par le truchement de Gillot, avec sa grossièreté habituelle*[98] ».

« Sardou [Saillant] *rappelle que la veille le C.N.R. a pris acte des négociations, sans prendre de décision. Aucune note n'est signée qui engage le C.N.R. et les Allemands. Le combat continue. Le général Kœnig n'a pas donné l'ordre de cesser le feu. L'Insurrection nationale n'est pas arrivée à son terme.*

« Sardou demande que le C.N.R. prenne connaissance d'un texte que le C.P.L. a voté à l'unanimité.

« Le Président lit le texte du C.P.L.

« Manin [Gillot] *déclare que ce texte condamne l'attitude du C.N.R. Il propose que le C.N.R. dénonce le faux qui a été collé la veille sur les mairies et les commissariats de police pour annoncer une trêve*[99]. »

« Puis ce fut, front immense, nez pointu, regard d'acier, hypertendu par la fatigue de deux jours sans sommeil, Villon dans le rôle de l'accusateur public ; son réquisitoire fut accablant ; pendant, démontra-t-il, qu'au coude à coude les FFI se battaient contre l'ennemi, certains tramaient avec cet ennemi un véritable complot dont le Front national et les communistes devaient faire les frais. […] *Villon exigeant des explications.* […]

« Villon de lire alors une déclaration d'une rare violence dénonçant la trêve comme "une nouvelle manœuvre de l'ennemi tendant à poignarder dans le dos les Parisiens" en lutte contre "les Boches", Bidault en fait était coupable d'avoir, au nom du CNR et sans droit, conclu ce pacte avec l'ennemi. Si la formulation du texte péchait par sa violence, il n'exprimait pas moins la stricte vérité des faits. A une question de Parodi, Villon ayant répondu que sa déclaration était déjà "en cours d'affichage", le Délégué général de répliquer en se levant : "En ce cas, c'est une rupture totale"[100]. »

Le président, les membres modérés du C.N.R. et le délégué du gouvernement étaient donc mis en accusation dans les termes les plus graves et tenus sous la menace d'une rupture. Villon ne perdit pas, en outre, l'occasion de s'en prendre à Chaban-Delmas, arguant que *« le D.M.N., officier de liaison, n'est pas qualifié pour traiter avec les Allemands*[101] ». Courageusement, Chaban défendit pied à pied la position qui était celle de Parodi, de Bidault et la sienne propre en faveur de la trêve. En effet, il avait insisté en ce sens auprès du délégué du gouvernement et avait à cœur de conserver les avantages acquis lors des combats, qu'il jugeait inespérés. *« Chaban donne des précisions sur la situation de la Résistance dans la région parisienne, au moment de la conclusion de l'accord. Les F.F.I. ne disposaient que d'une quantité infime d'armes, une très grande partie des munitions mises à leur disposition ayant été déjà utilisée. Les Allemands auraient commis une erreur d'appréciation sur les véritables forces de la Résistance.*

« Tenant compte des moyens réduits de la Résistance et du fait qu'on ne pouvait compter sur l'apport extérieur des troupes alliées avant une dizaine de jours, Chaban conclut sur le plan militaire à la nécessité de gagner du temps, c'est-à-dire de maintenir un accord, en s'efforçant de régler les incidents, et en continuant à combattre en dehors de Paris, jusqu'à ce que le rapport des forces évolue en faveur de la Résistance. A ce moment, il faudra dénoncer l'accord et déclencher un nouveau sursaut de l'insurrection pour gagner une deuxième victoire.

« Chaban indique que le général Patton ne lui a pas dissimulé que le plan des Alliés était de faire tomber Paris par encerclement. D'après les renseignements qu'il a pu recueillir, le D.M.N. estimait qu'au moment où les Allemands proposaient l'accord, les Américains ne pouvaient déborder Paris avant 10 jours, soit à l'heure actuelle sept jours.

« La délégation a demandé à plusieurs reprises aux Alliés d'envoyer des armes et de pousser une pointe sur Paris. Elle n'a pas encore reçu de réponse. Les Américains ne pourront arriver à Paris au plus tôt que dans la nuit de mercredi à jeudi [du 23 au 24 août][102]. »

Les propos de Chaban firent effet. Debû-Bridel, qui était hostile à la trêve, n'en jugea pas moins cet exposé *« remarquable*[103] ». Chaban avait appris, à l'usage, à ne pas se laisser prendre à la dialectique virtuose de Villon et il savait le contrecarrer. Aussi Villon éprouva-t-il le besoin d'un renfort extérieur : *« En dépit de l'opposition de Mutter et de Daniel Mayer qui auraient souhaité passer au vote sans attendre, sous l'influence de l'exposé alarmant de Chaban, les deux délégués du COMAC, en contact permanent avec les combattants, furent appelés*[104]. » Par solidarité avec Vogüé, qui appartenait à son mouvement, Lecompte-Boinet se sentit obligé d'appuyer l'audition du C.O.M.A.C.

Le C.O.M.A.C. à la rescousse

Villon demanda, en effet, l'audition du C.O.M.A.C., dont il n'attendait rien qu'un soutien total puisqu'il en était le président. Effectivement, *« Valrimont* [Kriegel] *et Léonard* [Vogüé], *membres du C.O.M.A.C. sont entendus. Chacun d'eux expose son point de vue sur la conclusion d'une trêve à laquelle ils sont fermement hostiles*[105]. » Voyons en détail ce qu'il en fut de ces interventions.

Lecompte-Boinet trouva Kriegel *« vaseux »* et *« constamment à côté de la question »*[106]. Mais Debû-Bridel perçut autre chose derrière le style : *« La violence du ton et des propos de Kriegel firent fort mauvais effet sur Laniel et Bastide. J'étais inquiet, le résultat du scrutin tenait à une ou deux voix. "Ça sent vraiment la Commune", m'avait chuchoté Laniel*[107]. » Debû-Bridel eut l'impression que seule la qualité de l'intervention de Vogüé — qui, en outre, n'était pas communiste — avait rétabli l'équilibre : *« Bouleversant de sincérité et de foi patriotique le bref discours de Jean de Voguë* [*sic*] *(Vaillant) renversa la situation ; il n'avait pas quitté les barricades depuis quarante-huit heures et portait barbe de trois jours, traits tirés, yeux cernés par l'insomnie, il était animé par la seule ferveur du combat. D'éloquence point, un vrai coup de clairon d'un officier français, l'appel millénaire des chefs appelant les hommes au combat pour la patrie. Le peuple en ce qu'il a de plus spontané s'exprimait par la bouche de cet aristocrate, tradition nationale de Déroulède, Barrès, Péguy en ce qu'elle avait de pur de tout alliage réactionnaire. "Vouloir renoncer à la lutte en ce 21 août dans Paris serait aussi insensé que de prescrire à un raz de marée de regagner la rive... Je viens, conclut-il, de quitter les combattants, je retourne au combat. Nul n'a le droit de priver le peuple de Paris d'une bataille qu'il prépare depuis quatre ans." La cause était entendue. Médusés les temporisateurs se taisaient. Laniel avait les larmes aux yeux et il n'était pas le seul*[108]. » Pourtant, au dire de Lecompte-Boinet, Blocq-Mascart lui aurait chuchoté à l'issue de cette prestation : *« Pas brillant votre second*[109]. »

Qui croire ? Tout le monde. L'impression produite ne fut sans doute pas la même sur les représentants des partis, toujours un peu complexés par l'action militaire, et sur ceux des mouvements. Tout de même, un mot de Vogüé à Lecompte-Boinet, écrit quelques heures plus tôt, nous donnera notre propre sentiment : *« Je suis consterné de voir comment certains individus ont pu, dans la journée d'hier, faire accepter des tractations avec l'ennemi, tractations aboutissant à une trêve dont l'ennemi a le plus grand besoin, trêve qui a brisé l'élan des F.F.I.* […]

« Sur le fond du problème de la trêve, je suis formel. Accepter une trêve consiste à faire le jeu de l'ennemi et lui permettre d'éviter un désastre.

« Une fois le combat commencé, il faut toujours le pousser à fond pour exploiter les avantages du début.

« C'est une grave faute militaire que de tomber dans le panneau que l'ennemi ne manque jamais de tendre dans ce cas.

« Malheureusement l'ennemi a eu des complices, conscients ou non : parmi tous les gens qui sont intervenus de leur propre chef (en dehors du commandement militaire seul qualifié) pour négocier, et pour arrêter le combat sans contrepartie en donnant des ordres à la troupe par dessus la tête de leurs chefs. [...]

« Nous sommes en guerre et c'est le moment de faire preuve de force de caractère, de rectitude, de jugement et de volonté obstinée de frapper l'ennemi, surtout au moment, attendu depuis longtemps, ou l'action de la Résistance peut être déterminante[110]. *»*

À l'appui de ces interventions fut communiquée une motion du C.O.M.A.C. destinée à entraîner l'adhésion à la thèse des communistes : *« Le C.O.M.A.C. exprime sa surprise de voir que des pourparlers pour une trêve ont été poursuivis par des personnalités non qualifiées.* [...]

« Il souligne la contradiction de la position des membres de la délégation qui, après avoir affirmé que le commandement interallié et le commandement du général Kœnig étaient seuls en mesure de donner des ordres généraux, poussent à la conclusion d'accords avec l'ennemi, sans consulter ce commandement.

« De tels accords pourraient être interprétés comme une infraction à des conventions interalliées. [...]

« Le C.O.M.A.C. pour sa part, tient à saluer avec une joie très vive la réaction de la population parisienne et des F.F.I. qui, comme l'a demandé le général de Gaulle, se sont levés pour combattre. [...]

« Le C.O.M.A.C., fort de son expérience et de l'étude des bons et mauvais exemples de lutte menée par les F.F.I. dans le pays, peut affirmer que [ni] *le sort de l'action engagée, ni celui des combattants, ne dépendent de la possession d'un immeuble, qui n'a qu'une valeur de symbole.*

« A Paris, comme ailleurs, la tactique du plateau des Glières est une faute, alors que la guérilla mobile est efficace. [...]

« Le C.O.M.A.C. estime que cette conception de la lutte insurrectionnelle et de la lutte militaire, dans laquelle on manie les combattants comme des marionnettes, est contraire à toutes les règles pourtant bien connues de l'action militaire, qui enseignent qu'une manœuvre engagée doit être poursuivie et qu'un succès doit être exploité à fond. [...]

« Le C.O.M.A.C. estime que le harcèlement de ces forces désorganisées sur tout le parcours, avant, dans et après Paris, avec le développement de la guérilla comportant l'accumulation des obstacles et la récupération des armes même lourdes et motorisées, permettrait un retard dans la marche de l'ennemi qui aurait contribué grandement à leur anéantissement recherché par le commandement des armées alliées. [...]

« Le C.O.M.A.C., pour sa part, pense qu'il exprime la glorieuse volonté de la Résistance en appelant les Parisiens à la lutte sans merci contre l'ennemi et pour le rétablissement de la France dans sa grandeur et dans son indépendance[111]. *»*

Selon les propres termes de Villon, ce texte s'attachait *« à détruire un à un les arguments des partisans de la trêve*[112] *»*. S'est ensuivie une nouvelle joute oratoire entre Chaban et lui où, à bout d'arguments, il finit par s'exclamer lyriquement : *« Paris est le plus bel endroit du monde pour faire la guérilla*[113]. *»* Ce à quoi Chaban répliqua qu'il était sûr que *« son opinion est celle du général Kœnig*[114] *»*.

S'il fallait s'en tenir au procès-verbal, l'échange en serait resté là. Mais les témoins nous révèlent que le psychodrame faillit tourner à la catastrophe : *« Je suis tellement écœuré et il fait tellement chaud, que je passe dans le bureau d'à côté,* se souvient Lecompte-Boinet. *On entend à côté, dans la chambre où siège le C.N.R. des cris de "lâche, lâcheté".*

« Chambeiron m'appelle, "car la situation est très grave".... : Villon a traité Chaban de lâche et Maxime [Blocq-Mascart] *me demande l'arrestation immédiate de Villon*[115]. »

Que s'est-il passé ? Tout a commencé avec l'exaspération qui règne entre les deux hommes : *« A bout de nerf, Chaban ayant parlé de "gentlemen agreement" avec Choltiz, Villon exaspéré, opposant les fermes propos de Voguë à l'attitude de Chaban, le traita de "lâche". Dans la chambre exiguë, surchauffée, chacun s'est dressé, les chaises se renversent, Mutter, Tessier, Daniel Mayer hurlent : "C'est intolérable ! C'est inacceptable ! Des excuses." Bidault, seul toujours absent, ne réagit pas. Chaban toise son antagoniste. »* Parodi intervient pour calmer le jeu et prie *« Villon de retirer son insulte. Villon affirme n'avoir pas voulu traiter Chaban de lâche, mais estime qu'en la circonstance il s'est conduit en lâche. Nouveaux cris. Nouveau tumulte. "Dans ces conditions, il est impossible de délibérer, estime Parodi. Je me retire." Tout est à nouveau à redouter. Je hurle à Bidault : "Suspendez la séance, nom de Dieu ! Suspendez la séance !" Il ne réagit pas, l'air d'un somnambule. Je répète mon cri pour la sixième fois, alors que Parodi suivi de Chaban tentent de gagner la sortie parmi les chaises renversées. Par un geste maladroit, je pousse ma chaise et brise la grande vitre de la fenêtre. Elle s'écroule avec fracas. »* Cet incident stoppe net l'escalade : *« Comme dehors la bataille se poursuit, certains de se demander s'il ne s'agit pas d'une balle. Non, mais une bouffée d'air frais pénètre dans la petite pièce calmant les esprits et réveillant Bidault. La séance est suspendue. On s'explique dans le couloir et la cuisine ! Villon reconnaît que son propos a dépassé sa pensée. L'incident est clos*[116]. »

Dans ce dialogue de sourds, on est frappé par la quasi-abstention, sur le fond, des membres du C.N.R. qui approuvaient l'action des délégués du gouvernement et souhaitaient accepter la trêve. En dehors des communistes et des ralliés, ils avaient pourtant la majorité. Or, ils se laissèrent imposer un texte, établi par le Comité parisien de Libération, avec lequel ils n'étaient pas d'accord. Et seul Tessier tint à préciser *« qu'il ne vote pas contre, dans un souci d'unanimité, mais qu'il estime que le C.N.R. commet une erreur*[117] ». Mais Parodi leur offrit le bouclier de sa responsabilité. Le délégué général, en effet, estimait nécessaire de faire *« des concessions »* afin de *« maintenir l'unité de la Résistance »*[118].

Ainsi, le 21 au soir, le C.N.R. fit sien l'appel aux armes du C.P.L. : *« La lutte continue. Elle doit se poursuivre jusqu'à ce que l'ennemi soit chassé de la région parisienne.*

« Plus que jamais tous au combat.

« Répondez à l'ordre de mobilisation générale, rejoignez les F.F.I.

« Toute la population doit par tous les moyens empêcher la circulation de l'ennemi.

« Abattez les arbres, creusez des fossés antichars, dressez des barricades.

« C'est un peuple vainqueur qui recevra les Alliés[119]. »

Un peuple vainqueur ou des communistes vainqueurs ? Lecompte-Boinet confie : *« Je sors de la réunion avec Tessier et Laniel, et tous trois, nous sommes bien convaincus qu'après quelques expériences de ce genre, nous sommes bons pour une dictature*[120]. »

Toutefois, Parodi a relativisé l'importance de cet événement : *« à partir du 21 août, les séances du CLN* [C.N.R.] *avaient perdu pour moi l'essentiel de leur intérêt. Les discussions continuaient à s'y poursuivre sur un plan théorique, alors qu'on se battait à Paris et ma présence était plus utile à la Préfecture de Police ou dans les bureaux clandestins*[121]. »

La trêve, en effet, ne fut qu'en partie respectée par les Allemands et par les insurgés. Il semble, selon les témoignages, qu'elle fut accueillie avec soulagement par une partie de la population civile. Par ailleurs, il faut rappeler que les résistants armés (quelques milliers sur une ville de deux millions d'habitants) se battaient dans leur quartier, dont ils ne sortaient pas, vivant groupés et se livrant à une guérilla localisée suivant les ordres des chefs de groupes ou sur leur propre initiative. Si l'on regarde une carte de Paris de cette époque, on constate que la plus grande partie de la capitale fut tranquille et que certains ignorèrent tout des combats (par exemple dans le XVIe arrondissement).

21 août 1944 : naissance d'une presse nouvelle

Tout aussi important que la séance du C.N.R., un autre événement, ce même 21 août 1944, annonçait la libération imminente : la sortie publique de la presse clandestine qui, après quatre ans de censure et de terreur, retrouvait la voix de la liberté.

Deux jours auparavant, les rédactions des journaux collaborateurs avaient abandonné les imprimeries. Les résistants s'en étaient emparés et, dans Paris insurgé, des journaux issus de la Résistance furent publiés sur ces presses et vendus à la criée dans les rues. *Combat*, *Libération(-Sud)* et *Le Franc-Tireur* sortirent ainsi de la clandestinité, en compagnie de *L'Humanité*, qui surmontait enfin près de cinq années d'interdiction, forte du dynamisme et de l'héroïsme de ses combattants : *« Le rôle joué par l'Humanité dans la lutte libératrice du peuple de France a été considérable car seul ce journal apportait au peuple voulant se battre les solutions adéquates à sa volonté.*

« [...] *L'attachement des travailleurs à leur Humanité est assuré. Mais notre journal, grâce à l'héroïsme connu des communistes, grâce aux admirables victoires de l'Armée Rouge de l'URSS, a pénétré et pénétrera encore dans d'autres couches du peuple français*[122]. »

Les titres des nouveaux venus étaient inconnus. En situation de force par leur place dans la Résistance, les trois organes issus des M.U.R. avaient néanmoins encore à se faire connaître du public. *Le Franc-Tireur* garda un sous-titre calqué sur celui qu'il avait dans la clandestinité : *« Fondé en 1941. A paru clandestinement pendant trois ans malgré Hitler et Pétain. »* Il faisait son historique et annonçait son programme : *« Qu'est-ce que le Franc-Tireur, lorsqu'il naît, humblement, fièrement, quelque part en France ?*

« Un mot qui se fait journal. Le mot : Non ! Ce "non", c'est celui que la France et le général de Gaulle lancent à l'ennemi et à la trahison.

« [...] *Né du combat, grandi dans le combat, il oppose à l'esprit de facilité et de compromis l'esprit de la Résistance.*

« [...] *une Révolution est nécessaire, une révolution qui, complétant celle d'il y a un siècle et demi, rende, enfin, la Nation maîtresse de son destin économique, mette le travail au service exclusif de la collectivité*[123]. »

Combat choisit, lui aussi pour surmonter l'ignorance de l'opinion, de présenter aux lecteurs ses « références » : *« "Combat" qui, pour la première fois, paraît aujourd'hui au grand jour, avait, depuis 1941, publié clandestinement des numéros de petit format.*

« [...] *Les journalistes qui ont pris l'initiative de faire désormais de "Combat" un quotidien d'informations et de combat appartenaient à la rédaction du journal clandestin. Cela les autorise aujourd'hui à dire qu'ils connaissent leurs responsabilités et qu'ils sauront trouver leurs mots*[124]. »

La rédaction du journal avait beaucoup évolué depuis le départ pour Alger de ses fondateurs, François de Menthon et Henri Frenay. Un groupe actif et talentueux avait façonné un autre journal qui avait pris, en fait, une autonomie par rapport aux dirigeants du mouvement, surtout après l'arrestation de Bourdet en mars 1944. C'est pourquoi la première signature qui apparaissait au bas d'un article était celle d'un inconnu promis à la gloire : Albert Camus. Sous le titre « Le combat continue », il inaugurait ses chroniques : *« Aujourd'hui 21 août, au moment où nous paraissons, la libération de Paris s'achève. Après cinquante mois d'occupation, de luttes et de sacrifices, Paris renaît au sentiment de la liberté malgré les coups de feu qui, soudain, éclatent à un coin de rues.*

« Mais il serait dangereux de recommencer à vivre dans l'illusion que la liberté due à l'individu lui est sans effort ni douleur accordée. La liberté se mérite et se conquiert. C'est par la lutte contre l'envahisseur et les traîtres que les Forces Françaises de l'Intérieur rétablissent chez nous la République, inséparable de la liberté. C'est par la lutte que la liberté et la République triompheront. »

Il mettait en garde contre une euphorie trop prompte. *« Le combat contre l'Allemagne nazie continue ; il sera poursuivi sans défaillance. Mais si c'est le plus dur des combats pour lesquels toute la France est mobilisée, ce n'est pas le seul qu'il nous faut mener.*

« [...] *Par la lutte que nous poursuivons avec les Alliés contre les armées hitlériennes, tout le territoire français sera bientôt libéré. Les Alliés auront rendu possible notre libération. Mais notre liberté, c'est à nous-mêmes qu'il appartient de l'établir.*

« Le combat continue[125]... »

Par ailleurs, dans les premiers numéros de cette nouvelle presse, de Gaulle n'était pas oublié. On le savait en France, on l'attendait à Paris. À l'immense joie de voir arriver dans la capitale celui qui personnifiait la Résistance se mêlaient pourtant des questions sur son rôle de chef.

Ces premiers journaux étaient en mesure d'annoncer que le Général se trouvait bien sur le sol français, à Cherbourg précisément. Tout de suite, *Combat* se préoccupa d'affirmer, contre la menace de l'A.M.G.O.T., la légitimité de De Gaulle, chef du Gouvernement provisoire de la République française : *« Ensuite, Charles de Gaulle est près de nous, ce qui nous autorise à penser qu'il sera bientôt avec nous. Juste consécration de la clairvoyance, de l'intelligence politique et du courage.*

« A Londres, où M. Winston Churchill saluait récemment en de Gaulle l'homme le plus "digne" de prendre le pouvoir, la presse britannique exprime sa satisfaction. Elle met en relief l'évolution symptomatique qui se manifeste dans les milieux gouvernementaux américains à l'égard du Comité d'Alger et de son

chef. Evolution que l'opinion publique aux Etats-Unis n'est pas la dernière à se féliciter [*sic*], *car depuis longtemps elle avait placé tous ses espoirs et tout son cœur dans les animateurs de la libération française et de l'armée du maquis*[126]. »

C'est cette dimension de la légende que les communistes entendaient bien conserver comme cheval de bataille contre les « attentistes ». *L'Humanité* n'omit donc pas d'ajouter une implicite condamnation de la « trêve » : « *7 000 personnes ont assisté aujourd'hui à l'arrivée du général de Gaulle dans la ville de Cherbourg. Le président du Gouvernement provisoire de la République française a été salué par les acclamations frénétiques de la foule. Dans une courte allocution, le général de Gaulle a déclaré : "*[…] *Comme les Corses, Paris veut le recevoir, en vainqueur"* [127]. »

Toutefois, Alexandre Parodi trouvait la presse résistante un peu avare sur le Général : *« Le nom du général de Gaulle y est très peu mentionné »*, écrivit-il au secrétaire général à l'Information. *« Cela tient certainement de la part de nos amis de la Résistance à ce qu'ils considèrent comme acquis que le Général de Gaulle est le chef incontesté de la Résistance Française et que le pays tout entier est derrière lui.*

« En réalité, l'opinion a besoin d'être bien plus éclairée et risque d'être déconcertée par la tiédeur apparente du Gaullisme des nouveaux journaux[128]. » En conséquence de quoi, il envisageait une réunion sur le sujet avec les représentants de la presse.

Ces quelques extraits de la nouvelle presse ne doivent pas non plus masquer ses paradoxes. Quoique d'origine politique et militante, les journaux issus de la Résistance essayèrent, dès les premiers jours, de se transformer en quotidiens d'information, laissant une large part aux faits divers ou à la rubrique sportive. Eu égard à la pénurie de papier qui réduisait à peu de chose le format des quotidiens, la place dévolue à la politique était d'autant plus comptée. On peut voir dans cette transformation la marque des journalistes professionnels qui avaient peu à peu rejoint les équipes rédactionnelles clandestines, ainsi que la volonté de faire pièce à la concurrence des titres d'avant guerre qui ne tardèrent pas à faire valoir leur autorisation à reparaître (comme *Le Figaro*, dès le 23 août).

22 août 1944 : Paris des barricades

Le lendemain, 22 août, Paris se couvrit de barricades (une soixantaine). Cette insécurité généralisée obligea les Allemands à se cantonner dans une douzaine de points d'appui, solidement tenus. Mais faute d'armement lourd, les F.F.I. étaient incapables de les réduire. En fin d'après-midi du même jour, le C.N.R. se réunissait de nouveau pour examiner l'évolution de la situation et prendre les décisions appropriées.

Ce qui retient l'attention dans l'atmosphère de cette séance, c'est la tension sous-jacente. La casse de la veille restait présente dans tous les esprits, comme on le découvre à certaines répliques pourtant édulcorées du procès-verbal, bien que Bidault ait ouvert la séance en prônant la modération et la tolérance. On devine la méfiance réciproque dans le fait que les membres du C.N.R. avaient précisé que chacun ne serait habilité à parler au nom de l'ensemble du Conseil seulement *« dans la mesure où il se borne*[rait] *à donner les consignes et les mots d'ordre de lutte et de combat adoptés à l'unanimité*[129] ».

Puis on s'efforça de se limiter à des questions techniques de détail. Mais l'évocation de la situation militaire par Villon fit monter la température. En effet, on a vu que, dans la matinée du 22, Chaban s'était rallié, devant le C.O.M.A.C., à la reprise des combats en vertu d'informations rassurantes sur le retrait des troupes allemandes de Paris. Tessier reprit alors la parole pour constater *« que le Délégué Général a donné dans la séance du 21 Août, une opinion différente de celle, catégorique, exprimée la veille par ce même délégué. Aujourd'hui, les informations présentées par celui-ci, les indications données au nom du D.M.N. montrent que, l'un et l'autre, le 20 Août et même le 21, étaient inexactement ou incomplètement renseignées et ont induit en erreur les membres du Conseil National de la Résistance.*

« Thimonnier [Tessier] *insiste sur cette notion fondamentale que la décision incombait exclusivement au pouvoir exécutif et que l'intervention du Conseil National de la Résistance était uniquement à titre consultatif.*

« Le Président [Bidault] *constate le rapprochement des points de vue de la Délégation et du C.O.M.A.C. Il demande qu'on ne repose pas la question de la trêve. Il maintient pour sa part tout ce qu'il a déclaré. Les uns et les autres ont eu pendant quelques jours des opinions divergentes. Les efforts de tous ont permis l'union. Il conjure les membres du Conseil National de la Résistance de ne plus mettre en question cette affaire. Plus tard le problème sera examiné historiquement.* […]

« Villon déclare qu'il ne demanderait pas mieux que de suivre le Président si tout le monde le faisait, mais il signale que certains journaux n'ont tenu aucun compte des décisions prises à l'unanimité [130]. »

C'est alors que le communiste Gillot réclama la publication d'un nouveau texte, refusé par Bidault : *« Villon est d'accord avec Manin* [Gillot] *sur le fond, mais il n'insiste pas sur l'adoption d'un nouveau texte. Il souhaite que toute la presse publie les ordres du chef des F.F.I. de l'Ile de France.*

« Le Délégué Général [Parodi] *appuie la proposition de Villon. Il demande à la presse libre de se considérer comme mobilisée et de procéder à ces publications* [131]. »

22 août 1944 : les journaux se mettent sur les rangs

Effectivement, ce jour-là, les quatre journaux sortis la veille avaient été rejoints par d'autres organes issus de mouvements de Résistance : *Défense de la France* (l'un des plus forts tirages de la clandestinité) ; *Le Front national* ; *Le Parisien libéré* (de l'O.C.M.) ; *La France libre* (de C.D.L.L.-Vengeance) ; *L'Homme libre* (du Mouvement des prisonniers de Mitterrand). Or, *Défense de la France*, par exemple, annonçait la trêve, sans date ni restriction, et ne mentionnait nullement l'ordre de combat approuvé le 21 par le C.N.R.

En fait, les divers journaux étaient plus occupés, entre des récits fiers et exaltés des combats de Paris, de se présenter. C'est encore sous son pseudonyme que Jean-Daniel Jurgensen signait « Ce qu'est *Défense de la France* », auquel répondait le « Ce que nous sommes » de *France libre* [132]. Si l'O.C.M., dans *Le Parisien libéré*, semble élargir ce propos (« Une presse neuve dans une France libre »), le résultat était au fond le même : *« Fondée dès 1941, l'OCM a pris sa large part à l'immense effort grâce auquel notre pays a toujours été présent aux côtés des Alliés. Dans toute la zone nord, elle a organisé ses groupes de combat : on les a vus à l'œuvre dans les FFI. Membre du Conseil National de la Résistance, l'OCM a participé aussi à tous les travaux par lesquels les patriotes s'attachaient à préparer l'avenir : des équipes OCM ont en même temps effectué des études dont les réformes de demain, le plus souvent, tiendront compte.*

« [...] *Il s'agissait de résister à l'oppression nazie ; il s'agissait de sauver la France et de la rendre à elle-même ; il s'agissait également, les armes à la main, de préparer la Renaissance française*[133]. »

Le même jour reparaissaient des titres d'avant guerre qui, tout en se prévalant de la légitimité acquise dans la Résistance, jouaient sur leur histoire et leur continuité. « Après 5 ans de silence » titrait le journal communiste *Ce soir*, tandis que *Le Populaire* faisait valoir son palmarès : *« A la vérité, depuis 1940, il n'avait cessé de combattre dans la clandestinité. Il avait toujours été présent dans la bataille. Il jouissait en France d'une large audience et à Londres, à Washington, à Alger d'un crédit que lui méritaient sa vaillance et son attitude exemplaire.*

« Aujourd'hui, il reprend sa place à la tête du combat républicain, socialiste et révolutionnaire. Il la reprend avec la certitude de traduire et d'animer la volonté populaire.

« Organe officiel du parti socialiste, lequel a marqué si profondément de son empreinte l'évolution politique et sociale de la France que ses idées et ses méthodes lui sont maintenant empruntées de toutes parts, il entend, dans l'œuvre de reconstruction du pays, prendre une part qu'il veut large, lourde et à l'échelle de son sens des responsabilités.

« [...] *Ame de ce journal comme il est aussi l'âme du socialisme, Léon Blum reprendra sa place à la tête de notre parti qu'il a toujours mené à la victoire et où notre affection est impatiente de le retrouver*[134]. »

Tout à leur joie et à leurs projets, les résistants ignoraient que, cette nuit-là, les menaces contre Paris s'étaient précisées. Hitler avait adressé au commandant en chef chargé des opérations à l'ouest un télégramme dépourvu d'ambiguïté : *« Dans l'histoire, la perte de Paris a toujours entraîné la perte de toute la France.*

« Le Führer réitère donc son ordre : Paris doit être défendu dans la position-verrou en avant de la ville. Il rappelle pour cela les renforts annoncés par le commandant en chef de l'ouest.

« Dans la ville même, il faut intervenir avec les moyens les plus énergiques contre les premiers signes de soulèvement, tels que destructions de pâtés de maisons, exécution publique de meneurs, évacuation du quartier menacé ; c'est ainsi que l'on pourra le mieux empêcher l'extension de tels mouvements.

« Le destruction des ponts de la Seine sera préparée : Paris ne doit pas tomber aux mains de l'ennemi, ou l'ennemi ne doit trouver qu'un champ de ruines[135]. »

Les membres de la Délégation avaient-ils trop tôt abandonné la prudence ?

La Résistance va-t-elle fusiller ses « traîtres » ?

Le 23 août se tint une nouvelle séance plénière du C.N.R. Tout se passa bien tant que l'on en resta aux banalités : vote de félicitations à la population parisienne, projets de visites de Bidault aux combattants de la préfecture de police, au Comité de libération à l'Hôtel de Ville, aux hôpitaux, représentation du C.N.R. aux obsèques de F.F.I. tués au combat.

Mais les communistes étaient décidés à éradiquer jusqu'à la tentation d'une trêve, à liquider *« dans l'esprit de Valmy l'esprit de Munich*[136] *»*. Gillot et Villon se relayèrent donc pour dénoncer, qui un maire d'arrondissement, qui un chef F.F.I., coupables tout deux d'avoir conclu une trêve locale. Villon avait une solution toute prête pour les cas semblables : *« Il propose que cet homme soit jugé et fusillé*[137]*. »* On se demande pourquoi il s'embarrassait de l'étape d'un jugement puisqu'il tenait déjà son verdict...

On imagine que ces propos devaient atterrer les autres membres du C.N.R. Cette violence insupportable annoncée à l'égard des *artisans de trêves* pourrait avoir de terribles conséquences pour ceux qui avaient été les *partisans d'une trêve*. Que cherchaient les communistes ? À l'affrontement, pourtant, on préféra la dérobade, et Bidault répondit à Villon non sur le fond, mais en déplaçant le débat : *« Le Président demande que les problèmes locaux soient réglés sur le plan local, le C.N.R. ne devant être saisi que des questions qui se posent sur le plan national. Il demande que l'ordre du jour de félicitations au peuple de Paris demeure pour la séance en cours l'unique résolution du C.N.R.*[138]*. »*

Au cours de ces dernières séances, on est de plus en plus frappé par l'absence d'intervention de la plupart des dix-sept membres du C.N.R. Gillot et Villon monopolisaient les débats, tandis que les autres se contentaient d'émettre des avis techniques ou de voter à l'unanimité. Était-ce le prix exhorbitant de l'unité de la Résistance et une tactique pour échapper à l'emprise communiste ?

Ultime hommage à une voix sans visage

Est-ce l'effet des consignes de Parodi à la presse ? Est-ce la force du symbole qui s'imposait ? Les évocations du général de Gaulle emplirent les colonnes des journaux dans la fièvre de l'attente.

Le 23 août, *Le Populaire* avait publié une photo du Général en première page avec la légende : *« La population normande acclame le chef du gouvernement provisoire de la République. »* En clair, la France a son gouvernement provisoire. Il est républicain. De Gaulle le dirige. Et il a le soutien populaire. La plupart de ses confrères, plus chaleureux, identifiaient totalement de Gaulle à la Résistance, comme *France libre* (C.D.L.-Vengeance) : *« La Résistance prend le pouvoir.*

« Cette Résistance a un chef : le premier résistant de France ; il a nom : général de Gaulle.

« Elle a son gouvernement : le Gouvernement Provisoire de la République.

« C'est le Chef, c'est le Gouvernement qu'il faut à la France en guerre[139]*. »*

Tandis que Paris se libérait et que la Wehrmacht reculait à l'ouest devant un assaut allié qui semblait désormais irrésistible, *Le Franc-Tireur* entonnait, le premier, un couplet promis à un avenir durable : de Gaulle avait raison. *« Ce n'est pas un homme, un chef que la nation salue en la personne du Président du Gouvernement provisoire de la République Française : c'est le symbole même de la Résistance et de l'honneur*[140]*. »*

Et, pour *Le Parisien libéré*, cette libération qui se déroulait comme prévu transformait les appels de De Gaulle de prophéties en *« pages d'Histoire »* :

« L'Histoire s'écrit dans les faits. Elle s'inscrit dans l'admirable geste des FFI, des patriotes soulevés contre l'oppression. Elle est également dans ces messages [de De Gaulle] *auxquels nous aurons à nous référer sans cesse, dont nous avons vécu, qui ont pleinement répondu à notre attente, qui nous ont promis cette République neuve, cette nation libérée, la réalisation de nos espoirs et des buts pour lesquels nous combattons à chaque heure*[141]*. »*

Dans *Carrefour*, nouvel hebdomadaire de tendance démocrate-chrétienne, un rédacteur rendait un ultime hommage, avant son arrivée, à une voix sans visage : *« J'entreprends de vous parler d'un homme que je ne connais pas.*

« Ni moi, ni la plupart des Français.

« [...] Pendant que nous subissions la honte hébétée de l'Armistice, la stupeur de Montoire, la nausée forte comme une houle de tout ce qui a suivi, grâce à Charles de Gaulle, il y avait encore une voix qui parlait français dans le monde. Grâce à lui seul, ne l'oublions pas, ne l'oublions jamais.

« Et c'était la voix de quelqu'un qui avait raison.

« [...] A quelle profondeur de lui-même trouve-t-il la force de résister à la méconnaissance de ses chefs, à l'abandon de ses pairs, à la responsabilité de solitude qu'il assume en prenant sur ses épaules le poids de défendre la France, à lui tout seul, s'il s'éloigne ?

« [...] On ne songe pas sans un frisson à ce qu'eût été le sort de la France dans l'avenir, si Charles de Gaulle était resté, si une voix n'avait pu s'élever dans les jours qui suivirent, maintenant sur le sol étranger une France libre, cependant qu'on essayait de nous faire passer l'amertume du calice avec les mots les plus sirupeux d'un vocabulaire de patronage[142]*. »*

Le lendemain, 25 août, Paris attendait de Gaulle dans la journée. Le cri de joie de *Franc-Tireur* était aussi un cri de reconnaissance : *« Ah ! Qu'on ne voit* [*sic*] *dans le grand cri de reconnaissance de notre peuple vers de Gaulle, rien de commun avec cet amour servile du "chef", du "guide", du "militaire" qui est le signe des âmes d'esclaves. C'est le cri de lutte de la Résistance combattante. C'est l'hommage de tout un peuple à celui qui a suivi toujours la ligne droite, à l'inflexible loyauté du général de Gaulle où l'âme et l'esprit de la France se sont à la fois reconnus.*

« Jamais nous ne pourrons oublier l'accent de ces messages qui répondaient aux homélies honteuses d'un Pétain, la voix qui nous disait le retour de la liberté et de la République quand les autres, hissés au pouvoir par l'ennemi, nous ramenaient au moyen-âge et aux gangs.

« [...] Il s'élèvera bientôt pour saluer celui qui a conquis le droit de présider le gouvernement de la nouvelle République française, parce qu'il ne s'est jamais trompé, parce qu'il est lui aussi un moment de notre histoire[143]*. »*

Georges Bidault, président du C.N.R., donnait incontestablement au Général la première place, mais pas toute la place : *« Grâce au général de Gaulle qui, le premier, donna le signal du refus de capituler et qui a incarné à tous les yeux l'indépendance et la tradition nationales, grâce aux combattants de la Résistance, grâce à nos martyrs sans nombre morts silencieux sous les tortures, la liberté des citoyens, l'indépendance de la patrie, la fierté d'un grand peuple sont pour nous des patrimoines reconquis*[144]*. »*

Dans ce concert d'actions de grâce, *L'Humanité* s'en tenait à une photo du *« Général de Gaulle, chef du Gouvernement provisoire »*, sans autre commentaire. C'est *Le Populaire* qui affirmait sa singularité en rappelant qui, de son point de vue, l'avait fait roi : *« Le secrétaire général du parti socialiste demande que le général de Gaulle soit chargé de former le gouvernement.*

« Le CN de la Résistance approuve sa proposition à l'unanimité[145]. »

On l'avait entendu. On l'avait attendu. Il arrivait.

Cependant, l'article qui exprimait le mieux le vertige de ces moments prodigieux où, dans la nuit, les cloches de Paris sonnèrent la délivrance parut dans *Combat*, sans signature. Son auteur était Albert Camus, un résistant inconnu qui parlait sobrement à ses frères de la Résistance dans « La nuit de la vérité » : *« Dans cette nuit sans égale s'achèvent quatre ans d'une histoire monstrueuse et d'une lutte indicible où la France était aux prises avec sa honte et sa fureur.* [...] *Cette nuit vaut bien un monde, c'est la nuit de la vérité. La vérité en armes et au combat, la vérité en force après avoir été si longtemps la vérité aux mains vides et à la poitrine découverte.* [...] *Oui, c'est bien la nuit de la vérité et de la seule qui soit valable, celle qui consent à lutter et à vaincre.* [...] *Le bonheur, la juste tendresse, auront leur temps. Mais cette paix ne nous trouvera pas oublieux. Et pour certains d'entre nous, le visage de nos frères défigurés par les balles, la grande fraternité virile de ces années ne nous quitteront jamais.* [...] *Rien n'est donné aux hommes, et le peu qu'ils peuvent conquérir se paie de morts injustes. Mais la grandeur de l'homme n'est pas là, elle est dans sa décision d'être plus fort que sa condition.* [...] *Notre vérité de ce soir, celle qui plane dans le ciel d'août, fait justement la consolation de l'homme. Et c'est la paix de notre cœur, comme c'était celle de nos camarades morts de pouvoir dire devant la victoire revenue, sans esprit de retour ni de revendication : "Nous avons fait ce qu'il fallait"*[146]. »

24 août 1944 : la jonction

Le 24 août, la séance du C.N.R. fut très courte, mais d'un immense intérêt du fait des événements qui suivirent. Bidault annonça qu'il s'agirait probablement de la dernière réunion clandestine. Comment ne pas évoquer, en cet instant, les sentiments intimes de ces hommes, cette insondable fierté d'en « avoir été » ? L'arrivée des troupes alliées était imminente, et Parodi invitait le C.N.R. à le rejoindre à la préfecture de police pour les accueillir. Mais, nouveau camouflet au représentant du général de Gaulle, c'est à l'Hôtel de Ville que le C.N.R. choisit de se rendre, à l'invitation du Comité de libération. Geste d'indépendance certes, mais aussi choix éminemment politique. C'est à l'Hôtel de Ville qu'on proclamait les Républiques. Mais c'est de la préfecture qu'on administrait. De Gaulle, contrairement au C.N.R., n'avait pas oublié où était l'État.

À 11 heures du soir, voici donc le C.N.R. au grand complet qui remerciait le C.P.L. de son invitation à l'Hôtel de Ville. Il y fut accueilli par le communiste Georges Marrane. Et le bras de fer commença. *« Le Président* [Bidault] *propose de préparer une proclamation au peuple de Paris. Marrane demande que cette proclamation contienne un appel à la lutte à outrance jusqu'à l'écrasement de l'ennemi et à la libération totale de la France.*

« Manin [Gillot] *demande que le C.N.R. examine dès maintenant les mesures à prendre pour bouter l'ennemi hors du territoire national.*

« Le Président fait remarquer que c'est la tâche du gouvernement Provisoire de la République qui va s'installer.

« Pour Sardou [Saillant] *il faut tenir compte dans la rédaction du texte de la proclamation de l'aspect social du problème. Vichy a procédé à une œuvre de dissociation. La classe ouvrière et le reste de la Nation se sentent réconciliés dans la Résistance. Il faut que la Charte de la Résistance du 15 Mars devienne une réalité. Il est nécessaire que le C.N.R. proclame que le régime nouveau sera un régime de justice sociale.*

« Villiers s'associe à la déclaration du Délégué de la C.G.T. Il propose que le Président du C.N.R. [Bidault] *remette solennellement au Général de Gaulle la charte du 15 Mars.*

« Le Conseil adopte cette proposition.

« La séance est suspendue à 23 h 30[147]. »

La séance est suspendue à 23 h 30... Au moment où l'on pouvait se demander si le C.N.R. ne s'était pas jeté dans la gueule du loup communiste se produisit l'événement tant attendu qui remit soudain tout à plat : l'arrivée, place de l'Hôtel-de-Ville, de trois chars de la 2e D.B. de Leclerc et de quelques soldats, acclamés aussitôt par une foule en liesse. Pour les hommes du C.N.R. et du C.P.L., ce fut un moment inouï que cette jonction physique entre les deux parties qui, depuis quatre ans, s'étaient recherchées à tâtons dans une pénombre mortelle se dissipant enfin avec la victoire.

Pourtant, lorsque la séance reprit, à minuit et demi, pas un mot ne fut prononcé sur cet événement formidable : *« La séance est reprise à 0 h 30.*

« Le Président donne lecture du projet de proclamation qu'il a préparé. Le texte est adopté [...].

« Le Délégué Général [Parodi] *demande s'il signera ce texte.*

« L'Assemblée est d'accord.

« Le Colonel Rol[-Tanguy] *chef d'Etat-Major des F.F.I. de l'Ile-de-France est entendu. Il fait un exposé de la situation militaire.*

« Le Président charge le colonel Rol de transmettre aux F.F.I. les remerciements et les félicitations du C.N.R. [148]. »

E. VINGT-QUATRE HEURES DANS LA VIE DES HOMMES

Soudain, tout allait être dit. La France, la République renaissaient. Mais les retrouvailles eurent un goût de cendres. Car le général de Gaulle, qui venait chercher l'adoubement populaire, entendait aussi régler ses comptes avec ceux qui lui avaient « manqué ». Et c'est peu dire que de constater qu'il prit le C.N.R. à froid.

Rambouillet, 23 août 1944 : le dernier bivouac

L'arrivée du Général, le 23 août, à Rambouillet, dans cette datcha des présidents de la République, marque, si besoin était, sa place au sommet de l'État tel qu'il l'a reconstitué. Après la calvacade harassante des jours précédents, c'était une occasion de réfléchir à ce qu'il venait de vivre : le plébiscite des Français, et ce qu'il pouvait craindre d'une initiative politique de la résistance des chefs qui le mettrait devant le fait accompli d'une nouvelle Commune, ce qu'il appelait, par euphémisme, *« les bouleversements de toutes sortes »*.

Il l'exprimait plus crûment dans une lettre à Eisenhower : *« De graves troubles sont à prévoir dans la capitale avant très peu de temps. Je crois qu'il est nécessaire de faire occuper Paris au plus tôt par les forces françaises et alliées, même s'il devait se produire quelques combats et quelques dégâts à l'intérieur de la ville. S'il se créait maintenant dans Paris une situation de désordre, il serait ensuite difficile de s'en rendre maître sans sérieux incidents ; et cela pourrait même gêner les opérations militaires extérieures*[149]*. »*

Pourtant, un rapport de Kœnig de la veille aurait dû le rassurer. Il était établi à partir de télégrammes de Parodi du 22 août : *« La population parisienne reconnaît entièrement l'autorité du gouvernement provisoire. Les représentants du régime de Vichy sont arrêtés ou en fuite*[150]*. »*

Après réception de ce rapport, il télégraphia de Rambouillet, le 23, à 13 heures, au gouvernement à Alger : *« L'enthousiasme de la population est partout extraordinaire. Mais les problèmes demeurent*[151]*. »*

De Gaulle savait qu'à Paris le peuple l'attendait avec un enthousiasme dont il avait pu mesurer l'ampleur. Mais le C.N.R. l'attendait aussi. C'est lui qui représentait la Résistance. Que préparait-il ? L'éviction de son délégué de la présidence, la publication d'un programme en dehors de son accord, la création des milices, les proclamations dont le G.P.R.F. est absent étaient des indices qui ne trompaient pas et, même, confirmaient tout ce qu'il avait entendu à Alger au sujet de la résistance des chefs.

C'est un homme politique, Pierre Cot, qui avait expliqué publiquement le véritable rapport de forces avec de Gaulle : *« De son côté, le Conseil National de la Résistance a fait savoir qu'il ne se considérait pas comme subordonné au Comité de Libération Nationale. Il tient, au contraire, le Comité d'Alger pour un agent d'exécution. Dans la hiérarchie de la résistance, la préséance du Conseil National est naturelle, parce qu'il est une expression plus directe, plus démocratique, de la volonté nationale. Dans tout système de gouvernement, c'est la technique qui est au service de la politique, et non pas le contraire. Les origines et les compositions différentes du Conseil de la Résistance et du Comité de Libération fixent leurs compétences respectives et l'ordre de leurs relations. Dès que les circonstances le permettront, le Conseil National de la Résistance apparaîtra et c'est alors lui qui parlera et décidera au nom du peuple français. A ce moment, le problème de la représentation nationale se posera en termes plus précis, ses divers éléments seront connus, et le Conseil National pourra, le cas échéant, être reconnu de facto, en qualité de gouvernement provisoire de la République*[152]*. »*

Toutefois, les nouvelles qui parvenaient au Général étaient assez encourageantes pour qu'il écrive dans la soirée au nouveau préfet de police : *« La journée de demain sera décisive dans le sens que nous voulons*[153]*. »* Et au gouvernement d'Alger, le lendemain matin : *« Parodi a l'autorité bien en main*[154]*. »*

À défaut d'un des membres du C.N.R., c'est un très jeune chef de mouvement, Philippe Viannay, qui avait choisi de se battre les armes à la main, qui vint lui rendre visite. Il ne pouvait apporter à de Gaulle les renseignements sur le C.N.R. qui l'intéressaient car, pour le moment, Viannay se battait, mais il était inquiet de l'avenir de la libération. De Gaulle fut de nouveau mis en présence d'un de ces projets qu'on lui soumettait depuis des années d'une manière plus ou moins pressante. Viannay exposa avec passion ses convictions. Cette rencontre témoigne le plus fidèlement du premier face à face sur le champ de bataille du Général et de la Résistance. Du moins, de celle que l'on appelle gaulliste, sans doute par antiphrase : *« La France est mûre pour tous les changements, après l'effondrement de la Troisième finissante et après quatre années d'humiliations et d'épreuves. La France dispose d'une élite du courage qui s'est spontanément révélée et qui est prête à s'engager à nouveau. L'union de la Résistance et du général de Gaulle peut vaincre tous les obstacles, y compris le pouvoir communiste, en le débordant par la gauche et l'anticonformisme. »*

Tout en parlant, Viannay découvrait le Général en chair et en os : *« Il ne m'interrompait pas, carré dans une attitude que des photographies prises à Londres ont rendue familière, le menton un peu en avant, la cigarette dressée au coin de la bouche avec la fumée montant vers les yeux demi-fermés, les bras croisés. Seule la tête remuait un peu comme pour souligner la présence. Quand j'eus fini, il dit simplement, en une sorte de constat : "La France n'est pas un pays qui commence, c'est un pays qui continue." Comme pour lui-même, il ajouta : "La dictature je sais comment on y entre, je n'ai qu'un mot à dire ; mais je ne sais pas comment on en sort." »*

La discussion prit une certaine âpreté : *« Un peu plus tard, en réponse à mon évocation de la force politique de la Résistance, il déclara : "Il y a trois forces en France : le capital, le parti communiste et de Gaulle. Du côté où se portera de Gaulle, la France basculera." Je m'étonnai du peu de cas qu'il semblait faire de la Résistance et je lui reprochai aussi de lui avoir envoyé des hommes insuffisants (j'étais un peu obsédé par les derniers délégués militaires auxquels j'avais eu affaire). Il me répondit, avec une vivacité choquée, en me faisant l'éloge de Parodi, son délégué général. Il se leva alors, me disant, en m'invitant à le suivre, qu'il était l'heure d'aller dîner. Il s'arrêta au milieu de la pièce et dit, méditatif : "La France s'appelle de Gaulle." »* Et Viannay de conclure : *« Toutes ces sentences, égrenées au long de notre monologue à deux voix, aussi choquantes qu'elles puissent paraître, ne s'accompagnaient d'aucune suffisance. De Gaulle se bornait à formuler des évidences internes. Il était porteur d'une mission. Il était marqué par le destin, il ne voulait rien, il ne désirait rien. Comme la Pythie, il rendait l'oracle. Il fallait l'aider à porter le fardeau*[155]. »

Il arrive... et il agit

Le 25 août, les événements allèrent vite. Le commandant du Gross-Paris, von Choltitz, se rendit en début d'après-midi au colonel Billotte. Un peu après 15 heures, à la gare Montparnasse, il remit entre les mains du général Leclerc l'ordre de reddition des points d'appui qu'il avait signé. À 16 h 30, de Gaulle arriva à Montparnasse.

La proclamation du C.N.R. rédigée la veille avait attisé une dernière fois le ressentiment du Général. La première ligne était un appel de *« La nation française au peuple parisien »* et la dernière, un hommage aux Alliés : *« Soyons dignes de nos morts. Toute la France est aux côtés des Alliés pour les venger*[156]. » Pas un mot n'était dit du Général, ni du G.P.R.F. De Gaulle fut si choqué par ce libellé qu'il rappellera cet incident dans ses *Mémoires* : *« Je fais lire à Leclerc la proclamation publiée, le matin même, par le Conseil National de la Résistance se donnant pour "la nation française" et ne faisant aucune allusion au gouvernement, ni au général de Gaulle*[157]. »

C'est pourquoi de Gaulle, lisant le texte de la reddition, eut aussitôt une réaction de refus et en fit reproche à Leclerc : *« Je désapprouve*, raconte-t-il, *la mention qu'il y a inscrite après coup sur les objurgations de Rol-Tanguy et suivant laquelle c'est à Rol, comme à lui* [Leclerc], *que s'est rendu le commandement allemand. "D'abord, lui dis-je, cela n'est pas exact. D'autre part, vous êtes, dans l'affaire, l'officier le plus élevé en grade, par conséquent seul responsable. Mais surtout, la réclamation qui vous a conduit à admettre ce libellé procède d'une tendance inacceptable*[158]. »

En dépit de cette réaction brutale, de Gaulle mêla Leclerc et Rol dans un même compliment sur leur action militaire : *« J'en félicite Leclerc. Quelle étape sur la route de sa gloire ! J'en félicite Rol-Tanguy que je vois à ses côtés. C'est en effet, l'action des forces de l'intérieur qui a, au cours des précédentes journées, chassé l'ennemi de nos rues, décimé et démoralisé ses troupes, bloqué ses unités dans leurs îlots fortifiés. En outre, depuis le matin, les groupes de partisans, qui n'ont qu'un bien pauvre armement ! assistent bravement les troupes régulières dans le nettoyage des nids de résistance allemande. Même, à eux seuls, ils viennent de réduire le bloc de la caserne Clignancourt*[159]. »

L'État rentre chez lui

Après cette algarade suivie de compliments, de Gaulle exécuta le plan qu'il avait prévu : s'installer « au centre », même s'il fallait pour cela renoncer à la haie triomphale que lui avaient préparée les Parisiens jusqu'à l'Hôtel de Ville. Il avait prévenu la veille ses représentants de cette décision. Le commentaire qu'il en fit dans ses *Mémoires* en fournit une explication : *« J'y précisai mon intention d'aller d'abord, non point à l'Hôtel de Ville où siégeaient le Conseil de la Résistance et le Comité parisien de Libération, mais "au centre". Dans mon esprit cela signifiait au ministère de la Guerre, centre tout indiqué pour le gouvernement et le commandement français. Ce n'était point que je n'eusse hâte de prendre contact avec les chefs de l'insurrection parisienne. Mais je voulais qu'il fût établi que l'Etat, après des épreuves qui n'avaient pu ni le détruire ni l'asservir, rentrait d'abord, tout simplement, chez lui*[160]. »

À cette explication, il est nécessaire d'apporter une nuance qui lui donne sa pleine signification. Elle est fournie par le maréchal Juin, qui fut le compagnon de voyage de De Gaulle durant ce retour : *« Un sentiment de méfiance commençait à se faire jour en lui, il le couvait d'ailleurs depuis quelque temps, et c'était la raison pour laquelle il avait décidé qu'après une courte pause à la gare Montparnasse, P.C. de Leclerc, il irait s'installer d'abord au ministère de la Guerre, 14 rue Saint-Dominique*[161]. »

Ce n'est pas l'information qu'avait reçue Bidault. Le passage des *Mémoires* du général de Gaulle, rédigés dix ans après les événements, est inexact sur un détail, celui du lieu de rendez-vous avec la Résistance et de la hâte qu'il avait à s'y rendre. Depuis longtemps, le Général avait décidé de ne pas se rendre à l'Hôtel de Ville, lieu symbolique, s'il en est, du pouvoir insurrectionnel. Il avait demandé à son représentant de convoquer le C.N.R. à la préfecture de police, lieu non moins symbolique du pouvoir de l'État. Parodi avait transmis cette convocation à Bidault qui l'avait communiquée aux membres du C.N.R. Ceux-ci l'avaient refusée.

De Gaulle, après s'être installé dans le bureau du ministère de la Guerre qu'il occupait quatre ans auparavant et après avoir retrouvé les lieux intacts, convoqua le préfet de police Luizet et son représentant personnel, ministre du gouvernement, Alexandre Parodi. Ce dernier se trouvait à l'Hôtel de Ville avec le C.N.R. et y attendait le Général, comme le relate un jeune résistant, Léonard Rist : *« Vers 5 heures, on annonce que le général de Gaulle est au ministère de la Guerre. Curieuse idée d'aller là : il y attend impérativement les secrétaires généraux et le C.N.R. Ceux-ci l'attendent à l'Hôtel de Ville. Premier conflit symbolique* […]. *Alexandre* [Parodi], *ministre d'État, se précipite en voiture, jette : "à la Guerre !" et à grand'peine nous ramène le général* […][162]. »

Comment se déroula cette première rencontre du Général avec son représentant à qui il avait donné depuis un mois les pouvoirs les plus étendus afin de maîtriser une situation périlleuse ? Adrien Dansette, historien rigoureux et bien informé de la libération de Paris, a raconté deux fois cette entrevue. La première version date de 1946, la seconde de 1958, c'est la dernière version que j'utilise ici. Le général de Gaulle *« est mis au courant de la situation par Parodi (qu'il n'a encore jamais vu). Sa réaction est vive. Il formule en termes catégoriques sa volonté de ne pas se laisser déborder par le C.N.R. »*.

En effet, parce qu'il se méfiait profondément du C.N.R., de Gaulle voulait faire venir les membres du ministère de la Guerre avant de se rendre à l'Hôtel de Ville. Aussi refusait-il de se laisser convaincre par Parodi. *« "On verra demain", répond le général. Parodi téléphone à Luizet de venir immédiatement. Le préfet de Police reprend l'argumentation de Parodi : le moment est unique ; le peuple est massé place de l'Hôtel-de-Ville ; il ne comprendrait pas que le général de Gaulle ne vienne pas le saluer à son arrivée à Paris. Enfin, le général se décide : "Puisqu'il faut y aller, allons-y !"*[163]. »

Le général Juin, qui était présent au ministère de la Guerre à ce moment-là, ajoute une précision : *« En sortant de son cabinet, Luizet, qui me connaissait, m'adjura d'intervenir à mon tour auprès du général pour le décider. Je le tentai bien volontiers, mais sans grande conviction, et cependant, soit que, hors de la présence des émissaires, il se fût soudainement détendu, soit qu'il eût rapidement entrevu, par un retour de sa pensée, qu'il lui était difficile de faire autrement, j'eus la surprise de l'entendre déclarer nettement que, bien entendu, il allait se rendre à l'Hôtel de Ville, "mais en voiture découverte", ajouta-t-il, pour répondre à la suggestion de quelqu'un de sa suite qui avait osé conseiller, les rues n'étant pas sûres, qu'il empruntât pour y aller une voiture blindée de Leclerc*[164]. »

En effet, la question du véhicule était importante dans cette équipée. *« Reste à régler une question subsidiaire : dans quelle voiture faire la route ? Deux sont à sa disposition : le véhicule blindé de la 2ᵉ D.B. avec lequel il est venu depuis Rambouillet, la voiture civile de la préfecture de police, dans laquelle Luizet l'a rejoint. Le colonel de Chevigné, sachant qu'il règne encore quelque effervescence dans les rues, conseille vivement au général d'emprunter l'auto blindée. Nouveau refus du général et cette fois sans appel. Entrer en blindé dans Paris, se protéger lors de son premier contact avec la population, il ne peut en être question. Et c'est dans la voiture de Luizet, accompagné de Parodi, de Juin et de Le Troquer qu'il part pour la préfecture de police et de là, pour l'Hôtel de Ville. Morandat et Chevigné suivent dans la voiture blindée*[165]. »

Cependant, de Gaulle marqua la hiérarchie des nécessités en se rendant d'abord, à 19 heures, à la préfecture de police. Le préfet de police lui présenta ses collaborateurs pendant que la musique des gardiens de la paix jouait *La Marseillaise* et *La Marche lorraine*. Puis, de là, il se rendit à pied à l'Hôtel de Ville sous les vivats de la foule. C'étaient les premiers Parisiens que de Gaulle rencontrait. La reconnaissance fut sans réserve.

Le cœur a des raisons...

Le Général se présenta vers 19 h 15 devant l'Hôtel de Ville. En arrivant, il put constater que, malgré son refus de l'invitation à la préfecture, le C.N.R., loin de former une « Commune insurrectionnelle » s'érigeant en gouvernement de la France (comme certains autour de lui le craignaient et comme il dit dans ses *Mémoires* l'avoir ressenti), avait attendu sagement, de longues heures, sur les marches de l'Hôtel de Ville, pour qu'il vienne se faire acclamer par les Parisiens et par la Résistance des chefs dans ce haut lieu de la consécration populaire.

Comparons les sentiments divers des uns et des autres. Ainsi Daniel Mayer, le représentant des socialistes au C.N.R., fait le récit de l'attente préalable : *« On attend de Gaulle. On l'attendra dix-sept heures. Des émissaires lui ont été dépêchés pour lui demander de venir tout d'abord à l'Hôtel de Ville. Le C.N.R., unanime, est d'accord comme l'est Alexandre Parodi (Cérat), délégué général du C.F.L.N. à Paris. »*

Pourquoi accorder tant d'importance au lieu de la rencontre ? *« Pour nous, l'Hôtel-de-Ville, ce sont les franchises communales, c'est la population, c'est la tradition révolutionnaire ; c'est là qu'on proclame les Républiques, c'est de là que partent les combattants ; c'est devant son parvis que le peuple se rassemble à l'occasion des grands événements de son Histoire. Mieux : c'est là qu'on fait l'Histoire.*

« Le général de Gaulle néglige nos exhortations. Il se rend d'abord au ministère de la Guerre, pour, dira-t-il plus tard, "prendre possession de l'État". Il ira ensuite à la Préfecture de Police, saluer les blessés. "Nous en avons aussi, à l'Hôtel de Ville", dira quelqu'un alors[166]*. »*

Comment avait-on occupé cette attente, lourde de contrariétés ? Pour restituer l'atmosphère exceptionnelle de ces heures, il faut remuer le kaléidoscope des souvenirs et interroger plusieurs témoins. Léo Hamon, par exemple, qui appartenait au Comité de libération : *« A commencé une attente interminable. On savait que le général de Gaulle allait arriver et petit à petit, très curieusement, l'Hôtel de Ville se meublait de ce que vous me permettrez d'appeler le tout-Paris de la Résistance. Il y avait ceux qu'on avait l'habitude de rencontrer aux coins des rues, un peu en ordre dispersé. »* Il découvrait le visage ou la silhouette de ceux qui n'avaient été que des noms ou des voix : Jean Marin, Maurice Schumann. *« C'était pour nous très extraordinaire : la B.B.C. entrait en chair et en os dans nos vies. Tout d'un coup, on n'en finissait pas d'attendre, on a entendu dans un grand remous : "Le voilà." Et on a vu arriver un général très haut. Je n'étais pas bien sûr : était-ce de Gaulle, était-ce Leclerc ? On ne les avait jamais vus*[167] *... »*

Un autre témoin, membre du C.N.R., Lecompte-Boinet, a vécu différemment cette arrivée : *« Le grand salon de la Préfecture est à peu près vide et voici qu'on annonce le général : il est 7.10. Le Préfet n'est pas là. Bidault essaie de rassembler le CNR autour de lui, pendant qu'un brouhaha monte du grand escalier, la porte s'ouvre et de Gaulle apparaît.*

« Mais ce n'est pas le moment de s'attarder à le recevoir là : tout le C.N.R. file vers le salon du fond où la réception doit avoir lieu ; un service d'ordre s'improvise à la porte mais se fait déborder et, tandis qu'on essaie de fermer les portes, je m'avance assez ému vers le général. Il me tend la main (je serai le seul à qui ce geste soit fait) ; nous échangeons quelques phrases banales ; je retrouve sans plaisir, ensuite, l'équipe d'Alger collée au Chef, Le Troquer, le lieutenant Guy, Schumann et tous les autres.

« Les micros sont installés, les photographes sont en action, et c'est à qui se trouvera placé sur les futures photos[168]. »

Voici donc le Général face aux « rebelles » du C.N.R. qui avaient élu leur président, établi leur programme, proclamé leur souveraineté et fixé le rendez-vous. Qu'allait-il se passer ?

Georges Bidault prononça *« avec des accents de théâtre*[169] » des paroles de bienvenue à *« celui que nous attendons depuis quatre ans »*. Le président du C.N.R. fut le seul qui n'oublia pas la participation de Jean Moulin à cette victoire et, grâce à lui, le nom du fondateur de cet organisme, alors à son apothéose, ne fut pas oublié : *« En ce jour, triomphal, dit-il, j'évoque sa mémoire avec fierté, avec tendresse*[170]. »

L'historien de la libération de Paris, Adrien Dansette, peint le tableau sous nos yeux : *« Le général de Gaulle répond de cette voix popularisée par la radio, cette voix chantante qui appuie sur le début des mots et s'infléchit sur leur fin : "Et pourquoi cacherions-nous notre émotion ? Et pourquoi cacherions-nous ce qui nous étreint ?... Nous vivons là des minutes qui dépassent chacune de nos propres vies, de nos pauvres vies"*[171]. »

Ce discours a été enregistré sur des films qui, heureusement, en ont conservé intact le souvenir. Ce cri passionné, qui s'adresse, au-delà des Parisiens, à la gloire du peuple de France vainqueur des Allemands, est un des plus émouvants prononcés par de Gaulle. Sans doute s'est-il laissé, pour une fois, entraîner par l'atmosphère qui entourait ses retrouvailles avec la France dans ce haut lieu de l'histoire. Aussi peut-on regretter qu'il ne s'en soit pas tenu à la perfection esthétique de son émotion et qu'il y ait adjoint un discours politique moralisateur, celui qu'il avait préparé pour accueillir à la préfecture de police les membres du C.N.R.[172]. Pratiquement, ce malencontreux passage n'est jamais reproduit aujourd'hui et est rejeté de ses *Mémoires* comme de l'édition définitive de ses *Discours*. Sans doute a-t-il mesuré après coup que cette admonestation, qui cueillait à froid les résistants (et les Français), ne pouvait, après l'intense communion de ces prémices, que glacer ses auditeurs par le décalage entre la situation cruelle qu'ils avaient vécue depuis tant d'années, et qui, les derniers jours, avait atteint son paroxysme, et les préoccupations d'un chef de gouvernement prêchant la raison. Enfin, le Général s'adressait non pas aux êtres de chair qu'il rencontrait, mais aux fantômes avec lesquels il bataillait depuis des années et les menaçait pour exorciser le complot dont il les soupçonnait.

« C'est cette grande, noble discipline nationale que le gouvernement réclame de tous les citoyens. Cette grande et noble discipline nationale n'empêche pas, bien au contraire, la nation d'avoir conscience de ses droits. Je dis ici, parce qu'il faut qu'on l'entende, qu'après ce qui s'est passé en 40, après l'abdication

que vous savez, et après l'usurpation odieuse, il n'y a pas d'autre voie pratique et acceptable, pour que le peuple fasse entendre sa voix, que le suffrage universel libre de tous les Français et de toutes les Françaises, dès que les conditions dans lesquelles se trouve la nation permettront de passer la parole au peuple, c'est-à-dire au souverain. »

Puis venaient les grands objectifs : *« Voilà ce que nous devons faire : autour du gouvernement, la guerre, l'unité et la grandeur. Voilà notre programme. Je n'ai qu'à vous regarder tous pour savoir, de la manière la plus certaine, que c'est celui de tous les Français. Par conséquent, marchons. »*

Ce n'était ni le retour à la normale ni la fin de la guerre : *« Il arrivera bien des difficultés. Il en arrivera spécialement à Paris. Ce n'est pas du jour au lendemain que nous pourrons rendre à Paris et à la France sa richesse, son aisance, ses facilités d'autrefois. Ce n'est pas aujourd'hui que nous pourrons remettre sur la figure de notre pays les traits pacifiques qui furent séculairement les siens.*

« Nous aurons donc bien des obstacles à surmonter, bien des difficultés à vaincre. Le gouvernement fera son devoir. Toute la nation doit exiger qu'il le fasse. Ainsi irons-nous vers des jours plus heureux. Quant à nous, qui aurons vécu les plus grandes heures de notre Histoire, nous n'avons pas à vouloir autre chose que de nous montrer, jusqu'à la fin, dignes de la France[173]. »

En ce jour d'exception, de Gaulle, face à ces hommes d'exception, fut pareil à lui-même : décevant comme il l'avait été dès le début de son entreprise avec tous ceux qui l'avaient rejoint, des jeunes volontaires aux officiers ou hommes politiques. Jamais il n'accepta aucune concession, ne manifesta aucune séduction, comme s'il avait voulu éviter tout malentendu avec ses interlocuteurs : s'ils lui conservaient leur adhésion, c'est parce qu'ils acceptaient tout pour la cause que le Général représentait. Ce test fut souvent réussi avec les volontaires, mais il lui valut aussi des inimitiés et des haines irrépressibles. Ce jour-là, Bidault exprima la déception de tous les chefs de la Résistance d'avoir été traités *« comme des enfants perdus à l'avant-garde d'une armée en marche*[174] ».

Volontairement, *« il* [de Gaulle] *ne s'attarde pas. Sans remercier la Résistance, sans nommer son Conseil National, omission significative comme celle du C.N.R. la veille, le visage froid, concentré, il revient à la tâche présente, aux devoirs qu'elle impose*[175] *»*. De Gaulle ne parlera que de l'« Union nationale », dont il affirme que *« la nation n'admettrait pas que cette unité fût rompue »*. Allusion aux dangers de dissension ou éventuellement de dissidence, que son entourage et lui-même craignaient à cette époque[176].

Pour apprécier ce point culminant du litige qui séparait depuis quatre ans le chef de la France Libre des chefs de la Résistance métropolitaine, il faut lire dans les *Mémoires* des deux principaux acteurs, Bidault et de Gaulle (représentant des deux camps en présence), le souvenir qu'ils conservaient de cette rencontre. Seule la « Résistance des chefs » comprit le caractère d'affrontement qu'avait intentionnellement voulu lui donner le Général, tandis que la « Résistance des militants », qui se trouvait sur la place de l'Hôtel-de-Ville, continuait d'ignorer les conflits multiples qui les opposaient depuis des années. Les militants, ayant déjà retrouvé leur place parmi les simples citoyens de tous bords, n'avaient qu'un souci en acclamant de Gaulle : exprimer leur joie pour oublier leurs malheurs.

Voici la version de Georges Bidault : *« Nous l'accueillîmes avec tous les honneurs improvisés et tous les bravos spontanés qui étaient de circonstance et de droit*[177]. »

« Il vint donc, froid, préoccupé de ce monde nouveau sur lequel il s'interrogeait beaucoup plus, à son ordinaire, en fermant les yeux, pour méditer, qu'en ouvrant les oreilles, pour apprendre. Il me dit trois mots aimables, pas un de plus. Je ne l'avais jamais vu. Il me parut distant et crispé, mais nullement différent des photographies que j'avais collées la nuit sur les murs de Lyon, aux premiers jours de ma première vie clandestine. Et même, il ressemblait à sa voix raide [...]. *L'heure, pour nous qui l'avions longuement attendue, était bouleversante. Partout dans Paris flottaient les couleurs nationales. Enfin le rêve s'incarnait*[178]. »

Ce texte, écrit par l'un de ces chefs métropolitains traqués, résonne d'une émotion véridique qui révèle que, malgré leurs différences d'appréciation, ils avaient, en cet instant-là, baissé leur garde et acceptaient, comme des enfants heureux, d'être chavirés par l'Histoire. Certes, ils avaient souffert, dans leur corps et dans leur conscience, de la honte d'avoir été battus. Mais la volonté de vaincre leur rendait la sérénité. En face d'eux, le Général avait souffert, mais d'une autre manière. Durant quatre ans, il avait été humilié dans son orgueil de la France. En se trouvant face à ceux-là mêmes qui avaient ajouté une humiliation volontaire aux rebuffades des étrangers, de Gaulle n'oubliait rien et leur faisait tout payer en bloc. Il faut donc relever le travestissement que le Général, en artiste de la politique écrivant pour la postérité, cherche à imposer en décrivant les sentiments supposés de tous, sentiments, en fait, bien éloignés des confidences des survivants : *« Au bas de l'escalier, Georges Bidault, André Tollet et Marcel Flouret accueillent le général de Gaulle. Sur les marches, des combattants, les larmes aux yeux, présentent leurs armes. Sous un tonnerre de vivats, je suis conduit au centre du salon du premier étage. Là, sont groupés les membres du Conseil national de la Résistance et du Comité parisien de la libération. Tout autour, se tiennent de nombreux compagnons. Beaucoup ont, au bras, l'insigne des forces de l'intérieur, tel qu'il a été fixé par un décret du gouvernement. Tous portent la croix de Lorraine. Parcourant du regard cette assemblée vibrante d'enthousiasme, d'affection, de curiosité, je sens que, tout de suite, nous nous sommes reconnus, qu'il y a entre nous, combattants du même combat, un lien incomparable et que si l'assistance contient des divergences vigilantes, des ambitions en activité, il suffit que la masse et moi nous nous trouvions ensemble pour que notre unité l'emporte sur tout le reste. D'ailleurs, malgré la fatigue qui se peint sur les visages, l'excitation des périls courus et des événements vécus, je ne vois pas un seul geste, je n'entends pas un seul mot, qui ne soient d'une dignité parfaite. Admirable réussite d'une réunion depuis longtemps rêvée et qu'ont payée tant d'efforts, de chagrins, de morts !*

« Le sentiment a parlé. C'est au tour de la politique. Elle aussi le fait noblement. Georges Marrane, substitué à André Tollet, me salue en termes excellents au nom de la nouvelle municipalité parisienne. Puis, Georges Bidault m'adresse une allocution de la plus haute tenue. Dans ma réponse, improvisée, j'exprime "l'émotion sacrée qui nous étreint tous, hommes et femmes, en ces minutes qui dépassent chacune de nos pauvres vies"[179]. » Le début était certes improvisé, mais la fin ? En tout cas, même lui ne pouvait être aveugle à la déception et la rancœur de ceux qu'il était venu outrager.

Il vaut la peine de compléter la description de cette minute historique par le récit plus terre à terre d'un membre du C.N.R., Jacques Lecompte-Boinet : *« Juché sur ma console je vois le cercle autour de De Gaulle et Gillot et Villon au premier rang buvant les paroles du général comme s'ils entendaient lire l'Evangile. C'est la première fois que je vois ces communistes émus et retrouvant leur humanité sous la carapace que le parti leur a collée sur le visage. Dehors, il fait un temps de victoire et les passants se pressent sur les quais sans savoir que dans cette pièce, au coin de l'Hôtel de Ville, se passe un événement historique : la fusion des deux Résistances.*

« Après le magnifique discours de De Gaulle et une Marseillaise entonnée par lui-même et reprise par tous les assistants, tout le monde essuie ses larmes, et c'est la ruée vers le cabinet du Préfet. Dans une pagaille indescriptible : là doit être proclamée au balcon la restauration de la République. Mais la foule est si dense qu'on referme la porte du cabinet du Préfet et que, tout membre du C.N.R. que je sois, je reste dehors [...].

« Mais la porte s'ouvre de nouveau, très vite ; le général repart, descend l'escalier avec tous les yeux braqués sur lui[180]. »

Que s'était-il donc passé dans le bureau que n'avait pas vu Lecompte-Boinet ? Le Général l'explique dans ses *Mémoires* : *« J'entre dans le bureau du préfet de la Seine. Marcel Flouret m'y présente les principaux fonctionnaires de son administration. Comme je me dispose à partir, Georges Bidault s'écrie : "Mon général ! Voici, autour de vous, le Conseil national de la Résistance et le Comité parisien de la libération. Nous vous demandons de proclamer solennellement la République devant le peuple ici rassemblé"*[181]. »

Vive la République quand même ?

Cette requête était loin d'être improvisée. Elle avait été mise au point par le C.N.R. et avait fait l'objet d'un accord entre Bidault et Parodi. De Gaulle en avait été averti par un télégramme du 18 août : *« Nous avons répété avec Léandre* [Bidault] *le scénario qui comprendra la proclamation de la République à l'Hôtel de Ville et l'acclamation du Gouvernement Provisoire et du Général de Gaulle*[182]. » De plus, elle avait été déjà formulée publiquement dans l'appel à l'insurrection rédigé par le C.N.R. le 19 août 1944 : *« La République sera proclamée en présence du peuple de Paris*[183]. » Cela répondait à deux préoccupations : rendre impossible l'issue des tentatives de Laval et de certains parlementaires demandant de convoquer l'Assemblée nationale de la IIIe République et, tout autant, engager le Général (toujours soupçonné de bonapartisme, en dépit de ses déclarations et des actes de son gouvernement) d'une manière suffisamment solennelle pour la rendre irrévocable.

Cette démarche, qui visait à le contraindre et dont il comprit bien le sens, de Gaulle n'était pas prêt à l'accepter. Sur aucun point, le C.N.R. ne devait lui dicter sa conduite après l'humiliation qu'il ressentait déjà d'avoir dû le rejoindre à l'Hôtel de Ville. Aussi n'était-il pas pris au dépourvu et avait-il eu le temps de réfléchir à sa réponse, tout aussi préparée que l'injonction de Bidault. Dès lors, seuls ceux qui ignoraient les déclarations antérieures du Général, mais surtout sa conception de l'État et son caractère, furent-ils surpris et scandalisés d'entendre : *« La République n'a jamais cessé d'être. La France Libre, la France Combattante, le Comité français de la libération nationale, l'ont, tour à tour, incorporée. Vichy fut toujours et demeure nul et non avenu. Moi-même suis le président du Gou-*

vernement de la République. Pourquoi irais-je la proclamer ? » Et le Général de conclure : *« Allant à une fenêtre, je salue de mes gestes la foule qui remplit la place et me prouve, par ses acclamations, qu'elle ne demande pas autre chose. Puis, je regagne la rue Saint-Dominique*[184]. *»*

Il quitta donc les lieux après s'être fait présenter par le préfet les fonctionnaires de son administration, suprême mépris, alors qu'il ne s'était fait présenter aucun membre du C.P.L. et du C.N.R. Une heure plus tard, rue Saint-Dominique, il reçut Maurice Schumann et l'accueillit par ces mots : *« On ne m'y reprendra plus*[185]. *»* Que regrettait-il ?

Avoir accédé à la requête de ses conseillers d'aller vers des hommes indociles qui avaient refusé sa convocation à la préfecture de police ? Ou bien condamnait-il l'émotion dont il avait été saisi et qu'il avait laissé paraître dans ce lieu et en cette heure historiques en présence des hommes qui, sur le sol français, avaient maintenu, durant quatre ans, le refus du déshonneur ? Ou bien encore de leur avoir offert la primeur de sa présence dans la capitale au lieu de la réserver à la Nation qui, seule, le méritait à ses yeux, puisqu'elle était la France véritable dont les chefs de la Résistance ne représentaient que l'écume, déjà jugée « politicienne » ?

Si tel pouvait être le sentiment mélangé du Général retournant à la solitude d'un palais national, il est facile d'imaginer ceux (au mieux contradictoires) des hommes qu'il avait traités de la sorte après qu'ils l'eurent attendu si patiemment et si longtemps. Au-delà de la froideur et de la distance, un acte (peut-être parce qu'il est le dernier) avait choqué tous les résistants : *« On lui demandera de crier : "Vive la République !" Il criera : "Vive la France"*[186]. *»*

Un autre témoignage d'autant plus instructif qu'il est celui d'un militant, Léonard Rist : *« Petite déconvenue que ce premier contact. On aurait aimé plus d'entente. Et ce discours à l'Hôtel de Ville, bref, autoritaire et net. Très bien, parfait, mais tout de même, il aurait pu dire merci au C.N.R. et à Alexandre* [Parodi] *qui lui ont donné tant de leurs efforts.*

« Grand physiquement, dominateur moralement, visage impassible, regard inquiet et inquiétant. Pas cette séduction souriante de Leclerc, plutôt un homme anxieux de produire un certain effet. Mais être altier n'exclut pas la hauteur morale, on le lui accorde volontiers, il semble être nature. On voudrait seulement qu'à retrouver Paris, à voir cette foule affolée de curiosité, à entendre cette Marseillaise que la foule reprend en chœur quand il paraît au balcon, à sentir s'agiter toutes ces joies et toutes ces espérances, il pût montrer un peu de trouble. Il dit seulement : "M. Le Préfet, veuillez me présenter vos principaux collaborateurs", puis se tourne vers les quarante personnes du salon et la foule dans l'escalier, il ajoute : "Je veux dire seulement : Vive Paris, Vive la France !" On répond : "Vive de Gaulle !" Pourquoi aurai-je préféré que l'on crie "Vive la France !" ? J'ai pourtant la croix de Lorraine à ma boutonnière et sur mon brassard[187]. *»*

Commentaire de Bidault : *« Cela créa un certain malaise. Mais ce malaise se dilue dans l'enthousiasme collectif, dans la joie, dans la liberté recouvrée, dans le renouveau espéré*[188]. *»*

Le soir, le C.N.R., mortifié, se réunissait. Un des membres, Lecompte-Boinet, reproduisit dans son Journal le procès-verbal de cette réunion : *« Il s'est réuni dans une atmosphère de déception, la politique reprend ses droits, et je dois dire que moi-même je suis également extrêmement choqué de ce que le geste n'ait pas été fait.*

« De nouveau je me sens solidaire avec mes camarades du C.N.R. On lit dans le procès-verbal :

« Procès-verbal d'une séance commune tenue par le CNR et le Bureau du CPL

« le 25 Août (20 h)

« Le Président indique que le Général de Gaulle considère comme inutile la proclamation de la République qui n'a jamais cessé d'exister.

« Manin [Gillot] *s'étonne et insiste pour que cette proclamation ait lieu.*

« Daniel Mayer considère que le premier geste du Général aurait dû être de proclamer la République. Le CNR a le devoir d'arrêter le texte aujourd'hui même et de convoquer le peuple de Paris devant l'Hôtel de Ville pour le lendemain.

« Debû-Bridel est d'accord avec Mayer.

« Sardou [Saillant] *rappelle que le C.N.R. a décidé qu'il fallait faire de l'action pour la libération, une action qui ait une signification politique. Dans le texte appelant à l'Insurrection Nationale, il a été promis au peuple que la République serait proclamée.*

« Villon est d'accord avec Sardou et il demande que la proclamation de la République ait lieu le plus tôt possible dans l'enthousiasme populaire.

« Le Président [Bidault] *indique qu'il fera part au Général de la volonté exprimée par ses collègues*[189]. »

À la sécheresse d'un document officiel, il est bon d'ajouter le témoignage des hommes directement impliqués dans cet événement. Sur cette agitation dans les coulisses de l'histoire, Léo Hamon fit de passionnantes révélations : *« Cette attitude fut très douloureusement ressentie par les résistants. A peine le Général était-il reparti que le CNR et le CPL, réunis dans une salle de la Maison commune, laissaient éclater leur déconvenue. Sa conduite fut jugée antidémocratique, cavalière, arbitraire. Nous étions mis, les uns et les autres, devant le fait accompli. Quelqu'un proposa d'exiger une mise au point pour le lendemain, suivie d'une proclamation de la République. Et même de proclamer cette République, avec ou sans le Général. »*

Désillusion et rébellion n'ont pas tardé : « [...] *Après la chaleur des acclamations, la réunion du CNR me fait l'effet d'une douche glacée. Le ton de la critique qui s'exprime me paraît très aigre. Les communistes se plaignent de ce que le Général n'ait pas proclamé la République. Villon est furieux, Manin* [Gillot] *éclate, Saillant voudrait qu'on convoque le peuple de Paris à 17 heures pour une proclamation de la République devant l'Hôtel de Ville.*

« — Si le Général n'est pas là, on la proclamera sans lui !

« Bidault fait observer que c'est impossible. Il explique, que, dans la cohue, il n'a pas pu parler au Général pour lui expliquer l'importance que nous accordions à la chose. C'est une manière discrète de dire qu'il n'a pas été écouté. »

Déjà se profilent les conséquences politiques : *« Je devine que les communistes vont essayer de tirer parti de l'affaire sur le plan politique, "dans un coin" entre le Général et la Résistance. Les autres se laisseront entraîner, tant la déception générale est grande. Saillant fait assaut d'intransigeance. Daniel Mayer dit que deux fautes ont été commises dans la journée : d'abord celle d'être allé à la Préfecture avant l'Hôtel de Ville, ensuite celle de n'avoir pas proclamé la République. Trop, c'est trop !*

« Je ne suis pas loin de trouver ridicules ces querelles, car je pense au peuple de Paris, à mille lieux de ce genre de préoccupations, tout à la joie de sa libération. Je comprends cependant l'attitude des communistes, pas celles des autres membres du CNR dont l'intérêt n'est pas d'affaiblir l'autorité de De Gaulle[190]. »

Ce jugement porté par un résistant clairvoyant cinquante ans après les événements n'était pas celui des chefs des mouvements : ils ne pouvaient se résoudre à ce que le seul avenir de la Résistance non communiste fût de faire bloc autour du général de Gaulle et sous sa conduite. Encore ignoraient-ils la réponse laconique que de Gaulle fit dans la soirée, à l'un de ses collaborateurs qui lui demandait son opinion sur les membres du C.N.R. *« Ils ont besoin de dormir »*, laissa tomber le Général[191].

26 août 1944 : plébiscite de la joie

Au lendemain de cette soirée (décevante pour les résistants, éprouvante pour de Gaulle) eurent lieu, selon le souhait de ce dernier, ses retrouvailles avec le « pays réel ». Ce ne pouvait être qu'aux Champs-Élysées, puisque Paris, certains jours de son histoire, est mieux qu'une capitale : elle est le cœur de la nation.

Certes, de Gaulle, depuis son apparition sur le sol métropolitain, le 14 juin, à Bayeux, avait soulevé l'enthousiasme croissant des foules partout où il était passé. Mais quel serait l'accueil de Paris, des Parisiens, non pas celui de provinciaux sevrés de spectacles pour qui de Gaulle en était un à lui tout seul ? L'épreuve finale se devait d'avoir lieu dans les places mêmes où, depuis 1940, l'armée allemande paradait chaque jour aux yeux du monde et où, quatre mois auparavant (en avril 1944), le maréchal Pétain avait été follement acclamé. On ne sait si Maurice Schumann, dans sa conversation de la veille avec de Gaulle, lui avait répété le mot de sa concierge. *« "Ah, je vais acclamer le général de Gaulle demain, il paraît qu'il sera sur les Champs-Elysées." Et elle a ajouté : "Je dois vous dire que, quand Pétain a traversé Paris, j'y suis allée aussi. Je voulais voir un uniforme de maréchal de France"*[192]. » Mot révélateur de l'ambivalence des sentiments des Français à l'égard de sa personne et de la confusion politique dans cette période trouble.

Il n'en demeurait pas moins que les avis exprimés dans les journaux, ce matin-là, étaient à l'unisson. *Le Parisien libéré* (de l'O.C.M.) fixait les tâches à venir : *« Nous voulons :*

« L'indépendance nationale dans la grandeur de la patrie retrouvée.

« La République et la liberté des citoyens.

« Une démocratie sincère et forte.

« Un Etat libéré de toutes les puissances d'argent.

« Honneur à nos camarades déjà tombés dans le combat. Jurons de les venger par l'impitoyable châtiment des traîtres et de donner un sens à leur sacrifice en construisant une France nouvelle.

« Tous au combat derrière le général de Gaulle.

« Vive la France[193] *! »*

Le Franc-Tireur, lui aussi, était tourné « vers l'avenir », comme titrait l'éditorial : *« Le voici, enfin, venu, ce jour qu'avec un tenace espoir nous n'avons pas cessé d'attendre : le jour du général de Gaulle, c'est-à-dire le jour de la France, le jour de la République, le jour de la Victoire*[194]. »

Même *L'Humanité* prédisait : *« A 15 heures, de l'Arc de Triomphe à Notre-Dame le peuple unanime acclamera le général de Gaulle*[195]. »

Depuis la veille au soir, la radio annonçait le défilé des Champs-Élysées. C'était une idée du Général, qui (contre le souhait des chefs de la 2e D.B.) avait voulu que ce ne soit pas un défilé militaire exorcisant les fantômes de l'armée allemande, mais, au contraire, une manifestation populaire au cours de laquelle le peuple tout entier pourrait laisser exploser sa joie de la liberté retrouvée. Cette décision était d'une imprudence folle car, au milieu du désordre général et de la proximité des Allemands dont les troupes occupaient la banlieue nord, tout était possible : de l'attentat perpétré par des miliciens au bombardement de la foule. Cette imprudence fut aggravée par une déclaration diffusée par des haut-parleurs de la police qui, incapable d'improviser un service d'ordre en si peu de temps, ne pouvait s'en remettre qu'aux Parisiens pour protéger le Général, mais le désignait, de ce fait, aux miliciens et aux Allemands, encore réfugiés dans la capitale et tiraillant du haut des toits : *« Le général de Gaulle confie sa sécurité au peuple de Paris »*, clamaient les haut-parleurs. *« Il lui demande de faire lui-même le service d'ordre et d'aider dans cette tâche la police et les F.F.I. fatigués par cinq jours de combats*[196]. »

En risquant ce défi, de Gaulle se souvint-il des propos qu'il avait tenus en 1940 à l'un des officiers de son 2e Bureau, le capitaine Bienvenüe : *« Ce serait beau de mourir le jour de la libération de la France*[197] » ? Cette conception théâtrale et ascétique du triomphe n'était cependant pas celle de ses compagnons de rébellion, dont l'un des plus glorieux, Pierre Brossolette, avait décrit d'une autre manière (en 1942) ce que serait ce jour de gloire : *« Français ne craignez rien, l'homme est à la mesure du geste et ce n'est pas lui qui vous décevra lorsque, à la tête des chars de l'armée de la délivrance, au jour poignant de la victoire, il sera porté tout au long des Champs-Elysées dans le murmure étouffé des longs sanglots de joie des femmes, par la rafale sans fin de vos acclamations*[198]. »

Avant que la fête ne commence, de Gaulle avait rendu un hommage aux martyrs de la liberté, ces absents grâce auxquels elle allait être possible. Il déposa une croix de Lorraine formée de glaïeuls sur la tombe du Soldat inconnu. Ce geste était aussi un exorcisme qui abolissait le geste profanateur de Hitler, le 15 juin 1940, en ce même lieu.

Pour cette cérémonie, de Gaulle était arrivé entouré de ses seuls généraux, en particulier du plus fidèle de ses compagnons, le général Leclerc, celui qui avait fait entrer les F.F.L. dans la légende et dont le vœu, formulé quelque temps auparavant, était aujourd'hui comblé *: « Je ne forme qu'un souhait, mon Général, c'est de pouvoir vous accueillir et vous saluer un jour dans une grande ville française libérée, comme à Douala en 1940*[199]. » Au contraire, les membres du C.N.R., malgré leurs efforts, n'avaient pu fendre la foule et se trouver à ses côtés pour ce geste symbolique de communion, de respect et de victoire. Où était donc le C.N.R. ?

Il n'avait pas été convoqué spécialement et avait appris par la radio, comme les autres Parisiens, l'heure et le lieu du défilé. Georges Bidault relate : *« Rendez-vous avait été donné à l'Arc de Triomphe. Je conduisis donc le Conseil*

National de la Résistance à l'emplacement qui nous fut indiqué aux abords du monument, à gauche en montant les Champs-Elysées. Le général de Gaulle passa devant nous, serra quelques mains, puis s'en fut. […] *L'ennemi était tout proche, la sécurité du ciel n'était pas plus assurée que celle de la capitale : il était plus que naturel que le général de Gaulle ne s'attardât pas à des présentations. Néanmoins, il y eut parmi nous des mécontents qui m'en voulurent quelques minutes de leur déception, avant que tout ne fut balayé par l'émotion d'un jour sublime*[200]. »

Léo Hamon en a décrit l'atmosphère dans son journal : *« Il n'y a que quatre membres du CNR mais une foule immense, mal contenue par la police.*

« Il flotte comme un air de kermesse, avec ces gens venus de tous les quartiers un drapeau à la main. L'acclamation est ininterrompue. C'est au Général et aux soldats qu'elle s'adresse. Cet homme touche le cœur du peuple de Paris. Nous nous regardons en songeant que la croix de Lorraine l'emporte vraiment sur les insignes du PC et du FN[201]*. »*

Même réduite, la présence des membres du C.N.R. n'avait pas été prévue dans l'ordonnance du cortège. Il y eut quelques bousculades, comme le rapporte Daniel Mayer : *« Lors de la formation des premiers rangs de la longue colonne partie de l'Etoile, quelques "accrochages" ont lieu certes, mais sans gravité : des militaires, en coquets uniformes impeccables, arrivés le jour même de Londres ou d'Alger, veulent se mettre au premier rang. Nous donnons de la voix et des coudes, nous, du C.N.R., pour que la résistance intérieure ait la place qui lui revient : la première. »*

Il décrit la composition du premier rang : « […] *au centre, Charles de Gaulle ; à sa gauche Alexandre Parodi, Georges Bidault ; un peu en arrière : André Mutter, Lecompte-Boinet, entre autres.*

« A la droite de De Gaulle, figurent André Le Troquer, Joseph Laniel, Auguste Gillot, Paul Bastid et moi, qui suis donc le dernier sur la droite du cortège. Je n'ai à ma propre droite qu'un serre-file, garçon modestement vêtu (nous le sommes tous), n'ayant pour insigne distinctif qu'un brassard, cousu à la hâte durant les journées de l'insurrection. Il est jeune. Il est aux anges. Il a une cigarette aux lèvres. Il regarde le ciel. Il est heureux. Nous le sommes tous aussi. »

Le cortège s'arrête un instant : « […] *de Gaulle* […] *regarde de tous côtés, aperçoit mon voisin, lui fait signe de venir.*

« Que peut-il se passer dans la tête du jeune F.F.I. ? Durant des années, il a entendu la radio de Londres, et cela au risque de la déportation ou de pis encore. Il a espéré. […]

« Je partage, l'espace d'une seconde, toute l'émotion du petit Parisien plein de gloire. Il va. Il revient. Je lui demande : "Que t'a-t-il dit ?" Il me répond : "Qu'il ne fallait pas fumer dans le cortège."

« Depuis lors, j'ai souvent pensé à ce compagnon d'une marche victorieuse[202]*. »*

Cette algarade mineure masque l'enjeu et l'épreuve symbolique que représente ce défilé. Voici donc « l'ex-général » de Gaulle à l'heure de vérité : l'excommunié de la société française, le traître dénoncé par Pétain, le général félon de l'armée d'armistice, le condamné à mort par ses supérieurs, l'apprenti dictateur dont Churchill se méfie, l'homme des communistes dénoncé par Roosevelt, le chef dont les dirigeants de la Résistance mettent en doute la légitimité. Il est là, seul, face au peuple de Paris, face aux Français.

À ces chefs de l'ombre que personne ne regardait parce que personne ne les connaissait, ce défilé devait faire comprendre qui, aujourd'hui en France, incarnait le pouvoir légitime. À ces hommes qui lui avaient « manqué », de Gaulle pouvait enfin apporter la preuve grandeur nature de l'argument qu'il avait opposé à un chef indiscipliné, en 1942, quand celui-ci lui faisait remarquer : *« Que se passera-t-il si nous n'obéissons pas à vos directives ? »*, le Général avait rétorqué, impavide, un *« La France choisira entre vous et moi »* qui avait révulsé son destinataire. Pourtant, quoi de plus démocratique que cette réponse de De Gaulle ? Les hommes qui l'entouraient s'apprêtaient à en vérifier le bien-fondé, en ce jour d'été triomphant. La veille, ils avaient refusé d'obtempérer, aujourd'hui ils avaient la réponse de la France, désignant celui à qui l'on obéit.

Quittant la voûte de l'Arc de triomphe, le général de Gaulle pouvait contempler Paris : *« Devant moi, les Champs-Elysées !*

« Ah ! C'est la mer ! Une foule immense est massée de part et d'autre de la chaussée. Peut-être deux millions d'âmes. Les toits aussi sont noirs de monde. A toutes les fenêtres s'entassent des groupes compacts, pêle-mêle avec des drapeaux. Des grappes humaines sont accrochées à des échelles, des mâts, des réverbères. Si loin que porte ma vue, ce n'est qu'une houle vivante, dans le soleil, sous le drapeau tricolore.

« Je vais à pied. Ce n'est pas le jour de passer une revue où brillent les armes et sonnent les fanfares. Il s'agit, aujourd'hui, de rendre à lui-même, par le spectacle de sa joie et l'évidence de sa liberté, un peuple qui fut, hier, écrasé par la défaite et dispersé par la servitude. Puisque chacun de ceux qui sont là a, dans son cœur, choisi Charles de Gaulle comme recours de sa peine et symbole de son espérance, il s'agit qu'il le voie, familier et fraternel, et qu'à cette vue resplendisse l'unité nationale.

« […] *Il est vrai, enfin, que moi-même n'ai pas le physique, ni le goût, des attitudes et des gestes qui peuvent flatter l'assistance. Mais je suis sûr qu'elle ne les attend pas.*

« Je fais donc, ému et tranquille, au milieu de l'exultation indicible de la foule, sous la tempête des voix qui font retentir mon nom, tâchant, à mesure, que la vue de tous ait pu entrer dans mes yeux, élevant et abaissant les bras pour répondre aux acclamations. Il se passe, en ce moment, un de ces miracles de la conscience nationale, un de ces gestes de la France, qui parfois, au long des siècles, viennent illuminer notre Histoire. Dans cette communauté, qui n'est qu'une seule pensée, un seul élan, un seul cri, les différences s'effacent, les individus disparaissent. Innombrables Français dont je m'approche, tour à tour, à l'Etoile, au Rond-Point, à la Concorde, devant l'Hôtel-de-Ville, sur le parvis de la Cathédrale, si vous saviez comme vous êtes pareils ! Vous, les enfants, si pâles ! qui trépignez et criez de joie ; vous, les femmes, portant tant de chagrins, qui me jetez vivats et sourires ; vous, les hommes, inondés d'une fierté longtemps oubliée, qui me criez votre merci ; vous, les vieilles gens, qui me faites l'honneur de vos larmes, ah ! comme vous vous ressemblez ! Et moi, au centre de ce déchaînement, je me sens remplir une fonction qui dépasse de très haut ma personne, servir d'instrument au destin.

« […] *Il est vrai que s'élèvent autour de moi d'extraordinaires témoignages d'unité.* […] *Mais je ne puis, non plus, ignorer l'obstiné dessein des communistes, ni la rancune de tant de notables qui ne me pardonnent pas leur erreur, ni le prurit d'agitation qui, de nouveau, travaille les partis. Tout en marchant à la tête du cortège, je sens qu'en ce moment même des ambitions me font escorte en même temps que des dévouements. Sous les flots de la confiance du peuple, les récifs de la politique ne laissent pas d'affleurer*[203]. »

Est-ce le même spectacle que vit Georges Bidault, qui représentait dans le défilé les chefs des résistants métropolitains (et qui, lorsqu'il écrira ses Mémoires, sera devenu l'un des opposants farouches du Général) ? « *La multitude criait sans fin sa joie, son enthousiasme, sa délivrance. Elle n'avait d'yeux et de cris que pour le Chef vainqueur. Ce n'était pas un enthousiasme organisé, ni encadré. Le passé était enseveli. A la recherche de l'homme tutélaire, d'innombrables Français ne se souvenaient pas d'avoir acclamé le Maréchal Pétain. La page était tournée. De tout son cœur offert, de tous ses nerfs tendus, Paris se livrait à l'homme qui lui rendait l'allégresse et la fierté, à la Fortune de la France qui passait. C'est à peine si on jetait çà et là quelques "Vive la France". Mais de partout fusaient les "Vive de Gaulle". La foule, lors des grands malheurs et des grandes joies, incarne naturellement en un homme son besoin de protection et son besoin d'admiration. Tel était cet enthousiasme du premier jour, si vibrant, si fort et si pur qu'aucun autre, même en quelques instants de délire, n'a jamais, depuis lors, égalé*[204]. »

Ce récit est celui d'un journaliste, d'un historien et du premier des résistants métropolitains qui était de droit au premier rang à la gauche du Général. Il faut lire aussi (un ton au-dessous) le point de vue d'un témoin du deuxième rang, Lecompte-Boinet : « *C'est sur la place de l'Etoile que je rejoins le C.N.R. Kœnig me présente à Leclerc.* [...] *Les tanks aux noms de villes françaises encerclent l'Arc de Triomphe. Temps splendide. Autour de la place la foule immense est bloquée. On croirait se trouver dans un autre monde : de Gaulle arrive. Cérémonie devant le Soldat Inconnu, pagaille, de Gaulle au milieu des soldats, des officiers et du C.N.R. ; foule immense et contenue par les agents qui resplendissent de bonne humeur enfin retrouvée. C'est la liberté dans la détente encore disciplinée.*

« *Préoccupation de rester près de De Gaulle et en tous cas de défiler devant les gens de Londres.*

« *Et derrière un rideau de tanks, c'est la descente des Champs-Elysées, de Gaulle ayant à sa droite Letrocquer* [sic] *et Bidault à sa gauche ; je suis juste derrière à côté de Kœnig et de Leclerc. Enthousiasme vrai, cris que le peuple de Paris ne peut retenir ; et, dans un magnifique désordre, civils et militaires mélangés autour de l'immense bonhomme, c'est de l'Etoile à la Concorde, entre la foule la plus spontanément vibrante, le plus beau défilé de l'Histoire de Paris.*

« *Je dis à Kœnig : "On nous photographie, mais c'est la foule qu'il faudrait photographier et l'extraordinaire intensité d'émotion de ces visages crispés qui le voient pour la première fois". Bidault a bien tort de faire des gestes : personne ne le regarde ; personne ne nous regarde ! Ces gens qui depuis le matin attendent le moment qu'ils espéraient depuis quatre ans, n'ont qu'une minute pour voir passer de Gaulle, et tous les regards sont évidemment braqués sur lui seul.*

« *Je dis aussi à Kœnig : "Le Général n'a pas l'air de se rendre compte qu'il y a encore des Boches et des Miliciens dans cette foule... Si nous arrivons indemnes au bout, nous aurons de la chance !" et Kœnig me répondit : "Je le lui ai dit ce matin, mais il y tenait absolument."*

« *Au Rond-Point* [...] *Une petite fille se détache alors et s'approche du*

Général avec un gros bouquet : de Gaulle l'embrasse sans grâce et, d'un geste bref, refile le bouquet derrière ; je m'écarte précipitamment ; Leclerc fait de même de l'autre côté et c'est Kœnig qui le reçoit en pleine figure : "Merde, dit-il, qu'est-ce que je vais foutre de ça ?"

« Et de le refiler à son tour par derrière. Où le bouquet a-t-il été échouer ? Dans les bras de Palewski probablement.

« Mais nous arrivons à la Concorde, où le défilé se réduit sensiblement de largeur car la foule trop dense a empiété sur le parcours officiel.

« Là, de Gaulle remonte en voiture ; impossible pour moi de retrouver la mienne, je bondis dans la première venue qui est celle de B., que j'avais vu à Londres. Nous tombons nez à nez sans plaisir : "Tiens, vous êtes déjà arrivé ?", lui dis-je. Je sens que je suis nettement odieux mais mes vieux souvenirs de Londres sont trop présents devant ces hommes chamarrés de décorations[205]*... »*

À la Concorde, de Gaulle monta en voiture pour aller entendre un *Te Deum* à Notre-Dame. Bidault l'abandonna à ce moment-là pour rejoindre son poste : *« J'ai quitté le cortège place de la Concorde pour aller à nouveau attendre le général de Gaulle à son étape à l'Hôtel de Ville. A partir de ce moment-là, les coups de feu ont commencé. Pas tous tirés en l'air, puisqu'un haut fonctionnaire des finances a été tué à sa fenêtre d'où il regardait la rue de Rivoli. Quand je suis arrivé à l'Hôtel de Ville, on y tiraillait aussi assez ferme. Mais de Gaulle passa sans s'arrêter et se rendit tout droit à Notre-Dame. Là encore, fusillade pendant le Te Deum. Je n'ai su tout cela qu'après, n'ayant pas eu le temps de le rejoindre. De Gaulle m'a seulement dit une fois : "Je suis une assez belle cible. Je n'ai pas entendu les balles siffler". Il croyait au moins à une provocation* [...].

« La journée avait moins bien fini qu'elle n'avait commencé, mais elle aurait pu se passer d'un bout à l'autre comme elle s'est terminée, et plus mal encore. Il y avait eu — c'est le cher souvenir de ceux qui y étaient — quelques instants rares d'un bonheur si aigu et si poignant qu'il avait égalé nos rêves[206]*. »*

À ce récit des chefs de la Résistance (qui n'éprouvaient pas les mêmes sentiments à l'égard de De Gaulle que ceux, sans restriction, des militants, mais qui, dans cet instant unique, les partageaient pleinement), il faut ajouter, pour le nuancer, le jugement des « attentistes » anti-allemands, anti- ou pro-maréchalistes. Un bon exemple se trouve dans le récit d'Alfred Fabre-Luce qui rapporte l'événement en sept lignes dans son *Journal de la France* : *« L'après-midi, le général de Gaulle se rend au Tombeau de l'Inconnu. Il a beau être plus grand que tout le monde, quand il descend à pied les Champs-Elysées il se perd un peu dans la foule claire d'été et l'on voit surtout le défilé de carnaval qui le suit : camions de F.F.I., de femmes, de révolutionnaires espagnols, char à banderoles présentant aux huées de la foule un uniforme allemand*[207]*. »*

Plus intéressante encore est la description de Jacques Bardoux, sénateur, notable s'il en fut, ayant voté « pour » Pétain en juillet 1940, qui se trouva mêlé à la foule sur les Champs-Élysées. Sa présence prouve que, en dépit des réserves politiques, c'est bien avec tous les Français que de Gaulle avait rendez-vous sur les Champs-Élysées : *« Jamais, de ma vie, je n'ai jamais vu pareille foule rassemblée. Et il n'existait pas de moyens de transport ! Vingt à vingt-cinq rangs de profondeur ! Une foule, où toutes les classes étaient mêlées et qui était d'exaltante humeur, acclamant tout le monde, soldats, F.F.I., gardiens de la paix, pompiers. Une foule ravie d'entendre la musique des gardiens de la Paix, la seule musique présente, rejouer, après quatre ans de silence, les vieilles marches mili-*

taires et emboîtant le pas à la fanfare qui n'avait jamais connu pareille réception. »

La description se fait de plus en plus critique : *« De Gaulle est descendu à pied, précédé seulement d'une escorte de photographes et de cinéastes, qui n'accroissaient pas la majesté du décor. Il ne se détachait pas du groupe qui l'entourait. Il m'a paru jeune d'aspect et d'allure. Il est certainement sympathique et photogénique. Il répond bien aux acclamations. Le général Leclerc suivait accompagné d'un groupe nombreux d'officiers. Des tanks légers encadraient et assuraient la sécurité. Décor très simple et très martial, auquel les F.F.I. amenaient quelque chose de révolutionnaire.*

« Les ovations ont été unanimes et chaleureuses, sans rien de frénétique ni de passionné. J'en ai connu de plus ardentes, mais pas de plus nombreuses. »

Rentrant chez lui, Bardoux confronta ses impressions à celles de son entourage : *« Leurs témoignages concordent avec le mien. Les ovations n'ont rien eu de passionné. Le cortège était mal réglé et mal encadré. Rapidement, la foule a dégénéré en pagaille de garçons et de filles dépoitraillées*[208]*. »*

Les dernières cartouches du C.N.R.

Après ce point culminant du plébiscite populaire, la vie continuait, et, pour les chefs de la Résistance, la vie c'était la mise en place de leur pouvoir. Il était temps d'en finir avec les craintes qu'ils avaient eues en présence de certaines directives de Londres ou d'Alger, ou du comportement des représentants du Général avec lesquels les discussions finissaient souvent par une soumission devant la réalité de leur pouvoir : la radio, l'argent, les armes. Quelles étaient, dorénavant, les intentions d'un homme qui leur avait dénié leur indépendance ?

Pour le président du C.N.R., la journée n'était pas terminée, car la passion et l'aigreur ne cessaient de monter depuis la veille parmi les membres du C.N.R. Quelques extraits du procès-verbal de la réunion tenue ce jour-là nous font connaître les différents griefs qui opposaient le C.N.R. à de Gaulle, au soir même du triomphe.

Écoutons d'abord Léo Hamon : *« Après le défilé, nous revenons à l'Hôtel de Ville. Le CNR se réunit de nouveau. Le mécontentement de la veille se manifeste. On reproche au Général de n'être pas venu ici d'abord, à Bidault de n'avoir pas obtenu de lui qu'il proclame la République.*

« Bidault affirme qu'il y a eu un malentendu. Daniel Mayer essaie de le défendre et le félicite pour la dignité dont il fait preuve depuis vingt-quatre heures. Mais les communistes sont furieux. Une fois de plus, la colère de Villon fait aimant. Il est flanqué des hurlements de Manin [Gillot], *des enfantillages de Debû-Bridel et du chœur des vanités blessées*[209]*. »*

Que révèle le procès-verbal ? *« Le Président rend compte d'un entretien qu'il a eu avec le Général de Gaulle. Il lui a fait part du désir du C.N.R. de proclamer la République en présence du peuple de Paris. Le Général a répondu qu'à ses yeux cette proclamation était inutile étant donné que la République n'avait jamais cessé d'exister.*

« Le Président a fait observer qu'il était au moins nécessaire de dire que la République rentrait dans la Métropole et il a indiqué au Général qu'il était indispensable que le C.N.R. poursuive sa tâche aussi longtemps qu'une assemblée

nationale consultative ne serait pas instituée en France. A cet effet, il a demandé au Général de Gaulle que le C.N.R. s'installe dans un Palais National[210]. »

Saillant intervient : *« Cependant il fait part de ses inquiétudes à la suite des récents événements. La Résistance a battu l'allemand mais elle n'a pas encore détruit l'idéologie politique qu'il avait* [mot illisible]. *La lutte n'est pas terminée ; pour obtenir la victoire totale il faut faire preuve d'énergie.*

« Il est grave que le Général de Gaulle n'ait pas encore assisté aux séances du Conseil National de la Résistance. Il faut l'informer de la déception et de l'amertume de la Résistance. La C.G.T. demande aux ouvriers de reprendre le travail. Les ouvriers ont combattu, leurs morts sont nombreux, ils ne veulent pas d'une semaine des dupes. [...]

« Hervé s'associe aux déclarations de Saillant. On a toujours dit que le C.N.R. était l'instance suprême de la Résistance. Or le Général de Gaulle ne semble pas témoigner à cet organisme l'attention qu'il mérite. Hervé pense que l'accusation portée en Amérique contre le Général de Gaulle d'aspirer au pouvoir personnel est fondée, mais il faut éviter de donner à ces attaques une apparence de raison. Ce ne serait pas renforcer la position de la France dans le monde que de laisser le C.N.R. à l'écart. [...] *Il dit en conclusion qu'il votera le texte proposé par Saillant.*

« Gillot déclare que le P.C.F. n'est pas d'accord avec le Général de Gaulle en ce qui concerne la proclamation de la République. Il estime que cette proclamation est indispensable et que le C.N.R. ne peut se séparer sans avoir pris une décision sur ce point. Il faut demander immédiatement au Général de Gaulle de venir discuter la question avec les membres du C.N.R. Il votera le texte de Saillant. En outre il propose d'appeler la population parisienne à la lutte contre l'ennemi et ses complices qui se trouvent encore dans Paris.

« Daniel Mayer dit que chaque jour, au lieu de résoudre des problèmes, le C.N.R. en accumule de nouveaux. Le problème principal n'a pas été abordé. C'est celui de l'avenir du C.N.R. Il propose que le C.N.R. constitue le noyau de la nouvelle assemblée consultative et demande la modification dans le sens de l'ordonnance du 21 août 1944.

« Daniel Mayer demande que le Général soit invité à assister à la prochaine séance du C.N.R. et que le Commissaire d'Etat, Délégué du G.P.R.F. assiste à toutes les réunions. [...]

« Le Président est d'accord quant au fond, sur l'ordre du jour proposé par Saillant, puis il estime qu'il faut observer dans la forme une certaine discrétion et ne pas créer un incident qui n'est pas souhaitable dans les circonstances actuelles. Il rendra compte au Général de l'état d'esprit de l'ensemble des membres du C.N.R. et lui donnera connaissance du texte proposé.

« Le C.N.R. approuve ces propositions[211]. »

Une si extraordinaire journée de l'histoire de France ne pouvait pas avoir un dénouement ordinaire : il ne le fut pas. Alors que les Parisiens étaient rentrés chez eux et s'endormaient, recrus de fatigue et d'histoire, vers minuit, ils furent réveillés par un bombardement qui fit une cinquantaine de morts, quatre cents blessés. Plus de quatre cents immeubles furent anéantis et plus de quinze cents endommagés. Ce réveil de la fureur nazie prouvait à tous, s'il en était besoin, que cette journée avait été inoubliable pour ce qu'ils avaient vu, mais exceptionnelle pour le danger qu'ils avaient couru.

Peut-être est-ce à la suite d'une indiscrétion ou de la rencontre avec Bidault que de Gaulle sauva les apparences en adressant au président du C.N.R., le lendemain, 27 août 1944, une lettre qui, pour être moins raide que son attitude, n'en avait pas moins, sous les éloges, le même sens : *« Au lendemain de la Libération de Paris et de la magnifique réception que la capitale vient de faire en ma personne au Gouvernement provisoire de la République, ainsi qu'au premier détachement de nos vaillantes armées, je tiens à exprimer au Conseil National de la Résistance la gratitude du pays tout entier pour les services exceptionnels qu'il a rendus à la Patrie.*

« Constitué en 1943 à mon invitation et par l'action inoubliable de Max [Moulin], *le Conseil National de la Résistance n'a cessé d'animer l'ensemble de la Résistance française sur le territoire occupé par l'ennemi. Il a contribué à organiser et coordonner l'activité des groupements de toute nature et de toutes opinions qui rassemblaient les défenseurs de la Nation sur le sol envahi.*

« Il n'a pas cessé d'apporter son concours ardent au Gouvernement dans la tâche de direction de l'effort guerrier de la France et de l'Empire.

« Combien fut méritoire et souvent héroïque l'œuvre du Conseil National de la Résistance ! Combien de ses membres l'ont payé de leur vie ou de leur liberté !

« La libération de Paris et la démonstration magnifique d'amitié nationale qui a eu lieu de l'Arc de Triomphe à Notre-Dame constituent le digne couronnement de l'œuvre accomplie par le Conseil National de la Résistance.

« Maintenant l'avenir se dégage devant le pays et devant la démocratie.

« Je crois pouvoir vous dire que le désir du gouvernement est que les hommes qui constituent le Conseil National de la Résistance se destinent, suivant l'esprit de l'ordonnance promulguée le 22 avril 1944, sur la base des avis et suggestions du Conseil lui-même, à constituer le noyau de l'Assemblée consultative siégeant en France libérée et qui devra assister le gouvernement dans sa mission provisoire notamment pour préparer la réunion de l'Assemblée Nationale Constituante[212]. »

Quelques jours plus tard, un décret intégrant tous les membres du C.N.R. dans l'Assemblée consultative mettait fin officiellement à cet organisme dont le Général avait eu tant besoin dans sa conquête de la légitimité démocratique, mais dont il jugeait qu'il lui avait « manqué » gravement par la suite. Ce jour-là, de Gaulle avait pris sa revanche, car, de toute manière, après la légitimation populaire inouïe de la descente des Champs-Élysées l'existence de cet organisme ne se justifiait plus.

Pourtant, bien qu'il ait élu un président indépendant et manifesté certaines velléités d'indiscipline, le C.N.R. était resté fidèle à l'objectif que lui avait fixé Moulin : réunir toutes les tendances résistantes, politiques et syndicales dans un organisme qui permette à la France d'aborder la Libération dans une union, certes pleine d'arrière-pensées, mais évitant jusqu'au bout les affrontements fratricides que connurent les forces opposées des résistances dans d'autres pays. En France, la cohésion de la Résistance ayant été préservée dans les batailles, le rôle du C.N.R. était terminé.

Celui du gouvernement provisoire de la République française commençait le 24 octobre, date de sa reconnaissance par les Alliés. En passant de la légitimité à la légalité, de Gaulle devenait le maître de la France. Était-il toujours le chef de la Résistance ?

F. LE DERNIER RÊVE DE LA RÉSISTANCE

La reconnaissance par les Alliés du G.P.R.F. comme gouvernement de la République française clôt l'histoire de la Résistance proprement dite, qui avait ainsi atteint ses principaux objectifs : la libération et la reconquête de la souveraineté nationale. Mais cet ouvrage serait incomplet s'il n'évoquait, parmi tous les problèmes auxquels le gouvernement fut confronté, les plus ardus et les plus graves qui furent les séquelles de la Résistance.

Le premier était devenu de plus en plus pressant. Il s'agissait de la place des communistes dans la Résistance et de leurs intentions à la Libération. En termes nets : les communistes voulaient-ils prendre le pouvoir ?

Le deuxième problème tenait à l'épuration et à l'enrôlement des Français dans le mythe de la Résistance.

Enfin, le troisième ne se résoudra jamais : la Résistance a-t-elle été trahie ?

La révolution, c'est moi

Dans les mois qui précédèrent et suivirent la Libération, la révolution avait été la chose la mieux partagée. C'est ainsi que Claire Andrieu, avec quelque raison, a pu énoncer ce paradoxe à propos du succès des idées du programme du C.N.R. : *« Si l'unanimité des résistants a jamais existé, ce fut bien plus au début de l'année 1945 qu'à la Libération ou dans la clandestinité*[213]. »

La mystique que la Résistance s'était forgée durant les années de lutte clandestine tenait dans le *renouvellement*, un renouvellement forcément révolutionnaire. Il faut dire que la dynamique communiste impliquait de ne pas se laisser déborder. Il s'agissait d'une idée héritée des non-conformistes des années trente : une révolution était nécessaire et une révolution était possible qui ne soit pas marxiste. En effet, les derniers temps de la clandestinité pouvaient laisser penser qu'on marchait d'un bon pas vers une possible république des soviets.

Les rapports des agents du C.F.L.N. et les écrits des résistants nous donnent les contours de ce débat avant la Libération. On peut distinguer, ce me semble, trois tendances. La première était composée de ceux qui, séduits par l'entregent et la combativité communistes, s'abandonnaient à un complexe d'infériorité et s'alignaient, contre toute attente, sur les communistes. On a vu fonctionner cette inhibition lors des dernières séances plénières du C.N.R. Jacques Debû-Bridel, homme de droite, représentant au C.N.R. de la Fédération républicaine et membre du Front national, offre un exemple flagrant du succès de l'accaparement de la Résistance par les communistes. En effet, il écrivit, le 18 juillet 1944, au délégué du P.C. au C.N.R., à propos des démêlés entre communistes et socialistes, accusés de vouloir former un front anticommuniste : *« Une telle mesure, qui compromettrait l'unité de la Résistance, sert, en définitive, l'ennemi ; toute lumière doit être faite sur ce point.*

« Vous savez dans quel état d'esprit notre Président Louis Marin, en zone sud, et moi-même, en zone nord, avons, dès le début, donné une adhésion sans arrière-pensée au Front National. Cela situe notre position.

« Si quelque ancien parti tente de réaliser un front anti-communiste, il est nécessaire de la connaître pour que chacun puisse juger de son attitude.

« S'il s'agissait d'un groupement de résistance, l'affaire serait encore plus grave.

« [...] *Aucun groupement n'a le droit, sans abus de confiance grave, d'engager les adhérents dans une attitude d'hostilité contre les frères de combat. Si l'un d'entre eux a pris cette initiative, je me ressens le droit de le dénoncer à tous nos amis. Tout ce qui est contraire, en ce moment, à l'unité de la Résistance, constitue une trahison.*

« Je crois qu'une enquête discrète et ferme du CNR sur les faits que vous dénoncez s'impose. Lumière doit être faite[214]. »

À titre de comparaison, voyons la réaction d'un autre homme de droite, mais dirigeant d'un mouvement de Résistance, Maxime Blocq-Mascart, représentant de l'O.C.M. au C.N.R. Nullement intimidé par le P.C., il se refusait à prendre au sérieux ce qu'il appelait *« une accusation assez mal définie, de mensonge ou de provocation »*, énoncée *« sous une forme compliquée »*. Il renvoyait donc les deux protagonistes dos à dos, en affichant le dédain des mouvements pour les partis : *« Notre Comité Directeur a vu là une persistance de querelles traditionnelles entre vos partis communiste et S.F.I.O. et n'a pas pu ne pas être frappé du mal que semblent ainsi témoigner les partis à modifier leurs positions partisanes et à renouveler leurs conceptions de politique intérieure. »* Toutefois, sa conclusion reprenait la profession de foi obligée en l'unité de la Résistance : *« Nous affirmons volontiers que nous n'avons jamais prêté la main à une manœuvre tendant à diviser la Résistance*[215]. »

Cette unité, qui avait conditionné la survie de la Résistance devant l'opposition et son affirmation face aux Alliés, était devenue le chien de berger des communistes, qui utilisaient l'anathème de la division contre toutes les réserves émises à leur endroit. Si bien que c'était à qui se prévaudrait le plus d'unité.

De même, les résistants qui se méfiaient du P.C. interprétaient cette unité, sous les fourches caudines desquelles ils passaient, comme la marque de la tentative d'appropriation de la Résistance par les communistes.

La deuxième tendance, en effet, comprenait ceux qui soupçonnaient le P.C. de préparer la guerre civile, le coup de force et la prise du pouvoir.

Enfin, on trouvait ceux qui, tout en prônant la vigilance et des mesures préventives pour limiter la capacité d'action des communistes, pensaient que les institutions clandestines existantes et la politique de De Gaulle empêcheraient toute velléité de coup de force. Laffon, après avoir guerroyé contre le parti communiste pour imposer les ordres du C.F.L.N., estimait qu'il *« désir*[ait] *à l'heure actuelle tout obtenir par les voies légales*[216] ». Jacques Bingen, pour sa part, restait confiant, bien qu'il eût conscience des risques : *« On sait quand ça commence,* écrivait-il en octobre 1943, *on ne sait pas quand ça finit, ni comment. Même le Sud se fait, à mon avis, certaines illusions sur le contrôle de "l'insurrection nationale" par la Résistance. La foule (P.C., C.G.R., etc.) les débordera.*

« A plus forte raison pour le Nord, inorganisé en tant que Résistance régionale politique, *et où les Communistes et succédanés sont en masse, habiles, solidement organisés et très populaires*[217]. »

Les agents du C.F.L.N. se trouvaient dans une situation particulière. D'un côté, ils avaient une vision assez complète de l'état de la Résistance. De l'autre, ils auraient pu être défavorablement disposés à l'égard des communistes qui ne cessaient de s'en prendre à la politique et à l'autorité qu'ils incarnaient. C'était nettement le cas du représentant du C.F.L.N., Alexandre Parodi, dont chaque décision donnait matière à échauffourée. Parodi, toutefois, restait persuadé que les communistes ne rallieraient pas toute la Résistance à eux et que, de toute façon, l'arrivée des armées alliées et, surtout, du Général et de son gouvernement dénouerait la crise. Ainsi notait-il, en août 1944 : « *L'essentiel est que nos amis communistes ont amorcé une très vive campagne contre la Délégation et le principe même de son existence. La formule qu'ils emploient est qu'elle ferait écran entre le Gouvernement et la Résistance française et ils demandent que les pouvoirs de la Délégation soient directement confiés au CNR. Cette position n'est jusqu'ici appuyée que par le FN ; elle rend le travail difficile parce qu'elle exploite les moindres incidents et les grossit à dessein.*

« *La question se pose de savoir si elle est seulement dirigée contre la Délégation ou contre le Gouvernement. Il semble bien qu'elle ne constitue qu'une amorce d'une campagne anti-gouvernementale.*

« [...] *Les rapports des communistes ne sont d'ailleurs pas bons avec les autres partis ou mouvements et même très tendus actuellement avec le P.S. Au cours de la dernière séance du CNR le débat sur le COMAC a cessé d'être un conflit entre Villon et la Délégation pour devenir un conflit entre lui et les autres membres du bureau.*

« [...] *De toute manière, les événements sont en train de rendre ce débat sans intérêt et je pense que nous pourrons l'enterrer purement et simplement*[218]. »

Cette confiance était-elle de mise ? Pour trancher, il faudra attendre, comme toujours, l'ouverture des archives : celles du Parti communiste français, celles du gouvernement soviétique.

Pour le moment, on sait que les instances suprêmes de l'Internationale communiste (dissoute officiellement, mais continuant son travail) prescrivirent aux parlementaires communistes d'Alger, en mars 1944, de coopérer loyalement à l'union nationale autour de De Gaulle[219]. Cela précéda l'entrée des communistes au C.F.L.N., le 4 avril. Huit mois plus tard, le 19 novembre, Staline adressait directement ses ordres à Maurice Thorez : « *La situation a changé et il faut opérer un tournant. Le PC n'est pas assez fort pour pouvoir frapper le gouvernement à la tête. Il doit accumuler des forces et chercher des alliés*[220]. »

Quelles qu'aient pu être les tentations des communistes français, la seule certitude que nous ayons, c'est que les autorités soviétiques ont tranché et décidé de la ligne à adopter, en fonction de la stratégie mondiale de l'U.R.S.S. Et il semble que les Soviétiques aient considéré que ni la conjoncture internationale ni la conjoncture française n'étaient propices à un glissement de l'insurrection libératrice à la révolution et de la révolution à la prise du pouvoir.

Mais, ce qui nous importe ici, c'est de savoir si Moulin a « favorisé » les entreprises communistes.

La France avant la Résistance ?

L'absence d'actions du P.C.F. pour prendre le pouvoir ne signifie nullement l'abstention. Il est évident que les communistes souhaitaient acquérir le plus possible de positions nouvelles ou consolidées dans la société et le champ politique. En ce sens, les communistes étaient parmi les fers de lance du discours sur le renouvellement des élites qui était l'un des corollaires de l'épuration. D'ailleurs, le journal *Front national* (dont la direction fut confiée à Jacques Debû-Bridel) se montra, dès sa parution officielle, très insistant sur l'épuration, au point d'y consacrer la plupart de ses éditoriaux et de ses campagnes.

Quelques semaines avant la libération de Paris, la Délégation avait fait réaliser un petit sondage, dont les résultats sont sans doute un peu boiteux du point de vue scientifique, mais qui offre d'intéressants aperçus, tant par les questions posées que par les proportions.

« Une fois le pays libéré la Justice fera l'épuration. La vindicte populaire sera déchaînée. Faudra-t-il la laisser faire, la brider ou l'empêcher ?

« Voici les réponses : Pour laisser faire : 28 %. — Pour brider : 28 %. »

« Résultats simili Gallup (II) : Pour empêcher : 44 %. »

« 2e question posée : Pétain mérite-t-il la mort ? Réponses : Oui : 39 %. — Oui avec circonstances atténuantes : 26 %. — Non : 36 %. — Indécis : 6 %. »

« 3e question posée : Laval mérite-t-il la mort ? — Réponses : Oui : 65 %. — Oui avec circonstances atténuantes : 16 %. »

« Résultats simili Gallup (III) : Non : 15 %. — Indécis : 4 %. »

« 4e question : En dépit des destructions et des victimes, êtes-vous content que la libération de l'Europe commence par la France ? Réponses : Mécontents : 30 %. — Heureux et résignés : 70 %. »

« Résultats simili Gallup (IV) : 5e question : Est-ce que la personnalité du Général de Gaulle est diminuée par le conflit avec les Anglo-américains ? Réponses : Enthousiasmés par l'attitude du Général : 77 %. — Indifférents : 11 %. — L'accusant de maladresse : 12 %[221]*. »*

Certes, les Français aspiraient à voir châtier ceux qui les avaient trahis ou qui les avaient fait souffrir. Mais ils ne souhaitaient pas qu'on passe au crible leurs propres sentiments tels qu'ils avaient évolué depuis 1940. Un correspondant d'Alexandre Parodi, malheureusement non identifié, s'en expliqua de façon très frappante, dès le 29 août : *« Dès que nous avons atteint les leviers de commande qui contrôle* [sic] *toute la France avec sa complexité infinie, son lourd passé, son intelligence si variée, ses intérêts économiques parmi les plus puissants du monde, nous n'avons plus le droit de rester entre nous, nous devons absolument avoir le courage et aussi le renoncement de quitter les ivresses faciles, les enthousiasmes collectifs qui nous font perdre de vue le regard sévère et froid du pays qui nous juge.*

« Je vois avec tristesse les artisans [sic] *du général de Gaulle de la première heure discuter ceux qui n'ont franchi les Pyrénées qu'au cours des années 41, 42 et 43, puis ceux-là mêmes juger à leur tour ceux qui ont couru tous les risques de la Résistance sur place contre les Allemands et enfin l'ensemble des trois catégories se réunir en clan contre le Français moyen, lui qui n'est pas obligatoirement héroïque de sa propre initiative mais qui, bien dirigé et bien encadré, a su de tous temps accomplir les plus grandes œuvres.*

« Ce n'est pas avec du dédain, du mépris, que l'on s'attache les hommes. Ce qui a été accompli par les partisans du général de Gaulle est écrit dans l'histoire. Rien ne pourra plus l'effacer. Mais ce n'est pas à eux de s'en servir comme d'un passeport permanent vers les avenues du pouvoir et du succès. Une telle conception amènerait infailliblement des réactions profondes dans le pays et le livrerait de nouveau aux mauvais bergers qui attendent dans l'ombre, en ce moment, heureux des erreurs qu'ils aperçoivent clairement et dont ils se réjouissent déjà de recueillir les fruits[222]*. »*

Quelques semaines plus tard, André Philip dressait, en effet, un bilan qui témoignait de la difficile articulation entre la Résistance et le pays. « *Il faut reconnaître que celle-ci de son côté, n'a pas accroché avec la masse du pays, les mouvements, les C.D.L., représentant une minorité consciente et organisée, l'élite de la jeunesse, qui a combattu pour le pays, mais ce n'est qu'une minorité. La masse des braves gens a été de sentiment résistant sans oser prendre de grands risques. Pour l'instant, la masse est reconnaissante à la résistance d'avoir participé à sa libération et elle lui fait confiance ; mais cette confiance s'affaiblit rapidement dans la mesure où les F.F.I. continueront à procéder à des arrestations, perquisitions abusives, où des amendes arbitraires seront imposées, où des comités locaux agiront en sectes étroites chassant des municipalités des élus résistants. Le danger c'est que les mouvements ne s'usent rapidement, suscitant par leurs excès la résurrection soit d'une réaction vichyste, soit des vieux partis négligés qui prendraient leur revanche avec leur ancien appareil et leurs anciennes habitudes*[223]. »

Sans la Résistance, et contre elle parfois, la France continuait et elle lui échappait. De l'avis d'André Philip, il revenait au général de Gaulle de rendre justice à la Résistance en travaillant à la rapprocher des Français.

La Libération trahie

La Libération, qui pour les militants avait été une ivresse sans arrière-pensées, devint, au fil des mois, une déception qui, pour les responsables de la Résistance métropolitaine, se transforma en amertume. Une foule de documents en témoignent. Ainsi, la lettre de Claude Monod, commandant F.F.I. de Bourgogne, à son père, le 14 septembre 1944 : « *C'est fini, mais au lieu de la joie débordante que j'escomptais, cette libération me laisse un goût un peu amer. Ma seule consolation est de me dire que j'ai fait mon devoir, que je n'ai reculé devant aucun risque, qu'en somme sur le plan personnel et humain, j'ai eu raison. Je suis payé. Je n'attends plus maintenant que le retour à la vie normale, reprendre mon métier*[224]. »

L'un de ces documents les plus révélateurs est peut-être une lettre d'André Philip. Parce qu'il fut l'artisan, avec Moulin et de Gaulle, de la construction des institutions clandestines, sa réaction n'a que plus de prix pour juger des résultats. Le Général, expliquait-il, n'avait pas « *accroché avec la Résistance* ». Cela s'était traduit par une série de gestes malencontreux : « *Vous avez été glacial, parfois brutal et vous avez déçu certains de ceux qui venaient à vous avec toute leur âme.*

« *A la grande fête du Palais de Chaillot, vous avez prononcé un discours, excellent au point de vue intellectuel, mais qui, préparé la veille, ne répondait pas à l'atmosphère de la salle et à ce que l'auditoire attendait de vous, quelque chose de plus chaud, venant directement du cœur ; j'ai eu des échos semblables de votre tournée en province, accueil grandiose, attente anxieuse, enthousiasme sincère, avec cependant une certaine déception, le sentiment que quelque chose a manqué.*

« *Aujourd'hui dans les comités de libération, le malaise règne partout ; on parle d'opposition au Gouvernement ; les bruits recommencent à circuler sur votre soi-disant autoritarisme.*

« Je me suis permis à diverses reprises d'attirer votre attention sur ce fait ; avec le peuple français, il ne suffit pas d'avoir une vision claire de ses droits et de ses devoirs, il ne faut pas que la forêt vous cache les arbres, vous devez faire effort pour sortir de votre réserve, de votre (excusez si je me trompe) timidité naturelle que vous cachez par votre froideur, il faut manifester les dons du cœur que vous possédez, et établir un contact direct et immédiat avec les individus comme avec les groupes, c'était hier pour vous un devoir moral, c'est aujourd'hui en outre une nécessité politique[225]. »

Il revenait donc à de Gaulle d'aider la Résistance à se porter vers le pays réel : *« Dans ces conditions, deux possibilités s'offrent à vous. Vous pouvez choisir contre la résistance ; il vous suffit pour cela de la laisser faire ; en un ou deux mois les excès verbaux et le désordre dans les faits lasseront l'opinion ; les mouvements et partis se disputeront (pas tous car je saurai empêcher le Parti Socialiste de tomber dans le piège). On réclamera à grands cris l'affirmation de l'autorité de l'Etat ; vous pourrez faire alors ce que vous voudrez et dans le conflit qui s'élèvera entre vous et la résistance, entre vous et nous (car je serai avec eux), vous gagnerez à coup sûr.*

« Vous gagnerez, mais que vaudra cette victoire. Il y aurait un conflit qui par endroits pourrait être grave et conduire à de sérieux désordres sociaux ; nous n'avons pas le temps de nous payer ce luxe alors que la guerre continue et que l'œuvre de reconstruction n'est même pas ébauchée. Pour l'emporter, vous auriez à vous appuyer sur des éléments non résistants ou médiocrement résistants, vieux politiciens de village ou vichystes fraîchement repentis ; l'âme de la France en sortirait irrémédiablement souillée, car vous aurez perdu tout ce qu'il y a de pur, de noble, d'enthousiaste dans la jeunesse résistante ; cette volonté de reconstruction totale, cette attente anxieuse d'un monde plus juste et plus libre. Décevoir cette immense espérance populaire serait un crime pire encore que la signature de l'armistice.

« Il n'y a donc qu'une seule issue, il faut aider la résistance, l'entourer, lui faire sentir votre sympathie affectueuse, à la fois établir avec elle les contacts personnels et collectifs indispensables et en limitant et précisant ses fonctions, la mettre en contact avec la masse du peuple qu'elle doit à son tour aider et encadrer[226]. »

André Philip avait compris qu'un fossé pourrait se creuser autour de la Résistance et lui conserver le statut d'élite morale, mais marginalisée. Or les chefs de la Résistance firent souvent grief de cet état de fait au général de Gaulle.

C'est ainsi que, dans son pamphlet *Nous sommes les rebelles*, Philippe Viannay s'écriait : *« Les actions de la Résistance, les morts de la Résistance, l'héroïsme de la Résistance, tout cela représente une valeur commerciale et l'on peut utiliser tous ces sacrifices pour se créer une situation personnelle, quitte ensuite, quand ces héros deviendront trop gênants, à les piétiner. C'est ainsi que beaucoup, à Alger ou à Londres, conçurent la Résistance comme un escabeau que, tôt ou tard, il faudrait maintenir au rôle d'escabeau*[227]. »

Mais malgré leur accord contre de Gaulle, les résistants se révélaient être irrémédiablement divisés. C'est ainsi que Pierre Hervé se moquait de ces « rebelles », condamnant à travers Viannay tout un pan de la Résistance qui refusait l'étreinte communiste : *« "Nous sommes des rebelles", disait récemment un jeune homme qui a témoigné dans la Résistance à l'ennemi et ses qualités de courage et de désintéressement. Nous sommes des rebelles, oui sans doute, comme le sont les fils de famille qui partent pour quelque escapade. Ceux-ci savent bien que la table familiale leur est toujours ouverte et qu'au moindre cri de leur estomac ils n'ont qu'à s'y présenter. Et puis l'on se sent un homme quand on a fait pleurer sa mère !*

« Ces jeunes gens néo-socialistes seraient-ils rebelles aux lois morales conventionnelles qui gouvernent notre société ? Allons donc, ils n'ont que morale à la bouche. Ils sont crottés de morale bourgeoise des pieds à la tête[228]*. »*

De ce livre confus et désordonné de deux cents pages, rédigé en quinze jours, la meilleure partie est le titre, *La Libération trahie*. Il exprime la déception de l'ensemble des résistants qui sentaient, à la fin de 1945, la victoire leur échapper. Sans doute parce qu'elles évitaient les faits concrets et que seuls deux noms étaient cités (de Gaulle et Frenay), les attaques innombrables contenues dans ce pamphlet en direction de tout ce qui n'était pas communiste se perdaient dans une nébuleuse compréhensible des seuls initiés. On y trouvait, pêle-mêle, la nostalgie d'une révolution mort-née : *« La Résistance est loin, hélas ! d'avoir éclairci la politique et loin de l'éclaircir aujourd'hui. Au lieu de se prendre simplement pour ce qu'elle est* […] *elle ambitionne de bouleverser tout le savoir ; la tête dans les nuées, elle vaticine ; elle annonce des œuvres géniales et ne nous produit que des exposés d'intentions.* […] *Cette médiocrité tient sans doute au fait que la libération a été une sorte de révolution ratée de la petite bourgeoisie*[229]*. »*

La rancœur contre la France Libre, accusée à mots à peine couverts de trahison : *« Les gens de Londres et d'Alger, sont, je le sais bien, revenus en France avec la ferme volonté de remettre tout en ordre. Ils le font avec l'appui des Vichyssois ralliés. Ils avaient tout fait pour freiner l'action populaire contre les nazis, réduire l'insurrection à quelques petites opérations de police effectuées par les "hommes sûrs" des gardes mobiles et de la gendarmerie ; ils se préoccupaient de ne livrer les armes qu'à des formations garanties contre toute pénétration communiste et de les faire stocker jusqu'au fameux jour J pour, éventuellement, maintenir l'ordre, vous savez bien contre qui. Ils préféraient sacrifier l'intérêt national à leurs préoccupations de politique intérieure. »*

L'élan douloureux des espoirs déçus : *« On croyait que cela changerait, qu'on serait chez soi enfin, et qu'on avait bien gagné de l'être. Vous vous apercevez que vous êtes importun dans un pays pour lequel vous avez versé votre sang et pour lequel vos frères sont morts. L'immoralité ne se guérit pas avec de la morale mais avec une bonne politique*[230]*. »*

Douleur partagée, certes, par Henri Frenay, imputée à de Gaulle, mais aussi à d'autres résistants, y compris ces mêmes communistes. Sous le titre qui le hantait, « Les fossoyeurs de la Résistance », il exhalait, un an plus tard, sa rancœur : *« La Résistance est morte, il faut en convenir. C'est pourquoi l'heure est venue non pas des oraisons funèbres dont on sait combien elles défigurent le mort, mais des accusations contre ceux qui, par leurs erreurs, leurs manœuvres sournoises, leur lâcheté ou leur reniement, ont porté en terre allègrement ce qu'ils prétendent encore chérir aujourd'hui. »*

Venait la litanie des accusations : *« J'accuse le Général de Gaulle de n'avoir peut-être pas entendu, et sûrement pas compris, l'appel passionné qu'à travers ses bâillons lançait tout un peuple. Je l'accuse de n'avoir pas perçu le sens révolutionnaire de notre résistance et d'avoir, jour après jour, éteint sa flamme, autant par sa froideur hautaine que par ses concepts bainvilliens. »*

Contre les communistes : « *J'accuse les staliniens d'avoir menti et de mentir encore en affirmant avoir été les pères de notre résistance, en tentant frauduleusement de monopoliser notre action et en plaçant ainsi sur notre visage un masque déformant. Je les accuse d'avoir, par l'exploitation du mythe trompeur de l'unité, paralysé la Résistance parce qu'ils savaient qu'elle pouvait entraver la marche vers "leur révolution".* »

Contre les socialistes : « *J'accuse le Parti Socialiste de n'avoir pas compris, par sectarisme étroit, la force victorieuse qui devait résulter, de notre entente, et d'avoir ainsi desservi à la fois la cause du socialisme et l'intérêt national.* »

Contre ses propres alliés du M.L.N. : « *J'accuse enfin et surtout les "dirigeants" incapables et veules du M.L.N., notamment, d'avoir, tel* [*sic*] *une fille, satisfait ignominieusement et successivement tous ceux qui voulaient jouir de notre prestige pour des fins personnelles. Je les accuse d'avoir, tout en les condamnant chez les autres, pratiqué les plus basses méthodes politiques pour finir dans les bras du radicalisme contre lequel, quelques jours avant, ils n'avaient point assez de mépris. Je les accuse, en un mot, de tous les reniements.*

« […] *Deux ans ont passé, le sang et les larmes ont séché, les crématoires se sont éteints, les charniers ont été ouverts et recouverts... De tout cela ne resterait-il rien qu'une amère nostalgie*[231] *?* »

Alors, trahison de la Libération ou trahison du souvenir ?

TROISIÈME PARTIE

CALUIRE : FAIT DIVERS TRAGIQUE OU INCARNATION DE LA RÉSISTANCE ?

Après la guerre, le nom de Jean Moulin sombra dans l'oubli. Ce sort ne fut pas réservé à lui seul. La France des années quarante et cinquante n'avait pas développé l'obsession commémoratrice que nous connaissons aujourd'hui et ne s'appliquait pas au suivi pointilleux des anniversaires. D'ailleurs, la IVe République était aux prises avec des difficultés qui, dans l'actualité, renvoyaient au second plan le souvenir de la Résistance.

Pour ne parler que des événements lors desquels le nom de Moulin apparut, la première arrestation de René Hardy (décembre 1944) se produisit au milieu des angoisses de la contre-offensive allemande et des privations d'un nouvel hiver de guerre. Son premier procès (janvier 1947) se déroula alors que naissait la guerre froide et le second (avril-mai 1950) en pleine campagne pacifiste internationale orchestrée par les communistes sur fond de peur nucléaire. Seule la seconde arrestation de Hardy (mars 1947) fit réellement les gros titres, plutôt pour ses circonstances rocambolesques, qui laissèrent, on s'en doute, une place infime à l'évocation du souvenir de Jean Moulin. On peut y voir un présage de ce qu'il advint de Caluire dans les médias et la mémoire collective.

C'est la volonté politique de De Gaulle qui sortit Moulin de l'oubli et du fait divers en le faisant entrer au Panthéon. En magnifiant son martyr, André Malraux lui donna une place épique dans la mémoire nationale... et l'exposa au feu des règlements de compte.

En effet, en quittant la clandestinité pour devenir la nouvelle légalité en France, la Résistance s'était lancée dans la mêlée politique avec des bonheurs contrastés, eu égard aux illusions qu'elle se faisait sur sa propre nature et sur les conditions réelles de cette démocratie pour laquelle elle avait lutté. Mais elle n'en était pas quitte avec son passé, qu'elle cultivait comme source de sa légitimité et utilisait dans ses combats internes. On était plus que jamais en présence de Résistances politiquement divisées, s'affrontant à grand renfort de souvenirs qui sonnaient parfois comme des accusations.

D'emblée, l'affaire de Caluire en offrit un exemple éclatant. Elle fut traînée hors du champ judiciaire par la politisation que lui imprimèrent les communistes pour tenter de discréditer des chefs de mouvement qu'ils estimaient leur faire obstacle dans l'unification de la Résistance à leur profit. Dès lors, il fallut se battre pour sauver sa peau et le fait de croire ou non en la culpabilité de René Hardy se chargea d'implications politiques qui reléguaient à l'arrière-plan la vérité et la justice. Deux clans s'affrontèrent, au grand dam du reste des résistants qui ne voyaient là qu'une triste publicité.

Au milieu de ce carnage entre anciens camarades s'écrit pourtant une mémoire involontaire. Mis bout à bout, les témoignages recueillis au fil des années, nonobstant leurs contradictions factuelles, restituent une vérité plus subtile : celle du fonctionnement réel de la Résistance, très éloigné, dans son dénuement poignant, des souvenirs estampillés et de l'image déformée qui, malheureusement pour les anciens résistants, aboutit parfois aujourd'hui à les présenter comme de mystérieux comploteurs prêts à toutes les aventures. C'est cette humble grandeur que j'espère restituer au lecteur en lui offrant de plonger dans le récit brûlant de l'affaire Hardy.

Ainsi le déroulement des suites judiciaires et politiques des événements de Caluire me conduira naturellement à apporter une réponse à la question récurrente : qui est coupable ?

Le propos n'est pas fortuit. J'ai toujours considéré Caluire comme un fait divers, tragique et bouleversant, mais un fait divers. Au fil des années, il en vint à constituer une sorte d'étrange fonds de commerce. À force, le destin de Jean Moulin s'est embourbé dans le marais d'hypothèses toujours plus romanesques ou scandaleuses, qui ne le tirent de l'oubli que pour mieux bénéficier de sa notoriété. Pourtant Caluire est un objet d'histoire qui doit être abordé comme les autres, dans un effort paisible de recherche de la vérité, et qui ne mérite ni tant d'honneurs ni tant d'avanies. Il convient donc de recenser ces hypothèses, de les confronter aux faits, de discerner ce qui les sous-tend afin de dégager la seule qui réponde, avec cohérence, à la question : pourquoi Jean Moulin est-il mort ?

XXIII

L'AFFAIRE HARDY

21 juin 1943-2 septembre 1944

La reconnaissance par les Alliés du Gouvernement provisoire de la République française (G.P.R.F.) clôt l'histoire de la Résistance proprement dite, qui avait ainsi atteint ses objectifs patriotiques : la libération et la reconquête de la souveraineté nationale. Pendant que la Résistance de la révolution succédait à la Résistance de la libération pour mettre en œuvre les espérances politiques justifiées par le sang des martyrs, la mémoire sortait des limbes.

Or, à côté de l'écriture officielle dressant l'inventaire des hauts faits et le catalogue des héros, une affaire de trahison éclaboussa la Résistance pour la plus grande joie des pétainistes et des collaborateurs, enchantés qu'elle eût ses traîtres qui venaient les rejoindre en prison.

Durant quatre ans, l'histoire de la Résistance avait certes été émaillée de délations et de trahisons, mais, avec l'affaire Hardy, la honte s'étalait au plan national puisqu'il s'agissait de l'arrestation du représentant du général de Gaulle. Jean Moulin sortait de la clandestinité en entrant dans l'histoire par la porte étroite des faits divers.

Jean Moulin arrêté, torturé, mort, l'« affaire Hardy » commençait. Hardy fut immédiatement soupçonné par des résistants d'avoir « donné » Caluire. Les responsables des mouvements se divisèrent alors en deux camps : ceux qui le croyaient coupable (les Aubrac, Claudius-Petit, Copeau, De Graaff) et qui entreprirent de l'assassiner. Ceux qui le croyaient innocent (Frenay, Bénouville, Bourdet), qui tentèrent de le faire évader.

1943 : Hardy, nouvelles arrestations, nouvelles évasions

Tandis que le commissaire Porte enquêtait et que les résistants commençaient à découvrir la réalité, qu'était-il advenu de Hardy[1] ?

Nous l'avons laissé alors que le cantonnier l'avait vu se dissimuler dans un fossé et avait constaté que les policiers allemands renonçaient à le chercher davantage.

« Je me suis caché dans l'herbe pour me reposer, c'est en me relevant que

je me suis rendu compte que j'étais blessé au bras gauche. Je me suis remis à marcher et je suis arrivé finalement sur le quai de Serin, où j'ai rencontré deux soldats qui m'ont soutenu.

« A ce moment-là, je perdais beaucoup de sang et ils m'ont conduit chez un particulier [Mme Damas] *où j'ai été découvert par la police*[2]. »

Hardy fut d'abord repéré le 21 juin 1943 par le commissaire de police de la Croix-Rousse qui se rendit chez Mme Damas. *« A mon arrivée, au rez-de-chaussée d'une maison en bordure du quai devant laquelle se trouvait un agent de police, j'ai découvert quatre à cinq personnes entourant un jeune homme blessé et assis sur une chaise. Il paraissait souffrir beaucoup et tenait dans sa main un bras entouré d'un pansement sommaire. J'appris qu'il venait d'être blessé par des Allemands. Je me suis présenté en disant "Police française, que puis-je faire pour vous ?" J'insistai : "Police française", mais le blessé après m'avoir longtemps regardé ne m'a rien répondu.* […] *Comprenant qu'il s'agissait d'une affaire importante, j'ai ordonné au chauffeur d'aller chercher le chef de service. Ce dernier arrivé, je suis retourné au bureau laissant à ce dernier le soin de suivre cette affaire, dans laquelle il y avait déjà beaucoup trop de monde*[3]. »

Le commissaire de la police judiciaire rendit visite à Hardy : *« Avisé téléphoniquement par le Commissariat de Police de la Croix Rousse, qu'un individu blessé s'est réfugié, 64 quai de Serin à Lyon, à la suite d'une agression.*

« Nous sommes rendus sur les lieux et avons découvert au domicile du sieur Damas Léon […] *un individu portant un pansement au bras gauche, portant une carte d'identité au nom de Husson Roger* […].

« Sur interpellations successives, cet individu répond comme suit :

« Ma véritable identité est la suivante : Hardy René […].

« Je suis arrivé à Lyon le 18 juin venant de Paris. J'ai logé chez des amis, dont je ne veux pas vous dire le nom.

« Je devais rencontrer quelques amis dont je ne veux pas vous dire le nom. L'un d'eux m'a conduit dans une maison de la Montée Castellane, où j'ai retrouvé trois autres personnes. Peu après le début de la réunion, alors que nous discutions à bâtons rompus, plusieurs individus firent irruption dans la pièce où nous nous trouvions, revolver au poing, en criant "Police Allemande". Ils nous ont aussitôt fouillés. L'un d'eux m'a passé au poignet droit un "cabriolet". Ils nous ont interrogés sur notre identité, mais se sont heurtés à notre mutisme. Ils nous ont conduits dans une voiture qui stationnait devant la maison. J'étais le premier à descendre. Au moment où le policier allemand ouvrait la portière de l'automobile, je lui ai donné un coup de poing gauche. Il a basculé sur la portière et, sans doute en voulant se rattraper, il a lâché le "cabriolet". Je me suis enfui aussitôt. Le policier tira un coup de revolver qui me blessa à l'avant-bras gauche. J'ai couru en zigzaguant à travers les arbres bordant la rue. Plusieurs coups de feu furent encore tirés mais aucun d'eux ne m'atteignit. J'ai plongé derrière un fossé, puis j'ai escaladé un mur. J'ai longé le mur sur une certaine distance. Après avoir entendu passer deux voitures sur la route, je suis revenu. J'ai pris un petit chemin et je suis arrivé sur la route bordant la Saône. Je suis descendu sur le bâbord que j'ai suivi pendant un moment, puis, souffrant de ma blessure j'ai appelé deux cyclistes qui venaient à ma rencontre et leur ai demandé de m'aider à gagner les maisons proches. C'est ainsi que je suis entré dans la première maison ouverte, où vous m'avez trouvé. Dans ma fuite, j'ai tiré deux coups

de feu avec le revolver que j'avais sur moi, caché dans l'emmanchure de ma veste.

« *S.I.* [sur interrogation]. *J'appartiens au troisième Bureau Technique de l'A.S. (Armée Secrète) des Mouvements Unis. J'étais chargé de la rédaction d'un plan d'opération en vue de débarquement allié.*

« [...] *Mentionnons que vu l'état du blessé, l'interrogatoire ne peut être poursuivi*[4]. »

Le lendemain, c'est au tour du commissaire de la Sûreté à la section politique, Alfred Chapelain, d'interroger Hardy : « *J'appartiens à l'armée secrète des Mouvements Unis de Résistance et j'étais présenté comme chef du troisième bureau technique de l'A.S.*

« *Je suis entré en contact avec ce mouvement au mois de janvier 1943, dans le midi, à Nîmes.*

« *Je me trouvais au café Français, à Nîmes, où j'allais de temps en temps, lorsqu'un consommateur que j'avais déjà vu dans cet établissement, s'est installé à ma table et s'est mis à parler avec moi. Je lui ai dit que j'avais appartenu à l'armée en qualité de lieutenant et je ne lui ai pas caché mes sentiments à l'égard des Allemands. Il m'a alors proposé de faire partie de l'A.S. Je n'ai pas accepté tout de suite et ce n'est qu'à une entrevue, qui a eu lieu au même endroit, quelques jours plus tard, que je lui ai donné mon adhésion.*

« *Je ne connais pas cet individu sous sa véritable identité. Il m'a dit avoir appartenu à l'armée française comme capitaine et ses connaissances paraissaient le prouver. Il se faisait appeler sous un prénom d'emprunt que j'ai oublié.*

« *Je lui ai dit que je n'avais pas beaucoup de temps pour me consacrer à cette activité et l'ai revu quelquefois. Il me tenait au courant sur l'organisation et sur ce qui se passait dans le Mouvement.*

« *Je suis venu à Lyon il y a trois jours et j'ai rencontré une personne, à un rendez-vous que m'avait fixé le chef de Nîmes. Ce rendez-vous a eu lieu à la gare de Perrache, à 12 heures, samedi dernier. Nous nous sommes reconnus grâce au journal "Adler" et "l'Action Française", que nous avions à la main.*

« [...] *Mentionnons que vu l'état de Hardy René, nous ne pouvons poursuivre l'audition*[5]. »

Le commissaire poursuivit son interrogatoire, le lendemain 23 juin, au cours duquel Hardy répéta ce qu'il avait déjà dit lors du premier. Il terminait en précisant : « *J'appartiens au troisième bureau technique de l'A.S. des mouvements unis. J'étais chargé de la rédaction d'un plan d'opération en vue de débarquement allié*[6]. ».

C'est la Sûreté qui fut finalement chargée de l'affaire. Hardy fut interrogé puis conduit à l'hôpital de l'Antiquaille[7]. Les médecins qui l'examinèrent à l'Antiquaille constatèrent qu'il présentait une fracture de l'avant-bras gauche. Le projectile était ressorti. Ils estimèrent *a posteriori* que la blessure n'avait pas pu être faite à bout portant[8].

Les 22 et 23 juin, il fut de nouveau interrogé par le commissaire Chapelain de la Sûreté. « *Le but de la réunion qui avait lieu ce jour,* expliqua-t-il, *était de m'investir dans les fonctions de chef du 3e bureau technique de l'A.S. Le rôle de ce 3e bureau est le même que celui du 3e bureau de l'armée française. Je ne puis vous donner d'autres précisions*[9]. »

Le 24 juin, le commissaire présenta Hardy à un procureur du parquet de Lyon pour détention d'armes, menées antinationales et possession d'une fausse carte d'identité [10]. Le commissaire, selon ses dires, cherchait ainsi à éviter que Hardy fût livré aux autorités allemandes, ce qu'il semblait craindre par-dessus tout [11]. Mais devant l'état de santé déficient de Hardy, le procureur suspendit sa décision, le fit ramener à l'Antiquaille et recommanda de le faire garder attentivement [12]. C'était une protection illusoire contre la Gestapo qui, le 28 juin au matin, vint chercher Hardy à l'hôpital allemand avec l'aval de l'intendant de police de Lyon. Comme l'écrira Henri Noguères, *« il devient rigoureusement invraisemblable que retombant le 28 juin entre les mains de Barbie, il s'en soit tiré avec un bref interrogatoire, n'ait pas été torturé et ait couché le soir même dans un lit d'hôpital* [13] ».

Genève, 23 juin 1943 :
le colonel Groussard informe Londres

Pendant qu'en France les résistants reconstruisaient difficilement la vérité, en Suisse, le colonel Groussard (chef du réseau Gilbert appartenant à l'Intelligence Service) en détenait la clé qu'il communiqua, d'une part, au S.O.E. à Londres, qui avertit le B.C.R.A., et, d'autre part, aux représentants des mouvements qui le répercutèrent aussitôt en France : *« Le 22 juin, au soir, ou le 23 juin, au matin, mes souvenirs sont imprécis quant à la date exacte, Cambus arriva à Genève et il me rapporta ce que lui avait dit Mme Deletraz* [sic] *le 22 juin au matin. Voici, autant qu'il m'en souvient, la relation de Mme Deletraz, transmise par Cambus :*

« "Je fus convoquée le 21 juin au début de la matinée à l'hôtel Terminus à Lyon. Le policier allemand qui s'y trouva me dit qu'il allait me présenter un Français du nom de Didot [Hardy] *qui travaillait pour eux et que je serais chargée de le suivre, il me donna un rendez-vous vers 11 h 30 à l'Ecole de Santé de Lyon. Le policier allemand m'avait dit qu'il s'agissait d'arrêter les membres importants de l'A.S., à une réunion à laquelle devait assister Didot.*

« "En sortant de l'hôtel Terminus, je me rendis immédiatement chez un de mes camarades, où je pensais pouvoir rencontrer Cambus. Je ne l'y trouvai pas et allai alors à la Croix-Rouge française, espérant y voir le Capitaine Meynat, qui, je le savais, était un résistant. Meynat n'était pas là, mais je vis un colonel et un lieutenant du nom de Fure, je crois, à qui j'exposai toute l'affaire et à qui je demandai de faire l'impossible pour prévenir les camarades en danger.

« "Je me rendis ensuite à l'Ecole de Santé. Là je fus introduite dans une pièce, où l'on me présenta Didot. Les Allemands réglèrent le scénario suivant lequel je devais suivre Didot jusqu'au lieu de réunion et les détails en furent réglés par Didot lui-même.

« "Je suivis donc Didot et déterminai ainsi l'emplacement de la réunion, qui avait lieu dans une villa à Caluire. Je retournai au lieu où m'attendaient les Allemands qui me prirent en voiture. Je fis semblant, pour gagner du temps, de ne pas pouvoir me reconnaître dans le dédale des rues ce n'est que deux heures après, pensant la réunion terminée et qu'en tout cas, les précautions avaient dû être prises après ma visite du matin à la Croix-Rouge, que je leur indiquais la villa en question.

« "Le lendemain matin, les Allemands me reconvoquèrent et m'annoncèrent

que l'opération avait parfaitement réussi et que Didot avait même fait preuve d'un certain courage, en se tirant volontairement une balle dans le bras.

« "Complètement affolée, je courus à la recherche de Cambus que je finis par trouver. Je lui racontai toute l'histoire et il partit immédiatement pour Genève en rendre compte au Colonel Groussard."

« Telle est en gros la relation verbale que me fit [mot illisible] *dès son arrivée à Genève. Je l'écrivis et transmettais sans perdre une minute le rapport en question au Général Davet qui était à l'époque à Genève le représentant officiel des M.U.R. et qui, en cette qualité, était habilité pour suivre l'affaire*[14]*. »*

Pierre Bénouville eut alors connaissance des informations transmises par Groussard : *« Mes services de Suisse m'ont transmis à ce moment une note provenant du Colonel Groussard, alias "Erich", nous signalant que nous avions un traître parmi nous et que ce traître était Hardy. Son argumentation était présentée de telle manière que j'ai cru reconnaître l'argumentation même de ceux d'entre nous qui accusaient Hardy (Lucie Aubrac, etc.). Pour cette raison même je n'ai pas attaché beaucoup d'importance à cette information*[15]*. »*

Or, la mission Gallia, réseau de renseignement rattaché à l'A.S., venait de recevoir le récit des propos de Mme Delettraz par l'intermédiaire de la femme d'un des officiers de l'armée d'armistice que Mme Delettraz avait averti dans la matinée du 21 juin. Le chef de Gallia rencontra aussitôt De Graaff, qui lui confirma l'arrestation de Jean Moulin. Tout se recoupait donc et Gallia adressa immédiatement un rapport au B.C.R.A.[16].

Le retour de cette information en France prit quelques jours depuis la Suisse et Londres. Il se traduisit par un câble daté du 2 juillet, destiné à Claude Serreulles, que je reçus à Paris. Il alertait la Résistance de zone occupée : *« Faire connaître urgence si Didot* [Hardy] [...] *relâché. Top. Si Didot libre prenez toutes mesures de précautions car avons fortes présomptions contre lui. Top. Prévenez tous nos amis*[17]. » Le même câble était envoyé en zone sud à Bidault, à qui l'on demandait de prévenir Bourdet et Copeau. Ce dernier alerta Claudius-Petit et Lucie Aubrac et ils décidèrent en commun d'empoisonner Hardy.

Juin-juillet 1943 : histoire d'un pot de confiture empoisonnée

Durant ce court laps de temps, les responsables de Libération et de Franc-Tireur avaient décidé d'assassiner Hardy parce qu'ils considéraient qu'il était à la fois coupable et dangereux. Qui étaient-ils ? Quel projet fut élaboré ? Fut-il mené jusqu'à son terme ? Autant de questions sur lesquelles les témoignages permettent seulement de constater des divergences. Si j'évoque cette affaire tragi-comique, c'est qu'elle est un exemple instructif de la dérive des témoignages dans la reconstruction du passé. Toute l'affaire Hardy en est la preuve. Le pot de confiture en est un des joyaux.

En tant que dirigeants, respectivement de Franc-Tireur et de Libération, Eugène Claudius-Petit et Pascal Copeau avaient le plus d'autorité pour faire mettre cette condamnation à exécution. Ils étaient persuadés de sa nécessité, malgré les doutes qui ne peuvent manquer d'assaillir ceux qui s'érigent en juges. *« Lorsque nous avons examiné le comportement de Hardy,* déclara Claudius-Petit en 1948, *le pourcentage de culpabilité était peut-être de l'ordre de 90 %*[18]. »

Deux ans plus tard, il expliquait plus précisément : « *Il est évident que dans mon esprit, ainsi que dans celui de Pascal Copeau, si les doutes* [...] *subsistaient, l'enchaînement de l'incident de Mâcon, et surtout la petite note demandant de ne pas me rendre au rendez-vous où j'étais supposé devoir aller étaient pour nous des présomptions terribles. Et nous avons décidé, bien que Pascal Copeau et moi-même nous ne soyons pas du tout sanguinaires, qu'étant donné le danger extraordinaire que présentait Hardy, il fallait qu'on se débarrassât de lui. Nous avons, le doute jouant contrairement au temps de paix pendant la guerre contre celui qui en est l'objet,* [...] *décidé qu'il serait exécuté d'une façon ou d'une autre*[19]. »

À ce moment, Hardy se trouvait hospitalisé. Comment pouvait-on l'atteindre ? « *Nous avons convenu,* poursuivait Petit, *que le meilleur moyen était vraisemblablement, afin de ne gêner en rien ceux qui, à l'hôpital, l'approchaient, de l'empoisonner.* » Lucie Aubrac fut chargée des modalités pratiques. Au moyen d'un gâteau au cyanure, avance Petit. De la confiture au cyanure, précise Lucie Aubrac : « *Tout colis était partagé entre les prisonniers ! Je ne connais pas d'exemple de prisonniers qui, en cette terrible époque de pénurie, aurait refusé de partager.* [...]

« *Il fallait donc que le colis puisse être partagé mais qu'il contienne quelque chose que Hardy tienne à garder pour lui. Nous avons appris par ses amis qu'il adorait la confiture. Denrée fort rare à l'époque. Ce fut presque plus simple de trouver le poison que la confiture !* »

Un ami chimiste lui procure du cyanure : « *Le lendemain, j'emportai des cristaux de cyanure dans un tube à aspirine. Je tentai de les mélanger à de la confiture, mais elle se mit à noircir et devint peu appétissante. Il nous fallait de la confiture de myrtilles. Je ne sais plus comment, toujours est-il que j'en trouvai. Je mélangeai le tout, écrivis "Myrtilles" sur le pot, puis confectionnai un colis avec diverses victuailles*[20]. »

Claude Bourdet se trouvait alors à Paris. Le 25 juin, Copeau et Claudius-Petit le mirent au courant de leurs soupçons et de leur projet : « *J'avais hésité un moment, partagé entre ma confiance naturelle en Hardy et les doutes ou accusations de plusieurs de nos camarades. J'avais en tout état de cause pris position comme membre du Comité Directeur des M.U.R. contre l'exécution de Hardy et approuvé son départ pour un lieu absolument sûr ; un lieu sûr où il était à l'abri à la fois de la Gestapo et des tentatives d'exécution*[21]. »

L'opposition déterminante de Bourdet à l'exécution de Hardy est évoquée en détail par Claudius-Petit : « *Claude Bourdet à qui nous expliquions ce qui s'était passé à Lyon et la décision que nous avions prise, nous déclara que nous étions des criminels purs et simples, qu'Hardy était pour lui un frère car il le connaissait depuis toujours et qu'il mettait sa tête à couper qu'il était innocent.*

« *Nous avons discuté pendant peut-être une heure, peut-être plus, pied à pied, épluchant tous nos témoignages, et refaisant les preuves diverses sur les présomptions graves que nous avions rencontrées. Cependant Claude Bourdet nous dit : Il n'est pas possible que vous fassiez ce que vous avez décidé ; il est indispensable de procéder autrement, je propose que nous le fassions enlever et transférer en Angleterre ou isolément dans un endroit quelconque où il pourra attendre la Libération pour être jugé*[22]. »

Un accord se fit donc et un contre-ordre fut immédiatement donné : Hardy ne devrait pas être exécuté. « *Nous avons dépêché quelqu'un tout de suite à*

Lyon », confirme Claudius-Petit[23], auquel Bourdet attribue le rôle décisif dans ce mouvement de machine arrière : *« C'est, je crois bien, Claudius Petit qui est intervenu, pour empêcher qu'un certain pot de confiture empoisonné arrive chez Hardy, considérant qu'on n'avait absolument aucune certitude et qu'il était impossible de tuer un camarade sans avoir une précision plus grande*[24]. » Raymond Aubrac, d'autre part, déclara en 1944 qu'il avait demandé à sa femme *« de ne pas procéder à cette exécution*[25] », laquelle se trompe donc quand elle déclare que Bourdet avait donné son aval[26].

Une tentative avait-elle pourtant déjà eu lieu ? Sur ce point, il est plus difficile encore d'être catégorique. Durant les procès de Hardy, la version fut unanime : *« Mme Aubrac,* déclara Claudius-Petit, *n'avait pas osé faire le gâteau*[27]. » Quelques jours plus tard, Lucie Aubrac précisait : *« J'ai porté ce colis. Quand je suis arrivée à la porte de l'Antiquaille, il y avait là deux des gardiens français qui assuraient le service des prisonniers lors de la précédente opération que nous avions accomplie, j'ai eu peur de me faire prendre à ce moment-là exactement et j'ai fait demi-tour avec mon colis.*

« Quelque temps après, deux ou trois jours je crois, j'ai revu Pascal Copeau et Claudius Petit qui m'ont dit que Claude Bourdet se portait garant de la personnalité de Hardy et qu'il avait toute confiance en lui[28]. »

Mais dans ses propres Mémoires, Lucie Aubrac raconte être allée jusqu'au bout. Ainsi, en 1984 : *« Le paquet est vite fait. Nous le posons sans nous attarder à la réception de l'hôpital. Pendant des jours et des nuits, je suis torturée à l'idée de ce qui va arriver. Décider est une chose, exécuter en est une autre. Maintenant que je suis sûre d'avoir en moi une nouvelle promesse d'enfant, la vie acquiert un prix supplémentaire. Même quand il s'agit d'un salaud ! Trois ou quatre fois par semaine, je vais saluer les morts anonymes de l'Institut médico-légal. Mais je ne pourrai reconnaître Didot-Hardy s'il arrive là, je ne l'ai jamais vu*[29]. » Et en 1997, elle confirme : *« Avec Mme Cotton, une de mes amies, belle-fille de la directrice de Sèvres, nous sommes allées à la porte de l'hôpital allemand. Nous avons laissé le paquet et nous sommes parties sans demander notre reste*[30]. »

Dans ses souvenirs, parus en 1975, Bourdet dit avoir appris, à sa grande surprise, que la tentative d'empoisonnement avait bel et bien eu lieu : *« C'est seulement à la lecture du livre de Laure Moulin sur son frère que j'ai appris que, selon un témoignage de Raymond Aubrac, un pot de confiture au cyanure avait bel et bien été envoyé à l'Antiquaille, malgré la décision contraire du C.D., mais que Hardy l'a fait analyser et ne l'a pas entamé. Cette précaution, selon Aubrac, est une preuve supplémentaire de la culpabilité de Hardy. Elle prouvait, en tout cas, que Hardy se sentait soupçonné. Ce qui n'a rien d'étonnant après ce qui s'était passé pour lui au cours des semaines précédentes, et que nous ne connaissions qu'en faible partie*[31]. »

C'est son départ de cet hôpital le 28 juin qui coupa court à toutes les tentatives. À tort, Lucie Aubrac a situé cet épisode en août, juste avant l'évasion de Hardy de l'hôpital de la Croix-Rousse[32].

Cela laissait donc un délai des plus courts, entre le 25 et le 28 juin, pour réussir l'opération, d'autant plus que, dans un rapport de juillet 1943, le commissaire Charles Porte précisait qu'il *« a fallu même plusieurs jours pour constater que l'homme hospitalisé à l'Antiquaille était bien le dénommé Hardy*[33] ».

Hardy, enfin, avait-il reçu le pot de confiture ? Non, si l'on en croit les réponses qu'il fit en juin 1944 à la sécurité militaire d'Alger : *« J'ai appris par ma fiancée et par Barrès* [Bénouville] *qu'une femme, en l'espèce M*[me] *Aubrac, avait tenté de m'envoyer un pot de confiture contenant du cyanure de potassium et que je devais de ne pas avoir été empoisonné parce que je crois que l'infirmier s'était refusé à se rendre complice d'une telle machination*[34]. »

Sauver Hardy

Tandis que l'on s'efforçait d'exécuter Hardy, les responsables de Combat, qui, eux, croyaient à son innocence, mettaient un remarquable acharnement à le sauver.

Pierre Bénouville, le premier, dès son retour à Lyon, mobilisa les groupes francs dont il avait le contrôle pour tenter de le faire évader[35].

De Londres, Frenay interrogea immédiatement ses camarades des M.U.R. restés en France : « *Avons reçu sur Didot* [Hardy] *renseignements incroyables et inquiétants. Il aurait été libéré par la Gestapo à condition de travailler pour elle. Ne veux pas y croire. Vous prie cependant exercer discrète surveillance et garder strictement le secret*[36]. » De son côté, Claude Bourdet lui télégraphia, le 6 juillet : « *Danger mort immédiat. Motif pris sous son nom contre-carre évasion — réclamons négociations alliés pour échanges condamnés — urgent*[37]. » À quoi Frenay répondit le 21 juillet par un câble que Bourdet reçut le 22 : « *Tente sans espoir négociations pour échange Bardot* [Hardy] *top De ton côté essaye soudoyer à tout prix gardien ou haut fonctionnaire allemand de cœur avec vous*[38]. »

Sans qu'on puisse établir aujourd'hui s'il y a lien de cause à effet avec les conseils de Frenay à Bourdet pour obtenir la mise en liberté de Hardy, quinze jours plus tard, dans la nuit du 3 août, René Hardy s'évada de l'hôpital de la Croix-Rousse, réquisitionné par les Allemands, où Barbie l'avait transféré. Forçant le cadenas de sa fenêtre avec une lime à ongle, le bras plâtré, il sauta de trois mètres de hauteur dans la cour, puis escalada le mur d'entrée pour sauter dans la rue et se réfugia à nouveau chez Mme Damas où, dans un premier temps, il se montra réticent à reprendre contact avec ses anciens amis de la Résistance.

Ainsi déclara-t-il à Jacqueline Bernard, un membre de Combat qui venait lui proposer des faux papiers, « *qu'il ne voulait plus voir personne et qu'il tenait absolument à partir de France*[39] ». Mme Damas précisa à la secrétaire de François de Menthon : « *Il n'y a qu'en moi qu'il a confiance ; il ne veut voir personne*[40]. »

Il connaissait les rumeurs qui couraient à son sujet et savait donc que l'on avait tenté de l'empoisonner. Mais Pierre Bénouville s'occupa de le mettre en sécurité à la campagne et, avec sa fiancée, il se réfugia à Solignac, dans la région de Limoges. Ceux qui le côtoyèrent alors constatèrent combien il était nerveux, mal à l'aise, voire dépressif.

C'est dans ce bourg que le commissaire Charles Porte, à la demande des résistants, alla l'interroger afin de compléter son premier rapport. Le 25 août 1943, il rédigea un compte rendu des déclarations de Hardy et exprima ses propres impressions. C'est la première trace écrite et datée de la version que Hardy donna des événements survenus depuis le 7 juin 1943, les déclarations faites à la police françaises étant restées très fragmentaires. D'après Charles Porte, « *les explications de Hardy ont été vagues malgré mes demandes de précisions* [...] *il n'a cessé d'être agité d'un tremblement nerveux des mains, plutôt de la main droite, qu'il ne pouvait maîtriser. Il n'a cessé de fumer nerveusement une cigarette sur l'autre et son attitude voulait être détachée mais m'a semblé embarrassée.*

« Je ne conclus pas que Hardy soit l'auteur de la dénonciation de la réunion de Caluire mais il est probable, tout au moins vraisemblable, qu'il a donné au cours des divers interrogatoires des indications et des précisions qu'il regrette sans doute actuellement d'avoir dû donner et qu'il s'efforce de nier. J'attache de l'importance aux explications écrites qu'on lui demandera et à leur confrontation avec celles qu'il m'a faites[41]. »

On sait, par le témoignage ultérieur du commissaire, que cet interrogatoire se fit dans des circonstances délicates : *« Déjà il* [Hardy] *était auréolé et farouchement défendu par tous ses amis qui me considéraient moi-même comme suspect. Malheureusement, à l'époque, je n'avais pas entendu parler de son arrestation dans le train de Lyon, ce qui m'aurait permis d'orienter autrement mon enquête*[42]. »

En dépit de leurs doutes, ses camarades en France lui conservèrent leur confiance et, de Londres, Frenay écrivit personnellement, le 29 octobre, à Hardy pour le rassurer et l'appeler à ses côtés : *« Je t'embrasse de tout mon cœur, en te félicitant de la manière superbe dont tu as pu échapper à la Gestapo. Il est vraisemblable qu'ici tu seras l'objet en particulier du côté britannique, d'une certaine défiance. Je me suis efforcé de laver les accusations ineptes qui pèsent sur toi.* […]

« Je te demande instamment de ne pas donner suite à ton projet d'entrer dans une unité combattante. Ton désir est certainement de servir au mieux, en tenant compte non seulement de tes désirs personnels, mais encore des services à rendre à nos camarades restés en France. C'est en aspirant à ce point de vue et en accord avec tous nos camarades, d'ici, que je te demande de rester à la Délégation de la Résistance […]. *C'est à ce poste que nous pouvons rendre les plus grands services à la Résistance française.*

« Bon courage donc, mon vieux. Retape-toi vite. Je t'embrasse affectueusement[43]. »

À la fin de janvier 1944, Hardy gagna Paris. Il circula quelque temps en zone nord. Il contracta avec Lydie Bastien un mariage clandestin, bien qu'il fût encore marié (son divorce ne sera prononcé que le 1er septembre 1946).

Printemps-été 1944 : Hardy à Alger. La bataille de la vérité

Hardy passa en Espagne le 13 mai 1944 et arriva à Casablanca dès le 27 mai. À la demande de Combat, il profita d'une filière utilisée par Bénouville et qui bénéficiait de conditions spéciales. Il mit quatorze jours pour sortir d'Espagne alors qu'il fallait plus d'un mois pour les agents du B.C.R.A. et beaucoup plus pour les autres. À Casablanca, il fut interrogé brièvement par la D.T.S.S. Il y aurait rencontré, le 28 ou le 29 mai, Multon, passé en Espagne par ses propres moyens le 6 avril et arrivé en même temps ou presque au Maroc[44].

« Didot [Hardy] *m'a accosté,* raconta Multon en 1945, *étonné de me trouver dans cette ville, et m'a demandé ce que je comptais faire. Je lui ai répondu que je voulais me rendre à Alger voir M. Frenay, alors ministre au Gouvernement provisoire, pour le mettre au courant de ma vie. Didot m'a alors demandé de ne*

rien dire de son activité à Lyon, ajoutant qu'on avait des doutes dans une partie de la Résistance, mais qu'on [n']*avait aucune preuve bien établie à son encontre. Je lui avais d'ailleurs répondu qu'il ne fallait pas trop compter sur la discrétion allemande et qu'un jour ou l'autre la vérité éclaterait*[45]. »

Hardy arriva le 30 mai 1944 à Alger. « *J'étais à Alger au moment même de l'arrivée de Hardy,* raconta Chevance-Bertin. *Je l'ai vu quelques heures après sa descente d'avion.* [...] *L'attitude de Hardy à cette descente d'avion, à son arrivée à Alger, était absolument différente de celle de tous les camarades de la Résistance qui avaient pu arriver en Algérie, comme moi-même, un mois plus tôt, qui, en arrivant à Alger, respiraient enfin la liberté, qui avaient ce sentiment de ne plus être des hommes traqués. Et je dois dire que le seul aspect de Hardy le condamnait, comme ayant quelque chose à se reprocher*[46]. »

Hardy fit immédiatement l'objet d'une enquête, alors que le lendemain 31 mai 1944, à Londres, il était cité par le général Kœnig à l'ordre de la division (« *au service de la Résistance en territoire occupé. A réussi les missions les plus dangereuses, a fait preuve des plus belles qualités de courage et de sang-froid*[47] ») et recevait la croix de guerre. Pourtant, le B.C.R.A., qui avait manifesté depuis plusieurs mois des soupçons à l'égard de son rôle à Caluire et de la sincérité de son attitude, recueillait les témoignages à charge[48].

À Alger, la sécurité militaire enquêtait sur Hardy. Le capitaine Lambert l'interrogea à plusieurs reprises (les 2, 6, 10 juin et 10 juillet 1944), ainsi que Lydie Bastien.

La sécurité militaire recueillit également le témoignage de résistants présents à Alger. Ils étaient tous pleins de sympathie et de confiance. À commencer par Pierre Bénouville, qui s'efforça aussi d'expliquer la provenance des rumeurs qui accablaient, à tort, Hardy : « *Il me paraît logique de dire que si Hardy était entré en rapport avec la Gestapo pour faire ce travail, au lieu de faire prendre des chefs de région, il pouvait faire prendre immédiatement la tête et supprimer ainsi tous les mouvements de résistance* [...]. *Une partie des accusations provient de l'extérieur, les Anglais par exemple.*

« [...] *Est-ce que le colonel Groussard qui travaille pour l'I.S. n'aurait pas répété certaines rumeurs ? J'ai vu Groussard à mon dernier voyage en Suisse, il n'y a pas très longtemps et il a reconnu lui-même qu'au fond ce n'était pas très sérieux ni fondé. M*me *Aubrac qui, elle, avait des raisons d'être émue par cette affaire, aurait déformé certaines rumeurs*[49]. »

Le neveu du général de Gaulle se porta garant devant Soustelle. Il déclara juger « *fausses, odieuses et criminelles les attaques dont il a été l'objet* » et réclama pour ce « *héros de la Résistance* » une « *réparation d'honneur* »[50].

« *Il m'est personnellement impossible de croire que Hardy puisse s'être rendu coupable de trahison* », confirma Jacques Dhont. « *Il était l'un de ceux qui apportait à sa mission le plus de courage personnel et l'un de ceux qui ont fait le travail à la fois le plus important et le plus efficace*[51]. »

Enfin, Henri Frenay, commissaire du C.F.L.N., par un rapport daté du 3 juillet, insistait sur l'invraisemblance de sa culpabilité : « *Hardy aurait pu faire arrêter, non seulement moi-même — et je ne crains pas de dire que la Gestapo attachait le plus haut prix à mon arrestation — encore la quasi-totalité des éléments responsables de la Résistance à l'échelon zone libre*[52]. »

Les enquêteurs furent impressionnés par cette convergence. « *Je n'ai pas manqué*, écrit l'un d'eux, *d'attirer l'attention du Directeur de la D.T.S.S. sur l'ensemble des témoignages favorables qui étaient donnés en faveur d'Hardy alors qu'en contre-partie le témoignage de Aubrac est le seul tendant à la culpabilité*[53]. »

Effectivement, parmi le concert de louanges, comme on le sait, il y avait un couac ! Celui provoqué par Raymond et Lucie Aubrac, qui s'étaient érigés en procureurs dès son arrestation. Dans ses témoignages, Aubrac dressait un véritable réquisitoire. « *Les raisons pour lesquelles mes soupçons se sont portés sur Hardy sont les suivantes :*

« [...] *de la salle d'attente où nous nous trouvions menottes aux mains, nous avons entendu quelques coups de feu isolés. Toutefois, étant donné que les Allemands ne se sont pas servis d'armes automatiques pour tirer sur lui, qu'il est monté dans la voiture sans menottes alors que nous les avions tous aux mains, qu'il n'a pas été poursuivi par les Allemands lors de sa tentative d'évasion, tout ceci me paraît difficilement croyable.*

« [...] *Hardy ayant été arrêté par la police française, et blessé d'une balle au bras, a été conduit à l'hôpital de l'Antiquaille, au service des détenus. Il se trouva qu'à ce moment, au service des détenus, était soigné un homme qui, quelques semaines après, relâché par les Français, a été arrêté par la Gestapo, et enfermé à Montluc, dans ma cellule. — Cet homme* [...] *m'a fait part du comportement curieux de Hardy lors de son séjour à l'hôpital de l'Antiquaille. Hardy refusait toute nourriture en déclarant qu'il était certainement condamné à mort par la police allemande. Il était gardé par plusieurs policiers français en permanence installés au pied de son lit. Il était très méfiant à l'égard de tout colis pouvant provenir de l'extérieur. La police allemande est venue le réclamer pour un interrogatoire. Le Directeur de l'Antiquaille a tenté de s'opposer à ce qu'il soit amené. Il a été pris toutefois, mais ramené quelques heures après. Le lendemain de son interrogatoire, la police allemande est revenue le chercher, a dit au Directeur de l'hôpital qu'il serait soigné par les soins des services de santé de la police allemande, l'a amené avec elle et Hardy n'a pas réapparu à l'hôpital de l'Antiquaille.*

« [...] *Hardy a inquiété beaucoup les gens qui l'ont vu à l'hôpital de l'Antiquaille. La thèse que Hardy a fait répandre à l'hôpital où il avait été conduit par la police allemande est difficilement croyable. En effet, Hardy prétend avoir été laissé sans gardien dans une salle située au rez-de-chaussée de l'hôpital de la Croix-Rousse, d'où il aurait pu s'évader en forçant le cadenas qui fermait la fenêtre et en sortant de l'hôpital sans être inquiété. Cette thèse, comme l'histoire de sa première évasion est incompatible avec le soin que la police allemande mettait à garder toutes les autres personnes arrêtées au cours de l'affaire du 21 juin, et même la femme de ménage du docteur Dugoujon dont elle connaissait parfaitement l'innocence.*

« [...] *Au cours des interrogatoires que m'a fait subir la police allemande ma suspicion a été éveillée sur le cas de Hardy, en particulier parce que les Allemands m'ont cité un détail de distribution du budget de son service. Il me paraît difficile de croire que les Allemands aient pu obtenir ce renseignement sur quelqu'un d'autre que lui-même.*

« [...] *Le responsable national Maquis, Jérôme, actuellement à Londres, m'a annoncé au mois de novembre 1945, alors que nous attendions ensemble un départ pour l'Angleterre, qu'il a reçu 48 heures avant l'arrestation du 21 Juin 1943, dans sa boîte aux lettres, une note indiquant que Didot avait été arrêté par la Gestapo et qu'il avait pu s'échapper au prix d'une blessure au bras.*

« […] *Par des amis communs d'André Lassagne et de moi-même j'ai appris que le soir même de l'arrestation, le 21 Juin au cours de laquelle Lassagne a été arrêté, on a trouvé dans sa boîte aux lettres une note lui enjoignant de ne pas assister à la réunion de Caluire (quartier de Lyon) dont les Allemands connaissaient le projet. L'existence de cette note est restée pour moi un mystère, jusqu'au jour où j'ai été interrogé à Londres par les services français. En effet, j'ai appris à ce moment-là qu'une indicatrice du service de renseignement, qui était en liaison avec la police allemande, avait appris qu'un coup de filet se préparait, visant l'Etat-Major de l'armée secrète. Elle a pu donner un signalement d'ensemble de l'indicateur à la solde de la police allemande et ce signalement correspond à celui de Hardy*[54]. »

Mais ces dires ne reposaient que sur sa conviction et des présomptions convergentes sans qu'aucun fait véritable vienne les étayer[55].

La sécurité militaire réclama donc au B.C.R.A. des renseignements complémentaires à plusieurs reprises (les 8, 21 et 29 juin, les 5 et 7 juillet 1944). Pélabon lui remit enfin le dossier le 28 juillet 1944, accompagné d'une note signée de Thierry-Mieg : « *Tout ce que nous possédons comme documents relatifs à la période de Caluire et à ses suites se révèle particulièrement troublant quant à l'attitude de l'intéressé*[56]. »

Cependant, contrairement à la rumeur circulant à Alger, il n'y eut pas de jury d'honneur chargé d'étudier le cas de Hardy. Au contraire, Hardy fut intégré au commissariat aux P.D.R. de Frenay comme directeur des services techniques du rapatriement. Ce dernier s'en explique en décembre 1945 : « *Je revis Hardy à son arrivée à Alger et l'incitai à faire tirer au clair par la Sécurité militaire les accusations portées contre lui, ce qu'il fit sans hésitation. Après quoi, je lui offris un poste dans mon ministère qu'il occupa à ma satisfaction jusqu'à son arrestation. Je dois cependant signaler, sans attacher une valeur particulière à ces indices, qu'il m'a donné les preuves d'un certain déséquilibre nerveux que je ne lui avais pas connu auparavant. Ceci s'est manifesté notamment par deux crises de larmes à la suite de légères observations que je lui avais faites*[57]. »

Maurice Chevance-Bertin, qui fut toujours persuadé de la culpabilité de Hardy, marqua son désaccord avec le fondateur de Combat : « *J'ai déclaré à mon camarade Frenay chez qui j'habitais qu'il me semblait difficile qu'à son arrivée il puisse prendre Hardy à son service. Je dois dire que c'est la première brouille que j'ai eue avec mon camarade Frenay*[58]. »

XXIV

LES PROCÈS HARDY

2 septembre 1944-10 mai 1950

Le retour de Hardy en France

Le 2 septembre 1944, Hardy rentrait à Paris avec Frenay et le ministère. Il occupait toujours les mêmes fonctions. *« J'étais heureux*, se souvint Chevance-Bertin, *qu'au tout début les camarades de la Résistance ne se lèvent pas pour venir accuser Hardy. Je le dis très franchement*[1]. *»*

L'adjoint de Hardy au service Fer de Combat, René Lacombe, le rejoignit à Paris pour travailler avec lui. Il lui fit part des soupçons de la femme du colonel Schwartzfeld, qui lui avait déclaré *« qu'un groupe de résistants touchant les victimes de Caluire procédait à une enquête pour déterminer les causes de ces arrestations ; que Didot* [Hardy] *était visé et que je ferais bien de le prévenir pour qu'il fasse lui-même la lumière totale sur cette affaire »*. Hardy lui répondit *« qu'il n'avait aucune raison de s'inquiéter »*[2].

À la même époque, Aubry fit parvenir à Frenay et à Baumel un rapport sur les conséquences de son arrestation par les Allemands. Il précisait à la Sûreté six mois plus tard : *« Mon interrogatoire a duré jusque fin septembre début octobre 1943, époque à laquelle André* [un agent double] *m'a fait signer après me l'avoir fait traduire très rapidement une déclaration, d'une cinquantaine de pages environ, comprenant les renseignements sur l'organisation de la zone sud de la résistance, concernant l'A.S., les mouvements unis de la résistance, ou l'organisation Combat, qui se trouvait incorporée dans les M.U.R., divisée par région, avec les noms ou les pseudos des responsables régionaux, ainsi que ceux des responsables départementaux, sauf toutefois les régions de Limoges et de Clermont-Ferrand, au sujet desquelles je n'avais pas parlé à André, avant mon arrestation. Cette déclaration était en quelque sorte le résumé de l'interrogatoire qui avait été fait par André depuis mon arrestation le 21 juin 1943 jusqu'à fin septembre de cette même année*[3]. *»*

Découverte du rapport Flora

Dans l'euphorie de la Libération, la foudre frappa là où Hardy ne l'attendait pas : un document allemand, le « rapport Flora », fut découvert entre le 8 et le

15 septembre 1944, dans les locaux de la Gestapo à Marseille. Cette pièce avait été rédigée le 19 juillet 1943 par Ernst Dunker, de la Gestapo de Marseille, d'après le récit de Multon et des « rapports-télégrammes » adressés de Paris et de Lyon. Il s'agissait d'une collecte de renseignements sur les M.U.R.

« Je signale, déclara Dunker le 9 octobre 1945, *que le rapport découvert rue de Paradis était destiné à mes chefs, que je l'avais rédigé pour eux, ainsi que pour la cour martiale de Paris. J'ai donc pris le plus grand soin à ne pas y introduire d'erreurs et les renseignements que j'y donne étaient contrôlés par moi*[4]. » Cela n'empêche pas ce texte de contenir des erreurs factuelles et d'être fort mal présenté, ce qui n'est guère étonnant lorsque l'on sait que Dunker, gestapiste très lié à la pègre, était tout, sauf un agent administratif modèle.

Que dit ce rapport ?

Il se présente sous la forme d'un inventaire numéroté des personnes arrêtées à cette époque : *« Multon, arrêté ici le 28 avril 1943, et utilisé par le service local depuis le 30 avril 1943 en qualité d'agent double, a été, après un engagement fructueux dans l'intérêt de la cause allemande, mis le 24 mai 1943, comme agent double, à la disposition de l'E.K.* [commando spécial de la Gestapo] *de Lyon. A la même époque, Multon, courrier, remettait à l'E.K. de Lyon les informations de Brown, chef régional de Groupe Franc, concernant les chefs nationaux et la possibilité de leur arrestation à Lyon* [...] *avec mission de surveiller la nouvelle boîte aux lettres des Mouvements Unis, section sabotage des trains, à Lyon et la nouvelle boîte aux lettres de Frenay à l'hôtel de Bourgogne à Mâcon. Ces boîtes aux lettres ont été connues à la suite de l'arrestation, ici, du Chef-Courrier Le Couster.*

« Utilisant la boîte aux lettres de Frenay, Multon a réussi, le 28 mai 1943, à fixer un rendez-vous, à Mâcon où elle fut arretée à

« 105. Albrecht Berthe,

« alias France

« alias Victoria

« Secrétaire de Frenay

« La femme Albrecht conduisit ensuite au secrétariat particulier de Frenay à Cluny.

« A la suite de la surveillance de la boîte aux lettres de la Section de sabotage des trains, Multon a eu connaissance d'une rencontre prévue entre Didot [Hardy] *et Max* [Moulin], *le 9 juin 1943 à Paris. C'est ainsi que dans le train de Paris, sur l'instigation de Multon, fut arrêté et remis à l'E.K. de Lyon.*

« 106. Didot (pseudonyme)

« Chef national "Sabotage des trains" des Mouvements Unis

« qui, par la suite, en qualité d'agent double de l'E.K. de Lyon, permit l'arrestation, à l'occasion d'une rencontre à Lyon, le 25 juin 1943, de

« 54. Moulin Jean

« alias Max

« alias Régis

« Délégué personnel de de Gaulle

« Président du Comité Directeur M.U.

« en même temps que de 5 chefs des Mouvements Unis.

« Le 9 juin 1943, à la station de métro "Muette" à Paris, notre agent a fait arrêter le nommé Vidal [Delestraint], *qui était recherché.*

« 106. Delestraint, Charles, général

« alias Vidal

« Chef de l'A.S. pour toute la France

« et 30 minutes plus tard, à la station de Métro, rue de la Pompe, deux collaborateurs de Delestraint.

« 107. Gastaldo Joseph, capitaine

« alias Galibier

« Chef National du 2° Bureau de l'A.S.

« et

« 108. Terrier Jean-Jacques, étudiant [Théobald]

« Membre de l'Etat-major Général de Delestraint[5]. »

Les proches de Moulin n'avaient pas eu besoin de ce document pour que leurs soupçons se portent sur Hardy. Le 9 novembre, Laure Moulin, qui n'était pas encore au courant de cette découverte, écrivait en effet : *« Il y a eu dénonciation, c'est certain. Il faut mettre hors de cause le dr* [Dugoujon], *le C^ne R.* [Brunot Larat], *les deux colonels* [Lacaze et Schwartzfeld], *André L.* [Lassagne]. *Restent deux personnes. L'un A.* [Aubry] *aurait parlé aux interrogatoires, ce qui lui a plus tard valu sa libération, mais ce n'a été que faiblesse de sa part, il n'y avait pas eu trahison. L'autre* [Hardy] *s'est évadé deux fois dans des circonstances très suspectes et, de l'avis de plusieurs personnes, c'est lui qui, étant déjà en relations avec la G.* [Gestapo], *les a dénoncés. Jean* [Moulin] *était spécialement visé. Le traître, que nous retrouverons, agissait peut-être pour le compte d'un patron que l'ascension de Jean offusquait. Il est possible que ledit patron ait ignoré les agissements de ce fidèle partisan. C'est une affaire* très grave *dans laquelle il faut être très prudent*[6]. »

Et elle ajouta quelques précisions émouvantes sur le mince espoir que Jean Moulin fût encore en vie et détenu en Allemagne : *« C'est un vrai martyre que ce pauvre Jean a subi, aura-t-il pu résister à ces mauvais traitements ? Sans rien savoir de précis, je ne me faisais aucune illusion à ce sujet sachant comment il avait été traité à Chartres. C'est affreux.*

« […] *J'avais fondé quelque espoir sur le retour de Londres et d'Alger. Ni le Général* [de Gaulle], *ni Pierre C.* [Cot], *ni les ministres ne savent rien. Ils ne connaissent que les rapports qui leur parvenaient de Paris. Malgré tout, le Général garde un peu d'espoir. Il m'a dit que les Allemands n'avaient pas d'intérêt à le supprimer, qu'il y a bien des contradictions et des bizarreries dans ce qu'ils m'ont dit.*

« […] *Je suis bien triste en ce moment et cependant je me révolte à la pensée que tout peut être fini, que cette intelligence profonde et nuancée, cet homme dans la force de l'âge, si bien vivant, si gamin parfois, si délicat, si artiste, ce courage, cette droiture, cet héroïsme, tout cela n'est plus que cendres !* […] *Il faut croire au miracle, m'a dit G. Bidault qui est croyant, j'essaie mais c'est souvent difficile*[7]. »

Le 11 décembre 1944, les Services spéciaux transmirent à la cour de justice de la Seine un *« document dactylographié allemand trouvé au siège de la Gestapo à Marseille, 425 rue de Paradis.*

« Dans ledit document, il est fait mention de M. Hardy alias Didot, ex-chef du Réseau Fer en France, qui aurait été arrêté le 9 juin 1943 et aurait ensuite été utilisé comme agent double par la Gestapo.

« Le nommé Hardy serait de ce fait à l'origine des arrestations opérées le 21 juin 1943, parmi lesquels [sic] *celle du chef de l'A.S*[8]. »

Au vu de cette pièce, entrée dans l'histoire sous le nom de « rapport Flora », le juge d'instruction Berry délivra le jour même un mandat d'arrêt à l'encontre de René Hardy.

Décembre 1944 : une affaire Dreyfus de la Résistance

Le lendemain, 12 décembre, Hardy, prévenu d'intelligence avec l'ennemi, fut arrêté par le commissaire du quartier de Saint-Germain-l'Auxerrois à son bureau du ministère des Prisonniers, Déportés et Réfugiés. Il était revêtu d'un uniforme de colonel. Son bureau et son domicile furent perquisitionnés[9], puis il fut conduit à la prison de Fresnes.

« Le premier moment de peur passé, confia Lacombe, *entre amis, nous nous sommes posé la question de la culpabilité ou de l'innocence de Hardy, question qui se posait alors à l'opinion publique en raison de l'information officielle qui venait d'être ouverte. Parmi nous les uns penchaient pour la culpabilité, d'autres, dont j'étais avec le colonel Bressac, étaient convaincus de l'innocence de Hardy. Le cas Hardy n'a pas divisé notre amitié, nous étions comme tacitement convenus que chacun suivant sa conscience défendrait sa position vis-à-vis de Hardy.*

« Je dois dire que Hardy n'est jamais venu à notre secours pour dissiper les soupçons qui pouvaient exister chez les uns ou les autres[10]*. »*

Avec l'arrestation de Hardy, ce qui n'était jusque-là, pour les résistants, qu'une affaire de famille honteuse et douloureuse devint un scandale national, une sorte d'affaire Dreyfus de la Résistance. Les camps se formèrent au gré des passions et non des faits. Des considérations personnelles mais aussi des enjeux politiques divisèrent la Résistance. Ses adversaires (attentistes, pétainistes ou collaborateurs) en profitèrent pour l'attaquer. Les Français, médusés, assistèrent à un déballage général qui correspondait bien peu à l'image que les rescapés s'efforçaient de construire. Raymond Aubrac reconnaissait en 1950 que *« l'affaire, au lieu d'être une affaire de trahison comme on en a vu malheureusement beaucoup, est devenue une affaire passionnée qui a coupé la Résistance et qui a des conséquences qui sont très lourdes pour les résistants*[11] *».*

Frenay se trouva au premier rang de la bataille. Ses sympathies vichystes de l'automne 1940, l'affaire Pucheu de février 1942, ses campagnes contre les partis avaient attisé les méfiances à son égard. Son rôle de fondateur de l'A.S., son dynamisme, l'organisation militaire de son mouvement en faisaient, pour les hommes de gauche, un chef de « ligue » d'avant guerre et lui donnaient une coloration de droite autoritaire, si ce n'est fascisante. Lorsqu'il avait été nommé commissaire général aux Prisonniers, Déportés et Réfugiés à Alger en 1943, les communistes, qui avaient découvert ses visites à Pucheu en 1942, entretinrent une campagne sournoise contre lui, qui se manifesta publiquement dès son retour à Paris. Leurs attaques, lancées au moindre prétexte, trouvèrent un renfort de choix dans l'inculpation de Hardy. Frenay était d'autant plus l'homme à abattre à cette époque que les communistes préparaient le noyautage de son mouvement, le M.L.N., qu'il fallait donc discréditer par tous les moyens. En effet, il apparut dès le début de cette affaire que seuls des anciens dirigeants de Combat étaient directement concernés : Aubry pour avoir rédigé « en clair » une convocation révélant le rendez-vous avec Delestraint ; Bénouville pour avoir envoyé Hardy à Caluire ; enfin Hardy, soupçonné d'être le traître.

Les hommes de Combat se mobilisèrent pour défendre leur mouvement en couvrant Hardy. Leurs témoignages s'en ressentiront. *« Je préférerais qu'Hardy ne soit pas accusé,* confiera Chevance-Bertin, *je préférerais qu'il n'y ait pas de rapport Flora ni de témoignage de Multon*[12]. »

Dans l'autre camp, on retrouve, autour de Laure Moulin, Antoinette Sachs, Pierre Meunier, Robert Chambeiron, Henri Manhès, Pierre Cot. Le chef des opérations était Antoinette Sachs qui, dès son retour d'exil en septembre 1944, commença à Lyon une enquête qu'elle poursuivit des années durant avec passion. Mais, comme l'a très justement remarqué Pierre Péan : *« Ceux des défenseurs de la mémoire de Jean Moulin qui sont devenus des compagnons de route du P.C. — Meunier, Chambeiron, Manhès, Cot, les Aubrac... — vont, malgré Antoinette et Laure, donner de sa haute figure une image on ne peut plus "rouge", peu conforme à ce qu'il était devenu dans les dix-huit derniers mois de sa vie, et plus à gauche encore que durant sa période "espagnole". Cette récupération par les communistes, cette nouvelle "vie" posthume va durer longtemps et probablement empêcher que toute la lumière soit faite sur sa mort, tant l'appropriation de la Résistance est devenue alors un enjeu de la politique française*[13]. »

À ce propos, il convient d'ouvrir une parenthèse. Dans un témoignage au Comité d'histoire de la Deuxième Guerre mondiale, Pierre Cot écrivait : *« Certains se demandent ce qu'aurait fait Moulin après la guerre. Aurait-il été fidèle à ses convictions républicaines et serait-il resté un homme marqué par le Front populaire, ou aurait-il suivi de Gaulle jusqu'au bout de sa pensée politique ?*

« Je pense, pour ma part, que personne n'a le droit de faire parler les morts[14]. » Ce qui ne l'avait pas empêché de déclarer deux ans plus tôt, en juin 1945, dans l'hebdomadaire communiste *Action* : *« Depuis cette époque* [1933], *nous devions rester en contact étroit et fraternel, en communion complète de pensée politique.* [...] *En politique, comme en montagne, nous étions de la même cordée*[15]. »

Pour Meunier, dans *L'Humanité* du 4 octobre 1946, *« c'est une erreur trop souvent commise de présenter Jean Moulin comme l'envoyé du Général. En réalité Jean Moulin fut l'homme de la Résistance »*. Affirmation contredite en 1987 : *« Je ne l'ai revu qu'après son retour de Londres en 1942.*

« C'est alors qu'il m'a confié son admiration pour de Gaulle. Il avait été entièrement conquis par le Général dont il me dit "C'est un grand homme. Nous devons le suivre. Il nous mènera à la victoire et rétablira la République[16]". »

Connaissant les sentiments et l'action de Moulin, il est regrettable que Chambeiron, Cot et Meunier ne soient jamais intervenus pour défendre sa mémoire alors que leur propre engagement politique l'avait compromis.

Le général de Gaulle ne s'y trompa pas. Le 14 mai 1946, il écrivait à Laure Moulin une lettre extrêmement chaleureuse, où il acceptait de préfacer les notes rédigées par Moulin à Chartres (le futur *Premier combat*) et de présider le Comité des amis de Jean Moulin : *« Bien que je ne fasse jamais de préface, je ferai une exception pour le cher et brave compagnon dont je n'ai rien oublié et qui a joué un rôle absolument capital dans tout ce qui a été fait d'utile en fait de résistance réelle à l'ennemi.*

« Je vous enverrai donc incessamment les quelques lignes que je dois à sa mémoire. Inutile d'ajouter que j'accepte très volontiers la présidence d'honneur du Comité de ses amis.

« Je n'ai reçu autant vaut dire personne depuis le 21 Janvier [date de sa

démission du gouvernement]. *Mais si vous venez à Paris, il n'y aura pas de consigne pour vous et je serai toujours heureux et honoré de vous voir*[17]. »

Il se ravisa en découvrant la composition du comité, dans lequel les communistes montraient une nette propension à s'accaparer la mémoire de Moulin. Aussi adressa-t-il, le 1er juin, une nouvelle lettre à Laure Moulin : « *Je suis malheureusement obligé, après votre seconde lettre de répondre par la négative à la demande de présidence d'honneur dont vous m'aviez déjà fait part. J'avais cru pouvoir l'accepter parce que je pensais qu'il s'agissait d'une association qui ne présenterait aucune incidence politique. Je m'aperçois, en lisant le nom des personnalités qui la composent, qu'il n'en est rien*[18]. »

Fin de la parenthèse : arrêté le 12, Hardy comparut pour la première fois devant le juge d'instruction le 21 décembre[19]. La veille, Aubrac, commissaire de la République à Marseille, avait écrit au magistrat pour lui signaler ses précédentes dépositions à Londres et Alger[20].

La voix d'Albert Camus

Le 30 décembre, Albert Camus prit longuement la défense de Hardy dans *Combat*. Il croyait qu'il avait avoué, ce qui ne l'empêchait pas, après avoir évoqué son action — avec de nombreuses inexactitudes —, de refuser toute condamnation : « *Non, cet homme ne relève pas de notre Justice ; il ne relève que de sa propre justice. Un tribunal officiel pourra peut-être le frapper demain. Mais au plus profond de nous-mêmes, nous le saurons innocent. Et s'il revenait enfin dans une vie qui plus jamais n'aura pour lui le même goût, nous lui offrirons notre main et notre silence. Non seulement parce qu'il est allé jusqu'au bout d'une épreuve inimaginable, pendant qu'une foule d'hommes dormaient ou jouissaient au milieu des plus affreux malheurs, mais aussi parce que nous savons tous que cette lutte implacable, commencée dans la solitude, lui a apporté pour finir la plus terrible des condamnations, celle qu'on porte sur soi-même et justement dans la solitude*[21]. »

La sœur de Jean Moulin était-elle susceptible d'entendre ce message ? Elle écrivait, le même 30 décembre, à son amie Antoinette Sachs : « *Lisez "Combat" d'aujourd'hui. Vous verrez en première page un article qui vous édifiera*[22]. »

« *Un traître est un traître* », répliquait Pierre Hervé à Camus, le 5 janvier, dans l'hebdomadaire communiste *Action* : « *Non, Albert Camus, on n'est pas innocent quand on a livré ses camarades à l'ennemi. Il ne faut pas enlever aux mots leur sens et leur valeur. Peu importent les tourments intérieurs, les drames et les douleurs, il y a une règle d'élémentaire morale qui ne peut être violée, sans que par là même on fasse injure à tous ceux qui sont morts dans les tortures sans parler.*

« [...] *Vous savez que dans la Résistance, il n'y avait qu'un seul châtiment pour un crime de ce genre : la mort. Nous sommes maintenant dans la légalité. Un tribunal s'occupera de son sort. C'est dans l'ordre. Car précisément cet homme relève de la justice des hommes.*

« [...] *Ainsi ne parlons pas des victimes, ne réclamons pas vengeance. Mais, puisque vous demandez : qui osera juger ? Je vous réponds que dans la droiture de leur cœur, les combattants de la Résistance ont déjà jugé et que, comme eux, je juge qu'un traître est un traître. La solitude est l'habituelle compagne du crime : elle n'en saurait constituer une excuse*[23]*.* »

Pour Hervé aussi, Hardy avait avoué, à la sécurité militaire, avoir donné le rendez-vous de Caluire. Au procès, certains témoins diront avoir été influencés parce qu'ils croyaient que Hardy avait avoué.

Bénouville, lui-même, qui avait mentionné la culpabilité de Hardy dans *Le Sacrifice du matin*, fit paraître un communiqué de presse : « *A titre personnel, son ami Jacques Soustelle lui avait fait savoir qu'il avait été informé de ces prétendus aveux par une indication de la police. Guillain de Bénouville n'a dû faire état de cette confidence que parce qu'elle avait entraîné dans son esprit un doute et que, dans un livre écrit par lui sur la Résistance* [*Le Sacrifice du matin*, paru en 1945], *il avait fait état de ce doute.*

« *Lorsqu'il fut avéré que la bonne foi de Jacques Soustelle avait été surprise, Guillain de Bénouville fut de nouveau convaincu de l'innocence de Hardy*[24]. »

Paris, 28 janvier 1945 : le congrès du M.L.N.

Un événement politique de l'après-Libération allait encore attiser les passions. Du 23 au 28 janvier 1945 se tint le premier congrès du Mouvement de libération nationale (Combat, Franc-Tireur, Libération-Sud, Défense de la France, France au Combat, Lorraine, la Voix du Nord et la Résistance). À l'issue de débats dramatiques, la majorité du M.L.N. s'opposa à la fusion avec le Front national. Frenay avec Malraux, Baumel et quelques autres furent les artisans de ce refus. La minorité du M.L.N., animée entre autres par d'Astier, Copeau et Pierre Hervé, fit scission pour rejoindre le F.N., plus que jamais réduit au rôle de simple appendice du parti communiste[25].

Cet événement politique, qui paraît étranger à l'affaire Hardy, en devint pourtant l'un des éléments moteurs. Les communistes, opposés depuis des mois à Frenay, s'acharnèrent dorénavant contre lui. Pierre Hervé, ancien secrétaire général du M.L.N., fut le procureur talentueux et implacable de ce procès dans le procès.

Désormais, la bataille fit rage entre trois camps : les hommes de Combat, la partie civile (conduite par Laure Moulin) et les communistes, qui appartenaient, en apparence, au même camp, tout en poursuivant d'autres objectifs.

La première revanche des communistes sur Frenay, à la suite de leur défaite au M.L.N., fut la critique systématique du rapatriement des prisonniers. Le coup d'envoi de l'opération fut donné, au printemps de 1945, par une campagne venimeuse contre l'action du ministre des P.D.R., qui se développa dans la presse communiste. Le 23 mars, *Action* dénonçait « *le scandale des prisonniers* » : « *A-t-on pris les mesures nécessaires pour les accueillir ? S'est-on préoccupé de leur présenter dès leur arrivée le visage authentique de la France nouvelle ?*

« *Le gouvernement a, pour cela, désigné un ministère des Prisonniers et Déportés qui tire des plans depuis Alger. Ce poste est doté d'un vaste budget et d'imposants services. C'est donc son œuvre qu'il nous faut juger. Et très vite, car si nous constatons dès maintenant de graves lacunes dans l'organisation, que sera-ce dans quelques semaines ?*

« [...] *Tous ceux qui ont assisté à une arrivée de prisonniers dans l'une des gares de Paris se sont affligés du désordre indescriptible qui règne à cette occa-*

sion. Nul ne sait exactement d'où et par quel train arrivent les convois, ni quelle est leur importance. Si bien que l'on put assister en gare du Nord, l'autre jour, à ce spectacle ridicule d'une foule de trois cents personnes mobilisées pour accueillir quatre prisonniers. Le plus souvent, au contraire, on est submergé et l'on expédie nos camarades après une collation des plus sommaires dans des centres de quartier, où le soin de leur logement et de leur nourriture est laissé à des organisations bénévoles, prévenues au dernier moment et qui, malheureusement n'ont à leur disposition aucune ressource, aucun moyen de réquisition.

« [...] *Que certains aventuriers de la politique comptent utiliser les prisonniers pour servir leurs ambitions, comme on l'a fait jadis des anciens combattants, cela ne nous étonnerait pas outre mesure. Entre autres, les survivants de Vichy guettent certainement cette occasion de provoquer des divisions. Le sabotage de l'accueil serait, à cet égard, une magnifique opération. Sur des hommes épuisés d'attente et presque malades d'espoir, le premier contact aura une influence peut-être décisive*[26]. »

Avec la libération des premiers camps de concentration et avec la capitulation allemande, les rapatriés affluèrent à partir d'avril 1945. Parallèlement, le ton se durcit contre Frenay, qui devint le bouc émissaire des dysfonctionnements.

On lit, le 18 mai, dans *L'Humanité* : *« M. Frenay reçut les délégués. Des faits précis lui furent soumis. Pour sa défense, le ministre, après s'être lamenté sur ses difficultés, rejeta les responsabilités sur nos Alliés (qu'ont-ils à faire dans la pagaïe des bureaux parisiens ? Et va-t-on leur reprocher d'avoir ramené dans la capitale 28 000 des nôtres dans la seule journée de jeudi* [17 mai] *?) Ou sur ses collègues des Finances ou de la Guerre. A croire qu'il n'existe pas de ministère chargé du rapatriement ?*

« Et, pour couronner ce bel édifice, M. Frenay déclara que ces manifestations, évidemment gênantes pour sa tranquillité, étaient le fruit de "manœuvres politiques savamment orchestrées"...

« Refuser de vivre 3 semaines avec 1000 F, protester contre la dispersion à la volée de numéros d'ordre pour une distribution de tickets d'alimentation qui aura lieu le 24 mai, c'est, paraît-il, de la politique !

« Pour ce qui est de l'orchestration, nous pensons que les gaffes et les erreurs de M. Frenay suffisent à battre la mesure. Et qu'il tient, avec une haute compétence, le rôle de chef d'orchestre dans ce concert de récriminations[27] *! »*

Le 26, le quotidien communiste titrait : *« Pour les Espagnols déportés : emprisonnement en France ou livraison à Franco, telles sont les décisions prises par M. Frenay. »* Le ministre, à bout de patience, attaqua le journal en justice : *« Le public se fera juge de tels procédés, qui trouvent leur place dans une campagne systématique de fausses nouvelles et de diffamation. Après la suppression de* Gringoire, *on était en droit d'espérer que ces procédés auraient disparu des mœurs politiques françaises*[28]. »

Quelques mois plus tard, Henri Frenay était débouté dans le procès en diffamation qu'il avait entrepris contre *L'Humanité*.

Mai 1945 : Jean Moulin, la fin de l'espoir

Durant cette même période, les proches de Jean Moulin essayaient de savoir ce qu'il était advenu de lui, s'il était en Allemagne, si l'on pouvait espérer son retour. Pierre Meunier confirma qu'il avait fait parvenir à Georges Bidault, ministre des Affaires étrangères, une lettre de Mlle Moulin. « *Vous savez,* la rassurait-il le 7 avril, *que nous pouvons compter sur lui pour faire tout ce qui est en son pouvoir.* » Il se préparait, avec Pierre Cot, à partir pour Genève où ils verraient la Croix-Rouge suisse. « *Mais je doute fort,* précisait-il, *qu'on puisse savoir quelque chose par elle. Enfin, nous essaierons*[29]. »

Effectivement, il confirma quinze jours plus tard que leur visite n'avait rien donné. Par ailleurs, Manhès, rentré de déportation, n'apportait guère d'informations fiables : « *Il est persuadé qu'il a vu Jean à Fresnes après la date marquée par les Allemands. Mais il savait par sa femme qu'il était arrêté, aussi il est possible qu'il se soit trompé. Il ne sait absolument rien d'autre*[30]. »

Après la capitulation allemande, les espoirs de voir revenir Moulin vivant s'amenuisèrent rapidement. Le 14 mai, Meunier confia à Laure Moulin : « *Ces jours de victoire ont été pour moi comme pour vous bien pénibles. Toujours pas de nouvelles. J'ai beaucoup pensé à vous et j'aurais été content que vous ne soyez pas* [loin] *de nous.* » Il lui demandait de venir pour l'hommage qui serait bientôt rendu à son frère. « *Le CNR,* expliquait-il, *organise le 27 mai à Paris une cérémonie pour commémorer le 2*[e] *anniversaire de la première réunion du CNR sous la présidence de Jean. Une plaque sera posée sur l'immeuble de Corbin rue Dufour où a eu lieu la réunion.* […] *Nous avons invité le Général de Gaulle. Je ne sais pas encore s'il acceptera de venir*[31]. »

Georges Bidault et le général de Gaulle rendirent hommage à Jean Moulin, lors de la cérémonie commémorant le troisième anniversaire de la réunion du Conseil de la Résistance, le 27 mai 1943. « *Jean Moulin,* déclara Bidault, *fut pour tous un modèle, pour beaucoup un motif de courage et une raison de combattre. Nous proclamions déjà alors qu'il n'y avait qu'un seul gouvernement. Les difficultés ont été nombreuses mais après le combat, c'est la victoire. Cela parce qu'un petit nombre d'hommes ont voulu, au péril de leur vie, que la France continue, qu'elle se rassemble et se retrouve*[32]. »

Et le général de Gaulle rappela avec une émotion perceptible : « *Si, dans la lutte qui vient de se terminer,* […] *la France a pu se rassembler, c'est parce que tous ses combattants n'ont mené qu'un seul combat. C'est parce qu'ils ont su oublier leurs origines différentes, négliger leurs divergences* […]. *Le C.N.R. fut, certes, un symbole de l'unité nationale retrouvée, mais il fut aussi une arme efficace : il a offert un sens et une expression à notre multiple résistance française.* […]

« *Nous garderons toujours présent le souvenir de ce qui fut fait. Et particulièrement le souvenir de ce jour que nous commémorons aujourd'hui : le jour du premier grand rassemblement national*[33] *!* »

Amère victoire ?

Pierre Meunier avait écrit à Laure Moulin : « *J'ai pu avoir des renseignements en ce qui concerne Hardy. Contrairement à ce qu'on vous avait dit, il ne s'est pas supprimé*[34]. »

Le 4 juin 1945, Laure Moulin demanda au juge d'instruction à être citée comme témoin au procès de Hardy, peut-être sur le conseil de Pélabon[35]. Ses espoirs de voir son frère rentrer vivant d'Allemagne s'étaient évanouis. Elle reportait son attention sur l'affaire Hardy. Le 14 juin, elle résuma ce qu'elle savait et qui, on va le voir, comportait de nombreuses inexactitudes : *« Peu après mon retour ici* [à Montpellier], *j'ai pu voir le bâtonnier Teitgen, père du ministre* [Pierre-Henri Teitgen, ministre de la Justice] *et par lui faire passer une lettre à son fils au sujet de l'affaire H.* [Hardy].

« [...] *Lunel* [Multon] *était un agent important de la Gestapo pour la zone sud. C'est lui qui a fait arrêter Hardy une première fois (10 jours avant l'affaire de Caluire)* [en fait dans la nuit du 7 au 8 juin 1943]. *C'est alors que H. serait devenu lui-même un agent de la Gestapo et qu'il aurait pris des engagements.*

« Or, ce Lunel, au cours de son procès [il n'y a pas encore eu de procès, Multon a été arrêté en février 1945 et l'instruction est en cours], *aurait fait des aveux complets et révélé que H. était bien un espion.*

« [...] *Je ne sais si je vous ai vu depuis mon entretien avec Pellabont* [*sic*]. *Il m'a dit qu'effectivement il y avait eu une tentative de suicide de la part du prévenu* [Hardy] *quand, après avoir longtemps crâné, on lui avait mis sous les yeux des documents accablants* [cette tentative n'est pas mentionnée ailleurs]. *L'affaire est maintenant devant le juge d'instruction, j'ai demandé à être citée comme témoin, Aubrac aussi.*

« Vous ai-je dit qu'on avait des nouvelles d'André Lassagne ? Peut-être est-il maintenant rentré de captivité. Il faudrait surveiller son retour.

« [...] *Maman ne va pas plus mal mais elle est très lasse. Elle espère encore le retour de son fils. Je ne fais rien pour encourager cet espoir, mais n'ose pas le détruire tout à fait. Moi je suis bien à plat*[36]. »

À son retour de déportation, André Lassagne avait appris l'arrestation de Hardy. Convaincu de sa culpabilité, non seulement dans l'affaire de Caluire, mais aussi pour l'arrestation du général Delestraint, il attendait de toute évidence une condamnation : *« J'ai revu à Paris des amis et des camarades de la Résistance, Bidaut* [*sic*], *Aubrac et sa femme, Franklin* [du réseau Gallia], *Soustelle, etc. Avec tous j'ai parlé de Max* [Moulin], *des circonstances de notre arrestation, des interrogatoires qui suivirent, de la culpabilité de Hardy. Tous feront bloc le moment des dépositions venu. Je ne sais pas encore les détails de l'accusation, mais le procès me paraît simple. Il ne s'agit pas seulement de faiblesse, mais d'authentique trahison. Je ne sais pas exactement ce que Hardy a déjà avoué. Mon opinion est qu'il porte la responsabilité non seulement de notre arrestation de Caluire, mais encore de celle du général Delestraint et de Gastaldo*[37]. »

Hardy, dès son inculpation, avait choisi Me Maurice Garçon, l'un des plus efficaces avocats de l'époque. À une date située entre le 15 et le 23 juin 1945, le juge d'instruction reçut de son cabinet une note faisant le point sur l'affaire. Elle reprenait la version de Hardy et contestait aussi bien l'authenticité du passage incriminé du rapport Flora que la validité des témoignages de Mme Delettraz et de Multon : *« 1º Le point de départ de l'accusation paraît être le document allemand, dit rapport Flora, signé de Dunker, SS Scharfuhrer, qui aurait été découvert à Marseille dans les archives de la Gestapo.*

« Ce document prétend qu'un nommé "Didot" a permis les arrestations de Calluire [*sic*].

« A bien l'examiner, la phrase qui contient cette accusation apparaît comme étant sans aucun lien avec le rapport lui-même et elle semble avoir été introduite dans la deuxième partie du rapport.

« Elle aurait très probablement été dictée par un agent, nommé Multon (alias

Lunel) d'après ce qu'il aurait entendu dire à la Gestapo et dans le seul but de compromettre Hardy.

« Il y a lieu de remarquer que Hardy ne figure dans ce document que sous le surnom de "Didot". En effet, ni Dunker, ni Multon ne connaissaient sa véritable identité, attendu que Hardy n'avait jamais été arrêté par eux[38]. »

Le 16 juillet 1945, Hardy rédigea à son tour deux longs documents pour le juge d'instruction : « Note sommaire sur mon activité de 1939 à 1945 » et « Réfutation de l'accusation ». Il se posait en *« victime d'une cabale »*, émanant tout à la fois de certains secteurs de la Résistance (Aubrac), des Allemands désireux de le compromettre, de la police française : « […] *Des bruits ont été lancés dans des conditions douteuses et à la faveur de la psychose de crainte de la Résistance ils ont pris corps. Il fallait pour rassurer les esprits, trouver une cause immédiate aux arrestations, l'animosité entre deux mouvements de Résistance fit que l'un jeta la faute sur l'autre.*

« Ces bruits lancés, les Allemands […] *ont pu leur donner corps par leurs agents doubles pour faire dévier les recherches et du même coup m'abattre.*

« Des responsables volontaires ou non s'en sont servis pour se couvrir.

« La police actuellement a fait preuve d'esprit de système[39]. »

Quelque temps plus tard, Hardy écrivit à Bénouville pour se plaindre de sa condition misérable et paradoxale : *« En ce qui me concerne je suis ici au milieu de mes ennemis d'hier et ma situation y est pénible par les sarcasmes ou les injures que je dois essuyer.* […] *Ayant tout sacrifié il a fallu que je perde ici le reste de ma santé et le peu de fortune que j'avais encore, pour me justifier d'une abominable accusation.* […] *Ce qui est plus grave c'est l'odieuse marque qu'il en restera sur ma personne morale comme sur ma personne physique. »*

À propos de la façon dont le procès est conduit : « […] *Je n'admets pas d'être soumis à la juridiction d'un juge qui en d'autres temps m'eût fait fusiller, comme je n'admets pas que la police n'ait pas interrogé mes témoins à décharge les plus importants, ou quand elle l'a fait qu'elle fasse pression sur eux. La plaisanterie peut encore durer à ce compte des mois, il ne restera plus pour justifier d'un long emprisonnement que de s'arranger pour que je sois coupable afin de ne pas se déjuger sur une décision qui fut prise un peu à la légère. »*

Auprès de lui, *« les millionnaires du commerce avec l'ennemi sont mieux traités, leurs millions leur permettent les cliniques et la liberté, chaque jour je vois sortir, miliciens, légionnaires, trafiquants pour des libertés provisoires chèrement acquises ou dues à quelque relation "bien placée". Où est-elle cette pureté tant désirée d'un régime nouveau et pour laquelle nous nous sommes aussi battus ? Je cherche en vain un signe de grandeur et tout n'est que chaos, alors tant de sacrifices furent donc inutiles ?*

« […] *Il n'y a ni révolte ni colère, qu'une immense lassitude du monde. Je suis bien au-delà mon cher vieux Pierre, bien au-delà d'un ratage de ma vie, elle a si peu d'importance, eu égard au reste*[40]. »

Même hors de prison, la victoire avait pour les résistants un goût amer, marqué par l'éloignement des Français, l'accaparement de la Résistance, les divisions et l'échec politique.

Durant l'été 1945, Bénouville décrivait ainsi ce sentiment d'usurpation : *« Nos compatriotes, pour qui, de toute notre âme, nous avons lutté pendant ces années malheureuses, semblent se méfier de ce que nous leur apportons et, s'ils ont applaudi à nos combats et à nos victoires, ils n'en restent pas moins silencieux devant nous. Que pourrait signifier ce mutisme, sinon qu'ils ne nous croient pas capables, ayant sauvé ce pays, de le gouverner ?*

« Certes, les raisons ne leur manquent pas. La Résistance ne leur est pas apparue telle qu'elle fut dans la clandestinité. Au cours des mois qui précédèrent immédiatement la libération de notre territoire, des hommes qui s'étaient jusque-là refusés à lutter, vinrent soudain à nous et grossirent nos rangs. Nous étions pressés d'agir. Nous leur fûmes accueillants. L'heure approchait où notre Patrie serait enfin désentravée. Sauf les traîtres, personne ne nous semblait indigne de combattre pour elle. Mais lorsqu'elle sonna enfin, cette heure, quel ne fut pas notre trouble, lorsque nous comprîmes combien ces soldats de la dernière heure, que nous appelâmes par dérision les Forces Françaises de Septembre (F.F.S.), apportaient d'éléments impurs à notre combat.

« Pour venir à la Résistance, il avait fallu à chacun de nous abandonner le parti ou le clan politique dans les rangs duquel il avait milité jusque-là. [...] *Mais ceux qui nous rejoignaient à l'occasion de la victoire n'avaient pas parcouru de tels chemins.* [...] *Ils n'avaient pas eu, devant l'occupant, le réflexe instantané de la révolte que rien ne saurait maîtriser. Ils s'étaient contentés de demeurer sourdement hostiles au régime de Vichy, en invoquant des motifs qui relevaient davantage de l'idéologie politique que de l'honneur national. Hélas ! Aux jours de la libération, leur flot a déferlé sur nous et, dans notre désir d'unanimité française, nous avons consenti à les laisser parler*[41]*. »*

En termes moins choisis, André Lassagne ne disait pas autre chose : *« Je me demande quelle sinistre farce se joue dans les bureaux parisiens au détriment des pauvres types comme moi. Le fait est que malgré les sollicitations de Manuel* [du B.C.R.A.], *je n'ai pas reçu la moindre nouvelle de la F.C.* [France Combattante] *et que j'en suis toujours à attendre le premier sou d'arriérés de solde et d'indemnités de pillage, ou la première cigarette du service social. Ne parlons pas des citations, distinctions honorifiques gratuites et autres amusettes ! Je vois porter des rubans à bien des gens de mérites légers ou relatifs... il est vrai que par compensation sans doute on me refuse un bon d'achat de machine à écrire et que si je veux une voiture pour trimballer ma carcasse endommagée, on m'expliquera que je puis très bien aller à pied !*

« Les hebdomadaires sont pleins de reproches pour les jeunes Français, généralement intellectuels, qui veulent quitter la mère patrie pour construire ailleurs leur existence. Je commence à me poser sérieusement la question moi aussi. Non pas tellement par rancœur ou mauvaise humeur ou déceptions successives, mais parce qu'il me semble impossible de remonter le courant de folie, de désorganisation, de sottise qui coulera sur notre pays, de longues années encore. Puisque l'on fait fi chez nous de ceux qui peuvent être de bons serviteurs de l'idée française, il n'y a plus qu'à chercher hors de France un cadre plus compréhensif. Elle est belle, la "grandeur"[42] *!! »*

Automne 1945 : liberté provisoire pour Hardy ?

En octobre 1945, Hardy fut hospitalisé à l'infirmerie de Fresnes pour une pleurite. Le 12 novembre, il fut transféré à Nanterre à la suite de nouveaux problèmes tuberculeux.

Entre septembre et décembre 1945, des amis de Hardy, essentiellement des anciens de Combat, firent campagne pour obtenir sa liberté provisoire. Ils s'adressèrent au procureur : *« Les soussignés qui ont tous exercé des responsabilités dans la Résistance à l'échelon national et qui tous furent les compagnons de lutte de René Hardy se doivent de vous manifester leur douloureuse surprise et indignation devant les lenteurs d'une instruction qui, ouverte depuis déjà 14 mois, réduit en fait René Hardy à une lente agonie.*

« La lenteur même de l'instruction semble indiquer qu'aucune preuve de trahison n'a pu être établie.

« Si celle-ci avait pu être fournie, il est évident que nous n'aurions jamais songé à faire auprès de vous la présente démarche. A défaut de cette preuve, ils ne peuvent oublier les services inestimables rendus au Pays par René Hardy dont les uns et les autres ont été les témoins et qui portent sur plusieurs années de sa vie clandestine.

« En conséquence, ils vous demandent avec insistance de provoquer la mise en liberté provisoire de leur compagnon parvenu maintenant à la limite de ses forces physiques et morales. Ils se portent solidairement garants que René Hardy sera, en attendant la clôture de l'instruction, à la disposition de la Justice.

« [...] *Ont signé : Frenay, Bénouville, Jussieu, général Durrmeyer, Ingrand, colonel Bressac, Bourdet, Degliame, Baumel, colonel Rebattet, Lacombe, Chanton, Caillau, Ledoux, Thierry, Morin-Forestier*[43]. »

Le juge d'instruction rejeta toutes les demandes formulées par les avocats de Hardy (14 août 1945, 8 et 23 février 1946).

« Ce que vous me dites, écrivait André Lassagne à une amie de Moulin, *des manœuvres adverses ne me surprend pas, bien que l'on puisse se montrer navrés de l'attitude de gens que l'on voudrait intègres en face de la justice*[44]. »

1946 : enlisement de l'affaire Hardy

En ce début de 1946, plus d'un an après l'arrestation de Hardy, Laure Moulin commençait à perdre patience et cherchait à relancer la procédure : *« Meunier m'a écrit avant Noël que le juge en avait encore pour un mois et demi d'instruction quand il l'avait vu (au début de décembre).*

« Je pense que cela traîne en longueur. Un écho venu de Marseille laisse à croire que le sieur H. [Hardy] *aurait des appuis.*

« Je songeais à me porter partie civile mais, après sérieux examens et conseils, Me Milhé [...] *m'a mise en garde. Il m'a dit* [...] *que ce n'est peut-être pas possible et que d'autre part dans ce cas le jury serait moins résistant et plus apte à laisser le doute sur la culpabilité s'introduire sous l'effet d'une défense habile. Je m'étais accordé comme délai à ma patience la fin de 45. Je prendrai probablement un congé vers le 20 ou le 25 janvier pour aller à Paris m'occuper sérieusement de la question*[45]. »

Elle continuait à solliciter l'aide de Pierre Meunier qui, le 19 janvier, lui écrivit : *« Je souhaite pour ma part, puisque malheureusement on ne peut guère espérer plus maintenant, qu'il soit possible de faire bientôt toute la lumière sur la disparition des nôtres.*

« J'ai demandé à Brouillet, car je crois qu'en la matière le cabinet du Général [de Gaulle] *aura plus de possibilité que le CNR de faire poser à Abetz* [ancien ambassadeur d'Allemagne] *les questions que vous m'avez indiquées. J'ai*

demandé aussi qu'on fasse en Allemagne toutes les recherches nécessaires pour trouver les documents intéressants[46]. »

Le 20 janvier, le général de Gaulle quitta le gouvernement, sans que le cours de l'instruction en fût modifié car les résistants qui entouraient le Général restaient en place.

C'est en ce début d'année que le juge d'instruction découvrit un témoin capital : Roger Cressol, qui partageait le wagon-lit de Hardy lors de l'arrestation de Chalon. Son existence lui avait été révélée par le commissaire Xavier Schuster, qui avait enquêté dès 1943 pour les renseignements généraux sur l'arrestation du 7 juin à Chalon-sur-Saône. Cressol fut entendu par la police, sur commission rogatoire du juge d'instruction, le 11 janvier 1946, et par le juge d'instruction, pour la première fois, le 7 mars 1946. Au cours de la confrontation qui eut lieu le 11 mars, Hardy nia tout.

Pour les proches de Jean Moulin, ce témoignage apparut cependant déterminant. Le 24 mars, Laure Moulin faisait part de sa satisfaction : *« Ce qu'il y a eu de plus réconfortant dans mon voyage à Paris* [est] *le pas décisif fait par l'instruction. Je vous avoue que j'ai éprouvé une grande satisfaction et un réel soulagement à voir le juge au lendemain de la confrontation, absolument convaincu et emballé.*

« […] *Le plus urgent maintenant, c'est le procès et je crois que là-dessus tous les amis peuvent être unis et marcher la main dans la main. Je verrais très bien, si c'est opportun, que d'une part, le C.N.R. mis en branle par Meunier, demande au ministre de la Justice de hâter le procès, et que Manhès, de son côté, fasse une démarche au nom des Déportés politiques*[47]. »

De son côté, Hardy obtenait du président Ledoux, le 28 juin 1946, d'être placé dans un sanatorium de grande banlieue. Il s'y employait depuis un an et écrivait en 1945 à Lydie Bastien : *« Je ne sais si Teitgen a donné des ordres pour que les conclusions du rapport médical soient suivies d'effets, mais cela fait un mois que je suis ici sans résultat. Mieux vaut en rire de ces hommes si puissants, influents et tous incapables de faire exécuter leurs décisions par leurs subordonnés*[48]. »

Au terme d'un « harcèlement médical » des magistrats (rapports médicaux des 29 mars 1945, 23 janvier, 9 avril, 11 juin 1946), son avocat avait été jusqu'à avancer que l'on cherchait à empoisonner Hardy à l'infirmerie de Nanterre[49]. Il devenait donc exclu qu'il puisse être immédiatement déféré devant un tribunal[50] et il demeura au sanatorium, sous la garde de la gendarmerie, jusqu'au 30 octobre 1946.

Il y reçut à l'été 1946 la visite de Bénouville, d'Henri Garnier et de René Lacombe, venus avec l'espoir d'y voir plus clair. René Lacombe fit le récit de cette entrevue : « *Il nous dit qu'il* [le procès] *aurait bientôt lieu et que la défense avait neutralisé tous les témoignages à charge. De Bénouville évoquait alors le témoignage de Multon-Lunel qui était très grave. Hardy rétorqua que toutes les affirmations Hardy* [*sic* : Multon] *étaient détruites par des témoins. Sur l'insistance de Bénouville qui lui demandait s'il n'avait pas rencontré Multon à Casablanca, Hardy répondit évasivement : "Non, non !! !" et il prit un air las qui nous empêcha de pousser plus avant nos questions. Nous n'abordâmes même pas la réunion de Caluire.*

« Nous quittâmes Hardy chacun avec la pensée que nous n'étions pas plus avancés qu'auparavant et nous lui promîmes de revenir le voir, un peu plus tard, ce que nous ne pûmes faire[51]. »

De son côté, Laure Moulin, inquiète de la tournure des événements, avait consulté un avocat. Plusieurs démarches auprès de magistrats avaient persuadé celui-ci que le procès serait retardé : « *La situation du dossier est telle,* précisa-t-il, *qu'elle autorise, de ce point de vue, toutes les inquiétudes. Hardy est, vous le savez, extrêmement malade, il est tuberculeux et, paraît-il, dans un état désespéré. Un rapport d'expertise a été établi qui, en tout cas, constate l'impossibilité dans laquelle il est de comparaître utilement en Justice.*

« *Dans ces conditions, la venue de l'affaire avant les vacances apparaît impossible, le Parquet de la Cour de Justice étant disposé à s'incliner devant les constatations de l'expertise médicale. Je trouve, comme vous, cette situation scandaleuse, et je pense qu'on aurait pu instruire cette affaire assez rapidement pour éviter que la santé de l'inculpé interdise de lui donner une solution. Quoi qu'il en soit, du point de vue judiciaire, nous n'obtiendrons pas des magistrats qu'il soit passé outre aux conclusions de l'expert*[52]. »

Dès lors ne restait plus que la solution d'une « *intervention gouvernementale* ». L'avocat et Meunier conseillèrent à Laure Moulin d'écrire à Bidault, le chef du gouvernement, et à Teitgen, le garde des Sceaux[53].

Une délégation fut reçue par Bidault, le 24 juillet. Elle comprenait Viollette, Meunier, Cot et Chambeiron qui exprimèrent leur « *étonnement de voir le procès du dénonciateur de Jean remis sans cesse à une date ultérieure* ». « *Le Président s'est montré très compréhensif,* rapporta Chambeiron, *et il nous a assurés spontanément de son aide sans réserve. Il a tenu à téléphoner devant nous au garde des Sceaux pour lui demander des explications quant au procès. Ce dernier a indiqué que le procès ne pouvait venir pour le moment, l'accusé étant dans l'impossibilité physique de répondre aux questions qui lui seraient posées par le tribunal*[54]. »

Immédiatement, Teitgen fit confirmer aux amis de Jean Moulin la gravité de l'état de Hardy : « *Hardy a été examiné par 3 experts dont le Dr Piedelièvre. Il est mourant. D'après les rapports, il ne pourrait être transporté devant la Cour que sur une civière et serait absolument incapable de répondre aux questions posées : au moindre effort, il tombe en syncope.*

« *Dans ces conditions, sa mise en jugement est absolument impossible. La Cour, d'ailleurs, ne consentirait pas à l'interroger dans cet état. Croyez que j'en suis très ennuyé.*

« *J'ai remis au président Bidault copie du rapport des experts pour qu'il l'adresse à Mlle Moulin*[55]. »

Georges Bidault adressa à Laure Moulin, le 12 juillet, un télégramme pour la rassurer : « *Au 3e anniversaire de la mort de Max* [Moulin] *son fidèle ami vous dit que justice sera faite. Amitiés*[56]. » Puis, ce fut Pierre-Henri Teitgen qui lui écrivit personnellement pour tenter de l'apaiser : « *La mémoire de votre frère m'est particulièrement chère et je pense bien souvent à lui, à l'exemple qu'il nous a donné et au grand vide de son absence.*

« *Plus que tout autre, je souhaite ardemment que totale justice lui soit rendue*[57]. »

Mais Hardy était si malade qu'un procès ne pouvait être envisagé. « *Il faudrait l'y porter sur un brancard,* expliqua Teitgen, *mais surtout il serait absolument hors d'état de répondre à la moindre question que lui poseraient ses juges qui, de ce fait, ne manqueraient pas ce renvoi, nous nous exposerions à un verdict d'indulgence. Peut-être voudraient-ils, par scrupule, tenir compte à l'accusé du fait qu'il n'aurait pu se défendre ; peut-être son état conduirait-il les témoins à atténuer leurs dépositions. Nous risquerions un verdict de faiblesse. C'est pourquoi je me vois, et à mon grand regret, contraint d'ajourner les débats*[58]. »

Rapport Kaltenbrunner, le coup de grâce ?

Le 10 octobre 1946, le rapport Kaltenbrunner aurait été transmis au gouvernement français. Retrouvé à Berlin, parmi les archives du ministère des Affaires étrangères du Reich, ce document officiel était destiné à Ribbentrop et précédé d'un résumé pour Hitler[59]. Antérieur au rapport Flora, plus détaillé et plus précis, il le confirme d'autant plus que, daté du 29 juin 1943, il a sans doute été rédigé par Kaltenbrunner à partir du premier rapport expédié par Barbie. On y lit :

« Après avoir identifié la "boîte aux lettres" du Chef de la Section "Sabotages de Chemins de fer" du 3e bureau de l'Armée Secrète, qui se fait appeler "DIDOT" et "BARDOT",

« Le Kommando d'intervention de la Sicherheitspolizei et du SD de Lyon a effectué une perquisition aboutissant à la découverte de plusieurs lettres provenant du Bureau Central des Mouvements Unis de Résistance dit "Mouvements Unis". Ce courrier contenait une communication en date du 27/5/1943, d'après laquelle le 9/6/1943 à 9 heures, à la station de métro "La Muette" à Paris, le "Général" attendait "Didot".

« Entre-temps, et grâce au concours d'agents de la Sicherheitspolizei de Lyon et du Poste de Renseignements du Service de Contre-Espionnage de Dijon, détaché à Paris, Didot a pu être arrêté. Il s'agit, en l'espèce, de l'Ingénieur des Chemins de Fer, lieutenant de réserve :

René Louis HARDY

au rendez-vous à la station de métro "La Muette" à Paris et grâce au mot de passe "Didot", le Général de Division des Troupes blindées

Charles Georges Antoine DELESTRAINT

né le 12.3.79 à St. Vaast demeurant à Lyon

a pu être arrêté, avant son arrestation, il avait déclaré à un agent utilisé, dans cette opération que 3/4 d'heure plus tard il avait un autre rendez-vous à la station de métro "Rue de la Pompe". A ce rendez-vous nous avons pu arrêter deux Français qui tout d'abord ont prétendu être

le Capitaine de réserve GARIN

et l'étudiant TERRIER.

« Après plus de 50 heures d'interrogatoire le Général Delestraint avoua qu'il était le Chef de l'Armée Secrète sous le pseudonyme de "Vidal" et qu'entretemps, il avait été promu par le Général de Gaulle, Général de Corps d'Armée et Chef de tous les groupes de résistance militaire français.

Le soi-disant "Garin" avoua qu'il était en réalité :

Joseph Lucien GASTALDO

Capitaine d'Etat-Major Français

et que jusqu'en novembre 1942, il avait travaillé en qualité de Chef du 2e Bureau de l'Etat-Major de la 7e Région Militaire à Bourg-en-Bresse.

« En dernier lieu sous le pseudonyme de "Galibier" il avait été Chef du 2e Bureau de "l'Armée Secrète".

« Interrogé après son arrestation le nommé Hardy alias "Didot", Chef du Sabotage des Chemins de fer, a fait des aveux complets. Entre autres, il reconnaît qu'il a élaboré un projet d'environ 150 pages ayant trait aux actes de sabotages de chemins de fer à effectuer en cas de débarquement anglo-américain et que ce plan a été soumis à son Chef pour examen. Son plus proche collaborateur et adjoint pour les questions de sabotage des chemins de fer, chargé également de l'organisation de la grève des cheminots, est

le juif H*EILBRONNER*

*alias "*A*REL", alias "*H*ENNEQUIN"*

qui, avec le concours de Hardy, a pu être arrêté lors d'un rendez-vous. Comme il a fourni des informations détaillées et qu'il s'est prêté de bonne grâce à collaborer avec nous, nous avons déjà employé Hardy plusieurs fois et avec succès pour fixer des rendez-vous, en outre, il a reconstitué à l'intention des services allemands, le projet de sabotage des chemins de fer. Grâce à une mise en scène d'agents auxquels Hardy s'est prêté, le Kommando d'intervention de la Sicherheitspolizei et du SD de Lyon, en collaboration avec les détachements spéciaux du "Reichsicherheitshauptamt" pour la lutte contre "l'Armée Secrète", a réussi à surprendre à Lyon une réunion de dirigeants des mouvements Unis de Résistance et arrêter, à cette occasion, les personnes suivantes[60]. »

Suivait l'énumération dont curieusement Aubrac et Moulin étaient absents.

Ce rapport, accablant pour Hardy, ne fut pas versé au dossier de l'instruction, ainsi que le révéla le procureur lors du second procès. Le juge Berry, au moment de clore l'instruction, était persuadé de la culpabilité de Hardy. Une déclaration postérieure permet de voir qu'il comptait uniquement sur les témoins à charge : « *Quand le dossier a quitté mon cabinet, l'accusation me semblait indiscutablement prouvée par le témoignage de Creyssol* [*sic*] *et en partie par le témoignage de M*[me] *Delettraz* [...][61]. »

Le procès de Dunker, à l'issue duquel il fut condamné à mort, mais non exécuté (contrairement à Multon), se déroulerait à Marseille, du 22 au 24 janvier 1947. Durant les audiences, le rapport Flora fut longuement cité par l'accusation. Dunker mentionna Hardy durant l'audience du 23 janvier mais ne développa pas : « *Multon aurait donné Hardy-Didot à mes supérieurs. Mais je n'ai pas connu le colonel Hardy*[62]. »

Auparavant, les affaires Hardy et Multon avaient été disjointes et, tandis que Hardy séjournait en sanatorium, Multon fut jugé du 11 au 13 juillet 1946. Reconnu coupable d'intelligence avec l'ennemi, il fut condamné à mort[63]. Sa grâce fut rejetée par le président de la République[64]. Le 10 septembre, Multon fut fusillé au fort de Montrouge[65].

Ni Dunker ni Multon ne témoigneraient donc au procès Hardy. Il pouvait commencer.

20 janvier 1947 : quatre jours pour juger Hardy

Le premier procès Hardy se déroula, du 20 au 24 janvier 1947, devant la cour de justice de la Seine. Affaire terrible pour les résistants obligés d'étaler aux yeux de tous, non seulement leurs divisions, mais encore la trahison d'un des leurs.

« *Nous avons tous été gênés et bouleversés,* écrivit Claude Bourdet, *aussi bien ceux qui avaient cru Hardy coupable dès le premier jour que ceux qui l'avaient longtemps cru innocent.* [...] *C'était là une affaire que seuls les hommes qui avaient participé à l'action pouvaient comprendre et à la rigueur juger.* [...] *Le procédé expéditif du pot de confitures de l'Antiquaille était, malgré sa cruauté et l'injustice possible, mille fois plus normal que cette discussion dans un prétoire, devant une opinion publique composée d'une écrasante majorité de gens qui ignoraient tout de ces situations et dont pas un n'aurait pu dire ce qu'il aurait fait lui-même dans des circonstances semblables.*

« *Ce qui est certain, c'est que la lutte sans merci entre la Résistance et la police secrète allemande a été émaillée de capitulations et de trahisons. Ce qui est certain aussi, c'est que s'il n'y avait pas eu de Résistance... on ne parlerait pas des capitulations et des trahisons*[66]. »

Le tribunal était présidé par M. Ledoux. Le commissaire du gouvernement Sudaka, prisonnier de guerre, avait été absent de France entre 1940 et 1945. Cinquante-sept témoins furent appelés à la barre (trente-neuf cités par la défense, dix-huit par l'accusation). Lydie Bastien n'était pas citée, malgré les variations de ses dépositions depuis Alger et ses interventions avérées auprès de plusieurs témoins, dont Cressol et Delettraz.

EXPOSÉ DES FAITS

Sur la foi du rapport Flora et des témoignages, en particulier de Multon, de Cressol et de Mme Delettraz — tous documents qui avaient « *établi péremptoirement* [sa] *culpabilité*[67] » —, Hardy était accusé de trahison : « *Les Allemands l'ont considéré comme un personnage important qui leur avait permis d'arrêter les hommes les plus considérables de la résistance : aucun autre en France n'aurait pu leur rendre un tel service*[68]. »

Sa responsabilité dans l'arrestation de Jean Moulin, « *délégué personnel du Général de Gaulle, président du Comité directeur des Mouvements Unis de la Résistance* », était explicitement mentionnée. L'exposé des faits reprenait le terme même de « contre-agent » qui figure dans le rapport Flora, venu « *corroborer les soupçons qui pesaient* » sur lui[69].

Au premier procès, le public entend un récit très proche de la version la plus vraisemblable qu'ont établie par la suite la plupart des historiens : Hardy reconnaît Multon et prévient Rachline sur le quai de la gare ; il prend néanmoins le train et est arrêté à Chalon-sur-Saône, en même temps que son compagnon de compartiment, Cressol, dans la nuit du 7 au 8 juin. Ils sont incarcérés à Chalon. Hardy est emmené en voiture par les Allemands, le 10. Aubry se fait accompagner à la réunion de Caluire par Hardy. Dans la matinée du 21 juin, Mme Delettraz, prévenue qu'elle va devoir pister Hardy qui a accepté de donner cette réunion, tente de faire prévenir les participants. Elle rencontre Hardy à la Gestapo puis le suit jusqu'à Caluire et y reconduit les Allemands. Pendant ce temps, la réunion tarde à commencer. À peine tous les protagonistes viennent-ils d'arriver que la Gestapo investit la maison du docteur Dugoujon. Conduit à une voiture, Hardy parvient à s'enfuir. Blessé, il se réfugie chez des amis où la police française l'appréhende. L'ensemble de ces circonstances est mal élucidé, de même que les conditions de sa livraison aux Allemands et les brutalités que ceux-ci lui auraient fait subir. Interné dans un hôpital réquisitionné par les autorités allemandes, Hardy s'en évade *« et fait de son évasion un récit dont le moins qu'on puisse dire est qu'il est invraisemblable*[70] *»*.

Dès le 21 juin, Hardy est fortement soupçonné d'avoir dénoncé la réunion de Caluire et *« tous les rescapés imputent leur arrestation à Hardy. Tous font remarquer la facilité pour le moins surprenante avec laquelle il réussit à se dégager de son gardien, alors que tous les autres avaient été attachés par des menottes les mains derrière le dos. Tous sont surpris du peu de zèle qu'ont mis les Allemands à le poursuivre. Tous enfin ont eu au cours de leurs interrogatoires leur attention attirée par des précisions qui leur étaient données sur les activités par les Allemands, précisions qui ne pouvaient avoir été données que par Hardy*[71] *»*.

Or, *« à ces charges écrasantes Hardy n'oppose que des dénégations*[72] *»*.

Il convient toutefois de faire remarquer quelques points sur lesquels la conviction du magistrat était mal établie :

— Hardy *« se rendait-il à Paris pour y rencontrer le général Delestraint ? »*.

— Hardy pouvait-il encore quitter le train après avoir reconnu Multon ? C'est-à-dire, avait-il prévenu Rachline sur le quai avant le départ du train ou seulement dans le couloir du wagon après le départ du train ?

— *« Il semble que ce soit Aubry qui ait provoqué la participation de Hardy à la réunion*[73]. *»*

DÉROULEMENT DU PROCÈS

Comme Me Garçon, le défenseur de Hardy, l'avait bien compris, l'accusation reposait en très grande partie sur son arrestation dans le train. Si l'arrestation n'était pas établie, le reste s'écroulait car, Hardy n'ayant eu aucun contact avec les Allemands, pourquoi aurait-il été responsable des arrestations de Caluire ? Du coup, toutes les autres questions étaient secondaires : Hardy a-t-il parlé à Rachline avant ou après le départ du train ? A-t-il été vu à Nîmes entre le 8 et le 11 juin ? Quand est-il revenu à Lyon ? Connaissait-il à l'avance le lieu de la réunion du 21 juin ? Un homme espionnait-il sa rencontre avec Aubry au pont Morand ? A-t-il été vu par Mme Delettraz à la Gestapo ? Ses évasions sont-elles plausibles ?

Le procès débuta par un long interrogatoire de l'accusé. Puis les témoins de moralité, chefs de la Résistance auréolés d'un grand prestige, firent grosse impression, prouvant par leur simple présence que Hardy, qui aurait eu la possibilité de les dénoncer, n'en avait rien fait. Bénouville, à l'issue d'une déposition vibrante de loyauté, déclara : *« Vous avez devant vous l'un de ceux qui ont combattu de toutes* [leurs] *forces et de toute* [leur] *espérance, l'un de ceux par* [lesquels], *aujourd'hui, la France est libre. René Hardy, disait-on l'autre jour, n'a pas toutes les décorations qu'il pourrait avoir. J'affirme que s'il avait été arrêté huit jours plus tard, il serait comme nous Compagnon de la Libération et c'est pour cela qu'aujourd'hui, je suis heureux de lui rendre du fond de mon cœur, l'hommage total de mon amitié et de ma foi*[74]. *»*

À l'inverse, les rescapés de Caluire (Aubrac, Lassagne ou Lacaze, ce dernier plus prudemment) l'accusaient formellement. Mais ils ne présentaient à la barre que des présomptions et leur intime conviction. Ainsi Lassagne jugeait-il invraisemblables les conditions de la fuite de Hardy à Caluire : *« Il me semble difficile, si on démonte ce mécanisme, de l'expliquer autrement que par une mise en scène*[75]. » Me Garçon eut beau jeu de faire remarquer : « *Il faut bien se rendre compte que ce que dit le témoin n'est que des impressions et sa conviction, ce ne sont pas des faits*[76]. »

À la barre, le lieutenant-colonel Gastaldo commence par dire ses hésitations à venir témoigner, « *en raison de la camaraderie de lutte et de l'affection qui* [le] *liait avec Hardy avant* [sa] *déportation*[77] ». Puis, il exposa sa certitude que Hardy avait dénoncé le rendez-vous de la Muette, accusation qui ne figurait même pas dans l'exposé des faits du commissaire du gouvernement. Hardy put clamer son innocence : « *Il est certain* [...] *que le général Delestraint et le colonel* [...] *Gastaldo sont obligés d'avoir l'impression que je suis coupable puisqu'on intercepte un rendez-vous avec moi ; on va donc les cueillir de ma part et moi je ne reçois pas ce rendez-vous. Jamais je n'ai eu ce papier*[78]. »

Un échange traduit alors l'état d'esprit régnant. Joseph Gastaldo proposa que la cour entendît comme témoins des officiers allemands. « *Non* », répondit le commissaire du gouvernement à plusieurs reprises. « *La Cour les entend difficilement* », expliqua prudemment le président. Gastaldo s'entêta : « *Faites une commission rogatoire.*

« *M. le commissaire du gouvernement. — Je me refuse quelle que soit l'importance d'un témoignage allemand, à en faire état.*

« *Colonel Gastaldo. — Vous vous basez bien sur les documents des archives.*

« *M. le commissaire du gouvernement. — La parole d'un officier français me suffit*[79]. »

Et, dans le réquisitioire, il se fera à nouveau gloire d'avoir dédaigné tous les témoins allemands : « *Jamais le Ministère Public n'avait accepté, sans élever la plus solennelle des protestations, d'entendre le témoignage d'un Allemand et* [...] *il n'obtiendrait pas de moi que j'aie recours à des témoignages d'Allemands contre un Français quel qu'il soit*[80]. »

Le deuxième rapport Henry (commissaire Porte), qui figurait dans le dossier d'instruction, fut évoqué. Claude Bourdet déclara se souvenir qu'il innocentait Hardy. Sur intervention de Laure Moulin, Charles Porte, que l'on croyait mort en déportation et qui n'avait pas été entendu durant l'instruction, écrivit au président du tribunal pour donner sa version des faits : « *Hardy, pendant les deux heures que j'ai passées à l'interroger, n'a cessé de me faire l'impression d'un hâbleur et d'un menteur, je n'ai pas cru un mot à ses histoires rocambolesques d'évasions renouvelées, avec une facilité déconcertante, ni aux dépositions fantaisistes qu'il a prétendu avoir faites à la police française et à la Gestapo.*

« [...] *j'ai la conviction que Hardy m'a menti tout au long de son interrogatoire à Limoges. Je confirme entièrement les termes du rapport que j'ai rédigé à l'époque et affirme avec force n'avoir jamais dit à qui que ce soit que j'étais convaincu de l'innocence d'Hardy*[81]. »

Le commissaire Porte avait refusé de venir témoigner. En effet, il était en délicatesse avec la Justice à cause de son rôle dans la répression contre les communistes en Eure-et-Loir sous l'occupation. Certains avaient été fusillés et il se sentait physiquement menacé par le P.C. Il regrettait d'ailleurs d'avoir dû, par sa lettre, manifester qu'il était encore en vie. Aussi s'excusa-t-il auprès de Mlle Moulin : « *Même si j'avais affronté les risques certains que j'encourais et que vous connaissez (dont le moindre eût été d'être arrêté à l'audience en vertu du mandat d'arrêt dont je fais l'objet et le pire d'être assassiné à la sortie par des F.T.P.) il eût été un jeu d'enfant pour M*[e] *Garçon de détruire mon témoignage en me présentant comme un "collaborateur" au même titre que le témoin Cressol, voire Delettraz*[82]. »

S'il avait accepté de prendre un risque mesuré c'est qu'il était sûr de son fait : *« Sans apporter une preuve absolue de la culpabilité de Hardy, je pouvais néanmoins confirmer les termes de mon rapport qui attestent tout le contraire d'un certificat d'innocence. Et surtout, je pouvais confondre les faux-témoins* [...] *qui ont prétendu m'avoir connu et à qui j'aurais affirmé que j'étais persuadé de l'innocence de Hardy.*

« Jamais, depuis l'interrogatoire de Hardy à Limoges, ma conviction n'a varié sur lui[83]. »

Toutefois, le doute est permis puisque Meunier confia à Laure Moulin : *« Il ne faut tout de même pas oublier qu'après l'interrogatoire qu'il a fait subir à Hardy, pendant la clandestinité, il nous a déclaré à Chambeiron et à moi-même qu'il ne croyait pas à sa culpabilité.*

« Je me demande comment, s'il a ce sentiment, il pourrait témoigner dans un autre sens[84]. »

La déposition de Roger Cressol, seul témoin visuel de l'arrestation de Hardy dans le Lyon-Paris, fut un temps fort du procès. Il donna son témoignage de manière concise et reconnut « formellement » Hardy. Le président lui demanda alors de nombreuses précisions : dates, horaires, ce que Hardy et lui s'étaient dit, s'ils s'étaient couchés, circonstances de l'arrestation, contenu de sa valise, etc. Il les donna sans embarras. Me Garçon s'efforça alors de le mettre en contradiction. Avait-il vu Hardy emmené dans une voiture de la Gestapo le 10 ou le 11 juin ? Qu'avait-il fait des affaires de Hardy retrouvées dans sa propre valise après que la police allemande l'eut relâché ? S'ensuivit un vif échange :

« Me Maurice Garçon. — Quand dites-vous la vérité ?

« M. Cressol. — Je ne permets pas que vous la mettiez en doute.

« Me Maurice Garçon. — Je la mets grandement en doute, à raison, précisément des contradictions invraisemblables et désolantes pour la justice...

« M. le commissaire du gouvernement. — Oh !

« M. le président. — N'exagérez pas[85]. »

Puis le passé de ce fonctionnaire de Vichy remonta à la surface : se rendait-il à Berlin ? Avait-il eu des ennuis à la Libération ? S'était-il caché ? N'y avait-il pas un dossier de police ouvert à son nom ? Les réponses du témoin furent négatives. À l'issue de sa déposition, le président se tourna vers Hardy : continuait-il à nier avoir été arrêté dans ce train ? Sur sa réponse affirmative, les débats se poursuivirent.

En effet, Hardy opposait un alibi au témoignage de Cressol. Il ne pouvait pas être entre les mains de la police allemande puisque, après s'être esquivé du train à Mâcon, il s'était rendu à Nîmes, où plusieurs témoins certifiaient l'avoir vu entre le 8 et le 11. Il opposait de même au témoignage de Mme Delettraz son ancien courrier, Jean Bossé, qui affirmait avoir déjeuné avec lui à l'heure où elle disait l'avoir vu à la Gestapo. Les deux témoins furent confrontés, sous les auspices de Me Garçon :

« Le témoin [Mme Delettraz] *a donné hier une précision formelle : il a dit qu'il avait vu mon client à midi moins le quart et qu'il l'avait quitté entre midi et midi et quart. Vous le maintenez ?*

« Mme Delettraz. — Oui, je le maintiens.

« Me Maurice Garçon. — Et maintenant, cet officier dit le contraire.

« Mme Delettraz. — Cet officier ne dit pas que je n'ai pas vu Hardy.

« M. Bossé. — Non, naturellement. Je n'ai jamais été dans un bureau de la Gestapo, moi, certainement.

« (Applaudissements dans la salle)[86]. »

PLAIDOIRIE DU 24 JANVIER 1947

La tactique de Me Garçon, dans sa plaidoirie, consista à faire la preuve de l'innocence de Hardy en déconsidérant les témoins à charge et en disqualifiant le rapport Flora. Il s'appliqua tout d'abord à l'innocenter de toute responsabilité dans l'arrestation du général Delestraint. Ce chef d'accusation n'avait pas été retenu, mais Maurice Garçon retournait la question : *« Ayant démontré que la trahison Delestraint est impossible, s'il a fallu que vous l'ajoutiez pour accabler* [Hardy], *c'est que le reste ne valait rien*[87]. » L'arrestation était due, en fait, au message déposé en clair par Aubry *« dans une boîte grillée par les Allemands, cela est dans le rapport Flora*[88] *».*

Ensuite, il remit en cause l'arrestation de Hardy dans le train, accablant Cressol en soulignant les variations de son témoignage. Surtout, en s'en prenant au personnage, *« un fonctionnaire de Vichy en partance pour Berlin.* [...] *Ça n'est tout de même pas une recommandation »*, insista-t-il[89]. Et tout au long de sa plaidoirie, il renchérit, allant même jusqu'à déclarer le *« mépris »* dans lequel il tenait *« un pareil témoignage*[90] *»*. Il lui opposait les honnêtes gens qui confirmaient l'alibi qu'avait Hardy pour les 8, 9, 10 et 11 juin : *« Devant toutes ces certitudes, devant cet alibi formel et reconnu, devant cet alibi qui est apporté ici par des témoignages de gens sur le compte desquels on ne peut formuler aucun soupçon, vous me permettez de ne pas chercher plus longtemps les raisons du désaccord de M. Cressol, dont les variations ne sont, peut-être, que le reflet de ce que peut être sa confiance*[91] *! »* Au contraire, ces témoins à décharge hésitent parfois, mais *« précisément à raison de leur honnêteté*[92] *»*. Cet alibi était d'ailleurs confirmé par un témoin des plus objectifs : l'indicateur des horaires de chemins de fer qui prouvait que les trains que Hardy disait avoir pris (et avec quelle exactitude !) existaient bien.

« Le réconfort définitif », enfin, résidait dans le récit que Heilbronn avait fait de sa propre arrestation au cours de laquelle il avait été pris pour Hardy[93].

Dès lors, l'opération de Caluire s'expliquait seule. Les Allemands *« ont su par bribes*[94] *»*. Qu'on se souvienne qu'*« Aubry était suivi*[95] *»*. La conclusion s'imposait : *« Il a suffi de leurs mouchards* [...] *pour découvrir l'affaire sans qu'il soit besoin d'aucune espèce de trahison*[96]. »

L'alibi fourni à Hardy par Bossé réduisait d'ailleurs à néant les allégations d'Edmée Delettraz, l'*« espionne »*, l'*« agent de la Gestapo »*, qui était responsable d'arrestations et de morts[97].

Le rapport Flora, enfin, avait été écrit par un sous-fifre *« pour se faire valoir*[98] *»*. Celui-ci n'avait eu connaissance de rien de façon directe, se contentant de *« s'appropri*e[r] *l'histoire de Multon*[99] *»*. Aux yeux de Me Garçon qui, une heure auparavant, l'utilisait pour innocenter Hardy dans l'affaire Delestraint, le rapport Flora était *« sans importance »* et, surtout, il était plein d'*« absurdités »* et d'*« erreurs »*[100].

En fait, les Allemands ne réussissaient pas à neutraliser Hardy et avaient cherché à lui nuire par ce biais : *« Ils ne l'ont pas pris à Mâcon, et ils ont su qu'ils l'avaient laissé échapper ; ils ont cru le prendre le 12 et ils se sont aperçus que c'était un autre ; il leur glissait entre les doigts : c'était Didot l'insaisissable. Ils l'ont pris une fois et enfermé : il s'est enfui. Ils l'ont pris à Caluire : il s'est enfui. Ils l'ont remis dans un hôpital : il s'est enfui. C'était l'éternelle anguille qu'ils ne parvenaient pas à saisir. Alors je m'explique la dépêche, fausse, j'en suis convaincu, qu'on a montrée à M. Dhont ou à M. Gastaldo ; je m'explique maintenant comment ils ont fait courir ce bruit sinueux, ce bruit qui n'était que la calomnie dont vous savez ce qu'il faut penser et dont vous savez comme elle fait son chemin. Ils ont traîtreusement déconsidéré celui-là, de droite, de gauche, et Multon disant : "nous l'avons arrêté", et ils ont fait courir ce bruit. Ce n'était pas vrai. Et c'est ainsi que, dans la Résistance, est monté ce bruit grandissant, abominable qui le faisait souffrir et qui devait le conduire jusqu'ici, et qui était l'œuvre la plus parfaite que les Allemands pouvaient envisager pour arriver à déconsidérer un homme qui était leur terreur et qu'ils craignaient*[101]. »

Tout, ce procès lui-même, résultait d'une machination ourdie contre Hardy. Comme, sans doute, le témoignage de Cressol, *« qui a fait du zèle en demandant trois fois à avoir des missions de confiance pour Berlin, qui s'est installé dans un appartement juif qu'on avait spolié, à Paris, et où il recevait les Allemands, qui était un commensal habituel de Laval et qui fréquentait le Cercle Européen.*

« Je dis que devant un témoignage comme celui-là, le témoignage des honnêtes gens qui sont venus ici pèse davantage. Au surplus (je vous avais demandé de le faire examiner) j'aurais voulu savoir par quel miracle quelqu'un qui était du Cercle Européen, qui avait eu ces missions, avait, sans instruction, vu son dossier classé, et n'a pas même été renvoyé devant une Cour de Justice où il eût couru le risque de quelque indignité l'empêchant de venir prêter serment devant vous. Le dossier a été, sans instruction, classé dans vos services à la Rue Boissy-d'Anglas sous le numéro 25534. Je connais bien des hommes qui en avaient fait moins que celui-là et qui ont comparu devant les Cours de Justice !

« [...] *entre les uns et les autres il n'y a pas de commune mesure. Il y a ici un Cressol qui non seulement ne paraît pas dire la vérité, mais qui nous confond en nous montrant qu'il ne la dit pas, par ses variations, par ses changements, par son accord dans son témoignage avec le témoignage d'un traître. Je dis que lorsque j'oppose à cela la rigueur d'un indicateur de chemins de fer, que j'y oppose la rigueur des témoignages de gens honorables, on n'a plus le droit d'hésiter, on n'a plus le droit d'avoir dans l'esprit le moindre doute, et qu'il faut considérer que la preuve est faite maintenant, et bien faite, et certaine, que la preuve est faite que Cressol et Multon ont menti, et qu'au surplus Hardy a apporté la justification absolue de ce qu'il avait affirmé dès le premier jour*[102] ».

À partir du moment où il était prouvé que Hardy n'avait pas été arrêté dans le train, à hauteur de Chalon, dans la nuit du 7 au 8 juin 1943, le reste s'effondrait. Or la preuve de l'arrestation n'avait pu être faite. *« Vous ne prendrez jamais*, prévint Me Garçon, *mon Client en défaut de mensonge*[103]. »

Le 24 janvier, René Hardy était acquitté à la majorité des membres de la cour de justice de la Seine.

LE PROCÈS DANS LA PRESSE

La sympathie de la presse augmenta nettement au fil du procès, surtout après les dépositions très favorables d'anciens de Combat, au prestige indéniable

(Frenay, Bourdet, Bénouville). De nombreux éditorialistes se déclarèrent choqués par l'acharnement de la presse communiste, et d'abord par les campagnes de Pierre Hervé, y compris parmi les anciens résistants peu enclins à croire Hardy innocent (Jean-Louis Vigier, par exemple). Les journalistes étaient, dans leur ensemble, impressionnés par la constance, l'énergie et la passion avec lesquelles Hardy proclamait en toute occasion son innocence.

Jusque dans la presse communiste, on remarquait que les témoins de l'accusation n'étaient pas très recommandables, en particulier Mme Delettraz, elle-même agent double, et Cressol, ancien fonctionnaire de Vichy.

« *Les pierres d'angle de l'accusation,* lisait-on dans *Le Monde, émanent de personnes suspectes ; leur témoignage est capital ; mais il est permis de se demander dans quelle mesure il est véridique.*

« *La défense a passé au crible ces dépositions ; elle a su tirer parti des moindres contradictions, accuser les moindres failles, critiquer des conclusions qui ne sont peut-être que des hypothèses ou des commentaires personnels*[104]. »

Ce qui n'empêchait pas la presse communiste de se déchaîner contre Hardy, le « *mouchard* », le « *délateur* », le « *traître* », le « *zazou prétentieux* », « *l'aventurier toujours à court d'argent menant une vie déplorable* » : « *On invoque son passé de résistant,* s'exclamait le 21 janvier Pierre Hervé, en première page de *L'Humanité. Quelle affaire ! Pour devenir un traître, il faut ne l'avoir d'abord pas été. Et un délateur a d'autant plus de prise pour l'ennemi que la confiance qu'il inspire à ses compagnons donne les moyens de frapper à la tête !* » Il renchérissait le lendemain : « *Les faits, les témoignages, les documents sont accablants. C'est une mauvaise histoire avec des tortures et des meurtres, qui ne supporterait pas d'être traitée à la manière d'un feuilleton. Le traître est connu. Qu'on en finisse !* »

Frenay, surtout, était dans le collimateur : « *Le procès de Hardy,* écrivit, le 22, Pierre Hervé, *n'aurait pas eu lieu si Frenay ne l'avait obstinément défendu et protégé puis, quand il s'aperçut de l'insuccès de ses tentatives pour le maintenir dans les cadres dirigeants de la Résistance, mis à l'abri en Afrique du Nord.*

« [...] *A-t-on fait la lumière sur toutes les arrestations qui se produisirent, dans des conditions forts mystérieuses au sein du mouvement "Combat" ? Se rappelle-t-on que jusqu'à la libération les rangs de cette organisation furent décimés par une répression qui paraissait curieusement informée ? Serait-on assez innocent pour ignorer — ou assez roublard pour feindre d'ignorer — qu'un mouchard — Hardy ou un autre — aurait pu permettre par quelques délations choisies, à des filatures de s'organiser et à des arrestations de se succéder à intervalles étudiés ?*

« [...] *En vérité, Frenay qui acceptait aux beaux temps de Vichy de parlementer avec Pucheu pêchait ses hommes de confiance dans de curieux milieux. Me Garçon, hier à l'audience, demande à un témoin à charge s'il n'avait pas été en relations avec un personnage connu de la Cagoule. Le procédé est ingénieux. Nous conseillerons éventuellement au commissaire du gouvernement de poser à tel témoin à décharge la même question. Cela serait tout aussi légitime, n'est-il pas vrai ?*

« *Hardy n'aurait pas maintenant comparu en uniforme de colonel, si Frenay ne l'avait sauvé. S'il était demeuré en France, la résistance, se considérant en état de légitime défense, l'aurait exécuté avant qu'il ne puisse livrer à ses maîtres de nouvelles victimes*[105]. »

Ces diatribes communistes suscitèrent de nouvelles solidarités avec Hardy. On peut lire, le 24 janvier, dans *Paroles françaises* : *« Nous dirons une seule chose, la seule que nous puissions apporter avec une certitude totale à l'appui de son dossier, à la suite de l'article de Pierre Hervé : René Hardy n'était pas communiste.*

« On peut en même temps être communiste et traître et délateur. Mais, généralement, ceci fait pardonner cela. L'anticommuniste, lui, ne souffre aucun pardon. C'est le sens de l'article de M. Pierre Hervé.

« [...] Je ne sais pas si René Hardy est un traître ou un héros.

« Ce que je sais, c'est qu'il a été un homme comme ne le seront jamais les Hervé et autres larves qui s'improvisent juges, ignorants de la justice.

« [...] Les lâches qui étaient légion, n'ont pas fini de brandir leurs fourches et leurs arguties ! Nous dirons un jour ce que nous pensons de ceux-là qui ont berné notre peuple, qui se sont fait des auréoles de leurs lunes d'épouvante et qui continuent à bafouer, au nom de la justice, les grandes âmes torturées qui ont fléchi.

« Un vieux proverbe français dit : "Qui se sent morveux se mouche." L'Humanité *n'a pas échappé à la règle et Pierre Hervé a écrit : "Le Mouchard"*[106]. »

Les anciens résistants ne pouvaient se défendre d'être déchirés par le sort qui était fait à la Résistance, traînée au banc des accusés en même temps que l'un d'entre eux, fût-il un traître. Malgré un manque évident de sympathie pour Hardy, Max Heilbronn écrivait dans *Le Populaire* : *« Et quand bien même il aurait trahi, quel est celui qui sachant ce qu'était la Résistance, la surtension nerveuse qu'elle exigeait, ce qu'étaient les interrogatoires de la Gestapo, la souffrance physique, les pièges, les menaces, les effondrements subits, les illusions et, même et surtout, les défaillances que l'on a côtoyées, l'épouvantable engrenage dans lequel on a risqué soi-même d'être entraîné, quel est celui qui oserait condamner*[107] *? »*

Rémy Roure entreprit, dans *Le Monde*, de justifier la Résistance, en dépit de toutes ses faiblesses : *« Malgré les défaillances*, écrivait-il le 22 janvier, *les grandes et les petites, la Résistance, qui est autre chose que la "résistance des bars" et de la politicaillerie, a rempli sa mission. L'ennemi aurait été chassé sans elle ? Cela est possible, sans être sûr. Mais qu'aurait été la France ? Une vassale*[108]. » Alors que les dissensions s'étalaient à longueur d'audiences et de colonnes, Rémy Roure, tout en les reconnaissant, protestait : *« La Résistance, il faut bien le savoir, ne fut pas une idylle. Tant s'en faut. Mais est-ce à ceux qui attendaient tranquillement la suite des événements à porter sur elle un jugement sacrilège*[109] *? »*

Le général Cochet diffusa un communiqué : *« De nombreux résistants s'émeuvent, à juste titre, du parti que certains cherchent à tirer du pénible procès Hardy pour accabler la Résistance tout entière.*

« "Les premiers de la Résistance" croient devoir inviter ces Français à plus de mesure, de circonspection, de pudeur[110]. »

« Je lis, répliqua aussitôt Pierre Hervé, *qu'une certaine association des "Premiers de la Résistance" demande l'indulgence pour Hardy ; Motif : "Si Hardy, comme tant d'autres, n'avait rien fait et qu'il eût patiemment attendu la libération, même en servant Vichy et le Boche ou en faisant du marché noir, il serait actuellement libre". Autrement dit, les délateurs qui ont livré des patriotes*

à l'ennemi méritent l'indulgence, parce que des vichyssois et des collaborateurs sont impunis ou insuffisamment punis. C'est une trouvaille.

« Le général Cochet, auteur de cette prose, me permettra [...] *de lui dire que c'est injure à la Résistance. Une injure à tous ceux qui, sous la torture, ont refusé de parler, une injure aux morts, que de se servir de leurs sacrifices pour réclamer l'indulgence pour un mouchard, un sale mouchard pareil à ceux qui ont conduit tant des nôtres à la prison et au camp de concentration.*

« L'intervention du général Cochet, qui conseille le silence sans l'observer lui-même, ne pourrait que nous persuader qu'il y a un clan qui s'oppose à l'œuvre de la justice parce qu'il faut sauver l'homme de confiance de Frenay[111]. »

Dès le 24, Cochet lui répondit dans une lettre : *« Je n'ai aucune raison de défendre contre la justice ni l'homme de confiance de Frenay, que je ne connais pas, ni Frenay lui-même dont je ne partage pas les idées. Si vous pouviez lire les rapports que fit ce dernier à Londres pour y détruire mon crédit, vous seriez fixé sur ce point. A défaut, reportez-vous à la page 162 du "Sacrifice du matin" de Bénouville, et dites-moi si vous croyez encore que j'appartienne à ce clan, si clan il y a.*

« [...] *Je n'ai écouté que ma conscience, mon souci de maintenir l'esprit de la résistance et mon indignation contre les collaborateurs qui osent porter un jugement sur le cas de Hardy et marquer des points contre la résistance tout entière*[112]. »

Après l'acquittement, le procès continue

Aussitôt l'acquittement de Hardy prononcé, les réactions de la presse montrèrent que l'« affaire Hardy » dépassait son cas personnel et la question de sa culpabilité. Seuls ceux qui étaient directement concernés par les arrestations de Caluire en revenaient inlassablement aux faits. Ainsi André Lassagne ne comprenait-il pas que le procureur n'ait pas relevé que Hardy n'était pas menotté et qu'il fut emmené le premier par les Allemands. Le procureur, d'après Laure Moulin, n'avait pas fait son travail, montrant l'indigence de sa méthode et de ses connaissances : *« Le Commissaire du Gouvernement a fait une plaidoirie,* déclara-t-elle à un journaliste. *Qu'il y a loin du réquisitoire que j'attendais.*

« Tant de faits sont restés dans l'ombre. Je ne comprends pas qu'il n'ait pas tenu à préciser les nombreuses lacunes de la défense.

« Avez-vous remarqué qu'aucun témoin n'a déposé, qui connaissait Hardy avant 1939 sur le plan professionnel ? Personne de son village, personne de l'Ecole Normale d'Instituteurs, où il passa trois ans, personne de son peloton d'E.O.R., personne parmi ses nombreux collègues des chemins de fer de Montparnasse et de Vaugirard. Aucun n'est venu dire non plus : il a exécuté tel sabotage avec moi. Seuls ses camarades du Mouvement Combat *qui savent bien pourtant que le* plan vert *est l'œuvre d'une collectivité et non d'un seul homme sont venus témoigner pour un associé "qu'on ne laisse pas tomber". A-t-on jamais vu le correspondant d'un réseau s'approprier la découverte de tous les renseignements qu'il transmettait ! Comment Frenay a-t-il pu rester impassible quand la défense a lu un "appel aux cheminots" qu'il avait lui-même emporté à Londres, sachant dès ce moment-là quel en était le véritable auteur ?*

« Le Commissaire du Gouvernement a dit que pour cette affaire il n'y avait

pas eu d'enquête de police. Les preuves de trahisons paraissaient donc patentes au juge d'instruction ? Ou bien a-t-on craint trop de lumière et trop de découvertes ? Deux ans pour instruire une affaire et l'avant-veille du procès, les témoins principaux devaient écrire pour être convoqués.

« [...] *Voyez-vous, l'un des aspects de cette lamentable affaire où la Résistance républicaine ne trouve pas son compte* [...] *c'est que les Cours de Justice n'ont pas de partie civile. Aucun avocat pour défendre la mémoire de mon frère, pour demander vengeance en son nom et en celui des autres martyrs ! Avez-vous songé à ce qu'aurait été le verdict si depuis deux ans que Hardy est arrêté, il y avait eu pour l'accuser un autre Maurice Garçon*[113] *?* »

L'accord ne se faisait que lorsqu'il s'agissait de fustiger les carences de la justice. Tout en se félicitant du verdict, l'éditorialiste de *Combat* dressait ainsi la *« liste des énigmes que laisse derrière elle l'affaire Hardy »* : *« Aujourd'hui, le verdict est rendu. Il a conclu à l'acquittement, et cela est juste. Car un fait a dominé les audiences de la Cour de Justice : chaque jour, on a vu l'argumentation de l'accusation s'affaiblir davantage, en se perdant dans ses propres contradictions, en se heurtant à des fortes contestations, et en mettant, enfin, en évidence le caractère suspect des principaux témoignages à charge. Si, en raison du recul des armées, des conditions mêmes de la vie clandestine, et d'autres circonstances peut-être, l'innocence de René Hardy n'a pu être prouvée, sa culpabilité l'a été bien moins encore. En revanche, ceux qui ont entendu la voix frémissante de l'auteur du "Plan Vert", n'oublieront pas son ton de sincérité fiévreuse. "Peu importe ma tête... j'ai tout perdu..., il ne reste que mon nom. Je demande qu'il ne soit pas déshonoré." Ce martèlement désespéré appelait au secours d'un honneur qui dépassait celui d'un homme, tant les manœuvres sourdes, les campagnes partisanes avaient révélé que l'on cherchait, à travers l'accuser, à dégrader une partie de la Résistance.*

« Ce qui demeure le plus obscur dans cette affaire, ce ne sont point les journées du 8 au 12 juin 1943, ce sont les à-côtés politiques. Pourquoi a-t-on fait courir le bruit, il y a deux ans, que Hardy avait avoué après son arrestation ? Pourquoi certains éléments troubles — plus ou moins cagoulards — et le parti communiste ont-ils mis tant d'acharnement à obtenir la tête de l'accusé ? Comment expliquer l'absence étrange d'un commissaire Henry et de quelques autres personnes ? Pourquoi le principal accusateur — Multon-Lunel — a-t-il été fusillé avant le procès Hardy ? Comment Mme Delettraz peut-elle se trouver en liberté, alors qu'elle reconnaît avoir conduit les Allemands à Caluire et qu'elle s'avoue donc responsable de l'arrestation de Moulin et de ses compagnons ?

« [...] *Il reste à souhaiter que la politique ne s'empare pas de l'affaire pour l'exploiter à des fins qui n'ont aucun rapport avec la justice ni la vérité. A celui qui a tout perdu sauf l'honneur, ne contestons pas ce qui fait sa grandeur. Que ce débat atroce ait, au moins, la vertu de rappeler un moment exemplaire de la vie française et le prix d'une existence humaine*[114]. »

Mais les communistes ne désarmaient pas, à commencer par Pierre Hervé qui continuait à s'acharner sur Hardy, le mouchard, le traître, l'*« agité ambitieux, moralement lâche, avide d'argent, hâbleur ». « L'accusation est restée inerte,* dénonçait-il, *et a laissé se dresser peu à peu une mise en scène devant les yeux des jurés.*

« On nous accuse de tenter de faire de ce procès une affaire politique.

« Jussieu [Dejussieu], *Bénouville et Bourdet savent aussi bien que moi que*

certains de leurs anciens compagnons — qui sont politiquement plus proches d'eux que de moi — estiment en toute conscience que Hardy est coupable. Ils savent ce que Multon, dit Lunel, l'agent de la Gestapo fusillé récemment, confiait à une heure où il n'avait plus rien à espérer à un de leurs amis [Chevance-Bertin]. *Ils ont eux-mêmes douté.*

« En réalité, Frenay a gagné un procès, mais Hardy n'est pas lavé des accusations portées contre lui, car un certain nombre de résistants de toutes opinions — je dis bien : de toutes opinions — estiment qu'en l'occurrence des témoignages d'amitié — n'auraient-ils été inspirés que par de purs sentiments — et l'éloquence de Me Garçon ne suffisent pas pour ébranler leur certitude de la culpabilité de Hardy.

« Au surplus, puisque des professeurs de morale se sont levés, qui prônent l'indulgence comme vertu première, il m'est aisé de leur répliquer que les victimes aussi ont besoin de cette charité que l'on nous demande d'accorder aux bourreaux. Les victimes ont besoin de justice. J'imagine que Jean Moulin et le général Delestraint et d'autres encore aient pu penser, à leur dernière minute, que leur dénonciateur serait acquitté et félicité. J'imagine qu'ils auraient pu voir cette scène de joie délirante, ces embrassades et ces cris de "Vive la France"... Odieux spectacle que les bénisseurs pourront célébrer aujourd'hui en l'honneur d'une Résistance avilie et trahie [115]. »

Dans *L'Époque*, Jean-Louis Vigier témoignait de la fracture que la guerre froide naissante avait accentuée entre résistance communiste et non communiste : *« M. Pierre Hervé* [...] *a prouvé, au cours du procès Hardy, que l'honneur et même le seul scrupule intellectuel et moral lui étaient tout à fait étrangers.*

« C'est qu'il vit dès maintenant en communiste. Il fait donc le procès Hardy à sa manière ; il se situe immédiatement dans une civilisation de type soviétique où la raison d'Etat déclare Hardy coupable et où les juges enregistrent la décision du commissaire du gouvernement [116]. »

Par ailleurs, certains anciens résistants, persuadés de la culpabilité de Hardy, n'en étaient pas moins embarrassés de voir la « bonne cause » accaparée par les communistes qui étaient décidément des alliés bien encombrants. Yvette Gouineau s'en ouvrit à Laure Moulin dans une lettre du 9 février : *« Je viens de lire les articles d'*Action, *Farge voudrait aussi que l'affaire fût évoquée à nouveau. Mais n'est-ce pas un autre drame que cet accaparement par les communistes ? Toute la démonstration perd de son poids faite par des voix qu'on sait de parti, même si pour une fois elles disent la vérité. Et de toute manière, elles ne disent pas toute la vérité.*

« [...] *Ne pensez vous pas qu'un récit objectif de vos démarches, de l'affaire, des négligences de l'instruction, fait par vous et imprimé à la suite du récit de Chartres* [*Premier combat*], *parmi les documents serait utile* [117] *? »*

Carrefour publia la réaction du philosophe catholique Gabriel Marcel, qui comparait l'affaire Hardy à l'affaire Dreyfus. Quelques-uns des hommes arrêtés à Caluire furent bouleversés et indignés par la violence de cet article [118].

« Je ne possède aucune lumière particulière sur le procès Hardy, écrit le philosophe ; *je n'ai jamais été en relation avec l'accusé — disons plus exactement la victime de cette terrible affaire ; je n'ai même pas assisté aux débats. Je ne pense par conséquent que ce que peut et doit penser quiconque a gardé un sentiment, si faible soit-il, des garanties qu'une société civilisée se doit à elle-même d'assurer à ses membres. Il est inconcevable qu'un homme qui avait*

été un héros de la Résistance, qui a puissamment contribué à préparer le débarquement de Normandie, et dont quelques-uns des meilleurs Français de notre temps se portaient garants, ait été incarcéré et maintenu en prison pendant près de deux ans avant de voir proclamer son innocence à la face du pays. C'est d'autant plus monstrueux que les témoins à charge produits par l'accusation étaient connus pour avoir été des gens tarés, au service de l'ennemi. Que dans ces conditions la mise en liberté provisoire ait été refusée à ses compagnons de lutte qui la sollicitent pour lui alors qu'il était dans un état de santé des plus critiques, c'est un fait contre lequel la pensée vient littéralement buter comme on bute dans l'obscurité contre un mur — ou comme on tombe dans un trou.

« [...] *Il faut donc se rendre une fois de plus à l'évidence : l'exercice de l'institution judiciaire est entièrement faussé chez nous depuis la Libération par la pression de forces occultes. (Je ne puis d'ailleurs m'empêcher de sourire en écrivant ces mots, tant nous sommes au clair sur la nature des pouvoirs en question. Il n'y a vraiment pas le plus léger mystère...)*

« *Mais ce n'est pas tout : voici un homme qui a été acquitté après une plaidoirie triomphale ; celle-ci, de l'avis de tous, a mis l'accusation en pièces — et il ne s'en trouve pas moins des journaux pour maintenir que l'innocent est coupable et pour l'insulter. Voilà encore ce qui dans un pays libre n'aurait pas pu se produire — ou du moins eût entraîné pour les journaux en question le risque de sanctions si graves qu'ils auraient hésité à s'y exposer. Sur ces points également les ressorts sont faussés, les conditions normales sont dénaturées : disons-le sans ambages, une odeur de putréfaction monte aux narines.*

« [...] *La nouvelle affaire Dreyfus, dans laquelle on vient de nous jeter, doit marquer le point de départ d'un ralliement général de ceux qui n'admettent pas que la justice soit plus longtemps bafouée et que sous le couvert de vocables démocratiques, on applique impunément chez nous des méthodes dignes de la Gestapo et de la Tcheka.*

« [...] *Il est indispensable pour notre bonne conscience et notre bon renom qu'un nouveau dreyfusisme aussi passionné et aussi explosif que celui de Zola et de Scheurer-Kestner vienne assainir une atmosphère chaque jour plus empoisonnée*[119]. »

Il est vrai que l'hebdomadaire communiste *Action* consacra une bonne part de son numéro du 7 février à accabler Hardy et ses partisans : « *L'affaire Dreyfus a le dos large* », commentait Dominique Desanti. Et Pierre Hervé fustigeait : « *Le Gabriel Marcel arrive un peu tard pour nous jouer une parodie du Zola de "J'accuse". Assuré des applaudissements des bien-pensants et de la complicité de la quasi-totalité de la presse, ce vieux rusé tente de donner à son plaidoyer réactionnaire le déguisement d'un langage de gauche. Il se moque de la vie de Hardy comme de la vérité.*

« [...] *Nous verrons les bons apôtres, qui feignent d'exiger lumières et explications, abandonner de leur superbe, car il est bien évident qu'ils n'ont pas voulu que ce procès soit probant, élimine les mystères et les invraisemblances, révèle à tous l'innocence ou la culpabilité de Hardy. Ils ont voulu gagner leur procès et c'est tout. Maintenant, ils tentent une ridicule diversion politique, qui restera dans les limites du verbalisme polémique*[120]. »

« *Nous en avons assez* », s'exclamait Rémy le 30 janvier dans *Carrefour*, qui constatait la résurgence du vichysme : « *Encore une fois, il suffit que certains juges ou certains flics s'acharnent aujourd'hui sur ceux dont ils se faisaient naguère les complices ou les complaisants instruments d'exécution. A chacun son métier, les prisonniers seront bien gardés.*

« Que les criminels, tous ceux qui ont du sang de Français sur leurs mains, soient jugés puis exécutés avec le plus de promptitude qu'il se peut, sans nuire à la sûreté de la justice, parfait ! Que ceux-là qui, d'une façon quelconque, ont soutenu l'effort de guerre nazi soient poursuivis sans rémission et châtiés sans faiblesse, bravo ! Mais il existe une foule d'autres Français à qui des comptes sérieux, s'ils sont infiniment moins graves, pourraient être demandés. Pour ceux-ci...

« Je pensais sincèrement que ceux-ci devaient être laissés tranquilles dans l'espoir qu'ils se rédimeraient eux-mêmes et que, sans arrière-pensée, ils aideraient à la grande tâche de restituer [mots illisibles] *au pays, sa prospérité et sa grandeur.*

« Leur attitude me fait changer d'avis[121]. »

L'article de Rémy faisait la joie de certains, dont Emmanuel Beau de Loménie, qui commentait : *« Il constate et il reconnaît que les résistants professionnels n'ont pas, aujourd'hui, la cote dans le public.* […]

« Ceux qui, au lendemain de la Libération, se sont présentés en sauveurs du pays et ont, à ce titre, prétendu se faire attribuer et réserver les places et les honneurs, sont obligés de reconnaître qu'ils n'ont pas convaincu et qu'au lieu de séduire, ils ont exaspéré.

« […] *L'affaire Hardy nous fournit un exemple éminemment propre à faire réfléchir et à éclairer.*

« […] *La Résistance, à présent au pouvoir, se disputait. Les groupes de diverses tendances politiques qu'elle comportait bataillaient entre eux pour arracher l'influence. Frenay, en particulier, accusé de collusion avec d'anciens éléments cagoulards, était attaqué passionnément par les communistes. Pour nuire à Frenay, les communistes ressortaient l'affaire de Calluire* [sic] *et les soupçons qui, à l'époque, avaient pesé sur Hardy.*

« […] *A vrai dire, au cours des audiences du Palais de Justice, aucune allusion n'a été faite aux divisions politiques qui, en décembre 1944, furent la cause déterminante de son arrestation.*

« […] *Mais, en réalité, derrière les débats publics, l'hostilité de principe des communistes contre Frenay et les siens subsistait.* L'Humanité *s'acharnait à attaquer et à déconsidérer ce qu'elle appelle la résistance cagoularde. Entraînée par son ardeur, elle a lancé à tort et à travers une série d'accusations qui, sans qu'elle parût s'en rendre compte, portaient sur la Résistance tout entière.*

« […] *Pourquoi, dès le temps de la guerre, beaucoup de ceux qui, en toutes circonstances, aux armées et dans la vie civile, avaient donné d'indiscutables preuves de leur courage et de leur patriotisme, ont-ils refusé de se mêler aux opérations clandestines ? C'est que déjà ils avaient pu entrevoir la part d'intrigues, d'intérêts troubles et d'ambitions personnelles qui, dès les débuts, faussaient l'action dite de résistance. Ils n'avaient pas cherché d'attitudes spectaculaires. Ils n'avaient pas davantage sollicité les plans* [sic] *et les faveurs de Vichy. Mais ils n'avaient pas songé non plus à se mettre à l'abri derrière aucune frontière. Ils étaient restés simplement à leur travail, pour continuer à faire vivre le pays, exposés délibérément aux déportations et aux représailles. Et si, par la suite, leur défiance envers la Résistance ne fait que grandir, c'est qu'ils ont vu, depuis la*

Libération, toutes les tares secrètes du mouvement éclater au grand jour avec une inconscience grandissante[122]*.* »

Le 30 janvier, Bénouville, tout en se félicitant d'avoir toujours cru à l'innocence de Hardy, *« victime d'une erreur policière »*, s'indignait du fonctionnement de la Justice : *« Pendant deux ans*, rappelait-il, *nous avons multiplié les démarches. Jamais aucun de nous, dont on dit que le témoignage a compté pour quelque chose dans l'acquittement de Hardy, ne fut entendu par le juge d'instruction. Nous fûmes séparément interrogés par les policiers et il ne nous fut pas permis de réfuter les arguments de celui qui retenait Hardy prisonnier. Vingt compagnons de la Libération, émus par le délabrement physique de Hardy, signèrent il y a à peu près une année, une pétition demandant sa mise en liberté provisoire sous leur responsabilité. La pétition fut rejetée.*

« Où, cependant, la juridiction d'exception qu'est la Cour de justice puise-t-elle sa légitimité si ce n'est dans la Résistance et dans les sacrifices de ceux qui, pendant cinq ans, n'ont ni douté ni cessé le combat ? Ce sont pourtant ceux-là même qui n'ont pas pu se faire entendre d'elle avant l'audience publique. Et vous savez sur quels témoignages l'accusation s'appuyait ? Essentiellement sur celui du faux-témoin Delettraz qui, au vrai, avoue avoir livré la maison de Calluire [*sic*] *— par quel miracle cette Delettraz est-elle en liberté ? — et sur celui de Cressol, profiteur de guerre qui vécut pendant l'occupation dans un appartement pris à des juifs et fit trois voyages à Berlin*[123]*.* »

Colombey, lundi 3 février 1947

De son exil à Colombey-les-Deux-Églises, de Gaulle suivit le procès qui avait coûté la vie à son représentant. Il ramène cette affaire à l'essentiel : *« Après le déjeuner, le Général reparle de l'affaire Hardy : "Le procès a laissé entièrement dans l'ombre les principales questions posées, des questions auxquelles la Justice, en d'autres temps, eût sans doute trouvé ou essayé de trouver les réponses. Tout ce qu'on peut dire, sans trop de risques de se tromper, c'est que les ténèbres de cette affaire cachent des abîmes d'infamie. Des hommes ont été livrés jusqu'à une certaine date... (Ici on sent que le Général ne veut pas — par désir d'être juste — en dire plus long sur le fond de sa pensée.) Les camarades de résistance en sont arrivés à cette infamie, à cette extrémité d'infamie — de livrer leurs frères. Pourquoi ? Pour arriver... pour arriver premiers à la Libération ! Ils ont fait cela. Ils l'ont fait alors que les Allemands avaient le genou sur leur gorge, ils l'ont fait par les Allemands*[124]*."* »

Les Mémoires de René Hardy

Cependant, Hardy avait retrouvé sa liberté et multipliait les déclarations : *« Je sors mal de l'affreux cauchemar. Pendant deux longues années j'ai hurlé mon innocence du fond d'un abîme sans nom. Nul ne peut imaginer ce que fut mon épreuve.*

« Elle se termine. Qu'on sache en tirer les leçons. Qu'on pense simplement qu'elle fut possible alors que je suis innocent. Qu'on se souvienne que de cette affaire, née d'une psychose trop naturelle dans la Résistance, on a tenté de faire

une affaire politique. Sans les témoignages précis de mes camarades, l'accusation, appuyée sur des témoins que mon avocat a su parfaitement qualifier, aurait peut-être pu réussir à empêcher la vérité de se manifester. Lorsque je pense que mes camarades ne sont vivants que par miracle, je comprends mieux à quelle chance légère a tenu mon destin.

« Ce qui n'est pas admissible, c'est qu'un homme puisse être victime, en l'absence de preuves véritables de sa culpabilité, de procédés de ce genre, qu'il puisse être deux ans prisonnier, insulté par des journalistes politiques, traîné dans la boue et que, l'acquittement venu, d'inqualifiables campagnes puissent tenter de se continuer[125]. »

Le 8 février 1947, il commençait, dans *Ce matin*, la publication de ses Mémoires. Il y donnait une version conforme à toutes ses déclarations antérieures. Cette publication courut sur dix numéros. Interrompue par une grève des journaux du 13 février au 18 mars, elle ne s'acheva que le 22 mars 1947.

Voici le récit de sa fuite du train, qui lui évita l'arrestation : *« Mon compagnon de voyage, un homme puissant, au masque suffisant, commença la conversation en m'informant, très fier de lui, qu'il allait à Berlin. Je sentais l'ennemi partout autour de moi ; il fallait à tout prix quitter ma couchette... Quelques secondes encore, l'homme s'absente, alors je vide brutalement mes poches, mon appareil de microphotographie, lettres, papiers, tout ce qui pourrait me faire identifier par l'ennemi qui, depuis 1941, me cherche avec obstination.*

« J'empoigne ma valise brusquement bouclée, oubliant ma trousse de toilette et tout ce qu'un voyageur prépare pour passer la nuit. Ainsi, au cours de ces années de combat, oublierai-je ici et là, un complet, une valise de linge, semant à chaque ville ou laissant dans une chambre grillée la garde-robe entière, un certain nombre de fois.

« Et voici Mâcon...

« Une minute plus tard, je gagnai les secondes classes. J'y cherche la place que j'avais primitivement louée et puis, toute réflexion faite, c'est inutile ; il faut se cacher, et je gagne les toilettes où je passerai un long moment. J'attends, avec impatience, le fracas du train passant sur les aiguillages qui m'annoncera la proximité d'une gare. Le train ralentit : c'est Mâcon.

« C'est le moment d'en sortir. Encore faut-il faire attention à ce qu'on ne me voie pas descendre, sinon la chasse à l'homme commencera. L'ennemi qui me guette, qui roule avec moi dans ce train, doit continuer de croire que je fais route, que je suis dans le piège. Le train stoppe. Les minutes sont éternelles. Enfin, sans que rien de spécial ne se soit passé, le rapide va reprendre sa course.

« Je sors. Je suis au bout du couloir. Et je vais refaire la vieille gymnastique, cent fois pratiquée dans les gares de triage, sautant des rames en mouvement pour gagner quelques minutes ou pour vérifier si chacun est à sa place. Je tiens la poignée, je suis sur le marchepied, le train commence à reprendre rapidement de la vitesse, le quai commence à fuir plus vite, toujours plus vite ; alors je lâche la barre, fléchis les jambes, saute, le corps rejeté en arrière, et récupère quelques instants après une valise trouée et fort malmenée.

« Avec l'air frais de la nuit, la joie silencieuse pénètre en moi, comme après chaque partie gagnée sur l'ennemi. Et, pourtant, tout n'est peut-être pas fini. Dans quelques heures, peut-être avant, les téléphones auront marché ; c'est sur cette ligne que je serai d'abord recherché : c'est à Lyon, d'où je suis parti, aussi faut-il mettre maintenant le plus d'espace possible entre l'ennemi et moi.

« Un rapide descend de Paris : je saute dedans. Je suis sans billet. Dieu merci ! les contrôleurs doivent dormir à cette heure. J'arrive à Lyon ; il est aux environs de 3 h du matin. Le froid pince, je ne sortirai pas de la gare et j'irai me tapir ici et là, dans les coins obscurs et si souvent pratiqués au cours de toutes ces années. Je décide alors, puisque mon rendez-vous de 8 h du matin, avec mon camarade Jean-Guy, est raté, de laisser passer le coup de vent, de ne pas rentrer dans Lyon, et d'aller voir mes camarades de la région de Nîmes que je n'ai pas visités depuis quelque temps[126]. »

Le 22 mars, la dernière livraison des Mémoires de Hardy s'achevait sur le récit d'une ultime scène : *« J'ai pourtant conservé, gravée, cette minute pathétique où, dans le silence obsédant de la salle, le magistrat président de la Cour, prononça la phrase qui mettrait un terme à ma souffrance et à mon calvaire : "Hardy, vous êtes libre !"*[127]. »

La vérité au siège de la Compagnie des wagons-lits

Pendant que Hardy publiait un roman sous le nom de Mémoires, la vérité cheminait dans l'ombre. Elle avait une identité : celle du contrôleur des wagons-lits Morice, témoin de l'arrestation de Hardy.

C'est par hasard que Roger Wybot, ancien de la France Libre et directeur de la D.S.T. à cette époque, eut à connaître cette affaire qui n'était pas de son ressort. N'ayant retenu des rumeurs et du procès que l'acquittement, il la considérait comme classée. Or, peu de temps après le procès, son parrain, qui appartenait à la direction de la Compagnie des wagons-lits, lui révéla qu'un employé était venu le trouver en lui disant : *« C'est quand même curieux, mais en parcourant les journaux en rentrant de voyage, je suis tombé sur une photo de René Hardy. Je me souviens très bien de cette tête-là. J'oublie rarement un client. Eh bien, ce garçon-là, j'en ai la certitude, a été arrêté par la Gestapo, peu avant Mâcon, dans un wagon-lit dont j'avais la charge à cette époque-là, c'est-à-dire vers le 7 juin 1943*[128]. »

Wybot rencontra l'employé qui lui confirma sa déclaration en ajoutant : *« Je me souviens très bien avoir fait un rapport à la suite de cet incident en gare de Chalon. En effet, la couchette de ce monsieur arrêté devenait libre. Vous vous doutez qu'à l'époque, les places de wagon-lit étaient très demandées. Sans la moindre difficulté, j'ai revendu la couchette vacante à un voyageur tout à fait ravi de l'aubaine.*

« Et cette place, m'explique Morice, fut cédée le plus régulièrement du monde, par l'établissement d'un bordereau dont le double est conservé par la compagnie.

« [...] *Rien n'est perdu, tout est conservé. C'est la règle d'or de notre compagnie. Tenez, je me souviens avoir mentionné l'arrestation elle-même sur mon livre de bord. On devrait pouvoir retrouver tout cela, soigneusement classé, aux archives de la compagnie*[129]. »

Avant d'aller plus loin, Wybot confia ce témoignage au directeur de la Sûreté et au ministre de l'Intérieur. Pour les juristes du gouvernement, il y avait dans l'affaire Hardy autorité de la chose jugée : *« Plus jamais on ne pourra impliquer René Hardy dans le drame de Caluire et dans l'arrestation de Jean Moulin et de ses compagnons. Il est "non coupable"*[130]. »

Cependant, les *« juristes du gouvernement estiment qu'à la suite du fait nouveau provoqué par le conducteur des wagons-lits, et en admettant que ce fait nouveau soit bien établi, il serait tout de même possible de poursuivre René Hardy, d'ouvrir un second dossier, mais seulement sur un délit relativement mineur, qui n'a pas été retenu parmi les chefs d'accusation du premier dossier et pour lequel il risque tout au plus cinq ans de prison*[131] ».

Le gouvernement, dirigé par le socialiste Paul Ramadier, hésitait à se prononcer et à faire rebondir une affaire qui avait dramatiquement secoué et traumatisé les milieux de la Résistance. Dans l'immédiat, il chargea Wybot d'établir la preuve de l'arrestation de Hardy dans le train : *« Les déclarations du conducteur Morice sont enregistrées par procès-verbal. J'envoie le commissaire Ponceau rue de l'Arcade, aux archives si bien tenues de la compagnie des Wagons-Lits. Perquisition officielle au cours de laquelle il trouve, parfaitement classé, le double du billet acheté par René Hardy et revendu par la suite, après l'arrêt de Chalon, à un autre voyageur.*

« Ponceau met également la main sur le compte rendu du conducteur Morice mentionnant à la suite de quelles péripéties insolites une couchette devint brusquement disponible, cette nuit-là, après une intervention de la police allemande[132]. »

Le 28 février 1947, la Sûreté nationale plaçait sous scellé la feuille de contrôle de la Compagnie des wagons-lits qui établissait matériellement l'arrestation du 7 juin : *« Les voyageurs occupant la cabine 7/8 ayant été descendus à Chalon-sur-Saône par la police allemande, les places ont été revendues et les voyageurs pointés aux n° 23:24. Perçu : 490 F*[133]. » Le document fut authentifié, le 14 mars 1947, par un rapport d'expert adressé au juge d'instruction.

Le ministre de la Justice communiqua, probablement le 21 mars, les nouvelles pièces du dossier au conseil des ministres, qui décida l'arrestation de Hardy[134].

Renseignements pris, Wybot sut que Hardy séjournait à l'étranger, chez le gouverneur du Palatinat occupé, le général Favreau-Brozen. La D.S.T. n'ayant compétence que sur le territoire national, il fallait attendre. On signala enfin son retour. Malheureusement, il voyageait dans la voiture officielle du gouverneur, qui l'accompagnait. Un dispositif considérable avait été mis en place, le gouvernement souhaitant le faire arrêter à son domicile parisien pour *« éviter d'avoir tout de suite un nouveau tapage sur le dos »*. Or, au lieu de filer sur Paris, la voiture semblait, au vu des cartes routières, se diriger vers Colombey-les-Deux-Églises. Se rendait-il chez de Gaulle ? Émoi du gouvernement qui ne voulait pas d'histoire avec la statue du commandeur. Il paraissait impossible d'arrêter Hardy après une rencontre avec le Général. Il ne restait qu'une solution : l'intercepter avant son arrivée à Colombey. Un commissaire quitta Paris en voiture avec une commission rogatoire et bloqua la voiture avant Colombey. Le général Favreau-Brozen, croyant qu'il avait affaire à des résistants déguisés en policiers venus enlever Hardy, refusa de livrer son hôte : *« N'approchez pas,* lança-t-il, *ne tentez pas le moindre mouvement dans notre direction ou j'ouvre le feu ! Vous n'aurez pas Hardy*[135] *! »*

Finalement, on téléphona à Wybot, qui partit sur les lieux. Le gouverneur accepta de se rendre à la préfecture de Troyes, Wybot ramena Hardy à Paris, où il fut immédiatement interrogé par le commissaire principal Ponceau, le 23 mars.

Ce même jour, *Combat* se fit l'écho des rumeurs concernant le témoignage du contrôleur des wagons-lits, tout en précisant qu'il ne serait pas « *de nature à entraîner une révision du procès Hardy*[136] ».

Les interrogatoires menés par le commissaire Ponceau puis par Wybot allaient modérer cet optimisme.

Hardy ayant confirmé avoir nié qu'il a été arrêté par la police allemande à Chalon-sur-Saône, le commissaire répliqua : « *Nous possédons les preuves formelles de votre arrestation à Chalon-sur-Saône, preuves constituées non seulement par le témoignage détaillé du contrôleur des wagons-lits, mais par les documents comptables de cette compagnie.*

« *Réponse. — En ce qui concerne cette question, je demande à m'entretenir personnellement avec M. Wybot et M. Mangin*[137]. »

Hardy fut donc remis à Wybot, qui l'interrogea. À bout de fatigue, Hardy craqua : « *Arrêtez vos questions. C'est vrai, j'ai menti ! J'ai bien été arrêté par la Gestapo dans le train avant d'arriver à Chalon.*

« [...] *Donnez-moi du papier et laissez-moi tranquille. Je vous consignerai tous les détails par écrit.*

« *J'accède à sa demande, raconte Wybot, et le laisse seul pour méditer et rédiger ce que je considère comme des aveux. Un peu plus tard, lorsque je parcours les deux feuillets manuscrits constituant sa nouvelle relation des faits, je ne retrouve pas exactement ce qui avait été dit dans le premier moment*[138]. » Malgré tout, ce document fut enregistré le lendemain, 24 mars, par le commissaire Ponceau.

Quels sont les aveux de Hardy ?

Il établissait d'abord sa situation actuelle : « *Je tiens à dire qu'amené ici pour une "conversation" avec un haut fonctionnaire (c'est l'euphémisme employé), j'écris ces lignes, après une nuit passée dans un fauteuil, la "conversation" ayant été un interrogatoire.*

« *Il m'est, en fait, reproché d'avoir livré la réunion de Caluire à l'ennemi le 21 juin 1943*[139]. »

Il reprit ensuite le récit de son existence depuis 1940, date de son entrée dans la Résistance. Il insistait sur le fait que, le 8 juin 1943, il était au centre d'une organisation aux ramifications nombreuses et en relation avec les principaux chefs de la zone libre ; que, du 8 juin au 3 août 1943, personne n'avait été inquiété ; son service n'avait pas connu une seule arrestation et avait fonctionné normalement. Il n'avait donc rien révélé.

« *Si je fais le bilan des sacrifices consentis et de l'énergie employée, je reste stupéfait qu'on m'attribue l'événement du 21 juin 1943 à Caluire comme si un acte ne résultait pas d'une logique intérieure de celui qui le commet. Pris sur le plan de la culpabilité, l'acte du 21 juin serait un acte de folie. Un homme qui se bat quatre années durant, sacrifie dès le départ famille, liberté, situation, poursuit son action jusqu'à ce que sa santé soit définitivement compromise et, à un moment donné, se trouve être un agent de l'ennemi pour vingt-quatre heures ? Alors qu'entre leurs mains, interrogé, rien de ce qu'il connaît n'est révélé*[140]. »

Il en profitait pour rappeler que l'arrestation du général Delestraint était « *le point de départ d'un ensemble de faits. Si le Général n'avait pas été livré à l'ennemi dans des conditions telles qu'on peut admettre l'acte volontaire par un de ses proches, il n'y aurait jamais eu, sans doute, l'affaire du train de Chalon*[141] ». En clair, Hardy accusait Aubry d'avoir livré Delestraint et il s'indignait qu'on passât d'une arrestation à l'autre : *« A la version que j'ai donnée, on m'oppose, aujourd'hui, un document et un témoignage formels de mon arrestation à Chalon, on en infère que j'ai trahi ; or il y a du chemin entre les deux faits du 8 et du 21* [142]. »

Il reprenait son affaire à partir de l'arrestation du général, que Barbie lui avait révélée. Craignant que ses camarades ne la lui imputent, sachant que les Allemands se servaient de la famille Bastien comme otages, il ne pouvait donc se confier à personne et avait gardé le silence. Il maintenait que, n'ayant aucun papier sur lui, la Gestapo ne l'avait pas identifié comme Didot. Une fois libéré, il avait pris ses dispositions pour cacher ses armes, détruire les documents, préparer le départ de son service pour Paris et celui des Bastien pour la campagne. *« J'ai présumé de mes forces sur la rapidité de ces mouvements*, écrit-il, *et les jours passent.*

« [...] *Le 19, j'apprends la réunion de Caluire, les événements se déroulent alors avec une folle rapidité. Je ne pense pas aller à cette réunion. Aubry insiste pour que j'appuie son point de vue en y allant. Je pense trouver peut-être le fautif dans l'affaire Delestraint, puisqu'il s'agit de pourvoir à son remplacement. Le 21 juin se termine par une catastrophe, filature sans doute et sans aucun doute aussi des surveillances effectuées depuis l'arrestation du Général Delestraint, 13 jours avant* [143]. »

Plus loin : *« J'ai commis une imprudence fatale en voulant être trop fort, en ne fuyant pas assez vite* [144]. »

Il reprend enfin l'affirmation qui avait fait le succès de son premier procès : *« Arrêté, je n'ai rien donné de ce que je connaissais »* et se trouve des circonstances atténuantes : *« Je vous demande de comprendre que pendant quatre ans je me suis battu, que j'ai voulu de toute mon âme aller jusqu'au bout du combat dont je savais l'importance capitale en cas de débarquement ; que si, pendant cette brève période, j'ai commis des erreurs, peut-être notre état de surtension nerveuse en fut-il la cause. Je n'aurais pas pris part au combat dès le début, je ne serais pas ici aujourd'hui, je suis pourtant heureux, au fond de moi-même, d'avoir porté à l'ennemi de rudes coups* [145]. »

On ne peut lire les dernières lignes sans un sentiment de pitié immense devant cet homme confondu : *« Je ne pouvais parler*, conclut-il, *j'en ai donné les raisons à l'époque, de mon arrestation. Après Caluire, en Afrique du Nord, je ne le pouvais plus sous peine de me voir accuser. Si je le fais aujourd'hui, c'est que je me sens à bout de résistance physique, morale devant la situation qui m'est faite, sans espoir de pouvoir avoir quelque utilité, et sans doute aussi ne peut-on vivre sur un mensonge* [146]. »

L'affaire Hardy, suite...

La rédaction de cette confession donna lieu à un communiqué ambigu de la Sûreté nationale, qui laissa croire à la plupart des observateurs que Hardy avait avoué sa culpabilité dans les *arrestations de Caluire*. Les premiers jours, la plus grande imprécision régna. *Libération*, par exemple, écrivit le 25 mars que, dans ses aveux, Hardy reconnaissait *« notamment »* avoir été arrêté à Chalon et avoir fait *« certaines promesses »*, le tout présenté sous le gros titre : « Hardy a avoué [147]. »

Hardy n'aura de cesse de démentir. *« On me demandait d'abord d'avouer l'affaire de Chalon. Mais cette affaire ne constituait pas un élément susceptible de me faire quitter la D.S.T. Je demandai aux policiers ce qu'il était nécessaire de dire. J'ai discuté avec eux une partie de la nuit et j'ai raconté que j'avais eu des contacts avec les Allemands. Ce qui les satisfit amplement. A la suite de quoi je n'ai plus été inquiété, j'ai pu sortir un peu, et le document a été publié le soir même dans les journaux parce que j'ai entendu une conversation à côté : il faut qu'il finisse son papier avant la parution des journaux.*

« [...] J'étais prêt à faire n'importe quoi pour partir de la D.S.T.[148]. »

C'est de sa culpabilité, pourtant, dont était persuadé le Tout-Paris, si l'on en croit le journal d'Antoinette Sachs, qui nota le 24 mars : *« Rachline me téléphone : Lazareff* [de *France-Soir*] *m'apprend à l'instant qu'il* [Hardy] *a avoué. Aubrac appelle quelques instants plus tard*[149] », peut-être au sortir de la réunion avec Frenay et Bourdet qu'il évoque : *« J'ai simplement assisté, au moment où l'arrestation de Chalon a été connue par la déposition du contrôleur, à une réunion à laquelle j'ai été convoqué chez Claude Bourdet. J'y ai retrouvé Frenay. Nous avons eu là une longue et pénible discussion. Claude Bourdet et Frenay souhaitaient que Didot* [Hardy] *soit amené directement là venant d'Allemagne et voulaient l'interroger, le pousser à dire la vérité, à sortir de ses erreurs et de ses mensonges et, éventuellement, à le conduire à tirer les conséquences de son comportement.*

« Je dois dire que, pour ma part, je m'y suis opposé. Et c'est pendant cette conversation, pendant cette discussion, que nous avons appris que Didot avait été arrêté sur la route par la police française[150]. »

Le rebondissement de l'affaire Hardy fut un coup de tonnerre pour ses avocats. Me Garçon confia ses premières réactions au *Monde*, le 28 mars : *« Cette nouvelle me bouleverse. J'avais suivi l'instruction de cette affaire durant deux ans et, devant les contradictions de l'accusation, les dépositions de témoins qui paraissaient honorables, les alibis formels de l'inculpé, j'étais absolument persuadé de l'innocence de mon client. C'est du reste pour cette raison que j'avais accepté de le défendre.*

« Je ne sais pas du tout quelle sera mon attitude dans cette affaire, mais de toute manière, il apparaît qu'une question de chose jugée va se poser[151]. »

Trois jours plus tard, le 31 mars, Me Garçon écrivit directement à Hardy : *« Vous pouvez imaginer combien je suis bouleversé en apprenant, par les aveux que vous avez passés, que vous m'avez trompé lorsque j'ai été appelé à vous défendre dans votre premier procès. Ne pouvant croire à une pareille nouvelle, je suis allé lire la déclaration que vous avez écrite et signée et qui se trouve dans le dossier d'instruction. Soucieux de ne point me laisser illusionner par une déclaration qui pouvait avoir été extorquée et que je ne pouvais croire sincère, j'ai prié mon collaborateur et ami Thirault de vous rendre visite et de recevoir de votre bouche confirmation ou infirmation.*

« Mon messager vient hélas de me rapporter que vous lui aviez confirmé l'aveu d'avoir été arrêté à Chalon-sur-Saône, contrairement à ce que vous m'aviez toujours affirmé et à ce que j'avais plaidé en mettant toutes mes forces à vous justifier.

« Quelles que soient les circonstances qui ont précédé, accompagné et suivi cette arrestation et bien que je fasse des vœux pour que vous soyez innocent, comme vous me l'avez fait dire, de toute dénonciation et de toute trahison, vous

devez comprendre qu'il ne m'est plus possible d'assurer une défense qui serait en contradiction avec ce que j'ai proclamé et soutenu avec une sincérité passionnée.

« Je vous prie donc de bien vouloir choisir un autre défenseur.

« Comme je désire cependant que mon refus ne puisse pas être interprété, je n'avertis de ma décision que votre juge et je quitte Paris pour quelques jours afin d'éviter les commentaires[152]. »

À l'annonce de l'arrestation et des aveux de Hardy, la surprise dominait, parfois l'incrédulité, comme pour ses avocats, mais la presse communiste jubilait. Dès le 25, *L'Humanité* titrait à la une : *« Hardy le mouchard avoue être un agent de la Gestapo. »* Le lendemain, Pierre Hervé était déjà à pied d'œuvre : *« Jean Moulin ne connaissait pas ses adversaires. Il savait qu'il n'était pas aimé de certains milieux dont les plans ne concordaient pas avec l'idée maîtresse qui le guidait.* [...]

« On imagine aisément quel a pu être le calcul d'un Hardy[153]. »

L'autre quotidien communiste, *Ce soir*, n'était pas en reste : *« Lorsqu'on revient en arrière, il est un autre aspect de cette grave affaire qu'on ne peut passer sous silence. C'est l'espèce d'enthousiasme fanatique avec lequel, en dépit des accusations portées contre Hardy par les résistants les plus authentiques, la presque unanimité de la presse prit sa défense.*

« Ses accusateurs étaient surtout des communistes : il semble que cela ait suffi pour qu'on ne voulût pas davantage l'innocenter à tout prix. Bien plus, ce sont les accusateurs qu'on prétendait transformer en coupables. Gens sans moralité, disait-on, qui se soucient peu de faire condamner un innocent, pourvu que soit satisfaite leur passion politique.

« La vérité qui éclate aujourd'hui donnera à penser à beaucoup de braves gens. Ils se diront que les résistants authentiques — ceux des F.T.P. par exemple — ceux qu'on privait d'armes, ceux qui combattaient l'attentisme, ceux qui n'étaient au service que de la France, d'elle seule, ont droit sans doute plus que d'autres à être écoutés et respectés[154]. »

Mais l'ensemble de la presse non communiste s'indignait de ces manifestations. *« L'art d'exploiter les malheurs et les hontes est un art communiste,* constatait Jean-Louis Vigier. *Il relève d'une technique d'avilissement de l'homme, mise au point il y a un siècle. Quand il s'agit de la Résistance française, où les chefs communistes sont entrés pour des motifs étrangers aux nôtres,* l'Humanité *dépouille toute pudeur.*

« On vient d'arrêter de nouveau Hardy. La nouvelle était à peine connue que l'organe communiste chantait victoire, opposait sa lucidité à l'aveuglement de tout le reste de la presse.

« Nous ne laisserons pas triompher ainsi le parti qui redemanda à l'ennemi l'autorisation de faire paraître l'Humanité *et qui a conservé, pour directeur de ce quotidien, Marcel Cachin qui fut loin d'être irréprochable après son arrestation par les Allemands*[155]. »

Tandis que Rémy Roure et Albert Ollivier s'en prenaient à nouveau aux carences de la justice, Henri Noguères reconnaissait avoir eu tort de vouloir croire à l'innocence de Hardy et en tirait les conclusions : *« Oui, nous avons ici ressenti une profonde joie lorsque nous avons connu cette sentence d'acquittement qui atteignait comme un soufflet les détracteurs systématiques de la Résistance.*

« Oui, nous qui avions un instant douté, nous nous sommes félicités d'avoir

tenu compte de ce doute et d'en avoir fait bénéficier l'accusé plutôt que de l'en accabler.

« Tout cela, aujourd'hui, est balayé.

« Balayé par une preuve, par des aveux — cette preuve et ces aveux qui ont manqué à l'Humanité *comme ils ont manqué aux jurés.*

« Puisque le doute n'existe plus, place à la justice — et place aussi maintenant à la vengeance sacrée des compagnons de Jean Moulin. La Résistance que Hardy a trahie et dont le prestige a failli le sauver, doit exiger son châtiment.

« Hardy est coupable, Hardy doit payer.

« Mais quand ils s'en réjouissent, ils ont tort[156]. »

Dès le 26 mars, Frenay prit acte des mensonges de Hardy, qui le plaçaient dans une situation difficile, puisqu'il l'avait soutenu sans cesse depuis 1943 : *« Tous ceux qui, comme moi-même* [...], *s'étaient refusés à croire à la culpabilité de Hardy, ont appris avec plus de douleur que de colère les aveux qu'après son arrestation il a signés de sa main.*

« Sans doute, d'après ce qu'a publié la presse, ne connaît-on pas le rôle qu'il a joué dans l'affaire de Caluire. Il n'en reste pas moins que Hardy a menti à la justice et à nous-mêmes, ses compagnons. Nul ne peut dire si la limite du mensonge est atteinte dans ses aveux d'aujourd'hui.

« Pour nous, qui l'avons connu à l'époque de la Résistance et plus particulièrement pour moi qui ai été son chef, il demeure qu'il a trahi l'amitié que nous n'avions cessé de lui témoigner et qu'il s'est rendu coupable à notre égard d'un inexpiable abus de confiance. Cette trahison nous touche au plus profond de nous-mêmes.

« [...] *Je n'ai jamais protégé Hardy, et l'ai invité au contraire, dès son arrivée à Alger, à se présenter au service de sécurité.*

« Je n'ai fait, depuis lors, aucune intervention pouvant peser sur la détermination des enquêteurs ou des juges. Cette attitude, je ne la regrette pas. Elle est conforme à la notion que j'ai de l'amitié. Si pareille affaire se reproduisait pour un autre camarade, j'adopterais la même attitude. C'est cela que savent mes amis[157]. »

En dépit de cette position honorable et catégorique, tout concourait apparemment à le placer à nouveau dans le viseur du parti communiste. Mais pas seul puisque, dans *La Marseillaise*, il se trouvait mis au pilori avec le B.C.R.A. : *« La D.G.E.R. aura à rendre des comptes sur l'activité de certains agents de l'ex-B.C.R.A. On arrivera sans doute à mettre à nu les machinations ourdies contre le peuple qu'on voulait priver de sa magnifique résistance, machination qui portait en elle le germe du complot qui se développe aujourd'hui contre la République*[158]. »

L'affaire Hardy n'était plus qu'un prétexte dans un formidable affrontement politique et idéologique. Ainsi lit-on, le 27 mars, dans *L'Humanité* : *« Il y a les faits qui restent. Il y a les déclarations, n'est-ce pas M. Frenay. Nous n'oublierons pas que vous avez proclamé : "Je me porte garant de l'innocence de Hardy." Il est vrai que vous êtes coutumier du fait dans le choix de vos amis. En tout cas, ce ne sont pas les communistes qui serraient la main du traître Pucheu dans la capitale de l'ignominie.*

« [...] *La haine sacrée que nous avons vouée aux ennemis de la République est encore vivante en nos cœurs tandis qu'elle s'est depuis longtemps éteinte chez d'autres. On peut nous épingler les épithètes les plus injurieuses. Les méprisables individus qui se livrent à de telles besognes nous renforcent dans notre conviction que nous sommes dans la bonne voie.*

« *La réaction nous attaque d'autant plus frénétiquement qu'elle sait que nos coups sont redoutables. C'est bon signe. L'ennemi est aux abois*[159]. »

Pendant ce temps, *Combat*, sous la plume d'Albert Ollivier, traitait Hervé de *« petit aboyeur, du style Gœbbels* [...] *acharné à exploiter les accusations, à les généraliser pour dénigrer une partie de la Résistance*[160] *»*. Yvon Morandat reconnaissait que Hervé devrait être attaqué en diffamation. *L'Aurore* le traitait de *« renégat »*, *L'Union gaulliste* d'*« avocat général »*, *L'Aube* de *« Fouquier-Tinville à la petite semaine »*, *L'Époque* d'*« individu malpropre intellectuellement et peu délicat moralement »*[161].

Plusieurs anciens de Combat se prononcèrent. Claude Bourdet, pour affirmer une incrédulité qui persistait malgré les « aveux » de Hardy : *« Autant nous nous sommes félicités, mes amis et moi, de voir que la lumière va se faire complètement sur cette affaire douloureuse, qui empoisonnait les relations entre de nombreux camarades de la Résistance, autant nous avons été atterrés par l'attitude de Hardy envers ses amis, depuis Chalon jusqu'à ce jour. La thèse qu'il soutient aujourd'hui et d'après laquelle il ne serait coupable que* [mot illisible] *de l'arrestation, sans avoir "donné" Caluire, il aurait pu en faire part à l'un au moins de ses camarades ; de sorte qu'on se prend maintenant à douter de la véracité de cette thèse.*

« *Toutefois, son accent de sincérité bouleversant qui, à la fin du procès, avait levé beaucoup de doutes, et notamment la plupart des miens (je ne m'étais pas cru fondé dans ma déposition, vous vous en souvenez, à me prononcer fermement sur son innocence), cet accent ne peut guère se comprendre qu'en supposant qu'il se sentait lui-même innocent, du moins en intention. Ou alors il relève d'une explication pathologique*[162]. »

Quant à Maurice Chevance-Bertin, qui fut lui-même donné par Multon, il expliquait de nouveau qu'il avait toujours cru à la culpabilité de Hardy, seul contre tous ses amis. Ayant souligné qu'il croyait à la véracité des propos tenus par Multon jusqu'à son exécution, il insistait sur la valeur du rapport Flora : « *Ma conviction fut solidement établie par la découverte du document Flora. Celui-ci, qui mettait en cause Didot, j'étais payé pour savoir qu'il était authentique.*

« [...] *On a dit aussi que les Allemands avaient monté ce dossier pour salir des résistants. Mais, ce dossier, ils ne l'ont jamais fait circuler. C'était une pièce intérieure.*

« [...] *Certaines de ces vérités vont paraître grossières. Vous allez vous demander pourquoi la justice ne les a pas trouvées. Mais songez aux circonstances dans lesquelles s'est ouvert ce procès. Les ennemis et les amis de Hardy, tout de suite cotés sur le plan politique ; les héros, compagnons de la Libération, qui se sont portés garants de lui, qui ont écrit au juge d'instruction pour lui demander de mettre Hardy en liberté provisoire* sous leur *responsabilité. Et Hardy qui conduisait ce jeu satanique, qui jouait les persécutés cyniquement. Songez aux applaudissements qui ont salué le verdict d'un public soulagé de voir pour une fois la vraie résistance triompher du mensonge. Pourquoi faut-il que ce sentiment ait porté faux ?*

« *Je n'ai pas dit tout cela au procès. On ne me l'a pas demandé. Je n'ai jamais reçu de convocation. De tous les premiers résistants, j'étais seul à être sûr de cette culpabilité. Je ne pouvais être qu'un témoin à charge. Avec, contre moi, tous mes amis, je me suis tu. Je savais que Hardy finirait par être puni de tant de bassesse*[163]. »

Les communistes continuaient à dénoncer la mascarade de justice. *« Hardy a été protégé. Son procès fut arrangé »*, écrivait Pierre Hervé dans *Action*, le 28 mars.

Ce même jour, le Secours populaire français organisait à la salle Wagram le contre-procès Hardy. Sous la présidence de Laure Moulin, Pierre Hervé, Pierre Meunier, Robert Chambeiron, Lucie Aubrac et Joë Nordmann vinrent expliquer la culpabilité de Hardy. Des cartes étaient remises au public, cartes adressées au président de la République où chacun devait porter son nom au-dessus de la mention *« déclare en mon âme et conscience René Hardy coupable de trahison, réclame son châtiment et la recherche des responsables des manœuvres qui avaient amené son acquittement*[164] *»*.

« Que signifie cette palinodie de justice ? », commenta Albert Ollivier quelques jours plus tard. *« Tout se passe comme si l'on voulait prendre prétexte de ce cas pour discréditer toute la Résistance non communiste. "L'Humanité" n'a-t-elle pas poussé le jeu — et le ridicule — jusqu'à monter en épingle "l'arrestation de Hardy à 10 km de Colombey-les-Deux-Eglises" ?*

« [...] *Peu leur importe qu'une pareille campagne puisse combler d'aise les Vichyssois fort ravis d'apprendre que la Résistance fourmillait d'hommes d'un courage et d'une moralité incertains*[165] *! »*

Le 3 avril, Frenay revint sur l'affaire Hardy dans un long article publié par *Quatre et trois*. Il abondait dans le sens d'une culpabilité de Lydie Bastien, que Hardy aurait voulu cacher : *« En tout cas, elle est belle, d'une beauté un peu inquiétante, sa muse est tapageuse et pour ma part la première fois que je l'ai rencontrée, à Alger et chaque fois que je l'ai revue, j'ai été saisi d'un indéfinissable malaise. Il n'est pas un d'entre nous qui n'ait eu, à son endroit, méfiance ou répulsion. Sans doute ces éléments n'apportent-ils aucune preuve, ni même aucun fait, mais ils prennent à mes yeux, au point actuel de l'affaire, une grande importance.*

« N'a-t-elle pas été arrêtée avant le 7 juin à l'insu même de son mari, n'est-elle pas devenue un agent et Hardy n'a-t-il pas appris à ce moment le rôle que joue effectivement celle qu'il aime passionnément ? Ne le contraint-on pas à son tour à devenir un agent sous peine de voir le rôle que joue Lydie révélé à la Résistance ? Craignant pour sa femme qu'il ne peut parvenir à haïr tant sa passion est forte, il fait mine d'accepter le marché se promettant d'échapper avec elle au chantage auquel il est soumis. Désormais leur sort est lié, un pacte tacite va se conclure entre eux dans lequel le ménage décide de faire front ensemble aux deux dangers qui les menacent, le danger allemand et le danger de la Résistance, l'un et l'autre pouvant mener à la mort et au déshonneur[166]. »

Cette thèse était alimentée par les articles qui, depuis une semaine, faisaient la une de tous les journaux à propos de la belle et mystérieure Lydie, qui avait trouvé refuge en Suisse. Mais au passage, Frenay revint sur l'aide qu'il avait apportée à Hardy et sur les attaques inouïes dont il avait été lui-même l'objet : *« Nous sommes un certain nombre qui, jusqu'à ces derniers jours, n'avons pas varié dans nos attitudes : forts du passé de Hardy dont nous pouvions témoigner, nous nous refusions à croire à une possibilité de culpabilité avant que des preuves formelles ne nous soient apportées. C'était pour nous un strict devoir : envers un camarade, envers la justice.*

« Ce devoir nous l'avons rempli malgré les intimidations, les calomnies et les injures. Nous ne le regrettons pas.

« Aujourd'hui, d'après la presse, les preuves de la culpabilité de Hardy dans l'affaire de Caluire ne sont pas fournies ni par son interrogatoire, ni par ses aveux. Il n'en reste pas moins que la thèse sur laquelle il étayait sa défense s'est effondrée puisqu'il a reconnu que le 7 juin 1943, il avait été effectivement arrêté par la Gestapo, et qu'il avait fait mine d'accepter de travailler à ses ordres.

« Je passerai sous silence la blessure douloureuse que nous a faite Hardy, à nous ses compagnons, trahissant en mentant, notre amitié et notre confiance. Mais c'est là un drame personnel dont, pour ma part, je préfère ne plus parler.

« [...] *Je plains et méprise ceux qui ont tenté de résoudre un tel problème par des appels à la haine s'il est vrai qu'ils ont ce singulier pouvoir de "discerner au premier regard un honnête homme d'un assassin". On ne peut à la fois être l'homme de parti et prendre le parti de l'homme*[167]. »

La réplique de Pierre Hervé à ce *« curieux plaidoyer en faveur de Hardy »* fut immédiate. Balayant toutes les hypothèses présentées par Frenay, il s'étonnait qu'il *« s'obstine par des arguments obliques à le défendre »*. Surtout, on trouve, pour la première fois, l'aveu clair de la hargne qui animait les communistes à l'égard de Frenay : *« Chez ses protecteurs* [de Hardy], *il y eut un parti pris politique. L'instruction du premier procès fut soumise à des manœuvres politiques. La presse qui l'a défendu et le défend encore est animée d'une rage politique. On trouve partout la politique qui était celle d'un Frenay à Londres, quand il envoyait à ses amis en France occupée des lettres inspirées d'une phobie délirante du communisme*[168]. »

Trois jours plus tard, il récidivait de plus belle, dressant un réquisitoire complet contre les protecteurs obscurs de Hardy et les faiblesses du procès : *« Pour quelles raisons le procès fut-il retardé jusqu'au moment où il fut impossible de confronter Hardy avec l'Allemand Dunker, auteur du rapport Flora, qui présente l'inculpé comme un des contre-agents utilisés par la Gestapo ?* [...] *Pour quelles raisons a-t-on attendu, pour juger Hardy, que le mouchard Multon, dit Lunel, qui accusait formellement Hardy, soit fusillé ? Pourquoi, après une instruction de deux ans, les témoins principaux devaient-ils, l'avant-veille, écrire pour être convoqués ? Pourquoi une lettre adressée par le commissaire Henri — qui fit l'enquête policière immédiatement après le drame de Caluire — ne fut-elle même pas lue ? Pour quelles raisons, lors des arrestations de Caluire, Hardy, menotté dans le dos comme tous les autres* [...], *s'est-il enfui avec une curieuse facilité ? Pour quelles raisons les Allemands se hâtent-ils de venir l'arracher aux mains de la police française et dans quelles conditions précises s'évade-t-il ensuite ? Pour quelles raisons a-t-il menti ? Pour quelles raisons ne fait-on pas état du fait que Hardy, devant ce jury* [...], *a pour le moins avoué avoir livré, lors de sa seconde arrestation, des Allemands antinazis ? Pour quelles raisons, en dépit de toutes les suspicions, Frenay prend-il Hardy dans son cabinet ? Pourquoi Lydie Bastien n'apparaît-elle pas au procès ? Comment se fait-il que personne n'évoque son nom ? Pourquoi, aujourd'hui, ces mystères, ces contradictions, ces intrigues*[169] *? »*

Du sanatorium où la maladie le clouait depuis son retour de déportation, André Lassagne écrivit à Antoinette Sachs : *« Pouvez-vous imaginer que je sois indifférent ? J'achète tous les journaux, je découpe des articles, je réponds des lettres virulentes aux types genre Gabriel Marcel de* Carrefour *ou Stanislas Fumet de* Temps Présent*. J'envoie des détails au juge d'instruction Wilhelm pour couper court à certains bobards de la belle Lydie. J'ai écrit à M*[lle] *Moulin pour lui dire ma joie. A Lucie Aubrac j'ai télégraphié le jour du "contre-procès".*

« […] *Je vais bien mieux moralement depuis que je sais H.* [Hardy] *arrêté. J'ai traversé en effet une atroce crise de cafard fin janvier, motivée autant par les projets de retour à la vie qu'il me fallait abandonner que par cette pénible impression de l'injustice officielle*[170]. »

Nouvelles accusations

Hardy ne pouvant être jugé deux fois pour le même motif, il fut donc inculpé en vertu des articles 103 et 104 du Code pénal, qui punissent des travaux forcés la « non-dénonciation de projets ou actes de trahison ».

En étudiant le rapport Kaltenbrunner, le magistrat instructeur releva une accusation supplémentaire qui pouvait être portée contre Hardy, celle d'avoir *« reconstitué, à l'intention des services allemands, le projet de sabotage des chemins de fer*[171] ». Or, en mai 1948, la police française repéra Barbie, devenu un protégé des services de renseignements américains en Allemagne. Le juge le fit interroger sur commission rogatoire en juillet 1948. Barbie ne demandait pas mieux que d'accabler Hardy et, sur ce point comme sur bien d'autres, il se montra aussi inventif qu'imprécis : *« Question. — Est-il exact que Hardy ait établi, à l'intention des services allemands, le plan de sabotage des voies ferroviaires ? A quel moment ?*

« Réponse. — C'est pendant les premiers jours de son arrestation que Hardy a établi un plan, il est possible qu'il ait fait ce plan lui-même, mais je n'en suis pas sûr. Je lui avais remis de quoi écrire et je crois que ce plan était le gage de sa bonne volonté à notre égard.

« Question. — Avez-vous connaissance de ce qui fut appelé "Plan Vert" et à quel moment ?

« Réponse. — Le "Plan Vert", qui était le plan de sabotage des voies ferrées pour l'ensemble du territoire français établi par Hardy, m'est connu. C'est Hardy lui-même qui m'en a parlé, mais je n'ai jamais connu les détails de ce plan.

« Question. — Quels sont les documents sur lesquels Hardy a travaillé pour reconstituer le plan de sabotage établi antérieurement par lui, et dont il a pu se servir ? […]

« Réponse. — Hardy avait reconstitué le plan en question de mémoire. Il n'a pas travaillé sur des documents saisis.

« Question. — A quelle date ce plan fut-il transmis par votre service au B.D.S. Paris ?

« Réponse. — Je ne m'en souviens pas. En tout cas, étant donné l'importance de l'affaire, le délai n'a pas été très long[172]. »

Les chefs d'inculpation contre Hardy furent modifiés en conséquence. Il était dorénavant poursuivi en vertu de l'article 76 du Code pénal (prévoyant la peine de mort) : divulgation du plan vert à des agents d'une puissance ennemie et non-dénonciation desdits agents aux autorités hiérarchiques.

24 avril-8 mai 1950 : le second procès Hardy

À huit jours de l'ouverture du second procès Hardy, Laure Moulin se montrait modérément optimiste : *« La base d'accusation est assez fragile, m'écrit A. Blumel* [avocat socialiste], *car on ne peut pas revenir sur Caluire, chose jugée est jugée.*

« [...] *La dame aux botillons* [Edmée Delettraz] *paraît bien compromise, je crains qu'on n'ajoute que peu de foi à son témoignage qui pourtant est sincère*[173]. »

Le second procès Hardy se déroula du 24 avril au 8 mai 1950, devant le tribunal militaire de Paris : président Meiss ; six autres juges militaires ; commissaire du gouvernement Gardon. Me Garçon était finalement revenu plaider.

Soixante-seize témoins étaient prévus. Devant la longueur des débats, défense et accusation renoncèrent d'un commun accord à l'audition des seize derniers, admettant qu'ils n'apporteraient rien de plus.

S'ajoutaient aux témoignages trois documents : le rapport Flora, le rapport Kaltenbrunner, le rapport signé K30 [Moog], retrouvé dans les archives de l'Abwehr de Dijon.

La presse jugeait les documents accablants et se refusait, cette fois, à croire les protestations d'innocence de Hardy. Il *« tient tête aux documents, rageusement, ou bien avec une certaine maladresse.* [...] *S'il y eut hier des éclats de voix, ces éclats ne pouvaient plus rendre le son qu'ils rendaient il y a trois ans. Hardy a beau nous offrir tout son être en pleine indignation, nous crier "sa" vérité, nous ne pouvons pas chasser de notre mémoire les mêmes avis entendus lorsqu'il clamait son roman de l'évasion du train, roman dont on sait aujourd'hui la valeur... »*, lit-on dans *Libération* des 29-30 avril 1950.

L'ACCUSATION

Hardy est inculpé 1) de livraison à une puissance étrangère ou à ses agents de documents ou renseignements réputés secrets de la Défense nationale (en l'occurrence le plan vert) ; 2) de non-révélation de crimes intéressant la Sûreté extérieure de l'État.

Or, il apparaît d'emblée que l'acte d'accusation déborde sur ce qui constitue l'enjeu réel de ces trois nouvelles années d'enquête et de procédure : le fond du procès demeure le même. Hardy a-t-il livré Caluire ? L'acte débute par une digression appuyée sur l'arrestation de Delestraint.

Même si l'on connaît dorénavant le mécanisme du message déposé en clair dans la boîte aux lettres brûlée, un mystère demeure : est-ce vraiment *« pure coïncidence* [...] *qu'il* [Hardy] *se rende à Paris juste à une date prévue par d'autres pour un rendez-vous qu'il ignore*[174] » ?

Puis, le substitut du commissaire du gouvernement s'étend longuement sur le récit de l'arrestation du 7 juin 1943, attestée par les *« preuves indicielles irréfutables »* que sont les documents de la Compagnie des wagons-lits et le rapport Kaltenbrunner[175].

Apparaissent alors les questions : *« Dans quelles conditions et à quel prix recouvra-t-il sa liberté*[176] *? »* Sur ce point, les assertions de Hardy sont en contradiction avec les témoignages de Barbie, retrouvé en Allemagne et longuement interrogé. Ce dernier a confirmé que Hardy lui avait livré le plan reconstitué des sabotages de voies ferrées prévus en cas de débarquement allié, qu'il s'était engagé à rendre compte de ses activités. Pour l'accusation, Hardy a donc *« obtenu sa liberté, au prix d'une félonie*[177] *»*.

Le substitut précise qu'il ne peut évoquer Caluire puisque Hardy a été acquitté à ce sujet. Il l'accable donc sur ce qui entoure Caluire : *« Suivi et filé par Barbie et par les agents de son service, il donne ainsi la possibilité de signaler aux Allemands les gens qu'il rencontre, susceptibles d'appartenir à la Résistance.*

« [...] *Il est établi que Hardy, pour augmenter ses chances de ne pas être soupçonné par ses camarades d'être au service des Allemands et de les avoir livrés, s'est, aussitôt après la réussite de son évasion truquée, blessé lui-même au bras*[178]. »

L'interrogatoire de Hardy dure trois jours. Il se défend pied à pied : il a vu Multon alors que le train avait déjà quitté la gare de Perrache ; il se peut que Multon ne l'ait pas formellement reconnu ; une fois en présence de Barbie, il n'a pas admis être Didot, le chef du sabotage des chemins de fer ; il a rusé et s'en est sorti sans avoir dû faire de véritables concessions ; il n'a menti sur son arrestation que dans la crainte d'être accusé à tort d'avoir dénoncé Delestraint ; il n'était pas filé par les Allemands entre le 11 et le 21 juin ; il ne tenait pas à assister à la réunion de Caluire et ne l'a fait que pour y appuyer le point de vue de Combat ; il ne s'est pas rendu à la Gestapo ; sa fuite de Caluire n'était pas truquée ; une fois repris par les Allemands, il n'a rien révélé, si ce n'est un complot d'officiers allemands contre Hitler ; son évasion de l'hôpital allemand était, elle aussi, parfaitement régulière. Puis, il s'en prend au rapport Kaltenbrunner : *« Je ne peux pas discuter l'authenticité d'un rapport. Je voudrais savoir quels sont les mobiles psychologiques qui ont déterminé Barbier* [*sic*] *à envoyer un certain nombre de renseignements inexacts*[179]. » Il réfute d'ailleurs aussi en bloc les témoignages de Barbie et d'autres témoins allemands qui ont varié dans leurs déclarations.

Accusé de dissimulation pour n'avoir pas révélé son arrestation à ses chefs, il répond qu'il était difficile de joindre Frenay, qu'il avait rencontré Bourdet pour la première fois le 17 juin 1943, que Bénouville n'était pas la personne adéquate puisqu'il *« était simplement le chef des liaisons des services extérieurs, sans autre grade ni titre*[180] *»*.

Le président s'étonne de son raisonnement. Hardy s'explique : *« Nous étions dans un climat qui permettait de suspecter tout le monde et par conséquent moi aussi j'allais risquer d'être suspecté. Je ne savais pas à qui j'allais pouvoir confier ceci. C'est un problème de droit, de subordination, de réglementation.*

« [...] *Dans la Résistance, même les chefs qui nous choisissaient, nous ne les connaissions pas, nous ne savions même pas d'où ils venaient, à part un ou deux hommes, à part Henri Frenay parce que j'avais eu l'occasion d'avoir de longues conversations avec lui, parce que je savais qu'il était un officier d'active*[181]. »

La troisième journée d'interrogatoire s'ouvre sur un long récapitulatif des événements de Caluire. Le président précise à Hardy qu'il s'agit de *« permettre au Tribunal d'apprécier* [son] *rôle dans toute son étendue*[182] ».

La quatrième audience donne l'occasion d'entendre le commissaire Bibes, l'homme qui a procédé, en zone d'occupation américaine en Allemagne, aux interrogatoires de Barbie. Barbie lui-même n'est pas présent, le tribunal n'ayant pu le contraindre à se présenter et n'ayant pas accepté les conditions qu'il exigeait pour venir de son plein gré (garanties de repartir libre, essentiellement). Me Garçon conclut sur le scandale de voir Barbie interrogé sur Hardy, alors qu'il a lui-même bien des crimes à se reprocher : *« Lorsqu'un commissaire de police français va entendre un criminel de guerre, il ne l'interroge pas sur ses crimes, mais il lui demande quels sont les Français que ce criminel peut accuser*[183] *! »*

LES TÉMOINS

Le défilé des témoins reprend à partir du 2 mai, assez semblable à celui du premier procès. Quelques exceptions, pourtant : l'absence de tous ceux qui constituaient l'alibi de Hardy lors de son arrestation dans le train. Leurs dépositions ont été anéanties par la découverte de la preuve matérielle de cette arrestation et ils ont d'ailleurs été poursuivis, entre-temps, pour faux témoignage. Absent aussi Roger Cressol, remplacé par le contrôleur des wagons-lits, Alphonse Morice, qui raconte brièvement l'arrestation et explique qu'absent de France lors du premier procès il n'avait pas compris qu'il avait été témoin de cette affaire ; autres nouveaux venus, les témoins allemands qu'on s'était refusé à convoquer lors du premier procès : Eugen Kramer, Harris Steingritt, Alfred Lutgens, Max Hartwig, tous anciens membres de la police allemande. Claude Bourdet témoigne par écrit. Henri Frenay vient apporter un soutien nuancé à son ancien subordonné, avec une restriction de taille : *« Rien à mes yeux n'a expliqué — et je crains de dire ne pourra expliquer — ni excusé le fait qu'Hardy ayant été arrêté le 7 juin 1943 n'ait rien dit, non pas seulement à ses chefs mais encore à ses camarades.*

« C'était à mes yeux un devoir impérieux, non pas seulement impérieux, élémentaire[184]*. »*

Mais sur l'autre inculpation (divulgation du plan vert), Frenay n'a rien à dire. Nous verrons que cette accusation, d'ailleurs, ne cesse d'être repoussée à la périphérie du procès : elle n'est qu'un prétexte dans une enceinte où se rejouait le procès de Caluire qui ne pouvait, en droit, se faire.

Bénouville revient avec la même ardeur témoigner en faveur de René Hardy, rejetant encore et toujours la possibilité qu'il ait pu trahir : *« J'ai beaucoup réfléchi sur le mensonge de Hardy et j'en suis venu à la conclusion suivante : si Hardy avait trahi, Frenay et moi-même aurions été pris.*

« J'ai connu Hardy en prison à Toulon. Je l'ai vu donner l'exemple à cette prison trop de fois pour n'avoir pas pour lui de l'amitié et de la tendresse[185]*. »*

Sur le plan vert, il ne peut y avoir eu divulgation puisque c'était en fait « une méthode de travail », encore utilisée en 1944. Pour le reste, Hardy s'était, au plus, rendu coupable d'une « très grosse imprudence » pour être allé à Caluire après une arrestation. Et la conclusion de Bénouville est dépourvue d'ambiguïté : *« Tout bien pesé, et en dépit de la peine immense que m'a faite le mensonge de Hardy, je ne trouve pas le commencement d'une preuve de sa culpabilité.*

« [...] Je crois Hardy absolument innocent de ce qui lui est reproché[186]*. »*

Laure Moulin est citée à comparaître, ce qui indique combien on est loin des chefs d'accusation officiels. Elle expose longuement l'attitude héroïque de son frère à Chartres, donne des exemples de sa prudence prouvant que la réunion de Caluire avait été organisée avec les précautions d'usage. Puis elle dénonce la maladie simulée par Hardy, en 1946, pour éviter d'être jugé en même temps que Multon et s'exclame : *« Devant les mensonges aussi éclatants, aussi répétés, pendant quatre ans il a menti à tous, il a menti à ses frères de Résistance, il a menti à ses défenseurs, il a menti aux juges, moi, je n'ajoute aucun crédit à un homme qui peut mentir avec l'accent de la vérité*[187]. »

Mais Me Garçon, dans une réplique cinglante, ne la ménage pas : « *Vous ne savez rien de cette affaire ; lorsque les événements de Caluire se sont produits, vous n'étiez pas là ; lorsque votre frère a été pris, vous n'avez malheureusement pas pu le revoir. De tous les témoignages qui ont été entendus, vous ne savez que des bribes éparses, et vous venez ici apporter un témoignage passionné. Il l'est, je le comprends, mais je vous ai mise en garde déjà contre des passions pareilles, qui peuvent troubler la justice. Que vous pleuriez, que vous ayez une impression profonde, que vous ayez une conviction, c'est votre droit, mais ce que vous n'avez pas le droit, voyez-vous, c'est d'accuser un homme sans preuves et sans savoir, sur les produits seulement de vos raisonnements et de vos hypothèses, et de venir apporter ici des affirmations comme celles que vous avez apportées, c'est imprudent.*

« [...] *Je ne vous dirai rien de plus, je vous respecte trop ; je sais ce que peut être la douleur et les excès auxquels elle peut porter, mais vous comprenez, dans ces conditions, que je ne peux pas vous poser de questions, et je vous demande seulement d'écouter la suite du procès, d'essayer de vous faire une conviction avec ce que vous entendrez, et de ne pas recommencer ce que vous faisiez — c'était pitoyable — aux audiences précédentes lorsque, écoutant les témoignages, vous griffonniez des papiers que vous envoyiez au Ministère Public pour lui demander de poser des questions.*

« *Ne vous mêlez pas de cela ; la Justice se prononcera en dehors de vous. Vous n'êtes pas un témoin, vous êtes une femme qui pleure, et restez-le*[188]. »

La veuve du général Delestraint a demandé à être entendue. Elle redit la certitude qu'avait son mari d'avoir été dénoncé par Hardy. Me Garçon intervient pour demander au président « *d'indiquer à Mme Delestraint que Hardy n'est pour rien dans cette affaire.*

« *Mme Delestraint. — Je ne le croirais pas, c'est tout à fait inutile.*

« *Me Garçon. — Vous pourriez le lui dire tout de même, Monsieur le Président, car c'est un fait qui n'est pas reproché à mon client et qui ne peut pas lui être reproché. Nous connaissons les conditions dans lesquelles le malheureux Général a été arrêté.*

« *Mme Delestraint. — Vous les connaissez comme tout le monde ici les connaît maintenant. On a raconté une histoire de boîte aux lettres. C'est possible, mais les boîtes aux lettres changeaient tous les huit ou dix jours.*

« *Me Garçon. — C'est un fait. Mais puisque nous refaisons entièrement et au-delà le procès déjà fait, puisque nous refaisons exactement le procès pour lequel mon client a été acquitté, au moins...*

« *Mme Delestraint. — Si on s'est trompé à ce procès il n'y a pas de raison de se tromper encore à celui-ci.*

« *Me Garçon. — ... au moins qu'il soit établi que jamais il n'a été possible d'accuser Hardy d'avoir livré ou d'avoir été pour quelque chose dans l'arrestation du Général Delestraint.*

« *M. le Président. — C'est exact*[189]. »

Maurice Chevance-Bertin se présente à la barre. Il dit sa conviction que Hardy est coupable, que cette certitude a constitué « *la première brouille* » qu'il ait eue avec Frenay. Cette certitude est fondée sur l'attitude de Hardy à Alger en

1944, le témoignage d'Aubrac, le rapport Flora, les aveux de Multon, dont il a été le chef direct et qu'il est allé voir en prison, les renseignements que lui a donnés Aubry, enfin. *« Ce n'est pas un témoignage,* proteste Garçon, *c'est un réquisitoire qui n'a rien à voir avec les faits que le témoin connaît. Il ne sait rien, rigoureusement rien*[190]. »

Ce à quoi Chevance réplique : *« C'est un témoignage de Résistant qui a vécu le même drame, qui l'a résolu d'une façon différente, mais qui est bien obligé de venir dire ici à la Cour ce qu'il pense. Non pas pour charger car je ne demande dans le raisonnement que je fais, qui m'est imposé par la connaissance que j'ai des événements, je ne demande qu'à ce qu'on fasse éclater ce millionième de doute pour ne pas pouvoir porter une accusation*[191]. »

Sur le plan vert, il conclut avec des arguments qui, s'ils innocentent Hardy, donnent un fameux coup à son aura de résistant : *« Lorsqu'on vient dire à la Libération qu'il a fait le Plan vert, je suis bien obligé de dire que le Plan vert a été fait à Londres par un ensemble de personnes et qu'il a apporté, lui, sa synthèse, son étude et rien que cela. Je dis qu'en quatre mois Hardy ne peut pas être l'auteur du Plan vert*[192]. »

Les témoins se succèdent sans aborder réellement les chefs d'inculpation. Lorsque, le 3 mai, Joseph Gastaldo vient déposer, le président l'interroge sur le plan vert. Le colonel sait peu de chose mais, persuadé de la culpabilité de l'accusé, il déclare : *« Le fait d'envoyer tout ce catalogue* [des plans portant les points de sabotage] *à Berlin était certainement un acte très grave : c'était livrer à l'ennemi les secrets de la position*[193]. »

Suit une longue échauffourée sur les pseudonymes de Hardy que Gastaldo pouvait avoir connus, tactique constante de la défense de Hardy. Jouant de la succession des pseudonymes qu'il a utilisés dans la Résistance, il s'efforce de nier avoir été identifié par les Allemands ou de discréditer le témoignage de ceux qui disent avoir vu des documents l'accusant (telégramme allemand aperçu par Gastaldo dans le bureau parisien où il était interrogé après son arrestation ou note trouvée par Claudius-Petit dans une de ses boîtes aux lettres pour l'avertir que Hardy avait donné Caluire, par exemple). En effet, les témoins, qui reconstituent ces écrits de mémoire, déclarent avoir vu tel nom ; Hardy alors conteste que, à telle date, ce nom ait pu être utilisé, faisant mine de croire que les témoins récitent littéralement le contenu du document au lieu de le restituer dans leurs propres termes.

Un incident très significatif se produit lorsque le colonel Lacaze, un des hommes arrêtés à Caluire, vient témoigner, incident qui révèle toute l'ambiguïté du procès. Le colonel demande au président de lui rappeler quels sont les chefs d'accusation, *« pour ne pas* [s'] *égarer ».* Le président s'y refuse et lui dit de se contenter de témoigner. *« Bien,* se résigne le témoin. *Je tâcherai de ne pas m'égarer. Je parlerai évidemment de l'affaire de Caluire, puisque j'étais à Caluire et que j'ai été arrêté à Caluire*[194]. »

André Lassagne soulève le même problème quand il est appelé à la barre : *« Je m'aperçois qu'on a déjà beaucoup parlé de l'affaire de Caluire au précédent procès ; que, cette fois-ci encore, elle semble être... — Voulez-vous aborder votre déposition immédiatement, sans ce préliminaire »*, l'interrompt le président, qui ne tient sans doute pas à voir les témoins souligner que l'on refait, dans ce tribunal, le procès de Caluire[195]. Après avoir fait le récit de Caluire, Lassagne en vient de lui-même aux chefs d'inculpation : il déplore que Hardy ait caché son arrestation puis précise qu'il ne savait pas grand-chose du plan vert. Et c'est alors le président qui le ramène à Caluire ! « *Vous êtes un des rares témoins directs des événements de Caluire et c'est pourquoi je vais être obligé de reprendre la scène de l'irruption des Allemands*[196]. »

La journée du 4 mai se révèle particulièrement importante et pour le procès, et pour l'histoire. Ce jour-là, Aubry témoigne. Il fait de Caluire et de ses origines un récit circonstancié. Le commissaire du gouvernement lui demande des précisions sur le rendez-vous du pont Morand, voulant ainsi souligner que Hardy était alors surveillé par Barbie. Puis Me Garçon commence son contre-interrogatoire. Il démontre tout d'abord que la responsabilité d'Aubry était engagée dans l'arrestation de Delestraint puisque, sachant la boîte aux lettres brûlée, il n'avait ni décommandé ni prévenu le général. Hardy non plus, d'ailleurs. Aubry se défendit mal et, l'ayant visiblement mis en difficulté, l'avocat put marquer un point.

« M. Aubry. — C'est ce qui a été fait puisqu'on m'a averti. Ce n'était pas à moi à avertir mais à moi d'être averti.

« Me Garçon. — Et quand vous êtes averti, vous n'avertissez pas les autres ?

« M. Aubry. — Vous venez de dire que je l'ai dit à ma secrétaire.

« Me Garçon. — Non. Vous avez dit à votre secrétaire qu'elle avait eu de la chance de ne pas être arrêtée.

« M. Aubry. — Ce n'était pas ma boîte postale, c'était celle de Didot ; c'était lui le premier informé que sa boîte postale était grillée.

« Me Garçon. — Vous n'avez pas songé à prévenir ni le Général Delestraint ni Didot ni personne, du 27 au 9 ? Vous restez silencieux sachant que la lettre qui donne rendez-vous au Général Delestraint est entre les mains des Allemands.

« M. Aubry. — Là, je regrette beaucoup. Je ne savais pas du tout que la lettre était entre les mains des Allemands.

« Me Garçon. — Mais puisqu'elle était dans une boîte grillée.

« M. Aubry. — Qu'est-ce que cela veut dire ?

« Me Garçon. — Vous savez que la veille de porter cette lettre la Gestapo était dans la maison ?

« M. Aubry. — Je regrette, mais cela ne veut pas dire cela.

« Me Garçon. — C'est vous qui nous départagerez, Messieurs. J'ai été clair. Mes explications sont précises. Le témoin a répondu comme il a cru devoir le faire. Nous sommes très divisés sur cette interprétation, mais je suis convaincu que c'est moi qui ai raison[197]. »

Il en vient à l'épisode du pont Morand afin d'obliger Aubry à reconnaître que Hardy ignorait où et quand se tiendrait la réunion. C'est, cette fois, le commissaire du gouvernement qui l'interrompt : « *Je désirerais une fois pour toutes faire remarquer au Tribunal que l'accusation n'a pas retenu contre le capitaine Hardy la dénonciation de Caluire. C'est une affaire qui est jugée et sur laquelle nous n'avons pas à revenir.* » L'avocat a alors beau jeu de répliquer : « *Nous ne parlons pas d'autre chose depuis huit jours, et vous avez cité tous les témoins de Caluire de telle manière que, vraiment, si nous ne parlions pas de cela, je ne sais pas de quoi nous parlerions*[198]. »

Puis Me Garçon reprend ses questions à Aubry : a-t-il vu, oui ou non, des Allemands frapper Hardy chez le docteur Dugoujon ? Il l'a affirmé au procès de 1947, il l'a nié à l'instant. Aubry finit par reconnaître la vérité : il ne s'en souvient plus. Puis Garçon évoque l'agent double (un certain André) qui se serait infiltré dans l'entourage d'Aubry et que celui-ci a retrouvé à la Gestapo de Paris, après son arrestation. *« De telle sorte,* souligne Garçon, *que beaucoup de choses qui ont été imputées à Hardy étaient sues peut-être du fait de votre imprudence avec André*[199]. » Mais Aubry n'est pas au bout de son épreuve puisque Me Garçon lui demande ensuite ce qu'il pense des témoignages des Allemands à son sujet. Aubry se méfie d'emblée et s'exclame : *« On m'avait annoncé qu'il y aurait une corrida, que vous aviez l'intention de m'exécuter*[200]. » Mais Garçon est habile. Il se défend de vouloir accuser Aubry à la lumière des témoignages d'Allemands *« qui sont des échappés du bagne auxquels on fait grâce de la peine de mort pour qu'ils parlent*[201] ». Simplement, il s'étonne qu'Aubry ait bénéficié d'un non-lieu alors que les témoignages sont pleins de *« choses horribles et graves »*. Pour moins que cela, Hardy est au banc des accusés. Aubry se révolte et veut marquer la différence : *« Je vous demande si j'ai fait une réunion de Caluire en sortant de chez les boches.*

« — Je vous indique qu'il y a mieux, rétorque Garçon. *Ils disent que vous avez tout donné*[202]. » Il se met à lire des extraits des rapports allemands, et soudain cette phrase : *« C'est ainsi qu'il me dévoila que Jean Moulin était le représentant du général de Gaulle.* » Acculé, enfin, Aubry répond n'importe quoi : *« Cela, ce n'est pas vrai, parce que je n'ai jamais connu Jean Moulin, c'est prouvé*[203]. » Quelques minutes plus tard, le président l'interpelle : *« Connaissiez-vous Jean Moulin ?*

« M. Aubry. — Je connaissais Jean Moulin depuis 1941.

« M. Le Président. — Vous saviez qui c'était ?

« M. Aubry. — Oui[204]. »

Peronne ne relève. Le témoin se retire.

Le lendemain, 5 mai, Mme Delettraz vient témoigner. Me Garçon, bien sûr, fustige son rôle d'agent double, suggérant au passage qu'elle a « donné » son chef dans la Résistance, André Devigny, qu'elle était la maîtresse de l'agent allemand, Robert Moog, *alter ego* de Multon, qu'elle était responsable d'arrestations, dont celle de Bertie Albrecht, et lui donne une leçon de Résistance : *« Dans la Résistance, Madame, personne n'avait de papiers ; on restait tout de même dans la ville et l'on se cachait, mais on ne restait pas à la garde de la souricière allemande*[205]. » Puis il se met à lire des témoignages allemands décisifs contre Mme Delettraz, emportant ainsi la conviction du président qui déclare : *« Je ne pourrais évidemment ordonner l'arrestation d'un témoin que si, à l'audience, des faits criminels étaient révélés ; or, ces faits criminels sont révélés par un dossier d'information et ont déjà été connus par la Chambre des mises* [en accusation], *par conséquent, je n'ai plus ce droit, je le déplore parce qu'il eût été tout de même bon que la justice examine les faits concernant ce témoin*[206]. » Le commissaire du gouvernement proteste : *« Il serait peut-être bon de rappeler au Tribunal, qu'en ce moment nous faisons le procès du capitaine Hardy et non pas celui de Mme Delettraz*[207]. »

Le but de Me Garçon est, bien sûr, de discréditer un témoin dont les propos accablent son client. Après avoir résumé le rôle de Mme Delettraz à Caluire et dénoncé ses mensonges, il s'exclame : *« Madame, un témoignage comme le vôtre n'est pas digne de notre justice*[208]. »

Quand on lui demande de se retirer, Edmée Delettraz tente une dernière défense : *« Je me suis en effet trouvée mêlée à trois drames ; j'ai fait le maximum dans la situation où je me trouvais, je ne pouvais pas faire autrement ; j'ai averti ; personne n'a été pris chez mes frères.* [...]

« M. le Président. — Lorsque j'ai analysé votre déposition lors de l'interrogatoire de Hardy, j'ai qualifié votre rôle de lamentable, je maintiens cette appréciation. Vous pouvez vous retirer.

« Mme Delettraz. — Bien sûr.

« M. le Président. — Il vaut mieux vous en aller, Madame[209]. »

Le tribunal n'est pas encore au bout de ses peines puisque est appelé à la barre Harris Steingritt, ancien membre de la Gestapo de Lyon, qui commence par revenir sur ses dépositions antérieures : *« Je ne suis inculpé que parce que je suis allemand et qu'à titre passager j'ai appartenu à une organisation déclarée criminelle.*

« [...] *Mes interrogatoires de 1948 ont été opérés sous une certaine pression morale. J'ai été dénoncé par un Allemand. J'ai évidemment utilisé cette occasion pour tenter de me sauver de cette situation.*

« La chose m'a été facilitée parce que mon interlocuteur m'a posé les questions de telle sorte que mes réponses étaient toutes préparées.

« Cet essai de sauvetage a aussi été facilité par le fait qu'on m'a expliqué que Hardy était malade et que, probablement, il ne vivrait plus longtemps.

« C'est pour cette raison que je désire, aujourd'hui même, rectifier, sur certains points, mon ancienne déposition[210]. » Il innocente alors Hardy : *« Le début de cette affaire m'a donné l'impression que le chef de la Section 4, Barbie m'a trompé en ce qui concerne le Plan Vert.*

« Si Hardy avait reconstitué ce Plan, je l'aurais su, parce que Barbie, dans ces questions, en général, avait recours à moi.

« [...] *Dès 1943, j'avais l'impression que Barbie avait trompé les services allemands, qu'il avait commis une faute et, à mon avis, il n'existait pas de plan de l'ampleur indiquée.*

« Au sujet de l'arrestation de Caluire, dans mes précédents interrogatoires, j'ai déclaré que j'avais été chargé d'arrêter et de relâcher Hardy. La question m'avait été posée [...] *de telle sorte que j'étais obligé de fournir cette réponse.*

« Pour respecter la vérité, je dois déclarer, aujourd'hui, que cet ordre ne m'avait pas été donné de cette manière ; qu'il s'agissait d'une arrestation pure et simple, Hardy ayant réussi, ensuite, à s'échapper[211]. »

Parmi les derniers témoins figure le colonel Passy, qui déclare que le plan vert ne valait pas grand-chose. Le point de vue de l'ancien chef des services secrets de la France Libre renforce la thèse de la défense, selon laquelle le plan vert n'a rien d'un document officiel ou d'un document militaire secret, mais n'est qu'un projet privé parmi d'autres. Alors que, pour faire valoir leur client durant le premier procès, les avocats de Hardy en avaient remis sur l'importance de ce travail dans la réussite des sabotages effectués au moment du débarquement ! Ils ergotent même au début des audiences sur la question de savoir si Hardy peut être considéré comme militaire en service puisque son homologation de capitaine lui avait été adressée alors qu'il était déjà en prison[212]. On est loin du « colonel » Hardy qui travaillait, en 1944, au commissariat puis au ministère des Prisonniers, Déportés et Réfugiés !

LA PLAIDOIRIE DE Me GARÇON

Le 8 mai 1950, la défense aborde la dernière audience en position de force. Elle a sévèrement mis à mal les témoins les plus compromettants, et les prétendus chefs d'accusation ont à peine été abordés. Le procureur, enfin, accorde à l'accusé de *« larges circonstances atténuantes »* et *« adhère sans réserve »* à une *« appréciation de Claude Bourdet » : « Si vous avez eu l'occasion d'être coupable, c'est parce que, d'abord, vous avez été courageux. Le Tribunal militaire saura* [...] *vous en tenir le plus grand compte*[213]*. »*

La plaidoirie de Me Garçon est un tel morceau de bravoure que, dans la foulée, il la fera éditer en librairie. C'est un exercice doublement périlleux parce que, se sentant bafoué, il avait annoncé qu'il se retirait. Son talent fait des miracles et, une fois de plus, transforme une situation désespérée en tremplin d'où rebondir : *« Il est vrai que j'ai, sans le savoir, soutenu publiquement un mensonge.*

« J'ai connu, après l'acquittement, l'orgueil d'avoir contribué à faire triompher une cause que je croyais juste et je suis, dès le lendemain, tombé de haut. A peine avais-je savouré ma joie qu'il m'a fallu apprendre que mon client m'avait menti, qu'il avait escroqué ma bonne foi. Plein de tristesse et de confusion, je me suis retiré. [...]

« [...] *Ce que je pensais à ce moment-là, je ne l'ai dit à personne, mais je dois vous le révéler aujourd'hui.*

« J'ai cru Hardy coupable !

« J'ai cru que s'il avait dû se réfugier dans un mensonge pour se faire acquitter, c'est qu'il cachait quelque secret inavouable. J'ai cru que, puisqu'il n'avait pu opposer à l'accusation que des explications frauduleuses, la vérité devait tourner à sa confusion. Me défendant avec peine de mépriser un homme qui m'avait compromis, je ne lui réservais plus que cette pitié qu'on accorde à l'infortuné auquel il n'est plus possible de consentir d'estime[214]*. »*

Mais il était convaincu aujourd'hui que Hardy était bien innocent : son mensonge n'avait pas dissimulé un horrible secret. Les avocats de Hardy *« constataient avec effroi que l'instruction était menée avec une rigueur qui ne laissait pas libre la défense, que l'innocence, si on pouvait commencer à l'entrevoir, était mise dans l'impossibilité de se manifester, que les témoignages les plus vils étaient recueillis avec complaisance lorsqu'ils chargeaient l'accusé, que certains personnages qu'on ne pouvait tenir qu'en mépris faisaient l'objet de mesures de faveur lorsqu'ils servaient l'accusation, que des criminels de guerre échappaient aux poursuites à partir du moment où ils consentaient de se joindre à la meute et qu'un condamné à mort voyait surseoir à son exécution jusqu'à ce qu'il eût témoigné contre Hardy. »*

Pour de *« fidèles amis »*, l'innocence de Hardy est claire, pourtant, *« je n'ai pas voulu me fier à leur seul avis qui pouvait être faussé par une générosité un peu aveugle. Je me suis fait remettre le dossier. Je l'ai lu seul. J'ai critiqué, pour moi-même, toutes les pièces. Je n'ai éludé aucune difficulté et j'ai jugé sans indulgence.*

« Ainsi est entrée en moi une conviction faite non de sentiments ou d'émotions, mais seulement de froide logique. Rien ne pourra plus m'ébranler : Hardy est innocent.

« [...] *Voilà pourquoi vous me voyez devant vous, prêt à lutter de toutes mes forces pour faire triompher une vérité, dont je suis si persuadé, qu'au point de conviction où je suis parvenu aucune transaction ne me paraît possible et aucun ménagement admissible*[215]*. »*

Puis il explique qu'il ne se réfugiera pas derrière le principe de la chose jugée, à propos de Caluire. Au contraire, il reprend les faits ; c'est la *« négligence impardonnable »* d'Aubry qui a entraîné l'arrestation du général Delestraint[216]. Multon ne connaissait pas les fonctions de Hardy, il ne l'avait pas identifié comme « Didot », pas plus que Barbie n'avait pu, d'ailleurs, le faire avec certitude. Donc, il n'était pas question de plan vert. C'est tout naturellement que Barbie avait relâché Hardy, gardant en gage l'adresse de sa maîtresse, Lydie Bastien. Ayant appris l'arrestation de Delestraint par Barbie, Hardy se trouvait soudain dans une impasse qui expliquait son silence et ses mensonges : *« Comment sortir de la plus horrible situation que le hasard ait jamais construite ? De quelque côté qu'il se tournât, il ne pouvait apparaître que comme un traître, sans qu'aucun raisonnement pût le secourir. S'il était accusé, rien ne lui permettrait de se disculper.*

« [...] Ce mensonge initial et nécessaire, il l'a porté ensuite comme une tunique de Nessus et s'est trouvé, à cause de lui, l'innocent poursuivi par la Justice pour un crime qu'il n'a pas commis[217]*. »*

Il expose ensuite à fond une thèse qui fait merveille : en s'évadant trois fois, Hardy avait bafoué Barbie, qui s'était vengé en prétendant, dans ses paroles et dans ses rapports, que Hardy avait trahi la Résistance. En effet, Barbie avait compris, grâce à l'arrestation de Heilbronn, qu'en relâchant Hardy, il avait laissé échapper « Didot », l'*« ennemi capital »*. Erreur énorme, passible d'une sanction terrible. *« A ceux qui lui parlèrent d'erreur, il répondit mystérieusement que s'il avait relâché Didot, c'est que Didot, trahissant les siens, était devenu un homme à lui*[218]. » Et s'il retomba sur Hardy au pont Morand, le 20 juin, c'est parce que Aubry était suivi ! Aubry, *« brave homme, mais* [...] *imprudent et bavard*[219] ». Il est donc clair que Mme Delettraz, *« honteuse servante »* de la Gestapo, *« espionne aux gages de l'ennemi »* avait été envoyée par Barbie dire un peu partout que Hardy était un traître, parce que *« il espérait que, ce faisant, elle le ferait abattre par ses propres amis. Suprême espoir d'atteindre un ennemi insaisissable qu'il ne pouvait tuer lui-même*[220] ». L'avocat reprend l'idée qu'il a déjà développée lors du premier procès : il n'y avait pas eu besoin d'une trahison pour que les Allemands parviennent à Caluire, il avait suffi d'une filature, d'une imprudence.

Dans les rapports allemands, les accusations contre Hardy procèdent du même souci de Barbie de masquer son erreur initiale en accablant Hardy. L'incohérence de ses témoignages de 1948 montre bien qu'il s'est agi d'une machination, mais *« ce témoin docile ne comprend pas ce qu'on attend de lui*[221] ».

Les témoins allemands ? *« A peu près tous de la même qualité ? Coupables de crimes, craignant pour leur vie, la police dirige leurs témoignages et rédige des procès-verbaux dont pas un n'est honnête*[222]. »

Le plan vert ? Garçon règle son compte à cette accusation : *« C'était un subterfuge pour pouvoir faire juger à nouveau l'affaire de Caluire*[223]. »

Enfin, condamner Hardy, c'est la *« revanche »* de nos ennemis, s'écrie l'avocat en ce 8 mai, cinquième anniversaire de la capitulation allemande : *« Je vous en conjure, messieurs, prononcez l'acquittement juste qui est le seul qui s'impose à notre conscience et vous aurez bien servi le pays.*

« Vive la France[224] *! »*

Hardy est acquitté à la minorité de faveur (quatre voix pour la condamnation, trois pour l'acquittement). Sous les applaudissements.

COMPTE RENDU DANS LA PRESSE

Au fil des audiences, le procès, commencé *« devant un public clairsemé*[225] », avait attiré un public de plus en plus nombreux, *« gloussant et froufroutant »*, selon Pierre Hervé, et qui secondait *« de ses rires ou de ses murmures les exordes d'une défense, sans doute habile à tout embrouiller, mais peu élégante dans son attitude envers les victimes*[226] ». Et la presse était mal disposée à l'égard de Hardy, qui revenait dans le box des accusés fâcheusement précédé de son mensonge révélé avec éclat trois ans auparavant.

« Déjà chacun avait pu se persuader, constatait André Fontaine dans *Le Monde* à l'issue de la première journée, *que l'homme était peu sûr de lui : son sourire à l'arrivée était trop large pour être sincère ; son immobilité du début, vite relâchée, avait quelque chose de contraint. Le perpétuel mouvement de ses yeux traduisait son inquiétude et ses doigts tapotaient nerveusement le rebord du box. Quoi ! C'était là cet homme dont le sang-froid à son premier procès avait emporté la décision d'un jury que rien ne prédisposait en sa faveur ? Qu'il semble jeune, fluet, étriqué ! Il a trente-huit ans, des allures de petit ingénieur, assez orgueilleux sans doute, mais sans grande personnalité. L'homme en vérité a subi un coup dont il ne s'est pas relevé*[227]. »

Et pourtant, dans ses excès même, dans ses erreurs, l'accusé forçait l'intérêt et inspira à *Combat* une belle page : *« Qu'il soit dans le vrai ou qu'il se renouvelle dans le mensonge, on a imposé hier à René Hardy la plus décisive, mais la plus rude épreuve pour un accusé. On l'a interrogé sans questions. Et voilà, tout seul contre quatre heures d'horloge, cet homme qui se débat dans un sentier, qui refait pour en sortir le chemin de ses confessions antérieures, qui se garde de ses propres traces, esquive les ornières, se monte le cou de crainte que son équilibre ne se rompe.*

« Implacable examen où le président n'interviendra que pour jalonner le débat, jamais pour le guider. Le débat ? Dépouillé de toute mise en scène, réduit à l'état de drame intérieur, il est confiné pour cette audience exceptionnelle, dans l'âme et conscience de l'accusé.

« C'est de la procédure d'avant-garde.

« [...] *Et voici que cet homme blond, tout en gestes, qui joue merveilleusement de ses mains, habilement de son accent châtié et des préciosités de la langue bourgeoise, se raconte, se livre tel qu'il se rêve, se donne tel qu'il se prête.*

« Il prend tout le temps de disserter sur la honte de l'armistice et les malheurs de la patrie. Il publie verbalement son roman. Au début, c'est un héros bien situé.

« Tout a été dit. Hardy le redit, mais tellement mieux dans les beaux passages[228]. »

Dans les jours qui suivirent, la culpabilité de Hardy dans l'affaire de Caluire sembla se préciser. *« Pour Caluire*, écrit Madeleine Jacob le 4 mai, *le doute s'est transformé en pénible certitude*[229]. » Mais *Combat* la corrigeait : *« L'ombre de mille doutes plane et, suivant que la déposition est adverse ou favorable, se charge de signes contraires*[230]. »

Jusqu'ici, la presse communiste avait presque négligé le procès, et se contentait de couvrir Hardy d'injures. Il faut dire qu'elle avait d'autres chats à fouetter, et d'une autre ampleur : le 1er Mai, le cinquantième anniversaire de Maurice

Thorez, sans parler de la campagne pour l'interdiction des armes nucléaires, lancée par le tout récent Appel de Stockholm et qui avait suscité, entre autres conséquences, la révocation du communiste Frédéric Joliot-Curie de son poste de haut-commissaire à l'Énergie atomique. Le temps était révolu où Frenay était un adversaire de choix. L'ennemi était maintenant partout, à commencer par la mouvance gaulliste. Aussi *L'Humanité* stigmatisait-elle *« le gaulliste Claudius Petit* [qui] *prend la défense du mouchard Hardy »* : *« Le R.P.F. Rémy réclame la libération de Pétain ; Claudius Petit intervient en faveur de Hardy. Deux hommes, une même politique de classe : celle de la réhabilitation des traîtres*[231]. »

Il fallut attendre que Pierre Hervé ait repris en main les comptes rendus d'audience pour que les choses se corsent. Il est vrai qu'il n'eut guère, cette fois, de contradicteurs à sa taille : l'affaire Hardy ne faisait plus la une et ne suscitait donc plus la verve des ténors de la presse.

Pierre Hervé, toutefois, n'avait pas perdu ses bonnes habitudes et à peine revint-il à l'affaire Hardy que les insinuations venimeuses reprirent tous leurs droits. Ce procès ne faisait, d'après lui, que laisser apercevoir un monde de complots et de machinations ourdis contre la Résistance, contre la démocratie, contre le communisme. Hardy se vantait-il d'activités d'espionnage avant guerre ? Hervé saisissait la balle au bond : *« A-t-on dit la vérité sur les activités de Hardy avant guerre et sur la manière exacte dont Frenay l'a recruté ? On comprendrait alors que derrière l'histoire du clan "Combat" et derrière cette vaste comédie concertée que fut le premier procès, il y ait une affaire plus obscure. On peut encore en apprendre*[232]. »

Mais le cœur y était-il encore ? Une page avait été tournée par la guerre froide et il y avait dorénavant bien d'autres anticommunistes, autrement redoutables que Frenay et Combat.

Dans la presse, peu d'écho de la prime donnée à l'engagement résistant qui devait jouer en faveur de Hardy, on en trouve néanmoins la trace dans *Témoignage chrétien* : *« Je n'ai pas d'opinion sur le fond de l'affaire pour l'excellente raison que je n'ai ni le temps ni les moyens d'en avoir une. Je ne sais si Hardy est innocent ou coupable et, dans ce dernier cas, quelle est la mesure de sa culpabilité. Sa condamnation ou son acquittement me laissèrent dans ce doute, car il y a beau temps que j'ai perdu, avec mes cheveux et mes illusions, le peu de confiance que j'ai pu avoir dans la justice des hommes.*

« Ce que je sais bien, c'est que des gens se permettent de porter des jugements sur Hardy, alors qu'ils n'ont que le droit de se taire. Je pense à ceux qui se sont tenus bien tranquilles en attendant la fin de l'histoire ou à tous ceux dont la résistance, éminemment dangereuse, consistait à écouter la radio de Londres, toutes portes et fenêtres calfeutrées. Seuls peuvent parler ceux qui ont tremblé devant la perspective de l'arrestation, de l'interrogatoire et de la torture, se demandant s'ils arriveraient à garder le silence quand les nerfs de bœuf leur déchireraient la peau ou quand les bourreaux les plongeraient dans la baignoire. Seuls peuvent parler ceux qui ont connu la peur[233]. »

Lorsque tomba le verdict d'acquittement, la presse non communiste ne se montra ni très convaincue ni très chaleureuse. Elle semblait s'être rangée à l'avis du procureur : coupable, mais avec de larges circonstances atténuantes. Ainsi *Combat* racontait-il la dernière journée du procès : *« Tandis qu'on échafaude, sous ses yeux, un monument dédié à "sa vérité", René Hardy promène nerveu-*

sement ses longs doigts sur le rebord du box. On dénoue devant lui les mensonges qui avaient embrouillé sa première affaire. Il ne donne pas l'impression de s'en trouver pour autant allégé. Il y a quelque chose de pesant dans l'atmosphère de ce procès. On pensait en sortir. Il faudra attendre les applaudissements de la fin de l'après-midi pour que le verdict aidant, tout soit détendu[234]*. »*

Les journaux semblaient plus intéressés de savoir si des poursuites allaient être engagées contre Barbie et, dans une moindre mesure, contre Mme Delettraz.

Seul, Pierre Hervé ne désarmait pas. Il écrivit, le 9 mai, un article plus que jamais empreint de relents de guerre froide. Commentant la déclaration du commandant Gardon, il s'exclamait : *« Autrement dit, quiconque se trouve porté, par suite d'une décision personnelle antérieure à un poste périlleux devrait être, en cas de défaillance, assuré de l'acquittement. Curieuse théorie ! C'est sans doute ce que, dans les milieux dirigeants "occidentaux", on appelle désormais héroïsme : plus vous êtes haut placé et plus vous devez bénéficier de circonstances atténuantes. »* Plus un mot n'était dit contre Frenay. C'était désormais le R.P.F., principal ennemi politique, qui faisait figure de protecteur de Hardy : *« Nous savons que le R.P.F. a besoin d'hommes de main et d'hommes bien tenus en main, mais la vérité demeure — une vérité qui filtrera un jour ou l'autre à une occasion ou une autre*[235]*. »* Et le 10 : *« La politique gouvernementale a besoin des Hardy.* [...] *Après avoir obtenu leur verdict d'acquittement, ils veulent sans doute utiliser Hardy, qui s'y connaît en rapports avec la Gestapo, à leurs mauvaises besognes*[236]*. »* On était en pleine controverse sur le réarmement de l'Allemagne, dans le cadre de l'O.T.A.N. Le rappel, chargé d'émotion, de la guerre récente, était l'argument favori des communistes contre les États-Unis, fauteurs de guerre et nouveaux SS. Maurice Chevance-Bertin n'avait sans doute pas tort de déclarer, quelque trente ans plus tard, que *« c'est au bénéfice de cette politisation que Hardy a été acquitté*[237] *».*

De leur côté, les nostalgiques de Vichy trouvaient là bien moins de grain à moudre que lors du premier procès, puisque la Résistance ne se déchirait plus guère. Ce n'était que l'occasion d'un coup de patte aux gaullistes : *« On avait seulement compris qu'à côté de gens héroïques, il y avait dans cette affaire des mouchards et des coquins. Toute la presse "résistantialiste", depuis* Le Monde *jusqu'au* Populaire *déplorait que la Résistance ne sortît pas grandie de ce déballage de vilenies. J'avais surtout, quant à moi, l'impression que ces gens avaient voulu jouer à un jeu dont ils ne soupçonnaient pas les difficultés et les périls et que, placés soudain devant le masque terrifiant de la Gestapo, ils avaient perdu la tête. Je songeais aussi aux gens de Londres qui avaient dirigé et inspiré tout cela et qui ne sont pas avec les exécutants au banc des accusés*[238]*. »*

L'ACQUITTEMENT

Quand, après trois heures de plaidoirie et deux heures et demie de délibération, l'acquittement fut prononcé, la salle éclata en applaudissements prolongés que couronna un triple ban en l'honneur de Me Garçon.

Par tradition, Hardy n'assistait pas au prononcé du jugement qui lui fut annoncé quelques instants plus tard.

Après la levée d'écrou effectuée à Fresnes, la police le ramena à Paris où des amis l'attendaient pour fêter sa libération.

Cet acquittement à la minorité de faveur n'était pas l'absolution totale que réclamait Maurice Garçon. Mais il s'était trouvé trois juges sur sept pour estimer que Hardy, quels que fussent ses torts, avait assez payé avec cinq ans de détention.

Le général de Gaulle, lui, tirait une autre conclusion : *« Je constate qu'à partir de l'arrestation de Jean Moulin, qui était mon représentant, il n'y a plus eu d'arrestation au C.N.R.* [239]. »

La justice ayant acquitté Hardy, c'était à l'Histoire qu'il appartenait d'établir la vérité.

XXV

EN MON ÂME ET CONSCIENCE

Aucun historien n'a étudié l'affaire de Caluire sans donner son opinion sur le mécanisme de cette tragédie et sur le nom d'un coupable. À mon tour, je livre ici mes conclusions, d'autant plus motivées que je fus un proche de Jean Moulin. Cette particularité m'oblige à aborder avec circonspection ce chapitre dans lequel j'expose les arguments et les preuves de ma conviction. Si, en 1943, en tant que résistant, je fus convaincu « à chaud » de la culpabilité de Hardy, aujourd'hui, en tant qu'historien ayant étudié les archives, je dois rechercher la vérité et justifier mon jugement.

Juin 1943 : la réaction d'un acteur

En juin 1943, comme la plupart de mes camarades, je fus persuadé que Hardy était coupable. Dans le feu de l'action, il n'y avait pas de place pour le doute, car l'efficacité de nos services et la vie de chacun étaient en jeu. Aussi, lorsque j'appris qu'on avait tenté de l'empoisonner, je regrettai qu'il en ait réchappé, espérant qu'on l'abattrait à la première occasion. C'était la règle appliquée, sans état d'âme, à tous ceux qui étaient soupçonnés de trahison. Cela peut sembler monstrueux en temps de paix, mais l'une des conséquences de la guerre est le retour des hommes à la barbarie.

Les tâches quotidiennes absorbaient toute notre énergie et, loin de Lyon, l'affaire s'estompa, remplacée par d'autres arrestations, d'autres trahisons et d'autres oublis...

C'est Yves Farge, rencontré à Paris à l'automne 1944, qui m'apprit l'existence du rapport Flora, document allemand révélant que Hardy était passé à l'ennemi et avait livré Moulin à Caluire. Le colonel Manuel, chef de mon service à la D.G.E.R. (je travaillais alors au Livre blanc du B.C.R.A.) m'en confirma la teneur. Cette culpabilité, dont je n'avais jamais douté, était donc prouvée, sans que j'en connusse les détails et je regrettai d'autant plus que Hardy n'ait pas été exécuté quelques mois auparavant. En effet, après la libération, les procédés expéditifs nous étaient interdits. Quelques semaines plus tard, j'appris par les journaux son arrestation et l'instruction de son procès. Je rencontrai parfois

Mlle Moulin et Pierre Meunier qui me signalaient leurs efforts pour imposer définitivement sa tenue. Ils craignaient que des pressions de la part des anciens de Combat, proches du pouvoir, n'interviennent pour éviter un scandale.

Lors du procès de 1947, je séjournais dans la brousse, en Côte-d'Ivoire, sans radio, sans journaux, et je n'en eus pratiquement aucun écho. Lors du second procès, je vivais à la campagne aux environs de Bordeaux. Séparé de mes camarades de la Résistance, j'essayais difficilement, après l'expérience traumatisante de la guerre, de construire une autre vie. C'est par les journaux que je suivis le procès. Il serait malhonnête d'évoquer aujourd'hui mes réactions d'alors : je n'en ai pas le moindre souvenir, si ce n'est qu'en dépit des acquittements je demeurai convaincu que Hardy avait livré Moulin.

Juin 1948 : l'opinion d'un témoin

J'ouvre ici une parenthèse qui concerne le témoin que je fus.

J'avais rédigé les lignes ci-dessus en 1996, m'étonnant de n'avoir jamais été interrogé sur Caluire. En y réfléchissant, cette omission me semblait naturelle : en dépit de ma fonction auprès de Moulin, je n'étais pas directement concerné puisque je me trouvais à Paris lors du dénouement. Or, à ma grande surprise, ma collaboratrice, Bénédicte Vergez, m'apporta, au début de 1998, le procès-verbal de mon interrogatoire, datant du 17 juin 1948, par le juge d'instruction militaire à Bordeaux, où je résidais ! J'avais donc témoigné et je n'en avais nul souvenir ! Une fois de plus, cette lacune incroyable relativise la valeur d'un témoignage. J'avais si bien oublié ce document qu'aujourd'hui je l'accepte comme authentique uniquement parce qu'il provient d'archives officielles. Après lecture, je ne me suis souvenu d'aucun détail. Preuve que la sincérité du témoin et la proximité des faits ne sont pas une garantie de vérité.

Ce document est pourtant intéressant, au moins à deux titres. D'abord à cause des lacunes qu'il contient, cinq ans seulement après les faits. Si, aujourd'hui, j'ai réussi à les combler en partie, c'est grâce au labeur incessant d'une reconstitution chronologique fondée sur des archives qui m'ont permis de ressusciter certains événements effacés, apparaissant en creux dans l'espace vide qu'ils occupaient.

Le second est la prudence que j'observe, au cours de mon témoignage, dans l'évocation des faits ou des propos concernant Moulin. Elle est renforcée par l'insistance que je mets à ce qu'ils soient recoupés par De Graaff, mon successeur au secrétariat de Lyon. Je l'interprète comme un souci d'équité à l'égard de Hardy, en dépit de ma conviction, dès lors que mon témoignage avait la gravité d'une accusation publique.

« *Grammont* [De Graaff] *pourra confirmer ou infirmer un souvenir qui m'est tout de même resté. Il me semble qu'au dernier repas pris avec Jean Moulin et Grammont, Jean Moulin, nous aurait dit qu'il y avait lieu de se méfier de "Fer" qui était un alias de "Hardy" alias "Didot".*

« […] *En tout cas j'insiste bien sur le point suivant : c'est que je crois avoir entendu parler de "Fer", "Didot" alias Hardy, pour la première fois par Jean Moulin, en présence de Grammont, au cours du dernier repas que nous avons fait ensemble. C'est pourquoi à mon sens il serait très utile que Grammont, puisse recouper ce renseignement que je vous donne ou le cas échéant l'infirmer*[1]. »

1980-1989 : la perplexité de l'historien

Après les procès Hardy, je ne lus aucun ouvrage sur cette période que j'évoquais, rarement, à l'occasion de rencontres de hasard avec d'anciens camarades convaincus, comme moi, que Hardy était coupable.

C'est pourquoi, lorsque, au début des années 1980, j'entrepris le premier brouillon de cet ouvrage, je décidai de le clore à la date du 21 juin 1943, à l'heure où la Gestapo fit irruption dans la maison du docteur Dugoujon. En effet, après avoir étudié les ouvrages d'Henri Michel, de Laure Moulin et d'Henri Noguères, ma certitude datant de l'Occupation s'était désagrégée. Je ne savais plus que penser. Dès lors que j'écrivais une biographie de Jean Moulin, m'adressant, au-delà de mes anciens camarades, à un large public, je ne pouvais lancer une accusation aussi grave contre un résistant sans apporter des preuves formelles. D'autant plus que Hardy avait été par deux fois acquitté. À cette réaction, il y avait d'autres motifs : je n'étais pas à Lyon au moment des faits et j'avais un pénible souvenir de cette affaire, qui demeurait entre les résistants une source de polémiques pouvant nuire à l'ouvrage que je tentais d'établir sur des documents irréfutables.

Enfin, il y avait un aspect moral que j'avais négligé à l'époque où la survie de la Résistance primait tout. J'avais, en effet, été frappé par la justesse d'une déposition d'Aubry en 1947 : *« J'ajoute que si, dans la Résistance, on avait fait un tribunal d'honneur, pour ma part je me serais abstenu parce que les faits que je vous raconte sont accablants, mais en même temps, j'ai connu Didot-Hardy avant tout cela et je sais le travail qu'il a fait dans l'état-major de l'Armée secrète*[2]. »

Je devais tenir compte, en dépit de mon hostilité, du fait que Hardy avait fait partie comme moi de cette infime minorité de rebelles qui avaient pris tous les risques pour clamer leur foi dans la France, préparer sa revanche et sa libération. Justification que Claudius-Petit avait partiellement formulée lors du procès : *« Si vraiment tous ceux qui ont combattu avec l'uniforme ou sans uniforme devaient être exécutés parce qu'ils ont, un jour, eu une défaillance même grave, alors je crois qu'il devrait y avoir beaucoup d'exécutions*[3]. »

Durant les années de recherche qui suivirent, je pris toutefois conscience, au gré des questions posées sur mon travail par des proches ou des inconnus, de l'importance de cet épisode aux yeux des résistants et du public. C'était, en général, la seule qu'on me posait sur mes recherches, jusqu'au jour où, ayant répondu une fois de plus que Caluire ne serait pas traité, un de mes interlocuteurs répliqua d'un air entendu : « Comme toujours dans ce genre d'affaire crapuleuse, ceux qui savent la vérité sont tenus ou se tiennent ! »

Je fus interloqué par ce soupçon car, ni plus ni moins que tout autre résistant, je ne détenais la vérité sur cette affaire. Je décidai par conséquent de traiter ce sujet sur lequel il fallait avant tout que je m'informe. Durant des mois, je lus ou relus des témoignages et des livres qui, je l'avoue, obscurcirent mon jugement plus qu'ils ne l'éclairèrent. Si bien que j'étais persuadé le matin de l'innocence de Hardy tandis que, le soir, sa culpabilité m'apparaissait évidente ! À mesure que j'avançais dans le dépouillement des dossiers, j'étais empêtré dans la masse des témoignages, dont l'éloquence convaincante emportait tour à tour mon adhésion.

Pourquoi le cacher ? Je fus sensible à l'argumentation développée par Hardy et aux plaidoiries de Me Garçon, répétant que la réunion de Caluire était connue par trop de monde, que des imprudences avaient été commises, qu'une douzaine de personnes en plus de Hardy étaient susceptibles d'avoir été surveillées et filées par la Gestapo. Il n'y avait pas besoin d'un traître alors que tant d'imprudents pouvaient être, eux aussi, responsables de la catastrophe sans être nécessairement coupables. Hardy les a passés au crible pour exonérer sa responsabilité.

« Parmi ces treize personnes, examinons les possibilités de surveillance allemande ou de fuites :

« — Lacaze : le colonel, je le rappelle, a un fils condamné et recherché ; son domicile familial est surveillé ; sa fille, malgré cette surveillance, continue à travailler dans la Résistance ; lui-même a un dossier à la police. Il a envoyé sa fille en reconnaissance porter une lettre au docteur Dugougeon [*sic*], *après lui avoir téléphoné. Lacaze dira aussi que, dès le 20 juin, il savait que les Allemands "étaient sur une affaire". Lui-même était physiquement connu des Allemands et, après son arrestation, l'Allemand Kleid lui rappela qu'il avait rencontré le général Vidal-Delestraint. Personnellement, je n'avais jamais vu le colonel Lacaze ; son rôle, d'ailleurs, n'était pas encore défini au sein de l'Armée Secrète.*

« — Lassagne [chargé de l'organisation matérielle de la réunion] *: je me suis suffisamment étendu sur son cas. »*

Hardy examine ensuite le cas des services de Jean Moulin : *« — Le service de de Graff* [*sic*], *autrement dit la Délégation générale de Max* [Moulin] *à Lyon, devenue depuis le 14 mai 1943 le Conseil National de la Résistance, le C.N.R. : deux agents de liaison ont été récemment arrêtés. En outre, si l'on en croit Hélène van Dievort, l'une des secrétaires — son témoignage a été recueilli en janvier 1947 par Georges Cotton — "le bureau de la rue Terme où elle travaillait n'était même pas fermé sérieusement. La clé était déposée derrière une glace où la femme de ménage la prenait chaque matin pour le nettoyage. Tous les papiers étaient en clair". Elle ajoute que de Graff était imprudent, "mais sa femme l'était encore plus...". »*

Puis viennent les autres participants : *« — Dugougeon : il a un frère milicien.*

« — Hardy : j'ai moi-même été arrêté et m'en suis expliqué

« — Aubrac : il avait été arrêté auparavant, puis libéré sur intervention de sa femme.

« — Bruno Larat : dit Xavier, a un de ses agents de liaison arrêté. »

Hardy choisit ses « innocents » : *« — Schwartzenfeld* [*sic*] *: son chef, Georges Cotton, du mouvement France d'Abord, a lui aussi été arrêté en mai 1943 et relâché. L'hypothèse est à exclure, nous le savons maintenant : Barbie n'a pas atteint ce réseau.*

« — Ainsi, seuls Schwartzenfeld, Serreulles et Bénouville, d'après ce que nous connaissons, sont dans une situation solide. Pour clore ce tour d'horizon, je rappelle l'arrestation à la fin de mai de Bertie Albrecht, la secrétaire de Frenay, entraînant la saisie de pièces importantes à Cluny. »

Hardy s'acharne en fait sur Lassagne et Aubry (avec qui il a rejoint Caluire) : *« Je comprends qu'étant responsable de la mise en œuvre de la réunion, Lassagne tente dans ses témoignages d'en démontrer la parfaite organisation. Les documents sont là, ils ne prêtent pas à contestation : un nombre très important de gens savent qu'une réunion va se tenir ; en outre, parmi les participants, la plupart sont susceptibles d'être déjà repérés par les services ennemis.*

« C'est si vrai que, le 25 juin 1943, quatre jours après leur arrestation, au cours de leur transfert à Paris, Aubry déclarera au docteur Dugougeon : "Barbie me suivait depuis longtemps, peut-être plusieurs semaines", et Lassagne également, qu'il avait l'impression d'être filé depuis longtemps. Quand le 21 septembre 1944, dans son rapport au commissaire Brives, le docteur Dugougeon rapporte cette conversation, il est suffisamment près des faits pour que sa mémoire ne le trahisse pas. Il la confirmera le 10 avril 1948 en disant que Lassagne, dans la cour de Montluc, lui avait indiqué qu'"à plusieurs reprises, depuis quelque temps, il avait l'impression d'être filé". »

D'où sa conclusion : *« Je n'étale ces faits pour incriminer personne, mais pour faire simplement admettre qu'on a été plutôt mal venu de me reprocher mes imprudences après mon arrestation à Chalon, et d'avoir poursuivi mon action. Les imprudences étaient répréhensibles mais inévitables. Les prudents n'étaient pas avec nous*[4]*. »*

Ces deux dernières phrases surtout me donnèrent à penser : quel résistant ne s'y reconnaîtrait pas ?

Profusion de coupables : hypothèses ou calomnies ?

Ma perplexité fut d'autant plus grande qu'elle n'était pas alimentée seulement par la masse des témoignages contradictoires. Avec les années, l'affaire Hardy s'était installée dans le statut des « grandes énigmes de l'histoire ». Après la justice, dont beaucoup mettaient en doute la compétence et l'impartialité, chacun refaisait à son compte un procès, en dépit du silence imposé par la loi sur la chose jugée. C'était une aubaine, pour les auteurs en mal de copie, d'agiter l'opinion en avançant des hypothèses, aussi fantaisistes soient-elles. C'est ainsi qu'au fil des années des coupables de substitution apparurent à foison.

L'enjeu n'était plus de connaître la vérité mais, grâce à des hypothèses souvent sans fondement, d'atteindre tel ou tel des protagonistes : de crapuleuse, l'affaire devenait politique. Les insinuations et les accusations se nuançaient à l'infini afin de s'adapter à l'objectif visé. Les chefs de Combat et leurs épigones, encombrés par cette affaire, innocentaient Hardy en se ralliant aux thèses de sa défense : l'imprudence généralisée en était la cause. Pour les communistes et leurs alliés, il fallait déconsidérer Frenay, Bénouville, Combat, avec une variante dans leur collusion supposée avec les services secrets américains ; les antigaullistes, au contraire, désignaient de Gaulle, les cagoulards de son entourage, le B.C.R.A. et enfin Moulin lui-même, en en faisant le propre instrument de sa perte ; les anticommunistes s'attaquèrent à Raymond Aubrac, en cherchant à atteindre, à travers lui, les communistes, enveloppant le tout d'un relent d'antisémitisme. Bien que chaque camp eût désigné son coupable, ces accusations étaient parfois difficiles à déchiffrer, tant étaient compliquées les interprétations où l'imagination s'ébrouait sans tenir compte de la réalité. Évidemment, cela se traduisait dans le public par des rumeurs contradictoires ressemblant à ces flux invisibles qui traversent la vie profonde des océans.

Tout historien devrait s'élever contre les accusations infondées, qui relèvent peu ou prou de la calomnie. Malheureusement, elles font les délices d'un public que son ignorance ou ses convictions préparent à croire les explications les plus fantasmagoriques, d'autant plus saugrenues qu'elles sont invérifiables. On peut le constater dans quelques-unes des accusations.

En 1945, époque où, pour les résistants n'appartenant pas à Combat, Hardy restait le coupable numéro un, la première diversion fut apportée par Henri de Kerillis, avec son livre *De Gaulle dictateur* (1945). Il accusait ouvertement de Gaulle et le B.C.R.A. d'avoir livré Moulin à la Gestapo afin de liquider un concurrent potentiel. *« Jean Moulin était venu de France à Londres, caché sous la dénomination de M. X... pour recevoir les ordres du général de Gaulle concernant l'organisation de la résistance en France. Le Général de Gaulle nomma M. X... membre du Comité National Français, le présenta aux plus hautes autorités anglaises, se servit de sa présence dans la capitale anglaise pour appuyer la thèse selon laquelle il était, lui le Général de Gaulle, le chef reconnu de la Résistance. Après quoi, il le fit ramener en France. Les Allemands mystérieusement prévenus, arrêtèrent aussitôt M. Jean Moulin, le supplicièrent et l'exécuteront*[5]. »

Kerillis, ennemi juré du Général, proclamait publiquement ce que les antigaullistes de Londres et de New York répétaient à satiété : de Gaulle était un fasciste utilisant tous les moyens pour prendre le pouvoir. Parmi de nombreux exemples de ces rumeurs, voici ce qu'affirmait Pierre Cot, en octobre 1943, à la veille de son départ à Alger à un diplomate américain : « [...] *Franchement, il s'attendait à être assassiné en Afrique du Nord, ayant observé que les gens qui ne s'entendaient pas avec de Gaulle habituellement disparaissaient*[6]. »

Après la libération, cette version se propagea en métropole à tel point que certains résistants ne reculèrent pas devant son utilisation. En 1983, au cours d'une conversation concernant le procès de Barbie, comme j'évoquais une fois de plus mes soupçons à l'égard de Hardy, Henri Noguères répliqua rudement : *« Mais il n'y a pas que lui. »* Devant mon silence, il ajouta : *« Vous ne trouvez pas étrange que Serreulles ait échappé à ces arrestations sous le prétexte naïf qu'il s'était trompé de lieu de rendez-vous ? Précisément une heure avant que ses camarades soient coffrés ? Pourquoi ne serait-il pas soupçonné lui aussi ? Après tout il arrivait de Londres où Passy et Brossolette haïssaient Moulin et tentaient de l'asphyxier en refusant de lui envoyer l'argent et les adjoints qu'il réclamait. Qui vous dit... »* Je lui coupai la parole tant j'étais horrifié d'entendre l'ancien président de la Ligue des droits de l'homme emboîter le pas à cette hypothèse à la fois absurde et odieuse. Il se calma brusquement : *« D'accord, vous avez raison. Mais cela vous prouve que toutes les hypothèses peuvent être échafaudées et argumentées. La vôtre n'est pas plus véridique que n'importe quelle autre. »*

Henri Noguères n'était pas le seul à penser de la sorte et Hardy insinuait lui aussi dans *Derniers mots* (1984) que Serreulles avait été l'instrument du B.C.R.A. assouvissant la haine de Brossolette à l'égard de Moulin. Pourquoi avait-il échappé à l'arrestation ? En ne se rendant pas à Caluire, n'avait-il pas révélé sa culpabilité[7] ?

Noguères, ne souhaitant sans doute pas analyser publiquement une calomnie aussi inadmissible, changea brusquement son fusil d'épaule en 1989 et désigna, pour faire diversion, un nouveau coupable, en la personne de Jean Moulin lui-même. Par une inexplicable et regrettable dérive, l'ancien résistant, avant de mourir, ne craignit pas d'accuser Moulin d'avoir été responsable des arrestations de Caluire : *« Une violation par Jean Moulin des règles essentielles de sécurité*

— trois quarts d'heure de retard à un rendez-vous — a rendu possible l'opération conduite par Barbie... lui-même arrivé trois quarts d'heure après l'heure prévue pour la réunion[8]. » Accusation d'autant plus odieuse que l'arrestation des résistants ne dépendit pas de ce retard. La Gestapo arrivant à l'heure du rendez-vous, tout le monde était coffré. Il en aurait été de même si Moulin avait été à l'heure, car jamais une réunion de cette importance ne se serait achevée en moins de deux heures. On peut donc voir dans cette hypothèse nouvelle un règlement de compte avec le général de Gaulle, tout ce qui touche à la mémoire de son représentant l'atteignant dans sa politique à l'égard de la Résistance. C'est pourquoi Charles Benfredj, avocat d'Henri Frenay, osa écrire : *« Pour quelle raison Moulin est-il donc* volontairement *arrivé avec trois quarts d'heure de retard au rendez-vous de Caluire*[9] *? »*

Jacques Baynac, utilisant l'hypothèse de Noguères, ne s'arrête plus en la matière aux réserves de forme. Il affiche une certitude : Moulin était filé par la Gestapo, à la suite d'un rendez-vous avec un agent des services secrets américains, lui-même repéré par les Allemands. Là tient toute la révélation de cet ouvrage dont les dernières phrases claquent comme un réquisitoire : *« Le gouvernement des États-Unis d'Amérique n'a jamais reconnu la responsabilité directe et indirecte de ses agents dans l'affaire de Caluire.* [...] *Plus fâcheux encore, il a pris Klaus Barbie sous sa protection et ne l'a manifestement abandonné à son sort qu'en sachant que celui-ci ne serait pas jugé en France pour l'affaire de Caluire.*

« Il n'est pas difficile de deviner ce qui avait valu pareil soutien à Barbie : il savait que la filature de Jean Moulin avait commencé le 19 juin, à l'occasion de la rencontre organisée par l'O.S.S. [10]. »

Le récit que fait Jacques Baynac de cette prétendue rencontre entre Jean Moulin et Brown, agent de l'O.S.S., qu'il tient pour un « fait établi », comporte plusieurs incohérences dans les détails qui militent contre la possibilité même d'une telle rencontre le 19 juin.

Il y a tout d'abord un doute sur la date de l'arrivée de Brown en France : est-ce aux premières heures du 19 ou du 20 juin 1943 ? (J'ai fourni une réponse à cette question plus bas dans un « Post-scriptum », au § V, « Parachutage de Frederic Brown : 19 ou 20 juin 1943 ? ».)

Ensuite, pour justifier la rencontre éventuelle avec Brown, Baynac doit prouver l'absence de Moulin à Lyon durant cette période. Il s'appuie donc sur une lettre de Moulin à sa sœur, datée du 17 juin à Nice[11]. En supposant que cette lettre prouve que Moulin était alors effectivement à Nice, Baynac manifeste son ignorance des stratagèmes qu'utilisait Moulin pour protéger sa clandestinité. À cette fin, il faisait porter des lettres à certains de ses amis dans des villes où il ne résidait pas afin d'égarer des recherches éventuelles. On sait, par exemple, que, lors de son séjour en Angleterre en 1941, il avait utilisé ce procédé avec sa sœur, qui reçut de lui plusieurs lettres préparées à l'avance et expédiées de Paris pendant son absence par sa cousine Marcelle Sabatier[12]. Ce procédé, je le connus par mes fonctions : Moulin l'utilisa au moment de la réunion du C.N.R., où il fit poster de Toulouse plusieurs lettres à différents correspondants. Quant au 17 juin 1942, Colette Pons-Dreyfus, qui s'occupait de la galerie de Nice, a, en outre, témoigné n'avoir jamais revu Moulin après leur rencontre de mai 1943 à Paris.

D'autre part, il y a le rendez-vous dont Baynac indique : *« Des documents mis au jour, qui s'enchaînent de façon cohérente dans le tableau d'ensemble, il ressort qu'au matin du 19 juin, "dans une ville du sud-est" qui ne peut être qu'Avignon, avant le départ du train de 9 h 43 pour Lyon, Jean Moulin a rencontré deux agents venus d'Alger "par la voie des airs", l'un probablement giraudiste, l'autre assurément OSS*[13]. »

D'abord Baynac néglige l'indication donnée par Brown, en mars 1944, répondant à un interrogatoire dans lequel il désigne la *« ville du sud-est »* en question : *« He went first to Toulon*[14]. »

De toute manière, il y a dans la précision fournie par Baynac une impossibilité matérielle concernant le retour à Lyon. Ce fait est démenti par différents témoignages aux procès Hardy, selon lesquels Moulin, irrité par l'absence prolongée d'Aubry, lui avait fixé un rendez-vous le 19 juin à 10 heures du matin à Lyon, rendez-vous auquel il se rendit effectivement[15].

Baynac révèle ce qui constitue, d'après lui, la conclusion tragique de l'entrevue avec Brown : *« Les Allemands connaissaient le jour, l'heure approximative, le lieu du rendez-vous Brown-Moulin. Il leur suffisait d'exercer une surveillance discrète autour de ce rendez-vous pour repérer Moulin en Avignon et le suivre jusqu'à Lyon. »*

Cela s'achève à Caluire : *« Trois jours plus tard, le 21, c'est sur les pas de Moulin, dans les cinq minutes qui suivent son entrée chez le Dr Dugoujon, que Barbie et ses hommes font irruption. S'ils y étaient arrivés en filant Hardy, ils auraient surgi quarante minutes plus tôt, et Moulin, alerté par le remue-ménage, les voitures, les gardes armés, les badauds attroupés, aurait passé son chemin.*

« La preuve absolue que Barbie suivait Moulin est que celui-ci est arrivé avec trente minutes de retard chez le Dr Dugoujon. Personne, absolument personne, ne pouvait le prévoir. Barbie n'a pu arriver à point nommé que parce qu'il savait que Moulin serait à la réunion et qu'il le filait[16]. »

Or, Baynac oublie deux éléments qui ruinent cette dernière hypothèse. Si Barbie suivait Moulin depuis quarante-huit heures, c'est-à-dire connaissait à la fois son apparence physique et son identité, s'il est entré sur ses talons chez le docteur Dugoujon, il est impossible de comprendre pourquoi il *ignore* dans un premier temps que Moulin assiste à la réunion. Puis, en ayant acquis la certitude qu'il se trouve parmi les personnes arrêtées, pourquoi lui faudra-t-il trois ou quatre jours pour identifier le représentant de De Gaulle, non sans l'avoir confondu avec Lassagne puis Aubry ? Baynac ne nous explique pas non plus pourquoi, selon lui, Barbie a attendu ce moment pour agir : pourquoi ne pas avoir arrêté Moulin plus tôt, pourquoi avoir prolongé de deux jours le risque de la filature, pourquoi avoir choisi l'objectif de la réunion de Caluire ? Passant outre ces anomalies, Baynac, imperturbable, tire la conclusion de sa thèse : *« Jean Moulin est tombé accidentellement, moins victime de la trahison que des circonstances*[17]. »

En effet, si trahison il y a eu, c'est celle dont fut victime l'agent américain dont Moulin fut victime par contrecoup, puis les autres hommes arrêtés à Caluire de son fait. Pourtant, Baynac est tenaillé par des hypothèses concurrentes. L'hypothèse Hardy, bien sûr, qu'il lui faut écarter, alors même qu'il est confronté à l'obstination des faits avérés : l'arrestation de Hardy par Barbie, ses visites à la Gestapo, ses mensonges sur le moment et plus tard, les archives allemandes qui l'accablent. Pour ce faire, Baynac commence par disqualifier les rapports allemands, en vertu d'arguments qui traînent partout depuis le début de l'affaire Hardy. Le rapport Kaltenbrunner, parce qu'il contient des inexactitudes, *« est le résultat d'une information partielle et partiale, le fruit d'une désinformation. Vicié, le rapport Kaltenbrunner est sujet à caution*[18] ».

Pour les mêmes raisons, « *le rapport "Flora" a l'air de recouper l'accusation venant de Barbie mais, en réalité, ne fait que la reproduire. "Flora" n'est pas une source indépendante. Il n'apporte rien*[19] », ce qui était l'argument même de Me Garçon.

Puis de longues et tortueuses démonstrations imbriquées les unes dans les autres doivent établir que, lors de son arrestation, Hardy n'a pas été identifié ; puis qu'il a été arrêté une seconde fois, le 12 juin ; mais qu'il a pu ruser avec Barbie, même si un chantage fut exercé par des menaces sur Lydie Bastien ; que son évasion à Caluire est authentique[20]. Bref, il avalise la version moyenne de Hardy.

Baynac est toutefois sensible au charme d'autres hypothèses tentatrices : l'hypothèse Aubry (cristallisée en l'espèce dans l'épisode du pont Morand). Sous quelques précautions oratoires, Aubry fait, au vol, l'objet d'une mise en accusation : « *Face à ces graves questions, et même si l'on se refuse à établir le moindre rapprochement avec cet officier français traître dont parle le rapport Kaltenbrunner du 27 mai 1943, on peut seulement espérer qu'une étude future permettra de laver Aubry de tout soupçon. En attendant, le plus probable est que, usé par trois années de clandestinité, Aubry était à bout de forces. Ses oublis avant Caluire le prouvent, son effondrement après le confirme. Tout indique qu'il n'observait plus les règles de sécurité. Et tout convie à penser qu'il était suivi en allant au pont Morand*[21]. » Aubry ferait donc un merveilleux coupable, mais il faudrait renoncer alors à l'hypothèse Moulin avec ses alléchantes implications politiques.

L'hypothèse de l'imprudence généralisée reprend les différentes pistes que j'ai déjà énumérées, sur lesquelles je ne m'étends donc pas. Je souhaite simplement mentionner l'exemple du sort fait dans ce cadre à Bruno Larat, dont le service, le C.O.P.A., est plus ou moins ridiculisé : « *D'une façon générale, la discrétion ne semble pas avoir été la caractéristique principale du COPA.* [...] *les habitants de l'immeuble avaient remarqué les allées et venues de jeunes aux allures mystérieuses, leur propension à brûler des papiers, leurs chuchotements*[22]. »

Excepté auprès des personnes qui s'intéressent de près à Caluire, Bruno Larat est un inconnu. Déporté après son arrestation, mort en Allemagne, presque oublié lors des procès Hardy, périodiquement sorti des oubliettes de l'histoire pour d'éphémères passages dans le décor de Caluire, il demeure si ignoré du public qu'il ne représente ni un enjeu de mémoire ni un appât éditorial. C'est peut-être la seule chance qui reste à ce volontaire de la France Libre, venu combattre en France pour un idéal au nom duquel il a perdu sa jeune vie.

Cette pauvre chance, Moulin ne la connaît pas. Il est maintenant jeté en pâture, caricaturé comme l'artisan de son propre martyre. D'autant que, si l'on suit Baynac, cette mort n'aura été que le fruit d'une trahison : la sienne à l'égard de De Gaulle... L'inanité de ce postulat de départ suffit à anéantir cette hypothèse rocambolesque[23].

Pendant que la coalition des antigaullistes tirait à boulets rouges sur Moulin, Passy et de Gaulle, tous les résistants adversaires de Combat emboîtaient le pas aux communistes afin de déshonorer Henri Frenay en le rendant directement responsable de cette affaire.

Une rumeur sourde cheminait dans les milieux d'anciens résistants, où revenaient les noms d'Henri Frenay et de membres dirigeants de Combat. Elle était née de la révélation publique de l'antagonisme entre Moulin et Frenay. De plus, Hardy, membre de Combat, ayant toujours été soutenu par Frenay et Bénouville, certains murmuraient que cette attitude dénonçait les véritables auteurs de la trahison. Antoinette Sachs, par exemple, rapporte ces rumeurs dans les carnets qu'elle a tenus au long de son enquête sur Caluire, donnant ainsi l'écho, souvent insaisissable, de ce qui se murmurait en 1944 ou 1945[24]. En 1980, une ancienne résistante de Libération m'interrogea sur mon travail. Je lui expliquai que je n'avais pas l'intention de traiter l'affaire de Caluire, trop obscure sur le plan de l'histoire, et elle s'écria : « Comment obscure, mais elle est limpide au contraire. C'est Frenay qui a livré Moulin à la Gestapo. » Horrifié d'entendre une telle calomnie, je me récriai, lui indiquant d'abord qu'il était parti à Londres cinq jours auparavant et qu'en dépit de ses antagonismes avec Moulin son honneur d'officier lui interdisait un tel crime. Mon interlocutrice se moqua de ma naïveté : « Croyez-moi, j'ai assisté à des conversations entre les dirigeants de Combat. Vous n'imaginez pas la haine qu'ils manifestaient à l'égard de Moulin. J'espère que vous aurez le courage de dire la vérité, sinon vous trahiriez la mémoire de votre ancien patron ! »

Ayant vécu, comme je l'ai dit, éloigné de mes camarades après la libération, j'ignorais tout des mœurs de ce milieu. J'étais abasourdi de ces propos. Heureusement, j'étais accompagné de Hugues Limonti, le chef courrier de Moulin, et de Maurice de Cheveigné, un de ses radios, qui tentèrent de me réconforter en me rappelant nos querelles anciennes avec les cadres de la Résistance.

Hardy lui-même n'hésita pas, dans les années 1980, à jeter le soupçon sur ses anciens camarades. Toute la tactique d'Aubry avait, selon lui, consisté à limiter au maximum les contacts du général Delestraint avec l'A.S., *« jusqu'à ce qu'Henri Frenay eût été à Londres et eût réglé le problème en haut lieu. Combat et les Mouvements Unis de la Résistance n'acceptaient pas, en fait, la nomination du général Vidal* [Delestraint] *à la tête de l'Armée secrète. Une conversation édifiante, à laquelle j'assistai, eut lieu à La Queue de Cochon, à Lyon, entre Aubry et Baumel. Et le voyage à Londres de Frenay, dont il fut question, n'avait pas d'autre objet que de protester contre cette nomination, si j'en crois ce que tous les hommes de la tendance Frenay ont bien voulu alors me confier. Les choses s'étaient envenimées au point qu'il fut question de "chambrer" Delestraint. "Il faudra le mettre au frais", avait dit précisément Aubry, et Baumel, je m'en souviens : "Nous marchons avec de Gaulle et... contre lui, s'il le faut[25] !"* »

Un troisième bloc, regroupant les résistants anticommunistes associés aux nostalgiques de l'Occupation, désigna de nouveaux coupables qui permettaient de faire coup double en disqualifiant les communistes et en assouvissant une rancœur antisémite. Cette opération fut orchestrée par Me Jacques Vergès, l'avocat de Barbie, à partir de 1983. Il accusait les résistants, Frenay, Bénouville, Hardy, mais aussi Aubrac, et interprétait même le suicide supposé de Moulin.

Cette attaque désigna Raymond Aubrac et Pierre Bénouville comme responsables de Caluire. Elle était particulièrement perverse car, alors que les autres étaient demeurées au stade des hypothèses indémontrables en dépit d'une apparence de justification nourrissant les rumeurs, elle s'appuyait sur une tentative de démonstration « scientifique » !

Cette thèse, que les journaux refusèrent de propager, serait demeurée confidentielle si Me Vergès n'avait publié ses conclusions, dénonçant un complot des chefs de la Résistance contre Moulin. *« Non, Jean Moulin n'a pas été, comme on l'a dit, effacé du monde par la barbarie nazie, mais livré aux Allemands par d'autres résistants agissant pour des raisons personnelles et des raisons politiques de pouvoir et d'intérêt, protégés eux-mêmes, pour les mêmes raisons, par leurs camarades de combat*[26]. »

Mais c'est contre Aubrac, victime de Caluire épargnée jusque-là, que se portèrent les accusations les plus précises. On annonçait que *« quarante ans plus tard »* on découvrait que Hardy avait *« servi de bouc émissaire »*. Dans un film tourné par Claude Bal sur Hardy, *La vérité est amère*, Vergès disait : *« Aubrac est la troisième personne au rendez-vous de Caluire qui nous doit des explications sur sa situation parce que René Hardy n'est pas le seul participant à la réunion de Caluire que Barbie a remis en liberté : Aubrac aussi est, je dirai en liberté provisoire de Barbie ce jour-là*[27]. » Cette accusation avait une origine : les recherches de Gérard Hisard dans les années 1980.

Hisard s'avisa que le rapport allemand du 27 mai 1943 sur l'A.S. indiquait que les arrestations de la rue de l'Hôtel-de-Ville, à Lyon, s'étaient déroulées le 13 mars et non le 15, comme tous les documents français ayant trait à cette affaire l'attestaient. Aussitôt, il vérifia la date portée dans les dépositions des témoins aux procès Hardy et constata qu'ils donnaient, y compris Aubrac lui-même, celle du 13 mars. Il en déduisit que les Allemands avaient arrêté Aubrac le 13 mars et que, grâce à lui, deux jours plus tard, ils avaient arrêté Ravanel et ses camarades, rue de l'Hôtel-de-Ville. Devenu un contre-agent libéré par Barbie, Aubrac avait, par la suite, conduit les Allemands à Caluire.

Peut-être ces accusations auraient-elles rejoint le marécage nauséeux des calomnies confidentielles si Me Vergès, en devenant l'avocat de Barbie, ne les avait fait endosser à l'ancien nazi sous forme d'un document accusant Aubrac d'avoir été un de ses agents. Il fit signer par Barbie ce texte présenté comme « testament » et le versa au dossier de l'instruction. Bien que le scandale fût grand dans les coulisses où l'on évoquait ce document secret, l'affaire n'aurait pas eu d'autre suite (Barbie étant mort) si un journaliste lyonnais, Gérard Chauvy, ne l'avait publié en 1997, assorti de nombreux documents inédits et authentiques révélant que les Aubrac, dans leurs témoignages successifs depuis la Libération, avaient toujours mentionné la date du 13 mars pour l'arrestation de Raymond Aubrac, au lieu du 15, et celle du 14 mai pour sa libération, alors qu'en fait il fut libéré le 10[28]. Aucun ancien résistant ne fut surpris de ces variations de la mémoire que chacun avait pratiquées involontairement. Mais, pour expliquer ce décalage, Chauvy égrena les insinuations, soulignant que Barbie, toujours plus direct, prétendait qu'il avait retenu Aubrac quatre jours afin de le préparer à sa mission[29].

La vérité est heureusement moins sinistre. La date du 13 mars 1943 se trouve effectivement dans le rapport allemand cité, mais dans *celui-là seul*. Or, Aubrac et ses camarades n'ont pas été arrêtés par les Allemands mais par la police française. Par ailleurs, on sait par les documents la cause de ces arrestations, conséquence de la découverte de l'adresse sur un courrier arrêté, lui, le 14 mars. Tous les documents, sans exception, portent la date véridique du 15 mars 1943 comme étant celle de l'arrestation d'Aubrac et de ses camarades rue de l'Hôtel-de-Ville. On peut donc légitimement penser que, dans le rapport allemand (seul de son espèce jusqu'à ce jour et rédigé à Berlin d'après d'autres comptes rendus), cette date est une erreur de frappe.

Dès lors qu'il est établi qu'Aubrac a été arrêté le 15 mars et libéré le 10 mai, l'accusation s'effondre. D'autant plus que, jamais avant ce fameux « testament », ni Barbie ni quiconque ne fit la moindre allusion à une possible implication d'Aubrac dans cette affaire. Aujourd'hui que des documents probants désignent au contraire un coupable, il est certain qu'Aubrac n'a pas conduit la Gestapo à Caluire. L'unanimité des spécialistes de l'histoire de l'Occupation s'est faite sans aucune restriction sur ce point.

Enfin, une dernière catégorie d'élucubrations impute Caluire à une manœuvre motivée par le communisme et/ou la fonction d'agent soviétique de Moulin. On y trouve pêle-mêle les fantasmagories de Charles Benfredj, qui essaie de suggérer, si j'ai bien compris, que Moulin a fait l'objet d'un échange entre Soviétiques et nazis. Ce qui l'amène, ni plus ni moins, à oser la question : *« Qui se trouve donc au Panthéon*[30] *? »*

Or, au contraire, il s'était agi pour les vichystes mal repentis, aidés des Américains et éventuellement de l'Abwehr, de se débarrasser discrètement d'un Moulin décidément trop à gauche. C'est la thèse de Michel Cuny et Françoise Petitdemange (1995) qui incriminent le colonel Groussard, la Cagoule et Pierre Bénouville[31].

Jacques Baynac a salué ce délire en le qualifiant d'*« ouvrage astucieux*[32] *»*, ce qui ne surprend pas si l'on sait que Cuny et Petitdemange sont les premiers à avoir imaginé l'explication d'une divergence fondamentale entre de Gaulle et Moulin, explication dont Baynac s'est emparé pour aboutir à des conclusions opposées et faire de Moulin un agent américain[33].

J'ai indiqué quelques-unes des principales calomnies, mais il en existe et il en existera bien d'autres. Dans ce genre d'affaire, l'imagination est inépuisable. Par exemple, pour minimiser le rôle de Hardy, l'équipe Frenay (et la presse à sensation) dénonça en Lydie Bastien une femme fatale qui aurait bien pu être le véritable auteur de la trahison. On voyait en elle un agent de la Gestapo, une Mata-Hari. Dans les années 1980, Bourdet évoquait encore cette hypothèse : *« L'attitude de Barbie devient beaucoup plus explicable. S'il était sûr de Lydie Bastien, si celle-ci était une "agente allemande régulière", il pouvait se permettre de ne pas se presser et de laisser à Hardy une "laisse" extrêmement longue, certain de pouvoir le rattraper à tout moment* [...].

« [...] *La rencontre de René Hardy et de Lydie Bastien, quelques mois plus tôt dans un café de Lyon, n'était pas fortuite, mais* [...] *l'on avait demandé à Lydie de gagner la confiance d'un personnage déjà vaguement connu des Allemands.* [...] *L'affaire du train était un accident que la Gestapo n'avait pas recherché,* [...] *Lydie a pu au début ne pas tout révéler des activités de son ami. En tout cas tout ceci demande des recherches*[34]. » Toutefois, malgré des recherches approfondies sur le rôle équivoque que Lydie Bastien tint dans les relations périlleuses que Pierre Bénouville avait nouées avec Raymond Richard (agent de renseignement à la fois de Vichy et de l'armée allemande) par l'intermédiaire du groupe collaborationniste M.S.R., Pierre Péan n'a pu établir ni l'implication certaine de Lydie Bastien ni l'existence formelle d'un lien entre ces dangereuses fréquentations et l'affaire de Caluire[35]. Peut-être la consultation du dossier d'enquête sur Richard révélera-t-elle, à l'avenir, des éléments plus décisifs.

Je citerai également, à titre d'exemple de ces élucubrations, celle d'un historien qui cherche à répondre dans cette affaire à la question : à qui profite le crime ? Aux *« Soviétiques par personnes interposées qui peuvent craindre que la politique de Moulin ne fasse de la France le contraire de la Yougoslavie. La politique de Moulin peut conduire à la perte de toute autonomie des forces communistes »*.

Aux *« Américains qui en veulent à Moulin d'avoir liquidé la filière suisse et qui savent le rôle qu'il a joué pour mettre la Résistance au service de De Gaulle »*.

Aux *« Britanniques parfaitement capables de liquider ou de laisser liquider un réseau au nom de la raison d'Etat.* [...] ».

« Toutes ces hypothèses sont tout à fait hasardeuses mais pas plus "stupides" en définitive que celles qui ont été émises sur la culpabilité possible mais non prouvée de Hardy[36]. »

Cette dernière phrase, dont l'auteur n'a pas l'apanage, est révélatrice d'un état d'esprit, même chez des historiens d'une tout autre intelligence et d'un tout autre sérieux. Une question est donc posée qui mérite réponse : toutes les hypothèses sur l'affaire de Caluire se valent-elles ? N'existe-t-il aucune d'entre elles qui soit plus probable que d'autres ? Abordées sous cet angle particulier, une méthode se dégage, désignée par les meilleurs spécialistes de cette question, Dominique Veillon et Jean-Pierre Azéma : *« L'historien qui veut reprendre l'affaire de Caluire dispose de peu d'éléments sûrs et neufs. A vrai dire seuls les rapports allemands et quelques documents ont permis d'enrichir le dossier.*

« Au centre, il faut placer le second rapport Kaltenbrunner du 29 juin 1943[37]. »

En effet, si l'on refuse de se cantonner à la thèse du « tous responsables parce que tous imprudents », il faut bien qu'il y ait eu un coupable. Coupable qui ne sera pas révélé par d'audacieuses constructions de l'imagination ou par des entêtements de règlements de compte, mais par le travail historique habituel : examen critique des documents et recoupement des sources entre elles pour établir les faits.

Le choix d'une méthode

C'est à cette conclusion que j'aboutis au terme de mon expérience. Afin de mieux comprendre le déroulement de cette affaire, je décidai d'oublier tout ce que j'avais découvert au cours de mes recherches et de mes lectures et, remontant le temps, de reprendre l'affaire Hardy à sa naissance, le 21 juin 1943, telle que je la connus dès l'annonce de l'arrestation de Moulin à Paris le 22 juin à 18 heures, au métro Châtelet. À partir de là, je parcourus à nouveau les étapes des révélations successives qui jalonnèrent les années 1943-1950.

On sait que les résistants se divisèrent à l'époque en deux camps : ceux, majoritaires, qui crurent aussitôt à la culpabilité de Hardy ; ceux, minoritaires (surtout des responsables de Combat), qui proclamèrent son innocence.

Les premiers fondaient leur jugement sur deux faits : Hardy avait rendez-vous le 9 juin, à Paris, avec le général Delestraint. Or, le général et ses collaborateurs avaient été arrêtés, tandis que, seul, Hardy était libre. On en déduisit soit que Hardy (pour une raison inconnue) avait livré le général à la Gestapo ; soit que, arrêté en même temps que lui, il avait été relâché à condition de livrer d'autres résistants. Ses évasions surprenantes à Caluire, puis à l'hôpital, renforçaient cette thèse.

Face à cette accusation, Hardy, soutenu par les dirigeants de Combat, répondait qu'il n'avait jamais eu connaissance d'un rendez-vous avec Delestraint à Paris, où il se rendait pour d'autres raisons ; qu'il n'était donc en rien responsable de son arrestation ; qu'il n'avait jamais été en contact avec les Allemands avant le 21 juin ; et, par conséquent, qu'il ne pouvait être coupable d'avoir livré Caluire.

Ce dialogue de sourds dura dix-huit mois, sans que l'un des camps puisse l'emporter en s'appuyant sur des preuves tangibles. Or cette situation fut soudain débloquée à l'automne 1944 par la découverte du rapport Flora. Ainsi, je compris cette évidence : alors que la multiplicité des présomptions et des accusations était neutralisée par des témoignages de sens opposé, un seul document prenait Hardy en défaut et l'envoyait en prison.

Cette observation fut pour moi une illumination. Le cheminement que je venais d'effectuer à partir des événements de 1943 afin de vérifier à quel moment, dans quelles circonstances et pourquoi une partie de la vérité était apparue, m'imposait la méthode que je devais suivre.

En effet, à la suite du rapport Flora, j'observai que c'est un autre document de Kaltenbrunner, découvert en 1946, qui approfondissait ma connaissance de l'affaire. Et, en dépit des dénégations de Hardy et de son premier acquittement, c'est un troisième document, le bordereau des Wagons-lits, révélé en 1947, qui tranchait définitivement sur un point commandant le reste de cette affaire et contraignait Hardy aux aveux.

Or, simultanément, je constatai que, avant la mise au point de Veillon et Azéma, tous les autres historiens avaient fait peu de cas des deux documents allemands. Au point que Noguères, qui fut considéré longtemps comme l'analyste le plus minutieux de cette affaire, ne consacrait que deux pages au rapport Kaltenbrunner sur les deux cent quatre-vingts de son ouvrage. Encore le faisait-il sous un titre dévalorisant, « Les anomalies du rapport Kaltenbrunner », où il annonçait sa condamnation par une phrase méprisante : *« Cette énumération comporte toutefois une inexactitude si flagrante qu'elle suffit à mettre l'ensemble en question*[38]. *»* Il se ralliait ainsi au doute sur sa validité émise par l'avocat de Hardy.

Ce rapport de même que le rapport Flora méritent-ils un tel mépris ? Sont-ils un tissu de mensonges et de calomnies ? N'apprennent-ils rien à l'historien et, d'abord, sont-ils des documents authentiques ?

Ces questions, personne ne peut les éluder. Personne ne semble s'être avisé, avant Dominique Veillon et Jean-Pierre Azéma que, cette affaire ayant été menée de bout en bout par les Allemands, il est préférable, en toute logique, de commencer par connaître leur point de vue (tout en le vérifiant !), plutôt que de consacrer des pages et des pages aux variations presque infinies des témoins.

Les vérités des rapports Flora et Kaltenbrunner

Comme je l'ai dit, c'est uniquement la découverte des documents allemands et français qui a fait progresser notre connaissance de l'affaire Hardy : rapports Flora (1944), Kaltenbrunner (1946), Wagons-lits (1947). Ce que Dominique Veillon et Jean-Pierre Azéma ont résumé : *« Dans nos recherches, nous n'avons trouvé aucune preuve formelle de la culpabilité du chef de l'organisation sabotage-Fer* [Hardy], *pas plus du reste qu'il n'existe un quelconque document innocentant*

René Hardy[39]. » Ce point capital doit être répété : chaque document a confirmé l'accusation, aucun ne l'a infirmée.

Enfin, dernière remarque, de l'avis de tous les historiens, il s'agit de pièces authentiques, même rédigées par les hommes honnis de la Gestapo, simples pièces administratives, *« de toute évidence* [...] *en aucune façon destiné*[es] *aux tribunaux français de l'après-guerre »*, selon la formule de Noguères[40]. Même si les rapports recèlent quelques erreurs inhérentes aux papiers de cette espèce, même si, en l'occurrence, ils appartiennent à la comptabilité de la torture et de la mort, dès lors que l'on a exercé la critique externe et interne, il ne reste guère de place aux divergences.

Ces documents ont permis, en effet, d'établir plusieurs faits irréfutables que, sans eux, nous ignorerions toujours. Que nous apprennent-ils ?

— L'arrestation de Multon à Marseille est à l'origine de tout.
— Il a permis de surveiller la « boîte aux lettres » de Hardy à Lyon.
— Il a découvert le rendez-vous entre Hardy et Delestraint.
— Il s'est rendu à Paris pour arrêter Delestraint et ses camarades.
— Il a reconnu Hardy dans le train pour Paris.
— C'est à cause de lui que Hardy fut arrêté à Chalon.
— C'est Barbie qui a pris livraison de Hardy à Chalon.
— Barbie a interrogé Hardy et l'a remis en liberté.
— C'est Hardy qui a conduit Barbie à Caluire.
— C'est grâce à une « mise en scène » qu'il a pu s'évader.

Ces révélations des deux rapports sont-elles vraies ou fausses ?

Examinons d'abord les erreurs contenues dans les deux rapports.

Il est exact qu'ils présentent des erreurs de dates, des confusions de pseudonymes, de noms ou de fonctions. Ce sont des accidents mineurs que l'on observe dans nombre de documents appartenant aux archives de la Résistance et qui n'entachent en rien la crédibilité de ces pièces. Plus graves cependant sont les lacunes, comme l'absence des noms d'Aubrac et de Moulin, et carrément étonnant le récit de l'arrestation de Heilbronn, collaborateur de Hardy.

L'absence du nom de Moulin s'explique aisément. Le rapport Kaltenbrunner a été rédigé à Berlin à partir d'un ou plusieurs rapports-télégrammes de Barbie, et probablement de son premier rapport, écrit à Lyon, soit le 21 juin dans la soirée, soit plus probablement dans la journée du 22 ou du 23 puisqu'il intègre le récit des perquisitions effectuées chez des personnes arrêtées. Adressé à Paris, puis recopié ou retransmis à Berlin, il est timbré du 29, ce qui semble un délai normal de Lyon à Berlin à une époque sans fax ! Les informations qu'il contient sont en partie dépassées par les développements de l'affaire que nous connaissons aujourd'hui, la plus importante étant l'identification et l'agonie de Moulin. Si son nom est absent, c'est, et nous le savons, que Barbie ne l'a pas identifié immédiatement. Était-il sûr de sa présence parmi les résistants arrêtés, on n'en a aucune certitude. Il était donc préférable pour lui, vis-à-vis de Paris et de Berlin, de feindre d'ignorer sa présence, quitte à claironner sa découverte par la suite, plutôt que le contraire, ce qui, administrativement, eût été une faute. On ignore la date à laquelle la véritable identité de Moulin fut découverte. Il est possible que ce fût le 25 juin, comme l'indique le rapport Flora, en attribuant cette date à son arrestation. L'absence du nom de Moulin n'est donc pas une anomalie.

Au contraire, celle du nom d'Aubrac n'est pas, aujourd'hui encore, élucidée : Aubrac lui-même ignore les raisons pour lesquelles les Allemands l'ont gardé à

Lyon et, les documents allemands faisant défaut actuellement, il faudra attendre de nouvelles découvertes dans les archives pour connaître la réponse.

Reste l'arrestation de Max Heilbronn. On sait que la Gestapo voulait lui faire avouer qu'il était Hardy. Tout le monde en a conclu que Hardy ne pouvait l'avoir donné, comme l'affirme le rapport. Pourtant, une explication semble possible : une autre équipe de la Gestapo procéda à cette arrestation en ignorant que Hardy était déjà entre les mains de Barbie. Le rapport de Barbie aurait voulu s'arroger le mérite de ce qui était une bavure. Dans l'incertitude, il n'en reste pas moins vrai que cette bizarrerie affaiblit partiellement la crédibilité du document.

Même s'il n'y a pas d'explication, on ne voit pas, contrairement à ce que dit Noguères, en quoi un seul élément inexact peut infirmer la totalité d'un rapport, dont on constate par ailleurs qu'il correspond point par point à la vérité. Ce tri nécessaire, qui s'appelle la critique interne du document, est un des pièges du travail de l'historien.

Jusqu'à la découverte des deux rapports, on ne savait rien, en revanche, de la manière dont les Allemands avaient découvert le rendez-vous Delestraint-Hardy. Ces documents (dénoncés comme faux par son avocat) le disent, et rapportent les conditions dans lesquelles Delestraint et ses collaborateurs avaient été arrêtés. En d'autres termes, grâce à ces documents, et à eux seuls, Hardy est à jamais innocenté de ce crime. Première révélation.

La seconde est la découverte de l'arrestation de Hardy par les Allemands à Chalon. Or, durant trois ans, Hardy nia l'évidence contre la preuve du témoignage de son compagnon de voyage qui avait été arrêté en même temps que lui. Il fallut attendre la découverte d'un autre document (français celui-ci), pour que Hardy fût obligé d'avouer la vérité.

Que ces documents aient permis d'élucider deux sur trois des accusations formulées contre Hardy ne prouve pas que la troisième (la trahison de Caluire) soit vraie. Cependant, il est impossible de prouver dans l'état actuel des archives que, sur ce point, le rapport ait menti.

Cet examen permet de conclure. Le rôle direct de Hardy dans l'arrestation de Caluire reste une hypothèse aux yeux de beaucoup, infirmée par deux acquittements judiciaires. Il n'en demeure pas moins que cette hypothèse concorde avec les documents qui, rejetés en ce qui concerne le rôle de Hardy dans les arrestations de Caluire, ont vu leur valeur reconnue par ailleurs[41]. Enfin, aucune autre hypothèse ne s'ajuste autant avec les faits.

Emmanuel d'Astier résumait avec tristesse : *« C'est l'un des nôtres, Hardy,* […] *bon organisateur, trop glorieux et de faible caractère, qui, englué dans une légèreté, un mensonge et une femme, a permis à la Gestapo de tirer le fil*[42]. »

Dominique Veillon et Jean-Pierre Azéma arrivent à la même conclusion dans une formulation d'autant plus sûre qu'elle est prudente et modérée : *« Nous insistons sur ce point — dans ce genre d'histoire immédiate, si l'on privilégie les sources écrites contemporaines de l'événement comme nous pensons que doit le faire l'historien, le rapport Kaltenbrunner et le rapport Flora, quelles que soient leurs imperfections, pèsent lourdement dans le sens de la culpabilité de René Hardy*[43]. »

« Judas était parmi nous »

Aujourd'hui, il y a toujours des résistants ou des auteurs qui, pour des raisons qui n'ont rien à voir avec l'innocence ou la culpabilité de Hardy, repoussent l'accusation portée contre lui. Si Hardy a toujours nié lui-même être coupable des arrestations qu'on lui imputait, le plus intéressant dans sa défense fut un argument qu'il développa dans une lettre de l'été 1945, adressée de sa prison à Pierre Bénouville. Sa thèse était que, quelle qu'ait été son « imprudence » dans cette affaire, il n'était pas le seul à en avoir commis. Était-ce une allusion au fait que Bénouville l'avait envoyé à Caluire ? Ou désignait-il d'autres responsables ? À son ami qui le pressait de dire la vérité, il répétait à satiété : *« Oui, je veux que la lumière se fasse mais aussi je voudrais que ceux qui portent des responsabilités possibles dans toute cette affaire ne profitent pas d'une liberté qui leur permet d'employer tous les moyens pour se dégager alors que je suis ici prisonnier*[44]*. »*

On ne s'étonnera pas de l'attitude de ses partisans. En avançant plusieurs explications à cette catastrophe, ils défendent une position politique contre telle tendance de la Résistance, ou contre celle-ci en général.

Parmi les arguments qui ont contribué à l'acquittement de Hardy, quatre méritent une mention particulière, repris par de nombreux commentateurs : disqualification des rapports allemands ; absence de sécurité de la réunion ; imprudences ; enfin, non-arrestation des dirigeants de Combat.

— La valeur des documents allemands, fussent-ils nazis et émanant de la Gestapo, n'est pas *a priori* plus douteuse pour les historiens que celle de n'importe quel autre document. Lorsqu'on constate la fantaisie, pour ne pas dire les mensonges, de certains témoignages français, on est surpris de leur voir attribuer tant de crédit, simplement parce qu'ils servent à conforter une thèse. On lit, par exemple, sous la plume de Noguères, à propos du rapport Flora : *« Source allemande, donc à ne pas utiliser sans réserve*[45]*. »* Certes, l'historien a le devoir d'examiner ces sources avec précaution et d'exercer sur elles la critique externe et interne mais ni plus ni moins que sur toutes les pièces d'archives, quelle que soit leur origine. C'est en fonction des recoupements avec les faits connus, avec les autres documents (éventuellement les témoignages) que leur valeur est déterminée. En l'occurrence, bien qu'ils émanent des bourreaux et en dépit de quelques erreurs, ceux-ci ont, hélas ! plus de valeur que la plupart des témoignages *a posteriori* des résistants qui en furent victimes.

— Le chef des groupes francs de Lyon a révélé qu'on avait refusé sa proposition de protéger militairement la réunion. Tous les acteurs et les historiens ont reproduit à satiété ce témoignage, en dénonçant une faute capitale dans la préparation. Or cet argument est faux : jamais une réunion de cette importance, par le nombre et la qualité des participants, n'a été protégée militairement, qu'il s'agisse des comités de coordination à Lyon et à Paris, des réunions du C.G.E., des états-majors sud et nord. D'ailleurs, la réunion de constitution du Conseil de la Résistance, comportant dix-sept participants, était connue de très nombreuses personnes tant à Londres qu'en France, puisqu'elle avait été décidée en Angleterre en février 1943 et avait fait l'objet de longues négociations avec différents interlocuteurs, tous recherchés. Un télégramme annonça, en mai, sa constitution et fut repris dans les journaux londoniens et la B.B.C. deux semaines avant la réunion. Enfin, à la dernière minute, la réunion avait été décommandée par écrit et reportée de deux jours. Jamais, une réunion ne fut préparée durant tant de mois et ne fut connue de tant de personnes, secrétaires, adjoints, participants, tant à Lyon, à Paris qu'à Londres même. Elle n'était pas protégée militairement mais se déroula sans accroc. Il en fut de même après la disparition de Moulin, pourtant aucune réunion de chefs ne fut découverte. La mise au courant d'une dizaine de personnes supplémentaires aurait aggravé un danger qu'on cherchait à prévenir.

À propos du billet « en clair » expédié par Aubry à Hardy, les commentateurs qui n'ont pas vécu cette période n'ont pas de mots assez durs pour en condamner la légèreté. Toutefois, il est plus étonnant que Noguères la dénonce avec la même vigueur. Ce n'était pas une exception, c'était la routine.

Les commentateurs confondent deux sortes de correspondances. Celles qui arrivaient ou partaient pour Londres et étaient entièrement chiffrées pour les télégrammes et partiellement pour les rapports. Quant à la correspondance intérieure de la Résistance, ce que l'on appelle « codage » était l'utilisation de formules convenues, du genre « à la même heure que la dernière fois », « au pied du monument où je vous ai rencontré lors de notre premier rendez-vous » ou « à la villa où habite l'homme à la moustache », etc., les noms utilisés étant toujours des pseudonymes.

Mais, il faut le répéter, dans certaines circonstances, en particulier pour des nouveaux venus, certains noms et, concernant de nouvelles boîtes aux lettres, de véritables adresses étaient donnés en clair. En dix-huit mois, j'ai rédigé et reçu des centaines de billets appartenant à toutes les catégories, y compris la dernière. Si l'on s'en offusque aujourd'hui, c'est la faute de l'oubli ou de l'ignorance.

— La mise au point vaut pour les imprudences commises à Caluire. Cette accusation, comme les précédentes, relève de l'anachronisme[46]. Fondée sur les récits des résistants après la Libération, elle n'a pas plus de valeur. Dans un souci louable de prouver la respectabilité et l'efficacité de la Résistance, ils ont construit une image idéale de leur pratique quotidienne, contraire à l'expérience et à la vérité[47].

L'accumulation des imprudences à Caluire étonne en regard de la perfection supposée des procédures. On est surpris d'observer une telle pagaille autour de Moulin. Du coup, tous les auteurs y voient la preuve d'un complot et, à tout le moins, d'un « mystère ». En dépit du romanesque de cette interprétation, il faut dire avec force que les cafouillages de Caluire ne furent pas l'exception, mais la règle. Aucun résistant, s'il a une mémoire précise et de la sincérité, n'aura été surpris du fonctionnement anarchique de la Résistance et du comportement irresponsable des résistants que les procès Hardy révélèrent. Pour les historiens, c'en est une des informations les plus instructives. Les témoignages involontaires des résistants leur découvrent le réel de la vie clandestine.

Imprudences, certes, mais on ne peut mettre sur le même plan les « oublis » d'Aubry et le retard de Jean Moulin : Aubry « oubliant » de prévenir Delestraint que le rendez-vous avec Hardy était connu de la Gestapo, et donc responsable de son arrestation ; Aubry également, « oubliant » de prévenir Moulin que Hardy était invité à la réunion et empêchant Moulin, qui était sur ses gardes, de s'opposer à sa présence.

Par ailleurs, Bénouville porte une lourde responsabilité car, connaissant par Rachline l'arrestation de Hardy, il le désigna pour représenter Combat à Caluire, au lieu de le « mettre au vert ».

Dimension shakespearienne d'un drame où le hasard joua lui aussi son rôle et infléchit le destin : c'est ainsi qu'une réunion du premier Comité de coordination interzone avait été prévue à Paris le 21 juin. Moulin l'avait décommandée le 10 à cause du travail qu'il avait encore à effectuer à Lyon (il ignorait alors l'arrestation de Delestraint) et avait fixé son retour à Paris pour le 25 juin.

Autre maléfice du hasard, Moulin, qui était toujours d'une exactitude militaire dans ses rendez-vous, arriva ce jour-là avec quarante-cinq minutes de retard. Personne n'a encore expliqué pourquoi il est parti, selon les témoins, de la place Bellecour à 14 heures, l'heure du rendez-vous, alors qu'il fallait environ quarante-cinq minutes pour se rendre à Caluire !

La Gestapo, pour une raison également mal expliquée, est arrivée elle-même avec quarante-cinq minutes de retard par rapport à l'heure de la réunion, c'est-à-dire quelques minutes après Moulin. Or, si la Gestapo était arrivée à l'heure, à 14 heures, Moulin ne serait probablement pas tombé dans le piège. La conjonction des deux retards a noué sa tragédie personnelle.

— Enfin, l'argument qui, sans doute, a le plus contribué au premier acquittement de Hardy fut une contradiction irréductible, selon ses défenseurs, entre deux faits : contrôlé par les Allemands, Hardy n'avait livré aucun bureau, aucun domicile, surtout aucun de ses camarades de Combat.

Cet argument en faveur de l'innocence de Hardy paraît à première vue irréfutable ; il est pourtant l'un des plus faibles. Pouvait-il « donner » ses camarades sans que ceux-ci découvrent l'origine de la trahison et l'exécutent aussitôt ? Au contraire, en révélant la réunion de Caluire, Hardy ne pourrait être soupçonné d'avoir trahi, puisque, d'une part, il n'en connaissait pas le lieu avant de s'y rendre et, d'autre part, était arrêté lui-même avec les autres participants. Pour les Allemands, cette solution, à condition d'y mettre les formes, permettait de conserver un indicateur au-dessus de tout soupçon. Ainsi, le fait que ses camarades de Combat n'ont pas été inquiétés n'autorise nullement à conclure que Hardy n'a pas livré Caluire.

De plus, l'arrestation des responsables militaires ne touchait pas directement les membres de Combat, à l'exception d'Aubry, qui était le responsable direct de l'arrestation de Delestraint et compromettait Combat. Parmi les participants, Bruno Larat était un jeune officier de la France Combattante, aux ordres de Delestraint et en conflit permanent avec Combat sur les livraisons d'armes ; les colonels Lacaze et Schwartzfeld appartenaient au mouvement France d'abord, qui avait refusé la fusion avec Combat et s'apprêtait à assurer l'intérim du général Delestraint ; Aubrac était le représentant militaire de Libération, mouvement auquel appartenait également Lassagne, en rivalité permanente avec les dirigeants de Combat. Enfin, il y avait Moulin. Hardy lui-même a décrit la détestable opinion qu'en avaient les hommes de Combat.

En livrant Caluire, Hardy pouvait avant tout préserver la structure de l'organisation à laquelle il appartenait. En 1984, il insistera sur le fait que *« personne en dehors de ce crypto-communiste de Jean Moulin n'a été inquiété, du fait de mon arrestation, n'en a souffert*[48] *»*. Ce qui est presque un aveu, selon Noguères, *« sous-entendu, bon débarras*[49] *»*. Quoi qu'il en soit, le soulagement de Hardy est fondé sur une comptabilité inexacte. Bruno Larat et le colonel Schwartzfeld sont morts en déportation et Lassagne a succombé en 1953 des suites de la sienne.

En dépit de cette conclusion d'historien, il me paraît équitable, en tant que résistant, de laisser le dernier mot sur cette affaire à Pierre Bénouville. Il fut le camarade de Hardy en prison, où la volonté commune de se battre contre les Allemands scella leur amitié. Il fut son chef à Combat, où il put apprécier son dévouement, son efficacité dans la lutte clandestine. Enfin, depuis ce jour fatal du 21 juin, il resta son ami et parfois son unique et courageux défenseur. Pour toutes ces raisons qui lui font honneur, il a le droit d'expliquer les sentiments que lui inspira cette affaire : *« C'est comme une fatalité inévitable dans un groupe d'hommes qui se dévouent à la cause générale, que de voir surgir de leur sein l'un d'eux pareil aux autres et qui trahit. Judas était parmi nous, mais avant de trahir, il était pareil à nous.* [...] *C'est devant le dénouement d'une affaire comme celle-ci qu'on apprend à quel point fut atroce notre combat. Si pendant quatre ans, Chauvy* [Hardy] *était resté paisible et égoïste, peut-être que sa mère ne serait pas morte de chagrin, peut-être qu'il eût échappé à la torture physique ou morale à laquelle il a succombé, et aujourd'hui, il ne serait pas hors du monde comme il l'est déjà. Il s'est offert, il a lutté et parce qu'une fois, il a failli, il est perdu. Il n'avait que nous au monde. C'est tellement vrai qu'il n'a pas pu nous quitter, nous, dont il savait qu'un jour nous serions ses juges et quels juges, Seigneur ! qui frissonnons devant le gouffre où l'un de nous est tombé, l'un de nous pareil à nous*[50]. »

ÉPILOGUE

UN HÉROS CONTROVERSÉ

La Libération et l'histoire allaient-elles effacer les querelles fratricides qui, de bout en bout, opposèrent les hommes de la France Libre à ceux de la Résistance ? Pouvait-on espérer que les héros fatigués se réconcilient dans le culte de leurs morts et de leur épopée ?

Cette espérance se révéla vaine. Sans doute, les humiliations subies par la Résistance des chefs, suivies de leur éviction du pouvoir et, finalement, de la dissolution générale de la Résistance, furent un obstacle infranchissable. Les hostilités commencèrent par Mémoires interposés. La fin de la guerre, loin d'apaiser les passions, les transforma en règlements de compte autour desquels les générations suivantes se sont déchirées.

Après la Libération, le silence surtout entoura la mémoire de Jean Moulin. À partir de son transfert au Panthéon, il accéda à une gloire nationale, mais le Panthéon n'est pas un bouclier contre la calomnie. Depuis 1964, les attaques contre Jean Moulin se répètent périodiquement, de plus en plus extravagantes. Paradoxalement, tandis que les travaux des historiens prouvent qu'elles sont injustifiées, des auteurs dévoyés multiplient les soupçons imaginaires et instillent le doute.

Pourtant, les Français révérèrent cet homme qui souda les résistants épars et qui, un jour de juin 1943, choisit, pour protéger les secrets de la Résistance face aux bourreaux nazis, le silence, la torture et la mort.

C'est parce que nul ne met en doute son héroïsme et sa mort exemplaire qu'il représente au Panthéon le martyre de la Résistance. Même pour Henri Frenay, son plus tenace détracteur, « *il reste* […] *toujours grand* […]. *Il était un homme de courage et de caractère, qu'une existence audacieuse délibérément choisie a conduit jusqu'au "sacrifice du matin".*

« […] *Quelle qu'ait été sa vision de la France, il est mort en taisant à l'ennemi les lourds secrets que celui-ci, par la torture, voulait lui arracher. Il est mort en héros*[1]. »

Alors, pourquoi tant d'acharnement et tant d'injustice ?

La réponse tient à la personnalité de Jean Moulin, à son parcours politique, à sa fidélité au général de Gaulle, à ses rapports tumultueux avec la Résistance des chefs, enfin, et surtout, à l'histoire même de la Résistance telle que l'ont écrite les principaux acteurs, dont les versions ont longtemps prévalu, faute de documents. Sans doute, aussi, dans le fait que, en dépit de la volonté de De Gaulle d'imposer aux Français Jean Moulin comme héros national, ceux-ci n'ont pas toujours partagé ses raisons. Longtemps, les Français, qui avaient été pétainistes, collaborateurs ou, en majorité, indifférents, ne purent, à l'évidence, communier dans le culte de la Résistance. Le renouvellement des générations accompli, le sacrifice de Jean Moulin et de la Résistance apparut comme la cause d'une France unanime.

Par ailleurs, face aux témoignages des chefs historiques, attestés par le sacrifice de leurs militants, l'histoire est sentie comme une profanation qui a eu et a encore des difficultés à s'imposer. L'explication objective et la recherche semblent sacrilèges aux résistants, dont l'attitude se résume dans l'exclamation d'un des leurs à la télévision : « Ceux qui n'ont pas fait de résistance n'ont pas le droit de nous juger. » Sacralisation du volontariat qui s'accompagne de la vigilance des survivants, affrontant en toute occasion les historiens sur des faits mal établis avec cet argument suprême : *« Vous ne pouvez pas dire la vérité puisque vous n'y étiez pas. »*

De là, toute tentative de fonder une histoire sur les documents, et non plus sur les témoignages, dérange à tel point l'un ou l'autre des secteurs des Résistances qu'immédiatement les polémiques se déchaînent. C'est pourquoi, après tant d'années et tant d'ouvrages historiques, la Résistance demeure, pour la majorité des Français, une nébuleuse sur laquelle ils s'interrogent : pourquoi, depuis la Libération, les controverses renaissent-elles périodiquement entre les anciens résistants ou leurs épigones, sans tenir compte des mises au point des historiens ? Pourquoi se déchirent-ils indéfiniment au nom de la vérité ?

Les turbulences autour de la mission de Jean Moulin sont un exemple significatif de cet antagonisme.

Parmi les polémiques qui enflammèrent l'après-Libération, trois d'entre elles illustrent le débat posthume concernant Jean Moulin. D'abord entre les Français Libres : le désaccord Passy-de Gaulle sur la place revenant à Jean Moulin dans cette épopée ; au sein de la Résistance des chefs ensuite : la contestation, par certains chefs de la Résistance, du rôle attribué au représentant du Général dans la fédération des Résistances ; enfin, la campagne emmenée par Henri Frenay, qui, passant du plan des critiques à celui de la vengeance, consacra le reste de sa vie à prononcer un réquisitoire contre Moulin.

A. AU SEIN DE LA FRANCE LIBRE : MOULIN OU BROSSOLETTE ?

Première tentative d'histoire : le Livre blanc du B.C.R.A.

Le Livre blanc du B.C.R.A. (1944-1945) est le premier ouvrage — non publié à ce jour — à évoquer le rôle de Jean Moulin. Il décrit l'action du B.C.R.A. pour organiser et armer la Résistance. Commandé et supervisé par les colonels

Passy et Manuel, rédigé par Vitia et Stéphane Hessel et moi-même, il exprime le point de vue de la France Libre sur la Résistance. Il avait pour but de répondre à la campagne qui déferla sur le B.C.R.A. de tous les horizons, Alliés, émigrés, Résistance surenchérissant dans la haine.

Un exemple illustrera sa virulence, incompréhensible après tant d'années. En 1945 (dans l'un des tout premiers livres publiés par un chef de mouvement), un chef, qui combattit à la Libération les armes à la main, l'un des plus nobles et des plus vaillants, écrivait : *« Entrer au B.C.R.A. quand on était F.F.L., n'était-ce pas considéré comme une sombre déchéance ?*

« [...] *Il y eut ce qu'on peut appeler le "gang" de Londres et d'Alger, cette équipe d'arrivistes sans frein qui cherchaient à monopoliser pour eux et pour eux seuls, la Résistance*[2]. » Cela permet d'imaginer ce que pouvaient écrire et, plus encore, dire les autres.

Le service technique du bureau des opérations de parachutage (B.O.A.), organisé et dirigé directement par le B.C.R.A. et ses agents, en prenait, lui aussi, pour son grade : *« Le B.O.A. fut un des grands scandales de cette période. De jeunes aventuriers que l'on acheva de gâter par des traitements scandaleux, mal choisis, cerveaux brûlés, coureurs de dancing, vendant souvent au premier interrogatoire les leurs, et les formations F.F.L. dont ils pouvaient connaître l'existence, travaillant en dépit des règles élémentaires de sécurité, furent chargés de diriger ce qui était la vie même de la Résistance : le parachutage de l'argent et des armes. La résistance n'avait aucun droit, aucun pouvoir sur cette organisation*[3]. »

Les chefs du B.C.R.A. ne pouvaient laisser sans réponse des accusations d'une telle violence, ne serait-ce que pour défendre la mémoire de leurs agents, si nombreux à avoir trouvé la mort. Durant quatre ans, le service n'avait ni démérité ni trahi. Les preuves existaient dans les archives conservées. Le Livre blanc reprenait l'historique de toutes les missions du B.C.R.A. Pour la première fois, on relatait la mission de Moulin et ce, à l'aide de documents puisés dans les archives du B.C.R.A. La *« mission de Rex* [Moulin] *est précisément de les* [les mouvements] *aider dans cette double tâche, en insistant sur l'efficacité immédiate — c'est-à-dire en sollicitant les dirigeants de la Résistance* [pour] *qu'ils développent l'aspect paramilitaire de leur activité, au détriment d'un travail "politique" incertain, dont les résultats s'annonçaient comme douteux, mais dont le danger ne l'était certes pas*[4]. »

« Parallèlement à ce travail, Rex — représentant en France le Comité National Français — cherchait à créer l'unité morale autour du Général de Gaulle. C'est sous cet aspect de son œuvre qu'il fut critiqué [...]. *Les dirigeants des Mouvements, au cours des conflits incessants qui les opposaient à lui, prétendirent souvent que ces deux formes d'activité (conseiller de la Résistance et représentant de Londres) étaient inconciliables*[5]. » Le texte du Livre blanc semble bien modéré par rapport à la réalité. Il n'était pas, pour aucun de ses auteurs, un livre de souvenirs, mais une publication officielle dont les révélations risquaient de relancer les polémiques.

Dans le chapitre concernant la création du C.N.R., on peut lire : *« Ces partis politiques qui désirent collaborer à la libération, craignent, de la part des Mouvements de la Résistance, une sorte d'ostracisme à leur égard. Les formules de certains journaux clandestins, englobant dans la même méfiance toutes les formes de vie parlementaire, et rejetant sur les hommes et les idéologies de la IIIe République, sans distinction, la responsabilité de la catastrophe, n'allaient pas sans effrayer les partisans, pour l'avenir d'un régime démocratique.*

« La maladresse de certains dirigeants de Mouvements, leur hostilité pour tout ce qui rappelait la vie politique d'avant 39, le simplisme et le caractère réactionnaire ou "technocrate" des théories adoptées par certains mouvements de Résistance (certains articles de Combat, le projet de constitution de l'O.C.M., etc.) justifiaient partiellement le reproche adressé aux hommes nouveaux de la Résistance, de vouloir créer un "parti unique" dans la France de demain[6]. »

Et plus loin : « […] *le mérite de la création du C.N.R. revient tout particulièrement à Rex* [Moulin]. »

À propos du C.N.R., le Livre blanc évoquait pour la première fois le conflit Brossolette-Moulin, avec la retenue qui convenait à un ouvrage officiel, rédigé deux ans à peine après la mort de ces martyrs. Ce récit se devait d'être un compromis pour les parties en présence, Passy et Manuel responsables de cet ouvrage. Plutôt que les détails de l'affrontement entre Brossolette et Moulin, il s'agissait de camper la personnalité de chacun et de permettre au lecteur de comprendre leurs réactions. *« C'est sur la question même du C.N.R. que Rex* [Moulin] *et Brossolette s'opposèrent le plus vigoureusement.*

« Eloignés par leur formation, leur tempérament, leurs responsabilités différentes, les deux grands organisateurs politiques de la Résistance ne pouvaient envisager leur travail d'une façon semblable. Rex était, depuis un an et demi, seul représentant en France du général de Gaulle. Il avait accepté ce rôle, parce qu'il mettait sa confiance en de Gaulle et lui seulement. Selon lui, le rôle de la Résistance, suscitée et soutenue par l'existence du Général, était en dernier ressort, de devenir à la fois son armée intérieure et son Conseil consultatif. Pour réaliser cette cohésion, pour réaliser, au moment de la Libération, l'unanimité que seul de Gaulle méritait d'obtenir, Rex voulait "étoffer" la Résistance qui, si elle représentait l'élite morale du pays, ne pouvait prétendre parler au nom de sa majorité. C'est pourquoi, tout naturellement, il fit appel à tous les partis politiques, dont les dirigeants avaient prouvé leur vitalité et leur loyalisme.

« Brossolette avait commencé en France son activité résistante, dès la fin de 1940. Il connaissait surtout la mentalité et les conditions de la zone occupée, où la Résistance avait longtemps été hostile à la renaissance des anciens partis. Pendant plus de deux ans, les éléments les plus actifs de la lutte avaient appartenu, soit aux formations communistes, soit aux organismes "apolitiques" qui s'étaient spontanément créés dans la lutte.

« […] *Pour Brossolette, l'avenir français était aux mains de la France métropolitaine : elle ferait appel à la Libération, au général de Gaulle et au Comité national. Par contre la création en 1943, d'un Conseil politique qui mêlerait, sous le couvert du gaullisme, les combattants de la 1re heure aux équipes de la IIIe République, lui paraissait contraire aux aspirations nouvelles des Français.*

« […] *L'hostilité manifestée par les chefs de groupements en zone Nord pour une représentation à leurs côtés des anciens partis politiques, aggravait encore la divergence de ces deux points de vue*[7]. »

Le chapitre « La question du C.N.R. » reste pourtant schématique dans l'exposé des objections des uns et des autres, faisant même l'impasse sur les péripéties de la bataille qui fit rage autour de la création du C.N.R. Dans le climat déjà tendu de la Libération, sans doute était-il inopportun d'étaler des divisions cruelles entre les volontaires de la France Libre. Il appartiendrait au colonel Passy d'exprimer dans ses *Souvenirs* sa propre version des faits, ainsi que celle de Brossolette.

1947-1951 : les Souvenirs *du colonel Passy*

Le premier responsable de la France Libre à publier ses Mémoires fut le colonel Passy. D'un intérêt décisif pour les historiens, ils offraient une masse de documents inédits, extraits du Livre blanc, dont Passy avait emporté un exemplaire après son départ de la D.G.E.R. en 1946. Ces *Souvenirs*, où la polémique l'emporte souvent sur le compte rendu, choquèrent nombre d'anciens de la France Libre, à commencer par le général de Gaulle, qui les jugea *« fort mauvais*[8] *».* Ils réjouirent, en revanche, les historiens, d'autant plus que leur véracité ne faisait aucun doute à leurs yeux, leur auteur, figure emblématique de la France Libre, ayant joué de bout en bout un rôle essentiel dans les relations entre Londres et la Résistance. La publication dans l'ouvrage de documents provenant du Livre blanc fut une aubaine à une époque où les archives étaient inconsultables. Il devint une référence obligée pour tous, d'où son influence considérable sur l'histoire de la Résistance. Aujourd'hui encore, ses jugements ou ses récits sont repris la plupart du temps sans la critique approfondie qu'exigeraient pourtant les conditions particulières de sa rédaction.

Bien entendu, Passy, dans son ouvrage, rendait hommage à l'œuvre de Moulin. Sur certains points, néanmoins, Passy reprenait vigoureusement les révélations du Livre blanc, sur lesquelles tout le monde à Londres était d'accord : *« Ce devait être précisément la mission de Rex* [Moulin] *de régler avec méthode la constitution de ces formations, en luttant contre deux tares qui, du premier au dernier jour, ne cessèrent d'opposer les responsables français de Londres aux chefs des mouvements de résistance de la zone non occupée. J'entends dire par là qu'il eut d'abord à réagir contre le caractère nettement politique de leur conception de la Résistance et à essayer de donner à leurs mouvements révolutionnaires un certain aspect guerrier*[9]... »

Il ne ménageait pas ses éloges sur la réussite de Moulin : *« Il est l'une des plus puissantes et des plus magnifiques figures de la clandestinité* [...]. » Et, évoquant la fin de sa mission : *« La disparition de Rex ne devait pas tarder, hélas, à se faire largement sentir, et des manœuvres que sa loyauté envers le général de Gaulle n'eût jamais tolérées, apparurent bientôt*[10]. »

Ces dernières lignes sont extraites du troisième volume de ses Mémoires, *Missions secrètes en France* (1951), retraçant avec brio la mission que le colonel accomplit en France en compagnie de Brossolette. Ce fut l'occasion pour lui de compléter le portrait de son adjoint qu'il avait déjà esquissé. Au fil des pages, la place unique de Brossolette augmentait, celle de Moulin diminuait : *« Grâce à Brossolette, et en vérité à Brossolette seul, Rex* [Moulin] *trouva à son arrivée à Paris un Comité de coordination des chefs de mouvements prêt à fonctionner. »*

Il n'hésite pas à conclure : *« Nous avons vu par ailleurs comment fonctionnait le Comité directeur de zone sud, plus d'un an après sa création. Les comparer, c'est juger la valeur de l'œuvre de Brossolette*[11]. » À ses yeux, les mérites de Moulin devaient être attribués en grande partie à Brossolette, en particulier au sujet de la coordination des mouvements de zone nord et de la création du Conseil de la Résistance.

Ce qui ne le retint pas de dénigrer le Conseil de la Résistance à outrance. Il s'en prenait d'abord à son utilité : *« Son rôle, tant que l'ennemi occuperait le territoire, serait sinon nul, du moins fort modeste.*

« Les Alliés le savaient aussi ; c'est pourquoi ils accueillirent cette création avec des sourires sceptiques qui révélèrent la médiocre importance qu'ils accordaient à cet organisme en tant qu'élément moteur et constructif. » En revanche, cela ne l'empêchait pas d'écrire quelques pages plus loin : *« Ce fait eut chez nos Alliés un profond retentissement. »*

Aussitôt, oubliant que c'était de Gaulle qui avait prescrit sa constitution et qu'il avait été chargé personnellement de cette dernière, le colonel Passy écrivait à propos de l'année 1943 : *« Ce fut aussi pendant cette année que se mit en place, grâce à la complicité de quelques aventuriers, une structure pernicieuse* [Conseil de la Résistance] *dominée par un parti qui était loin d'être au service de la France, structure qui devait paralyser les efforts du gouvernement provisoire au lendemain de la libération et qui, de bien peu, risqua de nous mener d'un esclavage brutal à un autre encore plus sanglant, plus arbitraire et plus féroce*[12]. »

Cependant, la prise de contact avec les mouvements était loin d'être une prise en main. Brossolette, pour obtenir leur accord, avait dû abandonner les instructions du Général sur un point essentiel du dispositif : la création de la commission permanente du Conseil de la Résistance.

Passy, avec raison, utilisa le mot *« ébauché »* à propos du travail de coordination effectué par Brossolette. En effet, les difficultés commencèrent aussitôt après son départ, lorsqu'il fallut traduire les principes en actes. Si Brossolette apporta un appoint décisif à l'œuvre de Moulin (comme avant lui Morandat, Roques ou Pineau), cela ne permet nullement de conclure, comme le faisait Passy : *« Leurs querelles pèseront peu dans le jugement de l'histoire qui saura, je n'en doute pas, reconnaître leurs immenses mérites et les mettre tous les deux parmi ceux que l'on honore à jamais au Panthéon*[13]. » On pouvait s'en tenir là jusqu'à la parution des *Mémoires* du général de Gaulle.

1954-1956 : les Mémoires *du général de Gaulle*

Ceux-ci, à la surprise des historiens, ouvrirent une tout autre perspective sur le rôle des deux héros de la France Libre. Ils y découvrirent une évaluation différente du rôle de Brossolette et, surtout, de celui de Jean Moulin, réduit à néant dans les premiers ouvrages des résistants et relégué au second plan dans les Mémoires de Passy. De Gaulle donnait à Moulin sa véritable dimension en lui conférant la première place. En 1947, il avait exprimé à Laure Moulin les sentiments profonds que lui inspirait son représentant : *« Jean Moulin, votre héroïque frère, était par excellence, mon bon compagnon et mon ami. C'est parce que nous avions l'un et l'autre et en toute connaissance de cause une confiance entière que je l'avais choisi et désigné pour agir et parler, en mon nom et au nom du gouvernement dont il était membre, sur notre territoire non encore libéré. C'est pour la même raison qu'il avait, de toute sa foi, accepté de le faire.*

« Nos entretiens et nos travaux communs à Londres comme les rapports qu'il m'adressait de France et les instructions que je lui envoyais, jusqu'au jour même où l'ennemi l'a saisi pour le torturer et l'abattre, ont été l'expression éclatante de cet accord et de cette confiance[14]*. »*

Quelques mois plus tard, à l'occasion de la publication du journal de Moulin à Chartres en 1940 *(Premier combat)*, il ajoutait : *« Dans ces brèves pages, on le voit vivre et agir tel qu'il était, c'est-à-dire ardent, clairvoyant, convaincu, l'homme de pensée, d'action, de devoir.*

« Ah ! comme il nous manque aujourd'hui !

« [...] *je l'ai bien souvent réuni dans mon esprit et dans mon cœur à Leclerc, qui vient, à son tour, de disparaître. L'un comme l'autre servaient pour servir mais avec quelles capacités et aussi quelle noblesse*[15] *! »*

On retrouve la même tonalité dans l'exceptionnel portrait que le Général traçait de son représentant dans ses *Mémoires* : *« Moulin devait, en dix-huit mois, accomplir une tâche capitale. La Résistance dans la métropole où ne se dessinait encore qu'une unité symbolique, il allait l'amener à l'unité pratique*[16]*. » « Ainsi Moulin tenant en mains les organes essentiels, faisait-il pratiquement sentir l'action de notre gouvernement*[17]*. »* La conclusion du Général résumait à elle seule la place unique occupée par Moulin dans la liaison entre la Résistance et la France Libre : *« La disparition de Jean Moulin eut de lourdes conséquences. Il était de ceux qui incarnent leur tâche et qu'à ce titre, on ne remplace pas*[18]*. »* Le contraste était saisissant avec son évocation de Brossolette, *« ce vaillant compagnon »*, surtout après le dithyrambe de Passy. Il faisait, certes, son éloge et honorait son martyre, dans les quelques lignes qu'il lui consacrait, mais rien de comparable au portrait de Moulin. Le seul lien que le Général établissait entre ses deux compagnons était que l'un et l'autre *« n'attendai*[en]*t rien d'efficace, aujourd'hui dans la guerre et demain dans la paix, que du "gaullisme" érigé en doctrine sociale, morale et nationale*[19] *»*. Il était presque muet sur le rôle de Brossolette au sein de la France Libre ou dans la Résistance, alors qu'il décrivait longuement l'action de Moulin, les problèmes qu'il avait eu à résoudre, l'œuvre qu'il avait accomplie. Ces pages firent bientôt autorité (sauf pour les antigaullistes), éclipsant celles de Passy, car il était naturel que l'« inventeur » de la France Libre, qui avait choisi ses collaborateurs et fixé leur mission, eût le dernier mot pour évaluer le rôle et les mérites de chacun. Le choix du Général, en 1964, de faire entrer Jean Moulin au Panthéon fut une fin de non-recevoir aux vœux de Passy et une confirmation éclatante de la place qu'il attribuait à son ministre dans cette épopée. Avec ces pages où le lyrisme gonflait l'histoire, les historiens possédaient une base solide pour lancer leurs travaux. En dépit d'erreurs de détail et de quelques anachronismes, l'essentiel fut confirmé par les recherches et les documents.

Les historiens constatèrent, en effet, que Moulin avait été, en France, durant dix-huit mois, face aux Allemands, à Vichy et à la Résistance, le représentant de l'État légitime que de Gaulle prétendait incarner à Londres. Les fonctions qu'il fut seul à exercer en avaient fait le deuxième personnage de la France Libre. Moulin, comme de Gaulle lui-même, ne réalisa pas, évidemment, son œuvre seul, mais avec l'aide des chefs de mouvement et la collaboration d'autres chargés de mission de la France Libre. Chacun avait apporté les matériaux essentiels, qui permirent d'assurer à de Gaulle le contrôle de la Résistance.

Prométhée et Richelieu

Cependant, le jugement de Passy sur Brossolette contribua longtemps à *« brouiller l'image »*, comme l'a écrit le biographe de Brossolette, de cette personnalité hors normes. Après les *Mémoires* de De Gaulle, Brossolette n'avait plus de réelle place dans l'histoire et son destin posthume ressembla à son glorieux échec dans la France Libre.

L'ambiguïté de son action n'attendit pas la postérité pour apparaître et elle fut sensible dès sa mort, en mars 1944 : sa perte, qui bouleversa ses camarades et ses amis, ne modifia en rien le cours de la Résistance. Il n'y eut pas d'« après-Brossolette » comme il y avait eu un « après-Moulin ». Cependant, son « image brouillée » est déconcertante quand on sait la singularité du personnage. Cela tient sans doute à l'activité qu'il déploya durant ces années-là dans de nombreux domaines où il brilla, certes, mais où son passage fut trop rapide pour qu'il s'identifie à une fonction et constitue une œuvre.

Par exemple, il lança à la B.B.C. des appels d'un lyrisme déchirant qu'aucun résistant ne peut lire, aujourd'hui, sans pleurer. Pourtant, personne ne pense à voir en lui l'égal de Maurice Schumann, qui reste, pour l'histoire, la voix solitaire de la France Libre. De même, au B.C.R.A., adjoint du colonel Passy, il conduisit à bien en quelques semaines des réformes de structure que le colonel avait été incapable de faire aboutir en deux ans, mais personne n'aurait l'idée, aujourd'hui, de le comparer au colonel Passy, qui, devant l'histoire, est, avec André Manuel, le créateur et le chef du B.C.R.A. Enfin, au printemps 1943, au cours d'une mission d'un mois, il « ébaucha » la coordination des mouvements de la zone nord et apporta une collaboration décisive à Jean Moulin, pourtant aucun historien n'en fait l'égal de Moulin. Il n'en eut ni les titres ni les fonctions.

Sa trajectoire dans la Résistance pose un problème à l'historien puisque tous ses succès le conduisirent inexorablement au désastre : il choisit André Philip pour en faire un commissaire national à l'Intérieur partisan de sa politique, mais c'est Philip qui se refusa à l'introniser successeur de Jean Moulin. Même résultat dans l'affaire Vallin. Vouloir rallier un pétainiste repenti pour le faire entrer au Comité national, en prouvant ainsi que de Gaulle incarnait l'unité de la France, était de bonne politique. Or, ce qui devait être un éclatant succès se révéla un fiasco : les Américains, les Anglais et les socialistes émigrés dénoncèrent l'arrivée d'un « fasciste », qui montrait au grand jour, selon eux, les tendances réactionnaires du Général.

Il en est de même avec la mission Brumaire en France, au printemps 1943. Elle fut un succès rapide sur le plan de la coordination des mouvements en zone occupée, comme l'écrivit justement le colonel Passy et, après lui, tous les historiens. Néanmoins, à cause de sa désobéissance à de Gaulle dans l'application de ses directives et des polémiques qu'il déclencha contre Moulin, cette réussite se transforma en disgrâce dès son retour et lui coûta la succession de Moulin.

Enfin, le dernier épisode mêla, pour sa perte, sa volonté tenace à la rigueur du hasard. À l'automne 1943, à couteaux tirés avec Claude Serreulles, il obtint son rappel à Londres, mais au prix de son propre rappel. Cette humiliation le conduisit à une erreur fatale. Fort de son succès contre Serreulles, il refusa d'abord de rentrer à Londres. Résigné enfin à obéir aux ordres, il fut acculé à l'improvisation, faute de moyens de transport, dans une aventure qui le conduisit à la mort.

Prométhée n'avait pu rivaliser avec Richelieu.

B. LA RÉSISTANCE DES CHEFS CONTRE JEAN MOULIN

Les chefs de la Résistance avaient d'autres raisons d'en vouloir à Jean Moulin. Ils ne lui pardonnèrent jamais la manière dont il les avait asservis à de Gaulle, qui, estimaient-ils, avait confisqué la Résistance. Si les attaques contre Moulin se multiplièrent à partir des années soixante, le mal venait de lui. La Libération avait réservé aux chefs de la Résistance de cruelles déceptions...

Jean Moulin a-t-il existé ?

Dans le déferlement de critiques contre de Gaulle, le nom de Moulin fut d'abord absent. La Résistance des chefs semblait l'avoir oublié. Quelques-uns d'entre eux — André Philip, Georges Bidault, Yves Farge — lui accordaient sa juste place, mais la majorité omit d'en parler dans les témoignages. Si, parfois, son nom est mentionné, ses fonctions sont difficiles à saisir pour un lecteur non initié et l'importance de son rôle est estompée. De ce point de vue, le premier livre de souvenirs d'un cadre, Pierre Bénouville, *Le Sacrifice du matin*, paru en 1945, est représentatif : il reflète l'opinion de ses camarades de Combat, tout autant que celle des autres mouvements. Moulin, rarement nommé, l'est le plus souvent sous son pseudonyme, Max. En revanche, les principes que de Gaulle voulait imposer à la Résistance sont partout présents et présentés comme des directives absurdes. Un passage du livre donne le ton : *« Nos discussions avec les agents de Londres n'en étaient d'ailleurs que plus pénibles. Ceux-ci s'obstinaient dans leurs positions du début. Ils refusaient de se rallier à nos thèses. Et, par voie de conséquences, lorsque (parce qu'ils ne le pouvaient pas) ils ne nous fournissaient pas ce que nous leur demandions, impressionnés par toutes les difficultés auxquelles ils nous faisaient nous heurter, nous les accusions de mauvaise volonté et de sabotage. L'atmosphère était tendue, nerveuse*[20]. »

L'attitude de la Résistance des chefs perdura en dépit (ou à cause) de l'hommage de De Gaulle à Moulin. Tout fut dit par Christian Pineau, le jour de l'entrée de Moulin au Panthéon : *« Pauvre Jean Moulin ! Homme de gauche, démocrate convaincu, patriote authentique, voilà que l'on exploite maintenant ton martyre au service d'un régime fasciste*[21] *!* »

Emmanuel d'Astier, qui fut l'un des adversaires les plus acharnés de Jean Moulin, comprit cependant après la Libération, contrairement à la plupart de ses pairs, le sens de l'histoire : *« La disparition de Jean Moulin a été une catastrophe. L'antinomie naturelle qu'il pouvait y avoir entre une résistance intérieure et un homme, si grand fût-il, qui paraissait un émigré, a éclaté après la mort de Jean Moulin, qui avait une taille d'homme d'Etat suffisante pour tenir cela sur ses épaules*[22]. » Et d'Astier de conclure : *« En fin de compte, cette période n'a produit que deux hommes d'Etat* […] *qui sont de Gaulle et Moulin*[23]. »

Les chefs de la Résistance propagèrent, au contraire, deux thèmes : la politique de De Gaulle à l'égard de la Résistance était inadaptée ; Moulin chargé de l'appliquer n'eut pas le rôle que de Gaulle lui prêtait.

Par son talent, Claude Bourdet fut, en quelque sorte, le porte-parole de cette tendance qui minimisa à diverses reprises la singularité de l'œuvre de Moulin : *« On peut dire aussi que même si Moulin n'avait pas été là, il y aurait eu unification de la Résistance. Elle était en cours. Son point de départ avait été la fusion des deux Mouvements qui composèrent Combat. Certes il y avait des difficultés, du côté du Mouvement Libération, et Jean-Pierre Levy nous a dit qu'il en avait eues aussi avec ses amis de Franc-Tireur. Jean Moulin a donc rendu un service considérable en accélérant ce processus. Mais je crois que Claudius-Petit a raison : pas plus que de Gaulle, Moulin n'a créé la Résistance, mais ils ont été tous deux extrêmement utiles. L'un, comme symbole et comme point de référence international, et l'autre à cause de son action multiforme, sur la base de ce qui existait déjà, et qu'il a aidé à se développer. Je pense que si on dit les choses ainsi, ce n'est pas une insulte, et que cela ramène le problème à sa dimension vraie, sans entamer le mérite de l'homme que nous aimions*[24]. »

Bourdet reviendra sur cette thèse de l'inutilité de Moulin comme celle de De Gaulle : *« Le rôle de Jean Moulin a été considérablement grandi après sa mort, à cause de sa personnalité exceptionnelle, de son courage et de sa grandeur d'âme, de son attitude avant même le 18 Juin 1940, de son importance comme lien entre de Gaulle et la Résistance, et finalement de son martyre*[25]. »

Bourdet insista toujours sur le *« gonflement du rôle de Moulin après la guerre*[26] ».

1950, 1973, 1977 : Henri Frenay, la calomnie... hélas !

Henri Frenay se distingua des chefs des mouvements par son attitude à l'égard de Moulin. Les autres responsables, dans leur ensemble, tout en atténuant les mérites de Moulin, avaient donné à leurs critiques le ton qui convenait entre anciens compagnons de lutte, mais Frenay, dans sa rancœur, dépassa les limites. Mêlant dans une même réprobation Moulin et de Gaulle, il passa le reste de sa vie, disons le mot, à se venger. Dès 1950, dans les Mémoires de Passy, puis, en 1973, dans *La nuit finira*, enfin, à partir de 1977, dans *L'Énigme Jean Moulin*, dans des articles, des interviews, des colloques et dans une nouvelle version de son livre, il développa sa thèse : c'est parce qu'il était crypto-communiste que, dans la clandestinité, Jean Moulin avait favorisé le parti communiste au détriment des mouvements.

Chez les anciens résistants, ce fut la consternation. À l'exception de rares inconditionnels de Combat, tous condamnèrent cette accusation délirante. S'ils admettaient que Frenay critique, même sévèrement, la politique du Général à l'égard des mouvements et la rigueur avec laquelle Moulin l'avait appliquée, ils étaient choqués qu'il ait porté une telle accusation, tout en avouant que, faute de preuves, elle n'était fondée que sur son intime conviction.

Pour les anciens résistants, la gravité de cette accusation ne portait pas sur le mot « communiste » (ceux-ci, dans la Résistance, étaient nos camarades ardents, entreprenants et très souvent héroïques), mais sur le préfixe « crypto », qui dénonçait un homme ayant dissimulé ses opinions, sa politique et ses objectifs réels, lors de son engagement auprès du général de Gaulle. On savait que Jean Moulin était un radical de gauche — comme Pierre Cot ou Mendès France —, mais si les convictions qu'il affichait n'avaient servi qu'à masquer son adhésion au communisme, c'est qu'il avait trahi la confiance de ses mandants. Comme tous les résistants, il était libre de ses opinions, mais, dans ses fonctions, il n'était pas libre de conduire une politique personnelle. L'accusation de Frenay eût été tout aussi grave s'il avait fait de Moulin un sycophante au service des radicaux, des démocrates populaires ou d'un quelconque mouvement de la Résistance.

Le mérite revient à Claude Bourdet, le bras droit de Frenay dès le début et, après son départ en juin 1943, son remplaçant à la tête du mouvement Combat, d'avoir systématiquement dénoncé l'injustice commise par Frenay et démontré, en s'appuyant sur son expérience à la tête du mouvement, l'inanité de cette accusation.

Il partageait toutes les critiques de Frenay à l'égard du B.C.R.A., de Jean Moulin et de De Gaulle. Son témoignage est donc significatif : *« J'ai lu attentivement ce livre, et j'ai relu* La nuit finira. *Les indices sont pauvres, les conclusions inadmissibles.*

« […] Dans son nouveau livre, Frenay a cédé de nouveau à ce que l'on peut appeler "le complexe de l'officier de renseignements" (il en fut), consistant à amalgamer, sans esprit critique, tous les éléments qui, de près ou de loin, peuvent paraître appuyer sa thèse : c'est ainsi que l'on fabrique les faux "recoupements".

« Seulement, l'argumentation de Frenay ne résiste pas à l'examen. Passons sur l'argument moral : tous les autres participants au débat télévisé[27] *ont souligné que Moulin était la loyauté même, et que l'on n'avait aucune raison de supposer chez lui cette duplicité. Frenay s'est prémuni d'avance contre ce genre de critique en considérant que Moulin était un homme convaincu, qu'il avait un grand dessein et qu'il était obligé de le cacher pour réussir. Seulement, à partir de cette pétition de principe, il tire des conséquences proprement affolantes*[28]. *»*

Bourdet explique que, depuis la Résistance, Frenay a été *« traité de façon aussi injuste qu'absurde par le parti communiste en 1944-1945, il a été saisi, comme d'autres, par l'obsession de ce seul adversaire et veut voir sa main partout ! C'est bien dommage*[29] *».*

« Leur acharnement aggrava encore l'anticommunisme de Frenay et le doubla d'un ressentiment qui éclate au long de ce livre.

« […] Ces sentiments lui ont fait, à mon avis, commettre une erreur grave à propos de Jean Moulin. Les conflits nombreux que nous eûmes avec celui-ci sont décrits exactement. Mais, à la fin du livre, dans l'épilogue, il en tire une conclusion à vrai dire ahurissante : Moulin aurait été un compagnon de route du P.C.F., un "crypto-communiste", expression un peu désuète, que Frenay emploie encore aujourd'hui[30]. *»*

Ailleurs, Bourdet ajoute : *« Le livre de Frenay est plein d'insinuations, qui n'ont l'air de rien mais sont regrettables.*

« […] en parlant de la galerie de tableaux de Moulin à Nice, Frenay [a] *l'air de penser qu'elle était financée par l'argent de la Résistance. Je suis persuadé que Frenay n'a pas eu une idée aussi révoltante et saugrenue et qu'il y là*

un malentendu. Mais pourquoi diable avoir parlé de cette "couverture" semblable à toutes celles que nous avions les uns et les autres[31] *?* »

Les propos de Frenay eurent un effet « boomerang » inattendu. Les anciens collaborateurs, les pétainistes et tous les adversaires de la Résistance en firent leur cheval de bataille, donnant ainsi une deuxième jeunesse à la collusion entre gaullistes et communistes qu'ils dénonçaient depuis 1941. En juillet 1941, un tract diffusé par le secrétariat général à l'Information de Vichy proclamait : *« Les bolchevistes sont les frères des gaullistes de Londres.* [...] *Le déserteur de Gaulle rejoint le déserteur Thorez. Il y a une logique de la trahison*[32]. »

En 1946, Louis Rougier, qui prétendait avoir été l'instrument d'un rapprochement diplomatique entre la Grande-Bretagne et la France de Vichy, accusait le Général, dans *Le Bilan du gaullisme*, d'être responsable d'une « révolution » : il aurait laissé les mains libres au parti communiste et à l'U.R.S.S. en échange de leur soutien. *« La clé de cette révolution, c'est la connivence secrète de De Gaulle et des Communistes. De Gaulle a joué Moscou pour accéder au pouvoir, les Communistes ont joué de Gaulle pour se dédouaner et se faire réhabiliter devant l'opinion publique française.*

« [...] *Parce que ni Londres, ni Washington ne voulaient le reconnaître comme Chef d'Etat — avant que le peuple français ne se fût prononcé en toute connaissance de cause — de Gaulle, dès mars 1942, s'est tourné vers Moscou, puis vers les Communistes français*[33]. »

Et en 1948, Rougier précisait : *« Il avait installé "carrément" les communistes au pouvoir en vertu du marché qui l'avait fait reconnaître comme chef de la Résistance intérieure par le Comité* [Conseil] *national de la Résistance, dominé par les F.T.P.F.*[34]. »

De même, en 1960, Alfred Fabre-Luce, relatant une conversation, en juin 1942, entre le général de Gaulle et Bogomolov, ambassadeur d'U.R.S.S., au cours de laquelle de Gaulle, indigné par l'attitude des Américains en Afrique, aurait envisagé de s'installer à Moscou, conclut : *« En communiquant à Moscou la nouvelle (d'ailleurs inexactement rapportée) des projets anglo-américains sur l'Afrique, de Gaulle se comportait en agent de renseignement soviétique*[35]*...* » À propos de la Résistance, il formule les mêmes attaques contre le Général : *« Pour triompher de Vichy,* [de] *Gaulle a dû conclure avec les communistes un pacte infernal qui l'entraînera beaucoup plus loin qu'il ne souhaite aller*[36]. »

Chaque fois qu'un auteur veut attaquer de Gaulle, la France Libre ou la Résistance, il reprend à son compte la dénonciation de Frenay et renforce l'image de Moulin agent soviétique.

Triste retour des choses pour Frenay d'avoir pour seuls alliés les pourfendeurs de cette Résistance qui fut l'honneur de sa vie.

En prétendant que Moulin avait *« servi le parti communiste »*, Frenay rejoignait ceux qui accusaient ou soupçonnaient les communistes d'avoir noyauté la Résistance. C'est ce qui s'était passé au sein des M.U.R., après le départ de Frenay, de Bénouville et l'arrestation de Bourdet. Frenay faisait d'une pierre deux coups : il répondait à cette question affirmativement et il désignait un coupable, Moulin.

Les sources de la calomnie

Pour accuser Jean Moulin, Frenay partait d'un constat : la Résistance militaire avait participé à la Libération dans la mesure des moyens qu'on lui avait fournis, mais la Résistance politique avait débouché sur un échec.

Au lieu de voir que la Résistance était une coalition qui, en raison de la diversité sociale et idéologique de ses éléments, n'avait pas vocation à devenir un parti de gouvernement, Frenay s'acharna dès lors à trouver une cause extérieure à son échec politique.

Que les communistes aient comploté contre les mouvements, Frenay était enclin à le penser après leur odieuse campagne de calomnies quand de Gaulle avait fait de lui son commissaire, puis ministre des Prisonniers, Déportés et Rapatriés (novembre 1943-1946). Cependant, même pour les confondre, il était exclu qu'il adhérât à la thèse professée par les ennemis de la Résistance et du Général.

Aussi est-ce le hasard qui lui permit de cristalliser ces doutes en un ensemble cohérent qui expliquait, à ses yeux, les malheurs de la Résistance.

Lorsque le colonel Passy lui communiqua, en 1950, le manuscrit du troisième tome de ses Mémoires, Frenay y découvrit le texte inédit du rapport que Moulin avait envoyé à de Gaulle, le 7 mai 1943, et un passage, sévère à son endroit, retint son attention[37]. Puisque les télégrammes et les rapports de Moulin ne pouvaient être consultés dans les archives, il avait beau jeu de déduire de cet unique exemple que Moulin avait, de bout en bout, décrié son action. Au jour lointain, se dit-il, où ces documents seraient publiés, il ne serait plus là pour se défendre, alors que les écrits de Moulin, représentant du général de Gaulle, feraient autorité auprès des historiens[38]. Parant au plus pressé, il transforma en droit de réponse la place que Passy lui offrit en annexe de ses Mémoires. Pour la première fois, il déclarait : « [...] *Jean Moulin, selon moi, a été en France l'homme du parti communiste*[39]. »

Comment était-il parvenu à une telle conclusion ?

Tout commençait par le constat de l'échec politique de la Résistance après la Libération : « *Les événements qui suivirent la Libération et ceux que nous vivons aujourd'hui ont été dans une très large mesure déterminés par la politique de Jean Moulin. Nous verrons plus loin si cette politique fut de sa part une erreur ou une préméditation*[40]. »

Frenay développait par la suite les faits qui, selon lui, étaient autant d'indices, à défaut de preuves, de la sympathie communisante de Moulin, mais c'était surtout la création du Conseil de la Résistance qui avait autorisé le parti communiste à s'intégrer dans la Résistance : « [...] *l'action opiniâtre et souvent héroïque de ses militants avait redonné au P.C. droit de cité mais c'est par le CNR, qu'il a été officiellement lavé de ses taches devant l'opinion. Moralement et politiquement il était à nouveau placé à égalité avec tous les partis nationaux, et c'est ainsi que par le CNR et par lui seul, il a pu profondément noyauter la Résistance et arriver jusqu'aux portes du pouvoir.*

« *Il n'était pas excessif d'écrire, comme je l'ai fait dans mon livre, que les actes de Jean Moulin, "ont directement ou indirectement servi le parti communiste"*[41]. »

Ce qui permettait à Frenay de conclure : « *Jean Moulin crypto-communiste ?*

C'est une réponse satisfaisante à toutes mes questions et alors brusquement tout s'éclaire[42]. »

« Oh ! Je ne veux pas dire qu'il ait eu dans sa poche sa carte du parti, mais simplement qu'il en a fait le jeu, que [...] *toutes ses actions, du moins celles que j'ai connues, ont directement ou indirectement servi le parti*[43]. » Cette accusation lancée, Frenay entreprit, avec persévérance, d'en démontrer le bien-fondé.

Rien dans la carrière de Moulin ni dans ses activités sous l'Occupation n'autorisant ce soupçon, il crut trouver un argument décisif dans l'amitié qui, de longue date, l'avait lié à Pierre Cot, lequel, avant guerre, avait proclamé ses sympathies pour l'U.R.S.S. et évoluait dorénavant dans les rangs des progressistes, proches du P.C.F.

Dans cette démarche, il se heurtait toutefois à une contradiction de taille : comment expliquer que Moulin, en qui il voyait *« l'homme du parti communiste »*, ait déployé tant d'efforts pour soumettre les chefs des mouvements de résistance à l'autorité du général de Gaulle et de lui seul ? Pour sortir de cette impasse, Frenay, qui n'apporta jamais la moindre preuve à l'appui de son accusation — et d'ailleurs le reconnaissait —, en fut réduit à échafauder des hypothèses, n'hésitant pas, pour étayer sa démonstration, à tronquer des citations, à occulter des documents, à falsifier les faits. Son « intime conviction » le persuada de la force de sa thèse et il l'exposa entre autres dans un ouvrage entièrement consacré à cette question, *L'Énigme Jean Moulin*, qu'il « enrichit » jusqu'à la fin de sa vie.

L'Énigme Jean Moulin

Dans cet ouvrage, qui se veut un livre d'historien, Frenay chercha à prouver au lecteur l'impartialité et le sérieux de ses recherches, d'où une apparence de cohésion et de logique. Une lecture plus attentive en révèle la fragilité. Il ne retient des historiens qu'il cite — Michel, Noguères — ou des témoins — Passy, Moulin, Cot — que les arguments qui confirment sa thèse, jamais ceux qui la contredisent. Et il ne critique jamais aucun de ces textes.

En effet, après avoir fait de Moulin un « militant communiste » ou un « compagnon de route » du communisme, Henri Frenay ajoute : *« La troisième hypothèse est celle de "l'agent". A priori elle devrait être repoussée. Cependant, s'il était prouvé que, dès le printemps 1941, Moulin a été en contact avec l'Orchestre rouge, comme le prétend Trepper, elle ne pourrait être écartée car pourquoi n'en aurait-il pas parlé à De Gaulle et à Passy à son arrivée à Londres ?*

« Cette simple supposition peut paraître choquante. Sans doute, mais ce ne serait pas la première fois que les annales des Services spéciaux réserveraient une si grande surprise [...].

« Trepper a-t-il menti ? Quel intérêt avait-il à le faire ? Je ne le vois pas. Cependant, son passé, certaines de ses déclarations ne permettent pas d'accorder foi sans de grandes réserves à sa confidence. Peut-être un jour les archives des Services spéciaux des Alliés de la guerre permettront-elles de connaître la vérité. En attendant, si cette hypothèse n'a pas, au jour où j'écris, une crédibilité suffisante, l'objectivité commande de ne pas l'ignorer[44]. »

La révélation de l'agent soviétique Trepper à laquelle Frenay fait allusion est une confidence que Philippe Bernert, du journal *L'Aurore*, lui aurait faite : *« En Scandinavie, où il s'était rendu en 1972 pour interviewer Trepper, le patron de "l'Orchestre rouge", celui-ci lui aurait dit que, lui, Trepper et ses hommes avaient mis en rapport Moulin avec le P.C.F. clandestin. Si l'information donnée par Trepper est exacte, il serait capital de savoir comment et pourquoi dès 1941 Moulin était en rapport avec "l'Orchestre rouge", service de renseignement soviétique, dont les postes radio étaient utilisés par la direction du P.C. français pour correspondre avec Moscou*[45]*.* »

Relisons attentivement ce paragraphe dans lequel Frenay énonce, comme des faits avérés, deux contre-vérités qui feront leur chemin : « […] *s'il était prouvé que, dès le printemps 1941, Moulin a été en contact avec l'Orchestre rouge, comme le prétend Trepper* ». C'est là un excellent exemple de la méthode de Frenay : il use de la forme dubitative *(s'il était prouvé que)* pour introduire une notion inventée de toutes pièces *(Moulin a été en contact avec l'Orchestre rouge)*, mais dont il attribue la paternité à un autre *(comme le prétend Trepper)* dont il se sert également pour modifier la date de l'événement *(dès le printemps 1941)*.

Or, dans les deux témoignages où Trepper a mentionné le contact entre la France Libre et le parti communiste, il n'a jamais cité le nom de Moulin, ni impliqué l'Orchestre rouge. D'autre part, il a précisé que cette rencontre avait eu lieu « à l'automne 1942 », contredisant ainsi la thèse de Frenay selon laquelle Moulin se serait rendu à Londres à l'instigation du P.C.F. ou des Soviétiques. Frenay bouleverse la chronologie — l'automne 1942 devient le printemps 1941 — et il peut alors conclure en posant, au conditionnel, une question qui contient sa réponse : « *Pourquoi n'en aurait-il pas parlé à De Gaulle et à Passy à son arrivée à Londres ?* »

Les onze indices d'Henri Frenay

Pour les besoins de sa démonstration, Henri Frenay eut l'idée de regrouper onze questions — onze « indices » — dont les réponses, selon lui, se résument en une seule : Jean Moulin était l'homme du parti communiste. Ce qu'il fallait démontrer... Or, malgré une présentation qui se veut logique et une conclusion qui paraît s'imposer, l'ensemble, qui prétend aboutir à la culpabilité de Jean Moulin, ne tient pas face aux arguments de l'historien.

Certaines des questions ont été posées à d'anciens chefs de la Résistance qui ont connu Moulin tout autant que Frenay pendant l'Occupation. Nous donnons leurs réponses en les commentant, malgré l'effet répétitif et fastidieux qui en résulte, mais la calomnie fait connaître des détails, qui sont connus de quelques-uns seulement, et il convient donc que chacun puisse se faire sa propre opinion.

Première question : « *Pourquoi a-t-il* [Moulin] *en permanence tendu à retirer de nombreuses activités aux mouvements de Résistance pour les placer sous sa coupe directe, diminuant ainsi leur force mais augmentant parallèlement son pouvoir ?* »

Ces « nombreuses activités » furent connues à l'époque sous le nom de « services centraux ». Jean Moulin, dans sa lettre du 4 juin 1943 à André Philip, a écrit : « […] *Il convient de faire une distinction dans ce qu'on appelle assez improprement les "Services Centraux". Il y a trois sortes de "Services Centraux" :*

« *A — Les services créés sur l'initiative de Londres et sans intervention de ma part :*

« l'A.S.

« Les Services de Renseignements.

« Ils font l'objet de règles précises que je n'ai pas eu à établir. Je n'ai aucune part dans leur direction. Je vous donnerai dans un chapitre spécial mon point de vue sur l'A.S.

« B — Les Services créés, sur mon initiative, pour assurer un service technique, avec des agents venus de Londres et dont je suis le Chef.

« Le COPA (service des opérations aériennes) ex. S.O.A.M.

« La W.T. (service des transmissions radio).

« Pour ces services, il n'est pas douteux que j'ai une responsabilité directe dont je ne saurais me dessaisir. Je n'ai pas besoin de vous rappeler que les opérations et les transmissions sont assurées par des agents des F.F.C. Je ne pense pas que les services britanniques acceptent que nous nous en dessaisissions.

« Pour le COPA comme pour la W.T., non seulement j'ai toujours tenu au courant le comité de coordination de leur activité, mais les textes constituant ces deux organismes ont été rédigés en accord complet avec le Comité. Pour le COPA, c'est même Nef [Frenay] *qui l'a rédigé complètement.*

« J'ai toujours présenté au comité la liste des gens à envoyer en Angleterre et je lui ai toujours demandé ses propositions. De même, le Comité reçoit régulièrement, par mes soins, la liste des opérations de P. [parachutage] *effectuées au cours de la lune et la nomenclature du matériel.*

« En ce qui concerne la W.T., elle a été instituée à un moment où les divers réseaux spécialisés avaient eu de gros déboires et pour nous permettre de continuer à assurer un service difficile. (Je rappelle à ce sujet que le réseau de Libération, notamment, était complètement anéanti, les deux radios qui y avaient été affectés ayant été arrêtés coup sur coup.) Il demeure entendu que, au fur et à mesure des possibilités en hommes, en matériel, et en emplacements, les réseaux particuliers (Comité directeur, COPA, l'A.S., Bip) seront reconstitués. Déjà, je puis vous annoncer que le réseau Copa, qui a le plus gros volume de transmissions, vient d'être détaché de la W.T. Celui du Comité et celui de l'A.S. suivront dès que possible. En attendant, tous les câbles présentés, tant par le Comité que par chacun des Mouvements, sont passés régulièrement et en toute indépendance, la plupart du temps les câbles des Mouvements étant remis dans leur code particulier que je ne connais pas.

« C — Les services créés sur mon initiative, en accord avec les mouvements et avec les éléments de ces mouvements :

« Le Bip.

« Le C.G.E.

« Je tiens à répéter au sujet de ces deux services 1°) qu'ils ont été constitués en plein accord avec les mouvements, 2°) qu'ils ne sont nullement "à mes ordres". Cela est si vrai [que] *quelques mois après sa création le Bip s'est vu chargé par les mouvements et à l'instigation de Nef d'un service supplémentaire : le renseignement militaire. Je me suis borné à ce moment à indiquer au Comité que la recherche et la transmission du renseignement militaire ne me paraissaient pas devoir être du domaine de Bip qui, dans mon esprit, devait conserver son rôle politique sur le plan de l'information et de la propagande. Le Comité n'ayant pas cru devoir retenir mes observations, je me suis incliné.*

« Reprenons maintenant l'argumentation développée :

« 1°) les services qui résultent de la centralisation risquent de faire double emploi avec ceux déjà existant dans les Mouvements.

« Aucun des services "centralisés" créés sur mon initiative ne faisait au moment de sa création double emploi avec un service déjà existant dans les mouvements. Ni le Bip, ni le C.G.E., ni la Copa, ni la W.T. n'avaient d'équivalents dans les mouvements. Aujourd'hui, c'est exactement le contraire qui se produit. Récemment, les mouvements Unis ont, à mon insu, envoyé une circulaire aux régions pour essayer de créer un Copa indépendant. Sif [Fassin] *a dû vous rendre compte de cette initiative qui a d'ailleurs complètement échoué. D'autre part les M.U. ont créé depuis la fusion un bulletin d'informations intitulé le BIMU qui est une copie d'ailleurs assez pâle du BIP.*

« S'il y a double emploi, je ne crois pas qu'on puisse me le reprocher[46]*. »*

Après cette « réponse » de l'intéressé, quelles furent les réactions des responsables de la Résistance ? Je retiens celle de Claude Bourdet : *« Pourquoi Moulin a-t-il voulu retirer de nombreuses activités aux mouvements et les placer sous sa coupe ? Ma réponse à moi, c'est que Moulin était l'homme de de Gaulle et que celui-ci ne trouvait pas suffisant que cette Résistance, créée sans lui, fût ralliée et loyale, mais restât autonome et douée de sa personnalité propre : il lui fallait encore qu'elle perdît toute existence personnelle devant le "résistant essentiel" : de Gaulle. Moulin était aussi un préfet ayant l'habitude de la hiérarchie bureaucratique d'Etat et un homme assez autoritaire. Enfin, les intrigues au sein de la Résistance, les conflits entre dirigeants désolaient et excédaient beaucoup de gens d'idées très diverses. La simplification par la subordination à Londres était, en fait, impossible. Mais elle était tentante et Moulin, Frenay le remarque justement, ne connaissait guère la Résistance que vue du sommet et très peu sur place. Cela explique assez son attitude, où le "crypto-communiste" n'a rien à voir*[47]*. »*

Ces « services », loin d'affaiblir les mouvements, les fortifièrent. Par ailleurs, aucun communiste ne fut nommé à un poste dirigeant. On ne voit donc pas comment ils auraient pu faire le « jeu » du parti communiste. C'est ce que souligne Claude Serreulles dans une lettre adressée à Frenay, le 2 juillet 1975 : *« Devant un certain désordre qui régnait, Jean Moulin était probablement tenté, dans certains cas, par des solutions autoritaires, mais il reste à prouver qu'il ait vraiment cherché à retirer de nombreuses activités aux mouvements de résistance, comme tu l'affirmes. Tout cela, en tout cas, appartient à un autre débat tout à fait étranger à l'intégrité de la personnalité de Jean Moulin*[48]*. »*

Deuxième question de Frenay : *« Pourquoi a-t-il systématiquement joué des mouvements les uns contre les autres, notamment pour réduire les deux plus importants : "Combat" pour la zone Sud, l'O.C.M. pour la zone Nord ? »*

Frenay avait essayé à plusieurs reprises (avril, juillet, décembre 1941) de convaincre les mouvements de zone occupée de fusionner avec Combat. Or, tous sans exception refusèrent à cause de la politique du mouvement. En 1943, François Mitterrand faisait ce même reproche à Frenay : *« Millerand* [Mitterrand] *désire depuis longtemps rentrer en contact avec les M.U.* [mouvements unis]. *Il est en liaison en ce moment avec Gervais* [Frenay], *mais trouve que ce dernier se place trop, vis-à-vis de son groupe, sur le plan politique et pas assez sur le plan militaire.*

« Il m'a avoué que, malgré la grande estime qu'il porte à Gervais, il pré-

férerait être rattaché à A.S., plus près, à son avis de l'état d'esprit de ses hommes[49]. »

Après les arrestations intervenues dans le mouvement fondé à Paris par le capitaine Guédon, un des amis de Frenay, ce fut Lecompte-Boinet qui en rassembla les débris pour créer Ceux de la Résistance. Du jour où il eut, par force, pris seul la direction du mouvement, jamais il n'accepta de fusionner avec Combat ou même d'être son représentant en zone occupée[50]. Bien entendu, Jean Moulin resta totalement étranger à ces tractations.

Pour les mouvements de zone libre, Frenay reconnaît que l'arrivée de Moulin fut providentielle. Lui-même avait réussi la fusion avec Liberté en novembre 1941, mais il se heurtait à l'opposition de d'Astier (Libération) et de Jean-Pierre Levy (Franc-Tireur), très méfiants à l'égard du caractère et surtout des opinions de Frenay. *« Cela a échoué parce que nous étions des purs à* Libération. *Mon ami Frenay avait eu des contacts, peut-être très utiles, avec Vichy, pour obtenir une certaine trêve. Nous avons dit (bonne ou mauvaise raison) : nous ne pouvons nous unir avec des gens qui ont fait cela et qui n'ont peut-être pas les mêmes perspectives sociales que nous. Nous nous sentions d'une autre catégorie que les gens de* Combat », déclara ainsi d'Astier en 1966[51].

Lorsque Moulin, après huit mois de négociations, obtint que les trois mouvements versent leurs troupes dans une armée secrète unique, d'Astier et Levy s'opposèrent à ce que Frenay en prenne le commandement. D'où la nomination du général Delestraint par de Gaulle. Moulin n'avait nullement besoin d'intermédiaire pour « jouer » les mouvements entre eux. L'ambition, le caractère, l'idéologie de leurs chefs suffisaient.

Quant à la volonté de Moulin de « réduire » les deux mouvements les plus importants, Combat et l'O.C.M., cette accusation est fausse, et la preuve est fournie par les comptes de Jean Moulin, que Frenay avait d'ailleurs consultés. À l'époque où Moulin avait tout pouvoir pour fixer lui-même le budget de chaque mouvement, celui de Combat fut toujours le plus important : soit deux cent cinquante mille francs en janvier 1942 ; quatre millions en juin 1943, le double de l'allocation de Libération et quatre fois le budget de Franc-Tireur ainsi que ceux des mouvements de la zone occupée.

Troisième question de Frenay : *« Pourquoi, délibérément, n'a-t-il pas appliqué la consigne qu'il avait reçue de faire verser aux mouvements de la zone Sud les militants des autres groupes existants et pourquoi, tout au contraire, a-t-il favorisé l'indépendance de ces groupes en les finançant au lieu de les faire fusionner avec nous ? »*

Il est regrettable que Frenay ne cite pas le nom des « autres groupes ». En réalité, il n'y en avait que deux en zone libre : le groupe Veni et France d'abord.

France d'abord était un petit mouvement lyonnais, composé de cadres administratifs, industriels ou militaires, qui, pour des raisons politiques, refusait de s'associer avec les M.U.R. Il fut très utile, par exemple, dans l'intendance, en offrant à Moulin un de ses lieux de rendez-vous les plus sûrs, les bureaux de la rue Victor-Hugo. Et Moulin pensa aux colonels Schwartzfeld et Lacaze, qui en étaient membres, pour assurer l'intérim de Delestraint. Les sommes qui lui furent versées furent infimes, de l'ordre de cent mille francs, parfois. Quant au groupe Veni, il était l'élément militaire du Comité d'action socialiste (C.A.S.). Contrairement à ce qu'affirme Frenay, Moulin mit le colonel Veni en relation avec le général Delestraint, et ses troupes furent intégrées à l'A.S., en décembre 1942.

Quant aux adhérents, ils appartenaient au parti socialiste, qui n'existait pas en tant que mouvement de Résistance. Ses militants, en effet, tentés par l'action, avaient rejoint, avec l'encouragement de Léon Blum, et depuis longtemps, les mouvements de Résistance dont ils constituaient une puissante minorité.

Quatrième question de Frenay : *« Pourquoi, alors que nous devions faire face à la lutte contre la déportation* [des jeunes travailleurs], *amputait-il nos budgets et, dans le même moment, finançait-il, directement, et sans nous le dire, des maquis qui auraient dû dépendre de nous ? »*

J'ai raconté en détail les péripéties de cette affaire (dans le chapitre XIV, « L'argent, nerf de la Résistance »). Je rappellerai cependant qu'à l'époque Frenay lui avait déjà adressé plusieurs fois ces reproches, tout en les nuançant. Dans sa lettre du 8 avril 1943 à Moulin, il écrit : *« Vous avez accepté, sinon proposé que nos budgets soient réduits à ce qu'ils étaient en février*[52]. »

Le mot « réduits » est inexact comme les chiffres le prouvent. C'est « maintenu » qui conviendrait. À Londres, un mois plus tard, même récrimination dans un rapport de Frenay dont Moulin n'eut pas connaissance : *« Non seulement aucun crédit supplémentaire n'est alloué, mais encore nos budgets normaux sont diminués de 30 % sans qu'aucune explication nous soit fournie*[53]. » Ce qui signifie en clair que c'est le budget de février qui a été amputé de trente pour cent. Les documents prouvent également que cette seconde affirmation est fausse.

Dans *La nuit finira*, la version est encore différente et, cette fois, proche du roman. Pour la rendre plausible, Frenay situe la dernière réunion du Comité directeur des M.U.R., le 21 février 1943, *« peu avant le départ* [de Moulin] *pour Londres »*. Cette date, inexacte, n'est pas une erreur innocente : elle permet à Frenay d'accréditer l'idée que la question des maquis se posait déjà. Or, s'il y a une date indiscutable, c'est bien celle du départ de Moulin, le 14 février 1943, confirmée dans tous les documents et tous les ouvrages. C'est deux jours plus tard, le 16 février, que fut annoncé le S.T.O., qui déclencha une vague de départs vers les maquis. Mais grâce à cette fausse chronologie, Frenay peut rapporter une conversation fictive avec Moulin : *« Max* [Moulin] *ne comprenez-vous pas que l'aide aux maquis doit désormais être traitée avec la priorité absolue ?* [...] — *Naturellement, je le dirai au général de Gaulle* [...] *en attendant je vous annonce que je suis contraint de réduire votre budget.*

« [...] *Ainsi, au moment où* [...] *les maquis nous appellent à l'aide* [...] *comment avec ce budget réduit de 40 % faire vivre* [...] *si* [...] *vous nous le refusez, nous nous le procurerons quand même... sans vous et si nécessaire contre vous* [...][54]. »

Un décalage de huit jours, bien anodin, apparemment, permet ainsi à Frenay de dénoncer le crime de Moulin : amputer les budgets dans un moment critique. Et, dans la foulée, il peut contacter les Américains en Suisse, puisque Moulin a été prévenu. On sait, documents en main, que la réalité est tout autre.

Dans *L'Énigme*, Frenay n'ignore pas la date du départ de Moulin, le 14 février 1943. En note, il renvoie à l'altercation décrite dans ses Mémoires et il résume un dialogue qui n'a aucun sens puisque les maquis n'existaient pas encore : *« A ce même moment montaient vers nous, de toutes les régions, des appels pour aider les maquis qui naissaient spontanément ici et là. Alors que nos besoins financiers augmentaient en conséquence, Moulin m'annonçait que notre budget allait être amputé d'un tiers*[55]. » C'est par de tels tours de passe-passe que, de 1943 à 1977, Frenay transformera les faits pour arriver à ses fins :

démontrer que Moulin, d'une part, ignorait la réalité de la Résistance et que, d'autre part, il trahissait la Résistance et s'opposait à son développement.

Cinquième question de Frenay : *« Pourquoi a-t-il envoyé à Londres des rapports me concernant dont l'inexactitude ou le caractère tendancieux ont été soulignés par des tiers et notamment le colonel Passy ? »*

En fait de « rapports », il en existe un seul, celui du 7 mai 1943, dans lequel Moulin rend compte à de Gaulle des tractations de Frenay avec les Américains. À cette occasion, il enveloppe Frenay et d'Astier dans sa critique. *« En vérité, toutes ces grandes déclarations de principe cachent chez Nef* [Frenay] *le désir de jouer le premier rôle. Il s'en défend d'ailleurs à peine et, plusieurs fois, a proposé au Comité de se débarrasser de Mars* [Delestraint] *et de le désigner pour lui succéder.*

« N'ayant pu y parvenir, il avait fait décider en mon absence qu'il prendrait la direction de tous les corps francs et qu'à "ce titre il aurait un général sous ses ordres".

« […] *Cependant, je tiens à appeler votre attention sur les griefs qui sont faits à nouveau contre Nef dans de nombreux milieux. On reprend contre lui de vieux arguments contre lesquels je n'ai cessé personnellement de m'élever : ambition personnelle, relations avec le 2e Bureau Vichy et avec Giraud, attitude politique équivoque, activité brouillon, manque de sang froid... tous arguments qui ont contribué à diminuer très sérieusement sa position, non seulement auprès de ses anciens amis, mais encore dans la masse de ses troupes. Il n'a en vérité pour le défendre âprement que les permanents qu'il a très habilement placés et appointés au sein de l'organisation (collaborateurs immédiats, chefs de région, etc.)*[56]. »

Moulin tient à préciser : *« Toutes ces critiques que je ne fais pas miennes ont sérieusement affaibli la position de ces deux chefs, comme aussi le désir d'indépendance qu'ils ne manquent pas d'affecter en dehors de leurs journaux, bien entendu, car ils savent fort bien qu'ils ne seraient pas suivis*[57]. »

Ce fut le seul rapport de crise. Durant les dix-huit mois de sa mission, Jean Moulin n'a cessé de défendre Henri Frenay avec conviction et avec loyauté.

J'ai mentionné, à propos du rapport rédigé en 1941 à Lisbonne, la façon dont Jean Moulin avait parlé du Mouvement de libération nationale. Par la suite, j'ai souligné en quels termes et avec quelle constance Moulin avait défendu Frenay contre tous ceux, résistants ou hommes de la France Libre, qui arguaient de son vichysme persistant pour le mettre hors jeu. Dans le rapport de Lisbonne, toutefois, Moulin n'avait rien dit des opinions de Frenay, allant jusqu'à écrire à propos des mouvements qu'*« au début, du moins,* [leur] *attitude était exclusive de toute ingérence dans le domaine de la politique intérieure*[58] ».

Je savais cependant, pour avoir assisté à une conversation entre Bidault et Moulin, que ce dernier avait eu connaissance des opinions de Frenay, lors de leur rencontre de 1941[59], ce qui était logique. Dans un texte paru en 1989, j'avais même suggéré que Frenay ait pu faire état de son manifeste de 1940 en faveur de Pétain et contre de Gaulle. Henri Noguères avait répliqué qu'il « serait intéressant de connaître les documents » sur lesquels je me fondais[60].

Jean Moulin faisait de fréquentes allusions aux différents journaux du M.L.N. dans son rapport de 1941. Il y avait sans doute lu des propos de cet ordre : *« Nous affirmons encore qu'on peut mieux servir la France en y restant qu'en la quittant*[61]. » Était-ce assez concluant ?

De façon plutôt surprenante, le document le plus fiable sur les propos de Frenay est un rapport du pasteur Howard Brooks, qui, du consulat américain de Marseille, donnait à ce dernier des contacts avec des résistants. Le pasteur Brooks rencontra Frenay entre le 26 mai et le 16 août 1941. Il fut frappé par la valeur du M.L.N. qu'il considéra comme *« sans aucun doute le plus important »* des mouvements. Or, ayant rencontré à deux reprises Frenay, il résumait ses positions en termes non équivoques : *« Il est plein de défiance à l'égard des De Gaullistes et il ne souhaite pas travailler avec eux. »* Brooks rapportait ensuite des propos qui rappelaient clairement ceux du manifeste de Frenay : *« Au début, L.N.* [Libération nationale] *en appela aux Français sur une base tout à fait nationaliste. Ils dissuadaient les gens de rallier De Gaulle, en insistant sur le fait qu'il y avait en France un grand besoin d'hommes décidés qui devraient accomplir un travail important. Ils annonçaient que leur mouvement était un mouvement strictement français qui ne recevait aucune aide de l'étranger quel qu'il soit. »* De Gaulle, enfin, était évoqué avec les plus vives réserves : *« L.N. pense que De Gaulle s'est sérieusement fourvoyé en Syrie par ignorance de la situation militaire. De Gaulle, pour sa part, est considéré comme un militaire, symbole de courage mais sans attirance pour la démocratie, sans vision sociale et sérieusement handicapé par son inaptitude politique. Ils espèrent en ses succès militaires, mais pensent qu'il est loin d'être le représentant idéal des Français*[62]. »

Pourquoi Moulin s'abstint-il soigneusement de mentionner l'hostilité de Frenay à de Gaulle ? Par discrétion à l'égard des Britanniques, sans doute, mais pas uniquement. Il devait craindre que l'aide qu'il était venu demander lui soit refusée si la Résistance paraissait politiquement morcelée. Les divisions qui avaient déchiré les Républicains espagnols le persuadèrent qu'il fallait une image cohérente et forte des mouvements pour emporter l'adhésion du général de Gaulle et des Anglais. De plus, il avait la même opinion de Frenay que celle du pasteur Brooks : le plus capable et le plus entreprenant de tous les organisateurs de la Résistance balbutiante, spécialiste de la chose militaire, plein d'idées et se dépensant pour les réaliser. Son organisation représentait pour Moulin, en 1941, le fleuron de la Résistance. Discréditer Frenay pour son pétainisme et son antigaullisme aurait nui à la mission que Moulin s'était assignée.

C'est pourquoi, Moulin ne revint jamais sur le pari qu'il avait fait en accordant la première place au mouvement de Frenay. Même attitude au moment de l'affaire Pucheu, en février 1942, lorsque le B.C.R.A. demanda de s'en séparer et que les chefs de la Résistance l'attaquèrent à tout va, malgré l'indignation des chefs de régions de Combat — l'un d'eux, Coste-Floret, démissionna — et de ses troupes. S'il jugeait qu'il était *« regrettable que l'espoir plus ou moins avoué, qu'il* [Frenay] *a mis jusqu'à ces derniers temps en un revirement vigoureux du Maréchal dans le sens de la résistance, lui ait fait conserver des contacts avec certains dirigeants du nouveau régime »*, il ne s'agissait nullement d'un coup de patte, mais de l'expression de la vérité[63]. Puisque Frenay reconnut lui-même que *« ce n'est qu'après avril 1942 »* qu'il *« attaqua personnellement le maréchal Pétain*[64] ».

Moulin prit résolument sa défense dans son premier rapport à Londres, le 1er mars 1942 : *« Militant de la Résistance de la première heure, ayant mis sur pied une organisation très importante, plein d'allant et de courage, il* [Frenay] *ne peut voir sa bonne foi contestée dans cette affaire*[65]. »

Ce n'est pas ce qu'écrivait Christian Pineau, dans un rapport daté de juin 1942[66].

Dans son courrier nº 10, du 18 août 1942, Moulin réagit aux accusations répétées de Pineau : « *Je persiste à croire en la loyauté et le dévouement de Nef* [Frenay]. *Il a certes commis des erreurs, notamment lors de contacts avec Pucheu. Mais il a toujours agi de bonne foi. Je souligne sa loyauté dans l'affaire La Laurencie. Il est même allé au-delà des désirs des autres mouvements et des miens propres, en prenant nommément à partie dans son journal La Laurencie, ce qui n'était pas indispensable. Son attitude est parfaite à l'heure actuelle dans le cas Giraud*[67]. »

Enfin, dans le fameux rapport du 7 mai 1943 qui heurta Frenay, on lit : « *En ce qui concerne particulièrement Merlin* [d'Astier] *et Nef* [Frenay], *je les ai défendus et les défendrai. Ils ont su, par leur action personnelle, secouer l'apathie générale de la zone sud en des heures très difficiles, rassembler de nombreuses énergies autour de vous. Je n'ai jamais mis en doute leur bonne foi, quelles que soient les divergences de vue qui nous ont opposés. J'ai lutté pour rapprocher les positions de deux hommes également estimables* […][68]. »

Ce n'est donc pas une figure de style d'écrire que jusqu'au bout et en dépit de leurs désaccords Moulin a soutenu et loué Frenay. Lorsque Frenay prétend que même Passy a dénoncé l'injustice de ces attaques, c'est inexact : il s'agit des critiques de Moulin concernant Brossolette. Sur l'original du rapport des points d'exclamation en marge nous renseignent sur la réaction de Passy à la lecture du récit de Moulin, évoquant la proposition de Brossolette de faire nommer Blocq-Mascart président du Comité de coordination de la zone nord[69].

Sixième question de Frenay : « *Pourquoi a-t-il favorisé la reconstitution de certains partis politiques, notamment du parti socialiste, alors qu'il avait reçu la consigne précise et écrite de ne pas s'en occuper ?* »

Il est faux que Jean Moulin ait favorisé la reconstitution de quelque parti politique que ce soit. Tous les documents prouvent que, au cours de l'année 1942 et surtout après le débarquement en Algérie, les états-majors des partis du centre et de droite commençaient à s'agiter. Moulin, à contrecœur, constata ce que Frenay et d'autres résistants dénonçaient d'ailleurs dans leurs journaux.

Pour le parti socialiste, c'est Morandat qui menaça Moulin, après son refus de financer le *Populaire* clandestin, de s'adresser à l'I.S. pour le faire reparaître. Moulin céda en préférant que ce journal soit financé par la France Libre. Puis, à l'automne 1942, André Philip intervint auprès de Moulin, dans son courrier nº 5, du 16 novembre 1942, afin qu'il finance le Comité d'action socialiste clandestin (C.A.S.).

Ce texte éclaire d'autant plus les intentions de Londres qu'il fut rédigé par Pierre Brossolette : « *2 — Partis Politiques : outre les contacts individuels vous aurez à envisager, dans votre action politique, les contacts avec les partis politiques... qui se réorganisent ou qui subsistent.*

« Ce sera d'abord le Parti socialiste. Il s'est constitué clandestinement dans la résistance. Il ne nous appartient pas, et par conséquent, il ne vous appartient pas d'intervenir dans sa reconstitution en tant que parti. Ce qui est de votre ressort, c'est d'agir pour que cette reconstitution concourre le plus efficacement possible à la résistance et ne risque jamais de la gêner. En ce sens, vous pourrez, probablement sous le couvert d'un des Mouvements de résistance, mettre à la

disposition du comité directeur du Parti socialiste les sommes dont il peut avoir besoin (100 à 200 mille francs par mois)[70]. »

Quelques mois plus tard, en avril 1943, Philip reviendra personnellement à la charge : « *Du moment que les communistes agissent en tant que parti, il est impossible d'empêcher les autres d'en faire autant* [...] [71]. » Quant au parti communiste, il n'avait nullement besoin de Moulin pour se reconstituer.

Septième question de Frenay : « *Pourquoi a-t-il poussé de toutes ses forces à la création du Conseil National de la Résistance qu'il a fini par obtenir de De Gaulle, malgré l'opposition de tous les mouvements ?* »

J'ai exposé en 1983 (*Jean Moulin et le Conseil national de la Résistance*) les péripéties longues et compliquées qui ont conduit à la création du C.N.R. J'en ai repris les éléments essentiels, ici, dans les chapitres consacrés à cet organisme. Je rappelle succinctement les étapes essentielles de sa création : en mai-juin 1942, l'idée vint des socialistes. Moulin et Pineau la refusèrent pour ne pas lier, politiquement, les mains du Général après la guerre. Au mois de novembre 1942, *Le Populaire* entreprit une campagne pour sa création. Pineau, début décembre, reprit à son compte ce projet, tandis que Daniel Mayer contactait mouvements et partis pour obtenir leur accord. Afin d'éviter que la vie politique ne se reconstitue hors de la France Combattante, et peut-être contre elle, Moulin se rallia finalement, le 14 décembre 1942, à ce projet. Mais c'est Christian Pineau, André Boyer et Boris Fourcaud qui, à Londres, le 15 janvier 1943, en firent accepter le principe par le général de Gaulle. À son retour de mission en France, le colonel Manuel en confirma la nécessité. Moulin reçut des directives qui arrivèrent en France, le 13 février 1943, par l'avion avec lequel il repartit pour Londres. Après ses entretiens avec le Général, un projet modifié fut préparé et, le 21 février 1943, de « nouvelles instructions » furent signées, instituant le Conseil de la Résistance. Rentré en France, Moulin chercha à convaincre les chefs des mouvements hostiles de la zone libre, ceux de la zone occupée étant déjà ralliés par Brossolette. Après plusieurs semaines de négociations, le Conseil se réunit le 27 mai 1943, à Paris. Cinq mois plus tard, Frenay, qui était à Londres, exhorta ses camarades à soutenir le C.N.R., dont il avait enfin découvert l'importance aux yeux des Alliés.

J'ai déjà donné les raisons qui poussèrent Moulin et de Gaulle à créer cet organisme, je cite ici Claude Bourdet, qui y était opposé. « *Même sans le C.N.R., des structures se seraient créées fin 1943 pour coordonner la Résistance française de façon plus étroite sur le plan militaire et politique. Elles auraient nécessairement servi le développement du P.C. et le P.S. La troisième grande formation a été le M.R.P., nouvelle organisation démo-chrétienne entièrement dirigée par des résistants. La réhabilitation des partis bourgeois d'avant-guerre n'y est pour rien. D'autre part, si la Résistance n'est pas devenue, en tant que telle, une force politique, c'est parce qu'elle a été incapable de s'organiser et qu'il lui manquait une véritable perspective politique. Nous craignions tous que le C.N.R. ne serve d'alibi à la résurrection des forces conservatrices et centristes, mais cela ne s'est produit que bien plus tard, à cause de l'usure du "tripartisme" et à cause du gaullisme nouvelle manière.*

« [...] *Les communistes, et surtout "nos" communistes, ceux qui militaient dans nos rangs, se sont très habilement servi des structures créées par le C.N.R., et notamment de son "bureau permanent", pour prendre une autorité considérable et exagérée au sein de la Résistance. Frenay se sert, pour le montrer, de ce que j'ai écrit dans* L'Aventure incertaine. *Mais il néglige ou minimise le fait fondamental, c'est que tout ceci ne s'est produit qu'après la* disparition de Moulin. *Ayant connu Moulin de près, je suis certain qu'il se serait opposé à cette évolution beaucoup plus que ne le firent Georges Bidault et les chefs de la délégation en 1943-1944 — ne serait-ce que parce que Moulin, fin politique, aurait compris que ce noyautage ne pouvait qu'accroître la méfiance naturelle de de Gaulle à l'égard de la Résistance intérieure et mener (comme ce fut le cas après la guerre) à un divorce dont seule la vieille société profiterait*[72]. »

Et Bourdet de conclure : « *En tout cas la thèse de Frenay, exposée dans* La nuit finira, *et selon laquelle une des raisons de la création du C.N.R. par Moulin est qu'il pensait ainsi servir le parti communiste, est proprement aberrante.*

« […] *Nous avons tous été irrités par la politique de Moulin tout en l'aimant et en l'admirant. Frenay a comme tant d'anciens spécialistes du S.R., ajouté ces faits les uns aux autres sans réfléchir assez et a tiré une conclusion absurde : c'est tout*[73]. »

Huitième question de Frenay : « *Pourquoi, en violation des consignes reçues, et en cachette de Londres comme des mouvements, a-t-il, dès le début 1942, envoyé un émissaire en zone Nord et pourquoi a-t-il choisi pour cette mission un communiste ?* »

Cette affirmation est inexacte. Le général de Gaulle avait spécifié dans ses *Mémoires*, que Frenay a lus : « *Aussi était-il entendu que c'est lui* [Moulin] *qui serait, en France, le centre de nos communications d'abord avec la Zone Sud et dès que possible, avec la Zone Nord*[74]. »

« *Nous avions convenu qu'il agirait d'abord sur les mouvements de Zone Sud* […]. *Cela fait, il aborderait la Zone Nord* […][75]. »

C'est pourquoi, dans son rapport n° 4, du 7 mai 1942, Moulin informait Londres de ses activités : « *J'ai déjà jeté un certain nombre de jalons dans les départements que je connais bien, y compris Z.O. où j'ai déjà envoyé plusieurs émissaires et aidé financièrement quelques groupes isolés intéressants* […][76]. »

Pour contrôler les résultats, Moulin effectua un voyage à Paris, du 2 au 19 juillet, et en rendit compte télégraphiquement à Londres, dès son retour en zone libre. Le B.C.R.A., loin de lui faire des reproches, le pressa d'envoyer un rapport détaillé sur les contacts qu'il avait pris en zone occupée, ce qu'il fit le 18 octobre : « *J'aurais voulu vous parler de vive voix d'un projet touchant à l'organisation de la résistance en Z.O. qui, d'après ce que j'ai pu constater moi-même et les renseignements que je reçois régulièrement de Z.O., est loin d'être satisfaisante.*

« *J'ai, vous savez, approché et réuni un certain nombre de personnalités et de groupes ZO soit Z.N.O. par des émissaires venus de Z.O., diverses organisations n'étant pas en liaison avec Londres ou qui avaient rompu tout contact avec des agents gaullistes par suite d'erreurs ou d'actes de légèreté commis par ces derniers. Je verse des subventions à ces organisations. Les principales sont Défense de la Patrie, Ceux de la Libération, Union Libérale et Sociale, La Voix du Nord. Certains de ces mouvements étaient très réticents à l'égard du Général De Gaulle, c'était le cas de Ceux de la Libération. Je suis heureux de vous adresser ci-joint le texte d'une motion que leur comité directeur vient de voter à la suite d'une conversation que j'ai eue ici et à la suite des contacts que j'ai fait prendre en Z.O. avec certains de mes émissaires.*

« *Je pense qu'il serait très intéressant, tout en maintenant sérieusement en*

Z.O. le cloisonnement et l'autonomie de ces organisations, de créer en Z.O. une sorte de centrale *très secrète qui diffuserait les consignes et satisferait aux demandes de matériels et de fonds.*

« J'ai ici les éléments pouvant constituer un début d'organisation de cette centrale. *Je vous demande d'utiliser pour les liaisons Pal* [Ayral] *en Z.O. et Pal W* [Briant] *en Z.N.O. qui tous deux sont inactifs et tous deux acceptent mes suggestions*[77]. »

Ajoutons que l'adjoint auquel fait allusion Frenay et qui suscite sa vindicte est Henri Manhès, accusé par lui d'être communiste. Certes, il fut, à son retour de déportation, le chef de cabinet de Marcel Paul, ministre communiste de la Production industrielle, qu'il avait connu à Buchenwald ; certes, il fut très proche du Parti après la Libération, mais il reste à prouver qu'avant et pendant l'Occupation il en faisait déjà partie. Je n'en ai trouvé nulle part la moindre preuve[78].

Neuvième question de Frenay : *« Pourquoi, sans nous le dire, conseillait-il à Georges Bidault d'adhérer au Front National ? »*

Georges Bidault, dans ses témoignages des 2 février et 8 avril 1949 donnés au Comité d'histoire de la Deuxième Guerre mondiale, a répondu par anticipation à cette question. « [...] *G.B.* [Georges Bidault] *fut aussi en relations (beaucoup plus tard, vers 1943) avec le Front-National de zone Sud. Il fut pressenti, à ce sujet, par Pierre Lebrun, le syndicaliste, peut-être à l'époque de la première réunion du C.N.R. à ce mouvement. G.B. était très mécontent de Frenay, à cause de son hostilité pour Max* [Moulin]. *Après avoir pris conseil de Max, G.B. se décida à entrer au F.N. Il y avait, dans ce mouvement, outre des communistes notoires comme G. Marrane et Madeleine Braun, des modérés et même des gens de droite. La position politique du F.N. était donc des plus modérées ; le mouvement apparaissait — aux yeux des non-initiés — comme bien plus modéré que celui de Frenay. Mais les communistes, qui y étaient à des postes de choix, y pratiquaient un noyautage intensif* [...][79]. »

Il se trouve que j'ai assisté au dîner où cette décision fut prise. Jean Moulin, qui avait refusé plusieurs fois de rencontrer le Front national, conseilla à Georges Bidault d'adhérer au Comité directeur de zone libre, puisqu'il avait été sollicité. Le but était d'avoir un informateur à l'intérieur de cette organisation, qui s'agitait beaucoup, mais dont on ignorait en zone libre la composition exacte et les objectifs.

Dixième question de Frenay : *« Pourquoi a-t-il placé auprès de celui-ci* [Bidault], *en qualité de secrétaire, Annie Hervé, militante communiste et femme de Pierre Hervé, futur éditorialiste de* L'Humanité *? »*

Cette accusation, répétée en différentes occasions, est un exemple de la légèreté de Frenay dans le choix de ses « indices ». En effet, Bidault, dans ces mêmes témoignages de 1949, déclara : *« Les communistes y entrèrent aussi* [dans les mouvements], *sans révéler, naturellement, leur appartenance au parti — et alors qu'il était impossible pour les mouvements de résistance d'avoir aucun contact réel avec le parti communiste qui se reconstituait et ses chefs, restés invisibles durant toute l'occupation. C'est ainsi que G.B.* [Bidault], *sur la recommandation de Lucie Aubrac, prit comme secrétaire Annie Hervé (qu'il avait connue petite fille à Reims, mais qu'il n'avait pas reconnue) et dont il ignorait les opinions politiques, ainsi que les opinions politiques de son mari. Ce n'est qu'à la longue qu'il s'en rendit compte et il finit par se séparer d'elle*[80]. » La sensibilité exacerbée de Frenay s'explique si l'on se souvient que Pierre Hervé fut l'un de ses plus grands calomniateurs, tout au long de l'affaire Hardy.

Onzième question de Frenay : *« Pourquoi ses principaux adjoints — ses adjoints politiques — étaient-ils ou allaient-ils tous devenir membres éminents du parti communiste : Manhès, Meunier, Chambeiron*[81] *? »*

Voici l'opinion de Claude Bourdet : « [...] *Je l'ai écrit il y a quatre ans, il était naturel que Moulin choisisse ses collaborateurs comme nous le faisions tous, parmi ses amis d'avant-guerre. Faire de cela une "preuve" est enfantin. Le colonel Passy a souligné que Manhès délégué de Moulin en zone Nord n'a été capable d'établir aucun contact avec le P.C. clandestin, alors que cela eût été de son ressort*[82]. »

Claude Serreulles, qui assura la succession provisoire de Moulin après son arrestation et connut en détail la situation de la Délégation à cette époque, répondit également : *« Qui sont les intimes de Jean Moulin dans l'année qui précède sa mort ? Quels sont les hommes avec lesquels il a des échanges intellectuels fréquents, à qui il se confie, à qui il demande conseil, qu'il consulte et qu'il voit très régulièrement ? Ce sont Georges Bidault, Pierre-Henri Teitgen, François de Menthon, Robert Lacoste, René Courtin, Alexandre Parodi, tous hommes dont nous savons que, par la suite, ils ne devinrent pas "des hommes éminents du parti communiste". Alors Henri Frenay cite trois hommes, Manhès, Chambeyron* [*sic*], *Meunier. Certes, Manhès, après avoir été un militant socialiste avant la guerre, s'orienta vers une sympathie déclarée à l'égard des communistes ; il disparut très tôt dans la bataille et Moulin ne le remplaça pas par un homme de même orientation. Tout au contraire, il demanda à Londres de lui envoyer des renforts de façon à désigner parmi eux un nouveau délégué zone Nord*[83]. »

Serreulles revint sur cette question, sous une forme plus systématique, dans une lettre adressée à Frenay, restée sans réponse.

« 1 — Pourquoi Jean Moulin n'a-t-il pas confié sa sécurité personnelle, son hébergement, ses boîtes aux lettres, etc. à des amis communistes ?

« 2 — Pourquoi ses agents de liaison, ses radios, n'étaient-ils pas communistes ?

« 3 — Pourquoi ses chefs de secrétariat zone Nord et zone Sud n'étaient-ils pas communistes ?

« 4 — Pourquoi n'a-t-il pas donné à Delestraint et au S.A.P. des hommes à lui, sous-entendu communistes ?

« 5 — Pourquoi n'a-t-il pas donné à Delestraint un adjoint communiste, un successeur communiste ?

« 6 — Pourquoi n'a-t-il pas choisi parmi des hommes du parti communiste un délégué zone Nord, un délégué zone Sud et pourquoi a-t-il demandé à Londres de lui envoyer ces adjoints ?

« 7 — Pourquoi n'a-t-il pas nommé au C.G.E. un membre communiste ?

« 8 — Pourquoi, parmi ses proches amis et ses confidents politiques, ne revèle-t-on aucun membre présent ou futur du parti communiste[84] *? »*

Comme tout homme engagé dans l'action, Moulin ne fut pas exempt de critiques et les historiens sont là pour en faire le bilan. Mais les accusations de Frenay après la Libération ne correspondent guère aux jugements sur Moulin des chefs des mouvements à l'époque. Leurs critiques étaient de deux ordres : pour sa mission, ils lui reprochaient d'être trop strictement « gaulliste » dans l'application des instructions de la France Libre ; dans le cas particulier du Conseil de la Résistance, ils dénonçaient, on s'en souvient, sa complaisance à l'égard des anciens partis de droite (Alliance démocratique, Fédération républicaine, démocrates-populaires, radicaux) qui n'avaient pas été résistants en tant que tels. On sait que les mouvements, à cette époque-là, s'accordaient pour ne travailler qu'avec le seul parti communiste et — sous certaines réserves — avec le parti socialiste reconstitué.

Jamais, pendant la Résistance, tous les documents l'attestent, personne ne s'interrogea sur la conduite de Jean Moulin et celle de son entourage. Pas le moindre soupçon d'une sympathie ou d'une quelconque faiblesse à l'égard du parti communiste ou de ses succursales.

Les preuves existent : ce sont les actes de Moulin

C'est sur ses actes qu'on juge un homme et ceux de Jean Moulin témoignent pour lui. Quand on les analyse, tout son comportement est clair : le but poursuivi, sa politique et ses résultats.

Grâce aux documents conservés aux archives, on connaît les moyens que de Gaulle avait mis à la disposition de Moulin et avec lesquels il aurait pu favoriser tel parti ou tel mouvement au détriment de tous les autres.

Moulin disposait de trois instruments : la répartition de l'argent, la distribution des armes et la désignation des cadres.

Pour l'argent, on possède tous les comptes de Jean Moulin. Durant les dix-huit mois de sa mission, il n'a jamais versé un centime ni au Front national, ni aux F.T.P., ni au parti communiste. C'est seulement sur les ordres répétés d'André Philip qu'il finança le parti socialiste (deux cent mille francs par mois). En revanche, le mouvement de résistance auquel il alloua le budget le plus important des deux zones fut Combat, qui recevait, au début 1943, trois millions de francs par mois, tandis que Libération avait à peu près la moitié de cette somme et Franc-Tireur le quart. Le budget des mouvements de zone occupée était loin derrière ces chiffres : six millions pour les cinq premiers mois de 1943 contre cinquante-cinq millions pour ceux de la zone sud.

Quant aux armes, jamais Moulin n'en fit distribuer aux F.T.P., qui s'en plaignirent amèrement. C'est toujours Combat qui reçut le plus de matériel, suivi de loin par les autres mouvements. De plus, à partir de la création de l'Armée secrète, ces armes étaient toutes réparties par le général Delestraint. On se souvient que les chefs d'état-major, en zone sud, avaient été nommés par Frenay et, en zone nord, appartenaient à l'O.C.M.

Qu'en était-il enfin du choix des responsables des services contrôlés par Moulin ? Parmi les collaborateurs qui l'entouraient, trois de ses adjoints en zone occupée, Manhès, Meunier, Chambeiron, étaient des hommes de gauche dont il avait fait connaissance au cours de son passage au cabinet de Cot en 1936. Ils devinrent progressistes ou même communistes *après la Libération* et s'approprièrent la mémoire posthume de Moulin.

Il sera dit, hélas, que Pierre Meunier se sera joué de bout en bout de la confiance que lui avait accordée Jean Moulin. Il entretint, à son insu, des contacts avec les services secrets soviétiques. Il utilisa sa mémoire pour édifier sa propre carrière aux côtés des communistes, au lieu de le réhabiliter vis-à-vis du P.C. Pour finir, il révéla sans nécessité les aspects intimes de la vie amoureuse de

Moulin à un journaliste, l'amenant à voir dans sa vie résistante un élément presque secondaire de ses aventures sentimentales ! Rien de tel pour les autres. Beaucoup étaient sans affiliation politique définie et trois d'entre eux (les officiers de liaison auprès de Combat et de Libération et moi-même) appartenaient même à l'extrême droite.

Dans les services civils qu'il créa, Moulin mit à la tête du bureau d'information et de propagande le démocrate-chrétien Georges Bidault, membre du Comité directeur de Combat. Pour le Comité général des études, il choisit un autre démocrate-chrétien, Menthon, cofondateur de Combat, assisté de Teitgen (démocrate-chrétien appartenant à Combat), Paul Bastid (parlementaire radical), Robert Lacoste (syndicaliste C.G.T. et membre de Libération), Alexandre Parodi (haut fonctionnaire républicain), Pierre Courtin (professeur de droit, libéral), Michel Debré et Charpentier (gaullistes). Il refusa d'y introduire un représentant des communistes, comme le lui avait suggéré Teitgen.

Pour diriger le service des opérations aériennes, S.O.A.M. en zone libre, B.O.A. en zone occupée (cordon ombilical qui reliait la Résistance et la France Libre et organisme capital puisqu'il approvisionnait les résistants en courrier, en argent et en armes), il choisit Fassin, un officier du B.C.R.A., qui était d'Action française. En zone nord, il nomma Paul Schmidt, également du B.C.R.A., qui appartenait aux Jeunesses patriotes. On ne parle guère de Pierre Kaan, qui assura la liaison avec le C.G.E. et fut le secrétaire général du Comité de coordination Z.O. Il avait, certes, été communiste dans sa jeunesse, mais, depuis 1929, il avait rompu avec le P.C. et travaillait même avec Boris Souvarine à une dénonciation vigoureuse et argumentée des crimes et des erreurs de Staline.

Il y a une différence entre, d'une part, les liaisons politiques assurées par un représentant désigné par Moulin et, d'autre part, la direction des services techniques et militaires. Tout le personnel technique — opérateurs radio, saboteurs, officiers d'opérations aériennes — était constitué d'agents formés à Londres et envoyés par le B.C.R.A., qui les contrôlait directement. Moulin en disposait, mais ces militaires obéissaient à Londres, où ils adressaient directement leurs télégrammes et leurs rapports dans leurs propres codes avec leur propre radio. Lorsque la France Libre s'avéra impuissante à fournir les officiers d'encadrement ou les collaborateurs civils dont Moulin avait besoin, il aurait pu les choisir sur place et les proposer à Delestraint, comme son ordre de mission l'y autorisait. Il n'en fit rien et continua à les réclamer en vain au B.C.R.A. durant des mois, demandant par exemple, pour diriger le 5e Bureau de l'Armée secrète, Saint-Jacques, le seul cagoulard du B.C.R.A. !

Même démarche sur le plan administratif. Quand il demanda du renfort à Londres, qui choisit-il ? Pélabon, Bingen, Serreulles, pour en faire ses adjoints sur le plan national et dans chacune des zones. Personne n'a jamais eu le ridicule de soupçonner ces hommes de sympathie, affichée ou secrète, pour les communistes.

Toujours dans ce domaine, Jean Moulin me désigna comme chef de son secrétariat alors qu'il connaissait mes opinions d'extrême droite. Or, c'était un centre névralgique du point de vue sécurité — j'étais le seul à connaître ses domiciles — et pour le contrôle de son action, puisque j'organisais tous les rendez-vous et les réunions, et que tous les télégrammes, lettres et rapports entre lui-même et Londres ou les mouvements transitaient par mes mains. Mieux : le B.C.R.A. lui ayant demandé à plusieurs reprises de me restituer à Bidault (à qui j'étais destiné), et de me remplacer par quelqu'un qui fût recruté sur place, il refusa énergiquement et me garda près de lui.

Rappelons les fonctions exactes de ses trois adjoints de zone nord, dont tout le monde reconnaît les sympathies communistes ultérieurement affichées. Leur rôle était politique, c'est-à-dire qu'ils maintenaient la liaison avec les mouvements, les partis et les syndicats de la zone occupée. Jamais ils n'eurent un quelconque droit de regard sur le secrétariat, les radios, les parachutages ou l'Armée secrète. Jamais ils n'eurent communication du moindre télégramme ou du moindre rapport et jamais, de leur côté, ils n'en adressèrent à Londres. Après l'arrestation de Manhès, c'est à titre temporaire que Meunier prit sa succession, puisque c'est pour le remplacer que Moulin réclama à Londres les Français Libres désignés plus haut. Sous la direction de Moulin, ils maintenaient des contacts ou assistaient à des négociations, présidaient même des séances du Comité de coordination, mais ils n'avaient aucune autorité pour donner des ordres au nom de la France Libre. On le vit bien après l'arrestation de Moulin. C'est Claude Serreulles, nouveau venu, inconnu de la Résistance, mais agent de Londres et ancien officier d'ordonnance du Général, qui succéda, sans discussion, à Moulin dans les deux zones, et cela pour une raison évidente : c'était lui, et non pas Meunier ou Chambeiron, qui représentait la France Libre et, par conséquent, il prit immédiatement la direction des deux secrétariats, des services radios, des officiers d'opération et distribua aux mouvements l'argent et les armes. Ces postes, de l'arrivée de Moulin en France jusqu'à la Libération, furent déterminants pour conserver tant bien que mal le contrôle de la Résistance. C'est pourquoi jamais ni Moulin ni ses successeurs ne s'en dessaisirent.

Il serait intéressant de savoir ce qu'ont fait ces trois adjoints « communistes » pour « favoriser » le parti communiste. Rien ne le prouve. Je remarque au contraire qu'ils n'avaient pas le contact avec les F.T.P. et le Front national. De plus, comme on l'a vu, ils étaient opposés à l'intégration du Front national dans les organismes de la France Combattante. Enfin, ce n'est qu'après la disparition de Moulin que Meunier fut nommé au poste de secrétaire du C.N.R. Aussi, tant que les accusateurs n'auront pas apporté les preuves d'une influence, d'une orientation ou d'actes précis dans ce domaine, on en restera au procès d'intention et à la calomnie.

Sur la politique de Jean Moulin à l'égard des communistes, voici quelques rappels :

— c'est seulement à la demande du B.C.R.A. qu'il prit contact avec le parti communiste et il n'est pour rien dans la liaison finalement établie avec la France Libre par l'intermédiaire de Rémy ;

— il n'est jamais intervenu dans les négociations et les accords que les mouvements avaient entamés avec les communistes à partir de l'été 1942, négociations que Frenay était l'un des plus ardents à conduire ;

— il refusa d'entrer en contact avec le Front national et de le prendre en considération en tant que mouvement de résistance ; pour lui, les deux interlocuteurs valables étaient le parti communiste sur le plan politique et les F.T.P. sur le plan militaire ; pour cette raison, il refusa d'intégrer le Front national, soit dans un comité de coordination, soit au C.N.R., et c'est à l'initiative de Pierre Brossolette que le F.N. siégea dans ces deux organismes ; enfin, lors de la constitution du C.N.R., il refusa la double représentation pour la C.G.T. que réclamaient les communistes ;

— lors de la première séance du C.N.R., il imposa aux communistes la désignation de De Gaulle comme seul chef du gouvernement et il s'opposa à Pierre Villon en refusant de publier un « appel à la Nation » qui tendait à transformer le C.N.R. en organisme délibératif et souverain.

Sur le plan militaire, la position de Moulin fut tout aussi tranchée :

— pour contrer la tactique de la guérilla et du terrorisme aveugle préconisée par les communistes, il invoqua la stratégie définie par les états-majors alliés, que de Gaulle s'était engagé à appliquer ;

— les F.T.P., ayant refusé cette stratégie, contrairement à Rémy et aux demandes de Passy, il cessa de les financer jusqu'à son arrestation.

La politique de Moulin à l'égard de la Résistance, tant dans le domaine politique que dans le domaine militaire, se résume en une phrase : fédérer tous les mouvements et soumettre toutes les résistances à l'autorité du général de Gaulle. Il y réussit avant de mourir.

Certains chefs lui reprochaient cette conduite que Frenay décrivait ainsi en avril 1983 : *« La double fonction de Max* [Moulin] *rendait sa tâche infiniment délicate. Comme représentant du C.N.F., il devait naturellement chercher à faire prévaloir les opinions dudit Comité ou ce qu'il pens*[ait], *à défaut de directives, être ses opinions. Comme Président du Comité directeur, il devait chercher à faire prévaloir les opinions de la Résistance.*

« Tant qu'un accord complet existe entre ces opinions, il est bien naturel qu'aucune difficulté ne surgisse. Mais lorsqu'il y a divergence de vues, ce qui est le cas en ce moment, il ne peut se dédoubler pour être simultanément le défenseur de l'une et de l'autre.

« L'expérience prouve que, dans ce cas, il défend toujours le point de vue du Comité national français, ou de ce qu'il croit être son point de vue, et jamais celui de la Résistance. On ne saurait lui en faire grief, car en cela il reste fidèle à sa mission essentielle ; mais cela fait sauter aux yeux l'antagonisme qui existe entre les deux fonctions qu'il cumule[85]. *»* En quelques lignes, tout est dit de la politique appliquée par Moulin. Après la Libération, Frenay critiqua un autre aspect de cette politique gaulliste : « *La thèse de Jean Moulin selon laquelle de Gaulle devait se considérer comme le chef d'un vaste parti, d'un parti unique était-elle admissible ? Je le pense d'autant moins que de Gaulle était en Angleterre et non en France*[86]. »

Après avoir reproché à Moulin, avec juste raison, d'appliquer les instructions du Comité national et d'encourager de Gaulle à devenir, pour la durée de la guerre, le chef d'une coalition des patriotes, il est paradoxal que Frenay ait pu l'accuser d'avoir *« servi le parti communiste »*.

Un autre fait ruine, si besoin était, la thèse de l'accusation : tant que Jean Moulin était en fonctions, jamais les communistes n'ont eu la moindre influence ni sur les organismes directeurs — politique ou militaire — des mouvements ni sur leur orientation. Une preuve, la dernière en date parmi bien d'autres : les instructions de Moulin à ses adjoints à Paris figurent dans une lettre datée du 10 juin 1943, rédigée dans des conditions critiques. Une partie serrée se jouait à Alger entre de Gaulle et Giraud, sur l'issue de laquelle le choix de la Résistance allait se révéler décisif. Or, le 27 mai, à Paris, lors de la première séance du Conseil de la Résistance (C.N.R.), les communistes avaient tenté de faire voter une motion maintenant la balance égale entre de Gaulle et Giraud. Moulin s'y était opposé et, finalement, avait emporté un vote unanime en faveur du premier.

Les communistes profitèrent de son départ pour Lyon, le 1er juin, pour reprendre l'avantage, cette fois-ci, au Comité de coordination des mouvements de résistance de zone nord, que présidait Pierre Meunier. Ils firent voter le texte d'un télégramme par lequel ce Comité se prononçait en faveur d'une coprésidence de Gaulle-Giraud. Avant d'être expédié à Alger, ce télégramme, envoyé au nom de toute la Résistance, devait être avalisé par le C.C. des mouvements de zone sud.

Moulin, outré par cette manœuvre des communistes, qui reniaient leur signature du 27 mai, réagit violemment : « *J'ai soumis ce texte au C.C. zone sud qui m'a chargé de faire connaître à son homologue zone nord qu'il n'était pas d'accord*[87]. » Entre-temps, Moulin avait en effet convaincu les responsables des mouvements de zone sud, Combat, Liberté et Franc-Tireur, de signer un texte qu'il avait rédigé et qui confirmait la motion votée par le C.N.R. Pour être obéi — et ce détail est important — Moulin l'adressa non pas à Meunier, qui présidait le Comité de coordination de zone nord, mais au secrétaire du Comité, Pierre Kaan, pour le communiquer à Meunier : « *Le C.C.* [Comité de coordination] *zone sud estime que la résistance "gaulliste" doit maintenir sa position "gaulliste". Que des nécessités politiques et extérieures du moment amènent le général de Gaulle à composer et à accepter certaines formules transactionnelles, c'est son devoir d'homme d'Etat. La résistance intérieure, qui veut maintenir sa pureté et son indépendance, doit, elle, maintenir sa ligne, sous peine de faillir à tous ses engagements.*

« *Tous les mouvements ont signé un programme minimum. Ce programme ne prévoit qu'un chef politique : de Gaulle.*

« *C'est pourquoi les mouvements unis de la zone sud estiment qu'il convient 1°) de n'adresser qu'un seul télégramme et à leur chef politique : de Gaulle, 2°) d'insister auprès de lui pour qu'il affirme plus encore les principes qui sont ceux de la résistance française.*

« *Vous trouverez ci-après le texte de ce câble que le C.C. zone sud serait très heureux de voir accepter par le C.C. zone nord.*

« *"A général de Gaulle"*

« *"Les C.C. zone nord et sud des mouvements de résistance sont profondément heureux apprendre constitution gouvernement unique en terre française top. Se félicitent des résultats qu'avez obtenus top. Vous renouvellent confiance totale pour affirmer plus encore principes pour lesquels sont groupés derrière vous top. Vous prient transmettre expression chaleureuses félicitations à général Giraud. Fin."*

« *Il faut que Marmet* [Meunier] *insiste sur les considérations qui ont motivé ce nouveau texte et qui sont non pas des considérations qui me sont personnelles mais qui émanent de chacun des trois mouvements zone sud*[88]. »

Ce texte, écrit le 10 juin 1943, peut être considéré comme le manifeste de la résistance « gaulliste ». Onze jours plus tard, Moulin était trahi, arrêté et torturé à mort.

Toutefois, à partir du printemps 1944 (huit mois après la mort de Moulin), il en fut autrement. Pour plusieurs raisons : le retard apporté par Alger à désigner un remplaçant qui aurait poursuivi la politique de Moulin ; l'émancipation de l'Armée secrète et du Conseil de la Résistance que les résistants réussirent à soustraire au contrôle des représentants du Général ; la création, en février 1944, par les mouvements de Résistance, d'un directoire militaire, le C.O.M.A.C., qui fut rapidement dominé par les communistes ; enfin la constitution, à la fin de l'été 1943, d'un bureau du C.N.R. dans lequel siégeait le Front national dont le représentant était le dynamique Pierre Villon. Ces faits sont sans relation avec la politique conduite par Moulin et ne découlent nullement de la nature ou de la structure des organismes qu'il avait fondés. Les radios, les services de parachutage, le B.I.P. échappèrent à toute emprise communiste. Le C.G.E. défendit sans désemparer le point de vue du gouvernement d'Alger. À l'inverse, c'est parce que les instructions qui créaient un Conseil de la Résistance ne furent pas respectées et que Moulin n'était plus là pour obliger les mouvements à s'y conformer que les communistes acquirent une telle influence dans la Résistance, au cours des derniers mois de l'Occupation.

Cette influence a un visage et un nom : Pierre Villon, résistant héroïque de la première heure, communiste sans faille, poussé par une certitude et un courage messianiques qui, par son habileté, son intelligence et, disons-le, par son charisme, domina le C.O.M.A.C. et le bureau du C.N.R. Les calomnies dénonçant en Jean Moulin le responsable de cet état de choses obligent à rappeler que c'est Pierre Brossolette qui installa Villon au Comité de coordination et au Conseil de la Résistance.

En résumé, et à moins de ne tenir aucun compte des faits ou de remplacer l'histoire par la fiction ou la polémique, il est impossible de dire, et plus encore de prouver, que la politique de Jean Moulin à l'égard de la Résistance *« a servi le parti communiste »*.

L'historien qui a fait un dépouillement étendu et presque exhaustif des archives sur une question particulière de l'histoire peut considérer, lorsque sa recherche se recoupe en tous points, que l'avenir, même s'il apporte des nuances, ne renversera pas ses conclusions : un nouveau document ne remettra pas en question la vérité acquise. Je considère que c'est le cas dans cette affaire.

Cet antagonisme posthume, qui divise à jamais la Résistance entre communistes et non-communistes et oppose aussi les « Émigrés » et les « Métropolitains », est l'écume naturelle de toute œuvre humaine. Il fut aggravé, à l'époque, par l'éloignement ou le secret imposés par la clandestinité, qui attisaient tous les soupçons. Par nature, ces volontaires étaient de rudes individualistes, des caractères originaux, ce qui leur permit d'échapper, en 1940, à l'attraction du désespoir et de s'opposer seuls à la fatalité d'une catastrophe nationale. Cela dotait la Résistance de tous les ingrédients pour enflammer les désaccords et les passions. Ils le furent.

Ce sera toujours l'étonnement du chercheur d'observer ces hommes traqués, compagnons de sacrifice, qui, en dépit de leur accord ultime sur la libération de la patrie, s'affrontèrent sur des questions qui, avec le temps, semblent souvent secondaires et parfois dérisoires. C'est oublier, à cette époque où chaque minute de liberté était peut-être la dernière, l'importance du credo que chacun avait forgé dans la solitude de sa conscience et sur lequel il ne transigeait pas.

En mettant la mémoire de leurs gestes en lambeaux, les résistants ont trahi le souvenir de la Résistance. Jean Moulin en offre la poignante illustration. Le symbole le plus pur que la Résistance livra à la postérité fut dépecé par des résistants.

Est-ce là le prix de la victoire ?

POST-SCRIPTUM

L'HISTOIRE N'EST PAS UN « CADAVRE EXQUIS »

Henri Frenay n'avait jamais prétendu prouver l'engagement communiste de Jean Moulin, mais faire part de son avis. Toutefois, les glissements successifs de son raisonnement, son discours simplificateur et l'autorité morale dont il jouissait comme ancien chef de mouvement ont non seulement favorisé la rumeur, mais ont donné du grain à moudre à des suiveurs qui s'abritent derrière lui pour calomnier plus gravement encore, si possible, Jean Moulin et, avec lui, toute la Résistance. Résultat navrant et paradoxal des obsessions d'Henri Frenay.

Dans cette lignée, on peut relever plus particulièrement les ouvrages d'Henri-Christian Giraud, de Thierry Wolton et de Jacques Baynac, contre lesquels les historiens se sont justement élevés. Au-delà de l'écœurement qui prend à la lecture de tant de mauvaise foi, de tant de calomnie, on peut démonter et réfuter les allégations de ces auteurs, comme celles de Frenay avant eux.

Les structures élémentaires de la calomnie

Se penchant sur les textes destinés à discréditer Jean Moulin, et en particulier *Le Grand Recrutement* de Thierry Wolton, Pierre Vidal-Naquet y repéra les deux grands instruments de l'approximation et de l'injure. Tout d'abord, les défauts de la lecture. Conseillant alors d'« apprendre à lire » à ceux qui se croient déliés de toute déontologie, Vidal-Naquet rappelait le b.a.-ba de la méthode historique : *« Il ne suffit pas d'avoir lu des livres ou découvert des archives inédites, encore faut-il savoir ce que valent ces documents*[1]. » Ensuite vient l'« amalgame mou », technique caractéristique de toutes les chasses aux sorcières : *« Le raisonnement était d'une grandiose simplicité : vous avez connu X qui a été identifié comme traître, vous êtes donc vous-même un traître*[2]. »

Sur ces bases simples s'articule un discours récurrent, fait d'artifices, de fausse logique qui transforme, sans démonstration, les insinuations en faits établis. Ces ouvrages s'appuient les uns sur les autres et pratiquent le dénigrement à outrance des travaux des historiens.

Le procédé des diffamateurs est toujours le même : emporter l'adhésion par l'effet d'accumulation et par un habile jeu de glissements. Ce qui était hypothèse est, à la phrase ou dans les pages suivantes, tenu pour acquis. La réticence est la figure favorite de la médisance, interrompant la phrase et laissant au lecteur le soin de la compléter. Enveloppe de ces manipulations, l'argumentation vient masquer le fait que la prétendue démonstration n'est qu'un château de sable qui ne résiste pas à l'examen. Les arguments sont purement rhétoriques. Ils obéissent à une logique de circonstance, une « quasi-logique » qui ne fonctionne, en fait, que dans le cadre complaisant de ce discours particulier.

Les *a priori* ne sont pas démontrables, et pour cause, puisqu'ils sont faux.

Les faits assemblés ne s'enchaînent pas en termes de causalité et de conséquences. Ils sont simplement juxtaposés et leur cohésion factice est assurée par des acrobaties dialectiques, où le conditionnel de pure forme et les questions oratoires sont les moyens rabâchés qui tiennent la vedette. La logique déductive ou démonstratrice n'a rien à voir avec ce qui n'est, somme toute, qu'un exercice d'affabulation.

Mais cette méthode a malheureusement sa force. Il faudrait à chaque fois un livre entier pour répondre à tant d'effronterie et d'ignorance. Or quel historien digne de ce nom consentirait de bon cœur à consacrer un temps précieux à écrire l'ouvrage qui réfuterait page après page les montages spécieux, les approximations et les mensonges ?

Il n'y a pas de scoop en histoire

Tous les livres qui calomnient Jean Moulin ont pour point commun de prétendre renverser le cours de l'historiographie grâce aux documents inédits qu'ils produisent. Mais n'est-ce pas une insulte au bon sens de croire que le « scoop » existe en histoire ?

Depuis des décennies, deux générations d'historiens ont travaillé sur l'histoire de la Résistance et sur Jean Moulin. Les résultats qu'ils ont obtenus ont été considérables, au prix d'un labeur ingrat fait de patience et d'érudition. Les corrections, les rectifications, les inflexions, pour importantes qu'elles aient pu être, n'ont jamais jeté à bas tout l'édifice. Simplement, les historiens s'efforcent d'approfondir le travail de leurs prédécesseurs et ne prétendent pas le surpasser en se gaussant de leurs erreurs ou de leurs maladresses. C'est en cela que l'histoire est une discipline scientifique dont la vertu majeure est l'humilité.

Je crois qu'on peut comparer le travail historique à un vaste puzzle. L'historien tente de reconstituer le passé à l'aide de traces de toute nature, afin d'en donner une image intelligible. Peu à peu, au hasard de la découverte, les historiens y apportent des pièces nouvelles et disparates et s'efforcent de les emboîter pour faire apparaître le motif final. Au fil du temps, chacun apporte son lot et doit parfois repositionner telle ou telle pièce posée par ses prédécesseurs. Après cinquante ans de recherches, on a déjà une idée claire de ce que sera l'image de Jean Moulin, une fois le puzzle achevé. Désormais, aucun apport de nouvelles pièces, si intéressantes soient-elles, ne modifiera radicalement le dessin d'ensemble. Imaginons que le puzzle soit une reproduction de la *Joconde*. Même si des pièces importantes manquent encore, aucune ne la transformera en *La femme qui pleure* de Picasso.

Dans le domaine historiographique, où l'approfondissement permanent constitue la trame même du travail, le renversement est un leurre. Le renouvellement tient d'ailleurs plus dans l'évolution des questions que les historiens de chaque génération posent au passé que dans la négation de ce qui a été fait. Il est naturel que les historiens, qui regardent le passé au travers de la sensibilité de leur époque, renouvellent l'interprétation. Mais elle n'est pas à la merci des vagabondages de l'imagination. L'histoire n'est pas un *opus incertum*. Elle doit tenir compte des faits qui ne sont pas déformables *ad libitum*.

Ce qui est acquis à propos de Jean Moulin

L'histoire de Jean Moulin n'échappe pas à cette règle. Aucun document, ni même aucun lot de documents nouveaux, ne contient à lui seul la quintessence, la clé, le sens de la vie de Jean Moulin et de sa mission. La nouveauté ne peut plus être que dans les nuances. Dans les prétendues révélations, on décèle le tri : certains faits sont montés en épingle pour qu'ils coïncident avec le parti pris de départ. Or, les historiens s'accordent sur bien des points essentiels et aucun raisonnement, aucune lecture orientée d'archives ne peut les contredire, sous peine de ridicule.

Par exemple, le voyage de Jean Moulin en Angleterre, motivé par sa certitude qu'aucune action clandestine ne pouvait réussir en France, sans être soutenue de l'extérieur par l'envoi régulier d'argent, d'armes et de personnel d'encadrement. N'étant pas « gaulliste », c'est-à-dire convaincu *a priori* que seul de Gaulle pouvait aider les résistants, il voulait savoir qui, des Anglais ou de De Gaulle, saurait le mieux fournir cette aide.

Autre exemple, les convictions de Moulin. Il était persuadé que les Français devaient participer à leur libération. Il convenait alors de fédérer les groupes qui « résistaient », en particulier leurs forces militaires, et de les rendre aptes à profiter d'une aide extérieure décisive. Il redoutait qu'à défaut d'une telle organisation le découragement ne s'installât chez les patriotes et que le champ ne fût laissé libre aux communistes, représentant dès lors la seule forme d'opposition aux Allemands et à Vichy. En essayant de mettre en œuvre ses idées à Londres, Moulin découvrit le projet de De Gaulle, qui était d'incarner la France et d'exiger des Alliés sa participation à la victoire. Il adhéra à ce choix, sûr que c'était la seule voie possible pour travailler à rétablir la République.

D'autres points ne pourront être remis en cause. La teneur des missions que de Gaulle avait confiées à Jean Moulin, c'était de lui assurer le contrôle administratif de la Résistance, de la subordonner à son projet politique et de lui conserver le commandement direct de ses organisations paramilitaires. Jean Moulin se consacra à ces tâches dès son retour en France, le 2 janvier 1942, sans désemparer et en s'adaptant aux contraintes de la situation. Il créa les services centraux, encouragea le rapprochement des mouvements, travailla à la formation de l'Armée secrète et lui trouva un chef fidèle à de Gaulle, présida le Comité de coordination Z.S., enfin fonda et présida le Conseil de la Résistance pour rétablir une représentation nationale symbolique destinée à soutenir la légitimité du Général. Ce ne sont pas là des hypothèses, mais des faits, qui tous vont dans un seul et unique sens : la Résistance derrière de Gaulle pour le rétablissement de la démocratie, face à la politique ambiguë des Alliés et au camouflage résistant de Vichy par les giraudistes.

Les historiens s'accordent sans hésiter sur ce portrait de Jean Moulin aux contours nets. On y voit sa fidélité active et constante à de Gaulle et à sa politique, cette activité incessante d'avocat de la Résistance, auprès d'interlocuteurs extérieurs pour lui ménager toute l'aide matérielle possible, pour rendre justice à ses initiatives et à ses sacrifices et lui réserver la première place. On y voit ses tentatives pour réorganiser la démocratie autour de la Résistance, en lui arrimant les partis politiques et les syndicats qui devaient contribuer à renouveler la vie politique française au sein d'une IVe République à tendance sociale.

Jean Moulin est mort en héros, choisissant le silence pour sauver ses camarades et les secrets de la Résistance. Même ses pires détracteurs doivent reconnaître son courage suprême.

Nuances et compléments

Le portrait n'est pas complet. L'ouverture de nouvelles archives permettra, dans les années à venir, de l'avancer. On saura, par exemple, dans l'affaire suisse, si les offres américaines de financement, d'armement ou de liaison furent le fruit d'une politique décidée à Washington ou l'initiative des hommes de Berne, saisissant l'occasion d'obtenir à bon compte des renseignements. On saura si les Alliés, méfiants, ont délibérément évité d'armer la Résistance ou s'ils n'y sont pas parvenus pour les raisons techniques qu'ils ont invoquées à l'époque. On connaîtra, au-delà des propos louangeurs du général Eisenhower, l'apport concret de la Résistance militaire à la libération de la France. Et l'histoire des F.T.P. et du Front national communistes, quand l'enquête historique aura remplacé les livres de souvenirs. Et si les communistes français espéraient prendre le pouvoir à la Libération et si Staline les a détournés de ce projet.

D'autre part, on peut espérer faire la lumière sur le contact de Jean Moulin avec des Soviétiques à l'été 1942, savoir comment, par qui et avec qui il fut établi, connaître les propositions et les offres de part et d'autre. Préciser la part de Pierre Bénouville dans la mécanique infernale de Caluire et découvrir s'il a fait l'objet d'une manipulation vichyssoise ou allemande. Apprendre de nouveaux détails sur les relations entre Barbie et Hardy et savoir si les deux hommes ont, oui ou non, conclu une sorte de marché. Enfin, peut-être des informations viendront-elles déterminer les circonstances, la date et le lieu de la mort de Jean Moulin. Devant tant de questions, comment ne pas regretter le gaspillage des archives déjà exploitées et leur détournement pervers ?

Les raisons de la calomnie

Pourquoi les attaques contre Jean Moulin se répètent-elles ?

Moulin symbolise plusieurs causes. Il incarne, certes, le martyre et les martyrs de la Résistance. Or, quoi qu'ait voulu nous faire accroire la geste gaullienne, la Résistance n'a jamais été l'idéal de tous les Français, mais celui d'une infime minorité noyée dans l'indifférence de la nation et les persécutions des occupants et de leurs séides. Moulin représente aussi la fidélité au gaullisme de guerre, ce pari fou sur la victoire et sur la volonté de faire du pays l'acteur de sa libération. C'est en même temps un homme de gauche, le héros des « républicains » qui, de la Résistance à la Ve République, eurent bien des comptes à régler avec le

Général. D'ailleurs, gaullistes et hommes de gauche, coalisés pendant la guerre, ne se confondirent jamais. La fusion réalisée en la personne de Jean Moulin en fait un symbole atypique. Avec sa fidélité absolue à de Gaulle, ses inébranlables convictions politiques, sa disparition précoce, comment deviner ce qu'aurait pu être son choix après la Libération ? Le gaullisme ? La gauche ? Au cœur du drame de l'Occupation, emporté par sa foi patriotique, pouvait-il même imaginer qu'il faudrait choisir ? C'est pourquoi chaque camp, tour à tour, ne sait pas trop comment s'approprier ce héros paradoxal.

Enfin, parce qu'il fut au cœur de tant de combats, il n'est plus qu'un prétexte pour tous ceux qui cherchent à atteindre, à travers lui, quelques-unes des causes qui furent les siennes : la gauche, la Résistance, de Gaulle... On voit donc Vichy et ses épigones, les anticommunistes de la vingt-cinquième heure, les déçus de la Résistance ou les antigaullistes de la Ve République se servir de lui pour régler leurs affaires.

Sans compter, depuis quelques années, l'appât du gain, puisque Jean Moulin est, si j'ose dire, et grâce à Caluire, devenu un article publicitaire.

1988. Henri-Christian Giraud,
De Gaulle et les communistes

Frenay s'était enfermé dans une contradiction insoluble en accusant Moulin d'avoir, à la fois, soumis la Résistance à de Gaulle et livré ses leviers de commande aux communistes.

Cette contradiction n'en est pas une pour Giraud, qui englobe de Gaulle, la Résistance et les communistes dans le même opprobre. C'est pourquoi il se saisit avec empressement de la thèse de Frenay, qui ne présente pour lui que des avantages, dont le plus évident est la possibilité de démolir la Résistance sans en parler. Il se contente de s'en prendre à Moulin, avec la caution de Frenay, lui-même grand résistant. À vrai dire, même si, grâce au dossier établi par Frenay, il peut faire du rôle qu'il prête à Moulin un point fort et spectaculaire de sa démonstration, ce dernier n'y figure qu'à titre d'accessoire. Le véritable objet de son ressentiment est de Gaulle.

Dans un chapitre dont il emprunte le titre, « L'énigme Moulin », à Frenay, Giraud reprend intégralement toutes ses accusations. On y retrouvera, ainsi que dans le reste de son livre, toutes les inexactitudes qu'avance Frenay. Emprunts plus surprenants encore quand on découvre avec quelle assurance Giraud les « enrichit », contredisant Frenay, au besoin, pour aller toujours plus avant dans sa thèse.

Prenons un exemple. Frenay, entre autres griefs, reprochait à Moulin d'avoir pillé ses bonnes idées pour se faire valoir à Londres. Il s'attribuait ainsi la paternité d'une expression qui figurait dans le rapport remis par Moulin aux Anglais et à la France Libre en octobre 1941. Jean Moulin y avait comparé les troupes de la Résistance à *« une armée de "parachutistes" déjà en place*[3] *»*. Frenay faisait remarquer que, lors de leur entretien de Marseille (printemps 1941), il avait évoqué *« des parachutistes déjà à terre*[4] *»*.

Mais l'explication n'intéresse pas Giraud. Il possède la sienne, plus affriolante, parce que plus compromettante : l'expression est typique de la vulgate communiste. À preuve la lettre que Charles Tillon, chef des F.T.P., adresse à de Gaulle en novembre 1942 : *« L'ambition des Francs-Tireurs et Partisans et de tous les patriotes armés, est de pouvoir jouer un tel rôle. Pour cela, ils doivent être préparés à* se muer instantanément en autant de multiples groupes de parachutistes. *Agissant d'après un plan étudié d'avance sur des terrains connus par eux, ces groupes seraient soutenus sans confusion possible par la masse de la population qu'ils contribueront à armer et à discipliner. Ils seront donc mieux adaptés à leur mission que des parachutistes qui tomberaient du ciel* [...][5]. » Giraud remarque, sans avoir l'air d'y toucher, une *« grande similitude d'inspiration ». Exit* donc Frenay. *Exit* par la même occasion toute réflexion sur la diffusion des idées et du vocabulaire à l'intérieur du milieu résistant — l'expression est utilisée également par le général Delestraint auprès de l'état-major allié en 1943. Bienvenue, au contraire, aux alléchantes perspectives d'un Moulin si imprégné de l'ambiance communiste que cela transparaît, malgré lui, dans son discours. Et pourquoi pas d'un Tillon inspirateur, auteur, rédacteur du rapport de Moulin ? D'un rapport pris sous la dictée de la direction clandestine du parti ? À moins que Moulin ne soit le véritable chef des F.T.P. On se perd en conjectures...

Entrons à présent dans le vif du sujet. Nous en étions aux présomptions « lourdes ». Voici, à présent, les accusations.

Giraud évoque d'abord la *« personnalité contradictoire »* de Moulin. *« Cette seconde nature de Jean Moulin,* interroge-t-il, *est-elle "naturelle" ou acquise par militantisme ? »* — ce dernier terme devant irrésistiblement faire penser au communisme. Mais il se garde d'être explicite. Il se contente d'accumuler ce qui lui semble épaissir le mystère autour de Jean Moulin et de ses intentions. Il détourne ainsi les propos de l'historien Henri Michel et ceux du général de Gaulle, faisant mine de prendre d'anodines remarques pour des révélations chargées de sens : *« "Tout portrait de Jean Moulin clandestin,* note Henri Michel, *comporte une bonne marge d'obscurité et laisse une large part à l'hypothèse." Souvenons-nous en effet de ce que de Gaulle dit de lui : "Cet homme de foi et de calcul, ne doutant de rien et se défiant de tout, apôtre en même temps que ministre"*[6]. »

Or, qu'a voulu dire Henri Michel ? Que l'étude d'une activité clandestine n'est pas toujours aussi aisée que celle d'une officielle. Et qu'a écrit de Gaulle ? Une période balancée d'oppositions terme à terme dans un portrait laudatif de Moulin.

Giraud en arrive ensuite à Trepper et à ses témoignages.

Léopold Trepper était un agent du renseignement soviétique en Europe occidentale. Arrêté par les Allemands en 1943 (affaire de l'Orchestre rouge), il participa alors à une opération complexe de double jeu et d'intoxication où Allemands et Soviétiques cherchèrent à se bluffer. Après la guerre, Trepper rentra à Moscou où il fut accueilli non en héros, mais en traître[7]. Livré au contre-espionnage, il endura des interrogatoires visant à lui faire endosser la responsabilité des erreurs commises par les Soviétiques et à lui faire désigner des coupables parmi d'autres agents. Il resta en prison jusqu'à la disparition de Staline[8].

Au début des années 1970, il commença à mentionner le rôle qu'il aurait joué dans les contacts noués entre la France Libre et le Parti communiste français. *L'Aurore* publia en 1974 l'interview qu'il avait accordée au journaliste Philippe Bernert, qui écrit : « "Un envoyé de la France Libre, venant de Londres, est entré un jour en rapport avec moi, raconte Trepper. Au nom de de Gaulle, il cherchait le contact avec le comité central du parti qui se cachait tellement bien qu'il en devenait intouchable."

« Trepper établit la liaison ultra-secrète. Il est informé des tractations qui

se déroulent. Londres demande au P.C. clandestin de lui déléguer l'un de ses dirigeants. Le choix tombe sur Fernand Grenier, qui sera le premier homme des communistes dans l'entourage de de Gaulle, le futur commissaire à l'Air du gouvernement provisoire de la France Libre. Un des hommes-clés de cette négociation secrète Londres-Trepper-P.C. fut, semble-t-il, Jean Moulin, le représentant du général en France[9]. »

Ce texte est composé de deux parties distinctes. La première reproduit la déclaration de Trepper. Elle est imprimée dans le journal en caractères gras et encadrée de guillemets. La seconde est un commentaire de Bernert qui introduit, de sa seule initiative, le nom de Moulin. Or, dans les citations souvent reproduites de ce texte, ces deux parties distinctes sont amalgamées de telle sorte que le lecteur prête à Trepper des propos qui sont en fait ceux de Bernert.

L'année suivante, Trepper, dans ses Mémoires, mentionnait un autre agent soviétique, Robinson, qui lui aurait déclaré en 1942 : *« Pour le moment, je suis en relation avec des représentants de De Gaulle, et je sais que le Centre interdit ces contacts... »* Et il poursuivait : *« Un jour, à l'automne 1942, il me fit avertir qu'il voulait me voir de toute urgence. Un rendez-vous fut fixé. Ce qu'il avait à m'apprendre était en effet important...*

« "... Tu sais que je suis en relations avec Londres, me dit-il... Un représentant de De Gaulle est ici et souhaite rencontrer la direction du parti communiste...

« — Dans quel but ? Es-tu au courant ?

« — Parce que de Gaulle voudrait que le parti lui envoie un émissaire. La direction du P.C. est tellement bien camouflée que, depuis trois semaines, notre homme n'a pas réussi à prendre le moindre contact..."

« Je promis à Harry [Robinson] *de m'en occuper. Comme j'avais la possibilité de joindre en deux jours Michel* [Jérôme], *le représentant du parti communiste, je lui exposai les faits. Il fixa le rendez-vous un peu plus tard.*

« C'est ainsi que, pour la première fois, Londres prit contact avec la direction clandestine du parti communiste[10]. »

Trepper ne cite pas le nom de Rémy, qu'il n'a pas dû rencontrer à cette occasion, ni celui de Moulin, qui n'était pas à Paris à cette époque. On doit rappeler par ailleurs que « Joseph » (Beaufils) avait la liaison avec le Comité central du P.C. On ne comprend donc pas pourquoi Rémy aurait eu besoin de Trepper ou de Robinson.

En tout cas, Trepper n'a jamais dit ou écrit que le représentant de De Gaulle qui cherchait le contact avec le parti était Moulin, et il précise que cet événement eut lieu *« à l'automne 1942 »*.

Pourquoi Rémy, dans ses Mémoires, ne parle-t-il pas du rôle qu'aurait joué Trepper dans cette affaire[11] ? Est-ce une omission volontaire, un oubli ou l'indication que Trepper aurait exagéré l'importance de son intervention ?

La dernière hypothèse est fort plausible puisqu'il est avéré que Léopold Trepper n'avait pas, dans le renseignement soviétique, le rôle essentiel que les Allemands ont imaginé et qu'il a décrit dans ses souvenirs. Il est clair aussi qu'à la suite de son arrestation par le contre-espionnage soviétique, Trepper a dû avaliser bien des mensonges destinés, en partie, à couvrir les erreurs de la direction soviétique pendant la guerre, à commencer par les erreurs de Staline lui-même. C'est ce qui ressort de l'excellent travail biographique de Guillaume Bourgeois à propos de Robinson[12]. De même des Mémoires de Gourévitch, autre membre du même réseau de renseignement, lui aussi victime des corrections de l'histoire[13].

Des témoignages de Trepper, recoupés par les documents du B.C.R.A., on retient d'abord que le contact avec la direction clandestine du P.C.F., souhaité par Londres, est établi à l'automne 1942. Moulin, donc, n'a pu y participer puisque, à cette époque, il était en zone libre, qui plus est dans l'attente de son départ pour Londres.

Ensuite, les documents prouvent que le colonel Rémy est l'envoyé de Londres qui prit contact avec la direction du parti communiste.

On a vu que Trepper ne cite nullement Moulin, mais que le journaliste Philippe Bernert introduit son nom. Giraud saute sur l'occasion et abolit les réserves (de pure forme, d'ailleurs) de Bernert : *« Devant le caractère explosif de cette révélation, Philippe Bernert a cru devoir écrire à l'époque : "Un des hommes clés de cette négociation secrète Londres-Trepper-PC fut, semble-t-il, Jean Moulin." Il nous a confirmé que cette réserve n'a plus lieu d'être aujourd'hui, Trepper s'étant montré tout à fait catégorique*[14]. »

Faisons deux remarques sur la forme. D'abord, en quoi cette négociation est-elle plus « secrète » qu'une autre ? Frenay et d'Astier, qui, dès l'été 1942, avaient pris contact avec les communistes, n'avaient pas averti Moulin de leurs négociations.

Le procédé de Giraud est de salir tout ce qui touche aux rapports entre la France Libre et les communistes et d'y voir une intention de dissimuler honteuse, donc blâmable. Il recourt à une prosopopée en abîme, faisant parler un Bernert absent, qui fait parler un Trepper qui ne l'est pas moins.

Trepper est-il catégorique ? Jamais, et sûrement pas dans ses souvenirs où il ne cite pas de nom, *a fortiori* pas celui de Moulin.

Giraud le sait bien. Il sait aussi que l'« envoyé de De Gaulle » n'est autre que Rémy et qu'il n'y a, en l'occurrence, aucun mystère. Mais cette vérité ne sert pas sa démonstration. Ne serait-ce que parce que Rémy, qu'on peut difficilement tenir pour un crypto-communiste, n'a jamais été chargé par de Gaulle de fédérer la Résistance. Il ne peut donc pas jouer le rôle du traître ou, plutôt, de l'instrument du pacte secret passé entre de Gaulle et Moscou. Or, nous avons vu que Rémy avait bel et bien établi le contact avec les F.T.P. en mars 1942, que ce contact avait été perdu dans les aléas de la clandestinité et les coups de la répression, et que c'est encore Rémy qui le renoua, par l'intermédiaire de Brossolette. Le premier effort de Giraud consiste donc à écarter ce Rémy si inopportun. Son rôle n'est plus un fait établi, mais une hypothèse qu'il balaie aussitôt[15].

Giraud est dans une impasse : ou bien les témoignages des communistes confirment le rôle de Rémy (Jean Jérôme), ou bien ils sont contradictoires ou peu probants (Trepper). Qu'à cela ne tienne ! Il rebondit. Si les témoins ne disent pas ce que Giraud voudrait y trouver, c'est, bien sûr, parce qu'ils mentent. Et ils mentent pour dissimuler le rôle de Moulin qui, nous apprend Giraud comme en passant, finance les communistes : *« En réalité,* tout se passe comme si *les communistes — en l'occurrence Trepper et Jérôme —* se livraient à une manœuvre de diversion *visant à attribuer à Rémy ce qui revient à un autre.* Et pourquoi pas justement *à Moulin dont les archives ont montré qu'il accordait des subventions à une association répertoriée par lui sous les initiales OS.* De quoi peut-il s'agir sinon de l'Organisation Spéciale du PC ? *Quant aux liens de Moulin avec les communistes,* nous avons déjà vu ce qu'il en était *; mais ce n'est pas tout*[16]. »

Il faut rectifier. Les comptes de Moulin, qui devait justifier des sommes que Londres lui adressait[17], portent non pas O.S., mais A.S. (Armée secrète). Jamais Moulin n'a versé la moindre somme au F.N., aux F.T.P. ou au parti communiste. Et lorsqu'il a été chargé par Londres de leur verser une mensualité, il a refusé. Peu importe, l'explication de Giraud suit : les communistes cherchent à « couvrir » Moulin.

Giraud nous ramène alors en arrière. La calomnie utilise à plaisir les redites et brode indéfiniment le même motif, comme si la répétition pouvait remplacer la preuve.

Il s'agit donc, encore une fois, des « intuitions » de Philippe Bernert. Nous apprenons d'on ne sait où que Trepper et Moulin se connaissaient. *« Recevant la confidence de Trepper, Philippe Bernert* a eu la certitude *que l'envoyé de la France Libre dont l'espion soviétique lui parlait était Jean Moulin. Un Moulin qu'il* paraissait *par ailleurs bien connaître... Depuis quand ? Depuis son retour de Londres ou avant*[18] *? »*

C'est déjà beau, mais Giraud peut mieux faire. Trepper prend du galon au passage et devient l'ordonnateur suprême de l'espionnage soviétique en Europe occidentale. Si Jean Moulin peut l'approcher, c'est qu'il est *persona grata* en milieu communiste[19].

Nouvelle difficulté : pourquoi Jean Moulin, communiste, entouré d'adjoints communistes, aurait-il besoin de Trepper pour établir le contact ? C'est qu'il lui faut joindre, carrément, la direction du Parti. Coup de théâtre ! C'est la direction du Parti qui veut le joindre, non l'inverse.

« Autre question : si Moulin voulait entrer en contact avec le PCF, ses amis Meunier, Chambeiron et Manhès pouvaient lui servir d'intermédiaires. S'il a fait appel à Trepper ou si ce dernier l'a contacté, *c'était pour lui faire rencontrer la direction clandestine du Parti, car ainsi que le révèle l'historien du PCF, Philippe Robrieux, durant l'Occupation Trepper a eu et n'a eu de contact direct qu'avec deux dirigeants du PCF : Jacques Duclos et le dirigeant officieux du PCF, le mystérieux Michel Feintuch, alias Jean Jérôme*[20]. »

On touche presque au but : *« Cette liaison Moulin-Duclos ou Moulin-Feintuch (dit Jérôme) s'est-elle matérialisée par une rencontre ? Une chose est sûre :* si cette rencontre a eu lieu, ce ne pouvait être que pour une affaire capitale et l'on peut supposer alors que la mission de Moulin auprès du général de Gaulle est sortie de cette réunion. Dans cette perspective, on peut alors, comme le fait Frenay, avancer l'hypothèse selon laquelle Moulin à Londres est un "montage" communiste. *Mais est-ce tout*[21] *? »*

Non, ce n'est pas tout. Car il reste Robinson ! Giraud s'abrite, cette fois, derrière Philippe Robrieux selon lequel Robinson aurait été en relations avec quelqu'un de l'entourage de Jean Moulin[22]. Giraud allèche son lecteur : *« Robrieux apporte un élément intéressant qui,* s'il était confirmé, pourrait devenir une révélation capitale [...]. »

Giraud a déjà son idée : Moulin n'est qu'un pion dans le jeu planétaire de Robinson[23], ce qui lui permet de glisser vers de Gaulle, son objectif.

« Cela expliquerait *"l'impatience" de De Gaulle à voir l'ancien préfet de Chartres le rejoindre. Cela* expliquerait aussi *sa lettre "pressante" à Eden et la discrétion qui a entouré les entretiens qu'il a eus avec celui dont il a fait si rapidement son représentant.* Cela expliquerait enfin *pourquoi le parti commu-*

niste français n'a jamais pu revendiquer ouvertement Jean Moulin comme un des siens, car ce serait dévoiler la manœuvre soviétique[24]... »

Frenay écrivit presque le contraire en remarquant que le P.C.F. n'avait *« pas cessé, par la parole et par la plume, de le magnifier et d'honorer sa mémoire, hommage qu'il ne rend qu'à ceux qui l'ont bien servi*[25] *»*.

Giraud échafaude les hypothèses les plus déconcertantes : *« Devant les demandes d'aide émises à plusieurs reprises par les gaullistes, les Soviétiques, on l'a vu, ont posé une condition : la "démocratisation" du mouvement gaulliste. Jouer Moulin, c'est pour de Gaulle afficher clairement cette volonté de démocratisation. Et c'est l'afficher d'autant plus qu'il n'hésite pas à confier à l'ancien préfet de Chartres une mission considérable, puisqu'il* décide seul, sans prendre l'avis d'aucun chef de mouvements, *sans écouter plus tard leurs observations et leurs critiques, de donner à un homme,* à un seul homme, *l'"entière responsabilité de la liaison avec la Résistance". Ce n'est pas tout : il fait aussi de cet homme l'unique dispensateur de l'argent et des armes, qui constituent dans la vie clandestine les seuls leviers du pouvoir*[26]*. »*

Or, Moulin a constamment mis en garde les Anglais et de Gaulle contre l'emprise que les communistes risquaient d'avoir sur la Résistance, si la France Libre ne faisait rien pour aider les mouvements non communistes. De plus, sa mission concernait avant tout la zone libre. De Gaulle devra attendre le mois de mars 1942, avec l'arrivée de l'adjoint de Rémy, François Faure, pour avoir le contact. Et ce sera avec les F.T.P.

Pour Giraud, une conclusion s'impose. Complices, de Gaulle et Moulin préparent un complot pour imposer à la France un pouvoir de gauche : *« Comment peut-on penser que de Gaulle puisse donner une telle mission et de tels pouvoirs à un inconnu ? Comment peut-on penser que c'est par ignorance des contraintes de la guerre de l'ombre que de Gaulle instaure un système qui fait de Moulin, homme de gauche notoire, le "maître absolu de la résistance intérieure" ? N'est-ce pas plutôt parce qu'il sait qui est Jean Moulin qu'il lui taille une mission et des pouvoirs sur mesure*[27] *? »*

Le fait d'être un homme de gauche « notoire » doit probablement suffire, aux yeux de Giraud, à discréditer Moulin, puisqu'il enchaîne : *« Hypothèse iconoclaste ?*

« Elle s'inscrit dans la logique de l'offre d'alliance gaulliste à Staline de juillet 1941 […] *des demandes réitérées des gaullistes aux Soviétiques de leur donner le contact avec les communistes français* […] *des conseils des Soviétiques aux gaullistes de "démocratiser" leur mouvement.* Elle s'inscrit enfin dans la logique de la volonté gaulliste d'instaurer un "pouvoir nouveau" *(Manifeste de Brazzaville du 27 octobre 1940). »*

Et Giraud poursuit : *« Il y a en effet* des coïncidences troublantes *: le 27 décembre 1941, quelques jours avant que Jean Moulin soit parachuté sur la France, de Gaulle adresse au général Catroux un télégramme qui se termine par cette phrase : "Avec l'URSS qui vient de se révéler comme la première puissance militaire du continent, une France forte constitue un facteur indispensable d'équilibre. La France est d'autant plus qualifiée pour jouer ce rôle qu'il n'existe entre elle et l'URSS aucun sujet de contestation quelconque et qu'au contraire leurs intérêts peuvent parfaitement s'harmoniser pourvu que leurs relations puissent s'établir sur un pied d'égalité"*[28]*. »*

Cette phrase, à condition d'être lue correctement, révèle tout simplement la volonté de De Gaulle de trouver un contrepoids à l'emprise de l'Angleterre et au mépris de l'Amérique à l'égard de son mouvement, par un jeu de balance qui, à l'intérieur d'une coalition, est un principe de défense classique des faibles contre les forts. Jean-Louis Crémieux-Brilhac a exposé les épisodes de cette stratégie dans son histoire de la France Libre. C'est ainsi qu'au plus fort de la crise de Madagascar, en juin 1942, de Gaulle demanda à l'ambassadeur soviétique si, en cas de rupture, il pourrait être accueilli en U.R.S.S. L'ambassadeur fit une réponse dilatoire et conseilla au Général de tempérer son ardeur[29]. Sans faire aucune concession sur la nature du régime soviétique, les réalités de la guerre rappelèrent au Général que *« l'alliance franco-russe* [...] *est une nécessité que l'on voit apparaître à chaque tournant de notre histoire*[30] ». Mais il n'était pas dupe faisant, à propos des communistes, *« les plus grandes réserves sur leurs aspirations pour l'après-guerre et il s'effor*[çait] *de les contrer*[31] ».

Tout cela n'a donc rien à voir avec les hypothèses tortueuses de Giraud.

1993. Thierry Wolton, Le Grand Recrutement

Pour Thierry Wolton, il ne s'agit plus d'expliquer le rôle de Moulin dans la Résistance, mais de démasquer un traître, ce qu'il tente de faire en retraçant l'histoire d'un réseau de renseignement soviétique organisé et dirigé en France à partir de 1930 par l'agent Henri Robinson.

Jugeant que *« l'hypothèse crypto-communiste (de Frenay) manquait d'audace*[32] » (ce qui était implicitement l'opinion de Giraud), il veut démontrer que Moulin fut un agent soviétique. Contrairement à ses prédécesseurs qui n'ont produit aucune preuve à leurs constructions imaginaires, Wolton publie des « *documents inédits* » : un interrogatoire de Trepper et des extraits des rapports que Robinson adressa à Moscou de juillet 1940 à juin 1941. Il croit y découvrir quatre « *indices graves et concordants* », non seulement sur les contacts de Moulin avec les services soviétiques en 1942, mais aussi sur les relations qu'il aurait entretenues avec eux dès avant la guerre, puis à l'automne 1940, alors que la Russie était l'alliée objective de l'Allemagne.

Avant d'étudier ces deux documents, il convient de signaler des anomalies inacceptables pour les historiens.

L'interrogatoire de Trepper

Examinons de plus près l'unique document où Trepper mentionne Jean Moulin ou, plutôt, sa photocopie, car personne jusqu'à présent n'a pu consulter l'original.

La photocopie de la première page (en russe) est reproduite en annexe du livre de Wolton, qui ne dit rien sur sa traduction en français. Sachant combien toute traduction est sujette à caution, il est regrettable que celle-ci ne puisse être vérifiée. Malheureusement, bien que huit notes sur deux cent trente mentionnent des « *sources soviétiques* », pas plus pour ce document que pour les autres Wolton n'indique son origine. Émane-t-il du K.G.B., du G.R.U., du Komintern ? On ne sait.

Ainsi que l'a reconnu Wolton et que l'ont souligné maints commentateurs, le document lui a été fourni[33]. Il ne l'a pas trouvé lui-même durant ses propres dépouillements d'archives. Suite à la publication du *Grand Recrutement*, les chercheurs n'ont pu retrouver ce document dans les archives soviétiques, malgré l'aide active du directeur général des Archives d'État[34].

À cet égard, la réaction de l'historien du communisme Stéphane Courtois est un bon exemple : « [...] *J'ai d'abord été extrêmement intéressé par ce document, mais après l'avoir lu, relu et retourné sous toutes les coutures comme font les historiens, je dois dire que j'ai des doutes extrêmement sérieux, je ne dirais pas sur l'authenticité du document, je pense qu'une grande partie de ce document est authentique, mais par contre je pense que la partie qui concerne Moulin et Meunier ne colle pas. Il y a quelque chose qui ne va pas, pour une raison très simple, c'est que dans l'ensemble du document Trepper parle de ses propres contacts, c'est-à-dire de ses propres agents, et que d'un seul coup il commence à parler d'agents qui n'étaient pas les siens, qui n'auraient pas été les siens, qui auraient été ceux de Robinson. Alors, première question que je pose : pourquoi est-ce que Robinson, un des grands chefs de l'espionnage soviétique, viendrait sur l'oreiller, ou je ne sais où, raconter à Trepper, comme ça, tu sais, ah j'ai des très bons agents, Moulin, untel, untel ; ça me paraît franchement absurde ; ça c'est une première chose ; et, d'autre part, ce qui est raconté dans ce paragraphe des problèmes de contacts avec le parti communiste, etc., tout ça ne coïncide pas du tout avec ce que nous savons, et ce que nous savons de source sûre. Donc là, il y a un problème extrêmement sérieux.*

« [...] *Thierry Wolton s'appuie énormément sur ce document, c'est par le biais de ce document qu'il met directement en cause Moulin dans cette affaire, or, personnellement, je pense que ce document est trafiqué*[35]. »

Spécialiste du K.G.B. et connaissant ses méthodes, Wolton se comporte avec grande désinvolture : toute son argumentation s'appuie sur un unique document, il sollicite le texte et torture les faits pour les rendre compatibles avec sa théorie. Dans la mesure où ce document serait un jour authentifié, l'historien y verra ce que le K.G.B. voulait faire avouer à Trepper et expliquera pourquoi il n'a mentionné, de l'entourage de Pierre Cot, que Jean Moulin et Pierre Meunier en omettant de citer Louis Dolivet, André Labarthe et surtout Maurice Panier, le seul que Robinson désigne, dans ses « papiers », comme un agent actif.

D'ailleurs, Wolton accorde peu de crédit, sinon aucun, aux témoignages de Trepper : *« Leopold Trepper n'étant plus de ce monde, il est impossible de savoir pourquoi il a énoncé tant de contre-vérités, si ce n'est, bien entendu, dans l'intention de faire ressortir l'importance de son propre rôle*[36]. »

Mais il se reprend vite : *« Pourquoi dirait-il, cette fois-ci, la vérité ?*

« En une circonstance, au moins, nous avons déjà eu l'occasion de le dire dans le Prologue, Leopold Trepper n'a plus menti : face à ses pairs du KGB, après la guerre, dans les caves de la Loubianka, lorsqu'il a été longuement interrogé sur ses activités en France. Entre le harcèlement des guébistes et leur possibilité de recouper ses dires, il était coincé. Il n'avait plus le choix : dire la vérité et vivre, ou mentir et mourir. »

Alors Trepper aurait dû mourir : il ment sur le récit du choix de Grenier comme représentant du P.C. à Londres. En effet, si l'on est certain que Moulin n'est en rien impliqué dans cette désignation, en revanche, on ignore encore par qui et comment elle s'est faite. Si l'on en croit provisoirement Duclos et Grenier lui-même, il a été mandaté par le parti. Il est plausible que Duclos ait demandé son avis à Thorez (alors en U.R.S.S.) et l'en ait averti[37]. Il serait donc surprenant que la personne chargée d'interroger Trepper n'ait pas eu les éléments dans son dossier ou, du moins, n'ait pas eu la possibilité de recouper ses dires.

Cette sincérité soudaine de Trepper que Wolton avance pour les besoins de sa démonstration est contestée par deux chercheurs connaissant bien les méthodes staliniennes, Guillaume Bourgeois et Karel Bartošek.

Dans son étude sur Robinson, Guillaume Bourgeois établit que Trepper a accepté de mentir pour respecter la logique de l'infaillibilité de Staline : « *Le dossier est dans l'ensemble trop lié aux défaillances du Centre pendant la guerre et aux graves erreurs de Béria et Staline pour jamais pouvoir refaire surface. Les survivants sont mis entre les mains de juges chargés de construire une vérité.* »

En conséquence, l'ouverture des archives russes révèle les faits « *sous un jour différent de celui qu'en avait retenu l'historiographie à travers les études et les témoignages* ». Ainsi le rôle de Trepper est-il revu à la baisse pour trois raisons : revenu le premier à Moscou, il avait avalisé de nombreux mensonges ; d'autre part, les Allemands avaient surestimé l'efficacité de ce réseau ; enfin, les témoignages tardifs de Trepper ont enjolivé l'épisode. Et Bourgeois conclut : « *Il n'y a jamais eu d'"Orchestre rouge" mais une série de réseaux entre les mains de la Direction centrale du renseignement militaire soviétique. Robinson en était une pièce majeure, Trepper un rouage technique, au rôle secondaire en matière de renseignement*[38]. »

De son côté, Karel Bartošek confirme la mécanique des aveux extorqués par les staliniens en étudiant les « instructions » des grandes purges de l'après-guerre : « *Les procès-verbaux d'interrogatoire constituent une large source d'informations ; il s'agit de centaines, voire de milliers de feuillets tapés à la machine, chaque page étant signée par l'inculpé.* » Bartošek y étudie « *les objectifs des responsables de l'instruction, leurs stratégies, le fonctionnement du mécanisme de la répression, ou encore pour analyser l'état de la victime torturée, l'effondrement de l'individu qui se soumet au mensonge organisé. Il faut porter un regard très critique sur ces dépositions concernant l'activité, la vie de l'homme interrogé, et sur les témoignages de celui-ci à propos d'autres inculpés ; il faut toujours mettre en cause la véracité du récit d'un homme à ce point soumis.* »

Il met l'historien en garde : « […] *Il est donc pernicieux de reconstruire l'histoire sur la base de ces procès-verbaux d'interrogatoires.* […] *L'affirmation de Thierry Wolton dans son ouvrage* Le Grand Recrutement *est stupéfiante quand il prétend que les procès-verbaux représentent le sommet de la sincérité et permettent de "cerner la vérité car il existe des situations où un homme, quelles que soient sa mauvaise foi ou sa résistance physique, ne peut plus mentir". Il trouve "pareille situation, après la guerre, à Moscou, dans les geôles du KGB". L'auteur n'a sans doute jamais étudié des milliers de pages de procès-verbaux d'interrogatoires du système stalinien. Pourrait-il, si c'était le cas, ignorer la place et le rôle du procès-verbal, des "autobiographies" sans cesse corrigées et révisées dans l'engrenage de la répression*[39]. »

Wolton explique néanmoins : « *Trepper en vient à évoquer Jean Moulin, dans les termes qu'il a repris ensuite dans ses Mémoires : "Pendant l'occupation de la France, Moulin était délégué du mouvement gaulliste en France et il vivait clandestinement à Paris."*

« *En 1942, via Harry* [Robinson] *et moi-même, il a organisé une rencontre avec un représentant du comité central du Parti communiste français pour négo-*

cier l'envoi à Londres d'un délégué du PC pour résoudre les problèmes du mouvement de la Résistance en France, et, pour autant que je le sache, à partir de ce moment-là, le comité central du PC a eu son représentant à Londres au sein du Comité de libération que dirigeait de Gaulle. » Et, bien que cette déclaration soit en contradiction flagrante avec tous les documents que l'on possède sur cette affaire, Wolton conclut : *« Le rapprochement de Gaulle-PCF (qui fait suite à la reconnaissance par l'URSS de la France Libre) est bien passé par Henri Robinson, résident illégal du GRU en France. Et ce, grâce à Jean Moulin, le représentant du Général en zone libre (il le deviendra pour toute la France après son second voyage à Londres, au début de 1943)*[40]. »

Wolton s'interrompt alors pour rappeler que *« jusqu'à présent, il était admis que le contact entre Londres et le PCF s'était fait à travers le colonel Rémy* [...] *et le FTP Georges Beaufils, un "hors-cadre" du parti »*. Il cite ensuite le télégramme de Moulin du 22 juillet 1942, que j'ai publié pour la première fois, mais n'en tient aucun compte. Sans mentionner que Moulin, par l'intermédiaire de Combat, avait pris *directement* contact avec Georges Maranne, délégué en zone libre de la direction du parti, puis, sur ses indications, avec sa direction elle-même, à Paris, il enchaîne : *« Pourtant, d'après Trepper, il y a bien eu une rencontre entre Moulin et un membre du comité central organisée par lui et Harry* [Robinson]. *Pourquoi Moulin n'en a-t-il jamais référé à Londres ? D'autant que Trepper prétend que c'est ce contact qui a conduit à l'envoi d'un représentant du comité central auprès de De Gaulle (donc ce ne serait pas la filière Beaufils-Rémy, même si c'est ce dernier qui arrive à Londres avec Grenier). Laissons aux historiens le soin de trancher*[41]. »

En réponse à la question *« Citez les noms de toutes les personnes que vous avez utilisées pour faire du renseignement en France »*, Trepper commence en effet par énumérer les noms d'agents déjà connus des services soviétiques (la plupart arrêtés et exécutés par les Allemands), des pseudonymes de pseudo-agents dont les survivants de l'Orchestre ignorent tout... *« Un Français surnommé le Bossu. Un dentiste nommé second Dentiste. Une dénommée Bécéqués, inconnue au bataillon. Une Bessarabienne dont le nom de code était la Bessarabienne* [*sic*][42]. »

Trepper ajoute : *« En dehors des personnes que je viens de citer, qui travaillaient ouvertement pour les services de renseignement soviétiques, c'est-à-dire ont servi comme agents en France, j'ai aussi recruté des personnes qui n'ont pas collaboré ouvertement avec les renseignements soviétiques mais qui savaient qu'elles aidaient l'U.R.S.S. »* Suivent les noms de trois avocats, André Philip, Ferruci et Filipenko, avec lesquels il a eu à faire en 1937 et 1938 ; d'un aviateur nommé Stoffel et de l'écrivain Claude Spaak. Il aborde alors le cas de Filipenko puis enchaîne, sans transition : *« Le résident en France Harry* [Robinson] *a utilisé à partir de 1941 un employé du ministère des Finances, Meunier*[43]. *Il collaborait ouvertement avec Harry, sachant qu'il était en relation avec un officier de renseignement soviétique.*

« Meunier fournissait des renseignements sur l'armée allemande et certaines informations politiques.

« Meunier n'a pas été arrêté. Il est resté vivre à Paris et, comme je l'ai indiqué, il a continué à travailler au ministère des Finances. »

Suit le passage consacré à Moulin, cité plus haut, et Trepper reprend, sans transition, son énumération : *« En 1940, j'ai utilisé également Stoffel, un aviateur français. Il me donnait des informations de grande valeur sur l'aviation française*[44]*... »*

La fugitive apparition de Harry (Robinson), de Meunier et de Moulin, que Trepper ne revendique pas comme ses informateurs, est inexplicable tant que l'examen du texte original et des autres interrogatoires n'est pas fait. En attendant, on peut avancer les remarques suivantes :

— Trepper n'a aucune raison, et moins encore intérêt, à mentionner des informateurs qu'il n'a pas recrutés.

— Si deux chefs de réseaux d'espionnage, en l'occurrence Trepper et Robinson, peuvent être appelés à collaborer, en aucun cas l'un d'eux ne livrera à l'autre les noms de ses informateurs.

— Passe encore que Trepper lâche le nom, illustre, de Moulin, dont la disparition était connue. En revanche, à supposer même qu'il en connût l'existence, il ne pouvait citer Meunier, toujours vivant, directeur du cabinet ministériel de Maurice Thorez : les services soviétiques pouvaient vérifier ses dires.

Je suis allé à Moscou en 1994 pour retrouver l'interrogatoire. Ne pouvant accéder aux archives du G.R.U., j'ai rencontré M. Primakor, directeur des Archives soviétiques, et lui ai montré le texte publié par Wolton. Il m'a assuré qu'il ferait le nécessaire pour me procurer l'original. « De toute manière, me dit-il, j'attire votre attention sur le fait que ce texte du 19 novembre 1946 n'est pas un interrogatoire, puisqu'ils étaient terminés depuis un an. C'est une pièce qui a été fabriquée pour le procès de Trepper dans laquelle sont rassemblés plusieurs renseignements fournis par Trepper au cours de ses précédents interrogatoires. C'est un document composé.

« Quant à connaître l'authenticité de cette photocopie, il faudra la comparer à l'original, si tant est que lui-même, pour des raisons obscures, n'a pas été trafiqué puisque Trepper ne l'a pas signé à chaque page. »

Quelques mois plus tard, je reçus une réponse de Moscou : l'original demeure introuvable[45]. Il figure vraisemblablement dans le « dossier d'enquête » constitué par le contre-espionnage sur le réseau Trepper-Gourévitch et relève des archives de l'ancien K.G.B.[46]. Il n'est pas exclu, en outre, que ce dossier ait été utilisé par le tribunal militaire lors de la réhabilitation de Gourévitch, victime des purges staliniennes[47].

Enfin, il faut savoir que les archives de la présidence et du K.G.B. sont fermées aux chercheurs, mais qu'elles ont fait l'objet de fuites « autorisées » dans un but politique. De nombreux historiens l'ont constaté et n'ont pu que souligner le danger de ces manipulations[48].

Les papiers Robinson : des « indices graves et concordants »

Voyons à présent les correctifs qu'il est possible, grâce aux documents et aux témoignages que l'on possède, d'apporter à la démonstration tentée par Wolton à partir de son autre source, les « papiers Robinson ».

Depuis la publication en 1989, par mes soins, du télégramme de Moulin du 22 juillet 1942, le contact avec les Soviétiques n'était plus un mystère. Il fallait trouver autre chose. Surgirent alors les « papiers Robinson », publiés par Wolton. Ils devaient apporter la preuve que Moulin avait noué des contacts avec Robinson *avant* de devenir le représentant de De Gaulle et *avant* que l'U.R.S.S. ne fût notre alliée.

Wolton n'en publie qu'une sélection, dont on ignore l'origine. Wolton dit les avoir obtenus non à Moscou, *« mais auprès d'un service secret occidental*[49] *»*.

Ils éclairent la personnalité et le rôle de Maurice Panier, que Moulin connaissait ou, du moins, avait rencontré. Personnage falot, il travaillait à la galerie des Deux-Îles en 1943, après avoir été recruté, par Dolivet, semble-t-il, pour travailler au R.U.P.[50]. Wolton cite de nombreux détails sur sa vie et ses relations sans en fournir la source et en fait le pivot des relations de l'agent soviétique avec Cot et son entourage.

Le document auquel Wolton fait allusion est d'autant plus mystérieux que la Direction de la D.S.T. affirme qu'elle ne possède aucune archive concernant Panier, puisqu'il n'a jamais été interrogé. Cependant, si l'on en croit Wolton, cet interrogatoire ou des entretiens existent bel et bien. Ils auraient eu lieu après le décryptage des télégrammes Venona (messages des réseaux de renseignement soviétique en Grande-Bretagne et aux États-Unis interceptés par les Anglo-Américains) où son nom apparaîtrait.

Si Panier a réellement été démasqué comme agent soviétique en 1967, l'affaire aurait donc été révélée après l'entrée de Moulin au Panthéon et Panier en aurait profité pour se dédouaner. Il lui suffisait de se retrancher derrière l'ombre de Moulin pour devenir intouchable.

Toutefois, Wolton, en dépit de l'assurance que lui procure la connaissance de ce document, admet : *« Que Panier fréquente Jean Moulin et son cercle d'amis ne veut pas dire que l'ancien préfet est en rapport avec l'officier traitant de M.P., avec Harry* [Robinson] », pour ajouter aussitôt : *« Mais les papiers de Robinson vont une nouvelle fois nous permettre d'y voir plus clair. Une lecture attentive de ses messages envoyés à Moscou laisse apparaître quatre indices sur les liens qu'ont pu tisser Harry et Jean Moulin entre juillet 1940 et juin 1941*[51]. »

Commençons par l'« indice » daté : *« — 4 avril 1941 : "Nous avons eu l'occasion de regarder une partie des papiers personnels de Cot et je vous adresse une copie des documents les plus intéressants"*[52]. »

Si l'on se reporte aux rapports de Robinson que Wolton publie en annexe, on s'aperçoit qu'il fait sauter le début du paragraphe consacré à cette affaire, lequel est capital : *« 4º Marthe* [Maurice Panier] *: elle travaille assez bien et je pense que sous peu* [*sic*], *nous aurons des résultats d'un ordre sérieux. Nous avons établi une liaison* […].

« En même temps nous avons eu l'occasion de regarder, etc.[53] *»* (voir ci-dessus). Marthe est le pseudonyme que Robinson a donné à Panier. Il est donc clair que Robinson a consulté les papiers de Cot par l'intermédiaire de Panier.

Wolton commente : *« Ces papiers personnels concernent la période où Cot était ministre de l'Air. Tout autre n'intéresserait pas Moscou. Deux personnes peuvent y avoir eu accès : son chef de cabinet de l'époque, Jean Moulin, ou le responsable de son secrétariat particulier, Pierre Meunier. »*

Tout est question de date : *« Au premier jour d'avril 1941, Moulin a franchi la zone de démarcation clandestinement (en passant par une propriété de Paul-Boncour, à cheval sur cette fameuse ligne qui coupe la France en deux), et se rend à Paris pour y rencontrer Pierre Meunier et Robert Chambeiron. Nous savons, en outre, que Moulin est en contact avec Cot, aux Etats-Unis, grâce à*

Gervaise Dangon. Nous savons, aussi, que la même Mme *Dangon garde les affaires de l'ex-ministre (notamment ses meubles). Les papiers en question font sans doute partie du lot. Nous savons, enfin, que Moulin, étant bien plus proche de l'ancien ministre que ne l'est Meunier, est plus à même d'avoir accès à ses papiers personnels.* »

D'où passage à la conclusion qui désigne le plus Moulin : « *On peut encore, et toujours, penser que ces papiers personnels de Cot ont été remis à Harry par un intermédiaire tel que M.P., par exemple. En fait, Jean Moulin et Henri Robinson se connaissent suffisamment pour ne pas avoir besoin d'une tierce personne pour communiquer, ou alors uniquement pour des raisons techniques (sécurité, indisponibilité...). Précisons même que, pour l'ancien préfet, Robinson se nomme Léon, l'un de ses multiples pseudonymes*[54]. »

Or, toute cette habile construction est ruinée par le fait que Moulin n'était pas à Paris le 4 avril 1941. Parti de Marseille le 3 avril au soir pour Saint-Aignan (Loir-et-Cher), où Paul-Boncour se proposait de lui faire franchir la ligne de démarcation qui traversait sa propriété, il y était encore le 7 avril. Ce jour-là, il écrivait à sa sœur : « *Je suis déjà là depuis trois jours et mon séjour se prolongera sans doute encore*[55]. » L'occasion de passer en zone occupée se présentant plus tôt que prévu, il est à Paris le 8 avril et adresse aussitôt une carte interzone à sa sœur pour le lui faire savoir[56].

Il est donc impossible que Moulin ait communiqué les papiers personnels de Cot à Robinson, le 4 avril. Comme il est exclu qu'il en ait disposé. En tant que chef de cabinet, il n'avait pas accès aux papiers personnels dont s'occupait le secrétaire particulier, Pierre Meunier — partage des fonctions de tradition dans les ministères. On voit mal, d'ailleurs, comment Moulin, nommé en avril 1938 préfet de l'Aveyron, puis en février 1939 préfet de l'Eure-et-Loir, aurait pu s'occuper à Paris des affaires personnelles de l'ancien ministre.

Cot, tombé gravement malade peu après la déclaration de guerre, ne revit pas Moulin, semble-t-il, avant son départ pour les États-Unis, le 21 juin 1940[57]. Si, comme le pense Wolton, il avait confié ses papiers à Mme Dangon, Pierre Meunier, qui était un de ses grands amis, y avait accès. S'ils ont été communiqués à Robinson, il n'est pas besoin de faire intervenir Moulin. On comprend pourquoi Wolton enlève la mention « Marthe » de sa citation. Mme Dangon s'appelait Marcelle, Gervaise était sa fille. Les lettres de Mme Dangon à Mme Cot, pendant l'Occupation, révèlent qu'elle était alors en relation suivie avec Pierre Meunier et Robert Chambeiron. On sait qu'elle eut par eux des nouvelles de Moulin, mais elle ne mentionne jamais Maurice Panier[58].

Autre « indice » de Wolton, daté du 30 mai 1941. Moulin avait quitté Paris depuis six semaines. Depuis lors, Robinson avait envoyé quatre rapports à Moscou : « *En septembre 1939, Darlan, dans son quartier général à Chartres, s'est exprimé en présence de mon informateur que cette guerre n'avait rien à faire avec la France et qu'il fallait arriver à un accord avec l'Allemagne. "Nous n'avons pas à combattre pour l'Angleterre." Il faut donc s'attendre à des grandes concessions de la part de Darlan envers l'Allemagne*[59]. »

Wolton ajoute : « *La juxtaposition de Chartres avec "mon informateur" semble, cette fois, désigner Jean Moulin. Il paraît d'autant plus difficile d'en douter que Harry fait une erreur significative : le QG de Darlan en 1939 est non pas à Chartres, mais à Maintenon, dans le département d'Eure-et-Loir dont Moulin est le préfet. La confusion est due au temps écoulé entre le moment où*

Robinson a recueilli l'information et celui où il l'envoie à Moscou. Moulin = Chartres est une sorte de procédé mnémotechnique pour se souvenir de ce que Darlan a dit près de deux ans auparavant. Or l'amiral Darlan et le préfet d'Eure-et-Loir se sont bien rencontrés du temps de la drôle de guerre, dans le cadre de leurs obligations respectives. "J'ai assisté la semaine dernière à un déjeuner donné par l'amiral Darlan", a-t-il écrit, par exemple, à sa sœur, le 7 novembre 1939[60]*. »*

Il n'y a pas qu'à sa sœur que Moulin a parlé de Darlan : à Pierre Meunier, au sujet d'une autre rencontre. Les historiens n'ignorent pas cette information que Pierre Meunier a évoquée à deux reprises, et qui apparaît dans un article de 1964 de Robert Chambeiron[61]. De ces témoignages, le plus ancien est celui que Meunier donna, en 1949, à Marie Granet pour le Comité d'histoire de la Deuxième Guerre mondiale : *« En octobre 39, Jean Moulin lui avait écrit au sujet de l'attitude qu'avait déjà l'amiral Darlan. En effet, Darlan, dont le Q.G. était à Chartres, avait offert un dîner à ses officiers et y avait invité Jean Moulin. Or, au cours de ce dîner, il avait prononcé d'étranges paroles que Moulin résumait à peu près ainsi : "Cette guerre n'est pas notre guerre", ce qui avait rempli Jean Moulin d'appréhension, de colère et de scandale. Darlan était extrêmement anti-anglais. Jean Moulin, très patriote, avait été écœuré de ces déclarations de l'amiral en chef de notre flotte*[62]*. »*

Meunier assure avoir détruit la lettre de Moulin adressée à Montpellier où il était mobilisé, de crainte qu'elle ne tombe aux mains des Allemands. C'est donc de mémoire qu'il relate l'anecdote. Il précise : *« Darlan dont le Q.G. était à Chartres. »* Or cette erreur se trouve déjà dans le texte de Robinson : « [...] *Darlan dans son quartier général à Chartres. »*

Pourquoi « Chartres » ? Parce que le lieu du P.C. de Darlan, Maintenon, était un secret militaire. Moulin, dans sa lettre à Meunier, ne l'avait pas mentionné. Dans ses témoignages ultérieurs, Meunier rectifiera son erreur[63].

Si « *mon informateur* », comme l'écrit Robinson, avait été le préfet Jean Moulin, « informateur conscient », il aurait mentionné Maintenon et y aurait ajouté des renseignements d'ordre militaire, « informateur inconscient », il aurait tu le lieu du dîner ; en aucun cas, il n'aurait cité « Chartres ».

François Bédarida met d'ailleurs en doute la réalité même des propos prêtés à Darlan en 1939. Il pourrait, d'après lui, s'agir d'une reconstruction opérée alors que Darlan venait d'accomplir un pas décisif en faveur d'une collaboration militaire avec l'Allemagne (protocoles de Paris paraphés les 27 et 28 mai 1941). Il souligne qu'*« aucun document contemporain, c'est-à-dire datant de la drôle de guerre, qu'il s'agisse des archives françaises ou des archives britanniques, ne permet de soutenir que Darlan était partisan d'un accommodement avec l'Allemagne à l'automne 1939. Certes, il n'aimait pas les Anglais, mais cela ne l'a empêché ni de lutter avec détermination à leurs côtés en 1939-1940 ni d'appartenir au sein des hautes sphères politiques et militaires, au clan des durs jusque vers le 12 juin 1940*[64] *».*

Venons-en au premier des quatre indices, dans l'ordre chronologique : *« 10 septembre 1940 : "Le bombardement de Chartres a fait sauter un train d'essence et a touché sérieusement un train militaire en gare. La cathédrale n'a pas été touchée, par contre les bombes sont tombées à l'entrée du siège d'un état-major allemand à Chartres"*[65]*. »*

Wolton ajoute le commentaire suivant : *« Bref, Robinson n'a pas pu se rendre en Eure-et-Loir pour chercher ces informations sur Chartres et sa région. Informations qui, évidemment, ne figurent dans aucune gazette de l'époque. On les lui a donc apportées jusqu'à Paris. Et que constatons-nous ? Que Harry parle de Chartres à des dates qui coïncident avec les voyages de Jean Moulin dans la capitale. Le premier message fait suite au séjour du début de septembre 1940 (rencontre de la Coupole), le second est envoyé juste après son départ définitif de Chartres, le 15 novembre. »*

Pour Wolton, Moulin rencontre souvent Meunier et Chambeiron, mais *« ces informations peuvent fort bien avoir été recueillies par M.P.* [Maurice Panier] *auprès de Moulin pour le compte de Harry* [Robinson]. *Admettons-le pour le second message, du 25 novembre, mais pas pour celui du 10 septembre 1940. A cette date, Harry n'a pas encore retrouvé M.P. Ce qui sera fait dix jours plus tard (message à Moscou du 20 septembre)*[66]. »

L'importance de ce renseignement justifiait-elle que le préfet Jean Moulin se rendît à Paris pour le communiquer à Robinson qui, dépourvu de papiers d'identité, ne bougeait pas de la capitale ? Chartres fut bombardé par la R.A.F. dans la nuit du mercredi 28 au jeudi 29 août 1940. Contrairement à ce qu'affirme Wolton, des journaux de Paris en ont parlé le 1er septembre[67]. *La Dépêche d'Eure-et-Loir* du mercredi 4 septembre avait relaté l'événement dans un article intitulé : *« En Eure-et-Loir, Des avions anglais ont bombardé la nuit, la ville de Chartres. Des quartiers, aux alentours immédiats de la Cathédrale, ont été touchés. Trois blessés civils*[68]. » L'article, très détaillé, ne donne pas les renseignements militaires cités plus haut mais tout le monde avait pu constater les dégâts.

On imagine la vitesse avec laquelle une telle nouvelle se propageait. On en a un exemple dans le rapport du préfet de la Drôme, de janvier 1941 : *« Dans la nuit du 11 au 12 Janvier, un ou plusieurs avions inconnus ont bombardé un quartier de Valence avec des bombes incendiaires et deux bombes explosives. Cet incident, qui a eu peu de conséquences matérielles, a eu par contre des répercussions d'ordre moral. Il a contribué à alimenter une véritable marée de faux bruits et de "ragots" qui, dans les villes du département et dans les campagnes entretiennent une fâcheuse inquiétude.*

« J'ai réagi en faisant arrêter quelques bavards, mais je dois signaler la maladresse que commet la censure lorsqu'elle interdit pendant quatre jours de parler d'un événement qui a eu autant de témoins que le bombardement de Dimanche, bombardement que chacun d'ailleurs s'est fait un plaisir d'annoncer à ses proches ou à ses amis dans toute la région rhodanienne[69]. »

Peut-on imaginer qu'à Chartres il en fût autrement ? Robinson surtout était parfaitement renseigné sur ce qui concernait les chemins de fer. Dans le même rapport, il indique : *« Mes informateurs, des cheminots, me fourniront de plus amples renseignements*[70]. »

La chronologie autorise une autre hypothèse. De retour de l'exode, des amis venaient voir Moulin à Chartres. Pierre Meunier, par exemple, s'y rendit un dimanche au début de septembre (donc le 1er ou le 8 septembre)[71]. Un visiteur a pu constater les dégâts causés à la gare, s'en entretenir avec Moulin et en parler à son retour à Paris dans les termes que l'on retrouve dans le rapport de Robinson du 10 septembre.

Enfin, le quatrième indice date du 25 novembre 1940 : *« Le 25 XI 40 :* [...] *"Les Allemands procèdent à des agrandissements énormes des camps d'aviation.*

Ainsi, le camp d'aviation de Dreux (Eure-et-Loir) vient d'être porté à 4,5 km de longueur et des grandes pistes pour départ de bombardiers sont en construction. La gare de marchandises de Dreux est complètement camouflée, car on y apporte des gros obus de 500 kg pour les gros bombardiers. Dans la forêt attenante de Dreux un immense dépôt de munitions pour aviation a été installé. A Chartres, également dans le même département, il y a 220 gros bombardiers sur le camp d'aviation. Ils y prennent le départ pour l'Angleterre.

« Dans ce département, il y a également une petite usine qui vient d'être installée pour la fabrication des munitions[72]. »

Que Jean Moulin ait été le préfet du département d'Eure-et-Loir jusqu'au 15 novembre 1940 ne permet pas de le mettre en cause. D'autant moins que les rapports de Robinson fourmillent de renseignements sur l'aviation provenant des régions les plus diverses. Wolton lui-même signale : *« Bases aériennes (7 sources non identifiées)*[73]. »

En outre, il est peu vraisemblable que Moulin, qui avait passé dix-huit mois au ministère de l'Air, ait pu parler de *« gros obus de 500 kilos pour les gros bombardiers »*. Robinson recopiait sans doute fidèlement les renseignements qu'on lui transmettait et utilise ailleurs le mot « bombe ».

François Bédarida souligne l'*« accumulation d'erreurs et même d'énormités »*, tant au point de vue du nombre des avions, des modèles, que de la longueur des pistes[74]. Or, en sa qualité de préfet, Jean Moulin aurait pu constituer une source exceptionnelle de renseignements pour Robinson, qui eut, à partir de septembre 1939, les plus grandes difficultés à poursuivre son travail[75] : un préfet dispose, en effet, de renseignements militaires, politiques, économiques, administratifs. Or, on ne trouve rien de tel dans les rapports de Robinson couvrant cette période. Recensant *« le nombre impressionnant de renseignements obtenus dans les secteurs les plus variés »* par Robinson, Wolton, à propos de deux domaines qui étaient de la compétence d'un préfet, n'est pas très convaincant :

— milieu politique : *« L'ancienne secrétaire de Daladier, M*me *Mellet, a été envoyée par les Allemands auprès de Daladier pour obtenir une déclaration, disant que, sur les instances des États-Unis, la France a déclaré la guerre. Après réflexion de vingt-quatre heures, Daladier a refusé »* [15 avril 1941] ;

— sûreté générale : deux rapports : *« Posez des questions, je pense pouvoir y répondre du fait que les Allemands se sont intéressés à cette affaire, et que ma source est au courant des problèmes »* [30 janvier 1941][76].

Le préfet d'Eure-et-Loir aurait pu, par ailleurs, rendre à l'agent soviétique un inappréciable service en faisant établir à son usage, et à l'insu des services de police (comme il le fit pour lui-même), une fausse carte d'identité. Or, dans son rapport du 25 novembre 1940, Robinson écrit : *« L'introduction de la carte d'identité obligatoire, lié* [*sic*] *à un contrôle policier très sévère doit servir à procéder à des arrestations* […]. *J'ai l'intention de me présenter, mais depuis 19 ans la police n'a pas réussi à avoir ni ma photo, ni mes empreintes et je vous demande votre avis, si je ne dois pas chercher une possibilité de ne pas le faire*[77]. »

On voit que les rapports de Robinson (27 juillet 1940-9 juin 1941), loin d'impliquer Moulin, apportent au contraire la preuve que, ni directement ni de façon indirecte, il n'eut de contacts avec l'agent soviétique à cette époque.

Les sources de Thierry Wolton

De fait, si certains historiens ont contesté le bien-fondé des affirmations de Thierry Wolton, ce n'est pas par souci de mémoire mais parce qu'il omet, au mépris de la méthode historique, de livrer ses sources.

J'en ai fait la modeste expérience lors d'un voyage à Moscou pour rechercher les introuvables documents. J'ai travaillé quelques jours sur les archives du Komintern citées à plusieurs reprises par Wolton et, à mon étonnement, j'ai trouvé des documents sur Louis Dolivet, qu'il cite partiellement ou occulte complètement, bien qu'ils soient du plus haut intérêt.

Wolton présente Dolivet, ami de Cot et de Moulin, secrétaire du Rassemblement universel pour la paix (R.U.P.), comme un agent soviétique : « [...] *Il a bien été un communiste, employé par Munzenberg et le Komintern avant de devenir l'homme de Moscou au secrétariat international du R.U.P.*[78] *?* »

D'un document qu'il produit pour dénoncer son rôle, Wolton a délibérément supprimé la seconde moitié, celle qui en fait tout l'intérêt. Il s'agit d'une lettre que Smeral, le représentant de l'Internationale communiste à Paris, chargé de superviser le R.U.P., adresse, le 19 décembre 1936, au Komintern, à Moscou.

Le *rapport spécial*, qui occupe la seconde partie de ce document, est une attaque en règle contre Dolivet, accusé d'avoir imprimé au Comité du R.U.P. une orientation différente de celle prescrite par Moscou. Le Comité en question ne lève pas le petit doigt pour l'Espagne républicaine et colle à la politique britannique. Dolivet suscite désormais la méfiance en raison de ses relations avec Pierre Cot, d'autres personnalités gouvernementales et, surtout, lord Cecil. Par sa faute, le Mouvement pour la Paix tombe sous l'influence anglaise. Munzenberg est désormais d'accord avec la nécessité d'un changement[79].

Cet exemple prouve une fois de plus que « *Thierry Wolton ne lit qu'à travers des lunettes orientées dans le sens de sa frénésie*[80] ». Pourtant, dans son avant-propos, il croit bon d'expliquer pourquoi (sinon comment) il a consulté des archives à Moscou, « *le chaînon manquant* » d'un argumentaire « *irréfutable* » : « *Par archives soviétiques, j'entends celles que j'ai pu consulter : KGB, GRU, services du procureur général, Internationale communiste (Komintern), archives spéciales (documents saisis après guerre en Allemagne par l'Armée Rouge). Le lecteur trouvera les notes de référence en fin d'ouvrage*[81]. »

Les notes, dans un livre, permettent aux chercheurs, au lecteur, de consulter l'original du document cité. Cette règle signe le sérieux du travail, aussi les historiens commencent-ils souvent par regarder les notes pour se faire une idée du contenu. Quelques universitaires ont pourtant abondé dans le sens de Wolton alors qu'ils n'accepteraient pas que leurs étudiants négligent l'apparat critique de leur travail.

Or, dans un ouvrage censé « *bouleverse*[r] *nos connaissances* », les huit pages de notes (sur près de quatre cents) sont d'une légèreté et d'une imprécision déconcertantes.

Pour les archives soviétiques, sans même parler de cotes ou de numéros de série, les fonds ne sont pas mentionnés. On ignore ce qui vient du K.G.B., du G.R.U., du Komintern ou d'ailleurs. La part de ces archives paraît minime : la référence « source archives soviétiques » apparaît huit fois pour deux cent trente notes, soit 3,48 %, contre 80 % de renvois à des livres ou à des articles. Toutefois, on trouve tour à tour : *« Sources archives soviétiques », « archives soviétiques »* ou *« sources soviétiques ».*

De graves accusations sur Jean Moulin[82] reposent sur une note du type : *« Les informations qui suivent proviennent, sauf indication contraire, des ouvrages de Daniel Cordier, Laure Moulin et Henri Calef sur Jean Moulin* (op. cit.*), complétées avec les archives soviétiques*[83]. *»*

De même les accusations contre André Labarthe[84] : *« Ces informations et celles qui suivent, proviennent de plusieurs sources qui ont été recoupées : FOIA américain, conversations avec des experts du renseignement en Grande-Bretagne et archives soviétiques*[85]. *»*

Enfin, les extraits des papiers Robinson (*« environ les deux tiers des documents originaux »*) et la traduction de l'*« interrogatoire »* de Trepper, reproduits en annexe, sont sans référence de source[86]. Il est particulièrement étonnant que Wolton ait pu « consulter » les archives du K.G.B., du G.R.U. et les archives spéciales[87]. En effet, les chercheurs ont pu constater qu'elles étaient inaccessibles[88].

1998, Jacques Baynac : Les Secrets de l'affaire Jean Moulin

Ce genre de reproche ne peut être fait à Jacques Baynac qui cite d'abondance ses sources, parmi lesquelles de nombreux documents inédits. Le problème porte sur leur utilisation. Son ouvrage mériterait d'être analysé page par page, tant les erreurs foisonnent. Il faudrait un livre plus volumineux que le sien pour les rectifier. Quelques échantillons suffiront à illustrer le mécanisme d'une méthode qui ignore l'histoire de la mission de Moulin, néglige le contexte des événements et plonge la démonstration dans un anachronisme permanent. Baynac a une thèse qu'il lui faut démontrer : la politique de Moulin s'opposait de plus en plus à celle de De Gaulle et, le sentant condamné par les Alliés, il était prêt à prendre son autonomie. Comme aucun document ne viendra confirmer de telles allégations, il faut manipuler de fragiles indices pour se targuer d'une preuve qui fuit.

La méthode Baynac

Au nombre des « liaisons dangereuses » imputées à Moulin figure celle avec les services secrets américains, peuplés de crypto-communistes, ce qui permet à Baynac de ne rien abandonner des accusations antérieures de Frenay et d'autres. Moulin ne glisserait donc pas vers la trahison par conviction, mais par opportunisme. Preuve en est ses accointances avec les giraudistes et les vichystes. Pour assurer sa puissance, Moulin ferait feu de tout bois.

Cependant, hormis ses relations avec le consul américain de Marseille et le pasteur Brooks en 1941, à l'occasion de son projet de voyage à Londres, il n'y a rien de concret. Mais Baynac sait forcer la chance et prétend avoir trouvé *« dans les archives de l'OSS une étrange lettre de Shepardson (SI/OSS-Londres) à Bruce (chef SI/OSS-Washington) rendant compte d'une réunion tenue par Roseborough et lui, à l'ambassade des États-Unis à Londres, le 15 septembre* [1942], *avec un certain "lieutenant Mercier". Or,* souligne Baynac, *"Caporal Mercier était le pseudonyme londonien de Moulin"* [89]. » Ce renseignement providentiel lui permet de mettre au jour un secret inavouable. En ce mois de septembre 1942, Churchill fulmine contre de Gaulle et lui a *« décoché ce trait assassin : "Il y a d'autres fractions et d'autres éléments de la France qui pourraient jouer un rôle plus important* [que vous]."

« Certes, en évoquant d'"autres fractions", Churchill songeait certainement à Giraud. Mais qui étaient les "autres éléments" susceptibles de supplanter De Gaulle [90] *?* », interroge Baynac.

Il ne répond pas à cette question, mais rappelle une information qui, en apparence, est sans relation avec elle : ce même mois de septembre, Frenay, d'Astier, Jean-Pierre Levy et Moulin devaient se retrouver à Londres pour prendre d'importantes décisions sur la coordination et l'Armée secrète : *« Or, si Frenay et d'Astier arrivèrent en Angleterre le 26 septembre, L*[e]*vy et Moulin ne s'y montrèrent pas. Mémorialistes et historiens justifient leur absence par un épais et tenace brouillard qui, à partir du 14 septembre, aurait interdit l'atterrissage du Lysander clandestin venu les enlever près de Mâcon, échec redoublé, le 20, par le sous-marin qui aurait dû les embarquer près d'Anthéor* [91]. »

La raison donnée par les historiens et les témoins paraît d'emblée suspecte à Baynac. Il y flaire un de ces mystères qui font, d'après lui, la trame de la vie de Moulin : *« Mais est-ce bien vrai ? On peut se le demander si l'on sait que beaucoup de vols clandestins n'ont pas été rendus publics par les Britanniques, notamment celui d'un Hudson, capable d'emporter une dizaine de personnes, qui eut lieu dans la nuit du 13 au 14 septembre 1942* [92]. »

Le récit procède par glissements successifs :

— Churchill menace de Gaulle de le faire supplanter par d'« autres éléments » qu'il n'identifie pas ;

— au même moment, Moulin et les trois chefs de mouvement devaient gagner Londres ;

— or, Moulin ne peut pas partir, faute d'opération de transport, expliquent les historiens ;

— « *Mais est-ce bien vrai ?* » En effet, une opération aérienne a eu lieu ;

— et une lettre « étrange » parle d'une rencontre à Londres entre Roseborough et un « lieutenant Mercier » ;

— or « caporal Mercier » est un des pseudonymes de Moulin.

Les conclusions s'imposent. Pourtant, Baynac se dédouane immédiatement en enchaînant : *« Moins hypothétique est l'entrevue de Roseborough avec Frenay et d'Astier* [93]. »

Baynac suggère donc que la prétendue absence de Moulin à la réunion de Londres est un mensonge : en réalité, il a bien gagné la capitale anglaise mais pour y rencontrer Roseborough, le représentant de l'O.S.S., et ce, à l'insu de De Gaulle. Évidemment, cette révélation jette un éclairage glauque sur les activités de Moulin et ferait planer un sérieux doute sur sa fidélité à de Gaulle... Si elle était vraie ! Une fois de plus, Baynac prend ses désirs pour des réalités lorsqu'il s'agit d'interpréter des événements connus et des documents inédits.

Ce qu'il semble ignorer, c'est qu'un lieutenant Mercier travaillait au B.C.R.A. en 1941-1942. Les archives militaires de Vincennes en gardent la trace. Lorsque je voulus vérifier l'existence d'un dossier « Mercier » (c'est-à-dire Moulin) dans les archives du B.C.R.A., on m'apporta celui de ce lieutenant Mercier, âgé d'une trentaine d'années, arrivé à Londres, lui aussi, durant l'été 1941.

Cette confusion entre deux personnes et les déductions que Baynac en tire nous plongent au cœur de sa méthode. La différence entre les grades de lieutenant et de caporal lui semble négligeable dès lors qu'il s'agit de confondre Moulin. Cependant, d'autres éléments auraient dû le rendre prudent. Durant cette période, Moulin n'a pas quitté Jean-Pierre Levy, avec lequel il devait partir. Ils ont passé cette semaine-là au *Goujon friand*, près de Mâcon, hôtel-restaurant proche du terrain de départ où j'allais tous les jours prendre ses instructions. Moulin était également en relation quotidienne avec Fassin, l'officier préparant l'opération, et avec Morandat, qui mettait en place un transport maritime de secours à Anthéor, en cas d'échec de l'opération aérienne.

Baynac ne tient donc aucun compte des réalités de l'existence de Moulin, lui prêtant un don d'ubiquité et d'invisibilité qui ne correspond à rien et lui fait admettre comme naturelle une hypothèse puérile. Le lecteur d'aujourd'hui, ignorant les conditions dans lesquelles se déroulait la Résistance, pourrait tomber dans le même piège.

De cette méthode à l'emporte-pièce, un autre exemple est fourni par un document concernant Pierre Kaan, proche collaborateur de Moulin : *« Trop peu connu,* écrit Baynac, *Pierre Kaan est un personnage demeuré au second plan mais qui, à peine mis en lumière, rend encore plus complexe l'image de Moulin. »*

Avant la guerre, Kaan a travaillé aux côtés d'une figure de l'antistalinisme, Boris Souvarine : *« Les sentiments de Souvarine et Kaan envers le stalinisme ne doivent toutefois pas occulter ceux que leur inspire De Gaulle. Souvarine, c'est net, est suspicieux, sinon hostile. Quant à Pierre Kaan, c'est pire.*

« Un document tardivement versé aux Archives nationales par Mme Kaan le prouve. Il s'agit d'une note écrite par Pierre Kaan, où il relate ses entretiens, à Vichy, les 4, 5 et 6 août 1943. Un mois après la mort de Moulin, il discute d'abord avec Jardel et Ménétrel, deux des plus proches collaborateurs de Pétain, ensuite avec le Maréchal lui-même[94]*. »*

On comprend le sentiment de Baynac : *« La stupeur éprouvée en apprenant que l'un des proches de Moulin voyait régulièrement Pétain depuis trois ans n'a d'égale que celle provoquée par la suite du document*[95]*. »*

J'avoue avoir partagé cette « stupeur » d'autant qu'à la date indiquée Pierre Kaan et moi travaillions à Paris, où nos fonctions nous obligeaient à nous rencontrer longuement chaque jour. Le successeur de Moulin, Claude Serreulles, faisait le va-et-vient entre Lyon et Paris et, seuls, nous devions improviser en permanence des solutions pour faire face aux difficultés de liaison dans une période où les mouvements cherchaient à reprendre leur indépendance. De plus, durant cet été-là et jusqu'à son arrestation (29 décembre 1943), Kaan ne quitta jamais Paris. Nos conversations fréquentes, on l'imagine, au sujet de Pétain et de Vichy ne m'ont jamais laissé entendre ce qu'évoque Baynac.

Qu'on en juge : Pierre Kaan aurait conseillé à Pétain de *« "transférer la légalité à Alger,* [et de] *nommer un Président du Conseil des ministres avec pleins pouvoirs et ordre de siéger à Alger et de débarquer Laval en même temps*[96]*" ».*

Baynac, à la suite de cette révélation, conclut : *« En clair, Pierre Kaan propose à Pétain de sauver un Giraud en perdition et de couler De Gaulle. D'un mot, et quoique, contre toute logique, sa note prétende que le but de la manœuvre était de favoriser De Gaulle, Kaan a repris le programme américain.*

« Apparemment insensée, surtout venant d'un proche de Jean Moulin, la

proposition était en fait en cohérence avec les vues affichées par d'autres amis de Moulin, ceux installés en Amérique[97]. »

Le lecteur comprendra mon émotion à cette lecture et le besoin que j'eus de vérifier ces affirmations. Non pas que j'aie douté de la loyauté de Kaan à l'égard de Moulin et de De Gaulle, que j'avais éprouvée dans l'action durant des mois d'intimité, mais je souhaitais comprendre ce que signifiait ce document dont Baynac ne citait que des bribes. Vérification d'autant plus nécessaire qu'en dehors du contenu lui-même je trouvais incroyable la familiarité que cela supposait entre Kaan et Pétain, et qu'il n'avait jamais évoquée avec moi. Pétain était maréchal de France, chef de l'État, et Pierre Kaan, jeune professeur de philosophie au collège de Montluçon, luttant dès le premier jour contre l'armistice et la Révolution nationale.

Je pris donc connaissance du texte conservé aux Archives nationales, sous la cote 72 AJ 1910. Il s'agit de cinq feuilles tapées à la machine, non signées et intitulées « Compte rendu des entretiens de Vichy des 4, 5 et 6 août 1943 ». Je fus vite éclairé. À la vingt et unième ligne, je lus : « *J'avais depuis en bien des circonstances pu contrer efficacement la politique des collaborateurs grâce à une certaine influence que j'avais acquise sur l'esprit du Maréchal et malgré les refus successifs et motivés d'accepter un poste gouvernemental.* »

Je n'eus pas besoin de lire plus avant pour comprendre que Baynac, dans sa volonté de nuire à Moulin et à son entourage, sautait allégrement cette dernière ligne sans se demander si Kaan était un homme que Pétain ou Laval auraient pu ne serait-ce que songer à solliciter pour participer au gouvernement ! Cette phrase prouve, sans la moindre équivoque, que l'auteur ne peut en être Pierre Kaan. Comment aurait-il pu prétendre qu'on lui avait offert des responsabilités gouvernementales à Vichy[98] ! Il s'agit là tout bonnement d'un de ces nombreux documents, le plus souvent anonymes (même si on nous confiait verbalement le nom de leur auteur), qu'on nous remettait pour les transmettre à Londres. On en trouve maints exemples dans les courriers de Moulin et de ses successeurs. Aucun résistant qui aurait connu Pierre Kaan n'aurait fait un tel quiproquo. Baynac aurait pu l'éviter en les consultant. Il n'aurait pas cru bon d'ajouter que « *si Moulin est effectivement connu de Vichy, ce n'est peut-être pas tout à fait étranger au fait que Pierre Kaan fréquente Pétain*[99] ».

Quand on sait que Pierre Kaan fut un résistant de la première heure, qu'il a été déporté et qu'il mourut en 1945, dès l'ouverture du camp, comment qualifier les allégations de Baynac ?

Les services secrets maîtres du monde

Venons-en aux accusations portées contre Moulin : « *Devant la détermination de Roosevelt et de Churchill à se débarrasser de De Gaulle en juin 1943, il* [Moulin] *a cru celui-ci condamné. Dès lors, il ne lui restait plus qu'à composer pour sauver la Résistance intérieure*[100]. »

D'après Baynac, les rapports de Jean Moulin et de De Gaulle s'étaient détériorés. En effet, la politique préconisée par Moulin à l'égard de Giraud était en contradiction avec celle du Général. Moulin estima alors que, pour sauver la Résistance, il fallait explorer d'autres voies et envisager avec les Américains un nouveau statut pour la Résistance. Dans ce but, il rencontra l'agent Frédéric

Brown, chargé de lui transmettre les propositions des services américains préparées par Roseborough, qu'il aurait rencontré à Londres au cours de son prétendu voyage secret du 15 septembre 1942. L'entourage de cet agent étant surveillé par la Gestapo, Barbie prit Moulin en filature du 19 au 21 juin 1943 et l'arrêta à Caluire quelques minutes après qu'il eut rejoint ses camarades dans la maison du docteur Dugoujon. Hardy est donc innocent, puisque c'est Moulin qui fut l'auteur involontaire de cette catastrophe.

L'ensemble de cette thèse plonge le lecteur dans la stupeur, selon un mot cher à l'auteur, car elle va à l'encontre du travail de tous les chercheurs. Mais Baynac, comme d'autres, a l'ambition, à l'égard de Jean Moulin, de renverser les connaissances acquises, qu'il estime partiales, inadéquates et, pour tout dire, truquées, les historiens se faisant les complices des anciens acteurs afin de masquer des secrets inavouables : *« La campagne de désinformation entreprise contre mon livre par un quarteron de fonctionnaires de l'Histoire, de pigistes de la presse à scandale et de polygraphes un peu légers tourne à leur confusion. Le débat peut désormais avoir lieu entre historiens compétents*[101]. »

En effet, depuis que la vague « services secrets » a déferlé sur l'histoire de la Résistance, ses zélateurs manifestent une condescendance amusée à l'égard des naïfs historiens qui n'ont pas encore compris que tout est affaire d'espionnage : les services secrets sont au cœur de la vie politique et militaire des nations, dont ils règlent le destin. Baynac n'échappe pas à cet état d'esprit. Aussi Thierry Wolton (sans doute un des « *historiens compétents* ») a-t-il salué la publication de son livre en déclarant : *« Ce qui compte en période de guerre, ce sont les services secrets dont il a enfin replacé le rôle majeur, faute de quoi on ne comprend rien*[102]. »

Libre à chacun de croire que l'histoire humaine se résume à l'obscur tricot des professionnels du complot et de la manipulation. Mais, peut-être parce que je fis partie à cette époque des services secrets, je ne partage pas cette vision puérile qui transforme les protagonistes connus en marionnettes, manœuvrées sur l'avant-scène d'un *Kriegspiel* planétaire. Cette symptomatologie du service secret est surtout un masque commode à l'indigence des documents présentés, à leur inadéquation au sujet traité et aux errements de l'interprétation... quand il y a des documents. L'absence de documents, c'est-à-dire de preuves, n'arrête pas l'imagination de certains qui transforment le manque en preuve absolue.

Je caricature ? À peine. Jacques Baynac effectue sans cesse ce tour de prestidigitation. Par exemple, voici ce qu'il écrit à propos de la rencontre entre Moulin et l'agent américain Brown :

« Mais aucun document, aucun témoignage, pas le moindre élément ne nous permet de combler le vide essentiel. Nous ignorons si la rencontre eut lieu chez Jean Choquet, mais c'est vraisemblable. Nous ignorons le contenu de la conversation et nous ne savons pas si Brown était porteur d'un message pour Moulin.

« Enfin, nous sommes incapables de dire s'il existe quelque part une trace du rendez-vous autre que la lettre de Monod. C'est probable, mais à voir la constance avec laquelle la présence de Moulin dans la région a été cachée pendant cinquante ans et à constater que sa rencontre avec "Georges" et Brown n'a jusqu'ici jamais filtré, l'attente de l'apparition d'une preuve menace d'être aussi longue que celle du Messie[103]. »

D'une manière plus générale, Baynac prévient le lecteur : *« Là où pullulent les agents de services concurrents, où prospère le double jeu et où l'on n'y entend goutte cinquante ans plus tard, on a toujours raison de chercher la patte de l'expert britannique ès coups tordus, Claude Dansey. Ne pas en trouver trace signifie seulement que ce diable d'homme, parti avec ses secrets et après avoir, dit-on, brûlé ses papiers, a particulièrement bien trafiqué les apparences et truqué la réalité*[104]. »

Ce qui ne l'empêche pas d'étaler à longueur de pages des extraits de documents tirés des archives des mêmes services secrets, renvoyant plus de cent trente fois dans ses notes aux archives de l'O.S.S., ainsi qu'au « dossier Hardy » de la D.S.T.

Il est vrai que ces archives sont utilisées en trompe l'œil, car elles ne concernent pas Jean Moulin, ou si peu. Cependant, au fil des pages, elles donnent des détails intarissables sur des personnages secondaires des mouvements ou de l'O.S.S. en France. Cette érudition « hors sujet » impressionne à bon compte le lecteur non spécialiste et pare l'auteur d'une autorité lui permettant de trancher sur le sujet réel de l'ouvrage — intitulé, ne l'oublions pas, *Les Secrets de l'affaire Jean Moulin* —, tout en masquant l'absence de documents inédits sur Jean Moulin et sa mission. C'est bien là le leurre de cet ouvrage : il ne prouve rien.

La thèse de Baynac : vérité ou calomnie ?

Les accusations de Jacques Baynac sont rarement formulées nettement. Conscient de la fragilité de ses affirmations, sur la véracité desquelles il ne s'attarde pas, il les juxtapose. La conclusion doit ainsi s'imposer d'elle-même à l'esprit du lecteur, sans que Baynac ait eu à s'engager.

Cette astuce lui permet d'éviter de tomber dans le ridicule et de répondre avec cynisme à Jacques Baumel : « *Nulle part n'est écrit que Moulin aurait trahi de Gaulle et n'est davantage écrit que Moulin se serait rallié à Giraud ni aux Américains*[105]. »

Toutefois, sur quelques points précis, Baynac s'est engagé catégoriquement. On apprend ainsi sur quels documents, sur quelles preuves, il s'appuie pour établir sa vérité.

1) CONFLIT DE GAULLE-MOULIN

Qu'en dit Baynac ? Son origine remonte à l'irruption de Giraud sur la scène résistante : « *Dès la fin de 1942, Moulin semble favorable à l'accord Giraud-De Gaulle, un accord que ce dernier mettra six mois à accepter, et seulement sous la pression irrésistible des Anglo-Saxons. Aider, en novembre 1942, le "bras droit"* [Linarès] *de l'associé de Darlan à aller plaider l'entente, c'était laisser entendre que la Résistance intérieure était d'un avis différent de celui du chef de la Résistance extérieure. C'était miner la position de celui-ci*[106]. »

D'autant plus que Moulin se rallie aux thèses des partisans de Giraud : « *Et c'est cet homme clé du pouvoir giraudiste* [Linarès] *qui, proche également de Jean Monnet, va proposer une formule appelée à un bel avenir : "J'estime que de Gaulle doit être déchargé de toute la partie militaire jusqu'à la victoire."*

« *Or c'est cette formule que Moulin va reprendre dans son câble du 8 mai : "Subordination de Gaulle à Giraud comme chef militaire." Solution inacceptable pour De Gaulle. En temps de guerre, le chef militaire est l'homme fort*[107]. »

Il faut savoir tirer les conclusions de cette proposition : « *Conseiller à De Gaulle de se voir davantage en chef de parti qu'en chef de gouvernement revenait à épouser discrètement le point de vue de Roosevelt, lequel refusa jusqu'à l'été 1944 de reconnaître De Gaulle en tant que tel*[108]. »

Preuve en est dans un document : « *Mettre sur le compte d'une maladresse d'expression ce conseil donné à De Gaulle est impossible. Il s'agissait de la première escarmouche. Le prouve le fameux télégramme envoyé dès le lendemain, 8 mai, qui, au nom d'un CNR qui ne s'est encore jamais réuni, demande la subordination militaire de De Gaulle à Giraud. En atteste enfin l'immédiate réaction de De Gaulle qui, dès réception du câble, s'enferme plusieurs heures dans son bureau avec André Philip pour en ressortir un texte qui fait dire au CNR l'exact contraire de ce qu'a écrit Moulin : "Le peuple de France n'admettra jamais la subordination du général de Gaulle au général Giraud"*[109]. »

En fait, la rupture est consommée :

« *Le 10 juin 1943, Moulin était en opposition avec Brossolette et le BCRA, avec Frenay et Combat, avec De Gaulle. Il s'était isolé mais avait esquissé une nouvelle ligne politique pour la Résistance intérieure*[110]. »

Toute la thèse de Baynac est fondée sur ce postulat : Moulin entre en dissidence politique par rapport à de Gaulle.

La révélation a surpris les historiens tant elle est la négation des preuves attestées par les actes de Moulin et recensées depuis la Libération. Condamnation unanime insuffisante, on s'en doute, pour démonter Baynac qui évoque cette « *éventualité contre laquelle l'historiographie s'inscrit massivement en faux. "Jusqu'à sa mort, il* [Moulin] *ne déviera ni dans ses écrits ni dans son action de la ligne qui lui sera assignée* [par De Gaulle]*", assure le dernier en date des meilleurs spécialistes* [Crémieux-Brilhac].

« *Peut-être est-ce le moment de s'en souvenir : l'Histoire n'est pas une science exacte*[111]. »

Baynac n'est jamais à court pour démolir les certitudes les mieux établies. Pourtant, il y a des faits en histoire. Certes, les nuances sont toujours souhaitables et possibles, mais non les coups de théâtre à l'esbroufe, comme c'est le cas pour la prétendue collusion de Moulin avec les giraudistes.

2) LES CONTACTS ENTRE MOULIN ET LES GIRAUDISTES

Ils seraient l'un des nœuds de l'affaire, « *dès février 1942*[112] ». Cette date est d'autant plus surprenante que le général Giraud ne s'est évadé d'Allemagne que le 17 avril 1942. Mais Baynac, décidément fâché avec la chronologie, impute à mes propres contacts un rôle suspect d'intermédiaires. « *Exactement à l'époque où Moulin fait la connaissance de Mme Moret*, écrit-il, *les services secrets anglo-saxons aident leurs homologues français à organiser l'évasion de Giraud*[113]. » Cette rencontre se situerait donc *avant* le 17 avril 1942. Or, c'est moi qui ai présenté Mme Moret — devenue, à Lyon, ma logeuse — à Moulin, et je n'ai été parachuté en France que le 26 juillet 1942.

Mais, tout ce que fait Moulin est décidément entaché de soupçons : « *Après le retour en France du futur rival de De Gaulle* [Giraud] *et alors qu'il a signé son allégeance à Pétain avant de devenir l'homme des Américains, Moulin tente plusieurs fois de le rencontrer*[114]. » Preuve accablante, en effet, que ces *tentatives* de rencontre, mais que penser alors de Claude Bourdet ou de François de Menthon qui, eux, eurent réellement des entretiens avec Giraud ? Quant aux contacts de Moulin avec Linarès, un proche de Giraud, ils furent justement établis grâce à Bourdet (qui lui présenta aussi divers responsables de Combat), dans un but précis : *« Si vraiment quelque chose se produisait, il fallait que nous ayons la meilleure liaison possible avec l'entourage de Giraud pour essayer d'obtenir des armes sur les stocks de Vichy*[115]. »

Et Baynac résume : *« Alors que les Anglo-Saxons cachent à De Gaulle le débarquement en Afrique du Nord, Linarès en informe Moulin. Après l'arrivée de Giraud à Alger, Linarès, bloqué en France, en appelle à Moulin. Le 25 novembre 1942, un avion britannique, demandé par Moulin, vient chercher Linarès sur un terrain contrôlé par Pierre Kaan et l'emmène à Londres. Reçu par De Gaulle, il plaide pour l'entente avec Giraud*[116]. »

À la ligne : *« Dès la fin de 1942, Moulin semble favorable à l'accord Giraud-De Gaulle* […][117]. »

Or, grâce à un télégramme de Moulin du 15 novembre 1942, nous savons comment a été conduite toute cette affaire : *« Ai eu hier très long entretien avec colonel de Linarès* […]. *Ai montré erreur criminelle Giraud n'avoir pas rallié de Gaulle immédiatement et conséquence catastrophique pour Unité résistance et avenir pays.*

« Semble avoir compris et envisage accord et même venue Général de Gaulle en Algérie. — Linarès a vif désir rejoindre Giraud mais n'a aucun moyen. — Estime bonne politique faciliter voyage à Londres où rencontrerait de Gaulle.

« […] *En contrepartie ai obtenu livraison par son deuxième bureau plusieurs milliers mitrailleuses et fusils pour armer troupes Combat, Liber* [Libération] *et Tirf* [Franc-Tireur] *dans région lyonnaise*[118]. »

Cinq jours plus tard, le 20, Moulin expédiait un nouveau télégramme : *« En raison importance son passage Londres ai décidé le faire enlever avec un collaborateur dans opération PAL* [Ayral] *commençant demain. Tous mouvements et partis unanimes derrière Général de Gaulle demandent la plus grande fermeté à l'égard envoyé général Giraud qui doit faire acte d'obédience*[119]. »

Après cette lecture, les allégations de Baynac se passent de commentaires.

3) DÉSACCORD MOULIN-DE GAULLE

En 1995 paraissait à compte d'auteur un ouvrage intitulé *Fallait-il laisser mourir Jean Moulin ?* Afin de dénoncer le jeu politique personnel du général de Gaulle, les auteurs (Michel J. Cuny et Françoise Petitdemange) utilisaient une erreur d'impression dans le texte d'une conférence que j'avais prononcée en 1983 à la Sorbonne et reproduite, en 1984, par le C.N.R.S.[120].

Il s'agissait d'un passage du télégramme du 8 mai 1943, adressé par Moulin à de Gaulle. C'était l'affirmation publique, contresignée par les partis, les mouvements et les syndicats, de la légitimité du Général comme seul chef de la Résistance et seul chef politique du futur gouvernement d'Alger. Il s'inscrivait dans une série de messages que Moulin expédia entre novembre 1942 et juin 1943 sur ce thème.

Dans cet ouvrage, j'écrivais que ce message soulignait « *que la subordination de De Gaulle à Giraud ne serait jamais admise par le peuple de France* ».

Toutefois, la note 233 reproduisant ce télégramme indiquait : *« Tertio — que subordination de Gaulle à Giraud comme chef militaire. »* Il y avait une contradiction entre mon commentaire et le télégramme, qui n'a pas échappé à Cuny, Petitdemange et, à leur suite, à Baynac. Ils ont donc comparé avec le texte reproduit dans les *Mémoires* de De Gaulle : *« que le peuple de France n'admettra jamais la subordination du général de Gaulle au général Giraud et demande l'installation rapide à Alger d'un gouvernement provisoire, sous la présidence du général de Gaulle ; le général Giraud devant être le chef militaire*[121] *».*

Ce texte confirme mon commentaire mais contredit ma note. La phrase y est manifestement tronquée. Il suffisait à Cuny, Petitdemange et Baynac, qui ont rencontré de nombreux résistants, de me questionner. Ils ne l'ont pas fait. Craignaient-ils de découvrir une vérité qui ruinait leur thèse ? C'est regrettable. Je leur aurais indiqué qu'il s'agissait d'un bourdon d'imprimerie qui a fait disparaître trois lignes. Le sens est alors inverse de celui du texte initial.

L'original est conservé aux Archives nationales, sous la cote 3 AG2 400. Il s'agit de l'exemplaire brut de décodage portant les indications techniques réservées au B.C.R.A. et transmis par les Anglais. Baynac ne s'y est pas reporté. Il est reproduit intégralement par Jean-Louis Crémieux-Brilhac dans *La France Libre* (page 541), mais le doute n'a pas effleuré Baynac, qui cite pourtant l'ouvrage dans sa bibliographie. Évidemment, il aurait été empêché de rédiger une alléchante conclusion : *« Le télégramme de Moulin est donc remis à de Gaulle, qui aussitôt s'enferme dans son bureau avec André Philip, son commissaire à l'Intérieur et réécrit le texte. Tel qu'il figure dans les* Mémoires de guerre. [...] *Il dit que la résistance n'acceptera jamais la subordination de De Gaulle à Giraud. C'est le contraire de ce qu'a écrit Moulin*[122]. »

Non content de ne pas avoir vérifié le prétendu désaccord entre les deux hommes, Baynac fait condamner Moulin par le Général en termes catégoriques : *« Entre février et mai 1943 un soupçon est né chez De Gaulle. Ses écrits en conservent des traces, des formules sibyllines ayant depuis longtemps attiré l'attention.*

« [...] *Les soupçons de De Gaulle n'ont certainement pas été calmés par la motion adoptée par le CNR lors de sa première réunion, le 27 mai*[123]. »

En effet, *« ce n'étaient pas des divergences qu'avait notées le CNR. Il avait rédigé une déclaration de guerre*[124] *».*

D'où la conclusion de Baynac : *« En reprenant à son compte la revendication des Mouvements, l'*indépendance *de la Résistance intérieure, il* [Moulin] *signifie le contenu de sa nouvelle ligne politique : la Résistance intérieure doit faire du gaullisme sans De Gaulle, voire contre De Gaulle*[125]. »

Pour rétablir la vérité, il suffit de lire les textes de Moulin et le commentaire immédiat du Général.

Dès le débarquement en Afrique du Nord, les Alliés interdirent à de Gaulle de se rendre à Alger. Moulin, en l'absence d'instructions du Général, fit signer aussitôt aux anciens partis, aux mouvements et aux syndicats, une motion destinée aux gouvernements alliés : *« Nous saluons avec reconnaissance le général Giraud et tous les Français qui se sont joints spontanément au général de Gaulle, chef incontesté de la Résistance Française qui, plus que jamais groupe derrière lui tout le pays.* [...] *Nous demandons instamment que les destins nouveaux de l'Afrique du Nord libérée soient au plus tôt remis entre les mains du général de Gaulle*[126]. »

En novembre 1942, il n'y avait aucun compromis possible avec Darlan. L'assassinat de Darlan débloqua la situation. Dès cet instant, de Gaulle fixe, dans une lettre à Catroux, la politique qu'il entendait mener : *« J'ai adressé, le 25* [décembre 1942] *au soir à Giraud un télégramme secret lui proposant une entrevue soit en Algérie, soit au Tchad dans le but d'organiser l'union par le moyen d'un pouvoir central groupant tout l'Empire, tout ce qui résiste en France et tout ce qui peut combattre hors de France. Je n'ai pas précisé autre chose à Giraud, mais vous savez que dans mon esprit ce pouvoir devrait être, soit un Comité national élargi autour de nous, soit un gouvernement provisoire. Vous devriez alors devenir haut-commissaire en Afrique du Nord. Giraud aurait le commandement de la principale armée d'opération*[127]. »

Dans l'isolement où le tenaient les Alliés, de Gaulle ne pouvait énoncer publiquement ce dernier projet. Il manifestait donc une seule exigence : l'union entre toutes les forces françaises, seul objectif qu'il pouvait proposer en vue d'obtenir la possibilité de se rendre en Afrique du Nord. Le reste, comme il l'écrivit à Catroux, était un programme à appliquer après avoir franchi cette étape. Moulin, lui, parlant au nom de la Résistance, n'était pas tenu à une telle réserve. On a vu dans le chapitre « La bataille de la légitimité » qu'il ne cessa d'expédier des messages aux Alliés, exprimant toujours la même exigence : de Gaulle chef politique, Giraud chef militaire. Ce qui octroyait automatiquement la prééminence à de Gaulle, puisque, dans une démocratie, l'autorité militaire, même en temps de guerre, est subordonnée au pouvoir civil. D'où le télégramme du 8 mai 1943. Dès réception, le 15 mai, de Gaulle écrivit à Catroux : *« Bien que le Conseil de la Résistance ait pris parti catégoriquement quant aux attributions respectives de Giraud et de moi-même et que cette opinion me paraisse toujours être celle du bon sens, je ne retire rien de la proposition que j'ai faite à Giraud quant à la double présidence du Comité national, étant naturellement entendu qu'une telle présidence ne peut se cumuler avec le commandement des armées*[128] »...

4) JEAN MOULIN : JOKER DES AMÉRICAINS

Voici comment Baynac présente les prétendus projets des Américains à l'égard de Moulin : « *— soit Washington et Londres offraient leur appui à Moulin s'il rompait avec De Gaulle et amenait la Résistance intérieure de leur côté ;*

« *— soit Roseborough proposait son soutien et son aide pour sauver ce qui pourrait l'être, au premier chef l'AS et les maquis, si lui, Moulin, se maintenait à la tête de la Résistance intérieure en refusant de la faire changer d'obédience ;*

« *— soit, enfin, le message* [confié à Brown] *combinait les deux offres, un compromis étant possible sur la base d'une Résistance intérieure faisant du gaullisme sans De Gaulle*[129]. »

Si les Américains ont, selon Baynac, jeté leur dévolu sur Moulin, c'est que, depuis 1941, il entretenait des relations avec eux : *« Une question s'impose alors : la détermination mise par Moulin à torpiller les relations de Frenay avec l'OSS-Berne avait-elle pour seul objectif de restaurer son autorité sur un chef de mouvement récalcitrant ou visait-elle à protéger ses propres relations avec l'OSS*[130] *? »*

Ce n'était pas, en effet, le moment de tolérer d'éventuels rivaux car *« De Gaulle retiré, lui* [Moulin] *— et lui seul — représente toute la Résistance et tient en main celle de l'intérieur.*

« Sans doute ignorera-t-on longtemps la réponse à la question qui mérite cependant d'être posée : était-ce la décision de Moulin qu'attendait Roosevelt, quand, le 17 juin, il annonçait à Eisenhower l'imminente rupture avec De Gaulle[131] *? »*

Une mission fut donc préparée par un des chefs de l'O.S.S. à Alger, Roseborough, qui aurait eu l'avantage d'avoir rencontré Moulin à Londres, le 15 septembre 1942. (On sait ce qu'il en est de cette entrevue.)

Roseborough, « gaulliste » avéré, était-il l'homme « idoine » pour préparer la mission consistant à arracher la Résistance à l'autorité de De Gaulle et la mettre sous le contrôle des Américains, c'est-à-dire de Giraud ? On peut s'interroger, car, s'il est certain que l'O.S.S. était truffé d'antigaullistes actifs que nous avons vus à l'œuvre au moment de l'affaire suisse, ce n'était pas le cas de Roseborough.

Le colonel Passy, qui l'a bien connu à Londres, écrit : *« Il nous comprenait parfaitement et bien vite il réalisa que nos idées sur l'organisation et le potentiel de la Résistance étaient exactes. Il apprécia aussi la force que le général de Gaulle représentait vis-à-vis de la France, et se montra particulièrement désolé de voir le gouvernement des Etats-Unis s'engager dans une politique qui ne pouvait amener que des difficultés et des divisions néfastes. Non seulement, il comprit notre chef, mais il le dit, peut-être même avec trop de chaleur ou de fermeté, car cela devait, un an plus tard, le faire relever de ses fonctions. Tant qu'il fut auprès de nous, je trouvai en lui un ami loyal et éclairé*[132]*. »*

Le départ de Roseborough fut une lourde perte pour les services gaullistes, ainsi que le signalèrent Georges Boris et le général d'Astier au général de Gaulle, le 10 août 1943 : *« Les Américains à Alger depuis le départ de Roseborough considèrent le B.C.R.A. comme non officiel et P*[é]*labon* [chargé du B.C.R.A. à Alger] *nous signale qu'ils ne travaillent plus avec lui*[133]*. »*

Est-il crédible que ce « gaulliste », opposé à la politique officielle américaine, ait été choisi par Donovan, qui connaissait ses opinions, pour couler définitivement de Gaulle ? Là où tout homme de bon sens remarquerait un obstacle, Baynac, comme on pouvait s'y attendre, voit au contraire une certitude : *« S'il s'agissait bien de cela, si le message apporté d'Alger avait bien pour objet de garantir à Moulin les moyens nécessaires à la vie et au développement indépendant de la Résistance intérieure, alors il est clair que Roseborough était l'homme idoine pour piloter toute l'opération. Non seulement il misait ouvertement sur la Résistance intérieure depuis l'automne 1942, non seulement il n'était suspect d'aucun penchant vichyste ou giraudiste, mais encore, cherchant de longue date à rompre au profit de l'OSS le monopole britannique sur la Résistance, il avait les moyens d'y parvenir. Car il était seul à disposer dans l'OSS et dans la Résistance intérieure d'une poignée de vieux amis habitués à travailler ensemble*[134] *»...*

5) PARACHUTAGE DE FREDERIC BROWN : 19 OU 20 JUIN 1943 ?

Cette date, comme d'autres dans l'histoire de la Résistance, fait l'objet de controverses : Frederic Brown fut-il parachuté dans la nuit du 18 au 19 juin ou du 19 au 20 juin 1943 ?

La précision est capitale car elle conditionne la possibilité d'une rencontre entre Brown et Jean Moulin.

Pour Baynac, *« il est établi que, dans la nuit du vendredi 18 au samedi 19 juin, en Algérie, un avion décolle avec à bord un agent OSS qui a rendez-vous avec Moulin. L'opération est si secrète et devra tant le rester que l'on n'en trouve aucune trace dans les archives françaises et britanniques accessibles. Mais la réalité du vol et de la mission est confirmée par les archives de l'OSS, qui demeurent toutefois muettes sur sa partie ultra-secrète.*

« Les archives et la mémoire d'anciens maquisards du Ventoux aident à combler une partie du trou[135] ».

Baynac indique donc la marche à suivre : d'abord interroger les archives de l'O.S.S. et de la R.A.F., ensuite les confirmer par les témoignages des acteurs. Toutefois, Baynac ne publie pas en note les seuls documents qui authentifieraient la date de cette opération : les comptes rendus de la R.A.F., rédigés par les services et par le pilote. Trois auteurs ont déjà travaillé sur ces archives : Kermit Roosevelt et Fabrizio Calvi à Washington, sur les documents de l'O.S.S., K. A. Merrick à Londres sur les archives de la R.A.F.

Kermit Roosevelt, qui fut un membre de l'O.S.S. pendant la guerre, rédigea son ouvrage en 1946-1947. Il fut publié en 1976 et préfacé par l'ancien chef de l'O.S.S., William Donovan. Après avoir retracé la première et la dernière mission de Brown (Tommy), Roosevelt écrit : *« On 19 June 1943 at 2200 hours, "Tommy's" party left Algiers in a British Halifax, and parachuted to a reception group of Maquis agents near Mont Ventoux in the Vercors region at 0120 hours*[136]. »

Baynac, qui cite à plusieurs reprises cet ouvrage, ne donne pas en référence la page mentionnant cette opération.

En 1990, un journaliste d'investigation, Fabrizio Calvi, dépouilla lui aussi les archives de Washington et publia une histoire de l'O.S.S. Il y évoque longuement la mission de Brown (pages 139-179). On y apprend l'essentiel de son activité, dont la date de son parachutage : *« Le 19 juin 1943, à 22 heures, Frédéric Brown quitte Alger à bord d'un Halifax britannique. A 1 h 20, il est parachuté à quelques kilomètres du Mont Ventoux*[137] », ce qui est en tout point conforme au renseignement fourni par Kermit Roosevelt et puisé sans doute à la même source. Baynac ne fait aucun commentaire sur la date indiquée par Roosevelt. Par contre, il fait un sort, dans une note, aux informations données par Calvi : *« Concernant Frédéric Brown, cet ouvrage s'avère approximatif. Pour citer seulement deux exemples, le parachutage de Saint-Jean-de-Sault est daté de la nuit du 19 au 20 juin 1943, et la mort de F. Brown de 1985, en réalité 1987*[138]. »

K. A. Merrick confirme-t-il les informations de ces deux auteurs ou donne-t-il raison à la date avancée par Baynac ?

Merrick a dépouillé les archives de la R.A.F. en 1988. À partir de cette source originelle, il est le seul à donner certaines précisions techniques : *« Rutledge making a drop over Corsica from Halifax EB141 "D" while Austin took EB140 "C" to Sardinia. Rutledge flew a lone operation, in the same Halifax, on 19/20 June to France to drop a second OSS agent. He was an American-paid agent who had been working in Corsica and had valuable contacts in metropolitain France ; in return for providing the aircraft, SOE had asked him to act as a wireless contact for them, having lost their own agent near Nice*[139]. »

On comprend que Baynac soit muet sur le livre de Merrick. Ce qui ne l'empêche pas de dénoncer ceux qui contestent la date du parachutage de Brown qu'il a choisie et de prétendre que celle du 20 provient, non des comptes rendus d'opérations aériennes, mais d'*« un unique document (cité et critiqué dans mon livre) et qui a été recopié sans vérification par trois ouvrages. Il s'agit du rapport de mission de Brown. Il y affirme avoir décollé d'Algérie le 19, à 22 heures. On n'aura pas la cruauté de remarquer que la vérification des autres dates de ce rapport amène à constater qu'elles sont presque toutes fausses, et l'on s'abstiendra aussi de noter que le rapport a été rédigé quatre mois après les faits par quelqu'un qui avait intérêt à se tromper de date pour exclure la possibilité de sa rencontre avec Max* [Moulin] [140] » — exécution des trois ouvrages, fondée, comme souvent, sur l'occultation d'un renseignement qui infirme les conclusions. En l'occurrence, l'heure du parachutage. Dans son rapport de mission, Brown déclare en effet : *« Arrivée à Sault en France, à 1 h du matin : parachutages de T* [Tommy-Brown] *et du compagnon effectués normalement* [141]. »

Or, les ouvrages incriminés indiquent que le largage fut effectué à 1 h 20. Précision fournie évidemment par le compte rendu du pilote. Ce détail prouve que K. A. Merrick fournit des indications (nom du flight-Lt Ruttledge et numéro de l'appareil) qui ne proviennent pas du rapport de Brown. Ainsi Baynac, sans craindre de se contredire, réfute les ouvrages qui publient les informations issues des archives, dont il a pourtant dit qu'elles confirment *« la réalité du vol et de la mission* [142] ».

C'est ce que j'écrivais le 20 janvier 1999, en terminant ce chapitre. Cependant, depuis plusieurs semaines, j'avais demandé à une de mes camarades de la Résistance, Colette Adamson, résidant en Angleterre, de localiser, dans les archives de la R.A.F., les originaux de ces documents afin d'effectuer moi-même un dépouillement systématique à Londres. Après de multiples tentatives infructueuses, l'historien M. R. D. Foot lui conseilla de s'adresser à M. Sebastian Cox, Head of Air Historical Branch. Grâce à sa connaissance des archives de la R.A.F., alliée à une ténacité et une patience inlassables, dont tous les historiens français lui sauront gré, il a retrouvé certains documents que je dois à sa bienveillance de pouvoir publier aujourd'hui.

Voici le contenu des deux principaux documents. Le premier, *Operation record book, Detail of work carries out by number 1575 Flight*, du mois de juin 1943, énumère les opérations de cette unité affectée aux *Special Duties*. Il y en eut cinq. Deux effectuées le 13 : l'une sur la Corse et l'autre sur la Sardaigne ; deux le 16, l'une sur la Corse, l'autre sur l'Italie ; enfin le 19, une seule sur la France, commandée par le F/Lt Ruttledge : « DATE *: 19.6.43,* AIRCRAFT TYPE & NUMBER *: Halifax V EB141,* CREW *: F/Lt. Ruttledge,* DUTY *: Special,* TIME UP *: 2200* TIME DOWN *: 08000,* DETAILS OF SORTIE OF FLIGHT *: Special duties over France* [143]. »

On remarque que le document ne mentionne aucune autre opération de cette escadrille britannique entre le 16 et le 19 juin 1943.

Le second document est le *Sortie Report* rédigé par le pilote (voir Annexe, ci-dessous, page 876). Il signale que l'opération s'est déroulée dans la nuit du 19 au 20 juin 1943, sur un Halifax, EB.141.NF-D., avec un équipage composé de six hommes auxquels était adjoint le lieutenant Kemp, *American despatcher*. L'avion quitta l'aéroport de Maison-Blanche à 22 h 2 et rentra à 4 h 41 après une durée de vol de six heures trente-neuf. La mission consistait à parachuter deux agents, neuf containers et quatre *packages* au-dessus d'une équipe de réception qui attendait entre 23 h 50 et 3 heures du matin, sur un terrain situé au 44° 1' 45'' N et 5° 24' 20'' E. La lettre en morse signalant le terrain était « D », celle de l'avion « X »[144].

Un premier passage de l'avion fut effectué à 1 h 26, au cours duquel les deux agents et deux *packages* furent largués. Le deuxième passage, à 1 h 31, larguant neuf containers et les deux derniers *packages*. Selon le pilote, tous les parachutes semblent s'être bien ouverts. En outre, le compte rendu du *despatcher* indique que les deux agents avaient bon moral et sautèrent sans hésitation quand le signal fut donné. Enfin, le rapport souligne que l'organisation de la réception a été excellente et recommande de l'utiliser à nouveau[145].

La découverte de ces originaux prouve, une fois de plus, qu'aucun témoignage ne conserve la moindre valeur face aux documents. C'est ce que j'ai montré au sujet de la date du parachutage de Moulin (qui oscillait entre le 30 décembre 1941 et le 2 janvier 1942). Les documents anglais et français, qui fixaient au 2 janvier à 3 h 30 son largage, annulaient le témoignage de Monjaret, parachuté avec Moulin, mentionnant la nuit du 31 au 1er janvier. Moulin aurait dit, voyant des marcheurs sur la route : *« Eux, au moins, ils ont eu leur Réveillon*[146]. »

Le parachutage de Brown, le 20 juin à 1 h 26 du matin, rend impossible sa rencontre avec Moulin. En effet, de nombreux résistants ont témoigné de sa présence à Lyon les 19, 20 et 21 juin 1943. Comme l'écrit justement Baynac : *« La divergence est tranchée par les archives*[147]. »

6) LA RENCONTRE BROWN-MOULIN

Pourtant, selon Baynac, Moulin aurait rencontré Brown le 19 juin, en Avignon, avant le départ du train de 9 h 43 pour Lyon : *« En rencontrant l'agent OSS Brown, il* [Moulin] *avait mis le pied dans un nid d'intrigues locales extrêmement dangereuses, tout en se faisant prendre dans une intrigue étrangère qui opposait une fraction rebelle de l'OSS à sa direction. L'enjeu était le sort de la Résistance intérieure, le contrôle de l'AS, la vie ou la mort des maquis*[148]. »

Pour donner corps à cette irréalisable rencontre, Baynac s'appuie sur un document. Une lettre de Philippe Monod à Pierre Bénouville, datée du 4 juillet 1943, constitue *« une trace du rendez-vous »* Brown-Moulin[149] : *« "L'envoyé de Roseborough est arrivé de nuit par la voie des airs dans une ville du sud-est, accompagné d'un autre émissaire, et y auraient été reçus, d'après les déclarations mêmes de notre interlocuteur par 20.12.4.* [Max = Moulin]. *Ceci se passait quelques jours à peine avant l'arrestation de ce dernier. Ils avaient avec eux de l'argent et du matériel* [...].

« "Le fait de la présence de Max à leur arrivée me paraît très intéressant et je me demande s'il était connu de vous. *Il confirmerait la rumeur recueillie auprès de Valette d'Osia ou de Montout il y a plus d'un mois et* d'après laquelle Max aurait personnellement *la haute main sur certains maquis en dehors de la filière MUR, ce qui serait assez bien en somme dans la manière de notre pauvre ami. Ce qui est non moins intéressant, c'est que les Américains d'Alger auraient mis sur pied une organisation très complète, auraient des projets très complets de ravitaillement des centres maquis, et que Roseborough s'occupe en personne de son fonctionnement, ce qui prouve tout d'abord qu'il n'y a pas une politique des maquis mais peut-être deux et qui s'accordent mal*[150]." »

Cela fait beaucoup d'hypothèses : « l'envoyé de Roseborough » serait Brown ; « 20.12.4 » Moulin ; Monod, qui connaît l'arrestation de Moulin depuis le 27 juin, n'en parlerait pas au passé et brocarderait sa politique en l'appelant « *notre pauvre ami* » ; ces informations, enfin, prouveraient une connexion entre Moulin et les Américains.

On observe, en outre, que Jacques Baynac n'a ni retranscrit l'intégralité de cette lettre ni respecté les pseudonymes et codes qui y figurent. En effet, le texte original de Monod commence par une évocation de rumeurs qui permettraient peut-être d'innocenter Hardy dans l'affaire de Caluire. Et on ne lit pas Roseborough, mais « André », pas Max mais « xxx 20.12.4 », pas Valette d'Osia, mais « Faure », etc.[151]. Baynac, observateur clairvoyant de son propre raisonnement, conclut : *« L'attente de l'apparition d'une preuve menace d'être aussi longue que celle du Messie*[152]. » Encore est-ce très optimiste !

7) MOULIN FILÉ JUSQU'À CALUIRE

J'ai déjà dit ce que je pensais de la prétendue responsabilité de Moulin dans l'arrestation de Caluire. Mais en admettant que Brown ait bien reçu la mission de contacter Moulin, qu'il l'ait effectivement rencontré à son arrivée, que Barbie ait réussi à ne pas se faire semer durant deux jours, il reste encore une incohérence : Barbie entrant chez le docteur Dugoujon sur les talons de Moulin a cru qu'il n'assistait pas à la réunion et a mis trois ou quatre jours à l'identifier, après l'avoir confondu avec Lassagne puis Aubry...

Jean Moulin n'est-il qu'un opportuniste ?

Par ses commentaires orientés, ses citations d'origine différente, mais qui vont tous dans le même sens, Baynac a suggéré que Moulin aurait agi au profit de sa seule ambition. Qu'importe les principes et les valeurs de la Résistance, les maîtres qu'il fallait servir ou les alliés qu'il fallait avoir s'il assurait un pouvoir dont la Résistance n'était que l'instrument. Cette idée fait de Moulin un être retors et avide de puissance.

« Ni démon mesquin ni ange inconsolable, Jean Moulin échappe à ses détracteurs comme à ses thuriféraires. C'était un politique — et un grand. Mais de ses sentiments véritables, indéchiffrables même par ses collaborateurs proches, mais de sa vraie idéologie, indécidable même à la lecture de ses rares écrits, on ne sait rien qui n'entretienne le mystère au lieu de le dissiper. A gauche avant la guerre, se fit-il gaulliste par calcul ou par conviction ? Demeura-t-il le loyal second ou devint-il le premier rival ? Joua-t-il avec le feu ou fut-il le jouet des conflits qui embrasaient le monde ? Bref, fut-il victime de la trahison ou des circonstances[153] *? »*

Ce portrait de Jean Moulin en rival de De Gaulle, investi d'une légitimité personnelle qui aurait mis le pouvoir suprême à sa portée, n'apparaît pas seulement comme une calomnie, il est une trahison de l'histoire par méconnaissance de la Résistance, de la France Libre et de la politique des Anglo-Saxons. Comment les chefs de la Résistance, qui rechignaient à l'autorité de De Gaulle, qui traitaient Moulin de « fonctionnaire », quand ce n'est pas de dictateur, qui n'acceptaient la discipline qu'en vertu du « gaullisme » de leurs militants, auraient-ils toléré que Moulin devînt leur chef et le représentant des Alliés après avoir été celui de De Gaulle ?

Baynac oublie que, pour contrôler la Résistance, Moulin avait besoin de la structure de commandement qu'il avait lui-même créée : secrétariat, organisation radio, service des opérations aériennes et maritimes, agence de presse clandestine de Bidault, Comité des études de Menthon. Ce sont tous ces hommes qui lui assuraient le contrôle permanent de la Résistance. Or, les services techniques étaient composés d'agents du B.C.R.A. Croit-on que ces hommes de juin 1940, fidèles entre les fidèles de De Gaulle, en liaison quotidienne avec Londres, auraient accepté de le trahir et de servir les Américains ? Il en est de même pour Bidault et Menthon. De Gaulle n'était pas une société anonyme dont on bazarde les actions quand on a perdu confiance en son avenir !

Baynac oublie encore que, lorsque Moulin séjourna à Londres en février 1943, de Gaulle était dans une posture bien plus dramatique que celle du 17 juin 1943, où le Général semblait découragé et prêt à s'effacer. Or, c'est précisément Moulin qui, toute une soirée, lui avait montré l'obligation de poursuivre et de vaincre avec les soldats qu'il commandait. Il savait que de Gaulle représentait la seule chance de recouvrer l'indépendance nationale et de restaurer la République contre Roosevelt, qui voulait traiter la France comme un pays vaincu et préparait son occupation.

Le 17 juin 1943, alors que de Gaulle était enfin à Alger, le plus dur était fait. Même si de Gaulle devait encore louvoyer pour s'imposer, on ne voit pas pourquoi Moulin aurait « décroché » sans aucune information sur les intentions de Churchill et de Roosevelt. C'est là une méconnaissance absolue du caractère de Moulin que Baynac finit par confondre avec la caricature qu'il en fait. Il oublie qu'un tel homme n'aurait pas tenté de se suicider pour défendre l'honneur des soldats sénégalais et n'aurait pas choisi de mourir sous la torture plutôt que de négocier avec Barbie.

Pas plus que Frenay, ni Giraud, ni Wolton, ni Baynac n'ont pu apporter la preuve de leurs insinuations à l'encontre de Jean Moulin. Mais ils ont démontré qu'on ne peut pas s'affranchir de la méthode et de la rigueur intellectuelle sous prétexte que la clé de l'Histoire tiendrait dans les manœuvres, les complots ou dans les arcanes des services secrets. Les historiens travaillent aussi par recoupements, déductions et hypothèses. Le tout est que cet ensemble déductif soit honnête et vérifiable, convaincant et présenté pour ce qu'il est. Il ne suffit pas de ramasser n'importe quel papier, de solliciter les documents, de s'abstenir de réfléchir et de baptiser l'ensemble « indices » pour obtenir un raisonnement probant.

La question reste posée : la révision des légendes donne-t-elle le droit moral de déshonorer un homme en remplaçant les preuves par de folles hypothèses ? Est-il honnête de se proclamer héraut de la vérité tout en pratiquant la calomnie ?

À la suite de ces découvertes et de quelques autres, y aura-t-il matière à « réviser » l'histoire de Jean Moulin ? Assurément pas. Aucune information nouvelle n'en fera autre chose que ce qu'il a été. Conservera-t-il sa place d'exception dans la mémoire nationale ? Aux yeux des derniers rescapés de la Résistance, sans aucun doute. Quant aux générations futures, il leur appartiendra de répondre en fonction de critères moraux et politiques qu'elles auront instaurés. Mais tant que la fidélité à ses convictions, le courage, le sacrifice à sa foi et l'amour de la liberté seront des valeurs honorées, Jean Moulin aura sa place au Panthéon.

ANNEXE

R.A.F. Form 441 A.

SORTIE REPORT
(Part A)

	Oprep. Ref. No.	Myto Completed.	Date	Night 19/20 June	Squadron	–

Type of Aircraft	Halifax	Captain	F/Lt. RUTTLEDGE (Pilot)
Aircraft n°	EB.141	Crew	W/O ROACH (Nav.) Sgt. MILLER (W/Op.) Sgt. GWENN (A.G.) Sgt. LAPHAM (F/Eng.) Sgt. WILSON (Desp) Lt. KEMP (American Desp)
Aircraft Letter	NF-D.		
Time Up	2202		
Time Down	0441		
Total Time	6.39	Aerodrome or L.G.	MAISON BLANCHE.

Type of Cloud Amount of Cloud Base of Cloud Visibility General Weather	Cloudless, excellent visibility light northerly wind, Force 2.	Map or Chart Marseilles Reference 1/500,000 (Air) 44° 01' 45"N 05° 24' 20"E
Task or Duty	Drop 2 Agents, 9 Containers and 4 packages to an "A" type reception. Ground to Aircraft "E" - Aircraft to ground "X" - Stand-by 2350-0300.	

Narrative

Crossed coast at CAPE MATAFOU 2206, 1000 ft., and set course direct for French coast at Pte L'ESPIGUETTE. Pinpointed on the way at CAPDEFERA (Mallorca) at 2320 hours, 1,000 ft. Made landfall France at 0051, 1,000 ft. and proceeded form Pte L'ESPIGUETTE via island in R. RHONE, north of ARLES, straight to pinpoint. Lights, which were 2 white and one red motor-car lamps, were picked up immediately, and on aircraft signalling "X", ground replied with "B". Two dummy runs were made to ascertain correct wind direction (red lamp not being very visible) and then first dropping run was made on a heading of 350° at 0126 hrs., the two passengers and 2 packages being dropped as briefed, from 600 ft., I.A.S. 125 m.p.h. Next run wad made at 0131 on a heading of 345°, 9 containers and the remaining 2 packages being dropped as briefed from 600 ft. They were seen to land close to the first drop. All parachutes seemed to open O.K. Back by same route, crossing Pte L'ESPIGUETTE 0156 hrs., 1200 ft., and pinpointing on CAPE PAJOLI (west coast of MENORCA) at 0430 hrs., 1200 ft. Landed base 0441.

DESPATCHER reports that both agents were in good spirit and jumped without hesitation when the signal was given. Packages went out without delay on both runs.

OTHER OBSERVATIONS (i) MALLORCA and MENORCA only partially blacked out.
(ii) Reception ground was excellent and is recommended for further use.

Squadron Leader
Signature.

APPENDICES

SIGLES

A.D.	Archives départementales (suit le nom du département)
A.F.E.D.	Archives de la famille Escoffier-Dubois
A.M.	Section Action Mission du B.C.R.A.
A.M.B.	Archives Marcel Bernard
A.N.	Archives nationales
A.S.	Armée secrète
B.B.C.	British Broadcasting Corporation (radiodiffusion britannique)
B.C.R.A.	Bureau central de renseignement et d'action
B.C.R.A.M.	Bureau central de renseignement et d'action militaire
B.I.P.	Bureau d'information et de presse
B.O.A.	Bureau des opérations aériennes
C.A.D.	Comité d'action contre la déportation
C.A.S.	Comité d'action socialiste
C.C.	Comité de coordination
C.C.R.	Comité central des mouvements
C.D.L.L.	Ceux de la Libération
C.D.L.R.	Ceux de la Résistance
C.E.	Contre-espionnage
C.F.T.C.	Confédération française des travailleurs chrétiens
C.F.L.N.	Comité français de la libération nationale
C.G.E.	Comité général d'études
C.G.T.	Confédération générale du travail
C.H.D.G.M.	Comité d'histoire de la Deuxième Guerre mondiale
C.I.G.S.	Chief of Imperial General Staff (Comité interallié)
C.N.D.	Confrérie Notre-Dame
C.N.E.	Comité national des experts
C.N.F.	Conseil national français
C.N.I.	Commissariat national à l'Intérieur
C.N.R.	Comité national de la Résistance
C.O.M.A.C.	Commission d'action militaire
C.O.M.I.D.A.C.	Comité d'action en France
C.O.P.A.	Centre d'opérations de parachutage et d'atterrissage (zone sud)
C.P.L.	Comité parisien de libération
C.R.E.C.D.H.C.	Centre russe d'études et de conservation de documents d'histoire contemporaine (archives du Komintern)

D.F.	Défense de la France
D.G.E.R.	Direction générale des études et recherches
D.M.N.	Délégué militaire national
D.M.R.	Délégué militaire de région
D.M.Z.	Délégué militaire de zone
E.M.	État-major
E.M.P.	État-major particulier
F.F.C.	Forces françaises combattantes
F.F.I.	Forces françaises de l'intérieur
F.F.L.	Forces françaises libres
F.N.	Front national
F.N.D.I.R.P.	Fédération nationale des déportés et internés résistants et patriotes
F.O.	Foreign Office (ministère des Affaires étrangères britannique)
F.T.P.	Francs-tireurs et partisans
G.R.U.	Service de renseignement de l'armée soviétique
I.H.T.P.	Institut d'histoire du temps présent
I.S.	Intelligence Service (service de renseignement britannique)
M.A.	Militärarchiv (archives militaires de R.F.A.)
M.B.F.	Militärbefehlshaber in Frankreich (commandement militaire allemand en France)
M.I.	Military Intelligence (service britannique de renseignement militaire)
M.L.N.	Mouvement de libération nationale
M.N.P.G.D.	Mouvement national des prisonniers de guerre et déportés
M.O.F.	Mouvement ouvrier français
M.U.R.	Mouvements unis de résistance
N.A.P.	Noyautage des administrations publiques
N.M.	Section non militaire du B.C.R.A.
O.C.M.	Organisation civile et militaire
O.R.A.	Organisation de résistance de l'armée
O.S.	Organisation spéciale (du parti communiste)
O.S.S.	Office of Strategic Service (service de renseignement américain)
P.R.O.	Public Record Office (archives britanniques)
P.S.F.	Parti (puis Progrès) social français
R.O.P.	Recrutement organisation propagande
R.P.S.	Royal Patriotic School
R.U.P.	Rassemblement universel pour la paix
S.A.P.	Section d'atterrissage et de parachutage
S.H.A.A.	Service historique de l'armée de l'Air
S.O.A.M.	Service des opérations aériennes et maritimes
S.O.E.	Service Operation Executive (service britannique des opérations spéciales)
S.O.L.	Service d'ordre légionnaire
S.R.	Service de renseignement
S.T.O.	Service du travail obligatoire
T.N.L.	Territoires non libérés (Direction des –)
U.D.S.R.	Union démocratique et socialiste de la Résistance
W.T.	Wireless Transmission (centrale radio)
Z.L.	Zone libre
Z.N.O.	Zone non occupée
Z.N.	Zone nord
Z.S.	Zone sud

NOTES

LE 19 DÉCEMBRE 1964 AU PANTHÉON...

1. Institut d'histoire du temps présent, *Jean Moulin et le Conseil national de la Résistance*, Paris, Éd. du C.N.R.S., 1983, p. 44 (intervention de Claude Bourdet).

2. Voir Laure MOULIN, *Jean Moulin*, Paris, Presses de la Cité, 1969, p. 77.

3. Louis Joxe, entretien avec l'auteur, 26 janvier 1986.

4. E. LŒWENHEIM *et al.*, *Roosevelt and Churchill*, New York, Duton, 1975, p. 99.

5. Paul REYNAUD, *La France a sauvé l'Europe*, Paris, Flammarion, 1947, t. II, p. 330.

6. Ébauche de l'appel du 18 juin 1940, Londres, 17 juin 1940, *in* Charles DE GAULLE, *Lettres, notes et carnets, mai 1969-novembre 1970*, Paris, Plon, 1988, p. 276.

7. *L'Entrée en guerre. Discours de guerre de Winston Churchill*, Londres, Heinemann et Zsolnay, 1943, p. 276.

8. Jacques BENOIST-MÉCHIN, *Soixante jours qui ébranlèrent l'Occident, 10 mai-10 juillet 1940*, Paris, Robert Laffont, 1956, p. 476.

9. Jean-Baptiste DUROSELLE, *L'Abîme, 1939-1945*, Paris, Imprimerie nationale, 1982, p. 220.

10. *Ibid.*, p. 221.

11. Lettre du général de Gaulle au général Noguès, 24 juin 1940, *in* Charles DE GAULLE, *Lettres, notes et carnets, juin 1940-juillet 1941*, Paris, Plon, 1981, p. 16.

12. Appel à la résistance lancé par le général Cochet, le 6 septembre 1940 (A.N. 72 AJ 435).

13. Discours du 10 janvier 1944. Charles DE GAULLE, *Discours et messages, 1940-1946*, Paris, Plon, 1970, p. 364.

14. *Ibid.*, p. 365.

15. Discours du 18 mars 1944, *ibid.*, pp. 380-390.

16. Charles DE GAULLE, *Lettres, notes et carnets, juillet 1941-mai 1943*, Paris, Plon, 1982, p. 472.

17. Discours prononcé à la radio de Londres, 23 octobre 1941, *ibid.*, p. 122.

18. Claude GUY, *En écoutant de Gaulle : Journal, 1946-1949*, Paris, Grasset, 1996, p. 105.

19. Claude MAURIAC, *Un autre de Gaulle*, Paris, Hachette, 1970, p. 167.

20. Cl. GUY, *En écoutant de Gaulle*, *op. cit.*, p. 238.

21. Jacques ATTALI, *Verbatim III*, Paris, Fayard, 1995, p. 333 (5 novembre 1989).

22. *Ibid.*, p. 515 (18 juin 1990).

23. Colonel Passy, *Souvenirs*, t. II, *10 Duke Street Londres*, Monte-Carlo, Raoul Solar, 1947, p. 248.

24. Cf. Jean-Louis Crémieux-Brilhac, *La France Libre*, Paris, Gallimard, 1996.

UNE AMBITION POUR LA RÉPUBLIQUE

1. Antonin Moulin, « Les Juifs », *L'Union républicaine*, 29 janvier 1890.

2. Id., « Les devoirs du citoyen », *L'Union républicaine*, 31 juillet 1902.

3. « Une lettre de M. Moulin », *Le Petit Méridional*, 4 septembre 1920.

4. *Ibid.*

5. « Votre héros préféré », composition française, 13 octobre 1915, classe de première (A.F.E.D.).

6. « Pour assurer le triomphe de la patrie, tous les moyens sont-ils bons ? », dissertation, 16 octobre 1916, classe de philosophie (A.F.E.D.).

7. Attaché au cabinet du préfet de l'Hérault (1er septembre 1917-17 avril 1918 ; 1er novembre 1919-10 mars 1922) ; chef de cabinet du préfet de la Savoie (10 mars 1922-novembre 1925) ; sous-préfet d'Albertville (novembre 1925-janvier 1930) ; sous-préfet de Châteaulin (février 1930-décembre 1932 ; février-juin 1933) ; chef adjoint de cabinet du sous-secrétaire d'État aux Affaires étrangères (décembre 1932-janvier 1933) ; sous-préfet de Thonon (juin-octobre 1933, poste-non-occupé) ; chef de cabinet du ministre de l'Air (juin 1933-juin 1934) ; secrétaire général de la préfecture de la Somme (juillet 1934-juin 1936) ; chef de cabinet du ministre de l'Air (juin 1936-janvier 1937) ; préfet de l'Aveyron (mars-avril 1937) ; chef de cabinet du ministre de l'Air (avril 1937-janvier 1938) ; préfet de l'Aveyron (avril 1938-janvier 1939) ; préfet d'Eure-et-Loir (janvier 1939-novembre 1940).

8. L. Moulin, *Jean Moulin*, *op. cit.*, pp. 95-96.

9. Voir Daniel Cordier, *Jean Moulin, l'inconnu du Panthéon*, Paris, Jean-Claude Lattès, 3 vol., 1989 et 1993, t. I, pp. 490-501.

10. « Le sous-préfet au banquet », *Le Progrès du Finistère*, 22 octobre 1932.

11. Cf. le témoignage de Jean-Baptiste Lucas (secrétaire en chef de la sous-préfecture de Châteaulin) au C.H.D.G.M., Châteaulin, 20 septembre 1963 (A.N. 72 AJ 233).

12. Lettre de Jean Moulin à ses parents, Châteaulin, 10 mai 1932 (A.F.E.D.).

13. « Le sous-préfet au banquet », art. cité.

14. Le préfet du Finistère à M. le sous-préfet de Châteaulin, Quimper, 9 mai 1933 (A.D. Finistère).

15. L. Moulin, *Jean Moulin*, *op. cit.*, p. 131.

16. Procès-verbaux des délibérations du conseil général de la Somme, séance du 13 mai 1935, pp. 227-230 (A.D. Somme).

17. *Ibid.*

18. Jean Moulin conclut : *« Le Conseil Général a toujours reconnu que cette façon de procéder était tout à fait normale, agir de façon différente aboutirait à léser une classe intéressante de la société. »*

19. Procès-verbal des délibérations du conseil général de l'Aveyron, année 1937, première session, deuxième séance du 19 avril 1937 (A.D. Aveyron).

20. *Ibid.*

21. « Pierre Cot avait pris ses précautions », *L'Union catholique*, 12 octobre 1938.

22. « Oui ou non, M. Pierre Cot avait-il pris ses précautions ? », *L'Union catholique*, 15 octobre 1938.

23. Lettre du préfet de l'Aveyron au directeur de *L'Union catholique*, [Rodez], 19 octobre 1938 (A.D. Aveyron).

24. Procès-verbal des délibérations du conseil général de l'Aveyron, première séance, 24 avril 1939 (A.D. Aveyron).

25. Déposition de Jean Moulin devant Paul Tanon, membre de la Cour suprême de justice, 5 mai 1941 (S.H.A.A. Z 12 961).

26. Robert VANDENBUSSCHE, « Parti radical », in *Dictionnaire historique de la vie politique française au XXe siècle*, Paris, P.U.F., 1995, p. 754.

27. Lettre de Jean Moulin à son père, Chambéry, 13 mai 1925 (A.F.E.D.).

28. L. MOULIN, *Jean Moulin*, *op. cit.*, p. 128.

29. Discours de Jean Moulin, Châteaulin, 11 novembre 1932 (B.N. 17 864).

30. Cf. Sabine JANSEN, « Louis Dolivet kominternien », *Communisme*, nº 40-41, 1995.

31. Cf. Les télégrammes de Barch [Kremer] de Londres à Moscou des 8, 17, 24 juillet, 10 août et 6 septembre 1940.

32. Lettre de Jean Moulin à ses parents, Thonon-les-Bains, 12 février 1934 (A.F.E.D.).

33. Rapport de l'adjudant Pontruchet, nº 101/4, Amiens, 25 août 1934 (A.D. Somme).

34. Le préfet de la Somme à M. le ministre de l'Intérieur, Amiens, 27 août 1937 (A.D. Somme).

35. Le préfet de la Somme à M. le ministre de l'Intérieur, Amiens, 30 août 1937 (A.D. Somme).

36. Cf. Pierre COT, *Le Procès de la République*, New York, Éditions de la Maison française, 1943, t. II, pp. 332-333 ; « Jean Moulin, patriote et républicain », *Action*, 15 juin 1945 ; « Ce que fut la non-intervention relâchée », *Le Monde*, 21 novembre 1975 ; Jules MOCH, *Une si longue vie*, Paris, Robert Laffont, 1976, p. 132 ; Gaston CUSIN, « Contribution à l'histoire de la politique de non-intervention », *Cahiers Léon Blum*, décembre 1977-mars1978.

37. Procès de Riom, Réquisitoire de la Cour suprême de justice, 15 octobre 1941 (S.H.A.A. Z 12 958).

38. Henri DE KERILLIS, « Les livraisons de M. Pierre Cot portent à la France un préjudice moral considérable et font le jeu de Hitler », *L'Écho de Paris*, 27 décembre 1936.

39. Maurice PUJO, « Les aveux de Pierre Cot », *L'Action française*, 12 décembre 1937.

40. Chambre des députés, première séance du 10 juillet 1936, *Journal officiel*, p. 1900.

41. P. COT, « Jean Moulin, patriote et républicain », art. cité.

42. « Le banquet Marceau », *L'Action républicaine*, 8 mars 1939.

43. « Toast de M. Moulin », *L'Action républicaine*, 5 juillet 1939.

44. Pierre COT, « Les faux calculs de Staline », *L'Œuvre*, 28 août 1939.

45. Extrait d'un mémoire (sans date) rédigé par le commissaire Porte après la Libération (A.F.E.D.).

46. Commissariat spécial de Chartres, note du 24 octobre 1939 à M. le préfet d'Eure-et-Loir (A.D. Eure-et-Loir).

47. Le préfet d'Eure-et-Loir à M. le ministre de l'Intérieur, Chartres, 9 décembre 1939 (A.N. F^7 14810).

48. Albert BAYET, « Le peuple, lui, ne déserte pas », *L'Œuvre*, 6 décembre 1939.

49. « Dédié aux convives du banquet Marceau », *Le Nogentais*, 18 mars 1939.

50. Pierre COT, « Deux conditions », *L'Œuvre*, 29 janvier 1940.

51. Jean ANDRIEU, « Il faut en finir avec le communisme », *La Dépêche d'Eure-et-Loir*, 11 janvier 1940.

52. Le préfet d'Eure-et-Loir à M. le ministre de l'Intérieur, Chartres, 1er février 1940 (A.N. F^1 CIII 1153).

53. Le préfet d'Eure-et-Loir à M. le ministre de l'Intérieur [rapport mensuel], Chartres, 5 mars 1940 (A.N. F^1 CIII 1153).

54. Télégramme de Rex [Moulin], 26 mai 1942 (A.N. 3 AG 2 400).

55. Lettre de Laure Moulin à Antoinette Sachs, [Montpellier], 24 mars 1946 (Fonds Antoinette Sasse. Musée Jean-Moulin. Ville de Paris).

56. Lettre de Jean Moulin à Antoinette Sachs, [Chartres], 19 août 1939 (Fonds Antoinette Sasse. Musée Jean-Moulin, Ville de Paris).

57. Carte et lettre de Jean Moulin à Antoinette Sachs, [Chartres], 27 septembre 1939 (Fonds Antoinette Sasse. Musée Jean-Moulin. Ville de Paris).

58. Lettre de Jean Moulin à Antoinette Sachs, [Chartres], 4 octobre 1939 (Fonds Antoinette Sasse. Musée Jean-Moulin. Ville de Paris).

59. Pour les détails, se reporter au tome II de *Jean Moulin, l'inconnu du Panthéon*, pp. 239-241.

60. Lettre de Jean Moulin à sa mère et à sa sœur, Chartres, 28 décembre 1939 (A.F.E.D.).

61. « Aux habitants d'Eure-et-Loir », *La Dépêche d'Eure-et-Loir*, 13 juin 1940.

62. Jean Moulin, *Premier combat*, Paris, Éd. de Minuit, 1947, pp. 129-130.

I. PREMIER COMBAT

1. Le président de l'Association de l'Administration préfectorale, ancien préfet de la Seine, A. Autrand, à M. le maréchal Pétain, Vichy, 21 août 1940 (B.N. 17 868 NAF 1-22).

2. J. Moulin, *Premier combat*, *op. cit.*, pp. 131-132.

3. [Jean Moulin], « Rapport sur l'activité, les projets, et les besoins des groupements constitués en France en vue de la libération du territoire national », Londres, 25 octobre 1941 (A.N. 72 AJ 1970 et suiv.).

4. « Pour une France saine... Le statut des Juifs », *La Vérité d'Eure-et-Loir*, 26 octobre 1940.

5. Le préfet d'Eure-et-Loir à Messieurs les maires de l'arrondissement de Chartres, Chartres, 15 octobre 1940 (A.D. Eure-et-Loir).

6. M. Dolleans, maire de Clévilliers, à M. le préfet d'Eure-et-Loir, 21 novembre 1940 (B.N. 17 868 NAF 1-28).

7. Baron de Cambray, maire de Germignonville, à M. le préfet d'Eure-et-Loir, 21 novembre 1940 (B.N. 17 868 NAF 1-28).

8. Feldkommandantur 751 à M. le préfet d'Eure-et-Loir, Chartres, 18 septembre 1940 (« Copie conforme à MM. les sous-préfets et maires pour exécution chacun en ce qui le concerne », 19 septembre 1940, Le Préfet). (A.D. Eure-et-Loir.)

9. Feldkommandantur 751 à M. le préfet d'Eure-et-Loir, reçu à la préfecture le 15 octobre 1940 (A.D. Eure-et-Loir).

10. Le préfet d'Eure-et-Loir à MM. les maires du département, Chartres, 31 juillet 1940 (A.D. Eure-et-Loir).

11. Le préfet d'Eure-et-Loir à MM. les sous-préfets de Chateaudun et de Dreux, Chartres, 6 août 1940 (A.D. Eure-et-Loir).

12. Bezirk A, rapport sur l'activité du groupe administratif du 1er au 10 août 1940, « Propagande », Saint-Germain, 19 août 1940 (MA Freiburg, RW35/1194).

13. Bezirk A, rapport sur la situation du 20 octobre au 20 novembre 1940, « Propagande-presse » (A.N. AJ^{40} 445).

14. Bezirk A, rapport sur la situation du 20 septembre au 20 octobre 1940, « Propagande-presse » (A.N. AJ^{40} 445).

15. Feldkommandantur 751 à M. le préfet d'Eure-et-Loir, Chartres, 17 octobre 1940 (A.D. Eure-et-Loir).

16. Le préfet d'Eure-et-Loir à MM. les maires du département, Chartres, 16 octobre 1940 (A.D. Eure-et-Loir).

17. Feldkommandantur 751 à M. le préfet d'Eure-et-Loir, Chartres, 9 octobre 1940 (A.D. Eure-et-Loir).

18. Feldkommandantur 751 à M. le préfet d'Eure-et-Loir, Chartres, 7 septembre 1940 (A.D. Eure-et-Loir).

19. Voir le tome II de *Jean Moulin, l'inconnu du Panthéon*, pp. 433-439.

20. Le ministre secrétaire d'État à l'Intérieur à MM. les préfets, Vichy, 7 août 1940 (A.D. Eure-et-Loir).

21. J. Benoist-Méchin, *Soixante jours qui ébranlèrent l'Occident 10 mai-10 juillet 1940*, *op. cit.*, pp. 384-385.

22. Discours du 25 juin 1940. Philippe Pétain, *Discours aux Français*, éd. établie par Jean-Claude Barbas, Paris, Albin Michel, 1989, pp. 64-65.

23. *Ibid.*

24. Discours du 13 août 1940, *ibid.*, pp. 71-79.

25. *La Revue des Deux Mondes*, 15 septembre 1940.

26. *La France au travail*, 30 juin 1940, cité in *Communisme*, n° 32-33-34, 1993, pp. 94-95.

27. Le ministre secrétaire d'État à l'Intérieur à MM. les préfets, Vichy, 15 octobre 1940 (A.D. Eure-et-Loir).

28. Message du 30 octobre 1940. Ph. Pétain, *Discours aux Français*, *op. cit.*, pp. 95-96.

29. Interview with M. Moulins *(sic)*, 4.11.41 P.R.O.-F.O. 898/198. C'est nous qui traduisons.

30. Interview at R.P.S., 23.10.41. Annexe A à la lettre du S.O.E. Adviser Gervase Cowell à Daniel Cordier (Answer to M. D.R.P. Bouyjou-Cordier's Questionnaire), 8 avril 1992 (A.N. 72 AJ 1972).

31. Interview with M. Moulins *(sic)*, 4.11.41, doc. cité.

32. Interview at R.P.S., 23.10.41. Annexe A à la lettre du S.O.E. Adviser Gervase Cowell à Daniel Cordier (Answer to M. D.R.P. Bouyjou-Cordier's Questionnaire), 8 avril 1992, doc. cité.

33. Sur ce point, on n'avait disposé, jusqu'ici, que du témoignage de Pierre Meunier assurant que, *« au début de septembre 1940 »*, Moulin envisageant « *de donner immédiatement sa démission* », il lui avait conseillé d'attendre sa révocation en lui faisant remarquer que cela *« attirerait l'attention et risquerait de le faire surveiller immédiatement... »*. (Témoignage de Pierre Meunier cité par L. Moulin, *Jean Moulin*, *op. cit.*, p. 212.) Aujourd'hui, les précisions que Moulin lui-même apporte dans ces documents autorisent à récuser ce témoignage dans sa totalité.

34. *Ibid.*

35. Dossier personnel de Jean Moulin, préfet, pièce n° 48 (A.N. F[1]B[1] 816).

36. Le délégué général du gouvernement français dans les territoires occupés à M. le préfet d'Eure-et-Loir, Paris, 30 octobre 1940 (A.D. Eure-et-Loir).

37. Message du 30 octobre 1940. Ph. Pétain, *Discours aux Français*, *op. cit.*, p. 95.

38. Le préfet d'Eure-et-Loir à M. l'ambassadeur de France, délégué général du gouvernement français dans les territoires occupés, 30 août 1940, Chartres (A.D. Eure-et-Loir). La première version de cette phrase était : *« Les populations restent calmes malgré la situation qui leur est faite par suite de l'occupation. »*

39. « À la préfecture, M. Jean Moulin », *La Vérité d'Eure-et-Loir*, 9 novembre 1940.

40. L. Moulin, *Jean Moulin*, *op. cit.*, p. 173.

41. Lettre du préfet d'Eure-et-Loir aux maires, Chartres, 16 novembre 1940 (A.D. Eure-et-Loir).

42. « Conseil municipal, séance du 29 novembre 1940 », *Le Nogentais*, 7 décembre 1940.

43. Discours de M. Decote, 15 novembre 1940, *in* J. Moulin, *Premier combat*, *op. cit.*, pp. 162-164.

II. LE CHOIX D'UN DESTIN

1. Jean Moulin aurait déclaré à Pierre Meunier : *« Il est le seul qui s'oppose aux Allemands et à Vichy. Il n'y a pas d'autres solutions que de l'appuyer »* (entretien de Pierre Meunier avec l'auteur, 1981).

2. Voir le tome II de *Jean Moulin, l'inconnu du Panthéon*, pp. 50-52.

3. Cf. *ibid.*, p. 278.
4. Cité par L. MOULIN, *Jean Moulin*, *op. cit.*, p. 215.
5. Voir dans ce chapitre, « Paris, avril 1941 : insaisissable Résistance ».
6. J. MOULIN, *Premier combat*, *op. cit.*
7. Cf. L. MOULIN, *Jean Moulin*, *op. cit.*, pp. 217-218.
8. Cité *ibid.*, p. 216.
9. *Ibid.*
10. Cette carte d'identité est établie au nom de Mercier, Joseph, Jean, né à Péronne (Somme), le 20 juillet 1896, n° 6873, délivrée par la préfecture d'Eure-et-Loir.
11. Le préfet de Haute-Garonne à M. le secrétaire d'État à l'Intérieur, 8 décembre 1940 (Toulouse, Archives Latapie).
12. Télégramme. Sûreté police criminelle à Commissaires spéciaux postes frontières – Ports maritimes et aériens (zone libre). En communication à Commissaires Divisionnaires police mobile (zone libre). Inspecteur général police territoire Vichy. Directeur police État Vichy, Vichy, 9 décembre 1940 (A.N. F[1]B[1] 816).
13. M. le sous-préfet de Grasse. Demande de passeport pour l'étranger, Cagnes-sur-Mer, 4 février 1941 (A.D. Alpes-Maritimes 43 W 9166).
14. Cf. lettre de Jean Moulin à M. le chef de bureau de la direction du personnel du ministère de l'Intérieur, Saint-Andiol, 12 février 1941 (A.N. F[1]B[1] 816).
15. Irving Trust Company, New York, to Banque franco-chinoise pour le commerce et l'industrie, Marseille, France, March 7, 1941 (A.N. 72 AJ 233).
16. [Jean Moulin], « Rapport sur l'activité, les projets et les besoins des groupements constitués en France... », Londres, 25 octobre 1941, doc. cité.
17. Cf. Complément d'interrogatoire de M. Mercier [Moulin], S.R., 14 novembre 1941 (A.N. 72 AJ 1970 et suiv.) : *« Monsieur Mercier* [Moulin], *durant son séjour en France, a participé d'une façon active à la production et à la diffusion de tracts et journaux clandestins, spécialement dans les régions de Marseille et de Montpellier. »*
18. Henri FRENAY, *L'Énigme Jean Moulin*, Paris, Robert Laffont, 1977, p. 269.
19. Cf. L. MOULIN, *Jean Moulin*, *op. cit.*, p. 234 : *« Jean avait été recommandé à Boncour par Mme Saxe qui le connaissait bien. A sa lettre d'introduction, il avait répondu avec une fougue chevaleresque : "Qu'il vienne donc cet homme courageux !" »*
20. On peut s'étonner que Pierre Meunier, après la guerre, dans ses témoignages sur Moulin, ait indiqué que, lors de son séjour à Paris, il l'aurait mis en contact avec Maurice Ripoche, fondateur de Ceux de la Libération qui avait organisé son mouvement à partir d'un service de renseignements militaires. *« Entre son départ en zone occupée et son voyage à Paris en avril 1941, je n'ai eu de Jean que de rares nouvelles par l'intermédiaire de Frédéric Manhès et Antoinette Sachs.*

« Jean Moulin est revenu à Paris en 1941 pour plusieurs raisons personnelles mais aussi pour s'informer avant son départ pour Londres de l'État de la Résistance en zone Nord.

« Dès son arrivée à Paris, Chambeiron et moi l'avons mis en contact avec Ripoche, chef de "Ceux de la Libération".

« Il eut d'autres rencontres avec des organisations clandestines grâce à des renseignements qu'il apportait de zone Sud, mais ma mémoire ne me permet pas d'être précis à ce sujet » (lettre de Pierre Meunier à Daniel Cordier, Arnay-le-Duc, 28 mars 1987, A.N. 72 AJ 1970 et suiv.).

Dans une lettre du 23 février 1967, Pierre Meunier écrivait à Laure Moulin : *« C'est depuis la zone Sud qu'il nous envoya Manhès pour nous donner la liaison avec les mouvements qu'il avait lui-même contactés en zone Sud.*

« Pendant ce temps, en zone Nord, Chambeiron et moi, nous avions déjà pris contact avec Maurice Ripoche qui avait constitué le groupe qui s'est appelé postérieurement "Ceux de la Libération" et Mangin, qui avait une équipe qui est devenue "Ceux de la Résistance" » (lettre de Pierre Meunier à Laure Moulin, Conseil général de la Côte-d'Or, 23 février 1967, A.F.E.D.).

À noter que « Ceux de la Libération » figure dans le premier manifeste du groupe, rédigé par Ripoche probablement à la fin de l'été 1940 (A.N. 3 AG 2 376). À noter aussi que « Ceux de la Résistance » est le nom que prendra en 1942 le groupe ayant survécu au démantèlement de la branche de zone occupée du M.L.N. animée par Robert Guédon.

Laure MOULIN cite la lettre de P. Meunier dans son livre (*Jean Moulin*, *op. cit.*, p. 216) et elle ajoute plus loin : *« Mon frère* [...] *eut aussi des contacts avec "Ceux de la Libération" et probablement avec des membres d'autres groupes de Résistance, leur posant des questions analogues à celles qu'il avait posées en zone Sud »* (p. 235).

Dans le témoignage qu'il enregistra en 1992 pour le musée Jean-Moulin de la Ville de Paris, Pierre Meunier fut d'ailleurs moins affirmatif et surtout moins précis. Sans donner aucune date, il déclara : *« Le premier chef de mouvement que j'ai trouvé, c'était Ripoche par des relations familiales. »* Puis Manhès lui donna le contact avec Ceux de la Résistance et Moulin avec Libération-Nord, cela n'ayant bien sûr pu se produire avant, au plus tôt en 1942.

Que la mémoire de Meunier soit défaillante, non seulement sur ce dernier point, mais aussi sur tout le reste de ces témoignages semble évident. Le silence que garde Moulin sur tous les mouvements existant à cette époque en zone occupée prouve, en effet, qu'il n'en connaissait aucun. En eût-il connu, fût-ce par ouï-dire, qu'il n'aurait pas manqué d'en faire état dans son rapport destiné à démontrer à de Gaulle et aux Anglais la vigueur qu'avait acquise la résistance métropolitaine et la valeur de cet atout dans la stratégie des Alliés.

21. [Jean Moulin], « Rapport sur l'activité, les projets et les besoins des groupements constitués en France... », doc. cité.

22. *Ibid.*

23. Voir, par exemple, Paul PAILLOLE, *Services spéciaux 1935-1945*, Paris, Robert Laffont, 1975, p. 211 sq. Ainsi que Christian BACHELIER, « L'armée française entre la victoire et la défaite », in *La France des années noires*, sous la direction de Jean-Pierre AZÉMA et François BÉDARIDA, Paris, Le Seuil, 1993, p. 86.

24. Voir « Le manifeste de la Libération nationale » dans le tome III de *Jean Moulin, l'inconnu du Panthéon.*

25. « La Libération nationale », Londres, 10 juillet 1941 (A.N. 3 AG 2 376). Trois exemplaires du manifeste sont en outre conservés aux Archives départementales du Var, sous la cote 1W79, un exemplaire au musée de la Résistance d'Ivry. Un autre, sans doute un original, se trouve dans les Archives Barlangue-Cuvelliez, à Toulouse. Voir *Jean Moulin, l'inconnu du Panthéon*, t. III, Annexe 60.

26. *Ibid.*

27. *Ibid.*

28. *Vérités*, n° 9, 25 août 1941.

29. Courrier n° 1 de Rex [Moulin], 1er mars 1942 (A.N. 72 AJ 1970 et suiv.).

30. *Combat*, mai 1942.

31. *Liberté*, n° 1, 25 novembre 1940.

32. *Liberté*, n° 8, 25 juillet 1941.

33. *Libération*, n° 2, août 1941.

34. *Ibid.*

35. [Jean Moulin], « Rapport sur l'activité, les projets et les besoins des groupements constitués en France... », doc. cité.

36. Cf. Answer to M. D.R.P. Bouyjou-Cordier's Questionnaire, Lettre de E.G. Boxshall à Daniel Cordier, 17 avril 1979 (A.N. 72 AJ 1970 et suiv.), et lettre du S.O.E. Adviser Gervase Cowell à Daniel Cordier, 8 avril 1992, doc. cité.

37. Ch. DE GAULLE, *Lettres, notes et carnets, mai 1969-novembre 1970*, complément de 1908 à 1968, *op. cit.*, pp. 334-335.

38. Minutes de la conférence de presse tenue à Londres le 23 septembre 1941, *in* Ch. DE GAULLE, *Lettres, notes et carnets, juillet 1941-mai 1943*, *op. cit.*, pp. 72-73.

39. *Ibid.*

40. *Ibid.*

41. Interview at R.P.S. 23.10.41. Annexe A à la lettre du S.O.E. Adviser Gervase Cowell à Daniel Cordier, 8 avril 1992, doc. cité.

42. Cf. Pierre PÉAN, *Vies et morts de Jean Moulin*, Paris, Fayard, 1998, pp. 365-366.

43. Cf. « La correspondance de Jean Moulin avec Pierre Cot », *Jean Moulin, l'inconnu du Panthéon*, t. III, pp. 932-942.

44. *« J'espère, aussi, que Nena et vos chers enfants se portent bien. Embrasse-les bien pour moi, puisque aussi bien je ne pourrai le faire moi-même, tout au moins dans des temps rapprochés.*

« [...] Je n'ai pas vu voir ta mère récemment mais la dernière fois que je l'ai vue elle m'a paru en très bonne santé. Elle semblait supporter toutes les épreuves avec beaucoup de courage et de sérénité. Ta sœur et tes nièces étaient également très bien.

« J'ai eu l'occasion récemment de voir [...] *notre ami de Saint-Aignan* [Joseph Paul-Boncour] *qui pense gentiment à toi.*

« Je pense que tu as vu sur toi le jugement [...] *Levy et celui de l'auteur de Ci-devant* [Anatole de Monzie] *?*

« [...] J'ai vu pour Pâques notre ami de la rue de Turenne [Pierre Meunier] *plein d'allant et toujours de dévouement et son ami, son voisin des Finances* [Robert Chambeiron] » (lettre de Jean Moulin à Pierre Cot, 19 octobre 1941, *Pierre Cot, 1895-1977. Hommage publié par sa famille...*, s.l., Imprimerie Floch, 1979, pp. 142-143).

III. JEAN MOULIN ET LE GÉNÉRAL DE GAULLE

1. Cf. Michel DEBRÉ, « La Résistance et la Libération », *in* Association des membres et anciens membres du Conseil d'État, *Alexandre Parodi (1901-1979)*, Gap, Imprimerie Louis-Jean, 1980, p. 47.

2. Lettre d'Alexandre Parodi à Pierre Tissier, 20 septembre 1941 (A.N. 72 AJ 1970 et suiv.).

3. Éric PIQUET-WICKS, *Quatre dans l'ombre*, Paris, Gallimard, 1957, p. 55.

4. J.-L. CRÉMIEUX-BRILHAC, *La France Libre*, *op. cit.*, pp. 193-194.

5. Lettre de Henry Hauck au général de Gaulle, 12 mars 1942 (A.N. 72 AJ 520).

6. Paul-Marie DE LA GORCE, *L'Après-guerre*, Paris, Grasset, 1978, p. 57.

7. Groupe Jean-Jaurès, procès-verbal de séance du 4 octobre 1941 (Archives Daniel Mayer).

8. Rapport de Félix Gouin à Léon Blum, octobre 1942, cité *in* Daniel MAYER, *Les Socialistes dans la Résistance*, Paris, P.U.F., 1968, p. 201.

9. *Ibid.*

10. Ch. DE GAULLE, *Lettres, notes et carnets, juin 1940-juillet 1941*, *op. cit.*, p. 272.

11. Rapport de Félix Gouin à Léon Blum, octobre 1942, doc. cité, p. 201.

12. *Ibid.*

13. Georges BORIS, *Servir la République*, Paris, Julliard, 1963, pp. 299-303.

14. *Ibid.*

15. François KERSAUDY, *De Gaulle et Churchill*, Paris, Plon, 1981, p. 234.

16. Emmanuel D'ASTIER, *Sept fois sept jours*, Paris, Éd. de Minuit, 1947, pp. 82-83.

17. Hervé ALPHAND, *L'Étonnement d'être*, Paris, Fayard, 1977, p. 88.

18. Christian PINEAU, *La Simple Vérité, 1940-1945*, Paris, Julliard, 1960, pp. 156-159.

19. Jean LACOUTURE, *Pierre Mendès France*, Paris, Le Seuil, 1981, pp. 144-145. (Il s'agit de la transcription du témoignage accordé par Pierre Mendès France à Jean Lacouture.)

20. Lettre de De Gaulle à Churchill, Londres, 3 février 1941, *in* Ch. DE GAULLE, *Lettres, notes et carnets, juin 1940-juillet 1941*, *op. cit.*, p. 146.

21. Jean LACOUTURE, *De Gaulle*, Paris, Le Seuil, 1984, t. I, p. 121.

22. Jean PLUMYÈNE, *Pétain*, Paris, Le Seuil, 1966, pp. 13-14.

23. Cf. P. REYNAUD, *La France a sauvé l'Europe*, *op. cit.*, t. I, pp. 322-349.

24. Lettre du général de Gaulle à sa femme, 2 juin 1940, *in* Charles DE GAULLE, *Lettres, notes et carnets, 1919-juin 1940*, Paris, Plon, 1980, p. 499.

25. Lettre du général de Gaulle au président Paul Reynaud, 3 juin 1940, *in* Ch. DE GAULLE, *Lettres, notes et carnets, juin 1940-juillet 1941*, *op. cit.*, pp. 476-477.

26. *Ibid.*, pp. 477-478.

27. Paul REYNAUD, *Au cœur de la mêlée, 1930-1945*, Paris, Flammarion, 1951, p. 734.

28. *Ibid.*

29. Ébauche de l'appel du 18 juin 1940, *in* Ch. DE GAULLE, *Lettres, notes et carnets, mai 1969-novembre 1970*, *op. cit.*, p. 276.

30. Appel du 18 juin 1940, *in* Ch. DE GAULLE, *Discours et messages*, *op. cit.*, pp. 3-4.

31. J.-L. CRÉMIEUX-BRILHAC, *La France Libre*, *op. cit.*, p. 276.

32. Ch. DE GAULLE, *Discours et messages*, *op. cit.*, pp. 3-4.

33. Lettre du général de Gaulle au général Noguès (non expédiée), 24 juin 1940, *in* Ch. DE GAULLE, *Lettres, notes et carnets, juin 1940-juillet 1941*, *op. cit.*, p. 16.

34. *Ibid.*, pp. 53-54.

35. *Ibid.*, p. 60.

36. Discours prononcé à l'Albert Hall de Londres devant l'Association des Français de Grande-Bretagne, 15 novembre 1941, *in* Ch. DE GAULLE, *Discours et messages*, *op. cit.*, p.136.

37. *Ibid.*, p. 12.

38. Mémorandum du général de Gaulle à Churchill et Halifax, *in* Ch. DE GAULLE, *Mémoires de guerre*, Paris, Plon, 1954, t. I, *L'Appel*, p. 273.

39. Ch. DE GAULLE, *Lettres, notes et carnets, juin 1940-juillet 1941*, *op. cit.*, p. 16.

40. Lettre de Jean Monnet au général de Gaulle, Londres, 23 juin 1940, *in* Ch. DE GAULLE, *Mémoires de guerre*, t. I, *L'Appel*, *op. cit.*, p. 270.

41. *Honneur à Saint-John Perse*, Paris, Gallimard, 1965, p. 727.

42. Cf. J.-L. CRÉMIEUX-BRILHAC, *La France Libre*, *op. cit.*, pp. 76-101.

43. Communiqué publié par le gouvernement britannique, 27 juin 1940, *in* Ch. DE GAULLE, *Mémoires de guerre*, t. I, *L'Appel*, *op. cit.*, p. 274.

44. Cf. J.-L. CRÉMIEUX-BRILHAC, *La France Libre*, *op. cit.*, pp. 254-257.

45. Manifeste lancé de Brazzaville le 27 octobre 1940, *in* Ch. DE GAULLE, *Discours et messages*, *op. cit.*, p. 37.

46. Cf. Colonel PASSY, *Souvenirs*, t. I, *2e Bureau Londres*, Monte-Carlo, Raoul Solar, 1947, p. 216.

47. Ch. DE GAULLE, *Lettres, notes et carnets, juin 1940-juillet 1941*, *op. cit.*, pp. 127-128.

48. *Ibid.*, p. 203.

49. Voir Fr. KERSAUDY, *De Gaulle et Churchill*, *op. cit.*, pp. 128-129.

50. Cf. Discours prononcé à Londres à un déjeuner offert par la presse internationale, 2 octobre 1941, *in* Ch. DE GAULLE, *Discours et messages*, *op. cit.*, p. 112 : *« Organiser et diriger cette résistance, non pas seulement dans les territoires déjà affranchis, mais partout en France et dans l'Empire, telle est la tâche primordiale que s'est fixée le Comité National Français. Il le fera par délégation du peuple qui l'en approuve et auquel il rendra compte. Il le fera en rassemblant la nation dans l'effort pour la libération sans que personne en soit exclu, sauf ceux qui s'en excluent eux-mêmes. Il le fera dans la conviction que la cause de la France, je veux dire la restauration de son intégrité, de son indépendance et de sa grandeur, est en même temps la cause de tous les peuples qui combattent comme elle pour la liberté. Il le fera dans la volonté de lutter sans réserve, côte à côte avec ses alliés, jusqu'à ce que la malfaisance chronique du germanisme soit, une fois pour toutes, écrasée. »*

51. Cité *in* Ch. DE GAULLE, *Mémoires de guerre*, t. I, *L'Appel*, *op. cit.*, p. 652.

52. Fr. KERSAUDY, *De Gaulle et Churchill*, *op. cit.*, p. 175.

53. Déclaration organique complétant le manifeste du 27 octobre 1940, Brazzaville, 16 novembre 1940, *in* Ch. DE GAULLE, *Mémoires de guerre*, t. I, *L'Appel*, *op. cit.*, p. 313.

54. *Ibid.*, p. 317.

55. Discours prononcé à l'Albert Hall de Londres, devant l'Association des Français de Grande-Bretagne, 15 novembre 1941, *in* Ch. DE GAULLE, *Discours et messages*, *op. cit.*, p. 137.

56. Télégramme du général de Gaulle à François Luizet, Londres, 17 août 1940, *in* Ch. DE GAULLE, *Lettres, notes et carnets, juin 1940-juillet 1941*, *op. cit.*, p. 87.

57. Télégramme du général de Gaulle au colonel Fontaine, Douala, 21 octobre 1940, *ibid.*, p. 146.

58. *Ibid.*, p. 191.

59. Ch. DE GAULLE, *Lettres, notes et carnets, juillet 1941-mai 1943*, *op. cit.*, pp. 78-79.

60. Discours prononcé à Londres, 2 octobre 1941, *in* Ch. DE GAULLE, *Discours et messages*, *op. cit.*, p. 112.

61. Discours prononcé à la radio de Londres, 23 juillet 1940, *ibid.*, p. 17.

62. Discours prononcé à la radio de Londres, 3 août 1940, *ibid.*, p. 22.

63. Manifeste lancé de Brazzaville, 27 octobre 1940, *ibid.*, p. 36.

64. Docteur PICARDA, « Ici la France », 25 juin 1940, cité in *Ici Londres, 1940-1944. Les voix de la liberté*, Paris, La Documentation française, 1975, t. I, p. 9.

65. Henry HAUCK, William PICKES, « Émission ouvrière », 7 août 1940, cité *ibid.*, p. 41.

66. André LABARTHE, « Honneur et patrie », 9 août 1940, cité *ibid.*, p. 43.

67. A. LABARTHE, « Émission ouvrière », 21 août 1940, cité *ibid.*, p. 56.

68. Pierre-Olivier LAPIE, « Les Français parlent aux Français », 6 novembre 1940, cité *ibid.*, p. 137.

69. Groupe Jean-Jaurès, Procès-verbal de la séance du 1er novembre 1941 (Archives Daniel Mayer).

70. Ch. DE GAULLE, *Mémoires de guerre*, t. I, *L'Appel*, *op. cit.*, p. 615.

71. Il est intéressant aujourd'hui de connaître les noms de ces personnalités dont certaines étaient pourtant « gaullistes » : le père Ducatillon, Henri Focillon, Ève Curie, Roussy de Sales, Jacques Maritain, Jules Romains, Henri de Kerillis, Antoine de Saint-Exupéry, Charles Boyer, Henri Bonnet, Philippe Barrès, Marc Bœgner, Georges Bernanos.

72. Ch. DE GAULLE, *Lettres, notes et carnets, juillet 1941-mai 1943*, *op. cit.*, pp. 174-175.

73. *Ibid.*, p. 285.

74. *Ibid.*, p. 303.

75. Discours prononcé à Londres à un déjeuner offert par la presse internationale, 2 octobre 1941, *in* Ch. DE GAULLE, *Discours et messages*, *op. cit.*, p. 112.

76. *Ibid.*, p. 122.

IV. UN RAPPORT QUI CHANGE TOUT

1. Le Parti communiste français dans la clandestinité après son interdiction. Rétrospective sur la période allant du début de l'occupation au 31.12.40, Paris, 30 janvier 1941. Cité in *La Gestapo contre le parti communiste*, Paris, Messidor, 1984, pp. 201-202.

2. Rapport sur la situation du chef du Bezirk A, période du 20 septembre au 20 octobre 1940, Saint-Germain, 21 octobre 1940 (MA Freiburg, RW 35/1198).

3. Rapport de situation du représentant de la Sicherheitspolizei et du S.D., 30 octobre 1940 (A.N. AJ^{40} 550).

4. Cf. le représentant du chef de la Sicherheitspolizei et du S.D. de Dijon au chef du Bezirk C-groupe administratif, Dijon, 30 novembre 1940 (A.N. AJ^{40} 927).

5. A.N. AJ^{40} 873 et 1014.

6. Communisme-PCF. Rapport hebdomadaire, Paris, 14 janvier 1941. Cité in *La Gestapo contre le parti communiste*, *op. cit.*, pp. 63-64.

7. Le chef de l'administration militaire du Bezirk A. Rapport de situation, Saint-Germain, 24 février 1941 (A.N. AJ[40] 445).

8. Rapport sur l'opinion du Propagandastaffel de Paris, Paris, 5 avril 1941 (A.N. AJ[40] 873).

9. Appel à la résistance lancé par le général Cochet, 6 septembre 1940, doc. cité.

10. Réponse du général Cochet à un ami qui lui présentait quelques objections, Clermont-Ferrand, 26 septembre 1940 (A.N. 72 AJ 435).

11. Le ministre secrétaire d'État à l'Intérieur à MM. le gouverneur général de l'Algérie, préfet de police, préfets, Vichy, 24 octobre 1940 (A.D. Eure-et-Loir).

« La saisie récente à Lyon, chez un membre actif du mouvement de l'ex-général de Gaulle, de 52 grenades incendiaires dérobées dans un arsenal, d'un fusil mitrailleur, de deux fusils et de cartouches volés dans une caserne, démontre ainsi que les récentes tentatives de recrutement d'aviateurs français sur la Côte d'Azur, que l'organisation séditieuse dont il s'agit a déjà commencé à mettre ses projets à exécution.

« Cette activité criminelle atteindrait son maximum d'intensité au printemps prochain. Toutefois, certaines manifestations dont la nature n'est pas encore connue, pourraient avoir lieu le 11 Novembre, ainsi que pendant le mois de décembre de cette année.

« Je vous prie donc de bien vouloir :

« a) prescrire d'extrême urgence, *aux Services de Police et de Gendarmerie, relevant de votre autorité, un redoublement de vigilance, afin de déjouer, le cas échéant, les projets criminels envisagés ;*

« b) me transmettre, dans le moindre délai possible, sous le présent timbre, *tous renseignements que vous pourriez posséder ou faire recueillir, relativement au mouvement séditieux qui serait tenté par les partisans de l'ex-Général de Gaulle ;*

« c) prendre les mesures qui vous paraîtront les plus appropriées pour mettre un terme à cette activité anti-nationale et déférer les coupables devant les Tribunaux.

« Au surplus, afin de me permettre d'apprécier s'il y a lieu de saisir la Cour Martiale, conformément à l'article II de la loi du 24 Septembre 1940, il vous appartiendra de m'adresser un rapport séparé, très circonstancié, pour chaque infraction de cette nature.

« A ce sujet, je vous avise qu'un service spécial a été créé à la Direction Générale de la Sûreté Nationale (Inspection Générale des Services de Police Criminelle), pour centraliser les renseignements et coordonner les recherches ayant trait à cette très grave affaire.

« Je vous invite à m'accuser réception, par le prochain courrier, des instructions qui précèdent, dont l'importance exceptionnelle ne saurait vous échapper dans les conjonctures que traverse notre Pays. »

12. Cf. *ibid.*

13. Cf. *Jean Moulin, l'inconnu du Panthéon*, t. III, p. 442.

14. *« Le but poursuivi est de faire croire que M. le Maréchal Pétain approuve l'action de l'ex-général de Gaulle à seule fin de faire bénéficier ce dernier de la respectueuse popularité unanimement accordée au chef de l'Etat.*

« [...] Ainsi dans un tract assez habile intitulé "Liberté", l'auteur, après avoir félicité M. le Maréchal Pétain "de se refuser à toute collaboration", conclut ainsi : "Non seulement nous devons refuser d'aider l'Allemagne à nous vaincre définitivement, mais nous efforcer à contribuer à la défaite allemande" » (Note au sujet de l'activité séditieuse des partisans de l'ex-général de Gaulle, Vichy, 28 février 1941, A.N. AJ[41] 46).

15. Note nº 4 au sujet de l'activité séditieuse des partisans de l'ex-général de Gaulle, Vichy, 18 décembre 1940 (A.N. AJ 1970 et suiv.).

16. Note au sujet de l'échec du mouvement de Gaulle en Angleterre, Vichy, 20 février 1941 (A.N. AJ 1970 et suiv.).

17. 30 avril 1941 (A.N. AJ 1970 et suiv.).

18. Voir « Le manifeste de Libération nationale » dans le tome III de *Jean Moulin, l'inconnu du Panthéon*, Annexe 60.
19. A.N. 317 AP 53.
20. Cf. le ministre secrétaire d'État à l'Intérieur à M. le ministre secrétaire d'État à la Guerre, Vichy, 15 octobre 1941 (A.N. AJ^{41} 46).
21. Cités par Laurent DOUZOU, *La Désobéissance. Histoire du mouvement Libération-Sud*, Paris, Odile Jacob, 1995, p. 56.
22. Rapport des Renseignements généraux, 3 mars 1941 (A.N. AJ^{40} 882).
23. Rapport des Renseignements généraux, 23 juin 1941 (A.N. AJ^{40} 882).
24. Rapport des Renseignements généraux, 7 juillet 1941 (A.N. AJ^{40} 882).
25. Synthèse mensuelle, nº 28, 7 août-7 septembre 1941 (A.N. F^7 14 929).
26. Rapport de l'adjudant Forman et du sergent Le Tac sur la mission en France du 6 mai au 12 août 1941, 5 septembre 1941 (A.N. 3 AG 2 178).
27. Voir *Jean Moulin, l'inconnu du Panthéon*, t. III, pp. 752-753.
28. *Ibid.*
29. Rapport du S.R. polonais, 9 août 1941 (A.N. 3 AG 2 115).
30. *Ibid.*
31. *Ibid.*
32. Rapport du chef de bataillon Passy au capitaine de vaisseau, chef de l'E.M. particulier du général de Gaulle, 23 octobre 1941 (A.N. 72 AJ 1970 et suiv.).
33. *Ibid.*
34. *Ibid.*
35. Le terme courant était même *« degaulliste »*. Il figure d'ailleurs dans le compte rendu de l'interrogatoire de Jean Moulin à Patriotic School, le 23 octobre 1941 : *« ... he tried to do some useful work and contact "de Gaullists". »* (Interview at R.P.S. 23.10.41. Annexe A à la lettre du S.O.E. Adviser Gervase Cowell à Daniel Cordier, 8 avril 1992, doc. cité.)
36. Cf. Confidential report on France [by Rd Howard L. Brooks], s.d. Cité *in* Jacques BAYNAC, *Les Secrets de l'affaire Jean Moulin*, Paris, Le Seuil, 1998, pp. 420-426.
37. [Jean Moulin], « Rapport sur l'activité, les projets et les besoins des groupements constitués en France... », doc. cité.
38. *Ibid.*
39. *Ibid.*
40. *Ibid.* Jean Moulin a emprunté à Henri FRENAY cette image des « parachutistes ». Frenay la revendique d'ailleurs hautement : *« J'ai noté sous la plume de Moulin, un certain nombre d'idées que j'avais avancées lors de notre entretien à Marseille, et il est naturel qu'il les ait citées :*

« [...] *Comparaison de nos éléments paramilitaires avec des parachutistes déjà à terre* » (*L'Énigme Jean Moulin*, *op. cit.*, p. 52).

41. [Jean Moulin], « Rapport sur l'activité, les projets et les besoins des groupements constitués en France... », doc. cité.
42. *Ibid.*
43. *Ibid.*
44. *Ibid.*
45. Cité par J. LACOUTURE, *De Gaulle*, *op. cit.*, t. I, p. 585.

V. LES MISSIONS DE JEAN MOULIN

1. Answers to M. D.R.P. Bouyjou-Cordier's Questionnaire, doc. cité.
2. Interview at R.P.S. 23.10.41, doc. cité.
3. [Jean Moulin], « Rapport sur l'activité, les projets et les besoins des groupements... », doc. cité.
4. *Ibid.*

5. Ce chiffre de sept se retrouve dans le rapport polonais parvenu quatre jours plus tôt au S.R. Il n'est pas interdit de penser que c'est là que Servais a pris ce renseignement.

6. Mémorandum du chef de bataillon Servais à M. le général de Gaulle. « Essai de clarification sur l'action en France », 27 octobre 1941 (A.N. 72 AJ 220).

7. *Ibid.*

8. *Ibid.*

9. Note confidentielle pour le général de Gaulle, 22 décembre 1941, C.N.I. (A.N. 3 AG 2 375).

10. Témoignage de Claude Bouchinet-Serreulles au C.H.D.G.M., 1948-49-50, p. 44 (A.N. 72 AJ 220).

11. Piquet-Wicks (du S.O.E.) a rédigé, le 30 octobre 1941, le compte rendu de l'entretien qui avait eu lieu le 29 entre Moulin et Passy, entretien durant lequel Moulin évoqua la teneur de ces conversations avec Diethelm l'après-midi même. Ce document se trouve dans les Archives du S.O.E. Il m'a été communiqué par le S.O.E. Adviser Gervase Cowell, lettre du 8 avril 1992, doc. cité.

12. Dans l'essai qu'il a consacré à l'action du général de Gaulle, Olivier Guichard a résumé avec beaucoup de finesse l'intention de Jean Moulin : *« Entre les mouvements dont il a rencontré les chefs et le Général, Moulin n'est pas un agent de liaison neutre. C'est un* marieur *et, comme tous les bons marieurs, il s'est fait son idée sur le contrat. Il pense, et là encore il rejoint le Général, que les mouvements doivent s'unir et que le principe actif comme le seul arbitre opérationnel de cette union, c'est de Gaulle ; qu'il faut séparer leur action politique et leur action militaire, parce que l'action militaire doit être intégrée sous un commandement unique,* [...] *et étroitement liée à Londres, alors que l'action de propagande et d'agitation politiques s'accommode de la diversité et autorise l'existence de mouvements distincts, avec leurs nuances, leurs clientèles et leurs journaux »* (Olivier GUICHARD, *Mon Général*, Paris, Grasset, 1980, pp. 129-130).

13. Interview with M. Moulins *(sic)*, 4.11.41, doc. cité.

14. *Ibid.*

15. *Ibid.*

16. Lorsque le B.C.R.A. fut enfin mis en rapport avec le S.O.E., celui-ci créa la section RF sans aucun rapport avec la section F et même installée dans un local différent. Elle fut d'abord confiée au jeune capitaine de réserve Éric Piquet-Wicks qui, début août 1942, fut coiffé par le lieutenant-colonel J.R.H. Hutchinson, armateur à Glasgow et ancien combattant à l'armée d'Orient pendant la Première Guerre mondiale. C'est par Piquet-Wicks qu'en septembre 1941 Bienvenüe fut informé de la présence à Lisbonne de Jean Moulin, *alias* Mercier. Grâce à lui furent surmontés les obstacles pour la venue de Jean Moulin à Londres. C'est le 20 octobre 1941 que Piquet-Wicks annonça enfin à Bienvenüe son arrivée en Angleterre et, après les interrogatoires des services de sécurité anglais à Patriotic School, Piquet-Wicks amena Jean Moulin au bureau de Passy. Pour cause de santé, le capitaine Bienvenüe fut obligé d'abandonner ses fonctions à la tête de la section A. M. qui fut supprimée pendant son séjour à l'hôpital. Après son retour au B.C.R.A., début 1944, Bienvenüe n'exerça plus aucune responsabilité concernant l'action en France (cf. *Les Réseaux Action de la France Combattante*, pp. 17-22 et 64-69 : aperçu historique de la section Action du B.C.R.A. entre sa création en 1941 et fin juin 1943, Paris, Amicale Action, 1986. Également, É. PIQUET-WICKS, *Quatre dans l'ombre*, *op. cit.*, pp. 78-148 ; M.R.D. FOOT, *S.O.E. in France*, Londres, Her Majesty's Stationery Office, 1966, p. 545).

17. Lettre du S.O.E. Adviser Gervase Cowell à D. Cordier, 8 avril 1992, doc. cité.

18. *Ibid.*

19. Note de D. Morton à W. Churchill, 30 octobre 1941 (P.R.O.-PREM 3 184/9).

20. Ce renseignement m'a été très obligeamment fourni par Jean-Louis Crémieux-Brilhac.

21. Note de D. Morton à W. Churchill, 30 octobre 1941, doc. cité.

22. « Jean Moulin ». Note autographe de Laure Moulin, s.l.n.d. [1946] (Fonds Antoinette Sasse. Musée Jean-Moulin. Ville de Paris).

23. Interview with M. Moulins *(sic)*, 4.11.41, doc. cité.

24. « Jean Moulin ». Note autographe de Laure Moulin, doc. cité.

25. B.C.R.A. est le sigle que nous utiliserons pour le désigner en toutes périodes afin de simplifier la lecture.

26. Cl. GUY, *En écoutant de Gaulle*, *op. cit.*, p. 119.

27. Voir *Jean Moulin, l'inconnu du Panthéon*, t. III, p. 665 sq.

28. E.M.P. du général de Gaulle, Rapport hebdomadaire de la section A. M. à la date du 3 juillet 1942 (A.N. 72 AJ 1970 et suiv.).

29. Témoignage du colonel Passy à l'auteur, 1er février 1982.

30. Question 19-a. Answers to M. D.R.P. Bouyjou-Cordier's Questionnaire (A.N. 72 AJ 1970 et suiv.).

31. Colonel PASSY, *Souvenirs*, t. I, *2e Bureau Londres*, *op. cit.*, p. 226.

32. Une copie de ce document a été conservée par le B.C.R.A. Il s'agit d'une carte d'identité établie à Versailles, le 23 septembre 1940, au nom de Jacques Martin, né le 20 juillet 1985 dans la Somme, professeur domicilié à Versailles. Le signalement correspondait bien sûr à celui de Moulin : 1,70 m, cheveux noirs grisonnants, yeux marron, teint mat, visage ovale, nez court (A.N. 72 AJ 1970 et suiv.).

33. Cf. Progress report nº 13 for week ending 29th October 1941, 29.10.41 (A.N. 3 AG 2 175) : « Robert [Mercier], who was sent to England last week... »

34. Cf. agenda du colonel Passy, 5 novembre 1941 (A.N. 72 AJ 1970 et suiv.).

35. *Ibid.*.

36. [Lettre du général de Gaulle], 5 novembre 1941. Annexe B (p. 2) à la lettre du S.O.E. Adviser Gervase Cowell à Daniel Cordier, 8 avril 1992, doc. cité.

37. Pierre GUILLAIN DE BÉNOUVILLE, *Le Sacrifice du matin*, Genève, La Palatine, 1945, p. 231.

38. [Ordre de mission (propagande)], 5 novembre 1941. Annexe B (p. 1) à la lettre du S.O.E. Adviser Gervase Cowell à Daniel Cordier, 8 avril 1992, doc. cité.

39. *Ibid.*

40. L. MOULIN, *Jean Moulin*, *op. cit.*, p. 268.

41. Cl. BOURDET, *L'Aventure incertaine*, Paris, Stock, 1975, 1975, pp. 184-185.

42. Mission M. [ordre de mission militaire], 4/5 novembre 1941 (A.N. 72 AJ 1970 et suiv.).

43. Copie d'un rapport du S.R. polonais daté du 9 août 1941, doc. cité.

44. [Jean Moulin], « Rapport sur l'activité, les projets et les besoins des groupements constitués en France... », doc. cité.

45. Relatant dans ses souvenirs sa première rencontre avec Moulin, après son retour en France, Frenay le décrit : *« Sortant alors une boîte d'allumettes de sa poche, il en retire une liasse de petits papiers du format exact de la boîte. Il nous tend la première feuille et une loupe. Ce sont des microfilms...*

« Sur plusieurs pages de microfilms nous lisons non pas des réflexions, des suggestions, mais très exactement des consignes d'une extrême précision jusque dans le plus petit détail. En fait, ce sont des ordres » (Henri FRENAY, *La nuit finira*, Paris, Robert Laffont, 1973, p. 143).

46. Action Militaire – Directives du Général – Directives Particulières, sans date (A.N. 72 AJ 1970 et suiv.).

47. Cf. le télégramme de Passy à Rémy du 19 février 1941 (A.N. 3 AG 2 33), et RÉMY, *Mémoires d'un agent secret de la France Libre*, Paris, Éd. France-Empire, 1947, p. 165.

48. Les références à cette nouvelle orientation intervenue en novembre figurent dans une lettre adressée par Eden à de Gaulle le 22 novembre 1941 : *« Le 8 octobre, vous avez laissé à M. Dalton un mémorandum traçant le plan d'une certaine action secrète en France* […]. *Vous avez fait au Premier Ministre* […] *certaines propositions, d'un caractère semblable, mais différentes, à certains égards de celles que vous aviez soumises à M. Dalton.* […].

« Le Gouvernement de Sa Majesté dans le Royaume-Uni considère comme très important qu'une organisation à l'échelle nationale soit, si possible érigée en France, dans le but de réaliser l'union dans la résistance à l'ennemi commun et d'accomplir la libération de la France de l'envahisseur » (Ch. DE GAULLE, *Mémoires de guerre*, t. I, *L'Appel*, *op. cit.*, pp. 633-634).

49. L. MOULIN, *Jean Moulin*, *op. cit.*, p. 258.

50. Télégramme de Dok [Forman] à S.R., 8 novembre 1941 (A.N. 3 AG 2 178).

51. *Ibid.*

52. *« Cet homme, jeune encore, mais dont la carrière avait déjà formé l'expérience, était pétri de la même pâte que les meilleurs de mes compagnons. Rempli, jusqu'aux bords de l'âme, de la passion de la France, convaincu que le "gaullisme" devait être, non seulement l'instrument du combat, mais encore le moteur de toute une rénovation, pénétré du sentiment que l'État s'incorporait à la France Libre, il aspirait aux grandes entreprises. Mais aussi, plein de jugement, voyant choses et gens comme ils étaient, c'est à pas comptés qu'il marcherait sur une route minée par les pièges des adversaires et encombrée des obstacles élevés par les amis. Homme de foi et de calcul, ne doutant de rien et se défiant de tout, apôtre en même temps que ministre, Moulin devait, en dix-huit mois, accomplir une tâche capitale »* (Ch. DE GAULLE, *Mémoires de guerre*, t. I, *L'Appel*, *op. cit.*, p. 233).

53. *Ibid.*, pp. 647-648.

54. Cité par Jacques SOUSTELLE, *Envers et contre tout*, Paris, Robert Laffont, 1947, t. II, p. 421.

55. Ch. DE GAULLE, *Mémoires de guerre*, t. I, *L'Appel*, *op. cit.*, p. 233.

56. Alain PEYREFITTE, *C'était de Gaulle*, Paris, Fayard-De Fallois, 1994, p. 143.

57. L. MOULIN, *Jean Moulin*, *op. cit.*, pp. 265-266.

58. Raymond TOURNOUX, *Jamais dit*, Paris, Plon, 1971, p. 98.

59. Gilberte BROSSOLETTE, *Il s'appelait Pierre Brossolette*, Paris, Albin Michel, 1976, p. 144.

60. Voir *Jean Moulin, l'inconnu du Panthéon*, t. III, p. 932 sq. Lors des nombreux entretiens que j'ai eus avec Néna Cot au cours des années 1980, elle m'a souvent parlé de cette longue lettre dans laquelle Jean Moulin écrivit de Londres à Pierre Cot, alors aux États-Unis, pour l'informer des contacts qu'il avait pris avec la France Libre et le général de Gaulle. Selon Mme Cot, Moulin parlait avec chaleur du Général et de son entreprise, révélant ainsi qu'il avait su, après l'avoir rencontré, surmonter les bruits fâcheux qui couraient sur les tendances politiques exceptionnelles du Général. Pour montrer à Cot que, même s'il était revenu sur ses préventions, il n'avait pas été dupe des dangers éventuels que créait la situation particulière du Général pour l'avenir politique de la France, il écrivit cette phrase que je cite telle que Mme Cot me l'a souvent répétée. Pour en connaître les termes exacts utilisés par Jean Moulin et pour apprécier la valeur exacte de son jugement sur de Gaulle et la France Libre, il faudra attendre le versement de ce document aux Archives nationales. Il est en effet le seul connu sur les entretiens de Moulin au cours de son séjour à Londres. Étant donné le destin hors série des deux interlocuteurs, c'est un des documents qui manque le plus à l'histoire de la Résistance.

61. Interview with M. Moulins *(sic)*, 4.11.41, doc. cité.

62. Lettre de Pierre Brossolette à Germain Rincent, 2 décembre 1943. Citée par G. BROSSOLETTE, *Il s'appelait Pierre Brossolette*, *op. cit.*, p. 259.

63. *L'Œuvre de Léon Blum, 1940-1945*, Paris, Albin Michel, 1955, pp. 358-359.

64. Pierre MENDÈS FRANCE, *Œuvres complètes*, t. I, *S'engager, 1922-1943*, Paris, Gallimard, 1984, p. 700 (il s'agit de notes prises le 30 septembre 1943).

65. Ch. DE GAULLE, *Mémoires de guerre*, t. I, *L'Appel*, *op. cit.*, p. 629.

66. *Ibid.*, p. 628.

67. Télégramme du général de Gaulle au professeur Cassin, Le Caire, 8 juillet 1941 (A.N. 382 AP 30).

68. Discours prononcé à l'Albert Hall de Londres à la manifestation des « Français

de Grande-Bretagne », 15 novembre 1941 (Ch. de Gaulle, *Discours et messages*, *op. cit.*, p. 137).

69. Télégramme à Adrien Tixier à Washington, Londres, 24 décembre 1941, *in* Ch. de Gaulle, *Lettres, notes et carnets, juillet 1941-mai 1943*, *op. cit.*, p. 146.

70. Cf. J.-L. Crémieux-Brilhac, *La France Libre*, *op. cit.*, p. 325.

71. Rapport Bernard [d'Astier] reçu par les Services britanniques le 23 décembre 1941, « Historique des groupes de résistance », p. 5 (A.N. 3AG2 378).

72. Rapport de Dok [Forman] sur sa mission en France le 10 octobre 1941 au 7 janvier 1942, Londres, 15 janvier 1942 (A.N. 3AG2 178).

73. Colonel Passy, *Souvenirs*, t. I, *2e Bureau Londres*, *op. cit.*, p. 228.

VI. MISSION REX

1. Note du Political Intelligence Department, 9 janvier 1942, *in* François-Georges Dreyfus, *Histoire de la Résistance*, Paris, Éd. de Fallois, 1996, p. 209.

2. Courrier nº 1 de Rex [Moulin], 1er mars 1942, Londres, 8 avril 1942 (A.N. 72 AJ 1970 et suiv.).

3. Cf. J.-L. Crémieux-Brilhac, *La France libre*, *op. cit.*, p. 282 sq.

4. Courrier nº 3 pour Rex [Moulin], 24 juin 1942 (A.N. 3 AG 2 181).

5. Source NX.02 [Frenay], Le mouvement « Combat », Londres, 15 octobre 1942 (A.N. 72 AJ 1970 et suiv.).

6. Rapport Bernard [d'Astier] reçu par les Services britanniques le 23 décembre 1941 (A.N. 3 AG 2 378).

7. Courrier nº 1 de Rex [Moulin], 1er mars 1942, doc. cité.

8. Frenay a donné une autre version, par exemple, dans ses souvenirs (*La nuit finira*, *op. cit.*, p. 119 sq.).

9. Source NX.02 [Frenay], Le mouvement « Combat », 15 octobre 1942, doc. cité.

10. Courrier nº 10 du 18 août 1942 d'EX.20 [Moulin], arrivé le 29 septembre 1942 (A.N. 72 AJ 1970 et suiv.).

11. Cf. Rapport nº 1 de Rex [Moulin], 1er mars 1942, doc. cité : *« Il est toutefois regrettable que l'espoir, plus ou moins avoué, qu'il a mis jusqu'à ces derniers temps en un revirement vigoureux du Maréchal dans le sens de la résistance, lui ait fait conserver des contacts avec certains dirigeants du nouveau régime. »*

12. Rapport verbal de M. Bernard [d'Astier] à M. Pleven, Londres, 20 mai 1942 (A.N. 3 AG 2 378).

13. Lettre de Salard [Copeau] à Bernard [d'Astier], 4 juin 1943 (A.N. 72 AJ 410).

14. Lettre de Pierre Bénouville au général Davet et Philippe Monod, 2 juin 1943 (A.N. 72 AJ 47).

15. *Libération*, nº 5, 20 janvier 1942.

16. *Libération*, nº 2, 15 février 1942.

17. *Le Franc-Tireur*, nº 2, mars 1942.

18. *Ibid.*

19. *Combat*, mars 1942.

20. « Levons une équivoque », *Vérités*, nº 10, 5 septembre 1941.

21. Libération nationale. Source : Pierre [Stanislas Mangin], Londres, 7 mars 1942 (A.N. 3 AG 2 377).

22. « La Libération nationale », Londres, 10 juillet 1941, doc. cité. Voir *Jean Moulin, l'inconnu du Panthéon*, t. III, Annexe 60.

23. Cité par Henri Noguères, *Histoire de la Résistance en France*, Paris, Robert Laffont, 1969, t. II, p. 69.

24. « Lettre au Maréchal Pétain », *Combat*, mai 1942.

25. Lettre de Charvet [Frenay] au président Roosevelt, 7 octobre 1942 (A.N. 72 AJ 1970 et suiv.).

26. [Henri Frenay, Rapport], chapitre IV, « Mes entrevues avec MM. Pucheu et Rollin », Londres, 7 octobre 1942 (A.N. 72 AJ 1970 et suiv.).

27. *Ibid.*

28. Libération nationale. Source : Pierre [Mangin], Londres, 7 mars 1942, doc. cité.

29. « Notre tâche – L'union fera notre force », *Libération*, nº 8, 1er mars 1942.

30. F.B.B. [Pineau], 1er rapport mensuel [15 septembre 1942] (A.N. 3 AG 2 387).

31. F.B.B. [Pineau], « Situation actuelle des mouvements de résistance », rapport nº 2, juin [1942] (A.N. 3 AG 2 43).

32. *Ibid.*

33. Courrier nº 1 pour Rex [Moulin] du 21 avril 1942 (A.N. 3 AG 2 181).

34. Pour Rex [Moulin] de la part de Diethelm, Londres, 20 avril 1942 (A.N. 3 AG 2 178).

35. Courrier nº 3 pour Rex [Moulin], 24 juin 1942, doc. cité.

36. Rapport nº 1 de Rex [Moulin], 1er mars 1942, doc. cité.

37. Lettre de Villon à Aubin [Bourdet], s.l., 7 mars 1944 (A.N. 72 AJ 1970 et suiv.).

38. Se reporter au chapitre XXIII, « L'affaire Hardy ».

39. Courrier nº 3 de Rex [Moulin], 30 mars 1942. Arrivé le 19 mai 1942. Londres, 21 mai 1942 (A.N. 72 AJ 1970 et suiv.).

40. *Ibid.*

41. Télégramme de Rex [Jean Moulin], nº 6, 28 avril 1942. Cité par le colonel PASSY, *Souvenirs*, *op. cit.*, t. II, *10 Duke Street Londres*, p. 129.

42. Henri MICHEL, *Jean Moulin l'unificateur*, Paris, Hachette, 1971, p. 114.

43. Pour Rex [Moulin], de la part de Diethelm, Londres, 20 avril 1942, doc. cité.

44. Courrier de Rex [Moulin], nº 6 du 23 juin 1942, Londres, 28 septembre 1942 (A.N. 72 AJ 1970 et suiv.).

45. H. MICHEL, *Jean Moulin l'unificateur*, *op. cit.*, p. 116.

46. Voir *Alias Caracalla*, à paraître, pour plus de détails.

47. Cf. le témoignage de Colette Pons-Dreyfus, mars 1993 (Musée Jean-Moulin, Ville de Paris).

48. Cession du droit au bail de la Boîte à Bouquins, Nice, 12 octobre 1942 (A.F.E.D.).

49. Lettre de Jean Moulin au préfet des Alpes-Maritimes, Saint-Andiol, 16 octobre 1942 (Fonds Antoinette Sasse. Musée Jean-Moulin. Ville de Paris).

50. Cf. la lettre de Jean Moulin à Colette Pons, 24 avril 1943 (A.F.E.D.), et l'interview de Colette Pons, *Nice-Matin*, 29 août 1972.

51. Témoignage de Colette Pons-Dreyfus, mars 1993, doc. cité.

52. Lettre de Jean Moulin à Colette Pons, s.d. [février 1943] (A.F.E.D.).

53. Témoignage de Colette Pons-Dreyfus, mars 1993, doc. cité.

54. Lettre de Jean Moulin à Colette Pons, Saint-Andiol, 7 septembre [1942] (A.F.E.D.).

55. Cf. lettre de Jean Moulin à Colette Pons, s.d. [février 1943], doc. cité.

56. Lettre de Jean Moulin à Colette Pons, 24 avril 1943, doc. cité.

57. Cf. lettre de Jean Moulin à Colette Pons, 12 juin 1943 (A.F.E.D.).

58. Cf. lettre de Colette Pons-Dreyfus à Laure Moulin, 6 août 1972 (A.F.E.D.).

59. Cf. *ibid.* et lettre de Colette Pons-Dreyfus à Laure Moulin, 29 avril 1969 (A.F.E.D.).

60. Lettre de Jean Moulin à Colette Pons, 12 juin 1943, doc. cité.

61. Cf. la lettre de Colette Pons-Dreyfus à Laure Moulin, 29 avril 1969, doc. cité, et l'interview de Colette Pons, *Nice-Matin*, cité.

62. [Rapport de Jean Moulin], NN pour RB, 18 octobre 1942 (A.N. 72 AJ 1970 et suiv.).

63. *Ibid.*

64. Courrier d'EX.20 [Moulin], novembre 1942 (A.N. 3 AG 2 181).

65. Courrier de Rex [Moulin], nº 1, nlle série du 14 décembre 1942, Londres, 1er février 1943 (A.N. 3 AG 2 181).

66. Addendum à la pièce SIF 11/10 du 20 mai 1943, Londres, 7 juin 1943 (A.N. 3 AG 2 183).

67. Colonel PASSY, *Missions secrètes en France (novembre 1942-juin 1943)*, Paris, Plon, 1951, p. 23.

68. Cl. BOURDET, *L'Aventure incertaine*, *op. cit.*, pp. 103-105.

69. *Ibid.*

70. *Ici Londres, 1940-1944. Les voix de la liberté*, *op. cit.*, t. II, p. 151.

71. Déclaration publiée en France dans les journaux clandestins, 23 juin 1942, *in* Ch. DE GAULLE, *Discours et messages*, *op. cit.*, pp. 205-207.

72. J.-L. CRÉMIEUX-BRILHAC, *La France Libre*, *op. cit.*, p. 372.

73. Ch. DE GAULLE, *Discours et messages*, *op. cit.*, p. 205.

74. *Ici Londres, 1940-1944. Les voix de la liberté*, *op. cit.*, t. II, p. 152.

75. *Le Franc-Tireur*, nº 8, juin 1942.

76. F.B.B. [Pineau], troisième rapport politique, 8 juillet 1942, Londres, 15 septembre 1942 (A.N. 3 AG 2 43).

77. *Le Populaire*, nº 3, 15 juillet 1942.

78. Cité *in* Chr. PINEAU, *La Simple Vérité (1940-1945)*, *op. cit.*, p. 225.

79. Jules JEANNENEY, *Journal politique, septembre 1939-juillet 1942*, Paris, Armand Colin, 1972, p. 211.

80. F.B.B. [Pineau], troisième rapport politique, 8 juillet 1942, doc. cité.

81. Ch. DE GAULLE, *Mémoires de guerre*, t. II, *L'Unité*, Paris, Plon, 1956, p. 340.

82. *Ibid.*

83. Cité par H. NOGUÈRES, *Histoire de la Résistance...*, *op. cit.*, t. II, p. 511.

84. Jean Moulin, Annexe 1 au courrier nº 9, 8 août 1942 (A.N. 3 AG 2 1).

85. Rapport Charvet [Frenay] sur le développement organique de la Résistance vu dans l'historique d'un mouvement uni. Reçu en juin 1943 (A.N. 3 AG 2 379).

86. Courrier nº 10 d'EX.20 [Moulin] du 18 août 1942, arrivé le 29 septembre 1942 (A.N. 72 AJ 1970 et suiv.).

87. Jean Moulin, Annexe 1 au courrier nº 9, 8 août 1942, doc. cité.

88. Courrier nº 3 de Rex [Moulin], 30 mars 1942, doc. cité.

89. Pour Rex [Moulin] de la part de Diethelm, Londres, 20 avril 1942, doc. cité.

90. Courrier nº 1 pour Rex [Moulin] du 21 avril 1942, doc. cité.

91. Courrier nº 3 pour Rex [Moulin], 24 juin 1942, doc. cité.

92. Extraits du courrier nº 9 de Rex [Moulin], [8 août 1942] (A.N. 3 AG 2 1).

93. Si la rencontre entre Delestraint et Moulin est attestée par deux télégrammes, il n'y a aucune trace actuellement de celle du général avec les responsables de Combat. Il existe deux versions du recrutement de Delestraint : celle de Claude BOURDET (*L'Aventure incertaine*, *op. cit.*, pp. 144-146) et celle d'Henri FRENAY (*La nuit finira*, *op. cit.*, pp. 206-208). Un argument me semble convaincant chez Bourdet : il rappelle en effet que, si Frenay avait rencontré Delestraint le premier, il n'aurait eu aucune raison de le faire lui-même, ce qui me paraît authentifier sa version.

94. Voir J.-F. G. PERRETTE, *Le Général Delestraint*, Paris, Presses de la Cité, 1972, et François-Yves GUILLIN, *Le Général Delestraint, premier chef de l'Armée secrète*, Paris, Plon, 1995, pp. 45-73.

95. De Rex [Moulin], câble, 28 août 1942, nº 74 (A.N. 3 AG 2 400).

96. De Rex [Moulin], câble, 28 août 1942, nº 76 (A.N. 3 AG 2 400).

97. Courrier d'EX.20 [Moulin], nº 14, 13 septembre [1942] (A.N. 72 AJ 1970 et suiv.).

98. *Ibid.*

99. Michael R. MARRUS et Robert O. PAXTON, *Vichy et les Juifs*, Paris, Calmann-Lévy, 1981, p. 362.

100. Le secrétaire général de la Fédération des syndicats médicaux d'Eure-et-Loir à M. le préfet d'Eure-et-Loir, 18 octobre 1940 (A.D. Eure-et-Loir).

101. Le préfet d'Eure-et-Loir au ministre de l'Intérieur, Chartres, 23 octobre 1940 (A.D. Eure-et-Loir).

102. *La Vérité d'Eure-et-Loir*, 26 octobre 1940, pp. 1 et 4.

103. Courrier d'EX.20 [Moulin], 13 septembre [1942] (A.N. 72 AJ 1970 et suiv.).

VII. LA RÉSISTANCE AU PIÈGE DES INSTITUTIONS : LE COMITÉ DE COORDINATION

1. Câbles à Rex [Moulin] de Philip, n°s 56 et 57, 12 août 1942 (A.N. 3 AG 2 401).

2. Directives générales pour la zone non occupée. Note à communiquer à Rex [Moulin], Londres, 13 août 1942 (A.N. 3 AG 2 376).

3. Directives pour la Z.N.O., Londres, 17 août 1942 (A.N. 3 AG 2 181).

4. *Ibid.*

5. Câble de Rex [Moulin], n° 67, 18 août 1942, arrivé à Londres le 21 août 1942 (A.N. 3 AG 2 400).

6. Directives relatives à la coordination entre les mouvements de Résistance en France (Z.N.O.), Londres, 2 octobre 1942 (A.N. 3 AG 2 1).

7. « *Au point de vue politique, d'une part le Comité de Coordination présente ses suggestions au Comité National, d'autre part il applique, après avoir été préalablement consulté, les directives qu'il reçoit de lui et en détermine sous le contrôle de celui-ci les modalités d'application.*

« [...] *Il n'est pas opportun de confondre les propagandes des divers mouvements. Il doit subsister des modes d'expression de pensées différentes, car il y a des milieux qu'un mouvement touche plus facilement qu'un autre.*

« *Le Comité de Coordination donnera les directives générales de la propagande en laissant à chaque mouvement le soin de l'adapter à son public propre.*

« *Le Comité de Coordination aura* [qualité pour appliquer] *les directives générales de l'action politique des mouvements, et préparer les cadres de l'administration politique et économique du territoire libéré. Il établira une liste des indésirables à éliminer et une liste des gens résistants à utiliser. Ces listes seront établies dans un esprit à la fois tutélaire et révolutionnaire.*

« *Les chefs de région s'entendront sur les équipes de remplacement à prévoir dans leur région jusqu'au cadre du département inclusivement. Les désignations de personnes pour des postes précis sont à laisser à l'initiative des futurs préfets régionaux. Toutefois, il convient dès maintenant de prévoir des noms de préfets, de chefs de police, de directeurs des stations de radio-diffusion, de journalistes qui seront à mettre en place d'urgence au moment de la libération » (ibid.).*

8. *Ibid.*

9. *Ibid.*

10. Cité *in* Ch. DE GAULLE, *Mémoires de guerre*, t. II, *L'Unité*, *op. cit.*, p. 376.

11. Le général de Gaulle, « Instruction personnelle et secrète pour l'action en France », 29 octobre 1942 (A.N. 72 AJ 1970 et suiv.).

12. Directives relatives à la coordination..., 2 octobre 1942, doc. cité.

13. Se reporter au chapitre XIII, « Une Armée secrète pour la France Libre ou pour la Résistance ? ».

14. Le Conseil impérial comprenait Bergeret, Boisson, Chatel et Noguès.

15. Câble à Rex [Moulin], 8 novembre 1942 (A.N. 3 AG 2 401).

16. Câble à Rex [Moulin], 14 novembre 1942 (A.N. 3 AG 2 401).

17. Câble à Rex [Moulin], 15 novembre 1942 (A.N. 3 AG 2 401).

18. Câble à Bip [Bidault], 15 novembre 1942 (A.N. 3 AG 2 407).

19. Cité *in* Ch. DE GAULLE, *Mémoires de guerre*, t. II, *L'Unité*, *op. cit.*, p. 414.

20. Cité *in* Fr. KERSAUDY, *De Gaulle et Churchill*, *op. cit.*, pp. 193-194.

21. Cf. Christian BACHELIER, « L'armée », in *Vichy et les Français*, Paris, Fayard, 1992, pp. 392-393.
22. Cité *ibid.*, p. 396.
23. Cité par J.-L. CRÉMIEUX-BRILHAC, *La France Libre*, *op. cit.*, p. 164.
24. Date de l'interception : 22 décembre 1941. Expéditeur : Lieutenant Roger C..., 5e R.E.I. (A.N. AJ^{41} 62).
25. Cf. A.N. AJ^{41} 45 et 62.
26. Colonel PASSY, *Missions secrètes en France*, *op. cit.*, p. 295.
27. Georges A. GROUSSARD, *L'Armée et ses drames*, Paris, La Table ronde, 1968, p. 70.
28. *Ibid.*
29. Colonel A. DE DAINVILLE, *L'O.R.A. La résistance de l'armée*, Paris, Lavauzelle, 1974, p. 9.
30. [Paul Paillole], Résumé de l'action des services de contre-espionnage militaire français de juillet 1940 à novembre 1944 (A.N. 72 AJ 82).
31. Philippe BURIN, *La France à l'heure allemande*, Paris, Le Seuil, 1995, pp. 168-169.
32. *Ibid.*, p. 171.
33. Général GIRAUD, *Un seul but, la victoire. Alger 1942-1944*, Paris, Julliard, 1949, p. 73.
34. *Ibid.*, p. 80.
35. Henri GIRAUD, *Mes évasions*, Paris, Julliard, 1946, p. 145.
36. B.C.R.A. Note pour M. Philip, Londres, 28 août 1942 (A.N. F^{1a} 3735).
37. Cl. BOURDET, *L'Aventure incertaine*, *op. cit.*, pp. 139-141.
38. *Ibid.*, pp. 141-142.
39. Lettre de Charvet [Frenay] au général Giraud, 14 août 1942 (A.N. 72 AJ 1970 et suiv.).
40. Courrier nº 10 du 18 août 1942 d'EX.20 [Moulin], arrivé le 29 septembre 1942, doc. cité.
41. H. FRENAY, *La nuit finira*, *op. cit.*, p. 248.
42. *Ibid.*
43. Ch. DE GAULLE, *Lettres, notes et carnets, juillet 1941-mai 1943*, *op. cit.*, p. 432.
44. *Ibid.*, p. 455.
45. Câble de Nef [Frenay] à Bertrand [Bourdet], 10 novembre 1942 (A.N. 3 AG 2 401).
46. H. FRENAY, *La nuit finira*, *op. cit.*, pp. 243-244.
47. Lettre de Roger Cambon à Alexis Léger, 15 août 1942. Citée par J.-L. CRÉMIEUX-BRILHAC, *La France Libre*, *op. cit.*, p. 389.
48. H. FRENAY, *La nuit finira*, *op. cit.*, pp. 243-244.
49. Observations de Bernard [d'Astier] et Charvet [Frenay] au sujet du courrier nº 5 du 22.10.42 à EX.20 [Moulin], Londres, 14 novembre 1942 (A.N. 3 AG 2 181).
50. *Ibid.*
51. Colonel PASSY, *Souvenirs*, *op. cit.*, t. II, p. 248.
52. Entretien Ronald-Nef [Wybot-Frenay] dans la soirée du 2 octobre 1942, Londres, 9 octobre 1942 (A.N. 3 AG 2 410).
53. Cité *in* Ch. DE GAULLE, *Mémoires de guerre*, t. II, *L'Unité*, *op. cit.*, p. 376.
54. *Ibid.*
55. Courrier nº 5 à EX.20 [Moulin] du 16 novembre 1942 (A.N. 3 AG 2 181).
56. *« Le chapitre ci-dessous avait été rédigé avant l'occupation de la Z.N.O. par les troupes germano-italiennes. Il aurait sans doute été conçu sur un plan différent s'il avait été rédigé après cette occupation ou s'il avait pu être complètement refondu depuis. Le temps matériel pour l'élaboration, la frappe et le codage d'un texte entièrement nouveau nous a malheureusement manqué. Nous n'avons pu que retoucher assez légèrement la rédaction première. Nous vous prions de bien vouloir le lire en tenant compte de ces*

circonstances et de ne pas vous étonner ou vous formaliser si son allure ou son ton vous paraissent dépassés par les événements » (*ibid.*, chap. III).

Brossolette précisait : « *Nous aimerions connaître les observations que la lecture du texte placé en annexe* [directives du 2 octobre] *et relatif à la coordination des mouvements vous suggérera. Nous sommes bien entendu prêts à prendre en considération toutes les suggestions que vous pourrez nous faire à ce sujet, afin que nous puissions en tenir compte dans la mesure du possible pour améliorer le fonctionnement du Comité de Coordination que vous avez mission de présider* » (*ibid.*, Remarques préliminaires).

VIII. AUX ORIGINES DU CONSEIL DE LA RÉSISTANCE : QUI APPARTIENT À LA RÉSISTANCE ?

1. Marcel PRÉLOT, *Sociologie politique*, Paris, Dalloz, 1973, p. 454.

2. Michèle COINTET, « Les radicaux dans la tourmente (1940-1944) », in *La Reconstruction du parti radical, 1944-1948*, Paris, L'Harmattan, 1993, p. 18.

3. « Adresse au maréchal Pétain », jointe à la lettre du commissaire spécial à M. le préfet du Gard, Nîmes, 31 mars 1941 (A.N. F^7 15281).

4. Cf. Renseignements généraux. Alliance démocratique, 2 janvier 1945 (A.N. F^7 15283).

5. Télégramme de P.-É. Flandin à A. Hitler : « *Vous prie d'agréer mes félicitations pour le maintien de la paix avec l'espoir que naîtra de cet acte historique une collaboration confiante et cordiale entre les quatre grandes puissances européennes réunies à Munich.* » Réponse de Hitler, 2 octobre 1938 : « *Vous remercie sincèrement des amicales félicitations que vous m'avez transmises dans votre télégramme.*

« *Je vous donne ici l'assurance de mes sentiments reconnaissants pour vos efforts énergiques, en faveur d'une entente et d'une collaboration complètes entre la France et l'Allemagne.*

« *Je les ai suivis avec un sincère intérêt et je souhaite qu'ils aient des résultats plus étendus.* »

6. Lettre de Jean Guitter [secrétaire général de la Fédération républicaine] à Louis Marin, Saint-Pierre d'Albigny, 25 novembre 1941 (A.N. 317 AP 89).

7. Cf. la lettre de Jean Guitter à François de Wendel, Miolant, 2 octobre 1941 (A.N. 190 AQ 13).

8. Robert VERDIER, *La Vie clandestine du Parti socialiste*, s.l., Éd. de la Liberté, 1944, p. 5 : « *Les militants socialistes pensaient que, même réduits à l'impuissance, les députés et les sénateurs de leur parti, réunis à l'Assemblée Nationale de Vichy, le 10 juillet 1940, accompliraient un geste pour sauver l'honneur et signifieraient avec éclat qu'ils se refusaient à accepter la capitulation de la France et la destruction de la République. Bien au contraire, la plus grande partie du groupe socialiste se déshonorait, avec presque tout le Parlement élu en 1936, en accordant les pleins pouvoirs au maréchal Pétain.* […] *Ceux qui ne connaissaient pas la vie profonde de notre organisation et la foi robuste de ses militants, pouvaient avoir l'impression que le parti socialiste s'était effondré et se trouvait frappé d'une paralysie complète et définitive.* »

Quant à Blum, analysant l'état de son parti au moment de la défaite, il écrivait dans *À l'échelle humaine* : « *La foi s'était amortie, nous étions devenus trop forts, trop prudents : nous étions peu à peu coulés dans le moule de la vie ordinaire. Il y avait en nous quelque chose de trop "arrivé". A l'heure où la nation attendait un cri d'appel, un cri de ralliement, il ne pouvait pas sortir de nos rangs une grande voix* » (*L'Œuvre de Léon Blum. À l'échelle humaine*, Paris, Albin Michel, 1955, p. 466).

9. Référons-nous de nouveau à Blum : « *Brusquement, nous qui étions habitués à l'action légale et aux formes de la vie démocratique, nous étions obligés de passer à l'action clandestine, pour laquelle nous n'étions nullement préparés. Il y avait plus grave encore : toute l'armature du parti paraissait avoir été brisée d'un seul coup.* […] *Le*

secrétariat général du parti ne donnait même pas signe de vie. Il disparaissait sans bruit, sans grandeur, jusqu'au jour où on devait apprendre que Paul Faure acceptait d'être nommé Conseiller national par le gouvernement de la trahison » (ibid.).

Sur la reconstitution et le rôle du C.A.S., consulter Daniel MAYER, *Les Socialistes dans la Résistance*, *op. cit.*. Il écrit, page 9 : *« Des esprits naguère avertis estimaient à un demi-siècle la durée plausible de la domination nazie sur l'Europe. J.-B. Severac, secrétaire général adjoint du Parti socialiste, rédigeait à l'adresse des secrétaires de fédération départementale une circulaire animée par cet état d'esprit. Les responsables locaux, pour la plupart, brûlaient leurs archives, tâchaient de faire oublier leur appartenance au Mouvement socialiste. »*

10. Se reporter sur ce sujet à Jacques NOBÉCOURT, *Le Colonel de La Rocque ou les pièges du nationalisme chrétien*, Paris, Fayard, 1996, pp. 286-812.

11. Cf. Henri MICHEL, *Histoire de la Résistance en France*, Paris, P.U.F., 1950, pp. 34-40, et René HOSTACHE, *Le Conseil national de la Résistance*, Paris, P.U.F., 1958, pp. 48-85.

12. Lettre de M. Javelle à Fr. de Wendel, Paris, 25 août 1940 (A.N. 190 AQ 13).

13. Allocution du 13 août 1940. Ph. PÉTAIN, *Discours aux Français*, *op. cit.*, p. 78.

14. Message du 10 octobre 1940. *Ibid.*, p. 87.

15. Discours du 8 juillet 1941. *Ibid.*, p. 148.

16. Discours prononcé à l'Albert Hall de Londres, le 15 novembre 1941. Cité *in* Ch. DE GAULLE, *Mémoires de guerre*, t. I, *L'Appel*, *op. cit.*, p. 240.

17. *L'Humanité*, n° 63, 20 juillet 1940.

18. *In* Jacques FAUVET et Alain DUHAMEL, *Histoire du Parti communiste français*, Paris, Fayard, 1977, p. 295.

19. *L'Humanité*, numéro spécial du 25 mai 1941.

20. *L'Humanité*, n° 117, 13 juin 1941.

21. Emmanuel d'Astier parle, en 1966, de la *« volte-face du parti »* en 1941 : *« Il y a eu chez les communistes une période de neutralité vis-à-vis du nazisme, dont il reste des textes qui sont très inquiétants et que je désapprouve »* (Francis CRÉMIEUX, *Entretiens avec Emmanuel d'Astier*, Paris, Pierre Belfond, 1966, p. 107).

Henri Frenay précise au début de 1943 : *«* [La Résistance] *rend hommage au courage des communistes qui, dans la Résistance, ont le palmarès le plus sanglant. On n'oublie pas cependant qu'avant la déclaration de guerre d'Hitler à la Russie, les communistes traitaient les gaullistes de "suppôts du capitalisme anglo-saxon" »* (« La Résistance en France », s.d. [avant le 10 mars 1943]. A.N. 3 AG 2 377).

22. Dans son rapport du 25 avril 1942, Pierre Brossolette (Pedro) dresse ce bilan : *« L'entrée en ligne de l'URSS en juin 1941 a naturellement modifié cette situation. En s'alignant sur la position anti-allemande de la grande majorité de l'opinion, le Parti communiste a été libéré du handicap que constituait pour lui son attitude équivoque à l'égard du conflit depuis 1939* [...]. *Si l'on ajoute que les hécatombes pratiquées dans les rangs du Parti communiste par la Gestapo et la police de M. Pucheu lui ont conféré l'auréole du martyre et si l'on se souvient que, grâce à son habitude du travail clandestin, au dévouement de ses militants et l'appui de l'URSS, le parti a conservé une remarquable organisation intérieure, on admettra qu'il a repris depuis un an une importance certaine »* (A.N. 3 AG 2 397).

23. [Jean Moulin], « Rapport sur l'activité, les projets, et les besoins des groupements constitués en France... », 25 octobre 1941, doc. cité.

24. Pedro [Brossolette], Rapport politique, 25 avril 1942, doc. cité.

25. Fr. CRÉMIEUX, *Entretiens avec Emmanuel d'Astier*, *op. cit.*, p. 107.

26. Courrier de Rex [Moulin], n° 1, n^lle^ série du 14 décembre 1942, Londres, 1er février 1943, doc. cité.

27. *Ibid.*

28. Rapport AX.03 [d'Astier], « Relations avec les formations sociales et politiques », Londres, 12 octobre 1942 (A.N. 3 AG 2 378).

29. Déclarations faites à une conférence de presse à Londres, 27 mai 1942 *in* Ch. DE GAULLE, *Discours et messages*, *op. cit.*, pp. 193-194.

30. « Notre tâche », *Libération*, n° 9, 20 mars 1942.

31. Ch. DE GAULLE, *Mémoires de guerre*, t. I, *L'Appel*, *op. cit.*, p. 551.

32. *L'Humanité*, n° 68, 23 juin 1942.

33. *L'Œuvre de Léon Blum*, *op. cit.*, p. 373.

34. *Ibid.*, p. 381.

35. Léon Blum, procès de Riom, première audience, 20 février 1942. Interrogatoire d'identité, *ibid.*, p. 227.

36. Lettre de Jean Guitter à Louis Marin, 29 mars 1942 (A.N. 317 AP 89).

37. Jean CASSOU, *La Mémoire courte*, Paris, Éd. de Minuit, 1953, p. 163.

38. RÉMY, *Mémoires d'un agent secret de la France Libre*, *op. cit.*, p. 349.

39. *« Il ne s'agit donc pas d'une revue de presse, telle que doit la faire le chef des informations dans un grand journal, mais au contraire d'une revue de presse "dirigée", essentiellement destinée à donner aux Français de Londres le sentiment direct de ce que l'on sent, de ce que l'on pense, de ce que l'on attend en France occupée, exactement comme s'ils y étaient eux-mêmes, comme s'ils y réagissaient eux-mêmes, et comme s'ils voyaient à chaque instant réagir sous leurs yeux les gens les plus divers de la France occupée »* (Guillaume PIKETTY, *Itinéraire intellectuel et politique de Pierre Brossolette*, thèse, I.E.P., 1997, t. II, p. 530).

40. F.B.B. [Pineau], [1er] rapport, 17 mai 1942 (A.N. 3 AG 2 387).

41. Cf. G. PIKETTY, *Itinéraire intellectuel et politique de Pierre Brossolette*, *op. cit.*, t. I.

42. G. BROSSOLETTE, *Il s'appelait Pierre Brossolette*, *op. cit.*, p. 143.

43. Selon les copies, le rapport est susceptible de porter deux dates différentes. En effet, selon Mme Brossolette, le texte en fut rédigé le 25 avril 1942 à Paris, Pierre Brossolette l'emporta avec lui à Londres et le remit le 28 avril aux services de la France Libre. Cf. G. PIKETTY, *Itinéraire intellectuel et politique de Pierre Brossolette*, *op. cit.*, t. II, p. 560.

44. Pedro [Brossolette], Rapport politique, 25 avril 1942, doc. cité.

45. Lettre [de Pierre Brossolette] à André Manuel, 27 juin 1942 (A.N. 3 AG 2 397).

46. Cf. Henri QUEUILLE, *Journal de guerre*, Paris, Plon, 1995, pp. 23-26 et 29.

47. A. PEYREFITTE, *C'était de Gaulle*, *op. cit.*, p. 33.

48. Cf. Rapport de M. Bernard [d'Astier] à M. Pleven, Londres, 20 mai 1942, doc. cité.

49. J.-L. CRÉMIEUX-BRILHAC, *La France Libre*, *op. cit.*, p. 371.

50. Lettre [de Pierre Brossolette] à André Manuel, 27 juin 1942, doc. cité.

51. *Ibid.*

52. Lettre de Pierre Brossolette à André Philip, 30 mai 1942, *in* Colonel PASSY, *Souvenirs*, *op. cit.*, t. II, p. 227.

53. Ch. PINEAU, *La Simple Vérité*, *op. cit.*, pp. 157-160.

54. *Ibid.*, p. 167.

55. « Note sur la réorganisation de l'action politique en France », 30 mai 1942 (A.G. 3 AG 2 397).

56. Cf. Mission Dunois. Ordre de mission [signé du général de Gaulle], Londres, 4 mai 1942 (A.N. 3 AG 2 42).

57. Rapport de Pedro [Brossolette], Londres, 8 mai 1942 (A.N. 3 AG 2 397).

58. *Ibid.*

59. Lettre [de Pierre Brossolette] à André Manuel, 27 juin 1942, doc. cité.

60. Lettre à Anthony Eden, Londres, 29 juillet 1942. Ch. DE GAULLE, *Lettres, notes et carnets, juillet 1941-mai 1943*, *op. cit.*, pp. 336-337.

61. Compte rendu de la conférence de presse tenue le 18 septembre 1942 au siège du Comité national français à l'occasion de l'arrivée à Londres de MM. Charles Vallin et Pierre Brossolette (A.N. F1a 3730). Reproduit dans *France*, 19 septembre 1942.

62. Groupe Jean-Jaurès, procès-verbal de la séance du 26 septembre 1942 (Archives Daniel Mayer).

63. J. SOUSTELLE, *Envers et contre tout*, *op. cit.*, t. I, p. 407.

64. *Ibid.*, p. 410.

65. Ch. DE GAULLE, *Mémoires de guerre*, t. II, *L'Unité*, *op. cit.*, p. 375.

66. *Ibid.*

67. Cité par G. BROSSOLETTE, *Il s'appelait Pierre Brossolette*, *op. cit.*, Annexe 8, p. 269.

68. *Ibid.*, p. 270.

69. *Ibid.*, p. 271.

70. *Ibid.*, pp. 272-273.

71. *Ibid.*, p. 272.

72. Groupe Jean-Jaurès, procès-verbal de la séance du 3 octobre 1942 (Archives Daniel Mayer).

73. *Ibid.*

74. Compte rendu de divers entretiens avec Valery [Marcus-Ghenzer], 30 juillet 1943 (A.N. 3 AG 2 318).

75. *Libération*, nº 29, 1er juin 1943.

76. Source NX.02 [Frenay], Le Mouvement « Combat », 15 octobre 1942, doc. cité.

77. Courrier nº 5 à EX.20 [Moulin] du 16 novembre 1942, doc. cité.

78. Rapport AX.03 [d'Astier], « Relations avec les formations sociales et politiques », Londres, 12 octobre 1942, doc. cité.

79. Cf. le dossier militaire de Brossolette, cité par G. PIKETTY, *Itinéraire intellectuel et politique de Pierre Brossolette*, *op. cit.*, t. II, p. 721.

80. G. BROSSOLETTE, *Il s'appelait Pierre Brossolette*, *op. cit.*, p. 265.

81. *Ibid.*, p. 267.

82. *Ibid.*

83. *Ibid.*, p. 268.

84. Ch. DE GAULLE, *Le Fil de l'épée*, Paris, Plon, 1971, p. 53.

85. G. PIKETTY, *Itinéraire intellectuel et politique de Pierre Brossolette*, *op. cit.*, t. II, p. 176.

86. Témoignage de Louis Vallon au C.H.D.G.M., 25 mars 1947 (A.N. 72 AJ 59).

87. Louis JOXE, *Victoire dans la nuit. Mémoires, 1940-1946*, Paris, Flammarion, 1981, p. 200.

88. Cf. Ch. DE GAULLE, *Lettres, notes et carnets, juillet 1941-mai 1943*, *op. cit.*, Note, [Londres], 14 novembre 1942 : *« Je n'autorise aucun départ pour l'Afrique du Nord autre que celui de Bernard* [d'Astier] *et Charvet* [Frenay].

« […] Brossolette partira plus tard » (p. 432).

Et la lettre à Winston Churchill, Londres, 2 décembre 1942 : *« Je voudrais que le général d'Astier de la Vigerie pût trouver d'urgence les moyens de se rendre en Afrique du Nord française afin d'étudier sur place les éléments des problèmes posés et d'en informer le Comité national* […].

« Celui-ci serait accompagné de M. Marchal, conseiller d'ambassade, ancien chef de service du commerce et de l'industrie à la Résidence de Rabat, du commandant Pélabon et du commandant Bourgas [Brossolette] » (p. 455).

89. Ch. DE GAULLE, *Lettres, notes et carnets, juillet 1941-mai 1943*, *op. cit.*, p. 284.

90. Télégramme au général Leclerc, Londres, 6 juin 1942, *ibid.*, p. 285.

IX. QUAND NÉCESSITÉ FAIT LOI : JEAN MOULIN CHOISIT LE CONSEIL DE LA RÉSISTANCE

1. « Les mouvements de résistance en zone ex non occupée », Londres, 2 février 1943 (A.N. 3 AG 2 378).

2. Lettre de Rémy Roure au général de Gaulle sur les mouvements, s.d. [fin 1942] (A.N. F[1a] 3729).

3. Lettre de Salard [Copeau] à Merlin [d'Astier], 11 mai 1943 (A.N. 72 AJ 410).

4. Lettre de [Daniel Mayer à Pierre Brossolette], 13 janvier 1943 (A.N. 3 AG 2 387).

5. Lettre de [Bénouville à Davet et Monod], 2 juin 1943 (A.N. 72 AJ 47).

6. F.B.B. [Pineau], Rapport politique nº 2, arrivé à Londres le 15 janvier 1943 (A.N. 3 AG 2 387).

7. Lettre de Léon Blum au général de Gaulle, Bourrassol, 15 mars 1943. Citée in *L'Œuvre de Léon Blum*, *op. cit.*, p. 398.

8. Voir I.H.T.P., *Jean Moulin et le Conseil national de la Résistance*, Paris, Éd. du C.N.R.S., 1983.

9. De Froment [Fourcaud] à Passy personnel, câbles nºs 5 et 6 du 8 juin 1943 (A.N. 3 AG 2 387).

10. F.B.B. [Pineau], rapport nº 2. « Situation actuelle des mouvements de Résistance », juin [1942], doc. cité.

11. Courrier nº 6 de Rex [Moulin] du 23 juin 1942. Londres, 28 septembre 1942 (A.N. 72 AJ 1970 et suiv.).

12. Rapport politique de Léo [Morandat] du 25 juin 1942, arrivé le 14 septembre 1942 (A.N. 3 AG 2 318).

13. Lettre de Léon Blum au général de Gaulle, Bourrassol, 15 mars 1943, in *L'Œuvre de Léon Blum*, *op. cit.*, p. 398.

14. Lettre de Danvers [Defferre] à Félix [Gouin], 13 janvier 1943, arrivée à Londres le 15 janvier 1943 (A.N. 3 AG 2 387).

15. « Schéma d'une sorte d'instruction pour mes amis », 28 août 1942, in *L'Œuvre de Léon Blum*, *op. cit.*, pp. 364-365.

16. *Ibid.*, p. 367.

17. *Ibid.*, p. 368.

18. *Le Populaire*, novembre 1942.

19. F.B.B. [Pineau], Rapport politique nº 2, arrivé à Londres le 15 janvier 1943, doc. cité.

20. *Ibid.*

21. Rapport politique de Francis [Pineau], sans date, [probablement fin janvier 1943] (A.N. 3 AG 2 387).

22. *Ibid.*

23. [Pineau], « Projet de Rassemblement national français », arrivé à Londres le 15 janvier 1943 (A.N. 3 AG 2 387) et « Projet de manifeste du Comité d'études pour la liberté », arrivé à Londres le 15 janvier 1943 (A.N. 3 AG 2 387).

24. Rapport politique de Francis [Pineau], sans date, [probablement fin janvier 1943], doc. cité.

25. Cet argument apparut dans le courant de décembre.

26. Lettre de Danvers [Defferre] à Félix [Gouin], arrivée à Londres le 15 janvier 1943 (A.N. F[1a] 3730).

27. *Ibid.*

28. *Ibid.*

29. Lettre de Léon Blum à Georges Buisson partant pour l'Angleterre, Bourrassol, 5 février 1943. *L'Œuvre de Léon Blum*, *op. cit.*, p. 388.

30. *La France Libre*, 15 octobre 1943, vol. VI, nº 36.

31. Rapport politique de Francis [Pineau], sans date, [probablement fin janvier 1943], doc. cité.

32. F.B.B. [Pineau], Rapport politique nº 2, arrivé à Londres le 15 janvier 1943, doc. cité.

33. Rapport politique de Francis [Pineau], sans date, [probablement fin janvier 1943], doc. cité.

34. Rapport du commandant Manuel (la zone sud en décembre 1942-janvier 1943). Cité *in* D. Mayer, *Les Socialistes dans la Résistance*, *op. cit.*, p. 193.

35. [André Manuel], Compte rendu, 4 février 1943 (A.N. 3 AG 2 42).

36. *« Je ne suis pas sûr, évidemment, que Moulin ait fait de tels calculs. Je sais seulement que les choses se sont passées ainsi ; et qu'un vieux routier de la politique comme Moulin, connaissant bien la France clandestine et les milieux français de Londres, pouvait y penser d'avance »* (Cl. Bourdet, *L'Aventure incertaine*, *op. cit.*, p. 219).

37. *Ibid.*, p. 217.

38. Courrier de Rex [Moulin] du 14 décembre 1942, arrivé à Londres le 28 janvier 1943, doc. cité.

39. Journal de Jacques Lecompte-Boinet, mai 1943 (A.N. 72 AJ 542).

40. Rapport de Rex [Moulin] du 4 juin 1943 (A.N. 3 AG 2 181 et 72 AJ 233).

41. Courrier de Rex [Moulin] du 14 décembre 1942, arrivé à Londres le 28 janvier 1943, doc. cité.

42. Courrier du 28 janvier 1943. Pièce EX.XIXa [Moulin] (A.N. 3 AG 2 181).

43. « Petite histoire de la grande France », *Combat*, 25 décembre 1942.

44. Courrier de Rex [Moulin] du 14 décembre 1942, arrivé à Londres le 28 janvier 1943, doc. cité.

45. Courrier du 28 janvier 1943. Pièce EX.XIXa [Moulin], doc. cité.

46. [Moulin], Note, s.d. [1er février 1943] (A.N. 72 AJ 1970 et suiv.).

47. Le 14 décembre, Moulin dénomme l'organisme fédérateur « Comité politique » : il reprend au groupe B. Fourcaud et aux socialistes le terme « Comité », mais il substitue l'adjectif « politique » au qualificatif « national » préconisé par les premiers et « exécutif » choisi par les seconds pour éviter toute confusion avec le Comité national français. Ce Comité politique se transforme en « Conseil politique » le 10 janvier, puis le 1er février en « Conseil politique de la Résistance » pour marquer la fonction qu'il entend lui attribuer. Enfin, à une date indéterminée si l'on en croit Passy (*Missions secrètes en France*, *op. cit.*, p. 63), lors de son arrivée à Londres, il arrête finalement son choix à la dénomination « Conseil de la Résistance ». Jusqu'à plus ample informé, celle-ci apparaît pour la première fois dans le procès-verbal nº 4 des séances du C.G.E. des 23 et 24 janvier 1943 (A.N. 3 AG 2 409).

48. Dès l'automne 1940, Jean Moulin conçut le projet d'une action clandestine étendue à tout le territoire national : *« Il* [Moulin] *voulait rassembler tous les groupes de résistance qui commençaient à se former, aussi bien en zone Nord qu'en zone Sud »* (P. Meunier, cité par L. Moulin, *Jean Moulin*, *op. cit.*, p. 216). Avant son premier voyage en Grande-Bretagne, il recherche activement dans les deux zones tout contact avec les résistants. Pour sa part, Henri Frenay au début de l'année 1941 essaya par Robert Guédon, un de ses amis, de prolonger en zone occupée son mouvement naissant. Le mouvement créé par Robert Guédon fut décapité en février 1942 (même si avec certains des éléments un mouvement autonome sera reconstitué ultérieurement par Lecompte-Boinet, sous le nom de Ceux de la Résistance). Malgré cet échec, Frenay ne perdit pas de vue l'intérêt qu'avait la Résistance à établir une liaison avec les mouvements en zone occupée. Il le signalait à la France Combattante à l'automne 1942 : *« J'attire votre attention, enfin, sur l'obligation de créer l'unité spirituelle et ultérieurement, politique, entre la Résistance des deux zones. C'est pourquoi, à mon sens, des contacts devraient être établis entre les Comités de coordination de la zone libre et de la zone occupée, chacun d'entre eux tenant l'autre au courant des réalisations générales des projets »* (« Le Mouvement Combat », Londres, 1er octobre 1942, doc. cité, p. 11).

De son côté, Moulin poursuivit ses recherches et ses contacts en zone occupée par l'intermédiaire de Manhès, Meunier et Chambeiron. Dans son rapport nº 15 du 18 octobre 1942 (doc. cité), il soumettait à Londres un projet de coordination de cette zone. Le projet qu'il proposera le 1er février 1943 va plus loin en ce sens puisqu'il vise à établir, grâce à un organisme unique, une liaison étroite et permanente entre les deux zones. Ce projet fut bien accueilli par les mouvements. Henri Frenay, dans son rapport « La Résistance en

France » (fin février-avant le 10 mars 1943, doc. cité), en confirme le bien-fondé : *« Dans un avenir prochain, nous aurons constitué un Comité directeur unique qui groupera les représentants des Mouvements des deux zones et pourra parler au nom de 75 % au moins de la Résistance française organisée. »* Il restait cependant à surmonter certaines réticences de la part des mouvements de zone occupée, qui jugeaient les organisations de zone libre trop politisées et trop envahissantes. Il faudra attendre fin mai 1943 (la réunion du Conseil de la Résistance) pour qu'à l'occasion de la rencontre officielle des chefs ou suppléants des mouvements des deux zones la décision soit prise, sous l'impulsion décisive de Cavaillès, de créer un Comité de coordination unique pour les deux zones. La première réunion que Moulin devait présider fut finalement fixée au 24 juin 1943 à Paris. Elle se tint effectivement ce jour-là, mais hors de la présence du représentant du général de Gaulle, car Claude Bouchinet-Serreulles, qui venait d'assurer l'intérim de Moulin, en fut averti après coup.

49. B.R.U. 1 [rapport nº 1 de Brossolette], 8 février 1943 (A.N. 3 AG 2 42).

50. H. Frenay, *La nuit finira*, *op. cit.*, p. 290.

51. Rapport NX.02 [Frenay], 1er octobre 1942, doc. cité.

52. Comité général d'études, procès-verbal de la séance des 23 et 24 janvier 1943, nº 4 (A.N. 3 AG 2 409).

53. Salard [Copeau] à Bernard [d'Astier], 4 juin 1943 (A.N. 72 AJ 410).

54. [André Manuel], Compte rendu, 4 février 1943, doc. cité.

55. Salard [Copeau] à Bernard [d'Astier], 4 juin 1943, doc. cité.

X. LA FRANCE LIBRE ET LES COMMUNISTES : DES INITIATIVES DE RÉMY À L'INTERMÈDE MOULIN

1. Cité dans Jean Lacouture et Roland Mehl, *De Gaulle ou l'éternel défi*, Paris, Le Seuil, 1988, p. 161.

2. Jean Laloy, cité *ibid.*, pp. 160-161.

3. « Il y a trois ans, c'était Munich », *L'Humanité*, 2 octobre 1941.

4. Mémorandum du chef de bataillon Servais, essai de clarification sur l'action en France, 27 octobre 1941, doc. cité.

5. [Jean Moulin], « Rapport sur l'activité, les projets et les besoins des groupements constitués en France... », doc. cité.

6. Henri-Christian Giraud, *De Gaulle et les communistes*, Paris, Albin Michel, 1988, t. I, p. 92.

7. *Ibid.*

8. *Ibid.*, p. 93.

9. *Ibid.*, pp. 93-94.

10. Cité par J.-L. Crémieux-Brilhac, *La France Libre*, *op. cit.*, p. 324.

11. Cité par H.-Chr. Giraud, *De Gaulle et les communistes*, *op. cit.*

12. Cité par J.-L. Crémieux-Brilhac, *La France Libre*, *op. cit.*, pp. 327-328.

13. Raymond [Rémy], 14 décembre 1940 (A.N. 3 AG 2 31). Rémy parle de « Légion » pour désigner les Forces françaises libres et, par extension, la France Libre. La dénomination « Légion de Gaulle » ou « Légion française libre » était en usage durant les derniers mois de 1940.

14. Stéphane Courtois, *Le P.C.F. dans la guerre*, Paris, Ramsay, 1980, p. 222.

15. *Ibid.*

16. Note pour le colonel K. Clarke, Londres, 1er avril 1942 (A.N. 3 AG 2 1).

17. K. Clarke à FFL, 3 avril 1942 (A.N. 72 AJ 1970 et suiv.).

18. Colonel Passy, *Souvenirs*, *op. cit.*, t. II, p. 61.

19. Discours prononcé à la radio de Londres, 18 avril 1942, Ch. de Gaulle, *Discours et messages*, *op. cit.*, p. 182.

20. J.-L. Crémieux-Brilhac, *La France Libre*, *op. cit.*, p. 326.

21. Ch. DE GAULLE, *Mémoires de guerre*, t. I, *L'Appel*, *op. cit.*, p. 551.

22. Câbles à Rex [Moulin], n°s 9 et 10 du 9 juin 1942 (A.N. 3 AG 2 401).

23. NX.02 [Frenay], « Situation de la Résistance en France non occupée », 1er octobre 1942, doc. cité.

24. [Henri Frenay], « La Résistance en France », début mars 1943, doc. cité.

25. Câble de Rex [Moulin], n° 32 du 28 juin 1942 (A.N. 3 AG 2 400).

26. J'en avais cité un passage dans la Préface du tome I de *Jean Moulin, l'inconnu du Panthéon*, paru en 1989.

27. Câbles de Rex [Moulin], 22 juillet 1942 (A.N. 3 AG 2 400).

28. *« Étant donné les dangers menaçant de plus en plus les mouvements, je poursuis comme convenu la constitution d'un nouveau groupement ne devant s'occuper que d'action militaire à l'exclusion de toute autre activité.*

« J'ai déjà jeté un certain nombre de jalons dans des départements que je connais bien, y compris Z.O. où j'ai déjà envoyé plusieurs émissaires et aidé financièrement quelques groupes isolés intéressants. Je compte prochainement aller en Z.O. pour une quinzaine » (Rapport n° 4 du 7 mai 1942 de Rex [Moulin], doc. cité).

29. Ch. DE GAULLE, *Mémoires de guerre*, t. I, *L'Appel*, *op. cit.*, pp. 233-234.

30. Cf. Câble de Rex [Moulin] à F.F.C., 4 juin 1943 : *« Darnand je dis Darnand ex-cagoulard chef de la Milice est disposé rallier unité combattante FFC étant dégoûté de Vichy – vous laisse soin examiner ce ralliement sensationnel peut servir négociations actuelles »* (A.N. 3 AG 2 400).

Ce à quoi le commissariat à l'Intérieur et le B.C.R.A. répondirent : *« Votre proposition Darnand moralement inacceptable »* (Jacques Bingen, Note pour M. le chef de la section A.M. Envoi d'un câble à Rex [Moulin], Londres, 12 juin 1943, A.N. 3 AG 2 314).

Pour juger sans anachronisme cette proposition, il faut tenir compte de deux points. Tout d'abord, Darnand et sa Milice n'incarnaient pas encore toute l'horreur de ce qu'ils devaient accomplir durant l'année suivante. Deuxièmement, il était du devoir de Moulin de faire part à la France Libre de cette possibilité, laissant le général de Gaulle juge de ce qui pouvait être tiré d'un revirement aussi spectaculaire.

31. Ces lettres figurent dans divers fonds d'archives : ceux de la famille de Jean Moulin (A.F.E.D.), celui de la F.N.D.I.R.P. (archives d'Henri Manhès), et des copies se trouvent dans le fonds Antoinette Sasse. Musée Jean-Moulin. Ville de Paris. Voir aussi le tome III de *Jean Moulin, l'inconnu du Panthéon*, pp. 91-92, 103, 123.

32. Cf. Thierry WOLTON, *Le Grand Recrutement*, Paris, Grasset, 1993, p. 150.

33. Cf. télégramme à Rex [Moulin], 20 août 1942 (A.N. 3 AG 2 401) : *« Aucun courrier reçu depuis numéro 4, je dis 4 de Rex* [Moulin] *et numéro 2 je dis 2 de Sif* [Fassin]. *Vérifier si bien remis à Berne et prendre sanctions si nécessaire. Envoyer par Lysander résumé courriers si pas fait par Francis* [Pineau]. *»*

34. Robinson a été arrêté le 21 décembre 1942 (cf. Guillaume BOURGEOIS, « Vie et mort de Henri Robinson », *Communisme*, n° 40-41, 1995).

35. Lettre de Rémy à M. le lieutenant-colonel Passy, chef du B.C.R.A., Londres, 2 juillet 1942 (A.N. 3 AG 2 31).

36. B.C.R.A., S.R., Projets de missions et contacts se rattachant à Rémy, Londres, 17 juillet 1942 (A.N. 3 AG 2 30).

37. *Ibid.*

38. Câble à Rex [Moulin], n° 39, 22 juillet 1942 (A.N. 3 AG 2 401).

39. Câble de Rex [Moulin], n° 50, 25 juillet 1942 (A.N. 3 AG 2 400).

40. Câble à Rex [Moulin], n° 40, 24 juillet 1942 (A.N. 3 AG 2 401).

41. Lettre d'André Manuel à Pierre Brossolette, 31 juillet 1942 (A.N. 3 AG 2 397).

42. RÉMY, *Le Livre du courage et de la peur*, Paris, Les Trois Couleurs-Raoul Solar, 1947, pp. 15-16.

43. Source Richard [Rémy], Opération d'atterrissage « Maxime », [21 novembre 1942] (A.N. AJ 1970 et suiv.).

44. Procès-verbal d'une entrevue qui a eu lieu le 25 novembre 1942 entre un repré-

sentant des Forces françaises combattantes et un délégué du Comité central du Parti communiste français, 11 janvier 1943 (A.N. 3 AG 2 384).

45. *Ibid.*

46. Par télégramme 34-A du 14 décembre, le B.C.R.A. accusera réception de ce courrier. Le contenu détaillé du télégramme a malheureusement été perdu. Chronologie sommaire des échanges de messages entre C.N.D.Z.O.C. [réseau de Rémy] et G.Q.G. [B.C.R.A.], depuis le 1er octobre 1942, Londres, 16 décembre 1942 (A.N. 3 AG 2 30).

47. Rapport de [Brossolette] sur la C.N.D., décembre 1942 (A.N. 72 AJ 49). Cf. G. Piketty, *Itinéraire intellectuel et politique de Pierre Brossolette*, *op. cit.*, t. II, p. 765 sq.

48. Télégramme à C.N.D.Z.O.C. [réseau de Rémy], nº 21 (suite du nº 20), 2 décembre 1942 (A.N. 3, AG 2 33).

49. Télégramme à Richard [Rémy], nº 23, 5 décembre 1942 (A.N. 3 AG 2 33).

50. Télégramme à Richard [Rémy], nº 24, 5 décembre 1942 (A.N. 3 AG 2 33).

51. Télégramme à Richard [Rémy], nº 25 (suite du nº 24), 5 décembre 1942 (A.N. 3 AG 2 33).

52. Chronologie sommaire des échanges de messages entre C.N.D.Z.O.C. [réseau de Rémy] et G.Q.G. [B.C.R.A.], depuis le 1er octobre 1942, Londres, 16 décembre 1942, doc. cité.

53. Télégramme à Richard [Rémy], nº 27, 8 décembre 1942 (A.N. 3 AG 2 33).

54. Câble de Rémy, nº 49-A, 11 décembre 1942. Chronologie sommaire des échanges de messages entre C.N.D.Z.O.C. [réseau de Rémy] et G.Q.G. [B.C.R.A.], depuis le 1er octobre 1942, Londres, 16 décembre 1942, doc. cité.

55. Télégramme du colonel Passy à Richard [Rémy], nº 29, 12 décembre 1942 (A.N. 3 AG 2 33).

56. Câble de Rémy à Passy, nº 55-A, 16 décembre 1942. Chronologie sommaire des échanges de messages entre C.N.D.Z.O.C. [réseau de Rémy] et G.Q.G. [B.C.R.A.], depuis le 1er octobre 1942, doc. cité.

57. Télégramme du colonel Passy à Richard [Rémy], nº 30, 18 décembre 1942 (A.N. 3 AG 2 33).

58. Câble de Rémy, nº 62-A, 23 décembre 1942. Chronologie sommaire des échanges de messages entre C.N.D.Z.O.C. [réseau de Rémy] et G.Q.G. [B.C.R.A.], depuis le 1er octobre 1942, doc. cité.

59. Télégramme de Rémy au colonel Passy, nº 29-B, 30 décembre 1942 (A.N. 3 AG 2 33).

60. *Ici. Londres, 1940-1944. Les voix de la liberté*, *op. cit.*, t. III, pp. 79-80.

61. Télégramme à Joseph [Beaufils], nº 35, 14 janvier 1942 (A.N. 72 AJ 1970 et suiv.).

62. Ch. de Gaulle, *Lettres, notes et carnets, juillet 1941-mai 1943*, *op. cit.*, pp. 511-512.

63. Cf. D. Cordier, « La France Libre, Jean Moulin et les communistes », *50 ans d'une passion française. De Gaulle et les communistes*, Paris, Balland, 1991, pp. 26-28.

64. Cité par Fr. Kersaudy, *De Gaulle et Churchill*, *op. cit.*, p. 234.

XI. ÉCHEC À DE GAULLE

1. J.-L. Crémieux-Brilhac, *La France Libre*, *op. cit.*, pp. 514-515.

2. « Événements antérieurs à mai 1942 », note de Bourgat [Brossolette], s.d. (A.N. 72 AJ 1970 et suiv.).

3. Lettre de [Brossolette] à [André Philip], [Paris, 12 mars 1943], arrivée le 21 mars 1943, p. 9, doc. cité.

4. Pierre Brossolette, « L'union est faite », *La Marseillaise*, 17 janvier 1943. Reproduit *in* Pierre Brossolette, *Résistance (1927-1943)*, Paris, Odile Jacob, 1998, p. 175 sq.

5. *Ibid.*

6. *Ibid.*, p. 174.
7. *Ibid.*, p. 175.
8. Lettre de Pierre Brossolette à Pierre Bloch, lue à la séance du 6 février 1943 du groupe Jean-Jaurès (Archives Daniel Mayer).
9. Rémy, note succincte sur « Front National », sans date (vers le 15 janvier 1943) (A.N. 3 AG 2 32).
10. Rapport NX.02 [Frenay], « Situation de la Résistance en France non occupée », 1er octobre 1942, et rapport AX.03 [d'Astier], « Relations avec les formations sociales et politiques », Londres, 12 octobre 1942 (A.N. 3 AG 2 379 et 378).
11. Rémy, note succincte sur « Front National », sans date (vers le 15 janvier 1943), doc. cité.
12. Premier appel pour un Front national, mai 1941. Cité par Stéphane COURTOIS, *Le P.C.F. dans la guerre*, *op. cit.*, pp. 554-565.
13. *Les Cahiers du bolchevisme*, été 1941. Cité par Stéphane COURTOIS, « Le Front National », *in* J.-P. AZÉMA et Fr. BÉDARIDA, *La France des années noires*, *op. cit.*, p. 94.
14. St. COURTOIS, *Le P.C.F. dans la guerre*, *op. cit.*, pp. 333-335.
15. *Cahiers d'histoire de l'Institut Maurice-Thorez*, « Le Front National », nº 10, novembre 1974.
16. Charles TILLON, *On chantait rouge*, Paris, Robert Laffont, 1977, p. 363.
17. Lettre de Charles Tillon au général de Gaulle, citée *in* Henri NOGUÈRES, *Histoire de la Résistance en France*, Paris, Robert Laffont, 1972, t. III, p. 644.
18. St. COURTOIS, *Le P.C.F. dans la guerre*, *op. cit.*, p. 335.
19. Au Comité central, rapport nº 1, 20 janvier 1943 (A.N. 3 AG 2 385).
20. Rémy, note succincte sur « Front National », sans date (vers le 15 janvier 1943), doc. cité.
21. Procès-verbal de la réunion du 13 janvier 1943, Londres, 14 janvier 1943 (A.N. 72 AJ 1970 et suiv.).
22. *Ibid.*
23. Fr. KERSAUDY, *De Gaulle et Churchill*, *op. cit.*, p. 207.
24. *Ibid.*
25. *Ibid.*
26. *Ibid.*, p. 208.
27. Lettre de De Gaulle au commandant Tochon, Anfa, [23] janvier 1943, *in* Ch. DE GAULLE, *Lettres, notes et carnets, juillet 1941-mai 1943*, *op. cit.*, pp. 505-506.
28. Fr. KERSAUDY, *De Gaulle et Churchill*, *op. cit.*, p. 210.
29. *Ibid.*, p. 211.
30. *Ibid.*, pp. 271-272.
31. *Ibid.*, p. 202.
32. *Ibid.*
33. *Ibid.*, p. 206.
34. *Ibid.*
35. Général CATROUX, *Dans la bataille de Méditerranée*, Paris, Julliard, 1949, pp. 352 et 353.
36. Courrier de Rex [Moulin] du 14 décembre 1942, doc. cité.
37. De Rex [Moulin], *via* Niger [Alain à Rex], 19 février 1943, nº 68 (A.N. 3 AG 2 400).
38. [Jean Moulin], « Rapport sur l'activité, les projets et les besoins des groupements constitués en France... », p. 8, doc. cité.
39. On rappellera qu'André Philip, commissaire à l'Intérieur du C.F.L.N., fut envoyé, fin octobre 1942, à Washington, porteur d'une lettre que le général de Gaulle adressait au président Roosevelt pour tenter de lui faire modifier son attitude hostile à la France Combattante qui avait poursuivi la lutte contre l'ennemi aux côtés des Alliés et rétablirait la démocratie supprimée par Pétain et son gouvernement de Vichy collaborant avec les Allemands (cf. Ch. DE GAULLE, *Mémoires de guerre*, t. II, *L'Unité*, *op. cit.*, pp. 381-385).

Philip, après avoir remis cette lettre au sous-secrétaire d'État Summer Wells et s'être également entretenu avec Cordell Hull, secrétaire d'État, fut enfin reçu, toujours accompagné d'Adrien Tixier, délégué de la F.C. aux États-Unis, par le président Roosevelt, le 20 novembre. Celui-ci ayant d'emblée déclaré à Philip : *« J'ai bien fait de prendre Darlan, j'ai ainsi sauvé des vies américaines. »* Le dialogue ci-après illustre *« non seulement les dissonances mais aussi la mutuelle exaspération des interlocuteurs »* que Summer Wells souligne dans son compte rendu : *« Philip. — Je ne suis pas d'accord. L'effet de la nomination de Darlan a été déplorable sur la Résistance française.*

« Roosevelt. — Ça m'est égal, l'important pour moi est d'arriver à Berlin, le reste m'est indifférent. Darlan me donne Alger, vive Darlan ! Si Laval me donne Paris, vive Laval ! Je ne suis pas comme Wilson, je suis un réaliste.

« Philip. — J'ai trop entendu parler de "réalisme" en France, c'est un mot qui a couvert toute la politique défaitiste de Pétain. Je n'aime pas entendre ce mot-là.

« Roosevelt. — Quand nous entrerons en France, nous userons du droit de l'occupant. Je ne peux pas reconnaître de Gaulle, car ce serait une atteinte aux libertés des Français en leur imposant un gouvernement. Je n'en reconnaîtrai aucun et, en vertu du droit d'occupation, les Américains resteront en France jusqu'à ce que des élections libres y soient organisées.

« Philip. — […] *Si les Américains viennent pour occuper le pays, leur occupation ne sera pas davantage tolérée que l'occupation allemande.*

« Roosevelt. — Je parlerai au peuple français à la radio et il fera ce que je voudrai. » (J.-L. CRÉMIEUX-BRILHAC, *La France Libre*, *op. cit.*, p. 442.)

40. Lettre de Félix Gouin au général de Gaulle, 28 janvier 1943 (A.N. 72 AJ 520).
41. *Ibid.*
42. *Ibid.*
43. *Ibid.*
44. Ch. DE GAULLE, *Mémoires de guerre*, t. I, *L'Appel*, *op. cit.*, pp. 233-234.
45. [Jean Moulin], Rapport n° 4, 7 mai 1943, doc. cité.
46. Câbles pour R. B. [Bienvenüe] de Rex [Moulin], n° 44-45-46 du 2 juillet 1942 (A.N. 3 AG 2 400).
47. Courrier n° 5 à EX.20 [Moulin] du 16 novembre 1942, chapitre III, doc. cité.
48. Rapport de Rex [Moulin], 18 octobre 1942, doc. cité.
49. Colonel PASSY, *Missions secrètes en France*, *op. cit.*, p. 54.
50. Câbles de Rex [Moulin], nos 42 et 43 du 2 janvier 1943 (A.N. 3 AG 2 400).
51. Télégramme à Rex [Moulin], n° 46, 11 décembre 1942, transmis le 15 (A.N. 3 AG 2 401).
52. G. PIKETTY, *Itinéraire intellectuel et politique de Pierre Brossolette*, *op. cit.*, t. II, p. 784.
53. B.R.U. 1 [rapport n° 1 de Brossolette], 8 février [1943], doc. cité.
54. *Ibid.*
55. *Ibid.*
56. Télégramme de Brumaire [Brossolette], 9 février 1943 (A.N. 3 AG 2 42).

XII. JEAN MOULIN À LONDRES

1. Cf. câble à Rex [Moulin], 10 novembre 1942, de Nef [Frenay] et Bernard [d'Astier] : *« Etes compagnon Libération, je dis compagnon Libération amicales félicitations de tous »* (A.N. 3 AG 2 401).
2. Colonel PASSY, *Missions secrètes en France*, *op. cit.*, p. 62.
3. Ch. DE GAULLE, *Discours et messages*, *op. cit.*, p. 277.
4. Cf. conférence de presse tenue à Londres, 9 février 1943. Ch. DE GAULLE, *Discours et messages*, *op. cit.*

5. Rapport de Rex [Moulin] du 4 juin 1943 (à M. André Philip), p. 3 (A.N. 3 AG 2 181).

6. Julien [F. Grenier], rapport au C.C. [Comité central du P.C.], nº 4, 10 mars 1943 (A.N. 3 AG 2 385).

7. Rapport politique de Francis [Pineau], sans date, [probablement fin janvier 1943], doc. cité.

8. André Philip, Instructions à Rex [Moulin] du 10 février 1943 (A.N. 3 AG 2 181).

9. *Ibid.*

10. Cf. Note pour le chef du B.C.R.A. Proposition du chef de la section N.M. concernant la façon d'aborder de manière pratique la partie non militaire du problème de la libération, 4 février 1943 (A.N. 3 AG 2 314).

11. [André Manuel], Organisation Rex [Moulin], Londres, 8 février 1943 (A.N. 3 AG 2 181).

12. *Ibid.*

13. Cf. *Jean Moulin, l'inconnu du Panthéon*, t. III, pp. 61-63.

14. Lettre à Rex [Moulin]. Projet, s.l.n.d. (A.N. 3 AG 2 318).

15. Lettre personnelle à Rex [Moulin]. Proposition du B.C.R.A./N.M., s.l.n.d. (A.N. 3 AG 2 318).

16. Rex [Moulin], 9.2.43 (A.N. 3 AG 2 318), et Ch. DE GAULLE, *Mémoires de guerre*, t. II, *L'Unité*, *op. cit.*, p. 91.

17. Lettre du général de Gaulle à Léon Blum, Londres, 10 février 1943 (A.N. 3 AG 2 318).

18. Lettre aux membres du Comité central du Parti communiste français, Londres, 10 février 1943, *in* Ch. DE GAULLE, *Lettres, notes et carnets, juillet 1941-mai 1943*, *op. cit.*, pp. 511-512.

19. Nouvelles instructions du 21 février 1943 (A.N. 3 AG 2 181).

20. Courrier de Rex [Moulin] du 14 décembre 1942, doc. cité.

21. [Jean Moulin]. Note sans titre et sans date [avant le 23 janvier 1943] (A.N. 72 AJ 1970 et suiv.).

22. [Jean Moulin], Note, 1er février 1943 (A.N. 3 AG 2 181).

23. Nouvelles instructions du 21 février 1943, doc. cité.

24. Mémorandum du Comité national français adressé au général Giraud à Alger, Londres, 23 février 1943, *in* Ch. DE GAULLE, *Mémoires de guerre*, t. II, *L'Unité*, *op. cit.*, p. 447.

25. Mémorandum du Comité national français adressé au général Giraud à Alger. Londres, 23 février 1943, *ibid.*, p. 446.

26. G. PIKETTY, *Itinéraire intellectuel et politique de Pierre Brossolette*, *op. cit.*, t. II, p. 778.

27. Ordre de mission Brumaire [Brossolette], 24 janvier 1943 (A.N. 3 AG 2 42).

28. Ordre de mission du 24 janvier 1943, *in* G. BROSSOLETTE, *Il s'appelait Pierre Brossolette*, *op. cit.*, p. 281.

29. Colonel PASSY, *Missions secrètes en France*, *op. cit.*, p. 63.

30. *Ibid.*

31. Nouvelles instructions, 21 février 1943, doc. cité.

32. *Ibid.*

33. Ordre de mission du colonel Passy, 9 février 1943 (A.N. 3 AG 2 42).

34. Colonel PASSY, *Missions secrètes en France*, *op. cit.*, p. 84.

35. Nouvelles instructions, 21 février 1943, doc. cité.

36. [Jean Moulin], « Du travail en France et des missions », Londres, 13 mars 1943 (A.N. 72 AJ 1970 et suiv.).

37. *Ibid.*

38. *Ibid.*

39. F.B.B. [Pineau], troisième rapport politique, 8 juillet 1942, Londres, 15 septembre 1942 (A.N. 3 AG 2 43).

40. Câble de Rex [Moulin], nº 78, 28 août 1942, arrivé le 1er septembre 1942 (A.N. 3 AG 2 400).

41. [Jean Moulin], « Du travail en France et des missions », Londres, 13 mars 1943, doc. cité.

42. *Ibid.*

43. *Ibid.*

44. *Ibid.*

45. *Ibid.*

46. *Ibid.*

47. Courrier nº 9 de Rex [Moulin], 8 août 1942, doc. cité.

48. Courrier d'EX.20 [Moulin] du 13 septembre 1942, Londres, 3 octobre 1942 (A.N. 3 AG 2 181).

49. « Mémorandum pour l'amiral Stark », 4 mars 1943 (A.N. 3 AG 2 1).

50. *Ibid.*

51. J. Mercier [Moulin], dans Observations concernant le « mémorandum pour l'amiral Stark », 18 mars 1943 (A.N. 3 AG 2 1).

52. « Mémorandum pour l'amiral Stark », 11 mars 1943 (A.N. 3 AG 2 1).

53. Lettre de Jean Moulin à M. Brook, Londres, 13 mars 1943 (A.N. 72 AJ 1970 et suiv.).

54. Télégramme arrivé, daté de fin février. Origine : Comité de coordination de Z.N.O. et mouvements Libération, Combat et Francs-Tireurs, Londres, 4 mars 1943 (A.N. 3 AG 2 314).

55. Câbles nos 77 et 78 de Rex [Moulin] à F.F.C., 3 mars 1943 (A.N. F1a 3717).

56. Câble de KM.20. Libération à général de Gaulle, 3 mars 1943. Arrivé le 15 mars 1943 (A.N. 3 AG 2 316).

57. Câble de KM.20. Mouvements unis à de Gaulle, 3 mars 1943. Arrivé le 20 mars 1943 (A.N. 3 AG 2 316).

58. Câble de KM.20 Bernard [d'Astier] à Rex [Moulin], 5 mars 1943. Arrivé le 15 mars 1943 (A.N. 3 AG 2 316).

59. Cf. « mémorandum pour l'amiral Stark », 11 mars 1943, doc. cité.

60. *Ibid.*, p. 3.

61. *Ibid.*, p. 4.

62. *Ibid.*, p. 2.

63. *Ibid.*, p. 3.

64. Câble nº 90 de Rex [Moulin] à F.F.C. Alain [Cordier] à Max [Moulin], 12 mars 1943. Arrivé le 13 mars 1943 (A.N. 3 AG 2 400).

65. Cf. câble nº 98 du 20 mars 1943. Alain [Cordier] à Max [Moulin], arrivé le 22 mars 1943 (A.N. 3 AG 2 400).

66. Cf. câbles nos 29 et 30 de Frit [Monjaret] du 18 mars [1943] (A.N. 3 AG 2 197).

67. Câbles nos 87 à 89 du 16 mars 1943 (A.N. 3 AG 2 401).

68. Câble nº 97 du 19 mars 1943 (A.N. 3 AG 2 400).

69. Fr. Kersaudy, *De Gaulle et Churchill*, *op. cit.*, p. 222.

70. *« Voilà donc mon Charles boudeur, en civil, dans sa tanière. Sans doute pense-t-il ainsi punir les Anglais qui s'en moquent éperdument. Cela aurait pu durer longtemps si, au même moment, nous n'avions reçu de France des nouvelles les plus dramatiques : Déportations en masse vers l'Allemagne de tout ce qui reste de Français jeunes et valides. Appel des mouvements de résistance pour une aide immédiate et massive : envoi d'argent, d'armes, de vivres, etc.*

« Charles avait dès lors mieux à faire que de rester chez lui. Son délégué en France — Jean Moulin de passage ici — accompagné du Général Delestraint, adjoint militaire, sont allés le lui dire. Et Charles, docile, a oublié ses projets de voyage (voyager en de pareils moments), a renfilé son uniforme et est retourné le lendemain au bureau. » (Journal de Claude Serreulles, 18 mars 1943. Communiqué par l'auteur.)

71. Ch. de Gaulle, *Mémoires de guerre*, t. II, *L'Unité*, *op. cit.*, pp. 94 et 95.

72. Voir Cl. BOURDET, *L'Aventure incertaine*, *op. cit.* ; H. FRENAY, *L'Énigme Jean Moulin*, *op. cit.* ; Diane DE BELLESCIZE, *Les Neuf Sages de la Résistance*, Paris, Plon, 1979.

73. *« Ai eu hier très long entretien avec Colonel de Linarès sous-chef Etat-Major 14e région chargé 2e bureau. »* Câble de Rex [Moulin], 15 novembre 1942, arrivé le 24 novembre 1942.

« Semble avoir compris et envisage accord et même venue Général de Gaulle en Algérie — Linarès a vif désir rejoindre Giraud mais n'a aucun moyen — Estime bonne politique faciliter voyage à Londres où rencontrerait de Gaulle — Si d'accord Léo [Morandat] *céderait sa place — Si impossible cette lune suggère opération prochaine lune. »* Câble de Rex [Moulin], s.d., arrivé le 24 novembre 1942 (A.N. 3 AG 2 400).

74. Courrier de Rex [Moulin], [début février 1943] (A.N. 3 AG 2 181).

75. [Jean Moulin], Courrier EX.9A à EX.9E, document « Mémorandum du 10 mai 1942 », [14 février 1943] (A.N. 3 AG 2 181).

76. *Ibid.*

77. *Ibid.*

78. *Ibid.*

79. Lettre de Randolph Churchill à l'*Evening Standard*, 25 février 1943, *in* Colonel PASSY, *Missions secrètes en France*, *op. cit.*, p. 319.

80. Conférence du général Prioux, Dakar, 29 mars 1943 (A.N. F1a 3801).

81. Ch. DE GAULLE, *Mémoires de guerre*, t. II, *L'Unité*, *op. cit.*, pp. 487-488.

82. Colonel PASSY, *Missions secrètes en France*, *op. cit.*, pp. 299-300.

83. J. SOUSTELLE, *Envers et contre tout*, *op. cit.*, t. II, p. 384.

84. Ch. DE GAULLE, *Mémoires de guerre*, t. II, *L'Unité*, *op. cit.*, p. 455.

85. Observations concernant le « mémorandum pour l'amiral Stark », 18 mars 1943, doc. cité.

XIII. UNE ARMÉE SECRÈTE POUR LA FRANCE LIBRE OU POUR LA RÉSISTANCE ?

1. Câble de Rex [Moulin], n° 99 du 23 mars 1943 (A.N. 3 AG 2 400).

2. Câble de Rex [Moulin], n° 100 du 23 mars 1943 (A.N. 3 AG 2 400).

3. Se reporter au chapitre XVIII, « Le 21 juin à Caluire ».

4. Câble de Rex [Moulin], n° 99 du 23 mars 1943, doc. cité.

5. H. FRENAY, *L'Énigme Jean Moulin*, *op. cit.*, p. 257.

6. Lettre à Winston Churchill, Londres, 10 mars 1943. Ch. DE GAULLE, *Lettres, notes et carnets, juillet 1941-mai 1943*, *op. cit.*, pp. 534-535.

7. Note pour Rex [Moulin], note confidentielle et personnelle, début avril 1943 (A.N. 3 AG 2 181).

8. Cf. J.-L. CRÉMIEUX-BRILHAC, *La France Libre*, *op. cit.*, pp. 521-522, n. 4.

9. Voir, par exemple, Philippe BUTON, *Les lendemains qui déchantent. Le Parti communiste français à la Libération*, Paris, Presses de la F.N.S.P., 1993, pp. 24-25.

10. Rapport ARQU. 2-B.R.U. 5 [Passy-Brossolette], « Coordination militaire », 20 avril 1943, pp. 48-49 (A.N. 3 AG 2 42).

11. Lettre de Joseph [Beaufils] à Fernand Grenier, 14 juin 1943 (A.N. 3 AG 2 385).

12. *Ibid.*

13. Lettre de Fernand Grenier à André Philip, Londres, 21 juillet 1943 (A.N. 3 AG 2 385).

14. Rapport de Rex [Moulin] du 4 juin 1943 (à M. André Philip), doc. cité.

15. Courrier de Sif [Raymond Fassin], n° 6, 15 février 1943, arrivé à Londres le 14 avril 1943 (A.N. 3 AG 2 183).

16. [Jean Moulin], Rapport du 7 mai 1943 (A.N. 3 AG 2 181).

17. Lettre de Chevalier [Delestraint] au général [de Gaulle], 20 mai 1943 (A.N. 72 AJ 1970 et suiv.).

18. *Ibid.*

19. Ordre de mission du lieutenant-colonel Passy, 9 février 1943, signé par le général de Gaulle (A.N. 3 AG 2 42). Cet ordre de mission avait deux autres objectifs : l'un militaire, le recrutement, et l'autre civil, la préparation du Conseil de la Résistance.

« *Le chef de la mission Arquebuse* [Passy] *est chargé, tant en ce qui concerne le problème militaire que le problème civil, de faire connaître les directives du général de Gaulle en zone occupée. A cet effet, en collaboration avec le chef de la mission Brumaire* [Brossolette] *et Rex* [Moulin] :

« *a) Il décidera des mesures à prendre en ce qui concerne la rationalisation du fonctionnement des différents réseaux de renseignement ;*

« *b) il entrera en contact avec tous les groupements de Résistance en Z.O. afin de réaliser la coordination de l'action militaire en Z.O. et la coordination de cette même action militaire entre les deux zones ;*

« *c) il étudiera les conditions dans lesquelles il pourrait être procédé à la constitution d'un Comité directeur central chargé de mettre au point toutes les questions civiles.*

« *Il rendra compte de sa mission directement au général de Gaulle.*

« *Signé : C. de Gaulle.* »

20. Compte rendu de mission, du Lt.-Colonel Passy et du Commandant Bourgat [Brossolette], Londres, 20 avril 1943 (A.N. 3 AG 2 42).

21. [Jean Moulin], Rapport du 7 mai 1943, doc. cité.

22. Lettre du général de Gaulle aux membres du Comité central du Parti communiste français, Londres, 10 février 1943. Cité *in* Ch. DE GAULLE, *Lettres, notes et carnets, juillet 1941-mai 1943*, *op. cit.*, p. 512.

23. Cité par H. FRENAY, *L'Énigme Jean Moulin*, *op. cit.*, p. 273. Voir aussi *ibid.*, pp. 274-275.

24. Courrier nº 9 de Rex [Moulin], 8 août 1942, doc. cité.

25. Rapport de Jac [Beaufort], Contact avec Millerant [Mitterrand], chef du groupe « Francs-Tireurs Prisonniers », reçu le 27 juillet 1943 (A.N. 3 AG 2 187).

26. Lettre de [Frenay] à [Claude Bourdet], s.l., 21 mars 1944 (A.N. 72 AJ 47).

27. H. FRENAY, *L'Énigme Jean Moulin*, *op. cit.*, pp. 275-276 (note Charvet sur l'A.S., 20 mai 1943).

28. *Ibid.*, p. 270.

29. *Ibid.*, p. 276.

30. *Ibid.*, p. 284.

31. *Ibid.*, p. 273.

32. *Ibid.*, p. 274.

33. Gervais [Frenay] à Valentin [Delestraint], 8 avril 1943, *ibid.*, p. 269. Cette lettre figure également aux Archives nationales sous la cote 72 AJ 47.

34. [Jean Moulin], Rapport du 7 mai 1943, doc. cité.

35. Rapport de Rex [Moulin] à M. André Philip, 4 juin 1943, doc. cité.

XIV. L'ARGENT, NERF DE LA RÉSISTANCE

1. Mercier [Moulin] à Pierre [Mangin], Londres, 8 mars 1942 (A.N. 3 AG 2 377).

2. Cf. le témoignage d'Henri Frenay au C.H.D.G.M., février-mars-avril 1948, p. 4 (A.N. 72 AJ 46).

3. H. FRENAY, *L'Énigme Jean Moulin*, *op. cit.*, pp. 105-106.

4. Câble nº 103 du 10 novembre 1942 de Rex [Moulin] (A.N. 3 AG 400).

5. Observations de Bernard [d'Astier] et Charvet [Frenay], au sujet du courrier nº 5 du 22.10.42 à EX.20 [Moulin], Londres, 14 novembre 1942, p. 2, doc. cité.

6. Lettre de Danvers [Defferre] à Félix [Gouin], arrivée 15 janvier [1943], doc. cité.

7. *Ibid.*

8. Pierre GUILLAIN DE BÉNOUVILLE, « L'heure de l'Espérance », *L'Alerte*, 8 octobre 1940, cité *in* Pierre ASSOULINE, *Monsieur Dassault*, Paris, Éditions Balland, 1983, p. 234.

9. *L'Alerte*, 6 décembre 1941, cité *ibid.*, p. 235.

10. Pierre GUILLAIN DE BÉNOUVILLE, « Lectures d'un 14 juillet », *L'Alerte*, 18 juillet 1942.

11. Voir CARTE [André Girard], *Peut-on dire la vérité sur la Résistance ?*, Paris, Éditions du Chêne, 1947.

12. Cl. BOURDET, *L'Aventure incertaine*, *op. cit.*, p. 197.

13. *Ibid.*, p. 196.

14. H. FRENAY, *L'Énigme Jean Moulin*, *op. cit.*, p. 291.

15. *Ibid.*, p. 292.

16. Note pour M. le lieutenant-colonel Passy, Londres, 3 mai 1943 (A.N. 3 AG 2 410).

17. Cf. J.-L. CRÉMIEUX-BRILHAC, *La France Libre*, *op. cit.*, pp. 530-531.

18. H. FRENAY, *L'Énigme Jean Moulin*, *op. cit.*, p. 293.

19. Colonel PASSY, *Souvenirs*, *op. cit.*, t. II, p. 275, et voir *Missions secrètes en France*, *op. cit.*, p. 210.

20. Cf. [Jean Moulin], Rapport du 7 mai 1943, doc. cité.

21. Fr. KERSAUDY, *De Gaulle et Churchill*, *op. cit.*, p. 206.

22. Câble nº 70 du 22 février 1943 (A.N. 3 AG 2 401).

23. Câble de Lifra [Combat], arrivé le 4 mars 1943 (A.N. F^{1a} 3717).

24. Câble de Rex [Moulin] à Alain [Cordier], 11 mars 1943 (A.N. 3 AG 2 401).

25. Câble de Rex [Moulin] à Alain [Cordier] pour tous, 16 mars 1943 (A.N. 3 AG 2 401).

26. Lettre de Xaintrailles [Frenay] à Dunoyer [Davet], 28 avril 1943 (A.N. 72 AJ 47).

27. *Ibid.*

28. Lettre de Xaintrailles [Frenay] à Martel [Monod], 27 avril 1943 (A.N. 72 AJ 47).

29. Cité par Fr. KERSAUDY, *De Gaulle et Churchill*, *op. cit.*, p. 231.

30. Note pour André Pélabon, Alger, 1er octobre 1943. Ch. DE GAULLE, *Lettres, notes et carnets, juin 1943-mai 1945*, Paris, Plon, 1983, p. 81.

31. Cf. lettre de Salard [Copeau] à Merlin [d'Astier], 11 mai 1943, doc. cité : « […] *Contacts avec Berne à l'insu de Max* [Moulin] *d'une part, du CD* [Comité directeur des M.U.R.] *d'autre part* […]. »

32. Voir Henri MICHEL, *Combat*, Paris, P.U.F., 1957.

33. Lettre de Salard [Copeau] à Bernard [d'Astier], 6 juin 1943, doc. cité.

34. Cl. BOURDET, *L'Aventure incertaine*, *op. cit.*, p. 198.

35. Cf. câbles du 25 avril 1943 de Rex [Moulin] (A.N. 3 AG 2 400).

36. Lettre de Charvet [Frenay] à Max [Moulin], 8 avril 1943, citée *in* H. FRENAY, *L'Énigme Jean Moulin*, *op. cit.*, p. 283.

37. H. FRENAY, *La nuit finira*, *op. cit.*, p. 311.

38. Lettre de Salard [Copeau] à Merlin [d'Astier], 11 mai 1943, doc. cité.

39. P. GUILLAIN DE BÉNOUVILLE, *Le Sacrifice du matin*, *op. cit.*, p. 377.

40. Message à M. Philip de M. Lacoste, reçu de Berne en ce jour, 17 mai 1943 (A.N. 72 AJ 46).

41. Note d'instructions et de commentaires à Rex [Moulin], 8 juin 1943 (A.N. 3 AG 2 181).

42. Lettre de Salard [Copeau] à Merlin [d'Astier], 11 mai 1943, doc. cité.

43. *Ibid.*

44. Câble de Rex [Moulin] à F.F.C. [Forces françaises combattantes], 11 avril 1943 (A.N. 3 AG 2 400).

45. Câble de F.F.C. à Rex [Moulin], 29 avril 1943 (A.N. 3 AG 2 401).

46. [Jean Moulin], Rapport du 7 mai 1943, doc. cité.

47. [Jean Moulin], Additif à mon rapport concernant Nef [Frenay] et le Comité directeur Zone Sud, 20 mai 1943 (A.N. 3 AG 2 181).

48. Note pour M. le lieutenant-colonel Passy, 3 mai 1943 (A.N. 3 AG 2 410).
49. *Ibid.*
50. Lettres de Xaintrailles [Frenay] à Dufour [Davet], 24 mai 1943 (A.N. 72 AJ 47).
51. Vice-amiral MUSELIER, *De Gaulle contre le gaullisme*, Paris, Éditions du Chêne, 1946, p. 232.
52. Lettre du général Davet et de Philippe Monod à Henri Frenay et Pierre Bénouville, 26 mai 1943 (A.N. 72 AJ 47).
53. Cité par H. FRENAY, *L'Énigme Jean Moulin*, *op. cit.*, p. 300.
54. Lettre de Salard [Copeau] à Merlin [d'Astier], 11 mai 1943, doc. cité.
55. Cité par Fr. KERSAUDY, *De Gaulle et Churchill*, *op. cit.*, pp. 233-234.
56. *Ibid.*, p. 234.
57. *Ibid.*, p. 237.
58. Se reporter à J.-L. CRÉMIEUX-BRILHAC, *La France Libre*, *op. cit.*, pp. 790-795.

XV. LE CONSEIL DE LA RÉSISTANCE, UN PARLEMENT CLANDESTIN

1. Addition à lettre de Philip à Rex [Moulin], 12 mars 1943 (A.N. 3 AG 2 181). Un texte analogue avait été signé le 24 janvier 1943 au moment de la conférence d'Anfa prescrivant que les mêmes chefs de mission seraient « conjointement compétents » (*in* G. BROSSOLETTE, *Il s'appelait Pierre Brossolette*, *op. cit.*, p. 281). Le nouveau texte faisait de Moulin le seul habilité pour prendre les décisions.
2. Cl. BOURDET, *L'Aventure incertaine*, *op. cit.*, pp. 217-218.
3. Lettre de Xaintrailles [Frenay] à Dunoyer [Davet], 28 avril 1943 (A.N. 72 AJ 47).
4. Lettre de Salard [Copeau] à Merlin [d'Astier], 11 mai 1943, doc. cité.
5. Lettre de Salard [Copeau] à Bernard [d'Astier], 4 juin 1943, doc. cité.
6. J.-L. CRÉMIEUX-BRILHAC, *La France Libre*, *op. cit.*, pp. 525-526.
7. Télégramme de Brumaire [Brossolette], n° 7, 16 février 1943 (A.N. 3 AG 2 42).
8. B.R.U. 2 [rapport n° 2 de Brossolette], 17 février 1943 (A.N. 3 AG 2 42).
9. Rapport B.R.U. 3 [Brossolette], 15 mars 1943, arrivé à Londres le 21 mars 1943 (A.N. 3 AG 2 42).
10. Télégramme de Brumaire [Brossolette], n° 9, 20 février 1943, arrivé le 6 mars 1943 (A.N. 3 AG 2 42).
11. *Ibid.*
12. B.R.U. 2 [rapport n° 2 de Brossolette], 17 février 1943, doc. cité.
13. Rapport de Brumaire [Brossolette], 15 mars 1943, arrivé à Londres le 21 mars 1943, doc. cité.
14. Télégramme de Brumaire [Brossolette], n° 9, 20 février 1943, arrivé le 6 mars 1943, doc. cité.
15. Lettre de [Brossolette] à [Philip], [Paris, 12 mars 1943], arrivée le 21 mars 1943, p. 9 (A.N. 3 AG 2 42).
16. Rapport ARQU. 1-B.R.U. 4 [Passy-Brossolette], 15 mars 1943, arrivé à Londres le 21 mars 1943 (A.N. 3 AG 2 42).
17. Lettre de [Philip] à [Brossolette], 12 mars 1943 (A.N. F1a 3735).
18. Lettre d'André Manuel à Brumaire [Brossolette] et Arquebuse [Passy], 15 mars 1943 (A.N. 3 AG 2 42).
19. Livre blanc, IIIe partie, chap. III, pp. 14-15 (A.N. 3 AG 2 1).
20. Colonel PASSY, *Missions secrètes en France*, *op. cit.*, p. 64.
21. *Ibid.*, p. 84.
22. *Ibid.*, p. 87.
23. *Ibid.*, pp. 63-64.
24. *Ibid.*, p. 83.

25. Rapport ARQU. 1-B.R.U. 4 [Passy-Brossolette], 15 mars 1943, arrivé à Londres le 21 mars 1943, doc. cité.

26. Télégramme de Bingen à Arquebuse [Passy] *via* Arlequin, nº 3, 9 mars 1943 (A.N. 3 AG 2 42).

27. Lettre de [Brossolette] à [André Philip], [Paris, 12 mars 1943], arrivée le 21 mars 1943, p. 9, doc. cité.

28. B.R.U. [Brossolette], arrivée le 21 mars 1943 (A.N. 3 AG 2 42).

29. Lettre de [Brossolette] à [André Philip], [Paris, 12 mars 1943], arrivée le 21 mars 1943, p. 9, doc. cité.

30. P. BROSSOLETTE, « Renouveau politique en France », *La Marseillaise*, 27 septembre 1942.

31. Compte rendu de divers entretiens avec Valery [Marcus-Ghenzer], 30 juillet 1943, doc. cité.

32. J. SOUSTELLE, *Envers et contre tout*, *op. cit.*, t. II, pp. 177-178.

33. Télégramme nº 3 [de Hessel] à Brumaire [Brossolette], 14 mars 1943 (A.N. 3 AG 2 42).

34. Câble de Rex [Moulin] à F.F.C., 23 mars 1943 (A.N. 3 AG 2 400) : *« En raison gravité situation et compte tenu des nouvelles parvenant de Z.O.* […] *estime indispensable qu'E.M. B.C.R.A. Londres soit au complet — vous informe nécessité absolue Arquebuse* [Passy] *et Brumaire* [Brossolette] *soient dès début lune avril à leur poste pour poursuivre négociations Lneolrser* [mot non déchiffré] *à obtenir aide indispensable. »*

35. Lettre d'André Philip à Brumaire [Brossolette], 12 mars 1943 (A.N. F[1a] 3735).

36. Se reporter à *Alias Caracalla* (20 mars-15 avril 1943), à paraître.

37. Voir Colonel PASSY, *Missions secrètes en France*, *op. cit.*, pp. 156-157.

38. *Ibid.*, p. 177.

39. Pierre VILLON, *Résistant de la première heure*, Paris, Éditions Sociales-Notre Temps, 1983, pp. 71-72.

40. Cf. G. PIKETTY, *Itinéraire intellectuel et politique de Pierre Brossolette*, *op. cit.*, t. II, p. 800.

41. Voir Colonel PASSY, *Missions secrètes en France*, *op. cit.*, pp. 179-182.

42. *Ibid.*, p. 180.

43. Pierre Meunier *in* I.H.T.P., *Jean Moulin et le Conseil national de la Résistance*, *op. cit.*, pp. 66-67.

44. Colonel PASSY, *Missions secrètes en France*, *op. cit.*, p. 182.

45. Télégramme de Brumaire [Brossolette], 16 février 1943 (A.N. 3 AG 2 42).

46. Courrier nº 10 du 18 août 1942 d'EX.20 [Moulin], arrivé le 29 septembre 1942, doc. cité.

47. Rapport AX.03 [d'Astier], « Relations avec les formations sociales et politiques », Londres, 12 octobre 1942, doc. cité.

48. Rapport NX.02 [Frenay], « Situation de la Résistance en France non occupée », 1er octobre 1942, doc. cité.

49. Rapport politique de Francis [Pineau], [après le 15 janvier 1943], doc. cité.

50. B.R.U. 2 [rapport nº 2 de Brossolette], 17 février 1943, doc. cité.

51. Télégramme de Brumaire [Brossolette], nº 8, 16 février 1943, arrivé le 27 février 1943 à Londres (A.N. 3 AG 2 42).

52. B.R.U. 2 [rapport nº 2 de Brossolette] du 17 février 1943, arrivé le 21 mars 1943, doc. cité.

53. Rapport de soudure de B.R.U. 3, 15 mars 1943, arrivé à Londres le 21 mars 1943 (A.N. 3 AG 2 42).

54. ARQU. 1-B.R.U. 5 [Passy-Brossolette], 20 avril 1943, doc. cité.

55. *Ibid.*

56. « Les erreurs politiques de Rémy », note de Bourgat [Brossolette], s.d. (A.N. 72 AJ 1970 et suiv.).

57. P. VILLON, *Résistant de la première heure*, *op. cit.*, p. 184.

58. Jacques DEBÛ-BRIDEL, *De Gaulle et le Conseil national de la Résistance*, Paris, Éd. France-Empire, 1978, p. 33.
59. Cf. Colonel PASSY, *Missions secrètes en France, op. cit.*
60. Voir le chapitre XIX, « De Jean Moulin à Émile Bollaert ».
61. [Jean Moulin], Rapport du 7 mai 1943, doc. cité.
62. *Ibid.*
63. *Ibid.*
64. *Ibid.*
65. ARQU. 1-B.R.U. 5 [Passy-Brossolette], 20 avril 1943, doc. cité.
66. [Jean Moulin], Rapport du 7 mai 1943, doc. cité.
67. Rapport de Rex [Moulin] du 4 juin 1943 à M. André Philip, doc. cité.
68. [Jean Moulin], Rapport du 7 mai 1943, doc. cité.
69. Rapport de Rex [Moulin] du 4 juin 1943 à M. André Philip, doc. cité.
70. *Ibid.*
71. Général de Gaulle, message au Conseil de la Résistance, 19 mai 1943 (A.N. 3 AG 2 409).
72. *Ibid.*
73. Rapport de Rex [Moulin] du 4 juin 1943 à M. André Philip, doc. cité.
74. Conseil de la Résistance, « Motion votée à l'unanimité au cours de la séance tenue quelque part en France le 25 mai 1943 » (A.N. F[la] 3801).
75. Voir Georges BIDAULT, *D'une résistance à l'autre*, s.l., Les Presses du siècle, 1965, p. 40.
76. Journal de Jacques Lecompte-Boinet, pp. 174-175 (A.N. 72 AJ 542).
77. P. VILLON, *Résistant de la première heure, op. cit.*, p. 73.
78. Journal de Jacques Lecompte-Boinet, pp. 174-175, doc. cité.
79. Rapport de Rex [Moulin] à M. André Philip, 4 juin 1943, doc. cité.
80. *La France Libre*, octobre 1944.
81. Lettre de Salard [Copeau] à Bernard [d'Astier], 4 juin 1943, doc. cité.
82. Cf. Ch. DE GAULLE, *Mémoires de guerre*, t. II, *L'Unité*, *op. cit.*, p. 475.
83. A.N. 3 AG 2 400.
84. *France*, 15 mai 1943.
85. Communiqué joint à la lettre de [Boris] au colonel C., I.N.I., 28 juin 1943 (A.N. F[la] 3723).
86. Lettre [de Soustelle], 6 juillet 1943 (A.N. F[la] 3735).
87. J. SOUSTELLE, *Envers et contre tout, op. cit.*, t. II, pp. 70-71.
88. The Ambassador in the United Kingdom (Winant) to the Secretary of State, London, May 18, 1943. Foreign Relations of the United States, 1943, vol. II, *Europe*, Government Printing Office, Washington, 1964.
89. Entretien de Raymond Offroy avec l'auteur, 23 juin 1998.
90. Ch. DE GAULLE, *Lettres, notes et carnets, juillet 1941-mai 1943*, *op. cit.*, pp. 593-594.
91. Général CATROUX, *Dans la bataille de Méditerranée*, *op. cit.*, p. 358.
92. Paul-Louis BRET, *Au feu des événements*, Paris, Plon, 1959, p. 404.
93. H. QUEUILLE, *Journal de guerre*, *op. cit.*, pp. 32-36.
94. J.-L. CRÉMIEUX-BRILHAC, *La France Libre*, *op. cit.*, p. 543.
95. Lettre de Bernard [d'Astier] et Lenoir [Jean-Pierre Levy] au général de Gaulle, Londres, 19 mai 1943 (Archives du ministère des Affaires étrangères, Archives Massigli).
96. Cf. J.-L. CRÉMIEUX-BRILHAC, *La France Libre*, *op. cit.*, pp. 542-543.
97. Rapport de Rex [Moulin] à M. André Philip, 4 juin 1943, doc. cité.
98. Ch. DE GAULLE, *Mémoires de guerre*, t. II, *L'Unité*, *op. cit.*, p. 101.
99. A. PEYREFITTE, *C'était de Gaulle*, *op. cit.*, pp. 143-144.
100. Cité *in* H. NOGUÈRES, *Histoire de la Résistance en France*, Paris, Robert Laffont, t. IV, 1976, pp. 68-69.

101. Courrier de Rex [Moulin], nº 1, n[lle] série du 14 décembre 1942, Londres, 1er février 1943, doc. cité.

102. Câble de Rex [Moulin], 17 novembre 1942 (A.N. 3 AG 2 400).

103. Télégramme du général de Gaulle au général Catroux, Londres, 12 novembre 1942, cité *in* Ch. DE GAULLE, *Mémoires de guerre*, t. II, *L'Unité*, *op. cit.*, p. 399.

104. Télégramme du général de Gaulle à Adrien Tixier, Londres, 21 novembre 1942, cité *ibid.*, p. 414.

105. Courrier de Rex [Moulin], nº 2, n[lle] série du 14 décembre 1942, Londres, 1er février 1943, doc. cité.

106. Câble de Rex [Moulin], nº 1, 15 novembre 1942, arrivé le 24 novembre 1942 (A.N. 3 AG 2 400).

107. Câble de Rex [Moulin], nº 2, s.d., arrivé le 24 novembre 1942 (A.N. 3 AG 2 400).

108. Câble de Rex [Moulin], nº 3, s.d., arrivé le 24 novembre 1942 (A.N. 3 AG 2 400).

109. Câble de Rex [Moulin], 20 novembre 1942 (A.N. 3 AG 2 400).

110. Lettre de De Gaulle à Moulin, Londres, 22 octobre 1942. Ch. DE GAULLE, *Mémoires de guerre*, t. II, *L'Unité*, *op. cit.*, p. 376.

111. Télégramme reproduit dans le courrier EX.46 du 28 janvier 1943 (A.N. 3 AG 2 409).

112. Ch. DE GAULLE, *Mémoires de guerre*, t. II, *L'Unité*, *op. cit.*, p. 441.

113. [Moulin], Conseil politique de la Résistance, 1er février 1943, doc. cité. Cf. *Jean Moulin et le Conseil de la Résistance*, *op. cit.*, p. 185.

114. Ch. DE GAULLE, *Mémoires de guerre*, t. II, *L'Unité*, *op. cit.*, p. 473.

115. Retranscription des câbles du 8 mai 1943 donnée par Ch. DE GAULLE, *ibid.*, p. 478.

Le texte original des câbles figure dans les archives du B.C.R.A. : *« Subordination de Gaulle à Giraud comme chef militaire ne sera jamais admise par peuple de France qui demande installation rapide gouvernement provisoire Alger sous présidence de Gaulle avec Giraud comme chef militaire.*

« Quelle que soit l'issue des négociations de Gaulle demeurera pour tous seul chef Résistance française » (A.N. 3 AG 2 400). On voit qu'il n'y a aucune contradiction entre ces deux textes.

116. Ch. DE GAULLE, *Lettres, notes et carnets, juillet 1941-mai 1943*, *op. cit.*, p. 592.

117. Motion du Conseil de la Résistance, 27 mai 1943, doc. cité.

118. « En aucun cas », *Combat*, décembre 1942.

119. « Justice », *Libération*, 10 janvier 1943.

120. Lettre de Gervais [Frenay] à Max [Moulin], 8 avril 1943, doc. cité.

121. Ch. DE GAULLE, *Lettres, notes et carnets, juin 1943-mai 1945*, *op. cit.*, pp. 74-75.

122. *Ibid.*

XVI. JEAN MOULIN : UN MINISTRE EN SURSIS ?

1. Témoignage d'André Manuel à l'auteur, février 1982.

2. Note de [Bingen] à [Moulin], s.d. (A.N. 72 AJ 1970 et suiv.).

3. Rapport ARQU. 2-B.R.U. 5 [Passy-Brossolette], « Coordination militaire », 20 avril 1943, pp. 48-49, doc. cité.

4. *Ibid.*, p. 11.

5. *Ibid.*, p. 12.

6. *Ibid.*, p. 13.

7. *Ibid.*, p. 15.

8. *Ibid.*

9. *Ibid.*, p. 16.

10. *Ibid.*, p. 17.
11. *Ibid.*, p. 18.
12. *Ibid.*, p. 19.
13. Lettre de B [Brossolette] au [colonel Passy], 7 octobre [1943] (A.N. 72 AJ 49).
14. Livre blanc, IIIe partie, chap. III, p. 25, doc. cité.
15. *Ibid.*, pp. 25-26.
16. *Ibid.*, p. 26.
17. Colonel PASSY, *Missions secrètes en France*, *op. cit.*, p. 177.
18. *Ibid.*, pp. 179-180.
19. Télégramme au général Catroux, Londres, 23 février 1943, *in* Ch. DE GAULLE, *Lettres, notes et carnets, juillet 1941-mai 1943*, *op. cit.*, p. 517.
20. Colonel PASSY, *Missions secrètes en France*, *op. cit.*, pp. 141-142.
21. *Ibid.*, p. 235.
22. *Ibid.*, pp. 141-142.
23. *Ibid.*, pp. 181-182.
24. Colonel PASSY, *Souvenirs*, *op. cit.*, t. I, p. 228.
25. Colonel PASSY, *Missions secrètes en France*, *op. cit.*, pp. 181-182.
26. *Ibid.*
27. Lettre de Jean Moulin au colonel Passy, 15 juin 1943 (A.N. 3 AG 2 181).
28. Colonel PASSY, *Missions secrètes en France*, *op. cit.*, pp. 141-142.
29. *Ibid.*, p. 235.
30. Lettre de Bernard [d'Astier] et Lenoir [Jean-Pierre Levy] au général de Gaulle, Londres, 19 mai 1943, doc. cité.
31. *Ibid.*
32. Témoignage d'Henri Frenay au C.H.D.G.M., février-mars et avril 1948, doc. cité, p. 75.
33. Lettre de Bernard [d'Astier] et Lenoir [Jean-Pierre Levy] au général de Gaulle, Londres, 19 mai 1943, doc. cité.
34. « Renseignements fournis par X. 334 [Morandat] », Londres, 22 mai 1943 (A.N. 3 AG 2 397).
35. Lettre de Bingen à Philip, novembre 1943 (A.N. 72 AJ 1970 et suiv.).
36. *« Sous les attaques habiles de Bernard* [d'Astier]*, le Général et vous-même inclineiz à arbitrer entre Rex* [Moulin] *et les Mouvements.*

« Je me suis alors permis de transmettre au général de Gaulle, par votre entremise, le rappel d'un principe permanent de gouvernement à savoir qu'un Agent du pouvoir central ne peut être l'objet d'un arbitrage de ses mandants entre lui-même et un groupement indépendant.

« L'agent du pouvoir central peut être révoqué, il peut recevoir l'ordre de changer de politique, mais aussi longtemps qu'il conserve son poste, il est l'Autorité centrale elle-même et ses actes engagent l'Autorité dont il est l'émanation.

« Il ne saurait donc y avoir d'arbitrage par l'Autorité centrale entre elle-même et un organisme extérieur » (lettre de Bingen à Philip, novembre 1943, doc. cité).

37. Note de Bingen pour M. Philip, Londres, 4 mai 1943 (A.N. 3 AG 2 318).
38. *Ibid.*
39. Lettre de Bingen à Philip, novembre 1943, doc. cité.
40. Lettre d'André Philip à Rex [Moulin], 10 mai 1943 (A.N. 3 AG 2 181).
41. *Ibid.*
42. Lettre d'André Philip à Rex [Moulin], 10 mai 1943, doc. cité.
43. Rapport de Rex [Moulin] du 4 juin 1943 à M. André Philip, doc. cité, p. 8.
44. H. FRENAY, *L'Énigme Jean Moulin*, *op. cit.*, pp. 148-149.
45. Colonel PASSY, *Missions secrètes en France*, *op. cit.*, p. 215.
46. Note d'instructions et de commentaires à Rex [Moulin], 8 juin 1943, p. 3 (A.N. 3 AG 2 181).
47. *Ibid.*

48. *Ibid.*
49. Câble de Rex [Moulin], n° 48 du 19 juin 1943 (A.N. 3 AG 2 400).
50. [Jean Moulin], Rapport du 7 mai 1943, doc. cité.
51. Télégramme n° 41 du 14 mai 1943 à Rex [Moulin] signé du général de Gaulle (A.N. 3 AG 2 401).
52. Lettre de Pasquier [Frenay] à Lorrain [Bourdet], s.l., 5 juin 1943 (A.N. 72 AJ 1970 et suiv.).
53. H. FRENAY, *La nuit finira, op. cit.*, p. 279.
54. Lettre de Pasquier [Frenay] à Lorrain [Bourdet], s.l., 5 juin 1943, doc. cité.
55. *Ibid.*
56. C'est ce que Georges Boris rapporte dans une lettre à Philip : *« Nous savons par exemple qu'il* [Frenay] *avait conclu le plan de faire remplacer Rex* [Moulin] *par Dunoyer de Segonzac »* (lettre de Georges Boris à André Philip, Londres, 23 juin 1943 [A.N. F[1a] 3735]).
57. Lettre de Pasquier [Frenay] à Lorrain [Bourdet], s.l., 5 juin 1943, doc. cité.
58. Cf. « Réunion du Conseil de la Résistance », *Combat*, 15 juin 1943.
59. Voir le chapitre XII, « Jean Moulin à Londres ».
60. Cité par le Colonel PASSY, *Missions secrètes en France, op. cit.*, pp. 404-405.
61. Lettre de Salard [Copeau] à Bernard [d'Astier], 4 juin 1943, doc. cité.
62. Lettre de Salard [Copeau] à Merlin [d'Astier], 11 mai 1943, doc. cité.
63. Colonel PASSY, *Souvenirs, op. cit.*, t. II, p. 247.
64. P. MENDÈS FRANCE, *Œuvres complètes*, t. I, *S'engager, op. cit.*, p. 714.
65. Lettre de Georges Boris à André Philip, 23 juin 1943, doc. cité.
66. Lettre de Salard [Copeau] à Bernard [d'Astier], 4 juin 1943, doc. cité.
67. Rapport de Rex [Moulin] du 4 juin 1943 à M. André Philip, p. 8, doc. cité.
68. Note pour André Pélabon, ingénieur en chef du Génie militaire, Alger, 1er octobre 1943, *in* Ch. DE GAULLE, *Lettres, notes et carnets, juin 1943-mai 1945, op. cit.*, p. 81.
69. Lettre de Georges Boris à André Philip, 23 juin 1943, doc. cité.
70. Cour de justice de la Seine. Procès-verbal d'interrogatoire de confrontation. Multon, Jean, 12 mai 1945 (A.N. C.J. 244 [4]).
71. [Jean Moulin], Rapport du 7 mai 1943, doc. cité.
72. Cf. « De la création et de l'organisation d'un service de protection » (Source Ajax) [A.N. 3 AG 2 53].
73. [Henri Frenay], « La Résistance en France », début mars 1943, doc. cité.
74. Le chef de la Sicherheitspolizei et du S.D. à M. le ministre des Affaires étrangères von Ribbentrop, Berlin, 27 mai 1943, « L'Armée secrète en France », p. 2 (A.N. 72 AJ 1970 et suiv.).
75. *Ibid.*, p. 1.
76. *Ibid.*, p. 10.
77. *Ibid.*, p. 3.
78. *Ibid.*, p. 17.
79. [Henri Frenay], « La Résistance en France », début mars 1943, doc. cité.
80. Le chef de la Sicherheitspolizei et du S.D. à M. le ministre des Affaires étrangères von Ribbentrop, Berlin, 27 mai 1943, « L'Armée secrète en France », p. 17, doc. cité.
81. *Ibid.*, p. 16.
82. *Ibid.*, p. 11-12.
83. *Ibid.*, p. 17.
84. H. FRENAY, *La nuit finira, op. cit.*, pp. 323-324.
85. Jacques DELARUE, « Un SS nommé Barbie », *L'Histoire*, n° 82, 1985, p. 58.

XVII. PRÉLUDE À CALUIRE

1. H. NOGUÈRES, *Histoire de la Résistance en France, op. cit.*, t. III, p. 411.
2. Cf. René HARDY, *Derniers mots*, Paris, Fayard, 1984.

3. L'arrestation de René Hardy est signalée dans la note nº 15 au sujet de l'activité séditieuse des partisans de l'ex-général de Gaulle de la Sûreté nationale, Vichy, 31 mai 1941.

4. Cf. R. HARDY, *Derniers mots*, *op. cit.*, p. 294.

5. *Ibid.*, pp. 506-507.

6. Sur une certaine tendance de Hardy à accaparer les mérites du plan vert, Max Heilbronn écrit en 1947 : « *Et pourtant, personnage peu sympathique, soi-disant auteur du plan vert, se souvient-il d'un travail fait par un autre que lui, à Saint-Hyppolite-du-Fort dans le Gard, les 28, 29 et 30 mai 1943 ?*

« Ne paraissait-il pas impatient de jouer un rôle, d'écarter un rival (dans son esprit) au risque même de compromettre l'efficacité dudit plan vert ? » (MAX, *alias* Harel [Heilbronn], « J'ai connu Hardy », *Le Populaire*, 22 janvier 1947.)

En 1950, Heilbronn définira la nature du plan vert : « *A mon sens, l'expression "plan" est inexacte.* [...] *C'était un travail cartographique, purement et simplement. Qu'est-ce qu'il y avait à la base ? L'idée de destruction simultanée, d'une part, opérée à un moment déterminé, d'autre part, un procédé technique de destruction.* [...] *Qu'on numérote tout cela, qu'on le codifie, que l'on sache que ces destructions doivent s'opérer par des moyens pyrotechniques ou par des moyens mécaniques, cela n'a, à mon sens, aucun intérêt. Ce que l'on a appelé le "Plan vert", c'est une idée, c'est un procédé. Ce n'est pas ce que j'appellerai un plan comme un ordre de bataille pour les militaires* » (Procès de René Hardy devant le tribunal militaire de Paris, audience du 3 mai 1950, déposition de Max Heilbronn, A.N. 334 AP 50).

7. Lettre du général Delestraint au général de Gaulle, 20 mai 1943 (A.N. 72 AJ 1970 et suiv.).

8. R. HARDY, *Derniers mots*, *op. cit.*, p. 181.

9. Gérard CHAUVY, *Aubrac Lyon 1943*, Paris, Albin Michel, 1997, p. 427.

10. Cité par Henri NOGUÈRES, *La vérité aura le dernier mot*, Paris, Le Seuil, 1985, p. 27.

11. Cf. Antenne SIPO (S.D.) de Marseille, Rapport final, Marseille, 19 juillet 1943. Signé Dunker (« Rapport Flora »). Texte allemand en C.J. 244, pièce C.3. de l'instruction. Pièce C.10 pour la traduction.

12. D.S.M. Compte rendu d'interrogatoire de René Hardy, [Alger], 6 juin 1944 (A.N. C.J. 244 [6]).

13. Lettre de Raymond Aubrac à Henri Michel, 20 octobre 1963 (A.N. 72 AJ 233).

14. Procès de René Hardy devant le tribunal militaire de Paris, audience du 5 mai 1950, déposition de Lazare Rachline, pp. 4-5 (A.N. 334 AP 50).

15. Procès de René Hardy devant le tribunal militaire de Paris, audience du 3 mai 1950, déposition de Joseph Gastaldo, p. 41 (A.N. 334 AP 50).

16. Le chef de la Sicherheitspolizei et du S.D. à M. le ministre des Affaires étrangères von Ribbentrop, Berlin, 29 juin 1943, doc. cité.

17. Procès de René Hardy devant le tribunal militaire de Paris, audience du 25 avril 1950, interrogatoire de René Hardy, p. 88 (A.N. 334 AP 50).

18. Maurice GARÇON, *Plaidoyer pour René Hardy*, Paris, Fayard, 1950, pp. 21-22.

19. Procès de René Hardy devant le tribunal militaire de Paris, audience du 25 avril 1950, interrogatoire de René Hardy, p. 92 (A.N. 334 AP 50).

20. *Ibid.*, p. 87.

21. *Ibid.*, p. 81.

22. *Ibid.*, p. 19. Ce détail fera l'objet d'une dénégation de la part de Hardy, tant sur la date que sur le nom des participants.

23. Max Heilbronn, déposition du 13 avril 1948, citée *in* R. HARDY, *Derniers mots*, *op. cit.*, pp. 224-225.

24. Dès son retour de déportation, Heilbronn, tout en rapportant les accusations de Delestraint contre Hardy lors de sa détention au camp de Natzweiller, présente, pour sa

part, des arguments en faveur de Hardy. Voir Direction générale de la police nationale. Audition de Max Helbronn *(sic)*, Paris, 25 mai 1943 (A.N. C.J. 244 [1]).

Le 22 janvier 1947, alors que débute le premier procès, il publie dans *Le Populaire* un témoignage plus nuancé. Cf. MAX, *alias* HAREL [Heilbronn], « J'ai connu Hardy », art. cité.

Deux jours plus tard, devant la cour de justice, sa déposition est plus favorable à Hardy. Voir Procès de René Hardy devant la cour de justice de la Seine, audience du 24 janvier 1947, déposition de Max Heilbronn (B.D.I.C. 334/55/5).

Lors de la seconde instruction, son témoignage, très détaillé, reste aussi bon pour Hardy. Voir déposition du 13 avril 1948, citée par R. HARDY, *Derniers mots*, *op. cit.*, pp. 225-228.

Sa version du procès de 1950 est très similaire. Voir Procès de René Hardy devant le tribunal militaire de Paris, audience du 3 mai 1950, déposition de Max Heilbronn, pp. 78-80 (A.N. 334 AP 50).

Cf., enfin, ses souvenirs publiés en 1989 : Max HEILBRONN, *Galeries Lafayette, Buchenwald, Galeries Lafayette*, Paris, Economica, 1989, pp. 88-89.

25. P. GUILLAIN DE BÉNOUVILLE, *Le Sacrifice du matin*, *op. cit.*, p. 410.

26. Tribunal militaire permanent de Paris, déposition de Pierre de Bénouville, 17 décembre 1948 (communiquée par Me Serge Klarsfeld).

27. Cf. Tribunal militaire permanent de Paris, déposition de Jacques Baumel, 25 mai 1948 (communiquée par Me Klarsfeld).

28. Cf. lettre de Jean Moulin au général de Gaulle, 15 juin 1943, doc. cité.

29. *Ibid.*

30. Câble, 30.4.43, de Rex [Moulin] à F.F.C. (A.N. 3 AG 2 400).

31. [Jean Moulin], Rapport du 7 mai 1943, doc. cité.

32. Rapport de Rex [Moulin] du 4 juin 1943 à M. André Philip, doc. cité.

33. Lettre de Rex [Moulin] à [Lt-Cl Passy], 15 juin 1943 (A.N. 3 AG 2 181).

34. Lettre de Jean Moulin au général de Gaulle, 15 juin 1943, doc. cité.

35. Cf. Tribunal militaire permanent de Bordeaux, déposition de Dany Bouyjou-Cordier, 18 juin 1948 : *« Il me semble qu'au dernier repas pris avec Jean Moulin et Grammont* [De Graaff], *Jean Moulin nous aurait dit qu'il y avait lieu de se méfier de "Fer" qui était un alias de Hardy alias "Didot" »* (communiquée par Me Klarsfeld).

36. En avril 1980, Tony De Graaff a fait éditer son témoignage par le ministère des Anciens Combattants où il reprenait cette même idée qu'il était absent de Lyon lors des préparatifs de la réunion et qu'il revint juste avant la tenue de la réunion d'un séjour à Paris. (Cf. *Jean Moulin. Témoignage de T. De Graaff*, Paris, Secrétariat d'État aux Anciens Combattants, avril 1980, p. 20.)

Je lui adressai alors une lettre de mise au point : *« Le rédacteur du fascicule se trompe en vous désignant comme l'adjoint direct de Moulin. Vous étiez le chef du secrétariat de Lyon.*

« Autre erreur de lieu probablement. Vous n'êtes jamais venu à Paris "pour vous rendre compte de la situation en zone nord à la suite de l'arrestation de Delestraint".

« Le général Delestraint a été arrêté le 9 juin 1943, Théobald et Suzette à sa suite. N'ayant plus d'agent de liaison pour avertir Moulin, je suis venu à Lyon le 12 juin. Moulin étant absent, je ne l'ai retrouvé place Raspail que le 14. J'ai déjeuné le lendemain avec lui au "Coq au vin" et suis rentré à Paris par le train de l'après-midi. Ce fut notre dernière rencontre.

« Ni Meunier, adjoint de Moulin pour la zone nord, ni Chambeiron, son collaborateur, ni Germain, ni moi-même, par qui passaient nécessairement toutes les liaisons, ne vous ont jamais rencontré à Paris.

« Par contre, vous êtes venu chercher Moulin le 15 juin après notre déjeuner et tous les deux, vous m'avez accompagné à l'arrêt du tramway » (Lettre de Daniel Cordier à Tony De Graaff, s.l., 16 juin 1980).

37. Lettre de Bénouville à Monod et Davet, 17 juin 1943. Cet extrait est reproduit

en fac-similé par Henri AMOUROUX dans « Ce que je sais de l'affaire Jean Moulin », *Le Figaro Magazine*, 20 juin 1987. Une copie m'en a été récemment communiquée par Me Serge Klarsfeld.

38. P. GUILLAIN DE BÉNOUVILLE, *Le Sacrifice du matin*, *op. cit.*, p. 410.

39. D.S.M., Complément d'interrogatoire de Hardy René, [Alger], 10 juin 1944 (A.N. C.J. 244).

40. P. GUILLAIN DE BÉNOUVILLE, *Le Sacrifice du matin*, *op. cit.*, p. 411.

41. H. AMOUROUX, « Ce que je sais de l'affaire Jean Moulin », art. cité.

42. Les souvenirs de Frenay sur ce point sont imprécis. Il croyait avoir appris l'arrestation de Delestraint le 16 juin, c'est-à-dire avant son propre départ pour Londres, le 17 juin. (Cf. *La nuit finira*, *op. cit.*, pp. 333-334.)

43. Câble du 18 juin 1943 de Bernex [Baumel] à Nef [Frenay] (A.N. 3 AG 2 316).

44. Cf. rapport du commissaire Charles Porte, arrivé à Londres le 27 juillet 1943, cité par le colonel PASSY, *Missions secrètes en France*, *op. cit.*, pp. 248-249.

45. Procès de René Hardy devant le tribunal militaire de Paris, audience du 4 mai 1950, déposition d'Henri Aubry, pp. 4-5 (A.N. 334 AP 50).

46. H. NOGUÈRES, *Histoire de la Résistance en France*, *op. cit.*, t. III, p. 435.

47. Procès de René Hardy devant le tribunal militaire de Paris, audience du 4 mai 1950, déposition d'Henri Aubry, pp. 4-5, doc. cité.

48. H. NOGUÈRES, *Histoire de la Résistance en France*, *op. cit.*, t. III, p. 435.

49. Procès de René Hardy devant la Cour de justice de la Seine, audience du 22 janvier 1947, déposition de Claude Bourdet (A.N. 334 AP 24).

50. R. HARDY, *Derniers mots*, *op. cit.*, pp. 271-272. Cette croyance était répandue parmi les responsables de Combat et perdura après le 21 juin 1943, puisque, la réunion ne s'étant pas tenue, son contenu ne put les détromper.

Aubry, par exemple, déclare en 1945 : *« Barrès, qui en réalité est le général de Bénouville, savait comme moi que la réunion qui devait avoir lieu le lendemain* […] *avait pour but de désigner un remplaçant au général Vidal, chef de l'A.S., arrêté à Paris le 9 juin* […] *certains membres de la réunion préconisant le rattachement direct de l'armée secrète à Londres et sa séparation complète du reste de la Résistance, alors qu'au sein de l'organisation Combat nous tenions à ce que l'A.S. reste dans le cadre de la Résistance* […] » (Direction générale de la sûreté nationale. Déposition d'Henri Aubry, Paris, 15 février 1945, A.N. C.J. 244 [1]).

51. Tribunal militaire permanent de Paris, déposition de Pierre de Bénouville, 7 octobre 1948. (Communiquée par Me Serge Klarsfeld.)

52. H. AMOUROUX, « Ce que je sais de l'affaire Jean Moulin », art. cité.

53. *Ibid.*

54. *Ibid.*

55. P. GUILLAIN DE BÉNOUVILLE, *Le Sacrifice du matin*, *op. cit.*, p. 409.

56. Tribunal militaire permanent de Paris, déposition de Pierre de Bénouville, 7 octobre 1948, doc. cité.

57. Procès de René Hardy devant le tribunal militaire de Paris, audience du 4 mai 1950, déposition d'Henri Aubry, pp. 5-6, doc. cité.

58. H. AMOUROUX, « Ce que je sais de l'affaire Jean Moulin », art. cité.

59. P. GUILLAIN DE BÉNOUVILLE, *Le Sacrifice du matin*, *op. cit.*, p. 410.

60. Cf. P. GUILLAIN DE BÉNOUVILLE, *Le Sacrifice du matin*, Paris, Hachette, 1968.

61. Procès de René Hardy devant le tribunal militaire de Paris, audience du 25 avril 1950, interrogatoire de René Hardy, p. 11, doc. cité.

62. Note sur la sécurité, 31 janvier 1943. Papiers trouvés dans la valise de Denoyer, Christine (A.N. 72 AJ 47).

63. Circulaire, B.I. à KKK, 9 février 1943, *ibid.*

64. M. GARÇON, *Plaidoyer pour René Hardy*, *op. cit.*, pp. 85-86.

65. Témoignage de Claude Bouchinet-Serreulles cité par H. NOGUÈRES, *Histoire de la Résistance en France*, *op. cit.*, t. III, p. 434.

66. Procès de René Hardy devant le tribunal militaire de Paris, audience du 3 mai 1950, déposition d'André Lassagne, pp. 3-4 (A.N. 334 AP 50).

67. Brigade de gendarmerie d'Hauteville, procès-verbal d'audition de témoin, Lassagne, André, 21 janvier 1946 (A.N. C.J. 244 [2]).

68. Procès de René Hardy devant le tribunal militaire de Paris, audience du 3 mai 1950, déposition d'André Lassagne, pp. 3-4 (A.N. 334 AP 50).

69. Procès de René Hardy devant le tribunal militaire de Paris, audience du 4 mai 1950, déposition d'Henri Aubry, pp. 6-8, doc. cité.

70. *Ibid.*

71. Direction générale de la Sûreté nationale, déposition d'Henri Aubry, 15 février 1945, doc. cité.

72. Procès de René Hardy devant le tribunal militaire de Paris, déposition du docteur Dugoujon, 3 mai 1950 (A.N. 334 AP 50).

73. Procès de René Hardy devant la cour de justice de la Seine, déposition du docteur Dugoujon, 1947 (A.N. 334 AP 24).

74. R. HARDY, *Derniers mots*, *op. cit.*, pp. 282-283.

75. Procès de René Hardy devant la cour de Justice de la Seine, déposition du colonel Lacaze, 1947 (A.N. 334 AP 24).

76. Témoignage de Claude Bouchinet-Serreulles, cité par H. NOGUÈRES, *Histoire de la Résistance en France*, *op. cit.*, t. III, p. 444.

XVIII. LE 21 JUIN À CALUIRE...

1. Témoignage d'Henri Aubry, cité par H. NOGUÈRES, *Histoire de la Résistance en France*, *op. cit.*, t. III, pp. 444-445.

2. Procès de René Hardy devant le tribunal mlitaire de Paris, audience du 4 mai 1950, déposition d'Henri Aubry, p. 9, doc. cité.

3. Témoignage d'Henri Aubry, cité par H. NOGUÈRES, *Histoire de la Résistance en France*, *op. cit.*, t. III, p. 445.

4. Surveillance du territoire, déposition d'Edmée Delettraz, Annemasse, 18 février 1945 (A.N. C.J. 244 [1]).

5. Procès de René Hardy devant la cour de justice de la Seine, audience du 22 janvier 1947, déposition du commandant de La Brosse, p. 32 (A.N. 334 AP 24).

6. Procès de René Hardy devant la cour de justice de la Seine, audience du 21 janvier 1947, déposition du colonel Richard (A.N. 334 AP 24).

7. Procès de René Hardy devant la cour de justice de la Seine, audience du 21 janvier 1947, déposition du colonel René Bousquet (A.N. 334 AP 24).

8. Cour de justice de la Seine, déposition d'Edmée Delettraz, 6 mars 1946 (A.N. C.J. 244 [2]).

9. Procès de René Hardy devant le tribunal militaire de Paris, audience du 3 mai 1950, déposition du docteur Dugoujon (A.N. 334 AP 50).

10. Témoignage de Gaston Defferre, cité par H. NOGUÈRES, *Histoire de la Résistance en France*, *op. cit.*, t. III, p. 444.

11. Procès de René Hardy devant la cour de justice de la Seine, audience du 21 janvier 1947, déposition du colonel Albert Lacaze (A.N. 334 AP 24).

12. *Ibid.*

13. L. MOULIN, *Jean Moulin*, *op. cit.*, p. 358.

14. Procès de René Hardy devant la cour de justice de la Seine, audience du 21 janvier 1947, déposition du docteur Frédéric Dugoujon, doc. cité.

15. *Ibid.*

16. Cf. H. NOGUÈRES, *Histoire de la Résistance en France*, *op. cit.*, t. III, p. 452.

17. *L'Express*, 27 avril-3 mai 1984.

18. Procès de René Hardy devant la cour de justice de la Seine, audience du 21 janvier 1947, déposition d'Albert Lacaze, p. 152, doc. cité.

19. Procès de René Hardy devant la cour de justice de la Seine, audience du 3 mai 1950, déposition d'Albert Lacaze, pp. 26-28 (A.N. 334 AP 50).

20. Raymond AUBRAC, *Où la mémoire s'attarde*, Paris, Odile Jacob, 1996, p. 96.

21. Brigade de surveillance du territoire, déposition de Marcel Pariaud, Lyon, 27 décembre 1944 (A.N. C.J. 244 [1]).

22. Procès de René Hardy devant la cour de justice de la Seine, audience du 21 janvier 1947, déposition du docteur Frédéric Dugoujon, p. 147, doc. cité.

23. Déposition d'Henri Aubry, Paris, 15 février 1945, doc. cité.

24. Procès de René Hardy devant la cour de justice de la Seine, audience du 21 janvier 1947, déposition d'Henri Aubry, doc. cité.

25. Déposition d'Henri Aubry, Paris, 15 février 1945, doc. cité.

26. Procès de René Hardy devant la cour de justice de la Seine, audience du 21 janvier 1947, déposition d'André Lassagne (A.N. 334 AP 24).

27. Procès de René Hardy devant la cour de justice de la Seine, audience du 21 janvier 1947, déposition d'Albert Lacaze, pp. 152-153, doc. cité.

28. « Les mémoires de René Hardy », *Ce matin*, 9-10 février 1947.

29. Surveillance du territoire, déposition du docteur Frédéric Dugoujon, Lyon, 27 décembre 1944 (A.N. C.J. 244 [1]).

30. Procès de René Hardy devant le tribunal militaire de Paris, audience du 3 mai 1950, déposition du docteur Dugoujon, p. 88, doc. cité.

31. Brigade de surveillance du territoire, déposition de Marcel Pariaud, Lyon, 27 décembre 1944, doc. cité.

32. Brigade de surveillance du territoire, déposition de Marguerite Brossier, Lyon, 27 décembre 1944 (A.N. C.J. 244 [1]).

33. Brigade de surveillance du territoire, déposition de Claude Rougis, Lyon, 29 décembre 1944 (A.N. C.J. 244 [1]).

34. Procès de René Hardy devant la cour de justice de la Seine, audience du 21 janvier 1947, déposition d'André Lassagne, doc. cité.

35. Procès de René Hardy devant le tribunal militaire de Paris, audience du 3 mai 1950, déposition du docteur Dugoujon, p. 89, doc. cité.

36. Surveillance du territoire, déposition du docteur Frédéric Dugoujon, Lyon, 27 décembre 1944, doc. cité.

37. Témoignage d'Henri Aubry, cité par H. NOGUÈRES, *Histoire de la Résistance en France*, *op. cit.*, t. III, p. 460.

38. Déposition d'Henri Aubry, Paris, 15 février 1945, doc. cité.

39. Témoignage d'Henri Aubry, cité par H. NOGUÈRES, *Histoire de la Résistance en France*, *op. cit.*, t. III, pp. 460-461.

40. Voir P. GUILLAIN DE BÉNOUVILLE, *Le Sacrifice du matin*, *op. cit.*, p. 400-401.

41. Procès de René Hardy devant le tribunal militaire de Paris, audience du 3 mai 1950, déposition du colonel Lacaze, p. 30, doc. cité.

42. Déposition d'Henri Aubry, Paris, 15 février 1945, doc. cité.

43. Câble de Sophie [Serreulles], [22 juin 1943] (A.N. 3 AG 2 400).

44. Procès de René Hardy devant le tribunal militaire de Paris, audience du 2 mai 1950, déposition de Lucie Aubrac (A.N. 334 AP 50).

45. Rapport du commissaire Porte, arrivé à Londres le 27 juillet 1943, cité par le colonel PASSY, *Missions secrètes en France*, *op. cit.*, pp. 248-249.

46. *Ibid.*

47. *Ibid.*

48. Cf. *ibid.*

49. Complément au rapport de Sophie [Serreulles], 14 juillet 1943 (A.N. 3 AG 2 397).

50. C'est au cours du deuxième procès de Hardy, tenu en 1950, que son avocat s'adressa à Aubry en lisant plusieurs passages d'une déposition de cinquante-deux pages

qu'il avait faite aux Allemands après son arrestation. Au sujet de l'accusation citée, Aubry eut cette réponse étonnante : *« Cela n'est pas vrai, parce que je n'ai jamais connu Jean Moulin, c'est prouvé »* (Procès de René Hardy devant le tribunal militaire de Paris, audience du 4 mai 1950, déposition d'Henri Aubry, p. 51, doc. cité). Ce qui ne l'empêcha nullement de répondre au président qui l'interrogeait un peu plus tard : *« M. le Président : Connaissiez-vous Jean Moulin ?*

« M. Aubry : Je connaissais Jean Moulin depuis 1941.

« M. le Président : Vous saviez qui c'était ?

« M. Aubry : Oui » (*ibid.*, p. 54). En effet, Aubry fut un des premiers officiers recrutés par Frenay et, après Chevance, il fut le troisième responsable de Combat avec lequel Moulin fut mis en contact. Dans les interrogatoires de 1948, Klaus Barbie donna sur ce point des réponses contradictoires ou évasives qui ne sont d'aucune utilité.

51. « La mort de Jean Moulin », *France-Soir*, 31 mai 1972.

52. Cité *in* R. HARDY, *Derniers mots*, *op. cit.*, p. 521.

53. *Ibid.*

54. Procès de René Hardy devant le tribunal militaire de Paris, audience du 3 mai 1950, déposition du docteur Dugoujon, pp. 89-90, doc. cité.

55. Procès de René Hardy devant le tribunal militaire de Paris, audience du 2 mai 1950, déposition de Raymond Aubrac, p. 56 (A.N. 334 AP 50).

56. Procès de René Hardy devant le tribunal militaire de Paris, audience du 3 mai 1950, déposition du docteur Dugoujon, pp. 89-90, doc. cité.

57. Cf. Chr. PINEAU, *La Simple vérité*, *op. cit.*, pp. 122-124.

58. Reproduit par Alya AGLAN, *Le Mouvement Libération-Nord (1940-1947). Un engagement politique dans la Résistance*, thèse pour le doctorat d'histoire, Paris, I.E.P., 1998, p. 698 (Paris, Flammarion, 1998).

59. « La mort de Jean Moulin », art. cité.

60. Cité par Ladislas DE HOYOS, *Barbie*, Paris, Robert Laffont, 1987, pp. 121-122.

61. Délégation supérieure de Hesse-Palatinat. Service régional de police judiciaire. Audition de Heinrich Meiners. Procès-verbal, 14 octobre 1946 (A.F.E.D.).

62. L. DE HOYOS, *Barbie*, *op. cit.*, pp. 123-124.

63. Procès de René Hardy devant le tribunal militaire de Paris, audience du 3 mai 1950, déposition d'André Lassagne, p. 10 (A.N. 334 AP 50).

64. Cité par Fr.-Y. GUILLIN, *Le Général Delestraint*, *op. cit.*, p. 272. Voir aussi le témoignage donné par André Lassagne au C.H.D.G.M. (s.d.) : *« C'est le 10 ou le 12 juillet 1943 qu'André Lassagne vit pour la dernière fois Jean Moulin.*

« Il était avec le général Delestraint lorsque les boches lui demandèrent si l'homme qui gisait sur une civière, le visage en bouillie recouvert de pansement était bien Max et [il] *entendit Vidal répondre : "Comment voulez-vous que je reconnaisse cet homme dans l'état où il se trouve ?" »* (A.N. 72 AJ 36).

65. Délégation supérieure de Hesse-Palatinat. Service régional de police judiciaire. Audition de Heinrich Meiners. Procès-verbal, 14 octobre 1946, doc. cité.

66. Cf. Mairie de Metz. Service des cimetières, 7 décembre 1944 (A.N. C.J. 244 [5]).

67. Médecin-major Beschke, 25 juillet 1943 (A.F.E.D.).

68. Voir Gottlieb FUCHS, *Le Renard*, Paris, Albin Michel, pp. 148-149.

69. Francis-Louis CLOSON, Rapport pour M. Philip, [juillet 1943] (A.N. AJ 1970 et suiv.).

70. [Message paru dans le journal *Volontaire*], Londres, s.d., *in* Ch. DE GAULLE, *Lettres, notes et carnets, juillet 1941-mai 1943*, *op. cit.*, p. 171.

71. L. MOULIN, *Jean Moulin*, *op. cit.*, pp. 369-370.

72 [Laure Moulin], « La mort de mon frère. Mes contacts avec la Gestapo », s.l.n.d. (A.F.E.D.)

73. L. MOULIN, *Jean Moulin*, *op. cit.*, pp. 371-372.

74. *Ibid.*, p. 371.

XIX. DE JEAN MOULIN À ÉMILE BOLLAERT

1. Rapport n° 1 de Sophie [Serreulles], 12 juillet 1943 (A.N. 3 AG 2 397).

2. Ch. DE GAULLE, *Mémoires de guerre*, t. II, *L'Unité*, *op. cit.*, p. 163.

3. Fr. CRÉMIEUX, *Entretiens avec Emmanuel d'Astier*, *op. cit.*, p. 110.

4. H. NOGUÈRES, *Histoire de la Résistance en France*, *op. cit.*, t. III, p. 473.

5. Note à Rex [Moulin] citée par J.-L. CRÉMIEUX-BRILHAC, *La France Libre*, *op. cit.*, p. 762.

6. *Ibid.*

7. *Ibid.*

8. Dupin [Pierre Kaan] au général de Gaulle. Note de l'adjoint de la zone nord du représentant du général de Gaulle, juillet 1943 (A.N. 72 AJ 1970 et suiv.).

9. *Ibid.*

10. Câble à Sophie [Serreulles], 27 juin 1943 (A.N. 3 AG 2 181). *« Félicitations pour sang froid top Vous faisons confiance top Recherchons solutions dans bon esprit coopération avec chefs présents Londres top Attendons réponse de Gaulle top pour immédiat examinez si Morlaix* [Meunier] *je dis Morlaix* [Meunier] *ou Champion* [Chambeiron] *je répète Champion* [Chambeiron] *conviendraient zone Nord pour coordination civile provisoire top Croyons divers mouvements d'accord mais craignons objections O.C.M. je dis Oscar Charles Marie. »*

11. Rapport n° 1 de Sophie [Serreulles], 12 juillet 1943, doc. cité : *« Je continue à penser qu'il ne saurait être fait un meilleur choix. Je regrette seulement que votre décision quelle qu'elle soit se fasse attendre. »*

12. *Ibid.*

13. Rapport de Clovis [Serreulles], 7 octobre 1943 (A.N. 3 AG 2 397).

14. Instructions concernant les mouvements de Résistance, 9 juillet 1943 (A.N. 3 AG 2 181).

15. De Sophie [Serreulles], 19 juillet 1943 (A.N. 72 AJ 1970 et suiv.). *« Je regrette que vous ne sembliez pas avoir jusqu'ici suffisamment pris en considération la suggestion que je vous ai faite de désigner Rousseau* [Bidault]. *Je vous confirme que de l'avis unanime il est l'homme le plus qualifié. Il entretient avec tous les groupes, y compris la F.A.N.A.* [communistes] *les meilleures relations et jouit de l'estime générale. Il a beaucoup d'autorité et de poigne. J'insiste à nouveau très instamment auprès de vous pour que le choix se porte sur lui. »*

16. Rapport de Sophie [Serreulles], courrier n° 4, 16 août 1943 (A.N. 72 AJ 1970 et suiv.). *« Je regrette de constater que si notre accord est complet pour le principe, il ne s'est traduit par aucune désignation concrète* [...]. *Voici deux mois que le C.F.L.N. n'a pas de représentant attitré dans la métropole.*

« J'ai dans mon courrier de Juillet ainsi que dans de nombreux câbles (dont le premier personnel au général de Gaulle) insisté sur les inconvénients graves qu'entraînerait cette absence de décision. Je n'y reviendrai pas ici. Mon point de vue n'a pas changé. »

17. Cité par H. NOGUÈRES, *Histoire de la Résistance en France*, *op. cit.*, t. III, p. 503.

18. Cité *ibid.*, p. 505.

19. Conférence chez le général d'Astier, Londres, 27 juin 1943 (A.N. 3 AG 2 182).

20. Câble d'Arquebuse [Passy], n° 5, 7 mars 1943 (A.N. 3 AG 2 42).

21. *Ibid.*

22. Télégramme du général d'Astier et Boris au général de Gaulle et Philip, 26 juin 1943 (A.N. 3 AG 2 423).

23. Lettre de Boris à Philip, 29 [juin 1943] (A.N. F^{1a} 3735).

24. [Blocq-Mascart], Note pour Brumaire [Brossolette], 29 juin 1943 (A.N. 3 AG 2 409).

25. Témoignage du colonel Passy à l'auteur, 1980.

26. Colonel PASSY, *Missions secrètes en France*, *op. cit.*, p. 256.

27. Colonel PASSY, *Souvenirs*, *op. cit.*, t. II, p. 66.

28. Notes préparatoires au quatrième volume des souvenirs du colonel Passy, pp. 188-189 (A.N. 72 AJ 1970 et suiv.).

29. Lettre de Pierre Brossolette à André Philip, 30 mai 1942, *in* Colonel PASSY, *Souvenirs*, *op. cit.*, t. II, p. 219.

30. *Ibid.*, p. 226.

31. *Ibid.*

32. L. JOXE, *Victoire sur la nuit*, *op. cit.*, p. 96.

33. *Ibid.*, p. 228.

34. *Ibid.*

35. Cl. GUY, *En écoutant de Gaulle*, *op. cit.*, p. 152.

36. Télégramme du général de Gaulle et d'André Philip au général d'Astier et à Georges Boris, les deux du 29 [juin 1943], reçus le 30 juin 1943 (A.N. 3 AG 2 423).

37. Les documents infirment la version galvaudée qui prétend que de Gaulle s'est montré indifférent à la question. Cf., par exemple, Guy PERRIER qui parle de « *la carence d'André Philip et de De Gaulle* » (*Pierre Brossolette, le visionnaire de la Résistance*, Paris, Hachette, 1997, p. 174).

38. Télégramme du général d'Astier et de Georges Boris au général de Gaulle et Philip, 1er juillet 1943 (A.N. 3 AG 2 423).

39. Télégramme de Philip au général de Gaulle, nº 11, Londres, 12 juillet 1943 (A.N. 3 AG 2 423).

40. Télégramme de Boris et B.C.R.A. à Passy, nº 5, Londres, 1er juillet 1943 (A.N 3 AG 2 423).

41. Télégramme de Passy à Pedro [Brossolette], nº 5, 6 juillet 1943, reçu le 8 juillet 1943 (A.N. 3 AG 2 423).

42. « *Je suis personnellement persuadé que l'adoption de la 2e thèse est la seule mesure qui puisse apporter des résultats efficaces et que l'adoption de la première n'aboutirait qu'à augmenter les difficultés inter-Mouvements et à favoriser une désagrégation qui ne manquera pas de se produire si les Mouvements sont laissés à eux-mêmes pendant un temps plus long* » (Rapport du colonel Passy, nº 94, 20 juillet 1943) (A.N. 72 AJ 1970 et suiv.).

43. Note de Jacques Bingen à André Pélabon, 21 juillet 1943 (A.N. 72 AJ 1970 et suiv.).

44. Lettre de Passy à André Pélabon, Londres, 21 juillet 1943 (A.N. 72 AJ 1970 et suiv.).

45. *Ibid.*

46. Pour André Philip de la part de Boris, 26 juillet 1943 (A.N. F1a 3735 et 3720).

47. *Ibid.* Boris écrivait aussi : « [Brossolette] *aurait pour triple mission primo contacter d'urgence Baudoin* [Bollaert] *et le mettre en place à la tête du CDR* [Conseil de la Résistance], *secundo contacter les communistes pour dissiper au plus tôt les malentendus qui ont pu se produire et éclaircir d'urgence la situation, tertio préparer sans délai le travail relatif à la presse et à la radio pour le jour J. Stop Cette mission très nettement circonscrite, aurait pour couverture indispensable une mission militaire, celle d'assistant de Morinot* [Marchal], *mais il serait entendu qu'en fait la coordination des mouvements zone nord demeurerait du domaine exclusif de Sauvier* [Serreulles]-*Morinot.* »

48. Lettre de Jacques Bingen à André Pélabon, 28 juillet 1943 (A.N. 72 AJ 1970 et suiv.).

49. Lettre de Boris à André Philip, 5 août 1943 (A.N. F1a 3735).

50. Lettre de Jacques Bingen à André Pélabon, 5 août 1943 (A.N. 72 AJ 1970 et suiv.).

51. Lettre de Passy à André Pélabon, 7 août 1943 (A.N. 72 AJ 1970 et suiv.).

52. Lettre de Philip à Boris, 7 août 1943 (A.N. F1a 3735).

53. Lettre de Boris à André Philip, 5 août 1943 (A.N. F[1a] 3735).

54. Au lieutenant-colonel Passy (personnel du général de Gaulle), sans date, sous couvert du général d'Astier (A.N. 72 AJ 1970 et suiv.).

55. Lettre de Jacques Bingen, Londres, 15 août 1943 (archives privées).

56. Lettre de CH. [Frenay] à Lorrain [Bourdet], 5 août 1943 (A.N. 72 AJ 1970 et suiv.).

57. Courrier à Sophie [Serreulles], nº 77, 10 août 1943 (A.N. 3 AG 2 398).

58. 1er rapport mensuel de Necker [Bingen], 11 septembre 1943, cité par H. NOGUÈRES, *Histoire de la Résistance en France*, *op. cit.*, t. III, pp. 554-555.

59. Notes préparatoires au quatrième volume des souvenirs du colonel Passy, pp. 43-44, doc. cité.

60. *Ibid.*, p. 44.

61. Lettre de Philip au général de Gaulle, 27 juin 1943 (A.N. 72 AJ 1970 et suiv.).

62. Notes préparatoires au quatrième volume des souvenirs du colonel Passy, p. 45, doc. cité.

63. L. JOXE, *Victoires sur la nuit*, *op. cit.*, pp. 198-201.

64. Télégramme de Sophie [Serreulles] à l'attention du général de Gaulle, 26 août 1943 (A.N. F[1a] 3717).

65. Télégramme de Boris et Manuel à Pélabon, à l'attention du général de Gaulle, 9 juillet 1943 (A.N. 3 AG 2 423).

66. L'ingénieur en chef du G.M. Pélabon au lieutenant-colonel Passy, Alger, 16 juillet 1943 (A.N. 3 AG 2 423).

67. Lettre de Boris à Philip, 19 août 1943 (A.N. F[1a] 3735).

68. Lettre de Philip à Boris, 5 août [1943] (A.N. F[1a] 3735).

69. Au lieutenant-colonel Passy (personnel du général de Gaulle), sans date, sous couvert du général d'Astier, doc. cité.

70. Télégramme de Pélabon [à Passy], nº 68 du 14 août 1943, arrivé le 15 août 1943 (A.N. 3 AG 2 424).

71. Lettre de Manuel à Philip, 20 août 1943 (A.N. 72 AJ 1970 et suiv.).

72. Cf. J. SOUSTELLE, *Envers et contre tout*, *op. cit.*, t. II, p. 291. *« Je reçus un jour, sur ces entrefaites, la visite de Manuel qui, arrivant de Londres, me proposa de la part de Passy de prendre la direction générale des services spéciaux à la place du général Cochet dont le départ n'était qu'une question de jours. »*

73. Télégramme de Boris à André Philip, 30 août 1943 (A.N. F[1a] 3720).

74. Télégramme de Passy à Manuel *via* Pélabon, nº 171 du 3 septembre 1943, arrivé le 7 septembre 1943 (A.N. 3 AG 2 424).

75. [Télégramme de Passy à Manuel *via* Pélabon], nº 172 suite du 171 [du 3 septembre 1943], arrivé à Londres le 7 septembre 1943 (A.N. 3 AG 2 424).

76. Lettre du général de Gaulle à Baudoin [Bollaert], 15 septembre 1943 (A.N. 3 AG 2 409).

77. Lettre de Philip à Boris, Alger, s.d. [septembre 1943] (A.N. F[1a] 3735).

78. *Ibid.*

79. De Lux [Boris] à Rousseau [Bidault], 10 août 1943 (A.N. 3 AG 2 169).

80. Lettre à Philip, 6 octobre 1943 (A.N. 3 AG 2 387).

81. G. BIDAULT, *D'une résistance à l'autre*, *op. cit.*, p. 45.

82. Rapport de Clovis [Serreulles], 7 octobre 1943, doc. cité. *« Baudoin* [Bollaert], *qui, jusqu'à présent vivait dans la légalité, envisage de se rapprocher petit à petit des conditions de la vie clandestine. Nous le poussons vivement à prendre toutes les mesures de sécurité nécessaires, d'autant plus qu'il est difficile de conserver à la nomination dont vient d'être l'objet Baudoin, un complet secret. »*

83. Compte rendu d'un déjeuner, Capitaine Pierre-Bloch-Monsieur Sermois, Londres, 17 septembre 1943 (A.N. 3 AG 2 314).

84. Lettre de Philip à Boris, 7 août 1943, doc. cité.

85. Rapport de Sermois [Simon] au général de Gaulle, 27 novembre 1943, cité par G. PIKETTY, *Itinéraire intellectuel et politique de Pierre Brossolette*, *op. cit.*, t. II, p. 1010.

86. Lettre de Jacques-Henri Simon à Pierre Brossolette, 25 novembre 1943, cité *ibid.*

87. Cf. câbles de Sermois [Simon] à Langlois [Touny], n°s 22 et 24 (A.N. 3 AG 2 401). *« Général a décidé conformément ma demande C.G.E. je dis Charles Georges Émile — organe purement technique préparant projets ne s'immisçant pas dans décisions politiques réservées uniquement organisme résistance top* [...] *D'accord avec Charvet* [Frenay] *mettons sur pied délégation permanente résistance à Londres pour défendre et suivre tous projets émanant de France. »*

88. Télégramme de Délégation résistance à Londres à Commissaire intérieur Alger, Londres, 25 septembre 1943 (A.N. F^{la} 3720).

89. Note du général de Gaulle pour André Pélabon, Alger, 1er octobre 1943, *in* Charles DE GAULLE, *Lettres, notes et carnets, juin 1943-mai 1945*, *op. cit.*, p. 81.

90. André GILLOIS, *Histoire secrète des Français à Londres de 1940 à 1944*, Paris, Hachette, 1973, pp. 332 et 335.

91. Rapport de Brossolette sur la C.N.D., décembre 1943 (A.N. 72 AJ 49).

92. H. NOGUÈRES, *Histoire de la Résistance en France*, *op. cit.*, t. III, pp. 605 et 608.

93. Rapport de Clovis ex Sophie [Serreulles], courrier n° 6 du 10 septembre [1943] (A.N. 3 AG 2 397).

94. Rapport de Clovis, 7 octobre 1943, doc. cité.

95. *Ibid.*

96. Marie Claire Report, p. 3 (A.N. 72 AJ 1970 et suiv.).

97. Lettre de Pierre Brossolette au colonel Passy, 7 octobre [1943], doc. cité.

98. *Ibid.*

99. Courrier n° 3 pour Rex [Moulin], 26 juin 1942 (A.N. 3 AG 2 181).

100. Câble n° 8 à Bip [Bidault], 5 septembre 1942 (A.N. 3 AG 2 407).

101. Câble de Rex [Moulin], n° 83, 12 septembre 1943 (A.N. 3 AG 2 400).

102. Câble à Bip [Bidault], n° 11, 18 septembre 1942 (A.N. 3 AG 2 407).

103. Câble à Bip [Bidault], n° 14, 29 septembre 1942 (A.N. 3 AG 2 407).

104. Câble de Bip [Bidault], arrivé le 30 septembre 1942 (A.N. 3 AG 2 407).

105. Courrier de Rex [Moulin], n° 10, du 18 août 1942, doc. cité.

106. Courrier à Rex [Moulin], n° 5, 16 novembre 1942, doc. cité.

107. Aujourd'hui, il est possible de connaître l'auteur d'une émission par l'indicatif du plan fourni sur les télégrammes conservés dans les archives du B.C.R.A.

108. Lettre personnelle de Pedro [Brossolette] à Arquebuse [Passy], 5 novembre 1943 (A.N. F^{la} 3728).

109. Lettre de Max [Moulin] à Alain [Cordier], 13 février 1943 (A.N. 72 AJ 1970 et suiv.).

110. Rapport de Rex [Moulin], 4 juin 1943, doc. cité.

111. Note à Rex [Moulin], 17 mai 1943, doc. cité.

112. Colonel PASSY, *Missions secrètes en France*, *op. cit.*, p. 182.

113. Cf. Câble de Rex [Délégation], 29 août 1943 (A.N. 3 AG 2 401).

114. Câble de Sophie [Serreulles], 5 septembre 1943 (A.N. 3 AG 2 397).

115. Câble de Sophie [Serreulles], 20 juillet 1943 (A.N. 72 AJ 1970 et suiv.).

116. Câble n° 23 de Losange [Mangin], décembre 1943 (A.N. F^{la} 3717).

117. Câble n° 32 à Sudsec pour Scapin [Serreulles], 1er décembre 1943 (A.N. F^{la} 3718^{2}).

118. Câble de Cléante [Bingen], n° 64, 11 décembre 1943 (A.N. F^{la} 3717).

119. Cf. la copie d'un document de l'Abwehr donnée par Emmanuel D'ASTIER, *De la chute à la libération de Paris*, Paris, Gallimard, 1965, p. 300.

120. Cf. câble de Cléante [Bingen], n° 25, 27 décembre 1943 (A.N. F^{la} 3719).

121. Rapport de Sophie [Serreulles], Londres, 14 mars 1944 (A.N. 72 AJ 45).

122. Interrogatoire de Bouyjou-Cordier, Dany, Londres, 18 mai 1944 (A.N. 72 AJ 1970 et suiv.).

123. Lettre de Bidault à Menthon, 4 janvier 1944. Archives privées. Association des amis du président Georges Bidault.

124. Courrier du 10 août 1943 de Ted [Drouot], Londres, 25 août 1943 (A.N. 3 AG 2 398).

125. Courrier n° 5 de Jac [Grant de Beaufort], reçu à Londres le 27 juillet 1943 (A.N. 3 AG 2 187).

126. Rapport de Brumaire [Brossolette] en date du 18 octobre, Londres, 21 octobre 1942, doc. cité.

127. Colonel PASSY, *Missions secrètes en France*, *op. cit.*, p. 149.

128. *Ibid.*

129. Cité par H. NOGUÈRES, *Histoire de la Résistance en France*, *op. cit.*, t. IV, p. 141.

130. Riquier [Fassin], Un aperçu sur les conditions de travail à Paris [fin septembre 1943], arrivé à Londres le 17 octobre 1943 (A.N. 3 AG 2 409).

131. *Ibid.*

132. Lettre de Parallèle [Kammerer], rédigée le 11 novembre 1943, arrivée le 4 mars 1944 (A.N. 3 AG 2 421).

133. Lettre de B. [Brossolette] à André [Passy], 7 octobre 1943, doc. cité.

134. Notes préparatoires au quatrième volume des souvenirs du colonel Passy, doc. cité., p. 55.

135. *Ibid.*

136. *Ibid.*, pp. 57, 65-66.

137. Lettre personnelle de Pedro [Brossolette] à Arquebuse [Passy], 5 novembre 1943 (A.N. F1a 3728).

138. Notes préparatoires au quatrième volume des souvenirs du colonel Passy, doc. cité, pp. 57, 65-66.

139. Télégramme de Pélabon à Passy, n° 60, 6 novembre 1943, arrivé le 8 novembre 1943 (A.N. 3 AG 2 424).

140. *Ibid.*

141. Télégramme de Brossolette au B.C.R.A., 15 novembre 1943, cité par G. PIKETTY, *Itinéraire intellectuel et politique de Pierre Brossolette*, *op. cit.*, t. II, p. 1010.

142. *Ibid.*

143. Marie Claire Report, doc. cité, p. 5.

144. Lettre de Coulanges [Closon] à [Philip], 6 octobre [1943] (A.N. 72 AJ 1970 et suiv.).

145. G. BROSSOLETTE, *Il s'appelait Pierre Brossolette*, *op. cit.*, p. 210.

146. Lettre de B. [Brossolette] à André [Passy], 7 octobre 1943 (A.N. 72 AJ 231).

147. Lettre personnelle de Pedro [Brossolette] à Arquebuse [Passy], 5 novembre 1943, doc. cité.

148. Lettre de B. [Brossolette] à André [Passy], 7 octobre 1943, doc. cité.

149. *Ibid.*

150. *Ibid.*

151. *Ibid.*

152. Lettre personnelle de Pedro [Brossolette] à Arquebuse [Passy], 5 novembre 1943, doc. cité.

153. *Ibid.*

154. *Ibid.*

155. *Ibid.*

156. *Ibid.*

157. *Ibid.*

158. Lettre de B. [Brossolette] à André [Passy], 7 octobre 1943, doc. cité.

159. Lettre personnelle de Pedro [Brossolette] à Arquebuse [Passy], 5 novembre 1943, doc. cité.

160. *Ibid.*

161. Lettre de B. [Brossolette] à André [Passy], 7 octobre 1943, doc. cité.

162. Lettre personnelle de Pedro [Brossolette] à Arquebuse [Passy], 5 novembre 1943, doc. cité.

163. Lettre de Manuel à Passy, 15 octobre 1943 (A.N. 72 AJ 1970 et suiv.).

164. Lettre personnelle à Philip, 1er novembre 1943 (F1a 3728).

165. Marie Claire Report, doc. cité, p. 5, qui conclut sur ces mots : « *Sophie* [Serreulles] *and Secretary appear followed and in danger have warned them and repeatedly in vain stop.* »

166. *Ibid.*, p. 8.

167. Rapport de Clovis [Serreulles], 7 octobre, doc. cité.

168. Courrier Marin [Boulloche], arrivé à Londres le 17 octobre 1943 (A.N. 3 AG 2 228).

169. Lettre de [Boris] à [Bingen], [novembre 1943] (communiquée par Mme Pierre Kaan).

170. Cité par H. NOGUÈRES, *Histoire de la Résistance en France*, *op. cit.*, t. IV, p. 319.

171. Cité *ibid.*, p. 320.

172. Lettre de Salard [Copeau] à Merlin [d'Astier], 27 janvier 1944 (A.N. 72 AJ 410).

173. Arnolphe [Morandat], Rapport général sur la situation de la Résistance, [avant le 15 mars 1944] (A.N. 72 AJ 234).

174. Cf. câble à Secnord pour Scapin [Serreulles], nº 12, 31 octobre 1943 (A.N. AG 2 403).

175. Cf. câble Cléante [Bingen], nº 3, 1er novembre 1943 (A.N. F1a 3719). « *Je suis très surpris, étant donné que mon séjour chez Jourdain* [Lambert] *est tout-à-fait paisible. Toutefois et dans le but de respecter la discipline, je vais attendre vos ordres définitifs et vos explications en restant au repos chez Jourdain au lieu de rentrer chez Scapin* [Serreulles]. »

176. Cf. câble Cléante [Bingen], nº 5, 1er novembre 1943 (A.N. F1a 3719). « *Les circonstances mettant Cléante* [Bingen] *et Scapin* [Serreulles] *dans l'obligation de choisir à l'aveuglette les locaux destinés à leur servir de logis, de bureau et de lieu de réunion.*

« *La meilleure façon d'améliorer notre sécurité, serait d'avoir un avis policier compétent.* »

177. Cf. câble Cléante [Bingen], nº 4 suite et fin, 2 novembre 1943 (F1a 3719). « *A la suite du message qui a été passé à la B.B.C., j'ai augmenté jusqu'à l'extrême limite les mesures de sécurité ; j'ai arrêté tout mon travail et, afin de ne pas faire des déplacements inutiles dans une région où la surveillance est très active, j'ai retardé départ Alpage* [lieu de repli]. *Demain, sera établie avec Alpage une liaison sûre et rapide. Dans le cas où vous tiendriez à ma présence personnelle Alpage et la considéreriez comme indispensable, veuillez faire passer à la radio la phrase suivante :*

"C'est l'Alpage qu'il faut, je dis c'est l'Alpage qu'il faut."

« *Le mystère, pour tous ici, reste entier* [à propos des mesures édictées par le B.C.R.A.]. *Je vous conjure de me télégraphier par première priorité toutes les explications nécessaires chez Jourdain* [Lambert] *qui sera en mesure de me contacter.* »

178. Lettre de [Bingen] à Georges B [Boris], 8 novembre 1943 (A.N. 72 AJ 1970 et suiv.).

179. *Ibid.*

180. Lettre de Bingen à Janine Serreulles, 8 novembre 1943 (archives privées).

181. Lettre de [Bingen] à Arquebuse [Passy], novembre 1943 (A.N. 72 AJ 1970 et suiv.).

182. *Ibid.*

183. Lettre de Clovis [Serreulles] pour Arqu [Passy], 9 novembre 1943 (A.N. 72 AJ 1970 et suiv.).

184. *Ibid.*

185. Rapport de [Bingen] au colonel Passy, novembre 1943 (A.N. 72 AJ 1970 et suiv.). Par le même courrier, Bingen en profite pour protester contre la communication de

ses rapports aux chefs des mouvements et rappelle sa prise de position en mai 1943 à propos de Moulin qu'il avait fait transmettre à de Gaulle par Philip (voir le chapitre XVI, « Jean Moulin : un ministre en sursis ? »).

186. Télégramme de Boris à André Philip, 1er novembre 1943 (A.N. F^{1a} 3720).

187. Brouillon autographe de De Gaulle [probablement première quinzaine de novembre 1943] (A.N. 72 AJ 1970 et suiv.).

188. Télégramme de Philip à Passy, n° 69 du 8 [novembre 1943], arrivé à Londres le 9 novembre 1943 (A.N. 3 AG 2 424). *« CCC Faire rentrer Sophie* [Serreulles] *Pedro* [Brossolette] *et Beaudoin* [Bollaert]. *DDD Laisser provisoirement Necker* [Bingen] *avec mission prévue par vous. »*

189. Câbles pour Cléante [Bingen], n°s 5 et 6, 12 novembre 1943 (A.N. F^{1a} 3719).

190. Cf. câble à Gaus [Pichard], n° 65, 12 novembre 1943 (A.N. F^{1a} 3719).

191. Câble de Pedro [Brossolette] à Passy, n° 68, 14 novembre 1943 (A.N. F^{1a} 3719).

192. Lettre de Pedro [Brossolette] au colonel Passy, arrivée à Londres le 16 novembre 1943 (A.N. 72 AJ 656). C'est nous qui soulignons.

193. Câble d'Arquebuse [Passy] à Pedro [Brossolette], n° 47, 20 novembre 1943 (A.N. F^{1a} 3719).

194. Câble à Briand [Brossolette], 24 novembre 1943 (A.N. 3 AG 2 397).

195. Câble de Briand [Brossolette], n° 13, 28 novembre 1943 (A.N. F^{1a} 3719).

196. G. BROSSOLETTE, *Il s'appelait Pierre Brossolette*, *op. cit.*, p. 217.

197. *Ibid.*, p. 218.

198. Cf. G. PIKETTY, *Itinéraire intellectuel et politique de Pierre Brossolette*, *op. cit.*, t. II, p. 984.

199. Câble de Briand [Brossolette], n° 8, 23 novembre 1943 (A.N. F^{1a} 3719).

200. Cf. H. FRENAY, *La nuit finira*, *op. cit.*, pp. 419-421. Voir aussi le tome III de *Jean Moulin, l'inconnu du Panthéon*, p. 984.

201. Cf. câble de Secnord pour Brumaire [Brossolette], n° 70, 21 décembre 1943 (A.N. F^{1a} 3719). *« A cause du trop grand nombre de contacts qu'il a pris, nous considérons Dunoyer de Segonzac comme imprudent.*

« Veuillez en conséquence veiller à votre sécurité. »

202. G. BROSSOLETTE, *Il s'appelait Pierre Brossolette*, *op. cit.*, p. 259.

203. *Ibid.*, pp. 259-260.

204. C'est Noëlline CASTAGNEZ-RUGGIU qui a attiré notre attention sur cet ensemble de témoignages consultés par elle pour la préparation de sa thèse (*Les Parlementaires S.F.I.O. dans la IVe République : engagements et représentations*, Paris-IV). Cf. le témoignage de Félix Gouin au C.H.D.G.M., 14 juin 1947 (A.N. 72 AJ 10) : *« Gouin n'a jamais été persona grata auprès du général de Gaulle. Il fut ensuite en difficulté avec le BCRA qui voulait l'obliger à passer par lui pour correspondre avec le P.S. en France. Passy apparaissait à Gouin comme n'ayant rien perdu de sa mentalité de cagoulard et Gouin avait eu l'occasion de le dire à Londres et de l'écrire à Blum. Par suite, le BCRA essaya de faire enlever à F. Gouin la délégation du P.S., de façon à la donner à quelqu'un de plus souple, probablement à Philip qui à ce moment était très gaulliste. Avisé de la chose, F. Gouin protesta immédiatement auprès de Philip et du général, mais Brossolette fut cependant chargé d'accomplir l'opération à son prochain voyage en France. Quand Boyer vint à Londres, il comprit très vite ce qui se tramait et comme Boyer était un agent du BCRA, il fut menacé de conseil de guerre par Passy, ce qui l'effraya beaucoup. Aussi bien, F. Gouin le pria de ne pas insister, de ne rien faire en France à son retour, mais il n'est pas loin de penser que malgré cela, Boyer a été une victime du BCRA. »*

205. Témoignage de Gaston Defferre au C.H.D.G.M., 21 janvier 1949 (A.N. 72 AJ 70). *« C'est à la réunion de ces comités que furent prises deux décisions dont l'une seule fut exécutée : la première, celle qui fut exécutée, fut, sur la proposition de D.* [Defferre] *d'exclure du parti, Lazurick, personnage malhonnête, qui trafiquait de toutes façons, soit avec les Allemands, soit sur l'or, etc. Il est maintenant directeur de l'"Aurore". La seconde, qui ne fut pas appliquée, concernait Pierre Brossolette. On décida, alors, de*

l'exclure du Parti, mais il fut pris après par la Gestapo. La décision [...] *n'est jamais devenue officielle. »*

206. *Libération(-Sud)*, nº 29, juin 1943.

207. Cf. la note rédigée par la Commission de l'histoire de l'Occupation par François Crucy, juin 1949 (A.N. 72 AJ 70) : *« En 1943 au cours d'un déplacement que je dus faire dans le centre, une jeune femme socialiste, dont le mari était prisonnier en Allemagne, me dit que Brossolette était considéré, non seulement, comme ayant rompu avec le socialisme, mais comme ayant quitté le Parti.* [...]

« Au cours du 2e semestre de la même année 1943, j'eus à prendre contact avec d'autres membres du Parti qui reprirent à leur compte les assertions de la jeune femme dont je viens de parler, affirmant que Brossolette n'était plus des nôtres. »

208. G. BROSSOLETTE, *Il s'appelait Pierre Brossolette, op. cit.*, p. 260.

209. *Ibid.*

210. Cf. G. PIKETTY, *Itinéraire intellectuel et politique de Pierre Brossolette, op. cit.*, t. I, p. 338.

211. *Ibid.*

212. J. SOUSTELLE, *Envers et contre tout, op. cit.*, p. 369.

213. Colonel PASSY, *Souvenirs, op. cit.*, t. II, p. 66.

214. G. BROSSOLETTE, *Il s'appelait Pierre Brossolette, op. cit.*, pp. 224-225.

215. J. SOUSTELLE, *Envers et contre tout, op. cit.*, t. II, p. 369.

XX. DE JACQUES BINGEN À ALEXANDRE PARODI

1. Câble de Cléante [Bingen] pour le général de Gaulle, nº 6, 15 novembre 1943 (A.N. F1a 3719).

2. Télégrammes de France non retransmis adressés à d'Astier [note de d'Astier], s.l.n.d. (A.N. F1a 3720).

3. Câble d'Arquebuse [Passy] à Cléante [Bingen], nº 30, 16 novembre 1943 (A.N. F1a 3719).

4. Câble d'Arquebuse [Passy] à Cléante [Bingen], nº 31, 16 novembre 1943 (A.N. F1a 3719).

5. Câble de Cléante [Bingen] à Arquebuse [Passy] et d'Astier, s.d. [probablement 23 novembre 1943] (A.N. F1a 3719).

6. Câble nº 38 de Sudsec, 24 novembre 1943, arrivé le 1er décembre 1943 (A.N. 3 AG 2 404).

7. Télégramme de Boris à d'Astier et Pierre Bloch, 25 novembre 1943 (A.N. F1a 3720). *« A mon retour je constate qu'en 20 jours, il est arrivé ici plus de cent télégrammes de France dont quelques uns seulement ont été remis à Alger. Une vingtaine de ces télégrammes confirment des explications et protestations Sophie* [Serreulles] *Necker* [Bingen]. *Les autres avaient trait à des questions diverses. Je les montrerai à Bernard* [d'Astier] *dès son arrivée et vous retélégraphie seulement quelques textes qu'il est nécessaire qu'on connaisse à Alger. Je ne m'explique pas pourquoi les retransmissions n'avaient pas été faites. »*

8. Lettre de [Boris] à [Bingen], [novembre 1943], doc. cité.

9. *Ibid.*

10. Câble de Passy à Manuel, nº 83 du 29 novembre 1943, reçu le 1er décembre 1943 (A.N. F1a 3728).

11. Câble de Boris à Passy, 1er décembre 1943 (A.N. F1a 3728).

12. Communication de Quartus [Parodi] à d'Astier. Câbles Secnord de Cléante [Bingen], nos 10 et 11, 7 décembre 1943 (A.N. F1a 3719). *« Ci-dessous une communication de Quartus* [Parodi] *à d'Astier :*

« Je viens d'être désigné pour remplacer Baudoin.

« J'ai réclamé le maintien provisoire de Corot [Serreulles] *à ma disposition.*

« En effet leur départ simultané aurait provoqué une désorganisation grave des services.

« J'ai dû déclarer ne pas pouvoir accepter la responsabilité de cet intérim à la suite du refus par Baudoin [Bollaert] *de vous faire parvenir cette demande.*

« Je suis entièrement à votre disposition. »

13. Lettre de Quartus [Parodi] à d'Astier, 4 décembre 1943 (A.N. F^{1a} 3728).

14. Lettre [de Francis Closon] à André Philip, 6 octobre [1943] (A.N. F^{1a} 3728).

15. Lettre de Verdon [Closon] à [André Philip], 27 octobre 1943 (A.N. 72 AJ 1970 et suiv.).

16. [Conseil de la Résistance], Lettre de [Copeau] à [d'Astier], décembre 1943 (A.N. 72 AJ 410).

17. Lettre de Tristan [Teitgen] à [Menthon], [3 novembre 1943], arrivée le 9 février 1944 (A.N. 3 AG 2 409).

18. Câbles n°s 28 à 38 de Georges Bidault, 4 avril 1944 (A.N. 3 AG 2 402).

19. Rapport de Clovis [Serreulles], 10 octobre 1943 (A.N. 72 AJ 1970 et suiv.).

20. Lettre de Coulanges [Closon] à [André Philip], 6 octobre [1943], doc. cité.

21. Rapport de Brumaire [Brossolette], en date du 18 octobre [1943], Londres, 21 octobre 1943 (A.N. 3 AG 2 42).

22. Témoignage d'Émile Bollaert au C.H.D.G.M., 4 juin 1946 (A.N. 72 AJ 220).

23. Ch. DE GAULLE, *Mémoires de guerre*, t. II, *L'Unité*, *op. cit.*, p. 164.

24. Lettre de [Copeau] à [d'Astier], décembre 1943, doc. cité.

25. Lettre de Salard [Copeau] à Merlin [d'Astier], 27 janvier 1944 (A.N. 72 AJ 410).

26. *Ibid.*

27. Arnolphe [Morandat], Rapport général sur la situation de la Résistance [avant le 15 mars 1944], doc. cité.

28. D'Arnolphe [Morandat] à Merlin [d'Astier], 8 février 1944 (A.N. 3 AG 2 397).

29. Lettre de [Teitgen] à [Menthon], [3 novembre 1943], arrivée le 9 février 1944, doc. cité.

30. Rapport B.R.U. 1 [Brossolette], 8 février 1943, doc. cité.

31. Câble de Cléante [Bingen], n° 74, 14 décembre 1943 (A.N. F^{1a} 3719).

32. Cf. câble Sudsec de C.D.M.U., n° 75, 16 décembre 1943 (A.N. F^{1a} 3719). Le 16 décembre, le C.D.M.U. rentra dans le jeu en s'adressant à d'Astier pour donner son avis sur cette situation périlleuse : *« Le départ simultané de toute la délégation sauf Cléante* [Bingen] *est regrettable à notre avis.*

« Vous aggravez les dangers de Cléante qui, seul, remplit des fonctions essentielles.

« [...] *Le C.D.M.U. n'a pas qualité, pensent-ils, pour prendre position dans un conflit intérieur de la Délégation, dont il n'est pas informé.*

« Il faut que tous les délégués civils et militaires soient rattachés au Comité d'Action de France et constituent délégation métropolitaine unique.

« Nous insistons sur ce point. »

33. Cf. câbles Sudsec de Cléante [Bingen], n°s 30, 30 *bis* et 30 *ter*, 21 novembre 1943 (A.N. F^{1a} 3719). *« Je voudrais savoir si vous serez à Londres pendant la lune de décembre ; auquel cas je vous prie de bien vouloir m'autoriser à me rendre à Londres au début de la lune, de façon à pouvoir reprendre mon poste à la fin de la lune de décembre.*

« [...] *Il est impossible d'attendre jusqu'à fin janvier pour un assez grand nombre de décisions à prendre. Je recevrai de vous des instructions pour la période qui précède le retour de Baudoin* [Bollaert].

« Il est absolument indispensable que je vous voie afin de prendre ces décisions. Il faut en effet que j'adopte ici une ligne de conduite qui réponde à vos vues.

« Je considère comme absolument dénués de fondement un certain nombre de câbles envoyés par le B.C.R.A. au sujet de notre sécurité ; notamment, à mon sens, les faits contredisent le télégramme n° 5 du 12 adressé à Cléante [Bingen] *par Arquebuse* [Passy].

« En effet :

« 1°) Tous les contacts avec tous les réseaux de travail connus de Nar [Péry] *ont été coupés par nous ;*

« 2°) A aucune des adresses connues de Nar [Péry] *il n'y a eu de perquisitions.*

« Dans le cas où j'aurais à me mettre en position de départ au début de la lune de décembre, il me faut prendre les dispositions matérielles indispensables.

« Je vous demande donc de me répondre d'urgence. »

34. Lettre de Merlin [d'Astier] à Cléante [Bingen], [11 février 1944] (A.N. F^{1a} 3728).

35. Lettre de Boris à Bingen, Londres, 29 février 1944 (A.N. 72 AJ 1970 et suiv.).

36. Câble Secnord de Cléante [Bingen], n° 39, 23 décembre 1943 (A.N. F^{1a} 3719).

37. Lettre de Manuel à Passy, 9 mars 1944 (A.N. 72 AJ 1970 et suiv.).

38. Rapport de Sophie [Serreulles], Londres, 14 mars 1944, doc. cité.

39. *Ibid.*

40. Note de Sauvier [Serreulles], Délégation générale en France du Comité français de la libération nationale, 17 mars 1944 (A.N. F^{1a} 3728).

41. *Ibid.*

42. Câble de Passy à Soustelle, n° 22, 9 avril 1944 (A.N. 72 AJ 1970 et suiv.).

43. Câble de Manuel à Soustelle, n° 21, 10 avril 1944 (A.N. 72 AJ 1970 et suiv.).

44. Lettre de Passy à Soustelle et Pélabon, Londres, 14 avril 1944 (A.N. 72 AJ 1970 et suiv.).

45. Câble de Passy à Soustelle, n° 6, 2 avril 1944 (A.N. 72 AJ 1970 et suiv.).

46. Le ministre de la Guerre économique Selborne à d'Astier, 19 avril 1944 (A.N. F^{1a} 3727).

47. Cité dans Emmanuel D'ASTIER, *Les Dieux et les Hommes*, Paris, Julliard, 1952, pp. 183-184.

48. Témoignage d'Emmanuel d'Astier au C.H.D.G.M., 8 janvier 1947, p. 27 (A.N. 72 AJ 60).

49. *Ibid.*, p. 28.

50. E. D'ASTIER, *Les Dieux et les Hommes*, *op. cit.*, pp. 105-106.

51. H. NOGUÈRES, *Histoire de la Résistance en France*, *op. cit.*, t. IV, p. 467.

52. *Ibid.*, p. 470.

53. Cf. *ibid.*, pp. 466-469.

54. E. D'ASTIER, *Les Dieux et les Hommes*, *op. cit.*, pp. 106-107.

55. Lettre de Georges Boris à Emmanuel d'Astier, 12 avril 1944 (A.N. 72 AJ 410).

56. *Ibid.*

57. Lettre de Georges Boris au général de Gaulle, 12 avril 1944, doc. cité.

58. Lettre de Georges Boris à Emmanuel d'Astier, 26 avril 1944, *in* E. D'ASTIER, *Les Dieux et les Hommes*, *op. cit.*, p. 185.

59. Câble de Passy au général de Gaulle, n° 89, 14 avril 1944 (A.N. 72 AJ 1970 et suiv.).

60. Lettre du colonel Passy à Soustelle et Pélabon, Londres, 14 avril 1944 (A.N. 72 AJ 1970 et suiv.).

61. Télégrammes de Manuel à Soustelle pour le général de Gaulle, n°s 35 et 37, 18 avril 1944 (A.N. 72 AJ 1970 et suiv.).

62. Rapport mensuel de Cléante [Bingen], avril 1944 (A.N. 72 AJ 1970 et suiv.).

63. *Ibid.*

64. Courrier intérieur à Quartus [Parodi], 17 mai 1944 (A.N. F^{1a} 3728).

65. *Ibid.*

66. Télégramme de Manuel à Soustelle pour le général de Gaulle, n° 201, 21 juillet 1944 (A.N. 3A G 2 425).

67. Courrier intérieur à Quartus [Parodi], 17 mai 1944, doc. cité.

68. Lettre de Philip à Boris, 29 [août 1943], doc. cité.

69. Lettre de Boris à Philip, 1er septembre 1943 (A.N. F^{1a} 3735).

70. Télégramme de Pélabon à Passy, n° 97, 11 octobre [1943], arrivé à Londres le 16 octobre 1943 (A.N. 3 AG 2 424).

71. Télégramme à Emmanuel d'Astier, Alger, 28 mars 1944, *in* Ch. DE GAULLE, *Lettres, notes et carnets, juin 1943-mai 1945*, *op. cit.*, p. 185. Comme il en informe

d'Astier : « *J'ai vu Sophie* [Serreulles] [...] *Je crois qu'il est capital et très urgent que Quartus* [Parodi] *vienne nous voir dans le moindre délai. Je tiens essentiellement à ce qu'il arrive dans le courant de la lune d'avril et suis convaincu que vous serez d'accord sur ce point.* »

72. Lettre d'Arnolphe [Morandat] à Bernard [d'Astier], 24 avril 1944 (A.N. 72 AJ 1970 et suiv.).

73. Cf. Mission Clé (Socrate) [Rachline], reproduit *in* E. D'ASTIER, *De la chute à la libération de Paris*, *op. cit.*, pp. 314-315. « *Les décisions prises par le représentant civil et le Représentant militaire de la mission CLE le seront en application des directives du Comité d'Action en France. Les modalités d'application de ces décisions seront soumises à l'agrément du délégué Général.*

« *1°. Il assurera l'application des directives du Comité d'Action concernant la représentation du Comité Français de la Libération Nationale en France (installation du Délégué Général et de ses suppléants suivant la liste des désignations établies par le Commissaire à l'Intérieur au nom du Comité d'Action).*

« *2°. Il assurera la répartition des tâches du Délégué Général, de ses suppléants et des délégués de zones suivant les directives du Comité d'Action.*

« [...] *4°. Il s'assurera de la mise en place des Secrétaires Généraux provisoires conformément aux directives du Comité d'Action. Il confirmera toute mise en place provisoire faite d'accord avec le Délégué du C.F.L.N., en attendant les décisions du Comité Français de la Libération Nationale.*

« [...] *Il s'assurera, d'accord avec le représentant militaire que toutes les décisions de structure civiles et militaires sont prises en accord avec les organismes directeurs de la Résistance et sont mises à exécution avant le terme de la mission.*

« [...] *Le représentant civil pourra se pourvoir d'adjoints désignés par lui soit à Londres soit en France et qui agiront dans le cadre de cette mission.* »

74. Lettre de [Rachline] à d'Astier, Londres, 16 juin 1944 (A.N. 72 AJ 1970 et suiv.).

75. Copie d'un télégramme de De Gaulle à Parodi, n° 49, 8 [mai 1944], arrivé le 9 mai 1944 (A.N. 3 AG 2 425).

76. Lettre de [Rachline] à d'Astier, Londres, 16 juin 1944, doc. cité.

77. Rapport mensuel de Cléante [Bingen], avril 1944, doc. cité.

78. Cité par H. NOGUÈRES, *Histoire de la Résistance en France*, *op. cit.*, t. IV, p. 635.

79. Rapport Coridon [Bingen], fin avril 1944 (A.N. 72 AJ 1970 et suiv.).

80. *Ibid.*

81. *Ibid.*

82. Lettre de Bingen à d'Astier et Boris, 20 avril 1944 (A.N. F[1a] 3728).

83. *Ibid.*

84. Notes pour Sophie [Serreulles], « Affaire Scapin-Quartus », Londres, 15 juin 1944 (A.N. F[1a] 3738).

85. *Ibid.*

86. *Ibid.*

87. *Ibid.*

88. *Ibid.*

89. Lettre de Boris à d'Astier, Londres, 16 juin 1944 (A.N. 72 AJ 410).

90. Note pour Sophie [Serreulles], Londres, 7 juin 1944, doc. cité.

91. Rapport de Sophie [Serreulles], Londres, 19 juillet 1943 (A.N. 72 AJ 1970 et suiv.).

92. Lettre de Socrate [Rachline] à d'Astier, Londres, 16 juin 1944, doc. cité.

93. Reproduit par H. NOGUÈRES, *Histoire de la Résistance en France*, *op. cit.*, t. IV, p. 630.

94. *Ibid.*, pp. 631-633.

95. *Ibid.*

96. *Ibid.*, pp. 634-641.

97. Câble de Sudsec, 25 juin 1944 (A.N. 3 AG 2 404).

98. Câbles à Secnord, n°s 32 et 33, 28 juin 1944 (A.N. 3 AG 2 403).
99. Câbles Secnord, n°s 32 et 33, 28 juin 1944 (A.N. 3 AG 2 403).
100. H. Noguères, *Histoire de la Résistance en France*, *op. cit.*, t. IV, p. 643.
101. *Ibid.*, p. 617.
102. *Ibid.*, p. 644.
103. Lettre du général de Gaulle à Quartus [Parodi], 29 mai 1944 (A.N. 72 AJ 1970 et suiv.).
104. Voir D. de Bellescize, *Les Neuf Sages de la Résistance*, *op. cit.*, p. 236.
105. Rapport mensuel de Cléante [Bingen], avril 1944, doc. cité.
106. Quartus [Parodi], Rapport, 9 juin 1944 (A.N. 72 AJ 1970 et suiv.).
107. Citée par J. Soustelle, *Envers et contre tout*, *op. cit.*, t. II, p. 420.
108. H. Noguères, *Histoire de la Résistance en France*, *op. cit.*, p. 891.

XXI. DE L'ARMÉE SECRÈTE AUX F.F.I.

1. Rapport de Sophie [Serreulles], 27 juillet 1943 (A.N. 72 AJ 1970 et suiv.).
2. Télégramme de Sophie [Serreulles] à F.F.C., 30 juin 1943 (A.N. 3 AG 2 400).
3. Rapport de Sophie [Serreulles], 27 juillet 1943, doc. cité.
4. Note de Sophie [Serreulles], Z.S., 20 juillet 1943 (A.N. 72 AJ 1970 et suiv.).
5. Notes préparatoires au quatrième volume des souvenirs du colonel Passy, doc. cité, p. 148.
6. Cf. Chevalier [Delestraint], Observations concernant le « Mémorandum pour l'amiral Stark », 18 mars 1943, doc. cité.
7. Conférence chez le général d'Astier, Londres, 27 juin 1943 (A.N. 3 AG 2 182).
8. *Ibid.*
9. Télégramme du général d'Astier et de G. Boris au général de Gaulle et à A. Philip, Londres, 26 juin 1943, doc. cité.
10. J.-L. Crémieux-Brilhac, *La France Libre*, *op. cit.*, p. 766.
11. Observations concernant le « Mémorandum pour l'amiral Stark », 18 mars 1943, doc. cité.
12. Rapport de Rex [Moulin] à Philip, 4 juin 1943, doc. cité.
13. Cité par J.-L. Crémieux-Brilhac, *La France Libre*, *op. cit.*, p. 766.
14. Télégramme de Lahire [Bénouville] à Charvet [Frenay], remis par l'O.S.S. à J. Bingen, 3 juillet 1943 (A.N. 3 AG 2 410).
15. Câble du même [Bénouville] au même [Frenay], 9 juillet [1943] (A.N. 72 AJ 46).
16. Lettre de Pierre Bénouville au général Davet et à Philippe Monod, 19 juillet 1943 (A.N. 72 AJ 46).
17. Câble de Lorrain [Bourdet], cité *ibid.*
18. Lettre de [Blocq-Mascart] à [Brossolette], 29 juin 1943, arrivé le 28 août 1943 (A.N. 3 AG 2 409).
19. Rapport de Sophie [Serreulles], 16 août 1943, doc. cité.
20. Marie Granet, *Ceux de la Résistance*, Paris, Éd. de Minuit, 1964, p. 154.
21. Cf. note n° 3310 D/BCRA du 7 juillet 1943, reproduite dans les Notes préparatoires du quatrième volume des souvenirs du colonel Passy, p. 161, doc. cité.
22. Cf. note n° 3394 D/BCRA du 20 juillet 1943, reproduite *ibid.*, pp. 162-165.
23. Cf. note n° 3394 D/BCRA du 20 juillet 1943, reproduite *ibid.*
24. Annexe 3 de Organisation paramilitaire de la Résistance, 25 août 1943 (A.N. 3 AG 2 188).
25. Rapport de Clovis [Serreulles], 7 octobre 1943, arrivé le 17 octobre 1943 (A.N. 72 AJ 1970 et suiv.).
26. *Ibid.*
27. Rapport [de Bingen], mi-novembre 1943, doc. cité.

28. Rapport mensuel nº 2 de Necker [Bingen], 7 octobre 1943, doc. cité.

29. Note de Scapin [Serreulles] pour Coridon [Bingen], 25 avril 1944 (A.N. 72 AJ 1970 et suiv.).

30. Rapport mensuel de Cléante [Bingen], avril 1944 (A.N. 72 AJ 1970 et suiv.).

31. *Ibid.*

32. *Ibid.*

33. Note de Sauvier [Serreulles], Organisation militaire de la Résistance, Londres, 14 mars 1944 (A.N. 3 AG 2 397).

34. Lettre de Salard [Copeau] à Merlin [d'Astier], 27 janvier 1944 (A.N. 72 AJ 410).

35. Rapport de Clovis [Serreulles], 7 octobre 1943, arrivé le 17 octobre 1943 (A.N. 72 AJ 1970 et suiv.).

36. Notes préparatoires au quatrième volume des souvenirs du colonel Passy, doc. cité, p. 160.

37. *Ibid.*, p. 162.

38. *Ibid.*, p. 200.

39. Lettre de Salard [Copeau] à Merlin [d'Astier], 27 janvier 1944, doc. cité.

40. Cf. P. GUILLAIN DE BÉNOUVILLE, *Le Sacrifice du matin*, *op. cit.*, pp. 462-485.

41. Rapport de Sophie [Serreulles], 27 juillet 1943, doc. cité.

42. *Ibid.*

43. Armée secrète, Londres, 10 août 1943, doc. cité.

44. Lettre de Salard [Copeau] à Merlin [d'Astier], 27 janvier 1944, doc. cité.

45. Rapport de Sophie [Serreulles], 16 août 1943, arrivé le 23 août 1943, doc. cité.

46. Rapport de Cléante [Bingen], novembre-décembre 1943, doc. cité.

47. M. GRANET, *Ceux de la Résistance*, *op. cit.*, p. 156.

48. Rapport de Cléante [Bingen], novembre-décembre 1943, doc. cité.

49. H. NOGUÈRES, *Histoire de la Résistance en France*, *op. cit.*, t. IV, pp. 388-389.

50. Rapport de Cléante [Bingen], novembre-décembre 1943, doc. cité.

51. Procès-verbal du Comité central du 22 décembre 1943 (A.N. F1a 3757).

52. Cité par H. NOGUÈRES, *Histoire de la Résistance en France*, *op. cit.*, t. IV, pp. 174-175.

53. Télégramme de Francombat, nº 49 du 9 mars 1944 (A.N. 3 AG 2 424).

54. Note sur la création d'un Comité d'action, 26 janvier 1944 (A.N. 72 AJ 1970 et suiv.).

55. *Ibid.*

56. *Ibid.*

57. M. GRANET, *Ceux de la Résistance*, *op. cit.*, p. 300.

58. Décision du C.C. du 1er février 1944 (A.N. 3 AG 2 397).

59. Câble de Polygone [Bourgès-Maunoury] du 10 février 1944 reproduit *in* Câbles concernant la fusion sous un commandement unique des organisations de résistance militaires en France (A.N. 3 AG 2 516).

60. [Bingen], Rapport de janvier [1944], arrivé le 23 mars 1944 (A.N. 72 AJ 1970 et suiv.).

61. Note sur la création d'un Comité d'action, 26 janvier 1944, doc. cité.

62. [Bingen], Rapport de janvier [1944], arrivé le 23 mars 1944, doc. cité.

63. Note d'orientation relative au fonctionnement du B.C.R.A.L., Londres, 24 janvier 1944 (A.N. 72 AJ 1970 et suiv.).

64. [Rémy], le commandement du B.C.R.A.L., 29 février 1944 (A.N. 3 AG 2 7).

65. *Ibid.*

66. Lettre de Manuel [à Passy], Londres, 19 février 1944 (A.N. 72 AJ 1970 et suiv.).

67. *Ibid.*

68. *Ibid.*

69. Câbles nos 16 à 19 de Polygone [Bourgès-Maunoury] à Service Action, 13 février 1944 (A.N. 3 AG 2 516).

70. Général d'Astier, Objet de la réunion du 3 mars 1944, Londres, 2 mars 1944 (A.N. 3 AG 2 441).
71. Lettre de Manuel à Passy, 9 mars 1944 (A.N. 72 AJ 1970 et suiv.).
72. J.-L. CRÉMIEUX-BRILHAC, *La France Libre*, *op. cit.*, p. 722.
73. C.O.M.I.D.A.C., 10 mars 1944 (A.N. 3 AG 2 411).
74. Câble de Cléante [Bingen], nº 300, 14 mars 1944 (A.N. 3 AG 2 411).
75. Câble de Marnier [Manuel] à Sudsec pour Cléante [Bingen], nº 30, 20 mars 1944 (A.N. 3 AG 2 405).
76. Câbles de Polygone [Bourgès-Maunoury] à Manuel, nºs 24-25, 23 mars 1944 (A.N. 3 AG 2 516).
77. Réduit du Vercors, Londres [23 juillet 1943] (A.N. 3 AG 2 188).
78. [Bingen], Rapport de janvier 1944, doc. cité.
79. Télégramme de Boris à d'Astier cité par J.-L. CRÉMIEUX-BRILHAC, « La bataille des Glières et la "guerre psychologique" », *Revue d'histoire de la Deuxième Guerre mondiale*, nº 99, juillet 1995, p. 70. Voir aussi du même auteur, *La France Libre*, *op. cit.*, pp. 713-717.
80. Cité par Paul DREYFUS, « Les quatre secrets du maquis du Vercors », *L'Histoire*, nº 112, 1988, p. 15.
81. Cf. *ibid.*
82. Ch. DE GAULLE, *Lettres, notes et carnets, juin 1943-mai 1945*, *op. cit.*, p. 276.
83. Des extraits de ces Directives figurent dans l'ouvrage de Maurice KRIEGEL-VALRIMONT, *La Libération. Les archives du C.O.M.A.C.*, Paris, Éd. de Minuit, 1964, pp. 11-14.
84. M. GRANET, *Ceux de la Résistance*, *op. cit.*, p. 303.
85. *Ibid.*, p. 320.
86. H. NOGUÈRES, *Histoire de la Résistance en France*, *op. cit.*, t. IV, p. 539.
87. Cité par M. KRIEGEL-VALRIMONT, *La Libération*, *op. cit.*, pp. 15-16.
88. *Ibid.*, p. 16.
89. Cité *in* Comité d'histoire de la Deuxième Guerre mondiale, *La Libération de la France*, Paris, Éd. du C.N.R.S., 1976, p. 435.
90. M. KRIEGEL-VALRIMONT, *La Libération*, *op. cit.*, p. 17.
91. Discours radiodiffusé du général de Gaulle à la radio de Londres, 6 juin 1944, *in* Ch. DE GAULLE, *Discours et messages*, *op. cit.*, pp. 431-433.
92. J.-L. CRÉMIEUX-BRILHAC, *La France Libre*, *op. cit.*, p. 840.
93. Ch. DE GAULLE, *Discours et messages*, *op. cit.*, p. 432.
94. J.-L. CRÉMIEUX-BRILHAC, *La France Libre*, *op. cit.*, p. 856.
95. *Ibid.*, p. 857.
96. *Ibid.*, pp. 859 et 860.
97. Cité *ibid.*, p. 860.
98. Cité *ibid.*, p. 865.
99. *Ibid.*, pp. 865-866.
100. Câbles de Manuel à Soustelle, nºs 602 à 605, Londres, 8 août 1944 (A.N. 72 AJ 409).
101. Cf. M. KRIEGEL-VALRIMONT, *La Libération*, *op. cit.*, p. 38.
102. Cité *ibid.*, p. 40.
103. Cité *ibid.*
104. *Ibid.*, p. 50.
105. *Ibid.*, p. 47.
106. *Ibid.*, p. 52.
107. *Ibid.*, pp. 56-57.
108. Procès-verbal de la séance du C.O.M.A.C. du 26 juin 1944 (A.N. 72 AJ 45).
109. M. KRIEGEL-VALRIMONT, *La Libération*, *op. cit.*, p. 17.
110. Rapport mensuel de Cléante [Bingen], avril 1944, doc. cité.
111. Quartus [Parodi], Rapport, 9 juin 1944, doc. cité.

112. P. Villon, *Résistant de la première heure*, *op. cit.*, pp. 91-92.
113. M. Kriegel-Valrimont, *La Libération*, *op. cit.*, p. 42.
114. *Ibid.*
115. *Ibid.*, p. 41.
116. *Ibid.*, p. 47.
117. *Ibid.*, p. 79, et pour la suite, pp. 79-83.
118. *Ibid.*, pp. 92-93.
119. *Ibid.*, p. 94.
120. Cf. le procès-verbal de la séance du C.O.M.A.C. du 10 juillet 1944, *ibid.*, p. 97.
121. « Le chemin du salut », *Les Lettres françaises*, nº 18, juillet 1944.
122. J. Attali, *Verbatim III*, *op. cit.*, p. 515.
123. M. Kriegel-Valrimont, *La Libération*, *op. cit.*, p. 70.
124. *Ibid.*, p. 72.
125. *Ibid.*, p. 73.
126. *Ibid.*, p. 101.
127. *Ibid.*, p. 102.
128. Câbles du général Kœnig, nos 84-85-86, 25 juin 1944 (A.N. 72 AJ 1970 et suiv.).
129. Cité par Ph. Buton, *Les lendemains qui déchantent*, *op. cit.*, p. 86.
130. M. Kriegel-Valrimont, *La Libération*, *op. cit.*, p. 113.
131. *Ibid.*
132. *Ibid.*, pp. 113-114.
133. Procès-verbal de la séance du C.O.M.A.C. du 24 juillet 1944 (A.N. 72 AJ 45).
134. Télégramme de Londres, nº 83, Londres, 1er août 1944, arrivé à Alger le 5 août 1944 (A.N. 3 AG 2 411).
135. Télégramme de Quartus [Parodi] à Merlin [d'Astier] pour le C.O.M.I.D.A.C., 1er août 1944 (A.N. 2 AG 2 411).
136. Cité dans J.-L. Crémieux-Brilhac, *La France Libre*, *op. cit.*, p. 873.
137. Télégramme de Fouquet à Merlin [d'Astier] *in* H. Noguères, *Histoire de la Résistance en France*, t. V, Paris, Robert Laffont, 1981, p. 250.
138. M. Granet, *Ceux de la Résistance*, *op. cit.*, p. 180.
139. *Ibid.*, p. 183.
140. M. Kriegel-Valrimont, *La Libération*, *op. cit.*, p. 114.
141. Rapport de Pacha sur l'état des F.F.I. de sa région, 2 août 1944 (A.N. 3 AG 2 479).
142. Cité dans H. Noguères, *Histoire de la Résistance en France*, *op. cit.*, t. V, p. 871.
143. *Ibid.*
144. *Ibid.*, p. 872.
145. M. Kriegel-Valrimont, *La Libération*, *op. cit.*, p. 123.
146. *Ibid.*, p. 130.
147. *Ibid.*, pp. 130-131.
148. *Ibid.*, pp. 131-132.
149. *Ibid.*, pp. 140-141.
150. *Ibid.*, p. 141.
151. *Ibid.*, p. 157.
152. *Ibid.*, p. 158.
153. Procès-verbal de la séance du C.O.M.A.C. du 9 août 1944 (A.N. 72 AJ 45).
154. *Ibid.*
155. Procès-verbal de la séance du C.O.M.A.C. du 14 août 1944 (A.N. 72 AJ 45).
156. *Ibid.*
157. J.-L. Crémieux-Brilhac, *La France Libre*, *op. cit.*, p. 790.
158. H. Noguères, *Histoire de la Résistance en France*, *op. cit.*, t. V, p. 462.
159. Procès-verbal de la séance du C.O.M.A.C. du 16 août 1944 (A.N. 72 AJ 45).
160. *Ibid.*

161. *Ibid.*
162. M. KRIEGEL-VALRIMONT, *La Libération*, *op. cit.*, p. 192.
163. Robert ARON, *Histoire de la libération de la France*, Paris, Fayard, 1959, p. 414.
164. Cité par Ph. BUTON, *Les lendemains qui déchantent*, *op. cit.*, p. 73.
165. Cité *ibid.*, p. 81.
166. M. KRIEGEL-VALRIMONT, *La Libération*, *op. cit.*, p. 203.
167. *Ibid.*, p. 204.
168. *Ibid.*, p. 207.
169. *Ibid.*, p. 208.
170. *Ibid.*, p. 209.
171. *Ibid.*, p. 210.
172. Maréchal JUIN, *Mémoires*, Paris, Fayard, 1960, t. II, p. 27.
173. M. KRIEGEL-VALRIMONT, *La Libération*, *op. cit.*, p. 216.
174. *Ibid.*, p. 217.
175. *Ibid.*, p. 218.
176. *Ibid.*, p. 219.
177. *Ibid.*, p. 220.
178. R. ARON, *Histoire de la libération de la France*, *op. cit.*, p. 438.
179. H. NOGUÈRES, *Histoire de la Résistance en France*, *op. cit.*, t. V, p. 544.
180. Procès-verbal de la séance du C.O.M.A.C. du 27 août 1944 (A.N. 72 AJ 45). *« Le COMAC confirme la décision de la création de ce service qui devra faire la police à l'intérieur de toutes les formations, agir sur les éléments qui, de l'extérieur veulent saboter les possibilités militaires des F.F.I., le service permettra la sécurité de la Nation.*

« Le COMAC décide d'organiser la Justice Militaire et de passer par les armes toute personne qui sera prise les armes à la main et ne pourra justifier de sa qualité de résistant.

« F.N. dit à ce propos qu'il est impossible de reprendre la justice militaire avec les anciens éléments. Il faut instaurer de nouveaux tribunaux, avec des éléments sains, pris dans la Résistance, il en propose quelques-uns. »

181. *Ibid.*
182. P. VILLON, *Résistant de la première heure*, *op. cit.*, p. 116.
183. M. KRIEGEL-VALRIMONT, *La Libération*, *op. cit.*, pp. 227-228.
184. *Ibid.*, p. 233.
185. Cité *ibid.*, pp. 231-232.
186. *Ibid.*, p. 232.
187. Procès-verbal de la séance du C.O.M.A.C. du 29 août 1944 (A.N. 72 AJ 45).
188. *Ibid.*
189. Cité par M. KRIEGEL-VALRIMONT, *La Libération*, *op. cit.*, p. 233.
190. J.-L. CRÉMIEUX-BRILHAC, *La France Libre*, *op. cit.*, p. 879.
191. Ph. BUTON,, « La France atomisée », in *La France des années noires*, *op. cit.*, pp. 402-403.
192. *Ibid.*, p. 401.

XXII. RUES DE PARIS ET ALLÉES DU POUVOIR

1. Projet de manifeste pour le Comité exécutif de la Résistance, *in* M. GRANET, *Ceux de la Résistance*, *op. cit.*, p. 279.
2. Boris à Philip, Londres, 18 août 1943 (A.N. F^{1a} 3735).
3. Appel à la Nation, Londres, 12 juillet 1943, arrivé à Londres avec le courrier du 27 juillet 1943 (A.N. 72 AJ 1970 et suiv.).
4. Rapport de Sophie [Serreulles], 27 juillet 1943, doc. cité.
5. Conseil de la Résistance, Londres, 3 septembre 1943 (A.N. 3 AG 2 398).
6. « Instructions concernant les mouvements de Résistance », 9 juillet 1943, doc. cité.
7. Rapport de Sophie [Serreulles], 16 août 1943, pp. 3-4 (A.N. 3 AG 2 397).

8. Lettre de Philip à Boris, s.d. [mi-septembre 1943] (A.N. F[la] 3735).
9. Ch. DE GAULLE, *Mémoires de guerre*, t. II, *L'Unité*, *op. cit.*, p. 164.
10. Déclaration du 23 novembre 1943, citée par Jean-Pierre AZÉMA, « Des Résistances à la Résistance », in *Les Années noires*, *op. cit.*, t. II, p. 267.
11. Henri Frenay au Comité central, Londres, 29 octobre 1943 (A.N. 72 AJ 234).
12. Lettre de Pierre Brossolette au colonel Passy, 7 octobre [1943], doc. cité.
13. *Ibid.*
14. Cléante [Bingen], Rapport de février destiné à M. le Président de G. [de Gaulle] et à M. d'A [d'Astier], 1er février 1944 (A.N. 3 AG 2 397).
15. Rapport de Sophie [Serreulles], 16 août 1943, doc. cité.
16. *Ibid.*
17. Cf. télégramme de Rex [Moulin], 8 mai 1943, arrivé le 5 mai 1943, doc. cité.
18. *Ibid.*
19. Rapport de Rex [Moulin], 4 juin 1943, doc. cité.
20. *Ibid.*
21. *Ibid.*
22. *Ibid.*
23. De Baudoin [Bollaert], 8 octobre 1943 (A.N. F[la] 3728).
24. Lettre de Philip, Londres, 6 novembre 1943 (A.N. 72 AJ 1970 et suiv.).
25. Cf. Rapport sur la mission de Guizot [Laffon] en France, 19 septembre 1943 (A.N. F[la] 3728).
26. *Ibid.*
27. [Bingen], Rapport de janvier [1944], doc. cité.
28. Notes sur les mouvements de résistance et d'action, Londres, 20 juillet 1943 (A.N. 3 AG 2 376).
29. Manifeste du groupe des mouvements de résistance Combat, Libération, Franc-Tireur, publié à Londres, août 1943 (A.N 3 AG 2 376).
30. *Ibid.*
31. Cf. L. DOUZOU, *La Désobéissance*, *op. cit.*, p. 375 sq.
32. Lettre de Salard [Copeau] à Merlin [d'Astier], 1er février 1944 (A.N. 72 AJ 410).
33. Le secrétaire général du parti socialiste, « Du parti socialiste à l'organisation Combat sous le couvert des Mouvements unis », 10 janvier 1944 (A.N. F[la] 3730).
34. Chardon [Hervé] au comité directeur [de Libération], Notes sur l'orientation du mouvement, mars 1944 (A.N. 3 AG 2 378).
35. Villon-Front national à Ceux de la Libération, Ceux de la Résistance, Libération-Nord, M.L.N., O.C.M., 4 avril 1944 (A.N. 72 AJ 57).
36. Arnolphe [Morandat] à Merlin [d'Astier], Suite du rapport général sur la situation de la Résistance, avril 1944 (A.N. F[la] 3728).
37. *Ibid.*
38. *Ibid.*
39. Lettre de Menthon à [Teitgen], s.d. (Arch. F.N.S.P.-PA 8).
40. Cf. Charles-Louis FOULON, « La préparation civile de la Libération », *Espoir*, janvier 1994, p. 44.
41. Commissariat à l'Intérieur, Gestion temporaire des administrations avant l'installation du C.F.L.N., 21 janvier 1944 (A.N. F[la] 3818).
42. Rapport de Clovis [Serreulles], 2e partie, 10 octobre 1943, doc. cité.
43. 2e rapport de N. [Bingen] (septembre-octobre), 7 octobre 1943, doc. cité.
44. *Ibid.*
45. Ph. PÉTAIN, *Discours aux Français*, *op. cit.*, p. 288.
46. *Ibid.*, p. 336.
47. Rapport de Guizot [Laffon], 20 juillet 1944 (A.N. F[la] 3728).
48. J.-L. CRÉMIEUX-BRILHAC, *La France Libre*, *op. cit.*, p. 888.
49. Général BÉTHOUARD, *Cinq années d'espérance*, Paris, Plon, 1968, p. 248.
50. *Ibid.*

51. J. Lacouture, *De Gaulle*, *op. cit.*, t. I, p. 776.

52. *Ibid.*, p. 778.

53. Général Béthouard, *Cinq années d'espérance*, *op. cit.*, p. 249, et J. Lacouture, *De Gaulle*, *op. cit.*, t. I, p. 779.

54. Général Béthouard, *Cinq années d'espérance*, *op. cit.*, p. 250.

55. R. Aron, *Histoire de la libération de la France*, *op. cit.*, p. 83.

56. Cité par Fr. Kersaudy, *De Gaulle et Churchill*, *op. cit.*, p. 304.

57. Ch. de Gaulle, *Mémoires de guerre*, t. II, *L'Unité*, *op. cit.*, p. 230.

58. Ch. de Gaulle, *Lettres, notes et carnets, juin 1943-mai 1945*, *op. cit.*, pp. 245-246

59. E. d'Astier de La Vigerie, *De la chute à la libération de Paris*, *op. cit.*, p. 156.

60. R. Aron, *Histoire de la libération de la France*, *op. cit.*, pp. 84-85.

61. Général Béthouard, *Cinq années d'espérance*, *op. cit.*, p. 251.

62. « Memorandum for the President », général Donovan, Washington, 15 juin 1944, (National Archives, Washington).

63. Rapport de Guizot [Laffon], 20 juillet 1944, doc. cité.

64. *Ibid.*

65. E. d'Astier de La Vigerie, *De la chute à la libération de Paris*, *op. cit.*, p. 181.

66. « Directives aux résistants », Alger, 12 août 1944 ; Ch. de Gaulle, *Lettres, notes et carnets, juin 1943-mai 1945*, *op. cit.*, p. 289.

67. E. d'Astier de La Vigerie, *De la chute à la libération de Paris*, *op. cit.*, p. 181.

68. Télégramme à Alexandre Parodi, Alger, 14 août 1944 ; Ch. de Gaulle, *Lettres, notes et carnets, juin 1943-mai 1945*, *op. cit.*, p. 290.

69. Projet de lettre de Belladone [Parodi] à Merlin [d'Astier], août [1944] (Arch. F.N.S.P.-PA 7).

70. Ph. Buton, *Les lendemains qui déchantent*, *op. cit.*, p. 81.

71. Câbles n°s 16 et 17, Secnord de Belladone [Parodi], 11 août 1944 (A.N. 3 AG 2 402).

72. R. Aron, *Histoire de la libération de la France*, *op. cit.*, pp. 389-390.

73. Docteur Veau, Comment les Allemands ont quitté Paris, 10 août 1944 (A.N. 72 AJ 62).

74. Câble nº 50 à Secnord pour Belladone [Parodi], 12 août 1944 (A.N. 3 AG 2 403).

75. Ch. de Gaulle, *Mémoires de guerre*, t. II, *L'Unité*, *op. cit.*, p. 295.

76. J.-L. Crémieux-Brilhac, *La France Libre*, *op. cit.*, p. 891.

77. Câbles reçus de la Délégation générale en date du 23 août [1944] (A.N. 3 AG 2 475).

78. *Ibid.*

79. Câbles reçus de la Délégation générale le 15 août [1944] (A.N. 3 AG 2 475).

80. Procès-verbal de la séance tenue par le bureau du C.N.R. le 19 août 1944 (matin) [communiqué à l'auteur par Pierre Meunier].

81. Ch. de Gaulle, *Mémoires de guerre*, t. II, *L'Unité*, *op. cit.*, p. 296.

82. *Ibid.*, p. 298.

83. *« Je ne voulais pas qu'à la faveur du bouleversement, la capitale devînt la proie de l'anarchie »* (*ibid.*, p. 296).

84. Procès-verbal de la séance du C.N.R. du 20 août 1944 (9 heures) [communiqué à l'auteur par Pierre Meunier].

85. *Ibid.*

86. *Ibid.*

87. *Ibid.*

88. *Ibid.*

89. Procès-verbal de la séance du C.N.R. du 20 août 1944 (14 h 30) [communiqué à l'auteur par Pierre Meunier].

90. J. Debû-Bridel, *De Gaulle et le Conseil national de la Résistance*, *op. cit.*, pp. 158-159.

91. J. Lecompte-Boinet, Journal, doc. cité, p. 70.

92. *Ibid.*

93. J. DEBÛ-BRIDEL, *De Gaulle et le Conseil national de la Résistance*, *op. cit.*, pp. 158-159.

94. *Ibid.*

95. P. VILLON, *Résistant de la première heure*, *op. cit.*, pp. 111-112.

96. J. DEBÛ-BRIDEL, *De Gaulle et le Conseil national de la Résistance*, *op. cit.*, pp. 160-164.

97. Procès-verbal de la séance tenue par le C.N.R. le 21 août 1944 (17 heures) [communiqué à l'auteur par Pierre Meunier].

98. J. Lecompte-Boinet, Journal, doc. cité, pp. 79-82.

99. Procès-verbal de la séance tenue par le C.N.R. le 21 août 1944 (17 heures), doc. cité.

100. J. DEBÛ-BRIDEL, *De Gaulle et le Conseil national de la Résistance*, *op. cit.*, pp. 160-164.

101. Procès-verbal de la séance tenue par le C.N.R. le 21 août 1944 (17 heures), doc. cité.

102. *Ibid.*

103. J. DEBÛ-BRIDEL, *De Gaulle et le Conseil national de la Résistance*, *op. cit.*, pp. 160-164.

104. *Ibid.*

105. Procès-verbal de la séance tenue par le C.N.R. le 21 août 1944 (17 heures), doc. cité.

106. J. Lecompte-Boinet, Journal, doc. cité, pp. 79-82.

107. J. DEBÛ-BRIDEL, *De Gaulle et le Conseil national de la Résistance*, *op. cit.*, pp. 160-164.

108. *Ibid.*

109. J. Lecompte-Boinet, Journal, doc. cité, pp. 79-82.

110. *Ibid.*

111. Annexe I à « Opinion du C.O.M.A.C. sur les pourparlers de trêve », procès-verbal de la séance tenue par le C.N.R. le 21 août 1944 (communiqué à l'auteur par Pierre Meunier).

112. P. VILLON, *Résistant de la première heure*, *op. cit.*, pp. 108-109.

113. Procès-verbal de la séance tenue par le C.N.R. le 21 août 1944 (17 heures), doc. cité.

114. *Ibid.*

115. J. Lecompte-Boinet, Journal, doc. cité, pp. 79-82.

116. J. DEBÛ-BRIDEL, *De Gaulle et le Conseil national de la Résistance*, *op. cit.*, pp. 160-164.

117. Procès-verbal de la séance tenue par le C.N.R. le 21 août 1944 (17 heures), doc. cité.

118. *Ibid.*

119. Annexe II, *ibid.*

120. J. Lecompte-Boinet, Journal, doc. cité, pp. 79-82.

121. Lettre d'Alexandre Parodi à Adrien Dansette, s.d. [après le 8 mars 1946] (Arch. F.N.S.P.-PA 12).

122. « L'Humanité toujours ferme au combat », *L'Humanité*, 21 août 1944.

123. « La tâche de Franc-Tireur. De la résistance à la France nouvelle », *Le Franc-Tireur*, 21 août 1944.

124. « Les références du journal "Combat" », *Combat*, 21 août 1944.

125. Albert CAMUS, *Essais*, Paris, Gallimard, 1965, pp. 1520-1521.

126. « De Gaulle à Cherbourg », *Combat*, 21 août 1944.

127. « Le général de Gaulle à Cherbourg », *L'Humanité*, 21 août 1944.

128. Lettre de Cerat [Parodi] à Fouquet [Kriegel-Valrimont], 23 août 1944 (Arch. F.N.S.P.-PA 6).

129. Procès-verbal de la séance tenue par le C.N.R. le 22 août 1944 (17 heures) [communiqué à l'auteur par Pierre Meunier].

130. *Ibid.*

131. *Ibid.*

132. Jean LORRAINE, « Ce qu'est Défense de la France », *Défense de la France*, 22 août 1944, et AYMÉ-GUERRIN, « Hier et demain. Ce que nous sommes », *France Libre*, 24 août 1944.

133. « Une presse neuve dans une France Libre », *Le Parisien libéré*, 22 août 1944.

134. « Le Populaire continue », *Le Populaire*, 22 août 1944.

135. Ordre du Q.G. de Hitler au commandant en chef de l'Ouest, 23 août 1944. Cité par Adrien DANSETTE, *Histoire de la libération de Paris*, Paris, Fayard, 1946, p. 301.

136. Procès-verbal de la séance tenue par le C.N.R. le 23 août 1944 (17 heures) [communiqué à l'auteur par Pierre Meunier].

137. Procès-verbal de la séance tenue par le C.N.R. le 24 août 1944 (22 h 30) [communiqué à l'auteur par Pierre Meunier].

138. *Ibid.*

139. « La Résistance prend le pouvoir », *France Libre*, 22 août 1944.

140. « De Gaulle avait raison », *Le Franc-Tireur*, 22 août 1944.

141. « Appels et discours du général de Gaulle. Pages d'Histoire... », *Le Parisien libéré*, 23 août 1944.

142. FAURE-BIGUET, « Charles de Gaulle », *Carrefour*, n° 1, 26 août 1944.

143. « Paris attend de Gaulle ce matin », *Le Franc-Tireur*, 25 août 1944.

144. Georges BIDAULT, « Union et courage », *L'Aube*, 25 août 1944.

145. *Le Populaire*, 25 août 1944.

146. A. CAMUS, *Combat*, 25 août 1944, in *Essais*, *op. cit.*, pp. 157-158.

147. Procès-verbal de la séance tenue par le C.N.R. le 24 août 1944 (22 h 30), doc. cité.

148. *Ibid.*

149. Ch. DE GAULLE, *Mémoires de guerre*, t. II, *L'Unité*, *op. cit.*, pp. 702-703.

150. *Ibid.*, pp. 705-706.

151. *Ibid.*, pp. 706-707.

152. P. COT, *Le Procès de la République*, t. II, *op. cit.*, p. 379.

153. Ch. DE GAULLE, *Mémoires de guerre*, t. II, *L'Unité*, *op. cit.*, p. 707.

154. *Ibid.*, p. 708.

155. Ph. VIANNAY, *Du bon usage de la France*, Paris, Ramsay, 1988, pp. 502-503.

156. Cité par A. DANSETTE, *Histoire de la libération de Paris*, *op. cit.*, p. 498.

157. Ch. DE GAULLE, *Mémoires de guerre*, t. II, *L'Unité*, *op. cit.*, p. 306.

158. Cité par H. NOGUÈRES, *Histoire de la Résistance en France*, *op. cit.*, t. V, p. 556.

159. *Ibid.*, p. 557.

160. Ch. DE Gaulle, *Mémoires de guerre*, t. II, *L'Unité*, *op. cit.*, p. 303.

161. Maréchal JUIN, *Mémoires*, *op. cit.*, t. II, p. 29.

162. Ch. RIST, *Une saison gâtée*, Paris, Fayard, 1983, p. 432, n. 38.

163. A. DANSETTE, *Histoire de la libération de Paris*, *op. cit.*, pp. 309-310.

164. Maréchal JUIN, *Mémoires*, *op. cit.*, t. II, p. 31.

165. A. DANSETTE, *Histoire de la libération de Paris*, *op. cit.*, pp. 439-440.

166. D. MAYER, *Les Socialistes dans la Résistance*, *op. cit.*, p. 150.

167. Francis CRÉMIEUX, *La Vérité sur la libération de Paris*, Paris, Belfond, 1977, p. 122.

168. J. Lecompte-Boinet, Journal, doc. cité.

169. *Ibid.*

170. A. DANSETTE, *Histoire de la libération de Paris*, *op. cit.*, p. 392.

171. *Ibid.*, pp. 392-393.

172. Cf. Cl. GUY, *En écoutant de Gaulle*, *op. cit.*, p. 34 : *« Matinée du 25 août 1944.*

[…] *Hier soir, je lui avais apporté, après dîner, sur son bureau, deux tomes des* Chroniques *de Froissart. Il a quitté son manuscrit du discours qu'il prépare pour Paris* […]. »

173. Cité dans *Les Voix de la liberté*, t. V, Paris, La Documentation française, 1976, pp. 215-216.

174. Henri AMOUROUX, *La Grande Histoire des Français sous l'Occupation*, t. VIII, Paris, Robert Laffont, 1988, p. 720.

175. A. DANSETTE, *Histoire de la libération de Paris, op. cit.*, pp. 392-393.

176. *Ibid.*, p. 393.

177. G. BIDAULT, *D'une résistance à l'autre, op. cit.*, p. 65.

178. *Ibid.*

179. Ch. DE GAULLE, *Mémoires de guerre*, t. II, *L'Unité*, *op. cit.*, pp. 307-308.

180. J. Lecompte-Boinet, Journal, doc. cité, p. 168.

181. Ch. DE GAULLE, *Mémoires de guerre*, t. II, *L'Unité*, *op. cit.*, pp. 307-308.

182. Câble n° 61 de Belladone [Parodi], 18 août 1944 (A.N. 3 AG 2 402).

183. Fr. CRÉMIEUX, *La Vérité sur la libération de Paris, op. cit.*, p. 163.

184. Ch. DE GAULLE, *Mémoires de guerre*, t. II, *L'Unité*, *op. cit.*, pp. 307-308.

185. Jean LACOUTURE, *De Gaulle*, t. II, Paris, Le Seuil, 1985, p. 835.

186. D. MAYER, *Les Socialistes dans la Résistance*, *op. cit.*, p. 150.

187. Ch. RIST, *Une saison gâtée, op. cit.*, p. 432, n. 38.

188. D. MAYER, *Les Socialistes dans la Résistance*, *op. cit.*, p. 150.

189. J. Lecompte-Boinet, Journal, doc. cité.

190. Léo HAMON, *Vivre ses choix*, Paris, Robert Laffont, 1991, pp. 209-211.

191. Cité par J.-L. CRÉMIEUX-BRILHAC, *La France Libre*, *op. cit.*, p. 901.

192. Cité par J. LACOUTURE et R. MEHL, *De Gaulle et l'éternel défi*, *op. cit.*, p. 86.

193. *Le Parisien libéré*, 26 août 1944.

194. « Vers l'avenir », *Le Franc-Tireur*, 26 août 1944.

195. *L'Humanité*, 26 août 1944.

196. A. DANSETTE, *Histoire de la libération de Paris, op. cit.*, p. 326.

197. Témoignage de Raymond Lagier à l'auteur, 1983.

198. G. BROSSOLETTE, *Il s'appelait Pierre Brossolette*, *op. cit.*, p. 263.

199. Ch DE GAULLE, *Mémoires de guerre*, t. II, *L'Unité*, *op. cit.*, p. 686.

200. G. BIDAULT, *D'une résistance à l'autre, op. cit.*, p. 66.

201. L. HAMON, *Vivre ses choix*, *op. cit.*, p. 210.

202. D. MAYER, *Les Socialistes dans la Résistance*, *op. cit.*, p. 154.

203. Ch. DE GAULLE, *Mémoires de guerre*, t. III, *Le Salut*, *op. cit.*, pp. 311-312.

204. G. BIDAULT, *D'une résistance à l'autre, op. cit.*, p. 66.

205. J. Lecompte-Boinet, Journal, doc. cité, pp. 136-139.

206. G. BIDAULT, *D'une résistance à l'autre, op. cit.*, p. 67.

207. Alfred FABRE-LUCE, *Journal de la France*, Paris, Fayard, 1969, p. 666.

208. Jacques BARDOUX, *La Délivrance de Paris*, Paris, Fayard, 1958, p. 369.

209. L. HAMON, *Vivre ses choix*, *op. cit.*, p. 210.

210. Procès-verbal de la réunion du 26 août 1944 (17 h 45) [communiqué à l'auteur par Pierre Meunier].

211. *Ibid.*

212. Cité par J. DEBÛ-BRIDEL, *De Gaulle et le Conseil national de la Résistance*, *op. cit.*, pp. 190-191.

213. Claire ANDRIEU, *Le Programme commun de la Résistance. Des idées dans la guerre*, Paris, Éd. de l'Érudit, 1984, p. 134.

214. Lettre d'Octave Duval [Debû-Bridel] à M. Manin, 18 juillet 1944 (Arch. F.N.S.P.-PA 7).

215. Lettre de Ferry [Blocq-Mascart] à Manin, 17 juillet 1944 (Arch. F.N.S.P.-PA 7).

216. Cité par J. DEBÛ-BRIDEL, *De Gaulle et le Conseil national de la Résistance*, *op. cit.*, pp. 190-191.

217. Deuxième rapport mensuel de N. [Bingen], 7 octobre 1943, doc. cité.

218. Projet de lettre de Belladone [Parodi] à Merlin [d'Astier], août [1944], doc. cité.

219. Cf. Mikhaïl NARINSKI, « La politique soviétique à l'égard des pays d'Europe occidentale de 1941 à 1945 », *Matériaux pour l'histoire de notre temps*, n° 37-38, janvier-juin 1995.

220. Cité par Stéphane COURTOIS, « PCF : le parti de Moscou », *L'Histoire*, n° 223, juillet-août 1998, p. 47.

221. Résultats simili Gallup, Câbles n°s 25 à 28 du 1er août 1944, Secnord d'Arnolphe [Morandat] (A.N. 3 AG 2 404).

222. Lettre de S. à Quartus [Parodi], Paris, 29 août 1944 (Arch. F.N.S.P.-PA 7).

223. Lettre d'André Philip à de Gaulle, Lyon, 26 septembre 1944 (A.N. 72 AJ 567).

224. Lettre de Claude Monod à son père, 14 septembre 1944 (AN. 72 AJ 62).

225. Lettre de Philip à de Gaulle, Lyon, 26 septembre 1944, doc. cité.

226. *Ibid.*

227. INDOMITUS [Philippe VIANNAY], *Nous sommes les rebelles*, Paris, Collection Défense de l'homme, 1945, pp. 66-67.

228. Pierre HERVÉ, *La Libération trahie*, Paris, Grasset, 1945, pp. 12-13.

229. *Ibid.*, pp. 47-48.

230. *Ibid.*, p. 102.

231. Henri FRENAY, « Les fossoyeurs de la Résistance », *Octobre*, 23 novembre 1946.

XXIII. L'AFFAIRE HARDY

1. Se reporter au chapitre XVIII, « Le 21 juin à Caluire ».

2. Chapelain, Alfred, commissaire de police de Sûreté à la section politique, 2e audition de René Hardy, Lyon, 23 juin 1943 (A.N. C.J. 244 [6]).

3. Lettre du commissaire Gustave Girod à Me Garçon, Lyon, 19 janvier 1947 (A.N. C.J. 244 [5]).

4. Rapport du commissaire Georges Kubler, Lyon, 23 *(sic)* juin 1943 (A.N. C.J. 244 [6]).

5. Audition de René Hardy, Lyon, 22 juin 1943 (A.N. C.J. 244 [5]).

6. Rapport du commissaire Georges Kubler de la police judiciaire, Lyon, 23 juin 1943 (A.N. C.J. 244 [6]).

7. Cf. Gouvernement militaire de la zone française d'occupation en Allemagne. Procès-verbal d'information établi en exécution de commission rogatoire. Commissaire Alfred Chapelain, 5 janvier 1946 (A.N. C.J. 244 [3]).

8. Cf. la déposition du Dr André Ricard, chef du service de chirurgie à l'hôpital de l'Antiquaille, Lyon, 3 janvier 1945, et la déposition de Jean-Louis Petit, externe des hôpitaux, Lyon, 4 janvier 1945 (A.N. C.J. 244).

9. Cf. le commissaire de police de Sûreté Chapelain à la section politique. 2e audition de René Hardy, Lyon, 23 juin 1943 (A.N. C.J. 244 [6]).

10. Cf. le commissaire de police de Sûreté Chapelain à M. le commissaire de police de Sûreté, chef de la section des affaires politiques, Lyon, 25 juin 1943 (A.N. C.J. 244 [6]).

11. Cf. Gouvernement militaire de la zone française d'occupation en Allemagne. Procès-verbal d'information établi en exécution de commission rogatoire. Commissaire Chapelain, 5 janvier 1946 (A.N. C.J. 244 [3]).

12. Cf. Chapelain, Alfred, commissaire de police de Sûreté à la section politique, 2e audition de René Hardy, Lyon, 23 juin 1943, doc. cité.

13. H. NOGUÈRES, *La vérité aura le dernier mot*, *op. cit.*, p. 85.

14. Direction générale de la Sûreté nationale, déposition de Georges Groussard, 21 juin 1948 (communiquée par Me Serge Klarsfeld).

15. Tribunal militaire permanent de Paris, déposition de Pierre de Bénouville, 3 mai 1948 (communiquée par Me Serge Klarsfeld).

16. Cf. témoignage du colonel Gorce-Franklin, fondateur du réseau Gallia, recueilli par Geneviève Thieuleux, conservateur du Centre national Jean-Moulin de Bordeaux, Paris, 16 janvier 1980 (C.N.J.M.).

17. Câble de F.F.C. à Rex [Moulin], 2 juillet 1943 (A.N. 3 AG 2 401).

18. Tribunal militaire de Paris, déposition d'Eugène Petit, 25 mai 1948 (communiquée par Me Serge Klarsfeld).

19. Procès de René Hardy devant le tribunal militaire de Paris, audience du 20 avril 1950, déposition d'Eugène Petit, p. 48 (A.N. 334 AP 50).

20. Lucie AUBRAC, *Cette exigeante liberté*, Paris, L'Archipel, 1997, pp. 93-94.

21. Lettre de Claude Bourdet à M. le président [du tribunal militaire de Paris], New York, 26 avril [1950] (communiquée par Me Serge Klarsfeld).

22. Procès de René Hardy devant le tribunal militaire de Paris, audience du 29 avril 1950, déposition d'Eugène Petit, pp. 48-49, doc. cité.

23. *Ibid.*

24. Procès de René Hardy devant la cour de justice de la Seine, 1947, déposition de Claude Bourdet (A.N. 334 AP 24).

25. D.S.M., déposition de Raymond Aubrac, Alger, 3 juin 1944 (A.N. C.J. 244 [6]).

26. *« Les trois secrétaires du directoire des Mouvements unis de Résistance, les MUR, Bourdet, Claudius-Petit et Copeau, conclurent que René Hardy était suspect. Je n'assistai pas à la discussion mais je sais que les trois hommes se sont dit : "On ne peut pas prendre un tel risque. Hardy est entre les mains de la Gestapo, cela représente un danger considérable en cas de confrontation. Il faut qu'il disparaisse" »* (L. AUBRAC, *Cette exigeante liberté*, *op. cit.*, p. 93).

27. Procès de René Hardy devant le tribunal militaire de Paris, audience du 29 avril 1950, déposition d'Eugène Petit, doc. cité, p. 49.

28. Procès de René Hardy devant le tribunal militaire de Paris, audience du 2 mai 1950, déposition de Lucie Aubrac, p. 31 (A.N. 334 AP 50).

29. Lucie AUBRAC, *Ils partiront dans l'ivresse*, Paris, Le Seuil, 1984, pp. 108-109.

30. L. AUBRAC, *Cette exigeante liberté*, *op. cit.*, p. 94.

31. Cl. BOURDET, *L'Aventure incertaine*, *op. cit.*, pp. 228-229.

32. Cf. L. AUBRAC, *Ils partiront dans l'ivresse*, *op. cit.*, pp. 108-110.

33. Rapport parvenu à Londres le 27 juillet 1943, cité par Colonel PASSY, *Missions secrètes en France*, *op. cit.*, p. 249.

34. D.S.M., complément d'interrogatoire de René Hardy, [Alger], 10 juin 1944 (A.N. C.J. 244).

35. Cf. P. GUILLAIN DE BÉNOUVILLE, *Le Sacrifice du matin*, *op. cit.*, p. 412 : *« Il fallait donc sans tarder essayer de monter une opération pour le délivrer. Nous échouâmes et l'opération ne put avoir lieu. »*

36. H. FRENAY, *La nuit finira*, *op. cit.*, p. 342.

37. Lorrain [Bourdet] à Nef [Frenay], câble du 6 juillet 1943 (A.N. 3 AG 2 377).

38. Nef [Frenay] à Lorrain [Bourdet], câble du 21 juillet 1943 (A.N. 3 AG 2 377).

39. Déposition de Jacqueline Bernard, Paris, 26 décembre 1945 (A.N. C.J. 244 [3]).

40. Lettre de Me Catherine Ammar à M. le président Ledoux, Paris, 24 janvier 1947 (A.N. C.J. 244 [5]).

41. Rapport d'Henri [Charles Porte] sur l'affaire Hardy, Limoges, 25 août 1943 (A.N. C.J. 244 [2]).

42. Lettre de Charles Porte à Laure Moulin, s.l., 26 janvier 1947 (A.F.E.D.).

43. Cité par H. NOGUÈRES, *La vérité aura le dernier mot*, *op. cit.*, pp. 172-173.

44. Cf. Direction générale de la Sûreté nationale. Procès-verbal [interrogatoire] de Jean Multon, [Paris], 9 février 1945 (A.N. C.J. 244).

45. *Ibid.*

46. Procès de René Hardy devant le tribunal militaire de Paris, audience du 2 mai 1950, déposition de Maurice Chevance-Bertin, p. 79 (A.N. 334 AP 50).

47. C.F.L.N.-B.C.R.A.L., Londres, 6 juin 1944 (signé du chef de bataillon Manuel) [A.N. C.J. 244].

48. Direction générale de la Sûreté nationale, déposition de Georges Groussard, 21 juin 1948, doc. cité.

49. Déposition de M. Duroc [Bénouville], Alger, 12 juin 1944 (A.N. C.J. 244).

50. C.E. Michel Charette [Cailliau] à M. Soustelle, directeur des services spéciaux. Déclaration au sujet de René Hardy, Alger, 27 juin 1944 (A.N. C.J. 244). Sur Michel Cailliau, voir Pierre PÉAN, *Une jeunesse française*, Paris, Fayard, 1995, pp. 266-269.

51. D.S.M. Affaire Hardy. Déposition de M. Dhont, [Alger], 1er juillet 1944 (A.N. C.J. 244).

52. Henri Frenay, Rapport sur le cas Hardy, Alger, 3 juillet 1944 (A.N. C.J. 244).

53. Section de commandement N.M. Note pour le capitaine Lambert. Alger, 3 juillet 1944 (A.N. C.J. 244).

54. Direction de la Sécurité militaire, déposition de M. Aubrac, Raymond, membre de la Résistance, Alger, 3 juin 1944 (A.N. C.J. 244).

55. Cf. *ibid.*

56. B.C.R.A.L./C.E. Note pour le commandant Pélabon [signée Vaudreuil (Thierry-Mieg)], Londres, 28 juillet 1944 (A.N. C.J. 244).

57. Cour de justice du département de la Seine. Déposition d'Henri Frenay, Paris, 8 décembre 1945 (A.N. C.J. 244).

58. Procès de René Hardy devant le tribunal militaire de Paris, audience du 2 mai 1950, déposition de Maurice Chevance-Bertin, p. 78, doc. cité.

XXIV. LES PROCÈS HARDY

1. Procès de René Hardy devant le tribunal militaire de Paris, audience du 2 mai 1950, déposition de Maurice Chevance-Bertin, p. 80, doc. cité.

2. Direction générale de la Sûreté nationale, déposition de René Lacombe, Paris, 11 avril 1947 (communiquée par Me Serge Klarsfeld).

3. Direction générale de la Sûreté nationale. Procès-verbal. Déposition d'Henri Aubry, Paris, 5 février 1945 (A.N. C.J. 244 [1]).

4. Cour de justice. Déposition d'Ernst Dunker, Paris, 9 octobre 1945 (A.N. C.J. 244). Yves Farge parle dans ses souvenirs d'un autre exemplaire, trouvé à Lyon pendant qu'il y était commissaire de la République : *« Lyon était libéré. Je venais de faire de Marc Laurent un secrétaire général pour la police. Un soir il déposa sur mon bureau cette note qu'il venait de découvrir dans des dossiers allemands »* (Yves FARGE, *Rebelles, soldats et citoyens*, Paris, Grasset, 1946, p. 32). En juin 1945, il le communiqua à l'un des hommes arrêtés à Caluire, le colonel Lacaze. De son côté, Jacques Soustelle (directeur de la D.G.E.R.) certifia l'authenticité du document à de nombreux résistants et leur dit sa conviction à propos de la culpabilité de Hardy. Il en aurait été de même de Pélabon.

5. « Rapport Flora », Marseille, 19 juillet 1943, doc. cité.

6. Lettre de Laure Moulin à Antoinette Sachs, Montpellier, 9 novembre 1944 (Fonds Antoinette Sasse. Musée Jean-Moulin. Ville de Paris).

7. *Ibid.* Le 4 décembre, une entrevue fut organisée entre Serreulles, Pélabon, Wybot et Antoinette Sachs, qui avait recherché à Lyon, durant l'automne, des témoignages sur l'arrestation de Moulin — pour retrouver sa trace au cas où il serait encore en vie. (Lettre de Pierre Meunier à Antoinette Sachs, Paris, 1er décembre 1944, et cahier d'Antoinette Sachs, « Paris ». Fonds Antoinette Sasse. Musée Jean-Moulin. Ville de Paris.)

8. Le directeur général des Services spéciaux à M. le commissaire du gouvernement près la Cour de justice, Seine. Paris, 11 décembre 1944 (A.N. C.J. 244).

9. Cf. Rapport du commissaire de police du quartier Saint-Germain-l'Auxerrois à M. le directeur de la police judiciaire, Paris, 12 décembre 1944, et procès-verbal. Exécution d'une commission rogatoire, Paris, 12 décembre 1944 (A.N. C.J. 244).

10. Direction générale de la Sûreté nationale, déposition de René Lacombe, 11 avril 1947, doc. cité.

11. Procès de René Hardy devant le tribunal militaire de Paris, audience du 2 mai 1950, déposition de Raymond Aubrac, p. 51, doc. cité.

12. Procès de René Hardy devant le tribunal militaire de Paris, audience du 2 mai 1950, déposition de Maurice Chevance-Bertin, p. 94, doc. cité.

13. Pierre PÉAN, *Vies et morts de Jean Moulin*, Paris, Fayard, 1998, p. 630.

14. Lettre de Pierre Cot à Henri Michel, 23 octobre 1963.

15. Pierre COT, « Jean Moulin patriote et républicain », *Action*, 15 juin 1945.

16. Lettre de Pierre Meunier à l'auteur, 28 mars 1987 (A.N. 72 AJ 1970 et suiv.).

17. Copie, de la main de Laure Moulin, d'une lettre du général de Gaulle, Marly, 14 mai 1946 (Fonds Antoinette Sasse. Musée Jean-Moulin, Ville de Paris).

18. Copie, de la main de Laure Moulin, d'une lettre du général de Gaulle, Colombey-les-Deux-Églises, 1er juin 1946 (Fonds Antoinette Sasse. Musée Jean-Moulin. Ville de Paris).

19. Cf. Procès-verbal de première comparution. Cour de justice de la Seine, 21 décembre 1944 (A.N. C.J. 244 [2]).

20. Cf. le commissaire de la République de la région de Marseille à M. Berry, juge d'instruction, Marseille, 20 décembre 1944 (A.N. C.J. 244).

21. Albert CAMUS, « Ne jugez pas », *Combat*, 30 décembre 1944.

22. Lettre de Laure Moulin à Antoinette Sachs, 30 décembre [1944] (Fonds Antoinette Sasse. Musée Jean-Moulin. Ville de Paris).

23. Pierre HERVÉ, « Un traître est un traître », *Action*, 5 janvier 1945.

24. Communiqué à la presse, 23 janvier 1947 (Fonds Antoinette Sasse. Musée Jean-Moulin. Ville de Paris).

25. Sur ce sujet, voir Jean-Pierre RIOUX, *La France de la IVe République*, Paris, Le Seuil, 1980, t. I, pp. 83-84, et Éric DUHAMEL, *L'U.D.S.R.*, thèse pour le doctorat d'histoire, université de Paris-IV, 1992, t. I, pp. 35-44.

26. V. LEDUC, « Le scandale des prisonniers », *Action*, 23 mars 1945.

27. M. L. BARRON « Des tickets... dans 15 jours », *L'Humanité*, 18 mai 1945.

28. « *L'Humanité* citée en justice par M. Frenay », *L'Aube*, 30 mai 1945 (communiqué d'Henri Frenay).

29. Lettre de Pierre Meunier à Laure Moulin, Paris, 7 avril 1945 (A.F.E.D.).

30. Lettre de Pierre Meunier à Laure Moulin, Paris, 24 avril 1945 (A.F.E.D.).

31. Lettre de Pierre Meunier à Laure Moulin, Paris, 14 mai 1945 (A.F.E.D.).

32. *L'Aube*, 29 mai 1945.

33. « De Gaulle commémore la première réunion clandestine du C.N.R. », *L'Aube*, 29 mai 1945.

34. Lettre de Pierre Meunier à Laure Moulin, Paris, 24 avril 1945, doc. cité.

35. Cf. lettre de Pierre Meunier à Laure Moulin, Paris, 23 juin 1945 (A.F.E.D.) : « *Mlle Raynaud* [une amie parisienne de Laure Moulin] *a dû vous dire qu'un commissaire de police était venu vous voir chez elle. Il s'agit du commissaire Jouhanneau de la surveillance du Territoire que Pélabon avait chargé de vous mettre en contact avec le juge d'instruction Berry. Je suis allé le voir. Il est entendu que vous verrez le juge lors de votre prochain voyage à Paris.* »

36. Lettre de Laure Moulin à Antoinette Sachs, Montpellier, 14 juin 1945 (Fonds Antoinette Sasse. Musée Jean-Moulin. Ville de Paris).

37. Lettre d'André Lassagne à Antoinette Sachs, Les Presles, 26 juin 1945 (Fonds Antoinette Sasse. Musée Jean-Moulin. Ville de Paris).

38. Me Daniel Thirault. Note pour M. René Hardy à M. le juge d'instruction Berry, s.l.n.d. [entre le 15 et le 23 juin 1945] (A.N. C.J. 244 [2]).

39. René Hardy, « Réfutation de l'accusation », [16 juillet 1945] (A.N. C.J. 244).

40. Lettre de Hardy à Bénouville, *in* H. NOGUÈRES, *La vérité aura le dernier mot*, *op. cit.*, pp. 170-171.

41. Pierre Guillain de Bénouville, *L'Avenir de la Résistance*, Paris, Julliard, 1945, pp. 3-5.

42. Lettre d'André Lassagne à Antoinette Sachs, s.l.n.d. [début 1946] (Fonds Antoinette Sasse. Musée Jean-Moulin. Ville de Paris).

43. Lettre à M. le procureur général Boissary, s.l.n.d. (A.N. C.J. 244).

44. Lettre d'André Lassagne à Antoinette Sachs, Hauteville, 25 janvier 1946 (Fonds Antoinette Sasse. Musée Jean-Moulin. Ville de Paris).

45. Lettre de Laure Moulin à Antoinette Sachs, Montpellier, 3 janvier 1946 (Fonds Antoinette Sasse. Musée Jean-Moulin. Ville de Paris). La lettre de Pierre Meunier dont il est question précise : *« Le juge m'avait indiqué il y a un mois et demi* [en fait le 17 ou le 20 novembre 1945] *que l'instruction demanderait encore 2 mois »*, lettre de Pierre Meunier à Laure Moulin, Paris, 20 décembre 1945 (A.F.E.D.).

46. Lettre de Pierre Meunier à Laure Moulin, Paris, 19 janvier 1946 (A.F.E.D.).

47. Lettre de Laure Moulin à Antoinette Sachs, [Montpellier], 24 mars 1946 (Fonds Antoinette Sasse. Musée Jean-Moulin. Ville de Paris).

48. Lettre reproduite dans *L'Humanité*, 30 mars 1947.

49. Me Maurice Garçon à M. le commissaire du gouvernement, Paris, 4 avril 1946 (A.N. C.J. 244).

50. Cf. Cour de justice de la Seine. Rapport médical des docteurs Huber, Paul et Piedelièvre, Paris, 11 juin 1946 : *« Hardy est dans l'impossibilité de pouvoir se présenter devant la Cour dans un délai de un mois »* (A.N. C.J. 244 [5]).

51. Direction générale de la Sûreté nationale, déposition de René Lacombe, 11 avril 1947, doc. cité.

52. Lettre de Me Garnault à Laure Moulin, Paris, 25 juin 1946 (A.F.E.D.).

53. Cf. *ibid.* et lettre de Pierre Meunier à Laure Moulin, s.l., 24 juin 1946 (A.F.E.D.).

54. Lettre de Robert Chambeiron à Laure Moulin, Paris, 6 août [1946] (A.F.E.D.). Ne se joignirent finalement pas à la délégation Vincent Auriol, qui s'excusa, et Maurice Schumann, qui ne se présenta pas au rendez-vous.

55. Lettre du chef de cabinet du garde des Sceaux à M. Coste-Floret, Paris, 25 juillet 1946 (Fonds Antoinette Sasse. Musée Jean-Moulin. Ville de Paris).

56. Télégramme de Georges Bidault à Laure Moulin, 12 juillet 1946 (A.F.E.D.)

57. Lettre de Pierre-Henri Teitgen à Laure Moulin, Paris, 2 août 1946 (A.F.E.D.).

58. *Ibid.* Quatre ans plus tard, Pierre Hervé contestera dans *L'Humanité* cette version des faits : *« Lors du procès du traître Multon, dit Lunel, qui accuse formellement Hardy, ce dernier simule la maladie. Il se drogue. Une campagne de presse est organisée. Il existe une lettre de Teitgen, alors ministre, qui décrit un Hardy mourant et affirme qu'il ne pourra se présenter au tribunal autrement que sur une civière. Or la preuve a été faite qu'il n'en était rien »* (*L'Humanité*, 9 mai 1950).

59. Le chef de la Sicherheitspolizei et du S.D. [Kaltenbrunner] à M. le ministre des Affaires étrangères von Ribbentrop, Berlin, 29 juin 1943, doc. cité.

60. *Ibid.*

61. *Combat*, 26 mars 1947.

62. « Le tortionnaire Dunker-Delage ne se défend plus et perd pied », *Le Provençal*, 24 janvier 1947.

63. Cf. Cour de justice du ressort de la cour d'appel de Paris. Déclaration de la cour de justice dans le procès contre le nommé Multon, Jean, Paris, 13 juillet 1946 (A.N. C.J. 244 [5]).

64. Cf. le garde des Sceaux, ministre de la Justice, à M. le procureur général près de la cour d'appel de Paris, Paris, 7 septembre 1946 (A.N. C.J. 244 [6]).

65. Cf. procès-verbal d'exécution capitale. Ivry-sur-Seine, 10 septembre 1946 (A.N. C.J. 244 [6]).

66. Cl. Bourdet, *L'Aventure incertaine*, *op. cit.*, pp. 231-232.

67. Commissaire du gouvernement Sudaka, exposé des faits dans la procédure suivie contre Hardy, René, Paris, 25 mai 1946 (A.N. C.J. 244 [1]).

68. *Ibid.*
69. *Ibid.*
70. *Ibid.*
71. *Ibid.*
72. *Ibid.*
73. *Ibid.*
74. Procès de René Hardy devant la cour de justice de la Seine, audience du 22 janvier 1947, déposition de Pierre de Bénouville, p. 68, doc. cité.
75. Procès de René Hardy devant la cour de justice de la Seine, audience du 21 janvier 1947, déposition d'André Lassagne, p. 132, doc. cité.
76. *Ibid.*
77. Procès de René Hardy devant la cour de justice de la Seine, audience du 21 janvier 1947, déposition du lieutenant-colonel Gastaldo, p. 178 (A.N. 334 AP 34).
78. *Ibid.*, p. 184.
79. *Ibid.*, p. 187.
80. Procès de René Hardy devant la cour de justice de la Seine, Réquisitoire (A.N. 334 AP 24).
81. Lettre de Charles Porte au président de la cour de justice de la Seine, s.l.n.d. Remise par Laure Moulin le 24 janvier 1947 (A.N. C.J. 244).
82. Lettre de Charles Porte à Laure Moulin, s.l., 26 janvier 1947, doc. cité.
83. *Ibid.*
84. Lettre de Pierre Meunier à Laure Moulin, Paris, 14 février 1947 (A.F.E.D.).
85. Procès de René Hardy devant la cour de justice de la Seine, audience du 22 janvier 1947, déposition de Roger Cressol, p. 33 (A.N. 334 AP 24).
86. Procès de René Hardy devant la cour de justice de la Seine, audience du 23 janvier 1947, confrontation de M. Bossé et de Mme Delettraz, p. 57 (B.D.I.C. 334/55/3).
87. Procès de René Hardy devant la cour de justice de la Seine, audience du 24 janvier 1947, plaidoirie de Me Maurice Garçon, p. 5 (A.N. 334 AP 24).
88. *Ibid.*, p. 10.
89. *Ibid.*, p. 17.
90. *Ibid.*, p. 36.
91. *Ibid.*, p. 30 *quater*.
92. *Ibid.*, p. 29.
93. *Ibid.*, p. 30 *ter*.
94. *Ibid.*, p. 46.
95. *Ibid.*, p. 61.
96. *Ibid.*, p. 61.
97. *Ibid.*, p. 53.
98. *Ibid.*, p. 68.
99. *Ibid.*, p. 69.
100. *Ibid.*, pp. 71-73.
101. *Ibid.*, pp. 76-77.
102. *Ibid.*, pp. 37-39.
103. *Ibid.*, p. 15.
104. *Le Monde*, 23 janvier 1947.
105. Pierre HERVÉ, « Hardy était bien entre les mains des Allemands », *L'Humanité*, 22 janvier 1947.
106. Jacques PONVIER, « Le mouchard », *Paroles françaises*, 24 janvier 1947.
107. MAX, *alias* HAREL [Heilbronn], « J'ai connu Hardy », *Le Populaire*, 22 janvier 1947, art. cité.
108. Rémy ROURE, « Sur un procès », *Le Monde*, 22 janvier 1947.
109. Rémy ROURE, « L'affaire », *Le Monde*, 25 janvier 1947.
110. « Une communication de l'association "Les premiers de la Résistance" », *Le Monde*, 24 janvier 1947.

111. Pierre HERVÉ, « Hardy est coupable », *L'Humanité*, 24 janvier 1947.

112. « Une lettre du général Cochet », *L'Ordre*, 25 janvier 1947. Le passage du livre de Bénouville montre surtout une manière désinvolte de minimiser l'ampleur de la démarche courageuse et précoce de Cochet : *« Pendant ce temps, le général Cochet, qui diffusait de Clermont une lettre de propagande qu'il avait le tort de signer, est arrêté. Georges Oudard le remplace et hérite des débris de l'organisation Cochet (ce sont surtout des chaînes de diffusion) »* (P. GUILLAIN DE BÉNOUVILLE, *Le Sacrifice du matin*, *op. cit.*, p. 162).

113. Claude VINCENT, « Mlle Moulin sœur de l'héroïque Max nous affirme, "On n'a pas fait le procès de Hardy" », *La Marseillaise*, 30 janvier 1947.

114. Albert OLLIVIER, « L'affaire Hardy », *Combat*, 25 janvier 1947.

115. Pierre HERVÉ, « Hardy le mouchard est acquitté », *L'Humanité*, 25 janvier 1947.

116. Jean-Louis VIGIER, « Le temps de l'horreur », *L'Époque*, 29 janvier 1947.

117. Lettre d'Yvette Gouineau à Laure Moulin, s.l., 9 février [1947] (A.F.E.D.).

118. Voir *infra*.

119. Gabriel MARCEL, « J'accuse... », *Carrefour*, 30 janvier 1947.

120. Pierre HERVÉ, « Il y a toujours une affaire Jean Moulin », *Action*, 7 février 1947.

121. RÉMY, « Nous en avons assez... », *Carrefour*, 30 janvier 1947.

122. Emmanuel BEAU DE LOMÉNIE, « Du procès Hardy au scandale Joanovici », *Écrits de Paris*, mars 1947.

123. P. GUILLAIN DE BÉNOUVILLE, « L'affaire Hardy. Mon témoignage... », *Carrefour*, 30 janvier 1947.

124. Cl. GUY, *En écoutant de Gaulle*, *op. cit.*, p. 237.

125. « Le colonel Hardy nous déclare », *Carrefour*, 30 janvier 1947.

126. *Ce matin*, 8 février 1947.

127. *Ce matin*, 22 mars 1947.

128. *Roger Wybot et la bataille pour la D.S.T.*, récit de Philippe BERNERT, Paris, Presses de la Cité, 1975, p. 142.

129. *Ibid.*, p. 143.

130. *Ibid.*

131. *Ibid.*, pp. 143-144.

132. *Ibid.*, p. 144.

133. A.N. C.J. 244.

134. Cf. *Combat*, 25 mars 1947. Voir aussi le journal d'Antoinette Sachs (cahier « Paris ») : *« 22 mars. Samedi. Ida* [Bourdet] *me joint et me dit qu'au conseil des ministres d'hier, on a parlé d'un fait nouveau dans l'aff. H.* [l'affaire Hardy] » (Fonds Antoinette Sasse. Musée Jean-Moulin. Ville de Paris).

135. *Roger Wybot et la bataille pour la D.S.T.*, *op. cit.*, p. 146.

136. « Un témoignage singulièrement tardif serait intervenu dans l'affaire Hardy », *Combat*, 23-24 mars 1947.

137. R. HARDY, *Derniers mots*, *op. cit.*, pp. 415-416.

138. *Ibid.*, p. 407.

139. *Ibid.*, p. 416.

140. *Ibid.*, p. 418.

141. *Ibid.*

142. *Ibid.*

143. *Ibid.*, p. 420.

144. *Ibid.*

145. *Ibid.*, pp. 420-421.

146. *Ibid.*, p. 421.

147. « Hardy a avoué », *Libération*, 25 mars 1947.

148. Procès de René Hardy devant le tribunal militaire de Paris, audience du 26 avril 1950, interrogatoire de René Hardy, pp. 114-115 (A.N. 334 AP 50).

149. Cahier d'Antoinette Sachs, « Paris » (Fonds Antoinette Sasse. Musée Jean-Moulin. Ville de Paris).

150. Procès de René Hardy devant le tribunal militaire de Paris, audience du 2 mai 1950, déposition de Raymond Aubrac, p. 51, doc. cité.

151. *Le Monde*, 29 mars 1947.

152. Lettre de Me Garçon à René Hardy, Paris, 31 mars 1947. Cité *in* R. HARDY, *Derniers mots*, *op. cit.*, pp. 425-426.

153. Pierre HERVÉ, « Il faut démasquer toutes les complicités du mouchard », *L'Humanité*, 26 mars 1947.

154. Fernand FONTENAY, « Maintenant qu'on voit clair », *Ce soir*, 26 mars 1947.

155. Jean-Louis VIGIER, « Un tribunal militaire ne peut juger Hardy », *L'Époque*, 26 mars 1947.

156. Henri NOGUÈRES, « Place à la justice ! », *Le Populaire*, 26 mars 1947.

157. « Henri Frenay accuse », *Lyon libre*, 26 mars 1947.

158. « M. Henri Frenay, le protecteur du traître, doit se montrer plus circonspect », *La Marseillaise*, 27 mars 1947.

159. André CARREL, « Instruction immédiate ! », *L'Humanité*, 27 mars 1947.

160. Cité dans la revue de presse du *Monde*, 27 mars 1947.

161. Cité par Pierre HERVÉ, « Hardy et ses complices », *Action*, 28 mars 1947.

162. « Une déclaration de M. Claude Bourdet », *Le Monde*, 27 mars 1947.

163. « Je n'ai pas voulu accabler Hardy au procès », *Samedi-Soir*, 29 mars 1947.

164. Exemplaire conservé dans le Fonds Antoinette Sasse. Musée Jean-Moulin. Ville de Paris.

165. Albert OLLIVIER, « En mon âme et conscience... », *Carrefour*, 2 avril 1947. Non seulement *L'Humanité* titra le 25 mars sur Colombey, mais le 26, on pouvait lire dans *Ce soir* : *« Mais que diable faisait-il avec le gouverneur du Palatinat, près de Colombey-les-Deux-Églises ? »*

166. Henri FRENAY, « Lydie Bastien qui jamais ne l'aima l'a conduit à l'abîme », *Quatre et trois*, 3 avril 1947.

167. *Ibid.*

168. Pierre HERVÉ, « Quand Frenay plaide pour Hardy », *L'Humanité*, 3 avril 1947.

169. *L'Humanité*, 6-7 avril 1947, cité *in* P. PÉAN, *Vies et morts de Jean Moulin*, *op. cit.*, pp. 628-629.

170. Lettre d'André Lassagne à Antoinette Sachs, jeudi [s.l.n.d.] (Fonds Antoinette Sasse. Musée Jean-Moulin. Ville de Paris).

171. Le chef de la Sicherheitspolizei et du S.D. [Kaltenbrunner] à M. le ministre des Affaires étrangères von Ribbentrop, 29 juin 1943, doc. cité.

172. Commandement en chef français en Allemagne. Direction de la Sûreté. Procès-verbal d'exécution de la commission rogatoire concernant le nommé Barbie, interrogé en zone américaine le 16 juillet 1948. Cité par R. HARDY, *Derniers mots*, *op. cit.*, pp. 545-546.

173. Lettre de Laure Moulin à Antoinette Sachs, Montpellier, 16 avril 1950 (Fonds Antoinette Sasse. Musée Jean-Moulin. Ville de Paris).

174. Procès de René Hardy devant le tribunal militaire de Paris, audience du 24 avril 1950, acte d'accusation, p. 5 (A.N. 334 AP 50).

175. *Ibid.*, p. 7.

176. *Ibid.*, p. 9.

177. *Ibid.*, p. 19.

178. *Ibid.*, p. 23.

179. Procès de René Hardy devant le tribunal militaire de Paris, audience du 26 avril 1950, interrogatoire de René Hardy, p. 26, doc. cité.

180. *Ibid.*, p. 91.

181. *Ibid.*, pp. 93-94.

182. Procès de René Hardy devant le tribunal militaire de Paris, audience du 27 avril 1950, interrogatoire de René Hardy, p. 31 (A.N. 334 AP 50).

183. Procès de René Hardy devant le tribunal militaire de Paris, audience du 29 avril 1950, déposition de Louis Bibes, p. 34 (A.N. 334 AP 50).

184. Procès de René Hardy devant le tribunal militaire de Paris, audience du 2 mai 1950, déposition d'Henri Frenay, p. 1 (A.N. 334 AP 50).

185. Déposition de Guillain de Bénouville, citée dans *Le Monde*, 5 mai 1950.

186. *Ibid.*

187. Procès de René Hardy devant le tribunal militaire de Paris, audience du 2 mai 1950, déposition de Laure Moulin, p. 24 (AN. 334 AP 50).

188. *Ibid.*, pp. 26-27.

189. Procès de René Hardy devant le tribunal militaire de Paris, audience du 2 mai 1950, déposition de Raymonde Delestraint, p. 74 (A.N. 334 AP 50).

190. Procès de René Hardy devant le tribunal militaire de Paris, audience du 2 mai 1950, déposition de Maurice Chevance-Bertin, p. 85 (A.N. 334 AP 50).

191. *Ibid.*, p. 87.

192. *Ibid.*, pp. 97-98.

193. Procès de René Hardy devant le tribunal militaire de Paris, audience du 3 mai 1950, déposition de Joseph Gastaldo, p. 45 (A.N. 334 AP 50).

194. Procès de René Hardy devant le tribunal militaire de Paris, audience du 3 mai 1950, déposition d'Albert Lacaze, pp. 24-25 (A.N. 334 AP 50).

195. Procès de René Hardy devant le tribunal militaire de Paris, audience du 3 mai 1950, déposition d'André Lassagne, p. 2 (A.N. 334 AP 50).

196. *Ibid.*

197. Procès de René Hardy devant le tribunal militaire de Paris, audience du 4 mai 1950, déposition d'Henri Aubry, pp. 34-35 (A.N. 334 AP 50).

198. *Ibid.*

199. *Ibid.*, p. 40.

200. *Ibid.*, p. 42.

201. *Ibid.*, p. 43.

202. *Ibid.*, p. 46.

203. *Ibid.*, p. 51.

204. *Ibid.*, p. 54.

205. Procès de René Hardy devant le tribunal militaire de Paris, audience du 5 mai 1950, déposition d'Edmée Delettraz, p. 33 (A.N. 334 AP 50).

206. *Ibid.*, pp. 38-39.

207. *Ibid.*, p. 39.

208. *Ibid.*, p. 43.

209. *Ibid.*, p. 44.

210. Procès de René Hardy devant le tribunal militaire de Paris, audience du 5 mai 1950, déposition de Harris Steingritt, p. 3 (A.N. 334 AP 50).

211. *Ibid.*, pp. 3-4.

212. Cf. André FONTAINE, « René Hardy n'a pas réussi à dissiper la mauvaise impression causée par son mensonge », *Le Monde*, 26 avril 1950.

213. Procès de René Hardy devant le tribunal militaire de Paris, audience du 8 mai 1950, réquisitoire de M. le commissaire du gouvernement Gardon, p. 89 (A.N. 334 AP 50).

214. M. GARÇON, *Plaidoyer pour René Hardy*, *op. cit.*, pp. 71-74.

215. *Ibid.*, pp. 75-77.

216. *Ibid.*, p. 84.

217. *Ibid.*, pp. 98, 103.

218. *Ibid.*, p. 109.

219. *Ibid.*, p. 113.

220. *Ibid.*, p. 119.

221. *Ibid.*, p. 145.

222. *Ibid.*, p. 156.

223. *Ibid.*, p. 173.

224. *Ibid.*, p. 188.

225. *Le Monde*, 25 avril 1950.

226. Pierre HERVÉ, « Le second procès du traître Hardy sera-t-il une seconde édition du premier ? », *L'Humanité*, 4 mai 1950.

227. André FONTAINE, « René Hardy n'a pas réussi... », *Le Monde*, 26 avril 1950.

228. Robert COLLIN, « Le président à Hardy... », *Combat*, 26 avril 1950.

229. Madeleine JACOB, « Le procès Hardy », *Libération*, 4 mai 1950

230. Robert COLLIN, « Les témoins du 7 juin *(sic)* ont reconstitué Caluire », *Combat*, 4 mai 1950.

231. *L'Humanité*, 2 mai 1950.

232. Pierre HERVÉ, « Le second procès du traître Hardy... », *L'Humanité*, 4 mai 1950.

233. Frère GENIÈVRE, « Le procès Hardy ou la dernière histoire de fous », *Témoignage chrétien*, 5 mai 1950.

234. Robert COLLIN, « Hardy acquitté à la minorité de faveur », *Combat*, 9 mai 1950.

235. Pierre HERVÉ, « Le traître Hardy acquitté ! », *L'Humanité*, 9 mai 1950.

236. *L'Humanité*, 10 mai 1950.

237. « Le vrai procès de Klaus Barbie », [interview de Maurice Chevance-Bertin], *Le Quotidien de Paris*, 16 novembre 1983.

238. « Les travaux et les jours. Chronique du règne de Charles le mauvais », *Écrits de Paris*, mai 1950.

239. Cl. GUY, *En écoutant de Gaulle*, *op. cit.*, p. 240.

XXV. EN MON ÂME ET CONSCIENCE

1. Témoignage de Bouyjou-Cordier, Dany, devant le tribunal militaire permanent de Bordeaux, audience du 18 juin 1948, doc. cité.

2. Procès de René Hardy devant la cour de justice de la Seine, audience du [21 janvier 1947], déposition d'Henri Aubry, p. 119 (A.N. 334 AP 24).

3. Procès de René Hardy devant le tribunal militaire de Paris, audience du 29 avril 1950, déposition d'Eugène Claudius-Petit, p. 52 (A.N. 334 AP 50).

4. R. HARDY, *Derniers mots*, *op. cit.*, pp. 285-287.

5. Henri DE KERILLIS, *De Gaulle dictateur*, s.l., Éd. de la Liberté Retrouvée, 1945, p. 30.

6. Memorandum of conversation between M. Pierre Cot and A. A. Berle, October 19 1943 (Washington. National Archives-851 01/3113).

7. Cf. R. HARDY, *Derniers mots*, *op. cit.*, pp. 312-313.

8. Cf. Henri NOGUÈRES, « Les biographies les plus longues ne sont pas forcément les meilleures », *Le Monde*, 15 novembre 1989.

9. Charles BENFREDJ, *L'Affaire Jean Moulin, la contre-enquête*, Paris, Albin Michel, 1990, p. 176. C'est nous qui soulignons.

10. J. BAYNAC, *Les Secrets de l'affaire Jean Moulin*, *op. cit.*, p. 415.

11. Cf. *ibid.*, p. 152.

12. Cf. L. MOULIN, *Jean Moulin*, *op. cit.*, édition de 1982, p. 197.

13. J. BAYNAC, *Les Secrets de l'affaire Jean Moulin*, *op. cit.*, p. 157.

14. *Ibid.*, p. 463.

15. Voir le « Post-scriptum », ci-après.

16. J. BAYNAC, *Les Secrets de l'affaire Jean Moulin*, *op. cit.*, pp. 316-317.

17. *Ibid.*, p. 415.

18. *Ibid.*, p. 28.

19. *Ibid.*, p. 26.

20. Cf. *ibid.*, p. 319 sq.

21. *Ibid.*, p. 369. Le rapport sur l'Armée secrète du 27 mai (doc. cité) donne en effet

cette indication elliptique : *« C'est ainsi qu'est née l'"Armée secrète" dans laquelle notre agent avait obtenu en qualité d'ancien officier français un poste important. »*

22. *Ibid.*, pp. 390-391.

23. Voir le « Post-scriptum », ci-après.

24. Fonds Antoinette Sasse. Musée Jean-Moulin. Ville de Paris.

25. R. HARDY, *Derniers mots*, *op. cit.*, p. 181.

26. Jacques VERGÈS, *Pour en finir avec Ponce Pilate*, s.l., Le Pré aux Clercs, 1983, p. 35.

27. Film de Claude Bal, « Que la vérité est amère ». Bal et Vergès furent condamnés le 30 avril 1987 pour diffamation à 15 000 F d'amende, 50 000 F de dommages-intérêts. La saisie et la suppression du texte jugé diffamatoire et l'insertion du jugement dans trois journaux pour un montant de 15 000 F. La condamnation fut confirmée en appel et le pourvoi en cassation rejeté.

28. Cf. G. CHAUVY, *Aubrac Lyon 1943*, *op. cit.*, pp. 48 et 67.

29. Cf., par exemple, *ibid.*, p. 71 : *« On ne peut guère douter de l'embarras des Aubrac lorsqu'il s'agit de situer non seulement la date de cette mise en liberté provisoire, mais son existence même. »*

30. Cf. Ch. BENFREDJ, *L'Affaire Jean Moulin, la contre-enquête*, *op. cit.*, p. 185.

31. Cf. Michel J. CUNY et Françoise PETITDEMANGE, *Fallait-il laisser mourir Jean Moulin ?*, Lyon, Éd. Cuny-Petitdemange, 1995, p. 379 sq.

32. J. BAYNAC, *Les Secrets de l'affaire Jean Moulin*, *op. cit.*, p. 29.

33. Cf. M. J. CUNY et Fr. PETITDEMANGE, *Fallait-il laisser mourir Jean Moulin ?*, *op. cit.*, p. 339 sq.

34. Cl. BOURDET, « Note sur les affaires Barbie et Hardy », s.l.n.d. (I.H.T.P.)

35. Cf. P. PÉAN, *Vies et morts de Jean Moulin*, *op. cit.*, p. 530 sq.

36. François-Georges DREYFUS, *Histoire de la Résistance*, Paris, Éd. de Fallois, 1996, p. 267.

37. Jean-Pierre AZÉMA et Dominique VEILLON, « Le point sur Caluire », *Les Cahiers de l'I.H.T.P.*, n° 27, juin 1994.

38. H. NOGUÈRES, *La vérité aura le dernier mot*, *op. cit.*, p. 89.

39. J.-P. AZÉMA et D. VEILLON, « Le point sur Caluire », art. cité, p. 140.

40. H. NOGUÈRES, *La vérité aura le dernier mot*, *op. cit.*, p. 90

41. Cf., par exemple, J.-P. AZÉMA et D. VEILLON, « Le point sur Caluire », art. cité, pp. 127-130.

42. E. D'ASTIER, *De la chute à la libération de Paris*, *op. cit.*, pp. 90-91.

43. J.-P. AZÉMA et D. VEILLON, « Le point sur Caluire », art. cité, p. 141.

44. H. NOGUÈRES, *La vérité aura le dernier mot*, *op. cit.*, p. 170.

45. *Ibid.*, p. 24, n. 3.

46. Se reporter, dans le chapitre XIX, « De Jean Moulin à Émile Bollaert », à « De l'imprudence dans la clandestinité ».

47. Se reporter au chapitre XX, « De Jacques Bingen à Alexandre Parodi ».

48. Cité par H. NOGUÈRES, *La vérité aura le dernier mot*, *op. cit.*, p. 138. Ce sont les mots prononcés par Hardy dans un film de 1983.

49. *Ibid.*, p. 181.

50. P. GUILLAIN DE BÉNOUVILLE, *Le Sacrifice du matin*, *op. cit.*, pp. 602-604. Le chapitre d'où est extrait ce passage a été supprimé des nouvelles éditions du *Sacrifice du matin (op. cit.)*. Il avait été écrit à un moment où Jacques Soustelle, directeur de la D.G.E.R., avait confié à Pierre Bénouville que Hardy avait avoué. Bénouville, qui a toujours proclamé l'innocence de Hardy, avait donc cru à sa culpabilité au moment où il écrivit ce texte. On peut toutefois regretter sa suppression car ces lignes très émouvantes révèlent tout le drame de nos camarades qui, sous la torture, ont défailli. Aucun résistant ne pourra jamais les juger et encore moins leur en tenir rigueur.

ÉPILOGUE
UN HÉROS CONTROVERSÉ

1. H. FRENAY, *L'Énigme Jean Moulin*, *op. cit.*, pp. 228 et 229.
2. INDOMITUS [Philippe VIANNAY], *Nous sommes les rebelles*, *op. cit.*, p. 73.
3. *Ibid.*, p. 69.
4. Livre blanc du B.C.R.A., p. 2, doc. cité.
5. *Ibid.*, chap. XVI, p. 6.
6. *Ibid.*, IIIe partie, chap. III, p. 6.
7. *Ibid.*, pp. 18-19.
8. Cl. GUY, *En écoutant de Gaulle*, *op. cit.*, p. 290.
9. Colonel PASSY, *Souvenirs*, t. II, *10, Duke Street Londres*, *op. cit.*, p. 106.
10. Colonel PASSY, *Missions secrètes en France*, *op. cit.*, pp. 257-258.
11. *Ibid.*, p. 235.
12. *Ibid.*, p. 184.
13. *Ibid.*, p. 236.
14. Ch. DE GAULLE, *Lettres, notes et carnets, mai 1945-juin 1952*, Paris, Plon, 1984, p. 222.
15. *Ibid.*, p. 243.
16. Ch. DE GAULLE, *Mémoires de guerre*, t. I, *L'Appel*, *op. cit.*, p. 233.
17. *Ibid.*, p. 236.
18. Ch. DE GAULLE, *Mémoires de guerre*, t. II, *L'Unité*, *op. cit.*, p. 163.
19. *Ibid.*, p. 165.
20. P. GUILLAIN DE BÉNOUVILLE, *Le Sacrifice du matin*, *op. cit.*, p. 361.
21. Christian PINEAU, « Jean Moulin et M. Malraux », *Le Populaire de Paris*, 24-25 décembre 1964.
22. Fr. CRÉMIEUX, *Entretiens avec Emmanuel d'Astier*, *op. cit.*, p. 110.
23. *Ibid.*, p. 109.
24. Intervention de Claude Bourdet *in* I.H.T.P., *Jean Moulin et le Conseil national de la Résistance*, *op. cit.*, p. 44.
25. Claude BOURDET, « Note sur les affaires Barbie et Hardy », I.H.T.P., 17 octobre 1985.
26. *Ibid.*
27. Claude Bourdet fait allusion à l'émission « Les Dossiers de l'écran » de novembre 1977 où fut présenté *L'Énigme Jean Moulin* d'Henri Frenay.
28. Claude BOURDET, « Jean Moulin, les communistes et la Résistance », *Le Monde diplomatique*, novembre 1977.
29. *Ibid.*
30. Claude BOURDET, « Questions dans la nuit », *Le Monde*, 26 avril 1973.
31. Cl. BOURDET, « Jean Moulin, les communistes et la Résistance », art. cité.
32. « De Gaulle rejoint Thorez », tract adressé le 21 juillet 1941 par le secrétariat général à l'Information au cabinet civil du maréchal Pétain (A.N. 2 AG 457).
33. Louis ROUGIER, *Le Bilan du gaullisme*, s.l., 1946, pp. 18, 20-21. Le professeur Rougier était un fervent partisan du maréchal Pétain.
34. Louis ROUGIER, *De Gaulle contre de Gaulle*, Paris, Éditions du Triolet, 1948, p. 15.
35. Alfred FABRE-LUCE, *Le Plus Illustre des Français*, Paris, Julliard, 1960, p. 109.
36. *Ibid.*, p. 126.
37. Cf. Colonel PASSY, *Missions secrètes en France*, *op. cit.*, pp. 217-218.
38. Frenay a évoqué le poids de cette motivation dans l'introduction à *L'Énigme Jean Moulin*, *op. cit.*, p. 9, où il note : *« Dans ce livre* [les *Souvenirs* de Passy], *des documents émanant notamment de Jean Moulin et dont j'ignorais l'existence, me mettaient directement en cause et en termes désobligeants. »* Et dans l'édition revue et augmentée, il évoque à nouveau *« les termes parfois tendancieux de ses rapports* [de Moulin] *»* (*op. cit.*, p. 235).

39. Lettre d'Henri Frenay au colonel Passy, 13 juillet 1950, *in* Colonel PASSY, *Missions secrètes en France*, *op. cit.*, pp. 413-414.
40. *Ibid.*, p. 410.
41. H. FRENAY, *L'Énigme Jean Moulin*, *op. cit.*, p. 218.
42. H. FRENAY, *La nuit finira*, *op. cit.*, p. 565.
43. *Ibid.*
44. H. FRENAY, *L'Énigme Jean Moulin*, *op. cit.*, pp. 220-221.
45. *Ibid.*, pp. 47-48.
46. Rapport de Rex [Moulin], 4 juin 1943, doc. cité.
47. Cl. BOURDET, « Questions dans la nuit », art. cité.
48. Lettre de Claude Serreulles à Henri Frenay, Paris, 2 juillet 1975 (communiquée par l'auteur).
49. Courrier reçu le 27 juillet 1934. Pièce Jac 6/1 (A.N. 3 AG 2 187).
50. Cf. M. GRANET, *Ceux de la Résistance*, *op. cit.*, pp. 78-84.
51. Fr. CRÉMIEUX, *Entretiens avec Emmanuel d'Astier*, *op. cit.*, p. 105.
52. H. FRENAY, *L'Énigme Jean Moulin*, *op. cit.*, p. 334 (nouvelle édition).
53. *Ibid.*, p. 344.
54. H. FRENAY, *La nuit finira*, *op. cit.*, pp. 299-300.
55. H. FRENAY, *L'Énigme Jean Moulin*, *op. cit.*, p. 147.
56. Rapport de Rex [Moulin], 7 mai 1943, pp. 6-8, doc. cité.
57. *Ibid.*, p. 9.
58. [Jean Moulin], « Rapport sur l'activité, les projets et les besoins des groupements constitués en France... », doc. cité.
59. Voir *Alias Caracalla*, à paraître.
60. H. NOGUÈRES, « Les biographies les plus longues ne sont pas forcément les meilleures », art. cité.
61. « À nos amis de la zone libre », *Les Petites Ailes*, 1er juillet 1941.
62. Confidential Report on France [by Rd Howard Brooks], s.d. Cité par J. BAYNAC, *Les Secrets de l'affaire Jean Moulin*, *op. cit.*, pp. 423, 425 et 426. La traduction a été faite par nous.
63. Courrier de Rex [Moulin], 1er mars 1942, doc. cité.
64. Témoignage d'Henri Frenay au C.H.D.G.M., 9 décembre 1955 (A.N. 72 AJ 46).
65. Courrier n° 1 de Rex [Moulin], 1er mars 1942, doc. cité.
66. *« Le seul point de divergence a été l'attitude de Combat que je juge suspect et qu'il estime efficace. L'expérience fera sans doute sur ce sujet, évoluer l'un de nous deux vers le point de vue de l'autre »* (F.F.B. [Christian Pineau], 1er rapport mensuel, Londres, 15 septembre 1942, doc. cité).

Toujours dans ce rapport de juin 1942, Pineau revient sur cette question : *« Combat est beaucoup plus intéressant. C'est le mouvement de Résistance le plus fort* [...]. *Malheureusement la personnalité de Frenay demeure suspecte et Combat jouit de curieuses tolérances de Vichy, dues à mon avis, aux négociations de Frenay. Dans quelle mesure pouvons-nous compter sur la fidélité de Combat, c'est ce qu'avec Rex* [Moulin] *nous nous efforçons de déterminer. »*

À la fin de son rapport n° 2, on lit cette mise en garde : *« En ce qui concerne Combat, je viens d'avoir des nouvelles précisions sur Fresnay* [*sic*]. *C'est bien comme je le pensais un agent du 2e Bureau. Cela pose un problème très grave, car, comme je vous l'ai indiqué, Combat est un mouvement intéressant et ne peut être sacrifié en raison de la personnalité douteuse d'un seul de ses dirigeants.* [...] *J'avais pensé à la solution suivante : faire venir à Londres, Fresnay et l'y garder. Qu'en pensez-vous ? »* (F.B.B. [Pineau], Rapport n° 2, « Situation actuelle des mouvements de Résistance, juin 1942 », Londres, 15 septembre 1942, doc. cité.)
67. Courrier n° 10, du 18 août 1942 d'EX.20 [Moulin], doc. cité.
68. Rapport de Rex [Moulin], 7 mai 1943, doc. cité.
69. *Ibid.*

70. Courrier n° 5 à EX.20 [Moulin], Londres, 16 novembre 1942 (A.N. 3 AG 2 181).

71. Note de M. Philip à Rex [Moulin]. « Objet : Le Conseil de la Résistance », avril 1943 (A.N. 3 AG 2 181).

72. Cl. BOURDET, « Jean Moulin, les communistes et la Résistance », art. cité.

73. Cl. BOURDET, *L'Aventure incertaine*, *op. cit.*, p. 219.

74. Ch. DE GAULLE, *Mémoires de guerre*, t. I, *L'Appel*, *op. cit.*, p. 235.

75. *Ibid.*, pp. 233-234.

76. Rapport n° 4, du 7 mai 1942 de Rex [Moulin], Londres, 7 juillet 1942 (A.N. 72 AJ 1970 et suiv.).

77. Rapport n° 15 de Rex [Moulin], 18 octobre 1942, doc. cité.

78. Né en 1889, Henri Manhès était un ancien combattant de la Première Guerre mondiale. Il finit la guerre avec le grade de capitaine. À partir de 1921, il travaille dans l'édition et prend la tête de la librairie Taillandier en 1933. Dans le même temps, il lui arrive d'écrire dans des journaux, tels que *Excelsior*, *L'Œuvre*, *Vu*, *Paris-Soir*.

En 1937, il est admis, au bénéfice de la loi Cot, à servir dans l'armée de l'Air comme officier de réserve en situation d'activité. Il est nommé commandant en 1939. À la déclaration de guerre, il est chargé d'organiser la base aérienne de Saint-Cyr. Il se fait démobiliser le 12 août 1940. Revenu à la vie civile, il s'occupe avec sa femme d'un hôtel à Bargemon, dans le Var. Arrêté le 3 mars 1943, il est déporté à Buchenwald, le 24 janvier 1944 (cf. Curriculum vitae de M. le colonel Manhès, s.l.n.d. [établi pour le 2e congrès national de la F.N.D.I.R.P. en décembre 1946]. Archives de la F.N.D.I.R.P.).

79. Témoignage de Georges Bidault au C.H.D.G.M., 2 février et 8 avril 1949 (A.N. 72 AJ 46).

80. Témoignage de Georges Bidault, 2 février et 8 avril 1949, doc. cité.

81. H. FRENAY, *La nuit finira*, *op. cit.*, pp. 563-564. Voir aussi la lettre d'Henri Frenay au colonel PASSY, reproduite dans l'ouvrage de celui-ci, *Missions secrètes en France*, *op. cit.*, pp. 410-413.

82. Cl. BOURDET, « Jean Moulin, les communistes et la Résistance », art. cité.

83. Allocution prononcée par Claude Serreulles au Panthéon, 17 juin 1975. Frenay a apprécié les remarques de Serreulles qui auront, dans une certaine mesure, conduit à creuser ses positions : « [...] *La parfaite courtoisie de Serreulles, la sincérité de sa peine devant la gravité de ce qu'il appelle mon erreur, peine sans doute partagée par de nombreux camarades, l'invite enfin qu'il me fit à me "pencher avec plus de soin sur ce problème", tout cela m'a donné à réfléchir* » (H. FRENAY, *L'Énigme Jean Moulin*, *op. cit.*, p. 10).

84. Lettre de Claude Serreulles à Henri Frenay, 2 juillet 1975, doc. cité.

85. Note Charvet [Frenay] sur rapports Comité directeur des mouvements avec Max [Moulin], 10 mai 1943, *in* H. FRENAY, *L'Énigme Jean Moulin*, *op. cit.*, p. 286.

86. Colonel PASSY, *Missions secrètes en France*, *op. cit.*, p. 399.

87. Lettre de Jean Moulin à Pierre Kaan, [Lyon], 10 juin 1943 (communiquée par Mme Pierre Kaan).

88. *Ibid.*

POST-SCRIPTUM

1. Pierre VIDAL-NAQUET, *Le Trait empoisonné. Réflexions sur l'affaire Jean Moulin*, Paris, La Découverte, 1993, p. 75.

2. *Ibid.*, p. 93.

3. [Jean Moulin], « Rapport sur l'activité, les besoins des groupements constitués en France en vue de la libération du territoire national », doc. cité.

4. H. FRENAY, *L'Énigme Jean Moulin*, *op. cit.*, p. 52.

5. H.-Chr. GIRAUD, *De Gaulle et les communistes*, *op. cit.*, t. I, pp. 121-122. C'est nous qui soulignons.

6. Henri Michel n'a jamais voulu par cette phrase laisser entendre que Jean Moulin avait des raisons inavouables de cultiver la dissimulation. Il écrit en effet : *« Prudent par nature, rendu plus prudent encore par les exigences d'une sécurité dont il mesurait pleinement la nécessité, il semble bien qu'il ne se soit dévoilé entièrement à personne »...* (H. MICHEL, *Jean Moulin l'unificateur, op. cit.*, pp. 63-64. Citation de DE GAULLE, in *Mémoires de guerre*, t. I, *L'Appel, op. cit.*, p. 233.)

7. Cf. G. BOURGEOIS, « Vie et mort de Henri Robinson », art. cité, pp. 106-112.

8. Cf. Gilles PERRAULT, *L'Orchestre rouge*, Paris, Fayard, 1989 (éd. revue et augmentée).

9. Philippe BERNERT, « Trepper révèle », *L'Aurore*, 22 octobre 1974.

10. Léopold TREPPER, *Le Grand Jeu*, Paris, Albin Michel, 1975, p. 135.

11. Ces épisodes sont racontés par RÉMY dans *Mémoires d'un agent secret de la France Libre*, Paris, Aux Trois Couleurs, 1946, pp. 448-449 et dans *Le Livre du courage et de la peur, op. cit.*, p. 209.

12. Cf. G. BOURGEOIS, « Vie et mort de Henri Robinson », art. cité.

13. Cf. Anatoli GOURÉVITCH, *Kent, le dernier témoin de l'orchestre rouge*, Paris, Grasset, 1995, et l'analyse qui en est faite par Guillaume BOURGEOIS dans *L'Histoire*, mai 1995, p. 7.

14. H.-Chr. GIRAUD, *De Gaulle et les communistes, op. cit.*, t. I, pp. 487-488.

15. Voir « Le colonel Rémy répond à Jean Jérôme », *Le Matin*, 7 mai 1983 : *« Il est faux que j'aie jamais remis de l'argent au parti communiste, fût-ce "un peu" comme le dit "Jean Jérôme". Par contre, j'en ai versé beaucoup à l'organisation de combat qui, sous le nom de Francs-Tireurs et partisans français, a porté de rudes coups à l'envahisseur hitlérien. En quatre versements, j'ai mis entre les mains de leur représentant — qui a joué un rôle de première importance lors du débarquement allié en Normandie — la somme de deux millions et demi de francs, ce qui, sur la fin de l'année 1942, représentait un fort joli denier. Je l'ai fait de ma propre initiative et le général de Gaulle ne l'a su, par moi, qu'aux derniers jours du mois de janvier 1943, quand j'ai amené Fernand Grenier à Londres. »*

16. H.-Chr. GIRAUD, *De Gaulle et les communistes, op. cit.*, t. I, pp. 124-125.

17. Les comptes de Jean Moulin sont reproduits par le colonel PASSY, *Missions secrètes en France, op. cit.*, pp. 380-385.

18. H.-Chr. GIRAUD, *De Gaulle et les communistes, op. cit.*, t. I, p. 125.

19. Cf. *ibid.*, p. 126.

20. *Ibid.*

21. *Ibid.*

22. Cf. Philippe ROBRIEUX, *Histoire intérieure du parti communiste*, t. IV, Paris, Fayard, 1984, p. 474.

23. H.-Chr. GIRAUD, *De Gaulle et les communistes, op. cit.*, t. I, p. 130.

24. *Ibid.*

25. H. FRENAY, *L'Énigme Jean Moulin, op. cit.*, p. 222.

26. H.-Chr. GIRAUD, *De Gaulle et les communistes, op. cit.*, t. I, p. 143.

27. *Ibid.*

28. *Ibid.*, pp. 143-144.

29. Cf. J.-L. CRÉMIEUX-BRILHAC, *La France Libre, op. cit.*, pp. 311-312.

30. Discours du 20 janvier du général de Gaulle, cité *ibid.*, p. 321.

31. Cité *ibid.*, p. 621.

32. Th. WOLTON, *Le Grand Recrutement, op. cit.*, p. 284.

33. Cf. Jean-Pierre RIOUX, « Le "scoop" et l'Histoire », *Le Monde*, 10 février 1993 : *« Les sources de Thierry Wolton ? Des papiers qu'on voulut bien lui communiquer en 1991 à Moscou et notamment le procès-verbal, en date du 19 novembre 1946, d'un interrogatoire de Trepper par le SR soviétique. »*

34. Cf. *infra.*

35. « Répliques », émission animée par Alain Finkielkraut, France-Culture, 27 mars

1993. Par la suite, Stéphane Courtois s'est rangé à l'avis de Thierry Wolton, après que ce dernier lui eut montré la photocopie du document. Ce qui ne l'empêche pas, lors du colloque « L'année 43. Guerre totale », tenu en novembre 1993, de déclarer : *« Moulin n'exclut pas les communistes de la Résistance, mais il prend ses distances »* (Stéphane COURTOIS, « Le parti communiste français et la création du C.N.R. », *L'année 43. Guerre totale*. C.R.H.Q.-Université de Caen, Mémorial de Caen, s.d., p. 97).

36. Th. WOLTON, *Le Grand Recrutement*, *op. cit.*, p. 261.

37. *« Déjà, en été 1942, les contacts avaient été pris en France entre un dirigeant F.T.P. et un représentant du général de Gaulle.*

« En novembre 1942, Fernand Grenier, mandaté par le Parti communiste, rencontra le colonel Rémy, délégué du général de Gaulle en France, puis, en janvier 1943, il arriva à Londres comme représentant du Parti auprès du Comité de libération nationale » (Jacques DUCLOS, *Mémoires*, Paris, Fayard, 1970, t. III-1, p. 300).

38. G. BOURGEOIS, « Vie et mort de Henri Robinson », art. cité, p. 112.

39. Karel BARTOŠEK, *Les Aveux des archives*, Paris, Le Seuil, 1996, pp. 30-32.

40. Th. WOLTON, *Le Grand Recrutement*, *op. cit.*, pp. 278-279.

41. *Ibid.*, p. 280.

42. *Ibid.*, p. 374.

43. Wolton ajoute en note : *« Pierre Meunier a démenti toute appartenance au réseau Robinson, expliquant qu'il y avait en son temps plusieurs Meunier au ministère des Finances »* (*ibid.*, p. 376).

44. *Ibid.*, pp. 375-376.

45. Cf. l'arrestation de M. Pierre Andrieu, premier conseiller de l'ambassade de France en Russie, Moscou, 14 décembre 1994.

46. Cf. François LÉVÊQUE, « Rapport de mission de recherches (février-avril 1994) », I.H.T.P., mai 1994, pp. 41-42.

47. Cf. Guillaume BOURGEOIS, « Le dernier témoin de l'Orchestre rouge », *L'Histoire*, mai 1995, p. 7.

48. Cf. Annie KRIEGEL, *Libération*, 9 mars 1993, citée par P. VIDAL-NAQUET, *Le Trait empoisonné*, *op. cit.*, p. 75 : *« Ce ne sont pas forcément des faux mais des documents isolés que les dirigeants russes prélèvent des "archives présidentielles". Précisément ce qu'en tant qu'historiens nous refusons de faire. »*

Cf. aussi Nicolas WERTH, « De la soviétologie en général et des archives russes en particulier », *Le Débat*, nº 77, novembre-décembre 1993, p. 135, et « Archives de Moscou : les enjeux », *Politis*, avril 1994.

49. *Le Figaro Magazine*, 6 février 1993, p. 10.

50. Panier, communiste probablement depuis plusieurs années, était, de ce fait, un peu isolé au sein du R.U.P. Cf. la lettre de 1938 qu'une jeune communiste adressa au secrétariat du P.C.F. : *« Mme Jensen m'a d'abord fait grise mine*, constate-t-elle, *peut-être parce que je connaissais Panier elle a pensé que j'étais communiste »* (lettre de Biquette au secrétariat, 26 juillet 1938. CRECDHC 495/10a/448).

Cf. aussi le rapport adressé par Smeral au Komintern, 19 décembre 1936 : *« Morice Panier. Mitarbeiter im französischen Büro, Verbindung zum Internationalen Büro in Paris, Mitgliedder KPF, von der Kaderabteilung der KPF bestätigt »* (CRECDHC 495/10a/448 fº 34a).

[*Morice (sic) Panier. Collaborateur du bureau français, liaison avec le bureau international de Paris. Membre du P.C.F., formé par la section des cadres du P.C.F.*]

51. Th. WOLTON, *Le Grand Recrutement*, *op. cit.*, p. 275.

52. *Ibid.*, pp. 275-276.

53. *Ibid.*, p. 360.

54. *Ibid.*, pp. 277-278.

55. Carte postale de Jean Moulin à Laure Moulin, Saint-Aignan, 7 avril 1941 (B.N. 17863 NAF).

56. Voir, pour le texte de ces cartes, le tome III de *Jean Moulin, l'inconnu du Panthéon*.

57. La dernière lettre de Pierre Cot à Jean Moulin que nous connaissons est du 17 janvier 1940 et montre clairement que les deux hommes se sont perdus de vue depuis quelque temps : « [...] *Quand te verra-t-on ? Es-tu toujours à Paris ? Je t'adresse ce mot par Chambeiron qui saura bien découvrir ton adresse* » (lettre de Pierre Cot à Jean Moulin, Cavalière, 17 janvier 1940, A.F.E.D.).

58. Les lettres de Mme Dangon me furent communiquées par Mme Cot. Elle écrit ainsi dans sa lettre du 22 août 1941 : *« Je vous écris régulièrement tous les 15 jours et cela depuis plus d'un an mais en raison des difficultés d'acheminement de nombreuses correspondances doivent être égarées »* et donne des détails : « *Notre grand Pierre* [Meunier] *est en vacances en Touraine, petit Robert* [Chambeiron] *est dans la Vienne* ». Le 10 septembre, les nouvelles continuent : *« Les inquiétudes de notre grand Pierre se calment. Le petit Robert rentré de vacances il y a 8 jours garde le lit depuis, rien de grave mais il est sans aucun doute — comme tous — victime des restrictions. »*

59. Th. WOLTON, *Le Grand Recrutement*, *op. cit.*, p. 277.

60. *Ibid.*

61. Robert CHAMBEIRON, « Toute la Résistance », *France Nouvelle*, 23-29 décembre 1964.

62. Témoignage de Pierre Meunier au C.H.D.G.M., 9 juin 1949 (A.N. 72 AJ 49).

63. Pierre Meunier me rapporta en 1987 : *« Pendant la drôle de guerre, je ne crois pas avoir rencontré Jean Moulin. Il m'a cependant écrit, depuis Chartres, à Montpellier où j'étais mobilisé. Il sortait d'un déjeuner avec l'Amiral Darlan et son Etat-Major installé à Maintenon, en Eure-et-Loir. Il ne s'agit sûrement pas du repas avec Darlan et Churchill dont parle Laure Moulin dans son livre, et où il est question "d'entente cordiale", car Jean était outré, me disait-il, la conversation lui ayant donné l'impression que la Marine était en guerre contre les Anglais et non contre les Allemands »* (lettre de Pierre Meunier à l'auteur, Arnay-le-Duc, 28 mars 1987, A.N. 72 AJ 1970 et suiv.).

64. François BÉDARIDA, « L'histoire de la Résistance et l'"affaire Jean Moulin" », *Les Cahiers de l'I.H.T.P.*, juin 1994, p. 162.

65. Th. WOLTON, *Le Grand Recrutement*, *op. cit.*, p. 275.

66. *Ibid.*, p. 276.

67. *« Après nos bateaux à Mers el-Kébir, nos cathédrales. Des bombes anglaises tombent non loin de Chartres »*, *Le Matin*, 1er septembre 1940. « Dernière heure. Chartres bombardé », *Les Dernières Nouvelles de Paris*, 1er septembre 1940 : *« Les bombardiers anglais sont venus dans la région et, au-dessus de Chartres, ont laissé tomber sans raison stratégique quelques bombes qui ont fait des dégâts.*

« Une bombe est tombée à 150 mètres de la cathédrale qui n'a heureusement pas été atteinte mais il y a eu lieu de déplorer deux blessés civils. »

68. *La Dépêche d'Eure-et-Loir*, 4 septembre 1940 (B.N. JO 13.373).

69. Rapport mensuel du préfet de la Drôme, Valence, 16 janvier 1941 (A.N. F[1] CIII 1152).

70. Th. WOLTON, *Le Grand Recrutement*, *op. cit.*, p. 329.

71. Voir dans le tome II de *Jean Moulin, l'inconnu du Panthéon*, le sous-chapitre « Jean Moulin choisit la Résistance », pp. 481-483, et les notes qui s'y rapportent, p. 722.

72. Th. WOLTON, *Le Grand Recrutement*, *op. cit.*, pp. 275-276 et p. 343.

73. *Ibid.*, p. 222.

74. Cf. Fr. BÉDARIDA, « L'histoire de la Résistance et l'"affaire Jean Moulin" », art. cité.

75. Cf. G. BOURGEOIS, « Vie et mort de Henri Robinson », art. cité, pp. 104-105.

76. Th. WOLTON, *Le Grand Recrutement*, *op. cit.*, pp. 365 et 224.

77. Télégramme de Robinson du 25 novembre 1941 (*ibid.*, pp. 343-344).

78. Th. WOLTON, *Le Grand Recrutement*, *op. cit.*, p. 158.

79. Weltfriedensvereinigung (RUP). Rapport adressé, le 19 décembre 1936, par Smeral au Komintern (CRECDHC 495/10a/448).

80. P. VIDAL-NAQUET, *Le Trait empoisonné*, *op. cit.*, p. 83.
81. Th. WOLTON, *Le Grand Recrutement*, *op. cit.*, p. 11.
82. *Ibid.*, il s'agit de la note 59, p. 200.
83. *Ibid.*, p. 384.
84. *Ibid.*, il s'agit de la note 16, p. 239.
85. *Ibid.*, p. 384.
86. *Ibid.*, pp. 317-371 et 373-377.
87. Th. WOLTON, *Le Grand Recrutement*, *op. cit.*, p. 11.
88. Se reporter par exemple à « Archives de Moscou : les enjeux », art. cité ; Stéphane COURTOIS, « Archives du communisme : mort d'une mémoire, naissance d'une histoire », *Le Débat*, n° 77, novembre-décembre 1993 ; N. WERTH, « De la soviétologie en général et des archives russes en particulier », art. cité ; Sabine JANSEN, « La boîte de Pandore des archives soviétiques », *Vingtième Siècle*, avril-juin 1994 ; Séminaire de l'I.E.P. Paris, consacré aux archives de Moscou, 28 mars 1994.
89. J. BAYNAC, *Les Secrets de l'affaire Jean Moulin*, *op. cit.*, pp. 257-258.
90. *Ibid.*, p. 257.
91. *Ibid.*
92. *Ibid.*
93. *Ibid.*, p. 258.
94. *Ibid.*, pp. 86, 88 et 89.
95. *Ibid.*, p. 89.
96. Par souci d'exactitude, nous citons le texte des Archives nationales (A.N. 72 AJ 1910), mais en suivant le découpage de BAYNAC, *op. cit.*, p. 89.
97. *Ibid.*
98. Les filles de Pierre Kaan ont souligné d'autres invraisemblances. Par exemple, l'auteur du texte déclare : *« J'attendais à Paris avec impatience que les moyens me fussent fournis de rejoindre les forces combattantes du Général de Gaulle quand se produisit la chute de Mussolini. »* Cet événement se situe donc à la fin de juillet 1943. Or, Pierre Kaan est homologué comme agent de la France Combattante depuis février 1942. Plus loin, l'auteur du texte exprime son désir de « reprendre l'uniforme ». Or, Pierre Kaan n'a jamais porté l'uniforme. En raison de sa myopie, et malgré des démarches répétées, il ne parvint jamais à être mobilisé. Ce point aurait dû retenir l'attention de J. Baynac qui ne se prive pas d'écrire, assez perfidement, que Pierre Kaan « échappe à la mobilisation de 1940 » (cf. l'annexe à la lettre ouverte du 3 décembre 1998 à Monsieur Jacques Baynac. Communiquée par Marianne Kaan-Lépine).
99. *Ibid.*, p. 185.
100. *Ibid.*, p. 415.
101. Jacques BAYNAC, « Le héros ambigu », *Historia*, n° 625, p. 57.
102. Propos recueillis par Philippe CUSIN, *Le Figaro*, 19 novembre 1998.
103. J. BAYNAC, *Les Secrets de l'affaire Jean Moulin*, *op. cit.*, p. 151.
104. *Ibid.*, p. 176. C'est nous qui soulignons.
105. Jacques BAUMEL, *Le Figaro Magazine*, 5 décembre 1998.
106. J. BAYNAC, *Les Secrets de l'affaire Jean Moulin*, *op. cit.*, p. 147.
107. *Ibid.*
108. *Ibid.*, p. 149.
109. *Ibid.*
110. *Ibid.*, p. 151.
111. *Ibid.*, p. 33.
112. *Ibid.*, p. 145.
113. *Ibid.*, pp. 146-147.
114. *Ibid.*, p. 147.
115. Cl. BOURDET, *L'Aventure incertaine*, *op. cit.*, p. 141.
116. J. BAYNAC, *Les Secrets de l'affaire Jean Moulin*, *op. cit.*, p. 147.
117. *Ibid.*

118. Câbles de Rex [Moulin], n°s 1, 2, 3, 15 novembre 1942 (A.N. 3 AG 2 400).
119. Câble de Rex [Moulin], 20 novembre 1942 (A.N. 3 AG 2 400).
120. M. J. CUNY et Fr. PETITDEMANGE, *Fallait-il laisser mourir Jean Moulin ?*, *op. cit.*, pp. 344-346.
121. Message de Jean Moulin au général de Gaulle, *in* Ch. DE GAULLE, *Mémoires de guerre*, t. II, *L'Unité*, *op. cit.*, p. 475.
122. « L'affaire Moulin (suite) », *Le Nouvel Observateur*, 26 novembre-2 décembre 1998.
123. J. BAYNAC, *Les Secrets de l'affaire Jean Moulin*, *op. cit.*, p. 149.
124. *Ibid.*, p. 150.
125. *Ibid.*, p. 151.
126. Ch DE GAULLE, *Mémoires de guerre*, t. II, *L'Unité*, *op. cit.*, p. 408.
127. Ch. DE GAULLE, *Lettres, notes et carnets, juillet 1941-mai 1943*, *op. cit.*, pp. 473-474.
128. *Ibid.*, p. 593.
129. J. BAYNAC, *Les Secrets de l'affaire Jean Moulin*, *op. cit.*, pp. 298-299.
130. *Ibid.*, p. 145.
131. *Ibid.*, p. 153.
132. Colonel PASSY, *Souvenirs*, t. II, *10, Duke Street Londres*, *op. cit.*, pp. 143-144.
133. Télégramme du général d'Astier et de Boris au général de Gaulle, Londres, 10 août 1943 (A.N. 3 AG 2 7).
134. J. BAYNAC, *Les Secrets de l'affaire Jean Moulin*, *op. cit.*, p. 299.
135. *Ibid.*, p. 153.
136. Kermit ROOSEVELT, *The Overseas Targets, War Report of the OSS*, Walker, New York, 1976, t. II, p. 175.
137. Fabrizio CALVI, *OSS, la guerre secrète en France*, Paris, Hachette, 1990, pp. 159-160.
138. J. BAYNAC, *Les Secrets de l'affaire Jean Moulin*, *op. cit.*, p. 246, n. 6.
139. K.A. MERRICK, *Flight of the Forgotten*, Londres, Arms and Armor press, p. 85.
140. J. BAYNAC, « Le héros ambigu », art. cité, p. 56.
141. Rapport de la 3e mission en France du 19 juin au 17 octobre 1943, document obligeamment communiqué par Pierre Péan à l'auteur.
142. J. BAYNAC, *Les Secrets de l'affaire Jean Moulin*, *op. cit.*, p. 153.
143. « Operations Record Book » (PRO reference AIR27/2142).
144. « Special Operations » — « Sortie Report » (PRO AIR20/8350).
145. Voir annexe 6.
146. D. CORDIER, *Jean Moulin, l'inconnu du Panthéon*, t. I, p. 297.
147. J. BAYNAC, *Les Secrets de l'affaire Jean Moulin*, *op. cit.*, p. 221.
148. *Ibid.*, p. 157.
149. *Ibid.*
150. *Ibid.*, p. 156.
151. Ces renseignements nous ont été très aimablement communiqués par Robert Belot qui, pour la préparation de la biographie d'Henri Frenay, a réuni les lettres entre Combat et la délégation en Suisse.
152. J. BAYNAC, *Les Secrets de l'affaire Jean Moulin*, *op. cit.*, p. 157.
153. *Ibid.*, p. 34.

SOURCES

ARCHIVES

Archives nationales

3 AG 2 B.C.R.A.

1-3	Livre blanc du B.C.R.A.
31	C.N.D. Courrier en provenance de Rémy et de ses agents, 1940-1942
32	*Idem*
33	Courrier à destination de la C.N.D., 1940-1942
37	Réseau Froment-Brémond, 1941-1943
42	Mission Pallas. Mission Arquebuse-Brumaire, 1942-1943
53	Réseau Ajax
115	S.R. Informations diverses, août-décembre 1941
172	Section A.M. Liaison avec S.O.E. Correspondance arrivée, 1941-1944
175	Section A.M. Correspondance avec S.O.E. (1942) Rapports hebdomadaires de S.O.E. (juillet 1941-décembre 1942) Réunions franco-anglaises (1942-1944)
178	Premières missions actions antérieures à la création de la section A.M. Mission Forman 1941
181	Mission Rex. Courrier de et pour Rex. Notes et rapports sur Rex
183	S.O.A.M. Courrier des agents de liaison envoyés auprès des mouvements de résistance. Pal, Sif, Kim (1942-1943)
187	C.O.P.A. Courrier
188	Organisation paramilitaire des mouvements de résistance
314	Section N.M. Correspondance départ (1943)
316	Copies de télégrammes S.R. transmis à la section N.M. (1942-1943)
318	Section N.M. Comptes rendus d'entretiens Courrier de missions politiques Lettres du général, de Gaulle à diverses personnalités, mouvements de résistance et partis politiques (10 février 1943)
376	Organisation politique de la Résistance. Généralités
377	Mouvements de résistance I
378	Mouvements de résistance II

379	Mouvements de résistance III
384	Parti communiste français I. Informations sur l'activité du P.C.F. (1941-1944)
385	Parti communiste français II. Journaux et tracts Courrier de Fernand Grenier
387	Parti socialiste S.F.I.O.
397	Missions de préparation des organismes centraux de la Résistance Missions Pedro, mai 1942 Missions civiles : Scapin-Sophie-Clovis secrétariat Z.N. Fouché-Coulanges : Cléante-Necker secrétariat Z.S. Télégrammes Briand, octobre 1943-mai 1944
389	Courrier de la délégation civile Baudoin, Scapin, Cléante, septembre 1943-juin 1944 Courrier pour Rex et la Délégation, avril 1943-mai 1944
400	Télégrammes de Rex, Sophie, Necker, mars 1942-septembre 1943
401	Télégrammes pour Rex et Sophie Z.O. et Z.N.O., avril 1942-septembre 1943 B.C.R.A. Télégrammes Secnord. Arrivée décembre 1943-août 1944
407	Télégrammes de et à Bip (1942-1943)
409	Organisation centrale de la Résistance. C.G.E., C.N.R., C.O.M.A.C., N.A.P.
410	*Idem.* La Résistance française en Suisse
475	Comptes rendus des télégrammes reçus de la Délégation générale, mai-août 1944
542	Télégrammes californiens, mars-septembre 1944

AJ^{40} Administration militaire allemande en France (Militärbefehlshaber in Frankreich)

445	État-major de commandement. Rapports mensuels du chef de l'administration militaire de la région A (Saint-Germain-en-Laye), août 1940-juillet 1944
447	*Idem.* Région C (Dijon), juillet 1940-mars 1944
550	Administration. Police. Incidents
554	Propagande gaulliste (Seine)
873	Rapports sur la situation et l'opinion 1941
882	Propagande communiste (Seine)
927	Région C (Dijon). Rapports du représentant du chef des S.P. et S.D., décembre 1940-mai 1942

AJ^{41} Délégation française auprès de la Commission d'armistice (Wiesbaden)

45	Questions politiques. Notes sur les mouvements politiques et le gaullisme, 1940-1944
46	Notes au sujet de l'activité séditieuse des partisans de l'ex-général de Gaulle, 1941-1942
62	Presse et renseignements sur l'état d'esprit (1940-1941)

72 AJ Seconde Guerre mondiale

45	C.O.M.A.C.
46-47-48	Combat

49	C.N.D., C.N.R.
67-68	O.C.M.
71	Service protection des juifs. Mouvement national contre le racisme. Protection des étrangers
82	Armée d'Armistice. 2e Bureau. Menée antinationales
233	Jean Moulin. Représentation du général de Gaulle en France
234	Délégation civile et organes centraux de la Résistance. Serreulles, Bingen, Cordier, Morandat
408-410	Papiers d'Emmanuel d'Astier
435-436	Général Cochet
520	Félix Gouin
542	Journal de Jacques Lecompte-Boinet

65 Mi 1 à 5 Papiers Emmanuel d'Astier

(Figurent sous les cotes suivantes les documents qui seront déposés par Daniel Cordier aux Archives nationales)

1970 et suivantes	Autographes et originaux. Jean Moulin, Charles Delestraint, Claude Serreulles, Henri Frenay, Passy, Jacques Bingen, André Manuel, Charles de Gaulle (1941-1944) Synthèses hebdomadaires de la section Action du B.C.R.A. Lettres et témoignages à Daniel Cordier

78 AJ Collection de tracts, journaux et imprimés divers de 1914 à nos jours

23	Tracts clandestins 1940-1944. Antisémitisme

317 AP Papiers Louis Marin

53	Procès de Riom
89	Correspondance avec des membres de la Fédération républicaine 1940-1944

334 AP Cabinet de sténographie Bluet

24	Cour de justice de la Seine. Procès de René Hardy, 20-24 janvier 1947
50	Tribunal militaire de Paris. Procès de René Hardy, 24 avril-8 mai 1950

382 AP Papiers René Cassin

30	La France Libre. Généralités. Correspondance Cassin-de Gaulle

450 AP Papiers de Jacques Lecompte-Boinet

1	Journal 1939-1943
2	Journal 1943-1944

190 AQ Papiers François de Wendel

13	Dossiers politiques. Fédération républicaine. Correspondance (1924-1945)

F^{1a} Ministère de l'Intérieur. Commissariat national à l'Intérieur

3715	Télégrammes avec Alger. Arrivée 1er décembre 1942-30 août 1944
3716	*Idem.* Départ, 1er décembre 1942-31 mars 1944
3717	Télégrammes avec la France. Arrivée, mars 1943-mars 1944
3718^{1}	*Idem.* Secnord, 27 janvier-23 août 1944 Sudsec 21 janvier-21 août 1944
3718^{2}	Télégrammes avec la France. Départ, septembre 1943-juin 1944
3719	Télégrammes avec la France, 1943-1944
3720	Télégrammes arrivés de France, 1943-1944
3721	Financement de la Résistance
3727	Ordres de mission en France
3728	Délégation générale auprès de la Résistance en France
3729	Documents provenant du B.C.R.A. Questions militaires et paramilitaires (mouvements de résistance, A.S., maquis)
3730	Documents provenant du B.C.R.A. Questions politiques
3733	Études diverses. C.G.E.-C.N.E.
3735	Correspondance Philip-Boris, 1943
3743	Opinion publique
3756	Réponses aux questionnaires politiques du B.C.R.A.
3757	C.N.R.
3801	Commissariat à l'Intérieur d'Alger. Résistance en France
3804	*Idem.* Juifs. Informations et réglementation

F^{1B1} Ministère de l'Intérieur

816	Dossier du préfet Jean Moulin

F^{7} Ministère de l'Intérieur

14810	Communistes. Affaires relatives à la distribution de tracts, de numéros de *L'Humanité* et de journaux communistes clandestins (1938-1940)
15006	*Idem* (mai-août 1941)
15281	Renseignements généraux. Partis politiques sous l'Occupation et après la Libération
15282	Renseignements généraux. Parti radical, 1941-1945
15283	*Idem.* Partis politiques sous l'Occupation et après la Libération

Archives départementales

Alpes-Maritimes, Aveyron, Eure-et-Loir (A.D.E.L.), Finistère, Somme, Var. Carrière préfectorale de Jean Moulin

Bibliothèque de documentation internationale contemporaine (B.D.I.C.)

4° D Rés. 38	Tracts anglais largués sur la France *Quand même, Le Courrier de l'Air*
4° D Rés. 39	Tracts anglais largués sur la France

F Rés. pièces 441 et 572		Tracts 1940-1941
O Rés. pièce 318		
Q Rés. pièces 235, 557, 558, 8718		
S Rés. pièces 461		

Q pièce 6632 PWE. Liste des tracts anglais largués par la France

334/55/2 à 4 Cour de justice de la Seine. Procès de René Hardy. 20-24 janvier 1947

Bibliothèque nationale

Fonds Laure Moulin

17863 NAF	Correspondance et documents (1919-1943)
17864 NAF	Discours et documents relatifs à la carrière préfectorale de Jean Moulin (1919-1939)
17865 à 867 NAF	Manuscrit de *Premier combat*
17868 NAF	Documents concernant l'activité préfectorale de Jean Moulin à Chartres

Service historique de l'Armée de l'Air (S.H.A.A.)

Z 12 960-961 Dépositions devant les membres de la Cour suprême de justice de Riom (instruction)

Ville de Paris. Musée Jean-Moulin

Fonds Antoinette Sasse (Sachs)
Lettres de Jean et Laure Moulin à Antoinette Sachs
Coupures de presse et notes relatives à l'affaire Hardy

Fédération nationale des dépôts et internés résistants et patriotes

Papiers de Henri Manhès. Correspondance. *Curriculum vitae*

Public Record Office (P.R.O.)

Premier Ministre

PREM 3 184/9 Note de D. Morton à W. Churchill concernant J. Moulin (30 octobre 1941)

Foreign Office (F.O.)

F.O. 371/28214	
F.O. 371/28584	Formation du Comité national français

F.O. 898/198 Interview de Jean Moulin par le colonel Sutton (4 novembre 1941)

Archives du S.O.E.

— Major Boxshall, Answers to M.D.R.P. Bouyjou-Cordier's Questionnaire, 17 avril 1979
— Lettre du S.O.E. Adviser Gervase Cowell à Daniel Cordier, 8 avril 1992
(ces documents seront repris sous les cotes 72 AJ 1970 et suivantes des A.N.)

National Archives, Washington

85100/2663	Département d'État. Général de La Laurencie
85101/3113	Département d'État. Pierre Cot

Militärarchiv Freiburg (Archives militaires de Fribourg-en-Brisgau, R.F.A.)

RW35	Militärbefehlshaber in Frankreich (rapports des kommandanturs)

Fondation nationale des sciences politiques (F.N.S.P.)

PA 6	Archives d'Alexandre Parodi. Papiers divers, juillet-août 1944
PA 7	*Idem.* Divers Résistance, 1943-1945
PA 8	*Idem.* Résistance

Archives privées

Archives Daniel Mayer. Procès-verbaux des séances du groupe Jean-Jaurès
Archives de la famille Escoffier-Dubois (A.F.E.D.). Correspondance de Jean Moulin
Archives Barlangue-Cuvelliez. Le M.L.N. et Combat en Haute-Garonne

Journaux clandestins

L'Arc
Les Cahiers [de l'O.C.M.]
Cahiers du Témoignage chrétien
Combat
Défense de la France
Le Franc-Tireur
L'Humanité
Libération(-Nord)
Libération(-Sud)
Pantagruel
Le Populaire
Résistance
Socialisme et liberté
La Vérité

SOURCES IMPRIMÉES

Journaux et périodiques avant 1940

L'Union républicaine
Le Petit Méridional
Le Progrès du Finistère
L'Union catholique (Rodez)
L'Écho de Paris
L'Action française
L'Œuvre
Le Nogentais (Nogent-le-Rotrou)
La Dépêche d'Eure-et-Loir
La Vérité d'Eure-et-Loir

Journaux français autorisés 1940-1944

Les Dernières Nouvelles de Paris
L'Effort
La France au travail
L'Hebdomadaire du Temps nouveau
Le Matin
L'Œuvre

Journaux et périodiques après 1944

Action
L'Aube
Carrefour
Ce soir
Combat
Écrits de Paris
L'Époque
L'Express
Le Figaro Magazine
L'Humanité
Les Lettres françaises
La Marseillaise
Ce matin
Le Monde
Le Nouvel Observateur
Le Populaire
Libération
Octobre
L'Ordre
Paris-Jour
Paroles françaises
Preuves
Quatre et trois
Samedi-Soir

INDEX

REMERCIEMENTS

À l'issue de ce livre où je me suis efforcé de condenser le résultat des recherches que j'ai entreprises voilà vingt ans, la liste est longue de tous ceux à qui je suis redevable d'une aide précieuse, qui a rendu ce travail possible.

Mes pensées vont d'abord à deux disparus, Jean Delpech, qui, le premier, me soutint et m'encouragea, Frédéric Ditis, qui collaborait si étroitement à la construction des livres et à leur mise au net.

Durant des années, je n'ai fait qu'accumuler la matière de cet ouvrage dans les archives et, aujourd'hui encore, j'ai recours à leurs ressources. C'est pourquoi je tiens à rendre hommage au savoir et à la patience de tous ceux qui m'accueillirent et, même, guidèrent mes démarches de débutant. Et à témoigner ma gratitude à ceux qui délivrèrent les indispensables autorisations d'accéder à des fonds encore réservés.

Je remercie donc :

M. le ministre de la Défense et M. Pierre Saubière.

M. le ministre de l'Intérieur et le directeur du S.D.E.C.E.

M. le directeur des archives du ministère des Affaires étrangères.

Aux Archives de France : M. Jean Favier, puis M. Alain Erlande-Brandenburg, directeur général, pour leurs bienveillantes autorisations.

Les anciens conservateurs généraux de la section contemporaine des Archives nationales, M. Pierre Cézard, qui a encouragé et orienté mes débuts, et Mme Chantal de Tourtier-Bonazzi, qui s'efforça toujours de faciliter avec courage et bienveillance l'accès à tous les fonds des chercheurs qu'elle traitait comme des amis.

Aujourd'hui, Mme Paule René-Bazin qui, à la tête de la section du XXe siècle, poursuit cet effort d'ouverture et d'aide active aux chercheurs.

Tous les conservateurs et documentalistes qui, au fil des années, ont rendu mes recherches possibles par leurs conseils et leur disponibilité : Mlle Chabord et Mme Hirigoin, Mme Poule, Mlle Patricia Gillet et M. Jean Pouessel. Qu'ils trouvent ici l'expression de toute ma gratitude pour la gentillesse et le souci d'efficacité avec lesquels ils ont toujours accueilli mes sollicitations.

Dans les archives départementales :

En Eure-et-Loir, M. Lacour, qui m'a accordé les facilités de consultation les plus confiantes, ainsi que son collaborateur, M. Széréda.

Mme de Andrade et Mme Agnès Parmentier (Hérault), M. François Bordes (Dordogne), Mme Marie-Édith Brejon de Lavergnée (Pyrénées-Orientales), M. Jean Burias (Lot-et-

Garonne), M. Pierre Cattin (Ain), Mme Madeleine Chabrolin (Bouches-du-Rhône), Mme Cleyet-Michaud (Alpes-Maritimes), M. Collet (Finistère), Mlle Couvret (Somme), M. Delmas (Aveyron), M. Dominique Dupraz (Ardèche), M. Le Rolland (Vaucluse), Mme Christine Mantella (Var), M. Paillard (Savoie), Mme Rabut (Haute-Savoie), Mlle Hélène Say (Creuse).

À Chartres : M. Georges Lemoine, qui m'a aimablement ouvert les Archives municipales.

M. l'abbé Bizeau, pour les archives du diocèse de Chartres.

Au Service historique de l'armée de Terre : le général Delmas, le colonel de Gouberville, le colonel Caujac ont bien voulu manifester leur intérêt pour mon travail et M. Philippe Schillinger m'a accordé sa précieuse et sympathique collaboration.

Au Service historique de l'armée de l'Air : le général Christienne et son successeur, le général Robineau, ainsi que M. Lechoix m'ont offert des facilités de tout ordre au cours de mes recherches prolongées.

À la Bibliothèque nationale : Mlle Roncato m'a guidé dans ma consultation du fonds Laure Moulin.

Au Centre national Jean-Moulin de Bordeaux : je n'ai cessé de recourir à l'aide et aux conseils du président André Delage et de Mlle Thieulleux, puis de Mme Pommies.

À l'Institut Charles-de-Gaulle : mon camarade Pierre Lefranc m'a d'emblée offert son appui, ainsi que Mme Chantal Morelle et Mme Frédérique Dufour.

Au Mémorial Leclerc-Musée Jean-Moulin de la Ville de Paris : à Mme Christine Levisse-Touzé et à son équipe, prêtes à accueillir avec autant de gentillesse que de compétence mes recherches, même de dernière minute, tous mes remerciements pour les archives uniques ainsi portées à ma connaissance.

À la Fédération nationale des déportés et internés résistants et patriotes : Mme Danièle Baron, pour son aide efficace et rapide dans mes recherches à propos d'Henri Manhès.

À l'Institut international des droits de l'homme à Strasbourg, qui m'a accordé l'autorisation de consulter les archives de René Cassin.

À M. Gilles de La Rocque, qui m'a ouvert les archives de son père avec la plus grande bienveillance.

Aux familles Marin et de Wendel qui m'ont autorisé à consulter leurs archives.

En Grande-Bretagne : l'historien Michael R.D. Foot, dont le savoir, jamais en défaut, s'accompagne de conseils judicieux et amicaux.

Le Public Record Office.

Aux Archives du S.O.E. : M. Gervase Cowell et M. Ducan Stuart, qui ont répondu de façon amicale et précise à mes demandes, me communiquant des documents essentiels.

Au ministère de la Défense, M. Sebastian Cox, Head of Air Historical Branch, qui a manifesté un savoir sans faille et une ténacité inlassable pour retrouver des documents précieux pour la vérité.

En Allemagne : l'Auswärtiges Amt Archiv de Bonn ; les Bundesarchiv de Cologne ; les Bundesarchiv, Militär-Archiv, le Militärgeschichtliches Forschungsamt de Fribourg-en-Brisgau, où M. Meyer a pris personnellement l'initiative de longues et fructueuses recherches dans les domaines inexplorés avec un zèle amical dont je lui suis profondément obligé.

Aux États-Unis : le Dr Richard D. Sommers au U.S. Military Institute de Carlyle ; Mlle Sally Marks et le Pr John E. Taylor aux National Archives de Washington, où M. Roland Husson, conseiller culturel adjoint à l'ambassade de France, a procédé le premier, avec un empressement et un flair auxquels je tiens à rendre hommage, à des recherches qui furent couronnées de succès. Mes remerciements vont aussi à M. Arthur L. Funk, M. Bradley F. Smith et M. Christopher Simpson.

À l'ambassade de France en Russie : M. l'ambassadeur Pierre Morel et M. Pierre Andrieu, premier conseiller d'ambassade, pour l'appui déterminant qu'ils m'ont accordé afin de faciliter mes recherches dans les archives russes et pour l'intérêt qu'ils ont bien voulu porter à la défense de la mémoire de Jean Moulin.

Toute ma gratitude, pour leur aide inestimable, va particulièrement à ceux qui ont bien voulu me confier ou m'ouvrir leurs archives :

M. André Dewavrin-Passy
Mme André Pélabon
Mme Lecompte-Boinet
M. Daniel Mayer
Colonel Paul Paillole
Jean-Louis Cuvelliez pour les remarquables archives auxquelles il m'a permis d'accéder
et les membres de la famille de Jean Moulin :
M. et Mme Gérard Dubois
M. et Mme Henri Escoffier
Mme Suzanne Escoffier.

Je tiens à remercier aussi tout particulièrement Me Serge Klarsfeld pour l'aide déterminante qu'il m'a apportée en me communiquant des documents importants relatifs à l'« affaire suisse » et au second procès de René Hardy. J'y vois la marque de son combat en faveur de la recherche historique.

Ma reconnaissance va en outre à tous ceux qui m'ont accordé leur témoignage. Certains ont disparu au fil des années.

Je veux faire une mention spéciale de quelques-uns de ces témoins, à cause de l'importance de leur contribution : Raymond Aron, Georges Brottes, Nena Cot, André Dewavrin-Passy, Louis Dolivet, Colette Dreyfus, Gérard Dubois, François Faure, Pierre et Boris Fourcaud, Stéphane et Vitia Hessel, le général Dejussieu, Raymond Lagier-Bienvenüe, André Manuel, Daniel Mayer, Pierre Meunier, René Pleven, Claude Serreulles et François Thierry-Mieg.

Au long de ce travail, j'ai reçu les conseils, les encouragements et le soutien d'historiens qui ont bien voulu m'accueillir parmi eux.

Toute ma gratitude à l'Institut d'histoire du temps présent, à ses directeurs successifs, François Bédarida, Robert Frank et Henry Rousso, et à ses collaborateurs, parmi lesquels Denis Peschanski, Mme Ranson, Françoise Mercier et Jean Astruc.

À Serge Berstein.

À Pierre Laborie.

À Jean-Louis Crémieux-Brilhac, qui n'a jamais manqué de me signaler les pistes qu'il détectait au cours de son propre travail.

À Jean-Marie Guillon qui, par ses remarquables travaux, a relancé ma conviction.

Dans ma reconnaissance, je dédie une mention particulière à ceux qui m'ont secondé dans mes recherches, en particulier dans les archives étrangères :

Marcelle Adamson, *alias* Colette, qui, à Londres, a fait la preuve de son flair, de son intelligence critique et d'un inlassable dévouement.

Patricia Kléber, qui a multiplié les incursions dans les archives allemandes.

François Lévêque, qui m'a guidé dans les archives russes et m'a fait profiter de son savoir.

Laurence Bergon, qui a dépouillé la presse genevoise.

Alain Schnapper, qui a poursuivi les recherches à Washington.

Je tiens aussi à rendre hommage à Maurice de Cheveigné, qui fut le radio de Jean Moulin et se chargea aux États-Unis de plusieurs campagnes de recherche.

Qu'il me soit permis d'insister sur ma dette envers tous ceux qui, pendant toutes ces années, ont bien voulu se charger de relire tous ces textes (et leurs différentes versions) : Jean-Pierre Azéma, Serge Berstein, Pierre Cézard, Odile Cail, Robert Frank, Stéphane Hessel, Raymond Lagier-Bienvenüe, André Dewavrin-Passy, M. et Mme Dupart, Janine Siwek-Pouydesseau, Chantal de Tourtier-Bonazzi.

Aux éditions Gallimard : Pierre Nora qui, en m'accueillant dans ses collections, m'a permis de poursuivre cette œuvre de longue haleine pour la mémoire de Jean Moulin.

Mon travail et les progrès que j'ai pu réaliser doivent une part inestimable

à Georgik Braunschweig, avec lequel j'ai partagé d'interminables et fructueuses discussions ;

à Anne Sauvagnargues, qui donna sa structure à la première version du récit de la mission de Jean Moulin ;

à Jean-Pierre Azéma, devenu, grâce à ces années de coopération, un ami de qualité auquel je dois tant de stimulantes remises en cause ;

à Dominique et Antoine Schnapper, des amis très chers, qui ont sacrifié du temps à faire prendre forme à ce manuscrit et qui, dans nos entretiens, m'ont ouvert de fructueuses perspectives sur le passé dont nous avons ensemble partagé le tragique ;

à Jean-Marie Laclavetine et à Éric Vigne qui m'ont apporté l'œil neuf et percutant d'une autre génération. Tous mes remerciements pour leurs relectures critiques et leurs conseils déterminants. Leur gentillesse et leur intelligence ont transformé l'histoire en amitié.

Je veux faire une place à part à ma chère Bénédicte Vergez. Elle a pris une place considérable dans la révision, les additions et la réécriture de cet ouvrage, aussi bien pour les recherches d'archives, l'établissement et la vérification des notes. Pour la préparation de certains chapitres, elle a manifesté en toute occasion une inlassable énergie et un savoir jamais en défaut. Au fil des mois, elle a remplacé mon ami Ditis dans des entretiens innombrables au cours desquels elle manifesta un esprit critique dans l'analyse et une intuition dans la synthèse qui, utilisés à ses propres travaux, en feront une historienne accomplie. On a compris que, sans elle, cet ouvrage ne serait pas ce qu'il est. Pour son dévouement et sa compétence, je lui dois ma reconnaisance la plus affectueuse.

Enfin, je ne peux oublier le dévouement et l'inlassable patience de Patricia Falchero qui assure le travail ingrat et indispensable de déchiffrer mes gribouillis pour les transformer en manuscrit. Qu'elle en soit remerciée de tout cœur.

ÉPILOGUE

UN HÉROS CONTROVERSÉ

POST-SCRIPTUM

L'HISTOIRE N'EST PAS UN « CADAVRE EXQUIS »

APPENDICES

DU MÊME AUTEUR

JEAN MOULIN ET LE CONSEIL NATIONAL DE LA RÉSISTANCE, Éditions du C.N.R.S., 1983.

JEAN MOULIN, L'INCONNU DU PANTHÉON, Éditions Jean-Claude Lattès.

1. UNE AMBITION POUR LA RÉPUBLIQUE 1899-1936, 1989.
2. LE CHOIX D'UN DESTIN 1936-1940, 1989.
3. DE GAULLE CAPITALE DE LA RÉSISTANCE 1940-1942, 1993.

Volumes à paraître

4. MISSION REX 1942.
5. LA RÉSISTANCE DES COMITÉS 1942-1943.
6. MONSIEUR X, L'HOMME À ABATTRE 1943.

ALIAS CARACALLA (SOUVENIRS, 1940-1944).

Composition I.G.S. Charente-photogravure
et impression Bussière Camedan Imprimeries
à Saint-Amand (Cher), le 12 avril 1999.
Dépôt légal : avril 1999.
Numéro d'imprimeur : 991653/4.

ISBN 2-07-074312-8./Imprimé en France.

73609